Geschichte der deutschen Literatur
von 1945 bis zur Gegenwart

Herausgegeben
von Wilfried Barner

Geschichte der deutschen Literatur von 1945 bis zur Gegenwart

von

Wilfried Barner,
Alexander von Bormann, Manfred Durzak,
Anne Hartmann, Manfred Karnick,
Thomas Koebner, Lothar Köhn
und Jürgen Schröder

Herausgegeben von Wilfried Barner

Verlag C. H. Beck München

Dieser Band ist zugleich Band XII der
Geschichte der deutschen Literatur
von den Anfängen bis zur Gegenwart
begründet von
Helmut de Boor †
und Richard Newald †

PT
401
.G473
1994
Feb. 1996

Die Deutsche Bibliothek – CIP-Einheitsaufnahme

*Geschichte der deutschen Literatur von den Anfängen bis zur
Gegenwart* / begr. von Helmut de Boor und Richard Newald.
– München : Beck.
NE: Boor, Helmut de [Begr.]
Bd. 12. Geschichte der deutschen Literatur von 1945 bis zur
Gegenwart. – 1994
*Geschichte der deutschen Literatur von 1945 bis zur Gegenwart /
von Wilfried Barner . . . Hrsg. von Wilfried Barner. – München :
Beck, 1994
(Geschichte der deutschen Literatur von den Anfängen bis zur Gegenwart ; Bd. 12)
ISBN 3-406-38660-1
NE: Barner, Wilfried [Hrsg.]

ISBN 3 406 38660 1

© C.H.Beck'sche Verlagsbuchhandlung (Oscar Beck), München 1994
Satz: Fotosatz Otto Gutfreund GmbH, Darmstadt
Druck und Bindung: Parzeller, Fulda
Gedruckt auf säurefreiem
aus chlorfrei gebleichtem Zellstoff hergestelltem Papier
Printed in Germany

INHALTSVERZEICHNIS

DIE GETEILTE LITERATUR:
DIE FÜNFZIGER JAHRE

LITERATUR IM KALTEN KRIEG UND ANNÄHERUNGEN:
DIE SECHZIGER JAHRE

TENDENZWENDE UND STAGNATION:
LITERATUR IN DEN SIEBZIGER JAHREN

DURCHLÄSSIGKEIT DER SYSTEME:
DIE ACHTZIGER JAHRE

ANHANG

VORWORT

Den Verfassern dieser Literaturgeschichte hat sich ihr Gegenstand beim Schreiben in einer Weise verändert, an die vor anderthalb Jahrzehnten, als das Buch konzipiert wurde, niemand ernstlich denken konnte. Dieser Versuch, die Geschichte der deutschsprachigen Literatur von 1945 bis zur Gegenwart im Überblick darzustellen, ist von der Geschichte auf das verwirrendste eingeholt worden. Als die Autoren vom 9. bis 11. November 1989 in Göttingen (der größte Teil der Kapitel stand bereits) Entwürfe zur Literatur und zum literarischen Leben der achtziger Jahre diskutierten, hoben sich beim nahegelegenen Duderstadt – damals nicht mehr gänzlich unerwartet – die Schlagbäume. Es verstand sich, daß wir für einige Stunden die Konzentration auf die eigenen Texte unterbrachen und in Richtung Osten fuhren. Hinter den Windschutzscheiben der uns entgegenkommenden Trabis und Wartburgs zeigten sich ungläubig verklärte Gesichter, zusammengepferchte Familien, winkend, hupend, Taschentücher schwenkend – das Ganze, auch vom Westen her gesehen, ein Vorgang von eigenartiger Unwirklichkeit. Etwas völlig Neues schien sich anzubahnen und Wohlvertrautes auch rückblickend in ganz neues Licht zu setzen. Vom «Wehen» des Mantels der Geschichte oder auch von ihrem «Anhauch» war damals allenthalben die Rede.

Uns begannen sich indes Fragen zu stellen: Hatte unser Vorhaben, die Literatur des Westens (Österreich und die deutschsprachige Schweiz einschließend) *und* die der DDR nicht separat – wie zumeist –, sondern in möglichst engem Zusammenhang darzustellen, nicht völlig neue Perspektiven erhalten, von aller willkommenen oder auch irritierenden ‹Aktualität› einmal abgesehen? Waren nicht die verschiedenen Thesen von der «einen» deutschen Literatur, von der schließlichen Konvergenz der Systeme, von der «Vorreiterrolle» zumindest eines Teils der DDR-Literatur, von der literarischen Annäherung auch aus dem Westen, neu zu überdenken? Welche geschichtsperspektivische Beleuchtung erhielt im nachhinein das literarische Thema des «Leidens» an der deutschen Teilung? Aber vor allem auf die DDR-Literatur und ihr politisches Bedingungsfeld bezogen: Was würde sich durch das ‹Auspakken› mancher Betroffener, durch das in den Schubladen Zurückgehaltene, durch das Öffnen der Archive in unserer Kenntnis verändern? Würde nicht auch manche Neueinschätzung erforderlich? Daß nun die Geschichte der DDR-Literatur als etwas «Abgeschlossenes» vor uns zu liegen schien, verwandelte die mancherlei unliebsamen Verzögerungen im Entstehen unseres Bandes nachgerade zur Chance. Das Buch, wie es jetzt vorliegt, antwortet nicht nur in seinen Schlußkapiteln bereits auf die deutsche Vereinigung, die sich so viel zäher und schmerzhafter vollzieht, als die allermeisten es sich zunächst vorgestellt hatten. Der Gesamtaufriß war von vornherein so angelegt, daß er auch und gerade von heute her einer falschen Teleologie keinen Vorschub leistet. Das Grundkonzept ist im wesentlichen unverändert geblieben. Zu ihm gehörten von Beginn an einige historiographische Vorentscheidungen, die wenigstens kurz erläutert seien.

«Von 1945 bis zur Gegenwart» – das umgreift inzwischen nahezu ein halbes Jahrhundert und transzendiert somit schon das klassische Problem des ‹letzten Kapitels› einer jeden neueren Literaturgeschichte: die Frage, wie weit der Gang durch das Labyrinth der Literatur überhaupt an die Gegenwart heranführen soll. Daß die lange vorherrschenden Berührungsängste der Literaturwissenschaft (nicht nur der germanistischen) gegenüber den Werken der Zeitgenossen längst überwunden, ja mitunter ins andere Extrem umgeschlagen sind, gehört zu den – von manchen auch schon kritisierten – Errungenschaften der beiden vergangenen Jahrzehnte. Für den vorliegenden Band ist es hingegen charakteristisch, daß in seinen ersten Kapiteln Autoren und Werktitel vorgestellt werden, die unstreitig bereits in «historische Distanz» gerückt sind: von Wolfgang Borcherts *Draußen vor der Tür* über Friedrich Dürrenmatts *Der Besuch der alten Dame* bis zu Heiner Müllers *Der Lohndrücker*, von Ilse Aichingers *Die größere Hoffnung* über Max Frischs *Stiller* bis hin zu Bruno Apitz' *Nackt unter Wölfen*. Hier hat sich schon ein Kanon von Nachkriegs-«Klassikern» herausgebildet, der seine Kulminationspunkte in den internationalen «Durchbruchs»-Werken von Grass, Johnson und Böll am Ende der fünfziger Jahre findet.

Reiz und Problematik des Bogens vom Kriegsende bis in unsere Tage hinein liegen in dem gleitenden Übergang von dem bereits «Geschichte» Gewordenen zu dem, was noch der eigenen Gegenwart oder doch dem Jüngstvergangenen angehört. Die wissenschaftliche Disziplin der «Zeitgeschichte» besitzt, angelehnt an internationale Konventionen der «contemporary history» und «histoire contemporaine», eine eigene Tradition des Nachdenkens über «die Zeit, die dem Historiker zu nahe ist» (Hans Rothfels), eine Diskussion, die in Deutschland bis in die fünfziger Jahre zurückreicht. Daß es einen analogen Begriff der «Zeitliteratur» nicht gibt, mag ein Oberflächenphänomen sein, ebenso wie die Tatsache, daß «Gegenwartsliteratur», «zeitgenössische Literatur» und verwandte Prägungen (von «moderner Literatur» ganz zu schweigen) einigermaßen diffus geblieben sind. Einzig die Auseinandersetzung über «Nachkriegsliteratur», mit den differierenden Ansetzungen des «Endes» um 1950, um 1959/60 und dann um 1968, hat zu Präzisierungen geführt, die auch historiographisch von Bedeutung sind. Aber hier entstammen die Kategorien der Epochenkonstruktion wesentlich der politischen Geschichte, der «Zeitgeschichte».

Bedeutet die Großklammer «von 1945 bis zur Gegenwart» nicht a priori ein illusionäres Unterfangen? Die Frage besitzt eine besondere deutsche Dimension. In ihr steckt als Vorgabe zugleich die ältere, eingeschliffene Arbeitsteilung zwischen Literaturwissenschaft und Literaturkritik: die eine zuständig für das in «historischer Distanz» Befindliche, die andere für das Aktuelle. Gewiß hat es hier in der jüngeren Vergangenheit manche Entkrampfung, auch manche Grenzüberschreitung gegeben, bis hin zur breiten Aufnahme zeitgenössischer Literatur in den Universitätsunterricht oder zum immer häufigeren Engagement von Professoren in den Rezensionsteilen der großen Feuilletons. Derlei vollzieht sich als Prozeß, ohne daß es von einer intensiven, klärenden Diskussion begleitet würde. In unserem Fall, der konkreten historiographischen Konstruktion, läßt sich der Frage legitimerweise durch einen sorgfältig überlegten praktischen Versuch begegnen, einen möglichst klar strukturierten Überblick, der *als* Versuch erkennbar bleibt. Schon das Inhaltsverzeichnis ist der Tendenz nach so gehalten, daß Offenes und Widersprüchliches, auch die Möglichkeit zur Umakzentuierung, zur ganz anderen Kombination des historiographisch ‹Erfaßten›, stets durchscheint.

Wenn die Literatur der Bundesrepublik (alt), der DDR, Österreichs und der deutschsprachigen Schweiz in engerem Konnex vorgestellt werden, so kann die Einbeziehung der beiden letzteren heute kaum noch mit Gründen unter Kulturimperialismus-Verdacht stehen. Oft genug ist nicht nur darauf hingewiesen worden, daß österreichische und schweizerische Autoren schon seit den fünfziger Jahren ihre Erstausgaben (von den Taschenbüchern ganz zu schweigen) mit Vorliebe in deutschen Verlagen herausbringen (Frisch bei Suhrkamp, Bachmann bei Piper, usf.; Dürrenmatt ist ein Gegenbeispiel). Vor allem das Lesepublikum ist mit Selbstverständlichkeit ‹grenzüberschreitend›, woran die Massenmedien mit ihren literarischen Sendungen einen nicht geringen Anteil haben. Erst innerhalb dieses größeren deutschsprachigen Kontexts – den internationalen Markt nicht zu vergessen – gewinnen spezifisch regionale und nationale Perspektiven ihre Kontur. Sie sind selbstverständlich herauszuarbeiten: etwa die mit Haßliebe gepflegten gesellschaftlichen Mikro-Modelle bei Schweizer Autoren oder das hintergründige Spielen mit Soziolekten bei Österreichern.

Hier gibt es keine darstellerische Ideallösung, weder durch appendixhaftes Nachtragen von «Sonderentwicklungen» noch – wie es hier geschieht – durch auswählendes Akzentuieren an geeigneter Stelle, im größeren Zusammenhang. Dieser ist ohnehin längst eher europäisch und transatlantisch dimensioniert und stellt Literaturgeschichtsschreibung vor letztlich unlösbare Aufgaben. Sind die frühen Phasen etwa der Hemingway- oder der Sartre-Rezeption oder im Osten die der russisch-sowjetischen Literaturmuster noch einigermaßen überschaubar, so läßt sich das riesenhafte Konglomerat allein des westlichen Literaturangebots seit den sechziger Jahren allenfalls in knappen Durchblicken fassen. Der die Übersetzungen einschließende Neuerscheinungen-Tisch eines einzigen Monats oder aber auch nur die addierten «Bestenlisten» des Südwestfunks können einen Orientierungsuchenden resignieren lassen. Literaturgeschichtsschreibung kann auf diese Situation nur eine partielle Antwort geben, immerhin so, daß sie durch Konzentration auf die deutschsprachigen Titel – mit einzelnen transnationalen Öffnungen – eine Perspektive absteckt.

Während die Zusammenschau der drei «westlichen» Teilliteraturen deutscher Sprache durch die Struktur der literarischen Kommunikation legitimiert, ja nahegelegt wird, scheint die «System»-Verschiedenheit der DDR eine gesonderte Darstellung zu erzwingen. Doch bedeutet dies nicht notwendigerweise auch den Weg der Teilmonographie, wie er bisher von den meisten Literaturgeschichten eingeschlagen wurde. Eine sorgsam kontrastierende Synopse besitzt benennbare Vorzüge. Das betrifft nicht nur die ersten Nachkriegsjahre. Auch nach der staatlichen Teilung fordert gerade etwa der unterschiedliche Umgang mit den gemeinsamen «Klassikern» (Lessing, Goethe, Schiller, Heine, Fontane) oder auch die (Nicht-) «Bewältigung» der jüngeren Vergangenheit zum Vergleich heraus. Seit den sechziger Jahren sind es vor allem die durch das Fernsehen ‹systemübergreifend› vermittelten Bilder (Gesellschaftsbilder, aber auch fiktionale Formen), die den Blick des Literaturhistorikers beschäftigen sollten.

Und schließlich: Wenn nach und nach Texte einzelner westlicher Autoren (Böll, Frisch, Walser zum Beispiel) auch in der DDR publiziert wurden und DDR-Schriftsteller nicht nur mit immer mehr Werken im Westen präsent waren, sondern – wie Christa Wolf und andere – auch dort auftreten durften, war eine Durchlässigkeit eigener Art erreicht. Zu ihr gehörten, von den DDR-Machthabern planmäßig praktiziert, auch die Ausbürgerungen. Jedenfalls sprechen alle diese Prozesse für eine sorgfältig differenzierende nichtmonographische Engführung innerhalb einer Literaturgeschichte. Eine besondere Möglichkeit unseres Vorgehens besteht auch im zeitnahen Vergleich ähnlicher Entwicklungstendenzen: so etwa die Neuentdeckung von «Arbeitswelt» drüben und hüben um 1960 (Bitterfeld und Gruppe 61) oder der «neuen Subjektivität» in der Erzählprosa der siebziger Jahre oder des «Katastrophentheaters» in den Achtzigern. Parallele und Differenz verlangen hier gleichermaßen Aufmerksamkeit. Literaturgeschichtsschreibung vermag so, mit aller Behutsamkeit, übergreifende Orientierungslinien zu ziehen, die in der Tageskritik oder in der Einzelinterpretation im allgemeinen nur punktuell benannt werden können. Gelingt dieser Versuch eines Zusammensehens der Systeme, so bedeutet er die erste einläßlichere ‹gesamtdeutsche› Literaturgeschichte überhaupt – nicht erst seit der Wende.

Eine «Sozialgeschichte» der deutschen Literatur seit 1945 zu sein, beansprucht der vorliegende Band nicht – wenn eine solche denn überhaupt in dem strengeren Sinn einer auch empirischen Fundierung heute schon geschrieben werden könnte. Doch er widmet einem Bereich besondere Aufmerksamkeit, dessen Bezeichnung wegen seiner Alltagssprachlichkeit wis-

senschaftlichen Zweifeln ausgesetzt sein kann: dem «literarischen Leben».
Mit ihm ist hier nicht die eigendynamische Evolution der literarischen Formen und Gattungen gemeint (die man im russischen Formalismus darunter
verstanden hat), sondern jener institutionelle Zwischenbereich, der in komplexen Gesellschaften literarische Kommunikation allererst ermöglicht. Der
Bogen reicht von Schriftstellergruppierungen über Institutionen des Buchmarkts und des Bildungswesens bis zur Literaturförderung und zur Literaturkritik.

Literarisches Leben bildet, so betrachtet, für alle Literaturgeschichtsschreibung neuerer Epochen einen Vermittlungsbereich besonderer Art. Indem es
überindividuelle, ja kollektive Strukturen und Prozesse repräsentiert, rangiert
es kategorial ganz nahe an der politischen, ökonomischen und «Sozialgeschichte» im präziseren Sinn, ja geht in sie über: am handfestesten greifbar im
Verlags- und Buchhandelswesen, aber auch etwa in den Reaktionen der Autoren wie der Leser auf politische Machtverhältnisse und Vorgänge. Literarisches Leben bleibt andererseits unausgesetzt auf dasjenige bezogen, was den
bestimmenden Gegenstand aller Literaturgeschichtsschreibung ausmacht: auf
das Entstehen, Bekanntwerden und Rezipiertwerden der literarischen Texte
selbst. Dieses Eingespanntsein zwischen die Kollektivität der bedingenden
Prozesse und die Individualität der Autoren, der Texte und der Rezipienten –
auch der sich einschaltenden Kritiker – ist konstitutiv für das Feld «literarisches Leben».

Wie aber ist es innerhalb einer Literaturgeschichte darstellbar? Bleibt es
nicht notwendig bei Fakten-Ruinen, bei unsystematischen Durchblicken? In
unserem Band ist jeweils ein längerer einschlägiger Abschnitt den großen
Gattungsbereichen vorangestellt, mit der Skizzierung genereller Entwicklungstendenzen und Slogans (auch Moden) wie «Kahlschlag» oder «Greif zur
Feder, Kumpel!» oder «Tod der Literatur», aber auch mit repräsentativen
‹Fällen›. An der aufgeregten Frührezeption von Anderschs *Die Kirschen der
Freiheit* (1952) oder der internationalen Kafka-Konferenz von Liblice (1963)
oder dem «Zürcher Literaturstreit» um Emil Staigers Frontalangriff gegen die
‹verrottete› moderne Literatur (1966/67), oder schließlich der deutsch-deutschen Abrechnung anläßlich von Christa Wolfs *Was bleibt* (seit Sommer 1990)
– an solchen ausgewählten Fällen lassen sich schlaglichtartig Strukturen des
literarischen Lebens im Aufriß sichtbar machen. Sie jeweils an die gesellschaftspolitische Situation rückzubinden und zugleich zur Besonderheit der
Autoren und Texte in synchrone Beziehung zu setzen, ist dabei ein Hauptziel
der Rekonstruktion.

Das gleiche Grundprinzip gilt für das generelle Problem aller Literaturgeschichtsschreibung: das der notwendig exemplarischen Auswahl. Auf bestimmte wenige, schon «kanonisch» gewordene Titel wird man sich in der
Regel rasch verständigen. Das ist, wie erwähnt, bei der schon in «historische
Distanz» gerückten ersten Nachkriegszeit der Fall, und dann sicher auch bei

der *Blechtrommel,* bei *Andorra,* den *Neuen Leiden des jungen W.* und bei der *Ästhetik des Widerstands.* Aber selbst bei solchen Werken stellt sich die Frage, was an ihnen historiographisch interessiert, und wie das Exemplarische herauszuarbeiten ist.

Hier mischen sich die Kategorien. In der *Blechtrommel,* die ausführlicher vorgestellt wird, finden sich zweifellos charakteristische Epochenströmungen der Zeit um 1960 zusammen: Geschichtsperspektive, Faschismusverarbeitung, gegenrealistische Schreibtendenzen, Tabuspiele, Sprachkombinatorik. Aber längst hat sich dieser Wurf des damals noch wenig bekannten Autors durch die Rezeptions- und Wirkungsgeschichte auch als ein «repräsentativer» Text in einem anderen Sinne erwiesen: daß immer neue Lesergenerationen sich in ihm «aktualisierend» wiederfinden, sich an ihm stoßen, ihn als «Klassiker» lesen und zugleich – verstärkt noch durch die Schlöndorffsche Verfilmung – das bloß «Klassische» transzendieren. Es liegt auf der Hand, solchen Texten, wie auch dem *Stiller,* den *Physikern* oder *Nachdenken über Christa T.* oder *Germania Tod in Berlin* größere Einläßlichkeit zu widmen. Doch in sehr begrenzter Zahl sind auch Texte ausgewählt, die nicht in einen Kanon kreativer Aktualisierbarkeit Eingang gefunden haben, die indes von den unmittelbaren Zeitgenossen als sie «angehend», als «repräsentativ» empfunden worden sind. Das trifft etwa für den Roman *Am grünen Strand der Spree* von Hans Scholz um die Mitte der fünfziger Jahre zu, oder auch für Rolf Hochhuths Theaterstück *Der Stellvertreter* in der ersten Hälfte der sechziger Jahre. Man könnte hier von bloßer »Zeitrepräsentativität» im Gegensatz zu längerfristiger «Wirkungsrepräsentativität» sprechen, aber beide Phänomene gehen zweifellos ineinander über. In einzelnen Fällen haben Resonanzen und neue Interessen gerade der letzten Jahre dazu geführt, einem Autor mehr Aufmerksamkeit zu widmen, als es die Zeitgenossen überwiegend taten. So geschieht es etwa bei Arno Schmidt, dessen Renaissance (auch als Wegbereiter gegenwärtiger Schreibtendenzen) unverkennbar Spuren auch in unserer Literaturgeschichte zeigt.

Den Verfassern kommt es darauf an, nicht etwa eine große Zahl von Titeln gleichmäßig vorzustellen, so über lange Zeitspannen hin die ‹alljährlichen› Produkte von Peter Handke oder Volker Braun oder Thomas Bernhard oder Gabriele Wohmann oder Martin Walser. Vielmehr soll das Ausgewählte auch anschaulich werden können, den Leser zum Mehr-wissen-Wollen anregen. Es werden nicht einmal von den bekannteren Autoren alle Titel pflichtgemäß aufgeführt, nach Art der Namens- und Werktitel-Friedhöfe, die sich in einschlägigen Kompendien so oft finden. Unsere Literaturgeschichte ist kein in die narrative Diachronie ausgespanntes Literaturlexikon. Je näher die Darstellung an die Gegenwart heranrückt, desto häufiger werden – trotz zunehmender Ausführlichkeit – einzelne Leser aus ihrem eigenen Lektüre-Reservoir bestimmte Titel vermissen. Das ist für einen Band «Von 1945 bis zur Gegenwart» unvermeidlich und sicher ein fundamentaler Differenzpunkt gegenüber Literaturgeschichten, die sich älteren Epochen widmen und für sie viel klarere Kanonisierungen und Bedeutungshierarchien schon vorfinden.

Analoge Probleme stellen sich bis zu einem gewissen Grade bei der Frage nach den Perioden und Zäsuren. Der Einsatz mit dem Jahr 1945 – Vor- und Rückgriffe einschließend – ist so altbekannt unbefriedigend, wie er seit langem ohne wirklich plausible Alternative ist. Nicht die heute leicht zu formulierende Einsicht, daß die Vorstellung vom «Nullpunkt» eine Illusion war, hat uns in erster Linie zu beschäftigen, sondern daß sie als Element von Epochenbewußtsein selbst geschichtliche Wirkung entfaltete. Für die ersten anderthalb Jahrzehnte empfiehlt sich noch die Rücksichtnahme auf die Etablierung der Systeme, die sich auch literaturspezifisch niederschlägt: also zwar eine Akzentuierung des Jahres 1949, aber vorrangige Orientierung am Jahr 1952, das gleich mehrere literarische Neuansätze bringt, und dann an 1959/60 als einer Zeitzone des internationalen ‹Wiederanschlußfindens› zumindest der westdeutschen Literatur.

Für die nachfolgenden Jahrzehnte besitzt das mehr äußerlich handhabbare Dekadenschema einige Vorteile. 1968 bedeutet für die literarische Produktion selbst keinen sofortigen Einschnitt, die Folgen werden vielfach erst seit Beginn der siebziger Jahre sichtbar. Im übrigen gestattet ein lockeres Arrangement nach Jahrzehnten leichter die kontrastive Engführung zwischen Literatur im «Westen» und im «Osten», an der uns besonders gelegen ist. Bemerkenswerterweise ergeben sich mitunter leichte Binnenzäsuren um die Mitte der Jahrzehnte – das ist, wo es sich unschwer ermöglichen ließ, auch durch Zwischenüberschriften angedeutet (etwa «Paradigmenwechsel des Erzählens» in der DDR um 1965 oder das Hervortreten des neuen «Theatertyps» Botho Strauß um die Mitte der siebziger Jahre). Daß für die achtziger Jahre der Überblick zum Teil detaillierter und weniger klar in den Konturen gehalten werden mußte, dürfte einleuchten. Die Verfasser haben sich bemüht, ein Epochenwissen, das sich vom «Wende»-Prozeß her anbietet, nicht zu sehr in verlockende Teleologie umschlagen zu lassen. Indes, gerade eine Literaturgeschichte besitzt die Möglichkeit, die (nicht nur) literaturspezifischen Voraussetzungen der schwierigen Vereinigung in Ost und West schärfer hervortreten zu lassen: die zunehmende Selbstaushöhlung des DDR-Systems in den achtziger Jahren, aber ebenso das Ausbleiben des wegweisenden, Maßstäbe setzenden Neuen in der literarischen Überproduktion des Westens.

Zu dieser Überproduktion gehören im größeren Zusammenhang des medialen Kulturangebots zweifellos auch Film, Fernsehen, Videos, Comics und anderes. Auf sie fällt von den einzelnen Kapiteln her, insbesondere vom literarischen Leben, wiederholt ein kurzer, bisweilen exkursartiger Blick. Aber sie sind nicht selbst Gegenstand der Darstellung. Diese gilt vielmehr der – selbst schon komplex und «unüberschaubar» genug gewordenen – «Innenzone» der Literatur. Dort sieht sie ihre historiographische Hauptaufgabe.

Das Hörspiel als eine literarische Kunstform findet spezielle Aufmerksamkeit, wobei hier die Nähe zur Lyrik besonders evident ist. Das Drama erscheint selbstverständlich auch im Kontext der wichtigsten theatralischen Entwicklungstendenzen. Von folgenreichen Inszenierungen und bedeutenden Regisseuren ist wiederholt die Rede, aber Theatergeschichte ist nicht selbst Objekt dieses Überblicks.

Im Zusammenhang des überbordenden Kulturangebots ist auch die Konzentration auf bestimmte große Gattungsbereiche des Gedruckten, Aufgeführten, Gesendeten zu sehen. Von Essayistik und theoretischen Texten, von Literaturkritik und Polemik, von operativer Literatur, auch von Kriminalromanen und unterhaltsamer Literatur wird immer wieder gehandelt. Doch eine Geschichte der expositorischen Texte, der Sachliteratur und der Unterhaltungsliteratur als solcher wird hier nicht gegeben. Gesamtüberblicken, die alles dies gleichzeitig zu greifen versuchen, will dieser Band sich nicht an die Seite stellen. Im Bereich der literarischen «Innenzone» selbst wird die Entgrenzung der Gattungen nahezu in jedem Kapitel demonstriert. Daß dieser Prozeß seit dem 18. Jahrhundert andauert, ist ebenso evident wie die Tatsache, daß Autoren, Verlage, Leser/Zuschauer sich an Begriffen wie «Theaterstück», «Gedicht», «Erzählung», ja «Roman» immer wieder orientieren, und sei es nur, um gerade auf das Abweichende, die Grenzen Sprengende abzuheben. In dieser Funktion ist ein mittlerweile so vager Terminus wie «Roman» ein Element der literarischen Produktion selbst, ebenso wie bei der Aufnahme durch Leser. Nur in diesem orientierenden Sinne sind auch die Einteilungen der Großkapitel gemeint.

Es ist eine Erfahrung der beiden vergangenen Jahrzehnte, daß nahezu alle literaturhistoriographischen Projekte, ob sie weltliterarisch-komparatistisch, rezeptionsgeschichtlich oder – wie mehrere – «sozialgeschichtlich» ausgerichtet sind, in ihrer Grundgliederung auch für die Zeitspanne nach 1945 immer wieder die drei «klassischen» Gattungsbereiche durchscheinen lassen. Zwar wird dies mitunter vielfältig aufgelockert und durchkreuzt von thematisch-motivischen Kapiteln, von solchen zu Programmen und Tendenzen, zur Medienspezifik oder auch zu einzelnen Autoren. Doch fast überall bleibt ein gattungsbezogenes ‹Rückgrat› erkennbar, nicht aus bloßer Trägheit oder methodischer Konventionalität, sondern weil solche Orientierungen Realitäten der literarischen Kommunikation sind.

Darauf antwortet auch die vorliegende Literaturgeschichte, freilich mit dem nachdrücklichen Bestreben, die bei Bänden zur Nachkriegsliteratur nicht selten zu beobachtende verwirrende Additivik bloßer Längsschnittartikel zu vermeiden. Der synthetisierende Blick hat Vorrang, zumindest innerhalb eines jeweiligen Systems («West», «Ost») und im kontrastierenden Vergleich auch zwischen den Systemen. Querverbindungen zwischen den Kapiteln werden nicht ständig durch Hinweise ausdrücklich gemacht; deren Zahl ist bewußt klein gehalten. Andererseits soll prinzipiell von jedem Einzelkapitel aus der ‹Einstieg› möglich sein. Deshalb sind mitunter größere Komplexe, die in einem anderen Teil des Bandes ausführlicher erörtert werden, stichwortartig noch einmal zusammengefaßt. Die betreffenden Hauptpartien sind über das Personen- und Werkregister sowie über das detaillierte Inhaltsverzeichnis leicht aufzufinden.

Der Konstruktionscharakter aller Historiographie ist während der letzten Jahre mit neuer Grundsätzlichkeit, gelegentlich auch polemischer Zuspitzung, ins Bewußtsein gerufen worden. Manche haben ihn als Argument für die «Unmöglichkeit» von Literaturgeschichtsschreibung schlechthin ins Feld geführt. Als konzeptionell scheinbar weniger problematisch sind, auch für die Nachkriegsliteratur, zunehmend bloße Aufsatzbände und vor allem (für den Schul- und Hochschulunterricht besonders erwünscht) Interpretationensammlungen in den Vordergrund getreten. Zu ihnen versteht sich dieser Literaturgeschichtsband nicht als Konkurrenz oder gar als Widerspruch, sondern als komplementär innerhalb eines größeren Funktionszusammenhangs.

Interpretation und historiographische Überschau rücken einander wohl am nächsten in den Kapiteln zur Lyrik. Dort wird in den exemplarischen Zitaten Literatur am unmittelbarsten «anschaubar». Von dieser besonderen Möglichkeit, Textausschnitte in den Blick zu bringen, ist bewußt Gebrauch gemacht worden. Aber auch dort kann Analyse nur in ihren Resultaten zur Geltung kommen. Eine explizite Auseinandersetzung mit der – zu manchen Bereichen der Nachkriegsliteratur bereits hochdifferenzierten – Fachdiskussion muß grundsätzlich ausgeklammert bleiben. Wichtigere weiterführende Literatur ist in der Gesamtbibliographie genannt. Die Anmerkungen dienen ganz überwiegend dem Nachweis von Zitaten, sofern diese nicht ohnehin – etwa durch Angabe einer Dramenszene (im Haupttext) – leicht aufzufinden sind.

Der Band wendet sich in erster Linie an Orientierungsuchende, an fortgeschrittene Studierende, an Lehrer, an alle diejenigen, die über das notgedrungen Punktuelle der Tageskritik und über die ‹zünftigen› Fragestellungen der Literaturwissenschaft hinaus geschichtlichen Einblick gewinnen möchten. Natürlich sind jede Korrektur und jede konstruktive Kritik zur Verbesserung unseres Versuchs willkommen.

Daß ein Literaturgeschichtsband zu diesem Gegenstand und von dieser (relativen) Einläßlichkeit heute kaum noch von einem Einzelnen geschrieben werden kann, bedarf keiner ausführlichen Begründung. Dem gewiß bedenklichen Symptom fortschreitender Spezialisierung steht auch eine Chance gegenüber. Die Polyperspektive ist dem Darzustellenden selbst, der neuesten Literatur, durchaus adäquat. Und: Die Verfasser haben nahezu alle Kapitelentwürfe gemeinsam diskutiert und so auch das interne Kritikpotential zu nutzen gesucht. Formale Koordination und Plausibilität der Darlegung, nicht Einheitlichkeit der Sichtweise war dabei das Ziel. Individuelle «Handschriften», auch differierende Bewertungen sollten erkennbar werden.

Die Bereiche verteilen sich auf die Autoren wie folgt. Wilfried Barner hat das Vorwort, die Kapitel über das literarische Leben «West» und DDR, den Abschnitt über Erzählprosa «West» 1952–1959 sowie den «Epilog» formuliert, Alexander von Bormann die Kapitel über Lyrik «West», Manfred Durzak über Erzählprosa «West» seit 1959, Anne Hartmann über Lyrik der DDR, Manfred Karnick über Erzählprosa «West» 1945–1952, Thomas Koebner über das Hörspiel, Lothar Köhn über Erzählprosa der DDR, Jürgen Schröder über Drama und Theater «West» und DDR.

Die nicht geringe Entstehungsdauer unter wechselnden äußeren Bedingungen und im Zusammenwirken von immerhin acht Autoren verlangte einen langen Atem bei den Schreibenden, nicht zuletzt aber auf seiten des Verlages. Ernst-Peter Wieckenberg war der ermunternde Partner in der Anfangsphase, dann trat Raimund Bezold mit nicht nachlassender Geduld und Sorgfalt in den Arbeitsprozeß ein. Er beteiligte sich sogar an einer Reihe unserer Intensivsitzungen. Für deren finanzielle Unterstützung danken die Verfasser dem Verlag, dem ERASMUS-Programm und vor allem der Werner-Reimers-Stiftung mit ihrem Geschäftsführer Konrad von Krosigk (der nächtens sogar ihn interessierende Rohmanuskripte durchkorrigierte). Über so lange Zeit hin ging es nicht ohne mehrere Hilfskräfte, die vor allem in der Schlußphase aktiv waren: Désirée Bourger, Volker Depkat, Tobias Dünow, Hannes Fricke, Britta Herrmann und Susanne Roesch. Sie haben auch die Register erarbeitet. Nicht zuletzt sei Frank Möbus gedankt, der diese Arbeiten kurz vor Drucklegung zu koordinieren half.

VOM «NULLPUNKT» BIS ZUR ETABLIERUNG DER SYSTEME
(1945–1952)

I. DISZIPLINIERUNG, RESTAURATION, NEUE FREIHEITEN: LITERARISCHES LEBEN IM WESTEN (WESTZONEN, BUNDESREPUBLIK, ÖSTERREICH, DEUTSCHSPRACHIGE SCHWEIZ)

1. Literaturpolitik im Zeichen der «Re-education»

Nach der Reichsschrifttumskammer werde jetzt die «demokratisierende» Willkür der alliierten Zensurbehörden regieren: Diese bald mit Ingrimm, bald mit Resignation gehegte Erwartung bestimmte viele Deutsche während der letzten Kriegsmonate und dann unmittelbar nach der Kapitulation vom 8. Mai 1945. Würde es eine neue Bücherverbrennung geben, nun unter umgekehrten Vorzeichen? Würden die Siegermächte Entfaltungsraum gewähren oder jetzt, entsprechend den «Besatzungszonen» der Konferenz von Jalta (4. bis 11. Februar 1945), nur noch indoktrinieren, je nach ihren politischen Vorstellungen? Würde nicht gerade in dem Land, das auf seine «Dichter und Denker» so stolz ist, die Literatur mit besonderer Strenge kontrolliert werden?

Gewiß war zwischen Hunger und Arbeitssuche, Hamsterzügen und Trümmeraufräumen, Flüchtlingsströmen und Schwarzmarktpreisen der Gedanke an Literatur für die meisten nicht gerade der erste. Und von einem ‹literarischen Leben› im Sinne eines auch die Kontroverse zulassenden öffentlichen Austauschs hatte seit einem Jahrzehnt im «Reich» keine Rede mehr sein können.

Die Errichtung der Reichsschrifttumskammer unter Hanns Johst am 3. Oktober 1935 und die bald darauf folgende offiziöse Ersetzung der Literaturkritik durch die «Kunstbetrachtung» hatten alles neu zu Publizierende unter strikte Reglementierung durch die NSDAP gestellt. Zwar hatte es weiterhin die vieldiskutierten Refugien und verschlüsselten Texte der ‹inneren Emigranten› gegeben. Zwar war bekanntermaßen im Feuilleton der «Frankfurter Zeitung» bis zu deren Verbot im Jahre 1943 versucht worden, den totalitären Dirigismus zu unterlaufen. Doch in den beiden letzten Kriegsjahren war auch der gleichgeschaltete literarische ‹Betrieb› weitgehend zum Erliegen gekommen. Zum 1. September 1944 hatte Goebbels alle Theater schließen lassen. «Das gesamte schöngeistige Unterhaltungs- und verwandte Schrifttum ist stillgelegt worden.»[1] Die Buchproduktion, die 1938 noch 20 130 Neuerscheinungen gezählt hatte, war 1944 auf 5304 Titel zurückgegangen.

Es waren die «Klassiker», von Lessing über Goethe und Schiller bis zu Fontane, die in den Bücherschränken der nicht Ausgebombten oder Vertriebenen zunächst so etwas wie Kontinuität verbürgten; hier und da auch Werke aus der Weimarer Republik, von Thomas Mann bis zu Döblin. Und auf

Wiecherts *Das einfache Leben* oder Bergengruens *Der Großtyrann und das Gericht* konnte man wie auf geheime Botschaften zurückgreifen, die auch unter Hitler hatten erscheinen können.

Sobald jedoch literarisches Interesse sich auch außerhalb des bloß privaten Bereichs zu regen begann, in den wieder geöffneten Schulen und Theatern, im regional schon früh installierten Rundfunk; sobald junge Autoren oder auch als nichtbelastet eingestufte «innere Emigranten» neu Geschriebenes oder in den Schubladen Aufbewahrtes ins Publikum zu bringen versuchten, erwies sich die Macht der Apparate, die von den Militärverwaltungen in allen vier Besatzungszonen aufgezogen wurden.

Schon am 24. November 1944 hatte der oberste Befehlshaber der Alliierten Streitkräfte angeordnet, alle Massenmedien, insonderheit Funk, Presse und Verlagswesen, dem unmittelbaren Zugriff von Deutschen zu entziehen. Vier Tage nach der Kapitulation, am 12. Mai 1945, wurde die Entscheidung dahingehend modifiziert, daß die Besatzungsmächte nach sorgfältiger ideologischer Überprüfung an einzelne Deutsche Lizenzen vergeben konnten. Lizenzvergabe, Zensur und Papierzuteilung wurden für die nächsten Jahre die Hauptinstrumente der alliierten Kultur- und Literaturpolitik mit allen ihren internen Spannungen und Widersprüchen, aber auch den Schwankungen, die durch die wechselnden Konstellationen zwischen den politisch-militärischen Blökken veranlaßt wurden.

Die literaturpolitischen Voraussetzungen in den Mutterländern der einzelnen Siegermächte waren, über die Waffengemeinschaft hinaus, kaum vergleichbar. Ein geschlossenes Konzept, wie es das schon 1943 in Moskau gegründete «Nationalkomitee Freies Deutschland» (NFD) und speziell eine Arbeitskommission des Politbüros der Exil-KPD entwickelt hatten, existierte als quasi-offizielles Programm im Westen nirgends. Auch fehlte hier jene große, wenngleich in sich vielschichtige Remigrantengruppe um Johannes R. Becher und Alexander Abusch, Stephan Hermlin und Anna Seghers, die ein entsprechendes Konzept mit literarischem ‹Leben› hätte erfüllen können.

In Frankreich hatte es innerhalb der Résistance früh leidenschaftliche Debatten um das Vorgehen nach dem Sieg über Nazi-Deutschland gegeben. Die Mehrheit neigte de Gaulles These vom «ewig» unverbesserlichen Deutschen zu, eine sozialistische Minderheit war für «ré-éducation» im Rahmen einer künftigen europäischen Gemeinschaft. Ähnliche Fraktionierungen zeichneten sich in Großbritannien ab. In den Vereinigten Staaten hingegen regte sich, wo nicht die Grundidee des Morgenthau-Plans dominierte, bei manchen politischen Entscheidungsträgern so etwas wie ein spezifischer Ehrgeiz: angesichts des so oft aus Europa und zumal aus Deutschland gehörten Vorwurfs der «Traditionslosigkeit» und «Kulturferne» nun einmal gerade den so bildungsstolzen Deutschen zu demonstrieren, woher die Barbarei gekommen war und wer nunmehr für die Demokratie eintrat.

Hierbei schon das Potential der Kriegsgefangenenlager zu nutzen, war einer unter mehreren Wegen, die in den USA wie in der Sowjetunion begangen worden waren. Vor allem nach der Niederlage von Stalingrad (1943) hatten sich – oft genug unter massivem

Druck – nicht wenige dazu bewegen lassen, dem NFD oder dem antifaschistischen «Bund deutscher Offiziere» beizutreten und sich für eine «Demokratisierung» des besiegten Deutschland vorzubereiten. In den Kriegsgefangenenlagern auf amerikanischem Boden war zum Teil planmäßig versucht worden, Kader von «demokratisch» Gesonnenen zu bilden und ihnen in besonderen Camps eine Elite-Erziehung zukommen zu lassen, mit der sie als Promotoren des Neubeginns in Deutschland selbst tätig werden sollten. Diese Versuche wurden zu einem Stück Vorgeschichte der Gruppe 47.

Unter den Schlagworten «re-education» und «democratization» wurde der gemeinsame Nenner der alliierten – zunächst auch die Sowjets einschließenden – Besatzungspolitik früh zusammengefaßt. Seines pauschalen Charakters und seiner latenten oder auch offenen Schematik wegen geriet die Vorstellung früh in die Schußlinie der prinzipiellen Kritik oder auch des Spotts, nicht nur bei den Unbelehrbaren, sondern auch bei solchen, die auf langfristige Konsequenzen aus der deutschen Katastrophe hofften. Was sich für ein «Deutschland nach Hitler» an weitsichtigen – zum Teil auch illusionären – Plänen seit 1939 vor allem unter Exilierten im Westen herausgebildet hatte, vermochte in die offizielle Politik kaum Eingang zu finden. Der Akzent lag bei den alliierten Funktionären zumeist auf der planmäßigen «Produktion» einer neuen geistigen Haltung, zu deren Voraussetzungen zunächst das Verbot und die «Ausrottung» aller «nationalsozialistischen», «militaristischen», «rassistischen» Tendenzen, auch der Kritik an den Besatzungsmächten selbst, gehörten. Hier ließ sich am ehesten mit «administrativen» Mitteln eingreifen.

Wo ein politisches Erziehungsziel als Leitlinie hinzugesetzt wurde, erschien in der Regel «Demokratisierung» als Kernbegriff. In den Plänen des «Nationalkomitees Freies Deutschland» wurde die Formel von der «demokratischen Erneuerung» bereits 1943 für die Namengebung des «Kulturbundes» vorgesehen. Die Potsdamer Drei-Mächte-Konferenz formulierte dann Anfang August 1945: «Die Alliierten wollen dem deutschen Volk die Möglichkeit geben, sich darauf vorzubereiten, sein Leben auf einer demokratischen und friedlichen Grundlage von neuem wiederaufzubauen.»[2] Und das Konzept der «Umerziehung» wird sogar zwei Jahre später, in einer Direktive der Vereinigten Stabschefs, noch einmal ausdrücklich bestätigt: als «ein integraler Bestandteil der Politik, die helfen soll, eine demokratische Regierungsform zu entwickeln und eine stabile und friedliche Demokratie wiederherzustellen».[3]

Stärker als bei den französischen und britischen Nachbarn Deutschlands wurde bei den Amerikanern der Ehrgeiz erkennbar, den Prozeß der «democratization» vorzugsweise nach eigenen, amerikanischen Mustern auszurichten und dabei zugleich ein günstigeres Bild des eigenen Landes zu verbreiten. Eine merkliche Negativierung der Vorstellungen der Amerikaner und der Deutschen voneinander hatte schon aus den Jahren des Ersten Weltkriegs datiert. Besonders deutlich zeigte sich diese das eigene Image betreffende Tendenz an den bereits während des Sommers 1945 in einzelnen Städten eingerichteten amerikanischen Lesesälen und Büchereien, die seit Anfang 1946 um Information Centers erweitert worden waren und schließlich generell «Amerikahäuser» hießen. Die hierzu zeitlich parallel anlaufende Entnazifizierung (seit Frühjahr 1946) verstärkte bei manchen zusätzlich die Reserve,

ja die prinzipielle Allergie gegen eine solche Art der Umerziehung. «Wir sind
heute alles, was nach Schulung riecht (oder auch Umschulung), von Herzen
leid», hieß es mit erstaunlicher Offenheit schon 1946 in der Frankfurter Ausgabe des «Börsenblatts für den deutschen Buchhandel».[4] Auch unter den
Amerikanern selbst gab es Stimmen, die das Programm der «re-education» als
Gefährdung der Menschenrechte ansahen, es gar in die Nähe der Gehirnwä-
schen eines Goebbels rückten. Auf solche Kritik antwortend, verwendete man
vielfach den schwächeren Begriff «reorientation»; sogar eine Abteilung des
War Department in Washington wurde noch 1946 entsprechend umbenannt.

In allen drei westlichen Besatzungszonen war die Kultur- und Literaturpolitik von vornherein durch interne Spannungen und Kompetenzstreitigkeiten
geprägt, derentwegen die konkreten Vorgänge oft schwer durchschaubar
wurden. Die Richtlinien wurden im jeweiligen Heimatland entworfen, aber
die Situation ‹vor Ort› sah oft anders aus; auf Mentalitäten wurde in der
Zentrale wenig Rücksicht genommen. Noch im Dezember 1945 schrieb der
General Lucius D. Clay: «Es gibt keinen leichten Weg zur Demokratie. Die
Deutschen müssen diese Straße selbst finden, und die Lotsenwagen auf der
Straße müssen von Deutschen gefahren werden.»[5] Diese Überzeugung wurde
in Washington – wo es zudem immer wieder Kompetenzgerangel zwischen
War Department und State Department gab – durchaus nicht überall geteilt.
Die Franzosen bewiesen, seit der Informationsminister Jean Giraudoux 1940
eine eigene, mit Germanisten und anderen Deutschlandkennern besetzte Spe-
zialabteilung der Propaganda aufgebaut hatte, als unmittelbar europäische
Nachbarn in der Regel sehr viel mehr Geschick. In allen drei Besatzungszonen waren die Instanzen, die über Lizenz, Zensur und Papierzuteilung zu
entscheiden hatten, jeweils bei den Militärbehörden angesiedelt. In der amerikanischen Zone war die «Information Control Division» (ICD) direkt dem
«Office of Military Government for Germany US» (OMGUS) unterstellt.

Man hat sich angewöhnt, die Politik dieser Behörden, insbesondere die der
amerikanischen, in eine «negative» oder «korrektive» und in eine «positive»
oder «konstruktive» Phase aufzuteilen. Beides sind eher Tendenzen, die sich
schon früh überkreuzten. Zunächst ging es in der Tat darum, die öffentlichen
– und im Einzelfall auch privaten – Bibliotheken von «nazistischen», «militaristischen» und «rassistischen» Titeln zu säubern. Selbstverständlich durften
sie auf dem sich soeben wieder konstituierenden Markt nicht verkauft oder
gar neu produziert werden. Hitlers *Mein Kampf* und Rosenbergs *Der Mythus
des 20. Jahrhunderts* verschwanden aus dem Blickfeld, doch ebenso die meisten Bücher der Blunck, Dwinger, Johst, Kolbenheyer, Schumann, darunter
nicht wenige schon vor 1933 erschienene Titel – jedenfalls offiziell und vorerst.

Während in der sowjetischen Besatzungszone die Liste der auszusondernden Literatur über 30 000 Nummern umfaßte, begnügten sich die Amerikaner mit einer exemplarisch verfahrenden, nur als Anleitung dienenden *Illustrative List of National*

Socialist and Militarist Literature mit nur etwa 1000 Titeln. Wo die konkrete Säuberungsarbeit an einzelnen Orten von Deutschen übernommen wurde, betätigte sich nicht selten ein mitunter charakteristischer kurioser Übereifer. Die Stadtbibliothek von Weißenburg in Franken war 1934 schon von 10 000 auf 3000 Bände geschrumpft. Jetzt blieben nur noch ein paar hundert Titel übrig. Unter den ausgesonderten befanden sich nicht nur solche von Rudolf G. Binding und Ernst Jünger, sondern auch Detlev von Liliencrons *Kriegsnovellen* von 1895 und Fritz Steubens Indianerbuch *Der fliegende Pfeil*, ja sogar das *Nibelungenlied* und die Lieder Walthers von der Vogelweide – eben weil die Nazis sie zu ihren Zwecken usurpiert hatten.

Fundamentaler noch für den Prozeß der verordneten «Umerziehung» und «Demokratisierung» war die Neuordnung des Schulwesens. Nicht nur, daß viele Schulgebäude zerstört waren und ein geregelter Unterricht erst allmählich stattfinden konnte. Bei der inhaltlichen Orientierung – auch des Literaturunterrichts – ging es um Lehrpläne *und* Lehrer. An manchen Schulen waren bis zu 60 Prozent der Lehrer Mitglieder der NSDAP gewesen. Informelle, verkürzte Überprüfungsverfahren, noch vor der eigentlichen «Entnazifizierung», mußten der Rekrutierung eines geeigneten «Personalstamms» dienen. Innerhalb der amerikanischen Zone wurde in Aachen, das als eine der ersten deutschen Städte von Westen her besetzt worden war, bereits am 4. Juni 1945 wieder eine Schule eröffnet.

Für den Literaturunterricht der frühen Übergangszeit in den Westzonen galt grundsätzlich, daß die Nazi-Lehrpläne offiziell außer Kraft gesetzt waren, daß sie jedoch faktisch in den Köpfen der Unterrichtenden zumindest zu großen Teilen weiterfunktionierten. Bei der Lektüre bildeten den wichtigsten Reservatbereich, in dem kaum «gesäubert» werden mußte, die «Klassiker»: Lessing, Goethe, Schiller, Keller, Meyer, Storm, Raabe, Fontane – mit variablen Erweiterungen. Textausgaben konnten hier, sofern sie sich in Schulbibliotheken und Elternhäusern erhalten hatten, zumeist unverändert übernommen werden. Zur Klassikerlektüre trat da und dort diejenige von Texten «innerer Emigranten» (bzw. derer, die als solche galten): Bergengruen, Carossa und vor allem Ernst Wiechert, der als ehemaliger KZ-Häftling noch im Herbst 1945 mit seinen Reden *An die deutsche Jugend* zu einer der ersten Autoritätspersonen der Nachkriegszeit aufstieg.

Während solche Rekurse auf Unverdächtiges von den Militärbehörden geduldet wurden, zeigten – über den Schulbereich hinausgehend – insbesondere die amerikanischen Übersetzungsprogramme bereits neue Tendenzen. Von der Annahme eines «cultural gap» zwischen 1933 und 1945 ausgehend, begann die ICD schon 1946 mit einem extensiven Angebot. Für geeignete Titel wurden Übersetzerhonorare bereitgestellt und die Publikation deutschen Verlegern mit schon erteilter Lizenz angeboten. Als Auswahlkriterien galten die Förderung des demokratischen Bewußtseins, ein vorteilhaftes Amerika-Bild, aber auch «intrinsic merit and value».

Auf diesem Wege fanden nicht nur vorzugsweise Biographien und Memoiren großer amerikanischer Präsidenten (Lincoln, Franklin, Jefferson u. a.)

sowie politologische und historische Bücher erstmals zu deutschen Lesern – darunter jungen Autoren –, sondern auch etwa T. S. Eliots Gedichte und Essays, Hemingways *In einem anderen Land* und *Wem die Stunde schlägt.* Ungefähr ein Viertel der übersetzten Titel gehörten zur «schönen Literatur». Die amerikanische Besatzungsmacht vermittelte dabei insgesamt vielfältigere literarische Anregungen als die sowjetische, die in ihrem Machtbereich mit Werken von Gorki bis Majakowski und von Scholochow bis Ostrowski überwiegend Exempel des «sozialistischen Realismus» propagierte.

Besondere administrative Wirkungsmöglichkeiten in die Öffentlichkeit hinein bot die Aufsicht der alliierten Militärbehörden über die Theater. Seit September 1944 war in Mitteleuropa das Zürcher Schauspielhaus die einzige Bühne von Rang gewesen, die noch ein deutschsprachiges Programm bot. Im Vergleich zu den Bibliotheken und den Schulen – auch den Universitäten und den Verlagen und Buchhandlungen – blieb also in den Theatern weniger unmittelbar etwas «zu säubern» oder zu «reorientieren». Um so spürbarer war der «Hunger» nach Theater vor allem in den großen Städten, wo noch im Winter 1945/46 unter oft entbehrungsreichen Bedingungen der Spielbetrieb wieder aufgenommen wurde.

Daß auch hier die alliierten Behörden gegen ein Zurückgreifen auf *Nathan, Iphigenie* und *Wilhelm Tell* unter Gesichtspunkten der «Demokratisierung» nichts einzuwenden hatten, liegt auf der Hand – selbst wenn mancher Zuschauer seine eigene Apologie des «besseren» Deutschland dabei mitgedacht haben mag. Unter den Westalliierten waren es wiederum die Amerikaner, die ein besonders ausgeprägtes Theater-Übersetzungsprogramm realisierten. Mit Thornton Wilders *Unsere kleine Stadt* und *Wir sind noch einmal davongekommen,* mit Eugene O'Neills *Trauer muß Elektra tragen* und Tennessee Williams' *Endstation Sehnsucht* – alles Stücke, die zugleich auf unmittelbare Gegenwartsbedürfnisse des deutschen Publikums antworteten – brachte die amerikanische Theaterpolitik Werke auf die Bühne, die dann zu den größten Nachkriegserfolgen wurden. Franzosen und Engländer gingen zwar weniger gezielt mit überwiegend «positiven», «aufbauenden» eigenen Theatertexten vor. Gleichwohl waren in der französischen Zone Anouilh, Cocteau, Gide, Giraudoux und Sartre, in der britischen Zone Auden, Greene, Huxley und Mansfield besonders stark durch Neuübersetzungen vertreten. Sie wurden zum Teil erstmals überhaupt in Deutschland bekannt.

2. Orientierungssuche, öffentliche Medien, «junge Generation»

Alliierte Literatur- und Theaterpolitik bedeutete zunächst *auch* ein Stück Wieder-Öffnung zur westlichen Literaturentwicklung hin, von der sich Nazi-Deutschland seit 1933 in Stufen abgeschnitten hatte, verstärkt 1934/35 und dann noch einmal mit dem Kriegsausbruch 1939. Die Rückkehr namhafter Exilschriftsteller nach Ostberlin – auch aus westlichem Exil – repräsentierte einen wichtigen Schritt in diesem Prozeß. Alfred Döblin war in den Westzonen fast die einzige herausragende Prestigefigur, und er kam noch dazu als französischer Kulturoffizier ins Land (9. November 1945). Hermann Hesse, der Nobelpreisträger des Jahres 1946, lebte bereits seit 1919 im Tessin. Thomas Mann, Nobelpreisträger von 1929, hatte nicht nur durch öffentliche Verachtung Hitlers, sondern zunehmend auch durch Kritik am Verhalten der Deutschen, besonders in seinen Radioreden *Deutsche Hörer!* (seit Oktober 1940, über die BBC) eine Schlüsselstellung in der internationalen Diskussion um die «Schuldfrage» gewonnen.

Nur aus dieser besonderen Konstellation von weltweiter Reputation und fundamentaler politischer Kritik Thomas Manns und kulturellem Prestigedenken wie gebrochenem Selbstwertgefühl vieler Deutscher ist die andauernde Heftigkeit zu verstehen, mit der nach 1945 die Debatte um Thomas Manns Rückkehr geführt wurde (auch «Große Kontroverse» genannt).

Zehn Tage nach der Kapitulation, am 18. Mai 1945, erschien in der von den Amerikanern herausgegebenen «Bayerischen Landeszeitung» ein Artikel Thomas Manns, in Santa Monica/Kalifornien geschrieben, unter dem Titel *Über die deutsche Schuld.* Deutschland stehe da als «Abscheu der Menschheit und Beispiel des Bösen». Die Befreiung von der totalen «Korruption» habe nur «von außen kommen» können. «Die Macht ist verspielt.» Aber: «Deutsch war es einmal und möge es wieder sein: Der Macht Achtung abzugewinnen durch den menschlichen Beitrag zum freien Geist.»[6]

An diesem Punkt setzte Walter von Molo mit seinem rasch bekannt gewordenen «Offenen Brief» an, der am 8. August in der «Berliner Allgemeinen Zeitung» und in anderen Publikationsorganen erschien. Von Molo war bis 1933 Präsident der Sektion für Dichtkunst der Preußischen Akademie gewesen, der auch Thomas Mann angehört hatte. Durch mancherlei literaturpolitische Aktionen der Weimarer Zeit, auch mit Thomas Mann gemeinsam, sah er sich zur Anknüpfung besonders legitimiert: «Bitte, kommen Sie bald und geben Sie den zertretenen Herzen Trost durch Menschlichkeit und den aufrichtigen Glauben zurück, daß es Gerechtigkeit gibt [...] Suchen wir wieder gemeinsam – wie vor 1933 – die Wahrheit, indem wir uns alle auf den Weg zu ihr begeben und helfen, helfen, helfen!»[7]

Den Adressaten Thomas Mann kostete die Antwort auf diesen sogleich in alle Welt verbreiteten Umarmungsversuch nach eigenem Bekunden ungewöhnliche Mühe. Mittlerweile brachte die «Münchner Zeitung» am 18. August einen Aufsatz *Die innere Emigration* von Frank Thiess, dem Verfasser vor allem historischer Romane, der wie von Molo in Deutschland geblieben war und nach anfänglicher Hitler-Begeisterung zunächst in Rom, dann wieder in Österreich gelebt hatte. Er warf Thomas Mann vor, daß er auf von Molos offenen Brief schweige, er, der auch die «inneren Emigranten» angegriffen habe, für die es doch «schwerer» gewesen sei, «sich hier seine Persönlichkeit zu bewahren, als von drüben Botschaften an das deutsche Volk zu senden». Es fiel das scharfe Wort von den «Logen und Parterreplätzen des Auslands», von denen aus man «der deutschen Tragödie zuschaute».[8]

Thomas Manns Antwort auf von Molo stand zuerst am 28. September im New Yorker «Aufbau», am 12. Oktober im «Augsburger Anzeiger» (dann in anderen Zeitungen): «Warum ich nicht nach Deutschland zurückkehre!» Die Skala der von ihm genannten Motive reichte von den verletzenden Attacken, die ihn während der zwölf

Jahre aus Deutschland erreicht hatten, über das schwer errungene Fußfassen im Exil bis
zu der Abneigung, gewissen Paktierern in Deutschland wieder begegnen zu müssen.
Bei der Frage nach den Schriftstellern, die in Deutschland geblieben sind, wurde Thomas Mann hart und pauschal: «Es mag Aberglauben sein, aber in meinen Augen sind
Bücher, die von 1933 bis 1945 in Deutschland überhaupt gedruckt werden konnten,
weniger als wertlos und nicht gut in die Hand zu nehmen. Ein Geruch von Blut und
Schande haftet ihnen an. Sie sollten alle eingestampft werden.»⁹
    Damit war die Kontroverse erst eigentlich eröffnet. Durch die Zeitungen und Zeit-
schriften des In- und Auslandes ging es in den nächsten Monaten mit Briefen, Artikeln,
Erklärungen hin und her. Daß gerade die Prestige- und Hoffnungsfigur, die Thomas
Mann für viele darstellte, solchermaßen auf Abgrenzung, ja Verurteilung aus war,
weckte Enttäuschung bei den einen, verstärkte die Ressentiments bei den anderen, rief
auch Verteidiger und Vermittler auf den Plan. Selbst Johannes R. Becher wandte sich
am 26. Januar 1946 als Präsident des «Kulturbundes» – mit offiziellem Briefkopf – an
Frank Thiess. Noch Jahre wirkte die Kontroverse nach.

    Der «Fall Thomas Mann», wie er bald genannt wurde, illuminierte grell die
ungelösten Probleme: die Gräben zwischen «drinnen» und «draußen», die
wechselseitige Unkenntnis, die Verletztheiten und eingeschliffenen Attitü-
den, vor allem aber die tiefe Verunsicherung im Westen Deutschlands, die
zwischen Versöhnungswünschen, purer Verdrängung und schroffer Selbst-
verteidigung oszillierte. Bei der großen Mehrheit der literarisch Interessierten
waren die Barrieren gegenüber der Exilliteratur insgeheim hoch, wurden
durch Thomas Manns Reaktion eher noch verstärkt. Daß die «inneren Emigranten» wie Carossa und Bergengruen und Thiess und Wiechert für die
Lektüre verfügbar waren – bald auch wieder gedruckt wurden – und Trost
oder gar Rechtfertigung spendeten, weckte wiederum tiefen Argwohn bei
dem kritischen Teil der «jungen Generation», wie sie sich um die Zeitschrift
«Der Ruf» versammelte (und die den zunächst kleinen Kreis der Gruppe 47
konstituierte).
    Im Mai 1946 unternahm der gerade 35 jährige Max Frisch eine Reise nach
Deutschland, begegnete Intellektuellen und Künstlern, aber auch den Realitäten der Zerstörung, des Hungers und des Besatzungszustandes.

«Was geschehen müßte? Das erste ist Nahrung, die allerdings auch bei den Siegern
teilweise fehlt, und das andere, was man vorschlagen möchte, wäre die Erlaubnis für
junge Deutsche, daß sie für einige Zeit in andere Länder reisen können. [...] es fehlt die
Entfernung; sie sehen die Besatzung, deren Fehler sie als eigenes Alibi verwenden, und
fast niemand, der dort lebt, entgeht diesen augenscheinlichen Verwechslungen von
Ursachen und Folge.»¹⁰ Der Schweizer Max Frisch, der den Nationalsozialismus und
den Krieg aus nicht ganz ungefährdeter Nachbarschaft schon als Erwachsener wahrgenommen hatte, beobachtete immer wieder vor allem Rechthaberei und Selbstbemitlei-
dung. Öffentliche Äußerungen wie das Stuttgarter Schuldbekenntnis evangelischer
Kirchenleute vom Oktober 1945 blieben vereinzelt, sie repräsentierten nicht die Mehrheit. An Karl Jaspers' politischer Schrift *Die Schuldfrage* (1946) sah man vorzugsweise
die Ablehnung der Kollektivschuldthese, viel weniger die Annahme einer politischen
«Haftung».

Die alliierten Militärbehörden hatten immerhin mittlerweile – zumindest im Westen – ein öffentliches Kommunikationssystem zugelassen, ja gefördert, dessen Toleranzbreite nicht selbstverständlich war. Debatten wie die um die Schuldfrage oder um die Rückkehr Thomas Manns erreichten bereits Millionen. Als frühestes Massenmedium erreichte der Hörfunk (nach einigen Monaten alliiert verordneter «Funkstille» für die Volksempfänger) schon im Sommer 1945 wieder Funktionsfähigkeit. 1946 wurden bereits 5,4 Millionen Empfangsgenehmigungen erteilt (sie stiegen dann bis 1952 auf 11,5 Millionen). Über keinen anderen Kanal erreichten Nachrichten, auch etwa Verlautbarungen der Besatzungsmächte und Propagandasendungen, die Bevölkerung so rasch wie über den Hörfunk. Es ist auch bezeichnend, daß Wolfgang Borcherts *Draußen vor der Tür* bereits am 13. Februar 1947 vom Nordwestdeutschen Rundfunk Hamburg als Hörspiel gesendet wurde, noch bevor es als Theaterstück seinen einzigartigen Weg über die deutschen Bühnen antrat.

Aus prinzipiell ähnlichen Gründen erklärt sich die vielbesprochene «Blüte» der Zeitungen und Zeitschriften. Über gezielte Lizenzvergabe suchten von früh an alle drei Westalliierten, diesen Medienbereich für ihre Ziele zu nutzen. Neben den sogenannten «Armeegruppen-Zeitungen», in deutscher Sprache für Deutsche herausgegeben, erschienen immer mehr Periodika auch unter deutscher Regie. Als erste deutsche «Lizenz-Zeitung» erschienen bereits im Januar 1945 die *Aachener Nachrichten*, es folgte am 31. Juli 1945 die *Frankfurter Rundschau* am Ort des amerikanischen Hauptquartiers, am 2. April 1946 in Hamburg *Die Welt* als Blatt für die britische Zone. Bezeichnenderweise zweisprachig, und damit das eigene Nationalprestige betonend, waren die *Nouvelles de France* gehalten, deren Lizenz am 15. September 1946 in Baden-Baden erteilt wurde.

Daß man als Lizenzträger möglichst früh schon «zuverlässige» und geeignete Deutsche zu gewinnen suchte, ist ebenso einleuchtend wie die Tatsache, daß diese Spezies nicht leicht aufzufinden war. Dies galt im übrigen auch für Verlagslizenzen. Lambert Schneider berichtet, daß man ihn in Heidelberg eigens mit einem Militärfahrzeug zur Entgegennahme der Urkunde transportiert habe, ihn fast nötigend. Und dem später so erfolgreichen Verleger Gerd Bucerius ist nach eigenem Bekunden die Lizenz für *Die Zeit* (seit Februar 1946) von den Briten nachgerade aufgedrängt worden.

Bei der Weichenstellung der Anfänge spielten Deutsche oder Deutschsprachige, die in der Emigration die Staatsbürgerschaft einer der alliierten Mächte angenommen hatten, eine herausgehobene Rolle.

Amerikanischer Presseoffizier war Hans Habe, der die Armeegruppen-Zeitungen leitete und dann Chefredakteur der Münchner *Neuen Zeitung* (vormals *Münchner Zeitung*) wurde, einer der wichtigsten frühen Tageszeitungen überhaupt (Erich Kästner ist seit Herbst 1945 für das Feuilleton verantwortlich). Habe suchte dort bewußt den Dialog mit den Lesern; nach amerikanischem Vorbild wurden sie zum Schreiben von

Briefen an die Herausgeber animiert. Dem Herausgeberkreis gehörte zunächst auch Stefan Heym an, der 1933 ins amerikanische Exil gegangen war; er schrieb den Leitartikel («Fassungsvermögen») der zweiten Nummer.

Für die Zeitung *Neues Österreich* verpflichteten analog die Sowjets, die zunächst Wien allein besetzt hielten, den aus dem Moskauer Exil zurückgekehrten Ernst Fischer; die erste Nummer erschien noch am 23. April 1945. Zu seinen Mitherausgebern zählte er Leopold Figl (den späteren österreichischen Bundeskanzler), Paul Hörbiger und – als Signal des Pluralismus – Monsignore Jakob Fried. Den Feuilletonteil, der bald große Bedeutung für die österreichische Literaturszene erhalten sollte, leitete der Schriftsteller und bekannte Theaterkritiker Oskar Maurus Fontana (der schon 1946 Präsident des österreichischen PEN-Clubs wurde).

Als britischer Presseoffizier kam der nach Großbritannien emigrierte Schriftsteller Peter de Mendelssohn ins besetzte Berlin. Und der junge Hans Wallenberg, Sohn des früheren Chefredakteurs der Berliner *BZ am Mittag,* gab dort für die Amerikaner die rasch weitverbreitete *Allgemeine Zeitung* heraus – Pendant zur *Neuen Zeitung* im Süden.

Nach solchem Muster wurde von den Besatzungsmächten zum Teil über Remigranten ein beträchtliches schriftstellerisches Potential in das Zeitschriftenwesen der frühen Nachkriegszeit und damit zunächst auch in das literarische Leben eingebracht. Gewiß waren es im Westen meist Autoren der zweiten Garde, verglichen mit einigen, die in den Osten zurückkehrten (Becher, Brecht, Seghers, Zweig u. a.). Um so mehr Aufmerksamkeit erregte es, als im September 1946 das erste Heft der Monatszeitschrift *Das Goldene Tor* erschien, herausgegeben von dem damals in Baden-Baden amtierenden französischen Kulturoffizier Alfred Döblin.

Diesem Typ der kulturpolitisch-literarisch-politischen Halbmonats-, Monats- oder Zweimonatsschrift zuzurechnen, waren zu jenem Zeitpunkt schon andere Gründungen vorausgegangen: noch im November 1945 *Die Wandlung* (herausgegeben von Dolf Sternberger unter Mitwirkung von Karl Jaspers, Werner Krauss und Alfred Weber, im Verlag des frisch lizenzierten Lambert Schneider in Heidelberg erschienen), im Dezember 1945 *Die Gegenwart* (Herausgeber: unter anderen Robert Haerdter und Benno Reifenberg, später auch Wilhelm Hausenstein, Friedrich Sieburg, Dolf Sternberger), im April 1946 *Die Fähre/Literarische Revue* (Willi Weissmann), im gleichen Monat die *Frankfurter Hefte* (Eugen Kogon und Walter Dirks), im August 1946 *Der Ruf* (Alfred Andersch und Hans Werner Richter) – ähnlich dann seit Juli 1947 *Ost und West,* womit Alfred Kantorowicz in Berlin zwischen den sich verhärtenden Blöcken auch literarisch eine Brücke zu schlagen suchte.

Döblins *Das Goldene Tor* war zwar schon vom Titel her durch Erfahrungen des amerikanischen Exils geprägt (Gründung der Vereinten Nationen im Oktober 1945 in San Francisco, am Golden Gate, von Döblin aus der Nähe beobachtet). Und der Herausgeber nutzte seine Kontakte aus jener Zeit bei der Gewinnung von Beiträgern (u. a. Brecht, Feuchtwanger, Kesten, Heinrich Mann, Ludwig Marcuse). Doch wird die Ägide der französischen Besatzungsmacht unter anderem darin erkennbar, daß man regelmäßig über Neuerscheinungen aus der französischen Zone berichtete und Überblicke zur französischen Gegenwartsliteratur gegeben wurden. Aber dominant war dies keineswegs. Vielmehr wurde schon im 1. Heft der ‹weltliterarische› Blick betont, der durch das «goldene Tor» den Reichtum des lange Ausgeschlossenen nach Deutschland hineintragen sollte: Chinesisches, Amerikanisches, Südamerikanisches, Italienisches usw. Der Vermittlung von Texten der Exilschriftsteller, auch derer, die in den Osten gegangen waren (etwa Becher und Hermlin), galt Döblins Streben ebenso wie der «jungen», «neuen» deutschen Literatur (Borchert, Kasack, Kreuder, Krolow, Weyrauch u. a.). Diese Vielfalt und Offenheit veranlaßte Helmut Heißenbüttel noch 1981 zu dem Resümee: «Dieses Muster einer möglichen literarischen und politischen Zeitschrift, das mit der Währungsreform Opfer des wirtschaftlichen Fortschritts wurde, ist bis heute nicht aufgeholt worden.»[11]

Die Programmatik Döblins freilich, wie sie nicht nur im 1. Heft erkennbar wird, ist von einer bezeichnenden Vagheit, die möglichst viel «Wertvolles», «Humanes» in einer noch wenig definierten kulturpolitischen Situation aufgreifen und fördern möchte: «Golden strahlt das Tor, durch das die Dichtung, die Kunst, der freie Gedanke schreiten», so beginnt das Geleitwort.[12] Es geht um eine neue «Aufklärung» (ein Artikel über Lessing schließt sich bezeichnenderweise an), doch um eine christlich gefaßte, wie die nächsten Hefte immer deutlicher zeigten. Döblin selbst war freilich von der Indolenz der Mehrheit der Deutschen zunehmend enttäuscht.

Die *Frankfurter Hefte*, von Eugen Kogon und Walter Dirks seit April 1946 in einer wieder regen Großstadt herausgegeben, in der sich am raschesten amerikanisierenden unter den deutschen Städten, richteten sich von vornherein entschiedener auf politische Kritik und auf die Etablierung einer deutschen Demokratie aus. Das katholische Engagement war eher kirchendistanziert, die Gesellschaftsvorstellung sozialistisch geprägt. Unter den literarisch bemerkenswerten Beiträgern der ersten Jahrgänge waren manche späteren Mitglieder der Gruppe 47: Alfred Andersch, Walter Maria Guggenheimer, Hans Mayer, Friedrich Minssen und andere. Der Rezensionsteil berücksichtigte ausführlich die Belletristik. Die Auflage stieg früh auf 75 000, diese «Zeitschrift für Kultur und Politik» (Untertitel) war eine der wenigen, der die Währungsreform und dann das ‹Wirtschaftswunder› nicht den Garaus machten.

Der Ruf mit seiner Vorgeschichte auf amerikanischem Boden, von Alfred Andersch und Hans Werner Richter begründet, aber nicht einmal für einen ganzen Jahrgang herausgegeben, war die resonanzreichste unter den frühen Nachkriegszeitschriften (Auflage angeblich zeitweise 120 000).

Entsprechend der Konzeption einer «demokratisierenden» Kaderbildung – bis zu einem gewissen Grade vergleichbar der Moskauer Sozialistengruppe seit 1943 – hatte man in den amerikanischen Kriegsgefangenenlagern gezielt nach zuverlässigen, möglichst schreibgewandten, demokratisch eingestellten Jüngeren gesucht. Mit einem doppelten Ziel: Sie sollten nach Kriegsende als politische Elite ins besetzte Deutschland geschickt werden und so der «re-education» oder «democratization» als Deutsche aktive Unterstützung bieten. Mit diesem Ziel wurden sie zwecks politischer, kultureller, «demokratischer» Schulung in Spezialcamps wie Fort Getty und Fort Kearney (Rhode Island) oder Van Etten (New York) zusammengezogen. Aus diesem Kreis, der nicht zuletzt Informationen über die neueste amerikanische Literaturentwicklung erhielt, wurden auch die Redakteure von Kriegsgefangenenzeitschriften rekrutiert, die der «Umerziehung» deutscher Soldaten schon in den USA dienen sollten: darunter «Der Ruf», vom 1. März 1945 an in wechselnder Verantwortlichkeit bis zum 1. April 1946 unter den Gefangenen verbreitet. Hier begegneten zum ersten Mal, teils schon in Zusammenarbeit als Herausgeber, Namen von Schriftstellern und Publizisten, die sich später in der Gruppe 47 wiederfanden: Alfred Andersch, Walter Maria Guggenheimer, Gustav René Hocke, Walter Kolbenhoff, Walter Mannzen, Hans Werner Richter.

Im August 1946, als die meisten nach Deutschland zurückgekehrt waren, erhielt einer aus ihrem Kreis, Curt Vinz, in München eine amerikanische Lizenz für eine «demokratische» Zeitschrift auf deutschem Boden: «Der Ruf». Untertitel: «Unabhängige Blätter der jungen Generation». Die erste Nummer erschien am 15. August. Das Adjektiv «unabhängig» zielte zuallererst auf die Distanz gegenüber der Besatzungsmacht. Schon die ersten Hefte ließen erkennen, daß es den Herausgebern – und einem rasch wachsenden Freundes- und Beiträgerkreis – um einen «Sozialismus» *zwischen* den Blöcken ging, nicht um Kapitalismus und nicht um Stalinismus. «Antifaschismus» war der weiteste gemeinsame Nenner – wie im Osten Deutschlands, aber ohne sowjetische Patronage. Die Analysen der gesellschaftlichen Situation, der Ökonomie, des Erziehungswesens bis hin zu den Universitäten waren oft scharf, unerbittlich, ja polemisch.

Gedichte, Reportagen und Erzählprosa, die im «Ruf» abgedruckt wurden, stammten überwiegend von Kriegsheimkehrern: Andersch, Eich, Hocke, Kolbenhoff, Krolow, Horst Lange, Richter, Schnurre. Die noch vage Literaturprogrammatik zentrierte sich um «Realismus», «Wahrheit», «Illusionslosigkeit». Der charakteristische Gegenbegriff, der vor allem die ziselierte Formkunst mancher ‹innerer› Emigranten treffen sollte, wurde durch den gelernten Romanisten Gustav René Hocke in die Diskussion gebracht: «Kalligraphie».[13] Das berührte sich charakteristisch mit der Warnung von der «Überbewertung der Form», wie sie in der früheren SBZ und vereinzelt beim Berliner Schriftstellerkongreß vom Oktober 1947 laut wurde.

Das Selbstbewußtsein der sich als «junge Generation» Verstehenden war hierbei unüberhörbar. Als sie aus Krieg und Gefangenschaft zurückkehrten, wurde das öffentliche Wort von den «Älteren» geführt. Die Kontroverse um Thomas Mann war auch hierin repräsentativ. Der, an dem sie sich entzündete, war bereits 70 Jahre alt; Walter von Molo 65, Frank Thiess 55; von den anderen öffentlichen Disputanten war Edwin Redslob 61, Otto Flake 65, Wilhelm Hausenstein 63: ausnahmslos Autoren, die ihre literarische Karriere lange vor 1933 begonnen und innerhalb oder außerhalb Deutschlands fortgesetzt hatten (einschließlich des aus Ostberlin als Kulturpräsident sich beteiligenden Johannes R. Becher). Jaspers' leidenschaftlich diskutierte Schrift *Die Schuldfrage* war das Buch eines 63jährigen. Und als Ernst Wiechert am 11. November 1945 im Münchner Schauspielhaus seine große *Rede an die deutsche Jugend* hielt, war er fast 70 Jahre alt.

Allenthalben Reden *an* die Jugend, Appelle *an* sie, Einreden *auf* sie. Die Älteren beanspruchten den Überblick, die Erfahrung. Einige von ihnen zeigten schon bald Sicherheit, sich wieder in der Öffentlichkeit zu bewegen, sich der Medien ‹freier› zu bedienen. Woher sollten es die Jüngeren gelernt haben? Zu viele waren von der Schulbank weg oder aus dem Hörsaal in den Krieg geholt worden. Sie hatten nie Gelegenheit oder gar Anleitung erhalten, schreibend oder redend freie, öffentliche Kommunikation zu üben. Wer wie Heinrich Böll 1939, gleich zu Kriegsbeginn, nach Reichsarbeitsdienst und für kurze Zeit begonnenem Studium zur Wehrmacht einberufen worden war, näherte sich bei Kriegsende schon den Dreißigern. In einer auch literarisch besonders aufnahmebereiten Periode der eigenen Entwicklung von der Kriegsmaschinerie erfaßt zu werden – das hatte den natürlichen Generationenabstand bis zum Generationenbruch verstärkt. Sie waren längst nicht mehr «junge» Generation im Wortsinn, die da 1945/46 aus dem Krieg heimkehrten und sich, trotz vereinzelter literarischer Anfänge vor 1939 oder gar vor 1933, doch als *eine* Generationengemeinschaft verstanden. Alfred Andersch und Arno Schmidt mit 31, Hans Werner Richter mit 33, Walter Kolbenhoff mit 37, Günter Eich und Wolfgang Weyrauch mit 38, aber auch Heinrich Böll mit 28 und Wolfdietrich Schnurre mit 25, Wolfgang Borchert mit 24.

«Warum schweigt die junge Generation?» überschrieb Hans Werner Richter einen programmatischen Artikel, der am 1. September 1946 in Heft 2 des «Rufs» erschien. Er begann mit den Sätzen:

> «Selten in der Geschichte eines Landes, das einen Krieg und mehr als einen Krieg verlor, hat sich eine derartige geistige Kluft zwischen zwei Generationen aufgetan, wie heute in Deutschland. In Deutschland redet eine Generation, und in Deutschland schweigt eine Generation. [...] Eine Generation schweigt! Sie schweigt, weil man sie nicht verstehen will; sie schweigt, weil sie nicht verstehen kann.»[14]

Die Distanz zu den Literaturpolitik betreibenden Besatzungsmächten war kaum geringer, trotz der «demokratischen» Perspektiven, die einige der «Jungen» schon in Gefangenschaft erhalten hatten. Längst begannen sich andere, welt- und machtpolitische Tendenzen vor jene Anfänge zu schieben.

3. Ressentiments und Kalter Krieg

Als im Frühjahr 1946 die förmliche «Entnazifizierung» mit Fragebögen, Persilscheinen und Spruchkammerverfahren begonnen hatte, als im September/Oktober 1946 die Nürnberger Prozesse gegen die «Hauptkriegsverbrecher» nicht ohne taktische Willkür und mit Schonung vieler tatsächlich Verantwortlicher zu Ende gingen, ergaben sich eigentümliche Koalitionen. Die Ressentiments der Unbelehrbaren schienen sich mit der Kritik der «Demokraten» am unlauteren Verfahren zu treffen. Andersch und Richter und ihre Beiträger scheuten sich nicht, auch solch offene Fragen im «Ruf» anzusprechen. Früh ließen sie erkennen, daß «Europa», insonderheit das «junge Europa» ihre Hoffnung bestimmte (so Andersch bereits in Nr. 1 vom 15. August 1946). Vorstellungen von einem «humanen Sozialismus» für Europa – mit Deutschland als «Brücke» zwischen Ost und West – wurden freimütig geäußert, auch solche von der «Sozialisierung» der Monopolbetriebe, wie sie im Februar 1947 sogar ins «Ahlener Programm» der rheinisch-westfälischen CDU aufgenommen wurden.

Die enorme Resonanz des «Rufs» (manche forderten bereits eine «Ruf»-Partei) wurde den amerikanischen Militärbehörden bei *dieser* Tendenz unheimlich. Im April 1947 wurde dem Verleger Curt Vinz unmißverständlich mit dem Entzug der Lizenz gedroht, falls er die Redakteure Andersch und Richter nicht auswechsle (die verbreitete Version vom «Verbot» des «Rufs» ist unzutreffend). Vinz gab nach, und vom nächsten Heft an hatte Erich Kuby – moderater, geschickter, angepaßter – die Schriftleitung inne.

Der Hauptvorwurf der Amerikaner gegen den «Ruf» soll «Nihilismus» gelautet haben, eine Klischeewort, das bis weit in die fünfziger Jahre hinein die weltanschaulichen Debatten auch unter den Deutschen begleitete. Es wurde vorzugsweise für Positionen «zwischen» den Ideologien verwendet, auch für Nichtchristliches, vor allem seit mit dem Jahre 1947 die intensive Sartre-Rezeption (auch auf dem Theater) einsetzte.

Als Vorgeschichte zur Gründung der Gruppe 47 hat der Hinauswurf Anderschs und Richters aus dem «Ruf» besondere Bekanntheit erlangt. Es war zunächst Symptom für die Resonanzmöglichkeiten, die das Zeitschriftenwesen in Deutschland bereits gewonnen hatte, aber auch für den immer noch beträchtlichen ‹korrektiven› Einfluß der Besatzungsmächte und zugleich für die beginnende ideologische Verhärtung.

Andersch konnte noch im Sommer 1947 am Frankfurter Rundfunksender unterkommen und gründete dort 1948 mit dem «Abendstudio» eines der ersten deutschen ‹dritten Programme› nach BBC-Muster. Der Hörfunk als Mäzen und literarisches Kommunikationszentrum fand in Andersch einen der frühen Repräsentanten, dem andere, die sich später als Schriftsteller von Rang erweisen sollten, wie Heißenbüttel oder Walser, folgten. Richter versuchte aus dem «Ruf»-Desaster eine produktive Konsequenz zu ziehen und bereitete eine nunmehr hauptsächlich literarische Zeitschrift vor, die er «Skorpion» nennen wollte.

Für den 25. Juli 1947 wurde Richter vom Stahlberg-Verlag zu einer Autoren-Zusammenkunft nach Altenbeuren bei Salem am Bodensee eingeladen. Dort las man unter anderem Manuskripte vor und tauschte sich darüber aus. Es war eine noch ganz junge Erfahrung, doch das Ganze stand atmosphärisch unter der Autorität des ehrwürdigen, fast 70jährigen Rudolf Alexander Schröder. Es war noch nicht das, was sich die «junge Generation» der Autoren als belebend Neues wünschte. Am Schluß des Stahlberg-Treffens (29. Juli) soll Richter etwa den Satz gesagt haben: «So etwas müßte man öfters machen – nur mit den richtigen Leuten.»

Der Wunsch erfüllte sich, als die literaturbeflissene Ilse Schneider-Lengyel einige jüngere Autoren auf den 10. September 1947 in ihr Haus am Bannwaldsee im Allgäu einlud. Hier waren jetzt, mit ehemaligen Mitarbeitern des «Rufs», die «richtigen Leute» beisammen, ohne den Schlagschatten eines «Älteren»: Wolfgang Bächler, Heinz Friedrich, Walter Maria Guggenheimer, Walter Hilsbecher, Walter Kolbenhoff, Walter Mannzen, Friedrich Minssen, Hans Werner Richter, Wolfdietrich Schnurre, Nicolaus Sombart und andere, insgesamt 17 Teilnehmer, darunter auch Ehefrauen mehrerer der Autoren. Alfred Andersch, soeben beim Nachtstudio des Hessischen Rundfunks angestellt, war unabkömmlich. Die vorgelesenen Texte, «ehrlich» und ohne «formalistische Spielereien», waren für den *Skorpion* vorgesehen und wurden unter Richters Leitung diskutiert: handwerklich, unprätentiös, ohne Theoriedebatten, freundschaftlich. Als charakteristischer Ausdruck des gemeinsamen Empfindens wurde Schnurres kurze, karge mit umgangssprachlichen Elementen arbeitende Erzählung *Das Begräbnis* aufgenommen, worin ein Jedermann von einem Pfarrer beerdigt wird, der selbst von Gott nichts mehr weiß.

«Der Ursprung der Gruppe 47 ist politisch-publizistischer Natur. Nicht Literaten schufen sie, sondern politisch engagierte Publizisten mit literarischen Ambitionen», erklärte Hans Werner Richter 15 Jahre später im *Almanach der Gruppe 47*.[15] Für den «Ruf» galt das gewiß. Das Bannwaldsee-Treffen aber war eher geprägt durch den Rückzug aus der Politik aufs Handwerkliche, durch den Freundeskreis anstelle des publizistischen Forums. Das Experiment erschien den Teilnehmern spontan als so gelungen, daß man sich gleich am 8./9. November in Herrlingen bei Ulm wiedertraf. Jetzt konnte auch Andersch kommen. Die Lizenz für Richters «Skorpion» hatten die Amerikaner nicht erteilt, als zentrale Motive des Treffens blieben die Freundschaft und der interne Austausch im Zeichen einer erst geahnten, noch nicht programmatisch verkündeten neuen Literatur.

An dem Ersten deutschen Schriftstellerkongreß in Berlin, der zeitlich fast genau zwischen dem ersten und zweiten Treffen der Gruppe stattfand (4. bis 8. Oktober 1947), hatte keiner dieser «Jungen» aus dem Westen teilgenommen. Die relative Isolierung der sich zur «Gruppe» zusammenfindenden «Jüngeren» gegenüber den «Älteren» wurde noch schärfer sichtbar, als am 18. und 19. Mai 1948 in Frankfurt am Main der offiziell so genannte «Zweite» deutsche Schriftstellerkongreß stattfand. Wie wenig konkret er an den «Ersten», den Berliner Kongreß vom Oktober 1947, anknüpfen konnte – obwohl er prinzipiell «gesamtdeutsch» bzw. «interzonal» gedacht war –, demonstrierte schon die Teilnehmerschaft. Fast alle die Älteren, die in Berlin das Wort geführt hatten, die sozialistischen Exilautoren zumal, wollten oder konnten im Zeichen der zunehmenden «Vereisung» nicht nach Westen kommen (man erinnere sich, daß ausgerechnet in Frankfurt immerhin das europäische Hauptquartier der amerikanischen Armee aufgeschlagen worden war).

Daß am Beginn die Einweihung der provisorisch wiederhergestellten Paulskirche stand, war unübersehbarer Hinweis auf eine demokratisch-republikanische Tradition der Deutschen, an der einst gerade Schriftsteller prägenden Anteil gehabt hatten. Und Fritz von Unruh, der bereits Dreiundsech-

zigjährige, klagte in seiner *Rede an die Deutschen* die Verfehlungen seines
Volkes an und beschwor es, sich auf das «freiheitliche» Erbe zu besinnen.
Einer der wenigen, die auch in Berlin dabei gewesen waren, Rudolf Hagelstange, stellte sein Hauptreferat ganz unter die Leitbegriffe «Wahrheit» und
«Freiheit» und mahnte die Schriftsteller zur Abstinenz von jeder hindernden
«politischen Bindung». Plievier, der noch 1947 enttäuscht von der Übermacht der Sowjets und der SED in den Westen gekommen war, hielt dem die
Erfahrungen im antifaschistischen Kampf entgegen, bezog freilich ostentativ
eine «Zwischen»-Position: «Freiheit» von imperativen Bindungen sei zwar
unaufgebbar, doch müsse der Schriftsteller sich «entscheiden», keinen «bequemen Platz» einzunehmen, sondern «zwischen allen Stühlen zu sitzen».[16]

   Elisabeth Langgässer trug noch einmal die schon in Berlin umstrittene
Auffassung von «Sprache» als «Raum der Dichter» auch unter der Hitlerdik-
tatur eindringlich vor. Aber es dominierte bei den anderen Referenten, etwa
Eugen Kogon, die Grundüberzeugung von der gesellschaftlichen Verpflichtung der Schriftsteller. Dezidiert sozialistische oder gar kommunistische Bedürfnisse, wie sie von Becher, Weinert oder Wolf zu erwarten gewesen wären,
fehlten in Frankfurt. Statt dessen operierte man in den Diskussionen – die der
eben aus schweizerischem Exil zurückgekehrte Hans Mayer leitete – mehr
und mehr mit dem Gegensatz von «reiner» und «angewandter» Literatur.

   Der Einfluß Camus' und vor allem Sartres bildete in dieser Übergangsphase eine Brücke auch zu manchem der «Jüngeren». Alfred Anderschs
Deutsche Literatur in der Entscheidung, 1948 als Broschüre erschienen, zuvor
in Ausschnitten vor der Gruppe 47 zur Diskussion gestellt, sah in der persönlichen «Entscheidung» des einzelnen Autors den ausschließlichen Weg in eine
künftige «Literatur der Freiheit», der «Ehrlichkeit». «Nur eine solche Ehrlichkeit wird die deutschen Schriftsteller mit der geistigen Elite aller Nationen
zusammenführen und Deutschland aus der Isolierung lösen.»[17]

   Das konkrete internationale Forum, das sich die «Jüngeren» wohl intensiver wünschten als mancher der «Älteren», fehlte dem Frankfurter Kongreß
im Gegensatz zum Berliner fast völlig. Zwar konnten Autoren wie Plievier
oder Hans Mayer manche «internationale» Exil-Erfahrung in die Debatten
einbringen. Im ganzen aber war der Schritt vom Berliner zum Frankfurter
Schriftstellerkongreß nicht nur einer der immer spürbareren Teilung, sondern
auch der faktischen Provinzialisierung. Und die «junge Generation» blieb –
wie freilich auch in Berlin – weitgehend am Rande. Walter Kolbenhoff, 47er
der ‹ersten Stunde›, immerhin bereits Anfang Vierzig, durfte bezeichnenderweise aus seiner «Werkstatt» berichten; auch der 25jährige Walter Jens beteiligte sich an der Diskussion. Als Gruppierung war die «junge Generation»
nach außen hin noch kaum erkennbar. Partialisierung kennzeichnete die Situation. Eine Infrastruktur, wie sie in Ostberlin und in der SBZ der «Kulturbund» unter Johannes R. Becher seit dem Sommer 1945 gezielt ausgebaut
hatte, gab es nicht. Das Verbot des «Kulturbundes» (der auch im Westen nicht

geringe lokale Aktivitäten hatte) Ende 1947 durch die Westalliierten schnitt den Austausch noch weiter ab.

Die Währungsreform vom 20. Juni 1948 – mit ihren Gegenreaktionen kurz darauf im Osten – erschwerte auch die literarische Kommunikation über die östliche Zonengrenze hinweg erheblich. Bücher, aber vor allem die aktuelleren Zeitschriften, seien es die «Frankfurter Hefte» oder «Aufbau» oder auch Kantorowicz' «Ost und West» (nur bis 1949) oder «Die Wandlung» und «Die Gegenwart», waren für viele vorerst nicht mehr erreichbar; auch Reisen waren erschwert.

Geradezu demonstrativen Charakter nahm dann Ende 1948 die Gründung eines «Deutschen PEN-Centrums» an. Das Treffen in Göttingen, nahe der Zonengrenze, war namentlich auf Betreiben von Exilautoren zustande gekommen; aus Berlin kam immerhin Johannes R. Becher. Es fehlte das organisatorische Fundament, aber auch ein gemeinsamer Optimismus der ‹Planung›, insbesondere im Westen. Zwar wandte sich das «PEN-Centrum» noch im November 1949 «mit Entschiedenheit gegen Maßnahmen und Tendenzen in allen Teilen Deutschlands, die das freie literarische Schaffen beeinträchtigen», insonderheit gegen das neugeschaffene westdeutsche «Schmutz- und Schundgesetz».[18] Zwar votierte man unter der gemeinsamen Präsidentschaft von Erich Kästner und Johannes R. Becher wiederholt für die «geistige Einheit Gesamtdeutschlands». Doch brach das «Centrum» schon am 24. Oktober 1951 auseinander, nachdem in der DDR ein geschlossenes literaturpolitisches System (mit Schriftstellerverband, Amt für Kunst und Literatur, usw.) geschaffen worden war.

Zu den Strukturentscheidungen des Jahres 1948 mit literaturpolitischen Folgen gehörte neben dem internationalen Kopenhagener Wellenplan für den Hörfunk vor allem die Schaffung der Länder-Sendeanstalten, also jener föderativen Aufteilung, die sich modifiziert bis heute gehalten hat. Der Frankfurter Sender, wo seit 1947 Alfred Andersch seine Redakteurposition (mit dem immer bekannter werdenden Nachtprogramm) ausbaute, der Hamburger Sender mit Ernst Schnabel, der Stuttgarter Sender mit Helmut Heißenbüttel und später Andersch – diese Institutionen gewannen nun ein breiteres auch finanzielles Fundament; neue Regionalgesellschaften wie der Südwestfunk in Baden-Baden für die französische Zone kamen hinzu. Die vielberedete ‹mäzenatische› Funktion einzelner Rundfunksender für die Literatur konnte sich festigen. Die Geschwindigkeit der Kommunikation und die vergleichsweise niedrigen Kosten – auch angesichts der noch bestehenden Papierknappheit – haben zur Herausbildung einer alt/neuen literarischen Öffentlichkeit, ebenso zur Verteidigung von ‹Nischen›, entscheidend beigetragen (anspruchsvolle literarisch-kulturelle «Features», später auch «experimentelle» Literatur, und anderes). Die traditionell vielbeklagte Zersplitterung Deutschlands, nun überlagert durch die Machtsphären der Besatzungsmächte, erwies sich hier einmal als Chance.

Die Verlage, deren Inhaber zum Teil noch im Jahr der Kapitulation eine
Lizenz hatten erhalten können, konnten nach der Währungsreform auf neuem
ökonomischem Fundament rasch Imperien errichten. Ernst Rowohlt hatte
1945 mit seinem Sohn Heinrich Maria Ledig-Rowohlt seinen Verlag neu
gegründet, zunächst mit Sitz in Hamburg, Stuttgart, Berlin und Baden-Baden,
also in drei Westzonen, d. h. auch an drei Papierzuteilungssystemen partizipie-
rend. Rasch war es ihm gelungen, in gezielten Übersetzungsprogrammen mit
alliierter Förderung sowohl neueste amerikanische Literatur (Wolfe, Faulkner,
Hemingway) als auch vor allem Sartre ans westdeutsche Publikum zu bringen:
die neuen Muster, die vor allem von jüngeren Lesern (nicht zuletzt Schriftstellern) damals als das Aktuellste aus dem Westen verschlungen wurden. Die seit
1946 herausgegebene Monats-Zeitschrift *Story* mit «Erzählern des Auslands»
brachte es zeitweise auf nicht weniger als 50 000 Exemplare. Der Geniestreich
der preiswerten Romanausgaben im Zeitungsformat («rowohlts rotations romane») leitete dann über in das seit 1950 erstmals von Rowohlt in Deutschland
betriebene Taschenbuchgeschäft. Es kam in den Jahren 1950–1968 mit 864
Titeln auf nicht weniger als 82,2 Millionen Gesamtauflage.

Das ‹Import›-Fundament der Übersetzungen, kombiniert mit neuartigen
Produktions- und Vertriebstechniken (denen sich bald Verlage wie Fischer,
Suhrkamp u. a. anschlossen), hat es wesentlich ermöglicht, daß Rowohlt *auch*
Verleger der Texte Robert Musils, Kurt Tucholskys – und freilich auch Ernst
von Salomons[19] wurde (im letzteren Fall schon in die Jahre vor 1933 zurück-
reichend). Für die Zeit unmittelbar vor der Währungsreform war bezeichnend, daß zunächst eine unkoordinierte Überproduktion einsetzte, wozu das
gehortete Material und die nun zu erzielenden Gewinne nachgerade einluden.
Dies galt zum Teil für die Belletristik, vor allem aber für rasch beliebte
Sachbücher. «Buchwirtschaftlich gesehen», so hieß es in einer fachlichen Diagnose vom Jahre 1950 zu den verschiedenen Buchtypen, «stehen sie sich [...]
im Wege, verteuern sich infolge der Beschneidung des Absatzgebietes und
bewirken im Verlag wie im Sortiment eine Verschlechterung der Rentabilität.»[20] Börsenverein und Sortimentsbuchhandel haben hier rasch für bessere
«Rentabilität» gesorgt.

Die seit 1948 anlaufende amerikanische Marshallplanhilfe für Westeuropa
(während im Osten weiterhin Demontagen und Reparationen die Ökonomie
schwer belasteten), die rasche Verflechtung Westdeutschlands mit dem Wirt-
schafts- und Finanzsystem der westlichen Länder, nicht zuletzt die weitgehende Wiederherstellung auch der industriellen Eigentumsverhältnisse haben
den vielbeschriebenen «Aufbau» erheblich beschleunigt. Die staatliche Teilung
Deutschlands im Jahre 1949 (Mai: Verabschiedung des «Bonner Grundgesetzes», Wahlen zum 3. «Volkskongreß mit Bestätigung des Verfassungsentwurfes
des Volksrats») bedeutete auch für die literatur-politischen Rahmenbedingungen den Abschluß einer ersten Nachkriegsphase. Wie notgedrungen künstlich
eine solche Zäsurensetzung auch für die Entwicklungsprozesse des literari-

schen Lebens ist, sei durch zwei Hinweise lediglich angedeutet. Die Bemühungen des «Deutschen PEN-Centrums» um Bewahrung eines «gesamtdeutschen»
Zusammenhalts reichten über die politische Hauptzäsur noch mehr als zwei
Jahre hinaus (bis Ende 1951). Aber sie scheiterten schließlich an der administrativen, gewaltsamen Trennung der Systeme. Die Spaltungstendenzen jedoch
wurden spätestens im Herbst 1947 auf dem 1. Berliner Schriftstellerkongreß
erkennbar, vor internationalem Publikum und nicht zuletzt dessenwegen. Die
Machtentscheidungen fielen außerhalb Deutschlands, in den Zentren der Alliierten. Nimmt man die offiziösen Verlautbarungen der Schriftsteller östlich der
Demarkationslinie als Maßstab, so wurde dort bis weit in die fünfziger, ja bis in
die sechziger Jahre hinein am Ziel der «Wiedervereinigung», der «Einheit» (zunächst auch der «literarischen Nation») festgehalten: von Kulturbund, Schriftstellerverband, Einheitspartei. Doch dem Westen fehlte jedes organisatorische
Pendant. Die Gruppe 47 konnte – und wollte – es nicht sein, der westdeutsche
PEN war zunächst viel zu schwach. Und für die Mehrheitsparteien, die sich
der Westintegration verschrieben hatten, waren kritisch sich äußernde Schrift-
steller- und Intellektuellengruppen in erster Linie Störenfriede. Für das Jahr
1949 aber, noch vor den entscheidenden Verfassungs-Akten, wurde das Scheitern eines einzelnen, ‹vermittelnden›, Brücken bauenden Unternehmens symptomatisch. Als am 27. Januar 1949 Kantorowicz' Zeitschrift *Ost und West* in
4000 Exemplaren für eine kurze Strecke durch den amerikanischen Sektor
Berlins transportiert wurde, beschlagnahmte man sie dort sogleich. Arnold
Zweig schrieb an den amerikanischen Militärkommandanten:

> «Lassen wir, sehr geehrter Herr, die kurzsichtigen Tagespolitiker ihre
> Streitigkeiten untereinander ausfechten – es sind ‹querelles allemandes›,
> die schnell genug verdunsten werden, und helfen wir Soldaten und Intel-
> lektuelle jenen dauerhaften Frieden herzustellen, ohne den weder Ihre
> Staaten noch die unseren imstande sind, unsere Pflichten zu erfüllen der
> heutigen Generation gegenüber wie allen kommenden."[21]

Der Brief spiegelte die alte intellektuelle Hoffnung ebenso wie die Aussichtslosigkeit, die Position eines in den Osten zurückgekehrten Sozialisten der
westlichen Besatzungsmacht verständlich zu machen. Der neue Staat DDR
war erst ein paar Monate alt, als seine Exekutiv-Organe die endgültige Einstellung eben jener ‹Brücken›-Zeitschrift «Ost und West» verfügten.

4. Konsolidierung der Systeme, neue Vielfalt des literarischen Lebens: Zwischenphase 1949–1952

Mit der neuen Staatlichkeit der Bundesrepublik waren, zum Teil noch im
Monat des Grundgesetzes (Mai), eine Reihe von Konsequenzen verbunden,
die dem literarischen Leben einen neuen äußeren Rahmen zogen. Die wich-

tigsten seien kurz genannt. Noch im Mai 1949 entfiel die bisherige Lizenzierung bzw. Zensurierung der Druckschriften – was freilich nicht das Ende der alliierten Literaturpolitik in Westdeutschland bedeutete. So wurden auch in der Übergangszeit des «Besatzungsstatus» (1949–1952), mit bestimmten Sonderrechten der Alliierten, beispielsweise die amerikanischen «Information Centers» weitergeführt und in «Amerika-Häuser» umgewandelt, als die sie (nicht selten nochmals umgetauft) zum Teil bis heute bestehen. Einzelne «Armeegruppenzeitungen» bestanden weiter, darunter die *Neue Zeitung* mit ihrem einst (unter Erich Kästner) besonders lebendigen Feuilleton. Doch gingen jetzt oft die besten Redakteure zu ‹rein› deutschen Zeitungen. Eine der attraktivsten Neugründungen wurde, zum Teil sich aus der Redaktion der *Allgemeinen Zeitung* (Mainz) rekrutierend, die *Frankfurter Allgemeine Zeitung.* Am 1. November 1949 zuerst erschienen, trat sie bewußt in die Tradition der *Frankfurter Zeitung,* die 1943 ihr Erscheinen hatte einstellen müssen.

Mit dem Grundgesetz ging die Kulturhoheit auf die Bundesländer über. Das schuf zwar namentlich im Schulwesen auf Jahre hinaus die vielbeklagten Ungleichbehandlungen und Barrieren, jedoch auch – je nach politischer Ausrichtung der einzelnen Länderparlamente und Länderregierungen – eine Vielfalt regionentypischer und gesellschaftspolitischer Möglichkeiten, die für das literarische Leben nicht ohne Bedeutung war. Die Ende der sechziger Jahre längst überfällig gewordene Reform etwa des Deutschunterrichts kam faktisch dadurch zustande, daß *ein* Bundesland – in diesem Fall das von der SPD regierte Hessen – sich mit dem Entwurf neuer «Rahmenrichtlinien» provokativ weit hervorwagte (entsprechende Fehler beging und Prügel einsteckte). Aber die Bewegung war in Gang gesetzt. Schon 1950 war wesentlich die Schulstruktur der Weimarer Republik (und modifiziert auch der Nazizeit) mit Volksschule, Realschule und Höherer Schule durch Bundesrahmengesetzgebung und Ländergesetze wieder festgeschrieben worden. Grundlage des Literaturunterrichts blieb eine nach 1945 ‹entnazifizierte› «Erlebnispädagogik» mit Heraushebung der durch die Dichtung zu fördernden «inneren Werte». Was an den Schulen außer den «Klassikern» (wie nach 1945) gelesen wurde – und dies galt weithin auch für die Universitäten –, reichte an die Gegenwart allenfalls durch Autoren wie Hesse oder Thomas Mann heran. Es «erfolgten [...] bis zum Ende der fünfziger Jahre und noch einige Jahre danach keine wesentlichen strukturellen Änderungen im Bildungswesen der Bundesrepublik».[22]

Schon wenige Monate nach Verkündung der neuen Verfassung, am 28. August 1949, Goethes Geburtstag, wurde in Frankfurt am Main die «Deutsche Akademie für Sprache und Dichtung» gegründet, wiederum bezeichnenderweise in der Paulskirche. Es wurde der Anspruch vertreten, Nachfolgerin der «Sektion für Dichtkunst» der Preußischen Akademie der Künste zu sein und einige regionale Schriftstellervereinigungen, die sich nach 1945 gebildet hatten, zusammenzufassen. Es bedeutet mehr als die schlaglichtartige Illustration des Tauziehens um das deutsche, demokratische Erbe, daß kaum ein halbes Jahr später Heinrich Mann, der letzte Vorsitzende der «Preußischen Sektion», die Präsidentschaft der Ostberliner Akademie der Künste annahm (er starb am 12. März, nur wenige Tage vor der geplanten Abreise aus Kalifornien).

In der Frankfurter Paulskirche hatten nicht nur der 2. (faktisch rein «westliche») Deutsche Schriftstellerkongreß getagt und die Deutsche Akademie sich konstituiert. In ihren Wandelgängen waren auch wenig später, vom 18. bis zum 23. September 1949, die Exponate der ersten Frankfurter Buchmesse nach dem Kriege zu besichtigen. Nach jahrelangen Vorbereitungen und auch konkreten Versuchen seit 1945, den «Börsenverein des Deutschen Buchhandels» neu zu gründen – mit der Zwischenstufe einer «Arbeitsgemeinschaft» –, war vor allem wegen amerikanischer Kartellbefürchtungen erst im Jahre 1948 ein «Börsenverein Deutscher Verleger- und Buchhändler-Verbände e. V.» zustande gekommen (1955 gelang dann die Durchsetzung des «Börsenvereins» im wesentlichen mit seiner heutigen Form).²³ Die Trennung vom Leipziger «Börsenverein» war im Jahr der ersten Frankfurter Buchmesse bereits perfekt.

Unter den Eröffnungsrednern befand sich der wohl erfolgreichste der zurückgekehrten Verleger, Ernst Rowohlt. Er sprach nicht nur generell von den Schwierigkeiten, «gute Bücher» zu verkaufen, (er *hatte* schon verkauft), sondern auch von der künftigen «Literatur»: «ich selber bin optimistisch. Ich habe genügend Unterlagen, um sagen zu können: in dieser und in nächster Zeit wird es sich zeigen, daß es tatsächlich eine neue deutsche Literatur gibt.»²⁴

Die Frankfurter Buchmesse sollte für die Literatur der Bundesrepublik, Österreichs und der Schweiz, trotz des verhältnismäßig geringen Anteils der Belletristik an der Gesamtproduktion, nach und nach zu «dem» Forum der Präsentation von Neuem werden, neben den Tagungen der Gruppe 47, die sich im Herbst 1949 noch wenig beachtet in Utting am Ammersee traf und ihren später so erfolgreichen Preis noch nicht vergab.

Das Jahr der staatlichen Trennung und der vielen institutionellen Neuanfänge des literarischen Lebens wurde mit unübersehbarer Symbolik durch die Begehung der 200. Wiederkehr von Goethes Geburtstag begleitet. Wie sensibel die ‹gebildete› Öffentlichkeit Westdeutschlands auf alles reagierte, was mit dieser Zentralgestalt des «geistigen», des «besseren» Deutschland zu tun hatte, war bereits zwei Jahre zuvor mit aller Schärfe erkennbar geworden. Karl Jaspers, durch seine Heidelberger Vorlesungen und dann sein Buch über die «Schuldfrage» (1946) selbst eine neue, öffentliche Institution geworden, hatte 1947 den Goethe-Preis der Stadt Frankfurt erhalten.

In seiner Festrede *Unsere Zukunft und Goethe* hatte er die Revolution der Goethe-Aneignung gefordert: der Goethekult sei nicht fortzusetzen, Goethes harmonischer Grundauffassung stehe der «Schrei des Entsetzens» über das «Leid der Welt» entgegen. Goethes umfassende Menschlichkeit zeige auch einen Mangel, zeige Treue und Treulosigkeit, sie sei nicht zur Nachahmung und nicht zur Vergötterung geeignet.[25] Ernst Robert Curtius, der Bonner Romanist und Komparatist, als Zeitdiagnostiker schon vor 1933 hoch geachtet, wurde zu Jaspers' prominentestem Widersacher. Er warf ihm Nichtkenntnis Goethes vor, ja «Ahnungslosigkeit»: «Wir beklagen im Namen aller, denen Goethe Höchstes bedeutet, daß ein deutscher Philosoph von internationaler Geltung das Ansehen des deutschen Geistes und der deutschen Philosophie durch seine zugleich subalterne und arrogante Zurechtweisung Goethes kompromittiert.»[26]

Die weltweite Brisanz des Themas «Goethe» in deutschen Augen, seine geschichtliche Repräsentativität wie die Frage seiner «Verehrung» spitzten sich im Jahr 1949 naturgemäß noch zu. Aus den zahllosen Aktivitäten vor allem der zweiten Jahreshälfte sei hervorgehoben, was sich um die Figur Thomas Manns zentrierte. Würde dieser weltweit renommierteste deutsche Schriftsteller, der 1946 ostentativ *nicht* zurückgekehrt war, als goetheverehrender «Repräsentant» Deutschland die Ehre geben, und welchem Deutschland, und was würde er sagen? Der Frankfurter Magistrat lud ihn ein, zur Entgegennahme des Goethepreises 1949 und zur Festrede in der Paulskirche. Auf der anderen Seite der Grenze war es der Staatsrat der neugegründeten DDR, der ihn zur Goethefeier nach Weimar bat.

Bereits im Vorfeld der Frankfurter Feier artikulierten sich im Westen protestierende Stimmen. Die Radioreden *Deutsche Hörer!* waren unvergessen, ebenso Thomas Manns scharfe, prinzipielle Absage 1946 an eine Rückkehr nach Deutschland. Die Vorstellung, er werde auch unter dem kommunistischen Regime in Weimar auftreten, erregte zusätzlichen Widerwillen. Auf Umwegen über andere europäische Länder traf Thomas Mann schließlich in seinem «Vaterland» ein. Die Frankfurter Festansprache setzte persönlich ein, handelte vom Emigrations- und Remigrationsproblem, von seinen Erfahrungen und Erwartungen, wandte sich dann Deutschlands Gegenwartssituation zu, den Trümmern, den Hindernissen für eine «Genesung». Der ‹Repräsentant› machte sich kenntlich, auch der politische; die Kernsätze gingen bald durch viele Diskussionen:

«Ich kenne keine Zonen. Mein Besuch gilt Deutschland selbst, Deutschland als Ganzem, und keinem Besatzungsgebiet. Wer sollte die Einheit Deutschlands gewährleisten und darstellen, wenn nicht ein unabhängiger Schriftsteller, dessen wahre Heimat [...] die freie, von Besatzungen unberührte deutsche Sprache ist?»[27]

Die Resonanz dieser Rede, die in ihren auf Goethe bezogenen Partien das «Integrative» neben bestimmten egoistischen Zügen betonte, war erwartungsgemäß zurückhaltend. Fast am meisten befremdete, daß der ‹Repräsentant› auch der DDR die Ehre erweisen würde.

Die «Gesellschaft zur Bekämpfung der Unmenschlichkeit» forderte ihn öffentlich auf, seinen Weimarer «Staatsbesuch» mit einem Besuch im nahegelegenen Konzentrationslager Buchenwald zu verbinden, wo jetzt wiederum politische Gefangene festgehalten würden. Und Eugen Kogon, einst selbst Buchenwald-Häftling, Autor des längst weitverbreiteten KZ-Berichts *Der SS-*

Staat (1946), stellte ihn vor die Alternative: «Sie können dem Genius Goethe in Weimar heute nicht huldigen, ohne die Erlaubnis der dort herrschenden Besatzungsmacht. Sollten Sie in Weimar sprechen, so stellen Sie sich der Freundschaft oder dem Haß von 12 000 politischen Gefangenen.»[28] Für Thomas Mann ergab sich die Alternative in dieser Zuspitzung nicht. Mit einem Artikel in der «Frankfurter Rundschau» vom 28. Juli versuchte er noch einmal zu erläutern, daß sein Besuch «dem alten Vaterlande als Ganzem» gelte. Aber längst war unübersehbar geworden, daß Argumente kaum noch gehört wurden. Durchaus vorhersehbar, waren Goethe und, in ‹typologischem› Verhältnis, der ihn Würdigende in einen Kreidekreis geraten, der fast nur noch ein ideologisch vorbestimmtes Zerren an den ‹Repräsentanten› zuließ.

Die DDR-Führung war sichtlich bestrebt – und der Westen machte es ihr leicht –, den eigenen Staat als den wahren Hüter des «klassischen», «humanistischen» Erbes zu erweisen. Es gab keine Proteste, sondern nur Willkommensgesten: von der Grenze an, wo ihn Johannes R. Becher persönlich als Präsident des «Kulturbundes» empfing. Auch die Einladung des sowjetischen Generals Tulpanow zu einem offiziellen Frühstück war ohne jedes Pendant im Westen gewesen. Daß noch im August die *Ansprache im Goethejahr 1949* gleichzeitig in Frankfurt am Main (der Goethepreis wurde am 28. August in Abwesenheit verliehen) und in Weimar erschien, spannte das Tatsächliche mit dem Utopischen zusammen.

Im November 1949 wurde anläßlich des Petersberger Abkommens die gezielte Integration in ein westliches Bündnissystem als Tendenz der bundesrepublikanischen Politik Adenauers auch nach außen hin sichtbar. Das Gesetz gegen Wiederaufrüstung 1950 diente eher der vorübergehenden Beruhigung als der faktischen Weichenstellung. Die Einrichtung des «Amts Blank» Oktober 1950, als Vorstufe der Wiederbewaffnung, repräsentierte die realen Absichten. Der Rücktritt des Innenministers Gustav Heinemann noch im gleichen Jahr war ein erstes Signal couragierten, individuellen Protestes.

Den 47ern (die ihre ‹Wanderexistenz› im Frühjahr 1950 in Inzigkofen bei Sigmaringen und im Frühjahr 1951 in Bad Dürkheim an der Weinstraße fortsetzten), erschien der mühsam errungene freundschaftliche «Werkstatt»-Austausch viel zu wertvoll, als daß er durch politische Aktionen gefährdet werden sollte. Mit dem ersten Preisträger Günter Eich (1950) und vor allem mit dem noch kaum bekannten Heinrich Böll (1951) bewiesen sie bereits jene später vielgerühmte literarische ‹Spürnase›, die zur nachhaltigen Wirkung der Gruppe so entscheidend beitragen sollte. Durch die ersten Preisverleihungen wurde sie *als* Gruppe auch nach außen hin konturiert.

Noch stammte das Geld nicht aus einem bereitwillig gefüllten großen Verleger- und Medientopf. Noch rissen sich nicht die Lektoren und Verlagschefs um die erfolgreichen Debütanten. Aber im Verlagswesen selbst wurden Weichen gestellt. Im gleichen Jahr 1950, in dem die Londoner *Times* zum ersten Mal vom «deutschen Wirtschaftswunder» sprach, begann Rowohlt – wie

erwähnt – mit der Produktion von Taschenbüchern, gründete Peter Suhrkamp nach der Trennung von S. Fischer einen eigenen Verlag, stieg Bertelsmann mit seinem «Lesering» in das große Geschäft mit den Buchgemeinschaften ein.

Das Jahr nach der Gründung der beiden deutschen Staaten zeigte im Westen binnen weniger Monate eine Geschwindigkeit der Veränderungen, die
ihre Gründe in der ‹Vorgeschichte› besaß. Die entscheidenden Impulse, die
auch die Rahmenbedingungen des literarischen Lebens veränderten, wurden
bereits im Jahr 1948 gegeben, mit dem Anlaufen der Marshallplanhilfe und
mit der Währungsreform. Nur so erklärten sich die fast stürmische Expansion
des Buchmarkts, die Gründung neuer Verlage, die Wiederbelebung der Buchgemeinschaften, das schnelle Wachstum der Presse, die Verbesserung der Ver-
kehrsverbindungen, auch die Neuformierung einzelner literarischer Organisationen wie des PEN, der Deutschen Akademie für Sprache und Dichtung
und anderer.

Auch die brisanteste politische, nationale Streitfrage unter Intellektuellen
und nicht nur unter ihnen, die der Wiederbewaffnung, hatte sich lange vorbereitet: mit der Verschärfung des Kalten Krieges seit 1947, mit der Berlin-
Blockade im Sommer 1948, mit der Gründung des westalliierten Amtes für
Militärische Sicherheit im Januar 1949. Schon wenige Monate nach der Bildung der ersten Bundesregierung (September 1949) hatte Adenauer mit Son-
dierungen über die Möglichkeit westdeutscher Streitkräfte begonnen. Gustav
Heinemanns Rücktritt als Innenminister am 14. August 1950 war eines der
ersten spektakulären Ereignisse, an dessen öffentlicher Bewertung auch die
politischen Diskrepanzen innerhalb der Bevölkerung sichtbar wurden. Der
Wiederbewaffnungsprozeß war der unmittelbare Anlaß für Heinemann,
doch protestierte er damit zugleich gegen Adenauers Führungsstil und ein
ihm prinzipiell verhängnisvoll erscheinendes Demokratieverständnis:

> «Mein Ausscheiden aus der Bundesregierung möge das deutsche Volk
> vor die Frage führen, wie es sich Demokratie denkt und was es von
> seinen Ministern erwartet. Es möge die deutschen Männer und Frauen
> insbesondere in der vor uns stehenden sachlichen Frage der Wiederauf-
> rüstung veranlassen, selber nachzudenken und ihren Willen deutlich
> zum Ausdruck zu bringen.»[29]

In den privaten Debatten der «Männer und Frauen», in den Zeitungen und im
Hörfunk vermischte sich diese Frage schon seit Beginn der Koreakrise (Juni
1950) mit Befürchtungen um einen neuen militärischen Weltkonflikt. Auffällig explizit benannt wurden Wiederaufrüstung und Kriegsgefahr auch in der
Literatur der beginnenden fünfziger Jahre, von Ingeborg Bachmanns Gedicht
«Alle Tage» über Anderschs *Die Kirschen der Freiheit* bis zu Koeppens *Tauben
im Gras*. Und wiederholt verknüpfte sich das Kriegsthema mit der Sorge, die
militärischen Spannungen würden auch die beiden Teile Deutschlands weiter

auseinandertreiben. Immerhin schlug noch im März 1950 der amerikanische Hochkommissar baldige allgemeine Wahlen in ganz Deutschland vor. Im Dezember unterbreitete ein Brief Grotewohls an Adenauer Pläne für einen paritätischen Rat zur Vorbereitung einer gesamtdeutschen Regierung und für Wahlen zu einer Nationalversammlung. Ende Januar 1951 wiederholte und ergänzte Grotewohl die Vorschläge. Eine nicht geringe Zahl von Schriftstellern beteiligte sich an der öffentlichen Diskussion, unterzeichnete Aufrufe vor allem an Adenauer, in eine Beratung einzutreten. In einer dieser Adressen hieß es, mit charakteristischer Verknüpfung von Kriegs- und Wiedervereinigungsthematik:

> «Wir sind überzeugt, daß trotz aller Gegensätze zwischen Ost- und Westdeutschland die Wurzel der Kriegsgefahr nicht im deutschen Volk selbst liegt. [...] Wir wenden uns mit diesem Ruf zur Verständigung an alle Deutschen, damit sie – wo immer sie stehen – gleich uns an die verantwortlichen Politiker Westdeutschlands die Forderung richten, die dargebotene Verhandlungsmöglichkeit nicht auszuschlagen.»[30]

Am 1. März 1951 richtete die Volkskammer einen Vorschlag im Sinne Grotewohls an den Bundestag. Im «Aufbau», der Zeitschrift des Kulturbundes, meldeten sich zahlreiche Autoren appellierend zu Wort, auch solche aus dem Westen wie Hans Henny Jahnn und Ernst Penzoldt. Über die «Ernsthaftigkeit» der Vorschläge, über «Hintergedanken» und bloße «Taktik» herrscht bis heute Dissens. Mißtrauen war auch in der Bevölkerung verbreitet, bei Adenauer selbst nachgewiesenermaßen Desinteresse, ja Abneigung.

Die Kontakte zwischen den Schriftstellern der beiden Deutschlands waren schon seit der Währungsreform erschwert worden. Jetzt wuchs von beiden Seiten der Druck auf die wenigen noch verbliebenen institutionellen Zusammenschlüsse. Das 1948 erst gegründete «Deutsche PEN-Centrum» brach schon im Oktober 1951 auseinander, im Dezember wurde in Darmstadt ein «PEN-Zentrum Bundesrepublik» mit 43 Mitgliedern gegründet. Darmstadt, von der Nähe zur ‹verpaßten› Hauptstadt Frankfurt profitierend, beherbergte somit neben der Deutschen Akademie für Sprache und Dichtung eine zweite wichtige literarische Zentral-Institution.

Noch im Herbst 1951 wurde von der Akademie erstmals ihr Haupt-Literaturpreis vergeben, der nach dem im benachbarten Goddelau geborenen Georg Büchner benannt worden war: ein Stück westlicher Pflege «fortschrittlichen» Erbes (auch noch in dem anderen Sinne, daß der «Volksstaat» Hessen bereits 1923 einen solchen Preis gestiftet hatte). Den Worten des Akademiepräsidenten Rudolf Pechel nach erwartete man von dem Preisträger «das Sozialpolitische des Engagements wie das Zukunft-Trächtige der Aussage.»[31] Das epochale Streit- und Zauberwort «Engagement» mag heute doppelt paradox erscheinen, wenn man an den 1951 von der Akademie Ausgezeichneten denkt: Gottfried Benn. Binnen weniger Jahre war er aus dem «Dunkel» des

Schweigenmüssens zum Idol nicht nur der Wieder-Stolzen, sondern auch vieler junger Poeten aufgestiegen. Sein Marburger Vortrag *Probleme der Lyrik* vom 21. August 1951, seinerzeit vom Hessischen Rundfunk übertragen, avancierte rasch zum Credo «modernen» Dichtens, gerade im provokativen Setzen von «Artistik» *gegen* «Engagement».[32] Nun wurde Benn, im Beisein des hessischen Kulturministers, zum ersten Büchner-Preisträger nach dem Kriege.

Nicht einer der «Jüngeren», der Kriegsheimkehrer, die noch wenig hatten publizieren können, wie etwa Alfred Andersch, wurde ausgezeichnet, auch nicht einer der vielgelesenen christlichen Humanisten wie Albrecht Goes, sondern ein betagter «Moderner», an dessen faktischer Entnazifizierung sich zugleich ein Stück neuen Selbstbewußtseins artikulieren konnte. Natürlich rückte die Akademie damit *auch* wieder ein Stück weiter in Distanz gegenüber der DDR.

Die Gruppe 47 hatte derweil schon begonnen, aus dem Status eines privaten Freundeskreises herauszutreten. Berichte von ihren Tagungen erschienen in großen Zeitungen wie der «Neuen» und der «Süddeutschen» sowie im Hörfunk. Ihren ersten Preis hatte sie, 1950 in Inzighofen, mit Günter Eich ebenfalls an einen «älteren» Autor vergeben, der 1933 weder ins Exil noch in den Widerstand gegangen war. Aber mit dem zehn Jahre jüngeren Heinrich Böll, 1951 in Bad Dürkheim, wagte sie ostentativ den Schritt zu einem kritisch-realistischen Vertreter jener Generation, in deren Zeichen man sich zusammengeschlossen hatte.

Böll war einer breiteren literarischen Öffentlichkeit noch fast unbekannt. Und es illustriert die Situation, daß er gleich nach der Verleihung der eintausend Mark aufs Postamt stürzte, um seiner darbenden Familie – er war gerade arbeitslos geworden – das Geld zu überweisen (nicht ohne vorher dem in der Stichwahl unterlegenen Milo Dor einen Teil gepumpt zu haben). Aber in dem vorgelesenen und prämierten Text Bölls, *Die schwarzen Schafe*, ging es nicht etwa um Soldatsein, Hunger oder Trümmerexistenz, sondern um ein Stück hintergründiger humorvoller Familiensatire.

Als im März des darauffolgenden Jahres Hans Werner Richter noch einmal versuchte, ein eigenes literarisches Organ zu begründen, unter dem Titel *Die Literatur* (sie erschien im Zeitungsformat), sollte dies ein Beitrag zu einer neuen «Kritik» werden. Ihr Gegenstand war der «Provinzgeist» der Darmstädter Akademie ebenso wie die ideologisch starre DEFA-Filmproduktion. Und Martin Walser trat für den «Dichter» Kafka ein (über den er gerade promovierte), gegen die Überstrapazierung des Metaphysikers. Aber *Die Literatur* konnte sich nicht länger als ein halbes Jahr behaupten. Im April 1951 hatte bereits Döblins *Das goldene Tor* sein Erscheinen eingestellt – ein fast symbolisches Ereignis; denn dieses einst so resonanzreiche ‹aufklärerische› Unternehmen fand nicht mehr genügend Interessenten. Döblins Hoffnungen auf ein politisch-moralisch erneuertes Deutschland waren gescheitert; zwei Jahre später ging er, tief resigniert, ein zweites Mal ins Exil, nach

Paris. Döblin hatte in den Augen vieler Westdeutscher von vornherein der Makel angehaftet, daß er als französischer Kulturoffizier nach Deutschland zurückgekehrt war und daß er sich bei seinen Aktivitäten – nicht nur im Zusammenhang des *Goldenen Tors* – der Protektion einer Besatzungsmacht erfreute. Noch herrschte das 1949 als Interimslösung fixierte «Besatzungsstatut». Auch nach dessen Revision 1951 bestanden für die Alliierten immer noch bestimmte Privilegien in der Kulturpolitik, ja es gab Zugriffsrechte, etwa in der Zensur (besonders streng in Berlin). Erst 1952 wurde das Statut aufgehoben. Wie tief die Ressentiments vieler Deutscher gegenüber den Besatzungsmächten und ihrer praktischen Politik nach 1945, vor allem in der Entnazifizierung, immer noch saßen, zeigte der große Publikumserfolg des halbdokumentarischen Romans *Der Fragebogen* von Ernst von Salomon (Frühjahr 1951).

Der Freikorps-Kämpfer aus den Anfängen der Weimarer Republik und Beteiligte am Kapp-Putsch (auch «Beihelfer» bei der Ermordung Rathenaus) war 1945/46 in einem amerikanischen Lager interniert worden. Er knüpfte an seinen autobiographischen Roman *Die Geächteten* (1930) an und wählte mit geschicktem Griff die 131 Fragen des Entnazifizierungs-Fragebogens, um daran ironisch-sarkastisch das Vorgehen der Besatzer zu demonstrieren, schmissig, konkret, anklagend. Ohne sich lange bei der Tatsache aufzuhalten, daß ungeheure Greuel von Deutschland ausgegangen waren, machte er sogleich eine indirekte Gegenrechnung auf, indem das Schematische, ja «Unmenschliche» der Besatzungspraxis angeprangert wurde. Die Mischung aus persönlichem Erleben, flotter Schreibe und Pflege von Ressentiments entsprach bestens weitverbreiteten Bedürfnissen. Immerhin wurde das Buch von Rowohlt herausgebracht, der 1938 aus der Reichsschrifttumskammer ausgeschlossen worden und in die Emigration gegangen war (die Verbindungen zwischen Autor und Verleger datieren freilich auch schon aus den dreißiger Jahren).

Die heftigen öffentlichen Auseinandersetzungen, die sofort um den Roman begannen, steigerten natürlich rasch die Auflage. Von einem «zynischen Landsknecht zwischen den Stühlen» sprach im Juli 1951 Christian Ferber in den «Frankfurter Heften», von einem «literarischen Remer» (unter Bezugnahme auf den unbelehrten Altnazi Generalmajor Remer) Friedrich Luft in der «Neuen Zeitung» (19. Mai), von der «Rache des Enterbten» und von einer «nihilistischen Selbstentblößung» Gert H. Theunissen im «Rheinischen Merkur» (25. Juli). Aber den «geistvollen Schriftsteller» lobte wiederum ein Anonymus in «Der Bücherfreund» (Nr. 9, 1951). «Ein patriotischer Individualist von eigener leidenschaftlicher Prägung», hieß es im «Göttinger Tageblatt». Mit derlei gemischten Stimmen – und einer verständnisvollen Würdigung des «Unpolitischen» von Salomon, des «virtuos begabten Reporters» durch Theodor Eschenburg im Südwestfunk Baden-Baden – warb der Verlag sogleich in einem Prospekt für das 21. bis 30. Tausend.[33]

Die Auflage erreichte rasch mehrere Hunderttausend, und in alle großen europäischen Sprachen wurde das Buch übersetzt. Die Vorbehalte gegenüber der noch jungen, wieder einmal oktroyierten deutschen Demokratie konnten so auch im Ausland nur bestätigt werden. Als 1952 Alfred Andersch *Kirschen der Freiheit* erschienen, ein anspruchsvoll reflektierend geschichtlicher «Bericht» über Lebensstationen eines radikalen Individualisten bis zur Desertion aus der deutschen Armee im Sommer 1944, war die Erregung über die Verteidigung der Fahnenflucht beträchtlich. Ein Anonymus in der «Deutschen Soldatenzeitung» (27. November) drückte seinen tiefen Abscheu aus: «Die Spätausreißer melden sich!» Heinrich Böll sprach in der «Welt der Arbeit»

(28. November) vom «Trompetenstoß in schwüle Stille». In einem Brief an Ernst Jünger vom 20. März 1953 (unveröffentlicht) beschwerte sich Andersch, die Leute läsen nur die Kritiken, und «das Politische» spiele darin eine zu große Rolle.

Für die Zeitsituation, für die politische Spannung, auch für den Zustand der wieder voll entfalteten Literaturkritik und für bestimmte Marktgesetze sind die Resonanzen auf von Salomons *Fragebogen* und auf Anderschs *Kirschen der Freiheit* bezeichnend. Der sich aufs «Monologische» und «Artistische» zurückziehende Gottfried Benn, der die politischen Empfindlichkeiten vieler Deutscher ‹pflegende› von Salomon und der sie attackierende Andersch – in diesem Spektrum bewegte sich ein Großteil des literarischen Interesses zu Beginn der fünfziger Jahre, soweit es nicht von den ‹tröstenden› inneren Emigranten wie Werner Bergengruen, Hans Carossa und Ernst Wiechert beherrscht wurde.

Im Jahre 1951 wurden von den Verlagen der Bundesrepublik bereits wieder 14 094 Titel herausgebracht,[34] davon zählten etwa 30 % zur ‹schönen› Literatur. Im gleichen Jahr konnten auch die Richard-Wagner-Festspiele in Bayreuth wieder beginnen. Gegen Ende des darauf folgenden Jahres nahm im Sendebereich des Nordwestdeutschen Rundfunks ein täglicher Fernseh-Programmbetrieb seine Tätigkeit auf.

1. Stalingrad und Kastalien

«Und da war Gnotke.
Es war ein grauer Novembertag, und August Gnotke hatte einen
Spaten in der Hand. Acht Meter lang war die Grube und zwei breit und
anderthalb tief, an welche Gnotke, Aslang, Hubbe, Dinger und Gimpf
die letzte Hand angelegt hatten. [...] Sie trugen keine Schulterklappen
und keinerlei Abzeichen, und ihre Hände und Gesichter waren ebenso
wie die Uniformen, es schienen vor langer Zeit einmal Hände und Gesichter und Uniformen gewesen zu sein. [...] Es war in der Gegend
östlich Kletskaja und in der Schleife, die der Don zwischen Kletskaja
und Wertjatschi bildet, und es war im Bereich der 376. Infanterie-Division. Linker Hand, das heißt im Westen, wälzte der Don seine erste
eisgraue Winterdecke abwärts, und im Rücken und zwei Tagesmärsche
ostwärts war wieder der Don und nochmals zwei Tagesmärsche ostwärts
lag die Wolga und lag Stalingrad. Hier befand man sich an der am
Donbogen angelehnten nördlichen Flanke der Front. Voraus und im
Rücken, unter den Füßen und in der Luft, hier war Front.»

So fängt der Roman *Stalingrad* von Theodor Plievier (1892–1955) an. Das
Buch wurde 1943 und 1944 in der Sowjetunion geschrieben, dort zunächst in
einer Zeitschrift veröffentlicht und kam 1945 auch in Deutschland heraus. Es
wurde in 36 Sprachen übersetzt und in mehr als 3 Millionen Exemplaren
verbreitet. Es handelt von der größten Katastrophe der deutschen Kriegsgeschichte und von einem deutschen Trauma bis heute: In und um Stalingrad war
die deutsche Sechste Armee im November 1942 von überlegenen sowjetischen
Truppen eingeschlossen und danach, weil ein mehrmals erneuerter Führerbe-
fehl den Ausbruch nach Westen ebenso wie die Kapitulation verboten hatte,
vernichtet worden. Von 250 000 Soldaten der Armee sind 160 000 gefallen oder
vermißt und 90 000 in Kriegsgefangenschaft geraten; nur 6000 kehrten nach
Deutschland zurück. Das sind 2,4 %. Deshalb ist das Buch, in dem davon
geschrieben wird, ein Buch des Untergangs. Es handelt von Verwüstung,
Auflösung, Tod und Sterben. Der tödliche Gehorsam ist eines seiner Themen.

Es beginnt an der Front, aber nicht im Gefecht, im brausenden Vorstoß, den die
Deutsche Wochenschau so lange in die deutschen Lichtspielhäuser gebracht hatte, und
nicht im Kampfverband oder mit einer reich dekorierten Führerfigur, sondern auf dem
Leichenfeld, beim Gräberkommando, mit Gnotke, einem Feldstrafgefangenen. Die

Konjunktion «und» als erstes Wort des Buches stellt die benannte Figur in eine unabseh-
bare Reihe von anderen und anderem. «Und da war...»: Die alte epische Formel, mit der
schon in der Bibel erzählt wird, ist hier zugleich eine Formel der Bestandsaufnahme, wie
wir sie ähnlich aus Günter Eichs berühmtem Gefangenschaftsgedicht *Inventur* kennen.
«Dies ist meine Mütze/dies ist mein Mantel...». Die Formel ist hier ins epische Präteritum übersetzt. Der äußersten Reduktion der Bestände des einzelnen in der Gefangenschaft, bei Eich, und dem Massenschicksal der Zehntausende, bei Plievier, antwortet die
gleiche Sprachbewegung. Das Vorliegende läßt sich zunächst nur Stück für Stück benennen, registrieren, beschreiben. Im Unterschied zum Gedicht erscheint das aufgezählte
einzelne in der epischen Großform aber nicht als der einzig verbliebene Rest, sondern als
Ausschnitt. Es wird zeitlich und topographisch exakt eingeordnet und dabei auf die
außerliterarische Wirklichkeit, die auf Landkarten wiedergegebenen geographischen
Gegebenheiten, auf die Kalenderzeit und auf die realen Bewegungen und Abläufe in diesem Koordinatenfeld bezogen. Wir sind im November 1942, im Donbogen zwischen
Kletskaja und Wertjatschi, bei der 376. Infanterie-Division. Es ist kalt.

Aus solchen Ausschnitten besteht der Roman. Er verwendet Dokumente. Er arbeitet
mit sprachlichen Wiederholungsfiguren, versucht mit inhaltlichen Querverweisen,
strategischen Zuordnungen und Synchronverbindungen eine Art Gesamtorientierung
zu halten – ohne damit allerdings auf die Dauer gegen die Eigengewalt seines Materials
wirklich durchzudringen – und schneidet die Querbezüge in Längsrichtung durch die
immer wieder unterbrochenen und dann jäh endenden Lebenslinien benannter Figuren, die den Gesamtvorgang des Untergangs einer Armee individuell erlebbar machen.
Zwei der Lebenslinien gehen ganz durch. Sie beschreiben exemplarische Figuren in der
Entwicklung ihres menschlichen Verhaltens und ihrer politischen Einsicht. Sie sollen
eine Spur der Hoffnung durch das bedrückende Geschehen und darüber hinaus in die
Zukunft ziehen. Die Hoffnung ist vage, bei ihrer Darstellung ist das Sprachvermögen
des Autors überfordert: «Und dieses Volk in seiner tiefen Mitternacht soll an das Ufer
eines neuen Tages...»; da ist der Text von Bildklischees durchsetzt und verfällt der
Phrase. Seine Stärke liegt in der Dominanz des Konkreten, in der Verbindung von
Faktizität und Fiktionalität, in der Öffnung eines direkten Zugangs zu der vergegenwärtigten Realität.

«Es ist unsere Absicht, in diesem Buch das Wenige festzuhalten, was wir
an biographischem Material über Joseph Knecht aufzufinden vermochten, den Ludi Magister Josephus III., wie er in den Archiven des Glasperlenspiels genannt wird. Wir sind nicht blind gegen die Tatsache, daß
dieser Versuch einigermaßen im Widerspruch zu den herrschenden Gesetzen und Bräuchen des geistigen Lebens steht oder doch zu stehen
scheint. Ist doch gerade das Auslöschen des Individuellen, das möglichst
vollkommene Einordnen der Einzelpersonen in die Hierarchie der Er-
ziehungsbehörde und der Wissenschaften eines der obersten Prinzipien
unseres geistigen Lebens. [...] Wenn wir trotzdem auf unserem Versuche bestanden haben, einiges über das Leben des Ludi Magister Josephus III. festzuhalten und uns das Bild seiner Persönlichkeit andeutend
zu skizzieren, so taten wir es nicht aus Personenkult und aus Ungehor-
sam gegen die Sitten, wie wir glauben, sondern im Gegenteil nur im
Sinne eines Dienstes an der Wahrheit und Wissenschaft. Es ist ein alter
Gedanke: je schärfer und unerbittlicher wir eine These formulieren,
desto unwiderstehlicher ruft sie nach einer Antithese.»

So beginnt, nach einer Widmung, einem Zwischentitel und einem lateinischen und deutschen Motto, der Roman *Das Glasperlenspiel. Versuch einer Lebensbeschreibung des Magister Ludi Joseph Knecht samt Knechts hinterlassenen Schriften. Herausgegeben von Hermann Hesse.* Das Buch ist 1943 in der Schweiz erschienen, wurde 1946 auch in Deutschland gedruckt und erlebte 1949 bereits die 35. Auflage. Der Verfasser erhielt den Nobelpreis.

Die Mitteilungsart des Textes ist indirekt. Der Autor tritt als Herausgeber von Aufzeichnungen auf. An ihrem Anfang wird zusätzlich, mit überindividuellem «wir», ein Chronist eingeführt. Wo, wann, worüber er schreibt, das ist zunächst nicht recht ersichtlich. Er klärt es aber nach und nach auf, indem er den Leser in eine ferne Zukunft holt und von da rückblicken läßt: aus der Zeit um 2400, zu der diese Aufzeichnungen in der Ordensprovinz Kastalien entstehen, auf die Zeit um 2200, zu der Josef Knecht als Meister des Glasperlenspiels in Kastalien gewirkt hat, und noch weiter zurück auf das 20. Jahrhundert, in dem sich Elemente des Glasperlenspiels – gegen die herrschenden «feuilletonistischen» Tendenzen des Zeitalters – herauszubilden begannen. Die spätere Zusammenführung dieser Elemente aus Musikwissenschaft, Mathematik und Meditationspraxis war, so erfahren wir, der doppelten Einsicht zu verdanken, daß auch die zivilisatorische Welt der Zwecke ohne die Existenz eines sittlich gebundenen, aber zweckfreien Geistes nicht bestehen, daß sich dieses Geistige aber nur losgelöst vom Weltbetrieb entfalten kann. Darum ist die Geistesprovinz Kastalien – vom Geist ist hier unvermeidlicherweise oft die Rede – als ein Bezirk für sich, doch innerhalb der umgebenden bürgerlichen Welt eingerichtet, die ihn alimentiert; darum wird das Glasperlenspiel als zwecklos und dennoch im höchsten Maße sinnvoll dargestellt. Es ist ein Spiel «mit sämtlichen Inhalten [...] unserer Kultur», in dem alles allbedeutend werden kann, deshalb nicht nur eine Weltsprache des Geistigen, sondern eine seelische Erfahrung und zugleich ein sublimer Kult religiösen und gemeinschaftsbindenden Charakters. Es verhält sich damit ähnlich wie mit der vollkommenen Musik. «Sie entsteht aus dem Gleichgewicht. Das Gleichgewicht entsteht aus dem Rechten, das Rechte entsteht aus dem Sinn der Welt.»[1] Reiche Begabung, Ausbildung an den Eliteschulen Kastaliens, Einordnung, Selbstzucht, Askese, methodische Strenge, kontemplative Versenkung sind Bedingungen der entwickelten Formen des Spiels. Seine Vollkommenheit erreicht es auf der höchsten Stufe der kastalischen Hierarchie, im festlichen Spiel des Spielmeisters, des Magister Ludi.

Damit setzt sich ein Wertekanon von Ordnung und Bindung, Sammlung und Gelassenheit, Ethos und Sinn der Vereinzelung und Verängstigung, Glaubensleere und Immoralität, Erfolgs- und Vergnügungssucht utopisch entgegen, die als Merkmale des «feuilletonistischen Zeitalters» zeitsatirisch beschrieben werden. Kastalisches ist es, was der Autor seiner eigenen Zeit als ein Rettungsmittel anzuempfehlen scheint. Und so wurde das Buch auch verstanden. Allerdings blieb dabei oft unbeachtet, daß sich seine Kritik nicht nur auf das 20. Jahrhundert, sondern auch auf Kastalien selbst noch erstreckt. Ausdrücklich «im Widerspruch zu» den herrschenden Gesetzen wird die Biographie des Spielmeisters samt der von ihm selbst verfaßten fiktiven Lebensläufe vorgelegt. Auf eine Widerspruchshandlung läuft sie hinaus: Joseph Knecht zieht, nachdem er längst alles erreicht hat, was einem Kastalier möglich ist, die individuelle Konsequenz des Ausstiegs. Er verläßt den kastalischen Orden, schickt sich an, Lehrer eines Knaben in der Außenwelt zu werden, ertrinkt dann beim ersten spielerischen Wettkampf mit seinem Zögling in einem Bergsee.

Transzendieren – das ist die erste Überschrift des eingefügten Gedichtes «Stufen» – erscheint als das Prinzip des Buches.[2] Es betrifft den dargestellten

Lebenslauf: Noch einnmal ist die exemplarische Biographie, wie schon früher bei Hesse (1877–1962), auch die Geschichte eines Besonderen, Ungenügsamen, Rebellierenden, der bis zuletzt unterwegs bleibt. – Es betrifft die Antithetik von Geschichte und Zeitlosigkeit, Welt und Geist, die der Roman durchspielt: Sie wird in die Komplementarität von Tag und Nacht, Yin und Yang aufgehoben. – Es betrifft die angenommene ‹Botschaft› des Buches: Das Richtige ist nicht ein für allemal zu fixieren, die Kritik setzt sich nicht in Kastalien zur Ruhe. – Und es betrifft buchstäblich *vor* allem anderen das Verhalten des Autors zu seiner Zeitgenossenschaft. Hesse hat diesen Bezug selber hergestellt. Er hat das *Glasperlenspiel*, wie er 1955 an Pannwitz schrieb, als einen «Protest gegen die Barbarei» verstanden, als Rettungsmittel für sich selbst in einer vom Faschismus vergifteten Luft und als Stärkungsmittel für andere: «Ich mußte, der grinsenden Gegenwart zum Trotz, das Reich des Geistes und der Seele als existent und unüberwindlich sichtbar machen, so wurde meine Dichtung zur Utopie, das Bild wurde in die Zukunft projiziert, die üble Gegenwart in eine überstandene Vergangenheit gebannt. Und zu meiner eigenen Überraschung entstand die kastalische Welt wie von selbst.»[3]

Allerdings fehlt diesem Gegenwartsbezug die Materialität. Die Kritik richtet sich auf den Zeit-«Geist»; Ökonomie, Technik, Industrie und die Diktatur, die Hesse so sehr beklemmte, kommen nicht vor. Das utopisch Künftige speist sich, wie Novalis' *Christenheit oder Europa*, aus tief Vergangenem, besonders aus einem romantisierten Mittelalter. Der internationalen Weltsprache des Spiels kontrastiert eine Dominanz des Alt-«Deutschen», der Universalität des Geistigen die Beschränkung auf Männer; «mönchisch» ist der Geist des Ordens, Zeugung und Geburt sind ausgelagert, das Musterhafte ist entnervend «rein». Und das Spiel selbst bleibt, da es nur auf dem strengen Weg der Einweihung zu lernen und zu verstehen ist, für den Leser gänzlich unkonkret.

Eben diese Allgemeinheit gehört aber auch zu den Voraussetzungen der Wirkung in den beiden großen Rezeptionsphasen des Buches: kurz nach dem Krieg in Deutschland, als die Wegweisung nach innen angesichts einer chaotisch zertrümmerten, schuldverstrickten Welt befreiend, beruhigend, tröstend erschien, und in den sechziger und siebziger Jahren in den Vereinigten Staaten, als die Hesse-Renaissance vor allem die Zivilisationskritik und, im Vorfeld der New-Age-Bewegung, die östlich-meditativen Komponenten des Entwurfs als wahlverwandt aufgriff.

Die Gegensätzlichkeit der Romane Plieviers und Hesses ist unübersehbar, Plievier beschreibt das schrecklich Vorhandene – «Natürlich ist nichts von den Geschehnissen erfunden», gibt er in der Zeitschrift «Der Ruf» zu Protokoll[4] –, richtet den Blick nach außen, setzt die Sachrealität als gegeben voraus und schließt sich in seinem Faktenstil an die Reportageromane, auch an seine eigenen, aus der Zeit der «Neuen Sachlichkeit» an. Hesse stellt, wie das selbstverfaßte Motto seines Buches unterstreicht, ausdrücklich das Nichtvorhandene dar, das aber, wenn es «fromme und gewissenhafte Menschen [...] gewissermaßen» als vorhanden behandelten, der Möglichkeit seiner Realisierung nähergebracht werden könne. Er entwirft eine Möglichkeiten- und Phantasiewirklichkeit. Er erzählt im gelassenen, manchmal zeremoniellen, oft reflexionsreichen Chronistenstil und stellt sich in die Tradition des deutschen Bildungsromans. Joseph Knecht ist schon mit seinem Namen auf Goethes *Wilhelm Meister* bezogen. Die Hauptwirkung von *Stalingrad* beruht auf der Gewalt der Fakten, die Hauptwirkung des *Glasperlenspiels* auf einem umfassenden Sinnversprechen. Damit sind die beiden Bücher paradigmatisch für zwei Tendenzen der frühen deutschen Nachkriegsliteratur. Man kann sie «Beschreiben» und «Transzendieren» nennen.

2. Beschreiben und Transzendieren

Es sind literarische Verhaltensformen mit einer Affinität zu bestimmten Schreibformen.

Außerliterarischer Bezugsort ist die zeitgeschichtliche Realität:

Texte des Beschreibens verhalten sich zu dieser Realität direkt. Sie sind durch sie motiviert und auf sie gerichtet. Man «sieht die Dinge, wie sie sind, und bezeichnet offen und ohne Arabesken, was man am Rande der Wege und Ruinen findet» – so rühmt Gustav René Hocke 1946 in seinem Plädoyer gegen *Die deutsche Kalligraphie* die Stilhaltung der neuen Reportagen über das Unterwegssein im zerstörten Deutschland.[5] «Wir schrieben also vom Krieg, von der Heimkehr und dem, was wir im Krieg gesehen hatten und bei der Heimkehr vorfanden: von Trümmern» – so bekennt sich Heinrich Böll 1952 zur «Trümmerliteratur». «Aussprechen was ist!» (Plievier), «schreiben [...], was ist» (Wolfgang Weyrauch), sagen, «was ist und was nicht ist» (Hocke), ist das vielfach variierte Realismusprogramm, das Alfred Andersch auf die Formel bringt: «Die Aufgabe des Schriftstellers ist die Deskription.»[6]

Texte des Transzendierens verhalten sich zur zeitgeschichtlichen Realität indirekt. Sie sind durch sie motiviert, nicht bei ihr zu bleiben, sie vielmehr zu überhöhen oder sich von ihr abzuheben – «durch diese vermurkste Realität hindurchzustossen in die Firmamente einer essentiellen, schwebenden, symbolträchtigen zeitlosen Welt», wie Ernst Kreuder 1946 an Horst Lange schreibt;[7] «der grinsenden Gegenwart zum Trotz das Reich des Geistes und der Seele als existent und unüberwindlich sichtbar» zu machen, wie Hesse bekannte;[8] «nicht eine wirkliche, aber eine mögliche [...] Welt» zu erbauen, wie sich der aus dem Konzentrationslager entlassene Ernst Wiechert 1939 für sein Buch *Das einfache Leben* vorgenommen hatte, das zu einem Kultbuch der frühen Nachkriegszeit werden sollte: «Es war ein Traumbuch, in dem ich mich mit Flügeln über diese grauenvolle Erde hinaushob. Mit ihm spülte ich mir von der Seele, was sie beschmutzt, befleckt, erniedrigt, entwürdigt und

zu Tode gequält hatte.»[9] Nicht unähnlich formulierte es Hermann Broch: Je
«unentrinnbarer sich das äußere Geschehen gestaltete [...], desto stärker
wurden jene inneren Impulse: der Tod war uns, die wir nun gewissermaßen
am Rande des Konzentrationslagers lebten, plötzlich so nahe gerückt, daß die
metaphysische Auseinandersetzung mit ihm schlechterdings nicht mehr auf-
schiebbar war. Und so begann ich [...] beinahe gegen meinen Willen, sozusagen als Privatangelegenheit des eigenen Seelenheils, mit einem strikt esoterischen Buche, dem *Vergil*.»[10]

Natürlich sind die literarischen Verhaltensformen aufeinander verwiesen.
‹Beschreiben› enthält, insofern es Wirkliches sprachlich ordnet, ein Element
des Transzendierens, ‹Transzendieren›, insoweit es erscheinen läßt, was es
transzendiert, ein Element des Beschreibens.

Innerliterarische Kriterien ergeben sich aus der Frage nach Stoffbezug,
Wirklichkeitsdimension, Sinnangebot und Erzählform. Sie lassen sich als Oppositionsreihen darstellen.

		‚Beschreiben'	‚Transzendieren'
1	Stoffbezug	Gegenwartsnähe	Gegenwartsferne
2	Wirklichkeits-dimension	Empirische Wirklichkeit	Mythen-, Möglichkeiten-, Phantasiewirklichkeit
3	Sinnangebot	Deutungsenthaltung	Globaldeutung
4	Darstellungsform	Deskription, Bericht, szenische Umgangs-sprachlichkeit	Stilisierung, Mittelbarkeit, Kommentar, Reflexion

Die Reihe ‹Beschreiben›: 1. Gegenwärtig sind in Deutschland nach der Kapitulation vor allem – wenn auch nicht ausschließlich – das massiv im Vordergrund des Bewußtseins stehende Kriegsgeschehen, die Verbrechen der nationalsozialistischen Herrschaft, die Existenznot der Besiegten. Diesem Stoff am
selbstverständlichsten und ganz fraglos verbunden sind die nicht fiktionalen
persönlichen Berichte und Tagebücher, insoweit sie Nachricht geben über
Leben und Sterben in Konzentrationslagern, im Bombenkrieg, an der Front,
in der Kriegsgefangenschaft und bei Flucht und Vertreibung. Auch die Reportagen der Nachkriegszeit, die in Zeitungen und Zeitschriften erscheinen,
sind dem anzuschließen, ebenso die dokumentarischen Romane, deren fiktionale Aufbereitung der Vergegenwärtigung außerliterarischer Ereignisse dient,
und – einen wichtigen Verarbeitungsschritt weiter – die fiktionalen Erzähltexte, die den gegenwartsgeschichtlichen Stoff in einen erfundenen Kontext
einbringen. Unter diesen Texten spielen anfangs die Kurzgeschichte und der
aus Episoden aufgebaute Roman eine besondere Rolle. Ihren Autoren –
Wolfgang Borchert, Heinrich Böll, Hans Werner Richter, Wolfdietrich
Schnurre, Siegfried Lenz, Walter Kolbenhoff – ergibt sich aus der bewußten

Annahme ihrer Zeitgenossenschaft eine Verpflichtung auf den zeitgeschichtlichen Stoff. 2. Die Dimension der sprachlich präsenten Wirklichkeit ist begrenzt. Sie kann das banale Alltägliche umfassen (wozu amerikanische Vorbilder Mut machen) oder – oft gerade in den nichtfiktionalen Texten – das alptraumhaft Ungeheuerliche: immer ist das Dargestellte gebunden an den Erfahrungsraum der empirischen Realität. 3. Explizite Wertungen, Deutungen, Sinnangebote, treten zurück: bei den Berichterstattern unter der Last der «Tatsachen», bei den Erzählern in einem Ethos der Bestandsaufnahme, das sich auch als Stilprinzip formuliert. 4. Es ist das Prinzip des einfachen, direkten, kargen, parataktischen Schreibens, des «Realismus des Unmittelbaren»,[11] das eine Zeitlang maßgeblich und unübersehbar von amerikanischen Erzählern, insbesondere von Hemingway und Faulkner, beeinflußt war.

Texte dieses Verhaltensprofils können inhaltlich mehrbödig und auslegungsbedürftig sein. Sie erfordern aber, so wie sie sich präsentieren, beim Leser keine besonderen Bildungsvoraussetzungen. «Und da war Gnotke» (Plievier). «Damals in Odessa war es sehr kalt. Wir fuhren jeden Morgen mit großen rappelnden Lastwagen über das Kopfsteinpflaster zum Flugplatz» (Böll: *Damals in Odessa*, 1950).

Die Reihe ‹Transzendieren›: 1. Gegenwartsferne des Stoffs ist am offensichtlichsten im Utopischen oder Historischen gegeben: wenn das dargestellte Geschehen in einem phantasierten Zukünftigen oder lange Vergangenen angesiedelt ist – in Kastalien (bei Hesse), in der Totenstadt hinter dem Strom (bei Hermann Kasack), in Heliopolis (bei Ernst Jünger); oder in Brundisium zu Beginn der römischen Kaiserzeit (bei Broch), im Königreich Neapel (bei Werner Bergengruen), im Frankreich Napoleons (bei Edzard Schaper).[12] Gegenwartsfern kann ein Text aber auch sein, wenn er im 20. Jahrhundert eine Gegenwelt entwirft, die den Erfahrungsraum empirischer Wirklichkeit durchbricht, oder in Bereichen handelt, die sich aus allem Zeitgeschichtlichen herauslösen. 2. Die Dimension der sprachlich präsenten Wirklichkeit ist offen. Mythisches und religiös Transzendentes, Traumhaftes und Phantastisches haben darin Platz. So sind der Tod und der Totenführer, Dämonen, Engel, Teufel (bei Broch, Alfred Döblin, Elisabeth Langgässer, Thomas Mann, Hans Erich Nossack, Reinhold Schneider) in visionären Erleuchtungen und Heimsuchungen oder in selbstverständlicher Anwesenheit gegenwärtig. Die «eigentliche» Wirklichkeit ist eine innerliche oder jenseitige oder eine zugleich innerliche *und* jenseitige – immer aber eine, die das Zeitgeschichtliche übersteigt. 3. Dieses Eigentliche gibt Sinn. Das Reich des Geistes, des Spiels, der Kunst, der Sittlichkeit oder Gnade wird trotz der schlimmen Gegenwart oder gerade durch die schlimme Gegenwart als existent und sieghaft erwiesen, das Zeitgeschehen indirekt, oft allegorisch, als Unheilsgeschehen, Schauplatz des Dämonischen gedeutet – oder als ephemer in die Bedeutungslosigkeit zurückgestuft, da überhaupt ganz anderes zeitübergreifend wichtig bleibt: Triebschicksal und Tod (bei Hans Henny Jahnn), das «Leben» selbst, für das das Historisch-Gesellschaftliche nur den Spielraum gibt (bei

Heimito von Doderer), Beziehungen der Geschlechter unter Diktat des Unbewußten (bei George Saiko), das erotische Spiel freier Phantasie (bei Wolf
von Niebelschütz). 4. Die Sprache ist reich durchgegliedert, absichtsvoll
geistreich, ironisch gebrochen oder auf Reinheit, Maß, edle Gefaßtheit stilisiert. Die Darstellung erlaubt Kommentare, sentenzenhafte Summierungen
und ausgearbeitete Reflexionen essayhaften Charakters.

Texte dieses Verhaltensprofils setzen zuweilen sprachlich und inhaltlich gymnasiale
oder ihr vergleichbare Bildung voraus. «Es ist unsere Absicht, in diesem Buch [...]
festzuhalten, was wir über Josef Knecht aufzufinden vermochten, den Ludi Magister
Josephus III., wie er in den Archiven des Glasperlenspiels genannt wird» (Hesse).
«Kurze Zeit nach dem Sturz König Manfreds, des Hohenstaufen, als die verbannten
Häupter der Florentiner Guelfen in ihre Heimat zurückkehrten – so wie nach der
Schlacht von Montalperto die verbannten Ghibellinenhäupter dorthin zurückgekehrt
waren –, [...] unternahm der herrschende Popolo von Florenz einen letzten verzweifel-
ten Versuch» (Gertrud von Le Fort: *Die Tochter Farinatas*, 1950).

Zwischen diesen Oppositionsreihen liegt der überaus komplexe Bereich
der Annäherungen und Verschränkungen, Übergänge und Verbindungen. Sie
spielen vor allem auf den Parametern Sinnangebot und Stoffbezug. Die beschriebene gegenwärtige Wirklichkeit kann mit Unausweichlichkeit einen
Sinn herausfordern, der sie transzendiert (Typus: Ilse Aichinger: *Die größere
Hoffnung*, 1948); ein transzendenter Sinn kann sich auch auf die gegenwärtige Wirklichkeit niederlassen und im gegenwartsnahen Stoff gestaltet werden
(Typus: Elisabeth Langgässer: *Das unauslöschliche Siegel*, 1946). Inhaltlich
treffen sich diese Bewegungen in der Frage nach Gott, im Thema existentieller Bewährung und in der Situation an der Grenze zum Tod.

Das ist ein Schema. Nichts wäre seinem Sinn abträglicher, als es schematisch anzuwenden. Aber einige Zuordnungen sind möglich. Sie beziehen sich
auf Altersgruppen und Generationserfahrungen:

Im Spielfeld der literarischen Verhaltensformen sind es nicht «die» Jüngeren, aber eher Jüngere, die zum ‹Beschreiben› tendieren – sie sind 1945 ungefähr zwanzig bis vierzig Jahre alt und im Krieg meist Soldat gewesen –, und
nicht «die» Älteren, aber eher Ältere, die im ‹Transzendieren› den Auftrag der
Dichtung erkennen. Das schließt viele im nationalsozialistischen Machtbereich verbliebene, vom Regime gelittene oder gerade noch gelittene oder mit
Schreibverbot belegte Autoren mit vielen exilierten über sonstige Unterschiede hinweg zusammen. Sie gehören den Generationsgruppen der 1945
etwa Vierzig- bis Sechzigjährigen und der Über-Sechzigjährigen an.

Da alle umfangreicheren Texte, die kurz nach Kriegsende erscheinen, vorher konzipiert oder sogar fertiggestellt und manchmal auch schon einmal
gedruckt worden sind, sind es vor allem diese älteren, als Schriftsteller bereits
etablierten Autoren, die anfangs zu Wort kommen. Sie melden sich
– mit Texten traditioneller Erzählform, die in einer verstörenden Gegenwart
durch Rückbesinnung auf Bleibendes, auf die Natur und das einfache Leben,

auf die Geschichte und Gott, Orientierung und Halt versprechen (Abschnitt 3),

– mit einer Reihe monumentaler Werke zum Teil avancierter Darstellungsweise, die eine metaphysische Zeitdiagnose stellen und dabei Mythisches und Utopisches einbeziehen (Abschnitt 4),

– mit Romanen, die «das Leben», «den Tod» oder unbewußte Tiefenwirklichkeiten thematisieren und die sich, weil ganz andere Prioritäten gesetzt werden, um die gegenwärtige und jüngste Geschichte gar nicht zu kümmern scheinen (Abschnitt 9).

Daneben bringen sich aber, um ein Geringes phasenverschoben, seit 1947 auch jüngere, vorher wenig oder gar nicht bekannte Autoren zur Geltung

– mit Realismuskonzepten unterschiedlicher Spielart (Abschnitt 5, Teil 2),

– mit Geschichten vom Krieg und von seinen Folgen (Abschnitt 6),

– mit Problematisierungen der Rollen des Ich und Deutungsmustern der Nachkriegsgesellschaft, die schon in die 2. Phase der Nachkriegsprosa hinüberweisen (Abschnitt 10).

Dazwischen steht eine kleine Gruppe aus der mittleren Generation

– mit Texten, die zeitflüchtig und zeitbezogen die Weltabkehr in der gegenwärtigen Welt phantasieren (Abschnitt 8).

Alle Generationen haben teil

– an der nichtfiktionalen Aufarbeitung der Tatsachen in persönlichen Berichten, Erinnerungen, Tagebüchern und an Reportagen (Abschnitt 5, Teil 1) sowie

– an der oft parabolischen Globaldeutung des Lebens aus einem negativen Sinn, der die höchste Sinninstanz der Tradition, den Gott, als tot, gleichgültig, paradox, böse oder unwichtig erweist (Abschnitt 7).

3. Bleibendes als Lebenshilfe. Die Natur und das einfache Leben, die Geschichte und Gott

Ernst Wiechert (1887–1950), Karl Heinrich Waggerl (1897–1973), Manfred Hausmann (1898–1986, seit den dreißiger Jahren bewußt evangelisch), Werner Bergengruen (1892–1964, 1936 katholisch geworden), Reinhold Schneider (1903–1971, 1926 wieder katholisch geworden), Edzard Schaper (1908–1984, 1951 katholisch geworden), Stefan Andres (1906–1970, katholisch), Ina Seidel (1885–1974, evangelisch) sind nach 1945 nicht nur in ihren früher erschienenen Büchern, sondern auch durch Neuauflagen und durch Texte präsent, die zum Teil ausdrücklich, zum Teil unausdrücklich an vorangegangene anschließen.

So stellen Wiechert und Waggerl seit langem der Undurchschaubarkeit der industriellen Gesellschaft, die sich in der von Hetze, Oberflächlichkeit, Verwertungsinteressen bestimmten «Stadt» konkretisiert, eine Welt einfacher, unentfremdeter ländlicher Verhältnisse entgegen, in der auch schwere Aufgaben klar, auch belastende Beziehungen deutlich sind und die Personen verantworten, was sie tun. Die Fortschrittsskepsis, der die Texte erwachsen, hat schon den Heimat-, Bauern- und Siedlerroman seit der Jahrhundertwende begünstigt, ist dann von den Nationalsozialisten völkisch ideologisiert worden und gewinnt nun im Krieg und bei Kriegsende eine unbeabsichtigte Aktualität. Die gewaltsame Reduktion auf elementare Überlebensbedürfnisse und die Verstörung der Identität durch den Verlust nicht nur der materiellen Lebensgrundlagen gab Buchtiteln wie *Brot, Fröhliche Armut, Das einfache Leben* eine besondere Resonanz.

Dabei ist der Charakter von Waggerls und Wiecherts Werken verschieden. Waggerl, der mit *Brot* 1930 in der Nachfolge Hamsuns begann, nimmt die Haltung des «Naiven» ein. Er verbleibt in der gestaltenden Symbiose mit der Natur und mit natürlichen Lebensverhältnissen im Salzburger Land: *Fröhliche Armut* (1948) bietet den kindheitsgeschichtlichen Hintergrund für ein Werk, das einen Fluchtpunkt in den *Lieben Dingen* (1956), *Schönen Sachen* (1967), im *Lob der Wiese* (1950) und in den eigenhändig gearbeiteten, liebevoll genauen Scherenschnitten und Blumenaquarellen hat, die vom Verfasser seinem *Wiesenbuch* und den Versen des *Heiteren Herbariums* (1950) mitgegeben wurden. Die schlimme Welt bleibt draußen.

Wiechert sucht sie einzubeziehen, indem er sie aufhebt. Er begegnet der Natur – in der Haltung des «Sentimentalischen» – als Stadtflüchtling. Er erfindet eine Figur, die in der Landschaft der ostpreußischen Heimat «ein Unberührtes» zu finden hofft, «von dem ein Anfang geschehen könne», in dem man still werden und zu sich selbst kommen kann.

> «Nur als Kind hat er so gewußt, wie schön die Welt ist, so schön, daß es in der Brust schmerzt. Das letzte rote Licht auf dem See, der schlafende Wald, das junge Birkenlaub vor dem weißen Himmel und ein Duft, der keinem anderen zu vergleichen ist. Und nun beginnen die Eulen zu rufen, der Nebel steigt, Sterne zünden sich an. Die Ruhe der Nacht breitet sich aus wie Wellenkreise von einem letzten Stein, weiter und weiter, und in der Mitte sitzt er selbst, regungslos, und sein Blut rauscht und singt wie ein Brunnen im Traum.»[13]

Das Buch vom ‹einfachen Leben› (1939/41/42/47/48/50/51/53/54 u. ö.), das diese Wuscherinnerung gestaltet, hat aber ein Gegengewicht, das sie motiviert. Es ist der ‹Bericht› *Der Totenwald*, der 1946 erschien. Er dokumentiert Wiecherts Aufenthalt im Gefängnis und im Konzentrationslager Buchenwald im Jahr 1938, beschreibt die Prügelexekutionen und Erschießungen, die Hungerrationen, die unmenschlich harte Arbeit und die Folterungen – und versucht doch zugleich, all dies aus individueller Mitte einem überindividuellen Sinnzusammenhang einzuordnen, eine «Verwandlung» vorzunehmen: aus der Wirklichkeit in die «höhere Wahrheit [...] der Kunst».[14] Daraus resultiert stilistisch eine gewollte Manier der Schlichtheit und inhaltlich die Anlehnung an die Bibel. Der Lagerbericht erhält so selber Züge des Traumbuchs. Die Tröstung wird dem Schrecklichen, die Transzendierung dem Beschriebenen abgetrotzt. Und diese Affirmation geht auch in die späten Romane *Die Jerominkinder* (entstanden 1940/41, erschienen 1945/47) und *Missa sine nomine* (1950) ein. Individuelle Bejahung und Vergebung können die gestörte Weltordnung wieder ins Rechte setzen; Bürge des Rechten aber ist, wie bei Waggerl auch, die Natur. Sie lehrt Demut und verweist aus der Schöpfung zurück auf den Schöpfer.

Diese religiöse Wegweisung, die als Einsicht in die Gebrechlichkeit und Gnadenbedürftigkeit des Menschen auch in Manfred Hausmanns Romanen seit den späten dreißiger Jahren den Figuren wie den Lesern die lebensgeschichtliche Orientierung gibt, wird bei Bergengruen, Schneider, Le Fort, Schaper, Andres in ganz anderem Kontext dominant: Es ist der Kontext von ‹Historischen› Romanen und Erzählungen. Sie vereinfachen die verwirrende Fülle des Geschichtlichen, indem sie es personalisieren und in die Überschaubarkeit zwischenmenschlicher Konflikte bringen, die die geschichtlich Handelnden und Mächtigen einbeziehen.

Das hat einen darstellungstechnischen Grund, den Bergengruen 1952 seinem *Letzten Rittmeister* in den Mund legt:

> «Die besten Geschichten, wissen Sie, sind doch immer die, welche noch in der Zeit der Selbstherrschaft spielen. Die haben etwas von dem Urbildlich-Märchenhaften, das einer rechten Geschichte nötig ist. Die Macht ist nicht abstrakt und anonym, sie hat Person in der Gestalt des Kaisers.»[15]

So spielen die Geschichten denn um Kaiser, Könige, Zaren, Fürsten, Offiziere – aber auch um Inquisitoren, Prälaten, Mönche, Nonnen und Priester. Und das hat zu tun mit dem zweiten, tieferen, sinnbildlichen Grund für die Bevorzugung einer hierarchischen Welt bei der Stoffwahl. Schneider hat ihn 1953 im Nachwort seiner «Ausgewählten Werke» formuliert:

> «Die geschichtlichen Formen, in denen noch Heiliges lebte, gehen unter. Sicherlich: es geschieht kein Untergang ohne Schuld. Aber in den alten Formen, im Königtum, das Gottes Vatertum spiegelte und die Königherrschaft Christi über das All, war doch ein Bild der Wahrheit: der Bund von Macht und Liebe.»

Es geht um eine Deutung der Geschichte aus dem Zeichen des Kreuzes:

> «Was sich auf Erden begibt, das begibt sich zwischen unserer Seele und Gott; und es ist mit den Schicksalen der Völker nicht anders» (Schneider, *Der fromme Herzog*, 1941/53) –

und um eine Verwertung der Geschichte für die Darstellung der zeitlos verstandenen Lage «des» Menschen, des

> «bedrohten, gefährdeten, aber nicht mit Notwendigkeit verlorenen Menschen [...] zwischen der Transzendenz und der Gebundenheit und den Bedingungen seiner animalischen Natur.» (Bergengruen: *Schreibtischerinnerungen*, 1961.)

Dabei werden die Grenzen und der Mißbrauch menschlicher Macht mitverhandelt. Bergengruens *Der Großtyrann und das Gericht* (1935/38/40/41/47/49/53 u. ö.) reflektiert in den Konfigurationen eines italienischen Stadtstaates der Renaissance die Spannungen zwischen Herrscherrecht und religiös deduzierter Gerechtigkeit. Schneiders *Las Casas vor Karl V.* (1937/49/53/55 u. ö.) parallelisiert verdeckt die Verfolgung und Vernichtung der Indios durch die spanischen Eroberer mit der Verfolgung und Vernichtung der Juden durch die Nationalsozialisten. Beide stellen das Prinzip der Autokratie nicht in Frage. Es geht um ihre Bindung und um die Glaubensbindung jedes einzelnen Menschen. Was ihn rettet, was ihn zu sich führt, was Hoffnung verbürgt auch über den persönlichen Untergang hinaus, ist die wesentliche, vertikale Ausrichtung auf Gott. Dies gilt auch für Texte, die die Geschichte, das Genre des ‹historischen› Erzählens verlassend, nah an die Gegenwart heranführen – wie Schapers *Die sterbende Kirche* (1937) und *Der letzte Advent* (1949), die nach dem Ersten Weltkrieg in einem sowjetisch besetzten Estland und in der Sowjetunion spielen – wie Andres' Novelle *Wir sind Utopia* (1942/43/46/48/51/52/53/54/55 u. ö.), deren Schauplatz das Spanien des Bürgerkriegs von 1936 ist – und auch für Elisabeth Langgässers und Alfred Döblins große Romane, die jedoch aufgrund eines ganz eigenen Zuschnitts am Dauererfolg der anderen einen geringeren oder gar keinen Anteil haben.

Der Erfolg dieser anderen war außerordentlich. Er wurde durch Aufnahme in die Lehrpläne und Lektürelisten der Schulen begünstigt und währte lange. Er ist zwiespältig zu bewerten: Zu seinen Voraussetzungen gehört ein Funktionswechsel, der sich mit der Abdankung des Dritten Reiches vollzog. Vorher enthielt der Trost, der in der Natur und in der theozentrisch gedeuteten Geschichte gesucht wurde – so verwickelt die Beziehungen zu nationalsozialistischer Naturfeier und Geschichtsverherrlichung auch waren – ein kritisches Moment der Nichtunterwerfung unter den totalen Staat. Danach, als frühere Texte erneut und neue in früherem Sinn erschienen, fehlte der aktuelle Gegenhalt, der sie legitimiert hatte; und der Hinweis aufs Transzendente und Überzeitliche hat die Auseinandersetzung mit dem Immanenten und Zeitgeschichtlichen, auch die Selbstauseinandersetzung mit der den Überlebenden hinterlassenen Schuldfrage, oft weniger begründen als ersparen helfen.

Manchen der Autoren war das nicht recht. Die meisten nahmen es hin. Einer, der wie Reinhold Schneider überhaupt keine Ruhe gab und die Radikalität seiner transzendent gebundenen Maßstäbe wenig später auch gegenüber der neuen Gegenwart der Wiederaufrüstung und der Atombewaffnung geltend machte, fand sich unversehens von aller kirchen- und staatsoffiziellen Zustimmung verlassen und diffamiert.

Die Verfänglichkeit der Wirkung kehrt bei einigen der «metaphysischen Zeitdiagnosen»[16] wieder, die neben und nach den Büchern der Naturdemut und des Geschichtstrostes erschienen. Sie reflektieren die Frage nach den Gründen, Herkunftsbedingungen, Wesenszügen des Dritten Reiches, ohne dieses selbst ausdrücklich zum Gegenstand zu machen. Sie greifen weit aus.

4. Metaphysische Zeitdiagnosen

Elisabeth Langgässer (1899–1950), Alfred Döblin (1878–1957), Thomas Mann (1875–1955) ziehen den Satan ins Spiel; Hermann Broch (1886–1951), Hermann Kasack (1896–1966), Hans Erich Nossack (1901–1977) schicken ihre Figuren auf Fahrten ins Totenreich. Die Rede ist von den Büchern *Das unauslöschliche Siegel, November 1918, Doktor Faustus; Der Tod des Vergil, Die Stadt hinter dem Strom, Der Untergang* und *Nekyia.*

Elisabeth Langgässers Roman ist von 1937 bis 1945 in Berlin trotz des Schreibverbots entstanden, das die Nationalsozialisten über die katholische ‹Halbjüdin› verhängt hatten, und 1946 erschienen. Er erzählt eine eigentümliche Legende.

Der Vorname ihrer Hauptfigur ist Lazarus. Er ist ein Jude, christlich getauft, führt aber, das unauslöschliche Siegel dieser Taufe vergessend, ein Leben der Sünde, bis er wie der biblische Lazarus «erweckt» wird zum eigentlichen Leben, zum Leben des «blinden Glaubens». Das Sündenleben des Romanpersonals wird auf Teufelsverkörperungen bezogen, die handelnd auftreten, auf Heiligenviten, von denen erzählt wird, und auf die Geschichte. Deren Verhängnis ist der Gottesabfall des Rationalismus. Er hat in der Neuzeit mit der Reformation begonnen, wurde mit der Aufklärung und der Französischen Revolution fortgesetzt, in Preußen staatlich vergegenständlicht und im Terror von Belsazar/Nebukadnezar/Hitler auf den Höhepunkt gebracht. Doch gerade im Unheil ist Heil möglich. So ist es sinnbildlich gemeint, wenn Lazarus aus einem polnischen Konzentrationslager, wie der Schluß resümiert, zurückkehrt, als alter Bettler, «dem die Gabe der Heilung und das Charisma der Erweckung gegeben war», «in das Ursprungsland der Empörung: nach Preußen und Wittenberg ... in das Herzland der Reformation ...».

Langgässer hat ihre Darstellungsart «Supranaturalismus»[17] genannt. Er macht den Text auf schwierige Art stimmig. Der Antagonismus von Gott und Teufel hat seine Entsprechung in der Diskontinuität der Handlung, in der scharfen, vereinzelnden Überbelichtung des Gegenständlichen, in der Verschränkung von Visionärem mit Raisonnement, im Widerspiel der Motive von Brunst und Gnade und in der Statik der Figuren. Auch der Hauptfigur widerfährt ihre Wandlung als Eingriff von oben. Es sind Akteure eines Welttheaterspiels. Realgeschichtliche Begründungen für die verhängnisvolle Realgeschichte kommen nicht vor. Das ist bei Alfred Döblin anders.

Döblin, jüdischer Herkunft, lange Agnostiker und 1941 in den Vereinigten Staaten katholisch geworden, betrachtete die Romantrilogie *November 1918*. *Eine deutsche Revolution*, die er 1937 zu schreiben begann, als Hauptwerk seines Exils. Sie war 1943 fertig, konnte aber immer nur teilweise – 1939, 1948, 1949, 1950 – zum Druck gebracht werden. Eine geschlossene Ausgabe gibt es erst seit 1978.[18]

Die Trilogie fragt, «wodurch alles gekommen war» (*Epilog*, 1948).[19] Die Frage führt einerseits in die noch miterlebte und polemisch mitkommentierte politische Geschichte und darin zur «verpfuschten Revolution» von 1918/19 als einem Schlüsselereignis zurück, andererseits in die Gefühls- und Gedankenwelt der mittelbar oder unmittelbar Beteiligten hinein und über das seelische Geschehen einzelner von ihnen aus allem Irdischen hinaus in eine Transzendenz, von der aus alles Irdische wesentlich zu werten ist. Politisch wird die Ausgangsfrage, engagiert parteilich, mit dem Versagen der Sozialdemokratie und den Fehleinschätzungen spartakistischer Führer, mit der Dominanz der alten Kriegerkaste preußischer Prägung und der obrigkeitsstaatlichen Mentalitätsstruktur im ganzen beantwortet: «Hitler war schon jahrelang vor 1933 an der Macht» (Döblin am 23. Mai 1935 an Thomas Mann) – religiös mit dem Verlust der Gottesbindung im einzelnen und in vielen einzelnen: «Alle Welt sucht den Verantwortlichen [...], und er entdeckt zu seinem wachsenden Entsetzen als den Schuldigen – sich.»[20] In der politischen Antwort berührt sich Döblin mit Plievier, in der religiösen mit Langgässer – und in der Wahl einer mythischen Vorlage mit Thomas Mann.

Denn dem Geschehen, das Realgeschichtliches mit Imaginiertem verwebt und die historischen Vorgänge in einer Fülle von Figuren und Episoden bricht, sind Paradigmen unterlegt, die ihrerseits Entlegenes verbinden und dem Historischen auf den Grund gehen sollen, darunter neben *Antigone* vor allem die *Historia von D. Johann Fausten*. Der Teufelsbund, der darin vorgebildet ist, versinnlicht hier den Kampf der Mächte um die Seele der – historischen – Rosa Luxemburg und des – fiktiven – Friedrich Becker, die sich, durch die engste Anteilnahme des Erzählers ausgezeichnet, aus dem Muster der Figuren als besondere hervorheben. Die Erscheinung des Satans, des Erzengels Michael, des Mystikers Tauler und anderer Abgesandter aus dem Geister- und Totenreich treten in ihnen und ihnen gegenüber in einer Leibhaftigkeit auf, die dem Leser die Begrenzung auf halluzinatorische Gehirnvorgänge zunehmend verwehrt. Das Buch ist realistisch erzählt und überschreitet zugleich alle Grenzen realistischen Erzählens. Es schließt in charakteristischer Spannweite mit der Verheißung des Himmlischen Jerusalem: «Und er wird alle Tränen abwischen. Und der Tod wird nicht mehr sein noch Leid und Schmerz und Geschrei!» – und mit dem Ärger um einen Leichnam, «denn die Polizei wollten sie nicht in der Garage haben. [...]. Da luden sie ihn in einem Kohlensack auf ihr kleines Motorboot, mit dem sie im Dunkeln eine kleine Tour machten, wobei sie den Sack unbemerkt ins Wasser gleiten ließen.»

Das Buch wurde nicht angenommen. War es bei Elisabeth Langgässer die kompakte Schwerlesbarkeit und vielleicht der von der Kirche kritisierte Manichäismus von Himmel und Hölle, die die Rezeption ihres Romans – allerdings nicht seinen kurzzeitigen Ruhm – beeinträchtigten, so dürfte bei Döblin außer der wirren Editionsgeschichte noch etwas anderes, Politisches, für den niederschmetternden Mißerfolg der Trilogie verantwortlich sein: Sie hat die Deutschen zu dieser Zeit überfordert. Wer wollte denn, da man sich nach beispiellosem Chaos aufbauwillig und ordnungsbedürftig gerade wieder einzurichten suchte, ausgerechnet von «Revolution» hören, und dazu noch von dieser, mit Karl Liebknecht und, noch schlimmer, Rosa Luxemburg, die am alten Feindbild des Juden und am altneuen des Kommunismus gleichermaßen partizipierten. Im Westen kaum einer. Und im Osten war das Religiöse und Mystische störend; linke Bewunderer des großen Epikers Döblin wie Brecht fanden seinen neuen Katholizismus obszön.

Faust, der bei Döblin als eine Bezugsfigur neben anderen ins Werk eingeht, wird bei Thomas Mann zur Titelgestalt. *Doktor Faustus. Das Leben des deutschen Tonsetzers Adrian Leverkühn, erzählt von einem Freunde,* ist 1943–1947 in den Vereinigten Staaten entstanden und wurde noch 1947 in der Schweiz gedruckt. Der Untertitel enthält wie der von Döblin das Kennwort «deutsch», wie der von Hesse den Hinweis auf die Mittelbarkeit der angekündigten Biographie: «Versuch einer Lebensbeschreibung», hieß es bei Hesse, «erzählt von einem Freunde», heißt es bei Mann. Als ein «Glasperlenspiel mit schwarzen Perlen» hat Thomas Mann ein Exemplar seines Buches Hermann Hesse zugeeignet.[21]

In der Grundkonstruktion des Romans ist das alte Thomas-Mann-Thema der Künstlerproblematik auf das Thema Deutschland bezogen, das ihm seit dem Sieg der Nationalsozialisten und dem Weg ins Exil zunehmend unabweisbarer geworden war. Beide Themen verschränken sich in einem dritten, im Thema der Vermessenheit. Der Wille zum Werk um jeden Preis und der Wille zur Macht um jeden Preis machen die Vermessenheit aus. Höchste rauschhafte Steigerung künstlerischer Inspiration wird ermöglicht durch das Bündnis mit den Mächten des Abgrunds – die wiederum eine andere Ausdrucksform finden in der Euphorie des faschistischen Völkerrauschs.

Die Kunstart, von der hier die Rede ist, hilft, die Bereiche ineinanderzuschieben: Musik nämlich gilt der Mythologie dieses Buches (wie vorher schon der Rede *Deutschland und die Deutschen,* die Thomas Mann im Mai 1945 in Washington hielt) als deutschen und dabei dämonisch zwiespältigen Wesens – deutsch wie Innerlichkeit und Antirationalismus, Unbedingtheit und Knechtssinn, Martin Luther und der Teufel und Faust.

Den Faust spielt der hochbegabte und hochgefährdete Adrian Leverkühn bewußtunbewußt nach. Sein Teufelspakt, den der Roman in Anlehnung an Nietzsches Biographie mit einer syphilitischen Ansteckung in Verbindung bringt, entbindet eine kompositorische Genialität, die – anscheinend oder scheinbar? – aus der Verbrauchtheit aller Kunstmittel in eine neue Kunstsprache hinausführt. (Bei Beschreibung dieser Kunstsprache hat sich Mann mit Hilfe Adornos die Zwölftontechnik Arnold Schönbergs zunutze gemacht.) Der Preis für den Durchbruch aber ist furchtbar. Es ist die Preisgabe des Seelenheils, und auf Erden ist es der Wahnsinn und das Liebesverbot: Adrian darf nicht lieben; wen er liebt, der muß sterben, und dem fällt auch das über alles geliebte Kind, der fünfjährige Nepomuk, genannt Echo, unter entsetzlichen Schmerzen zum Opfer. Darauf «nimmt» Adrian in seiner letzten Komposition Beethovens Neunte Symphonie und mit ihr Schillers Hymne *An die Freude* «zurück»: das Gute, Edle, Menschliche, die Freundschaft und Brüderlichkeit und die Gewißheit, daß droben überm Sternenzelt ein lieber Vater wohnt. In der Sprache von Klopstocks *Messias* und Schillers *Eroberer* flucht er dem Fürsten der Welt – ehe er, wenig später, nach seinem Abschiedsbekenntnis in der Sprache der Lutherzeit in den Wahnsinn gestoßen wird.

Es ist ein folgenreicher Kunstgriff, dies alles «von einem Freunde», von dem Bürger und Bildungshumanisten Serenus Zeitblom, erzählen zu lassen, der die exzentrische

Bahn Adrians mit liebender Besorgnis verfolgt. Seine zeremonielle, reflexionsreiche, ab und an auch verhalten ironische Schreibart umspielt die Grenze zur Selbstparodie und bewirkt so jene «Durchheiterung des düsteren Stoffes», die Thomas Mann hier aus Gründen der ästhetischen Balance unentbehrlich erschien. Zugleich bringt der erzählte Erzähler aber auch die zweite Zeitebene und damit die Gegenwart des Krieges und des Faschismus mit: Leverkühn ist 1885 geboren, 1930 wahnsinnig geworden, 1940 gestorben; Zeitblom schreibt darüber von 1943 bis 1945. So kann die Übersteigerung der «deutschen» Wesenszüge im Wahn des Dritten Reiches ausgestellt und die Geschichte des erzählten Künstlerlebens mit der Geschichte Deutschlands allegorisch parallelisiert werden. Beide enden im Paroxysmus und in der Katastrophe. Vielleicht werden sie, wenn sie der Teufel holt, von sich selber geholt; denn die Musik ist dem Abgründigen offen, und der Teufel ist «eine sehr deutsche Figur».[22]

Der Erzähler bleibt dabei nicht draußen; er wird unvermerkt zu einer zweiten, mitkritisierten Hauptfigur. Denn auch der humanistische Bildungsphilister im Status der Inneren Emigration gehört in die deutsche Geschichte und Unheilsgeschichte. In ihr hat die kryptische Bemerkung aus dem Buch *Die Entstehung des Doktor Faustus*, mit dem Mann seinen Roman kommentiert, einen Fluchtpunkt: daß «beide Protagonisten [...] viel zu verbergen haben, nämlich das Geheimnis ihrer Identität».[23] Einen anderen Fluchtpunkt hat die Bemerkung natürlich im Autor, dem Künstler *und* Bürger Thomas Mann, der mit seinen homoerotischen Neigungen zeitlebens selbst unter einem Liebesverbot stand und deshalb, unter den Bedingungen seiner Zeit, «viel zu verbergen» hatte. Entsprechende Motive im Roman waren in früheren Fassungen ausgeführter als in der Endfassung.

Die Musik, erkennt der Tonsetzer, ist die «Zweideutigkeit als System». Der Roman, der Musik nicht nur zu beschreiben, sondern zu praktizieren beansprucht, der eine Vielzahl von Handlungskreisen, Themen, Wirklichkeitszitaten zusammenführt und ineinanderarbeitet, bis es auch in ihm wie in Leverkühn-Schönbergs Musik «keine freie Note» gibt, versperrt sich einer planen Auflösung. Das hat die Diskussion um ihn bis heute stimuliert.

Nach 1947 und besonders nach 1949, als das Buch auch in Deutschland zu kaufen war, wurde die Diskussion vor dem Hintergrund von Manns Weigerung geführt, nach Deutschland auf Dauer zurückzukehren. Die Auseinandersetzung ging weit über den Rahmen einer Kritiker-Kontroverse hinaus. Es war eine verdeckte Schulddebatte. Sie verhandelte zugleich die Positionen der inneren und äußeren Emigranten, der Angepaßten und der Vertriebenen, der bürgerlichen Humanisten und der Marxisten, die aber auch untereinander kontrovers diskutierten. Als Argumente gegen das Werk wurden insbesondere die Beschränkung auf das Bildungsbürgertum und die Reduktion des Politischen auf das Ästhetische vorgebracht. «An die Stelle realer gesellschaftlicher Triebkräfte», wandte der österreichische Marxist Ernst Fischer ein, «treten Gespenster, treten Dämonen [...]. Das Gesellschaftliche verdampft in Psychologie, Mythologie, Dämonologie.»[24] Demgegenüber sieht der ungarische Marxist Georg Lukács, der die Literaturwissenschaft in den sozialistischen Ländern so lange Zeit dominierte, den «tragischen Helden Thomas Manns» am Ende auf dem «Weg, der zu Marx führt».[25] Bleibt die Frage, ob nicht Thomas Manns eigener Anspruch, «den Roman meiner Epoche» unternommen zu haben,[26] seinen Kritikern Maßstäbe in die Hand gespielt hat, die dem Werk nicht gemäß sind.

Die Zeitdiagnosen von Langgässer, Döblin, Mann sind mit der Vorgeschichte und Geschichte des Dritten Reiches chronologisch verhakt; die Todesfahrten bei Broch, Kasack, Nossack stellen die Beziehung auf andere Art her.

Hermann Broch, aus reichem jüdischem Haus, 1909 aus äußeren Gründen katholisch geworden, hat den Roman *Der Tod des Vergil* 1937 in Österreich angefangen und 1945, in fünfter Fassung, in den USA beendet, wo er auch noch im selben Jahr, gleichzeitig auf deutsch und auf englisch, gedruckt wurde. In Deutschland war er ab 1949 zu haben. Das Thema hat sich Broch aus zufälligen Anlässen, aber mit wachsender Bedrohung als ein notwendiges, ganz eigenes eingestellt.

Die historische Vergleichbarkeit von Massenbewegungen, Proskriptionen, Emigrationen, Bürgerkrieg, Diktatur im Ausgang der Römischen Republik mit Abläufen der europäischen Geschichte im 20. Jahrhundert gibt den Rahmen, der Dichter Vergil, von dem überliefert wird, daß er sein Hauptwerk, die *Äneis*, vor dem Tod hat verbrennen wollen, das Medium für eine Selbstauseinandersetzung, die angesichts des Todes nach dem Leben fragt und Kunst, Schönheit, Erkenntnis, Liebe und Schuld dazu in Beziehung setzt. Das Werk handelt von den letzten vierundzwanzig Stunden des Dichters, der erst jetzt dem Menschenleben in der unverklärten Tatsächlichkeit der Trieb- und Massenwesen ausgesetzt wird, die er bislang sorgsam umgangen hatte, von den Erschütterungen seines Selbst-, Welt- und Werkverständnisses und darin auch von einer Einsicht, die ihn in die Nähe der Thematik des *Doktor Faustus* bringt. Es ist die Einsicht in die Verbindung der Kunst mit dem Liebesverbot: Lieblosigkeit ist über den Dichter verhängt, Liebe wird von ihm ersehnt; sie wird ihm aber erst auf der letzten und höchsten Stufe, für die der Name Orpheus steht, zugebilligt und erst, als er längst nicht mehr dichtet, geschenkt. Das Wissen darum ist hier einem Erkenntnisweg einbeschrieben, in dessen Verlauf erst das Werk («Die *Äneis* verbrennen!») und dann dessen Zurücknahme zurückgenommen und in einem Loslassen höherer Ordnung aufgelöst wird, das zur Überfahrt in den Tod vorbereitet.

Der Roman ist ein «Prosagedicht» (Thomas Mann), seine Satzbewegung scheint den Hebungen und Senkungen, dem Gleiten und Ziehen und Schaukeln der Schiffsbewegungen zu entsprechen, mit denen Vergil erst über das Adriatische Meer, dann über den Totenfluß setzt, und zugleich den Gedankenfluchten assoziierenden Bewußtseins zu folgen. Ein «Roman im Liegen», wie man im Anschluß an Benns Beschreibung des *Romans des Phänotyp* formulieren könnte, sein Raum der Bewußtseinsraum des Protagonisten, in der Entfaltung der Erinnerung von Proust, in der Handhabung des inneren Monologs von Joyce angeregt. Broch hat ihn, abgrenzend, einen «innern Monolog [...] in der dritten Person» genannt.

Er verbindet hohe Abstraktheit mit dichtester Sinnlichkeit der Wahrnehmung – keiner vor Patrick Süskind hat *Gerüche* so gegenwärtig machen können wie Broch –, Realität und Transrealität, antike Mythologie mit christlicher Heilsverheißung und jüdisch-christlicher Kosmogonie: Der Sterbende durchmißt im Rücklauf die sieben Tage der Schöpfungsgeschichte, bis er bei dem ankommt, was «am Anfang war» und was auch den Dichter ausmacht, beim «Wort», allerdings nun «unerfaßlich unaussprechbar [...] jenseits der Sprache».

Die Kunstthematik ist weder bei Mann noch bei Broch nur esoterisch. Die Kritik an der Lieblosigkeit schließt die Hinweisung auf das Soziale, die Kritik an der wirklichkeitsabgedichteten Schönheit und am ‹Werk um jeden Preis› schließt die Parteinahme für die Praxis ein: Sich dem Leben tätig einordnend zu verbinden, erscheint dem sterbenden Dichter bei Broch als der Auftrag des Daseins. «Klug zu sorgen, was vonnöten auf Erden, damit es dort besser werde», erscheint dem genialen Künstler Thomas Manns in der Hellsicht des Zusammenbruchs als das Gute und Richtige.

Hatte sich Broch tausend Jahre zurück und nach Brundisium und bis zur Ausschließlichkeit in die Innenwelt seines Protagonisten begeben, so entwikkelt Hermann Kasack die gespenstische Schattenrealität des Romans *Die Stadt hinter dem Strom* aus dem Kriegsalltag seiner Zeit und legt alles Gewicht auf die Darstellung des Äußeren, der Anlage, des hierarchischen Baus und der Sinnbezüge seiner imaginierten Totenstadt – soweit sie dem Protagonisten als Grenzgänger bekannt wird, der dahin einbestellt, dann zurückbeordert und schließlich endgültig in sie abgerufen wird. Die Darstellung ist stofflich von den Alptraumbürokratien Kafkas beeinflußt und in der Betonung des «Geistigen» Hesse verwandt.

Kasack hat die Arbeit an seinem Buch 1942 in Berlin begonnen, 1944, als die Wirklichkeit des Krieges jede Alptraumwelt einzuholen begann, unterbrochen, und 1946 zu Ende geführt; 1947 ist es erschienen. In dieser letzten Arbeitsphase wurde die Gegenwelt vom Spiegel des Diesseitigen zu seinem harmonisierenden Deutungsbild. Auch «der millionenfache Tod, den sich die weiße Rasse auf den Schlachtfeldern Europas mit ihren beiden furchtbaren Weltkriegen schuf», erscheint nun eingeordnet in den «Kreislauf des ewigen Daseins» und wird Moment einer kosmischen Sinnfigur.[27]

Das mag zum außerordentlichen Erfolg des Buches beigetragen haben. Es war faßlich erzählt, mit Requisiten der zeittypischen Alltagsrealität besetzt, die es auf unanstößige Weise überhöhte, und handelte von dem, was man kannte.

Auch Tod und Sterben gehörten in die zeitgenössische Realität. «Es war keine literarische Marotte», hebt Hans Erich Nossack in einem späten Rückblick hervor, das Erlebte «nach 1945 als Aufenthalt im Totenreich zu schildern, denn jede realistische Darstellung eines unrealistischen Zustands wäre den Tatsachen nicht gerecht geworden».[28] Nossack selbst belegt die Unwillkürlichkeit transzendierender Erweiterung ins Mythische in der sinnfälligsten Weise. Der Weg geht vom *Untergang* zur Unterwelt.

Der Untergang heißt der (1948 erschienene) Bericht, in dem Nossack 1943 den Vernichtungsangriff auf Hamburg dokumentiert, bei dem vom 24. Juli bis 3. August 55 000 Menschen ihr Leben und Nossack selbst sein Haus, seinen Besitz, seine Manuskripte verloren.

Er beschreibt den Feuersturm, die Erfahrung einer maßlosen Wirklichkeit, die herkömmliche Unterscheidungen wie die von «Freund und Feind» wegbrennt, das Entsetzen, «daß wir nackt und hilflos einer Macht ausgesetzt sind, die uns vernichten will», die Fassungslosigkeit angesichts einer bis zur

Unkenntlichkeit entstellten Heimatstadt, schließlich das kaum eingestandene Gefühl wilder Freiheit und intensivster Gegenwart nach dem allen. («An einem gewissen Punkt der Grausamkeit angekommen», heißt es analog in der späteren Dokumentation des Luftangriffs auf Halberstadt von Alexander Kluge, «ist es schon gleich, wer sie begangen hat: sie soll nur aufhören.» Und auch da wird mit Befremden das mehrfach dokumentierte Gefühl der Befreiung erwähnt.[29])

Die Ausweitung des Katastrophalen zum allgemeinen Menschenschicksal, dem «wir», die Menschen, ausgesetzt sind, weist schon innerhalb des Berichts über ihn hinaus und begünstigt literarische Deutungsformen, die auf «den Menschen» im ganzen bezogen sind, auf das Märchen als Anti-Märchen –

> «Es war einmal ein Mensch, den hatte keine Mutter geboren. Eine Faust stieß ihn nackt in die Welt hinein [...]. Und er wagte nicht hinter sich zu blicken, denn hinter ihm war nichts als Feuer» –

und auf den Mythos, in dem sich die Sinnsuche der unmittelbar Betroffenen mit der von weit Entfernten, Vertriebenen und Exilierten, trifft. Bei Nossack handelt er von den Müttern und von den Männern und spricht sich in einer frühen Kritik am Männlichkeitswahn, als Verwerfung des zerstörenden männlichen Verhaltens aus, das die Erde, die uns alle geboren, verwüstet. Das Thema wird in den Konfigurationen Homers und der *Orestie*, im Umkreis des Trojanischen Krieges abgehandelt.

Das geschieht in einem fiktionalen Text, den Nossack aber, im Unterschied zum *Untergang*, ausdrücklich «Bericht» – *Bericht eines Überlebenden* – genannt hat. Er ist 1947 erschienen und erinnert mit dem Titel *Nekyia* an das Totenopfer, von dem Homer im 11. Gesang der *Odyssee* erzählt, wo Odysseus am Eingang des Totenreichs auch die abgeschiedene Seele seiner Mutter und die des Agamemnon trifft.

Nossacks Text nimmt das in eigenwilliger Weise auf. Er beginnt und endet mit einer Beckettschen Szenerie der Beinahe-Abgestorbenheit nach einer unspezifizierten Katastrophe. Dazwischen steht eine tief gestaffelte Traumerzählung, die Kafka-Reminiszenzen verarbeitet und den Träumenden in seine Kindheit und zu seiner Mutter zurückführt. Die wird, ohne daß der Name fällt, als Klytämnestra erkennbar, die ihren Mann Agamemnon töten half, und der Berichterstatter selbst, sieht man, ist dann Orest, der sie töten mußte. Aber der Mythos wird umerzählt, die Tat Klytämnestras als verzweifelte Reaktion auf die seelenzerstörende Kriegsmentalität der Männer wo nicht entschuldigt, so doch verständlich gemacht, und der Sohn, da sich die Mutter selbst im stillen Einverständnis mit ihm den Tod gibt, vom fürchterlichen Gebot des Muttermordes befreit. Der Geschlechterfluch der Atriden, die Kette der Verhängnisse, ist gebrochen. Diese Verbindung des Sohnes mit der so lange verdammten Mutter versöhnt zugleich Mann und Frau, erlöst von dem antagonistischen Zwang, der von der Zurückweisung scheuer Zärtlichkeiten im Alltag bis zum Trojanischen Krieg und zu den Weltkriegen reichte, holt die Vergangenheit individueller Kindheit und schuldhafter Kollektivgeschichte in die Gegenwart hinein und ermöglicht ihr Zukunft. Leben scheint wieder möglich, die Beinahe-Abgestorbenen, «wie Lehmklumpen» Umherliegenden, zu denen der Berichterstatter am Ende zurückkehrt, könnten wie neu geschaffen werden. Über den Mythos gewinnt der «Bericht» damit auch die Dimension des Utopischen.

5. Tatsachen und Erinnerungsprosa; Realismuskonzepte

Kriege sind nicht nur etwas zwischen Staaten. Gewaltherrschaft wächst nicht nur aus dem Widerstreit antagonistischer Interessen im Politischen heran und erfaßt nicht nur die physische Existenz: Die literarischen Diagnosen der Zeit, die nach 1945 als Spielformen des Transzendierens im Horizont des Mythischen, Utopischen, Religiös-Visionären gestellt werden, vertiefen ihren Gegenstand in die psychische Genese, beziehen ihn, altertümlich theologisch gesprochen, auf die Bedingungen des Seelenheils, differenzieren ihn in eine Vielzahl sozialer Beziehungen und erweitern ihn zugleich ins Universale. Sie zahlen dafür nicht selten den Preis ungenauer Wahrnehmung der für sie nur oberflächlichen politischen Realität. Die schlimmen Tatsachen kommen, von Ausnahmen abgesehen, nur als eingebundene, gedeutete, transponierte vor.

Das ist in Tagebüchern, Berichten, Erinnerungen anders – aber nur zur Hälfte. Sie beziehen sich als nichtfiktionale Texte nach außen und als autobiographische auf den Schreibenden zurück. Die direkte Wiedergabe des Erlittenen kann in ihnen alles andere dominieren. So in einer Reihe von Texten, die kurz nach Kriegsende erscheinen. Es sind persönliche Berichte aus Konzentrationslagern und Gefängnissen, oft ohne allen Anspruch außer dem einen, der immer wieder hervorgehoben wird, die Wahrheit zu sagen;[30] z. B.: Wolfgang Langhoff: *Die Moorsoldaten. 13 Monate Konzentrationslager.* Zürich 1935, München 1946; Erwin Gostner: *100 Tage im KZ. Ein Erlebnisbericht aus den Konzentrationslagern Dachau, Mauthausen und Gusen.* Mannheim 1946; Zenon Rozanski: *Mützen ab … Eine Reportage aus der Strafkompanie des KZ Auschwitz.* Hannover 1948.

Einmal ist der Augenzeugenbericht mit breiter Dokumentation und soziologischer Analyse verbunden: Eugen Kogon: *Der SS-Staat. Das System der deutschen Konzentrationslager.* München 1946.

Zuweilen ist er schon literarisch gefaßt: Ernst Wiechert: *Der Totenwald: Ein Bericht.* Zürich 1946.

Und wenig später kommen auch Erlebnisberichte über Vorkrieg und Krieg, Gefangenschaft, Besetzung, Flucht und Vertreibung heraus: Erhart Kästner: *Zeltbuch von Tumilad,* 1949; Helmut Gollwitzer: *… und führen, wohin du nicht willst. Bericht einer Gefangenschaft,* 1951; Peter Bamm: *Die unsichtbare Flagge. Ein Bericht,* 1952; Alfred Andersch: *Die Kirschen der Freiheit. Ein Bericht,* 1952; Hans Graf von Lehndorff: *Ostpreußisches Tagebuch. Aufzeichnungen eines Arztes aus den Jahren 1945–1947* (im Vorwort

‹Bericht› genannt). Zuerst als 3. Beiheft zur *Dokumentation der Vertreibung der Deutschen aus Ost-Mitteleuropa*, hrsg. vom Bundesministerium für Vertriebene. Bonn 1960.
Daneben erscheinen rechtfertigende Erinnerungsbücher wie: Hans Carossa: *Ungleiche Welten. Lebensbericht*, 1951; Ernst von Salomon: *Der Fragebogen*, 1952, und Tagebücher aus dem meist frontfernen Krieg: Theodor Haecker: *Tag- und Nachtbücher*, 1947; Felix Hartlaub: *Von unten gesehen*, 1950 (u.d.T.: *Im Sperrkreis. Aufzeichnungen aus dem Zweiten Weltkrieg*, 1955, jetzt 1984); Ernst Jünger: *Strahlungen* (*Gärten und Straßen*, 1942; *Das erste Pariser Tagebuch, Kaukasische Aufzeichnungen, Das zweite Pariser Tagebuch, Kirchhorster Blätter*, 1949; *Jahre der Okkupation*, 1958).
Aber – das ist die andere Hälfte – diese Texte geben nun oft weit mehr als das Faktische. Sie weisen wie Wiecherts und Nossacks Lager- und Katastrophenberichte über sich hinaus und nehmen dabei durchaus unterschiedliche Haltungen ein.

Gollwitzer und Lehndorff, der evangelische Pfarrer und der evangelische Arzt, geben Zeugnis von einer christlichen Glaubensgewißheit, die ihnen und über sie auch anderen in Asbest und Beschiza und Königsberg überleben half. Bamms Bericht über seine Chirurgentätigkeit auf den Hauptverbandplätzen der Ostfront und Kästners Erinnerungen an die Gefangenschaft in Ägypten sind auch Bücher der Bildung. Sie erscheint bei Bamm als Kastenzeichen, das kenntlich macht, wie tief er sich zu den Gewöhnlichen hinunterbeugt, um ihnen trotz des Abstands zu helfen, und bei Kästner als ein Fundus europäischer Kultur, der gerade in der Öde sich entfaltet und gerade da auf rechte Weise angeeignet werden kann; die Kriegsgefangenschaft als Chance: «Jedermann braucht etwas Wüste». Carossas Lebensbericht ordnet das «Deutsche Verhängnis» dem Walten von Unerforschlichem ein: Auch Menschen wie Hitler sind «Werkzeuge einer höheren Macht, die sich ihrer bedient, um zögernde Kräfte zur Entscheidung zu treiben»[31] – und verantwortet sich für seine Schwäche, sich von den Nationalsozialisten mit einem hohlen Amt bedenken und als Repräsentationsfigur benutzen zu lassen. Salomon macht dem deutschen Leser mit dem Einfall, den an alle deutschen Erwachsenen verteilten alliierten Fragebogen als Gerüst für einen 50 Jahre bestreichenden Rechtfertigungsversuch zu verwenden, ein suggestives Identifikationsangebot, führt mit dem Spott über Ahnungslosigkeiten der Sieger eine legitime Waffe der Unterlegenen und bedient auf die vielfältigste Weise, auftrumpfend und rührselig, schillernd und gefühlsmanipulativ, das Ressentiment, das alliierte und deutsche Verbrechen gegeneinander verrechnet und einebnet. «Verstehe einer die Amerikaner! Verstehe einer die Deutschen! Verstehe einer die Welt!» Ein schlimmes Buch.

Und die Tagebücher? Sie entstehen in dichtestem Zeitkontakt, nah an ihren Anlässen, erschweren großräumige Strukturierung und Linienführung und erlauben doch Reflexionen, subjektiven Assoziationen und Ausgestaltungen weitesten Spielraum.
Bei Theodor Haecker (1879–1945, 1921 katholisch geworden), einem Kulturphilosophen ersten Ranges, dessen Studie *Vergil, Vater des Abendlandes* (1931) Hermann Broch einen Anstoß zu seinem Hauptwerk und dessen *Tag- und Nachtbüchern* der junge Böll Titel und ein Motto seines ersten veröffent-

lichten Romans verdankt, ist das heimlich geführte Journal Medium einer
Auseinandersetzung mit dem Faschismus, in der er sich immer wieder,
Deutschlands Schuld mitleidend, auf die Gnade Gottes hin durchringt.
Bei Hartlaub (1913–1945?), der als historischer Sachbearbeiter im Range
eines Obergefreiten seit 1942 der Abteilung ‹Kriegstagebuch› des Führer-
hauptquartiers angehörte und seit April 1945, in letzter Stunde zur Infanterie
abkommandiert, in Berlin verschollen ist, wird das Tagebuch vom Reisejour-
nal, das den Charakter wechselnder Einsatzorte mit impressionistischer Nu-
ancengenauigkeit einfängt, zur Rollenprosa, die sarkastisch, hintergründig,
hochironisch das absurde, wirklichkeits- und zeitentrückende Scheinleben in
der Windstille des Sperrkreises darstellt und die Phasen des militärischen
Zusammenbruchs nur im Reflex der OKW-Sprache, schließlich im Bild der
nächtlichen Irrfahrt des Führer-Sonderzuges erscheinen läßt. Strategische
Formalisierungen und impressionistische Ästhetisierungen des Krieges entsprechen einander und werden im sprachlichen Vollzug des Textes – nicht in
expliziten Wertungen – kritisiert: Das Tagebuch ist am Ende nurmehr der
Vorwand, vielleicht die Tarnung eines fiktionalen Textes, Zeugnis einer ganz
außerordentlichen, um ihre weitere Entfaltung gebrachten Begabung, die
Leser erst posthum gewinnen konnte.
Wieder anders bei Jünger (* 1895). Da öffnet das monumentale Tagebuch-
Werk einen Reflexionsraum von bemerkenswerter Weite und Vielfalt. Es
konnte seiner Leser sicher sein. Denn Jünger war ein Unabhängiger, der den
Nationalsozialismus mit hatte vorbereiten helfen, der die politische Praxis des
an die Macht gekommenen aber verachtete, der seit seinen verwegenen Leistungen im Ersten Weltkrieg ein berühmter Soldat und dennoch nach dem
20. Juli 1944 wegen Wehrunwürdigkeit entlassen worden war, eine auch von
seinen Gegnern respektierte Instanz. Die *Strahlungen* stellen Aktuelles und
Entlegenes ins Licht, Politisches, Kulturelles, Botanisches, Zoologisches, Geträumtes, Gedrucktes... und suchen es in eine prinzipiell stimmige Sinn-
struktur zu bringen. Ihr Modell ist der Kristall, an dessen «durchsichtiger
Bildung [...] unserem Blick Tiefe und Oberfläche zugleich einleuchten»; die
damit korrespondierende Sehweise: die «Stereoskopie», das Raum- und Tie-
fensehen;[32] die zentrale Motivation: der unbedingte Wille zum Sinn als Wille
zur Freiheit. Sich niemals ergeben, jeden Befehl der Väter – musterschülerhaft
und rebellisch – durch den tollkühnen Mut vorwegnehmender Übererfüllung
ins Leere laufen lassen, («Danke, [...] Herr General. Darf man denn hoffen,
daß man noch ins Feuer kommt?»),[33] auch das Widrigste einordnen und ihm
die Unterwerfung verweigern – das erklärt die Faszination, die Jünger auch
auf ‹linke› Autoren wie Alfred Andersch ausgeübt hat, erklärt aber auch, da
bei ihm alles gebändigt und kontrolliert sein muß, die Unsinnlichkeit und
Lebensarmut seiner Sprache. Das Tagebuch wird für Jünger zum Mittel der
Distanzierung; als das nur scheinbar Tagesnächste kommt es so mit dem
offensichtlich Allerfernsten, dem Utopischen, zusammen. In demselben Jahr,

in dem die gewichtigste Gruppe der *Strahlungen* erscheint, 1949, erscheint auch der utopische Roman *Heliopolis. Rückblick auf eine Stadt.*

Nicht aus persönlichen Berichten, Erinnerungen, Tagebüchern ist die kompakteste literarische Auskunft über den Vollzug von Realgeschehen zu gewinnen, sondern aus Texten einer Mischgattung, die eine Vielzahl solcher Einzelstimmen als Quellen auswerten. Es ist die Mischgattung des dokumentarischen Romans oder des Großberichts mit erzählenden Einschlägen. Sie übergreift die Grenze zwischen wissenschaftlicher Dokumentation und Fiktion. Ihre Möglichkeiten können in die dokumentarische Prosamontage ohne jede Erzählperspektive (Beispiel: Alexander Kluge, *Schlachtbeschreibung*, 1964) und in den fiktionalen Erzähltext mit spezifizierter Erzählerperspektive (Beispiel: Heinrich Böll, *Wo warst du, Adam?*, 1951) auseinandertreten, können sich aber auch im kleinen Format neu mischen. Aktuell gegenwartsbezogen geschieht das in der Reportageliteratur. Beispiele für dokumentarische Romane oder Großberichte sind Plieviers *Stalingrad*, seine schwächeren Fortsetzungen *Moskau, Berlin* (als Trilogie: *Der Krieg im Osten* 1966 zusammengefaßt) und Jürgen Thorwalds *Es begann an der Weichsel* (1949) und *Das Ende an der Elbe* (1951; 1962 unter dem Obertitel *Die große Flucht* herausgegeben). Randbemerkungen in Leihbücherei-Exemplaren zeigen, daß sie so gelesen wurden, wie sie gemeint waren: «Genauso war es!» Oder: «Nein, der Kreisleiter war schon weg. Sein Vertreter wollte meinen Mann, als wir am 23. 1. um fünf Uhr früh um Treckerlaubnis baten, noch vor das Kriegsgericht bringen, trotzdem bei uns schon seit dem 20. 1. Kampftruppen einquartiert waren.»

Beispiele für Reportagen sind gegenstandsgemäß weit verstreut in Zeitungen und Zeitschriften erschienen. Einige ihrer Themen und Örtlichkeiten – Fahrten und Irrfahrten durch Deutschland, das Erfahrungsgebiet zwischen Wartesaal, Bahndamm, Ruine, Flüchtlingsasyl – kehren auch in Erzähltexten wieder.[34] Die Bedeutung der Reportageliteratur für die Dichtung reicht aber über das Stoffliche hinaus und betrifft die Schreibart, die «dichte mitteilende Sprache», die «Menschen, Dinge, Situationen und Ereignisse faßt» und «ganz einfach sagt, was ist und was nicht ist»: So wird sie 1946 im «Ruf» von Gustav René Hocke idealisiert und einer «neuen realistischen Dichtung» ausdrücklich als Stilvorbild empfohlen.[35]

Hockes Empfehlung stimmt mit dem überein, was deutschen Autoren, erst in amerikanischen Kriegsgefangenenlagern, dann auch in Deutschland, an der «neuen amerikanischen Prosa» von Hemingway, Steinbeck, Faulkner, Wolfe auffällt: Sie ist «realistisch, [...] asketisch [...] gibt [...] nur Tatsachen, verzichtet auf Deutung, auf das Reden über die Dinge». Mit diesen Wendungen rühmt Alfred Andersch (1914–1980) 1945 die Darstellungsform von Hemingways *A Farewell to Arms* und setzt hinzu: «Aber merkwürdig ist es, wie gerade in dieser Sparsamkeit die Magie der Welt sichtbar wird.» Hocke spricht von der «geistigen Freiheit», die im einfachen Benennen zu gewinnen sei, Andersch von der «reinigenden Kraft» der amerikanischen Prosa.[36]

Die Wegweisungen entsprechen einem Konzept des Neuanfangs und mehr-
seitigen Abgrenzungen, mit denen sich jüngere Autoren – durchaus nicht alle,
aber auch nicht nur die Herausgeber und Mitarbeiter der «Unabhängigen
Blätter der jungen Generation» – als «junge» Autoren definieren. Darunter
sind Wolfgang Borchert (1921–1947), Wolfdietrich Schnurre (1920–1989),
Heinrich Böll (1917–1985), Alfred Andersch, Wolfgang Weyrauch (1907–
1980), Hans-Werner Richter (1908–1993), Walter Kolbenhoff (1908–1993),
Günter Eich (1907–1972), Ilse Aichinger (geb. 1921), Siegfried Lenz (geb.
1926), mit Besonderheiten seiner Position als Schweizer auch Max Frisch
(1911–1991). Sie grenzen sich ab: gegen das dröhnende Pathos nationalsozialistischer Propaganda, das die deutsche Sprache verdorben hatte; gegen die
Kontinuität einer leer gewordenen Form schönen Schreibens und wirklich-
keitsflüchtigen Trostes, die nach Hockes polemischer Definition «Kalligraphie» genannt und vor allem mit Autoren der Inneren Emigration in Verbindung gebracht wird; gegen die «Literatur der Stagnation», in die im Exil auch
eine progressive Literatur umschlagen kann, deren natürliche Entwicklung zu
lange abgeschnitten ist; gegen den Anspruch der großen, geschlossenen, Vollendung prätendierenden literarischen Form – und inhaltlich immer einmal
wieder gegen die Väter.

Die Entwürfe des Neuanfangs lesen sich, wenn man sie kondensiert, wie
ein Programm der literarischen Verhaltensform des ‹Beschreibens›. Ein «Ton
der tiefen Ernüchterung» (Max Frisch 1946 in der «Neuen Schweizer Rundschau») und die «Methode der Bestandsaufnahme», der mühselige, kleine,
ehrliche Anfang «von vorn», die «Addition der Teile und Teilchen», der
«Kahlschlag» (Wolfgang Weyrauch im Nachwort seiner Prosa-Anthologie
Tausend Gramm, 1949) werden gefordert. Der *Auszug aus dem Elfenbeinturm* wird empfohlen, die Verpflichtung auf die Gegenwart, das ‹Engagement› für «den Menschen» (Wolfdietrich Schnurre 1949), das von ‹Tendenz›
strikt unterschieden werden soll.

Tendenz nämlich, das ist die Meinung, nimmt der Literatur ihre ‹Absolut-
heit› und ist kollektivabhängig; Engagement dagegen ist eine Form der Freiheit und entspringt der Entscheidung des einzelnen. Das sind Ideen der
französischen Existenzphilosophie und ihrer popularisierten Form des Existentialismus. Ihr Einfluß ist unverkennbar. Er wird innerliterarisch in den
Situationen einsamer Bewährung und in der «Würde der Aussichtslosigkeit»
wirksam, worin er sich mit der Wirkung Hemingways trifft (Siegfried Lenz:
Mein Vorbild Hemingway, 1966), in der Zuspitzung auf existentielle Entscheidungen bei Andersch und, komplizierter motiviert, im Thema des
Selbstentwurfs und der Ichsuche bei Max Frisch.

Literatur soll kahl, aber auch engagiert, sie soll engagiert, aber beileibe
nicht tendenziös sein; sie soll sich auf die gegenwärtige Wirklichkeit richten,
dies aber mit den Mitteln der «absoluten Literatur» tun: Diese Spannungen
heben sich auf im Modell des «Poetischen Realismus».

Für das 19. Jahrhundert hat es Preisendanz nach Vorgaben Hegels beschrieben.[37] Da ging es darum, die Literatur den neuen Wirklichkeiten der Zeit zu öffnen, ohne die Autonomie der dichterischen Imagination einzuschränken und ohne im «Streben nach Humanität» nachzulassen, das die älteren Dichter auszeichnete. Darum hatte die Literatur nicht sich als Mittel und die Wirklichkeit als Zweck zu setzen, sondern umgekehrt den Stoff der Wirklichkeit in sich hineinzunehmen und aus sich, nach ihrem eigenen Gesetz zu gestalten. Ein Mittel dafür war der Humor, der die Objektivität des Gegenstandes und die Subjektivität seiner Behandlung, Sympathie und Distanz, Nähe und Relativierung zu verbinden erlaubt.

Nach 1945 kehren diese Momente am übersichtlichsten bei Heinrich Böll wieder: die Forderung nach Realitätsentsprechung als Forderung bewußter Zeitgenossenschaft; die Autonomie der Poesie in der Abwehr aller unmittelbaren Stoff- und Biographiebezüge und im Kunstprinzip der «Versetzung», das die Transformation eines Wirklichkeitspartikels bei der Aufnahme in einen literarischen Text bezeichnet; das «Streben nach Humanität» in der «Ästhetik des Humanen», die Bölls Überlegungen den Rahmen gibt;[38] und auch der «Humor», den Böll im *Bekenntnis zur Trümmerliteratur* etymologisch auswertet, um seine Ansprüche an die Unbestechlichkeit und Menschlichkeit des Dichters zu formulieren: «Wir wollen es so sehen wie es ist, mit einem menschlichen Auge, das normalerweise nicht ganz trocken und nicht ganz naß ist, sondern feucht – und wir wollen daran erinnern, daß das lateinische Wort für Feuchtigkeit Humor ist.»[39] Unbestechlich: genau, nicht ablenkbar – und menschlich: mit Anteilnahme – hat Böll und haben die jungen deutschen Neorealisten schreiben wollen.

Ihr bevorzugtes Medium ist einige Jahre lang die kürzere Erzählung, oft in der Form der Kurzgeschichte. Ihr Muster ist die amerikanische Short Story, mit der viele Autoren jetzt erst bekannt werden. Sie paßt zu ihren Bedürfnissen. Auf einen Typ vergröbert, heißt das:
– Sie spricht die Sprache des Alltags.
– Sie hat den Charakter des Ausschnitthaften: blendet unvermittelt in eine vorausgesetzte Situation ein, weist den Erzähler als Teilnehmer oder Referenten mit begrenzter Perspektive aus, endet ungeschlossen. Sie gestattet damit dichte Erlebnisauthentizität und entlastet zugleich von Ursachenforschung, Einordnung, Gesamtdeutung, die die aus dem Krieg Heimkehrenden überfordert hätte und, wo es versucht wurde, überfordert hat.
– Sie besagt mehr, als sie sagt: setzt nur einen Bruchteil des Stoffes in Sprache um (nach Hemingways ‹Eisberg›-Theorie, von der deutsche Autoren damals nichts wissen konnten: ein Achtel[40]) und bringt ihn trotzdem durch Aussparen und sorgfältig komponierte Andeutungen im ganzen zur Wirkung; evoziert im Ausschnitt das Umfeld, woraus er ausgeschnitten ist, und läßt es anwesend sein, ohne es auszuleuchten. So kann der Trümmerautor in einem einzelnen Stück die ganze Trümmerlandschaft vor Augen stellen, über den punktuellen Ausschnitt aus dem weiträumigen Kriegsgeschehen die alltägliche umfassende Sinnlosigkeit des Krieges vergegenwärtigen.

An diesem letzten Merkmal, am Konnotationspotential des aussparenden Faktenstils setzt freilich auch eine Variante des Realismusbegriffs an, die vorübergehend modisch und bald ins Grenzenlose verwischt wurde: «Magischer Realismus».

Andersch hatte den Begriff vorbereitet, Richter setzte ihn in Umlauf, Schnurre stellte ihn (in der Probenummer der Zeitschrift «Der Skorpion» vom August/September 1947) als brüderliche Alternative dem «blanken Realismus» Kolbenhoffs gegenüber.[41] Daß der Begriff eine verzweigte Vorgeschichte hat und bereits in den Diskussionen der zwanziger Jahre seine Rolle spielte, war dabei nicht im Bewußtsein.

Er richtet sich gegen die Tautologie bloßer Wirklichkeitswiederholung und kommt Tendenzen entgegen, dem Text einen zweiten Sinn absichtsvoll zu unterlegen – dies führt zur Parabel und bietet eine Möglichkeit, in realistischer Schreibform über den Realismus hinauszukommen (Beispiel: Schnurre, *Das Begräbnis*) – oder sich auf einen bedrängenden gegenwartsnahen Stoff intensiv einzulassen, um ihn zugleich in eine traumhafte Offenheit zu transzendieren: dies entspricht dem lyrischen Roman Ilse Aichingers *(Die größere Hoffnung)*.

6. Geschichten vom Krieg, von seinen Folgen und von der größeren Hoffnung

Er stand im Schnittpunkt mehrseitiger Identifikationen. Den Älteren war er respektabel, eine bewegende Symbolfigur der deutschen Katastrophe, durch seinen frühen Tod einer Typologie des tragisch unvollendet-vollendeten deutschen Jünglings anzuschließen. Den Jüngeren ein Bruder, einer wie sie, der aussprach, was sie fühlten, sein Tod ein für sie miterlittener Stellvertretertod: Keiner war so sehr wie Wolfgang Borchert Stimme seiner dezimierten Generation. «Das ist unser Manifest», «wir sind die Generation ohne Abschied», sind für ihn bezeichnende Titel und Wendungen. Die Prosatexte aus seinen letzten beiden Lebensjahren 1946 und 1947 sind individuell und stilbildend.

Es sind Kurzerzählungen verschiedener Art; dazu gehört der Situationsausschnitt statischen Charakters *(Die Krähen fliegen abends nach Hause)*, die Zustands- und Vorgangsbeschreibung mit verfremdendem Gestus *(Die Kegelbahn)*, die handlungszentrierte Erzählung mit innerem Wendepunkt *(Nachts schlafen die Ratten doch, Holz für morgen)*, die Simultaneitätserzählung, die räumlich entfernte und zeitlich gleichlaufende Vorgänge so aufeinander bezieht, daß ihr Kausalzusammenhang unausgesprochen bleibt *(An diesem Dienstag)*. Daneben stehen auf der einen Seite die kabarettistisch zugespitzten Kurztexte polemisch-politischer Intention *(Lesebuchgeschichten)*, auf der anderen Seite Gefühls- und Gedankenprotokolle gleitender Perspektive *(Die lange lange Straße lang)*, im Übergang zu manifestartigen Bekenntnissen *(Generation ohne Abschied, Das ist unser Manifest)* und zum pazifistischen Appell *(Dann gibt es nur eins!)*. Alle Texte arbeiten mit dem Stilmittel der Wiederholung, das sie scheinbar leicht imitierbar macht.

Der Bestand der Stoffe, Schauplätze, Figurationen ist begrenzt. Die Erzählungen spielen im Krieg und in der kriegsversehrten Nachkriegszeit, im Gefängnis, an der russischen Winterfront und in der poetisierten, oft hymnisch in ihren Ambivalenzen gefeierten Großstadt, die nicht selten bei ihrem Namen, Hamburg, genannt wird. Sie handeln von Ausgesetzten, fast durchweg von Männern, von Einsamkeit und leiser Freundschaft, von Tod und zuweilen von unklarem erotischen Getriebensein, das sich im Verhalten zu Frauen unfertig, scheu und großspurig zugleich äußert. Wiederkehrende Motivverbindungen ergeben sich aus dem einen vielnamigen Gegensatzfeld – von Ausgesetztheit und Aufgehobenheit, Verstoßung und Behütung, Unterwegssein und Heimkehrsehnsucht, Straße und Haus, Krieg und Frieden –, das allen Texten Borcherts die Grundspannung gibt.

Das Zuhause wird manchmal unter der Chiffre der «Mütter» und der Chiffre «Deutschland» sakralisiert; der Ton läßt dann an den Mutter- und Vaterlandskult im Liedgut der Hitlerjugend denken. Dieses Zuhause wird aber nie ganz erreicht, sondern immer als ein abwesendes, ersehntes oder verlorenes berufen: «Jetzt weiß ich, daß es das Paradies war» *(Die Küchenuhr)*. Die Verstoßung wird erlitten und genossen. Das Leiden daran äußert sich als die Generationserfahrung des Mißverhältnisses von Lebensalter und Kriegsentsetzen, Ereigniszwang und Verarbeitungskapazität und spezifiziert sich für den Autor als Mißverhältnis von Wirklichkeitsstoff und Darstellungsmitteln. Daraus erwächst Borcherts «Poetik»: die gespaltene Konsequenz des «beschreibenden» Lapidarstils («Addieren, die Summe versammeln, aufzählen, notieren») und des assoziativ-dissonantischen Reihungsstils einer «neuen Harmonielehre» expressionistischer Provenienz *(Im Mai, im Mai schrie der Kuckuck)*. Der wehe Genuß der Ausgesetztheit nimmt Züge der Vagantenpoesie der Jugendbewegung auf und paßt schon wenig später auch in das Zeitklima des Bestehens «existentieller Geworfenheit». Unterwegssein als Lebenszustand.

Das hilft den Wiederholungsstil erklären. Borcherts Wiederholungen können die naturnahe Wiedergabe hamburgischer Gesprächsredundanzen sein *(Er hatte auch viel Ärger mit den Kriegen)*, sie sind Mittel der Komposition und der, zuweilen manipulativen, Gefühlsintensivierung (wie bei dem Borchert räumlich benachbarten Rudolf Kinau aus Hamburg-Finkenwerder), und sie sind zugleich Ausdruck eines permanenten Draußen- und Dazwischenseins. Man kommt nie ganz los und nie ganz an.

Die Stilfigur der Repetition und der Gegensatz von Verstoßensein und Heimkehrsehnsucht sind semantisch durch die Frage nach der Schuld verbunden. Schuld sind die Älteren, die Lehrer, die die ihnen Anvertrauten in den Krieg trieben («Zwischen Langemarck und Stalingrad nur eine Mathematikstunde»), und die Väter, Gottvater eingeschlossen – allerdings der «hat eine Entschuldigung [...], es gibt ihn nicht». So in der streng durchkomponierten Kurzgeschichte *Die Kegelbahn*, die die Situation zweier Scharfschützen in

einem Erdloch an der Ostfront durch kindertümliche Verfremdungen kenntlich macht. Die scheinbare Allgemeinheit der Formulierung: «Zwei Männer
hatten ein Loch in die Erde gemacht. [...] Schieß, sagte der eine. Der schoß.
Da war der Kopf kaputt», sagt das Konkrete und zeigt den von allen Ideologien und sprachlichen Verbrämungen entkleideten, verdinglichten Vorgang.
«Und einer», wird wiederholt, «einer hatte es befohlen.»

Unauffällig durchgehendes Merkmal dieser Texte und verwandter Texte
von Böll, Richter, Kolbenhoff und unter anderen Vorzeichen auch von Ilse
Aichinger ist: sie erzählen von Menschen, denen befohlen wurde oder befohlen wird, nicht von den Kommandierenden. Sie erzählen von unten, nicht aus
dem Standpunkt strategischer, politischer, gesellschaftlicher Übersicht. Sie
setzen Kollektivbedingungen voraus, die den Spielraum des Verhaltens mini-
malisieren. Der einzelne ist Soldat oder Kriegsgefangener oder entlassener
Kriegsgefangener oder, in äußerster Fremdbestimmtheit, rassisch Verfolgter
oder, im weitesten Rahmen, den Gefahren, Zerstörungen, Nöten der Kriegs-
situation Unterworfener und in jeder dieser Beziehungen wie Borcherts
Heimkehrer Beckmann «einer von denen». Wie er seinen minimalen Spielraum nutzt, wird manchmal zu einem Kriterium der Wertung. Es kreuzt sich
mit dem Verhältnis von Sinn und Sinnlosigkeit.

Bölls erster veröffentlichter Roman, *Wo warst du, Adam?* (1951), beginnt
mit müden Soldaten in Formation.

«Dreihundertdreiunddreißig mal drei Mann», aus denen sich «einhundertelf mal
drei», aus denen sich «fünfunddreißig mal drei», aus denen sich «acht mal drei Mann»
ausgliedern und aus denen dann einer: «Von den tausend Mann war einer allein übriggeblieben [...]. ‹Sie heißen Feinhals?» Der Blickpunkt der Darstellung wandert mit.
Über die Verteilung der anderen Einheiten erfahren wir kein Wort. Die zusammenfassenden fachsprachlichen Formationsbezeichnungen (Regiment, Bataillon, Kompanie,
Zug) sind sorgsam vermieden. Es geht um einzelne im Verband oder, wenn sie durch
Namensgebung hervorgehoben sind, um einzelne, die dann eine individuelle Geschichte und Vorgeschichte erhalten und meist einen individuellen Tod. Seine Wahrscheinlichkeit ist durch die Zahlenreduktion des Eingangs vorgezeichnet. Der Text
folgt dem «Muster der Dezimierung».[42]

Er fügt neun kurzgeschichtenähnliche Episoden so zusammen, daß sie durch die bald
perspektivleitend, bald marginal auftretende Figur des Soldaten Feinhals, durch die
gelegentliche Wiederkehr anderer Figuren, durch räumliche und gegenständliche Bezüge und durch Erinnerungen ineinandergreifen. So werden die Schauplätze mehrseitig
gespiegelt. Es sind Schauplätze des Rückzugs der deutschen Armee aus dem nördlichen
Balkan, auch der beschleunigten Vernichtung von Juden vor der anrückenden Front,
und des Versuchs von Feinhals, im teilweise schon besetzten, teilweise noch umkämpften Deutschland nach Hause zu kommen. Der Versuch gelingt, aber die Ankunft fällt
mit seinem Tod zusammen; «er schrie laut, bis die Granate ihn traf, und er rollte im Tod
auf die Schwelle des Hauses.»

Ein Triumph der Sinnlosigkeit, wie er dem zweiten Motto des Textes, von
Antoine de Saint-Exupéry, entspricht: «[...] Der Krieg ist eine Krankheit.
Wie der Typhus». Der Krankheitsvergleich nimmt dem Krieg alle Glorie,
enthebt ihn aber auch individueller Verantwortung. Dem steht das erste

Motto, von Theodor Haecker, entgegen. Es erklärt die Titelfrage. «Eine Weltkatastrophe kann zu manchem dienen. Auch dazu, ein Alibi zu finden vor Gott. Wo warst du, Adam? ‹Ich war im Weltkrieg.›» Die individuelle Schuld ist nicht in eine allgemeine Schuldverfangenheit aufzulösen und auf den Krieg oder – wie der biblische Kontext, die Rechenschaftsforderung Gottes nach dem Sündenfall, nahelegt – auf seine Anstifter abzuwälzen. Sie verbleibt dem einzelnen. Und sie setzt die Möglichkeit von Sinn voraus. Diese Möglichkeit realisiert sich im Roman nur punktuell: immer als Selbstbewährung, ohne Heldenpose, von Angst begleitet und um den Preis des Todes. Wo außerdem ein kirchenkritischer Glaubenstrost in Anspruch genommen wird, ist er oft mehr behauptet als gestaltet. Er hat nicht das letzte Wort.[43]

Richter und Kolbenhoff führen die Handlungszeit über das Kriegsende hinaus: Richters *Die Geschlagenen* (1949) in die Kriegsgefangenschaft in den USA, wo die nach den mörderischen Kämpfen um Monte Cassino in Italien gefangengenommenen deutschen Soldaten dem Terror einer faschistischen deutschen Lagerverwaltung ausgesetzt sind, Kolbenhoffs *Heimkehr in die Fremde* (1949) in die Hunger-, Kälte-, Schwarzmarktzeit in Deutschland, die in verwackelter Perspektive, aber mit der Kraft des Authentischen vergegenwärtigt wird.

Ilse Aichingers Roman *Die größere Hoffnung* (1948), der der jungen Wiener Autorin zu einem frühen Ruhm unter Eingeweihten verholfen hat, kommt von der Gegenseite. Der Roman handelt nicht von Soldaten, Gefangenen, Heimkehrern, sondern von Opfern der Rassenverfolgung, von Kindern, denen, weil sie Juden sind, keine Leistung, keine Anpassung, kein Wohlverhalten helfen kann.

Manchmal wissen sie es: «Schuld ist, daß wir da sind.» So kann Hoffnung hier nicht wie bei Kolbenhoff auf die Gestaltung des Lebens in der Zukunft gerichtet sein. Die *große* Hoffnung auf Rettung bleibt unerfüllt. Diskriminierung im Alltag, Brandmarkung mit dem Judenstern, Deportationen und die immer sprungbereite Angst sind real. Es gibt aber, so läßt der Text erkennen, noch eine *größere* Hoffnung; ihre Wirklichkeit ist da, wo keine Grenzen sind, im Medium des Traums, der Phantasie und Poesie. In dieser Wirklichkeit ist die Welt utopisch richtiggestellt.
Für die Richtigstellung macht sich die Erzählung die Sehweise der Kinder zu eigen und die Mehrdeutigkeit von Chiffren der Religions- und Philosophiegeschichte zunutze: Spiel, Grenze, Mitte, Weg, Brücke, Sprung, Stern, Halten und Lassen... Sie fügen sich zu einer Botschaft zusammen, die das Unausweichliche bestehen hilft, indem sie es transzendiert. Die Emphase liegt auf dem Paradox der Freiheit in der Unfreiheit, der existentiellen Wahl in der Weglosigkeit. Um dies zu veranschaulichen, hat die «Halbjüdin» Aichinger ein halbjüdisches Kind zur Hauptfigur gemacht, welches, da es den «Stern» nicht zu tragen braucht, die Möglichkeit hatte, ihn nach eigener Wahl anzulegen – und das Ende ganz ins Zeichen des Sterns als Verheißungszeichen gestellt.

«Noch einmal hörte Ellen das grelle Schreien der fremden Soldaten, sie sah Georgs Gesicht über sich, heller und durchsichtiger, als es jemals gewesen war. [...]

‹Georg, Georg, ich sehe den Stern!›
Die brennenden Augen auf den zersplitterten Rest der Brücke gerichtet,
sprang Ellen über eine aus dem Boden gerissene, emporklaffende Stra-
ßenbahnschiene und wurde, noch ehe die Schwerkraft sie wieder zur
Erde zog, von einer explodierenden Granate in Stücke gerissen.
Über den umkämpften Brücken stand der Morgenstern.»

Der Text vermeidet, die Wirklichkeit der größeren Hoffnung auf die Bewußtseinswelt von Todgeweihten einzuschränken und als eine Notwehrreaktion
darzustellen, die andere nichts angeht. Im Gegenteil. Metaphern und Motivverbindungen machen die erzählte Welt im ganzen zur Teilhaberin an der
geträumten.

Der Roman läßt sich mit der Darstellung des Verbrechens der Judenverfol-
gung auf einen gegenwartsnahen Stoff ein – das entspricht der literarischen
Verhaltensform des ‹Beschreibens› – und führt zugleich darüber hinaus in
eine Möglichkeiten- und Phantasiewirklichkeit, die die empirische Realität
übersteigt: das ist für die literarische Verhaltensform des ‹Transzendierens›
charakteristisch.

Diese Überkreuzung ist bemerkenswert, aber nicht singulär. Sie wiederholt
sich ähnlich in Erzählungen, die die unstimmige Gegenwart, in der sie spielen, aus einer transzendenten Ursache herleiten und dabei die höchste Sinninstanz der Tradition, den Gott, in Frage stellen, umwerten oder entschwin-
den lassen.

7. Parabeln vom negativen Sinn und die Botschaft
von der Transzendenz der Kunst

Parabeln vom negativen Sinn bilden das Gegenstück zu den Tröstungen aus
Religion und Natur von Schneider, Bergengruen, Wiechert u. a., die alles Böse
in eine umfassende Affirmation aufheben, und ein Seitenstück zu den meta-
physischen Zeitdiagnosen von Langgässer, Döblin, Kasack. Da auch negati-
ver Sinn nicht Sinn-Losigkeit ist, befriedigt die Globaldeutung dieser Texte
Sinn-Zweifel und Sinn-Hunger ineins. Die Deutung kann – bei Wolfdietrich
Schnurre, Friedrich Dürrenmatt (1921–1990), Arno Schmidt (1914–1979),
Gottfried Benn (1886–1956) – sehr verschiedene Gestalt annehmen.

Schnurres Kurzgeschichte *Das Begräbnis* (1945 geschrieben, 1947 auf der
ersten Tagung der Gruppe 47 vorgetragen, 1960 gedruckt und 1977 beim
verspäteten Schlußtreffen der Gruppe 47 noch einmal gelesen) ist ein Text von
großer, kunstvoll hergestellter Spannweite. Er ist sprachlich auf eine Simulation gesprochener Sprache und inhaltlich auf die Vermittlung banaler Alltags-
wirklichkeit reduziert; insofern bildet er das Muster eines Kahlschlagtextes.
Zugleich greift er aber thematisch bis an die äußersten Grenzen der Welt-

erklärung aus und ist damit Traditionen verpflichtet, die ein radikaler Kahlschlag, wenn es ihn denn gegeben hätte, hätte außer Kraft setzen müssen. Der Text handelt vom Tod Gottes in unserer Zeit.

«Steh ich in der Küche auf m Stuhl. Klopfts.
Steig ich runter, leg den Hammer weg und den Nagel; mach auf:
Nacht; Regen.
Nanu, denk ich, hat doch geklopft.
[...]
Ulkig, denk ich.
Geh rauf wieder.
Liegt der Brief da; weiß mit schwarzem Rand.
[...]
Richtig, ne Traueranzeige. Ich buchstabiere:
VON KEINEM GELIEBT, VON KEINEM GEHASST, STARB
HEUTE NACH LANGEM, MIT HIMMLISCHER GEDULD ER-
TRAGENEM LEIDEN: GOTT.»

Der Gott erhält ein armseliges nächtliches Begräbnis, bei dem die Sargkiste ins Rutschen, der Pfarrer über die Anredeformeln nicht hinaus kommt und der Verstorbene schließlich kommentarlos versenkt wird. Dem Pfarrer ist der Name nicht geläufig: «n gewisser Klott oder Gott oder so ähnlich.» Sein Tod weckt kein Interesse und ändert nichts. Denn die Welt kommt seit langem, wie gottverlassen, ohne ihn aus; und das «Besondere», Krieg, Feindseligkeit, Gleichgültigkeit, Beziehungslosigkeit, ist längst normal.

So spielt der Text mit einer doppelten Erwartungstäuschung: Er täuscht die Erwartung, daß der Tod des Wesens, in dem die jüdisch-christliche Religion Heil, Trost, Erbarmen, aber auch Allmacht, Straf- und Sanktionsgewalt personalisiert hat, Entsetzen oder Frohlocken auslösen müsse. Er täuscht aber auch die Erwartung, daß der Tod Gottes mit Entsetzen oder Triumph *vorgetragen*, verzweifelt oder provokativ behauptet wird. Mit beidem bezieht sich die Erzählung auf Nietzsche, auf den dithyrambischen Schwung, mit dem er 1881/82 den Tod Gottes feiert, auf die ekstatische Bewegtheit, mit der er ihn, in der Rollenrede des «tollen Menschen», beklagt: «*Wir haben ihn getötet* [...] Wohin bewegen wir uns? [...] Stürzen wir nicht fortwährend? [...] Irren wir nicht durch ein unendliches Nichts? [...] Kommt nicht immerfort Nacht und mehr Nacht? Müssen nicht Laternen am Vormittag angezündet werden? Hören wir noch nichts von dem Lärm der Totengräber, welche Gott begraben?»[47] In Schnurres Kurzgeschichte sind diese Motive – des Nichts, der Herrschaft der Nacht, der Laternen, der Totengräber, welche Gott begraben – aufgenommen und erzählerisch ins radikal Unpathetische transponiert.

So kommt unter der Oberfläche des Textes ein zweiter zum Vorschein. Die Erzählung nutzt die Möglichkeit der Kurzgeschichte, mehr zu besagen, als sie sagt, um einen zusätzlichen Sinn hineinzutragen, ihn aber darin auch dem flüchtigen Blick zu verbergen. Der Kurzgeschichte wird das Parabolische einbeschrieben.

Nicht die verspätete Toterklärung Gottes, sondern ihre gänzliche Bedeutungslosigkeit ist die zeitgerechte Lehre. Aber auch in dieser doppelten Negation wird der toterklärte Gott als einmal existent vorausgesetzt, bleibt in fernster Abschattierung die Triftigkeit einer Rede von «Gott» erhalten.

Noch offensichtlicher gilt dies für Friedrich Dürrenmatts Erzählung *Der Tunnel* (1952), in der wie bei Hartlaub, Kasack, Eich, Kreuder, Arno Schmidt und schon früh in den Notizen Kafkas eine Eisenbahnfahrt zum Gleichnis für die Fahrt der Menschheit gemacht wird.

Die Erzählung gibt nicht nur der Darstellung des erzählten Vorgangs, sondern auch, wenn man es nicht ganz genau nimmt, dem dargestellten Vorgang selbst Parabelform. Es ist die ballistische Kurve von Geworfenem, $y^2 = 2\ px$; sie geht hier über in den freien Fall und entwickelt sich aus Unscheinbarem. Das Unscheinbare ist die selbstverständlich geordnete Friedenswelt der Schweiz mit sicherem, fahrplanmäßigem Bahnverkehr, mit der dementsprechend pünktlichen Abfahrt des Zuges nach Zürich um 17.50 Uhr (planmäßige Ankunft: 19.27 Uhr), mit dementsprechend pünktlichem Eintauchen des Zuges in die kleinen Tunnel hinter Burgdorf nach knapp 20 Minuten. Das Ungeheure, das die Reisenden lange nicht wahrhaben wollen, auch als es schon offensichtlich ist: Der Tunnel hört nicht auf. Die Strecke neigt sich abwärts. Der Zug beschleunigt bis zum Sturz. Der fette vierundzwanzigjährige Fahrgast, der die Anzeichen des Unheils als erster bemerkte und der leicht als das ironische Selbstportrait des Verfassers auszumachen ist, weiß, was man tun kann: «Nichts.» Und er weiß auch, warum: «Gott ließ uns fallen und so stürzen wir nun auf ihn zu.»

Diese Deutung ist deutungsbedürftig. Es ist, wie wenn einer ein kleines Kind erst über sich hält und dann losläßt. Oder: wie wenn die alle Existenz haltende Kraft plötzlich aussetzt und alles dorthin abstürzt, woher all diese Kraft kommt. Die Kraft selbst ist unaufhebbar; sie bleibt. Der Gott ist nicht tot und begraben wie bei Schnurre, aber er ist auch keiner mehr, der hält; und zu der Erwartung, daß er uns auffängt, gibt der Text keinen Anlaß. In einer späteren Fassung von 1978 ist der letzte deutende Satz gestrichen; der Text schließt mit dem Wort «nichts».

Die Mehrbezüglichkeit der Deutung entspricht der Position des Textes am Ende der Sammlung *Die Stadt* (mit Texten von 1942 bis 1946), die er «abrunden» sollte. Sie enthält Angst-, Unsicherheits-, Vernichtungsbilder ohne verbindliches Zentrum – der Gott kann der Folternde und der Gefolterte sein –, Zeugnisse der unruhigen Auseinandersetzung des Schweizer Pfarrerssohns mit dem religiösen Weltbild seines Vaters, aus der ihm das Bild des Weltlabyrinths erwuchs. «Sinn» ist, wenn Dürrenmatt über diese Selbstauseinandersetzung spricht, immer paradox verspannt: Es galt, «einen Kampf zu führen, der nur dann einen Sinn haben kann, wenn man ihn verlor», schrieb er in der Nachbemerkung zur *Frühen Prosa;* es gilt «eine Welt der Sinnlosigkeit darzustellen, in der ein Sinn gesucht wird, den es nicht gibt, ohne den sie jedoch nicht ausgehalten werden kann», schreibt er 1981 im 1. Buch seiner *Stoffe.*[45]

Die Welterklärung, die Arno Schmidt in seiner Erzählung *Leviathan oder die Beste der Welten* (1949) anbietet, ist solchen Selbstanfechtungen entzogen, aber nicht weniger kompliziert. Auch diese Erzählung ist eine Eisenbahnparabel. Sie spielt im Februar 1945.

Ein deutscher Soldat, um den sich eine Gruppe von Alten, Frauen und Kindern schart, versucht mit Hilfe einer remobilisierten Lokomotive und einigen Waggons aus Schlesien nach Westen zu gelangen. Der letzte, nicht abzukoppelnde Wagen ist ein «Schwellenreißer» – ein von der deutschen Wehrmacht beim Rückzug aus der Sowjetunion entwickeltes Gerät, das hinter sich die Bahnstrecke, die es befahren hat, zerstört. Die Fahrt bei Artilleriebeschuß und Tieffliegerangriffen, mit tatentollen Hitlerjungen, sterbenden Kindern und einem sterbenden Alten endet auf einem zusammenbrechenden Viadukt: «die Lok hing schräg über dem Abgrund (und hinter uns hat der Schwellenreißer gefressen!!), Feuer brach aus dem geborstenen Kessel».[46]

Eine Parabel des Schreckens und der Ausweglosigkeit, die auf der Suche nach Verantwortlichen auf den Allverantwortlichen zurückbezogen werden: «Kant hat nur die Beweise für die Existenz eines ‹lieben› Gottes als faule Witze entlarvt; wir können heute schon direkt welche dagegen geben: der Schwellenreißer ist ein guter». Gegen Leibniz' *Abhandlungen zur Rechtfertigung Gottes*, deren populär gewordene Grundannahme der Untertitel ironisch zitiert, wird eine Anti-Theodizee gesetzt, die die Folgerungen aus der Allgemeinen Relativitätstheorie Albert Einsteins und Gedanken Schopenhauers aufs merkwürdigste zusammenbringt. Dabei wird ein physikalischer Ansatz mythisiert und dann moralisch gewertet: Die Welt ist vierdimensional-endlich und hat einen berechenbaren, aber wechselnden Durchmesser: der Raum pulsiert. Dieses Raumpulsieren ist identisch mit der Abfolge von Kontraktion und Zerteilung des «Leviathan», eines Weltdämons, in dem sich «Wille» und «Vorstellung» vereinen. Wir Menschen leben in der Weltzeit der Zerteilung des Leviathans als Universum. Der Leviathan ist böse. «Wir selbst sind ja ein Teil von ihm: was muß also Er erst für ein Satan sein?!» Eine ferne Möglichkeit des Entkommens aus der universalen Abfolge und der Aufhebung des Daseins ins Nichts ist mit dem Stichwort «Buddha» und der Erinnerung an Schopenhauers Lehre von der Verneinung des «Willens» angedeutet. Der tödliche Sprung vom letzten Bogen des Viadukts am Schluß der Erzählung erscheint als eine unvollkommene individuelle Realisierung dieses Auswegs.

Der Text hat die Form eines Tagebuchs. Die sprunghafte Folge scharfer Wahrnehmungsbilder weist auf Darstellungsformen voraus, die Arno Schmidt 1955/56 in seinen *Berechnungen* poetologisch zu begründen versucht. Die diskursiven Einschüsse stellen Heterogenes eigenwilligster Auswahl kenntnisvoraussetzend nebeneinander; sie enthalten die Welterklärung, die der Tagebuchschreiber als Wissender, Hochüberlegener den anderen vorträgt, und erweisen ihn als Teilhaber einer geistigen Welt, dem seine Rollenexistenz als desertierender deutscher Soldat gänzlich äußerlich ist. Diese Art Doppelexistenz, die sich 1953 in dem Kurzroman *Aus dem Leben eines Fauns* auch in der Handlung, in handgreiflichster Innerer Emigration während der Kriegszeit, vergegenständlicht, wird dort einem allgemeinen Gesetz der individuellen Diskontinuität unterstellt:

«Mein Leben?!: ist kein Kontinuum! ([...] Denn auch am Tage ist bei
mir der ein Anderer, der zur Bahn geht; im Amt sitzt; büchert; durch
Haine stelzt; begattet; schwatzt; schreibt; Tausendsdenker; auseinan-
derfallender Fächer; der rennt; raucht; kotet; radiohört; ‹Herr Landrat›
sagt: that's me!): ein Tablett voll glitzernder snapshots.»

Diese Züge erinnern an den 28 Jahre älteren Gottfried Benn. Er brach zu eben
der Zeit, in der Arno Schmidt, die ihm von den Nationalsozialisten gestohle-
nen Jahre verfluchend, mit *Leviathan* sein erstes Buch vorlegte, in seine zweite
große Erfolgsphase auf. Seine *Berliner Novelle 1947* mit dem Haupttitel *Der
Ptolemäer* (1949) ist der Gedankenmonolog des Leiters eines Schönheitsinsti-
tuts, der ein Doppelleben eigener Art führt. Nach außen als Kosmetiker ein
«Spezialist für schönen Schein», im Inneren, hinter der «Isolierschicht aus
Konformismus und Kundendienst», die fernsten Räume durchmessend, Ent-
legenstes nebeneinanderhaltend, ein nonkonformistischer, oft zersetzender
Geist.[47] Die Bewegungen dieses Inneren sind der Inhalt des Textes; «seine
Aktionen sind Perspektiven, Gedankengänge sein Element», sein Prinzip, wie
im *Roman des Phänotyp* (1949), «autarkische Monologie».

Deshalb ist die Gattungsbezeichnung im Untertitel des *Ptolemäer*, ganz wie die
zweite Hälfte des Doppeltitels in Arno Schmidts *Leviathan oder die Beste der Welten*,
ironisch zu lesen. Gattungsmerkmale der Novelle werden systematisch destruiert. Die
«unerhörte Begebenheit», die kaltblütige Tötung von Menschen, die am Anfang Erwähnung findet, wird provokant mit Trivialem in eine Reihe gestellt. Ob man auf die
Belästigung durch Kunden mit Schließung des Geschäfts, Schließung der Tür, Abschal-
ten der Klingel oder Abschießen der Besucher reagiert, gilt gleichviel.
    Die Hierarchie der Werte ist außer Kraft gesetzt; die Einheit des Individuums, das
eine Schuld oder eine Sühne tragen könnte, ist zerfallen; das Verantwortung fordernde
Jenseits leer: «Die Materie war Strahlung und die Gottheit Schweigen, was dazwischen
lag, war Bagatelle.» Das Dringen auf Zusammenhänge, Verknüpfungen, Geschichte,
das mit dem neuzeitlichen Weltbild in Verbindung gebracht und hier auf den Namen
Galileis – andernorts auf den des Kopernikus – getauft wird, ist illusionär und hat in
der wirren, folgenlosen, in der Gegenwart krisenhaft forcierten «Dynamik» des Gesell-
schaftslebens sein Äquivalent. Der Geist, als spiritus sanctus, so wird es eindrucksvoll
und dunkel ins Bild gebracht, ist abgezogen von der Erde.

Ob heilsgeschichtlich oder menschheitsgeschichtlich oder erdgeschichtlich
begründet: diagnostiziert wird ein tief eingreifender, umfassender Wandel.
«Es handelt sich nicht mehr um den Verfall des einzelnen Menschen, auch
nicht einmal den einer Rasse, eines Kontinents oder einer sozialen Ordnung,
eines geschichtlichen Systems, sondern etwas weit Ausholenderes geschah:
[...] das Quartär ging hintenüber. [...] das Dogma, das vom Homo sapiens,
war zu Ende.»
    Was in der Abspannung bleibt, sind «ein paar Reste einsamer Seelen [...],
etwas sehr bewußter, tief melancholischer, schweigend sich erlebender
Geist», die Kunst und – darauf läuft in diesem monologischen Text alles zu –
das Ich des Künstlers. Dieses Ich kommt im Kunstprozeß zu sich, indem es

sich losläßt. Es verweigert sich der Synthese, nimmt das Nebeneinander des Verschiedenen als Inzitament seiner Einbildungskraft, erfährt als sein Eigenstes die Lust der Lösung ins Vorindividuelle, der Regression in die «Einheit des Seins». «[...] und darum gestand ich mir ein, daß die einzigen Bruchstücke der Seele, deren ich ganz gewiß war, dieser Zerfall war, der die Stunde aufhob». Er ist außer der Zeit. Aus diesem Entformungsprozeß formt sich das Werk wie aus dem Atem des Glasbläsers das Gebilde. Ein Schlag löst es ab. Und dann steht es als Form, unantastbar, für sich. Es ist außer der Zeit. Es hat keinen Teil am Getriebe und darum auch nicht am globalen Wandel.

Dieses Moment der Zeitlosigkeit verbindet Kunst mit der Raumwelt des Ptolemäus, für den die Erde im Zentrum des Universums ruhte und nach populärer Fehlzuschreibung eine Scheibe war. Der Künstler weiß sich in ihrer Mitte. Die Bewegung, mit der er sie wie der Töpfer rotieren läßt, um zu formen, geht von ihm aus, ist aber zugleich eine der Hingabe und des Geschehenlassens. Bewegtwerden. «Ich drehe die Scheibe und werde gedreht, ich bin Ptolemäer.»

‹Gott ist tot, aber es hat nichts zu besagen.› – ‹Gott hat uns fallen lassen, und so fallen wir auf ihn zu.› – ‹Gott ist ein böser Weltdämon.› – Die Entwürfe von Schnurre, Dürrenmatt, Arno Schmidt überspringen die Geschichte, die Komplexität psychischer, sozialer, politischer Zusammenhänge ins Jenseitige. Benn überspringt sie in Kunst. Sie wird die noch erfahrbare Transzendenz. In ihr hat der Nihilismus, den man ihm vorwarf, sein Widerlager.

Der Vorwurf hat seinen Erfolg nicht beeinträchtigt. Er beruht auf seiner suggestiven Sprachbehandlung, auf der Kraft, Widersprüchliches zu verdichten – und auch auf seiner ideologischen Verwertbarkeit. Seine Reflexionen zur Gegenwart schienen sich auf der Höhe der Zeit zu halten, der sie sich ins Zeitlose entzogen. Seine Konzeption des Kunstprozesses verlieh der Einsamkeit und Fremdheit als Produktionsbedingungen die Aura des Bedeutenden, verband die Selbstintegration eines desintegrierten mit der rauschhaften Erweiterung eines fixierten Ichs. Und dies alles als Bewegungen im Geist. Die Wirklichkeit konnte als rein phänomenale bleiben, wie sie ist.

Als einsam und fremd, desintegriert und fixiert mußten sich nach dem Krieg und auch im Wiederaufbausog des einsetzenden Wirtschaftswunders viele erfahren; von daher erhielt Benns Werk bis weit in die fünfziger Jahre hinein zusätzliche Resonanz. Was von ihm als einem Autor außerordentlichen Ranges formuliert wurde, konnte vielen anderen ein gutes Gewissen machen: «ohne mich». Der Rechenschaftsversuch *Doppelleben* (1950) sagt es ausdrücklich.

«Überall ein Kaninchengedränge von Analysen und Prognosen, ein Kaninchengedränge von Innerlichkeiten und Beschwörungen, auch von Ausflüchten und Verfaulungen über den ganzen Erdteil – können Sie es da einem verdenken, wenn er sagt: Schön, alles in Ordnung, muß wahrscheinlich alles so sein, aber bitte ohne mich, für die kurze Spanne meiner Tage bitte ohne mich, ich kenne nämlich eine Sphäre, die ohne diese Art von Beweglichkeit ist, eine Sphäre, die ruht, die nie aufgehoben werden kann, die abschließt: die ästhetische Sphäre.»

8. *Morgenlandfahrten, Geheimbünde, Wunschabenteuer*

Die Verweigerung gegenüber dem Zeitgeist hat auch Autoren motiviert, die die gegenwärtige Wirklichkeit auf eine wirklichere andere hin durchsichtig zu machen suchen, wie Ernst Kreuder und Hermann Lenz (*1913), oder die in die Abenteuerwelt einer Traumvergangenheit ausschweifen wie Wolf von Niebelschütz. Diese Autoren haben schon vor dem Krieg und auch während des Krieges in Deutschland publiziert; sie stellen sich bewußt in nicht-realistische Traditionen, deren Einflußlinien einander wiederholt ohne Absicht berühren.

Niebelschütz entfaltet in seinem Roman *Der Blaue Kammerherr* eine Libretto-Idee von Hugo von Hofmannsthal für Richard Strauss (1920) und spielt mit der Form des galanten Romans aus dem 17. und 18. Jahrhundert. Hermann Lenz zählt Hofmannsthal neben Mörike, Stifter, Thomas Mann zu den Autoren seines innersten Umgangs. Die versetzten Jugenderinnerungen *Das stille Haus* (1938 als Erzählung; 1947 als Roman) und zwei Erzählungen der Sammlung *Das doppelte Gesicht* (1949) spielen in Wien. Die letzte dieser Erzählungen trägt einen Jean-Paul-Titel: *Die unsichtbare Loge*. Auch das Motto von Kreuders Roman *Die Unauffindbaren* (1938–1940 und 1946–1947 geschrieben, 1948 erschienen) stammt von Jean Paul. Es bringt die Poetik dieser Dichtungen auf ihr Prinzip: «Die Dichtkunst ist kein platter Spiegel der Gegenwart, sondern der Zauberspiegel der Zeit, welche nicht ist.» Der Gedanke erinnert an das Motto von Hesses *Glasperlenspiel,* das gerade die ernsthafte Darstellung des Nichtexistierenden in die Verantwortung des Schreibenden stellt, und an Hesses Erzählung *Die Morgenlandfahrt* (1932), die die Grenzen zwischen den Räumen und Zeiten, dem Phantasierten und Wirklichen niederlegt und erdachte und reale, vergangene und gegenwärtige Gestalten – darunter Novalis und Parzival, Pythagoras und Paul Klee, Brentano und den Violinspieler und Ich-Erzähler «H.H.» – in einem überwirklichen Ordensbund zusammenbringt. «Den Morgenlandfahrern» ist das *Glasperlenspiel* gewidmet.

«Dem Dichter der Morgenlandfahrt, Hermann Hesse, dem ich seit Jahrzehnten wesentliche Einsicht und Ermutigung verdanke», widmet wiederum Kreuder seine Erzählung *Die Gesellschaft vom Dachboden* (1946). Diese Zueignung impliziert eine Absage an die zeitgenössische Realität – «Ich muss sagen», schreibt Kreuder im Oktober 1945, «dass mich diese Realität, in der sich solche blutigen Schundromane abspielen, nicht mehr interessiert» – und eine Absage an «jeden sogenannten ‹Realismus›».[48]

Die Motivfolge der rasch berühmt gewordenen, ins Englische, Französische und Schwedische übersetzten *Dachboden*-Erzählung führt aus städtischem Alltag in die skurrile Spielwelt eines «Geheimbundes» von sieben Männern auf dem Dachboden eines Kaufhauses und weiter über eine Schatzsuche, den Kauf eines Dampfers, wunderliche Begegnungen und Wiederbegegnungen ins romantisch Märchenhafte. Das Kindliche und Zwecklose daran enthält den Sinn einer Durchbrechung des funktionsbestimmten, seiner selbst entfremdeten Lebens. Dieser Sinn kommt in literarischer Polemik, im antizivilisatorischen Räsonnement oder im *Wilhelm-Meister*-haften ‹Lehrbrief›-Tiefsinn auch explizit zu Wort. Er macht den rückwärtsgebundenen Text zum Träger einer weit vorausgreifenden alternativen und meditativen Tendenz. Politisches bleibt als oberflächlich Zeitgebundenes ausgeschlossen. «Die alten Emigranten», höhnt Kreuder im März 1946 (!), «beschäftigen sich noch mit der naturalistischen Verarbeitung der Nazi-Epoche. Wir haben heute eine andere Gesinnungsliteratur nötig.»[49]

Hermann Lenz' Position weicht davon ab. *Das doppelte Gesicht* bezieht die «Nazi-Epoche» ein und nimmt sie über das Medium eines Ich-Erzählers in eine erzählte Welt auf, die zwischen Traum und Wirklichkeit changiert.

Die «unsichtbare Loge» vom Geheimen Einverständnis ist ein Bund von Lebenden und Toten, zu denen auch Opfer der Judenvernichtung wie des Frontkrieges gehören. Ihre Schicksale werden phantasmagorisch vergegenwärtigt. Lebende können in das Einverständnis eingeschlossen werden, wenn sie Mitgefühl und – der Erzähler spricht da in Wendungen Thomas Manns – «Empfindungsfähigkeit für das Doppelschichtige» haben und eine Gewissensprüfung bestehen. Der Ich-Erzähler besteht sie mit Schwierigkeiten. Damit bleibt ein Rest der alten, bis Hermann Hesse wirksamen Verbindung von Geheimbund und Bildungsgeschichte erhalten.

Wolfgang Weyrauch löst diese Bindung. Seine Erzählung *Die Davidsbündler* (1948) ist keine Ich-Erzählung und enthält kein durchgehendes Wahrnehmungs- und Erlebnissubjekt. Die Akteure sind namenlos: die Putzfrau, der Feigling, der Mann vom Lande, der Obergefreite, die Kinder... Spielort: ein Eissalon an einem städtischen Platz inmitten einer Trümmerlandschaft. Spielzeit: kurz nach dem Zweiten Weltkrieg in Erwartung des dritten Weltkriegs, zwischen Amerika und Rußland. Wie in Koeppens Roman *Tauben im Gras* (1951) vergegenständlicht sich die Bedrohung in dieser Zwischenzeit als Bedrohung von oben – durch «Flieger [...], unheilkündende Vögel» bei Koeppen; durch die apokalyptisches Entsetzen auslösenden Heuschrecken bei Weyrauch. Als Idee der Rettung erwächst die Idee des «Davidsbundes», mit der eine romantische, musikliterarische Fiktion Robert Schumanns von 1833 erneuert und verwandelt werden soll. Schumanns Davidsbündler hatten sich zusammengeschlossen, um – wie einst David – gegen die Philister zu kämpfen. Jetzt, über hundert Jahre später, ist ihnen aufgetragen, weltweit die Erkenntnis zu verbreiten, daß «ES NUR AUF DEN MENSCHEN AN-KOMMT». Und wirklich verbreitet sich dieser Gedanke auch bis zu den verantwortlichen Politikern, zu Truman und Stalin zum Beispiel, zu Chiang Kai-shek und zum Papst.

Der Kontrast zwischen der Unmittelbarkeit des Gegenwartsbezugs, der Höhe des Anspruchs und der Leere der Botschaft ist offensichtlich. Hier ist der Geheimbund zu einer Missionsbewegung nach Art der «Moralischen Aufrüstung» umgestülpt, die seit 1946 zu ihren jährlichen Weltkonferenzen zusammentrat.

Während des Dritten Reichs war der Geheimbund noch eine Variante des «Doppellebens», die «Unauffindbarkeit» eine Sehnsucht, das «geheime Einverständnis» ein Wunschbild der Inneren Emigration gewesen. Jetzt trägt dieser Motivkomplex den Wunschtraum einer Verwandlung der Welt aus dem Inneren und der Erlösung der Einsamen zu einem freien Miteinander mit Gleichgesinnten.

Auch Niebelschütz' (1913–1960) *Der Blaue Kammerherr* (1942 begonnen, 1949 veröffentlicht) mündet schließlich in eine erträumte Richtigstellung. Das Buch nimmt den Leser mit in ein mediterranes Inselkönigreich und in ein Rokokojahrhundert, das anderen Epochen in mehrfacher Hinsicht merkwürdig gleichzeitig ist:

Midas von Phrygien und die Republik Venedig kreuzen ihre Interessen, zum Gott der Christen wird gebetet, der Göttervater Zeus wirbt wie andere, aber mit einem unfairen Startvorteil, um die Thronfolgerin, die hinreißend schön, klug, eigenwillig, anmutig im Schnittpunkt der Intrigen und Neigungen stehend, ihren Staat durch eine Vernunftheirat sanieren soll. Das Ineinander von Privatem und Politischem, das Gegeneinander der Züge und Winkelzüge der Diplomatie, die Abschattierungen der Etikette fügen sich wie Figuren, Landschaften, Gewänder, Farben, Formen, Töne, Bewegungen in ein ausbalanciertes Spiel ästhetischen und erotischen Reizes. Es hat den Charakter eines ironisch gebrochenen Tagtraums, und am Ende hat es den einer Utopie: einer gerechten, friedvollen, versöhnenden Menschenordnung in der Form der absoluten Monarchie. Wie in Bergengruens und Schneiders historischen Romanen und in Jüngers *Heliopolis*-Utopie (1949) erscheint «Masse» als fragwürdig, wird das Prinzip der Autokratie nicht in Frage gestellt. Vom Anarchismus der «glückseligen Inseln» in Wilhelm Heinses *Ardinghello* (1787), auf den sich Jüngers Roman direkt bezieht, ist es so weit entfernt wie das erotische Spiel des Rokoko von Heinses Hedonismus.

Während sich Niebelschütz' Buch von seiner Gegenwart abstößt und ihr entfliegt, ist bei anderen Texten auch diese Gegenbeziehung verblaßt. Sie kommen überhaupt nicht primär aus einer bewußten Reaktion auf ihre Zeit und richten sich auch nicht auf eine, metaphysische oder politische, Zeit-Diagnose.

9. Todesmysterien und Lebensteppiche

In Hans Henny Jahnns (1894–1959) großer Roman-Trilogie *Fluß ohne Ufer* ist eine mythisch-zeitlos gemachte Welt der Schauplatz elementarer Triebgewalten, Sehnsüchte, Ängste und ihrer Sublimierung in Kunst.

Die politische Gegenwart, in die sich Jahnn nach dem Krieg als politischer Bürger mit Denkschriften und Appellen gegen Wiederbewaffnung, Atomrüstung, Tierversuche engagiert einmischte, bleibt außerhalb dieses Werks. Es ist sperrig, wie es die Person des Autors war, der zeit seines Lebens zugleich fasziniert und schockiert hat. Er war Gründer der Glaubensgemeinschaft «Ugrino» (1920), Präsident der Freien Akademie der Künste in Hamburg (ab 1950), ein Kenner alter Musik, ein überragender Fachmann als Orgelbauer und ein missionarischer Dilettant als Hormonforscher. Er liebte Männer und Knaben, auch Frauen, auch Tiere und von denen am meisten die Stuten, beschrieb sich selbst als «omnisexuell».[50] Schreckliche Prägungen in früher Kindheit hatten in ihm eine zwanghafte Furcht vor dem Tod hinterlassen.

«Meine Mutter pflegte mich zum Grabstein zu schleppen, auf dem stand: ‹Hier ruht Hans Henny Jahnn›. – Das gehörte zu den furchtbarsten, entscheidenden Erlebnissen meiner Kindheit. – Sie liebte mich, aber nur als Ersatzkind. Ich war abstoßend häßlich, jener war bildhübsch gewesen.»

Mehrfach im Leben hat Jahnn diese Erinnerung so oder ähnlich wiedergegeben und das Gefühl beschrieben, von seinem früh verstorbenen Bruder ins Grab gezogen zu werden.[51] Begräbnisritualen und Formen der Verwesung und Mumifizierung galt seine ausdauernde Aufmerksamkeit. Auch im *Fluß ohne Ufer*. Seine drei Teile sind:

Teil 1: *Das Holzschiff*. 1934–1936 auf Bornholm entstanden, 1949 erschienen. Teil 2: *Die Niederschrift des Gustav Anias Horn, nachdem er neunundvierzig Jahre alt geworden war*. 1937–1946 auf Bornholm entstanden, 1949 und 1950 erschienen. Teil 3: *Epilog*. Als Fragment 1961 erschienen.

«Wie wenn es aus dem Nebel gekommen wäre, so wurde das schöne Schiff plötzlich sichtbar. Mit den breiten gelbbraunen, durch schwarze Pechfugen gegliederten Bug und der starren Ordnung der drei Masten, den ausladenden Rahen und dem Strickwerk der Wanten und Takelage.» – Die sichere, anschaulich-genaue Prosa des *Holzschiff* tritt in Widerspiel zur Verrätselung des Geschehens, zur Atmosphäre formloser Angst und zur Besessenheit von Aktionen, die das Buch darstellt. Eine junge Frau verschwindet. Das Holzschiff geht unter. Den Untergang hat Gustav Anias Horn, der Verlobte der Verschwundenen, verschuldet. Seine *Niederschrift*, siebenundzwanzig Jahre später verfaßt, erzählt in Ich-Form: Die Verschwundene ist ermordet worden. Ihr Mörder, Tutein, hat sich Horn offenbart, ist sein Freund, Geliebter, Blutsbruder geworden und ist ihm auch als Toter noch leibhaft gegenwärtig. In einem holzumschlossenen Kupfersarg steht sein Leichnam in dem Raum, in dem Horn schreibt und komponiert. Erst als Ajax von Uchri, der sich als ein Matrose des gesunkenen Holzschiffs ausgibt, Tuteins Stelle einzunehmen beginnt, wird der Sarg im Meer versenkt. Ajax schlägt Horn nach Zerwürfnissen tot und schließt später – wie der nicht fertiggestellte *Epilog,* nun wieder in dritter Person, erkennen läßt – mit Horns Sohn, dem Knaben Nikolaj, eine Liebesfreundschaft, die frühere Konstellationen auf neuer Generationsstufe wiederholt.

Die befremdliche Ereignisfolge reflektiert ein Weltbild, das im Gegen- und Ineinander von «harmonikalem und brutalem Weltgeschehen» seinen Zusammenhang hat.[52] Der Kreislauf von Werden und Vergehen, der dem Daseinsganzen Ausgewogenheit und Fortdauer sichert, ist für die Lebewesen ein Kreislauf von Fressen und Gefressenwerden, begleitet von Gewalt, Schmerz und, wo Bewußtsein ist, vom Bewußtsein des Todes und von nicht selbst verantworteten Impulsen. Sie bewegen den einzelnen, sind aber nicht seine eigenen. «Wir sind durch und durch Schauplatz von Ereignissen, und die Ereignisse prägen unser Tun. Die Trauer spielt auf uns wie auf einem Instrument, gleichermaßen die Freude.»[53] Die Idee der Einheit und Werthaftigkeit des Individuums ist verabschiedet. «Selbst»-Findung ist kein Ziel. Alle Sehnsucht gilt der Wiedervereinigung mit der Natur und ihren Geschöpfen, der Überwindung der «interstellaren Einsamkeit» in Raum und Zeit.[54] Ausdruck dieser Sehnsucht ist – ähnlich wie bei Schopenhauer und Strindberg – das Mitleid mit allem Lebendigen, sind aber auch die Vorstellungen der Liebesgemeinschaft, des gewalttätigen Ineinanderdringens, des Fortlebens im anderen, der Erhaltung des Körpers über den Tod hinaus – die sämtlich als Motive in den Text eingehen – und der «Inversion der Zeit», die Zukünftiges und Vergangenes in der Gegenwart zu vertauschen scheint und so die Unumkehrbarkeit des Zeitverlaufs aufhebt.

Die musikalische Polyphonie, die nach Jahnn «in der Gegenwart die Zukunft voraus» nimmt, hat an dieser Aufhebung teil; die Komposition des Sprachwerks setzt sie ins Werk. Wie Thomas Mann im *Faustus*-Roman und gleichzeitig mit ihm hat Jahnn einen Tonsetzer zum Protagonisten gemacht; wie bei Thomas Mann soll das Werk Musik zugleich darstellen und praktizieren. Unter diesem Aspekt werden Momente der Entmächtigung des Personalen zu Strukturmomenten: «Schauplatz von Ereignissen» zu sein, schreibt Jahnn, heißt, «musikalisch ausgedrückt», Schauplatz von «Themen, Strophen, Motiven, Anklängen, Rhythmen» zu sein.[55] Wie das Daseinsganze die Schmerzen der Lebewesen, so macht das Werk die seiner Figuren zum Material seiner Stimmigkeit. Im Werk ist alles vereint, auf einmal da, unverloren, wird die Darstellung des «brutalen» Weltgeschehens – «Es ist, wie es ist, und es ist fürchterlich»[56] – trotz seiner Ungelöstheit «harmonikal». Die Rolle des Autors gerät damit in strukturelle Analogie zur Rolle eines ‹bösen› Demiurgen, gegen dessen Mitleidlosigkeit das Werk zugleich inhaltlich opponiert. In diesen Vorstellungen treffen sich Jahnn und Arno Schmidt.[57]

Indem Jahnn die Wahrnehmungskontrollen vermindert und Tabuiertes über die schon konventionell gewordene Poetenlizenz hinaus zuläßt, erweitert er den Bereich des Darstellbaren: Die Herrschaft des Bewußtseins, wohl gar des sittlichen Bewußtseins, in einer Hierarchie der Seelenkräfte erscheint aufgelöst. Mit Grund beruft Jahnn sich in dieser Hinsicht auf Joyce. Er berührt sich aber auch mit Autoren ganz anderer Herkunft, denen die Vorstellung des Subjekts, nur «Schauplatz» von Ereignissen, Ort fremder Geschicke zu sein, schon aus der Tradition ihrer Literatur heraus zugespielt wurde. Es sind österreichische Autoren.

Die absonderliche Leichenaufbewahrung, von der Jahnns *Niederschrift* erzählt, hat ein österreichisches Seitenstück bei George Saiko (1892–1962):

In seinem Roman *Auf dem Floß* (in den dreißiger Jahren begonnen, 1948 erschienen), der auf einem fürstlichen Gut in Ost-Österreich kurz nach dem Ersten Weltkrieg spielt, ist es der riesenhafte Diener Joschko, der mit seinem Herrn so verbunden ist, daß er über den Tod hinaus anwesend zu bleiben hat. Ausgestopft soll er hinter Glas in der Halle des Schlosses ausgestellt werden. Damit treibt der Roman die österreichischen Themen der Dienertreue und der Würde des Bewahrens absichtsvoll ins Bizarre. Er öffnet aber auch die tiefenpsychologische Dimension dieser Themen und integriert sie einem Spiel wechselseitiger Abhängigkeiten, das die Grenzen des Subjekts und die Grenzen zwischen den sozialen Schichten durchlässig macht. «Denn man ist nicht mehr als der Anlaß für die Folgen, die sich aus dem [...] unverständlichen Knotenpunkt von Beziehungen, in dem sich das Leben verbirgt, in rätselhafter Weise wie von selbst ergeben», weiß der fürstliche Herr. So wie der Geschlechtsgeruch, der im unerhörten Busch des Schamhaars der jungen Zigeunerin nistet, am Herrn *und* am Diener haftet, so sind die Figuren hier *und* da in unterirdische Motivationen, in Vergangenes und Geträumtes verwoben.

Kein Wunder, daß Saiko die durch Psychoanalyse systematisierte, von Joyce und Broch praktizierte «Erschließung des Unbewußten» als «ungeheuren Terraingewinn» moderner Epik verbucht, daß er ihr «die Erweiterung des Aussagbaren aus dem Bereich des [...] Irrationalen» und «die Gestaltung jener in der Regel nicht wahrgehabten Kräfte empfiehlt, «die dem Gebiet des Magischen und Animalischen angehören»: Es handelt sich darum, darzustellen, schreibt er in seinem programmatischen Text *Die Wirklichkeit hat doppelten Boden* (1952), «wie dieses ‹Agens der Tiefe› durch die oberste Konventionsschicht hindurchschlägt».[18]

Auch bei Heimito von Doderer (1896–1966), der insbesondere durch den mittleren seiner drei «Wiener Romane» – *Die Strudlhofstiege oder Melzer und die Tiefe der Jahre* (1951) – seinen schriftstellerischen Ruhm begründete, ist die Wirklichkeit doppelt. Das ist von ihm aber anders gemeint als von Saiko.

Die den meisten Menschen stets verdeckte «erste Wirklichkeit» ist für Doderer nicht die des Unbewußten, sondern die Wirklichkeit des «Lebens» in seiner Totalität und umfassenden Stimmigkeit. Sie kann vom unreifen Normalbewußtsein nicht erfahren werden. Denn es verweigert sich der «Apperzeption», bleibt in der entstellten, reduzierten, «zweiten Wirklichkeit» ideologischer, politischer, bürokratischer Vorgaben oder sexualneurotischer Zwänge gefangen, gibt sich nicht frei in die Haltung dankbarer Hinnahme und bejahenden Mitvollzugs, die allein dem Leben entsprechen kann und erst wirklich zum Menschen macht.

Diese Haltung hat ein großes Modell im barocken Welttheater mit seinen realistischen und seinen ideologischen Implikationen und ein kleines Modell in dem Treppen- und Rampenbauwerk der Strudlhofstiege in Wien, die dem Roman den Namen gegeben hat. Das Welttheatermodell betrifft die gesellschaftliche Rolle. Sie ist anzunehmen und anzueignen. Denn «ablehnen kann niemand eine Charge, die ihm das Leben verleiht, sei es die eines Leutnants oder einer Braut, eines Brotherrn oder eines Dieners [...]»; und schließlich steht «jeder doch, mag er bewußt darüber denken wie er will, jederzeit genau an dem Punkt äußeren Lebens [...], auf den er seinem tatsächlichen, nicht seinem gedanklichen Sein nach gehört.»[59] Die Affirmation ist umfassend. Die Strudlhofstiege bekräftigt sie auf ihre Weise. Sie ist als Ort der wiederholten Begegnung und Selbstbegegnung «*Bühne* des Lebens» und in ihren Bögen, Verzweigungen, Kehren *Sinnbild* des Lebens, dem man durch eilige Abkürzungen nicht zuvorkommen darf.

Dem entspricht die Anlage des Romans. Er schiebt eine Vielzahl gleichrangiger Lebensläufe der Wiener Gesellschaft (vor allem der Jahre 1911 und 1923–1925), in einzelne Wegstrecken zerlegt, ineinander und führt einige von ihnen in den fünf Jahre später erscheinenden Roman *Die Dämonen* hinüber. Was sich in diesen Lebensläufen ereignet, wird ironisch relativiert und *zugleich* als tief berechtigt erwiesen: Es ist der Blick des auktorialen Erzählers von rückwärts, in «die Tiefe der Jahre», der selbst Schmerz, Unglück, Mißlingen dem Gewebe eines immer schon bejahten Lebens integriert. Diese Integration wird an fortgeschrittener Stelle ihres Weges auch der Titelfigur zuteil. Da sie, die lange nur als «Kreuzungspunkt vieler Schicksale» erschien,[60] der Spur des Bildungsromans folgend, ihr eigenes Schicksal gewonnen: Melzer ist «vom Bosniakenleutnant zum Menschen» geworden.

Aufschlußreich ist, womit das Buch seine Konzeption der Stimmigkeit erkauft. Es ist die absolute Privatisierung aller Bezüge.[61] Politisches, und erst recht Politisch-Revolutionäres, bleibt außerhalb. Es gilt als scheinhaft und fällt unter das Verdikt der Apperzeptionsverweigerung. Am auffallendsten zeigt sich dies am radikalen Einschnitt von 1918, als der Krieg verloren, der Vielvölkerstaat zerfallen, die Monarchie am Ende war und Rest-Österreich Republik wurde. Dieser Einschnitt wird teils verwischt, teils übergangen. Die Betonung des Bleibenden und in allem Wechsel Gleichbleibenden gibt der Struktur der dargestellten Wiener Bürgerwelt den Charakter des fraglos Richtigen und Harmonischen.

Beides, die Reserve gegenüber der Politik und die Etablierung einer verklärten Tradition, hat, wie man hervorgehoben hat, den Erfolg des Buches begünstigt. Dabei spielen österreichische Sonderbedingungen ihre Rolle. Die große Verdrängungsleistung der Besiegten, sie war hier eine Zeitlang Staatsdoktrin. In der Bemühung um die Wiederherstellung österreichischer Eigenstaatlichkeit fand die Distanzierung von der Geschichte der deutschen Untaten ihren politischen Ausdruck. Die Tendenzen zur Privatisierung und Politikabwehr, die Betonung österreichischer Kontinuitäten und ihre positive Grundfärbung im Roman passen dazu. So hat man denn *Die Strudlhofstiege*, wie zutreffend überspitzt wurde, geradezu als «Staatsvertragsroman» gelesen.[62] Dementsprechend kann auch die wendungsreiche Biographie Doderers, der früh, 1933, der damals noch verbotenen nationalsozialistischen Partei Österreichs beitrat, 1940 zum Katholizismus konvertierte, im Zweiten Weltkrieg als Hauptmann in der deutschen Wehrmacht diente, 1957 den Großen Österreichischen Staatspreis erhielt, sinnbildhaft für diese Jahrzehnte österreichischer Geschichte verstanden werden.

Das Fiasko von Alfred Döblins Roman *November 1918* lieferte das westdeutsche Gegenstück: Da wurde das Politisch-Revolutionäre am Jahr 1918 ausdrücklich thematisiert, und der Verkaufserfolg lag nahe Null. In wichtigen Zügen waren die Rezeptionsbedingungen in Österreich und Westdeutschland offensichtlich trotz der regionalen Besonderheiten analog.

10. Phasenwechsel

Das Rollenkonzept des menschlichen Lebens, das Doderer dem Welttheatermodell entnimmt und gegen alles Politische richtet, hat einige Jahre vorher eine andere Ausgestaltung erfahren, die überaus wirksam geworden ist. 1947 veröffentlichte Max Frisch seine Parabel *Der andorranische Jude*. Sie erschien im *Tagebuch mit Marion*, das 1950 zum *Tagebuch 1946–1949* erweitert wurde. Sie erzählt, wie ein junger Mann, der sich selbst und den auch seine Umgebung für einen Juden hält, in das populäre Zerrbild eines Juden hineingenötigt und schließlich zu Tode gebracht wird. Er war aber gar kein Jude. Die anderen hatten sich ein schematisches Bild von ihm gemacht, ihm daraus eine Rolle angemessen, und er hat sich ihr am Ende unterworfen.

Das *Tagebuch* bezieht die Parabel auf das jüdisch-christliche Bildnisverbot: «Du sollst dir kein Bildnis machen», wendet es aber nicht mehr auf Gott an, sondern auf die menschliche Individualität.[63] *Sie* ist das Unantastbare, Kostbare, gegen Verengungen, Fixierungen, Rollenzumutungen zu Schützende, «Gott als das Lebendige in jedem Menschen». Was sich in der Verständigung des einzelnen mit sich selbst und was sich zwischen einzelnen Menschen ereignet, erscheint als das Wesentliche und Lebensbestimmende – so weit ginge auch Doderer – und erscheint zugleich – das geht darüber hinaus – als der Kern des Politischen! Die Geschichte des scheinbaren Juden erinnert daran, daß Projektionen und Ausgrenzungen in der Tat zu den Voraussetzungen des Antisemitismus gehören.

Frisch spielt die Bezüge aber weiter: in die Infragestellung der Identität, in die damit zusammenhängende Reflexion des Erzählens, die Problematisierung der Schriftstellerexistenz und das aus ihr – nicht mehr aus dem Kriegs- und Verfolgungsgeschehen – abgeleitete Thema der Schuld. Sich anderen gegenüber als ihr «Verfasser» zu verhalten, ihnen ihre Rollen vorzugeben, darin liegt der Verstoß gegen ihr Eigenrecht und die Schuld auch im Verhältnis von

Mann und Frau. Das Muster dieses Problemzusammenhangs ist alt und auch bei Max Frisch früh angelegt. In der Geschichte der Nachkriegsliteratur wird es aber erst in den fortschreitenden fünfziger und in den sechziger Jahren charakteristisch; das ist von symptomatischer Bedeutung. Denn nun tritt die Literatur überhaupt aus dem Schlagschatten des Krieges und dem Schatten des unmittelbaren Nachkrieges heraus. Und da will auch die Polarität der literarischen Verhaltensformen des ‹Beschreibens› und ‹Transzendierens›, die in der frühesten Nachkriegszeit zur Orientierung beitragen kann, nicht mehr recht greifen. Diese Orientierungsmöglichkeit beruhte auf der Gemeinsamkeit einer außerliterarischen Bezugsgröße, auf der plumpen Macht des Zeitgeschichtlichen, die in den Jahren der Massenräusche und Massenvernichtung, der Exilierung, Kriegsverwüstung und der nackten Existenznot trotz aller lokalen und personalen Unterschiede jeden in Anspruch nahm und keinen ganz ausließ. Diese Zeit ging auf die Knochen. Auch wer sich als Schreibender aus ihr entfernte, bezog sich auf sie: Er *entschied* sich zur Versetzung des Zeitgeschichtlichen in andere Bereiche oder *entschied* sich gegen das Zeitgeschichtliche überhaupt.

Diese Voraussetzungen sind schon beim Eintritt in die fünfziger Jahre verblaßt und schwinden weiter in ihrem Fortgang. Das Feld bildet sich um.

Das besagt nicht, daß die Themen und Stoffe jüngster Vergangenheit jetzt erledigt wären. Es erscheinen weiterhin wichtige und einige außerordentliche Texte darüber. Die Bedingungen und Formen der Gewaltherrschaft, der Depersonalisierung im totalen Staat, der organisierten Menschentötung bleiben auf der literarischen Tagesordnung bis heute. Sie sind nicht zu erledigen.

Daneben beanspruchen aber nun die neuen Wirklichkeiten der deutschen Zweistaatlichkeit, des kapitalistischen Wiederaufbaus im Westen, der die Bundesrepublik nach wenigen Jahren in die Spitzengruppe der stärksten Industrienationen der Erde bringt, der Aufrüstung, des Kalten Krieges ihren Platz. Sie fordern die Literatur unter anderem zur Restaurations-, Karriere-, Konkurrenz-, Militarismuskritik heraus.

Und mit erreichter Konsolidierung treten auch die allgemeinen, gegenwartsübergreifenden Determinationen des Daseins und des modernen, entfremdeten Daseins wieder ins Bewußtsein, die die jüngste Vergangenheit überlagert, nicht aber außer Kraft gesetzt hat. Die Gefühle der Fremdheit, Heimatlosigkeit, Einsamkeit, Lebensangst sind ihre Erlebnisformen.

Nahe an der Erschütterung des Krieges, der Möglichkeit buchstäblicher Vernichtung, wurden Haus und Heimat als Glück ersehnt, als Paradies erinnert und Heimatlosigkeit als verhängnisvolles Geschick erfahren, das einem oder vielen oder einer ganzen Generation von außen bereitet wird. Nun, da die äußere Sicherheit des Lebens wiedergewonnen, das Dach über dem Kopf zur Selbstverständlichkeit geworden ist, werden «Unbehaustheit», «transzendentale Obdachlosigkeit», «Geworfenheit» zu Metaphern der Existenz.

Sie werden in unterschiedlichen Gegenstandsfeldern und oft in den Figuren von einzelnen konkretisiert, die die anders motivierten einzelnen der ersten Phase der Nachkriegsliteratur beerben: im einsamen Entscheidungsträger, der gerade in seinem Engagement bei sich, in seiner Einsamkeit frei ist (Andersch); im Abenteurer, der das Doppelgesicht von Autonomie und Verlassenheit trägt, der in seiner Konsistenz bis zur Auflösung gefährdet ist (Schnabel); im Karrieristen, der sich an die Fremdbestimmtheit verliert (Walser); im Identitätssucher, der sich ungemein erfindungsreich gegen alle Fremdbestimmung zu verteidigen sucht (Frisch). Und in diese Thematisierung des Subjekts sind auch die Fragen nach seiner Wahrnehmungsweise und ihrer angemessenen Darstellung verwickelt (Arno Schmidt). Sie können im Sinn einer neuen Autonomie des Fiktionalen beantwortet oder zur Zersetzung von Wirklichkeit radikalisiert werden.

Die Literatur der existentiellen Einsamkeit, der Problematisierung von Ich-Identität, Wirklichkeitserfahrung und Sprache formuliert verschiedene Aspekte eines Zusammenhangs.

Es ist bemerkenswert, daß in den Verlagshäusern während dieser Jahre von der Öffentlichkeit nicht wahrnehmbar ein Text umläuft, der die Erfahrung der Fremdheit auf die konsequenteste Weise sprachlich realisiert. Er ist 1952 entstanden und wurde 1960 gedruckt: *Der Schatten des Körpers des Kutschers* von Peter Weiss (1916–1982). Da sind Objekt und Objekt, Subjekt und Objekt und auch Erzählersubjekt und Erzählerobjekt nach dem Prinzip der Collage nebeneinander- und auseinandergehalten, Subjekte gerade im Vollzug der intimsten Vereinigung in die Unfaßbarkeit von Schatten entwirklicht. In der Negation der Negation spricht dieser Text der radikalen Fremdheit die Sehnsucht nach Nah-, Vertraut-, Zuhausesein aus, die nicht nur die dieses Verfassers war. Wo sie Richtung auf die Gesellschaft und auf ihre Veränderung nimmt, trägt sie utopische Züge. Da führt sie nicht nur über die erste Phase der Nachkriegsliteratur weit hinaus.

III. FRÜHE NACHKRIEGSLYRIK (1945–1950)

Für die deutsche Lyrik hat die Nachkriegszeit eine besondere Bedeutung: der Widerruf des freien Verses, das seit der Klassik eingebürgerte gemütvolle Auf und Ab der Zeilen, Strophen und Bilder, von der Literaturrevolution um 1910 so anspruchsvoll wie folgenlos und kurz unterbrochen, wurde nun endgültig zum Restaurationsprogramm. Zugleich gab es eine erst sehr verhalten, dann immer energischer einsetzende Bemühung um die «Weltsprache der modernen Poesie», was unter diesen Umständen unweigerlich eine politische Dimension annahm. Die reich gefächerte Entwicklung der deutschsprachigen Lyrik nach 1945 und die Bedeutung, die der jeweiligen Entwicklung des poetischen Materials zukommt, lassen es nicht geraten erscheinen, diesen Teil unserer jüngsten Literaturgeschichte rein individualgeschichtlich vorzutragen, sondern führen auf eine gemäßigt typologische Darstellung, damit die Vielheit faßbar werde. Auch wird zunehmend deutlich, wie sehr die Rezeption und die Beurteilung von Lyrik von ‹Interpretamenten› gesteuert werden, die nur teilweise von den Autoren vorbereitet oder in Schwang gebracht sind.

In der frühen Nachkriegslyrik gibt es durchaus wichtige und weiterführende Impulse, sich der Last des jüngst Erfahrenen, der geschichtlichen deutschen Schuld zu stellen. Das begründet die zunächst hier vorzuführenden Typen des Nachkriegsgedichts: die Trümmerlyrik und das Heimkehrergedicht, denen die dann erst zugänglich werdende Exillyrik kontrastiert sei. Der reichlich ambivalente Typus einer Bewältigungslyrik führt dann schon in die fünfziger Jahre hinüber.

1. Trümmerlyrik

Peter Rühmkorf hat für die deutsche Nachkriegslyrik nicht viele gute Worte übrig, kritisiert ihr Sicheinhausen in der «Silberdistelklause» (Friedrich Georg Jünger) oder in den «kühlen Bauernstuben» (Ernst Waldinger), ihr Sichbescheiden bei «Mittagswein» (Anton Schnack), bei «Granatapfel» (Stefan Andres) und «Zisterne» (Wolfgang Bächler). Die kritisch-realistischen Tendenzen, die er gleichwohl wahrnimmt, relativiert er mit dem Hinweis auf das «quantitative Unverhältnis», auf die «schlagende Disproportion der Mengenverhältnisse».[1]

Als Gegenmuster hebt Rühmkorf (1962) die Gedichte von Günter Grass und Hans Magnus Enzensberger hervor: mit diesen ungleichen Brüdern lasse sich «eine generationstypische Wandlung in Lebensgefühl und Diktion vorzüglich belegen». Und er holt zugleich gegen den Traditionalismus aus: «Abkehr von aller feierlichen Heraldik und kunstgewerblichen Emblemschnitzerei, Absage an tragische Entsagungsmuster und sauertöpfische Heroität, Ablösung des Klagegesanges durch die Groteske, Verstellung von Pathos durch Ironie.» Aber so weit ist es in den vierziger und frühen fünfziger Jahren noch keineswegs.

Für die späten vierziger Jahre ist Heinrich Bölls Votum für einen engagierten Realismus von Gewicht: Den gab es auch, selbst in der Lyrik, wo er zu einem spezifischen Gestus geführt hat. Bölls *Bekenntnis zur Trümmerliteratur* (1952) betont den veränderten Blick, das Festhalten an den jüngsten Erfahrungen, die Bedeutung der zeitgenössischen Sujets: «Wir schrieben also vom Krieg, von der Heimkehr und dem, was wir im Krieg gesehen hatten und bei der Heimkehr vorfanden: von Trümmern; das ergab drei Schlagwörter, die der jungen Literatur angehängt wurden: Kriegs-, Heimkehrer- und Trümmerliteratur.»[2]

Ganz ausdrücklich ist dieses Bekenntnis gegen den Ruf nach «alten Zeiten», gegen die Entführung in die Idylle gerichtet. Böll betont, «das Auge des Schriftstellers sollte menschlich und unbestechlich sein», und dieses realistische Programm führt dazu, daß auch im Gedicht Tradition problematisiert wird. Das «nackte» Sprechen versteht sich zunächst durchaus als Antithese zur Lyrik. Die vielzitierten Verse von Wolfdietrich Schnurre (1948) haben an dieser Ambivalenz teil, auf poetische Weise gegen die Poesie mobilzumachen, und das heißt, auf einem anderen Gedichttypus zu bestehen, der rhetorisch inspiriert, nichtmetaphorisch, vielleicht auch operativ ist:

> zerschlagt eure Lieder
> verbrennt eure Verse
> sagt nackt
> was ihr müßt.

Das ist zwar noch pathetisch, aber zugleich doch eine Antihaltung zum bild- und wortreichen Traditionalismus, eine Haltung, die formal auf den Lakonismus führt. Die «brevitas laconica», die lakonische Kürze, ursprünglich der militärischen Befehlssprache zugehörig, scheint nun die am ehesten angemessene Form, dem Kriegserlebnis dichterisch zu antworten, die gemütliche Tradition der Innerlichkeitslyrik, die im Dritten Reich noch einmal zu allgemeiner Geltung gebracht worden war, zu suspendieren und dem von Böll umrissenen Lebensgefühl Ausdruck zu verleihen.

Gustav Zürcher hat auf die Ambivalenz des Ausdrucks Trümmerlyrik, den er mitentwickelt hat,[3] hingewiesen. Etwa wie man von Trümmerfrauen redet, so geht es diesem Typus auch zuvörderst um Aufräumarbeit. «Fort mit dem Schutt! Sonst gelingt kein Aufbau», forderte Kurt Hiller 1947; und eine Gedichtauswahl 1948 nennt sich *Trost in Trümmern*. Gleichwohl gibt es auch eine Reihe von Dichtern und Gedichten, die sich angesichts der Trümmerlandschaft so vorsichtig wie entschieden auf die Formzertrümmerung der literarischen Moderne zurückzubesinnen scheinen und sich den knappen, den lakonischen Gestus als angemessenen Ausdruck zueignen.

Das berühmteste Gedicht, sozusagen der Programmtext dieser lakonischen Formtendenz, ist Günter Eichs (1907–1972) «Inventur» geworden, das vermutlich im April/Mai 1945 im Gefangenenlager entstanden und zuerst 1947 in Hans Werner Richters Kriegsgefangenen-Anthologie *Deine Söhne, Europa* veröffentlicht worden war. Die erste und die siebente (letzte) Strophe lauten:

> Dies ist meine Mütze,
> dies ist mein Mantel,
> hier mein Rasierzeug
> im Beutel aus Leinen.
>
> [...]
>
> Dies ist mein Notizbuch,
> dies meine Zeltbahn,
> dies ist mein Handtuch,
> dies ist mein Zwirn.

Die einfachen Nennungen, der deiktische Gestus («dies ist») sollen den Anspruch der Dichtung begrenzen, die Welt poetisieren zu können. Das Gedicht bleibt bei den Gegenständen der unmittelbaren Lebenswelt. Sie sind wichtig genug, werden nicht als Zeichen genommen, meinen nicht gleich etwas anderes, gelten wörtlich. Auch vom Leser wird diese Sachlichkeit erwartet, den Text nicht ‹übersetzen› zu wollen, der sich zugleich über eine Notiz erhebt und der durchaus kunstvoll gefügt ist: mit Hilfe des Metrums und mit Hilfe von Wiederholungsfiguren wie Anapher und Isokolon. Zugleich bildet der Text den Duktus eines Sprachlehrbuchs ab, die Fibel-Sätze stünden so für eine (neue) Alphabetisierung, was auch in der Form eine Kritik an überkommenen Sprach(ver)wendungen andeutet.

Man hat darauf hingewiesen, daß dem Text möglicherweise ein Gedicht von Richard Weiner zugrunde liegt,[4] einem Prager Dichter (1884–1937), der weitgehend in Paris lebte. Dieser Hinweis kann den Anspruch des Gedichts, einen repräsentativen Typus für die Nachkriegslyrik darzustellen, kaum mindern, war der ja nicht mit der Behauptung unableitbarer Originalität verknüpft.

Wolfgang Weyrauch (1907–1980) hat die Eichschen Verse 1949 für seine These von der Literatur des «Kahlschlags» in Anspruch genommen:

«Die Kahlschlägler fangen in Sprache, Substanz und Konzeption von vorn an. [...] Die Methode der Bestandsaufnahme. Die Intention der Wahrheit. Beides um den Preis der Poesie. Wo der Anfang der Existenz ist, ist auch der Anfang der Literatur. (...) Die Schönheit ist ein gutes Ding. Aber Schönheit ohne Wahrheit ist böse. Wahrheit ohne Schönheit ist besser.»[5]

Das lakonische Gedicht entspricht trefflich der ideologischen Abstinenz der Trümmerliteratur, ihrer Absage an alle Tendenzen, neue Ganzheiten, strukturierte Sinnbezüge, ja Systeme zu denken. Indem es sich weigert, viele Worte zu machen, meldet es auch den Vorbehalt an, ob sich das Erlebte wohl in Worten mitteilen lasse. Es ließe sich, so die geheime These, allenfalls ansprechen. Das aber ist eine lyrikbegründende Position: Lyrik, als Andeutungsrede, setzt schon in der Form voraus, daß das Gesagte stets viel Unsagbares einschließt. Und die Thesen Weyrauchs erreichen keinesfalls diese Lyrik: Wahrheit und Realismus müssen nicht auf Kosten der Poesie ihren Anspruch halten. Weyrauchs eigene Poetik[6] scheut nicht vor ganz großmäuligen, freilich zeitüblichen Posen zurück:

> Ich schreibe ein Gedicht.
> Ich veranstalte eine Expedition.
> Ich mache mich davon
> aus Antwort und Beweis.
> Ich trete in den Kreis
> der Fragen. Ich bin im Licht,
> das auf die Mitte des Dickichts fällt.
> [...]
> Mein Gedicht ist die Welt
> der diagonalen Messer. [...]
> Ich setze die Ewigkeit fort.

So ist der lakonische Gedichttypus nicht ganz frei von hochpathetischen Gesten und grummelt vom mühsam verschwiegenen Gefühl. Aber er bedeutet doch eine energische und folgenreiche Blockade gegen die Erlebnislyrik und einen Anschluß an die westeuropäische Tradition des rhetorisch gefügten Gedichts. In dieser Allgemeinheit genommen, war das lakonische Gedicht in allen Besatzungszonen zu Hause. Wolfgang Weyrauch hat auf die Texte Günter Kunerts hingewiesen, der ihm «bald nach 45» Gedichte in den «Ulenspiegel» gebracht habe, «kurz wie ein Atemzug», und Weyrauch zitiert einen dieser Texte, der alle Umerziehungsprogramme satirisch hochnimmt:

> Den Fischen das Fliegen
> beigebracht. Unzufrieden dann
> sie getreten wegen des
> fehlenden Gesanges.

Die frühen Gedichte von Heinar Kipphardt[7] (1922–1982) verweisen schon in vielen Titeln auf den lakonischen Ansatz: *Traumstenogramm* (1946), *Von einer Schwierigkeit des Gesanges* (1949), und entwickeln den Typus eines Gedichts, das aus lauter Kürzestgedichten zusammengesetzt ist. Elisabeth Borchers wird das in den achtziger Jahren weiterführen.[8]

Wichtig ist es gewiß, diese realistische Wendung des Nachkriegsgedichts nicht schon als Übergang zum Agitprop zu mißdeuten. In einem Brief Kipphardts vom 11. Februar 1950 an seinen Vater heißt es:

«Ich habe den Tag lang an einem Gedicht gearbeitet, vielleicht die härteste und nutzloseste Arbeit, die es auf der Welt gibt. Die erregendste zugleich, alles hebt sich auf, alles verwandelt sich, kaum ein Wort, kaum ein Bild, das einem gehört, über das man verfügen könnte.» Ein Zeugnis, das anzudeuten vermag, wie nahe hier die Nachkriegslyrik einem Abschied vom altertümlichen Modell einer ‹Erlebnislyrik›, vom lyrischen Ausdruck, gekommen war.

Entsprechend ist die Kraft zum suspensiven Gestus hervorzuheben, der die lakonische Lyrik kennzeichnet, auch die Würde, mit der die thematische Spannung ausgehalten wird. Erst in den sechziger Jahren wird das weitergeführt werden. Davor gilt im allgemeinen, daß z. B. Günter Eichs «Inventur» kein Gedicht sei, sondern ein «Entdicht», wie Alfred Döblin 1950 referiert und wertet.

2. *Lakonik des Exils*

Die Erfahrung vom Versagen der Sprache, der Strophen, Rhythmen und Bilder gehört zur Antwort auf das Kriegsgeschehen und die verübten Greuel, wie auch zum eingeschränkten Lebens- und Erfahrungsmodus der Exulanten.

Hans Sahl (1902–1992), erst Ende der achtziger Jahre wiederentdeckt und zu einem kleinen Ruhm gekommen, war 1942 mit dem Gedichtband *Die hellen Nächte* hervorgetreten. Er war 1933 über Prag und Zürich nach Paris emigriert, 1941 gelang es ihm, nach New York zu entkommen, wo er nach 1945 als Kulturkorrespondent verschiedener Zeitungen arbeitete. Ein Grundgestus seiner Gedichte ist durch das «Zu spät» bestimmt, durch die Überzeugung, daß Worte nichts mehr zu ändern vermögen, immer hinterher gesprochen sind. Vielleicht begründet sich so auch eine gewisse Anlehnung an das Chanson.

> Exil
>
> Es ist so gar nichts mehr dazu zu sagen.
> Der Staub verweht.
> Ich habe meinen Kragen hochgeschlagen.
> Es ist schon spät.
>
> Die Winde kreischt. Sie haben ihn begraben.
> Es ist so gar nichts mehr dazu zu sagen.
> Zu spät.

Ilse Blumenthal-Weiß (1899–1987), die mit ihrer Familie aus Berlin nach Holland floh und nach 1945 in die USA ging, hatte früh schon Gedichte publiziert, mit Rilke und Hesse korrespondiert und gehört zu den knapp fünf Prozent, die von den aus den Niederlanden ins KZ gebrachten Juden zurückgekehrt waren. Sie sagt: «Die deutsche Sprache ist meine Heimat geblieben, Deutschland selbst habe ich ausgewischt. Ich kann es leider nicht anders sagen. Was ich durchgemacht und gesehen habe, ist unüberwindlich.» Ein andermal sagt sie: «Wenn ich ein Gedicht schreibe, und ich möchte über die Sonne schreiben, kommt die Nacht heraus.»[9] Auch dies ist eine Art Trümmerlyrik. Ein Beispiel:

> Spruch
>
> Dom. Tempel. Kirche.
> Und die Welt in Flammen.
> Reim es zusammen.
> Es reimt sich nicht.

Entsprechend heißt es in Brechts Gedicht «Schlechte Zeit für Lyrik»: «In meinem Lied ein Reim/ /Käme mir fast vor wie Übermut.» Auch Brechts *Buckower Elegien* realisieren den lakonischen Gestus, eine spät gefundene Form, die den Bildern der sinnlichen Erkenntnis mißtraut, auf Wörtlichkeit setzt und jedenfalls noch von den (lyrischen) Erfahrungen des Exils zehrt. Und das heißt: des Krieges, der nicht ohne weiteres als erledigt angesehen werden konnte. Ein Gedicht von Erich Fried (1921–1988), als lakonischer «Spruch» dem Soldaten im Roman *Ein Soldat und ein Mädchen* (1960) in den Mund gelegt, doch schon im Gedichtband *Österreich* (1945) publiziert, lautet:

> Ich bin der Sieg
> mein Vater war der Krieg
> der Friede ist mein lieber Sohn
> der gleicht meinem Vater schon

Paul Celan (1920–1970) hat die knappe Andeutungsrede eine «erschwiegene Sprache» genannt. Das Gedicht «Exil» von Blumenthal-Weiß endet mit der Strophe: «Was mir gehört, / Das Niemehr-Heimatland / Und eine Sprache, / Die mir nicht gehört.» In einem frühen Gedicht von Heinar Kipphardt (1950) heißt es: «Die Worte verschleiern nichts mehr, / Die Worte verweigern den Dienst, / Dem Traum / und der Marschmusik.» Vielleicht ist es diese Abstandnahme, die auch die späten Gedichte Paul Celans immer ‹lakonischer› werden läßt. Der toten Mutter ist der Zweizeiler (aus *Lichtzwang*, 1971) zugedacht, ihre Gegenwart-für-immer aussagend:

> EINMAL, der Tod hatte Zulauf,
> verbargst du dich in mir.

Rose Ausländer (1901–1988), die die Jahre 1941–1944 im Ghetto von Czernowitz/Bukowina überlebte, bringt dem ‹schweigenden Vers› eine mehrfach jüdische Nuance hinzu, die Erfahrung des Holocaust wie den Glauben an die Universalität der Schrift; so hebt sich Biographie ins radikal moderne Gedicht hinein auf:[10]

> Ins Nichts
>
> Ich schreibe mich
> ins Nichts
>
> Es wird mich
> ewig
> aufbewahren

Daß der Lakonismus sich auch vorzüglich für Satire, beißenden Witz, Sarkasmen eignet, versteht sich. Der berühmte Wiener Regisseur Berthold Viertel (1885–1953) ist auch als Lyriker hervorgetreten. Unzeitig war er 1932 aus Hollywood nach Berlin gekommen, emigrierte 1933 über Wien, Prag, Paris, London in die USA. Sein Gedicht «Oesterreich»[11] gibt die Essenz so mancher Romane Joseph Roths in Kürzestform:

> Oesterreich
>
> Zwischen katholischen Hügeln
> Mit ihren grünen Waldflügeln
> Sitzen
> Dürre Kirchturmspitzen,
> Die den Himmel anritzen.
> Oesterreichisch bellen die Hunde.
> So ging eine Welt zu Grunde.

Vom Lakonismus der Exildichtung führen mehrere Wege zur modernen Lyrik. Celan ist das große Beispiel für ein gewisses Sichverschließen vor der Kommunikativität von Texten, auch wenn sein Konzept nicht auf Hermetik aus war. Fried wäre das Gegenbeispiel: für den Weg zum rhetorisch inspirierten, epigrammatischen oder aphoristischen Gedicht, zu Formen der lyrischen Lakonik, die er geradezu als Subgattungen entwickelt hat. Das Verschwinden dieses Typus bis zum Zeitgedicht der sechziger Jahre läßt darauf schließen, daß die unmittelbare Nachkriegssituation, daß die Trümmerlandschaft ‹poetischer› bedacht und bedient sein wollte. Günter Eich, Wolfgang Weyrauch, Wolfdietrich Schnurre u. a. werden so diesen Weg zunächst nicht weitergehen, finden für eine modern-karge Lyrik kein Publikum, auch keinen Rückhalt bei der Kulturpolitik der Besatzungsmächte, keine Verlage.

3. Heimkehrerlyrik

Die Erfahrung des Zweiten Weltkriegs hat die Deutschen mindestens so niedergedrückt wie die des Ersten, vermutlich noch stärker, da es für verantwortungslose Trosttechniken (Dolchstoßlegende), für die «Eigentlich-unbesiegt»-These keinen Raum mehr gab. Dennoch wurden die nach dem Ersten Weltkrieg populären poetischen Entlastungsmuster wieder aufgelegt, wobei man meinte, ein relatives Recht an der Unschuld des Soldaten zu gewinnen. Das gibt es ja auch: die historisch neue soldatische Erfahrung des wehrlosen Preisgegebenseins war durch die Luftangriffe zugleich der Zivilbevölkerung zuteil geworden, und die Klage um Tod und Ausgesetztsein sprach das allgemeine Bewußtsein an. In vielen Texten sogar auf eine ästhetisch wahrhaftige Weise. Hans Bender, Jahrgang 1919, 1949 aus sowjetischer Kriegsgefangenschaft zurückgekehrt, ist dafür ein Beispiel. Sein Gedichtband trägt den sprechenden Titel: *Fremde soll vorüber sein* (1949).

In Hans Benders Gedicht «Der junge Soldat» wird einer Szene das zentrale Problem des Schuldgefühls, überlebt zu haben, als Untertitel gegeben: «als er vom Begräbnis seiner sieben Kameraden zur Front zurückging.» So wird das Gedicht ein Rollengedicht, der junge Soldat spricht, und vielleicht wird er ja ebenfalls den Tod erleiden, so daß er die Trostworte auch für sich spricht. Die sind unbeholfen, doch eben durch die situative Brechung ästhetisch verantwortet, arbeiten mit naturlyrischen Motiven, mit Stabreim, Wiederholungsfiguren und Volksliedanspielungen: «In die Blumen ihrer Haare / Rieselte die listge Erde. / Auf die Särge ihrer Brust / Klopften unsre stummen Würfe.» – Rudolf Hagelstanges taktvolles Gedicht «Junger schlafender Soldat» wäre hierzu zu vergleichen.[12]

Nur selten findet sich in der Heimkehrer-Lyrik ein neuer Ton, der den Bruch mit den poetischen deutschen Traditionen vollzieht.

Zentrales Zeugnis für die Heimkehrer-Lyrik ist die von Hans Werner Richter (1908–1993) herausgegebene Sammlung *Deine Söhne, Europa. Gedichte deutscher Kriegsgefangener* (München 1947). Fast alle Gedichte arbeiten die Unschuld des Soldaten heraus.

Das Sonett «Kriegsjunge» von Adrian Russo (1919–1959) beginnt mit Versen, die auch ein DDR-Jugendlicher 1989 hätte sprechen können: «Ich kann ja nichts dafür, daß ich hier sitze/ und daß zerfallene Häuser mich umgeben/ und daß ich jung bin.» Problematisch ist es gewiß, wenn diese Haltung umstandslos auch von Erwachsenen übernommen wird, wo die naturale Argumentation («daß ich jung bin») weniger selbstverständlich greift, wo irgendeiner Art Mitverantwortung doch wenigstens anflugsweise hätte nachgedacht werden können.

Ungeniert wird von Walter Bauer (1904–1976) die kriegsbedingte Vertrautheit mit den europäischen Ländern als Beleg für die Zugehörigkeit berufen und die Heimkehr des verlorenen Sohns lyrisch geprobt: «Und nun/ wage ich meinen ersten Schritt wieder dir entgegen,/ alte geliebte Mutter,/ teure Mutter unserer Herzen, die wir in Blindheit und Irrtum verwüsteten.» Mit religiösem Vokabular wird die Größe Europas beschworen: «Dein Reichtum und deine Fülle, dein Glanz und deine Herrlichkeit,/ gefährdet stets und immer gerettet, du unsere Heimstatt». Vielleicht müßte, nach all den zugegebenen Verwüstungen, ja einmal gefragt werden, ob Europa diesen Heimkehrer auch will. Davon kann keine Rede sein, es werden, quasi-familiär, Haftungen und Ansprüche entwickelt und eingeklagt: «du warst ein Zeichen unseres gemeinsamen Erdteils,/ ein Zeichen auch des falschen Weges, den ich gegangen./ Du warst Europa.» Gleich darauf folgt, wie abschbar: «Wir waren Europa», mit dem für 1947 reichlich zynischen Versprechen: «und wir wollen dich heilen».

An solche Texte und Haltungen ist zu erinnern, will man z. B. begreifen, warum das Europa-Pathos der vierziger und fünfziger Jahre bei den Jüngeren so schlecht ankam: man hatte ein Gespür für den verkehrten Zungenschlag, für die Ausweichmanöver. Ähnlich sind die unberatenen Klagen zu werten, die zumeist als heimliche Aufrechnung angelegt sind, auch wo sie das nicht aussprechen, als Antwort auf die Vorwürfe an Kriegsdeutschland, als künstlich naives Staunen, daß nicht alle Türen sofort den Heimkehrenden offenstehen. Im ganzen bleibt es erstaunlich, daß Hans Werner Richter diese Sammlung verantwortet hat, ein Zeichen wohl für die Betroffenheit nach 1945, für die Schwierigkeit, die ‹Blamage› des Kriegsendes, des Krieges und Hitlerreichs, des deutschen Weges, der Millionen Toten und Gemordeten zu verarbeiten. Da sind Gedichte, die sich zurücknehmen und dies als Gestus artikulieren, noch am ehesten angemessen. So stellt Günter Eichs Gedicht «Gefangener bei Nacht» die Reduktion aus, die zum Ansatz auch der Lakonik nach 1945 gehört; es endet:

> Gedanken gehn den Trampelpfad
> wie ich armselig und bedrückt.
> Sie machen halt am Stacheldraht
> und kehren dumpf zu mir zurück.

Vergleichbar sind die sparsamen Gesten, die überwiegend das Heimkehrer-Buch *und bringen ihre Garben* bestimmen, das Helmut Gollwitzer, Josef Krahe und Karl Rauch 1956 herausgegeben haben. Es enthält weitgehend Prosa. Die Gedichte sind, ganz anders als in *Deine Söhne, Europa*, sehr zurückhaltend. «Ein Büschel Gras» von Günther von Stünzner (1945 bis 1953 in Rußland gefangen) beginnt: «Ein Büschel Gras / an den Mund zu pressen, / welch ein Trost das ist, / Balsam unermessen.» Und die Schlußzeilen lauten: «einen Herzschlag lang / wieder leben dürfen!»

Auch Eichs berühmt gewordenes Gedicht «Latrine» mit dem die poetische
Tradition denunzierenden Reim «Hölderlin/Urin» wäre in diesem Zusammenhang zu betrachten. Zu modernistischen Zügen führt der Lakonismus bei
Walter Höllerer. Sein Gedicht «Der lag besonders mühelos am Rand» ist sehr
berühmt geworden, nicht nur wegen seiner Enjambements, sondern auch
weil der Tod hier nicht verklärt, nicht gereimt, nicht zu einem Zeichen ‹verdichtet› wird; das «Weiter Nichts» war provokativ gemeint, konnte aber
angesichts des beladenen Themas keine Schule machen.

Der Gestus der Sinngebung, mindestens der Klage überwiegt in dieser
Lyrik, Gedichte wie das noch im Kriege notierte von Höllerer (* 1922) bleiben große Ausnahmen. Auf die Nachgelassenen Gedichte von Wolfgang Borchert (1921–1947) wäre zu verweisen, der – freilich vor allem im Zusammenhang mit dem 1947 als Hörspiel gesendeten *Draußen vor der Tür* – als
Stimme der Heimkehrer aufgenommen wurde. In einer der vielen Reaktionen
heißt es, zugleich die Nähe der Zeitsituation zu pathetisch-dichterischer Rede
belegend:

> «Wir alle, die wir immer noch in umgefärbten Militärklamotten herum-
> laufen, Gasmaskenbrillen tragen, Trümmer räumen und tanzen gehen, an
> den Straßenecken diskutieren und Kippen rauchen, die wir tagtäglich
> morden und ermordet werden, an deren Betten nachts die toten Kamera-
> den hocken und uns mit dem Blick ihrer erloschenen Augen quälen, die
> wir überall im Wege sind und beiseite stehen, wir haben einmal wieder
> unsere eigene Stimme gehört, die einer von uns in Worte geformt hat.»[13]

Die Gedichte Borcherts arbeiten mit der Aufnahme des Volksliedtons
(«Blume Anmut blüht so rot»), mit dessen sarkastischer Parodie («spinn dich
in das Rauschen ein/ und versuche gut zu sein») und, wo es um das Thema
Krieg und Heimkehr geht, mit ganz trockenen Versen und fast zynischen
Reimen. Borchert, der, erst 26jährig, 1947 an einer Leberschädigung, durch
Haft und Krieg erlitten, starb und seine Gedichte für nicht druckenswert
hielt, gehört in die Reihe großer Autoren, deren Werk ein Versprechen blieb.
Seine Lyrik mischt die Idiome, bricht die Verse, läßt Poesie nur «manchmal»
zu, findet zu ganz überraschenden Wendungen:

> Brief aus Rußland
>
> Man wird tierisch.
> Das macht die eisenhaltige
> Luft. Aber das faltige
> Herz fühlt manchmal noch lyrisch.
> Ein Stahlhelm im Morgensonnenschimmer.
> Ein Buchfink singt und.der Helm rostet.
> Was wohl zu Hause ein Zimmer
> mit Bett und warm Wasser kostet?
> Wenn man nicht so müde wäre!

> Aber die Beine sind schwer.
> Hast du noch ein Stück Brot?
> Morgen nehmen wir den Wald.
> Aber das Leben ist hier so tot.
> Selbst die Sterne sind fremd und kalt.
> Und die Häuser sind
> so zufällig gebaut.
> Nur manchmal siehst du ein Kind,
> das hat wunderbare Haut.

Diese Tonlage unterscheidet sich sehr grundsätzlich von den Poetisierungs-gesten etwa bei Rudolf Hagelstange (1912–1984), dessen *Venezianisches Credo* (1945), gleichfalls noch im Kriege geschrieben, sich expressionistisches Pathos ausborgt und damit beim Nachkriegs-Publikum durchaus Erfolg hatte.

Ein eigenes Kapitel bilden schließlich die Heimkehr-Gedichte der Exilautoren, bitterer Ausdruck der lange, oft bis heute anhaltenden Erfahrung, nach wie vor unerwünscht zu sein. Ein Beispiel von Erich Fried wäre das Gedicht «Heimkehr» aus dem Band *Anfechtungen* (1967).

4. Zur Formsemantik der Exillyrik

Die Lyrik, hat man gesagt, «ist ein Stiefkind der Exilforschung».[14] Und doch ist in diese Zeit zurückzugehen, will man z. B. den Traditionalismus der Nachkriegslyrik nicht allzu einseitig von seiner restaurativen Funktion her werten. Der Appell an den Humanismus, der mit der späten Einigung der linken, längst machtlosen Opposition auf eine Volksfrontpolitik geradezu offizielle «Leitlinie» wurde, hatte ja reale politische und strategische Bedeutung. Auch für die Exulanten selber, die aus Bedrohtheit und politischen Motiven ausgewichen waren, welche vom Gastland sehr oft nicht verstanden wurden. Die Lyriker waren besonders betroffen, konnten am wenigsten Anschluß an eine andere Kultur finden.

Es gibt ein paar bedeutende Ausnahmen. Dazu gehört Michael Hamburger, 1924 in Berlin geboren, der 1933 nach England emigrierte und zu einem großen britischen Lyriker wurde. Gedichte von ihm, deren Übersetzung geradezu eine Hommage an den Dichter und seine Heimkehr ins Deutsche wurde (unter den Übersetzern Andersch, Enzensberger, Fried, Hartung, Kunert, Kunze, Podewils), erschienen 1984 unter dem Titel *Heimgekommen. Ausgewählte Gedichte 1951–1982*. Die Hausschwalben bieten die Signatur für eine gewisse Aussöhnung mit dem Los:

> Heimgekehrt, heimgekehrt bei jeglichem Wind,
> segelnd auf allen Winden, behaust an der Windfront,
> wärmend mit ihrem Blut die kalten Wände aus Lehm.

Ebenso wäre auf Felix Pollak hinzuweisen. 1909 in Wien geboren und promovierter Jurist, emigrierte er nach dem ‹Anschluß› in die USA, wurde ein hochgeachteter Bibliothekar, starb, frühzeitig erblindet, 1987 in Madison. Er war als Lyriker in den Vereinig-

ten Staaten hochangesehen; 1989 erschien eine deutsche (zweisprachige) Ausgabe.[15]
Die «Windfront» ist auch in diesen Texten präsent, die begegnende Kälte wird noch
böser gefaßt:

> Refugee
>
> Er ist in Wien geboren
> er ist in Auschwitz gestorben
> er lebt in New York
>
> Er glaubt noch immer
> alle Menschen seien Brüder
> unter der Haut
>
> aber er weiß auch
> daß sie einander stets
> bei lebendigem Leib
>
> die Haut abziehen werden
> auf daß sie
> Brüder seien.

Moderne Lyrik geht von der Erfahrung aus, daß Sprache mehr ist als ein
Vehikel, daß sie uns vorausliegt, teilhat am Aufbau unseres Selbst, an der
Selbstvermittlung, daß wir in sie verstrickt sind, jedenfalls nicht so souverän
ihr gegenüber, wie es das klassische Programm der «Erlebnislyrik» annahm.
Entsprechend ist sowohl dieser Gedichttypus in Verruf geraten – die Neue
Subjektivität der siebziger Jahre wird ihn wieder auskramen – wie die entsprechende Lesehaltung, die hinter das Gedicht zurückwill, die auf die dem Text
‹zugrunde› liegenden ‹Erlebnistatsachen› abzuheben sucht. So ist nun darauf
hinzuweisen, ohne vollständig sein zu können, welche bedeutsame Rolle
dieser scheinbar ausgediente Typus für die Dichtung des Exils gespielt hat.
Deutlich mag sein, daß die Vertreibung und Ermordung der Juden und Andersdenkenden den spielerischen Text- und Selbsterkundungen in der Lyrik
der zwanziger und dreißiger Jahre ein brutales Ende setzte. Was blieb, war:
Ausdruck der Klage, der Fassungslosigkeit, Einholung von Gefühlen, Vergegenwärtigung von gewesenem Glück, Widerspruch gegen die Entwendung der
deutschen Sprache durch den Nationalsozialismus, Widerspruch gegen diese
Gegenwart. Das Pathos der Stellvertretung («Gab mir ein Gott, zu sagen, wie
ich leide») geht, problematisch genug, wieder auf, die Dichter sprechen «für
alle», für jene, die unmündig gemacht oder geblieben sind. Dabei ist weniger
die expressionistische Ich-Pose leitend, sondern der Versuch, sich selber, den
eigenen Ton, das eigene Leben, irgendwie festzuhalten, erkennbar zu halten.

Ein besonders anrührendes Beispiel: Else Lasker-Schülers (1869–1945) Gedichtband
Mein blaues Klavier (Jerusalem 1943) mit dem berühmten Titelgedicht, das deutlich auf
die Zeit hin gesprochen ist:

> Ich habe zu Hause ein blaues Klavier
> Und kenne doch keine Note.
> Es steht im Dunkel der Kellertür,
> Seitdem die Welt verrohte...

Der spielerische Ton, der hier noch nachklingt, tritt immer mehr zurück. So sind ihre Terzinen «Ich liege wo am Wegrand» in zwei Fassungen erhalten. Die zweite (1943) bringt das Dichtersein und die Ausweglosigkeit (Hölderlins «Wohin denn ich?» wurde oft zitiert) in direkten Zusammenhang, das Gedicht beginnt:

> Ich liege wo am Wegrand übermattet –
> Und über mir die finstere kalte Nacht –
> Und zähl schon zu den Toten längst bestattet.
>
> Wo soll ich auch noch hin – vom Grauen überschattet –
> Die ich vom Monde euch mit Liedern still bedacht
> Und weite Himmel blauvertausendfacht.

Die Klage meint auch einen Vorwurf und die bittere Einsicht, daß die stillen Lieder den, der sie singt, aus der Zeit führen. Lasker-Schüler zitiert schließlich den Trakl-Ton («Mein Sterbelied», aus dem Prosastück *Der Antisemitismus*, Nachlaß): «Doch alle beglückenden Farben [...] / Die mich ganz bunt umwarben – / Starben...»

Das ist auch der Grundton bei Gertrud Kolmar, die 1943 im KZ umkam. 1955 erschien *Das lyrische Werk*, von der Darmstädter Akademie herausgegeben. Ihr großes Gedicht «Die Jüdin» beginnt mit der lapidaren Zeile «Ich bin fremd», und ihre Lyrik betont, bewußt ‹anstößig›, jüdisch-orientalische (Bild-)Traditionen, um stets direkt in die Gegenwart zu springen, die das nicht verträgt.

Nelly Sachs (1891–1970), 1966 mit dem Nobelpreis ausgezeichnet, hat Entrechtung, Terror, Bedrohung am eigenen Leibe erfahren, sie wollte die kranke Mutter in Deutschland pflegen – 1940 gelang ihr, nur mit Fürsprache Selma Lagerlöfs und des schwedischen Königshauses, die Flucht nach Schweden. Nach dem Krieg konnten ihre Gedichte zunächst nur in Ostberlin, in Stockholm und Amsterdam erscheinen. Für die Aktualisierung des Erlebnisgedichts ist sie vielleicht die vornehmste Zeugin, schon ihre Titel verweisen auf die (keineswegs) selbstgestellte Aufgabe des Zeugnisgebens: *In den Wohnungen des Todes* oder *Grabschriften in die Luft geschrieben*.

«Hart, aber durchsichtig» nannte Hans Magnus Enzensberger ihre Gedichte; er hatte mit Alfred Andersch, Elisabeth Borchers und Peter Hamm bedeutenden Anteil daran, daß Nelly Sachs in Deutschland zu Gehör kam. 1946 erschien ihr Gedichtband *In den Wohnungen des Todes*, 1961 die *Gesammelten Gedichte*. – Sehr direkt spricht Nelly Sachs die Judenvernichtung an, alle anderen Themen verblassen vor deren Bedeutung. Die Metaphorik ist ausgesetzt, die Bilder gelten wörtlich: «O die Schornsteine / Auf den sinnreich erdachten Wohnungen des Todes, / Als Israels Leib zog aufgelöst in Rauch / Durch die Luft –» Nelly Sachs findet für sich eine existentielle Überlebensmöglichkeit in der «Berufung: Wunde zu sein».

«Für das, was wir ertragen, / sind alle Sprachen stumm», heißt es in «Jüdisches Kind 1945» von Hermann Hakel (1911–1987), der 1947 nach Wien zurückgekehrt war. Und doch hat sich die Bedrängnis der Exulanten immer wieder Ausdruck verschafft. Z.B. bei Max Herrmann-Neiße, der 1941 im Londoner Exil starb. Er hatte ein gutes Dutzend Gedichtbände vor 1933 veröffentlicht, war durchaus populär, aber hatte sich nicht zur literarischen

Moderne gehalten, was ihn im Ausland ganz unbekannt sein ließ. Leben und
Dichtung werden so gleicherweise zu Schemen:

> Doch hier wird niemand meine Verse lesen,
> ist nichts, was meiner Seele Sprache spricht;
> ein deutscher Dichter bin ich einst gewesen,
> jetzt ist mein Leben Spuk wie mein Gedicht.[16]

Ähnliches gilt für den Österreicher Theodor Kramer (1897–1958), der 1927
mit der Gedichtsammlung *Die Gaunerzinke* hervorgetreten war, von dem die
Wiener Arbeiterzeitung 1933 Gedichte brachte wie «Brief aus der Schutz-
haft», «Im Konzentrationslager», «Im Arbeitslager».

Die Zeitung wird eingestellt, Kramer ist arbeitslos, unternimmt 1938 einen Selbstmordversuch, eine Einreiseerlaubnis nach England bekommt er erst nach einer Intervention von Thomas Mann. Dort angekommen, wird er für Jahre interniert, kommt
1943 auf eine Bibliothekarsstelle. Nach 1945 besteht in Österreich kein Interesse an
ihm, 1957 kehrt er zurück, stirbt 1958. Bruno Kreisky hob die Nüchternheit der
Gedichte hervor und charakterisierte Kramer als den «Dichter der armen Menschen
unserer Zeit».[17] Sein Einfluß auf die österreichischen Exildichter, u. a. Erich Fried und
Arthur West, ist gar nicht zu überschätzen; seine Lyrik kam erst nach 1945 zu (be-
schränkter) Öffentlichkeit. Eine ‹Ästhetik des Widerstands›, wie sie etwa für die Exillyrik von Erich Arendt in Anspruch genommen worden ist, war bis 1960 im Westen nicht
gefragt. Hervorzuheben ist Kramers großes Gedicht «Requiem für einen Faschisten»,
das auch Selbstkritik am eigenen (linken) Unvermögen übt, sich mit Andersdenkenden
geduldig auseinanderzusetzen: «doch unser keiner hatte die Geduld, / in deiner Sprache dir den Weg zu sagen: / dein Tod ist unsre, ist auch meine Schuld.» Diese Denkfigur
ist für viele Autoren nach 1945 sehr wichtig geworden.

Karl Wolfskehl (1869–1948), der nicht mehr aus Neuseeland zurückkehrte,
ist ebenfalls ein Beispiel für den *Sang aus dem Exil,* der erst nach 1945 hörbar
werden konnte. Sein Großgedicht *An die Deutschen* (Zürich 1947) beginnt
mit Versen, welche die eigene Identität einzuklagen suchen. Es regiert die
Denkfigur «Der Mensch vergeht», was das Ich gleichfalls fraglich werden
läßt. Diese Entleerung des Subjekts bestimmt auch die Exilgedichte von Alfred Wolfenstein, der der Gestapo mehrfach entkommen war, aber durch das
Leben als ‹Untertaucher› (in Frankreich) zerrüttet wurde. Im Januar 1945
nahm er sich in Paris das Leben. In seinem Gedicht «1939. II»[18] wird «das
schwarze Warten» zum Thema, die Zerrüttung der Geflüchteten:

> Wir warten, sind vom Warten längst ergraut
> Getrennt von allen, die uns nahe waren,
> Von allen, die wir lieben, täglich sahen,
> Wir sehen nicht mehr, lieben nicht mehr, warten
> Auf unser Wiedersehn und Wiederlieben,
> Wir warten, warten, warten auf das Warten,
> Es ist die tiefste Folter der Verbannung,
> Und unser Bau stürzt ein, auf Sand gebaut.

Mit dem Bau waren nicht nur Hoffnungen, Ideen, Entwürfe gemeint, sondern war viel grundsätzlicher die (Un-)Möglichkeit des Subjekts angesprochen, sich ohne jede Verbindung in der Welt zu erhalten, sich zusammenzuhalten. Auch für die Exillyrik ließen sich formsemantische Einteilungen herstellen: es gibt satirische Verse von Tucholsky und Kästner, von Brecht und Paul Zech; es gibt kämpferische Lieder von Erich Weinert, von Alfred Kerr und Rudolf Leonhard, von Fritz Brügel («Flüsterlied») und Gregor Walden («Die Illegalen»). Auch der pathetische Ton, der unverstellte Ausdruck des Leidens, der Klage und Anklage zusammenschließt, kommt häufig in der Exillyrik vor, etwa bei Stephan Hermlin und Stefan Heym und besonders anrührend bei Paula Ludwig (1900–1974), die so viele Fluchten hinter sich bringen mußte (Österreich, Schweiz, Frankreich, Portugal, Brasilien).[19]

Der Appell an Menschlichkeit verhallte ja auch in den Gastländern (oft schon vor deren Grenzen) regelmäßig. Das Gedicht «Im Kreise gelaufen» von Peter Weiss (1916–1982), der sich 1934 mit den Eltern erst in die Tschechoslowakei, dann nach Schweden gerettet hatte, beginnt: «Komme aus den kalten Zonen, / Suche menschliche Regionen.» Und es gibt sogar den Rückgriff auf das Kabarett – Lieder und Rollengedichte, Songs, Kabarett, Balladen bleiben eine Weile wichtig: für die kulturelle Verständigung, soweit möglich und intendiert, der Exilierten, für die Agitation im neuen Gastland – Beispiele: Erika Mann mit ihrem Kabarett «Die Pfeffermühle», Erich Weinert, Ernst Busch, Therese Giehse, Rudolf Nelson. Ein makabres Modell war das Kabarett im Durchgangslager Westerbork, von dem Tonzeugnisse erhalten sind.[20]

IV. JEDERMANN-SCHICKSALE, ANGSTTRÄUME:
DAS HÖRSPIEL DER NACHKRIEGSJAHRE (1946–1951)

1. Vom Feature zum Original-Hörspiel

Die Siegermächte wollten nach der Erfahrung mit «Propaganda und Volksaufklärung» im Dritten Reich keinen zentralen Staatsrundfunk in Deutschland dulden. Sie gründeten in den einzelnen Besatzungszonen Sender, die nach verschiedenen kulturpolitischen Modellen ausgerichtet waren; von besonderer Bedeutung wurde für den künftigen öffentlich-rechtlichen Rundfunk in Deutschland allerdings der Nordwestdeutsche Rundfunk (NWDR), von Hugh Carleton Greene nach dem Vorbild der BBC aufgebaut. Das Programm der Sender war zunächst abhängig von der Zustimmung der Besatzungsmächte. Von 1948 bis immerhin 1956 dauerte es, bis alle Rundfunkanstalten als selbständige Institutionen hervortraten, die sich 1950 zur Arbeitsgemeinschaft der Rundfunkanstalten Deutschlands zusammenschlossen. Das Hörspiel, in der Zeit nach 1933 nicht durchweg manifester Nazi-Ideologie unterworfen (die Stücke von Günter Eich beispielsweise, soweit sie zugänglich sind, bestätigen dies), hatte während der Kriegszeit der Front-Berichterstattung oder ablenkender Unterhaltung weichen müssen. Nach 1945 brachte der Rundfunk, wie der Buchmarkt oder das Theater, die Literatur der englischen, amerikanischen, französischen und russischen Autoren, die im Dritten Reich verboten oder unbekannt geblieben waren. Das Ziel der Demokratisierung bestimmte Auswahl und Ausrichtung der Literatur, die über Funk vermittelt wurde. Zur Entwicklung eines eigenständigen originalen Hörspiels kam es nur zögernd. Rückgriffe auf ältere Exempel und Funkbearbeitungen gewöhnten jedoch Autoren und Regisseure und auch das Publikum allmählich daran, das Hörspiel als eigene Gattung wiederzuerkennen. So soll im September 1945 vom NWDR Hamburg eine Funkversion von Carl Zuckmayers *Der Hauptmann von Köpenick* ausgestrahlt worden sein (unter der Regie von Helmut Käutner). Die jüngste Vergangenheit, der Nationalsozialismus, der Krieg und seine Folgen, Not und Hunger der ersten Jahre, waren als bedrängende Realität zu komplex, um bereits auf poetische Formeln gebracht zu werden. Aber ein deutscher Kasus wie der des falschen Hauptmanns, der sich bloß durch seine Uniform den Schein von Autorität verschafft, konnte als Anspielung auf die Schuldfrage verstanden werden. In vergleichbarer Weise leistete dies Zuckmayers Theaterstück *Des Teufels General* auf der Bühne. Zuckmayer (1896–1977) war Emigrant aus dem Dritten Reich gewesen: eine Stimme von außen.

Rundfunk als neu konzipiertes demokratisches Instrument mußte in einer Zeit, in der selbst Zeitungen nur gegen Lizenzen – und mehr oder weniger kontrolliert – erscheinen konnten, in erster Linie publizistisches Selbstverständnis entwickeln. So kam es bald zur Ausbildung des sogenannten Features, einer Verbindung von Reportage, Dokumentation, Kommentar und Spiel nach englischem Vorbild. Es leuchtete viele Dunkelzonen aus, die sich in den Köpfen der Deutschen im Laufe von zwölf Jahren ausgebreitet hatten. 1947 hat etwa Axel Eggebrecht im (von ihm mitbegründeten) NWDR vier Features zur Sendung gebracht, darunter *Was wäre, wenn...*, in dem George Bernard Shaw den Teilnehmern der Moskauer Konferenz einen europäischen Friedensplan vorlegt. Eggebrecht rechtfertigte diese kühne Fiktion dadurch, daß er das Spiel ins Jahr 2047 versetzte und von dort zurückblicken ließ. Ernst Schnabel sammelte für sein Hörspiel-Feature *Der 29. Januar* (1947) Erlebnisberichte und Tagebuchnotizen aus ca. 35 000 Briefen, die er zu diesem Zweck über den Rundfunk angefordert hatte.

In mehr als 150 Splitterszenen rekonstruierte er den Ablauf eines Tages von Mitternacht zu Mitternacht. Dokumentiert wurden Kälte, auch im mehrfachen Sinn des Wortes, Trostlosigkeit, Zukunftsangst: ein Psychogramm des Winters 1947. Schnabel bemerkte allerdings, daß Vertreter der oberen bürgerlichen Schichten oder der später allzeit sprechbereiten Ratgeber-Berufe sich kaum an diesem kollektiven Tages-Protokoll einer Nation beteiligten: keine Ärzte oder Theologen, keine Unternehmer und Politiker stellten ihr Schicksal, ihre Erlebnisse und Gefühle, Sorgen und Hoffnungen dar. Sollten sie verborgen bleiben, da ‹man› diese Dinge nicht an die Öffentlichkeit trug – oder war der Leidensdruck geringer und so die Stummheit erklärlich?

Eine ähnliche Montage wiederholte Schnabel übrigens zweimal, einmal 1950 – unter dem Titel *Ein Tag wie morgen* – und 1977 mit unvergleichlich geringerer Beteiligung des Publikums – *Der 29. Januar 1977*. Das Feature, das sich zwischen Recherche und Rekonstruktion einen Mittelweg suchte, hat auch das Funkwerk von Alfred Andersch stark geprägt, der von dem Intendanten Ernst Schnabel 1952 an den NWDR geholt wurde, um dort die Features redaktionell zu betreuen.

Die Erkundung einer bekannten oder halbbekannten Realität, die Veröffentlichung individueller Erfahrungen, die sich dann vielleicht als typisch und allen gemeinsam herausstellen, diese Prinzipien des Features haben das Hörspiel in zweifacher Weise beeinflußt: Um den Charakter der Reportage abzustreifen, strebte das Hörspiel Überhöhung oder Vertiefung seiner Fabel an, lagerte metaphorische, gleichnishafte, allegorische Elemente an, bildete poetische Strukturen aus: Korrespondenzen im Text, lyrische Sprechweisen, Derealisierung von Zeit und Raum. Dies diente dazu, die metaphysische oder existentielle Dimension zu erschließen, die dem Feature versperrt bleiben mußte. Die wenigen Hörspiele, die bis 1951 schon von Zeitgenossen als bedeutsame Originalhörspiele (also nicht Bearbeitungen von Prosa- oder Dramentexten) wahrgenommen wurden, standen durchweg im Zeichen der

Schuldfrage, der verzweifelten Ortssuche in mehrfachem Sinne nach der Zerschlagung Europas durch den Nationalsozialismus wie durch den Krieg und
der Angst vor dessen Fortsetzung in dem größeren Umfang, den die Atom-
bombenabwürfe auf Hiroshima und Nagasaki andeuteten. 1946 sendeten alle
neugeschaffenen Rundfunkstationen Max Frischs (1911–1991) «Versuch eines
Requiems»: *Nun singen sie wieder.*

Die dort vorgeführte Grenzüberschreitung in das Jenseitsreich, in dem sich die Toten
wiederfinden, und die Anpassung an das allegorische Mysterienspiel schienen das Werk
eher für die unsichtbare Bühne des Hörspiels zu bestimmen als für die sichtbare Bühne
im Theater. Die Toten, die auf die Lebenden zurücksehen, wissen besser – daß die
Überlebenden vom Sterben der anderen nichts gelernt haben. Die Lebenden suchen
nach einem Sinn und sprechen von Heldentum. Der Tod der Opfer ist umsonst gewesen. Frischs dämonisierendes Verständnis nationalsozialistischer Mörder entspricht
einem der geläufigen Interpretationsmuster in dieser Epoche: der gebildete und kaltblütige Herbert provoziert Gott, indem er die Welt durch Mord zerstört. Gottes Antwort bleibt aber vorerst aus.

Die Suche nach Antwort, die vorenthalten bleibt, prägt auch ein Hörspiel,
das ähnlich wie das von Max Frisch als Theaterstück gedacht war: Wolfgang
Borcherts *Draußen vor der Tür* (13. Februar 1947) wurde erst als Hörspiel
gesendet, bevor es auf die Bühne kam. Ernst Schnabel erkannte – in der
Vorrede zur Sendung – im Autor Borchert (1921–1947) und in seinem Spiegelbild, der Hauptfigur Beckmann, Verkörperungen eines Zeittypus:

> «Sie gehen unter uns einher in dunkel eingefärbten Soldatenmänteln, blaß, mager.
> In ihren Augen brennt kein Feuer. [...] Dafür aber spricht aus ihren Augen etwas
> ganz anderes, man fühlt sich beobachtet und abgeschätzt, wenn man ihnen gegen-
> übersteht; man spürt Skepsis und Ernst.
> Und weiter spürt man den Hunger den sie haben, ein Hunger nach allem, auch
> nach dem Leben, von dem sie so viel Furchtbares erfahren haben, beinahe nur das
> Furchtbare.»[1]

Borcherts Jedermann kehrt nach Deutschland zurück und sieht sich von der Nachkriegsgesellschaft ausgestoßen: der Heimkehrer ist so häßlich wie der Krieg. So sehen
es die, die nicht mehr daran erinnert werden wollen. Gott tritt als alter Mann auf, an
den keiner mehr glaubt und der vergeblich nach seinen Kindern ruft. Der Tod figuriert
als Beerdigungsunternehmer, der rülpsen muß, weil er sich überfressen hat. Von den
Menschen will keiner die Verantwortung übernehmen. Also bleibt nur noch ein Weg
für den Helden: der Selbstmord.

Für Gerhard Prager, seit 1948 beim Süddeutschen Rundfunk und als Chef-
Dramaturg dort von erheblichem Einfluß auf die Nachkriegsgeschichte des
Hörspiels, ist Borcherts Dichtung in elementarer Weise ein Hörspiel. Am
zehnten Todestag Borcherts stellte er fest:

> «Die ganz große explosive Rhythmik seiner Gefühlssprache mit ihren
> Wiederholungseffekten erträgt keine Verbildlichung, keine Kulissen-
> wirklichkeit, sondern bedarf allein jener inneren Bühne, die sich der
> einzelne Mensch nach dem Vermögen seiner eigenen Phantasie zurecht-

zimmert. [...] Es werden nicht etwa die realen Szenen [...] das eigentliche dialogische Element des Stückes, sondern das irreale Fragen and Antworten, das zwischen der physischen Existenz Beckmann und den metaphysischen Existenzen Gott, Tod und der Andere stattfindet. Auch die Elbe, die im Stück auftritt, oder der Straßenkehrer, der gar keiner ist, deuten den Innenraum an, in dem hier gespielt wird.»²

Stimmen ohne Körper, allegorische Figuren, die sich der theatralischen Veräußerlichung entziehen, Sprünge durch Zeiten und Räume, irreale Dialogsituationen: zweifellos sind dies wesentliche Eigenarten des Hörspiels, wie es sich in den folgenden Jahren herausbilden sollte. Nur der Schrei, das Stammeln, das Ekstatische, für Borchert so charakteristisch, erfuhr in den Werken der künftigen Jahre eine merkliche Dämpfung, als sei dies ein zu grober Effekt für die subtile Fiktion, die in den Hörspielen zur Geltung kommen solle. Es blieb allerdings erhalten, daß sich die altneue Gattung als Instanz eines erstaunlich beharrlichen moralischen Appells verstand und wiederholt Anklage gegen die allzu Realitäts-Tüchtigen erhob, auch wenn sich der Gestus schmerzgeschüttelter Klage allmählich verlor.

Seit 1948 vermehrten sich die Sendeplätze für Hörspiele. Die Währungsreform war daran nicht unschuldig: Der Rundfunk wurde zur hauptsächlichen Verdienstquelle für die meisten freien Schriftsteller der Bundesrepublik. Dies gilt bis in die sechziger Jahre hinein, für manche noch heute. Beinahe alle Autoren schrieben daher Hörspiele. Oft waren diese Versuche Vorstudien oder Probeläufe für Romane oder Theaterstücke, wie bei Max Frisch, Wolfgang Hildesheimer oder später Tankred Dorst, nicht selten auch stellten sie variierende Konzepte vor. Neben den Ansätzen multimedialen Schreibens gab es natürlich auch Autoren, die beinahe ausschließlich für den Hörfunk arbeiteten, wie Günter Eich oder Peter Hirche. Hörspiele bilden in den Werkverzeichnissen vieler Schriftsteller mit Abstand die größte Abteilung. Auch etliche Autoren der Gruppe 47 lebten von den Honoraren, die die Hörspiele abwarfen. Einige sahen dies nüchtern als Brotarbeit an.

1947 schrieb der NWDR bereits einen Preis für Original-Hörspiele aus. Den Preis erhielt Oskar Wessel für *Hiroshima*, ein kaum nachgespieltes Werk, das bereits im Titel die Aktualität seines Vorwurfs betonte. 1948 eröffnete derselbe Sender eine Reihe mit dem Titel «Hörspiele der Zeit». Eine Ausnahme bildete dort die Funkbearbeitung von Anna Seghers' Roman *Das siebte Kreuz*: als ‹Übersetzung› aus der Erzählprosa und Rückgriff auf die Vorkriegszeit im Dritten Reich. Günter Eich (1907–1972), der für seine Lyrik den ersten Preis der Gruppe 47 erhalten hatte, begann nach zehnjähriger Pause wieder mit der Niederschrift von Hörspielen. Der Süddeutsche Rundfunk band ihn 1950, neben Fred von Hoerschelmann und anderen, durch ein monatliches Fixum an den Sender, in der Hoffnung, dafür pro Jahr vier Hörspiele geliefert zu erhalten. Die ersten Nachkriegs-Hörspiele Eichs wur-

den zunächst woanders ausgestrahlt: *Geh nicht nach El Kuwehd* 1950 in
München, *Die gekaufte Prüfung* im selben Jahr in Hamburg. Während sich
Die gekaufte Prüfung auf die Jahre nach 1945 bezieht – ein Schüler kann
Lehrer mit Lebensmitteln vom schwarzen Markt bestechen, damit er die
Reifeprüfung besteht –, das Problemfeld von Gewissen, Pflicht, Wahrheit und
Ehre berührt und sich gegen die pragmatische und läßliche Überlebensmoral
der Nachkriegsgesellschaft zur Wehr setzt, entführt Eich mit *Geh nicht nach
El Kuwehd* seine Zuhörer scheinbar ins orientalische Milieu, ohne in der
Sprache blumig und ornamental zu werden. Er bewahrt vielmehr den lakoni-
schen, bewußt antipathetischen Stil seiner Gedichte aus dieser Zeit auch für
die Dialoge seiner Hörspiele.

Der Kaufmann Mohallab wird zu einer fremden Frau gerufen. Er schlägt alle Warnungen in den Wind und folgt dieser Aufforderung. So verstrickt er sich in eine
abenteuerliche Geschichte, in der er Hab und Gut, seine Geliebte und schließlich auch
sein Leben verliert. Als der Henker ihn vom Felsen stürzt, während des freien Falls in
die Schlucht, erwacht Mohallab plötzlich. Er hat das Ganze geträumt. Da wiederholt
sich die Eingangsszene (wie im Traum), er wird zu einer unbekannten Frau gerufen.
Und obwohl er sich, kurz vor der Exekution im Traumgeschehen, überlegt hatte, daß
er sich anders entscheiden würde, wenn er sein Leben noch einmal führen dürfte,
erhebt sich Mohallab und geht denselben Weg wie zuvor. Eich spielt mit auch sprachlichen Versatzstücken der Harun-al-Raschid-Exotik. Dies verfremdet den Alptraum,
den er erzählt, nur leicht. Die Hauptperson scheint einem Zwang ausgesetzt, dem sie
sich nicht entziehen kann, einem Schicksalsmuster, das sich in Traum und in Leben
gleicherweise aufdrängt. Nun mag die Vorstellung determinierter Abläufe mit dem
Kreislaufschema dieses Hörspiels zusammenhängen, das durch die Wiederholung derselben Handlung am Ende die Unausweichlichkeit der Geschichte zu demonstrieren
scheint. Schockierender wirkt die Verstörung, die der Kaufmann Mohallab während
seines Traumlebens erleidet: Es bedarf offenbar nur wenig, um einen Menschen aus
seiner trügerisch sicheren Bahn zu werfen. Liebe, Freundschaft, Loyalität vergehen
schnell. Das Vertrauen in eine Umwelt, die sich freundlich und willfährig zeigt, kann
nur allzu leicht enttäuscht werden. Aus dem Herrn wird unvermutet schnell ein Sklave.
Dieser abrupte Glückswechsel bedingt die fast tragische Erschütterung, die in der
Hauptperson und wohl auch im Zuhörer ausgelöst wird. Der Autor hat jedoch einige
Dämpfungen in seine Konstruktion eingebaut. Zu ihnen gehört die Verkleidung der
Geschichte in orientalisches Kostüm aus 1001 Nacht, aber auch die Versöhnungsszene
zwischen Opfer und Henker.

Die Ergebenheitsdemonstration derer, die, obwohl frei von Schuldbewußtsein, nach diktatorisch höherem Befehl in einem Willkürakt umgebracht
werden, findet sich im Hörspiel der fünfziger Jahre verschiedentlich, nicht
nur bei Eich, z. B. auch bei Dürrenmatts *Nächtliches Gespräch mit einem
verachteten Menschen*, 1952. Die Unschuldigen sterben demütig, weil eine
abstrakte Hoffnung besteht, einmal werde es Gerechtigkeit geben: ein säkula-
risiertes Denkschema, das im Hörspiel seit 1950 vielmehr die Abwesenheit
von irdischer Gerechtigkeit verdeutlicht – übrigens auch die Abwesenheit des
Zorns darüber! Aus der Leidensgeschichte des Kaufmanns Mohallab in Eichs
Geh nicht nach El Kuwehd resultiert leichtes Grauen über das unaufhaltsame

Entgleiten in eine andere Rolle. Der Tausch der Lebensläufe zeigt, wie dünn die Wände sind, die unsere psychische und soziale Identität umgeben. Die Entscheidung des Kaufmanns, am Ende des Hörspiels dem Ruf zu folgen, der ihm von unbekannter Seite zugeht, mag dafür sprechen, daß Mohallab bewußt die Grenzen seiner gewohnten Lebensform überschreiten will, sogar um des Risikos willen, dabei zu sterben. In der Phase des Sich-Einrichtens, in der die Gesellschaft der Bundesrepublik in dieser Zeit gewesen ist, offenbart ein Spiel mit antagonistischen Existenzweisen (ein Spiel, das die Zuverlässigkeit jüngst wieder etablierter Normalität bezweifelt) sozusagen antizyklische Angst. Oder – genauer – das Spiel meldet an, daß das Wissen um die Unsicherheit des Lebens und das Vergängliche aller reklamierten Besitztümer selbst fünf Jahre nach Kriegsende nicht verschüttet ist.

2. Die «Geburtsstunde des deutschen Hörspiels»: Eichs «Träume»

Günter Eichs Hörspiel *Träume* (19. 4. 1951, NWDR) hat nach dem vielzitierten Ausruf Gerhard Pragers ihm und vielen als «Geburtsstunde des deutschen Hörspiels»[3] gegolten. Das Werk, das ursprünglich einer Jury im Bayerischen Rundfunk vorgelegen hatte, die es nicht einmal in die engere Auswahl zog, erfuhr heftigen Zuschauerprotest – noch während der Ausstrahlung. Auch das Preisgericht, das über den 1951 zum ersten Mal zu vergebenden Hörspielpreis der Kriegsblinden befand, mochte diesem Stück nicht zustimmen: Es gehe im Werk zwar um die Ängste der Menschen in unserer Zeit, doch falle kein Wort des Trostes oder der Weisung.[4]

In fünf Szenen werden die Zuhörer in die Nachtgesichter scheinbar harmloser Schläfer eingeführt. Eich trug später (SWF, 1954) eine sechste nach, die er gegen den zweiten Traum austauschen wollte. Die angeblichen Traumgeschichten erregten Entsetzen, da die zunächst vertraute oder für vertrauenswürdig geltende Umgebung sich als Schreckgebilde enttarnt. Diese Erfahrung wirft die betroffenen Personen für immer aus ihrem Gleichgewicht oder befördert sie unaufhaltsam zum Tode.

Im ersten Traum fährt eine Familie in einem abgeschlossenen Eisenbahnwaggon. Durch ein Loch in der Wand können sie etwas von der Außenwelt wahrnehmen, an die sich nur die ältesten Insassen erinnern. Übrig geblieben sind Begriffe, Wörter, die Dinge meinen, die die Jüngeren gar nicht mehr gesehen haben. Angst beschleicht die Älteren erst, als sie es wagen, durch dieses kleine Loch in eine Welt hinauszuschauen, in der sie sich einst heimisch gefühlt zu haben meinen. Als ihnen ihre ausweglose und gefängnisartige Situation, eingepfercht in Waggons, bewußt wird, verändert sich die Lage. Die Wagen scheinen rascher zu rollen. Dem Geräusch der ratternden Räder entspricht das stumme und sich steigernde Grauen, das die eingesperrten Reisenden erfaßt. Es ist fast unmöglich, in diesem Zusammenhang nicht an die Viehwaggons zu denken, in denen Juden in die Vernichtungslager transportiert wurden. Aber auch der Gedanke an die Flucht von Millionen in den letzten Kriegsjahren und der Nachkriegszeit liegt nahe.

In Eichs Hörspiel wird diese Realität in eine Metapher existentieller Ausgesetztheit und Unbehaustheit übersetzt. Dabei bleibt die unermeßliche Angst immer noch nachfühlbar, wird durch poetische Gestaltung nicht ‹wegsublimiert›. Ein zweiter Traum erzählt von dem unmenschlichen Opfer, zu dem Armut eine Familie zwingt. Sie bringen ihr Kind dem reichen Mann, der es schlachten läßt, um durch den Genuß des dampfenden Blutes seine Leiden zu lindern. Die Kaltsinnigkeit, mit der Eich diese Fabel sich abspielen läßt, hatte nicht nur bei vielen Zuhörern der Erstsendung des Hörspiels Protest erregt (wie aus den Protokollen der Anrufe zu entnehmen ist), sie fand auch beim Ästhetiker des Hörspiels der fünfziger Jahre, Heinz Schwitzke, wenig Gefallen. Das Krude und Schockhafte dieses Alptraums von der Schlachtung eines Kindes um vampirischer Gelüste der Wohlhabenden willen entspricht einer satirischen Moritat. Der Vorwurf der Innerlichkeit konnte diesem ‹grellen Plakat› nicht gemacht werden. Beunruhigender wirken jedoch Verlust- und Verfolgungsängste in zwei anderen Träumen: Zwei Forscher im Busch, mit einer besonderen Speise der Einheimischen genährt, verlieren ihr Gedächtnis und ihre Sprache. Eine Familie im fernen Australien wird von einem unheimlichen Wesen, das in die traute Nachbarschaft einbricht, aus dem Hause gescheucht. Am Ende stehen sie armselig und verlassen, nur belastet mit der ‹Herzqual des Vertriebenseins›, auf der Landstraße. Wie der erste Traum knüpft auch dieser an zurückliegende Erfahrungen vieler Deutscher und nicht nur Deutscher an, die Vertreibung und Menschenjagd als Juden oder politisch Verfolgte im Herrschaftsbereich des Nationalsozialismus oder während des Krieges als Ausgebombte oder nach dem Krieg als Flüchtlinge erlitten hatten. Der letzte Traum fällt einfältiger und skurriler aus. Termiten fressen die Menschen von innen auf, so daß sie am Ende zu Staub zerfallen. Da dies auch den nächsten Angehörigen geschieht, erhält der sonderbare Vorfall erhebliches emotionales Gewicht. Und erboste Zuhörer brachten diese Fabel auf den Punkt, wenn sie erklärten, daß man doch gerade aufbaue, in der Hoffnung, daß das jetzt Errichtete etwas stabiler sei, und nicht von der schwarzen Prognose aufgescheucht, gar gelähmt werden wolle, auch dies könne sich als vergänglich oder hohl erweisen.

Die Rahmentexte verstärkten sicherlich das Unbehagen, das zu heftigen Reaktionen führte: Ironische Einleitungen, Hinweise auf durchschnittliche Träumer, die von diesen Versionen wider Erwarten heimgesucht werden, deuten nicht auf die Intensität des Grauens, die in den einzelnen Fabeln erreicht wird. Das Schlußgedicht will den Zuhörern nicht erlauben, sich selber zu beruhigen.

«Wacht auf, denn Eure Träume sind schlecht.
Bleibt wach, weil das Entsetzliche näherkommt.

Auch zu Dir kommt es, der weit entfernt wohnt
von den Stätten, wo Blut vergossen wird,
auch zu dir und deinem Nachmittagsschlaf,
worin du ungern gestört wirst.
Wenn es heute nicht kommt, kommt es morgen,
aber sei gewiß.»

1953 ergänzt Eich die Urfassung von *Träume* durch ein weiteres Eingangsgedicht und zusätzliche Schlußverse, die einen leidenschaftlichen Appell an die Verantwortung aller richten. Nachdem bis 1949 der Kollektivvorwurf von

Deutschen abgewehrt worden war, so daß nicht einmal der Gedanke an Mithaftung übrigblieb für das, was sich während des Dritten Reichs ereignet hatte, konnte Eichs kategorischer Imperativ als Überforderung, als peinigend oder gar starrsinnig empfunden werden. In der Tat: ein Aufruf wie «Alles, was geschieht, geht Dich an» verlangt, daß sich alle aus dem Bann der Gedanken- und Herzensträgheit befreien, spricht ein bestürzendes Entweder-Oder aus, ohne genauer mitzuteilen, was wo zu tun sei, und fordert höchst abstrakt ‹Reformation› an Haupt und Gliedern ein.

«Nein, schlaft nicht, während die Ordner der Welt geschäftig sind! Seid mißtrauisch gegen ihre Macht, die sie vorgeben, für Euch erwerben zu müssen!

[...] Tut das Unnütze, singt die Lieder, die man aus Eurem Mund nicht erwartet!

Seid unbequem, seid Sand, nicht das Öl im Getriebe der Welt!»

Solche Sätze waren wohl dazu angetan, die Hörergemeinde in Verlegenheit zu setzen, sahen sich doch die meisten weit entfernt von der Möglichkeit, in den Gang der Geschichte einzugreifen. Überlebenswünsche, fortwirkende autoritäre Strukturen, ebenso der neue Konflikt zwischen Ost und West, der über die Köpfe der Deutschen hinwegknirschte, auch in die Köpfe hineindrängte und die Erinnerung an die eigene Vergangenheit auszulöschen half – all dies machte für radikale Ermahnungen nicht sehr empfänglich. Oder sollten nur die Intellektuellen, die Schriftsteller, die Wächter des Wortes und der Wahrheit aufgerufen sein? Kein geringerer als Heinrich Böll wehrte sich gegen den zwanghaften Anspruch dieser Parole, Sand im Getriebe der Welt zu sein. Als schönes Fibelwort fand sie indes Eingang in die Lesebücher.

Welche ‹Befindlichkeit› beschreiben die Träume von Günter Eich? Sie handeln von Grenzsituationen, von Verlust und Entfremdung, vom unerwarteten Tode. Der Einbruch fremder, bedrohlicher Mächte scheint nicht aufzuhalten zu sein, keine Rettung ist zu erhoffen, die alte Ordnung nicht wiederherzustellen. Eich verwendete jeweils Vorstellungen, die entweder dem Reservoir literarischer Schreckensphantasie entnommen oder der Wirklichkeit jüngster Geschichte angepaßt sind. Es ist nicht genau zu trennen, wo Eich die Menschenvernichtung während des Dritten Reichs wieder bewußtmachen oder wo er die Befindlichkeit der Ortlosigkeit in einprägsame Bilder übertragen will. Eich läßt hinter seinen Geschichten existentielle Muster sichtbar werden. Aber er hütet sich davor, diese Eindrücke zu systematisieren – etwa im Sinne existentialistischer Weltdeutung –, er faßt den katastrophalen Einbruch in eine scheinbar zuvor heile Welt nicht in Worte, sondern macht ihn in Geräuschen, vorsprachlicher Lautung hörbar: im Rollen der Eisenbahnräder, im Dröhnen der Buschtrommeln, in den Schritten des nahenden Unheils, im Knistern, das den Termitenfraß bedeuten soll. Der unheimliche Eindringling bleibt weitgehend ‹unsichtbar›, steht nicht Rede und Antwort, erhält damit auch kein menschliches Gesicht. Er scheint sowohl von außen als auch von innen zu kommen. Die Demontage des Glücks, das sich als so zerbrechlich erweist, und die unaufhebbare Bedrohung, die nun schon wieder unter dem Namen der Atombombe auftaucht, kaum sind die anderen Bedrohungen verschwunden, diese beiden Komplexe gehören zum Angstpotential dieser Zeit – und machen die Heftigkeit begreiflich, mit der die Zuhörer auf das Hörspiel von Eich geantwortet haben.

V. DAS DRAMA: DER MÜHSAME ANFANG

1. Ein erster Überblick

«Eine Geschichte der Dramatik in der Bundesrepublik nicht als Satire zu schreiben, fällt schwer.»[1] So beginnt eine im Jahre 1980 veröffentlichte kurze Geschichte der «Dramatik in der Bundesrepublik Deutschland und Österreich» von Ulrich Schreiber. Die Begründung beruft sich u. a. auf die Spielplanstatistik der Bundesrepublik zwischen 1947 und 1975. In ihr (sie hält die Autoren mit über tausend Aufführungen fest)[2] tauchen westdeutsche Dramatiker erst am Ende auf, Rolf Hochhuth an 80., Martin Walser an 92. Stelle und Franz Xaver Kroetz, Heinar Kipphardt, Tankred Dorst, Wolfgang Borchert, Günter Grass und Wolfgang Hildesheimer noch weiter abgeschlagen. Der Österreicher Peter Handke wird immerhin an 57., der «schwedische Staatsbürger» Peter Weiss an 96. Stelle genannt. Läßt sich die bundesrepublikanische Dramengeschichte also in die Formel «Zuckmayer (12.) und Ansätze» zusammenfassen? Haben in den vierziger und fünfziger Jahren allein die Schweizer Max Frisch (27.) und Friedrich Dürrenmatt (14.) die deutschsprachige Dramengeschichte weitergeschrieben?

Die Schwäche und die Lähmung der dramatischen Gattung bis in den Beginn der sechziger Jahre ist in der Tat allzu auffällig, als daß sie nicht einer Begründung bedürfte. Die Gruppe 47 zum Beispiel, lange Zeit mit der Literatur der Bundesrepublik geradezu gleichgesetzt, hat viele bedeutende Schriftsteller, aber keinen bemerkenswerten Dramatiker hervorgebracht. Mit einem bloßen Mangel an dramatischen Begabungen lassen sich solche Lücken nicht erklären. Die seltsame Unfähigkeit zum Drama bis ans Ende der fünfziger Jahre – sie gilt auch, bei unterschiedlichen Bedingungen und Umständen, für das erste Jahrzehnt der DDR – ist weniger ein individuelles oder ästhetisches als vielmehr ein historisches und gesellschaftliches Phänomen.

Das Drama ist die öffentlichste und politischste aller literarischen Gattungen. Wenn es ausbleibt oder verkümmert, so hat es vor allem gesellschaftliche und politische Gründe. Viele dieser Gründe sind bekannt und oft benannt worden:

1. Das Dritte Reich hat keine der literarischen Kontinuitäten mehr zerstört als die des modernen Dramas (während traditionell-klassizistische Theateraufführungen Konjunktur hatten; erst am 1. September 1944 ließ Goebbels die Theater schließen). Die bedeutendsten Dramatiker der Weimarer Republik wurden ins Exil oder in den Untergrund getrieben (Bertolt Brecht, Friedrich Wolf, Ernst Toller [1939 †], Georg Kaiser [1945 †], Carl Zuckmayer,

Ferdinand Bruckner, Fritz Hochwälder, Ödön von Horváth [1938 †], Günther Weisenborn, Ernst Barlach [1938 †], Hans Henny Jahnn); von den ‹Großen› war lediglich Gerhart Hauptmann in Ansehen geblieben.

2. Die Exilsituation traf keinen Schriftsteller härter als den Dramatiker, der auf Bühnen angewiesen ist, die ihn spielen. Zuletzt war es nur noch das berühmte Zürcher Schauspielhaus, das deutschen und österreichischen Schauspielern, Theaterleuten und Stücken Asyl gewährte und das deshalb maßgeblichen Anteil an dem deutschen und österreichischen Neubeginn nach dem Kriege hatte.

3. Viele der deutschen Bühnen waren am Kriegsende zerstört (98 von 268 Theatergebäuden), die anderen beschädigt, die Schauspieler-Ensembles versprengt; dem stand allerdings ein erstaunlicher personeller Überschuß gegenüber (in der Spielzeit 1947/48 mehr Theaterpersonal als bei Kriegsausbruch im «Großdeutschen Reich»), der trotz der «Stunde Null» ein besinnungsloses Weitermachen förderte und vor der Währungsreform zu einer theatralischen Scheinblüte führte. In der Spielzeit 1947/48 gab es 419 Bühnen, die Währungszäsur überlebten nur 104 (Spielzeit 1949/50).

4. Die deutschen Bühnen in der Viersektorenstadt Berlin, in den vier Besatzungszonen und, weniger drückend, in dem ‹befreiten› Österreich waren keinesfalls frei. Sie standen zwischen 1945 und 1949 unter der Zensur der Besatzungsmächte und ihrer Kulturpolitik. Es gab viele verständliche und unverständliche Verbote und Behinderungen; z. B. wurde schon im Sommer 1945 ein Stück von Thornton Wilder in Berlin abgesetzt. Es gab vor allem keine konsequente und kontinuierliche Anwendung der alliierten Umerziehungspolitik auf dem Theater. Ihre antifaschistische Stoßrichtung erlahmte schon 1947 und machte dem Kalten Krieg auch auf den Bühnen Platz. Die Folge: In Westberlin und in den Westzonen kam es zu einer allmählichen Entpolitisierung der Bühne; billige Unterhaltung, eine restaurative Klassikerpflege und die sogenannte «metaphysische Moderne» des westlichen Auslands (die meisten Stücke über Zürich eingeschleust) wurden tonangebend. In der sowjetischen Besatzungszone dagegen förderte man immer einseitiger das antifaschistische Zeitstück und die Schwarz-Weiß-Malerei des sozialistischen Tendenzdramas. Die Theaterhauptstadt Berlin verlor ihren alten Rang. Nur Ostberlin konnte seine Spitzenstellung innerhalb des DDR-Theaters bis zuletzt behaupten.

5. Eine weitere Folge der alliierten Kulturpolitik war die Überschwemmung der deutschen Bühnen mit ausländischen Stücken, denn das Re-education-Konzept verformte sich mehr und mehr zum kulturpolitischen Wettbewerb der vier Besatzungsmächte. Das war ein durchaus zweischneidiges Phänomen. Auf der einen Seite kam es dem immensen Nachhol- und Aufholbedürfnis des Publikums nach einer zwölfjährigen Isolation entgegen, einem kulturellen Freiheitshunger. Auf der anderen Seite mußte diese übermächtige internationale Konkurrenz die jungen deutschen Dramatiker einschüchtern

und die Theatermächtigen von ihnen ablenken. Wo sollten die Jungen denn anknüpfen? Sie befanden sich nicht in der privilegierten Position eines Max Frisch, der in die Schule des Zürcher Schauspielhauses gehen, gleichzeitig mit Bertolt Brecht und Thornton Wilder diskutieren und in den Nachkriegsjahren kreuz und quer durch Europa reisen konnte.

6. Schließlich gab es, anders als bei den Exildramatikern Brecht, Wolf, Zuckmayer und den Österreichern Hochwälder, Elias Canetti und Bruckner, keine inländische dramatische «Schubladenliteratur». Die strapazierte «tabula rasa»-Metapher ist hier im Recht. Nimmt man die riesige materielle Not und Bedrängnis der ersten Nachkriegsjahre hinzu und den Schock und das Trauma, die Krieg und Nachkrieg hinterlassen hatten, so ist es mehr als verständlich, daß in dieser Zeit nicht sofort ein neues deutsches Drama und schon gar nicht jene Art von «Bewältigungsdramatik» entstand, nach der man noch bis in die sechziger Jahre hinein vergeblich rufen sollte.

Trotzdem bleiben alle diese Gründe und Umstände für eine befriedigende Erklärung noch unzureichend.

Die entscheidende Ursache liegt in der tiefgreifenden Enttäuschung jener politischen und publizistischen Hoffnungen, die die junge deutsche Generation von Intellektuellen, Schriftstellern und Künstlern unmittelbar nach Kriegsende gehegt hatte, die Hoffnung auf eine grundlegende moralische Wandlung und gesellschaftlichen Neubeginn, die Hoffnung auf einen Frieden ohne Feindbilder und auf politische Selbstbestimmung, die Hoffnung auf eine sozialistische Demokratie oder einen demokratischen Sozialismus, vor allem aber die weitverbreitete illusionäre Hoffnung auf eine Herrschaft des Geistes über die katastrophale Machtpolitik. «Wir müssen ein Volk von Intellektuellen werden!», forderte Victor Klemperer 1946 in der Zeitschrift «Aufbau». Den «Geist» als das Allheilmittel beschworen haben sie fast alle, hießen sie nun Karl Jaspers oder Johannes R. Becher. Und sie alle mußten zwischen 1945 und 1949 erleben, wie die neue deutsche Geschichte keinesfalls von ihnen und ihren Vorstellungen, sondern von den alliierten Siegermächten, allenfalls noch von der älteren Generation gestandener Politiker aus der Weimarer Republik, also der Vätergeneration, gemacht wurde.

Der Weg der Gruppe 47 ist auch hierfür exemplarisch. Im Zeichen Orests, des großen Neubeginners und Elternmörders gegründet – so wie ihn Sartres *Fliegen* (Ende 1947 von Gründgens in Düsseldorf erstaufgeführt) für Alfred Andersch und viele andere vorbildlich zeigten –, geriet die Gruppe mehr und mehr in die Rolle eines Hamlet, der an der aus den Fugen geratenen Zeit zwar unendlich leidet, aber zunehmend unfähiger wird, sie durch eine entschlossene Tat wieder einzurichten. Hier liegt die eigentliche Wurzel für die kollektive Unfähigkeit der Nachkriegsdeutschen zum Drama.

Während die Mehrheit der Bevölkerung in ihrer Ohne-mich-Haltung und in ihrem Wiederaufbau-Elan bestärkt wurde, meinte die westdeutsche literarische Intelligenz, durch ihren Rückzug in die Literatur einen archimedischen

Punkt außerhalb von Zeitgeschehen und Gesellschaft einnehmen zu können, um von dort aus in einer kritischen Außenseiter-, Zuschauer- und Richterrolle auf die Gesellschaft moralisch einzuwirken. Von dieser statischen Grundkonstellation sind auch die in den ersten fünfzehn Jahren geschriebenen Dramen in der Regel geprägt: im Zentrum steht meistens ein einzelner, ein Außenseiter, ein Repräsentant des Geistes und der Humanität, der gekommen ist, um die durch Krieg, kalten Krieg, die Zündung von Atom- und Wasserstoffbomben und durch die deutsche Teilung aus den Fugen geratene Welt wieder einzurichten, die böse Machtgeschichte zu überwinden und die unmoralische Gesellschaft zu verwandeln.

Die Entwicklung solcher Dramenmuster zwischen 1945 und 1963 besteht darin, daß die intellektuellen Tätergestalten immer schwächer und die unbelehrbare Gesellschaft und Machtgeschichte immer stärker und unveränderlicher werden. Die Vorbildfiguren des Anfangs – Lessings Nathan und Goethes Iphigenie, Sartres Widerstandskämpfer Orest, Anouilhs gegen das inhumane Gesetz des Herrschers rebellierende Antigone, Tollers standhafter antifaschistischer Pastor Hall (in dem gleichnamigen Drama, 1938), Max Frischs Revolutionär Minko, die «Stimme des Volkes», der in der Erstfassung der *Chinesischen Mauer* (UA 1946; V 1947) die korrupte und blutige Feudalherrschaft stürzt, die Widerstandskämpfer in Günther Weisenborns *Die Illegalen* (UA 1946; V 1947) und Dürrenmatts Weltenrichter Romulus der Große (UA 1949; V 1956), der über die blutige Machtgeschichte ein für allemal das Urteil spricht – sie sind zu Beginn der sechziger Jahre weitgehend vergessen.

Für diese Zeit typisch sind die Figuren des absurden Dramas und der Physiker Möbius in Dürrenmatts *Physikern* (UA/V 1962), der zwar die «Weltformel» besitzt und mit ihr die Macht zur Weltvernichtung, aber auf seiner vermeintlich menschheitsrettenden Flucht in die Hände einer irren alten Dame gerät, der schon längst die Weltherrschaft gehört; der «Jude» Andri in Frischs *Andorra* (UA/V 1961), der sterben muß, obwohl er gar kein Jude ist; oder Rudi Goothein, Martin Walsers Hamlet-Sohn in *Der schwarze Schwan* (UA/V 1964), der die Vätergeneration der KZ-Verbrecher vergebens mit ihrer Schuld konfrontiert und am Ende stellvertretend Selbstmord begeht.

Dieses Paradigma zunehmender Verzweiflung änderte sich erst in den sechziger Jahren, dem eigentlich ‹dramatischen› Jahrzehnt der Bundesrepublik, mit dem Hervortreten von Rolf Hochhuth, Peter Weiss und Heinar Kipphardt, mit der Wiederentdeckung von Politik und Geschichte, von Ideologie und Öffentlichkeit, der Schaubühne als einer politisch-moralischen Anstalt, mit der Wiederentdeckung der dramatischen Täterfiguren und mit dem Ende der Nachkriegszeit und ihrer Verdrängungen und Tabus. Hochhuths *Stellvertreter* (UA/V 1963) wollte im Jahre 1963 nicht nur das Schweigen des Papstes Pius XII. während der Hitlerzeit brechen, sondern auch das öffentliche Schweigen einer langen deutschen Nachkriegsperiode und – das Schweigen des Dramas.

In diesem Jahrzehnt beginnen auch die bemerkenswerten dramatischen Leistungen in der DDR, mit Stücken, die sich freigeschrieben haben von staatlicher Bevormundung und Dienstbarkeit und die deshalb in der Regel auf offiziöse Ablehnung und Zensur stießen (z. B. Heiner Müllers *Die Umsiedlerin oder Das Leben auf dem Lande* [UA 1961 in der DDR, nach der Premiere abgesetzt/V 1965 in der DDR]; Peter Hacks' *Moritz Tassow* [UA/V 1965 in der DDR]; Hartmut Langes *Marski* [UA/V 1966 in der BRD]; Volker Brauns *Kipper Paul Bauch* [UA/V 1966 in der DDR]). Hier lassen sich ähnliche Verspätungs- und Mangelphänomene in den fünfziger Jahren auf die Tatsache zurückführen, daß entgegen dem offiziellen Selbstverständnis lediglich eine «Revolution ohne Revolutionäre», eine administrativ verordnete Revolution stattgefunden hatte, und daß die Schriftsteller an dieser Tatsache zunächst vorbeischreiben mußten. Es ist deshalb kein Zufall, daß gerade *die* Dramatiker sich einen gesamtdeutschen und internationalen Namen machten, die mit ihren Stücken an diesem Geburtsschaden des «ersten sozialistischen Experiments auf deutschem Boden», also auch der Fortsetzung der deutschen Misere, immer wieder ansetzten: Müller, Braun, Lange, Hein.

In Österreich erfolgte der Durchbruch der neuen, grenzensprengenden Dramatik ebenfalls erst in der zweiten Hälfte der sechziger Jahre, in enger Verbindung mit der Bundesrepublik, wo die meisten Uraufführungen stattfanden, von Stücken Peter Handkes zum Beispiel. Aber die Gründe hierfür waren andere. Der Traditions- und Kontinuitätsbruch in diesem Lande, aus dem schon 1955 alle Besatzungstruppen abzogen, war weniger tief als in dem geteilten Deutschland. Nach 1945 kehrten namhafte Autoren und Dramatiker aus dem Exil zurück (Franz Theodor Csokor, Ferdinand Bruckner, Julius Hay und vor allem der bekannteste und erfolgreichste, Fritz Hochwälder), und sie beherrschten für mehr als ein Jahrzehnt die österreichischen Bühnen. Erst seit der Mitte der sechziger Jahre wurden jene Dramatiker bekannt, die es bis heute über die deutschsprachigen Grenzen hinaus geblieben sind: von den Älteren Ödön von Horváth und Elias Canetti, von den Jungen Peter Handke, Thomas Bernhard, Peter Turrini, Wolfgang Bauer und Harald Sommer. Seit dieser Zeit wuchs auch die Literatur der vier deutschsprachigen Länder immer enger zusammen. Die Nachkriegsverhältnisse hatten sich normalisiert.

2. Das Nachkriegstheater: Ein Phönix-Wunder?

Mit dem Mangelzustand des Dramas kontrastierte das Theaterleben der ersten Nachkriegszeit, ein geradezu gespenstischer Theaterboom inmitten der Trümmer. Nirgends atemberaubender als in der bis zuletzt umkämpften Hauptstadt Berlin. Den Sowjets, zunächst alleinige Besatzungsmacht, konnte es mit dem Wiederbeginn auf den Theatern gar nicht schnell genug gehen.

Am 27. Mai 1945 fand die erste Aufführung statt – eine Posse, *Der Raub der Sabinerinnen*, Reprise des nazistischen Staatstheaters. Vielleicht ein Zufall, im Rückblick eher ein Omen. Obligat ist ein Zitat aus den Kommentaren des dann für Jahrzehnte maßgeblichen Theaterkritikers Friedrich Luft:

«Gestern hatte ich Gelegenheit, einmal im Wagen durch die ganze Breite der Stadt zu fahren. Es war gespenstisch. Man ist an die Trümmer seiner Umwelt, seines Weges zur Arbeit, seines Bezirkes gewöhnt. Aber da wurde mir einmal bewußt, wie wenig von Berlin noch da ist. Ich fragte mich, ob wir uns eigentlich nur etwas vormachen. Ich fuhr an einer Litfaßsäule vorbei, die beklebt war mit unzähligen Ankündigungen von Theatern, Opern, Konzerten. Ich sah nachher im Inseratenteil der Zeitung: an fast 20 Stellen wird Theater gespielt. Tatsächlich. Überall. In allen Bezirken.» (Februar 1946)[3]

Bereits im Sommer 1945 wurde eine Berliner Bühne nach der anderen wiedereröffnet. Herausragend die exemplarische *Nathan*-Inszenierung des Deutschen Theaters am 7. September, mit Paul Wegener in der Titelrolle, die Eröffnung des Hebbel-Theaters mit Brechts *Dreigroschenoper* am 15. August und die *Urfaust*-Inszenierung von Jürgen Fehling am 6. Oktober. Theater als Wiedergutmachung und Versöhnung im Zeichen Nathans und Iphigenies, der klassischen Humanität, das war das Gebot der Stunde, Hofmannsthals *Jedermann* das meistgespielte Eröffnungsstück.

Es waren «die Wochen der schönen Täuschungen und Illusionen» (Friedrich Luft), bei Notstromaggregaten, Kerzenlicht und geborgten Kostümen. Im Herbst 1945 lagen schon mehr als 400 Anträge für Theatereröffnungen vor, mehr als 1000 für Kabaretts. In den Zonen und Ländern war es nicht anders; zahlreiche Neugründungen und Wandertruppen machten von sich reden. In Konstanz, das von seiner Grenzlage profitierte, konnte man schon am 30. Mai 1946 Brechts *Mutter Courage* (UA 1941 in Zürich/V 1941 in englischer Sprache) sehen. Die Zuschauer strömten in die Theatersäle.

In Österreich das gleiche Bild. Den 17 Wiener Theatern im Jahre 1944 standen 48 in der Spielzeit 1945/46 gegenüber, Sonderbühnen nicht gerechnet. «Vom Neubeginn an bis zum 31. August 1946 wurden in Wien 658 Stücke aufgeführt. Über das Wie hat sich gnädiges Vergessen gebreitet, aber das Was ist notiert worden und läßt das Schlimmste ahnen. Der Spielplan war von eindrucksvoller Belanglosigkeit.»[4] Leon Epps *Insel*, ein *Theater für 49*, war eine poetische Oase in der Wüste. In Salzburg richteten die US-Amerikaner sofort wieder Festspiele ein. Dann kam der zweite strenge Nachkriegswinter und setzte den Theatern zu – und dem Publikum, das in ihnen auch vor der Kälte Schutz suchte.

Im Frühjahr 1947 zeigte das «Theaterwunder» die ersten Ermüdungserscheinungen, vor allem politische. Der Kalte Krieg griff auf die Berliner Bühnen über; bis heute streitet man über Ursachen und Schuldanteile. Im April und Mai 1947 protestierten die Amerikaner gegen die Aufführung von Konstantin Simonows *Die russische Frage* in Wolfgang Langhoffs Deutschem Theater (3. Mai 1947). Sie lasen das Stück als antiamerikanisches Tendenzstück, das ihnen die Schuld am Kalten Krieg zuschieben wollte; die kommunistische Seite schrieb und las es als ein Stück über die «zwei Amerika», *gegen* die imperialistische Hearst-Presse, *für* das Amerika Lincolns und Roosevelts. Die bürgerliche Theaterkritik reagierte teilweise antikommunistisch, wie vorher schon auf Friedrich Wolfs *Cyankali – § 218* (UA/V 1929) und *Die Matrosen von Cattaro* (UA/V 1930). Die sowjetische Militär-Administration in Deutschland (SMAD) wiederum protestierte gegen Carl Zuckmayers *Des Teufels General* (UA/V 1946) und Jean-Paul Sartres *Fliegen* (im Jahre 1949 noch heftiger gegen dessen *Die schmutzigen Hände!*) und verbot beide Stücke in ihrem Herrschaftsbereich.

Die Währungsreform Ende Juni 1948 und die anschließende Berlin-Blokkade machten dann der trügerischen Theater- und Kultureinheit der Stadt vollends den Garaus.

Die Nachkriegs-Hausse der Theater war auch deshalb möglich geworden, weil die Entnazifizierung nur wenige Lücken in die Reihen der Bühnenkünstler gerissen hatte, weil man im Grunde ‹weiterspielen› konnte wie bisher. Die Größen von gestern, z. B. Generalintendant Heinz Tietjen und der Staatsrat und Intendant des Staatstheaters Gustaf Gründgens, gaben in Berlin sofort wieder den Ton an; Karl Heinz Ruppel, Lobredner des Nazi-Theaters, wurde Schauspieldirektor des Staatstheaters Stuttgart. Gründgens sprach für alle, als er 1946 den deutschen Schauspieler als den apolitischen Künstler katexochen hinstellte. Die Entnazifizierung begann erst später und verfuhr halbherzig. Lebenslange Spielverbote wurden bald in kleine Geldstrafen abgemildert. Gustaf Gründgens wurde dreimal verhaftet, viermal entnazifiziert, kam nach neun Monaten aus dem Lager und wurde bald allmächtiger Intendant des Düsseldorfer Theaters (1947–1955, danach bis 1963 in Hamburg). Gustav Rudolf Sellner mußte auf die Darmstädter Intendanz bis 1953 warten. Prominente Opfer der Entnazifizierung waren Heinrich George, der 1946 in einem Lager umkam, und Emil Jannings, der ohne Comeback im Jahre 1950 starb. Die Burgschauspieler in Österreich hatten einen Reue-Revers zu unterschreiben; das genügte in der Regel. Selbst dem mehrfachen Juden-Darsteller in dem berüchtigten Nazifilm *Jud Süß*, Werner Krauss, wurde der Weg auf die Bühne 1949 wieder freigegeben. Der kalte Krieg hatte inzwischen neue Feindbilder geschaffen und alte wieder etabliert.

Er teilte auch das Theater in Ost- und Westberlin. Das Ostberliner Theaterleben prägten die Antifaschisten Wolfgang Langhoff, der von Zürich über Düsseldorf kommend von Gustav von Wangenheim das Deutsche Theater übernommen hatte (September 1946), sowie Fritz Erpenbeck und seine Frau Hedda Zinner, die wie Friedrich Wolf nach Kriegsende aus dem Moskauer Exil zurückkehrten. Erpenbeck, Chefdramaturg an der Volksbühne bei Fritz

Wisten, gründete schon 1946 die einflußreiche, bis vor kurzem erschienene Zeitschrift *Theater der Zeit;* seine Frau schrieb vielbeachtete antifaschistische Zeitstücke (*Caféhaus Payer* [UA 1946]; *Der Teufelskreis* [UA 1953]). Wolf wurde zum meistgespielten zeitgenössischen Dramatiker in der SBZ/DDR.

Erst im Oktober 1948, als die kulturpolitischen Weichen längst gestellt waren, traf Brecht in Ostberlin ein. Er brachte seine im Exil entstandenen großen Parabelstücke und einen neuen Regie- und Schauspielerstil mit, das Epische Theater. Das *Kleine Organon für das Theater,* die grundlegende theoretische Schrift, erschien 1949 im Brecht-Sonderheft von *Sinn und Form.* Seine Frau Helene Weigel stellte, mit vielen Züricher Schauspielern, das berühmte «Berliner Ensemble» zusammen und wurde Prinzipalin. Eine eigene Bühne, das Schiffbauerdamm-Theater, bekam Brecht erst im Februar 1954, zwei Jahre vor seinem Tode. Gespielt wurde gastweise in Langhoffs Deutschem Theater. Am 11. Januar 1949 hatte *Mutter Courage und ihre Kinder* Premiere, die erste von 20 weiteren bis 1956, viele von ihnen Kontroversen auslösend, alle von großer wegweisender Wirkung. Der ungewohnte Verfremdungsstil Brechts erregte Befremden. Die kulturpolitischen Lager polarisierten sich schon in der Debatte über die Aufführung der *Courage.* Die sozialistischen Aufbaufunktionäre vermißten eine positive Entscheidung und Lösung am Ende des Stücks. Brecht und sein Kreis sahen sich einer Mehrheit gegenüber (Erpenbeck, Wolf, die Regisseure Langhoff, Wolfgang Heinz, Maxim Vallentin), die dem «Stanislawski-System» nahestand, das als sozialistisch-realistischer Schauspielstil galt, und sie gerieten mehr und mehr in Formalismus-Verdacht, vor allem mit der Verschärfung der kulturpolitischen Aufbau-Parolen seit 1952.

Trotzdem wurde von Brecht und seinen Schülern (Manfred Wekwerth, Benno Besson, Egon Monk, Peter Palitzsch, B. K. Tragelehn) das wichtigste und wirksamste Theater der fünfziger Jahre gemacht, ebenso inspirierend für die jungen Dramatiker wie für die Bühnen beiderseits des «Eisernen Vorhangs». Diese Wirkung konnten auch die zeitweiligen Boykotts, vor allem nach dem 17. Juni 1953, nicht beeinträchtigen; im Gegenteil, Brechts Wirkung im Westen wurde größer als im Osten, bis er schließlich, Ende der sechziger Jahre, die «durchschlagende Wirkungslosigkeit eines Klassikers» (Max Frisch) erreichte.

Nimmt man noch die dramaturgisch vorbildliche Felsenstein-Oper in Ostberlin hinzu, so hatte Westberlin, trotz Schloßpark-Theater, dem Aufbau des Schiller-Theaters und der Gründung der Festwochen (seit 1951), der sozialistischen Kulturkonkurrenz wenig entgegenzusetzen. Es verlor seine Funktion als Theaterhauptstadt und reihte sich anderen bedeutenden Theaterorten in der Bundesrepublik ein: Hamburg, München, Düsseldorf, Frankfurt, Stuttgart, Darmstadt, Köln und Göttingen. Erst in den sechziger Jahren, als der Remigrant Erwin Piscator, der erfolgreichste linke Regisseur der Weimarer Republik, die Berliner Freie Volksbühne übernahm und die Stücke von

Hochhuth, Kipphardt und Weiss inszenierte, und vollends mit Peter Steins Schaubühne am Halleschen Ufer (ab 1970) trat Westberlin als Theaterstadt wieder ins Rampenlicht.

3. Die drei Ausnahmen: Carl Zuckmayer, Günther Weisenborn, Wolfgang Borchert

Es gab das aktuelle Gegenwartsstück zwischen 1945 und 1948, wenn auch nur in drei Ausnahmen: Der Emigrant Zuckmayer (1896–1977) brachte aus den USA *Des Teufels General* mit, ein erstes Beispiel direkter Auseinandersetzung mit dem Nationalsozialismus und dem Zweiten Weltkrieg, aber auch ein erstes fragwürdiges Exempel dessen, was man später «Bewältigungsdramatik» nannte. Der Widerstandskämpfer Weisenborn (1902–1969), der am Ende der Weimarer Republik erste Theatererfolge erlebt und mit Brecht zusammengearbeitet hatte, legte in seinem Drama *Die Illegalen* (UA 1946/V 1947) Zeugnis ab von einem wichtigen Teil der innerdeutschen Widerstandsbewegung gegen das Hitler-Regime. Und der von den Nazis mehrmals bestrafte Frontsoldat und todkranke Heimkehrer Wolfgang Borchert schrieb mit *Draußen vor der Tür* (UA/V 1947) ein elegisches, spätexpressionistisches Stationendrama, in dem sich die junge, von ihren Vätern verratene Generation der Söhne beispielhaft vertreten und ausgesprochen fand. Nur Weisenborn allerdings erhielt ungeteilten Beifall in West- und Ostdeutschland. Das Stück von Borchert wurde in der SBZ schon als typisches Produkt der beginnenden Restauration in Westdeutschland interpretiert und bei allem Verständnis prinzipiell kritisiert. Zuckmayers dramatische Auseinandersetzung mit dem trotz allem geliebten Heimatland wurde vehement abgelehnt und verboten; Paul Rillas Essay *Zuckmayer und die Uniform* ist zu diesem Problem noch heute lesenswert.

Des Teufels General, im Dezember 1946 in Zürich uraufgeführt, wurde von den Westalliierten erst kurz nach den Nürnberger Prozessen, schon im Zeichen des kalten Krieges, zögernd für die westdeutschen Bühnen freigegeben (nur die französische Zone sperrte sich noch lange) und zum ersten Mal im November 1947 in Frankfurt aufgeführt. Es traf auf ein Publikum, für das es nicht geschrieben war, dem es aber hochwillkommene entlastende und apologetische Wirkungen anbot. In dem glänzenden Mitmacher General Harras, der den Nazis aus Fliegerleidenschaft dient, obwohl er sie verachtet und beschimpft, der die Sabotage und Widerstandstätigkeit seines Freundes, des Chefingenieurs Oderbruch – er produziert defekte Jagdflugzeuge, mit denen deutsche Piloten abstürzen – zwar deckt, aber nicht gutheißen kann, der allzu spät seine Schuld erkennt und keinen anderen Ausweg als den heroischen Freitod findet, in diesem General konnte sich der kleine Mitläufer, Gefreite und Nazi von der Straße farbenprächtig und lebensprall gespiegelt und gerechtfertigt sehen. So wurde das pseudorealistisch gehaltene Drama zu dem erfolgreichsten und meistdiskutierten Nachkriegsstück mit über dreitausend Aufführungen zwischen 1947 und 1950.

Konzipiert hatte Zuckmayer sein Stück (Arbeitszeit von Ende 1942 bis Juli 1945) im Gedenken an seinen Freund Ernst Udet, jenen Fliegergeneral, den die Nazis wegen

eines Zwistes in der internen ‹Betriebsführung› in den Freitod getrieben und trotzdem
heuchlerisch mit einem «Staatsbegräbnis» geehrt hatten.

Gegen dieses Wort, mit dem das Stück endet, hat Zuckmayer angeschrieben. Das
Stück besitzt also von seiner ursprünglichen Anlage her einen apologetischen Nach-
ruf- und Rettungscharakter. Es versetzt sich in «das Schicksal der Deutschen in der
Heimat», aus der Perspektive des «trotz allem Zugehörigen». Politisches Theater
konnte daraus nicht entstehen. Der Autor Zuckmayer übernahm eine Anwaltsrolle
nicht nur für seinen Freund Udet und für alle daheimgebliebenen Mitläufer, sondern
auch für die eigene Person, die sich in Harras nicht ohne Selbstgefälligkeit inszenierte:
mit den ungelebten Möglichkeiten als Nichtemigrant. So ist paradoxerweise ein Stück
aus der Position der inneren Emigration entstanden. Deshalb die Zentrierung auf die
allesbeherrschende und glänzende Mittelpunktsfigur.

Vor allem die schwache, abstrakte Figur des Oderbruch, des aktiven Widerstands-
kämpfers, wird zum Opfer dieses Ein-Mann-Theaters. Er erscheint von Anfang an als
Annex von Harras, als «wär's ein Stück» von ihm. Der Aufklärungsprozeß der Sabotage-
geschichte wird zur Selbstauseinandersetzung des Generals und seines Autors. Er konfrontiert den General zwar immer wieder mit seiner Schuld, setzt ihn aber auch immer
wieder glänzend in Szene. Die Oderbruch-Figur wird dabei zu einer moralischen und
apologetischen Hilfskonstruktion für Harras, den strahlenden General. Er wird durch
die Erfindung dieser düstern Figur von einer fluchbeladenen Verhaltensmöglichkeit freigestellt, ja, geradezu freigekauft. Deshalb sind bei ihrer letzten großen Aussprache die
Fronten seltsam verkehrt: der deutsche Widerstand hat sich vor dem Tribunal des Generals zu verantworten – eine unfreiwillige Konterkarierung der Nürnberger Prozesse.

Zuckmayer selbst stand in einem zutiefst zwiespältigen Verhältnis zur Figur des Widerständlers. Einerseits bedeutete sie ihm eine «Art Selbsterlö-
sung», den «Schritt vom Wunsch zur Tat»,[5] andererseits aber ein «Symbol der
Verzweiflung», eine Gestalt «wie der Rächer des Agamemnon», fluchbeladen
und schuldverstrickt, «hinkend» und vom «Höllenschein» umwittert.[6] So
gerät Oderbruch, als mephistophelischer Orest dämonisiert, gar in den Teufelskreis der Hitler-Verbrecher.

In der Übernahme des Teufelspakt-Motivs und des Faust-Modells findet
der Rettungscharakter des Stücks seinen umfassendsten Ausdruck. Sie sollten
es ins Überzeitliche und Ewigmenschliche heben. Aber der Repräsentant der
Menschheit wird bei Zuckmayer zur Bombenrolle, das Welttheater zum Büh-
nenzauber des II. und III. Aktes, bei dem der Autor die Rolle des «lieben
Gottes» und manchmal auch des «Teufels» übernimmt.

Die fatalen Wirkungen, die eine solche Pervertierung auf das westdeutsche
Nachkriegspublikum ausübte, hatte Zuckmayer zweifellos nicht beabsichtigt.
Die ursprünglichen Adressaten seiner «Zeugenaussage» und Selbstauseinandersetzung waren seine Mitemigranten und jene Welt, vor der Deutschland
schuldig geworden war und die gegen Kriegsende immer lauter die Kollektivschuldthese diskutierte. Die amerikanische «Zeugenbank», auf der der Dramatiker Zuckmayer Platz nehmen wollte, um diese These zu bestreiten, stand
im Ausland. Zum Skandalon wurde das Werk erst, als seine apologetische
Aussage plötzlich den Angeklagten, den Nachkriegsdeutschen vor die Augen
kam. Wer wollte ihnen verdenken, daß sie sich in dem hinreißenden Flieger-

general Harras ihren Freispruch applaudierend bestätigten und daß sie den finsteren Oderbruch-Orest, den Mann mit den schmutzigen Händen, noch einmal verurteilten. 1963 hat Zuckmayer das Stück für deutsche Aufführungen gesperrt.

Über die wirklichen Bedingungen und Grenzen des deutschen Widerstandes gegen das Hitlerregime berichtete weitaus weniger theatralisch, aber viel authentischer Weisenborns Stück *Die Illegalen,* fünfzehnmal in der Ostzone, nur viermal in den Westzonen inszeniert. Zugrunde liegt ihm die konspirative Tätigkeit der Schulze-Boysen/Harnack-Gruppe, der sogenannten «Roten Kapelle», zu deren Kreis Weisenborn gehörte. Sie war aufgeteilt in einen ‹inneren› und einen ‹äußeren› Kreis, die kaum etwas voneinander wußten, mit einem hohen Anteil junger Männer und Frauen.

Im August 1942 wurde die Gruppe gesprengt, verhaftet, und viele ihrer Mitglieder wurden hingerichtet. Weisenborn kam mit drei Jahren Zuchthaus davon. 1945 war er ein Theatermann der ersten Stunde, Dramaturg am Hebbel-Theater. Dort wurde sein Stück am 21. März 1946 uraufgeführt und fand danach auf vielen deutschen Bühnen eine große Resonanz. Allerdings nur temporär. Danach wurden Stück und Autor in Westdeutschland fast vergessen. Emigranten, Deserteure und Widerstandskämpfer, zumal unterhalb der ‹höheren› Ebene der Männer des 20. Juli, waren in der jungen Bundesrepublik nicht angesehen. Nicht *Die Illegalen,* sondern Zuckmayers *Des Teufels General* wurde zur Schullektüre.

Neben der Untergrundarbeit einer isolierten Kleingruppe sind zwei weitere historische Tatsachen für die eigentümliche Gestaltung des Stückes und für sein Verständnis von Bedeutung. Zum einen, daß die Widerstandsbewegung gegen die erdrückende Übermacht der Diktatur trotz aller Opfer ohne sichtbaren Erfolg blieb, und zum anderen, daß Weisenborn gegen die Unwissenheit und gegen das Ressentiment seiner Landsleute anzuschreiben hatte.

Das Stück schildert weniger die aktive Arbeit der Gruppe (Verteilung von Flugblättern im I. Akt) als vielmehr ihre ständige Bedrohung und Verfolgung, weniger ihre mutigen Taten als ihre Leiden, ihre Angst und ihren Selbstzweifel am Sinn der konspirativen Arbeit. Gezeigt wird, wie die Gruppe durch den heroischen Opfermut eines Mitglieds, Walter, noch einmal davonkommt. Der Schatten des Schafotts hängt von Anfang an über dem Stück, die Erfahrung von Haft, Folter und Hinrichtung ist in seine Sprache eingebrannt, oft als eine besondere Art von ‹Galgenhumor›. Es ist kein Befreiungsstück, sondern ein erstes authentisches Zeugnis jener Melancholie und Trauerarbeit, die zu ertragen und zu leisten die Deutschen nach dem Kriege noch nicht fähig waren. Vor allem in seiner ersten, noch allzu redseligen Fassung ruft das Stück dazu auf und ist ein dringender Appell an die «deutsche Jugend», trotz aller Schwierigkeiten einen neuen Anfang zu finden.

Der kurzfristige Nachkriegserfolg der *Illegalen* hat eine doppelte Ursache: zum einen lieferte Weisenborn das überall geforderte «antifaschistische Zeitstück», zum andern vermied er die damit verbundene Gefahr, eines der damals verpönten «Tendenzstücke» in parteilicher Schwarz-Weiß-Manier zu liefern. Er machte wahr, was er in seiner Rede vom Oktober 1945 über die Erneuerung des Theaters gesagt hatte:

«Wir wollen wieder Menschen sehen mit ihren Lastern und Leidenschaften [...] ihren Versuchungen, ihren Haltlosigkeiten und ihren Entschlüssen. Was wir nicht mehr sehen wollen, sind die simpel hingeschmierten Figuren eines falschen und totalen Gut und Böse.»[7]

Diese Absage an eine «massive Propaganda-Dramatik» brachte Weisenborn später die stereotype DDR-Kritik ein, daß sein Stück einen «empfindlichen Mangel an historisch-konkretem Realitätsgehalt» aufweise und sein «Antifaschismus anonym und sozial wie klassenmäßig undifferenziert» bleibe.[8] Zu Unrecht, denn die Begriffe «Mensch» und «Menschlichkeit» sowie der Konflikt und die Versöhnung von privater und politischer Liebe[9] besitzen in diesem Stück einen klaren historisch-politischen Stellenwert.

In jener symbolischen Überhöhung verstanden, die das Stück nicht immer mit Erfolg anstrebt, bilden die Widerstandsgruppen letzte freie und menschliche Lebenszellen inmitten eines tödlichen und untergangsgeweihten Staats- und Gesellschaftskörpers. Deshalb wird das Gegenspiel von Tod und Leben, von Hochzeit und Begräbnis zu einem strukturierenden und balladesken Thema des Stückes, vor allem in den intermezzoartigen Szenen zwischen der «Traurigen Emma» und «Sargnägelchen», einer makabren Kleinbürgerkritik.

Diesem Konzept entspricht auch die Wirkungsästhetik Weisenborns. Die eigenwillige Balladenform und seine später entwickelte «ortlose Dramaturgie» wollen durch eine evokative Sprache die Phantasie des Zuschauers aktivieren. Die 36 Bilder folgen wie Strophen aufeinander, die sich mehr und mehr verdüstern, bis es zur ‹optimistischen› Katastrophe kommt. Die dramatische Ballade wird zum Ort der Selbstbehauptung des Menschen – nicht gegen die Geschichtlichkeit und das Chaos schlechthin wie bei Frisch und Dürrenmatt, sondern inmitten der blutigen Geschichte und ihren «finsteren Zeiten».

Daß Weisenborn in keinem der beiden deutschen Staaten heimisch geworden ist (obwohl er noch lange in Hamburg wirkte), ist kein Ruhmesblatt in ihrer Geschichte.

Wolfgang Borchert (1921–1947) gehörte zwar nicht zur Widerstandsbewegung gegen das Hitler-Regime, wohl aber zu seinen Gegnern und Opfern. Er wurde mehrmals inhaftiert, zur «Frontbewährung» verurteilt und kam todkrank aus dem Kriege zurück.

Trotzdem sind diese Erfahrungen nur sehr indirekt in sein Hörspiel und Nachkriegsstück *Draußen vor der Tür* eingegangen. Es ist ein Heimkehrer-Drama: Ein verlorener Sohn kommt aus dem Krieg zurück, will seine Schuld und Verantwortung an die Väter zurückgeben und findet in der schon wieder restaurierten, gewissenlosen und satten Erwachsenenwelt kein Zuhause mehr. Die Türen sind alle verschlossen, die seiner Frau, «die ihn vergaß», die des Mädchens, «dessen Mann auf einem Bein nach Hause kam», die des Oberst, «der sehr lustig ist», die des Kabarettdirektors, «der mutig sein möchte, aber dann doch lieber feige ist», die der Eltern, die sich mit dem Gashahn selber «entnazifiziert» haben, die der Mutter Elbe, die ihn wieder auf den Sand spült und die des alten weinerlichen Gottes, «an den keiner mehr glaubt».

Seine riesige Resonanz erhielt das Stück, das «kein Theater spielen und kein Publikum sehen will» – im Februar 1947 wurde es als Hörspiel gesendet, im November in Hamburg uraufgeführt, ein Drama der «Stimmen» ist es bis heute geblieben –, weil es die Erfahrung und das Existenzgefühl einer ganzen verlorenen, verratenen Generation melodramatisch zum Ausdruck brachte. Es stellt daher das erste bedeutende Zeugnis der westdeutschen Heimkehrer- und Trümmerliteratur dar. Mit ihm beginnt eine Literatur und vor allem eine Dramenreihe der anklagenden und richtenden Söhne und Intellektuellen, die bis zu Martin Walsers Drama *Der Schwarze Schwan* (UA/V 1964) reicht, wo die verzweifelte Sohnesfigur am Ende Selbstmord begeht.

Der heimkehrende Unteroffizier Beckmann, ein narzißtischer Melancholiker (Hamlet war die Lieblingsrolle des Schauspielers Borchert!), versucht ebenfalls stellvertretende Trauerarbeit für die Deutschen zu leisten, sie mit den blutigen Wahrheiten des Krieges zu konfrontieren, aber seine Anklagen werden mehr und mehr zu einer ziellosen Klage, sein Versuch der gesellschaftlichen Abrechnung zu einer melodramatischen Selbstinszenierung des unbehausten Menschen, sein Gericht zu einer regressiven Suche nach mütterlicher Geborgenheit inmitten einer metaphysischen Obdachlosigkeit. Die Auseinandersetzung mit den Opfern und Verlusten führt deshalb zur «Verinnerlichung eines Weltkriegs» (Reinhart Baumgart), zu der paradoxen Tendenz: «Heraus aus der Zeit, heraus aus der Gegenwart.»[10]

Das Stück zeigt das mehrmalige Scheitern Beckmanns (2. bis 5. Szene) und erhält auch dadurch seinen statischen und monologischen Wiederholungscharakter. Beckmanns leidenschaftliche Auftritte vor der Familie des Obersts wie vor dem Kabarettdirektor versagen: Wahrheit und Schuld kommen nicht an den Tag. Vom Oberst wird die unheimliche Wahrheit und Schuld in den Kunstbereich, auf die «Bühne» abgedrängt, er belacht Beckmann als groteske Clowns-Figur und Clownsnummer; und in der anschließenden Szene (5.) wird der Kunst vom Kabarettdirektor die Wahrheit ausgetrieben: «Beckmann: Kunst, Kunst. Aber es ist doch Wahrheit! Direktor: Ja, Wahrheit! Mit der Wahrheit hat die Kunst doch nichts zu tun!» In dieser antithetischen Spannung zwischen «Wahrheit» und «Kunst» steht das gesamte Stück, beispielhaft für die junge deutsche Nachkriegsliteratur überhaupt.

Beckmanns Scheitern bewirkt eine zunehmende Monologisierung und Ästhetisierung der Szenen. Als dem ohnmächtigen Sohn am Ende alle Menschen unterschiedslos zu «gemordeten Mördern», Henker und Opfer also eins werden, und die gesellschaftliche Realität zu einem universalen grauen Einerlei zusammenschmilzt, erreichen der einsame Spieler und das Stück, in dem er auftritt, auch ihr höchstes ästhetisches Selbstbewußtsein. Sie holen die Welttheater- und Totentanzperspektive des Beginns (mit dem Auftritt von Tod und Gott) in der Reflexion ein. Das ganze «Leben» wird Beckmann zu fünf grauen verregneten «Akten»: So destruktiv und weltlos wie sich diese universale Ästhetisierung auch gibt – Beckett'sche Endspiele und Antidramen und das antwortlose Drama des Absurden scheinen vorweggenommen –, so kann sie doch nicht darüber hinwegtäuschen, daß dieses Ästhetische selbst als letzter Sinn- und Verständigungshorizont, als Ausweg des vereinsamten und entfremdeten bürgerlichen Intellektuellen erhalten bleibt. Borcherts existentielle Poetik eines grauen verzweifelten Lebensdramas *Draußen vor der Tür* erscheint als larmoyanter Versuch, die Nachkriegskunst, gegen den kalligraphischen Hölderlin- und Rilke-Epigonen in sich selbst, auf den Stand der Realität und der Wahrheit zu bringen, und zwar aus der leidlustvollen Hamlet- und Heimkehrer-Perspektive des verratenen und unbehausten Sohnes. Seinen Wahrheitswert erhält das Stück durch sein sprachliches Pathos der Betroffenheit, durch sein vernichtendes Urteil über das besinnungslose Weitermachen der bürgerlichen Welt und durch seine Fragen, die bis heute unbeantwortet sind.

An die exilierten Mitbürger und an die jüdischen Opfer haben im Jahre 1947 freilich weder Borchert noch die anderen Nachkriegsdeutschen gedacht.

4. Die Anfänge Max Frischs und Friedrich Dürrenmatts

Um Nachkriegsdramen schreiben zu können, bedurfte es einer Distanz, die Wolfgang Borchert und seine Landsleute noch nicht besaßen, wohl aber zwei junge Schweizer, denen sie schon geographisch, gesellschaftlich und kulturgeschichtlich zufiel. Sie waren durch den Zweiten Weltkrieg in jene archimedische, verschonte und doch mitbetroffene Zuschauerrolle geraten, in die sich ein Großteil der literarischen Intelligenz nach dem Krieg freiwillig zurückzog. «Ergriffen und dennoch unbeteiligt» (Benn), waren sie prädestiniert, das zu gestalten, was ihre deutschen und österreichischen Zeitgenossen unmittelbar erlebt und erlitten hatten. Auch sie befanden sich in einer Situation des Neubeginns, ohne den Binnendruck einer vorbildlichen Schweizer Literatur, aber durch die Produktionen des Zürcher Schauspielhauses frühzeitig mit dem internationalen Standard der modernen Dramatik vertraut. Das traditionelle kulturelle Verhältnis zwischen der deutschsprachigen Schweiz und Deutschland hatte sich mit dem Kriegsende fast umgekehrt: der ehemals ‹große Bruder› war zum kleinen, schuldbeladenen und hilfsbedürftigen geworden. Max Frisch (1911–1991), durch den Krieg um seinen Glauben an das «ewige», «geistige» Deutschland und seine «ästhetische Kultur» gebracht und nun auf der Suche nach einer Gesellschaft, «die den Geist nicht zum Außenseiter macht, nicht zum Märtyrer und nicht zum Hofnarren», hat diese Herausforderung angenommen. Er begründete sein «Schreibrecht» ausdrücklich mit seiner «Zeitgenossenschaft», seiner «besonderen Lage als Verschonter, der außerhalb der nationalen Lager steht».[11] Im ersten Tagebuch freilich noch intensiver als in den frühen Dramen, die zwar der unpolitischen «ästhetischen Kultur», der «Kultur als Alibi» den Prozeß zu machen versuchen, die aber immer noch der alten Geist-Macht-Antithese und damit der ästhetischen Kultur verhaftet bleiben. Sie inszenieren im Grunde mehr das traumhafte

Ich-Theater der eigenen Verzweiflung am Geist als die Kriegs- und Nachkriegsgeschichte des zeitgenössischen Deutschland und Europa.

Wird in *Nun singen sie wieder* (UA 1945/V 1946) und *Als der Krieg zu Ende war* (UA/V 1949) der Versuch gemacht, die deutsche Schuldfrage ohne «Rache» und im versöhnenden «weltbürgerlichen Sinn» darzustellen, so brachte das Stück *Die Chinesische Mauer* (UA 1946; V 1947, 2. Fassung 1955) Weltgeschichte als Welttheater auf die Bühne. Der unmittelbare Anlaß war der Abwurf der Atombombe und ihre Weiterentwicklung und Erprobung zur Wasserstoffbombe, ein Ereignis, das noch lange auch in der Dramengeschichte nachwirken sollte. Frisch reagierte darauf mit zwei biblischen Metaphern: «die Sintflut ist herstellbar», «wir stehen wieder da, wo Adam und Eva gestanden haben», und mit der impliziten Aufforderung: «es liegt an uns, ob es eine Menschheit gibt oder nicht.»[12] Die nukleare Zäsur markierte für ihn das Ende aller bisherigen Geschichte und die Notwendigkeit, aus einer Nullpunktsituation heraus einen ganz neuen Anfang zu finden. Von der Höhe dieses Wendepunkts wird alle bisherige Geschichte als ein sinnloser und blutiger Kreislauf brutaler Unterdrückung und Herrschaft überschaubar; sie wird, wie in der *Chinesischen Mauer*, zum Spiel- und Reflexionsraum eines zusammenfassenden Bewußtseins. Das Theaterspiel als Bewußtseinstheater soll Antwort geben auf die «Unabbildbarkeit der Welt», soll die «Selbstbehauptung des Menschen gegen die Geschichtlichkeit» stärken.[13]

So hebt das Stück Raum und Zeit auf, mischt eine historische Maskerade (Napoleon, Philipp von Spanien, Columbus, Pilatus, Brutus, Cleopatra, Don Juan und Romeo und Julia usw.) mit dem alten China des Kaisers Hwang Ti, der die Große Mauer errichten ließ, um die Zeit anzuhalten, und mit der atombedrohten Gegenwart, und es verbindet diese Welten mit einer Liebesgeschichte zwischen der chinesischen Prinzessin Mee Lan und dem «Heutigen», einer typischen Intellektuellenfigur. In der ersten Fassung der *Chinesischen Mauer* (1946) ist diese Mittelpunkts- und Außenseiterfigur noch mit Täterqualitäten begabt. Der Dichter Minko, so heißt sie dort, ist noch die «Stimme des Volkes» und der «Wahrheit», die die Herrschaft des tyrannischen Kaisers stürzt.
    Der Geist hält Gericht über die Macht. In der maßgeblichen zweiten Fassung von 1955 sind Dichter, Volk und Wahrheit nicht mehr eins und haben ihre Macht verloren. Die Mittelpunktsfigur ist aufgespalten in den «Heutigen» und in Minko. Jener ist ein durchschnittlicher Intellektueller, der in der großen Hamlet-Szene des Stückes (20. Bild), als er den Mächtigen die katastrophale Wahrheit ihrer Machtpolitik vorspielt, vom «Hofnarren» zum «Hofpoeten» avanciert und vom Kaiser feierlich «Die goldne Kette» umgehängt bekommt. Minko aber, die «Stimme des Volkes» und der «Wahrheit», ist nur noch ein Gerücht, und der am Ende gewaltsam einbrechende Prinz bestätigt mit seiner Palastrevolte den blutigen Kreislauf der Macht und die Wirkungslosigkeit des Geistes. Schon im Juli 1948 nannte Frisch *Die Chinesische Mauer* eine «ziemlich verzweifelte Farce».[14]

Diese selbstkritische Zurücknahme ist typisch für die westliche deutschsprachige Intelligenz im ersten Nachkriegsjahrzehnt. Die Wandlungs- und Erneuerungshoffnungen sind verflogen; was bleibt, ist eine bescheidene Hoffnung auf die «sittliche Entscheidung» des einzelnen, auf die «Selbstbehauptung» des Individuums. Im Vorausblick: *Biedermann und die Brandstifter* (UA/V 1958) wird einen lächerlichen «Dr. phil.» auftreten lassen, der bei Ausbruch der apokalyptischen Brandkatastrophe ein unhörbares Manifest verliest. In *Andorra* (UA/V 1961) gibt es nur noch einen anonymen «Jemand», der die Zeitung liest und hilflose Kassandra-Kommentare abgibt. Der allgemeine Resignationsprozeß der Schriftsteller hat einen Punkt erreicht, wo statt der Retter und Richter nur noch die Opfer erscheinen. Der Schweizer Frisch zog sich in den sechziger Jahren, während seine jungen westdeutschen Kollegen das politische Drama und die Täterfiguren wiederentdeckten, vollends auf das «Private» als die «Domäne der Literatur» zurück.

Schon in Friedrich Dürrenmatts (1921–1991) erstem, noch unbeholfenem und allzu redseligem Stück *Es steht geschrieben* (UA/V 1947) sind fast alle späteren Motive, Strukturen und Typen vorhanden: die Parodie des kunterbunten Erdentreibens, die pathetische Beschwörung von Weltuntergang und Weltgericht, der tragische, lächerlichmutige Mensch, der die «Welt widerlegt» und sich opfert, der Narr, der Schauspieler, der Henker und der Richter, die groteske Mischung von Komik und Pathos und die Antithese von Geist und Macht. Klarheit in den Konturen bringt erst die Komödie *Romulus der Große* (UA 1949/V 1956). Es ist Dürrenmatts dramatisches Pendant zu Frischs *Chinesischer Mauer*. Beide entwerfen in besonderen Spielmodellen Welttheater, um mit einer Epoche fertig zu werden, die als Endzeit erfahren wird; beide sind Intellektuellen- und Hamlet-Dramen, in denen es um Gericht und Rettung einer aus den Fugen geratenen Welt geht.

Aber während bei Frisch der Intellektuelle und der Machtträger getrennte Figuren sind, ist es Dürrenmatts «Einfall», beide Rollen zu einem «Sonderfall»[15] zu vereinen. Romulus ist Intellektueller und Herrscher, Narr und Kaiser, ein «als Narr verkleideter Weltenrichter». Dürrenmatt hat aus dem letzten römischen Kaiser (Romulus Augustulus), der im Herbst 476 n. Chr. als 16- oder 17jähriger von dem Germanen Odoaker abgesetzt und mit einer ansehnlichen Pension abgefunden wurde, einen moralischen Hühnerzüchter gemacht – wohlbeleibt, über fünfzig und schon zwanzig Jahre lang Kaiser –, dessen Geheimnis es ist, die Macht nur deshalb gesucht zu haben und zu halten, um durch konsequentes Nichtstun und Nichtregieren das blutige Römische Weltreich zu liquidieren und zu richten. Aus dieser Umkehrung – der Kaiser als planmäßiger «Landesverräter» – entsteht das Spielmodell der *Romulus*-Komödie, das am Ende auch noch seinen kaiserlichen Regisseur überrollt: statt in den Opfertod zu schreiten, wird er in den Ruhestand geschickt.

Dürrenmatt selber hat *Romulus* in die Hamletnachfolge gestellt. In seiner Rede *Zum Tode Ernst Ginsbergs* (1965) berichtet er, wie ihm eine Horwitz-Inszenierung des *Hamlet* zum entscheidenden Wendepunkt seiner Dramatik und Dramaturgie wurde. Horwitz interpretierte das Stück als «Tragödie der absoluten Rache» und Gerechtigkeit und seinen Schluß als «Höllensturz aller Hauptbeteiligten», denn

«Hamlets Wille zur absoluten Rache hat Schuldige und Unschuldige in den Abgrund gerissen. [...] Daß jedoch diese Interpretation des Hamlet mich intensiv beschäftigte, wird jeder einsehen, der mein drittes Stück *Romulus der Große* kennt, auch Romulus verstellt sich, auch Romulus will in einer ungerechten Welt die Gerechtigkeit vollziehen.»[16]

Es lockte Dürrenmatt, «einmal einen Helden nicht an der Zeit, sondern eine Zeit an einem Helden zugrunde gehen zu lassen».[17] Das gilt allerdings nur bis zum dritten Akt. Danach wird (ab der zweiten Fassung 1957) aus dem als «Narren verkleideten Weltenrichter» ein als Weltenrichter verkleideter Narr, aus der tragischen Hamlet-Figur eine tragikomische Romulus-Gestalt. Denn mit Dürrenmatts gleichzeitiger Wendung von einer Problem- zu einer Konfliktdramaturgie, vom «Denken über die Welt» zum «Denken von Welten» – er löst nicht mehr Probleme, sondern spielt unaufhebbare Konflikte zu Ende[18] –, gerät auch die Hamlet-Figur auf den moralischen Prüfstand: gewarnt wird vor der Unmenschlichkeit ihres radikalen Lösungsversuchs.

Auf den Prüfstand gerät der elitäre Anspruch der Nachkriegsintellektuellen, von einem archimedischen Punkt aus die amoralische Macht- und Geschichtswelt in abstrakter Totalität aufzurufen, zu richten oder zu retten. Wie absolute Gerechtigkeit und Rache in Unmenschlichkeit und Verbrechen umschlagen, bleibt deshalb das zentrale Thema auch der folgenden Dürrenmatt-Stücke. Ihre Richter werden immer rascher zu tragischen Narren, und aus der Dreieinheit von Richter, Henker und Opfer, die sich in Romulus verkörpert, tritt immer bezwingender das Bild des Henkers und Opfers hervor. Wo die Welt, wie bei Dürrenmatt, zunehmend als «Labyrinth»[19] und als «Rätsel an Unheil»[20] erscheint, ist ihr nur noch mit Spielmodellen der Komödie beizukommen, und die Selbstreflexion der Intellektuellen- und Weltverbessererproblematik erreicht ihr kritisch-satirisches Stadium.

VI. IM ZEICHEN DES «VOLLSTRECKENS»:
LITERARISCHES LEBEN IN DER SBZ UND FRÜHEN DDR

1. Vorgeplante Anfänge

«Als Wortführer der freiheitsliebenden und friedensliebenden Deutschen erkennen wir Schriftsteller aller Zonen die Verpflichtung an, das moralische
Bewußtsein der Verantwortlichkeit für die Schäden und Leiden wachzuhalten, die das Hitler-Regime den Völkern der Welt zugefügt hat.»¹ So steht es
im abschließenden «Manifest» des Ersten Deutschen Schriftstellerkongresses,
der vom 4. bis 8. Oktober 1947 in Berlin stattfand und als erster nach dem
Kriege zugleich auch der letzte gesamtdeutsche war. Ob diese «Wortführer-
schaft» der Schriftsteller realistisch, illusionär, angemaßt oder in erster Linie
als Selbstverpflichtung gedacht war, ihre faktischen Voraussetzungen sind
schon bald nach der deutschen Kapitulation im Mai 1945 für die Autoren der
Westzonen mit denen des Ostens unvergleichbar.

An drei Tatsachen vor allem ist zu erinnern. Die alte Reichshauptstadt, die
sich für alle auch literaturpolitischen Aktivitäten als Ausgangspunkt anbot,
sah sich ungeachtet des Viermächtestatus von einem ‹Hinterland› umgeben,
das der Sowjetischen Militär-Administration in Deutschland (SMAD) unterstellt war. Trotz aller Zerstörung bot sich hier ein Sammlungs-Zentrum, dem
sich im Westen auch etwa Frankfurt am Main oder München oder Hamburg
nicht vergleichen ließen. In den sowjetisch besetzten Teil Deutschlands
kehrte bald nach Kriegsende die mit weitem Abstand größte Zahl von Exil-
schriftstellern zurück, die unter dem weitgefaßten Stichwort «sozialistisch» –
bei aller internen Differenzierung – eine beträchtliche Gruppe bereits angese-
hener Namen umfaßte: von Johannes R. Becher bis Friedrich Wolf (beide
noch im Jahre 1945), von Anna Seghers (1947) bis zu Bertolt Brecht und
Arnold Zweig (beide 1948). Es versammelten sich Renommee und literaturpolitische Erfahrung, über die bei den wenigen West-Remigranten allenfalls
ein Alfred Döblin verfügen mochte.

Schließlich: Eine Kerntruppe der in den Osten Zurückkehrenden brachte
ein kultur- und literaturpolitisches Konzept mit, das bereits einige Zeit vor
Kriegsende entwickelt worden war und dem sich im Westen nichts an die
Seite stellen ließ. Seit der Katastrophe von Stalingrad (1943) bestand in Mos-
kau das «Nationalkomitee Freies Deutschland» (NFD), das gezielt auf die
Zeit nach dem Ende der Naziherrschaft hinarbeitete. Zu seinen Mitbegrün-
dern und aktivsten Mitgliedern zählte neben Pieck, Ulbricht, Ackermann und
Weinert Johannes R. Becher, der seit Ende 1935 im sowjetischen Exil lebte

und dort die deutsche Ausgabe der «Internationalen Literatur» redigierte.
Becher, der bereits 1927 am ersten internationalen Kongreß revolutionärer
Schriftsteller in Moskau teilgenommen hatte und 1928 erster Präsident des
Bundes proletarisch-revolutionärer Schriftsteller (BPRS) geworden war,
brachte in die kulturpolitische Arbeit des Komitees nicht nur große organisa-
torische Kompetenz und literarisches Ansehen ein. Er versuchte insonderheit
Erfahrungen umzusetzen, die seit 1934/35 mit der Politik der «Volksfront»
gewonnen worden waren: dem «antifaschistischen», «demokratischen»
Bündnis von Kommunisten, Sozialisten mit «bürgerlich-humanistischen» Individuen und Gruppen verschiedenster Provenienz.

Bis zum Kriegsende kristallierten sich die Zielvorstellungen der Komitee-
mitglieder in wechselnder, auch durch die Kriegsentwicklung beeinflußter
Stärke um zwei Positionen: die erwähnte «Volksfront»- oder auch «Bündnis»-Strategie (von der auch das Gründungsmanifest des Komitees 1943 bestimmt wurde) und die radikalere, die eine rasche sozialistische «Revolution»
anvisierte. Komplizierend trat hinzu, daß vor allem Becher das «Bündnis»-
Konzept mit dem Akzent des «Nationalen» verband: Nicht zuletzt auf dem
Feld der Literatur sollte das spezifisch «deutsche» Erbe, die besondere «nationale» Kultursituation produktiv aufgenommen werden (hier gab es Querverbindungen zur Expressionismus-Debatte des Exils), wogegen andere von
vornherein auf eine gleichschaltende Kulturrevolution nach sowjetisch-stali-
nistischem Muster zielten.

Dieser Dualismus ist – mit mancher Abschattierung – für den literaturpolitischen Prozeß in der SBZ und noch in der frühen DDR bestimmend geblieben. Das Übergewicht gewannen zunächst das «Bündnis» und das «Nationale». Am 30. April 1945, noch vor der Kapitulation, wurde die «Gruppe
Ulbricht», und mit ihr Becher, in die Mark Brandenburg eingeflogen. Am
1. Mai war sie bereits in Berlin. In den nächsten Monaten wurden wichtige
Positionen in der sowjetischen Besatzungszone mit ‹zuverlässigen› Mitgliedern des NFD besetzt, Ende 1945 wurde das Komitee aufgelöst.

Unter dem Schutz des SMAD und mit weitreichenden Vollmachten ausgestattet, wurde Johannes R. Becher, der Sohn eines angesehenen Münchner
Juristen, der einstmals expressionistische Poet, der Kommunist seit 1919, zur
unzweifelhaft führenden Figur der Kulturpolitik in Ostberlin und der sowjetischen Zone. Bechers Moskauer Programmschrift *Bemerkungen zu unseren
Kulturaufgaben* (1943) sah bereits eine Art Kulturbund vor, der unter den
Leitbegriffen des «Antifaschistischen» und des «Demokratischen» vor allem
die Intelligenz – auch die nichtfaschistische «bürgerliche» – gewinnen sollte.[2]
Für «die noch nicht genau abschätzbare Übergangszeit», wie Alexander
Abusch formulierte, war eine überparteiliche, das antifaschistische Potential
zusammenführende, zentralistische Organisation ins Auge gefaßt.

2. Kulturbund-Aktivitäten

Anfang Juni 1945 bereits leitete Becher die ersten Schritte zur Gründung des «Kulturbundes» ein, sammelte Freunde und prospektive Mitarbeiter, stellte ein Gründungskomitee zusammen. In dessen Namen reichte er am 27. Juni bei der alliierten Kommandantur den förmlichen Antrag ein: auf Zulassung eines «Kulturbundes zur demokratischen Erneuerung Deutschands». Noch vor der Entscheidung, am 4. Juli, fand im Haus des Berliner Rundfunks die erste öffentliche Kundgebung des geplanten Bundes statt, bei der Becher seine programmatische Rede «Auferstehen!» hielt. Der Titel mag auf christlich-humanistische Vorstellungen (auch solche nach dem Ersten Weltkrieg) ebenso hindeuten wie auf die spätere ‹Becher-Hymne› «Auferstanden aus Ruinen...». In weitem geschichtsreflektorischem Bogen zog Becher die spezifisch nationalen «Lehren» für die Pflichten der Zukunft:

> «Dieses reiche Erbe des Humanismus, der Klassik, das reiche Erbe der Arbeiterbewegung müssen wir nunmehr in der politisch-moralistischen Haltung unseres Volkes eindeutig, kraftvoll, überzeugend, leuchtend zum Ausdruck bringen. Unserer Klassik ist niemals eine klassische Politik gefolgt. [...] Aus diesem unheilvollen Widerspruch zwischen Geist und Macht müssen wir heraus, der uns zum schwersten Verhängnis unserer Geschichte geworden ist.»[3]

Am 11. Juli 1945 wurde, nach spürbarem Drängen vor allem der Sowjets, die alliierte Lizenz erteilt, für *alle* vier Besatzungszonen und für Berlin. Nicht wenige Programmpunkte des Kulturbundes unter dem Stichwort ‹Demokratisierung› entsprachen dann auch den Zielsetzungen des Potsdamer Abkommens vom 2. August. Becher wurde Präsident des Kulturbundes. Gerhart Hauptmann, von ihm im schlesischen Agnetendorf – wo er unter persönlichem Schutz der Roten Armee stand – eigens aufgesucht, übernahm die Ehrenpräsidentschaft, Ricarda Huch die der thüringischen Landesgruppe. Auch im Westen war die Anziehungskraft des Kulturbundes mangels anderer Initiativen zunächst bemerkenswert. Manfred Hausmann gründete und leitete die Bremer Gruppe. In Berlin arbeiteten neben dem Alt-Sozialdemokraten Gustav Dahrendorf und neben Gelehrten wie Eduard Spranger auch CDU-Leute der ‹ersten Stunde› wie Ferdinand Friedensburg und Ernst Lemmer mit.

Die Ansätze zu einer antifaschistisch-humanistischen Kulturfront schienen zu gelingen. Nicht zuletzt die – schon im Exil vorbedachte – sorgsam differenzierte Internstruktur mit ihren Gruppen, Gremien und Publikationsorganen bewährte sich. Von Juli bis Dezember 1945 wuchs die Mitgliederzahl von 116 auf 22 000 und bis Ende November 1947 gar auf 120 000. Das Hauptfeld der Aktivität lag eindeutig im sowjetisch besetzten Gebiet, durch sogenannte «Wirkungsgruppen» verstärkt und von den dortigen Militärbehörden durch gezielte Förderung (Mittel- und Papierzuteilung, Tagungsräume usw.) wie gelegentlich auch durch unverhohlenen Druck unterstützt. Zentralinstitution des publizistischen Wirkens wurde der Aufbau-Verlag, der am 16. August 1945 die Lizenz erhielt. Hier erschien seit dem September, unter der Chefredaktion von Klaus Gysi, der *Aufbau*. *Kulturpolitische Monatsschrift* mit wichtigen Beiträgen zur aktuellen Diskussion: über Widerstand unter Hitler, über die Literatur des Exils, über Rassenprobleme. Man brachte Beiträge von Ernst Fischer, Rudolf Hagelstange, Georg Lukács, Thomas Mann, Ernst Niekisch, Günther Weisenborn und anderen. Persönliche Verbindungen aus der Zeit der Emigration wurden mobilisiert. Wie in Alfred Döblins *Goldenem Tor* (seit September 1946) Übersetzungen aus dem Französischen besonders stark vertreten waren, so hier solche aus dem Russischen (über russische Literatur, russischen Film und anderes). Bereits im März 1946 erreichte die Monatsschrift eine Auflagenhöhe von 150 000 – durchaus dem *Ruf* im Westen an die Seite zu stellen und dem gleichen Hunger nach Aufarbeitung, Information und geistiger Orientierung entspringend.

Zum *Aufbau* traten 1946 die aktueller ausgerichtete Wochenschrift *Der Sonntag* und schließlich das interne Mitteilungsblatt *Die Aussprache* hinzu. Eigene regelmäßige Sendungen des Kulturbundes im Berliner Rundfunk, auch Theaterabende wurden etabliert, nicht zuletzt auch breitgestreute, möglichst repräsentativ angelegte Vorträge. Zwischen Januar und Oktober 1947 sollen allein von den Berliner «Wirkungsgruppen» nicht weniger als 54 Vorträge nichtdeutscher Referenten veranstaltet worden sein, darunter 16 amerikanische, 15 englische, 10 französische und 13 russische.

Die ersten «Leitsätze» des Kulturbundes, in Heft 3 (1945) des «Aufbau» veröffentlicht, nennen die «Wiedergewinnung des Vertrauens und der Achtung der Welt» als eines der weitgefaßten Ziele, und als eine notwendige Voraussetzung hierfür die «Bildung einer nationalen Einheitsfront der deutschen Geistesarbeiter».[4] Die Diktion des NFD wurde früh spürbar, doch erschien sie zunächst für viele auch im Westen akzeptabel. Auf dem besonderen Feld der Literatur war, verglichen mit dem betont «weltliterarischen» Gestus mancher im Westen erscheinender Zeitschriften, die Akzentuierung des «nationalen» Erbes auffällig (hier dokumentierte sich deutlich die Bechersche Linie innerhalb des NFD). In den Periodica des Kulturbundes begegnen zwar sporadisch auch Texte etwa von Cocteau oder Hemingway. Die Buchproduktion des Aufbau-Verlags wurde dominiert von den deutschen «Klassikern» (allen voran Lessing-, Goethe, Schiller und mit besonderer Emphase Heine) und von den Werken der Exilautoren, der «sozialistischen» wie der «bürgerlich-humanistischen»: Alexander Abusch, Johannes R. Becher, Willi Bredel, Theodor Plievier, Bodo Uhse, Friedrich Wolf, Arnold Zweig und viele andere (davon manche dem Kulturbund selbst angehörend), aber auch noch nicht Zurückgekehrte wie Lion Feuchtwanger, Oskar Maria Graf, Heinrich Mann, Nelly Sachs.

Während der Dietz Verlag seit 1946 auf «sozialistische» Schriftsteller spezialisiert war, mischte der Aufbau-Verlag bewußt. Seine Spitzentitel in den Jahren bis 1949 waren Plieviers *Stalingrad* (150 000 Exemplare), Heinrich Manns *Der Untertan* – also bereits ein moderner Klassiker – (60 000), Anna Seghers' *Das siebte Kreuz* (80 000) und Bechers *Abschied* (53 000), als Prestigewerk des Präsidenten. Aus dem großen ‹Erbe› der Deutschen wurden in besonders hohen Stückzahlen gedruckt: Heines *Deutschland. Ein Wintermärchen*, Büchners *Dantons Tod*, Fontanes *Effi Briest* sowie zwei Klassiker des 18. Jahrhunderts, mit denen in Ost wie in West die Theater besonders gerne ihre erste Nachkriegs-Spielzeit eröffneten: Lessings *Nathan der Weise* und Goethes *Iphigenie*. Wurden diese Stücke im Westen vorzugsweise als wiederentdeckte Repräsentanten des «geistigen», des «anderen», des «besseren» Deutschland vorgezeigt – der unter den Nazis verbotene *Nathan* zudem als Wiedergutmachungsstück –, so lag im Osten der Akzent ausgeprägter auf dem ‹humanistischen› Erbecharakter.

Die sowjetische Besatzungsmacht ließ den Kulturbund einstweilen gewähren. Der Oberst Tulpanow und insbesondere der literarische Deutschlandkenner Alexander Dymschitz akzeptierten die Funktionsteilung, nach der die wertvolle Sowjetliteratur vom (adaptierten) Gorki über Scholochow und Majakowski bis zu dem bevorzugten Jugendautor Ostrowski von besonderen Verlagen (SWA Verlag, Neues Leben, Volk und Welt, Kultur und Fortschritt u. a.) in großen Auflagen verbreitet wurden.

Unerbittlich wurde die als «faschistisch» eingestufte Literatur, die man in den Bibliotheken vorfand, eliminiert. Der einschlägige Index vom 1. April 1946 umfaßte nicht weniger als 31 650 Titel, die entsprechende amerikanische Liste gerade etwa 1000 Titel. So rigoros die SMAD in Übereinstimmung mit dem Programm des NFD hier ihre Säuberungsarbeit durchhielt, so relativ zurückhaltend wurden Tendenzen verfolgt, wie sie in Moskau seit 1946 von Shdanow im Sinne einer stalinistischen Radikalsäuberung durchgesetzt wurden. Noch ließen sich die Besatzungsfunktionäre entsprechend der Becherschen »National«-These bewegen, daß für die spezifisch deutschen Verhältnisse die Chance genutzt wurde, die bürgerlich-humanistische Intelligenz zu gewinnen.

Durchaus im Sinne dieser Arbeitsteilung wurde am 3. Februar 1946 auf der Ersten Zentralen Kulturtagung der KPD – zu den Hauptrednern gehörte Grotewohl – die Öffnung zu den «Volksmassen» beschlossen. Sie sollten Zugang zu den überlieferten «künstlerischen Werten» erhalten, komplementär sollten die «Kulturschaffenden» enge Verbindung zu ihnen suchen.[5] Konkret sollte die Bodenreform «literarisch» durch Verbreitung vorbildhafter Dorfromane unterstützt werden – diese wiederum konnten sich zu diesem Zeitpunkt faktisch nur aus Übersetzungen sowjetischer Muster rekrutieren.

Für die literaturpolitischen Prozesse jener vorentscheidenden Monate ist jeder Versuch untauglich, strikte Kausalitäten oder auch Chronologien zu

konstruieren. Zweifellos bedeutete die Zwangsvereinigung von KPD und
SPD zur SED am 22. April 1946 einen Rückschlag für alle Bemühungen um
eine auch kulturelle «Bündnispolitik». Churchills rigide Abgrenzungsten-
denz (‹Eiserner Vorhang›, Verweigerung gegenüber der ‹Eine Welt›-Konzep-
tion) und die stufenweise Vorbereitung der amerikanisch-britischen Bizone
während des Jahres 1946 verstärkten das Trennende, erschwerten auch die
öffentliche literarische Kommunikation. In den Entscheidungszentren der
Sowjets wie der Westalliierten waren die Tendenzen nicht einheitlich. Die
Kulturtagung der SED vom 28. Januar 1947 und der Erste Bundeskongreß
des Kulturbundes (unter der Präsidentschaft Bechers) ließen nicht nur die
Zweigleisigkeit der offiziellen Kulturpolitik erkennen, sondern auch den
wechselnden Druck, unter den auch der – hier abgekürzt so genannte –
‹Bechersche Weg› geriet. Die Hardliner beider sich auseinander bewegenden
Alliierten-Blöcke arbeiteten in gleicher Richtung.

Die Generation derer, die wegen ‹antifaschistischer Gemeinsamkeit› und
persönlicher Kontakte im Exil noch in publizistischem und brieflichem Austausch blieben (ein Johannes R. Becher korrespondierte mit einem ‹Inneren
Emigranten› wie Frank Thiess), war zu inhomogen, um sich à la longue
literaturpolitisch in *eine* Richtung zu bewegen. Fast bedurfte es nur eines
öffentlichen Anlasses, um die Diskrepanz auch nach außen hin sichtbar werden zu lassen.

3. Vom Berliner Schriftstellerkongreß bis zur staatlichen Teilung

Der Erste Deutsche Schriftstellerkongreß, vom Schutzverband Deutscher
Autoren nach Berlin einberufen (4. bis 8. Oktober 1947), wurde zu diesem
Forum, zuletzt zum Spektakel der Spaltung. Der Schutzverband war Unter-
organisation des am 9. Februar 1946 gegründeten Freien Deutschen Gewerkschaftsbundes. Als Gastgeber wechselten die vier Besatzungsmächte einander
in ihren Sektoren ab. Mehr als 300 Teilnehmer versammelten sich, darunter
Delegationen aus den Vereinigten Staaten, der Sowjetunion, England, der
Tschechoslowakei und Jugoslawien. Schon dadurch erhielt das Treffen der
deutschen Autoren aus allen vier Besatzungszonen den Charakter – und den
Erwartungsdruck – einer internationalen Demonstration. Ricarda Huch, die
thüringische Kulturbund-Präsidentin, führte den Ehrenvorsitz. In ihrer Be-
grüßungsrede beschwor sie das Gefühl eines «ganzen, einigen Deutschland»
und die Überzeugung, daß die Schriftsteller als «Verwalter der Sprache» und
des «Geistes» diese Einheit zu bewahren vor allen anderen berufen seien.[6]

Es entsprach den realen Verhältnissen der Remigration, daß die ‹sozialistischen› Schriftsteller unter den Referenten und Diskussionsbeiträgern die
größte, gewichtigste Gruppe darstellten: Alexander Abusch, Johannes R. Becher, Willi Bredel, Klaus Gysi, Anna Seghers, Friedrich Wolf und manche

weniger Bekannte – und als ganz vereinzelte Vertreter der ‹jungen Generation› Wolfgang Harich und Stephan Hermlin. Als Hauptthemen erwiesen sich bald, wie schon im «Aufbau» und in manchen westlichen Zeitschriften diskutiert, das Verhältnis von ‹innerer› und ‹äußerer› Emigration, der Widerstand unter Hitler, die prinzipielle Rolle der Schriftsteller in ihrer Nation und – überwiegend ganz vage nur angesprochen – die künftige Rolle der Literatur in einem ‹demokratisch› erneuerten Deutschland.

Elisabeth Langässer, als Halbjüdin seit 1936 mit Berufsverbot belegt, trotz schwerer Erkrankung noch 1944 in Berlin dienstverpflichtet, hielt das Einleitungsreferat über «Schriftsteller unter der Hitler-Diktatur». Für sie war die Sprache «der Raum der Dichter», der Verwahrlosung durch die Nazis ausgesetzt und somit vorerst einmal einer «Zeit der Ruhe und des Schweigens» bedürftig.[7] So sehr diese Position der Rednerin durch persönliche Integrität geschützt war, für die Mehrheit der Anwesenden führte sie aus dem Augenblick nicht heraus, vertrat eine problematische Autonomie des Dichterischen.

Alfred Kantorowicz, der über «Deutsche Schriftsteller im Exil» sprach, betonte die Notwendigkeit, in der antifaschistischen Gemeinsamkeit der ‹äußeren› mit den aufrichtigen ‹inneren› Emigranten die «Seele» des deutschen Volkes zu gewinnen. Auf die «Gemeinsamkeit», die in der langen Exilzeit gewachsen sei, wies besonders Anna Seghers hin. «Solidarität», sowohl zwischen den Gruppen als auch zwischen den Völkern – so von Günther Weisenborn verstanden – war ein vielzitiertes Losungswort. Johannes R. Becher lenkte behutsam, aber unüberhörbar auf die Grundtatsache hin, daß Literatur kein «Traumspiel» sei, sondern mit «dem geschichtlichen Prozeß eines Volkes» untrennbar verbunden, und «daß es somit auch gesellschaftliche Verhältnisse gibt, welche ungünstig oder verheerend sich auswirken können für das literarische Leben».[8]

Aus den Worten des 32jährigen Stephan Hermlin (der bereits 1945, mit seinem Freund Hans Mayer, nach Deutschland zurückgekehrt war) wird Ungeduld spürbar: gegenüber allzuviel Verständnis für die «Flucht nach innen» unter Hitler – dies kritisierte auch Wolfgang Harich – und gegenüber der Vernachlässigung der Inhalte. Manches in seiner Polemik gegen die allzu gepflegte «Form» erinnert an die um Hockes «Kalligraphie»-Begriff zentrierte Diskussion im «Ruf» und in der frühen Gruppe 47. Hermlin mahnte wie Becher und andere eine konkrete Kultur- und Literaturpolitik an, die der künftigen Dichtung – nicht zuletzt der «jungen» – auch organisatorische Stützen biete.

Ricarda Huchs und Elisabeth Langgässers respektierte Worte der Versöhnung und des Sichbesinnens waren fast vergessen, als der Ton der Abrechnung und der Distanzierung – vor allem bei Harich und Niekisch – sich verschärfte, als auch Vertreter der sowjetischen Delegation mit harter politischer Verurteilung nichtsozialistischer Positionen auftraten. Es war der Augenblick, in dem der amerikanische Journalist Melvin J. Lasky zur Gegenoffensive antrat und dem Kongreß seinen internationalen Eklat bescherte. Nicht nur die nationalsozialistische, auch die sowjetische «Diktatur» müsse verurteilt werden, die den Schriftstellern «Druck» und «Zensur» auferlege. In Amerika habe man glücklicherweise «nie eine Diktatur kennengelernt».[9]

Die Rede, ausgerechnet im Sowjetsektor gehalten, drohte den Schriftstellerkongreß zu sprengen. Katajew bezeichnete den Amerikaner als «Kriegsbrandstifter», andere warfen ihm Mißbrauch des Forums vor. Der Konflikt der Blöcke war manifest. Lasky begründete 1948 in Berlin die antikommunistische Zeitschrift «Der Monat» und organisierte 1951 den «Kongreß zur Verteidigung der Kultur». Im Oktober 1947 setzte sich noch gerade der Wille der Mehrheit durch, die Chance der zwar kontroversen, aber gemeinsamen Orientierung zu nutzen. Ein offizielles «Manifest» bekräftigte auf allgemeinster Ebene die herausgehobene Rolle der Schriftsteller, die «humanistische Tradition» und den Kampf für «Frieden» und nationale «Einheit».[10] Johannes R. Becher, der Kulturbund-Präsident, beendete mit einer Ansprache, die der gleichen Tendenz Ausdruck gab, den Kongreß.

Teilnehmerschaft und Verlauf des Kongresses illustrierten vor allem dreierlei: wieviel an schriftstellerischen Parteiungen aus der Zeit vor 1933 noch wirksam und durch die ‹Gemeinsamkeit› des Exils allenfalls modifiziert worden war; wie stark das Bedürfnis nach Orientierung, Aussprache und Austausch sich inzwischen regte; und wie durchschlagend die Interessen der beiden sich abgrenzenden Machtblöcke bereits in das literarische Leben hineinwirkten. Hans Mayer hat das Gespräch als von vornherein «windschief» gekennzeichnet. Nicht nur, daß die sich als Sozialisten verstehenden Schriftsteller bei aller Verschiedenheit insgesamt die deutlichere Entwicklungsperspektive vermittelten. In Berlin wurde auch, namentlich durch die Vorarbeit des Kulturbundes, der ‹östliche› Einfluß unverkennbar; die Stellungnahmen der sowjetischen Delegierten machten ihn zusätzlich explizit.

Der Zweite deutsche Schriftstellerkongreß, am 18. und 19. Mai in Frankfurt am Main aus Anlaß der Hundertjahrfeier der Paulskirche, sah die westlichen Autoren schon fast ganz unter sich. Zwar war Hans Mayer anwesend (noch vor seiner Übersiedlung von Frankfurt nach Leipzig im selben Jahr), auch Plievier; doch dieser war bereits 1947 von Weimar an den Bodensee umgezogen. Die Londoner Konferenz der Westmächte und der Zusammenbruch des alliierten Kontrollrats am 20. März hatten die Kommunikation auch unter den Schriftstellern erheblich erschwert. Die Kulturtagung der SED in Berlin am 7. Mai mit Reden Otto Grotewohls («Die geistige Situation der Gegenwart und der Marxismus») und Anton Ackermanns («Marxistische Kulturpolitik») verstärkten in der SBZ den Druck, über die «antifaschistische» Front und über die «Bündnispolitik» – wie sie der Kulturbund zunächst arbeitsteilig weiterverfolgte – hinauszugelangen. Die Bitterfelder Tagung des Freien Deutschen Gewerkschaftsbundes (FDGB) vom 26. November erinnerte die «Kulturschaffenden» nachdrücklich an ihre Pflichten im «Betrieb». Noch vor Jahresende weilte eine Schriftstellerdelegation (u. a. Claudius, Hermlin, Kellermann, Seghers, Weisenborn – nicht Becher) in der Sowjetunion.

In potenzierter Deutlichkeit spiegelte die von Alfred Kantorowicz herausgegebene Zeitschrift *Ost und West* die Interessenmechanik der Blöcke, zwischen denen sie programmatisch gerade vermitteln wollte. Noch vor dem

Berliner Schriftstellerkongreß verweigerten die westlichen Besatzungsmächte dem im amerikanischen Exil gewesenen und im amerikanischen Sektor lebenden «Sozialisten» die Lizenz, ab Juli 1947 erschien die Zeitschrift mit Genehmigung nur der sowjetischen Militärverwaltung. Ostentativ brachte sie Texte von McCullers *und* Gorki, Neruda *und* Zola, Dreiser *und* Turgenjew, und vor allem Nachrichten, Besprechungen, Essays aus allen vier Zonen (oft auch bewußt ‹kontrastiv›). 1949 war der Balanceversuch den sowjetischen Administratoren (und der SED) trotz des zunehmend west-kritischen Akzents nicht mehr genehm; die Zeitschrift wurde eingestellt.

Die Währungsreform im Westen am 20. Juni 1948 bedeutete für das literarische Leben in der SBZ nicht nur, daß es noch stärker von der westlichen Buch- und Zeitschriftenproduktion abgeschnitten wurde. Komplementär dazu wurde die Literaturpolitik immer gezielter in die Planungen der SMAD und der SED eingespannt. Mit der Errichtung der «demokratischen Einheitsschule» in den Ländern und Provinzen der SBZ schon Ende Mai/Anfang Juni 1946 war auch die kulturell-literarische Erziehung von ihrem Fundament her «fortschrittlich-humanistisch» ausgerichtet, mit Betonung der «Klassiker», aber auch einer Öffnung zu den Interessen der «Volksmassen» hin. Der Kulturbund pflegte zwar nach wie vor die tendenzielle Öffnung auch zu nichtsozialistischen, antifaschistischen Autoren des Westens. Der «Aufbau» druckte sowohl Texte von Thomas Mann als auch solche von Wolfgang Weyrauch. Unter den westlichen Zeitschriften hob er besonders die «antifaschistischen», linkskatholischen «Frankfurter Hefte» von Walter Dirks und Eugen Kogon hervor.

Die ältere Garde der aus dem Exil Heimgekehrten wurde zunächst noch durch die großen Muster wie *Das siebte Kreuz* von Anna Seghers, *Die Illegalen* von Günther Weisenborn oder *Stalingrad* von Theodor Plievier repräsentiert. Eine grundlegend «neue» Literatur, die unmittelbar auf die neuen ökonomischen und sozialen Verhältnisse der SBZ antwortete – nicht notwendigerweise sie widerspiegelte –, war von diesen Älteren nur bedingt zu erwarten. Der bereits 1946 einsetzende Import von übersetzter Sowjetliteratur, auch auf den Bühnen, begegnete nicht nur Vorbehalten der «Schematik» und des «Unschöpferischen», gegen die sich etwa Alexander Dymschitz im Oktober 1946 mit einem programmatischen Beitrag (in der *Täglichen Rundschau*) zur Wehr setzte. Die Welt Sowjetrußlands, insonderheit die puristische Shdanows, war zu fern und fremd, als daß sie den «Volksmassen» in Deutschland ohne weiteres literarisch vermittelbar gewesen wäre.

So schien es der SED an der Zeit, zumindest die «Kunstschaffenden» der mittleren und jüngeren Generation konkret in die «Planung» des sozialistischen Aufbaus einzubeziehen. Auf einer Arbeitstagung der sozialistischen Künstler und Schriftsteller in Berlin vom 2. und 3. September 1948 eröffnete denn auch Anton Ackermann sein Referat «Die Kultur und der Zweijahresplan» mit der optimistischen Prognose: «Die Erfüllung des Zweijahresplanes wird die Initiative von Millionen Menschen wecken und sie zur schöpferischen Mitarbeit heranziehen.»[11] Und schließlich die komplementäre, recht rigorose Forderung: «Der Schriftsteller und Künstler muß dort leben, wo sich das Gesicht des neuen Menschen formt, in den volkseigenen Betrieben und auf dem befreiten Boden des Bauern.» Es war mehr als ein Jahrzehnt vor der ersten Bitterfelder Konferenz.

Gewissermaßen antipodisch zu dieser ebenso pauschalen wie irrealen Zukunftsforderung stand das, was sich auf lange nationale Erfahrungen, Institutionen, Apparate stützen konnte und der «Formung» des neuen «Menschen» rückversichernd dienen sollte: die Klassikerpflege an Schulen und Theatern. Der Begriff der «Klassiker» umfaßte dabei in einem unbestrittenen Kernbereich Lessing, Goethe, Schiller und Heine, wurde jedoch von Mal zu Mal auch erweitert, zu Büchner, Keller, Fontane und anderen, mitunter sogar bis zu Autoren wie Thomas Mann. Als am 1. Juli 1946, kurz nach der Dekretierung der «Einheitsschule», die provisorischen «Lehrpläne für die Grund- und Oberschulen in der SBZ Deutschland, Deutsch» erschienen, wurden drei Grundmotive der Klassikerpflege erkennbar, die in den kommenden Jahren mit wechselnder Akzentuierung immer wiederkehrten.

Kernpunkt des pädagogisch-kulturpolitischen Eintretens für die Klassiker war, ganz im Sinne Bechers und des Kulturbundes, das humanistisch-optimistische «Menschenbild». In ihm repräsentierte sich nicht nur «fortschrittliches» Erbe schlechthin, sondern «nationales» Erbe, dessen Werte nun erstmals in der deutschen Geschichte als Bestandteile einer demokratischen Gesellschaftsordnung verwirklicht werden sollten (hier waren recht früh Abgrenzungstendenzen gegenüber der Entwicklung im Westen spürbar). Ein literaturpolitisch-praktischer Vorzug der Klassikerpflege schließlich war elementar: *Nathan* und *Iphigenie* und *Deutschland. Ein Wintermärchen* und Kellers Novellen standen, jenseits aller Debatten über ‹innere› und ‹äußere› Emigration, über Faschismus-Bewältigung und ‹neue› Literatur, unbezweifelt und unaufwendig zur Verfügung. Schon 1946 begann neben dem Aufbau Verlag vor allem der Leipziger Reclam Verlag mit der Produktion billiger Klassikerheftchen in großer Zahl.

Die Vermittlung des «Menschenbildes» durfte, wie es immer wieder hieß, den Impetus des «Gefühlsmäßigen» nicht vernachlässigen. Die «Ergriffenheit» des Lehrers sollte auf die Schüler «überströmen» – hier war das gemeinsame ost-westliche Fundament der Literaturpädagogik noch mit Händen zu greifen.

Die Spielpläne der Theater zeigten, was die Auswahl der Stücke angeht, ein durchaus analoges Bild. In den ersten Nachkriegsjahren nehmen deutsche und weltliterarische «Klassiker» regelmäßig etwa 40 bis 50 Prozent des Repertoires ein, *Nathan* und *Iphigenie* waren wie im Westen die Spitzenreiter. Erst in der Verlängerung der Erbe-Linie bis zu den sozialkritischen Dramen Hauptmanns und Sternheims hin profiliert sich, was die Stücke-Auswahl angeht, deutlicher die ‹Tendenz›. Daß Weimar gerade von der Roten Armee befreit worden war, erschien auch in offiziösen Verlautbarungen zur Klassikerpflege als stolze Bestätigung des verpflichtenden Erbes. In den Goethe-Feierlichkeiten des Jahres 1949 wurde es zum Leitmotiv, zum auch parteioffiziellen. Am 10. März verabschiedete der SED-Parteivorstand eine Erklärung «Unsere Aufgaben im Goethe-Jahr». Einer der Kernsätze lautete: «Die SED steht an der Spitze aller fortschrittlichen Kräfte im Kampf um eine neue Kultur, die an das große kulturelle Erbe des klassischen deutschen Humanismus anknüpft und dabei besonders den tiefen demokratischen und humanistischen Gehalt lebendig gestaltet, der aus Goethes Werk zu uns spricht.»[12] Eine öffentliche Debatte um Goethes Humanität, wie sie im Westen von Jaspers und Curtius geführt wurde, war nicht einmal im Ansatz erkennbar (die Auseinandersetzung über Eislers *Johann Faustus*, die ja auch das Goethe-Bild berührte, folgte erst Jahre später).

Als Thomas Mann am 1. August 1949 durch seine Weimarer Ansprache den dortigen Festakt zum äußeren Höhepunkt des Goethe-Jahres erhob, wurde dies zur glanzvollen Bestätigung des Erbe-Vollzugs. In Frankfurt am Main war der nach 16 Jahren erstmals Deutschland Besuchende ob seiner Weimar-Pläne unfreundlichen Reaktionen ausgesetzt. Johannes R. Becher (der ihn 1947 bereits in Zürich aufgesucht hatte) holte ihn ostentativ in Bayreuth ab, und der sowjetische Stadtkommandant von Berlin, Tulpanow, gab ihm zu Ehren ein offizielles Frühstück. Was von Thomas Mann wiederholt und ausdrücklich als «gesamtdeutsche» Bemühung verteidigt wurde, wandelte sich durch demonstrative Akte solcher Art – die im Westen kein Äquivalent fanden – zur politischen Selbstbestätigung. Bechers Rede «Der Befreier» nahm geschickt auf, was Thomas Mann wenige Monate zuvor in «Goethe und die Demokratie» als Postulat einer demokratischen Erneuerung Deutschlands formuliert hatte.

Dies alles geschah bereits im Zeichen der Tatsache, daß am 19. März der 1. Volksrat eine Verfassung für eine Deutsche Demokratische Republik beschlossen (am 29./30. Mai vom 3. Deutschen Volkskongreß bestätigt) und der Parlamentarische Rat am 23. Mai das Grundgesetz der Bundesrepublik Deutschland verkündet hatte. Am 7. Oktober wurde die Gründung der Deutschen Demokratischen Republik vollzogen.

4. Schließung des «Systems», Planung des literaturpolitischen «Aufbaus»

Die Fülle der literaturpolitischen Veränderungen, die sich zwischen Frühjahr 1949 und dem Ende des gleichen Jahres in der SBZ vollzogen, ließ einerseits den ‹zentralen› Zugriff, die Steuerung aus administrativen Machtzentren erkennen. Sie bestätigte andererseits, wie lange zuvor schon die Weichen innerhalb der verschiedenen Organisations-‹Stränge› gestellt worden waren

(SMAD, SED, Kulturbund vor allem). Der Parteivorstand der SED grenzte sich in einer Entschließung vom 23./24. August, konsequent an vorausgehende Dekrete anknüpfend, nunmehr «kämpferisch» ab: «Im Rahmen des Kampfes der Nationalen Front für Einheit und gerechten Frieden ist ein energischer Kampf *gegen das Eindringen und die Verbreitung dekadenter Kunst und Lebensformen des ausländischen Imperialismus* zu führen und die Entwicklung einer nationalen Kultur [...] zu fördern.»[13] Der neue Minister für Volksbildung, Paul Wandel, akzentuierte am 14. Oktober besonders die «Pflege» der «wahren, edlen deutschen Nationalkultur» in allen Bildungsinstitutionen und insonderheit beim «werktätigen Volk».[14] Und der Kulturbund faßte am 25./26. November seine «Grundaufgaben» neu, wobei ostentativ die Sowjetunion als «Vorkämpferin des Weltfriedens» gepriesen, zugleich jedoch die Zusammenarbeit «mit allen Deutschen und mit allen Organisationen in ganz Deutschland» angeboten wurde.[15] Beim Zweiten Deutschen Schriftstellerkongreß (März 1950) wurde innerhalb des Kulturbundes der Deutsche Schriftstellerverband, mit Bodo Uhse als Vorsitzendem, gegründet (im Mai 1952, auf dem Dritten Schriftstellerkongreß, wird er selbständige Organisation). Mit diesem Quasi-Monopolverband nach sowjetischem Muster war das System der wichtigsten literaturpolitischen Instrumente komplett.

Hinter der Fülle der administrativen Festschreibungs-«Maßnahmen» vor allem des Jahres 1949 verschwand mitunter die Aufmerksamkeit dafür, daß in den gleichen Zusammenhang auch die Gründung höchst fruchtbarer, für das literarische Leben der DDR folgenreicher Institutionen gehörte. Bertolt Brecht, nach Versuchen des Fußfassens in München (an den Kammerspielen) erst 1948 nach Ostberlin zurückgekehrt, rief zusammen mit Helene Weigel das «Berliner Ensemble» ins Leben. Die Zeitschrift *Sinn und Form* erschien erstmals, herausgegeben von Johannes R. Becher und Paul Wiegler (noch das Jahr 1949 brachte ein Sonderheft zu Bertolt Brecht), von Heft 5/6 des ersten Jahrgangs an bis 1962 unter der Chefredaktion von Peter Huchel. Beide Gründungen erwiesen sich bald als Foren künstlerischer – auch theoretischer – Versuche, die sich der völligen Planbarkeit von oben wiederholt entzogen.

Für die auf «Planung» setzenden Dogmatiker im literaturpolitischen Feld bedeutete freilich das Jahr 1949 eine neu definierte Situation. Der ökonomische Rückstand gegenüber dem Westen – aus sehr unterschiedlichen, vieldiskutierten Gründen – war längst evident geworden. Ausgreifende Demontagen durch die sowjetische Besatzungsmacht und Reparationszahlungen an sie hatten das Fundament erheblich geschwächt. Der inzwischen etwa zur Hälfte verstaatlichten Industrie fehlte der Zusammenhang mit der hauptsächlich im Westen plazierten Schwermaschinenproduktion. Im Zuge der Landreform war zwar der Großgrundbesitz auf Neubauern verteilt worden, doch auch ihnen fehlte es an modernem Gerät und an rationelleren Arbeitsmethoden.

Ein Weg, diese gravierenden Defizite auszugleichen, lag in der Steigerung der «Arbeitsproduktivität». Die in zahlreiche Einzelbeschlüsse und Einzelaktionen ausdifferenzierte Bewegung personalisierte sich – bald vielbespöttelt – in dem Bergmann Adolf Hennecke, der schon im Herbst 1948 sein Soll um 387 Prozent «übererfüllte». Literatur und Kunst, zwar von Beginn der Kulturbund-Aktivität an pauschal dem «Aufbau» zugeordnet, sollten nach dem Willen von immer mehr SMAD- und SED-Funktionären gezielt der ökonomischen Produktivität dienen. Selbst die Klassikerpflege wurde solchermaßen funktionalisiert, indem etwa Goethe als Muster eines «stets arbeitenden Menschen», eines «tätigen Humanismus» gefeiert wurde. Die schon 1946 in Verlautbarungen der SED geforderte Öffnung der Kultur zu den «Volksmassen» hin wurde nun im Sinne eines «operativen» Konzepts verstärkt. Die 1. Parteikonferenz der SED vom 25.–28. Januar 1949 forderte ausdrücklich, daß «Kulturarbeit im Dienste des Zweijahresplans» zu leisten sei und instrumentell der «Entfaltung des Arbeitsenthusiasmus» zu dienen habe.[16]

Dies richtete sich nicht zuletzt auf die *neu* zu produzierende Literatur. Humanistische Klassikerpflege und antifaschistische Aufarbeitung der Erfahrungen von Nationalsozialismus, Krieg und Exil – dies alles zunehmend unter dem Globalstichwort «Vergangenheit» erscheinend – reichten einer sozialistischen «Planung» nicht mehr zu. Vor allem die Weise, wie alte und besonders neue «Realität» in der Kunst gestaltet werden sollte, erschien durch antifaschistische Grundüberzeugung allein nicht hinreichend «produktiv» normiert. Es bildete sich unter den Schriftstellern und Künstlern, unter den SED-Funktionären wie unter denen des Kulturbundes ein Diskussionskomplex heraus, in dem die Propagierung des «sozialistischen Realismus» und die Kampagne gegen «Formalismus», («bürgerliche») «Dekadenz», «Modernismus» und «Kosmopolitismus» sich oft nur schwer gegeneinander abgrenzen ließen.

Die Vorgeschichte, derer man sich jetzt zum Teil bewußt wurde, reichte bis weit in die dreißiger Jahre, in die Zeit des Exils, zurück. Die sogenannte «Expressionismus»- (oder auch «Realismus»-)Debatte zwischen Lukács (Bredel u. a.) auf der einen und Brecht (Eisler, Bloch u. a.) auf der anderen Seite hatte sich an der Frage entzündet, inwieweit die als «modern» verstandenen expressionistischen Formtechniken wie Montage, Parabolik und Verfremdung auch einer fortschrittlichen, sozialistischen Kunst angemessen seien. Lukács hatte sie als spätbürgerlich dekadent, zerstörerisch und – im Hegelschen Sinn – objektiv reaktionär gekennzeichnet und ihnen die großen «Realisten» des 19. Jahrhunderts wie Balzac und Tolstoi als Schöpfer «klassischer», auf «Totalität» gerichteter, «geschlossener» Kunstwerke entgegengestellt.

Im Zeichen der von der SED angemahnten Öffnung zu den «Volksmassen» und der unmittelbaren Beförderung des «Arbeitsenthusiasmus» schien Lukács' Doktrin neue Attraktivität zu gewinnen. Das «optimistische» Menschenbild der humanistischen Klassiker versprach vorbildhaftere Wirkung als das überwiegend «pessimistische» der «Modernen». Deren sehr eingeschränkte Zugänglichkeit für breitere Schichten, in der Musik am eindeutigsten manifest, galt gewissermaßen als wirkungsästhetischer Beweis für ihr Defizit an objektiver, gesellschaftlicher «Fortschrittlichkeit». So standen in einer typologischen Reihe Kleist gegen Goethe, Balzac – und Keller, den Lukács besonders schätzte – gegen Joyce, Kafka gegen Thomas Mann, der als großbürgerlicher Autor schließlich auch politisch zum «Sozialismus» gefunden habe.

In der Bewertung der «Klassiker» des 18. und 19. Jahrhunderts war der Aspekt des «Erbes», speziell auch des «nationalen» Erbes und der Literaturpädagogik dominant. Der Fall Kafka betraf bereits unmittelbar die Produktion einer «neuen», sozialistischen Literatur, zumal im Westen Ende der vierziger Jahre etwa im Kreis der «jungen» Autoren aus der Gruppe 47 die Welle der produktiven Kafka-Rezeption eingesetzt hatte.

Der Begriff des «sozialistischen Realismus» war, als man sich im Oktober 1947 zum Ersten deutschen Schriftstellerkongreß in Berlin versammelte, den meisten Teilnehmern noch durchaus unvertraut. Er begegnete denn auch in den öffentlichen Äußerungen während des Kongresses kaum – nicht nur aus Rücksichten auf die «Bündnispolitik». Er mußte vielen erst vermittelt werden, komplementär zu verstärkten Angriffen gegen «formalistische» Tendenzen. Dies geschah vor allem aus zwei Richtungen. In der Sowjetunion war schon 1934 durch Andrej Shdanow der «sozialistische Realismus» als stalinistische Leitlinie festgelegt worden: Darstellung «objektiver» Wirklichkeit in «revolutionärer» Perspektive, mit Gegenständen möglichst aus der sozialistischen «Produktion» (Landwirtschaft, Industrie), mit positiven, vorbildhaften «Helden» zum Zwecke der Leser-Identifikation. Seit 1946, verstärkt dann seit 1948, vertraten Alexander Dymschitz und namentlich Fritz Erpenbeck, der mit der «Gruppe Ulbricht» aus Moskau gekommen war, diese Doktrin mit Hartnäckigkeit und zunehmendem Einfluß. Alles, was sich dem Schema nicht fügen wollte oder gar Einfluß der westlichen «Moderne» erkennen ließ, wurde rasch und unerbittlich mit den Etiketten «Formalismus», «Subjektivismus», «Modernismus» usw. belegt.

Der andere Strang der «Realismus»-Theorie verband sich wesentlich mit dem Namen von Georg Lukács, dem 1885 in Budapest Geborenen, der zunächst ganz in der Tradition der deutschen idealistischen Philosophie seine literarästhetische Position entwickelte (*Theorie des Romans,* 1920) und während der zwanziger Jahre zu einem der führenden marxistischen Kulturtheoretiker aufstieg. Während langer Jahre im Moskauer Exil (1929–1945) bildet sich unter anderem seine Theorie des «Realismus» heraus, die an den «Klassikern» des 19. Jahrhunderts orientiert war und sich von den zunächst starken Tendenzen des «Proletkults» ebenso entschieden absetzte wie von den «dekadenten» der «Moderne».

Die Verwurzelung in spezifisch deutschen Überlieferungen – im Gegensatz besonders zu Shdanow – war einer der Gründe, weshalb Lukács (der im Exil mehrfach in Spannung zur KPdSU geraten war) nach dem Krieg von seinem Budapester Philosophie-Lehrstuhl aus eine vieldiskutierte (Fast-)«Monopol-stellung» gewann, wie es Alexander Abusch später formulierte.[17] Noch im Jahr der Teilung druckte das *Neue Deutschland* (8. Juli 1949) eine Budapester Rede ab, in der Lukács den «Literaturkritiker» auf «Literaturpolitik» ver-pflichtete, auf die Norm des «werktätigen Menschen» im Rahmen des «sozia-listischen Realismus» und auf die «Ausmerzung kapitalistischer Überreste in der persönlichen Haltung der einzelnen Kritiker».

Diese Radikalposition der Literaturpolitik (bei der die Vokabel «Ausmer-zung» noch aus der Nazi-Ära in den Ohren klang) entsprach der neuen Rigidität der SED vollkommen. Nach der Gründung des Monopol-Schrift-stellerverbandes 1950 (im gleichen Jahr gab es erste Pläne für ein «Literatur-Erziehungs-Institut») wurde 1951 mit dem «Amt für Literatur und Verlags-wesen» und mit der «Staatlichen Kommission für Kunstangelegenheiten» das administrative System zentraler Kulturlenkung abgeschlossen.

Das Zentralkomitee der SED regelte auf seiner V. Tagung (15. bis 17. März 1951) detailliert den «Kampf gegen den Formalismus in Kunst und Literatur, für eine fortschrittliche Kultur» und diagnostizierte in Westdeutschland zu-gleich einen «katastrophalen Tiefstand» durch den «verderblichen Einfluß des amerikanischen Monopolkapitalismus».[18] Kurz zuvor hatte Wilhelm Gir-nus (*Neues Deutschland* vom 13./18. Februar) den westlichen «Formalismus» und «Kosmopolitismus» als objektiv im Dienst des «amerikanischen Imperia-lismus» stehend gebrandmarkt. Ein vorläufiger Höhepunkt des literaturpoli-tischen Stalinismus, der parteioffiziell-staatlichen Kampfstrategie war er-reicht.

Der «Erste Gesamtdeutsche Kulturkongreß» in Leipzig (16. bis 19. Mai 1951) mit Bechers Referat «Wir wollen uns an einen Tisch setzen» bestätigte im Grunde nur, daß der «Wille zur Einheit unserer Kultur»[19] Forderung für eine unbestimmte Zukunft blieb. Die Mehrsträngigkeit der Literaturpolitik, wie sie seit 1945 vor allem durch den Kulturbund ostentativ vertreten worden war, hatte faktisch ihr vorläufiges Ende gefunden. Während im Westen der Marshallplan erste ökonomische Wirkungen zeigte (1950) und über einen deutschen Beitrag zu den atlantischen Streitkräften verhandelt wurde (1951), wurde in der DDR am 1. November 1951 der Erste Fünfjahresplan beschlos-sen. Die 2. Parteikonferenz der SED vom 9. bis 12. Juli 1952 proklamierte dann den «planmäßigen Aufbau der Grundlagen des Sozialismus».

Welche Texte gehören zur ersten Phase der SBZ-Literatur? Gibt es die überhaupt? Theodor Plieviers *Stalingrad* (1945), Anna Seghers' *Das siebte Kreuz*
(1946) oder Günther Weisenborns *Memorial* (1948) erschienen gleichzeitig in
mehreren Besatzungszonen. Plievier (1892–1955) wechselte kurz nach der
Publikation seines Kriegsromans in den Westen, Anna Seghers (1900–1983)
lebte 1946 noch im Exil, Weisenborn (1902–1969) lebte schon in Westberlin,
als *Memorial* in der SBZ herauskam. Plievier und vor allem Anna Seghers
hatten vor 1933 der KP nahegestanden oder angehört, Weisenborn hatte mit
Brecht zusammengearbeitet und war wegen Kontakten zur KP-nahen Wider-
standsorganisation «Rote Kapelle» 1942 inhaftiert worden. Die Rote Armee
hatte ihn aus dem Zuchthaus Luckau befreit. Plievier hatte seinen *Stalingrad*-
Roman aus dem Moskauer Exil mitgebracht, der Widerstandsroman der
Anna Seghers war bereits 1942 in New York und Mexiko englisch und
deutsch herausgekommen. Die Romane von Plievier und Seghers gehörten
jedoch in den ersten Nachkriegsjahren zu den Büchern mit der höchsten
Auflage in der SBZ. Die drei Beispiele zeigen, daß man vielfach abzuwägen
hat, daß ein Kanon der SBZ-Prosa nicht unbefragt existiert. Das wird sich in
den Jahrzehnten der DDR-Literatur unter neuen Bedingungen nicht ändern.
Für die Anfangsphase läßt sich jedenfalls als schlichtes Kriterium angeben,
daß ein Text (zuerst) in der SBZ erschienen sein muß, um ihrer Literatur
anzugehören. Deshalb ist *Das siebte Kreuz* Teil der Exilliteratur, obwohl
Anna Seghers 1947 in die SBZ übersiedelte und zur bedeutendsten DDR-
Autorin der älteren Generation (der zwischen 1880 und 1900 Geborenen)
wurde. Zu den Büchern, die dagegen ganz eindeutig Bestandteil einer bereits
politisch gesteuerten SBZ-Literatur waren, gehört etwa Harald Hausers
(*1912) Widerstandsroman *Wo Deutschland lag...* (1947), Adam Scharrers
(1889–1948) autobiographischer Roman *In jungen Jahren* (1946) oder Bernhard Kellermanns (1879–1951) Roman über das Ende einer bürgerlichen Familie als Mitläufer und Opfer der Naziherrschaft: *Totentanz* (1948). Die
Publikation dieser Romane war nur teilweise – so bei Hauser – im unverhüllt
KP-nahen Inhalt begründet, wollte man doch die antifaschistisch-demokratischen Kräfte – allerdings zentriert um die KPD – zu einem Bündnis zusammenführen. So waren deutliche literaturpolitische Akzente gesetzt, die noch
eine gewisse Offenheit der literarischen Darstellung gestatteten.

Nahezu alle Romane der ersten Jahre lassen sich den drei großen Themenbe-
reichen Zweiter Weltkrieg, Widerstand gegen den Faschismus, Tradition und

Geschichte der Arbeiterbewegung zuordnen. Nur wenige führen, zumeist in einem programmatischen Ausblick, bis in die Nachkriegsgegenwart.

1. Krieg und Widerstand

Der wichtigste *Kriegsroman*, Plieviers *Stalingrad*, ist zugleich der einzige, der nicht aus der Perspektive der Widerstandskämpfer geschrieben ist, sondern an der Verflechtung von verbrecherischen Befehlen und bedingungslosem Gehorsam die Frage nach den Ursachen des Krieges zu stellen versucht.

So sind dem Roman die Kapitulationsbedingungen einmontiert, die vor Beginn der mörderischen Kämpfe von der Roten Armee an die eingeschlossenen Deutschen geschickt wurden. Das ist die Ausgangslage. Der Schauplatz des Geschehens verengt sich konzentrisch von den einfachen Soldaten der äußersten Schützengräben zum Befehlsstand des Feldmarschalls, der am Ende allein noch den deutschen Teil des Schlachtfelds markiert. Er lernt nichts aus seiner Unmündigkeit. Der Roman behält das, bezeichnend für die Kriegsprosa der ersten Jahre, einem Offizier (Oberst) und einem Unteroffizier vor, die beide nicht zu einer gründlichen Faschismus-Analyse gelangen, jedoch zur Einsicht in eine deutsch-preußische Tradition herrschender Schichten und eines ‹Volkes›, das erkenntnislos immer Opfer bleiben mußte.

Weniger unverhüllte Belehrung, vielmehr der Schock des realistisch Dargestellten soll den Leser des Romans nochmals mit der unsäglichen Wirklichkeit des Krieges konfrontieren, mit einer katastrophalen historischen Kontinuität, die nur Aufklärung und Einsicht in Schuldzusammenhänge, nicht die Illusion des ‹Zusammenbruchs› beenden kann. In diesem Sinn ergreift der Roman Partei gegen soziale und ideologische Strukturen, kaum für eine präzis identifizierbare Politik.

Stofflich eingeschränkter nahm Hans Falladas (1893–1947) vorletzter Roman *Jeder stirbt für sich allein* (1947) das auf. Dieser «Widerstandsroman» geht wie Plievier auf Tatsachen zurück, was für einen erheblichen Teil der Erzählprosa jener Jahre bezeichnend ist. Dargestellt sind die Aktionen eines Arbeiterehepaars in Berlin, die allein aus der moralischen Überzeugung der beiden erwachsen, daß der Hitler des Krieges ein ‹Mörder› sei. Fallada führt isolierte Einzelne vor, die im Mörderstaat zum Tode verurteilt wurden, nachdem ihre Taten aufgedeckt waren.

Wie Plievier mit *Stalingrad* an seine früheren Romane zum Ersten Weltkrieg anknüpfen konnte, so hat Fallada das Thema des politischen Widerstands auf eine Weise verarbeitet, die er schon vor 1933 in *Kleiner Mann – was nun?* gewählt und auch in Romanen, die nach 1933 von ihm in Deutschland erschienen waren, beibehalten hatte: Der kleine Mann als Opfer oder befangen im rührenden Versuch, den immer nur episodisch vergegenwärtigten Institutionen der Gesellschaft so etwas wie Moral entgegenzusetzen. Angeklebt wirkt denn auch das Schlußkapitel des Widerstandsromans, das 1946 einen Sohn mit seinem Vater, einem Exnazi, konfrontiert. «Ich habe keinen Vater! [...] und ich fang ganz von frischem an.» Das für Fallada bezeichnende Naturbild des frisch gesäten Korns wirkt ebenso vage wie Plieviers abschließendes Bild der

«Fußspur von zwei nebeneinanderschreitenden Männern», denen der Leser folgen soll, nicht in die Gefangenschaft wie jene, sondern durch Einsicht zur Selbstbestimmung – zur klaren Absage an die Nazi-Väter, aber in eine ungewisse Zukunft.

Das ist bei Hauser ganz anders. Sein stark autobiographisch geprägter Roman *Wo Deutschland lag*... erzählt vom Widerstandskampf eines deutschen Kommunisten in Frankreich. Das Vater-Sohn-Motiv wird zum politischen Entscheidungskampf, der den Kommunisten Paul mit seinem Sohn, einem Soldaten der Hitler-Armee in Frankreich konfrontiert. Die nur episodisch angedeutete Entwicklungsgeschichte des Sohnes, sein ‹Abschied› vom Nazismus, ist eines der zentralen Kompositionsmotive der gesamten DDR-Literatur. Was man später geradezu «Abschiedsroman»[1] genannt hat, knüpft an den Titel eines autobiographischen Entwicklungsromans von Johannes R. Becher an, der, 1940 zuerst in Moskau erschienen, 1945 in der SBZ herauskam. *Abschied. Einer deutschen Tragödie erster Teil* berichtet von der Rebellion eines Bürgersohnes gegen seine Eltern, zumal gegen seinen Vater, in der Zeit vor 1914. Der zweite Teil des Romans blieb wohl nicht zufällig Fragment (*Wiederanders*, veröffentlicht 1960) – er hätte im ersten Teil nur angedeutete *politische* Entwicklung der Hauptfigur Hans Gastl konkretisieren müssen.

Bei Hauser kommt der Sohn nur als Nebenfigur vor, mit der sich jüngere Leser identifizieren sollen. Der Vater und Kommunist Paul gelangt nach Kriegsende ins Ruhrgebiet, wo er bei einer Betriebsversammlung auf die Westorientierung des neuen deutschen Kapitalismus und den vorbildlichen Weg der Enteignung der Konzerne hinweist, den die «Arbeiter Sachsens, Thüringens, Brandenburgs» gegangen sind. «Ja, wenn die Arbeiter einig wären!» Nicht nur diese politische Belehrung, die sich angesichts der erzwungenen SED-Gründung (1946) nach Westdeutschland wendet, macht den Romanschluß verdächtig. Es ist ebenso der autoritäre Erzählgestus, mit dem schon wieder kollektive Wahrheit verkündet wird, und sei es potentiell aufklärerische. Der Erzähltopos der ‹Versammlung›, der ebenfalls in zahllosen Varianten die Literatur der DDR prägen sollte, erscheint bei Hauser in einer für die frühen Jahre bezeichnenden Form: «Paul schwieg, und die Stille war schwer und ungelöst. Tausend geschwärzte Gesichter sahen zu ihm auf.»

2. Politische Tradition

Die Rekonstruktion und literarische Verbreitung einer politischen Tradition des Denkens und Handelns, die als Alternative zum Faschismus und seiner Vorgeschichte verstanden werden sollte, war die Absicht *autobiographischer Entwicklungsromane*, die historisch weiter zurückgriffen. Die Ereignisse um den Ersten Weltkrieg, die zum Zweiten geführt hatten, konnte man dabei als Analogie zur Konstellation nach 1945 lesen, ohne dies ausdrücklich sagen zu müssen. So bleiben denn Romane von Hans Marchwitza (1890–1965; *Meine Jugend* 1947) oder Bodo Uhse (1904–1963; *Wir Söhne* 1948) ohne Anspielung auf die aktuelle Situation, wenn sie die Geschichte eines Proletarierjungen bis zum Ersten Weltkrieg oder eines Bürgersohnes während jenes Krieges erzählten.

Marchwitza läßt seinen Helden am Ende zum Klang der Marseillaise desertie-
ren, während Uhse entschiedener auf eine Fabelkonstruktion zurückgreift, die
ebenfalls zum Topos der DDR-Erzählprosa werden sollte: Politische Wandlungs-
und private Liebesgeschichte verbinden sich, wobei in den Anfangsjahren das
zweite vor allem emotionales Transportmittel des ersten ist, weil der politische Roman in den Konventionen des herkömmlich erzählten realistisch-psychologischen
Romans vorgetragen werden soll. Auch Uhse legt die neue politische Orientierung
seines bürgerlichen Ich-Erzählers, mit dem sich wie bei Marchwitza der unentschlos-
sene Leser identifizieren soll, inhaltlich nicht genau fest. Zweifelsfrei wendet sich der
Erzähler gegen die gesellschaftlichen Kräfte des Krieges und der Konterrevolution
(von 1918).

Marchwitzas Buch, das stofflich und der biographisch-literarischen Herkunft des Autors nach der ‹proletarisch-revolutionären› Tradition der zwanziger Jahre entstammt, zeugt für einen Autor, der die kunstlose publizistische
Sprache seiner frühen Texte verloren hat, in denen die mangelnde Identität
von sprechendem Subjekt und Sprache aufrichtig in Erscheinung trat; er hat
nun eine Sprache übernommen, in der diese Diskrepanz mit trivialen Mitteln
verkleistert ist. Nur in einzelnen Episoden erscheint noch so etwas wie der
redliche Bericht über Ausbeutung. Das ist symptomatisch für den Funktionsverlust einer ‹proletarischen› Schreibweise, an deren Wiederbelebung unter
veränderten Bedingungen Marchwitza in den kommenden Jahren beteiligt
sein wird (*Roheisen*, 1955).

Unbeschwerter kommt dagegen Adam Scharrers ‹Erlebnisroman eines Arbeiters› daher: *In jungen Jahren* (1946). Nach dem Muster des pikarischen
Romans erzählt, von Episode zu Episode ohne großes Entwicklungskonzept
fortschreitend, politische Erfahrungen der Solidarität sehr direkt auf das Interesse des Ich-Erzählers beziehend, werden hier Kindheit und Jugend eines
Proletariers vor dem Ersten Weltkrieg in Erinnerung gerufen. Weil ihm Inter-
essenkonstellationen wichtiger sind als triviales Psychologisieren, wirkt der
Ich-Erzähler nicht eigentlich als Individuum, sondern als plebejischer Typus,
der von repräsentativen Erfahrungen berichtet.

Als Erweiterung des autobiographischen Entwicklungsromans kann man
den politischen *Generationsroman* verstehen, wie Willi Bredel (1901–1964)
ihn 1949 (später mehrere Neufassungen) mit *Die Söhne* seinem 1941 in Moskau veröffentlichten Band *Die Väter* folgen ließ. 1953 wird Bredel seine
Trilogie *Verwandte und Bekannte* mit dem Band *Die Enkel* abschließen, an
dessen Ende bereits die Gründung der SED als kollektives Ziel und die
Spaltung Deutschlands literarisch verarbeitet werden.

In *Die Söhne* gelangt die Darstellung der Sozialdemokratie zwischen 1915 und 1930
erneut in die Nähe der «Sozialfaschismus»-Theorie der KPD der zwanziger Jahre (SPD
als Vorreiter des Nazismus), die man nach 1933 aufzugeben bereit gewesen war, während die KP – und damit auch der positive Held, die vorbildhafte Hauptfigur Walther –
als bereits in der Weimarer Republik verfolgte und partiell aus der Illegalität arbeitende
Organisation erscheint.

Bredels Roman ist als erzählter Legitimationsversuch für politische Fehler seiner Partei durchschaubar. Das Erzählmodell des bürgerlichen Familien- und Generationsromans, das man aus dem 19. Jahrhundert (Freytag, *Die Ahnen*), von Unterhaltungsschriftstellern (von Simpson, *Die Barrings*), aber auch von Thomas Mann kannte, wird auf die Entwicklung der politischen Arbeiterbewegung seit 1871 übertragen und soll historische Wahrheit suggerieren. Die Konzeption wird von vornherein ‹figural›, freilich nicht im Sinne moderner Erzählverfahren, angelegt; vielmehr führt sie die Unvereinbarkeit von (politischen) Intentionen und gewählten Darstellungsmitteln vor Augen. Fatal ist weniger, daß die Mitglieder einer Familie zu ‹Trägern› von Positionen der Parteigeschichte abstrahiert werden, sondern daß jede Mühe, daraus einen psychologisch-realistischen Roman herkömmlicher Bauart zu machen, zum Scheitern verurteilt ist. Hans Marchwitzas paralleles Unternehmen, *Die Kumiaks* (Bde. 2 und 3 1952 und 1959), sollte das bestätigen.

Anna Seghers' *Die Toten bleiben jung* (1949), dessen Personal später zum Teil in ihren in der DDR geschriebenen Romanen *Die Entscheidung* (1959) und *Das Vertrauen* (1968) wieder erschien, brachte im Thematisch-Strukturellen nichts prinzipiell Neues für das 1926 begonnene Prosawerk der Autorin, wohl aber den extensiven Anspruch: Es sollte ein Epochenroman sein, der 1919 einsetzend und 1945 kurz vor Kriegsende schließend, gesellschaftlich-politische Kräfte der Epoche an Einzelfiguren und Familien kontrastiv vorzuführen versuchte. Nach seinem Erscheinen wurde von der Literaturkritik bemängelt, daß insbesondere die politischen Gegenkräfte, also die KPD, viel zu undeutlich dargestellt seien. Das ist richtig, vor allem wenn man diesen Roman mit dem von Bredel vergleicht. Der Roman der Anna Seghers enthält Politik weithin als implizite Komponente sozialen Verhaltens, und das Nicht-Rationale solchen Verhaltens bleibt eine wesentliche Schicht im Umriß fast aller Figuren, gerade jener, die das lebendige Erbe weitertragen sollen, das der Romantitel verheißt.

Das Titel-Paradox steht scheinbar im Gegensatz zu dem – fast novellistischen – Rahmen des Geschehens: Zu Beginn wird der junge Kommunist Erwin von einer nationalistischen Freikorpsgruppe liquidiert, am Ende des Romans wird sein Sohn Hans von einem Offizier, der schon am Mord von 1919 beteiligt war, beim Endkampf um Berlin 1945 erschossen. Aus der Freikorpsgruppe entwickelt der Roman in zahlreichen miteinander verflochtenen Episoden eine Typologie und Geschichte des Präfaschismus kleinbürgerlicher Freischärler, entwurzelter Bauern, des absterbenden Junkertums und des florierenden Großkapitals. Die politische Gegenkraft der Kommunisten bleibt nahezu auf Erwins «besten Freund» beschränkt; für die Mutter Marie und den Sohn Hans ist er der anonyme Sendbote von außen, der politische Hoffnung bringt und in der Illegalität nach 1933 aufrechterhält. Organisationen und Apparate werden vom Nazismus beherrscht, gehen mit ihm zugrunde wie der baltische Junker von Lieven, der von den Partisanen erschossen wird: «Wir haben scheint's leider verloren. Take it easy! Das Spiel ist aus.» Erwin dagegen starb 1919 mit dem Bewußtsein, daß dies nur «eine beiläufige Episode in dem gemeinsamen Leben» sein kann; wenn das «neue Leben», von dem er träumt, weitergeht, dann vor allem zeichenhaft. Am Ende des Romans erscheint das Bild vom ungeborenen Enkel, «das Kind, das das Licht der Welt noch nicht erblickt hatte». Und bevor der Offizier Wenzlow Hans erschießt, ist von den «Farben» die Rede, «die im Innern des Menschen glühen, daß er sie sehnsüchtigst sucht auf der ganzen Welt [...] er hatte sie nur in den kleinen Erkerfenstern gefunden, die ihn entzückt hatten, wenn er in den Ferien heimkam.»

Während Bredel die offiziöse Geschichte der Arbeiterbewegung mit erfundenen Figuren bebildert, versucht Anna Seghers erzählerisch Dimensionen der Wirklichkeit zu bewahren, die keine rationalisierte Theorie deuten kann; man kann von einer «mythischen» Dimension sprechen, mit einem Hilfsbegriff. Die gleichsam lebensursprüngliche Hoffnung der Unterdrückten auf Befreiung und Gerechtigkeit (die *Kraft der Schwachen*, wie ein Zyklus der Seghers von 1965 heißt), die in der Geschichte immer nur punktuell wirklich war, also wesentlich ‹dichterisch›-zeichenhaft vermittelt werden muß, wird im sozialen Verhalten der Figuren anschaulich und hat insofern nichts Mythisches, wenn sie auch als etwas Unzerstörbares, ‹Irdisch-Absolutes› gelten soll.

Die Erzählprosa älterer Autoren der SBZ vor 1949 brachte Neues nur insofern, als sie Themen, Wirklichkeitsmodelle, Erzählstrukturen gewissermaßen auf deutschem Boden (wieder) bekannt machte, die in der Literatur der zwanziger Jahre und in der Exilzeit bereits angelegt oder sogar ausformuliert worden waren (Plievier, Seghers u. a.). Selbst die Stoffe waren großenteils vertraut; so gab es ja längst die literarische Verarbeitung des Ersten Weltkriegs. Die Texte zeigen in der Regel die Merkmale traditionellen Erzählens: chronologische Handlung, kohärente Figuren, Mimesis der Alltagswelt, selten einen expliziten Erzähler, aber zumeist eine deutlich wahrnehmbare wertende ‹Erzählfunktion›, sofern es sich nicht ohnedies um Ich-Erzählungen handelt. Hinzu kommen Momente avancierten Erzählens, deren ‹Reduktionsformen› allerdings bemerkenswert sind. Plievier führte die von ihm selbst schon in den zwanziger Jahren erprobte Dokumentar-Montage fort, die in *Stalingrad* nicht zuletzt das Massengeschehen, das mit herkömmlichen Mitteln nicht mehr zu erzählen war, episch bewältigen sollte. Mit Scharrers *In jungen Jahren* wurde die proletarische Autobiographie einleuchtend weitergeführt, deren Schwundstufe Marchwitza lieferte. Falladas planes «neusachliches» Erzählen rettete sich mit einem Widerstandsthema in die Nachkriegszeit, Anna Seghers vermochte ihren Wirklichkeitsbegriff, der in den Romanen der Exilzeit auf die Gegenwartserfahrung hin überprüft und modifiziert worden war, mit einem weithin im Exil entstandenen Roman einzubringen. Kellermann (*Totentanz*) knüpfte an das zeitkritische Erzählen Heinrich Manns an (dessen *Ausgewählte Werke* 1951 in der DDR zu erscheinen begannen).

Obwohl die öffentliche Debatte um die sowjetische Literaturtheorie des «sozialistischen Realismus» erst im Anschluß an den Berliner Schriftstellerkongreß von 1947 nachdrücklicher einsetzte, kann man sich dessen Nor-

men, insbesondere die Forderungen an die literarischen Darstellungsmethoden, schon als groben Rahmen des Publizierten denken.

Damit waren sowohl operative Formen ‹proletarisch-revolutionärer› Literatur wie die bürgerlich-‹dekadente› Avantgarde als mögliche Traditionen
ausgeschlossen, die man nach der ‹Befreiung vom Faschismus› hätte aktuali-
sieren und weiterentwickeln müssen. Wie sehr davon gerade die Erzählprosa
betroffen war, zeigte bereits in der SBZ-Phase das Dilemma des (auch) politischen Gesellschaftsromans bei Bredel und Anna Seghers. Die Stagnation der
literarischen Produktivkräfte geht mit einer Stagnation oder Reduktion des
Potentials der Literatur ineins, Wirklichkeit zu erschließen.

3. «Offen»-engagiertes Erzählen

Dennoch war das Ensemble der Erzählprosa während der Nachkriegsjahre
von der Struktur und Wirklichkeitsdarstellung her keineswegs homogen. Ein
Prosabuch, 1948 als Lizenzausgabe im Aufbau Verlag erschienen, erweiterte
dies Ensemble. Versteht man das Buch als Teil der SBZ-Literatur, so weist es
weit voraus in die sechziger und siebziger Jahre. «Weisenborn, ja, bestätigte
sie. Sie nannte ihn nobel [...] An einen Rotationsdruck konnte sie sich nicht
erinnern [...] sie war ja damals noch ein Kind.»[2] Günther Weisenborns
Memorial, Tagebuch und Gedenkbuch, hält zwischen beidem auch strukturell die Balance: chronologisch fortlaufende Tagebucheintragungen aus dem
Zuchthaus wechseln mit einer assoziativen Reihe von episoden- und bildhaften Reminiszenzen aus der Vergangenheit des Erzähler-Autors.

Neben Eintragungen über Gestapo-Verhöre stehen erinnerte Begegnungen mit Natur, Kunst, Menschen, oft Gegenbilder, die aber der untrennbaren Dialektik von
Kultur und Barbarei immer eingedenk sind (etwa in den Notizen über Rom oder
Südamerika). Hier wird zugleich die Grenze zwischen Erlebtem und Fiktion überschritten – erlebte Episoden verdichten sich zu Kürzestgeschichten und ‹Denkbildern›,
eine Kurzprosaform zwischen Bild und Reflexion, die vor allem Bloch und Benjamin in
den zwanziger Jahren vervollkommnet hatten; dennoch bleibt alles bezogen auf das
Ich, das politisches Opfer, solidarisch mit anderen, und Individuum mit nur ihm ver-
fügbarer Erinnerung zugleich ist.

Thematische Kontraste, Zeitsprünge und die episodische Struktur ermuntern den Leser zur interpretierenden Aktivität – ein ‹offener› Leserbezug, der
so in der DDR-Literatur erst wieder von Bobrowski, Christa Wolf, Fühmann
variiert wird. Weisenborn läßt keinen Zweifel daran, daß der Sieg der Roten
Armee der ‹erste Augenblick der Freiheit› war,[3] daß aber die herrschaftsfreie
Solidarität der Antifaschisten, die da lebendig wurde, vielleicht nur Wochen
dauern konnte. Neben der rückblickenden Legitimationsprosa, wie sie Bredel
vorlegte, neben dem operativ gemeinten Widerstandsroman Hausers, der in
autoritärem Gestus des Belehrens endet, gab es also eine utopische Dimen-

sion der Wirklichkeitsdarstellung, die sich nicht als *«garantierte Realität»* verstand, sondern *«perspektivische Potentialität»*[4] in Struktur und Leserbezug freisetzt, wiewohl nie unklar sein kann, daß dies von der thematischen Substanz her antifaschistische, auch sozialistische Literatur sein will.

Neben Weisenborn wären Erzählungen von Anna Seghers zu nennen, die um 1948/49 entstanden oder erschienen sind. *Das Argonautenschiff* (1948; Erstveröffentlichung 1953) deutet den griechischen Mythos ins ermutigende Bild um. Jason wird nicht vom Schicksal vernichtet, er nimmt es selbst in die Hand; aber als er in seine Heimat zurückkehrt, um zu sterben, bleibt er einsam, und nur der goldene Glanz seines Vlieses vermittelt die Ahnung eines anderen Lebens.

Dagegen propagiert die Erzählung *Die Rückkehr* (1949) die neue Heimat DDR, indem sie einen Erzähltopos für das kommende Jahrzehnt ausbildet: Ein Arbeiter aus der SBZ geht auf der Suche nach der Freiheit in den Westen, um von dort, belehrt über die Restauration des Kapitalismus, den Weg in die wahre Heimat zurückzufinden, in der sich die Lebenswelt verändert. In einem ähnlichen Verhältnis stehen die *Karibischen Geschichten* (1949, *Die Wiedereinführung der Sklaverei in Guadeloupe* und *Die Hochzeit von Haiti*) zu den Zyklen *Die Linie* (1949, erschienen 1950, Stalin zum 70. Geburtstag gewidmet) und zur Kurzprosa der *Friedensgeschichten* (1950). Während die *Karibischen Geschichten* an den Verrat der bürgerlichen Intellektuellen in den kolonialen Befreiungskämpfen erinnern, als die Französische Revolution dem Imperator Napoleon weichen muß, erreicht in der Gegenwartsprosa der *Friedensgeschichten* die parteilich-didaktische Erzählweise mit typisierten Figuren und Situationen einen ersten Höhepunkt. Ermunterung zur verändernden Praxis hat später Heiner Müller einem der Texte in einer Komödie abgewonnen (*Die Umsiedlerin oder Das Leben auf dem Lande*, 1956–1961).

Daß der Rückgriff auf ‹einfache Formen› nichts mit überdeutlicher ‹Volkstümlichkeit› zu tun haben muß, war aus Brechts erster Publikation in der SBZ/DDR abzulesen, den *Kalendergeschichten* (1949). Viele der Texte waren schon früher gedruckt worden. Neu war deren Komposition, denn außer den Kalendergeschichten enthielt der Band Keuner-Geschichten – beginnend mit *Herr K. und die Natur* – und Gedichte. Die 1949 zum ersten Mal veröffentlichte Kalendergeschichte *Das Experiment* stellt die interessierte Wißbegierde eines plebejischen Jungen vor, der das letzte Experiment des großen Anregers moderner naturwissenschaftlicher Forschung, Francis Bacon, nach dessen Tod erfolgreich zu Ende führt. Die vorurteilslose Erkenntnis auch dieses Feudalherrn kann vom lebenspraktischen Interesse legitim beerbt werden. Brechts Buch war ein Modell, das an seine *Versuche* anknüpfte, und das mit der Vielfalt literarischer Genres in genauer Anordnung, mit seinen Denkanstößen, seiner ‹offenen›, aber nicht ins Beliebige zielenden Struktur keine Nachfolge fand.

VIII. DIE SUCHE NACH EIGENEN KONZEPTEN: LYRIK IN DER SBZ/DDR

1. Der Wille zum Neubeginn – historische Lasten

Nicht furios, sondern gedämpft meldete sich die deutsche Lyrik nach der deutschen Niederlage und Kapitulation 1945 in der veränderten politischen und literarischen Öffentlichkeit zu Wort. Die Namen der Vergessenen und Verfemten waren in Erinnerung zu rufen. Nicht zuletzt Anthologien – aus Ost und West – dienten dem Ziel, *Das Wort der Verfolgten* (Basel 1945) zu Gehör zu bringen, die Leserschaft mit der *Lyrik der Verbrannten und Verbannten* (Stuttgart 1946) bekannt zu machen. *De profundis* (München 1946) wurden Gedichte heraufgeholt, die – im Ergebnis zwiespältig – innerhalb Deutschlands während der zwölfjährigen Herrschaft Hitlers entstanden waren. Diejenigen Autoren, deren Stimmen unterdrückt worden waren, sollten *Vom Schweigen befreit* (Leipzig 1947) werden, denn es gelte, so der Herausgeber der Sammlung, René Schwachhofer, aus «dem Chaos der vergangenen Zeit die Kleinodien zu bergen».

Jetzt konnte das in den Schubladen und Koffern Geborgene dem Leser zugänglich gemacht werden. Johannes R. Bechers (1891–1958) Band *Ausgewählte Dichtung aus der Zeit der Verbannung 1933–1945* erschien 1945 als eines der ersten Bücher im Nachkriegsdeutschland. Peter Huchel (1903–1981), 1932 Preisträger der Dresdner Zeitschrift für Dichtung «Die Kolonne», hatte sich in der Nazizeit ganz zurückgezogen und präsentierte nun, 1948, eine Auswahl unter dem lapidaren Titel *Gedichte*. Wieland Herzfelde stellte von Bertolt Brecht (1898–1956), dem seit 1948 in Ostberlin ansässigen Autor, 1951 *Hundert Gedichte* aus den Jahren 1918–1950 vor.

Dieser so dringliche Vorgang des Sichtens, Aufarbeitens, Nachholens bezeichnete jedoch noch keinen Neubeginn. Das Anfangen war dadurch erschwert, daß die alten Kommunikationssysteme nicht mehr trugen: Die Tribünenlyrik eines Erich Weinert (1890–1953) bedurfte des satirisch attackierten Gegners; die der proletarischen Tradition verpflichteten Gedichte Max Zimmerings (1909–1973), Hans Lorbeers (1901–1973), Walter Dehmels (1909–1973) und anderer lebten aus dem Arbeitskampf; die Lyrik der ‹äußeren› und ‹inneren› Emigration bezog ihre Kraft aus Widerspruch und Widerstand.

Erst einmal galt es anzukommen. «Die Vaterstadt, wie find ich sie doch?» hatte Bertolt Brecht 1943 angstvoll nach den Bedingungen der «Rückkehr»[1] gefragt, die er noch fünf Jahre herauszögerte. Die Länge des Exils bedrückte, ebenso die Zusammenhänge von Schuld und Mitschuld. «Mein Volk nach dem mein Herz verlangt / Verfällt schlafwandelnd fürchterlich», klagte Stephan Hermlin (*1915) in der 1943 entstandenen «Ballade von einem Städtebewohner in tiefer Not» (*Die Straßen der Furcht,* 1947), deren Strophen sämtlich mit dem Luther-Wort «Aus tiefer Not schrei ich zu Dir» enden. Hermlins Anruf richtete sich an Deutschland, an ein Deutschland, das man nicht mehr kannte und das ja auch bis zur Unkenntlichkeit entstellt war. Brecht gab seinen Schmerz über «Deutschland 1943» im Kinderlied-Stil preis und spielte ihn ins Drastische herunter, um ihn ausdrückbar zu machen:

> Im Haus ist der Pesttod
> Im Frei'n ist der Kältetod.
> Wohin gehn wir dann?
> Die Sau macht ins Futter
> Die Sau ist meine Mutter
> O Mutter mein, o Mutter mein
> Was tuest du mir an?

Ganz anders Becher, der gern idealisierte, überhöhte, sakralisierte. Schon während des Exils hatte er sich, gestützt auf die Volksfront- und Stalinthese von den ‹zwei Deutschland›, in Wunschvorstellungen eines ‹anderen›, guten deutschen Vaterlands geflüchtet, denen er auch nach dem Krieg die realen Gegebenheiten unterordnete. Sein Pathos des Nationalen verdeckte nüchternere Konzepte. «Ich halte über meine Zeit Gericht. / Wobei mein ‹Schuldig!› auch mich schuldig spricht», erklärte Becher zwar in «Heimkehr» (1945), um dann jedoch ‹sein› Deutschland zu beschwören: «Fand ich dich auch verhärmt und ohne Ruh, / Bist du es doch: Heimat und Mutter du! / O Deutschland! Schlag von Deutschlands Fluch dich frei, / Daß ich dich segnen kann: gesegnet sei!»

Selbst wenn die bedingungslose Kapitulation Deutschlands als Befreiung und die Politik in der Sowjetischen Besatzungszone als verheißungsvoller Wechsel auf die sozialistische Zukunft angesehen wurde, ließ sich die Vergangenheit nicht leichthin zurücklassen. Gerade die älteren Autoren waren meist auch bereit, sich der Trauerarbeit als notwendiger Vorleistung zur Gegenwartsbejahung auszusetzen. Sie registrierten die Trümmer und Beschädigungen, innen wie außen, und suchten nach einem «Anfängerkurs», der den «Ruinenmenschen» (Brecht)[2] gerecht werden würde.

Peter Huchel, 1945 aus sowjetischer Kriegsgefangenschaft zurückgekommen, beginnt sein Gedicht «Heimkehr» (1948) mit Bildern kalter, entvölkerter Landschaft und der vorsichtig, als Frage formulierten Einsicht, daß ein tatenloses Verharren in der Resignation nichts fruchtete. Dann erst fügt er behutsam Zeichen neuer Aktivität hinzu; das Vorgehen der Frau signalisiert den Wiederbeginn der Feldbestellung und damit die Wiederherstellung der Lebensgrundlage. Dafür, daß diese Zeilen nicht als glatt gängiges Handlungsprogramm gelesen werden, sorgt die letzte Strophe, die die Frauengestalt in naturmythische Dimensionen rückt. Entrückt, müßte man sagen, bestünde nicht die semantische Engführung mit den vorangehenden Zeilen und damit die Gleichzeitigkeit von konkretem Bild und Verheißung, stockender Realität und Erfüllungsversprechen. In solchen Spannungsbogen fügt sich die Suggestion durch den Titel ein, im Geschilderten sei authentische Deutschlandszenerie zu erkennen; mit dem Adjektiv «wendisch» ist aber der slawische Raum aufgerufen, eine Verbeugung womöglich vor den Opfern deutscher Aggression.

> In der schwindenden Sichel des Mondes
> kehrte ich heim und sah das Dorf,
> verödete Häuser und Ratten.
>
> Über die Asche gebeugt, brannte mein Herz:
>
> Soll ich wie Schatten zerrissener Mauern
> hausen im Schutt, das Tote betrauern?
> Soll ich die schwarze Schote enthülsen,
> die am Zaun der Sommer vergaß,
> mähen den Hafer rissig und falb,
> den ein eisiger Regen zerfraß?
> [...]
>
> Aber am Morgen,
> es dämmerte kalt,
> als noch der Reif
> die Quelle des Lichts überfror,
> kam eine Frau aus wendischem Wald.
> Suchend das Vieh, das dürre,
> das sich im Dickicht verlor,
> ging sie den rissigen Pfad.
> Sah sie schon Schwalbe und Saat?
> Hämmernd schlug sie den Rost vom Pflug.
>
> Da war es die Mutter der Frühe,
> unter dem alten Himmel
> die Mutter der Völker.
> Sie ging durch Nebel und Wind.
> Pflügend den steinigen Acker,
> trieb sie das schwarzgefleckte
> sichelhörnige Rind.

Aber die höchst unterschiedlichen, auch kontroversen Versuche der Vergewisserung, der Schulddiskussion und des tastenden Begreifens wurden bald beiseitegedrängt. Seit 1948 bemängelten Politiker und Kulturfunktionäre, daß das Schaffen der Schriftsteller unstatthaft rückwärtsgewandt sei. Der «Tempoverlust» gegenüber dem ökonomischen Aufbau müsse nun ausgeglichen werden. Dabei waren die meisten Autoren willig, dem Neuen zu helfen, alte Fehden (etwa aus der Zeit der «Expressionismusdebatte») auf sich beruhen zu lassen, auch auf Experimente zu verzichten, um endlich wirken zu können und das lange entbehrte Publikum zu erreichen. Sie wandten sich dem «neuen Gegenstand» zu. Becher etwa beschwor das *Glück der Ferne – leuchtend nah* (1951), Brecht schrieb über ein uneigennütziges Kollektivierungsexperiment in der UdSSR, über *Die Erziehung der Hirse* (1951), Huchel begann eine (unvollendet gebliebene) Chronik *Das Gesetz* über den Weg zur Bodenreform.

Doch die Umstellung von der ‹Ästhetik des Widerstands› zu einer ‹Ästhetik des Dafür-Sprechens› war ein mühseliger Prozeß. Der Preis war hoch: Aus Mangel an entsprechender Realität mußte das schöne Leben abstrakt heraufbeschworen werden. Was in der Diskussion «Wo steht die Gegenwartsdichtung?» am 12. November 1949 in der «Täglichen Rundschau» von ihrem Feuilletonchef Gustav Leuteritz eingeklagt wurde, nämlich «neugestalterische[r] Tribut» an die Gegenwart, belastete als Forderung nach optimistischer Darstellung des jetzigen, besseren Lebens die gesamte Nachkriegslyrik. Daß dies auch die Zeit des Personenkults und der entsprechenden Hymnik war, muß erinnert werden. Bezeichnend ist, daß Weinert und Brecht, die schärfsten Polemiker, ihre satirischen Attacken auf den benachbarten Schauplatz Westzonen/Bundesrepublik konzentrierten. «Genauso hat es damals angefangen!», kommentierte Weinert 1946 die Restauration im Westen, die Brecht mit dem Zyklus «Deutsche Satiren II» und der Ballade «Der anachronistische Zug oder Freiheit und Democracy» (1946/47) anprangerte. Mißstände der antifaschistisch-demokratischen Ordnung und des Aufbaus in der DDR sparte das Zeitgedicht aus.

«Wo bleibt die junge Dichtung?»,[3] fragte Hermlin in seiner Rede auf dem I. Deutschen Schriftstellerkongreß von 1947. Seine Klage über die «Massenproduktion lyrischer Trivialitäten» richtete der Autor, der 1947 seinen Wohnsitz von Frankfurt am Main in den östlichen Teil des Landes verlegte, vornehmlich gegen die Lyrik einer dämonisierten Natur der «Höhlenbewohner» im Westen. Aber seine Diagnose der Ursachen und Folgen ist auf die Situation in der SBZ übertragbar. Die Unfähigkeit der Schriftsteller, die erlebte Epoche rational zu bewältigen, habe zum Ausweichen vor der Vergangenheit geführt, zu literarischer Verdrängung durch Stilisierung und zur Hingabe an den allzu bequemen Gegenstand. Daß der Faschismus die entscheidende traumatische Bürde für die ‹neue› Literatur darstellen würde, haben in jener Zeit der Ideologie des kollektiven Vergessens und des Anfangs nur wenige mit dieser Schärfe gesehen. Man scheiterte in Ost und West zwar unterschiedlich an dieser Aufgabe, wich ihr letztlich jedoch auch in der SBZ und frühen DDR trotz der programmatischen Entnazifizierung aus.

Es gab auch bei den Jüngeren Bestrebungen, die Erinnerung an das Kriegsgeschehen (an-)klagend wachzuhalten. Metaphern von Fremdheit und Schmerz bestimmen etwa Hanns Cibulkas (*1920) «Elegie 1945».[4] Auch Gedichte Heinar Kipphardts (1922–1982) («Alphabet des Schmerzes», «In

unseren Schlachthöfen zu singen», «Meine Saison im Gefängnis einer verlorenen Zeit»)⁵ wären hier zu nennen, andere Beispiele anzuführen, in denen –
erlebnisbetont, therapeutisch – die Erfahrungen aus Soldatenzeit, Gefangenschaft, Bombennächten zur Sprache kommen. Doch konnten sich solche
Ansätze nicht entfalten; die Auseinandersetzung mit der Vergangenheit war
nicht erwünscht. Weinerts Grußadresse «An die jungen Dichter» (1951), zeigt
die Argumentationsmechanik der Hinwendung zur Gegenwart:

> Endlich wieder hör ich Stimmen,
> Die nicht mehr im Chaos wühlen,
> Wo verblichne Träume schwimmen
> Auf verwüsteten Gefühlen.
>
> Endlich werden Lust am Leben,
> Licht und Liebe wieder Themen.
> Junge Kraft und junges Streben
> Läßt sich mutig hier vernehmen.
>
> [...]
>
> Seid willkommen, neue Töne,
> Die den Weg zum Frieden weisen,
> Die das Wahre, Gute, Schöne
> Wieder unbekümmert preisen!
>
> [...]

Um die Wende von den vierziger zu den fünfziger Jahren suchten die Kulturpolitiker eine Lyrik durchzusetzen, die zukunftsgläubig der Gegenwart willfährig war, obwohl diese Gegenwart, wie Wieland Herzfelde bei der Diskussion um den Stand der Gegenwartsdichtung in der «Täglichen Rundschau»
vom 22. Dezember 1949 bemerkte, «als Ganzes einen Anspruch auf ehrenden
Tribut nicht besitzt». Eine zensurierende Publikationspraxis im Sinne der
Feier des Positiven tat ein übriges: Aus Anthologien und Gedichtsammlun-
gen einzelner Autoren wurden (dies war jahrzehntelange Praxis) die stören-
den, verstörenden Texte ausgeschlossen. Ähnlich wie man in Picasso längere
Zeit nur den Maler der «Friedenstaube» sehen wollte, wurden auch die literarischen Œuvres auf eine Auswahl inhaltlich passender und formal gefälliger
Texte reduziert. Als *Gesamt*werke waren sie erst spät wahrnehmbar.

2. Programmbildung

Auch wenn die kulturpolitischen Vorstellungen von den angemessenen Themen und Funktionen der jungen Dichtung früh festgelegt waren, fehlten
literaturtheoretische Konzepte zur Lyrik doch nahezu gänzlich. Einerseits

galt die Lyrik nach wie vor als Produkt bürgerlicher Empfindsamkeit, als Instrument der Innerlichkeit und des Gefühlsausdrucks, als Gattung deutscher Geistigkeit und Klassizität. Andererseits erwartete man von ihr die eingängige und schlagkräftige Formulierung tagespolitischer Sachverhalte, die griffige Umsetzung des Aktuellen in Versform.

Der Widerspruch zwischen den pragmatischen Forderungen und der geheimen Sehnsucht nach Erhabenheit und klassischer Größe wurde zum Merkmal der DDR-Lyrik und der sie begleitenden Literaturkritik weit über die Frühzeit hinaus. Die Institutionalisierung des sozialistischen Realismus seit 1951 änderte nichts Grundlegendes an der Unsicherheit gegenüber der Lyrik: Seine Postulate waren der Prosa abgewonnen und wurden auf sie zugeschnitten. Allerdings wurde Parteilichkeit von dem sogenannten ‹lyrischen Helden› gefordert, dessen Haltung ideologischer Beurteilung unterworfen wurde. Und zu Beginn der fünfziger Jahre wirkte sich verhängnisvoll aus, daß man die Kategorie der Volkstümlichkeit, gleichgesetzt mit Verständlichkeit, auf die Lyrik übertrug, was im Zuge der Formalismuskampagne jedes vermeintlich oder tatsächlich schwierige Sprechen verdächtig machte. «Zu oft noch muß der nach dem Sinn forschende Leser raten, deuteln, interpretieren», hieß es bezeichnend in einer Rezension Henryk Keischs[6] zu Stephan Hermlins Gedichtband *Der Flug der Taube*. Erich Arendt müsse «mehr Sorgfalt auf die Satzkonstruktionen verwenden», erhob Harald Kohtz[7] schulmeisterlich den Zeigefinger. Selbst die Kantate des damaligen Generalsekretärs des Schriftstellerverbands Kuba (Kurt Barthel) zur Karl-Marx-Feier 1953 (ein Ausschnitt aus dem *Gedicht vom Menschen*) wurde «schwere[r] formalistische[r] Fehler»[8] bezichtigt. Solchermaßen wurden Verdikte ausgesprochen, aber keine Lyriktheorie begründet.

Das lyriktheoretische Vakuum der ersten Nachkriegszeit und der skizzierte Widerstreit zwischen überkommenen Lyrikauffassungen und dem Einsatz der Lyrik zu erzieherischen Zwecken führten dazu, daß Person, Programm und Werk Johannes R. Bechers entscheidenden Einfluß gewannen.

Als Exulant im sowjetischen Exil, als Kulturpolitiker der ersten Stunde und späterer Kulturminister war er einer der wichtigsten Planer und Träger des literarischen Lebens unter zunächst antifaschistischen, dann sozialistischen Vorzeichen. Der Widerspruch zwischen öffentlicher Anerkennung und persönlicher Schaffenskrise konnte kaum größer sein. Am 8. Januar 1950 notierte er im Tagebuch: «Völlig erschöpft, hörte ich ehrende Reden über meine schöpferischen Leistungen.» Seine Haltung ist umstritten. Zwar bemühte er sich als Kulturminister, die Literatur vor Übergriffen der Funktionäre zu bewahren, doch die Aufdeckung des Prozesses gegen Walter Janka, den damaligen Leiter des Aufbau-Verlags, belegt, wie Becher seinen vorher geäußerten Meinungen abschwor und bisher gepflegte Freundschaften restlos preisgab.

Es entstanden über die Jahre Texte des Zweifels, die Becher indes ebenfalls nicht offensiv verteidigte. Sein 1946/47 verfaßter *Aufstand im Menschen* mit philosophischen Notaten und Prosaskizzen lag erst 1983 geschlossen vor. Wichtige nach dem XX. Parteitag der KPdSU entstandene Gedichte nahm Becher in den Band *Schritt der Jahrhundertmitte* (1957) nicht auf. Noch kurz vor der Drucklegung ließ Becher sieben Seiten über die in Moskau erfahrene Stalinzeit aus *Das poetische Prinzip* (1957) streichen, die erstmals 1988 in «Sinn und Form» unter dem Titel «Selbstzensur» veröffentlicht wurden. Dennoch waren es gerade die melancholischen Gedichte, die selbstkritischen Tagebuchnotizen und die tastenden Reflexionen zur *Verteidigung der Poesie* (1952), die den jüngeren Autoren, vor allem in den späten sechziger Jahren, Anstöße vermittelten, während sie sich dem Einfluß des selbstgewiß, einschüchternd wirkenden Brecht zu entziehen suchten.

Bechers Auffassungen vom Dichtertum waren mit jenen von der Rolle als Staatsmann eng verbunden. Die Exponiertheit beider Ämter füllte er positiv mit dem Sendungsbewußtsein, der erlebten Epoche «Stimme und Gestalt» geben zu wollen. Folgende Aspekte seiner facettenreichen theoretischen Bemühungen zogen in damaliger Sicht die Aufmerksamkeit auf sich: das Vaterländische und die Heimatverbundenheit; das Prinzip der Selbstgestaltung als repräsentativer Charakter des Zeitalters; die Konzeption dichterischen Sehertums und künstlerischer Meisterschaft auf dem «Höhenkamm» jener Literatur, die den Kern des «Erbes» ausmacht; der «innere Totalität» garantierende «prägnante Punkt» als der «Stand-Punkt, der uns gleichermaßen Überblick, Rückschau und Detailkenntnis vermittelt, der uns in Gegenwart, Vergangenheit und Zukunft blicken läßt».[9] Die Nähe zu Georg Lukács ist offenkundig. Ihm gilt ein Widmungsgedicht Bechers, das mit der Strophe endet:

Wir wurden mündig erst in deiner Lehre.
Wir sagen Dank. Der beste Dank ist jetzt:
Das hohe, das vollendete Gedicht.

Bechers Wertschätzung des Poetischen als besonders erhöhter Existenzform des Lebens und der Versuch, es mit den Insignien nationalliterarischer Größe zu inthronisieren, ließen allen voran den «Mitkämpfer Goethe» in die Position des Leitbilds geraten, während die Beziehungen zur proletarischen Kultur der Vergangenheit verdunkelt, verleugnet, abgebrochen wurden. Wenn Ulbricht in seiner Gedenkrede auf den verstorbenen Dichter betonte, «daß die Hauptstraße der neueren deutschen Dichtung von Goethe und Hölderlin zu Becher und durch ihn» weiterführe,[10] wird darin die Festschreibung eines Literaturkonzepts erkennbar, das andere ausschloß. Trotz des gemeinsamen politischen Willens und der Wirkungsabsicht brachen immer wieder die Fronten der Literaturdebatten des Exils auf, der Streit zwischen einer Ästhetik der Geschlossenheit und Totalität, die in Klassik und Realismus ihren Bezugspunkt hat, und einer Ästhetik der Moderne mit Modellen der Offenheit, Montage, des Experimentellen und Fragmentarischen. Die konservative Ästhetik der Volksfront setzte sich auch nach 1945 durch. Chancenlos war etwa das Modell einer revolutionären Volksdichtung auch für die Gegenwart, wie es Weinert entwarf; abgedrängt wurde vorerst Brechts Programm eines beweglichen, an der Realität orientierten Realismus, der nicht gesetzgeberisch Normen erläßt, sondern nach neuen Lösungen sucht. Solche Entscheidungen waren nichts Nebensächliches, sondern sie betrafen unmittelbar Publikation, Funktion und Rezeption von Lyrik bis in die Lehrpläne der Schulen hinein.

Auch die Randposition Huchels sowie die zögerliche Wirkung Erich Arendts (1903–1984) und Johannes Bobrowskis (1917–1965) – dreier Autoren also, die der Moderne verpflichtet sind – hat neben anderem mit dieser Ausrichtung in den fünfziger Jahren zu tun. Huchel, 1949 bis zu seiner Absetzung 1962 engagierter und vielfach befehdeter Chefredakteur der Zeitschrift «Sinn und Form», publizierte in den fünfziger Jahren kaum noch. Erst 1963 trat er, in der Bundesrepublik!, mit einem nächsten Gedichtband (*Chausseen, Chausseen*) hervor, der eindrücklich vorführt, wie sich Signaturen der Geschichte und Prägungen des sozialen Lebens aus der Natur ablesen lassen. Arendt, der seit den Exiljahren in Spanien, Frankreich und Kolumbien eng vertraut war mit der romanischen und lateinamerikanischen Literatur, konnte zwar bald nach seiner Rückkehr 1950 zwei Bände veröffentlichen, mußte sich dann jedoch für mehrere Jahre auf Übersetzungsarbeiten zurückziehen. Die Spaniengedichte (*Bergwindballade*, 1952) wahren noch die Konventionalität im Formalen, konfrontieren sie jedoch mit «chaotischem Stoff»;[11] die Lyrik der kolumbianischen Jahre (*Trug doch die Nacht den Albatros* 1951) läßt bereits metaphorische Eigenwilligkeit und eine in der DDR fremd wirkende Exotik erkennen. Aber erst später entfaltete Arendt in der Begegnung mit dem Mittelmeerraum seine Poetik des gewichtigen Einzelworts (*Flug-Oden*, 1959; *Ägäis*, 1967), die auf seine expressionistischen Anfänge zurückweist. Bobrowski, der Dichter der schuldhaften Verstrickungen der Deutschen im slawischen Grenzraum, schrieb bereits 1941 erste Verse. Eigene Gedichtbände (*Sarmatische Zeit*, 1961; *Schattenland Ströme*, 1962) erschienen jedoch erst zwanzig Jahre später.

IX. BRECHT ODER WOLF? ALTERNATIVEN EINES SOZIALISTISCHEN DEUTSCHEN THEATERS

Die Geschichtsschreibung der DDR hat die Phase von 1945 bis 1949 unter das Leitwort eines «antifaschistisch-demokratischen Theaters» gestellt, auf dem Wege zu einem «humanistischen Volkstheater» (1949–1955) und einem «sozialistischen Nationaltheater» (1955–1962). Mit diesem plakativen politischen Fortschrittskonzept konnte das neuzuschreibende Drama von Anfang an nicht Schritt halten, und als es dann, seit Beginn der sechziger Jahre, seine eigenen sozialistischen Wege zu gehen begann, geriet es in einen Dauerkonflikt mit den rückständigen kulturpolitischen Planern und Leitern. Der Grund liegt auf der Hand: Keine literarische Gattung schafft eine größere, immer auch politische Öffentlichkeit als die Aufführung eines Dramas, zumal in einem Land, in dem es um die freie publizistische Öffentlichkeit der Medien äußerst schlecht bestellt war. So wurden die in westlicher Sicht wichtigsten Werke oft mit großer Verspätung, zuweilen gar nicht auf den Bühnen der DDR gezeigt. Erst in seinen letzten Jahren schien dieser Staat die kritischen Vorsprünge der Literatur ertragen zu haben – ein Sieg des poetischen über den staatlich verordneten «Sozialistischen Realismus» zeichnete sich ab.

In der SBZ/DDR hat es, wie immer wieder programmatisch betont wurde, keine «Stunde Null» gegeben. Dafür aber, ebenso vollmundig proklamiert, eine «Zeitenwende», eine «revolutionäre Umwälzung» und eine «antiimperialistische Kulturrevolution». Gewiß ist, daß es von Anfang an eine Reihe gravierender Unterschiede zwischen der SBZ und den Westzonen gab, die sich auch auf die Theater- und Dramenproduktion auswirken mußten. Durch die Rückkehr bedeutender exilierter Schriftsteller wurde ein krasser Traditionsbruch und ein offener Generationskonflikt vermieden. In der Literatur erklärte man sich zum Erben und Vollstrecker der humanistisch-bürgerlichen Schriftsteller von Lessing bis Heine und überhaupt aller progressiven Kräfte der Weltliteratur; Existentialismus, Geschichtsverneinung, Ideologieverdacht – angeblich westliche Dekadenzphänomene – wurden offiziell geleugnet und bekämpft. Dafür wurde die Interessengleichheit von Individuum und Gesellschaft propagiert und die Hoffnung auf ein produktives Bündnis von Geist und Macht genährt. Ja, das trügerische Bewußtsein, mit der sowjetischen Besatzungs- und Brudermacht zu den «Siegern» der Geschichte zu gehören, trug nicht wenig zu der andersgearteten Grundstimmung bei. Die Welt schien wieder in Ordnung, durchschaubar, abbildbar und veränderbar – eine Chance für Dramatiker, aber auch eine Verführung zur Oberflächlichkeit, zur optimistischen Simplizität.

Trotz solcher vorteilhafteren Voraussetzungen und Umstände fiel der dramatische Ertrag kaum weniger dürftig als in den Westzonen aus. Auch im Theaterleben zeigten sich erhebliche Diskrepanzen zwischen kulturpolitischer Programmatik und Alltagserfahrung, zwischen Ideologie und Realität. Das Publikum ließ sich nicht von heute auf morgen umerziehen (erst in den fünfziger Jahren wurden, vor allem durch die Arbeit der Volksbühne und des FDGB, beachtliche Erfolge sichtbar), und es gab, vom Nachkriegselend geschüttelt, der leichten Unterhaltungsware den Vorzug vor politischen Tendenzstücken. Es verlangte sogar nach den modernen westlichen Stücken, die in den Augen der sozialistischen Kulturfunktionäre dekadent, nihilistisch und formalistisch waren. Trotz der Favorisierung der sowjetischen und der antifaschistischen Dramatik wurde auch die Ostzone zunächst von angelsächsischen und französischen Stücken überschwemmt. Was man dagegensetzte, waren Friedrich Wolfs (1888–1953) *Die Matrosen von Cattaro* (1930) und *Professor Mamlock* (1933), Ernst Tollers *Pastor Hall* (1938), Ferdinand Bruckners *Die Rassen* (1933), Julius Hays *Haben* und *Gerichtstag* (1933/ 1943) Brechts *Furcht und Elend des Dritten Reiches* (1938), bedeutende russische Dramatiker wie Maxim Gorki, Jewgeni Schwarz und Anton Tschechow, deutsche und ausländische Klassiker (Goethe, Schiller, Shakespeare, Molière), später Zeit- und Propagandastücke von Wselowod Wischnewski und anderen sowjetischen Dramatikern.

Wie groß die Misere bald schon war, dafür gibt es unverdächtige Zeugen. Friedrich Wolf, seinerzeit neben Brecht der bekannteste deutsche Dramatiker, im Herbst 1945 aus Moskau nach Berlin zurückgekehrt, bis zu seinem Tode (1953) eng mit der Partei verbunden und wohl der aktivste Nachkriegspionier auf dem Gebiet des Funks, Films und Theaters, sah die deutschen antifaschistischen Dramatiker schon im September 1946 «völlig in die Defensive» gedrängt.[1] Und im Frühjahr 1952 verkündete er in dem Aufsatz *Um eine neue deutsche Dramatik*, daß er den «Kampf gegen Bürokratie, Trägheit und Dilettantismus» endgültig aufgegeben habe. Dabei konnte sich Wolf selbst kaum beklagen: Seine Stücke wurden in der SBZ/DDR häufig gespielt, und er blieb dort der meistinszenierte DDR-Dramatiker.

Ähnliche Urteile, nur aus anderer, schärferer Perspektive, kennen wir aus dem Arbeitsjournal von Brecht (1898–1956), dem dramatischen Antipoden Wolfs. Noch in der Schweiz, heimkehrend, notierte er:

> «lese Lukács' ‹Briefwechsel zwischen Schiller und Goethe›, er analysiert, wie die deutschen klassiker die französische revolution verarbeiten:
> noch einmal keine eigene habend, werden wir nun die russische zu ‹verarbeiten› haben, denke ich schaudernd.»[2]

In Ostberlin angekommen, begegnete ihm alsbald (9. Dezember 1948) «die neue deutsche misere»: «nur wenige stehen auf dem standpunkt, daß ein befohlener sozialismus besser ist als gar keiner» – und nach jahrelangen Schwierigkeiten, trotz aller Theatererfolge, notierte er im März 1953: «unsere aufführungen in Berlin haben fast kein echo mehr.»[3] Der öffentliche Streit, der nach der *Courage*-Aufführung aufbrach, setzte gewissermaßen die Expressionismus-Debatte der dreißiger Jahre fort. Die Parolen hießen: hier dramatisches, dort episches Theater, und das hieß im Klartext der SBZ/DDR: realistisches oder formalistisches, sozialistisches oder modernistisches, spätbürgerliches Theater. Brecht geriet ernsthaft in den Verdacht, ein unfreiwilliger Bundesgenosse jener «volksfremden Dekadenz» zu sein, die man gerade so erbittert bekämpfte – offiziell seit dem 1. Kulturtag der SED im Mai 1948, der sich gegen die «spätbürgerliche Philosophie und Kunst des Existenzialismus» wandte.[4] Den Höhepunkt dieser Debatte bildete das Streit- und scheinbare Versöhnungsgespräch zwischen Wolf und Brecht. Es hatte für die weitere Entwicklung der DDR-Dramatik exemplarische Bedeutung. Denn die Alternative «dramatisches» oder «episches» Theater sollte ihre historische Fortsetzung finden in der Entgegensetzung eines nicht-antagonistischen, affirmativ-harmonisierenden Theaters und eines antagonistischen, kritisch-dialektischen Theaters, und zwar auch dort noch, wo man den beiden Vorbildern schon nicht mehr folgte. Brecht oder Wolf zu beerben hieß bis zum Ende der DDR, das Publikum als Subjekt oder als Objekt der Geschichte zu behandeln, die gesellschaftlichen und dramatischen «Widersprüche» harmonisch aufzulösen oder dialektisch zu entfalten und ins Publikum zu tragen, nach «Volkstümlichkeit» auf Kosten der Authentizität oder nach Wahrheit auf Kosten der Volkstümlichkeit zu streben.

Im Kernpunkt des Streitgesprächs (*Formprobleme des Theaters aus neuem Inhalt*) stand eine aufregende dramaturgische und kulturpolitische Differenz. Als Wolf insistierte, daß Brecht mit seinem angeblichen Verzicht auf das «emotionale Erlebnis» und die klare «Entscheidung» des Helden auf der Bühne das klassische Dramenerbe und seine bewährten Bauformen preisgebe, konterte Brecht mit der Feststellung, daß das traditionelle Charakterdrama der «inneren Wandlung» oft «unrealistisch» sei. Seine Begründung traf den Nerv der damaligen Kulturpolitik und ihres sozialistischen Theaters:

> «es scheint mir für eine materialistische Darstellung nötig, das Bewußtsein der Personen vom sozialen Sein bestimmen zu lassen und es nicht dramaturgisch zu manipulieren.»[5]

Der Vorwurf einer dramaturgischen Bewußtseinsmanipulation, die das Theaterpublikum indirekt entmündigt, schloß auch die Manipulationen einer Kulturpolitik und Politik ein, die das Volk nicht von «unten» aktivierte und revolutionierte, sondern von «oben» dirigierte und die die großen Diskrepanzen und Widersprüche zwischen Sein und Bewußtsein in den Köpfen der Bevölkerung nicht durch einen kritischen und freiheitlichen Lernprozeß zu lösen, sondern durch direkte Anpassungs- und ideologische Erziehungsappelle zu überbrücken und zu harmonisieren versuchte. Kleine und große Bühne entsprachen sich. Die Vormundschaft der Partei hatte die Entmündigung auch des Theaterpublikums zur Folge.

Der prinzipielle dramaturgische Antagonismus zwischen Brecht und Wolf verlängerte und verschärfte sich seit Beginn der fünfziger Jahre zu dem *Methodenstreit – Brecht oder Stanislawski?*[6] Nach 1945 durch ein Schauspiel-Kollektiv in Weimar unter Maxim Vallentin schon praktiziert und propagiert, setzte sich das sogenannte Stanislawski-System, der offizielle sozialistisch-realistische Theaterstil, bei den dafür schon disponierten Regisseuren und auf den Bühnen der DDR erst nach einem erneuten Hinweis von Fritz Erpenbeck durch. Maxim Vallentin übernahm 1952 das neugegründete Maxim-Gorki-Theater in Berlin, im April 1953 fand in der Berliner Akademie der Künste eine Stanislawski-Konferenz mit über 200 Theaterleuten statt.

Das Hauptreferat, über seine Erfahrungen mit einer *Egmont*-Inszenierung (1951) berichtend, hielt Wolfgang Langhoff unter dem Titel *Die Darstellung der Wahrheit mit Hilfe der Methode Stanislawkis*. In der Diskussion stießen die Gegensätze hart aufeinander: Stanislawskis «Theater des Erlebens», der Identifikation und der kontinuierlichen Handlung und Brechts «Theater des Darstellens» (Vorzeigens), der Verfremdung und der diskontinuierlichen Fabel. Stanislawskis Satz «Wenn ich Ihnen den Hamlet gebe, so sind Sie Hamlet» stand gegen eine Feststellung Brechts in der 48. These des *Kleinen Organon:* «Ein Urteil: ‹Er spielte den Lear nicht, er war Lear›, wäre für ihn vernichtend.» Trotz eher versöhnlicher Beiträge von Helene Weigel und Brecht (schriftlich) kam es danach und noch auf Jahre hin nicht zu einer Einigung. Dem Theater Brechts wurde «Überintellektualisierung des Ausdrucks» und Abstraktion vorgeworfen (Harald Hauser), Brecht kritisierte die *Egmont*-Aufführung von Langhoff als «idealistisch und undialektisch», d. h. er vermißte eine kritische, materialistische Sicht auf den Helden.

Kein Wunder, daß seine Nachkriegsstücke, das *Antigonemodell* (E 1947/48; UA 1948; V 1949) und *Die Tage der Commune* (E 1949; UA 1956; V 1957), zu seinen Lebzeiten keine Heimstatt auf den DDR-Bühnen fanden, daß er selber kein Zeitstück schrieb (nur mit Erwin Strittmatters *Katzgraben* [1953] eins adaptierte), daß Heinar Kipphardt mit *Shakespeare dringend gesucht* (UA 1953; V 1954) den dramatischen Notstand kritisch-komisch auf die Bühne brachte, daß der im Jahre 1955 aus dem Westen kommende Peter Hacks der erste eigenständige junge Dramatiker wurde, daß wirklich interessante Stücke erst Ende der fünfziger und in den sechziger Jahren erschienen, daß damit eine Kette von Aufführungsblockaden begann und daß schon damals mit Kipphardt (1959) und Hartmut Lange (1964) zwei potente Dramatiker in die Bundesrepublik abgewandert sind. Eine Gleichberechtigung der beiden dramaturgischen Konzeptionen gab es in dem deutschen Staat mit der von oben verordneten Revolution allenfalls seit den siebziger Jahren.

Aber auch zwischen dem ostdeutschen und westdeutschen Theater, das immer noch von Klassiker-Inszenierungen und ausländischen Stücken, vor allem von Beckett und Ionesco, dominiert wurde, gab es in der dramatischen Dürrezeit der fünfziger Jahre keine Gleichberechtigung und kaum einen Austausch (bis auf wenige Brecht-Inszenierungen, vor allem von Harry Buckwitz). Gesamtdeutsche Gemeinsamkeiten zeigten sich mehr in den Schwächen und Leerstellen, in der gemeinsamen Unfähigkeit zum Drama. Auch das sollte sich erst in den sechziger Jahren ändern, als Weiss, Walser, Hochhuth und Kroetz auf DDR-Bühnen, Brecht, Hacks und Müller auf den Bühnen der Bundesrepublik gespielt wurden.

Zuletzt wurden die neuen Stücke Heiner Müllers auf westdeutschen Bühnen früher und häufiger inszeniert als in der DDR. Ist er der erste gesamtdeutsche Dramatiker nach 1945?

Die beiden deutschen Staaten mochten antithetisch angelegt sein, ihre Dramengeschichte – zum Glück – blieb es nicht. Sie ist mit den Jahren immer mehr in das Verhältnis einer bereichernden Komplementarität geraten. Auf politische Kategorien reduzieren – hier bürgerliches, dort sozialistisches Drama und Theater – läßt sie sich seit den sechziger Jahren nicht mehr. An dem Westberliner Theatertreffen, das jährlich die zwölf besten deutschsprachigen Inszenierungen einlud, nahm die DDR allerdings erst kurz vor dem Fall der Mauer teil.

1. Die neue antifaschistische und sozialistische Dramatik

Obwohl die Nachkriegsdramen Wolfs von heute aus gesehen und neben diejenigen Brechts gehalten recht einfach erscheinen, sind sie noch die aufschlußreichsten Werke der ersten Jahre. Wolf ist darum bemüht, der «Linie» der Kulturpolitik zu folgen und beispielgebend zu wirken. Sein erster Beitrag ist das Stück *Wie die Tiere des Waldes* (1947), mit dem kolportagehaften Untertitel *Ein Schauspiel von Hetzjagd, Liebe und Tod einer Jugend.* Es zeigt die Flucht- und Liebesgeschichte eines jungen Deserteurs in den letzten Kriegstagen. Wolfs politische Absicht ist es, die in den Faschismus verstrickte und orientierungslose Jugend für die Absage an das tödliche Alte und für die aktive Mitarbeit an der neuen Welt zu gewinnen. Dabei ist es, im Vergleich mit den Westzonen, besonders interessant, wie hier von einem Vertreter der älteren Schriftstellergeneration das Handlungsmuster des Generationenkonflikts gehandhabt wird: Es kommt am Ende zu einem Bündnis der Mutter und Großmutter mit dem Sohn gegen die unbelehrbaren faschistischen Väter (Unteroffizier, Major, Vater), zu einer demonstrativen Wandlung und Entscheidung für das «neue Leben».[7]

Ähnlich, aber noch unvermittelter und mechanischer, verfährt ein Stück, das oft als Pendant zu Borcherts *Draußen vor der Tür* genannt wird, Fred Dengers *Wir heißen euch hoffen* (1946). Gezeigt wird eine heimatlose, verkommene Jugendbande, in einem Trümmerkeller in Berlin hausend, von Krieg und Nachkrieg kriminalisiert, ohne Glaube,

Liebe, Hoffnung. Aber siehe da, der Anführer wird von der Liebe zu einem Mädchen er-
eilt, «macht einen Blitzkurs in Anständigkeit durch» (Friedrich Luft), und die meisten
Mitglieder der Bande werden, dank der Hilfe eines Polizisten, wieder auf den Pfad der
Tugend geführt. So ist das Stück ein erstes Beispiel dafür, wie leicht die gesellschaftlich
erwünschte Aufbaumoral die künstlerische Substanz eines Stückes beschädigen konnte.
Wolf setzte auch in seinem nächsten Werk auf das fortschrittliche Bündnis der Jungen mit den Frauen. Seine Komödie *Bürgermeister Anna* (UA 1950) spielt 1946 in
einem «Dorf in Deutschland» und bringt Widersprüche, Konflikte und Entwicklungen
in der ersten Phase der «antifaschistisch-demokratischen Ordnung» auf die Bühne. Die
politische Macht der «alten Zeit» ist zwar schon gebrochen, aber mit ihren ökonomischen und ideologischen Bastionen ragt sie, in Gestalt des Großbauern Lehmkuhl,
noch in die «neue Zeit» hinein und sabotiert ihren Aufbau. Dem traditionellen Dorf-
und Bauernstück wird der Klassenkampf in die Quere gelegt. Am Beispiel eines vorzei-
tigen Schulneubaus, den die vorbildliche Bürgermeisterin Anna nicht nur gegen den
Widerstand der Bauern unter Führung Lehmkuhls, sondern auch gegen den «Plan» der
Behörde durchsetzt, wird plastisch gezeigt, wie es zur endgültigen Entscheidung für
das «Neue» und damit zum Happy-End kommt. Diese «Weiberkomödie», die schon
früh das Thema der Frauenemanzipation in die DDR-Literatur einführte, gilt als «das
erste deutsche Stück über die neue Wirklichkeit der antifaschistisch-demokratischen
Revolution im Osten Deutschlands, das sich durchzusetzen vermochte».[8] Es hat viele
Nachfolger gefunden, z. B. *Katzgraben* (UA 1953; V 1954) und *Die Holländerbraut*
(UA 1960) von Strittmatter, *Marski* (UA/V 1966 in der BRD) von Hartmut Lange, *Die
Umsiedlerin oder Das Leben auf dem Lande* (UA 1961, nach der Premiere abgesetzt,
später *Die Bauern*) von Müller, *Steine im Weg* (UA 1960) von Helmut Sakowski und
Moritz Tassow (UA/V 1965) von Hacks. Auch in ihnen geht es um einen typischen
Konflikt: Die Initiative eines Selbsthelfers (der meistens in Anarchismus-Verdacht ge-
rät) oder der spontane Aufbauwille des Volkes stößt mit dem reaktionären Überbleib-
seln der alten Gesellschaft sowie mit dem oft basisfernen Kalkül und Plandenken der
Bürokratie und der Parteifunktionäre zusammen. Aber nicht immer wurde dieser Konflikt zwischen «Plan und Initiative» so harmonisch und glatt gelöst wie bei Wolf.

Sein bedeutendstes Nachkriegswerk ist zweifellos das Geschichtsdrama
Thomas Münzer. Der Mann mit der Regenbogenfahne (E 1952; UA/V 1953).
Es greift einen Stoff auf, der ihn in den zwanziger Jahren beschäftigt hatte
(*Der arme Konrad*). Schon damals wurde ihm Thomas Münzer zur Iden-
tifikationsfigur, zum vorbildlichen Kämpfer mit Feder und Schwert. Die
Ausarbeitung von 1952 hat solche Analogien noch verstärkt und auf die
Verhältnisse der DDR zugeschnitten. Denn nach 1945 hatten sich die Pro-
duktionsbedingungen grundlegend verändert. Die DDR stand zunächst in
einer Art Wiedergutmachungsverhältnis zu dem Bauernkriegstheologen
Münzer. Es fand deshalb nichts Geringeres als ein Denkmalwechsel statt:
Der jahrhundertelang als Sieger gefeierte Luther mußte seinen Platz räumen
und ihn dem jahrhundertelang als Verlierer bezeichneten Münzer überlassen.
Denn die DDR verstand sich als Erbe und Vollstrecker Münzers und der
ersten «frühbürgerlichen Revolution», wie die offiziöse Interpretation des
deutschen Bauernkriegs lautete. Alles, was bis dahin Vorwegnahme und Utopie an ihm gewesen war – «omnia sunt communia»! – sollte sich nun auf
ihrem Boden verwirklichen. Sie zählte ihn deshalb zu ihren Stammvätern und
Nothelfern. Er ist so etwas wie ein Wilhelm Tell der frühen DDR.

Hinzu kam der nationale Gesichtspunkt, denn der deutsche Bauernkrieg wurde als ein gesamtdeutscher, tragisch gescheiterter Einigungsversuch *von unten* angesehen. Ein Müntzer-Stück konnte somit den Anspruch der DDR ins Spiel bringen, gegenüber den westdeutschen «Spaltern» das ganze und wahre Deutschland zu repräsentieren.

Von einer dialektischen Geschichtsauffassung ist wenig zu spüren; Wolf hat ein reines Helden- und Charakterstück, ein Stationendrama im historischen Bilderbogenstil geschrieben. Es war eine gute Vorlage für eine Aufführung im Stanislawski-Stil, in dem es Wolfgang Langhoff 1953 inszenierte und selber die Titelrolle spielte.

Ein Hauptgrund für diese konservative Formgebung liegt sicherlich in der übermächtigen bürgerlichen Wirkungs- und Bewußtseinsgeschichte des Luther-Müntzer-Komplexes. Eine «Rettung» Müntzers konnte nur gegen das beherrschende Luther-Bild, das heißt in negativer Abhängigkeit von seinen ideologischen und dramaturgischen Vorurteilen und Rastern erfolgen. Wolfs Müntzer ähnelt deshalb in vieler Hinsicht dem überlieferten literarischen Bild seines Widersachers Luther. So ist er ein Mann der «Ordnung» und des «Gesetzes», ein vorbildlicher bürgerlicher Mensch, der mit seinen Getreuen und Anhängern in einer schönen Familiengemeinschaft lebt (mit Frau und Schwiegermutter erscheint er das erste Mal auf der Bühne!); er ist der gute Deutsche, der die Vereinigung von Nord- und Süddeutschland anstrebt, und er rückt am Ende, auf dem Henkerskarren, in die Nachfolge Christi ein. Wie dieser vertraut er in seiner Passion auf das Wort, das von ihm ausgehen und durch das er auferstehen und siegen wird. Gerade hier, am Tiefpunkt der Niederlage, wird das Stück zu einer «optimistischen Tragödie» hochgezogen (F. J. Raddatz), bekommt es den triumphierenden Unterton einer Dank- und Opferfeier aus dem Rückblick der DDR von 1952.

Dieser DDR-Staat war trotz seiner verordneten Revolutionen noch ein überwiegend bürgerlicher und kleinbürgerlicher Staat auf dem krisenhaften Wege vom Kapitalismus zum Sozialismus. Es galt, die Zweifler und unsicheren Kantonisten für die ungeliebte Republik zu gewinnen. Deshalb war die Figur des *bürgerlichen* Intellektuellen als Vorbild hochwillkommen, deshalb zeigte ihn Wolf als einen Mann, der alle bürgerlichen *und* die proletarisch-revolutionären Tugenden besitzt.

Ebenso groß war das Bedürfnis in diesen Jahren, einem noch vergangenheits- und identitätslosen Staat das Fundament einer eigenen Geschichte zu sichern. Wolfs Drama übernahm bewußt die Aufgabe, die deutsche Tradition der sozial-revolutionären Bewegungen bis ins Mittelalter zurück sichtbar zu machen.

Solche Appelle und Demonstrationen konnten nicht ohne «dramaturgische Manipulationen» auskommen – Müntzers Revolution und Einigung von «unten» hatte ja auch in der DDR nicht stattgefunden. Insofern diente die aristotelische Wirkungsästhetik, der Wolf unbeirrbar anhing, seiner politisch-kämpferischen Strategie. Er wollte den Zuschauer mitreißen durch die Schillersche Dimension seines Stückes: Am Ende triumphiert der Geist über die Wirklichkeit. Im Kontext der Aufbau- und Stalin-Ära zollte das Drama nolens volens seinen Tribut an den Personenkult, an den strahlenden positiven Helden.

Trotzdem hat sich Wolf wohl besser auf die junge DDR-Gesellschaft eingestellt als Brecht. Die ästhetische Zwitterhaftigkeit seines sozialistisch-ideali-
stischen Müntzer-Stücks erinnert jedenfalls an die sozialpolitische Zwitterhaftigkeit des «realen Sozialismus» von damals und nachmals.

Ein Gegenbeispiel liegt vor in dem unliebsamen Aufsehen, das Hanns
Eislers (1898–1962) Operntextbuch *Johann Faustus* (E 1951/52; UA 1974 in
der BRD; V 1952) erregte, in vieler Hinsicht das Gegenstück zu Wolfs *Münzer*-Drama. Eisler besaß die Kühnheit, das Herzstück der damals herrschenden Erbetheorie und Klassiknachfolge anzugreifen, indem er aus Faust, dem
großen Repräsentanten des bürgerlichen Humanismus, dem produktiven
Aktivisten und Aufbauhelden, eine negative Gestalt, einen Verräter an der
eigenen Klasse machte. Er läßt den Bauernsohn und Gelehrten Faust während
des Bauernkriegs mit schlechtem Gewissen auf die Seite der Mächtigen und
Unterdrücker überlaufen und verknüpft den alten Stoff überdies mit dem
Schauplatz eines kapitalistischen Opern-Amerika. Damit wird Faust zum
Stellvertreter jener bürgerlichen deutschen Intellektuellen, die die Arbeiterklasse in entscheidenden historischen Situationen immer wieder im Stich gelassen haben. Dieses moderne und selbstkritische Experiment stieß 1952/53
auf massive Ablehnung bei den maßgeblichen Kultusfunktionären. Nur Ernst
Fischer und Brecht sekundierten dem in Bedrängnis geratenen Komponisten.
Mitten in die einseitigen Diskussionen fiel der 17. Juni 1953. Eislers Oper
blieb unvollendet.

2. Im Dienst der Erzeugung staatsgewünschter Eigenschaften

Was ist sonst noch typisch und bedeutsam gewesen in jenen zusätzlich vom
Kalten Krieg beschwerten Anfangszeiten, in denen es so viele neue Inhalte
und Probleme und so wenige neue Formen gab und in denen der ideologische
Gebrauchswert von Drama und Bühne für den schwierigen Aufbau des Sozialismus so hoch im Kurs stand? Zwei Werke sind zu nennen, die einen
relativ großen Erfolg hatten und exemplarisch für viele andere stehen können,
Stücke, die durchwegs der «erzeugung staatsgewünschter eigenschaften» dienen wollten (Bertolt Brecht).

Zunächst *Die ersten Schritte* (E 1948; UA 1950; V 1951)[9] von Hermann Werner Kubsch (1911–1983), einem proletarischen Schriftsteller schon der Weimarer Republik. Sein Schauspiel gilt als das erste einer langen Reihe von Betriebs-
und Produktionsstücken mit einem vorbildlichen Aktivisten im Mittelpunkt.

Es spielt «in der schwersten Zeit der jungen Demokratie, im Herbst 1947, nach der
schweren Mißernte», im Kesselhaus eines Kraftwerks, und sein Held heißt Karl Hartmann, «seit fünfundzwanzig Jahren in der Arbeiterbewegung, konsequenter Antifaschist, der Sache des Neuaufbaus ergeben» (S. 2). Diese Ergebenheit ist so unbedingt,
daß er über Betrieb, Gewerkschaft und Partei seine hungernde Familie vernachlässigt.

Seine gute, aber kleinbürgerliche Frau, verführt von dem Schieber und Exoffizier Hellinger, gerät in den Schwarzmarkthandel, während Karl sich, nichtsahnend, durch Sonderschichten im Kesselhaus das öffentliche Lob und die Prämienbelohnung des Ministers verdient. Aber gleichzeitig wird sein Betrieb bedrohlich sabotiert: Der von westlichen Imperialisten gedungene Hellinger hat in dem Ingenieur und Exnazi Doktor Hammer und in dem alten Arbeiterverräter Oskar Bialek zwei Helfershelfer gefunden, die das Kraftwerk in die Luft sprengen wollen. Das wird jedoch, dank der Wachsamkeit der Arbeiter und der Betriebsführung, im letzten Moment entdeckt und verhindert. Die Bösen werden verhaftet – «Verfluchte Agenten! Das ist die christliche Demokratie der Amerikaner!» (S. 69) –, die Guten rücken noch dichter zusammen, und die Schwankenden, wie Mutter Hartmann, werden programmatisch auf den Pfad der sozialistischen Tugend zurückgeführt. Der Held der Arbeit aber übt rührende Selbstkritik: «Genügt es, wenn wir an unsere Arbeit denken, an die Betriebe, an die Produktion – und die Menschen um uns vergessen?» Es genügt natürlich nicht. Sein und des Stückes letztes Wort: «Unsere große Sache ist unüberwindlich!» (S. 72)

Es ist frappierend, in welcher Vollständigkeit die Figuren-, Handlungs- und Normenmuster des Produktionsstücks hier bereits versammelt sind: die ideologisch genau abgestufte Gruppe der Arbeiter, mühsam lernend, daß *sie* die Besitzer der volkseigenen Betriebe sind, mit dem unverbesserlichen Faschisten auf der einen, dem begeisterten Jungaktivisten auf der anderen Seite des Spektrums; der gute und der böse Ingenieur als Vertreter der bürgerlichen Intelligenz; der souveräne Arbeiter-Direktor, der verständnisvolle Kriminalkommissar. Eine typische Bewährungsprobe: Die alten Kessel müssen gründlich überholt, die zögernden Arbeiter also für Sonderschichten gewonnen werden. Und natürlich fehlt nicht die kolportagehafte Westsabotage. Die späteren Stücke sind nur als produktive Reaktionen auf solche Grundmuster recht zu verstehen, Heiner Müllers *Lohndrücker* (UA 1958; V 1957) zum Beispiel. Schon bei Kubsch nehmen die Arbeiter in ihrer Kritik an der «neuen Welt» kein Blatt vor den Mund, schon hier gibt es eine Zigaretten-Episode zwischen einem faschistischen und einem durch «Ami»-Zigaretten anfechtbaren Arbeiter (S. 28) wie in der ersten Szene des *Lohndrückers*.

Ebenso frappierend ist es, wie sehr diese Art von Aufbaudramatik an die Besserungsstücke der frühen Aufklärungskomödie erinnert. Der moralische Tugend- und Lasterkatalog, der im Dienste der neuen aufsteigenden Gesellschaft steht, ist nicht weniger klar und streng aufgebaut als vor 200 Jahren, die Eigenschaftspsychologie ebenso simpel, die Dialoge ähnlich klischeehaft, die Aufklärungseffekte genauso rührend-plump, und die Feinde der neuen Gesellschaft werden nicht weniger resolut entlarvt und angeprangert, die «kleinen Fehler» der Gutwilligen nicht weniger reibungslos gebessert als damals.

So versuchte sich der vierte Stand seine eigene Literatur zu erschreiben.

Das zweite Beispiel läßt sich dem *Münzer*-Stück Wolfs zuordnen. Es ist das historische und antifaschistische Drama *Der Teufelskreis* (UA 1953) von Hedda Zinner (*1905), 1952 mit dem Ersten Preis der Staatlichen Kommission für Kunstangelegenheiten zur Förderung der zeitgenössischen Dramatik ausgezeichnet.

Uraufgeführt wurde es erst im November 1953, wohl auch in Reaktion auf den angeblichen «Putschversuch vom 17. Juni», als erneuerter «Aufruf zur Einheitsfront». Es besitzt zwei Zentren und zwei «Helden», die nur lose miteinander verknüpft sind. Das eine Zentrum ist die deutsche Sozialdemokratie am Ende der Weimarer Republik und kurz nach der sogenannten Machtergreifung Hitlers, gespiegelt in dem sozialdemokratischen Reichstagsabgeordneten Wilhelm Lühring. Das andere Zentrum ist der berüchtigte Reichstagsbrand-Prozeß und sein strahlender Held, der bulgarische Revolutionär und Kommunist Georgi Dimitroff. Lühring ist eine erfundene Figur. Er verkörpert all das, was die SPD in den Augen der deutschen Kommunisten zu jener Zeit gewesen ist, nämlich ein objektiver Wegbereiter der Machtergreifung Hitlers und ein blinder Blockierer der notwendigen linken Einheitsfront und des Generalstreiks. Erst der angeblich von den Nazis angezettelte Reichstagsbrand wird zum politischen und moralischen Damaskus-Erlebnis Lührings. Er wird verhaftet und im SA-Keller so lange mißhandelt, bis er zu der gewünschten, die KPD belastenden Zeugenaussage bereit ist. Aber das Vertrauen seines makellosen kommunistischen Sohnes und das unerschrockene Auftreten Dimitroffs vor Gericht geben ihm die Kraft zurück, seinen «Verrat [...] an der Arbeiterklasse» (10. Bild) zu widerrufen und den Märtyrertod zu sterben, mit dem Aufruf zur sozialistischen Einheitsfront auf den Lippen. Vom 3. Akt an schiebt sich allerdings die funktional untergeordnete Prozeßhandlung mit dem Angeklagten Dimitroff dermaßen in den Vordergrund, daß sie die Lühring-Handlung auf den zweiten Platz verdrängt. Forensischer Höhepunkt ist das überlange 8. Bild (Reichsgericht in Leipzig), das schon in dokumentarischer Manier authentische Prozeßtexte verwendet, aber stets so, daß Dimitroff mit jedem Wort als hinreißender Meister des Geschehens erscheint, daß er die Ankläger zu Angeklagten macht, bis er in einem effektvollen Rededuell auch den preußischen Ministerpräsidenten Göring blamiert und so den Teufelskreis des finsteren Nazi-Komplotts durchbricht. Ihm gebührt selbstverständlich auch das Schlußwort des Stückes:

> «Das Rad der Geschichte dreht sich nach vorwärts; und dieses Rad, getrieben durch das Proletariat unter der Führung der Kommunisten in aller Welt, wird durch keinerlei Ausrottungsmaßnahmen, durch keine Zuchthausstrafen und Todesurteile aufgehalten werden. Es dreht sich und wird sich drehen bis zum endgültigen Sieg des Kommunismus!»

Die dramaturgischen Bewußtseinsmanipulationen zur «erzeugung staatsgewünschter eigenschaften» treten bei Hedda Zinner noch krasser hervor als bei Wolf. Das Rad der Geschichte war nach dem Tode Stalins und dem 17. Juni ein wenig ins Stocken geraten, und man bedurfte kerniger Durchhalte- und Siegesparolen. Deshalb hat der Regisseur Fritz Wisten das Werk, gegen die Intention der Autorin, zu einem eindeutigen Dimitroff-Stück gemacht. Trotzdem wirkt die erneute scharfe Abrechnung mit der Sozialdemokratie und die naive Glorifizierung alles Kommunistischen mehr als borniert. Es darf bezweifelt werden, daß solche dramatisch-rhetorischen Selbstbestätigungen auch auf Nichtkommunisten überzeugend wirkten. Im Gegenteil, diese selbstgerechte und historisch unhaltbare Spielart des offiziösen Antifaschismus hat dazu beigetragen, eine gründliche Auseinandersetzung mit dem alltäglichen Faschismus in den Köpfen und Verhaltensweisen der DDR-Bürger zu verhindern und bis in die siebziger Jahre und später aufzuschieben.

3. Der unbequeme Brecht

Brecht hat die Nachkriegsversuche und Positionen Wolfs und seines Anhangs für verfehlt und rückständig gehalten. Kurz nach der *Mutter Courage*-Aufführung notierte er:

> «aus schriftlichen Äußerungen WOLFS und erpenbecks, die der ‹linie› folgen wollen, ergeht, daß die wendung gegen die einfühlung gerade durch ihren erfolg bei dem arbeiterpublikum einige panik verursacht hat. wie sehr hätte die ‹wirkung› erhöht werden können, wenn die courage auf der bühne zur einsicht gelangt wäre! aber die schüler der funktionärsschule sind weiter.»[10]

Brechts Weg auf der Suche nach einem authentisch sozialistischen Drama und Theater nach 1945 begann mit dem spröden *Antigonemodell* (1947/48), dem ersten Projekt nach der Rückkehr aus dem Exil, am Churer Stadttheater. Ein scheinbar abwegiges Unternehmen, äußerlich ein Mißerfolg, aber durch das Buch über die Inszenierung (1949) eine erste Nachkriegsdokumentation des Brechtschen Theaterstils und damit von bedeutenden Fernwirkungen – vorbildlich geworden vor allem für das Verhältnis der sozialistischen Kunst und Literatur zur Antike, zum Mythos, zur «Vorgeschichte» im marxistischen Sinne. Brechts Maxime nach dem Kriege, die auch bei der Wahl des Antigone-Stoffs Pate gestanden hat, lautete: «Das Unglück allein ist ein schlechter Lehrer.»[11] Brecht hat die Arbeit zunächst als «Rückkehr in den deutschen Sprachbereich»[12] verstanden, als Akt der Aneignung der klassisch-idealistischen Tradition in Dichtung und Philosophie (Sophokles/Hölderlin, Hegel). Deshalb wohl der Titel: *Die Antigone des Sophokles. Nach der Hölderlinschen Übertragung für die Bühne bearbeitet.* Brecht antwortete mit einer experimentellen Gegenkonzeption auf den nach dem Kriege weitverbreiteten bildungsbürgerlichen Rückgriff auf die Antike, auf den klassischen «Geist» des Abendlandes und im besonderen auf die geradezu modische Antike-Adaption bei Anouilh, Giraudoux, Sartre, Eliot, O'Neill u. a. Sein Versuch einer «Durchrationalisierung» der (Kriegs-)Geschichte bezieht sich im Kern auf die Entfernung des griechischen Schicksalsglaubens, der «moira», aus Mythos und Drama. Die über zweitausendjährige Distanz betrachtete er als die Chance, statt der moralischen «Einfühlung» in Personen und Vorgänge eine kritische Einsicht in die «Bewegungsgesetze» der Kriegsgeschichte beim Zuschauer hervorzurufen, Gesetze, die den Menschen an der selbsterfahrenen Katastrophe, z. B. am Hitlerkrieg, unsichtbar bleiben. Mit diesem Krieg verbunden hat Brecht seine Bearbeitung durch ein kurzes «Vorspiel», das im April 1945 im umkämpften Berlin spielt: Zwei Schwestern wagen es angesichts der SS nicht, sich um ihren als Deserteur und «Volksverräter» gehenkten Bruder zu kümmern.

Das Bemerkenswerte seines *Antigone*-Stücks soll «die Rolle der Gewaltanwendung bei dem Zerfall der Staatsspitze» sein. Dies kann aber nur gesehen werden, wenn das Publikum dabei die Position des *Volkes* einnimmt, «das dem Zerwürfnis der Herrschenden zusieht»,[13] wenn es, aus der Perspektive von unten, selbst in Antigone noch eine der Herrschenden erkennt. In Brechts Version – das ist zugleich die wesentlichste Veränderung des Mythos – führt Kreon einen Raubkrieg gegen Argos, in dem es vor allem um das «Grauerz» der Argiver geht. Brecht hat das Nachkriegsdrama zu einem Kriegsdrama zurückgedreht. Das Stück setzt auf dem Höhepunkt des Kampfes ein. Eteokles ist vor Argos gefallen, sein Bruder Polyneikes aus Verzweiflung darüber desertiert und von Kreon getötet worden. In diesem kritischen Moment – der Krieg steht auf des Messers Schneide – kehrt der König nach Theben zurück: Das blutige Exempel an Polyneikes und das Verbot, den Verräter zu bestatten, sollen den heimlichen Widerstand in Theben brechen. Die Gewalt nach außen verknüpft sich mit dem Terror nach innen.

Antigone lehnt sich, spät erst, gegen dieses Gewaltregiment auf, indem sie ihren Bruder bestattet. In einer großen Auseinandersetzung mit Kreon entlarvt sie die «Rolle der Gewaltanwendung bei dem Zerfall der Staatsspitze».[14] Durch ihre antinationalistische Einsicht durchbricht sie den barbarischen Bann der Vor- und Kriegsgeschichte, der auf der Bühne durch vier Pfähle mit Pferdeschädeln sichtbar gemacht wird. Die Ähnlichkeit Kreons, des «blutigen Clowns», mit Hitler wird immer deutlicher.

Offensichtlich wollte Brecht mit dem verfremdeten Mythos der *Antigone* den deutschen Zeitgenossen eine weitere Möglichkeit bieten, den verlorenen Hitler-Krieg als einen Raubkrieg der Herrschenden im Bündnis mit der Bourgeoisie zu durchschauen und sich durch diese Einsicht als Volk zu konstituieren. Sie sollte das *Mutter-Courage*-Modell ergänzen, in dem sich der kleine Mann und Mitläufer in seiner Teilhabe und Mitschuld am Kriege erkennen konnte. Eine dritte Möglichkeit bot Brecht dann mit *Die Tage der Commune* an, die er im Anschluß an das *Antigonemodell* schrieb. Mit diesem Revolutionsdrama wechselte Brecht sozusagen die Fronten: Statt der Geschichte der Herrschenden brachte er die Geschichte der Beherrschten auf die Bühne; er zeigte sie, nach einem verlorenen Krieg, als mögliches Subjekt einer revolutionären Geschichte.

Aber weder die *Antigone* noch *Die Tage der Commune* konnte Brecht in Berlin aufführen. Seine Theatertheorie und -praxis paßten nicht in die graue kulturpolitische Landschaft: «das KLEINE ORGANON kommt in eine zeit, wo die theater der fortschrittlichen länder für die erzeugung staatsgewünschter eigenschaften mobilisiert werden. Der einfühlungsakt wird in den helden der arbeit usw. gelegt.» Neue literarische Formen, eine Literatur mit «revolutionärem Charakter» waren nicht gefragt, um die «materialistische dialektik» kümmerte sich niemand in einer Nation, die sich wiederum «eine revolution durch angleichung» erschwindelte.[15] So läßt sich an Brechts relativer Resonanzlosigkeit ablesen, daß in der SBZ/DDR ein wirklich revolutionäres Gegenmodell zum westlichen Drama und Theater noch nicht entstanden und willkommen war. Zugleich aber schärft die Möglichkeit einer genuin sozialistischen Dramatik, wie sie uns in Brechts *Antigonemodell* schroff entgegentritt, den Blick für die Eigentümlichkeiten jener westeuropäischen

und amerikanischen Antikerezeption, die in West- wie in Ostdeutschland
(zunächst) die Theater beherrschte, allen voran Anouilhs *Antigone,* deren
Erfolg auch den Bewußtseinszustand des Nachkriegspublikums widerspiegelt. Anouilh hat die Fabel restlos modernisiert. Während bei Brecht der
Mythos zur «Volkslegende» vergesellschaftet wird, wird er bei Anouilh psychologisiert und privatisiert. Dort gehen die Figuren in ihren gesellschaftlichen Rollen auf, hier sprechen sie nur für sich selbst. Brecht reduziert den
moralischen Widerstand Antigones auf eine materialistisch-politische Entscheidung, Anouilh auf einen irrationalen existentiellen Akt, auf die unangreifbare Freiheit des Menschen, «nein» zu einem banalen und sinnlosen
Leben sagen zu können. Bei Brecht stoßen die verschiedenen historischen
und poetischen Ebenen – Antike, Klassik, Moderne/Sophokles, Hölderlin,
Brecht – hart und spannungsreich im dramatischen Text aufeinander, wird
der Prozeß der Umwertung sichtbar gemacht. Von Anouilh wird alle Geschichte aufgehoben und ihre Inhalte und ihre Formen zu einem gleichzeitigen modernen Spiel nivelliert, in dem die existentielle Freiheit des einzelnen
und die fatalistische Determination des Ganzen sich wechselseitig bedingen.

Symptomatisch dafür ist die Rollenverkehrung bei gleichem tödlichen Fabelablauf.
Kreon, der seine Herrscher-Rolle als lästige, aber unvermeidliche Pflicht übernommen
hat, tut das Äußerste, um seine Nichte zu retten; sie provoziert ihn aufs Äußerste, um
ihren Tod zu finden. Mit dieser individuellen Freiheit zum Neinsagen und zum Tode
identifizierten sich die Nachkriegsdeutschen deshalb so bereitwillig, weil sie darin die
Möglichkeit eines absoluten Rückzugs aus allen gesellschaftlichen und historischen
Verhältnissen erkannten, die ihnen so fatal geworden waren. Mit der kleinen Antigone
triumphierten sie über die Macht einer ihnen undurchschaubaren immergleichen Wirklichkeit. Und in Kreon konnten sie sich zugleich mit dem unfreiwilligen Rollenträger
dieser Wirklichkeit versöhnen. – Wirkungen, die auch Frischs *Chinesische Mauer*
(UA 1946; V 1947) und *Graf Öderland* (UA/V 1951) und Dürrenmatts *Romulus der
Große* (UA 1949; V 1956) nicht ausschlossen.

Brechts *Die Tage der Commune* lesen sich wie ein Gegenstück zu Dürrenmatts «antihistorischer geschichtlicher Komödie», und als «optimistische Tragödie» können sie als Pendant zu Wolfs *Münzer*-Drama gesehen werden. Von
Brecht wird die Geschichte ganz ernst genommen. Er führt sie fast mikroskopisch als Tages- und Stadtgeschichte vor – vom 18. März bis zum 28. Mai 1871
dauerte die Herrschaft der Pariser Commune –, aber er versteht sie dennoch als
einen Weg zur Befreiung der Menschheit. Dürrenmatt hält Gericht *über* die
Weltgeschichte, Brecht hält Gericht mit und in der Geschichte, gegen die Bourgeoisie des damaligen Frankreich und des Deutschland nach 1945. Er wollte
damit zweifellos ein historisches Lehrstück über die Möglichkeiten und über
die Fehler bei dem Unternehmen schreiben, den revolutionären Aufbau des
Sozialismus gegen seine inneren und äußeren Feinde zu sichern. Er hat die
Gegenwart zu Lernzwecken historisiert. Der Stoff bot sich als berühmtes
«Lernobjekt» der marxistischen Klassiker an. Karl Marx hat die Pariser Commune die erste «Regierung der Arbeiterklasse» genannt.

Bei den Analogien zwischen dem damaligen Frankreich und dem zeitgenössischen Deutschland (Thiers – westdeutsche Bourgeoisie; Bismarck/Preußen – westliche Alliierte; Commune – SBZ/DDR, bzw. Paris – Berlin; nur die russische Besatzungsmacht bildet eine Leerstelle!) hob Brecht vor allem das entscheidende Verhältnis von Proletariat und Bourgeoisie hervor. Aus den Fehlern der Commune leitete er die Rechtfertigung der Diktatur des Proletariats, der Gewaltanwendung, der undemokratischen Unterdrückung der Unterdrücker und die Notwendigkeit des *sozialen* vor dem *nationalen* Kampf ab. Mit besonderer Intensität und heiter-utopischen Zügen demonstrierte er die Lebenskultur und Lebenskunst des revolutionären Volkes und seine potentielle Geschichtsmächtigkeit, beides Desiderate in Deutschland. Deshalb zentriert sich das Stück um die Familie Cabet und versucht mit diesem «soziologischen Experiment» die alte Frage zu lösen, wie der kollektive Held «Volk», wie kollektive historische Prozesse überhaupt auf der Bühne darstellbar sind. Die Vorführung der neuen menschlichen Beziehungen, des neuen Verhältnisses zwischen Familie und Staat, von Privat und Öffentlich gerät deshalb wirksamer als die eigentlichen Commune-Szenen. Wobei die 6. Szene zugleich einen utopischen Vorschein des Sieges und eines neuen proletarischen Volkstheaters bietet, einer neuen Kunst, die als Lebensgenuß und Erkenntnis im Dienst des Volkes steht (die Nähe des Stücks zum *Kleinen Organon* ist auffällig). Demgegenüber werden Kunst und Ästhetik der Bourgeoisie in der 10. Szene (in der Oper) als kulinarische Garnierung der Macht- und Finanzgeschäfte verspottet. Die bürgerliche «Ästhetisierung des Politischen» (Benjamin) erreicht in der Schlußszene, angeregt durch Marx, ihren Höhepunkt: «Von den Wällen von Versailles aus betrachtet die Bourgeoisie den Untergang der Commune mit Lorgnons und Operngläsern» und beklatscht am Ende Thiers, den Regisseur dieses «erhabenen Schauspiels», wie einen Schmierenkomödianten. Die ästhetische Lust am Untergang trägt bereits faschistische Züge.

Die Tage der Commune wurden im Herbst 1949 vom Berliner Ensemble für die Aufführung vorbereitet. Warum sie nicht zustande kam, ist ungeklärt. Manche sagen, das Stück sei als angeblich defätistisch abgelehnt worden, andere, daß Brecht selber es zurückgezogen habe. Zur gleichen Zeit notierte er jedenfalls, daß es in der Volksbühne nur 0,3 Prozent Arbeiterbesucher gebe.[16] Die Anfänge des sozialistischen Dramas waren mühsam.

DIE GETEILTE LITERATUR:
DIE FÜNFZIGER JAHRE

I. KOMMERZ UND EXPERIMENT:
LITERARISCHES LEBEN IM WESTEN

1. Spielräume für «Modernes»

In privaten wie in öffentlichen Äußerungen aus dem Bereich des Jahres 1952 gab es vielfältige Artikulationen eines Bewußtseins, daß eine allererste Periode der Nachkriegszeit (oder wenn man, wie manche, bereits die Währungsreform als tiefere Zäsur nahm: eine zweite) zu Ende ging. Es häuften sich die Stichworte im Umkreis von «Wiederherstellung» oder «Restauration», von «Konsolidierung», «Wiederaufschwung», auch West-«Integration» (im April 1951 wurde die Bundesrepublik in den Europarat aufgenommen, im Juli in die UNESCO). Mit dem allmählichen Zurücktreten der Kriegserlebnisse und der Trümmerexistenz nahm bei manchen Angehörigen der 1945 noch als «jung» sich empfindenden Generation auch die zunächst schlagende Devise von der notwendig ‹realistischen› Schreibweise (mit ihrer vagen theoretischen Fassung und mit ihren zahlreichen Varianten) in ihrer Plausibilität ab. Das Bewußtsein einer erneuten weltweiten Kriegsgefahr, aber auch die tiefe Diskrepanz zwischen zunehmender Prosperität und weggeschobener Vergangenheit förderten ein Sich-Vortasten in neue Modelle der Wirklichkeitserfassung. In gleicher Richtung war das Einholen der «westlichen», auch der deutschsprachigen Moderne (von Hemingway bis Sartre, von Faulkner und Woolf bis Ionesco, von Kafka bis Musil) zu einem ersten Abschluß gekommen.

Natürlich ereignete sich dies mit erheblichen Verwerfungen und Verzögerungen. Während im Schul- und Universitätsunterricht die Rückbesinnung auf die «Klassiker» dominierte – wie in der DDR – und im übrigen sogar «innere Emigranten» für das «Neuere» standen – in scharfem Gegensatz zur DDR –, gab es etwa unter den 47ern bereits Versuche, über Sartre, Hemingway und Kafka produktiv hinauszugelangen. Zu den benennbaren Ereignissen, die sehr bald im Bewußtsein der Beteiligten eine Wende markierten, gehörte die Tagung der Gruppe 47 in Niendorf an der Ostsee im Frühjahr 1952, wo Ilse Aichinger – ihr Roman *Die größere Hoffnung* (1948) war ohne deutlichere Resonanz geblieben – mit ihrer *Spiegelgeschichte* verblüffte und sogleich den Preis der Gruppe erhielt. Daß dieser Text des ‹nichtrealistischen› Experiments von einer Österreicherin stammte, also von außerhalb der Bundesrepublik, erscheint im nachhinein ebenso symptomatisch wie die Tatsache, daß Dürrenmatts ungefähr gleichzeitige Erzählung *Der Tunnel* in der Schweiz entstand, Paul Celans erster Gedichtband *Mohn und Gedächtnis* in

Paris und Peter Weiss' (erst 1960 in der Bundesrepublik erschienener) Prosaband *Der Schatten des Körpers des Kutschers* in Schweden.

Daß mit Ilse Aichinger 1952 und mit Ingeborg Bachmann als Preisträgerin
von 1953 (auf der Frühjahrstagung in Mainz) gleich zwei Österreicherinnen
ins Licht der literarischen Öffentlichkeit traten, war symptomatisch und paradox zugleich. Beide schöpften auf je eigene Weise aus der besonderen österreichischen sprachspielerischen, ja sprachphilosophischen Tradition, aber
beide fanden ihr Forum erst auf bundesrepublikanischem Boden. Das Wiener
literarische Leben praktizierte nach 1945 zunächst in fast ungebrochener
Kontinuität eine aus der ersten Jahrhunderthälfte überkommene feierlich-
auratische Literaturpflege, beispielhaft in öffentlichen Lesungen der großen
Alten: Heimito von Doderer, Albert Paris Gütersloh, auch der in Wien lebende Max Brod und andere.

Nur mit erheblicher Mühe konnten nachwachsende Autoren sich überhaupt
Gehör verschaffen. Ein Zusammenschluß nach Art der Gruppe 47 fehlte gänzlich. Erst zu Beginn der fünfziger Jahre entstand den Jüngeren in dem Wiener
Hans Weigel und in seinen mehr und mehr beachteten Anthologie-Bänden
Stimmen der Gegenwart (seit 1951) ein einflußreicher Förderer. Weigel hatte als
Volontär noch an der «Literarischen Welt» in Berlin gearbeitet, betätigte sich
dann seit 1934 schriftstellerisch und kabarettistisch in seiner Heimatstadt, bis er
1938 emigrieren mußte. Schon 1945 kehrte er zurück und erwarb sich bald eine
einflußreiche Position als Theaterkritiker und Essayist. Unter den von ihm in
den *Stimmen* Geförderten waren neben Aichinger, Bachmann und Milo Dor
(alle drei auch der Gruppe 47 zugehörig) Herbert Eisenreich, Thomas Bernhard, Friederike Mayröcker, Erich Fried und viele andere.

«Zur Tragik ihrer Situation gehört es, daß diese Schriftsteller und Graphiker sich in das Ghetto der Bezeichnung junge Generation verbannt sehen»,
formulierte Weigel nicht 1947, sondern 1951.[1] Sie würden «von inkompeten-
ten Wichtigtuern des offiziellen Betriebs ignoriert oder bestenfalls leutselig
auf die Schulter geklopft». Dabei denke, arbeite und reife diese Generation
«aufgrund eines erstaunlichen, fast wundersamen Potentials an Haltung und
Disziplin» und gebe «durch ihre bloße Existenz die einzige Garantie für das
Weiterbestehen von Kunst und Gesittung in Österreich».

Zu den von Weigel Geförderten gehörten nun fast ausnahmslos die jungen
Schriftsteller, Musiker, Graphiker und Kabarettisten, die sich seit 1952 als
Freundeskreis zusammenschlossen und dann erst allmählich durch öffentliche Auftritte als «Wiener Gruppe»[2] bekannt wurden: Hans Carl Artmann,
Friedrich Achleitner, Konrad Bayer (der zeitweise so etwas wie ein ‹Haupt›
der Gruppe wurde), Gerhard Rühm, Oswald Wiener – auch Ernst Jandl stand
der Gruppe zeitweise nahe. Ein klares Programm besaßen diese jungen Leute
so wenig wie die Gruppe 47. Anfangs trafen sie sich zu informellen Lesungen,
Rezitationen, Experimentierabenden; erst in das Jahr 1956 fiel die erste gemeinsame öffentliche Veranstaltung.

Zu den verbindenden Tendenzen gehörten indes außer der Opposition gegen die offiziöse Literatur-Repräsentation der experimentelle Umgang mit der Sprache, das Arbeiten mit ihrer Materialität einschließlich des Visuellen, überhaupt das Durchbrechen der konventionellen Gattungs- und Mediengrenzen. Auch Dialektales wurde gezielt eingesetzt. Im übrigen gab es manchen bewußten Rückgriff auf Praktiken des Dadaismus.

Der Gruppencharakter dieser jüngeren Autoren und Künstler fand in der Schweiz und in der Bundesrepublik keine Parallele. Zwar verfolgte der in Bolivien geborene Schweizer Eugen Gomringer, mit dem die Bewegung der «Konkreten Poesie» eng verbunden war, noch vor der Mitte der fünfziger Jahre (*Konstellationen*, 1953) ähnliche Bestrebungen. Auch er war stark durch die Praxis der Bildenden Künste – und durch internationale Entwicklungen der «visuellen Poesie» – geprägt. Helmut Heißenbüttel kam, außer von der Literatur, von Architektur und Kunstgeschichte her und debütierte 1954 mit *Kombinationen*, bereits der Gruppe 47 zugehörig. Aber bei aller freundschaftlichen Verwurzelung in dieser Gruppe (er war einer der schwerverletzt aus dem Kriege Heimgekehrten): Zu einer dominanten Strömung vermochte er die experimentelle Literatur dort nicht zu machen. Er wurde als kenntnisreicher Kritiker, als guter Freund, als Antifaschist und als Vertreter einer Seitenrichtung geschätzt, durfte auch immer wieder einmal neue Schützlinge dort präsentieren. Die Überzeugung von der primär mimetischen Aufgabe der Literatur war jedoch stärker. Der erste Preisträger, den man der ‹experimentellen› Richtung zurechnen kann, Jürgen Becker, war zugleich der letzte überhaupt (1967).

Es erscheint, so gesehen, nur konsequent, daß ein Autor wie Arno Schmidt sich von der Gruppe 47, ja von allen Gruppierungen ostentativ zurückgehalten hat, obwohl ihn Kriegserleben und antifaschistische Grundhaltung durchaus mit vielen 47ern verband; mit Andersch und Heißenbüttel etwa stand er auch in persönlichem Austausch. Die Selbststilisierung als «Solipsist» wurde zwar erst in den sechziger Jahren durch die Herausbildung einer «Gemeinde» komplettiert, aber charakteristisch für Entwicklungen des literarischen Lebens in den Fünfzigern ist die betonte Distanzhaltung schon. Ähnlich wie zeitweise Andersch fühlte sich Schmidt durch die neuen Marktstrukturen, durch Kommerzialisierung und beginnenden Medienrummel, dem auch die Gruppe 47 erlag, abgestoßen.

Die «experimentellen», «artistischen» Tendenzen in der ersten Hälfte der fünfziger Jahre standen in charakteristischem Gegensatz zu den wiederholten Anlässen gerade für Schriftsteller, sich öffentlich politisch zu engagieren. Nicht nur die verschiedenen Stufen der westdeutschen Wiederaufrüstung, von der Unterzeichnung des Generalvertrags (Januar 1952) über die Gründung der Europäischen Verteidigungsgemeinschaft (März 1953) bis zur Aufnahme der Bundesrepublik in die NATO (Mai 1955), riefen wieder einzelne Schriftsteller oder kleinere Gruppen auf den Plan. Das Paulskirchen-Manifest vom 29. Januar 1955 gegen Remilitarisierung und für Wiedervereinigung, mit den Unterschriften auch einer Reihe von Schriftstellern, appellierte an «jede Stimme, die sich frei erheben darf, zu einem unüberhörbaren Warnruf vor dieser Entwicklung [zu] werden.»[3]

Faktisch hat sich in diesen Jahren bereits so etwas wie eine ‹außerparlamentarische Opposition› avant la lettre herausgebildet. Der Aufstand in der DDR vom 17. Juni 1953 hatte mit der Stärkung des Antikommunismus im Westen die Bereitschaft, sich gegen weitere Aufrüstung und für die staatliche Einheit Deutschlands zu engagieren, eher noch gefördert. Aber auch spezielle literaturpolitische Anlässe forderten mehrfach heftige Reaktionen von Schriftstellern gegen staatliche Maßnahmen heraus. Die Einrichtung einer «Bundesprüfstelle für jugendgefährdende Schriften» 1954 erregte Mißtrauen ob der neuen Möglichkeiten indirekter politischer Zensur. Und als Anfang 1954 eine Reihe von Büchern aus der DDR beschlagnahmt wurden, protestierte im April die Münchner Hauptversammlung des PEN-Zentrums der Bundesrepublik und kündigte eine Eingabe an den Bundestag für «freie Zirkulation der Bücher» sowie die Anlage eines Archivs für Tatsachenmaterial an.

Im gleichen Jahr nahm das «Deutsche Fernsehen» mit 11 658 Geräten seinen Sendebetrieb auf, fünf Jahre später betrug die Zahl bereits 2,1 Millionen. 1955 wurde die Bundesrepublik Deutschland in die «volle Souveränität» entlassen, Österreich erhielt durch den Staatsvertrag seine Unabhängigkeit von den Militärblöcken. Im Juli 1955 erschien mit *Wort in der Zeit* die erste offizielle österreichische Literaturzeitschrift unter Förderung des Kulturministeriums. Den letzten Anstoß dazu soll Friedrich Sieburg gegeben haben, als er in einem Wiener Vortrag bemängelte, daß die österreichischen Schriftsteller in Deutschland kaum präsent seien. Für die DDR-Literatur wurde das in der Bundesrepublik kaum bedauert; der herrschende stalinistische Klassizismus übte auch auf diejenigen, die sich für das «andere Deutschland» interessierten, kaum Anziehungskraft aus. Der literarische Austausch zwischen den beiden deutschen Staaten befand sich auf einem Tiefpunkt. Statt dessen hatte die Gruppe 47 im Frühjahr 1954 erstmals in Italien getagt (Cap Circeo) und damit einen wichtigen symbolischen Schritt zur Selbstpräsentation im Ausland getan.

2. Nach experimentellen Vorstößen: Literarischer «Wiederanschluß»
im Zeichen der Prosperität

Um die Mitte der fünfziger Jahre wurde denjenigen, die seit den ersten Nachkriegsjahren aktiv am literarischen Leben teilgenommen hatten – Kritikern, Verlegern, Journalisten – zunehmend bewußt, daß die deutschsprachige Literatur zwar über ihre «Kahlschlag»- und «Trümmer»-Phase hinausgelangt war, auch erste Öffnungen zur europäischen «Moderne» versucht hatte, aber große neue Muster noch nicht vorweisen konnte. Wohl am deutlichsten wurde dies in der Lyrik. Dort hatten sich einzelne, vor allem unter den «Experimentellen», am weitesten vorgewagt, und die Kleinheit der Formen gestattete zugleich den differenziertesten Vergleich. Walter Höllerers rasch resonanzreiche Anthologie *Transit. Lyrikbuch der Jahrhundertmitte* (1956) spiegelte in diesem Zusammenhang zweierlei: das Bewußtsein, sich in der Phase eines «Übergangs» zu bewegen, und das Bedürfnis nach Zwischenbilanz und Orientierung. Die auffällig große Zahl von Lyrik-Anthologien und Sammelbänden gerade um die Mitte der fünfziger Jahre, neben Höllerers *Transit* etwa Hans Benders *Mein Gedicht ist mein Messer* (1955), war Ausdruck der gleichen Tendenz. Auch in der für viele ‹repräsentativen› Romanform fehlten Texte des ‹Durchbruchs›. Was Resonanz fand, wie von den Älteren Heimito von Doderers *Die Dämonen* (1956) oder, von den (nicht mehr ganz) ‹Jüngeren›, Heinrich Bölls *Das Brot der frühen Jahre* (1955) oder Hans Scholz' eingängig Kriegserinnerungen pflegendes Erzählungs-Konglomerat *Am grünen Strand der Spree* (1955; Selbstbezeichnung: «so gut wie ein Roman»), repetierte überwiegend bekannte Erzählmuster.

Der Eindruck, daß neue Talente noch kaum sichtbar wurden, bestätigte sich vielfach. In den Jahren 1956 und 1957 wurde kein Preis der Gruppe 47 vergeben (1955 hatte ihn Martin Walser erhalten). Neuigkeiten, die auch europäische Aufmerksamkeit erregten, präsentierten sich allenfalls auf der Bühne, und dann zunächst außerhalb der Bundesrepublik, in der Schweiz. Daß das Zürcher Schauspielhaus zeitweise das einzige deutschsprachige Theater von Rang gewesen war, wurde noch bis weit in die fünfziger Jahre spürbar. Ohne diese Bühne waren auch die Karrieren von Dürrenmatt und Frisch kaum zu denken. Als am 29. Januar 1956 dort Dürrenmatts *Der Besuch der alten Dame* uraufgeführt wurde, stellte sich bei nicht wenigen Kritikern recht bald der Eindruck heraus, daß hier bereits ein «Klassiker» ans Licht getreten war. Ähnliches galt zwei Jahre darauf (29. März 1958) für Frischs *Biedermann und die Brandstifter*.

Das *Biedermann*-Stück (mit seinen verschiedenen Fassungen vom Hörspiel an) zog ähnlich wie dann *Andorra* einen wesentlichen Teil seiner Brisanz aus seiner vielfältigen politischen Bezüglichkeit. Die Jahre 1956/57 brachten mit dem Ungarn-Aufstand, dem Verbot der KPD in der Bundesrepublik, mit einer absoluten CDU-Mehrheit und den konkreten Anstrengungen für eine atomare Aufrüstung der Bundeswehr eine spürbare Verschärfung der politischen Spannungen. Eine wachsende Zahl von Schriftstellern, nicht nur aus der Gruppe 47, engagierte sich und trat mit öffentlichen Erklärungen und Zusammenschlüssen hervor. Im März 1956 wurde unter wesentlicher Beteiligung Hans Werner Richters der «Grünwalder Kreis» zur Bekämpfung von Militarismus und Neonazismus gegründet. Nicht wenige Intellektuelle empfanden, sie hätten «allzu lange schon» sich hinhalten lassen, ja lebten fast «schon am Rande der gesellschaftlichen Ordnung», «schon in einer legalen

Illegalität».[4] Im Mai 1956 protestierte das PEN-Zentrum gegen neonazistische Literatur und verlangte von der Bundesregierung Gegenmaßnahmen. Der Ungarnaufstand im Herbst veranlaßte eine große Anzahl von Sympathie-Erklärungen, aber auch Abgrenzungen gegen Antikommunismus. Im April 1957 wurde die Göttinger Erklärung der «Achtzehn» gegen die Atombewaffnung veröffentlicht. Eine Resolution von Frauen unterzeichneten unter anderen Ilse Aichinger, Gertrud von Le Fort, Luise Rinser und Ina Seidel. Im Mai 1957 verglich der Außenminister von Brentano vor dem Bundestag die späte Lyrik Brechts mit den Gesängen des Horst Wessel und löste einen Sturm der Entrüstung, aber auch viel unwissende und ressentimentgeladene Zustimmung aus.

Eine Fülle von öffentlichen Vorfällen und Aktionen solcher Art überdeckte zeitweise etwas die Tatsache, daß mehr als ein Jahrzehnt nach Kriegsende jedenfalls die bundesrepublikanische Literatur noch kaum internationales Renommee errungen hatte. Aber als ökonomischer Faktor wurde der Literaturbetrieb mehr und mehr bewußt. 1956 stellte der Bertelsmann-Verlag nicht ohne Stolz fest, daß immerhin 54 % seines Leserings Arbeiter, Angestellte und kleinere Beamte waren und daß sich hier ein bisher vernachlässigtes Potential an Literaturlesern herausgebildet hatte. 1957 erschien, von Peter Meyer-Dohm erstellt, die erste demoskopische Untersuchung über Buchkauf in der Bundesrepublik, mit dem für viele alarmierenden Resultat, daß nur 47 % der Erwachsenen überhaupt ein Buch besaßen. Schließlich befaßte sich schon im gleichen Jahr ein Gedicht «bildzeitung» des 28jährigen Hans Magnus Enzensberger mit den gewinnträchtigen Mechanismen der massenmedialen Volksverdummung («wie das leichentuch aus rotation und betrug das du dir täglich kaufst»).[5]

Die Politisierung vieler der jüngeren Schriftsteller machte es einzelnen Meinungsführern der Literaturkritik, die ihre Maßstäbe noch in der Weimarer Zeit gebildet hatten, sichtlich leichter, das Ungewohnte und Unbequeme zu marginalisieren. Wenn die Untersuchung von 1957 ergeben hatte, daß die große Mehrzahl der Literaturleser «Erbauliches» bevorzugte und daß die meistgelesenen «neueren» Autoren Raabe, Fontane und Hesse waren, so durften auf Resonanz der «Gebildeten» spekulierende Zeitungen solchen Erwartungen nicht zu sehr entgegenarbeiten. Das beliebte Klischee vom «Sieburg-Zeitalter» der Literaturkritik bedeutet freilich in vielem eine perspektivische Täuschung, besonders wenn man generell die fünfziger Jahre mit einschließt.

Friedrich Sieburg löste erst 1957, im Alter von 64 Jahren, als Leiter des Literaturblatts der FAZ Karl Korn ab, der als humanistisch-liberaler Kritiker bis weit in die fünfziger Jahre hinein sprachkritisch-sensitiv die neue Literatur begleitet und oft auch politisch verteidigt hatte (etwa Anderschs *Kirschen der Freiheit*). Sieburg favorisierte zwar, manchen Tendenzen der AdenauerÄra durchaus konform, die «abendländisch» ausgerichtete Literatur, mit

Blick auf die großen, genialen «Dichtergestalten». Er schrieb sich auch in eine polemische Gegnerschaft zum Clan-Denken der 47er als der vielen «mittleren» Talente hinein, die seinem Urteil nach für Schönheit, Gestalt und Eleganz kein Empfinden mehr besaßen. Aber die Frontstellung wurde auf der anderen Seite auch als verspäteter Generationenkonflikt und als politische Konfrontation ausgetragen, die eine Verständigung über das «Belletristische» erschwerte.

In mancherlei Hinsicht verkörperte der 26 Jahre jüngere Werner Weber, seit 1951 Leiter des Feuilletons der «Neuen Zürcher Zeitung», ein unaufgeregteres, mehr auf Nuancen und künstlerisches Niveau bedachtes Verhältnis zur Literatur. In der Schweiz – dies gilt auch etwa für die unter Akademikern meinungsbildenden «Schweizer Monatshefte» – traten sowohl die Anmahnung nationaler Vergangenheitsbewältigung als auch das aktuelle politische Engagement zurück, jedenfalls in der Literaturkritik (daß etwa Max Frisch auch damals schon sich recht direkt in politische Debatten einschaltete, widerspricht dem nicht). Die literarische Machart, der Umgang mit europäischer Tradition und ein Achten auf «humanistische» Verantwortlichkeit haben der Tendenz nach die schweizerische Literaturkritik in diesen Jahren stärker bestimmt als die der Bundesrepublik.

In Österreich hatte weder die antimilitärische noch die antiatomare Widerstandsbewegung in einer der Bundesrepublik vergleichbaren Weise Autoren zur öffentlichen Stellungnahme getrieben. Es war freilch auch keine tendenzielle Ablenkung vom «Belletristischen» geschehen. Die «Wiener Gruppe» hatte schon von ihren Anfängen her kein Sammelbecken der «jüngeren» Literatur wie die Gruppe 47 werden können; gegen Ende des Jahrzehnts verlor sie zusehends ihren Zusammenhalt. Klagenfurt, dann aber besonders Graz wurde in bewußter Antithese zu Wien neuer Kristallisationspunkt für Autoren, Künstler, Musiker, Theaterleute, die sich dem zählebigen hauptstädtischen Kulturbetrieb gegenüber als Avantgarde verstanden. Im Januar 1959 konstituierte sich unter Führung des Schriftstellers und Journalisten Emil Breisach der Verein «Forum Stadtpark», zentriert um ein gemeinsames Haus, öffentlich sich in zahllosen Ausstellungen, Theateraufführungen, Diskussionen darstellend. Sogar Doderer las, aus der Bundesrepublik auch Hagelstange. Aber die neuen Akzente setzten Jüngere, teils politisch bewegte, teils ganz ins Experimentieren vernarrte: Barbara Frischmuth, Alfred Kolleritsch, Wolfgang Bauer, Peter Handke, Thomas Bernhard, Michael Scharang sowie nach und nach auch die meisten Angehörigen der ehemaligen Wiener Gruppe.

Die Zeitschrift *manuskripte* wurde nicht nur zum Publikationsforum junger Talente über die jeweiligen Veranstaltungen hinaus, sondern auch zum Instrument des allmählichen Bekanntwerdens in der Bundesrepublik. Dort hatte es ein längerfristig wirkendes Organ, in dem sich die Gruppe 47 in ihrer Vielfalt und Widersprüchlichkeit (auch etwa dem Anteil der «Experimentellen») darstellen konnte, nicht gegeben. Die *Akzente*, seit 1954 als Zweimonats-schrift von Walter Höllerer und Hans Bender herausgegeben, druckten zwar auch Gedichte und Erzählungen, ihre Schwerpunkte lagen jedoch bei Essay, Kritik, auch Übersetzungen, mit der Tendenz, an internationale Entwicklungen Anschluß zu finden. Ein Jahr darauf versuchte sich Alfred Andersch im Luchterhand Verlag mit einer Vierteljahresschrift *Texte und Zeichen,* in der zunächst die westliche «Moderne» und «Avantgarde» dominierte, von Rimbaud bis Hemingway, von Musil bis zu Benn und Arp. Und wiederholt erschienen auch Beiträge, in denen Ansätze zu einer neuen theoretischen Ästhetik versucht wurden, so von Adorno, Bense und Enzensberger. Aber von einer substantiellen Aufnahme der kritischen Theorie, der Psychoanalyse, auch der bedeutenderen Debatten im Exil (über Collage, Montage, Diskontinuität unter dem Stichwort «Expressionismus») war man noch durchaus entfernt. Zwar bestand eine gewisse Nähe zur Gruppe 47, doch legte Andersch Wert auf die Differenz: «Obgleich wir die ‹Gruppe 47› für die bedeutendste Konzentration jüngerer deutscher Schriftsteller halten, sind wir doch keineswegs ihr Organ.»[6] Ein wichtiges Nebenresultat des Versuchs war indes, daß nicht wenige der in «Texte und Zeichen» publizierenden Autoren schließlich zu Hausautoren bei Luchterhand wurden. Für die literarische Nachwuchs-situation insgesamt scheint charakteristisch, daß im Jahre 1956, als der Verlag einen Romanpreis stiftete, sich kein überzeugender Kandidat fand. Auch das Potential an Theorie und anspruchsvoller Essayistik war vergleichsweise rasch erschöpft, so daß die Zeitschrift schon 1957 wieder ihr Erscheinen einstellte.

Für die Romanprosa der Bundesrepublik wird mit guten Gründen das Doppeljahr 1958/59 als Schwelle des Durchbruchs bezeichnet. Nicht wenige fixieren diesen Durchbruch sogar an ein «Ereignis»: an die Tagung der Gruppe 47 im allgäuischen Großholzleute Herbst 1958, nicht weit von dem Ort der ‹Ursitzung› der Gruppe vom Herbst 1947 entfernt.

Günter Grass hatte bereits 1955 sein Gruppendebüt gegeben, im Jahr darauf war mit *Die Vorzüge der Windhühner* sein erster Gedichtband erschienen, Kennern galt der Autor auch bereits als einfallsreicher Grafiker. Literarische Großformen wie der Roman hatten es bei Lesungen, aus evidenten Gründen, meist schwer gehabt. Als Grass die Kapitel I und IV aus der schon fast fertiggestellten *Blechtrommel* virtuos inszenierend vortrug, soll der Eindruck eines epochemachenden Novums durchdringend gewesen sein. Die zahllosen Erinnerungen und Diagnosen faßte Hans Werner Richter noch einmal zusammen:

> «Und bei der Blechtrommel, das haben wir damals doch ziemlich schnell ge-merkt, war wichtig, daß es nicht mehr um die großen dämonischen Figuren ging. Faschismus vielmehr als Phänomen der (Danziger) Kleinbürgerei. Da liefen nicht ständig – ich sag das jetzt bewußt karikierend – KZ-Häftlinge in Sträflingsuni-form über die Straßen. Grass hatte zuerst die Fähigkeit, nicht nur zu begreifen, sondern zu gestalten, daß der Faschismus ein kleinbürgerliches Phänomen war.»[7]

Ein wirkungsvolles Stereotyp findet sich ebenfalls bereits in den frühen Berichten und Rezensionen: das des «vitalen», von Kraft und Einfallsreichtum strotzenden Erzählers, des ganz unakademischen Talents. Nach derlei Reizobjekten suchte längst der voll entwickelte Literaturbetrieb.

Mit der *Blechtrommel* schien nun endlich ein Muster präsentiert, das in keinen der bisher diskutierten «Ismen» paßte (Realismus, Surrealismus, Experimentelles, Absurdes usw.) und doch auch vor dem «deutschen Thema», dem Faschismus, nicht auswich. Im gleichen Jahr 1959 erschien außer der *Blechtrommel* Uwe Johnsons Roman *Mutmaßungen über Jakob*. Noch in der DDR entstanden, blieb er dort ohne Chancen, gedruckt zu werden – für den Autor war dies nach eigenem Bekunden der entscheidende Grund für seine Übersiedlung in den Westen. Die Erzählform mit ihrer leseraktivierenden, kompliziert die Erinnerungen und Reflexionen ineinander schachtelnden Struktur bedeutete einen innovatorischen Reiz. Und zum ersten Mal schien ein Schriftsteller, bezeichnenderweise einer von «drüben», das Thema des geteilten Deutschland aus eigenem Erleben und ganz ohne Klischees gestaltet zu haben.

Beide Romane, die *Blechtrommel* wie die *Mutmaßungen*, wurden im europäischen Ausland rasch als wichtige, originelle Würfe aufgenommen. Übersetzungen in viele Sprachen folgten. Die *Mutmaßungen* erhielten – eine Sensation – den begehrten französischen Prix du meilleur livre étranger. Es ist von eigener Symptomatik, daß der längst auch im Ausland bekannter gewordene Heinrich Böll im gleichen Jahr 1959 mit *Billard um halbzehn* nicht nur das von ihm besonders konsequent verfolgte Thema des deutschen Faschismus in einer ‹Familiengeschichte› darstellte, sondern auch eine betont ‹moderne› Tiefenstaffelung, ein schichtendes Erzählen zum Prinzip des Romans machte.

Mit Grass, Johnson und Böll waren in der ‹repräsentativen› Romangattung drei Autoren hervorgetreten, in denen nicht wenige Deutsche mit Stolz das ‹Wiederanschlußfinden› an die internationale literarische Kommunikation symbolisiert sahen.

II. ZWISCHEN DEM «WENDEJAHR» UND DEM «DURCHBRUCH»: WESTLICHE ERZÄHLPROSA IN DEN FÜNFZIGER JAHREN

«Literarische Archäologie der fünfziger Jahre» überschrieb Helmut Heißenbüttel seinen Versuch,[1] unter der Schicht nostalgischer Klischees, die von den gesellschaftspolitischen Errungenschaften dieses Jahrzehnts im Umlauf sind, vor allem die verschütteten theoretisch-programmatischen Neuansätze der Literatur zu Bewußtsein zu bringen. Die Erzählprosa der Periode scheint einer solchen Ausgrabung kaum zu bedürfen. Im Gegenteil, es gilt als ausgemacht, daß gerade der Roman den repräsentativen Gattungsbereich des Jahrzehnts darstellt. Und dies im offenkundigen Kontrast zum Drama, das nur mühsam zu einem Medium aktueller öffentlicher Auseinandersetzungen avancierte (erst Hochhuths *Stellvertreter* von 1963 erreichte einen solchen Status).

Es war ein gewissermaßen verkürztes Jahrzehnt, wenn man von den merkbaren Zäsuren ausgeht. Die markantere lag dabei am Schluß: 1959 als das Jahr des vielerörterten «Durchbruchs» zur internationalen Resonanz, mit Grass' *Blechtrommel*, Johnsons *Mutmaßungen über Jakob* und Bölls *Billard um halbzehn*. Keine Theatererfolge, keine Lyriker-Debuts vermochten am Ende der fünfziger Jahre mit diesen Erzählwerken an Signalhaftigkeit zu konkurrieren (die Welterfolge der Schweizer Dürrenmatt und Frisch liegen entweder früher oder später). Etwas weniger spektakulär nimmt sich in der Entwicklung der Erzählprosa die Eingangszäsur 1952 aus: das Jahr, in dem die bisher dominierenden ‹Realismen› mit neuen Mustern eines selbstbewußten Künstlichkeits-Anspruchs konfrontiert wurden. Aichingers *Spiegelgeschichte*, Hildesheimers *Lieblose Legenden* und Dürrenmatts *Der Tunnel* mögen für diesen Neuansatz stehen.

Im Jahre 1952 häuften sich die Äußerungen, es sei das Ende einer ersten Nachkriegsperiode gekommen. «Konsolidierung», «Restauration», «Wiederaufschwung» waren Verständigungsvokabeln. Die Versuche in nichtrealistischen Erzählweisen lasen sich wie Antworten auf die selbstgewisse Stabilisierung der politischen Systeme. Sie boten den Entwurf fragwürdiger Gegenwelten, Bekenntnis zum Artifiziellen, Verweigerung gegenüber dem allzu selbstverständlich Gewordenen. Dabei trat die Vorbildfunktion der nach dem Krieg wiederentdeckten Klassischen «Moderne» (Hemingway, Faulkner, Joyce, Kafka u. a.) allmählich zurück. Um die Mitte des Jahrzehnts ließ sich eine Welle eigenständig «experimentellen» Schreibens beobachten. Helmut Heißenbüttel wurde – nicht nur innerhalb der Gruppe 47 – zu ihrem wichtigsten Mentor. Aber man entdeckte, daß in manchem Arno Schmidt als Solitär vorangegangen war. Zum Hauptstrom wurde die «experimentelle» Welle gleichwohl nicht. Max Frischs *Stiller*, «der» Roman aus der Mitte des Jahrzehnts, beeindruckte die Leser eher durch die Architektonik der Identitätssuche. Und wenig später traten mit so unterschiedlichen Publikumserfolgen wie Scholz' *Am grünen Strand der Spree* und Walsers *Ehen in Philippsburg* zwei Exempel eines neuen, kritisch-realistischen Gesellschaftsromans in die literarische Szene ein. Damit zeichnete sich in der Erzählprosa, der groben Tendenz nach, eine Zweisträngigkeit ab, die sich bis in die Weimarer Republik zurückverfolgen läßt. Gegen die Erzählprosa der frühen DDR, soweit sie im Westen überhaupt wahrgenommen wurde, blieb diese Entwicklung weitgehend abgeschottet. Die Rigidität des offiziösen sozialistischen Realismus bildete allenfalls eine blasse Folie. Daß in strikter Negation dieser Doktrin schließlich einer der großen ‹Durchbruchsromane› des Westens entstanden war, Johnsons *Mutmaßungen über Jakob*, illustriert noch im nachhinein den partialisierten Zustand der deutschen Erzählprosa in diesem Jahrzehnt.

1. Komplementarität des Gegensätzlichen:
Zwei Erzählexperimente am Eingang der fünfziger Jahre

Irritation durch ein neuartiges Sicheinlassen auf gesellschaftspolitische Spannungen der Gegenwart kennzeichnete die öffentliche Resonanz zweier Erzählwerke, die im Abstand von kaum einem Jahr erschienen: Wolfgang Koeppens (*1906) *Tauben im Gras. Roman* (1951) und Alfred Anderschs (1914–1980) *Die Kirschen der Freiheit. Ein Bericht* (1952). Beide Autoren machten aktuelle politische Spannungen explizit: Präsenz des vergangenen Krieges, Wiederaufrüstung, neue Bedrohung. Beide Texte stellten sich quer zu Traditionen realistischen Erzählens, auch zum «magischen Realismus» der ersten Nachkriegsgeneration, durch Diskontinuität, Montage, Reflexivität. Doch beide standen in ihrer Menschendarstellung zueinander als polare Modelle: Dominanz des Kollektiven gegen radikalen Individualismus.

Tauben im Gras, Koeppens Erstling nach dem Kriege (sein erster Roman, *Eine unglückliche Liebe*, erschien bereits 1934), entfaltet einen überlangen Frühjahrstag Ende der vierziger Jahre in einer ungenannten westdeutschen Großstadt; zahlreiche Details weisen unverkennbar auf das amerikanisch besetzte München. Aus fast einhundert kurzen Erzählabschnitten ohne durchgängigen Handlungszusammenhang und mit ständig wechselnder Perspektive bildet sich ein Mosaik zeitgenössischer Verhaltensweisen, Sehnsüchte, Obsessionen, Ängste, Katastrophen, Rauschzustände. Unter den etwa zwanzig Personen, die wiederholt ins Gesichtsfeld treten, heben sich heraus: der Filmheld Alexander, seine «gewaltige», lustbeherrschte Frau Messalina, der die Diskriminierung physisch erleidende «Negersoldat» Odysseus Cotton, der Amerikaner Washington Price, der sich eine Kneipenwirt-Existenz in Paris erträumt, der umschwärmte

Modedichter Edwin und der von Schreibhemmung heimgesuchte Schriftsteller Philipp, der aus der Enge immer wieder zu fliehen sucht.

In den präzise exponierten zeitgeschichtlichen Horizont sind von Beginn an unheilträchtig symbolisierende Leitmotive eingezogen. Der Romananfang: «Flieger waren über der Stadt, unheilkündende Vögel. Der Lärm der Motoren war Donner, war Hagel, war Sturm. Sturm, Hagel und Donner, täglich und nächtlich, Anflug und Abflug, Übungen des Todes, ein hohles Getöse, ein Beben, ein Erinnern in den Ruinen. Noch waren die Bombenschächte der Flugzeuge leer. Die Auguren lächelten. Niemand blickte zum Himmel auf.»[2] Gegen den Schluß hin wird auch die Titelmetapher ausdrücklich gedeutet, als Zitat der Gertrude Stein: als Versuch, «das sinnlose und scheinbar Zufällige der menschlichen Existenz bloßzustellen», als Opfer, als «frei von Gott».[3]

Der Roman erregte als ungewöhnliche Konstruktion sofort Aufsehen, wurde wegen seiner «Kraßheit» und seines «Nihilismus», auch wegen seiner «Formlosigkeit» angegriffen. Gerade die epische Technik erschien jedoch im Urteil einzelner Kritiker als «epochemachend». So bei Karl Korn in der FAZ vom 13. Oktober 1951: «Das Buch verdankt seine erregende Modernität dem formalen Können des Erzählers.» Bezeichnenderweise konzentrierten sich die Versuche, das «Moderne» des Werks einzuordnen, sogleich auf die Zitierung der Namen Joyce, Dos Passos, Faulkner. Koeppen selbst wehrte sich gegen die rasche Rubrizierung unter ‹Rezeption der klassischen Moderne› ebenso wie gegen den Vorwurf des ‹Porträtierens›: «ich wollte das Allgemeine schildern, das Gültige finden, die Essenz des Daseins, das Klima der Zeit, die Temperatur des Tages».[4]

Mit Koeppens *Tauben im Gras* erhielt die Erzählliteratur der frühen Bundesrepublik ihr erstes Exempel einer unerbittlichen epischen Zeitdiagnose unter den Vorzeichen erneuter Kriegsgefahr, kollektiver Verunsicherung und tiefgreifender Existenzangst. Koeppen hat dann in *Das Treibhaus* (1953) am Beispiel eines Bonner Bundestagsabgeordneten unmittelbar die neuen ökonomischen und ideologischen Machtstrukturen der Adenauer-Ära ins Visier genommen. Zentrierung auf die Hauptfigur und Verstärkung des inneren Monologs ließen dort den Experimentalcharakter etwas zurücktreten. *Der Tod in Rom* (1954), dritter Teil der – erst dann so bezeichneten – Trilogie, rückte die Zunahme neofaschistischer und antisemitischer Gewalt in den Blick. Der Roman verschärfte den decouvrierenden Grundgestus ins Makabre, ja Gespenstische.

Das überraschend Modellsetzende und das Provokative von *Tauben im Gras* haben Koeppens spätere Bücher nicht mehr erreichen können. Zu Beginn der fünfziger Jahre ließen sich auch bei anderen Autoren Versuche beobachten, durch lockere Addition personaler Erzählstränge Situationen menschlicher Desorientierung zu gestalten. So arbeitete etwa Heinrich Böll in *Wo warst du, Adam?*, ebenfalls 1951 erschienen, mit neun verschiedenen Individualschicksalen kurz vor Kriegsende. Aber religiöse Hoffnung, gegen den Widersinn des Zerstörens gesetzt, schloß den Roman noch perspektivisch zusammen. Und die tief verunsicherte Gesellschaft der Gegenwart trat selbst nicht in den Blick.

Alfred Anderschs *Die Kirschen der Freiheit* (1952) hingegen, ein «Bericht», der ebenfalls in einem Ereignis gegen Kriegsende kulminiert, wirkte auf zahl-

reiche Zeitgenossen wie blanke Subversion: durch eine bekenntnishaft autobiographische, strikt individualistische Politik- und Geschichtsperspektive.

Zielpunkt des Erzählens und Reflektierens ist die Desertion aus der deutschen Ar-
mee in Norditalien am 6. Juni 1944. Am Beginn stehen Eindrücke des fünfjährigen
Andersch von der gewaltsamen Liquidierung der Münchner Räterepublik und dann die
Erfahrung des achtzehnjährigen kommunistischen Jugendfunktionärs, wie die eigene
Partei gegenüber der nationalsozialistischen Machtergreifung versagt. Der dem KZ
Dachau noch einmal Entronnene flüchtet sich in eine durch Rilke-Gedichte und ästhe-
tizistische Innerlichkeit abgezirkelte Welt. «Ich antwortete auf den totalen Staat mit der
totalen Introversion.»[5] Noch in Anderschs *Sansibar oder Der letzte Grund* (1957)
verkörpert eine Plastik, Barlachs «Der lesende Klosterschüler», ein letztes Refugium
meditativer Freiheit inmitten des Nazi-Terrors.

«Flucht», zunächst aus der kleinbürgerlichen Enge des Elternhauses, dann aus den
Zwängen des Kollektivs bestimmt fortan den «unsichtbaren Kurs» dieser Existenz. Er
findet, nach Jahren des Wegtauchens, seinen absoluten Höhepunkt in der Desertion aus
der Truppe. Zwischen ihr, dem Zwangskollektiv, und den amerikanischen Reihen – die
erneute Gefangenschaft bedeuten werden – findet Andersch in einer Gelände-Mulde
einen wilden Kirschbaum, Symbol für den einzigartigen Moment, das «Nu der Freiheit».[6] Hiermit schließt das Buch: «Ich taufte meine Kirschen: ciliege diserte, die
verlassenen Kirschen, die Deserteurs-Kirschen, die wilden Wüstenkirschen meiner
Freiheit. Ich aß ein paar Hände voll. Sie schmeckten frisch und herb.»[7]

Der autobiographische Faden bestimmt diesen «Bericht», in dem prägende Situationen – oft durch Sprünge über Jahre hinweg getrennt – darstellend und reflektierend ins
Bewußtsein gerufen werden. Mit ‹spannend› erzählten Partien wechseln solche des
philosophisch ambitionierten Räsonnements, in denen Andersch seine dezisionistische,
an Carl Schmitt, Ernst Jünger und Sartre orientierte Theorie der «Freiheit» im «entscheidenden» Handeln entwickelt. Zur «Entscheidung» aber ist stets nur der ganz und
gar Einsame, Einzelne imstande. Der Akt der Desertion ist der Akt der Freiheit. Der
Fahneneid «setzt die Freiheit des Schwörenden voraus. Der Eid ist ein religiöser Akt,
oder er ist sinnlos. [...] Aus diesem Grunde war die Mehrheit der deutschen Soldaten
überhaupt nicht eidesfähig.»[8]

Solche Sätze, die immer noch Hunderttausende betrafen, bildeten die eigentliche Provokation, als das Buch 1952 erschien: im Zeichen der Wiederbewaffnung, der apologetischen Generalsmemoiren und der Wieder-Etablie-
rung soldatischer Traditionen im noch jungen westdeutschen Staat. Selbst
Armin Mohler bestätigte dem Autor «Zivilcourage», im Jahre 1952 «ein solches Buch herauszugeben. 1946 wären Sie der große Mann gewesen damit.»[9]
Ein Vorentwurf unter dem Titel *Flucht in Etrurien*, im August 1950 von der
FAZ partienweise vorabgedruckt, hatte kaum Beachtung gefunden. Jetzt aber
deckten wütende Angriffe in der «Deutschen Soldatenzeitung» (27. November 1952), durch den «Spiegel» zitiert, und eine sofort einsetzende öffentliche
Kontroverse das Buch in seiner epischen Konstruktion nachgerade zu. Mit
der Gattungsbezeichnung «Ein Bericht» hatte Andersch unverkennbar an die
noch präsente Tradition der Reportagen nach 1945 mit ihrem besonderen
Informations- und Authentizitäts-Anspruch angeknüpft. Auch der Journalist
Koeppen arbeitete in *Tauben im Gras* mit reportagehaften Zügen. Während
sie dort in ein Konzept polyperspektivisch entfalteter epischer Totalität ein-

gebunden sind – die auch die Bezeichnung als «Roman» durchaus rechtfertigt –, hat Andersch das «Berichthafte» sowohl zur geschichtlichen Beglaubigung als auch im Sinne einer fast solipsistischen Rechenschaftslegung eingesetzt. Zwar haben dabei die Tagebücher André Gides und Ernst Jüngers Pate gestanden (Frischs *Tagebuch 1946–1949* war gerade 1950 herausgekommen). Aber die Striktheit, mit der das schmale Bändchen einen individuellen «unsichtbaren Kurs» über mehr als ein Jahrzehnt hin verfolgt, mit dezisionistisch-existenzphilosophischen Reflexionen durchsetzt, näherte *Die Kirschen der Freiheit* eher wieder der Autobiographie an.

Die auffällige Komplementarität, mit der die beiden Buch-Erstlinge am Eingang der fünfziger Jahre standen, hatte etwas Symptomatisches. Beide Autoren vertraten einen ästhetischen Individualismus, der sich in scharfer Opposition gegen die gesellschaftspolitischen Tendenzen der Epoche artikulierte. Beide verweigerten sich dem sinnsetzenden, kohärenten, auktorialen Erzählen und arbeiteten mit dem Prinzip der – unterschiedlich kleinteiligen – Montage. Koeppens Multiperspektivik, ohne durchgängigen Erzähler, forderte den Leser zur Eigenkonstruktion des Disparaten heraus. Anderschs teleskopischer Blick auf die jüngere Geschichte provozierte hingegen durch seine totale Ich-Zentrierung. Koeppen entfaltete Gegenwartsgesellschaft, die durch die Verletzungen des Krieges gezeichnet und durch Aufrüstung schon wieder bedroht war. Andersch «berichtete» über ganz individuelle Vergangenheit. Aber deren sinngebender Zielpunkt, die Desertionshandlung, gewann gerade durch die Radikalität der ‹Verkündigung› aktuelles, politisches Interesse. Dieser «Bericht» polarisierte. Er warf ein Schlaglicht auf eine Situation des Umbruchs.

2. Erzählprosa der gegen-realistischen «Wende»

In der Geschichte der Erzählprosa Westdeutschlands, Österreichs und der Schweiz gibt es keine Zäsur oder Wende, die so früh *als* Wende empfunden und benannt wurde wie das Jahr 1952 und die doch kaum mit äußeren Daten verknüpft werden kann. In diesem einen Jahr konzentrierten sich vor allem eine Reihe von Erzählungen, mit denen Muster einer parabolischen, phantastischen, sprachexperimentellen Kleinform geschaffen wurden: Aichingers *Spiegelgeschichte*, Dürrenmatts *Der Tunnel*, Hildesheimers Sammlung *Lieblose Legenden*, auch – in Stockholm entstanden, erst 1960 in Deutschland gedruckt – Peter Weiss' *Der Schatten des Körpers des Kutschers*. Bemerkenswert ist dabei, daß diese Texte nicht von Bürgern des eben sich etablierenden westdeutschen Wirtschaftswunderstaates verfaßt wurden, sondern: von einer Österreicherin (die freilich in der Bundesrepublik tätig war), einem Schweizer, einem deutschen Juden mit englischem Paß und einem in schwedischer Emigration Lebenden.

Der Verstreutheit dieser Neuansätze korrespondierte früh der Versuch, ein bestimmtes innerliterarisches Ereignis zu benennen, in dem sich das noch diffuse Neue symbolisch verdichtete. Ilse Aichingers Lesung der *Spiegelgeschichte* bei der Tagung der Gruppe 47 in Niendorf an der Ostsee, Frühjahr 1952, hat sehr rasch diese Funktion erhalten, nicht ohne Tendenzen zum nach und nach Legendären. Einer aus dem alten Kern der Gruppe, Hans Georg Brenner, charakterisierte den Umbruch auch im Verhalten der Zuhörer gegenüber der Autorin:

> «Ihre ‹Spiegelgeschichte› [...] ist vielleicht die seltsamste, zarteste deutsche Prosa der Nachkriegszeit, ein unheimlich vibrierendes Geheimnis, das sich keusch verhält. Hier räumte die oft vorwitzige Kritik das Feld einem sonst nicht üblichen Beifall.»[10]

Daß Ilse Aichinger sogleich den Preis der Gruppe 47 erhielt – als dritte nach Eich und Böll –, verstärkte auch nach außen den Eindruck, daß nun, am Ende der ersten «Nachkriegszeit», etwas Zukunftsträchtiges begonnen habe.

Nicht Krieg, Verfolgung, Nazi-Terror, Trümmer bestimmen das Sujet der *Spiegelgeschichte,* auch nicht die Zuständlichkeit einer verworrenen, verängstigten Großstadtgesellschaft wie in *Tauben im Gras.* Der erste Satz schafft, mit einem unbestimmten «wenn» und einem ebenso unbestimmten «du», eine eigene, personale Wirklichkeit, die nirgendwo geschichtlich angebunden ist: «Wenn einer dein Bett aus dem Saal schiebt, wenn du siehst, daß der Himmel grün wird, und wenn du dem Vikar die Leichenrede ersparen willst, so ist es Zeit für dich, aufzustehen, leise, wie Kinder aufstehen, wenn am Morgen Licht durch die Läden schimmert, heimlich, daß es die Schwester nicht sieht – und schnell!»[11]
Es gibt hier Psychologie, Anbindung an Lebenserfahrung, aber nur als Folie. Es gibt keinen Ich-Erzähler und kein auktoriales Präteritum. Es gibt nur ein «du», in dem die weibliche Perspektive mit einem angeredeten «man» verschmilzt – ein Selbstgespräch, in dem eine Sequenz von Situationen vergegenwärtigt wird. Das Geschehen, in natürliche Sukzession übersetzt, ist denkbar einfach angelegt. Eine junge Frau läßt bei einer Pfuscherin abtreiben und geht daran zugrunde. Der Freund hält sich in verlegenem Abstand. Der Weg führt von der Klinik über die Leichenhalle bis zur Bestattung. Der Vorgang ist vom Punkt des Todes aus spiegelbildlich rückwärts erzählt. Der Vergleich mit den Möglichkeiten des Films drängt sich auf, auch in einigen überdeutlich herauspräparierten Details (den welken Blüten etwa, die sich wieder zu Knospen schließen).

Die Erzählung lebt aus einer unauflösbaren Spannung zwischen dem schrecklichen, tödlichen Geschehen und der höchst künstlichen Anlage des Ganzen, in dem ein fast gelassener Erzählton vorherrscht. Weder sozialgeschichtliche noch metaphysische Deutungen vermögen hier Wesentliches zu greifen – außer dem sehr Allgemeinen, daß sich Sterben und Leben in ihrer Untrennbarkeit zeigen. Gesellschaftskritisches klingt an (Umstände der Abtreibung, Schematik der Bestattung), ohne dominant zu werden. Das «Wenn» als das erste Wort der Erzählung steht für die Eigengesetzlichkeit des Fiktionalen. Die Geschichte hebt sich selbst aus aller parabolischen oder allegorischen Funktionalisierung heraus.

Die _Spiegelgeschichte_ setzte in ihrer Detailgenauigkeit und im teleologischen ‹Zug› ihres Erzählens, _jenseits_ aller Realismen, ein Signal für etwas, das mit Stichworten wie «Kafka» oder «Surrealismus» nicht mehr sinnvoll benannt werden konnte. Ein neues Bewußtsein für die Möglichkeit von Fiktion manifestierte sich, von Artifizialität, für die einstweilen keine Theoriebildung zur Verfügung stand (in der Gruppe 47 auch absichtsvoll vermieden wurde). Die _Spiegelgeschichte_ war auch nicht imitierbar (wie später Versuche etwa von Heinz Piontek mit _Liebeserklärungen in Prosa_ zeigten). Sie begründete keine neue Richtung, sondern wirkte eher als Symptom für ein bisher zurückgedrängtes Kunstbewußtsein. Daß zur gleichen Zeit in Schweden ein artifizieller Text mit ebenfalls filmischen Technikelementen entstand, Peter Weiss' _Der Schatten des Körpers des Kutschers_, scheint auf den ersten Blick ohne spezifischen Zusammenhang hiermit zu sein. Beide Texte sind, wie die polar verschiedenen Arbeiten von Koeppen und Andersch aus den Jahren 1951/52 – auch sie standen unter dem Einfluß italienischer bzw. amerikanischer Filme –, Antworten auf eine Situation, in der die Loslösung vom Bann des Krieges und der Trümmer gefordert schien.

Deutlicher zeigt sich die Verbindung nach rückwärts, zu den «Parabeln vom negativen Sinn»[12] aus den ersten Nachkriegsjahren, in Erzählungen Friedrich Dürrenmatts (1921–1991) und Wolfgang Hildesheimers (1916–1991) um 1951. Es sind Katastrophen-Geschichten von unausweichlicher, tödlicher Zielgerichtetheit, wie Max Frischs (1911–1991) schon 1947 veröffentlichte Skizze _Der andorranische Jude_.

Aber während dort die parabolische Struktur als «Modell» (Frisch) ganz auf die mörderische Mechanik von Vorurteil und Tat konzentriert war, spielte Dürrenmatts 1951 entstandene Erzählung _Der Tunnel_ virtuos mit quasi-religiösen Deutungen: der regelmäßig Zug fahrende Student, der «das Schreckliche hinter den Kulissen» nicht an sich heranlassen will, der Zugführer, der «ohne Hoffnung» gelebt hat, und schließlich die Pointe, daß der rasende Zug auf «Gott» zustürzt.[13]

Aus dem Banalen, dem genau beschriebenen Alltäglichen – hier ist die Nähe zu Kafka durchaus merklich – entwickelt sich das Ungeheuerliche. Als Parabel genommen, ist es allenfalls universal deutbar, in einem platonisch-metaphysischen Horizont, der durch das Geschehen selbst dementiert wird. Einen verwandten Typus vertrat Wolfgang Hildesheimers _Das Ende einer Welt_, im Januar 1951 zuerst gedruckt und dann in die Sammlung _Lieblose Legenden_ (1952) aufgenommen.

Hier spielt der Prozeß des Untergangs bereits ins Groteske und Humoreske hinüber. Auf einer künstlich aufgeschütteten Insel nahe Venedig versammelt sich in einem Palazzo eine skurrile Gesellschaft von Künstlern und Sammlern, um einem Konzert zu lauschen. Während das Wasser steigt und die Szene ins Makabre verwandelt, kann allein der Erzähler sich schwimmend retten: «Draußen schien ein klarer, ruhiger Mond, als geschähe nichts, und doch versank hier – im wahren Sinne des Wortes – eine Welt.»[14]

Hildesheimers Text legt eine kulturpessimistische Ausdeutung nach dem Muster Spenglers so überdeutlich nahe, daß sie sich selbst schon wieder ironisch aufhebt. Wenn über das die Alltagsrealität Transzendierende von Anfang an wie über etwas Selbstverständliches gesprochen wird, so mag dies die Erzählung mit denjenigen von Aichinger und Dürrenmatt gemeinsam sein. Zu diesem Erzählduktus gehört auch, ähnlich wie in der *Spiegelgeschichte*, eine neue Lyrisierung der Prosa. Doch bei Hildesheimer fungiert, auch in den anderen *Lieblosen Legenden*, das Skurrile oder auch Groteske als Element von Entlarvung. Die Wirklichkeit erscheint noch nicht insgesamt als «absurd» im Sinne von Albert Camus, so wie sie Hildesheimer seit Mitte der fünfziger Jahre vor allem in Hörspielen und Theaterstücken gestaltet hat. Das Gegen-Realistische, das Artifizielle dient noch der satirischen Spiegelung kultureller «Legenden» der Gegenwart. Aber schon deutet sich der neue künstlerische Anspruch an, den Hildesheimer wenige Jahre später – an eine Äußerung Dürrenmatts anknüpfend – in den Satz faßte: «die Kunst dient der Erfindung der Wahrheit».[15]

3. Erinnerte und erzählte Zeitgeschichte

Der selbstbewußt sich artikulierende Kunstanspruch gegen-realistischen Erzählens wurde seit Beginn der fünfziger Jahre unüberhörbar, aber nicht dominant. Geschichten und Reportagen von Krieg und Naziverfolgung bildeten einen wichtigen Teilstrom des Erzählens auch durch die Periode der steigenden Prosperität und der Wiederbewaffnung hindurch. Heinrich Böll, der über diese Jahre hin am konsequentesten auch programmatisch an der Verpflichtung zum Erinnern festgehalten hat (nicht nur mit seinem *Bekenntnis zur Trümmerliteratur*, 1952), ließ schließlich die Kriegsära paradigmatisch ‹aufgehoben› sein in seiner bis vor den Ersten Weltkrieg (1908) zurückgreifenden Drei-Generationen-Konstruktion von *Billard um halbzehn* (1959).

Als Koeppens und Anderschs Bücher erschienen, hatten sich längst Stimmen geregt mit der Forderung, man müsse im Zeichen des «Anpackens», «Aufbauens», «Neuschaffens» endlich auch «vergessen». Albrecht Goes' (* 1908) vielgelesene Erzählung *Das Brandopfer*, 1954 veröffentlicht, begann folgendermaßen:

«Geschehenes beschwören: aber zu welchem Ende? Nicht, daß damit der Haß dauere. Nur ein Zeichen gilt es aufzurichten im Gehorsam gegen das Zeichen des Ewigen, das lautet: ‹Bis hieher und nicht weiter.› [...] Man hat vergessen. Und es muß ja auch vergessen werden, denn wie könnte leben, wer nicht vergessen kann? Aber zuweilen muß einer da sein, der gedenkt. Denn hier ist mehr als Asche im Wind. Eine Flamme ist da. Die Welt würde erfrieren, wenn diese Flamme nicht wäre.»[16] Hauptgegenstand der Erzählung sind Judenverfolgungen seit Ausbruch des Krieges 1939 – und das Verhalten der ‹anderen› dazu. Die Erinnerungsperspektive der fünfziger Jahre ist bestimmend. Eine Metzgersfrau, bei der seinerzeit alle Juden einkaufen mußten («die

Judenmetzig»), berichtet einem Mieter, der in ihrem wiederaufgebauten Haus wohnt. Als es von Bomben getroffen ist, hat sie – aus Erschöpfung oder aus dem Wunsch nach «Sühne» – geschehen lassen, daß der «Brand» es verschlingt. Durch einen Juden wurde sie im letzten Moment gerettet.

Die immanente Deutung des Erzählten zielt darauf, daß dem einzigen, «der hier aufrechnen könnte»,[17] solche (heidnischen) Brandopfer nicht gefallen. Der schreckliche Widersinn des Erlebten findet seinen letzten Gegenhalt in einem Glauben des «Dennoch». Der christliche Horizont machte *Das Brandopfer* bald instrumentalisierbar, nicht zuletzt für den Schulunterricht, aus dem man die gesellschaftspolitischen Provokationen der *Tauben im Gras* oder der *Kirschen der Freiheit* geflissentlich fernhielt.

Den Tätern und Mittätern, auch den «Helden» im Feld, wandte sich die Erzählliteratur der fünfziger Jahre nur zögernd zu. Die Soldaten etwa bei Hans Werner Richter und Heinrich Böll waren überwiegend selbst «Opfer»; sie waren Verheizte in einem sinnlosen Einsatz für die Interessen der Mächtigen. Das Bedürfnis nach Heroenbildern befriedigten die rasch zunehmenden Publikationen besonders der Soldatenverbände und die Apologien der davongekommenen Hitlergeneräle wie Hans Speidel, die sich wieder regen durften (sein Buch *Invasion 1944* erschien 1949 und erreichte bereits im folgenden Jahr die dritte Auflage).

Die Durchschnittssoldaten, also die Hunderttausende und Millionen, fanden ihren präzis beobachtenden, spannend darstellenden, auch humoristisch versierten Porträtisten («Genau so war es!») in Hans Hellmut Kirst (1914–1989), dessen *08/15 in der Kaserne* 1954 zuerst herauskam. Viele sahen ihn in der Nachfolge Remarques, zumal er auch die Figur des «Schleifers», des Soldatenschinders, ungeschönt präsentierte. Noch im folgenden Jahr war die unvermeidliche «Trilogie» fertiggestellt *(08/15 im Krieg, 08/15 bis zum Ende)*. Die Masche wurde danach in unerschöpflichen Dokumentationen und Filmen weitergestrickt und gehört im virtuosen Ausspielen des «Menschlichen», «Alltäglichen», unter weitgehender Ausblendung der politischen Fragen, zur Signatur der dominanten Erzählliteratur in der Adenauerzeit.

Gerd Gaisers (1908–1976) früh vielbeachteter, von der Literaturkritik der 47er später nur mit beißendem Spott bedachter Roman *Die sterbende Jagd* (1953) liest sich auf dieser Folie wie eine hochdifferenzierte Auseinandersetzung mit der besonders gefährdeten Existenz derer, die als Jagdflieger soldatische ‹Hochleistungen› zu erbringen hatten.

Gaiser, während des Krieges als Jagdpilot eingesetzt, konzentriert in gerade anderthalb Tagen Situationen einer deutschen Jagdfliegerstaffel im Herbst 1943. Es ist der Augenblick, als die technische, logistische und zahlenmäßige Übermacht des «Feindes» unübersehbar wird. Die Piloten werden in ihrem «heldenhaften» Einsatz prinzipiell als Kollektiv dargestellt. Die namentlich Auftretenden sind Typen, die bestimmte Grundeinstellungen verkörpern: so der unbedingte «Soldat» Schildknecht, der in den Alkohol flüchtende Vehlgast und der die Truppe besuchende Oberst Frenssen, der trotz seines Hasses gegen Hitler strikt am soldatischen «Gehorsam» festhält.

Die Tendenz zur personalen Stilisierung wird nur bedingt aufgefangen duch Züge «lebendiger Kameradschaft», durch technizistischen Jargon und völkisch-romantische Aufgipfelungen der Sprache. In Darstellung und Einschätzung des «Kampfes» wird vielfach der Einfluß Ernst Jüngers spürbar. Nach einem der vielen Luftkämpfe, die zum Romangeschehen gehören, heißt es: «Faßt man zusammen, so kam das Bild eines Treffens von Jägern gegen Jäger heraus.»[18]

In diesem Hang zur Rückführung auf ‹Urphänomene›, auf archaische Bilder, hat man das Mythisierende zunächst gerade begrüßt. Bereits in seinem Heimkehrerroman *Eine Stimme hebt an* (1950) hatte Gaiser mit Anspielungen auf die «urtümliche» Welt und das spezifische «Heimat»-Gefühl des Odysseus operiert. *Die sterbende Jagd* erlaubte vielerlei Lesarten, auch identifikatorische, und verdankte dem einen Großteil ihres Erfolgs. Manche sahen in ihr «den» Kriegsroman der fünfziger Jahre. Nicht die Sinnlosigkeit des Zerstörens und Opferns stand im Zentrum wie in Bölls *Wo warst du, Adam?*, nicht die Desertion als der höchste Akt der «Freiheit» wie in Anderschs *Kirschen der Freiheit*, sondern: «schicksalhaftes» Gebundensein, soldatische Bewährung trotz aller Zweifel, todesmutiger «Einsatz» gegen Übermacht.

Die Geschichten der Opfer – vor allem der jüdischen –, wie sie Aichingers *Die größere Hoffnung* und ein halbes Jahrzehnt später noch Goes' *Das Brandopfer* in entschieden personaler Vergangenheits-Spiegelung zu erzählen versuchten, traten mehr und mehr zurück. In der DDR repräsentierte der KZ-Roman von Bruno Apitz, *Nackt unter Wölfen* (1958), mit seiner humanistischen Botschaft von Widerstand und «Opfer» noch ein Kernstück traditionsbewußter Literaturpolitik. Anderschs *Sansibar oder Der letzte Grund* (1957) hingegen bedeutete in seiner Konzentration auf Nazi-Terror und Versuche von «Flucht» eher einen Nachklang, während die neue Gesellschaft der Republik ihre Autoren durch die Stichworte «Ellenbogen» und «Sekurität» herausforderte.

4. Die Gesellschaft der Wohlstandsrepublik

Koeppens *Tauben im Gras* hatten ihre doppelte Faszination aus der entschieden modernen Multiperspektivität der Erzählform und aus der schockierenden Illusionslosigkeit des Blicks in die verwirrten Menschen der Nachkriegs-Gegenwart gezogen. Nach Koeppen ist gerade Böll, vom Kriegsthema wie besessen, einer der ersten, die sich auch in der größeren epischen Form den «Folgen» zuwandten. Bis weit über die Mitte des Jahrzehnts hinaus bleibt ein Nebeneinander von Kriegs- und Nachkriegs-Orientierung charakteristisch.

Gleichwohl wollte es manchem wie ein symbolischer Akt erscheinen, als Böll 1953 seinen Roman *Und sagte kein einziges Wort* veröffentlichte: die Geschehnisse eines Wochenendes im Spätherbst eines Jahres bald nach 1945.

Dem Typus nach könnten die beiden Hauptfiguren, die Eheleute Fred und Käte Bogner, dem Arsenal von *Tauben im Gras* entstammen. In einer westdeutschen Großstadt – hier ist das ungenannte Modell Köln – mit drei Kindern im Mief einer Einzimmerwohnung hausend, sind die beiden mit ihrer Ehe gescheitert. Kirchliche Institutionen versagen, Repräsentanten des Staates erweisen sich als korrupt und skrupellos. Ein Drogistentag demonstriert überdeutlich den Zynismus der beginnenden Konsumgesellschaft. Böll läßt in dreizehn Kapiteln die Eheleute in inneren Monologen die Situationen entfalten, durch Schilderungen, Reflexionen, erinnerte Dialoge, die wiederholt in kleinere erzählte Partien übergehen.

Im prinzipiellen Gegensatz zur epischen Konstruktion von *Tauben im Gras* bestimmen Fred und Käte die Leitperspektive. Das verleiht dem Roman eine atmosphärische Enge, jedoch auch Geschlossenheit. Der ontologisierende Dualismus von gottergebenen Opfern und durchsetzungsfähigen, bedenkenlosen Tätern (später in *Billard um halbzehn* ein breit ausgedeutetes Leitmotiv) und ein unüberhörbares Pathos der sozialen Anklage, nur wenig gebrochen durch Parodie und Sarkasmus, grenzten diesen neuen Typus des «Nachkriegsromans» gegenüber der verwirrenden Vielstimmigkeit von *Tauben im Gras* zunächst deutlich ein. *Haus ohne Hüter*, gleich im folgenden Jahr erschienen (1954), variierte den neuen Romantypus nur leicht. Wieder ist es eine von den Kriegsfolgen gezeichnete Familie, wobei Vaterlosigkeit und Onkelehe nicht vorzugsweise aus der Perspektive der Erwachsenen, sondern – in manchem an Aichingers *Die größere Hoffnung* erinnernd – aus der zweier Kinder entfaltet werden.

Die Ehe, als Kristallisationsort gesellschaftlicher Spannungen längst zur Tradition des bürgerlichen Romans gehörend, wurde in den fünfziger Jahren als episches Sujet nachgerade neu entdeckt. So trägt Martin Walsers (* 1927) Roman *Ehen in Philippsburg* (1957), der im nachhinein von vielen als «der» Gesellschaftsroman der Wirtschaftswunderepoche etikettiert wurde, das Reizwort bereits im Titel. Walser, noch gerade der «Flakhelfergeneration» zugehörig (mit 17 Jahren eingezogen), hatte früh vor der Notwendigkeit gestanden, sich mit Schattenzonen der sozialen Realität Nachkriegsdeutschlands auseinanderzusetzen. Das Elternhaus (Gastwirtschaft, Kohlenhandel) konfrontierte ihn mit dem Lebensproblem des ökonomischen Scheiterns, und Reportertätigkeit schärfte seinen Blick für die Vielfalt sozialer Typen.

Die Erzählung *Templones Ende,* für die der 28jährige Walser den Preis der Gruppe 47 erhielt (1955; im gleichen Jahr, in dem die «Geschichten»-Sammlung *Ein Flugzeug über dem Haus* erschien), führt in ein Villenviertel, in das sich Neureiche eingekauft haben. Templone vermutet hinter den Aufkäufern eine «Organisation» und kapselt sich ab. Er stirbt als völlig vereinsamter unter den neuen Nachbarn. Die Geschichte, die sich in einer Ebene als Psychopathologie der Isolation und des Verfolgungswahns lesen läßt, öffnet sich zu epochalen Ängsten des Kalten Krieges, der Wiederbewaffnung und der atomaren Bedrohung, wie sie sich parabolisch auch in Texten etwa Günter Eichs oder Wolfdietrich Schnurres spiegeln.

Walser, bereits der zweiten Generation der 47er zugehörig, hat sich auf warnende Rückverknüpfungen mit Kriegs- und Nachkriegsgeschehen kaum eingelassen, sondern von vornherein dezidiert die soziale Gegenwart der im Aufschwung befindlichen Bundesrepublik in den Blick gefaßt. Mit dem, an *Halbzeit* (1960) gemessen, schmalen und disziplinierten Romanband *Ehen in Philippsburg* gelang ihm nur zwei Jahre nach seinem erzählerischen Debüt ein Wurf, der nicht nur thematisches Neuland erschloß. Er führte mit stupender Könnerschaft einen neuartigen satirisch-sozialkritischen Realismus in die literarische Szene ein.

Der Grundaufbau ist, verglichen mit der Mosaikstruktur von *Tauben im Gras* oder selbst der Kleinkapitelstruktur Bölls, von großer Einfachheit und Übersichtlichkeit. Vier ungefähr gleichlange Großabschnitte führen jeweils ein Ehepaar vor, das in einer westdeutschen Großstadt (einem Zentrum der Massenmedien) zu Geld und Ansehen gekommen ist: Hans Beumann, Pressemann, unehelicher Sohn einer Bedienung, der durch Liierung mit seiner Studienkollegin, der Fabrikantentochter Anne Volkmann, in die Philippsburger high society aufsteigt; der Frauenarzt Dr. Benrath mit Gattin und Geliebter (doch ohne Kinder), der Rechtsanwalt Dr. Alwin mit Gattin, ebenfalls mit Geliebter (und ebenfalls ohne Kinder). Der vierte Abschnitt stellt wieder Hans Beumann ins Zentrum, wie er als Annes Verlobter feierlich in eine exklusive Bar aufgenommen wird (Initiationsritus mit Parzival-Anspielungen); das plötzliche Auftreten eines reich gewordenen aggressiven Müllmanns konfrontiert den Arrivierten schlagartig mit der eigenen niedrigen Herkunft. Der erfolglose, gescheiterte Schriftsteller Klaff – der bereits früher kontrapunktisch eingeführt wird – begeht Selbstmord (wie vorher auch schon Dr. Benraths Frau).

Fast überdeutlich in ihrer ‹Bedeutung› sind bereits diese Personenkonstellationen und dieser Handlungsaufbau. Nichts Wichtiges bleibt unausgesagt. Das Ganze nimmt sich aus wie eine Exemplifikation von Erving Goffmans Rollensoziologie: Alle spielen voreinander Theater, und alle wissen es. Sie unterscheiden sich nur nach dem Grad ihres Erfolges. Die Philippsburger sind in ihrer metamoralischen Schauspielerei, ihrer kalten Berechnung und egozentrischen Täuschungstechnik (wobei die Kategorie «Ehe» nur noch als soziale Funktion erscheint) mit einer Könnerschaft gezeichnet, die für einen Romanerstling frappierend war. Die Kritik lobte Walsers Virtuosität in der sprachlichen Abschattierung der Dialoge, in der satirisch-sarkastischen Selbstentlarvung der Rollenspieler, in der Detailgenauigkeit der Oberflächenbeschreibungen. Eine bis ins Intimste hinein käufliche, perfekt funktionierende Gesellschaft hatte ihren perfekten Porträtisten gefunden.

Waren die Grundmöglichkeiten des kritischen Gesellschaftsromans der Adenauer-Ära, von *Tauben im Gras* bis zu *Und sagte kein einziges Wort* und *Haus ohne Hüter* bereits an ihre Grenze gelangt? Zwei Jahre vor *Ehen in Philippsburg* war dem Berliner Maler und Essayisten Hans Scholz (1911–1988) mit *Am grünen Strand der Spree* (1955), einem von sechs Erzählern gegebenen Querschnitt durch die Gegenwart des Jahres 1954, ein sensationeller Erfolg gelungen.

«So gut wie ein Roman» lautet die kokettierende Selbstdefinition im Untertitel. In einer Berliner Bar treffen sich sechs Freunde, von denen einer soeben aus russischer Kriegsgefangenschaft zurückgekehrt ist, und erzählen einander Ausschnitte aus ihren

Lebensgeschichten. Die Bündelung von personalen Einzelgeschichten erinnert nur äußerlich an Böllsches Erzählen. Der angeheiterte Rahmen – zwischendurch werden jeweils neue Getränke bestellt –, der Erläuterungsdrang gegenüber dem heimgekehrten Freund und eine gekonnt hineingemischte Berliner Schnoddrigkeit verleihen dem Bündel von Erinnerungen einen auch von Nachdenklichkeiten (der General unter den Freunden etwa äußert – ähnlich wie bei Gaiser – auch Zweifel) ungefährdeten Konsumreiz.

Am grünen Strand der Spree thematisiert als wohl frühestes Exempel der westlichen Romanliteratur auch die deutsche Teilung – freilich konzentriert auf Berliner Terrain und zugleich eingebettet in eine neue Variante des «Mythos Berlin». Vielerlei dokumentarische Techniken – das Buch beginnt mit dem «Protokoll» eines Berliner Telefongesprächs – evozieren von ferne *Berlin Alexanderplatz* und verstärken zugleich die Authentizität des «So war's!».

Gerade ein Jahr nach Scholz' Erfolgsbuch erschien, von einer größeren literarischen Öffentlichkeit kaum bemerkt, Arno Schmidts (1914–1979) *Das steinerne Herz. Historischer Roman aus dem Jahre 1954*. Seit dem ersten Erzählband *Leviathan* (1949) waren Schmidts Texte jeweils nur in geringen Auflagen oder nur in Literaturzeitschriften erschienen. Der sorgsam in selbstgewählter Isolation lebende und arbeitende Autor hatte erstmals 1952 in *Brand's Haide* seine verfremdende «Rastertechnik» in Buchform vorstellen können: die Sequenz teils registrierender, teils narrativer, teils dialogischer Abschnitte mit jeweils optischer Herausrückung des ersten Satzabschnitts durch Kursivschrift (vgl. Kapitel IV). *Brand's Haide* hatte so begonnen:

> «*21.3.1946:* auf britischem Klopapier.
> *Glasgelb* lag der gesprungene Mond, es stieß mich auf, unten im violen Dunst (später immer noch).
> ‹Kaninchen›, sagte ich; ‹ganz einfach: wie die Kaninchen!›. Und sah ihnen nach, ein halbes Dutzend, schultaschenpendelnd durch die kalte Luft, mit Stöckelbeinen. [...]»

Von Koeppens Mosaikverfahren unterschied sich diese Sprachform bereits durch die strikte Ich-Zentrierung und zugleich durch die Negierung jeder epischen Kleinteiligkeit. In der «besonderen Anordnung von Prosaelementen» sollte sich nicht Mimesis äußerer Ereignisse ereignen, sondern «konforme Abbildung von Gehirnvorgängen».[19] Daß in solcher Technik gesellschaftliche Zustände der Gegenwart «abgebildet» werden könnten, lag nicht auf der Hand (Aufsehen erregte es allenfalls, als 1955 in Anderschs Zeitschrift «Texte und Zeichen» Schmidts Prosaskizze *Seelandschaft mit Pocahontas* gedruckt wurde und Autor, Herausgeber und Verlag wegen «Gotteslästerung» und «Pornographie» verklagt wurden).

Das steinerne Herz, bereits 1954 entstanden, wurde erstmals als «Roman» annonciert, als «historischer Roman» in einem unerwarteten Sinne: aus der unmittelbaren Gegenwart.

Im Mittelpunkt steht, als Ich-Erzähler, der 45jährige Walter Eggers, passionierter Münzensammler und Kenner der Hannoveraner Landesgeschichte, Spezialist für Statistik und Kartographie. Auf der Suche nach alten Handbüchern eines bestimmten Autors knüpft er Kontakte zu dessen Nachfahren, bändelt mit dessen Enkelin Frieda an; auf beiden Feldern ist er erfolgreich. In Ost-Berlin wohnt er, nach einer bestimmten Auflage eines Buches fahndend, bei einer Freundin von Friedas Mann – und mit Tricks findet er, was er sucht. Das geteilte Berlin ist Schauplatz labyrinthischer Beutezüge, Eggers lernt mit der politischen Situation umzugehen. Schließlich bringt er die Ostberlinerin in den Westen; und bei der Gelegenheit entdeckt er auch noch eine kostbare Hannoveraner Münzensammlung, deren Erlös ihm künftig seine monomanische Gelehrtenexistenz sichern soll (der Titel spielt auf Wilhelm Hauffs Märchen *Das kalte Herz* mit seinem zentralen «Schatz»-Motiv an).

Das charakteristisch Schmidtsche Sprach-Amalgam von Alltagsrede, Dialekt, Jargon, inflationären Zitaten, .gelehrten Anspielungen, Vulgarismen, Blasphemien, Obszönitäten und kombinatorischen Sprachspielen gestattet es, ideologischen Schemata durch zitierende Destruktion zu entgehen. Den «Roman» durchziehen nicht nur leitmotivisch Kirchenkritik, Regierungsschelte, Aufrüstungsthematik. Aus zahllosen Bewußtseinspartikeln bildet sich auch ein Mosaik der Berliner Mauersituation in ihrer die Menschen einschnürenden Wirkung. Der ebenso skurrile wie in seinen Leidenschaften unbeirrbare Sammler und «Historiker» Walter Eggers ermöglicht so dem Leser Einblicke in Beschädigungen der Menschen des geteilten Berlin wie kein anderer Roman jener Jahre.

Ein vergleichender Blick auf Gerd Gaisers *Schlußball*, zwei Jahre später, zeigt Symptomatisches. Als der Autor der *Sterbenden Jagd* sich den gesellschaftlichen Deformationen der eigenen Gegenwart zuwandte, erschien ihm die Zerteilung des «Romans» in dreißig kurze Monologe als gebotene Strukturentscheidung. Der äußeren Modernität widerstritt jedoch eigentümlich eine antimoderne, antizivilisatorische Tendenz des Menschenbildes. So, wie in den Jagdfliegern der *Sterbenden Jagd* bei allem sich einschleichenden Zweifel ein «heldischer» Kern unangetastet bleibt, wird im *Schlußball* die Kritik an der haltlosen, genußsüchtigen, verlogenen Wirtschaftswundergesellschaft durch ein völkisch-erbauliches, antiaufklärerisches Bild des menschlich «Wertvollen» grundiert.

Im Zeichen des von Novität und ständiger Überbietung bestimmten literarischen Markts erschien auch einem Martin Walser die bloße Weiterführung der virtuosen Technik von *Ehen in Philippsburg* nicht als opportun. Bezeichnenderweise geriet er mit *Halbzeit* (1960), dem Versuch einer ersten, auch gesellschaftskritischen Bilanz der Prosperitäts-Ära, eher ins Breite, in die noch extensivere Bemühung ‹moderner› Erzählweisen. Techniken des Panoramas hatten sich für den Gesellschaftsroman der fünfziger Jahre im wesentlichen erschöpft. Eine epische Großkonstruktion, die von einer genauen Wahrnehmung der prekären Gegenwart aus in die Tiefendimension der jüngeren Geschichte hineinleuchtete, bedurfte einer radikal neuen, transrealisti-

schen Individualperspektive. Durchaus vergleichbar versuchte es Böll dann
mit dem symbolisierenden Konstrukt der Familie Fähmel in *Billard um halbzehn* (mit dem Fluchtpunkt des Geburtstags am 6. September 1956) oder
Grass in der *Blechtrommel* mit der Retortenfigur Oskar Matzerath, dessen
Erinnerungsvermögen bei den Röcken der Großmutter beginnt.

5. Existenzsucher, Abenteurer, Außenseiter

Zu den Stufen einer allmählichen Ablösung von der ersten Nachkriegsphase
gehörte in der Erzählprosa der fünfziger Jahre die Wiederentdeckung eines
der ältesten Figurentypen der Epik: des Abenteurers. «Abenteuer», an denen
man sich «bewähren» konnte, hatten die meisten aus der jungen Generation,
die im Krieg gewesen waren, erzwungenermaßen zur Genüge erlebt. Noch
Kirschen der Freiheit, bei aller Nähe zu Ernst Jüngers Heroisierung des
«Waldgängers» (1951), mied dieses Deutungsschema geflissentlich. Die
Heimkehrer, von Borchert bis zu Böll und Hans Werner Richter, sprachen
eher mit Verstörung von dem, was sie an «Abenteuern» durchgestanden hatten. Die Gestalt des aus dem großen Krieg heimkehrenden Odysseus, den
seine Abenteuer gründlich verändert hatten, diente mitunter dazu, das Phänomen der Entfremdung von der Heimat formulierbar, auf «anthropologi-
sche Konstanten» beziehbar zu machen.

Arno Schmidt war einer der ersten Prosaisten, der den sich im Nachkriegsdeutschland Durchschlagenden als einen Typus herauspräparierte, und zwar
als egozentrischen Sucher: den fanatischen Liebhaber alter Kirchenbücher in
Brand's Haide (1952), den Statistik-Historiker und leidenschaftlichen Nu-
mismatiker Walter Eggers in *Das steinerne Herz* (1956) und schließlich auch
den ins Jahr 2008 versetzten Reporter Charles Henry Winer in *Die Gelehrtenrepublik* (1957). Daß der Außenseiter Walter Eggers zugleich ein findig-
unbedenklicher Lebenskünstler ist, bietet hier eine der entscheidenden Voraussetzungen für neue erzählerische Möglichkeiten, deutsche Gesellschaft
prismatisch zu spiegeln.

In Hildesheimers *Lieblosen Legenden* tummeln sich allenthalben die Ex-
zentriker – sie sind die eigentlichen Repräsentanten des Zeitalters, wie *Das
Ende einer Welt* überdeutlich exemplifiziert. Nur der vierundzwanzigjährige
Student mit Sonnenbrille und zugestopften «Löchern» in seinem «Fleisch»,
aus Dürrenmatts *Der Tunnel*, ist imstande, «das Schreckliche hinter den Kulissen» zu sehen.[20] Von den expressionistischen Außenseitern, die mehr sehen
als die anderen (durch Kafka waren sie neu zu Bewußtsein gekommen),
haben sich diese Figuren der beginnenden fünfziger Jahre einerseits durch
ihre Monomanie und mitunter zugleich durch ihre ostentative Gutbürger-
lichkeit entfernt. Daß dieser Typus für Schweizer Autoren von besonderem
Reiz war, liegt auf der Hand.

In Dürrenmatts Roman *Der Richter und sein Henker* (1952) erhält die Exzentrik des Kommissars Bärlach ihre «metaphysische» Brisanz durch den Bezug auf den Polizei- und Justizapparat. Die absurde Sturheit Bärlachs, eine uralte Wette doch noch gewinnen zu wollen, führt schließlich dazu, daß der Kommissar selbst zum Richter wird und der Mörder des Polizisten als Henker fungiert. «Tollkühn hatte der Alte noch einmal ein Spiel gewagt.»²¹ So stellt sich am Ende, aus einem Tick heraus, jene absurd erscheinende «höhere Gerechtigkeit» her.

Der Justizapparat ist es gerade, der den Außenseiter, den Abenteurer *als Abenteurer*, als Regeldurchbrecher nicht tolerieren kann. Bölls Außenseiter in den fünfziger Jahren sind Unterprivilegierte, die an der Gesellschaft leiden, sich auflehnen, «kämpfen», aber am Ende sich bescheiden müssen, wie Fred und Käte Bogner in *Und sagte kein einziges Wort*. Die Anklage bleibt, der Glaube spendet keinen wirklichen Trost. Die gutbürgerliche Johanna Fähmel in *Billard um halbzehn* wird zur Außenseiterin durch ihre Einsicht in den Wahnsinn des Zerstörens. Sie wird durch Psychiatrie abgesondert. Ihr verzweifelter (Fehl-)Schuß auf den Minister braucht von der Justiz nicht verfolgt zu werden.

In Bölls Erzählprosa erschien Justiz den Außenseitern gegenüber nur als regulative Instanz. In Walter Jens' (* 1923) *Nein – die Welt der Angeklagten* (1950) erliegt der Schriftsteller und Privatdozent Walter Sturm nicht den Verlockungen des totalitären Systems, selbst «Täter» zu werden. In Dürrenmatts *Der Richter und sein Henker* dient das funktionierende System letztlich der Durchsetzung einer individuellen Obsession und der Herstellung einer sich selbst aufhebenden Theodizee. Erst Max Frisch gelang es mit *Stiller* (1954), den abenteuernden Außenseiter Stiller alias White so in der eigengesetzlichen Mechanik des Gerichtssystems zur Selbstexplikation zu zwingen, daß diese Mechanik für den Selbstfindungsprozeß zur reinen Funktion wird.

Die Situation der Untersuchungshaft erzwingt Ruhe, Konzentration, Sicherinnern, auch Sichverweigern. Es ist eine vorgegebene geborgte Struktur, so wie dann wenige Jahre später in der *Blechtrommel* die Heilanstalt mit ihrer Internierungsmechanik zur eigengesetzlichen Voraussetzung für die Mobilisierung von Oskar Matzeraths Erinnerungsvermögen, Einbildungskraft, Reflexion wird, auch für seine Verweigerung. In *Stiller* werden die systemspezifischen Sprachhandlungen und Textsorten wie Verhör, Aussage, Protokoll usw. vollkommen transparent für die Ergründung des allerersten Satzes: «Ich bin nicht Stiller.»

Als der Roman erschien, war sofort evident, wie genau er in die «Identitäts»- und «Bildnis»-Problematik des ersten *Tagebuchs* eingepaßt war. Aber war dort noch der Zusammenhang mit den zeitgeschichtlichen Erfahrungen des aus der unmittelbaren Nachbarschaft zu Deutschland reflektierenden Frisch erkennbar (wie auch in *Der andorranische Jude*), so wurde in *Stiller* die Kernfrage nach «Identität» und «Rolle» wesentlich ins Individualtypologische transponiert. Stillers Zürcher Jahre wie sein Amerika-Aufenthalt negieren einander. Die Zumutungen der Untersuchungs-Situation werden zum Modell für «Welt». In sein «Siebentes Heft» notiert Stiller: «Es ist schwer, nicht müde zu werden gegen die Welt, gegen ihre Mehrheit, gegen ihre Überlegenheit, die ich zugeben muß. Es ist schwer, allein und ohne Zeugen zu wissen, was man in einsamer Stunde glaubt erfahren zu haben, schwer, ein Wissen zu tragen, das ich nimmer beweisen oder auch nur sagen kann. Ich weiß, daß ich nicht der verschollene

Stiller bin. Und ich bin es auch nie gewesen. Ich schwöre es, auch wenn ich nicht weiß, wer ich sonst bin. Vielleicht bin ich niemand.»[22] Das Urbild dieses Niemand ist kein anderer als der Abenteurer Odysseus.

Die hohe Attraktion, die von *Stiller* und seinem verhinderten «Abenteurer» sofort nach seinem Erscheinen ausging, verdankte sich nicht zuletzt der klaren, fast rituellen Geschlossenheit der Untersuchungs-Konstruktion, der neuartigen Weite des Geschehensraumes (Amerika), doch wohl auch dem Modellhaft-Archetypischen, das sich im Stichwort Odysseus zusammenfassen läßt. Der Distanzierungsakt, den dies bedeutete, war in den fünfziger Jahren vielleicht nur einem engagierten Nachbarn wie dem Schweizer Max Frisch möglich. Die ihre «Rolle» spielenden Außenseiter in der westdeutschen Erzählprosa, ob in *Tauben im Gras, Ehen in Philippsburg* oder *Das steinerne Herz*, waren viel zu genau auf ihr zeitgenössisches Sozialsystem zurückbezogen. Dessen neuen Wohlstands-Zuschnitt prosaisch darstellbar zu machen, zählte ja gerade zu den ehrgeizigen Zielen nicht weniger Autoren.

6. Gegenwart des Mythos

Im unmittelbaren Anblick von Krieg und Zerstörung, oder in der übermächtigen Nah-Erinnerung, hatten nicht nur Lyriker der Inneren Emigration sich in die Beschwörung mythischer Kriege oder schicksalhafter Instanzen wie der Erinnyen geflüchtet. Hans Erich Nossacks *Nekyia* (auch *Der Untergang*, der Bericht über die Zerstörung Hamburgs) lehnte sich an die Unterweltsfahrt des Odysseus an, weil – erklärtermaßen – jeder «realistische» Versuch dem Ungeheuerlichen ohnmächtig gegenüberstehen würde. Selbst Brecht griff im *Antigonemodell*, das «Widerstands»-Motiv aufnehmend, zu einem griechischen Mythos, um das «Barbarische» der Terrorherrschaft theatralisch sichtbar zu machen – freilich unter «Herausschneidung» der antiken Schicksalsinstanz (der Moira).

In den beginnenden fünfziger Jahren verblaßten solche Bewältigungsversuche, nicht nur weil erste, mosaikartige Gegenwartspanoramen, wie *Tauben im Gras* oder *Brand's Haide*, moderne Erzählkonstruktionen dem Nachkriegspublikum vorgeführt hatten. Vor allem das Theater des westlichen Auslandes, mit Sartre, Anouilh, Giraudoux, O'Neill, Wilder und anderen, hatte das entzaubernde, im Kern aufklärerische ‹Spielen› mit den tradierten Mythen fast erschöpfend durchexerziert. Die großen epischen Mythentransformationen, die im Exil entstanden waren und nun auch in Westdeutschland erschienen, wie Brochs *Der Tod des Vergil* oder auch Thomas Manns *Doktor Faustus*, waren in all ihrer Verschiedenheit von der kritischen Mythendiskussion mitgeprägt, wie sie während des Hitlerregimes etwa von Bloch, Cassirer und Horkheimer/Adorno geführt worden war. Rosenbergs *Mythus des 20. Jahrhunderts* und dessen faschistische Instrumentalisierung hatten alles Arbeiten mit dem

Mythos prinzipiellem Zweifel ausgesetzt. Brecht und Bloch, auch Thomas Mann, gehörten zu denjenigen, die mit Entschiedenheit für eine ‹Rettung› des Mythischen als eines Kernbezirks des Humanen eintraten (und dieser Linie folgte wesentlich auch die Mythenrezeption in der DDR-Literatur). Das neue religionswissenschaftliche Interesse für Mythen der ewigen Wiederkehr, für Schamanismus und Verwandtes, wie es in den fünfziger Jahren vor allem im Kreis von Mircea Eliade gefördert wurde, blieb jedenfalls für die Erzählprosa – mit Ausnahme Ernst Jüngers – peripher.

Daß in Heimkehrergeschichten wie Richters *Die Geschlagenen* oder Gaisers *Eine Stimme hebt an* immer wieder Analogien zum Schicksal des Odysseus eingestreut wurden, bewegte sich außerhalb der Zone prinzipieller Infragestellung des Mythos. Die vergleichsweise frühe Rezeption von C. G. Jungs Archetypen-Lehre, an der auch Thomas Mann mitgewirkt hatte, förderte bei manchen Autoren die punktuelle Zitation von Mythen oder einzelnen mythischen Figuren. Solche Verfahren wurden auch immer wieder bei der Aneignung der «klassischen Moderne» beobachtet (und imitiert), wie bei Joyce, Kafka, T. S. Eliot und anderen. Im Sinne des «universalen Museums» und seiner Topoi begegnet in Koeppens *Tauben im Gras* etwa der farbige Soldat «Odysseus» Cotton, nicht anders als – mit dem Namen aus der römischen Kaisergeschichte – das Lustweib «Messalina». Wesentlichere Funktionen im Hinblick auf das Menschenbild jedoch erhielten mythische Parallelen bei Max Frisch (schon im ersten *Tagebuch*, dann im *Stiller* und den nachfolgenden Werken): die für das Problem der «Identität» modellhaften Figuren Odysseus und Ödipus (in den siebziger Jahren wird dann die Narziß-Figur literarische Karriere machen).

Solche Funktionalisierung vor allem griechischer Mythen – die germanischen blieben weitgehend kompromittiert –, ihre Rückführung auf «Typen», gehörte zur generellen literarischen Entwicklung der fünfziger Jahre (anders als in der DDR, wo literarische Mythentransformation, im Zeichen der «Erbepflege», von Anfang an kontinuierlicher praktiziert wurde). Was sich um die Mitte des Jahrzehnts an neuer Vergegenwärtigung von Mythen in der Erzählprosa beobachten läßt, besitzt eine doppelte Folie: die entschlossene Hinwendung zum aktuellen Gesellschaftsroman (Koeppen, Böll, Walser) und jene Reduktion der Mythen auf «Typen».

Ernst Schnabels (1913–1986) «Roman» *Der sechste Gesang* (1956), der auf die Erlebnisse des Odysseus bei den Phäaken – und die Begegnung mit Nausikaa – Bezug nimmt (6. Buch der *Odyssee*), ist für diese Situation überaus bezeichnend.

Schnabel setzt alles variierende und zur Disposition stehende «Spielen» mit dem Mythos bereits voraus und wählt sich genau denjenigen Abschnitt des homerischen Epos, in dem die Gestalt des Helden am differenziertesten gespiegelt wird: Vor dem unerkannten Fremdling singt der Sänger Demodokos von den Ereignissen vor Troja und von den Schicksalen auch des Odysseus selbst. Die Romanze mit der Königstochter Nausikaa gehört indes zu den ‹modernsten› des Epos und zeigt Ansätze zu differenziertester Psychologie. Schnabel läßt am phäakischen Königshof Homer selber auftreten (nicht als »Blinden«, sondern als «Kurzsichtigen») und Partien aus seinem noch unvollendeten Epos vortragen. Odysseus wird mit seinem eigenen Mythos, mit seinem «Bild» konfrontiert. Und dies führt dazu, daß der Held sein Leben überdenkt und endlich seine Heimkehr betreibt – ein ironisches Happy-End, auch darin, daß sich Odysseus schließlich «ausgesetzt» findet.

Der sechste Gesang hat dem Spektrum der Erzählprosa um die Mitte der fünfziger Jahre eine gewiß nicht schwergewichtige Variante von Mythenadaptation hinzugefügt. Momente alexandrinischer Esoterik sind in dem Werk kaum spürbar. Das Operieren mit «Bildern», «Identitäten», «Rollen» verbindet den Text reizvoll mit *Stiller, Das steinerne Herz* oder *Ehen in Philippsburg.* Zugleich aber ist es ein Stück origineller, kritischer ‹Rettung› des Mythos. Im Jahr darauf bereits erschien Walter Jens' *Das Testament des Odysseus,* das den Untertitel «Roman» nur noch als Zitat trägt und der Mythenliteratur der fünfziger Jahre mit «Testament» eine neue Gattung zu gewinnen versucht.

Der in Ich-Form gehaltene Text wendet sich an den Enkel Prasidas, zieht am Ende eines langen «Helden»-Lebens Bilanz. Auch er reflektiert das eigene Image («Retter Griechenlands» usw.), die Rolle des Intellektuellen, den Krieg um Troja, Vermeidbarkeit und Unvermeidbarkeit des Krieges. Die fiktive Altersperspektive, wie sie Jens in *Vergessene Gesichter* (1952) und *Der Mann, der nicht alt werden wollte* (1955) für die Erkenntnis prinzipieller Handlungsmöglichkeiten des Menschen erprobt hatte, wird nun auf die Reflexion überlieferter, berühmter «Taten» transponiert. Das Resultat ist ein pazifistisches Vermächtnis: «Vergiß mich, mein Kind, aber gedenke der Gerber und Gärtner, bewahre Geduld und hüte den Frieden.»[23]

Zu den Jahren des Ungarn-Aufstandes, der wachsenden Anti-Atom-Bewegung und der forcierten Aufrüstung gehört dieser Text ebenso wie Anderschs *Sansibar oder Der letzte Grund* (1957) oder Bölls *Billard um halbzehn.* Immer wieder ist es der Trojanische Krieg, dessen Helden und Mythen zur Variation reizen. Rudolf Hagelstanges (1912–1984) *Spielball der Götter* (1959), in dessen Zentrum Paris steht, versucht ins «Menschliche» der Heldenexistenz hineinzuleuchten, zurück bis zur Kindheit. Am Ende, als er vom Pfeil getroffen wird, ist offenkundig, daß nicht er mit den Menschen, sondern die Götter mit ihm gespielt haben. Das Medium der Verständigung über die eigene Existenz aber ist hier das Tagebuch.

Diese Mythenliteratur der fünfziger Jahre war ein klar begrenztes Phänomen, und sie trat zunächst in den Schatten, als die großen neuen Romanmuster des Jahres 1959 erschienen. Sie signalisierte auf ihre Weise Befreiung vom Mythos-Verdikt der ersten Nachkriegsjahre, sie war Experiment mit großen, belasteten Überlieferungen. In ihrer scheinbar alexandrinischen Rückwendung zum ganz Alten bildete sie ein genaues Komplement der Hinwendung zu den sozialen, politischen Deformationen der eigenen Gegenwart. Sie unternahm Versuche der Ich-Erkundung.

7. *Identitäts-Suche, Erinnerung*

Mit *Stiller* hat Max Frisch ohne Zweifel «das» Thema der zweiten Jahrzehnt-Hälfte angeschlagen, und zwar in einer epischen Großkonstruktion, die der Identitäts-Suche als nachgerade notwendige Form angemessen schien. Stiller alias White schreibt Tagebuch, gibt zu Protokoll, Hagelstanges Paris schreibt Tagebuch, Jens' Odysseus setzt ein Testament auf, Arno Schmidts Egozentriker betätigen sich als Registratoren, die noch im krudesten Material die tiefsten Schichten ihrer Psyche durch Sprache freilegen. Der Techniker Walter Faber (in Frischs *Homo faber*) protokolliert noch als Todkranker, und die ödipale Beziehung zu seiner eigenen Tochter wird, wie es scheint, überhaupt nur in einer solchen Weise des erinnernden Schreibens explizierbar.

Homo faber (1957) tritt mit der Gattungsbezeichnung «Ein Bericht» sozusagen ostentativ hinter die «Roman»-Stufe des *Stiller* zurück. Nossacks *Nekyia* als «Bericht eines Überlebenden» und Anderschs *Die Kirschen der Freiheit* als «Bericht» hatten sich von Erwartungsstrukturen mythischer Mimesis und der Autobiographie absetzen sollen und tastend eine noch nicht benannte Form erprobt. *Homo faber* wird zwar in der Form der Selbstrechenschaft zunächst nicht durch die äußeren Zwänge bestimmt, die Stiller/White von der Situation der Haft auferlegt werden. Die Ruhe des Krankenlagers schafft eine vergleichbare Struktur (mit einer charakteristischen Weitung des Geschehensraums bis nach den USA und Mexiko hin). Vor allem aber: Der naturwissenschaftlich-technische Habitus Walter Fabers, seine Weise der Wahrnehmung wie der Selbst-Äußerung, gibt dem Werk seine hohe Geschlossenheit (das Gegenbeispiel wird dann *Mein Name sei Gantenbein* [1963] geben, wo ein solcher Orientierungspunkt fehlt und der Leser sich in dem ständigen Wechsel der bloßen Spiegelungen leicht verliert). Am Schluß sind die Zeitebene des Erinnerten und die des Erinnerns konvergent geworden. Was als beherrschter, prinzipiell alles berechnender «Bericht» angelegt war, ist in Erkenntnis umgeschlagen: Einsicht in die Verfehlung eigentlichen «Lebens», des eigenen Lebens. «Leben ist nicht Stoff, nicht mit Technik zu bewältigen. Mein Irrtum mit Sabeth: Repetition, ich habe mich so verhalten, als gebe es kein Alter, daher widernatürlich.»[24] Das Ödipus-Muster erfüllt sich bei diesem analytischen «Bericht» auch in dem Sinne, daß erst im Scheitern das Ich sehend wird.

Seit der Mitte der fünfziger Jahre drängten sich nachgerade die Versuche, auf immer neuen Wegen retrospektive Selbstverständigung zu erreichen, Gewißheit über Schuld oder Nichtschuld, Gewißheit über Identität.

Der Schweizer Erzähler Otto F. Walter (* 1928) siedelte seinen Romanerstling *Der Stumme* (1959) in auffälliger Nähe zu *Homo faber* an: Ein Mann, der als Kind stumm wurde, da der Vater die Mutter mißhandelte, trifft den Vater spät, ohne ihn zu erkennen, und tötet ihn bei einer Sprengung. In Hans Erich Nossacks *Der jüngere Bruder* (1958) flieht ein Junge aus der bedrängenden Dominanz der Mutter in die «Normalität»; als er später, im Erwachsenenalter, aus Brasilien nach Europa zurückkehrt (seine Frau ist dort tödlich verunglückt), erkennt er in einem hilflosen jungen Mann einen «jüngeren Bruder» (noch dazu einen, der seiner eigenen Frau vor dem Sturz begegnet ist). Walter Jens wählte für seinen Roman *Der Mann, der nicht alt werden wollte* (1955) eine zunächst «philologische» Konstruktion: Nach dem Selbstmord eines jungen Dichters erkundet ein mit ihm befreundeter emeritierter Literaturprofessor dessen Biographie, ausgehend von einem hinterlassenen Romanfragment eben jenes Titels; am Ende treffen sich die beiden biographischen Linien im Tod dessen, der den anderen hatte ‹ergründen› wollen.

In allen diesen analytischen Konstruktionen der Selbstvergewisserung drängten sich als Grundform des Schreibens immer wieder vor: Kommentar über Hinterlassenes, Geständnis, Protokoll, Tagebuch. Bei diesem Durchexperimentieren waren Züge der Stagnation unverkennbar. Eine besonders kunstvolle wählte Marie Luise Kaschnitz (1901–1974) in *Das Haus der Kindheit* (1956):

> Kindheit als eine belastende, ganz und gar unidyllische Phase hatte sie erstmals in der Erzählung *Das dicke Kind* (1951) entworfen. Nun konstruierte sie eine Erzählerin, die ein Tagebuch erfindet – eine Frau, die mit dem Ich des Tagebuchs nur die Kindheitserfahrung gemeinsam hat. Das «Haus» aber ist ein weiträumiges, phantasiertes Museum mit seltsamen Geräten, mit Filmen und Tonbändern; und in ihm begegnet sie, zwischen Qual und Zauber eingespannt, der eigenen Kindheit. Kaschnitz' Buch führte jenes neue Bewußtsein von der Autonomie des Fiktionalen, das sich um 1952 artikulierte, in die neue Welle der Selbstergründungen ein, provokativ antiromantisch, den «Verdacht» bestätigend, «daß das sogenannte goldene Zeitalter meiner Kindheit ein fauler Zauber war».[25] In der Spannung zwischen «Liebe» und Bedrückung repräsentiert sich die Ganzheit des Lebens, auch die der Kindheit.

Die «Reise» in die eigene Kindheit, die durch das phantasierte Museum ermöglicht wird, war nur eine Variante jener Prozesse des selbstanalytischen Aus-sich-Heraustretens, die in den fünfziger Jahren in der Prosa durchgespielt wurden. Das erzählende Ich aus Nossacks *Der jüngere Bruder* ist, bei der Rückkehr aus Brasilien, ein anderer, einer, der durch dieses Anderssein in die Analytik des eigenen Ich hineingedrängt wird. Nossacks *Der Fall d'Arthez* wird ein Jahrzehnt später (1968) diesen analytischen Zwang noch radikalisieren. Bölls *Irisches Tagebuch* (1958), das man gerne das ‹idyllischste› Werk des Autors genannt hat, lebt aus dem fast rousseauistischen Kontrast zwischen den zurückgebliebenen Lebensformen des entlegenen Landes und dem entfremdeten Leben der westdeutschen Großstädte. Koeppens Reiseprosa *Nach Rußland und anderswohin* (1958), Jahre nach dem Abschluß der Romantrilogie entstanden, hat sich vom gesellschaftskritischen Impuls weit entfernt. Sie kreist in der hingebungsvollen Präzision der eigenen detailgesättigten Beschreibungen.

Unter all diesen Reiseskizzen, Reisetagebüchern – in denen sich natürlich auch die neue Mobilität der fünfziger Jahre spiegelte – war Reinhold Schneiders (1903–1958) *Winter in Wien. Aus meinen Notizbüchern 1957/58* (1958) vielleicht das ‹härteste› Buch.

> Die Aufzeichnungen (vom 5. November 1957 bis zum 6. März 1958 reichend) sind durchzogen von der doppelten Suche nach den Untergründen der in Wien anschaubar repräsentierten Geschichte und nach den tieferen Gründen des eigenen Leidens an der Gegenwart. An Heimito von Doderers *Die Dämonen* (1956 erschienen, seit 1931 entstanden) erinnert der die Wiener Oberflächen durchdringende Blick auf das Zerstörerische, das in mythischen Vorstellungen gefaßt wird.

Aber der nach Wien Gereiste, von Krankheit gezeichnet, erfährt nicht nur den habsburgischen Mythos als etwas in den Abgrund Ziehendes. Er erfährt auch die verhängnisvolle Verkettung von naturwissenschaftlich-technischem Wissen und politischer Macht in der «Kriegswirtschaft». Alles dies dringt in den Erlebenden – und hier sind dem Tagebuch originelle Möglichkeiten abgewonnen – als physisch tief Ermüdendes ein. Das Leiden an der Gegenwart manifestiert sich in einer Untrennbarkeit von Innen und Außen: «Wollte ich, was sich in mir während dieses Winters ereignet, im Gespräch mit dem Phänomen Wien pathetisch ausdrücken, so müßte ich von einem inneren Unfall sprechen, vom Einbruch der dunklen Wasser in einen leer gewordenen Raum, einem Einbruch also von unten her.»²⁶

Die lange Sequenz der individuellen Selbsterkundungen, die mit Anderschs *Die Kirschen der Freiheit* politisch markant einsetzte und in *Stiller* als erzwungene und inszenierte Identitätserforschung ihren ersten Höhepunkt fand, hat in der zweiten Hälfte der fünfziger Jahre eine fast schon verwirrende Markt-Vielfalt erreicht: vom Mythen-Spiel über die philologische Biographie-Analytik bis zur Fingierung eines Kindheits-Museums und bis zur Selbstsuche im Reisen. Die Stärkung der staatlichen Gewaltpotentiale (Militär, «innere Sicherheit») und das Eingreifen des Wohlstands in das Lebensgefühl der Individuen hatten die Frage nach «Schuld» herausgetrieben: jetzt nicht mehr zuallererst Schuld an gewesenen Verbrechen, sondern an tief persönlichen Katastrophen. Bei allem Reichtum an literarischen Äußerungsformen war gegen Ende der fünfziger Jahre eine Stagnation in der individuellen Analytik unverkennbar.

III. GEDICHTE ZWISCHEN HERMETIK UND ÖFFENTLICHKEIT

1. «Die Schuld ist ausgeweint.» Bewältigungslyrik

Der Terminus Bewältigung wird fast nur noch ironisch gebraucht, und berühmt ist die Szene geworden, da der mit der Entnazifizierung beauftragte General der Engländer beim Fernsehinterview die Frage nach der Wirkung gestisch beantwortete: er gab einen Teelöffel Zucker in die Nordsee und konstatierte ironisch jubelnd: «Es wird schon süß.» Von heute her gesehen, ist solcher Sarkasmus verständlich, aber inaktuell: die angestrengten Bewältigungen gehörten den frühen Jahren. Sie wurden ohnehin bald von den Alliierten wieder blockiert, welche die alten Eliten für die Frontbildung im kalten Krieg benötigten, und haben sich dann in den Diskussionen der sechziger Jahre, die neue Denkfiguren erschlossen, so gut wie ganz verloren. Für die unmittelbare Nachkriegszeit und bis hin in die fünfziger Jahre spielen poetische Sehweisen eine große Rolle, welche von Schuldzumessungen und -gefühlen zu entlasten vermögen. Daneben gibt es dichterische Reaktionsweisen, welche die jüngsten Erfahrungen nicht ausblenden, nicht verdrängen, sondern sie zu fassen, zu besprechen, zu bearbeiten suchen, sofern oder soweit das möglich war. Unter dem Stichwort Bewältigungslyrik wären also sehr verschiedene dichterische ‹Strategien› nach ihrem (formalen) Beitrag zum Thema zu unterscheiden. Von besonderem Gewicht ist das (indirekte) Bekenntnis zum Nicht-Vergessen-Wollen, das quer steht zu den gleichzeitigen naturlyrischen und traditionalistischen Tendenzen.

So konnte etwa der große Gedichtband von Günter Bruno Fuchs (1928–1977) *Zigeunertrommel* (Halle 1956) nicht im Westen erscheinen, wo die Erinnerung an die Ermordung der Zigeuner unerwünscht war. Fuchs berichtet im Vorwort: «Im Jahre 1942 wurde ich mit gleichaltrigen Schülern von Berlin aus in die Slowakei evakuiert, die seinerzeit unter deutscher Besatzung stand. Vor den Bergen der Hohen Tatra bei Tatra-Lomnica vollzog sich die unvergeßliche Begegnung mit den Lagerplätzen der Zigeuner.» 1943 begann deren Verhaftung und Abtransport in die Todeslager. Die Gedichte von Fuchs lenken in jene Zeit zurück, in das Exil der Kindheit: «Märchen fang ich mit bloßen Händen.» Sie nehmen Zigeunerweisen auf, Bilder und Mythen, zitieren Erzählungen und Balladen, oftmals im Rollengedicht, das so zugleich ein Zeugnis wird. Klagelieder schließen den Band ab, der insofern eine Ausnahme darstellt, als er nichts aufzurechnen sucht.

Das ist bei den direkten Bewältigungsversuchen anders; da regieren poetische Techniken, die eine Entlastung versprechen. Die *Klage*, die so laut angestimmt wird, daß sie die Klagen der anderen zu übertönen vermag, war schon genannt: In den Gedichten der Gefangenen und Heimkehrer spielt sie die zentrale Rolle, als Versuch, einen ‹Chor der Klagenden›, der gemeinsam Betroffenen herzustellen, was von Schuldgefühlen dispensiert.

Eine Meisterin dieser Technik ist ohne Frage Gertrud von LeFort (1876–1971), deren Popularität denn auch weit über kirchliche Kreise hinausging. Flucht und Vertreibung werden nach 1945 bevorzugte Themen ihrer Lyrik, ohne daß die geringste historische Andeutung fällt. Am Schluß des Gedichts «Die Heimatlosen» heißt es dann kategorisch: «Die Schuld ist ausgeweint.»

Das *mythische Modell* ist intrikater eingesetzt: Die Vergewisserung bei den mythischen Traditionen fällt zwar zumeist ‹groß› aus, setzt aber durch die textlichen Vorgaben Maßstäbe, die den entsprechenden Gedichten zumeist bekommen.

Herbert Heckmanns (*1930) Gedicht «Odysseus» arbeitet die Figur des von den Göttern umgetriebenen Helden mit existentialistischen Formeln nach. Der Mythos wird umformuliert: Das Odysseus-Ich geht unter, doch ist der Tod als Versöhnung mit den verletzten Elementen angedeutet: «In meinen Armen schläft das Meer.»[1] Das berühmt gewordene Gedicht von Elisabeth Borchers (*1926) «eia wasser regnet schlaf», an das sich in den fünfziger Jahren eine Debatte über die lyrische Moderne knüpfte, folgt gleichfalls diesem der Romantik verpflichteten Modell eines Heimgangs in die Natur. Beide Texte arbeiten mit radikal moderner Formgebung, was auch für Klaus Bremers (*1924) «Sirenengedicht» (in *poesie*, 1954) gilt, dessen «wortschnüre» den Untergang des Helden als Sieg der Sirenen-Sängerinnen feiern. Vermutlich ist diese Wendung des Mythos nicht unabhängig von der Deutung des Odysseus als sieghaften Vertreters der instrumentellen Vernunft in Horkheimer/Adornos *Dialektik der Aufklärung* (1947).

Karl Wolfskehl, ins neuseeländische Exil, «auf Erdballs letztes Inselriff», getrieben, greift ebenfalls zum Mythos, um dem Leid, auf der anderen Seite erlitten, zu entkommen. In *Hiob oder Die vier Spiegel* (1950) entwickelt er im zweiten Großgedicht «Hiob Simson» das Phantasma ‹Rache des entehrten Dichters›. Der Text läßt sich als eine harte Klage gegen den besinnungslosen Wiederaufbau in Deutschland lesen, der die Erinnerung an Leid und Unrecht, gerade auch von den Betroffenen, gern zuläßt, sofern sie Kunstgestalt wahrt:

> Sie ließen ihn aus den Verliesen holen,
> Sein Leid als köstlichen Rauschtrank auszuschlürfen.
> Er solle, höhnten sie, wieder singen dürfen [...]

Vom mythischen Rückgriff ist das *Mythisieren* zu unterscheiden, ein sowohl bei den Nationalsozialisten wie bei der Inneren Emigration vielgeübtes Verfahren, darin die Wirklichkeit als abgeleitet, als Spielmaterial «eigentlicher» Kräfte «erschaut» wird, was die Aufgabe des Dichters sei. Der entwirklichende Gestus hat fast immer eine Entlastungsfunktion, und das ist in der Nachkriegslyrik durchaus gefragt.

Hermann Kasack (1896–1966) war mit einem entsprechenden Ansatz schon aus der Kriegszeit vertraut, in *Das ewige Dasein*. *Gedichte* (1943) gibt es zahlreiche mythisierende Spiegelungen des Krieges und der Zeit. Nach dem Krieg hat er dann das Phantasma «Im großen Netz» lyrisch und episch ausgearbeitet. Das Gedicht dieses Titels[2] entwickelt den Mythos Weltenspinne: «[...] mitten im Unsichtbaren / Wacht, Jahrtausende alt, reglos lauernd, / Gierig auf Menschenblut, die Weltenspinne.» Deren Netz, so das Gedicht weiter, spanne sich von Kontinent zu Kontinent, «Über den Schlaf der Völker, das Herz der Zukunft», die Herrscher heißen wahnwitzig und sind «Trabanten der Spinne», die «Männer, Frauen und Kinder in ihre Maschen» treiben.

> Wir alle hängen, wehrlos gefangen,
> Beute im großen Netz, ausgeliefert
> Den unersättlichen Fängen der Riesin
> Und ihrem quälend tödlichen Biß.

Es gibt keinen, der das Netz zerreißen kann, im Weinheber-Stil heißt es: «Der Menschen von heute keiner und / Keiner der Götter von gestern». Und indem, mit einer barocken Wendung, Erdenzeit überhaupt für «Höllenzeit» erklärt wird, fällt aller Unterscheidungsbedarf eh dahin. – Ein ganz verwandtes Gedicht, vielleicht sogar im Material abhängig, gibt es von Rudolf Hagelstange: «Die Töchter der Spinne»:[3] «Sie spinnt die eisernen, sie spinnt die zarten, / die seidenen Fäden, uns in Schach zu halten»; in den Schlußversen freilich wird sie als Allegorie der Macht demaskiert, was die Mythisierung begrenzt.

Auch Agnes Miegels (1879–1964) Bewältigungslyrik, weitgehend am Elend der Flüchtlinge orientiert, greift zum mythisierenden Duktus, entwickelt etwa eine «große Göttin», die auf deutschgläubige Art irgendwie mit Gottvater in Zusammenhang gebracht wird:

> Aus des Ostens Eisentoren
> Steigst du, Riesin, neugeboren
> flammend auf im Morgenlicht.
> Nordsturm braust durch deine Schwingen,
> Heilruf hallt und Glocken klingen –
> O, entschleire dein Gesicht![4]

Diesem Typus verwandt, aber sozusagen unschuldiger ist die *metaphysische Wendung*, zu der sich sehr viele Dichter bekehren. Bei einigen ist es eine Heimkehr, wie bei Gertrud von LeFort, die 1924 ihre *Hymnen an die Kirche* erscheinen ließ, die sie 1932 ohne allzu große gedankliche oder textliche Veränderungen in *Hymnen an Deutschland* modernisiert hatte.

1950 erscheint ihre Sammlung *Gedichte* im Insel Verlag und verkündet als «Gnade des Dichters»: «Ja, herrlich ists abzuhängen von einer himmlischen Stimme.» Wenn sie die Kraft der Dichtung als die der Verwandlung preist, läßt sich konstatieren, daß sie davon regelmäßig Gebrauch gemacht hat: «Es herrscht ein andres Gesetz im Gesang denn am Markte des Lebens, / Ein andres als das Vertraute nüchterner Lippen, / Denn zauberkundig ist der waltende Dichter, / Erhabner Vertauschung mächtig, ein Schicksalsverwandler!»

Etwas zurückhaltender geht Hans Carossa (1878–1956) mit seiner Erinnerung an Schreibweisen im Dritten Reich um, auch wenn «das Leben» und «das heilige Sein» nun die Subjektstelle im historischen Geschehen besetzen. Für die Mitwelt wird schon volle Entlastung gewährt; im Gedicht «Der volle Preis. Mai 1945» heißt es:

> Heil der Mitwelt! Leicht gesundet
> Sie von ihrem trüben Traum.
> Über allem Leben rundet
> Sich der neue leere Raum.
> O schon dürfen Millionen
> Tun, als wäre nichts geschehn. [...]

Demgegenüber bekennt sich das lyrische Ich doch zu irgendeiner nicht näher bestimmten Schuld: «Urnachtwege muß ich suchen / Und ein einsam Selbstgericht», was mit einer – angesichts der sofort wieder einsetzenden Karriere Carossas – hochpathetischen Formel bekräftigend entmächtigt wird: «Muß den vollen Preis bezahlen, / Den das heilige Sein begehrt [...]»⁵

Auch Hans Egon Holthusen (* 1913), der 1937 über Rilkes *Sonette an Orpheus* promoviert und von 1939 bis 1944 als Soldat am Polen-, Frankreich- und Rußlandfeldzug teilgenommen hat, findet recht rasch zum erhabenen metaphysischen Ton, der das Kriegsende in verwirrte Niederungen verweist. Dabei hilft der Rilke-Anklang, seine «Acht Variationen über Zeit und Tod»⁶ beginnen nicht, sondern heben an: «Nun und nimmermehr sind wir im Fleisch. Einmal in Ewigkeit / Steine im Brett für ein flüchtiges Spiel in der Zeit.»

Das einflußreiche Gedicht «Tabula rasa» (aus *Hier in der Zeit*, 1949) wendet sich mit intrikater Dialektik gegen die Nullpunktthese. Die Forderung der Siegermächte und antifaschistischen Gruppen «Ein Ende machen. Einen Anfang setzen» wird als Losung der Kriegstreiber (der Nationalsozialisten) denunziert: «Noch einmal will das menschliche Geschlecht / Mit Blut und Tränen diese Erde netzen.» Es ist ein ‹Bewältigungsgedicht›, das die Forderungen nach einem Neuanfang schamlos auf die Zerstörungsparolen der Nazi-Barden reimt (man vgl. das Sturmlied «Deutschland erwache!» eines Dietrich Eckart): «Wir brechen alle Brücken ab, zerstören / Sehr rasch und unbeirrbar, was uns frommt. / Aus allen Dächern Feuer!» Zu dieser selbstverständlich schuldlos vollbrachten Zerstörung (es ist «ein Dämon, der uns ohn Erbarmen / Ergreift und wringt und schleudert hin und her») gehört nach Holthusen, beinahe ursächlich, die Absage an die Form: «Wir reden ungereimtes Zeug.» Das führt aber nicht zur Trümmerlyrik, sondern zur bedingungslosen Rückkehr in die Tradition, nur Reimstrophen und Sonette bleiben übrig. Gutteils sind die recht bekannt geworden. Die «Ballade nach Shakespeare» («Warum wird Hamlet nimmermehr / Bei seiner Liebsten schlafen?») spricht zeitgenössische Erfahrungen der ‹Unbehaustheit› an, Ophelias Wassertod zeigt dann freilich «Tod und Zeit / In grenzenlosem Vermischen». Wie ja auch «Tabula rasa» sich mit dem Tod versöhnt hatte: «[...] Und keltert einen Tropfen Ewigkeit / Im dunklen Wirbel unsrer Untergänge?»

Am ehesten überzeugen jedenfalls jene Gedichte, die sich von der Erschütterung des Kriegsgeschehens und der Massenmorde noch getroffen zeigen, ohne gleich nach Trost zu suchen. So ist Wolfgang Bächlers (* 1925) «Die Erde bebt noch» mit Recht berühmt geworden:

> Die Erde bebt noch von den Stiefeltritten.
> Die Wiesen grünen wieder, Jahr für Jahr.
> Die Qualen bleiben, die wir einst erlitten,

ins Antlitz, in das Wesen eingeschnitten.
In unsren Träumen lebt noch oft, was war.

Das Blut versickerte, das wir vergossen.
Die Narben brennen noch und sind noch rot.

[...]

Auf einen Typus des Bewältigungsgedichts sei noch hingewiesen, der in den fünfziger Jahren zunehmend an Bedeutung gewinnt und langsam die Anleihen beim Mythos, bei der Transzendenz, bei der Grammatik oder beim Expressionismus verdrängt: das *didaktische Gedicht.* Wolfgang Weyrauch hat sich dieser Gattung besonders angenommen. Schon seine Titel bezeugen ein entsprechendes Engagement: *An die Wand geschrieben* (1950), *Gesang um nicht zu sterben* (1956).

Das Gedicht «Lidice und Oradour» beginnt mit dem von Brecht her vertrauten Gestus der Aufforderung an die junge Generation nachzufragen: «Mein Kind, frag Deinen Vater, wo / er war, als Lidice und Oradour / im Brand sich krümmten, lichterloh. / Frag nach dem falschen Schlag der Uhr / bei Dir zuhaus und anderswo.» Gewiß ein ungelenkes Gedicht, was mit der Annäherung an den didaktischen Typus zu tun haben mag; es endet: «Mein Kind, mach es nicht ebenso, / geh, lies von Lidice und Oradour.»

Schrill sticht hiervon der Versuch ab, mit Hilfe des Begriffs der Inneren Emigration sich um jede Bewältigungsaufgabe zu drücken und nur sehr zögerlich und nur wo ganz unumgänglich, eine gewisse Mitschuld zuzugeben. Ein Beispiel hierfür ist die Anthologie *De Profundis. Deutsche Lyrik in dieser Zeit,* 1946 von Gunter Groll herausgegeben.

Sehr prononciert heißt es gleich, mit ausgrenzender Geste, im Vorwort: «Diese Anthologie enthält ausschließlich Gedichte von Autoren, die während der letzten zwölf Jahre in Deutschland lebten.» Das sind die bekannten Namen des lyrischen Traditionalismus: Billinger, Britting, Carossa, LeFort, Kasack, Langgässer, Loerke, Oda Schaefer, Schröder, Frank Thiess u. a. Zu schnell und zu billig wird dem Weltkrieg und dem Holocaust ein Trost zugesprochen: «Immer wieder ließ der Weltgeist auf den Schlachtfeldern und an den Marterstätten der Geschichte das Blut der Unschuldigen verströmen. Immer wieder riß er das Erdreich auf und in den Jahren der Verzweiflung wuchs, kaum bemerkt von den Lebenden, die neue Saat.» Es sind nur wenige Texte, die wenigstens als Zeugnisse überzeugen, etwa von Wilhelm Felix Swoboda (1914–1941), der sich den Münchner oppositionellen Hochschulgruppen angeschlossen hatte und vor Moskau gefallen ist; wenige, geistreich und knapp gefügte Gedichte sind von ihm überliefert. Gregor Walden wurde schon erwähnt. Im ganzen aber überwiegt die ungelenke pseudopoetische Bildgebärde.

Viele andere Anthologien, die sich der Kriegszeit zuwenden, wären zu nennen und nach ihren Ansätzen zu erläutern. Eine besondere Bedeutung kam jedenfalls der Anthologie von Manfred Schlösser zu: *An den Wind geschrieben. Lyrik der Freiheit. Gedichte der Jahre 1933–1945* (1960), worin er vor allem Exillyrik zugänglich machte. Und wie wenig das fruchtete, machen stets wieder notwendige Sammlungen kenntlich, etwa *Almanach der*

Vergessenen, herausgegeben von Klaus Schöffling und Hans J. Schütz (1985) – die Bewältigung nach dem Muster hochpoetischen Vergessens hatte offensichtlich den größeren Erfolg.

2. Traditionalismus: Das Votum für die Grundmächte

Schon in den späten zwanziger Jahren hatte sich der konservative Widerstand gegen die «Formauflösung» formiert, als welche die künstlerische «Totalrevolte» vor 1914 interpretiert wurde. Die Rückkehr zur Klassizität, der Rückzug auf alte, auf «gewachsene» Ordnungen gilt allgemein als Abkehr von revolutionären Ausdrucksformen, und es kommt zu einem veränderten Grundgefühl, das Basis für die ‹Moderne Klassik›[7] wurde.

Dieses restaurative Motiv, der Versuch, wieder zu einer ursprünglichen Ganzheit und Einheit zu gelangen, Abhub der ‹universellen Tendenz› der Spätromantik, schließt um 1930 die verschiedensten Richtungen zusammen, etwa die christliche Erbauungsliteratur, die Klassizisten und die völkisch-nationale Kunst, findet aber auch im progressiven Lager deutlichen Widerhall. Entsprechend ist es kein Wunder, daß das Jahr 1945 auch für die Lyrik kaum einen Neuanfang bedeuten konnte: im Exil wie in der sogenannten Inneren Emigration hatte die Rückwendung zum humanistischen Erbe die Oberhand behalten, war für die ‹Formauflösung›, als die man die Moderne sah, kaum Empfänglichkeit zu erwarten. Brecht ist als eine der wenigen Ausnahmen hervorzuheben. So sind auch die ersten zehn Jahre nach dem Kriegsende noch weithin vom Traditionalismus geprägt, der sich sozusagen der Leitformel des Adenauer-Staats «Keine Experimente» unterstellt weiß.

Der Anschluß an die von aller Dialektik befreite klassizistische Formtradition bringt auch inhaltliche Konsequenzen mit sich. Wilhelm Lehmanns (1882–1968) Gedicht «Sintflut» zum Beispiel, 1949 geschrieben, thematisiert den möglichen Neuanfang nach der ‹Katastrophe› und lenkt ohne jedes Zögern in die Tradition zurück.

Das Gedicht verweist auf Goethe, von dem ein Gedicht in den späten *Chinesisch-deutschen Jahres- und Tageszeiten* (1830) beginnt: «Dämmrung senkte sich von oben», und das dadurch den Übergang von beunruhigendem Schwanken zu Klarheit und Kühle erfaßt. Aber trotz zahlreicher bildlicher Adaptationen und (inter-)textueller Anspielungen bei Lehmann (Goethe: «Schon ist alle Nähe fern» – Lehmann: «Will mich keine Nähe fassen»; Goethe: «Alles schwankt ins Ungewisse / Nebel schleichen in die Höh» – Lehmann: «Nur gewiß im Ungewissen / Hat mich Nebel eingefangen»), ist der Abstand zwischen beiden Texten doch kaum größer zu denken. Deutlich scheut Lehmann davor zurück, sprachliche Mittel ähnlich radikal wie Goethe einzusetzen, eine katastrophale Naturbildlichkeit wird nicht zugelassen. Die Katastrophe (Sintflut) wird so entmächtigt, und fehlende Historizität verstärkt die Illusion einer unbeteiligten Distanz. Der Terror des Hitlerreiches wird zu einer Beiläufigkeit degradiert, die – in kindlich-imaginierender Weltsicht beschrieben (Brombeerzahn, Wurzeln als Schlangen) – zu einer bloßen Angstphantasie gerät. Infantilisierung als Schutz, auch als Schutzbehauptung, ist hier keine erzwungene Tarngeste, sondern gibt den Horizont für die ‹Bewältigung› an.

Die Sehnsucht zielt auf die *Heile Welt,* so ein Bandtitel Werner Bergengruens von 1950. Das Motiv, das die ‹Traditionalisten› treibt, ist weltanschaulich begründet: gegen den *Verlust der Mitte* wird eine ‹kosmische Ordnung› beschworen, und wenn man repräsentative Anthologien der Zeit durchnimmt, etwa die Sammlung *Auswahl deutscher Gedichte* von Theodor Echtermeyer (1937/1941) vergleichend mit der neuen Auflage von 1954/1957 liest, springt die Kontinuität ins Auge. Diese ‹Beständigkeit› wird vom Herausgeber Benno von Wiese auch auf den Publikumsgeschmack bezogen: «Nach wie vor will diese Sammlung deutscher Gedichte eine mittlere Linie einhalten, die auf vertrautes Gut nicht verzichtet, aber auch Neuwertungen sich nicht verschließt.» Die Gedichte berufen die «ewigen Ordnungen» und denunzieren die empirische Wirklichkeit als Schein-Wirklichkeit im Namen der «Grundmächte». Das Bleibende ist angemessenes Thema der Dichtung, nicht was der «feile Tag» bietet.

Die formale Zurückhaltung der Traditionalisten läßt sich durchaus auch als ästhetischer Takt begreifen: angemessen nicht mehr einholbare Positionen, also Subjektkonzept und Formversprechen der Klassik, werden Gegenstand von Kunstgewerbe.

Ein relativ spätes Beispiel für die Leistung des ‹tieferen› Blicks, Wirklichkeit, die stört, hinwegdisponieren zu können, ist das von Gertrud von LeFort 1961 nach dem Bau der Mauer verfaßte «Mauer»-Gedicht, das mit den frohgemuten Zeilen endet:

> Doch Mauern aus Draht und Beton erdacht,
> Die sind für mein Herz nur ein Spuk in der Nacht:
> Es braucht keinen einzigen Hammerschlag –
> Mein Herz bricht hindurch, so oft es mag!

Das ist die Denkfigur des ‹Realidealismus›, im Dritten Reich pfleglich geübt: das Ideelle, heißt es in kruder Schiller-Aneignung, sei wirklicher als alle Realität, was doch diese gerade bestätigte, die das als bewegendes Prinzip des 20. Jahrhunderts längst entdeckt hatte. Was hierbei ‹vergessen› wird, sind die ästhetische Distanz, die Ebenen der Vermittlung: Das poetische Wort in dieser Tradition wird lächerlich oder brutal. Der Anschluß an die Tradition kaschiert dieses Dilemma für eine Weile: Die Macht des Dichters läßt sich so wenigstens zitatweise behaupten (Wortmacht als Machtwort).

Friedrich Georg Jünger (1898–1977) greift in *Gedichte* (1949) denn auch gleich zu hohen Bildern, das Einleitungsgedicht «Zwischen Tag und Nacht» beginnt mit ‹steilen› Versen: «O feuriger Strahl! / Der singende Schwan / Stürzt ab in den Tod. / Ein blutiges Mal / Erblühet im Rohr.» Das folgende Gedicht geht noch weiter im heroischen Gestus, entwikkelt das lyrische Ich als gefangenen Adler, der sich, vom Wind an seine Sendung gemahnt, schließlich befreit; das geschieht ‹jüngersch›: «Der Wärter eilte schnell herbei / Und warf sein Netz auf mich. / Da schlug ich ihm den harten Fang / Tief in die Brust / Und riß die Augen ihm heraus / Zu meiner Lust.» Auf die Klage des Wärters: «So lohnst du mir, / Daß ich dir Nahrung gab», lautet die stolze Antwort: «Für Futter danket nicht, wer frei / Der Beute jaget nach.» Ähnlich pseudo-anarchisch funktioniert das Gedicht «Brandstiftung», das freilich aufs Subjekt bezogen ist, das sein Wissen, mit einer Geste, die nach 1945 doch zumindest Schonzeit erhalten sollte, dem Feuer übergeben wissen will. Decouvrierend ist die Übertreibung «zu meiner Lust»: Sie ist zutiefst pubertär-reaktionär bestimmt, als Ranküne gegen objektiv erfahrene Abhängigkeit (von der bürgerlichen Gesellschaft), also gerade nicht «frei»; man vergleiche Goethes Ballade «Der Sänger». Der ‹heroische› Ansatz disponiert auch zur klassischen Formen-Wahl, es gibt die sapphische und die alkäische Ode, die Elegie mit mythischen Themen, Lied und Spruch nach Goetheschem Vorbild, mit einer Weisheit, die es sich freilich sehr bequem macht, indem der Kultur umstandslos das Aus zugesprochen wird:

Wechsel der Zeiten

Die Städte, die aus der Wildnis wachsen,
Sie müssen der Wildnis wieder weichen,
Wo einst nur Eichenwälder wuchsen,
Dort wachsen am Ende wieder Eichen.

Zum Traditionalismus gehört die Anlehnung an alte Vorstellungen von der Macht des Dichtens und der Dichter, wobei der zu ‹leistende Bezug› (Rilke) vornehm als Problem ignoriert wird. Die Adler-Metapher meint sowohl Selbsterfüllung wie Dienst am Ganzen: «Denn der Mensch, der im Schweben sich hält, / Er hält auch die schwebende Welt.» (Jünger)

In Karl Krolows (*1915) «Ode 1950» wird die «Rede vom Nichts» als zu bequem verworfen. Gegen dieses «traurige Stichwort» setzt Krolow seine glitzernde Poesie: «Formel der Früchte: wer nennt sie? Auf tönenden Tischen / Der Tage gebreitet, in silbernen Schalen der Nacht!» Dem Bewußtsein wird dann die Fähigkeit zugesprochen, «zuversichtlich und heiter / Gewähren zu lassen»; aus dem «Gewölk der Geschichte» fliehen endlich die Verhängnisse; und das Gedicht endet mit traditionaler Geste: «Ich lasse die summenden Drähte, das klingende Gitter / Der Worte zurück auf dem Grunde des Seins. Er ist / leuchtend und bitter.»

Der literarischen Moderne wird aus traditionaler Perspektive die «Auflösung der für sich genommenen Wirklichkeit» vorgehalten. Gegen den Anspruch der ‹poiesis› wird eine ‹weltfromme› Haltung gesetzt, in der Voraussetzung, daß alle Unordnungen und Verzerrungen nur vom Subjekt ausgehen. So fordert eine konservative Ästhetik «die sichere Ergreifung der Welt aus der Erfahrung ihres Eigenwertes». Die Welt bleibe als Eigenwert erhalten, «aber verdichtet und durchleuchtet auf einen hinter ihr liegenden Sinn hin».[8] Es ist diese metaphysisch inspirierte Position, die den Großteil der in den fünfziger Jahren veröffentlichten Lyrik bestimmt.

Eine besondere Rolle kommt dabei der strengen Form des Sonetts zu. Bei Goethe folgt seine gegliederte Ordnung noch dem dialektischen Motiv einer «geprägten Form, die lebend sich entwickelt». Die Sonettgeschichte zeigt in Deutschland neben einer geistlichen Orientierung die Militarisierung des Ordnungsdenkens an; Titel von Sonettbänden lauten: *Geharnischte Sonette* (Rückert), *Gepanzerte Sonette* (v. Strachwitz), *Eiserne Sonette* (Josef Winckler), *Eherne Sonette* (v. Schaukal), worauf Weinert als Parodie ein «Gußeisernes Sonett» dichtete. Die Karriere des Sonetts als der zentralen Form sowohl im Dritten Reich wie im Exil liegt in seiner formalen Leistung be-

gründet, eine verpflichtende Ordnung wiederzugeben, was natürlich auf beiden Seiten sehr verschieden ausgelegt wurde.

Bei Weinheber (1892–1945) gilt das Sonett als Unterpfand einer heiligen Ordnung
und Sinnbild der Unumstößlichkeit der Gesetze, was bedeutet, daß jede Dialektik aus
der Form getilgt ist; da ist nur noch Gehorsam gefragt («gezählt im Wort, / getreu den
Normen, / nichts zu, nichts fort, / bestehn die Formen»). Bei Johannes R. Becher
(1891–1958) ist das Sonett ähnlich undialektisch als Vorgabe einer Ordnung eingesetzt,
doch immerhin noch offen für Gestaltung. Als ‹hohe› Form wird es in Notsituationen
zitiert, an die Exil-Sonette von Jesse Thoor (d. i. Peter Karl Höfler), von Ernst Waldinger, Paul Zech, Franz Werfel oder Erich Arendt ist zu erinnern; aber auch an Albrecht
Haushofer (1903–1945), der auf Veranlassung seines Vaters verhaftet und 1945 in Berlin
hingerichtet wurde. Seine *Moabiter Sonette* blieben bewahrt. Das Sonett «Schuld»
entwickelt die Denkfigur, daß die eigentliche Schuld darin liege, nicht noch früher und
entschiedener gegen das «Unheil» angegangen zu sein, stellt sich somit in die ‹geharnischte› Tradition; es endet:

> Ich kannte früh des Jammers ganze Bahn –
> ich hab gewarnt – nicht hart genug und klar!
> und heute weiß ich, was ich schuldig war . . .

Auch der Sonetten-Band von Rudolf Hagelstange *Venezianisches Credo* (1945), 1944
während des Feldzuges in Oberitalien entstanden, ist einer heroischen Poetisierungsge-
ste verpflichtet und hält sich damit an die semantische Vorgabe der Form:

> Denn was geschieht, ist maßlos. Und Entsetzen
> wölkt wie Gewitter über jedem Nacken.
> Es jagt der Tod mit flammenden Schabracken
> durch Tag und Nacht, und seine Hufe fetzen [. . .]

Das Problem des Traditionalismus tritt verstärkt im Hinblick auf diese
formsemantische Erbschaft hervor: Es ist ja die Frage, ob Ordnungs-Überlie-
ferungen angesichts bedrängender, neuer Erfahrungen zureichend sind, diese
organisieren, ‹besprechen› zu helfen. Die Einheit der Erfahrungen ist im
Gegenüber einer hochkomplexen, widersprüchlich-reichen Welt vermutlich
eine verfehlte Sehnsucht. Reinhold Schneider (1903–1958) – seit 1939 mit
geistlicher Lyrik und Sonettsammlungen hervorgetreten – macht sie gleichwohl zum Zentrum seiner Dichtung («Das Sonett»):

> Aus Sturz und Anlauf fest in sich verschlungen
> Steigt im Gesange noch einmal die Welt,
> Zahllose Bäche eint dasselbe Bett.
>
> So wird das Leben doch in Form gezwungen
> Und muß, von einem fremden Glanz erhellt,
> Unwiderruflich enden als Sonett.

Die leicht selbstironische Geste, daß das Leben im Sonett zu Ende gebracht ist, wird
von ihm nicht weiterverfolgt. Man hat darauf hingewiesen, daß die Sonettdichtung
Schneiders auch aufgrund der Form als Gegenliteratur im Dritten Reich funktioniert,
eine heimliche Gegenöffentlichkeit gestiftet habe: Die Form war gut behaltbar, viele
Gedichte wurden immer wieder abgeschrieben und auswendig gelernt, gehörten zum

geistigen Gepäck von Soldaten.[9] Das ist, wie die anderen Beispiele zeigen, ein fragliches Argument. Es gibt immerhin eine Anzahl von zeitkritischen Sonetten, die im hohen Ton den Untergang Deutschlands ansagen.

Der zum Traditionalismus gehörende Kult der Größe, der Anspruch aufs Gesendet-Sein ist nicht einfach als Geltungsdrang, als narzißtische Inflation aufzufassen, sondern auch als Reaktion auf eine Zeit, die von der Hohen Dichtung nichts mehr wissen will. Interessant ist es, daß die poetologische Selbststilisierung bis in die späten fünfziger Jahre hinein konsequent ohne den Geniebegriff auskommt. Dafür treten – eigentlich im Dritten Reich ausgiebig verschlissene – Begriffe wie Sänger, Seher, Meister, Sprecher, Prophet, Heiland auf: Alle diese Konzepte vermeiden den Anspruch auf schöpferische Subjektivität, belegen einmal mehr das Spannungsverhältnis zur ästhetischen Moderne, fassen die dichterische Leistung als (An-)Erkennen und Kommunizierbar-Machen der ‹Grundmächte› auf. Da diese ein Glaubensartikel sind, muß der Verkündiger sich mit entsprechender Aura ausstatten, um seine Botschaft glaubhaft zu halten. Das wirkt auch in die Wiederaneignung des Genie-Konzepts hinein.

Das berühmte Gedicht von Ingeborg Bachmann (1926–1973) «Mein Vogel» (in: *Anrufung des Großen Bären*, 1956) traut dem «befeuerten» lyrischen Ich, das aus sich «den Funken» schlagen kann, also als Genie eingesetzt wird, zu, das Harz aus den Stämmen zu schmelzen, das «die Erde verspinnt», also die Zerrissenheit der Moderne aufhebt. Dafür zahlt das empirische Ich bereitwillig mit dem Leiden, hieran nicht teilzuhaben: der «Schultergenoß» Eule wird zum Adler, der das Herz des Nachts ausraubt, wie es weiland dem Prometheus geschah. Das Ganze ließe sich auch, etwas despektierlich, als kostbares Wahnsystem beschreiben, indem in diesen Bildern von allen Vermittlungen, die Poesie in der Moderne wirksam werden lassen, abgesehen wird.

Auch bei Walter Höllerer war dieses ‹große› Bild schon aufgetaucht, freilich nicht mit dergleichen messianischem Anspruch. Sein Gedicht «Blauer Silberhäher» (aus: *Der andere Gast*, 1952) setzt den Häherschrei gegen den «verborgenen Späher», den Menschen in Abseitshaltung, der nun entblößt, preisgegeben ist: «Rings umflutet / Ihn, den Bloßen, / Licht in großen / Feuerkreisen, / Daß das Harz aus Stämmen taut.»

Eine wichtige Anthologie, die den Ansatz einer ‹welthaltigen› Dichtung schon im Titel austrägt, war *Ergriffenes Dasein. Deutsche Lyrik des 20. Jahrhunderts* von Hans Egon Holthusen und Friedhelm Kemp, 1953 in der ersten Auflage erschienen, der fast jährlich eine neue (ab 1962 erweiterte) folgte. Da sind in der Tat die ‹weltfrommen› Dichter versammelt, jedenfalls akzentuiert die Auswahl so: Die Abteilung I reicht von Hofmannsthal über Schröder, Carossa, Hesse, Bergengruen u. a. zu Weinheber, die letzte Abteilung (V) enthält (in der erweiterten Auflage) Loerke, Lehmann, Langgässer, Schnack, Britting, Billinger u. a., aber auch Huchel, Eich, Lavant, Höllerer, Celan, Bachmann, Enzensberger. Von Celan ist die «Todesfuge» aufgenommen, von Enzensberger einige Gedichte aus *verteidigung der wölfe* (1957) und *landessprache* (1960), ein Zugeständnis, so die Herausgeber 1961, an «ganz neuartige Stimmungen, eine neue Ästhetik». Die wird freilich nach dem gleichen Muster interpretiert:

«Für den ‹linken› Flügel der jungen Generation scheint in der Tat der Begriff ‹Gesellschaft› die gleiche vorherrschende Bedeutung zu besitzen wie einst für die Jugend der Nachkriegszeit die Begriffe ‹Dasein› oder ‹Existenz›.»

Die Denkfigur ‹ergriffenes Dasein›, in der zeitgenössischen Germanistik als begrenzende Werkhermeneutik – «begreifen, was uns ergreift» – präsent, tritt auch in einem Bilde hervor, das sehr viele der hier abgedruckten Gedichte bestimmt: dem Brunnen, der als «gebender» erscheint, als Mitteilung des Daseins ohne ‹künstliche› Bemühung des Menschen. Daß dem Brunnen auch die Bedeutung zukommt, von der Geschichte zu entlasten, also für Lethe, den Quell des Vergessens, einzustehen, während doch das Gedächtnis, Mnemosyne, seit alters als Mutter der Musen eingesetzt ist, macht Rudolf Hagelstange deutlich:

> Ich kniee hin am Brunnenrand
> der lauen, blauen Nacht,
> zu schöpfen mit der hohlen Hand,
> was mich vergessen macht. («Begegnung», 1953)

Die Lyrik des Traditionalismus folgt weitgehend dem Brunnenrauschen, sowohl semantisch wie formal. Verfremdung wird im wesentlichen der Metaphorik übertragen. Die Lieder von Peter Gan (*Die Holunderflöte*, 1949; *Schachmatt*, 1956; *Die Neige*, 1961) können dafür stehen; denn sie setzen den Menschen als grundsätzlich abhängig und damit in jene Empfänglichkeit, wie sie im «gebenden» Brunnen erscheint; sein Gedicht «Trotz» legt das fast barock aus: «Die Engel atmen im Begriff / und sehen seine Macht. / Wir treiben blind auf blindem Schiff / durch blinde Nacht.» Oda Schaefer wiederum verbindet fromme Unterwerfung mit Naturbildern.

Bei Hagelstange heißt es zunächst in der Nachkriegs-«Erkenntnis», das Maß sei verwehrt, doch die Grenze gefunden, was auf eine ‹nackte›, ungeschmückte dichterische Rede führen könnte:

> Kein Gleichnis berät
> die betrübte Erfahrung,
> kein Mystisches lädt
> zu Vergessenheit ein.
> Die Waage verschmäht
> das Gewicht der Bewahrung!
> [...]

Doch bald lenkt er in jene Bildlichkeit zurück, die schon immer den lyrischen Traditionalismus getragen hat; sein (Titel-)Gedicht *Der Strom der Zeit* (1948) beginnt:

> Rauschend geht der Strom der Zeit,
> immer wechselnd seine Weise.
> Wilde Wirbel, milde Kreise
> bildet die Vergänglichkeit.

3. Naturlyrik

Auch die Naturlyrik dieser Jahre folgt dem Modell der «welthaften Dichtung» und wird so zum bestimmenden Paradigma der Restaurationsphase. Hans Dieter Schäfer hat auf die nichtnationalsozialistische Literatur der jungen Generation im Dritten Reich hingewiesen, die für eine gewisse Kontinui-

tät der Moderne gesorgt habe. Der Spielraum, den ein unpolitischer Neoklas-
sizismus bot, u. a. mit Hilfe bestimmter Zeitschriften und Feuilletons, sei
eifrig genutzt worden, vor allem auch für die Publikation von Lyrik: Peter
Huchel, Günter Eich, Karl Krolow, Marie Luise Kaschnitz, Rudolf Hagelstange, Horst Lange, Elisabeth Langgässer, Johannes Bobrowski, um nur
einige zu nennen, sind vor 1945 durchaus schon präsent gewesen.

Im Vorwort seiner Anthologie *Transit* (1956) setzt sich Walter Höllerer mit dieser
These auseinander und formuliert Kritik: «Im Dritten Reich wurde, neben der blind
emphatischen, eine harmlose Dichtung gezogen, die so tat, als hätte es diese Vorgänge
nie gegeben. Sie lancierte eine Ursprünglichkeit, die in pseudoromantischer Art hundert Jahre zurückdrehen wollte. Aber es zeigte sich das schlimme Spiel, daß hinter der
Fassade der harmlosen Dichtung sich Ausgeburten von Realitäten ereignen konnten,
ohne daß sie ins Gewissen der Menschen drangen. Die harmlose Dichtung erwies sich
als Teufelsinstrument, sie erfüllte nicht ihre seismographische Aufgabe, den Stand der
Dinge anzuzeigen, das verborgene Grauen oder auch die gelingende Befreiung ins
Bewußtsein zu rufen.» (S. XV)

Von besonderer Wichtigkeit für die Naturlyrik nach 1945 ist die Zeitschrift
Die Kolonne, die 1929 in Dresden auf den Plan trat und die meisten der oben
genannten Autoren, auch nach ihrer Einstellung 1932, vereinigte. Der Herausgeber Martin Raschke forderte ausdrücklich ein meditatives Eingehen auf
die Zeichen der Natur. Oskar Loerke (1881–1941) und Wilhelm Lehmann
sind die Vorbilder dieses Kreises. Die Titel Loerkes bezeugen bereits eine
gewisse Gegenstellung zu Avantgarde und Neuer Sachlichkeit: z. B. *Atem der
Erde* (1930), *Der Silberdistelwald* (1934), *Der Wald der Welt* (1936), zugleich
freilich auch einen Widerstand gegenüber den Theoremen der nationalsozialistischen Dichtung, mit dem entschiedenen Vorhalt (1936): «Getrost, nicht
nur in *Einer* Zeit zu leben.»

Auch Wilhelm Lehmanns Lyrik versteht sich als antipolitisch in einem fast emphatischen Sinne. Sein erster großer Gedichtband *Antwort des Schweigens* erschien 1934 im
Widerstands-Verlag Berlin (Ernst Niekisch) und trägt das Goethe-Motto «Naturge-
heimnis werde nachgestammelt». Das Eingangsgedicht «An meinen ältesten Sohn»,
von Lehmann auf 1923 datiert, drückt das Programm der Naturlyrik aus, wie es in den
fünfziger Jahren zur Geltung kam. Werden und Vergehen werden ganz in den Natur-
kreislauf zurückgenommen und auch in den Jahren 1942–1945, da die Sammlung *Entzückter Staub* entsteht (1946 als Band publiziert, einzelne Gedichte schon vorher),
nicht weiter problematisiert. Das Gedicht «Dunkelnde Buchenblätter» hebt die Anemone als Zeichen für Opferbereitschaft heraus und geht dabei entschieden hinter Elisabeth Langgässers Anemonen-Gedicht, aber selbst noch hinter Josef Weinheber zurück
(vgl. dessen «Buschwindröschen» in *Adel und Untergang*, 1934):

> Gelassen hebt die Anemone
> Die vielgespitzte Früchtekrone.
> Verhängnis schreckt? Laß dich vernichten.
> Die Söhne werden weiter dichten.

1950 taucht die Anemone bei Lehmann erneut auf, diesmal aber als Zeichen des Wie-
der- und Weiterlebens: «Zu Anemone wird der Sand» *(Noch nicht genug)*. Die Bilder
sind strikt konservativ, ‹heimlich›, noch die Tomate muß sich als fremd beschimpfen

lassen: «Tomate glänzt wie Brust der Kybele, / Ein Fetisch, grell geschminkt, aus Übersee.» Die Sammlung *Überlebender Tag* (1954) war das erfolgreichste Gedichtbuch jener Jahre. Die Mischung von Natur, Mythos, behaupteter Unverwelklichkeit übte einen eigenen Reiz aus. Die Herstellung von Zeitlosigkeit folgte einem allgemeinen Prinzip der fünfziger Jahre.

Auch Peter Jokostra (*1912) folgt diesem Programm. Als Landarbeiter, Jäger und Fischer (1933–1941) und seit 1958 in Südfrankreich, aus der DDR geflüchtet, lebend, ist er der Natur nicht nur ästhetisch begegnet. Doch seine Lyrik (u. a. *An der besonnten Mauer*, 1958; *Magische Straße*, 1960) hält sich an die bedeutungsvollen Zeichen, und das heißt, weitgehend an die Tradition. Für Hans Benders wichtige Anthologie *Widerspiel. Deutsche Lyrik seit 1945* (1961) formuliert er: «Das Gedicht versammelt die Gedanken, Intentionen und Ideen des Dichters ungebrochen um die Daseinsmitte.» Deutlich eine antimoderne Position, wenn in der Moderne Gebrochenheit zur Signatur des Erkenntnisstandes wurde.

Daß es anders geht, zeigt Günter Eich. Dessen Erfolg beruht vor allem auf der Verbindung von ‹modernem› Tonfall und naturlyrischer Programmatik, wofür der Band *Abgelegene Gehöfte* (1948) exemplarisch einstand. Neben dem ‹warmen› Titelgedicht («Rauch steigt wie ein feurig Gedicht») steht das ‹kühle› «Lazarett»-Gedicht, das zum frühen Benn hinüberlugt. Im Unterschied zu Lehmann gelingen Eich große Texte durch die taktvolle Mittelbarkeit, mit der er die Naturbilder wirksam werden läßt.

Der berühmteste Band von Günter Eich ist *Botschaften des Regens* (1955). «Tage mit Hähern» formuliert dort in seinen Anfangszeilen ein Programm, das über die naturmagische Richtung der dreißiger, vierziger Jahre deutlich hinausgeht: «Der Häher wirft mir / die blaue Feder nicht zu.» Darin ist eine Selbständigkeit der Natur anerkannt, die poetologisch der literarischen Moderne nahekommt: die ist durch die nachhaltige Erfahrung geprägt, daß es nicht-poetisierbare Bereiche gibt. So wäre auch für die Naturlyrik ein Abschied von den Selbsttäuschungs-Versuchen angezeigt, etwa der Illusion, die Natur-Ordnung werde sich durch ihr «Zauberwort» wiederherstellen lassen, oder jener Untiefe, Natur nur als Projektionsfläche für eigene Gefühle zu vernutzen. Diese Besinnung kommt nur gelegentlich vor. Im letzten Gedicht dieses Bandes («Himbeerranken») wird das bewußte Gegenüber zur Natur ausgesprochen, von den Ranken heißt es: «Dein Ohr versteht sie nicht, / mein Mund spricht sie nicht aus, / Worte halten ihren Verfall nicht auf.»

Von Karl Krolow hat Alfred Andersch 1952 anläßlich des Bandes *Die Zeichen der Welt* gesagt, daß seine Gedichte «neben denen Günter Eichs und Stephan Hermlins die einzige konsequente Annäherung an die große lyrische Form seit dem Ende des Krieges in Deutschland» darstellten.[10] In der Tat regieren zunächst die großen, ‹gestandenen› Formen: das Lied, die Terzine, die Elegie, Ode, Ballade, gereimte Hymne. Der große Ton, nicht ohne Anklang an Rilke (und Hermlin), kommt durchaus dem Bedürfnis nach sinndeutender, gebundener Rede entgegen. Der elegische Zyklus «Gedichte von der Liebe in unserer Zeit» (1950) beginnt:

Alles ist meßbar und nichts ist zu messen. Die Zeit hier
Ist längst schon phantastisch. Ich weiß sie nicht zu beziehn
Auf einen Schmerz in der Seite oder die Nacht, die von weit her
Herankommt, chimärisch. Ich seh in der Ebene knien
Sie im Mantel aus Wind, ohne Formen, ein Torso, umstrichen
Von schlaflosen Vögeln, die sich mit dem Schweigen verglichen.

Krolows Gedichte (beinahe jährlich erschien in den fünfziger Jahren ein
Band) handeln titelgemäß *Von nahen und fernen Dingen* (1953), von *Wind
und Zeit* (1954), *Tagen und Nächten* (1956), wobei Krolow wie Eich überwiegend von der Distanz zur Natur ausgeht, was auch eine gewisse Fremdheit zu
uns selber, zum Gefühl und zum Ichsagen meint. Das Gedicht «Medaillon»
(1955) beginnt:

> Ziehe aus allen Rosen
> Unauffällig die Summe.
> Sie überwintern ratlos
> Im Schatten der alten Gefühle.

Ein gewisser Abschied von der traditionellen Naturlyrik ist schon in der
Diktion erkennbar und wird geradezu die poetische Signatur Krolows. Sein
berühmtes «Pappellaub»-Lied beginnt mit einem modernistischen Bild, das
man sich Ende der vierziger Jahre sonst kaum leistete: «Sommer hat mit
leichter Hand / Laub der Pappel angenäht.» Auch zeigt er, möglicherweise
von Brecht und Enzensberger belehrt, wie das Naturgedicht (1957) als Zeitgedicht angelegt werden kann:

> In diesem Land
>
> Überall in diesem Land
> Kann man tun, was man will
> Und braucht nicht zu staunen, wenn
> Der Mond sich als Mond zeigt
> Und vom horizontblauen Balkon
> Ein Gedicht herabgelassen wird,
> Um eine heiße Mauer zu ernüchtern.
>
> Die Jacketts können anbehalten werden,
> Da es rasch kühl im Raum wird,
> Wenn man miteinander spricht.
>
> Lohnt es sich noch,
> Nach den Blumen zu sehen,
> Die mit den zärtlichen Worten
> Umkommen?
> [...]

An dieser Aktualisierung des Naturgedichts haben viele Dichter jener Jahre Anteil, Hans-Jürgen Heise (* 1930) etwa mit seinen frühen Gedichten, für die er die lakonische Form bevorzugt («Zeitläufte», 1958; «Versprechen», 1959). Auch Wolfgang Bächlers frühe Gedichte (1950/1955) sind zu erwähnen sowie seine Bände *Türen aus Rauch* (1963) und *Ausbrechen. Gedichte aus 30 Jahren* (1976). Von direkter, gefühlsvermittelter Bezüglichkeit gehen seine Gedichte in deren Verweigerung über, was er als ‹Ausbrechen› faßt, auch aus den Konventionen der poetischen Bildlichkeit, im Übergang zum freien Vers, der ab und zu, «Zwischen Nebel und Rauch», immer noch zu wissen meint: «Und sie trägt auch mich, / diese Erde.»

Eigentümlich sind auch die frühen Naturgedichte von Günter Bruno Fuchs, etwa aus dem Band *Fenster und Weg* (1955). Fuchs arbeitet emblematisch, d. h. er geht von tradierten Bedeutungen aus, setzt sie ins Bild, während Überschrift und Schluß einen neuen Sinn erzeugen.

«Für eine Mutter» heißt ein Amselgedicht, das die Gefahren und den Gesang zusammenbringt. Schließlich singt die Amselmutter «das alte Lied ihrer Freude, und auch / das klagende Lied.» Die Pointe: «Das Nest, als ich vorbeikam, war leer.» So werden tierische und menschliche Verhaltensweisen kontrastiert, die Unmöglichkeit der Menschenmütter, so schnell zu reagieren, ist vorausgesetzt. Die Frühe, das Gehen, «die flackernde Reise» der Leuchtkäfer, «mit guter Verheißung / zwischen den Fühlern», Nacht, Mond und der Ruf der Krähe, das alles sind Zeichen, die wörtlich gemeint sind und doch Bedeutung berufen, mit der Fuchs geistreich umgeht.

Die meisten Gedichtbände der Zeit stehen freilich für die «Kolonne»-Tradition einer mythisch inspirierten Naturlyrik ein und tragen so sprechende Titel wie *Entzückter Staub* (Wilhelm Lehmann), *Die kühlen Bauernstuben* (Ernst Waldinger), *Vom Mantel der Welt* (Adrien Turel), *Mittagswein* (Anton Schnack), *Trunkene Flut* (Gottfried Benn), *Die Zisterne* (Wolfgang Bächler), *Unter hohen Bäumen* (Georg Britting), *Ernte am Mittag* (Wolfgang Cordan), *Abendfalter* (Georg von der Vring). Bei fast allen Autoren wird die Natur als Heilkraft beschworen, als Garant jener Einheitserfahrung, die politisch-gesellschaftlich nicht zu haben war: Im ersten Nachkriegsjahrzehnt wächst dem Naturgedicht auch deshalb eine so zentrale Bedeutung zu, weil der Glaube an die Regenerationskraft der Natur noch nicht erschüttert ist.

Ganz ausdrücklich setzt beispielsweise Elisabeth Langgässer (1899–1950) auf die Metamorphose, die Verwandlungskraft der Natur. Ihr Gedicht «Licht im Februar» (in *Der Laubmann und die Rose*, 1947) beginnt:

> Huscht am Boden die Lazerte?
> Blendete der Mittagsblitz?
> Mispel, die den Gott versehrte,
> fügt aufs neue Riß und Ritz.

Diese Position ist dem Traditionalismus durchaus sehr nahe, die Einheit wird ersehnt, wie für die Gesellschaft so auch für das Subjekt (und sein Jenseits); recht pathetisch heißt es bei Günter Eich (in «Schuttablage»):

Im verrosteten Helm blieb ein Wasserrest,
schweifenden Vögeln zum Bade.
Verlorene Seele, wen du auch verläßt,
wer fügt dich zusammen in Gnade?

Auch der Stolz auf die Kraft des Dichterworts vereint die Modelle, freilich
mit der spezifischen Differenz, daß nicht das Gewesene berufen wird, sondern das Werdende, nicht das Erfahrene, sondern das Lautlose, das Andere,
Unvertraute, Unsagbare. Auffällig ist es, daß diese Naturlyrik vielfach von
Anbiederungsgesten lebt, allzu unmittelbar von jenem Vertrauen ausgeht, das
selbst die Romantiker im Konjunktiv ließen: den geheimen Gesang der Welt
erlauschen und wiedergeben zu können. Das hat gleichwohl zu eingeschränkt
bedeutsamen Kunstleistungen geführt, wo die Dichter sich zu genauer Na-
turbeobachtung angehalten sahen und ihre Mittel (Bild, Gestik, Melos) stets
entschiedener zu entmythologisieren suchten.

Das gilt vor allem für die jüngeren Autoren, die Ende der vierziger Jahre
hervortraten. Heinz Piontek (*1925) publizierte 1952 den Gedichtband *Die
Furt*, 1953 folgte *Rauchfahne*, 1957 *Wassermarken*. Sein Gedicht «Bootsfahrt», um 1950 entstanden und vom Autor auf Platz 1 seiner Lyrik-Gesamt-
ausgabe gesetzt, kann als Mustertext dieser altneuen Naturlyrik gelten. Die
Liedform, die fallenden Daktylen, die eleganten Reime, die zarten, gekonnten
Bilder, die Verweise auf die Grenzen des Heute, der emblematische Titel
sichern diesem Gedicht einen gewissen Rang:

Bootsfahrt

Ruderschlag, Dunst und Libellen,
der Teich ist aus flüssigem Licht.
Geblendete Fische schnellen
hoch aus der Flimmerschicht.

Aller verschollenen Fahrten
bin ich heut eingedenk.
Teichrose bringt ihre zarten
Schneeblätter mir zum Geschenk.

Schmal überm Dickicht die Föhre –
was wir nicht träumen, wird sein.
Knarren die Dollen? Ich höre
mich tief in das Lautlose ein.

Ähnlich nüchtern hat Rainer Brambach (1917–1983) seine Naturlyrik gehalten, wie das zu seinem Leben als Torfstecher, Landarbeiter und Gärtner paßte,
bevor er in den sechziger Jahren, in Basel lebend, ‹freischaffend› wurde. Für
Mythos und Metaphysik bleiben nur wenige Leerstellen (etwa in «Bericht aus
dem Garten»), der Grundgestus ist kommunikativ, heiter-gelassen:

Viele Gedichte habe ich den Bäumen gewidmet.
Sie wuchsen darob in den Himmel.
Soll einer kommen und sagen,
diese Bäume seien nicht in den Himmel gewachsen.

Erika Burkart (*1922), bei Muri in der Schweiz lebend, ist seit den frühen fünfziger Jahren mit vielen Gedichtbänden hervorgetreten, die *Die gerettete Erde,* so ein Bandtitel (1960), zum Thema haben. Sie geht vom Erfahrungsstand der beschädigten Natur aus, vertraut gleichwohl, wie in jenen Jahren noch üblich, auf deren Heilkraft. Dazu tritt das dichterische Ich, das parallel zu den Zeichen der Natur seine Zeichen setzt: «Dennoch, / Dennoch beschreibt / Meine irrende Hoffnung / Den leeren Himmel über den Gräsern / Mit unauslöschlichen Zeichen.» Es ist eine sehr zurückgenommene Hoffnung, die sich hier äußert; entsprechend taktvoll, auch in der Fügung – es gibt kaum Lieder – sind Erika Burkarts dichterische Gesten.

Alexander Xaver Gwerder, 1923 in Thalwil/Schweiz geboren und 1952 in Arles gestorben, hat die Veröffentlichung seiner meisten Gedichtbände nicht mehr erlebt; sie wurden nach seinem Freitod herausgegeben: Gelegentlich pathetische Verse und Bilder, aber auch ein spielerischer Umgang mit Naturlyrik, die gleichsam zitiert, jedenfalls gebrochen wird – sie «langt» nicht («Blauer Eisenhut», 1951).

Auch in den Gedichten von Margot Scharpenberg (*1924), die seit Mitte der fünfziger Jahre in Anthologien und bald in regelmäßig erscheinenden eigenen Bänden präsent ist, wird der Abschied vom Mythos vollzogen – wenn auch nicht ohne Bedauern –, muß die Natur doch fürderhin als jeden Schutzes beraubt, nur dem mutwillig zugreifenden Menschen anheimgegeben gedacht werden:

> Dein Haupt ist mächtig
> Flußgott
> aber du klagst
> die Zeit wird kommen
> da bist du nicht länger
> deiner Gewässer
> Herr
>
> («Flußgott» aus: *Gefährliche Übung,* 1957)

In den großen Naturgedichten von Hans Magnus Enzensberger (*1929) wird der entmythologisierende Gestus zu Ende geführt: Der Mensch kann keinen Halt bei der Natur erwarten, deren Zerstörung er so besinnungslos betreibt; sie wird ihn gleichwohl überdauern, wenn auch in depravierter Form. Das Gedicht «Flechtenkunde» (vgl. auch «gespräch der substanzen») setzt die Zeitmaße von Mensch und Natur gegeneinander, hebt hervor:

So wie es mit uns war war es nichts
So wie es mit uns ist ist es nichts

Zunehmend wird Naturlyrik ein Nachrufgeschäft – für unsere neunziger Jahre hat man berechnet, daß jährlich hunderttausend Tier- und Pflanzenarten aussterben –, und Enzensberger geht zum pathetischen Duktus zurück, wenn er «das ende der eulen» voraussagt:

> ich spreche nicht mehr von euch,
> planern der spurlosen tat,
> und von mir nicht, und keinem.
> ich spreche von dem was nicht spricht,
> von den sprachlosen zeugen,
> von ottern und robben,
> von den alten eulen der erde.

Der Gedanke eines Natur-Widerstands, eines möglichen Einspruchs gegen die blinde Aneignung und Verfügung, ist endgültig aufgegeben. In der Romantik hatte er die Form einer Rede vom Natursubjekt angenommen. «Die Erde will ein freies Geleit», heißt es bei Ingeborg Bachmann, was voraussetzt, daß ein Subjekt in den Zeugenstand tritt (und diesen auch wieder verlassen kann). Es gibt eine Reihe von Gedichten, die den (antiken/romantischen) Gedanken einer Rache der Natur, einer ‹Resurrection der beleidigten Natur›, weiterträumen (z. B. Karl Krolows «Der Blätter-Schütze»).

Es wird schließlich zu einem Qualitätsmerkmal, daß die Lieder den Mythos und Traum vom menschlichen Aufgenommensein in die Natur nicht besinnungslos weiterträumen. Da scheint dann das Naturgedicht zum «Wort in einer fremden Sprache» (Elisabeth Borchers), zum «Lied jenseits der Menschen» (Paul Celan) ‹denaturiert› zu sein.

4. Transit. Lyrik der Jahrhundertmitte

Es dürfte wenige Anthologien geben, die so preziös angelegt sind wie das von Walter Höllerer 1956 herausgegebene *Lyrikbuch der Jahrhundertmitte* mit dem Titel *Transit*, den Höllerer im Vorwort erläuterte: «Das Wort TRANSIT heißt auf deutsch: ‹es geht hindurch›, aber auch: ‹es geht darüber hinaus›. Das menschliche Selbst in der Jahrhundertmitte geht durch das Gestrüpp seiner Epoche hindurch; aber es kommt [...] in seinen besten Augenblicken auch darüber hinaus.» Deutlich ist hier der Versuch gemacht, in der zeitgenössischen Lyrik beides zugleich wahrzunehmen, das Engagement, das Sich-Einlassen auf die eigene Zeit, sowie den poetischen Anspruch, die dichterische Leistung, «die Geste, die hinausweist in Räume jenseits der Legende von Anfang und Ende».

So ist das Buch auch recht unorthodox angelegt: Die einzelnen Kapitel sind nicht nach Themen oder Motiven unterschieden und aufgebaut, sondern «nach Bewegkräften, die unsere Zeitlandschaft und die innere Landschaft unseres Selbst formen». Entsprechend hat der Herausgeber auch die Autornamen bei den Texten weggelassen (man kann sie über den Anhang rekonstruieren) und Glossen, kommentierende Bemerkungen an den Rand geschrieben, von denen oft genug verfremdende Wirkung ausgeht. Ihre Intention ist es, die deutsche Lyrik der Mitte der fünfziger Jahre an die europäische Moderne anzuschließen und die These zu wagen: «Die abendländischen Literaturen in der Moderne sind eng verschwistert.» Das Ziel der Anthologie ist es, die Überwindung von Expressionismus und Traditionalismus in der jüngsten Lyrik zu belegen und zu stimulieren, Verfremdungen, Aufrauhungen, Ungefälliges im neuen Gedicht als legitime Mittel zu postulieren, auf die «widerständige Skelettierung des Verses» aufmerksam zu machen, nach Linien zu forschen, die «ins Offene führen».

Das ist ein großes Programm, das in den fünfziger Jahren nicht recht eingelöst wird. Da gibt es noch viel Mythisches, auch bei Autoren wie Kuno Raeber, Wolfdietrich Schnurre, Krolow oder Peter Hamm; bei Langgässer, Lehmann, Karl Schwedhelm oder Cyrus Atabay gehört das ja sozusagen zum Programm. Es figurieren viele Götter und Dämonen, Tempel, Adler, Wolf und Stier, Zusammenhänge des Fabelreichs. Die hier repräsentierte Naturlyrik folgt ebenfalls sehr weitgehend noch mythisierenden Ansätzen, selbst bei Ernst Meister und Christoph Meckel. Natürlich gibt es noch einiges Expressionistische sowie eine ganze Reihe von Bewältigungsgedichten und hier und da auch einfach mißglückte Texte. Aber im Ganzen ist der Rang dieser Anthologie unbestreitbar: sie hebt konsequent den Anschluß an die europäische Moderne hervor, wie er mit den Publikationen von Brecht (*Hundert Gedichte*, 1951), Benn, Yvan Goll (1951/53), Hans Arp (1953), Celan und Bachmann, Enzensberger, Okopenko u. v. a. sichtbar und maßgeblich wurde.

Als gemeinsames Motiv wird die Bedeutung der Sprach- und der Sprechfiguren hervorgehoben, der artistische Ansatz, den Benn in seiner Marburger Rede (1951) allein noch gelten lassen wollte. Enzensbergers Gedicht «Zikade» ist als Rondo gearbeitet, «wechsel und antwort» stehen in der Mitte, «zikade zuwenig zikade zuviel» am Anfang und Schluß, ein Gedicht, das nach dem Sinn des Gesanges fragt: im Durchspielen schon seit Fabel-Zeiten bekannten Materials. Ähnlich das Gedicht von Eugen Gomringer (* 1925) «sich zusammenschließen», ein Rondo, dessen Mitte die Mitte negiert – später wird man von Dezentrierung sprechen: «die mitte teilen und / in die teile wachsen», was durchaus den Verzicht auf ein zentrales Signifikat, was die Mit-Teilung des Sinns an die Signifikanten bedeutet. Auch die Absage an die Metapher, an den übersetzenden Sprung aus der Wörtlichkeit hinaus, ist sozusagen neu für die fünfziger Jahre. Entsprechend faßt Andreas Okopenko (* 1930) die Heimkehr des Odysseus gleich als einen «Vorgang aus roter Tinte» auf: Da muß korrigiert werden. Benns Alterston, das gekonnt gelassene Parlando, steht neben surrealen Versen von Paul Klee, neben Grotesken von Christa Reinig und Urs Martin Strub, Lakonismen von Ilse Aichinger und den Wiederholungsfiguren (Diäresen) von Paul Celan («Assisi»):

> Umbrische Nacht.
> Umbrische Nacht mit dem Silber von Glocke und Ölblatt.
> Umbrische Nacht mit dem Stein, den du hertrugst.
> Umbrische Nacht mit dem Stein.
> [...]

Nicht nur die Figurationen, die das moderne Gedicht aufbauen, sind ein Affront für die Tradition, auch das Bild- und Wortmaterial unterscheidet sich bedeutsam von der ‹seraphischen› Richtung, der Hochpoesie. Vor allem durch seine konsequenten Sprachmischungen: Alltagssprache, Sagen und Mythen, poetische Zitate, Werbesprüche und kostbare Fügungen gehen ineinander über.

Der 1929 geborene Erasmus Jonas sagt das auch als Konsequenz der Nachkriegssituation aus, als Skepsis seiner Generation gegen den hohen Ton, das autoritäre Bescheidwissen, als Versuch, «aus dem Kreis der Zwecke zu springen» (Höllerer), was auf die Hippie-Verweigerung vorausdeutet. Höllerer hat ihm viel Platz eingeräumt (sieben Gedichte). Jonas' Gedicht «In eigener Sache» beginnt:

> Eine Gleichgültigkeit
> Geheuchelt am Morgen,
> Eine Apathie
> Den ganzen Tag über
> – Eine Zigarette
> Gleichgültig zwischen die Lippen geklemmt,
> Bald schon weggeworfen
> In den Rinnstein:
>
> Das ist so die Art,
> In der wir verbergen
> Unsere Anteilnahme an allem,
> In der wir verbergen
> Alle unsre Wünsche und Hoffnungen,
> Daß es anders kommen möge
> Als bisher,
> Wo das Mißtrauen wie Unkraut wucherte.

Helmut Heißenbüttel (* 1921) hat aus dem Mischprinzip seine «Bruchstücke» und «Kombinationen» als Form entwickelt, in der aller modernen Poesie zugrundeliegenden Einsicht, daß das Subjekt nicht der Souverän der Sprache ist (freilich auch nicht ihr Knecht): «Die Landschaft der Wörter zeigt Kombinationen / Die der Erfindung entzogen sind.» Albert Arnold Scholl betont in einem (paradox) programmatischen Gedicht: «POESIE beginnt wo die Inhalte aufhören.» Daß Höllerer eine große Abteilung in seiner Sammlung aus Gedichten baut, die den Fisch zum Thema haben, zielt, modern gesprochen, auf das ‹flottierende› Subjekt, mit dessen herrscherlicher Autorität es vorbei ist.

Ernst Meister (1911–1979) hat diesem Thema ulkige Terzinen gewidmet: «Zerstreuung eines Fisches». Die leitende Erfahrung wird fast existentiell ausgesprochen: «Wo irrst du hin, da alles dich entläßt?» Die Imagination verwandelt das (dezentrierte, der Zerstreuung anheimgegebene) Subjekt nicht ohne Komik in ein Mahl: «Ja, das ist Chaos: als ein Fisch / Zum Mahl erscheinen auf dem Tisch. / Das Auge winkt den andern Seelen überbrüht.» Die Aufhebung in die Anderen hinein (eine dialektisch-metaphysische Denkfigur) gelingt nur zeitweise: «Und warst du schon zerschnitten und zerschlitzt, / Teilt sich der Kreis in dich, der dich umsitzt.» Doch die letzte Zeile vernichtet diesen kannibalischen Trost: «Vom Topfe kratzt die Köchin fort den Leim der Haut.»

Die Anthologie dokumentiert die neue Lyrik der fünfziger Jahre in vielen Varianten. Das experimentelle Gedicht gehört dazu, die Wiederentdeckung des Surrealismus, engagierte Lyrik und auch das Liebesgedicht, dessen Verfremdungen – bei Celan, Goll, Mon und Höllerer – den Gedanken der Unübersetzbarkeit dieser Erfahrung des Anderen betonen. So kommt auch eine rücksichtslose Metaphorik wieder zu ihrem Recht, nämlich dem der Schonung, der Freigabe des Gegenüber.

Ein markantes Beispiel hierfür stammt von Yvan (Iwan) Goll, der zweisprachig aufwuchs, in Frankreich, in der Schweiz, in Berlin und in Paris lebte, der 1939 nach New York emigrieren mußte, um 1947 (tödlich erkrankt) nach Paris zurückzukehren. Seine – gutteils surreale – Lyrik gewann nach seinem Tode 1950 starken Einfluß in Deutschland (*Traumkraut*, 1951; *Abendgesang*, 1953; *Ausgewählte Gedichte*, 1954), woran seine Frau, Claire Goll, gleichfalls als Lyrikerin hervorgetreten, einen gewichtigen Anteil hatte.

> All die Schwalben
>
> All die Schwalben, die durch deine Augen flattern
> All die Lerchen
> Sind in deinem Kopf gefangen
> Irren schwirren
> Schwalben schneiden den Azur in Stücke
> Lerchen machen Jagd auf Engel
> Staunend seh ich diesem Treiben zu
> Wie sie schwirren
> Wie sie irren
> Deine Vögel und Gedanken

Daß der Himmel in Stücke geschnitten wird, ist durchaus auch als eine Absage ans Phantasma der ‹Einen Ordnung› zu lesen, in deren Namen der Traditionalismus angetreten war. Das Zerstücken der Himmels-Ordnung ist von einem doppelten Chiasmus umgeben: Gedankenvögel – irren / schwirren // schwirren / irren – Vögel, Gedanken. Und einmal mehr erscheint der metaphysikkritische Impuls als Voraussetzung einer modernen Lyrik.

5. Das monologische Gedicht: Gottfried Benn

Gottfried Benns (1886–1956) Marburger Vortrag von 1951, sofort als eigene Broschüre, *Probleme der Lyrik*, erschienen, wirkte auf die jüngere Generation als eine ungeheure Befreiung. So deutlich hatte außer Brecht noch keiner darauf bestanden: «Das neue Gedicht, die Lyrik, ist ein Kunstprodukt.»

Entschieden sagt Benn der Ausdrucksdichtung ab, zitiert Mallarmé: «Ein Gedicht entsteht nicht aus Gefühlen, sondern aus Worten.» Und er verlangt vom Dichter, daß er sein Gedicht sprachlich abdichte «gegen Einbrüche, Störungsmöglichkeiten», spricht sich aus für «das absolute Gedicht, das Gedicht ohne Glauben, das Gedicht ohne Hoffnung, das Gedicht an niemanden gerichtet, das Gedicht aus Worten, die Sie faszinierend montieren».

Der Zusammenhang dieser Poetik mit Benns politischen Erfahrungen ist unübersehbar. Der Dichter hatte sich 1933 unmißverständlich auf die Seite der Nationalsozialisten geschlagen und reichlich spät, nicht ohne Nachhilfe seiner einseitig geliebten neuen Bundesgenossen, dies wohl als falsche Wahl beurteilen müssen, ohne sich freilich je zu einem Widerruf entschlossen zu haben. Für die Schwierigkeiten, sich ideologisch zurechtzufinden, verwandte Benn den Ausdruck «Doppelleben»:

«Wir lebten etwas anderes, als wir waren, wir schrieben etwas anderes, als wir dachten, wir dachten etwas anderes, als wir erwarteten, und was übrig bleibt, ist etwas anderes als wir vorhatten.»

Das ist gekonnte Camouflage, eine Selbststilisierung zum Proteus, was für bestimmte Voten nicht haftbar macht. Die Diskussion um Benn als ‹Fall› ist hier nicht weiterzuführen, doch festzuhalten, daß sein Plädoyer für die ‹reine Form› ihm auch erlaubte, seine Option für den «Geist des imperativen Weltbildes» darunter fallen zu lassen.

Diese Formel stammt aus Benns *Rede auf Stefan George* (1934), in der er ohne zu zögern Goebbels-Thesen übernimmt, den Staat und die Kunst als Formaufgaben begreifend. Die Form müsse das Dämonische besiegen, heißt es wie bei Josef Weinheber. Im «Zeitalter der Stahlgewitter und der imperialen Horizonte» sei die Form das tiefste Wesen der Schöpfung: «Form schafft Schöpfung.» Die Funktionalisierungen des ‹autonomen› Kunstbegriffs gehen sehr weit: «die Schöpfung ist das Verlangen nach Form, der Mensch ist der Schrei nach Ausdruck, der Staat ist der erste Schritt dahin, die Kunst der zweite, weitere Schritte kennen wir nicht.» Und des weiteren erläutert Benn sein Formkonzept durchaus mit sehr zeitgenössischen Vokabeln: «Sagen Sie für Form immer Zucht oder Ordnung oder Disziplin oder Norm oder Anordnungsnotwendigkeit [...]».[11]

Mehrfach zitiert Benn den Satz Nietzsches: «Nur als ästhetisches Phänomen ist das Dasein und die Welt ewig gerechtfertigt.» Doch sein Formkonzept, von ihm selbst als «transzendenter Realismus oder heroischer Nihilismus» beschrieben, bricht gerade an diesem Anspruch zusammen, wird oftmals platteste Wörtlichkeit, Inhaltlichkeit. Die Vereinigung von Süden und Norden, seit Mittelalter und Romantik ein zentrales utopisch-attraktives Theorem, endet bei Benn im Bild einer gut züchtbaren Rasse: «Hochwuchs der Atlantiden». Deren Symbolwerke, die Vereinigung von Geist und Schönheit im großen Stil, zeitigt «große Gesänge, Oratorien in Amphistadien, Strandchöre der Meerfischer, Muschelsymphonien in Kalkhallen und mit den Hörnern der Urjäger.»[12] Das ist ein befremdliches Programm für den Dichter der *Morgue*-Gedichte, die eine Revolution für die deutsche Lyrik bedeutet hätten – wären sie ‹durchgekommen›, die jedenfalls moderner sind als alles, was die nächsten fünfzig Jahre kam.

So ist festzuhalten, daß die Bennsche Lyrik ihre Entgrenzungen nie so grundsätzlich meint, wie sie im Kontext der Weltsprache der modernen Poesie aufgefaßt werden könnten. Neben den radikal modernen Ton treten früh schon Einheitssehnsüchte und Reterritorialisierungen. Die Sehnsucht, wieder «ein

Klümpchen Schleim in einem warmen Moor» zu sein («Gesänge»), stellt sich
dazu und ist das Grundmotiv für die ersehnte «Enthirnung», für den «Ich-
Zerfall, den süßen, tiefersehnten», für den auch die Droge Kokain einsteht.
Beide Töne haben Benn berühmt gemacht: der böse, kühle, hier und da
zynische, dann wieder bloß abständige und der hohe, pathetische, fast sentimentale, süffig melodische. Die beiden Astern-Gedichte könnten dafür stehen: «Kleine Aster» (1912) und «Astern» (1936). Viele Strophen sind sehr
berühmt geworden: «Wer allein ist, ist auch im Geheimnis»; oder: «Tag, der
den Sommer endet»; «Wenn etwas leicht und rauschend um dich ist» bis hin
zu der umstrittenen, kitschnahen «Welle der Nacht».

1944 gibt es schon ein Gutteil der *Statischen Gedichte* in Typoskriptfassung.
Der Band erschien 1948 in Zürich und umfaßt die 1937 bis 1947 entstandenen
Gedichte. Das Titelgedicht beginnt: «Entwicklungsfremdheit / ist die Tiefe des
Weisen», umspielt den Todesgedanken und erklärt das «Richtungen-Vertre-
ten» fürs Zeichen «einer Welt, / die nicht klar sieht» – indirekt auch eine Absage
an die eigene Haltung der dreißiger Jahre. Friedrich Sieburgs Rezension[13] ist
voller Zustimmung (Benn dazu: «eigentlich müsste man umfallen und sterben»): «Erst Benn ist es gelungen, diesem letzten Rückzug des Menschen auf
sich selbst eine süße, fast schluchzende Sangbarkeit zu geben.»

Die weiteren Bände, *Trunkene Flut* (1950), *Fragmente* (1951), *Destillationen* (1953),
Aprèslude (1955), bauen Benns Ruhm aus und sind wieder höchst vielfältig in Ton und
Machart. Experimentelle Gesten stehen neben «altmodischen Aussagegedichten»
(Benn), einige sind «lang und neuartig», andere «salopp mit der Slangmasche, die ich so
liebe», wieder andere «zart und klein» (Benn 1954). Die saloppen Gedichte wird man
vielleicht als dauerhafter bewerten denn die pathetischen, die sich auf stellvertretendes
Leiden berufen, eine Geste, die denn doch zu Rückfragen Anlaß gibt.

Benns berühmtes Gedicht «Verlorenes Ich» ist ganz auf Klage gestimmt
und gibt sozusagen dem seinerzeit vor allem in München ansässigen kulturkritischen Diskurs nach (Romano Guardini, Hans Sedlmayr):

> [...]
> Woher, wohin – nicht Nacht, nicht Morgen,
> keine Evoë, kein Requiem,
> du möchtest dir ein Stichwort borgen –
> allein bei wem?
>
> Ach, als sich alle einer Mitte neigten
> und auch die Denker nur den Gott gedacht,
> sie sich den Hirten und dem Lamm verzweigten,
> wenn aus dem Kelch das Blut sie rein gemacht,
>
> und alle rannen aus der einen Wunde,
> brachen das Brot, das jeglicher genoß –
> o ferne zwingende erfüllte Stunde,
> die einst auch das verlorne Ich umschloß.

Dagegen setzen dann die eher saloppen, weniger pathetischen Verse die Denkfigur des sich umgrenzenden Ichs («Reisen») oder auch die Zustimmung zum Zerfallen («Destille»): «Ich lasse mich zerfallen.» Viele Gedichte mischen auch die Töne, wie das große «September»-Gedicht («Du, über den Zaun gebeugt mit Phlox»), die «Melancholie» oder das berühmte «Teils=teils» («In meinem Elternhaus hingen keine Gainsboroughs»). Die Einflüsse Benns sind gar nicht zu überschätzen, auch wenn sie eher von den Liedern ausgingen, von den kühnen Reimen und dem ganz und gar ungewöhnlichen Sprachmaterial.

6. Hermetische Lyrik: Paul Celan, Ernst Meister

In seiner *Rede über Lyrik und Gesellschaft* (1957) spricht Adorno das poetologische Credo der fünfziger Jahre aus: «Von rückhaltloser Individuation erhofft sich das lyrische Gebilde das Allgemeine», und zwar, wie er hinzufügt, indem es «Unentstelltes, Unerfaßtes, noch nicht Subsumiertes in die Erscheinung setzt». Die Sprache des Gedichts sei dem Traum einer Welt verpflichtet, «in der es anders wäre». Das individuelle Zeugnis könne, als eines der Selbstversenkung und Selbstvergessenheit, zu der Menschheit Stimme werden: «erst dann redet die Sprache selber, wenn sie nicht länger als ein dem Subjekt Fremdes redet, sondern als dessen eigene Stimme.» Adorno faßt diese Möglichkeit – im Rückgriff sozusagen auf Stefan George oder Hofmannsthal («Manche freilich...») – gesellschaftlich als ein Privileg, das freilich – dies die Korrektur gegenüber dem Konzept einer ‹hohen› Lyrik – allgemein werden sollte: «Die dichterische Subjektivität verdankt sich selbst dem Privileg: daß es nur den wenigsten Menschen je vom Druck der Lebensnot erlaubt wurde, in Selbstversenkung das Allgemeine zu ergreifen, ja überhaupt als selbständige, des freien Ausdrucks ihrer selbst mächtige Subjekte sich zu entfalten.»[14]

Dem Konzept einer Artistik oder Hermetik in den fünfziger Jahren liegt durchaus der Gedanke eines exemplarischen Sprechens zugrunde; dafür ist nicht nur Adorno mit seiner These Zeuge, ein kollektiver Unterstrom grundiere alle individuelle Lyrik. Paul Celan hat sich in seiner Dankesrede beim Empfang des Bremer Literaturpreises 1958 ähnlich geäußert und auf den dialogischen Anspruch von Gedichten hingewiesen, was beim Stichwort «Hermetik» immerhin bedacht sein will:

> «Das Gedicht kann, da es ja eine Erscheinungsform der Sprache und damit seinem Wesen nach dialogisch ist, eine Flaschenpost sein, aufgegeben in dem – gewiß nicht immer hoffnungsstarken – Glauben, sie könnte irgendwo und irgendwann an Land gespült werden, an Herzland vielleicht. Gedichte sind auch in dieser Weise unterwegs: sie halten auf etwas zu. –
> Worauf? Auf etwas Offenstehendes, Besetzbares, auf ein ansprechbares Du vielleicht, auf eine ansprechbare Wirklichkeit. –
> Um solche Wirklichkeiten geht es, so denke ich, dem Gedicht.»[15]

So ist im Terminus «hermetische Lyrik» auch ein Stück Bequemlichkeit und vielleicht sogar die Weigerung gelegen, über die Bedingungen neuerer Lyrik näher nachzudenken, zu denen u. a. gehört, daß die Sprache bereit ist, «durch ihre eigenen Antwortlosigkeiten hindurchzugehen». Holthusen rezensierte den Band *Fadensonnen* mit der hämischen Überschrift «Dauermieter im Unsagbaren». Wie obsolet muß es für jemanden mit dem Schicksal Celans sein, mit dem Programm einer ‹welthaften› Dichtung konfrontiert zu werden! Gedichte zu schreiben, bedeutete für ihn: «zu erkunden, wo ich mich befand und wohin es mit mir wollte, um mir Wirklichkeit zu entwerfen».

Paul Celan, jüdischer Herkunft, stammte aus Czernowitz in der Bukowina, war dort am 23. November 1920 als Paul Antschel (Ancel) geboren; 1947 nannte er sich anagrammatisch Celan. Seine Muttersprache war Deutsch, seine Eltern wurden 1942 in ein Vernichtungslager deportiert, Celan floh und überlebte im Ghetto und Arbeitslager. 1945 ging er erst nach Bukarest, dann nach Wien, seit 1948 lebte er in Paris (Studium der Germanistik und Sprachwissenschaft). 1959 wurde er Lektor für deutsche Sprache und Literatur an der Ecole Normale Supérieure, Rue d'Ulm. Eine Lesung auf der Tagung der Gruppe 47 in Niendorf/Ostsee (23.–25. Mai 1952) verhalf zum Durchbruch; alle großen Literaturpreise folgten, u. a. der Bremer Literaturpreis (1958) und der Georg-Büchner-Preis (1960). 1970 suchte Celan den ‹Freitod› in der Seine.

Die neuere Forschung hat das «Engagement absoluter Poesie» in den Mittelpunkt der Celan-Diskussion gerückt. Die vielen Studien und Einzelinterpretationen, die Celans Werk inzwischen gefunden hat, heben in unterschiedlicher Weise auf die Besonderheit dieses säkularen Œuvres ab, das jeden Anschluß ans Paradigma der Reflexion, einer spekulativen Selbstvermittlung, vermeidet, das «dunkel» darin ist, daß es den zu verstehenden Sinn nicht in einem Kontinuum aus lauter Sinn seinesgleichen gegründet findet, vielmehr auf dem unvereinnahmbaren Individuellen besteht.

Ernst Meister, dessen Werk einen zentralen Platz in der deutschen Nachkriegslyrik mehr verdient denn einnimmt, hat in einem großen Gedicht auf die Unmöglichkeit einer Selbstvergegenwärtigung nach dem Muster der (romantischen) Tradition verwiesen: sich in einen Ursprung zurück zu projizieren, eine Negativ-Erfahrung, die sein Dichten mit dem Celans teilt.

Er hat 1932 seinen ersten Gedichtband *Ausstellung* veröffentlicht und mit einem Jean Paul-Motto versehen, das beginnt: «In der Tat ist das Leere unerschöpflich [...]». Das bedeutet eine frühe Absage ans Prinzip der Mimesis, geht einher mit einer Orientierung an der modernen Kunst; Meister wurde auch «Kandinsky-Lyrik» vorgehalten. Sein Wiederauftritt in den fünfziger Jahren war vom Einfluß Celans überdeckt, erst 1976 bekam er den Petrarca-Preis, den Büchnerpreis gar posthum (1979). Meister hat eine große Zahl von Gedichtbänden publiziert, die meisten sind in der «Rimbaud-Presse» nachgedruckt.

Er beginnt mit expressionistischen Bildern und Sprachgebärden, auffällig sind die (daktylischen) Langzeilen, auch die humoristische Wendung von surrealen Motiven (*Unterm schwarzen Schafspelz*, 1953; *Dem Spiegelkabinett gegenüber*, 1954). Größere Beachtung finden die Gedichtbände *Fermate* (1957) und *Zahlen und Figuren* (1958), gekennzeichnet durch eine entschiedene Verknappung der Verssprache und eine Wendung zur absoluten Metapher: «Fermate: Braue, / aufgerichteter Horizont.»

Die Nähe zu Celans Diktion fällt auf, ohne daß sich eine direkte Abhängigkeit behaupten ließe:

> Bin.
> Bin mit den Blumen da.
> Wimpern der Sonnen,
> Kerne
> in ihrem Pupillenkreis:
> Augen,
> meinen Augen ganz nah.

Gleichwohl bleibt eine gewisse Nähe zur Naturwahrnehmung oft noch gegeben, wenn auch rudimentär, was den Gedichten eine archaische Schönheit verleiht:

> Daß wir segeln
> mit den Augenlidern
> den Faden
> der Küste entlang,
> mit dem Licht im Gespräch.

Die Gedichte der sechziger Jahre treiben die Reflexion auf die Vermittlung von Sprache, Subjekt und Wirklichkeit immer weiter, etwa im Band *Die Formel und die Stätte* (1960). Die späte Lyrik Meisters (*Im Zeitspalt*, 1976; *Wandloser Raum*, 1979) geht sehr stark auf die Motivik von Tod, Endlichkeit, Sprache zurück, arbeitet mit intertextuellen Bezügen vor allem zu Hölderlin und bleibt – selbst in der Elegie – dem lakonischen Duktus treu.

Am entschiedensten freilich hat Paul Celan die poetologischen Konsequenzen aus dem Bruch mit der Tradition des Idealismus und des Humanismus gezogen. 1958 schreibt er:

> «Die deutsche Lyrik geht, glaube ich, andere Wege als die französische. Düsteres im Gedächtnis, Fragwürdiges um sich her, kann sie, bei aller Vergegenwärtigung der Tradition, in der sie steht, nicht mehr die Sprache sprechen, die manches geneigte Ohr immer noch von ihr zu erwarten scheint [...] Dieser Sprache geht es, bei aller unabdingbaren Vielstelligkeit des Ausdrucks, um Präzision. Sie verklärt nicht, ‹poetisiert› nicht, sie nennt und setzt, sie versucht, den Bereich des Gegebenen und des Möglichen auszumessen.»[16]

Für das Werk Celans werden im allgemeinen drei Phasen angesetzt. Seinen ersten Band *Der Sand aus den Urnen* (1948) zog er wegen zu zahlreicher Druckfehler zurück, der nächste, *Mohn und Gedächtnis* (1952), übernahm 26 Gedichte hieraus. Zusammen mit dem Band *Von Schwelle zu Schwelle* (1955) begründete er den Ruhm des Dichters.

Vor allem der «Todesfuge» wurde sehr schnell epochale Bedeutung zugemessen. Das Gedicht nimmt durchaus auf andere Texte Bezug, deren Material und Fügungen es ‹redistribuiert› – die Witwe Yvan Golls strengte sogar einen Plagiatsprozeß an –, am deutlichsten wohl auf das Gedicht «Er» seines Schulkameraden aus Czernowitz, Imanuel Weissglas (der den Text zurückhielt, um Prioritätsstreitigkeiten zu vermeiden). Dessen erste Strophe lautet:

> Wir heben Gräber in die Luft und siedeln
> Mit Weib und Kind an dem gebotnen Ort.
> Wir schaufeln fleissig und die andern fiedeln,
> Man schafft ein Grab und fährt im Tanzen fort.

Celan zieht sozusagen die formalen Konsequenzen aus dem Thema, gibt den Reim auf, das Regelmaß der Zeilen, läßt den Daktylus durch die zentrale Geste des (Er)Trinkens bestimmt sein: «Schwarze Milch der Frühe wir trinken sie abends / wir trinken sie mittags und morgens wir trinken sie nachts / wir trinken und trinken». Auf den Vorhalt, das Gedicht sei zu schön für sein Thema, die Judenvernichtung, hat Walter Müller-Seidel geantwortet: «ein Gedicht – auch ein modernes, kann gar nicht schön genug sein, wenn es nur nichts beschönigt.»

Mit den Bänden *Sprachgitter* (1959) und *Die Niemandsrose* (1963) setzt eine neue Phase ein, die Bände reagieren aufeinander, sind einander zugeordnet, entwickeln Möglichkeiten, «das nicht mehr zu Nennende» doch ‹eintreten› zu lassen, in eine Sprache und Bilderwelt, die höchste Bemühung fordert, ein genaues Sich-Einlesen, das z. B. auch die zyklische Anlage von *Die Niemandsrose* mitbedenkt.

Der die frühen Gedichte noch weithin bestimmende daktylische Langvers («Ein Kranz ward gewunden aus schwärzlichem Laub in der Gegend von Akra: / dort riß ich den Rappen herum und stach nach dem Tod mit dem Degen.») ist nun ganz zugunsten von knapp gefügten Zeilen zurückgetreten, die oftmals nur ein, zwei Worte hervorheben. Das Melos überlebt sozusagen in einigen Liedern. Inhaltlich und formal gibt es viele Bezüge auf das Spätwerk von Hölderlin, dessen «Lallen» als zeitgemäße Äußerung erschiene («Tübingen, Jänner»). Der Band *Die Niemandsrose* spielt mit den Elementen, Erde am Anfang, Wasser, Feuer, und Luft am Ende, und entwickelt den gestischen Ansatz weiter, der vielfach ins Melodische übergeht:

> ES WAR ERDE IN IHNEN, und
> sie gruben.
> Sie gruben und gruben, so ging
> ihr Tag dahin, ihre Nacht. [...]

Der Bezug auf die Erde, aufs Graben, wird als nachparadiesisch gedacht, als Vergessenheit: «sie lobten nicht Gott // sie wurden nicht weise / erfanden kein Lied / erdachten sich keinerlei Sprache». Die Vergangenheit «Sie gruben» zeigt den Menschen als Wurm. «Das Singende» muß hinzutreten, verwandelt das Tun ins Präsens: «Sie graben.» Es wird den Personen in Einzahl zugerechnet, und der Chiasmus, die Überkreuzstellung, kodiert die Tätigkeit um, als von Personen ausgehend, nicht diese verbrauchend: «Ich grabe, du gräbst // O du gräbst und ich grab», und so wird nun das Graben als das Einanderfinden kenntlich.

> O du gräbst und ich grab, und ich grab mich dir zu,
> und am Finger erwacht uns der Ring.

Der Versuch, die vom Überleben her aufgedrungene Bildlichkeit in freie Metaphorik zu verwandeln, mißglückt immer wieder. «Es ist, / ich weiß es, nicht wahr, / daß wir lebten, es ging / blind nur ein Atem zwischen / Dort und Nicht-da und Zuweilen.» Diese Sehweise führt Celan zum ‹dekonstruktiven› Ansatz: Der «Psalm» hebt als Subjekt den «Niemand» der Odyssee, also die Grammatik hervor, die stets noch Etwas vorgibt, wo Nichts ist.

> Ein Nichts
> waren wir, sind wir, werden
> wir bleiben, blühend:
> die Nichts-, die
> Niemandsrose.

Das Spätwerk relativiert die literaturkritische Festlegung Celans auf eine Position des Schweigens und Verstummens. In seiner Rede *Der Meridian*, anläßlich der Verleihung des Georg-Büchner-Preises in Darmstadt am 22. Oktober 1960 gehalten, erläutert Celan eine Büchnerstelle bis hin zu der Aussage «Ich bin [...] mir selbst begegnet.» Doch das berechtigt keineswegs, sein Werk zur ‹monologischen› Lyrik zu zählen. Auf die (selbstgestellte) Frage, welche Wege man mit Gedichten geht, antwortet er:

> «Sind diese Wege nur Um-Wege, Umwege von dir zu dir? Aber es sind ja zugleich auch, unter wie vielen anderen Wegen, Wege, auf denen die Sprache stimmhaft wird, es sind Begegnungen, Wege einer Stimme zu einem wahrnehmenden Du, kreatürliche Wege, Daseinsentwürfe vielleicht, ein Sichvorausschicken zu sich selbst, auf der Suche nach sich selbst [...] Eine Art Heimkehr.»[17]

1967 erschien *Atemwende*, 1968 *Fadensonnen*; die letzten von Celan vorbereiteten Bände waren *Lichtzwang* (1970) und *Schneepart* (1971). Kritiker heben «die neue Emotionalität des Sprechens aus der Distanz» hervor, «die Clownerie aus Überdruß».[18] Beispiele für diese «Schwebe zwischen Ernst und Unernst» wären Wendungen wie: «Aschen-Juchhe», «koppheistergegangene Trauer», «Mit ausgebeulten Gedanken / fuhrwerkt der Schmerz» und – vielleicht als Ausdruck dieses ‹Programms› – «schlaksig / kommt eine über- / mündige Silbe geschritten».

Der erst 1991 aus dem Nachlaß vorgelegte Band *Eingedunkelt*, ein 1968 «aus aufgegebenen Werken» veröffentlichter Zyklus und unpublizierte Gedichte aus dem Umkreis, gibt dieser Lesart Recht. Gedanke und Gefühl werden in diesen Gedichten zusammengeführt und nicht, wie in trivialen Lyrikauffassungen, gegen die schon Brecht polemisierte, noch stets üblich, gegeneinander ausgespielt.

Gleichwohl steht am Ende die Resignation, die (wie bei Kafka gefühlte) Unmöglichkeit, Leben und Schreiben zu vereinen, ironisch als Sinnspruch formuliert:

SCHREIB DICH NICHT
zwischen die Welten,

komm auf gegen
der Bedeutungen Vielfalt,

vertrau der Tränenspur
und lerne leben.

7. Das öffentliche Gedicht

Adorno hatte das Gedicht als «philosophische Sonnenuhr» bezeichnet und der Lyrik, gerade wo sie sich dem Tagesengagement verweigert, gesellschaftlichen Charakter zugesprochen. In dieser Auffassung ist noch vereint, was bald auseinandertreten sollte: als hermetische Lyrik einerseits, als öffentliche Lyrik andererseits. Es ist gewiß auch eine Sache der Interpretation, diese Trennung, die z. B. für das Werk von Celan ebenso unschlüssig ist wie für Brecht oder Fried, nicht zu rigide aufzufassen – schließlich ist sie auch dem Kalten Krieg und den dazugehörigen Forderungen und Verdächtigungen geschuldet.

Hans Magnus Enzensberger scheint 1962 den Thesen Adornos zu folgen, wenn er die Maximen Platons, der die Dichter als Lügner aus seinem Staat verbannt sehen wollte, als «stumpf, monoton, gewalttätig» kritisiert: «Was Poesie sei, danach fragen sie nicht; das Gedicht gilt ihnen als bloßes Instrument zur Beeinflussung der Beherrschten, das je nach den Interessen der Herrschaft beliebig verwendet werden kann.» Ausdrücklich kritisiert Enzensberger die Gattung des Herrscherlobs, seine Beispiele überzeugen. Seine These ist: «Der politische Aspekt der Poesie muß ihr selber immanent sein. Keine Ableitung von außen vermag ihn aufzudecken.» Freilich geht Enzensberger über seine eigene Produktion hinweg, wenn er dekretiert, daß «der objektive gesellschaftliche Gehalt der Poesie [...] nirgends sonst als in ihrer Sprache zu suchen ist». Das ist theoretisch die Adorno-Position, zumal wenn es am Schluß des Aufsatzes *Poesie und Politik* vom Gedicht heißt: «Sein politischer Auftrag ist, sich jedem politischen Auftrag zu verweigern und für alle zu sprechen noch dort, wo es von keinem spricht.»[19]

Diese Haltung, «für alle» zu sprechen, begründet jenen Typus des öffentlichen Gedichts, wie er in den fünfziger Jahren mit Rühmkorf, Enzensberger, Krolow, Weyrauch, Bachmann u. v. a. ganz unüberhörbar hervortritt. Der Anschluß an den politisch-rhetorischen Expressionismus ist deutlich: in der oft pathetischen Kündergebärde, in der abstrakten Benennung des Bezugs «Für alle», in der Ausweglosigkeit der Kritik, vor der bequemerweise nichts bestehen bleibt – letztlich nicht einmal die Instanz der Kritik.

Peter Rühmkorf

Daß es doch zu einem Zeitgedicht eigener Prägung nach 1945 kommt, ist auch der Not und der Keßheit der Jugend geschuldet. Peter Rühmkorf (* 1929) trifft 1951 auf Werner Riegel (1925–1956), «beladen mit Sendung / Dichter und armes Schwein», sie tun sich als «literarisches Dioskurenpaar» zusammen, gründen eine Zeitschrift «Zwischen den Kriegen» (der atomare wurde ja durchaus geplant) und eine Richtung namens «Finismus»: «daß wir nicht nur den Nichtigkeitsanwehungen der Epoche zum poetischen Ausdruck verhalfen, sondern auch dem Haß, dem Zorn auf die Vernichter, gab dem literarischen Finismus sein teils fatalistisches, teils kämpferisches Doppelprofil.»[20]

Die Quellen dieser so spielerischen wie ernstgemeinten Lyrik werden ‹finistisch› benannt; sie sei undenkbar «ohne den sakral-kultischen, dabei stupend heidnischen Spiritual Georges; ohne die immens emotionale Blues-Intonation Trakls; ohne den intellektualistisch wirksamen ‹drive› und ohne das um die analytische Ironie verminderte Pathos Benns; ohne die vermöge ihrer ästhetischen Indifferenz so eminent ausdrucksstarke, aber rhythmisch-reimlich ‹schmutzige› Poesie Brechts». In der Tat stehen alle diese Dichter Pate bei Rühmkorfs Lyrik, die gleichwohl bis heute unverwechselbar geblieben ist.

«Himmel abgespeckt», mit diesem Titel beginnt die Sammlung der Gedichte Rühmkorfs von 1953 bis 1959 (*Gesammelte Gedichte*, 1976), und geradezu programmatisch sagt die Eingangszeile der Politlyrik des Expressionismus ab: «Keine Posaune zurhand, keine Verkündigungen.» Der flotte Stil der Gedichte, der sich der Tradition sehr ungeniert bedient, will «der nachgewachsenen Tango- und Tempo-Jugend» verständlich sein, aber sie auch das Denken und Gruseln lehren. ‹Öffentlich› kann diese Lyrik heißen, indem sie sich der Sprecherrolle durch Negation durchaus bedient. In «Was seine Freunde sagen» heißt es – in einem bezeichnenden Sprechgesang-Ton:

Meine Freunde sagen: Leslie Meier, sing uns ein Lied,
das uns so leicht keiner singt!
So hebe ich also meine Stirne aus Eternit
sicher und unbedingt.

So hebe ich meinen Kopf in der für mich bezeichnenden Art –:
Ich für meine Person
rechtfertige schließlich allein meine Gegenwart,
aber wer bin ich schon?

[...]
Ich fege alle Hoffnungen von unserm Tisch
zehn Jahre nach Oradour.
Ich sitze in meinem Sessel aus grünem Plüsch.
Ich besinge die Müllabfuhr.

Die Gedichte 1953–1959 sind weithin auf Provokation gestellt, auch wo sie eine idyllische Stunde berufen:

> Auf dem Grill des Sommers hingebreitet,
> sonnen-krosses Laub am Ellenbogen,
> und der Himmel wie ein Präser Gottes
> über die entflammte Welt gezogen.

Was Rühmkorf für seine Reime in Anspruch nimmt, gilt gewiß auch für viele seiner Bilder: man hat sie so noch nicht gehabt. Die Bildung wird nicht verschwiegen, und in den Gedichten 1959–1962 tritt sie auch formal hervor, als Spiel mit der Odenform – es gibt etwa die Anode, A la mode, Marode, Kommode, Kathode, aber auch die «Ode an die Hoffnung», in der himmelstürzenden Vorhaben entsagt wird: «Was meine Seele betrifft, die weiß sich zu ebener / Erde am sichersten aufgehoben.» Auch die Sonette und Lieder halten dieses Niveau fest, wobei das Thema Liebe besonders prominent ist, nicht ohne Anspielungen, z. B. auf die Anakreontik:

> Spiel mit dem Lämmersterz,
> tändelnde Agnes –
> ich hab ein rohes Herz,
> du ein gebacknes.

Es sind die großen Variations-Oden um 1960, die Rühmkorfs Ruf als Meister des (widerspenstigen) Zeitgedichts begründen: «Variation auf ‹Gesang des Deutschen› von Friedrich Hölderlin» bietet eine Abrechnung mit dem zeitgenössischen deutschen ‹Restauratorium›, deren Sarkasmus kaum zu überbieten ist. Klopstock, Eichendorff, Claudius sind weitere Autoren, die Rühmkorf eine Folie für seine «Kunststücke» bieten. Der Grundtenor bleibt durch die Variation bestimmt: keine unbedingte Kritik, eher ein zeitgenössisches Weiterdichten, eine Überbietung der Vorlagen mit eigenen Mitteln, wozu der kühne Reim und eine fast manieristische Wortversessenheit gehören.

So ‹intertextualisiert› Rühmkorf seine Texte, macht sie vielsprachig-polyphon, was oft, wie im Claudius-Gedicht, nur einen Buchstaben erfordert: «Herr, laß mich dein Reich scheuen!» Rühmkorfs Veränderungen gehen von der Einsicht in die Historizität, die Zeitbedingtheit auch der großen Lyrik aus und wollen solche Wahrnehmung fördern helfen. In einem gewissen Spannungsverhältnis dazu stehen die pathetischen Töne, die sich Rühmkorf auch leistet – aber doch so charakteristisch gebrochen, daß sie nie für sich stehen bleiben. Das Gedicht «Hochseil» z. B. beginnt mit großem Ton:

> Wir turnen in höchsten Höhen herum,
> selbstredend und selbstreimend,
> von einem I n d i v i d u u m
> aus nichts als Worten träumend.

In der Mitte des Gedichts, das ja am Anfang schon gebrochen genug intoniert ist, stehen die bösen Zeilen: «Ich sage: wer Lyrik schreibt, ist verrückt, / und wer sie für wahr nimmt, wird es.» (Was sich auf «Verirrtes» reimt.) Doch der Schluß verrät, daß es nicht ganz so ernst gemeint war:

die Loreley entblößt ihr Haar
am umgekippten Rheine...
Ich schwebe graziös in Lebensgefahr
grad zwischen Freund Hein und Freund Heine.

Die weiteren Gedichtbände von Rühmkorf, etwa *Haltbar bis Ende 1999*
(1979) oder *Phönix voran* (1988), sind vor allem durch die Erfahrung Lyrik &
Jazz gekennzeichnet (Rühmkorf ist gern getingelt), die in seinen Texten als
Verbindung von Lockerheit und Pathos hervortritt. Die große Hymne «Bleib
erschütterbar und widersteh» hat in den politischen Kämpfen der siebziger
Jahre durchaus eine wichtige Rolle gespielt, ähnlich wie Biermanns «Ermutigung» in den Sechzigern.

Hans Magnus Enzensberger

In Enzensbergers (* 1929) «Geburtsanzeige» (1957) heißt der gerade geborene
Mensch ein «Bündel». So ist von ihm in den Refrain-Versen immer als «es»
die Rede: «es ist verraten und verkauft» / «es ist verzettelt und verbrieft» / «es
ist versichert und·vertan» / «es ist verworfen und verwirkt» / «es ist verbucht
verhängt verstrickt». Erst die Schlußstrophe bricht aus diesen Festlegungen
aus, wenn auch nur im Gestus und im Bezug auf das hoch angesetzte Dichter-
amt: «wenn nicht das Bündel [...] / mit unerhörter Schrift die schiere Zeit
beschreibt / ist es verraten und verkauft».

Das (Titel-)Gedicht «Landessprache» (1960) beschreibt «dieses Land» als
«gemütliches Elend», als «nette, zufriedene Grube» – es ist ein großer Text,
eine Elegie, die einen Abschied ansagt («Meine zwei Länder und ich, wir sind
geschiedene Leute») und die doch das Ich «inständig hier» findet, gleichwohl
mit der Frage: «Was soll ich hier? und was soll ich sagen? / in welcher
Sprache? und wem?» Die Aussage «ich hadere aber ich weiche nicht» gilt, wie
wir wissen, nur vorläufig. Und es gibt viele Texte (und Text-Modelle) von
Enzensberger, die das Unbehagen an der Restauration treffen und konzis
gestalten, ohne vor dem Formalismus-Vorwurf bange zu sein.[22]

Als 1957 *Verteidigung der Wölfe* erschien, hat ihm Andersch «die mozartisch schwe-
relose, die leichte Hand» bescheinigt und hinzugesetzt: «Eleganz, Leichtigkeit und
souveräne Begabung dienen ihm [sc. Enzensberger] nur dazu, seinen Haß sprühend zu
machen.»[23] Die Gedichte setzen entschieden mit modernem Ton ein, gestisch stark,
intertextuell gesättigt und daher anspielungsreich: «Der Tag steigt auf mit großer Kraft
/ schlägt durch die Wolken seine Klauen», das ist Wolfram *und* Enzensberger, eine
plurale Gedichtsprache. Auf Brecht («Mein junger Sohn fragt mich: Soll ich Mathematik lernen?») antwortet Enzensberger «Lies keine Oden, mein Sohn, lies die Fahrpläne:
/ sie sind genauer.» Auch das Titelgedicht «Verteidigung der Wölfe gegen die Lämmer»
ist brechtisch orientiert, die (prospektiven) Opfer werden wegen ihrer Widerstandslo-
sigkeit kritisiert, die Wut zeigt sich als Motiv in der letzten Strophe:

Gelobt sein die Räuber: ihr,
einladend zur Vergewaltigung,
werft euch aufs faule Bett
des Gehorsams. Winselnd noch
lügt ihr. Zerrissen
wollt ihr werden. Ihr
ändert die Welt nicht.

Manche Gedichte verbinden das kritische Schema der emphatischen Identifikation, wie es Andy Warhol vorgemacht hat, mit einem aufklärerischen Schluß nach dem Agitprop-Modell. Das Gedicht «Bildzeitung» ist berühmt geworden. Es übernimmt die Verheißungen und malt sie in drei Strophen aus: «du wirst reich sein» / «du wirst schön sein» / «du wirst stark sein». Die vierte Strophe bricht aus und formuliert die Gegenperspektive: «Auch du auch du auch du / wirst langsam eingehn». Der Typus des öffentlichen Gedichts der Jahre um 1960 ist wesentlich durch diese Technik des Gegenworts charakterisiert.

Enzensbergers Band *Landessprache* (1960) ist sehr bewußt gebaut: Drei Großgedichte werden von zwei Gedichtgruppen unterbrochen, die beide im Titel das Wort Gottfried Benns, Gedichte seien letztlich an niemanden gerichtet, in zynischer Wendung aufnehmen: «gedichte für die gedichte nicht lesen» und «oden an niemand». Wieder gibt es zahlreiche Sarkasmen und Ironien, Wortspiele, rhetorische Fügungen und Figuren, Intertexte und Grotesken, aber auch stillere Gedichte von Liebe und Trennung, von Natur und ihrem Untergang, Warnungen vor hoher Poesie: «spur der zukunft», «das ende der eulen», «gespräch der substanzen», «rache für ein gläsernes herz» – mit der zentralen Zeile: «erde, auch du bist nicht mehr gefeit». Die Großgedichte – «landessprache», «schaum», «gewimmer und firmament» – sind freirhythmisch schwingend gebaut, meist gekonnt viele Sprachebenen und Töne, realisieren, was der Dichter als ‹Weltsprache der modernen Poesie› auch theoretisch und anthologisch ins Bewußtsein zu heben suchte. Als Nachwort funktioniert eine «gebrauchsanweisung», die wiederum Brechts Lob des Gebrauchswerts zitiert, Satz 1: «diese gedichte sind gebrauchsgegenstände, nicht geschenkartikel im engeren sinne.»

Günter Bruno Fuchs

Günter Bruno Fuchs (1928–1977) gilt im wesentlichen als ein Szenen-Autor, vielfältig mit der Berliner Bohème verknüpft, und seine Titel scheinen das zu bestätigen: *Brevier eines Degenschluckers* (1960), *Trinkermeditationen* (1962) oder *Pennergesang* (1965); und mit dem Titel *Blätter eines Hof-Poeten* ist natürlich der Hinterhof gemeint, wo Moritaten noch erinnert werden.

Das alles stimmt und stimmt nicht. Es gibt diese hintergründig launigen Gedichte von ihm, Lieder und Nonsense-Verse, Grotesken und Rollengedichte, ebenso die Kleine Prosa: populär und verquer, humoristisch und bodenlos, surrealistisch und hochpolitisch, stets mit tiefem Humor, der für Kinder und empfängliche Geister gemeint ist, nicht für ein ausgleichendes Lesen, nicht für Versöhnler. Im Nachwort der neuen Ausgabe von Wilfried Ihrig heißt es: «Der als verspielt und kauzig geltende Fuchs entpuppt sich als politischer Dichter, der über Jahrzehnte hinweg auf historische

Vorgänge reagiert.» Und man muß hinzusetzen: entpuppt sich als ein wirklich großer Dichter, der den meisten seiner Zunftkollegen auch formal ein gutes Stück voraus war.

Fuchs' engagierte Lyrik war anfangs sowohl von christlichen wie von sozialistischen Versen und Motiven bestimmt; beides wurde nie ganz aufgegeben. Gleich eines seiner ersten Gedichte «An die wachenden Brüder» (1954) arbeitet mit Material aus den verschiedenen Traditionen.

Die christliche wird mit der Bitte berufen: «Brüder, wenn Ihr seht, / daß ich schlafe, / duldet es nicht.» Auch der Hirt auf dem Felde kommt vor, der die Herde «sicher nach Haus» führen wird. Zugleich erscheinen das Aufbruch-Motiv und der Zuruf an die Brüder, was auf das sozialistische Engagement verweist; und ebenso wird auf die nationalsozialistische Liedtradition angespielt: «Glocken / Die Stürme sind längst nicht vorüber»; das zielt auf den Nazi-Barden Dietrich Eckart und seine Sturm-Lieder, auf den sich auch zu Anfang der fünfziger Jahre regenden Neofaschismus.

Der Band *Zigeunertrommel* (1956) verweist zurück auf die Kriegserfahrung, die auch Fuchs geprägt hat. In unmittelbarer Nähe zu Bertolt Brecht und Wolfgang Borchert, die beide auch auf seine Prosa gewirkt haben, gibt es große politisch inspirierte und informierte Texte, die gleichwohl stets den Vorrang des Poetischen festhalten.

Eine unorthodoxe Lebensweise nach dem Muster der Vaganten beschert Fuchs ein hochpoetisches Material, die Nähe zum ‹Volksvermögen›, wie Rühmkorf die Poesie in Alltag und Untergrund genannt hat. Es kommt von Marktplätzen, von Zirkus und Basar, von Budikern, Irren, Zauberern, Land- und Stadtstreichern, von Köchen und Artisten. Und die Texte sind zugleich auf eine Weise modern, wie sie in der deutschen Lyrik um 1960 wenig vorkam. Das gilt für die Naturlyrik, die Fuchs beherzt vom hohen Ton befreit, etwa indem er ein Herbst-Gedicht in unverstellter Werbesprache riskiert: «Hier sehen Sie den Herbst! ein Freund / jeder Familie, die Hausfrau / schätzt seinen sparsamen / Blätterverbrauch. Ohne Nachnahme / stellt er sich ein [...]».

Bissig satirisch sind die *Nationalhymnen* (1966). Da gibt es die «Nationalhymne der deutschen Kirchenmaus», die «Nationalhymne der deutschen Toilettenfrau», der «deutschen Hausfrau», auch «des deutschen Bundeskanzlers im Urlaub», die «Nationalhymne des eingeschneiten deutschen Kleinstädters» u. v. a. Anrührend sind die Rollen-Gedichte von Fuchs, in denen zumeist ausgegrenzte Typen figurieren. Die *Blätter eines Hof-Poeten* (1967) zeigen eine große Meisterschaft im Berliner Dialekt-Gedicht; es ist ohne weiteres verständlich, doch der Dialekt gewinnt dieser Lyrik Ausdrucksmöglichkeiten hinzu, die sie fast als das Zentrum von Fuchs' Leistung erscheinen lassen. Große Gedichte, auch Prosa-Gedichte, erschienen noch 1977, zur Zeit des sogenannten Heißen Herbstes in der Bundesrepublik, der Terroristenbekämpfung und zeitweiligen Dispensierung der Bürgerrechte. Ironisch geht Fuchs auf Sparta zurück, nennt sein entsprechendes Gedicht «Um 550», tut kritisch so, als ob er zu verdeckter Rede, zur ‹Sklavensprache› genötigt sei; und das geht auf. Der Spartiate Alkandros trifft einen seiner Arbeiter, einen Heloten: «Der Helote betrachtet ihn still. Alkandros bleibt stehen, sagt nichts, geht weiter und sagt sich: / Dieser Kerl da / ist ja so still.»

Integration des Politischen ins Poetische

Karl Krolow (* 1915) hat in seinem Aufsatz *Das politische als das öffentliche Gedicht* auf die Besonderheit der engagierten Lyrik der fünfziger Jahre hinge-wiesen.[24] Zwar gibt es eine direkt politische Lyrik, die sich im Zusammen-hang mit den großen Themen (Wiederbewaffnung, atomare Rüstung, Kalter Krieg, Berliner Mauer usw.) auch deutlich genug artikuliert, ja eine besondere Qualität in Lied und Song gewinnt. Aber der vorherrschende Typ engagier-ten Dichtens ist das nicht.

Krolow findet den Typus des Zeitgedichts, wie er im 19. Jahrhundert ausgebildet worden war, nicht mehr zutreffend: das ‹Politische› werde beim neueren Lyriker ebensowenig ‹Fach›, wie es Natur, Jahreszeiten oder menschliche Liebesbeziehungen seien. «Das neuere Gedicht strebt einem Zustande entgegen, der immer offenkundiger überindividuelle, allgemeine, ‹öffentliche›, anonyme Züge annimmt.» Und er folgert: «Das politische Gedicht der westlichen Welt ist das eminent ‹öffentliche› Gedicht überhaupt. Es teilt etwas vom Bestand, von den Verhältnissen und Mißverhältnissen der menschlichen Gesellschaft mit.» Krolow bezieht sich auf das Vorbild der angelsäch-sischen Literaturen (wo auch Erich Fried gelernt hat) und hebt das Miteinander von Räsonnement und Zartheit als Möglichkeit hervor, der Gesellschaft poetisch, nicht politisch-soziologisch zu begegnen.

Karl Krolow konstatiert, daß Deutschland zum Typus des öffentlichen Gedichts wenig beizutragen habe. Ihm fallen nur Enzensberger und Brecht ein. Das hat gewiß damit zu tun, daß sich eine räsonnierende Öffentlichkeit als Rahmenbedingung einer demokratischen Kultur nicht mehr herstellen läßt, daß das berühmte «J'accuse» kaum mehr Folgen hat. So bleibt nur die Integration des Politischen ins Poetische übrig, was immerhin als Abkehr von der Illusion einer möglichen Verwandlung von Wortmacht ins Machtwort bewertet werden kann.

So hat Wolfdietrich Schnurre (1920–1989) in seinen *Kassiber*-Gedichten (1956) zeit-diagnostische Töne und Warnungen versucht, die mit der Periphrase arbeiten, der Umschreibung «in verfremdender oder parteiischer Tendenz», wie es in Lausbergs Handbuch heißt. Eines der *Kassiber*-Gedichte[25] beginnt: «Es wächst aus den Him-meln». Das «Es» bleibt unbestimmt, bedeutet wohl eine Bedrohung, die wir als ato-mare, als endgültige begreifen:

> Verderben wird es, was war:
> den Glanz auf den Stiefeln;
> das Reagenzglas des Grauens;
> den Singsang der Macht.
> Und diese Welt wird erblühen
> vor Staub.

In einem anderen *Kassiber*-Gedicht wird das «Es» als «entmachtetes Hirn» kenntlich ge-macht: «Es wird übers Meer kommen. / Farblos, / ein Milchglasgebirge, gefüllt / mit den Schatten des Nichts.» Aber auch einige der Lieder von Schnurre gehören zum Typus einer öffentlichen Lyrik, die allgemeine Interessen gegenüber einer Obrigkeit zu vertreten meint, die diese längst aus dem Auge verloren hat. Ein Gedanke, der zur APO führen wird.

Walter Höllerer hat in seiner Laudatio auf den Büchner-Preisträger Günter Eich 1959 als Leistung seiner Gedichte hervorgehoben, daß sie den Widerstand der harten, bedrängenden Ereignisse mit in die Verse brächten. Dabei bedient sich Eich – vor allem in den seit 1960 entstandenen Gedichten, die in *Zu den Akten* (1964) erscheinen – des ‹öffentlichen› Gedichts, wobei Sarkasmen und Ironien eine wichtige Rolle spielen:

Seminar für Hinterbliebene

Während die Toten
hurtig erkalten,
ein langsamer Walzer
für die SPD.
Genug von Rosenbouquets
für den richtigen Anlaß,
sprecht endlich von
zerknüllten Drucksachen
und der Gulaschsuppe,
die albern schwappt
über gestreifte Hosen.
Wir brauchen eine
heimatverbundene Zither
für fünf Plätze
in einem wirklichkeitsnahen
Regierungsbunker.

Ähnlich arbeitet Karl Krolow mit poetischen Techniken, um den täglichen Zugriff auf das Individuum kenntlich zu machen. Sein Gedicht «Die Gewalt» (1956) setzt barocke Personifikation und zeitgenössische Zeitungsmeldungen ein, in «Robinson I» (1958) wird das Gedicht als widerstehendes Wort berufen, als letzte Habe des Verschlagenen: «Jetzt lebe ich nur noch/ In Gesellschaft mit dem Ungehorsam/ Einiger Worte.» Das engagierte Gedicht ist eine Signatur der Lyrik Krolows geblieben, man vergleiche nur «Die Macht» (1967) oder auch «Mut fassen» (1986).

Die gutinformierte Anthologie von Horst Bingel *Deutsche Lyrik. Gedichte seit 1945* (1961) belegt das von Krolow beschriebene ‹öffentliche Gedicht› als den vorherrschenden Typus zum Ende der fünfziger Jahre.

Die Abteilung «Einiges ist noch zu regeln» wird mit Ingeborg Bachmanns «Alle Tage» eröffnet: «Der Krieg wird nicht mehr erklärt, / sondern fortgesetzt.» Von Helmut Heißenbüttel gibt es das lakonisch verquere Gegen-Gedicht:

Einfache Sätze

während ich stehe fällt der Schatten hin
Morgensonne entwirft die erste Zeichnung
Blühn ist ein tödliches Geschäft
ich habe mich einverstanden erklärt
ich lebe

Kay Hoff (* 1924) veröffentlichte 1958 *In Babel zuhaus*, auch sein Band *Zeitzeichen*
(1962) ist vor allem auf den kulturkritischen Ton eingestellt, wobei der Vorhalt, daß die
Dialektik der Aufklärung auch ihre eigenen kritischen Grundlagen mitzuzerstören in
der Lage ist, vielfach zutrifft. Auch das berühmte «Kinderlied» von Günter Grass
(«Wer lacht hier, hat gelacht?/ Hier hat sich's ausgelacht») ist weitgehend an der total-
kritischen Machart der Enzensberger-Gedichte orientiert: Die abstrakte Negation
wird, weil poetischer, der konkreten vorgezogen. Das gilt nicht für alle Grass-Gedichte
(vgl. «An alle Gärtner»), nicht für Jandl, nicht für Günter Bruno Fuchs, auch nicht für
Wolfgang Weyrauch, dessen «Gesang um nicht zu sterben» (1956) zahllose Bilder
aufruft, die den Atomtod beschwören sollen:

> [...]
> Gesang, um nicht zu sterben,
> Gesang, nachdem ich schlief –
> selbst Staub und Tang und Scherben
> sind radio-aktiv.
>
> Gesang, die Frage stellend,
> weshalb, seit wann und wie
> ein Fisch, zum Maste schnellend,
> gefoltert Sätze schrie?
> [...]

Das öffentliche Gedicht ist ein recht deutscher Lyriktypus, der, wie Bingel
konstatiert, mit der «ausgebliebenen literarischen Revolution» nach 1945 zu
tun hat und entsprechende Impulse nun in die Formensprache einträgt, was
zweifellos zum Anschluß der deutschen Lyrik an die europäische Moderne
beigetragen hat.

8. Experimentelle Lyrik. Konkrete Poesie

Die an der Linguistik orientierte experimentelle Lyrik gehört zur europäischen Moderne, hat jedoch in Deutschland recht spät Eingang gefunden. Ihr
liegt die Überzeugung zugrunde, daß Poesie nicht Gedanken, Gefühle, Befindlichkeiten ‹ausdrücke›, sondern Arbeit in und an der Sprache, am Sprachmaterial ist, das diese mitkonstituiert. Gertrude Stein (1874–1946) ist ein
frühes Beispiel dafür, die futuristischen Sprachexperimente des Kreises um
Marinetti lassen sich anführen, ebenso auch die Zeugnisse des Dada. In den
fünfziger Jahren werden poetische Sprachexperimente an verschiedensten
Orten neu aufgenommen, und zwar ausdrücklich im Widerspruch gegen eine
«Stimmungsdichtung» (z. B. im Stile Gottfried Benns, so Gomringer, der
Benns Votum, ein Gedicht sei «aus Worten montiert», beiseite läßt), die nicht
mehr ‹zeitgemäß› erscheint. Man beruft sich dabei gern auch auf süd- und
nordamerikanische Autoren, etwa auf Edward Estlin Cummings und William
Carlos Williams.

In Stuttgart leitete Max Bense (1910–1990) eine Studiengruppe, die den Möglichkeiten des Computers nachging, mithilfe von ausgewähltem Lexikon und vorgegebenen

allgemeinen Strukturregeln Gedichte zu erzeugen. Stolz wurde vermerkt, daß die *IBM 7090* etwa 10 000 Autopoeme pro Stunde herzustellen in der Lage war. Die sahen folgendermaßen aus:

> Und ein Signal tanzt.
> Diese Funktion denkt und denkt.
> Wer einen kalten Leser befragt, ist ein Fehler.
> Geräusche zittern an der Analyse.
> Motoren sprechen neben dem Motiv.
> Das Metall ruft die schlechten Motive.
> Wer reizt die starren Wellen – die Richtung.
> Heute strahlen die Kompositionen.
> [...]

Das klingt noch einfältig, doch wäre eine komplexere Syntax gewiß unschwer zu erzeugen; immerhin sind die überraschenden Wendungen nicht ohne Intensität und eine gewisse Herausforderung, ja ein gewisser Maßstab für manche experimentellen Texte, die bis heute angeboten werden.

Zu den Grundthesen der experimentellen Dichtung gehört zunächst das Zurücktreten des Autors; nicht er garantiert die Bedeutungen, die Wortkombinatorik ruft diese hervor, ein Motiv, das durchaus kritisch die Dominanz von Sprache über Sinn auszustellen vermöchte. «Wir haben Sprache, und sie hat uns» (Franz Mon).[26] Kurt Schwitters hatte sich schon entsprechend geäußert, seine *Merz*-Dichtungen erläuternd: «Element der Dichtkunst sind Buchstaben, Silben, Worte, Sätze. Durch Werten der Elemente gegeneinander entsteht Poesie. Der Sinn ist nur unwesentlich, wenngleich er als Faktor bewertet wird. Ich werte Sinn gegen Unsinn. Den Unsinn bevorzuge ich, aber das ist eine rein persönliche Angelegenheit.»[27] Doch wird weniger der spielerisch-kritische oder auch humoristische als vielmehr der emphatische Standpunkt zum Ansatz der experimentellen Lyrik, zumal der konkreten Poesie. Der Dichter, heißt es in den Programmen, soll zum Sprachformer und Sprachdirigenten werden, er gehöre zur Gruppe der Universalökonomen und sei Berater des Ingenieurs, entwickle den Kern einer zukünftigen universalen Gemeinschaftssprache.

Eugen Gomringer hat seine *Konstellationen* so anspruchsvoll aufgefaßt. Der 1925 als Sohn einer Indianerin und eines Schweizers in Bolivien geborene Dichter veröffentlichte 1953 in der mit Diter Roth und Marcel Wyss, der «Berner Gruppe», gegründeten Schweizer Zeitschrift «Spirale» sein Gedicht «avenidas», das er im Aufsatz *Vom Vers zur Konstellation* (1954) programmatisch als Überwindung traditioneller Dichtungsauffassungen wertete:

> avenidas
> avenidas y flores
>
> flores
> flores y mujeres
>
> avenidas
> avenidas y mujeres
>
> avenidas y flores y mujeres y
> un admirador

Das Gedicht ist wahrnehmbar gefügt, «kombiniert». Gomringer erläutert die Konstellation als Schritt auf dem Wege der formalen Vereinfachung, als Konsequenz auch der Notwendigkeit zur schnelleren Kommunikation; optische und akustische Eindrücke werden heute mit ganz anderer Kompetenz und Geschwindigkeit kommuniziert als früher: «das gedicht in versform ist entweder eine historische größe oder, wenn heutig, eine kunsthandwerkliche reminiszenz.» Er beruft sich auf Arno Holz, auf Mallarmé und die «calligrammes» von Apollinaire als Vorläufer im Versuch, «das einzelne wort aus der einebnenden syntax zu lösen und ihm – oder der einzelnen letter – das eigengewicht und die individualität zu geben.»

Schon 1954 pries Gomringer die Konzentration, die Sparsamkeit und das Schweigen: «das schweigen zeichnet die neue dichtung gegenüber der individualistischen dichtung aus. dazu stützt sie sich auf das wort.» Der Ansatz war durch die bildende Kunst (Kandinsky, Klee, Mondriaan) vorbereitet, er war Mitte der fünfziger Jahre ganz allgemein «da». Der Schwede Öyvind Fahlström hatte 1953 ein *Manifest für konkrete Poesie* verfaßt und wollte auf die materialen Elemente der Sprache zurückgehen. In Brasilien gab es die Gruppe «Noigandres», die vor allem mit Ideogrammen arbeiteten; ab 1955 kam es zu direktem Zusammenwirken mit Gomringer. Mitte der fünfziger Jahre konstituiert sich auch die Wiener Gruppe um H. C. Artmann.

Die wichtigste formale Unterscheidung innerhalb der konkreten Poesie ist die von Ideogramm und Konstellation. Das poetische Ideogramm definiert Gomringer als einen «sehtext, mit dessen hilfe ein begriff (ein abstraktum) eine einprägsame, unveränderbare, sichtbare gestalt erhält.» Das Ideogramm hat eine lange Geschichte, kann auf die Tradition des Figurengedichts (z. B. im deutschen Barock) zurückblicken, auf Piktogramme und Raumgedichte. Seine Elemente sind auf jeden Fall unverrückbar fixiert. Gomringers Beispiel ist die Darstellung einer Windrose:

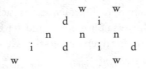

Das Wort «Wind» ist hier in mehreren Richtungen lesbar, auch quer in der Zeile gelesen ergeben sich interessante Effekte. Die Konstellation wird als gleichzeitige Präsenz einiger weniger Worte erläutert, die – im Gegensatz zum Ideogramm – als ein bewegliches Gebilde gemeint sind. Gomringer greift zum hohen pathetischen Ton, als er seinen Ansatz erläutert (in *Der Dichter und das Schweigen*, 1964), es könnte auch um Celan-Gedichte gehen: «die worte des dichters kommen aus dem schweigen, das sie brechen. dieses schweigen begleitet sie. es ist der zwischenraum, der die worte enger miteinander verbindet als mancher redefluß.»

Gomringer hat auf viele Autoren seiner Generation befreiend gewirkt. In einer Zeit der Reaktion auf die erste Welle der Moderne, eines Erschlaffens des Impulses, so Heißenbüttel, war die experimentelle Lyrik ein Durchbruch, eine Freigabe neuer poetischer Möglichkeiten. Heißenbüttel:

«man konnte hinschreiben:

> ping pong
> ping pong ping
> pong ping pong
> ping pong

und das als Gedicht bezeichnen, beziehungsweise als etwas, das dem entsprach, was bis dahin Gedicht geheißen hatte. Eine Abfolge rhythmisch geordneter Silben, kein Lautgedicht, kein Typogramm, einfach diese Silben, die inhaltlich bezogen sein mochten auf das Tischtennisspiel und den Rhythmus, den die aufschlagenden Bälle bei diesem Spiel machten, aber ohne jede symbolische Hintergründigkeit, ohne erläuternden, verinnerlichenden Hinweis, nackt, kahl, sie selbst.»[28]

Heißenbüttel trägt auch eine Kritik an den Ideogrammen und Konstellationen Gomringers vor, die formal und ideologiekritisch inspiriert ist: was er ausschließe, sei Problematik, Kritik, Verzweiflung, Konflikt usw. «Was gesagt werden kann, ist positiv. Erscheint alles, was nach Konfliktsituation oder Kritik aussieht, verbunden mit der metaphorischen Redeweise, die gebrochen ist?» Jedenfalls versuchen Helmut Heißenbüttels in den sechziger Jahren erscheinende *Textbücher*, wieder entsprechende ‹Gebrochenheiten› zur Geltung zu bringen.

Die poetische Wiederentdeckung des Dialekts, als altes Sprachmaterial einer meist kleinen Sprachgemeinschaft genommen, gehört gleichfalls in den Umkreis der konkreten Poesie; ebenso das Palindrom, Wortfolgen, die vorwärts und rückwärts gelesen werden können und – Jahrzehnte später – vor allem in Oskar Pastior[29] und Herbert Pfeiffer[30] ihre Meister gefunden haben. In den Piktogrammen geht die konkrete Poesie schon in bildende Kunst über. Kurt Marti, Claus Bremer und andere haben diesen Ansatz genutzt. Viele Dichter, die experimentell arbeiten, halten doch zugleich an Aussagemöglichkeiten im Gedicht fest. So arbeitet Oskar Pastior (*1927), 1969 aus Rumänien nach Westberlin gegangen, mit Abzählversen, die von der Zufälligkeit der Ausreiseerlaubnis (auch mit dem Wortspiel «Computer») eindrücklich ‹berichten›:

> Puten Daten Dum –
> Com Daten Puten:
>
> Puten Dum Jaja
> Puten Dum Neinein
> Ichen Puten
> Duten Puten
> Ander Daten Nichen Hapen
>
> Hapen Jaja Caputen –
> Ausreisen
>
> Hapen Neinein Caputen –
> Ausreisen
> [...]

Wie weit entfernt diese Lyrik von den ersten Computer-Spielen ist, zeigt sich an
Vertauschungstechniken Pastiors, die ein gegebenes Material so redistribuieren, daß
jede Zeile lesbar und bedenkbar wird. Die erste von sechs Strophen mit exakt dem
gleichen Wortmaterial:

> Person und Zweck des Ortes ist der Abstand
> Person und Zweck des Abstands ist der Ort
> Person und Ort des Abstands ist der Zweck
> Ort und Person des Zweckes ist der Abstand

Seit den fünfziger Jahren ist auch Franz Mon (* 1926) mit experimentellen
Texten gegenwärtig, auf die am ehesten der Terminus ‹Raumgedicht› (Spatia-
lismus) zutrifft: Darin sind «die sprachelemente frei im raum verstreut und
beanspruchen vom leser wahrnehmungspsychologischen spürsinn, um die
botschaft zu entdecken» (Gomringer). «Aus den Augen aus der Traum»,
heißt z. B. ein solches Blatt, das mit der vollständigen Zeile beginnt und dann
die Ausfälle sichtbar werden läßt. Mon spricht selber von der «Poesie der
Fläche».[31] Die *Sprachblätter* von Carlfriedrich Claus (*1930) sind zunächst
von Mons Arbeiten inspiriert.

Auch Mon hat die Aussage nicht preisgegeben, sich nicht blindlings dem Experimen-
talismus überantwortet. Das Gedicht «mit dem rücken zur wand» arbeitet z. B. das
Material so lange durch, bis die Schlußzeile lautet: «mit dem gesicht zum gesicht». Ein
Spiel mit Vokalvertauschungen zum Wort «fallen» endet mit der Zeile: «vielen gefallen
die vollen fallen». So nutzt die konkrete Poesie die Bedeutungen und Assoziationsmög-
lichkeiten des Wortmaterials, das durchaus nicht als ‹frei› erscheint. Und verhindert das
(angestrebte) Zusammenfallen von Signifikant und Signifikat, von Bedeutendem und
Bedeutetem, durchaus so energisch, wie es zu jeder Dichtung gehört, die ihre ästhetische Differenz einbekennt.

9. Wiener Gruppe

Die Wiener Gruppe, sehr bald allen möglichen experimentellen Techniken
verpflichtet, traf sich in wechselnder Besetzung, 1951 zunächst im art-club
(unter der Kärntner-Bar). Dabei waren Friedrich Achleitner, René Altmann,
H. C. Artmann (ob für immer oder für wie lange ist umstritten; man spricht
von einem Bruch 1958), Konrad Bayer, Andreas Okopenko (er gab von 1951
bis 1953 die hektografierte Zeitschrift «publikationen einer wiener gruppe
junger autoren» heraus), Gerhard Rühm, Wieland Schmied, Hans Weissen-
born und Oswald Wiener. Mitte der fünfziger Jahre kam es zu gemeinsamen
Arbeiten in Artmanns Wohnung. Es waren Montagen, die möglichst belie-
ges Sprachmaterial, vornehmlich aus alten Sprachlehrbüchern, aus ihrem
pragmatischen Zusammenhang lösten und in gemeinsamen Spielaktionen neu
gruppierten. H. C. Artmann, Konrad Bayer und Gerhard Rühm haben später
einige dieser Arbeiten von 1956 publiziert.[32] Auch hier ist das Prinzip der
«Anti-Grammatikalität» (Heißenbüttel) wirksam, der Versuch, über Entgrammatisierung ein Objektives der Sprache selbst hervortreten zu lassen.

Früh kommt es, trotz einiger Unstimmigkeiten untereinander, zu Aktionen und Manifestationen,[33] für die vor allem Artmann (* 1921) verantwortlich gehalten wird, etwa der «Acht-Punkte-Proklamation des poetischen Actes» 1953, worin die Dichtung radikal aus dem Markt, aus Verwertungs- und Wertungszusammenhängen herausgeholt wird; sie ist an das Selbstgefühl gebunden, nicht an Publikation oder kritische Anerkennung:

«Es gibt einen Satz, der unangreifbar ist, nämlich der, daß man Dichter sein kann, ohne auch irgendjemals ein Wort geschrieben oder gesprochen zu haben. [...]

1. Der poetische Act ist eine Dichtung, die jede Wiedergabe aus zweiter Hand ablehnt, das heißt, jede Vermittlung durch Sprache, Musik oder Schrift.

2. Der poetische Act ist Dichtung um der reinen Dichtung willen. Er ist reine Dichtung und frei von aller Ambition nach Anerkennung, Lob oder Kritik. [...]»

Zugleich wurde eine Aktion angekündigt: «Une soirée aux amants funèbres», eine Prozession durch die Wiener Innenstadt mit recht absonderlichen Vorschriften, der weitere folgen sollten. (Es ist die Zeit auch des Wiener Aktionstheaters von Nitsch, Mühl u. a.). Insgesamt wurden zahlreiche Gemeinschaftsarbeiten verfaßt, gemeinsame Lesungen veranstaltet, man trat öffentlich auf und erarbeitete sich in theoretischen wie poetischen Texten ein zeitgenössisches Werkkonzept.

Neben den Dialektgedichten *med ana schwoazzn dinten* (1958), die Artmann berühmt gemacht haben und die von der Gruppe fortgesetzt wurden (*hosn, rosn, baa*, 1959: Dialektgedichte von Achleitner, Artmann und Rühm), weisen Artmanns Verse eine Mischung von experimentellen und traditionellen Zügen auf.

So greift Artmann unbekümmert auf romantisches Erbe zurück, was gelegentlich parodistisch geschieht («in brombeeren hänget gefangen / ein uralter fesselballon / in seinem korbe drin bangen / zwei hasen und ein baron»).

Viele seiner Texte sind für den Vortrag bestimmt, nehmen Groteske und Moritat auf, Barock und Dada stehen nebeneinander, Tiefsinn und Blödsinn ebenso. Manche Titel wirken altösterreichisch, ohne daß die Bände sich in Parodie erschöpfen: *lieder eines österreichischen feldhornisten nebst einem vater unser desselben* (1960). In den sechziger Jahren bevorzugt Artmann zunächst Zweizeiler und lakonische Formen, greift dann zunehmend auf seine Anfänge, auf volkstümliche Töne und provozierende Trivialitäten zurück.

Die Nähe zur Trivialität ist durchaus gewollt. Auch Friedrich Achleitner (* 1930), der für sich *prosa, konstellationen, montagen, dialektgedichte, studien* (1970) in Anspruch nimmt, arbeitet mit relativ einfachen Figurationen, etwa dem Chiasmus:

> bäume
> baum
>
> baum
> bäume

Eine andere Konstellation, die schon andeutet, daß diese Technik (Gomringers) auch kunstgewerblich, also zu leicht zuschanden werden kann:

> schritte
> nacht
>
> schritte
> nacht
>
> schritte
> schritte

Zugleich gibt es witzige Neuerzählungen von Mythen (etwa «EVA»), die Konstellation im Dialekt, intelligente Nonsense-Spiele. Konrad Bayer[34] (1932–1964) hat seine sprachexperimentellen Texte gestisch unterlegt, sein «Sklavenlied» spricht für das Aufbegehren einer Generation, sarkastische Moritaten und groteske ‹schwarze› Gedichte stehen neben rhetorisch gefügten Ironien, Dialektgedichten und Chansons. Auch Gerhard Rühm bevorzugt die liedhafte Form, also Chansons und Romanzen[35], die freilich provozierend genug sind (vgl. «der stier» von 1953 oder «come again» von 1954).

Die *Thusnelda-Romanzen* (1955/56 entstanden) arbeiten grotesk-sadistische Motive in fast komischer Übertreibung aus, die Formzitate machen das rezipierbar. Doch bis heute schreibt Rühm auch experimentell orientierte Texte, etwa «wahnsinn. ein flüstergedicht», das 50 Wörter je dreimal schreibt und so mit 50 Strophen über sechs Seiten kommt. Geistvoller erscheint die *levitation* (1985), worin auf sehr intrikate Weise «leicht» in «licht» verwandelt wird («leib»/«lieb» bilden da eine Zwischenstufe). Manche Texte wiederum sind einfach nach dem Gesetz der wachsenden Glieder strukturiert, auch Raumgedichte, spatial organisierte Texte kommen vor («anna», 1957). Die Konstellation wird ganz selbstverständlich eingesetzt, ist 1989, mit Reim und zyklischer Fügung ausgestattet, sozusagen in den Kanon lyrischer Formen aufgenommen («zwischenfall»).

Hinzuweisen ist auch auf Reinhard Priessnitz (1945–1985), den man vielleicht als Spätling der Wiener Dichtergruppe zurechnen könnte.[36] Er beginnt experimentell, kennt auch Parodien und Nonsense-Verse («Ballode»), sein Gedicht «premiere» beginnt:

> & schwarze & weisse
> rosen zu knatschen zu
> schwarzen & weissen rosen
> zu mantschen & leise
> quatschen von weissen
> & schwarzen rosen [...]

Das ist *auch* als leichte Parodie auf die Experimentallyrik zu lesen. Gleichwohl benutzt er deren Mittel, freilich nicht im Sinne einer ‹Entgrammatisierung› von Sprache, eher als Nachfrage nach den Bedeutungen, die Grammatik in unserer Wirklichkeit (gewonnen) hat. Die erste von vier Strophen:

> aufstören; fortgetriebenes abgefeierten körpern geben;
> vernietete dinger drangsalieren, übergossenes stapeln;
> vorgegebene worte bewerkstelligen, schlitterndes zittern

Wie in der gleichzeitigen DDR-Lyrik – etwa bei Wulf Kirsten, Wilhelm Bartsch oder Richard Pietraß – wird hier die Verselbständigung des Tätigkeitsworts kritisch ausgestellt, das von keinem Subjekt mehr flektiert wird, so daß «verheizte erde» und «fertiggemachte elemente» die Konsequenz sind. So ist seine Lyrik unorthodox, verschmäht aber auch Stanzen und Strophen

nicht, kennt freie Verse und Jamben sowie eine Mischung mit Dialektgedichten; er druckt Verworfenes, Weggestrichenes mit, damit das Werk als Prozeß,
als Arbeit kommunizierbar werde, die «abgeglittenen zeilen zu leiten». Die
Überzeugung, daß die Konstitution des Subjekts, des Texts, der Wirklichkeit
ineinander verschränkt seien, läßt diese Dichtung der Spätmoderne zugehörig
erscheinen.

10. Dichtung aus der Bukowina

Paul Celan nannte das Land, in dessen Hauptstadt Czernowitz er geboren war, das «Kronland, das unser Bett bleibt»; Rose Ausländer pries das
«Buchenland» als «Landschaft die mich erfand». Klara Blum (1904–1971)
fand in ihrem Gedicht «Grimmiger Lebensbericht» (Paris 1947) auch härtere
Worte:

> Geboren auf Europas Hintertreppen,
> Geneigt zu Pathos und Verstiegenheit,
> Bereit, des Denkens schwerste Last zu schleppen,
> Und unter dieser Last noch sprungbereit,
> Wuchs ich heran als Kind des Pulverfasses [...]

Die Bukowina, einst selbständiges Herzogtum in Österreich, kam nach dem Ersten
Weltkrieg zu Rumänien, seit dem Zweiten Weltkrieg ist sie in einen sowjetischen Nord-
und einen rumänischen Südteil zerrissen. Ukrainer und Rumänien, Polen, Ungarn und
vor allem jüdische Deutsche lebten dort. Das assimilierte Judentum war der wichtigste
Kulturträger das Landes, das einen bedeutenden Beitrag zur deutschen Lyrik geleistet
hat. Nicht nur Celan und Rose Ausländer stammen dorther, auch Alfred Margul-
Sperber und Selma Meerbaum-Eisinger, die, 18jährig, in demselben KZ umkam wie
Celans Eltern. Dazu gehören auch die noch lebenden Alfred Kittner und Moses Rosenkranz oder der lakonisch-melancholische Alfred Gong, Mitschüler von Celan und
Weissglas im Czernowitzer Gymnasium, Klara Blum und viele andere. Einige der
buchenländischen Dichter haben sich in die Emigration retten können, andere durch
Untertauchen, viele von den im Lande verbliebenen wurden 1945 erneut in (sowjetische) Lager verbracht. Klaus Werner kennzeichnet die bukowinisch-deutsche Lyrik
nach 1945 mit Recht als «Dichtung in einer zweiten Diaspora».[37]

Manche Autoren haben einen ganz eigenen Ton bewahren oder entwickeln
können. Zu ihnen gehört etwa Alfred Gong (1920–1981), der sich nach Bukarest und Wien, dann nach New York durchschlug, von wo es ihm nicht mehr
gelang wegzukommen. Ein Porträt des rumänischen Bauern Ilie, der ihm bei
der Flucht half («Gejaid», 1980), arbeitet ausdrucksstark mit flüchtigen Satz-
figuren und einer Rückverwandlung des Namens in Elijahu. Im Gedicht
«Genealogie» (1961) sinnt er seinen Ahnen («Kleine Leute alles») nach: «ihre
Zelte standen nicht an der Landstraße der Geschichte», und entwickelt einen
sehr besonderen Mischton von Elegie und Ballade.

Die Unerträglichkeit des Überlebthabens ist ein Grundthema für viele der jüdischen Autoren auch aus der Bukowina. Rose Ausländer beispielsweise war erst nach New York gegangen, wollte wieder in ihre Sprache zurück, versuchte diese Annäherung seit 1963 über Österreich. Das wollte dort nicht recht glücken, so fand sie, von Hotel zu Hotel ziehend, nach Düsseldorf, wo sie seit 1971 bis zu ihrem Tode 1988 im Nelly-Sachs-Haus der Jüdischen Gemeinde lebte. Sie hat etwa zwanzig Gedichtbände veröffentlicht (von Helmut Braun bei Fischer herausgegeben). Ein frühes Gedicht («Versöhnlich») charakterisiert ihre Haltung:

Versöhnlich
mein Gettoherz
will sich verwandeln
in eine hellere Kraft

Auch die Widerstände gegen diese Einstellung finden in den Gedichten ihren Ausdruck, etwa die Erfahrung, wie wenig Halt man bei den ehemaligen Freunden und Nachbarn findet, wenn Bedrohung gegeben ist: Gleichgültigkeit als Zeugnis abhanden gekommener Menschlichkeit.

11. Die Dichtung der Frauen

In den fünfziger Jahren entsteht auch eine erste implizite Theorie weiblichen Dichtens. Der österreichische Anteil ist besonders hervorzuheben. Christine Busta (1915–1987) hatte eine große Wirkung, vermutlich auch wegen ihrer unverhohlenen Nähe zur Tradition (es gibt z. B. zahlreiche Weinheber- und Trakl-Entlehnungen), welche die ersten Bände fast als Übungen erscheinen läßt: *Jahr um Jahr* (1950) und *Der Regenbaum* (1951). Selbständiger ist ihr Ton in *Lampe und Delphin* (1955) und *Die Scheune der Vögel* (1958). Das Wissen um die Vergeblichkeit dichterischen Sprechens gilt für die Naturbildlichkeit wie für die Gefühlswelt, und so übersteigen ihre Verse regelmäßig den naturlyrischen Singsang der Zeit. Der freie, reimlose Vers kennzeichnet vor allem die späte Lyrik von Christine Busta (*Salzgärten*, 1975), in der das persönliche Leid in so vorsichtigen Heimkehr-Gesten wie im Zitat aufgehoben erscheint. Unglücklich enden ihre Versuche im Zeitgedicht, das sie ins Metaphysische aufzuheben sucht (vgl. «Mauern»).

Die gleichaltrige Christine Lavant (1915–1973; eigentlich Thonhauser-Habernig) nahm, auf Vorschlag ihres ersten Verlegers Kubczak, den Namen des Tals an, in dem sie wohnte. Ihr Werk spricht im wesentlichen von Leid, Verzweiflung, Schmerz, Sehnsucht, von nicht ablegbaren Unglückserwartungen. Ihr bedrängtes Leben ist der Grundstoff ihrer Gedichte, die gleichwohl den Rang von Zeugnissen weit übersteigen.

Die Bettlerschale (1956) ist eines der berühmtesten Gedichtbücher des Jahrzehnts geworden. Es ist dreiteilig gebaut: 1. Die Feuerprobe, 2. Im zornigen Brunnen, 3. Das Auferlegte. Die Gedichte sind sanghaft, melodisch und von starker Gestik, prägen sich gleich ein, sprechen dem lyrischen Ich Trost zu, wobei viel herbeizitiert werden muß, damit dieser glaubhaft werde: Mythen und Sagen, Sprüche, Redewendungen, Glauben und Aberglauben.

Dabei wagt Christine Lavant eine «körperliche Rede», wie sie erst in den achtziger Jahren wieder aufkommen wird. Alle Organe werden angesprochen, alle Funktionen benannt (und oft umkodiert). Das Ich weiß sich sowohl im Leib wie ihm entzogen, schlägt dieses Wissen auch, als Dienstbarkeit, dem Geliebten vor, dem Lebensdienst angeboten wird. Dies geschieht in drei Strophen, die das Angebot jeweils steigern («Wenn du mich einläßt»). Die Gedichtbände folgten relativ schnell, Hinweis auf ein fast eruptives Dichten: 1959 *Spindel im Mond* und 1962 *Der Pfauenschrei*.

Anrührend, bestürzend ist die Selbstaufgabe als Signatur dieser Lyrik, eine Preisgabe freilich auch an das Wort, vor allem an das Bild. In den sechziger Jahren tritt Bildlichkeit zugunsten von Wörtlichkeit zurück; hier aber werden die metaphorisch möglichen Bedeutungswechsel, wird Poesie als Benennungszauber und Bild-Denken voll ausgeschöpft, stets auf dem Hintergrund eines beschränkten, beschädigten Daseins:

> GIB ES AUF, wenn dich die Verlassenheit weckt,
> wider den fleckigen Spiegel zu atmen,
> denn dein Hauch geht hindurch und sättigt dann drüben
> den Schein mit lebendigem Wasser
> und läßt ihn über dein Schattenbild kommen,
> um dein winziges Feuer zu essen.
> Geh lieber und hauche die Eisrose an,
> denn im Birnbaum wartet vielleicht eine Meise,
> deren Gelb dich erleuchtet wie nichts zuvor,
> falls die Sonne in dir noch am Werk ist.

Wie ungewöhnlich die Bilder der Christine Lavant sind, erhellt auch im vergleichenden Blick auf die gleichzeitigen Gedichte etwa von Erika Burkart, der es nur selten gelingt, dem üblichen, auf hohem Niveau standardisierten Lyrikidiom der fünfziger Jahre Besonderes hinzuzufügen. Natur, Liebe, Frieden, die überlieferte Hoffnung, Freundschaft, «nicht zu wortende Bilder», Träume und Reiseeindrücke sind Stoff ihrer Gedichte, die sie seit 1953 in fast jährlich erscheinenden Bänden vorlegt. Einem Impuls der Romantik folgend, sucht sie die «Schweigesprache», der sich die Natur und das Wesen der Dinge wieder aufschließen, sich darin zumindest ansprechen lassen.

Gleichfalls in den fünfziger Jahren beginnt die in Köln geborene und hauptsächlich in New York lebende Margot Scharpenberg ihre dichterische Laufbahn, sie hat bisher gut zwanzig Gedichtbände vorgelegt. 1957 erschien *Gefährliche Übung*, 1961 *Spiegelschriften*. Skeptischer, intellektueller als Burkart, glaubt Margot Scharpenberg nicht an direkte Aufnahmemöglichkeiten romantischer Naturfrömmigkeit. Vielfach gehen die Texte von Redewendungen aus und machen so die Sprache verantwortlich für unser Welt-Haben und -Verhalten. In den siebziger Jahren überwiegen die Bildgedichte in ihrer Produktion, dialogisch angelegte Texte zu Kunstwerken, die bedeutsam die Kommentarfunktion überbieten.

Auch Elisabeth Borchers ist zu nennen, die, ganz ungewöhnlich, schon in den fünfziger Jahren naturlyrische und moderne, fast experimentelle Schreibweisen verschränkt. Sehr konsequent geht ihr Werk von den Bedrohungen aus, die mit der Welt auch den Menschen und die Dichtung treffen, ohne daß sie deshalb die Andeutungssprache der Lyrik an den ökologischen Diskurs verrät:

Spät

Der Wind ist hart geworden
er schlägt die Vögel
sie singen nicht mehr

Die Erde ist grau geworden
Schiffe mit Schlaf beladen
keines hält an

Ein andermal heißt es: «ich kenn mich aus in Kinderspielen», und viele ihrer frühen Gedichte sind nach solchen Versreminiszenzen organisiert. Neben den kritischen Naturgedichten und den Liebesgedichten gibt es auch lakonische Verse und politische Lieder, die den Brechtton weiterentwickeln (etwa der *Kriegsfibel*) und trotz des Vietnam-Themas (*Der Tisch an dem wir sitzen*, 1967) jeden agitatorischen Anklang vermeiden, auch wenn man den Sarkasmus nicht unterschätzen sollte.

Auf das Engagement deuten auch die sozialen Porträts hin, eine Gattung, die in den siebziger Jahren aufkam und von Borchers für die Lyrik gewonnen wurde. «H., einer von vielen» heißt eines (*Gedichte*, 1976), an dem ihr so viel lag, daß sie es, um einen dritten Teil erweitert, in den nächsten Band (*Wer lebt*, 1986) wiederaufnahm. – Für ein ‹weibliches Schreiben› wird man diese Lyrik nur sehr vorsichtig in Anspruch nehmen können. Vielleicht wäre die Übernahme der Empfindungen anderer in «Notizen auf dem Lande» so zu deuten, die Anlehnung an Volks- und Kinderlied, an Abzählverse und Wiegenlieder und ein Vers wie: «und vergib uns die Müdigkeit/wenn der Herbst leuchtet»? Im neuen Band, *Von der Grammatik des heutigen Tages* (1992), überwiegen wieder der gestische Ansatz, die geistvolle Abbreviatur, die Lakonik. Es kommt zur Dekonstitution von religiösem Pathos («Allmächtig»), zu Sarkasmen («Neuer Tag»), zu großen Gedichten mit rhetorisch ausholender Fügung. Das titelbegründende Gedicht versteckt seine Botschaft in der Überschrift, die das hergebrachte Vertrauen in die Gegenwart für obsolet erklärt, Elementares nicht mehr gelten läßt:

VOM EINDRINGEN DES IMPERFEKTS
IN DIE GRAMMATIK DES HEUTIGEN TAGES

Die Erde bricht wie Brot.
Ich gehe zu Grund, klagt das Meer.
Das Feuer, dies sanfte Delirium.
Der Abendhauch stürzt einen Felsen um.

Auch Marie Luise Kaschnitz (1901–1974) begann mit Natur- und Liebesliedern, um sich dann zunehmend durch politische Themen poetisch provozieren zu lassen. Ihre Lyrik der dreißiger und vierziger Jahre ist noch weitgehend klassizistisch bestimmt: Sonette, Oden, Lieder. «Schön wie niemals sah ich jüngst die Erde» ist eine charakteristische Zeile. In den Gedichten von 1957–1965 regiert der «Zorn, / Der mir das Auge verdunkelt», aber doch so, daß er alles mit anschlägt, «Auch die zartesten Glöckchen/Auch die vergessensten/Töne der Liebe».

Zentral für die Politisierung der Dichterin wurde der Atombombenabwurf der Amerikaner, das «Hiroshima»-Gedicht gehört zu den großen *öffentlichen* Texten des Jahrzehnts. Gegen den «Wald des Vergessens» wird der Photograph gesetzt, der das Bild des zufrieden lebenden Täters aufnimmt, als «das Auge der Welt». Das Gedicht «Liebe Sonne» beginnt mit der sarkastischen Ausstellung der ‹männlichen› Haltung: «Wir glauben an diese/Unsere große/Freiheit zu sterben/Häuser unsere/Einstürzen zu lassen/Weingärten unsere/Brach –» Dagegen wird «die gewaltige Anstrengung ewigen Lebens» berufen, der («triviale») Versuch, unseren Stern nicht erkalten zu lassen, vielleicht ja ein ‹weibliches› Zeugnis:

> Aber die unverminderte
> Tägliche Zeugenschaft
> Küssender Lippen
> Liebe Sonne
> Schöne Erde
> Ewig ewig
> Weiß es besser.

Dagegen stehen die großen Gedichte, die es ebenso ‹besser wissen›, die von Angst und ungebärdigen Aufschreien sprechen, von der Unmasse Feindschaft, dem zertrümmerten Antlitz des Menschen («Ein Auge belauernd das andere»), der leidenden Klarheit Abend. Freiheit und Glück finden sich wahrhaft erst im «Jen», einem Reich, das man vielleicht als «den beargwöhnten Himmel» identifizieren könnte.

Als eine der bedeutendsten und erfolgreichsten Lyrikerinnen etablierte sich in den fünfziger Jahren Hilde Domin, 1912 in Köln geboren und über Italien, Frankreich, England nach Santo Domingo emigriert, was sie in ihrem Dichternamen kenntlich zu halten suchte. Sie begann, heimgekehrt, in den fünfziger Jahren zu schreiben und gewann bald größere Aufmerksamkeit, gerade auch weil sie die Exilsituation existentiell aufzufassen suchte.

In «Apfelbaum und Olive» wird der Anteil an der «Zärtlichkeit von Katze und Hund deines Freunds» hervorgehoben, Zeichen fürs Fremdgeworden- oder -gemacht-Sein zu Hause: «Du weißt, wie die hohen Gräser/an den Rändern der Inseln rascheln/in allen südlichen Meeren». Bilder für den Norden – Schlitten, Pappeln, Reh und Kirchhof – stehen für eine Einladung, und das ist mehr, als sonst von Exildichtern wahrgenommen wird oder werden kann: «Und daran erkennst du,/daß du/hier ein wenig mehr/als an andern Stätten zuhaus bist.» Das Titelgedicht von 1959 *Nur eine Rose als Stütze* spricht die Erfahrung einer flüchtigen Existenz so grundsätzlich an, daß sie nicht mehr als Niederschlag eines Exils gelesen werden muß:

> Ich richte mir ein Zimmer ein in der Luft
> unter den Akrobaten und Vögeln:
> mein Bett auf dem Trapez des Gefühls
> wie ein Nest im Wind
> auf der äußersten Spitze des Zweigs.
> [...]

Später überwiegen Liebesgedichte und (tages-)politisch inspirierte Lyrik (z. B. ‹Fernsehgedichte› wie «Napalm-Lazarett» oder «Brennende Stadt/Beirut») mit freien Versen und verknappter Form.

12. *Kritische Wortbegier: Ingeborg Bachmann*

Vielleicht am entschiedensten hält die Lyrik Ingeborg Bachmanns in den
fünfziger Jahren Konsequenzen aus der Vergangenheit und noch sichtbaren
Gegenwart des Krieges fest, ist bereit, das Individuelle nicht-privat zu denken, ohne es als exemplarisch zu entwerten. Den Einmarsch von Hitlers
Truppen in ihre Geburtsstadt Klagenfurt erinnert sie als traumatisches Erlebnis, übrigens auch als ein rhythmisches – ihre Vorliebe für den freien Vers der
lyrischen Moderne begründet sich vielleicht aus der Erinnerung an «dieses
Brüllen, Singen und Marschieren». 1953 erhielt sie den Preis der Gruppe 47,
und 1953 erschien auch ihr erster Gedichtband, der bei Kritik und Publikum
starke Resonanz fand: *Die gestundete Zeit.*

Das Titelgedicht malt, übrigens zeitgleich mit Becketts *Warten auf Godot*, die Szenerie einer begrenzten Zeit aus. Es beginnt gestisch stark: «Es kommen härtere Tage», um
dann in eine undeutlich ungleichzeitige Bilderwelt einzutauchen, wie es dem Geschmack jener Jahre entsprach, Metaphern aus Sprichwort- und Lesebuchwelten («den
Schuh schnüren», «die Hunde zurückjagen in die Marschhöfe», «ärmlich brennt das
Licht der Lupinen») und mythische Anleihen («versinkt dir die Geliebte im Sand»).
Auch das Eingangsgedicht «Ausfahrt» greift entschieden auf ältere Bildtraditionen
zurück (Rauch vom Lande, Fischerhütte, Meilen, Netze flicken), um sich dann meta-
phorische Verwandlungen von gewisser Kühnheit zu leisten («die Wimper von weißer
Gischt», das «Brot des Traumes» brechen, auch Benns «Welle der Nacht» taucht auf),
wonach wiederum mythische Anspielungen folgen («gleiten die Ungeheuer des Meers /
auf die Rücken der Wellen»). Etwas Besonderes ist es dann, daß die Neuaneignung der
Seefahrer-Welt als einer Welt der Arbeit am Schluß steht, auch wenn deren Zweck, »das
Hüten der Fracht«, gleich wieder metaphorisch verstehbar ist, zumal wenn es in den
Schlußversen heißt: «der ungangbaren Wasser nicht zu achten / und das Schiff über die
Wellen zu heben, / auf das immerwiederkehrende Sonnenufer zu.»

Auch das gehört zur Kultur der fünfziger Jahre: daß einzelne Gedichte
sozusagen eine Karriere hatten oder haben konnten, viel abgedruckt, bespro-
chen, ja gelernt wurden. So beispielsweise «Fall ab, Herz», gleichfalls reich an
Metaphern und Mythen (Bachmanns Lyrik ist der von Wilhelm Lehmann
viel näher, als es die Forschungsliteratur wahrhaben möchte), wobei die letzte
Strophe das Bekenntnis der Dichterin «weiß ich nur Dunkles zu sagen»
streng, genau und traurig realisiert, ein Gegenentwurf zur klassisch-emphati-
schen Ich-Pose:

> Und was bezeugt schon dein Herz?
> Zwischen gestern und morgen schwingt es,
> lautlos und fremd,
> und was es schlägt,
> ist schon ein Fall aus der Zeit.

Die Gedichte Ingeborg Bachmanns arbeiten höchst souverän mit dem freien
Vers, mit rhetorischen Fügungen, vor allem Wiederholungsfiguren, sie kennen auch das Lied, den Reim, das Rondo, das Parlando, das Benns späte

Gedichte auszeichnet, den Bruch, das Fragment. Auch der zweite Band, *Anrufung des Großen Bären* (1956), kennt diesen Reichtum, der sich der oft inhaltlich vorgetragenen Beurteilung entgegenstellt, es gebe dort nur Verdüsterung, Erstarrung, Reflex der Entfremdung. Das berühmt gewordene Eingangsgedicht «Das Spiel ist aus» nennt recht genau alle Gefährdungen, die einem Bruder zukommen können: in kindlicher Perspektive und mit einem Melos, das nichts wörtlich bestehen läßt, sondern sieghaft ins imaginierte Spiel verwandelt, das «aus ist»: ein Ende also der Bedrohungen. So gelingt, einmal und kurz, die ästhetische Distanzierung als Nicht-Wahrhaben einer Welt, die weniger Recht hat. Ein Prinzip, das auch das folgende zehnteilige Strophenlied «Von einem Land, einem Fluß und den Seen» aufbaut.

Eine neue Poetik, ein Plädoyer für Wörtlichkeit statt Bildlichkeit, eine Kritik vielleicht sogar der Metapher (im Namen der Metonymie) scheint auf, wenn sich Bachmann für das «angrenzende Wort» ausspricht, im großen Gedicht «Böhmen liegt am Meer» z. B.: «Ich grenz noch an ein Wort und an ein andres Land, / ich grenz, wie wenig auch, an alles immer mehr [...]». Im «Kursbuch» 15 (1968) erschien ihr Gedicht «Delikatessen» neben Enzensbergers Totsagung der Literatur. Darin gerät die Frage «Soll ich / eine Metapher ausstaffieren / mit einer Mandelblüte?» zur nachträglichen Absage an die als lyrisches Kunstgewerbe begriffene Preziosität der fünfziger Jahre: «wegfegen die angezettelten Wortopern», mit dem entschiedenen Schlußvers: «Mein Teil, es soll verloren gehen.» Was (wohl gerade deshalb) nicht geschah.

IV. PARABELERNST UND KONVERSATIONSKOMIK: DAS HÖRSPIEL DER FÜNFZIGER JAHRE

1. Das traditionelle Hörspiel in der Kritik

Mit der Berufung von Heinz Schwitzke 1951 zum Hörspielchef des NWDR in Hamburg beginnt ein besonders reiches Jahrzehnt für die Hörspielgeschichte. Doch beschränkt sie sich beileibe nicht nur auf die Produktion dieses Senders. Gerhart Prager in Stuttgart gibt seit 1950 ein jährlich erscheinendes Hörspielbuch heraus, um die Texte der Leserschaft zugänglich zu machen. Im Vorwort des zweiten Bandes von 1951 wird vermutet, das allein in Baden-Württemberg 440 000 Zuhörer regelmäßig Hörspielsendungen des Süddeutschen Rundfunks einschalten, mindestens zweimal in der Woche. Der seit 1950 mögliche UKW-Empfang ist rauscharm und erlaubt diffizilere Inszenierung. Werden vom NWDR Hamburg 1949 noch 2747 Minuten Hörspiel-Programm gesendet, so sind es bereits zwei Jahre später, 1951, mehr als dreimal so viel: 7792 Minuten. Keine andere Kunstform konnte in den fünfziger Jahren ein so breites und treues Publikum an sich ziehen. Die Verselbständigung der Redaktionen, die Vermehrung der Sendetermine schufen zusätzlich starke Nachfrage nach neuen Werken.

Im Rückblick ist die an Stilen und Modellen reiche Periode der fünfziger Jahre viel gescholten worden. Die Kritik an der sogenannten Innerlichkeit dieses als traditionell geschmähten Hörspiels wurde zuerst von Friedrich Knilli 1961 formuliert. Er rief nach einem Schallspiel, das sich den Regeln der Literatur entziehen sollte. Klaus Schöning, Redakteur des WDR und ein Wortführer des «Neuen Hörspiels», glaubte 1970, am Hörspiel der fünfziger Jahre folgende Merkmale wahrzunehmen. Erstens konstatierte er ein «oft noch ungebrochenes Verhältnis zu der heilen Welt der Sprache», damit verbunden die Tendenz, «gesellschaftliche Vorgänge zu verinnerlichen». Zweitens meinte er, eine enge Bindung an traditionelles Literatur- und Theaterverständnis zu bemerken, da doch die Generation dieser Hörspiel-Autoren meistens selbst Erfahrungen am Theater gesammelt oder das Modell Theater vor Augen gehabt hätte. Drittens hielt Schöning das geringe Interesse dieser älteren Generation für den «Realisationsprozeß des Hörspiels» für erwiesen; er unterstellte daher mangelndes Medienverständnis. Viertens fiel ihm bei den Verfassern des traditionellen Hörspiels das schlechte Verhältnis zur Wissenschaft auf: so sei die Diskrepanz zwischen den Erkenntnissen der Psychoanalyse und der vieler «poetologischer Hörspielgebilde» eklatant. Schließlich wäre es für diese Autoren auch kein Problem, daß das Hörspiel doch Bestandteil der Kultur- und Bewußtseinsindustrie sei.[1] Die Vorhaltungen sind überspitzt formuliert, was vielleicht mit generationspsychologisch verständlicher Abwehr gegen die Leistungen der Vorgänger erklärbar ist. Die Urteile lassen sich jedoch in der Mehrheit nicht aufrecht erhalten.

Das sogenannte traditionelle Hörspiel – dafür gibt es viele Beispiele – erweist sich durchaus als sprachkritisch, es sei nur an Werke von Günter Eich oder Ingeborg Bachmann, Wolfgang Hildesheimer oder Ilse Aichinger erinnert. Gesellschaftliche Vorgänge werden in der Tat vornehmlich als Innenweltbezüge gesehen, gehen aber bei dieser Transformation nicht völlig verloren. Es gibt Arme und Reiche, Begünstigte und Benachteiligte, Mächtige und Ohnmächtige, Arbeitslose und Arrivierte – doch spielen vorerst nur die privaten, nicht die sozialen Konflikte zwischen ihnen eine Rolle. Und, zugegeben, generell vermeiden die Autoren der fünfziger Jahre den Blick auf Wirtschafts- und Arbeitswelt, auf den demokratischen Staat und seine Organe. Sie haben eher noch den gewalttätigen Herrschaftsapparat des Dritten Reichs im Sinn, dessen Nachwirkung sie zu verspüren meinen. Bei vielen ist die Opposition zum Pomp des Wirtschaftswunders auffällig – führt der Weg ihrer Leitfiguren nicht häufig genug nach innen, weg von der Banalität und dem Lärm des äußeren Lebens? Auch dafür stehen Beispiele von Günter Eich, Heinrich Böll wie von Siegfried Lenz. Heinz Schwitzke verlangte bereits 1952 ausdrücklich, daß die Hörspieldramaturgie zwei Grundsätze nie aus den Augen lassen dürfe: «Sie muß mit ihrer Arbeit an den Problemen bleiben, die den heutigen Menschen unmittelbar angehen, und sie muß sich um eine Sprache bemühen, die Millionen verstehen [...]»[2]. Die Aufforderung, eine Sprache zu verwenden, die von Millionen verstanden werden kann, hat keineswegs dazu geführt, daß Sprache tendenziell gedankenlos und formelhaft verwendet worden ist, wenn auch Dialekte oder schichtenspezifische Redeweisen kaum Eingang fanden. Zweifellos ist das Theater für eine Reihe von Hörspiel-Autoren der fünfziger Jahre ein Modell gewesen, um Szenen und Dialoge zu gestalten. Dennoch sind erhebliche Anstrengungen unternommen worden – nicht zuletzt an den theoretischen Äußerungen der Redakteure ist dies abzulesen – vom theatralischen Gestus wegzukommen. Und so ist auch Max Frischs Hörspiel *Rip van Winkle* (1953) eine Vorarbeit für den Roman *Stiller*, oder *Biedermann und die Brandstifter* (1953) eine Vorarbeit für das gleichnamige Drama oder Leopold Ahlsens *Philemon und Baukis* (1955) später als Schauspiel auf die Bühne gekommen: Bei näherer Betrachtung wäre zu fragen, ob die Hörspiel-Versionen nicht eine eigene Ästhetik vertreten, etwa mit dem Wort für Wort nachlauschenden Zuhörer rechnen. Es wäre sogar zu bedenken, ob nicht einige dieser Werke besser für die Hörbühne als für die Schaubühne geeignet sind. Hartmann Goertz, Leiter der Hörspielredaktion beim Hessischen Rundfunk, beteuert 1952, daß «alles Laute, Theatralisch-Dramatische» den Hörer nur verwirren müsse.[3] Gerhart Prager schließlich erklärt unumwunden: «Auf der Suche nach neuen Autoren sollte man sich an die Lyriker halten. Ihr Gefühl für Form und Rhythmus, für Melos und Sprachsymbolik prädestiniert sie.»[4] Als Beispiel hätte er natürlich Günter Eich nennen können. Die von Schwitzke entworfene Poetik der Blende im Hörspiel betont gleichfalls den Unterschied zum Drama, wenn auch

Schwitzke selbst einen nicht überzeugenden Versuch unternimmt, die Präsentationsweise des Hörspiels mit der des epischen Theaters in Harmonie zu bringen. Er unterscheidet vier Formen der Blende: die Schauplatzblende, d. h. den Übergang von einem Ort zum anderen; den Sprung auf der Zeitachse nach rückwärts oder nach vorwärts, also die Rückblende oder den Zeitsprung, auch die Zeitdehnung, ebenso die Verkürzung von Zeitabläufen; die Realitätsblende, das meint den Übergang von einer Wirklichkeit zur anderen; schließlich die Stilblende, den Übergang von einer Darstellungsart zur anderen, von der Erzählung zum Dokumentarbericht, zum lyrischen Text usw.[5] Die Blende wird meist als langsamer, weicher Übergang begriffen. Dies scheint dem Verständnis des Poetischen zu entsprechen, das in den fünfziger Jahren auch für einige Spielarten des Theaters bindend gewesen ist. Die freiere Verfügbarkeit über Raum und Zeit, über Figur und Rede, über Perspektiven der Wahrnehmung, über Außen- oder Innensicht, schließt das Hörspiel im System der Künste jedoch enger an den Film als an das Theater an. In der Praxis hat sich dies vorerst nicht ausgewirkt, zu einer Wanderung der Stoffe zwischen Hörspiel und Film ist es selten gekommen. Erst das Fernsehspiel erschließt sich das Hörspiel-Reservoir und gewinnt etliche Hörspielautoren wie Claus Hubalek, Dieter Meichsner, Gerd Oelschlegel oder Benno Meyer-Wehlack.

Schönings weiterer Vorwurf, die Autoren der älteren Generation seien desinteressiert an der Realisierung ihrer Hörspiele, trifft in dieser Striktheit nur bei wenigen zu. Zweifellos, die meisten Hörspiele entstanden während der fünfziger und noch der sechziger Jahre am Schreibtisch und nicht am Mischpult. Zwischen den Aufgaben des Autors und des Regisseurs wurde klar getrennt. Die Kunst der Regie bestand etwa darin: Räume zu illusionieren, Rede und Stille zu vermischen, Geräusche als Kulisse oder als wichtige Komponente einzuführen, von einer Stimme zur anderen überzugehen, Musik funktional oder als Hintergrund einzusetzen usw. Diese Techniken gliederten sich für Autoren zu einem Kanon überschaubarer Regeln, die viele Varianten zuließen. Natürlich dominierte das Verhältnis von Sprache, Stille und Geräusch. Der Schriftsteller konnte es dank seiner Hörerfahrung und geübten Vorstellungskraft vorwegnehmend in der Regieanweisung beschreiben. Daß etliche Autoren keine großen Kenntnisse im Bereich der Psychoanalyse aufwiesen, ist vermutlich unbestreitbar. Doch will dies nicht sagen, daß ihre Beobachtungen psychischer Mechanismen deshalb oberflächlich seien, zumal Erinnerung und Lebensprüfung in ihren Hörspielen eine wichtige Rolle spielen. Stichhaltiger ist wahrscheinlich der Vorwurf Schönings, die Autoren und Redakteure des traditionellen Hörspiels hätten sich nicht als Teil der Kultur- und Bewußtseinsindustrie gefühlt, in dem Sinne, daß sie die Schematisierung ihrer Arbeit zur Warenform beobachtet hätten. Indes, sie wählten oft die Abweichler und Ausbrecher zu Helden. Non-Konformismus war ein Kern ihrer verkündeten Moral, der Weg zur extremen Erfahrung eine typische Handlungslinie. Ist häufige Wiederholung solcher Motive, Themen, Figuren nur als marktgesetzlich bedingte Stereotypisierung des Hörspiels zu bestimmen? Oder ist die Wiederholung nicht auch Kennzeichen einer Reaktion auf eine gesellschaftliche Lage – in der Autoren meinen, Taubheit und Unempfindlichkeit überwinden zu müssen, und dabei erkennen, daß sie nur aus eigenem Auftrag handeln?

2. Günter Eichs Exempel

Eichs Hörspiele aus den fünfziger Jahren müssen als Meisterwerke der Gattung betrachtet werden. Noch reißt die Reihe der wissenschaftlichen Studien nicht ab, die diesen Texten gelten. Sie zeichnen sich aus durch ihre außerordentliche sprachliche Prägnanz, den Sinn für die Doppelbedeutung von Worten, die spannungsvolle Entfaltung von Vorgeschichte und weitertreibender Handlung im Dialog, durch das geistreiche Spiel mit Rollenvertauschungen und Realitätsebenen, durch diskrete Emphase – leicht verhüllt oder gebrochen durch Ironie – und durch den Zauber exotischer, auch mythisierender Fabelelemente. Viele der Themen Eichs finden sich in der Hörspielarbeit der Epoche: die Annäherung an den Tod als das unbezweifelbar Reale; das Ausgestoßensein aus einer gewohnten Existenz; die Vorstellung, das einmal gelebte Leben könne gegen ein anderes eingetauscht werden; das Bewußtsein davon, daß die Identität von Menschen durchlässig sei; den Gestus des tastenden Vorwärtsgehens und zaghaften Suchens, des Ankommens an einem oft unerwarteten Ziel (dem Tod). Es ist zu vermuten, daß diese Thematik der Gefährdung, der schwierigen Sinnbestimmung, des Durchbruchs zu einem neuen Leben mit solcher Schärfe wohl nicht in den fünfziger Jahren aufgegriffen worden wäre, wenn die Generation dieser Autoren nicht das Dritte Reich, die Kriegs- und die Nachkriegszeit erlebt hätte und damit auch die Vergänglichkeit und den Ruin von Wertsystemen, die moralische und materielle Not, die Unruhe, die aus der alten Lebensform hinaustreibt. Mit der Wahl solcher Gegenstände verbindet Eich allerdings eine eigentümlich skeptisch-sachliche Haltung, die sich oft in sarkastischer Kommentierung, in satirischem Spott kundgibt, aber leise und bedächtig. Eich neigt dazu, den Ton zu dämpfen, die Rede zum Lapidaren zu verknappen. Viele seiner Personen geben sich als widersprüchlich und vielschichtig zu erkennen. Schon darin macht sich sein Sensorium für soziale Prägungen und Orte bemerkbar, ebenso in der Fähigkeit, Rang- und Autoritätsstufungen, Generations- und Geschlechtsunterschiede in den Dialogen mit Präzision zu verdeutlichen. Eichs Hörspiele eröffnen einen gesellschaftlichen Kommunikationsraum, in dem Normen und Zwänge das Verhalten seiner Mitmenschen formen, zudem Ängste, die rückwärts und vorwärts gerichtet sind, Angst als kulturelles Muster oder kollektive Erfahrung, Angst, die den einzelnen anfällt und ihm alle Sicherheit raubt.

In *Die Mädchen aus Viterbo* (1953) müssen sich zwei Juden, der Großvater und die halbwüchsige Enkelin, in einer Berliner Wohnung im Jahr 1943 versteckt halten, akustisch umzingelt von dem Brummton der alliierten Bomber, dem Krach der Explosionen und dem Geräusch der noch bedrohlicheren Schritte auf der Treppe. Am Ende werden sie von den hereinpolternden Nazis gefaßt. In der erzwungenen Isolation beschäftigen sie sich mit ihrer aus einem Zeitungsbericht entwickelten Phantasiegeschichte: Eine Schulklasse aus Viterbo verirrt sich mit ihrem Lehrer in den römischen Katakomben und wird nicht gefunden. Die Enkelin spinnt den Illustriertenbericht weiter, zunächst bis zu einer positiven Lösung. Die Verirrten sollen gerettet werden. Später wählt sie die negative Alternative. Die Mädchen bleiben ohne Hoffnung im Dunkel zurück. Diese letzte, die realistische Version wird in großer Hast erzählt, während draußen schon die Häscher an die Tür donnern. Das Hörspiel spiegelt zwei Handlungen ineinander, die zum selben Punkt führen, zur Hinnahme des unausweichlichen Todes. Um Eingeschlossene handelt es sich beide Male. Die junge Jüdin Gabriele sieht sich um ihr Leben beraubt, eigentlich hat es, so meint sie, noch gar nicht begonnen. An der Seite des alten Mannes, dessen formelhafte Weisheiten sie kaum mehr ertragen kann, außerdem noch im kargen Gespräch mit der Wirtin, deren wohlberechtigte Vorsichtsmaßnahmen sie allmählich nur noch mit bitterem Spott glossiert, äußert Gabriele viel deutlicher als die Mädchen in den Katakomben ihre Verzweiflung und Existenzvernichtung. Die politisch bedingte Verfolgung und Verlorenheit wird von Eich intensiver dargestellt als das vergleichsweise friedliche Sterben der verirrten Mädchen aus Viterbo.

Was zwingt Eich zur Konzeption tragischer Geschichten, bei denen die Betroffenen keine Chance haben, dem Verderben zu entgehen? Es ist schwer zu entwirren, in welchem Maße sich die Erfahrung der Vergangenheit, der Eindruck einer ‹lebensgefährlichen Außenwelt› und die Grundstimmung des Bedrohtseins – im Widerspruch zum Aufbau der Bundesrepublik, nicht im Widerspruch zur Weltlage des Kalten Krieges – untereinander vermengen.

Theologisch-religiöse Stichworte oder gar Glaubensdispute durchsetzen etliche Hörspiele dieser Zeit. Das Problem des Fortgehens und Ankommens stellt die räumliche Kategorie dieser Suchbewegung dar. Das Problem, wie das Unbegreifliche oder Ungreifbare Sprache werden kann, bezeichnet die Krise der Ausdrucksfähigkeit, eine Krise, die bei metaphysischen Gegenständen für gewöhnlich gegeben ist. Noch in *Die Mädchen aus Viterbo* wird der Anruf Gottes als Hilfeschrei in einer extremen Notlage, als Ausdrucksgebärde aufgefaßt: «Ich glaube, man kann erst beten, wenn man nichts mehr von Gott will.» Der Existentialismus Eichs in den Spielen der frühen fünfziger Jahre läßt authentisch gemeinte religiöse Bekenntnisse nicht zu – und eine theologische Interpretation wird eher die Reduktion des Glaubens auf moralische Entscheidungen beobachten können.

Auch der Identitätszweifel, der für Eichs Hörspiele zentral ist, berührt die Frage nach einer gerechten Ordnung, weil der Sinn des Leidens und der ungleichgewichtigen Verteilung des Leids nicht zu erkennen ist. Eichs Ratlosigkeit ist fundamental und verweigert sich dem Trost jeder eilfertigen Doktrin.

In *Die Andere und ich* (1952) – Eich erhielt für das Stück den Hörspielpreis der Kriegsblinden – erlebt eine durch Italien reisende Amerikanerin einen tiefgreifenden Persönlichkeitswechsel. Er wird äußerlich dadurch motiviert, daß sie beim Baden im Meer eine Art Ohnmachtsanfall erleidet. Ihre Familie kann sie gerade noch vor dem Ertrinken retten. In diesem Ohnmachtstraum tritt sie, die wohlhabende, vom Glück verwöhnte Frau aus dem fernen Westen, an die Stelle einer alten Einheimischen, die sie bei ihrer Autofahrt kurz einmal gesehen hat, und durchlebt deren Schicksal von Jugend auf: die Heirat mit dem ungeliebten, älteren Mann, die Liebe zu dem jüngeren Mann, der später zum Mörder am älteren wird, das Heranwachsen der Kinder, von denen der älteste Sohn sie hintergeht und dann als Partisan gegen die Nazis fällt, von denen der zweitälteste Sohn im Weltkrieg vermißt bleibt. Es handelt sich um einen Lebenslauf, der durch Entbehrungen und Verluste gezeichnet ist, abstechend vom Wohlleben der Amerikanerin Ellen Harland, die im Traum die Existenz der Armut am eigenen Leib erfährt. Nachdem sie sich etwas erholt hat, sucht Ellen Harland «die Andere» auf, die Italienerin Camilla, doch sie kommt zu spät. Die alte Frau ist gestorben. Die familiären Katastrophen haben das allmähliche Verstummen der Hauptfigur zur Folge. Wem auch soll sie sich anvertrauen, da kaum jemand von den Ihren übrig geblieben ist. Der Autor erspart Camilla auch jeden kirchlichen Segen.

Eichs Einfühlung in das arm- und mühselige Leben Camillas, das den Hauptteil der Hörspielfabel ausmacht, in das Milieu der Leute im fernen und kargen Comachio, hat nichts Herablassendes an sich. Das Hörspiel bestreitet die Selbstherrlichkeit mittelständischer ‹bürgerlicher› Wert- und Lebensvorstellungen – allein schon durch die Blickverschiebung, die es vollzieht. Dabei ruft Eich die spezifische Stimmung des anderen Lebens, das eine italienische Fischersfrau führt, vor allem dadurch hervor, daß er Szenen, die nur visuell angemessen darstellbar scheinen, akustisch präsentiert: den Abschied des Fischers von seiner Frau, der abends aufs Meer hinausfährt; den Ort, an dem sich der zweite Mann erhängt hat, auf dem die Kinder gespielt haben, von dem aus die alternde Camilla auf die Straße sieht, um vergeblich auf die Rückkehr ihres Sohnes zu warten.

Die Imaginationskraft des Hörspiels beruht nicht zuletzt darauf, daß die mediale Begrenzung auf das Nur-Hörbare durch kompensatorische Beschreibung von Schauplätzen und Situationen im Gespräch und in der Erzählung, durch akustische Rekonstruktion aufgewogen wird.

Spielerischer und satirischer zugleich findet sich die Vertauschung der Identitäten in Eichs Hörspiel *Der Tiger Jussuf* (1952) wieder.

Jussuf erlebt verschiedene Verwandlungen, bis er zum Schluß auf rätselhafte Weise in die Gestalt, besser: die Stimme der Kunstreiterin Anita geschlüpft ist, deren Augen plötzlich dem betrachtenden Liebhaber den unverkennbaren Tigerblick zeigen. Vielleicht lädt die Form des Hörspiels dazu ein, durch den schnellen Wechsel der Stimmen auch einen ebensolchen Wechsel der Charaktere vorzuführen.

Die durch das Medium gegebene Möglichkeit, die traditionalistische Persönlichkeitsideologie außer Kraft zu setzen oder die gesellschaftliche Wunschvorstellung zu erfüllen, eine einmal angepaßte Erscheinungsmaske abwerfen zu dürfen, wird von Eich entweder betont komödiantisch oder bewußt kritisch benutzt. Wirkt *Das Jahr Lazertis* (1954) ein wenig mystifizierend: ein junger Mann sucht auf geheimnisvollen Wegen, geleitet von einem Wortzauber, nach der Aufgabe seines Lebens und findet sie schließlich im Dienst an Leprakranken in Südamerika, so verbinden sich komödiantische und kritische Perspektive im Hörspiel *Die Brandung vor Setubal* (1957):

Die gealterte Geliebte des portugiesischen Dichters Camões, der an der Pest gestorben sein soll, kann an den Tod des Mannes nicht glauben. Von dem Ort ihrer Verbannung reist sie in die Hauptstadt, um Gnade beim König zu finden und außerdem Camões zu suchen. Doch wieder ist die Seuche in Lissabon ausgebrochen, und Catarina steckt sich an, indem sie den Leichnam des an der Krankheit verstorbenen Königs berührt. Sie kehrt in ihr Asyl zurück, um dort zu sterben, nur noch von ihrer Zofe Rosita begleitet, einem lebensvollen, uninfizierbaren Mädchen vom Lande. Die Gewißheit des eigenen Endes verbürgt ihr die Gewißheit des Todes, den ihr Liebhaber gefunden hat. Bildeten sich in ihrer Einsamkeit Zweifel an der Beschaffenheit der Wirklichkeit um sie herum, so verliert sich dieses Mißtrauen bei der Konfrontation mit dem Unabänderlichen.

Das vielleicht nicht unerwartete und traurige fabula docet erhält Witz durch die Schilderung der alternden Catarina als einer ehrwürdigen Lustspielfigur, die sich dem Rotwein ergeben hat und durch das Leben im Exil, nur von wenigen Menschen umgeben, schrullig geworden ist.

In den folgenden Hörspielen Eichs erhält die existentielle Entscheidung seiner Helden einen moralkritischen Akzent. Im Legendenton wird zur radikalen Umkehr aufgerufen. Als spöttisch-argwöhnische Korrektur einer frommen Lüge erweist sich die umerzählte Geschichte von *Festianus Märtyrer* (1958).

Den Helden des Hörspiels hält es nicht im Himmel, er geht in die Hölle, um da weiter seinem heiligen Auftrag nachzukommen, und er beginnt, an der Gerechtigkeit der Scheidung in Himmel und Hölle zu zweifeln. Die Darstellung der Hölle, die irdischen Konzentrationslagern angeglichen scheint, wird im Hörspiel ironisch zersetzt, ohne daß am Ernst des Leidens Zweifel aufkommen. Die theologischen Systeme, die bequemen Einteilungen in Gut und Böse, funktionieren nicht mehr.

Die schwer erkaufte oder die arg verkleinerte Hoffnung: wenn vom Prinzip Hoffnung im Blick auf die Hörspiele Günter Eichs gesprochen werden soll, dann in dieser Form. Die Hoffnung des Märtyrers besteht darin, sein Leben auch jenseits der Todesgrenze so weiterführen zu können wie bisher: als Mitleidender, als Geselle der Armen und Gequälten.

Die schaurig gewordenen Zukunftsvisionen im Atomzeitalter lassen sich offenbar nur noch im Modus des verfremdenden Zitats altehrwürdiger Geschichten oder helldunkler Prognosen vertragen.

In *Die Stunde des Huflattichs* (1958, Neufassung 1964) führt Eich eine Gruppe von Menschen vor, die von der ‹Invasion› des extrem wachsenden Huflattichs überrascht und aus ihrem Alltag gerissen werden. Das Ende der bewohnten Erde scheint gekommen. Nur noch wenige Überlebende, Robinsone, haben sich in dem neuen Bio-Milieu eingerichtet. Sie vegetieren dahin, nur der eine hält noch die Erinnerung an das Vergangene wach, soweit ihm das gelingen will. Schon aber kündigt sich eine neue Phase an: Die Stunde des Huflattichs ist bald vorbei, es kommt die Stunde der Berge, in der die Erde von Feuerschleiern überzogen sein wird. Dies bedeutet den Tod für die Menschen und den Huflattich.

Eich bewegt sich in diesem Hörspiel in der Nomenklatur phantastischer Erzählliteratur, wie sie Alfred Döblin etwa in *Berge, Meere und Giganten* benutzt hat. Das satirisch-witzige Spiel mit Genre-Konventionen drängt sich zum Teil vor den schwarzen Hintergrund: die Drohung, daß die zivile Welt in einen unaufhaltsamen Verfall hineingezogen wird. Eich geht auf elegante, souveräne Weise mit dem Stoff um. Er pointiert die Problematik, hebt die Handlung auf die Ebene wirklichkeitsüberlegenen Spiels, wobei er erkennen läßt, daß er nur im Spiel der Wirklichkeit überlegen sein kann. Der Realität wird von ihrem Stachel nichts genommen.

Dennoch ist auffällig, daß sich der Autor zusehends Kunstfiguren, ironisch konzipierte Konstrukte schafft, die artifizieller als zuvor ausfallen. Von der bedrängenden Nähe einer Welt, aus deren Bann sich in den Träumen von 1951 nicht flüchten läßt, ist in den Hörspielen Günter Eichs gegen Ende der fünfziger Jahre nicht viel zu verspüren. Moral und Grauen hüllen sich in das Gewand glitzernder Einfälle. Es mag sein, daß diese Differenz zwischen res und verba Eich dazu bewogen hat, in den nächsten zehn Jahren als Hörspielautor beinahe zu verstummen. Einerseits haben die vielen Überarbeitungen, die er seinen Werken angedeihen läßt, die Prägnanz der sprachlichen Artikulation verstärkt, ebenso die Tendenz zur pointierten Kürze in Monologen und Dialogen, auch das szenische Sehen dramatischer Situationen reicher in Worte, Geräusche und Schweigen übersetzt. Andererseits scheint es, daß die Denk- und Phantasiespiele Grundkonstellationen wiederholen: das Nichtentrinnen-Können, die radikale Umkehr, die Entgrenzung der Konturen, die ein Ich vom anderen abheben.

3. Der Staats- und Politikverdacht im Hörspiel

An der Entwicklung Günter Eichs läßt sich ablesen, daß das Hörspiel der fünfziger Jahre zwar imstande gewesen ist, grundsätzliche existentielle und moralische Entscheidungskonflikte auch in einem gesellschaftlichen Umfeld durchzudeklinieren. Doch geht dies auffälligerweise mit dem Rücken zur staatlichen Realität der Bundesrepublik vor sich. Die Ausblendung der Bereiche Wirtschaft, Rechtswesen, Arbeit erklärt sich gewiß aus der Situation der Intellektuellen, die damals keinen Anspruch auf Macht und Einfluß erhoben, erheben durften, auch aus der Erfahrung eines übermächtigen Staates während der zwölf Jahre der Hitler-Diktatur. So werden Probleme ohne Zaghaftigkeit aufgegriffen, die sich aus dem Verhältnis zur Vergangenheit und zur Nachkriegsgesellschaft ergeben, doch bleiben im Personal der Hörspiele meistens die Rollen ausgespart, die die funktionierenden Institutionen der zeitgenössischen politischen Verfassung und Verfassungswirklichkeit vertreten könnten. Die Frage nach Recht und Unrecht wird entschieden, ohne an die hierfür vorgesehenen Organe zu denken. Charakteristisch für den umfassenden Staats- und Politikverdacht, der sich im deutschsprachigen Hörspiel der ersten zwanzig Nachkriegsjahre zu erkennen gibt, ist Friedrich Dürrenmatts (1921–1991) Werk *Die Panne* (1956).

Über den Vertreter Traps, der eines Abends in einem kleinen Dorf wegen einer Autopanne übernachten muß und von vier würdigen alten Herren als Gast in ihr Haus aufgenommen wird, sitzen vier Pensionäre des Justizwesens – ein Richter, ein Staatsanwalt, ein Verteidiger und ein Henker – zu Gericht. Im Verlauf der Verhandlung kommt heraus, daß Traps am Tod seines Chefs nicht unbeteiligt gewesen ist. Und doch bleibt sie nur eine Abendunterhaltung – ohne reale Folgen für den Schuldigen, der am nächsten Morgen alles rasch vergessen hat und weiterfährt, willens, als Exponent eines unter Umständen auch mörderischen Systems (dies gehöre zur Logik der Konkurrenz) unbeirrt so zu handeln wie immer. Die Fähigkeit von Traps, den gewöhnlichen Egoismus und die offenbar für das Geschäftsleben erforderliche Brutalität bei der Jagd nach dem Vorteil vor sich selbst als Normalverhalten zu rechtfertigen, korrespondiert der Fähigkeit, Gewissensregungen und Anlässe zu solchen Irritationen schnell zu verdrängen. Ein schuldlos Schuldiger begegnet uns – und entkommt. Bemerkenswert ist, daß Dürrenmatt in der gleichzeitig entstandenen Erzählung *Die Panne* seinen Helden, der sich in der durchzechten Nacht um Kopf und Kragen redet, am Ende den Freitod wählen läßt. Diese Art von Exekution stellt in der Erzählung so etwas wie poetische Gerechtigkeit her. Das Hörspiel verweigert solches Wunschdenken.

Die Figur des Täters, der unbescholten weiterleben darf, ist in der Diskussion über die Nazi-Vergangenheit und ihr Fortwirken in Gestalt einiger Repräsentanten der braunen Herrschaft zu einem realen Topos geworden. Das Versagen der Strafverfolgung von Nazitätern spiegelt sich in diesem Hörspiel darin, daß bereits pensionierte Beamte dieser Behörde ein Urteil fällen – das allenfalls die Wirkung eines geselligen Scherzes hat. Unbelehrbarkeit und Unerschütterlichkeit anpassungswilliger, «konformistischer» Zeitgenossen, zumal derer, die in ihrem Wertsystem als Politiker oder Geldverdiener erfolgreich funktionieren wollen, wählt Dürrenmatt wiederholt zum Thema, zum Beispiel auch in *Das Unternehmen der Wega* (1955).

Das Science-Fiction-Hörspiel handelt, in skurriler Übertreibung, von dem Versuch der westlichen Erdregierung, auf dem Planeten Venus lebende Menschen, die vom Osten wie vom Westen als Straffällige und Abweichler dorthin verbannt worden sind, für ihre Sache zu gewinnen. Als dies nicht gelingt, wird die Venus bombardiert. Dürrenmatt stellt die extreme Borniertheit des militärischen Kalküls bloß, das eindimensionale Denken von Machtapparaten, auch das Gedankenspiel mit einem Krieg, der – schreckliches Paradox – Angreifer und Verteidiger gleicherweise in den Abgrund zieht. Dank ihrer professionellen Tüchtigkeit in den einzelnen Sparten führen die Vertreter des einmal etablierten Angriffs- und Verteidigungssystems ohne Umschweife die Vernichtung des Ganzen herbei, ohne moralisches Zögern. Dürrenmatts Neigung zur grellen Überpointierung unterstreicht eher das Demonstrative als das Mögliche seiner Fiktion.

In gewisser Hinsicht gelten solche Anerkennung und Einschränkung auch für Max Frischs Hörspiel *Herr Biedermann und die Brandstifter* (1953), das dem Drama gleichen Titels um Jahre vorausging. Der Biedermann des Hörspiels ist eher noch Nachbar, harmloser Bürger, argloser Opportunist, als der abschätziger gesehene Biedermann des Schauspiels. Beim Transfer des Stücks aus dem Hörspielstudio auf die Bühne wird familiäre Gemütlichkeit abgestreift.

Dürrenmatts und Frischs Hörspiele streben in den fünfziger Jahren – ähnlich wie ihre Theaterstücke – zur Parabelform. Die Handlung beansprucht, als verdichtete und verkürzte Darstellung denkbarer und wahrscheinlicher Vorgänge gehört zu werden. Indem das parabelhafte Hörspiel die Logik historischer Abläufe weiterspinnt, spricht es Mahnungen und Warnungen aus, zeigt in der Zeit ungehemmter Atomversuche und eines immer wieder in offene Kampfhandlungen umkippenden Kalten Krieges keine Scheu davor, «die schlimmste Wendung» (Dürrenmatt) vorzuspielen. Ihre Fabelkonstruktionen zeugen davon, daß die Autoren meinen, alle hätten aus den Ereignissen der Vergangenheit nicht genug gelernt, insbesondere die ‹Verantwortlichen›, so daß sich also die Fehler zu wiederholen drohen. Die Kluft zwischen politischer Praxis auf der einen und literarischem Kommentar auf der anderen Seite scheint unüberbrückbar. Die Gefahr solch prinzipieller Antithetik der Positionen liegt vor allem darin, daß die literarische Phantasie ihre Parabeln immer weiter von der ungünstig beurteilten Wirklichkeit abhebt. Die gewonnene Autonomie der Hörspiel-Fiktion wird mit einem Verlust an Realitätsgerechtheit erkauft. So drückt sich die Abwehrhaltung, die viele Hörspielautoren einem Geschichtsverlauf gegenüber einnehmen, der so gar nicht ihren Vorstellungen entspricht, in einem eigentümlichen Nebeneinander von Bruchstücken aus der Außenwelt und symbolischen Gestalten aus.

4. Parabeln vom Tode

Eines der bekanntesten Beispiele für die Poetik des Changierens zwischen Realitätsverweis und parabelhafter Überhöhung ins Gleichnis ist Fred von Hoerschelmanns (1901–1976) Hörspiel Das Schiff Esperanza (1953).

Der junge Axel Grove heuert als Matrose auf einem Schiff an, das zu Unrecht den Namen «Esperanza» trägt. Weder für ihn noch für die anderen, die auf diesem Schiff fahren, besteht viel Hoffnung. Der Kapitän ist der verschollen geglaubte Vater, keineswegs ein Repräsentant jener Generation, die dem Dritten Reich treu Gefolgschaft gelobt hat, vielmehr schon seinerzeit ein fragwürdiger Mann, der nun endgültig zum verkommenen Subjekt geworden ist. Er nimmt blinde Passagiere auf, die er für die Überfahrt nach Amerika teuer bezahlen läßt, aber dann – wie auch in diesem Fall – auf Sandbänken aussetzt, die bald überflutet werden, so daß die ahnungslosen Menschen sterben. Der Sohn will nicht in die Fußstapfen seines Vaters treten und schließt sich den ausgesetzten Passagieren an. Zu spät erfährt der Kapitän, daß unter denen, die von Meereswogen überspült werden, auch sein eigenes Kind ist. Einer der blinden Passagiere, mit dem Axel Grove den Platz getauscht hat, bleibt auf dem Schiff zurück. Unter dem sternklaren Nachthimmel jubelt er rauschhaft-entzückt das Wunder der Natur an. Der schroffe Gegensatz zwischen enthusiastischer Hymnik und kaltblütiger Mordplanung, Sohn und Vater, großer Natur und erbärmlichem Menschenwerk scheint kaum in befriedigender Weise auslegbar zu sein. Die zellenartig sich abschirmenden Existenzen ziehen jede für sich ihre Bahn. Verständigung ist unmöglich. Familienbindungen erscheinen als ruiniert und nur in sentimentaler Anwandlung als wiederherstellbar. Die sich gar nicht mehr schamhaft verhüllende Geldgier als Lebensprinzip der ‹Alten› setzt alle traditionellen Handlungshemmungen außer Kraft. Vor den Vätern sterben die

Söhne. Das Hörspiel Hoerschelmanns scheint das Mißtrauen, das die skeptische Generation gegen die korrumpierte Welt und Herrschaft der Väter hegt, nachdrücklich zu bestätigen.

Historische und aktuelle, allgemeine und individuelle Aspekte der Schuldfrage spielen im Hörspiel der fünfziger Jahre eine erhebliche Rolle. Die Autoren haben den Ehrgeiz, in Parabeln die Geschichte bis zur unvorstellbar entsetzlichen Konsequenz weiterzudenken. Selten nehmen sie dabei eine höchstrichterliche Haltung ein. Vielmehr legen sie Wert darauf, Pro und Contra mit soviel Sorgfalt abzuwägen, daß es am Ende weniger zu Schuldsprüchen kommt als zu fast diffusen Rekonstruktionen der Tatmotive. Wichtiger scheint, daß sich eine Figur opfert – um auf diese Weise zu sühnen oder ein moralisches Exempel zu statuieren, das bei den Zuhörern verlegene Betroffenheit auslösen kann. Das Lebensopfer half in der Literatur der fünfziger Jahre, so viele dramatische Knoten zu lösen: als gegen sich selbst gerichtete Strafsanktion, weil im Umkreis einer heilschlaf-ähnlichen Verdrängung der Vergangenheit (wie es Sebastian Haffner sieht) das Schuldgefühl dennoch ins Bewußtsein drängte, konkrete Gestalt annehmen wollte. In Fred von Hoerschelmanns Hörspiel *Die verschlossene Tür* (1952) wird eine bemerkenswerte und aufschlußreiche Lösung gegeben.

Der nach Polen umgesiedelte baltische Baron Kedell und seine Frau sehen sich auf dem ihnen zugewiesenen Landgut plötzlich dem ursprünglichen Besitzer gegenüber, einem jüdischen Bankier, der sich dort versteckt hält. Der Baron, durchaus kein ausgeprägter Anti-Nazi, eher unpolitische Natur, sieht sich gezwungen, aus brüderlichen Motiven den Verfolgten, der seiner Generation angehört, für seinen Bruder auszugeben (der wahre Bruder ist zuvor auf der Flucht gestorben). Für diese Rettungstat revanchiert sich am Ende der Jude, indem er dem Baron die Flucht vor den polnischen Partisanen und der Roten Armee ermöglicht. Dabei opfert er sein Leben. An diesem schmerzlich-schrecklichen Ende fällt zumindest zweierlei auf: Der Jude erleidet das Schicksal, das ihm die Deutschen von vornherein zugedacht haben – nur nimmt er es freiwillig auf sich, um damit eine gute Tat zu leisten. Die Annäherung zwischen den beiden würdigen alten Männern gelingt unter dem Leidensdruck. Doch scheint es zur historischen, zumindest zur dramatischen Regel zu gehören, daß das Überleben des einen mit dem Tod des anderen erkauft werden muß.

Wie beim *Schiff Esperanza* trifft der Tod die Unschuldigen, während die nicht ganz Schuldfreien mit der Erinnerung an diesen Opfergang davonkommen. Hoerschelmann zeigt ihre Zerknirschung, ihr Entsetzen – läßt sein Publikum aber keine Vermutung darüber anstellen, ob sich dadurch ihr Leben ändere. Vermutlich wird es nicht so sein, dafür sind die Protagonisten, die das Überleben schaffen, schon zu ‹alt› – im biologischen und im moralischen Sinne. Das Hörspiel muß also daran erinnern, wozu uns die Toten durch ihr Sterben verpflichten können. Es handelt sich um eine primär existentialistische Argumentation, nicht so sehr um eine politische.

Selbst Autoren wie Alfred Andersch (1914–1980), die ihre zeitkritische Position früh deutlich gemacht haben, scheuen davor zurück, im Hörspiel als

Anwalt einer Sache, einer Person oder eines Rechtsanspruchs aufzutreten. Anderschs Hörspiel *Fahrerflucht* (1957) ist unterschrieben «Kein Polizeibericht», als wolle der Autor betonen, daß er kein Engagement für den Tag anstrebe. Ein Auto erfaßt im 100-km-Tempo eine Radfahrerin und schmettert sie zu Tode. Der Fahrer flüchtet, sucht eine Tankstelle auf, besticht den Tankwart, damit der nicht die Polizei auf seine Spur lenke. Die Kollision erschüttert drei Schicksale, die vorher abgesichert und absehbar erschienen. Der Zukunft oder der Hoffnung beraubt, bleiben die Beteiligten zurück. Der Tankwart verstummt unschlüssig, enttäuscht durch sein eigenes Versagen. Der Verkehrssünder hat nur noch wenig Zeit, bis ihn die tödliche Krankheit übermannen wird. Das Opfer hat sofort den Tod erlitten.

In den Erinnerungen der beiden älteren Männer taucht die Vergangenheit auf. Der Tankwart denkt an den Krieg, damals hat er als Soldat schon einmal in einer ähnlichen Lage gekuscht. Doch Drittes Reich und Terror, Bomben und Besatzung fehlen in diesem Gedächtnis. Der Autofahrer, der den Unfall verursacht hat, repräsentiert den Typus derer, die sich keine Zeit für die Trauer lassen: ein Manager, Symbolfigur für das Wirtschaftswunder, erfolgreich, aber ausgehöhlt, egoistisch, aber nüchtern in der Beurteilung seiner Lage. In seinem Selbstgespräch ist viel vom ‹Gebrauchen› die Rede. Zweckfrei erscheint ihm nichts mehr. Die Sprache des Verwertens scheint diesen Mann zu richten. Doch zögert man, diesen Urteilsspruch zu fällen, denn mit dem Denkhorizont eines dynamischen Unternehmers verschmilzt der eines desillusionierten Satirikers. Glück, Mißgunst, Zufall sind für ihn abergläubische Begriffe. Aber er ahnt, daß die Aussperrung des Gefühls sich gerächt hat. Vor einem unsichtbar und stumm bleibenden Gerichtshof klagen sich der Manager und der Tankwart an. Ihr Leben ist nach einem Schema verlaufen. Die Schuld des Managers wird wenigstens zum Teil dadurch bestraft, daß er sterbenskrank ist. Hat die Krankheit im nachhinein eine Rechtfertigung erfahren durch die Tötung eines anderen Menschen? Kann man beim Tod des Mädchens von einem Opfer sprechen – offenbar ist dieser Tod doch völlig sinnlos gewesen und hat eine junge Frau mit normalen, ziemlich klischeehaften Träumen getroffen? Allen drei Figuren ist der Gestus der Kapitulation eigen: der Tankwart kapituliert vor der Einschüchterung, der Manager vor seiner Krankheit und seiner Panik, das Mädchen vor dem Mann (das Wort «Hypnose» fällt) und seinem eigenen Wunschtraum. Sie können sich allesamt nicht wehren. Nur der Tod scheint ihre starre Lebensform verändern zu können. Bevor sie sich versehen, ist es um sie geschehen.

Die Abwesenheit jeder Revolte in den Hörspielen dieser Zeit soll ihnen nicht zum Vorwurf gemacht werden. Dennoch ist es erstaunlich, hält man sich die breite Rezeption des französischen Existentialismus, gerade von Albert Camus, vor Augen. Unter den Alternativen bot sich an: das melancholische Ausharren im falschen Leben oder die konsequente Abkehr von der Sphäre, die man gewöhnlich mit Geschichte bezeichnet. Hildesheimers (1916–1991) Figuren kennen diese häßliche Wirklichkeit und meiden sie.

In *Prinzessin Turandot* (1954) besiegt ein falscher Prinz und Abenteurer die furchtbare Jungfrau im virtuosen Dialog. Doch will er gar nicht Fürst werden, will nicht an die Macht. In allen Varianten des Turandot-Stoffes bei Hildesheimer bleibt diese Komponente erhalten. Worte sind diesem Helden teuer, denn von schlimmen Taten habe man genug. Durch Schwindelei, durch Erfindungen verdreht er nicht nur die Wirklichkeit, er setzt sie auch außer Kraft. Doch nur für eine Weile läßt sich die gleichgültige, grausame Realität wegreden. Eine ähnliche Erfahrung macht das Ehepaar in Hildesheimers späterem Hörspiel *Unter der Erde* (1962). Die beiden Partner versuchen, aus einem enggeschlossenen Kreis auszubrechen. Sie holen das Draußen, das ganz Andere als Phantasiebiographie in ihr Leben hinein. Unter der Erde – wohin sie durch ein Loch im Garten gelangt seien – haben sie wunderbare Abenteuer in einem Palast erfahren, Glück wie noch nie. Alles ist eine bezaubernde Täuschung, die vor der unveränderlichen Gegenwart entschwindet. Wie eine Fortsetzung von Jean Giraudoux' Vorkriegsdrama *Der Trojanische Krieg findet nicht statt* wirkt Hildesheimers Hörspiel *Das Opfer Helena* (1955). Helena erzählt, wie sie zum ersten Opfer des Trojanischen Krieges geworden ist, Spielfigur im Kalkül der machtgierigen und schlachtlüsternen Herren Menelaos und Paris. Zwischen den beiden kriegswütigen Männern und ihren dummen, donnernden Phrasen kann sich Helenas charmanter Leichtsinn, ihre überlegene Degagiertheit kaum behaupten. Immerhin, sie erzählt die Geschichte von dem Trug, den sie erlitten hat, und führt vor, daß die heitere Gegenwelt, so schwach und kraftlos sie zu sein scheint, noch in ihr selbst den Zeugen einer besseren, utopischen Ordnung der Dinge findet.

Die Nähe des Todes scheint auch im Hörspiel Augenblicke der Wahrheit zu ermöglichen. In diesem Fall sieht sich der Autor von der Schwierigkeit herausgefordert, dort Versöhnung herbeizuführen, wo das vorangegangene Leben eher eine Summe erlittenen Unrechts und verzehrender Versagung gewesen ist. In Peters Hirches *Heimkehr* (1955) nehmen wir an dem letzten Monolog einer 53jährigen Frau teil, die im Krankenhaus ihrem Tod entgegendämmert.

In der Tiefe ihrer Erinnerung durchlebt sie ihre Opfer-Geschichte noch einmal. Der Verwirrung der Gefühle überlagert sich die Verwirrung der Erzählung, Verwirrung, die durch die äußere Situation bedingt ist. So entsteht ein reiches Gedächtnisbild eines kümmerlichen und kummervollen Lebens. Hirches Protagonistin hat ihre Heimat verloren, in mancherlei Sinne des Wortes. Nicht nur Schlesien, wo sie herkommt, ist gemeint. Der Bewußtseinsstrom der Sterbenden macht das Abgesunkene wieder präsent und zeichnet den Umriß einer Persönlichkeit, die im Alltag unbemerkt vorübergegangen wäre.

Das mit dem Prix Italia ausgezeichnete Werk gemahnt nicht nur an bedeutende literarische Exempel, wie beispielsweise Hermann Brochs *Der Tod des Vergil* (1945) oder – weiter zurückgreifend – an Molly Blooms Schlußmonolog in *Ulysses* (1922) von James Joyce, sondern legt auch ein Muster fest, in dem Heimatverlust, Wertezerfall und Tod eine Konstellation eingehen. Leopold Ahlsens (* 1927) *Philemon und Baukis* (1955) wirkt wie eine freie Variation dieses Schemas.

Das alte Ehepaar im Griechenland des Zweiten Weltkriegs, in dem Deutsche und Partisanen einander bekämpfen, verficht eine völlig unzeitgemäße Ethik, indem es auf das heilige Gastrecht pocht, das auch Feinden zugute kommen soll. Ihre Liebe und Moral dauern unerschüttert bis in den unverdienten, gewaltsamen Tod. Züge des Antikriegsstücks verbinden sich in diesem Werk mit der Klage über eine verkehrte Welt, der man nur im Tode entrinnen kann.

In *Grenzgänger* (1960), dem ersten Hörspielerfolg des in der Tschechoslowakei geborenen, aber deutschschreibenden Jan Rys (1931–1986), vollzieht ein alter Flüchtling in einem Wiener Café eine Heimkehr im Geiste. Diese Heimkehr führt ihn zu Orten seines frühen Lebens, an denen jetzt Diktatur herrscht. Die Phantasiereise des Grenzgängers endet mit seinem Tod, gerade als er da angekommen zu sein wähnt, wo er als Junge, noch weltvertrauend, heimisch gewesen ist. Nun hat er Ruhe gefunden – offenbar gibt es nichts Besseres als den Tod. In Wolfgang Weyrauchs (1907–1980) *Die japanischen Fischer* (1955) fungiert der Sterbemonolog eines atomverseuchten Mannes, der sein Grab schaufelt, als Anklage und Mahnung.

Die Fischer, die vom Atomregen durchnäßt wurden und ahnungslos verseuchten Fisch verkauften, bringen sich um: ein stark pathetisches Memento, das verdeutlicht, welche Opfer unschuldige und einfache Menschen bringen, und vor den unkalkulierbaren Konsequenzen weltbedrohender Experimente mit der Bombe warnt.

Politische Mächte verursachen den sinnlosen Tod. Dies ist bei Ahlsen, Weyrauch, auf verwickeltere Weise auch bei Rys zu beobachten. Das Sterben gilt nicht nur als zwangsläufiges Naturereignis, es ereignet sich für Heimatlose, Flüchtlinge, arglose «Zivilisten» als gewalttätiger Eingriff, und es wird beschleunigt durch Menschenverachtung, die geschichtsmächtige Effizienz erreicht. Beispiele dafür sind in den Kriegsjahren der Vergangenheit zu finden wie in der Zeit danach: Die Schatten des Krieges oder kriegsähnlicher Verhältnisse liegen noch immer auf dieser Welt, kollektive Gefahren drohen allen – die Vernichtung des Menschen durch einen tyrannischen Staat, die Vernichtung des Menschen durch Waffen.

Das Pathos des Todes ist in der Literatur ein probates Mittel, Botschaften dieser Art Gewicht zu verleihen, also auch im Hörspiel. Dabei kommt es im Verlauf dieses Jahrzehnts zu Akzentverschiebungen. Für Fred von Hoerschelmann (*Das Schiff Esperanza*) oder Ilse Aichinger (*Knöpfe*, 1953) ist Tod noch ausdrücklich Tod des Individuums, ihm von typischen Statthaltern einer ‹bösen› Gesellschaft zugefügt. Die Gesellschaft kann dabei durch Habgier bestimmt werden wie bei Hoerschelmann oder als Moloch erscheinen, der die unverwechselbaren Menschen so lange bedrängt und überformt, bis sie Nummern – oder bei Aichinger eben Knöpfe werden. Um sich vor solcher Vergegenständlichung fernzuhalten, hilft nur die Arbeitslosigkeit, die Verweigerung, sich in den Betrieb eingemeinden und von der großen Maschine zurechttanzen zu lassen. Die Symbolik dieser Fabel konnte Aichinger bei Schreckensutopien von Samjatin bis Orwell entlehnen. Bald aber scheint der ‹Untergang› im Kollektiv oder der Tod der Idealisten in einer Zynikerwelt vom Hörspiel nicht mehr so beachtet zu werden wie eben der Tod, den – weniger symbolisch – Menschen Menschen zufügen. Wer davongekommen ist, muß beinahe Schuldgefühle entwickeln, Überlebensschuld empfinden. In anderer Weise wird der Tod als Schreckbild einer Zeit entgegengehalten, in der die ‹Schuldlosen› überhandnehmen: Der Tod in der Fabel erhält den Charakter der Strafandrohung.

5. *Vom Mißverständnis zwischen Liebenden*

Daß Glück nur als flüchtiger Traum zu erringen sei, auch das Glück der
Liebe, gilt im Hörspiel der fünfziger Jahre als kluge Einsicht. Liebessprache,
die Sprache der Liebenden stößt seit je an Grenzen der Ausdrucksfähigkeit.
In Hörspielen wird diese Herausforderung bewältigt, indem die Autoren
den Dialog der Liebenden ans Unwirkliche streifen lassen. In Peter Hirches
(* 1923) *Die seltsamste Liebesgeschichte der Welt* (1953) nehmen die Zuhörer
am Zwiegespräch einer reichen jungen «Sie» und eines armen jungen «Er»
teil.

Der Austausch von zärtlich verspielten, ins Ernste, dann wieder ins Heitere umkippenden, halb konventionellen, halb intimen Floskeln und Geständnissen spielt sich im
Nirgendwo ab. Die beiden, die eine nicht näher definierte und wohl auch nicht einlös-
bare Liebe füreinander empfinden, können in der gesellschaftlichen Realität nicht zusammenfinden. Hirche betont nicht nur Standesgrenzen, er läßt durchblicken, daß für
die unverbrüchliche Liebe nur eine Chance in den Lüften besteht. Der Autor spinnt
hauchzarte, manchmal auch allzu dünn gewobene Gespräche, die den jeweils anderen
Partner als eine Art Traumgeliebte oder Traumgeliebten erscheinen lassen. Das Un-
schwere dieses vielbeachteten und geschätzten Hörspiels verleiht ihm den Rang einer
geistvollen Etüde.

In anderer Weise drückt Ingeborg Bachmann (1926–1973) in *Die Zikaden*
(1955) das Mißlingen von Liebes- und Kommunikationsversuchen aus.

Auf einer Insel leben verschiedene Zivilisationsflüchtlinge, die ihre hochfliegenden
Hoffnungen an diesem exotischen Ort erfüllt zu sehen wünschen – vergeblich, wie die
gleichförmig ablaufenden Dialoge mit dem einheimischen Antonio verraten. Antonio
ist offensichtlich als Verkörperung ungebrochener Lebenskraft gedacht, der auf fast alle
Vorschläge mit einem stereotypen ‹Ja› antwortet, aber das Angebot, gemeinsam in
einen neuen, besseren Zustand überzuwechseln, die Kulmination der Fluchtphantasien,
mit einem mehrfach wiederholten ‹Nein› abwehrt.

Die Erfüllung der Wünsche bleibt aus. Unter dem oratorischen Schmelz
der Hörspiele von Hirche und Bachmann verbirgt sich das Eingeständnis
unaufhebbarer Vereinsamung. Das alte Motiv von den beiden Königskindern,
die nicht zueinander kommen können, bestimmt in seiner schmerzlichen
Trauer auch Bachmanns *Der gute Gott von Manhattan* (1958). Die Geschichte handelt von zwei jungen Menschen, die sich in New York treffen,
und deren anfänglich flüchtige Liebe sich immer mehr steigert, um (rhetorisch) schließlich in ein ekstatisches Furioso zu münden. Der gute Gott von
Manhattan zerstört diese Leidenschaft, da er solche anarchistischen Verstöße
gegen die Ordnung unerbittlich ahndet, unterstützt von seinen Gehilfen, den
Eichhörnchen.

Der gute Gott, der durch sein Tun seinem Namen Hohn spricht, greift dabei in
ziemlich brutaler Weise ein, indem er die Liebenden durch eine Bombe aus der Welt
schaffen will. Doch nur die junge Frau, Jennifer, wird vernichtet. Jan hat sich auf dem
Weg zu ihr verspätet, ist in eine Kneipe eingekehrt, macht sich – wie es heißt – am
Tresen noch einmal die Hände schmutzig. Das rettet ihm das Leben. In der Rahmen-

handlung findet eine Gerichtsverhandlung statt. Der gute Gott wird wegen der sonderbaren Attentats-Strategie zur Rechenschaft gezogen. Es kommt allerdings nicht zum Schuldspruch. Die Autorin bemüht sich erkennbar darum, den wachsenden Liebesfuror in eine sich entgrenzende, über die normale Kommunikationsform weit hinausreichende Sprache umzusetzen, wobei sich zumal in der Schlußphase barocke Übersteigungen und Sinnbilder häufen. Auch im alltäglichen Fall von Liebe, so meint Bachmann, stecke der Grenzfall. «Denn bei allem, was wir tun, denken und fühlen, möchten wir bis zum Äußersten gehen.»

Die sprachliche Anstrengung, aber auch die poetischen Erfindungen vom guten Gott und seinen Eichhörnchen wollen also das Forcierte gar nicht verkennen lassen. Den Juroren, die 1959 dem *Guten Gott von Manhattan* den Hörspielpreis der Kriegsblinden verliehen, erschien das Werk als «unverwechselbares Liebesgedicht», das sich von den aus Filmen und Illustrierten gewohnten Klischees merklich abhebe.

Die Feststellung, daß Kommunikation schwierig sei, kann auch Energien anderer Art auslösen: den Versuch etwa, in schimmernder verdeckter Rede Anspielung, Ablenkung und Offenbarung reizvoll miteinander zu verknüpfen. Die gefährlichen oder gefährdeten Einsamen können sich auf diese Weise enttarnen oder der Enttarnung ausweichen. Dialog im detektivischen Kontext und zugleich ins Komödiantisch-Pointierte gewendet, ist etwa in Dürrenmatts *Abendstunde im Spätherbst* (1957) oder Hildesheimers *Herrn Walsers Raben* (1960) zu entdecken. Der bei Dürrenmatt weniger harmlose Verbrecher und der bei Hildesheimer eher hilflose Übeltäter kaschieren sich in absurd-heiterer Konversationsvirtuosität oder meisterlich kontrollierter Sprödigkeit.

Vom Spielwitz, von der Konversationskomik reicht der Bogen bis zu pathetischer Rekonstruktion erschütternder Erinnerungen. Wenn man ein geheimes Zentrum dieser Hörspiele aus den späten fünfziger Jahren suchen will, ist es vielleicht in der Auffassung zu finden, daß die Existenz des Menschen gefährdet, verstört, beängstigend ist. Auf dieses Menschenbild hin orientieren sich viele der Hörspiele, die bis heute im Repertoire geblieben sind. Sie sind geblieben, weil vielleicht gerade die Dimensionen Parabelernst und Komik, Lebensprüfung und konfliktüberspielende Heiterkeit im Neuen Hörspiel weniger Ausdruck gefunden haben.

V. DAS JAHRZEHNT FRISCHS UND DÜRRENMATTS

1. Parabeltheater aus der Schweizer Loge

In den fünfziger Jahren hat man den Dichter Brecht im Westen sorgfältig von dem Marxisten und Ideologen getrennt. Typisch hierfür ist die Umdeutung durch Max Frisch. Ihm erscheint Brecht als ein «unermüdlicher Probierer», der seine «Kunst-Erfahrung» und seinen «Kunst-Akt» lediglich in ein politisches Programm übersetzt habe, dem «das politische Engagement nicht der Impuls ist, sondern ein Ergebnis der Produktion».[1]

Dabei gehörte Frisch noch zu den verständnisvollsten Schülern und Bewunderern. Skeptischer verhielt sich Dürrenmatt, wenn er in seinen *Theaterproblemen* (1955) feststellte: Brecht «denkt unerbittlich, weil er an vieles unerbittlich nicht denkt».[2] Trotzdem haben beide Schweizer viel von seinem Epischen Theater gelernt, aber beide sind eigene, sehr erfolgreiche Wege gegangen. Zwischen 1951 und 1962 gibt es allein zehn Uraufführungen ihrer Stücke. Sie sind mit Abstand die meistgespielten deutschsprachigen Dramatiker.

Für politisches Theater waren weder das Publikum noch die westdeutschen Intellektuellen und Schriftsteller der fünfziger Jahre empfänglich. Sie verstanden sich als Elite und Einzelgänger, ihr politisches Bewußtsein war allenfalls anarchisch geprägt. Gegenüber den ‹geistlosen› Mächten fühlten sie sich in einer unaufhebbaren Opposition und pflegten ihre Partisanengesinnung. Den gewissenlosen Antworten der Herrschenden setzten sie Fragen und Fragwürdigkeiten entgegen, eine sublime Form der Sprachkritik. Sie sprachen als einzelne zu einzelnen und waren, wie Frisch es einmal (1958) ausdrückte, von einer «kombattanten Resignation» durchdrungen *(Büchner-Preis-Rede)*. Ihre Haltung war zwar oppositionell, aber auch praxisfeindlich. Denn die eigenen Erfahrungen aus Krieg und Nachkrieg sagten ihnen, daß eine Opposition der Tat nicht aus dem Teufelskreis der Geschichte hinausführt.

Politische Dramen sind deshalb außerhalb der DDR nicht entstanden und kaum aufgeführt worden. Am nächsten kommt ihnen noch Max Frischs *Graf Öderland* (UA/V 1951), dessen zweite Fassung (1956) der Autor immerhin als «Direkt-Politisch» einstufte.[3]

Wie Dürrenmatt im *Romulus* kommt er zu dem gleichen grotesken Ergebnis: Den fatalen historischen Machtgesetzen ist nicht beizukommen, der Intellektuelle bleibt Außenseiter, Traumspieler, Narr, Zuschauer; die anarchischen Ansprüche des Individuums lassen sich mit Gesellschaft und Staat nicht vereinbaren.

Die Figuren des Intellektuellen und des Mächtigen werden zu Beginn des Stückes traumhaft ineinandergeblendet, um erneut ihre Ausbruchs- und Erlösungspotenzen zu überprüfen. Diese poetische Schwebe zwischen Traum und Wirklichkeit – «Ich habe alles geträumt, dabei habe ich die ganze Zeit gewußt, es ist ein Traum, die ganze Zeit...», sagt Öderland am Ende – hat Frisch in einem langwierigen Arbeitsprozeß durch mehrere Fassungen hindurch bis zu einem offenen Schluß zu bewahren versucht. Wie der kleine Bankkassierer durch einen «Mord ohne Motiv» aus seinem Schalter-gefängnis ausbricht, so verläßt der Staatsanwalt Öderland, der diesen beunruhigenden Fall zu bearbeiten hat, eines Nachts gewaltsam das Lebensgefängnis seiner Ordner und Akten und die Lebensfeindlichkeit der modernen Industriewelt, um sich auf eine ro-mantische (und manchmal auch kitschige) Suche nach dem «wirklichen Leben», der «echten Freiheit» und dem «wahren Glück» zu machen. Da er als «Graf Öderland» (der Name erinnert an T. S. Eliots The Waste Land) eine archetypische Ausgeburt der menschlichen Seele verkörpert, wird er bald zum unfreiwilligen Führer einer anarchi-schen Untergrundbewegung und Rebellion gegen die Staatsgewalt, die im 10. Bild, wie ein Operetten-Popanz, auf der Bühne erscheint.

Aber die Idee einer Befreiung und Änderung der Welt ist in den fünfziger Jahren bereits zu einem Annex der Selbstbefreiung aus der restaurierten In-dustrie- und Wohlstandsgesellschaft geworden. Die Schlüsse der drei Fassun-gen enthalten drei typische Reaktionen auf das Traumspiel mit der Macht: Die Verlegenheitslösung der ersten Fassung (1951) ist ein privater Selbstmord des Grafen, der allenfalls die damals herrschende «Ohne-mich-Stimmung» illustriert. In der zweiten Version (1956) hält Öderland mit sarkastischem Pathos Gericht über die Vertreter der Macht, während er selber die «Aufgabe, frei zu sein» übernimmt; das Todesurteil, das er an den Mächtigen nicht vollstrecken kann, vollzieht er stellvertretend an sich selbst, um in einem Akt absoluter moralischer Freiheit die Schuld der Macht zu sühnen. Das «Direkt-Politische» besteht also in der moralischen Entlarvung der Herrschenden. In der letzten Fassung (1961) aber entlarvt nicht Öderland die Macht, sondern die Macht ihn: «Wer, um frei zu sein, die Macht stürzt, übernimmt das Gegenteil der Freiheit, die Macht», wird ihm vom greisen Staatspräsidenten bedeutet. Damit wird der Freiheitsbegriff restlos verinnerlicht. Frisch hat seine Moritat vom Grafen Öderland vollendet, aber um einen hohen Preis: Er hat seinen Frieden mit dem Status quo geschlossen. Öderland ist schon ein Drama der Restauration.

Während Beckmann, der «Heutige» und Romulus als Außenseiter auftre-ten, begegnet uns in dem Staatsanwalt eine ins gesellschaftliche und staatliche System integrierte, dieses System geradezu repräsentierende Figur. Ihr Pro-blem ist es nicht mehr, aus einer Nullpunkt-Situation heraus zur radikalen Veränderung aufzurufen, sondern aus einem schon wieder reibungslos funk-tionierenden System auszubrechen. Es geht Öderland um Selbstbefreiung, nicht um Weltverbesserung. Deshalb wird die Täterfigur gleich doppelt relati-viert und entschärft: Zum einen darf der Rebell nur als Träumer erscheinen, zum andern wird sein Handeln durch die Bestätigung der Macht ad ab-surdum geführt. Der Nachkriegsprozeß des einzelnen gegen die Gesellschaft droht in einen Prozeß gegen sich selbst umzuschlagen. Tatsächlich wird schon der nächsten Mittelpunktsfigur Frischs, Gottlieb Biedermann, der Prozeß gemacht. Gezeigt wird die Selbstzerstörung der bürgerlichen Gesellschaft.

Graf Öderland entsteht, als Max Frisch im Bürger den potentiellen Aussteiger und Terroristen entdeckt, der *Biedermann*, als er im Bürger den gemeingefährlichen Biedermann aufspürt: *Herr Biedermann in uns selbst* (Hörspiel 1953). Zwei eng zusammengehörige Erfahrungen Frischs haben sich hier ihre Rolle und Geschichte erfunden, um – wie es im Gespräch mit Bienek heißt[4] – diese Erfahrungen lesbar zu machen, und das meint bei Frisch zugleich: erkennbar und veränderbar. «(A)llein dadurch, daß wir ein Stück-Leben in ein Theater-Stück umzubauen versuchen, kommt Veränderbares zum Vorschein, Veränderbares auch in der geschichtlichen Welt, die unser Material ist.»[5]

Frisch liebt die Umkehrungen und den Rollentausch (Staatsanwalt–Terrorist, Biedermann–Brandstifter) – in seiner Komödie *Don Juan oder Die Liebe zur Geometrie* (UA/V 1953) werden sie am unbändigsten ausgespielt. Sein Theater ist eine Bühne, auf der er sich selbst und die bürgerliche Gesellschaft in den verschiedensten Rollen und Geschichten immer wieder auf die Probe stellt.

Biedermann und die Brandstifter ist sein erster, überraschender Welterfolg auf dem Theater. Auch dieses Stück hat eine zehnjährige Entstehungsgeschichte – von der Prosa-«Burleske» aus dem Jahre 1948 über einen Hörspielentwurf (1945/50) und eine produzierte Hörspielfassung (1952/53) bis zu dem eigentlichen Theaterstück (1958), dem Frisch noch im gleichen Jahr ein überflüssiges *Nachspiel* hinzufügte. Und auch diese Entstehungsgeschichte ist typisch für das Jahrzehnt.

Der Anlaß für den ersten Entwurf war ein politischer: der Umsturz in Prag vom Februar 1948, der die Tschechoslowakei über Nacht zu einer kommunistischen «Volksrepublik» machte. Frischs Intellektuellen-Glaube an einen Dritten Weg, an die Möglichkeit eines demokratischen Sozialismus hatte sich als Illusion erwiesen. Aus der peinlichen Selbstbefragung: ‹Wie konntest du dich so täuschen lassen, warum warst du so vertrauensselig›, und aus einer kritischen Haltung gegenüber dünkelhaften Schweizer Landsleuten («Das wäre bei uns halt nicht möglich») entsteht die burleske Fabel und Parabel. Sie demonstriert an einem exemplarischen Fall, wie schnell und widerstandslos gerade wohlmeinende und biedere Menschen einer solchen Überrumpelung erliegen, und fragt nach einer «lebbaren Sittlichkeit» in «Zeiten des Terrors».[6]

Maßgeblich wird also von Anfang an nicht die äußere politische Dimension, der kommunistische Staatsstreich – die beiden Brandstifter sind deshalb vieldeutige Versuchsfiguren –, sondern die individuelle Dimension, das ethische Problem. Diese Wendung bleibt auch noch für die Ausarbeitung der Theaterfassung und für ihren spezifisch gesellschaftspolitischen Gehalt maßgeblich. Die intensive Selbsterforschung führt Frisch zu einer merkwürdigen Umkehrung: nicht die Täter, sondern ihre Opfer sind schuld.

Diese Umkehrung bezieht sich zugleich auf ein literarisches Modell, das *Apostelspiel* von Max Mell (1923). Frisch parodiert dessen christliche Lehre von einer das Böse (den Bolschewismus!) überwindenden Kraft des Glaubens und der Liebe. Sein Untertitel «Ein Lehrstück ohne Lehre» verweist nicht nur auf Brecht, sondern auch auf das christliche Mysterienspiel mit seinen erbaulichen Botschaften – in der 6. Szene wird Hofmannsthals Salzburger *Jedermann*-Spiel zur parodierten Vorlage. Demonstriert wird die bürgerliche Depraviertheit und die Pervertierung des christlichen Glaubens und seiner Moral. Parodistisch verkehrt ist auch das christliche Gebot: «Du sollst Dir kein Bildnis machen.» Biedermann hält den Brandstiftern gegenüber krampfhaft an diesem Gebot fest – aus Angst statt aus Menschlichkeit. Das Gebot gegen die Vorurteile wird dadurch selber zu einem grotesken Vorurteil. Das ganze Stück ist so von einer negativen Religiosität erfüllt.

Max Frisch ist in den fünfziger Jahren die Lebenspraxis einer bürgerlichen, auf dem Christentum beruhenden Sittlichkeit immer fragwürdiger geworden, und er hat sie kritisch mit der Besitz- und Eigentumsfrage, den verborgenen Interessen der Herrschenden verknüpft:

«Jeder Bürger ist strafbar, genaugenommen, von einem gewissen Eigentum an», konstatiert einer der Brandstifter. Auf diese Weise hat sich das ursprüngliche, noch auf Einfühlung angelegte Selbstporträt in zwei Selbstkarikaturen, den Gottlieb Biedermann und den «Dr. phil.», aufgespalten, in denen der Autor kaum noch zu entdecken ist.

Die ästhetische Stärke des Stückes liegt in der lückenlosen Kettenreaktion seines Ablaufs, in der zwanghaften Art, wie sich Biedermann über jedes Bedenken hinweg in sein Verderben buchstäblich hineinredet, obwohl alle seine Reden Ausreden sind. Der sprachliche Verlauf gleicht einer Zündschnur, die zwischen Biedermanns anfänglicher Streichholzzündung und der apokalyptischen Brandkatastrophe des Endes ausgespannt ist. Konträr dazu hat Frisch den fatalen Vorgang jedoch mit verschiedenen epischen Mitteln und Einrichtungen immer wieder unterbrochen und damit für den Leser und Zuschauer kritisierbar gemacht. Der Demonstration der Unaufhaltsamkeit steht so die Demonstration der Abwendbarkeit und der Veränderbarkeit zur Seite. Das geschieht vor allem durch den Feuerwehr-Chor, eine leibhafte Kritik des antiken Schicksalsbegriffs und Stimme der Vernunft. Die Dramaturgie der Fügung und der Determination stößt hier bereits auf Frischs spätere Dramaturgie der Permutation, der Variante, also auf das Theater des «Es könnte auch anders sein».[7] Biedermanns Unsittlichkeit und Selbstzerstörung werden zuletzt, sehr unbrechtisch, auf seine Angst vor inneren «Verwandlungen» zurückgeführt. Er ist der «Ängstliche» (Ende der 2. Szene). Dieser Begriff aber verknüpft bei Frisch das Individuelle mit dem Gesellschaftlichen, mit seiner Schweiz-Kritik: «Ich habe gesagt, die Schweiz habe Angst. Ich meine das ganz einfach: Jeder, der eine Rolle spielt, die nicht ganz mit der Wirklichkeit übereinstimmt, muß ja Angst haben, und darum erträgt er sehr wenig Kritik.»[8] Das Schweizer Kolorit des Gottlieb Biedermann, der Angst hat und keine Kritik verträgt, schimmert hier durch. Auf diese Weise wird bei Frisch das Drama des Ich zugleich zum politischen Theater und Lehrstück. Das unsittliche Individuum produziert eine verdorbene gesellschaftliche Welt, die dann wieder verderblich auf das Individuum zurückwirkt.

Die einzige hilflos-komische Rettergestalt, der «Dr. phil.», verdrückt sich am Ende ins Parkett. Dort sitzt das Publikum. Ob seine Welt noch rettbar ist, hängt nach Max Frisch von keiner Lehre, sondern von der Entscheidung jedes einzelnen ab: von einer sittlichen Entscheidung, die dann zwangsläufig politisch wird.

Mit *Andorra* errang Frisch einen ähnlichen Theatererfolg wie mit dem *Biedermann*-Stück, handelte sich aber auch viele Mißverständnisse und harsche Kritik ein. Vor allem zwei Gründe trugen dazu bei. Zum einen blieb dem Publikum die Verwurzelung des Stückes in dem frühen Tagebuch verborgen, zum andern stieß es schon auf die veränderten Rezeptionsbedingungen der sechziger Jahre. Als politisches Drama im neuen Sinne mißverstanden, mußte das eigentümliche *Andorra*-Modell von dem Juden, der eigentlich kein Jude ist, unzulänglich wirken.

Im *Tagebuch mit Marion* (1946) geht es noch um die Außenseitererfahrungen des jungen Schriftstellers Frisch mit der lieblosen Schweizer Nachkriegsgesellschaft, vor allem um das merkwürdige Phänomen der «selffulfilling prophecy» («man wird ein Orakel nicht los, bis man es zur Erfüllung bringt»[9]) und um den Verrat und die Lieblosigkeit derer, die sich von den anderen ein «Bildnis» machen. «Im gewissen Grad sind wir wirklich das Wesen, das die andern in uns hineinsehen, Freunde wie Feinde. Und umgekehrt! auch wir sind die Verfasser der andern; wir sind auf eine heimliche und unentrinnbare Weise verantwortlich für das Gesicht, das sie uns zeigen.» Eine besondere Rolle spielt dabei die Sprache, das Wort, «das Geschichte macht: – ‹Im Anfang war das Wort.›»[10] Nimmt man noch eine spätere Äußerung Frischs hinzu: «Die Welt, je realistischer man sie betrachtet, erscheint als die Folge einer Legende»,[11] so hat man das Quellgebiet der *Andorra*-Fabel umschrieben. Das Wort des feigen Vaters und Lehrers Can stiftet die lügenhafte Legende, daß sein Sohn Andri ein adoptiertes Judenkind sei. Auf diese Weise werden er und die Andorraner die «Verfasser» Andris und seiner tödlich endenden Geschichte.

Eine prinzipielle soziale Erfahrung wird an dem typischen jüdischen Außenseiterschicksal nur exemplifiziert.

Während in der *Tagebuch*-Fabel das angebliche «Findelkind» und sein «Anderssein» noch im Mittelpunkt stehen und seine wahre andorranische Herkunft erst nach seinem grausamen Tode, an dem die Andorraner noch nicht unmittelbar beteiligt sind, entdeckt wird, hat in dem Stück *Andorra*, seit 1958 in Arbeit, die Perspektive gewechselt. Ins Zentrum rückt das Kollektiv, die andorranische Gesellschaft (ursprünglich eine Metapher nur für die Schweiz), und die Kritik an ihr, während der angebliche Jude Andri etwas von einer Kunstfigur bekommt, mit der Max Frisch die selbstgerechten Andorraner auf die Probe stellt und ihrer Schuld überführt.

Weil aber am Anfang der Konzeption – pointiert gesagt – die Sozialisationsprobleme eines jungen Schriftstellers in der Züricher Gesellschaft stehen, konnte das *Andorra*-Stück nicht zu dem großräumigen Modell für einen Staat, für die moderne Massengesellschaft oder gar für ein historisches Ereignis wie den Faschismus und seine Judenvernichtung werden. Es ist bis zuletzt ein sozialpsychologisches Modell geblieben – für das Verhältnis von Gruppe und Außenseiter (Sündenbock- statt Faschismus-Theorie), für den tödlichen Mechanismus des Vorurteils, für den rigiden gesellschaftlichen Rollenzwang und für die verderbliche Wirkung individueller und gesellschaftlicher Angst. Genau das hat Frisch gemeint, als er erläuterte: «Das Stück ist nicht eine

allegorische Illustration der Geschichte, sondern es greift hinter die Geschichte.»[12] Wie immer bei diesem Autor ist es eine sehr persönliche Erfahrung, die sich ihre Geschichte gesucht hat.

Die Mißverständnisse wurden allerdings durch die Tatsache befördert, daß
Andorra ein Übergangsstück auf der Schwelle von den fünfziger zu den
sechziger Jahren ist. Es verkörpert *noch* das Drama des vergangenen und
zeigt *schon* Züge des neuen Jahrzehnts.

Um dieses «Noch» und «Schon» in einigen Stichworten anzudeuten: Exemplarisch
für die fünfziger Jahre ist
– der Modellcharakter des Stückes, «Modell» als Parabel ohne Lehre verstanden, als
«Mittel, eine Thematik durch Entaktualisierung freizulegen».[13] Dadurch überwiegt das
Allgemeine das Besondere, die Abstraktion die historisch-politische Konkretisierung.
– die moralische und religiöse Anlage des Ganzen: Es geht um Wahrheit und Lüge,
Schuld und Unschuld, Verrat und Reue, um die menschlichen Laster wie Geiz, Wollust,
Neid, Feigheit, um die Suche nach dem rechten Leben und um die negative Christus-
Nachfolge des Opfers Andri.
– die Tatsache, daß Gesellschafts- und Ideologiekritik als Sprachkritik geübt wird.
«Ganz Andorra, es braucht nur den Mund aufzumachen, verfängt sich in seinen Redensarten» (Enzensberger). Wie im *Biedermann* wird die Katastrophe buchstäblich
herbeigeredet und die tiefe Unsittlichkeit der gesellschaftlichen Sprache entlarvt.
– die Totalität der Anklage: Die Mitschuldigen sind überall. In den DDR-Inszenie-
rungen wurden bezeichnenderweise die «Kleinbürger» als die Schuldigen vorgezeigt.
– die Entideologisierung des Epischen Theaters: Frisch verwendet die «Zeugen-
schranke», um die Unveränderbarkeit der Welt und die Unbelehrbarkeit der Menschen
zu demonstrieren.
– der radikale Fragecharakter des Stücks. Eine Antwort darauf muß jeder einzelne
selber suchen.
Auf der anderen Seite trägt *Andorra* schon Züge, die das neue Drama und Theater
der sechziger Jahre ankündigen:
– es erfüllt Martin Walsers Forderung eines «exakten Theaters», das «die nach innen
gekrochenen Tragödien ins Sichtbare» lockt, das «die Zeit von 33 bis 45» nicht verschweigt[14] und das Vergangenheit und Gegenwart verknüpft.
– es ist ein Gegenwartsstück. Demonstriert und angeklagt wird das Ausbleiben der
sogenannten «Vergangenheitsbewältigung», die «Unfähigkeit zu trauern».
– dadurch wird die Szene schon zum «Tribunal» und führt aus der Unverbindlich-
keit des westlichen Parabeltheaters hinaus. Das Publikum ist nicht mehr Richter, sondern mitangeklagt. Entsprechend betroffen hat es bei den Aufführungen reagiert.

Deshalb verführten die sich in der ersten Hälfte der sechziger Jahre schnell
verändernden Rezeptionsbedingungen und Erwartungshorizonte auch dazu,
das Modell *Andorra* als politisches Theater zu erleben und ganz konkret auf
den historischen Antisemitismus, auf den Faschismus und auf die Judenvernichtung im Dritten Reich zu beziehen. So betrachtet, mußte es «höchst
unbefriedigend» erscheinen, als eine geschlossene Form, «die weitere Pro-
blemhorizonte verschließt».[15] Werkgerechter ist es wohl, es als Modell der
gesellschaftlichen Wirklichkeit schlechthin zu verstehen, das auch die Zukunft miteinschließt.

Kritik an dem «dramaturgischen Synkretismus» des Stückes ist sicherlich berechtigt.[16] Noch störender macht sich bemerkbar, daß die Dramaturgie der lückenlosen Fügung im _Andorra_-Stück nicht aufgeht. Um der Zwangsläufigkeit der einsinnigen Fabel willen muß der Autor allzu viele Szenen, Figuren und Motive verbiegen und krasse psychologische Unwahrscheinlichkeiten mit Leerstellen und Schweigen kaschieren. Dagegen ist Frischs Hinweis, daß das 9. Bild, wo der Pater dem Andri die «Wahrheit» sagen muß, die «wichtigste Szene des Stückes» sei, bis heute nicht ausgeschöpft worden. In dieser und den folgenden Szenen vollendet sich die negative Christustypologie Andris; denn auch er erfüllt ja das Wort des Vaters, das im Anfang war. Nur ist dieses Wort eine Lüge, sein Vater, wie auch der Pater, ein Judas; es gibt keine Väter, keine Gnade und keine Erlösung mehr. Andorra ist schon die Hölle, erfüllt von «lauter Verdammten» (Neuntes Bild). In dieser andorranischen Hölle tritt Andri, indem er sich als Märtyrer zu seinen «Vorfahren», zu den Hunderttausenden, die am «Pfahl» gestorben sind, bekennt (Zehntes Bild), die Nachfolge Christi an. Daß sich Frisch in der totalen Negation noch religiöser Muster bedient, darin liegt die letzte verzweifelte Botschaft seines Stückes.

Dürrenmatt hat den Staatsanwalt Florestan Mississippi aus seiner Komödie _Die Ehe des Herrn Mississippi_ (UA/V 1952) – auch eine Antwort auf Frischs _Öderland_ – als eine kritische «Weiterführung» der Romulus-Gestalt bezeichnet.[17] Im gleichen Maße steigert diese Gruselkomödie, die an das romantische Lustspiel, das Salonstück des 19. Jahrhunderts wie an Wedekind anschließt, die Konflikt- zu Lasten der Problem-Dramaturgie: Dürrenmatt läßt scheinbar ungerührt «Ideen» mit «Menschen» zusammenprallen, «die diese Ideen wirklich ernst nehmen».[18]

Dazu gehört, daß die Weltverbesserer, in komischer Verdreifachung auf die Bühne gebracht, in ein spätbürgerliches Zimmer gesperrt und überprüft werden, daß sie alle drei um eine attraktive Frau (Anastasia) werben, daß die Komödie mit der Schlußszene, einem Mord, beginnt, daß frühere Gattenmorde büßende Ehepaar sich belauert und schließlich wechselseitig vergiftet und daß am Ende mit dem Justizminister Diego die finstere Macht triumphiert. «Ist dies noch ein Stück? Ist dies noch Theater?» fragte Gottfried Benn nach der Berliner Uraufführung: «Dies Durch- und Nebeneinander von Kino, Hörspiel, Kasperle-Szenarium, zeitlichen Verkürzungen, Vor- und Rückblenden, Sprechen ins Publikum, Selbstprojektionen der Figuren in einem imaginären Raum, Auferstehen von Toten und Weiterdiskutieren –».[19] Zu Narren werden alle drei Weltverbesserer gemacht, und alle drei müssen dem Publikum die eigene Selbstzerstörung vorführen. Die beiden Täter- und Gerechtigkeitsfiguren Mississippi und Saint-Claude – sie verkörpern auch die Enttäuschung an den zu verlogenen Systemen verkommenen Ideologien in West und Ost – bestehen die Probe noch weniger als der «lächerliche Mensch» und Don Quichotte Graf Überlohe, dessen Liebe bis zuletzt nicht vor der ihn zerstörenden Welt, diesem «Rätsel an Unheil»,[20] kapituliert.

Dürrenmatts Staatsanwalt wird zu einer grotesken «Hackmaschine» der Gerechtigkeit, die am laufenden Band Todesurteile fällt und vollstrecken läßt. Die konsequente alttestamentarische Gerechtigkeit führt zum Verbrechen und endet wiederum im «Höllensturz aller Hauptbeteiligten». Dennoch steht am Schluß noch ein groteskes Bild paradoxer Hoffnung, während _Der Besuch der alten Dame_ (UA/V 1956) und _Die Physiker_ (UA/V 1962) mit apokalyptischen Untergangsvisionen enden.

In der alten Dame Claire Zachanassian hat Dürrenmatt das Motiv der Gerechtigkeit zu dem verbrecherischen Vollzug einer «totalen Rache» überdreht und damit eine Kunstfigur geschaffen, die die Welt tatsächlich von einem Punkt «außerhalb der menschlichen Ordnung» her bewegt.

Sie kommt als Milliardärin in ihren alten Heimatort Güllen zurück – die Fabel läßt sich auch als Schweizer Western lesen! –, um das Unrecht zu rächen, das ihr in der Jugend angetan wurde: der Krämer Ill hatte sie mit einem Kind sitzen lassen, falsche Zeugen aufgeboten und sie zur Hure gemacht. Eine Ölheirat aber brachte ihr sagenhaften Reichtum. Nachdem sie die Kleinstadt in den letzten Jahren insgeheim wirtschaftlich ruiniert hat, ist sie jetzt gekommen, um sich Gerechtigkeit, d. h. den Mord an Ill, zu erkaufen. Seinen Sarg hat sie gleich mitgebracht. Als sie am Ende abzieht, ist er gefüllt und die bestechliche Stadt um eine Million reicher. In dieser grotesken Ungestalt gipfeln und enden die Nachkriegshoffnungen auf die moralische Macht des Geistes, der Wahrheit und der Gerechtigkeit. Sie «spielt» nur noch Schicksal – eine Parodie der Vergangenheitsbewältigung und des Jüngsten Gerichts. Dürrenmatt selber hat dazu aufgefordert, allen Tiefsinn fahren zu lassen[21] und in der alten Dame nur das zu sehen, «was sie ist, die reichste Frau der Welt». Aber die Nähe zur Trivialliteratur wird hervorgerufen durch einen inszenierten Sinn- und Wertverlust der Figuren und Vorgänge, der auch das parodistische Verhältnis des Stückes zu verschiedenen hohen literarischen Formen und Vorbildern verursacht, z. B. zum antiken Schicksalsdrama (*Medea, Antigone*), zum analytischen Drama (*Ödipus, Der zerbrochne Krug*), zum Schillerschen Verständnis der «Bühne» als «Tribunal» und damit zur Tragödienform überhaupt.[22]

Hinter Dürrenmatts Liebe zur Trivialliteratur verbirgt sich auch ein Ablenkungsmanöver. Er möchte als naive Theaterlust und volkstümliche Freiheit von Tiefsinn ausgeben, was doch auch eine Sackgasse und das Endergebnis eines selbstkritischen Sinnverlustes ist, auf den er mit dem Übergang von einer Problem- zur Konflikt-Dramaturgie reagiert hat. Man braucht nur seine Charakteristik der «alten Dame» nachzulesen, um zu erkennen, daß diese Retorten- und Prothesenfigur aus der Reihe Hamlet–Romulus–Mississippi hervorgegangen ist, daß in ihr die Dreieinheit von Opfer, Richter und Henker, von Gerechtigkeit, Rache und Verbrechen einen kaum mehr überbietbaren Kulminationspunkt erreicht hat.

Deshalb ist diese «tragische Komödie» für die verschiedensten parabolischen Deutungen offen, ohne in einer von ihnen aufzugehen:

1. Die Komödie als Parabel über die Selbstzerstörung der bürgerlichen Gesellschaft, über ihre moralische Korrumpierbarkeit. Hier gibt es eine auffällige Analogie zu Frischs *Biedermann*. Claire erscheint als Brandstifterin, die Güllener sind die Biedermänner.

2. Eine marxistische Deutung: Das Kapital, die Finanzmacht usurpiert die Stelle Gottes. In Claire Zachanassian verkörpert sich das inhumane Prinzip des kapitalistischen Systems, in dem die Menschen zur käuflichen Ware werden. Der Warencharakter pervertiert alle menschlichen Beziehungen. Der einzige, der dieses System als «Opfer» negiert, Ill, wird ermordet.

3. Die Komödie als Parabel über das deutsche und westeuropäische Wirtschaftswunder, als Wohlstandssatire. «Komödie der Hochkonjunktur» sollte ihr Untertitel ursprünglich heißen. Diese Lesart ließe sich gut auf die Bundesrepublik anwenden: Die reibungslose Konjunktur des von den USA finanzierten Wirtschaftswunders hat die

Verdrängung der in Ill verkörperten schuldhaften Vergangenheit ebenso zur Voraussetzung wie die «Unfähigkeit zu trauern» im Sinne Mitscherlichs.
4. Eine christliche Deutung: «Als Vollzug des Jüngsten Gerichtes ließe sich unter theologischer Perspektive die Handlung des Stückes definieren.»[23] Vollzogen wird es ebenso an Ill wie an den Güllenern, die am Ende in der Hölle des Wohlstandes leben, in einem Sünden-Babylon kurz vor dem Untergang, «als gäbe ein havariertes Schiff, weit abgetrieben, die letzten Signale».[24] Die Versuchsanordnung des Stückes wäre dann eine Versuchungsanordnung.

Solche Deutungen funktionieren nur, solange man die problematische Herkunft und Position der «alten Dame» außer acht läßt. Man muß einmal die Perspektive umkehren und Ill und die Güllener gegen diese barbarische Sphinx in Schutz nehmen, um zu erkennen, wie die Gesellschaft hier erscheint. Die angebliche Industriestadt bietet nämlich einen merkwürdig vorkapitalistischen inselhaften Anblick: Die Gesellschaft erscheint als Summe von lauter kleinbürgerlichen Individuen (wie in Frischs *Andorra!*), denen zuletzt in der urdemokratischen helvetischen Gemeindeversammlung eine persönliche moralische Entscheidung abverlangt wird. Es gibt weder eine sozialpolitische Reflexion noch gesellschaftliche Alternativen. Im Grunde ist es eine anachronistische Gesellschaft, die Dürrenmatt auf die Bühne bringt. Hier liegt einmal mehr der Unterschied zu Brechts politischem Theater: «Wo Brecht fortwährend zur Reflexion auf die konkrete Ausgangslage und die gesellschaftliche Ordnung auffordert [...], behandelt Dürrenmatt das Skandalon eines Systems, in dem ein Mitglied ungestraft viele andere erst ihrer Lebensgrundlage berauben und dann auf ungeheuerliche Weise erpressen kann, höchstens als ein Nebenthema.»[25]

Die *Physiker* sind nicht nur von ihrem dramaturgischen Grundriß her (ein «Salon» als Spielort) ein gesteigertes *Mississippi*-Stück. Die Weisheit der Weisen und der Weltverbesserer – das meint die Metapher vom «König Salomo» – hat zum Irrsinn, zur Möglichkeit der Selbstzerstörung der Menschheit geführt. In dem genialen Physiker Möbius, der die «Weltformel» und das «System aller möglichen Erfindungen» entdeckt hat, kehrt noch einmal die zentrale Allmachts- und Ohnmachtsfigur des Intellektuellen, die Figur des Retters und Opfers der Menschheit, des Mächtigen und des Narren wieder, eine letzte Variation der Romulus-Gestalt.

Aber Möbius sowie die beiden anderen närrischen Weisen und Physiker sind nicht nur in ihr eigenes «Gefängnis», sondern mitten in die «Weltzentrale» einer irrwitzigen Macht geflüchtet – ein groteskes Bild dafür, daß die Nachkriegsintellektuellen mit ihrem Latein am Ende sind, eine Metapher für ihre Resignation und Kapitulation vor der undurchschaubaren Machtsphäre des Kalten Krieges und des Wettrüstens. Die antithetische Geist-Macht-Konstellation, unter der die westliche deutschsprachige Nachkriegsliteratur angetreten ist, hat ihre «schlimmstmögliche Wendung» genommen.

Die *Physiker* sind also nicht nur eine Zurücknahme des Brechtschen *Galilei* (Hans Mayer), sondern auch eine Zurücknahme des «Weisen Salomo». Was mit dem Nachkriegspathos des Richtens, Rettens und Veränderns begann, endet hier mit dem visionären Pathos des Weltuntergangs und der menschlichen Selbstvernichtung. Der tragikomische Ausdruck der Kapitulation des Geistes wird zu seiner letzten Waffe und Notwehr. Wir stehen an der Schwelle zu dem historisch-politischen Drama der sechziger Jahre, das die archimedische Position des «Geistes» räumt, in der Hoffnung, die sozialen und politischen Prozesse der Gegenwart ungleich direkter beeinflussen zu können. Der Dramatiker Dürrenmatt hat diese Wendung nicht mehr mitgemacht, er hatte sich ausgeschrieben. Das Stück Der Meteor (UA 1966) über einen Literaturnobelpreisträger, der nicht sterben kann und dafür die Leute um sich herum sterben macht, beutete diesen Einfall routiniert und effektvoll aus und wurde noch einmal zu einem Theatererfolg. Aber mit jedem weiteren eigenen Stück, vom Porträt eines Planeten (1971) bis zum Achterloo-Projekt (1983/86), steigerte sich die Ablehnung durch Publikum und Kritik. Mit Recht, denn Dürrenmatt vermochte nichts anderes mehr zu bieten, als seine dramatischen Modelle zu wiederholen, zu variieren, zu radikalisieren und zu entleeren – die Geschichte vom intellektuellen Weltverbesserer, der die Welt ruiniert, von Recht und Rache, die sich wechselseitig ins Irrwitzige treiben, von den fatalen Zufallsabläufen mit den «schlimmstmöglichen Wendungen» und von der Welt als Labyrinth. Sein Landsmann Max Frisch handelte klüger. Nach dem Spiel Biografie (UA 1968), mit dem er seine in der Schiller-Preis-Rede entworfene neue Dramaturgie der Varianten und der «Permutation» ausprobierte, verloren Drama und Theater ihren produktiven Anreiz für ihn. Das Triptychon mit dem Untertitel Drei szenische Bilder (UA 1979) hat Entstehungsgründe, die außerhalb der dramatischen Gattung liegen.

2. Das poetische und das absurde Drama

Das Beispielhafte der Dramatik von Frisch und Dürrenmatt für die fünfziger Jahre bestätigt sich, wenn man auf die Stücke damals erfolgreicher, heute meist vergessener Autoren blickt. Sie besitzen eine auffällige Ähnlichkeit. In ihnen kehrt, was bei den beiden Schweizern zu beobachten ist, oft noch klarer und unvermischter, freilich auch harmloser und oberflächlicher wieder. Zum Beispiel in Richard Heys (*1926) Thymian und Drachentod (UA 1955; V 1956), Der Fisch mit dem goldenen Dolch (UA 1958; V 1960), Kein Lorbeer für Augusto (UA 1954; V 1961), in Karl Wittlingers (*1922) Kennen Sie die Milchstraße (UA 1956), in Herbert Asmodis (*1923) Nachsaison (UA/V 1959), in Tankred Dorsts (*1925) Gesellschaft im Herbst (UA 1960; V 1961) und in Wolfgang Hildesheimers (1916–1991) Der Drachenthron (UA/V 1955, zweite Fassung 1961 unter dem Titel Die Eroberung der Prinzessin Turandot). Gemeinsam ist ihnen und anderen Stücken dieser Jahre die Form der melancholischen Komödie, die Kunst des pointierten Dialogs, der geistreiche Ton der Konversations- und Boulevardstücke, auf den auch der ernsthafteste Stoff gestimmt wird. Angesiedelt sind sie in einem poetischen Niemandsland zwischen den Fronten, Machtblöcken und Ideologien – irreal, ort- und zeitlos, überschaut von einem überparteilichen Standpunkt. Bei Wittlinger ist es die Milchstraße, von der aus gesehen sich das Erdentreiben ironisch oder satirisch einfärbt.

So entsteht eine imaginäre Souveränität des Dichters, die auch beim Publikum, in weite Distanz zur gesellschaftlichen Realität gerückt, Überlegenheitsgefühle erzeugen will. Denn die intellektuellen Mittelpunktsfiguren – mit Vorliebe auch Frauen – vertreten durchweg die Position des Geistes, von der aus der Zynismus der Macht, die Manipulation des Volkes durch die Herrschenden entlarvt und lächerlich gemacht wird. Wie bei Frisch und Dürrenmatt bewähren sich auch hier Liebe und Menschlichkeit als die letzten unzerstörbaren Werte in einer ewig gleichen, unverbesserlichen und blutigen Machtwelt. Die Liebenden sind die wahren Revolutionäre. Dementsprechend werden alle Stoffe, auch die im Ansatz historisch-politischen, privatisiert und poetisiert.

Exemplarisch sind die brüderlich verwandten Intellektuellen-Figuren Jussam aus Richard Heys *Thymian und Drachentod* und «der falsche Prinz» aus Wolfgang Hildesheimers *Der Drachenthron*. Beide sind äußerst attraktive Projektionsfiguren ihrer Autoren und Identifikationsangebote für das Publikum.

Heys Stück ist eine Komödie des Kalten Krieges, ihr Spielraum das fiktive Niemandsland zwischen den Machtblöcken, ihr Held Jussam ein unbehauster Wanderer und Partisan zwischen den beiden Welten und Ideologien, ein «mutiger Mensch» und letzter Freiheitskämpfer. Es gibt also politische Dimensionen, aber das Stück ist dezidiert spielerisch, märchenhaft und ‹existentiell› angelegt. Der große Auftritt Jussams besteht in seiner programmatischen Auseinandersetzung mit dem Premierminister (Dritte Szene), der ihn im Namen der «Freiheit» in seinen politischen Dienst nehmen will. Aber Jussam ist unbestechlich. Seine Menschlichkeit bewährt sich im Bekenntnis zu Pazifismus, Nonkonformismus und Individualismus: «Ich will nichts beweisen, ich will da sein, nichts weiter.» (Dritte Szene) Am Ende werden die Liebenden, vom Haß aller Herrschenden und Ordnungssüchtigen verfolgt, auf der Flucht erschossen.

Noch durchsichtiger wird die Antithetik der Figuren-Dopplung in Hildesheimers Turandot-Stück *Der Drachenthron*. In einem «falschen» und einem «echten Prinzen» werden der Mann des Wortes und Geistes und der Mann der Tat und der Macht gegenübergestellt. Die ganze Sympathie des Autors gehört dabei dem «falschen Prinzen», dessen unwiderstehliche Geistesgegenwart und Menschlichkeit ihn allen anderen Figuren überordnet. In dieser Abenteurerfigur hat sich der freischwebende Intellektuelle der fünfziger Jahre sein geheimes Wunschbild erschaffen. Sie überwindet die Macht, ohne ihr zu verfallen. Das ganze Stück ist geradezu darauf angelegt, ihre geistlose Dummheit zu demonstrieren. Am Ende siegt sie zwar, in Gestalt des «echten Prinzen», aber der falsche Prinz behält das letzte Wort und einen brillanten Abgang. Diese illusionäre Lösung wird von der zweiten Fassung des Stückes

(1961) noch verstärkt: Der falsche Prinz und Turandot werden ein Paar; er avanciert zum Geheimen Berater des Kaisers, ist also, um des Lebensgenusses willen hinter die Regierung zurücktretend, der wahre Regent. Es ist ein für die fünfziger Jahre sehr typisches Stück – noch welt- und geschichtsloser als Frischs *Chinesische Mauer* und Dürrenmatts *Romulus*.

Diese dramatischen Grundzüge setzen sich selbst in einem Werk durch, das auf den ersten Blick ein realistisches Kriegs- und Antikriegsstück ist, Leopold Ahlsens *Philemon und Baukis* (UA/V 1956). Es spielt in Griechenland im Herbst 1944, mitten im Partisanenkampf. Ein altes griechisches Ehepaar erfüllt das Gebot der Menschlichkeit auch an einem deutschen Soldaten und geht dafür gemeinsam in den Tod. Wofür oder wogegen gekämpft wird, bleibt ungesagt; das Historisch-Politische ist völlig ausgeblendet oder nur als brutaler Einbruch in die friedliche Welt des alten Ehepaars gegenwärtig. An ihrer unbeirrbaren Liebe und Treue aber werden Krieg und Terror zuschanden. Auch dies ein Stück zwischen den Fronten und Feindbildern, in dem es keine «Feinde», sondern nur «Menschen» gibt – ein stiller Protest zudem gegen die Remilitarisierung Deutschlands.

Genauso, wie die westliche deutschsprachige Dramatik eine Affinität zum Hörspiel besaß – oft stand eine Hörspielfassung am Anfang (allerdings auch aus finanziellen Gründen) –, enthielt sie auch eine latente Neigung zum absurden Theater. Beides läßt sich beispielhaft an dem Werk Günter Eichs ablesen. Wäre sein Glaube an die Kraft und den Sinn des dichterischen Wortes nicht so groß gewesen, er wäre wohl der erste bedeutende Dichter des absurden Theaters geworden, ein deutscher Beckett.

Er hat gefragt und in Frage gestellt in der stillschweigenden Hoffnung, daß es irgendwo noch Antworten gibt. Erst in der Zeit seiner gnostischen Altersverfinsterung gab es auch für ihn keine Antworten mehr, die er hätte verschweigen können. Wolfgang Hildesheimer hat ihn in seinen Poetik-Vorlesungen schon zu einem Dichter des Absurden umgedeutet.

Das absurde Theater ist vielleicht die konsequenteste Reaktion auf die katastrophalen historischen Ereignisse und Erfahrungen des 20. Jahrhunderts. Daß es in Deutschland besonders gut verstanden wurde, ist deshalb kein Zufall. «Die Sinnentleerung und die Auflösungserscheinungen des menschlichen Lebens sind hier offener zutage getreten als in anderen Ländern. Die bedeutenden Dramatiker des Absurden hatten bisher in Deutschland mehr Erfolg als irgendwo sonst.»[26] Noch zugespitzter formuliert: «Bekketts Mülleimer sind Embleme der nach Auschwitz wiederaufgebauten Kultur».[27] Während das Groteske, z. B. bei Dürrenmatt und Frisch, pervertierte Sinnstrukturen, die Ungestalten des Sinns zeigt, entsteht das Absurde aus sinnlosen Strukturen, aus der Ungestalt des Sinnlosen. Dort ist der Sinn noch heimlicher Maßstab und Folie, hier trifft die orientierungslos gewordene Vernunft immer nur auf seinen Verlust.

Aber auch dem Theater des Absurden gegenüber befindet sich die deutschsprachige Dramatik in einem Verhältnis epigonaler Verspätung. Beckett, Ionesco und Adamov hatten schon längst die westdeutschen Bühnen erobert, bevor Grass und Hildesheimer ihre ersten Versuche auf diesem Felde unternahmen. Bei Grass blieben sie eine unverbindliche Episode. Bei Hildesheimer, dessen poetisches Drama geradewegs in das absurde Theater führte, gibt es zwar mehr Konsequenz, Kontinuität und Gelingen, aber die Absurdität seines Theaters wurde immer wieder angezweifelt. In seiner bekannten Rede *Über das absurde Theater* (1960) knüpfte er vor allem bei Camus an:

> «‹Das Absurde›, so sagt Camus, ‹entsteht aus der Gegenüberstellung des Menschen, der fragt, mit der Welt, die vernunftwidrig schweigt.› So wird das Theater des Absurden quasi zur Stätte eines symbolischen Zeremoniells, bei dem der Zuschauer die Rolle des Menschen übernimmt, der fragt, und das Stück die Welt darstellt, die vernunftwidrig schweigt, das heißt in diesem Falle, absurde Ersatzantworten gibt [...]».

Es entspricht Hildesheimers philosophischer und didaktischer Tendenz, daß er sogar den Parabel-Begriff für das absurde Theaterstück reklamiert: es werde «durch das absichtliche Fehlen jeglicher Aussage zu einer Parabel des Lebens», zu einer «Parabel über die Fremdheit des Menschen in der Welt».[28]

Die Höhe seiner Theorie erreichte Hildesheimer nach den *Spielen, in denen es dunkel wird* (UA 1958/59; V 1958) erst mit seinen Stücken *Die Verspätung* (UA/V 1961) und *Nachtstück* (UA/V 1963). In ihnen werden Stoff und Handlung durch «eine Situation [ersetzt], die sich im Laufe des Geschehens verschärft».[29] Dabei treibt Hildesheimer die typischen Nachkriegskonstellationen mit ihren starren Antithesen von Individuum und Gesellschaft über die Erschöpfung und Antwortlosigkeit bei Frisch und Dürrenmatt noch weit hinaus. Das Verhältnis von Frage und Schweigen verschiebt sich in Richtung auf ein frage- und antwortzerstörendes Schweigen. Ist bei Dürrenmatt und anderen das Irrenhaus noch ein konkreter dramatischer Ort und die Metapher für eine verrückt gewordene Welt, so konstituiert es bei Hildesheimer eine dramatische Welt, die auf alle Fragen vernunftwidrig schweigt. *Verspätung* und *Nachtstück* lesen sich wie die Endspiele des sinnsuchenden Intellektuellen. Am Ende eines langen Weges, der mit Borcherts Beckmann-Fragen beginnt, macht er die durchdringende Erfahrung der eigenen Überflüssigkeit, Lächerlichkeit und Sinnlosigkeit.

So jedenfalls der bizarre «Professor», die beherrschende Mittelpunktsfigur in *Verspätung* (vgl. *Lieblose Legenden, Der Urlaub* als eine noch nicht absurde Vorstufe). Wie die «alte Dame» die Kleinstadt Güllen, so hat er die Ortschaft Dohlenmoos planmäßig und von langher ruiniert, aber nicht, um einen grotesken Akt der Gerechtigkeit und Rache zu vollziehen, sondern um den imaginären Urvogel, den «Guricht» – von dem angeblich der Mensch abstamme – zu beobachten. Zwischen Claire Zachanassian und der Gesellschaft bestehen durchaus noch Sinnzusammenhänge, wenn auch extrem grotesker Art. Nichts mehr davon in *Verspätung*, wo sich die Intellektuellen-Figur in einer letzten verzweifelten Anstrengung um sich selber dreht. Sie bleibt allein mit dem Sargtischler in dem verlassenen Ort zurück, um ihr Urteil zu erfahren und zu sterben. Im Sarg der «alten Dame» wird ihr Opfer Ill davongetragen, im Sarg des Tischlers endet der Professor. Der einsame Mann in Hildesheimers *Nachtstück*, der nichts als schlafen will, findet durch eine Überdosis Schlafmittel den Tod. Die Selbstliquidierung des Intellektuellen in der Variante des absurden Theaters ist perfekt.

Hildesheimers *Verspätung* stellt gleichsam die historische Nullpunktsituation nach 1945 noch einmal abstrakt und künstlich her, um die große «Wandlung» und jene Epiphanie des Sinns zu beschwören, die fünfzehn Jahre lang ausgeblieben war.[30] In der Enttäuschung des absurden Theaters spiegelt und reproduziert sich auch die historische Enttäuschung der jungen Generation, die ein zurückkehrender Emigrant wie Hildesheimer vielleicht noch intensiver erfahren hat. Sie kam mit ihren Ideen und Vorschlägen, ihren Appellen, Artikeln und Büchern nach 1945 immer schon zu spät – so wie der Professor in Hildesheimers Stück. Sein Titel ist eine Metapher für die Erfahrung einer ganzen literarischen Generation zwischen 1945 und dem Beginn der sechziger Jahre.

Zwischen 1960 und 1971 schrieb Hildesheimer an einem *Hamlet*-Roman. Das Fragment endet:

> «Für mich gab es hier nichts mehr zu tun, ich wurde nicht gebraucht, Anweisungen wollte ich nicht geben. Jetzt war für mich der Moment gekommen, mich aller Verantwortung zu entziehen, zu zeigen, daß ich nicht gewillt war, die Welt, so wie sie ist, hinzunehmen, mich darin einzurichten. Der Sohn wird die Geschäfte des Vaters nicht übernehmen.»

Die Absage, die Verweigerung und der melancholische Rückzug auf sich selbst sprechen deutlich genug. Die Selbstaufhebung der Hamletkonstellationen steht bevor. Von hier aus führen Wege zu Konrad Wünsche, zu Hans Günter Michelsen, zu Martin Walser, zu Rolf Hochhuth und damit zu den Umschlagpunkten in die neue Dramatik der sechziger Jahre. In Konrad Wünsches Hamlet-Drama *Der Unbelehrbare* (UA 1963; V 1964) wird der Sohn auf Betreiben des Vater-Geistes von der Mutter vergiftet. Der Vater hat das letzte Wort: «Es geht nicht darum, besser zu sein als seine Vorgesetzten oder gar besser als die eigenen Eltern!! Das haben die Söhne seit jeher schlecht kapiert».

Aber die «Söhne» begannen sich wieder zu rühren. Um jenes «Schweigen», an dem Hildesheimers Professor zugrunde geht, endlich zu brechen, schrieb Walser den *Schwarzen Schwan* (UA/V 1964), in dem sich der Sohn Rudi Goothein aus Verzweiflung über die Väter am Ende tötet. Anschließend stellte Walser fest, «daß Hamlet tatsächlich der intime Bundesgenosse jener Generation genannt werden kann, die zwischen 1933 und 1945 in Deutschland aufwuchs.» *(Hamlet als Autor)*[31] Zur gleichen Zeit brachte Rolf Hochhuth das «Schweigen» in Gestalt des Papstes Pius XII. auf die Bühne, um es gewaltsam zu brechen. Beides waren erste Versuche, zu einem neuen, wahrhaft historischen und politischen Drama zu kommen. «Mein Vater heißt Hitler», hat Hochhuth in einem Interview gesagt.[32]

VI. AUFBAU, TAUWETTER, «KULTURREVOLUTION»: LITERARISCHES LEBEN IN DER DDR DER FÜNFZIGER JAHRE

1. Stalinistische Durststrecke der Literatur, erste Kraftproben des Apparats

Die Fülle der auch für die Literaturpolitik folgenreichen Konferenzen, Entscheidungen und Resolutionen in den Jahren 1951/52 war nur äußeres Zeichen, daß ein möglichst umfassendes System von Planung und Kontrolle vorläufig festgeschrieben und auch inhaltlich mit möglichst zwingenden Zielvorstellungen und Normen versehen wurde. Der Dritte Schriftstellerkongreß im Mai 1952 brachte bezeichnenderweise kaum noch neue Akzente. Er befestigte im wesentlichen organisatorisch. Der Schriftstellerverband löste sich aus dem Kontext des Kulturbundes und wurde selbständige Organisation. Anna Seghers als die bereits große alte Autoritätsperson löste Bodo Uhse im Vorsitz ab. Sekretär des Verbandes wurde Kurt Barthel (Kuba) – eine der unschöpferischsten und rigidesten Figuren in der Geschichte des literarischen Lebens der DDR, die sich seit 1948/49 hauptsächlich durch stalinistische Poeme und Agitpropverse profilierte. Ab Januar 1953 erschien als Monatsschrift des Verbandes die *Neue Deutsche Literatur* (Chefredakteur Willi Bredel, ab 1954/55 mit Franz Carl Weiskopf). Anfangs ganz auf die Fixierung der neuen antiformalistischen, sozialistisch-realistischen Linie Stalinscher Prägung ausgerichtet, wurde sie – und blieb es bis ans Ende der DDR – zum wichtigsten Forum, auf dem sich außer der offiziellen Parteilinie auch Kontroversen und neue Entwicklungen abzeichneten, mit Vorabdrucken von Dramen und Erzählwerken, mit programmatischen Reden und Essays, mit Interviews und aktuellen literarischen Nachrichten.

Wie eng zu Anfang der fünfziger Jahre der Spielraum auch für sozialistische Künstler von langjährigen Meriten geworden war, zeigte sich im März 1951, als die Deutsche Staatsoper in Berlin *Das Verhör des Lukullus* von Brecht mit der Musik von Paul Dessau auf die Bühne brachte. Eine schneidende Kritik im «Neuen Deutschland» (22. März) begann mit dem Satz: «Ein Hochbegabter und ein talentierter Komponist, deren fortschrittliche Absicht außer Zweifel steht, haben sich in ein Experiment verirrt, das aus ideologischen und künstlerischen Gründen mißlingen mußte und mißlungen ist». Der eine hatte in seinem schon 1938/39 entstandenen «formalistischen» Hörspieltext die Sünde begangen, das Geschehen dialektisch ins «Jenseits» zu verlegen; die Musik des anderen, mit Elementen der «dekadenten» Zwölftontechnik, wurde als «dünn und bruchstückhaft» abqualifiziert.[1] Die Oper mußte

abgesetzt werden, Brecht schrieb den Text um. Im Jahr darauf fand eine
Dresdner Barlach-Ausstellung ein vorzeitiges Ende, weil die Figuren einen zu
«pessimistischen Charakter» trügen.[2]

Im Frühjahr 1953 schließlich entspann sich eine öffentliche Kontroverse
um Hanns Eislers Opernlibretto *Johann Faustus*.

Der Verfasser hatte aus der deutschen Nationalüberlieferung ausgerechnet eine Gestalt gewählt, die – nach offizieller Doktrin – durch Goethe ihre definitiv-musterhafte
«bürgerliche» Formung erhalten hatte und gewissermaßen sakrosant geworden war
(schon die Brechtsche Inszenierung des vorklassischen *Urfaust* 1952 war deshalb auf
herbe Kritik gestoßen). Eisler jedoch hatte auf das Volksbuch des 16. Jahrhunderts
zurückgegriffen, den Helden im Gegensatz zu Goethe mitten in die politischen Ereignisse der Bauernkriege hineingestellt und als schwankenden Intellektuellen nicht ohne
opportunistische Züge gezeichnet. Eine Serie von Artikeln im «Neuen Deutschland»
griff den Text mit den Vorwürfen des «Formalismus» und des nicht hinreichend «positiven» Helden massiv an. Selbst der im Juli 1952 gewählte neue Generalsekretär der
SED Walter Ulbricht schaltete sich ein.

Eisler hatte, nachdem soeben erst ein stalinistischer Literaturpolitik-Kurs
mit großem Aufwand fixiert worden war, sowohl gegen Normen des «Realismus» als auch gegen Prinzipien der «Erbepflege» verstoßen.

Stalins Tod am 5. März 1953 blieb bekanntlich nach außen hin, jedenfalls
für die DDR, zunächst ohne einschneidende Folgen. Der Aufstand vom
17. Juni war allererst durch die Erhöhung der Arbeitsnormen veranlaßt, mit
deren Hilfe der 1952 beschlossene «Aufbau des Sozialismus» noch rascher
verwirklicht werden sollte. Daß dies zugleich exemplarisch Unmut in der
Bevölkerung über die Realität der Parteidiktatur zum Vorschein brachte und
früh die Brüchigkeit des ökonomisch-sozialen Systems signalisierte, ist nicht
erst vom Zusammenbruch der DDR her evident. Das spezifische Medium der
Schriftsteller, das Wort, war im Druckmedium wie auch im Hörfunk viel zu
strikt unter Parteikontrolle, als daß Autoren sich öffentlich an die Spitze
neuer Bewegungen hätten stellen können. Es gab im Gefolge des Aufstands
offiziöse und offizielle Verlautbarungen, die beschwichtigend klangen. Auf
der 15. Tagung des Zentralkomitees der SED (24.–26. Juli 1953) lobte Ulbricht die «loyale» Arbeit der Intelligenz, ihre «schöpferische Kritik», unter
ostentativer Anerkennung der «Vorschläge dieser überparteilichen Organisation». Otto Grotewohl schloß sich an und forderte «neues, wirklich menschliches Verständnis und Verhalten des Staatsapparats und aller Funktionäre zu
den Kulturschaffenden».[3]

Da und dort wurde die Formalismus-Hetze ein wenig zurückgenommen,
und am 29. Juli 1953 durfte sich Stefan Heym in der «Berliner Zeitung» mit
einem Aufsatz zu Wort melden unter dem Titel «Beobachtungen zum literarischen Leben in der DDR». Das Volk wolle nicht «jene elenden Stopf-
gänse», angefangen beim «sich nie betrinkenden Aktivisten» bis zum «edlen,
jungen Pionier», alles «nach bekanntem Schema»; es wolle «wirklich über
seine eigenen Probleme hören und darüber Klarheit gewinnen».[4] Er selbst

versuchte es, die Ereignisse des 17. Juni aufnehmend, mit einem Manuskript unter dem Titel *Der Tag X*, doch schloß er es erst 1959 ab, und erscheinen durfte es nicht (es kam dann 1974 in der Bundesrepublik als *5 Tage im Juni* heraus).

Was 1953/54 von SED und Kulturbund mit großem öffentlichem Aufwand als «neuer Kurs» diskutiert wurde, veränderte an den zwischen 1949 und 1951 festgeschriebenen inhaltlichen und administrativen Leitlinien wenig. Eher als krönender, vorläufiger Abschluß gedacht war die Errichtung eines «Ministeriums für Kultur der Deutschen Demokratischen Republik» am 7. Januar 1954, mit Zuständigkeit für – dies ist die offizielle Reihenfolge – «Schöne Literatur, Bildende Kunst, Darstellende Kunst, Musik» sowie «Film» und «Kulturelle Massenarbeit». Als Hauptziel wurde der «Wiederaufstieg zu einer großen nationalen Kultur» deklariert, und die «Kulturellen Beziehungen» sollten der «Wiederherstellung der nationalen Einheit Deutschlands dienen».[5]

Erster Kulturminister der DDR wurde 1954 Johannes R. Becher (als Inhaber dieses Amtes starb er 1958). Es ist vor allem diese Funktion, in der Becher auch über den Kreis der literarisch Interessierten hinaus bekannt geworden ist. Als langjähriger Präsident des Kulturbundes – der wesentlich seine Schöpfung (schon 1945) gewesen ist – sah er sich bereits vielfältigem Argwohn ausgesetzt, bloß als gebildete Alibi-Figur der jeweiligen Machthaber zu funktionieren. Seit 1946 gehörte er dem Zentralkomitee der SED an (in Moskau schon dem der Exil-KPD), und schon insofern trug er alle Entscheidungen einschließlich derer, die mit dem 17. Juni 1953 verbunden waren, mit. Von ihm stammte nicht nur der Text der DDR-Hymne («Auferstanden aus Ruinen...», Melodie von Hanns Eisler), sondern auch manches Stalin huldigende Poem.

Bechers Herkunft aus dem humanistisch orientierten deutschen Bildungsbürgertum, seine charakteristisch expressionistische Frühphase, seine später ausgeprägteren klassizistischen Tendenzen (etwa die fast ostinate Pflege des Sonetts – auch und gerade im Angesicht der Katastrophe), seine gelegentlichen volkstümlichen Neigungen, aber dann auch sein Wirken als Literaturpolitiker und Funktionär schon seit der Weimarer Zeit (wo die Macht noch *nicht* auf seiner Seite stand): Das alles hat ein insgesamt schillerndes Bild ergeben, selten offenen Haß, doch Mißtrauen und immer wieder Bewunderung ob der immensen auch organisatorischen Leistung, ob des vermittelnden Geschicks.

Zweifellos repräsentierte Becher in den ersten Nachkriegsjahren für viele die Hoffnung auf das Gelingen des «Bündnisses» zwischen sozialistischen «Humanisten» und bürgerlichen «Antifaschisten». Und als das Scheitern spätestens 1947 offenkundig wurde, konzentrierte sich die Erwartung darauf, daß er einerseits das an Kontakten mit dem Westen Mögliche offenhalten werde (noch im Dezember 1948 nahm er – zusammen mit Arnold Zweig – an der Tagung des neuen PEN-Zentrums in Göttingen teil). Andererseits sahen manche in ihm den Garanten dafür, daß der Einfluß des stalinistischen Shdanowschen Kurses des «sozialistischen Realismus» in Deutschland nicht übermächtig würde. Hier sind, wie aus den offiziellen, offiziösen und persönlichen Dokumenten gelegentlich herauslesbar ist, einzelne Verdienste Bechers bemerkbar.

Publikationen aus dem Nachlaß lassen erkennen, daß Becher von den stalinistischen Greueln auch der ausgehenden vierziger und beginnenden fünfziger Jahre mehr gewußt hat, als man früher annahm. Seine persönliche Haltung schwankte zwischen Opportunismus und Resignation. Ein Gedicht wie «Zum Tode J. W. Stalins», gefaßt als «Danksagung» an den «besten Freund» Deutschlands und Schutzherrn von dessen Kultur, liest sich heute noch um einen Grad zynischer. Viel Selbsteinredung und tatsächliche Hoffnung, viel Genuß am Einflußnehmen und viel überzeugte «Verteidigung der Poesie» gegen sie Gefährdendes hat die Literaturpolitik Bechers in ihren so unterschiedlichen Stadien bestimmt.

Das Schiller-Jahr 1955 mit Thomas Manns Festrede in Weimar (Becher empfing ihn bereits in Wartha), mit dessen Ernennung zum Ehrendoktor der Friedrich-Schiller-Universität Jena und zum Ehrenpräsidenten der «Deutschen Schillergesellschaft» in Weimar – derlei ist ihm im Westen nicht zuteil geworden –, aber auch etwa die Gründung der «Weimarer Beiträge» als der künftig wichtigsten literaturwissenschaftlichen Zeitschrift (mit Interesse auch an Theorie und aktueller Literatur) brachte Konsolidierung, aber zunächst wenig neue, richtungsweisende Impulse. Im Jahr zuvor war der erste Band einer von Paul Rilla im Aufbau-Verlag herausgegebenen 10bändigen, knapp annotierten Lessing-Ausgabe erschienen: Zeichen einer nun auch in solchen Großunternehmungen sich bewährenden literaturwissenschaftlichen Erbe- und Klassikerpflege (diese Ausgabe stand später auch im Westen über längere Zeit hin konkurrenzlos da). Das 1955 in Leipzig errichtete «Institut für Literatur» (später nach Johannes R. Becher benannt) sollte die Ausbildung vor allem junger Schriftsteller planmäßig fördern und war selbst schon Ausdruck eines sich verbreitenden Ungenügens am «Schematismus» und an der Langweiligkeit der für die «Volksmassen» bestimmten «Produktionsliteratur» im Sinne der «Aufbau»-Beschlüsse.

Kritik an »mangelnder Form» und «Gestaltung», ja auch an deren theoretischer Unterbewertung regte sich während des Jahres 1955 bei Prominenten wie Willi Bredel, Stephan Hermlin und Paul Rilla. Bei Rilla hieß es jetzt lapidar: «Unwirksam ist die flache künstlerische Gestaltung. Wirksam ist die tiefe und dichte künstlerische Realität...».[6] Die vielleicht charakteristischste Äußerung stammt bereits vom Anfang des Jahres 1955, als in der Zeitschrift «Tribüne» (27. Januar) 31 Arbeiter und Betriebsfunktionäre eines Braunkohlenwerks sich über die Sterilität der massenhaft produzierten neuen Literatur beschwerten und «gestaltete» Texte forderten, allerdings auch mehr über den in der «Produktion» tätigen «neuen Menschen» («Nachterstedter Brief»).[7] In diesem – nicht ohne Nachhilfe von oben zustande gekommenen – offenen

Brief wurden Kritikpunkte manifest, die Jahre später zur ersten Bitterfelder
Konferenz führten. Die Notwendigkeit, «Probleme» und «Konflikte» auch
als «problematisch» darzustellen, jedoch in ästhetisch gelungener Form, auch
etwa als Lustspiel, hatte Brecht bereits 1953 bei der Arbeit an der Inszenierung von Erwin Strittmatters *Katzgraben* notiert. Solche Positionen wurden
jetzt von verschiedenen Autoren und Kritikern, etwa von Ludwig Renn,
ausdrücklich aufgenommen, als der für Januar geplante IV. Deutsche Schriftstellerkongreß vorbereitet wurde.

Zur Zwischenbilanz und zur Abgrenzung gegenüber der Bundesrepublik
gab das Jahr 1955 nicht nur durch das Schiller-Jubiläum und durch die Gründung des Leipziger «Instituts für Literatur» Anlaß. «Zehn Jahre Befreiung –
zehn Jahre kultureller Aufstieg» lautete Grotewohls Rede auf der «Dresdner
Kundgebung der Kulturschaffenden» vom 24. Juni 1955. Bei dem Überblick
über den «Aufbau einer Volkskultur» wurden von ihm nicht zuletzt die
Zahlen mit spürbarem Stolz vorgetragen:

> «Seit 1945 sind dem fortschrittlichen Buch neue entscheidende Leser-
> schichten gewonnen worden. Das drückt sich in den Zahlen über die
> Herausgabe schöngeistiger Literatur aus:
>
> 1951 –   6 404 000 Exemplare
> 1952 – 10 477 000 Exemplare
> 1953 – 11 928 000 Exemplare
> 1954 – 12 350 000 Exemplare
>
> Unser Büchertisch in der Deutschen Demokratischen Republik ist frei
> von militaristischen, rassen- und völkerhetzenden Machwerken. Wir
> sind der Ansicht, daß es dem Volke nützt, die Werke der Humanisten
> von gestern und heute zu lesen, daß es ihm aber unendlich schadet, sich
> von Comicstrips und Kesselring-Schmökern vergiften zu lassen. Unsere
> Jugend hat es nicht nötig, Gangsterliteratur in die Hand zu nehmen.
> Eine Kinder- und Jugendliteratur von hohem pädagogischen Wert ist
> bei uns entstanden, die in allen Teilen Deutschlands ihre Anerkennung
> findet.»[8]

Gegen die früher dominierende Massenlektüre der Marlitt, Herzog, Courths-
Maler habe man eine andere öffentliche Lesekultur gesetzt:

> «Das neue Lesepublikum besucht unsere allgemein-öffentlichen Bi-
> bliotheken und die Betriebsbibliotheken in zunehmendem Maße. Wenn
> zum Beispiel in Mecklenburg, von dem Bismarck sagte, wenn die Welt
> untergehe, dann gehe er dahin, weil da alles 100 Jahre später geschehe,
> 1945 82 Stadtbibliotheken und 158 Dorfbibliotheken vorhanden waren,
> dagegen im Jahre 1953 88 Stadtbibliotheken und 1542 in den Dörfern,
> so zeigt das den Umfang und das Tempo einer nie geahnten Entwick-
> lung.»[9]

Neben den staatlichen Erfolgsziffern durfte der «Kulturbund» nicht fehlen. In einem Leitartikel des «Neuen Deutschland» vom 2.Juli 1955 wurde mit Dankbarkeit des «antifaschistischen» Engagements» der Gründer – und der sowjetischen Hilfe – in der «schwierigen» Anfangslage 1945 gedacht. Aber auch gegenwärtig seien noch «nicht alle Angehörigen unserer Intelligenz im Kulturbund zur demokratischen Erneuerung Deutschlands vereint». Es existierten immer noch solche, «die Zweifel hegen an der Kraft der internationalen Solidarität der Arbeiterklasse, an der Macht des Weltfriedenslagers. Es gibt unter ihnen noch Menschen, die Schönheitsfehler suchen und finden und die darum noch oft den Einflüssen des imperialistischen Kriegslagers unterliegen.»[10]

Namen wurden in dieser zugleich werbenden und leicht drohenden Generalbilanz selbstredend nicht genannt. Doch gehörten zu den ins Visier Genommenen zweifellos Ernst Bloch in Leipzig (*Das Prinzip Hoffnung* hatte 1954 zu erscheinen begonnen) und Wolfgang Harich, der seit 1946 als Dozent für Marxismus an der Humboldt-Universität in Berlin tätig war und der als Mitherausgeber und Chefredakteur der «Deutschen Zeitschrift für Philosophie» (seit 1953) zu einer Kristallisationsfigur nicht nur linientreuer Gesellschaftslehre geworden war. Selbst Auseinandersetzungen mit westlichen Strömungen der Existenzphilosophie hatte er begonnen. Auch Hans Mayers Leipziger «Hörsaal 40» war bereits Refugium für solche geworden, die nicht nur vom «fortschrittlichen» Erbe der deutschen Klassik und vom «sozialistischen Realismus» hören wollten (immerhin wurde Mayer noch 1955 «Nationalpreisträger», wie er selbst ausdrücklich betont).[11]

2. Zwischen «Sommer des Aufbegehrens» und «Bitterfeld I»

Daß das institutionelle System der Literaturförderung und Literaturlenkung mit dem Leipziger «Institut für Literatur» einstweilen komplettiert war, daß jedoch Serienhaftigkeit, Stereotypie und Mittelmaß in der aktuellen Produktion vorherrschten, wurde recht deutlich beim IV. Schriftstellerkongreß artikuliert, der vom 9. bis 14. Januar 1956 stattfand. Während Johannes R. Becher in seiner Eröffnungsrede als Kulturminister den Aufbau einer sozialistischen «Nationalliteratur» anmahnte, zogen sich durch die meisten Referate und Diskussionen immer deutlicher die Stichworte «Sterilität» und «Schematismus»; so bei Anna Seghers, Arnold Zweig und Eduard Claudius. An der Verpflichtung, «parteiisch» zu schreiben, wurde zumeist kein Zweifel gelassen, doch beklagte man sich über Dirigismus, Schurigelei und Mangel an Bewegungsfreiheit.

Neben den großen Alten wagten es vor allem Angehörige der mittleren und jüngeren Generation, wie Erwin Strittmatter, Stefan Heym und Stephan Hermlin, mehr Bewegungsfreiheit einzufordern. Der junge, aus Hamburg in die DDR gekommene Ralph Giordano mahnte eine intensivere Auseinandersetzung mit dem Faschismus an (er hatte selbst noch, als Schüler aus jüdischem Elternhaus, die Verfolgung erlebt). Zugleich vertrat er eine Öffnung zur «experimentellen Literatur» (die gerade eben erst im Westen – etwa mit Namen wie Heißenbüttel oder Gomringer – einen ersten Höhepunkt erlebte). Hermlin ergriff gar die Gelegenheit, für Koeppens *Das Treibhaus* (1953) und *Der Tod in Rom* (1954) als zwei bedeutende kapitalismuskritische Romane einzutreten. Das «Amt für Literatur und Verlagswesen» habe mit seiner Verweigerung eine «Kompetenzüberschreitung» begangen: «es geht nicht, daß bedeutende humanistische Werke der zeitgenössischen Literatur nicht erscheinen können, weil sie nicht in allen Punkten den Moralbegriffen eines Lektors entsprechen. Weltliteratur ist meist nicht nach den Vorstellungen der Leiterin eines Mädchenstifts gemacht worden.»¹² Und dann forderte er noch den Druck der Werke von Hemingway, Faulkner, Sartre und vieler anderer, durch die wieder der Anschluß an die internationale Diskussion ermöglicht würde.

Es ist von eigentümlicher Koinzidenz, daß nur einen Monat darauf, im Februar 1956, der XX. Parteitag der KPdSU mit der massiven Kritik Chruschtschows an Stalin und dessen Personenkult und mit der Eröffnung der von Ilja Ehrenburg so genannten «Tauwetter»-Periode folgte. Ulbricht, der sich beim IV. Schriftstellerkongreß zuletzt mit einer lauen Anerkennung des Rechts auf Kritik aus der Affäre gezogen hatte, übte noch im März – wie andere SED-Prominenz (darunter Bredel und Schirdewan) – «Selbstkritik». Von Stalin rückte er vernehmlich ab, nicht ohne den Hinweis, daß es derlei Personenkult in der DDR ohnehin nicht gegeben habe.

Im übrigen war die Parteispitze sorgfältig bestrebt, das Tauwetter nicht allzusehr sich ausbreiten zu lassen. Das von Hermlin attackierte «Amt für Literatur und Verlagswesen» wurde am 28. Juni aufgelöst, die faktischen Zensurkompetenzen (offiziell gab es ja keine «Zensur») wurden auf zwei andere Behörden übertragen. Die nachhaltige Beunruhigung ging indes weniger vom XX. Parteitag der KPdSU unmittelbar aus als von Reformbestrebungen in der KP Polens (Oktober 1956) und vor allem vom Ungarn-Aufstand (Oktober/November).

Daß durch das Engagement von Georg Lukács als Kultusminister unter Imre Nagy die Literaturpolitik der DDR sehr spezifisch betroffen wurde, ist oft beschrieben worden. Doch die Fronten verliefen komplizierter, als es dabei oft erscheint. In Ungarn hatte sich Lukács im Widerstand gegen ein stalinistisches Regime engagiert, das jede Öffnung auch des kulturellen, literarischen Lebens zu mehr (sozialistischem) Experimentierraum strikt verwehrte. Dort war er ein Aufbegehrender, ein «Fortschrittlicher». In der DDR galt er vielen längst als der Literaturpapst einer «klassizistischen», rückwärtsgewandten, «sterilen» Doktrin. Seine Kompromittierung im Ungarn-Aufstand bedeutete also einen recht zweischneidigen Anlaß der Erleichterung, des Triumphs.

Nachdem die Diskussion um Lukács einmal in Gang gekommen war, entfaltete sie eine Eigendynamik mit dem Resultat, daß die Ära dieses Kunstphilosophen zu Ende ging. Von einem «Scherbengericht» hat man wiederholt gesprochen. Die inhaltliche Kritik kam aus höchst konträren Richtungen. Die einen, wie Kuba (Kurt Barthel), rückten nun mit dem verdeckt immer schon gehegten Vorwurf heraus, der «Aristokrat» Lukács habe von Anfang an die eigentlichen Belange der Arbeiterklasse vernachlässigt und insbesondere die Ansätze zu einer proletarisch-revolutionären Literatur – schon in den zwanziger und dreißiger Jahren – abgewertet. Das Etikett «Revisionist» paßte hierauf ebenso wie auf seine Beteiligung am ungarischen Oktober.

Doch Lukács hatte ja auch den Doktrinären des «Formalismus»-, «Modernismus»- und «Dekadenz»-Vorwurfs immer wieder Argumente geliefert. Was Hermlin, Giordano und andere mit ihrer kritischen Öffnung zur westlichen «Moderne» auf dem IV. Schriftstellerkongreß im Januar vertreten hatten, war ja der Kategorik nach ebenfalls nicht auf seiner Linie. Hans Mayer, der schon Ende Mai 1956 auf der «Konferenz der Literaturwissenschaftler» in Berlin gegen Stalins Vorstellung vom Schriftsteller als dem «Ingenieur der menschlichen Seele» opponiert hatte, forderte Ende November in einem im «Sonntag» abgedruckten Vortrag «Zur Gegenwartslage unserer Literatur», «das literarische Klima» müsse sich ändern. Man müsse die «Auseinandersetzung mit der modernen Kunst und Literatur in weitestem Umfang endlich einmal beginnen. Es muß aufhören, daß Kafka bei uns ein Geheimtip bleibt und daß das Interesse für Faulkner oder Thornton Wilder mit illegalem Treiben gleichgesetzt wird. [...] Übrigens wird man viele administrative und bürokratische Hemmnisse beseitigen müssen, sollen sich die Dinge in unserem literarischen Leben zum Besseren wenden.»[13]

Da hier selbst Alfred Kurella, der mächtige Leiter des Leipziger Literaturinstituts, einer Bagatellisierung des Personenkults bezichtigt wurde, war die Lage für die SED-Oberen nach dem «Sommer des Aufbegehrens» nun offenbar alarmierend geworden.

Die Staatsmacht statuierte ihr Exempel zunächst an anderer Stelle. Am 29. November 1956 wurde der Philosoph Wolfgang Harich verhaftet, am 3. März 1957 wurde er zu zehn Jahren Zuchthaus verurteilt (seine vorzeitige Entlassung erfolgte dann am 18. Dezember 1964). Charakteristisch für die politische Situation war, daß ihm – wie anderen Mitverurteilten – eine Verbindung zum ungarischen Petöfi-Club vorgeworfen wurde. Und in einer Selbstdarstellung der Gruppe wurden nicht nur enge «ideologische» Verbindungen zu Lukács und Brecht festgehalten, sondern auch ein Programm für die Wiedervereinigung und zunächst für eine Reform der SED. Das Bekenntnis zu ihr war ostentativ: «Wir sind eine Gruppe von SED-Funktionären, die über eine breite bewußte und über eine noch breitere unbewußte Anhängerschaft verfügt.»[14] Die Verurteilung des «Revisionisten» Harich und seiner Mitstreiter wegen «konspirativer» Tätigkeit und «Boykotthetze» gründete sich unter anderem auf dieses Papier.

Die entscheidende Reaktion der Partei auf die Ereignisse in der Sowjetunion, in Polen und vor allem in Ungarn hatte sich bereits im Januar 1957 auf dem 30. Plenum des Zentralkomitees der SED abgezeichnet, und sie war für die Literaturpolitik am 8. Februar auf einer Delegiertenkonferenz des Schriftstellerverbandes spezifiziert worden. Das «Tauwetter», sofern es in der DDR überhaupt sich hatte ausbreiten können, war beendet. Lukács war definitiv der «Revisionist», ja der «Verräter». Hans Mayer wurde ob seines im «Sonntag» abgedruckten Vortrags massiv gerügt, selbst Becher blieb wegen seiner zu offenen Haltung nicht ungeschoren. In zahllosen Artikeln und Aufsätzen begann eine Gegenpropaganda auf breiter Front, angeführt namentlich von Alfred Kurella und Alexander Abusch. Am 22. August 1957 ging Alfred Kantorowicz, desillusioniert und resigniert, nach West-Berlin.

Die «Kulturkonferenz» des ZK der SED am 23./24. Oktober hatte die neue/alte Linie im wesentlichen festzuschreiben, nun freilich auf dem Hintergrund der Erfahrung, wie breit das Spektrum des tatsächlich von den Literaten Gedachten und Erhofften war, und auch: wie abgeschnürt gegenüber dem Westen die eigene Literaturdiskussion immer noch (oder wieder) geführt wurde. Paradigmatisch war Bodo Uhses öffentliche «Selbstkritik» auf der Kulturkonferenz: Unter dem Einfluß des «Revisionisten» Lukács habe er vorübergehend «den Feind aus den Augen verloren».[15] Die «positive Wende» aber (und damit eine Hauptrichtung der nächsten Jahre) benannten vor allem Abusch und Kurella mit der Rückbesinnung auf einen nichtrevisionistischen «sozialistischen Realismus» und nicht zuletzt auf den «lesenden Arbeiter». Die «Theoretische Konferenz» des Schriftstellerverbandes im Dezember 1957 (auf der Strittmatter zum 1. Sekretär gewählt wurde) lenkte den neu befestigten «Realismus» noch deutlicher und prinzipieller auf die Sujets der landwirtschaftlichen und der industriellen «Produktion».

Aus der Sicht der mächtigeren Kulturfunktionäre und der Parteispitze, nicht zuletzt Ulbrichts, hatte das Jahr 1956 ein Defizit an positiver, strikter, engagierender Orientierung der meisten Schriftsteller offenkundig werden lassen. Gleich zu Beginn des Jahres 1958, als die Ergebnisse der Kulturkonferenz ins Plenum des ZK der SED eingebracht wurden, häuften sich die Beschwörungen einer neuen sozialistischen «Kulturrevolution». Sie solle die Endphase eines «Übergangs vom Kapitalismus zum Sozialismus» einleiten, begleitend, fördernd, den «Übergang» zugleich «ausdrückend». Die entscheidenden ökonomischen Rahmenbedingungen nannte bereits am 9. Januar 1958 das «Gesetz über den zweiten Fünfjahresplan» für die Jahre 1956 bis 1960. Seit Mitte der fünfziger Jahre hatte mit dem Ende der Demontagen und mit der Gewährung sowjetischer Kredite an die DDR ein Prozeß industrieller Normalisierung eingesetzt. Zwischen 1955 und 1963 stieg die industrielle Produktion um immerhin 75 %.

In die ehrgeizigen Wirtschaftspläne der SED sollten die Literatur, die Schriftsteller und ihre Leser gezielt einbezogen werden. Auf dem V. Parteitag der SED vom 10. bis 16. Juli 1958, der die «Endphase des Übergangs» zum Programm erhob, wurde gleich im Grundlagenreferat Ulbrichts die neue

Phase der sozialistischen «Kulturrevolution» als eine zentrale Aufgabe fixiert. Die seit der Frühzeit des Kulturbundes (letztlich schon in der Weimarer Republik und im Exil) immer wieder diskutierte «Kluft» zwischen Intellektuellen und Werktätigen, zwischen Literatur und Arbeitswelt sollte entscheidend verringert, ja – nach den Formulierungen mancher – «geschlossen» werden. Ulbricht: «Die Trennung von Kunst und Leben, die Entfremdung zwischen Künstler und Volk, die in der bürgerlichen Gesellschaft so katastrophale Ausmaße erreicht haben, sind noch lange nicht überwunden.»[16]

Auf die «Klassiker» sollte sich das «Volk» neu besinnen, aber die neu zu produzierende Literatur sollte sich gegen die «Einschleusung von Erscheinungen der Dekadenz» immun halten: Dies war ein Leitmotiv des V. Parteitags und seiner vielen begleitenden Aktivitäten. Auch hier wurden der «Sommer des Aufbegehrens» und seine Folgen aus der Sicht der Partei spürbar in restriktive «Maßnahmen» umgesetzt.

Mit welch eisernem Besen die Machtelite vorzugehen bereit war, wurde bereits im Vorfeld des Parteitags an den Säuberungen des Bibliothekswesen erkennbar. Auf dessen Wachstum und «Sauberkeit» war ja Grotewohl im Jubiläumsjahr 1955 so ersichtlich stolz gewesen. Im Juni 1958 wurden in Halle 23 private Leihbüchereien, 5 Antiquariate und 7 Büchereien sogenannter «caritativer Einrichtungen» überprüft. Nicht weniger als 1426 Bücher wurden konfisziert, weitere 3366 vorläufig «versiegelt», und an die 30000 sollten noch überprüft werden. Bei einer ähnlichen Aktion in Leipzig wurde als Resultat vor allem das weitgehende Fehlen von «fortschrittlicher Literatur» beklagt.[17]

Der Aufforderung der Partei, an der neuen «Kulturrevolution» mitzuwirken, folgten einige Schriftsteller ostentativ. Strittmatter, selbst aus einfachen, ländlichen Verhältnissen stammend, bekannte sich zur «Parteilichkeit». Der Arbeitersohn Kuba wollte das Programm am liebsten sofort umsetzen. Überall aber machte Ulbrichts Wort die Runde, man müsse «die Höhen der Kultur» erstürmen. Das war durchaus verschieden ausdeutbar. Die neue «Produktionsliteratur» sollte «Niveau» gewinnen. Aber es steckte darin auch die Vorstellung, daß das «Volk» sich die «Höhen» der überlieferten «klassischen», «humanistischen» Werke erobern solle.

Es ist fast symptomatisch, daß gerade in diesem Jahr, in dem das «Revolutionäre» erst gefordert und vorbereitet wurde, eines der erfolgreichsten Werke der DDR-Literatur erschien, das scheinbar zunächst zurückblickte: Bruno Apitz' KZ-Roman *Nackt unter Wölfen* (in den ersten beiden Jahren: 400000 Exemplare). Mehr als ein Jahrzehnt nach Kriegsende wurden noch einmal die Greuel des Faschismus zum Thema, aber – von ferne Anna Seghers' *Siebtem Kreuz* vergleichbar – mit einem das Ganze überwölbenden, hoffnungsträchtigen Zielgeschehen: der Rettung eines dreijährigen Kindes. Kommunistische Widerstandskämpfer vermitteln eine ideale Handlungsperspektive. Novellistisch-spannende Partien mischen sich mit reportagehaften, ja anekdotischen. Das Buch konnte sich gewissermaßen aus allem Tauziehen um «Realismus» und «Modernismus», um den «positiven Helden» und die «Dekadenz» heraushalten. Es war für «Intellektuelle» und für «Werktätige» lesbar und verständlich. Und es brauchte sich all den neuen Problemen der «Produktionsliteratur» nicht zu stellen, von denen die Diskussionen und praktischen Versuche der nächsten Jahre beherrscht wurden. Die proletarische Herkunft des Autors und seine KPD-Tätigkeit seit den zwanziger Jahren

entrückten ihn bis zu einem gewissen Grade den Forderungen zur Überwindung der
«Kluft». Daß die Verfilmung, von Apitz selbst im Kollektiv miterarbeitet, ein Erfolg
wurde, vervollständigte den Eindruck eines Werks, das durch die Kombination seiner
«positiven» Qualitäten zugleich die Defizite der literatur-politischen Situation beleuchtete. Dieses Buch war weder planbar noch im eigentlichen Sinne nachahmbar. Die neue
Literatur der «Kulturrevolution» aber setzte beides im Grunde voraus.

Wie umfassend die neue industrielle und agrarische «Produktion» das gesellschaftliche Leben bestimmen sollte, wird auch daran erkennbar, daß vom
1. September 1958 in den Klassen 7 bis 12 der Schulen der Polytechnische
Unterricht obligatorisch eingeführt wurde. Er diente damit nicht nur «praktisch» der Vorbereitung auf ein künftiges Berufsleben, sondern auch «ideologisch», im Sinne des «neuen Menschen», dem prinzipiellen Vertrautwerden
mit der «sozialistischen Produktionsweise.« Dies wurde zweifellos auch für
die Literatur insofern von Bedeutung, als bei nachwachsenden Lesergenerationen künftig auch ein größeres sachliches Verständnis für Themen aus der
«Produktion» vorausgesetzt werden konnte, zumindest für deren technisch-
handwerkliche Aspekte.

Für die bereits Werktätigen und erst recht für die professionellen Schriftsteller stellte sich das Problem zunächst prinzipiell anders. Die Diskussion
über dieses Problem reicht bis in die sozialistische Literaturdiskussion der
zwanziger Jahre zurück: in der Sowjetunion wie im deutschen Bund Proletarisch-Revolutionärer Schriftsteller der Weimarer Zeit. Auch nach 1945 war,
im Kulturbund wie in SED-Gremien, immer wieder Lenins Theorie von den
«zwei Kulturen» erörtert worden, die Überwindung der «Kluft» hatte man
seit 1947 wiederholt gefordert. Im Leipziger «Literaturinstitut» wurden gezielt auch schreibende Arbeiter («der Faust») gefördert. Die sozialistische
Tradition der «Arbeiterkorrespondenten» aus der Weimarer Zeit wurde in
der DDR von den «Volkskorrespondenten» fortgeführt: von Werktätigen, die
als Laienjournalisten aus ihrem beruflichen Alltag für die parteigelenkte
Presse Berichte verfaßten. Marchwitza und Zimmering repräsentierten stolz
den älteren Typus, Strittmatter und Bräunig den erst im nachhinein vom
Werktätigen zum Schriftsteller Aufgestiegenen. Ende 1959 zählte man nicht
weniger als 9 500 Volkskorrespondenten.

Das bloße Berichten aus der Arbeitswelt, das schreibende Aufwerten und
Verständlichmachen des Eigenen genügte indes nicht den «menschenformen-
den» und zugleich den «produktionssteigernden» Zielen des V. Parteitags.
Die Zunahme an «Betriebsprosa» in der «Neuen Deutschen Literatur» schon
im Jahr 1958 repräsentierte eine Tendenz, aber noch keinen neuen Weg. Mitte
Januar 1959 beschloß das ZK der SED neue Thesen über die «sozialistische
Entwicklung des Schulwesens»[18] und sah dabei auch eine allgemeinbildende
zehnklassige Polytechnische Oberschule vor (POS). Noch im gleichen Monat
verkündete innerhalb des Elektrochemischen Kombinats Bitterfeld die Jugendbrigade «Nikolai Mamai» den republikweiten Kampf um den Ehrentitel

«Brigade der sozialistischen Arbeit», mit ostentativer Betonung der Kulturarbeit.

Gerade der legendäre Ruf, den diese Jugendbrigade in den nachfolgenden Jahren als «Initialzündung» erhielt, deutet auf ein entscheidendes Problem hin: Der Prozeß, mit dessen Hilfe die vielberedete «Kluft» nun auch an der Seite der Werktätigen selbst geschlossen werden sollte, kam ohne Anstoß von oben nicht recht in Gang. Auch bei der unmittelbaren Vorgeschichte der 1. Bitterfelder Konferenz ist viel Mystifikation im Spiel. Walter Ulbricht, der höchstselbst an der Konferenz teilnahm, will von ihr fast nebenbei und zufällig erfahren haben. Der Anschein des von den Werktätigen selbst in die Hand Genommenen sollte unbedingt gewahrt, der des Gesteuerten strikt vermieden werden.

Der Mitteldeutsche Verlag in Halle, innerhalb des Spektrums der DDR-Verlage relativ neu und betont der «jungen Generation» zugewandt, stellte seine jährliche Autorenkonferenz zur Verfügung, um das seit dem V. Parteitag organisatorisch nur schrittweise angegangene Problem der «Produktions»-Literatur endlich in feste Bahnen zu lenken. Im Kulturpalast des Bitterfelder Kombinats, vor fast 300 «schreibenden Arbeitern» und 150 Berufsschriftstellern – so viele waren dort noch nie zusammengekommen –, zog Alfred Kurella, Leiter der Kommission für Fragen der Kultur beim Politbüro des ZK der SED, sogleich die Verbindung zum V. Parteitag. Eine Formel seines Einleitungsreferats wurde bald zum geflügelten Wort: «Kumpel, greif zur Feder, die sozialistische Nationalkultur braucht dich!»[19] Mit einer langen Grundsatzrede bekräftigte Ulbricht den Kurs, nicht ohne die vorbildhaft enge Bindung Goethes und Schillers an ihre «Gegenwart» zu bemühen. Heute gehe es um die Verpflichtung der Schriftsteller gegenüber dem Kollektiv und dessen Lebenswirklichkeit. Der fällige Appell kam einem Selbstzitat aus dem V. Parteitag gleich: nun müsse man den Arbeitern und Bauern «helfen, die Höhen der Kultur zu erstürmen».[20] Strittmatter, Bredel und Marchwitza bekräftigten aus ihrer Schreiberfahrung heraus Notwendigkeit und Realisierbarkeit der neuen Linie.

Die beiden ersten Beschlüsse der Konferenz lauteten: «1. Die Bewegung des lesenden Arbeiters weiterzuentwickeln und sie zu ergänzen durch eine Bewegung des schreibenden Arbeiters. 2. Die Schriftsteller, die sich die literarische Gestaltung von Problemen der sozialistischen Umwälzung in der DDR zum Thema nehmen, bevorzugt zu fördern.»[21]

Die aufwendige Aktivität, die der Bitterfelder Konferenz folgte, ist in ihren forcierten und bisweilen auch kuriosen Details vielfach beschrieben worden. Die Gattungen, vor allem das paradigmatische «Brigadetagebuch», und die Probleme der «Schreibweise» werden im Kapitel über Erzählprosa der DDR analysiert. Festzuhalten bleibt, daß auch der – bald so genannte – «Bitterfelder Weg» (eigentlich sind es mehrere «Wege») deutlich an der Vorstellung von einer «höheren» Kultur und von einem humanistisch-klassischen «Erbe» orientiert war. Nach wie vor wurde «Proletkult» als Tendenz sorgfältig ausgeklammert, es ging in fernerer Perspektive um die «großen Werke». Und: Die «Bewegung» – wie sie dann auch hieß – war von vornherein nicht als eine von «literarischer Eigengesetzlichkeit» konzipiert, und sei es als eine neue

Variante des «sozialistischen Realismus». Vielmehr hatte sie erklärtermaßen dienende Funktion, zur «Steigerung der Produktivität», wie es Kurella sogleich benannte. Am sichtbarsten wurde diese Funktionalisierung in den Großaktionen einer neuen «Kultur», in den Brigadewettbewerben, Schreibkonkurrenzen und Massenfestivals.

Welche Konsequenzen der neue, restriktivere Kurs, vom Harich-Prozeß bis zur Bitterfelder Konferenz, für einzelne Autoren *auch* nach sich ziehen konnte, zeigen zwei Daten. Heinar Kipphardt, seit 1950 Chefdramaturg am Deutschen Theater in Berlin, kündigte nach Auseinandersetzungen um den Spielplan 1959 seinen Vertrag und ging in die Bundesrepublik. Der 25jährige Uwe Johnson, dem sein erstes Romanmanuskript (*Ingrid Babendererde*) von einem Verlag abgelehnt worden war, verließ ebenfalls 1959 die DDR und «zog» in das Land «um», in dem sein «Buch», wie er lakonisch formulierte,[22] «gedruckt wurde»: der Roman *Mutmaßungen über Jakob*.

VII. VON DER FORMALISMUS-DEBATTE
ZUM «BITTERFELDER WEG»

Wenn man etwas mit Weisenborns *Memorial* Vergleichbares erst wieder in den sechziger Jahren findet, so hat das seine Gründe in der literaturpolitischen Entwicklung. Die «Formalismus-Debatte» setzte 1951 jenem Prozeß einen ganz engen Rahmen, der nun eigentlich hätte beginnen müssen: der experimentellen Suche nach neuen literarischen Formen, wie sie etwa die Literaturgesellschaft zwischen 1917 und 1930 in Rußland und in der Sowjetunion belebt hatte, bevor 1934 auf dem I. Allunionskongreß der Schriftsteller die Doktrin des «Sozialistischen Realismus» diktatorisch durchgesetzt wurde. Diese Doktrin wurde 1951 für einen Staat übernommen, der offiziell erst ein Jahr darauf, 1952, den ökonomisch-gesellschaftlichen ‹Aufbau des Sozialismus› beschließen sollte. Andererseits blieben die literaturpolitischen Linien, selbst dort, wo sie die publizierte Literatur rigoros zu steuern versuchten, durchlässig, weil die Kernsätze des «sozialistischen Realismus» eine Reihe von inhaltlichen Leerstellen aufwiesen, die es dann auch ermöglicht haben, die ästhetische Doktrin bis in die siebziger Jahre immer wieder der literarischen Entwicklung anzupassen. Wer vom Künstler «die wahrheitsgetreue, historisch konkrete Darstellung der Wirklichkeit in ihrer revolutionären Entwicklung» fordert,[1] wie es 1934 im Statut des Verbandes der Sowjetschriftsteller heißt, läßt durch die Begriffe «wahrheitsgetreu», «historisch konkret», «Wirklichkeit», «revolutionäre» Entwicklung einen Freiraum, der die Substanz von (sozialistischer) Literatur überhaupt berührt – und der durch Ad-hoc-Auslegungen jederzeit eingeschränkt oder erweitert werden konnte. Einschränkungen betrafen zunächst in erster Linie die Erzählprosa, deren ‹Versuchsfeld›, zum Teil bis in die sechziger Jahre hinein, literaturpolitisch festgelegt wurde: vor allem durch die Orientierung der Darstellungsformen an der realistischen Literatur des 19. Jahrhunderts *ohne* deren thematische Substanz, «Wirklichkeit» als problematisch zu verstehen oder sie gar prinzipiell kritisch zu beleuchten. Vielmehr geht es der dogmatisierten Literatur-Theorie (Parteilichkeit, Volksverbundenheit, Gestaltung einer «typischen» Realität) darum, der Erzählprosa thematisch und darstellerisch ‹garantierte› Realität abzuverlangen. Wenn man die widersprüchlichen Vorstellungen zu einem normativen Modell summierte, so wäre das der Gegenwartsroman gewesen, der die Totalität der angeblich sozialistisch fortschreitenden Wirklichkeit im Sinne der Parteilinie spiegelt, sich aus der Schreibweise der Klassiker und der Realisten des 19. Jahrhunderts speist und deren künstlerisches Niveau erreicht, erzieherisch wirkt und gleichzeitig massenhaft gelesen wird, ohne trivial zu sein. Diesen Roman konnte es nicht geben, so sehr auch die Literaturpolitik und die Literaturkritik nach ihm verlangten. Vielmehr entstanden innerhalb eines Rahmens, der Inhalte und Darstellungsformen eingrenzte, Versuche, die den *Spielraum* nutzten und die offenbaren Widersprüche und Leerstellen der Vorgaben ausfüllen mochten. Die Erzählprosa der fünfziger Jahre stellt sich insofern als ein Komplex dar, der durchaus Züge einer autonomen Strukturierung zeigt.

Während sich aber die westdeutsche Literatur auf die «klassische Moderne» von Kafka, Hemingway und Joyce bis zu Musil und Proust oder auf den Zeitgenossen Camus berief, konnten zwar in der DDR Werkausgaben etwa von Thomas und Heinrich Mann erscheinen, aber die Erzählprosa dieses Landes fand erst in den sechziger Jahren allmählich Anschluß an experimentelle Formen modernen Erzählens. Die Unterschiede zwischen der westdeutschen und der DDR-Erzählprosa sind bis in die sechziger Jahre schon auf der Ebene der Schreibweisen ebenso tief und offensichtlich wie auf der Ebene der Stoffe, (politisch-)thematischen Strategien und der Wirkungsabsichten. Es geht da nicht nur um eine in der DDR verhinderte oder verzögerte literarische Moderne, die (in ‹gemäßigten› Formen) allmählich nachgeholt wird. Man muß erkennen, daß auch autoritär (totalitär) formierte Literatur ein eminentes Zeugnis der Widersprüche eben dieser Moderne ist, ein epochales Novum des Stalinismus der dreißiger Jahre, das so ohne Beispiel war.

1. Um 1950: Wortmeldungen jüngerer Autoren

In Vilmar Korns Anthologie *Offen steht das Tor des Lebens* (1951) hatten sich bereits Autoren der jüngeren Generation zu Wort gemeldet, die nicht in der Emigration gewesen waren, sondern Soldaten des Weltkriegs. Einer der Jüngsten, Erich Loest (*1926), veröffentlichte bereits 1950 einen Kriegs- und Nachkriegsroman – *Jungen, die übrig blieben* – und leitete die stattliche Reihe autobiographischer Entwicklungs- und Abschieds-Romane über den Zweiten Weltkrieg ein, wie man sie aus Romanen der älteren Generation über den Ersten Weltkrieg kannte. Während dort Kinder aus bürgerlichen Familien sich vielleicht zu jungen Kommunisten entwickelten, ging es nun darum, die aktuellen Erfahrungen von Hitlerjungen und Soldaten der Wehrmacht so darzustellen, daß ein Übergang in eine Realität mit antifaschistischer, ja sozialistischer Perspektive glaubhaft wurde – was für die ersten Jahre vor allem ‹Aufbau›-Perspektive hieß.

Loest verbirgt die Schwierigkeiten nicht, wenn er einen jungen Helden wählt, den man als Vertreter einer betrogenen Generation verstehen kann. Sein Walther Uhlig versinkt nach dem Zusammenbruch seiner faschistischen Illusionen in melancholischen Nihilismus, aus dem eine kaum mehr motivierte Aufbau-Episode herausführt, die eher für die Revision der 2. Auflage des Romans (1954) als für die Glaubwürdigkeit seines Inhalts zeugt. Der Roman versucht das anzudeuten: «Und immer dachte er über sich nach. Er hätte gern gewußt, wie es kam, daß er so eifrig war. War es das Wissen um die vielen Tonnen Treibstoff, die nicht produziert werden konnten [...], war es der Abscheu gegen den Krieg, der ihn trieb [...]».

Loests Uhlig ist der erste Romanheld in einer langen Reihe, die über Jakobs, de Bruyn, Kant und andere schließlich zu Christa Wolf (*Kindheitsmuster*, 1976) führt: Der Abbruch der Trauerarbeit im Übergang vom Nazismus zum sozialistischen Aufbau in der spätstalinistischen Ära hinterläßt eine Lücke, die schon Uhligs Fragen ohne glaubhafte Antwort anzeigen.

Erwin Strittmatter (1912–1993) schloß sich mit seinem ersten Roman *Ochsenkutscher* der Prosa der älteren Generation an, indem er das Geschehen vor 1933 enden ließ. Es ist richtig, daß Strittmatter bereits hier «*seine* Romanform» gefunden hat, deren an mündlichem Erzählen orientierter Prosastil beim Vorabdruck in der «Märkischen Volksstimme» (1950/51) keineswegs auf die Zustimmung jener stieß, die sich in der Provinz eben die Maximen des sozialistischen Realismus zu eigen machten. Auch in der Struktur des autobiographischen Entwicklungsromans, in der ländlichen Szenerie, der Spannung von Dorf und Industriestadt, der holzschnittartigen Figurenzeichnung hatte Strittmatter seine Schreibweise bereits ausgebildet. Daß sein Held am Ende im Bergwerk politische Alternativen wenigstens ahnt, dann aber mit seinem proletarischen Genossen arbeitslos in die Welt hinauszieht («Laß man, wir müssen vorwärts»), wirkt wie eine vorausweisende Formel, die es Strittmatter später erlaubte, zumindest im Roman niemals den «entwickelten Sozialismus» darzustellen, sondern immer wieder auf Vorgeschichte und Frühzeit der DDR zurückzugreifen, wo jener Satz offenbar noch ein geradezu abenteuerliches Zukunftsversprechen war.

2. Betriebsroman und Aufbaumonument

Loests Roman endet mit einer Aufbau-Episode. Stoff und Thema des industriellen Wiederaufbaus und des Neubaus vor allem schwerindustrieller Fabrikanlagen wurden mit Eduard Claudius' *Menschen an unserer Seite* (1951) zum ersten Mal in einem DDR-Roman verarbeitet. Man pflegt den sogenannten *Aufbauroman*, eine Sonderform des Betriebs- und Industrieromans, als Prototyp der DDR-Erzählprosa in der ersten Hälfte der fünfziger Jahre hinzustellen, aber das ist keinesfalls quantitativ zu verstehen. Denn die rund zehn wichtigsten Romane dieses Genres, die bis 1957 erschienen – wobei Harry Thürks *Herren des Salzes* (1956) schon eine Art Nachzügler war –, nehmen sich neben der Zahl der Neuerscheinungen (von Neudrucken ganz zu schweigen), neben den Unterhaltungsromanen, der Dorfliteratur, historischen Romanen, neben Versuchen, antikapitalistische Kriminalromane zu schreiben, und anderer Prosa fast verschwindend aus. Dennoch bleiben die Aufbauromane für wesentliche literarische Tendenzen der frühen fünfziger Jahre repräsentativ. Ihnen gingen Reportagen aus der Industrie voraus, mit denen Autoren wie Dieter Noll literarisch debütierten. Zwischen den Reportagen und den Romanen vermittelten ‹Reportageerzählungen›, fiktionale Texte auf Faktengrundlage, wie sie Willi Bredel mit *Fünfzig Tage* (1950) vorgelegt hatte. Sein Text wurde nicht nur literaturpolitisch zum Vorbild erhoben, er hat auch deshalb bis in den Anfang der sechziger Jahre nachgewirkt, weil er den Wiederaufbau eines durch Hochwasser zerstörten thüringischen Dörfchens aus dem Blickwinkel eines Jugendprojekts der FDJ darstellte. Dazu gehörten Ansätze von Entwicklungsgeschichten jugendlichei ‹positiver Helden› ebenso wie Liebeskonflikte.

Bezeichnend für derartige Erzählprosa bis zu Neutschs Roman-Resümee *Spur der Steine* (1964) ist auch Bredels Titel: Er verweist auf die geplante Zeiteinheit, in der die Arbeiten abgeschlossen sein sollen, und die dann noch unterboten wird. Festgesetzt wird sie bei Bredel nicht von den Arbeitenden selbst, sondern es ist eine beiläufige Idee des sowjetischen Kommandanten, die vom zuständigen deutschen Minister übernommen und als Norm vorgegeben wird. Am wenigsten gefragt werden die von dem Projekt Betroffenen, die geschädigten Bauern – sie kommen nur am Rande vor. Natürlich wollte Bredel Aufbau-Projekte propagandistisch unterstützen, aber seine simple Typisierung von Realität bildet auch die tatsächlichen politischen Verhältnisse ab – bis zum Ausgangspunkt der Normvorgabe. Denn bereits 1948 hatte man in der SBZ nach sowjetischem Vorbild die Aktivistenbewegung übernommen: Es ging nun darum, die Leistung zu steigern und so die Zeiteinheit zu unterbieten. Der Bergarbeiter Adolf Hennecke hatte in einer minutiös vorbereiteten Schicht seine Fördernorm um 480 % übererfüllt. Weil damit wieder der ‹Einzelheld› aufs Podest gestellt war, gehen Bredels *Fünfzig Tage* zwar von einer Kollektivleistung aus, aber am Schluß werden einzelne Aktivisten besonders belohnt.

Eduard Claudius' (1911–1976) Reportageerzählung *Vom schweren Anfang* (1950) entsprach mit ihrem wiederum ‹realen› Helden Hans Garbe genau dieser Konstellationen: Garbe hatte unter schwersten Bedingungen und in kurzer Zeit einen Brennofen in einem Spezialbetrieb ausgemauert. Bereits in der Erzählung umgab Claudius seinen Arbeiterhelden mit einer ganzen Reihe von Kontrastfiguren wie dem Betriebsleiter als Vertreter der alten Intelligenz, die man für den neuen Staat gewinnen mußte, oder dem Meister, der für den Westen Sabotage treibt. Dem fast scheiternden Garbe eilt am Ende als deus ex machina ein SED-‹Instrukteur› zu Hilfe – schlichter figuraler Hinweis darauf, daß die Beschlüsse ‹oben› anscheinend den Initiativen ‹unten› entsprechen.

Claudius' Roman *Menschen an unserer Seite*, der aus der Reportageerzählung entstand und 1951 erschien, war nicht nur durch die Aktivistenbewegung und die Garbe-Erzählung die Struktur vorgezeichnet, Roman eines vorbildlichen Einzelhelden zu sein, dem man eine erzählbare Geschichte geben konnte, wenn man ihm auch eine Entwicklung gab. Damit knüpfte der Aufbau-Roman an die Entwicklungsfabel an, wie sie in Variationen von Marchwitza bis zu Loest und Strittmatter bereits in der SBZ/DDR-Literatur eingeführt war. Im Hintergrund konnte man natürlich die Tradition des Bildungsromans seit Goethe sehen und so nicht nur der literaturpolitischen Forderung entsprechen, daß das klassische Erbe übernommen werden müsse, sondern zugleich dessen progressive Fortführung behaupten: Dem ‹neuen› Helden war in der Romanfiktion die Mitwirkung an einer «garantierten Realität» versprochen, die Widerschein der sich tatsächlich verändernden Lebenswelt sein sollte. So könnte man vom Genre-Typus des Aufbau-Bildungsromans sprechen, dem sich mit Maria Langners *Stahl* oder Hans Marchwitzas *Roheisen* ein zweiter Typus hinzugesellt: der Roman des Aufbau-Monuments, in dessen Zentrum – wie schon die Titel signalisieren – das neue Werk steht und der deshalb mit dem Massenroman verwandt ist, wie er in Plieviers *Stalingrad* vorlag. Dem Monument sinnloser Vernichtung trat das des Aufbaus entgegen. Beide Typen des Aufbau-Romans konnten sich auf sowjetische Vorbilder berufen, etwa auf Gladkows 1949 in deutscher Übersetzung erschienenen Roman *Zement* (1924), der mit seinem Helden der ersten Stunde Gleb Tschumalow die subjektive Seite der Oktoberrevolution, mit dem Wiederaufbau eines enteigneten Zementwerks deren objektive Seite darstellte – in einer zugleich poetischen und vitalen Prosa, wie sie von keinem der DDR-Romane erreicht worden ist.

Der Held in Claudius' Roman heißt nicht mehr – wie die reale Person – Garbe, sondern hat den sprechenden Namen Aehre: Einer von vielen, die eine Garbe ausmachen mögen. So gehört zu seiner Entwicklungsgeschichte die Erfahrung, daß er auf die Mitarbeit seiner Kollegen angewiesen ist, deren Ansprüchen an Arbeitsnorm und damit Verdienst der einzelne nicht einfach zuwiderhandeln kann – Heiner Müller hat diese Episoden in seinem Lehrstück *Der Lohndrücker* (1957) aufgearbeitet. Ausgeweitet hat Claudius vor allem die Privatsphäre: Aehres Frau ist eine der frühen Vertreterinnen der Emanzipation im DDR-Roman, die während der ersten Jahre – so auch bei Claudius – vor allem in der Eroberung der Berufswelt gesehen wurde. Aehre, im Betrieb vorn, kommt damit nicht zurecht. Modellhaft wirkt auch eine weitere Figur, die Claudius in den Roman eingeführt hat: der Maler Andrytzki, der die Lernschritte vom Maler des grauen Lebensekels zum sozialistischen Realisten der Betriebsbilder vollzieht und dessen Portrait Aehres, umgeben von Werkleiter und Parteisekretär, am Ende des Romans steht – ein präzis gedachtes Schlußtableau, wenn Aehres Entwicklung, Selbsterkenntnis und Annäherung an Identität nur bildhaft dargestellt werden können («als hätte man vor seinem Gesicht eine Maske weggenommen, ein anderes, echtes Gesicht sei zum Vorschein gekommen»). Im übrigen beginnt mit der Figur des Malers auch die Selbstreflexion der Kunst und Literatur in der Erzählprosa der DDR, die hier als dialektische Linie zur ‹richtigen› ästhetischen Widerspiegelung der Realität angelegt ist. Das Schlußtableau hebt indes die Widersprüche nicht auf, die der Roman darstellt. Dazu gehört einmal die entfremdete Aktivistenarbeit selbst, die bis zur vollständigen Erschöpfung die gesamte Kraft Aehres und seiner Brigade verlangt, eine Arbeitsschlacht, die nur im Bewußtsein der Arbeitenden auf Befreiung hin gedeutet und so sinnvoll werden kann: «Unsere Arbeit ist nicht etwas, was uns knechtet.» Dazu gehört auch die Darstellung der Partei, der SED, die Claudius als Totalität politischer Handlungsmaximen und als Führungskraft verstanden wissen will: «Ja, die Partei! Du bist doch auch die Partei!» Aber nur die untere Ebene, auf der die Aufbauleistungen heroisch ausgeführt werden, wird sichtbar, nicht jene, auf der sie vorgegeben worden sind.

Claudius hatte, bevor er den Roman schrieb, selbst in der Brigade seines Vorbildes Garbe mitgearbeitet.[3] Während er einen Teil seiner Erfahrungen in dem Maler Andrytzki verkörperte, wählte Karl Mundstock (*1915) in *Helle Nächte* (1952) einen Westberliner Lyriker, der als Reporter zu einer FDJ-Brigade auf die Baustelle eines neuen Stahlwerks kommt. Schureck bleibt im Grunde Beobachter, Außenseiter, von gelegentlich schwankhafter Komik, wenn er einmal mitarbeitet. Er soll dem skeptischen Leser die Erfahrung vermitteln, daß in Arbeit und Bewährung des industriellen Aufbaus der Lebenssinn liegt, den der Westen nicht vermitteln kann.

Schureck ist nicht eigentlich die Hauptfigur des Romans, aber in ihm erscheint – wie schon im Maler Andrytzki und seinen Vorgängern des autobiographischen Entwicklungsromans – jene abseitsstehende, aber entwicklungsfähige Figur, die im Aufbau-Alltag und seinem abenteuerlichen Elan ‹ankommen› soll («Ankunftsroman»). Mundstock hat dieses Identifikationsangebot an den Leser verstärkt, indem er ähnliche Figuren in der Jugendbrigade ansiedelte – man wird mit ihnen verwandte noch in den Romanen von Jakobs oder Neutsch zu Beginn der sechziger Jahre antreffen. Im Sumpfgelände der Baustelle läßt sich das, was in der Programmatik des sozialistischen Realismus «revolutionäre Romantik» heißt, nur als visionäres Fernziel vermitteln: «Wenn man's genau nimmt, gibt es gar keine Gegenwart. Entweder wir sehen, was *wird*, oder wir sehen *nichts*!» Das Nahziel, die Einweihung des ersten Hochofens durch den Minister, schildert der Roman aus der Perspektive Schurecks, der sein Mädchen erblickt hat. «In der Stimmung, die ihn bis in die Wolken hob, die über den Feiertagshimmel segelten, sah er Gerda für einen Engel an, und wehe, wer ihm diesen Traum hätte vergällen wollen!» Man kann solche Sätze wie viele andere als ironisches Understatement zum «Minister [...] in Schwarz» und den zwei «Volkspolizisten mit den Maschinenpistolen vor der Brust» lesen, aber auch als deren subjektiv-sentimentale Ergänzung auf dem sprachlichen Niveau des Unterhaltungsromans.

So hatte sich Mundstock in einem ‹Nachspiel›, das dem Roman in der zweiten Auflage als Nachwort angefügt wurde, gegen seine Kritiker zu verteidigen – er fand sich in derselben Rolle wie Anna Seghers oder Eduard Claudius. Vorgeworfen hatte man ihm bezeichnenderweise nicht zuletzt die «Sauf- und Bettgeschichten» von Aktivisten. Die Prüderie der Kritik, die ‹Moral› der Partei, die engsten Grenzen dessen, was in den theoretischen Debatten dekadente «Pornographie» genannt wurde, verwundern nicht, wenn Literatur zu Aufbauleistungen ansporn sollte, die alle Energien beanspruchten. Mundstock sah das anders, in seinem Nachspiel überzeugender fast als im Roman selbst. Man könne von ihm keine «Broschüre für die Gewerkschaft» verlangen, heißt es da; die «Phantasie des Lebens» müsse die «Phantasie» des Lesers ansprechen, wie das schon «bei Cervantes und Scholochow» geschehe, im klassischen und sozialistischen Erbe also. Was im Sinne des «sozialistischen Realismus» typisch war, erlaubte er sich selbst zu beurteilen.

Man kann die Romane von Claudius und Mundstock auch als Romane des Nebeneinander verschiedener Handlungsstränge lesen, unter denen einige Entwicklungsfabeln gewichtiger ausgestaltet sind. Hans Marchwitzas

Roheisen (1955) stellt sich ganz als Roman des Nebeneinander dar, dessen sich entwickelnde ‹Hauptperson› ein Hüttenwerk ist, das Aufbau-Monument. Die Kritik bemängelte, Marchwitza sei vom «Arbeitsprozeß, d. h. also vom Allgemeinen» ausgegangen und habe damit die vom sozialistischen Realismus geforderte Gestaltung des «Typischen» als dialektische Einheit des Allgemeinen, der gesellschaftlichen Strukturen, und des «Besonderen», der einzelnen Charaktere, verfehlt.[4] In der Tat ist *Roheisen* der Versuch, Aufbauabläufe zu erzählen. Das Buch bezieht Dokumente ein, und es ist unkaschierte publizistische Agitation und Propaganda. Mißlungen ist es aus heutiger Sicht wiederum weniger, weil es keine «Charaktere» gestaltet, sondern weil es den «Arbeitsprozeß» doch noch mit Charakteren, oder besser: figuralen Aufhängern von sozialen Vorgängen, zu gestalten sucht. Da es die Mittel der Avantgarde, die vom Expressionismus über Döblin zu Brecht immer wieder abstrakte Prozesse literarisch zur Sprache bringen wollte, nicht nutzt und nicht nutzen durfte (vom Dokumentarischen abgesehen), bleibt es bestenfalls bei einer Chronik (etwa der Mängel des in Rekordzeit fertiggestellten ersten Hochofens) oder bei langatmigen Diskussionen zwischen Charakteren, die das Interesse des Lesers nicht so weit zu wecken vermögen, daß er sich, seinen traditionellen Lesegewohnheiten entsprechend, mit ihnen identifizieren könnte. Dabei gibt es Entwicklungsgeschichten, die als schlichtes Resümee referiert werden: «Heute begann die Arbeit am neuen Hochofen [...] Die Zeit wandelte sich mächtig, ja, und auch die Menschen änderten sich immerfort; auch der wortkarge Junge [...] war heute ein selbständiger Mensch!» Der Erzählerkommentar verselbständigt sich häufig zum Referat, dennoch erhält er keine strukturell neue Funktion. Die Behauptung des Erzählers: «Der Meister hieß Arbeiterklasse» hätte das Experimentieren mit modernen Strukturen erfordert, die den Kategorien ‹Masse› oder ‹Klasse› literarisch gewachsen gewesen wären.

Innerhalb dieser Grenzen hat der Roman Momente, die hinter der affirmativen Fassade ein unverstelltes Bild der sozialen Widersprüche geben: Der erste Hochofen wird vom Minister eingeweiht – ein Handlungstopos wird variiert, der seit Gotsche, Bredel, Mundstock Bestandteil der DDR-Erzählprosa ist. Darstellen will der Text entsprechend dem Erzähler-Kommentar: «Es war ihr [der Arbeiter] Werk.» Tatsächlich stellt er dar, wie «die Arbeiter» (als Kollektiv) vor ihrem Werk stehen, das ihnen fremd blieb; erst als ihnen der Minister von oben versichert, es sei das ihre, versuchen sie zu begreifen. Hier sind «die Nieter», «die Monteure» als bloße Funktionen des Hochofens bezeichnet, auf dem sie eben, um die Einweihung zu ermöglichen, ihre einstweilen letzte Arbeitsschlacht geschlagen haben: «Sie dachten kaum darüber nach, daß sie es selber waren, die dieses Wunder vollbracht hatten. Sie hörten andächtig zu, wie der Minister über die Geschichte des Werkes und über die ungeheure Arbeit sprach [...] Es war ihr Werk. Dies alles berichtete der große Mann [...] den still und erstaunt lauschenden Menschen [...] Die Monteure lauschten mit angestrengten Stirnen, müde, die braunen Gesichter faltig vor Erschöpfung.»

In dem Roman, so schrieb ein Kumpel im «Sonntag», erklinge der «Rhythmus der Arbeit», und in einer Kritik des «Neuen Deutschland» hieß es, der

Roman zeige den gewaltigen Umschmelzungsprozeß, in dem «nicht nur neue Fabriken und Werke, neue Hochöfen und Maschinen, sondern auch neue Menschen» entstünden.[5] Die Rezeptions- und Entstehungsgeschichte des Romans kann Aufschluß geben über zaghafte Ansätze zur Veränderung des Literaturbegriffs: *Roheisen* war ein schließlich erfolgloser Versuch, Literatur *funktional* neu zu durchdenken, indem man Erfahrungen aus den zwanziger Jahren wieder aufnahm. Von der Kunst war nach 1950 einerseits die sozialistisch-erzieherische Funktion gefordert, andererseits erwartete man das literarische Meisterwerk nach dem Vorbild der Klassiker. Diesen Widerspruch konnte natürlich auch die *Roheisen*-Debatte nicht lösen. Die publizistische ‹Proletkult›-Tradition war ja 1934 in der Sowjetunion und neuerlich 1951 in der DDR dem Verdikt verfallen. An diese Tradition schien nun aber Marchwitza anzuschließen, der selbst während der zwanziger Jahre als Arbeiterschriftsteller in der KP-Publizistik herangewachsen war. Von *Roheisen* erschien ein Teil-Vorabdruck 1953 in der Zeitschrift «Neue Deutsche Literatur»; Chefredakteur Bredel wollte damit «bei den Massen unserer werktätigen Leser» eine Diskussion in Gang setzen – ein Versuch also, öffentliche Kommunikation schon im Entstehungsprozeß aktueller Literatur zu befördern. Daß dies niemals etwas anderes als eine autoritär überwachte Debatte werden konnte, war klar. Dennoch legte sie Zeugnis ab für beschränkte Freiräume des öffentlichen Gesprächs und des Experimentierens. Die direkt Betroffenen, die Arbeiter in Stalinstadt, dem späteren Eisenhüttenstadt, reagierten nicht. Die kritischen Reaktionen von anderer Seite reproduzierten das widersprüchliche literaturtheoretische Konzept, indem man den Roman darstellungsästhetisch angriff und als «bloße Reportage» bezeichnete.[6]

Am 27. Januar 1955 veröffentlichte die «Tribüne» den «Nachterstedter Brief» von 31 Arbeitern und Funktionären aus einem Braunkohlenwerk, in dem erneut vorwärtsweisende Gegenwartsliteratur gefordert wurde, die aber «gestaltet» sein sollte, während Bredel im April 1955 in der «Neuen Deutschen Literatur» vor einer «proletkultartigen Einengung» der Literatur warnte. Auf dem IV. Deutschen Schriftstellerkongreß im Januar 1956 waren schließlich «künstlerische Meisterschaft», «Gestaltung», «schöpferische Freiheit», «Realismus» die Kategorien, auf die man sich einigen wollte. Realistische Literatur mit neuen Funktionen unter autoritären Bedingungen an die Öffentlichkeit zu bringen, war unmöglich. So blieb es beim Postulat einer wahrhaft realistischen Literatur in der Verantwortung des *einzelnen* Schriftstellers. Marchwitzas *Roheisen* und Rudolf Fischers (1901–1957) *Martin Hoop IV* (1955) markierten anscheinend das Ende des Aufbau-Betriebsromans; vor allem endete der Versuch, den Roman des Aufbau-Monuments, vermittelt durch die öffentliche Debatte, als eine Art publizistischer Zwischenform zu erproben. Das Modell von Claudius variierte noch Harry Thürk (*Die Herren des Salzes*, 1956), und es wirkte in den Bitterfelder Romanen der jüngeren Autoren nach 1960 weiter, bei denen auch Mundstocks

Helle Nächte Nachfolger fand. Eduard Claudius hat sich 1968 die Frage gestellt: «Waren wir nicht nur Nachahmer sowjetischer Literatur?»[7] Inzwischen hatte sich ein DDR-Paradigma der Romanprosa herausgebildet, ein anderes war verworfen worden. Die «jungen Erzähler», die nach 1960 mit längeren Texten an die Öffentlichkeit traten, bewiesen es: Jakobs, Neutsch, Reimann, Wolf. Die Figur des Einzelgängers, Außenseiters, proletarischen Anarchisten, die in ihren Büchern Aufmerksamkeit fordert, zeigte, wo sie fortführen, deutete an, wie sich das Paradigma verändern würde.

3. Die Frau als Werktätige

Daß einige Romane der fünfziger Jahre, die sich mit der Rolle und dem Selbstverständnis der Frau auseinandersetzen, stofflich in den Umkreis der Betriebsromane gehören, ist kein Zufall. Denn wie Claudius das im Anschluß an den sowjetischen Roman bereits vorgeführt hatte, bedeutete Emanzipation zunächst, daß die Frau aus ihrem engen Dasein als Ehefrau und Mutter zu befreien und in die produktive Arbeit einzubeziehen sei. Was in den FDJ-Brigaden, wie sie bei Bredel oder Mundstock erschienen, für junge Mädchen durchzusetzen war, sollte auch für ältere Frauen gelten. Claudius hatte das gezeigt. Das überzeugendste Buch erschien gleich zu Beginn einer ganzen Reihe, die sich dem Thema widmeten: Ludwig Tureks (1898–1975) *Anna Lubitzke* (1952).

Wie die Aufbauromane, so blickt auch dieses Buch stofflich zurück: auf die «Trümmerfrauen», die nach Kriegsende die Trümmer der Ruinen beseitigten und neues Baumaterial bereitstellten; sie arbeiten hier zunächst noch unter einem kapitalistischen Kleinunternehmer, der sich nach Westen absetzt. Danach übernehmen die Frauen die Firma in eigener Regie, Anna wird Chefin, kümmert sich um die Alltagssorgen ihrer Kolleginnen. Man baut schließlich gemeinsam eine Wohnlaube, als eine der Frauen heiratet: «Villa Solidarität». Der Topos des Festes beschließt den Roman, aber da präsentiert sich kein Funktionär auf einer Tribüne, sondern man feiert die gegenseitige Hilfe und Selbstorganisation. «Für alle war genügend da.» Das war 1952 wohl nur als «historischer Roman» – so das Nachwort – zu veröffentlichen, der später gedrehte Film hieß *Steinzeitballade*.

Turek scheute vor schwankhaften, selbst vor erotischen Details nicht zurück, das Ganze sollte ein auch sinnlich vergnügliches Buch werden, und es läßt im Rückblick auf die Anfänge eher etwas von befreiter Arbeit ahnen – obwohl nur Trümmer zu beseitigen sind – als die Aufbauromane. August Hild (1894–1982) hat sich 1952 in dem Roman *Die aus dem Schatten treten* an einem ähnlichen Motiv versucht: Arbeiter übernehmen eine Eisengießerei, deren Besitzer in den Westen geflohen ist. Aber da gleitet die Handlung in die übliche Sabotage-Dramaturgie ab, der Betrieb wird am Ende «volkseigen». An das potentiell anarchische Erbe der Steinzeit ließ sich höchstens erinnern. Auch Strittmatter, selbst Kant haben das später noch versucht (*Ole Bienkopp*, *Die Aula*).

Marianne Bruns (*1897) (*Glück fällt nicht vom Himmel*, 1954) zeigte die Schwierigkeiten der Frauen auf dem Weg zum Beruf gewissermaßen vom Fluchtpunkt aus, dem Mietshaus, von dessen Bewohnerinnen eine bis zum «Kulturdirektor» eines VEB aufsteigt. So erweist sich, daß es die Frauen auf dem Feld des beruflichen Leistungswettbewerbs mit dem Mann aufnehmen können, daß sie aus dem privaten in den öffentlichen Wirkungsbereich eintreten sollen. Sprachlich oft trivial, mit flachen Figuren, deren Geschichten dort am einleuchtendsten erzählt sind, wo sie chronikalisch referiert werden, waren auch einige der Dorfromane, die Frauen als Hauptfiguren wählten. Strukturell lassen sie sich in der Regel als (politische) Entwicklungsromane beschreiben (Benno Voelkner, *Die Liebe der Gerda Hellstedt*, 1957; Irma Harder, *Im Haus am Wiesenweg*, 1956; Eduard Claudius, *Von der Liebe soll man nicht nur sprechen*, 1957). Claudius schildert etwa den Weg einer jungen ‹Umsiedlerin› durch die Niederungen der Großbauernmagd zur Ehefrau eines ehemaligen Knechts, die sich am 17. Juni 1953 mutig der aufrührerischen Anarchie entgegenwirft.

4. Veränderungen des Dorfes

Man konnte an die kurze Tradition deutscher sozialistischer Dorfprosa anknüpfen, zu der vor 1933 Anna Seghers beigetragen hatte (*Die Bauern von Hruschowo*, *Der Kopflohn*); das berühmteste sowjetische Vorbild, Michail Scholochows *Neuland unterm Pflug* (1932) war 1946 in der SBZ herausgekommen. Paul Körner-Schraders (1900–1962) *Die Hungerbauern. Erzählung aus dem Bauernleben* (1949) hatte von den Veränderungen auf dem Lande nach der Bodenreform von 1945/46 berichtet, die alle Güter über 100 Hektar enteignet und an *Neubauern* aufgeteilt hatte. Da sie nur kleine Parzellen erhielten und zunächst ohne Maschinen wirtschaften mußten, drohte ihnen erneut das Dasein von Hungerbauern. Die Erzählung führt vor, wie Solidarität, genossenschaftliche Hilfe, neue Formen gemeinschaftlichen Wirtschaftens aus dieser Krise entstehen und der *Bauernhilfe* (gegenüber den renitenten Großbauern) die Zukunft gehört. Körner-Schraders kunstlos erzählter Text, dessen Sprache eher an Hamsun als an Scholochow erinnert, verzichtet ganz auf Parteipolitik; er will die Bodenreform nicht nur als ‹demokratische› Initiative legitimieren (obwohl sie weithin ‹von oben› angeordnet worden war), sondern die Betroffenen zu eigenen Initiativen ermuntern. Dagegen versucht Otto Gotsche (1904–1985) in seinem Roman *Tiefe Furchen. Roman des deutschen Dorfes* (1949) bereits das Romanepos der Bodenreform vorzulegen. Revolutionäre Impulse, die aus den Dörfern selbst kamen, sollen die Reform von oben rechtfertigen, wobei sich vor allem die KP-Gruppe hervortut, die sich im Dorf erst formieren muß. Die für den späteren Dorfroman übliche Figuren-Opposition von Großbauern, Junker-Familie und ehemaligen Nazis auf der einen, politisch Progressiven und Landlosen auf der anderen Seite hat Gotsche bis zur Kolportage der Feuer legenden Großbäuerin strapaziert.

Deutlicher als bei Körner-Schrader sind die stilistischen Anleihen beim agrarromantischen Dorfroman, gegen den sich ja die sozialistische Dorfprosa schon in den zwanziger Jahren wandte. Gotsche verzichtet auf Einzelhelden; das Projekt Bodenreform erscheint als Werk einer ‹antifaschistisch-demokratischen› Heldengruppe. Im Betriebsroman kehrt diese Konfiguration mit dem Aufbau-Monument neuer Fabrikanlagen wieder. So verwundert es nicht, wenn Gotsches Roman – wie später Marchwitzas *Roheisen* – mit dem Topos des gemeinsamen Festes endet, bei dem der Landrat den neuen Eigentümern ihre Besitzurkunden überreicht. Gotsche, der selbst in solchen Funktionen gearbeitet hatte, kannte genau, wovon er parteilich erzählte; die chronikalischen Partien seines Romans behalten so ihren dokumentarischen Wert. Aber Gotsche strebte nicht nach der schmucklosen Dokumentation, sondern nach dem epischen ‹Meisterwerk›, zu dem alle Voraussetzungen fehlten.

Die 2. Parteikonferenz der SED hatte 1952 die «planmäßige Errichtung der Grundlagen des Sozialismus» beschlossen, was in bezug auf die Großindustrie nur die Sanktionierung des bereits Vollzogenen war; im selben Monat Juli kam ein Beschluß des Ministerrats heraus, der Erleichterungen und Vergünstigungen für LPGs ankündigte. Damit war jener Prozeß zum offiziellen Beschluß erhoben, der de facto hier und da bereits zu ersten Genossenschaften auf dem Lande geführt hatte, Zusammenschlüssen zumal von Klein- und Neubauern (die durch die Bodenreform Land erhalten hatten). Daß sie nicht allein wirtschaften konnten, hatte schon Körner-Schrader beschrieben. Auch diese nächste Phase des Lebens auf dem Lande vollzog man literarisch mit, etwa Werner Reinowski (1908–1987) in *Der kleine Kopf* (1952). Der Umfang der Romane von Gotsche, Marchwitza, Reinowski – im Durchschnitt 600 Seiten – zeigte übrigens, daß man ein Romanepos wenigstens quantitativ anstrebte, das in «extensiver Totalität» (Lukács) alle Details des beschriebenen Stoffs erfassen sollte; der thematische Sinn formierte sich durch die ideologischen Vorgaben «garantierter Realität». Der zweite Teil von Reinowskis Roman, *Vom Weizen fällt die Spreu* (1952), noch einmal 600 Seiten, konnte das nur bestätigen. So diente Reinowskis Werk bereits 1953 zum Exempel einer Diskussion, in der Dieter Noll dem Autor einen richtigen marxistisch-leninistischen Standpunkt bescheinigte, aber bemängelte, daß dieser Standpunkt für den Leser nicht «zum Erlebnis» werden könne, weil das Besondere «menschlicher Beziehungen» nicht ausgestaltet sei.[8] Damit war das eigentliche Problem verfehlt: Wenn der ideologische Rahmen vorgegeben war, wurde die Darstellung, ob schematisch oder nicht, in jedem Fall zu dessen ‹figuraler› Dekoration. So manifestierte sich in der theoretisch-kritischen Diskussion von Anfang an die *Trennung* der Darstellungsmittel von ihrem Gehalt, was schließlich in den sechziger Jahren zur Freigabe ‹moderner› Erzähl*formen* führte, während man auf den sozialistischen *Inhalten* (Parteilichkeit) weiter bestand.

Immerhin gibt es einen Roman, er ist auch als Kinderbuch verlegt worden, der Nolls Vorstellungen zu entsprechen scheint, weil er ‹objektiv› vorgegebene Wirklichkeit so erzählt, daß sie dem Leser zum Genuß werden kann. Erwin Strittmatters *Tinko* erschien 1954, und das Buch berichtet von «Menschenschicksalen» nicht auf heroischem Kothurn, sondern in Ich-Form aus der Sicht des Jungen Tinko; das wird nochmals verfremdet, denn der Ich-Erzähler spricht nicht die Sprache eines Kindes, sondern die vom mündlichen Erzählgestus beeinflußte des typischen Strittmatter-Erzählers. Kein psychologischer Charakterroman also – das ist entscheidend.

Tinko erlebt eine Entwicklung, die durch unverkennbare Gegensätze vorgezeichnet ist: Er steht zwischen seinem Großvater, einem Neubauern, der sich auf seiner neuen Scholle fest verwurzelt weiß, und seinem Vater, der als Heimkehrer (aus der Sowjetunion) die Idee von der genossenschaftlichen Organisation des Dorfes mitbringt und zu realisieren sucht. Tinkos Widerstand gegen seinen Vater bringt Spannung in das Buch, obwohl das Ziel, die Annäherung an den Vater und damit die soziale Zukunft, vorgezeichnet ist. Aber das Ziel ergibt sich, weil es durch kindliche Interessen und Erfahrungen, durch kritischen Witz vermittelt ist. Der Leser kann dem folgen, weil die kindliche Perspektive zumindest die Fiktion einer interessierten autonomen Suche nach dem wahren Heim und Entwicklungsziel ermöglicht, wobei der Leser gegen Ende des Buches schon klüger ist als der Titelheld.

Der Dorfroman wird mit Strittmatters *Ole Bienkopp* (1963) noch einen Höhepunkt erleben, der zugleich eine Art Schlußpunkt für die Erzählmuster der fünfziger Jahre darstellt; 1964 wird Erik Neutsch mit *Spur der Steine* eine ähnliche Zusammenfassung des Aufbau-Entwicklungsromans vorlegen. Das Dorf bleibt danach als Schauplatz und Thema in der DDR-Prosa präsent, bisweilen auf bezeichnende Weise idyllisiert – in Romanen von Herbert Nachbar, Erzählungen von Joachim Nowotny, Erzählungen und Miniaturen von Strittmatter bis zu Christa Wolfs zerstörter Idylle *Sommerstück* (1989). Auch diese literarische Reihe hat an der Veränderung des Erzähl-Paradigmas teil, wenn auch als verklingende Nebenstimme.

5. Der 17. Juni 1953

«An jenem Morgen, da auf den Wiesen der Streik ausbrach – in den Städten war auch was los, was man im ersten Augenblick nicht zu übersehen vermochte», so liest man gegen Ende des Romans *Von der Liebe soll man nicht nur sprechen* (1957). Das Datum wird nicht genannt, aber daß die Ereignisse um den 17. Juni 1953 gemeint sind, ist unverkennbar. Im Dorf stellen sich diese Tage als Aufstand der Gestrigen dar, analog zur ‹Kulakenverschwörung› um 1930. Die Großbauern wollen sich der LPG bemächtigen, also: «Jagen wir sie aus dem Dorf.» Die offizielle Deutung jenes Traumas von 1953 als Putschversuch kapitalistischer Drahtzieher («Agententheorie») erscheint bei Claudius in einer dem Dorfroman angepaßten Variante. Daß es ein ökonomischer Konflikt eines Teils der Arbeiterklasse mit Partei und Regierung gewesen war, daß dieser Konflikt über den Streit um Arbeitsnormen hinaus politische Dimensionen erreichte, wird in der Literatur, die sich mit den Ereignissen auseinandersetzte, entweder verschwiegen oder verschleiert. Auch Stefan Heyms (* 1913) bereits 1954 entworfener Roman *Der Tag X* ging zunächst diesen Weg. Erst die 1974 nur im Westen erschienene Fassung *5 Tage im Juni* sollte ein Stück weiter kommen. Sonst bleibt man bei Variationen dessen, was in Claudius' Dorfroman nachklingt, sei es in Anna Seghers' *Das Vertrauen* (1968), sei es episodisch in Kants *Das Impressum* (1972). Erst in Paul Gratziks *Kohlenkutte* (1982 im Westen erschienen) bekennt ein Arbeiter, er habe 1953 «in Leipzig unsere Befreier aus Panzern in Menschen reinknallen sehen. Von da an begann ich, deutsche Geschichte zu studieren.»[9] Stephan Hermlins *Die Kommandeuse* erschien 1954 in der «Neuen Deutschen Literatur» und schloß sich der offiziellen Deutung an, wenn Hermlin sie auch auf fatale Weise psychologisierte. Die Vorgänge werden aus der Perspektive einer von Westagenten aus der Strafanstalt befreiten ehemaligen KZ-Kommandeuse geschildert, die nun wieder Morgenluft wittert: «Bald ziehen wir wieder unsere geliebten SS-Uniformen an.» Die politische Bedeutung des Aufruhrs wird thematisch und perspektivisch verzerrt. Der Leser kann diesen Ausschnitt als exemplarisch fürs Ganze verstehen – oder als Verzicht, über das Ganze zu sprechen.

Was bei Hermlin (*1915) immerhin ambivalent verstanden werden konnte und 1954/55 in der «Neuen Deutschen Literatur» auch so diskutiert worden ist, wobei vor allem der Ruf nach den ‹positiven› Gegenkräften erklang, die in der Erzählung fehlten, ist in Werner Reinowskis 1956 erschienenem Roman *Die Versuchung* eindeutig. Reinowski hat bezeichnenderweise einen Spionageroman geschrieben, einen jener Titel also, mit denen DDR-Autoren wie Erich Loest (*Die Westmark fällt weiter*) oder Wolfgang Schreyer (*Die Banknote*) versuchten, die westlichen Unterhaltungsromane auf ihrem eigenen Feld zu schlagen.

Reinowskis Roman verdient wegen seiner Disposition des Stoffes Beachtung. Das Genre des Betriebsromans, das von diesem aktuellen Geschehen politisch geradezu herausgefordert war (Anna Seghers hat das später hilflos bemerkt, überzeugender dann Stefan Heym), ersetzt Reinowski durch den Kriminalroman, das öffentliche Geschehen durch die Privatgeschichte eines jungen Mannes, der Konsumwünsche hat und sich deshalb vom westlichen Geheimdienst anwerben läßt. Die Frage der Arbeitsnormen wird angesprochen, freilich nur, um entschärft zu werden: Während die Partei- und Staatsführung mit dem ‹neuen Kurs› die Norm-Erhöhungen korrigiert («Walter Ulbricht hat mächtig Krach gemacht, daß solche Normerhöhungen administrativ vorgenommen worden sind») und so entlastet ist, nimmt man in Westberlin diese Korrektur zum Anlaß, um zu provozieren, wobei Reinowskis konspirativer Held zum Einsatz kommt. Die Formulierung «ruhig und unbeirrbar dahinziehende Panzer» irritiert nach alldem nicht mehr. Reinowski versagte im übrigen auch auf dem Felde des Kriminal- und Spionageromans; sein Buch vermag den Leser schon erzähltechnisch nicht zu fesseln.

6. Widerstand, Bürgerkrieg, Weltkrieg

Da man die aktuellen Ereignisse nicht kritisch-realistisch behandeln konnte
und die Forderung nach Gegenwartsliteratur vorübergehend peinliche Folgen
haben mußte, ist jener große Stoffkomplex der SBZ/DDR-Erzählprosa wieder in den Vordergrund getreten, der es den Autoren erlaubte, der Gegenwart
auszuweichen und sich auf allgemeinere, antifaschistische Positionen zurückzuziehen: Weltkrieg und Widerstand. Ein Überblick zeigt, daß das *Thema
des Widerstands* im Faschismus sich seit Stephan Hermlins *Die Zeit der
Gemeinsamkeit* (1950) in einer ganzen Reihe von Romanen zumeist älterer
Autoren fortgesetzt hatte, bis Bruno Apitz 1958 mit *Nackt unter Wölfen* ein
Tatsachenroman gelang, der zugleich ein signifikanter Abschluß war. Die
thematische Spannung der Erzählprosa, die weiterhin an den Widerstand
gegen den Faschismus erinnerte, war prägnant ausgedrückt im Titel der beiden Erzählungen von Stephan Hermlin: *Die Zeit der Einsamkeit* (1955) und
Die Zeit der Gemeinsamkeit. Wie schon bei Fallada oder Weisenborn ist es
die moralische und politische Überzeugung einzelner oder kleiner Gruppen,
die sich gegen ein totalitäres System auflehnen, um einen Rest von Würde
zu behaupten. Anna Seghers hatte das unüberholbar im *Siebten Kreuz* dargestellt.

Hermlins Neubert (*Die Zeit der Einsamkeit*), als Widerstandskämpfer in Frankreich
verfolgt, weiß, daß er Genossen hat, die ihm vielleicht weiterhelfen werden; aber er
selbst erschlägt einen antisemitischen Vichy-Beamten, um seine erpreßte Geliebte zu
rächen. Das System verlangt den Bruch der Identität, den individuell zu verantworten-
den Rückfall in die Barbarei, um ihr insgesamt zu widerstehen. Diese ‹existentielle›
Dimension der Widerstandsthematik kehrt verwandelt in der Kriegsprosa der fünfziger
Jahre wieder. *Die Zeit der Gemeinsamkeit* stellt im Grunde nur eine Erweiterung
dieser Konstellation dar: Der Aufstand einer Minderheit im Warschauer Ghetto ist von
vornherein zum Scheitern verurteilt; er kann nur Zeichen sein und in der gemeinsamen
Aktion dem einzelnen beweisen, daß er noch Mensch ist.

Von vergleichbaren westdeutschen Texten wie Alfred Anderschs *Kirschen
der Freiheit* (1951) unterscheidet Hermlins Figuren dennoch jenes solidarische Bewußtsein, das Anna Seghers 1950 ideologisch im Titel *Die Linie*
ausgedrückt hatte, mit dem sie drei Erzählungen über den internationalen
Kampf um den Sozialismus zusammenfaßte; die zweite (*Die Kastanien*) berichtet vom Widerstand in Frankreich und versucht die parteioffizielle Begründung des Hitler-Stalin-Pakts zu propagieren.

Die Widerstandsgemeinschaft entbehrt bei Hermlin der offen politischen
Bezüge. Anders war das bei Harald Hauser gewesen, anders stellte es sich in
Bodo Uhses *Die Patrioten* (1954) dar, der von vier Deutschen erzählt, die
nach der Stalingrad-Schlacht aus der Sowjetunion ins Reich eingeschleust
werden, um dort die kommunistische Untergrundarbeit zu verstärken. Der
Roman bietet so Gelegenheit, auf diese im Westen verdrängte Seite des
Widerstands und seine Opfer hinzuweisen (neben Weisenborn hatte sich bei-

spielsweise auch 1949 Elfriede Brüning des Themas angenommen – ... *damit du weiterlebst*).

Erst Peter Weiss hat mit seiner *Ästhetik des Widerstands* (1975–81) für diesen Stoff die Form gefunden, die seinen dreibändigen Roman zum bedeutenden und irritierenden Denk- und Grabmal des kommunistischen Widerstands gegen das NS-System macht. Obwohl der Roman Ende der siebziger Jahre auch in der DDR die Diskussion über eine zugleich avantgardistische und ‹parteiliche› Ästhetik der Erzählprosa angeregt hat, war er doch keineswegs als Teil jenes historischen Erbes zu funktionalisieren, das die DDR fortzusetzen behauptete und für das Uhse und Brüning schrieben.

In Uhses *Patrioten* wird ein Genosse aus dem KZ befreit. Aber erst Bruno Apitz (1900–1979) hat 1958 mit *Nackt unter Wölfen* – der Titel ist wohl eine Kontrafaktur von Falladas *Wolf unter Wölfen* – das überzeugende Buch der Zeit der Gemeinsamkeit im KZ geschrieben. Er brauchte die novellistische Grundlage des Romans nicht zu erfinden; er hatte selbst die Rettung eines kleinen polnischen Jungen durch eine Gruppe von Lager-Insassen in Buchenwald erlebt.

Der Roman spitzt das Geschehen dramatisch zu: Die Gruppe plant die Selbstbefreiung der Häftlinge, um der Liquidierung aller zu entkommen, die vor der endgültigen Befreiung des Lagers durch die Alliierten droht. In diese Situation gerät der Junge, und seine Rettung kann die der anderen gefährden. Apitz hat noch einmal die Gemeinsamkeit der Antifaschisten beschworen, und er hat die Frage gestellt, mit welchen Opfern in einem totalitären System, dessen Symbol das KZ ist, solidarisches Verhalten gerechtfertigt werden kann: um ein Menschenleben zu erhalten, wo es nichts mehr gilt. Apitz arbeitet auch den Konflikt zwischen dem einzelnen und dem politischen Widerstandssystem, der KP, voll heraus. «Die Partei ist *hier*!» «Du bist ein Mensch, beweise es...» Gewiß ist die von der Rhetorik auktorialen Erzählens getragene Sprache ihrem Gegenstand oft nicht gewachsen, aber der Leser muß dem Roman seine Authentizität im Detail zugute halten; wo Apitz poetisch überhöhen will, ist von «Irrungen des Herzens», von «höherer Pflicht», von «Freiheit oder Tod» die Rede. Das idealistische Vokabular des Humanen hat sich mit diesem selbst verbraucht, die brutale Sprache der Schlächter nicht: «‹Wo habt ihr das Judenbalg? raus mit der Sprache.› Höfel hielt die Arme schützend vor den Kopf.»

Man kann Apitz' Roman nicht einfach als Modell verallgemeinern. Dennoch ist nicht zu übersehen – und es ist auch von der Kritik bemerkt worden –, daß Apitz versucht, die Idee des einzelnen und seiner Lebensmöglichkeit als Absolutum zu zeigen, wobei natürlich kein Zweifel bestehen kann, welche politische Orientierung ihm dafür zu garantieren scheint. Immerhin: Wenn am Ende von Seghers' *Die Toten bleiben jung* (1949) ein ungeborenes Kind angerufen wird, dann ließe sich die Rettung eines schutzlosen Kindes bei Apitz ebenfalls als Symbol verstehen. Das war nicht wenig, wenn literaturpolitisch gleichzeitig wieder die ‹Ankunft› des nur figural verstandenen Individuums im sozialistischen ‹Alltag› vorbereitet wurde – der V. Parteitag der SED (1958) setzte die ersten Signale für den ‹Bitterfelder Weg› (1959). Die wichtigere Erzählprosa zielte schon auf ein anderes Paradigma; Apitz hatte es, in der Distanz des Widerstandsthemas, mit seinem traditionellen Vokabular noch einmal ernst genommen, bisweilen auch sehr prägnante Bilder dafür gefunden: «*Frei! Frei!* Die Menschen lachten, weinten, tanzten! [...] Einer Nußschale gleich schaukelte das Kind über den wogenden Köpfen [...] und dann riß es der Strom auf seinen befreiten Wellen mit sich dahin, der nicht mehr zu halten war.»

Zum Kern der Widerstandsthematik gehörte seit den Jahren des Exils der *Spanische Bürgerkrieg* (1936–39); viele der Autoren, die in der SBZ/DDR lebten, hatten selbst auf der Seite der Republik in den Internationalen Brigaden an diesem Krieg teilgenommen. So Bodo Uhse, der um 1930 vom Nationalsozialismus zum Kommunismus gekommen war. Sein Roman *Leutnant Bertram* (1943) erschien 1947 in der SBZ. In der Figur des Titelhelden schildert er einen jungen Fliegeroffizier, der – im zweiten Teil des Romans – für Hitlers Legion Condor in Spanien kämpft, in Gefangenschaft gerät und den Anfang einer politischen Wandlung erlebt. Er ist der Typus des ‹Sohns›, der etwa in Hausers *Wo Deutschland lag* (1947) seinem kommunistischen Vater gegenübersteht. Ebenfalls noch zur Exilliteratur gehörte Eduard Claudius' autobiographischer Roman *Grüne Oliven und nackte Berge*, der 1945 zuerst in Zürich gedruckt worden war. Als einer der ersten deutschen Romane – Hemingways *For Whom the Bell Tolls* (1940) war das berühmteste Vorbild – schildert Claudius' Buch die Kämpfe aus der Sicht der antifaschistischen Interbrigaden (Uhse hatte diese Perspektive als Gegenbild im zweiten Teil seines Romans eingeführt). Ludwig Renn konnte sich in seinem autobiographischen Buch *Der spanische Krieg* (1955) diese Sicht ganz zu eigen machen; er war Offizier der Interbrigaden gewesen. So blieb die frühe Spanienliteratur auf der Grenze von Fiktion und Dokumentation, was – unabhängig vom Genre – auch die Inhalte kennzeichnet, wenn man sie im historischen Kontext sieht.

Die Figur des Spanienkämpfers als heroische oder melancholische Verkörperung einer politischen Vorgeschichte, in der wenigstens einmal versucht worden war, den Faschismus mit Waffengewalt an der Machtergreifung zu hindern, erscheint in vielen DDR-Romanen der folgenden Jahre. Zu den bekanntesten gehören der Schriftsteller Herbert Melzer in Anna Seghers' Roman *Die Entscheidung* (1959) und der KreisParteisekretär Haiduck in Hermann Kants Buch *Die Aula* (1965). Erst Stefan Heyms *Collin* (1979 im Westen erschienen) sollte daran erinnern, daß die von Stalin gesteuerte kommunistische Politik während des Spanienkrieges und nach dessen Ende auch Opfer in den eigenen Reihen gefordert hatte. Wenn Uhse von der Liquidierung faschistischer Verräter erzählte, so deutet Heyms *Collin* den Verrat an den eigenen Leuten an, der sich, auch das ist Sujet von Heyms Schlüsselroman, in den stalinistischen Prozessen der fünfziger Jahre fortsetzte: Der 1957 in einem Schauprozeß verurteilte Leiter des Aufbau-Verlags, Walter Janka, war ebenfalls Offizier der Interbrigaden gewesen. Ganz anders hat Fritz Rudolf Fries das Spanienthema in seinem komischen Roman *Das LuftSchiff* (1974) fortgesetzt, der von einem naiven Kollaborateur der Faschisten erzählt. An die Stelle der politisch vorbildhaften Vaterfigur tritt hier der nur am technischen Fortschritt interessierte Großvater, dem die Politik möglicher Geldgeber gleichgültig ist und der damit zwischen den ‹Fronten› scheitert. Parteiliche ‹Dokumentation› – Fiktion – Desillusionierung: Ein Weg der Erzählprosa, der den Mut der wirklichen Spanienkämpfer nicht in Frage stellt.

Die individualisierte Entscheidungs- und Konfliktfabel als ausschnitthaftes Geschehen in geschlossenen Räumen findet sich auch in einem wichtigen Typus der *Kriegsliteratur*. Vorgeprägt war das etwa in Plieviers Roman *Stalingrad*, der aber ein Massengeschehen darstellen wollte. Franz Fühmanns (1922–1984) erste Erzählung über den Zweiten Weltkrieg, *Kameraden*, erschien 1955; bis 1958 folgten *Das Gottesgericht, Aber die Schöpfung soll dauern, Kapitulation* (1966 zusammen mit *König Ödipus* im gleichnamigen Sammelband). Schon *Kameraden* zeigt bei aller Konstruiertheit der Fabel Fühmanns Schreibweise:

> Am Vorabend des Angriffs auf die Sowjetunion schießen drei deutsche Soldaten an der Grenze zum Memelgebiet auf einen Reiher, töten dabei versehentlich ein junges Mädchen, die Tochter ihres Kompaniechefs. Einer der drei – er hat nicht geschossen –, will die Wahrheit gestehen, aber man legt den Tod «russischen Untermenschen» zur Last. Im ersten russischen Dorf, das am nächsten Tag erreicht wird, läßt der Major zwei Russinnen hängen. Der Kamerad, der jetzt offen die Schuld auf sich nehmen will, findet keinen Glauben mehr, er flieht und wird selbst erschossen.

Das Opfer des einzelnen in einer anlaufenden verbrecherischen Kriegsmaschine erweist sich offenbar als ebenso sinnlos wie die Ideologie der Kameradschaft; zugleich soll der Einzelfall die Vergeltungslüge entlarven. Deutlicher zeigt *Das Gottesgericht*, daß Fühmann sich der überlieferten Bilder zu bedienen weiß. Wie später im *König Ödipus* sind sie hier zitiert, um als mythische vorerst erledigt zu werden: Die deutschen Soldaten, die ihr griechischer Koch Agamemnon fast für Götter gehalten hat, werden von Partisanen erschossen, als sie an ihm ein scherzhaftes Gottesgericht exekutieren wollen. Mag die Bilderwelt Fühmanns hier noch weithin dekorativ wirken, es bleibt ein produktiver Impuls, der im späteren Werk wachsen wird. So ist Fühmann nach Anna Seghers und Hermlin einer der wenigen Autoren dieses ersten Jahrzehnts, dessen Erzählprosa zu einer genuin bildhaften Wirklichkeitsdarstellung beiträgt.

Fühmann bemüht sich um das Exemplarisch-Zeichenhafte der *Kurzgeschichte*. Der Ausschnitt wird zur alptraumartigen Isolation einzelner Individuen in zwei Erzählungen von Karl Mundstock und Hans Pfeiffer (*1925). Mundstocks *Bis zum letzten Mann* erschien 1956 in der «Neuen Deutschen Literatur». Es geht um den Desertionsversuch eines Soldaten, der mit einem allgemeinen Gemetzel endet; erzählt wird weitgehend aus der Perspektive des Deserteurs Hollerer, in die der Leser hineingezwungen wird.

> Hollerer war Metallarbeiter, aber auch er geriet unter das «Wolfsgesetz» des Krieges. Er ist alles andere als ein positiver Held. Das Ganze bleibt ein show-down, der in teils expressiver, teils sachlich-distanzierter Sprache, teils im Jargon ohne explizite ‹Moral› dargeboten, vom Leser verarbeitet werden muß. Was ihm vermittelt wird, ist eher ohnmächtige Wut als Distanz zur Bestialität des Krieges oder gar Einsicht in Strukturen des politischen Faschismus.

Pfeiffers *Die Höhle von Babie Doly* brachte die «Neue Deutsche Literatur» ein Jahr später (1957). Pfeiffer hatte eine «geschlossene Gesellschaft» konstruiert:

In einem Verpflegungsbunker werden sechs deutsche Soldaten eingeschlossen; jedem einzelnen von ihnen stellt sich während der Monate zufälliger Isolation die Frage nach dem Sinn seines Lebens; jeder kommt zu einem anderen Ergebnis. Der Räsonneur, der zur Einsicht in seine Schuld, aber nicht zur politischen Erkenntnis gelangt, bleibt eine Einzelstimme im Kreis dieser individuellen Bewußtseinsabläufe.

Einzelschicksale angesichts des Todes im kollektiven Verbrechen sind bei Pfeiffer, bei Mundstock und – mit moralischem Appell – bei Fühmann das eigentliche Thema.

Eine fiktive Realität der Isolation, erzählt in ‹sachlicher› Diktion, ohne Politik, ohne positive Helden, eine Welt der Todesgefahr, die dennoch zunächst gegen Kritik gesichert war, weil sie behaupten konnte, die Wirklichkeit des Faschismus wiederzugeben, war in einem der erfolgreichsten Kriegsromane ausgeführt: *Die Stunde der toten Augen* (1957) von Harry Thürk (*1927), der schon hier und auch später von westlichen Unterhaltungsschriftstellern gelernt hat. Thürk veröffentlichte fast gleichzeitig einen der letzten Aufbauromane (*Die Herren des Salzes*, 1956).

Eine der Hauptfiguren in Thürks Kriegsroman gelangt am Ende zur Selbsterkenntnis einer verlorenen Generation: «Eine Generation, der sie das Rückgrat gebrochen haben [...] Wir können uns nicht allein aufrichten.» Mit dieser Haltung geht der junge Soldat zugrunde; in dem auf Spannung in der letzten «Stunde der Wölfe» (so eine Kapitelüberschrift) angelegten Roman hat die Überzeugung eines russischen Offiziers, der «Marx und Engels im Original» lesen kann, eher episodische Bedeutung. Das Bewußtsein der Leere, das schon Loest 1950 dargestellt hatte, ohnmächtige Wut bei Mundstock, Ratlosigkeit bei Thürk: Das ist in diesen Texten der Isolation als individuelle Frage angelegt und bleibt ohne eine Antwort.

Für die Jahre nach 1955 war das bemerkenswert und mußte die Literaturkritik irritieren. Christa Wolf gab die 1957 einzig mögliche Deutung: «Die Zeit der großen Wandlungen lag nicht im, sondern nach dem Krieg.» Wenn man nicht «Schemafiguren» vorführen wolle, müsse man Entwicklungen anlegen; das aber bringe die Autoren mit ihrer «Wahrheitsliebe» in Konflikt.[10] Dennoch sind solche Entwicklungsgeschichten weiterhin geschrieben worden. Erwin Strittmatter setzte mit *Der Wundertäter* (Bd. 1, 1957) seine *Ochsenkutscher*-Geschichte zeitlich fort, mit einem neuen, der Anlage nach aber vergleichbaren Helden. Stanislaus Büdner unterscheidet sich von den meisten Einzelhelden der älteren Autoren-Kollegen (Bredel, Marchwitza) durch Strittmatters Versuch, pikarische, also nicht psychologisch-kontinuierliche Erzählformen zu nutzen, um die Diskontinuität eines solchen Lebenslaufs deutlich zu machen.

Ein Autor der älteren Generation, der 1948 aus der Emigration in die DDR gekommen war, läßt sich mit seinem Spätwerk diesen Problemen zuordnen: Arnold Zweig (1887–1968). Zweig hatte seit dem Erscheinen seines bedeutendsten Romans *Der Streit um den Sergeanten Grischa* (1927) das entscheidende Dilemma vorgeführt, wie es möglich sei, im Zeitalter kollektiver, ‹totaler› Geschichtsprozesse noch ein Individuum ins Zentrum eines Romans zu stellen. Der vorletzte Roman Zweigs, *Die Zeit ist reif*, erschien 1957. Der Titel weckt im Kontext des Erscheinungsjahrs falsche Erwartungen; der Roman erzählte nicht von der Ankunft eines Helden in der DDR, sondern vom Vorabend des Ersten Weltkriegs, es war also vom Inhalt her gesehen die erste Folge jener Reihe, die einen Großteil von Zweigs Lebenswerk ausmacht und die mit dem *Grischa* begonnen worden war. Zweig war mit dem *Beil von Wandsbeck* (1947, hebräisch 1943) in die SBZ-Literatur eingeführt worden – ein Roman, der von Erfolg und Zusammenbruch kleinbürgerlicher Anpassung im NS-Staat erzählt, im Sujet ein Kontrapunkt zu Falladas Widerstandsroman *Jeder stirbt für sich allein*. 1954 hatte Zweig *Die Feuerpause* veröffentlicht; das war kein eigentlich neuer Roman, sondern die Bearbeitung von Teilen einer Erstfassung der *Erziehung vor Verdun* (zuerst 1935 in Amsterdam erschienen). Gegenüber dem Roman von 1935 ist *Die Feuerpause* ebenso wie *Die Zeit ist reif* weithin als langwierig-stockende Entwicklung eines Einzelhelden angelegt. Die Änderungen, die Zweig, angespornt vom Lektorat des Aufbau-Verlages, seit 1951 am Manuskript der *Feuerpause* vornahm,[11] betrafen im Kern vor allem die ideologische Erziehung der Hauptfigur Bertin unter Anleitung von Vertretern der Arbeiterklasse und der Bolschewiki, wobei die Literaturkritik dann ausdrücklich die Analogien zwischen 1917 und den Jahren nach 1945 hervorhob. Blieb es da bei Diskussionen fortschrittlicher Ansichten, so mißlang in *Die Zeit ist reif* die Darstellung imperialistischer Kriegsziele in Gestalt von Bankiers, Industriellen und Militärs, die als Repräsentanten der Apparate notwendig abstrakt bleiben mußten. Im übrigen zeigt das nachgelassene Romanfragment *Das Eis bricht* (Entwürfe sind zuerst 1969 in der «Neuen Deutschen Literatur» publiziert worden), daß Zweig, der immer gegen die Herrschaft unmenschlicher Apparate anschrieb, eine Ankunft seiner Hauptfigur Bertin bei einer kommunistischen Überzeugung nicht zu Papier gebracht hat. Bertin ist eine Figur, die sich vom Bürgertum lösen, aber ihre kulturellen Erfahrungen mitnehmen, sich der Parteinahme für die Unterdrückten verpflichten, aber deren politischer Verwaltung entziehen möchte.

Die politischen Ereignisse in Ungarn (Oktober 1956), die öffentliche Abkehr von Georg Lukács und seiner Literaturtheorie, von Ernst Bloch und seinem Kreis bereiteten eine literaturpolitische Wende vor, zu deren Ouvertüre die kritische Diskussion über die Kriegsliteratur gehörte, die in der «Neuen Deutschen Literatur», dem Organ des Schriftstellerverbandes, 1957 unübersehbar vertreten war: Fühmanns *Gottesgericht*, Hermann Kants *Kleine Schachgeschichte*, der erste Vorbote des 1976 veröffentlichten Romans *Der Aufenthalt*, Manfred Künnes *Blut und Ehre*, Wolfgang Otts *Minendetonation* und anderes mehr. Das war 1958 zu Ende. Der IV. Schriftstellerkon-

greß hatte 1956 zur neuerlichen Auseinandersetzung mit dem Weltkrieg aufgefordert und war zugleich gegen den Schematismus der Darstellung zu Felde
gezogen. Die Ergebnisse lagen vor. Was man sich erhofft hatte, den Sozialismus als «Kern» und «Herz» des Krieges (Alfred Kurella), konnte nicht vor-
getäuscht werden. Das Ende des Zweiten Weltkriegs wurde von der jüngeren
Generation der zwischen 1910 und 1929 geborenen Autoren überwiegend als
Zeit der Ratlosigkeit dargestellt, mit negativen Helden, denen nur die Desertion oder die individuelle Verantwortung blieb, im psychologisch-personalen
Erzählverfahren, mit sprachlichen Stilbrüchen, oft hilflos zwischen Jargon,
künstlicher Literarisierung und kommentarloser Faktizität. Autoren wie
Mundstock hielt man das jetzt vor und griff es als ‹harte Schreibweise› an, die
angeblich an Hemingway erinnerte.[12]

VIII. TRADITIONALISMUS UND FORDERUNGEN DES TAGES: DDR-LYRIK

1. Herrschaft der Tradition

Form-strenge und Maß-volle Gedichte, deren Vollendung für Becher das Sonett als «Inbegriff poetischer Weisheit»[1] war, stellen die eine Seite von Bechers Werk und darüber hinaus der Nachkriegslyrik dar. Ihre Genese ist mit lyrischem Konservatismus zu begründen, aber auch mit dem Wunsch, das Bedrohliche der Vergangenheit in zuchtvoller Ordnung zu bewältigen. Die Neigung zum Sonett war bezeichnenderweise schon nach dem Ersten Weltkrieg und parallel in der westdeutschen Lyrik nach 1945 zu registrieren. Es ist also ein durchaus zeittypisches Anliegen, das Becher programmatisch in seinem Gedicht «Das Sonett» darlegt. Der Text enthüllt freilich auch, wie groß die Gefahr einer Ästhetisierung des Grauens ist:

> Wenn einer Dichtung droht Zusammenbruch
> Und sich die Bilder nicht mehr ordnen lassen,
> Wenn immer wieder fehlschlägt der Versuch,
> Sich selbst in eine feste Form zu fassen,
>
> Wenn vor dem Übermaße des Geschauten
> Der Blick sich ins Unendliche verliert,
> Und wenn in Schreien und in Sterbenslauten
> Die Welt sich wandelt und sich umgebiert,
>
> Wenn Form nur ist: damit sie sich zersprenge
> Und Ungestalt wird, wenn die Totenwacht
> Die Dichtung hält am eigenen Totenbett –
>
> Alsdann erscheint, in seiner schweren Strenge
> Und wie das Sinnbild einer Ordnungsmacht,
> Als Rettung vor dem Chaos – das Sonett.

Was hier immerhin als einer aus den Fugen geratenen Welt (und Psyche) abgerungen vorgestellt wird, ließ anderswo jede Anstrengung vermissen. Lyrische Formen wurden da lediglich bemüht, um Halt zu finden. Außerdem goutierte auch im östlichen Teil des Landes das Publikum Gedichte, die fern aller politischen Kämpfe das ‹Allgemein-Menschliche› pflegten und das Bedürfnis nach Idylle in eingängigen Versen befriedigten. Dies belegt beispielsweise der große Erfolg von Annemarie Bostroems Liebesgedichten *Terzinen des Herzens* (1946).

Im Bann Hölderlins, Mörikes, Rilkes oder anderer gelang es nur mühsam, von der Herrschaft der Tradition zu ihrer Beherrschung zu gelangen.

Die Poesie Louis Fürnbergs (1909–1957) beispielsweise, die Agitpropsongs wie erzählende Poeme und intime Bekenntnisgedichte umfaßt, ist zu Teilen von der Auseinandersetzung mit Rilke geprägt. Verehrte er ihn anfangs im Sinne allzu getreuer Nachfolge, wollte er nach 1945 das übermächtige Vorbild abwehren.

Fürnbergs «Herbst» aus der Sammlung *Wanderer in den Morgen* (1951) sucht in der Strophen- und Versanordnung wie im Motivischen die Nähe zu Rilkes «Herbsttag», um dessen melancholische Gestimmtheit in der ‹Aussage› zu widerlegen. Gegen Rilkes «Leg deinen Schatten auf die Sonnenuhren, / und auf den Fluren laß die Winde los» setzt Fürnberg: «Die Schatten schwanden von den Sonnenuhren, / und wo der Träumer hinsah, war es Licht.» Noch in der Abstoßung ist die Anziehungskraft spürbar.

Ähnliches gilt für die Gedankenlyrik Georg Maurers (1907–1971), dessen Bände *Gesänge der Zeit* (1948) und *Zweiundvierzig Sonette* (1953) enge Bindung an die Tradition verraten. In dem Zyklus «Das Unsere» (1962)[2] entwickelte er dann einen betonten Gegenentwurf zu Rilkes *Duineser Elegien* und *Sonetten an Orpheus*.

Je unreflektierter aus dem ‹Erbe› geschöpft wurde, desto fataler waren die Folgen. Dies galt ebenso für die westdeutsche Lyrik (etwa von Hans Carossa oder Georg Britting), in der die Auseinandersetzung mit den gleichen normativen Mustern stattfand. «Hölderlin und Rilke sind, Gott sei's geklagt, zu einem Fluch der deutschen Gegenwartsdichtung geworden», stellte Hermlin in seinen «Bemerkungen zur Situation der zeitgenössischen Lyrik» (1947) fest. Dort notierte er zu Becher:

> «Es liegt aber unleugbar der Beweis vor, daß die Bemühung um einen neuen Realismus hier die Substanz und Eigengesetzlichkeit des Lyrischen zerstört hat: Becher ist in neo-klassizistischer Glätte und konventioneller Verseschmiederei gelandet. Er hat eine politisch richtig gestellte Aufgabe mit dichterischen Mitteln falsch gelöst.»[3]

Die Diagnose, die Hermlin stellte (und die Becher tief verletzte), macht auf seine eigenen Probleme poetologischer Selbstbestimmung aufmerksam.

Hermlins Dichtung aus den Jahren des antifaschistischen Kampfs und Exils (*Zwölf Balladen von den großen Städten*, 1945; *Die Straßen der Furcht*, 1947) weist eine Bilderfülle auf, die aus Quellen wie Barock, Expressionismus und Surrealismus gespeist wird. Der kunstvollen Sprachverwendung haftete ein Moment des Ästhetisierens an, das der «Forderung des Tages» – so der Titel eines 1945 entstandenen Gedichts – im Wege stand. Der «richtig gestellte[n] Aufgabe» war mit Hermlins bisheriger Lyriksprache nicht gerecht zu werden. Die «Ballade von den alten und den neuen Worten» (1945) aus der Sammlung von 1947 artikuliert diesen Tatbestand und äußert den Neuansatz als Bitte:

Ich weiß daß sie nicht mehr genügen
Da das Licht nicht die Landschaft mehr trägt
Da die Kinder im Mutterleib lügen
Angehalten die Uhr nicht mehr schlägt
Ich weiß daß sie nicht mehr genügen

Genügen können nicht mehr die Worte
Die mir eine Nacht verrät
Die beflügelte Magierkohorte
Wie vom Rauch der Dämonen umdreht
Genügen können nicht mehr die Worte

[...]

Drum gebt mir eine neue Sprache!
Ich geb' euch die meine her
Sie sei Gewitter Verheißung Rache
Wie ein Fluß ein Pflug ein Gewehr
Drum gebt mir eine neue Sprache!

Über die Sprache will ich verfügen
Wie über mein Hemd meine Hand
Über Wasser in vollen Zügen
Wie über das Herz mein Land
Über die Sprache will ich verfügen

[...]

Die neue Sprache, die hier heraufbeschworen wird, ist Ergebnis gesetzgeberi-
scher Rhetorik. Die Einsicht in das Ungenügende der alten Worte und das
Votum «Ich will euch neue Worte sagen» bildeten lediglich die Absichtserklä-
rung zu einem neuen Kunstprogramm. Dessen Erschließung und praktische
Erprobung, in Hermlins Werk als widersprüchlicher Prozeß zu verfolgen,
war begleitet von der Beschäftigung mit Majakowski. Zwei Beiträge zu dessen Werk aus den Jahren 1946 und 1948 erhellen das als vorbildlich Angesehene: Das Wirkungskonzept des sowjetischen Autors, sein beständiger Bezug auf den Adressaten; die Verwandlung einer Poesie «an sich» in eine
Poesie «für uns»;[4] die Entfesselung des «Gesangs» trotz der Notwendigkeit,
ihm «den Fuß auf die Kehle setzen» zu müssen. Das an Majakowski erkannte
Ideal eines politischen Dichters, bei dem man sich genötigt sieht, «den Akzent auf das zweite Wort zu setzen»,[5] hat Hermlin nicht erreicht. Dieses
Mißlingen, gerade auch in den Revolutionsdichtungen «Aurora», «Stalin»,
«Der Flug der Taube» aus dem Band *Der Flug der Taube* (1952), ist über das

Beispiel Hermlin hinaus aussagekräftig. Hermlin verstummte Ende der fünfziger Jahre als Lyriker.

Bezeichnend für die Verflachung des innovativen Programms Majakowskis
in der deutschen Rezeption ist auch das *Gedicht vom Menschen* (1948) Kubas
(1914–1967), das als kühne, moderne sozialistische Dichtung gefeiert wurde.
Georg Maurer wies schon 1953 darauf hin, daß «die so kurz hin und her
blitzenden Zeilen allermeist Bruchstücke aus reimgebundenen, gewöhnlich
vierzeiligen Strophen sind».[6] Die scheinbar revolutionierende Niederschrift
verdeckt so nur eine durchaus traditionelle Gedichtform mit zumeist jambi-
schem Metrum und kreuzweisem Reim (während Majakowski den äußerst
variablen tonischen Vers einsetzte und eine subtile Technik des unreinen
Reims erarbeitete).

Das Zurückdrängen von Ansätzen zu einer eigenständigen Formensprache
und der zum Teil willentliche Verzicht auf weiteres Experimentieren zugunsten gesellschaftlicher ‹Brauchbarkeit› bewirkten ein Steckenbleiben im Konventionellen. Damit kam es Anfang der fünfziger Jahre nicht zu einer Entfaltung künstlerischer Individualitäten, sondern zu ihrer Nivellierung. Wirklich
Neues wurde kaum erprobt – im Gegensatz zu Majakowski etwa, auf den
man sich so gern berief.

2. «*Volkstümliche*» *Lyrik*

In Ergänzung zur klassischen Stilgebung war volkstümliche Schlichtheit ein
poetisches Anliegen Bechers. Das Lied bzw. das liedhafte Gedicht mit regel-
mäßiger Strophen- und Reimform bildete sich zum dominanten Gedichttypus der fünfziger Jahre schlechthin aus. Es konnte aufgrund seiner leichten
Rezipierbarkeit und der potentiellen Massenwirksamkeit zum Modell einer
volksverbundenen Dichtung werden. Das Lied schien besonders geeignet,
das Engagement für die gemeinsame Sache und das Gemeinschaftsgefühl zu
stärken, wie Becher nahezu hymnisch formulierte: «Das gute Lied läßt uns in
der Reihe gehen, wir gehen einen singenden Schritt, und dann erhebt sich der
Schritt, und im Lied weht die Fahne, zu der wir singend aufsteigen. Zum
Aufatmen wird das Lied und zu einem Sich-über-sich-selbst-Erheben und
Gewißheit des Siegs und: unser Leben jubelt…»[7]. Bechers von Hanns Eisler
vertonte *Neue deutsche Volkslieder* (1950) zeigen bereits im Titel die Absicht
an: unsterblich zu werden, indem man namenlos ins Volk eingeht.

Gegenüber solchen Gedankengängen verhielt sich Brecht, obwohl er selbst
in jenen Jahren die Liedform wieder für sich nutzte, skeptisch. Er lehnte nicht
nur den Wunsch nach Anonymität des Verfassers ab, sondern bezweifelte
auch die Möglichkeit der direkten Weiterführung älterer Volkspoesie. Vom
Volkslied zu lernen sei schwierig, da die modernen Nachahmer nicht das
Komplizierte, sondern das Einfache oder Einfältige einfach sagten. Die Praxis

gab ihm recht. Die literarischen Debüts junger Autoren und die Anthologien jener Zeit standen unter dem Diktat einer Liedlyrik, die – unbewußt – die Idylliker des 19. Jahrhunderts fortschrieb und sich nicht darum scherte, was an dieser Volkspoesie durch Abnutzung oder Mißbrauch (nicht nur im Nationalsozialismus) verschlissen war.

Beliebt war die Aufmachung rotes Leinen, goldener Aufdruck. Mit rosaroten Girlanden schmückte Kurt Steiniger (*1928) die Welt in seinem zeittypischen Gedicht «Wir lieben das Leben», das sogar einer Anthologie den Titel gab (1953):

> Wir lieben das Leben, das Amboßklingen,
> die zischende Lok und der Hämmer Singen,
> das Eisengekreisch und des Säers Schreiten,
> der Taube siegendes Flügelbreiten.
> Wir lieben die Mütter, die Jugend, das Kind,
> die Erde, die Sonne, den Frühlingswind.

Und so noch drei Strophen weiter. Von solchen Texten des stereotypen Jubels distanzierte man sich auch in der DDR seit den sechziger Jahren. Was überlebte, waren die Lieder, die in den Fundus der FDJ eingingen (wie Louis Fürnbergs «Du hast ja ein Ziel vor den Augen»), die Brechtlieder jener Zeit und einige der ‹Volkslieder› Bechers, vor allem die von Eisler vertonte Nationalhymne «Auferstanden aus Ruinen» (1949), deren Beschwörung eines «einig Vaterland» allerdings in späteren Zeiten der DDR nicht mehr opportun war.

In vielen Texten war Bechers Verfahren ein antithetisches: Den Schrecken des Krieges wird die Freude der Gegenwart gegenübergestellt, dem Dunkel das Licht, dem Leid der Trost, dem Niedergang der Aufschwung. Oft verharren diese Begriffspaare im Unverbindlichen einer bloß behaupteten Wendung zum Guten hin, in den besten Gedichten erwächst daraus eine Spannung, die den Text ohne die großen Worte trägt.

Während Becher jedoch immer wieder die Attitüde des Vormunds einnimmt, der an Stelle der Unmündigen spricht, erprobt Brecht in den Liedern ein stellvertretendes Sprechen, das das Mündigwerden der Vertretenen beabsichtigt.[8] So heißt es am Schluß des von Paul Dessau vertonten «Aufbaulied[s]» (1948) für die FDJ:

> Besser als gerührt sein, ist: sich rühren
> Denn kein Führer führt aus *dem* Salat!
> Selber werden wir uns endlich führen:
> Weg der alte, her der neue Staat!
> Fort mit den Trümmern
> Und was Neues hingebaut!
> Um uns selber müssen wir uns selber kümmern
> Und heraus gegen uns, wer sich traut!

Brecht nahm nur ungern den Begriff «Staat» in sein Gedicht hinein, sah sich aber dazu genötigt, um den materiellen mit dem politischen Aufbau (gemeint ist: in ganz Deutschland) zu verknüpfen. Die Anspielung auf Hitler empfand die Parteileitung als überholt, die Selbstverantwortlichkeit zu stark gewichtet, auf Kosten der Führungsrolle der Partei.[9]

Brechts Anliegen war es, Sprache und «Weisheit des Volkes» zum Ausdruck zu bringen. Von daher begründet sich sowohl die Verwendung des (Volks-)Lieds als auch die Hoffnung auf eine Erneuerung von unten, die ihm seine Stellvertretung allererst erlaubt. Die «Kinderlieder» (1950) gewähren noch größeren Spielraum, denn allein aufgrund der durch das Genre gebotenen Perspektive ermöglichen sie die Zurücknahme des Fatalismus und Defaitismus manch herkömmlicher Texte (so dreht das «Nachkriegsliedchen» das alte Kinderlied über das abgebrannte Pommernland um und entwirft die Vision einer befriedeten Welt); sie erlauben ein ungebrochenes Geschichtsvertrauen, ist die Realisierung des Gewünschten doch späterem sozialen Handeln, d. h. der Zukunft anvertraut («Neue Zeiten», «Über die Berge»). Im Gegensatz zu den Kinderliedern des dänischen Exils, in denen das Kindliche dem Faschismus abgetrotzt und als List auf ihn bezogen war, gestattet sich Brecht in den neuen Kinderliedern einen leichten Ton, fröhlichen Spott und heiteren Appell.

3. Poetische Großformen

Das Unbehagen am herrschenden, herkömmlichen Lyrikbegriff, die Unzufriedenheit mit Gedichten als subjektivem Erlebnis- und Gefühlsausdruck bedingte wohl maßgeblich die Entwicklung poetischer ‹Großformen› wie Poem, Zyklus, Oratorien- und Kantatentext. Poem und Zyklus waren das wichtigste Medium einer DDR-spezifischen Weltanschauungsdichtung, deren Voraussetzung die Überzeugung von der prinzipiellen Erkennbarkeit, Abbildbarkeit und Veränderbarkeit gesellschaftlicher Zusammenhänge war. Daß hierin ein signifikanter Unterschied zur spätbürgerlichen Lyrik bestand, hob Maurer hervor, der dieses Besondere durch seine Reflexionen über «Bewußtsein» (Gedichtzyklus von 1950), über Arbeit, Geist und Geschichte auch praktisch herauszuarbeiten suchte. Den längeren Dichtungen schrieb man das Vermögen einer «realistischen Totalitätsgestaltung» zu, da das stoffliche Potential größer sei und damit «eine umfassendere Schau des Weltbildes» ermöglicht werde.[10]

Der Vorteil der lyrischen ‹Großformen› liegt in der Einbeziehung der historischen Dimension, in dem Überblicken geschichtlicher Abläufe.

Ihn nutzt Franz Fühmann (1922–1984) in *Die Fahrt nach Stalingrad* (1953), wo er autobiographisch von seinen drei Begegnungen mit Stalingrad berichtet: als Soldat der deutschen Wehrmacht, als Kriegsgefangener in der Antifa-Schule und als Delegationsmitglied beim freundschaftlichen Besuch der Sowjetunion. Ein ganzes Panorama der Menschheitsgeschichte von der Urzeit bis zur Gegenwart entfaltet Kuba in den sieben Zyklen seines Poems *Gedicht vom Menschen*. In Brechts zur schulischen Pflichtlektüre erhobenem Lehrgedicht in 52 Strophen *Die Erziehung der Hirse* wird vom Werdegang eines einfachen sowjetischen Nomaden erzählt, der schließlich als vorbildlicher Kolchosarbeiter und der Wissenschaft aufgeschlossener Neuerer die Ernteerträge so zu steigern weiß, daß die kasachische Hirse zuletzt auch die Rotarmisten im Vaterländischen Krieg mit ernährt. Die genannten Beispiele bedienen sich verschiedener Sprechweisen. Die ‹Episierung› ermöglicht einen variablen Zugriff; dazu gehören die strenge Komposition oder die lockere Aneinanderfügung, Hymnisches, Balladeskes, Reportagehaftes – auch nebeneinander.

Die Chance des historischen Berichtens und Einordnens führt den Nachteil des Genres jedoch mit sich: Fast zwangsläufig wurde der Geschichtsprozeß verengt zum einsträngigen, linearen Fortschreiten auf das zweifellos vorgegebene, jetzt nahe Ziel hin. Oder die Gegenwart wurde bereits als Erfüllung jener Verheißung gesehen, welche in den Kämpfen, Niederlagen und Siegen der Vergangenheit eingeschlossen ist.

Fühmann, dessen persönliche Integrität nicht zuletzt der kompromißlose Umgang mit den Wendungen in der eigenen Biographie ausmachte, bewies diese Schonungslosigkeit sich selbst gegenüber schon in seinem Stalingrad-Poem.

Die Schilderung der ersten, kriegerischen Begegnung mit der Stadt nimmt das lyrische Ich nicht aus. Doch was in diesen Szenen sinnlich visualisiert wie eine Filmsequenz abrollt, verliert in der Schlußszene alle Anschaulichkeit, da die Wunschvorstellungen zum blassen Klischee gerinnen:

> So steh ich sinnend – und der Raum wird weit
> vor meinen Blicken. Und ich sehe Deutschland
> im guten Leben. Heiter fließt der Rhein
> und fließt der Oder klares Wasser. Heiter
> durchzieht die Saar das Tal der Kohle und
> die Hügel süßen Weins. Und Schiffe nahen sich
> und schaukeln auf der Wellen Schaum. Die Abendwolken huschen purpurn
> vorüber, und im Glanz die Uferpromenade
> gibt sich der Nacht. Eine Harmonika
> singt sehnsuchtsvoll. Die Mädchen stehn am Ufer
> und schauen träumend in das blaue Fließen
> zur Ferne. Und die Sterne steigen auf,
> silbern, und wandern. Stille klingt. Und alles
> ist gut und arglos, friedlich, eine schöne
> menschliche Welt...

Solch nachträgliches Entwerten durch die Auflösung aller Konflikte in geschichtsteleologischer Harmonie beschädigte ebenfalls die damals verbreiteten Kantaten und Oratorien, etwa Hermlins *Mansfelder Oratorium* (1950), vertont von Ernst Hermann Meyer, Kubas *Kantate auf Stalin* (1949), vertont von J. K. Forest, Friedrich Wolfs *Lilo Hermann* (1951) und Brechts *Herrn-*

burger Bericht (1951), beide mit Musik von Paul Dessau. Das Reizvolle dieser chorisch-szenischen Werke lag in ihrer Aufführbarkeit, die sie zum öffentlichen, festlichen Ereignis machte. Die meisten dieser Werke entstanden daher als Auftragsarbeiten zu Gedenktagen und Jubiläen und wurden bei kulturellen oder politischen Veranstaltungen zu Gehör gebracht. Bei ihrer Einschätzung müßte die Musik mit berücksichtigt werden: Wo verklebt sie den Text mit «schmalzersatz» und «kunsthonig»[11] (Brecht über den Meyerschen Musikstil) und wo rauht sie ihn auf und erlaubt Kunstgenuß ohne falsche Verzuckerung?

4. Auftragswesen und Selbstbestimmung

«im allgemeinen sind die harfen weniger zerbrechlich, als ihr klang vermuten läßt und, verstimmt, können sie neu gestimmt werden, aber es gibt doch eine gewisse geschicklichkeit, welche der technik abträglich ist. der schriftsteller, der sie erwirbt, in zeit-, geld- oder ruhmnot, denkt mehr an seinen auftraggeber als an seinen gegenstand und ist zufrieden, wenn der erstere zufriedengestellt ist. aber: ist der auftraggeber zufriedenstellend? [...] es kommt alles drauf an, daß man aus einem stoff und auftrag nicht mehr macht, als drin ist. nötig kunstverstand.»[12]

Das Zugeständnis, das Brecht der Auftragskunst macht, relativiert er also umgehend. Sowohl die Vorgabe des zufriedenstellenden Auftraggebers als auch die des notwendigen Kunstverstands zur Bewältigung der Aufgabe wurden im einflußreichen Auftragswesen der fünfziger Jahre nur selten erfüllt. Über Themenstellungen und Honorierung seitens der Verlage, Massenorganisationen, Betriebe, Produktionsgemeinschaften und Parteien wurde materielle Förderung von Autoren betrieben. Somit existierte ein Instrumentarium, mit dem die Literatur unmittelbar auf bestimmte Inhalte verpflichtet wurde und womit ihr Auflagen hinsichtlich der Ausführung gemacht werden konnten.

Diese Förderung, unterstützt durch das Prämiensystem und Stipendienwesen, durch Wettbewerbe und einen unkritischen Feuilletonbetrieb, korrumpierte nur allzu leicht gerade die jungen Autoren, die rasche Anerkennung und gute Entlohnung für die Anpassung an diese Spielregeln erhielten. Neben Aufbauvorhaben und Industrieprojekten, die auf diese Weise vielfach bedichtet wurden, sollte vor allem die Teilnahme am sozialistischen Friedenslager, zu dem sich die SED seit dem III. Parteitag 1950 offiziell bekannte, zum beherrschenden Thema werden. Es wurde sogar eigens ein Dichterkollektiv gebildet, das vertonbare Texte für die Weltfestspiele der Jugend und Studenten 1951 zu erstellen hatte. Einschlägige Anthologien wurden in großer Zahl produziert: z. B. *Neue Klänge Friedenssänge* (1951), *Freundschaft* (1951) und *Freundschaft siegt* (1952).

Dem Friedenskampf verpflichteten sich auch die prominenten Autoren essayistisch wie literarisch. Dies wirkte künstlerisch vereinheitlichend (das Friedenspathos war ästhetisch bindend) und war politisch verpflichtend – unter der Führung Stalins und damit im Zeichen des Personenkults. Die Folge war ein «unglaubliche[r] Qualitätsschwund».[13] Der Aufbruch der frühen DDR-Lyrik mündete in der Sackgasse der Friedensfront.

Die erste große politische Irritation wurde kurz nach Stalins Tod durch die Ereignisse des 17. Juni 1953 ausgelöst. «der 17. juni hat die ganze existenz verfremdet», hielt Brecht am 20. August im «Arbeitsjournal» fest. Bei grundsätzlicher Solidarität mit der SED und ihrem Vorgehen sah sich Brecht gleichzeitig als Anwalt der Arbeiterschaft, deren Unzufriedenheit er als berechtigt einstufte. Seine Hoffnung auf eine «große Aussprache» und Fehlerdiskussion hat sich nie erfüllt und war wohl auch trügerisch.

Die literarischen Konsequenzen, die Brecht mit den *Buckower Elegien* zog, bedeuten die Abkehr von den Aufbau-, Zukunfts- und Kinderliedern.

Berühmt geworden ist das Gedicht «Die Lösung»: Dem Sekretär des Schriftstellerverbandes Kuba, der der Bevölkerung nach dem 17. Juni vorwarf, sie habe das Vertrauen der Regierung verscherzt und müsse nun doppelt gut arbeiten,[14] wird vorgeschlagen: «Wäre es da / Nicht doch einfacher, die Regierung / Löste das Volk auf und / Wählte ein anderes?» Hierzu gehört der Text «Böser Morgen», in dem Brecht mit seiner eigenen, nicht unumstrittenen Haltung (als Intellektueller und Privilegierter) zu den Vorgängen ins Gericht geht, ohne sich ganz freisprechen zu können: «Unwissende! schrie ich / Schuldbewußt.»

Die Funktion der Belehrung und Ermunterung, die Brecht den Liedern noch zumaß, wird in den kurzen, aber komplexen Gedichten der *Buckower Elegien* abgelöst durch den Versuch der Selbstvergewisserung. Zu Brechts Lebzeiten wurden die Juli bis November 1953 entstandenen Gedichte nicht vollständig publiziert. Der im realen Sozialismus stets anstößige Autor war seit 1950/51 zunehmend ins Abseits gedrängt worden. Doch begründen nicht zuletzt die Altersgedichte Brechts Nachruhm als Lyriker.

In den *Elegien*, die oft auf frühere Gedichte Bezug nehmen und somit damalige Positionen überprüfen, gestattet sich das lyrische Ich wieder einen «Reichtum der Empfindungen», den es sich angesichts der Kämpfe vorher lange versagen mußte. Ein «Gespräch über Bäume» ist wieder möglich, Augenblicke glücklicher Übereinstimmung werden benannt («Rudern, Gespräche»). Doch die Bezeichnung «Elegien» kommt nicht von ungefähr und ist keineswegs ironisch-parodistisch gebraucht, selbst wenn die freirhythmischen, epigrammatischen Gedichte keinerlei Gemeinsamkeiten mit der Versform der klassischen Elegie aufweisen. «Elegisch» ist der kontemplative Charakter der in Buckow entstandenen Texte; dem Dichter in der Abgeschiedenheit des ländlichen Ortes (die Assoziation «bukolisch» stellt sich ein) ist das Eingreifen verwehrt. Auch ein operatives Schreiben stellt sich ihm nach dem 17. Juni nicht mehr her. Er ist auf Betrachtung, Erleben (fast alle Gedichte beginnen mit einem konkreten Bild oder einer Begebenheit) und Reflexion (es folgt die Erweiterung zum erkenntnistheoretischen, gesellschaftlichen Zusammenhang) zurückgeworfen. Doch die Klage ist nicht nur subjektiv auf die erzwungene Beobachterrolle bezogen, sondern hat auch objektive Gründe. Zum einen liegen sie im Weiterwirken von Mentalität und Strukturen der unheilvollen Vergangenheit, das Brecht vielfältig wahrnimmt («Gewohnheiten, noch immer», «Heißer Tag», «Der Einarmige im Gehölz», «Vor acht Jahren», «Der Himmel dieses Sommers»). Doch der politische Vorwurf betrifft nicht nur überkommene Elemente, sondern schließt zum anderen Deformationen der ‹neuen› Gesellschaft mit ein («Große Zeit, vertan», «Die Wahrheit einigt», «Beim Lesen des Horaz»). Den Angelpunkt bilden die Ereignisse vom Juni, für Brecht Arbeiteraufstand und konterrevolutionärer Putschversuch in einem. Diese Ambivalenz teilt sich den Gedichten mit («Eisen», «Die Kelle»). Klarer, auch in ihrer Verurteilung stalinistischer Praktiken, sind die späten Gedichte Brechts, die sein vitales Arbeitsinteresse, den Kunstbereich betreffen. Das Gedicht «Die Musen» führt den Effekt der Gängelung in Kunstfragen, ja des Kunstdiktats vor (liest man «der Eiserne» als Stalin):

> Wenn der Eiserne sie prügelt
> Singen die Musen lauter.
> Aus gebläuten Augen
> Himmeln sie ihn hündisch an.
> Der Hintern zuckt vor Schmerz
> Die Scham vor Begierde.

Dies ist das Ergebnis: Gewalt und Strafe werden geradezu masochistisch angenommen und lustvoll – verbleut, blauäugig – der Unterdrücker angepriesen. Schärfer ließ sich kaum abrechnen mit dem Personenkult und der Unterwerfung der Künste. Doch in seiner Analyse und Verurteilung des politischen Stalinismus blieb Brecht aufgrund ihm notwendig erscheinender Rücksichtnahmen und einer ökonomistisch verengten Faschismusinterpretation blockiert.

Zurücknahmen der einst bedenkenlos ausgestellten Blankoerklärungen zugunsten des Bestehenden und Kommenden sind gegen Mitte der fünfziger Jahre bei fast allen älteren Autoren nachzuweisen: die Formalismuskampagne hatte sie enttäuscht, die jahrelange administrative Maßregelung nahm viele Illusionen. Konstant blieb zunächst die Mängelliste bei der jungen Lyrik: Fülle von Dilettantismus, billige Reimerei, pseudolyrisch verklärter Optimismus und Konfliktlosigkeit.

5. Abkehr von der Schönfärberei

Wer nicht dem Rausch der Akklamation verfallen wollte, bemühte sich folgerichtig um eine Ausnüchterung der Verse: der Lakonismus schulte sich an Brecht. Dies gilt vor allem für Günter Kunert (*1929), der schon 1950 mit seinem ersten Gedichtband *Wegschilder und Mauerinschriften* knappe Notizen, lapidare Warnungen vorgelegt hatte, die aus den Erfahrungen der Geschichte resultierten, und danach seine Lyrik des entlarvenden Pointierens und lehrreichen Widerspruchs konsequent weiterentwickelte.

Heinz Kahlau (*1931) ging ebenfalls in seinem Band *Probe* (1956) auf innere Reibungspunkte des Sozialismus ein. Initialzündung kam dem Gedicht «Der alte Maurer» zu (auch unter dem Titel «Bitte» bekannt), das eine ganze Serie von Gedichten gegen die Schönfärberei nach sich zog:

Johannes, der alte Maurer,
ist tot.
Wie der Mörtel,
mit dem er Stein zu Steinen fügte,
ist sein Gesicht.
Seine Hände auch.

Der Junge, den er gestern schelten mußte,
wegen Achtlosigkeit –
bekam seine Kelle.

Vom Schornstein,
der sein letzter wurde,
stieg heute morgen
der erste Rauch.

Begrabt ihn ohne Lügen.

Mit den «Lügen» würde ein Leben heroisiert, das gewissenhaft war und nützlich, aber auch schlicht und hart. Damit wäre nicht mehr der alte Maurer Johannes gewürdigt, sondern der Popanz eines künstlichen, weil unwirklichen Helden der Arbeit errichtet. Das Positive entsteht, ganz ohne propagandistische Überhöhung, durch die Fortführung der Aufgabe in der Generationenkette und die Verwirklichung im vollendeten Werk.

Seit Mitte der fünfziger Jahre rückten die meisten jungen Lyriker von der bisher betriebenen pauschalen Wirklichkeitsverklärung ab. Derselbe Kurt Steiniger, der immerhin einige Jahre vorher stereotyp «Wir lieben das Leben» gejubelt hatte, gab nun seiner «Einsamkeit»[15] Ausdruck: «Ich bin so leer / Wie ein verweintes Kind – / Und treibe nebenher / Nur Laub im Wind.» Die Ereignisse des Jahres 1956, die Geheimrede Chruschtschows auf dem XX. Parteitag der KPdSU im Februar und der Novemberaufstand in Budapest, bewirkten eine tiefe Krise. Mit der Demontage Stalins geriet das Wahrheitsproblem in den Brennpunkt; Glauben und Glaubwürdigkeit kamen ins Rutschen. «Die Tragik der jungen Schriftsteller oder Dichter ist es, daß sie zuviel geglaubt und zuwenig gewußt, zuviel gefühlt und zuwenig gedacht haben», äußerte Kunert, dem Kahlau beipflichtete: «Bis auf wenige Ausnahmen wurden die Künstler zu Ausrufern von Parteibeschlüssen, von Regierungsverordnungen. Sie machten Kunstwerke über diese oder jene Maßnahme, Begebenheit oder These, rechtfertigten die Fehler und ignorierten die Wirklichkeit.»[16] Aus dem Gestus der Betroffenheit und dem Gefühl des Betrogenseins heraus entwickelte sich allerdings nur in Ansätzen eine Lyrik, die man unter dem Begriff «Tauwetter» zusammenfassen könnte. Besonders in der Zeitschrift «Sonntag» fanden die kritischen Gedichte von Kunert, Armin Müller, Gerhard Zwerenz u. a. ein Forum, allerdings nur für kurze Zeit. Am Schnittpunkt von Tauwetterdiskussion und literarischer

Neuorientierung befindet sich die bemerkenswerte *Anthologie 56*, die bereits durch ihren spröden Titel und die vorgewiesene Jahreszahl aus dem Rahmen fällt.

Jens Gerlach stellte hier «Gedichte aus Ost und West» vor. Vertreten sind neben anderen Bachmann, Celan, Heißenbüttel, Höllerer und Rühmkorf auf der westlichen, Cibulka, Jokostra, Endler, Fühmann, Heiner Müller, Kunert und Wiens auf der östlichen Seite. Ganz abgesehen vom Ge- oder Mißlingen des einzelnen Gedichts verdient allein das Programm Beachtung: Es sollte zwischen der «Gefahr der Sprachartistik» einerseits und nachhinkendem Formvermögen bei «Überbetonung inhaltlicher Probleme» andererseits vermittelt und ein breites Spektrum an Sprechweisen und Stimmungen zugelassen werden. Ein elegischer Grundton herrscht vor – auch bei den Lyrikern aus der DDR –, die Seefahrt als navigatio vitae ist eines der auffallenden Motive. «Scherbengepäck, das wir tragen, / trübe Rückstände unbelichteten Leids» (Endler, «Fragment») berücksichtigt das Gedicht, aber es ist auch wieder eine «Romanze» (Heiner Müller) möglich, die nicht von Planziffern und Aufbauenthusiasmus fremdbestimmt ist.

Und immer wieder wird an Brecht angeknüpft: an die antibürgerlichen Balladen der *Hauspostille*, an die kurzen, epigrammatischen Gedichte etwa der *Kriegsfibel* und an die Chroniken und Berichte aus den dreißiger und vierziger Jahren. Die Traditionswahl ist aussagekräftig, selbst wenn die Abhängigkeit überwiegt.

6. Weimar und Bitterfeld

Doch solche Experimente hatten kaum eine Bewährungsfrist. Ende 1956 war die politische Situation zugunsten Ulbrichts bereinigt, dem Revisionismus wurde der Kampf angesagt und auch mit den jungen Lyrikern abgerechnet. In den folgenden Jahren entfaltete die SED geradezu hektische Aktivitäten im kulturpolitischen Bereich, um die Irritationen des Jahres 1956 zu entkräften. Mit der Proklamierung der sozialistischen Kulturrevolution (1957) und der Ausrufung des «Bitterfelder Wegs» (1959) suchte die Parteiführung die Offensive. Für die Lyrik hatte dies Konsequenzen, denn erstmalig wurde nun der Akzent auf «Sozialismus» und «Revolution» gelegt; damit kamen jene Traditionen einer proletarischen Literatur in den Blick, die neben der Feier des Klassischen bisher chancenlos gewesen waren. Aber auch dieser Ansatz blieb im Halbherzigen stecken: Weimar und Bitterfeld wurden in einem Atemzug genannt, die Arbeiter sollten die Höhen der Kultur stürmen und die Schriftsteller das Bedürfnis nach Repräsentanz mit dem großen Kunstwerk stillen.

Auch bei den literarischen Ergebnissen dieser Phase ist der Befund zwiespältig. Mit der Orientierung an der Arbeitswelt und der Politisierung der

Literatur im Sinne des Agitprop wurde der Fundus an Lyrikmodellen erweitert. In ihn gingen nun die halbballadeske Erzählung, der thesenhaft argumentierende Song und der episodische Bericht ein. Die genauere Realitätserfahrung konnte sich allerdings nur selten gegen eine Schaufel- und Handbaggerromantik durchsetzen, die keinerlei Abstriche am Positiven zuließ.

Natürlich müsse man die Kunstmittel der Klassiker studieren, sie reichten aber nicht aus zur Darstellung des Neuen, hatte Brecht auf dem IV. Deutschen Schriftstellerkongreß 1956 gegen Becher und Lukács, damit wiederum in Verlängerung der Expressionismusdebatte formuliert. Aber sein Votum für die «kleinen, wendigen Kampfformen» des Agitprop, um der Notwendigkeit «ständiger Ausbildung, Umbildung, Neubildung» nachzukommen, scheiterte an einem Harmonie-, Sicherheits- und Bildungsbedürfnis, mit dessen erneuter Bestätigung der Agitprop als «sektiererisch» verurteilt wurde. Die Literatur der Arbeitswelt wurde rasch auf affirmative Positionen gedrängt, da «man nicht etwas als veränderungswürdig anprangern» durfte, «für dessen Veränderung noch keine objektiven Voraussetzungen da sind.»[17]

Die gehaltvollsten, weil nicht die Schablonen des Gewünschten reproduzierenden Zeugnisse einer Literatur der Arbeitswelt entstanden abseits der «Zirkel schreibender Arbeiter» und sonstiger gelenkt-fördernder Anleitung. Unter den älteren Autoren ist vor allem Wilhelm Tkaczyk (1907–1982) zu nennen, der zu einem Morgenstern und Ringelnatz nahestehenden Humor fand (*Wir baun uns eigne Himmelswiesen*, 1958, *Regenbogenbaldachin*, 1969). Bei den in den sechziger Jahren Hervorgetretenen verdient Richard Leising (*1934), für Karl Mickel der «große deutsche proletarisch-revolutionäre Dichter der Gegenwart»,[18] besondere Beachtung. Später folgten mit eigenwilligen Texten zum Arbeitsbereich Wolfgang Hilbig (*abwesenheit*, 1979), Bernd-Dieter Hüge (*Kaderakte eines Zugvogels*, 1984) und Ralph Grüneberger (*Frühstück im Stehen*, 1986), die sämtlich in den verschiedensten Berufen gearbeitet und somit die Produktion von innen kennengelernt haben.

1962 entstand Leisings Gedicht «Berlin Lottumstraße»:[19]

1. Der Kohlenträger hat bis in den Hals blondes Haar, das vom Kohlendreck schwarz gepudert war.
2. Der Kohlenträger ist mit einem Tafelwagen gekommen, er hat niemand andern zum Ziehn mitgenommen.
3. Der Kohlenträger trägt einen Lederkoller umgebunden, der Koller ist an Rücken und Schultern durchgeschunden.[...]
10. Der Kohlenträger beginnt sein Kreuz gegen die Kiepe zu drücken, dann bückt er sich, dann steigt sie auf seinen Rücken.
11. Der Kohlenträger schafft die Kiepe ins Haus; der Keller hat zweiundzwanzig Stufen hinein und zweiundzwanzig hinaus.
12. Der Kohlenträger hat ein freches Gesicht, beim Tragen sind seine Knie nicht durchgedrückt. Er pfeift nicht.
13. Der Kohlenträger hat abgeladen, er steht noch zwei Minuten hier und trinkt eine Flasche Schultheiß-Bier.

Leising rekonstruiert einen stupiden, im Zeitalter der technischen Revolution gleichsam anachronistisch gewordenen Vorgang der Hand-Arbeit. Dem mühseligen Schleppen der Kiepe entspricht das schwerfällige Vorankommen des Gedichts. Auch die Reime, die sich über die Zeilen verteilen, dienen, kunstlos wie sie sind, nicht der Verschönerung. Andere Fassungen des Gedichts tragen den Titel «Mulackstraße» (etwa in dem Leising gewidmeten _Poesiealbum 97_, 1975) und spielen damit auf ein Kunstgespräch in Hauptmanns _Die Ratten_ an, wo zur Diskussion steht, ob «unter Umständen ein Barbier oder eine Reinemachefrau aus der Mulackstraße ebensogut ein Objekt der Tragödie sein könnte als Lady Macbeth und König Lear». Die überarbeitete Version löst den monotonen Einsatz «Der Kohlenträger...» zugunsten eines beweglicheren Satzbaus (und einer quasi filmischen Technik) auf; nun heißt es etwa: «Die Kiepe schiebt den Kohlenträger ins Haus», was den optischen Eindruck verstärkt und die tatsächliche Schwere der Last nur noch genauer wiedergibt. ‹Schmückendes› ist fast gänzlich getilgt.

Leisings Gedicht verzichtet auf Pathos und Dekoration und verzeichnet, was für den Wahrnehmenden der Fall ist. Für die Literatur der Arbeitswelt wäre solch ein Ansatz eine Chance gewesen. Sie blieb jedoch – fast – ungenutzt. Das Konkrete ging meist im Gewünschten unter oder wurde in philosophischen Entwürfen ‹aufgehoben›.

IX. SOZIALISTISCHER STURM UND DRANG

Wenn man die Entwicklung der sozialistischen Literatur in der DDR der fünfziger Jahre in Analogie zur Entstehung der bürgerlichen deutschen Literatur im 18. Jahrhundert sieht, dann ergeben sich aufschlußreiche und geradezu erheiternd viele Parallelen, dann wächst aber auch die Bereitschaft, dieser Entwicklung größere Zeiträume zuzubilligen, als sie sich selber, zu ihrem Schaden, eingeräumt hat. Denn in den fünfziger und sechziger Jahren konnte es der DDR, politisch wie kulturell, gar nicht schnell genug gehen: Die harmonische «Menschengemeinschaft des Sozialismus» und eine «sozialistische Nationalliteratur», die es niemals gab, wurden einfach proklamiert, die Etappen der Aufklärung, des Sturms und Drangs und die Ankunft in einer sozialistischen Klassik innerhalb eines Jahrzehnts im Sauseschritt absolviert. Peter Hacks (* 1928) hat dieses Schema in einem Interview (1964) nicht nur auf sein eigenes Werk angewandt:

«Wir haben ziemlich genau die Entwicklung der frühbürgerlichen Dramatik rekapituliert. Wie diese bestanden wir darauf, die Gattung des Dramas, die eigentlich schon erfunden war, neu zu erfinden. Wie diese [...] begannen wir mit Stücken, die vollkommen damit zufrieden waren, daß sie die neue Klasse überhaupt auf die Bühne brachten; sie schilderten sie in ihrem läppischsten Tun und Treiben und mit der einzigen Aussage, daß diese neue Klasse die Tugend gepachtet habe. Die nächsthöhere Stufe war in der bürgerlichen Dramatik die des Sturm und Drang, wo die Klasse, selbstbewußter geworden, hinging und anfing, die überkommenen Formen, der Gesellschaft wie der Kunst, zu beleidigen. Die entsprechende Zeit bei uns waren die fünfziger Jahre, mit *Dorfstraße, Schlacht bei Lobositz* und *Lohndrücker.*»[1]

So sehr man an einer «sozialistischen Klassik» zweifeln muß, so zutreffend ist der Vergleich mit der frühbürgerlichen Dramatik für die erste Hälfte der fünfziger Jahre. Heinar Kipphardt (1922–1982), Chefdramaturg am Deutschen Theater, hat 1954 über die dürftige Produktion der jungen Dramatiker geklagt:

«Für die Bühne scheint es ihnen zureichend, sich in einem Werk, einer Produktionsgenossenschaft oder wo immer über die Lebens- und Arbeitsbedingungen informiert zu haben, um darauf eine alltägliche Geschichte oder eine armselige Handlungskonstruktion zu ersinnen, die sie mit uninteressanten Personen, die dem jeweiligen Stellenplan des Werkes oder der Produktionsgenossenschaft entsprechen, mehr oder minder zäh und sprachlich ebensowenig originell herunter schreiben.»²

Statt an Gottscheds *Dichtkunst* hielten sie sich ängstlich an die sowjetischen Vorbilder und an die importierten, höchst unklaren Lehren des sozialistischen Realismus, seit 1951 die staatlich sanktionierte Ästhetik. Ergo sollten dramatische Wettbewerbe dem Mangelzustand abhelfen, ergo schrieb Kipphardt ein satirisches Stück genau über dieses Thema, mit dem Titel *Shakespeare dringend gesucht* (UA 1953, V 1954). Es durfte nach dem 17. Juni 1953 sogar aufgeführt werden, und der Autor bekam einen Nationalpreis.

Unterhaltsamer kann man sich über den Stand der dramatischen Literatur in dieser Zeit kaum informieren. Kipphardt berichtet über die Erfahrungen des Dramaturgen Amadeus Färbel, der einen «Wettbewerb zur Förderung der zeitgenössischen Dramatik» ausgeschrieben hat. Auf seinem Tisch häufen sich wertlose Manuskripte, und vor seiner Tür drängeln die jungen Möchtegerngenies. Am Ende seiner Nervenkraft wirft er natürlich die einzige Ausnahme, den jungen Arbeiterdichter und Schlosser Raban, den Shakespeare 53, aus seinem Zimmer hinaus und das dramatische Wunderwerk gleich hinterdrein. Als er seinen Irrtum bemerkt, beginnt eine schwankhafte Verfolgungsjagd, die ihn u. a. durch Lokale, das «Amt für Kunst», in die Polizeiwache, auf eine Baustelle, ins Irrenhaus und schließlich zu seinem Rausschmiß durch den opportunistischen und eitlen Intendanten Schnell führt. Dieser Karrierist hat das geniale Stück zunächst in Bausch und Bogen verdammt, inzwischen aber mit einer Empfehlung aus dem «Ministerium für Volksbildung» (Berlin) zurückerhalten und will es nun groß herausbringen. Auf der Pressekonferenz vor der Premiere wird er jedoch von der Genossin Mellin aus dem Ministerium – eine Parteisekretärin als dea ex machina! – entlarvt und sein ehrlicher Gegenspieler Färbel wieder rehabilitiert. Das Lustspiel endet mit allseitiger Selbstkritik und einer Doppelhochzeit.

Die Stücke und Autoren, die in Färbels Zimmer drängen, folgen alle dem Schema: «Wohnküche, Sitzung, Sabotage, Brigade –». Da kommt ein geschniegelter Brecht- und Tretjakowjünger mit dem Lehrstück «Mast-Vertrag» und dem «Schlußchor: Wir bauen die Welt nach der Dreiermethode!», da erscheint Fräulein Strämmchen mit dem Zyklus «Die Agentin und die Aktivistin», einem antiimperialistischen Industriestück mit der obligaten Betriebssabotage, und das Schauspiel «Generalversammlung» wird von seinem vifen Verfasser folgendermaßen vorgestellt:

«Mein Stück wird in allen Bereichen unseres Lebens die gleiche Aktualität haben, da ich alle Themen unserer Zeit darin behandelt habe. Objektivismus, Praktizismus, Kosmopolitismus, Realismus, Formalismus, Pazifismus, Sozialdemokratismus, Ökonomismus, linker Radikalismus, Kritizismus, Sportreform, Schulreform, Bodenreform, Justizreform...». (1. Akt)

Das Werk des jungen Shakespeare-Schlossers Raban dagegen wird nur indirekt, in der massiven Kritik des Partei-Lautsprechers und Intendanten Schnell sichtbar, der es als «zersetzendes Machwerk», als «beleidigende Kritik unserer Zustände, unserer Errungenschaften, unserer Helden» (II,8) abkanzelt:

«Ist es für einen Aktivisten typisch, seine Frau zu betrügen? Ist es für
einen hohen Parteifunktionär typisch, Bier zu trinken? Es ist untypisch,
absolut untypisch: Deshalb lehne ich die Satire als ein unrealistisches,
objektivistisch-kosmopolitisches Machwerk jederzeit ab! [...] Wir brauchen keine interessanten Stücke! Wir brauchen Idealfiguren, Vorbilder,
die eben keine Fehler machen, die eben nicht lächerlich sind, sondern
sauber, anständig und optimistisch...». (II,8)

Das ist eine Satire sowohl auf die linientreue Literatur und Literaturkritik der
fünfziger Jahre wie auf die staatlichen Praktiken der Disziplinierung und
Zensurierung unerwünschter Werke mit Hilfe der Gummi-Kategorie des
«Typischen». Noch aufschlußreicher ist der Begriff der «Widersprüche» in
diesem Dialog. Färbel fragt den Intendanten erregt:

«Wissen Sie, was sich in diesem Lande abspielt? An Neuem, an Widersprüchen, Großem, Kläglichem!» (II,8)

Dieser Begriff entstammt der marxistischen Theorie von den antagonistischen
und nichtantagonistischen Widersprüchen, mit deren Hilfe die Literatur
ebenfalls gesteuert wurde. Denn nach herrschender Lehre durfte es in der
sozialistischen Übergangsgesellschaft nur noch nichtantagonistische Widersprüche geben, also keine Klassenkämpfe mehr, sondern lediglich den auflös-
baren Konflikt zwischen alten und neuen Tendenzen und Kräften, der notwendig mit dem Sieg des Fortschritts enden mußte.

Die sehr verschiedenartige Behandlung der «Widersprüche» und Konflikte
ist bald zu einem legitimen Kriterium geworden, um die Dramatik der DDR
einzuteilen: in Autoren und Werke, die die Widersprüche und Konflikte als
zum Teil noch antagonistische ernst nahmen, die den dialektischen Prozeß-
charakter der Entwicklung betonten und Lösbarkeiten statt Lösungen anbo-
ten, und in eine affirmative und harmonisierende Dramatik, die Widersprüche und Konflikte nur als kleine Hindernisse auf dem unaufhaltsamen Fort-
schrittsweg des Sozialismus/Kommunismus ansah und das Publikum, nach
Brecht, «dramaturgisch manipulierte». Jene stellte sich überdies, implizit,
dem revolutionären «Geburtsschaden» der DDR, diese tat so, als habe das
Land eine eigene echte Revolution gehabt.

Es ergibt sich die Frage, ob Färbel und Kipphardt schon Vertreter der
dialektischen, kritischen Widerspruchsdramatik sind. Wie halten sie es selber
mit dem sozialistischen Realismus? Die Reichweite ihrer satirischen Kritik
ist geringer, als es scheint. Partei und Regierung, die Zentralen der Kulturpolitik, bleiben verschont, obwohl die berüchtigte «Staatliche Kunstkom-
mission» gemeint ist. Die Genossin Mellin agiert so souverän wie der Ge-
richtsrat Walter in Kleists *Zerbrochnem Krug*. Nicht die Kulturpolitik ist
Zielscheibe der Satire, sondern ihre unvermeidlichen Auswüchse und Mißverständnisse. Das Stück gehört, trotz seiner witzigen Grenzüberschrei-

tungen ins damals noch unbetretene Gebiet der Satire, der affirmativen Harmoniedramatik an.

Ein ähnlicher Grenzfall begegnet uns zur gleichen Zeit in Erwin Strittmatters (1912–1994) *Katzgraben* (UA 1953; V 1954). Der junge proletarische Autor bekam sein Stück, fast wie Raban, von einem DDR-Theater als unbrauchbar zurückgeschickt. Brecht hörte davon, entdeckte gute Ansätze und inszenierte das Stück zusammen mit dem Verfasser in einem langen Umarbeitungsprozeß (über sieben Versionen!). Er selber ist das neue sozialistische Zeitstück, zum Kummer der Kulturfunktionäre, trotz seiner Bemühungen um den sogenannten Garbe-Stoff (*Büsching-Fragmente*) schuldig geblieben. Durch diese Adoption wurde eine schlichte Bauernkomödie zu einem annähernd dialektischen Stück im Brechtschen Sinne umfunktioniert, d. h. zu einem Stück, das bewußt die Widersprüche, Krisen und Konflikte der entstehenden sozialistischen Gesellschaft und ihres neuen Lebens herausarbeitet, das sein Publikum nicht zum Objekt dramaturgischer Manipulation, sondern zum Subjekt seiner neuen Geschichte zu machen versucht. Brecht sah darin, unter kollegialer Mißachtung von Wolfs *Bürgermeister Anna* (UA 1950), nichts Geringeres als «das erste Stück, das den modernen Klassenkampf auf dem Dorf auf die deutsche Bühne bringt».[3] In seinen *Katzgraben-Notaten* (1953) hat er die gemeinsame Arbeit festgehalten und gewürdigt.

Die Fabel dreht sich um den weltbewegenden Versuch, eine neue Straße (Metapher für den Fortschritt!) zwischen einem Dorf und der nächsten Stadt zu bauen. Brecht hat den Inhalt selbst zusammengefaßt:

> «Der Neubauer muß sich 1947 in der Angelegenheit einer Straße, die Katzgraben enger mit der Stadt verbinden soll, dem Großbauern beugen, weil er noch dessen Pferde für die Erfüllung des Anbauplans benötigt: um Doppelernten zu bekommen, muß er tief pflügen. 1948 haben ihm seine Doppelernten einen Ochsen eingebracht, und er ist in der Lage, gegen den Großbauern die Straße durchzusetzen. Aber der Ochse ist sehr mager, und es fehlt Futter. 1949 wird der Grundwassermangel vordringlich; ohne eine Lösung des Problems ist alle bisherige Arbeit in Frage gestellt. Auch dieses Problem ist ein politisches, und im Nachspiel wird die Lösung auf breitester Grundlage in Angriff genommen: der Traktor ersetzt den Ochsen. Dies alles ist dichterisch gestaltet.»[4]

Die antagonistischen Konflikte werden zwischen Altbauern, Mittelbauern und Neubauern ausgetragen; daneben gibt es noch einen nicht-antagonistischen Konflikt mit den Bergarbeitern, denn das Bergwerk gräbt den Feldern das Wasser ab. Herausgehoben aus den verschiedenen Gruppen sind zwei Figuren: Elli Kleinschmidt, Tochter des Neubauern und «angehende Agronomin» und der Bergmann Steiert, «Vorsitzender der Ortsgruppe der Sozialistischen Einheitspartei», also der obligate Parteisekretär.

Ein Vergleich des *Katzgraben*-Schlusses mit dem Schluß von Wolfs *Bürgermeister Anna* macht die entscheidenden Unterschiede deutlich. Bei diesem ist das Happy-End komplett und konventionell. Der kriminelle Großbauer wird verhaftet und abgeführt, und alles löst sich in Wohlgefallen auf. Der anbrechende Morgen symbolisiert die strahlende neue Zeit. Bei Brecht/Strittmatter wird die Vereinigung des Liebespaares nur eben angedeutet, und der Klassenfeind, Altbauer Großmann und Frau, arbeitet bis zum Schluß mit massiven Drohungen. Der Kampf geht weiter. Das Publikum wird aufgerufen, Partei zu ergreifen, damit die «Großmanns» nicht siegen und die Barone tatsächlich ins Museum kommen. Das Ziel ist, mit den Worten Brechts: «Das veränderte Leben im Dorf als ein Teil des Lebens unserer Republik so darzustellen, daß der Zuschauer instandgesetzt wird, an den Veränderungen tätig mitzuwirken» und «Lust an diesem Tätigsein» gewinnt.[5]

Das Neue an dem *Katzgraben*-Stück ist weniger seine epische Anlage als die Tatsache, daß es Bauernkomödie, Volksstück und Geschichtsdrama ineins ist und daß es den gleichen Rang wie eine Tragödie beansprucht. Brecht über die erstmals gebrauchte Verssprache: «Ich halte es für eine bedeutende Errungenschaft, daß wir unsere Arbeiter und Bauern auf der Bühne sprechen hören wie die Helden Shakespeares und Schillers.»[6]

Trotz aller Schwächen und Ungleichmäßigkeiten innerhalb der entstehenden DDR-Dramatik dieser Zeit sind doch ihre prinzipiellen Unterschiede zur westlichen deutschsprachigen Dramatik dieser Zeit nicht zu übersehen. Sie verlangen geradezu nach einer antithetischen Zuspitzung:

– DDR-Dramen sind apriori geschichtlich angelegte, geschichtsbejahende Dramen; die westliche Dramatik dagegen lebt von Geschichtsverneinung und Geschichtsverzweiflung.

– DDR-Dramen sind in der Grundhaltung optimistisch, aufklärerisch-fortschrittsgläubig eingestellt, die westliche Krisendramatik dagegen eher pessimistisch, skeptisch und katastrophenbewußt.

– Jene glauben an die Veränderbarkeit der Welt und der Menschen, an ihrem Ende stehen Lösungen, Antworten, Appelle und Zukunftsperspektiven; diese bezweifelt eine solche Veränderbarkeit, an ihrem Ende stehen Fragen, Zweifel, Provokationen und Katastrophen.

– Jene sind politisches, parteiliches Theater und propagieren eine bestimmte Ideologie; diese gehören zum apolitischen, nichtengagierten Theater und hegen, nach den schlimmen Erfahrungen mit Faschismus und Stalinismus, einen totalen Ideologieverdacht.

– Im Osten hält man die moderne Welt für durchschaubar und auf der Bühne darstellbar, man bevorzugt deshalb realistische Darstellungsweisen. Im Westen hält man die moderne Welt für undurchschaubar und unabbildbar und bevorzugt deshalb experimentelle und surrealistische Darstellungsweisen, das groteske und absurde Theater.

– Im Zentrum der DDR-Dramatik stehen Kollektive und Gruppen, es ist eine Gesellschaftsdramatik. Im Zentrum der westlichen Dramatik steht das Individuum; es ist eine Ich-Dramatik.

– Von den DDR-Dramen wird der positive Held, das nachahmenswerte Vorbild gefordert, als typischer Repräsentant der gesellschaftlichen Entwicklung. Die westliche Dramatik betreibt Helden-Demontage und zeigt negative Helden; sie sind Außenseiter und Einzelgänger, getrieben von dem Wunsch, aus gesellschaftlichen und historischen Zwängen auszubrechen.

– Dort stehen Altes und Neues, Reaktion und Revolution, gesellschaftliche Laster und gesellschaftliche Tugenden im Kampf. Hier steht das Individuum, der Partisan und Einzelkämpfer in einer hoffnungslosen Auseinandersetzung mit der ganzen Welt.

– In der DDR übernimmt das Theater eine klare moralisch-politische Aufbau- und Erziehungsarbeit, im Westen allenfalls eine Warnungs- und Besinnungsfunktion, um das Schlimmste zu verhindern.

– Das Theater in der DDR bemüht sich, klassenbewußt und volkstümlich zu sein und ein neues nichtbürgerliches Publikum zu gewinnen. Das westliche Theater bleibt bürgerlich und übernational und steht mit seinen esoterischen Experimenten eher in Gefahr, auch noch Teile des alten Publikums zu verlieren.

– In der DDR-Dramatik spielen das materielle Sein, die Arbeitssphäre, die Produktionsverhältnisse usw. eine ganz neuartige und große Rolle. Sie ist insgesamt rational angelegt und verstehbar. Die westlichen Stücke gehören überwiegend zur Gefühls- und Bewußtseinsdramatik; es sind Versuche, sich mit dem durchdringend Irrationalen der Welt und des Menschen auseinanderzusetzen.

Das sind die Grundstrukturen. Aber es gibt schon in den fünfziger Jahren Abweichungen in der DDR. Zum Beispiel die Dramen von Alfred Matusche (1909–1973), in der DDR ebenso hochgeschätzt wie erfolglos, bei uns fast unbekannt. Er hat auf sehr eigenwillige Weise das «poetische Drama» der DDR geschrieben. Aus einer lyrisch konzentrierten Volks- und Dialogsprache entsteht der dichte, helldunkle atmosphärische Raum seiner Stücke, zumeist ganz persönlich getönte, unprogrammatische Auseinandersetzungen mit Krieg und Faschismus, wie sie in der DDR erst wieder in den siebziger Jahren anzutreffen sind.

Sein bekanntestes Stück *Die Dorfstraße* (UA/V 1955), von Hacks zum sozialistischen Sturm und Drang gerechnet, spielt kurz vor und nach dem Kriegsende, in Polen und an der neuen deutsch-polnischen Grenze. In dieser Zeit wandelt sich der Oberleutnant Ernst zum Antifaschisten, zum aktiven Polen- und Flüchtlingsfreund, während seine Frau, die Gutsbesitzerin, unbelehrbar an der Vergangenheit festhält und einen sowjetischen Offizier erschießt. Am Ende sucht Ernst das polnische Mädchen Duschenka auf, dem man um seinetwillen das Augenlicht geraubt hat, und sie streckt ihm, nach kurzem innerem Kampf, die Hand hin. Aber wenn man sagt, daß dieses Stück frühzeitig der deutsch-polnischen Aussöhnung, dem gemeinsamen Antifaschismus, der Bodenreform und der Lösung des Flüchtlingsproblems diente, berührt man nur seine Oberfläche. Authentischer wirkt die balladeske Kargheit und Melodik der Sprache, die das stumme Grauen der Kriegs- und Nachkriegszeit mit sich führt, und die akausale fragmentarische Reihung der düsteren Bilder, die das sozialistische Widerspiegelungsgebot aufsprengen, dafür aber Imagination und Mitgefühl des Lesers und Zuschauers erwecken. Auch in seinen weiteren Dramen (*Der Regenwettermann* [UA 1968; V 1965], *Das Lied meines Weges* [UA/V 1968/69], *Kap der Unruhe* [UA/V 1970]) erwies sich Matusche als ein undogmatischer Dichter und Moralist, wenn auch nicht als ein Dramatiker für das große Publikum. Seine Zeit wird vielleicht noch kommen.

1. Peter Hacks' Sorgen um die Macht

Das «Poetische» und die «Maßgabe der Kunst» (1977) sind auch für Peter Hacks die entscheidenden Instanzen geblieben. Er war der produktivste und erfolgreichste Dramatiker der DDR, am meisten gespielt auch in der Bundesrepublik, die er 1955, mit zwei Theaterstücken im Gepäck (*Das Volksbuch vom Herzog Ernst* [UA 1967 in der BRD; V 1956 in der DDR] und *Die Schlacht bei Lobositz*, 1. Fassung [UA 1956 in der DDR; V 1955 in der DDR]) in Richtung Ostberlin verließ. Er sei gegangen, begründete er drei Jahre später mit hanebüchener Arroganz, «weil ich lieber helfe den Sozialismus zu machen, als mein literarisches Vermögen in gequälter und unproduktiver Opposition gegen einen faschistischen Staats- und Kulturapparat zu

verzetteln»[7] und weil in der BRD Talente geknackt würden «wie die Flöhe».[8]
Diese Übersiedlung hat auch seine besondere Rolle in der DDR geprägt.
Hacks hat niemals an der ideologischen Erdenschwere dieses Staates, an den
Geburtswehen und dem Geburtsmakel seiner «revolutionären Umwälzung»
und an den ästhetischen Verkrampfungen zwischen Kunst und Kulturpolitik
gelitten. Er konnte selbstbewußter, leichtfüßiger, heiterer und zukunftsoffe-
ner in die sozialistische Gesellschaft eintreten. Sein Blick überflog die Mühen
des Alltags und sah hinter dem Grau des realen Sozialismus schon den Goldgrund der wahrhaft kommunistischen Gesellschaft schimmern. Der Kommentar seines finsteren Gegenspielers und Kollegen Heiner Müller: «Für den
Hacks war und ist doch das Problem, daß er eigentlich nicht von dieser Welt
ist. Die DDR war für ihn immer ein Märchen – er hat sie als eine Märchen-
welt erlebt und beschrieben.» Hacks' sozialistische «Klassik»-Theorie hielt
Müller schlicht für «schwachsinnig».[9]

Worin liegt dann die Berechtigung, sein erstes in der DDR gespieltes Stück
Die Schlacht bei Lobositz zum sozialistischen Sturm und Drang zu zählen?
Es ist eine gewitzte Synthese von Aufklärung, Sturm und Drang, Johann
Nestroy und Bertolt Brecht und spielt zur Zeit des aufgeklärten Preußen-
königs Friedrich II. (wie Hacks' späteres und schwächeres Stück *Der Müller
von Sanssouci*, [UA 1958 in Westberlin; V 1965 in der BRD]), zu Beginn des
Siebenjährigen Krieges. Die Schlacht bei Lobositz zwischen Preußen und
Österreichern fand am 1. Oktober 1756 statt. Die volkstümliche Quelle, die
Hacks bis ins Detail nutzte, ist ein bedeutsames Sturm- und Drang-Zeugnis,
die *Lebensgeschichte und natürliche Ebentheuer des Armen Mannes im Tok-
kenburg* des Schweizers Ulrich Bräker, die 1789 in Zürich erschien. Brechts
episches Theater hat vor allem mit dem Historien- und Antikriegsstück *Mutter Courage* (UA 1941 in Zürich) und dem Lust- und Soldatenspiel *Mann ist
Mann* Pate gestanden.

Die bürgerliche Aufklärung wird also in der kritischen Brechung des plebejischen Sturms und Drangs und Brechts gesehen. Aber im Unterschied zu
den «Helden» Brechts lernt der naive Musketier Braeker, der sich für die
preußische Armee hat anwerben lassen, bei Hacks dazu. Er wird in einem
mühsamen Lernprozeß zu einem gewitzten Deserteur und Pazifisten. Das
Stück versteht sich als eine heitere, weil «postrevolutionäre» Widerlegung der
feudalen Klassengesellschaft, es handelt – nach Hacks – von der Pflicht des
Menschen, sich zu emanzipieren. Der Krieg als «eine Verschwörung der Offiziere gegen den Menschen» endet mit «der Verschwörung der Menschen
gegen die Offiziere»,[10] der «Knechte» gegen die «Herren».

Genaugenommen ist das Werk ein gesamtdeutsches Unikum, in der BRD konzipiert,
in der DDR realisiert. Durch die Remilitarisierung Westdeutschlands in der ersten
Hälfte der fünfziger Jahre, die mit den neuen Modellen «Bürger in Uniform» und
«Innere Führung» propagiert wurde, bekam der Braeker-Stoff Aktualität für Hacks.
Der Brechtschüler protestierte mit seinem Stück gegen die demokratisch maskierte

Wiederaufrüstung. In der Bundesrepublik wäre es schwerlich aufgeführt worden, in der DDR wurde es zu einer komödiantischen Abrechnung mit dem gerade «erledigten» Preußentum und Militarismus und zugleich zu einer Satire auf die restaurative Bundesrepublik. Die beiden Preußenstücke von Hacks sind auch ein artistischer und gutgelaunter Geschichtsunterricht, den er den Klippschülern des Sozialismus im Namen · einer verdrängten plebejischen Tradition und Position erteilte. «Das fortschrittliche Theaterstück», so forderte er zu dieser Zeit, «ist rationalistisch und plebejisch» – «für die Jetztzeit spezifiziert: sie [die Kunst] ist proletarisch und dialektisch.»[11] Wobei unter «plebejisch», mit Hans Mayer, die «Geisteshaltung von konsequent ihrer gesellschaftlichen Lage gemäß handelnden Unteren beliebiger Art» verstanden wird.[12]

Mit seinem ersten Industrie- und Produktionsstück *Die Sorgen und die Macht* (UA 1960; V 1959) versuchte Hacks, via Bitterfeld in der DDR anzukommen. Aber im Rückblick will es scheinen, daß es auch deshalb so heißt, weil es allen Beteiligten bis hinauf in die höchsten Parteiränge so viele Sorgen gemacht hat. Der fünfjährige Zeitraum seiner Entstehung und Realisierung auf dem Theater (1958–1963) ist erfüllt von einem Geschehen, das als ein Lehrstück sozialistischer Rezeption gelten kann. Sein Ende ist bitter: nach einer halbjährigen öffentlichen Diskussion erfolgte eine massive Verurteilung durch den Schriftstellerverband im März 1963 («Verzerrung der Wirklichkeit»!). Voraus ging zwei Monate zuvor auf dem VI. Parteitag der SED schon eine ausführliche Rüge Kurt Hagers; der Regisseur des Stückes, das schon im Herbst 1962 nach wenigen Aufführungen abgesetzt worden war, kein Geringerer als Wolfgang Langhoff, mußte als Intendant des Deutschen Theaters im März 1963 zurücktreten und übte im «Neuen Deutschland» vom 17. März 1963 klirrende Selbstkritik, und sein dramaturgischer Mitarbeiter, Peter Hacks, mußte seine Tätigkeit an diesem Theater beenden.

Also ein Paradebeispiel für die Abhängigkeit der Poesie von der Partei, von der Unfreiheit der Kunst in sozialistischen Ländern? Angefangen hatte es im Jahre 1958 planmäßig und vorbildlich. Angeregt durch einen Brief dreier Brandenburger Stahlarbeiter (im «Neuen Deutschland» vom 26. Februar 1958) begab sich Hacks in ein Braunkohlewerk des Industriekombinats Bitterfeld und entwarf ein Exposé mit dem zündenden Titel *Briketts* (der endgültige Titel verdankt sich einem Ulbricht-Wort). Nachdem eine Probeaufführung 1959 in Berlin Bedenken erregt hatte, wurde das Stück in Senftenberg, einem Patentheater des Deutschen Theaters, mit Erfolg uraufgeführt, unter Mitarbeit von «Spezialisten der Brikettproduktion». Hacks hatte seine Fabel in die Jahre 1956/57 zurückverlegt, als der Widerspruch zwischen Qualität und Quantität der Produktion («Tonnenideologie») und das Problem der sozialistischen Arbeitsmoral besonders aktuell waren, und sein Stück, dies verdeutlichend und entschärfend, eine «Historie» genannt. In dem Senftenberger Vorspiel spricht diese personifizierte «Historie» zum Publikum: «Gottlob, die Zeit, von der mein schlechtes Stück / Den Abdruck gibt, liegt weltenweit zurück: In einem Jahr, da nichts wie heut noch war.» Ein folgenreicher Irrtum. Denn als das Stück im Herbst 1962 am Deutschen Theater in

Berlin aufgeführt wurde, war die Mauer ein Jahr alt, das deutsch-deutsche Verhältnis hatte sich rapide verschlechtert, die interne Kulturpolitik verschärft.

Die «Ankunft» der Schriftsteller im Sozialismus, nach der «Vollendung der sozialistischen Produktionsverhältnisse», wurde dogmatisch abgefragt, und der VI. Parteitag im Frühjahr 1963 prangerte die zeitgenössische Kunst und Literatur frontal an wegen «Distanziertheit gegenüber unserem Staat», wegen «falsche[r] Vorstellungen vom sozialistischen Weg» und wegen «Verzerrung des sozialistischen Menschenbildes».[13] In dieser Situation – hinzu kam ein kalter, brikettknapper Winter – konnten selbst die Fürsprache einer Anna Seghers und einige verständnisvolle Diskussionsbeiträge das Stück nicht mehr retten.

Was ist die Lehre dieses Lehrstücks? Daß die Disziplinierung und Zensurierung der Kunst und Literatur in der DDR keinesfalls immer eine Geheimsache war, sondern häufig ein öffentlicher, vielstimmiger, komplizierter Vorgang.

Wodurch in aller Welt wurde das gutgemeinte Stück so kritikwürdig und staatsgefährlich? Sein Inhalt wirkt eher harmlos. Die Brikettfabrik «Roter Hammer» beliefert eine Glasfabrik jahrelang mit minderwertigen Briketts und geht deshalb mit 160 % Planerfüllung als Sieger aus dem Wettbewerb aller Brikettfabriken hervor. Den Brikettarbeitern geht es gut, den Glaswerkern schlecht. Die Sache wird ruchbar, die Parteigruppe der Brikettfabrik setzt sich in Bewegung und das Verhältnis kehrt sich um: Die Glasfabrik floriert, die Lohntüte der Brikettiers hat Ebbe. In diese Situation platzt die Nachricht vom Ausbruch der Ungarischen Revolution. Der Parteisekretär der Glasfabrik rettet zwar die heikle Situation, die Krise in der Brikettfabrik aber eskaliert. Dennoch setzt sich auf der entscheidenden Betriebsversammlung das Gute durch, der faschistische Arbeitersaboteur Zidewang wird abgeschmettert, und die neue Parteisekretärin Emma Holdefleiss spricht das Schlußwort:

> «Nämlich
> Arbeitermacht, das wußten wir, kommt vor
> Arbeiterglück. Glück hat Macht nötig.
> Und dem allein, der zäh zur Macht beiträgt
> Erwächst der Tag, wo Macht in Glück umschlägt.»[14]

Diese Fabel wäre sicher nicht anstößig gewesen, hätte sie Hacks nicht mit einer Liebesgeschichte zwischen dem parteilosen Brikettarbeiter Max Fidorra und der Glaswerkerin Hede Stoll verknüpft, hätte er nicht, schlimmer noch, die Liebesgefühle in den Dienst des sozialistischen Aufbaus gestellt.

Denn der anarchische Hüne Fidorra, der am Anfang noch definiert: «Sozialismus ist, wenn man jeden Dreck los wird» (1. Aufzug, Kultursaal), wirkt nicht aus marxistischer Überzeugung, sondern aus blinder Leidenschaft zu Hede an den bahnbrechenden Beschlüssen seines Betriebs mit. Das nackte Triebleben bringt ihn auf den rechten Kurs. Unglücklich, aber endlich selbstlos liebend kommt er bei der Partei an. Sie hat ihn «erwischt» – «wie eine Krankheit» (5. Aufzug, letzte Szene). So sinnlich aber stellte sich die Partei den Weg zum Sozialismus und zum Glück nicht vor. Und auch nicht so, wie die Parteisekretärin Emma Holdefleiss ihn schilderte:

> «Kollegen, Kommunismus, wenn ihr euch
> Den vorstelln wollt, dann richtet eure Augen
> Auf, was jetzt ist, und nehmt das Gegenteil;
> Denn wenig ähnlich ist dem Ziel der Weg.»[15]

Verzerrte Wirklichkeitsabbildung (Fortschritt als Überwindung von Fehlern!), Pseudo-Dialektik, mechanische Geschichtsbetrachtung, kleinbürgerliche Psychologie, falsche Darstellung der Rolle der Partei, kalte Zuschauerposition des Autors statt sozialistischer Parteilichkeit, Ironisierung des Bitterfelder Wegs, Formalismus usw. lauteten die Vorwürfe der Partei. Für die ästhetische Verfassung und die Poesie des Stücks, für seine Komik und seinen Witz hatte dieser politische Bierernst keine Augen und Ohren. Der tiefere Grund der Aufregung: «das Befremden der Maus, die zum ersten Mal einen Elefanten sieht.»[16] Mit dem lebensprallen Max Fidorra hatte Hacks zum ersten Mal «die Lieblingsfigur des sozialistischen Dramatikers» auf die Bühne gebracht: den Riesen. «Der Riese, das ist der nicht durch Fehler der Welt eingeschränkte Mensch.»[17] Er paßte ebensowenig wie das gesamte Stück in die kleinformatige, sittenstrenge und humorlose Landschaft der DDR. Aber den nächsten «Riesen» – *Moritz Tassow* – hatte Hacks schon in der Schublade, als man noch Scherbengericht über *Die Sorgen und die Macht* hielt.

2. Heiner Müllers dramatisches «Laboratorium»

Neben Hacks besaß die DDR noch einen zweiten bedeutenden Dramatiker, der in den fünfziger Jahren sein Debüt gab: Heiner Müller (* 1929). Seine ersten Werke sind *Geschichten aus der Produktion*. Sie knüpfen an das Agitpropstück der Weimarer Republik wie an die Lehrstück-Versuche Brechts an und verstehen Theater als «Laboratorium sozialer Phantasie» (Wolfgang Heise). Schon sie zeigen Müllers Vorliebe für das Ausschnitthafte und Fragmentarische, für Verknappung und Collage, für die Provokation von Theater und Zuschauer, Verfahrensweisen, die inzwischen zu seinem Markenzeichen geworden sind.

Wirkung hatte sein Werk schon immer; der Erfolg stellte sich paradoxerweise erst mit seiner wachsenden Hermetik ein, mit der Annäherung eines marxistischen Dramatikers an das Theater Becketts und Artauds und an poststrukturalistische Denk- und Darstellungsweisen. Wenn Hacks der «Märchenonkel» des DDR-Dramas sein soll, dann ist Müller sein «schwarzer Mann». Die Urteile über ihn sind bis heute kontrovers: für die einen ist er *der* deutsche Nationalautor, der die «deutsche Zerrissenheit» in seinem Werk austrug (Ernst Wendt), für die anderen einer, der mit den düsteren Endspielen seines heimlichen Todestriebes Verrat an der Sache der Aufklärung und des Sozialismus übte (Michael Schneider).

Tatsache ist, daß kein zweiter Dramatiker die Geschichte Deutschlands und der DDR mit einem so illusions- und erbarmungslosen Blick sah wie Müller. Auf Walter Benjamins IX. Geschichtsphilosophische These (*Angelus Novus*) hat er mit dem Bild des «glücklosen Engels» geantwortet, einem Bild grausamer Versteinerung von Geschichte und einer kleinen Hoffnung auf ihren erneuten revolutionären Aufbruch. Müllers Werk ist eine Antwort auf den Stillstand revolutionärer Geschichte.

Weil er von Anfang an zur Kenntnis nahm, daß «die Revolution in der DDR nur *für* die Arbeiterklasse gemacht werden» konnte, «nicht *von* ihr»,[18] sprechen seine Stücke immer wieder von Spätgeburt und blutigem Kaiserschnitt, wenn von der Entstehung der DDR die Rede ist:

> «Die neue Zeit – die Spätgeburt, in letzter
> Minute und mit fremdem Bajonett
> Der Mutter aus dem kranken Leib geschnitten –».[19]

«Nackt» und «beschissen» habe sie deshalb ausgesehen, und so wird sie auch geschildert. Zum Beispiel in seinem ersten Stück *Der Lohndrücker* (UA 1958; V 1957), mit dem er einen schon mehrfach bearbeiteten und bekannten Stoff aufnahm: die Geschichte des Maurers Hans Garbe, der 1950 zum «Helden der Arbeit» wurde, weil er durch neue Arbeitstechniken höhere Normen setzte und weil er vor allem einen Ringofen (zur Produktion von feuerfesten Steinen) bei laufendem Betrieb reparierte (1949/50). Über einen Volkskorrespondentenbericht im «Neuen Deutschland» vom 24. Februar 1950, den Aufbau-Roman *Menschen an unserer Seite* (1951) von Eduard Claudius, Käthe Rülickes dokumentarischen Erinnerungsbericht *Hans Garbe erzählt* (1952) und Brechts *Büsching-Fragmente* (1951–1954) gelangte der Stoff zu Müller, der in der Regel literarisch schon vorgeformtes Material aufgreift und bearbeitet. Wollte Brecht Garbes Entwicklung zu einem sozialistischen Arbeiter und seinen Tod am 17. Juni 1953 zeigen, so ging es Müller um das historisch-dialektische Problem, wie aus der alten die neue Welt entsteht, wie man mit «alten» Menschen «das Neue» schafft und wie das von ihnen Geschaffene wiederum sie selbst verändert. Er fragte danach, wie es trotz der immensen Schwierigkeiten einen sozialistischen Fortschritt ohne Betrug und Selbstbetrug geben könnte.

Dadurch bildet sich im *Lohndrücker* ein geballtes Spannungsfeld von Widersprüchen und Konflikten – ein «Krankheitsbild» hat es Müller im Jahre 1991 genannt –, das sich in den verschiedenartigsten Beziehungen und Verhaltensweisen eines Arbeiterkollektivs und seiner Betriebsleitung entlädt. Balke (alias Garbe) ist den anderen Arbeitern an Leistung und Moral zwar voraus, aber seine Motivation ist nicht kommunistisch, sondern materialistisch, seine Arbeitertugenden stammen aus Preußentum und Faschismus, er war auch bei den Nazis ein guter Arbeiter. Seine Kollegen lehnen ihn ab, verprügeln ihn als Arbeiterverräter, Normerhöher und Lohndrücker und sabotieren seine Mehrarbeit.

Drei Beispiele für die schneidend zugespitzten Widersprüche:

1. Der Arbeiter Lerka wird zum Opfer der «Tonnenideologie» von Partei und Staat. Er vermauert feuchte Steine, denn: «Tempo oder Qualität. Alles können sie nicht haben.» Das Ergebnis: er wird zur Rechenschaft gezogen, weil ein Ofendeckel reißt. Sein Kommentar: «Da schindet man sich krumm [...]. Und jetzt heißt es: ein Saboteur! Das ist also euer Arbeiterstaat. Ihr seid nicht besser als die Nazis.» Und als ihn der Direktor dafür ins Gesicht schlägt: «Das kostet dich die Stellung, Direktor. Das ist

nicht wie bei Hitler.» Der einzelne Arbeiter zahlt noch immer die blutige Zeche für die Diskrepanz zwischen der «Zeit des Subjekts» und der «Zeit der Geschichte». Aber mitten in diesem zerreißenden Widerspruch kündigt sich, als Negation der Negation, schon das Neue an: «Das ist nicht wie bei Hitler.»

2. Balke hat im Krieg den Parteisekretär Schorn denunziert. Jetzt soll er ihm den Arbeiter nennen, der seine Reparatur sabotiert hat. Er soll also das gleiche unter völlig veränderten Verhältnissen tun («Uns gehören die Fabriken und die Macht im Staat»). Nach kurzer Weigerung entschließt er sich dazu.

3. Am Ende braucht er einen Kollegen, um den Sabotageschaden zu beheben. Er weigert sich, es mit Karras zu tun, der ihn zusammengeschlagen hat. Daraufhin Schorn: «Wer hat mich gefragt, ob ich mit dir arbeiten kann?» Es folgt die lakonische Schlußszene. Balke: «Ich brauch dich, Karras. Ich frag dich nicht aus Freundschaft. Du mußt mir helfen.» Dann, nach der zögernden Zustimmung, sein letzter Satz: «Wir haben nicht viel Zeit.»

Damit ist nicht nur die Reparaturzeit gemeint, sondern vor allem jene knapp bemessene geschichtliche Zeit, die dem sozialistischen Experiment in Deutschland zur Verfügung stand. Es ist ein Appell an die Zuschauer und an die «proletarische Öffentlichkeit», diese Zeit zu nutzen. Denn nicht das Stück, sondern das «neue Publikum» hat den «Kampf zwischen Altem und Neuem» zu entscheiden (Vorbemerkung). Aus der schwierigen historischen Situation des Sozialismus, aus dem «sehr komplexen Feld von internationalen Komplikationen und Problemen» leitet Müller auch seine eigenwillige dramatische Ästhetik her, seine Vorliebe für das Experiment, das Fragmentarische, für die äußerste dialektische Verknappung, für das «Vermittelte und schwer Zugängliche» seiner Stücke.[20] Die Ruhe des Epischen Theaters und seine gelassene Fabelerzählung sind ihm fremd geworden.

In der vorletzten Szene kulminiert der Widerspruch zwischen den bewußtseinsmäßig ‹rückständigen› Arbeitern und der Vorhut der Partei. Es ist eine Streik-Szene, die zweifellos mit Blick auf den 17. Juni 1953 geschrieben wurde. Die Arbeiter weigern sich, die erhöhten Normen zu akzeptieren. Sie proben den Aufstand – «Ohne Butter keine Norm». Wie löst Müller diese Situation, wie verhält sich sein Parteisekretär? Er redet die Widersprüche, Nöte und Kosten des Fortschritts nicht weg, er wartet nicht mit billigen Lösungen auf. Seine stärksten Argumente sind negativ: «Wenn ihrs nicht begreift, gehen wir alle drauf.» Demonstriert wird ein mühsamer konkreter Lernprozeß, die Negation der Negation.

Bei Müller entfremden sich die Arbeiter in den Sozialismus hinein, hat man deshalb gesagt (Wolfgang Schivelbusch), aus der schmerzhaften Einsicht ins Notwendige. Dazu passen seine Fortschritts-Metaphern, z. B.:

> «Fluchend und stolpernd und ohne Aufenthalt,
> Links und links im Schritt der Fünfjahrpläne
> Reißen wir aus der krepierenden alten
> Die neue Welt.»
>
> (*Die Korrektur*, 2. Fassung, Epilog)

Und in dem Stück *Der Bau* (UA 1980; V 1965), das vom 11. Plenum der SED schwer gerügt wurde (1965), sagt der Brigadier Barka von sich:

«Mein Lebenslauf ist Brückenbau. Ich bin
der Ponton zwischen Eiszeit und Kommune.»
(*Der Bau*, 9. Szene)

Auch in dem kurz darauf entstandenen Produktionsstück *Die Korrektur*. *Ein Bericht vom Aufbau des Kombinats ‹Schwarze Pumpe›* (UA/V 1958) interessieren Müller nicht die Erfolge, sondern die Schwierigkeiten des Aufbaus. Der Titel meint, daß sich ausgerechnet ein alter KPD-Genosse und KZ-Häftling (Bremer) bei einem ehemaligen Hitler-Ingenieur einer falschen Anschuldigung wegen entschuldigen muß. Das Stück ist auch deshalb interessant, weil es in zwei Fassungen existiert, mitsamt der dazwischenliegenden Diskussion. In der ersten Fassung vermißten Publikum und Partei, trotz eines optimistischen Schlusses, das Positive, das Typische und die «Wärme». An der Korrektur der *Korrektur* kann man exemplarisch ablesen, was es für ein Werk bedeutete, wenn es den Wünschen von Partei und Publikum entgegenkam. Es ist verständlicher und plakativer, aber auch spannungsloser und unrealistischer geworden. Sowohl der *Lohndrücker* wie *Die Korrektur* gehören zum sogenannten «Didaktischen Theater», das in der zweiten Hälfte der fünfziger Jahre aufkam, schon bald aber (1959) von Walter Ulbricht höchstselbst als zu abstrakt, rationalistisch und sektiererisch verurteilt wurde.

Das bedeutendste Werk dieser Periode ist Müllers Komödie *Die Umsiedlerin oder Das Leben auf dem Lande* (1956–1961; *Die Bauern* in der Neufassung 1964), nach einer Erzählung von Anna Seghers gearbeitet. Neben ihr erscheinen die Vorgängerinnen (*Bürgermeister Anna*, Strittmatters *Katzgraben*, *Holländerbraut* [UA 1960; V 1961]) und selbst der *Moritz Tassow* von Hacks (1961–1965) wie blasse, aus der Retorte gezogene Bühnengewächse, Müllers Komödien aber auf aristophanischem und shakespearischem Mist gewachsen.

Gezeigt wird, in einem breit aufgefächerten Beziehungs- und Spannungsfeld, das «Leben auf dem Lande» zwischen der Bodenreform und der Gründung von Landwirtschaftlichen Produktionsgenossenschaften (LPGs). Das Figuren-, Motiv- und Problemarsenal dieser Bauern- und Dorfkomödie ist dem der anderen Stücke täuschend ähnlich; im Mittelpunkt steht auch hier der anhaltende Klassenkampf zwischen Groß-, Mittel- und Kleinbauern auf der einen, die mühsame Parteiarbeit für den sozialistischen Fortschritt auf der anderen Seite; aber die daraus entstehenden Widersprüche und Konflikte werden ungleich schneidender, peinigender, manchmal mit fast sadistischer Komik gezeigt. Das Minimum an «Handlung» (Verteilung des Bodens, Ankunft zweier sowjetischer Traktoren, Ablösung des korrupten Bürgermeisters Beutler durch den Parteisekretär Flint, Übergabe eines Neubauerngrundstücks an die Umsiedlerin Niet, nachdem ihr anarchischer Freund Fondrak sich für den Westen entschieden hat) erstreckt sich zwischen zwei Bauern-Selbstmorden. Am Anfang tötet sich der verschuldete Neubauer Ketzer, bedrängt vom Solleintreiber, Bürgermeister und Mittelbauern. Bevor er den Strick nimmt, sticht er verzweifelt sein letztes Pferd ab. Die «neue Zeit», in Gestalt der beiden Trecker, kommt eine Minute zu spät. Der Kommentar eines Bauern: «Schad um den Gaul.»

Wiederum zahlt der einzelne die Zeche. Die «Schrecken/Freuden der Verwandlung in der Einheit von Geburt und Tod», um die es Müller immer geht, sind so verteilt, daß die Schrecken den Individuen, die Freuden dem Kollektiv zufallen, daß der einzelne krepiert, während sich aus seinem Tod die «neue Welt» gebiert. Die gewalttätigen Metaphern von Spätgeburt und Kaiserschnitt werden so in Szene gesetzt.

Ketzer wird von dem schrecklichen Verwandlungsvorgang geradezu aufgefressen:

> «Der Staat macht ihn zur Sau und stopft ihn pfundweis
> Dem Volk ins Maul, durch tausend Mägen geht er
> Der Dümmste kann ihn in die Pfanne schlagen
> Greift zu, es ist mein Leib, wies in der Schrift heißt.»
>   (*Die Bauern*, 2. Szene)

Für Ketzer jedoch gibt es keine Auferstehung mehr, wohl aber zynischerweise für den Mittelbauern Treiber, der ihn in den Tod getrieben hat und der am Ende den Strick nimmt, als Agitatoren vor seinem Hof erscheinen, um ihn zum Eintritt in die LPG zu bewegen. Mit makabrer Komik wird die «Verwandlung in der Einheit von Geburt und Tod» vorgeführt. Treiber wird noch rechtzeitig vom Strick geschnitten, seine Frau erwacht aus einer totenähnlichen Ohnmacht und beide treten, den alten Adam abstreifend, in die LPG ein.

Müller geht bis zum Schluß ironisch-realistisch mit dem christlichen Motiv der Auferstehung um: das wiederauferstandene Ehepaar feiert als erstes krank auf Kosten des Staates. Das letzte Wort hat zwar der Parteisekretär und neue Bürgermeister, aber es wird nicht lieblich in den Ohren der Partei- und Kulturfunktionäre geklungen haben:

> «Das Feld ging übern Bauern und der Pflug
> Seit sich die Erde umdreht in der Welt.
> Jetzt geht der Bauer über Pflug und Feld.
> Die Erde deckt uns alle bald genug.»
>   (*Die Bauern*, 15. Szene)

Dieses Memento mori will nicht mehr an die Eitelkeit und Vergänglichkeit alles irdischen Strebens erinnern, sondern wiederum daran, daß die Zeit zum Aufbau des Sozialismus auf deutschem Boden kostbar und knapp ist. Trotzdem reißt es eine Perspektive auf, die das marxistische Geschichtsdenken bis heute verdrängt hat.

Neben Flint, dem «rote[n] Schürzenjäger» (*Die Bauern*, 9. Szene), ist die urwüchsigste und anstößigste Figur des Stückes der plebejische «Riese» Fondrak, asozialer Saufaus und gewitztes Mistvieh aus der Familie Gargantuas, das sich vor keinen, auch nicht vor den Karren des Sozialismus spannen läßt. Seine utopische Devise: «Arbeit ist ein Verbrechen gegen die Menschlichkeit.» Er ist eine Art mephistophelischer Falstaff des Sozialismus, eine elementare destruierende Kraft, die gegen alle Tabus verstößt, an der aber auch die Klassenfeinde zuschanden werden, niemals bereit, zugunsten der langsamen sozialistischen Geschichte auf seine vitalen Lebensansprüche, auf sein sinnliches Glück zu verzichten. Deshalb geht er, bis zum Ausbruch des Kommunismus, einstweilen «zum Amerikaner». Eine Figur mit Shakespeare-Umriß, unverdaulich für den DDR-Sozialismus.

Heiner Müller besaß schon Ende der fünfziger Jahre das Format, den mühseligen Aufbau des Sozialismus mit umwerfender Komik und abgründigem Humor zu gestalten. Die Folge: Sein Stück wurde 1961 sofort nach der

Uraufführung durch eine Studentenbühne abgesetzt und verboten, der Autor
aus dem Schriftstellerverband und der SED ausgeschlossen. In der Kulturpolitik der DDR gab es keinen Sturm und Drang. Erst 1975 wurden *Die Bauern*
an der Ostberliner Volksbühne aufgeführt. Mit einer gewissen Verspätung
verstanden auch Parteifunktionäre manchmal Spaß.

3. Der lachende Sozialismus: Helmut Baierl

Worüber sie damals schon freiweg lachen konnten, das waren die Stücke des
begabten, gutgläubigen und anpassungswilligen Helmut Baierl (*1926). Obwohl sie die epischen und didaktischen Theaterwege Brechts beschritten,
dienten sie, mit erstaunlicher Naivität, der «erzeugung staatsgewünschter
eigenschaften» und leisteten, wie die meisten Stücke dieser Jahre (z.B. Helmut Sakowskis *Steine im Weg* [UA 1962] und *Die Entscheidung der Lene
Mattke* [UA 1958], Fred Reichwalds *Das Wagnis der Maria Diehl* [UA 1959])
direkte Entwicklungshilfe beim Aufbau des «real existierenden Sozialismus».
Ihr Motto: Mit einem bißchen guten Willen und Humor werden wir es schon
schaffen, der Fortschritt des Sozialismus ist nämlich unaufhaltsam. Ihre
Pseudo-Dialektik: Aus den Fehlern der Menschen entsteht Gutes, aus ihren
Vorzügen entstehen wieder neue Fehler.[21] Bekannt wurde Baierl mit einem
Beitrag zum «Didaktischen Theater», das die Bitterfelder Bewegung vorweg-
nahm, und zwar mit dem Lehrstück *Die Feststellung* (1958), das in zwei
Spielzeiten immerhin 580 Aufführungen erreichte; berühmt wurde er drei
Jahre später mit der Komödie *Frau Flinz* (1961), die mit Helene Weigel in der
Titelrolle einer der größten Theatererfolge in der DDR war.

Die Feststellung ist eine agitatorische Variante der sozialistischen Dorf- und Bauern-
stücke, für Laientheater geschrieben. Ihre beiden Themen sind die Kollektivierung der
Landwirtschaft und die dadurch verursachte Republikflucht vieler Bauern am Ende der
fünfziger Jahre. Aber dieses brisante Problem wird durch die Anlage des Stückes sofort
entschärft. Der republikflüchtige Mittelbauer Flinz und seine Frau sind zu Beginn bereits wieder reumütig in die DDR zurückgekehrt. Nun untersuchen ein Bauern-Kol-
lektiv und seine Leitung nachträglich die Fehler, die das falsche Verhalten ausgelöst
haben. Als die entscheidende Szene vom Vorabend der Flucht noch einmal nachgespielt
wird, kommt zutage, daß der ungeduldige Vorsitzende einen Großteil der Schuld trägt;
er wollte den Eintritt in die LPG mit Drohungen erpressen. Der Bauern-Agitator zeigt
ihm anschließend, wie es besser gemacht wird, und am Ende herrscht eitel «Chor»-
Harmonie:

> «Weil wir feststellen,
> daß wir uns verstehen,
> und wir baun die neue Zeit,
> können wir zu unsrer Leitung stehn;
> denn zwischen uns und ihnen
> herrscht Vertrauen
> und ist Einigkeit.» (13. Szene)

Die gesellschaftlichen Widersprüche werden bei Baierl zu bloßen Verständigungsproblemen reduziert. Die sozialistische Geschichte und ihre Sachwalter befinden sich immer schon auf dem rechten Kurs – nur die fehlbaren Menschen hinken mit ihrer Ungeduld und ihren Mißverständnissen noch ein wenig hinterher. Aber selbst damit befördern sie oft noch – «List der Vernunft» – den kollektiven Fortschritt.

Damit ist bereits die Pointe des Erfolgsstücks *Frau Flinz* umschrieben. Denn Frau Flinz ist eine Person, die stets das Schlechte (im Sinne des Sozialismus) will und doch das Gute schafft. Baierl wollte mit dieser Komödie eine sozialistische Umkehrung der *Mutter Courage* liefern. Mutter Courage, im kleinbürgerlichen Glauben, an dem Krieg verdienen zu können, verliert ihre Kinder an den Krieg und wird ruiniert. Frau Flinz, die fünf Söhne mit Not und Mühe vor dem Zugriff des Nazi-Regimes gerettet hat, mißtraut seither aller Politik und möchte ihre Kinder nach 1945 um keinen Preis an den «neuen Staat» verlieren. Sie ist also noch unfähig, die humanistische Qualität der sozialistischen Obrigkeit zu erkennen.

Folgerichtig und trotz ihres erbitterten Widerstandes verliert sie nicht nur einen Sohn nach dem anderen an den Arbeiter- und Bauern-Staat – der Josef geht zum Aufbauwerk nach Leuna, der Anton zum Studium an die ABF, der Frantischek bleibt im VEB, als die Mutter als Kleinbäuerin aufs Land zieht; dem Karl tut's dort die MAS an und der verfressene und faule Gottlieb schließlich wird Bibliothekar; sie verliert also nicht nur ihre Söhne, sondern sie fördert von Anfang an, unwillentlich, den sozialistischen Aufbau. Am Anfang durch ihren Vorschlag, eine Werkhalle wieder aufzubauen, in der Mitte bei der Vorbereitung eines VEB und am Ende sogar bei der Gründung einer der ersten LPGs. (Das Stück spielt in drei Akten von 1945 bis 1952.) Schauplatz des «Epilogs» ist die Berliner Seelenbinderhalle bei der 2. Parteikonferenz der SED. Martha Flinz hat ihren großen Auftritt als Gastdelegierte. Dort befindet sich auch ihr Freund und guter Geist, der prächtige Parteisekretär Fritz Weiler, den Baierl mitten aus dem Leben gegriffen hat. Mit ihm hat sie sich von Anfang an so gut verstanden, daß alles andere, ihre penetrante Dankbarkeit gegen den Fabrikanten und Ausbeuter Neumann, ihr Zusammenbruch, nachdem ihr letzter Sohn sie verlassen hat, höchst unglaubwürdig wirkt. Als Weiler an ihr Krankenbett eilt und einen riesigen Monolog hält, wird *ihm* geholfen, der doch gekommen ist, *ihr* zu helfen (13. Szene: Die Beichte). Er kann sich endlich für das Ministerium in Halle entscheiden, sie aber reift durch Lenin-Lektüre zur Gründerin einer LPG heran. So ist die «List der Vernunft» allenthalben am Werk, vor allem in der 7. Szene gleichen Titels. Hier ist es kein anderer als der Fabrikant Neumann, der den Flinz-Söhnen das Kommunistische Manifest verabreicht, mit dem Auftrag, es möglichst rasch, zur Tarnung, auswendig zu lernen. Haben auch fast alle noch ein falsches Bewußtsein, so dienen sie doch dem richtigen Sein. Auf die Zuschauer, die das fröhliche Hindernis-Spiel durchschauen, wirken die Vorgänge und Figuren dadurch komisch. Sie sehen das gute Neue schon unaufhaltsam im Vormarsch, während das borniere Alte in den Köpfen der Menschen noch zu herrschen scheint. Die Verhältnisse sind gut, nur am menschlichen Verhalten hapert's noch ein wenig. Dem Publikum wird dadurch das entlastende Gefühl suggeriert, daß die sozialistische Geschichte von selber funktioniert. Aus dem Zusammenbruch der Kleinfamilie Flinz entsteht die Großfamilie der «sozialistischen Menschengemeinschaft».

Während bei Müller die Werktätigen unter großen Opfern in den Sozialismus hinein entfremdet werden, werden sie bei Baierl in den Sozialismus hineingelacht. Die Komik entsteht durch die lächerliche Rückständigkeit der Menschen, der Humor durch die grundsätzliche Einsicht in solche Interferenzen. Beide müssen bei Baierl die nicht stattgehabte Revolution ersetzen und vergessen machen, während Komik und Satire bei Müller und später bei Volker Braun umgekehrt an das Ausbleiben und die Stagnation revolutionärer Prozesse erinnern.

Bei Baierl stehen wir wieder auf dem Niveau der Verlach- und Lachkomödie der bürgerlichen Aufklärung. Man hat deshalb seinen Anspruch, in der Nachfolge des dialektischen Theaters Brechts zu produzieren, zurecht bestritten: «Baierls Verfremdung ist nicht, was sie in der Brechtschen Dramaturgie ist, Demonstration eines widersprüchlichen Verhaltens oder Verhältnisses, sondern umgekehrt: die große Übereinstimmung wird mit Scheinwidersprüchen ‹verfremdet›, damit sie nicht gar so offen und naiv als Harmonie erscheine.»[22] Es ist kaum ein Zufall, daß sich sein Talent in den sechziger und siebziger Jahren nicht weiter entfaltet hat, während Hacks, Müller und dann auch Braun trotz aller Widerstände immer produktiver wurden. Das scheint in der Tat eine «List der Vernunft» gewesen zu sein.

LITERATUR IM KALTEN KRIEG UND ANNÄHERUNGEN: DIE SECHZIGER JAHRE

I. VOM SCHRIFTSTELLER-ENGAGEMENT ZUR KULTUR-REVOLTE: LITERARISCHES LEBEN IM WESTEN

Die sechziger Jahre in der Bundesrepublik werden heute, wenn von der gesellschaftspolitischen und bildungsgeschichtlichen Entwicklung, auch der des literarischen Lebens die Rede ist, mit Vorliebe von ihrem ‹Ausgang› her betrachtet. Zweifellos haben die Ereignisse der Jahre 1968/69 auch für die Existenz der Literatur den tiefgreifendsten Umbruch seit 1945 gebracht. Mit gutem Recht hat man vom schmerzhaften, gewaltsamen «Nachholen» einer nach 1945 ausgebliebenen, die Erfahrungen von Nationalsozialismus und Krieg spät umsetzenden Revolte gesprochen. Aber längst hatte sich ein auch internationaler Zusammenhang hergestellt. Der Protest gegen die amerikanische Kriegführung in Vietnam, gegen die westliche Machtpolitik überhaupt, verband die Bewegungen in Paris, Berkeley, Tokio und Berlin.

Die westdeutsche, österreichische und schweizerische Literatur ist von den bis in die Familien und die Schulen hineinreichenden Umwälzungen nicht so sehr durch Themen-, Gattungs- und Stilwandel betroffen, sondern eher von den öffentlichen Kommunikationsweisen her: der neuen Sprachrohr-Funktion vieler Autoren, der Krise des Literaturbegriffs generell und auch der Literaturkritik, der Neuorganisation der Schriftsteller und der Herausbildung einer «alternativen» Literaturszene. Die siebziger und achtziger Jahre haben trotz aller Tendenzwenden die ‹vorrevolutionären› Zustände nicht wiederkehren lassen. Eine Restauration in diesem Sinne fand nicht statt – anders als während der ersten Nachkriegsjahre. Insofern ist es legitim, das historische Schwergewicht der sechziger Jahre an deren Ende zu sehen. Daß viel an politischer Neuorientierung und an Kritikpotential sich schon seit Beginn der Dekade vorbereitete, hat man nach und nach anerkannt. Dagegen werden die fünfziger Jahre zumeist wie in einem statischen Blockzustand gesehen. Es sei daher nur an drei Phänomene jener vorausliegenden Dekade erinnert: an die führende Mitwirkung wichtiger Schriftsteller bei den außerparlamentarischen Protestbewegungen gegen Wiederaufrüstung, Notstandsgesetze und faktische Zensur, an die schärfer werdende Kritik der massenmedialen Bewußtseinsbildung und an die wachsende Empfindlichkeit vieler Autoren gegenüber der Verflechtung der Literatur – und ihrer selbst – mit der Wohlstandsgesellschaft.

1. Bestandsaufnahme und Radikalisierung

Für die ausgehenden fünfziger und beginnenden sechziger Jahre war das Bedürfnis nach veröffentlichten «Bestandsaufnahmen» auffällig; es äußerte sich vor allem in Radiosendungen, Vortragsreihen und Sammelbänden. Es herrschte das irritierte Empfinden einer komfortablen Stagnation im Erreichten.

Martin Walsers *Halbzeit* (1960) traf präzise diese Stimmung: Anselm Kristlein bedient sich wenig skrupelhaft der beruflichen Entfaltungsmöglichkeiten eines hochdifferenzierten Wirtschaftssystems, wechselt die Jobs so rasch wie die Geliebten, aber er bleibt in dieser bequemen ‹Freizügigkeit› ebenso profillos wie unbefriedigt. Der verkappte Schriftsteller Kristlein verkörpert zugleich ein Stück Wirkungslosigkeit der regelmäßig Protestierenden. In einem der zahlreichen Sammelbände (hier: *Ich lebe in der Bundesrepublik*) etikettierte Walser sie als «ehrwürdige Neinsager, die man reden läßt». Und noch genereller auf die Egozentrik der meisten Autoren bezogen: «Die derzeitige Demokratie bedürfte zwar mehr als jede andere unserer Mitarbeit, aber da sie uns weder will, noch nicht will, erlaubt sie uns doch zu kaschieren, daß jeder von uns nicht mehr will als sich selbst.»[1]

Die Resignation vieler oppositioneller Autoren wuchs noch, als die SPD, seit mehr als einem Jahrzehnt an der Regierungsmacht in Bonn nicht beteiligt, mit dem Godesberger Programm vom 15. November 1960 die Wende von der «Partei der Arbeiterklasse» zur «Partei des Volkes» vollzog. Herbert Wehner hatte bereits am 30. Juni mit einer Grundsatzrede vor dem Bundestag einen außenpolitischen Kurswechsel eingeleitet. Seine Partei bekannte sich nun zum europäischen und atlantischen Verteidigungssystem, auch als Grundlage zu einer «Wiedervereinigung» (an der als Fernziel ausdrücklich festgehalten wurde). Das Sichabfinden der größten Oppositionspartei mit den «Realitäten» ermöglichte ihr zwar eine breitere Basis für künftige Wahlen (die nächste stand für September 1961 an). In den Augen vieler Intellektueller jedoch bedeutete das Verrat an jenen Anti-Aufrüstungs- und Anti-NATO-Protesten, bei denen man sich im vorausgehenden Jahrzehnt hatte aktiv zusammenschließen können. Verhärtungsprozesse innerhalb der DDR verstärkten den Eindruck, daß der gesellschaftliche Wirkungsspielraum kritischer Autoren sich auch in der Bundesrepublik immer mehr verengte. Daß im April 1960 unter intensiviertem Zwang die Kollektivierung der DDR-Landwirtschaft offiziell abgeschlossen wurde, trieb weiter Arbeitskräfte in den Westen und gab dort antikommunistischen Tendenzen willkommene Anlässe der Polemik. Vollends der Mauerbau am 13. August 1961 versetzte viele ‹linke›, «oppositionelle», «kritische» Intellektuelle in bisher nicht gekannte Verlegenheit. Am 16. August richteten Günter Grass und Wolfdietrich Schnurre von Berlin-West aus einen «Offenen Brief an die Mitglieder des Schriftstellerverbandes der DDR» (unter namentlicher Nennung der Ehrenmitglieder und der Mitglieder des Vorstandes). Sie forderten zur offenen Antwort auf: «indem Sie entweder die Maßnahmen Ihrer Regierung gutheißen oder den

Rechtsbruch verurteilen. Es gibt keine ‹Innere Emigration›, auch zwischen 1933 und 1945 hat es keine gegeben. Wer schweigt, wird schuldig [...]».[2]

Die persönlichen Antworten (etwa von Bruno Apitz, Franz Fühmann, Stephan Hermlin, Erwin Strittmatter) waren überwiegend hinhaltend oder ausweichend, die offizielle «Erklärung» des Schriftstellerverbandes rechtfertigte vollmundig das Verhalten der eigenen Regierung und verwies die «westlichen Schriftstellerkollegen» auf ihre eigene Verantwortung und darauf, daß es gerade im Westen genügend Freiheitsprobleme gebe.[3] Ebensowenig erfolgversprechend war der Versuch einer größeren Zahl von Mitgliedern der Gruppe 47, durch einen Offenen Brief den Präsidenten der UNO um «Vermittlung» zu bitten, aus «Sorge um die Erhaltung des Friedens und den Bestand unseres Landes.»[4] Die kurz bevorstehenden Bundestagswahlen (September 1961) waren alles andere als geeignet, um überlegte Zwischenpositionen zu fördern. Und Martin Walser warf auch der SPD in diesem Zusammenhang vor, sie habe «dem vulgärsten Antikommunismus geopfert», nicht erst seit dem Mauerbau.

Das Bewußtsein mancher Schriftsteller, eine ganz eigene, mit keinerlei politischer Machtgruppierung (einschließlich der Majorität der Gewerkschaften) verknüpfte Position zu vertreten, ja ‹zwischen› allen Fronten zu stehen, war seit vielen Jahren nicht mehr so ausgeprägt gewesen. Grass und Schnurre verwiesen in ihrem Offenen Brief an den DDR-Schriftstellerverband noch ausdrücklich darauf, daß westdeutsche Autoren auch «gegen das Verbleiben eines Hans Globke in Amt und Würden» schrieben, gegen die Notstandsgesetze und gegen einen «autoritären Klerikalismus».

Es nutzte wenig, da es den DDR-Autoren kein Bekenntnis gegen die eigene Regierung abnötigen konnte. Und im Westen galten solche Oppositions-Aktivitäten ohnehin als höchst suspekt. Staatliche Instanzen gingen schon seit einiger Zeit recht pauschal und mit obrigkeitlichen Mitteln gegen sie vor. Im Frühjahr 1960 erschien ein Handbuch mit 452 Namen von Schriftstellern, Künstlern, Professoren und anderen Intellektuellen unter dem Titel *Verschwörung gegen die Freiheit. Die kommunistische Untergrundarbeit in der Bundesrepublik.* Darin fanden sich nicht nur die Physiker – und Atomrüstungsgegner – Max Born und Hermann Staudinger, oder Martin Niemöller und Otto Dix, sondern auch Erich Kästner und Wolfgang Koeppen. Hier mögen Übereifrige am Werk gewesen sein. Das Produkt selbst war bezeichnend für die zunehmende Neigung, durch offene oder versteckte staatliche Aktivitäten Intellektuelle einzuschüchtern, Literatur und Kunst zu reglementieren und faktische Zensur auszuüben.

Dies geschah nicht nur unter parteipolitischen, gar antikommunistischen Vorzeichen. In exemplarischen Kampagnen gegen «Schmutz und Schund», «Jugendgefährdendes» und «Pornographie» mischten sich Sorge wegen allzu freizügiger literarischer Produkte mit engherzigem, provinziellem Ressentiment gegen alles, was nicht «schöne» Literatur war. Die alten Vorwürfe aus der Weimarer Zeit gegen «Asphaltliteratur» lebten wieder auf, aus der Perversität der Goebbelsschen «Reinigungs»-Dekrete hatte man nichts gelernt. Das Thema hatte bereits das vorausgehende Jahrzehnt durchzogen. Noch im Jahr des Grundgesetzes – das «Zensur» explizit ausschloß –, am 18. November 1949, sah sich das PEN-Zentrum Deutschland veranlaßt, gegen die Vorbereitung eines sogenannten «Schmutz- und Schundgesetzes» zu protestieren. Seine Annahme im Oktober 1952 löste Proteste zahlreicher Schriftsteller aus, darunter Wolfgang Koeppen, Hans Erich Nossack, Luise Rinser und Günter Weisenborn – ohne greifbaren Erfolg.

In die aufgeheizte Atmosphäre zu Beginn der sechziger Jahre hinein mit Intellektuellen-Hetze und mancherlei kaum verhüllten Zensur-Versuchen platzte im Herbst 1961 Günter Grass mit seiner «Novelle» *Katz und Maus*, dem späteren Mittelstück der sogenannten «Danziger Trilogie». Grass zählte seit der *Blechtrommel* nicht nur zur Prominenz der westdeutschen Literatur mit internationalem Renommee, er war auch für nicht wenige zur provokatorischen Symbolfigur ewig protestierender, «zersetzender» Linksintellektueller geworden. Schon sein Romanerstling hatte mit seinen sexuellen und skatologischen Phantasien Unmut hervorgerufen, in *Katz und Maus* schienen die «Obszönitäten» noch dichter, zentraler – obendrein mit der satirischen Bloßstellung militärischer Ehrenabzeichen.

Etwa ein Jahr nach dem Erscheinen, gestützt auf diverse empörte Reaktionen in der Öffentlichkeit, stellte am 28. September 1962 ein Beamter des hessischen Ministeriums für Arbeit, Volkswohlfahrt und Gesundheitswesen – ohne Wissen des Ministers – bei der Bundesprüfstelle für jugendgefährdende Schriften einen «Antrag auf Aufnahme in die Liste der jugendgefährdenden Schriften»: das Buch enthalte «zahlreiche Schilderungen von Obszönitäten, die geeignet sind, Kinder und Jugendliche sittlich zu gefährden.»[5] Bei der sich anschließenden Prüfung ging es darum, ob das Buch im Sinne des einschlägigen Gesetzes (Fassung vom 29. April 1961) «der Kunst dient». Unter diesem Gesichtspunkt ist der Fall von Belang. Er exemplifiziert die Praxis des vielberedeten «Kunstvorbehalts» in der Bundesrepublik.

Beide Gutachter, der Stuttgarter Literaturwissenschaftler Fritz Martini und der promovierte Germanist Hans Magnus Enzensberger, kamen zu dem Schluß, daß es sich um «Kunst» handle; die «Stellen» hätten ihre bestimmte erzählerische Funktion; es gehe nicht um eine bloße «Schülergeschichte». Im übrigen verwiesen beide auf die längst internationale Resonanz des Autors. Enzensberger attackierte darüber hinaus den Antragsteller als unfähig, banausenhaft und in seinen Aktivitäten selbst «jugendgefährdend».[6]

Es war von vornherein zu erwarten, daß in diesem Fall der Antrag abgewiesen werden würde. Aber die Position des hessischen Beamten war nicht so isoliert, wie es scheinen mag. Er dachte zweifellos wie viele, nicht nur wie die aufgebrachten Ritterkreuzträger – der Fall erinnert an Anderschs *Kirschen der Freiheit* (1952) und die Angriffe der «Deutschen Soldatenzeitung». Noch als 1966 *Katz und Maus* verfilmt wurde (Regie: Hansjürgen Pohland; Mitwirkende unter anderen die Söhne Lars und Peter des damaligen Außenministers Willy Brandt), gab es von einflußreicher Seite zahlreiche Versuche, die Vorführung zu verhindern. Und es war kein Geringerer als der schweizerische Germanist Emil Staiger, für den im ‹Zürcher Literaturstreit› von 1966/67 gerade Günter Grass ein Hauptrepräsentant der «Scheußlichkeiten» und des «Kranken» in der Gegenwartsliteratur war.

2. Alternativen zu Bitterfeld?

Die Partialisierung des Literaturbetriebs, die Eingegrenztheit der in den Feuilletons verhandelten Literatur, die Gräben zwischen den verschiedenen Lesergruppen und -schichten sind auch für dieses Jahrzehnt nicht ausgeprägt genug zu denken. In den zahlreichen auch literarischen «Bestandsaufnahmen» um 1960 schimmert das nur gelegentlich durch. Es gilt auch im Hinblick auf die Stoffe und Gegenstände der Literatur, wenn man die Lebenswirklichkeit der Bevölkerungsmehrheit von Arbeitern in Landwirtschaft, Handwerk und Industrie bedenkt – das, was dann bald schlagwortartig als «Arbeitswelt» bezeichnet werden wird. In der DDR war das Problem von der offiziellen Kulturpolitik seit 1958 (Proklamation der «sozialistischen Kulturrevolution» auf dem V. Parteitag der SED) neu ins Bewußtsein gerückt worden und hatte zunächst die Aktivitäten des «Bitterfelder Weges» in Gang gesetzt. In der Bundesrepublik – von der Schweiz und Österreich zu schweigen – regte sich nur sporadisch und zögernd Unmut über die fast völlige Nichtrepräsentation der Arbeitswelt in der Literatur. In der Gruppe 47 mit ihrem «Belletristik»-Konsens blieb ein Text wie Martin Walsers *Die Klagen über meine Methoden häufen sich* völlig peripher – und dort wurde der ‹Aufriß› einer Fabrik noch aus der Perspektive eines Pförtners gegeben.

Die internationalen Erfolge westdeutscher Autoren und das allgemeine Bilanzziehen um 1960 mögen mit Anlaß gegeben haben, auch öffentlich auf die Defizite hinzuweisen. Alfred Andersch kritisierte 1959 an Frischs *Homo faber* als symptomatisch, daß hier die Hauptfigur, ein Ingenieur, nirgendwo «bei der Arbeit» gezeigt werde. Und Walter Jens stellte fest (1960; später vielzitiert): «Die Welt, in der wir leben, ist noch nicht literarisch fixiert. Die Arbeitswelt zumal scheint noch nicht in den Blick gerückt zu sein. Wo ist das Porträt eines Arbeiters, wo die Zeichnung eines Maurers, wo agieren die Mädchen in der Fabrik, wo bewachen Roboter die rötlichen Lampen?»[7]

Wie zufällig traf es sich, daß im gleichen Jahr 1960, unterstützt durch die Gewerkschaft Bergbau und Energie, Fritz Hüser und Walter Köpping eine Anthologie bergmännischer Dichtung herausbrachten: *Wir tragen ein Licht durch die Nacht*. Sie knüpften bewußt an eine besonders markante Tradition von Arbeiterdichtung an, die weit in die Vorkriegszeit, ja bis in die erste

Phase der Industrialisierung zurückreicht. Hüser, Bibliotheksdirektor in Dortmund, kam sozusagen ‹von außen› und betätigte sich helfend, fördernd. So auch, als im folgenden Jahr ein Bergarbeiter namens Max von der Grün, der in Bayreuth die Handelsschule besucht hatte, dann aber im Ruhrgebiet als Hauer und Lokführer tätig war, sich mit einem Manuskript *Männer in zweifacher Nacht* an ihn wandte und um Unterstützung bei der Veröffentlichung bat (er hatte bislang nur Ablehnungen erhalten). Hüser fand schließlich – einen kleinen katholischen Verlag.

Der Vorgang war in mehrfacher Hinsicht symptomatisch. Es bedurfte der Randfiguren, der Zufälle, der persönlichen Verbindungen; organisatorische Hilfe war von seiten der Gewerkschaften kaum zu erhoffen. Als 1963 von der Grüns zweiter, bis heute erfolgreichster Roman *Irrlicht und Feuer* erschien, mit scharfer exemplarischer Kritik an den Arbeitsbedingungen im Bergbau (auch an der Interessenvertretung der Arbeiter), kamen die Pressionen fast mit gleicher Stärke aus dem unternehmerischen *und* dem gewerkschaftlichen Lager. Als Hüser und von der Grün 1961 ihre ersten gemeinsamen Erfahrungen mit den neuen Texten machten, suchten sie bald den Austausch mit anderen Betroffenen, zunächst Schreibenden, dann auch Kritikern, Journalisten. Einer der wenigen Gewerkschaftsfunktionäre, die entschlossen mittaten, war Walter Köpping. Mit ihm zusammen veranstaltete Hüser einige informelle Treffen, aus der schließlich die «Dortmunder Gruppe 61» hervorging.

Der Anklang an den Namen der Gruppe 47 war bewußt gewählt, auch hier standen Lesung und Diskussion unveröffentlichter Texte im Mittelpunkt. Ebenso deutlich war die Distanzierung: Kein «bürgerlicher» Literaturbetrieb sollte bestimmend sein, keine Prominenz und keine Mediengier zunächst, sondern kameradschaftliche Bemühung um Vernachlässigtes, Verdrängtes. Und früh schon gab es ein fixiertes «Programm», anders als bei den 47ern. An der Spitze der «Aufgaben» wurde genannt: «Geistige Auseinandersetzung mit der industriellen Arbeitswelt der Gegenwart und ihrer sozialen Probleme.»[8] Zwei weitere Kernpunkte: Die Gruppe verstand sich als «unabhängig» (prinzipiell auch gegenüber den Gewerkschaften) und «nur den selbstgestellten künstlerischen Aufgaben verpflichtet». Und: «Die künstlerischen Arbeiten müssen individuelle Sprache und Gestaltungskraft ausweisen oder entwicklungsfähige Ansätze zu eigener Form erkennen lassen.»

«Unabhängigkeit», «künstlerischer» Anspruch, «Individualität» – hier war die faktische Anlehnung an die «bürgerliche» Literatur ebenso mit Händen zu greifen wie ein Potential künftiger Konflikte. Von den Adressaten der zu schreibenden Texte war im Programm bezeichnenderweise gar nicht die Rede. Literatur «der» Arbeitswelt sollte geschaffen werden, aber nicht explizit «von» Arbeitern und nicht nur «für» Arbeiter.

Organisatorische Festlegungen nach Art des Bitterfelder Weges («Schriftsteller in die Produktion!» und ähnliches) wurden sorgfältig vermieden. Max von der Grün, der selbst über jahrelange «Praxis» verfügte, hielt ausdrücklich daran fest, auch «Außenstehende» könnten zur Literatur der «Arbeitswelt» Wichtiges beitragen. Im übrigen waren es weniger die Zusammenkünfte und programmatischen Äußerungen – oder auch die Manuskripte – der Gruppe 61, die der neuen Bewegung Publizität verschafften, sondern das durch *Irrlicht und Feuer* erregte Aufsehen. Nun nahm sich auch «Der Spiegel» (18. März 1964) unter dem Slogan «Hacke und Feder» der neuen «Arbeiterdichter» an. Aber wie selbstverständlich standen nicht die Schreibprobleme der 61er im Vordergrund, sondern der inzwischen prominente und als gutverdienend angegriffene von der Grün, der «Kumpel mit dem Federkiel».

Frontenbildungen, Spaltungen und Distanzierungen, ja Feindschaften wurden früh erkennbar. Gleichwohl sicherten ‹Fälligkeit› und gesellschaftspolitische Brisanz der neuen Aufgaben – und die zähe Geschicktheit Hüsers – der Gruppe 61 über bemerkenswert viele Jahre hin eine zentrale Funktion. Sie zog, auch hierin durchaus der Gruppe 47 vergleichbar, junge Talente an, die später eigene, ja individualistische Wege gingen. Als Hüser 1966 seinen *Almanach* herausbrachte, waren darin bereits Namen vertreten wie F. C. Delius, Christian Geissler, Günter Herburger, Günter Wallraff, Peter-Paul Zahl. Aber gerade das Pochen auf «Unabhängigkeit» und «Individualität» provozierte schließlich einen Prozeß der Abspaltung im Zeichen ostentativer Parteilichkeit und Adressatengebundenheit: die Gründung des «Werkkreises Literatur der Arbeitswelt» im Herbst 1969.

Für das neue Interesse an der Arbeitswelt sind zu Beginn der sechziger Jahre erste wirtschaftliche Krisenerscheinungen und entsprechende Unruhen in der Arbeiterschaft mitentscheidend gewesen. Der jahrelange steile Anstieg der Konjunktur im «Wirtschaftswunder» zeitigte Überhitzungen. Es gab Konkurse, wie den der Firma Borgward 1961. Es gab Arbeitslosigkeit, auch veranlaßt dadurch, daß zwischen 1949 und 1961 nicht weniger als 2 ½ Millionen Arbeitskräfte aus der DDR in die Bundesrepublik geströmt waren. Man hatte dies verkraftet und gar noch planmäßig «ausländische Arbeitnehmer» (ursprünglich: «Gastarbeiter») ins Land geholt. Diese Spirale stieß nun in einigen Branchen – besonders der Montanindustrie – auf Widerstände. Entlassungen und Preissteigerungen waren die Folge. Ludwig Erhards «Maßhalte»-Appelle änderten daran wenig.

3. Politische Literaturfälle

Bei den Bundestagswahlen im September 1961 ging der Stimmenanteil von CDU/CSU von 50,2 % (1957) auf 45,3 % zurück, die SPD verbesserte sich von 31,8 % auf 36,2 %, die FDP von 7,7 % auf 12,8 %. Neben ökonomischen Faktoren führten zu Beginn des Jahrzehnts auch Willkürakte und Skandale auf seiten der Regierung zu Autoritätsverlusten. Am 28. Februar 1961 scheiterte vor dem Bundesverfassungsgericht der Versuch einer «Deutschland

Fernsehen GmbH» mit Anteilsmehrheit des Bundes (am 25. Juli 1960 gegründet: sogenanntes ‹Adenauer-Fernsehen›). In der «Spiegel»-Affäre (nächtlicher Polizeieinsatz gegen die Redaktionen in Hamburg und Bonn am 26. Oktober 1962) zeigte sich die Arroganz der Macht ebenso wie ein Mangel an demokratischer Fundamentalbindung – und eine falsche Einschätzung der öffentlichen Sensibilität gegenüber solchen obrigkeitlichen Eingriffen. Der Rücktritt Adenauers als Bundeskanzler am 15. Oktober 1963 hatte mancherlei interne, auch individuelle Gründe. Er signalisierte jedoch zugleich – wie auch die beiden relativ instabilen Kabinette Ludwig Erhards bis Oktober 1966 – eine tiefergreifende Schwächung derjenigen Machtkonstellation, die den permanenten ökonomischen Aufstieg bewerkstelligt hatte. Hoffnungen auf Liberalisierung, die sich an Erhard geknüpft hatten, wurden enttäuscht.

Als im Jahre 1963 von Unternehmern, mit massiver Warnung vor weiteren Entlassungen, eine «Lohnpause» gefordert wurde, kam es zu Streiks, die von den bisher so ausgeprägt staatstragenden Gewerkschaften nur schwer in ihre Bahnen gelenkt werden konnten. Das Unruhepotential wuchs. Zweifel an der weiteren Funktionsfähigkeit der «sozialen Marktwirtschaft» wurden auch von solchen artikuliert, die wenig politisch interessiert, schon gar nicht «linksorientiert» waren.

Am 20. Dezember 1963 begann in Frankfurt am Main der Auschwitz-Prozeß. Die Berichte darüber in den Medien, mit Details über unvorstellbare Greuel, erreichten auch manche bisher Gleichgültige: Ältere, die sich an Kogons *SS-Staat* (1946) wenn überhaupt, so nur wie an etwas Fernes, Abgelegtes erinnern mochten; Jüngere, die von Elternhaus und Schule nur am Rande auf das schrecklichste Kapitel der jüngeren deutschen Geschichte aufmerksam gemacht worden waren. Der Jerusalemer Prozeß gegen Adolf Eichmann, dem Großorganisator der Judenvernichtung vor allem in den Ostgebieten, hatte zwei Jahre zuvor mindestens einen Teil der westdeutschen Bevölkerung aufgeschreckt.

Die Haltung der Kirchen – vor allem der katholischen – gegenüber dem nationalsozialistischen Regime rückte, für viele erstmals, ins Bewußtsein. Kleruskritik war seit den fünfziger Jahren neben Wiederbewaffnung, Atomrüstung, Nazivergangenheit, Notstandsgesetzen und Zensuraktivitäten häufiges Thema auch von Schriftstellerprotesten gewesen. Am 20. März 1963, mehr als ein halbes Jahr vor Eröffnung des Frankfurter Auschwitz-Prozesses, wurde an der Freien Volksbühne in Berlin unter der Regie von Erwin Piscator Rolf Hochhuths *Der Stellvertreter* uraufgeführt, «ein christliches Trauerspiel». Die auf umfangreichen dokumentarischen Recherchen beruhende schneidende Kritik an der Haltung des Papstes Pius XII. gegenüber der «Endlösung der Judenfrage» löste in vielen, vor allem europäischen Ländern höchst gespaltene Reaktionen aus. Empörte Stellungnahmen, bis hin zu Anfragen im Deutschen Bundestag und zu höchsteigenen vatikanischen Erklärungen, verwahrten sich schon überhaupt gegen ein solches «Herauszerren» einer Autorität und warfen dem Autor zudem Geschichtsfälschung vor. Andere wiederum, die dem Offenlegen einer Verflechtung von Machtpolitik, Feigheit, Finanzen und ideologischem Autoritätsmißbrauch mit Sympathie begegneten, kritisierten die «personalisierenden» Tendenzen des «idealistisch» nach Schillerschem Muster konstruierten Stücks.

Kein Theaterstück hatte seit 1945 so viel politische Aufregung provoziert wie dieser Erstling Hochhuths (der seit 1955 im Bertelsmann-Konzern als Lektor arbeitete, dort aber den Druck des Textes nicht durchsetzen konnte, so daß Rowohlt das Geschäft machte). Hochhuth selbst hat für seine bewußte Instrumentalisierung des Theaters noch auf einen Gesichtspunkt hingewiesen, der die neue kulturelle, massenmediale Situation – auch die der Literatur – zentral betrifft: die mittlerweile fast schon totale Breitenwirkung des Fernsehens.

«Die Literatur kann im Zeitalter des Fernsehens nicht überlieferungsfromm einfach so weitermachen, als würden nicht Abend für Abend sogar Lieschen Müller noch und die hinterstwälderische Tante Emma mit einer Fülle auch zeitgeschichtlicher Information überschwemmt, die früher nicht einmal bis zu den Bürgern der Provinzhauptstädte gelangten.»[9]

Diese Voraussetzung, die zugleich Medienkonkurrenz bedeutete, ist an der öffentlichen Resonanz des *Stellvertreters* bis ins kleinste demonstrierbar. Mit zwei Hauptmerkmalen. Das Fernsehen war längst zum wichtigsten Informations- und Unterhaltungsmedium geworden: Zwischen Ende 1960 und Ende 1966 stieg die Zahl der Empfangsgeräte in der Bundesrepublik von 4,6 Millionen auf 12,7 Millionen, und seit dem 1. April 1963 sendete ein Zweites Deutsches Fernsehen. Der öffentlich-rechtliche Charakter ließ zwar hier und da den Druck des rein Kommerziellen nicht ganz durchdringen, gab aber allmählich den politischen Parteien – vor allem den jeweils regierenden – überproportionalen Einfluß. Gegen eine solche Doppelkonstellation konnte sich ein gesellschaftskritischer Autor *außerhalb* des Fernsehens nur behaupten, wenn er so massiv auftrat wie Hochhuth mit dem *Stellvertreter*.

4. Wohlstand und Bildungskatastrophe

Die Überflutung der Menschen mit kulturellen Produkten verschiedenster Art, von aufklärerisch-zeitkritischen Artikeln, Filmen und Theaterstücken über eine große, meist unpolitische Sachbuchproduktion bis hin zur seichten Massenunterhaltung – besonders im Fernsehen –, wurde in der ersten Hälfte der sechziger Jahre von immer mehr Beobachtern der bundesrepublikanischen (auch österreichischen und schweizerischen) Szene als dringliches Problem benannt. Allein in den Jahren von 1957 bis 1965 stieg die Gesamtzahl der produzierten Buchtitel in der Bundesrepublik und West-Berlin von 16 690

bis auf 27 247. Einige Schriftsteller, die prominenten zumal, profitierten davon
nicht schlecht. Das Jahresheft 1964 der illustrierten Zeitschrift «magnum»
präsentierte unter dem Titel «Deutschlands Schriftsteller» wohlgenährte, viel-
reisende und glattrasierte Wohlstandsbürger: «Schriftsteller, deren Leben in
diesen Tagen – ‹in der lauen Luft der allgemeinen Wohlhabenheit und Gleichheit› (Golo Mann) – dem der Manager, der Ingenieure, der Politiker, der
Priester, der Rennfahrer ähnlich ist», wie Hans Bender formulierte.[10]

Das wieder glänzende Bild der Kulturnation wurde von unerwarteter Seite
her in Frage gestellt: nicht so sehr durch den Hinweis auf die 8000 recht
ärmlich lebenden Schriftsteller, die es auch gab, sondern auf das weit hinter
der wirtschaftlichen Prosperität zurückgebliebene Bildungssystem. Im Februar 1964 veröffentlichte der Pädagoge und Kulturphilosoph Georg Picht in
der Wochenzeitung «Christ und Welt» eine Artikelserie, die dann bald auch
als Buch unter dem Titel *Die deutsche Bildungskatastrophe* Furore machte:
«Die Bundesrepublik steht in der vergleichenden Schulstatistik am untersten
Ende der europäischen Länder neben Jugoslawien, Irland und Portugal. Die
jungen Wissenschaftler wandern zu Tausenden aus, weil sie in ihrem Vaterland nicht mehr die Arbeitsmöglichkeiten finden, die sie brauchen.»[11] Picht
attackierte das «Versagen» des Bundeskanzlers, er forderte konsequente «Bil-
dungsplanung» und vor allem eine «Neuordnung der Lehrerbildung». Am
1. Juli 1965 protestierten in den Universitätsstädten eine große Zahl von
Studenten, mit nicht geringer Resonanz in der Bevölkerung, unter Transpa-
rent-Parolen wie: «Was für die *Bauern* recht ist, ist für *Bildung* billig.»

Bei allem auch moralischen Nachdruck, mit dem Picht auf «zwei Millionen
Schüler mehr» und auf die Notwendigkeit einer «Neuordnung» hinwies –
seine Vorstöße zielten zunächst auf Rationalisierung, Planung, Quantität.
Allenfalls bei der Frage der Konfessionsschule engagierte er sich auch inhaltlich. Fragen wie die Reform des Lernkanons, der vermittelten Geschichts-
und Gesellschaftsbilder wie auch der Unterrichtsweisen blieben ganz am
Rande. Immerhin, die bildungspolitische Aufmerksamkeit mancher vom
«Wirtschaftswunder» Verwöhnter war geweckt, auch studentischer Protest in
eigener Sache. Politiker wie Hildegard Hamm-Brücher nahmen sich der Aufgabe auch langfristig an.

Noch schien sich ein Kardinalproblem der Kultur- und Bildungspolitik
wesentlich durch bessere Planung und durch ökonomische Umverteilung
lösen zu lassen. Da es um die Zukunft der eigenen Kinder, letztlich auch
um die Sicherung des erreichten Wohlstandes ging, war die «Bildungskatastrophe» einem relativ großen Teil der Bevölkerung verständlich zu machen.
Hier hatten die Regierungsmehrheiten offenkundig versagt. Ihre Autorität
war vielen in Frage gestellt. Auch die seit 1963 sich andeutenden Probleme
einer Rezession mit zunehmender Arbeitslosigkeit waren trotz Erhardscher
Appelle nicht gelöst. Beides trug dazu bei, daß in den Bundestagswahlen vom
19. September 1965 die SPD an Stimmen deutlich zunahm (39,3 %), die

CDU/CSU ihre Position halten konnte (47,6%) und die FDP erhebliche Verluste erlitt (9,5 %).

Zum Wahlkampf hatten sich erstmals 17 junge Schriftsteller in einem «Wahlkontor» für die SPD zusammengeschlossen. Sie organisierten Lesereisen und Kundgebungen, formulierten Propagandatexte und Standardreden und folgten so dem Aufruf von Günter Grass, «ES-PE-DE» zu wählen («Dich singe ich Demokratie: Loblied auf Willy»). Ähnlich wie 1961 ein Sammelband *Die Alternative oder Brauchen wir eine neue Regierung?* erschienen war, herausgegeben von Martin Walser, so jetzt ein *Plädoyer für eine neue Regierung oder Keine Alternative*, herausgegeben von Hans Werner Richter. Gegenüber den eher verhalten klingenden Schriftstellervoten von 1961 war nun der Ton aggressiver geworden, das Eintreten für die SPD entschiedener. Auch die Titelabwandlung war für die neue Stimmung bezeichnend. Die in Schwierigkeiten geratene Regierung und die sie tragenden Parteien reagierten nervöser. Am bekanntesten wurde Ludwig Erhards Antwort auf einen Angriff Rolf Hochhuths: «Da hört bei mir der Dichter auf, und es fängt der ganz kleine Pinscher an, der in dümmster Weise kläfft.»

Für das neue Engagement vieler Autoren und für die Verschärfung ihrer politischen Kritik war jedoch der militärische Eingriff des NATO-Partners USA in Vietnam (Sommer 1964) mitentscheidend. Im Vergleich etwa zur internationalen Orientierung der Anti-Atom-Bewegung wurde jetzt das Bewußtsein einer weltweiten Verflechtung noch verstärkt. Dies reichte bis in prinzipielle gesellschaftspolitische Debatten hinein. Am deutlichsten wurde es vielleicht an Hans Magnus Enzensbergers Gründung *Kursbuch* (seit Juni 1965), das neben der Rolle der Intelligenz und der Literatur und neben der Auseinandersetzung mit dem Faschismus (alles bereits im 1. Heft) nach und nach die Probleme des Kolonialismus und der «revolutionären Bewegungen» in aller Welt zu einem Zentralthema erhob.

Aber im gleichen Jahr, das den «Wahlkontor» brachte, entzündete sich auch schon ein Streit über «Freiheit» und «Parteilichkeit» des Schriftstellers. Peter Weiss warnte in einem persönlichen Resümee unter dem Titel *10 Arbeitspunkte eines Autors in der geteilten Welt* davor, die «Freiheit» des Autors im «Ästhetischen» für eine «absolute Freiheit» auch gegenüber den Grenzen der «Gesellschaft» zu halten.[12] Und er versuchte, die «Richtlinien des Sozialismus» nicht nur für sich selbst, sondern – stellvertretend – auch für Enzensberger als verbindlich festzuschreiben. Der antwortete prompt und verwahrte sich gegen «Bekenntnisse» und gegen die Zumutungen einer «Moralischen Aufrüstung von links».[13] Martin Walser wiederum polemisierte unter dem Titel *Praktiker, Weltfremde und Vietnam*[14] sowohl gegen Enzensbergers «sterile Skepsis» als auch gegen den politischen «Pragmatismus», den Günter Grass nach der Bundestagswahl 1965 in der Rede *Über das Selbstverständliche* für sich in Anspruch genommen hatte.

Diese Frontenbildungen innerhalb der «linken» Autoren bereits um die Mitte des Jahrzehnts werden allzu leicht vernachlässigt, wenn man die großen ideologischen Auseinandersetzungen der Jahre 1968/69 analysiert. Daß noch unter der Erhardschen Regierung – und nicht erst seit der Großen Koalition –

solche öffentlichen Schriftstellerdebatten große Resonanz fanden, hing nicht nur mit ersten wirtschaftlichen Krisen, «Bildungskatastrophe» und Vietnam zusammen, sondern setzte für die prominenten Autoren auch einen hochentwickelten literarischen Markt, ökonomische Komfortabilität und Zugang zu einem wichtigen Teil der Massenmedien voraus.

5. Auf dem Weg zum Kulturkampf

In einem sehr allgemein gefaßten Sinne war die oft beschriebene «Politisierung» der Literatur und des literarischen Lebens bereits 1965 so weit fortgeschritten, daß sie sich von der Szenerie der fünfziger Jahre deutlich abhob. Sie war zwar durch konkrete politische Ereignisse wie den Mauerbau oder die «Spiegel»-Affäre und zuletzt vor allem durch den Vietnam-Krieg spürbar verstärkt worden. Doch war sie überwiegend auf einer vergleichsweise abgehobenen Ebene verblieben: als eine öffentlich geführte Auseinandersetzung, aber noch weitgehend ohne einschneidende Wirkungen auf die Institutionen selbst. Die Versuche, der «Bildungskatastrophe» entgegenzutreten, hatten die Schule nicht grundlegend verändert. An den Universitäten hatte sich, zum Teil schon im vorausgehenden Jahrzehnt, ein Protestpotential herausgebildet (Anti-Atom-Bewegung, Aktionen gegen Alt-Nazis und dergleichen), aber die Forschungs- und Lehrinhalte, auch die Entscheidungsstrukturen waren davon kaum berührt worden.

Institutionen der Literaturkritik wurden in ihrer Undurchschaubarkeit und ihrem Praktizismus von einzelnen attackiert, so von Peter Schneider in *Die Mängel der gegenwärtigen Literaturkritik* (1965). Die Gruppe 47 wurde seit langem schon wegen ihrer Kommerzialisierung und ihres Cliquenwesens von innen wie von außen kritisiert, 1963 fiel das Wort des Geschäftsführenden Vorsitzenden der CDU Josef-Hermann Dufhues von der «geheimen Reichsschrifttumskammer». Mitglieder der Gruppe – nie sie als ganze – beteiligten sich immer wieder an politischen Protesten, Resolutionen und Demonstrationen. Aber das interne Ritual des «elektrischen Stuhls» und der Sofortkritik, auch mit der Rolle des «Chefs» Hans Werner Richter, hatte sich im wesentlichen erhalten.

Zweifellos war nach zwei Jahrzehnten die Gruppe 47 nicht mehr die gleiche, aber wichtige Funktionen wie Hauptstadt-Ersatz, Talentförderung und Kritiktraining waren nicht schlechthin überholt. Die Repräsentation eines «anderen» Deutschlands und seiner Literatur, freilich einer längst arrivierten, gelang noch im Herbst 1964 im schwedischen Sigtuna (der zweiten Auslandstagung seit der am italienischen Cap Circeo 1954); mitreißend Neues trat nicht hervor. Seit 1962 war der Preis nicht mehr vergeben worden, 1965 in Westberlin erhielt ihn erstmals – und nicht ohne ein ostentatives Moment – ein Schweizer: Peter Bichsel.

6. Abrechnungen

Als sich Richter für die Tagung des folgenden Jahres eine Möglichkeit in den USA ergab, in Princeton, gar noch mit Unterstützung der Ford Foundation, war für nicht wenige die Grenze des Vertretbaren erreicht oder schon überschritten. Mehrere Eingeladene verweigerten sich. Nicht nur war irritierend, daß man ausgerechnet das Land wählte, das in Vietnam Krieg führte (was in den Augen mancher wiederum gerade eine Chance bedeutete). Die Vorstellung, daß die Crème der westdeutschen Literatur, als Jet Set im wörtlichen Sinne, eigens über den Atlantik transportiert würde, erschien manchen als Perversion. Kritiker sprachen im nachhinein vom «schwindelerregenden Auftrieb» der Gruppe 47, «der sie zu einem inoffiziellen Aushängeschild der deutschen Kultur gemacht» habe.[15]

Die das Spektakel neugierig verfolgenden Journalisten suchten zunächst vergebens nach Schlagzeilenträchtigem. Der erste Vormittag brachte das Normale, «die etablierte Prozedur von Richters peremptorischem Anfangssignal mit der Kuhglocke und dem unerwarteten Aufruf derer, die lesen sollten und auf ihrem ‹elektrischen Stuhl› ohne Widerspruch die Kritik anhören mußten.»[16] Kein neuer Ton wurde vernehmbar, keine Entdeckung präsentiert, aber nach jeder Lesung «begann die Suada oder der eisige Hagel der von Richter aufgerufenen Kritiker». In dieser Situation bewies der gerade 24jährige, noch praktisch unbekannte Peter Handke seine Witterung für Stimmungen und Trends und wagte seinen bald überallhin kolportierten «Auftritt». Dem, was da an Routinetexten vorgelesen worden sei, bescheinigte er «Beschreibungsimpotenz», und das zelebrierte Kritikritual qualifizierte er als albern, unproduktiv und leer. Das hatte es so bei der Gruppe noch nie gegeben. Der Neuling beschimpfte die Gruppe insgesamt und stellte die Institution in Frage.

Ähnliches hatte im Zwiegespräch oder auch außerhalb der Tagungen wohl schon mancher geäußert, ob als «Angehöriger» oder als einer der zahlreichen Gegner. Jetzt aber war die Gruppenschelte, mit prinzipiellem Anspruch, mitten in der Tagung selbst geschehen – das schockierte, brachte auf. Endlich war etwas Aufregendes zu berichten, man hatte «news». Handke wurde in der Pause sofort von Journalisten mit Beschlag belegt (Richter amüsierte sich später, daß der Novize über «die Gruppe» Auskunft gab). Der Eklat wurde eiligst auch nach Deutschland gemeldet, als etwas Symptomatisches, Fälliges. Der andere Punkt der Aufmerksamkeit war, daß Gruppenmitglieder außerhalb der Sitzungen sich öffentlich zum Vietnamkrieg äußerten, Interviews gaben, an Diskussionen und Demonstrationen teilnahmen, schon in Princeton selbst und dann bei anschließend organisierten Reisen im Land. Was in den publizistischen Debatten zwischen Weiss, Enzensberger, Grass, Walser und anderen als Dissens über die politische Rolle der Schriftsteller aufgebrochen war, wirkte jetzt, auf die Gruppe 47 bezogen, als Spaltung. Dies und das von vornherein problematische transatlantische Unternehmen (Handkes Affront als zusätzliches Symptom) bedeuteten mehr als eine der vielen «Krisen», die von Anfang an zur Existenzform der Gruppe 47 gehört hatten. Es ging jetzt auch um das Weiterbestehen.

Jungtürken-Aufstände bescherte das Jahr 1966 auch in anderen für die Literatur einschlägigen Institutionen. Als die Auseinandersetzungen um die Haltung der katholischen Kirche zum Nationalsozialismus (neu angestoßen durch Hochhuths Stück *Der Stellvertreter*) schon einige Jahre im Gange war, als der Frankfurter Auschwitz-Prozeß nach 191 Verhandlungstagen sein Ende gefunden hatte (August 1965) und Peter Weiss' Oratorium *Die Ermittlung* (1965) Radiohörer und Theaterbesucher erschütterte, mehr als zwei Jahrzehnte nach Kriegsende, stand die Tagung des Deutschen Germanistenverbandes in München vom 17. bis zum 22. Oktober 1966 unter dem Titel «Nationalismus in Germanistik und Dichtung».

Das für die ‹Literaturpflege› zentrale Fach an Schule und Universität, das sich für völkische und nationalsozialistische Doktrinen als höchst anfällig erwiesen hatte, wurde öffentlicher Vergangenheitsbewältigung ausgesetzt. Zwar war man bestrebt, bis zu den Wurzeln im 19. Jahrhundert zurückzugehen. Aber das Brisante lag in dem Blick auf die Germanistik unter Hitler, deren Repräsentanten oder «Mitläufer» zum Teil noch oder wieder Lehrstühle an deutschen, schweizerischen, österreichischen Universitäten innehatten – mit bezeichnenden ‹Wendungen› nach 1945. Ein zentraler Vorwurf galt dem Ausweichen aus der bisher «deutschen Wissenschaft» in eine gesellschaftsferne «immanente», ästhetisierende Betrachtung der «Werke», wie man sie vor allem mit den Namen Wolfgang Kayser und Emil Staiger verband. Dieser ideologiekritische Vorstoß gegen die «Väter» wurde durchaus nicht von den ganz «Jungen» getragen. Ihre literaturwissenschaftlichen Sprecher wie Karl Otto Conrady, Walther Killy, Eberhard Lämmert waren bereits in den Vierzigern. Vorsitzender des Verbandes aber und Herausgeber der im Jahr darauf erscheinenden Dokumentation[17] war der durch seine Handbücher und Interpretationssammlungen bis in die Schulen hinein einflußreiche Bonner Ordinarius Benno von Wiese, der im Dritten Reich nicht gerade zu den «Widerständlern» gehört hatte.

«Unter den Talaren/Der Muff von 1000 Jahren!» – in diesem Slogan aus einer feierlichen Rektoratsübergabe (Hamburg) manifestierte sich schon eher die Stimmung in einem wachsenden Teil der eigentlichen Jungtürken, der Studentengeneration. Von den quantitativen Engpässen der «Bildungskatastrophe» war die Kritik rasch zu den Symbolen der akademischen Repräsentation übergegangen, der Hierarchie, den Entscheidungsstrukturen, der Lehr- und Lernformen. Nach und nach entdeckte man die Möglichkeiten der – bald so genannten – «Umfunktionierung». Die Universitäten, viele der akademischen Lehrer, aber auch die Lehrpläne schienen von den gesellschaftlichen Prozessen der sechziger Jahre, von der neuen Kritikfreudigkeit und von der Einübung in Demokratie noch weithin abgeschottet zu sein. Ein Modernisierungsschub wurde eingefordert. Speziell im Germanistikstudium etwa nahm die Literatur nach 1945, erst recht die der unmittelbaren Gegenwart, zumeist einen ganz peripheren Platz ein. Die große Resonanz, die

Walter Jens mit seinen Tübinger «Kolloquien» über Gegenwartsliteratur seit Beginn des Jahrzehnts fand – sie gehörten nicht zur institutionalisierten Germanistik –, bestätigte den dringlichen Bedarf, ja das Defizit.

Wie tief der Graben zwischen den literarischen Hauptströmungen der eigenen Zeit und wichtigen Vertretern der Literaturwissenschaft geworden war, zeigte sich, als am 17. Dezember 1966 der Zürcher Literaturpreis an Emil Staiger verliehen wurde. In seiner Dankesrede *Literatur und Öffentlichkeit*, die am 20. Dezember in der «Neuen Zürcher Zeitung» erschien, entwickelte der Preisträger ein an Schiller orientiertes Literaturideal und attackierte scharf – ohne Namen zu nennen – die «heute über die ganze westliche Welt verbreitete Legion von Dichtern, deren Lebensberuf es ist, im Scheußlichen und Gemeinen zu wühlen». Und er wandte seine Vorwürfe ins Persönliche: «Wenn solche Dichter behaupten, die Kloake sei ein Bild der wahren Welt, Zuhälter, Dirnen und Säufer Repräsentanten der wahren, ungeschminkten Menschheit, so frage ich: In welchen Kreisen verkehren sie?» Dem zu erwartenden Vorwurf, «unmodern» zu sein, begegnete Staiger mit dem Satz: «Was nur modern ist, veraltet rasch.»[18]

Einer der wirkungsmächtigsten Repräsentanten der deutschsprachigen Germanistik hatte zu einem Rundumschlag gegen einen Großteil der lebenden Schriftsteller ausgeholt. Bezeichnenderweise meldete sich aus dem Fach zunächst fast niemand zu Wort. Unter den Autoren war der Duzfreund Max Frisch einer der ersten, die entsetzt antworteten («Die Weltwoche», 24. Dezember 1966): ob Staiger wohl Brecht meine, oder Genet, oder Sartre, oder vielleicht Weiss, Böll, Arno Schmidt, Koeppen, Grass, Walser, Johnson, Enzensberger, Eich, Celan, Bachmann oder die Schweizer Otto F. Walter, Bichsel, Marti oder «schlicht und einfach Friedrich Dürrenmatt»?[19] Den feinsinnigen Interpreten «älterer Literatur» habe hier das Unterscheidungsvermögen verlassen. Schweizer Kritiker, Journalisten schalteten sich ein, verwiesen auf die belastenden Provinzialitäts-Traditionen ihres Landes. Die Stimmen aus der Bundesrepublik warben nur zum geringeren Teil um Verständnis für Staiger (Armin Mohler, «Die Welt», 16. Januar 1967), sie traten zumeist der Position Frischs zur Seite. Und es wurde mit dem Abheben auf den «Professor» Staiger und seine armen «Studenten» (Petra Kipphoff, «Die Zeit», 30. Dezember 1966) schon etwas von den verschärften Auseinandersetzungen an den Universitäten spürbar.

Der «Zürcher Literaturstreit», wie er recht bald schon genannt wurde, demonstrierte gleich mehreres Symptomatische: daß ‹es endlich einmal einer gesagt hatte› (d. h. daß ein wichtiger Teil der Literaturleser sich aus der literar-ästhetischen Entwicklung ‹ausgeklinkt› hatte), daß Schule und Universitäts-unterricht auch in Sachen Literatur dringend reformbedürftig seien und daß noch kaum eine Kritiksprache gefunden war, in der über Grundfragen der zeitgenössischen Literatur konzeptionell geredet werden konnte.

7. Schriftsteller-Parteiungen

Zu dringlichen Problemen der staatlichen Politik, die für ein neues Demokratieverständnis exemplarisch waren, hatten sich während der sechziger Jahre vor allem unter opponierenden Intellektuellen differenzierte und zugleich an die Öffentlichkeit vermittelbare Diskussionsstandards entwickelt. Christliche, humanistische, radikaldemokratische, sozialistische Positionen fanden sich zu gemeinsamen Zielsetzungen zusammen, so auf dem Kongreß «Notstand der Demokratie», der Ende Oktober 1966 in Frankfurt am Main gegen die Notstandsgesetze veranstaltet wurde (wo Bloch, Enzensberger und andere prominente Autoren sprachen). Doch immer noch handelte es sich hier um vergleichsweise kleine, überschaubare Gruppen.

Die im gleichen Herbst sich verschärfende wirtschaftliche Rezession, mit Kurzarbeit, Entlassungen und immer mehr Arbeitslosen, führte auf eine neue Stufe sozialer Unruhen. Der Rückgang der Steuereinnahmen und der Streit zwischen CDU/CSU und FDP über die Reaktion darauf (Sparmaßnahmen, Steuererhöhungen) gaben schließlich den Anlaß dazu, daß am 27. Oktober 1966 die FDP das Regierungsbündnis kündigte.

Die Bildung der Großen Koalition zwischen CDU/CSU und SPD und die Wahl Kurt Georg Kiesingers zum Bundeskanzler am 1. Dezember – mit Willy Brandt als Außenminister und Vizekanzler – sind oft als entscheidende Vorstufen für eine Radikalisierung der Intellektuellen-Opposition gedeutet worden. In der Tat hatten sich die Fronten massiv verschoben. Derselbe Willy Brandt, für den manche Schriftsteller noch ein Jahr zuvor «getrommelt» hatten – wie Günter Grass –, trug jetzt zusammen mit der «Adenauer-Partei» Regierungsverantwortung, auch als Partner des NATO-Verbündeten USA, der in Vietnam Krieg führte. Für nicht wenige bedeutete die Große Koalition «Verrat». Zugleich aber drängte die SPD, nun innerhalb der Regierung, auf Verstärkung der äußeren «Friedenspolitik» (ohne den Alleinvertretungsanspruch der Bundesrepublik aufzugeben) und auf innere Reformen: im Wahlrecht, in der Finanzverfassung, auch in der Kulturpolitik.

Der Spielraum der verschiedenen oppositionellen Gruppierungen vergrößerte sich, ihr Gewicht wuchs angesichts der Tatsache, daß die bisher größte Oppositionspartei nun durch die Regierungsbeteiligung gebunden war. Nicht nur konnte mit Hilfe des neuen Parteiengesetzes (24. Juli 1967) erstmals seit einem Jahrzehnt wieder eine legale kommunistische Partei gegründet werden (DKP, September/Oktober 1968). Noch charakteristischer wurde die neue Rolle des Sozialistischen Deutschen Studentenbundes (SDS). Von ihm, dem ständigen «Unruheherd», hatte sich die SPD schon 1960 im Zuge ihrer Godesberger Neuorientierung getrennt. Jetzt konzentrierten sich dort immer mehr Unzufriedene, denen die Reform der Universitäten und der Gesellschaft insgesamt zu halbherzig und zu schleppend vonstatten ging.

SDS-Studenten waren es auch, die Anfang Oktober 1967, als sich die Gruppe 47 anderthalb Jahre nach Princeton in der «Pulvermühle» nahe Erlangen traf, mit Transparenten vor das Tagungslokal zogen und die Teilnehmer als «Dichter», als «Establishment» beschimpften. Der Wandel der gesellschaftspolitischen, kulturpolitischen Situation konnte sich kaum symptomatischer spiegeln. Ausgerechnet diejenige literarische Gruppierung, in der viele über Jahre hin die geachtetste Stimme der intellektuellen Opposition, ja den «demokratischen Sauerteig Deutschlands» (Lars Gustafsson) gesehen hatten, geriet jetzt ins Schußfeld. Daß sie längst im «System» etabliert war, daß sie weithin der Kommerzialisierung und dem Reiz des Medienrummels erlegen war, ließ sich kaum bestreiten.

Zusammenhalt und Bestand der Gruppe 47 hatten während zweier Jahrzehnte wesentlich darauf beruht, daß Politik *als* Politik aus den Lesungen und Diskussionen verbannt war und daß es beispielsweise eine politische Resolution «der» Gruppe als ganzer nie gegeben hat. Nach den vorausgegangenen öffentlichen Disputen zwischen Weiss, Enzensberger, Grass, Walser und anderen über das «Engagement» der Schriftsteller überraschte kaum, daß die Reaktion auf die Vorwürfe der demonstrierenden Studenten gespalten war. Es wurde mit den Provokateuren geredet, aber zu einer Einigung kam es nicht. Den Preis der Gruppe 47 erhielt – und dies nahm sich für manche im nachhinein wie ein Akt des Ausweichens, der Ratlosigkeit aus – Jürgen Becker: erstmals ein Vertreter der «experimentellen» Richtung, die seit Mitte der fünfziger Jahre besonders durch Heißenbüttel favorisiert worden war, aber nie dominant hatte werden können: das (scheinbar) Unpolitische als symbolischer Ausweg aus der Bredouille. Am Schluß der Tagung stand die Absicht Hans Werner Richters, auf Einladung des Tschechoslowakischen Schriftstellerverbandes die nächste Tagung, im Herbst 1968, in der Nähe von Prag abzuhalten. Dazwischen aber schoben sich der «Prager Frühling» und die Niederwalzung der Reformbewegung durch die «brüderlichen» Panzer. Richter und seine Freunde schworen sich, nicht eher wieder zu tagen, als bis man bei Prag tagen konnte (noch spät, im Jahre 1990, erinnerte man sich des Plans und verwirklichte ihn ostentativ mit einer kleinen Gruppe).

Die nächste Tagung ließ lange auf sich warten. Die Richtersche Entschlossenheit war höchst ehrenwert. Aber daß auf diese Weise das Ende der Gruppe nicht beschlossen, sondern erzwungen wurde (das «Begräbnis» wurde erst im Herbst 1977 in Saulgau symbolisch nachgeholt), kam nicht von ungefähr.

Die Gruppe hatte von Anfang an aus dem Widerspruch zur herrschenden gesellschaftlichen Entwicklung gelebt; ihre programmatische Konzentration auf die «Literatur» und das «Handwerkliche» hatte notwendig etwas Willentlich-Forciertes, so sehr sie der Pluralität der literarischen Entwicklung und deren Kritik auch diente. Bedenken gegen dieses Prinzip waren auch von innen wieder und wieder geäußert worden, so 1962 von Schnurre: «Die Gefahr der Überbetonung des rein Handwerklichen, der bloßen Machart ist evident.»[20] Nachdem dieses Nebeneinander und diese Vielfalt längst in die Mechanismen eines von Großverlagen, Großkritikern und Massenmedien bestimmten Markts geraten waren, hatte die Gruppe eine entscheidende Funktion verloren. Ihre faktische – wenn auch erklärtermaßen nur nebenbei wahrgenommene – Rolle als oppositionelles Zentrum war inzwischen von anderen Gruppierungen übernommen worden, vom SDS vor allem und von (meist studentischen) «Kommunen», wie sie sich binnen kurzer Zeit etwa in Frankfurt, Hamburg, Heidelberg und besonders in Berlin gebildet hatten.

Berlin mit seiner Sonderposition an der Schnittstelle der beiden Weltblöcke wurde zum Hauptschauplatz der Umwälzungen während der kommenden Jahre. Die hier besonders ausgeprägten antikommunistischen Strömungen mit ihrem «Frontstadtbewußtsein», das seinerzeit auch etwa zur Gründung der Freien Universität geführt hatte, verschärften die Spannungen. Die Verlegung der Zentrale des mächtigen Buch- und Zeitschriftenkonzerns Axel Springer von Hamburg nach Berlin im Jahre 1967 war ein demonstrativer Akt, der hierzu noch beitrug. Die anhaltende wirtschaftliche Rezession, die partielle Liberalisierung des öffentlichen Lebens durch die Große Koalition, die scharfen Auseinandersetzungen um das Engagement des NATO-Partners USA in Vietnam, auch weltpolitisch folgenreiche Ereignisse wie die «Kulturrevolution» Mao-Tse-tungs in China verstärkten sich in ihrer Wirkung gegenseitig.

An die entscheidenden äußeren Stadien sei nur stichwortartig erinnert: das Kaufhausbrand-Flugblatt der Westberliner «Kommune I» vom 24. Mai 1967, der sich anschließende Prozeß gegen Reiner Langhans und Fritz Teufel (mit den Schriftsteller- und Wissenschaftler-Gutachten von Peter Szondi, Reinhard Baumgart und anderen); die Demonstrationen gegen den Besuch des Schahs von Persien in Berlin, dabei die Erschießung des Studenten Benno Ohnesorg vor der Deutschen Oper am 2. Juni; die Boykottresolution «Gegen das Monopol von Axel Springer» mit den Unterschriften fast aller Tagungsteilnehmer der Gruppe 47 Anfang Oktober; die Proteste gegen Springer auf der Frankfurter Buchmesse im gleichen Monat.

Die Kluft zwischen den Protestierenden und der ehemals größten Oppositionspartei war gefährlich angewachsen: «Heute läßt eine sozialdemokratische Regierung in Berlin auf demonstrierende Studenten schießen [...]: die Treibjagd auf die außerparlamentarische Opposition hat begonnen», resümierte Enzensberger im September 1967.[21] Die Schriftsteller hatten dabei die «Meinungsführerschaft» verloren: «nicht die Schriftsteller, sondern die Studenten haben sich der Alternative zuerst gestellt.» Enzensberger, einmal wieder ganz vorn, verkündete auch: «was auf der Tagungsordnung steht, ist nicht mehr der Kommunismus, sondern die Revolution.»[22] Angesichts solcher Gegenwartsdiagnosen wurden viele Intellektuelle, ob Schriftsteller oder Wissenschaftler, rasch mit dem Vorwurf konfrontiert, sie zögen sich in einen «Elfenbeinturm» zurück. «Der» Germanistik – und manchem anderen Fach – wurde noch auf Jahre hinaus vorgeworfen, sie befinde sich in einem solchen.

Zum zweiten Mal, nach dem Princetoner «Auftritt», bewies der junge Peter Handke seine Spürnase für publikumswirksames Gegen-den-Strom-Schwimmen und stellte unter dem Titel *Ich bin ein Bewohner des Elfenbeinturms* (1967) gegen das obligatorisch gewordene kollektive «Engagement» den individualitätsstolzen Satz: «Literatur ist für mich lange Zeit das Mittel gewesen, über mich selber, wenn nicht klar, so doch klarer zu werden.» Und ganz im Sinne seiner Kritik an der «Beschreibungsliteratur» der 47er fügte er hinzu: «Es interessiert mich als Autor [...] gar nicht, die Wirklichkeit zu zeigen oder zu bewältigen, sondern es geht mir darum, *meine* Wirklichkeit zu zeigen».[23] Der emphatische Egozentrismus, 1967 als herausfordernde Minderheitsposition vertreten, brauchte nur wenige Jahre auf seine Konjunktur zu warten.

In Handkes österreichischer Heimat schlugen die revolutionären Wellen weniger hoch, die seit 1955 verbriefte militärische Neutralität schuf auch nicht annähernd so scharfe politische Konfrontationen wie in Berlin oder im NATO-Land Bundesrepublik. Gleichwohl hatte der Protest gegen den ausgedörrten offiziösen Literaturbetrieb Österreichs bereits Tradition, nicht erst seit den Aktivitäten der Wiener Gruppe. So provozierte Thomas Bernhard das Publikum, als er 1967 den Förderpreis des österreichischen Unterrichtsministeriums erhielt, in seiner «Dankesrede» durch scharfe, satirische Kritik an der öffentlichen Kulturpflege derart, daß der Minister den Saal verließ. Die österreichische Industriellenvereinigung bat ihn, als sie ihm 1968 den Anton-Wildgans-Preis zuerkannte, sogar ausdrücklich um Nichtteilnahme an der Feier. Im gleichen Jahr schockierte Oswald Wiener die Öffentlichkeit, indem er zusammen mit einigen Freunden ein scheinbar ‹linkes› Happening (mit Verhöhnung der Bundeshymne) teilweise ins Obszöne umkippen ließ, so daß die Polizei eingriff.

Solche Provokationen, auch die Zürcher Aufregungen über Emil Staiger und seine Gegner, nahmen sich angesichts der in Deutschland verübten Gewalttätigkeiten vergleichsweise harmlos aus. In Österreich ereignete sich in den Jahren der großen Protestwellen auch ein Stück versuchter Heimholung von Autoren, die in Deutschland längst reüssiert hatten. Nicht nur Bernhard wurde gleich zweimal ausgezeichnet (der «Durchbruchs»-Roman *Frost* war schon 1963 erschienen). 1968 erhielt endlich Ingeborg Bachmann den Großen Österreichischen Staatspreis (Ilse Aichinger erst 1975), nachdem sie 1953 bereits mit dem Preis der Gruppe 47 und 1964 mit dem Georg-Büchner-Preis ausgezeichnet worden war. Schließlich: Erst 1967 gelang es, mit dem «Residenz Verlag» (Salzburg; Leitung: Wolfgang Schaffler) einen belletristischen Verlag zu etablieren, mit dessen Hilfe nach und nach österreichische Autoren – etwa Barbara Frischmuth oder Peter Rosei – im eigenen Land gehalten werden konnten. Das Aufsehenerregendste war dabei wohl, daß Peter Handke sich einige Jahre später bereden ließ, dort seine Bücher im Wechsel mit dem mächtigen Suhrkamp Verlag erscheinen zu lassen.

8. Peripetie der Aufstände

Die öffentlichen Auseinandersetzungen über die Funktion der Literatur waren derweil in der Bundesrepublik und in Westberlin weitgehend durch die Sequenz politischer Demonstrationen und Aktionen bestimmt. Die Internationale Vietnamkonferenz in Westberlin am 17. und 18. Februar 1968, vom

Senat zunächst verboten, verstärkte das Bewußtsein der «Linken» von einem
weltweiten Zusammenhang und von der Fälligkeit eines neuen Engagements.
Eine von zahlreichen Schriftstellern und Wissenschaftlern unterzeichnete Er-
klärung stellte fest: «Vietnam ist das Spanien unserer Generation.» Gegen-
Reaktionen in Berlin nahmen zu, besorgte Beobachter sprachen bereits von
«Pogromstimmung» (so eine Reihe von Professoren, Schauspielern und
Schriftstellern in einem «Appell» an den Berliner Senat vom 8. März 1968).
Am 11. April 1968, knapp eine Woche nach der Frankfurter Festnahme von
Andreas Baader, Gudrun Ensslin, Thorwald Proll und Horst Söhnlein,
wurde in Berlin der einflußreichste Wortführer der SDS-Studenten, Rudi
Dutschke, von einem Malergesellen angeschossen und schwer verletzt.

Die Ereignisse des Pariser Mai 1968 sind wiederholt und mit zahlreichen
Details dargestellt worden. Ihre Faszination für viele Intellektuelle in
Deutschland lag vor allem in zwei Momenten: in dem partiell, wie es schien,
gelingenden «Bündnis» zwischen Studenten, Schülern und Arbeitern und in
dem nachgerade ästhetischen Rausch der Aktionen selbst (bei dem Angst vor
der staatlichen Gewalt in Euphorie umschlug). Daß es den «linken» Gruppierungen in Deutschland faktisch nicht gelang, «das Proletariat» für revolutionäre Erkenntnisse und Taten zu gewinnen, bedeutete bald eine sehr kontrovers diskutierte Hypothek. Nicht wenige Schriftsteller suchten den Ausweg
in der These, die Studenten seien stellvertretend in die Rolle des «revolutionären Subjekts» eingerückt. Andere wiederum bemühten sich insistent darum,
in die für sie exotische Welt der handarbeitenden Bevölkerung verstehend
einzudringen. Der «Kunst»- und «Individualitäts»-Anspruch der Gruppe 61
hatte dies nicht zu erreichen vermocht. Auf diesem Hintergrund erklärt sich
auch die große Resonanz der neuen, dokumentarisch ausgerichteten Bewegung, die besonders durch Erika Runges *Bottroper Protokolle* (1968) erreicht
wurde. Das Problem, daß eine längst nicht mehr proletarische Arbeiterschaft
für Literatur ihrer eigenen Arbeitswelt nur schwer zu gewinnen war, konnte
auch durch den «Werkkreis» (seit 1970) nicht nachhaltig gelöst werden.

In Paris standen auf Transparenten und Mauern nicht nur die Slogans wie
«Die Phantasie an die Macht (oder: auf die Straße)!» Die großen Demonstrationen selbst wurden als neue utopische «Kunst» inszeniert, nicht ohne Vorbereitung durch die seit 1963/64 in den westlichen Ländern sich regenden
Tendenzen, die Trennung zwischen «Kunst» und «Realität» zu überwinden
(von Andy Warhols Tomatendosen bis zu Wolf Vostells Happenings und zu
den verschiedenen Formen des «Straßentheaters»). Bei den großen politischen Manifestationen verband sich, schwer unterscheidbar, der Surrogat-
Charakter (mangels wirklicher Fundierung in einer gesellschaftlichen Basis)
mit sinnlich-ästhetischen Bedürfnissen einer vor allem jugendlichen Generation. Die Pariser Erlebnisse verkörperte für viele deutsche Demonstranten
gewissermaßen als Person Daniel Cohn-Bendit in Frankfurt: «Unsere Demonstrationen werden immer schöner. Sie hätten uns sehen sollen, wie wir

mit Dany nach Forbach zogen, mit großen gelben Ginstersträußen und vielen roten Fahnen».[24]

Diese Tendenz ist als «naiv» und «unpolitisch» vielfach belächelt worden, sie hat ihre Parallelen in Berlin, Heidelberg und vielen deutschen Universitätsorten – wie schon vorher im kalifornischen Berkeley. Dort, wo Herbert Marcuse zur intellektuellen Leitfigur einer künftigen, «befreiten» Gesellschaft avancierte, hatten Bewegungen wie die Hippie-Kultur, aber auch Begeisterung für Salinger, Kerouac, ja bekanntlich sogar Hesse, den Durchbruch vorbereitet. Für die deutsche Situation besitzt die ästhetisierende Tendenz in ihrer scheinbaren Oberflächenhaftigkeit etwas Symptomatisches. Die Funktionskrise der Literatur, die üblicherweise mit der 68er Devise vom «Tod der Literatur» verknüpft wird, hatte sich seit langem angebahnt. In den Debatten um das «Engagement» der Schriftsteller war die Literatur nach dem Empfinden vieler zunehmend zum bloßen Werkzeug politischer Handlungsziele degradiert worden. Die allmähliche Entgrenzung der «Kunst»-Begriffe, obwohl aus anderen Motiven – auch solchen des «Markts» – vollzogen, wirkte in ähnliche Richtung. Schließlich wird in den Analysen oft der faktische Funktionsverlust vernachlässigt, der durch das immer ausgreifender wirksame Fernsehen eingetreten war. Die Fülle der in den großen Verlagen wie Suhrkamp, Rowohlt, Fischer, Hanser produzierten Titel überdeckte, daß für immer weniger Angehörige vor allem der jüngeren Generation die Literatur noch im Zentrum des Interesses stand; Untersuchungen gerade des Jahres 1968 erbrachten dies unübersehbar.[25] Die öffentliche Präsenz vieler Schriftsteller mit ihren politischen Statements täuschte über die Präsenz ihrer Werke oft hinweg.

«Jetzt also hören wir es wieder läuten, das Sterbeglöcklein für die Literatur. […] Die Leichenschmäuse sind, wie es heißt, sehr gut besucht: ein Messeschlager. […] Die Poeten beweisen sich und anderen die Unmöglichkeit, Poesie zu machen.» Ironisch-sarkastisch, scheinbar nur distanziert beschreibend eröffnete Enzensberger im November 1968 seine «Gemeinplätze, die Neueste Literatur betreffend», als Beitrag zu jenem «Kursbuch» 15, das mittlerweile legendären Ruf erlangt hat. Den einen gilt es als angemaßt ausgestellte Sterbeurkunde der «bürgerlichen» Literatur, den anderen als wirkungsvollste antiliterarische Aktion innerhalb der Studentenbewegung, wieder anderen als Dokument linker Widersprüchlichkeit, ja Verwirrung um 1968. Michael Buselmeier rechnete, in der gleichen Nummer, aus Praktiker-Erfahrung mit dem Theater ab: es sei «heute für leute da die mit wirklichkeit nicht fertig werden.»[26] Yaak Karsunke hielt der Literaturkritik und der Klassikerpflege ihre Hoffnungslosigkeit und Gesellschaftsferne vor. Karl Markus Michel werkelte an der «Begräbnis»-Metaphorik weiter, ging mit der literarischen Intelligenz ins Gericht und sah die Zukunft nur noch in der Einsicht, «daß unsere Welt sich nicht mehr poetisieren läßt, nur noch verändern.»[27] Walter Boehlich schließlich setzte dem Ganzen unter dem Titel «Autodafé» theatralisch die Krone auf, wobei mit der «bürgerlichen» Literatur auch die Literaturkritik verbrannt wurde.

Enzensberger hat bis heute, wieder und wieder auf «Kursbuch» 15 angesprochen und mit Vorwürfen konfrontiert, nicht geringe Mühe darauf verwandt, nachzuweisen, er habe keineswegs «den Tod der Literatur verkündet oder gar verlangt» – so etwa in einem Gespräch mit Alfred Andersch 1975.[28]

Er habe nur festgestellt, daß der «Tod der Literatur» eine literarische Metapher «von ehrwürdigem Alter» sei, und habe sich «über diese Rhetorik des Absterbens lustig gemacht». 1968 wurde er von vielen durchaus anders verstanden. Und nicht zufälligerweise wurden in der dadurch ausgelösten Diskussion gerade Erika Runge und Günter Wallraff als Alternativen genannt – als solche, die nicht «Literatur» veröffentlichten, sondern Texte, die «verändern». Einige der jüngeren Autoren radikalisierten das Problem zum einfachen Gegensatz von «Schreiben» und «Handeln» – so etwa Bernward Vesper. In der rückblickenden Distanz des Jahres 1975 heißt es bei Reinhard Lettau: «Angefangen haben diese Schwierigkeiten damit, daß wir eines Tages, von der Revolution nach Hause kommend, wo der Schreibtisch noch immer freundlich stand, nicht wußten, wie das, was wir schrieben, mit dem zu tun hatte, was eben auf der Straße geschehen war. Wir hörten also zunächst erst mal auf mit dem Schreiben.»²⁹

Natürlich hörte man *nicht* auf, sondern schrieb anderes, vorzugsweise Dokumentarisches, das nicht nach «Literatur» aussehen sollte. Lettau, der 1968 noch *Gedichte* publiziert hatte, schrieb, auf eine kalifornische Universitätsstelle gewechselt, unter dem Titel *Täglicher Faschismus* (1971) «Berichte» aus den USA. Enzensberger verschwand aus der nach seiner eigenen Diagnose illusionistischen Szene der mitteleuropäischen Studentenbewegung nach Cuba und verfaßte die «szenische Dokumentation» *Das Verhör von Habana* (1970). An Hochhuths verzweifeltem Versuch, mit *Guerillas* (1970) ebenfalls das Thema «Kämpfe» in den USA und der «Dritten Welt» zu gestalten, aber provokatorisch als «Tragödie», zeigte sich exemplarisch der Druck des Slogans vom «Tod der Literatur». Herbert Marcuse, auf die Ereignisse der Jahre 1968/69 in Paris und Berkeley antwortend, versuchte gewissermaßen in der Flucht nach vorn die ästhetische Erfahrung, das Utopische selbst als «Ausdruck konkreter politischer Praxis» zu retten.³⁰ Im «Kursbuch» 16 (März 1969) analysierte Peter Schneider, geprägt durch das Scheitern der Pariser Mairevolte, die Funktion der «Phantasie im Spätkapitalismus» und erkannte einzig die «Kulturrevolution» noch als Medium der gesellschaftlichen Emanzipation. Rückzug, aber noch mit dem Ziel der «Praxis», bestimmte als ein Grundmotiv diese Konzeption. Nicht von ungefähr war es derselbe Peter Schneider, der dann mit seinem *Lenz* (1973) zum Repräsentanten einer neuen, «ingrimmigen» Subjektivität wurde, rasch vermarktet und erweitert zur «neuen Innerlichkeit».

Die tiefreichende Funktionskrise der Literatur, deren Diskussion aus sehr heterogenen Motiven 1968/69 scheinbar bloß taggebunden hervorbrach, ist innerhalb der Linken unausgestanden geblieben. Es hat sich kein neuer, notwendiger Zusammenhang zwischen Literatur und «fortschrittlicher» gesellschaftlicher Praxis herausgebildet, wie er bei den Radikalkritikern und den Verkündern des «Todes» als Wunschvorstellung im Hintergrund stand. Der «dokumentarische Weg» mit seinen verschiedenen Spielarten, sei es als Sozialreportage wie bei Runge und Wallraff, sei es als politisches Theater wie bei Hochhuth und Weiss, erschien in seiner Tendenz zur Reduplikation von Wirklichkeit oder in der oft überdeutlichen Agitatorik gerade als utopiearm. Wenn sich kritische Schriftsteller weiterhin mit Analysen, Pamphleten und Resolutionen in die öffentliche Diskussion mischten, ja als Leitfiguren agierten, so wurde dies von vielen gerade nicht als genuine Leistung der *Literatur* verstanden, sondern eher als deren Selbstentäußerung, wenn nicht gar als Offenbarungseid. Die Einschätzung von «Engagement», losgelöst von den fiktionalen Texten selbst, blieb unter den Autoren tief kontrovers. Vielleicht am insistentesten hat der «engagierte» Autor Martin Walser seinen Kollegen immer wieder vorgerechnet, entweder werde in ihren Werken das «Beschädigtsein» des Ich wie der Gesellschaft erkennbar – ohne Spekulation auf «Wirkungen» –, oder der Schriftsteller geriere sich lediglich wie ein «Priester einer noch herrschenden Religion» (*Wer ist ein Schriftsteller?*, 1974).[31]

Daß sich die Literaten endlich auf ihr Metier besinnen sollten, wurde nach 1968/69 zum erneut beliebten Ordnungsruf vom konservativen Lager bis weit nach links. Derweil verschärfte sich das Problem «Tod der Literatur» von einer Seite her, die in den erhitzten politischen Debatten oft vernachlässigt wurde: der faktischen Bedrohung durch die neuen Massenmedien, das Fernsehen zumal. Längst hatte sich das Fernsehen beispielsweise zeitgeschichtlichen Dokumentationen geöffnet (das wurde als Argument bei der Auseinandersetzung um Grass' *Katz und Maus* ins Feld geführt), längst auch dem Fernsehspiel und der Verfilmung literarischer Werke. Aber vor allem bediente es einen immer noch wachsenden Anteil von «Unterhaltung» im weitesten Sinne. Schon die erste umfassende Untersuchung über *Buch und Leser in Deutschland* (1965; Erhebung vom Frühsommer 1964) wandte dem «Interesse am Fernsehen» besondere Aufmerksamkeit zu. Auch bei den «Bücherlesern» gaben ein Drittel täglichen Fernsehkonsum an, und auch für sie galt: «Aus gesellschaftlicher Sicht kommt [...] dem Fernsehen eher eine integrierende Funktion zu, dem Lesen von Büchern eher eine absondernde.»[32]

«Fernsehen frißt Buch» – dieser Slogan repräsentierte seit den ausgehenden sechziger Jahren die eine, meist konservativ kulturkritisch ausgerichtete ‹schwarzseherische› Linie (einzelne Mahner, wie Günter Anders, hatten sich schon sehr viel früher zu Wort gemeldet). Die andere verwies, bald trotzig, bald siegesgewiß, auf die immer noch steigenden Zahlen der Bücherproduktion. Unter diesem Vorzeichen stand zunächst auch die Frankfurter Buchmesse im Oktober 1968. Waren im Jahr zuvor schon Anti-Springer-Demonstrationen bis in die Messehallen vorgedrungen, so wurde jetzt die Institution selbst, die Buchmesse und der sie tragende Börsenverein des Deutschen Buchhandels, als «kapitalistisches» Monster in Frage gestellt. Dem liberalen kulturpädagogischen Programm wurde vor allem von Frankfurter SDS-Gruppen (mit Verstärkung aus Berlin, Heidelberg, München u. a.) vorgeworfen, längst zum «bürgerlichen» Kommerzbetrieb mit Riesenausmaßen verkommen zu sein, in dem ein paar arrivierte «kritische» Schriftsteller sich tummeln dürften, während echte «alternative» Literatur keine Chance erhalte.

Parallel zu den (von der Polizei mit Mühe eingedämmten) Demonstrationen *innerhalb* der Buchmesse wurde bereits eine «Gegenbuchmesse» konzipiert, in der sich vor allem «sozialistische» Kleinverlage zusammenschlossen. Eine Gruppe von Autoren und Verlagen wählte Benjamins Begriff «Literaturproduzenten» als Orientierungsnamen und stellte sich damit ostentativ in den kapitalistischen Kontext, zugleich mit der Absicht, das Selbstverständnis der «bürgerlichen» Autoren (die emphatisch auf ihre «Freiheit» pochten) und des Börsenvereins (mit seinem «kulturellen» Programm) als «Ideologie» zu entlarven. Man gab sich im folgenden Jahr ein eigenes «Organisationsstatut» (mit Ausrichtung auf den «Klassenkampf») und baute allmählich ein System alternativer Selbsthilfe als Gegen-System auf. Der als Modell gegründete «Verlag der Autoren» setzte sich ein schon im 18. Jahrhundert projektiertes Ziel, indem er die produzierenden Schriftsteller zugleich als kapitalverwaltende und geschäftlich entscheidende Gesellschafter installierte.

Das Spektrum der 68er/69er Umbrüche im Verlagswesen ist breiter, auch widersprüchlicher, als es im allgemeinen dargestellt wird. Was sich gegen das «Establishment» – wie es sich regelmäßig auf den Messen präsentierte – auflehnte, war nicht nur parteipolitisch in sich zerstritten; und die prominenten «linken» Sprecher gerieten zum Teil in Loyalitätskonflikte mit ihren großen Verlagen (Suhrkamp, Rowohlt, Hanser, Luchterhand u. a.). Als oppositionell und «alternativ» verstanden sich auch Kleinunternehmer, Individualisten, Gruppen, die innerhalb des literarischen Lebens wiederum nur auf kleine Minderheiten ausgerichtet waren: mit «experimenteller» Literatur, Malerbüchern, bibliophilen Drucken und ähnlichem. Eine der schon legendären Leitfiguren dieser ‹Szene›, Victor Otto Stomps, hatte seine ersten Erfahrungen bereits in der Weimarer Zeit gesammelt. Er gehörte mit seiner «Eremitenpresse» (seit 1949) von Anfang an, als Ein-Mann-Unternehmen, zu den «idealistischen», talentfördernden Institutionen der westdeutschen Literatur. Bezeichnenderweise früh, schon im September 1970, artikulierte sich dieser alternative Markt denn auch mit *seiner* Antwort auf die Rebellion: mit der «Mainzer Minipressen-Messe».

Für die literarischen Großverlage bedeutete gerade die Buntheit der «alternativen» Bewegungen kaum eine Gefahr. Einzelne Verlagshäuser wie Fischer oder Rowohlt richteten zeitweise selbst «alternative» Nischen ein (in ihren Taschenbuchreihen natürlich), was für Autoren wie Leser eine beschwichtigende Verlockung bedeutete. Im übrigen aber ereignete sich gerade gegenläufig gegen die Proteste eine weitere Konzentration der ökonomischen Macht. Im Jahre 1970 erschienen 68 % der literarisch einschlägigen 30000 Buchtitel in 6,5 % der Verlage. Zwischen 1968 und 1972 stieg der Anteil der Großverlage an der Buchproduktion (mit mehr als 10 Millionen DM Umsatz) von 7 % auf 59 %. Die Herausforderung an die Interessenvertretungen der

Schriftsteller war nicht erst jetzt evident. Aber erst die Ereignisse der Jahre 1968/69 brachten einen neuen Schub, fast zeitgleich mit der Diskussion um den «Tod der Literatur».

Am 8. Juni 1969 wurde in Köln der «Verband deutscher Schriftsteller» (VS) gegründet, erst zwei Jahrzehnte nach Verkündung des Grundgesetzes der Bundesrepublik Deutschland. Warum diese Verspätung? Man hätte denken können, daß gerade die Schriftsteller mit ihrem kritischen Potential und ihrer Möglichkeit der öffentlichen Artikulation längst die gesellschaftlichen Vorreiter einer demokratischen Mitbestimmung bildeten. Die Gründe sind kompliziert. Die Besatzungsmächte hatten zunächst sorgsam darauf geachtet, daß sich nur regionale Schriftstellerverbände konstituierten. Der seit 1951 bestehende PEN-Club der Bundesrepublik pflegte seinen «Club»-Charakter fast ostentativ. Nicht wenigen Autoren – und vielen Lesern – mochte es in der besonders deutschen Tradition des «Dichtertums» überhaupt widerstreben, an so etwas wie Interessenvertretung von Schriftstellern zu denken. Die Gruppe 47 als die prominenteste Ansammlung von Autoren eignete sich von ihrem informellen Status her, ohne «Mitgliedschaften», nicht zur organisierten Wahrnehmung beruflicher Belange, auch wenn einzelne 47er immer wieder an Resolutionen – etwa zur Zensur – beteiligt waren.

Auch die Schriftsteller bedurften offenbar eines gesellschaftspolitischen Stimmungsdrucks von außen, um sich endlich zur Wahrung ihrer sozialen Belange – im weitesten Sinne – zusammenzuschließen. Gustav Heinemanns Antrittsrede als «Bürgerpräsident» am 1. Juli 1969, mit seiner Forderung nach «nicht weniger, sondern mehr Demokratie», namentlich für die «Jugend», und Willy Brandts Regierungserklärung vom 28. Oktober 1969 mit der Devise «Mehr Demokratie wagen!» symbolisierten auch, daß nunmehr auf der Seite der staatlichen Macht mehr Verständnis und Bereitschaft vorausgesetzt werden konnten, um die Belange der Autoren zu ihrem Recht kommen zu lassen. Vor allem Willy Brandt wurde von vielen als einer aus der «schreibenden Zunft» (als ehemaliger Journalist), als einer der «Ihren» betrachtet, und als Hoffnungsträger, für den manche bereits in den Wahlkampf gezogen waren.

Die Formel vom *Ende der Bescheidenheit*, von Heinrich Böll als Titel seiner Rede auf der Kölner Gründungsversammlung des VS gewählt, bedarf der kritischen Einschränkung. Durchaus nicht wenige der westdeutschen Autoren gaben sich seit Jahren schon in der Öffentlichkeit alles andere als «bescheiden», sondern anklagend, fordernd: sei es Böll selbst, oder Enzensberger, Grass, Hochhuth, Walser, Weiss und manche andere. Und «bescheiden» war in der Regel auch ihr ökonomisches Fundament nicht – man erinnere sich der Klagen über die «Saturiertheit» vieler Autoren schon um die Mitte der sechziger Jahre.

Aber andere, namentlich die Großverlage, hatten nach Einschätzung von Fachleuten auch überproportional viel an ihnen verdient. Schulbuchverlage profitierten von den Bestimmungen über kostenlosen Abdruck («Schulbuchparagraph»), Bibliotheken führten keine Gebühren für den Mehrfachverleih ab. Und vor allem: Wer nicht zur Prominenz hatte aufsteigen können, geriet im Alter – oder schon durch längerdauernde Krankheit – in finanzielle Bedrängnis. Viele der weniger erfolgreichen Autoren mußten sich unter entwürdigenden Bedingungen mit Gelegenheitsarbeiten durchschlagen. Soziale Gedankenlosigkeit im Wirtschaftswunder, aber auch Schamhaftigkeit manches betroffenen «Dichters» hatten das Problem verdeckt gehalten.

Ein Praktiker der literarischen Szene, mit Buchhändlerlehre und jahrelanger Verlagserfahrung, seit 1959 als freier Schriftsteller arbeitend, auch zur Gruppe 47 gehörig, Dieter Lattmann, wurde bei der Kölner Gründungsversammlung des VS zum Vorsitzenden gewählt (von 1972 bis 1980 war er dann als SPD-Abgeordneter im Bundestag). In seinem Gründungsreferat unter dem Titel *Der Poet auf dem Supermarkt* entwickelte er ein Zwölf-Punkte-Programm, das fortan die Basis für die Aktivitäten des Verbandes bildete. Heinrich Böll hielt seine aufmüpfige Rede *Ende der Bescheidenheit*, und Günter Grass forderte, die neu gegründete Organisation solle sich der «Industriegewerkschaft Druck und Papier» anschließen. Binnen kurzem wuchs der VS auf fast 3 000 Mitglieder. Vom 20. bis zum 23. November 1970 traf er sich in der Stuttgarter Liederhalle zu seinem 1. offiziellen Schriftstellerkongreß unter dem Motto «Einigkeit der Einzelgänger». Bundespräsident Heinemann schickte ein Grußwort, in dem er den Autoren seine «volle Sympathie» zusicherte. Bundeskanzler Brandt sprach zum Thema *Braucht die Politik den Schriftsteller?* Danach traten wiederum Heinrich Böll und Günter Grass auf, und Martin Walser setzte sich mit Verve für eine «IG Kultur» ein.

Die bloße Tatsache, daß Schriftsteller sich endlich als Interessenverband organisierten, und der persönliche Zuspruch von allerhöchster politischer Stelle waren gewiß das Spektakulärste an der Kölner und an der Stuttgarter Veranstaltung. Aber für die historische Situation war nicht weniger bezeichnend, daß die prominenten Sprecher der Autoren allesamt aus der verabschiedeten Gruppe 47 kamen. Schließlich: Von Anfang an stellte sich das Problem der Gewerkschaftlichkeit, in welcher Konstruktion auch immer, als erheblicher Dissenspunkt, wenn nicht schon als Ansatz zu einer Spaltung. Manchen Autor hatte es in seinem individualistischen Selbstverständnis schon Überwindung genug gekostet, sich überhaupt in einen «Verband» zu begeben. Nun auch nach Art der Metallarbeiter, Bergleute und Bankangestellten sich gewerkschaftlich vertreten zu lassen, noch dazu mit «sozialistischen» Organisations- und Zielvorstellungen, bot Konfliktstoff für Jahre.

Selbst in der Schweiz regten sich früh entsprechende Spaltungstendenzen. Längst war der schweizerische – wie auch der österreichische – Buchmarkt mit dem bundesdeutschen so eng verflochten, daß von *einem* ökonomischen und medialen Feld gesprochen werden mußte (Frisch publizierte inzwischen bei Suhrkamp, Bichsel bei Luchterhand, aber Dürrenmatt bei Arche, dann bei Diogenes in Zürich, doch auch der im Tessin wohnende Andersch wiederum

bei Diogenes; und mehrere der Großen unter den Verlagshäusern besaßen
Zentren zugleich in Zürich oder Wien). Die wichtigsten Autoren der beiden
deutschsprachigen Nachbarländer traten mit Selbstverständlichkeit auch in
bundesrepublikanischen Veranstaltungen auf – allen voran Max Frisch –, und
die Welle der schriftstellerischen Selbstorganisation übersprang rasch die
Staatsgrenzen. Schon 1970 veranstaltete der «Schweizerische Schriftstel-
lerverein» eine Umfrage unter seinen Mitgliedern und ermittelte, daß von 170
Antwortenden lediglich 16 von den Produkten ihrer Feder einigermaßen leben konnten. Über die Konsequenzen wurde man sich auch dort klar, so daß
sich noch im gleichen Jahr eine «Gruppe Olten» (Sitz des Walter Verlags)
abspaltete und sich mehr gewerkschaftlich zu organisieren versuchte.

«Diese verfluchten Äpfel, deren fauliger Geruch angeblich Schiller stimulierte, haben
viel Unheil angerichtet; sie haben zu einem Klischee beigetragen, das für einen dümmli-
chen Kult zurechtgeschnitten ist.» So begann Heinrich Böll seinen Stuttgarter Appell.[33]
Und das Wegräumen von Klischees war eine der Hauptaufgaben der Organisatoren in
den ersten Jahren, untereinander wie gegenüber Politikern und Interessenverbänden.
Aus Dieter Lattmanns konkreten zwölf Programmpunkten seien vier Komplexe herausgehoben: eine umfassende Sozialenquête zur Situation der Schriftsteller in der Bundesrepublik; ein Sozialversorgungswerk auf der Basis einer «Verwertungsgesellschaft
Wort» für alte und in Not geratene Schriftsteller; das Ende der Ausbeutung von Autoren für sogenannte öffentliche Belange, besonders Schulbücher und Bibliotheken;
schließlich bindende Rahmenverträge mit Verlagen und Rundfunksendern. Heinrich
Böll unterstrich schon in Köln die Gesamttendenz durch den mit neuem Selbstbewußtsein formulierten Satz: «Ich schlage vor, daß wir die Bescheidenheit und den
Idealismus einmal für eine Weile an unsere Sozialpartner delegieren: an Verleger, Chef-
redakteure und Intendanten.»[34]

Diese Wende war am Ausgang der sechziger Jahre nicht ohne Symptomatik. Die gleiche Berufsgruppe, deren prominente Sprecher sich seit Jahren in
Auseinandersetzungen um das richtige «Engagement» verzettelt hatten und
die im Herbst 1967 von den studentischen Revolutionären als «Dichter» und
«Establishment» attackiert worden war, sah sich angesichts der neuen Bonner
politischen Konstellation vor einer erstmaligen Chance. Jetzt ging es nicht
um die stellvertretende, außerparlamentarische Anmahnung von Demokratie,
auch nicht mehr um die Herbeiforderung einer regierenden «Alternative» wie
seit 1960. Es ging um das selbstbewußte, konkret organisatorische Erstreiten
von Gruppeninteressen im bestehenden sozialen, ökonomischen System.
Überfälligkeit und Legitimität waren evident. Offen blieb, wie sich der Zusammenschluß der geschworenen Individualisten gegenüber bereits übermächtigen Systemen von Kulturproduktion, und dies noch in einem geteilten
Deutschland, konkret durchsetzen würde. Und es stellte sich die Frage, ob
der «Revolution», wie sie etwa Enzensberger an der «Tagesordnung» sah, auf
seiten der Schriftsteller nicht schon ein Moment des ersten Impulses genommen war.

II. DIE ZWEITE PHASE DES WESTDEUTSCHEN NACHKRIEGSROMANS

> «Mir scheint, daß die Jahre 1959 und 1960 die
> entscheidende Wende der (west-) deutschen
> Literatur von einem Nachkriegsprovinzialis-
> mus zu einem – ja, nun nicht: Welt-Niveau,
> sondern zu einer neuen Offenheit (im For-
> malen und im Thematischen) und vor allem
> zu einer größeren Reflektiertheit ihrer Ver-
> fahren bringen.»
>
> (Jörg Drews)[1]

1. Die neue Situation

In den «Akzenten» von 1973 erschien unter dem Titel «Die drei Sprünge der westdeutschen Literatur»[2] ein kleiner Aufsatz, der sich in der Titelgebung an Döblins berühmten expressionistischen Roman *Die drei Sprünge des Wang-lun* anlehnt, welcher in das China des 18. Jahrhunderts führt und den Aufstand einer taoistischen Sekte unter ihrem Führer Wang-lun darstellt, der sich zur Lehre des Nichthandelns bekennt. Das Bild von den drei Sprüngen bezieht sich auf die wechselnden Einstellungen Wang-luns zur Welt, auf bestimmte Zäsuren, die sich in seinem Verhalten und Handeln abzeichnen. Der Doppelsinn des Wortes Sprung ist durchaus impliziert. Sprung bedeutet einerseits Riß, Bruch, Zerstörung und andererseits spontaner, abrupter Aufbruch zu etwas Neuem: der Sprung in eine neue Situation, die mit der Vergangenheit gebrochen hat. Wenn die unter den Vorzeichen von «Nullpunkt» und «Kahlschlag» beschriebene frühe Nachkriegssituation von 1945 den ersten Sprung darstellt, so läßt sich in der Tat sagen, daß der Übergang zwischen altem und neuem Jahrzehnt den zweiten Sprung darstellt. 1959 ist das Schlüsseljahr.

1959 war das Jahr, in dem Heinrich Bölls *Billard um halbzehn*, Günter Grass' *Die Blechtrommel* und Uwe Johnsons *Mutmaßungen über Jakob* erschienen. Drei Romane, zwei davon Debüts, die sich mit den Namen dieser Autoren zu einem Dreigestirn verbanden, das die literarische Himmelskarte in der Bundesrepublik nachhaltig verändert und in den folgenden Jahrzehnten weitgehend bestimmt hat. Diese Bruchstelle zwischen altem und neuem Jahrzehnt, die Böll, Grass, Johnson markieren, wird noch von anderen, damals als weniger spektakulär wahrgenommenen epischen Arbeiten gekennzeichnet: 1960 erschienen Arno Schmidts Roman *KAFF auch Mare Crisium* und Peter Weiss' *Der Schatten des Körpers des Kutschers* (nach einer achtjährigen beispiellosen Odyssee durch zahlreiche deutsche Verlage), epische Entwürfe innovativen Zuschnitts, die erst in der Folgezeit ihre künstlerische Produktivkraft unter Beweis stellten. Von einigen wenigen großen Ausnahmen wie Wolfgang Koeppen und Hans Erich Nossack abgesehen, läßt sich der aus heutiger Perspektive nach wie vor geltende eigentliche Beginn einer ernstzunehmenden bundesrepublikanischen Nachkriegsepik, die auch die Aufmerksamkeit des europäischen und außereuropäischen Auslands fand, erst nach 1959 datieren.

Die als repräsentative Beispiele erwähnten Autoren, also Böll, Grass, Johnson, Schmidt und Weiss, und die unterschiedliche literarische Bauform ihrer Arbeiten machen schlaglichtartig darauf aufmerksam, daß es sich um ein sehr heterogenes Spektrum handelt, in dem unterschiedliche Antriebe und Zielsetzungen nebeneinandertreten. Wenn man die schiere Fülle der von diesem Zeitpunkt an veröffentlichten epischen Literatur in der Bundesrepublik heranzieht, so verstärkt sich dieses Spektrum zu einem solch diffusen Gesamtbild, daß historische Strukturlinien, die eine gewisse Entwicklungsgesetzlichkeit wahrscheinlich machen, völlig illusorisch scheinen. Und doch kann der Versuch einer literarhistorischen Sichtung dieser den Betrachter bedrängenden literarischen Materialfülle ohne solche historische Strukturlinien nicht auskommen, wenn er nicht entweder nur geschmäcklerisch willkürlich verfahren will und nur das ihm interessant Erscheinende registriert oder andererseits nur annalistisch verfährt und das gesamte empirische Material in seiner chronologischen Erscheinung und Verflochtenheit registriert. Wie sähen solche historischen Strukturlinien in diesem Fall aus?

Die methodische Schwierigkeit ist offenkundig und läßt sich im Bild des hermeneutischen Zirkels signalisieren: das, was sich aus der Tiefenschicht der historischen Materialfülle als Strukturmuster abbilden soll, wird postuliert durch erkenntnisstimulierende Vorgaben, die freilich schrittweise am jeweils erschlossenen Material zu verifizieren bzw. zu korrigieren sind. Das historische Strukturmuster, das ich im folgenden anlege, geht vom Zusammenwirken dreier unterschiedlicher literarischer Entwicklungsströmungen aus, die vertikal geschichtet sind, von der Oberfläche der Sichtbarkeit des literarischen Lebens und der dieses Leben registrierenden kulturellen Öffentlichkeitsmedien bis zur Verborgenheit einer Tiefenschicht reichen, in der eine innovative literarische Mächtigkeit erst schrittweise verzögert eingeholt wird oder verkapselt bleibt und zu seiner Wirkung erst noch gebracht werden muß. Ich verwende für dieses Zusammenspiel von drei unterschiedlichen Literaturströmungen, deren Interdependenz das eigentliche literarische Geschehen ausmacht, drei Begriffe. Ich spreche von Mainstream-Literatur, der Literatur der öffentlichen Aufmerksamkeit und des sogenannten aktuellen Erfolgs, die bereits erschlossene formale Verfahren einsetzt und sie popularisiert. Ich spreche ferner von der kanonischen Literatur, die aus einem ersten sich abzeichnenden zeitlichen Abstand heraus ihre Wirkung verstärkt und sich als tatsächliche künstlerische Repräsentanz zu erweisen beginnt (im Unterschied zu vielen mit gewissen überlebten Trends historisch werdenden Augenblicks-Erfolgen der Mainstream-Literatur). Und ich spreche zum dritten von der innovativen und experimentellen Literatur, die überkommene Darstellungsweisen hinter sich läßt, neue formale Verfahren erprobt und Brückenköpfe der literarischen Darstellung vorantreibt, auf denen ihr selten oder nie die Massen der Leser, sondern vielmehr die Autoren selbst folgen.

Eine literarhistorische Bestandsaufnahme wie die folgende setzt notwendigerweise ihre eigenen Prioritäten: sie weiß sich am wenigsten der Mainstream-Literatur verpflichtet, sondern versucht vielmehr, jene Entwicklungslinien verstärkt nachzuzeichnen, die potentiell auf eine kanonische Literatur zulaufen. Aber zugleich geht es darum, sozusagen die Geheimgeschichte dieser Literatur ins Bild zu bringen, d. h. die von der literarischen Öffentlichkeit eher sporadisch, wenn überhaupt wahrgenommene innovative Literatur kenntlich zu machen und ihren substantiellen Anteil am literarischen Entwicklungsgeschehen zu beschreiben.

Die Erkenntnis dieser historischen Strukturlinien ist freilich auch von dem jeweiligen Kontext der historischen Situation, von bestimmten gesellschaftspolitischen Rahmenbedingungen bestimmt, nicht nur im Sinne eines ideologiegeschichtlichen Stützwerks, sondern auch im Sinne der Negation, der versuchten Distanzierung und Abstandgewinnung.

Die Trümmerbereinigungen in doppelter Hinsicht, die für die ersten Jahre nach 1945 Priorität hatten, also die Aufräum- und Aufbauarbeiten in einem vom Krieg verwüsteten Deutschland, die Anstrengungen des Überlebens in einem zugrunde gerichteten Land und die Aufarbeitungen, Verarbeitungen und zumeist Verdrängungen des aus der NS-Zeit stammenden ideologiegeschichtlichen Erbes, haben die erste Phase der westdeutschen Nachkriegsliteratur auf unterschiedliche Weise bestimmt. Eine konservative Literatur, welche die Haltung der sogenannten «Inneren Emigration» als Schutzschild im Dritten Reich für sich rückwirkend beanspruchte, rettete sich in das pastorale Pathos des christlichen Humanismus als Heilsbotschaft. Die junge, von den unmenschlichen Strapazen des Krieges gezeichnete, desillusionierte Literatur bekannte sich zum «totalen Ideologieverdacht», zur «Ideologie der Ideologiefeindlichkeit»[3] als einziger akzeptabler Basis einer neuen Literatur.

1959/60 hatte sich die Gesamtkonstellation einschneidend geändert. Hans Werner Richter, der als Kopf der Gruppe 47 die westdeutsche Literatur der ersten beiden Nachkriegsjahrzehnte mitbestimmte, gab 1962 in Zusammenarbeit mit Schriftstellern, Wissenschaftlern und Publizisten einen Sammelband unter dem Titel *Bestandsaufnahme* heraus, der sich als «eine deutsche Bilanz 1962» (so der Untertitel) verstand und eine Summe auf den unterschiedlichsten Ebenen zu ziehen versuchte. Richter selbst diagnostizierte das gespaltene Bild des Neuanfangs in dem in zwei politische «Kolonialsysteme» aufgeteilten Deutschland mit der Beschreibungsformel «Zwischen Freiheit und Quarantäne» und sah die später im Westen virulent werdenden Krankheitskeime der deutschen Restauration vor allem mit den folgenden Momenten verbunden:

«a) die Verschleierung der politischen Schuldverhältnisse durch die Kollektivschuldthese der Alliierten,

b) die Nichtanerkennung des deutschen Widerstandes und das Abdrängen der Widerstandskräfte in politische Ohnmacht und Passivität,

c) die Aushöhlung des Begriffs ‹Demokratie› und damit die Voraussetzung für das, was später als ‹formale Demokratie› bezeichnet wird,

d) das Verdrängen der deutschen politischen Vergangenheit durch eine schwankende und politisch opportunistische Umerziehungs- und Entnazifizierungspolitik.»[4]

Im selben Band findet sich ein Aufsatz des Wirtschaftsjournalisten Dieter Stolze: «Das Wirtschaftswunder – Glanz der Zahlen und Statistiken»,[5] der die geradezu atemberaubende Regenerierung der westdeutschen Wirtschaft im Zeichen eines allgemein bestaunten Wirtschaftswunders nicht ohne Stolz als Exempel deutscher Tüchtigkeit, unbeugsamen Aufstiegswillens und verdienten Erfolgs bilanziert.

Martin Walsers Roman *Halbzeit*, der, 1960 erschienen, gleichfalls diese historische Bruchstelle zwischen Altem und Neuem markiert, verwendet im Titel ein Bild für diese Zäsur, das sich, dem Bereich des Sports entstammend, generell auf die damalige Situation beziehen läßt. Eine Konstellation der pausenlosen Rekorde, nicht nur, was die Aneinanderreihung wirtschaftlicher Erfolgsdaten betrifft, sondern auch die politische Gleichschaltung der Bundesrepublik an das westliche Bündnissystem (nicht zuletzt durch die von vielen Autoren der *Bestandsaufnahme* als Bruch mit den moralischen Lehren des Krieges empfundene Wiederbewaffnung) im Sinne einer formalen Demokratie, unter deren weitgespanntem Restaurationsdach auch viele Mitläufer der NS-Zeit problemlos Unterschlupf fanden. Wie die bei weitem meisten Autoren auf diese Konstellation reagierten, läßt sich nicht nur an Richters *Bestandsaufnahme* ablesen, sondern direkter noch an den Beiträgen eines Bandes, den Wolfgang Weyrauch 1960 unter dem Titel *Ich lebe in der Bundesrepublik* herausgab. Weyrauch, der mit dem im Nachwort seiner Kurzgeschichten-Anthologie *Tausend Gramm* (1949) verkündeten Signalwort «Kahlschlag» wichtige Positionen der Gruppe 47 vorweggenommen hatte, ließ seinen Sammelband von 1960 zum Brennpunkt der Meinungsbildung jener Autoren werden, die ihre Haltung zu der wirtschaftlich wiedererstarkten Bundesrepublik kritisch und skeptisch überdachten.

Die Haltung einer «Ideologie der Ideologiefeindlichkeit» reichte in dieser Situation nicht mehr aus, sondern die Autoren fühlten sich aufgerufen, Position zu beziehen gegenüber dem Gesinnungsschwindel, der sich im Zeichen des Wirtschaftswunders in der Bundesrepublik einzubürgern begann und der die zwölfjährige NS-Zeit als bedauerliche historische Episode, als kollektiven Betriebsunfall sozusagen, abzubuchen und das heißt: zu verdrängen versuchte.

Die Autoren, die Weyrauch im einzelnen zu Wort kommen läßt (u. a. Koeppen, Richter, Jens, Walser und Enzensberger), nehmen sehr deutlich die Verlogenheit dieser Restaurationsbetriebsamkeit wahr. Weyrauch selbst führt in seinem Vorwort aus: «Nachdem wir vielen anderen Völkern unsere Sporen ins Gesicht getreten hatten, wäre es jetzt an der Zeit gewesen, barfuß zu gehen. In der Tat wanderten wir ein paar Jahre lang mit bloßen Füßen über eine Straße, die aus guten Vorsätzen gepflastert war. Wir versuchten, aus Schaden und Schande klug zu werden. [...] Wir hätten unsere Vorzüge entwickeln'können. Wir hatten die – von Gott geschenkte – Chance, ein Modell zu sein [...]. Der Wohlstand fiel über uns her und fraß uns fast auf. [...] Vorläufig aber essen wir, statt zu denken. Wir gehen in vergoldeten Schuhen spazieren. Ja, wir haben uns sogar neue Schaftstiefel in den Spind gestellt. Wir haben den Satz vergessen: wer das Eisen liebt, kommt am Eisen um.» (S. 7f.)

Weyrauch wollte stellvertretend aufrütteln, darauf aufmerksam machen, daß die Wiederbewaffnung der Bundesrepublik und ihre Einbindung in die NATO Ende der fünfziger Jahre bereits die Lehren der NS-Zeit weitgehend verdrängt hatten, daß der neue Wohlstand die Aufarbeitung der moralischen Schuld-Hypothek des Dritten Reiches vergessen ließ und die materiellen Rekordmarken des Erreichten zum Sedativum wurden, das die offenen Wunden und Schmerzen, die Beschädigungen aus der Zeit des Dritten Reiches, so umfassend betäubte, daß niemand sie mehr wahrzunehmen schien. Die Schriftsteller sahen sich mit ihrer bohrenden Wachheit ein weiteres Mal zu unliebsamen Außenseitern geworden und artikulierten diese Ohnmachtserfahrung aus unterschiedlichen Perspektiven.

Koeppen, der wichtige politische Romancier der fünfziger Jahre, rekapitulierte diese aktuelle Lage, die für ihn eine Neuauflage der Weimarer Republik zu bringen schien, mit melancholischem Zynismus. Er schrieb damals in Weyrauchs Anthologie: «Der Schriftsteller gehört in Deutschland nicht zu den Idolen der Nation, aber er trägt zu ihrem geistigen Stoffwechsel bei. Ich lebe also gut. Bin ich Hans im Glück oder das beste Persil, das es je gab? Selbst die Verleger und Redaktionen honorieren mir meinen öffentlich anerkannten Nonkonformismus.» (S. 33) Der Nonkonformismus hatte also seine aufrüttelnde Wirkung eingebüßt und war zum Markenartikel geworden, mit dem eine Öffentlichkeit bedient wurde, die nichts weniger im Sinn hatte, als sich nonkonformistisch zu gebärden. Sie billigte dem Schriftsteller den Part des Hofnarren zu, der die schrecklichen Wahrheiten aussprechen darf, nach denen sich niemand mehr richtet.

Bei Walser schlug die Unzufriedenheit mit diesem Zustand schärfer und aggressiver durch, obwohl auch er sich ohnmächtig eingestehen muß, daß er aus der Nische Kunst, die ihm die Gesellschaft zugebilligt hat, nicht herauskommt, daß diese Nische eine Art von Kerker darstellt. In seinem Beitrag zu Weyrauchs Buch finden sich die Sätze: «Wir aber sitzen in Europa herum, meistens zurückgelehnt [...], manchmal eine Unterschrift gegen den Atomtod, Komiteearbeit, Idealisten ohne Ideale, Schweitzer und Russell als Säulenheilige ohne Portefeuille. Ehrwürdige Neinsager, die man reden läßt. Der Wirtschaftsminister hat sich durchgesetzt. Die Macht ist in Aktien konzentriert. Wir wärmen uns an der Ohnmacht. Jeder ein Tänzer. Unangewandt. Absolut wie Hölderlin. Das legen uns unsere leeren Fertigkeiten nahe. Sie sind unabwendbar. Aber gegen Franz Josef Strauß zu sein ist billig, wenn man sich nicht an der Gesellschaft beteiligt.» (S. 114)

Wo Weyrauch, Koeppen oder Walser, deren Stimmen für zahlreiche andere deutsche Autoren damals stehen, zu Beginn der sechziger Jahre noch mit dieser Situation haderten und befürchteten, ein weiteres Mal ausmanövriert und in ein neutrales Kunstgelände abgeschoben zu werden, das den Autor von aller Wirkung auf die Gesellschaft ausschließt, sah Peter Rühmkorf bereits einen neuen Konsens der Literaten entstehen, der ein Einverständnis mit der so entstandenen neuen «alten Lage» der Literatur in Deutschland signalisierte. In seinem in Richters *Bestandsaufnahme* erstmals veröffentlichten Essay «Das lyrische Weltbild der Nachkriegsdeutschen» resümierte Rühmkorf folgendermaßen den neuentstandenen literarischen Konformismus: «Der Poet nahm keine Aufregungen mehr an und keine Anregungen mehr auf, und selbst wenn man einräumen muß, daß es immer wieder zu einigen überraschend schönen Einzelstücken kam, daß sich von Elisabeth Langgässer bis zu Rainer Brambach, von Lehmann über Krolow bis zu Heinz Piontek gelegentlich einige kleine Großartigkeiten ergaben, ist doch die ganze Richtung nicht ohne Mißmut zu betrachten. Weil jener Exodus aus der Zeit, weil jene Flucht vor dem widerwärtig Gegenwärtigen die naturverbundenen Dichtersleute ganz allgemach in die ästhetische Provinz führte, wo sie am Ende alle die gleiche Entdeckung machten und die nämlichen Blumen für sich in Anspruch nahmen.» (S. 452)

Die wichtige damals entstehende Literatur hat sich einem solchen neuen Eskapismus verweigert und gerade dort ihre Position bezogen, wo die nur mühsam gekitteten Bruchstellen in der Wohlstandsfassade wieder aufgerissen werden konnten, um sichtbar zu machen, was an unverarbeiteter jüngster Geschichte vom Glanz dieser Fassade zugedeckt worden war. Auf diesem Hintergrund bringen Autoren wie Böll, Grass, Johnson und viele andere, die ihnen auf diesem Weg gefolgt sind, eine neue Qualität in diese zweite Phase der deutschen Nachkriegsliteratur: Sie sperren sich gegen den kollektiven Verdrängungssog, sie furchen das nur oberflächlich geebnete Gelände wieder auf und betreiben historische Spurensuche der NS-Zeit. Sie thematisieren in ihren Büchern eine moralisch motivierte Vergangenheitsbewältigung, die sich ungleich schwieriger und schmerzhafter ausnimmt als die im Eilverfahren absolvierten Entnazifizierungsrituale der ersten Nachkriegsjahre.

2. Bewältigungsliteratur: Heinrich Böll

Unter den Autoren, mit deren Namen sich 1959/60 ein Erneuerungsschub in der westdeutschen Nachkriegsliteratur verbindet, nimmt Heinrich Böll (1917–1985) eine Sonderstellung ein. Er überspringt jede Generations- und Gruppenzuordnung. Er hat sich von Anfang an, von der Gruppe 47 in ihrer frühen Phase getragen, gegen jede Form von Verdrängung und Restauration, nicht zuletzt gegen die klerikale Selbstbeweihräucherung im katholischen Rheinland, engagiert zur Wehr gesetzt, sich zur «Trümmerliteratur» bekannt und sich für einen ehrlichen literarischen Neubeginn eingesetzt, den er vor allem in seinen frühen Kurzgeschichten, etwa *Wanderer, kommst du nach Spa...* (1950), künstlerisch überzeugend umsetzte. Die in den 50er Jahren geschriebenen Romane Bölls erweisen ihn auf unterschiedliche Weise als einen epischen Chronisten der Zeitgeschichte. *Wo warst Du, Adam?* (1951), 1944 während des Rückzugs der deutschen Invasionsarmee in Ungarn spielend, konzentriert sich in den neun Darstellungssträngen, die nicht durch eine kausal verknüpfte Handlung, sondern durch die Erfahrungsperspektive immer wieder auftauchender Personen zu einem epischen Gesamtbild verbunden werden, auf keinerlei spektakuläre Kriegsereignisse, sondern auf die Agonie des Niedergangs, den kollektiven Sog eines Vakuums, in dem sich der einzelne der Frage nach seiner individuellen moralischen Verantwortung stellen muß. Im Titel seines Buches signalhaft eine Reflexion des katholischen Kulturkritikers Theodor Haecker aus seinen *Tag- und Nachtbüchern*⁶ aufgreifend («Eine Weltkatastrophe kann zu manchem dienen. Auch dazu, ein Alibi zu finden vor Gott. Wo warst du, Adam? ‹Ich war im Weltkrieg.›»), argumentiert Böll gegen den vorschnellen Freispruch des einzelnen angesichts der monströsen Vernichtungsmaschinerie des Krieges, sieht den einzelnen vielmehr schuldhaft beteiligt an der Katastrophenverkettung, die sich im Krieg auswirkt.

Auch die sich daran anschließenden Romane *Und sagte kein einziges Wort* (1953) und *Haus ohne Hüter* (1954) sind von diesem Engagement bestimmt. In diesen Romanen verlagert sich die chronistische Perspektive auf das Elend der frühen Nachkriegszeit, die Zerstörung einer Ehe durch Wohnungsnot und katholische Heuchelei im ersten Buch, die krampfhaften Überlebensversuche einer Generation ohne Väter in Schrumpffamilien (im zweiten Buch), deren überlastete Mutterfiguren man einerseits zu Trümmerfrauen mythisiert hat, die den Wiederaufbau mitbewältigen halfen, aber andererseits auch moralisch stigmatisiert hat, wenn ihr Lebenshunger in Konflikt mit der restaurierten kleinbürgerlichen Normalität stand.

Böll hatte 1951 als zweiter Autor nach Günter Eich den Preis der Gruppe 47 erhalten, aber sich seinen literarischen Rang eher mühevoll erstritten. Zeit seines Lebens, selbst als die öffentlichen Ehrungen ihn über alle deutschen Autoren der Nachkriegszeit deutlich hinaushoben (1967 Büchner-Preis, 1971–1974 Präsident des Internationalen PEN-Clubs, 1972 Nobelpreis für Literatur), hat er gegen das Stereotyp ankämpfen müssen, nur über ein bescheidenes künstlerisches Darstellungsrepertoire zu verfügen und nicht durch ästhetische Meisterschaft, sondern durch moralische Ehrlichkeit vorbildlich zu sein. Der Roman *Billard um halbzehn* ist auf diesem Hintergrund ein Schlüsselbuch von Böll. Das Buch hat als Exempel der Mainstream-Literatur seinerzeit höchste Aufmerksamkeit erregt, und es ist zugleich in seiner epischen Konstruktion, die deutlich von der Erzählweise des von Böll hochgeschätzten William Faulkner inspiriert ist, das künstlerisch ambitionierteste und am reichhaltigsten instrumentierte epische Buch geblieben, das Böll geschrieben hat. Es handelt sich um ein Romanbeispiel, bei dem sich nicht nur die Frage stellt, ob es inzwischen zur kanonischen Literatur jener Phase gehört, sondern auch, inwieweit hier verwendete Darstellungstechniken das Buch im Kontext einer innovativ verfahrenden Romanliteratur wichtig werden lassen.

Böll hat versucht, einen Epochenroman der jüngsten deutschen Geschichte, den Zeitraum von 1907 bis 1958 umspannend, zu schreiben: also vom wilhelminischen Kaiserreich über die Weimarer Republik, die NS-Zeit bis hin zur Phase des deutschen Wirtschaftswunders im Nachkriegsdeutschland der Adenauer-Zeit. Auf den ersten Blick übernimmt er dabei das aus dem realistischen und naturalistischen Roman vertraute Darstellungsmuster des Familien-Romans. Die drei Generationen der rheinischen Architekten-Familie der Fähmels spiegeln denn auch auf unterschiedliche Weise die Verflochtenheit in die Zeitgeschichte. Der Geheimrat Heinrich Fähmel, dessen 80. Geburtstag am 6. September 1959 in einem Festakt gefeiert werden soll – dieses Ereignis ist der perspektivische Fluchtpunkt der Romandarstellung, auf den alles zuläuft –, ist berühmt geworden durch den Bau einer Abtei, die sein Sohn Robert, gleichfalls Architekt, der sich in der Nachkriegszeit in seine statischen Formeln und sein Billardspiel als Überlebensnische zurückgezogen hat, im Krieg sprengen ließ, als Sühne für jene Unschuldigen, die dem nationalsozialistischen Herrschaftssystem zum Opfer fielen, ohne daß die vermeintlich honorigen Zeitgenossen für sie eintraten. Der Sohn Roberts, Joseph, soll auf Wunsch des Großvaters den Wiederaufbau der Abtei überwachen und entdeckt kurz vor der Geburtstagsfeier in einem von der Sprengung verschont gebliebenen Fresko die Sprengformel seines Vaters, will sich in einem Verzweiflungsakt in seinem Auto zu Tode rasen, aber beginnt schließlich die Kausalität der Ereignisse zu begreifen und seinem Vater zu vergeben. Eine riesige Geburtstagstorte in Form der Abtei, vom Jubilar zerteilt, wird am Ende des Buches von Böll als ironische Versöhnungsikone eingeführt, denn um Versöhnung mit der Geschichte, um Schuldaufarbeitung geht es ihm in dem Roman.

Böll baut zugleich deutliche Widerstände gegen diese Harmonisierungstendenz in seinen Roman ein. Es sind dies in der historischen Realität verkantete Widerhaken, die die heilsgeschichtliche Darstellungsperspektive durchbrechen. Robert Fähmel begehrt von Anfang an auf gegen die honorige, aber angepaßte Bürgerlichkeit seiner Familie und der Gesellschaftsschicht, zu der sie zählt. Das zeigt sich bereits in der Schule im Eintreten für den von den andern, besonders dem Mitschüler und späteren Nazi Nettlinger, stigmatisierten Schrella, der, die Nichtangepaßten, die moralisch Wahrhaftigen repräsentierend, später als NS-Verfolgter Deutschland verläßt und – auf der Gegenwartsebene des Romans – bei der Rückkehr nach Deutschland an der Grenze verhaftet und ausgerechnet von seinem alten Feind Nettlinger, der sich inzwischen zum militanten Demokraten gewandelt hat, herausgeholt wird. Schrella, der ja gewissermaßen auch zur Fähmel-Familie gehört, da Robert Schrellas Tochter Edith geheiratet hat, bleibt bis zuletzt isoliert, unangepaßt, jemand, der nicht heimisch zu werden vermag innerhalb der neuerrichteten Wohlstandskulissen.

Gegen den Harmonisierungsappell des Romans ist auch das Beispiel der angeblich verrückten Johanna Fähmel, der Frau des Geheimrats, gerichtet, die als einzige konkret und d. h. handelnd mit der Vergangenheit abrechnet, Rache zu üben versucht für die von der politischen Ideologie verblendeten und verlorenen Söhne Otto und Heinrich. Als Vorbild für jene politischen Akteure, die nur als Funktionäre und Ausführungsgehilfen an ihren Schreibtischen operieren, aber im Grunde an den politischen Verhängnissen unmittelbar schuldhaft beteiligt sind, versucht sie, während der Feierlichkeiten auf einen anwesenden Minister zu schießen.

Die *Reflexion* der Vergangenheit und die Trauerarbeit der Erinnerung bestimmen auch die Erzählstruktur des Buches. Denn es ist keineswegs linear realistisch erzählt aus der Übersicht postulierenden Perspektive eines neutralen Erzählers, sondern es ist ein hochkompliziertes Reflexionsmosaik von inneren Monologen, die jeweils aus der Sicht von ins Geschehen verflochtenen Personen deren subjektives Innenbild der Wirklichkeit entstehen lassen und korrigierend und ergänzend aufeinander beziehen, so daß sich die Komplexität der historischen Situation in dieser Erzählstruktur abbildet. Böll verweigert sich zugleich einer planen politisch-rhetorischen Sprache, die in der Retrospektive besserwisserisch moralische Zensuren erteilt. Er versucht, eine Sprach- und Bildebene zu gewinnen, die sich den Vorgaben politischer Eindeutigkeit entzieht und in den beiden zentralen Bildschichten der «Lämmer» und derjenigen, die vom «Sakrament des Büffels» gegessen haben, die politische Konstellation von Nichtangepaßten, von Verfolgten und Opfern einerseits, und von Mitläufern, Opportunisten und politisch Schuldigen andererseits, zu treffen. Das trägt sicherlich mitunter Züge der Künstlichkeit, aber vermeidet zugleich die im nachhinein bequeme Glorifizierung der schuldlosen Opfer und Stigmatisierung der Übeltäter. Die komplizierte Darstellungstechnik, die mit einem System von Bildvernetzung und Bedeutungsamplifikation arbeitet, d. h. mit Bedeutungsintensivierung durch Variation und Verstärkung, nimmt Schreibweisen wieder auf, wie sie bereits von Koeppen in *Tauben im Gras* erprobt worden waren und später von Johnson zum formalen Ansatz seines Schreibens gemacht wurden.

Diese zentrale Darstellungslinie wurde später von jenen epischen Arbeiten Bölls verdunkelt, die, viel stärker Bestandteil der Mainstream-Literatur, zum Teil sogar Bestseller-Karriere machten. Der Prozeß setzte mit *Ansichten eines Clowns* (1963) ein, die eine Zeitlang neben Hochhuths *Stellvertreter* auf der «Spiegel»-Bestsellerliste standen, und reichte bis zu seinem letzten Roman *Frauen vor Flußlandschaft* (1985), von dem Teile im «Spiegel» vorabgedruckt wurden. *Ansichten eines Clowns*, auch ein Bewältigungsbuch, das sich mit verdrängter nationalsozialistischer Schuld und restaurativer Heuchelei der frühen Nachkriegszeit auseinandersetzt, ist ein aufschlußreiches Gegenbeispiel zu *Billard um halbzehn*.

1985, wenige Monate vor seinem Tod, hat Böll in einem Nachwort zur Neuauflage der *Ansichten* über die hysterischen Reaktionen auf das Ersterscheinen des Romans geschrieben:

> «Dieses harmlose Buch hier (das seine Schwächen hat), führte bei den Wortführern der militant-apologetischen Minderheit, die sich anmaßt, für alle deutschen Katholiken zu sprechen, zu Reaktionen, die bis zum Boykott führten. Es gab katholisch definierte Buchhandlungen, die das Buch nur ‹unterm Ladentisch› verkauften, nicht riskieren konnten, es auszulegen und offen anzubieten.»[7]

Das Buch erreichte damals eine Wirkungsdimension, die an die Öffentlichkeitskampagne erinnert, die Hochhuths Vorwurf an die Adresse des Papstes Pius XII. hervorrief, er habe indirekt während der Nazizeit mit den NS-Schergen sympathisiert und sich der möglichen Rettung von Juden verweigert. Der öffentliche Aufschrei maßgeblicher katholischer Kreise gegen Hochhuths Stück ist einigermaßen verständlich, während Bölls Seitenhiebe gegen katholischen Mief und katholische Doppelmoral in den *Ansichten* vergleichsweise harmlos wirken.

Das gilt selbst für den Plot des Romans, die Liebesgeschichte zwischen dem Abkömmling einer rheinländischen Braunkohlendynastie Hans Schnier, der, ein gebürtiger Protestant, als Pantomime, als Clown durch die Lande zieht, an der Seite einer jungen katholischen Frau, die er liebt und die er heiraten möchte, wenn es da nicht die Vorbedingung Maries gäbe, ihre künftigen Kinder katholisch zu taufen und zu erziehen. Schnier kann sich aus Gewissensgründen nicht zu diesem Schritt entschließen, da die alle sozialen Bereiche mit ihrer pastoralen Heuchelei durchdringende Institution katholische Kirche für ihn die Perversion wahren Christentums ist. Seine über sechs Jahre während Verbindung mit Marie, die aus katholischer Perspektive als Konkubinat und selbst nach einer Heirat als Mischehe diffamiert wird, ist für ihn eine auf Liebe gründende Beziehung. Diese Beziehung wird in dem Augenblick vernichtet, als Marie schließlich der Gehirnwäsche kirchlicher Vertreter verfällt und den Zustand der permanenten Sünde mit der Ehe an der Seite des erfolgreichen katholischen Administrators Züpfner vertauscht. Züpfner befindet sich gesellschaftlich auf dem Weg nach oben und ist sich des Segens katholischer Interessenverbände gewiß. Schnier kehrt, von Marie im Stich gelassen, nach Bonn, seiner Heimatstadt, zurück, wo er als Geschenk seines Großvaters eine Eigentumswohnung besitzt. In einer Serie von Telefongesprächen, Monologen, Erinnerungen und im Gespräch – bei einem Besuch seines Vaters – rekapituliert er seine Vergangenheit und die auch politisch verlogene Vergangenheit (vor allem seiner Mutter) und strandet schließlich, zum hoffnungslosen Außenseiter geworden, inmitten des lemurenhaften Karnevalstreibens auf den Stufen des Bonner Hauptbahnhofs, wo er Gitarre spielt, singt und bettelt.

Gewiß, Böll hat den Roman als formale Befreiung empfunden und im Schreibverfahren Anregungen umgesetzt, die auf Salingers exzeptionellen Roman *Der Fänger im Roggen* zurückgehen, dessen Übersetzung er zusammen mit seiner Frau kurz vorher bearbeitet hatte und der auch in Deutschland zu einem großen Erfolg wurde.

Ansichten eines Clowns sind denn auch wie die späteren Bücher, *Gruppenbild mit Dame* (1971) oder *Fürsorgliche Belagerung* (1979), viel direkter gearbeitet, d. h. mit einem viel geringeren Aufwand an ästhetischer Formalisierung, was die uneigentlichen Erkenntnismöglichkeiten der Sprache (durch bildliche Verdichtung, synkopische Verschränkung, durch Vernetzung metaphorischer Bedeutungsfelder) betrifft. Das bedeutet nicht, daß Joachim Kaisers ironisches Wort über *Gruppenbild mit Dame* zutrifft, Böll betreibe hier – in Analogie zu der moralisch-politischen Leistungsverweigerung der Mittelpunktsfiguren im sozialen Kontext der bundesdeutschen Leistungsgesellschaft – epische Leistungsverweigerung angesichts seines sorglosen erzählerischen Arrangements und einer sich vom alltäglichen Idiom nur wenig absetzenden Romansprache. Tatsächlich hat Böll ja gerade auch bei *Gruppen-bild mit Dame* mit entstehungsgeschichtlich interessanten Materialien (mit farbigen Grundriß-Tabellen des Romans und komplizierten Konstruktions-plänen) belegt, wie intensiv sich sein Planungskalkül bei diesen epischen Arbeiten ausgewirkt hat. Nur betrifft hier die Planung die Vernetzung der unterschiedlichen Handlungsstränge und das soziale Aktionsspektrum eines umfangreichen Romanpersonals, jedoch in einer Sprache, die sich grundsätz-lich zur rationalen Kommunikation bekennt und die Erkenntnispositionen nicht über diese rationalen Konventionen in Richtung auf poetische Verdich-tung vorantreibt.

Das bedeutet auch hier nicht durchweg eine selbstauferlegte Beschränkung seiner erzählerischen Darstellungsmöglichkeiten auf die vom Leser wiedererkennbaren Mar-kierungen einer epischen Konvention. Es ist bemerkenswert, daß Böll schon bald die Nonchalance des Ich-Erzählers aufgibt, wie sie in *Ansichten eines Clowns*, aber auch in *Entfernung von der Truppe* (1964) dominiert (wo der Ich-Erzähler sich selbst in dem Satz: «Es geschieht – wie alles in diesem Erzählwerk – ohne Absicht» ironisiert). Mit der Einführung eines Erzählers als Berichterstatter und Rechercheur, der die ihm schwer zugänglichen disparaten Informationsbruchstücke mühsam zu einem epischen Ge-samtbild zusammenzutragen versucht und letztlich dabei scheitert, thematisiert Böll durchaus die immer größer werdenden Schwierigkeiten eines Erzählens im Zeitalter der Information. In *Ende einer Dienstfahrt* (1966) ist es die Perspektive des Prozeßbe-richterstatters, in *Gruppenbild mit Dame* der sozial, aber nicht emotional anonym bleibende «Verf.», der die Aufgabe übernimmt, «Wahrheitsfindung zu betreiben», d. h. die Wahrheit der Person Leni Gruytens zu ermitteln, einer der wenigen Gerechten im schuldbeladenen Sodom und Gomorrha NS-Deutschlands und der frühen Nachkriegs-zeit. In *Die verlorene Ehre der Katharina Blum* (1974) ist es erneut ein von außen eingeführter Berichterstatter, der juristisch und journalistisch recherchiert und dabei zugleich die manipulativen Informationsverzerrungen einer Massenpresse zu entlarven versucht und seine eigene methodische Vorgehensweise dabei selbst in Zweifel zieht.

Alle diese epischen Arbeiten Bölls haben eine große Wirkung gehabt. Von den quantitativen Proportionen her sind also die Verhältnisse in Bölls Werk sicherlich eindeutig. Dennoch ist mit dem Blick auf die Umrisse einer sich abzeichnenden kanonischen Literatur zu sagen: Bei den formal hochange-setzten Arbeiten handelt es sich jedoch keineswegs um einen isolierten Strang, sondern um eine Schreibweise, die er bereits in der äußerst verdichte-ten Reflexionsprosa seiner zu Recht berühmten Kurzgeschichte *Wanderer, kommst du nach Spa...* erprobt hat und vielleicht am überzeugendsten in seinem Kurzroman *Das Brot der frühen Jahre* (1955) und seiner «long short story» *Im Tal der donnernden Hufe* (1957), einer der schönsten Initiations-geschichten unserer Literatur überhaupt.

Die Geschichte spielt in einem kleinen Weinort am Rhein, in Zischbrunn, in der katholisch durchtränkten Kleinbürgerlichkeit einer Region, die vom Restaurations-klima jener Jahre deutlich gezeichnet ist: von den Ritualen einer sich als normal gerie-renden Gesellschaft, die die sonntägliche Wettveranstaltung einer Ruderregatta auf dem Rhein als sozialen Höhepunkt inszeniert, aber zugleich bestimmt wird von einer muffi-gen Moral, die die Wurzeln der Todsünde nicht in der politischen Erblast der gerade wenige Jahre zurückliegenden NS-Zeit erblickt, sondern in der erwachenden Erotik heranwachsender Jugendlicher. Das wird thematisiert an den beiden befreundeten Jungen Paul und Griff und dem Mädchen Katharina, die ihrer Ausstrahlung wegen von den erwachsenen Männern begehrlich gemustert und den Jungen gegenüber zugleich als sündig diffamiert wird. Die beiden Jungen werden in den Ängsten und geheimen Wünschen ihrer Pubertätserfahrung allein gelassen und lernen von den Erwachsenen nur eine Möglichkeit damit umzugehen: nämlich sie zu verdrängen. Es ist Böll mit außerordentlicher Sensibilität gelungen, diesen Zustand psychischer Konfusion, in dem sich Protest gegen die Erwachsenenwelt, geschlechtliche Sehnsucht und Hang zur Idealisierung einerseits und Selbstvernichtung andererseits miteinander verbinden, in eine von Bild- und Bedeutungssignalen durchwirkte Textstruktur zu übertragen, die diesen komplexen, weitgehend vorrationalen Bewußtseinszustand feinfühlig auslotet und zum sprachlichen Ausdruck der Innenwelt der jugendlichen Protagonisten wird – ohne daß vordergründig psychologisiert würde.

Bölls schriftstellerischer Rang liegt also nicht nur in seiner moralischen Qualifikation als «guter Mensch von Köln» und streitbarer Zeitgenosse gegen jede Art von Heuchelei beschlossen, sondern auch in einer erzählerischen Meisterschaft, die ihn mit den Höhepunkten seines Werks durchaus im Zentrum unserer Nachkriegsliteratur zeigt.

3. Der repräsentative Erzähler: Günter Grass

Die Geltung, die Böll erst allmählich durch sein umfangreiches episches Werk zugewachsen ist, hat der Autor Günter Grass (*1927) schlagartig durch sein erstes episches Werk, *Die Blechtrommel*, gewonnen. Kein Roman der westdeutschen Nachkriegsliteratur hat in ähnlicher Weise Furore gemacht und seinen Autor so nachhaltig weltweit in den Ruhm katapultiert. Grass hatte mit einem Gedichtband, *Die Vorzüge der Windhühner* (1956), und dramatischen Versuchen, *Hochwasser* (1957) und *Onkel, Onkel* (1958), debütiert. Als ein in die Endphase des Krieges hineingestoßener Jugendlicher, der mit Glück überlebt hatte und, durch seine aus Danzig nach Nordrhein-Westfalen vertriebene proletarische Familie ohne Halt, hatte er sich in verschiedenen Gelegenheitsjobs versucht, eine Steinmetzlehre absolviert und an der Düsseldorfer Akademie schließlich ein Bildhauer-Studium begonnen. Sein Bewußtsein, in der Literatur nur zu dilettieren – in der Gruppe 47 wurde er anfänglich nach erfolglosen Lesungen aus seinem gleichnamigen Stück milde als *Onkel, Onkel* verspottet –, änderte sich sogleich 1958 nach der ersten Lesung aus der *Blechtrommel*, die ihm den Preis der Gruppe 47 einbrachte und den triumphalen Erfolg seines Romans nach der Veröffentlichung im folgenden Jahr präludierte.

An diesem Erfolg waren seinerzeit sicherlich nicht nur literarische Gründe beteiligt. Das Buch war damals vielleicht sogar in erster Linie ein kulturpolitisches Ärgernis. Die unbefangene Darstellung von sexuellen Verhaltensweisen der Romanprotagonisten wurde als skandalös empfunden. Als geradezu blasphemisch faßte man die Parodie auf christliches Brauchtum auf, so wenn Oskar Matzerath als Mitglied der Stäuberbande beispielsweise dem Jesuskind in der Marienkirche seine Trommel vorschnallt und zu einer «imitatio» Oskars auffordert. Grass legte sich mit der Engstirnigkeit und dem moralischen Mief der Adenauer-Restauration an und schrieb gegen den Verdrängungssog jener Zeit. In dieser Aufklärungsfunktion findet der Roman seine wesentliche Legitimation. Er ist ein Beispiel für jene lange verweigerte Trauerarbeit der Deutschen, was die Wunden, Irrtümer und falschen Handlungen während der Nazizeit betrifft, den moralisch-politischen Sündenfall also, der die meisten Deutschen belastete. Grass hat mit seinem Roman ein wichtiges künstlerisches Zeichen dafür gesetzt, daß jene Alternativen nicht zutrafen, die man in den ersten Nachkriegsjahren so rasch zu Hilfe nahm, um zu erklären, warum ein zivilisiertes Volk von einer großen, jahrhundertealten Kulturtradition dem blutigen Irrationalismus eines politischen Demagogen widerstandslos verfallen konnte. Diese Alternative besagt nämlich zum einen: der Kurs der deutschen Geschichte lief gleichsam mit historischer Folgerichtigkeit auf Hitler zu, und alle Deutschen waren gleichermaßen unter der abstrakten Schuldzuweisung der sogenannten Kollektivschuld für diese im Grunde von ihnen nicht zu verhindernde Kalamität verantwortlich; sie besagt zum andern: die Deutschen wurden gleichsam gegen ihren Willen von einer verbrecherischen Clique von politischen Drahtziehern vereinnahmt und gegen ihren erklärten Willen und stets unter innerem Abscheu vor Hitler und seinesgleichen zu historischen Zeitzeugen seines verbrecherischen Tuns gezwungen. Beide Thesen, sowohl die Kollektivschuld-These als auch die Konspirations-These, haben den einzelnen von jeder konkreten schuldhaften Beteiligung freigesprochen.

Wie auch Böll in *Billard um halbzehn* macht Grass auf die schuldhaften Beteiligungen der einzelnen aufmerksam. Aber wo Bölls dargestellte soziale Wirklichkeitsschicht bürgerlich, ja, großbürgerlich akzentuiert ist, sind Grass' Protagonisten jene Kleinbürger, die als tragende soziale Schicht Hitlers Herrschaft befestigen halfen, ihm in die Hände arbeiteten und ihr Teil aktiv dazu beitrugen, daß sich das Naziregime in Deutschland etablieren und halten konnte. Und noch ein anderer Unterschied zu Böll prägt sich ein. Böll mißtraut dem realistischen Erzählduktus des historiographischen Gesellschaftsroman und schafft durch komplizierte ästhetische Darstellungsmittel Distanz und Raum für Reflexion. Grass' Roman scheint auf eine naive Weise traditionalistisch erzählt und gibt sich scheinbar als epischer Bilderbogen zu erkennen, der die skurrile Stofflichkeit, die durch die ungewöhnliche Perspektive der Hauptfigur Oskar eingebracht wird, kulinarisch auszubeuten scheint. Handelt es sich also nicht im Grunde um ein leicht konsumierbares Buch, das die vertrauten Mitteln des Romans nochmals virtuos einsetzt und episches Lesevergnügen erzeugt, aber im künstlerischen Zugriff abgeleitet bleibt? Und ließe es sich nicht auch als mangelnde ästhetische Widerstandskraft der konventionellen Form des Buches deuten, daß der Hauptteil des Romans – 1945 ist die zeitliche Zäsur – sich von Volker Schlöndorff 1979 so erfolgreich in einen (die Breitenwirkung des Romans entscheidend verstärkenden) Film übersetzen ließ? Das sieht auf den ersten Blick so aus. Tatsächlich ist der Fall jedoch komplizierter.

Die Blechtrommel ist deutlich in vertraute semantische Muster dieser Gattung eingebettet, und Grass hat gesprächsweise bekannt: «Das Buch [...] befindet sich in einem ironisch-distanzierten Verhältnis zum deutschen Bildungsroman. Es kommt, und das betrifft nun mich und meine Affinität, sehr stark von jener europäischen Romantradition her, die vom pikaresken Roman herreicht mit all seinen Brechungen [...], da ist der erste große Roman Grimmelshausens [...].»[8] Der *Simplicissimus*, Goethes *Wilhelm Meister*, der *Tristram Shandy* von Laurence Sterne sind die vielleicht zentralen Romanmuster, an denen sich Grass' Buch, häufig in parodistischer Absicht, orientiert. Die zentrale Erzählsituation, die dem Buch zugrundeliegt, ist die einer fingierten Autobiographie. Der im Zusammenhang mit dem sogenannten Ringfinger-Prozeß 1952 verhaftete Oskar Matzerath wird vor ein Gericht gestellt und nach kurzer Verhandlung «in die Heil- und Pflegeanstalt zur Beobachtung» eingeliefert, da sich seine Vergangenheit mit psychologischen Normen nicht schlüssig erklären läßt. In der Anstalt nun, im Kontakt mit seinem Wärter Bruno Münsterberg, beginnt Oskar, in der Rückschau sein Leben vom Augenblick der Zeugung seiner Mutter über seine eigene Geburt und Entwicklungsgeschichte im Nazi-Deutschland bis zum Zeitpunkt seiner Einlieferung zu erzählen. Dieser autobiographische Bericht wird Anfang September 1954 zu Oskars 30. Geburtstag abgeschlossen. In diesem autobiographischen Bericht lassen sich deutlich zwei Erzählebenen erkennen, einmal die der historischen Lebenserfahrung Oskars (und seiner Angehörigen) zwischen 1899 und 1952 und zum andern die Gegenwartsebene des Erzählens in der Anstalt zwischen 1952 und 1954. Auf dieser Gegenwartsebene spielen die Gespräche Oskars mit seinem Wärter Bruno, die Besuche seiner Freunde und die Reflexionen Oskars über die Schwierigkeiten und Probleme seiner erzählerischen Vergangenheitsvergegenwärtigung. In der erzählstrukturellen Konzeption ist das also keineswegs innovativ.

Bereits in der *Blechtrommel* bildet sich eine Erzählstruktur ab, die im wesentlichen für alle Romane von Grass gilt. Es wird personal erzählt: aus der Perspektive von zentralen, im Erzählvorgang selbst agierenden Personen werden Ereignisse und Erfahrungen dargestellt. Der Bewußtseins- und Erfahrungshorizont einer solchen Erzählfigur bezeichnet die Umrisse des erzählbaren Wirklichkeitsspektrums. Das führt im Kern zu der Konsequenz: was den Erfahrungs- und Wahrnehmungshorizont eines solchen Erzählers übersteigt, fällt aus dem Darstellungsspektrum heraus. Der sich in der Anstalt aufhaltende Oskar erzählt seinem Pfleger Bruno Münsterberg (und den Freunden, die Oskar in der Anstalt besuchen) – ein umfangreiches Fotoalbum, in dem er ständig blättert, ist dabei sein Kompaß in die Vergangenheit – rückblickend die Begebenheiten seines Lebens.

Der ehemalige Mitschüler und Freund Mahlkes, Heini Pilenz, ist der personale Erzähler in *Katz und Maus* (1961), der Geschichte Mahlkes, der aus Kompensation einer körperlichen Absonderlichkeit, seines übergroßen Adamsapfels wegen, zum Helden der Jungen-Gruppe und später zum Kriegshelden aufsteigt. Die drei Bücher der *Hundejahre* (1963), die ein weiteres Mal das Dritte Reich und die frühe Nachkriegszeit episch aufarbeiten, sind jeweils einem zentralen Erzähler zugeordnet, dem Brauxel der *Frühschichten*, dem Harry Liebenau der *Liebesbriefe* und dem Walter Matern der *Materniaden*, auch wenn Brauxel sich als der eigentliche zentrale Protagonist und Erzählarrangeur erweist. Er ist der Auftraggeber der beiden anderen Erzähler.

In *Örtlich betäubt* (1969), dem Roman, der das Gegenwarts-Berlin und das Deutschland der Studentenbewegung darzustellen versucht, ist der Studienrat Eberhard Starusch, ein ehemaliges Mitglied der Danziger Stäuberbande, Erzähler und Hauptfigur des Buches. Der allgegenwärtige, allwissende Erzähler der epischen Tradition, der mit divinatorischer Vollmacht seine Figuren bewegt, über all ihr Denken und Tun umfassend informiert ist, hat sich bei Grass verabschiedet – zu Recht. Denn der Erkenntnisanspruch, mit dem dieser allwissende Erzähler der Wirklichkeit gegenübertritt, nämlich diese Wirklichkeit umfassend begreifen zu können, erweist sich für den zeitgenössischen Erzähler als illusionär. Ansichten über die Wirklichkeit, perspektivische Ausschnitte, Mutmaßungen, die sich gegenseitig relativieren, Bruchstücke eines labyrinthischen Erfahrungspuzzles, die sich nicht mehr zu einem umfassenden Erkenntnismuster ordnen lassen, scheinen allein noch vertretbar. Der personale *Erzähler*, aus dessen Blickwinkel und Wahrnehmungshorizont dargestellt wird, ist die erzähltheoretische Konsequenz, die sich auch in der erzählstrukturellen Anlage von Grass' Romanen deutlich spiegelt.

Aber ist dieser Erzähler Oskar Matzerath in der *Blechtrommel* ein bürgerliches Ich, mit einer privaten Geschichte der moralischen und politischen Verfehlungen belastet, ein Ich, das Schuld empfindet, sich anklagt oder sich zu rechtfertigen versucht? Hier zeigt sich bei Grass die entscheidende Differenz und zugleich das Spezifische seines Erzählansatzes, womit er sich von der Tradition abstößt. Denn es gelingt Grass durch einen Kunstgriff, in dem Figuren-Erzähler der *Blechtrommel* das Möglichkeiten-Spektrum des traditionellen allwissenden Erzählers nochmals nahezu auszuschöpfen, ohne daß der Roman dadurch epigonal würde. Oskar verfügt nämlich von Geburt an über ein vollentwickeltes intellektuelles Bewußtsein, was von den Erwachsenen seiner kleinbürgerlichen Umgebung kaum begriffen wird (nur beim Zusammentreffen mit dem berühmten Zauberkünstler, dem Liliputaner Meister Bebra, tritt er aus seiner Tarnung heraus und gibt sich dem Ebenbürtigen ganz und gar zu erkennen). Oskar, der im frühkindlichen Alter beschlossen hat, sich dem Erwachsenwerden und der Erwachsenenwelt zu verweigern, und sich durch einen selbst arrangierten Treppensturz seinen Zwergenwuchs verschafft, besitzt zugleich die von moralischen Konventionen ungetrübte Unbefangenheit des Blicks, die ihn alles aufmerksam, aber zugleich auch unbeteiligt registrieren läßt, jenseits von moralischen Wertungen, die zur Erzählperspektive eines bürgerlichen Ichs notwendig gehören. Oskars Zwergenwuchs, die magische, glaszerstörende Kraft seiner Stimme und seine nur ihm gehörende Trommelsprache, mit der er die Vergangenheit wieder zurückholt, heben ihn aus den Bedingtheiten der ihn umgebenden Welt heraus, billigen ihm eine Sonderstellung zu und verschaffen ihm zugleich den Abstand zu einer nur aus Informationen bestehenden Wahrnehmungsgenauigkeit und -vielfalt, die auf andere Weise der tradierte allwissende Erzähler durch seinen intellektuellen Anspruch der Wirklichkeit gegenüber als ganz natürlich voraussetzte.

Und so werden denn auch die politischen, sozialen und moralischen Rituale der Erwachsenenwelt während der Nazizeit und der frühen Nachkriegsjahre aus der verfremdenden Froschperspektive vom Erzähler mitleidlos demaskiert, indem er alles registriert: die Widersprüchlichkeiten, die Unsinnigkeiten, die unfreiwillige Komik und die leere Betriebsamkeit dieser Rituale, auch im erotischen Bereich in der Beziehung seiner Mutter Agnes zu den beiden Vätern Oskars, dem gesetzlichen Vater Matzerath, einem Mitläufer, und dem leiblichen Vater Jan Bronski, der beim Überfall auf die Polnische Post umkommt. Diese perspektivische Geschlossenheit wird von dem Autor Grass in der *Blechtrommel* erstaunlich konsequent durchgehalten und wirkt keineswegs künstlich. Grass knüpft kein engmaschiges episches Netz aus historischen und kausalen Informationen, die mit dem Wahrscheinlichkeitsanspruch der Historie konkurrieren wollen. Er überspringt diesen Wahrscheinlichkeitsanspruch von vornherein: durch das episch behauptete, voll entwickelte Bewußtsein Oskars von Geburt an, durch die magischen Zutaten wie glaszersingende Stimme, Trommelsprache und kindliche Tarngestalt eines Dreijährigen, die ihm jenseits aller empirischen Wahrscheinlichkeit umfassenden Zutritt und Zugang zur Wirklichkeit verschaffen, wobei er über jede Frage nach einer kausalen Legitimation seiner epischen Mitteilungen mit ironischen Floskeln wie der folgenden hinweggeht: «Fragen Sie mich nicht, woher ich das weiß. Oskar wußte damals so ziemlich alles.»

Das Kunststück, das Grass in der *Blechtrommel* gelingt, besteht also darin, daß er durch die Erfindung des Erzählmediums Oskar die historisch bereits überholten Möglichkeiten des allwissenden Erzählers nochmals voll ausschöpft, daß aber zugleich die Kunstfigur dieses Erzählers Oskar konkrete sinnliche Erzählfigur ist und auf beiden Ebenen überzeugt. Unter diesem Aspekt steht *Die Blechtrommel* am Ende einer großen Erzähltradition. Das gilt selbst zum Teil mit dem Blick auf die späteren Romane, die Grass geschrieben hat. Der märchenhafte Plattfisch im Roman *Der Butt* (1977) ist ein erneuter Versuch, ein solches Erzählmedium einzusetzen, das einerseits allwissendes Erzählsubjekt und andererseits (hier durch den Märchenkontext gestützte) sinnliche Erzählfigur ist. Es läßt sich argumentieren, daß Grass, wenn auch unter erschwerten Bedingungen, dieses Kunststück im *Butt*, wo er die Geschichte der Ernährung und zugleich die ungeschriebene Geschichte der Frauen unter dem Diktat einer männlich dominierten Historie erzählt, ein weiteres Mal gelungen ist. Mißlungen ist ihm jedoch der erzählstrukturell analog angelegte Versuch im Roman *Die Rättin* (1986), wo das mit Vernunft und Sprache begabte märchenhafte Nagetier als erzählendes Pendant des Ich-Erzählers nur noch personifizierter Erzählrahmen und hilflose abstrakte Konstruktion für ein von nur zitierten und nicht verarbeiteten Untergangsinformationen vollgestopftes Sammelsurium ist. Auch auf diesem Hintergrund bleibt *Die Blechtrommel* das Hauptbuch des Günter Grass und ein episches Hauptbuch der westdeutschen Gegenwartsliteratur.

4. Aufarbeitungen der Vergangenheit: Siegfried Lenz, Horst Bienek, Edgar Hilsenrath

Unter inhaltlichem Aspekt sind eine Reihe von Erzählern Grass auf diesem Weg einer Bewältigungsliteratur gefolgt. Das gilt vor allem für Siegfried Lenz (*1926), der die verlorengegangene westpreußische Provinz, aus der er stammt, auf ähnliche Weise episch verlebendigt hat wie Grass in den Romanen seiner Danzig-Saga. Jedoch sind das weitgehend nur stoffliche Analogien. Im erzählerischen Verfahren zeigen sich gravierende Unterschiede. Ich erwähne Lenz in erster Linie, weil die «Grass-Lenz-Böll«-Formel (Kempowski) für die westdeutsche Gegenwartsliteratur jahrelang als Qualitätssiegel galt. Von seinem großen Leseerfolg her betrachtet, nicht zuletzt seines Romans *Die Deutschstunde* (1968) – durch die Fernseh-Verfilmung von 1970

entscheidend verstärkt –, gehört Lenz zweifelsohne in diese Reihe. Schaut
man sich den strukturellen Aufbau und die Erzählweise in diesem nach wie
vor berühmtesten Roman von Lenz genauer an, wird es durchaus schwierig,
die Frage zu beantworten, ob Lenz nur zur Mainstream- oder zur kanonischen Literatur gehört.

Siggi Jepsen, der Erzähler der *Deutschstunde*, ist wie Oskar Matzerath ein beschädig-
ter Held. Er ist offenbar aus den Normen der Wirklichkeit ausgebrochen, als er mit
diesen Normen in Konflikt geriet und in eine Jugendstrafanstalt eingewiesen wurde,
wo ihm ein autoritärer Direktor als pädagogische Strafmaßnahme den Auftrag erteilt,
einen Aufsatz über «Die Freuden der Pflicht» zu schreiben. Die mentalen Beschädigungen Siggis reichen in die Nazizeit zurück und wurden verursacht durch das Verhalten
eines kleinbürgerlichen autoritären Vaters, der als Polizist in einem kleinen Dorf
Schleswig-Holsteins arbeitet und durch seine psychische Konstitution und Obrigkeits-
gläubigkeit potentiell zum Nazi wird, auch wenn er sich nicht buchstäblich zu den
Slogans der Nazis bekennt. Das von den damaligen politischen Machthabern über den
Maler Nansen im Zuge der Kampagne gegen Entartete Kunst verhängte Malverbot
wird aus übertriebenem Pflichtbewußtsein heraus von Ole Jepsen so fanatisch einge-
halten, daß sein Sohn Siggi zum Freund und Verbündeten des Malers wird, dessen
Bilder er vor dem Zugriff des Polizisten-Vaters rettet und schützt. Hinter dem Dorf
Rugbüll läßt sich der Wohnort Seebüll des Malers Emil Nolde erkennen, dessen Ge-
schichte während des Dritten Reiches Lenz hier zum Teil aufzuarbeiten versucht.

Die Beschädigung des Erzählers Siggi Jepsen liegt nicht nur darin, daß durch die
manische Pflichtbesessenheit des Vaters das menschliche Verhältnis zwischen Vater und
Sohn zerstört wird, sondern sie wirkt sich auch in der Nachkriegszeit weiter aus.
Obwohl das Malverbot längst aufgehoben und Nansen inzwischen ein berühmter und
anerkannter Maler ist, verfolgt Ole Jepsen ihn in seiner wahnhaften Verbitterung weiter. Und auch der Sohn hat sich von der Vergangenheit nicht wirklich befreien können:
Die um die Bilder des Malers ausgestandene Angst hat sich zu einer Feuer-Phobie
verfestigt, und wenn Bilder des Malers in einer Ausstellung zu sehen sind, fühlt sich
Siggi zu zwanghaften Rettungsaktionen veranlaßt, entfernt die Bilder und stellt sie
sicher. Im Kontext der juristischen Normen der Nachkriegszeit erscheint das als Dieb-
stahl und führt zu seiner Einweisung in die Jugendstrafanstalt.

Während Grass seinen Erzähler-Helden Oskar von vornherein jenseits einer realistischen Psychologie ansiedelt und ihm damit eine Position unterhalb
und zwischen der Realität zubilligt, versucht Lenz, seinen Erzähler Siggi mit
psychologischen Mitteln glaubwürdig zu machen als moralische Identifikationsfigur für den Leser. So wie Siggi Jepsen anfänglich, von seinen Erinnerungen überwältigt, den Aufsatz nicht zu schreiben vermag und ein leeres
Blatt abliefert, unter verschärften Bedingungen in Einzelhaft dann gleichsam
zu seiner Strafarbeit gezwungen wird, die dann faktisch der Roman wird, will
Lenz auch den Leser zur Trauerarbeit zwingen: Er soll sich Klarheit verschaffen über die moralischen Fehltritte während der Nazizeit und die Verdrängungen der frühen Nachkriegsjahre. Aber Siggi ist als realistische Figur in
seiner Vergangenheitsgeschichte und in seinem Gegenwartsverhalten psychologisch motiviert. Während Oskar, mit magischen Fähigkeiten ausgestattet,
seine Allinformiertheit und Allwissenheit nicht eigens unter Beweis zu stellen
braucht, ist Lenz, gerade weil er auf einer realistischen Darstellung beharrt,

ständig gezwungen, den Informationszugang und damit die Allwissenheit seines Erzählers Siggi durch erzählerische Hilfskonstruktionen zu stützen. Der allwissende Erzähler im realistischen Roman des 19. Jahrhunderts konnte einfach voraussetzen, daß er über alle Gedanken und Handlungen seiner Protagonisten umfassend informiert war. Lenz kann das nicht mehr naiv unterstellen, sondern muß ständig begründen, warum Siggi die entsprechenden Informationen zugänglich sind: So läßt er ihn beispielsweise aus einem Versteck heraus Gespräche mitanhören und Zusammenkünfte beobachten, macht ihn zum Voyeur, der durchs Schlüsselloch beobachtet oder heimlich durchs Fenster späht. Die Angestrengtheit solcher Hilfskonstruktionen signalisiert die strukturelle Unzulänglichkeit dieser realistischen Erzählposition, an der Lenz noch festhält. Diese Mängel zeigen sich auf andere Weise auch in der möglichen Aufklärungsfunktion, die Lenz mit seinem Roman verbindet.

Die Immoralität des kindlichen Beobachter-Blickes von Oskar, der jenseits jeder vorgegebenen Moral die Wirklichkeit in ihrer faktischen Grausamkeit und Lächerlichkeit registriert, zwingt die nationalsozialistische Vergangenheit in der ganzen Vielfalt ihrer komplexen Erscheinungen in den Blick des Lesers. Diese historische Materialität des Dritten Reiches, die von den bombastischen Massenaufmärschen bis zu den Folterungen und Tötungen der Opfer reicht, sich zwischen ästhetischem Pomp und menschenverachtendem Zynismus bewegt, ist bei Grass durchaus zu erkennen. Indem Lenz sich der realistisch fingierten Erfahrungsperspektive seines Protagonisten Siggi Jepsen als Erzählperspektive unterordnet, ist er gezwungen, die Komplexität der historischen Vielfalt der Nazizeit auf jene Phänomene hin auszudünnen, die sich aus der psychologischen Perspektive dieses Erzählers vermitteln lassen. Die Nazizeit wird in eine Randregion des damaligen Deutschland verlagert, und all das wird weitgehend ausgeklammert, was zur quälenden Erinnerung vieler Betroffener an diese Zeit gehört. Fern von Massenaufmärschen und Konzentrationslagern, aber auch fern vom Massenelend in den bombardierten Städten in der Endphase des Krieges, wird das ganze Geschehen in den Windschatten der damaligen Zeitgeschichte verlegt, wo das Leben seinen normalen Trott weiterzugehen schien und die Katastrophen der Zeitgeschichte nur als fernes Wetterleuchten am Horizont sichtbar waren. *Die Deutschstunde* bleibt also ungeachtet ihres großen Erfolgs ein höchst problematisches Buch, von einer Erzählweise bestimmt, die hinter die Positionen der Romanentwicklung deutlich zurückfällt.

Auch die Romane, die Lenz in der Folgezeit veröffentlicht hat, wurden vom «mainstream» getragen, sind stets auf großes Leserinteresse, wenn auch auf eine distanzierte Haltung der Literaturkritik gestoßen.

Sein Roman *Das Vorbild* (1973), der ähnlich wie Grass' *Örtlich betäubt* die mentale und politische westdeutsche Gegenwartsszenerie im Zeichen der Studentenbewegung darzustellen versucht, ist ebenso mißglückt wie Grass' Beispiel. In einer umständlichen pädagogischen Musteraktion am Beispiel einer im kulturministerlichen Auftrag entstehenden Lesebuch-Edition soll das Vakuum wirklicher Autoritäten und Vorbilder als Grund der sozialpolitischen Misere diagnostiziert werden. Das Buch ist aus disparaten Bestandteilen kompiliert – so werden Lesestücke als selbständige Textbausteine eingeblendet – und nutzt die Montagetechnik lediglich als modernistischen Dekor. Und selbst die Romane, *Heimatmuseum* (1978) und *Exerzierplatz* (1985), in denen Lenz seine lebensgeschichtliche Erfahrung einbringt, den politischen Verlust seiner östlichen Heimatregion und die Erfahrung der politischen Bedingungen und Nachwirkungen dieses Verlustes in der neuen Heimat Schleswig-Holstein, bleiben als epische Unternehmungen problematisch.

Lenz' Erzählweise schwankt zwischen einer schon fast genrehaften Verliebtheit in realistische Details, die in ihrer Aneinanderreihung häufig funktionslos werden, und einem parabelhaften, lehrhaften Zug seiner Darstellung, der schon den frühen Romanen, etwa *Es waren Habichte in der Luft* (1951) oder *Duell mit dem Schatten* (1953), mit der Konzentration auf existentielle Entscheidungssituationen eine erzwungene, statische Paradigmatik verleiht.

In *Heimatmuseum* wird von dem sich rückerinnernden und sich selbst rechtfertigenden Erzähler Zygmunt Rogalla die Zerstörung seines Lebensinhaltes, eines Heimatmuseums, begründet, das er in Masuren aufgebaut hat und nach Schleswig-Holstein verpflanzte und weiterbetrieb. Die Gefahr der ideologischen Vereinnahmung, die sich schon 1933 nach der Machtergreifung der Nazis abzeichnete und in der Gegenwart der frühen Nachkriegszeit ein weiteres Mal drohte, da dieses Museum zum ideologischen Versatzstück einer revanchistischen Politik gemacht werden sollte, veranlaßt diese Zerstörung. So aufdringlich dieses als exemplarisch postulierte Handlungsmuster ist, so eindringlich gelingt es Lenz zum Teil, die archaische Region Masurens nostalgisch wieder zu verlebendigen.

In *Exerzierplatz* stellt Lenz die Überlebensversuche einer Gruppe von ostpreußischen Flüchtlingen im Schleswig-Holstein der Nachkriegszeit dar, wo eine Baum- und Pflanzschule, die sie auf einer Schädelstätte der Geschichte, einem ehemaligen Exerzierplatz, errichten, zum naturgeschichtlichen utopischen Gegenort zur bundesrepublikanischen Wirklichkeit wird, die alles zu funktionalisieren versucht, auch dieses neu verwirklichte Fleckchen Eden. Lenz läßt das Geschehen aus der Perspektive eines buchstäblich von der Geschichte beschädigten Protagonisten, eines geistig Behinderten, erzählen, des Knaben Bruno (der bei der Flucht über See vom Huf eines ertrinkenden Pferdes an der Stirn getroffen wurde), dessen Wahrnehmungsweise einerseits aus der psychologisch bestimmten Verhaltensnorm der anderen Figuren ausbricht und eine Perspektive der archaischen Naivität in das Buch einbringt, aber andererseits als Berichterstatter des Romans von Lenz mit allen Vorzügen eines souverän erzählenden, die Vergangenheitsgeschichte einsichtig rekapitulierenden, überlegenen Erzählsubjekts ausgestattet wird, ohne daß beides zugleich plausibel zu sein vermag.

Einiges deutet darauf hin, daß Lenz mit seinen Romanen die Mainstream-Literatur nicht zu transzendieren vermocht hat. Wenn man ihn als Erzähler nicht gänzlich auf die kauzigen Humoresken seiner epischen Schmunzelbücher *So zärtlich war Suleyken* (1953) – sein erster großer Publikumserfolg – und *Der Geist der Mirabelle* (1975) reduzieren will, läßt sich sein eigentlicher Rang als Erzähler in einer Reihe von meisterlichen Kurzgeschichten entdekken, von denen er im Laufe der Jahre mehrere Bände vorgelegt hat: *Jäger des Spotts* (1958), *Der Spielverderber* (1965), *Gesammelte Erzählungen* (1970),

Einstein überquert die Elbe bei Hamburg (1975) und *Das serbische Mädchen* (1987).

Die Bücher von Grass und Lenz lassen sich unter dem Aspekt der politischen Nachwirkungen des verlorengegangenen Weltkrieges ja auch als epische Geschichtsschreibung ehemaliger deutscher Ostgebiete betrachten. Das gilt für Danzig bei Grass, für Westpreußen bei Lenz oder Oberschlesien bei Horst Bienek. Dieser nostalgische Blick auf verlorengegangene deutsche Heimatregionen ist bei den genannten Autoren eher beiläufig, hat jedoch andererseits im Zuge eines wiederentdeckten Regionalismus eine ganze Sparte von populärer Erzählliteratur ins Leben gerufen, der es nicht um moralische Analyse, sondern viel eher um Verklärung von «Heimat» geht. Beispiele dafür sind die in Pommern spielenden Romane von Christine Brückner *Jauche und Levkojen* (1975) und *Nirgendwo ist Poenichen* (1977), *Das Paradies liegt in Pommern* (1989) von Liselotte Schwiers oder Rebecca Lutters *Sommerwege unter'm Schnee. Eine Kindheit in Pommern* (1989), die Romane *Polninken oder Eine deutsche Liebe* (1984), *Jokehnen oder Wie lange fährt man von Ostpreußen nach Deutschland?* (1985) und *Grunowen oder Das vergangene Leben* (1989) von Arno Surminski, die in Ostpreußen spielen wie auch *Die Mücke im Bernstein* (1984) von Else Stahl oder *Nie kehrst du wieder, gold'ne Zeit* (1985) von Wolfgang Lohmeyer. Es handelt sich um Romane – die Beispiele sind Legion –, die eine große Lesergemeinde gefunden haben (Surminskis *Jokehnen* hat es beispielsweise in kürzester Zeit auf 10 Auflagen gebracht), aber im Kontext einer kanonischen Literatur eher marginal sind.

Dieser sogenannten Bewältigungsliteratur ordnet sich, wie erwähnt, auch das Romanwerk des Erzählers Horst Bienek (1930–1990) zu, der nach anfangs verheißungsvoller literarischer Förderung in der DDR (durch Hermlin und Brecht) jäh stigmatisiert, 1952 durch ein sowjetisches Militärtribunal zu 25 Jahren Zwangsarbeit verurteilt und in das berüchtigte Lager Workuta eingewiesen wurde. Erst 1955 konnte er in die Bundesrepublik ausreisen. Bieneks von der epischen Reduktionstechnik her radikalstes Buch *Die Zelle* (1968), in dem er, in eine Archipel-Gulag-Situation hineingestoßen, sein Ich auf einer Schwundstufe des kreatürlichen Überlebens beschreibt, ist sein erfolgloses geblieben. Hingegen haben die relativ spät erschienenen vier Romane seines Oberschlesien-Epos, *Die erste Polka* (1975), *Septemberlicht* (1977), *Zeit ohne Glocken* (1979) und *Erde und Feuer* (1982) seinen Namen als Erzähler bekannt gemacht.

Wie bei Grass und Lenz handelt es sich auch hier um die epische Geschichtsschreibung einer in Folge des Zweiten Weltkriegs verlorengegangenen östlichen Region, nämlich Oberschlesiens, das Bienek beispielhaft an der Geschichte der Industriestadt Gleiwitz vergegenwärtigt: vom Ausbruch des Weltkrieges bis zur Flucht vor den Russen. Bienek hat diesen Geschichtsstoff geschickt arrangiert. So setzt er ein mit dem 31. August 1939, dem letzten Tag des Friedens, in dem eine Reihe von Handlungen zusammenlaufen, die kontrapunktisch einander gegenübergestellt sind: der Überfall auf den Gleiwitzer Sender und ein Hochzeitsfest in der Familie Piontek, deren kleinbürgerliche

Lethargie nicht wahrhaben will, daß die Hochzeitspolka ein Tanz auf dem Vulkan ist und daß die deutsch-polnische Symbiose, die sich über Generationen eingeschliffen hat, endgültig aufgekündigt wird. Bienek führt die Handlung immer wieder, gelegentlich Effekte der Kolportage streifend, in solchen Höhepunkten zusammen, macht episches Geschehen im Spiegel personaler Erfahrung überschaubar, aber damit auch konsumierbar, akzentuiert zugleich an beispielhaften Bezugspersonen eine moralische, freilich vor der Geschichte jeweils versagende moralische Perspektive: im ersten Buch am Beispiel des Historikers Montag, eines Halbjuden, der eine Biographie des polnischen Politikers und großen Sohnes Oberschlesiens Korfanty zu schreiben unternimmt, im zweiten Buch, in dessen Handlungsmittelpunkt die Beerdigung Leo Maria Pionteks und der anschließende Leichenschmaus stehen, am Beispiel des wenig bekannten expressionistischen Autors Arthur Silbergleit.

Diese Position einer subjektiven Moral, die Bienek in seinen Geschichtsromanen postuliert, wird jedoch faktisch von den Machtmechanismen der politischen Kausalität ausgelöscht. Das ist als Erkenntnisanspruch ebenso traditionalistisch, wie auch die Erzählweise Bieneks traditionalistisch bleibt.

So wie Bieneks Romanwerk sich trotz der zeitlichen Verzögerung des Erscheinens noch dieser Bewältigungsliteratur zurechnen läßt, die sich 1959/60 durchsetzte, so gilt das auf andere Weise auch für den Erzähler Edgar Hilsenrath (*1926), dessen literarischer Status lange Zeit durch die Wirren einer von den Katastrophen der Zeit gezeichneten Lebensgeschichte verdunkelt wurde. Böll, Grass und Lenz haben in ihrer biographischen Erfahrungsgeschichte auf der Seite der Täter gestanden: als junge Soldaten im Krieg, mit dem größten Widerstreben am ehesten noch Böll, während der Napola-Zögling Lenz und der überzeugte Hitler-Junge Grass sich erst allmählich und schmerzhaft aus der ideologischen Gehirnwäsche ihrer Sozialisation im Dritten Reich befreiten. Hilsenrath, 1926 in Leipzig als Sohn eines jüdischen Kaufmanns geboren, stand auf der Seite der Opfer, ist vor antisemitischen Pogromen geflohen. 1941 wurde er nach der faschistischen Gleichschaltung Rumäniens in ein jüdisches Ghetto deportiert, schlug sich bei Ende des Krieges nach Bukarest und später nach Palästina durch und wanderte schließlich 1951 in die USA aus, wo er, bis 1975 in New York, als amerikanischer Bürger und deutscher Schriftsteller zugleich lebte. Hilsenrath hat in seinem ersten Roman *Nacht* (1964) die Erfahrungen im ukrainischen Ghetto Proknow 1942, den wölfischen Überlebenskampf der zusammengetriebenen Juden, denen alle Reste menschlichen Verhaltens ausgetrieben wurden, in erschreckenden Bildern der Grausamkeit der Häftlinge untereinander festgehalten. Sein Roman *Der Nazi & der Friseur* (1977) erreicht die Wirkung des schockhaften Entsetzens auf andere Weise.

Hilsenrath erzählt im Gestus eines grotesken, bösartigen Märchens die Geschichte eines Identitätswechsels. Es ist die Geschichte des jüdisch aussehenden Max Schulz, der, bei dem Juden Finkelstein zum guten Friseur ausgebildet, zum grausigen Nazi wird. Er kehrt aus dem Krieg mit einem Sack voll Goldzähnen als Grundkapital zurück, nimmt die Identität seines ganz arisch aussehenden, inzwischen umgebrachten Freundes Itzig Finkelstein an und macht als verfolgter Jude in der Nachkriegszeit, nicht zuletzt als Schwarzmarkthändler, Karriere. Er geht schließlich nach Palästina, kämpft im Untergrund gegen die Engländer für einen selbständigen jüdischen Staat und eröffnet schließlich, allseits geachtet als jüdischer Mitbürger, einen pompösen Frisiersalon. Erst als altgewordener Mann durchbricht sein Gewissen diese perfekte Camouflage und zerrt ihn vor die Schranken eines Selbstgerichtes, das ihm die Last ewiger drückender Schuld verheißt.

Hilsenrath bringt in diesem Roman die kollektive Bewußtseinsspaltung eines ganzen Kapitels deutscher Geschichte auf den Punkt. Nicht die aus moralischer Einsicht umarrangierte Beispiel-Geschichte, sondern die aus der Wirklichkeit genommenen, in grotesker Überzeichnung schmerzhaft bewußt gemachten schrecklichen Verhaltensrituale der Menschen untereinander setzen eine schockhafte Erkenntnis frei, die viel wirkungsvoller ist als eine im Rückblick in gleichnishaften Mustern geronnene Lehrbuch-Geschichte, wie sie etwa Max Frisch in seinem Drama *Andorra* – auch hier geht es um einen von den Verhältnissen erzwungenen Identitätswechsel, der aus dem Andorraner Andri einen «Juden» macht – entworfen hat. Hilsenrath ist in der Darstellung dieser kollektiven Bewußtseinsspaltung mit den Mitteln des grotesk verfremdenden satirischen Romans auch viel überzeugender als der parallel angelegte Versuch von Günter Grass in den *Hundejahren*, wo in der von Haß und Liebe zugleich bestimmten Männerfreundschaft zwischen dem Halbjuden Edi Amsel und dem Nazi Matern diese Verquickung gleichfalls auftaucht: Edi Amsel, das von seinem Vater ererbte und wie eine Bibel herumgeführte, von jüdischem Selbsthaß geprägte Buch Otto Weiningers *Geschlecht und Charakter* in der Tasche und im Blick, versucht ständig, sich genau entgegengesetzt zu dem zu verhalten, was Weininger als Veranlagung des Juden unterstellt.

Hilsenrath hat sich in seinem späteren Romanwerk – *Gib acht, Genosse Mandelbaum* (1979), *Bronskys Geständnis* (1980) – von diesem deutschen Thema losgekoppelt, aber in seinem Roman *Das Märchen vom letzten Gedanken* (1989) am Beispiel der Ausrottung des armenischen Volkes durch die türkischen Unterdrücker in einer archaisierenden, märchenhaft verfremdeten Darstellungsweise einen politisch motivierten Genozid dargestellt, der auch auf den Holocaust verweist.

5. Neue Wege und Seitenwege des Erzählens: Das Paradigma Arno Schmidt

Unmittelbar nach dem Durchbruch der *Blechtrommel*, 1960 nämlich, erschien Arno Schmidts Roman *KAFF auch Mare Crisium*, ein Buch, das, sofern es damals überhaupt wahrgenommen wurde, auf Ablehnung stieß: ein eigenbrötlerisch versponnenes Erzählwerk, das schon durch seine eigenwillige phonetische Schreibweise und regelwidrige Interpunktion jeden Leserzugang elitär zu erschweren schien. In Arno Schmidt (1914–1979) und Günter Grass erscheinen damals zwei grundsätzlich unterschiedliche Ansätze des Erzählens geradezu musterhaft ausgeprägt: Grass, der die Möglichkeiten des traditionellen Romans nochmals voll ausschöpft, indem er dem personalen Erzähler Oskar durch einen epischen Kunstgriff den panoramatischen Gesamtblick des allwissenden Erzählers zurückgewinnt; Schmidt, der in gewisser Weise den umgekehrten Weg geht, nämlich die Begrenztheit der Sicht und Erkenntnisperspektive des personalen Erzählers nicht durch märchenhafte Zusätze erweitert, sondern sich gleichsam mit einer erzählerischen Lupe auf dessen Bewußtsein konzentriert. In der Komplexität und den sich vielfältig überlappenden Funktionsschichten legt dieses Bewußtsein Zugänge zu einer unbekannten Tiefenstruktur der Wirklichkeit bloß, die nur in der Sprache und aus ihr heraus existiert. Mit dem Blick auf die Entwicklung des westdeutschen Romans in den sechziger Jahren läßt sich sagen, daß hier erzählmethodisch bei Grass und Schmidt eine exemplarische Alternative sichtbar wird: auf der einen Seite die traditionelle Linie des Romanerzählens, die dadurch gefährdet sein kann, mitunter ins Epigonale abzurutschen, und auf der andern Seite eine experimentelle und innovative Linie, die freilich auch die Grenze zum Abstrus-Hermetischen überschreiten kann.

Diese erzählerische Linie ist in Schmidts Werk – *Leviathan* (1949), *Brand's Haide* (1951), *Aus dem Leben eines Fauns* (1953), *Das steinerne Herz* (1956) und im Jahr darauf *Die Gelehrtenrepublik* – schon früher angelegt, aber erreicht in *KAFF* eine Abrundung und Perfektion, die es auch im Rückblick gerechtfertigt erscheinen läßt, diesem Roman erzählmethodisch eine Antipodenrolle in bezug auf *Die Blechtrommel* zuzubilligen.

Auffällig ist zudem der ähnliche soziologische Hintergrund bei beiden Autoren, die nicht einem literaturbeflissenen Bildungsbürgertum entstammen, sondern, als kleinbürgerlich-proletarische Außenseiter in eher kunstfeindliche Lebensumstände hineingeboren, sich den Zugang zur Literatur als Autodidakten erkämpfen mußten: Grass, als Sohn eines Kleinhändlers im proletarischen Langfuhr geboren, auf allen Schulen gescheitert, als Siebzehnjähriger in die Alpträume des Zweiten Weltkrieges versprengt und in der Nachkriegszeit als Gelegenheitsarbeiter überlebend, bevor er dann mit einer Steinmetzlehre begann; Arno Schmidt, 1914 als Sohn eines autoritären, amusischen Hamburger Polizisten geboren, ohne Förderung und Aufstiegsmöglichkeit in diesem von materieller Entbehrung gezeichneten Milieu. Immerhin erschloß sich der Hochbegabte den Zugang zu einer gymnasialen Ausbildung, machte 1933 in Görlitz das Abitur, aber ohne weitere berufliche Zukunftsperspektive. Er versuchte, sich als Lagerbuchhalter in einer schlesischen Textilfabrik durchzuschlagen, bevor auch er in die Militär-Maschinerie des Zweiten Weltkrieges geriet. In der Nachkriegszeit igelte er sich im niedersächsischen Bargfeld ein, vergrub sich in der Literatur, um in den letzten Jahren seines Lebens freilich von einem ständig wachsenden Ruhm eingeholt zu werden.

Als Arno Schmidt 1979 gerade 65jährig starb, hat Walter Kempowski, ein sehr publikumswirksamer Erzähler, den man eher am Gegenpol zu Schmidt vermutet, die Prosakunst Schmidts in einem ausführlichen Nachruf in der «Zeit» gewürdigt:

«Alles, was er geschrieben hat, ist wieder und wieder zu lesen, er läßt nicht nach [...]. Er kam mir Publizierendem immer als der eigentlich bessere Mensch vor. Er macht es richtig, dachte ich immer, verrückt, aber richtig: Er grast nicht nur ab, sondern gräbt auch nach den Würmern darunter [...]. In der Titelerzählung [*Brand's Haide*] wurde uns in sonderbar hermetischer Sprache die Nachkriegszeit hingeblockt. Die später vielzitierte faktenreiche Rastertechnik machte einen tiefen Eindruck auf mich (die Sache mit den Zetteln hat mir sofort eingeleuchtet). [...] ich fand überdies eine wertvolle Anregung im Hinblick auf die von mir vertretene Pädagogik: das längere Gedankenspiel.»[9]

In der Formulierung «längeres Gedankenspiel» greift Kempowski einen Terminus auf, der auf Schmidts zentralen, zu Lebzeiten veröffentlichten theoretischen Text verweist, nämlich *Berechnungen I* und *II*. Sie wurden 1955/56 in Alfred Anderschs wichtiger früher Nachkriegsliteraturzeitschrift «Texte und Zeichen» publiziert, nachdem Andersch, einer der intensivsten Förderer Schmidts, ihn ersucht hatte, sein Erzählverfahren durch einen theoretischen Kommentar zu erläutern und damit die Wirkungsmöglichkeit seiner Bücher zu stützen.

Schmidt geht im ersten Teil der *Berechnungen* von der Beobachtung aus, daß die heute noch gebräuchlichen Prosaformen Roman, Novelle oder Erzählung einen soziologischen Ursprung haben, nämlich auf die Urszene eines «Erzähler[s] im lauschenden Hörerkreis» verweisen, die angesichts der Komplexität und Unüberschaubarkeit der gegenwärtigen Welt zum Anachronismus geworden und zudem der Konkurrenz eines ständig anwachsenden Informationsstromes ausgesetzt sei. Der Romancier könne diesen Wettstreit mit dem immer weiter vordringenden übermächtigen Informationsfluß nicht gewinnen, sondern müsse sich auf jenes Terrain konzentrieren, das dieser Informationsfluß nicht erfaßt. Es kommt für Schmidt darauf an, «endlich einmal zu gewissen, immer wieder vorkommenden verschiedenen Bewußtseinsvorgängen oder Erlebnisweisen die genau entsprechenden Prosaformen zu entwickeln [...].» Von seinen «subjektiven Versuchen einer konformen Abbildung von Gehirnvorgängen durch besondere Anordnung von Prosalementen [...]» handelt er dann in der Tat in den Berechnungen.[10]

Schmidt verweist damit den Romanerzähler auf einen Weg, den in anderer Weise schon der Ire James Joyce in seinem Roman *Ulysses* eingeschlagen hatte. Joyce hat die Bewußtseinsvielfalt des Dubliner Kleinbürgers Leopold Bloom im Verlauf eines einzigen durchschnittlichen Tages sprachlich-mikroskopisch so genau ausgelotet, daß, wie Hermann Broch in seinem Joyce-Essay ausführt, der Roman den «Welt-Alltag der Epoche» enthält. Am Ende des Romans wird im vierzigseitigen Schlußmonolog Molly Blooms die assoziative Vielfalt und Vernetzung des sprachlichen Bewußtseins konsequent in einem inneren Monolog ausgeschöpft, der sich als vom Unbewußten überspülter Bewußtseinsstrom bereits von den ordnenden Regelsystemen der Grammatik und Interpunktion befreit hat. Es entsteht solcherart schon bei Joyce eine fortlaufende Bewußtseinsstrom-Darstellung, in der alles amalgamiert ist: Gedankensplitter, punktuelle Wahrnehmungselemente der Außenwelt, fragmentierte Zitate, Wünsche, Phantasien, Triebimpulse, das assoziative Geflecht von akustischen, visuellen und Gedächtnis-Reizen. Dieser Roman, an dem Joyce seit 1914 arbeitete und der 1922 erstmals vollständig erscheinen konnte, ist von Arno Schmidt als «ein Handbuch der Städtebewohner» bezeichnet worden. Schmidt hat also die epische Pionierleistung von Joyce durchaus gekannt und anerkannt und bezieht sich auch auf sie. Er versucht jedoch zugleich, qualitativ einen Schritt weiterzugehen als Joyce, der im wesentlichen die Dominanz des rationalen Bewußtseins beim Erzähler gebrochen und die verschiedenen Schichten des zurückgestauten Unterbewußtseins in seine sprachliche Darstellung integriert hat. Schmidts Ausgangspunkt deckt sich dabei mit dem von Joyce.

Auch er geht von der neurophysiologischen Gedächtnisfunktion des menschlichen Gehirns aus und sieht die erzählerischen Strukturierungsvorgänge davon notwendig bestimmt. Den in der epischen Tradition weitverbreiteten Techniken der erzählerischen Introspektion, also dem Gedankenbericht, dem Monolog oder der Erlebten Rede, liegt die Annahme zugrunde, auch das nichtartikulierte Sprechen des Menschen oder sein Nachdenken vollziehe sich nach den Regeln der Grammatik als kontinuierliche, logisch gegliederte Sprachbewegung. Schmidt betont hingegen, daß sich der empirische Vorgang des Sicherinnerns ganz anders vollzieht: nicht kontinuierlich, sondern assoziativ sprunghaft. In den *Berechnungen* heißt es dazu: «man erinnere sich eines beliebigen kleinen Erlebniskomplexes, sei es ‹Volksschule›, ‹alte Sommerreise› – immer erscheinen zunächst, zeitrafferisch, einzelne sehr helle Bilder (meine Kurzbezeichnung: ‹Fotos›), um die herum sich dann im weiteren Verlauf der ‹Erinnerung› ergänzend erläuternde Kleinbruchstücke (‹Texte›) stellen: ein solches Gemisch von ‹Foto-Text-Einheiten› ist schließlich das Endergebnis jedes bewußten Erinnerungsversuches.» Diese auf die neurophysiologischen Besonderheiten des menschlichen Sinnes- und Gedächtnisapparates zurückgehenden, isolierten Erinnerungskomplexe gehen nicht auf im Kontinuum eines epischen Flusses der Ereignisse, eines Bewußtseinsstromes, sondern ergeben ein diskontinuierliches, gleichsam löcheriges Ganze, ein «beschädigtes Tagesmosaik».

Der auf die Zusammenfassung und Übermittlung von Informationen ausgerichtete realistische Roman des 19. Jahrhunderts ist an der Wirklichkeit der Erfahrung orientiert und gründet auf der Überzeugung von der Beschreibbarkeit der Erscheinungswelt. In den unterschiedlichen Mustern der Romanhandlung werden diese Informationen zu Bausteinen der epischen Darstellung. Weil die Protagonisten und ihre Erfahrungen durch bestimmte Handlungskonflikte und Geschehensabläufe vermittelt werden, ist der tradierte Roman häufig handlungszentriert. Bei Schmidt wird diese Dominanz der Romanhandlung aus einsichtigem Grund gebrochen. Da sich nämlich die Darstellungsperspektive von der äußeren Welt auf die innere des Subjekts verlagert, erweist sich nicht mehr die fortlaufende Romanhandlung als zentrales Gerüst der epischen Mimesis, sondern die Beschaffenheit der menschlichen Erlebnisweise: die Funktionsweise des menschlichen Gedächtnisses. Im zweiten Teil der *Berechnungen* hat Schmidt die formalen Besonderheiten dieses neuen Prosagefüges näher charakterisiert, indem er unter den Aspekten «Traum» und «Längeres Gedankenspiel» auf neue ästhetische Strukturmuster eines solchen Prosagefüges eingeht.

Voraussetzung dafür ist seine Beobachtung, daß sich in jedem Vorgang des Sicherinnerns eine «doppelte Handlung» – er spricht von den Erlebnisebenen I und II – erkennen läßt, eine Handlung, die gleichzeitig in der objektiven Realität, der Unterwelt, und der subjektiven Realität, der Oberwelt, spielt, daß aber beide Handlungen sich ständig überkreuzen und miteinander vielfältig vernetzt sein können. Und je nachdem, ob die Unterwelt, der Bereich der Objektwelt und des Unterbewußtseins im umfassenden Sinne, dominiert, ist das Subjekt weitgehend passiv und erfährt die Eindrücke als «Traum». Wird jedoch die Erinnerungsmasse vom Tagesbewußtsein dominiert, ist das Subjekt also aktiv, indem es auswählt und miteinander verquickt, Impulse aus Unter- und Oberwelt miteinander verzahnt, entsteht das, was Schmidt das «Längere Gedankenspiel» nennt: «Das Gedankenspiel ist kein seltener oder auch nur extremer Vorgang, sondern gehört zum unveräußerlichen Bestand unserer Bewußtseinstatsachen: ohne der Wahrheit Gewalt anzutun, läßt sich behaupten, daß bei jedem Menschen die objektive Realität ständig von Gedankenspielen, meist kürzeren, nicht selten längeren überlagert wird – wobei sich dann natürlich die wunderlichsten Interferenzerscheinungen [...] ergeben können.»[11]

Schmidt rückt ein literarisches Darstellungsprinzip in den Mittelpunkt seiner Arbeit, das es sich zur Aufgabe gesetzt hat, die menschliche Erfahrungsrealität anders und genauer zu erfassen, als es die Darstellungstechniken des tradierten Romans ermöglicht haben. Jedes Erinnerungsfoto wird also nicht nur von den erläuternden Kleinbruchstücken der Texte eingerahmt und strukturiert, sondern auch in ein vielfältiges assoziatives Gespinst eingelagert, das sich, mannigfach überkreuzt, aus Eindrücken zusammensetzt, die aus Triebimpulsen, Wünschen, Affekten und unterschiedlichen Gedankensignalen bestehen und solcherart die komplizierte Vieldimensionalität und Simultaneität des menschlichen Bewußtseins dokumentieren.

Aus dieser theoretischen Konzeption ergeben sich wichtige Konsequenzen für das neue Erzählverfahren im Roman: 1. Die Aufhebung einer an einer Handlungsentwicklung orientierten erzählerischen Kontinuität in einer sich sukzessiv in der Zeit entfaltenden Darstellungsweise und statt dessen die Entstehung einer mosaikartig «hingeblockten» Erzählstruktur, die aus zahlreichen Einzelbestandteilen zusammengesetzt ist. 2. Der Verzicht auf einen diese tradierte Kontinuität des Romans personal verkörpernden Erzähler, der nach vertrauten psychologischen Kriterien handelt und denkt, mit Kritik und Kommentar auktoriale Perspektiven der Wertung signalisiert. An seine Stelle tritt die Auflösung der Icheinheit in ein psychisches Empfindungsgewebe, das als Membran einer vielschichtigen Wirklichkeit fungiert und vom Unterbewußtsein bis zum rationalen Tagesbewußtsein reicht. 3. Der Verzicht auf einen spezifischen literarisierten Erzählstil, der Wirklichkeit schon immer als sprachlich verarbeitete präsentiert und statt dessen eine aus vielfältigen Prosapartikeln, fragmentierten Zitaten auf allen Sprachebenen – vom alltäglichen Kauderwelsch bis zur Polit-Floskel – montierte Sprachform, in deren Disparatheit sich die komplexe Vielgesichtigkeit der Realität und der menschlichen Wahrnehmung dieser Realität abbilden.

Auf diesem Hintergrund ist es durchaus plausibel, daß Schmidt 1953 in einem Brief an den jungen Walser dafür plädiert hat, «endlich auch in der Literatur die in den Wissenschaften schon längst vorgenommene Scheidung in ‹angewandte› und ‹reine› zu vollziehen.»[12]

Reine Wissenschaft versteht sich bekanntlich als Grundlagenforschung, die versucht, die menschlichen Erkenntnispositionen in einer Disziplin zu erweitern, ohne von dem Gedanken der möglichen Anwendbarkeit dieser Forschung gesteuert zu werden. Angewandte Wissenschaft geht immer von bereits erschlossenen Erkenntnispositionen der reinen Wissenschaft aus und bemüht sich um pragmatische Verfahren der Nutzbarkeit dieser Erkenntnisse. Dieses Modell überträgt Schmidt auf die Literatur. Von daher ergibt sich auch in der Epik eine Staffelung zwischen einem Roman, der die epischen Darstellungsweisen im Sinne einer epischen Grundlagenforschung erweitert, und einem Roman, der solche epischen Innovationen übernimmt und in Darstellung umsetzt. In der Gegenüberstellung von Grass und Schmidt wird sichtbar, wie die Gewichte zwischen einer ‹angewandten› und einer ‹reinen› Literatur verteilt sind. Bemerkenswert bleibt jedoch, daß Grass wie viele Autoren – von Kempowski bis Hermann Lenz und Jurek Becker – diese Leistung von Schmidt registriert und anerkannt und 1964 bei der Verleihung des Berliner Fontane-Preises an Arno Schmidt in seiner Laudatio *Kleine Rede für Arno Schmidt* ausgeführt hat:

«Heute, nach vierzehn Jahren, einer Spanne also, in der unser Autor Buch um Buch vorlegte und unseren Horizont verrückte, heute bequemen wir uns zur Ehrung eines Schriftstellers, den Freunde wie Feinde gerne – [...] – mit dem Titel Außenseiter behängen [...] Nicht daß ich sagen will, hier wird heute ein Vergessener jener Spielart geehrt, die Arno Schmidt von Zeit zu Zeit für uns ausgräbt; er hat immer Freunde gehabt [...], aber gelesen wurde er, dessen Erzählungen und Romane – *Die Gelehrtenrepublik* und *Das steinerne Herz* – zumindest populär sein könnten, nicht oder kaum.»[13]

In *KAFF auch Mare Crisium* lassen sich erzählstrukturell ohne Schwierigkeiten die beiden Erlebnisebenen feststellen, die Schmidt in den *Berechnungen* begründet hat.

E I bezieht sich auf die Erlebnisebene auf der Erde, auf das Kaff Giffendorf in der Lüneburger Heide, wo sich der Lagerbuchhalter Karl Richter mit seiner Freundin Hertha Theunert zu einem zweitägigen Besuch bei Karls sechzigjähriger Tante Heete aufhält, einer rüstigen alten Dame, die, bauernschlau und auf eine naive Weise klug, voll dörflicher Anekdoten steckt und, als Witwe in einem geräumigen Haus wohnend, das junge Paar gerne permanent in ihr Haus aufnehmen möchte und ihm ein entsprechendes Angebot macht. Der in seine autodidaktischen Interessen verbohrte Karl und seine etwas schüchterne Freundin Hertha, deren Verhältnis zueinander nicht ohne Probleme ist, erkunden auf Spaziergängen die Umgebung, besuchen eine von den Schulkindern des Dorfes veranstaltete Theateraufführung und wissen nicht so recht, wie sie auf den Vorschlag der Tante reagieren sollen. Als sie nach zweitägigem Aufenthalt nach Nordhorn zurückfahren, bleibt es offen, wie sie sich künftig entscheiden werden.

Auf diese Erlebnisebene I ist die Erlebnisebene II bezogen, die 1980 auf dem Mond spielt, wohin sich nach einem nuklearen Holocaust auf der Erde die wenigen noch überlebenden Amerikaner und Russen geflüchtet haben und in verschiedenen Mondkratern zu überleben versuchen. Die nukleare Katastrophe, die alles Leben auf der Erde vernichtete, hat die wenigen tausend Überlebenden der menschlichen Spezies dennoch nicht zur Einsicht geführt, sondern das Block-Denken des Kalten Krieges dauert auf dem Mond an, wo sich Amerikaner und Russen mißtrauisch beobachten.

Diese beiden Handlungsstränge werden nicht alternierend nebeneinander erzählt, sondern sind so, wie es Schmidt in den *Berechnungen* entwickelt hat, miteinander verzahnt, überkreuzen sich ständig, wobei Sprach-, Aktions- und Empfindungsimpulse auf der Erlebnisebene I ständig auf die Erlebnisebene II einwirken und dort ihr erzählstrukturelles Äquivalent finden.

So korreliert beispielsweise die Laien-Theateraufführung im Dorf, an der Karl und Hertha teilnehmen, mit dem im amerikanischen Mond-Rundfunk vorgelesenen «umfassend-nazionalen Roman-Epos» des amerikanischen Poeten Frederick T. Lawrence, einer verballhornten Umdichtung des Nibelungenliedes, dem auf russischer Seite das Konkurrenz-Epos, nämlich eine Adaption von Herders «Cid» entspricht. Der Gang in Tante Heetes Keller ist auf den Sturz der erzählerischen Ich-Projektion Karl Richters (des imaginierten Mond-Ichs Charles Hampden) in den russischen Vorratskrater bezogen. Die versplente Bibelforscherei auf dem Mond findet ihre Entsprechung auf der Erde in der Arche-Noah-Theorie Silberschlags, und die erotischen Unternehmungen von Karl und Hertha im Hause Tante Heetes spiegeln sich in der sexuellen Aktivität Saundersons in der sogenannten Glass Town auf dem Mond. Die Erzählstruktur des Romans wird organisiert vom dem Erfahrungs-Ich Karl Richters, das immer wieder schubweise in das imaginierte Ich Charles Hampdens übergeht, der im Kontakt und Gespräch mit seinem Freund George Harris die vorgestellte Wirklichkeit auf dem Mond kommentiert und durchlebt.

Von diesem Strukturaufbau her betrachtet, erweist sich die lunare Darstellungsebene des Romans als Umsetzung des «Längeren Gedankenspiels», wie Schmidt es in den *Berechnungen II* zu erläutern versucht hat, wo er in § 7 insgesamt zwischen vier verschiedenen Typen des «Längeren Gedankenspiels» unterscheidet. Das Phantasiepotential Karl Richters in *KAFF* entspricht dabei am ehesten dem Typus 3, den Schmidt als «Der Gefesselte» beschreibt und in dessen Charakteristik sich in der Tat das Doppel-Ich von Karl Richter alias Charles Hampden erkennen läßt:

«dem in tödlichen Situationen ein E II das Überleben bzw. Sterben erleichtert, manchmal sogar erst ermöglicht. Gekennzeichnet dadurch, daß das Subjekt höchstens noch als verdüsterte Hauptperson auftritt; oft sogar ist seine Anwesenheit nur noch nötig, wie die eines verläßlichen Reporters, der dem Leser die beunruhigende Gewißheit der Autopsie verschafft. Hier, bei einem auf eine finstere Null geschalteten E I, tritt das E II als pessimistische *Steigerung* auf; ins bedeutend Allgemeine gewandt, tiefsinnig, utopienverdächtig.–»

Grass betreibt in der *Blechtrommel* erzählerische Vergangenheitsbewältigung und geißelt den moralischen Ausverkauf während der NS-Zeit. In der auf Null gebrachten Situation der fünfziger Jahre, als im Zeichen des Kalten Krieges die nuklearen Bedrohungspotentiale in Ost und West als vermeintlich friedensichernde Maßnahmen aufgebaut wurden und es immer wieder zu Krisenentladungen kam (Anfang der fünfziger Jahre in Korea, 1956 beim Ungarn-Aufstand und im Suez-Konflikt), richtet Arno Schmidt hingegen seinen pessimistischen Blick nach vorn und läßt seinen in enge Verhältnisse eingezwängten Karl Richter imaginieren, was von den historischen Traditionen und dem kulturellen Überbau noch vorhanden sein wird, wenn jener kollektiv verdrängte Fall einer atomaren Katastrophe eingetreten ist. Die im siebten Erzählabschnitt des Romans imaginierte Botenreise von Charles ins Mare Crisium, wo er mit einem russischen Boten zusammentrifft und wo es zum Austausch der Kulturprodukte kommt, erweist sich als bildliches Zeichen für die Darstellungsabsicht des Romans insgesamt.

KAFF ist ein Buch, das nicht aus einem biologischen Selbsterhaltungsreflex heraus die Augen vor den Krisen der Zukunft verschließt, sondern in der Art einer negativen Utopie den Endpunkt der historischen und kulturellen Entwicklung der Menschheit anvisiert und zu einem pessimistischen Ergebnis kommt. Schmidt entwickelt das freilich nicht als moralisierende negative Utopie mit pathetischem Lamento, sondern als witzig-unterhaltsamen Ausverkauf dessen, was zum Wertekanon dieser zugrundegehenden historischen und kulturellen Überlieferung gehört. Die Verjuxung einer hehren abendländischen Tradition, eines großen Literaturwerkes wie des Nibelungenliedes, das in der amerikanisierten Umschrift zur Parodie wird, hat durchaus unterhaltsame Qualitäten und signalisiert sicherlich auch Schmidts Urteil über den kulturellen Hegemonieanspruch der Amerikaner in der frühen Nachkriegszeit, als im Zuge von «Re-education» das in jeder Beziehung ruinierte Deutschland regeneriert werden sollte. Das Buch bricht zugleich durch seine spezifische Schreibweise aus allen bestehenden Konventionen aus. Das geschieht nicht nur durch die Technik des «Längeren Gedankenspiels», die endgültig mit der Intention des realistischen Romans bricht, Wirklichkeit abzubilden und symbolisch zu verdichten.

Schmidt verlagert seine Darstellung auf die psychischen Prozesse, die Wirklichkeitsbilder im Bewußtsein des Menschen generieren, Wirklichkeitsbilder, die sich als mächtiger erweisen als die Abbilder von Wirklichkeit, die den Menschen in seiner alltäglichen Erfahrung umgeben. Innerhalb dieses Prozesses erscheint es daher als konsequent, daß Schmidt nicht bei der überkommenen Sprache stehenbleibt, der Sprache der diskursiven Verständigung, sondern jene fragmentierte und durchlöcherte Sprachmembran darzustellen versucht, die die Wahrnehmungsvielfalt des einzelnen ausmacht. Schmidt löst die historisch festgeschriebene Wortgestalt auf. Er zertrümmert die Orthographie und schafft eine eigensinnige, mitunter verspleente neue Wortgestalt, die die einzelnen Wörter aus ihrer gewohnten Bedeutung herauslöst. So wird etwa im Kontext der Nibelungenlied-Variation der Vorname Kriemhild zu «Creamhilled» verballhornt und folgendermaßen kommentiert:

> «(Also ein ‹Fru=lein›; als Nachrichtenhelferin im amerikanischen Head=
> Quarter. / Und was n Name: ‹Cream=hilled› – Mann=o=Mann! – Alle
> Zungen leckten alle Lippen; alle Köpfe wandten sich: [...] zu Frau
> Lawrence, (die eben, gans lauschend=versunkn, die Riesenperle ergriff,
> die an dem dünnen Goldfaden zwischen ihren Brüsten hing; und sie,
> zweifellos unbewußt, weiter nach unten zog -,-: no doubt; cream=
> hills!...).»

Die Zerstörung der überkommenen Wortgestalt dient also nicht nur der Irritation des Lesers, sondern soll dessen assoziative Phantasietätigkeit mobilisieren, wie auch hinter der abgeschliffenen diskursiven Semantik der einzelnen Wörter der verbale Phantasie- und Anspielungsreichtum sichtbar gemacht werden soll.

In seinen später entstandenen epischen Großwerken wie *Zettel's Traum* (1970), *Abend mit Goldrand* (1975) und dem *Julia*-Fragment (1979) ist Schmidt diesen Weg mit einer Radikalität weitergegangen, die auch zur Auflösung der vertrauten Buchgestalt führte. Es handelt sich um monströse Manuskript-Faksimiles gigantischen Ausmaßes, ein überdimensionaler Rebus in Form von Büchern sozusagen, den enthusiastische Exegeten unter Ausschluß der Leserschaft schon bald kombinatorisch zu dechiffrieren begannen. Die 1330 DIN A3-Seiten von *Zettel's Traum* haben sich von allem abgekoppelt, was mit der epischen Gattung verbunden schien, sind ein in Spaltentechnik aufgespleißtes Sprachgewebe, das alles zugleich ist: Literatur- und Wahrnehmungstheorie, überbordender essayistischer Exkurs zur Übersetzungstechnik und Dichterpathographie Edgar Allan Poes, von rudimentären epischen Handlungszügen durchsetzt, die den Leser an einem Sommertag des Jahres 1968 in der Celler Ostheide im Haus des Ich-Erzählers Daniel Pagenstecher mit dem Übersetzerehepaar Paul und Wilma Jacobi und dessen sechzehnjähriger Tochter Franziska zusammenführen. In einer endlosen mäandrischen Bewegung geht es um den Austausch von Übersetzungsproblemen im Werk Poes, um den Konflikt zwischen dem idealisierten Poe-Bild der Übersetzer Jacobi und Pagenstechers psychoanalytisch geschulter Poe-Lesart, der die Sprache immer von unbewußten psychischen Prozessen bestimmt sieht und diese mit der Theorie des Etyms zu analysieren versucht. Es geht unterschwellig auch um eine verdeckt aufkeimende Liebesgeschichte zwischen Pagenstecher und Franziska. Diese empirischen Einsprengsel sind nur der Ariadne-Faden in einem monströsen Bewußtseins-Labyrinth, auf dessen sich allen Verständnisnormen entziehende Komplexität Schmidt mit dem Motto-Zitat seines Buches aus Shakespeares *Sommernachtstraum* bezieht, wo der Weber Zettel von einem Traum berichtet, der alle Möglichkeiten eines Traumberichtes sprengt.

Was Kurt Tucholsky hellsichtig-ironisch über Joyce anläßlich des Erscheinens der deutschen Übersetzung des *Ulysses* gesagt hat, trifft auch auf Arno Schmidt zu:

> «Was gemacht werden konnte, hat Joyce gemacht. Denn so sieht es in
> einem menschlichen Gehirn aus. [...] Liebigs Fleischextrakt. Man kann

es nicht essen. Aber es werden noch viele Suppen damit zubereitet werden.»[14]

Auch die «reine Literatur» Schmidts ist von ähnlicher Wirkung gewesen, als «a writers' writer» hat er wichtige Anstöße gegeben, selbst dort, wo Autoren ihm nicht unmittelbar gefolgt sind. Bezeichnend ist, was beispielsweise ein Autor wie Jurek Becker ausgeführt hat:

> «Ich war schon 40, als ich zum erstenmal Arno Schmidt las, ‹Das steinerne Herz›. Zuerst kostete es mich Überwindung, die Sprache, bestehend aus Andeutungen, Auslassungen und Verzerrungen, nicht für Verrücktheit zu halten. Zum Glück gab ich nicht gleich auf und war plötzlich einem Text so nahe wie nie zuvor. Ich mußte mir ins Bewußtsein rufen, daß Literatur ja nicht die möglichst exakte Abbildung von Gegebenheiten ist.»[15]

6. Der experimentelle Erzählansatz von Peter Weiss

Ein anderer radikaler Neuansatz des Erzählens, von der damaligen literarischen Öffentlichkeit kaum registriert, findet sich in den frühen epischen Arbeiten von Peter Weiss (1916–1982). Das ehrgeizigste epische Unternehmen, mit dem der Name dieses Erzählers verbunden ist, steht am Ende seines Lebens: die umfangreiche Roman-Trilogie _Die Ästhetik des Widerstands_. Es ist eine in eine proletarische politische Erweckungsgeschichte übertragene Wunsch-Biographie, die den lebensgeschichtlichen Erfahrungsweg des Roman-Protagonisten, eines Berliner Arbeiterjungen, in die Zentren der antifaschistischen Auseinandersetzung zu Anfang unseres Jahrhunderts führt. Als politisch bewußt Handelnden versucht sie ihn nicht nur zum literarischen, sondern auch zum politischen Beispiel zu erheben und damit zugleich die politischen Utopie-Träume der 68er Bewegung in einem poetischen Gleichnis zu retten. Über die anfängliche literarkritische Wirkung dieses Romanwerks, das zwischen 1975 und 1981 erschien, wird in einer Rezeptionsstudie festgestellt: «In der Bundesrepublik rollte eine anfangs nahezu lückenlose Verrißwelle über den Roman hinweg.»[16] Der politische Überzeugungswille dieses Romans hat freilich nichts mehr mit jener epischen Arbeit von Weiss zu tun, die 1960 erschienen ist, also in enger zeitgeschichtlicher Nachbarschaft zu Grass' _Blechtrommel_, Bölls _Billard um halbzehn_, Johnsons _Mutmaßungen über Jakob_ oder Schmidts _KAFF auch Mare Crisium_. Der Mikroroman _Der Schatten des Körpers des Kutschers_, dessen Darstellungstechnik auch deutlich Spuren von Weiss' vorangegangenen experimentellen filmischen Arbeiten verrät, war zwar bereits Anfang der fünfziger Jahre entstanden, aber nach einer beispiellosen Irrfahrt durch zahlreiche deutsche Verlagslektorate erst relativ spät, auf ausdrückliche Empfehlung des damaligen Suhrkamp-Lektors

Enzensberger, veröffentlicht worden. Von seiner Wirkungsdimension her gehört dieses Buch also durchaus in den Kontext der frühen sechziger Jahre.

Weiss' großer literarischer Ruhm ist einige Zeit später vor allem auf dem Theater zustande gekommen und basiert auf einer Reihe von Stücken, von denen das 1964 uraufgeführte *Marat/Sade*-Schauspiel in vieler Hinsicht das bedeutendste geblieben ist. Der 1916 in der Nähe von Berlin geborene Weiss ist auch in seiner lebensgeschichtlichen Erfahrung das Gegenbild zu den zuvor genannten Autoren. Während für sie die NS-Zeit einen Lebensabschnitt darstellt, der Teil der eigenen Biographie wurde (beim Hitlerjungen Grass und beim Napola-Schüler Lenz), ist der Deutschjude Peter Weiss schon sehr frühzeitig mit seinen Eltern nach Schweden emigriert und hat auch in den Zeiten seines späteren literarischen Ruhms seinen schwedischen Wohnort und seine schwedische Staatsbürgerschaft nie aufgegeben, auch wenn die künstlerische Karriere in Schweden, als Graphiker und Maler, kaum Erfolg hatte und trotz der perfekten Aneignung der schwedischen Sprache frühe, auf Schwedisch geschriebene Manuskripte ungedruckt blieben. Erst die Veröffentlichung von *Der Schatten des Körpers des Kutschers* hat die Initiation des Schriftstellers Weiss bewirkt. In den frühen sechziger Jahren folgten dann einige weitere Prosabände, die den Erzähler nachhaltig sichtbar machten: 1960 und 1961 die beiden autobiographischen Erzählbände *Abschied von den Eltern* und *Fluchtpunkt* und 1963 das surrealistisch montierte Prosastück *Das Gespräch der drei Gehenden*.

Alle diese Arbeiten, deren innovatorische Darstellungskraft durchaus von einem Teil der damaligen Literaturkritik anerkennend registriert wurde, rechnete Weiss aus der Sicht von 1964, als das *Marat/Sade*-Stück ihn im Zuge der sich formierenden Studentenbewegung in der Bundesrepublik schlagartig bekannt machte, zu den literarischen Zeugnissen einer überwundenen ästhetizistischen Isolation. In seinem Traktat *10 Arbeitspunkte eines Autors in der geteilten Welt* hat er damals ausgeführt:

«Ich bin selbst aufgewachsen in der bürgerlichen Gesellschaft, und ich habe in meiner Arbeit und in meinem persönlichen Leben die größte Zeit damit verbracht, mich von der Eingeengtheit, den Vorurteilen und dem Egoismus zu befreien, die mir von diesem Milieu auferlegt wurden. Ich habe lange geglaubt, daß mir die künstlerische Arbeit eine Unabhängigkeit verschaffen könnte, die mir die Welt öffnete. Heute aber sehe ich, daß eine solche Bindungslosigkeit der Kunst eine Vermessenheit ist [...]»

Das ist implizit auch ein Urteil über seine frühe literarische Produktion. Die Verbohrtheit in nüchternste Beschreibungsakribie einerseits und in surrealistische Traumvisionen und autobiographische Traumata andererseits, die bewußte Konzentration auf die schreibende Selbsteinkreisung des biographischen Erfahrungs-Ichs wurden bereits aus der Sicht von 1964 relativiert, als er sich politisch umzuorientieren begann und in einem aktivistischen Sozialismus den Imperativ seines Handelns zu erkennen glaubte, der auch noch den utopisch verklärten Geschichtsentwurf in der *Ästhetik des Widerstands* durchdringt. Begonnen hatte Weiss, geprägt von seinen Flucht-Erfahrungen und Überlebensversuchen in einer chaotischen Zeitgeschichte, mit einer ganz anderen Einstellung zur Wirklichkeit:

«Kunst entstand aus einer freiwilligen Isolation. Ich würde für mich selbst beschreiben, was da draußen passierte, und ich beschrieb es als eine Absurdität von Kräften, die sich gegenseitig überschlugen.»

Wenn das Motiv der Tortur, der Folter, von den surrealistischen Anfängen Weiss' bis hin zu den Stücken seiner politisch engagierten Phase, sein Werk bestimmt und in dieser Motivkonstanz eine der unverwechselbaren Eigenheiten seiner literarischen Darstellungsweise hervortritt, so läßt sich dieses Bild der Folter bereits in der Wirklichkeitserfahrung des jungen Autors erkennen: Wirklichkeit erschließt sich ihm in ihrer Sinnlosigkeit als Folterinstrument, als ausgeklügeltes System menschlicher Torturen. Was sich dann in den sadistischen Folter-Szenen des *Marat/Sade*, des Auschwitz-Oratoriums *Die Ermittlung* oder des *Hölderlin*-Stückes erneut zuspitzt, läßt sich bereits hier auf einer Vorstufe im literarischen Frühwerk erkennen. Über die Situation jener Jahre hat er berichtet:

«Ich konzentrierte alle meine Kräfte darauf, nicht mit hineingezogen zu werden. Ich war fasziniert von der Macht der Zerstörung. Ich zeichnete, schrieb meine Visionen, ich machte Kunst in meinem Zufluchtsort, während die Welt in Stücke fiel.»

Diese Position einer umfassenden Reduktion, ein Leben und künstlerisches Arbeiten gleichsam auf einer existentiellen Schwundstufe, ist für die Einschätzung seines Romans *Der Schatten des Körpers des Kutschers* ausschlaggebend.

Siegfried Lenz hat in der *Deutschstunde* einen Erzähler vorgeführt, der einerseits gezwungen ist, die Vergangenheit auf dem Wege einer ihm von außen verordneten Erinnerungstherapie zu verarbeiten, und der andererseits konzipiert ist als moralische Instanz, die dem Leser bestimmte Beurteilungskriterien signalisiert, die auf das berichtete Geschehen während der NS-Zeit in Deutschland anzuwenden sind. In *Der Schatten des Körpers des Kutschers* zeigt sich die radikale Gegenposition dazu. Alles wird preisgegeben, woran Lenz noch festhält. Der Erzähler bei Weiss ist wie bei Lenz der Augen- und Ohrenzeuge, der Voyeur, aber er erzählt nicht mehr aus einem moralischen Erkenntnisinteresse heraus und auch nicht mit der Vorgabe, der zurückliegende historische Prozeß von Ereignissen und Handlungen lasse sich mit analytischer Reflexionsarbeit in ein Sinnmuster übersetzen. Der Erzähler von Weiss, der wie bei Lenz aus dem Fenster schaut, durch einen Türspalt oder durch das Schlüsselloch einer Tür späht, berichtet nur das, was sich auf seiner Netzhaut unmittelbar abbildet: fragmentierte Teilstücke einer visuell erfahrenen Wirklichkeit ohne jeden Anspruch, diese Fragmente von Wirklichkeit in Zusammenhänge einfügen zu können, und ohne die Prämisse, er sei ein Erkenntnissubjekt, das die erfahrene Wirklichkeit zu ordnen und zu deuten vermag. Der Erzähler ist für Weiss nur ein Filter, durch den die visuellen

Eindrücke eindringen. Seine einzige Erkenntnisenergie ist die der mikroskopisch genauen Beschreibung. Und selbst die Phantasiebilder, die mitunter die präzis beschriebenen Eindrücke von punktuellen Wirklichkeitsbildern durchbrechen, sind Ergebnis eines physiologischen Reiz-Vorgangs. Er hat in Reichweite seines Bettes einen Teller Salz auf einem Tisch stehen und reibt sich ab und an einige Salzkörner in die Augen:

> «Die Aufgabe der Salzkörner ist es, meine Tränendrüsen zu reizen, und damit meinen Blick verschwommen zu machen; die entstehenden Tränenfäden, Lichtpünktchen und anschwellenden und zerfließenden Lichtteile legen sich über das deutlich in meine Netzhaut eingeätzte Abbild des Raumes. [...] Während ich mit weitgeöffneten Augen vor mich hinblicke, entstehen allmählich aus den ungewissen, hin und her flackernden Schatten, Strahlen, Prismen, Farbflecken und Linien die ersten Andeutungen von Gestaltungen, anfangs unterbrochen von jähen Ausflügen völliger Schwärze.»[17]

Es geht also nicht wie im «längeren Gedankenspiel» Arno Schmidts um den Versuch, die Erinnerungsaktivität des Bewußtseins neben den kontrollierten Geschehensabläufen auf der Ebene des Tagesbewußtseins mit ins Bild zu zwingen, sondern nur um die möglichst genaue Beschreibung von Bildfolgen, die nach der Reizung der Netzhaut durch Salzkörner entstehen. Beschrieben wird nur, was unmittelbar gesehen und sinnlich erfahren wird, nicht mehr und nicht weniger, aber dieses wenige so exakt wie möglich.

So läßt sich auch die Erzählsituation nur sukzessiv erschließen. Der Erzähler befindet sich in einem Landgasthof, zusammen mit einigen anderen Pensionären. In einer Reihe von Situationsquerschnitten werden bestimmte Momentaufnahmen seiner Erfahrung beschrieben und festgehalten, ohne daß sich auch nur im entferntesten so etwas wie die Fiktion von Handlungs- und Geschehenskontinuität andeutet. Der erste Querschnitt zeigt ihn auf dem Abtritt des Gasthofs, einem primitiven Plumpsklo. Die Tür ist einen Spalt weit geöffnet, sie fungiert als Blende seines Blickfeldes, und er beschreibt den Ausschnitt von Wirklichkeit, den er durch die geöffnete Tür sieht. Der zweite Querschnitt enthält die Beschreibung seines Weges von dem Abtritt durch das Haus die Treppe hinauf in sein Zimmer. Der dritte Querschnitt bezieht sich auf die zuvor im Zitat vergegenwärtigte Situation: die Erzeugung von Bildern durch die Salzkörner, die in die Augen gerieben werden. Der vierte Querschnitt hält das Ritual der Pensionäre während der Abendmahlzeit fest und beschreibt wie in filmischer Zoom-Bewegung die verschiedenen Körpergesten und Mundbewegungen beim Essen und Trinken, so wie ein Zoologe die Bewegungsabläufe einer fremden Tierspezies erfaßt. Im fünften Querschnitt erfaßt der Erzähler als akustischer Beobachter in der Nebenkammer das fragmentierte soziale Miteinander einer vierköpfigen Familie mit der Verprügelung des älteren Sohnes und dem Herzanfall des Vaters. Der sechste Querschnitt zeigt den Erzähler draußen auf einem Holzstoß sitzend und beobachtend, wie der Sohn mit einer Schubkarre hantiert. Der siebte Querschnitt präsentiert den Erzähler wieder in der Kammer, seine Augen mit Salzkörnern reibend und Bilder stimulierend. Der achte Querschnitt stellt die abendliche Geselligkeit im Zimmer der Haushälterin dar. Der neunte Querschnitt schließlich, der den Erzähler in seinem Zimmer, durch die schräge

Dachluke nach außen schauend, zeigt, geht in den zehnten Querschnitt über, als er durch sein Fenster im abendlichen Dämmerlicht beobachtet, wie der mit einer Kohleladung eingetroffene Kutscher einen Sexualakt mit der Haushälterin ausführt, den der Erzähler nur so beschreibt, wie er ihn tatsächlich sieht: nämlich als Schattenspiel der sich bewegenden Körper.

Alle politische und gesellschaftliche Realität ist in Weiss' Darstellung weitgehend ausgeklammert. Die Fragmente dieser erzählerischen Situationsauszüge ergänzen sich nicht zu irgendeinem Gesamtbild von Wirklichkeit. Symbolisches Erzählen am stellvertretenden Detail, das das Allgemeine im Besonderen vermittelt, erscheint angesichts eines solchen Erzählers als abwegig. Alles Menschliche scheint auf das Biologisch-Zoologische reduziert. So gesehen, korrespondiert der Sexualakt als purer körperlicher Krampf am Ende des Buches mit dem Fäkalienbereich, mit dem der Erzähler seine Beschreibung beginnt. Die umfassende Desillusionierung, die sich bereits darin zeigt, daß der Erzähler nur registrierendes Organ von sich ereignenden Eindrücken ist und jede übergeordnete Sinnperspektive weit von sich weist, zeigt sich auch immer wieder in den einzelnen Beschreibungsabläufen. Das dichterische Erkenntnissubjekt und die Wirklichkeit sollen auf diese Weise radikal entideologisiert werden. Weiss' Erzähler gibt nur die Oberfläche der Dinge, und auch der Mensch, wenn man ihn auf die Oberfläche seiner Körpermotorik reduziert, wirkt fremd und seltsam so wie die Dinge, an die die erzählerische Lupe ganz nah heranrückt.

Es ist höchst bezeichnend, daß es in dem Text keine Dialogpartien gibt. Wenn Gespräche berichtet werden, dann werden isolierte Wortinformationen aneinandergereiht. Die Form der sprachlichen Verständigung, die so entsteht, entspricht einer Stummelsprache ohne Zusammenhänge der Deutung. Was in zeitlicher Parallelität zu Weiss seit Ende der fünfziger Jahre in der Beschreibungsmethode des «Nouveau Roman» bei Nathalie Sarraute und Michel Butor zu einer wichtigen Darstellungsweise entwickelt wird und was sich dann beispielsweise mehr als ein Jahrzehnt später in den frühen Prosabüchern Handkes zeigt, etwa in den *Hornissen* (der Abbau der epischen Fiktion und die Vermeidung jeglichen philosophischen Überbaus durch die Konzentration auf reine Beschreibung), wird hier bereits 1960 von Weiss durchgeführt. Auch in den frühen erzählerischen Arbeiten von Dieter Wellershoff lassen sich analoge Darstellungsstrategien erkennen. Weiss macht damit einen möglichen Neuansatz des Erzählens sichtbar, der auf eine radikale Weise dem erfahrenen totalen Ausverkauf aller tradierten Sinnmuster religiöser oder philosophischer Provenienz in der Zerstörungserfahrung jener Jahre entspricht. Die sogenannte Literatur ist der Schatten, den die Wirklichkeit wirft. Die Schattenbilder weisen im Unterschied zur Literatur der Zeit auf keine transzendente Ideenfolie mehr zurück.

7. Ein Außenseiter: Hermann Lenz

In die Beispielreihe von innovatorischen Erzählansätzen in den frühen sechziger Jahren gehört auch Hermann Lenz (*1913) mit seinem 1962 erschienenen Roman *Spiegelhütte*. In der damaligen Situation schien es ein eher abwegiges, von der sogenannten Aktualität der Zeitgeschichte seltsam abgekoppeltes Buch. Dieses Mißverständnis hatte nicht zuletzt mit dem Status dieses Autors zu tun, der sich zu seinem Ort an der Peripherie des literarischen Lebens immer bekannt hat und von der punktuellen Aktualität literarischer Trends nie bestimmt wurde, weshalb man ihn im literarischen Leben jener Jahre, wenn überhaupt, so lediglich als Außenseiter, als Unzeitgemäßen, als individualistisch versponnenen Beobachter von Randzonen der Wirklichkeit registrierte. Dennoch hat Lenz über viele Jahrzehnte immer weiter an einem imponierenden epischen Werk gearbeitet, das inzwischen viele Bände umfaßt und in seinem künstlerischen Gewicht schließlich auch anerkannt wurde. Die Verleihung des Büchner-Preises 1978 an den damals schon Sechsundsiebzigjährigen ist ein Signal dafür.

In einer Zeitphase, die am Ausgang der Studentenbewegung einer aktivistischen Literatur, die politische Relevanz über alles stellte, müde geworden war und sich der Leidens- und Erfahrungsgeschichte von einzelnen wieder zuwandte und damit Texten der Introspektion und der genauen Beobachtung von allen Nuancen der Wirklichkeit wieder eine neue Geltung zusprach, wurde auch Lenz wiederentdeckt und sozusagen mit der Altersgabe des literarischen Ruhms bedacht.

Schon 1953 hatte Thomas Mann über eines der frühen Prosabücher, *Das doppelte Gesicht* (1949), ausgeführt:

> «[...] das Buch von Hermann Lenz [...] hat mich sehr beschäftigt. [...] Das ist ein originelles, träumerisch-kühnes merkwürdiges Talent, ganz selbständig neben Kafka, an den die Geschichten in ihrer genauen, wohlartikulierten Un- und Überwirklichkeit noch am meisten erinnern. [...] Ich nehme das Buch mit und will entschieden noch besser in diese zweifellos alle Aufmerksamkeit verdienende Erscheinung eindringen. Sie wird von sich reden machen.»[18]

Es ist sicherlich kein Zufall, daß dieses Urteil von einem Buch ausgelöst wurde, das sich in seiner Darstellungsweise von der einer realistischen Technik verschriebenen Literatur absetzt. Es macht vielmehr den Versuch, diese Realitätsebene aufzubrechen durch ein inneres Bewußtseinsbild. Die Kausalität des Handelns und Verhaltens hat aufgehört zu existieren, und die unterschiedlichen Zeiterfahrungen verschmelzen in einer Wahrnehmungsgleichzeitigkeit, in der das Gedachte und Geträumte gleichwertig neben dem Erlebten und konkret Erfahrenen stehen. Das ist, obwohl in der erzählerischen Methode ganz anders, strukturell dennoch vergleichbar dem Versuch Arno

Schmidts, im «längeren Gedankenspiel» das Wirklichkeitsabbild um die Dimensionen der Phantasie, der Wünsche, Träume, Vorstellungen und Erinnerungen zu ergänzen und in einem so vielperspektivisch angelegten Bild seine Wirklichkeitserfahrung zu vermitteln. Es überrascht daher nicht, daß Lenz einer der frühesten Bewunderer Schmidts gewesen ist, lange bevor dieser zum Kult-Autor einer eingeschworenen Lesergemeinde wurde. In einem seinen Frankfurter Vorlesungen *Leben und Schreiben* von 1986 beigefügten Essay über Schmidt hat er darüber Rechenschaft abgelegt. Dort finden sich auch Ausführungen über die unterschiedlichen Darstellungsmöglichkeiten von Zeit, die unmittelbar auf sein Buch *Spiegelhütte* verweisen:

«Es handelt sich [...] um die verschiedenen Erscheinungsformen der Zeit, von denen als erste die uns allen präsente Gegenwart zu nennen wäre, in der sich das Selbsterlebte ablagert wie in einem autobiographischen Roman. [...] Ich aber bin [...] nicht ohne Vergangenheit denkbar. [...] Außerhalb der Zeit aber bewegt sich der Traum, der alle Zeitelemente einschmilzt, und als dritte Schicht zu bezeichnen wäre. Mit Hilfe der Phantasie ist es möglich, die Zeit zu überwinden, sie aufzulösen, das Vergangene zum Gegenwärtigen zu machen und umgekehrt.»

An einer anderen Stelle bestimmt er die Darstellungsabsicht, die sowohl dem *Doppelten Gesicht* als auch *Spiegelhütte* zugrunde liegt:

> «Hier wäre die Form jener surrealistischen oder phantastischen Geschichten zu beschreiben, die ich damals gemacht habe. [...] daß es dabei auf eine Auflösung der Erzählzeit ankommt, damit Vergangenes als Gegenwärtiges erscheint. Durch Rückblenden, die als fortlaufend erzählte Szenen getarnt werden, wird dies möglich gemacht. So entwickelt sich eine traumähnliche Bilderfolge, wahrscheinlich ausgelöst durch ein Lebensgefühl, das als zweiflerisch oder leicht erschütterbar bezeichnet werden kann; denn nach dem Kriege war's mühsam geworden, sich zurechtzufinden. Außerdem waren die vielen Toten der jüngsten Vergangenheit überall spürbar, und ihre Seelen hingen unsichtbar in der Luft, wenn ich so sagen darf.»

Diese Vergangenheit und Gegenwart, Realität und Traum, Bewußtseinsbild und Realitätsabbild verschmelzende Darstellungsweise wirkt durchaus ungewöhnlich im Kontext der frühen Nachkriegszeit, auch wenn hier Berührungspunkte mit Darstellungsweisen möglich sind, wie sie in der Spätphase der Weimarer Republik unter dem Aspekt «Magischer Realismus» (einer Verständigungsformel, die einen Gegenbegriff zum «Hemingway-Realismus» setzt) entwickelt wurden. Mit Hermann Kasack, dessen 1946 erstmals veröffentlichter Roman *Die Stadt hinter dem Strom* neben Elisabeth Langgässers im selben Jahr erschienenen Roman *Das unauslöschliche Siegel* als Hauptwerk dieser Richtung gilt, war Lenz befreundet. Das läßt auf eine mögliche

Affinität, aber sicherlich nicht auf Abhängigkeit schließen. Das gilt erst recht, wenn man sich die Verbindung von *Spiegelhütte* mit den anderen Romanen von Lenz bewußt macht.

In vielen dieser Romane, *Die Augen eines Dieners* (1964), *Der Kutscher und der Wappenmaler* (1972), *Dame und Scharfrichter* (1973), stellt er ein aus der Sehnsucht geborenes Bild Kakaniens dar, des Österreichs im 19. Jahrhundert vor dem großen Zusammenbruch nach dem Ersten Weltkrieg, und zwar durchaus im Sinne Musils als eines historischen Kulturraumes, in dem der Mensch, ungeachtet seiner sozialen Stellung, mit sich identisch zu sein vermag. In einer langen autobiographischen Romanreihe, in deren Protagonist Eugen Rapp der Autor seinen eigenen lebensgeschichtlichen Erfahrungsweg verarbeitet, hat er, angefangen bei dem Buch *Verlassene Zimmer* (1966) bis hin zu dem Band *Der Wanderer* (1986), dieses Thema der Bewahrung der eigenen Identität trotz aller Beschädigungen durch die jüngste Zeitgeschichte ein weiteres Mal nachdrücklich dargestellt.

Die seinen Romanen zugrunde gelegte Wirklichkeitsauffassung seiner Protagonisten, nämlich hinter der realen stets eine andere hellere Wirklichkeit zu suchen, die im Bilde Österreichs, Wiens, des Kaisers Franz Joseph oder des Wappenmalers beschrieben wird, häufig auch in visionären Bildern einer den Menschen noch umfangenden Natur, hat Lenz in *Spiegelhütte* bis ins Extrem vorangetrieben. Denn die Simultaneitätserfahrung seiner Protagonisten, Vergangenheit und Gegenwart ineins zu sehen und das Vergangene stets mit den Augen der Gegenwart zu betrachten und umgekehrt, beschreibt er hier konkret als *eine* Realität, in der das Nacheinander der Zeit und die psychologische Kausalität, die das Verhalten der Menschen bestimmt, ausgelöscht sind. Der Autor hat das Bewußtsein seiner Protagonisten gewissermaßen nach außen gewendet und gestaltet es in Drommersheim, dem geheimnisvollen Wirklichkeitsort der *Spiegelhütte*, nun mit der gleichen Geduld und Präzision wie die von anderen Erzählfiguren erlebte historische Wirklichkeit in seinen anderen Romanen.

Lenz hat zugleich all seine Themen und Motive in *Spiegelhütte* zusammengefaßt. Drommersheim liegt ebenfalls in Kakanien, es ist ein Zwischenreich, in dem die vertrauten Dimensionen der Zeit ihre unterscheidende Wirkung eingebüßt haben, und Drommersheim ist zugleich mehr als das: eine Vorwegnahme und in epische Anschauung umgesetzte Darstellung der latenten Möglichkeiten und Gefahren, die in der faktischen Wirklichkeit angelegt sind. In *Spiegelhütte* ist es ihm geglückt, so etwas wie einen allegorisch deutbaren Zeitroman zu schreiben, der den Dualismus zwischen resignativer solipsistischer Versponnenheit und abstrakter utopischer Hoffnung überwindet und von den Voraussetzungen seines Geschichtsverständnisses her seine Deutung der Wirklichkeit vorträgt und episch begründet.

Denn Drommersheim ist keineswegs nur die in eine traumhafte Realität überführte Vision des «inneren Bezirks», nach dem die Protagonisten seiner anderen Romane streben, sondern die Vorstellung einer Überwirklichkeit, in die auch deutlich Züge der realen faktischen Welt eingegangen sind. Der Dualismus, der bei Lenz häufig die Welt in einen verinnerlichten eigentlichen Bezirk, einen Seelen-Bezirk gewissermaßen, und in den brutalen Mechanismus der äußeren Ereignisse aufspaltet, scheint hier überwunden, da in Drommersheim beides vorhanden ist.

Der junge Erzähler Franz Anton Gravenreuther folgt, aus der Strafanstalt Drommersheim entlassen, dem Appell des Drommersheimer Wappen-Spruches (mit dem Einhorn als Wappen): «Einhorn geh nach Drommersheim». Er trifft in der Wirtschaft «Spiegelhütte» das ihm von seiner Studentenzeit her bekannte Mädchen Senta Sonnensperger wieder, das seine Führerin in diesem seltsamen Reich wird. Die römische Verfallszeit des Kaisers Marc Aurel und die Zeit des Erzählers sind hier simultan ineinandergeschoben. Der «praeses provinciae», ein römischer Statthalter also, steht an der Spitze dieses Reiches: «Bei uns gelten noch die römischen Titel, weil wir Heiden sind.»

Lenz' Erzähler erfährt, daß der Kodex der Moral keine Geltung mehr hat: «Alle Lehrbücher der Ethik hat man weggeworfen.» Der Glaube an eine von der Vernunft bestimmte Progression der Geschichte ist aufgegeben worden: «Die Geschichte ist sinnlos und wird vom Zufall bestimmt. Neben der Vergänglichkeit glauben wir also an den Zufall und ans Unvorhergesehene. Das Unwahrscheinliche und Absurde sind unsere Gottheiten [...].» Was der Erzähler anfänglich als fremd und ihn selbst nicht betreffend erfährt, erweist sich, je länger die Reise dauert, umso mehr als Konfrontation mit seinem eigenen Leben, mit seiner Haltlosigkeit und seinem Scheitern, seiner Schuld bis hin zu dem Moment, wo seine menschliche Erinnerung wiederkehrt und er in Senta die einstige Freundin erkennt, die er fallen ließ und die dann von ihrem späteren Mann in einem arrangierten Verkehrsunfall getötet wurde.[19]

Das Schuldeingeständnis, das der Erzähler zu Anfang fast routiniert abliefert, erhält erst gegen Ende, nach dem Besuch des Cabarets «Spiegelhütte», das die Vergangenheit nochmals vorüberziehen läßt, seinen Sinn und deutet im Widerstand gegen die Babylonier, die das Alte verachten, die Richtung auf jene Utopie an, die am Ende in der Frage des Erzählers an Senta anklingt: «[...] glaubst du, daß für den Statthalter die reine und ewige Zeit beginnt, die im Geschichtsbuch WELTFRIEDE heißt?» Auch wenn der Erzähler Drommersheim am Ende wieder verlassen muß, so doch in dem Bewußtsein, daß Sinnlosigkeit und Absurdität nicht das letzte Wort sind. Die Vergänglichkeitsmauer ist eingestürzt, die zu Museen erstarrten Kirchen läuten wieder ihre Glocken, und der Statthalter, der sich allen entzog, fährt in Begleitung von Sentas Vater in einer offenen Kutsche vorüber.

Im zweiten Teil von *Spiegelhütte, Calvaria oder eine Audienz in S.*, wird diese gleichnishafte Verdichtung auf einer neuen Ebene weitergeführt. Der achtzehnjährige Student Carl Umgelter, der als ein «naiver junger Mensch» beschrieben wird, lebt zugleich in einer realen und geträumten Wirklichkeit, die Lenz simultan darstellt: denn im Bilde von Drommersheim, wo «der Staatskanzler Clemens Wenzel Fürst Metternich [...] wie Marc Aurel und Karl der Fünfte lebte». So besteht denn auch der größte Wunsch Carl Umgelters, der seine Verbindung Calvaria verläßt, weil sie sich den Babyloniern, d. h. den Nationalsozialisten anschließt, darin, «zu Dextrianus dem Commandeur der dritten italienischen Legion, vorgelassen zu werden und ihn zu bitten, ihm eine Audienz bei Kaiser Marcus Aurelius zu vermitteln, wenn er im Lande weilte. Denn dieser Teil der Provinz Noricum, in dem Drommersheim lag, war eine wichtige Bastion des Imperium Romanum [...].» Umgelter möchte «den Kaiser auf seinen Inspektionsreisen bis Vindobona und Carnuntum [...] begleiten.» Vindobona ist der alte lateinische Name Wiens und Carnuntum die große römische Stadt östlich von Wien, wo sich der historische Marc Aurel häufig aufgehalten hat.[20]

Die Utopieverweise aus den anderen Büchern von Hermann Lenz lassen sich hier wiedererkennen: Marc Aurel, das Imperium Romanum, das Habsburgerreich, Wien und Carnuntum – wie auch im Bild des Statthalters von Drommersheim das Bild des österreichischen Kaisers gespiegelt wird. Aber alles das wird nicht als Moment der Verinnerlichung und subjektiven Flucht-gebärde vorgeführt, sondern in epische Anschauung übersetzt, deren sinn-liche Anschauungskraft weit über einen subjektiven Appell hinausreicht.

Nirgendwo hat Lenz seinen geschichtsphilosophischen Standort überzeugender dar-gestellt als hier am Beispiel Carl Umgelters, der hinter Drommersheim zugleich das antike Sendliacum und das Orplid Mörikes erkennt und der gesteht: «Ja. Sendliacum ist ewig. Immer wird der Kaiser die Grenzbefestigungen abrei-ten, und ich werde ihm mit der Schreibtafel folgen, auch wenn dies niemals sein wird, ist und war.» Im dritten Teil von *Spiegelhütte*, der *Geheime Ziffernkanzlei* überschrieben ist, mit dem «Ziffernconzipisten» Franz Laub als Erzähler, der im Auftrag Metternichs in einer Art geheimer Zensurbehörde arbeitet, wird Drommersheim im Zustand der Gefähr-dung und Auflösung gezeigt. Die Ideologie der Babylonier untergräbt die vierte Wirk-lichkeitsdimension, die des Traums, der Hoffnung und der Sehnsucht, die zu Drom-mersheim gehören, und propagiert eine Revolution, die den Statthalter stürzen will und im Zeichen einer befreiten Triebhaftigkeit eine bessere Ordnung verspricht. Doch der Umsturz, den Laub mit verhindert, weil er den Statthalter warnt, trägt die grotesken Züge einer umfassenden Sexualisierung, die die Menschen zu Triebbündeln degradiert. Laubs Aufdeckung der Motive, die hinter allem stehen, wirkt durchaus überzeugend: «Ich glaube, es ist Todesangst, was die Menschen heute so lebendig zappeln läßt, daß es scheint, als wüßten sie vor Kraft weder aus noch ein.» Die Leugnung der Vergangenheit und damit des Todes im Zeichen einer hektischen Triebhaftigkeit, die sich als Moderni-tät ausgibt, unterschlägt gerade das, was in Drommersheim die Wirklichkeit erträglich macht: «Der Statthalter jedoch hat uns mit dem Tod befreundet, indem er das Vergan-gene neu machte. In der Altstadt Drommersheim wird das Alte mehr geachtet als das Neue, allein schon deshalb, weil das Neue nur kurz lebt. Das Alte aber bleibt bestehen, es ist unveränderbar, weil es tot ist und trotzdem lebt.»[21]

Als 1977 das «Literaturmagazin» des Rowohlt Verlages einen umfangrei-chen Band zur «Nachkriegsliteratur» vorbereitete, diskutierten die Herausge-ber diese literarische Phase mit zwei zentralen Autoren. Der eine war Hein-rich Böll und der andere Hermann Lenz.[22] Das Spektrum der Möglichkeiten, das sich in dieser Spanne abbildet, wird vom Werk dieser beiden Autoren geradezu exemplarisch bezeichnet. Der eine, Böll, stand die meiste Zeit seines Lebens im Zentrum der öffentlichen Aufmerksamkeit, der andere, Lenz, hingegen an der Peripherie. Aber beide haben Anteil am bleibenden Vorrat dieser Literatur, wenn auch auf unterschiedliche Weise.

8. Der exemplarische Erzähler: Uwe Johnson

Wenn sich die vorangegangenen Autoren als Beispiele einer Literatur betrach-ten lassen, in der Wirkungsmomente einer «Geheimgeschichte» der Literatur jener Jahre sichtbar werden, so doch mit der Einschränkung, daß die Auf-nahme in eine kanonische Geltung beanspruchende literarische Überlieferung vielfach möglich scheint. Bei Uwe Johnson (1934–1984) war es von Anfang an so, daß er trotz der experimentellen Schreibweise seiner frühen Romane auf breiteste Aufmerksamkeit in der literarischen Öffentlichkeit stieß und schon bald einen Status literarischer Prominenz genoß, der ihm erst gegen Ende seines Lebens im quälend komplizierten Schreibprozeß seines großen vierbändigen Romans *Jahrestage* allmählich abhanden kam. An dem anfänglichen Markterfolg von Johnson waren sicherlich auch politische Gründe beteiligt.

Der 1934 in Pommern geborene Autor ist in seiner lebensgeschichtlichen und literarischen Sozialisation deutlich von der Wirklichkeit des anderen Deutschland geprägt, hat in Leipzig Literaturwissenschaft studiert, mit einer Diplomarbeit über Ernst Barlach (bei Hans Mayer) sein Studium abgeschlossen und sich mit der zur theoretischen Norm erhobenen Doktrin des «Sozialistischen Realismus» auseinandergesetzt. Er war Mitglied der FDJ, mit der er er schon bald in Konflikte geriet, die letztlich seine Aufnahme in den Staatsdienst verhinderten und ihm nur die schriftstellerische Tätigkeit als Ausweg ließen. Johnson hat dieses in der historischen Situation der DDR der frühen fünfziger Jahre verwurzelte autobiographische Erfahrungsspektrum in seinem ersten Roman *Ingrid Babendererde/Reifeprüfung* 1953 (1985 aus dem Nachlaß veröffentlicht) aufgearbeitet und die ideologischen Selbstdarstellungsrituale dieser sozialistisch gleichgeschalteten Wirklichkeit in ihrer Widersprüchlichkeit enthüllt. Noch während 1959 die Veröffentlichung seines zweiten Romans *Mutmaßungen über Jakob* im Suhrkamp Verlag (das Manuskript hatte er im März 1959 eingereicht) vorbereitet wurde, entschloß er sich zu jenem Schritt, den er lapidar so beschrieben hat: «1959: Rückgabe einer Staatsangehörigkeit an die DDR nach nur zehnjähriger Benutzung und Umzug nach West-Berlin, mit Genehmigung eines dortigen Bezirksamtes.»[23]

Die *Mutmaßungen* gingen als Ereignis in die Geschichte des deutschen Nachkriegsromans ein, einmal des politisch-inhaltlichen Schwerpunktes wegen: Im Zeichen eines zweigeteilten Deutschland wurde jenseits affirmativer Festschreibungen die unüberwindbar scheinende Schwierigkeit thematisiert, in einem um Selbstlegitimation ringenden, ideologisch gleichgeschalteten Staat, dessen Zugriff jeden instrumentalisiert und jeden persönlichen Freiheitsraum auslöscht, die moralische Integrität der eigenen Person zu bewahren. Der Roman erregte zum anderen Aufmerksamkeit durch seine ungewöhnliche sprachliche und kompositionelle Form, durch eine Verrätselung seiner Erzählstruktur, die alle Momente des realistischen Romans (und schon gar des Romans eines «Sozialistischen Realismus») aufgelöst zu haben und eher bei den Autoren der klassischen Moderne wie Faulkner oder Döblin anzuknüpfen schien als bei den Vorzeigeautoren des Realismus. Johnson selbst wollte diese Romanform, die das Titelwort «Mutmaßungen» signalhaft umschreibt, freilich nicht als Konsequenz eines theoretischen Erzählprogramms, sondern als Ergebnis der Besonderheit seines Stoffes verstanden wissen. Die Aufhebung von zeitlicher Handlungskontinuität, die Fragmentierung von Situationen, die asynchrone Verzahnung von Erzählbruchstücken, die unvermittelte Montage von Gesprächs- und Brief-Zitaten, die durch den Kursivdruck von den anderen Textteilen abgesetzt werden, hat eine vieldeutig oszillierende Schreibweise geschaffen, die das Geschehen verrätselt.

Der Roman läßt im Kern eine analytische Fabel erkennen, setzt ein bei dem Tod des im Stellwerk beschäftigten Bahnbeamten Jakob Abs, der an einem nebligen Novembermorgen von einer Lokomotive erfaßt und überfahren wird. Es bleibt ungeklärt, ob es sich um Selbstmord, einen Unfalltod oder eine arrangierte Liquidation handelt. Mit der Spurensuche nach den Gründen und der Kausalität dieses Todes läßt der Erzähler ein mosaikartig zusammengesetztes Bild der Lebensumstände Jakobs in der DDR entstehen im Umfeld jener Menschen, die Jakob besonders gut gekannt haben. Damit entsteht zugleich ein Bild der schleichenden Vergiftung der Lebensmöglichkeiten in der DDR durch politische Willkür und Instrumentalisierung der Menschen. Als die Jugendfreundin Gesine Cresspahl, die in den Westen geflohen ist und bei einer Dienststelle der NATO in Düsseldorf arbeitet, bei einem Besuch ihres Vaters, des Tischlers Cresspahl, von dem Hauptmann Rohlfs für den Spionagedienst angeworben werden soll, versucht Rohlfs, den widerstrebenden Jakob bei diesem Unternehmen einzuspannen. Auch wenn sich Jakob weigert, so sieht er sich doch zu dem Zugeständnis gezwungen, sich Rohlfs gegenüber durch seine Unterschrift zu verpflichten, Stillschweigen über diesen Vorgang zu bewahren. Die infolge dieser Ereignisse in den Westen fliehende Mutter Jakobs verstärkt die Erschütterung seiner Lebensumstände in der DDR noch zusätzlich. Die Republikflucht seiner Mutter spricht ihn in den Augen von Rohlfs und seinen Gesinnungsgenossen indirekt schuldig. Als Jakob dieser Situation der mentalen Einkreisung selbst durch Flucht in den Westen zu entgehen versucht, zumal er Gesine liebt und sie nicht verlieren möchte, kehrt er nach einem kurzen Aufenthalt in West-Berlin desillusioniert zurück und kommt am Tag seiner Rückkehr auf mysteriöse Weise ums Leben.

Der Werktätige Jakob Abs, der vom einfachen Rangierer zum Inspektor aufsteigt und in gewisser Weise noch das Vorbildmuster des vom «Sozialistischen Realismus» geforderten positiven Helden im Ansatz erkennen läßt, ist ein an dieser Wirklichkeit zerbrechender Mensch. Die Komplementärfigur zu Jakob, der im Wissenschaftsbetrieb einer Universität arbeitende Freund und Intellektuelle Jonas Blach, der an der Wirklichkeit dieses Staates zweifelt und ihm mit großer Skepsis gegenübersteht, wird von den Handlangern dieser Wirklichkeit direkt zerbrochen. Der Vorwurf staatsfeindlicher Umtriebe führt zu seiner Verhaftung und damit zu seiner endgültigen Unterdrückung.

Die politische Brisanz von Johnsons Roman hat in der damaligen Situation des noch andauernden Kalten Krieges sicherlich dazu beigetragen, daß die sprachlichen und kompositionellen Innovationen die Wirkungsmöglichkeiten des Buches damals nicht behinderten. Dieser politische Kontext hat freilich auch dazu geführt, daß Johnson schon bald die Definitionsformel vom Epiker des zweigeteilten Deutschland aufgeprägt wurde, zumal seine folgenden Bücher dieses politische Themenumfeld gleichfalls behandelten: *Das dritte Buch über Achim* (1961), die als epische Recherche aufgebaute Vita eines berühmten Radrennfahrers der DDR, dessen Öffentlichkeits-Image und Personenbild nicht mehr zueinander passen, und *Zwei Ansichten* (1965), eine weitgehend linear erzählte Liebesgeschichte zwischen der Krankenschwester aus dem Osten und dem jungen erfolgreichen Aufsteiger aus dem Westen, die nach dem Bau der Berliner Mauer nur unter großen Fluchtschwierigkeiten zueinander kommen können und als sie beieinander sind, erfahren, daß ihrem Gefühl die innere Wirklichkeit fehlt.

Johnson, der in den sechziger Jahren auch in die vom Kalten Krieg stimulierten politischen Querelen in der Bundesrepublik geriet, sich in einer Kon-

troverse mit Hermann Kesten gegen den zu Unrecht gemachten Vorwurf
einer prokommunistischen Haltung und Sanktionierung der Berliner Mauer
verteidigen mußte (auf Antrag der CDU im Bundestag sollte ihm damals das
Villa-Massimo-Stipendium in Rom wieder aberkannt werden), nahm 1967/68
die Gelegenheit wahr, der ideologisch aufgeheizten Enge in der Bundesrepublik zu entgehen und auf Einladung eines bedeutenden amerikanischen Verlages einen längeren Aufenthalt in New York zu verbringen. Diese Lebenserfahrung in einem labyrinthischen Zivilisationsbabel, von den kaum mehr zu
bewältigenden Lebensproblemen westlicher Industriestaaten gekennzeichnet
und zugleich in jener zeitgeschichtlichen Situation von einer Krise der moralischen Legitimation belastet, die in dem Vietnam-Engagement der USA wur-
zelte, ist in einem großen Roman-Projekt Johnsons produktiv geworden, das
in vier Bänden bis auf zweitausend engbedruckte Seiten anwuchs und ihn bis
zum Ende seines Lebens beschäftigt hat: *Jahrestage. Aus dem Leben von
Gesine Cresspahl.*

Es ist der Versuch eines Groß-Epos, in der Ambitioniertheit Arno
Schmidts *Zettel's Traum* vergleichbar, aber gewissermaßen der Gegenpol
dazu. Wo Schmidt das Bewußtseinslabyrinth seiner Personen auslotet, gleichsam ihre Gehirnwindungen in Sprache zu übersetzen versucht, setzt sich
Johnson dem zivilisatorischen Großstadtlabyrinth der modernen Wirklichkeit aus, die vom Bewußtsein seiner Protagonisten nur noch stückweise erfaßt und vermittelt werden kann und die er daher in großen Material-Zitaten
aus der «New York Times» einblendet. Er verwirklicht damit ein kompliziertes erzählerisches Textgefüge, das eine Balance anstrebt von überbordendem
Wirklichkeitsstoff, der sich dem ordnenden Zugriff des Menschen schon vielfach entzogen hat, und dem moralischen Anspruch eines Menschen, diese
Wirklichkeit dennoch bestimmen zu wollen, ohne die Integrität der eigenen
Person einzubüßen. Die Ereignisse um den Prager Frühling von 1968 bilden
für Johnsons Protagonistin am Ende des vierten Bandes dieses utopische
Hoffnungssignal, bevor die russischen Panzer diese Hoffnung zerstören.

Johnson hat die Erzählintention seines Buches so zu erläutern versucht: «Begonnen
hat das Buch ja als ein Versuch, dieses Bewußtsein Gesine Cresspahls darzustellen –
was es alles enthält an Vergangenheit und Gegenwart. Durch das Verhältnis zur Tochter
ist die Möglichkeit hinzugekommen, es hier und dort in Gespräche aufzuteilen. Es gibt
im zweiten Band gewisse Mitteilungen, die Gegenwart betreffend, die dem Kind vor-
sorglich gemacht werden, damit es in zehn Jahren sich nicht den Kopf zerbrechen muß
über Entschlüsse ihrer Mutter im Jahre 68. Grundsätzlich aber ist es so, daß der Verfasser von seiner Person die Lizenz und den Auftrag hat, die Vorgänge in ihrem
Bewußtsein darzustellen [...] Er versucht sozusagen ihr Bewußtsein des Tages darzustellen.»[24] Im ersten Band der *Jahrestage* heißt es dann an einer Stelle über die «New
York Times», sie sei «das Bewußtsein des Tages». Die Integration beider Darstellungs-
schichten macht die Kühnheit von Johnsons Romanprojekt und auch seine formalen
Schwierigkeiten aus.

Innerhalb des Zeitraums vom 10. August 1967 bis zum 20. August 1968 werden zum
einen die Existenzsituation und Wahrnehmungsvielfalt Gesine Cresspahls und ihrer

zehnjährigen Tochter minutiös registriert. Und das bedeutet auch die Auslotung ihrer Lebenssituation in Manhattan, wo Gesine, von Düsseldorf aus weiter in die USA emigriert, als Fremdsprachenkorrespondentin in einer amerikanischen Bank arbeitet, wo ihre Tochter zur Schule geht, in neue Lebensumstände hineinwächst und sich allmählich an das neue Land assimiliert. Das Bild der amerikanischen Wirklichkeit mit all ihren Irritationen und Reibungsflächen wird detailliert aufgebaut in den Arbeitserfahrungen Gesines in der Bank, die gleichsam als Modell des amerikanischen Geschäftslebens dient, in den Beziehungen zu Freunden und Bekannten, in den Kontakten des Kindes Marie und in den immer wieder ausführlich eingeblendeten Zitatauszügen aus Gesines täglicher Lektüre der «New York Times». Die Erfahrungen, die Gesine in ihrem individuellen Alltag nicht zugänglich sind, werden montagehaft von außen eingeblendet und vervollständigen so das Bild der amerikanischen Wirklichkeit. Entscheidend bleibt dabei, daß dieses Wirklichkeitsbild an die individuelle Wahrnehmungsweise dieser konkreten Person Gesine gebunden ist. Dazu gehört einmal die NS-Zeit, die Gesine aus den Erfahrungen der nicht angepaßten Eltern noch gegenwärtig ist, dazu gehört das neue politische System in Mitteldeutschland nach 1945, das Gesine als Teil der eigenen Kindheit und Schulzeit erfahren hat und in einem Akt des Protestes hinter sich ließ, als sie in die Bundesrepublik flüchtete. Dazu gehört auch ihre Unzufriedenheit mit der Lebenssituation in Westdeutschland, das sie verließ, um nach Amerika zu gehen. Diese Erfahrungsgeschichte bestimmt ihre Wahrnehmung Amerikas. Es ist das Amerika der akuten Krisenerschütterung, gezeichnet vom Trauma des Vietnam-Krieges und den innenpolitischen Auseinandersetzungen darüber; gezeichnet von den Gewaltexzessen, die täglich aus den Vietnam-Schlagzeilen der «New York Times» sprechen, die als Kriminalisierung der Lebensumstände in der Megastadt New York den einzelnen in seiner täglichen Lebensroutine belasten und die in den Attentaten auf Robert Kennedy und Martin Luther King eine blutige innenpolitische Sprache sprechen. Amerika erscheint als ein Land, das dabei ist, Abschied zu nehmen vom amerikanischen Traum.

Daß das bei Johnson dennoch nicht zu einem Schreck- und Zerrbild gerinnt, hat zum einen mit der Genauigkeit seiner schriftstellerischen Wahrnehmung zu tun, die vor pauschalen Auslegungen zurückschreckt und so die widersprüchlichen Momente festhält. Das wird noch dadurch verstärkt, daß Johnson die amerikanische Krisensituation in der Situation der jüngsten europäischen und vor allem deutschen Geschichte spiegelt. In Gesprächen mit der Tochter Marie, in Erinnerungsprotokollen für sie, in sogenannten Tonband-Deposits, die Gesine für ihre Tochter aufzeichnet, vergegenwärtigt sie ihre eigene Geschichte. Sie beginnt bei den Eltern, die vor der NS-Machtergreifung nach Richmond in der Nähe von London auswandern, aber dann doch nach Deutschland zurückkehren und, gegen die Vergiftung des öffentlichen und privaten Lebens in Deutschland ankämpfend, ins Abseits geraten. Auf weiten Strecken des Romans treten Manhattan und Mecklenburg mit der Kleinstadt Jerichow, irgendwo zwischen Güstrow und Wismar gelegen, als räumliche Zentren kontrapunktisch einander gegenüber. Das damalige nationalsozialistische Deutschland wird mit allen Vergiftungserscheinungen des gesellschaftlichen Lebens in dem von Krisen gezeichneten Amerika von 1967/68 gespiegelt und umgekehrt. Das gilt auch, bezogen auf die Situation der Nachkriegszeit, für das sozialistische Experiment mit einer neuen Gesellschaft in der ehemaligen DDR.

Die verschiedenen geschichtlichen Erfahrungsräume, die Johnson so auf den epischen Prüfstand zwingt, werden dabei jeweils mit der fundamentalen Frage Gesines konfrontiert, die im ersten Band der vierbändigen *Jahrestage* einmal so formuliert wird: «Wo ist die moralische Schweiz, in die wir emigrieren könnten?» Gemeint ist: wo ist eine Wirklichkeit als Existenzvoraussetzung denkbar, die die Integrität des einzelnen nicht untergräbt oder aushöhlt, sondern wirklich werden läßt? Auf diesem Hinter-

grund spielen die Vorgänge des Prager Frühlings für den Autor Johnson und seine
Protagonistin, die in der Bank als Spezialistin für osteuropäische Länder arbeitet und
im Auftrag ihres Vorgesetzten Wirtschaftskontakte zur Tschechoslowakei Dubčeks
anbahnen soll, eine zentrale Rolle. Die Hoffnung auf diesen Prager Frühling, auf eine
humane sozialistische Gesellschaft – Gesine plant im Auftrag ihres Chefs eine Reise
nach Prag – durchzieht auch den Schlußband. Die Desillusionierung dieser Hoffnung
hat Johnson nur durch das Datum der Schlußeintragung akzentuiert. Es bezeichnet den
Einmarsch der russischen Truppen.

Liest man den vierten Band der _Jahrestage_, der mit zehnjähriger Verspätung 1983
erschienen ist – über die Gründe dafür, die Enttarnung von Johnsons Frau als Mitarbei-
terin des tschechischen Geheimdienstes, das Zerbrechen der Ehe, eine langwierige
psychische Schreibhemmung als Reaktion, hat Johnson am Schluß seiner _Frankfurter
Vorlesungen_ berichtet[25] –, so drängt sich der Eindruck auf, daß die Proportionen der
Darstellung nicht mehr stimmen. Die Erfahrungsdichte, die für die Amerika-Sequen-
zen der ersten Bände gilt, ist verlorengegangen. Amerika rückt als aktuelle Erfahrungswirklichkeit Gesines und ihrer Tochter in den Hintergrund, wie überhaupt das Kind
Marie, das sich vor allem im dritten Band zur beredtesten Fürsprecherin Amerikas und
der Hoffnung auf ein permanentes Leben dort entwickelt, verblaßt und hinter das
erinnerte Kind Gesine zurücktritt, dessen Jugend- und Schulerfahrungen in der DDR
nun mit großer Ausführlichkeit dargestellt werden. Vieles aus dem ersten Buch _Ingrid
Babendererde_ ist hier, zur Geschichte der Schulerfahrungen Gesines verändert, offenbar nachgeschrieben worden.

Johnsons gewaltiges Roman-Projekt, das man schon als Fragment gesehen
hatte, ist so zu einem äußerlichen Ende gebracht worden, obwohl das künstlerische Kalkül dieser Vollendung problematisch scheint. Dennoch gibt sich
hier ein episches Massiv zu erkennen, das in seinem Anspruch, in seiner
Komplexität und auch in seinem reich gegliederten ästhetischen Gefüge vieles, was seitdem geschrieben worden ist, imponierend überragt.

9. Schreiben im «juste milieu» der sechziger Jahre.
Der Verweigerer als Integrationsfigur: Alfred Andersch

In seinem Erinnerungsbuch über die Gruppe 47, _Im Etablissement der
Schmetterlinge_, berichtet Hans Werner Richter über die Abneigung seines
Freundes und Weggefährten Alfred Andersch gegenüber Günter Grass:

> «Sein Verhältnis zu Grass war von vornherein von einer Animosität, die
> bei späteren Begegnungen ständig wuchs [...]. War der eine, so schien es
> mir, ein barocker Mensch, so war der andere mehr ein Mönch [...] für
> mich wirkte es wie die Begegnung zweier Epochen, die der diesseitigen
> Lebensfreude und die der asketischen Abstinenz. Für den einen war die
> Literatur etwas Abstraktes, Konstruierbares, ein Reich für sich, für den
> andern aber war sie die Vitalität des unmittelbaren Lebens [...]. Er
> [Andersch] machte kein Hehl daraus, daß er Grass für einen Karrieristen
> hielt, und er ging so weit, daß er diese Ansicht auf die ganze ‹Gruppe 47›
> übertrug.»[26]

Diese emotionale Dissonanz zwischen Andersch und Grass ist bemerkenswert. Andersch (1914–1980) ist einer der Gründerväter der deutschen Nachkriegsliteratur, hat zusammen mit Hans Werner Richter als Herausgeber des «Rufs» wichtige Perspektiven für die Entwicklung einer neuen Literatur geprägt. Er hat als Rundfunkredakteur an einflußreicher Stelle, seit 1948 beim damaligen US-Sender Radio Frankfurt und ab Mitte der fünfziger Jahre bei Radio Stuttgart, ökonomische Nischen für die Weiterführung neuer literarischer Ansätze geschaffen und blieb bis in die Phase der Studentenbewegung hinein eine zentrale Integrationsfigur der deutschen Nachkriegsliteratur. Der andere, Grass, repräsentierte diese Literatur durch seinen weltweiten Ruhm nach außen hin, aber geriet sowohl im Kollegenkreis, wie der Angriff Günter Herburgers unter dem Titel *Überlebensgroß Herr Grass* in der «Zeit» vom 6. Juni 1971 bezeugt, als auch durch seine aktive politische Sympathie für die SPD, für die er mehrere Wahlkämpfe bestritt, in eine gewisse Außenseiterstellung, die zum Verlust der Sympathie vieler Schriftstellerkollegen und der jungen rebellierenden Generation führte. Sowohl die Autoren, die sich damals mit den demonstrierenden Studenten solidarisierten, als auch die Studenten selbst warfen Grass mangelndes Engagement für ihre Sache vor. Die von Grass vertretene «Politik der kleinen Schritte», also sein Plädoyer für eine Reform und nicht für einen radikalen Umsturz, wurden ihm als kompromißlerische Schwäche angekreidet. Wenn es einen Autor gibt, der die historische Entwicklungsvielfalt der deutschen Nachkriegsliteratur in ihrer komplexen Vielfalt bis in die siebziger Jahre hinein zu verkörpern vermag, dann ist es am ehesten Andersch und nicht Richter. Denn im Unterschied zu Richter, dessen eigenes erzählerisches Werk durch seine einflußreiche Tätigkeit als literarischer Mentor der Gruppe 47 immer verdunkelt blieb, gilt diese Repräsentanz auch für Anderschs episches Werk.

Andersch hatte mit Kurzgeschichten und knappen Erzähltexten begonnen, die zum Teil erst posthum veröffentlicht wurden, und sich als Autor 1952 mit einem Text eingeführt, der zwischen autobiographischem Bericht, Reportage, Essay und Erzählung changiert: *Die Kirschen der Freiheit*.

Die sprachliche Form dieses Prosabuches ist bewußt «unliterarisch» gehalten und deutlich geprägt von Anderschs Aversion gegenüber einer bloß «kalligraphischen», d. h. schönschreiberischen Literatur, die schon während der NS-Zeit den Rekurs aufs rein Artistische als Beleg für den Widerstand gegen politische Korrumpierbarkeit verstanden wissen wollte. Fünf Jahre später griff er dieses Thema der Flucht und des Aufbruchs in die Freiheit – das zentrale Thema Anderschs, das alle seine literarischen Arbeiten durchdringt – nochmals in seinem ersten Roman *Sansibar oder Der letzte Grund* (1957) auf, diesmal in einem Erzähltext, der versucht, in einem fast parabelhaft verdichteten Personal und Handlungsgefüge die Vergiftung und Zerstörung der Lebensmöglichkeiten im Dritten Reich und die Versuche der Flucht darzustellen.

In einer verknappten und eher kargen Sprache wird die Situation der späten dreißiger Jahre in der kleinen Ostseestadt Rerik gezeichnet und unter Verwendung von erzählerischer Introspektion am Beispiel von fünf Protagonisten die Situation des indirekten Widerstands gegen das Hitler-Regime veranschaulicht. Die Barlach-Plastik «Lesender Klosterschüler», die der Pfarrer Helander vor den Handlangern der Kampagne gegen die sogenannte «Entartete Kunst» nach Schweden zu retten versucht, wird als Zeichen einer meditativen, spirituellen Freiheit, die ausgelöscht werden soll, zum Zentralbild der zugespitzten Ereignisse. Das Boot des Fischers Knudsen (dessen schwachsinnige Frau von der Euthanasie-Doktrin der Nazis bedroht ist), auf das sich die Rettungswünsche der Protagonisten konzentrieren – Helander, der desillusionierte kommunistische Funktionär Gregor, das jüdische Mädchen Judith und der fünfzehnjährige Schiffsjunge, dessen ersehnter Fluchtort die Insel Sansibar ist –, wird zum Floß in die Freiheit.

Anderschs poetische Darstellungskraft spricht aus der atmosphärischen Verdichtung des historischen Geschehens. Das mentale Klima der politischen Lähmung und des sich aufgebenden Widerstands wird in einer Grenzsituation unpathetisch und genau eingefangen, selbst da, wo das Geschehen im Gestus einer existentialistischen Entscheidung zugespitzt wird: Als der Pfarrer von der Rettung der Statue erfährt, schießt er kurz vor seiner Verhaftung auf die nationalsozialistischen Schergen. Er wird zwar selbst zum Opfer ihrer Kugeln, aber hat sich dennoch durch diesen Entscheidungsakt in seiner menschlichen Würde bewiesen.

Anderschs «meisterhafter Roman» (Siegfried Lenz) ist eine «sachlich unwiderlegbare Anklage gegen Deutschland» (Arno Schmidt), die ihre Überzeugungskraft nicht nur der Moralität des Autors, sondern auch seiner künstlerischen Darstellungskraft verdankt.

Jahrzehnte später ist Andersch in seinem Roman *Winterspelt* (1974) nochmals zu dem thematischen Umkreis des *Sansibar*-Romans zurückgekehrt und hat in einer vielperspektivisch aus Dokumenten und Traumbildern, aus Landser-Slang und technischer Militärsprache zusammengesetzten Erzählstruktur, die in ihrer Komplexität dennoch nie esoterisch wird, erneut den Möglichkeitssinn von Geschichte zu ergründen versucht, hier bezogen auf die Entscheidungssituation von bestimmten Menschen, die sich der Automatik geschichtlicher Prozesse widersetzen. Es geht um die Ardennenoffensive während der Endphase des Zweiten Weltkrieges 1944 bei Winterspelt, wo im Kampf Hunderttausende ums Leben kamen. Es ist für Andersch und den Protagonisten seines Romans, den Major Dincklage, der sich den Befehlen der deutschen Generalität widersetzt, um das Leben seiner Soldaten zu retten, zugleich eine historische Modellsituation, deren Möglichkeitssinn der Erzähler episch erkundet – gegen den Kausalitätszwang der tatsächlich abgelaufenen Geschichte.

Anderschs Roman *Die Rote*, 1960 veröffentlicht und 1972 in einer (vor allem am Schluß veränderten) Neufassung vorgelegt, ist, in einer Auflage von über 100000 Exemplaren verbreitet und in 13 Sprachen übersetzt (1961 bereits von Helmut Käutner verfilmt), zwar sein erfolgreichstes, aber ein im literarkritischen Echo zwiespältiges Buch geblieben.

Zum einen wird am Beispiel einer attraktiven Frau, deren auffällige Haarfarbe im Titel des Romans anklingt, wiederum der für Andersch so bezeichnende Ausbruchversuch geschildert: hier der Ausbruch aus der aus Lügen und Kompromissen bestehenden und mit dem Luxus des Wirtschaftswunders dekorierten Lebensalltäglichkeit der Protagonistin an der Seite von Ehemann und Geliebtem, die zudem beide in Geschäftsbeziehungen zueinander stehen. Sie fährt während eines Geschäftsaufenthalts in Mailand auf gut Glück nach Venedig, auf der Suche nach einem neuen Lebensbeginn (auch im buchstäblichen Sinn, da sie schwanger ist). Italien fungiert hier wie so oft in der deutschen Literatur als Sehnsuchtsland. Zum anderen gerät diese Dolmetscherin Franziska Lukas in das konspirative Geschehen eines gehobenen «Thrillers». Der Ire O'Malley, den sie kennenlernt, war als Spion während des Zweiten Weltkrieges über dem feindlichen Deutschland abgesprungen und verhaftet worden. In Venedig hat er seinen einstigen Nazi-Peiniger Kramer wiedererkannt, der ihn damals zwang, seinen deutschen Kontaktmann preiszugeben. O'Malley nimmt Rache an Kramer. Diese Aufarbeitung der deutschen NS-Geschichte, von fern an Koeppens *Tod in Rom* erinnernd, ist von katalytischer Bedeutung für Franziska: Sie nabelt sich endgültig von der Vergangenheit ab und entschließt sich, an der Seite des italienischen Musikers Fabio Crepaz, eines einstigen Partisanen, in Italien zu bleiben. Andersch hat dieses Ende in der Neufassung radikalisiert, indem er die neue Liebesbindung an Fabio aufgibt, vielmehr nur zeigt, wie Franziska, von Fabio unterstützt, dabei ist, ihr eigenes Leben zu meistern: als einfache Arbeiterin.

Die melodramatischen Akzente der Handlung sollten nicht den Blick dafür verstellen, daß Andersch einen genau komponierten Roman geschrieben hat, der die Technik des Inneren Monologs sensibel einsetzt, mit den Resonanzen der literarischen Geschichte des Venedig-Topos kunstvoll spielt und immer wieder Situationsbilder von einer visuellen Eindruckskraft entwirft (etwa der Blick Fabios auf Franziska auf dem Campanile), die deutlich werden lassen, daß Andersch schon sehr frühzeitig zu den wenigen Schriftstellern gehörte, die die künstlerische Nähe zwischen Erzählen mit Worten und Erzählen mit Bildern im Film intensiv erkundet haben und dies für die eigene schriftstellerische Arbeit fruchtbar zu machen versuchten. Mit dem Blick auf angelsächsische Erzähltraditionen hat Peter Demetz geurteilt, *Die Rote* sei «ein welthaltiger, nüchterner und bemerkenswert distanzierter Roman [...].»[27] In dem Sinne ist es dann vielleicht doch «ein Roman der Weltliteratur» (Wolfgang Koeppen).

Die vielschichtige Erzählstruktur, die auch essayistische Reflexionselemente mühelos integriert, hat Andersch in seinen folgenden Romanen noch intensiviert. Der in der ersten Person als Bericht und Recherche erzählte Roman *Efraim* (1967) erinnert sowohl im Personenaufriß des Intellektuellen als Mittelpunktsfigur als auch in der Assoziationstechnik des Monologs an Saul Bellows Roman *Herzog*, der drei Jahre vorher erschienen war und gleichfalls aus der Innensicht eines Protaganisten erzählt wird, mit dem Anderschs Hauptfigur, der aus dem Berlin Hitlers vertriebene, inzwischen naturalisierte britische Journalist Georg Efraim, den jüdischen Hintergrund teilt. In beiden Fällen wird das Protokoll einer Krise entworfen. Auch die Symptome dieser Krise, die im sozialen Umfeld der Mittelpunktsfigur veranschaulicht werden (ein Beruf, der sich als Sackgasse erweist, eine Ehe, die gescheitert ist), verbinden Anderschs Efraim mit Bellows Erzählfigur Moses Elkanah Herzog, der gleichfalls in der mittleren Phase seines Lebens die Fragen nach dem verschütteten Sinn seiner Existenz stellt.

Efraim, der als Journalist eines angesehenen britischen Blattes nach Berlin geschickt wird, um über die Auswirkungen der Kuba-Krise zu berichten und den Schicksalsweg eines verschollenen jüdischen Mädchens zu recherchieren, erlebt die Rückkehr in die Stadt seiner Kindheit als Anstoß zu einem möglichen neuen Leben. Er beginnt, wieder deutsch zu schreiben, und scheint in der Beziehung zu der jungen, von Brechts Schiff-bauerdamm-Theater herkommenden Schauspielerin Anna auch die Möglichkeit zur Überwindung seiner Einsamkeit zu sehen.

Der assoziative Reichtum dieses großangelegten erzählerischen Reflexions-prozesses, der kommentierend auch die zeitpolitischen Realien aufnimmt, kennzeichnet auf der einen Seite die Struktur des Romans und auf der andern Seite die intellektuelle Existenz des Protagonisten, der im Schreiben einen Standort zu gewinnen versucht, der eine neue Beziehung zur deutschen Wirklichkeit und zur deutschen Geschichte mit all ihren ruinösen Belastun-gen ermöglicht. In diesem Sinne ist *Efraim* zugleich auch das «Protokoll einer Epoche» (Werner Weber).

Zur herausragenden Leistung des Erzählers Andersch gehören seine Kurz-geschichten, die ihm im dichten Entstehungskontext dieser Gattung in der frühen Nachkriegszeit neben Borchert, Böll, Schnurre und Bender einen zen-tralen Platz zuordnen. Andersch ist sich wie wenige deutsche Schriftsteller seiner Generation über den angelsächsischen Ursprung dieser Erzählform im klaren und hat vor allem die großen amerikanischen Kurzgeschichtenerzähler von Hemingway bis Steinbeck intensiv gelesen und geschätzt. Er hat darüber hinaus die künstlerischen Möglichkeiten dieser Erzählform wie kaum ein anderer deutscher Erzähler seiner Generation ausgeschöpft und zugleich er-weitert und, angefangen bei den Geschichten seiner Sammlung *Geister und Leute* (1958) bis hin zu *Mein Verschwinden in Providence* (1971), das Vorur-teil korrigiert, es handle sich hier um eine Erzählform, deren beste künstleri-sche Beispiele mit der Phase der «Trümmerliteratur» (Heinrich Böll) in den ersten Nachkriegsjahren verbunden seien. Die Geschichte *Mit dem Chef nach Chenonceaux* ist ein solches Erzählbeispiel, das die artistische Virtuosi-tät und zugleich satirische Prägnanz Anderschs überzeugend belegt.

In einer der beiden zentralen Figuren der Geschichte, einem Krefelder Kunstseiden-fabrikanten und millionenschweren Repräsentanten des Erfolgs, wird ein gesellschaftli-cher Typus vorgeführt, in dessen Porträt sich das Bild der Bundesrepublik bis in die sechziger Jahre hinein spiegelt. Dieser «Deutsche-Wunder-Mann», der, ein Jahrzehnt nach der Befreiung Frankreichs, das Nachbarland auf einer kunsthistorischen Kathe-dralen- und Schlösserfahrt bereist und den «vergammelten» Zustand der französischen Kulturdenkmäler konstant bekrittelt, ist, im BMW mit Chauffeur, in Begleitung seines kunstbeflissenen Angestellten Dr. Honig unterwegs, der ihm die Kunstschätze Frank-reichs erschließen soll. Aus der Perspektive dieses Intellektuellen wird Anderschs Ge-schichte erzählt. Die äußere Handlung wird dabei von den Stationen der Reise mar-kiert. Die innere Handlung entwickelt sich in der sich immer mehr zuspitzenden Konfrontation zwischen dem Intellektuellen, der sich als Domestik und Hofnarr miß-braucht sieht, und dem protzig-dummen Erfolgsmenschen, für den, von seiner Erfah-rung im Wirtschaftswunderland Bundesrepublik motiviert, jede Geschichte zur Wirt-schaftsgeschichte zusammenschrumpft, zu einem Bilanzbuch ökonomischer Effizienz.

Die satirische Entlarvung erstreckt sich dabei auf beide Protagonisten: den seine gesellschaftliche Schwäche durch Kunst-Ideologie verbrämenden Intellektuellen und den jedes Kunstwerk nur auf seine ökonomische Kausalität reduzierenden Geldmenschen.

In einer anderen Geschichte *Vormittag am Meer* (1971) entwirft Andersch ein Innenbild von der mentalen Auskühlung des Lebens in der ökonomisch so prosperierenden Bundesrepublik.

Der Tiefbauingenieur aus Dortmund, der zusammen mit seiner Frau und den beiden kleinen Töchtern die Ferien an der französischen Atlantikküste verbringt und in einem irrational scheinenden Reflex die Sturmwarnung mißachtet, ins Meer hinausschwimmt und dabei umkommt, treibt mit dieser Selbstvernichtung die Sinnlosigkeit seiner Lebensroutine, die ihm im Vakuum der Feriensituation klar geworden ist, einerseits auf die Spitze, wie er sich andererseits in einem selbstzerstörerischen Akt von ihr befreit. Im Bewußtseinsreflex der Hauptfigur tastet Anderschs Erzähler die Symptome der inneren Lähmung ab: die Isolation der Ehepartner, das körperliche Unwohlsein des Mannes, die nur aus Nachgiebigkeit gegenüber seiner Frau gefällte Entscheidung, den Urlaub an der französischen Küste zu verbringen, das Bewußtsein seiner Vereinsamung, der für ihn selbst noch unerklärliche Drang, sich mit der Historie der Katharer zu beschäftigen, deren von der Geschichte längst verwehter Kult in Südfrankreich in dem Glaubenssatz wurzelt: «die Schöpfung sei nicht das Werk Gottes, sondern des Teufels.» Seine Identifikation mit dieser Lehre wird zum unfreiwilligen Urteilsspruch über das, was als individuelle «Schöpfung» in der Leistungsstatistik seines Lebens zum Vorschein kommt: eine Ordnung ohne Ziel, ein Streben nach Erfolg ohne eigentlichen Sinn.

Das Beeindruckende an Anderschs Erzählen liegt darin, daß er jenen als Motto seines Erzählbandes *Mein Verschwinden in Providence* zitierten Satz von Idris Parry: «Art is about buttons» in seiner Schreibweise umzusetzen vermag: nämlich die Bedeutung ganz zwanglos aus den konkreten Darstellungsdetails hervorgehen zu lassen, ohne sie als rationale Botschaft den erzählerischen Details überzustülpen.

10. Die Bundesrepublik wird literarisch vermessen: Martin Walser

Die im Bewußtsein der Öffentlichkeit eher verdeckte Repräsentanz, die das literarische Werk von Andersch für die sich ökonomisch und gesellschaftlich im Zeichen des *«juste milieu»* stabilisierende Entwicklung in der Bundesrepublik besitzt, ist im epischen Werk Martin Walsers (*1927) von Anfang an sichtbar gewesen. Er hat das in epische Anschauung umgesetzt, was die Wirklichkeit seit den sechziger Jahren in der Bundesrepublik bestimmt: die ökonomische Rotation und die leere Geschwätzigkeit kleinbürgerlicher und bürgerlicher Gesellschaftsrituale, die Vergötzung von materiellen Erfolgen und die Erzeugung von Leistungsneurosen mit ihrem den einzelnen aushöhlenden Sog von wechselnden Anpassungsmustern und Überlebensstrategien, die ritualisierte Kommunikation mit ihren Geschwätzigkeitsorgien, die auf der einen Seite die Sach- und Fachterminologien assimilieren und auf der andern Seite zur Suada und zum Partygewäsch verkommen. Das Blickfeld, das Walser in seinen Erzähltexten auf die bundesrepublikanische Gesellschaft hin öffnet, rückt dabei mit Vorliebe einen sozialen Typus in den Mittelpunkt, der den gesellschaftlichen Druck mit am vernehmlichsten spürt und durch soziale Mimikry und Ichverleugnung zu überleben versucht: den kleinbürgerlichen Angestellten. Schon in seinem Romanerstling *Ehen in Philippsburg* (1957) beginnt er dieses Terrain literarisch zu erkunden. Am nachhaltigsten gelingt es ihm in der sogenannten Anselm-Kristlein-Trilogie, *Halbzeit* (1960), *Das Einhorn* (1966) und *Der Sturz* (1973).

Anselm Kristlein, der nach einem vom Krieg durchkreuzten Studium in der Nachkriegszeit in den Vertreterberuf gerät und sich als Angestellter in verschiedenen Branchen bewähren muß, ist Angehöriger einer Berufsschicht, die von den ökonomischen Klimaveränderungen am direktesten betroffen ist. Als Familienvater mit den Sorgen für drei Kinder belastet und vom Schreckgespenst des eigenen Vaters, der als Kaufmann Pleite machte, geängstigt, versucht er, unter allen Umständen zu überleben und aus sozialem Opportunismus heraus alle Verrenkungen mitzumachen, die der Erfolg ihm abverlangt. Gerade deshalb scheitert er immer wieder: Das vom Vater seiner Frau Alissa stammende Geld verliert er bei einer windigen Geschäftseinlage, er wechselt notgedrungen in die Public-Relations-Abteilung eines Konzerns und buhlt um die Gunst seines Chefs. Durch allerlei erotische Seitensprünge, die seiner Frau nicht verborgen bleiben, aber als Störmomente der labilen beruflichen Situation dann letztlich doch von beiden nach außen hin kaschiert werden, manövriert er sich in eine ausweglose Situation. Statt des beruflichen Aufstiegs, zu dem der Spezialkurs in New York führen soll, wohin ihn sein Chef abkommandiert hat, folgt der körperliche Zusammenbruch: die Flucht in die Krankheit und die Rückkehr in die häuslichen vier Wände.

Dieser unermüdlich brabbelnde und seinen Gedankenschutt abladende Ich-Erzähler Kristlein, der sich nach der Decke streckt und den großen Karrieresprung nie schafft, steht als eine Art bundesdeutscher Leopold Bloom in einer gewissen Verwandtschaft zu dem Annoncenakquisiteur und Jedermann in Joyces *Ulysses*. Während Joyce freilich in sprachliche Tiefenstrukturen eindringt, die das Bewußtsein Blooms auf vorher nie gekannte Weise ausloten, bleibt Walser im wesentlichen an der sprachlichen Oberfläche, hat nur im quantitativen Sinne ein Bewußtseinskompendium seiner Zeit geschaffen. Die sprachliche Virtuosität und der Reproduktionsüberschwang der eingefangenen Wirklichkeit verselbständigen sich mitunter, und es bleibt fraglich, ob die zahllosen aneinandergereihten Details sich letztlich zu einem überzeugenden Gesamtbild zusammenschließen.

Die überbordende Fabuliermanie des Werbetexters Kristlein, die den Roman *Halbzeit* in ein amorphes episches Kontinuum zerfließen läßt, wird in dem Folge-Roman *Das Einhorn* gezähmt. Die aus sechs Erzählblöcken bestehende Romanstruktur läßt ein deutliches Gliederungsprinzip erkennen, das im Anfang- und Schlußteil («Lage I» und «Lage II») eine zyklische Zusammenführung anstrebt und die aus vielfältigen Bestandteilen gemischte und montierte Walsersche Textur von verbalen Wucherungen freihält. Auch der zentrale Akteur Anselm Kristlein hat eine Mutation durchlaufen, da *Das*

Einhorn ihn nun als Schriftsteller zeigt (der im Auftrag einer Verlegerin ein Sachbuch über die Liebe schreiben soll) und damit als einen seinen eigenen Wortstrom kontrollierenden Intellektuellen und nicht mehr als unermüdlichen Sprachautomaten der Werbebranche. Er scheitert freilich auch hier: Seine Recherche und die utopische Liebeserfahrung mit dem exotischen Mädchen Orli lassen sich nicht zusammenzwingen, was letztlich auch für die Darstellung Walsers selbst gilt. Die utopische Zone von intakter Privatheit, die sich in der Liebeserfahrung erschließen soll, bleibt nur postuliert.

In *Der Sturz* wird ein gealterter und von seinen zahlreichen Mißerfolgen gebeutelter Kristlein bereits im Zustand der Ich-Schrumpfung vorgeführt: ein bundesdeutscher Oblomow, der sich in sein Bett geflüchtet hat, da seine finanziellen Spekulationen das Familienkapital aufgezehrt haben.

Die thematische Perspektive des Geldverdienens, die jeweils die drei Teile des Romans dominiert, wird durchaus überzeugend zum individuellen Existenzdruck Kristleins verstärkt, der nach seinem Ruin ausbricht, nach München flieht und, eine einzige Spur von Niederlagen und Affronts hinter sich lassend, schließlich von seiner Frau Alissa aus den Händen des Kriminalgerichts gerettet wird. Über dem letzten Teil des Romans steht die schöne, absurde Metapher als Titel: «Mit dem Segelschiff über die Alpen.» Sie fungiert wie ein Integralbild, das die in Sinnlosigkeit endenden Lebensanstrengungen von Kristlein zusammenfaßt und auf den endgültigen Absturz (vom unpassierbaren Splügen-Paß in den Alpen) vorausdeutet.

Walsers literarische Entwicklung Ende der sechziger Jahre verrät deutliche Zeichen einer schriftstellerischen Krise, die mit der Radikalisierung seiner politischen Position während der Studentenbewegung und des Vietnam-Protestes zu tun hat und die sich in den Prosaarbeiten *Fiction* (1970) und *Die Gallistl'sche Krankheit* (1972) niederschlägt. Die Ausdünnung seiner opulenten sprachlichen Imaginationskraft, die Selbstzweifel an der poetischen Legitimation einer mimetisch instrumentierten Erzählfiktion manövrieren ihn in ein Produktionsvakuum, aus dem er sich erst allmählich befreit. In *Seelenarbeit* (1979) nimmt er nochmals, erzählerisch diszipliniert und methodisch zugespitzt, das Darstellungsverfahren der Anselm Kristlein-Trilogie auf. Es ist, aus der Perspektive der Hauptfigur Xaver Zürn erzählt, die Geschichte eines sich selbst für das soziale Überleben konditionierenden abhängigen kleinen Angestellten, eines Fabrikanten-Chauffeurs, der sich in jeder Weise duckt und anpaßt und dessen mit Zügen der Selbstdemontage versehene Lebensanstrengungen letztlich doch vergeblich bleiben, da über sein soziales Schicksal anderswo entschieden wird.

Im Jahr zuvor, 1978, hatte Walser mit der Novelle *Ein fliehendes Pferd* einen straff aufgebauten, luziden Erzähltext vorgelegt, der ihm den Beifall der Leser und Kritiker gleichermaßen eintrug und, gemessen am Leserfolg, seinen Durchbruch als Erzähler nachhaltig markierte.

Die zufällige Begegnung zwischen den einstigen Schulkameraden, dem auf die Fünfzig zugehenden Stuttgarter Oberschullehrer Halm und dem Journalisten Buch, im sozialen Vakuum der Feriensituation am Bodensee, führt wie in einem literarischen

Test-Labor menschliche Verhaltensweisen vor, die unausweichlich Kollisionen heraufbeschwören müssen. Halm hat sich in eine ritualisierte Melancholie als Überlebens-
form geflüchtet: Er hat seine beruflichen Ambitionen ebenso abgelegt wie seine erotische Aktivität und führt das in sich abgekapselte Leben eines Mannes, der auf nichts
zurückblickt und nichts mehr erwartet. Der strahlend und erfolgreich auftretende
Buch, mit einer erotisch attraktiven Frau verheiratet und im rhetorischen Ausmalen
seiner Virilitätsbeweise nicht zimperlich, ist ein einziger Affront für Halms Lebensun-
tüchtigkeit, erotische Erschlaffung und melancholische Malaise. Während die einen das
lebensfrohe und das Leben genießende Paar vorspielen, sieht sich Halm unfreiwillig
mit seiner Frau in die Großeltern-Rolle abgedrängt.

Walser gelingt es, mit einer bemerkenswerten Feinheit die zunehmende psychische
Verunsicherung und den sich unmerklich in Halm aufbauenden Aggressionsstau darzustellen, bis es auf einer Bootsfahrt im Sturm, den Buch mit zur Schau gestellten Posen
genießt, zur Entladung kommt: Halm stößt Buch mit einer Reflexbewegung die Pinne
aus der Hand und läßt ihn ins Wasser stürzen, ohne den Schiffbrüchigen (der freilich
überlebt) zu retten. Der in einer kontrollierten Erzählhaltung abgefaßte Bericht, der
Halms Aggressionsakt auf dem Bodensee in einer früher stattgefundenen Szene spiegelt, in der es Buch gelingt, mit zur Schau gestelltem Mut ein durchgegangenes Pferd
einzufangen und zu zähmen, wird aus der Figurenperspektive Halms dargestellt, dem
die eigentlichen Sympathien des Erzählers gehören. Am Ende erweist sich zudem, daß
der hypochondrische Halm, der seine gebrochene Identität, die auch mit der Furcht vor
dem Altern zu tun hat, nicht verbirgt, Buch überlegen ist, der durch sein einstudiertes
Rollenspiel sein soziales Scheitern zu verbergen versucht hat.

In Martin Walsers Gedicht «Versuch ein Gefühl zu verstehen» finden sich
die Verse:

> «Denk, Amerikaner kann man werden. Europa ist, glaub ich, eine sich
> überschätzende Beerdigungskultur.
> Könnte mein Heimweh nach Amerika ein Heimweh sein nach Zukunft?»

Und über seinen Amerikaaufenthalt von 1974, dessen Erfahrungen sich in
dem Gedicht, aber auch in seinem Roman *Brandung* niedergeschlagen haben,
berichtete er in einem Gespräch:

> «Das Gedicht habe ich 1974 geschrieben, nach der Rückkehr von sechs
> Monaten Amerika: Vermont, New York, Texas. Diese sechs Monate
> könnten die schönsten meines Lebens sein.»[28]

Die Hauptfigur von *Ein fliehendes Pferd*, Helmut Halm, mittlerweile fünfzig, ist in *Brandung* auf einer solchen Flucht in die Zukunft, in ein neues
Leben, das ihm die von einem alten Freund vermittelte Möglichkeit einer
Gastprofessur in Kalifornien zu erschließen scheint: das pazifische Meer, das
kalifornische Licht, der Kontakt mit einer ihn überwältigenden Erfahrung
von Jugendlichkeit, nicht zuletzt in den Studenten, aber auch im *frontier*-
Bewußtsein dieses Staates, der am ehesten den Schritt in die Entwicklung des
21. Jahrhunderts zu machen scheint, sind von einer Halm überwältigenden
Suggestionskraft. Im Liebesgefühl für die blonde Studentin Fran, das freilich
monologisch bleibt und sich nur in Gesten und literarischen Zeichen verdeckt

äußert, Halm jedoch krisenhaft aufwühlt, kulminiert diese vitale Verjüngungserfahrung.

Die sozial vielfältig gestaffelte Welt einer großen amerikanischen Campus-Universität wird von Walser episch souverän ausgemessen: in ihren liebenswerten Momenten, aber ebenso in ihren Skurrilitäten und verdeckten Gefährdungsmomenten. Die vital anbrandende Lebensfülle, die in der unermüdlichen Wellenbewegung des pazifischen Ozeans zum Bild wird, hat zugleich auch eine zerstörerische Bedeutung. Der sich dem Lebenssturm öffnende Halm wird von einer immensen Brandungswelle auf den Strand geschleudert und so verletzt, daß er sich Tage lang kaum zu bewegen vermag. Der mit Fran versuchte Tanz auf der Party endet mit dem grotesken Sturz der beiden aufs Kamingitter (die Verletzung, die Fran sich dabei zuzieht, verhindert dann auch ihre mögliche Selbstrettung, als sie mit ihrem BMW von der Klippe in die Brandung stürzt und umkommt). Als Halm, dem sein der Deutschabteilung versprochener Vortrag über den politischen Heine immer mehr zu einer Recherche in seinen eigenen Gefühlszustand gerät, den Vortrag schließlich halten soll, bricht er am Podium mit einem Kreislaufkollaps zusammen. Halm beginnt Züge von Thomas Manns Aschenbach anzunehmen: Auch er macht sich unfreiwillig lächerlich, auch er bringt sich mit der seiner Selbstkontrolle entgleitenden Liebe an den Rand der Selbstvernichtung.

Walsers Buch ist zugleich eine verdeckte Liebeserklärung an Amerika, von einer Genauigkeit und Geduld in der Wahrnehmung der Neuen Welt, übrigens auch ihrer Literatur, bestimmt, wie sie sich neben Johnsons *Jahrestagen* in keinem anderen epischen Werk der deutschen Nachkriegsliteratur findet. Diese literarische Beziehung, die sich herstellt, ist in zweifacher Hinsicht kein Zufall. Der Selbstmord des Freundes Mersjohann deutet auf Johnsons Tod hin, der sich während der Niederschrift des Buches ereignet. *Brandung* ist zudem im Einsatz der erzählerischen Mittel und in seiner thematischen Polyphonie eine von Walsers eindringlichsten epischen Arbeiten und daher auch im Rang dem Johnsonschen Werk vergleichbar.

Der Schatten von Johnson scheint auch in anderer Hinsicht eine Art epischer Richtungsmarkierung für Walsers jüngste epische Arbeiten abzugeben. Die Beschäftigung mit der Situation des zweigeteilten Deutschland in Johnsons Romanen wurde von Walser zu einer Zeit aufgenommen, als die mögliche Wiedervereinigung von Ost und West längst zu einer rituellen Politiker-Rhetorikformel verflacht war. Damals wurde Walsers emotionales Beharren auf einer Einheit als revanchistischer Ausrutscher diffamiert. Aus der Perspektive der vollzogenen Einigung hat Walser rückblickend festgestellt:

> «Für die Kollegen hatte ich mich deshalb in einen Vertriebenenverband eingereiht und mich in einen Revanchisten verwandelt. Ich will Königsberg oder Kaliningrad nicht wiederhaben! Aber den Verlust will ich bedauern dürfen! [...] Mein unstatthaftes Gefühl von der deutschen Teilung hat mich meine letzten Freunde gekostet.»[29]

In diese von Mißverständnissen gezeichnete Rezeptionssituation geriet Walsers Novelle *Dorle und Wolf* (1987), in der er im stofflichen Umfeld einer Spionagegeschichte und mit deutlichen Anleihen an die Kolportage die Folgen der deutschen Teilung erstmals auszuloten versucht. Auf die Kontinuität dieser Entwicklung bezogen, ist sein Roman *Die Verteidigung der Kindheit* (1991) die konsequente Fortschreibung dieses Ansatzes und keineswegs der aktuelle Trend-Roman, der atemlos die Situation nach der Wiedervereinigung Deutschlands thematisiert.

Die Lebensgeschichte der zentralen Figur des Romans, des in Dresden geborenen und seit 1953 in West-Berlin lebenden hypochondrisch empfindsamen und emotional nie von seiner in Dresden verbliebenen Mutter loskommenden, sich an den üblichen Erfolgserwartungen wund scheuernden Alfred Dorn, wurzelt in einem traumatischen Moment der Zerstörung: dem 13. Mai 1945, als kurz vor Ende des Zweiten Weltkriegs Dresden mit 135 000 Menschen einem furchtbaren Feuersturm zum Opfer fiel. Dorn, der sich den Verdrängungsmechanismen der Nachkriegszeit in beiden Teilen Deutschlands ebenso verweigert wie den sozialen Erfolgszwängen, die das Leben der Menschen bestimmen, und, nirgendwo integriert, als ein Wanderer zwischen beiden Welten zu überleben versucht, richtet seine ganze Energie auf das, was er als sein Pergamon-Projekt beschreibt: die Überwindung des historischen Gedächtnisverlustes durch den Versuch einer umfassenden Rekonstruktion seiner Kindheit, die Wiedergewinnung der Wirklichkeit jenseits ihrer ideologischen Festlegungen in der Gehirnwäsche des Kalten Krieges.

Es mag nicht unwichtig sein, daß Walser hier lebensgeschichtliche Materialien einer authentischen Figur verarbeitet hat, also von vornherein genötigt war, seine suggestive Fabulierkraft auf den historischen Vorentwurf seiner Geschichte abzustimmen. Vielleicht ist ihm gerade deshalb die Balance zwischen gebändigter Darstellung und immenser Wirklichkeitssättigung gelungen. Walser ist damit nach dem Tod von Böll, von Johnson, von Hildesheimer als einer der wichtigsten Erzähler immer stärker ins Zentrum der deutschen Gegenwartsliteratur gerückt.

11. Die Schatten- und Zwischenzonen der Wirklichkeit: Hubert Fichte und Dieter Wellershoff

Eine epische Ausmessung der sozialhistorischen Realität der Bundesrepublik läßt sich auch im Werk von zwei Erzählern erkennen, die nie eine vergleichbare Akzeptanz bei den Lesern gefunden haben wie Andersch oder Walser, aber durch ihr bewußtes Ausloten von tabuisierten Randzonen der bundesdeutschen Gesellschaft das literarische Bild jener Jahre sehr wirkungsvoll ergänzt haben. Die epischen Arbeiten von Hubert Fichte (1935–1986) und Dieter Wellershoff (*1925) sind gemeint. Die sozialen Stigmatisierungen von Fichtes Lebensgeschichte (als uneheliches Kind einer Souffleuse geboren, in den Nazi-Jahren der frühen Kindheit als Halbjude gebrandmarkt, nach der Bombardierung Hamburgs in einem bayerisch-katholischen Waisenhaus untergebracht, durch seine Homosexualität als anormal abgestempelt) haben seinen Blick auf die Wirklichkeit (die Subkulturen jenseits der Norm) in seinen Romanen ebenso bestimmt wie sich in der Vitalität und anarchischen Zügellosigkeit seines Schreibens ausgewirkt: in einer Erzählsprache, die alle

Schichten des Jargons und Slangs assimiliert hat. Der Affekt gegen die ver-krusteten Tabuisierungen des Bürgertums und für anarchistische Befreiungs-schübe, die bis ans Kriminelle reichen und auch Drogen als Befreiungsvehikel einsetzen, erinnert an den amerikanischen Autor Jack Kerouac mit seinem mittlerweile klassisch gewordenen Roman *On the Road* (1957), der mit seiner Protesthaltung zum Identifikationsautor der sogenannten Beat-Generation wurde. Fichte hat das Initiationstrauma seiner Lebensgeschichte mit einer Intensität ohnegleichen episch aufzuarbeiten versucht und seine Romane als «eine Art poetischer Lehranalyse» bezeichnet:

> «Es ging um die literarische Darstellung der verschiedenen Häute einer Existenz, die einmal ‹Jäcki› genannt wird, einmal ‹Detlev›. Diese Teile einer Existenz bewegen sich in den drei vorhergehenden Büchern auf-einander zu [...]. In Detlevs Imitationen ‹Grünspan› führten beide eine Art poetischen Dialog miteinander vor. In meinem neuen Buch [Versuch über die Pubertät] fallen beide in dem Ich-Erzähler zusammen. Pubertät als Auseinandersetzung mit dem Begriff ‹Ich›.»[30]

Ausgangspunkt dieses Erzählwerks ist der Roman *Das Waisenhaus* (1965).

Die Initiationsthematik ist hier noch deutlich in einer realistisch festgehaltenen Wirklichkeit verankert: der Situation des Dritten Reiches um 1942, am Beispiel einer «arischen» Mutter, die ihren unehelichen, von einem jüdischen Vater (der aus Deutsch-land fliehen konnte) stammenden Sohn in einem Waisenhaus in der Obhut von Nonnen unterbringt, wo er als zweifacher Außenseiter (einziger Protestant unter Katholiken, einziger Junge, der noch eine Mutter hat) von den andern psychischen Torturen unter-zogen wird, die seine verborgen gehaltene Herkunft ans Tageslicht bringen sollen. Der Augenblick, in dem der Achtjährige, für die Abreise präpariert, auf dem Balkon des Waisenhauses steht und darauf wartet, daß seine Mutter ihn abholt und zu den Großel-tern nach Hamburg bringt, verkörpert die erzählerische Grundsituation: Im Bewußt-sein des wartenden Jungen läuft ein Erinnerungsprozeß ab, der die Chronologie seiner Leiden im Waisenhaus nochmals vergegenwärtigt.

In dem Roman *Die Palette* (1968) wird im zeitlichen Vorgriff eine andere Phase der Initiation sprachlich veranschaulicht.

Die Mittelpunktsfigur des Jäcki, eines Träumers und Ästheten, wird zum beobach-tenden und reflektierenden Erzählerbewußtsein einer aus den bürgerlichen Normen ausscherenden Schicht von Gammlern, Schwulen, Ausgeflippten, Huren, Zuhältern und Kriminellen. Das räumliche Zentrum dieser Außenseiter ist das Hamburger Kel-lerlokal «Die Palette», das auch im übertragenen Sinne im Souterrain der bürgerlichen Gesellschaft liegt. Es ist Treffpunkt einer anarchischen und sich obsessiv auslebenden Unter-Schicht, einer «Subkultur», die auf die Aufbruchstimmung der Aussteiger und Leistungsverweigerer vorausdeutet, die sich dann in der Studentenbewegung Ende der sechziger Jahre auch politisch zu formieren begann.

Fichtes erzählstrukturelle Kaleidoskop-Technik, die in assoziativen Schü-ben Darstellungssplitter und Erfahrungsfragmente jenseits jeglicher Chrono-logie vom Bewußtsein des im Roman perspektivisch agierenden Erzählers her organisiert, ist beeindruckend. Die Sprachbewegung seines Erzählens assimiliert alle Schattierungen des Jargons, montiert in prägnanten Momentaufnahmen der sprachlichen Fokussierung Bausteine zu einem vieldimensionalen Schaubild Hamburgs von einer Komplexität und wirbelnden Lebendigkeit, einer poetischen Eruptivkraft der Einzelszenen und Details, daß die literarische Nähe zu Döblins Berlin-Bild in *Berlin Alexanderplatz* sich einstellt.

Fichte hat dieses verschlungene Entwicklungslabyrinth in zwei weiteren Romanen, *Detlevs Imitationen ‹Grünspan›* (1971) und *Versuch über die Pubertät* (1974) ausgelotet und den lebensgeschichtlichen Erfahrungsstoff der späten vierziger Jahre (in *Detlev*) und, auf die Gegenwart des Schreibenden zurückend, in *Versuch über die Pubertät* dargestellt. Das Sichverbergen der Individualität im Rollenspiel, das im Moment der Imitationen hervortritt, weicht dabei im zweiten Roman immer stärker dem Bekenntnis zum unverstellten eigenen Ich, das als «Hubert» in die Gestaltung eingebracht wird und in der Verwendung von dokumentarischen Materialien auch die epische Fiktionalisierung immer stärker abbaut. Fichtes ehrgeizige Versuche einer «Ethnopoesie», die ihn in seinen letzten Lebensjahren im Projekt einer vielbändigen, freilich im Material zerfließenden *Geschichte der Empfindlichkeit* beschäftigte, ist durch seinen Tod 1986 über Entwürfe und Anfänge nicht hinausgelangt.

Das Neuland, das Fichte sich mit einer individualistischen Kraftanstrengung erobert und literarisch zum Teil faszinierend vermessen hat, ist nicht auf jener literarischen Karte zu finden, auf der ein Autor wie Dieter Wellershoff gleichfalls in den sechziger Jahren, mit den Kartographier-Techniken des «Nouveau Roman» versehen, poetische Geländegewinne einzeichnete. Wellershoff, ein Autor von großer analytischer Kraft der theoretischen Formulierung, ist als Herausgeber Gottfried Benns, als Essayist, als Verlagslektor und literarischer Mentor einer Schreibrichtung vielfältig ausgewiesen, die er als «Neuen Realismus» etikettierte. Dieses Literaturprogramm der sogenannten «Kölner Schule» versuchte, sich von dem alle realistischen Konventionen des Romans außer Kraft setzenden fabulierenden Erzählüberschwang eines Günter Grass (aber nicht eines Martin Walser, der an der mimetischen Darstellungsaufgabe des Romans festhält) abzusetzen. Als er seine epischen Arbeiten als Vierzigjähriger zu veröffentlichen begann, mußte er angesichts dieser komplizierten schriftstellerischen Individuationsgeschichte gegen das Vorurteil anschreiben, nur auf Umwegen sehr spät literarischer Autor geworden zu sein. Tatsächlich konnte es an der Kontinuität der literarischen Arbeit Wellershoffs nie einen Zweifel geben, auch wenn diese Arbeit lange Zeit von ökonomisch diktierten Tätigkeiten verdeckt wurde.

Wellershoff ist in seinen ersten beiden Romanen *Ein schöner Tag* (1966) und *Die Schattengrenze* (1969) der präzise Rechercheur einer literarischen Pathologie des Kleinbürgertums, dessen soziale Bewegungsrituale er in bestimmten Gesten, Körperreaktionen, Aktionen und Verhaltensmustern gleichsam phänomenologisch festhält. Die kleinbürgerliche Alltagswelt mit ihren familiären Zwängen und kompensatorischen Lebenslügen, die die Beziehungen der Familienmitglieder deformieren, schrumpft in seiner Darstellung zu einer bloßen Hohlform, in der wirkliches Leben nicht mehr möglich scheint. Diese Darstellung der Wirklichkeit mit Zügen einer sozialen Leidensgeschichte nimmt bereits in *Die Schattengrenze* jene Zuspitzung auf ein bestimmtes, aus den Normalitätsmustern herausfallendes Personal an, das in den meisten Romanen von Wellershoff dominiert. Es sind Handlungsträger, die sozial oder psychisch gefährdet sind, sozial gefährdet durch die Grenzüberschreitung ihres Handelns zum Kriminellen hin, psychisch gefährdet durch pathologische Krankheitsschübe, die ihre soziale Funktionsfähigkeit außer Kraft setzen, sie in die Selbstzerstörung treiben oder zu Zerstörern von anderen Menschen werden lassen.

Bereits die zentrale Figur in *Die Schattengrenze*, ein in einer Großstadt lebender Autohändler, der sich auf der Flucht vor Steuerfahndern und der Kriminalpolizei befindet und dessen Persönlichkeitszerfall durch eine paranoide Züge tragende Fluchtpsychose vorangetrieben wird, ist ein Beispiel dafür. Der deklassierte und sozial abgerutschte Intellektuelle, der in *Die Schönheit des Schimpansen* (1977) zum Mörder und Selbstmörder wird, ist ein anderes Beispiel. Die Beunruhigung, ja Verstörung, die von diesen Darstellungen Wellershoffs ausgehen und die ihm gelegentlich als eine Verengung des erzählerischen Blickfeldes auf das Anormale, Krankhafte, auf das aus den sozialen Normen ausbrechende Verhalten von Randfiguren zur Last gelegt wird, hat mit der methodischen Folgerichtigkeit dieses Erzählansatzes zu tun: Diese Außenseiter-Protagonisten seiner Romane werden von ihm nicht erzählerisch denunziert, sondern sind für ihn Beispiele menschlichen Verhaltens, das von Verdrängungen und Tarnungen nicht sozial kompatibel gemacht, sondern in seinem ganzen Spektrum unverhüllt dargestellt wird.

Dennoch läßt sich sagen, daß der Autor erzählerisch dort am entschiedensten Neuland gewinnt, wo er die Ambivalenz zwischen normal und krankhaft unmittelbar thematisiert und die vertrauten Ordnungssysteme der Wirklichkeit selbst im Prozeß der Auflösung zeigt. Das hat zumindest in zwei Fällen zu herausragenden epischen Arbeiten geführt.

Einladung an alle (1972) ist der formal ambitionierteste unter den frühen Romanen Wellershoffs, weil der Autor hier am entschiedensten den Versuch macht, die Darstellungsweise des personal zentrierten Romans aufzuheben. Der dokumentarische Fall des Kleinkriminellen Bruno Fabeyer, der im Roman unter dem Namen Bruno Findeisen erscheint, wird durch umfassende Recherchen des pathologischen Züge tragenden Entwicklungsumfelds der Figur wie auch durch die minutiöse Durchdringung der weitgehend ins Leere laufenden Verfolgungsstrategien der Polizei und einer sie in hysterischem «Jagdfieber» unterstützenden Öffentlichkeit zum psychosozialen Beispiel einer Gesellschaft. Deren mentale Widersprüchlichkeit zwingt Wellershoff durch dokumentarische und essayistische Einschübe, durch permanenten Perspektivenwechsel und unterschiedliche Schreibverfahren komplex und differenziert ins Bild. Die Pathographie der Gesellschaft, die der Erzähler hier sowohl im Verfolgungswahn Findeisens als auch in der Verfolgungshysterie des Polizeiapparates und der Öffentlichkeit aufdeckt, dokumentiert eine Vielschichtigkeit, die sich einer herkömmlichen Schreibweise entzieht.

Es gehört zu den Vorzügen des Buches, daß das auch unmittelbar in der Darstellung thematisiert wird. Denn die Gegenfigur zu Findeisen, der Kriminaloberrat Bernhard, der die Ermittlungsarbeiten leitet, wird als Vertreter einer rationalen Planungsstrategie vorgeführt, der an einem wissenschaftlichen Projekt «Die aktenmäßige Bearbeitung kriminalpolizeilicher Ermittlungsvorgänge» arbeitet und die Fahndung nach Findeisen als Probe aufs Exempel dafür aufzubauen versucht, daß der Ermittlungsprozeß nur dann erfolgreich verläuft, wenn sachliche und subjektive Momente streng voneinander geschieden werden. Im Fortgang des Geschehens werden jedoch gerade diese Grenzen zunehmend verwischt. Die Normen, an denen Bernhard festzuhalten versucht, verlieren ihre Eindeutigkeit. Er gerät in eine Aktionslawine hinein, in der er nicht nur die Kontrolle verliert, sondern auch sein berufliches Selbstverständnis krisenhaft in Frage gestellt sieht. Wellershoff geht an diesem Punkt auch deutlich über Truman Capotes Tatsachenroman *In Cold Blood* (1965) hinaus, wo Capote minutiös das grauenhafte Verbrechen von zwei jugendlichen Mördern in ausführlichen Gesprächen mit den Tätern und in konsequenter Verwendung der Beweismaterialien rekonstruiert und jegliche Fiktionalisierung zu vermeiden versucht. Wellershoff macht im Gegenteil darauf aufmerksam, daß die Wahrheit der Fakten in einer Dimension liegt, die durch Kausalitätsketten nicht umzusetzen ist.

Den Auflösungsprozeß eines rational zementierten Lebensgefüges durch einen überfallartig sich ereignenden Schub aus dem Unbewußten und eine Zersetzung aller Normen, die dieses Leben bisher stabilisiert und ihm in den Augen der Gesellschaft einen greifbaren Sinn gegeben haben, hat Wellershoff in seiner Novelle *Die Sirene* (1980) mit einer gestalterischen Intensität aufgezeigt, die diesen Text als Fortschreibung einer verwandten Thematik in die Nähe zu Manns *Tod in Venedig* rückt und im Vergleich zu dessen Darstellungsverfahren auch die Radikalität der hier künstlerisch eingesetzten Mittel hervortreten läßt.

Die Mittelpunktsfigur der Novelle, Elsheimer, als Universitätsprofessor in mittleren Jahren in gesicherten bürgerlichen Verhältnissen lebend, wird zu Beginn eines Forschungssemesters, das er mit der Arbeit an einer umfangreichen wissenschaftlichen Untersuchung verbringen will, in einem Zustand der Unlust von einer fremden Frau angerufen, die, durch den Verlust ihres Geliebten verstört, sich vampirhaft in immer neuen Anrufen an den Zuspruch von Elsheimer klammert. Elsheimer, der anfänglich die Anrufe abzuwehren versucht, gerät im mythischen Bild vom Gesang der Sirenen, die die Seeleute betören, um sie in den Untiefen des Meeres zu vernichten, immer mehr in den Bann dieser fremden Person, die alle bürgerlichen Normen seines Ichs zu zersetzen beginnt bis hin zum Überschreiten tabuisierter Schamschwellen. Sie führt dabei nicht nur seine Person, sondern auch seine Familie bis an den Rand einer selbstzerstörerischen Katastrophe, die er mit einer letzten Anstrengung gerade noch zu vermeiden vermag.

In einer diszipliniert scheinenden Erzählsprache, in der jedoch von Anfang an Momente des Todes und der Zerstörung signalhaft aufleuchten und sich im Fortgang der

Erzählbewegung immer mehr verdichten, stellt der Autor auf faszinierende Weise dar, wie unter dem Ansturm bisher unterdrückter irrationaler Ich-Impulse, die durch die fremde Frau hervorgelockt werden, das rationale Kontrollgefüge eines Lebens außer Kraft gerät, ohne daß die Kennzeichnung dieses Vorgangs als krankhaft oder pathologisch den Gefahrensog entschärft. In keinem anderen Erzähltext ist es Wellershoff bisher gelungen, die beunruhigende Doppelbödigkeit der Wirklichkeit so intensiv in ein episches Bild zu zwingen.

Auch in seinem danach geschriebenen Roman *Der Sieger nimmt alles* (1983) lassen sich solche Darstellungsmomente am Beispiel der in das Räderwerk der Wirtschaft geratenden ehrgeizigen und ich-schwachen Mittelpunktsfigur Vogtmann erkennen. Es bleibt aber zweifelhaft, ob es Wellershoff tatsächlich gelungen ist, in diesem von einer profunden Sachkenntnis zeugenden Buch, das Wirtschaftsvorgänge in der Darstellung jedoch weitgehend personalisiert, so etwas wie einen geschichtsanalytischen Zeitroman im Sinne des realistischen Romans der Tradition zu schaffen, der sich auch als informatives sozialgeschichtliches Kompendium der jeweils behandelten Epoche verstehen läßt.

Erzähler wie Andersch, Walser und Wellershoff halten immer noch fest an der realischen Abbildfunktion des Romans. Sie unterscheiden sich durch das Blickfeld, das sich in ihren Büchern auf bestimmte Bereiche der Wirklichkeit öffnet, und durch den künstlerischen Brennpunkt ihrer Darstellung, durch die erzählerischen Mittel also, die sie einsetzen. Wie stark sie hier auch differieren mögen, sie treffen sich jedoch im Rang ihrer Leistung. Diese Autoren ordnen sich einer Tradition der erzählerischen Darstellung zu, die mit den Worten Erich Auerbachs in seinem Buch *Mimesis* bei Stendhal ihren Ausgangspunkt genommen hat und in den unterschiedlichen Nationalliteraturen im 19. Jahrhundert weitergeführt und perfektioniert wurde:

«Insofern die moderne ernste Realistik den Menschen nicht anders darstellen kann als eingebettet in eine konkrete, ständig sich entwickelnde politisch-gesellschaftlich-ökonomische Gesamtwirklichkeit – wie es in jedem beliebigen Roman oder Film geschieht –, ist Stendhal ihr Begründer.»[31]

Im Unterschied zu deutschen Erzählern in der ersten Jahrhunderthälfte wie Jakob Wassermann, Lion Feuchtwanger oder Franz Werfel wird jedoch dieses vielfach zur bloßen Konvention und Routine gewordene Erzählmuster nicht einfach epigonal ausgefüllt, sondern variiert, modifiziert und bis an die Grenzen seiner Belastbarkeit weitergeführt. Autoren wie Andersch, Walser oder Wellershoff lassen sich nicht einfach vom Mainstream tragen, sondern schwimmen dagegen an, versuchen ihren eigenen Bewegungsspielraum zu gewinnen, ohne sich ganz aus dem realistischen Schreiben lösen zu wollen. In diesem Sinne bleibt die Orientierung am realistischen Roman für ihr Erzählen weiterhin konstitutiv.

12. Experimente mit der Romanform bei Wolfgang Hildesheimer, Helmut Heißenbüttel und Oswald Wiener

Auch in den sechziger Jahren hat es immer wieder Versuche gegeben, das vertraute Formeninstrumentarium und Darstellungsziel des Romans zu erweitern, innovative Möglichkeiten zu erkunden und dem Roman über seine wirklichkeitsabbildende Funktion hinaus neue Gestaltungsoptionen zu erschließen. Wolfgang Hildesheimer (1916–1991) ist einer der Autoren, der sich nach eher konventionell verspielten erzählerischen Anfängen in den Prosaarabesken *Lieblose Legenden* (1952) und seinem Romanerstling *Paradies der falschen Vögel* (1953) am nachdrücklichsten in seinen komplexen Romanentwürfen *Tynset* (1965) und *Masante* (1973) profiliert hat, wobei *Tynset* den erzählerischen Durchbruch darstellt, der in *Masante* noch zusätzlich ausgebaut wird.

Tynset ist der topographische Fixpunkt eines vielfältig verknüpften Netzes von Reflexionen, Erinnerungen und locker verbundenen Episoden eines ruhelos meditierenden Ichs, das, im Bett liegend und im Kursbuch blätternd, auf den Namen der norwegischen Kleinstadt Tynset stößt und diese zum imaginären Zielort der Reflexionsreise des Erzählerbewußtseins erhebt. Tynset mit seiner vom Erzähler imaginierten Geschichtslosigkeit wäre zugleich auch der Gegenpol zu seinem von der Vergangenheitsgeschichte belasteten Bewußtsein. Dieses Bewußtsein, das sich in das Bild Hamlets transponiert und auf der Flucht ist vor den Verfolgern, den Häschern (die deutlich auf das Dritte Reich verweisen), bleibt wie Hamlet letztlich untätig, stellt sich weder den Häschern entgegen noch erreicht es je den Möglichkeits-Ort Tynset, der dem potentiellen Ich des Erzählers entsprechen könnte.

Hildesheimer, ein Kenner von Djuna Barnes *Nightwood* und Joyces *Ulysses*, zudem als Übersetzer von beiden hervorgetreten, hat die von beiden Autoren übernommene Technik der Bewußtseinsstrom-Darstellung nicht einfach kopiert, sondern weiterentwickelt: Der Bewußtseinsstrom wird im reflektierenden Erzählerbewußtsein gespiegelt und erhält damit eine sprachliche Geschmeidigkeit, die die als Ausdruck des aufquellenden Unterbewußtseins intendierte direkte Bewußtseinsstrom-Darstellung nicht besitzt. Hildesheimer löst damit zugleich das vertraute Forminstrumentarium des Romans auf und entmaterialisiert den Erzähler, der sich in der Oblomow-Situation seiner nächtlichen Gedankenexkursionen aus einer empirisch faßbaren Wirklichkeit zurückgezogen hat.

In *Masante* wird dieser Reduktionsprozeß des Erzählers und der Wirklichkeit noch weiter vorangetrieben. Die existentielle Außenseiterposition des Ich-Erzählers hat sich verschärft. Seine Furcht vor den Häschern und seine Angstreaktion, seine Fluchtversuche, haben sich noch gesteigert.

Der Erzähler in *Masante* hat seine Position im scheinbaren Windschatten der Geschichte, im toskanischen Idyll seines Bauernhauses in der Nähe von Urbino, verlassen und sich ganz an die Peripherie der Wirklichkeit zurückgezogen, in die Wüstenstadt Meona. Er hält sich in der Kneipe mit dem allegorischen Namen «la dernière chance» auf, im monologischen Duett mit der Wirtin Maxine (in der Züge Celestinas, der

Haushälterin des *Tynset*-Erzählers, auftauchen), im gelegentlichen Gespräch mit dem Wirt Alain, ihrem Mann, um dann am Ende in der Wüste zu verschwinden. Erst diese Position am Rande der Wüste ermöglicht es ihm, die Dinge zeitweise klar zu sehen. Wurde der Erzähler in *Tynset* noch von seiner Passivität beunruhigt, da er sie bei so viel nach Sühne drängender Schuld als Schuldigwerden ansah, und besaß also die Vorstellung von moralischer Verantwortung noch eine gewisse Geltung für ihn, so hat sich die Hamlet-Haltung des Erzählers von *Masante* zur Lähmung erweitert: Die als sinnlos erkannte Wirklichkeit läßt auch jegliches Tun sinnlos werden. Der Erkenntnisweg des Erzählers mündet in *Masante* nicht einmal mehr in eine neue Fluchtposition, da eine Flucht über Meona hinaus undenkbar scheint. In einer als gleichförmig und immer gleichbleibend erkannten Zeit versinkt die Dimension der Zukunft wie die Spur des Erzählers im Sand.

Das Idyll des toskanischen Bauernhauses in *Masante* ist im Höchstfall eine rückgewandte Utopie, ein Verweigerungsbild, ein Refugium, in das sich der von der Wirklichkeit aufgeriebene Erzähler zurückzieht, ohne Hoffnung auf eine Zukunft. Zu den Paradoxien von Hildesheimers Roman gehört es freilich, daß diese radikale Absage an die Wirklichkeit zu einem melancholischen Abgesang von suggestiver Sprachkraft geworden ist, die seiner Botschaft der Resignation und Reduktion denkbar widerspricht. Die Möglichkeit der Romanform scheint für Hildesheimer erschöpft. Es gehört zu der beeindruckenden Haltung von Konsequenz bei Hildesheimer, daß er sich der eingeschliffenen Routine des Literaturbetriebs verweigert hat und das Ende des Romans auch durch seine Absage an fiktionales Erzählen bestätigt hat. Hildesheimer hat 1981 nochmals ein erzählendes Werk vorgelegt, *Marbot*, das er im Untertitel als «Biographie» kennzeichnet, das aber keineswegs wie sein Buch *Mozart* (1977) tatsächlich eine Biographie (wenn auch im Gestus einer Antibiographie gegen die Tradition geschrieben), sondern ein durch und durch erfundenes und in diesem Sinne ein episches Erzählwerk ist.

Der Lebensweg des 24jährigen adligen Engländers Sir Andrew Marbot wird entworfen, dessen verdeckte Lebenskatastrophe die von beiden Teilen leidenschaftlich gewollte Inzestbeziehung zu seiner Mutter darstellt, und der das Europa des ausgehenden 18. Jahrhunderts als an Literatur und bildender Kunst Interessierter bereist. Dort trifft er mit vielen berühmten historischen Persönlichkeiten zusammen, von Goethe bis Schopenhauer, von den Malern Turner bis Delacroix, und entwickelt sich allmählich zu einem vielbeachteten Kenner der Kunstgeschichte. Als reicher Landedelmann verbringt er in Urbino die letzen Jahre seines Lebens, scheidet durch Selbstmord (freilich nur durch Vermutungen belegt) aus dem Leben und wird schon 1888 zum Gegenstand einer ersten Biographie von Frederic Hadley-Chase; auch dies ist erfunden. Dieser Lebensweg Marbots wird durch eine Vielzahl von historischen Zeugnissen auf den unterschiedlichsten Textebenen und durch simulierte Dokumente so perfekt fingiert, daß ein faszinierend montiertes Textgefüge entstanden ist, in dem keine Zeile mehr im herkömmlichen Sinne naiv erzählt ist. Die Technik des Pastiches, des fingierten historischen Zitats und Dokuments, wird von Hildesheimer im Erzählverlauf seines Buches so entwickelt, daß nicht nur äußerst differenzierte Strukturen erkennbar werden, sondern auch das historische Zeitgefüge mit zahlreichen Repräsentanten, mit sozialen und kulturgeschichtlichen Details auf geradezu frappierende Weise simuliert wird. Die personalisierte Leerstelle Marbot, die bis zuletzt einen Rest von Geheimnis behält, wird

durch die von Hildesheimer eingearbeiteten historischen Zeichenschichten andererseits
so konkret, daß die Grenzen zwischen einer aus Fakten recherchierten Biographie und
einem erfundenen epischen Werk fließend werden.

Dem sich in der Maske des biographischen Rechercheurs verbergenden
Erzähler Hildesheimer gelingt das Kunststück, in seinem Buch das mythopoetische Erzählen der Tradition aufzuheben, indem nichts mehr episch erschaffen wird. Zugleich wird jedoch das Erzählen, das durch Reflexion gefil-
tert ist und sich bestimmter darstellender Formen nur noch im Zitat zu
bemächtigen vermag, in einem Ergebnis dokumentiert, dessen ästhetische
Faszination die Lebensfähigkeit der epische Erfindung auf paradoxe Weise
dennoch bestätigt.

Was Hildesheimer hier gelungen ist, hat ein anderer Erzähler, Helmut
Heißenbüttel (*1921), wenn auch aus anderen methodischen Antrieben heraus, 1970 in einem Erzählwerk umzusetzen versucht, das schon im Titel
D'Alemberts Ende einen historischen Endpunkt signalisiert: das Ende des
Projektes der Aufklärung, in deren Verlauf sich gerade die Romangattung als
repräsentative literarische Kunstform zu profilieren begann. Auch Heißenbüttel nimmt von dem Postulat der schöpferischen Subjektivität Abschied.
Die Autorschaft gibt sich bei ihm in der sprachlichen Beobachtungsgenauig-
keit zu erkennen, mit der er schon verwörtlichtes Sprachmaterial verfügbar
macht: Alles wird zitiert, miteinander kombiniert und montagehaft verbunden und als bereits benutzte Sprache kenntlich gemacht.

Die neun Personen, die Heißenbüttel unter dem Datum des 26. Juli 1968 in Hamburg
aufeinander zubewegt, indem er sie, aus den zahllosen schon vorhandenen Sprachmasken des Kulturbetriebs zitierend, miteinander vermengt, sind freilich im Darstellungsmuster seines Romans nur schemenhafte Personifikationen einer sich ununterbrochen
verändernden Sprachmimikry. Das mag zwar als Satire auf den Überbau intendiert
sein, aber die endlose Aneinanderreihung von Stilimitaten, Redefloskeln und Klischees,
die den Fundus der Sprechweisen im Kulturbetrieb der späten sechziger Jahre plün-
dern, erreicht nirgendwo epische Anschaulichkeit. Die in den dreizehn Kapiteln des
ersten Teils angerissenen Personenmasken und Schauplätze sind austauschbar. Die endlosen Gespräche, die sich innerhalb dieses schemenhaften Spielfeldes im zweiten Teil
entwickeln, versickern in einer endlosen Suada. In diesem unermüdlichen Jargon-
Sound verlieren nicht nur die Sätze und Personen ihre Bedeutungszuordnung, es entsteht auch ein Gesamteindruck von erdrückender Monotonie, der letztlich auch die
Enthüllungsabsicht Heißenbüttels erschlägt.

Das Thomas-Mann-Zitat, das Heißenbüttel seinem Buch als Motto voran-
gestellt hat und das das spezifisch Musikalische des Zitats und die «eigentüm-
lich träumerische und reizvolle Vermischung der Sphären» hervorhebt, also
Momente einer ästhetisch akzentuierten Wirkung, ist für seinen Erzählver-
such folgenlos geblieben. Alles das ist in Hildesheimers *Marbot* vorhanden.
Angesichts dieser Situation ist es eine Art projizierter Selbstkritik, wenn
Heißenbüttel in einer Rezension des *Marbot* Hildesheimer vorwirft: «Der
Leser schlurft wie ein Rekonstruktionsgeröll zum Ende hin. [...] Ich möchte

nur andeuten, [...] daß Überkonstruktion Anschaulichkeit mindert.»[32] Auf *D'Alemberts Ende* trifft das zu.

Die Problematisierung einer bürgerlichen Literatur Ende der sechziger Jahre hat auch im Gattungsumfeld des Romans zu einer auffälligen Häufung von neuen Darstellungsansätzen geführt. Weitere Autoren begannen mit der Form des Romans zu experimentieren, haben versucht, den personenorientierten, handlungsbetonten Roman, der mit der Suggestion nacherzählbarer Geschichten operiert, zu durchbrechen und neue Gestaltungsmöglichkeiten zu erschließen. Dabei hat es sicherlich Sackgassen gegeben, aber auch faszinierende Neuentwürfe, die dennoch relativ folgenlos blieben, weil einerseits die Denunzierung der bürgerlichen Literatur im Zuge der Studentenbewegung jedes ästhetische Projekt, das nicht ausdrücklich auf gesellschaftliche Relevanz insistierte, als parasitär verwarf und weil andererseits die Autoren selbst angesichts der ausgebliebenen Resonanz den begonnenen Weg nicht weiter fortsetzten. Ein Beispiel dafür ist der Erzähler Hans Jürgen Fröhlich (1932–1986), der nach beeindruckenden, aber noch traditionell instrumentierten Erzählanfängen, beispielsweise in seinem Roman *Tandelkeller* (1967), in dem er die Kindheitserinnerungen an den Krieg aufarbeitet, in seinem Roman *Engels Kopf* (1971) einen höchst originellen Erzähltext vorgelegt hat.

Der nach Turin reisende Erzähler Peschek hat den Auftrag, einen Stadtführer zu schreiben, d. h. einen an der nachprüfbaren Wirklichkeit sich orientierenden Text. Er gerät in einen Wahrnehmungsprozeß hinein, der gerade das problematisiert und die komplizierten inneren Erfahrungszustände im Kopf des Subjekts als das entscheidende, aber sich zugleich der planen Nachprüfbarkeit entziehende Wirklichkeit erkennbar werden läßt. Die literarische Phänomenologie dieses Bewußtseins, das sich immer wieder unter neuen Perspektiven präsentiert und die in der Empirie verlaufende tatsächliche Geschichte als sekundär in die Fußnoten verdrängt, läßt einen höchst bemerkenswerten Erzähler erkennen.

Fröhlich hat seinen Rang auch in seinen späteren Büchern, den Romanen *Im Garten der Gefühle* (1975) und *Mit Feuer und Flamme* (1982), erneut unter Beweis gestellt, ohne freilich den experimentellen Erzählweg von *Engels Kopf* fortzusetzen. Der 1986 im Alter von Mitte fünfzig verstorbene Erzähler ist sehr schnell aus dem Gedächtnis des Literaturbetriebs hinausgeraten, obwohl er zu den wichtigen Autoren zählt.

Peter O. Chotjewitz (*1934) legte in seinen Büchern *Vom Leben und Lernen* (1968) und *Die Insel – Erzählungen auf dem Bärenauge* (1969) Versuche eines «kollektiven Romans» vor. Die Wahrnehmungsvielfalt des Ichs wird aus allen Ordnungsrastern von psychologischer Kausalität, zeitlicher Kontinuität und Wahrscheinlichkeit herausgelöst und in sich verschränkenden und parallel nebeneinander herlaufenden Textsträngen ausgestellt, aus denen der Leser sich seine eigenen assoziativen Verbindungen zusammenstellen und solcherart seinen eigenen Roman montieren soll. Der österreichische Erzähler Andreas Okopenko (*1930) hat dieses Verfahren noch in seinem *Lexikon-*

Roman (*Lexikon einer sentimentalen Reise zum Exporteurtreffen in Druden*)
(1970) zu überbieten versucht, indem er die vertraute epische Konstruktion
durch eine Anordnung der Buchabschnitte nach Stichwörtern ersetzt, die in
Lexikon-Manier aufeinander verweisen, so daß sich jeder Leser in der Auf-
einanderfolge der gewählten Stichwörter seinen eigenen Roman zusammensetzen kann. Diese kollektiven Romane sind inzwischen nur noch von archi-
varischem Interesse.

1973 erschien Walter Höllerers (*1922) Roman *Die Elephantenuhr*, der in
seiner Entstehungszeit weit in die sechziger Jahre zurückreicht. Auch hier
wird der Versuch gemacht, ein in Schemata gepreßtes Bild des Ichs und der
Wirklichkeit und damit zugleich die vertrauten epischen Darstellungsformen
des Romans aufzuheben. Das in der Sprache vergegenständlichte Bild der
Wirklichkeit, in der jede Erfahrung bereits eine versprachlichte Erfahrung
darstellt, soll aufgebrochen werden. Das geschieht durch die Entdeckung und
Bewußtmachung all jener semiologischen Signal- und Zeichensysteme, der
vielfältigen Körpersprachen zum Beispiel, die sich zu einer utopischen Er-
kenntnistotalität erweitern könnten, für die das große Integralbild der Elephantenuhr, die umfassende Gleichzeitigkeit des unerschöpflichen, allgegenwärtigen Gedächtnisses, steht.

Das wird von Höllerer durchaus prozeßhaft, im Erfahrungsspektrum verschiedener
Personen, episch anschaulich gemacht, vor allem am Beispiel der Mittelpunktsfigur
Gustaf Lorch. Dieser in einen engen Lebensumkreis eingezwängte Museumsbeamte
probt die Befreiung seines Gehirns von allen determinierenden Regelsystemen und
entdeckt sein potentielles Ich als Reservoir von Vorstellungs-, Lebens- und Identitäts-
möglichkeiten auch im Sinne von neuen Existenzentwürfen als Sprachforscher G., als
Zoodirektor Cabral und als dessen Freund Jurescu. Dieser Prozeß soll in der Vorbereitung einer Ausstellung, die in gewisser Weise die Komplexität eines ganzen Gehirns
zum Exponat haben soll, kulminieren.

Eine Kombination aller gespeicherten Zeichen- und Sprachsysteme würde
die Wirklichkeit nicht tautologisch reproduzieren, sondern alle Schichten der
Wahrnehmung von Realität sichtbar machen und dokumentieren, die jenseits
der begrifflichen Sterilisierung vorhanden sind. Daß es Höllerer gelungen ist,
diese Erkenntnisintensität zumindest im formalen Ansatz seines Buches be-
wußtzumachen, unterscheidet seinen Roman auch im künstlerischen Rang
von einem Unternehmen wie Heißenbüttels *D'Alemberts Ende*, wo die Sterilität des kulturbetrieblichen Geschwätzes tatsächlich zu einem tautologischen
Kompendium gerinnt.

Die Überwindung der in vorgegebene Begriffe gefaßten und bewußtlos
reproduzierten Wahrnehmung durch umfassende Erkenntniserweiterung versucht Oswald Wiener (*1935) in seinem Roman *Die Verbesserung von Mitteleuropa* (1969) auf dem Wege einer radikalen Reduktion zu erreichen.
Die Angriffsstrategie wirkt sich dabei auf den unterschiedlichsten Ebenen
aus.

Schon die Form des Buches stellt die Vorstellung von epischer Fiktion auf den Kopf. Nicht am Ende, sondern am Anfang steht ein «personen- und sachregister». Auf den letzten Seiten erscheint die äußerst umfassende Bibliographie der «literaturhinweise». Im Zentrum steht denn auch ein mit Anmerkungen bestückter wissenschaftlicher Essay, «notizen zum konzept des bio-adapters», der das, was im umfangreichen ersten Teil des Buches, der «vorwort» betitelt ist und aus sich jeweils verändernden Erlebnissituationen des Ichs hinsichtlich Sprache und Wirklichkeit in Aphorismen und Kalauern abgehandelt wird, hier auf die Ebene eines fast wissenschaftlichen Diskurses hebt. Eingeschoben ist der Bericht über die Aufführung eines szenischen Ereignisses, «Purim. ein fest», eines Happenings. Daran schließen sich Prosaskizzen an: «zwei studien über das sitzen». Auf den Essay «notizen zum konzept des bio-adapters» (in dem die Vision eines autonom gewordenen Ichs entwickelt wird, das die Wirklichkeit nicht mehr nötig hat, sondern sie mittels kybernetischer Techniken ganz nach Wunsch künstlich zu erzeugen vermag) folgen drei Appendices. In dieser formalen Organisation lassen sich nicht einmal mehr Reste vertrauter Strukturierungselemente epischer Fiktionalität erkennen.

Es geht Wiener um einen Angriff auf das vergegenständlichte Verhältnis von Sprache und Wirklichkeit, auf die besinnungslose Routine in den Beziehungen zwischen Begriff und Realität. In der fragmentierten Form des Buches dokumentiert sich die Anstrengung, die verformte Sprache, die zwischen Ich und Realität wie eine unsichtbare Spiegelwand eingeschoben ist, aufzusprengen, um damit zugleich die Selbsterkundung des eigenen Ichs voranzutreiben und der Realität der eigenen Person jenseits jeglicher festgelegten Übereinkunft auf die Spur zu kommen. Unter diesem Aspekt wird die Fiktion eines versprachlichten Bewußtseins, das dem Ich wie eine kaum zu entfernende Maske aufgestülpt ist, schrittweise zerstört. So wie die Abstraktheit allgemeiner Gesetze, die Vorstellungen von Kausalität und Kontinuität gleichsam als sprachliche Ausscheidungen erkennbar gemacht werden, die das Bewußtsein reglementieren und damit für die Realität blind machen, werden auch auf der Ebene der Icherfahrung überlieferte Normen wie Persönlichkeit, Charakter, psychologische Wahrscheinlichkeit des Verhaltens als Stereotype entlarvt. Die völlig unsystematische, fragmentarische Form des Buches wird so zum Ausdruck dieser neu zu entdeckenden Identität des Ichs durch umfassende Demontage aller begrifflichen Geländer, die die Balance dieses Ichs bisher garantiert haben. Sein Erkenntnisziel formuliert Wiener am Ende seines Buches so:

«wenn der leser einen gewinn aus der lektüre meines buches ziehen kann, so wird das, hoffe ich, ein gefühl davon sein, daß er sich mit aller kraft gegen den beweis, gegen die kontinuität und die kontingenz, gegen die formulierung, gegen alles richtige, unabwendbare, natürliche und evidente richten muß, wenn er eine entfaltung seines selbst – und sei es auch nur für kurze zeit – erleben will. möge er bedenken, welcher kraft, welchen formats es bedarf, gegen eine im großen und ganzen abgerundete, stimmige, einhellige welt aufzustehen, wie sie uns in jedem augenblick an den kopf geworfen wird: [...]»

Die Verbesserung von Mitteleuropa ist in ihrer Form also auch Ausdruck des Versuchs, die vorgegebene stimmige und einhellige Welt zu widerlegen, indem der Roman als stimmige überlieferte Form aufgelöst wird. Der Versuch «einer entfaltung seines selbst» erweist sich bei Wiener als «desertion aus der wirklichkeit, ein abhauen aus der sprache». Diese Exkursion an den Rand der Sprache und damit zugleich an die Rampe der Wirklichkeit und darüber hinaus deutet zugleich auf einen paradoxen Vorgang hin: auf eine Bankrotterklärung der Sprache als Erkenntnismedium, aber im Medium der Sprache selbst artikuliert, eine Erkenntnisbewegung in Sätzen, die mit jedem neuen Satz den vorangegangenen aufheben. Eine Erkenntnisbewegung also, die in jenem suggestiven Bild Wittgensteins (mit dem sich Wiener intensiv beschäftigt hat und dessen intensive Denkspuren sich bei ihm zahlreich finden) im *Tractatus logico-philosophicus* vorgezeichnet ist:

> «Meine Sätze erläutern dadurch, daß sie der, welcher mich versteht, am Ende als unsinnig erkennt, wenn er durch sie – auf ihnen – über sie hinausgestiegen ist. (Er muß sozusagen die Leiter wegwerfen, nachdem er auf ihr hinaufgestiegen ist.) Er muß diese Sätze überwinden, dann sieht er die Welt richtig.»[33]

1969 hielt Peter Handke in einer Besprechung über Jonkes *Geometrischen Heimatroman* Wieners Buch *Die Verbesserung von Mitteleuropa* für dasjenige: «[...] das von allen Büchern der letzten Jahre vielleicht am meisten in Bewegung setzen wird [...]».[34] Er könnte recht damit behalten. Die Auflösung des uns vertrauten realistischen Romans wird von Wiener am radikalsten vorangetrieben. Das Buch hat damit eine Wegweiser-Funktion für viele danach entstandene romanexperimentelle Erzählansätze angenommen. Zugleich lassen sich in der Konzeption der perfekten Simulationsmaschine des Bio-Adapters, der mit perfektem Imitationswahrnehmen die Wahrnehmung der sogenannten Wirklichkeit ersetzt, Vorwegnahmen des «postmodernen Romans» erkennen, der sich von jeder Erkenntnis der Wirklichkeit verabschiedet hat, die Entwicklungsperspektive der Geschichte in einem letalen Koma verschwinden sieht und sich von jeder implizierten Bedeutung distanziert. Wiener spricht vom «versuch der desertion aller weltbilder und der geschichte» und beschreibt «die auflösung der geschichte in wohlgefallen; das ausrollen der neuzeit in kybernetik». Der Roman als «totale Zeichensprache, auf deren labyrinthische Zumutung er [der Leser] selbst die Antwort geben muß», wird dann als eines der wesentlichen Kennzeichen des postmodernen Erzählens in den späten achtziger Jahren von einem wichtigen Erzähler wie Hanns-Josef Ortheil[35] postuliert.

III. ÜBER DIE LYRIK ZU DEN ZWECKTEXTEN

1. Weltsprache der modernen Poesie

1960 erschien Hans Magnus Enzensbergers Anthologie der lyrischen Moderne *Museum der modernen Poesie* und machte sogleich Epoche. Seine Sammlung schlug provokant den Abschied von der Poesie der Moderne vor, die in Deutschland noch gar nicht zur Geltung gekommen war: «Die moderne Poesie ist hundert Jahre alt. Sie gehört der Geschichte an.» Durchweg handelte es sich um Autoren, die in Deutschland noch zu entdecken waren: von Rafael Alberti, Vicente Aleixandre, Dámaso Alonso bis Julian Tuwim, Giuseppe Ungaretti, César Vallejo, Williams und Wolker.

Enzensberger grenzt seine Sammlung im Vorwort gegen den «schlechten Traditionalismus» ebenso wie gegen die «schlechte Avantgarde» ab, warnt vor Ismen, hebt, Benjamin und Adorno folgend, die Verfügbarkeit aller Kunstmittel als ein Jenseits der Moderne hervor (das Konzept «Postmoderne» vorwegnehmend) und besteht dennoch mit Recht darauf: «Der Prozeß der modernen Poesie ist bisher noch nicht hinreichend durchschaut.» Die Sammlung reicht von 1910 bis 1945, und Enzensberger begründet die Auswahl mit dem Hinweis, die Dichter dieses Zeitraums hätten «unter sich ein Einverständnis erreicht, das wie nie zuvor die nationalen Grenzen der Dichtung aufgehoben und dem Begriff der Weltliteratur zu einer Leuchtkraft verholfen hat, an die in anderen Zeiten nicht zu denken war». An Autoren aus fünfunddreißig Ländern demonstriert Enzensberger den «Prozeß der modernen Poesie», der «zur Entstehung einer poetischen Weltsprache» geführt habe. Enzensbergers These ist ungünstig für die deutschsprachige Situation: Diese Weltsprache zeige seit 1945 Spuren der Erschöpfung, des Alterns – «nur als konventionelles Spiel kann sie fortgesetzt werden, als gäbe es zu ihr keine historische Differenz. [...] Poesie heute setzt nicht nur Kenntnis, sondern auch Kritik der modernen Poesie voraus.»

Enzensbergers eigene Gedichte machen einen sehr souveränen Gebrauch von diesen Studien und Kenntnissen, einen Gebrauch, der sich mit dem Titel «öffentliche Lyrik» nicht zureichend fassen läßt. In seiner Rede *Die Entstehung eines Gedichts* (1962) wendet sich Enzensberger gegen die großen, die allgemeinen Fragestellungen: «Was ist ein Gedicht? Kann Kunst die Welt verändern? Welches ist die Natur des schöpferischen Aktes?» Er hebt den Widerstand des Besonderen und Konkreten hervor.

Der Gedichtband *blindenschrift* (1964) greift auf den lakonischen Ton der ‹Trümmerlyrik› zurück (vgl. «nänie auf den apfel»), z.T. sogar ausdrücklich, etwa im Günter Eich gewidmeten Gedicht «abgelegenes haus». Er geht von Spracherfahrungen aus, davon, daß in Sprache Welt- und Icherfahrung verschränkt sind, und leistet sich keine Mimesis mehr, keine Rückkehr zur Abbildlichkeit. Ein Beispiel:

abendnachrichten

massaker um eine handvoll reis,
höre ich, für jeden an jedem tag
eine handvoll reis: trommelfeuer
auf dünnen hütten, undeutlich
höre ich es, beim abendessen.

auf den glasierten ziegeln
höre ich reiskörner tanzen,
eine handvoll, beim abendessen,
reiskörner auf meinem dach:
den ersten märzregen, deutlich.

Ironien und Sarkasmen, Verknappungen und Verwerfungen, Wortspiele, Zitate, anrührende Nachrufe auf die Natur bauen Enzensbergers Band auf, für dessen Verständnis
wichtig ist, von der (die moderne Poesie bestimmenden) Versöhnung von Rhetorik und
Poesie auszugehen, wie sie das Werk auch von Erich Fried kennzeichnet.

In «middle class blues» realisieren mehrere Strophen die Anapher, die wiederholte
Anfangsstellung von Worten:

wir haben nichts zu verheimlichen.
wir haben nichts zu versäumen.
wie haben nichts zu sagen.
wir haben.

Schon das Schriftbild weist, beinahe in konkreter Manier, auf die Schwundtechnik der
Zeilen hin: vom auftrumpfenden Stolz bis zur bloßen Besitzanzeige. Auch die späteren
Gedichte Enzensbergers arbeiten gekonnt mit den Stilfiguren der Moderne, wie er sie
in seinen Vorbemerkungen zum *Museum* angedeutet hat: dem technologischen Ansatz
(Montage, Experiment), dem Widerstand: Poesie als Antiware, Dissonanz und Absurdität, Dialektik von Wucherung und Reduktion, Wechsel der Tonfälle, Erprobung
neuer syntaktischer Verfahren usw. (z. B. in «Erkennungsdienstliche Behandlung» aus
Der Untergang der Titanic, 1978). Sie spielen jeweils auf die Wirklichkeit als sprach-
lich-formal gedeutete an und realisieren so die ‹öffentliche› Dimension von Poesie neu
und anders als die früheren Modelle.

Zukunftsmusik (1991), der jüngste Band, zeigt erneut die reiche Palette des
Lyrikers: Sprach- und Wortspiele, lockere und strenge Formen, Umschrei-
bungen, Sarkasmen, Erlesenes, Profanes, ohne daß freilich den Motiven,
Denkfiguren, Formmodellen Neues hinzugefügt würde. Auffallend ist die
Empfänglichkeit für Sprachmuster und -spiele, die als «Gewöhnliche Ge-
schichte», als «Zungenwerk» oder «Zusammenhang» ausgestellt werden. Die
«Litanei vom Es» macht von der Umschreibungstechnik Gebrauch und bildet
die zunehmende Anonymisierung unserer Lebensverhältnisse ab, auch das
Verfügtwerden der Perspektiven und Erfahrungen durch Sprachgesten.

1980, in *Die Furie des Verschwindens*, griff Enzensberger wieder auf die
Form des Großgedichts zurück, wie sie auch die Sammlung *Mausoleum*
(1975) bestimmt hatte, nicht ohne Hinblick auf die gleichzeitige Diskussion
zum langen Gedicht.

1965 hatte Walter Höllerer seine *Thesen zum langen Gedicht* veröffentlicht
und damit eine realistische Wende der Lyrik einzuleiten versucht: durch sei-

nen «Umgang mit der Realität» soll es sich «von den übrigen lyrischen Gebilden» unterscheiden. «Das lange Gedicht ist, im gegenwärtigen Moment, schon seiner Form nach politisch; denn es zeigt eine Gegenbewegung gegen Einengung in abgegrenzte Kästchen und Gebiete.» Die großen Balladen von Enzensbergers *Mausoleum* scheinen diesen Thesen nachzugeben: «Wer ein langes Gedicht schreibt, schafft sich die Perspektive, die Welt freizügiger zu sehen, opponiert gegen vorhandene Festgelegtheit und Kurzatmigkeit. Die Republik wird erkennbar, die sich befreit.» Im ganzen haben diese Thesen, wenn auch vielzitiert, kaum große Wirkungen gezeigt, und die letzte lautet ja einlenkend: «Das lange Gedicht als Vorbedingung für kurze Gedichte.»

Entsprechend sind Walter Höllerers Gedichte von 1964 *(Gedichte. Wie entsteht ein Gedicht)* durch «eine Welle ungekämmter Sätze» charakterisiert. Vor allem die Gedichte 1965–1969 (vgl. *Gedichte 1942–1982*, 1982) sind ‹lange› Gedichte, durch experimentelle Formgebung bestimmt, oftmals auch typographisch offen, als Spreng-Satz angelegt, ein «Buchstabentanz» gegen «geschlossenen Plan» (vgl. «Da kann kein Mensch gefunden werden bei Feuerwerk»). Von Bedeutung waren da gewiß die von Höllerer auch analytisch hervorgehobenen ‹rhapsodischen› Gedichte der jungen Amerikaner (Robert Creeley, William Carlos Williams, Charles Olson, Allen Ginsberg, Gregory Corso, Lawrence Ferlinghetti).

Der Verselbständigung der Bedeutungen («ein Wort gibt hier dem anderen die Hand») wird stellenweise nachgegeben, dann wieder wird sie durch die Einführung neuer Subgattungen gesteuert: Berichtsgedichte, Gutenachtgedichte, zerfetzte Lehrgedichte oder ein politisch motiviertes Großgedicht (über sieben Seiten lang!). Einflüsse von Arno Holz werden im Mittelachsen-Druck erkennbar: «Jahrhundert-Museum für Tobias mit Stimmen und Spuren»; Höllerers Gedicht versucht, auch formal, das problematische Verhältnis von Einzelnem und Ganzem zu realisieren, die unerbetene Zeitgenossenschaft und individuelle Lebensmöglichkeit aufeinander zu beziehen.

Viele Autoren haben in Deutschland den Typus des «modernen Gedichts» durchsetzen helfen. Dabei spielte Hans Arp (1887–1966) eine wichtige Rolle, dessen Gedichte seit Mitte der fünfziger Jahre wieder zugänglich wurden und der sich mit immer neuen Bänden zu Wort meldete: *Worte mit und ohne Anker* (1957), *Mondsand* (1960), *Sinnende Flammen* (1961), bis 1963 und 1974 die *Gesammelten Gedichte 1/2* erschienen.

Gegen allzu ernsthafte kulturkritische Gesten der zeitgenössischen Lyrik bringt Arp Erinnerungen an Dada und Surrealismus ins Spiel. Sein Gedicht »Was soll man tun« legt die Denkerstirn in entsprechend krause Falten:

Soll man die Möglichkeiten, die sich einem darbieten
überlegen und dann sich auf die Seite legen und möglichst
lange schlafen und einmal recht erwacht die Hände in den Schoß legen?
Soll man Träume auslegen?
Soll man Hand an sich legen?
Soll man sein Schiff an einem fragwürdigen Strand anlegen?
Soll man Kleider Waffen Orden Trauer anlegen?
[...]

Auffällig ist – lange vor dem «linguistic turn» der achtziger Jahre – die Reflexion auf das Wortmaterial («legen»), das eben mehr ist als Material: das
mächtig genug erscheint, um uns die Wahlmöglichkeiten zu begrenzen, aber
auch neu zu eröffnen, was mit «fahren», «bestellen», «stechen» u. a. weitergeführt wird. Das Großgedicht «Worte» (1961) macht das zum Thema: «Worte
auf Wanderungen. / Flockenworte.» Schließlich heißen sie «träumende Flok-
kenworte», auch «herrliche Katachresenworte» oder «einbalsamierte Worte»
und werden als Anspruch gegen allerlei zeitgenössische Wirklichkeit gehalten, etwa die Atomversuche: die Wirklichkeit der Poesie ist auch die Wirklichkeit der Engel – «Wer dürfte ihnen / mit unseren tollwütigen fortschrittlichen / Atombonbonnieren entgegentreten.» 1965 wird Arp direkter und
nutzt die gestische Rede zu offenerem Widerspruch («Um den Menschen
handelt es sich»), nicht zuletzt durch den Verzicht auf (beinahe) alle poetischen Spielereien:

> Um was handelt es sich?
> Um den Menschen handelt es sich.
> Was ist los?
> Der Mensch ist los
> der ein Herz hat
> der kein Herz hat [...]

Arps Lyrik hat für viele Autoren eine Befreiung bedeutet. Rolf Haufs (* 1935)
gewinnt in seinen Gedichten, die zunächst am Expressionismus orientiert
sind, einen freien spielerischen Ton (*Straße nach Kohlhasenbrück*, 1962), der
sie inhaltlich wie formal eine Auseinandersetzung mit der europäischen Moderne sein läßt. In *Sonntage in Moabit* (1964) werden neben Trakl und Heym
auch Jessenin, Majakowski, Babel und Lorca genannt («Gezeichnet») – ein
Verweis auf Enzensbergers Anthologie. Der Band von 1967, *Vorstadtbeichte*,
ist thematisch von einer sinnlosen Verfolgung durch den Verfassungsschutz
bestimmt und führt zu Rede- und Gedichtformen, wie wir sie aus der DDR-
Lyrik kennen (vgl. «Schwerer Tag»): Das Ich liefert sich hochgemut den
Verfolgern aus und deutet seine Isolation sarkastisch als Vorteil. *Juniabschied*
(1984) war mit über 10000 verkauften Exemplaren der bislang größte Erfolg
von Haufs.

Die Beschädigungen, die Haufs vielfältig thematisiert und seiner Generation, mit Kriegsspielen und Bombernächten vertraut, zuweist, kehren in der
Formgebung der Gedichte wieder, als Bruch etwa, als Abbruch oder Umbruch. Konsequent ist deren Perspektive gedoppelt: «War es das Paradies /
War es der Riß / Durch die Erde.» Oftmals entsprechen oder widersprechen
die Gedichte auf den gegenüberliegenden Seiten einander. Und auch im Band
Felderland (1986) sind die Gesten etwa von Aufschwung und Sturz so ver-
kreuzt, daß ein eigener Gedichttypus entsteht, der weder der Neo-Avantgarde noch der neuen Subjektivität zuzurechnen ist.

Rolf Dieter Brinkmann

Brinkmann (1940–1975) hat seit 1962 regelmäßig Lyrikbände publiziert, ein Durchbruch gelang ihm erst mit seinem Tode und dem Band *Westwärts 1&2* (1975). Für die Lyrik der sechziger und siebziger (DDR: der achtziger) Jahre ist sein Einfluß unschätzbar. Der Umbruch von einer Lyrik im hohen Ton zu Gedichten im Mixsound der Alltagssprache ist nicht mit dem Tod Celans 1970 zu datieren, so sehr dieser Tod von manchen Jungen *auch* als Befreiung erfahren wurde, sondern beginnt schon in den frühen sechziger Jahren, wofür Brinkmann der bedeutendste Zeuge ist. Ausdrücklich bezieht er sich dabei auf Peter Rühmkorf, der Band von 1962 *Ihr nennt es Sprache* ist «Dem roten Rühmkorf» gewidmet. Sowohl die verschliffenen Traditionsbezüge erinnern an ihn wie auch die pseudo-parodistische Anlehnung an das Pathos der Vorgänger, das den eigenen Text durchaus mitkonstituiert. Brinkmanns poetologische *Notizen* kritisieren die etablierten Dichter als «ausgebuffte Kerle»: «jetzt halten sie die Kulturellen Wörter besetzt, anstatt herumzugehen und sich vieles einmal anzusehen, lebende Tote [...].» Wörtlichkeit ist durchaus ein poetisch subversives Programm der Zeit, das noch so gegensätzliche Autoren wie Meckel und Fried verbindet.

Bei Brinkmann kommt noch der Bezug auf die Film-, auf die Seherfahrung hinzu; Worte und Bilder sind danach untrennbar miteinander verbunden, vertreten einander durchaus auch in der Weise einer Konstellation: «Ich denke, daß das Gedicht die geeignetste Form ist, spontan erfaßte Vorgänge und Bewegungen, eine nur in einem Augenblick sich deutlich zeigende Empfindlichkeit konkret als snap-shot festzuhalten. Jeder kennt das, wenn zwischen Tür und Angel, wie man so sagt, das, was man in dem Augenblick zufällig vor sich hat, zu einem sehr präzisen, festen, zugleich aber auch sehr durchsichtigen Bild wird, hinter dem nichts steht, scheinbar isolierte Schnittpunkte.»[1]

Brinkmann hat amerikanische Pop- und Underground-Literatur ins Deutsche übertragen und herausgegeben: *ACID. Neue amerikanische Szene* (mit Ralf-Rainer Rygalla, 1969) und *Silver Screen. Neue amerikanische Lyrik* (1969); er hat sich auf Frank O'Hara bezogen (Übersetzung und Buchausgabe 1969), auf William Carlos Williams, Robert Creeley, William S. Burroughs, Ron Padgett u. a.

In seinen Gedichten hat das auf mehrfache Weise seine Spuren hinterlassen: einmal im etwas angestrengten Jungmänner-Protestgestus, meist ins Marode-Groteske übersteigert (man vgl. Gedichte wie «Da schnallst du ab», «Es war still», «Auto»), zum anderen in der programmatischen Öffnung des Gedichts für alle Sprachebenen, was die Alltäglichkeit erlaubt, ja privilegiert. Es ist ein neuer Ton, der Gefühle zuläßt, Zustände des Subjekts anspricht, frühe Erfahrungen in Bilder, die sich (nun) «bewegen», umsetzt; ein Ton, der auf Gegenwärtigkeit setzt und zugleich weiß, daß diese unmöglich ist. In den Gedichten von *Westwärts 1&2* wird dies als Prinzip poetischen Schaffens begriffen, was über «Alltagslyrik» und «Postmoderne» bedeutsam hinausführt: «Ich möchte einfach / nur einfach ohne Erklärung sein. / Ich möchte nicht verladen werden.» Es ist ein Motiv, das Brinkmann mit Jack Kerouac («Ist das westwärts genug? / Ist das westwärts?») assoziiert und das stets stärker zu gesellschaftskritischen Tönen führt. Poetologisch geht damit auch eine Absage an Rimbaud («Car Je est un autre») einher: «Ich bin froh, / daß ich kein anderer bin.»

Ähnlich wie bei Rolf Haufs brechen die Beschädigungen durch die Kriegs- und Nachkriegszeit immer wieder durch. Ein Leben anders als in Bruchstücken ist kaum denkbar, und Verse wie die folgenden schließen einen ‹exzentrischen› Ansatz, das Denken der Dezentrierung (Derrida), mit den biographischen Motiven zusammen: «Es ist der Körper, / der in den Wörtern explodiert, / die ihre gute alte Mama / verloren haben.»

Es ist eine Tonart, die für jene Jahre bezeichnend ist, wie nicht nur Enzensberger und Rühmkorf bezeugen, sondern auch der junge Christoph Meckel (* 1935), dessen Band *Wildnisse* ebenfalls 1962 erscheint. Wie Brinkmann sagt er der lyrischen Evokation auf evokative Weise ab, will «den falschen Zauber» ausbannen, dem Bennschen Aufruf folgen, Lyrik als Wortkunst zu begreifen. Meckel läßt «Das Wort» sagen: ich «komme nur aus Trümmern her / die du mir zu bereiten hast». Das nüchterne Bekenntnis zur Artistik und hochpathetische Tonlage schließen einander nicht aus. In Meckels «Gedicht über das Schreiben von Gedichten» heißt es:

> Ich setzte Wort an Wort an Wort
> das Wort warf alle Fahnen fort
> und hieß sich selber gradestehn
> und nüchtern über Träume gehn
> das Stumme schlug es in den Bann
> und legt es an die Kette laut [...]

Wenn sich Brinkmann auch einem politischen Engagement öffnet, so doch unter striktem Festhalten am Range des Worte-Setzens, an der Überzeugung, daß Veränderung durch Wörter Dichtung sei.[2]

2. Politische Lyrik seit 1960

Die fünfziger Jahre waren eine politisch bewegte Zeit – gleichwohl dauerte es eine Weile, bis es zu einer neuen politischen Liedkultur kam. Die Anknüpfungen waren im Zeitalter des Kalten Krieges schwierig genug, gelangen zunächst (beim Bürgertum) nur an Bänkelsang und Kabarett, gelegentlich an Arbeiterkultur und Jugendszene.

Neue Volkskunst

Eine wirkliche Bedeutung erlangte das politische Lied im Deutschland der sechziger Jahre, der Zeit großer Zerreißproben. Es konnte dabei an eine internationale Songszene anschließen. In den frühen sechziger Jahren geben die *Lieder gegen die Bombe* den Ton der Protestkultur an, die eng mit der Ostermarschbewegung zusammenhängt.

1960 fand der erste Ostermarsch der Atomwaffengegner von Hamburg zum Raketenübungsplatz Bergen-Hohne statt, 1963 hatte der vierte immerhin 19 Marschsäulen in allen Ländern der Bundesrepublik, 1965 etwa 100000 Teilnehmer. Die Gefahren, die fünfundzwanzig Jahre vor dem Reaktor-Unfall in Tschernobyl ausgemalt wurden, nahm seinerzeit ein größeres Publikum kaum ernst. In den Liedern wird vor Strontium 90 gewarnt. «Es geht um die kommende Generation», hieß es: «Wir haben ein Ziel, das sich wirklich lohnt: / daß der Mensch auf der sichern Erde wohnt!» (Gerd Semmer), oder: «Unser Marsch ist eine gute Sache», mit den Refrainzeilen: «Wir marschieren für die Welt / die von Waffen nichts mehr hält» (Hannes Stütz).

Ziel dieser *Lieder gegen die Bombe*[3] war es, eine breite Bevölkerung vom Unsinn der Atomrüstung zu überzeugen, während gleichzeitig die Regierung Atombunker zu bauen empfahl. Formal schlägt sich das im Versuch nieder, an wohlgelittene Liedtraditionen anzuschließen, auch an solche, die als überholt oder verschollen galten. Dazu gehörte, daß in den Universitätsstädten immer mehr Kneipen, z. B. von Exstudenten, aufgemacht wurden, die Liedersängern ein Podium und einen Zuschuß boten, was bald, vor allem in Berlin und München, zu einer gewissen Blüte von grotesk-schaurigen Liedern führte. «Komm, mein Schatz, wir schmausen eine Leiche», beginnt ein Kneipensong jener Jahre, das «Liebeswerben eines Vampirs». Satire, Sarkasmus, Ironie, Anspielung, Parodie, Groteske – das sind recht elaborierte Mittel für eine volkstümliche Lyrik; Errungenschaften der progressiven Liedtradition (Wedekind, Kästner, Mehring, Klabund, Mühsam, Tucholsky, Brecht) werden aufgenommen und weitergeführt (*Bänkelbuch*, 1953/1966). Die Unterscheidung von Gemeinschaftsliedern und individuellen Song-Autoren, die für die amerikanische Liederszene getroffen wurde, besagt für die deutsche Entwicklung (und vermutlich überhaupt) jedoch wenig.

Das *Volksvermögen* wurde (nicht nur) von Peter Rühmkorf wiederentdeckt, die «Neigung zum Unerweckten und Unentwickelten», das nichts weniger als «primitiv» sei; Volkspoesie deutet er antiromantisch als Widerpart gegen die «allwaltende Verklärungsmaschinerie» und konstatiert, daß «der Volksmund, wo er zu eigenem Gesange ansetzt, nicht das Lied der guten Herrschaft intoniert» (*Über das Volksvermögen*, 1967). Der Bänkelsang wurde neu entdeckt, die Moritat, der Gassenhauer, der ‹schräge› Ton, das politische Kabarett; auf den Partys der Älteren hörte man sich *Tränenlieder aus der Küche* an, die Jüngeren hielten sich vor allem an die Tradition der

Negro Spirituals («Stan' still Jordan», «Oh, dey whupped him up the hill», «Nobody knows the trouble I've seen» usw.).

Die Politisierung Mitte der sechziger Jahre führte sehr bald auch zu parteipolitischen Konstellationen. Deutlich der DKP verbunden waren Unternehmungen wie die «werkhefte der deutschen volkskunst», auch «volkskunst in aktion» oder «Arbeitskreis für Amateurkunst» geheißen, später einfach «Neue Volkskunst» (Anneliese Althoff, Annemarie Stern). Die Entwicklung einer neuen politischen Liedkultur ist von diesem Engagement, für das vor allen anderen auch Dieter Süverkrüp steht, nicht abzulösen. Zwei große Sammlungen fassen die in diesem Umkreis entstandenen Lieder zusammen: das *Kürbiskern Songbuch* von Manfred Vosz und die *Lieder aus dem Schlaraffenland* von Annemarie Stern. Sie sind beide nach thematischen Gesichtspunkten gegliedert wie etwa Restauration, Lieder vom Ostermarsch, Formierte Gesellschaft, Die Große Kumpanei, In Sachen Dritte Welt, Internationale Solidarität usw. Die Volkstümlichkeit ist zumeist als primitive Umsetzung von «klassischen» Lehrsätzen und als Anbiederungsgebärde verstanden.

Qualitativ ist die stärker durch die Musik bestimmte Songszene gewiß deutlich von diesen Good-will-Aktionen zu unterscheiden, sie stellt auch eine spätere Entwicklung dar. Die Polit-Rock-Gruppe «Floh de Cologne» wäre dafür ein Beispiel. Mit ihrer Rock-Show *TILT* (Uraufführung 16. April 1975 in Hamburg) setzten sie ihre politische Arbeit fort, die 1973/74 dem Engagement für Chile gegolten hatte *(Mumien. Kantate für Rockband)*, diesmal gegen die Jugendarbeitslosigkeit.

Es gab viele solcher Gruppen, die in den siebziger Jahren durch das «Zusammenwirken von Text und Musik eine optimale Aussage erreichen» wollten, wie es «Die Bonner Blaustrümpfe» formulierten. 1977 erschienen deren *Protest- und Spottlieder* im Selbstverlag. Es war eine Arbeitsgruppe des «Frauenforums Bonn», das «die Ideen der neuen Frauenbewegung» umsetzen wollte. Auch für diese Thematik gilt, daß Einzellieder (Topical Songs) ein größeres Publikum erreichen, man vergleiche den Erfolg von Nina Hagen oder Ulla Meinecke. Für die frühen achtziger Jahre ist vielleicht die Gruppe «Einstürzende Neubauten» charakteristisch. Der treffende Name, Musik und Texte entwickeln «Strategien gegen Architekturen« (1983), gehen von der doppelten Negation *(Negativ Nein)* und der Lust-Schmerz-Erfahrung («Tanz debil», «Schmerzen hören») über zur Strategie der Überbietung: den Zerstörungen könne man nur entkommen, so lautet das paradoxe Konzept einer jungen Neo-Avantgarde (mit Einflüssen aus den USA, aus England wie aus Rußland), indem man sich ihnen, sie überbietend, stelle. Demgegenüber wirkt das Lied von «Ton Steine Scherben» Mitte der sechziger Jahre geradezu naiv: «Macht kaputt was euch kaputt macht.» Die junge Dichtung der späten DDR und Ex-DDR (die Autoren um den Galrev Verlag) folgt gutteils dieser Denkfigur der überbietenden Aneignung, der ‹Dekonstruktion›, welche die Hardrock-Gruppen in den späten siebziger Jahren populär gemacht haben.

Das Arbeiterlied

Mit Gesang wird gekämpft hieß eine Sammlung *Lieder der Arbeiterbewegung*, die 1967 im Ostberliner Dietz Verlag erschien und mit diesem Titel an ein 1922 erschienenes Arbeiterliederbuch anschloß. Es sind die alten Lieder, die zunächst auch in den westdeutschen Sammlungen wieder auftauchen:

«Auf, auf, zum Kampf», das «Leuna-Lied», die «Moorsoldaten» oder das «Solidaritätslied». In Arbeiterlieder-Festivals (etwa 1970 in Essen) wurde diese Tradition wiederbelebt: von den Conrads, von Degenhardt und Hanns Ernst Jäger, Lerryn (Diether Dehm), von Fasia, Kittner, Süverkrüp, Hüsch u. a. Vor allem für die Lehrlingsagitation wurde viel getan, mit Beat und Rock, deren «proletarischer Charakter» herausgearbeitet werden sollte. Lerryns Song «Lehrlings Machtgebeat» erreichte beinahe die Hitparaden, in allen größeren Städten bildeten sich Ende der sechziger und Anfang der siebziger Jahre «Songgruppen». Eine gute Übersicht gibt das *Arbeiter-Songbuch* 1973. Daß die Arbeiterkultur ganz überwiegend in den Händen der Intelligenz ist, macht die Gruppe «Hinz & Kunst» deutlich, 1971 von Dozenten und Absolventen der Hamburger Musikhochschule gegründet.

«Hinz & Kunst» ging vor allem von «freier Improvisation» aus, vom Versuch, die Trennung des Interpreten vom Komponisten zu überwinden und politisch engagierte Musik zu verbreiten. Die Gruppe trat 1976 mit Liedern gegen das Berufsverbot hervor. Vorher, 1973, entwickelte sie die Kantate *Streik bei Mannesmann*, zu der Erika Runge den Text und Hans Werner Henze die Musik schrieben, sie wurde bei den «X. Weltfestspielen der Jugend und Studenten» in Ostberlin uraufgeführt. Die Kantatenform erlaubt den Verzicht auf eine komplexe Struktur, legt die Reihung nahe: so gibt es «Die Sprache des Streiks», «Song und Tanz der türkischen Arbeiter», einen dramatischen Arbeitskonflikt mit «Besetzung des Rollgangs», das «Lied der Frauen», die Jugendstimmen, ein Kessellied, einen Solidaritätsaufruf, der formal auf den Sprechchor der zwanziger Jahre zurückgreift, einen emotionalen Schlußsong.

In beinahe allen einschlägigen Sammlungen ist das Chanson von Günter Hinz abgedruckt, das auf einen älteren Schlager zurückgreift («Ich brauche keine Millionen, ich brauch keinen Pfennig zum Glück»): «Ich schreibe / nicht für Krupp und nicht für Thyssen, / mein Standpunkt / ist nicht der von Abs und Flick, / ich bin / nicht unparteilich, wie sie wissen, / mit jeder Zeile mach ich Politik.» Die *Gedichte des Sozialpartners* erscheinen nun in vielen Anthologien, sie folgen dem Motto «Wort wird Waffe». Dabei wird den Umständen, unter denen dies geschehen könnte und die sich selbst bei den ‹Klassikern› (Marx, Engels, Lenin) genauer reflektiert finden, wenig Beachtung geschenkt. Die Lieder dienen allererst der Stärkung des Gruppen-, des Wir-Gefühls, folgen also dem Typus des Gemeinschaftsliedes und erreichen das selbstgesteckte Ziel einer Bewußtseinsveränderung allenfalls bei der Lehrlingsagitation.

Sonderweg Agitprop

Mitte der sechziger Jahre kam es zur Rehabilitierung der Tendenz, die der auf die Autonomie des Kunstwerks pochenden ‹bürgerlichen› Ästhetik zutiefst suspekt war. Der Begriff «Agitprop» ist der jungen Linken interessanter als ‹Parteilichkeit›, was Lukács vorgeschlagen hatte – die Vorbehalte gegenüber der SED und dem Realsozialismus waren durchaus groß genug hierfür.

Das Kunstwort Agitprop faßt, folgt man Lenins Analysen *(Agitation und Propaganda)*, zwei Grundüberzeugungen zusammen: erstens, daß dem Wissen, auf das sich die Agitation als Wahrheit zurückbezieht, politische und gesellschaftliche Konsequenzen zugehören; zweitens, daß der bloße Appell, der formelhafte Hinweis auf «die» Wahrheit nicht genüge, sondern eine langwierige Überzeugungsarbeit als «Propaganda» nötig sei. Die spätkapitalistische Literatur und Kultur soll, der orthodoxen Linken zufolge (Peter Schütt), in eine «demokratische Kunst» transponiert werden. Als organisatorische Leistung der Poesie gilt, daß sie die Sprache der «Angeführten» (Rühmkorf) zu sprechen lernt. Die Kritik der individualistischen Produktionsweise bleibt nicht aus, auch das Subjekt, der hartnäckigste Widerspruch, muß kollektiviert werden. Vorgeschlagen wird die «Erzeugung einer kollektiven Individualität, die den Rahmen bürgerlicher Subjektivität in der Erkenntnis der gesellschaftlichen Bedingtheit der eigenen Lage sprengt». Das blieb ein Spiel mit Worten.

Interessant ist, daß es zu einigen Modellen kam, von denen her in der Tat eine Neubestimmung des Zusammenhangs von Ästhetik und politischer Aktion möglich wurde. Ein Beispiel ist die Umfunktionierung: als Parodie, als Variation und Paraphrase im Textbereich vorgeübt, fand diese Methode Ende der sechziger Jahre Eingang in die Kollegsäle und Zugang zu einer größeren Öffentlichkeit überhaupt. Eingeführte Spielregeln – etwa bei einer Gerichtsverhandlung, Lehrveranstaltung, Demonstration – wurden durchbrochen, was zu einer Verschiebung der Perspektiven führte und dem Bewußtsein der Betroffenen neue Horizonte eröffnete. Grundlage war die Einsicht, daß «ein allgemeines Ansingen gegen die Brutalität» nicht mehr ausreiche (Degenhardt). Ein anderes Modell ist der kommentierende Bezug auf bestimmte Vorfälle und Aktionen, wobei eine emblematische Struktur (eine für Analphabeten entworfene Bildform, heute noch in der BILD-Zeitung lebendig) zur Geltung kommt. Andere interessante Muster des Agitprop-Gedichts finden sich etwa bei Roman Ritter, Erich Fried, Volker von Törne, Hildegard Wohlgemuth. Doch überwiegt der Eindruck von schnell gezimmerten Versen, oftmals durch nichts weiter als die Arroganz des Besserwissens inspiriert.

Lieder gegen den Tritt

Im Asso Verlag von Anneliese Althoff erschien 1972 die großangelegte und «für die Gewerkschaftsjugend konzipierte» Anthologie *Lieder gegen den Tritt. Politische Lieder aus fünf Jahrhunderten* von Annemarie Stern. Sie weiß sich der Sammlung von Wolfgang Steinitz *Deutsche Volkslieder demokratischen Charakters aus sechs Jahrhunderten* verpflichtet. Die letzte Abteilung bringt «Internationale Lieder der fünfziger und sechziger Jahre», deutlich dem Theorem vom Internationalismus des Klassen- und Befreiungskampfes verpflichtet.

Der internationale Ansatz der Songszene spiegelt sich in allen Liederbüchern der sechziger Jahre, man kann recht beliebig vergleichen: *Neue Lieder. Liederbuch des Münchener SDS (1967)*, die *Song*-Hefte, die Reihe *Politische Lieder* aus Oberhausen oder die *Damokles*-Songbücher – überall werden die Lieder aus aller Welt rezipiert, im Originalton, nachgedichtet oder umgetextet. Der Dortmunder «pläne-Verlag» sorgt mit einer sehr reichen Plattenproduktion für die Zugänglichkeit der Originale. Da gibt es anonyme Texte wie den «Korea-Song» eines in Korea gefallenen amerikanischen Soldaten («Jungs, wir sterben am Rande der Erde / und noch kläglicher als ein Tier«), vermutlich eine Autor-Camouflage nach dem Muster von George Forestier; oder den nigerianischen Protest gegen eine willkürliche Ausgangssperre «Ev'rybody loves Saturday night», ein Text, der zugleich auf Nigerianisch, Französisch, Jiddisch, Deutsch, Russisch, Chinesisch angeboten wurde.

Es sind viele Themen und Sänger und Gruppen, die das Neue Lied populär werden lassen: die Bürgerrechtsbewegung (u. a. Bob Dylan, Joan Baëz, Perry Friedman), Griechenland (Mikis Theodorakis), Portugal (José Afonso), Chile und Kuba (Victor Jara, Violeta Parra, Mercedes Sosa, die Gruppe Quilapayun). Aber Protestsänger treten auch unter weniger militanten Umständen hervor und schaffen im Rückgriff aufs Erbe eine neue Liedkultur, etwa der Katalane Lluis Llach, der Russe Bulat Okudshawa oder der Niederländer Robert Long. In Deutschland bestimmt die Entwicklung zum Lied, zur neualten Zunft der Liedermacher im wesentlichen die spätsiebziger und achtziger Jahre. In den sechziger und frühen siebziger Jahren war das Lied sowohl vom Thema, von der Machart wie von der Rezeption her an einen Gruppenzusammenhang – wie fiktiv auch immer – gebunden, der freilich bei individuellem Aufmucken ganz schnell gekündigt wurde.

Wolfgang Neuss (1923–1989) ist dafür ein gutes Beispiel. Vom Dezember 1962 bis Juni 1965 trat er mit seinem Soloprogramm *Das jüngste Gerücht* im «Domizil» am Westberliner Lützowplatz auf. Deutlich ist er kritisch-solidarisch mit der SPD, die gleichwohl auf seine Mitwirkung beim Wahlkampf 1965 verzichtet. Mit seinem Programm *Neuss Testament* und einigen Aktionen bekommt er Ärger, sprich Anzeigensperre, Prügel und Parteiausschluß.

Für den Gruppenzusammenhang der aufmüpfigen neuen Lieder stand eine ganze Weile der Name «Burg Waldeck» ein. Dort hatten sich 1964 zum erstenmal Chanson- und Folkloresänger aus dem In- und Ausland getroffen, zu einem Festival «Chanson – Folklore – International», das ein großer Erfolg und dementsprechend eine Institution wurde. Die flugs gegründete «Arbeitsgemeinschaft Burg Waldeck» wurde Mittelpunkt der deutschen Liedszene und trug bald auch entsprechende Veranstaltungen im gesamten Bundesgebiet mit. 1974 wurde dort die «AG Song» errichtet, die seitdem in vielen Veranstaltungen, im «musikblatt», das der «Eisernen Lerche» (des «pläne-Verlags») zur Seite trat, und in regelmäßigen Dokumentationen die deutsche Liederszene in Bezug aufeinander zu halten sucht. Die Damokles-Songbücher verstanden sich als «Schnellkurs in Demokratie für Andersdenkende». Der Band *Wo ist Vietnam?* (1968) hatte mit einem Zitat von Eveline Bates begonnen: «Ein Land, / Das keine Rebellion unter seinen Poeten hervorruft, hat diese Poeten / schon zerstört.» Die Rebellion, die außenpolitisch vor allem durch den Widerspruch gegen den Vietnam-Krieg und innenpolitisch durch ökonomische und politische Krisen (Notstandsgesetzgebung) motiviert war, verlor in den siebziger Jahren weitgehend ihren Gruppenbezug, überlebte als Widerspruchsgeste im individuellen Engagement.

Die Liedermacher

Die Bezeichung «Liedermacher» wurde von Wolf Biermann, durchaus in bewußter Anlehnung an Brechts lakonische Selbstcharakterisierung «Stückeschreiber», geprägt und ist sehr bald von beinahe der ganzen Zunft für sich in Anspruch genommen worden. Sie ist zutreffend: Die Lieder werden bewußt gemacht, und gemacht werden sie vor allem als Lieder – nicht als Texte, die einen Komponisten suchen. So werden sie zumeist auch vom Macher selber vorgetragen, setzen also eine Mehrfachkompetenz voraus.

Anfang der siebziger Jahre war Rolf Schwendter (* 1931) einer der ersten, die mit selbstgemachten Liedern vors Publikum traten, durchaus mit formalen Anklängen an die Tradition: Ballade, Moritat, Lieder und Adaptationen von Rilke bis zum «Yankee Doodle» und den «Moorsoldaten». Die Wirkung geht sehr stark von der aggressiven Variation aus: «Der Yankee Boy ist hübsch und rank, / ansonsten auch sehr nett, Sir. / Er schießt die Völker alle krank, / frißt sich an ihnen fett, Sir.» Mit selbstkritischem Humor nimmt Schwendter auch viele zentrale Theoreme und Theoretiker hoch. Der Refrain im «Abendgebet eines Kindes, das Wilhelm Reich gelesen hat« (1969), lautet: «Lieber Gott, mach' mich steif, / damit ich bald zur Liebe reif. / Lieber Gott, mach' mich fromm, / damit ich zum Orgasmus komm'.»

Der bekannteste aus der Zunft ist jedoch Wolf Biermann (* 1936). 1953 war Biermann, siebzehnjährig, in die DDR gegangen, wo ihm schon die ersten Auftritte 1961/62 Verbote und Parteiausschluß einbrachten. Dabei blieb es: 1965 generelles Auftritts-, Veröffentlichungs- und Ausreiseverbot. Über Tonbänder gelangten seine Lieder in den Westen, Wagenbach publizierte sie in Quartheften und auf Platten: *Die Drahtharfe* (1965), *Mit Marx- und Engelszungen* (1968), *Für meine Genossen* (1972) u. a. Es wurden große Erfolge.

Wagenbachs *Quartplatte 3* (*Vier neue Lieder*, 1968) machte die rauhe Stimme und den speziellen Gitarrenton allgemein bekannt. Die Peter Huchel gewidmete «Ermutigung» folgt noch (formal) dem Agitprop-Muster: «Das Grün bricht aus den Zweigen» will die letzte Strophe wissen und reimt: «Wir wolln das allen zeigen.» Die paradoxe Situation, in der sich der sozialistische Liedermacher im Sozialismus findet, spricht er im reich modulierten vorletzten Lied an:

> Es senkt das deutsche Dunkel
> Sich über mein Gemüt
> Es dunkelt übermächtig
> In meinem Lied

Das kommt, weil ich mein Deutschland
So tief zerrissen seh
Ich lieg in der besseren Hälfte
Und habe doppelt Weh

Nach einer 1976 von der IG Metall organisierten Konzertreise durch die Bundesrepublik wurde Biermann die Rückreise in die DDR verwehrt, was erst im Dezember 1989 ‹berichtigt› wurde. Etwa zwanzig Platten liegen von ihm vor. Zu seinem Erfolg trugen auch die oft ‹prallen› Liebeslieder bei. Sinnlichkeit gehörte mit zur sozialistischen Opposition, aber auch das Eingeständnis der Unberatenheit: «Ich kriegs nicht raus / in diesem Leben nicht / das: Wie-man-leben-soll.»

Neben Biermann ist Franz Josef Degenhardt (* 1931) wohl der bekannteste Politsänger in Deutschland geworden.

Er ist promovierter Jurist, Anwalt in Hamburg, hat (1978) 600 000 Platten und 300 000 Lyrikbände/Textbücher verkauft, was er selbst als «Interesse an realistischer Kunst» deutet. 1963 trat Degenhardt zuerst mit politischen Liedern hervor (bei Radio Bremen und dem WDR). 1972 erreichte seine als Rollenlied gebaute «Befragung eines Kriegsdienstverweigerers» den ersten Platz in der WDR-Hitparade.

Die frühen Songs (*Spiel nicht mit den Schmuddelkindern*, 1967) halten sich weitgehend an das Strukturprinzip der Satire: Mißstände werden erkennbar ausgestellt, der ‹Blick von unten› bedeutet die Parteinahme von «Väterchen Franz» (so stilisiert er sich) für den kleinen Mann. Balladen, Chansons, Grotesken, Lieder sind die bevorzugten Formen. Ende der sechziger Jahre traten Schmählieder hinzu, was zu Zensureingriffen, schließlich zum Medienboykott führte. In den siebziger Jahren wurde die Analyse Degenhardts schärfer, die Haltung der Songs bitterer. Dem Rollenlied, das die Innenperspektive von als Typen gefaßten Personen bloßlegt, gewann er eine ganz besondere Aussagekraft hinzu. Seine Moritaten entbehren jeder versöhnlichen Gemütlichkeit.

Degenhardts Lieder waren vom französischen Chanson ausgegangen, in den achtziger Jahren wenden sie sich diesem wieder zu. Die LP *Junge Paare auf den Bänken* (1986) mit Liedern von und für Georges Brassens ist ein Beleg dafür.

Ebenfalls große Bedeutung, wenn auch für einen kleineren Wirkkreis, kommt Dieter Süverkrüp (* 1934) zu, der die *Lieder der französischen Revolution* sowie die *Lieder der deutschen Revolution 1848* (1973) der westdeutschen Linken neu zugänglich machte. Seine «garstigen» Parodien auf den Weihnachtsrummel («Leise schnieselt der Re- / Aktionär seinen Tee») und seine Kinderlieder («Der Baggerführer Willibald»), auch seine *Vietnam-Kantate* (1968) wie die satirischen Songs gegen Papst, Untertanenmentalität, gesundes Volksempfinden und ein «neuerliches Deutschlanderwachen» haben das politische Lied einen unmittelbaren Zusammenhang mit Diskussionen und Aktionen der Zeit eingehen lassen. Seine *widerborstigen Gesänge* (pläne-LP 1967), zur Gitarre vorgetragen, waren in den sechziger und beginnenden siebziger Jahren unüberhörbar.

Das galt eine Weile auch für Hanns Dieter Hüsch (* 1925), der vom Kabarett kam und auch wieder dorthin zurückkehrte. Seine *Carmina Urana – Vier*

Gesänge gegen die Bombe spielten in der Ostermarschbewegung eine Rolle. Geradezu berühmt wurde sein «Marsch der Minderheit», der Mitte der sechziger Jahre mit von der Musik her unterkühltem Pathos sich die Tradition der Verfolgten, der Märtyrer, zueignete.

Repräsentativ für die achtziger Jahre ist Konstantin Wecker (* 1947), der an der Musikhochschule und an der Universität München studierte und inzwischen zahlreiche LPs, Lieder- und Gedichtbücher, auch Prosa (*Uferlos. Roman.* 1992) veröffentlicht hat. Die Wendung zur Innerlichkeit versteht er nicht als Preisgabe der politischen Dimension. Texte und Musik sind bei ihm komplexer angelegt, als wir es von den Politsongs her gewöhnt sind. Komposition, Instrumentierung, Texte sind in einem altertümlichen Sinne gebildet: es gibt viele Halbzitate und Anklänge, an Villon und Heine, an Walther von der Vogelweide, die Vaganten oder Conrad Ferdinand Meyer («Genug ist nie genug»). Musikalisches Vorbild (auch für die Instrumentierung) ist weitgehend die Renaissance.

Viele Liedersänger arbeiten in den späten siebziger und den achtziger Jahren mit sanfterem Sound und recht allgemein gehaltenen Texten. Der Niederländer Herman van Veen baut eine deutsche Karriere auf sein «zärtliches Gefühl». Georg Danzer und Ludwig Hirsch wären zu nennen. Reinhard Mey hat wieder oder noch Erfolg mit seinen ‹entgrenzenden› Chansons («Über den Wolken / Muß die Freiheit wohl grenzenlos sein»). Die Reklame der CBS für ihre «neuen Songwriter» 1985 trifft gekonnt daneben: «traumhaft echt und voller Leben», das ist nicht mehr als Ironie erkennbar, wenn Cosa Rosa «In meinen Armen» singt oder Alan Woerner vorschlägt «Laß uns 'n Wunder sein». Auch die neureligiösen und neugrünen Gesänge (am schlimmsten ist deren Mischung, etwa Manfred Siebald mit «Das ungedüngte Feld», 1976) überschreiten selbstbewußt die Grenze zum Schlager, zum Publikumserfolg um jeden Preis. Die aufklärerische Vorstellung, auf Bewußtsein, Haltung, Gefühl des Publikums bildend einwirken zu können, ist dabei preisgegeben, auch wenn sie als Motto noch mitlaufen darf.

3. Erich Fried

Erich Frieds (1921–1988) erste Gedichtbände erschienen bereits 1944 (in London) und 1945 (in Zürich), aber bekannt geworden ist er als Lyriker doch erst mit dem Band *und Vietnam und* (1966), der direkt in die aktuellen Diskussionen hineinsprach und entsprechend kontroverse Reaktionen auf sich zog. Frieds Werke (auch den Roman *Ein Soldat und ein Mädchen* muß man in diesem Zusammenhang erwähnen) sind dadurch so provokativ, daß sie «stillschweigend geforderte Tabus» durchbrechen: den Nationalsozialismus, den Antikommunismus, die Duldung der Kriegsaktionen des Bündnispartners USA (in Vietnam z. B.), die Berufsverbote, die Notstandsgesetzgebung, die Terroristenhatz, die israelische Palästinenserpolitik usw.[4] Gleichwohl wäre es viel zu bequem, Frieds Lyrik nur (tages)politisch zu sehen: Der Politikbegriff erstreckt sich zu dieser Zeit auf die Lebenseinrichtung und gesellschaftliche Zukunftssicherung *aller* Menschen. So ist selbst die Liebeslyrik noch politisch.

Fried, 1938 ins Londoner Exil gegangen, ist nach dem Kriege dort geblieben und hat zeitlebens in Dichtung, in Kommentaren, Essays und Reden versucht, den Bedingungen von Krieg und Faschismus nachzudenken. Sein Ansatz läßt sich als Versöhnung von Poesie und Rhetorik kennzeichnen, als Arbeit an Worten, Fügungen, Formen, mit deren Hilfe sich Wirklichkeit, für uns weitgehend Wortwirklichkeit geworden, aufschließen und – womöglich – verändern ließe, in der Weise des Ein-Spruchs, Wider-Spruchs, Zu-Spruchs, An-Spruchs. Hierfür stand Fried die englische Dichtung Pate; die Darstellung der Gefühle ist bei ihm, anders als in der deutschen lyrischen Tradition, fast immer in die Ausstellung von Kunstformen eingelassen.

Im Gedicht «Winterliches Biwak» heißt es:

> Ich schlage die Arme zusammen über der Brust
> ich schlage die Brust zusammen über dem Herzen
> ich schlage das Herz zusammen über der Angst
> Schale um Schale um Schale
> und innen
> wer weiß?

«Hell glänzt die Kälte», lautet der Anfang. Das Gedicht stellt den Frost aus, der die politischen und menschlichen Beziehungen nach 1945 noch einmal verarmen ließ und den einzelnen auf sich selber verwies. Zugleich macht es das «Innen» fraglich, das klassische Subjekt-Konzept eines selbstvermittelten (identischen) Ichs, das sich dann, wie Schiller postulierte, edel/vollendet ‹ausdrücken› mag. Bedeutung ist nicht vor dem Ausdruck, sondern in diesen verwoben. Eine genaue Untersuchung des Kunstcharakters widerlegt den Vorwurf, der Band habe so stark gewirkt, weil «niemandem die geringste Anstrengung abverlangt werde» (Reich-Ranicki), man träfe hier «Gedachte statt Gedichte» (Biermann).

So setzt Erich Fried statt auf die Bildlichkeit auf die Wörtlichkeit von Lyrik. Diese Technik, die zugleich für eine Haltung steht, hat auf viele Autoren gewirkt, etwa auf Ernst Jandl oder Helmut Heißenbüttel, und bezeichnet auch einen Bruch mit der deutschen Lyriktradition. Wirklich populär ist Fried mit seinem Band *Liebesgedichte* (1979) geworden, der in wenigen Jahren eine Auflage von über 100000 Exemplaren erzielte.

Beherrschende Formfigur dieser Liebesgedichte ist die Tautologie: das wiederholende Nennen, die Weigerung, den andern/das andere zu ‹übersetzen›, neue Worte zu suchen, als ob die etwas erklären könnten. Das Gedicht «Dich» gibt das sozusagen als Programm mit:

> Dich nicht näher denken
> und dich nicht weiter denken
> dich denken wo du bist
> weil du dort wirklich bist

Im Titelgedicht des Bandes *Es ist was es ist* (1983) wehrt sich das Gefühl gegen jede Einrede, die ihm raten möchte, die es gut meint, die interpretiert, die es in gängige Erfahrungen und Diskurse zu übersetzen sucht. So läßt sich dieses Gedicht auch als ein Votum für (die Unübersetzbarkeit der) Poesie lesen.

Fried zieht so poetologisch die Konsequenzen aus der Ernüchterung, die das Sicheinlassen auf die politische Arbeit für die Dichter und die Poesie bedeutete, ist klug, sensibel, spannungsreich genug, daß keine der Positionen, weder die politische noch die poetische, an die andere verraten oder verramscht wird.

4. Ernst Jandl

Ernst Jandl (* 1925), promovierter Germanist und Anglist, wurde zunächst im englischen Internierungslager (1945/46) mit der modernen anglo-amerikanischen Literatur bekannt. 1952/53 war er ein Jahr als German Assistant in England, von daher datiert seine Freundschaft mit Erich Fried und dem 1910 in Prag geborenen, seit 1947 in London lebenden Exildichter H. G. Adler. 1954 beginnt die Freundschaft und Zusammenarbeit mit Friederike Mayröcker. Sein erster Gedichtband *Andere Augen* erscheint 1956. Darin hat Jandl auch eine poetische Absage an die hermetische Lyrik formuliert, die zeigt, daß er zugleich von Anfang an über Gegensätze wie ‹öffentliche und hermetische Lyrik› hinaus war.

Zunächst hatte Jandl große Schwierigkeiten bei der Publikation. Zur Wiener Gruppe bestand Kontakt, doch nahm er an deren Gemeinschaftsproduktionen nicht teil. 1957 kam es zu einem Eklat, als experimentelle Texte von ihm in der für Jugendliche bestimmen Zeitschrift «Neue Wege» abgedruckt wurden. Die Diskussion endete mit der Entscheidung: derartige Produkte sind für Jugendliche ungeeignet. Nach langen Verhandlungen bei verschiedenen Verlagen erschien der Band *Laut und Luise* 1966 im Walter Verlag, im gleichen Jahr kam noch die Sprechplatte bei Wagenbach heraus.

Der Band enthält eine große Vielfalt von Gedichten, zeigt sozusagen den ganzen Jandl und repräsentiert die lyrische Avantgarde der Zeit. Es gibt Konkretlyrik, auch wenn sich Jandl später mit einem englischen Witz dagegen verwahrte, zu sehr von dieser Richtung vereinnahmt zu werden: «i love concrete / i love pottery / but i'm not / a concrete pot.» Es gibt visuelle Gedichte und Sprechlyrik, das eigentliche Markenzeichen Jandls wie das unnachahmliche «schtzngrmm», der in einem Maschinengewehrfeuer endende Schützengraben. Auch dem Sprachwitz bleibt diese Lyrik auf der Spur, das ‹Volksvermögen› nicht verachtend, was regelmäßig zu Kalauern, aber auch zu Umkodierungen führt: «BESSEMERBIRNEN / als mehr kanonen.» Geradezu philosophisch gibt sich die Befragung des Worts «Philosophie», hebt Wortpassagen wie «o so solo» oder «o so viel» / «o so viel vieh o sophie» heraus, zeigt jedenfalls, daß das von jener so gern reklamierte radikale (auf die Wurzel zurückgehende) Fragen und dessen Verbindung mit Spiel und Humor auch Sache der Poesie sein kann. Deutlich gibt es auch Reminiszenzen an den Expressionismus eines August Stramm.

Jandl wurde schließlich bekannter, vor allem in Deutschland. In Österreich traf er noch auf erheblichen Widerstand, wurde 1972 im offiziellen PEN-Organ verhöhnt: »Seine Gedichte waren wie Säuglingslallen.« So ging die Gründung der Grazer Autorenversammlung 1973 als eines Forums für eine nicht-konservative österreichische Kunst und Literatur denn auch im wesentlichen von Jandl, Mayröcker und Kolleritsch aus.

In rascher Folge erschienen nun weitere Bände: u. a. *sprechblasen* (1968), *der künstliche baum* (1970), *dingfest* (1973). Der Band *dingfest* läßt sich zu den bedeutendsten Lyrikbänden dieser Zeit zählen. Zarte Liebesgedichte stehen neben bösen, zeitkritischen Balladen, lakonische Verse neben großen Szenen oder makabren Grotesken. Humor, Satire, Pathos, gestische Sprache wie Wortspiele, rhetorische Figuren und auch Melos bauen diese Texte auf, eine formale Vielfalt, die vielleicht ein Programm bedeutet. Ein epigrammatisches Gedicht entwirft verträgliche Vielfalt als kulturelles Programm, was angesichts der zeitgleich geforderten linken Linientreue durchaus aktuell war.

> demokratie
>
> unsere ansichten
> gehen als freunde
> auseinander

Die Bände *wischen möchten* (1973) und *die bearbeitung der mütze* (1978) führen das Motiv des ernsten Sprachspiels fort. Film und Hörspiele, Essays, Vorlesungen, die Sprechoper *Aus der Fremde* (1980) fügen sich dem Werk hinzu, das in dem Gedichtband *selbstporträt des schachspielers als trinkende uhr* (1983) einen weiteren Höhepunkt erreicht, gelegentlich auch pathetisch wird.

Der Ton wird zunehmend bitterer, auch in *idyllen* (1989) überwiegt die sarkastische Kritik an der Gegenwart. Am Ende des *selbstporträt*-Bandes steht jener fast barocke Text, den Jandl neuerdings (Wien 1990/92) besonders gern vorliest und der auf den November 1979 datiert ist. Die Absage an den Menschen als Zerstörer seiner Welt führt eine zeitkritische Denkfigur weiter, wie sie auch in Prosa und bildender Kunst der siebziger Jahre in Österreich häufig auftaucht (man vergleiche Peter Roseis *Entwurf für eine Welt ohne Menschen*, 1975).

IV. VON DER ROLLENREDE ZUM ORIGINALTON:
DAS HÖRSPIEL DER SECHZIGER JAHRE

1. Monologe und Rollenreden

Amüsantes Parlando und ausgeklügelte Symbolwelten: Beide Formtypen kennzeichnen das Hörspiel an der Wende zu den sechziger Jahren; beide können sich in einem Werk verbinden. Wo dies nicht geschieht, führt die eine Tendenz zu geistreicher Unterhaltungsproduktion – ist Dürrenmatt in seinen späteren Hörspielen davor gefeit? –, während die andere das Genre durch esoterische Verknüpfungen oder mythologische Anspielungen zu einem exklusiven Spiel von tieferer Bedeutung privatisiert. In dieser Situation scheint die Dramatik des Monologs das Hörspiel für die Widersprüche der Realität erneut zu öffnen. Wenn nur noch ein einzelner Sprecher zu hören ist, treten Prinzipien der subjektiven Erzählung in Kraft. Dadurch werden einander durchdringende Wirklichkeitsbereiche erschlossen, da sich in Monologen Vergangenheit und Gegenwart, Bewußtes und Halbbewußtes, Mitgeteiltes und Erlebtes, Selbstverständnis und Berichte vom realen Handeln, Einbildung und Wahrheit, Typisches und Unverwechselbares vermischen. Aus den verschiedenartigen Impulsen ergibt sich das Profil des Lebenslaufs. Der Dialog demonstriert im Hörspiel der fünfziger Jahre allzu oft die Unvereinbarkeit oder die nur fiktive Vereinbarkeit von Stimmen. Der Monolog gewährt eine Tiefenkenntnis der Person, die zu sprechen anhebt.

Wer da so lange spricht, ist aus der Alltagspraxis für eine Weile oder gar für immer ausgeschieden. Für Monologe gibt es gewöhnlich keine Zeit oder keine Zuhörer – beide Erfahrungen schwingen bei der Konzeption der Hörspiel-Monologe mit. Sowohl in Peter Hirches schon zurückliegendem Werk *Heimkehr* (1955) als auch in Wolfgang Hildesheimers *Monolog* (1964) beweist die Organisation der äußeren Daten und der Erinnerung, der Reflexe auf die Umwelt und der sich auf Umwegen artikulierenden Dynamik des Unbewußten, daß wir unser Ohr der Offenbarung verlassener, gesellschaftlich stigmatisierter Menschen leihen: einer sterbenden Frau auf dem Krankenbett bei Hirche, bei Hildesheimer einem schlaflosen Mann in der Nacht, der alle Bezüge zur Umwelt abreißen läßt.

Das Hörspiel *Monolog* ist eine Vorstudie zu Hildesheimers Roman *Tynset* (1965). Wir hören die äußere und innere Stimme eines Menschen, der in seinem Bett den Schlaf herbeisehnt, allmählich Vergessen sucht und dabei gestört wird, etwa durch den Anruf einer Frau, die sich verwählt hat und nun dem unwillig und eher ironisch reagierenden Zuhörer eine Ehebruchsgeschichte erzählt. Die Geschichte strotzt – zu unserer Erheiterung – von aufdringlichen Schablonen. Nicht zuletzt unterstellt die Anruferin, der Angesprochene habe in dieser Affäre eine bedeutende Rolle gespielt und spiele sie auch weiterhin. Der Schlaflose will vergessen, die Erinnerung abstreifen, die ihn an das Leben mit anderen Menschen noch verknüpft, und in ein weiß-graues Nirgendwo entschweben. Die scheinbar triviale Situation wird vom Autor genützt, um einen Prozeß der Gedächtniszerstörung miterleben zu lassen, einen Prozeß, der am Ende sogar gelingt. Wie sehr muß sich der Held durch die Last der Erinnerung beschwert gefühlt haben, daß er sie mit solcher Radikalität von sich abtut! Es wird nicht nur eine private Fallgeschichte verhandelt. Anspielungen auf die Vergangenheit des Dritten Reichs, die dann in *Tynset* sehr viel stärker und unmißverständlicher zutage treten, geben zu erkennen, daß hier kein Täter, sondern ein Opfer spricht. Verdrängung der Erinnerung kommt beinahe einer Verdrängung aus dem Leben überhaupt gleich. Und doch scheint sich kein anderer Weg für die traumatisch versehrte Person zu eröffnen.

Der Minotaurus (1960) von Dieter Wellershoff (* 1925) bezeichnet einen neuen Ansatz, der mit dem Schlagwort «Realismus» im Kontext der zeitgenössischen Hörspiel-Produktion nicht falsch beschrieben wäre. In diesem Hörspiel macht sich ein Impuls zu detailgenauer Beschreibung bemerkbar, die auch psychische Vorgänge Schritt für Schritt verfolgt und bald in der Prosa als «Neuer Realismus» der Kölner Autoren Wellershoff, Brinkmann und anderer angesprochen wird. In zwei inneren Monologen, eines jungen Mannes und einer jungen Frau, wird die Denk- und Fühlweise eines Paares erkennbar, das vor einer Entscheidung steht: Die junge Frau bekommt ein Kind, will es aber abtreiben lassen – auf Betreiben des jungen Mannes. Bemerkenswert an Wellershoffs Hörspiel ist, daß die jungen Leute nicht mehr wie selbstverständlich im Sinne einer gültigen Ethik handeln und urteilen. Sie sind auf diese Situation nicht vorbereitet. Der Hinweis auf das Monstrum aus der antiken Mythologie (Minotaurus) ist eigentlich ein Restbestand der mythologisierenden Spielarten im Hörspiel der fünfziger Jahre, wie man sie bei Marie Luise Kaschnitz findet, oder noch in den sechziger Jahren zum Beispiel in Hans Kaspers *Geh David helfen* (1962). Doch der antiquierte Symbolschlüssel ist einem Werk unangemessen, das die Vorbereitung eines Eingriffs ins Leben thematisiert. Die Überlegung der beiden jungen Leute, welchen Weg sie einschlagen sollen, ist wenig von der Sorge bestimmt, sie könnten unter Umständen ein geltendes Gesetz verletzen: es ist für sie selbst eine existentielle Entscheidung. Schreibt dies die Staats-Abgekehrtheit im Hörspiel der fünfziger Jahre fort? Da Wellershoff die Abhängigkeit der beiden von bestimmten Lebensnormen, die gesellschaftliche Prägung ihrer Gefühle hervorhebt, erhält die Gleichgültigkeit gegenüber der Legalität des Tuns, das da beraten und erörtert wird, neue Bedeutsamkeit.

Zwischen 1960 und 1967 zeichnet sich auf den ersten Blick in der Entwicklung des deutschen Hörspiels scheinbar kein vorherrschender Stil ab. Doch auf den zweiten Blick wird an einer ganzen Reihe von Hörspielen erkennbar, daß die Gültigkeit und Verbindlichkeit gesetzlicher Normen bezweifelt wird, als wendeten sich die Hörspiel-Autoren langsam, doch insistierender dem

Staatsgebilde zu, in dem sie leben – was ihre Opposition präzisiert. Günter Eichs vorletztes Hörspiel *Man bittet zu läuten* (1964) zerstört regelrecht das Vertrauen in die bürgerliche Wohlgeordnetheit der Verhältnisse. Der Monologsprecher nämlich, der hier behauptet, daß ihm Recht und Ordnung teuer seien, entpuppt sich als ein höchst fragwürdiges Subjekt.

Als Pförtner eines Taubstummenheims mißbraucht er sein Amt zugleich als Vorsitzender eines Vereins der Pilzfreunde. In Telefonaten, Selbstgesprächen und Unterhaltungen mit den Taubstummen, die keine Antwort geben können, entäußert sich das Bewußtsein, Unterbewußtsein eines feigen und unverschämten, devoten und selbstsüchtigen Spießbürgers, der ausfällig und gemein wird, sobald er glaubt, sich dies herausnehmen zu können; der Druck ausübt, wo er selber keinen Druck zu befürchten hat. So schwadroniert er vom Grundgesetz und vom Christentum, räumt aber zugleich seinen monetären Instinkten Vorrang vor allen christlichen Tugenden ein: Wenn die Frau kein Geld hat, kommt sie für ihn – den eifrigen Leser von Heiratsannoncen – einfach nicht in Frage. Eich versieht sein Hörspiel mit einem eigentümlich surrealen Intermezzo, dessen Stimmenvielfalt und Begriffsregister sich kaum mehr auf irgendeinen ‹Platz im Leben› rückbeziehen lassen. Doch zukunftsweisender – jedenfalls für die Entwicklung des Hörspiels – als dies realitätsenthobene Sprachspiel ist der enttarnende Offenbarungsmonolog des gemeinen Mannes in der Pförtnerloge, der in manchem der Charakteristik einer autoritären Persönlichkeit entspricht. Die Rede dieses Menschen bewegt sich auf der Grenze zwischen Fiktion und Dokument.

Eich hat die Haltung seines Sprechers so ausführlich entfaltet, daß ihn die Zuhörer als zeitgenössische Variante des Untertans wiedererkennen können. Das Hörspiel liefert eine Art Röntgenporträt einer verbreiteten Spezies, einer politisch und gesellschaftlich problematischen Opportunisten-Mentalität. Die Rede des Pförtners ist auch als Rollenrede beschreibbar. Der Autor verändert seine Funktion. Aus dem Finder und Erfinder – dem Anspruch nach – autonomer Eigenwelten wird schrittweise der Protokollant dessen, was Mitmenschen äußern, die ihn durch ihre Meinung beunruhigen.

Ein frühes Beispiel für die Rollenrede eines schäbigen Protagonisten, der seine skrupel- und fühllose Selbstsucht kaum zu bemänteln weiß, ist das Hörspiel *Auf einem Maulwurfshügel* (1959) des Österreichers Franz Hiesel (* 1921). Ein Kapitalist und Abkömmling von Nazis dokumentiert sein Seelenleben auf Tonbändern. Durch diesen äußerlichen Zug wird man an Samuel Becketts *Das letzte Band* erinnert – nur handelt es sich bei Beckett um eine berührende Suche des alternden Mannes nach der verlorenen Zeit und Liebe. Die Physiognomie von Hiesels Held fällt ungleich erbärmlicher aus. Verrat, Egoismus und Lüge haben sein Leben bestimmt. Feierlich will er nun Selbstmord begehen, als er durch kleine Kränkungen davon abgehalten wird. So kann er weitermachen wie bisher.

Im Konflikt zwischen zwei Personen bringt die Lüge Ungeheuer der Phantasie hervor – wie es in Hildesheimers *Unter der Erde* (1962), in Wellershoffs *Minotaurus* oder noch in Rolf Schneiders *Zwielicht* (1966) zu beobachten ist. Die falsche und die wahre Rede, auch die verräterische Rede sind mit Indizien angereichert, die äußere und verinnerte Zwänge offenbaren. Die Monologe

der Einsamen schwemmen in ähnlicher Weise Sprachmasken, Phrasen und
enttarnende Wendungen heran, die den Sprecher als sozialen Typus hörbar
oder sichtbar werden lassen. Die allmähliche Entdeckung der entlarvenden
Rollenrede geht im Hörspiel in dem Maße vor sich, in dem auch in den
anderen literarischen Gattungen der Sinn für eine dokumentarische Methode
entwickelt wird, die den Autor vom Schreibtisch weg wieder zur Recherche
zwingt. Fast könnte man davon sprechen, daß es zu einer Rehabilitation der
journalistischen Form des Features kommt. Auch die Hörspiele Peter Hirches legen von der Veränderung Zeugnis ab, vergleicht man etwa die Rede der
Kinder am Schluß von *Miserere* (1965), die in erschreckender Weise die bösen
Formeln der Erwachsenen übernehmen bei ihren verbotenen Spielen, die
Mord und andere Laster einschließen, mit Margarete Jehns *Der Bussard über
uns* (1963), wo Kinder mit ihrer naiven Sprache noch unbefleckte und beinahe
schutzlose Arglosigkeit verkörpern.

2. Sprachspiele

Die Poetik der Rollenrede im Hörspiel der sechziger Jahre bereitet das sogenannte Neue Hörspiel vor, für das Sprache nicht länger als reservierte Domäne des Schriftstellers gilt, in der er nach seinen Gesetzen schalten kann,
sondern als Objektivation gesellschaftlichen Austauschs. Sprache wird als
Symptom verstanden. Der Hörspiel-Autor hatte sich zuvor an die ‹gängige›
Sprache gehalten. Sobald er zum Zuhörer wird, der aufgreift, was die anderen
sagen, und wie sie es sagen, verwandelt er sich in ein Wahrnehmungsorgan.
Diese Bewegung fort vom Modell der Phantasiespiele führte zum Modell des
Orginal-Ton-Hörspiels.

Die neue Periode wird auch theoretisch eingeleitet. Schon auf der Ulmer
Hörspiel-Tagung von 1960 wurde Kritik an der Schematik der üblichen Hör-
spiel-Arbeit angebracht. Bedenklich mußte auch die tiefgreifende Umschich-
tung des bundesdeutschen Mediensystems stimmen: Das Fernsehen begann,
den Hörfunk zu verdrängen. Autoren und Regisseure wie Claus Hubalek,
Horst Lommer oder Dieter Meichsner wanderten zum neuen Medium ab.
Friedrich Knilli forderte ein Jahr später, daß sich das Hörspiel vom Diktat
literarischer Erwartungen löse und prinzipiell alle Signale der akustischen
Umwelt einbeziehe. Heinz Schwitzke fragte noch 1963 skeptisch, wie man
sich denn das neue Schallspiel vorzustellen habe. Es dauerte noch Jahre, bis
die Forderungen Knillis praktisch erprobt wurden. Der ‹Paradigmenwechsel›
vom alten zum neuen Hörspiel ging einher mit einer Generationsablösung bei
den Autoren wie bei den Redakteuren. 1967 erhoffte der junge WDR-Dra-
maturg Klaus Schöning Experimente im Hörspiel, 1968 proklamierte er die
Formel «Neues Hörspiel». Im selben Jahr, auf der Hörspiel-Tagung der
Deutschen Akademie der Darstellenden Künste, wagte sich Helmut Heißen-

büttel (*1921), der Literaturgeschichte bereits wohlbekannt, an ein «Horoskop des Hörspiels».

Zwei ästhetische Begriffe spielen künftig eine bedeutsame Rolle, die keineswegs frisch getauft sind: An die Stelle des Prinzips der Blende wird das Prinzip des (harten) Schnitts gesetzt, das Stimmen, Geräusche, Hörsensationen unmittelbar und kontrastiv in Kollision bringt. Auch die Rede vom Schnitt, wie die von der Blende, bedient sich des Vokabulars der Filmmontage. Der aus der Ästhetik der Moderne vertraute Begriff der Collage wird künftig dazu gebraucht, das Gemenge verschiedener Laute, künstlich produzierter und auch aufgefundener Höreindrücke, zu beschreiben, das sich nicht mehr der Logik der Erzählung unterwirft, sondern in quasi-musikalischen Strukturen entwickelt. Wiederholungen, Umkehrungen, abstraktere Linienführung, Konstellationen kennzeichnen den neuen Stil.

Mit einer eigentümlichen Verspätung gegenüber den Prosaexperimenten und der konkreten Lyrik der fünfziger Jahre setzt sich nun, beinahe zehn Jahre später, das entsprechende avantgardistische Konzept im Hörspiel durch. Autoren wie Franz Mon, Ernst Jandl oder Friederike Mayröcker, auch jüngere wie Ludwig Harig oder Peter Handke setzen diese Tradition der an Dadaismus und Surrealismus anknüpfenden Nachkriegs-Moderne im Hörfunk fort – und durch. Die technische Erfindung der Stereophonie erlaubt es zusätzlich, einen Raumklang herzustellen, mehrere Sprecher auf verschiedene Orte zu verteilen und auf diese Art und Weise ‹Laut›-Konzerte topographisch aufzufächern. Parallelen zwischen den Verfahren der radiophonen Avantgarde und der Materialästhetik der Musique concrète fallen ins Auge. Während gleichzeitig in der Prosa und auch in der Lyrik operative Ästhetik und in verschiedener Weise der Ausbruch aus dem angeblichen «Elfenbeinturm» erprobt werden, während sich das Theater im Zeichen des rituellen Spiels musikalisiert und Körpersprache an die Seite oder gar an die Stelle von Wortsprache setzt, verbinden sich im Hörspiel der ausgehenden sechziger Jahre ähnliche Tendenzen, die geformte Sprache als Ausdrucksmittel der Literatur zu entwerten und zu ersetzen, mit nachgeholter Experiment-Ästhetik. Die Geräuschkulisse der Außenwirklichkeit dringt nun als emanzipierte Klangsphäre von allen Seiten auf den Hörer ein. Traditionelle Werte und ehrfurchtheischende Rhetorik werden mit Respektlosigkeit geprüft, gewendet, in relativierende Kontexte eingebettet. Das Hörspiel gewinnt zwar eine öffentlich-kritische Funktion zurück, die es in Abgrenzung vom Feature seinerzeit aufgegeben hatte. Doch die experimentelle Zerlegung herkömmlicher Sprache und der gewohnten Kommunikationsmuster durch Schnitt und Collage, vor allem aber der Verzicht auf das lineare Erzählen, den dramatischen Dialog, die lyrische Bildlichkeit vertreiben das breite Publikum. Das Hörspiel wird zur Kunst für Kenner.

Die Sensibilität des Neuen Hörspiels gilt selten der Sprache schlechthin, sondern den verschiedenen gesellschaftlich faßbaren Sprach-Codes. Der gesamte Sprachraum, der sich um Figuren herum gebildet hat, der sozial und historisch näher identifizierbar ist, soll eingefangen werden, die große Bandbreite all der Register verschiedener Redeformen und Redensarten im alltäglich Gesprochenen. Formelkram und ornamentale Wendungen, verräterische Fehlleistungen und einnebelnde Klischees geben sich geschärfter Wahrnehmung als Signale eines verheimlichten Denkens oder der Asymmetrie zwischen öffentlicher Erklärung und tatsächlichem Verhalten kund. Symbole und Metaphern verlieren an Aussagekraft zugunsten der sachlichen Zitate. Sprache kann außerdem als Zwangssystem enttarnt werden, das die, die sich ihrer bedienen, in ein bestimmtes Denkschema preßt, in eine bestimmte kulturelle Schablone. Schließlich läßt sich Sprache als Teil der Geräusche hören, die uns umgeben, vielfältigen Tönen gleichberechtigt, so daß sie vom «Hörspielmacher» nicht mehr als privilegiertes Ausdrucksmedium behandelt wird. Signale aus einer oft chaotisch wirkenden Laut-Atmosphäre verdrängen die Konstituenten einer sublimen Innenwelt. Das Hörspiel verwandelt sich zum «akustischen Genre» (Maurizio Kagel). Es entsteht nicht mehr nur am Schreibtisch, sondern vor allem im Aufnahmestudio oder beim Gang mit dem Mikrophon durch die Straßen, am Mischpult. Für die Literaturgeschichte wird es schwer, Hörspiele, die so produziert worden sind, vollständig zu beschreiben. Vielfach verlangt die akustische Realisierung eine andere, funkinterne Terminologie. Häufig gibt das Manuskript nicht mehr genau an, welche Sprecher welchen Redepart übernehmen sollen. Nicht selten werden bei der Herstellung des Hörspiels aleatorische Möglichkeiten eingeräumt: Die Sprecher erhalten zwar spezifische Texte; es wird aber unter Umständen freigestellt, wer zu welchem Zeitpunkt welche Wörter sprechen soll. Oft fehlen ausführliche Regieanweisungen in den ‹Partituren› des Neuen Hörspiels, so daß ein Leser nur mit Vorsicht die Wirkungsabsicht und nur bei großer Hörübung auch die mutmaßliche Wirkung eines Wortes, eines Satzes im akustischen Kontext zu beurteilen riskieren darf. Renotationen, die den akustischen Zustand der Sendung selbst festhalten, können verläßlicher als Manuskripte sein.

Vor allem zwei Strukturmuster des Neuen Hörspiels haben sich durchgesetzt. Das erste arrangiert die Redeweisen verschiedener Denkperspektiven, Seh- und Urteilsgewohnheiten. Aus dem Arrangement hört der Zuhörer eine Kombination heraus: eine absichtsvoll wirkende Assoziation verschiedener Wort- oder Begriffsfelder. In diesem Fall ist der Autor noch weitgehend verantwortlich für die Aussageform des Werks. Ein zweites Muster, besonders präsent im Original-Ton-Hörspiel, strebt danach, die überlieferten Formen der Fabel-Erzählung, der Figurencharakteristik aufzulösen und authentische Stimmen und Laute zu sammeln, die Fülle der vorgefundenen oder konstruierten Hör-Gegenstände: das «Material», durch verschiedene Konstellationen hindurchzuführen. «Der Hörraum dieser Stücke ist vergleichbar einem Schädel, in dem Sprachmüll, fragmentarisierte Erinnerung, Realität abgelagert ist. Eine Form des inneren Monologs. Vivisektion eines (kollektiven) Bewußtseins. Schichten werden bloßgelegt. Verdrängtes kommt zum Vorschein [...]».[1] Franz Mon (*1926), Autor des 1969 produzierten Hörstücks *das gras wies wächst*, hat im Kommentar zu seinem späteren Stück *hören und sehen vergehen* (1976) darauf aufmerksam gemacht, in welche Richtung sich eine Hörproduktion dieser Art entwickeln kann: nämlich zu einer «art oper», «allerdings in verfremdetem sinn: musik, stimmen, geräusche, stumme szenen, schatten, licht und finsternis sollten aufeinander zulaufen, sich durchdringen und sich wieder trennen».[2]

Zwei vielzitierte Beispiele für das erste Strukturmuster, das vom Autor konzipierte Arrangement, seien näher betrachtet: Ernst Jandls (*1925) und Friederike Mayröckers (*1924) gemeinsam verfaßtes Stück *Fünf Mann Menschen* erhielt 1968 den Hörspielpreis der Kriegsblinden. Diese Anerkennung war insofern ungewöhnlich, als die Jury zum ersten Mal ein stereophon realisiertes Werk auswählte.

Das Hörspiel, das ca. 15 Minuten dauert, beschreibt lakonisch die parallelen Lebensläufe von fünf jungen Männern, deren Geburt von den Vätern mit einem «Aha» zur Kenntnis genommen wird, die in der Schule und beim Militär dressiert werden, über die im zivilen und im Kasernenleben verfügt wird wie über willenlose Objekte, die am Ende vor Gericht für vergangene und zukünftige Schandtaten schuldiggesprochen und schließlich erschossen werden. Die fünf Soldaten des Exekutionspelotons erfreuen sich nachher im Wirtshaus. Ihnen werden schließlich wieder fünf Söhne geboren, die sie wiederum mit einem gelassenen «Aha» begrüßen. Der Kreislauf kann von neuem beginnen.

Dieses Spiel über den abgerichteten Menschen erinnert an Peter Handkes Theaterstück *Kaspar*. Handelt es sich bei Handke (*1942) aber um eine langwierige, bohrende Sprachdressur, die die Entfremdung des Subjekts widerspiegelt und erreicht, so bei Jandl und Mayröcker eher um eine grausigkomische Bezifferung von Lebensläufen unselbständiger Menschen, von Nummern im Geschiebe der Generationen. Lapidare Moritatensätze und aus Comic strips vertraute Geräuschartikulationen balancieren die beinahe zynische ‹Ausstellung› von fünf, zu Marionetten fremder Gewalt degradierten Menschen. Die vorwiegend lachhafte und groteske Behandlung eines fatalen Themas muß als Provokation gewirkt haben.

Richter (sanft)   : Bitte setzen Sie sich hin.
                       Sie wissen, daß ich Ihr Richter bin.
M 3   : Stehen hätte mir nichts ausgemacht;
                       Sitzen macht mir auch nichts aus.
(Geräusch: Hinsetzen, M 3)
Richter (sanft)   : Bitte setzen Sie sich hin.
                       Sie wissen, daß ich Ihr Richter bin.
M 2   : Wie ich gestanden bin,
                       so will ich auch sitzen.
(Geräusch: Hinsetzen, M 2)
Richter (unsanft)   : Was kommt Ihnen in den Sinn?
                       Sie wissen, daß ich Ihr Richter bin.

M 1 : Die Knie haben mir gezittert,
so bin ich auf den Sitz geschlittert.
Richter (mit veränderter Stimme, die Angeklagten anherrschend)
: Angeklagter eins bis fünf – auf!
Schuldig.
Schuldig.
Schuldig.
Schuldig.
Schuldig.
... verurteile ich euch wegen der
Schandtaten, die ihr begangen habt,
die ihr begangen hattet, und
begangen haben könntet, die ihr
begangen haben werdet, begangen
haben werden könntet, begangen
haben werden können hättet, ZUM –
(Geräusch: Gewehrsalve aus einiger Entfernung, ohne Nachhall)
M 4 (leise) : bumm[3]

Differenzmerkmale zeigen die fünf «Mann Menschen» erst beim Sterben: der eine wackelt, der andere kniet. Solche Angaben deuten das Repertoire möglicher Verhaltensweisen bei der Exekution an, aber keinen Schimmer von Individualität. Die Konformität der Personen drückt sich in der simplifizierten Sprache aus. Diese künstliche Reduktion aller Nuancen, die Leben bedeuten, läßt sich mit der Schaubuden-Dramaturgie auf dem Theater der sechziger Jahre vergleichen. Aber stellt der so herausgeschälte nackte Kern der menschlichen Karriere schon die ganze Wahrheit dar – oder nicht vielmehr ein verzerrtes Skelett? *Fünf Mann Menschen* erweist sich als Impromptu aus dem Geist der Satire, die Strafen und Scherzen vorsätzlich vermengt.

Ludwig Harigs (* 1927) *Ein Blumenstück* (1968) verschränkt Gedichte aus *Des Knaben Wunderhorn* und Texte aus deutschen Kinder- und Hausmärchen mit autobiographischen Zeugnissen des Lagerkommandanten von Auschwitz, Rudolf Höß. Dieses unerträgliche Nebeneinander stellt zunächst einmal vor ein Rätsel: Welche Beziehungen bestehen zwischen den Erinnerungen von Rudolf Höß und den Märchen und Volksliedern? Ist tatsächlich die gemeinsame Wurzel das «Gemüt», wie Helmut Heißenbüttel vermutet? Ist die anfänglich so frappierend wirkende Unvereinbarkeit in der Tat nur oberflächlich, insbesondere, wenn man sich solche Geschichten wie die vom «Juden im Dorn» anhört? Oder macht die Verknüpfung dieser beiden ‹Textsorten› verständlich, daß Höß Blumen geliebt hat oder sorgsam beschreiben kann, wie seine Frau einen Garten vor den Toren von Auschwitz anlegt? Unbegreiflich bleibt, wie mit solchen Eigenschaften und Leidenschaften die Fähigkeit zu vereinen gewesen ist, ein Vernichtungslager zu organisieren und zu leiten.

was liegt auf dem rasen
hat vierundvierzig nasen

laß liegen
ist blut dran
und asche
und dreck

reiß es aus
es ist unkraut
und wuchert
und stinkt

wirfs weg
tritts tot
es ist für den mist

die häftlinge taten alles
um meiner frau
um den kindern etwas liebes zu tun
an den gärtnern hingen die kinder besonders
in der ganzen familie
war die liebe für die landwirtschaft
besonders für alle tiere
hervorstechend

guten tag herr gärtnersmann
haben sie lavendel
rosmarin und thymian
und ein wenig quendel

ja madam das haben wir
drunten in dem garten
möcht madam so gütig sein
und ein wenig warten[4]

Assoziationsketten werden gebildet, die mittels der Anknüpfung an bestimmte Worte die Kinderreime mit Tagebucheintragungen des SS-Mannes verschlingen. Dennoch kommt es zu keiner eindeutigen oder kompletten Antwort über die Art dieser Beziehung. Gerade dadurch schockiert der Text. Aber ist dieser Schock des nicht sogleich Ableitbaren nicht auf fast durchsichtige Weise raffiniert geplant? Muß nicht das Erschrecken groß sein, wenn von Blumen die Rede ist und sich dann der Konzentrationslagerchef zu Wort meldet? Der Unterschied zwischen harmloser, unschuldiger Natur und Vernichtungsmaschinerie ist zu eklatant, um erhellend zu wirken. Auch das Faktum, daß Rudolf Höß in seinen Lebensberichten etliche biedermeierlich-romantisierende Formeln einfließen läßt, kann keinen Schuldzusammenhang konstruieren oder gleich vermuten lassen, das Denken, das sich in idyllischer Naturverbundenheit äußere, finde sich bruchlos in dem des Nationalsozialismus, des Massenmörders wieder. Disqualifiziert es jeden Jubel über Blütenpracht, nur weil auch Höß sich an ihr erfreut hat? Ist solche Gleichung nicht kennzeichnend für eindimensionales Denken?

Offenbar hat der Kontrast- und Parallel-Montage die Überlegung zugrunde gelegen, daß Sprache an sich schon etwas von denen mitteilt, die sie verwenden. In der Zeit, in der das Neue Hörspiel vielfach unterstellt, daß Redeformeln als gestanzte Hülsen, als Sprach-Ware zur Verfügung stehen und von Sprechern aufgegriffen werden können, so daß Besonderheiten der verschiedenen Personen nicht zum Ausdruck kommen, in derselben Zeit erscheint Sprache auch als bewußtseinsgeprägt, als halbdurchlässige Tarnkappe spezifischer Subjekte in der Gesellschaft. Wer eine bestimmte Sprache benützt, scheint sich auf diese Weise schon zu identifizieren. In Harigs Versuch verschränken sich die beiden Auffassungen. Er bringt die Extreme zur

Berührung, indem er in der kollektiven Sprache die Spuren einer bestimmten Geisteshaltung aufzeigen will. Und dokumentiert damit einen Zustand ahnungsvoller, doch ungewisser Verwirrung.

Eine ähnliche Idee verfolgt Harigs Hörspiel *Staatsbegräbnis* (1969), das entschieden auf das O-Ton-Modell zustrebt, indem es Tonbandaufzeichnungen der Reden zum Staatsbegräbnis Konrad Adenauers auswertet. Harig greift Floskeln heraus und läßt durch deren Wiederholung den leeren Pomp der repräsentativen Sprache in der Bundesrepublik hörbar werden. Wo die feierlich-gehobene Rede eines Staates und seiner Vertreter sich als phrasenhaftes Dröhnen zu erkennen gibt, drängen sich Zweifel an der Substanz und Qualität dieses Staates und seiner Vertreter auf. Offenkundig ist eine persönliche Trauersprache, die Verletztheit oder Befangenheit auszudrücken vermöchte, nicht verfügbar – oder soll bei dieser Gelegenheit nicht verwendet werden. Übrig bleibt die aufwendige Redegestikulation von Würdenträgern. Ex negativo zeigt dieses Arrangement, daß eine neue, authentischere Sprache sich von diesem abschreckenden Vorbild weit entfernen, vielleicht sogar mit dem Schweigen beginnen muß. Die Sprachskepsis dieses Hörstücks ist vor allem auf die Sprache ‹von oben› bezogen und nimmt an, daß sich das Denken, das ‹oben› zu finden ist, erschöpfend in diesen Rederitualen bezeuge. Diese Vorstellung ist nicht nur Harigs *Staatsbegräbnis* eigen.

Nicht-offizielle Sprache, oft auch unbeholfene Ausdrucksweise, interessiert Paul Wühr (* 1927) in seinem O-Ton-Hörspiel *Preislied* (1972). Der Autor als Rechercheur: er sammelt Aussagen zur Gegenwart in der Bundesrepublik als Tonmaterial, um ein Panorama von Meinungen zusammenzustellen, einen Querschnitt durch die Urteile der Bevölkerung. Die Vielzahl der gesammelten Stimmen bestimmt die Organisation des Materials, nicht eine vielleicht vorgefertigte Gliederung. Volksmeinung kann so beinahe unkommentiert, wenn nicht die Anordnung eine Art versteckten Kommentars darstellt, Öffentlichkeit erlangen. Einer solchen Befragung der unbekannten Nation entspricht auch Hans Magnus Enzensbergers (* 1929) Hörstück *Verweht* (1974). Es handelt sich um montierte Nacherzählungen des Films *Vom Winde verweht*, Nacherzählungen, die häufig mehr über die Erzähler als über den Film verraten. Alfred Behrens (* 1944) und Michael Kuball (* 1949) werden 1982 nicht die letzten gewesen sein, die im O-Ton-Hörstück die Ergebnisse ihrer Oral-history-Investigation vorlegen: In *Mottenburger Geschichten* erzählen alte Leute eines Hamburger Stadtteils ihre Geschichte. Die Rekonstruktion von Alltags-Erfahrung gebraucht Regeln des Interview-Dokumentarismus im Fernsehen, wie ihn etwa Eberhard Fechner betreibt – und teilt mit ihm die humane Anteilnahme am Leben ‹gewöhnlicher› Menschen.

Die ersten Hörspiele Jandls, Mayröckers oder ·Harigs richten sich nach einem Konzept, bei dem die Autoren innere Distanz bewahren. Das zitierend-demonstrative Verfahren, das Herauslösen von Redeteilen, die Stereotypien besonders sichtbar werden lassen, entspringt einer eher reaktiven Opposition. Einen Schritt weiter geht Jürgen Becker (* 1932). Er benutzt verbrauchte Sprache im Wissen darum, daß keiner auf sie verzichten kann. In seinem Hörspiel *Häuser* (1969) führt er eine Fülle von Redemustern vor, die täglich verwendet werden.

Das Laut-Gesumm in Häusern, in Wohnungen, bildet fast eine Symphonie der verschiedenen Stimmen, Stimmungen, Klagen, Wünsche usw. Wie einst der hinkende Teufel im gleichnamigen Roman von Lesage die Dächer abhob, um in die Zimmer hineinzuschauen, so hört Becker in die unterschiedlichen Rede-Räume hinein. Hinter dem weit ausgespannten Netz der Floskeln, Sätze und Seufzer verbergen sich Ängste und Träume, meistens Traumata. Ruhe als Bürgerpflicht, dieser Imperativ nachbarschaftlicher Selbst- und Fremddisziplinierung, zieht sich als Leitmotiv durch die Dialoge und Gesprächsfetzen, die Becker virtuos in spürbare, nicht immer gleich erklärbare Kontraste bringt.

Beckers Hörspiel macht deutlich, daß aus der Sprache des Hauses, der Häuser, der Mietshäuser kein Entkommen ist, es sei denn, man verläßt den sozialen Ort, an dem so gesprochen wird. Am Ende ist von Weggehen die Rede, kurz bevor das Hörspiel aufhört, am Rande der Stummheit, im Gestus der paradoxen Welt- und Existenzklage, die nicht zu sagen weiß, wo es denn besser sei:

– Doch. Jetzt gehe ich wieder weg.
– Aber du wolltest, wolltest du nicht immer bleiben?
– Das Haus zerfällt und die Ruhe ist hin. Hier kann man nicht atmen. Die Luft ist schwer und grau. Der Wald ist nicht mehr nah. Die Wiese ist weg. Wir sehen Menschen. Es gibt kein Gebirge. Es gibt kein Meer. Der Schnee kommt hier nicht hin. Der Regen ist öd. Die Nacht fängt kaum an und hört nicht richtig auf. Der Tag ist immer derselbe Tag. Es ist zu warm hier. Ich friere. Ich sage immer dasselbe. Ich höre nichts anderes. Ich sehe nichts. Ich löse mich bald auf. Ich muß das ändern. Ich bleibe nicht hier. Ich gehe jetzt hier wieder weg.[5]

V. DAS «DRAMATISCHE» JAHRZEHNT DER BUNDESREPUBLIK

Die sechziger Jahre sind im Vergleich mit den Fünfzigern das dramatische Jahrzehnt der Bundesrepublik, dramatisch im politischen wie im literarischen Sinne. Zwischen 1960 und 1965 traten mit Rolf Hochhuth, Heinar Kipphardt, Martin Walser und Peter Weiss gleich vier Dramatiker hervor, die bis heute bekannt geblieben sind. Unterstützt durch innerdeutsche und weltpolitische Veränderungen setzten sie der Restauration, der unpolitischen Wiederaufbau-Mentalität und dem Ideologieverdacht der Nachkriegszeit eine bewußte Politisierung und Ideologisierung der Literatur entgegen. Die Flucht aus der Geschichte beantworteten sie mit einer fast wissenschaftlichen Historisierung, den Rückzug ins Private und Individuelle mit demonstrativen Vorstößen ins Öffentliche und Gesellschaftliche und die Verdrängungsgeschichte der Bundesrepublik, ihre «Unfähigkeit zu trauern», mit emphatischen Aufklärungs- und Entlarvungsversuchen. Günther Rühle hat zu Recht betont, «wie sehr das Entstehen des neuen Dramas mit der Verwandlung der Gesellschaft in Westdeutschland nach 1960 zusammenhängt», einer Gesellschaft, «die nun ihre unterdrückten Probleme entdeckte».[1] Das neu entstehende politische, historische und dokumentarische Drama der sechziger Jahre wollte eine westdeutsche Gesellschaft zur Rede stellen, deren Stagnation und Lethargie unter den veränderten politischen Bedingungen langsam aufzubrechen begann. Sein Ziel war es, so hat es Walser 1962 formuliert, «die nach innen gekrochenen Tragödien ins Sichtbare zu locken», die Wirklichkeit zu zwingen, «sich preiszugeben».[2] «Gedächtnisse», so sollte sein Stück *Der schwarze Schwan* ursprünglich heißen, sein zweiter Beitrag zu jener ‹Bewältigungsdramatik›, die sich mit den Verbrechen der Nazizeit und ihren Folgen bis in die Gegenwart auseinandersetzte. «Gedächtnisse» könnte aber auch der Titel von vielen anderen Stücken heißen, von Walsers *Eiche und Angora* (UA/V 1962), von Hochhuths *Der Stellvertreter* (UA/V 1963), Peter Weiss' *Die Ermittlung* (UA/V 1965), Kipphardts *Joel Brand* (UA/V 1965), von den Stücken Hans Günter Michelsens (*Stienz* [UA 1963; V 1962]; *Helm* [UA/V 1965]), von Helmut Qualtingers und Carl Merz' *Der Herr Karl* (UA 1961; V 1959) und von Fritz Hochwälders *Der Himbeerpflücker* (UA/V 1965). Sie alle setzen der bundesrepublikanischen (oder österreichischen) Verdrängungsgeschichte zwischen 1949 und 1961 eine unerbittliche und exakte Erinnerung entgegen. Irrenhaus und Wahnsinn sind ihnen nicht mehr Chiffren des absurden und grotesken Welttheaters, sondern die Flucht- und Rückzugsorte verschütteter Vergangenheit und verdrängter Erinnerungen. Inmitten einer Zeit, die den Schriftstellern lähmend geschichtslos erschien, beschworen sie mehr und mehr das Fanal der «Revolution» als den Inbegriff einer geballten Ladung Geschichte und eines radikalen Veränderungswillens. Dahinter stand sowohl die Hoffnung, soziale und politische Prozesse möglichst direkt in Gang zu setzen, wie der Versuch, eine aktive dramatische Handlung und den dramatischen Täter wiederzufinden. Deshalb – bei allen Unterschieden – die auffällige Reihe der Revolutionsdramen, die in den sechziger Jahren entstand, von Peter Weiss' *Marat/Sade* (UA/V 1964) und *Der Lusitanische Popanz* (UA/V 1967) über Günter Grass' *Die Plebejer proben den Aufstand* (UA/V 1966), Tankred Dorsts *Toller* (UA/V 1968) bis zu Hans Magnus Enzensbergers *Das Verhör von Habana* (UA/V 1970), Dieter Fortes *Martin Luther & Thomas Münzer oder die Einführung der Buchhaltung* (UA/V 1970), Hochhuths *Guerillas* (UA/V 1970), Weiss' *Trotzki im Exil* (UA/V 1970) und, schon als Epilog, Gaston Salvatores *Büchners Tod* (UA/V 1972).

Der Weg des Dramas in diesen Jahren führte vom Parabeltheater zum agitatorischen Straßentheater; er führte aber auch zum Sprechstück Peter Handkes und zum neuen Volksstück. Die dramatischen Formen, die dafür gefunden und bevorzugt wurden, sind geprägt von einem fundamentalen Mißtrauen gegenüber der Berichterstattung und der Informationspolitik der Massenmedien und der Machthaber. Sie stehen a priori unter dem Verdacht der Verschleierung, der Fälschung, des historischen Betrugs und der Manipulation (Peter Weiss).[3] Darüber sind sich fast alle Schriftsteller einig: daß es ihre vordringlichste Aufgabe sei, eine kritische Gegenöffentlichkeit zu schaffen und möglichst konkrete soziale und politische Aufklärungsarbeit zu leisten, mit dem Ziel, die manipulierten Bürger den ebenso verführerischen wie gefährlichen Einflüssen der Kultur- und Bewußtseinsindustrie zu entziehen. «Das dokumentarische Theater tritt ein für die Alternative, daß die Wirklichkeit, so undurchschaubar sie sich auch macht, in jeder Einzelheit erklärt werden kann.»[4] Dieser hochgemute Grundsatz des Peter Weiss gilt nicht nur für ihn, und er gilt nicht nur für das dokumentarische Theater dieser Zeit. Auch das politische Theater in der Nachfolge Brechts und Piscators, das Geschichtsdrama, das Straßentheater und das später aufkommende Volksstück sind davon geprägt. Der fast wissenschaftliche Wille zur Exaktheit, zur Authentizität, zur dokumentarischen Wahrheit und die «Rehabilitierung des Stoffs»[5] sind ihre produktiven Prämissen. Selbst das *Sprechstück* Peter Handkes, 1966 zum ersten Mal auf der Bühne zu hören, versucht möglichst exakt aufzudecken, wie der einzelne Mensch durch das gesellschaftliche Phänomen der Sprache manipuliert und abgerichtet wird. Die diagnostizierte Doppelbödigkeit der Sprache, die Individualisierung und Vergesellschaftung ebenso ermöglicht wie zunichte macht (*Kaspar*, UA 1968; V 1967), führte Handke zur Absage an das Modell des engagierten Theaters, besonders an Brechts Konzeption des Lehrstücks (*Straßentheater und Theatertheater*, 1968).

Parallel dazu ging Anfang der sechziger Jahre die Ära der werkgetreuen und klassizistisch orientierten Intendanten und Regisseure zu Ende und damit die strikte Trennung von Kunst und Politik auf der Bühne. Gründgens, ihr Meister und Wortführer, starb 1963; Gustav Rudolf Sellner, sein modernistischer Gegenspieler, trat 1961 in Darmstadt ab. Ihre Schüler und Nachfolger Karl Heinz Stroux (Düsseldorf), Hans Schalla (Bochum), Oscar Fritz Schuh (Hamburg) und Boleslav Barlog (Berlin) arbeiteten zwar noch weiter, aber die wegweisenden Inszenierungen – von den wichtigen Arbeiten Fritz Kortners, Hans Schweikarts (München) und Harry Buckwitz' (Frankfurt), die schon in den fünziger Jahren gegen den Strom schwammen, einmal abgesehen – kamen nun von Erwin Piscator, der nach langen Gastspieljahren 1962 die Leitung der Freien Volksbühne in Westberlin übernahm, von dem Brecht-Schüler Peter Palitzsch, der nach dem Mauerbau 1961 in der Bundesrepublik blieb und von 1966 bis 1972 Schaupieldirektor in Stuttgart wurde und dort die Stücke von Martin Walser inszenierte, von Peter Zadek, der unter der Intendanz von Kurt Hübner und mit dem Bühnenbildner Wilfried Minks in Bremen arbeitete, von Claus Peymann (Frankfurt), der erstmals Handke auf die Bühne brachte, und von dem Einzelgänger Rudolf Noelte, der durch seine Sternheim- und Tschechow-Inszenierungen bahnbrechend wirkte. Sie zeichneten auch für die Uraufführung fast aller neuen Stücke.

Die Theaterentwicklung dieses Jahrzehnts gipfelte im Jahre 1970 in der Übernahme der Berliner Schaubühne am Halleschen Ufer durch Peter Stein, der nach ersten Inszenierungen an den Münchner Kammerspielen (darunter 1968 die Aufführung des *Viet Nam Diskurs* [UA/V 1968] von Peter Weiss mit anschließender Geldsammlung für den Vietcong!) im Jahre 1969 großes Aufsehen mit seiner aktualisierenden Bremer *Tasso*-Interpretation erregt hatte. Er brachte ein junges Schauspiel-Kollektiv und einen neuen Leitungs-, Arbeits- und Regiestil nach Berlin mit, der sich in den letzten Jahren, unter der Parole einer «Demokratisierung» des Theaters, unterschiedlich weit entwickelt hatte (neben Stein ist als Schrittmacher vor allem Peter Palitzsch in Stuttgart und Frankfurt zu nennen). Ihr Mitbestimmungsmodell sah vor, daß alle am Theater tätigen Personen auch an den wichtigsten Entscheidungsprozessen beteiligt sein sollten. Die Politisierung der Bühne richtete sich also nicht nur nach außen, sondern auch nach innen und löste das autoritäre Intendanten-Theater der Nachkriegszeit ab.

Symptomatisch für den neuen sozialpolitischen Stil der Theater sind auch die Wiederentdeckungen in der zweiten Hälfte des Jahrzehnts: nach vielen vergeblichen Anläufen gelang es, die Volksstücke Ödön von Horváths und Marieluise Fleißers einem breiten Publikum so zu präsentieren, als wären es Gegenwartsstücke. In ihnen fanden die jungen Dramatiker ein neues Leitbild, das Brecht ablöste.

Die Besucherzahlen, von 1949/50 (11 Millionen) bis 1956/57 auf 20 Millionen gestiegen, hielten sich ein Jahrzehnt lang auf dieser Höhe und gingen

dann bis 1971/72 auf 17 Millionen zurück. Dafür verantwortlich waren nicht
nur die Konkurrenz der elektronischen Medien und die das traditionelle
Theaterpublikum irritierende Politisierung der Bühnen, sondern auch ein
Prestigeschwund des nach 1945 weiterhin von Steuergeldern getragenen deutschen Stadt- und Staatstheaters. Sein Nimbus als bürgerliche Bildungs- und
Erbauungsstätte nahm kontinuierlich ab – ein Normalisierungsvorgang innerhalb einer immer pluralistischer werdenden Kultur- und Unterhaltungs-
szene.

1. «Mein Vater heißt Hitler»

Diese zugleich bekennende wie provozierende Parole kann als dramatisches
Motto der ersten sechziger Jahre gelesen werden. Sie legte es darauf an, die
Vergangenheit gewissermaßen in jede deutsche Familie hineinzutragen und
sie – tua res agitur – an den öffentlichen Auseinandersetzungen direkt zu
beteiligen. Das ist den einzelnen Autoren und ihren Stücken in einem bis
dahin unbekannten Ausmaß auch gelungen.

Die Einakter von Hans Günter Michelsen (* 1920), *Stienz* (UA 1963; V
1962) und *Helm* (UA/V 1965), waren, wie Frischs *Andorra*, noch Stücke des
Übergangs. Mit ihren Formen – der Konzentration auf einen engen Spielraum
und wenige Figuren, der surrealen Fixierung auf die Vergangenheit und die
monomanischen Dialoge – erinnerten sie noch an das groteske und absurde
Theater, aber ihre Inhalte gehörten bereits zu der politischen und sozialpsy-
chologischen Auseinandersetzung mit Vergangenheit und Gegenwart des
deutschen Faschismus.

In *Helm* überwog schon das Neuartige: die nicht auftretende Titelfigur, der Gastwirt
und verkrüppelte Strafbataillons-Soldat Helm, «stellt eine Situation her, unter deren
Druck sich die Kriegsverbrecher zu erkennen geben»,[6] ein Musterbeispiel der «Katalysator»-Dramaturgie Martin Walsers.[7] Fünf alte Offiziere, eingeladen zu einem Sauf-
und Versöhnungsabend mit ihrem ehemaligen Opfer, werden unfreiwillig zu ihren
eigenen Anklägern. Bauplan und Durchführung des Stückes sind musterhaft einfach
und ökonomisch, seine Balance zwischen absurder Situation (Warten im Walde), reali-
stischem Gestus und unaufdringlicher politischer Wirkung bringt das scheinbar Heterogene zu einer selbstverständlichen Einheit. Die Gegenwart erscheint auf bedrük-
kende Weise einer unentrinnbaren Vergangenheit ausgeliefert und wartet vergeblich auf
die Lösung dieses Banns. Michelsen hatte in den sechziger Jahren beachtliche Erfolge,
wurde anschließend aber schnell vergessen. Die Kargheit seiner theatralischen Mittel,
im Gegensatz zu der moralisch-politischen Last seiner Themen, haben dem Unterhal-
tungsbedürfnis von Bühne und Publikum offensichtlich zu wenig Tribut gezollt.

Martin Walser (* 1927) hat Michelsen nicht nur gelobt, sondern er ist auf
seinen Spuren mit größerem Erfolg weitergegangen. Er hat sich wie kein
anderer am Anfang der sechziger Jahre programmatisch und praktisch um das
«GDD, das Große Deutsche Drama» bemüht. Sein Ausgangspunkt war die

intensive Erfahrung von Stagnation, Lethargie und Alternativlosigkeit in der bundesrepublikanischen Gesellschaft und Politik, also eine Erfahrung, die es dem Dramatiker schwer machte, adäquate neue Abbildungsverfahren und eine «aktive Fabel» zu finden. Denn: «Die Antinomien liegen nicht mehr auf der Straße. Die gesellschaftlichen Brutalitäten sind auf eine Weise verfeinert, daß das Drama bei deren Abbildung zugrunde gehen muß.»[8] So stand Walser vor der Frage, wie denn eine zwar schuldbeladene, aber scheinbar mit sich selbst zufriedene, völlig undramatische Wirklichkeit überhaupt noch auf die Bühne zu bringen sei. Sein Stück *Überlegensgroß Herr Krott. Requiem für einen Unsterblichen* (UA 1963; V 1964), von Peter Palitzsch in Stuttgart uraufgeführt, ist eine sarkastische Allegorie auf den lähmenden westdeutschen und westlichen Geschichts- und Gesellschaftszustand im Zeitalter des Spätkapitalismus. Seine Inkarnation, Krott mit Namen, auf der Terrasse eines Berghotels hausend, ist einfach nicht totzukrigen; alles verfällt seiner Gewalt, auch der Gewerkschaftsfunktionär verschafft ihm nicht das erlösende Ende.

In ähnlicher Weise setzten *Eiche und Angora* und *Der schwarze Schwan*, während der Zeit des Eichmann- und des Auschwitzprozesses in Jerusalem und Frankfurt entstanden, bei der westdeutschen Verdrängungsgeschichte der fünziger Jahre an: sie wollten den unsichtbaren, alltäglichen Faschismus zwingen, sich preiszugeben. Sie sind bereits Beispiele jenes «Bewußtseinstheaters», für das sich Walser 1967 einsetzte, als er gegen das Dokumentartheater als einem unzulänglichen Abbildungs- und Illusionstheater polemisierte.[9]

Genaugenommen hat Walser weniger das neue deutsche Drama geschrieben, als vielmehr die lange westdeutsche Unfähigkeit zum Drama dramatisiert, indem er ihre historischen, gesellschaftlichen und psychischen Ursachen erstmals wieder szenisch sichtbar zu machen versuchte. Er hat zwar programmatisch die «aktive Fabel» gefordert und endgültig das groteske und absurde Drama verabschiedet, aber die Aktivität seiner dramatischen Fabeln reichte nur aus, die gesellschaftliche Lethargie und den politischen Immobilismus der beginnenden sechziger Jahre sichtbar zu machen und anzuklagen. Walsers Stücke bilden die Brücke zu den neuen historisch-politischen und dokumentarischen Dramen, in denen die Szene tatsächlich wieder zum Tribunal wird.

Was sie von Frischs *Andorra* und Dürrenmatts *Physikern* grundsätzlich unterscheidet, ist folgendes: die Stücke der Schweizer bewegen sich von der konkreten historischen Wirklichkeit fort in Richtung auf ein abstraktes Modell, Walsers bewegen sich von Modell und Parabel fort in Richtung auf die historisch-politische Wirklichkeit. Anders als die beiden Schweizer glaubte er wieder an die Abbildbarkeit der Welt auf der Bühne, zwar nicht durch einfache Imitation, wohl aber durch das, was er den «neuen Realismus» nannte. Nach diesem *Realismus X* (1964) suchte er. Seine Voraussetzung ist die Rehabilitierung von Stoff und Geschichte, sein Kernstück die «aktive Fabel». «Sie spielt mit der Wirklichkeit, bis die das Geständnis ablegt: das bin ich.»[10]

Diese Fabel ist also Erfindung und Instrument des Autors, mit der er die maskierte Wirklichkeit entlarvt. Um welche Wirklichkeit es geht, das definierte Walser stellvertretend für viele Autoren dieser Zeit:

«Ein deutscher Autor hat heute ausschließlich mit Figuren zu handeln, die die Zeit von 33 bis 45 entweder verschweigen oder zum Ausdruck bringen. Die die deutsche Ost-West-Lage verschweigen oder zum Ausdruck bringen. Jeder Satz eines deutschen Autors, der von dieser geschichtlichen Wirklichkeit schweigt, verschweigt etwas.»[11] Und schließlich: «jede realistische Darstellung des Dritten Reiches *muß* bis in unsere Zeit hineinreichen.»[12]

Die erste Probe aufs Exempel hat Walser mit *Eiche und Angora* geliefert. Der Untertitel, «Eine deutsche Chronik», erhebt den Anspruch, exemplarisch deutsche Geschichte und Bewußtseinsgeschichte vorzuführen. Er zollte einer Aufgabe Tribut, die er wenig später (1968) selbstironisch «Engagement als Pflichtfach für Schriftsteller» nennen sollte.

Eiche und Angora ist das Stück eines Autors, der mit der Figur des KZ-Opfers Alois Grübel jenes Katalysator-Element in die Fabel eingeführt hat, das die Wirklichkeit zwingt, «sich preiszugeben». Durch seine bloße Anwesenheit auf der Bühne macht er sie gesprächig und geständig. Diese Kunst- und Spielfigur des Autors – eine Mischung aus Woyzeck, Schwejk, Sladek und deutschem Michel –, die alles herausreden muß und nichts verschweigen kann, ist mit ihrer Kastratenstimme, ihrer Überanpassung und ihrem «Rückfall»-Defekt, die sie in der Jetztzeit immer eine historische Phase hinterherhinken läßt, die unbewältigte Vergangenheit in Person.

Der Schauplatz ist dreimal der gleiche, der Eichkopf-Gipfel mitten im deutschen Wald, dreimal tritt Alois Grübel dort zusammen mit seinen Peinigern auf, im April 1945, kurz vor der Kapitulation; im April 1950, zur Enthüllung einer Gedenktafel und der Grundsteinlegung eines «Höhenrestaurants»; und an Pfingsten 1960, anläßlich eines Sängerfestes. Das erste Mal (Szene 1–5) verhilft Alois dem Städtchen Brezgenburg ungewollt, mit seinen Angorafellen, zu einer unblutigen Kapitulation, wird dafür von den nazistischen Bonzen beinahe aufgehängt und rettet sie schließlich mit seiner Idee, sich selber zu fesseln und so das Ende abzuwarten; das zweite Mal (Szene 6), bei der feierlichen Enthüllung der Tafel mit der pazifistischen Aufschrift: «Wer die Heimat mit Waffen verteidigt, zerstört sie», beschwört Alois durch seinen Rückfall in den Nazi-Jargon peinlicherweise die verdrängte Vergangenheit herauf und wird mit sanfter Gewalt abgeführt; das dritte Mal (Szene 7–9) ist der politische Wind umgeschlagen, die pazifistische «Schandtafel» wird beseitigt, ein militanter Antikommunismus blüht, der KZ-Arzt Zerlebeck wird wieder in den deutschen Gesangverein aufgenommen und die KZ-Opfer Alois und seine Frau endgültig in die Anstalten abgeschoben. Die Erinnerung an die «unmenschlichen Jahre» ist der Gesellschaft unerträglich geworden. Der letzte Satz des Stückes, den Alois spricht: «In einer Anstalt, Herr Direktor, wächst ja kein Moos», heißt deshalb: so etwas wie Gedächtnis, Erinnerung und historisches Bewußtsein haben sich in die Heil- und Nervenanstalten zurückgezogen. *Eiche und Angora* ist ein tragikomischer Spiegel, den Walser dem Schweigen einer erinnerungslosen Gesellschaft entgegengehalten hat, um sie endlich zum Reden zu bringen.

Vergleichbarer Mittel hat sich der Österreicher Fritz Hochwälder (1911–1986) bedient, als er etwa gleichzeitig seine Komödie *Die Himbeerpflücker* schrieb (E 1964; UA 1965).

Sie spielt die komischen, satirischen und sarkastischen Möglichkeiten des Volksstücks in der Nachfolge Horváths aus, um das faschistische Alltagsbewußtsein einer provinziellen Honoratiorengesellschaft zu entlarven. Ort der Handlung ist der Gasthof «Zum Weißen Lamm» in einem ominösen «Bad Brauning». Die kleine Männergesellschaft gerät in helle Aufregung, als vermeintlich ein ehemaliger SS-Scharführer, genannt der «Himbeerpflücker», der sechs- bis achttausend KZ-Häftlinge auf seinem Gewissen hat, auf der Flucht im Gasthof Unterschlupf sucht. Ihre Reaktionen sind um so zwiespältiger, als der Wohlstand des Wirts auf einigen Kisten mit Zahngold beruht, die der SS-Scherge 1945 stehenlassen mußte. Nachdem im Sinne Martin Walsers «zur Sprache gebracht» worden ist, «was verschwiegen wurde», und alle Figuren ihre Schuld und ihr «bestialisches Triebleben» (Horváth) offenbart haben, stellt sich am Ende heraus, daß der geheimnisvolle bewunderte «Massenmörder» ein gewöhnlicher Dieb und Hochstapler ist, der kein Blut sehen kann – in den Augen der maßlos Enttäuschten natürlich ein «ganz gewöhnlicher Jud».

Kurz nach der Entstehung des *Schwarzen Schwans* hat Martin Walser einen Essay mit dem Titel *Hamlet als Autor* geschrieben (1964). Darin sieht er seine eigene Dramaturgie in der Nachfolge Hamlets und stellt fest, «daß Hamlet tatsächlich der intime Bundesgenosse jener Generation genannt werden kann, die zwischen 1933 und 1945 in Deutschland aufwuchs». Diese besondere Intimität gründe sich «auf die schlimmsten geschichtlichen Umstände», nämlich auf die Verbrechen des Nazi-Regimes und die Komplizenschaft der Vätergeneration, die nicht nur die deutsche Welt aus den Fugen gebracht haben. Deshalb rege Hamlet die deutschen Autoren an, «daß alle miteinander Zeugen werden; daß öffentlich wird, was geschehen ist; [...]. Die in einer verwandten Situation sind, die zum Beispiel in einer Familie leben, in der gerade noch gemordet wurde, werden diese Mittel immer benutzen.»[13]

So auch der junge Rudi Goothein, dessen Kindheit in den Zweiten Weltkrieg fiel, der Sohn des als «Schwarzer Schwan» berüchtigten KZ-Arztes Prof. Goothein, der seine Schuld mit vier Jahren Zuchthaus gesühnt glaubt. Rudi wird darüber zum Neurotiker und soll in der entlegenen Nervenheilanstalt des KZ-Arzt-Kollegen Liberé kuriert werden. Mit vier Insassen der Anstalt führt er vergeblich ein Hamletspiel vor den schuldigen Vätern auf. Er hat seinen Konflikt bereits verinnerlicht und ist kaum noch Ankläger und Richter der Vätergeneration, sondern nur noch jemand, der endlich die Wahrheit wissen will. Dadurch kommt es zu einem eigentümlichen Rollentausch: der Sohn übernimmt den väterlichen Part der ungesühnten Schuld; seine Aggression richtet sich gegen sich selbst. Hamlet begeht Selbstmord statt Vatermord. Das aber ist nicht nur Ausdruck der politischen Stagnation der Bundesrepublik, sondern auch einer dramatischen Stagnation. Walser fand für sein zentrales politisches und ästhetisches Problem, wie aus lauter Nichthandeln und Reagieren dramatisches Geschehen zu entbinden sei, keine überzeugende Antwort. «Wer Veränderung will, der soll auf dem Jahrmarkt in die Zauberbude gehen.»[14] Er hat seine Stücke als Tragikomödien der Unfreiheit verstanden.

Aber Walsers Hamlet-Dramaturgie, mit der Intention einer realistischen Entlarvung der Wirklichkeit, gab die Richtung an, in die auch die anderen Dramatiker der sechziger Jahre gingen.

Rolf Hochhuth (* 1931) fand dabei für seinen Realismus eine eigentümliche Mischform; er führte eine dokumentarisch verfahrende Geschichtsforschung in ein idealistisch und individualistisch konzipiertes Geschichtsdrama ein. Gleich sein Erstling, das Stück *Der Stellvertreter*, das Piscator im Frühjahr 1963 in Berlin uraufführte, war die größte Theatersensation. Hochhuth hatte es gewagt, die Auseinandersetzung mit dem Faschismus in das europäische Ausland zu tragen und statt eines Deutschen einen Italiener zum Hauptangeklagten zu machen; er wagte es, mit Papst Pius XII. den höchsten moralischen Repräsentanten der christlichen Welt in die Verantwortung und die Schuld für die ungeheuerlichen Verbrechen an den Juden hineinzuziehen. Ein damals atemberaubender Tabubruch. Hochhuths *Stellvertreter* ist allerdings nicht nur der Stellvertreter Gottes auf Erden und der Stellvertreter all derer, die sich durch Schweigen und Nichthandeln mitschuldig machten, sondern auch der Stellvertreter Hitlers, «der schaudervollsten Vaterfigur, die denkbar ist». Seinen Satz: «Mein Vater heißt Hitler», hat Hochhuth selber ausgelegt: «Für mich, den ehemaligen Pimpf in Hitlers ‹Jungvolk›, den Schwiegersohn einer von Hitler Enthaupteten, den jugendlichen Augenzeugen vom Abtransport der Juden – für mich liegt die Auseinandersetzung mit Hitler allem zugrunde, was ich schrieb und schreibe.»[15]

Die Sohnesfiguren, die im *Stellvertreter* gegen den «Urvater» Hitler und seine blutige Epoche aufbegehren, sind der junge Pater Riccardo Fontana, eine erfundene Figur, und der Obersturmführer Gerstein, eine historische Gestalt, die sich nachweislich in die SS einschleuste, um den KZ-Verbrechen der Nazis auf die Spur zu kommen und sie zu dokumentieren. Sie beide versuchen von der ersten Szene an, die in der Apostolischen Nuntiatur in Berlin spielt, die katholische Kirche und den Papst dafür zu gewinnen, gegen die Vernichtung der Juden in den Konzentrationslagern öffentlich zu protestieren und so das «Schweigen der Welt» zu brechen. Es ist Hochhuths historische und dramatische These, daß durch eine entschiedene Intervention Pius XII., vor dessen Fenstern die SS die römischen Juden verhaftete und deportierte, unzählige Opfer hätten gerettet werden können.

Die zentrale Passage ist der IV. Akt, als der Papst endlich auftritt und von Riccardo zur Rede gestellt werden kann. Auf ihn hin sind alle anderen Szenen erfunden und perspektivisch ausgerichtet. Man hat das überlange Stück deshalb ein «Stationendrama» genannt (R. Taeni). In eine Stufenfolge von Stationen (Nuntius; Vater Fontana, der Syndikus am Heiligen Stuhl; Kardinal; Ordensgeneral) drängt es auf die Auseinandersetzung mit dem Papst zu. Bis auf wenige Ausnahmen, in denen die Henker (darunter Eichmann) und ihre Opfer gezeigt werden, besteht es aus großen, rhetorisch sich steigernden Duo- und Gesprächsszenen à la Schiller. Jeweils ein moralischer und ein politischer Mensch treffen aufeinander; die historisch-politische Welt wird in Blankversen vor den Richterstuhl der Moral gefordert. Deshalb wird diese Welt zwar unerbittlich genau, bis ins dokumentarische Detail, vom Historiker Hochhuth rekonstruiert und aufgerufen, aber die Ausschnitte sind mit den Augen des Moralisten gewählt und gestaltet. Auf seiner Bühne können nur *Individuen* erscheinen, die mehr oder weniger verantwortlich und schuldig sind. Auch gesellschaftliche und wirtschaftliche

Institutionen und Verhältnisse verengen und verkörpern sich in seinem Drama zu psychologisch erfaßten Einzelfiguren. Das gilt vor allem für den Papst, der neben der moralischen auch eine politische und wirtschaftliche Macht verkörpert. Er ist in seinem Drama allein schon durch die Tatsache gerichtet, daß er auf der Seite der «politischen Menschen» steht und ihre Sprache spricht. Und das Publikum wird drei Akte lang so gezielt auf den dramatischen Schauprozeß gegen den Papst vorbereitet, daß der Angeklagte, als er endlich vor dem Tribunal erscheint, keine Chance auf Verständnis oder Pardon mehr hat. Es ist auch diese effektsüchtige und denunziatorische «Regie» des Autors – und nicht nur die deklamatorische Konzeption auf den idealistischen Spuren Schillers –, die das Stück entscheidend schwächt. Hochhuth erledigt den Papst, nachdem sich der Schrei nach Hilfe bis ins Unerträgliche gesteigert hat, mit einem einzigen Satz, dem ersten, den Pius XII. auf der Bühne spricht:

«Lieber Fontana! Wir freuen uns, Sie zu empfangen, um Ihren Rat und auch den Unseres ehrwürdigen Bruders zu hören – von brennender / Sorge um Unsere Fabriken erfüllt. Auch Kraftwerke, Bahnhöfe / Talsperren, *jeder* Betrieb fordern gebieterisch Schutz. / Wir taxieren natürlich die Chance, Gehör zu finden, / sehr realistisch ein, was Industrie und Bergwerke betrifft.» (Vierter Akt)

Was folgt, ist eine effektvolle moralische Hinrichtung. Am Ende des Aktes steht ein Pontius Pilatus auf der Bühne, ein gebrochener Schauspieler der Papstrolle, der nur mühsam wieder zum «Regisseur der Situation» wird. Es ist ein Augenblick, wie es ihn im deutschen Drama des 20. Jahrhunderts lange nicht gegeben hat: die Wahrheit triumphiert über die Verstellung, der Geist über die Macht, die Moral über die Politik, der gute Sohn über den bösen Vater. Riccardo verläßt mit dem Judenstern auf der Brust einen «im Innersten» getroffenen und vernichteten Papst, um als der wahre Stellvertreter Christi auf Erden zu den Opfern von Auschwitz zu gehen:

«Gott soll die Kirche nicht verderben,
weil ein Papst sich seinem Ruf entzieht.» (Vierter Akt)

Der Auschwitz-Akt aber, Hochhuths Versuch, «Unmenschlichkeit [zu] beschreiben», ist total mißglückt. Nach Reinhard Baumgart «führen hier Opfer und Kolportage abwechselnd Regie, die Fassade des Konflikts glänzt wie ‹Fidelio›, seine Kehrseite ist düster wie ‹Frankenstein›.»[16] Andere Kritiker sprachen von schlüpfriger «Groschenhefterotik»[17] und von «Auschwitz im Stile von Frankenstein oder Mickey Spillane».[18] Der Grund für das peinliche Scheitern liegt nicht nur darin, daß Hochhuth gegen die von Adorno und anderen konstatierte «Abdankung des Subjekts» und den «Untergang des Individuums» in der modernen Welt an der «Rettung des Menschen» durch das Drama festhielt, daß er es für eine «wesentliche Aufgabe des Dramas» erachtete, «darauf zu bestehen [...], daß der Mensch ein verantwortliches Wesen ist»[19] und daß er, im Bewußtsein der Sinnlosigkeit aller Geschichte, realistisches und absurdes Theater zu vereinen suchte.[20] Der Grund für die pubertäre Mischung von «Sex and Crime» im V. Akt, für Hochhuths monomanische Verfolgung des «Schweigens» und für die hintergründige Verwandtschaft der Vater-Figuren Hitler und Papst liegt tiefer. Zwei Hinweise können weiterhelfen. An einer Stelle seines Essays *Soll das Theater die heutige Welt darstellen?* (1963) spricht Hochhuth von der Sehnsucht pubertärer Menschen und führt dann aus:

«In der intimsten Darstellung der Jugendseele, in *Henri Brulard*, findet sich das Geständnis, daß die Entdeckung der Kunst und der Ausbruch der Sexualität für Stendhal identisch waren.»[21]

Kein Zweifel, daß Hochhuth hier auch von sich selber spricht, daß sich ihm schon früh die Kunst mit einer pubertären Sexualität verknüpfte und fortan niemals ganz von ihr löste. Den zweiten bestätigenden Hinweis, der die Verbindung zum «Schweigen» herstellt, gibt ein ebenso mißratenes wie verräterisches *Hamlet*-Gedicht Hochhuths, das die ödipale Dreieckskonstellation und die «Urszene» in die Pubertätszeit eines 13jährigen Prinzen verlegt.[22] Er entdeckt seine Mutter im Wald «als Onkels Lutsche», wird aber von Horatio gehindert, «ihn zu killen im Lustgestrampel». Dann folgen die Verse:

«Früh geprüft und gleich versagt.
Hätte ich doch aufgeschrien!
Nur ertappt, er wär' gegangen.

Doch zu *schweigen!*

Vaters Tod ist meine Schuld.
Jetzt läßt mich Horatio fühlen,
daß mein Zögern Feigheit ist.»

Der Schlüsselvers mit dem kursiv gedruckten Wort «schweigen» steht als einziger in dem Gedicht für sich. Er belädt einen 13jährigen Hamlet mit der Sohnes- und Lebensschuld des «Schweigens». Wissend, daß seine «als Weib» erkannte Mutter die Mörderin seines Vaters ist, will er Claudius nun als einen «Nebenbuhler» töten.

Es geht hier nicht um ein Psychogramm des Autors, der als 13/14jähriger das Kriegsende erlebte, der sich mit der Tochter «einer von Hitler Enthaupteten» eine gute Mutter erheiratete und mit dem Bekenntnis «Mein Vater heißt Hitler!» die Mitschuld des Schweigens auf sich genommen hat. Es geht vielmehr um neue Möglichkeiten der Werkdeutung. Und da gibt das *Hamlet*-Gedicht nicht nur Aufschlüsse über Riccardo/Gersteins monomanische Verfolgung des im Papst inkarnierten Schweigens und über die geradezu zwanghafte Pubertätsatmosphäre, die Vermischung des Politischen und des Sexuellen, des Bösen und des Obszönen in vielen Werken Hochhuths, sondern es gibt auch Aufschlüsse über jene Teile des Stückes *Der Stellvertreter*, die in einem rätselhaften Ausmaß mißraten sind: über den Auschwitz-Akt und die pseudodämonische Gestalt des KZ-«Doktors», einer individuellen Inkarnation des Bösen, einer Reinkarnation der Herbert-Figur aus Frischs *Nun singen sie wieder* und des «Doktors» aus Walsers *Der schwarze Schwan*. Der kolportagehaften Schlußkatastrophe des V. Aktes, in der Riccardo mit einem «Schrei» auf den «Doktor» anlegt und von einem SS-Mann erschossen wird, liegt die traumatische Urszene des *Hamlet*-Gedichtes zugrunde: nachdem der «Doktor» vergeblich versucht hat, die Lüsternheit des Paters auf das schöne römische Mädchen Carlotta zu wecken, macht er ihn zum Augenzeugen einer schrecklichen Verführung und mörderischen Vergewaltigung. In der Enthemmung des Wahnsinns hält Carlotta den teuflischen «Doktor» für ihren gefallenen Verlobten und umarmt hin. Der «Doktor» aber tötet sie, während er sie mit Worten «zwingender Zärtlichkeit» und erotisch-tänzerischen Bewegungen verführt, ihm zu folgen, durch einen Genickschuß. Mit seinem Schrei «Vernichte ihn!» bricht Riccardo nicht nur das «Schweigen», sondern wird auch zum Täter, der die Pistole auf den Stellvertreter des bösen Urvaters Hitler anlegt. Er sprengt die quälende Hamlet-Konstellation auf und findet mit seinen letzten Worten – «In hora mortis meae voca me» – zu dem guten Gott-Vater zurück. Gleichzeitig reinigt und rettet er mit seinem Opfer die «Mutter Kirche».

Durch diese Hinweise werden die Abnormitäten des Auschwitz-Aktes nicht erträglicher, vielleicht aber verständlicher. Die zahlreichen Inszenierungen haben ihn selten berücksichtigt. Die Wirkung des Stückes war trotz aller ästhetischen Mängel weltweit und hat der intensiven Auseinandersetzung mit der NS-Vergangenheit nicht nur auf den Bühnen, sondern auch in der literarisch-politischen Öffentlichkeit endgültig Bahn gebrochen.

Heinar Kipphardt und Peter Weiss haben gleichzeitig andere Wege zur dramatischen Darstellung des grauenvollen Geschehens eingeschlagen. Kipphardts *Joel Brand. Die Geschichte eines Geschäfts* (UA/V 1965) gehört zwar ins gleiche Genre: es ist ein dokumentarisch angelegtes historisches Drama, das am Ende gewissenhaft die benutzte wissenschaftliche Literatur anführt; es zeigt die Vernichtung der Juden und einen verzweifelten Versuch ihrer Rettung ebenfalls im europäischen Zusammenhang, aber seine Intention und seine Wirkung sind doch grundverschieden.

Das hochpathetische moralische Anliegen Hochhuths ist hier auf den bürokratischen und politischen Alltag der «Judenfrage» in einem besetzten und noch verbündeten Land, dem Horthy-Ungarn, herabgestimmt. Die Politik beherrscht eindeutig die Moral und bedient sich ihrer skrupellos für eigene Zwecke. Für idealistische Aktionen und Täterfiguren hat die Kriegsgeschichte keinen Platz. Das makabre «Geschäft», das die SS – und im Hintergrund Heinrich Himmler – über den Mittelsmann Joel Brand, den führenden Kopf der Juden in Budapest, im Frühjahr 1944 den Alliierten anbieten läßt – zehntausend frontfähige Lastwagen gegen eine Million Juden – wird von Kipphardt nicht nur um seines Sensationswertes willen aufgegriffen, sondern auch als verfremdende, ungewöhnliche Perspektive auf das Geschehen benutzt. Beleuchtet werden ebenso die innerdeutschen Zwistigkeiten und die zwielichtigen Zonen zwischen den Fronten wie die Hilflosigkeit und Unfähigkeit der jüdischen Hilfsorganisationen und die tödliche Zurückhaltung der Alliierten. Gleichzeitig gibt diese Perspektive eine neue Antwort auf das ästhetische Wirkungsproblem: wo über die Verbrechen, die nur wie Wetterleuchten anwesend sind, und mit den Verbrechern im scheinbar sachlichen und zynischen Geschäftston verhandelt und parliert wird oder wo das Geschehen in einer scheinbar idyllischen Randzone aufgespürt wird wie in Alfred Matusches balladeskem *Regenwettermann* (1968), da wirken die Schrecken vielleicht nachhaltiger, als wo sich die Sprache ihrer Unsagbarkeiten direkt zu bemächtigen versucht.

Schon dieses Stück erinnert an den späteren *Bruder Eichmann* (UA/V 1983) von Kipphardt. Die Schreckensfigur, die Instanz des «Bösen», wird wie bei Hannah Arendt auf kleinbürgerliches Format gebracht und dadurch ‹banalisiert›. Zudem ist Eichmann der eigentliche Gegenspieler Joel Brands, der mit dem vorprogrammierten Scheitern seiner verzweifelten Hilfsaktion zu einem tragikomischen «Don Quijote» wird – so nennt ihn am Ende der englische Staatsminister für den Nahen Osten (21. Szene). Der moralische Mensch verfängt sich hoffnungslos im verwirrenden Netzwerk der politischen Welt. «Aber ich bitte Sie, Herr Brand, was mache ich in unserer Lage mit einer Million Juden?», ist die letzte Replik, die er von alliierter Seite zu hören bekommt. Eichmann dagegen behält das letzte Wort: «Jetzt wird hier gearbeitet, stramm und hurtig, gelt?» (22. Szene) – die Sprache eines gemütlichen Unmenschen. Kipphardt hat ihn von allen Figuren am genauesten beschrieben: «Ein durchschnittlicher kaufmännischer Angestellter gibt sich das Air eines Staatsmannes. [...] Er liebt Verhandlungen, er redet gern, er inszeniert sich.» (1. Szene)

Es ist der Mangel des Stücks, daß dieser Hinweis partiell auch für seine Anlage gilt: es besteht aus lauter Verhandlungen, es redet gern, und es inszeniert sich routiniert. Das heißt, es ist ein effektsicheres Konversationsstück, das allzu kulinarisch und unterhaltend mit der Sprache umgeht. Sein Dialog ist durchgehend ‹auf Pointe› gearbeitet, die Szenenschlüsse sind wirkungsvoll zugespitzt, und selbst die unheimlichen und grotesken Wirkungen der «realistischen» Sprechweise werden durch einen unüberhörbaren Brechtton verharmlost. «Unmenschlichkeit beschreiben» – das ist auch Kipphardt mit diesem Stück noch nicht überzeugend gelungen. Zweifellos aber hat es zur Entdämonisierung der Auschwitz- und Holocaust-Diskussion in den sechziger Jahren beigetragen.

Ein jüdischer, mit seinen Eltern ins Exil getriebener Autor wie Peter Weiss (1916–1982), der Auschwitz als *Meine Ortschaft* aufsuchen und beschreiben konnte, mußte ein ganz anderes Verhältnis zum «Urvater Hitler» und seinen Verbrechen haben als ein Hochhuth, Walser und Kipphardt. Er schrieb nicht aus der Perspektive des Mitschuldigen und des kritischen Historikers, sondern aus der Perspektive des zufällig Überlebenden, des potentiellen Opfers. Auschwitz «ist für mich eine Ortschaft, für die ich bestimmt war und der ich entkam».[23] Aber diese Eingebundenheit in das schreckliche Geschehen machten es ihm nicht leichter, Zeugnis abzulegen und anzuklagen, sondern verstärkten zunächst noch jene Lähmung, von der jedermann vor dem Medusen-Phänomen des Holocaust erfaßt wird: eine fundamentale Sprach- und Fassungslosigkeit und die Erfahrung eines totalen Sinnverlustes.[24] Peter Weiss hat in dreifacher Weise darauf zu antworten versucht: mit den Mitteln des dokumentarischen Theaters, mit dem Rückgriff auf Dantes *Divina Commedia* und mit dem Bezug auf eine alte Form dramatischer Kirchenmusik. Daraus ist *Die Ermittlung*, ein «Oratorium in 11 Gesängen», entstanden (1965), eine dichterische Dokumentation des Auschwitz-Prozesses, der von 1963 bis 1965 in Frankfurt am Main stattfand und an dem Peter Weiss als Zuhörer teilnahm. Das dokumentarische Theater übernimmt in seinem Stück die Aufgabe der Berichterstattung, des Tribunals, der Aufklärung und Kritik an der «Verschleierung», den «Wirklichkeitsfälschungen» und den «Lügen»,[25] der Dante-Bezug die Funktion, «das Unförmliche, nach allen Richtungen hin sich Erweiternde einzuordnen in Dantes dreigeteilte Komposition»,[26] und die Anknüpfung an das Oratorium die Funktion einer rituellen Transzendierung der unzureichenden Dramen- und Theaterform, einer Konzentration auf die *Stimmen*, auf «Gruppen, Kraftfelder, Tendenzen» statt auf «Bühnencharaktere».[27] In dem *Gespräch über Dante* (1965) hat Peter Weiss versucht, über die riesigen Distanzen zu dem christlichen Dante des Mittelalters hinweg die Möglichkeiten eines realistischen «Dante von heute» einzukreisen.[28] «Dante suchte nach dem Sinnvollen. Für uns ist das Sinnvolle die Ergründung jedes

Zustands und die darauf folgende Weiterbewegung, die zu einer Veränderung des Zustands führt.»[29] Dementsprechend werden die drei Räume der *Divina Commedia*, das Inferno, das Purgatorio und das Paradiso ins Diesseitige und Historische umgedeutet. Die «Hölle» bei Weiss ist die unveränderbare, einsichtslose Welt der Herrschenden, der Unterdrücker und Verbrecher; das «Fegefeuer» mit seiner Möglichkeit für die Unterdrückten, «das Reich ihrer Aussauger zu untergraben», bedeutet schon den «Schritt von der Versteinerung zur Vernunft»,[30] und das «Paradies» ist vorerst nur die leere Welt der Opfer, der Leidenden und ihrer wenigen Zeugen,[31] die hier und heute auf ihre Befreiung warten.

Obwohl Weiss seine Dante-Pläne für ein neues Welttheater insgesamt nicht realisiert hat, sind diese drei Welten in seiner *Ermittlung* doch wahrnehmbar. Erkennbar werden auch das «System», das ihnen zugrunde liegt, und die Richtung der gewünschten Veränderung und Befreiung, vor allem in den Aussagen und Erläuterungen des «Zeugen 3»:

«Viele von denen die dazu bestimmt wurden
Häftlinge darzustellen
waren aufgewachsen unter den selben Begriffen
wie diejenigen
die in die Rolle der Bewacher gerieten
Sie hatten sich eingesetzt für die gleiche Nation
und für den gleichen Aufschwung und Gewinn
und wären sie nicht zum Häftling ernannt worden
hätten auch sie einen Bewacher abgeben können
Wir müssen die erhabene Haltung fallen lassen
daß uns diese Lagerwelt unverständlich ist
Wir kannten alle die Gesellschaft
aus der das Regime hervorgegangen war
das solche Lager erzeugen konnte
Die Ordnung die hier galt
war uns in ihrer Anlage vertraut
deshalb konnten wir uns auch noch zurechtfinden
in ihrer letzten Konsequenz
in der der Ausbeutende in bisher unbekanntem Grad
seine Herrschaft entwickeln durfte
und der Ausgebeutete
noch sein eigenes Knochenmehl
liefern mußte»

(4. Gesang von der Möglichkeit des Überlebens, II)

Dominant aber ist, trotz solcher sozialistischen Kommentare, das Dokumentarische des Stückes, die nüchterne unbewegte Bestandsaufnahme des Lagergeschehens, die geduldige Ermittlung der Wahrheit von dem «Gesang von der

Rampe» bis zum «Gesang von den Feueröfen», getragen von dem unzerstörbaren Vertrauen des Aufklärers, daß die parteiliche Wahrheit in unser Denken eingreift und die Welt freier und menschlicher macht – die einzig noch mögliche Sinngebung für den millionenfachen sinnlosen Tod der Opfer.

In dieser Reihe von «Söhnen», die mit dem schrecklichen «Urvater Hitler» dramatisch abzurechnen versuchen, darf *einer* nicht fehlen, obwohl ihn die Untaten des NS-Regimes noch weiter als Weiss von Deutschland vertrieben haben, sogar in die Fremde einer anderen Sprache. Es ist George Tabori (* 1914), der sich seit über zwanzig Jahren (1971) wieder «als Gast» an westdeutschen Theatern und in der Bundesrepublik fühlt. Zuerst hat er sich als ungewöhnlicher Regisseur einen Namen gemacht. In den achtziger Jahren ist er dann auch als eigenwilliger und bedeutender Dramatiker immer bekannter geworden. 1992 erhielt er den Georg-Büchner-Preis, so als wäre er nicht ein Autor, dessen Stücke nur in Übersetzungen aus dem Englischen vorliegen. Das Recht, diesen 1914 in Budapest, also noch in der österreichisch-ungarischen Doppelmonarchie Geborenen und 1936 nach London Emigrierten als einen deutschsprachigen Autor zu reklamieren, ist also äußerst zweifelhaft. Aber sein Werk setzt einen Maßstab, an dem sich das Werk der anderen, verschonteren «Söhne» messen lassen muß. Zum Beispiel an seinem Satz, daß nach Auschwitz «weniger das Gedicht als vielmehr Sentimentalität oder auch Pietät» unmöglich geworden seien, daß die Wahrheit oft ein «unerträglicher Schmerz» sei und «daß keine Botschaft durchkommt, wenn sie nicht unter die Haut geht».[32] Wend Kässens hat Taboris dramatisches Werk prägnant charakterisiert:

«Taboris Stücke sind makabre Totenreigen. Sie kreisen, wenn nicht unmittelbar um die konkrete Vergangenheit, um die ungeheuerlichen, fast zeitlosen Witze des Alltags, die aus dem Humus der Verdrängung aufsteigen, und geben so die Schmerzen des Lebens wortwörtlich ‹zum Totlachen› frei. Taboris schwarze Messen, als die man seine Theaterstücke von *Die Kannibalen* bis zu *Mein Kampf* durchaus bezeichnen kann, sind bevölkert von Dämonen seiner wuchernden Phantasie, sie werden gespeist aus der Erfahrung von am eigenen Leib erlittener Nazi-Verfolgung, nicht zuletzt von der familiären Tragödie, der Ermordung des Vaters in Auschwitz; sie werden aber auch gespeist von einer nicht weniger konkreten Kreatürlichkeit, aus den Lüsten und Lieben, den Verlusten und Leiden eines langen, ereignisreichen Lebens.»[33]

Die Kannibalen, 1969 am Berliner Schillertheater aufgeführt (UA 1968 in New York), knüpft an einen authentischen KZ-Vorfall an. Eine Gruppe von Häftlingen schlägt ‹aus Versehen› einen Mithäftling tot, der heimlich von einem gemeinsamen Kanten Brot gegessen hat. In ihrer Not verfallen die Verhungernden auf den Gedanken, das Opfer zu zerteilen, zu kochen und zu verspeisen. Kurz vor dem grausigen «Festmahl» betritt ein KZ-Scherge den Raum, durchschaut die Situation und befiehlt den Häftlingen zu essen. Bis auf zwei verweigern sie den Befehl und werden ins Gas geschickt.

In einem Vorwort zu dem Stück, das dem Vater gewidmet ist, hat sich Tabori selber in einer ambivalenten Ödipus-Hamlet-Rolle gesehen:

«Jeder Sohn möchte irgendwann einmal seinen Vater umbringen; wenn aber – wie in meinem Fall – andere das für ihn erledigen, und er sich auf lähmende Weise zwischen einer Art von Erleichterung und dem heftigen Verlangen nach Rache schwanken fühlt – was dann?»[34]

Dann versucht der Sohn immer wieder, sich von seinen Ödipus- und Hamlet-Obsessionen freizuschreiben; dann entstehen Stücke wie *Mein Kampf* (1987), das Hitler im originellen Rollentausch die Sohnesrolle zuweist, und die groß-artigen *Goldberg-Variationen* (1991), in denen die Geschichte zwischen Gottvater, den Menschensöhnen und dem Gottessohn und die Schöpfungs- und Passionsgeschichte der Bibel sich in der tragikomischen Schöpfungs- und Passionsgeschichte des modernen Theater spiegeln; dann erscheint zum Bei-spiel in dem Stück *Jubiläum*, das 1983 zum 50. Jahrestag von Hitlers «Macht-ergreifung» geschrieben wurde, am Ende der Geist des in Auschwitz ermor-deten Vaters und reicht dem Sohn, der sich gerade gefragt hat, ob man in Auschwitz Brot oder Väter gebacken habe, seinen «Laib», auf daß er ihn esse – dann entstehen Stücke einer vitalen und rücksichtslosen Trauerarbeit, neben denen die der deutschsprachigen Nachkriegssöhne dünnblütig und asthenisch wirken können.

2. Dokumentarisches Drama: Heinar Kipphardt, «In der Sache J. Robert Oppenheimer»

Die Ursachen und Umstände für die Entstehung und Beliebtheit des soge-nannten dokumentarischen Theaters in den sechziger Jahren sind leicht auszu-machen: nach so vielen Abstraktionen, Modellen und Parabeln der historisch-politischen Welt wollte man sie endlich genau in Augenschein nehmen, wollte man das Publikum zwingen, sich auf Geschichte und Politik einzulassen:

«In einer Gesellschaft, die so große Erfolge darin gehabt hat, das Vergangene zu vergessen oder wegzudrücken, überlegt sich natürlich ein Autor, wie er sein allzu mobiles Publikum zwingt, sich wieder zu stellen und zu hören. Er überlegt sich, wie er Belege beibringt, die eines auf keinen Fall mehr zulassen: Ausflüchte vor dem Stoff, Belege, die die Ausreden im Keim ersticken, das Gezeigte sei erdicht, unwirklich, Poesie. *Das dokumentarische Theater ist eine Erfindung dieser Situation.* Kein Auswei-chen mehr! Was du siehst, ist belegt.»[35]

In dieser Weise wollte z. B. auch Hochhuth das Verschwiegene, Verdrängte und Tabuisierte einer Gesellschaft zur Sprache bringen. Er versuchte die Zuschauer und Leser mit seiner effektvollen dramatischen Rhetorik zu über-wältigen und gleichzeitig an den historischen Beleg zu binden. Gegen das Schweigen der herrschenden Öffentlichkeit stellt er wiederholt eine eigene literarisch-politische Öffentlichkeit her.

Peter Weiss fand zum dokumentarischen Drama aus einer tiefen Angst vor der Irrationalität und Undurchschaubarkeit der Welt, aus der verstörenden

Erfahrung, ein hilfloses Opfer der modernen Massenmedien und ihrer «Bewußtseinsindustrie» zu sein, wehrlos ausgeliefert den «Manipulationen der Machthabenden». Sein Theater sollte deshalb kritische Gegenöffentlichkeit schaffen und politische Aufklärung betreiben, komplizierte Geschichte in ihren einfachen Zusammenhängen durchschaubar machen:

> «Je bedrängender das Material ist, desto notwendiger ist das Erreichen eines Überblicks, einer Synthese. [...] Deshalb wendet sich das dokumentarische Theater gegen die Dramatik, die ihre eigene Verzweiflung und Wut zum Hauptthema hat, und festhält an der Konzeption einer ausweglosen und absurden Welt. Das dokumentarische Theater tritt ein für die Alternative, daß die Wirklichkeit, so undurchschaubar sie sich auch macht, in jeder Einzelheit erklärt werden kann.»[36]

Bei Kipphardt findet man einen ähnlichen Zugang:

> «Wenn es einem Dramatiker gelingt, eine komplizierte Wirklichkeit in ihren Widersprüchen anschaulich abzubilden, wenn es ihm gelingt, diese Wirklichkeit durchschaubar zu machen, dann wirft das durchaus aufregende ästhetische Genüsse und genug Unterhaltung ab.»

Und zu den Autoren des vielgestaltigen dokumentarischen Theaters bemerkt er:

> «Gemeinsam ist ihnen vielleicht das Gefühl, in unserer Zeit der Schlagworte und Ideologisierungen, wo alles zur schnellen These, zum Vorurteil gerät, sollte man genau sein, sollte man überprüfbar belegen können, was man in seinen Stücken darlegt. Deshalb wird in die künstlerische Arbeit eine wissenschaftliche Komponente aufgenommen, der Schriftsteller nimmt eine untersuchende Haltung ein.»[37]

Dokumentarisches Theater ist also auch für Kipphardt politisches Aufklärungstheater. Dabei übernimmt er die untersuchende und demonstrierende Haltung Brechts, ohne noch dessen weltanschauliche Prämissen und Absichten, ohne dessen dramaturgische Manipulationen zu teilen. Er verabschiedet ausdrücklich das Parabeltheater Brechts, beerbt aber seine epischen Verfremdungs- und Zeigemittel (z. B. Projektionen, Filme, Tonbänder, Schnittechnik, Selbstkommentar der Figuren, Überspielen der Rampe), um einen authentischen Fall der distanzierten kritischen Reflexion des Publikums zugänglich zu machen.

In einem Interview über «Das Theater und die Wirklichkeit» hat Kipphardt festgestellt:

> «Wenn das Theater nicht in den Stand gesetzt wird, die politischen Schlüsselfragen unserer Zeit zu behandeln, dann wird man es nicht länger ernst nehmen können.»[38]

In seinem *Oppenheimer* (UA/V 1964), ursprünglich eine Auftragsarbeit für das Fernsehen, hat er gleich mehrere solcher politischen Schlüsselfragen behandelt. Zum Beispiel die Gefahr, daß man eine freiheitlich-demokratische Grundordnung mit einem Fanatismus schützen kann, der sie selber zerstört. Der berühmte Physiker J. Robert Oppenheimer, der «Vater der Atombombe», muß sich 1954, während der McCarthy-Ära und ihrer «Kommunistenhysterie» (I, 6) vor einem Sicherheitsausschuß der Atomenergiebehörde gegen den Vorwurf verteidigen, nach 1945 zum Nachteil der USA den Bau der Wasserstoffbombe verzögert zu haben. Er tut es u. a. mit dem Satz: «Es gibt Leute, die bereit sind, die Freiheit zu schützen, bis nichts mehr von ihr übrig ist.» (I, 4) Am Ende wird ihm wegen «Gedankenverrat» (II, 8) die Sicherheitsgarantie entzogen.

Ein weiteres politisches Schlüsselproblem des Stücks ist die Nachkriegsgeschichte des nuklearen Wettrüstens der beiden Weltmächte, jenes Gleichgewicht des Schreckens, in dem sich unsere Welt bis vor kurzem befand. Wem verdanken wir es, daß die großen Atommächte zur Vernunft gekommen scheinen? Dem Konzept eines Edward Teller, das heißt der Annahme, daß die «Menschen erst dann politische Vernunft annehmen, wenn sie wirklich tief erschrecken», oder dem Vertrauen des Aufklärers Oppenheimer, «die Menschen könnten schließlich politische Vernunft annehmen, wenn man sie geduldig belehrt» (II, 7)?

Und noch klarer schließlich, als es Oppenheimer und Kipphardt in den fünfziger und sechziger Jahren sehen konnten, wirft das Stück heute die Frage nach der Rolle der Naturwissenschaften und ihrer Erfindungen in der modernen Lebenswelt auf. Die mit ihnen verbundene Fortschrittsidee ist inzwischen weltweit obsolet geworden. Oppenheimer kann noch beschwörend sagen: «Die Kernenergie ist nicht die Atombombe» (I, 1) und dabei an «Goldenes Zeitalter», «Schlaraffenland» und «Luxus» denken, an den «utopischen Gedanken», «daß die überall gleich leicht und gleich billig herstellbare Kernenergie andere Gleichheiten nach sich ziehen werde» (II, 9). Uns ist dieses Pathos fremd geworden; wir lesen den *Oppenheimer* eher als ein warnendes Exempel für die Indienstnahme von Wissenschaft und Technik durch die «großen Unternehmen», durch die «Militärs» und den Staat.

In Übereinstimmung mit dem Nachkriegsdrama begegnet uns auch in Kipphardts *Oppenheimer* noch einmal die fundamentale Geist-Macht-Konstellation und, in der Gestalt des weltbekannten Physikers, noch einmal eine zentrale Intellektuellenfigur. Die Hamlet-Rolle allerdings wird im ironischen Nebenbei verabschiedet. Als Oppenheimer bemerkt, daß die Welt durch die «neuen Entdeckungen» aus den Fugen geraten sei, fragt ihn der Anklagevertreter Robb: «Und Sie sind ein bißchen gekommen, sie einzurenken, wie Hamlet sagt?» Oppenheimers nüchterne Antwort: «Ich kann es nicht. Sie muß das selber tun.» (I, 1) Noch ironischer wird die Variante des Physikers und Atomspions Klaus Fuchs abgetan: «Er spielte sich ein bißchen in die Rolle des lieben Gottes, des Weltgewissens» (I, 4).

Trotzdem steht die prominente Oppenheimer-Figur immer noch für die potentielle Macht des Geistes in der Geschichte und Politik. Wie Hochhuth stellt auch Kipphardt in diesem Stück die Frage nach der «Abdankung des Subjekts», dem «Untergang des Individuums» und nach einer möglichen

«Rettung des Menschen» in einem Zeitalter der kollektiven Mächte. Auch er besteht noch darauf, «daß der Mensch ein verantwortliches Wesen ist», aber im Unterschied zu Hochhuth stellt er die «prätendierte Freiheit» (Goethe) des Individuums nüchtern und gründlich auf die Probe. Das Resultat wird im «Schlußwort» Oppenheimers angesprochen: «An diesem Kreuzweg empfinden wir Physiker, daß wir niemals so viel Bedeutung hatten und daß wir niemals so ohnmächtig waren.» (II, 9) Kipphardt gibt jenen Allmachtstraum und jene Vormundschaftsrolle auf, die man ex negativo auch bei Dürrenmatts Physiker Möbius noch antrifft, von Brechts allmächtigem Galilei ganz zu schweigen. Er führt den «Geist», bewußtgemacht an einem genialen naturwissenschaftlichen Beispiel, durch einen akribischen Verhörprozeß auf seine realen Ausmaße zurück. Seine Helden- und Vaterrolle wird unaufdringlich demontiert. Auch ein Oppenheimer ist ersetzbar, austauschbar wie jeder andere. Die Richterrolle wird in dem offenen Prozeß einem mündigen Publikum zugewiesen. Der Autor tritt bescheiden hinter seiner Aufgabe zurück, die ganze komplizierte Wirklichkeit auf der Bühne zu präsentieren. Lösungen werden nicht angeboten. Das Publikum soll allenfalls den Lernprozeß weiterführen, den Oppenheimer in dem Stück durchmacht.

Diese gründliche dokumentarische Ernüchterung und Historisierung, der gegenüber Brecht und Dürrenmatt wie Märchenerzähler dastehen, läßt sich durch einen kurzen Vergleich mit dem *Galilei* und den *Physikern* noch konkretisieren. Brecht inszeniert in der 3. Fassung des *Galilei* (1955), in der er seinen Helden als Lumpen und Verbrecher erscheinen lassen wollte, den «sozialen Verrat» eines äußerst geschichtsmächtigen Physikers. «Die Atombombe ist sowohl als technisches als auch soziales Phänomen das klassische Endprodukt seiner wissenschaftlichen Leistung und seines sozialen Versagens.»[39] Ein erstaunlich unmarxistisches, idealistisches Urteil, uneingeschränkt wissenschafts- und fortschrittsgläubig. «Das moralische Bewußtsein des Herrn Galilei» bestimmt «das Sein der Welt» – eine «Absurdität», hat der jüngere Kollege Peter Hacks dazu bemerkt.[40]

Bietet Brecht eine idealistische Geschichts-Konstruktion, so inszeniert Dürrenmatt mit seinen *Physikern* (1962), ohne weiter nach den Ursachen zu fragen, die kollektive westliche Angst vor der Atombombe, um sie mit einem grotesken dramatischen Modell bis in ihre äußerste apokalyptische Möglichkeit hochzuspielen und so das Publikum zu schockieren und aufzustören. Neben den mächtigen Galilei gestellt, kann Dürrenmatts überdimensionierter Möbius durchaus bestehen. Jener scheitert an der eigenen Schuld, dieser an einer irren Welt.

In solchen Vergleich gebracht, wird Kipphardts Griff nach der dokumentarischen Methode erst ganz verständlich. Er wählte zwar auch noch das große Format, aber nur, um es auf das Normalmaß zurückzuführen. Er möchte genau wissen, welche Wirkungschancen der einzelne in der modernen Welt noch besitzt; er möchte die ganze komplizierte Wahrheit der historischen Situation kennenlernen, in der ungeheure Vernichtungswaffen produziert werden. So wird bei Kipphardt alles, was bei Brecht und Dürrenmatt noch einfach erscheint, äußerst komplex und widersprüchlich. Es fehlt das Pathos tatsächlicher oder fiktiver Wahl- und Entscheidungsmöglichkeiten, oder sie lösen sich auf in der kühlen Untersuchungsatmosphäre. Oppenheimer steht immer schon mitten in einem ihn bedingenden Geschichtsprozeß, in einem Netzwerk von Abhängigkeiten. Gerade auch mit seiner entscheidenden Tat: als kommunistischer Sympathisant baut er die Atombombe, um die Hitler- und Faschismus-Gefahr bannen zu helfen. Sicherlich weder eine «Erbsünde» noch ein «sozialer Verrat». Aber diese Bombe bekommt plötzlich, ohne sein Dazutun, ein ganz anderes Ziel. Hätte Oppenheimer ihren Abwurf über Japan verhindern können? Konnte er die plötzliche Frontstellung gegen den ehemaligen sowjetischen Alliierten, ja, gegen die ganze Menschheit schon im Kriege voraussehen?

Obwohl Kipphardt bei seinem Lehrer Brecht anschließt, teilt er weder dessen Wissenschafts- noch dessen Geschichtsgläubigkeit. Ausgerechnet dort, wo Oppenheimer wie ein zweiter geläuterter Galilei spricht, in seinem erfundenen Schlußwort, wird er nicht nur durch seinen illusionären Vorsatz, sich wieder «ausschließlich der Forschung» zu widmen (so als gäbe es ‹reine› Forschung noch), sondern mehr noch durch die Schlußprojektion sarkastisch bloßgestellt: die Preisverleihung durch Präsident Johnson für «seine Verdienste um das Atomenergieprogramm während kritischer Jahre» wenige Jahre später, vorgeschlagen von seinem Gegenspieler Edward Teller.

Wichtiger als das offizielle Verhör, dem Oppenheimer sich stellen muß, ist der Prozeß, den er gegen sich selber führt, ist der politische Bewußtseinsprozeß, der von einer fast naiven, fachidiotischen Aufteilung der Verantwortlichkeiten – «Der Abwurf der Atombombe auf Hiroshima, das war eine politische Entscheidung, nicht meine» (I, 1) – bis zu der Erkenntnis führt, der Regierung eine zu große ungeprüfte Loyalität geschenkt und damit den humanen Geist der Wissenschaft, seine Loyalität gegenüber der Menschheit verraten zu haben. «Wir haben die Arbeit des Teufels getan...» (II, 9). Je kleiner das Heldenformat Oppenheimers wird, desto größer und beachtlicher wird sein politisches Selbst- und Weltbewußtsein. Und gerade daran sollte das Publikum der sechziger Jahre lernend partizipieren.

3. Revolutionsdrama als Revolutionsersatz

Daß Deutschland das Land ohne Revolution sei, ist eine Formel, die man vom Ende des 18. Jahrhunderts bis in unsere Tage verfolgen kann:

>»Die Deutschen waren nie imstande, ihre Revolutionen zu vollenden. Sie haben keine Revolution. Was sie haben, sind Revolutionsdramen.»[41]

Das gilt auch für die sechziger Jahre. Bis zu dieser Zeit waren in den Westzonen und dann in der Bundesrepublik nicht einmal mehr Revolutionsdramen entstanden. Den Bann und das Tabu hat erst Peter Weiss mit seinem *Marat/Sade* (UA/V 1964) gebrochen.

Während man in der DDR die harmonische «sozialistische Menschengemeinschaft» (Ulbricht) propagierte, hißte und glossierte man in der Bundesrepublik die Flagge der Revolution. «Ein Gespenst geht um in Europa: das
Gespenst der Revolution» –, so eröffnete Hans Magnus Enzensberger, mit
dem abgestandenen Pathos des Kommunistischen Manifests, sein politisches
Pamphlet *Berliner Gemeinplätze* im Januar 1968, in dem berühmten «Kursbuch» mit dem Titel «Revolution in Lateinamerika». Es enthält u. a. den
emphatischen Nachruf des Peter Weiss auf *Che Guevara*, den großen Gueril-
lero, der in Bolivien einen einsamen Tod gefunden hat, ein schwärmerischer
Nachruf, der sich zu dem niemals eingelösten Satz hinreißen ließ: «Er zeigte:
das einzig Richtige ist, ein Gewehr zu nehmen und zu kämpfen.» Beide,
sowohl Enzensbergers revolutionäres Gespenst wie der Kampfruf von Weiss
gehören – das ist im Rückblick noch unzweifelhafter geworden – ins Reich
der literarischen Fiktionen und Importe. «Revolution als Metapher» hat man
solche Aspirationen schon damals genannt (Karl Heinz Bohrer). Rolf Hochhuth sprach im gleichen Jahr 1968, zu der selbstgestellten Frage «Hat die
Revolution in der Bundesrepublik eine Chance?», von einer »Ästhetik der
Revolution» und «rotem Glasperlenspiel».[42]

Die wiederentdeckte Revolutionsgeschichte wurde in den sechziger Jahren –
das war ihre eigentliche Funktion – zur Metapher verdrängter Geschichte, so
wie der Krieg in Vietnam wenig später zum Paradigma verdrängter politischer
Auseinandersetzung wurde. Deshalb ist das erste Revolutionsstück von Peter
Weiss mit dem barocken Titel *Die Verfolgung und Ermordung Jean Paul
Marats dargestellt durch die Schauspielgruppe des Hospizes zu Charenton
unter Anleitung des Herrn de Sade* (1963/64) *das* exemplarische Drama und
Theaterereignis dieses Jahrzehnts. Weiss selber hat sein Werk ein Jahr später
(1965) als Gegenwartsstück interpretiert. Es sollte zeigen, «wie die Ideen der
Revolution, wenn sie in einer Gesellschaft auftauchen, die dieser Revolution
entgegengesetzt ist, erdrückt werden...». Dementsprechend kommentierte
Jürgen Habermas unter dem Titel *Ein Verdrängungsprozeß wird enthüllt*:
«Uns wird die bare Einsicht zugemutet, daß die Französische Revolution ein
sehr gegenwärtiges Moment unserer unbewältigten Vergangenheit ist.»[43] Diese
Einsicht wurde mit der Behauptung begründet, daß die Deutschen nach 1945
auch noch die letzte Chance, die Revolution nachzuholen, verpaßt hätten:
«Statt das einzige zu machen, was es hätte retten können, die Revolution,
entschloß das westliche Deutschland sich im Jahre 1945, zu konvertieren.
Moralische Wandlung statt politischer Umwälzung [...]».[44] Ein recht hochmü-
tiges Wort. Enzensberger hätte wissen können, daß sich weder das westliche
noch das östliche Deutschland 1945 zu irgend etwas entschließen konnten.

Es ist jedenfalls bezeichnend, daß auch im *Marat/Sade* von Peter Weiss die
Revolution als noch ungeschehene beschworen wird. Das Stück bricht nirgendwo seine Irrenhaus- und Gefängniswände nieder, es besitzt weder eine
dramatische Handlung noch einen dramatischen Täter; trotz seines entfessel-

ten Bühnenspektakels ist es durch und durch statuarisch; es verlegt seinen Schauplatz in die napoleonische Restaurationszeit (1808); und es hält zwischen Marat und de Sade alles in der Schwebe und eröffnet keinen Ausweg.

Diesen Ausweg hat sich lediglich sein Autor während der Arbeit an den verschiedenen Fassungen und ihrer Inszenierungsgeschichte fast gewaltsam geöffnet: mit seinem persönlichen Votum für Marat, für den Sozialismus und die Weltrevolution. Nach der Rostocker Inszenierung des Stücks bekannte er öffentlich (März 1965): «Ich habe immer wieder betont, daß ich das Prinzip Marats als das richtige und überlegene ansehe. Eine Inszenierung meines Stücks, in der am Ende nicht Marat als der moralische Sieger erscheint, wäre verfehlt.»[45] Sein Bekenntnis zur sozialistischen Gesellschaftsordnung, den «dritten Standpunkt» aufgebend, hat er in seinen *10 Arbeitspunkten eines Autors in der geteilten Welt* verkündet. Und den politischen Tribut zollte er prompt mit seinem plakativen *Viet Nam Diskurs* und dem *Lusitanischen Popanz* (1968, 1967). Jedoch sehr bald schon ist er mit seinem *Trotzki im Exil* (UA/V 1970) und seinem *Hölderlin*-Stück (UA/V 1971) wieder in die Position der gescheiterten Revolutionäre und Schriftsteller zurückgekehrt. Das beherrschende Bild des *Trotzki*-Dramas ist exemplarisch: der exilierte und isolierte Revolutionär am Schreibtisch sitzend! Den prekären Gleichgewichtszustand «zwischen den Extremen einer Revolte und dem Bekenntnis zur Verlorenheit»: diesen Gleichgewichtszustand hat sein Schreiben niemals wirklich aufgehoben.[46]

Der ohnmächtige, vom Juckreiz gepeinigte Revolutionär Marat in der Anstaltsbadewanne, umgeben von einem Haufen mehr oder weniger entfesselter Irrenhausinsassen, nach dreimaligem rituellem Anlauf ermordet von Charlotte Corday, ein fiktives Geschöpf des Schriftstellers und Spielmeisters de Sade – diese tragikomische und groteske Konstellation ist eine präzise Allegorie der Situation, in der sich ein politisch engagierter westdeutscher Schriftsteller in den sechziger Jahren befand. Die Revolution und ihre Geschichte sind in diesem Stück ebenso verstümmelt wie bedrohlich präsent. Als unkontrollierbares Spiel im Spiel, als primitives diskontinuierliches Revolutionstheater im Theater, das statt von Schauspielern von unzurechnungsfähigen Irren, Kriminellen und politischen Gefangenen aufgeführt wird. Und sein Sujet ist nicht der Sieg und Preis der großen Französischen Revolution, sondern ihr vorzeitiger Verrat an die Besitzenden, die Niederlage des Volkes, besiegelt durch den schmählichen Mord an dem Volksfreund und Hoffnungsträger Marat im Juli 1793.

Damit wird die bekannte «deutsche Misere», im Spiegelbild einer fremden Revolution, fast erschöpfend thematisiert und inszeniert: daß bei uns die Revolutionen nur auf der Bühne stattfinden, daß eine restaurative Gesellschaft alle revolutionären Impulse und Ideen in die Randzonen der Irrenhäuser und Gefängnisse gedrängt und interniert hat, daß die Revolution vorerst nichts als eine literarische und theatralische Metapher ist – also eine hoffnungslose Ästhetisierung des Politischen – und daß die Kluft zwischen Literatur und Politik, zwischen Schriftsteller und Revolutionär, unüberbrückbar sei.

Origineller und weiterführender als die Position Marats ist die Position des Autors und Regisseurs de Sade, der zuletzt, auf seinem Stuhl stehend, lachend triumphiert. Auch er ist ein Revolutionär, ein Revolutionär des menschlichen Innern, der den Aufstand der gefesselten und unterdrückten Triebe fordert:

> «Marat
> diese Gefängnisse des Innern
> sind schlimmer als die tiefsten steinernen Verliese
> und solange sie nicht geöffnet werden
> bleibt all euer Aufruhr
> nur eine Gefängnisrevolte
> die niedergeschlagen wird
> von bestochenen Mitgefangenen» (Nr. 30)

Folglich lautet seine refrainartig wiederholte Formel:

> «Denn was wäre schon diese Revolution
> ohne eine allgemeine Kopulation»

Der Weisssche de Sade, ein Prototyp der literarischen Moderne, nimmt damit Gedanken des Surrealismus, Wilhelm Reichs und Herbert Marcuses vorweg, für die eine Revolution der Gesellschaft nicht denkbar ist ohne eine Revolution im menschlichen Triebhaushalt, ohne die Vereinigung von Marxismus und Psychoanalyse. Diese Kombination erst machte das Stück von Peter Weiss zu einem Gegenwartsdrama der antiautoritären, sexualrevolutionären sechziger Jahre. Die lustvolle psychodramatische Wirkung dieses totalen Theaters war und ist ungleich stärker als seine sozialrevolutionäre. Die Französische Revolution wie das Irrenhaus interessieren de Sade als Entfesselung der anarchischen Triebgewalten des Menschen, als Möglichkeit, seine innersten Verliese zu öffnen und ihm so zu einer radikalen Selbstbefreiung zu verhelfen. Die Revolution in diesem Stück wird nicht nur diskutiert, sondern sie ist, als unterdrückte, aufflakkernde und niedergeknüppelte Rebellion der Charenton-Insassen, ständig massiv und bedrohlich präsent – allerdings in einer verstümmelten, sprachlosen und «irren» Form. Das triumphierende Lächeln de Sades am Ende ist nicht das Lächeln eines Konterrevolutionärs. Seine einseitige Verurteilung in der DDR hat Peter Weiss wenig später durch eine höhere Instanz aufheben lassen. In seinem *Hölderlin*-Stück besucht der junge Marx den alten, in den Wahnsinn geflüchteten Dichter und dekretiert:

> «Zwei Wege sind gangbar
> zur Vorbereitung
> grundlegender Veränderungen
> Der eine Weg ist
> die Analyse der konkreten
> historischen Situation
> Der andere Weg ist
> die visionäre Formung
> tiefster persönlicher Erfahrung» (II, 8)

Der Weg zur Selbstbefreiung des Peter Weiss hat durch de Sade, nicht durch Marat geführt.

Die zwei charakteristischsten Merkmale des *Marat/Sade*-Stücks, seine potenzierte Spiel-im-Spiel-Struktur und die Tatsache, daß seine beherrschende Mittelpunktsfigur ein Schriftsteller, Stückeschreiber und Regisseur ist, werden noch auffälliger, wenn man sie an zwei weiteren westdeutschen Revolutionsdramen der sechziger Jahre wiederentdeckt. In Günter Grass' *Die Plebe-*

jer proben den Aufstand (UA/V 1966) und in Tankred Dorsts Toller (UA/V 1968).

Bei Günter Grass ist es ein Theaterchef, der auf seiner Bühne den Coriolan von Shakespeare einstudiert und aktualisiert. Mitten in diese Theater-Proben eines römischen Plebejer-Aufstandes platzen Ostberliner Bauarbeiter, die wegen einer willkürlichen Normerhöhung auf die Straße gegangen sind und von dem angesehenen und sprachgewaltigen Chef ein solidarisches Manifest fordern. Der aber, eine «ungetrübte Theaternatur» (Grass), ist mißtrauisch, hält die deutschen Arbeiter seit dem mißglückten Spartakus-Aufstand (1919) für revolutionsunfähig; sein Lieblingsvers lautet: «Es werden die Revolutionäre gebeten / den städtischen Rasen nicht zu betreten» (I, 7); er spannt sie skrupellos in seine Theaterarbeit ein, wird von ihnen schließlich bedroht und danach halb zum Mitmachen überredet. Aber gerade als er ihnen auf die Straße folgen will, wird der Ausnahmezustand verhängt, sowjetische Panzer rollen, und es gibt Tote. Der Chef, um sein «neues Haus» besorgt, setzt das Coriolan-Stück ab und schreibt eine kritische Grußadresse an die Regierung, die von dem gesamten Text nur seine Ergebenheitsformel veröffentlicht.

Kunst und Politik, Revolutionstheater und Revolution, Theorie und Praxis, der Schriftsteller und das Volk können einmal mehr nicht zusammenfinden. «Ein deutsches Trauerspiel» hat Grass sein Stück im Untertitel genannt. Damit ist sowohl die traditionelle deutsche Unfähigkeit zur Revolution wie die ‹schauderhafte› Tatsache (im Sinne Bertolt Brechts) gemeint, daß die DDR-Deutschen die «russische Revolution» zu «verarbeiten» hatten – von Günter Grass ironisch auf Bertolt Brecht selber und seine zwiespältige Reaktion auf den 17. Juni 1953 angewandt.

Tankred Dorsts Toller ist ein Revolutionsstück über die Münchner Räterepublik vom Frühjahr 1919, in der der expressionistische Dramatiker Ernst Toller bekanntlich eine führende Rolle gespielt hat. Genau diese Bühnen-Metapher – eine Rolle spielen – wird von Dorst ironisch und sarkastisch ausgestellt. Toller erscheint bei Dorst als jemand, «der Revolution machen wollte, aber Literatur gemacht hat», als ein Schauspieler der Revolution, der sie zur heroischen Selbstinszenierung mißbraucht; er erscheint als eine totale «Fehlbesetzung».[47] Denunziert wird – im Umkreis der Studentenbewegung und einer sich revolutionär gebärdenden Literatur – die klägliche Rolle des Intellektuellen und Schriftstellers in der Revolution, denunziert wird vor allem seine unübersehbare Distanz zum Arbeiter.

In der letzten Szene sitzt Toller im Käfig vor Gericht – so wie eine der Figuren in seinem Stück Masse – Mensch (1920). Und während er eine pathetische Verteidigungsrede hält und dafür die Zwischenrufe «schlechte Literatur» und «Schauspieler» erntet, werden gleichzeitig, im «Münchner Schlachthof», schweigende Arbeiter aufgerufen und erschossen. Toller kommt mit einer Gefängnisstrafe davon. Ein vernichtendes szenisches Urteil über den politisierenden Intellektuellen und seinen Literatentraum von der Vereinigung von Geist und Macht. Mehr als eine «blutige Farce»[48] haben er und seinesgleichen nicht zustande gebracht. Das Lied, das sein Mitrevolutionär und Schriftstellerkollege Erich Mühsam anfangs zum besten gibt, schlägt auf ihn und seine Genossen zurück. Es heißt «Der Lampenputzer», ist der «deutschen Sozialdemokratie gewidmet» und handelt davon, «wie man revoluzzt / und dabei noch Lampen putzt».

Woher rührt die Ähnlichkeit zwischen diesen drei Stücken, die auffällige Affinität zwischen Revolution und Schauspiel, zwischen Spiel und Wirklichkeit? Sie ist an so vielen Beispielen zu entdecken, daß man sogar die These aufgestellt hat: «Die Struktur des Spiels im Spiel und die Dialektik von Spiel und Wirklichkeit gehören wesenhaft zum Revolutionsdrama.»[49]

Es gibt viele Begründungen dafür. Eine liegt sehr nahe: revolutionäre Zeiten sind immer dramatische Zeiten; die Revolution ist das natürliche Drama der Geschichte, ihre poetisch überhöhte Form. Eine zweite, daran angrenzende Begründung stammt von Karl Marx; es ist eine berühmte Passage aus seinem *18. Brumaire des Louis Bonaparte* von 1852. Gerade in den Epochen revolutionärer Krise, heißt es dort, beschwören die Menschen «ängstlich die Geister der Vergangenheit zu ihrem Dienste herauf, entlehnen ihnen Name, Schlachtparole, Kostüme, um in dieser altehrwürdigen Verkleidung und mit dieser erborgten Sprache die neue Weltgeschichtsszene aufzuführen».[50]

Als Musterbeispiel nennt Marx das «wiederauferstandene Römertum», mit dessen Rollen sich die «Gladiatoren» von 1789 auf der «Höhe der großen geschichtlichen Tragödie» hielten.[51] Aber solche und ähnliche Erklärungen treffen noch nicht die besondere Familienähnlichkeit der drei westdeutschen Revolutionsdramen aus den sechziger Jahren, ihr potenziertes, kritisch gebrochenes Spielbewußtsein und ihre Konzentration auf einen Theaterexperten und Intellektuellen. Ihr gemeinsames Zentrum ist es, daß sie das prekäre Verhältnis des Schriftstellers zur Revolution thematisieren und problematisieren. Sie geben, mit unterschiedlicher Schärfe, zu erkennen, daß die Revolution eine literarische Fiktion ist. Sie demonstrieren nicht nur den notorischen Mangelzustand – Deutschland als Land ohne Revolution –, sondern auch die Einsicht, daß die Revolution in West- wie in Ostdeutschland der sechziger Jahre nichts als eine «Metapher» war.

Noch schärfer urteilte der marxistisch geschulte Hartmut Lange, 1965 aus der DDR gekommen: »Die Revolution als Geisterschiff wird verlangt, die Reinheit der Existenz, der Jakobiner auf Lebenszeit!«, so schrieb er anläßlich der Uraufführung des *Hölderlin*-Stücks von Peter Weiss in Stuttgart (1971).[52]

Gleiches gilt für die Revolutionsstücke von Hans Magnus Enzensberger und Rolf Hochhuth. Enzensberger zitierte die kubanische Revolution herbei, um Europa mit ihrem «Gespenst» konfrontieren zu können. Sein *Verhör von Habana* (UA/V 1970) gibt sich einerseits als dokumentarisches Drama – «Jedes Wort und jeder Satz des Dialogs ist in Habana gefallen» –, andererseits als «politische Interpretation» einer «Konterrevolution».[53] Er hat zehn von insgesamt einundvierzig Verhören ausgewählt und bearbeitet, die nach der mißglückten Landung in der Schweinebucht im April 1961 durch ein kubanisches Söldnerheer in Habana abgehalten wurden. In den Augen Enzensbergers ein idealer Modell- und Demonstrationsfall: für die direkte Konfrontation von Revolution und Konterrevolution, für die Entlarvungsfunktion der Literatur – «Die herrschende Klasse kann nur als geschlagene Konterrevolution vollends zum Sprechen gebracht werden» –, für ein aktuelles revolutionäres Geschehen – «Das Verhör von Habana geht also nicht nur aus einer revolutionären Situation hervor, es ist selbst ein revolutionärer Akt» –, für ein «Muster», das «auch unserer eigenen Gesellschaft auf den Leib geschrieben» ist.[54] Die Insel Kuba wurde zur Metapher einer Revolution, die Enzensberger in möglichst realistischer Inszenierung herbeizuschreiben versuchte, die aber für Europa und Deutschland nur literarische, allenfalls kritisch-demokratische Fernwirkungen haben konnte.

Hochhuths Stoßrichtung ging ebenfalls gegen das amerikanische «Monopolkapital» und seinen Kolonialismus in Mittel- und Südamerika, auch er orientierte sich in seiner «Tragödie in fünf Akten» *Guerillas* (UA/V 1970) an den revolutionären Kampfmethoden des fernen Che Guevara. Aber er organisierte sein überreiches historisches und politisches Material wiederum in einer anachronistischen Tragödienform. «Historische Konflikte werden überhaupt erst *sichtbar*, wenn sie sich personalisieren», lautet sein ästhetisches Credo (I, Vorbühne IV).

Sein Held ist der Senator David L. Nicolson, ein Moralist und Idealist, der gegen das korrupte Amerika Nixons, gegen die oligarchische Clique in Pentagon und Wallstreet die ursprüngliche Verfassung und eine soziale Demokratie wiederherzustellen versucht. Das politische Programm der Verschwörer lautet: «Wer 1936 liberal war, muß heute sozialistisch sein, um die USA von der plutokratischen Oligarchie zu befreien. Deshalb unser Slogan: ‹für 200 Millionen! *gegen* 200 Millionäre!›» (III, 1) Nicolson sucht einen dritten Weg zwischen den Ideologien der großen Machtblöcke, er bereitet, in Verbindung mit organisierten Stadtguerillas, einen Staatsstreich vor, eine Revolution von oben, die zu einer gerechten Umverteilung des Eigentums führen soll – ein sozialpolitisches Ziel, das Hochhuth zur gleichen Zeit auch in der Bundesrepublik verfolgte (vgl. seine Studien *Krieg und Klassenkrieg*). Hier wie dort geht es ihm im Grunde nicht um eine Revolution, sondern um eine eher sozialkonservative «Restitutio in integrum». Damit korrespondiert auch sein obstinates Festhalten an einer reißerisch zugespitzten Dramenform. Sie läßt diese Tragödie als ein effektsüchtiges historisches Planspiel erscheinen, das seinen rhetorisch-fiktiven, ja, phantasmatischen Charakter überdeutlich zu erkennen gibt. Der Held wird zuletzt bestialisch ermordet, aber sein Geist triumphiert, die Sache seiner Revolution ist nicht verraten.

In der Bundesrepublik der siebziger Jahre ist die Revolution dann kein literarisches Thema mehr. Martin Walsers *Sauspiel* von 1975 (UA/V) hat Nachzügler-Charakter, es ist ein melancholisch-sarkastischer Abgesang auf die revolutionären Aspirationen des letzten Jahrzehnts. Es zeigt am Beispiel der Nürnberger Intellektuellen, Schriftsteller und Künstler von 1525/26 den Verrat der bürgerlichen Intelligenz am Bauernkrieg und an der sozialrevolutionären Wiedertäuferbewegung und spiegelt die Stimmung «nach einer niedergeschlagenen Revolution»[55] – eine letzte revolutionäre Metapher für die «neueste Stimmung im Westen».

4. *Die Suche nach dem Volk: Das «neue Volksstück»*

In der zweiten Hälfte der sechziger Jahre begaben sich die westdeutschen Intellektuellen und Schriftsteller nicht nur auf die Suche nach der Revolution, sondern kurz darauf, als sie feststellten, daß ihnen ein revolutionäres Subjekt fehlte, auch auf die Suche nach dem Volk. Sie schrieben, fast gleichzeitig, Revolutionsdramen und Volksstücke, das heißt, sie versuchten, die Revolution und das Volk herbeizuschreiben.

Aber wie die Revolution blieb auch das «Volk» eine «Metapher», eine literarische Fiktion. Und wie die Revolutionsdramen der sechziger Jahre von der unglücklichen Liebe der Intellektuellen zur Politik kündeten, sprach sich in den Volksstücken ihr gebrochenes Verhältnis zum Volk aus, einer imaginären Größe, die bis heute niemand zu definieren vermag. Es sprach sich die Enttäuschung darüber aus, nirgendwo ein positives, handlungsfähiges «Volk» entdecken zu können und der Zorn darüber, überall nur auf ein angeblich depraviertes, ohnmächtiges und postfaschistisches «Volk» zu stoßen.

So seltsam es klingt: die Volksstücke dieser Zeit setzten die alte deutsche Geschichte von der unglücklichen Liebe zwischen Intellektuellen und Volk fort, sie erzählten weitaus mehr von der Abneigung als von der Zuneigung ihrer Autoren zum Volk. Es waren auch fiktive Rachehandlungen an einem Wesen, das es *so* gar nicht gibt. Und die gehäuft auftretenden sympathischen Außenseiter, die in ihnen von bösartigen Dorf- und Kleinbürgergesellschaften zur Strecke gebracht werden, waren vor allem Stellvertreterfiguren ihrer Autoren. Sie inszenierten mehr ihr eigenes soziales und politisches Psychodrama als das Volk selbst.

Auch Franz Xaver Kroetz (* 1946), dem man immer wieder besondere Volksnähe und ein Mitleidsverhältnis zu seinen armseligen Figuren nachgesagt hat – bei ihm wird die Randgruppe Volk insgesamt zu einer Außenseiter-Figur –, wandte sich nicht nur bald von seinen frühen Stücken ab, sondern er hat 1985 recht schnöde festgestellt: «Mich hat niemals das Volk interessiert! [...] Ich habe mein Leben lang nur von mir geschrieben.»[56]

So kann es nicht verwundern, daß bei der Entstehung des «neuen Volksstücks» in der zweiten Hälfte der sechziger Jahre sehr vieles eine Rolle spielte, nur nicht das Volk selber. Seine Wiedergeburt folgt einer «Ästhetik der Abwesenheit», nicht der Anwesenheit. Die Volksstücke sind Steckbriefe, Vermißtenanzeigen oder Rückkehrappelle und manchmal alles drei zusammen.

Das läßt sich demonstrieren, wenn man die Umstände und Faktoren noch einmal in Erinnerung ruft, die bei der Horváth- und Fleißer-Renaissance und bei der Entstehung des «neuen Volksstücks» zusammengewirkt haben:

– das seit der Mitte der sechziger Jahre wachsende Bewußtsein und Interesse für soziale Fragen und Klassengegensätze (durch die erste Wirtschaftskrise wurde die BRD erstmals wieder als Klassengesellschaft erlebt);

- die Wiederentdeckung von Marxismus und Neomarxismus in Gestalt der Kritischen Theorie (Frankfurter Schule);
- die allmähliche Dominanz neuer Gesellschaftswissenschaften, wie Soziologie, Sozialpsychologie und Politikwissenschaft, über die traditionellen Geisteswissenschaften;
- die intensive Faschismus-Diskussion und das daraus erwachsende Interesse für die Weimarer Republik, vor allem für ihre präfaschistische Krisenphase 1929–1933;
- die erneute Erfahrung eines Kampfes zwischen Individuum und Gesellschaft, und zwar durch die Abhängigkeit des einzelnen von einer übermächtigen Industriegesellschaft und ihrer Kultur- und Bewußtseinsindustrie;
- die Wiederentdeckung von Alltag und Arbeitswelt für die Literatur seit Beginn der sechziger Jahre;
- die Krise des bürgerlichen Theaters und Theaterbetriebs parallel zu der Proklamation des Endes der bürgerlichen Literatur und die Suche nach experimentellen Alternativen wie Antitheater, Straßentheater, Dokumentartheater, Kinder- und Jugendtheater und antibürgerlich-kritisches Volksstück;
- die allmähliche Abkehr von Brecht und seinen einfachen Modellen des Lehr- und Parabeltheaters;
- schließlich ein rapide wachsendes Interesse an der Sprache als einem gesellschaftlichen Kommunikationsmedium, als Herrschafts- und Manipulationsinstrument und als Ausdruck falschen Bewußtseins. Die Etablierung von Linguistik und Soziolinguistik als neue Disziplin schaffte z. B. die Voraussetzung dafür, Fleißer und Horváth als kritische dramatische Soziolinguisten der Weimarer Republik zu lesen und direkt an ihre Volksstücksprache anzuschließen.

Das alles hat das intellektuelle, politische und soziale Klima geschaffen, in dem das neue Volksstück entstehen und gedeihen konnte. Höchst aufschlußreich aber ist sein zentraler literarischer Ursprung. Fast alle neuen Volksstückschreiber haben sich bekanntlich als Kinder von Horváth und Fleißer betrachtet. Was sie als Volk vorführen, erinnert mehr an die Stücke ihrer literarischen Eltern als an die bundesrepublikanische Wirklichkeit der sechziger und siebziger Jahre. Entweder ist es, auf den Spuren Horváths, ein postfaschistisches bösartiges Kleinbürgertum (so bei Martin Sperr, Rainer Werner Fassbinder, Harald Mueller, Peter Turrini, Harald Sommer, Felix Mitterer) oder es sind, auf den Spuren Marieluise Fleißers, ohnmächtige, ausgestoßene und sprachlose Kleingruppen an den Rändern der etablierten Gesellschaft (so bei Franz Xaver Kroetz, Peter Turrini, Karl Otto Mühl, Harald Mueller). In jedem Falle handelt es sich um ein radikalisiertes Horváth- und Fleißer-Milieu, in dem sich der Autor auf seine je eigene Weise abbildet und spiegelt, grobschlächtig, wie in Fassbinders *Katzelmacher* (UA 1968; V 1970), innovativ, wie in den frühen Stücken von Kroetz und bei Turrini.

Dabei wurde die präfaschistische Phase der endenden Weimarer Republik ziemlich unvermittelt in Analogie mit der Zeit vor der sozialliberalen Koalition gesetzt. Denn die NPD schien erneut im Vormarsch begriffen, mit Heinrich Lübke als Bundespräsident und Kurt Georg Kiesinger als Bundeskanzler besetzten zwei ehemalige NSDAP-Mitglieder die höchsten Ämter, die außerparlamentarische Opposition wurde diskriminiert und verfolgt und geriet in die Außenseiter-Rolle. Namentlich Adornos sozialpsychologische Theorie

vom «autoritären Charakter» mit seinem zwanghaften Ordnungsdenken, seiner Unterwürfigkeit nach oben und seiner Brutalität nach unten und Herbert
Marcuses Hinweis auf die Randgruppen als revolutionäres Potential beein-
flußten die junge linke Intelligenz in ihren Ansichten und Entwürfen. Das
präfaschistische und postfaschistische deutsche und österreichische Kleinbürgertum schienen sich die Hand zu reichen. Es drängte sich als Sündenbock
und Blitzableiter geradezu auf.

Diese subjektive und literarische Lektüre des «neuen Volksstücks» sieht es
zugleich als Brücke zwischen dem Theater der sechziger und dem der siebziger Jahre. Auf der einen Seite ist es eine Intensivierung und Konkretisierung
des politischen Theaters, auf der anderen Seite ein allmählicher Abschied von
ihm, ein Eintauchen in die komplizierte Alltagspsyche des gesellschaftlichen
Menschen und in die Unüberschaubarkeit gesellschaftlicher Zwänge. Es ist
ein Weg, der von außen nach innen führt, zur Sensibilisierung und Subjektivierung des Theaters. Im Anschluß an das Revolutionsdrama setzte das
Volksstück einen Prozeß der Ernüchterung und Enttäuschung, der Versachli-
chung und der Entideologisierung der Intellektuellen und Dramatiker fort.
An die Stelle der politischen Parole trat der soziale Befund, an die Stelle der
großen Öffentlichkeit der überschaubare Bereich, an den Platz der großen die
kleinen Leute. Die politischen Illusionen und Hoffnungen zerstoben.

Martin Sperrs (* 1944) *Bayerische Trilogie* – mit den Stücken *Jagdszenen
aus Niederbayern* (UA/V 1966), *Landshuter Erzählungen* (UA/V 1967) und
Münchner Freiheit (UA/V 1971) – steht noch ganz im Kontext und Bann des
politischen Theaters der sechziger Jahre. Die *Jagdszenen* entsprechen exakt
der Forderung Martin Walsers, die deutsche Vergangenheit als Gegenwart auf
die Bühne zu bringen, das Weiterwirken des Faschismus auch nach 1945
aufzudecken. Dieses erste «neue Volksstück» setzt auf realistische Weise fort,
was Walser mit *Eiche und Angora* (1962) begonnen hatte: eine dramatische
Kritik der ‹postfaschistoiden› Strukturen und Verhaltensweisen. Der Abstand
des «neuen Realismus» zur Dramatik der fünfziger und beginnenden sechziger Jahre wird deutlich, wenn man das Werk mit Dürrenmatts *Der Besuch der
alten Dame* und Frischs *Andorra* (1960/61) vergleicht. Was dort parabel- und
modellhaft demonstriert wird – Vorurteilsstrukturen, Sündenbocktheorie,
kollektive Verfolgung des Außenseiters, latenter alltäglicher Faschismus –,
das wird hier mit unbarmherziger Milieugenauigkeit aufgewiesen. «Am Beispiel der Menschen im niederbayrischen Dorf Reinöd wird das Verhalten
einer Gemeinschaft gezeigt, das die Aussonderung von Elementen betreibt,
die ihrer Ordnung nicht entsprechen. [...] Es ist das Anliegen, am Modell
einer überschaubaren soziologischen Einheit unmittelbar nach einer großen
Katastrophe (Zweiter Weltkrieg) den fruchtbaren Boden für mögliche neue
Katastrophen zu zeigen» – so ein Kommentar des Verfassers.[57] Er hat seine
Gültigkeit für das Genre des Volksstücks bis in die achtziger Jahre, bis zu
Klaus Pohls *Das Alte Land* (1984) und zu Thomas Strittmatters *Viehjud Levi*

(1982) und bis zu Felix Mitterers *Kein Platz für Idioten* (1981, UA 1977) und Turrinis *Tod und Teufel* (V 1990), nicht eingebüßt.

Als hätte es das Hitler-Regime und den Zweiten Weltkrieg mit allen ihren Verbrechen und ihrer Niederlage nicht gegeben, geht die «Jagd» auf Außenseiter aller Art in dem kleinen Dorf Reinöd kurz nach der Währungsreform weiter. Drei von ihnen werden in einem erbarmungslosen Kesseltreiben regelrecht zur Strecke gebracht: Abram, der «Schwule», Tonka, die «Hure», und Rovo, «der Dorftrottel» – wobei die gepeinigten Opfer auch zu Verfolgern und Henkern werden (Abram wird, ein zweiter Woyzeck, zum Mörder an Tonka; die geschundene Tagelöhnerin Barbara verleugnet und verflucht ihren Sohn, Rovo beschimpft Tonka und quält mit Vorliebe Katzen usw.). Wie in *Andorra* der Lehrersohn Andri zum Juden erst gemacht wird, so wird auch hier mit jedem verfahren, der von den Normen und Sitten des Dorfes abweicht. Alle Figuren, einschließlich der Mütter und des Pfarrers, sind an dieser Hexenjagd beteiligt.

Sperr geht in der Entlarvung seiner Figuren, ihres asozialen Bewußtseins und ihres bestialischen Trieblebens, noch weit über Ödön von Horváth hinaus (von Ludwig Thomas *Magdalena* ganz zu schweigen!). Die Entlarvung wird zur gezielten Denunziation. Alle Figuren stehen in einem egoistischen Kampf ums Überleben. Ein jeder gibt die selbst erfahrene Aggression an den Nächsten und Schwächeren weiter, ein Ausgestoßener verstößt den anderen. Worte und Blicke führen zu Mord und Totschlag. So entsteht ein Circulus vitiosus von Verblendung, Gewalt und Unterdrückung, eine kleinbürgerliche Hölle ohne Ausweg.

Im Unterschied zu den Stücken von Horváth, Fleißer und vor allem Kroetz wissen die Figuren bei Sperr genau, was sie tun, was sie sagen und was sie wollen. Durch diese Fähigkeit, sich selbst und die eigenen bösartigen Gefühle und Absichten zu explizieren, geraten sie immer wieder an den Rand der Glaubwürdigkeit und einer plakativen Rhetorik. Sie werden schon in diesem ersten Teil der Trilogie nicht selten zu Demonstrationsmarionetten: «Der Schoß / ist fruchtbar noch, aus dem das kroch» (Brecht). Von einem solchen Volk sich überlegen abzugrenzen, fällt dem Volksstück-Schreiber ebenso leicht, wie sich wiederzuerkennen in dem von allen ausgegrenzten Außenseiter Abram. Das Stück, das im Frühherbst 1948 spielt, inszeniert auch die intellektuellen Außenseitererfahrungen des Jahres 1966. Es will eine gleichgültige und bornierte Gesellschaft gewaltsam wachrütteln.

Diese unerbittliche Einseitigkeit macht es suspekt. Im Rückblick kommt der Verdacht auf, der Autor habe nicht nur die Aggressionsgelüste der Dorfgemeinschaft angeprangert, sondern das Stück auch benutzt, um eigene Aggressionen abzuführen, *mit* dem Dorf gegen die Opfer und *gegen* das Dorf im Namen der Opfer.

In den beiden folgenden Teilen der Trilogie, in denen Sperr den ihm vertrauten Lebensraum des Dorfes und des Kleinbürgertums verläßt, hat dieser Stil vollends zu einem tendenziösen und abgekarteten Theater geführt, worin Klischee und Kolportage den Ton angeben. Wie bei Kroetz ist der Griff über das Volksstück hinaus nicht gelungen. Erst die Rückkehr zu zwei bayrischen Volkshelden des 19. Jahrhunderts, *Der Räuber Mathias Kneißl* (UA/V 1971) und *Adele Spitzeder* (UA 1977; V 1980) brachten Sperr wieder Erfolge im Fernsehen und auf der Bühne.

Auch Rainer Werner Fassbinder (1946–1982) ging es darum, «das faschistoide Grundverhalten im Alltag» auszustellen. Aber die Sprach- und Dialog-Exerzitien seines *Katzelmacher* (1968) lesen sich wie virtuose Stilübungen im Fleißer-Jargon. Fassbinder lädt einer Gruppe von jungen Leuten (eigentlich hätte es «ein Stück über ältere Leute werden müssen»!)[58] alles auf, was im Lehrbuch über eine ‹faschistoide› Gesellschaft zu finden war: Fremdenhaß, Antikommunismus, Sexualneid, brutalen Destruktionstrieb, Ordnungs-zwang, Feigheit, heuchlerisches Christentum, und er läßt es auf eine sympa-thische Figur los, die den Namen eines griechischen Gastarbeiters, Jorgos, trägt. Also ein Vorgang, der heute noch aktueller als damals wirkt. Aber an dieser Figur hat den sprachmächtigen Fassbinder wohl vor allem die Möglich-keit gereizt, das ohnehin reduzierte Sprachvermögen seiner Figuren bis in ein authentisches Stummelsprachen-Deutsch zu treiben; außerdem hat er diesen Außenseiter mit einer zarten Christus-Aura umgeben.

Sein Stück liest sich, als ob es eine Parodie der frühen Kroetz-Stücke schon in sich trüge. Weitaus gelungener wirkt seine moritatenhafte *Bremer Freiheit* (UA 1971), ein «bürgerliches Trauerspiel» über eine emanzipierte Giftmi-scherin des frühen 19. Jahrhunderts.

Marieluise Fleißers «liebster Sohn», Franz Xaver Kroetz, lernte seine Volksstück-Mutter 1968 kennen, als Fassbinder am Münchner Büchner-Theater *Die Pioniere von Ingolstadt* unter dem Titel *Zum Beispiel Ingolstadt* inszenierte. In dieser ersten Phase – er hatte freilich schon die verschiedensten Schreibexperimente hinter sich – hat Kroetz ganz bewußt an die dramatische *Sprache* Horváths und Fleißers angeschlossen und erfolgreich davon gelebt. Unter dem Vorwand, sie in die eigene Zeit und Gesellschaft zu übertragen, hat er sie gezielt überboten. Seinem «Proletariat der Sprachlosen», denen der Kapitalismus auch noch die eigene Sprache geraubt habe, stehe nicht einmal mehr der «Bildungsjargon» der Horváthschen Figuren zur Verfügung, hat er in seinem Vortrag *Horváth von heute für heute* behauptet. Es sei mit der «Stummheit der heutigen Fließbandarbeiter» geschlagen, mit einer beschädig-ten und verstümmelten Sprache, hörbar in der Perversion der süddeutschen Volksdialekte. «Für mich ist das Bayrische eine geschundene Sprache, eine Volkssprache, eine traurige Sprache.»[59] Aus einer fast totalen Unfähigkeit zur verbalen Kommunikation entsteht in den frühen Stücken das Verbrechen: Mord, Totschlag und immer wieder Kindesmord und Abtreibung. Nicht nur in *Stallerhof* werden die Kraßheiten der Fleißerschen «Pioniere» deutlich übertrumpft: durch wortlose Onanie auf dem «Scheißhaus» (I, 3) und die mechanische Entjungferung der schwachsinnigen Beppi (II, 1). Die frühen Stücke von Kroetz bieten eine einzige Abnormitäten-Schau.

Es sind schon überraschend viele Tendenzen, die sein angeblich «realistisches» Theater mit dem Theater der siebziger Jahre teilt: die Lust an Extremen, die Bevorzugung der Peripherie, der «Randerscheinungen», die hermetische Abgeschlossenheit der Bühnengesellschaft, den immer schwächer werdenden Abbildcharakter und auch schon die Künstlichkeit des theatralischen Vorgangs. Seine Stücke geben, wie mit dem Vergrößerungsglas gesehen, winzige Ausschnitte von den Rändern der Gesellschaft und reizen das Publikum mit seinen eigenen Affekten, Gefühlen und Verhaltensweisen, verfremdet durch das Milieu abseitiger Unterschichten. Der exotische und voyeuristische Reiz war zweifellos groß.

Das Mini-Drama *Stallerhof* (UA 1972; V 1971) ist ein Bauernstück. Es bietet auf knapp zwanzig Druckseiten einen winzigen Wirklichkeitsausschnitt: vier Figuren und ein Hund bilden das geschlossene Ensemble, ein Ehepaar, die ca. 14jährige zurückgebliebene Tochter Beppi, der ältliche Knecht Sepp und ein Hund, der den sprachlosen Figuren gleichgeordnet ist. «Die Beppi ist wie ein Hund, der net redn kann», sagt Sepp. Es gibt keine Handlung, nur ein Minimum an Geschehen: Sepp schwängert die minderjährige Beppi, und der Bauer tötet aus Rache seinen Hund, bevor Sepp in die Stadt geht. Nach einem halbherzigen Abtreibungsversuch durch die Mutter endet das Stück mit der Geburt des Kindes. In *Geisterbahn* (UA 1975; V 1972), das man als Fortsetzung lesen kann, tötet Beppi ihr Kind, als die Fürsorge es ihr nehmen will. Die letzte Szene zeigt sie im Gefängnis. Aber der geschlossene Figurenkreis wird auch durch die Verlagerung in die Stadt nicht aufgesprengt.

Die Entjungferung Beppis auf dem ländlichen Rummelplatz (II, 1) ist eigentlich aller voyeuristischen Reize beraubt. Sie stößt den beiden wie ein Betriebsunfall zu, als Sepp das Mädchen, das sich in der Geisterbahn vor Angst in die Hose gemacht hat, wie ein kleines Kind säubert. Sie wissen nicht, was sie tun. Beppi spricht während der Szene kein einziges Wort. Aber Kroetz zeigt nicht nur die Ohnmacht und Deformation seiner Figuren und ihrer Sexualität im Brackwasser der Gesellschaft, sondern auch die Möglichkeiten einer wortlosen Zuneigung und Solidarität zwischen den Ausgestoßenen und Vereinsamten.

Kreatürliche Stallwärme kommt in seinen Stücken bei aller Brutalität immer wieder auf. Im Gegensatz zu Horváth, Sperr und Fassbinder sympathisiert Kroetz mit den Geringsten seiner Figuren. Von Büchners Mitleids- und Liebesästhetik trennt ihn allerdings der Blick von oben und der Abnormitäten-Charakter seiner Unterschichtsfiguren.

Die weitere Entwicklung als Dramatiker führte Kroetz von den extremen Randgruppen zum kleinbürgerlichen Durchschnitt, von den Ohnmächtigen zu den Mächtigen, vom einzelnen zum Kollektiv und zur Öffentlichkeit, von der Hoffnungslosigkeit zu Perspektiven und Alternativen, von der Sprachlosigkeit zur Sprache, unter Verzicht auf die Provokationen und Kraßheiten der frühen Stücke (sie kehren erst in den achtziger Jahren wieder, z. B. in *Bauern sterben* (UA 1985; V 1987). In *Oberösterreich* (UA 1972; V 1973) gelingt es der Frau, gegen den Willen des Mannes und trotz der wirtschaftlichen Misere das gemeinsame Kind auszutragen. In *Das Nest* (UA/V 1975) ringt sich der Mann dazu durch, seinen gewissenlosen Arbeitgeber anzuzeigen und auf den

Schutz der Gewerkschaft zu vertrauen. In *Mensch Meier* (UA/V 1978) emanzipieren sich Sohn und Ehefrau von ihrem kleinbürgerlichen Haustyrannen
und lernen, allein zu leben.

Der Hauptvorwurf an die frühen Werke richtete sich sofort gegen die
anachronistische Ungleichzeitigkeit der bayrischen Provinz und ihrer Heim-
arbeits-Atmosphäre zu der hochindustriellen Wohlstandsgesellschaft der
Bundesrepublik, also gegen ihren Anspruch, sozialpolitisch repräsentativ und
aufschlußreich zu sein. Kroetz hat sich zunächst dagegen gewehrt und gerechtfertigt:

> «Deshalb: Vorsicht mit dem Begriff Randerscheinung, Asoziale, Nicht-
> repräsentative, Minderheiten. [...]
> Wenn man unsere 60 Millionen genau unter die Lupe nimmt, dann
> zerfallen sie zuletzt alle in Randerscheinungen. Die fette Mitte gibt es
> nicht, sie existiert nur in den Köpfen einiger denkfauler Politiker, es gibt
> kein Volk. [...]
> In den meisten meiner 13 Stücke kommen Minderheiten zu Wort.
> Das langt noch nicht. Wer sich hundertmal Minderheiten vornimmt,
> hat zuletzt mehr Volk dargestellt, als wer tausendmal vom ‹Volk›
> sprach.»[60]

Obwohl Kroetz den Volksbegriff fast auflöst, versucht er ihn doch noch für
seine Stücke zu retten. Gleichzeitig dachte er damals, so in dem Aufsatz *Soll
der Kumpel Abonnent werden? Über das Volks- und Arbeitertheater* (1972),
genauer über das Volksstück nach. Von der These ausgehend: «Theater für
das Volk dürfte nichts anderes als Arbeitertheater sein», konstatierte er sofort
ihre Realitätsferne:

> «Das Theater für das Volk sitzt weiterhin zwischen zwei Stühlen: ent-
> weder es hat die Massen, dann funktioniert es gegen die Interessen
> derselben, oder es hat sie nicht, dann funktioniert es, auch wenn es auf
> dem richtigen Dampfer ist, bloß als Insider-Scherz der Intellektuellen,
> die zum Wohlfühlen und zur Werbung halt einen Renommierproleten
> brauchen, privat oder im Job.»[61]

Mit all seinen Experimenten und Stücken der siebziger Jahre, auch mit Rundfunk und Fernsehen, befand sich Kroetz jedenfalls weiterhin auf der Suche
nach dem Volk und einem echten Volkstheater, einer Suche, die trotz aller
Bühnenerfolge ihre Zielgruppe nicht erreichte. Seine Stücke, wie die der anderen Volksstückschreiber, blieben «Insider-Scherze» von Intellektuellen für
Intellektuelle. Sie haben ihnen das beruhigende Bewußtsein verschafft, sich
um das Volk zu kümmern, die Wohlstandsoberfläche der Bundesrepublik
sozialkritisch zu durchstoßen, und sie haben sie gleichzeitig in ihrem Überle-
genheitsgefühl bestätigt. Kroetz hat schon 1973 bekannt, daß es seine «extreme persönliche Lage» gewesen sei, die ihn zu den Extremen der frühen

Stücke geführt habe.[62] Sein Volk ist eine Summe von Außenseitergruppen, mit denen er sein eigenes familiales Psychodrama darstellen konnte. Kroetz 1985: «Meine Mutter geht bis heute durch alle meine Stücke durch.»[63] Auch politisch gemeinte Volksstücke erzählen in erster Linie die Geschichte, zuweilen die Geheimgeschichte ihrer Autoren.

Eine gewisse Ausnahme bildeten allenfalls die *Eisenwichser* (1970) von Heinrich Henkel (*1937), weil hier ein Arbeiter-Autor die Unterwelt der Arbeit und der Arbeiter in einem authentischen Ausschnitt auf die Bühne brachte – Volkstheater als Arbeitertheater. Aber seinem intellektuellen Publikum fiel es nicht schwer, auch dieses ‹exotische› Stück als Gleichnis für alle entfremdete und ausbeuterische Arbeit dieser Welt und für das ‹höllische› Dasein der Unterprivilegierten und Außenseiter zu lesen.

Auf den ersten Blick scheint auch der Österreicher Peter Turrini (*1944) ganz auf der Linie von Sperr, Fassbinder und Kroetz zu liegen. Auf den zweiten unterscheidet er sich wesentlich von ihnen. Er hat in seinem Stück *Sauschlachten* (UA 1972; V 1971) zwar auch das altbewährte Grundmuster übernommen – faschistoides Kollektiv bringt Außenseiter erbarmungslos zur Strecke –, und er hat es noch einmal fast unerträglich brutalisiert: Der grunzende Lieblingssohn des Tonhofbauern-Paares wird von seiner Familie bestialisch mißhandelt und zuletzt wie eine Sau abgeschlachtet. Alles ist noch krasser als bei Kroetz, aber *erstens* bekennt Turrini ganz offen, daß es hierbei um «die Geschichte eines Außenseiters bis zu seiner konsequenten Vernichtung» gehe und nicht um das «Volk»;[64] *zweitens* hat er sich ebenso vorbehaltlos mit diesem Außenseiter identifiziert, und *drittens* hat er auf jeglichen Volksstückrealismus verzichtet. Sein Drama zitiert und montiert Stereotypen des Dorf- und Bauernstücks und des Wiener Volkstheaters, um irreale und irrationale Schockeffekte zu erzielen, in denen Grauen und Komik beständig ineinander umschlagen. Zuletzt wird *Sauschlachten* zu einer ritualisierten schwarzen Messe der Gattung Volksstück. Mit diesem Gewaltakt versucht der Verfasser, ein Kindheitstrauma schreibend zu bewältigen.

Aber gerade auf diese Weise, durch die Betonung der Subjektivität und des Kunstcharakters eines Genres, das in dem Rufe besonderer Objektivität steht, hat Turrini das Volksstück wieder ehrlich gemacht. Er benutzt es nicht als pseudoobjektives Versteck. Obwohl er sich bis heute als engagierter politischer Schriftsteller und «Heimatdichter» versteht – so in *Die Minderleister* (UA 1988), das eine originale Fortsetzung des politischen Theaters, des Volksstücks und der Arbeiterliteratur darstellt –, hat er doch niemals vorgespiegelt, ein selbstloser Anwalt des Volkes zu sein. Im Gegenteil: er hat immer wieder festgestellt, daß alle Wege zum «Volk» und zu einer «Kultur der Massen» über ihn selbst führen:

«Mein Vater war ein Italiener, ich bin in einem Kärntner Dorf aufgewachsen. Ich habe mich von dieser bäuerlichen Umgebung immer ausgestoßen gefühlt, obwohl ich so gerne dazugehören wollte. Dieses Gefühl, ein Fremder unter Einheimischen zu sein, anders zu sein, hat mich lange nicht losgelassen. Seit ich darüber schreibe, seit ich aus diesem Gefühl ein konkretes politisches Engagement entwickle, empfinde ich Zugehörigkeit: zu allen, denen es ähnlich geht.«[65]

Diese persönliche Schreibmotivation steht auch für die Wirkung seiner Werke ein: Turrini glaubt, «für den Zuschauer etwas zu tun, weil ich auch etwas für mich selbst tue». Und besonders aufschlußreich ist seine Erklärung für die schockierende Gewalttätigkeit seiner Stücke: «ein Grund für diesen theatralischen Gewaltakt ist der Liebesentzug, den das Theater bedeutet. Das heißt, man kommt hin, schreibt ein Stück, hat ein Anliegen, öffnet sich, und es wird letztlich vor Gleichgültigen oder vor ganz wenigen verhandelt [...].»[66] Turrini schreit immer lauter, um endlich gehört und geliebt zu werden, um endlich «dazuzugehören», um sich als einsamer Außenseiter immer näher an «Volk» und «Heimat» heranzuschreiben. Mehr als diese persönliche Suche, als dieses permanente Unterwegssein gibt es nicht.

Darin steht ihm auch sein Landsmann Felix Mitterer (* 1948) nahe, der als 13. Kind einer armen Kleinbäuerin geboren wurde. Er nahm und nimmt sich in seinen Stücken besonders intensiv und liebevoll der Behinderten, der Alten, der Kriminalisierten, der Kranken, Stigmatisierten und Gejagten an. Sein Volksstück *Kein Platz für Idioten* (UA 1977) ist eine gekonnte Weiterführung und Variation des klassischen Dialekt- und Dorfstückmusters, in dem ein Außenseiter verfolgt und zur Strecke gebracht wird.

Es ist der 17jährige Wastl, ein geistig zurückgebliebener Junge, der von seiner Mutter, der «Möllinger-Bäuerin», als «Mißgeburt» schikaniert wird und vom Gastwirt und Bürgermeister Lokalverbot erhält, damit er die deutschen Touristen nicht irritiert. Ein Dorftrottel also. Nur der alte Plattl-Hans, ein Hilfsarbeiter und Knecht zeitlebens, kümmert sich liebevoll um ihn, lehrt ihn das Flötenspiel, liest ihm vor, erweckt seine unterdrückten Interessen. Bis es zu einem Zwischenfall kommt, den die Dorfoberen zum Skandal und «Sexualverbrechen» hochspielen: Wastl hat in naiver Neugierde einem kleinen Mädchen zwischen die Beine gefaßt und wird dafür vom Gendarm und zwei Wärtern mit Gewalt ins «Narrnhaus» transportiert.

Es sind moderne oder historische «Passionen», die Mitterer in seiner rührenden Mitleidsdramatik gestaltet, in den vier Einaktern *Besuchszeit* (1985) ebenso wie in den Stücken *Stigma* (1983) und *Kein schöner Land* (1987). Wie kein anderer der zeitgenössischen Volksstückschreiber vermag er sein Publikum zu bewegen, sich selbst und das Volk in den Erniedrigten, Ausgegrenzten und Verfolgten zu erkennen.

Bei den Westdeutschen Klaus Pohl (* 1952) und Thomas Strittmatter (* 1961), die mit ihren Stücken an Horváth, Sperr und Kroetz, aber auch an das kritische Bauernstück der DDR angeschlossen haben (Pohl), ist die Distanz zum ‹Volk› ungleich größer geblieben, denn in ihren Dörfern geht noch immer die nazistische Erbschuld um. Im *Alten Land* von Pohl, in den Jahren

1946/47 spielend, ist ebenso eine faschistische Volksjustiz am Werke, wie im *Viehjud Levi* und dem *Polenweiher* von Strittmatter, die noch während der Hitler-Zeit spielen. Diese Stücke wirken wie begabte und düstere Reprisen aus den 68er Jahren. Das ‹Volk› wird in ihnen ebensowenig sichtbar wie die heutige ‹Bevölkerung› der Bundesrepublik.

5. Peter Handkes «Theatertheater» als Anti-Theater

Nur auf den ersten Blick steht Peter Handke (*1942) quer zu der zweiten Hälfte der sechziger Jahre und ihren engagierten Tendenzen und Parolen. Er hat ihnen seine Devisen *Ich bin ein Bewohner des Elfenbeinturms* (1967) und *Die Literatur ist romantisch* (1966) zwar provokativ entgegengehalten, er ist bei der Princeton-Tagung der Gruppe 47 als egozentrisches Enfant terrible aufgetreten, aber gerade mit diesen antiautoritären und kritischen Provokationen ordnete er sich diesem Jahrzehnt auch ein. Seine Angriffe richteten sich gegen das Establishment in Kultur und Politik, gegen die herrschenden Schreibweisen und gegen den etablierten bürgerlichen Theaterbetrieb; er hat, wie das Dokumentartheater, das Volksstück und das Straßentheater, nach alternativen Möglichkeiten, nach einem Anti-Theater eigener Art gesucht, und auch er hat sich dabei auf Ödön von Horváth berufen.

Er stand allerdings in einer anderen, der österreichischen Tradition, in der vergangenen wie der zeitgenössischen in Gestalt der «Wiener Gruppe» und der Grazer Künstlergruppe «Forum Stadtpark», der er sich schon in der ersten Hälfte der sechziger Jahre anschloß. Aus ihnen ist herausgewachsen, was in der deutschen literarischen Öffentlichkeit dann so innovativ und eigenwillig wirkte, nämlich die Übertragung der experimentellen konkreten Literatur und Poesie auf die Bühne, Handkes Sprach- und Sprechstücke. In dem «konkreten Theater» Gerhard Rühms und in den sprachkritischen Stükken Konrad Bayers hatten sie ihren Anreger und Vorläufer, in den Stücken Ernst Jandls, Thomas Bernhards, Friederike Mayröckers und Elfriede Jelineks sollte sich diese Tradition (die in der Bundesrepublik immer ein Randphänomen blieb) fortsetzen.

Handkes Aufklärungsmedium und Aufklärungsobjekt ist die Sprache. Seine Aufmerksamkeit richtete sich auf das Verhältnis von sprachlicher (literarischer) und ‹wirklicher› Wirklichkeit, auf die Produktion unserer Wirklichkeit durch die sprachliche Kommunikation, d. h. durch die etablierten Ordnungs- und Herrschaftssysteme der Sprache. Hier wollte er eingreifen. «Ich erwarte von der Literatur ein Zerbrechen aller endgültig scheinenden Weltbilder.»[67] Deshalb seine beständige Suche nach neuen sprachlichen Möglichkeiten und Formen, deshalb seine Absage an jede Art von «Geschichte» («Jede Geschichte lenkt mich von meiner wirklichen Geschichte ab, sie läßt mich durch die Fiktion mich selber vergessen»[68]), an jede Art von Engagement und Fiktion – bei Beckett wie bei Brecht! –, deshalb seine Polemik gegen das politische Straßentheater als feste Institution und deshalb die zukunftsträchtige Wendung zur eigenen Person, zur Sensibilisierung des Ich.

Solchen Oppositionen und Verneinungen waren seine ersten Stücke verpflichtet: «Die Methode meines ersten Stücks bestand darin, daß alle Methoden *verneint* wurden.»[69] Positiv gewendet und mit Blick auf das eigene «Theatertheater»: «Wozu es taugen könnte [...]: als ein Spielraum zur Schaffung bisher unentdeckter innerer Spielräume des Zuschauers, als ein Mittel, durch das das Bewußtsein des einzelnen nicht *weiter* aber genauer wird, als ein Mittel zum Empfindlichmachen: zum Reizbarmachen: zum Reagieren: als ein Mittel, auf die Welt zu kommen.»[70] Diese Sätze erinnern noch an das «Bewußtseinstheater» Walsers und Frischs und kündigen schon die literarischen Tendenzen und Idiosynkrasien der siebziger Jahre an. Ähnlich wird auch Botho Strauß ansetzen, der 1970, noch als Theaterkritiker, in einem programmatischen Essay über die Theaterjahre 1967–1970 bewundernd von dem «Mentalen Theater» Peter Handkes sprach. Es waren in der Tat Jahre, in denen politische und ästhetische Ereignisse immer enger zusammengesehen und -gedacht wurden, bis das Ästhetische wieder zur führenden Stimme wurde.

Sein «Theatertheater» als «ein Mittel, auf die Welt zu kommen», hat Handke zwischen den Jahren 1966 (UA *Publikumsbeschimpfung*; V 1966) und 1973 (*Die Unvernünftigen sterben aus*; UA 1974) produziert. Während er die eigentlichen Sprechstücke (*Weissagung* [UA/V 1966], *Selbstbezichtigung* [UA/V 1966] usw.) als «verselbständigte Vorreden der alten Stücke» definiert hat, kehrten *Die Unvernünftigen sterben aus* zwar wieder zu einer dramatischen «Geschichte» zurück, sind aber von einem so durchdringenden Theater- und Rollenbewußtsein erfüllt, daß auch sie zu einem transzendentalen Theater gerechnet werden können, d. h. zu einem Theater, das nach den eigenen Bedingungen und Möglichkeiten fragt. Selbst die nach langer Pause erschienenen «dramatischen Gedichte» mit dem Titel *Über die Dörfer* (1981, UA 1982) und *Das Spiel vom Fragen oder Die Reise zum sonoren Land* (1989, UA 1990 durch Claus Peymann am Wiener Burgtheater) sind diesem Programm eines Anti-Theaters, obwohl sie sich auf die griechischen Klassiker berufen, noch treu geblieben. Allerdings um den Preis, daß Handkes «langsamer Heimkehr» und esoterischer Botschaft von einem anderen guten Leben immer weniger Leser und Zuschauer zu folgen bereit waren.

In der *Publikumsbeschimpfung*, die besser «Publikumserweckung» heißen sollte, geht es darum, die «Anwesenheit» des Publikums herzustellen, es geht um die Geburt eines «anderen Publikums».[71] Das Stück lebt von der Umkehrung der gewohnten Blick- und Scheinwerferrichtung zwischen Parkett und Bühne. Das in einem abgedunkelten Raum gewöhnlich ‹abwesende› Publikum wird zur passiven Hauptperson und zum Hauptthema eines strengen und abgezirkelten Sprachexerzitiums. Vier Schauspieler, die nichts als Sprecher sind, schöpfen fast systematisch das gesamte Wort- und Satzfeld des Theaters aus, um die geläufigen Wünsche, Erwartungen und Erfahrungen eines Theaterpublikums und den üblichen Zeichen- und Verweisungscharakter der Bühnen zu verneinen und zu enttäuschen. Sie dekonstruieren den ebenso selbstverständlichen wie unausgesprochenen Funktions- und Bedeutungsraum des herrschenden Theaters, sind also in jeder ihrer Äußerungen noch von ihm abhängig. Ein Beispiel: «Ihnen wird nichts vorgespielt. [...] Die Leere dieser Bühne ist kein Bild von einer anderen Leere. Die Leere dieser Bühne bedeutet nichts. [...] Die Bühne stellt nichts dar.»[72] Die Hauptverfahren des Sprechstückes sind die Verneinung, die Umkehrung, die Wiederholung, die Verdoppelung und die Aufhebung des Satzes vom Widerspruch. Dadurch wird die Verbindung von Signifikant und Signifikat aufgelöst, dadurch werden mit der «Geschichte» auch Vergangenheit und Zukunft abgeschafft. Das vielfach beredete Ziel ist die Herstellung reiner Präsenz:

> «Das ist kein Drama. Hier wird keine Handlung wiederholt, die schon geschehen ist. Hier gibt es nur ein Jetzt und ein Jetzt und ein Jetzt.»[73]

Im Jetzt des Sprechaktes wird wie nie zuvor im gesamten Theaterhaus die »Einheit von Zeit, Ort und Handlung»[74] und damit «Unmittelbarkeit», «Anwesenheit» und mentale Wirklichkeit produziert.

Erst am Ende des Stückes setzen die Sprechakte des Beschimpfens ein, die das Publikum maximal erregen sollen, ohne daß es sich getroffen (verletzt) fühlt. Aber mitten in dieses Sprachspiel, das die kritsche Aufmerksamkeit auf sein Funktionieren in der Gesellschaft lenken soll, geraten plötzlich Ausdrücke, die sich gegen ihre Aufhebung ins Bedeutungs- und Geschichtslose sperren, die eine so brisante Aufladung mit deutscher Geschichte mitbringen, daß sie unwillkürlich die Schuldlasten der Vergangenheit evozieren und das Sprachspiel für Momente durchschlagen:

> «Saujuden, Genickschußspezialisten, KZ-Banditen, Untermenschen, Nazischweine.»

Hier greift das Verfahren wechselseitiger Inhaltsaufhebung nicht mehr. Das Sprachgeschehen führt zur Auseinandersetzung mit der Vergangenheit. Das Stück wird gleichsam ‹unrein›. Es ist ein typisches Beispiel für Handkes politisches Engagement, für *seine* Art von Gesellschaftskritik. Am New Yorker «Bread and Puppet Theatre» hat er solche Minimal-Effekte bewundert.[75]

Sein höchstes verbales Selbstbewußtsein erreicht das Sprechstück dort, wo es vom «Sterben» und, in auffälliger Kongruenz, gleichzeitig vom «Geschlechtsakt», von einem Zeugungs- und Geburtsvorgang spricht.[76] Die uralte dramatische Einheit von Tod und Geburt kehrt hier im Blick auf das Publikum wieder: das alte wird mit Worten getötet, das neue, «andere», mit Worten gezeugt: «Sie sind die Entdeckung des Abends» und: «Sie sind sich jetzt Ihrer Gegenwart bewußt.»[77]

Dabei ist es ganz im Geiste der sechziger Jahre, daß der Geburtsvorgang vom Unbewußten ins Bewußte, von der Unfreiheit in die Freiheit führt. Das Publikum wird in antiautoritärer und aggressiver Weise über sich selbst und über die Institution Theater aufgeklärt; dessen sprachliche und faktische Systemzwänge werden spielerisch ‹hinterfragt›. Schon dieses frühe Stück besitzt etwas Missionarisches, eine noch verkapselte alte Botschaft: Mensch, werde wesentlich.

Der Ansatz der *Publikumsbeschimpfung* wird in dem Spielstück *Kaspar* (UA 1968; V 1967) erweitert, der Blick wieder auf die Bühne zurückgelenkt, auf ein pantomimisches Clownstheater und eine abstrakte Geschichte, die sich als Parabel lesen läßt.

Im Zentrum steht wiederum ein Geburtsvorgang, ein Auf-die-Welt-Kommen durch die Sprache, erneut in der Ambivalenz von Geburt und Tod, Lust und Schmerz. «Das Stück könnte auch ‹Sprechfolterung› heißen», hat Handke bemerkt[78] und in einem späteren Interview erläutert: er wollte zeigen, wie eine Figur «zu etwas wird und wieder zu nichts wird».[79] In äußerster Abstraktion wird die Frage beantwortet, wie ein Mensch er selbst, wie er zu einem Ich wird. Die Antwort lautet: durch einen gesellschaftlichen Spracherwerbsprozeß, durch sprachliche Sozialisation. Handkes Sicht auf diesen Vorgang, den er als zwanghafte Abrichtung Kaspars durch die Einsager vorführt, ist gesellschaftskritisch. In der ersten Fassung lautet das Ergebnis: «Ich: bin: nur zufällig: ich», in der zweiten Fassung wird der Zerfallsprozeß am Ende durch eine wiederholtes ‹sinnloses› und rebellisches «Ziegen und Affen» abgeschlossen.

Zugrunde liegt dem Stück die rätselhafte Kaspar-Hauser-Figur und ihre immer noch unaufgeklärte Geschichte. 1828 tauchte in Nürnberg plötzlich ein junger Mann von unbekannter Herkunft auf, der sich weder richtig bewegen noch richtig sprechen konnte, denn er war völlig isoliert in einem gefängnisartigen Raum aufgewachsen. Als er 1833 ermordet wurde, spekulierte kein Geringerer als der Jurist und Kriminalist Anselm von Feuerbach, daß Kaspar Hauser als unerwünschter Erbnachfolger des Hauses Baden aus der Welt geschafft worden sei.

Handke hat dieser Geschichte nur den Personennamen und den einzigen Satz entnommen, mit dem Kaspar Hauser in Nürnberg erschien: «Ich möchte a söchener Reiter wärn, wie mei Voter aner geween is.» Daraus hat Handke den Satz abstrahiert: «Ich möchte ein solcher werden wie einmal ein andrer gewesen ist.» (Phase 4) Dieser Satz besitzt prophetische und determinierende Kraft. Mensch- und Ichwerdung durch Sprachwerdung heißt notwendig, so wie die «anderen» zu werden, sich in die vorgebene Sprachwirklichkeit einzufügen.

Dieser Prozeß wird auf der Bühne wie in einem modernen Sprach- und Sprechlabor vorgeführt, in absichtlicher Künstlichkeit, um allen Identifikations- und Illusionsgelüsten des Publikums vorzubeugen. Kaspar soll wie «Frankensteins Monster» erscheinen, die Stimmen der Einsager werden durch zwischengeschaltete technische Medien aller Art denaturiert. In 65 Szenen, die Handke selber in sechzehn Lernphasen eingeteilt hat, wird Kaspar das Sprechen in Sätzen eingetrichtert.

Dieser theatralische Spracherwerb hat im wesentlichen zwei Lesarten hervorgerufen:

1. eine neutrale, wissenschaftlich-linguistische (nach dem Modell Wittgensteins und der Generativen Grammatik Chomskys lernt Kaspar, wie man Sätze produziert) und 2. eine gesellschaftskritische (Sprache erscheint als Instrument der Repression, als Herrschafts- und Ordnungsmacht, die den Menschen fremdbestimmt und seiner selbst beraubt). Für beide Annahmen gibt es Belege. Vor einseitiger Deutung sollte warnen, daß sogar die «Einsager» Sozialkritik als Sprachkritik betreiben: «Es ist nicht wahr, daß die Verhältnisse so sind, wie sie dargestellt werden; wahr ist vielmehr, daß die Verhältnisse anders sind als sie dargestellt werden» usw. (Phase 27). Die «anderen» Kaspars erscheinen jedenfalls genau in dem Moment auf der

Bühne, als Kaspar gelernt hat, «ich» zu sagen: «Ich bin der ich bin» (Phase 27). Unmittelbar danach folgt ein «irres» Zitat aus Horváths Volksstück *Glaube Liebe Hoffnung*, das Handke besonders bewunderte: «Warum fliegen da lauter so schwarze Würmer herum?» Es ist der Sterbesatz der Elisabeth. Dann heißt es: «Die Bühne wird schwarz.» So treffen wiederum Geburt und Tod zusammen. Das Erwachen des Selbstbewußtseins ist auch der Moment der Selbstentfremdung: Kaspar ist von nun an austauschbar geworden; er kann «wieder zu nichts» werden.

Auch im *Kaspar* geht es primär um das Verhältnis von sprachlicher und ‹wirklicher› Wirklichkeit. «Ich bin zum Sprechen gebracht. Ich bin in die Wirklichkeit übergeführt», sagt Kaspar am Ende (Phase 64). Vorgeführt wird in bewußter Einseitigkeit allerdings nur der Sprachbereich – die ‹wirkliche› Wirklichkeit ist nicht einmal mehr in der Körperlichkeit Kaspars und in der Sprachwelt der technischen Medien präsent. Es kommen Zweifel auf, ob es sie überhaupt noch gibt. Der Bühnenraum ist als artifizieller Sprach- und Sprechraum zugerichtet, der zweifellos auch die Macht der modernen Kommunikations- und Mediengesellschaft repräsentieren soll. Hier liegt vielleicht die eigentliche Innovation. Denn während ein Enzensberger oder Kroetz in diesen Jahren die «Bewußtseinsindustrie» entweder ablehnen oder demokratisch umfunktionieren wollen, läßt sich Handke nicht ohne Lust und Spielwitz auf sie ein. Statt das alte, als ‹lebendig› und ‹sinnlich› geltende Theater gegen den Andrang der audiovisuellen Medien abzuschirmen und zu verteidigen, öffnet er ihnen Tor und Tür, denn auch das «Theatertheater» ist für ihn nichts als ein technisches und höchst künstliches Medium. Darin stimmt er schon mit den meisten Dramatikern der siebziger und achtziger Jahre überein. Mimetisches Theater wird es nur noch als Simulation geben, das «Schauspielerische» selber wird zum «Existenzprogramm»[80], das Theater zu einem autonomen Zeichensystem und zu seinem eigenen Lieblingsthema.

VI. DER APPARAT UND NEUE SPIELRÄUME: LITERARISCHES LEBEN IN DER DDR

1. Debatten, Maßregelungen, neues Selbstbewußtsein

Es gehört zu den Paradoxien der ‹innerdeutschen› Literaturentwicklung, daß ein Roman wie *Mutmaßungen über Jakob*, der noch fast ganz im Schatten der restriktiveren DDR-Kulturpolitik nach dem Ungarnaufstand und im Vorfeld des Bitterfelder Weges entstand, schließlich im Westen zusammen mit Grass' *Blechtrommel* (ebenfalls 1959 erschienen) zu einem spektakulären Exempel für das internationale Wiederanschlußfinden der deutschen Literatur aufstieg. Von den Gründen für diese Karriere im Westen – zu der die Thematik der ‹beiden Deutschland› ebenso gehörte wie die einzigartige neue Erzählform – kann hier nicht näher die Rede sein. Aus dem Gesichtswinkel der offiziellen Literaturpolitik der SED ist es evident, daß dieses Romanmanuskript keinerlei Chance besaß: gar nicht in erster Linie der dargestellten «Welt», sondern wegen des ausgeprägten Individualismus, der «modernistischen» Montagetechnik, des Mangels an einem «positiven» Helden usf. Im Westen wiederum wurde die besondere DDR-Thematik, bis hin zu dem beschattenden Staatssicherheitsmann, als exotisch-reizvoll empfunden. Auch die Eisenbahnerwelt Jakobs erschien als etwas Neuartiges – seit Jahren war ja von einzelnen Kritikern immer wieder moniert worden, daß sich die Literatur nicht entschlossen auch der «Arbeitswelt» der Mehrheit angenommen habe.

Die Konvergenz soll hier nicht überbetont werden. In der SBZ, dann der DDR war viel früher und kontinuierlicher die industrielle und die landwirtschaftliche Sphäre den Schriftstellern mit wechselnden ideologischen Konzepten ans Herz gelegt worden. Der sozialistische «Dorfroman» hatte bereits 1946/47 eine erste Welle erlebt. Selbst Autoren vom Renommee der Anna Seghers hatten Dorferzählungen und ähnliches geschrieben. Hierzu gab es in der Bundesrepublik, Österreich und der Schweiz nichts Vergleichbares. Immerhin ist die zeitliche Nachbarschaft der «Arbeitswelt»-Bewegungen um die Wende von den fünfziger zu den sechziger Jahren bemerkenswert. Der Gründung der Dortmunder Gruppe 61 ging, wie im betreffenden «West»-Kapitel dargestellt, ein erstmaliges organisatorisches Sichzusammenfinden voraus – zum Teil mit gewerkschaftlichem Rückhalt, aber auch mit Widerständen von dorther –, das mit manchen Schwierigkeiten in der DDR durchaus vergleichbar ist. Die Neigung, sich doch immer wieder an den «Höhen» der Literatur zu orientieren, gehört hierzu. Und schließlich waren es nur wenige Professionelle, denen der Durchbruch gelang: eigentlich nur Max von der Grün.

Daß man selbst auf der 1. Bitterfelder Konferenz Rückversicherung bei Prominenten suchte – freilich bei einer breiteren Phalanx: Strittmatter, Bredel, Marchwitza und anderen –, ist bezeichnend. Und die Enttäuschung war groß, als man nach einem Jahr, auf der Berliner «Kulturkonferenz» vom 27. bis 29. April 1960, in Anwesenheit Ulbrichts erste Gesamtbilanz zog: Zahllose schreibende Arbeiter hatten sich zusammengefunden, hatten gelernt, auch manche junge Schriftsteller. Aber die bekannten Autoren, die Etablierten, hatten ihren «Beitrag» noch nicht geleistet (die markanten Werke der «Ankunftsliteratur» erschienen erst seit 1961).

Bitterfeld 1959 und die dort erkennbare Dominanz der Erzählprosa haben oft in den Hintergrund treten lassen, daß auf dem Theater wichtige, zum Teil aufsehenerregende Ansätze einer neuen «Produktionsliteratur» vorausgegangen waren, auch weitergeführt wurden. Am 23. März 1958 war im Städtischen Theater Leipzig Heiner (und Inge) Müllers *Der Lohndrücker* auf die Bühne gekommen – aber bald abgesetzt worden. Nicht nur die extrem komprimierte Sprache und die anstrengende knappe Szenenform bereiteten Probleme, sondern auch das Kollidieren zweier objektiver Bedürfnisse (das der gesellschaftlichen Produktionssteigerung und das der normengeleiteten Produktionskraft der Arbeiter). Und der Held handelte zuletzt mit bewußter Unterdrückung seiner «menschlichen» Emotionen. Entfremdung schien festgeschrieben.

Im Jahr der 1. Bitterfelder Konferenz war Peter Hacks' *Die Sorgen und die Macht* entstanden, eine zweite Fassung wurde erst am 15. Mai 1960 im Theater der Bergarbeiter Senftenberg uraufgeführt, eine dritte Fassung dann am 2. November im Deutschen Theater Berlin. In diesem Fall wurde die Diskussion über Monate und höchst prinzipiell geführt. Daß in der Verklammerung von Brikett- und Glasproduktion auch Werktätige – und nicht nur die Partei – der Verführung durch die «Macht» ausgesetzt sind, schien gerade in der teilweise satirischen Demonstration nicht «aufbauend» genug. Und als sich Heiner Müller mit dem Stück *Die Umsiedlerin* (später umbenannt in *Die Bauern*) dem ländlichen Bereich zuwandte, blieb die Uraufführung (30. September 1961) für längere Zeit auch die letzte: aus ähnlichen Gründen wie beim *Lohndrücker*.

Erst diese – zum Teil bis ins «Neue Deutschland» hinein diskutierten – «Fälle» *und* die Probleme des Bitterfelder Weges zusammen kennzeichnen die Lage der «Produktionsliteratur» um 1960. Die Partei selbst, zum ökonomischen Sprung nach vorn entschlossen und zur Beendigung der «Übergangsphase» vom Kapitalismus zum Sozialismus (V. Parteitag), verschärfte die Lage durch einen neuen Schub der Kollektivierung in der Landwirtschaft, zum Teil mit Zwang und Kadereinsatz bewerkstelligt. Am 14. April 1960 wurde der Prozeß offiziell abgeschlossen – ein wesentliches Motiv für eine deutliche Zunahme des Flüchtlingsstroms gen Westen.

Der Mauerbau am 13. August 1961 zog zunächst für einige Zeit öffentliche Aufmerksamkeit von den großangelegten Aktionen des Bitterfelder Weges ab. Die Organe der Partei und des Staates waren zu einem wesentlichen Teil damit beschäftigt, der eigenen Bevölkerung die Abschnürung vom Westen als Gegenwehr gegen «Aggressionshandlungen» der Imperialisten einzuschärfen. Ernst Bloch lebte seit dem 13. August in Tübingen. Noch auf dem V. Schriftstellerkongreß Ende Mai 1961 in Ostberlin hatten Peter Bamm und Günter Grass als Gastredner gesprochen; Grass hatte besonders die Gängelei der Schriftsteller kritisiert und war ob solcher Provokation sofort von linientreuen DDR-Kollegen in die Schranken gewiesen worden. Derlei Auseinandersetzungen von Person zu Person waren seit dem 13. August undenkbar geworden. Die Rede von den «zwei deutschen Literaturen», von Abusch auf dem Schriftstellerkongreß bekräftigt, hatte eine neue, auch physisch trennende Dimension erhalten.

Der V. Schriftstellerkongreß brachte auch weitere Zwischenbilanzen in Sachen Bitterfelder Weg. Zwar konnte der Verband schon Ende 1960 stolz auf 168 Mitglieder in seiner «Arbeitsgemeinschaft junger Autoren» und auf nicht weniger als 167 «Zirkel schreibender Arbeiter» hinweisen. Doch die «großen Werke» waren noch ausgeblieben, und auf dem Kongreß wurde mehrfach «Qualität», ja «Meisterschaft» angemahnt. Anna Seghers forderte in ihrem Hauptreferat «Kunstwerke, in denen Breite und Tiefe zusammenkommen, ohne daß eines auf Kosten des anderen reduziert wird».[1] 1961 wurde freilich auch zum Jahr, in dem mit Karl-Heinz Jakobs' *Beschreibung eines Sommers* und Brigitte Reimanns *Ankunft im Alltag* zwei Romane von «Berufsschriftstellern» erschienen, die bald als Symbole einer neuen «Ankunftsliteratur» galten.[2]

Die Abriegelung nach Westen und die erneute Steigerung der «sozialistischen Produktion» seit 1961 bildeten wichtige Voraussetzungen für ökonomische Planungen der SED, die 1962 einsetzten und sich auch für die Literaturpolitik als folgenreich erweisen sollten. Was in der Sowjetunion unter der Bezeichnung «Libermanismus» (nach dem Wirtschaftswissenschaftler Jewsej Grigorjewitsch Liberman) mehr und mehr auch parteiöffentlich diskutiert wurde: eine neue Betonung von Gewinn, Rentabilität und Planungstechnik, wurde nun auch in der DDR beachtet. Vor allem jüngere Funktionäre konnten sich mit Vorstellungen einer Reorganisation der Wirtschaft durchsetzen, bei denen manches durchaus an westliches Industrie-Management erinnerte.

Zur partei- und staatsoffiziellen Politik wurden diese Tendenzen im folgenden Jahr 1963 unter dem (vom Ministerrat am 25. Juni festgelegten) rasch propagierten Titel «Neues Ökonomisches System der Planung und Leitung der Volkswirtschaft» (NÖS oder NÖSPL). Hatte beim V. Parteitag (1958) noch die Steigerung der «Produktion» im Zentrum gestanden – und die Literatur, einschließlich des nachfolgenden Bitterfelder Weges, im Dienst einer solchen Steigerung –, ging es nun um eine neuartige Durchorganisation.

Effektivierung, nicht etwa Liberalisierung, wie manche (auch im Westen) es mißverstanden, war ihr Ziel. Kritiker aus den Reihen der Schrifsteller, die sich im Jahr nach dem Mauerbau wieder regten, wurden gerade jetzt als Nörgler und Störenfriede empfunden. Eine weitere Welle von Maßregelungen setzte ein. Wolf Biermann, von lupenreiner proletarischer und kommunistischer Herkunft und nicht ohne Stolz hierauf, verspottete mit sicherem Gespür für die Stimmungslage des Jahres 1962 die unbeweglichen Funktionäre als «Büroelefanten». Hiermit wie mit anderen Attacken begann die lange Serie der Provokationen und offiziellen Reaktionen, die 1976 mit der Ausbürgerung ihren Höhepunkt fand. Das 1961/62 mit Freunden aufgebaute «Berliner Arbeiter- und Studententheater» (b. a. t.) wurde bereits vor der Premiere geschlossen. Bis Juni 1963 erhielt Biermann ein erstes Auftrittsverbot, noch im gleichen Jahr wurde er aus der SED ausgeschlossen.

Eher an das Schicksal Harichs erinnerte der Weg des Physikochemikers Robert Havemann, der in seinen Berliner Seminaren und Vorlesungen seit 1962, von einem dialektischen «Freiheits»-Begriff ausgehend, Dogmatismus und ideologische Starrheit kritisierte. 1964 verlor er seine Partei- und Staatsämter, auch sein Lehramt an der Humboldt-Universität; er konnte sich jedoch in der Berliner Akademie der Wissenschaften halten. Hier wie bei Biermann bezeichnete das Jahr der «libermanistischen» Diskussionen, 1962, den ersten Höhepunkt der Kritik wie der Parteireaktion. Es wurde auch das Jahr, in dem Hans Mayer seinen Leipziger Lehrstuhl aufgab und in die Bundesrepublik ging. Dort wiederum wurde im gleichen Jahr der Verleger Eduard Reifferscheid, als er im Luchterhand Verlag erstmals Anna Seghers' *Das siebte Kreuz* herausbrachte, von dem ehemaligen DDR-Schriftsteller Peter Jokostra massiv angegriffen, nun lasse er die «Meute der gelehrigen Nacheiferer der so erfolgreichen Anna Seghers [...] durch das Tor» drängen; und er nannte Strittmatter, Hermlin, Kuba und Kurella.[3]

Das linientreue Mittelmaß eines Kuba oder Kurella dominierte in der Tat, aber durch das «Tor» gelangten sie gewiß nicht. Nicht einmal Hermlin oder gar Strittmatter war einer größeren Zahl literarisch Interessierter im Westen überhaupt bekannt. Von einer literarischen Invasion konnte nach dem Mauerbau noch auf Jahre hinaus keine Rede sein.

Während in der DDR selbst Bitterfeld und die «Ankunftsliteratur» den Ton angaben, hatten sich einzelne Nischen gehalten oder neu gebildet. Am 11. Dezember 1962 fand in der Berliner Akademie der Künste unter der Ägide Hermlins ein Lyrik-Abend junger Autoren statt, der auf Monate hinaus für offizielle Aufregung sorgte. Unter denen, die Gedichte vortrugen, befand sich auch Wolf Biermann. Von der neuen «Produktionsliteratur» und von den Bitterfelder Zielen war das, was dort vorgetragen wurde, weit entfernt. Man hörte auch Experimentelles, Verschlüsseltes und kritische Spitzen. Das eigentlich Anstößige geschah in der Aussprache. Hier schien nicht nur das parteioffiziell Aufbauende zu fehlen, es wurde auch recht offen gegen Doktrinarismus und verordneten Schematismus opponiert. Der Abend avancierte sogar zu einem Thema des VI. Parteitags der SED, der vom 15. bis zum 21. Januar 1963 stattfand. Der

Präsident der Akademie, Willi Bredel, wurde ob des Fehlens einer klaren Gegen-Stellungnahme kritisiert (Hermlin selbst gestand dann schließlich im «Neuen Deutschland» vom 6. April «Irrtümer» ein).

Auch um *Die Sorgen und die Macht* von Peter Hacks ging es auf dem Parteitag – und um die damals fast schon legendäre Zeitschrift «Sinn und Form». Mit großem Geschick, mit Zähigkeit und bisweilen verdeckter Schützenhilfe (etwa durch Johannes R. Becher und durch Brecht) hatte es Peter Huchel, der Parteilose, immer wieder verstanden, diese 1949 begründete, seit 1950 im Namen der Akademie der Künste herausgegebene Literaturzeitschrift als ein Forum des Ausprobierens, der nicht nur linientreuen Diskussion und einer vorsichtigen internationalen Orientierung zu bewahren. Ein Grund der Tolerierung war die ohnehin nicht sehr große Verbreitung innerhalb der DDR (um die 5000 Exemplare schwankend). Daß mehrere tausend Stück regelmäßig ins Ausland gingen und dort neugierige Beachtung fanden, erwies sich mehr und mehr als zweischneidig. Parteimächtigen wie Alexander Abusch war es ein Dorn im Auge, daß «sich dieser Herr Huchel als ‹Held der westlichen Welt› in der Westpresse feiern» ließ.[4] Schon im Oktober 1957 hatte sich Kurt Hager auf einer Kulturkonferenz über die «feine Zurückhaltung», «noble Beobachtungsweise» und wenig «parteiliche» Grundeinstellung beschwert.[5]

Im Herbst 1962 erschien nun unter anderem ein Artikel des österreichischen «Revisionisten» Ernst Fischer über «Entfremdung, Dekadenz, Realismus», in dem die Entfremdungsphänomene bei Kafka als bedeutungsvoll auch für die «sozialistische Literatur» eingestuft wurden. Damit war, nur scheinbar weitab vom Bitterfelder Programm, einer der empfindlichsten Punkte der literaturpolitischen Parteidoktrin getroffen. Er wurde zu einem von mehreren Anlässen, die schon mehrfach geforderte Ablösung Huchels endlich «durchzuführen». Nach langem Hin und Her wurde ihm Bodo Uhse als Korrektiv beigegeben. «Sinn und Form» blieb ein vergleichsweise ‹offenes›, experimentierfreudiges Organ, selbst nachdem Wilhelm Girnus 1964 die Chefredaktion übernommen hatte. Eindrucksvoll ist die Reihe der Vorabdrucke von später bekannten Werken, darunter Teilen von Christa Wolfs *Nachdenken über Christa T.* (1968) oder von Plenzdorfs *Die neuen Leiden des jungen W.* (1972).

Huchels Kaltstellung Ende 1962 sollte als Signal wirken und wurde von vielen zugleich als Symptom für literaturpolitische Starrheit oder auch Schwäche verstanden. Der Eindruck bestätigte sich von außen, als im Mai 1963 auf Schloß Liblice bei Prag eine internationale Kafka-Konferenz stattfand, die von dem renommierten Prager Germanisten Eduard Goldstücker geleitet wurde. Wie vorauszusehen, ging es auch hier unter anderem um das Problem der «Entfremdung». Aber nun, in der Diskussion mit Sozialisten wie Roger Garaudy aus Paris, Ernst Fischer aus Wien und Goldstücker aus Prag – aber auch zahlreichen anderen Schriftstellern und Wissenschaftlern aus der Tschechoslowakei, Ungarn, Jugoslawien –, wurde die Isolation der offiziellen DDR-Doktrin unübersehbar. Noch im Nachfeld der Konferenz war das Peinliche der internationalen sozialistischen Konfrontation merklich. Man versuchte, die Gegenseite ins bloß Modische, Saisonbedingte abzudrängen; so Alfred Kurella mit «Der Frühling, die Schwalben und Franz Kafka».[6] Oder man erklärte rundheraus, Kafka und Joyce und Proust hätten mit dem künstlerischen Erfassen der Tiefe, der Bewegung, der Widersprüche der Menschen beim sozialistischen Aufbau in der DDR nichts zu tun; so der einflußreiche Literaturwissenschaftler Hans Koch.[7]

Derselbe Hans Koch beklagte im gleichen Jahr, die Literaturkritik in der DDR sei der «Gleichförmigkeit» verfallen und fülle «die mit Abstand langweiligsten und uninteressantesten Spalten».[8] Die Gründe hierfür hätte sich Koch gewiß aus der Exemplarik seines eigenen starren Verhaltens bei der Kafka-Konferenz ableiten können. Bezeichnenderweise aber brachte gerade das Jahr 1963 einen neuen literaturkritischen Impuls – mit der weit ausgreifenden und intensiven öffentlichen Diskussion über Christa Wolfs *Der geteilte Himmel* und über Erwin Strittmatters *Ole Bienkopp*. Beide Romane stellten sich unmittelbar der gesellschaftlichen Gegenwarts-Wirklichkeit der DDR, aber beide konnten kaum als «Resultate» des Bitterfelder Weges verbucht werden. Christa Wolf hatte sich hier nicht der industriellen oder agrarischen «Produktionswelt» gewidmet, und Strittmatter wiederum präsentierte ausgerechnet einen scheiternden «Helden» der sozialistischen, kollektivierten Landwirtschaft.

Gleichwohl schien die Bilanz der 2. Bitterfelder Konferenz vom 24./25. April 1964 auf den ersten Blick eindrucksvoll. Der seit 1963 amtierende Kulturminister Hans Bentzien hatte detaillierte Erfahrungsberichte aus den verschiedenen Aktionsbereichen angefordert und breitete vor den über tausend Teilnehmern stolze Zahlen aus. Eine der wichtigsten: Die «Zirkel schreibender Arbeiter» waren seit Ende 1960 von 167 auf über 300 angestiegen. Zwar wurde in den Berichten wie in der Diskussion auch Kritik an einzelnen Fehlentwicklungen laut, am oft zu Forcierten oder von oben Diktierten, an faktischer Nivellierung und an ideologisch gedecktem Kitsch.

Wieland Herzfelde, altgedienter Literat noch aus der Weimarer Zeit und vertraut mit den Erfahrungen des Bundes proletarisch-revolutionärer Schriftsteller (BPRS), warnte vor einer Wiederholung des Proletkults. Bruno Apitz forderte höhere Qualitätsmaßstäbe, auch bessere Ausbildung des Personals in den zuständigen Verlagen. Franz Fühmann antwortete individuell und korrigierte an ihn gerichtete Erwartungen: einen Betriebsroman werde er, als nach wie vor Außenstehender, sinnvollerweise nicht schreiben *können*. Grundsätzliche Zweifel am «Weg» artikulierten sich nicht, es konnte nur um Teilverbesserungen gehen. Überaus bezeichnend, daß Ulbricht in seiner langen Grundsatzrede «Über die Entwicklung einer volksverbundenen sozialistischen Nationalkultur» gleich zu Anfang das im Vorjahr eingeführte NÖSPL als den auch für die Kultur verbindlichen Rahmen apostrophierte.[9] Das meiste, was er dann an noch nicht Gelungenem oder auch an bedenklichen Tendenzen andeutete – Probleme der «Entfremdung», des «Zweifels», auch der «Oberflächlichkeit» –, wurde von ihm unter dem Vorzeichen von Planungsfehlern abgehandelt, die künftig eliminiert werden sollten.

Daß nach einem halben Jahrzehnt der Elan des ersten Bitterfelder Aufbruchs verflogen war, konnte nicht verwundern. Die traditionsreiche, vieldiskutierte «Kluft» zwischen den «beiden Kulturen» war in dieser Zeitspanne
nicht zu schließen. Und was an vorzeigbaren, wenngleich nicht unumstrittenen «Werken» geschaffen worden war, stammte nach wie vor von den Professionellen wie Jakobs, Reimann, Strittmatter, und auch – aus der «jüngeren
Generation» – Christa Wolf, Hermann Kant, Manfred Bieler. Die individuellen Erfahrungen des einzelnen «lesenden» oder «schreibenden» Arbeiters
ließen sich schwerlich summieren. Es gab auch Stimmen, denen die schreibende Rekapitulation des Alltags, und sei sie noch so sehr von «fortschrittlicher» Perspektive bestimmt, schleichende Abnutzung zeitigte. Das auch in
der DDR expandierende Fernsehen spielte dabei, trotz vielbeklagter Einheitsware und Propaganda, eine nicht unwichtige alternative Rolle. Am 14. April
1964 wurde der offene Brief einer Eilenburger Brigade zur bevorstehenden
2. Bitterfelder Konferenz publiziert, in dem das neue Medium eine auffällig
starke Rolle spielte. Ulbrichts Antwort auf der Konferenz selbst fiel verständnisvoll aus, gestand eine wachsende Bedeutung des Fernsehens für die
Bedürfnisbefriedigung der «Werktätigen» ein, mahnte jedoch im übrigen
mehr «Niveau» und mehr Nachdenken über die «Spezifik» dieses Mediums
an.[10]

Wenige Tage nach der 2. Bitterfelder Konferenz, am 4. Mai 1964, trat das
Zweite Jugendgesetz der DDR in Kraft, das mit dem «Recht auf Bildung» die
Forderung nach der «Entwicklung einer gesunden kulturvollen und lebensfrohen Generation» verband.[11] Die umfassende Förderung von «Kinder- und
Jugendliteratur», besonders auch von «Kinder- und Jugendtheater», wurde
als integraler Bestandteil festgeschrieben – mit auffälligem Schwergewicht auf
den «Gegenwartsproblemen der Jugend».[12] Diese Jugend wurde ein dreiviertel Jahr später, am 25. Februar 1965, durch das «Gesetz über die einheitliche
sozialistische Bildung» definitiv auf die Herausbildung «allseitig» und harmonisch entwickelter sozialistischer Persönlichkeiten ausgerichtet.[13] Dies
und die leitmotivische Einbindung in die «sozialistische Kulturrevolution»
bestimmten in den nachfolgenden Jahren immer wieder auch die literarischen
Normdebatten um den «realistischen» Zuschnitt der sozialistischen «Helden». Es ist kaum ein Zufall, daß im gleichen Jahr 1965 Hermann Kants
erster, seinen Durchbruch markierender Roman *Die Aula* eine ganz individuelle bildungspolitische Bilanz zum zeitsymptomatischen Zentralthema
erhob.

2. Ansätze zur Kulturrevolution, gegenläufige Muster

Die Mitte der sechziger Jahre mit ihrer umfassenden kultur- und sozialpolitischen Neuformierung – zu der auch das am 1. April 1966 eingeführte «Familiengesetzbuch» mit der nun festgeschriebenen «Gleichberechtigung» von Mann und Frau gehörte – brachten auf der «planerischen» Ebene der Literaturpolitik eine gewisse Ruhepause. Das 11. Plenum des ZK der SED im Dezember 1965 statuierte noch einmal warnend Exempel, so vor allem an den beiden Filmregisseuren Kurt Maetzig und Frank Beyer. Bei der Umsetzung ins populäre Medium waren undogmatische und parteikritische Tendenzen zum Teil stark herausgekehrt worden – oder doch den empfindlichen Parteizensoren so erschienen.

So geschah es mit der DEFA-Verfilmung (1965) des Romans *Das Kaninchen bin ich* von Manfred Bieler (im Jahr darauf mit der Beyerschen Filmversion des Romans *Spur der Steine*, für den Erik Neutsch 1964 noch den Nationalpreis erhalten hatte): Die Partei wurde als der «Macht» allzuleicht folgend dargestellt, ihre Funktionäre als taktierend und unmoralisch «schwach». Damit war ein Leitthema des 11. Plenums berührt: der «Kampf gegen Liberalismus und Skeptizismus», womit vor allem Biermann, Bräuning, Havemann und Heym ins Visier genommen wurden. Honecker selbst appellierte an das «gesunde Volksempfinden», propagierte einen «sauberen Staat» und – konsequent – eine «saubere Leinwand». Die Abgrenzung gegen den Westen (wo die gleiche Formel, in schöner Synchronie, seit Jahren bemüht wurde) blieb auch hier nicht aus, mit dem Hinweis Honeckers auf die verderbliche Einwirkung von «Erscheinungen der amerikanischen Unmoral und Dekadenz».[14]

Mit der öffentlichen Brandmarkung des «Skeptizismus» und mit der Ausrufung der «Sauberkeit» war für einige Zeit ein dirigistischer Horizont gezogen, der die Verkündung neuer Richtlinien offenbar entbehrlich machte. Aus dieser relativen Windstille ist die besondere Aufmerksamkeit erklärbar, die im Sommer 1966 die Lyrik-Debatte in der FDJ-Zeitschrift «Forum» erregte. Es wurden nicht nur leicht aufmüpfige Gedichte vor allem junger Autoren gedruckt, in denen alltagskritische Töne sich regten, sondern auch prinzipielle Stellungnahmen, bei denen die Forderung nach direkter «Parteilichkeit» der Lyriker relativiert wurde. Am Beispiel eines Gedichts von Karl Mickel («Der See») stritt man um das Recht, Lyrik nicht nur «geschmäcklerisch» zu werten, sondern auch dialektische Gesellschaftsperspektiven zuzugestehen. Hans Koch hingegen, wiederum – wie beim Fall Kafka – die harte Linie vertretend, hielt dagegen, «daß die Welt-Anschauung dieses Gedichts außerhalb des eigenen Subjekts nichts kennt und entdeckt, auch nicht andeutungsweise, was sich leben ließe».[15]

Die vielstimmige «Forum»-Diskussion hat noch auf längere Zeit hin dazu beigetragen, daß die Lyrik im Vergleich zu anderen Gattungsbereichen als für

«Widersprüche» und «Antagonismen», für Sprachspielerisches und Experimentelles offener galt. Bezeichnenderweise konnte ein Roman, der sich dem Phantastischen und Verschütteten verschrieb wie *Der Weg nach Oobliadooh* von Fritz Rudolf Fries, 1966 nur im Westen gedruckt werden.

Daß die Literatur seit dem V. Parteitag (1963) als «großes» Thema der SED merklich zurückgetreten war, hat unterschiedliche Aspekte. Zwar gab es wiederholt Anlässe zu reagieren, bedenkliche Tendenzen anzuprangern, zu warnen und auf «Sauberkeit» zu dringen, in einzelnen Fällen auch für Bestrafung zu sorgen oder eine schon erfolgte zu bestätigen (von Biermann über Huchel bis zu Havemann – so unterschiedlich deren «Abweichlertum» auch begründet war). Doch programmatisch Neues war dabei kaum hervorgetreten, es dominierte immer noch ein modifizierter, kaum mit Enthusiasmus vertretener Bitterfelder «Realismus». Herausforderungen, wie sie mit dem neuartigen Muster Christa Wolfs und Hermann Kants oder auch mit der «Forum»-Debatte entstanden waren, wurden durch Bestreitung des Produktiv-Neuen oder durch barsche Zurechtweisung auf einer mittleren Ebene gehalten. Die offiziösen Richtlinien stagnierten im Grunde seit 1959.

Indes, auch das generelle Interesse der Partei, durch literaturpolitische Impulse den gesellschaftlichen Entwicklungsprozeß voranzutreiben, schien geringer geworden; es artikulierte sich jedenfalls weniger klar als in den Jahren um die 1. Bitterfelder Konferenz. Die Euphorie, die durch die Propagierung des «Neuen Ökonomischen Systems» (seit 1962/63), durch Hoffnungen auf technische und planerische Erfolge geschürt wurde, ließ zeitweise den Stellenwert der Literatur, vor allem den der «höheren», merklich zurücktreten. Dies geschah in eben jener Zeitspanne, als in der Bundesrepublik während der Großen Koalition (1966), aber auch zum Teil in Österreich und in der Schweiz, die politisch «eingreifende» Aufgabe der Literatur und der Schriftsteller neu entdeckt wurde. In diesem Punkt schien, auf der Oberfläche betrachtet, zumindest ein Teil der Schriftsteller im Westen sich der prinzipiell gesellschaftsbezogenen Bewertung der Literatur in der DDR anzunähern.

Was jedoch die Staats- und Parteiführung tatsächlich für fällig hielt, wurde nach einer ungewöhnlich langen Pause von mehr als vier Jahren auf dem VII. Parteitag der SED im April 1967 artikuliert. Der Sozialismus, so legte Ulbricht die neue historische Selbstdeutung fest, sei nicht nur eine kurze Übergangsphase zum Kommunismus, sondern eine «relativ selbständige» Epoche zwischen Kapitalismus und Kommunismus, und zwar im «Weltmaßstab».[16] Dieses Sicheinrichten in einem «entwickelten gesellschaftlichen System», das als «einheitlicher sozialer Organismus» aufzubauen sei, bedeutete zugleich einen neuen Modus des Selbstbewußtseins. In seiner Konsequenz lagen einerseits die Einführung einer eigenen «Staatszugehörigkeit» (bereits am 20. Februar) und die Ankündigung einer neuen Verfassung, die die alte «antifaschistisch-demokratische Ordnung» ablösen sollte. Andererseits erklärt sich aus dem neuen Selbstverständnis der erste deutsch-deutsche Notenwechsel zwischen den Regierungschefs Kiesinger und Stoph im Frühjahr und im Herbst des Jahres 1967 (beides abgestützt durch die neuen Richtlinien des VII. Parteitags). Die Grenzen der Annäherung zeigten sich rasch: spätestens als Stoph die völkerrechtliche Anerkennung der DDR forderte.

Die Literaturbeziehungen zwischen der DDR und der Bundesrepublik, aber auch die «Wertstellung» der Literatur innerhalb der DDR – etwa eine Gewährung größerer Bewegungsfreiheit – hat von dieser neuen Selbsteinschätzung zunächst nicht erkennbar profitiert. Ulbricht sprach zwar vom Ziel einer «gebildeten sozialistischen Nation», von einem «drei- bis vierfachen Bedarf an Kunstwerken aller Art» im nächsten Jahrzehnt, von der notwendigen Öffnung der Literatur zu den «Mitteln der Massenkommunikation».[17] Aber in den Beschlüssen des Parteitags blieben «Kunst und Literatur» eher marginal. Es gab freilich, entgegen früheren Gepflogenheiten, diesmal auch keine Scherbengerichte. Doch verdient Erwähnung, daß Christa Wolf, nach den Kontroversen um *Der geteilte Himmel* (auch um dessen Verfilmung), aber auch etwa nach ihrer moderaten Verteidigung Havemanns, nicht mehr als «Kandidatin» des ZK der SED gewählt wurde.

Das Erscheinen von *Nachdenken über Christa T.* im darauffolgenden Jahr (immerhin im «Mitteldeutschen Verlag», der die 1. Bitterfelder Konferenz ‹beherbergt› hatte) und die sich anschließenden Vorwürfe des «Individualismus», «Subjektivismus» und «Modernismus» nahmen sich wie eine Bestätigung der Parteitagswahl aus. Doch wurde dabei auch erkennbar, wie sehr seit Mitte der sechziger Jahre vor allem in der Erzählprosa die bedeutenden neuen ‹Muster› weit außerhalb des doktrinären sozialistischen Realismus und seines Parteischutzes entstanden waren: *Levins Mühle* von Johannes Bobrowski (1965), *Die Aula* von Hermann Kant (1965) und nun Christa Wolfs *Nachdenken*. Mehrere Titel, die heute mit zum «Umschwung» der DDR-Erzählprosa gezählt werden, wie Günter Kunerts *Tagträume* (1964) oder Fritz Rudolf Fries' *Der Weg nach Oobliadooh* (1966), konnten damals nur im Westen erscheinen.

Aber sie *wurden* dort gedruckt, und ihre Autoren konnten sich gleichwohl – wenn auch nicht ohne Repressionen – in der DDR halten. Ermöglicht wurde dies durch zwei Hauptvoraussetzungen. Im Westen war es die vielerörterte Politisierung des Literaturverständnisses vor allem bei der jüngeren Generation, aber auch bei schon arrivierten Autoren (wie Böll, Frisch, Grass, Walser und anderen). Wie bei der Exilliteratur spielte eine bewußte Hinwendung zum «Verdrängten», «Unterschätzten» eine wichtige Rolle. Seit Mitte der sechziger Jahre gehörte der DDR-Literatur, wenigstens in ihren nonkonformen Repräsentanten, zunehmend die Aufmerksamkeit der literarisch Interessierten. In der DDR selbst gab es bei den Hütern der Parteidoktrin ein höchst zusammengesetztes, ja widersprüchliches Interesse an der Tatsache des Erscheinens im Westen. Mit der offiziellen Ablehnung der «dekadenten» und «modernistischen» Texte (und mit der weitgehenden Abschnürung der eigenen Leserschaft von ihnen) verband sich mitunter wohl ein halb eingestandener Stolz darauf, daß eigene Autoren sogar im Westen Resonanz fanden (gelegentlich brachten sie auch West-Währung ein).

Vom literarischen Leben der DDR her gesehen, muß man seit der Mitte der sechziger Jahre mit dem rechnen, was man «Resonanz der Resonanz» nennen könnte. Was sich bei Huchels «Sinn und Form» bereits Jahre früher zeigte: die offizielle Schelte dessen, der sich angeblich vom imperialistischen Westen «feiern» ließ, das wurde nun zu einem Kernproblem der Literaturdiskussion. Westliches Interesse an Autoren wie Bobrowski, Kant oder Wolf machte die Texte zusätzlich verdächtig, aber dieses Interesse konnte eben nicht ignoriert werden. Spiegelungen der West-Resonanz von *Nachdenken über Christa T.* sind in der DDR-Literaturkritik zum gleichen Roman unverkennbar. Aber auch umgekehrt mußte der DDR-Literaturkritik bewußt sein, daß Angriffe gegen ein neues Buch und gegen den Autor dessen Erfolg im Westen (und die Rückwirkungen) eher noch verstärken halfen.

Aus offiziöser Sicht der DDR konnte schließlich jene Debatte um den «Tod der (bürgerlichen) Literatur», die im November 1968 mit dem berühmten «Kursbuch 15» Enzensbergers einen ersten Höhepunkt fand, wie eine Bestätigung der eigenen Wertigkeit wirken. Wenn Anfang 1969 das «Neue Deutschland» in einer Rezension von Anna Seghers' Roman *Das Vertrauen* zunächst durchaus stereotyp die «historische Perspektivlosigkeit» des «westdeutschen Imperialismus» kontrastiv herausstellte,[18] so gewann dies im Horizont der westlichen 68er Gesellschafts- und Literaturdebatten noch einen anderen, neuen, «vertrauenden» Sinn.

In einer Periode, in der die Literatur der DDR durch die genannten neuen Muster der Erzählprosa, aber auch durch die Lyrik-Diskussion im «Forum» und ihre Folgen, endlich ein breiteres Spektrum gewonnen hatte, Flexibilität, «Modernität» (wie auch immer *gegen* die Parteilinien realisiert) – in diesem Augenblick wurden vom Westen her Manifestationen einer tiefen «Krise», ja eines literarischen Offenbarungseides hörbar.

Wenn eine solche Konstellation zunächst nicht zu erkennbaren Lockerungen innerhalb der DDR-Literaturpolitik geführt hat, so dürften dafür vor allem zwei Gründe ausschlaggebend gewesen sein. Die Orientierung über das, was tatsächlich im Westen vorging, blieb für die Mehrzahl des eigenen Publikums immer noch rudimentär, die berichteten Extremtendenzen (nicht nur «Tod der Literatur») eher befremdlich und weit außerhalb der eigenen Probleme. Und: Der Prager Frühling 1968 und seine Niederwalzung wurden von den Vertretern der harten Linie wie Kurt Hager und Alfred Kurella bereitwilligst zur Einschüchterung und Reglementierung genutzt. Wie seinerzeit anläßlich der Prager Kafka-Konferenz hielt man auf die Differenz: wie es in der DDR nicht die Tendenzen der «Aufweichung» gegeben habe (Strukturalismus, Modernismus usw.), so sei auch eine anschließende Maßregelung nicht notwendig geworden.

Als im Mai 1969 der VI. Schriftstellerkongreß tagte, war die wesentliche Abwehr-Arbeit schon geleistet. Man mußte voraussetzen, daß nicht nur die Schriftsteller, sondern auch ein Großteil der Bevölkerung trotz strikter Zensur der eigenen Massenmedien über die Prager Vorgänge gut informiert war (1965 gab es in der DDR 3,2 Millionen Fernsehempfänger, 1968 schon 4,2 Millionen, d. h. in etwa 75 % der Haushalte). An allzu kritischen Fragen – vor allem bei einzelnen jüngeren Lyrikern – wurde Kritik geübt. Statt dessen wurden «Bücher zum Lachen» gefordert – die Konvergenz gegenüber westlichen Diskussionen nach 1970 ist frappant –, und der Hauptreferent Max Walter Schulz ging mit einzelnen Versuchen ins Gericht, «die weltanschauliche, parteiliche Substanz» der DDR-Literatur herabzumindern.[19]

Und der Bitterfelder Weg wurde zehn Jahre nach seiner Installierung erneut bekräftigt. Dabei gestand Ulbricht, daß «die Mehrheit der Schriftsteller und Künstler» immer noch nicht «gewonnen» worden sei.[20] Nach wie vor hatte sich bei den Werktätigen das komplementäre Programm effizienter durchsetzen lassen. Und noch 1969 erschien, gesättigt mit einem Jahrzehnt Erfahrung, ein bald weit verbreitetes *Handbuch für schreibende Arbeiter*, in dem die einzelnen Gattungen detailliert und mit vielen Beispielen behandelt waren. Die Zähigkeit, mit der an den alten, nur leicht modifizierten Rezepten festgehalten wurde, ist bemerkenswert. Dabei wurden selbst in offiziellen Diagnosen gelegentlich prinzipielle Hindernisse erstaunlich deutlich benannt. So geißelte Alfred Kurella «die durch Entfremdung der Arbeit im Kapitalismus erzeugte und noch nicht überwundene kulturelle Anspruchslosigkeit mancher Werktätigen».[21] Das Versagen der eigenen Konzepte war in solchen Begründungen nur notdürftig überdeckt.

Die Spannweite der Literaturpolitik, die am Ausgang der sechziger Jahre durch die *eine* Partei betrieben wurde, ist beträchtlich. Auch 1969 wurde die Diskussion über Christa Wolfs *Nachdenken über Christa T.* fortgesetzt, ein Roman, der die «Werktätigen» der DDR kaum intensiver beschäftigen konnte – sofern eines der 800 im Lande gedruckten Exemplare sie überhaupt erreichte. Doch auf dem VI. Schriftstellerkongreß war er eines der Themen des Hauptreferenten Max Walter Schulz. Bei ihm wurde das bundesrepublikanische Echo sogar ausdrücklich angesprochen[22] – Zeichen der neuen faktischen Öffnung seit Mitte des Jahrzehnts, bei weiterhin dogmatischer Kritik an «Innerlichkeit», «Individualismus», «Subjektivismus». Niveau und Resonanz des Musters waren nicht zu leugnen, aber «nacheifern» sollte man der Autorin nicht.

Im Frühjahr 1970 wurde allenthalben nicht nur der 25. Jahrestag der «Befreiung vom Faschismus» begangen. Auch der «Kulturbund» als frühes Sammelbecken «demokratischer» Kräfte, mit herausragender Funktion der Literatur, blickte auf ein Vierteljahrhundert zurück. In der Festansprache Klaus Gysis vom 25. Juni lautete eine der Zentralthesen: «Es war keine Stunde Null.»[23] Die Kontinuität des antifaschistisch-sozialistischen Erbes wurde noch einmal beschworen. Mit auffälliger Knappheit wurde jedoch auch das «konsequente» Hineingehen in die kulturell-literarischen Massenbewegungen der Gegenwart apostrophiert: «Der Bitterfelder Weg als der [!] Weg der

Herausbildung unserer sozialistischen Nationalkultur, als der Weg, auf dem
die sozialistische Kultur zur Kultur des ganzen Volkes wird, baut organisch
auf auf dem, was vorher geschaffen wurde.»[24] Die prekäre Kluft zwischen
dem, was jedenfalls das literarische Leben der DDR in die Zukunft hin öffnete, und dem, woran man mit Konsequenz festhielt, konnte deutlicher kaum
bezeichnet werden.

VII. VOM BITTERFELDER ROMAN ZUR LITERATUR FÜR «PROSALESER»

1. Abschied vom Betriebs- und Dorfroman

Die literarische Entdeckung des Neuen im Alltag der DDR ließ zu wünschen übrig. Unter den Proben der Betriebsprosa, die im Jahrgang 1958 der «Neuen Deutschen Literatur» wieder stärker vertreten war, findet man einen Text von Regine Hastedt (*1921) über den Aktivisten der ersten Stunde (1948) Adolf Hennecke, 1959 folgten *Drei Hennecke-Geschichten*. Es waren Vorboten ihres Buches *Die Tage mit Sepp Zach*, das 1959 auf der «Bitterfelder Konferenz» in den Mittelpunkt des Interesses gestellt wurde, obwohl es noch nicht fertig vorlag. Die Autorin und Sepp Zach berichteten dort von ihrer Zusammenarbeit – das sollte ein praktisches Modell für die literaturpolitischen Anweisungen der Konferenz abgeben, was die «Neue Deutsche Literatur» so formulierte: «Das Neue ist die bewußte, planmäßige Entwicklung einer vielseitigen sozialistischen Massenkultur [...] das Neue ist der lesende, der schreibende Arbeiter; das Neue in der Literatur ist der eng mit der Arbeiterklasse verbundene Schriftsteller.»[1] Man ging davon aus, die Kulturpolitik müsse «nachholen, was wir in der Ökonomie schon erreicht haben». Zu Recht rätselte die «Neue Deutsche Literatur» darüber, was denn an diesen Direktiven wirklich «neu» sei. Auf keinen Fall handelte es sich um die «kulturrevolutionäre Freisetzung einer Literatur der Arbeitswelt von unten» – schon die «von oben initiierte Kampagne»[2] sprach dagegen. Die literaturpolitischen Forderungen an die Schriftsteller lauteten dementsprechend kontrovers: «das eigene Leben gründlich verändern»; neue «Arbeitsmethoden entwickeln»; «Der Zufälligkeit, der Spontaneität entsagen». Ulbricht hatte in seiner Bitterfelder Rede allen Vorstellungen von einer prinzipiellen Veränderung des Kulturbegriffs bereits die bekannten Riegel vorgeschoben, als er «große Kunstwerke» verlangte – die freilich «ohne Kollektivität der Arbeit» nicht möglich seien. Der Autor schien als «Produzent» gefordert (Benjamin), jedoch nur, weil er die «Steigerung der Produktivität» (Kurella), nicht deren beständige Veränderung propagieren sollte.

Die Forderungen der «Bitterfelder Konferenz» sind in den bekannten Losungen zusammengefaßt worden: «Greif zur Feder, Kumpel, die sozialistische Nationalkultur braucht dich!», «Erstürmt die Höhen der Kultur!», «Schriftsteller in die Betriebe!» Die Orientierung der «Arbeiterklasse» am herkömmlichen Kulturbegriff ist in den an sie gerichteten Schlagworten deutlich genug – so konnte auch das ‹Brigadetagebuch› im Betrieb nur die erste

Stufe der Entwicklung von Arbeiterschriftstellern sein, denen letztlich die ‹Höhen› des klassischen und sozialistischen Literatur-Erbes als Ziele vorzuschweben hatten, wollten sie nicht Laien in lokalen ‹Zirkeln schreibender Arbeiter› bleiben, die über ‹kulturvolle› Freizeitgestaltung nicht hinausgelangten. Für die Autoren selbst hat Bitterfeld zum letzten Mal politische Direktiven gegeben, die auf die (veröffentlichte) literarische Produktion spürbar gewirkt haben; da aber im engeren Sinne literarische Normen nicht vorgeschrieben wurden, war das Ergebnis – paradoxerweise – offen. Zwar galten die Rahmenrichtlinien des «sozialistischen Realismus» fort, aber nach der Abkehr von Lukács' «Revisionismus» war auf dem Gebiet der Darstellungsmethoden ein Freiraum in Sicht, der in den kommenden Jahren von der Erzählprosa genutzt wurde und durch das vage Bitterfelder Konzept nur vorübergehend auf herkömmliche Genres und Themen beschränkt werden konnte. Öffentlich akzeptiert wurden schließlich Arbeiten wie Christa Wolfs Erzählung *Der geteilte Himmel* oder Erwin Strittmatters Roman *Ole Bienkopp* – die dokumentarische Literatur nach dem Modell *Sepp Zach* spielte bald eine untergeordnete Rolle.

Regine Hastedts *Die Tage mit Sepp Zach* (1959 im Gewerkschaftsverlag «Tribüne» erschienen) ist ein als Reportageerzählung angelegtes Porträt des verdienten Bergmanns Zach, dessen Bericht eine Journalistin aufschreibt, die sich zuvor bezeichnenderweise mit Kafka, mit einem Artikel über abstrakte Malerei beschäftigt hatte und durch Zachs Satz bei einer Autorenbesprechung «aus der Einsamkeit» in die Arbeitswelt kommt: «Ich will, daß das alles mal aufgeschrieben wird.» So entstehen zwei Teile des Buchs – *Kohle und Helden* und *Die Kohlenschlacht* – aus den Berichten der Reporterin über ihre Erfahrungen im Revier und aus den Erzählungen Zachs und anderer Kumpel, die sie notiert.

Dabei kommen nicht nur die Arbeitsbedingungen, sondern auch die Vorgeschichte der Arbeiterbewegung und mit ihr der Aktivist von 1948, Adolf Hennecke, zu Wort. Bericht, Dialoge, Tagebuch-Auszüge, Ich-Erzählungen der Bergleute, Erzählung aus der Perspektive der Reporterin könnten durchaus so etwas wie eine «offene» diskursive Form ergeben, aber die formale Oberfläche täuscht. Wie immer entsteht eine lineare Heldenfabel, an der allerdings das ‹Objekt› (also Zach) mitwirkt, wodurch die Arbeit an Authentizität gewinnen soll. Der Entstehungsprozeß des Ganzen wird reflektiert, indes ist die Reporterin schon zu Beginn durch ihre Bewunderung für Zach motiviert, und so kommt sie zwar als Schreibende ins Bergwerk, zugleich aber als Lernende, die alle intellektuellen Vorbehalte, alle Distanz den Arbeiterhelden gegenüber vergessen muß. Während sie noch an «Planschulden» denkt, beglaubigt ihr Zach die Parolen von der «große[n], gewaltige[n] Kraft aus den Schächten», die wie einst bei Hennecke diese Planschulden beseitigen wird. So ist der ökonomischen Hauptaufgabe Rechnung getragen. «Es war wie eine Schlacht. Wir siegten über den Berg, über uns und über den Feind.»

Die dualistische Metaphorik von Siegern und Besiegten, in die sich die Reporterin einbezieht, schließt das Buch ab. Man kann in ihm Ansätze zu einer Literatur ‹von unten› erkennen, man sieht, welche Verfahren der Literaturproduktion aktiviert werden könnten, um die angeblich ‹herrschende Klasse› – deren historischer Weg mit einbezogen wird – auch selbst zu Wort kommen zu lassen. Aber die von der Verfasserin letztlich ‹garantierte› Perspektive des Ganzen, die sie als ihren eigenen Lernprozeß in der Arbeitswelt ausgibt, macht die Ergebnisse vorhersagbar: daß Schriftsteller als Akteure und Propagandisten der Partei gedient haben und die ‹Klasse› selbst dabei nur scheinbar gesprochen hat.

Auch Franz Fühmann ließ sich auf die in Bitterfeld geforderten Gegenwartsthemen ein – sein Versuch eines Reportage-Berichts *Kabelkran und Blauer Peter* (1962) ist ein Dokument der literarischen Überprüfung dieses Weges. Fühmann hat eine Reportage-Erzählung geschrieben, die keinen Augenblick den Standpunkt des Ich-Erzählers vergessen läßt, der als Schriftsteller nach Rostock kommt, um einige Zeit auf einer Werft zu arbeiten:

«Die Welt des Großbetriebs war mir fremd und fern [...] seine innersten Bezirke waren mir fremd, und ich hatte Scheu, ja Angst vor dieser eisernen Welt.» In der Brigade, die ihn mitarbeiten läßt, findet er zunächst Gesprächspartner, dann Kollegen, die ihm fachlich immer überlegen sind, denen er aber neugierig zuhören kann («Jetzt kapiere ich etwas»), um von der manuellen Produktion bis zur Planung seine eigenen Erkenntnisse dem Leser mitzuteilen, der sich in die Lage des erkundenden Autors versetzt sieht. Die Reportage enthält Porträts von Arbeitskollegen – alltägliche Figuren ohne jeden Heroismus; sicher gibt es dabei ‹typisierende› Züge, und im Sinne Bitterfelds ist es, wenn einer bekennen kann, er habe «angefangen zu schreiben». Aber das bleibt Moment einer Ortserkundung, die genügend sachliche Details aufweist, um auch noch die Wendung halbwegs überzeugend erscheinen zu lassen, dies Land sei «menschlich schön [...] ein Arbeitergesicht, kein Madonnenlächeln».

Der Text transportiert besonders da falsche Zuversicht, wo der Autor seinen eigenen Lebensweg in den «Staat der arbeitenden Menschen» als ‹Ankunft› schildert. Dennoch wirken Struktur, Einstellung zur Realität, Erzählhaltung modellhaft; bei Fühmann selbst (*Schieferbrechen und schreiben*, 1976) und bei anderen (Bräunig, Koplowitz, Braun) wird das später weiterentwickelt.

Die beiden bemerkenswertesten Romane aus der ersten Bitterfelder Phase, die sich der industriellen Aufbauarbeit zuwenden, sind 1961 erschienen: *Beschreibung eines Sommers* von Karl-Heinz Jakobs (*1929) und *Ankunft im Alltag* von Brigitte Reimann (1933–1973). Beide Romane greifen auf Modelle der Aufbau-Literatur aus dem Anfang der fünfziger Jahre zurück. Bei Bredel und Mundstock wurden Jugendgruppen vorgeführt, bei Jakobs befindet man sich in einem ‹Jugendprojekt› an der Oder, bei Reimann in einer Jugendgruppe, die am Aufbau des Kombinats «Schwarze Pumpe» mitwirkt. Der Titel ihres Romans, der eine Entwicklung signalisiert, wurde sehr schnell zum Schlagwort: Ankunft einer oder mehrerer Figuren in einem sozialistischen Aufbau-Alltag, dem der V. Parteitag 1958 bescheinigt hatte, daß in ihm die Grundlagen des Sozialismus gelegt seien, auf denen nun der weitere Auf- und Ausbau zu erfolgen habe. So gibt es denn auch in beiden Romanen

Figuren, die schon in der DDR herangewachsen sind – also nicht von ‹außen› oder aus dem Weltkrieg ankommen –, die aber als Außenseiter und Desillusionierte sich zunächst nicht einordnen können in den Arbeitsprozeß, in Normen gesellschaftlichen Zusammenlebens. Neu ist, wie gesagt, nicht dieser Figurentypus, sondern seine Lebensgrundlage, die DDR.

In Jakobs' *Beschreibung eines Sommers* hat der ‹negative› Held den bezeichnenden Namen Tom Breitsprecher; er erzählt in Ich-Form von seiner Delegation als leitender Ingenieur zu einem Jugendprojekt, zugleich von einer Liebesgeschichte mit einer verheirateten jungen Frau, die im Gegensatz zu Breitsprecher aktives Parteimitglied ist. Hier, in diesem Privatbereich, entsteht der Konflikt mit der SED, die «einen Einbruch in unsere sozialistische Moral» nicht ungestraft hinnehmen kann und die Trennung befiehlt. Grit, die Frau, scheint das gehorsam zu akzeptieren, Breitsprecher wird damit letztlich nicht fertig. Die Erzähler-Ebene bleibt durchaus mehrdeutig; am Ende des Romans steht die Erinnerung an privates Glück, das die Partei durch gesellschaftliches regulieren wollte.

Der Zusammenbruch des Erzählers am Ende der Binnenfabel wird sich wiederholen in Christa Wolfs *Der geteilte Himmel*. Jakobs überläßt dem Leser die losen Enden eines Romans, der sich begrenzte Provokationen erlaubt. Die Individual- und die umgreifende «Sozialperspektive» (Robert Weimann) sind nur locker verbunden, mag die «Individualperspektive» einstweilen auch nichts als eine sentimentale Liebesgeschichte enthalten.

Sämtliche wichtigen Betriebsromane bis zur Mitte der sechziger Jahre sind durch beständig variierte thematische und Handlungsmotive verknüpft. Brigitte Reimann kehrte die Konstellation von Jakobs um: Im Zentrum steht die Heldin mit sozialistischer Überzeugung, die durch den Zyniker und Sohn aus besserem Hause gefährdet wird. Das Ende ist nur scheinbar offen: Der verlorene Sohn eines Altkommunisten wird seine Lebensweise ändern und den DDR-Alltag mit seinen Zukunftsperspektiven annehmen. In Christa Wolfs (* 1929) Erzählung *Der geteilte Himmel* (1963) kommt ein Handlungsmotiv hinzu, das nach der Schließung der Westgrenze 1961 aktuell blieb und das Reimann 1963 in *Die Geschwister* didaktisch gelöst hatte: Es gelingt, den enttäuschten Bruder von seiner Flucht in den Westen abzuhalten. Wolfs Außenseiter, Manfred, verläßt dagegen kurz vor dem Bau der ‹Mauer› die DDR. Für die Hauptfigur Rita gilt wie bei Jakobs oder Reimann das Erzählmodell der Entwicklungsgeschichte, die ihrem Scheitern hier näher kommt als in den anderen Prosatexten.

Mit Ritas Augen erfährt der Leser von den Mängeln und den Hoffnungen der DDR-Realität; sie ist das Mädchen vom Lande, das Pädagogik studieren soll und nebenher in einem Waggonbetrieb arbeitet. Als sei sie neu in diesem Staat, erlebt sie die Krise, die sie zur Entscheidung zwingt. *Die Entscheidung* (1959) hatte Anna Seghers ihren ersten in der DDR geschriebenen Roman genannt, der in einer abstrakt-parteilichen Antithese den kapitalistischen Westen mit dem Aufbau des Sozialismus konfrontierte. Die schwere Entscheidung für das ‹Richtige› war zugleich gegen eine nazistisch-bourgeoise Vergangenheit gerichtet, die im Westen fortlebte. Manfreds Eltern stehen als Vertreter dieser alten Welt in der DDR auf verlorenem Posten. Manfred, Ritas Geliebter, ist der intellektuelle Außenseiter, der, folgte man dem Schema, letztlich noch für ein Leben in der DDR zu gewinnen wäre, wie es bei Jakobs' Tom Breitsprecher oder bei Reimann den Anschein hat. So vermittelt der Text eine Fülle von Eindrücken aus allen Bereichen betrieblicher Arbeit, von den Normproblemen der Brigade bis zu den Schwierigkeiten der Betriebsleitung und der ‹Produktivkraft Wissenschaft›. Die Erzählung plädiert ganz im Sinne der ökonomischen Hauptaufgabe für Leistungssteigerung, die sich noch schematisch in Quantitäten bemessen läßt, und sie lastet Planungsfehler auf der höheren Ebene einem versagenden Betriebsleiter und fehlenden Lieferungen aus dem Westen an. All dies kennt man. Der neue Betriebsleiter Wendland sucht freilich die Belegschaft über die Engpässe aufzuklären: Man kann die Erzählung auch als indirekte Vorbereitung auf das NÖSPL (Neues Ökonomisches System der Planung und Leitung der Volkswirtschaft) lesen, das 1963 offiziell beschlossen wurde und den einzelnen Betrieben stärkere Eigenständigkeit zugestand. Ähnlich läßt sich Ritas scheiterndes Verhältnis zu Manfred als Versuch deuten, den Bau der Mauer im August 1961 zu verarbeiten. «Der Himmel teilt sich zu allererst.» Das bleibt im Bild, politische Ideologie allein vermag die Trennung nicht zu rechtfertigen.

Wenn die Erzählung für die DDR-Prosa bei aller Variation herkömmlicher thematischer Muster bis hin zum gebrochenen positiven Helden Meternagel etwas Neues bedeutet, dann vor allem durch dies: Aus Ansätzen bei Jakobs, Reimann entsteht eine Form des Erzählens, die alle Einsinnigkeit der Figuren, die Emphase der auffälligen Symbole (etwa der erste Sojus-Flug, die Erprobung eines neuen Eisenbahnwagens und ideologische Gespräche im Zentrum der Erzählung) in einen potentiell mehrdeutig-mehrschichtigen Erzählduktus einbezieht. Mehrdeutig schon in der Erzählsituation, in der ständig wechselnden Zuordnung der Sätze zur Hauptfigur Rita oder zur Erzählerin. Rita, die nach der Trennung von Manfred im Waggonwerk verunglückt, vielleicht auch Selbstmord versucht, erwacht «in jenen letzten Augusttagen des Jahres 1961» in einem Sanatorium. So beginnt die Erzählung. Ritas Gesundung bedeutet Verarbeitung des Erinnerten; die Widersprüche der gesellschaftlichen Totale werden als Lebensgeschichte des einzelnen dargestellt, aber nicht als lineare Ich-Erzählung, sondern als variabler Prozeß, an dem Gedanken und Gefühle der Figur ebenso Anteil haben wie die Erzählerin. Daß deren Präsentation und Reflexion hier noch vielfach belehrend wirkt, daß Rita den Schock der Trennung schließlich als Probe auf ihre emotionale Bindung an die DDR («Sog einer großen geschichtlichen Bewegung») bewältigen kann, zeigt die Muster der fünfziger Jahre an. Bis in die Mitte der sechziger Jahre wird ‹die Entscheidung› zwischen Ost und West als Problem des Alltags noch eine Rolle in der Prosa spielen.

Der geteilte Himmel nimmt schon in der Mehrdeutigkeit der Erzählsituation die figurale Eindeutigkeit des Erzählens zurück; zugleich aber löst sie das Ich-Kontinuum von der Form her auf. Hatte schon die Hauptfigur bei Jakobs die Kritik irritiert, so mußte sich am *Geteilten Himmel* literaturpolitisch entscheiden, was man als Resultat des Bitterfelder Weges in literarisch ‹gestalteter› Form akzeptieren wollte; denn daß hier ein Beitrag zur Gegenwart einschließlich ihres Betriebsalltags vorlag, war nicht zu übersehen. Wenn

die Erzählform verblüffte, obwohl sie zur harten Schreibweise (die noch
Jakobs aufnahm) entschieden Distanz wahrte, so konnte man ihr doch nicht
ohne weiteres einen ‹dekadenten› Inhalt anlasten. Dennoch geschah das,
nachdem die Erzählung bereits den Heinrich-Mann-Preis erhalten hatte. Die
Laudatio Kurellas wies freilich auf «große Lücken» hin; das Buch lasse «vieles von dem Erfreulichen vermissen», das man im Gegenwartsleben vorfinde.
Überraschenderweise wurde die «komplizierte Struktur» als Funktion des
«parteilichen Durchdenkens» des Stoffes akzeptiert. Damit war der Übergang in ein anderes Paradigma des Gegenwarts-Erzählens, das sich hier im
Gewande des Entwicklungs- und Betriebsromans ankündigte, literaturtheoretisch noch nicht bewältigt. Mitarbeitern der SED-Zeitung «Freiheit»
(Halle) war es vorbehalten, die alten und bis zum Ende der sechziger Jahre
immer wieder verwendeten Argumente ins Feld zu führen. Kritisiert wurde
der «negative Eindruck», den auch die positiven Gestalten machten, die unzulängliche Repräsentation der Partei; und schließlich fiel das entscheidende
Kennwort: Da werde «der Faden dekadenter Lebensauffassung in unsere
sozialistische Entwicklung» gesponnen. Die Darstellungsweise bemängelte
nicht zuletzt ein Zirkel schreibender Arbeiter im VEB Waggonbau Ammen-
dorf, wo Wolf ihre Studien betrieben hatte: das «Krankenbettprisma» ver-
düstere das Bild der Betriebswirklichkeit. Die Diskussion hatte also zu
zeigen, wieviel «Wahrheit», vor allem thematischer Art, die literarische Öffentlichkeit tolerieren sollte. Die «Konflikte aller im Buch auftretenden Genossen» mußten deshalb in ihrem ‹realistischen›, d. h. die Gegenwart kritisch-
parteilich analysierenden Gehalt gerechtfertigt werden: «Sicher auf dem
neuen Ufer» (so der Titel eines Beitrags von Hans Koch). Koch gebrauchte in
seiner zustimmenden Rezension einen Begriff, dessen zukünftige Bedeutung
für Christa Wolf und für andere Autoren er wohl kaum überblickt hat:
«subjektive Aufrichtigkeit» als Substanz der produktionsästhetischen Haltung. Die «Gefahr des Subjektivismus» mußte daneben erneut beschworen
werden. Die Erzählung wurde als eins der ersten Beispiele jüngerer DDR-
Literatur in Westdeutschland (zunächst in einem kleinen Verlag) gedruckt
und gewürdigt, was wiederum in der «Freiheit» als «Gerede vom Wagnis»
zurückgewiesen wurde.[3] Damit hatten sich die Bitterfelder Intentionen in ein
Ergebnis verwandelt, das zwar den sozialistischen Inhalt als Erzählgrundlage
für die DDR-Gegenwart weitertrug, das aber im Erzählverfahren (und den
Konsequenzen für die Auslegung der Thematik) die Annäherung an die literarische Moderne ahnen ließ. Während man 1963/64 noch um die Anerkennung Kafkas rang, wird die Literaturtheorie wenige Jahre später in einer
merkwürdigen Volte ‹moderne› (also zum guten Teil ‹bürgerliche›, vordem als
dekadent gebrandmarkte) Erzählverfahren rechtfertigen, aber auf der sozialistischen «Sozialperspektive» (Robert Weimann) beharren, die der «Individualperspektive» übergeordnet sei. Die Gefahr des «Modernismus» (Horst
Redeker u. a.)[4] tritt an die Stelle des früheren Dekadenz-Verdachts. Dennoch

war eine Entwicklung der Erzählprosa nicht aufzuhalten, die ideologisch «garantierte Realität» (Blumenberg) immer mehr durch die Potentialität der fiktionalen Gebilde ersetzte.

Erik Neutsch (* 1931) hatte 1962 seine *Bitterfelder Geschichten* veröffentlicht, 1964 folgte der Roman *Die Spur der Steine*, der über Jahrzehnte hin durch beständige Neuauflagen zum Literaturklassiker der DDR wurde und im Westen unbekannt blieb. Er lieferte Stoff für Heiner Müllers Stück *Der Bau* (1965) und diente als Vorlage für einen Film von Frank Beyer (1966), der das Selbstbewußtsein der proletarischen Hauptfigur ins Zentrum stellte und dessen Aufführung zusammen mit einer ganzen Serie von kritischen Filmen aus der DEFA-Produktion 1965/66 sofort unterbunden wurde. An dem 1000-Seiten-Roman lassen sich die Bitterfelder Literaturpolitik und die Perspektiven des «Neuen Ökonomischen Systems» ablesen. Die Partei ist in dem Roman vom Betriebsparteisekretär bis zum Vorsitzenden des Staatsrats vertreten, der am Ende das neue Bauverfahren des Helden Hannes Balla zum Exempel erhebt (mit dieser Szenerie folgt Neutsch den Aufbauromanen der fünfziger Jahre) und damit den Ruf nach einer verbesserten «Arbeitsproduktivität» als Voraussetzung für den Sieg über den westdeutschen Kapitalismus nochmals bestätigt. Der Brigadier Balla hat alle Konflikte, die sich aus dieser ökonomischen Strategie ergeben, durchzustehen: den Konflikt zwischen Produktivität und Lohn, zwischen produktiveren (Bau-)Methoden und dem Materialmangel, Eigeninitiative und zentraler Planung (was bis zum Streikversuch führt), Eigeninteressen und dem Interesse des Ganzen. Er ist noch einmal der figurale Held, der für die aktuelle politische Situation ‹typische› Alternativen vorzuführen hat.

Einer der Mentoren Ballas, der Betriebsparteisekretär Horrath, gerät dagegen in eine private Konfliktsituation, um die sich (wie bei Jakobs) die Partei kümmert: Der verheiratete Mann hat ein Verhältnis mit einer Ingenieurin, die von ihm ein Kind erwartet; Horrath wagt sich zunächst nicht mit der Wahrheit heraus. Nicht zuletzt diese Nebenhandlung wurde in DDR-Besprechungen des Romans viel diskutiert – es war der spektakulärste Versuch, die merkwürdige Verbindung von Parteipolitik und Privatleben zur Diskussion zu stellen. De Bruyn wird das Motiv 1968 in *Buridans Esel* nochmals aufnehmen, um die Entscheidung den Beteiligten selbst aufzubürden; in der Erzählprosa der siebziger Jahre werden solche Verhältnisse ungeniert zum Sujet, aber Ballas Frage nach neuen «Normen des menschlichen Zusammenlebens» wird noch immer diskutiert, nun aus der Sicht des Privatlebens, von dem aus der sozialpolitische Aspekt in den Blick kommen kann (bei Becker, Morgner, Gratzik, Heym etwa). «Die Partei kann die Hurerei verbieten, aber nicht die Liebe» – diese puritanische Erkenntnis Ballas, als Lösung des Horrath-Problems gedacht, hat sich erledigt.

Sie ist bezeichnend für die bescheidenen Freiräume, die der Roman schaffen will. Das gilt auch für die Bitterfelder Ästhetik, die in ihm diskutiert wird. Balla «erstürmt die Höhen der Kultur», als er zum ersten Mal ein Konzert und die Oper *Die Zauberflöte* besucht. «Volk ans Sonett», wie eine Figur in Müllers *Der Bau* zynisch kommentiert. Im Roman greift Neutsch auch das

Motiv des Künstlers (Malers) im Betrieb auf, das schon bei Claudius vorkam (*Menschen an unserer Seite*, 1951) und eine erneute Forderung der Bitterfelder Konferenz war. Es wird nicht verschwiegen, daß der Maler Schwierigkeiten in der Periode der Formalismus-Kampagne hatte; wenn er bei einem Arbeiter-Porträt das Verfahren der Collage verwendet, so wird das jetzt verteidigt. Aber es bleibt beim Streit: «‹Die Kunst ist offen.› ‹Öffentlich.› ‹Offen.›» Daß die Gegensätze gar keine sein könnten, steht nicht zur Debatte. Neutsch selbst verwendet keinerlei ‹Modernismen›. Heiner Müller, der in seinen Produktionsstücken das Verhältnis von Thema und literarischer Struktur prinzipiell anders aufgefaßt hat, läßt eine Figur bemerken: «Klamann plant die Höhen der Kultur / Und schreibt Romane und wir müssen sie lesen.»⁵ Müller hat Neutschs Roman zu Recht als Reservoir aktueller sozialer Widersprüche verstanden. Zugleich ist das Buch eine letzte Zusammenfassung nahezu aller Motive des Aufbau-Betriebsromans und sogar – in Nebenfabeln – des Dorfromans. Die garantierte «Totalität», die Neutsch in seinem Roman des Nebeneinander anstrebt, findet in ihrem Entwicklungshelden Balla – vom anarchischen Selbsthelfer zum sozialistischen Aktivisten – nochmals ihren Exponenten. Die Individualperspektive ist nicht autonomes «Moment» der übergreifenden Sozialperspektive, wie das der Erzählvorgang in *Der geteilte Himmel* schon andeutet, sondern beglaubigt nur die Vorgaben.

Erwin Strittmatters Roman *Ole Bienkopp* erschien 1963, als die Kollektivierung auf dem Lande, die Umwandlung also in eine genossenschaftliche Wirtschaftsweise, abgeschlossen war – das geschah 1960 in einem letzten rigorosen Anlauf. Insofern rechtfertigte der Roman scheinbar die tatsächliche Entwicklung, denn Ole Bienkopps Lebensaufgabe ist nichts anderes als diese neue Wirtschaftsform. Im ersten Teil hat er sie gegen die Widerstände der Gestrigen (Grundbesitzer, Großbauern) und der noch nicht so weit fortgeschrittenen Partei durchzusetzen, im zweiten Teil versucht er gegen die Mühlen der Bürokratie den Alleingang und scheitert. Bienkopps Tod hat in der DDR-Diskussion über den Roman eine zentrale Rolle gespielt, im Westen ist er als Signal der Opposition gegen das «System» verstanden worden. In der Tat ist Bienkopp ein anarchischer Einzelgänger, der Dogmatismus nicht erträgt, aber auch Solidarität erst lernen muß.

Sein Lebenslauf rechtfertigt also nicht einfach die Kollektivierung der Landwirtschaft, sondern erinnert an die demokratische Initiative «von unten», die auch in diesem Prozeß steckt und in ihm hätte den Ausschlag geben sollen. Strittmatter zeichnet Bienkopp und seine Mitarbeiter als Träger vernünftiger Initiativen, denen die Direktiven von oben in die Quere kommen. Bienkopp ist nicht nur Individuum, sondern Subjekt in einer Arbeitswelt; ob ihm am Ende nur die «revolutionäre Geduld» fehlt, auf den ‹sozialistischen Gang› zu warten, hat Strittmatter bewußt offengelassen. Der Gegensatz zwischen «offener» und «öffentlicher» Kunst, der bei Neutsch diskutiert wird, besteht hier nicht. Neutsch gibt die Lösungen mit, Strittmatter bringt seinen Roman in ein mehrdeutiges Spannungsverhältnis zu den realen Ereignissen. Bienkopp repräsentiert den «Eigensinn ohne Eigennutz», er ist sowenig ‹positiver Held› im Sinne einer schlichten Parteilichkeit, wie die realen Verhältnisse, gemessen am Eigensinn, einfach hinzunehmen sind. Andererseits kann man den Roman in einer Reihe mit Hamsuns *Segen der Erde* (dt. 1912) und Waggerls *Brot* (1930) als ‹Umfunktionierung› dieser radikal individualistischen Dorfromane sehen: nicht um das Abseits von Einödhöfen, sondern um die Veränderung des gesellschaftlichen Seins geht es. «Arbeit zusammen! Das Land zusammen!»

Die scheinbar naiv fabulierende Erzählweise Strittmatters – bei Bobrowski wird dieser Stil weiterentwickelt –, die Umgangssprache, Bildhaftigkeit, Erzählerrede, Figurenperspektive, in Grenzen auch Zeitebenen des Erzählten ohne Schwierigkeiten mischen kann, wirkt im *Bienkopp* konzentrierter als etwa im *Wundertäter* (1957). Schlichte Namenssymbolik, grob gezeichnete Figuren deuten nicht falsche Volkstümlichkeit an, sie schaffen (oft komisch-schwankhafte) Distanz zur Figurenpsychologie.

Ähnlich wie bei *Der geteilte Himmel* gab es zu *Ole Bienkopp* eine breite Kritiker- und Leser-Diskussion, aus der Strittmatters Versuch, den Leser nicht zur Identifikation einzuladen, sondern ihm ein ‹Modell› anzubieten, als legitimiert hervorging. Horst Redeker faßte das 1967 zusammen: «Kunstgenuß heißt zunächst, in ein Modell der Welt einzutreten und sich darin umzutun.» Redeker diskutiert die «Aktivität des Rezipierenden», spricht von Spiel und von Impulsen, die das Werk geben soll. Wie gleichzeitig Werner Mittenzwei zitiert Redeker dazu Brecht. Neutsch habe dagegen «dem Leser zu wenig zugetraut».[6]

Strittmatter versuchte sich an einer Modellform ‹operativen› Erzählens, die den Gesellschaftsroman als Medium öffentlicher Diskussionen versprach – auf einer anderen Grundlage, als dies 1955 mit Marchwitzas Aufbauroman *Roheisen* versucht worden war, wo auch die «Produktion» eines Textes noch (begrenzt) zur Diskussion gestanden hatte. Christa Wolf brachte Erzählformen des «Modernismus» ein, die ihrer thematischen Konzentration auf die Erfahrung des Subjekts Nachdruck gaben. Solches Erzählen würde, weiterentwickelt, vor allem den einzelnen Leser ansprechen, wie Wolf das 1968 in ihrem Essay *Lesen und Schreiben* begründen sollte. Eine Fortsetzung von Strittmatters Versuch gab es zunächst nicht – Hermann Kants *Die Aula* (1965) reichte als Reflexion der DDR-Geschichte nicht aus, obwohl der Roman binnen kurzem ebenfalls zum ‹Klassiker› ausgerufen wurde.

2. Der erinnerte Krieg: Romane der jüngeren Generation

Wenn mit dem Aufbau-, Betriebs- und dem Dorfroman nach 1960 Genres paradigmatisch abgeschlossen wurden, die für die DDR-Literatur seit Anbeginn wichtig gewesen waren, so sind die Themen Krieg, Widerstand, Nachkrieg dadurch keineswegs verdrängt worden, aber die literarischen Ergebnisse führten thematisch über die Arbeiten der fünfziger Jahre kaum hinaus.

Viele der Romane sind noch immer als Entwicklungsromane angelegt oder enthalten doch Momente dieses Romantypus. Die Geschichte jugendlicher Helden ermöglicht die kontinuierliche Romanfabel, weil sie in der Regel gezwungen oder freiwillig Mitläufer und Mitmacher in NS-System und Wehrmacht sind, aus bürgerlichem Hause stammen und so in der Umschichtungszeit nach dem Ende des Krieges zwischen der alten, absterbenden Welt, die sich in Westdeutschland schnell wieder als die herrschende etabliert, und den Anzeichen eines Neubeginns unter sozialistischen Vorzeichen schwanken können. Es sind also überwiegend Fabeln des ‹Abschieds›, der – und dies ist nach wie vor das Auffällige – bei den Zentralfiguren kaum je aus dem Zusammenbruch der alten Orientierungen oder der Existenz im ideologischen Niemandsland nach 1945 zu einer definitiv neuen Orientierung führt. Der Leser verliert die Helden als unentschiedene aus den Augen, selbst wenn ihm im Roman genügend Gegenbilder mit festem Klassenstandpunkt angeboten werden («Mentoren»), die den Helden auf die richtige Seite zu ziehen versuchen. Denn das Arrangement der Figuren ist noch immer das einer «morality»: Um den schwankenden, im Sinne des alten Bildungsromans also entwicklungsfähigen «mittleren» Helden gruppieren sich die Vertreter der alten Welt, des dekadenten Bürgertums auf der einen Seite, die zumeist proletarischen Vertreter der politisch-ideologischen Neuorientierung auf der anderen Seite. Das Ende der Geschichte bleibt also zumeist offen, die Wertungen nicht. Sie ergeben sich aus der Richtung der Fabel und der Zeichnung der Figuren. Wie zuvor, so ist, von Ausnahmen abgesehen, das Erzählen als Vermittlungsvorgang nicht thematisiert – es wird eine in sich konsistente Welt geboten, und es scheint sich in der westzonalen Szene der Schieber und der wiederbelebten Bourgeoisie nach 1945 bereits das Wirtschaftswunderland der fünfziger Jahre zu spiegeln, dem auf der sowjetzonalen Seite die Askese gegenübersteht.

Am meisten gelesen wurde der erste Band von Dieter Nolls (* 1927) *Die Abenteuer des Werner Holt* (1960; 38. Aufl. 1986), der bis zum Kriegsende führte und den zwischen Idealismus, Desillusionierung und Entsetzen schwankenden jungen Helden der sogenannten Flakhelfergeneration am Ende noch in einer heroischen Geste eine Entscheidung des Abschieds vom Falschen signalisieren ließ: «Die SS-Männer standen scharf und deutlich auf dem Visier. Holt zog ab. Ein Feuerstoß schmetterte heraus.»

Der politische Roman verbindet sich im zweiten Band (1964; 24. Aufl. 1986) mit dem Liebesroman. Der Bürgersohn Holt gerät zwischen der Kommunistin Gundel und erotischen Reizen des Bürgertums auch in emotionale Konflikte. All dies ist trivial, auch in der Wiederholung der bekannten Mittel figuralen Erzählens. Was sich in diesem und in anderen Romanen freilich (etwa bei de Bruyn) am Leben erhält, ist ein Typus: Ein nicht festgelegter, eigenwilliger und gefährdeter junger Mensch, der zwar – im zweiten Band – das Kommunistische Manifest als eine Art Erleuchtung erfährt, der sich aber von der dogmatischen Freundin nicht politisch beherrschen läßt: «Anderswerden [...] Aber nicht durch Mehrheitsbeschluß.»[7]

Das vertraute Thema der politischen Dogmatismus-Kritik wird hier aus der Sicht einer sensiblen Figur psychologisch, sozusagen auf der ‹naiven› Stufe, vorgetragen. *Über Sinn und Unsinn von Naivität* überschrieb Christa Wolf den Selbstkommentar ihrer ersten Erzählung, *Moskauer Novelle* (1961), in der die Nachkriegszeit als traurige Liebesgeschichte bewältigt wird.

Günter de Bruyn (* 1926) hat sich, wie Wolf, später von seinem ersten Buch distanziert. Er gab seinem Helden, der mit zwei Kameraden die Wege und Irrwege der jungen Generation in den Jahren 1945/46 anzeigen soll, nicht zufällig den Namen Weichmantel (*Der Hohlweg*, 1963). Die Figurenkonstellation ähnelt der in Nolls Roman, ebenso der Ausgang der Entwicklung. Aus einem Dialog Weichmantels mit der KP-Freundin Hella: «‹Ich glaube nicht, ich weiß.› ‹Und ich suche›, sagte Weichmantel.» Dennoch wird er am Ende noch Neulehrer. Der Roman-Titel, der an den Ort eines Kriegsverbrechens gemahnt, wird dagegen zur Metapher eines Weges, der in die Irre geführt hat. De Bruyn hat in der Autobiographie seiner Jugend, *Zwischenbilanz* (1992), die unspektakuläre, differenziert-realistische Folie seines Romanerstlings als ‹wahren› Bericht jener Jahre gegeben, der es auch erlaubt, die ideologische Formierung der Motive im *Hohlweg* genauer zu erkennen.

Einige Bücher veränderten das Muster. Da war Manfred Bieler (* 1934), dessen *Bonifaz oder der Matrose in der Flasche* das Schema von Noll und de Bruyn im Grunde nicht mehr ernst nimmt und die Situation einer zumindest individuellen Stunde Null mit einem entsprechenden Erzählverfahren einfängt: Sein Bonifaz, der nach Kriegsende ziellos, dem Zufall gehorchend, zwischen den Zonen umherwandert, ist eine Art Picaro, den nur eines interessiert: zu überleben. Man kann das parodistisch verstehen (Bieler war 1958 mit Parodien hervorgetreten), auf jeden Fall setzt der ernste Unernst ein spielerisches Fabulieren frei, wie es zuvor nur in Strittmatters *Wundertäter* da war, wie es aber wenige Jahre später von Fries und Morgner produktiv weitergeführt wird. Das hat nichts zu tun mit der «phantastischen Genauigkeit», die Christa Wolf 1968 fordert *(Lesen und Schreiben)*, und wird sehr leicht zum Leerlauf. Bieler reagiert auf ein zum Schema erstarrtes Verfahren, das die Vergangenheit nicht wirklich reflektieren kann. Die thematische Substanz des «Erinnerns» nimmt indes erst Bobrowski mit einer ganz neuen Schreibweise auf (etwa in den Erzählungen *Mäusefest, Rainfarn, Der Mahner*, veröffentlicht 1965–1968, und im Roman *Levins Mühle*, 1964).

Franz Fühmanns *Das Judenauto* (1962) unterscheidet sich zunächst äußerlich von den übrigen Texten: Es ist ein Zyklus chronologisch gereihter Erzählungen, die ganz überwiegend Momentaufnahmen einer bürgerlichen Kindheit und Jugend im Dritten Reich enthalten, verknüpft im wesentlichen durch den Ich-Erzähler. Kindheit unter dem Faschismus wird da zum erstenmal in der DDR-Prosa aus der verfremdend-entlarvenden Kinderperspektive erzählt (Fühmann hat das 1970 fortgeführt: *Der Jongleur im Kino oder Die Insel der Träume*). Der deutschnationale Soldat wandelt sich freilich im Antifa-Lager. «Hier war die Antwort auf all die Fragen.» Die letzte Erzählung mit der Heimkehr in die DDR und dem offenbar schon neofaschistischen Westberlin folgt dem bekannten Schema des Entwicklungsromans. Dennoch enthält der Band da, wo er nicht räsoniert, sondern bildkräftige Szenen gibt, perspektivisch beleuchtet durch die Annäherung des Erinnerns, einige der besten Erzählungen aus der ersten Hälfte der sechziger Jahre *(Das Judenauto, Die Verteidigung der Reichenberger Turnhalle, Die Berge herunter)*.

Ein weiterer Roman ging ganz eigene Wege. Wüßte man nicht, daß er 1963 erschienen ist, man würde ihn eher den Exilromanen zuordnen – Feuchtwangers *Exil*, Anna Seghers' *Transit* oder auch Bodo Uhses *Leutnant Bertram*. Es war der letzte Roman von Arnold Zweig: *Traum ist teuer* (1963). Mit Zweigs älteren Romanen über den ersten Weltkrieg – *Traum ist teuer* hat Palästina und Ägypten im Zweiten Weltkrieg als Schauplätze – kommt übrigens ein wesentliches Vorbild für die ‹sensiblen›, zumeist bürgerlichen Helden der DDR-Kriegs-Nachkriegsromane in den Blick. Zweigs Bertin verkörpert den jungen Mann, Schriftsteller aus bürgerlichem Hause, der das Unrecht hassen lernt, aber nie zu einer ‹positiven› politischen Einstellung findet.

Der Roman von 1963 war der bis dahin einzige der DDR-Literatur, der auf freilich sehr hölzerne Weise die Psychoanalyse als Deutungsverfahren zustimmend in die Erzählprosa einführte. Das geschieht nur episodisch – in der Anamnese eines jungen Mannes, der wegen Befehlsverweigerung angeklagt ist –, und es wird politisch neutralisiert: Der junge Mann ist griechischer Widerstandskämpfer, der behandelnde Therapeut jüdischer Emigrant, der auf der Seite der Engländer gegen das deutsche Afrika-Korps kämpft; immerhin ist er der Ich-Erzähler. Das bleibt eine Krankengeschichte, wenngleich die Analyse eines Traums des jungen Mannes eine fast mythische Bedeutungsdimension zu eröffnen versucht. Fühmann hatte das auf seine Weise in den *König-Ödipus*-Erzählungen schon einleuchtender geleistet. Dennoch hat Zweig, zunächst eher als Stoff denn als literarische Struktur, einen analytischen Weg des Nachdenkens über die Vergangenheit, über das subjektiv und kollektiv Verdrängte, angedeutet, den man später entfalten konnte (Christa Wolfs *Kindheitsmuster*, 1976; Fühmanns *Der Sturz des Engels*, 1982).

3. Paradigmenwechsel des Erzählens

Anzeichen für entscheidende Veränderungen der Schreibweisen – wenn auch zunächst an das Werk einzelner Autoren gebunden – wurden Mitte der sechziger Jahre sichtbar. Da war der erste Band mit Kurzprosa von Günter Kunert (* 1929), *Tagträume*, der 1964 nur im Westen erschien. Die erste Sammlung (mit anderen Texten Kunerts) in der DDR kam 1968 heraus: *Kramen in Fächern*. Sodann der erste – und der einzige vollendete – Roman von Johannes Bobrowski (1917–1965), *Levins Mühle* (1964), und ein Band mit gesammelten Erzählungen (*Boehlendorff und andere*, 1965; westdeutsche Ausgaben

1965); Hermann Kants (* 1926) erster Roman *Die Aula* (1965) und der Roman-erstling von Fritz Rudolf Fries (* 1935), *Der Weg nach Oobliadooh*, der 1966 nur im Westen und erst 1989 in der DDR erschienen ist; Christa Wolfs Erzählung *Juninachmittag* (1967) und natürlich ihr für die Entwicklung der DDR-Prosa epochemachendes Buch *Nachdenken über Christa T.* (1969).

Von diesen Büchern wurde nur *Die Aula* in der DDR in den Mittelpunkt der öffentlichen literarischen Diskussion gerückt. Kants Roman wurde in kürzester Zeit zum modernen DDR-Klassiker erklärt und fand als Pflichtlek-türe Eingang in die Lehrpläne der Schulen. Bobrowskis Roman und seine posthum erschienene Erzählprosa wurden als Werke eines ‹humanistischen› Autors aufgenommen, der sich in einigen späten Verlautbarungen vorsichtig zustimmend zur sozialistischen Gegenwart geäußert hatte. Die Wirkung sei-ner Prosa auf andere DDR-Autoren kann man kaum überschätzen, auch wenn sie nicht so offensichtlich ist wie bei Helga Schütz oder Christa Wolf. Die 1968 anlaufende DDR-Debatte über *Nachdenken* fand weitgehend unter Ausschluß der lesenden Öffentlichkeit statt, da von der ersten Auflage in der DDR nur wenige Exemplare ausgeliefert wurden. Daneben gab es Erzählun-gen von Anna Seghers (*Die Kraft der Schwachen*, 1965; *Das wirkliche Blau*, 1967); 1968 erschienen dann: *Das Vertrauen* von Seghers, *Pause für Wanzka oder Die Reise nach Descansar* von Alfred Wellm, *Abschied von den Engeln* von Werner Heiduczek, *Buridans Esel* von Günter de Bruyn, *Jakob der Lügner* von Jurek Becker. Ein Band mit sieben Erzählungen von Werner Bräunig trug 1969 den bezeichnenden Titel *Gewöhnliche Leute* – er signali-sierte, daß die Zeit der vorbildlichen Entwicklungshelden vorbei war. Der Realismus des alltäglichen Lebens in der DDR bestimmte bereits bei de Bruyn, Heiduczek, Wellm den Duktus einer Prosa, die von Böll oder dem frühen Walser nicht mehr weit entfernt war. So bildete sich in wenigen Jahren eine Vielzahl von Erzählweisen zwischen den Parabelformen Kunerts, dem vielschichtigen Sprechen Bobrowskis, der Erinnerungsprosa Christa Wolfs, dem Alltagsrealismus und schließlich dem phantastisch-fabulierenden Erzäh-len (Irmtraud Morgner, *Hochzeit in Konstantinopel*, 1968) heraus, das sich in den siebziger Jahren differenzieren und erweitern wird. Die einst auf dem IV. Schriftstellerkongreß (1956) programmatisch geforderte «Weite und Vielfalt» des Schreibens gab es nun ohne literaturpolitische Anweisungen.

Seit Mitte der sechziger Jahre wurde die Erzählprosa der DDR auch im Westen wahrgenommen. Natürlich hatte man Bobrowski oder Kunert (als Lyriker) gekannt, nun folgte ihre Prosa mit der neuen Prosa der Seghers. Wichtiger war, daß Christa Wolf nach dem ersten Versuch mit *Der geteilte Himmel* schon mit *Nachdenken über Christa T.* große Resonanz fand, zumal das Buch jahrelang nur im Westen greifbar war. Kant, de Bruyn, Becker, Wellm, Morgner kamen in Westausgaben heraus: Ende der sechziger Jahre war wichtige DDR-Prosa Bestandteil auch der westdeutschen Literaturszene. Daß sich daraus niemals ein adäquates Bild der Literaturgesellschaft in der

DDR ergab, belegen viele Namen von Autoren, die im Westen unbekannt blieben.

Ob «ich meine, daß die Gegenwart nur durch Kenntnis der Vergangenheit aufschließbar ist», sei, so Hermann Kant, eine wesentliche Frage an sein Buch *Die Aula*.[8] «Man konnte keine Zukunft haben ohne Vergangenheit», heißt es zu Beginn. Mit diesem Roman, der schon durch den Vorabdruck in der Zeitschrift «Forum» in der DDR bekannt wurde, hatte Kant vor allem die Vergangenheit der DDR selbst gemeint; der bislang übliche Abschied vom Faschismus kommt nurmehr im Rückgriff vor. Kants Roman versteht den ‹Rückblick› als Vorgabe für die Struktur des Textes – analog zu den Bitterfelder Aufbau-Romanen der jüngeren Generation.

Der Journalist Robert Iswall, die vorlaute Hauptfigur, wird nicht als Ich-Erzähler eingeführt, doch folgt der Leser im wesentlichen seinen Gedanken, ohne daß sich Kant auf das Wagnis eines inneren Monologs einließe. Äußerer Anstoß für Iswalls Erinnerung an die frühen Jahre auf der Arbeiter-und-Bauern-Fakultät (ABF) ist der Auftrag, zur Schließung dieser Fakultät eine Rede zu halten. An die Stelle der Rede, die nicht gehalten wird und von der Teilentwürfe eingestreut sind, tritt der Roman. Anders: An die Stelle von Rhetorik oder ihr analoge Literaturformen (Maximen des orthodoxen sozialistischen Realismus werden mehrfach satirisch aufs Korn genommen) tritt die Selbstvergewisserung und, wie sich schnell herausstellt, ein subjektives Schuldbewußtsein: «Bevor du deine Rede hältst, dachte Robert, mußt du die Sache mit Gerd ins reine bringen.» In den Schlußsequenzen des Romans wird sie ins reine gebracht: Iswall hatte Gerd Trullesand durch eine Lüge zum Studium im Parteiauftrag nach China expedieren helfen, obwohl Gerd selbst ganz andere Zukunftspläne gehabt hatte. Aber auch als Sinologe scheint Trullesand nach einem Jahrzehnt ein halbwegs zufriedenes Leben in der DDR zu führen. Das ist ein Rahmen, der schon 1965 nur für die Frage provoziert: «erweist es sich nicht als übertrieben, unnütz?» Im Gegenteil: Wenn man diese Episode als Repräsentation vielfältiger Formen der autoritären, ja totalitären Fremdbestimmung in den Jahren des sozialistischen Aufbaus versteht, so bleibt sie allzu dürftig. Iswall empfindet jene ABF-Jahre als lustvolle, experimentierende Befreiung, und dies soll auch der Leser nachvollziehen.

Dazu steht Kant jener Humor des Erzählens zur Verfügung, über den so viel geschrieben wurde; bestenfalls ist es geistvoller Witz, auch Sprachwitz und ironische Sprachreflexion, schlimmstenfalls Kalauerei. Was der Roman nicht leistet: das unauflösliche Ineinander von subjektivem Zukunftsglauben, der Befreiung von überlebten Zwängen und von neuen Zwängen und Illusionen überzeugend, durch subjektive Erfahrung reflektiert vorzuführen. Die erzählerischen Techniken stehen Kant durchaus zur Verfügung, der Roman ist in diesem Sinne «modern» erzählt.[9] Aber es ist eine Moderne, deren Kunstmittel beliebig verfügbar und nicht eigentlich an thematische Substanz gebunden sind. Setzt man das voraus, so ist der Roman vergnüglich zu lesen, und er vermochte Mut zu machen. «Ich habe einfach eine Geschichte erzählt, sie spielt in einem Bereich, der vorzeigenswert ist. Was mit dem Worte Bildungsrevolution verbunden ist, ist eine Leistung, auf die wir uns etwas einbilden können.»[10] Die episodische, fabulierende Struktur des Romans ermöglicht eine Lektüre, die ad libitum Satirisches, Ironisches, Vorbildliches herausgreift. Auf diese Weise wird man auch des «positiven» Helden der ABF-Gruppe ansichtig: Jakob Filter, der es vom Waldarbeiter zum Hauptabteilungsleiter im Ministerium bringt. Die neue Führungsschicht, die «Intellektuellen», die Planer und Leiter, derer sich die Literatur gemäß den Direktiven der 2. Bitterfelder Konferenz (1964) annehmen soll, sie sind von unten, aus Kleinbürgertum und Proletariat aufgestiegen, in der DDR und mit ihr.

Ganz anders als in der *Aula* erschien das Bild der Schule in Uwe Johnsons (1934–1984) posthum (1985) veröffentlichtem Erstlingswerk *Ingrid Babendererde. Reifeprüfung 1953*. Der Roman, 1956 abgeschlossen (die Veröffentlichung wurde in der DDR, dann im Westen abgelehnt), ist ein Schulroman, der vom Leben, vom politischen Konflikt und von der Liebe dreier Abiturienten erzählt.

Was vom Erzählmuster der frühen fünfziger Jahre her nahegelegen hätte, nämlich in Ingrids Beziehung zu Klaus und Jürgen einfach politische Standpunkte abzubilden, wird als Möglichkeit gleichsam zitiert; Johnsons beschreibendem Erzählen, das umständlich verfremdend innere Vorgänge unter der Oberfläche des sinnlich Wahrnehmbaren verbergen kann, gelingt es schon hier, die Motive so zu verweben, daß emotionale Bindung und politische Einstellung unentwirrbar bleiben, wenn Klaus und Ingrid in den Westen ausreisen, während Jürgen, FDJ-Funktionär seiner Schule, zurückbleibt. Der Roman beginnt mit dieser Ausreise und er führt zu deren Ursache, der Konfrontation in der Schulaula. Während Kants ABF-Studenten sich in der Aula der Universität gegenüber den bürgerlichen Akademikern behaupten müssen, setzt sich Ingrid in einer kurzen Rede für Mitglieder der Jungen Gemeinde ein (und für ein Mädchen, das Hosen trägt).

Wenn Johnsons Roman bereits andeuten kann, daß hier Menschen zu beschreiben sind, die nur «Mutmaßungen» zulassen, so richtet sich die Kritik doch zweifelsfrei gegen die politische Formierung unter dem Stalinbild in der Aula. In Kants *Aula* dient die private Dreiecksgeschichte Iswalls hingegen eher der Entschuldigung politischen Drucks, als sei das alles bloß persönliche Ranküne gewesen. Johnsons Frühwerk zählt zum vorausweisenden Kernbestand der Erzählprosa aus der DDR der fünfziger Jahre. Kants *Die Aula* könnte wie ein Gegenentwurf zu diesem unveröffentlichten Buch gelesen werden – bis hin zur einzigen Figur seines Romans über die Bildungsrevolution der DDR, der zu Mutmaßungen Anlaß gab: Quasi Riek, der proletarische Redner in der Aula, der aus ungeklärten Gründen, ob desillusioniert oder als Stasi-Agent, in den Westen geht, während es keinen Zweifel gibt, daß Ingrid ausreist, weil sie wegen einer freien Meinungsäußerung von der Schule relegiert worden ist. Ihre Reifeprüfung kann sie nicht nur in den Schulfächern bestehen.

Was bei Kant wie ein zufälliges Gegenbild zu Johnsons unveröffentlichtem Frühwerk wirken muß, nimmt sich anders aus, wenn man sich die bemerkenswerten Parallelen zwischen Johnsons im Westen veröffentlichten Romanen und der Erzählprosa Christa Wolfs vergegenwärtigt. Ihre Texte könnten auch wie ‹Antworten› auf Johnson gelesen werden, von dessen Werk in der DDR bis kurz vor ihrem Ende nichts erscheinen konnte. So läßt sich *Der geteilte Himmel* zu Johnsons *Mutmaßungen über Jakob* in Beziehung setzen, *Nachdenken über Christa T.* zu *Das dritte Buch über Achim* und schließlich noch *Kindheitsmuster* zu Johnsons Opus maximum *Jahrestage*, von dem zwei Bände vorlagen (1970/71), als Wolf mit der Arbeit an ihrem Buch begann; auch sonst sind Johnsons Bücher vor denen Wolfs herausgekommen.

Johannes Bobrowski hatte zu Beginn der sechziger Jahre begonnen, mit kurzer Erzählprosa zu experimentieren – der erste Sammelband *Boehlendorff und andere* (DDR: *Boehlendorff und Mäusefest*) erschien kurz vor seinem Tode, *Der Mahner* folgte posthum 1967. Nach *Levins Mühle* kam 1966 *Litauische Claviere* aus dem Nachlaß heraus. Diese wenigen hundert Seiten gehören zum literarisch Wichtigsten der DDR-Erzählprosa nicht nur der sechziger Jahre. Die unverwechselbare poetische Sprache, die im Duktus scheinbar unvermittelt einsetzenden, beiläufig-mündlichen Erzählens (stilistisch vorgebildet etwa in Hermann Sudermanns *Litauischen Erzählungen* [1917], aber auch bei Strittmatter) eine Fülle von literatur- und kulturgeschichtlichen Anspielungen mitführt, erhält ihre präziseste Struktur in den Erzählungen. Viele von ihnen, zumal wenn Bobrowski historische Stoffe verarbeitet, sind verschlüsselt und bedürfen des Kommentars der Texte eines modernen Poeta doctus. «Welt ade, ich bin dein müde. Das soll man hier gar nicht sagen. Der Satz ist bald zweihundert Jahre alt, aufgeschrieben in Leipzig [...].» So beginnt die Erzählung *Junger Herr am Fenster*: Schopenhauer, dessen Name der Text nicht nennt, nachsinnend über den Selbstmord seines Vaters. Es ist wichtig, den Namen zu kennen, um den Text zu verstehen, dazu gehört auch, daß Geschichte für Bobrowski nicht übertragbare ‹Modell›-Situationen liefert, sondern daß sie immer als lebendige (und schuldhafte) Tradition erinnert werden soll. So wenn Bobrowski vor Hermlin oder Gerhard Wolf Hölderlins gedachte – aber nur mittelbar, indem er einen fast unbekannten Zeitgenossen wählte, dem Hölderlin einen bedeutenden Brief geschrieben hatte: Die Erzählung *Boehlendorff* enthält dann zugleich wesentliche Züge des Hölderlin-Bildes der kommenden Jahre («Wie muß eine Welt für ein moralisches Wesen beschaffen sein? / [...] / Wenn er erzählt: von der Revolution der Franken und von der Helvetischen?»[11]). Oder: *D. H. B.*, eine Erzählung, deren Anspielungen ohne Kenntnis der Vita des Organisten und Komponisten Buxtehude fast unverständlich sind; *Epitaph für Pinnau*, eine scheinbar beiläufige Episode und doch eine literarische Auseinandersetzung mit der Aufklärung Kants. Johann Georg Hamann tritt fast notwendig in ihr auf, denn sein theologisches Sprachverständnis hat Bobrowskis Werk ebenso geprägt wie die religiös gebundene barocke Musik.

Literatur und Musik des 18. Jahrhunderts, Landschaft und Sagenwelt Ostpreußens, Litauens, des Memellandes liefern Bobrowski Anspielungshorizonte, die den episodischen, ja oft nichtigen Ereignissen einen Hof von Bedeutungen vermitteln. Aber jedem Leser wird klar, daß die Texte für die Erniedrigten Partei ergreifen, daß sie Erinnerung wachrufen an die deutsche

Geschichte, in der Hoffnung und Barbarei in besonderem Maße untrennbar sind. Überblickt man die seit 1949 in der DDR erschienene bedeutende Kurzprosa, so fügt Bobrowski den Erzählungen von Brecht, Seghers, Hermlin und Fühmann eine neue Form hinzu, weil seine Kurzprosa in ihrer Bedeutungsdichte der Lyrik am nächsten steht.

Als Lyriker war Bobrowski in den fünfziger Jahren auch im Westen bekannt geworden, während in der DDR erst *Levins Mühle* der Literaturkritik die Möglichkeit gab, ihn auch als DDR-Autor einzuholen. Vorsichtige Äußerungen Bobrowskis zum Kommunismus *(Fortgeführte Überlegungen)* schienen das zu erleichtern.

Bobrowski greift in den *34 Sätzen über meinen Großvater* – so der Untertitel des Romans als Hinweis auf eine ironisch aufgelockerte Struktur – ein vertrautes Sujet auf: Der Rückblick auf Schicksale von Außenseitern (Juden, Zigeuner, Tagelöhner) im Ostpreußen der Gründerjahre nach 1871 erinnert an eine Zeit, in der Barbarei noch gemütlich zu sein schien, wenngleich sich in ihr schon die späteren Schrecken andeuteten. «Es ist vielleicht falsch, wenn ich jetzt erzähle, wie mein Großvater die Mühle weggeschwemmt hat, aber vielleicht ist es auch nicht falsch. Auch wenn es auf die Familie zurückfällt.» Von heute aus («jetzt») hat sich der Blick umzukehren. Anders als in den Generationsromanen von Marchwitza, Bredel, Seghers wird dabei nicht an die Frühgeschichte einer sozialistischen Opposition erinnert, vielmehr ist die Hoffnung dort, wo es Macht (auch politische Gegenmacht) nicht gibt. Es ist «Zukunftsmusik»; vor allem die Lieder des fahrenden Sängers Weiszmantel tragen sie. «Es ist ausgegangen, wie Weiszmantel gesungen hat. Wo wir einst gewohnt, steht ein Rauch. Tränen. Aber im Zorn.» Die «andere Welt» («Dort wo wir nicht sind») ist keine politisch vermittelte, sondern eine fast zu naive Welt des Friedens, die in augenblickshaften Idyllen vorweggenommen scheint. Dieser Friede voller biblischer Anspielungen ist bei den Entrechteten, die «Gesetze» sind für die Herrschenden da. Dennoch geht auch ein Urteil nicht fehl, das diesen Roman antiimperialistisch nennt – der gewöhnliche Imperialismus des Großvaters, der die Mühle des Juden Levin zerstört, findet in der herrschenden Schicht genug Verbündete, die das Unrecht decken. Levin muß mit seiner Marie wieder nach Osten ziehen. Das «nein», das den 34. Satz über und gegen den Großvater ausmacht, bleibt nicht nur an Bilder gebunden, es hat seine sozialgeschichtliche Grundlage.

Litauische Claviere, der zweite kurze Roman, steht mit seinem Titelmotiv und seiner mehrschichtigen Struktur von Räumen, Zeiten und Stoffen den Erzählungen näher. Erzählt wird eine Episode aus dem Grenzgebiet Memel (Litauen):

Zwei deutsche Lehrer planen eine Oper über den litauischen Dichter Donelaitis aus dem 18. Jahrhundert und besuchen deshalb im Sommer 1936 ein Memeldorf. Sie treffen auf ein Chaos politischer Gruppierungen, deren nationale Feste sich mit den Opernplänen und dem idyllischen Epos des Donelaitis *(Die Jahreszeiten)* zu einem vieldeutigen Spiel der Realitätsebenen verwirren; der Wirklichkeitsbezug wird durch patriotische Phrasen, einen Fememord und Totschlag im Streit brutal wiederhergestellt. Aber am Ende hat, vermittelt durch den Lehrer Potschka, den Donelaitis-Kenner, die andere Welt der Musik und der Aufklärung das letzte Wort: «Hingehen, das geht nicht mehr. Hingehen nicht. [...] Herrufen, hierher. Wo wir sind.»

Musik, Kunst als Erinnerungsraum des Humanen, nicht als Fluchtort: Bobrowski hat dies Thema in die DDR-Literatur eingebracht, in experimen-

tellen Erzählformen, die nichts Vorläufiges haben. Sie verlangen vom Leser
Verständnis, ja Erkenntnis ohne ideologische oder ästhetische Vorgaben. Zudem wird der Leser der Kontinuität psychologisch-realistischer Prosa beraubt; auf den so leicht greifbaren, scheinbar verläßlichen Erzähler kann er
nicht bauen.

Günter Kunerts Prosa der sechziger Jahre umfaßt bereits nahezu alle Genres, die sein Werk seitdem kennzeichnen, und auch schon die wesentlichen
Themen. Sehr kurze Prosastücke («Kürzestprosa») sind in dem Band *Tagträume* (1964) gesammelt. Kunert knüpft mit diesen dialektischen Texten an
eine Tradition an, die in den zwanziger Jahren von Bloch *(Spuren)*, Benjamin
(Einbahnstraße) oder Brecht *(Geschichten vom Herrn Keuner)* mitbegründet
wurde: ‹Denkbilder› sind es, die ältere Gattungen wie Fabel oder Anekdote
reflektierend aufnehmen, um dem Leser «anschauende Erkenntnis» (so Lessing über die Fabel) zu vermitteln. Kunert spricht diese Erkenntnis gelegentlich aus, insbesondere in den satirischen Stücken *(Die Maschine, Memory)*
oder in der Parabel *(Bewerbungen werden geprüft)*; andere Texte überlassen
dem Leser die Folgerungen *(Traum des Sisyphos, Herbst)*. Immer geht es um
Entfremdung im öden Alltag, im Arbeitsprozeß, in der Verdrängung des
Vergangenen, im Mißlingen von Geschichte überhaupt. Der Blick ist vom
Zeichenhaft-Besonderen aus fast immer aufs Ganze gerichtet; zwischen den
Gesellschaftssystemen scheint es keinen Unterschied zu geben. Hoffnung
besteht da, wo sie der Negativität abgelesen werden kann. Wenn die falschen
Tagträume das «Leben» anzeigen, «das uns nicht gehört»,[12] so wird die Nähe
zum Denken Ernst Blochs erkennbar, dessen *Prinzip Hoffnung* in den fünfziger Jahren noch in der DDR erschienen war (Bd. 1/2 1949; Bd. 3 1959). In
den Texten der sechziger Jahre liegt die Katastrophe eher in der Vergangenheit; auf die Zukunft kann man noch hoffen, wenn man sie als Aufgabe des
Tages begreift *(Ein Tag)*. In Kunerts Texten der siebziger Jahre *(Camera
obscura*, 1978) wird sich die Diagnose des globalen Scheiterns der Geschichte
ausweiten *(Aufhören der Geschichte)* und nur ein schmaler Raum der Erfüllung im je individuellen Erleben möglich bleiben, der nicht zufällig in Naturbildern anschaulich wird *(Erinnerung an Scheria)*.

Kunerts bisher einziger Roman erschien 1967, wiederum nur im Westen:
Im Namen der Hüte. Die Kritik zeigte sich enttäuscht, man bemerkte die
Nähe zu Grass und mit dessen Romanprosa gemeinsam zu Döblin. Beides ist
richtig, und doch wirken Kunerts Sprach- und Realitätsphantasie konzentrierter, knapper und satirisch schärfer, ohne Milieu oder Charaktere auszumalen. Es ist ein Schelmenroman, dessen Held seinen Vater nicht kennt; das
Genre gibt Spielraum für Groteske und Burleske, wie das von den DDR-
Autoren bereits Strittmatter, Bieler oder zuletzt Fries *(Der Weg nach Oobliadooh)* vorgeführt hatten. Bielers Held, der gegen Kriegsende und danach
seine Haut retten will, steht Kunerts Henry am nächsten. Henry irrt durch
ein Nachkriegs-Berlin, das insgesamt die Unterschrift tragen könnte:

«H. Bosch pinxit» – auch wenn damit im Roman nur eine Figur beschrieben wird, die einem Bild von Otto Dix entstiegen ist. In seiner Kriminalerzählung *Gast aus England* (1973) wird Kunert die nächtliche Großstadt als beklemmend erzähltes Labyrinth wieder aufnehmen. Viele seiner Erzählungen und Essays lesen die Großstadt, Orte überhaupt als moderne Zeichenwelt der Historie, der mit bloßen Beschreibungen nicht beizukommen ist (*Fahrt mit der S-Bahn, Haltungen zu einer Stadt I–III; Betonformen; Ortsangaben* [1969], darin «Warum Ortsbeschreibungen»). So wird eine literarische Tradition weitergeführt, die in der DDR-Prosa zuvor nicht präsent war, weil sie an die ‹dekadente› Moderne oder an verdrängtes marxistisches Erbe (Benjamin, Bloch) erinnerte.

Mit Oskar Matzerath verbindet Kunerts Henry auch das Vater-Sohn-Motiv: Henry erfährt, daß sein jüdischer Vater von einem Nazi ermordet wurde, und als er den Mörder schließlich gefunden hat, ist dieser Sekretär eines «Hoministen»-Vereins, in dem entlastende Menschheits-Phrasen gedroschen werden: «Mein Lebensretter ist mein Vatermörder.» Die Mörder von gestern sind die Ideologen von heute und einem Morgen, in dem Gerechtigkeit nur noch als Farce vorkommen kann. ‹Im Namen der Hüte› wird sie offenbar, Hüte, die Henry wunderbarerweise die Gedanken der Menschen durchschauen lassen. Er erkennt die Welt, wie sie ist, mehr nicht. So ist es konsequent, daß er selbst am Ende nicht weiß, ob er Vater ist, und daß er auf die Frage seines vermeintlichen Sohnes nicht antworten kann: «Wo fahren wir hin, Papa? [...] Das, wenn man wüßte.»

Der Band *Die Beerdigung findet in aller Stille statt* erschien 1968: Erzählungen, präzis konstruierte Kurzgeschichten. Verdinglichung und totale Funktionalisierung der Lebensbezüge sind wiederum das Thema unterkühlter, nur scheinbar unbeteiligt berichtender Satire.

Ein Leistungssportler verwandelt sich in einen Fisch *(Schwimmer)*; hinter den Zahlen der Unfallstatistik verbirgt sich eine spießig-sachliche Mordgeschichte, die jeden betreffen könnte *(Die Beerdigung findet in aller Stille statt)*. Das ist strafende Satire in gleichsam neutralem Milieu, denn hier soll nicht ein bestimmtes Gesellschaftssystem getroffen werden. Ein LKW-Fahrer, dessen Name in der Erzählung laufend wechselt, stirbt am Steuer; ein anderer übernimmt seinen Platz, «die Umgebung bleibt weiterhin anwesend».

In Kunerts Prosa geht es um Strukturen eines falschen Ganzen, dem keine «garantierte Realität» mehr aufhilft. Während die Texte der sechziger Jahre noch auf eine potentiell veränderbare Welt setzen, scheinen zehn Jahre später die Erfahrungen des Subjekts letztes Residuum angesichts einer ‹aufhörenden› Geschichte zu bleiben. Schon die Prosa der *Tagträume* läßt den Abbild-Realismus weit hinter sich; sie fordert vom Leser nicht das Maß an Kombinationsgabe und Gelehrsamkeit wie Bobrowski, aber sie fordert ihn zur Interpretation auf, nie zur Identifikation.

Der Weg nach Oobliadooh, der erste Roman von Fritz Rudolf Fries, erschien 1966 und ist schon deshalb wichtig geworden, weil er deutlicher als Bobrowski und Kunert der Mimesis unverkennbarer DDR-Realität eine erträumte, phantasierte Realitätsebene hinzufügte. Schon das Roman-Motto beruft sich auf einen Klassiker – Jean Paul –, der im Umkreis der von der DDR-Literaturwissenschaft kritisierten Romantik nicht eigentlich zum ‹Erbe› gehörte, sofern man ihn nicht ausdrücklich der Romantik gegenüberstellte. Fries hat mitgeteilt, daß ihn die Spannung von Realität und Phantasie «im Kopf» der Romanfigur (gemeint ist der Luftschiffer Gianozzo aus dem Anhang Jean Pauls zum *Titan*) und des Lesers gereizt habe: «Man denkt sich immer nur die eigene Stadt als das Filial und das Wirtschaftsgebäude zu einer entfernten Sonnenstadt.»

Das Motto ist Maxime der Romanfiguren, des Zahnarzts Paasch, zugleich Musiker, der neben Klassik vor allem amerikanische Schlager und Jazz spielt, und des Philologen Arlecq, der als Reisebegleiter und Dolmetscher arbeitet und an einem Roman schreibt. «Seine Biographie nach dem Leben verstimmt ihn [...] Er sollte es besser mit Fantasiestücken versuchen. Das nichtgelebte Leben wäre am Ende das ergiebigste.» Nicht dieser Eskapismus ist freilich die thematische Perspektive des Romans, sondern eine experimentelle Lebensform, die Entwürfe immer wieder an der Realität überprüft. Da der Erzähler weithin den Hauptfiguren folgt, ergibt das Ineinander von Wünschen, Tagträumen und der nüchternen Realität der DDR auch die Erzählwirklichkeit.

In einer psychiatrischen Anstalt landen am Ende Paasch und Arlecq nach einem Alkoholexzeß. Ihre Suche nach Oobliadooh, Sehnsuchtsland aus einem Schlagertext, scheint gescheitert zu sein. Indes hat wohl nur Paasch den Kampf zwischen Ideal und ‹Anpassung› einstweilen verloren. Der Roman greift unausgesetzt Tabus der sechziger Jahre an, weil er beide Hauptfiguren fast ausschließlich für westliche Kultur und Literatur begeistert zeigt; unvermittelte Attacken gegen den verknöcherten DDR-Alltag sind eher in Episoden untergebracht. In «Marx Engels Lenin»-Bänden der Bibliothek sucht Arlecq nur Flugblätter, zu denen er schon verhört worden ist («Lebensläufe der in Stalins Arbeitslagern Verschollenen»), ansonsten interessieren ihn andere ‹Klassiker›. Scheinbar also eine weithin private Geschichte aus Intellektuellenkreisen. Aber bereits dies erste *radikale* Beispiel des stofflich-thematischen Privatisierung des DDR-Alltags, der burlesken Häufung subversiver Episoden zeigte, wie brisant das war: Der Versuch, die literaturpolitischen Grenzen zu erweitern, blieb vergeblich; erst 1989 konnte der Roman endlich in der DDR erscheinen, um dann in den Regalen zu verstauben. Fries' Erzählungen vom *Fernsehkrieg* (1969) hielten sich im Rahmen des Erlaubten. Die Erzählung *Ich wollte eine Stadt erobern* (1959/74, in: *Das nackte Mädchen auf der Straße*, 1978) zeigt Arlecqs Resignation – entsprechend dem Titel-Zitat von Gottfried Benn, das weitergeht: «nun streicht ein Palmenblatt über mich hin!»

Der Roman *Das Luft-Schiff. Biographische Nachlässe zu den Phantasien meines Großvaters* (1974) scheint gerade deshalb mißlungen, weil er das Struktur-Konzept von *Oobliadooh* auszuweiten versucht auf die deutsche Geschichte dieses Jahrhunderts, in die der Großvater unweigerlich verstrickt wird, obwohl (oder weil) er sich nur für die Entwicklung von Luftschiffen interessiert. Die komische Variation des Galilei-/Oppenheimer-Themas von Brecht oder Kipphardt trägt den Roman nicht. Phantastische Literatur bedarf der thematischen Substanz, wenn sie spannend-unterhaltend, gar brisante Spielwelt sein soll. Nachdem *Das Luft-Schiff* verfilmt worden war, hat Fries durch die Potenzierung der ‹medialen› Realität in einem weiteren Roman, *Die Väter im Kino* (1989), dem Stoff doch noch den Reiz des Komisch-Satirischen abgewinnen können. Bereits mit dem vielschichtigen Roman *Alexanders neue Welten* (1982), der schon deshalb die Ferne erreicht, weil er die Entwicklungspolitik der DDR in seine Turbulenzen einbezieht, hatte sich Fries dem Niveau seines ersten Romans wieder genähert.

Neben Bobrowski und Kunert war er es jedenfalls, der das ‹Phantastische› als phantasievolles episches Spiel mit der Realität, aber auch als reflektierte Entwicklung der Literatur aus Literatur in die Prosa der DDR eingeführt und so die Möglichkeiten des Erzählens erweitert hat. Sein *Oobliadooh* proklamierte die Fiktion als Entwurf möglicher Welten, als potentielle Realität ohne garantiertes Entwicklungsziel. Erzählformen, die in der westdeutschen Literatur bei Hildesheimer, Grass (*Die Blechtrommel*, 1959), Walser (*Halbzeit*, 1960) oder Gütersloh (*Sonne und Mond*, 1962) in vielen Spielarten angelegt waren, erhielten im Kontext der DDR-Literatur eine systemsprengende Brisanz, die freilich auch verspielt werden konnte.

Christa Wolfs *Nachdenken über Christa T.* (1968) ist eines der am meisten diskutierten Bücher der deutschen Nachkriegsliteratur. Eine Zeitlang wurde es geradezu als Wendepunkt der DDR-Erzählprosa empfunden, hinter dem Autoren wie Bobrowski, Kunert, Fries fast verschwanden. Aber selbst wenn man in Wolfs Geschichte *Juninachmittag* (1967) eine Vorform des offenen und anspielungsreichen Erzählens der *Christa T.* sieht: Ihr Buch nimmt auf, was andere vorbereitet haben, und dazu gehören zweifellos auch westdeutsche Autoren wie Johnson oder Frisch. Handlung, Charaktere, Wirklichkeitsebenen, ja die Grenze von Fiktion und Dokumentation und somit das Erzählen selbst werden – wie zuletzt bei Johnson oder Fries – zum Problem. Und im gleichen Augenblick möchte dies Erzählen, das sich mühsam an eine verstorbene Freundin und an die Vergangenheit seit den Nazijahren erinnert, «den Spiel-Raum für die Menschen [...] vergrößern. Prosa kann die Grenzen unseres Wissens über uns selbst weiter hinausschieben.» Prosa, die «Experiment» für die «Menschheit» sei, treffe sich darin «mit den Maßstäben der sozialistischen Gesellschaft». So schrieb die Autorin 1968. Indem diese Prosa sich Themen, Erzählweisen, Leserbezüge der ‹modernen› Literatur aneignete, standen ihre Intentionen im Gegensatz zur «neuesten Stimmung im Westen» um 1968 (so Walser 1970, der allerdings den nächsten Stimmungsumschwung, die erneute Abwendung von der offenen Politisierung meinte). Denn es ging Christa Wolf gerade nicht ums Ende der Literatur zugunsten der Politik, sondern um eine Art dialektischer Beziehung zwischen einer entfalteten literarischen Sprache und der realen Gesellschaft. «Prosa wird vom einzelnen Leser gelesen»,[13] und so wäre dieser einzelne der Ort, wo die Dialektik in der Lektüre konkret werden müßte. Das wurde in der DDR zunächst verhindert – abgesehen von kritischen Besprechungen. 1969 wurden vermutlich 800 Exemplare des Buchs ausgeliefert, erst 1973 gab es größere Neuauflagen, nachdem *Nachdenken* im Westen schon zu einem vielgelesenen Text geworden war. Man hatte in der DDR verstanden, daß das Buch sich indirekt auch mit der Gegenwart des zunehmend systemtheoretisch begründeten «Neuen Ökonomischen Systems» auseinandersetzte, indem es Tatsachen-Fetischismus, «Hopp-Hopp-Menschen» und unbedachten Dogmatismus oder gar opportunistische Anpassung in den fünfziger Jahren angriff. Und den Tod der Titelfigur konnte man so mißverstehen, wie es teilweise auch im Westen geschah: als Absage an die DDR. Das ist unhaltbar, weil man die Figur der Erzählerin übersieht; ihr Sprechen trägt das Buch.

Sie ist die Gesprächspartnerin der Christa T., deren fragmentarische Lebensgeschichte zwischen Faschismus und sozialistischem Aufbau sie erzählt, sie spricht den Leser an. Diesem Erzählen gelingt es, im Vermuten, Erfinden, Erinnern, Dokumentieren die Kategorie der Möglichkeit als Erzählstruktur vorzuführen, die ihre thematische Entsprechung in der Figur der Christa T. hat: als reale Möglichkeit des «Zu-sich-selber-Kommens». Vor allem die Erzählerin macht klar, daß dies ein Apriori der DDR-Gesellschaft sein müßte – der ‹Westen› wird stereotyp verworfen –, an der ihre Legitimation zu messen ist: Christa T. «braucht uns nicht [...] wir brauchen sie.» Das nur halb gelungene Leben der Christa T., die an einer Krankheit gestorben ist (so will es die Erzählerin), nicht «an der DDR», stellt die Frage, ob Veränderung des Ganzen im Sinn des je einzelnen Lebens möglich sei. «Wann, wenn nicht jetzt?» Kunerts illusionslose Analysen der Entfremdung und Bobrowskis «Herrufen, hierher. Wo wir sind»[14] sollen sich in einer Weise vereinen, die sich mit dem Titel des Tagebuchs von J.R. Becher umschreiben läßt, dem das Motto von *Nachdenken* entnommen ist: «Auf andre Art so große Hoffnung.» Man kann an die Philosophie Ernst Blochs erinnern, dessen Kategorien «Möglichkeit», «exakte Phantasie», «Dunkel des gelebten Augenblicks» in *Nachdenken* literarische Entsprechungen finden, schwebend zwischen Wirklichkeit und Fiktion, Reflexion und Einfühlung.

4. Symptome des DDR-Alltags

Die Gegenwart des DDR-Alltags ergab zunehmend die Perspektive für geschichtliche Rückblicke, für die Darstellung der Arbeitswelt. Das Aufbau- und Veränderungspathos wich einer Prosa, die das Besondere nicht mehr figural aufs Ganze projizierte, sondern das zum Symptom werden läßt, was übersehen werden sollte – was aus normativer Sicht «kein Vorbild» *(Nachdenken)* war. Der Vorabdruck des Kapitels «Rummelplatz»[15] aus einem geplanten Roman von Werner Bräunig (1934–1976) gehörte zu den auf dem 11. Plenum des ZK (1965) kritisierten Texten. Was im Aufbau- und Betriebsroman, etwa in Mundstocks *Helle Nächte,* nur als Merkmal des Außenseiters eine Rolle gespielt hatte, Alkohol, Brutalität, rohe Sexualität, Zynismus, Anzeichen also der Depravierung, das deutete sich in Bräunigs Kapitel als wesenhafte Wirklichkeit des Arbeitsalltags in einem Industriezweig an, der in den fünfziger Jahren besonders gefördert wurde und zahlreiche Arbeitskräfte aus allen Teilen des Landes rekrutierte: der Uranbergbau Wismut Aue. Daß dagegen die Periode des linearen Aufbauromans endgültig vorbei und nur noch literaturpolitisch scheinbar am Leben zu erhalten war, zeigte die verspätete Publikation von Martin Viertels Roman *Sankt Urban* (1968), der im Uranbergbau nochmals einen Aufbauhelden der frühen Jahre ansiedelt.

Das Vertrauen von Anna Seghers (1968), von der parteilichen Kritik zu einem der wichtigsten Werke dieser Jahre hochgelobt, setzte den Roman *Die Entscheidung* (1959) fort und schien in die späten fünfziger Jahre·zu gehören. Bezeichnend immerhin, daß eine der interessanten Gestalten aus *Die Entscheidung*, der Schriftsteller Herbert Melzer, nicht mehr mit der DDR-Realität seiner politischen Utopie aus dem Spanischen Bürgerkrieg konfrontiert werden kann, weil er «voriges Jahr tödlich verunglückt»[16] ist. Sein Buch wird als das eigentlich Bleibende erwähnt, Zeugnis für Freundschaft und Solidarität *vor* 1945. Seghers hat sich mit *Das Vertrauen* zum letztenmal der DDR-Gegenwart zugewandt. Ihre in den sechziger Jahren erschienenen Erzählungen *Das Licht auf dem Galgen* (1961), *Die Kraft der Schwachen* (1965) und *Das wirkliche Blau* (1967) greifen entweder auf den Reichtum internationaler Schauplätze zurück oder auf die Vergangenheit. Während der Roman streckenweise bloß Stoffe referiert, konnten die Erzählungen Nüchternheit, Dichte und Bildhaftigkeit der großen Prosa der Autorin zum Teil fortführen.

Ebenso bezeichnend für den Paradigmenwechsel des Erzählens waren nach Strittmatters Summe des sozialistischen Dorfromans *Ole Bienkopp* seine Prosaminiaturen *Schulzenhofer Kramkalender* (1967), die das Dorf als selbstverständliches Milieu, die Natur als wesentliches Erlebnisfeld des Dorfbewohners und Schriftstellers in einem Genre vorstellten, das Kunerts Kurzprosa-Versuche auf sinnlich-gegenständliche Art fortsetzte. Dorf oder Betrieb erschienen vorübergehend eher als Ambiente, jedenfalls nicht mehr als emphatisches Thema der ‹Veränderung›. An ihre Stelle traten Überbau-Institutionen (Schule, Universität, Literaturproduktion), der Bereich nicht-öffentlicher Erfahrungen, den man mit dem Begriff des Privaten, gar des Rückzugs oder der ‹Resignation› der Prosa angesichts der erstarrten Zustände der späten Ulbricht-Ära sehr ungenau kennzeichnen würde.

1968 gruppierten sich um die Bücher von Christa Wolf und Anna Seghers Günter de Bruyns (*1926) *Buridans Esel*, Alfred Wellms (*1927) *Pause für Wanzka* und Werner Heiduczeks (*1926) *Abschied von den Engeln*. Alle drei Romane gehen von der DDR-Gegenwart als Selbstverständlichkeit aus (Heiduzcek erzählt auch von Westdeutschland) und fragen konkret nach der Realität der von den Ideologen verkündeten «neuen» Lebensformen in der sozialistischen Gesellschaft. Der politische Rahmen wird nicht diskutiert, die Vergangenheit nur episodisch einbezogen – individuelle Verhaltensweisen interessieren als soziale.

Das zeigt sich etwa an der Anlage der Fabel bei de Bruyn: Die höheren politischen Instanzen bieten dem Bibliotheksdirektor Karl Erp alle Möglichkeiten, seine Ehe- und Berufsprobleme zwischen zwei Frauen zu lösen. Er selbst muß sich entscheiden, wählt aber den bequemeren und, wie sich zeigt, illusionären Weg mit ererbtem Einfamilienhaus in der Hauptstadt und einer Frau, die ihn bedient; indes hat sie sich im Gegensatz zu ihrem Mann weiterentwickelt. Erp ist keineswegs ein Vertreter des ‹alten› Bürgertums, sondern eine neue Mischung aus ehemaligem FDJ-Mitglied, Parteimitglied und Spießer. Im Roman gibt es Gegenbilder, vor allem in Gestalt von Frauen, die in Liebe, Ehe und Beruf Subjekt sein wollen; freilich ist auch darin nichts, was sich von den Lebenskonflikten der alten Gesellschaft unterschiede.

In Wellms Ich-Erzählung eines pensionierten Mathematiklehrers stoßen die Ideale einer nicht-autoritären Pädagogik ebenso auf Widerstand bei angepaßten, aber erfolgreichen Kollegen, wie Wanzkas Vertrauen in das mathematische Talent eines einzelnen Schülers am institutionellen Rahmen seine Grenze findet.

Schließlich erscheint ein deus ex machina in Gestalt eines Berliner Professors. Individuelle Entfaltung und das soziale Ganze kommen wieder zusammen: Schüler Kniep wird Mathematiker, Lehrer Wanzka wieder Kreisschulrat. Wellm hat die Frage, ob seine Fabel nicht zu märchenhaft sei, wohl gespürt und deshalb seinem Roman einen Untertitel gegeben: *oder die Reise nach Descansar.* Wanzka schreibt statt der Reise nach dem sagenhaften Descansar seine Erinnerungen – das konkrete Ziel könnte sich im Gegensatz zu Fries' phantasiertem *Oobliadooh* in der gegenwärtigen Gesellschaft doch realisieren.

Heiduczek greift in die Vergangenheit zurück und nimmt die Form des Familien-Generationenromans wieder auf. Zwei Geschwister, deren Vorgeschichte berichtet wird, wohnen in der DDR, es sind Lehrer; zwei wohnen in der Bundesrepublik. Das katholische Priester-Milieu des Westens gibt Heiduczek die Möglichkeit, mit ähnlichen erzählerischen Mitteln wie Böll satirische Distanz zu gewinnen. Die jüngere Generation zieht es in die DDR; der versehentlich als Fluchthelfer verdächtigte Franz (die Gegenwartshandlung beginnt 1961) macht sein Abitur schließlich an der Oberschule seiner DDR-Onkel. Heiduczek scheut sich andererseits nicht, die gezielten Provokationen dieses Schülers gegen die DDR in den Roman aufzunehmen.

Bei ihm wie bei de Bruyn und Wellm geht es weniger um Ernüchterung als um illusionslose Nüchternheit. Die Reise nach Descansar, zum ‹Neuen›, findet im DDR-Alltag statt oder gar nicht. «Die Menschen zum Beispiel. Sie kommen mir genauso klein vor wie bei uns drüben.» Die «Hoffnungen» und «übersteigerten Träume» sind nicht erfüllbar, von solchen Engeln ist Abschied zu nehmen. Die drei Romane halten an den Kategorien Fabel, Figur, Chronologie fest, wenn sie auch – wie Heiduczek – eine aufgesplitterte Mosaiktechnik nicht scheuen. Dem kühl-ironischen Stil de Bruyns steht der theoretisierende, alle möglichen Themen aufgreifende Heiduczeks gegenüber. Die ideologische «Terminologie» wird bei ihm als sprachliches Erzählproblem bewußtgemacht, aber nicht wirklich bewältigt. Das war bei Strittmatter, Kant oder Wolf mit Satire, Ironie, mit nachdrücklicher Figuren-Typisierung schon überzeugender gelungen. Die aus den Anfängen der DDR-Literatur übernommene Figur des Parteidogmatikers machte man beispielsweise schon durch seine ideologischen Phrasen kenntlich, bevor man seine bürokratischen Aktionen vorführte. Die großen ‹Helden› gibt es nicht mehr; was sich im Alltag bewährt, ist bescheiden, doch erscheint der Alltag als potentieller Lebensraum für die Interessen des einzelnen. Bei Heiduczek wird trotzdem der berühmte Satz aus dem Kommunistischen Manifest sinngemäß noch falsch wiedergegeben: «Das Glück der Gesellschaft ist Voraussetzung für das Glück des einzelnen.»[17] Marx sah es umgekehrt.

5. Nochmals: Die Nazis und ihre Opfer

Viele Romane der späten sechziger Jahre beziehen sich zumeist kontrastiv, manchmal nur episodisch auf den Weltkrieg oder die faschistische Epoche. Das gilt für Seghers, Kant, Wellm, Rolf Schneider, erst recht für Kunert oder Wolfs *Nachdenken*, wo das prekäre Thema der Kontinuität aufgegriffen wird. Nur eine veränderte Fragestellung konnte deutlich machen, daß das Problem nicht erledigt war; bei unveränderter Perspektive verschwand es als ‹erledigte› Vorgeschichte hinter der DDR-Alltagsrealität. *Der erste Augenblick der Freiheit*, wie die 1970 von Elli Schmidt zum 25. Jahrestag der Befreiung vom Faschismus herausgegebene Anthologie hieß, konnte nur in *eine* Richtung gedacht werden oder, wie in Wolfs *Blickwechsel*, schlimmstenfalls als Stunde, die noch nicht als Befreiung begriffen werden konnte, sondern in kleinbürgerlicher Furcht und Lebensangst die alten Gewohnheiten zu erhalten suchte, so gut es ging. «Ich hatte keine Lust auf Befreiung.» Auf die Frage eines ehemaligen KZ-Häftlings: «Wo habt ihr bloß all die Jahre gelebt?»[18], weiß man keine Antwort, weil man nie wirklich Fragen gestellt hat.

Jurek Beckers (*1937) erster Roman *Jakob der Lügner* nahm einen Stoff auf, der in der Erzählprosa der DDR immer wieder Thema war: als Aufstand im Warschauer Ghetto bei Hermlin *(Zeit der Gemeinsamkeit)*, aus der Exil-Perspektive (Zweigs *Traum ist teuer*), aus dem verständnislosen Blickwinkel des Hitlerjungen (Fühmann, *Das Judenauto*), zuletzt schon als Burleske ohne Hoffnung auf so etwas wie Gerechtigkeit: Kunerts *Im Namen der Hüte*. Hermlin und Zweig schrieben aus der Sicht des Widerstands gegen den Faschismus, Kunert und Fühmann erzählten von den Opfern. Beckers Roman greift beides auf, aber er widerruft den Heroismus politisch motivierten Widerstands, den Apitz in *Nackt unter Wölfen* überzeugend dargestellt hatte. Becker erzählt eine novellistisch konzentrierte Geschichte aus dem Ghetto von Lodz, die trügerische Hoffnung möglich macht:

> Jakob Heym gibt vor, ein Radio zu besitzen (was streng verboten ist) und so sichere Meldungen über das Näherrücken der sowjetischen Befreier zu empfangen. «Man ist seinen Mitbürgern kein Mensch mehr, man ist Besitzer eines Radios.» Die Rolle, die Lebenslüge, der Jakob sich nicht mehr entziehen kann, verhindert nichts, aber sie tröstet. Am Ende steht der Transport ins KZ, zu dem neben Jakob und dem Mädchen Lina auch der Ich-Erzähler eingeteilt wird. Er wird entkommen, um zu berichten. Das legitimiert den Humor, mit dem diese Geschichte vorgetragen wird; er erhält seine Bitterkeit allein aus den Ereignissen, von denen zu berichten ist. Jakob ist kein Schwejk, mit seinen moralischen Skrupeln ist er das Gegenteil («In Jakobs Kopf geben sich die Selbstvorwürfe die Klinke in die Hand.»), aber der Roman hat etwas von einer fatalen Schwejkiade, in die Jakob hineingezogen wird. Das «wir fahren, wohin wir fahren» am Ende erinnert nochmals daran, daß Jakobs Radio auch die Schicksalsergebenheit genährt («Gott hat gehustet, Gott hat Herschel eins gehustet.»), doch die Möglichkeit der Rettung wenigstens vorgespielt hat, wozu der Erzähler einen alternativen Schluß erfindet.

So zeigt die Geschichte das Paradox humanen Verhaltens, der falschen Hoffnung in einer totalitären Situation; nicht einfühlendes Mitleid hilft dem Leser weiter, sondern nachdenkliche Erkenntnis am Modell. Die distanzierende Ironie des Erzählers nimmt bisweilen den mündlichen Gestus Bobrowskis auf, wird durch einmontierte NS-‹Dokumente› rabiat unterbrochen, bedarf aber ansonsten keiner ‹modernen› Erzählverfahren. Beckers Werk blieb weiter von solchen Konstellationen geprägt. Sein dritter Roman, *Der Boxer* (1976), nimmt sie mit der Geschichte des Juden Aron im Berlin der Nachkriegs- und DDR-Jahre gleichsam ex negatione auf.

Aron entzieht sich jeder festgelegten Rolle, versucht seinen Sohn Mark als Nicht-Juden zu erziehen, um dessen Zukunft zu erleichtern. Die geplante Lebenslüge scheint um so folgerichtiger, als Mark vielleicht gar nicht Arons Sohn ist. Man kennt das Motiv aus Kunerts *Im Namen der Hüte*. Die historisch ja längst widerlegte ‹Assimilation› muß scheitern. Mark verläßt den Vater, zieht nach Israel, wo er tödlich verunglückt. Becker hat auch hier eine ‹periphere› Erzähler-Figur eingeführt, einen Bekannten Arons, der zu verstehen sucht. Der Roman verurteilt sowenig wie *Jakob der Lügner;* er macht mißlungenes Leben begreifbar, ohne Alternativen auszumalen.

Mit seinem Roman *Bronsteins Kinder* (1986) hat Becker, seit 1977 im Westen lebend, das thematische Gegenstück zum *Boxer* veröffentlicht und damit eine distanziert-bewegende Trilogie über jüdisches Leiden und Überleben vorgelegt, die immer deutlicher auf die Frage zielt, wie sich (jüdische) Identität angesichts der geschichtlichen Erfahrung begreifen und leben läßt.

Ich-Erzähler ist nun Bronsteins Sohn, als «Hinterbliebener zweier Opfer des Naziregimes» in einer Rolle, der er nicht entkommen kann, weil sein Vater und dessen Freunde ihren ehemaligen KZ-Aufseher, der den Gerichten entgangen ist, entdeckt zu haben glauben. Sie halten ihn in einem Sommerhaus gefangen. Der Wahn, es müsse noch Gerechtigkeit geben, zwingt sie, sich wie Terroristen zu verhalten, denn selbst, wenn der Aufseher «in diesem Land», der DDR, verurteilt würde, wäre das, so meint Arno Bronstein, nur Antifaschismus auf Befehl. Arno, der Doppelgänger des Vaters Aron im *Boxer,* versucht die Katastrophe seines Leidens zu bewältigen, indem er auf seine Vergangenheit starrt, was sich ebenso als zwanghafte Fixierung erweist wie die Verdrängung dieser Vergangenheit.

Während *Jakob der Lügner* noch von Gott weiß, der ihn freilich nicht rettet, stellen die folgenden Romane die Frage nach der jüdischen Identität vollkommen areligiös. Eine Antwort finden sie nicht. Der *Bronstein*-Roman endet, wie er beginnt: mit dem Tod des Vaters. Er stirbt neben seinem Aufseher, den der Sohn schließlich befreit, während die Tochter als krankes NS-Opfer in einer Heilanstalt bleibt. Mit dem Rollenspiel des *Andorra*-Modells (Frisch) ist jedenfalls nichts mehr zu erklären, wenn die Geschichte die Rollen einmal vorgeschrieben hat.

Daß «Auschwitz ohne mich und meinesgleichen nicht möglich gewesen wäre, daß ich ein Teil der nationalsozialistischen Totalität war»,[19] hat Franz Fühmann früher als andere als Trauma erfahren, das nur langsam aufgearbeitet werden konnte. Die letzte Erzählung des Zyklus *Das Judenauto* (1962),

die den antifaschistisch umerzogenen Hitler-Soldaten zu neuen Ufern heim-
kehren ließ, wirkte als bloße Formel für eine halbe Befreiung, die von außen
kam. So setzt denn der schmale Band *Der Jongleur im Kino oder Die Insel
der Träume* (1970) noch einmal am Anfang an – in der Kindheit eines Ich-
Erzählers.

Zwar hält der Erzähler Distanz, aber er will die Verzerrungen der kindlichen Erfahrungswelt nachvollziehbar machen.

In der vierten Geschichte, *Mein letzter Flug*, werden die kindlichen Machtphantasien
angesichts eines Führerbildes real, zu dem der Junge naiv-bejahend oder verneinend
Stellung nehmen und damit seine Mutter betrüben oder begeistern kann. Er bekennt
sich zum Führer und beweist sich damit seine Macht über seine entsetzte Mutter: «ein
noch nie gekanntes Gefühl der Erfüllung durchzitterte mich [...] ich hob das Führer-
bild wie eine Monstranz». Das Überanstrengte dieser psycho-symbolischen Handlung,
die bisweilen schwülstige Sprache sind keine Ausnahme. Man merkt dem Buch an, daß
es eine Sprache ausstellen will, die vom Kommandoton bis zum schwülen Pathos dem
Stil des NS-Staates schon entgegenkommt.

Fühmanns sprachliche Suggestion und Beckers lakonische Distanz nähern
sich unnachgiebig einer Vergangenheit, von der man offiziell längst ein für
allemal Abschied genommen zu haben meinte. Dies ideologische Axiom des
Antifaschismus begann die Erzählprosa in den sechziger Jahren vorsichtig zu
unterlaufen. Es verbot sich natürlich, darüber hinaus nach systemspezifischen
Analogien auch nur zu fragen, denn die sozialistische DDR galt als radikale
Gegenposition zum NS-System. Schon die Debatte, ob die DDR-Gesellschaft noch durch (kapitalistische) Entfremdungserscheinungen geprägt sei,
hatte man zu Beginn der sechziger Jahre unterdrückt. Erst ein oder zwei
Jahrzehnte später wird sich anstelle des Hitler-Führerbildes in der Erzählprosa aus der DDR (Fühmann, Hilbig) auch ein Stalinbild zeigen.

VIII. IM ZEICHEN EINES KRITISCHEN «DDR-MESSIANISMUS»: DIE LYRIK

1. Generationenstreit – der Aufbruch der jungen Lyriker

Zu Beginn der sechziger Jahre schlugen die Wogen der sogenannten «Lyrikwelle» hoch. Ein von Stephan Hermlin im Dezember 1962 in der Akademie der Künste veranstalteter Lyrikabend erregte großes Aufsehen. Hermlin stellte Autoren wie Sarah und Rainer Kirsch (*1935 und *1934), Volker Braun (*1939) und Wolf Biermann (*1936) mit Gedichten vor, die anschließend freimütig diskutiert wurden. Die Konsequenzen waren beträchtlich. Hermlin, damals Sekretär der Sektion Dichtkunst und Sprachpflege an der Akademie, wurde seines Postens enthoben, in der Presse kam es zu vehementen Angriffen.

Dennoch versuchte die SED, an den Publikumserfolg dieser Veranstaltung anzuknüpfen, zumal sich ähnliche Lesungen in der Sowjetunion großen Zulaufs erfreuten. Seit Januar 1963 wurden in Berlin, Halle, Leipzig, Dresden, Rostock – nun unter der Regie der FDJ – vergleichbare Lyrikabende organisiert, die ausschnitthaft in den Anthologien *Auftakt 63* und *Auswahl 64* dokumentiert sind. Autoren der jungen Generation, die auch in einigen vom Mitteldeutschen Verlag betreuten Anthologien (*Bekanntschaft mit uns selbst*, 1961; *Sonnenpferde und Astronauten*, 1964; *Erlebtes Hier*, 1966) ein Forum fanden, gewannen dadurch binnen kurzem eine größere Öffentlichkeit und konnten sich so vergleichsweise rasch auch als Gruppe profilieren.

Die heftige Polemik gegen Hermlins Veranstaltung hat ihren Grund vor allem in der Aufbruchsgeste, mit der sich in markanten Texten einige der jungen Autoren von den Älteren, der Generation der Väter und Erbauer des Sozialismus, abgrenzten. Rainer Kirsch beispielsweise schrieb «Meinen Freunden, den alten Genossen»[1] ins Stammbuch:

> Wenn ihr unsre Ungeduld bedauert
> Und uns sagt, daß wirs heut leichter hätten
> Denn wir lägen in gemachten Betten
> Denn ihr hättet uns das Haus gemauert –
>
> Schwerer ist es heut, genau zu hassen
> Und im Freund die Fronten klar zu scheiden
> Und die Unbequemen nicht zu meiden
> Und die Kälte nicht ins Herz zu lassen.

> Denn es träumt sich leicht von Glückssemestern;
> Aber Glück ist schwer in diesem Land.
> Anders lieben müssen wir als gestern
> Und mit schärferem Verstand.
>
> Und die Träume ganz beim Namen nennen;
> Und die ganze Last der Wahrheit kennen.

Damit wurden nicht Aufbauleistungen und DDR-Erfolge in Abrede gestellt, sondern eine Selbstzufriedenheit zurückgewiesen, die Dankbarkeit und Lob des Erreichten forderte. Die Rede vom Generationenkonflikt findet hier ihre volle Berechtigung: Während die alten Kämpfer aus den erlittenen Blessuren und bestandenen Prüfungen Stolz auf das Errungene ableiteten, das es zu bewahren und zu preisen gelte, nahmen die Nachgeborenen Anstoß an den Unvollkommenheiten der neuen Ordnung und drangen auf tätige Veränderung. Nach dem Bau der Mauer hofften sie zudem, daß das oft eingesetzte Argument, eine ungeschönte Fehlerdiskussion müsse aus Rücksicht auf den ideologischen Gegner unterbleiben, hinfällig geworden sei. «Setzt eurem Werk ein gutes Ende / Indem ihr uns / Den neuen Anfang laßt!», schließt Biermanns Ansprache «An die alten Genossen».[2] Dem verordneten Optimismus begegneten die jungen Lyriker mit kritischer Skepsis, gegen die vereinnahmende Rolle des Kollektivs setzten sie ein wenig fügsames Ich, das auf die Rechte der Individualität pochte. Dabei wurde keineswegs die Solidarität mit der DDR aufgekündigt, vielmehr verantwortliche Mitsprache angestrebt.

Wie diese Intention mißverstanden wurde, zeigen die Verdikte, die gleich nach der Dezemberlesung einsetzten. Bernt von Kügelgen denunzierte Kirschs Gedicht, ohne indes Autor und Titel zu nennen. Er verwahrte sich gegen jene Gedichte «voller Düsterkeit und mühsam enträtselbarer Bilder, in denen die Verfasser darüber klagen, daß Glück in diesem Lande schwer sei und es schwer ist, genau zu hassen. [...] Was hat dieses triste Gemäkel mit den Aufgaben gemein, die der Programmentwurf der SED den Schriftstellern gestellt hat?»[3]

Kunerts hintergründige Parabeln, die dem Grundsatz folgen «Ich bringe eine Botschaft, / und die heißt: keine Sicherheit» (wie ein Gedicht aus der Sammlung *Der ungebetene Gast* von 1965 einsetzt), stellten zu Beginn des Jahrzehnts einen weiteren Zielpunkt der Kritik dar. Kurt Hager vermeinte 1963, in einer ganzen Reihe der Kunertschen Gedichte «kaum noch versteckte Angriffe gegen unsere Republik»[4] erkennen zu müssen. Auf dem 11. Plenum des ZK der SED, Dezember 1965, mit dem ein Schlußstrich unter die virulenten Entwicklungen im Kulturbereich gezogen werden sollte, konzentrierte sich für die Lyrik die Kritik auf Biermann.

Der in Hamburg geborene Liedersänger und Dichter, der sich als Schüler 1953 für die DDR entschieden hatte, brachte mit Verve das Grundgefühl der jungen Autoren auf den Punkt: «Ich soll vom Glück Euch singen / einer neuen Zeit / doch Eure Ohren sind vom Reden taub. / Schafft in der Wirklichkeit mehr Glück! / Dann braucht ihr nicht so viel Ersatz / in meinen Worten.» Dieser Text erschien mit anderen Gedichten der Abrechnung 1965 in Westberlin (in der DDR wurden nur vereinzelt Gedichte Biermanns in Anthologien gedruckt) in Biermanns erstem Band *Die Drahtharfe*. Hier habe der Autor, so Erich Honecker vor dem 11. Plenum, «die Maske fallen lassen»; spießbürgerlich, anarchistisch, überheblich, zynisch lauteten die Attribute, die er Biermann und seinen Texten zuordnete. Biermann erhielt Veröffentlichungs- und Reiseverbot. Dennoch genossen seine melancholischfrechen Lieder dank ihrer schönen Unverschämtheit ‹insgeheim› beträchtliche Popularität in der DDR; sie kursierten auf Tonbändern und in Abschriften.

In die Rolle des eigentlichen Wortführers jener DDR-Aktivisten, die endlich das Sozialismusversprechen eingelöst sehen wollten, geriet Volker Braun. Die lautstarken Provokationen Brauns, die 1965 in der Sammlung *Provokation für mich* (eine erweiterte Fassung erhielt in der Bundesrepublik den Titel *Vorläufiges*, 1966) erschienen sind, gleichen in Rednerhaltung und Deklamationsstil denen des sowjetischen Dichtertribuns Jewgeni Jewtuschenko, mit dem Braun auch den Bezug auf Majakowski teilt. Nicht Bitten werden ausgesprochen, sondern ein «Anspruch» wird formuliert:

[...]

Alles Alte prüft: her, Kontrollposten Jugend!
Hier wird Neuland begraben und Neuhimmel angeschnitten –
Hier ist der Staat für Anfänger, Halbfabrikat auf Lebenszeit.
Hier schreit eure Wünsche aus: an alle Ufer
Trommelt die Flut eurer Erwartungen!
Was da an deine Waden knallt, Mensch, die tosende Brandung:
Das sind unsere kleinen Finger, die schießen nur
Bißchen Zukunft vor, Spielerei.

Diese Position entschiedener Unduldsamkeit, der Wille, mitbestimmend eingreifen zu können, erklärt die Tendenz zum operativen Gedicht und machte den literarischen Einsatz dieser Generation, «Jung, nicht von Kriegen entstellt, Herrn ihres meßbaren Tags» (Rainer Kirsch),[5] so spektakulär.

2. «die kleinen dinge»

Der kritischen Wortmeldung einiger Autoren im Rahmen der Lyrikwelle stand dort allerdings ein auffälliger Rückbezug aufs Alltägliche und Rückzug ins Private gegenüber, der sogar das Stichwort von der «Liebeslyrikwelle» aufkommen ließ; sie blieb eher seicht.

Zum Teil war die Poetisierung banaler Gegenstände und täglicher Verrichtungen sicherlich eine notwendige Korrektur der Bitterfelder Abstraktionen. Aber meist ersetzte leerer Appell die genaue Erfassung der Umgebung und des Tagewerks und der Anspruch auf – auch erotische – Unmittelbarkeit im Liebesgedicht verlor sich allzu oft im tändelnd Neckischen.

Daß bei der Beschränkung auf «die kleinen dinge»[6] – ungewollt – auch ein Verzicht auf den ‹großen Sprung› zum Ausdruck kommt, merkte Kurt Bartsch (*1937) in einem ironischen Gedicht zum Thema an:

die sonne übersteigt die möglichkeiten
des himmels über meinem hut.
behütet bin ich, wer weiß beßre zeiten?
die uhr? – hat noch bedenkzeit. – gut.

bevor die sonne, die zu kopf geht, mir
den eignen schatten vorwirft (große sprünge
kann ich mir nicht erlauben, mal ein bier)
versuche ich mein glück: die kleinen dinge.

[...]

1961 erschien mit zehnjähriger Verspätung Georg Maurers *Dreistrophenkalender*. Zur Entstehungszeit der heiter-sensualistischen Gedichte hatte man, kommentierte Maurer in einem Interview, den «Inhalt» vermißt und nicht verstehen können, wie «jemand, der durch Marx Grund unter den Füßen bekommen hatte, dies mit einem Jubel auf Bäume, Vögel, Kinder, Jahreszeiten usw. beantwortete, diese Wesen agieren ließ und sich selbst in die Aktion einbezog».[7] Daß diese Verse bei ihrer späten Veröffentlichung einhellig begrüßt wurden, ist Zeichen einer bei der Literaturkritik, aber auch im Publikum veränderten Aufnahmebereitschaft, die nicht mehr nur auf die markanten «Ausweisworte» fixiert war.

Vor allem der früh verstorbene Uwe Greßmann (1933–1969) und Sarah Kirsch entwickelten das poetisierende, sensualistische Verfahren – je eigenwillig – weiter.

Greßmann besingt den *Vogel Frühling* (1966) scheinbar naiv, aber hinter vorscheinender Harmlosigkeit verbarg sich ein ursprüngliches Talent, das das unbedeutende Detail in eine weitgespannte Kosmogonie zu integrieren wußte. Sarah Kirschs literarische Anfänge (*Gespräch mit dem Saurier*, mit Rainer Kirsch, 1965) blieben noch in kindlicher Verspieltheit befangen, in der Regressionsgebärde eines «Baby-Talk» (Adolf Endler). Sie fand erst allmählich zu ihrer eigenen Sprache für die kleinen Dinge; aus dem unscheinbaren Detail der Natur oder der schlichten Alltagsverrichtung erwächst in radikal subjektiver Rede gesellschaftliche oder existentielle Komplexität (*Landaufenthalt*, 1967).

Dies gilt generell für die Debüts im Rahmen der Lyrikwelle: Die weiterführenden Möglichkeiten waren zu Beginn der sechziger Jahre noch kaum zu erkennen. Sichtbar wurden allenfalls Ansätze, Versprechen. Es dominierten impressionistische Skizzen und Genrebilder, Gedichte, die sich brechtisch geistreich gaben, ‹kritische› Texte im konventionellen Gewand, Kraftausbrüche in freien Rhythmen, Parabeln als Instrument der Entlarvung. Der Durchbruch zu literarischer Eigenständigkeit stand in den meisten Fällen noch bevor, mit einer markanten Zäsur um 1965.

Es entstand ein Gruppenzusammenhang auffälligerweise in dem Maße, in dem sich eigene Sprechweisen herausbildeten. Für diese ‹Gemeinschaft› der in den dreißiger Jahren geborenen Autoren sind verschiedene Begriffe geprägt worden, meist nachträglich, aus zeitlichem Abstand: die neutrale Bezeichnung «mittlere Generation» etwa oder, auf das Artistenmilieu verweisend, der Ausdruck «unsere Truppe» (Sarah Kirsch). In Hinblick auf die Herkunft der Kernmannschaft schlug Endler den Terminus «Sächsische Dichterschule» vor: Volker Braun, Heinz Czechowski, Karl Mickel und B. K. Tragelehn stammen aus Dresden, Richard Leising kommt aus Chemnitz, Rainer Kirsch aus Döbeln, Reiner Kunze aus Oelsnitz, Bernd Jentzsch aus Plauen, Wulf Kirsten aus dem Meißener Gebiet. Das Gruppenbild ergänzen die (Wahl-)Berliner Wolf Biermann, Kurt Bartsch, Uwe Greßmann sowie die aus dem Harz gebürtige Sarah Kirsch. Der Zusammenhang begründete sich im freundschaftlichen Umgang (nicht zuletzt im Lyrik-Seminar Georg Maurers am Leipziger Literaturinstitut Johannes R. Becher) und dem solidarischen Eintreten – durch Verteidigungsreden und Essays – für gescholtene Kollegen. Der Zusammenhalt behauptete sich als literarische Verflechtung im gegenseitigen Zitieren, Namennennen und Porträtieren, schließlich als »Teamwork-Attitüde» (Sarah Kirsch), das heißt als ein Arbeitskontakt, der Besprechung und Korrektur der Texte des anderen einschloß.

In einem Essay «Über Karl Mickel» sollte Rainer Kirsch später als Gemeinsamkeit der führenden Autoren seiner Generation herausstellen: «Genauigkeit in der Behandlung des Gegenstands – das Charakteristische regiert das Ästhetische –, scharfes, am Marxismus geschultes Reflektieren der Epoche und das bewußte Weiterarbeiten klassischer poetischer Techniken.»[8] Bei aller Nähe zum Traditionalismus der fünfziger Jahre liegt hierin ein wichtiger Unterschied: Als vorbildlich galt nicht das bloße Ausfüllen des klassischen Kanons, sondern die souveräne, kritische Weiterentwicklung der Formen. Die Wirkungsabsicht wurde dabei noch lange von zwei Illusionen bestimmt: daß man die Oberen belehren und die Massen zur Einsicht bekehren könne.

3. Die großen Gegenstände

Mit entschiedenem Zugriff präsentierten Adolf Endler (* 1930) und Karl Mickel (* 1935) 1966 in der Anthologie _In diesem besseren Land_ das aus der DDR-Lyrik für wesentlich Erachtete. Die Herausgeber gaben bewußt komplexen Texten den Vorzug, «poetischen Gebilden, mit denen deutlich ein bestimmter Ausschnitt der Realität in ihrer vielfältigen Verzahnung zu bewältigen versucht wird». Hier wird das Programm einer literarischen Anstrengung verfolgt, das Mickel 1964 folgendermaßen angekündigt hatte:

«Gegenstände. Die Religion war der höchste Gegenstand für den Klopstock. Wir schreiben keine Gedichte, die sich auf dieser Ebene bewegen, unsre höchste Ebene ist die Bezirksebene. Kleine Erfolgsberichte, kleine Kritiken. Das hat verschiedene Ursachen; ich denke nur an eine: das Erscheinungsbild unserer Poesie ist insofern spätbürgerlich, als die großen Formen zerschlagen sind. Große Gegenstände erheischen große Form, die große Form wird erst dann reproduziert werden, wenn wir uns großen Gegenständen zuwenden.»[9]

Mit der auffälligen Verbreitung von Hymnen, Elegien und vor allem Oden in der DDR-Lyrik seit Mitte der sechziger Jahre verwirklichte sich dieser Entwurf. Neben die Poeme und Zyklen, das in der frühen DDR-Lyrik bevorzugte Medium für den geschichtlichen Bogenschlag und die politische Zusammenschau, trat nun zunehmend der an Klopstock geschulte Typus des Weltanschauungsgedichts, den die Zurschaustellung und Diskussion des «großen Gegenstands» auszeichnet.

Sowohl das von Klopstock in den Mittelpunkt gestellte öffentlich bedeutsame Thema wurde als Aufgabe akzeptiert als auch die Suche nach einer dem Anliegen entsprechenden Ausdrucksweise, die außer dem rein Stofflichen auch die im Inneren ausgelösten Empfindungen wiederzugeben vermag. Vor allem wurde aber das bei Klopstock beispielhaft ausgeprägte Kunstwollen typologisch bedeutsam, seine Vorstellungen von einer deutlich von der Alltagssprache unterschiedenen «Sprache der Poesie».

Natürlich wurde Klopstock je unterschiedlich, den eigenen Zwecken gemäß interpretiert. Mickel etwa datierte in einem Aufsatz von 1975 seit Klopstock «die deutsche politische Dichtung»: «Der Riß, der durch die Welt geht, geht durch Klopstock. Das kolossale metaphorische System zielt auf die Erlösung aus extrem geschärften und verfestigten Widersprüchen.»[10] Seine Lesart quer zur Praxis literaturwissenschaftlicher Idealisierungen, die absehen von den politischen und ökonomischen Bedingungen, stimmt weitgehend mit Peter Rühmkorfs ebenfalls 1975 vorgelegter Interpretation *Friedrich Gottlieb Klopstock. Ein empfindsamer Revolutionär* überein. Ethisches und Poetisches bestimmen demgegenüber das Klopstockbild Johannes Bobrowskis, des spät zu Wort gekommenen und gehörten Dichters, der zum wichtigen Vermittler wurde (auch was die Umformung klassischer Odenmaße im Sinne rhythmischer Prägnanz betrifft).

Nicht nur Handwerkliches wie das Ausnutzen der sprachlichen Möglichkeiten und die Neufassung der Metrik habe er, Bobrowski, beim «Zuchtmeister» Klopstock[11] studieren können, sondern auch «moralische Schönheit» und die Legitimierung der Poesie als Wissenschaft der Menschlichkeit. Zwar haben sich Charakter und Motivierung des Engagements verändert, da die Einbindung in den Dienst der Offenbarung und die Bindung an den religiösen Auftrag aufgelöst sind. Aber Bobrowskis Adresse «An Klopstock» zeigt,

wie er im ethischen und im sprachlichen Bereich das Gespräch mit dem
Vorgänger sucht:

> Wenn ich das Wirkliche nicht
> wollte, dieses: ich sag
> Strom und Wald,
> ich hab in die Sinne aber
> gebunden die Finsternis,
> Stimme des eilenden Vogels, den Pfeilstoß
> Licht um den Abhang
>
> und die tönenden Wasser –
> wie wollt ich
> sagen deinen Name,
> wenn mich ein kleiner Ruhm
> fände – ich hab
> aufgehoben, dran ich vorüberging,
> Schattenfabel von den Verschuldungen
> und der Sühnung:
> so als den Taten
> trau ich – du führtest sie – trau ich
> der Vergeßlichen Sprache,
> sag ich hinab in die Winter
> ungeflügelt, aus Röhricht
> ihr Wort.

Das Anliegen Bobrowskis, das ihm die Anrede allererst gestattet («Wie wollt ich /
sagen deinen Namen») ist die «Schattenfabel von den Verschuldungen / und der Süh-
nung», das heißt Bobrowskis Thema, die Deutschen und der europäische Osten. Das
tastende «trau ich – du führtest sie – trau ich / der Vergeßlichen Sprache» sucht
Vergewisserung über die Möglichkeiten des Schreibens in der Aufgabe, vor dem Vergessen zu bewahren, und in der Meisterschaft Klopstocks. Aber gegen dessen Blickrichtung hinauf – zum Höchsten, zum Unendlichen – folgt hier ein ausdrückliches
«hinab», das zusammen mit den Bildern von Kälte («die Winter») und Entgötterung
des Dichtens («ungeflügelt») die ungleich schwierigere Sinnsetzung heute umschreibt.
Einzig das «Röhricht» ermöglicht die Kommunikation, als Sprach-Rohr durch das Eis
hindurch.

Solch subjektiver, eigenwilliger Umgang mit dem Vorbild wiederholt sich
bei der parallel verlaufenden Hölderlin-Rezeption, die zwar an verstechni-
sche Erkundungen vor allem Maurers und Arendts anschließt, sich inhaltlich
jedoch von den Vorgängern absetzt. Im Gegensatz etwa zu Bechers Feier des
Vaterländischen bei Hölderlin exponiert Czechowski (* 1935) dessen Programm individueller Wahrhaftigkeit.[12] Belesenheit und Gelehrtheit gehören
für die Autoren der mittleren Generation durchaus zum *Amt des Dichters*,
wie Rainer Kirsch eine Essaysammlung (1979) selbstbewußt nannte. Stets
ging es bei der Traditionswahl um beides: das Handwerkliche und die Auffin-

dung des Themas, dessen Bedeutsamkeit man in der DDR der sechziger Jahre durch «große Gegenstände» wie Geschichte, Arbeit, Sozialismus, Zukunftsverheißung, Glücksverlangen und DDR-Bewußtsein zu gewährleisten suchte. Diese junge Dichtung ließ auch im Westen den Begriff «DDR-Lyrik» zu einer Art Markenzeichen avancieren, während er vorher – von Ausnahmen abgesehen – mit minderwertiger, staatlich gelenkter Tendenzpoesie gleichgesetzt worden war.

4. «In diesem besseren Land»: Eine Bilanz 1966

«In diesem besseren Land» – die Schlußzeile von Czechowskis Gedicht «Brief» gab einer unbequemen Anthologie den Titel. Endler und Mickel legten eine Vielzahl relativ schwieriger Gedichte vor, die vom Leser Arbeit verlangten, Assoziationsfähigkeit voraussetzten und «hohe Kenntnisse der Wirklichkeit, aber auch der Kunstwirklichkeit (-historie)» beanspruchten. Zweierlei lehnten die Herausgeber ab: implizit die massenhaft produzierte Liedlyrik, derer man so überdrüssig geworden war; explizit die «Halbfabrikate», vor allem zahlreiche Kurzgedichte, bei denen die Autoren meinten, bereits die kurze Form erbringe Intensität. Auf den ersten Blick ergeben sich verblüffende Parallelen zu der gleichzeitig in der Bundesrepublik geführten Diskussion über das lange und kurze Gedicht. Sie erweisen sich jedoch als täuschend: Walter Höllerer plädierte 1965 in «Akzente» mit seinen «Thesen zum langen Gedicht» für eine Lyrik mit «freierem Atem», das heißt eine Poesie der freizügigeren Wahrnehmung und Gestaltung. Die Forderung nach weltanschaulicher Bewußtheit und Kunststrenge, die von den Wortführern des «langen Gedichts» in der DDR erhoben wurde, zielte in eine nahezu entgegengesetzte Richtung. Höllerer rieb sich an der «erzwungene[n] Preziosität und Chinoiserie des kurzen Gedichts», während die Kritik von Mickel und Endler nicht das Gedrechselte, Angestrengte, sondern das Vorschnelle und mangelhaft Formulierte meinte.

Der Rigorismus, mit dem *In diesem besseren Land* konzipiert war, schied jedoch nicht nur die Gedichte der Lyrikwelle ohne Tiefgang aus, sondern beispielsweise auch die lapidaren Texte Reiner Kunzes (*1933). Kunze verknappte unter dem Druck politischer Erfahrungen in der DDR und ČSSR seine Lyrik immer mehr, bis das erzwungene öffentliche Verstummen die Texte zu äußerster Kargheit führte. Schon 1960 hatte Kunze über «das ende der kunst» (*Sensible Wege*, 1969) reflektiert:

> Du darfst nicht, sagte die eule zum auerhahn,
> du darfst nicht die sonne besingen
> Die sonne ist nicht wichtig

Der auerhahn nahm
die sonne aus seinem gedicht

Du bist ein künstler,
sagte die eule zum auerhahn

Und es war schön finster

Dem läßt sich folgender Vierzeiler Günter Kunerts aus *Verkündigung des Wetters* (1966) an die Seite stellen:

Den Fischen das Fliegen
beigebracht. Unzufrieden dann
sie getreten wegen des
fehlenden Gesanges.

Absehbar wird hier, daß die Form der Kurzfabel und auch die Zuspitzung zum dialektischen Paradox, durch die Kunst- und Welterfahrung zur Sentenz zusammengezogen wird, zwar kritisch erhellend wirkt, sich als Methode jedoch relativ rasch erschöpft. Beide Autoren trennten sich auch später von diesem Verfahren. Der Lakonismus wurde erst dann wieder aktuell, als er sich vom Zwang der Pointe befreite und sich als Kunst des understatement verstand. Der frühe Vierzeiler Kunerts, den Endler und Mickel aus seinem 1955 erschienenen Band *Unter diesem Himmel* wählten, zeigt solche Möglichkeiten an:

Die Wolken sind weiß. Weiß ist
die Milch im Krug, weiß wie die
windprallen Hemden auf der Leine, weiß
wie Verbandstoff vor der Schlacht.

Das knappe, wortkarge Gedicht mit «gedrosselte[m] lyrische[m] Stimmungston», für das Karl Krolow in seiner Replik auf Höllerer («Akzente» 1966) mit Vehemenz eintrat, sollte innerhalb der DDR-Lyrik in dem Maße wieder Terrain gutmachen, in dem – seit den siebziger Jahren – die pathetische, weltanschauungslyrische Dichtung dem Verdacht falscher Ideologisierung anheimfiel. *In diesem besseren Land* indes favorisierte Gedichte einer Haltung, für die später mit kritischem Vorbehalt der Begriff «DDR-Messianismus» geprägt werden sollte.

Die Kapitelüberschriften der Anthologie ziehen Linien ein, durch die zwanzig Jahre Literaturgeschichte konturiert werden und auch die Wahrnehmung der damaligen lyrischen Landschaft erkennbar wird. Mit dem als Motto gewählten Gedicht Brechts «Gleichermaßen gefährlich und nützlich ist auch das Machen / Einleuchtender Bilder» wird schon vorweg ein hoher theoretischer Anspruch angemeldet. Es folgt die «Vorstellung», Selbstverständigungen über die Künstlerexistenz, Lebensberichte vor allem der Älteren. Hier sind Gedichte versammelt wie Bechers bittere «Absage» («Ich sage los mich von jedwedem Hoffen.»), einige von Brechts Altersgedichten und seine große Rede «An die Nachgeborenen». Überraschend schließt das Kapitel «Reisen» an. Die Gedichte entfalten Motive des Aufbruchs und der Ankunft in der Gegenwart und Vergangenheit (etwa in den Odysseus-Gedichten); sie sprechen von Reisen in die Geschichte und in die Zukunft, nicht zuletzt von dem Fernweh derjenigen, die gern andere Länder erkunden würden. «Aufstehn möcht ich, fortgehn und sehn, / ach wär ich Vogel, Fluß oder Eisenbahn, / besichtigen möcht ich den Umbruch der Welt», leitet Sarah Kirsch ihre «Kleine Adresse» ein und spricht über die Sehnsucht, sich selbst eine Anschauung von der Welt zu bilden: «fortgehn möcht ich, sehn und / wiederkommen.»

Die vierte Abteilung der Anthologie («Brände») ruft Geschichtliches auf. Sie handelt von Krieg, Faschismus, atomarer Bedrohung und politischer Moral, enthält aber auch deutschlandpolitische Überlegungen wie das Titelgedicht. Von bedrohlicher, bedrückender Aktualität war 1966 der Vietnam-Krieg. Dessen Gegenwärtigkeit im Hier und Jetzt ist in alptraumartigen Szenarien von denen festgehalten, die *Auszog[en] das Fürchten zu lernen* (Rainer Kirsch 1978). Quer zu den offiziösen Interpretationsrastern und zudem gegen die Verdrängungen geschrieben zu haben, ist auch das Verdienst dieser Autoren bei ihren Texten über den Zweiten Weltkrieg, eine Leistung vor allem Inge Müllers (1925–1966). Die traumatische Erfahrung, als Kind drei Tage lang unter den Trümmern eines Hauses lebendig begraben gewesen zu sein («Unterm Schutt»), sollte ihr Leben und ihre Dichtung im Zeichen der Verschüttung bestimmen.[13] Der verzweifelte Versuch zu gehen, dem Staub zu entgehen, endete in der Erkenntnis, nicht entkommen zu können; sie nahm sich am 1. Juni 1966 das Leben:

> Unterm Gebell der Eisenrohre schlief ich
> Schon im Griff der Erde
> Das Kind Moses im Kästchen treibend
> Zwischen Schilf und Brandung
> Und wachte auf als irgendwo im Herz der Kontinente
> Rauch aufstieg aus offenem Meer
> Heißer als tausend Sonnen
> Kälter als Marmorherz.
> Auf sechzehn Füßen ging ich in die Mitte genommen
> Den ersten Schritt gegen den Staub.

Inge Müllers Gedichte, die erst seit 1985 in einer größeren Sammlung vorliegen *(Wenn ich schon sterben muß)*, sind von schmerzender Authentizität. Die Texte dieser Lyrikerin, deren Bedeutung lange verkannt wurde, treiben das Potential hervor, das Erlebnislyrik heute noch haben kann, allerdings um den Preis, daß der Gegenstand, zu dem die Distanz aufgehoben ist, die Autorin bezwang.

Der *In diesem besseren Land* abschließende Teil «Bewußtsein» durchmißt Zeiten und Räume und sucht immer wieder nach Modellen menschlicher Erfahrung, steckt Lebenswege ab, die Spanne zwischen Jugend und Alter. Den Schlußpunkt, der die philosophische Konzeption des Bandes abrundet, setzt Johannes R. Bechers Gedicht «Von den letzten Dingen».

Das Herzstück der Anthologie bildet der Mittelteil mit Gedichten über das Arbeiten. In diesem Abschnitt «Morgenzug», der nicht im Deklarativen stekkenbleibt, wie bei dem Thema Arbeit sonst üblich, findet sowohl Brechts nach dem 17. Juni entstandenes Gedicht «Böser Morgen» Platz als auch Uwe Greßmanns Spiel mit dem «Baukasten, / In dem die Stadt von Morgen eingepackt ist» («An Arkadia») und Mickels vieldiskutiertes Gedicht «Der See», dem Marx' Bestimmungen von der Arbeit als Stoffwechselprozeß des Menschen mit der Natur zugrunde liegen.

Der Gedichtverlauf zeigt zwar Geschichtsprogression und Zunahme an philosophischer Einsicht. Aber dem Abstoßungsvorgang aus der archaischen Welt haftet selbst etwas Barbarisches an, und die Auseinandersetzung mit der nirgends beschönigten Natur-Welt und Welt-Natur bleibt widersprüchlich und gewaltsam:

> See, schartige Schüssel, gefüllt mit Fischleibern
> Du Anti-Himmel unterm Kiel, abgesplitterte Hirnschal
> Von Herrn Herr Hydrocephalos, vor unsern Zeitläuften
> Eingedrückt ins Erdreich, Denkmal des Aufpralls
> Nach rasendem Absturz: du stößt mich im Gegensinn
> Aufwärts, ab, wenn ich atemlos nieder zum Grund tauch
> Wo alte Schuhe zuhaus sind zwischen den Weißbäuchen.
>
> Totes gedeiht noch! An Ufern, grindigen Wundrändern
> Verlängert sichs, wächsts, der Hirnschale Haarstoppel
> Borstiges Baumwerk, trägfauler als der Verblichene
> (Ein Jahr: ein Schritt, zehn Jahr: ein Wasserabschlagen
> Ein Jahrhundert: ein Satz). Das soll ich ausforschen?
> Und die Amphibien. Was sie reinlich einst abschleckten
> Koten sie tropfenweis voll, unersättlicher Kreislauf
> Leichen und Laich.
>
> Also bleibt einzig das Leersaufen
> Übrig, in Tamerlans Spur, der soff sich aus Feindschädel-
> Pokalen eins an («Nicht länger denkt der Erschlagene»
> Sagt das Gefäß, «nicht denke an ihn!» sagt der Inhalt).
> So faß ich die Bäume («hoffentlich halten die Wurzeln!»)
> Und reiße die Mulde empor, schräg in die Wolkenwand
> Zerr ich den See, ich saufe, die Lippen zerspringen
> Ich saufe, ich saufe, ich sauf – wohin mit den Abwässern!
> See, schartige Schüssel, gefüllt mit Fischleibern:

Durch mich durch jetzt Fluß inmitten eurer Behausungen!
Ich lieg und verdaue den Fisch

Für den See wird eingangs eine eigenwillige Entstehungsgeschichte vorgeschlagen: der See – ein Schädelabdruck nach Absturz aus kosmischer Höhe. Der Entwurf spielt mit dem Richtungswechsel hinauf/hinab. In ihn wird auch das lyrische Ich einbezogen, das in den See eintaucht und sich vom Grund wieder nach oben abstößt. Der See wird als Hirnschale des «Herrn Herr Hydrocephalos» gleichsam personifiziert und ist doch tot. Seine Natur ist häßlich, so führt die zweite Strophe aus. Die entsprechende Lyriktradition, die seit Beginn des 20. Jahrhunderts in kühnen Attacken die Erwartung des schönen Naturbilds zerstörte, ist gegenwärtig (auch Benn), aber das Gedicht verharrt nicht bei der Kritik der Idylle. Die Geschichtsträchtigkeit des Ortes wird angesprochen, der Kreislauf von Leben und Tod. Doch das lyrische Ich weist eine rein betrachtende Position, die den See zum bloßen Erkenntnisgegenstand machen würde, von sich («Das soll ich ausforschen?»). Statt dessen eignet es sich den See aktiv an: «Also bleibt einzig das Leersaufen / Übrig». Der Mensch «tritt dem Naturstoff selbst als eine Naturmacht gegenüber», hatte Marx im *Kapital* über die Arbeit ausgeführt: «Die seiner Leiblichkeit angehörigen Naturkräfte, Arme und Beine, Kopf und Hand, setzt er in Bewegung, um sich den Naturstoff in einer für sein eignes Leben brauchbaren Form anzueignen. Indem er durch diese Bewegung auf die Natur außer ihm wirkt und sie verändert, verändert er zugleich seine eigne Natur.» Die Momente, die Marx abstrakt definitorisch anspricht (Naturstoff – Naturmacht, Leiblichkeit, Bewegung, Stoffwechsel, Veränderung), setzt Mickel in sinnlich-konkrete Bilder um. Aber die Aneignung wird nicht als harmonischer, sondern als konfliktgeladener Vorgang gezeigt. Der Name Tamerlans, des asiatischen Eroberers, steht für Gewalt und Grausamkeit, auch für die Doppelung von Vernichtung und Genuß.[14] Bei dem solcherart vorgeführten herrischen Umgang mit dem Rohstoff Natur taucht zudem – erstmalig in der DDR-Literatur – ein weiteres Problem auf: «wohin mit den Abwässern!»

Ähnlich groß angelegt (wenn auch nicht gleichmäßig durchgehalten) ist «Die erste Klettwitzer Elegie» von B. K. Tragelehn (* 1936).

Die Kritik an jedem Versuch, Negatives beim Namen zu nennen, wird als Erfahrung vorangestellt («‹Stinkendefrechheitabgrundtiefdas eigne / Nestbeschmutztsichnichtentblödetschamlos / Widerlichesgiftverspritzt-›»), der Traum vom Eskapismus, den sich das lyrische Ich gestattet («Wo ist die Insel?»), jedoch verworfen. Das eigene Wort, in der Fremde «zuhörerlos», braucht «Tauwind», «Grün im kommunistischen Frühling». Das Ich des Gedichts blendet sich ein in Gestalten der Antike: In Teiresias, den blinden Seher, zeitweise im Dienst des Herakles; dessen fünfte Aufgabe im Auftrag des Eurystheus lautete, menschenfressende Raubvögel aus dem Sumpf von Stymphalos in Arkadien zu vertreiben: Durch eine große Klapper scheuchte er sie auf und erlegte sie dann mit Pfeil und Bogen. Das Klappern gehört jedoch auch zum Handwerk des Dichters. Nicht als Parasit bei denjenigen, die den Kampf aufnehmen und Heldentaten vollbringen, wird dessen Existenzberechtigung gesehen, nicht im Überwintern und Warten «auf bessere Zeiten» also, sondern in der Rolle des weisen Narren, die zwiespältig genug ist: blind, aber sehend, distanziert, aber eingreifend. «Aug und Ohr offen: hör und sieh!» – auch diese Handlungsanweisung macht deutlich, daß gar nicht erst die Fiktion des schreibenden Arbeiters oder des in der Produktion tätigen Schriftstellers errichtet wird. Das Geschäft des Dichters ist die unverstellte Wahrnehmung:

> Sag ja. Und stürze. Im Sturz
> Geh weiter! Was siehst du?
> Pelops, Braunkohlenkumpel in Klettwitz

Zerstückt im Kessel des Tagebaus kochend
(Der überkochend ihn wieder zusammensetzt:
Fleisch zu Fleisch, Bein zu Bein).
Mich ärgert mein Auge, reiß ichs aus?
Ich sehe und schweige.

Er sieht «Pelops, Braunkohlenkumpel in Klettwitz», nicht befreit, in der Arbeit zu
sich selbst kommend, sondern «Zerstückt im Kessel des Tagebaus kochend» – ein
extremes Antibild zu dem, das Marx von der schöpferischen Kraft der Arbeit entworfen hatte. Das erneute Zusammensetzen des zergliederten Körpers, ein Schöpfungsakt,
der nur in Klammern vermerkt ist, wird mit dem Überkochen des Kessels in Verbindung gebracht; ein explosiver Vorgang? Oder Metapher für das Hinausgespucktwerden
am Feierabend? Dem Auge ist das, was es sieht, ein Ärgernis: «reiß ichs aus?» Aber das
lyrische Ich verzichtet auf die radikale Lösung und gibt klein bei: «Ich sehe und
schweige.» Die Existenz des Gedichts überwindet allerdings dieses Schweigen: «‹Stin-
kendefrechheitabgrundtiefdas-›».

Die beiden Gedichte Mickels und Tragelehns zeigen, wie sich die Lyrik des
«großen Gegenstands» verwirklichte: sie zielt auf den großangelegten Entwurf mit philosophischer Dimension, beharrt auf Vielschichtigkeit und
Mehrdeutigkeit (statt Eindimensionalität); die ‹starken› Subjekte der Gedichte bringen das Selbstbewußtsein von Autoren zum Ausdruck, die etwas
mitzuteilen haben. Sie reagieren auf die Gegenwart, wie ihnen gleichzeitig ein
weiter geschichtlicher Bezug selbstverständlich ist. Die weltanschauliche
Spannweite mutet heute allerdings historisch an, die Gewißheit, mit der über
Inhalte und Sprache verfügt wird, wirkt fast befremdlich. Doch läßt sich
gerade vom Ende der DDR her erkennen, daß in solchen Texten der sechziger
Jahre das erreicht wurde, was die Kulturpolitiker immer suchten, aber im
Geleisteten verkannten: eine spezifische, unverwechselbare Identität von
DDR-Literatur.

5. Abbruch der Debatte

Die Anthologie *In diesem besseren Land* hatte mit ihrem programmatischen
Engagement ein Signal gesetzt. Die Hoffnung auf «ein lebhaftes Streitgespräch, frei von [...] Geschmäcklerei», die die Herausgeber äußerten, erfüllte
sich indes nur zum Teil. Zwar wurde unter demselben Titel in der Zeitschrift
«Forum» eine Umfrage bei Lyrikern wie Mickel und Czechowski, den
Kirschs und Kunert durchgeführt, dazu auch strittige Gedichte abgedruckt,
schließlich wurde jedoch die Debatte, die sich im weiteren Verlauf vor allem
auf Mickels Gedicht «Der See» konzentrierte, durch ein Machtwort Hans
Kochs abgebrochen. Damit war auf Jahre hinaus der Disput eingefroren.
    Bei der 1968 von Joachim Schreck herausgegebenen Anthologie *Saison für
Lyrik* zeigte man sich nur noch schockiert über das Gebotene, das in keiner
Weise zum Jubiläumsjahr der DDR passe. Sigrid Mühlhaus monierte in einer

Rezension, daß «starke Gefühle, Pathos, glühende Parteinahme, sozialistischer Optimismus»[15] fehlten und statt dessen Resignation und Existenzangst dominierten. Nach dem Prager Frühling verschärfte sich der Ton noch. Auf dem VI. Schriftstellerkongreß 1969 verstieg sich der Hauptreferent, Max Walter Schulz, gegen Reiner Kunze, den eng mit der Tschechoslowakei verbundenen Dichter, zu folgender Schmähung: «Es ist alles in allem [...] der nackte, vergnatzte, bei aller Sensibilität aktionslüsterne Individualismus, der aus dieser Innenwelt herausschaut und schon mit dem Antikommunismus, mit der böswilligen Verzerrung des DDR-Bildes kollaboriert.»

Nur wenn man sich diese Auseinandersetzungen (und ihren Stil!) vergegenwärtigt, werden die Zermürbungserscheinungen verständlich, die eine Reihe von Autoren später zum Verlassen der DDR veranlaßten.

Gegen Ende des Jahrzehnts waren die Publikationsmöglichkeiten für Lyrik stark beschnitten; dagegen forcierte man die Singebewegung, um die schädliche ‹elitäre› Lyrik zurückzudrängen. Mit der 1970 erstmals erschienenen (1979 bereits in fünfter Auflage vorliegenden) Anthologie *Lyrik der DDR* sollte nun endlich das Bedürfnis nach repräsentativer Selbstdarstellung gestillt werden. Bevorzugt wurden von den Herausgebern Uwe Berger und Günther Deicke in klarer Konfrontation zu *In diesem besseren Land* «volksverbundene, realistische, aktiv parteiliche Gedichte», um den «Doktrinarismus des ‹nurkünstlerischen›, des ‹starken› Gedichts» zu unterbinden und damit bürgerlicher Ideologie den Einlaß zu verwehren.

Indirekt werden die Vorwürfe erkennbar, die seit der Debatte im «Forum» 1966 die Argumentationen durchzogen. «Wird die Neigung zum Extravaganten, zum Esoterisch-Exklusiven nicht zur Gefahr?», hatte Rudolf Bahro, damals stellvertretender Chefredakteur der Zeitschrift, in Heft 8 gefragt. Die Voten der Schriftsteller waren einhellig; sie sahen die Notwendigkeit einer ästhetischen Erziehung der Nation, die man auch nicht zum und am Schlechtesten bilden dürfe. Wolle man einfacher schreiben, so müsse man auf einen Großteil der für unerläßlich erachteten Gegenstände verzichten. Dagegen verdächtigte Hans Koch in Heft 15–16 die in seinen Augen nur vermeintliche Avantgarde der DDR-Lyrik, geistige ‹Exklusivität› zum Programm zu machen und sozialistische Parteilichkeit preiszugeben. In seine Verurteilung der ‹Schwerverständlichkeit› von Gedichten stimmte Edith Braemer in derselben Ausgabe mit bewußt übelwollenden Auslegungen ein: «Es ist möglich, daß wir Mickel mit dieser Interpretation Unrecht tun, aber wer gewollt mehrdeutig schreibt, muß es sich schon gefallen lassen, mißverstanden zu werden.» Den Vorgang kommentierte Endler mit einem sarkastischen Scherzgedicht. «Die düstere Legende vom Karl Mickel»,[16] 1967 entstanden, konnte erst 1974 publiziert werden.

6. Ich-Behauptung und Rollenspiel

Die personalistische Verurteilung von Autoren hatte nicht zuletzt damit zu tun, daß die Literaturkritik das Ich des Gedichts mit dem des Autors identifizierte. Aber diese Identität war inzwischen trügerisch geworden. Zunächst hatte ein Gedichttitel Günter Wünsches (*1931) ein einprägsames Stichwort gegeben: «Rehabilitierung des Ich.»[17] Gemeint war damit eine Aufwertung des Subjekts und der Subjektivität, womit die Position der Repräsentanz für das offiziell Vorgegebene aufgekündigt wurde. Biermann brachte dies in seiner «Rücksichtlose[n] Schimpferei» *(Die Drahtharfe)* auf die Formel: «Das Kollektiv liegt schief // Ich bin der Einzelne / das Kollektiv hat sich von mir / *isoliert.*» Angestrebt war jedoch nicht die Rückkehr in den Elfenbeinturm selbstbezogener Innerlichkeit, sondern dieses betont herausgekehrte Ich war an das utopische Wir einer noch zu verwirklichenden Menschengemeinschaft gebunden. Braun entwickelte in «Jazz» *(Vorläufiges)* die Vision eines eigenständigen Parts im Ensemble der Gesellschaft.

In diesem Zusammenhang der Überprüfung von Positionen des Ich und Wir und im Kontext des Zugewinns an inhaltlicher wie sprachlicher Komplexität sind auch die Veränderungen in der Einstellung zum lyrischen Ich zu sehen. Sie betrafen schließlich das traditionelle Verständnis von Lyrik als unmittelbare Selbstaussage insgesamt.

So ist Endlers und Mickels Plädoyer für das lange Gedicht nicht zuletzt als Polemik gegen solche Gedichte aufzufassen, die als ungebrochene Ich-Aussprache konzipiert sind und bei denen das Verhältnis Subjekt-Objekt harmonisierend gestaltet ist.[18] Diese Lyrik wurde nun deshalb so stark befehdet, weil sie als zentrales Paradigma galt. Denn Bechers im Anschluß an Hegel entwickelte These von der Selbstgestaltung des Dichters als Organ des Zeitalters wurde von Theoretikern und Kritikern einerseits als Kongruenz zwischen Autor und lyrischem Ich verstanden und andererseits als Übereinstimmung des Künstlers mit dem Geschichtsprozeß interpretiert. Damit war nicht nur eine ästhetische Maxime formuliert, sondern auch eine Kontrollinstanz für Parteilichkeit eingerichtet. Denn gemäß diesen Grundsätzen konnte man den Dichter voll verantwortlich machen für das Tun und Denken seines Gedicht-Ichs und die Subjektivität auf die Widerspiegelung des ‹objektiv Gegebenen› reduzieren. Unter Berufung auf Becher wurde auch in den sechziger Jahren einer empfindungslyrischen Dichtung das Wort geredet und deren Ich als «positiver» oder «zentraler» Held bezeichnet.

Gegen solche Festlegungen beharrte Wünsche in seinem Essay «Lyrisches Subjekt und poetische Verallgemeinerung»[19] auf dem Prinzip der fremden Rede, der inneren Vielsprachigkeit. Die lyrischen Subjekte seiner Gedichte seien nicht ohne weiteres mit ihm, dem Autor Wünsche, gleichzusetzen; sie bildeten vielmehr ein «Ensemble vielfältiger Individualitäten». Mit Spaß nehme er beim Schreiben Haltung, Statur und Lebenserfahrung eines anderen an. Solches Vergnügen hatte schon 1956/57 Paul Wiens (1922–1982) zu seinen Harfenliedern in der Manier Oswald von Wolkensteins veranlaßt. Der Wolkensteiner und seine mittelalterliche Welt dienten Wiens als Maske, unter der man «freier lieben» und «mit Ernst schabernacken» könne (*Nachrichten aus der dritten Welt*, 1957). Die Kritik sah hierin denn auch den Versuch, sich gesellschaftlicher Verantwortung zu entziehen und ins Subjektivistische ausweichen zu wollen.[20] In der schillernden Anrede Brauns an das Publikum «Meine Damen und Herrn» (1964)[21] wird dieselbe Problematik von öffentlichem Auftritt und Rolle, Identität und Maskierung ausgestellt:

> Noch kann ich zurück
> Aus meinen Vorsätzen
> Noch spiele ich meine Rolle
> Kühl, mit großem Abstand
> Noch stehe ich über dem Text
> Noch ist die Maske nicht ins Fleisch gewachsen
> Ich kann nicht mehr abtreten, aber ich hab viele Schlüsse
> [...]

Was hier noch diskursiv erläutert wird, setzen spätere Gedichte in poetische Technik um. Die Gedichte verfahren nun häufig im Brechtschen Sinne gestisch. Das heißt, die erlebnisbetonte, Einfühlung verlangende Aussage wird abgelehnt, Sprachgesten, die ein bewegliches Verhalten erfordern, werden an deren Stelle gesetzt. Dem in den Gedichten dieses Jahrzehnts oft so provokant auftretenden Ich wird man also nicht gerecht, wenn man es im Sinne einer direkten Ich-Aussprache begreift, sondern man muß es sinnvollerweise als eine Ich-Gestalt beschreiben, die von der Sprechweise her zu erschließen ist.

Wiens zersetzte in dem Gedicht «Stoffwechsel» (*Dienstgeheimnis*, 1968), das sich Hieronymus Boschs ‹zergliederndem› Malverfahren nähert, die Identität des einen Ich, indem er es in eine Vielzahl gleichzeitiger Ich-Figuren aufsplitterte. Mickel inszenierte dialogische Gedichte und Rollentexte («Mottek sagt»). Bemerkenswert sind seine Sprachporträts, etwa «Hofgeschrei» (1968),[22] in dem die sich wiederholenden und widersprechenden Befehle («Komm sofort oben du sollst / Den Ball suchen hab ich dir gesagt») eine reduzierte, autoritäre Kommunikationssituation wiedergeben. Noch einen Schritt weiter ging Mickel dann in «Kindermund» (1972):[23]

> Was ist das für ein Krach!   Was muß ich, leider, hören!
> Die Eltern sind entzweit   und wollen sich zerstören
> Und mich mit ihnen mit!   Oh wollet doch bedenken
> Von Schuld ist keine Spur   die Sach ist einzurenken!
> Daß du, Papa, studierst   sollst du, Mama, nur loben
> Wenn du, Mama, bist müd   sollst du, Papa, nicht toben.

Wer heut nicht weiter lernt   ist morgen nicht zu brauchen
Die Wissenschaft geht fort: da müssen Köpfe rauchen.
Was soll die Frau im Haus?   Wo Menschen sind, ist Leben
Im Leben wird sie klug   und wird sie müde eben.
Der Staat, der seid ihr selbst   will Arbeitszeit verkürzen
Das Angebot erhöhn   die freie Zeit euch würzen.
Mit Liebe, Kunst und Sport: was ist zuvor zu leisten?
Mehr Produktivität!   das wissen doch die meisten.
Was heute kostet Kraft   ist morgen unsre Freude
Daß ihr die Kraft besitzt: erfreut euch das nicht heute?
Warst du, Mama, nicht froh   als sie Papa genommen
Zum Fernstudenten an?   Wie bist du heimgekommen
Papa, mit Blumen! als   Mama der Orden schmückte.
Jetzt schreit ihr Ach und Weh   als ob euch all nichts glückte!

‹Abgebildet› wird hier, aber eben bildlich, graphisch, die Entzweiung der Eltern. Jeglicher Anschein einer Mitschrift ist aufgegeben, sowohl der Charakter der Mündlichkeit als auch der der Kindlichkeit zerstört. Die Ansprache an die Eltern wird durch die Lücke im Schriftbild halbiert und läßt sich statt als fortlaufender Text auch gebrochen in zwei Hälften lesen. Die Zäsur markiert aber auch den Sprechrhythmus und läßt die Verszeilen als Alexandriner hervortreten. Ein Gedicht mit größtem Kunstanspruch also. Aber was die Rede des Kindes trotz aller Reime und des hohen Tons inhaltlich füllt, sind vor allem Parolen und Schlagworte aus dem öffentlichen Leben der DDR, durch die zur Arbeit angereizt und Leistung motiviert werden sollte, mit denen gleichzeitig jedoch die Produktionsideologie verbrämt wurde. Der Vater, der sich als Fernstudent weiterqualifiziert, und die Mutter, die mit einem Orden ausgezeichnete Arbeiterin, sind vorbildliche Staatsbürger. Was aber bei der Erfüllung der gesteckten Ziele auf der Strecke bleibt, ist die Ehe und ist das Kind.

Die verfremdende Rede aus dem Kindermund enthüllt die Entfremdung voneinander und im Arbeitsprozeß, eindringlicher als dies durch jedes dokumentarische oder anklagende Sprechen erreicht werden könnte. Die spätere Revision des kritisch-stolzen DDR-Bewußtseins zeichnet sich hier bereits ab.

IX. «ZWISCHEN EISZEIT UND KOMMUNE»: DDR-DRAMATIK

> Gegen Gegenwartsdrama spricht, daß es
> gemeinhin schnelles und großes Interesse
> erregt. Für es spricht, daß es verboten wird.
>
> (Peter Hacks)

Am Anfang dieses Jahrzehnts standen drei dramatische Geniestreiche: Heiner Müllers *Umsiedlerin*, Peter Hacks' *Moritz Tassow* (E 1961; UA/V 1965) und Hartmut Langes *Marski* (E 1962/63, UA 1966 in der BRD; V 1965), vorbereitet durch seine *Senftenberger Erzählungen* (E 1960; V 1967). Sie schienen nicht weniger als eine Blütezeit des DDR-Dramas und -Theaters anzukündigen. Daß nichts daraus wurde, dafür haben Partei und Staat mit ihrer planmäßigen Gängelung und Unterdrückung dieser potenten, kritisch-solidarischen Autoren gesorgt. Das berüchtigte 11. Plenum des ZK der SED vom Dezember 1965, das eine seit dem Mauerbau dynamische kulturelle Entwicklung in allen Bereichen stoppte und maßregelte, verschonte auch das zeitgenössische Drama nicht. Nach der Absetzung von *Die Sorgen und die Macht* wurde auch Hacks' *Moritz Tassow* massiv kritisiert (u. a. vom Kollegen Rainer Kerndl) und nach wenigen Aufführungen an der Volksbühne zurückgezogen; *Der Bau* (E 1963/64; UA 1980) Heiner Müllers, dessen *Umsiedlerin* 1961 verboten worden war, wurde zwar noch 1965 in «Sinn und Form» gedruckt und diskutiert, aber nicht mehr für Aufführungen freigegeben; und die Stücke des hochbegabten Hartmut Lange erlebten keine einzige Inszenierung in der DDR; sein *Marski* erschien noch in «Theater der Zeit» (1965), der Autor siedelte Ende 1964 nach Westberlin über.

Die Dramen- und Theatergeschichte dieser Jahre ist eine Geschichte der Verhinderungen und Beeinträchtigungen. Viele Stücke von Hacks, Müller und bald auch Volker Braun wurden vor dem ‹falschen Publikum› im Westen uraufgeführt und kamen mit großer Verspätung, manchmal erst in den achtziger Jahren auf die Bühnen der DDR zurück. Dort fand nicht einmal dasjenige immer einen unumstrittenen Platz, was mit der offiziellen Kulturpolitik, mit der Lehre von den «nichtantagonistischen Widersprüchen» übereinstimmte und mit dem optimistischen Geist der «sozialistischen Menschengemeinschaft» harmonierte, z. B. die Stücke von Helmut Baierl, Rainer Kerndl, Claus Hammel und Horst Salomon, in der Regel eine unterhaltsam angelegte sozialistische Propaganda und Erbauung. Erst auf diesem Hintergrund, der bei uns weitgehend unbekannt geblieben ist, zeichnet sich das besondere politische und ästhetische Profil der Autoren Hacks/Müller/Lange ab, und es läßt sich erkennen, daß die SED nicht nur den eigenen Staat, sondern auch die eigene Kultur ruiniert hat. Sie sorgte für die «Eiszeit», während ihre «Kulturschaffenden» trotz aller Rückschläge immer noch unverdrossen unterwegs zur «Kommune» und zur Menschwerdung des sozialistischen Menschen waren.

Die Produktivität der kritischen Dramatiker hat sich durch Aufführungsverbote nicht vermindert, wohl aber, nach 1965, auffällig verändert. Es ist kein Zufall, daß Hacks und Müller seit dieser Zeit das Gegenwartsdrama mieden, daß sie sich historischen und mythologischen Stoffen zuwandten und daß sie sich immer weiter von den Schreibweisen eines sozialistischen Realismus und seinen traditionellen Dramen- und Theaterformen entfernt haben. Mit gewissen Phasenverschiebungen folgten ihnen die jüngeren Volker Braun (*1939) und Christoph Hein (*1944) auf diesen Wegen. Dennoch ist es nicht zutreffend, in solchen Veränderungen nur Flucht-, Emigrations- und Protestbewegungen zu sehen. Der staatliche Druck und der stets mögliche Verlust des eigenen Publikums haben den Prozeß der Selbstfindung bei diesen Dramatikern auch beschleunigt. Freilich auf sehr unterschiedliche Weise. Hacks war schon längst auf dem Wege zu einem «postrevolutionären» sozialistischen «Klassiker», als ihn das erneute Theater-Debakel mit dem *Tassow* traf. Müller wurde in seiner Grundtendenz, *gegen* das vorhandene Theater und seine Produktionsformen anzuschreiben und zu experimentieren, durch den konkreten Entzug des Theaters zweifellos bestärkt. Und Braun, neben Brecht beiden Vorbildern verpflichtet, wurde von einer Theaterzensur, mit der man unmöglich paktieren konnte, in seiner konstruktiven Kritik und Kompromißlosigkeit eher ermutigt. Sie waren Rufer in einer Wüste, die sich von Jahrzehnt zu Jahrzehnt vergrößerte.

Wenn sie ihren illusionslosen Blick auf die Entstehung und die Aufbaugeschichte der DDR warfen, dann deshalb, um die nicht stattgefundene Revolution in dem Bewußtsein der Bürger nachzuholen, um der verordneten Revolution von oben nun auch «unten» zu einem demokratischen Durchbruch zu verhelfen. Es ging ihnen um die fortschreitende Emanzipation des «Menschen» und der «Menschheit» (Hacks),[1] darum, den einzelnen aus einem «Objekt» zu einem «Subjekt» der Produktion und der Geschichte zu machen (Müller),[2] aus einem «Geführten» zu einem «Führenden» (Braun).[3] Sie nahmen Richtung auf einen demokratischen und menschlichen Sozialismus. Und sie wählten dafür eine Dramaturgie, die aus den Konflikten und Widersprüchen ihre Dynamik bezog, aus der Negation der Negation den dialektischen Fortschritt ableitete, mit dem «verfremdeten Schrecken» der Komik arbeitete[4] und einem mündig und aktiv gedachten Publikum statt Lösungen «Lösbarkeiten» (Braun) unterbreitete.

Ihre «Lieblingsfigur», so Peter Hacks – der in diesen Jahren noch mit Lust die Literaturgeschichte des zeitgenössischen Dramas entwarf –, war in der Tat der «Riese, das ist der nicht durch Fehler der Welt eingeschränkte Mensch»,[5]

gleichermaßen riesig durch seine Bedürfnisse, seine Leistungen und seine
Produktivität. Er tritt allenthalben auf, als Max Fidorra, Moritz Tassow,
Trygeios (Der Frieden, nach Aristophanes, UA 1962; V 1965), Jupiter (Amphitryon, UA 1967; V 1968 in der BRD) und Herakles (Omphale, UA 1970 in
der BRD; V 1970) bei Hacks, als Fondrak, Barka, Prometheus und Herakles
bei Müller, als Marski und Herakles bei Lange und als Kipper Paul Bauch
(1966), Hans Faust (1968) und, daraus entwickelt, als das Zwillingspaar
Hinze und Kunze (1973) bei Braun. Vor allem Prometheus und Herakles, die
großen mythischen Rebellen, Täter und Befreier, werden zu Symbolfiguren
dieses letzten Jahrzehnts, in dem es bei den Dramatikern noch Hoffnung auf
die «neue» Zeit und den «neuen» Menschen gab.

1. Der Generalkonsul der Zukunft: Peter Hacks

Peter Hacks und Heiner Müller schlugen in diesem Jahrzehnt entgegengesetzte Wege ein. Volker Braun hat sie 1968 bewundernd beschrieben. Während der «glänzende Hacks» sich so weit in die «poetische Zukunft» hinaushob, daß ihm die Realität nicht mehr dazwischen kommen konnte, führte der
«harte Gang des großartigen Müller» in die «schneidenden Fesseln der Vorgeschichte» zurück.[6] Der eine setzte sich immer verbissener der klirrenden
«Eiszeit» aus, während der andere sich schon unter der Zukunftssonne der
«Kommune» erging. Denn «die Zukunft», sagte Hacks vom Künstler, «ist
sein wahres Vaterland, als ihr Generalkonsul ist er hier.»[7] Das gilt bereits für
das letzte «Gegenwartsstück» von Hacks, den Moritz Tassow. Es ist die
Komödie von einem Mann, «der seiner Zeit voraus ist und, in einer konkreten gesellschaftlichen Situation, sich verhält, als lebe er hundert Jahre später»,
der schon 1945, die erste Etappe der Bodenreform überspringend, die Kleinbauern im Dorf und Gut Gargentin dazu mitreißt, «eine Kommune zu gründen», also einen Sprung aus der «Eiszeit» des Feudalismus in die «Kommune
3. Jahrtausend» zu tun.[8] Aber es ist zugleich ein Stück, das nicht nur durch
Verssprache und Hauptfigur an die deutsche Klassik anschließt, sondern auch
durch die finale Entscheidung seines sozialistischen «Tasso», ein Schriftsteller
zu werden. Von Anfang an ist er mehr Künstler als Politiker, sein Handeln
ästhetisch geprägt, sein Werk ein Kunstwerk. Deshalb transzendiert diese
Komödie das «Gegenwartsdrama» bereits und wird zu einer Komödie der
Komödie, d. h. zu einem Theater, das mit dem Arsenal des sozialistischen
Dorf- und Bauernstücks ein heiteres Spiel treibt.

   Der Schweinehirt Moritz Tassow ist ein «Riese», das Inbild eines emanzipierten,
wiederhergestellten Menschen, denn die sozialistische Gesellschaft der sechziger Jahre,
so die offizielle Losung, habe wieder Platz für den Menschen. Schon sein Name und
sein Ort sind ein Programm. Moritz ruft die volkstümliche Figur des «bösen Buben»
herauf, Tasso(w) ein poetisches Genie, das zu ertragen auch die «wünschenswerteste

Wirklichkeit» außerstande ist und die damit verbundene Lehre von der «ewigen und grundsätzlichen Unvereinbarkeit des politischen und des poetischen Herangehens an die Welt».[9] Der Ort, *Gargentin*, beruft Rabelais' *Gargantua und Pantagruel* und damit die Utopie des niederen Begehrens, der sinnlichen Glückserfüllung. «Sinnlichkeit» wird hier wie in anderen Dramen von Hacks inszeniert und «beschrieben in ihrem dreifachen Wesen als statthabendes Glück, Störung der Ordnung und Vorwegnahme der Utopie».[10]

Das vollkommen emanzipierte Individuum verfügt über ungehemmte Sinnlichkeit, Kraft und Produktivität. So entfesselt Moritz Tassow fast im Alleingang, ohne die ferne und zweimal zu spät eintreffende Partei in Gestalt der beiden Sekretäre Mattukat und Blasche, eine radikale Revolution; die Gutsarbeiter vertreiben ihren Herrn und Unterdrücker von Sack, feiern ein ausgelassenes Fest und nehmen das Gut in kollektiven Besitz; aber das kühne Experiment scheitert zuletzt, die Landarbeiter und Bauern haben zwar ein plebejisches, aber noch kein sozialistisches Bewußtsein; sie wollen nicht arbeiten, das Gut verwahrlost, und um ein Haar triumphiert die Konterrevolution. Mattukat setzt den voreiligen Tassow ab, und der zieht sich heiter in die Kunst zurück.

Die borniere Kritik der SED und ihrer Kulturfunktionäre war nicht imstande, das glänzende Kunst-Stück zu verstehen und hat sich über seine Oberflächenphänomene aufgeregt. Sie hat darüber vergessen, daß des Autors poetische Sympathie zwar dem Moritz Tassow, seine politische Sympathie aber eindeutig dem vorbildlichen und menschlichen Parteisekretär Mattukat gehörte. Nur er vermag das individuelle «Ich will», aus dem allein Tassow lebt, mit dem geschichtlichen «Müssen» zu vereinbaren (1. Szene), nur er hat Verständnis für die sinnliche und utopische Position des Tassow, der aber umgekehrt kein Verständnis für die dialektische und realpolitische Position eines Mattukat aufbringt. Deshalb wird Tassow trotz seiner Unwiderstehlichkeit das ganze Stück hindurch in seinen politischen Reden und Handlungen ironisiert und durch die Fabel ins Unrecht gesetzt.

Hacks *Moritz Tassow* ist das, was Goethes *Tasso* seiner Meinung nach noch nicht ist, nämlich das «Stück über den notwendigen Widerspruch zwischen einer in den Zielen einigen Kunst und Macht».[11] In den Sphären von Schloß «Gargentin» und dem «Büro» der Partei stehen sich Poesie und Politik, Kunst und Macht gegenüber. In den Augen der Realpolitiker erscheint Moritz Tassow, der Generalkonsul der Zukunft, als «Narr» (13. Szene) und sein revolutionäres Experiment als «Komödie». Die Konfrontation Tassow-Mattukat führt nicht Politiker gegeneinander, sondern Künstler und Politiker, und beide wissen das auch.

Darum ist es ein grobes Mißverständnis, das Stück auf einen politischen Nenner bringen zu wollen (z. B. in Moritz einen «kleinbürgerlichen Linksintellektuellen» zu sehen). Es hat vielmehr etwas von einem poetischen Märchenspiel, das die Menschen auf genußvolle Weise an ihre noch unentwickelten Möglichkeiten erinnert. Es schließt die Möglichkeit ein, daß die Kunst weiterhin von der Macht mißverstanden und verboten wird. In der Absetzung Tassows durch Mattukat spielt Hacks die Absetzung seiner beiden

Stücke *Die Sorgen und die Macht* und *Moritz Tassow* mit souveräner Ironie vor. Er rebelliert nicht dagegen, er nimmt solche Eingriffe vielmehr als Bestätigung seiner Kunst, als Aufforderung, sich noch unbedingter auf das «eigentümliche Ästhetische» zu besinnen und zurückzuziehen. Der *Moritz Tassow* ist sein heiterer Abschied von der Gegenwartsdramatik, ein ebenso kritischer wie selbstkritischer Abschied. Die Unbotmäßigkeiten des Peter Hacks sind nicht seinem politischen Denken, sondern immer seiner Kunst entsprungen.

So ist es kein selbstgefälliger Ästhetizismus, wenn es ihm von Anfang an um das «Poetische», um die Poetisierung des sozialistischen Dramas und des sozialistischen Realismus gegangen ist, «darum, Rettenswertes zu retten und eine Realismus-Theorie zu vervollständigen, in welcher, endlich wieder, Klassik Platz hat».[12]

Sein schwer begreiflicher Irrtum bestand in der Annahme, in einer bereits geglückten Epoche des «entwickelten Sozialismus» und der nichtantagonistischen Widersprüche zu leben. In den sechziger Jahren wirkte dieser Irrtum noch produktiv und brachte von *Moritz Tassow* (1961) bis zur *Omphale* (1970) eine Reihe glänzender Komödien hervor. In den siebziger und achtziger Jahren machte dieser Irrtum den Theaterautor Hacks immer unproduktiver und ließ den vielversprechenden «Klassiker» zu einem realitätsfernen Klassizisten verkümmern.

Während der sechziger Jahre wurden die Schwierigkeiten mit seinen beiden «Gegenwartsstücken» von großartigen Theatererfolgen in Ost und West mehr als aufgewogen. Hacks' Bearbeitung des *Frieden* von Aristophanes wurde am Deutschen Theater in Ostberlin zu einem triumphalen «deutschen Bühnenereignis» (1962, «Theater heute»). Sein Held, der plebejische Bauer Trygaios – eine komische Figur, der «kleine Mann» als «Riese»[13] –, ist das geglückte Pendant zu Moritz Tassow, die Komödie eine vorgeschichtliche Vereinigung individueller anarchischer Sinnlichkeit und menschheitsbeglükkender Utopie.

In der Komödie *Margarete in Aix* (UA 1967 in Basel; V 1966 in der BRD) wird die Unvereinbarkeit von Kunst und Politik und der versöhnbare Widerspruch «zwischen einer in den Zielen eigenen Kunst und Macht» in geradezu allegorischer Weise auf die Bühne gebracht.

Der König der Provence, René I., ist ohnmächtiger Herrscher eines Musen- und Kunstreiches, seine Tochter Margarete, vertriebene Königin von England, eine skrupellose Vertreterin feudaler kunstfeindlicher Machtpolitik und Ludwig XI. von Frankreich der Repräsentant einer Macht, die sich als bündnisfähig mit der Kunst erweist, weil sie im Gegensatz zum feudalen Burgund einer bürgerlichen Zukunft zugewandt ist. Am Ende werden die politischen Machenschaften Margaretes durch die Niederlage Karls des Kühnen zuschanden, und dem dichtenden König fällt ein Pakt mit dem mächtigen Frankreich in den Schoß, das den Bestand seines Kunstreiches zeit seines Lebens sichert.

Aber diese allegorische Handlung bildet nur den Rahmen für ein Stück, dessen witzige Sprachlust und Spiellaune die historische Erdenschwere des Stoffes aufhebt. So

entstand eine Komödie, die an westliche Werke der fünfziger Jahre erinnern mag, die
ihnen an Geist und Ethos aber weit überlegen ist.

In seinem *Amphitryon* wird der menschliche «Riese» zum Gott und Jupiter, zur Verkörperung des vollkommenen Menschen. Hacks hat den berühmten Theater-Stoff vermenschlicht und demokratisiert und sich daran vollends
als moderner Meister des Blankverses bewährt. Es geht ihm auch hier um die
utopische Menschwerdung des Menschen.

Daran partizipieren alle Figuren: Jupiter, der souveräne Spielmeister des Stücks;
Alkmene, die sich, nicht länger mehr Opfer des Doppelspiels, frei für Jupiter als das
«bessere Selbst» des Amphitryon entscheidet; Amphitryon sogar, der Mann der verschleißenden historischen Realität, der sich als solcher zu verteidigen weiß und den die
Einsicht, «daß er kein Mensch noch ist, / [...] beinah menschlich» macht; und schließlich auch der Sklave und Diener Sosias, dessen philosophischer Gleichmut und dessen
unerschütterliches Selbstbewußtsein, einem Diogenes ebenbürtig, selbst die Götter zur
Verzweiflung bringt. Jupiter spricht am Ende das poetische und ethische Prinzip dieser
Komödie aus:

> Und das verknöcherte Gerüst von
> Gewohnheiten, die man Gesetze nennt,
> Rückzuverwandeln in das freie Spiel
> Glücklicher Möglichkeiten, das vermag
> Des Chaos Tochter nur, die Liebe noch.

Auf diese Weise ist ein gutgelauntes Preislied auf die Liebe und die Kunst
entstanden. Die realsozialistische Wirklichkeit liegt weit und kaum erkennbar
darunter, aber «statthabendes Glück, Störung der Ordnung und Vorwegnahme der Utopie» werden wiederum inszeniert, als wären sie von dieser
Welt. Deshalb kann es nicht verwundern, daß das Herakles-Drama des Peter
Hacks im Unterschied zu denen von Hartmut Lange und Heiner Müller eine
utopische Liebeskomödie (*Omphale*, 1970) ist, die zunächst als Opernlibretto geplant war. Müller zeigt Herakles bei der dreckigsten seiner Arbeiten,
als Reiniger des Augiasstalls, Lange als stalinistische Vereinigung von Täter,
«Mörder, Notzüchter und Dieb». Hacks zeigt ihn als Liebessklaven der Omphale. Aber er wendet den Mythos erneut ins Menschliche um. Der Halbgott
wird durch den Liebesdienst nicht erniedrigt, sondern über den bloßen «Helden» hinaus erhöht, auch er arbeitet an der Vervollkommnung des Menschen
durch Liebe.

Der Kleider- und Geschlechtertausch zwischen Herakles und Omphale zeigt Mann
und Frau auf dem Weg zu einem utopischen Ziel: der Aufhebung und Verschmelzung
der getrennten Geschlechter. Aber ihr Glück ist noch zerbrechlich. Nach einem wunderbaren Augenblick drängt die friedlose Welt herein, immer noch bedürftig seiner
kriegerischen Taten. Herakles tötete das Ungeheuer Lityerses, Omphale gebiert drei
Söhne, und der vereinigte Sieges-, Todes- und Geburtsschrei beendet das «allzu heitre
Spiel» des Geschlechtertausches. Herakles' Erben aber sichern Lydiens Zukunft, und
er verwandelt seine Olivenholzkeule in einen Ölbaum, mit diesem Gleichnis der
Menschheit und dem Menschen den Weg weisend, «Bis einst, nach aller Übel Unterricht, / Dem bös und fruchtbarn Teil der reif und edle / In ihm gemeinte Baum
entwächst und wieder / Er wird, was er, bevor ers nicht war, war».[14]

Dem Publikum ist es aufgegeben, seinen Platz auf diesem «Umweg» zwischen dem Anfang und dem Ende der Geschichte herauszufinden.

2. Hartmut Langes dramatische «Riesen»

Den beiden anderen Dramatikern, Müller und Lange, die Hacks in wegweisenden Essays würdigte und förderte, war dieses optimistische Geschichtsbild nicht zu eigen. Flog er in die Himmel einer klassisch-poetischen Kunstwelt auf, so beackerten sie mit ihrem holpernden Verspflug den steinernen Boden der DDR-Realität so kraftvoll, daß die Erdklumpen und Funken flogen und die Kulturfunktionäre sich die Augen rieben. Sie suchten die Geschichte ihres Landes dort auf, wo sie, unter hochtrabenden Parolen verborgen und verdrängt, am widerständigsten war, um ihr trotzdem Zukunftsatem einzuhauchen und eine große Form aufzupragen.

Zur Basis für seinen Erstling, die *Senftenberger Erzählungen oder die Enteignung,* machte Hartmut Lange (* 1937) ganz unverfroren die Tatsache, daß eine spontane Revolution in der SBZ, hier die Vergesellschaftung der Produktionsmittel, nicht stattgefunden hat. Die Enteignung wird vielmehr gewaltsam, per Dekret und Verhaftung, durchgeführt. Die Partei besitzt noch nichts als die Macht. («Wir haben die Macht», heißt das lakonische Schlußwort.) Die Arbeiter laufen bis auf wenige Ausnahmen den «Fleischbüchsen» des Kapitalisten, Fabrikbesitzers und «Ausbeuters» Brack hinterher, und sie streiken gegen die volkseigene Grube. Die Komik entsteht deshalb nicht, wie bei Baierl, Kerndl und Hammel, durch die verlachenswürdige Rückständigkeit einer Minderheit, sondern aus der Avanciertheit einer kleinen Parteielite, die ständig über das Nachkriegselend der materiellen Verhältnisse stolpert, also daraus, daß das Sein das Bewußtsein blamiert und alle menschlichen Beziehungen verwirrt.

Das erinnert in vielem an Brechts *Kleinbürgerhochzeit,* aber die eigentliche Brecht-Nachfolge wird in dem zentralen komischen Einfall erkennbar, den Kapitalisten und Privatunternehmer zur stärksten und attraktivsten Figur zu machen. Brack ist ein witziger, mit allen Wassern gewaschener Demagoge, der mit seiner Kränklichkeit kokettiert, aber das Leben und die Macht trotzdem zu genießen weiß, alle anderen Figuren um einen Kopf überragend. Seine Größe ist es, die ihn zu Fall bringt. Als er unfreiwillig zum Herrscher der Straße wird, läßt ihn die örtliche Parteileitung verhaften und enteignen. Aber sein Fall ist nicht mehr tragisch, sondern doppelt komisch, einmal, weil sich seine wirtschaftliche Macht als Popanz erweist, zum andern, weil das gute Neue nicht durch seine Ideen, sondern durch pure Gewalt und durch die Bestechung der alten Intelligenz siegreich ist. Der Buchhalter Stockfleisch bekommt ein höheres Gehalt, auf daß er sein Wissen weitergebe ans Proletariat. Lange hat bei Shakespeare, Brecht und Heiner Müller gelernt, aber schon sein Erstling spricht eine eigene Sprache. Gespielt wurde er «natürlich» nicht.

So sagte es Peter Hacks in seinem Essay *Über Langes ‹Marski›*, der 1965 in «Theater heute» erschien. Marski ist die Wiedergeburt Bracks als Großbauer, ein «Riese» ganz nach dem Geschmack von Hacks, ein weiterer Erbe Puntilas zudem. Das Stück handelt von seinem Leben und Sterben und von seiner schließlichen Auferstehung in den Kommunismus der LPGs. Es beginnt mit einem Schlaraffenland-Traum Marskis, der als «Verheißung» den «Garten Eden» vorwegnimmt, beschert von seinen Freunden.

«Das Bedürfnis nach Genuß und das soziale Bedürfnis fallen bei ihm zusammen; ohne Gesellschaft schmeckt es ihm nicht. Die tiefe Logik dieser Koppelung – die Tatsache, daß hochentwickelter Genuß vergesellschaftete Produktion voraussetzt, ist Herrn Marski unbekannt. Denn Herr Marski ist Großbauer, ein Vertreter der individuellen Aneignung. Die Freunde aber sind die Kleinbauern des Ortes, durch ein System örtlicher Dienstleistungsverhältnisse abhängig von Herrn Marski. Sie produzieren, was Marski kunstvoll konsumiert. Davon will und darf Marski nichts wissen; die Herkunft der Güter erscheint ihm als ein Wunder.»[15]

Seine Freunde verlassen ihn endlich einer nach dem anderen, um sich der «Kooperative» anzuschließen, und zuletzt auch sein eigener Sohn mit der tüchtigen Magd. Der Hof droht ihn buchstäblich aufzufressen, und weil bei ihm das «Sterben» beginnt, wo «Appetit» und «Geselligkeit» fehlen, nimmt er den Strick und hängt sich auf. Da erscheinen seine Freunde rechtzeitig als Gratulanten zum sechzigsten Geburtstag, schneiden ihn ab, und das Ganze endet «in einer aristophanischen Freß-Operette» (Hacks). Aus dem alten Adam ist ein neuer Mensch geboren, der weiß: «Ich sterbe nicht / am eignen Vieh. Eher teil ichs auf / und eß es in Gesellschaft!» (10. Szene). So ist der große produktive Mensch des bürgerlichen Zeitalters hinübergerettet in das sozialistische und sein Widerspruch (Freund und Ausbeuter in einer Person) aufgehoben in den kollektiven Produktionsverhältnissen.

Deshalb hat Hacks das Stück überraschenderweise nicht als ein Drama der Kollektivierung, sondern als «genauen ästhetischen Ausdruck» des «Neuen Ökonomischen Systems der Planung und Leitung» (NÖSPL) der sechziger Jahre interpretiert. Denn dieses System, das auf die Planer und Leiter, auf die ‹Königsebene›, setzte, brauchte die alten bürgerlichen Tugenden als sozialistische Tugenden (z. B. qualifiziertes Wissen, Eigeninitiative, Spezialistentum) und wollte sich steigern «zur Aufhebung aller geschichtlichen Leistungen vor ihm».[16] Hacks hat den Marski einfach als bürgerliches Pendant und Vorform seines kommunistischen Tassow verstanden.

Aufschlußreich ist ein Vergleich zwischen den drei Land- und Bodenreformstücken: Heiner Müllers *Die Umsiedlerin*, Langes *Marski* und Hacks' *Moritz Tassow*. Bei Müller greifen zwei Bauern zum Strick, aber der falsche, der Mittelbauer Treiber, überlebt. Auf diesem düsteren Hintergrund wirkt die Auferstehung Marskis geradezu triumphal: sein kulinarischer Paradiestraum vom Anfang hat sich am Ende realisiert. Bei Hacks hingegen feiert der

«Riese» am Anfang seine Auferstehung aus dem taubstummen Schweinehir-
tendasein und muß am Ende seinen Abgang nehmen, als das poetische Zwischenspiel der Zukunft der prosaischen Gegenwart zu weichen hat. Bei Müller ist «jeder Tag der Jüngste»,[17] bei Hacks hat die Zukunft schon begonnen.
Lange läßt Anfang und Ende des Stücks utopisch zusammenfallen. Eng verwandt erscheinen diese drei, im Vergleich mit dem westdeutschen Drama
dieses Jahrzehnts, durch ihr eminentes historisches Formbewußtsein, durch
die souveräne Manier, mit der sie Altes und Neues, die Antike, Rabelais,
Shakespeare, Lessing, Goethe, das Volksstück und Brecht miteinander verbinden und in die «neue Zeit» hineinnehmen.

Aber Langes nächstes Stück *Der Hundsprozeß* (E 1964; UA/V 1968 in
Westberlin) ist bereits im Bewußtsein seiner Unaufführbarkeit im eigenen
Land verfaßt worden. In ihm hat sich eine lang aufgestaute antistalinistische
Wut in ein effektvolles dramatisches Pamphlet entladen. Ein freundliches
kommunistisches Land und sein Statthalter Karpantua(!), die Marskis utopisches Schlaraffenland beerbt zu haben scheinen, werden von einer Gesandt-
schaft Stalin-Dshugaschwilis heimgesucht und in einem brutalen Schauprozeß liquidiert. Leider hat Lange dieses kompromißlose Bühnenspektakel, das
dem *Marat/Sade* den Rang ablaufen könnte, mit einem nachfolgenden *Herakles*-Spiel (E 1964; UA 1968 in der BRD) relativiert, in das ein «Zwischenspiel» belehrend einführt: «Meine Damen und Herren, wir haben nun das
große Vergnügen, Herakles als Metapher für Dshugaschwili und Dshugaschwili als Metapher für Herakles auf die Bühne zu bringen», denn der
Halbgott habe «im antiken Griechenland seine Hände in ähnlicher Weise
eingesetzt, aber auch in ähnlicher Weise blutige Rückfälle erlitten». Dieser
Versuch, dem Stalinismus nachträglich historische Gerechtigkeit angedeihen
zu lassen, ist schon für ein neues, das westdeutsche Publikum gedacht. Der
Trilogie (Marski, Hundsprozeß, Herakles) ist er nicht gut bekommen.

3. Die Schrecken der sozialistischen Verwandlung: Heiner Müller

Sieht man einmal von *Ödipus, Tyrann* (UA/V 1967), einer Nachdichtung des
Sophokles-Dramas, und dem Libretto zu Paul Dessaus *Drachenoper* (UA
1969; V 1970) ab, so gab es in der DDR der sechziger Jahre keine einzige
Inszenierung eines Müller-Stücks. *Die Bauern* kam erst 1976 auf die Volksbühne, der *Philoktet*, im Westen vielerorts gespielt (E 1958–1964; UA 1968;
V 1965), mußte bis 1977 (Deutsches Theater) warten, und *Der Bau* wurde
erst 1980 von der Volksbühne uraufgeführt. Es war die Zeit, in der Müller
zwar Wirkung, aber keinen Erfolg hatte.

Mit *Der Bau* nimmt er Abschied von dem Produktions- und Gegenwartsstück. Er
ist dem Roman *Spur der Steine* (1964) von Erik Neutsch nachgebildet; soweit sich die
Handlung wiedergeben läßt, ein NÖSPL-Stück wie viele andere auch, in denen es um

die Verwissenschaftlichung der Produktion, neue Fertigungsweisen, Weiterqualifika-
tion der Arbeiter, Dezentralisierung der Planung, Initiativen von einzelnen Betrieben
und Leitern und insgesamt um den Versuch geht, den «Kapitalismus» technisch und
ökonomisch zu überholen. Der Brigadier Barka, ein anarchischer und egoistischer
Selbsthelfer-Typ, steht in einem ständigen Kampf mit der Planbürokratie – «Die Welt
ist ein Boxring und die Faust hat recht» (Szene 1, «Der Zimmermannstanz») –, aber
zusammen mit dem aufgeschlossenen Parteisekretär Donat, dem Ingenieur Hasselbein
und der jungen Ingenieurin Schlee wird er, gegen den «Plan», zum Förderer des neuen
Dreischichtsystems und des Fließbaus; beim Richtfest des Wasserwerks hält er es sogar
für möglich, der Partei beizutreten, und schließlich bekommt die «Fließfertigung» auch
von oben, durch eine Expertengruppe, ihren Segen. In diese Baugeschichte eingelassen
ist eine Liebesaffäre zwischen dem Parteisekretär und der Ingenieurin (Barka ist der
darbende Dritte). Sie erwartet ein Kind von Donat, und der Oberbauleiter Belfert will
sie vor die Parteileitung zitieren wegen «Gefährdung der Baumoral», in Wahrheit, um
seinen unbequemen Parteisekretär loszuwerden. Donat bittet sie deshalb, ihn als Vater
zu verleugnen. Zwischen Vater und Sohn, Gegenwart und Zukunft, tritt die Lüge, das
taktische Manöver. Der Kommunismus, das Ziel, wird nicht besser sein können als
diejenigen, die ihn gemacht haben – mit dieser Mahnung der Mutter endet das Stück.
Die «neue Welt» ist noch nicht in Sicht.

Aber die «Handlung» ist das wenigste. Das Zentrum bildet eine Großbaustelle, um
die sich alles und alle drehen, eine Metapher zugleich für die Produktion, für den
Aufbau der DDR und des Sozialismus. Die zahlreichen Figuren und Gruppen werden
definiert und charakterisiert durch ihr Arbeitsverhältnis zum «Bau». In aufreibenden
und verschleißenden Widersprüchen stehen sie alle. Die Brigade Dreier muß zerstören,
was sie gebaut hat. Die Brigade Barka muß Beton stehlen, um zu bauen. Der Ingenieur
Hasselbein geistert als «Clown» und «Hamlet» herum, weil seine progressiven Vorschläge in der Schublade des feigen Oberbauleiters verstauben. Dieser wiederum weiß
sehr wohl, daß der bürokratische Plan im Widerstreit mit der Realität liegt. Donat
riskiert eine Parteistrafe, um das neue Arbeitsverfahren eigenmächtig zu initiieren. Der
schneidendste Widerspruch aber liegt in der Verkehrung von Mittel und Zweck: der
Mensch und seine Arbeitskraft werden zum reinen Mittel für den alles beherrschenden
Zweck der Produktion. «Das ist so», redet Barka einen Arbeiter an, «Fleisch wird
Beton, der Mensch ruiniert sich für den Bau, jedes Richtfest ein Vorgeschmack auf die
Beerdigung» (Szene 7, «Richtfest»). Um ein menschliches Zeitalter heraufzuführen, ist
auch der Sozialismus noch auf unmenschliche, d. h. entfremdete Arbeits- und Lebensformen angewiesen. Das zeigt vor allem die verunglückende Geschichte zwischen Donat und Schlee. Und das meint Barkas vielzitierter Vers, den das ZK der SED nicht
verkraften konnte:

> Mein Lebenslauf ist Brückenbau. Ich bin
> Der Ponton zwischen Eiszeit und Kommune. (Szene 9, «Schnee»)

In einem anschließenden Gespräch mit der Redaktion von «Sinn und Form»
hat Müller entschuldigend gesagt: «Ein Fehler im Stück: der neue Glücksbe-
griff wird vorausgesetzt, nicht formuliert. Das muß korrigiert werden.»[18]
Diese Neudefinition des Glücksbegriffs «in der Arbeit am sozialistischen
Aufbau» – wie wir sie bis zum Überdruß von den affirmativen und linientreuen Autoren präsentiert bekommen – hat Müller niemals vorgenommen
oder nachgeliefert. Im Gegenteil, nicht das künftige Glück, sondern das vergangene und gegenwärtige Unglück der Geschichte, ihr Katastrophencharak-
ter hat ihn immer mehr in seinen Bann gezogen. Die Szenenfolge *Die Schlacht*

(E 1951–1974; UA/V 1975) war zu dieser Zeit schon längst geschrieben, *Germania Tod in Berlin* (E 1956–1971) im Entstehen, und im *Leben Gundlings*... (UA 1979 in der BRD) wird es dann heißen: «Die Geschichte reitet auf toten Gäulen ins Ziel.»[19]

Wen interessieren heute noch die Aufbauprobleme der DDR in den sechziger Jahren, könnte man fragen, Fehlplanungen, die im Rückblick schon den Ruin ankündigen? Und wer fragt noch nach einer kompromißlosen «Literatur der Arbeitswelt»? Niemand, wäre da nicht die Härte, die ungefüge Treffsicherheit, der schneidende Witz, die erotische Phantasie, der visionäre Realismus, die metaphorische Gewalt der Müllerschen Sprache und Verssprache. Mit «sozialistischem Realismus» hat sie wenig mehr zu tun, oder ist das noch realistisch gedacht und geschrieben (es spricht Hasselbein, der Ingenieur):

> «Hamlet in Leuna, Hans Wurst auf dem Bau, Zweiter Clown im kommunistischen Frühling. Mein Kopf ist mein Buckel. Staub vor den Ellbogen der Praktiker, Halm, der trocken steht im Prämienregen, Schaf unter Wölfen, das unglückliche Bewußtsein, Hegel, Phänomenologie des Geistes, römisch vier. Ich habe zwanzig Pfund verloren hier. Die zwanzig Pfund sind nur ein Vorschuß. Und wenn wir in den Wolken baun, am Ende sind wir Baugrund, was nicht auf den Mond fällt, wächst nach unten.» (Szene 1, «Der Zimmermannstanz»)

Oder das, als Barka die Frau auf den Armen trägt:

> «Du wärst mir leichter, wärst du schwer von mir.
> So lang der Weg reicht bist du meine Last.
> Hinterm Ural ist Nacht. Die Liebespaare
> Gehn in die Sträucher oder in die Betten.
> In jeder Minute auf dem Flugstern hier
> Mit Baggern umgegraben und mit Bomben
> Mit unserm Schweiß gewaschen und mit Blut
> Mit Kraut bewachsen und bebaut mit Steinen
> Über dem Lärm aus Stimmen und Papier
> Geht einem Mann in einer Frau die Welt auf.»
> (Szene 9, «Schnee»)

Der eigenen schwierigen Welt poetische Größe zu verleihen, komische und tragische Größe, das ist dem Dramatiker der *Umsiedlerin* und des *Bau* gelungen. Deshalb hat man dieses Stück als «eruptive Kaskade von Metaphern bezeichnet»,[20] deshalb «zwei Tendenzen, eine realistische und eine allegorisch-metaphorische und den Übergang ins Parabel-Stück» in ihm entdeckt.[21]

In seiner tiefsten Schicht liegt es schon im Schatten des Todes und der alles verschlingenden Zeit: «Warum halt ich mich fest mit allen vieren an der letzten Sprosse, letzter Ausleger der Erde, einmal schlingt sie uns doch, sie scheißt auf vorn und hinten, morgen ist ihr gestern heute schon, weiß schwarz, in zehn Milliarden Jahren platzt sie selber, die Zeit hat bessre Zähne.»[22] Dieses Wissen vermag Barka nur durch ein großes Besäufnis wegzuspülen. Der «real existierende Sozialismus» hat es tabuisiert.

Noch während der Arbeit an der *Umsiedlerin* und dem *Bau* ging Müller in die «Vorgeschichte» zurück, zu mythischen Stoffen und Figuren und ihrer Gestaltung im antiken und klassischen Drama. Es entstanden in dichter Folge *Philoktet, Herakles 5* (E 1964–1966; UA 1974 in Westberlin; V 1966 in der BRD), der *Ödipuskommentar* (E 1966; UA/V 1967) und *Ödipus, Tyrann,* eine Bearbeitung nach Hölderlins Sophokles-Übersetzung, *Der Horatier* (E 1968; UA/V 1972 in Westberlin) und *Prometheus* (nach Aischylos, E 1967/ 68; UA 1969 in Zürich; V 1968 in der BRD). Mit Flucht aus der Gegenwart oder der Suche nach einer ›Sklavensprache‹ hatte dieser Weg nichts zu tun. Wie bei Hacks, Lange und anderen handelte es sich zunächst um einen Erbevorgang: analog zur bürgerlichen Literatur des 18. Jahrhunderts eignete sich nun die Literatur des vierten Standes das antike und klassische Erbe an. Ihrem emphatischen Bewußtsein, in einer welthistorischen Epochenwende zu leben, entsprach der Griff nach dem großen klassischen Format.

Müllers persönliches Motiv für diese Rückwendung lag tiefer. Es war sein zentrales Interesse am Übergang von der alten zu einer neuen Welt, vom alten zum neuen Menschen, von der inhumanen «Vorgeschichte» der Klassenkampf-Gesellschaften zur angeblich humanen sozialistischen Geschichte; es war sein tiefer Zweifel an diesen glatten Unterscheidungen und Zäsuren und sein geradezu monomanischer Spürsinn für alle Verschlingungen von Geburt und Tod. Ein fundamentaler Satz seiner Dramatik lautet: «Wenn das Kino dem Tod bei der Arbeit zusieht (Godard), handelt Theater von den Schrek-ken/Freuden der Verwandlung in der Einheit von Geburt und Tod»,[23] es ist «Lusthaus und Schreckenskammer der Verwandlung».[24] Während er bis in die Mitte der sechziger Jahre das ambivalente Weiterwirken des Alten *im Neuen* verfolgt und aufgedeckt hat, legte er nun das angeblich «Neue», das seit der russischen Oktoberrevolution in die Geschichte eingetreten sein soll, in den mythischen Modellen und Abläufen als das *Uralte* frei. Sie gewannen in seinen Bearbeitungen eine unheimliche, erschreckende Aktualität. Überwog anfangs bei allen Schrecken doch das konstruktive Moment der Geburt, so gerieten nun alle Vorgänge immer weiter in den Schatten des Todes und der Zerstörung.

So im *Philoktet,* der auf einer kahlen Toteninsel à la Beckett zu spielen scheint. In der DDR hat man das Stück auf seine «Antikriegs-Tendenz» reduziert und zu einem blutigen Exempel der längst überwundenen Klassengesellschaften und ihrer Raubkriege erklärt. Man vermied es, der eigenen Geschichte, die von Lenin zu Stalin führte, «ins Weiße im Auge» zu sehen[25] und damit eine blutige Kostenrechnung der Revolution aufzumachen.

Der *Philoktet* präsentiert das nackte und abstrakte Modell einer Machtpolitik, die alle ihre Mittel mit rücksichtsloser Konsequenz und Rationalität dem Erreichen eines Ziels unterordnet, heiße dieses Ziel nun die Eroberung Trojas, der Sieg der Weltrevolution oder die Unterwerfung der Natur. In seiner Düsternis erinnert das Stück an Hebbel, dessen Dramen auch mehr Skelett als Fleisch aufweisen, der allen seinen Figuren recht gegeben hat, um ihren Kampf noch unerbittlicher zu machen, und der mit erbarmungsloser Lust alle «Mauslöcher» verstopfte, um die Figuren in einem hermetischen Gefängnisraum mörderisch aufeinander loszulassen.

Müller hat den schon bei Sophokles hochkonzentrierten Vorgang durch Ausschluß des Chors und des deus ex machina Herakles, der für ein versöhnliches Ende sorgte, weiter verdichtet und zugespitzt. Odysseus und der Achilles-Sohn Neoptolemos kommen vom Schlachtfeld vor Troja auf die einsame Insel Lemnos, um Philoktet zurückzuholen, der dort vor zehn Jahren wegen seiner stinkenden Fußwunde vom griechischen Heer ausgesetzt worden war. Denn ohne seinen unfehlbaren Bogen und seine Mannschaft wird es keinen Sieg gegen die Trojer geben. Da Odysseus die Hauptschuld an der Aussetzung trägt, bedient er sich des unschuldigen Neoptolemos als Werkzeug, um Philoktet den Bogen abzulisten. Neoptolemos läßt sich widerstrebend zu dem Lügenwerk überreden; es gelingt, aber Neoptolemos, des Lügens überdrüssig, enthüllt dem Philoktet die Wahrheit. Der weigert sich mitzukommen, unter Androhung seines Selbstmords. Der mitleidige Neoptolemos will ihm den Bogen zurückgeben, wird von Odysseus daran gehindert, es kommt zum Zweikampf zwischen den beiden, Philoktet bemächtigt sich des Bogens, bedroht Odysseus und wird von Neoptolemos hinterrücks erstochen. Müllers Kommentar:

> «Durch die Unfähigkeit, in einer bestimmten Situation den notwendigen Schritt zu tun, gerät er in eine Situation, wo er weniger Auswahlmöglichkeiten hat. Weil er nicht lügen will, muß er töten.»[26]

Odysseus nimmt den Toten auf den Rücken, um die Griechen mit der Lüge, die Trojer hätten ihn hinterrücks ermordet, zum Kampf anstacheln zu können. Der tote Mensch läßt sich ebenso ‹verwerten› wie der lebendige! Neoptolemos, der den Odysseus haßt, weil er ihm die Waffen seines toten Vaters geraubt hat, wird zu seinem ohnmächtigen Lastträger.

Indiz für diesen tradierten Gewaltzusammenhang von Lüge, Täuschung und Mord ist der betonte Wiederholungscharakter der Geschichte. Denn was Philoktet widerfährt, ist auch schon dem Odysseus, Achilles und seinem Sohn Neoptolemos angetan worden: die listige Zwangsrekrutierung in den Trojanischen Krieg. Das Grundmodell dieser Geschichtsfigur ist der Kreislauf, sind chiastische Vertauschung und der Zusammenfall der Gegensätze, ein endloser Nexus, der nicht aufzusprengen ist, bis er, wie der «Prolog» bedeutet, in den Tod führt.

Die metaphernstarrende Verssprache des *Philoktet* bildet diese blutigen Kreisläufe und Umschläge von Tod und Leben, Mensch und Tier, Fressen und Gefressenwerden, Humanismus und Terrorismus fortlaufend ab. Ein Beispiel dafür: Philoktet, den wehrlosen Odysseus bedrohend:

«Aas unter Geiern, schrumpfend in die Geier
Kotplatz für Geier, Kot von Geiern bald
Kriech um die Wette mit der eignen Fäulnis
Die deinen Fuß schon eingeholt hat und
Dich einholt bald, den Kriechenden, kriech schneller.
Hast du schrein gelernt? Auf Lemnos ist die Schule.
Kannst du Geier fressen? Auf Lemnos wirds gelehrt.
Friß deine Ernte, Baum, Gras, schmeck dein Grün.
Eh ich dich aus dir reiß mit deinen Wurzeln.
(Schießt einen Geier, wirft ihn dem Odysseus vor.)
Den Geier. Lern von ihm was du gelehrt hast.
Friß, deinesgleichen fraß er vor dir, bald
Dich frißt er, mäste dich mit deinem Grab
dein Grab zu mästen nach dir.»[27]

Solche Verse in einer «vollkommenen Tragödie» versetzten Peter Hacks in
tiefe Unruhe. Könnten sie nicht aus dem «geschichtlichen Bewußtsein des
Beschreibers» stammen, fragte er 1966 ahnungsvoll, und: «Ist am Ende der
Philoktet-Vers in seiner mehr als menschlichen Schönheit barbarisch?»[28] Die
Parabel des *Philoktet* bezieht sich zwar auf die barbarische Gewaltgeschichte
des 20. Jahrhunderts und namentlich auf die «Widersprüche sowohl der kommunistischen Geschichte wie der sozialistischen Gegenwart»,[29] aber niemand
bleibt heute von ihren Fragen, Zweifeln und Schrecken verschont. Das Individuum kann nicht mehr selbst bestimmen, welche Rolle(n) es spielt.

Müller hat *Philoktet, Der Horatier* und *Mauser* (E 1970; UA 1975 in den
USA; V 1976 in den USA) als Stücke einer Versuchsreihe gesehen. Ihr gemeinsames Thema ist die Einheit von Sieger und Mörder und das Problem,
wie eine derart beladene und belastete Gesellschaft (z. B. die sozialistische
nach dem XX. Parteitag der KPdSU) mit diesem blutigen Paradox umgehen
kann. Das Lehrstück *Der Horatier* – der Römer tötet nicht nur den seiner
Schwester verlobten Kuratier im Zweikampf, sondern auch seine Schwester,
die den Toten beweint – erteilt am Ende die Lektion:

«Wer aber seine Schuld nennt zu einer Zeit
Und nennt sein Verdienst zu anderer Zeit
Redend aus einem Mund zu verschiedner Zeit anders
Oder für verschiedne Ohren anders
Dem soll die Zunge ausgerissen werden.
Nämlich die Worte müssen rein bleiben. Denn
Ein Schwert kann zerbrochen werden und ein Mann
Kann auch zerbrochen werden, aber die Worte
Fallen in das Getriebe der Welt uneinholbar
Kenntlich machend die Dinge oder unkenntlich.
Tödlich dem Menschen ist das Unkenntliche.»[30]

In *Mauser* spricht eine reine und kenntliche Sprache von den Siegern/ Mördern der russischen Revolution. Dieses Beispiel macht «kenntlich», daß sie auch schon im *Philoktet* gemeint sind. «In den frühen sechziger Jahren konnte man kein Stück über den Stalinismus schreiben. Man brauchte diese Art von Modell, wenn man die wirklichen Fragen stellen wollte.»[31] Zwei Jahre später erkannte Müller darin «das Negativ eines kommunistischen Stücks».[32] Ein «Positiv» hat Müller in dieser Zeit mit dem gefesselten *Prometheus* geliefert, einer «Gelegenheitsarbeit» nach Aischylos. Er zeigt das mythische Urbild des menschenfreundlichen Revolutionärs noch inmitten aller Qualen und drohender Versteinerung siegessicher. Das Satyrspiel *Herakles 5* (der Reiniger des Augiasstalles als Urbild des Arbeitshelden und naturbeherrschender Produktivität) liest sich wie ein übermütiger Rückfall in den sozialistischen Sturm und Drang – der Selbsthelfer als komischer Riese und rebellischer Halbgott. «Herakles rollt den Himmel ein und steckt ihn in die Tasche», mit dieser Geste endet das großformatige Hanswurst-Spiel. Herakles ist der letzte ungebrochene Held in Müllers Theaterspielen.

4. Der kritische Optimist: Volker Braun

Als man Volker Braun (* 1939) 1972 nach seinem «zentralen Thema» fragte, antwortete er kurz und bündig: «Die sozialistische Demokratie» und bekannte sich wie Majakowski zu dem «sozialen Auftrag» und dem Praxis-Bezug der Literatur.[33] Mit ihm trat in den sechziger Jahren ein Repräsentant der neuen Generation auf den Plan. Jahrgang 1939, war er mit der jungen DDR aufgewachsen und hatte ihr vier Jahre lang als Drucker, Tiefbauarbeiter und Maschinist in der Produktion gedient, bevor er studierte und zunächst als Lyriker, dann auch als Dramatiker Aufsehen erregte. Er erlebte und betrachtete die DDR nicht als Resultat, sondern als einen vielversprechenden Anfang, den es in Richtung auf eine menschenfreundliche sozialistische Demokratie weiterzuentwickeln galt. Die Gegenwart nahm er nicht als Zustand wahr, sondern als Vorgang, als einen Schnittpunkt von Widersprüchen und Machtstrukturen, deren Konflikt den revolutionären Prozeß weiterzutreiben vermag. Deshalb sah er seine Zeit mit Ungeduld, wollte mit seinem Schreiben in sie eingreifen und seine Leser und Zuschauer ebenfalls zum Eingreifen provozieren. Zwar hielt er damals das Zeitalter der antagonistischen Widersprüche schon für überwunden – seine Helden sind keine Gegenspieler, sondern «Freunde», die je nach ihrer sozialen Position um verschiedene Zukunftsmöglichkeiten kämpfen –, aber die immer noch bestehenden «Epochenwidersprüche» und ihre Kämpfe und Konflikte waren seiner Ansicht nach eher härter geworden.[34] Für sie gebe es keine Lösungen, sondern nur das Bewußtsein ihrer «Lösbarkeit».

Aus allem sprach ein Schüler Brechts, der die Lehren seines dialektischen Theaters auf die neue Zeit übertragen und angewandt hat, und ein Bewunderer Müllers und Hacks'. Wie sie war er auf der Suche nach einem den neuen Verhältnissen entsprechenden experimentellen Theater, wie sie holte er zunächst seinen dramatischen Sturm und Drang nach. Den *Kipper Paul Bauch* hat er «eine Kreuzung aus dem Räuber Moor und dem Marquis Posa» genannt, mit seinem *Hans Faust* (E 1967; UA 1968; später *Hinze und Kunze*, UA 1973; V 1975) knüpfte er, unbekümmert um die Erbewächter, an Goethe an, und auch Shakespeare und Büchner sind entscheidende Bezugspunkte. Bei dieser Adaption kam es ihm jedoch auf die «Umkehrung» der alten Fabeln und Modelle an. So muß sein Karl Moor nicht mehr *gegen* die Gesellschaft, sondern er kann *mit* und *in* der Gesellschaft wüten, so wird das Gretchen seiner Faust-Version zu einer emanzipierten Frau (Marlies), und die beiden berühmten Gegenspieler stehen in einer konstruktiven Freundschaft. Braun wandte sich «gegen die bei uns gängige Methode, antike Stories zu benutzen, um Probleme unserer Revolution abzuhandeln», Müllers *Philoktet* und Hacks' *Omphale* allerdings ausgenommen. Er ist auch dort noch dezidierter Gegenwartsdramatiker geblieben, wo er später selber historische und mythische Stoffe aufgegriffen hat. Als solcher steht er Müller weitaus näher als Hacks; ganz aus dem epigonalen Bannkreis seines «finsteren» Meisters hat er sich bis zuletzt nicht entfernen können. Auch *sein* anarchischer «Riese» Paul Bauch, ein Bruder Barkas und Baals, ist ein «Ponton zwischen Eiszeit und Kommune», und in *Hinze und Kunze* wird dieses programmatische und provokante Diktum Müllers zweimal variiert. Am Anfang höhnt Hinze: «Gewaltiges Kriechen auf / Lahmen Knien in die neue / Zeit. Die alte Scheiße.» (1. Szene) Und am Ende steht ein Wortwechsel von typisch optimistischer Härte: «Dachtest du, es sei ein Spaziergang, die rauhe Strecke zwischen Schutt und Zukunft! HINZE Ich muß von vorn beginnen. KUNZE (gibt ihm die Hand): Ja.»

Kein Wunder, daß die Schwierigkeiten mit der Theaterzensur und -kritik sofort einsetzten. Brauns Stücke der sechziger Jahre wurden entweder gedruckt und nicht aufgeführt *(Kipper Paul Bauch)* oder aufgeführt und nicht gedruckt *(Hans Faust; Freunde*, UA 1972). Erst die Ablösung Ulbrichts durch Honecker ermöglichte beides.

Die Kipper (E 1962–1965; UA/V 1972, letzte Fassung von *Kipper Paul Bauch*) spielt buchstäblich auf der «Strecke zwischen Schutt und Zukunft». Die Kipper haben die Abraumerde eines Braunkohlenreviers aus den anrollenden Waggons auf die Halde zu entladen (zu kippen), weil die neuen Wagen mit Kippautomatik, trotz NÖSPL, erst in einigen Jahren geliefert werden können. Es ist eine stumpfsinnige Drecksarbeit. «In dem Bereich ist der Sozialismus nicht ganz möglich. Das ist ein Rest Barbarei, darüber redet man nicht» (3. Szene), beschwichtigt der Betriebsleiter. Trotz der neuen Eigentumsverhältnisse haben die Kipper noch entfremdete Arbeit zu leisten. Genau an dieser Stelle will Paul Bauch, ein prächtiger Randalierer, Saufaus und ganzer Kerl – ein Wildostheld aus der Pionierzeit der DDR –, etwas ändern und ins «Rollen» bringen.

Auch diese Arbeit soll Spaß machen und kreativ sein. Die Parteisekretärin Reppin gibt ihm freie Bahn dafür, und so reißt er seine Brigade zu ungeahnten Leistungen und Rekorden hin. Aber er überreizt das Spiel, ein Arbeiter verunglückt und verliert ein Bein. Auch nachdem er aus dem «Knast» zurückgekehrt ist, überfordert und schindet er seine Brigade, bis sie ihn zusammenschlägt. Sie braucht ihn nicht mehr, hat sich von ihm emanzipiert und inzwischen auch weiterqualifiziert. Trotzdem wird sie noch so lange treu an der Kippe ausharren, bis die automatischen Waggons kommen. Der einsame Wildostheld Bauch kann weiterziehen, zu neuen Aufgaben.

Die erste Fassung des Stücks, die den Helden weniger relativierte, stieß auf heftige Kritik.

Braun hat sich sofort gegen die simple Identifizierung mit seinem «tragikomischen Helden» verwahrt und auf die Mündigkeit des Publikums vertraut, das aus dem offenen Stück schon die richtigen Schlüsse ziehen werde.[36]

Die eigentliche Provokation lag jedoch in der offenen Form des Stücks, in seinem experimentellen Spiel- und Probecharakter. Shakespeare, der Sturm und Drang, Büchner, der Expressionismus, Brecht und Heiner Müller haben gleichermaßen Pate gestanden. Aus diesem weiten Einzugsfeld ist kein naturalistisches Theater, sondern ein hochstilisiertes Modell entstanden.

In *Hinze und Kunze* ist der anarchische Aufbau-Riese der frühen Jahre zu einem konstruktiven und widerborstigen Freundespaar gereift, das Braun jahrzehntelang, bis zu seinem *Hinze-Kunze-Roman* (1985), begleitete. Mit dieser mutwilligen Beerbung Goethes und seines Allerheiligsten provozierte er zugleich die «Goethepächter» und erteilte der blumigen Behauptung Ulbrichts, daß in der DDR schon ein «freies Volk auf freiem Grund» stehe, eine desillusionierende und dennoch optimistische Antwort.

Sie artikulierte sich in einer ‹harten› Aufbau-Parabel. Am Beginn die verzweifelte Trümmersituation, in der Hinze und Kunze, der willige Arbeiter und der rabiate Antifaschist, sich buchstäblich zu ihrem «Pakt» zusammenprügeln, während die «Massen» zu ihrem «Glück gezwungen werden» müssen (1. Szene). Hinze verläßt um der Arbeit willen die geliebte Frau. Er wird zum «Normbrecher», den die Arbeiter wie Müllers Lohndrücker Balke niederschlagen (5. Szene). Aber aus der Niederlage entspringt der Fortschritt: drei Arbeiter melden sich für die neue Schicht. Hinzes ‹faustische› Reise durch die Aufbaugeschichte der DDR geht weiter, der Aktivist qualifiziert sich mit einem Studium. Als Bauleiter trifft er auf seine Frau Marlies, die inzwischen Ingenieurin geworden ist, um den Preis ihrer persönlichen Entfremdung. Mit ihrer Hilfe will er den «verfahrenen Bau» wieder hochbringen, es scheint zu gelingen, auf dem Bau wie in der Ehe, da kommt der Gegenschlag, die Planziffern werden hochgeschraubt, ein Streik bricht aus auf der Baustelle (Brauns theatralische Simulation des 17. Juni 1953). Hinze steigt aus dem Pakt aus, weil er sich als «Geführter» von dem «Führenden» Kunze als bloßes Werkzeug und Objekt mißbraucht fühlt («Gemeinsam handeln, das könnten auch Sklaven / Gemeinsam entscheiden! das enthältst du mir vor», 18. Szene) und über dem Weg das Ziel nicht mehr sieht. Auch Kunze, alleingelassen, verzweifelt. Jetzt kommt die Chance, aber auch der spezifische Konflikt der Marlies. Ihre Laborversuche sind geglückt, sie kann das neue Chemie-Werk bauen, die Arbeiter ziehen durch Höherqualifizierung mit, aber sie verliert dadurch ihr Kind. «Wilde Zeit, da die Frau wählen kann, ob ihr was blüht im Schoß oder im Betrieb!» Die Kosten des Aufbau-«Wunder[s]» (24. Szene) sind hoch, die Bedürfnisse der individuellen Lebenszeit und die Notwendigkeiten der kollektiven Geschichtszeit kollidieren noch immer («glückliche Zustände» sind nicht in Sicht). Daß die gebeutelten drei Aufbauhelden trotzdem weitermachen und wieder «von vorn beginnen», entspringt mehr dem Wunschdenken und der faustischen Fabel als den späteren Einsichten des Realisten Braun. Die «Rettung» bleibt unglaubwürdig. Die Zuschauer, im Stück immer wieder direkt angesprochen und befragt – so potenziert Braun die Öffentlichkeit des Theaters – können am Ende nicht mehr mitreden.

Hinze und Kunze ist Brauns zwiespältiger Beitrag zur Kulturpolitik der NÖSPL-Zeit. Mehr als «Geführter» und «Führender» sind die beiden Freunde «Planer und Leiter». Das Volk der Arbeiter taucht unter ihnen, nicht neben ihnen auf. Bis zum Streik ist es widerspenstig, am Ende qualifiziert es sich ohne Murren. Liest man das frühe Werk Brauns mit einem ‹bösen Blick›, so könnte man sagen: es gibt sich so hart und kompromißlos, um mit gutem Gewissen die ‹Perspektive› retten zu können. Sie ist auch in seinem *Lenin-Drama* (E 1970; UA/V 1988) noch da.

5. Die dramatischen «Harmoniker» des Sozialismus

Sind Hacks, Lange, Müller und Braun die großen Ausnahmen schon in diesem Jahrzehnt? Kann man alle anderen Dramatiker, ohne ihnen Unrecht zu tun, als undialektische, affirmative und linientreue Schriftsteller vergessen? Wie lesen sich ihre im Westen ungespielten Werke nach dem Ende der DDR? Sind auch sie damit inhaltlich und ästhetisch desavouiert?

Helmut Baierl (* 1926) ist nach *Frau Flinz* (UA 1961) auch mit seiner *Johanna von Döbeln* (UA 1969) sehr erfolgreich auf den DDR-Theatern gewesen. Er hat mit ihr eine klassische Vorlage, die *Jungfrau von Orleans*, in die DDR-Verhältnisse im Jahre 1965 übertragen und auf seine Weise umgekehrt.

Die junge, naive und staatsgläubige Johanna kommt vom Lande in den musterhaften VEB Landmaschinenbau Rotes Banner, um ein «neuer Mensch» zu werden. Sie wird lachend(!) integriert und nimmt einen märchenhaften Aufstieg zur Chefsekretärin. Alles scheint eitel Harmonie. Aber in diesem Augenblick bricht ein schwelender Konflikt aus. Die moralisch unerbittliche Johanna meint einen dunklen Punkt in der Frühgeschichte des Betriebs entdeckt zu haben und zwingt alle Beteiligten zur gemeinsamen Vergangenheitsbewältigung. Es geht um den ehemaligen Arbeitsdirektor Paul Lobstett, der sein demütigendes Ausscheiden aus dem Werk vor zehn Jahren, als er sich in einer schweren Krise befand, noch immer nicht verkraftet hat. Sein Fehler: «Er wollte die Massen mobilisieren. Und die sollten nun an mitbestimmen, notfalls mit Streik.» Das klingt nach einem ernsthaften Konflikt und nach Interesse an einer «sozialistischen Demokratie». Aber nun beginnt die dramatische Manipulation. Erstens wird dieser alte Konflikt zwischen Direktor und Werkleiter mit keinem einzigen Wort untersucht und problematisiert (‹verdrängen› wäre hier ein allzu mildes Wort). Zweitens wird der Rechtsprechung der DDR im gesamten dritten Akt auf penetrante Weise gelobhudelt. Drittens – und damit wird es hanebüchen – fällt der Zeuge Lobstett, der zuvor die gute Johanna aufgehetzt hat, vor Gericht plötzlich sich selber in den Rücken und übt totale und linientreue Selbstkritik: Seine Handlungsweise «hätte das Werk in eine Katastrophe gebracht. Ich habe damals die Kritik nicht verstanden und das Werk verlassen. Heute sehe ich das anders» (17. Szene). So fällt der Scheinkonflikt als bloßes «Theater» in sich zusammen, und die übereifrige Johanna steht dumm da. Das «Rote Banner» wird künftig noch fleckenloser über der «sozialistischen Menschengemeinschaft» flattern. Die «Eiszeit» ist fern, die «Kommune» ganz nahe. Was ist das Stück also? Bestenfalls eine heiter-besinnliche Ermahnung, bei allen NÖSPL-Erfolgen den Menschen nicht zu vergessen.

Auch in Rainer Kerndls (* 1928) Zweipersonenstück *Ich bin einem Mädchen begegnet* (UA 1969) geht es um eine kleine Johanna (Baierls Stück wird zitiert), die plötzlich auftaucht, um die Losungen des Sozialismus beim Wort zu nehmen, diesmal nicht in Gestalt eines VEB, sondern eines «sozialistischen Schriftstellers», der seinen Lesern leichtsinnigerweise verkündet hat, daß er die «Probleme der andern» auch «lösen helfen» muß (gegen Anfang des Stücks).

Nun steht eine Leserin mitten in der Nacht vor ihm, hat das Herz auf dem rechten Fleck, spricht, wie ihr der sozialistische Schnabel gewachsen ist, und trägt ihm ihren Ärger vor. Sie ist Elektrikerin und hat ihren Betrieb verlassen, weil er sie angeblich daran hinderte zu studieren, sich zu qualifizieren. Er seinerseits ist Dramatiker und hat auch seine Probleme, mit einem autoritären Theaterdirektor z. B., der, wie weiland in Kipphardts Satire *Shakespeare dringend gesucht,* seinen Bühnenhelden, den «ungebärdigen, anarchistischen, schrecklich disziplinlosen und gar nicht zum Vorbild geeigneten Gustav Beerendonk» nicht mag und ihn zur Anpassung an den kollektiven NÖSPL-Kurs («der einsame Held ist nicht mehr gefragt») zwingen will. Anscheinend ist ihnen beiden Unrecht geschehen; die böse Gesellschaft erkennt ihre fundierten Ansprüche nicht an. So könnte die sozialistische Gesellschaft irren, der einzelne klüger sein als sie?
Mitnichten; und deshalb beginnt auch Kerndl, wie zuvor Baierl, an dieser Stelle ein abgekartetes Spiel. Zuerst wird der bemitleidenswerte Dramatiker vom Kothurn geholt, danach die junge Dame. Dann geht das prächtige Mädchen wieder fort und läßt den alternden Schriftsteller zusammen mit dem Publikum gerührt und gereift zurück. «Sie war eine Nacht bei mir, aber es hat nichts stattgefunden.»[37] Stattgefunden hat der Versuch, ein sozialistisches Boulevardstück zu präsentieren, das ohne seine «Umkehrung» in parteiliches Moralisieren ganz unterhaltsam hätte werden können. Von der historischen Spannung des Jahrzehnts ist zwar nichts zu spüren, aber es ist ‹gut gemeint› und handwerklich versiert.

Das gilt auch für Claus Hammel (* 1932), der mit seinen Stücken *Um neun an der Achterbahn* (UA 1964) und *Morgen kommt der Schornsteinfeger. Versuch über das Glück* (UA 1967) besonders erfolgreich auf den Theatern der DDR gewesen ist. Im Nachwort zum ersten Stück bekennt er sich als «Parteigänger des sozialistischen Wegs der Deutschen».[38] Diese Parteigängerei ist seinen Komödien schlecht bekommen. Sie wirken nur solange unterhaltsam, wie der sozialistische Autor im Hintergrund bleibt, danach und zum Ende hin werden sie immer ungenießbarer.
So *Um neun an der Achterbahn*, ein ‹gesamtdeutsches› Stück insofern, als es in der DDR und der BRD spielt. Es gehört zur sogenannten «Ankunftsliteratur», weil sich die Hauptfigur, das Mädchen Sabine, zwischen zwei Staaten, zwei Männern und zwei Müttern zu entscheiden hat und am Ende natür-

lich, wie Christa Wolfs Rita in *Der geteilte Himmel* (1963), die richtige Wahl
trifft. Als heitere Liebeskomödie läßt sich das Stück recht hübsch an, aber als
plötzlich Sabines verschollene West-Mutter auftaucht und sie mitnehmen
will, hört der Spaß auf; das Stück verkrampft, wird künstlich und langweilig,
schlechtes Jugendtheater für die FDJ. Obwohl sich der Autor gegen den
Vorwurf eines «Stilbruchs» im «West-Teil» zur Wehr gesetzt hat und seine
Darstellung für realistisch hielt, trifft die Kritik zu. Schon der Basiskonflikt
Sabines, der «Orientierungsfigur», mit ihrem guten und geliebten Parteisekretär ist albern motiviert, die West-Familie und ihre kapitalistische Lebensweise
ein einziges törichtes Klischee, der West-Freund Sabines eine Marionette in der
Hand des Autors und das Ganze eine Manipulation des Publikums, die auf
dem Theater raffiniert wirken könnte, bei der Lektüre aber durch Plumpheit
verstimmt.

Morgen kommt der Schornsteinfeger mißbraucht das Theater noch unver-
hüllter als Propaganda-Kanzel für den Sozialismus/Kommunismus.

Am Beispiel eines jungen und erfolgreichen Ehepaares wird vor den ideologischen
und moralischen Gefahren des Wohlstandes (eine Kehrseite des NÖSPL-Kurses) gewarnt. Die vom rechten Wege abirrende Jette entscheidet sich am Ende erneut und ganz
«bewußt» für den Sozialismus, als sie endlich wieder erkennt, «daß Sozialismus und
Glück wirklich ein und dasselbe sind» (Fünfter Akt). Der gute Geist ist in diesem Falle
der alte Schornsteinfeger Ratunde, ein berühmter und doch bescheidener Antifaschist
und Widerstandskämpfer, dem die sozialistische Moral in lauter weisen Sprüchen aus
dem Munde flattert. Die eigentliche Lüge des Stückes aber besteht darin, daß es von
den Gefahren eines Wohlstands handelt, den es als gesellschaftliches Phänomen und
Problem in der DDR der sechziger Jahre gar nicht gegeben hat. Gewarnt wird in
Wahrheit vor den ideologischen Gefahren seines Mangels, vor der Unzufriedenheit
darüber und vor einem ideologiefreien Streben nach Wohlstand. Wie im biedermeierlichen Wiener Volkstheater werden die kleinen Leute durch ein märchenhaftes Exem-
pelspiel ermahnt, hübsch bescheiden zu bleiben und allezeit der Obrigkeit zu vertrauen.

Das auf Irr- und Abwegen befindliche, fehlbare Individuum wieder in den
Schoß der wohlmeinenden sozialistischen Gemeinschaft zurückzuholen,
darin besteht ein Grundschema dieser verspäteten Aufklärungskomödien. Ihr
Glaube an den Fortschritt der Geschichte ist allzu seicht, als daß ihn Zweifel
trüben könnten.

In den sechziger Jahren ist es auffällig häufig ein jugendlicher Außenseiter,
der durch ungünstige Umstände, falsches Verhalten der älteren Generation
oder Eigensinnigkeit ins Abseits geraten ist und nun durch eine kollektive
Anstrengung wieder auf den Pfad der Tugend und des Fortschritts zurückge-
bracht wird. So in Horst Salomons (* 1929) Lustspiel *Ein Lorbaß* (UA 1967),
Arne Leonhardts (* 1931) Einakter *Der Abiturmann* (UA 1969) und Paul
Gratziks (* 1935) *Umwege* (UA 1970). Bei Salomon ist es ein bastelnder
«Träumer» und «Handlanger mit Abitur», der seiner schlechten Eltern und
Noten wegen das Medizin-Studium verpaßt hat und nun zu vergammeln
droht. Nach gehöriger Zuspitzung der Konflikte gibt es dank eines verständ-

nisvollen «Staatsanwaltes» (!) und der Lernfähigkeit des alten Kämpfers und Leiters der Konfliktkommission ein rosen-strahlendes Happy-End. Nicht ungeschickt werden die sozialistischen Sprüche und Parolen den negativen und opportunistischen Figuren in den Mund gelegt, aber dergestalt, daß die Parolen ihre selbstverständliche Geltung selbst durch diesen Mißbrauch nicht verlieren.

In Leonhardts Einakter geht es um die Integration eines hochbegabten, aber trotzigen Außenseiters, den die Prüfungskommission schon einmal vom Studium zurückgestellt hat. Weil er nicht in der FDJ war, vermutet er – und so rückt er das zweite Mal als FDJ-Mitglied und mit einer tadellosen Akte zum Aufnahmegespräch an, obwohl er jeglichen Opportunismus haßt. («Ich hasse diese Typen. In meiner Klasse saßen auch ein paar von der Sorte. Stramm staatsbewußt, ideologisch unschlagbar, solange es nicht privat war.») Dank einem mit pädagogischem Eros begabten und sensiblen Professor wird dem jugendlichen Querkopf demonstriert, daß die Verhältnisse in seinem Staat viel besser sind, als er glaubt, und daß auch er gebraucht wird.

Die *Umwege* Gratziks schließlich führen einen Jugendlichen aus einer kaputten Familie in die Kriminalität und über einen «Jugendwerkhof» mit seiner geduldigen Erziehungsarbeit in einen «ordentlichen Beruf» und in die Nationale Volksarmee (NVA) hinein.

Stücke dieser Art lassen immerhin erkennen, wie sehr das Verständnis für die Ansprüche des einzelnen an die Gesellschaft in den sechziger Jahren gewachsen ist. Es ist die Zeit, in der Ulrich Plenzdorf die ersten Entwürfe zu seinen *Neuen Leiden des jungen W.* (UA 1972; V 1974) schrieb.

Eine wohltuende Ausnahme inmitten der parteilichen Tendenz- und NÖSPL-Stücke (Neues Ökonomisches System der Planung und Leitung) bilden allenfalls die *Zeitgenossen* (UA 1969) von Armin Stolper (* 1934), der am Theater in Berlin und Halle erfolgreich und wegweisend mit Horst Schönemann zusammenarbeitete. Das Stück ist einem russischen Filmszenarium nachgebildet und aus einer engen Zusammenarbeit mit dem Landestheater Halle hervorgegangen. Sein Sujet ist ein klassisches Problem der wissenschaftlich-technischen Revolution im Industriebereich. Die Kohle-Technologie eines im Bau befindlichen riesigen Industriekomplexes erweist sich plötzlich als veraltet, der Erdöl-Technologie gehört die Zukunft. Welche Entscheidung ist zu treffen? Der Bauleiter Genosse Gubanow hat den Mut, den Bau im Alleingang zu stoppen, und er kommt nach Moskau, um sich der Staatlichen Plankommission zu stellen. Bei der Verhandlung fällt ein Satz, der programmatisch ist sowohl für den Inhalt wie für die dramatische Anlage des Stückes:

«Es tut mir leid, aber die Zeit der großen Einzelnen, der Durchreißer und Selbsthelfer, des Idols der dreißiger Jahre, ist vorbei. Endgültig. Wer heute kommt und ruft: Ich bin im alleinigen Besitz der Wahrheit, macht sich nicht nur lächerlich, sondern strafbar.» (9. Szene)

Das Stück ist mit der gleichen Komplexität gebaut, mit der auch das zentrale ökonomische Problem traktiert wird. Das Verzeichnis der Personen reicht von der Ministeretage bis zur Ebene der Arbeiterinnen; die öffentlichen Angelegenheiten sind zwanglos mit den privaten verknüpft; die persönlichen Gespräche besitzen auch gesellschaftliche Bedeutung; anstelle von Gegenspielern treten konkurrierende Mitspieler, Zeit-Genossen auf; es gibt zwar noch eine Mittelpunktsfigur, aber keinen ‹Helden› mehr; viele aktuelle Probleme und Fragen werden erörtert, ohne daß es zu Lösungen, Antworten oder gar Bevormundungen kommt. Gubanows Entscheidung bleibt bis zuletzt umstritten, der Ausgang des gegen ihn eingeleiteten Parteiverfahrens ungewiß, und doch steht er am Ende gelassen und selbstkritisch einer amerikanischen Journalisten-Delegation Rede und Antwort. Die verschiedenartigsten Figuren sind nicht mit dem gestrengen parteilichen Rotstift umzirkelt, sondern mit einem menschlichen Weichzeichner skizziert. Aus dem engbrüstigen und schwitzenden preußischen Sozialismus gerät man jedenfalls erleichtert in einen weiten und heiteren sozialen Lebensraum, in dem man lebt und leben läßt, trotz aller Anstrengungen beim Aufbau des Kommunismus. So ist ein spannendes, unterhaltsames und gewitztes Stück entstanden, das wohl auch das Sehnsuchtsbild eines menschlichen Sozialismus entwirft.

War es noch das gleiche Land, über das auf der einen Seite Heiner Müller und Volker Braun, auf der anderen Seite Helmut Baierl, Rainer Kerndl, Claus Hammel und ihresgleichen schrieben? Bildete die DDR-Dramatik dieses Jahrzehnts, auf dem gemeinsamen Fundament sozialistischer Parteilichkeit, wenigstens noch eine politische Einheit?

Am Ende der sechziger Jahre hatte man schon Mühe, diese Fragen zu bejahen. Die ersten Spaltungserscheinungen zeichneten sich ab, und sie sollten sich im nächsten Jahrzehnt erweitern und vertiefen. Während die einen trotz aller Rückschläge und Widrigkeiten blindlings die rote Fahne hochhielten, machte sich bei den anderen zunehmend Ernüchterung und Enttäuschung breit. Die Kluft zwischen «Eiszeit» und «Kommune» war nicht mehr zu überbrücken.

TENDENZWENDE UND STAGNATION:
LITERATUR IN DEN SIEBZIGER JAHREN

I. DAS JAHRZEHNT DER UNGLEICHZEITIGKEITEN UND DER LANGGEZOGENEN «TENDENZWENDE»: LITERARISCHES LEBEN IM WESTEN

In den gesellschaftlichen Prozessen, die das literarische Leben der siebziger Jahre kennzeichnen, läßt sich eine Grundfigur beobachten, die man «spiegelbildlichen Abbau» nennen könnte. So, wie das Doppeljahr 1968/69 dem vorausgegangenen Jahrzehnt in der Rückschau eine eigentümliche Endlastigkeit verlieh, hat es sich eingebürgert, die siebziger Jahre – nicht nur in der Literatur – an der Protestbewegung der ausgehenden sechziger Jahre zu messen, nach Einlösung und Nichteinlösung zu fragen. Diese Perspektive ist naturlich eng, verkürzend, ja ungerecht. Aber sie liegt in der Konsequenz der Tatsache, daß auch von den Zeitgenossen keine Periode der Nachkriegsgeschichte als so tiefgreifender «Umbruch» empfunden worden ist.

Fragt man nach konkreten Veränderungen in wichtigen Teilbereichen wie literarischem Markt, Schriftstellerorganisation oder Bildungswesen, so fallen Verzögerungen, Umwege, Hinderungen auf. Erst Ende 1972 war der bundesrepublikanische Schriftstellerverband (VS) so weit, daß er aufgrund genauer Zahlen für seinen Kongreß des folgenden Jahres grundlegende Reformen im Sinne des Stuttgarter Zwölf-Punkte-Programms vorbereiten konnte. Erst 1973 setzte mit dem Streit um die «Hessischen Rahmenrichtlinien» eine breite öffentliche Diskussion über die inhaltliche Reform des Schulunterrichts ein. Erst im Herbst 1975 wurde ein umfassender Plan für eine neue auswärtige Kulturpolitik vorgelegt.

Gewiß konzentrierte sich seit 1970 viel gesellschaftspolitisches Interesse auf die Annäherung zwischen Bundesrepublik und DDR, auf die neue Ostpolitik insgesamt und auf die internationale Resonanz, die das «neue» westliche Deutschland fand. Aber zugleich lähmte der seit Frühjahr 1970 sich abzeichnende RAF-Terrorismus bei vielen das mühsam geweckte Reforminteresse. Und der Anfang 1972 von Willy Brandt als Bundeskanzler mitgetragene Radikalenerlaß spaltete viele Gruppen, die gerade der Devise «Mehr Demokratie wagen!» gefolgt waren. Brandts Rücktritt im Mai 1974 signalisierte für manche, vor allem auch unter den Schriftstellern, schon das Ende der Reform-Ära. Die 1976 vom Bundestag beschlossenen neuen Zensurbestimmungen und die Terroristengesetze erwiesen sich bald als Fundamente einer Intellektuellen-Hetze, die im «deutschen Herbst» des Jahres 1977 kulminierte.

Solche politischen Daten erhielten in den siebziger Jahren eine andere Funktion als in der vorausgegangenen Dekade. Das literarische Leben war seit Ende der sechziger Jahre, im Zuge der vieldiskutierten «Politisierung», auf neue, unmittelbare Weise zum zweiten Schauplatz gesellschaftlicher Auseinandersetzungen geworden. Und logischerweise blieben auch Gegenbewegungen, wie «Neue Innerlichkeit», «Neue Subjektivität» ostentativ auf diesen Schauplatz-Charakter bezogen. Es traten neue Depolitisierungs-Gesten auf, die zum Vorangegangenen sozusagen spiegelbildlich standen, aber nicht als Abfolge von Perioden, sondern zeitgleich konkurrierend. Die siebziger Jahre haben so, auf der Basis eines unaufhaltsam expandierenden literarischen Markts, ein Spektrum widersprüchlicher Schriftstellertypen hervorgebracht, wie es Deutschland nie zuvor gekannt hat.

1. Einzelveränderungen, neue Buntheit

Die ersten Aufstände von Paris, Berlin und Berkeley lagen kaum mehr als anderthalb Jahre zurück, als Martin Walser im «Kursbuch» 20 (März 1970) «Über die Neueste Stimmung im Westen» berichtete: «Die, die zur Sprache das beste Verhältnis haben», so setzte der Bericht ein, «scheuen sich jetzt, Meinungen zu haben».[1]

Sie, so Walser, widmeten sich jetzt «der Erweiterung ihres Bewußtseins nach innen», vor allem in den Vereinigten Staaten (mit Hilfe von Drogen, Exotismus, neuen Religionen). Aber als öffentliche Selbstdarsteller dieser neuen Welle hätten sich auch bei uns einige hervorgetan, so Peter Handke, der «an einem Tag berühmt [wurde], als er die Gruppe 47 während einer Tagung der Gruppe 47 in Princeton beschimpfte». Und weiter: «Anläßlich der Uraufführung eines Handke-Stücks konnten eine Million *Spiegel*-Leser lesen, daß der Autor scheu sei, daß er die Öffentlichkeit scheue und deshalb während der Uraufführung in Paris Metro fahre.» Walsers zwischen der Bundesrepublik und den USA pendelnde Analyse mündete in den Zwischeneinwand: «Die Produzenten der neuesten Stimmung können natürlich sagen: ihr sogenannten gesellschaftskritischen Schriftsteller habt nichts geändert, nicht einmal euch selbst.» Die Personalisierung der Antithese fand ihr von Walser wieder und wieder zitiertes Exempel in Handke, und der Schlußsatz war unverkennbar zuallererst auf ihn gemünzt: «Der Schriftsteller, der eine gesellschaftliche Lizenz zum Narzißmus ausbeutet, ist auf die feine Weise domestiziert, deshalb ist eine scheinbar wilde oder bizarre oder verachtungsreiche oder feindselige persönliche Aufführung samt seinen privilegierten Freiheitstänzen nichts als monströs.»[2]

Walsers sofort vieldiskutierte Polemik illustrierte vor allem dreierlei: wie ausgeprägt noch fast in der ersten Hochphase der Protestbewegung der schriftstellerische Personenkult war (nicht nur bei Handke), wie eng die literarische Szene mit Mode- und Kulturströmungen des westlichen Auslands (vor allem der Vereinigten Staaten) verknüpft blieb und wie früh im deutschsprachigen Bereich gegen den politisch «engagierten» Schriftstellertypus schon der publikums- und instinktsichere, egozentrische Antityp öffentliches Interesse fand. Zwar hatten sich seit den fünfziger Jahren Solipsisten wie Arno Schmidt ostentativ von Gruppierungen ferngehalten – und dieses Image sorgsam gepflegt – oder sich zeitweise verstört aus ihnen zurückgezogen wie Alfred Andersch. Aber in dem Typus Handke repräsentierte sich nun, gerade durch «scheue» Verweigerung gegenüber der «engagierten» Majoritätshaltung, die permanente öffentliche Selbstdarstellung – und ein offenbar breites Publikumsinteresse daran.

Mit den ersten Aufgipfelungen der Protestbewegung auch gegen das literarische «Establishment» gingen, sie bestätigend und bestärkend, neue spektakuläre Akte der Kommerzialisierung einher. Hildegard Knefs Autobiographie *Der geschenkte Gaul* wurde nicht nur, auf der Basis von ein paar Dutzend Probeseiten, zwischen so potenten Verlagshäusern wie Bertelsmann, Droemer, Hoffmann und Campe, Molden, Scherz versteigert. Molden in Wien, der schließlich den Zuschlag erhielt, investierte, als das Buch 1970 erschien, nicht weniger als eine Viertelmillion in die Werbung und machte mit dieser neuen Nachkriegs-Gipfelleistung selbst wieder gezielt Reklame (daß die Gewaltanstrengung sich zuletzt nicht auszahlte, sei hinzugefügt). Im gleichen Jahr beging der Suhrkamp Verlag, der mit der «edition suhrkamp» zum intellektuellen Fundament der Studentenbewegung entscheidend beigetragen hatte (seit 1963 mehr als 300 Titel), sein zwanzigjähriges Jubiläum. Es wurde angesichts der fortdauernden Unruhen *nicht* gefeiert. Im Januar und Februar brachte man im gerade ein Jahr alten monumentalen Suhrkamp-Haus in bester Frankfurter Lage (87 Mitarbeiter) zwei bezeichnend kontradiktorische Titel heraus: Peter Weiss' *Trotzki im Exil* (zeitgleich mit der Uraufführung) und Peter Handkes Erzählung *Die Angst des Tormanns beim Elfmeter*. Die Erstauflage des Handke-Titels von 25 000 war bereits im August vergriffen.

Es schien alles neben allem zu gehen. Während Max von der Grüns *Irrlicht und Feuer* (aus dem Jahre 1967) als rororo-Taschenbuch weiterhin von Hunderttausenden gekauft wurde, publizierte der Autor 1970 seine Massentourismus-Kritik *Urlaub am Plattensee* ausgerechnet in der «Eremiten-Presse». Ein Tribut an die «alternative» Verlagsszene.

Innerhalb der Dortmunder Gruppe 61 hatten sich die Diskussionen über Literatur der Arbeitswelt verschärft, der «literarische», «künstlerische» Anspruch war immer häufiger angegriffen, die breitere Einbeziehung schreibender Arbeiter gefordert worden. Seit 1968 hatte sich eine gruppeninterne Opposition gebildet, die sich gewerkschaftsnäher orientierte und mit der Bildung von «Werkkreisen» begann. Dem sollte im Januar 1969 die Ausschreibung eines Reportagewettbewerbs dienen. Als im September alle von der Jury prämiierten Texte sich als von Arbeitern und Angestellten geschrieben herausstellten, wurde das «Dach» der Gruppe 61 noch fragwürdiger. Im November blieb Erika Runge als schon prominente «Oppositionelle» ostentativ einer öffentlichen Lesung der Gruppe fern. Die Reportagesammlung wurde unter dem Titel *Ein Baukran stürzt um* in einem «bürgerlichen» Verlag (Piper) angekündigt.

Das Dilemma war offenkundig geworden. Sollte Arbeitsweltliteratur als Exoticum nun auch noch das kommerzielle Spektrum des etablierten Literaturbetriebs bereichern? Sollten überhaupt «Autoren» weiterhin dominieren, oder sollte das Schwergewicht auf schreibende Arbeiter verlegt werden?

Längst interessierte sich auch das Feuilleton für die Auseinandersetzungen, wobei die Konflikte immer wieder mit Vorliebe in Max von der Grün personalisiert wurden. Er war zur massenmedial attraktiven Figur eigenen Typs geworden, wie auf ihre Weise Grass und Enzensberger und Walser und Handke. Von der Grün hielt an der «literarischen» Zielsetzung der Gruppe fest, auch am Prärogativ der erfahrenen Autoren gegenüber der Öffnung durch «Werkkreise». Als er im Januar 1970 zum neuen Sprecher der Gruppe 61 gewählt wurde, erklärte er öffentlich: «Uns interessieren nur die Texte, nicht die Ideologien der einzelnen Autoren.» Und: «Die Bestrebungen, Arbeiter mit Hilfe des Schreibens zu aktivieren, haben sich als eine Fiktion erwiesen.»

Noch im gleichen Monat begann der «Werkkreis Literatur der Arbeitswelt» mit der eigenständigen Arbeit, am 7. März wurde ein «Programm» beschlossen, kontrastiv zu dem der Gruppe 61:

> «Der Werkkreis Literatur Arbeitswelt ist eine Vereinigung von Arbeitern und Angestellten, die in örtlichen Werkstätten mit Schriftstellern, Journalisten und Wissenschaftlern zusammenarbeiten. Seine Aufgabe ist die Darstellung der Situation abhängig Arbeitender, vornehmlich mit sprachlichen Mitteln.» Ausdrücklich betont wurde die Verbindung «mit dem Bestreben aller Gruppen und Kräfte, die für eine demokratische Veränderung der gesellschaftlichen Verhältnisse tätig sind», namentlich «mit den Gewerkschaften».[4]

Damit war ein Nebeneinander installiert, das der Klärung diente und durch eine gewisse Konkurrenz sogar belebend wirkte. Die Gruppe 61 überlebte – freilich als viel jüngere Gründung – ihr Vorbild (die 47er tagten seit 1967 nicht mehr). Sie zehrte wesentlich von den prominenten Namen. Und der Werkkreis, mit immer zahlreicheren aktiven Ortsgruppen, gewerkschaftlich unterstützt, begann auch auf der Frankfurter Buchmesse auszustellen; die Werkkreis-Reihe erschien ab 1973 im Fischer Taschenbuch Verlag. Für das breitere literarische Publikum aber wurde «Literatur der Arbeitswelt» weiterhin repräsentiert durch Max von der Grün und durch Günter Wallraff, der 1969 zu den «Aufrührern» des Werkkreises gehörte und mit seinen *13 unerwünschten Reportagen* (erweitert 1970 als *Unerwünschte Reportagen*) einen neuen, rasch erfolgreichen Typus arbeitsweltlicher Enthüllungsliteratur geschaffen hatte.

Während in der DDR die parteioffiziell verordneten komplementären Aktionen «Greif zur Feder, Kumpel!» und «Schriftsteller in die Produktion!» schon auf der Zweiten Bitterfelder Konferenz 1964 eher resignativ begutachtet wurden, hatte sich im Westen die Arbeitsweltliteratur mit immerhin drei Hauptsträngen auf dem Buchmarkt etabliert. Freilich, das Feuilleton nahm wenig Notiz davon. Wallraff lenkte die Aufmerksamkeit durch periodische Skandale auf sich – und auf eklatante Mißstände der Industriewelt wie der Massenmedien. Die ‹literarische Szene› blieb davon weithin unberührt. Als 1971 unter dem Titel *Motive* ein repräsentativer Band mit «Selbstdarstellungen deutscher Autoren» erschien, vertrat von den über 70 Namen – neben einem unbekannten Metallarbeiter namens Günter Heinz – wieder Max von der Grün als einziger die ‹andere Welt› der Bevölkerungsmehrheit.

2. Späte, mühsame Reformen

Die seit der Kölner VS-Gründung auch öffentlich ihre Berufsinteressen reflektierenden und diskutierenden Schriftsteller taten sich schwer mit konkreten Schritten. Erst 1972 brachten Karla Fohrbeck und Andreas J. Wiesand, unterstützt vom «Spiegel» (dort erschienen auch Vorabdrucke seit 1971), ihren *Autorenreport* heraus. Es stellte sich heraus, daß gerade 7 % der «freien» Autoren von ihren Buchhonoraren auch leben konnten. Und selbst für den Traumbereich Fernsehen ergab sich: «Von 100 freien Autoren, die für 1970 das Medium Fernsehen als Haupteinkommen bezeichnet hatten, waren 66 % auch von einem Auftraggeber in diesem Medium wirtschaftlich abhängig.»[5] Krankheits- und Altersversorgung waren bei den weitaus meisten «Wortproduzenten» völlig ungesichert. Angelika Mechtel förderte in ihrer Untersuchung *Alte Schriftsteller in der Bundesrepublik* (ebenfalls 1972) erschütternde Existenzbedingungen zutage – auch von angesehenen, scheinbar erfolgreichen Autoren.

Erst drei Jahre nach dem ersten VS-Kongreß kam endlich der zweite zustande (1973, in Hamburg), und man beschloß den Anschluß an die «IG Druck und Papier». Damit konnte die Verbandsarbeit in eine neue, konkrete Phase treten. Nun ging es um Alters- und Sozialfürsorge, um Mitbestimmung und um Tarife: eine grausliche Vorstellung nicht nur für viele Literaturliebhaber, sondern auch für manche Schriftsteller selbst. Die gewerkschaftliche Orientierung und manche «sozialistische» Zielsetzung dabei riefen interne Opposition hervor und führten noch 1973 zur Abspaltung des Bayerischen Landesverbandes. Zum 1. Januar 1974 wurden 1230 Mitglieder des VS individuell in die «IG Druck und Papier» aufgenommen, wo sie fortan eine eigene Fachgruppe bildeten. Die Schaffung einer besonderen Mediengewerkschaft, wie sie Martin Walser zuerst 1970 gefordert hatte, scheiterte einstweilen an der Unübersichtlichkeit und (für viele) relativen Neuheit des Terrains, am Kompetenzwirrwarr, an Konkurrenzängsten von Autoren, aber auch daran, daß die Unterbringung unter dem Dach der «IG Druck und Papier» den meisten erst einmal als die sicherste erschien.

In einem eigentümlichen Kontrast zu diesen späten, von manchem als «kleinkrämerisch» empfundenen Reformen standen drei vorausgegangene internationale Ehrungen, die auch das Renommee der westdeutschen Literaturszene betrafen. 1971 hatte Willy Brandt, der Hauptrepräsentant der neuen Ostpolitik, den Friedensnobelpreis erhalten. Im gleichen Jahr war Heinrich Böll als erster Deutscher nach dem Kriege zum Präsidenten des internationalen PEN gewählt worden; und 1972 wurde ihm der Nobelpreis für Literatur verliehen. Das bedeutete, nach den großen Erfolgen von Grass und Johnson (auch Böll) aus den Jahren 1959/60, einen unübersehbaren, neuen Schub weltweiter Reputation. Doch am 10. Januar 1972 hatte Böll im «Spiegel» gefragt: «Will Ulrike Gnade oder freies Geleit?», und er hatte scharfe Vorwürfe vor allem gegen die Hetztiraden der «Bildzeitung» erhoben. Es war der Beginn wiederum einer Kampagne, die sich schließlich auch in Bölls Erzählung *Die verlorene Ehre der Katharina Blum* niederschlug. Am 2. Februar 1972 resümierte Böll in einem Interview: «Das ist die betrüblichste Erfahrung der vergangenen Wochen, daß man kaum die Hand über die Grenze halten kann, und man hat schon einen Schuß drin.»[6]

Das öffentliche Diskussionsklima hatte sich seit Ende 1971 spürbar verschärft: durch die bisher umfangreichsten Streiks und Aussperrungen in der Geschichte der Bundesrepublik (November 1971), durch den Radikalenerlaß unter Bundeskanzler Brandt (Januar 1972) und zugleich die Annäherung an die DDR (Unterzeichnung des Grundlagenvertrags Dezember 1972), nicht zuletzt durch die Zunahme des Terrorismus (RAF, Stadtguerillas). Einer konstruktiven Entwicklung der Reformen, die vor allem durch die Studentenbewegung angemahnt worden waren, wirkte dies spürbar entgegen. An den Universitäten fehlten weithin Konzepte, die über einzelne Fächer und Institute hinausreichten. Viele Fachvertreter, oft mit physischer Gewalt konfrontiert, waren dem «Reformdruck» nicht gewachsen; Opportunismus und Resignation spalteten vielfach die Professorenschaft. Der «Mittelbau», d. h. vor allem die Gruppe der Assistenten, brachte noch am ehesten innovative Ideen. Die «Bundesassistentenkonferenz» legte insbesondere zu einer neuen Hochschuldidaktik – aber auch etwa zur Mitbestimmung innerhalb der Universität – vielbeachtete Vorschläge vor. Angesichts von Gewaltakten (zumal Vorlesungsstörungen und Institutsbesetzungen) zogen sich manche anfangs reforminteressierte Studenten bereits wieder zurück.

Das Fach der Germanistik als das die Literatur am unmittelbarsten betreffende, an fast allen Universitäten zugleich eines der größten, zog naturgemäß besondere Aufmerksamkeit auf sich. War auf dem Münchner Germanistentag 1966 ein erster Durchbruch zur Aufarbeitung der nationalsozialistischen Vergangenheit und ihrer Verdrängung nach dem Kriege geschehen, so drohte sie jetzt erneut zum Gesinnungsfach, ja zum gesellschaftspolitischen «Überfach» zu werden. Früh aber, etwa in dem vielgelesenen, von Jürgen Kolbe herausgegebenen Sammelband *Ansichten einer künftigen Germanistik* (1969), wurden auch gut durchdachte, praktikable Reformpläne vorgelegt: zur Revision des Literaturkanons, zur Erweiterung des Literaturbegriffs auch um Zwecktexte und vor allem um die Massenmedien, zur theoretischen «Modernisierung» der Linguistik und der Literaturwissenschaft. Schriftsteller wie Reinhard Baumgart und Herbert Heckmann, die selbst Germanistik studiert hatten, beteiligten sich daran. An der praktischen Umsetzung neuer Konzepte, besonders des über-nationalsprachlichen «Literaturlehrers» und des «Sprachenlehrers» (Wolfgang Iser, Harald Weinrich), arbeiteten vor allem die schon Mitte der sechziger Jahre neu gegründeten «Reformuniversitäten» Bielefeld, Bochum und Konstanz. .

Die entschiedene Aufwertung der Gegenwartsliteratur in den Studienplä-
nen, die Öffnung zur gesellschaftsbezogenen Analyse von Literatur und die
Bemühung um theoretische Fundierung der Literaturwissenschaft gehörten
zu den Prozessen, die seit Beginn der siebziger Jahre die Germanistik in der
Bundesrepublik – nach und nach auch in der Schweiz und in Österreich –
verändert haben. Sie schufen freilich zum Teil auch neue Gräben: sowohl
zwischen aktueller Literatur und Wissenschaft (mit ihrem Theorie- und Me-
thodenanspruch) als auch zwischen den Generationen (die bisher über
«werkimmanente Interpretation» noch einigermaßen kommunizieren konnten) und nicht zuletzt zwischen Universität und Schule.

Im Gegensatz zur relativen Autonomie der Universitäten legte das föderal-
listische System der Bundesrepublik die Kompetenz für die Reform des
Schulunterrichts fast ganz in die Hand der einzelnen Bundesländer. Der
Sprach- und Literaturunterricht an den Schulen – den immerhin das Gros der
Literaturleser nach wie vor durchlief – war seit den fünfziger Jahren wesentlich reformiert worden. Die Diskussion über die «Bildungskatastrophe» um
die Mitte der sechziger Jahre hatte hauptsächlich quantitative Verbesserungen
und erste didaktische Reformen mit sich gebracht. An den Inhalten des Fa-
ches «Deutsch» hatte sich offiziell nichts Entscheidendes geändert, auch
wenn manche Schule, mancher einzelne Lehrer unter dem Eindruck der Studentenbewegung neue Texte und neue Lehrformen erprobt haben mochte.

Das von einer SPD-Regierung geführte Bundesland Hessen war das erste,
das Ende 1972 den Entwurf neuer «Rahmenrichtlinien» vorlegte und damit
über das ganze Jahr 1973 hin, bis in die Mitte des Jahrzehnts hinein, eine
überaus heftige öffentliche Auseinandersetzung in der gesamten Bundesrepublik entfachte. Dieser Vorstoß, programmatisch den beiden ideologieträchti-
gen Fächern «Deutsch» und «Gesellschaftslehre» gewidmet (zunächst für die
Sekundarstufe I), zog gewissermaßen alle Prügel auf sich, die in der politisch
aufgeheizten Atmosphäre der Jahre 1973/74 zu diesem Thema zu erwarten
waren. Als Hauptaufgabe des Deutschunterrichts war «die sprachliche Kom-
munikationsfähigkeit der Schüler» festgelegt, wobei sprachliches Handeln,
Austragen von Konflikten und Zurückdrängen der «Hochsprache» und der
Rechtschreibung zugunsten sozialer Chancengleichheit im Zentrum standen.[7] Hier mischten sich sozialdemokratisch-gewerkschaftliche Zielsetzungen mit moderner, vor allem amerikanischer Linguistik und insgesamt einem
wissenschaftlichen Jargon, der vielfach schon Aggressionen hervorrief.

Der Arbeitsbereich «Umgang mit Texten» wurde eingeleitet durch den
Satz: «Wenn man davon ausgeht, daß der Deutschunterricht nicht dem Er-
werb spezieller literarischer Kenntnisse oder der Einführung in einen nationalen Kanon wertvoller Dichtung dienen soll, dann geht es in diesem Arbeitsbereich darum, den Anspruch und die Bedeutung unterschiedlicher Texte im
gesellschaftlichen Leben zu bestimmen.»[8] Zu diesem Zweck sollten nun nicht
nur vielerlei Alltagstexte, darunter solche der Schüler selbst, neu in die Unter-

richtspraxis aufgenommen werden, und die sozial wirkungsmächtige, aber pädagogisch diskreditierte «Trivialliteratur» sollte – zumindest unter ideologiekritischen Gesichtspunkten – mit ins Licht rücken. Es sollten komplementär dazu viele Texte des «traditionellen» Bildungskanons aufgegeben werden; die verbleibenden waren vor allem auf ihre «Situationen», «gesellschaftlichen Funktionen» und «Interessen» hin zu befragen.

«Tod der Literatur» also jetzt durch staatliche Planung? In einem Protest- und Verteidigungswirrwarr von Eltern, Lehrern, Verbänden, Gewerkschaften, Parteien und prominenten Individuen wurde der Entwurf sofort zerredet. Hinter ihm standen zweifellos nicht nur Vorstellungen des Kultusministers (und aus der «Frankfurter Schule» hervorgegangenen Soziologen) Ludwig von Friedeburg, sondern auch der «Gewerkschaft Erziehung und Wissenschaft» unter ihrem Vorsitzenden Erich Frister. Der auf vielen Seiten überwiegend mit Ressentiments und Nicht-Verstehen-Wollen geführte Disput zum Rahmenrichtlinien-Teil «Umgang mit Texten» zeigte auf seine Weise, daß die gegen Ende der sechziger Jahre öffentlich artikulierte Funktionskrise der Literatur längst nicht ausgestanden war. Gewiß handelte es sich zunächst nur um den Unterricht in der Sekundarstufe I, aber die Tendenz zur bloßen sozialen Instrumentalisierung der Literatur, ja zu ihrer Marginalisierung war – wie 1969 in den _Ansichten einer künftigen Germanistik_ – neu zu befragen, zu begründen und eventuell zu verändern; desgleichen der schulische Umgang mit ihm. Daß dies nun öffentlich geschehen mußte, haben die Hessischen Rahmenrichtlinien zumindest mitbefördert.

3. Der sich neu etablierende literarische Pluralismus

Während um die künftige Rolle der Literatur in der Schule verbissen gestritten wurde, brachte eine umfangreiche Untersuchung unter dem Titel _Lesekultur in Deutschland_ (1974) eine noch recht günstige Einschätzung des «Bücherlesens» zutage, freilich auch eine zunehmende Konkurrenz des Fernsehens.

Von den Befragten mit Abitur meinten immerhin 70 %, Bücherlesen bringe «auf neue Gedanken», 55 % nannten als Gewinn «Lebenserfahrung»; bei den Volksschulabsolventen war das Verhältnis immer noch 32 % zu 36 %. Aber auch 37 % der Abiturienten waren der Ansicht, das Fernsehen bringe «soviel interessante Sachen, daß man nicht mehr soviel Bücher zu lesen braucht wie früher».[9] Und bei den «Volksschülern» antworteten dies sogar 50 %. Zwar hatten sich die düsteren Prophezeiungen der sechziger Jahre («Fernsehen frißt Buch», «Ende der Buchkultur») nicht bewahrheitet, aber der Trend hin zum Fernsehschauen wurde unverkennbar. Dabei waren die absoluten Zahlen, die der Börsenverein des Deutschen Buchhandels für 1974 nannte, noch eindrucksvoll. Die Gesamtzahl der Erstauflagen von Buchtiteln betrug 41 276, der Neuauflagen 8485. Hiervon wurden 7318 (bzw. 1364) als «schöne Literatur» in einem engen Sinn ausgewiesen (ohne «Religion», «Philosophie», «Geschichte» usw.). Bezeichnend für die Entwicklung des Buchmarkts insgesamt war, daß sich der Anteil von «schöner Literatur» seit 1964 von 22,3 % auf 17,5 % gesenkt hatte. Doch es wurde auch festgehalten: «Über die Hälfte der als Taschenbücher vorgelegten Titel erschien im Bereich des Sachgebietes ‹Schöne Literatur›.»[10]

In einem sehr weiten Sinn ließe sich der hier angedeutete Prozeß wohl als «Demokratisierung» des belletristischen Büchermarkts deuten. Denn im Taschenbuch wurde nun auch Literatur deutlich größeren potentiellen Lesergruppen leichter zugänglich, namentlich den (in ihrer Gesamtzahl immer noch stark anwachsenden) Studenten. In den öffentlichen Diskussionen des VS war hiervon wenig die Rede, aber von den steigenden absoluten Umsatzziffern, und auch davon, daß sich immerhin bereits ein Drittel der gesamten Buchproduktion in den Händen des Bertelsmann-Konzerns befand.

Ein expandierender Buchmarkt mit wachsenden Einnahmen zumindest für die prominenten Autoren (zumal wenn Fernseh-Honorare hinzukamen), eine durch das neue Urheberrecht und mannigfache VS-Aktivitäten verbesserte Sozialversorgung auch der weniger erfolgreichen Schriftsteller – es gab bei manchen mittlerweile ein Unbehagen daran, daß die reine Interessenpolitik des VS in den Augen der Öffentlichkeit die Oberhand erhalten hatte. Die Wahl des Titels «Phantasie und Verantwortung» für den 3. Schriftstellerkongreß, der im November 1974 in Frankfurt am Main stattfand, war bezeichnend. Mit «Phantasie» nahm man ein genuines, fast altmodisches Stichwort auf, das durch die 68er Bewegung in die Nähe eines ästhetisierenden Aktionismus gedrängt worden war («die Phantasie auf die Straße!»). «Verantwortung» repräsentierte, verteidigend und verpflichtend zugleich, Indienstnahme für das Ganze der Gesellschaft.

Walter Scheel sprach als erstes deutsches Staatsoberhaupt zur Eröffnung eines solchen Kongresses. Walter Jens («Wir Extremisten») nahm die neue Welle von Intellektuellenhetze zum Anlaß, an die radikaldemokratischen Traditionen der deutschen Literatur zu erinnern. Günter Wallraff («Autoren – Radikale im öffentlichen Dienst») räumte mit alten «Dichter»-Klischees und mit neuen «phantastischen» Romantizismen zugleich auf. Er plädierte für «jene ausschweifende Phantasie, die nötig ist, die Wahrheit zu recherchieren, sie aufzuschreiben, sie unter seinem Rock zu verbergen und sie unter die Leute zu verbreiten: Beschreibend, erkennend, denunzierend, verändernd.»[11]

Von «Phantasie» vermochten Beobachter auf dem Kongreß wenig zu bemerken. In den ausgedehnten Sitzungen dominierte oft das Funktionärsdeutsch. Berufspolitik und Organisationsfragen, von der «Tarifpolitik» über die «Bibliotheksabgabe» bis zur Frage der «Mediengewerkschaft» beanspruchten die meiste Energie. Und ein Thema fehlte noch fast völlig: das der Autorinnen, der schreibenden Frauen, auch der neuen «Frauenliteratur». Nicht einmal Ingeborg Drewitz in ihrem Referat «Bestandsaufnahme und Perspektiven» sprach es an. Als zuletzt der neue VS-Vorstand gewählt wurde – mit Horst Bingel als Vorsitzendem –, war keine einzige Frau darunter. Lediglich als neue Sprecherin des «Ausschusses für Kinder- und Jugendbuchautoren» wurde Irmela Bender bestimmt. Wie seit Beginn der Gruppe 47 hatten nicht wenige Autorinnen Prominenz erlangt (und einige, wie Ingeborg Drewitz, Angelika Mechtel, Erika Runge, arbeiteten auch aktiv im VS mit), aber bis zur Mitte der siebziger Jahre stand noch keine «Bewegung» dahinter. Im selben Jahr 1975, als in einem alternativen Verlag (der Münchner «Frauenoffensive») Verena Stefans autobiographische Aufzeichnungen _Häutungen_ erschienen, brachte Suhrkamp auch schon Karin Strucks Roman _Die Mutter_ heraus, in dem manche bereits ein anti-emanzipatorisches «Gegensteuern» gegen linke Frauentendenzen, ja einen neuen «Mutterkult» erkennen wollten.

Das Spektrum, das der literarische Markt in der Bundesrepublik, Österreich und der Schweiz darbot, war nicht nur «pluralistisch» zu nennen – was im Grunde schon seit den ausgehenden fünfziger Jahren gelten konnte. Es hatten sich «Sparten» herausgebildet, die je ihr eigenes Publikum bedienten und deren Autoren untereinander kaum noch in einem erkennbaren Kommunikationszusammenhang standen: «Arbeitsweltliteratur», «Experimentelle Literatur», «Dokumentarliteratur», «Frauenliteratur», und seit dem Grundlagenvertrag auch in noch breiterer Auswahl «DDR-Literatur». Daneben firmierten, häufig unter dem Sammelbegriff «alternativ» zusammengefaßt, die «Sponti-», «Homo-» oder auch «Knast-»Literaturen.

Aber selbst in der Hauptzone der durch die großen Verlage (Suhrkamp, Rowohlt, Hanser, Luchterhand) herausgebrachten «Belletristik» war eine kaum noch zu überblickende Heterogenität entstanden. Die vielberedete «Politisierung» der Literatur seit den sechziger Jahren hatte keineswegs die literarische Landschaft – etwa die der «linken» Autoren – schrumpfen lassen. Während etwa Peter Weiss über Jahre hin einen vergleichsweise eindeutigen leninistischen Kurs verfocht, hatten Autoren wie Enzensberger oder (partiell) Walser wiederholt linke Ideologisierung ‹von innen heraus› in Frage gestellt und kritisiert. Das Bedürfnis nach Gegenhalt gegen die starke linke Szene insgesamt, nach antipolitischem Individualismus, nach dezidiertem Antikonformismus hatte früh vor allem Peter Handke mit Erfolg zu befriedigen versucht. Nach und nach trat ihm Botho Strauß an die Seite, etwa mit der Bearbeitung von Kleists _Prinz Friedrich von Homburg_ als «Traumspiel» (1972, noch als Dramaturg bei Peter Stein) und dann vor allem mit der preziösen, satirisch-melancholischen _Trilogie des Wiedersehens_ (1976). Als Peter Rühmkorf 1972 davon sprach, daß in der Bundesrepublik nicht nur eine «Kulturrevolution» stattgefunden habe, mit «pluralistischen» Aufsprengungen bis in die Familien hinein,[12] konnte er sich auf fundamentale Umwälzungen auch in vielen Bereichen des literarischen Lebens beziehen: von der «Entrümpelung» des Literaturunterrichts über die Etablierung einer «alternativen» Literaturszene bis zur gewerkschaftlichen Organisation von Schriftstellern. Doch nicht nur verzettelten sich die neuen literarischen Meinungsträger immer wieder in internen Fehden, es gab recht bald auch Abwehrbewegungen vieler Leser gegen Indoktrination. Und die politischen Rahmenbedingungen des Aufbruchs hatten sich verändert.

4. Nach der «Tendenzwende»: Die späten siebziger Jahre

Als Walter Scheel im November 1974 zu den etwa 500 in Frankfurt versammelten Schriftstellern und Journalisten sprach, antwortete er bereits ausdrücklich auf Erscheinungen von «Ernüchterung und Enttäuschung», ja von «politischer Resignation».[13] Im Mai war Willy Brandt nach der Guillaume-Affäre als Bundeskanzler zurückgetreten, Helmut Schmidt hatte ihn abgelöst. Im Dezember überschritt die Arbeitslosigkeit in der Bundesrepublik erstmals seit den fünfziger Jahren die Millionengrenze. In Berlin wurde im gleichen Jahr der Kammergerichtspräsident von Drenkmann durch Terroristen ermordet, der CDU-Vorsitzende Lorenz entführt. Im Februar 1975 begann mit der Besetzung des Bauplatzes für ein Kernkraftwerk im oberrheinischen Wyhl eine neue, allmählich auch sich organisierende Protestbewegung. Im April wurden bei einem Terrorstenüberfall auf die bundesdeutsche Botschaft in Stockholm als Repressalie zwei Diplomaten ermordet. Im Monat darauf wurde der Stammheimer RAF-Prozeß eröffnet.

Die wenigen Daten stehen für entscheidende Struktur- und Klimaveränderungen um die Mitte des Jahrzehnts. Die verschärfte Wirtschaftslage wurde von vielen der SPD-Regierung angelastet. Die Arbeitslosigkeit zog vitale Aufmerksamkeit auf sich, während sich gegenüber den seit Jahren anhaltenden Intellektuellen-Protesten allmählich allergische Reaktionen regten. Die Jagd auf «Sympathisanten» der RAF-Terroristen zeigte Resonanz und verstärkte den Argwohn gegen Protestierer auch bei vorsichtig kritischen Geistern. Die Kapitulation der südvietnamesischen Truppen im April 1975 ließ ein langjähriges internationales Protest-Thema zurücktreten. Die Unterzeichnung der KSZE-Schlußakte von Helsinki im August verstärkte das Bewußtsein einer Entspannung vor allem in Mitteleuropa.

Zahlreiche interne und externe, gesteuerte und spontane Prozesse haben schließlich zu dem geführt, was dann recht bald als gesellschaftspolitische und literarische «Wende» bezeichnet worden ist. Die Datierungsversuche reichen vom Rücktritt Brandts im Mai 1974 bis zum «deutschen Herbst» 1977 (nach der Ermordung des Arbeitgeberpräsidenten Schleyer im September). Da die literarische Szene seit Jahren schon überproportional durch öffentliche Bekundungen von Engagement bestimmt war – und es gab dringliche Anlässe mehr als genug –, war sie desto unmittelbarer von Veränderungen der politischen Konstellation betroffen. «Engagement als Pflichtfach für Schriftsteller» hatte Martin Walser schon 1968 in einem Radiovortrag angeprangert: «Jeder weiß, wo ein engagierter Schriftsteller heute steht, beziehungsweise zu stehen hat.»[14] Darin war die Kritik an der öffentlichen Erwartung ebenso eingeschlossen wie die an dem ständigen politischen Äußerungsdrang der Kollegen (er selbst nicht ausgenommen).

Überdruß vieler Leser an solcherart Politisierung und deklaratorische Abnützungserscheinungen bei manchen Autoren trugen zweifellos zu einer Umschwungstendenz bei. Die Hoch-Zeit der Studenten-Bewegung selbst, die Umbruchsjahre 1968/69, hatten kaum neuartige literarische Texte hervorgebracht – das war auch zuallerletzt Ziel der Hauptakteure gewesen.

Peter Schneiders *Lenz*-Erzählung (1973) blickte eher skeptisch, ja resignativ auf die 68er Ereignisse zurück und wurde gerade als neue/alte «Subjektivitäts»-Prosa gelesen. Als einer der ganz wenigen eigenständigen Versuche aus jener frühen Protestgeneration selbst erwies sich der «Romanessay» *Die Reise* von Bernward Vesper. Als der unvollendete Text 1977 erschien (Vesper hatte 1969 mit ihm begonnen, 1971 Selbstmord verübt), war man längst daran gegangen, Bilanz der Protestbewegung zu ziehen. Sie erschien als kläglich. Noch immer dominierten die ehemaligen 47er, die allenfalls die Erfahrungen des Umbruchs ‹verarbeitet› hatten, namentlich Böll mit *Katharina Blum*. Was als neuartige Prosa Leser anzog, waren die ichzentrierten, subjektivitätsfreudigen Texte etwa der jungen österreichischen Autoren Barbara Frischmuth und Peter Rosei – und der schon arrivierten Peter Handke und Botho Strauß, die ihr Image gerade im plakativen Widerspruch gegen die ‹linke› Schriftstellermajorität aufgebaut hatten.

Das Empfinden, daß nach 1968/69 etwas ausgeblieben sei, daß eine «Lücke» entstanden war, verstärkte sich noch im Blick auf die DDR-Literatur, die während der siebziger Jahre zeitweise an etwas lockererem Zügel geführt wurde und im Westen auf zunehmendes Interesse stieß.

Die zunächst erstaunliche Resonanz, die Ulrich Plenzdorfs *Die neuen Leiden des jungen W.* (1973) bis in den bundesrepublikanischen Schulunterricht hinein fand, erklärte sich nicht zuletzt aus der Antithese zur politisch überspannten, ja festgefahrenen gesellschaftlichen und literarischen Situation im Westen. Noch im Funkkolleg «Literatur» der Jahre 1976/77 waren Plenzdorfs *Neue Leiden* einer der am häufigsten herangezogenen Beispieltexte. Hier wurde nicht am lastenden Erbe einer uneingelösten Revolution gearbeitet, sondern es äußerten sich reflektiert-schnoddrig Mentalitäten einer neuen Generation, die sich gegen eine schurigelnde Obrigkeit zur Wehr setzte, in einem deutschen, aber ganz ‹anderen›, kleinbürgerlich dominierten Staat.

Dieses Ausweichen ins benachbarte, fremde System, aber in der Perspektive des Alltäglichen, bestimmte auch den spektakulären Erfolg von Reiner Kunzes Prosaskizzen unter dem Titel *Die wunderbaren Jahre* (1976), die nur im Westen erscheinen konnten (und dem Autor prompt den Ausschluß aus dem DDR-Schriftstellerverband eintrugen). Ohne tiefgründige intellektuelle Selbstzweifel oder wohlstandsgesellschaftliche Saturiertheit wurde hier Einblick wiederum in eine Jugend gegeben, die unter dem Zwang zu Anpassung, Lüge und purem Gehorsam litt. Die mit literarisch scheinbar anspruchslosen Formen arbeitende Prosa leistete nicht schwierige Faschismus- oder Kapitalismus-Auseinandersetzung, sondern elementare Auflehnung gegen klar benennbare staatlich-parteiliche Repression.

Das Dilemma zwischen politisch-literarischem Sendungsbewußtsein und zunehmender Resignation, das nicht wenige Schriftsteller – und viele ihrer Leser – im Westen prägte, wurde anläßlich der Ausbürgerung Wolf Biermanns aus der DDR Ende 1976 exemplarisch spürbar. Nicht lediglich kleine, engstirnige Kulturfunktionäre hatten hier reagiert, sondern Honecker selbst hatte Biermann «Skeptizismus» und «spätbürgerliches, anarchistisches Verhalten» vorgeworfen. Und Autoren wie Thomas Brasch, Sarah Kirsch und andere mußten den sozialistischen deutschen Alternativstaat verlassen. Selbst Peter Weiss, sich ausdrücklich zu den «Freunden der DDR» zählend, die «festhalten wollen an dem wertvollen Arbeitsaustausch mit diesem Land», sah sich veranlaßt, öffentlich «darauf aufmerksam [zu] machen, wie wichtig es für die Vitalität einer Kultur ist, daß sie auch ihre scharfen und bösen

Zungen zur Sprache kommen läßt. Die DDR ist stark genug, um ihren heftigsten, expressionistischsten Kritiker dulden zu können.»[15] Daß er sich mit diesem «Stärke»-Bekenntnis zutiefst täuschte (auch was seine eigene Funktion als «Kritiker» anging), ist manchen westlichen Beobachtern erst nach dem Zusammenbruch der DDR klar geworden.

5. Gespannte Stagnation, Zuspitzungen

Die politische Funktion der aufmüpfigen Schriftsteller besaß um die Mitte des Jahrzehnts in den beiden deutschen Staaten auf den ersten Blick einige Ähnlichkeiten. Durch die europäischen Entspannungsprozesse hatte sich ein Klima der äußeren Entlastung herausgebildet, das den staatlichen Organen nach innen mehr disziplinierende Handlungsfreiheit zu geben schien. Auch solche DDR-Autoren, die Biermann zu verteidigen suchten, anerkannten nebenbei (und bestätigten nach der «Wende»), daß er die Mächtigen bis an die Grenze des Ertragbaren gereizt hatte und daß er – so etwa Heiner Müller – illusionär «immer noch die Auferstehung eines Kommunismus herbeisingen will, der nur noch im *Manifest* umgeht».[16] Aber Müller diagnostizierte zugleich mit Schärfe: «Die Generation der heute Dreißigjährigen in der DDR hat den Sozialismus nicht als Hoffnung auf das *Andere* erfahren, sondern als deformierte Realität.» Das Offenlegen dieser Deformationen forderten die vielen Autoren, die in Ost wie in West Resolutionen für Biermann unterschrieben, als schriftstellerische Pflicht ein, zu deren Wahrnehmung der Staat Freiraum gewähren *müsse*. Wie schwach die staatliche Machtkonstruktion faktisch bereits war, hat man im Westen damals am wenigsten geahnt.

In der Bundesrepublik hatten der RAF-Terrorismus und die darauf antwortenden Prozesse, die sich als neue außerparlamentarische Größe formierende Anti-Atomkraft-Bewegung und die zunehmende Gewalt, auch bei Streik-Auseinandersetzungen, Nervosität ausgelöst. Sie wurde sogleich genutzt von solchen, die ohnehin primär auf politische Disziplinierung und auf obrigkeitliche Machtausübung setzten. Sie gab es selbstverständlich auch in der SPD (Gruppe der Bonner «Kanalarbeiter»). Überhaupt bedeutete es für zahlreiche Intellektuelle eine bis zur Resignation oder auch Wut reichende Enttäuschung, daß alles dies unter einer SPD-Regierung geschah und daß der «Radikalenerlaß» ausgerechnet von dem Hoffnungsträger Willy Brandt mitverantwortet worden war.

Nur so sind Schärfe und Verbissenheit zu verstehen, mit denen Anfang 1976 die öffentliche Auseinandersetzung um Alfred Anderschs Gedicht «artikel 3(3)» ausgetragen wurde. Schon der Vorstoß selbst kam plötzlich und heftig – zwar für den Autor durchaus charakteristisch, aber auch Wohlmeinende irritierend. Schon 1958 hatte sich Andersch aus dem bundesrepublikanischen Literaturbetrieb – weitgehend auch aus der Gruppe 47 – zurückgezogen, in ein abgelegenes südschweizerisches Tal. Er hatte je-

doch die politisch-literarische Szene der Bundesrepublik weiter skeptisch-aufmerksam
verfolgt. Ende 1975 hatte sich die «Frankfurter Rundschau» mit einer Umfrage auch an
ihn gewandt: «Gibt es überhaupt noch eine öffentlich-kontroverse Diskussion, eine
fortlaufende Kulturdebatte? Wenn nicht, welches sind die Gründe?»[17] Die Frage war
charakteristisch für das weitverbreitete Empfinden einer Stagnation, an der die politischen Machtverhältnisse nicht unbeteiligt waren. Andersch antwortete mit einem
sechsteiligen Gedicht unter dem Titel «artikel 3(3)», womit er sich auf die in der
Verfassung verbriefte Nichtdiskriminierung wegen Geschlecht, Rasse, Religion oder
politischer Anschauung berief. Am 3. Januar 1976 druckte die «Frankfurter Rundschau» das Gedicht, in dem unmißverständlich auf Dissidentenhetze, Altnazis, Nazi-
verbrechen, Folter und «das neue KZ» angespielt wurde, mit der wiederkehrenden
Wendung: «wehrt euch».

Bald gab es wütende Reaktionen auf der «rechten» publizistischen Seite, so von
Günter Zehm in der «Welt», moderater von Günter Rühle in der FAZ, während Dieter
E. Zimmer in der «Zeit» um Verständnis für die Provokation warb. Als Jürgen Lodemann im «Literaturmagazin» des Südwestfunk-Fernsehens (einer linksliberalen Nische
des Senders) das Gedicht lediglich verlesen wollte, untersagte ihm dies der Programm-
direktor Dieter Stolte. Der Fall erreichte seine zweite Runde. In zahllosen Artikeln,
Leserbriefen, Pamphleten, Gegendarstellungen, Podiumsdiskussionen ging es nun
prinzipiell um das Recht der freien Meinungsäußerung, um die Funktion der öffentlich-rechtlichen Medien, um journalistische Verantwortung und schriftstellerische Freiheit. Andersch verteidigte sich mit dem Hinweis auf die «Terror-Szene», die das Verhör
einer jungen Lehrerin darstelle. Er habe auch nicht «die Übertreibung als Stilmittel
benutzt» (also Zurückweisung des «Kunstvorbehalts»), sondern sein Gedicht sei ein
«feststellendes Gedicht».[18] Indes, durch die direkte Projektion der KZ-Verbrechen in
die Bundesrepublik, durch das Operieren mit «Gas» und «Folter» hatte er das Treffende seiner Anklage eher geschwächt. Doch die Aufgeregtheit der Reaktionen, auch
die mancher Intellektueller, demonstrierte auf ihre Weise, wie sehr sich ein obrigkeit-
lich bevormundetes Denken wieder durchgesetzt hatte und wie lax das Verfassungs-
prinzip der Nichtdiskriminierung tatsächlich gehandhabt wurde.

Ein Gedicht hatte Furore gemacht, aber nicht durch seine aktuell-politische
Schärfe, sondern durch die Direktheit der Benennung und dadurch, daß es in
die Mechanismen öffentlicher Medien gelangt war. Seine ‹Fälligkeit› erwies
sich gerade in den folgenden Monaten. Noch im Mai 1976 wurden verschärfte
Bestimmungen über faktische Zensur beschlossen (§ 88a des Strafgesetz-
buchs). Im November sah sich das PEN-Zentrum Bundesrepublik Deutschland veranlaßt, den neu gewählten Bundestag um eine bessere Gewährlei-
stung der Persönlichkeitsrechte im jüngst verabschiedeten Datenschutz zu
bitten. Aus den Wahlen vom Oktober 1976 waren die bisherigen Regierungs-
parteien nur noch mit knapper Mehrheit hervorgegangen (SPD 42,6 %, FDP
7,9 %; CDU/CSU 48,6 %). Günter Grass bezeichnete das Resultat als
«Denkzettel» für die sozialliberale Koalition – nochmals unter Helmut
Schmidt – und diagnostizierte, daß die Jugendarbeitslosigkeit das Jung-
wählerpotential der beiden «Reformparteien» habe «zusammenschrumpfen
lassen».[19]

Die Hoffnungen auf weitere «Reformen» waren, mehr als acht Jahre nach
dem ersten Höhepunkt der Studentenbewegung und angesichts zunehmender
Terror-Ängste, ohnehin nur noch schwach. Die Ermordung des Generalbun-

desanwalts Buback im April 1977, die des Bankiers Ponto im Juli, schließlich die Entführung und die Ermordung des Arbeitgeberpräsidenten Schleyer im September und Oktober machten es schwierig, differenzierte politische Positionen in der Öffentlichkeit zu vertreten. Als im Herbst 1977 oppositionelle Schriftsteller in der Bundesrepublik gezielt verunglimpft und verdächtigt wurden, wehrten sich einige – wie Böll, Enzensberger, Grass, Jens, Walser – heftig. Doch das vergiftete Klima wirkte eher im Sinne von Anderschs «artikel 3(3)»: zwischen unbeweglichen Fronten Gesinnungsschnüffelei fördernd.

Teils aus persönlicher Angst, teils aus Angewidertheit wandten sich vor allem viele junge Leute nicht nur von der «Politik», sondern von allem «Gesellschaftlichen» ab. Nicht nur in Botho Strauß' Erzählung *Die Widmung* (1977) zeigte sich der Held ganz der persönlichen, fast masochistischen Trennungsbewältigung hingegeben. Auch in Martin Walsers Erfolgsnovelle *Ein fliehendes Pferd* (1978) bewegte sich das Denken der Hauptfiguren zwischen Leistungsfixierung und melancholischer Erinnerung ans Engagement. Und im Roman *Heimatmuseum* (1978) von Siegfried Lenz verweigerte sogar die insistente Bemühung um die Geschichte der eigenen Provinz ihren Sinn.

Die drei Beispiele – viele andere ließen sich ihnen anfügen (so schon *Heißer Sommer* [1974] des von der 68er Bewegung herkommenden Uwe Timm) – spiegelten gewiß gesellschaftliche Grundstimmungen, ja Moden in der zweiten Hälfte des Jahrzehnts, jedoch spezifischer noch schriftstellerische Erfahrungen von scheinbarer Beliebigkeit des Sich-äußern-Könnens. Fast alles ging, wenn es sich nicht so sehr exponierte; ja es ‹ging›, es erhielt desto mehr Resonanz, je ostentativer es den Rückzug selbst zum Leitprogramm erhob.

6. Schreibendes Ungenügen im Komfort

In den programmatischen Äußerungen derjenigen Autoren, die seit längerem die öffentlichen Diskussionen über die gesellschaftliche Rolle der Literatur prägten, wurden seit der Mitte der siebziger Jahre Klagen über einen «Funktionsverlust» lauter. Der Markt, die absoluten Produktionsziffern hatten sich zwar prächtig entwickelt. Die großen Verlage vor allem machten hohe Umsätze. Aber schon zur Frankfurter Buchmesse im Herbst 1973 hieß es in einem Artikel: «Wer spricht da noch vom Lesen – Käufer sind gefragt; wer spricht da noch von der Literatur – Bestseller heißt das Thema.»[20] Bücher verkauften sich gut, das Fernsehen hatte sie nicht «gefressen», doch die Hoffnungen auf eine die Gesellschaft demokratisch verändernde Wirkung der Literatur hatten getrogen. Im Gegenteil, die unverkennbaren Einschränkungen der öffentlichen Meinungsäußerung, die zunehmende Ängstlichkeit gegenüber jedem Engagement – auch bei der Mehrheit der Literaturleser – bedeuteten faktische Wirkungsverluste, bei manchen Autoren auch Anlaß zur Resignation.

«Macht des Geistes – Ungeist der Gewalt»: Als sich 1977 der vierte VS-Kongreß unter diesem Motto versammelte, spiegelte die Doppelgliedrigkeit der Formulierung das Bedürfnis nach Abgrenzung gegenüber jeglichem Terrorismus, auch nach Klage über dessen Folgen. Der neue Vorsitzende Bernt Engelmann wandte sich scharf gegen den «rapide fortschreitende[n] Verlust an Informations- und Meinungsfreiheit», der «an die Substanz unserer Demokratie» gehe.[21] Von der «Macht des Geistes» konnte allenfalls im Sinne eines Anspruchs und einer Erinnerung an Geschichte die Rede sein. Zwar wies man nicht ohne Stolz auf Resultate der gewerkschaftlich unterstützten VS-Arbeit hin: Schaffung eines Sozial- und Altersversorgungswerks für Schriftsteller, Einführung einer Bibliotheksabgabe, Verbesserung in der Tantiemen- und Mitbestimmungsregelung. Aber vieles war bei den politischen Instanzen auch noch nicht erreicht worden, vor allem in der Abmilderung der Zensurbestimmungen. Auch erwies sich die ökonomische Macht der großen Medienkonzerne oft als unüberwindbar, so bei Fragen der Mehrfachverwertung.

Was die öffentliche Förderung der Literatur anlangte, so bot die Bundesrepublik – nach und nach auch Österreich und die Schweiz – ein international respektables Bild. In der Tradition der deutschen Territorialzersplitterung und des Bildungsstolzes besaß die Bundesrepublik immer noch das dichteste Netz öffentlich finanzierter Theater in der Welt. 1974 existierten in 75 Gemeinden nicht weniger als 85 städtische oder staatliche Theaterunternehmen, wovon wieder 48 Mehrspartentheater waren (Schauspiel, Oper, Operette, Musical, Ballett u. a.). In der Spielzeit 1973/74 fanden insgesamt etwa 36 000 Aufführungen mit mehr als 17 Millionen Besuchern statt; hinzu kamen die Privat- und Tourneetheater – alles dies trotz eines längst flächendeckenden Fernsehnetzes.

Besonders kontrovers geworden waren, im Kontext der Literaturförderung, die zahllosen öffentlichen und privaten Literaturpreise: selten aus idealistischer Begeisterung für die Literatur gestiftet, meist zum Zweck der kulturellen Prestige-Erhöhung. Allein 1978 fanden an die eintausend Preisverleihungen statt, und zweifellos wurde manchem Autor der zweiten oder dritten Garde für einige Monate damit geholfen. Aber viel kritisiert wurden auch die – nicht nur deutsche – Phantasielosigkeit und das Sicherheitsdenken mancher Jurys, die bereits prominente Autoren mit Preisen überhäuften, wenn sie sie längst nicht mehr benötigten. Um aus dem Einerlei der Preismodalitäten auszubrechen, dachten sich einzelne Kommunen und Institutionen Exquisites aus.

So wurde Berken-Enkheim (bei Frankfurt am Main) den Literaturliebhabern vor allem dadurch bekannt, daß es 1974 den Posten eines «Stadtschreibers» schuf und prominent besetzte – Dutzende solcher Stiftungen folgten in den nächsten Jahren. Als besonders spektakulär war von dem Verleger Burda der Petrarca-Preis konzipiert, der anfangs im Lande des Namensgebers verliehen wurde, später einmal sogar auf dem

Mont Ventoux (aber das erwies sich denn doch als recht mühselig). 1977 wurde er
Herbert Achternbusch zuerkannt. Dieser indes, notorischer Provokateur, verbrannte
öffentlich den ihm übersandten Scheck in Höhe von DM 20 000, da der Preisstifter ihn
zu Zwecken der Werbung mißbraucht habe.

Achternbusch mag es mit seiner Aktion gelungen sein, für einen Moment
und ganz individuell auf die Durchkommerzialisierung großer Bereiche auch
der Literaturförderung hingedeutet zu haben. Wurde im übrigen nicht eher
schon zu viel getan? Der VS war anderer Ansicht, als er 1980 die Schaffung
eines «Deutschen Literaturfonds» forderte, der aus Mitteln der «Deutschen
Nationalstiftung» bestritten werden sollte. Bedürftige Autoren sollten dadurch von kurzfristigen und zufälligen Unterstützungen unabhängiger gemacht werden. Im Vergleich zu den beiden vorausgegangenen Jahrzehnten
freilich waren bei der finanziellen Absicherung von Schriftstellern unstreitig
Fortschritte erreicht worden. Eine soziale Grundversorgung war geschaffen,
und eine nicht geringe Zahl von Autoren – von Thomas Bernhard über Böll,
Dürrenmatt, Frisch und Grass bis zu Walser – gehörten zu den vorzüglich
Verdienenden, zumal wenn Theater-, Film- und Fernsehtantiemen hinzukamen.

Doch gerade diese weitgehende Integration der Literatur in ein florierendes
Wirtschaftssystem – mit Erscheinungen einer neuen Rezession 1977/78 –
weckte zunehmend Ungenügen auch bei einzelnen Autoren. Als man sich
1978 des Pariser Mai 1968 und der 68er Aufbruchsstimmung in Deutschland
erinnerte, wurde überdeutlich, wie der gesellschaftskritische, aufklärerische,
emanzipatorische Impetus einerseits in allmähliche Reformen und Verbesserungen übergegangen war. Aber gerade in Paris hatten Intellektuelle auf das
Scheitern der «Revolution», auf die Verabsolutierung der aufklärerischen Vernunft auch durch dezidiert ratio-kritische Konzepte reagiert – so vor allem
bei den «neuen Philosophen» (André Glucksmann, Bernard-Henri Lévy,
auch Maurice Clavel, Jean-Paul Dollé u. a.). Unter dem Titel *Der neue Irrationalismus* versuchte das «Literaturmagazin» 9 (1978) den Gründen und den
neuen Moden auch in Deutschland nachzugehen, wobei zwei im Ansatz
verschiedene Stränge von Phänomenen sich heraushoben: der philosophisch-
gesellschaftskritisch reflektierte Umschwung aus Enttäuschung und – vor
allem bei Jüngeren – das Sicheinrichten in einer bereits vorgefundenen prosperierenden, aber auch schon wieder dirigistischen politischen Gesellschaft.

Was seit der Mitte des Jahrzehnts unter den Etiketten «Neue Innerlichkeit», «Neue Subjektivität», «Neuer Irrationalismus» beobachtet wurde,
hatte Züge des Ausweichens, aber auch der Wahrnehmung vernachlässigter
Provinzen des Menschlichen. Während verwandte Tendenzen in der DDR-
Literatur (etwa bei Christa Wolf oder auch Thomas Brasch) mit Vorliebe als
prekäre Alternativen zur offiziellen Literaturpolitik gedeutet wurden, nahmen sie in der Bundesrepublik wie in Österreich und der Schweiz rasch den
Charakter von marktgängigen Moden an. Autobiographische Bekenntnisse,

larmoyante Ich-Erkundungen und detailverliebte Alltags-Bestandsaufnah-
men wurden auch in nichtprofessionellen Kleingruppen produziert. Zwei
Bereiche standen jetzt gegeneinander: die «Literatur der bürgerlichen repräsentativen Öffentlichkeit mit den ihr eigenen Medien und die der Schreib-
gruppen, die als Bestandteil dessen angesehen werden können, was in Neu-
formulierung einer alten Theorie zweite Kultur heißt.»[22]

In Antithese zu der in den Feuilletons diskutierten Literatur – und ihrem kommerziellen Kontext – standen jedoch nicht nur die Produkte der sich individuell oder in
Gruppen «Ausschreibenden». Gestützt durch das gewerkschaftliche Organisations-
netz, hatte sich über ein ganzes Jahrzehnt hin auch der «Werkkreis Literatur der
Arbeitswelt» mit seinen vielen lokalen Stützpunkten gehalten. Als 1980 zum Jubiläum
die Anthologie *Die Würde am Werktag* erschien, wurde an manchen Texten bereits eine
gewisse Professionalität erkennbar. Gezielte Schreibförderung zeitigte Erfolge; in der
konsequenten Perspektivik etwa oder in der Detailpräzision artikulierte sich da und
dort schon so etwas wie literarischer Ehrgeiz.

Unter den literarischen Bewegungen, die sich seit Mitte der siebziger Jahre
gegen den selbstläufigen und kommerzialisierten Literaturbetrieb der arrivierten Autoren und der großen Verlagshäuser stellten, war die neue Frauenliteratur zweifellos die wichtigste. Hier sind bereits die begriffliche Klärung
und die traditionale Abgrenzung äußerst schwierig. Auf schreibende Frauen
als Frauen in der Geschichte der europäischen Literaturen wurde man neu
aufmerksam, besonders auf «emanzipatorische» Figuren seit dem 18./19.
Jahrhundert (vorzugsweise Romantik und Frühsozialismus). Gegen die
«Frauenliteratur» der Marlitt und der Courths-Mahler setzte man sich mit
Entschiedenheit ab. Ilse Aichinger und Ingeborg Bachmann wiederum gehörten zwar dem etablierten Männerbetrieb seit langem an, und insbesondere
Bachmann hatte darin eine weibliche Diva-Rolle erfolgreich kultiviert. Aber
auch spezifisch weibliche Wahrnehmung war in ihren Texten unverkennbar,
ebenso wie ein schon gesellschaftlich-«emanzipatorischer» Grundgestus bei
einer ganzen Gruppe von DDR-Autorinnen, die im Westen bekannt wurden
(Irmtraud Morgner, Maxie Wander, auch Christa Wolf).

Für die literarischen Gruppierungen ist es von Belang, daß eine neue,
dezidiert «feministische» Tendenz ziemlich genau in dem Augenblick im Literaturbetrieb Wirkungskraft erhielt, als der umfassende, auf Veränderung
zielende Impetus der 68er Bewegung zu versanden begonnen hatte. Bedenkt
man, daß die Hauptströmungen des Feminismus prinzipiell-politischer und
auch übernationaler Natur waren (wichtige Anregerinnen etwa Simone de
Beauvoir und Susan Sontag), so stellen sie sich ex post als die vielleicht
konsequentesten und dauerhaftesten Erben der Protestbewegung dar. Von
vornherein bedeutete dabei «literarische» Artikulation nur einen Teil eines
größeren Ganzen.

Gisela Elsners Roman *Die Riesenzwerge* (1964) mit ihren Verspottungen von Frau-
enklischees, spießigem Familiengehabe und Sexualtabus wurde noch als Provokation
durch eine einzelne Autorin aufgefaßt und als reizvoller Sonderfall in den bestehenden

Literaturbetrieb integriert (seit 1968 schon als Taschenbuch). Als 1975 Verena Stefans *Häutungen* erschienen, wurde diese Prosa wie ein Manifest einer eigenen, neuen, spezifisch femininen Literatur mit auch dezidiert lesbischen Zügen propagiert und gelesen – ja eigentlich *nicht* als «Literatur», sondern als Widerspruch gegen sie.

Zwar beeilten sich einzelne Großverlage – wie Rowohlt – sofort, durch Einrichtung entsprechender Sparten einiges von der neuen Welle in die eigenen Kanäle zu lenken. Aber auch einzelne spezielle Frauenverlage (wie «Frauenoffensive», «Frauenbuchverlag», «Amazonenverlag») konnten sich zumindest über einige Jahre hin halten.

Das Bild auch der rasch anwachsenden Größe «weibliche Literatur» im Literaturbetrieb blieb geteilt. Einer Autorin, die bei einem großen, potenten Verlag untergekommen war, wie der Österreicherin Elfriede Jelinek mit ihrer schockierenden Haßprosa (bei Rowohlt, seit 1970), war nicht zu verargen, daß sie dort blieb und dort ihr Publikum fand. Ebenso Karin Struck, die mit *Klassenliebe* (1973) und dann mit *Die Mutter* (1975), schon gegen den Anti-Mutterkult-Strom schwimmend, von vornherein bei Suhrkamp veröffentlichen konnte. Das Unbehagen an der kommerziellen Sogkraft des belletristischen Betriebs war den meisten Strömungen der Frauenliteratur der siebziger Jahre sogleich eingeschrieben. So betrachtet, hat sie den etablierten Pluralismus des literarischen Angebots konsequent genutzt und zugleich den Eindruck vieler Leserinnen und Leser von dessen «Unübersichtlichkeit» gesteigert.

II. NACH DER STUDENTENBEWEGUNG: NEUE LITERARISCHE KONZEPTE UND ERZÄHLENTWÜRFE IN DEN SIEBZIGER JAHREN

1. Die literarische Aufarbeitung der Studentenbewegung: Uwe Timm, Peter Schneider, Eva Demski, Karin Struck

Die Studentenbewegung hat eine Legitimationskrise der Literatur ausgelöst und das Selbstverständnis vieler Schriftsteller damals erschüttert. In seinem Roman *Brandeis* (1978) hat der Autor Urs Jaeggi die damalige Situation so beschrieben:

«Jetzt, 1968, war das Geschriebene, war Literatur plötzlich das Überflüssige, das Gefährliche, das Narkotikum, welches politisches Handeln verhindert. Es wurde abgeschworen. In entsetzlich wichtigtuerischen Formulierungen versicherten alle einander gegenseitig, wie [...] der bisherige Produzent von Worten [...] künftig nur noch Mithelfer sein dürfte, Anlerner und Anreger.»[1]

Diejenigen, die damals das Ende der Literatur verkündeten, waren jedoch nicht in der Lage, eine andere Literatur an die Stelle der verfemten bürgerlichen zu setzen. Die Wunschvorstellung von einer operationalisierbaren Literatur, die sich als Instrument einer konkreten Gesellschaftsveränderung erfüllt, hat höchstens zu sozialistisch akzentuierten Erweckungsviten oder zur Wiederbelebung von literarischen Agitprop-Mustern der späten zwanziger Jahre geführt. Dennoch läßt sich nicht verkennen, daß sich im Selbstverständnis der Autoren das traditionell eher monolithische Bild der literarischen Entwicklung bedeutsam auffächert und auf unterschiedlichen Ebenen Sonderentwicklungen einsetzen, die die Literatur der siebziger Jahre weitgehend bestimmen und sich auch in der epischen Gattung ausgewirkt haben. Der emanzipatorische Schub der Studentenbewegung hat so indirekt doch befreiend gewirkt und beispielsweise in gesellschaftlicher Abhängigkeit gehaltene Bevölkerungsteile, denen man eigenen literarischen Selbstausdruck verweigert hatte, zu literarischer Identität verholfen.

Das gilt für den ganzen Bereich der Arbeiterliteratur und für das, was sich als geschlechtsspezifische Frauenliteratur in der Folgezeit immer deutlicher profilierte. Und auch die Studentenbewegung selbst hat sich mit ihren sozialutopischen Phantasien, Programmentwürfen und der historischen Erfahrung ihres Scheiterns, zeitlich verzögert, in einer Reihe von Erzähltexten so kristallisiert, daß sich auch unter diesem Aspekt von einem wichtigen Segment der

Literatur Ende der sechziger, Anfang der siebziger Jahre sprechen läßt. Mit Autoren wie Uwe Timm, Peter Schneider, Bernward Vesper, Karin Struck oder Eva Demski meldet sich nach der Generation der Böll, Grass, Johnson, Walser zugleich ein neuer Autorenjahrgang zu Wort, die Generation der in den frühen vierziger Jahren Geborenen. Die Auseinandersetzung mit dem Nationalsozialismus ist für diese Autoren kaum mehr direkter Bestandteil der eigenen Lebensgeschichte, reicht nur noch schattenhaft in ihre frühe Kindheit hinein, aber schärft sich am Widerspruch zur Verdrängungsattitüde der Elterngeneration, bezogen auf alles, was mit dem Dritten Reich zu tun hat, nicht zuletzt auf die schuldhafte Verflechtung der Elterngeneration in diese traumatische Phase jüngster deutscher Geschichte. Timms Roman *Heißer Sommer* und Schneiders Erzählung *Lenz* sind fast gleichzeitig, 1974 und 1973, erschienen. Beides sind Erzähltexte, die die Aufbruchstimmung, die utopischen Hoffnungen und politischen Desillusionierungserfahrungen der Studentenbewegung auf unterschiedliche literarische Weise dokumentieren. Es handelt sich darüber hinaus um wichtige Debüts von Erzählern, die sich seitdem zunehmend profiliert haben und das literarische Bewußtsein bis heute bestimmen. Uwe Timm (*1940), nicht in bequeme bürgerliche Lebensumstände hineingeboren, sondern erst nach dem Abschluß der Kürschnerlehre über den Zweiten Bildungsweg Student, Intellektueller und Schriftsteller geworden, schien bereits durch seine Vita prädestiniert zu sein, Exponent einer neuen, sich von ihren bürgerlichen Ursprüngen lostrennenden, Wirklichkeitsveränderung intendierenden sozialistischen Literatur zu werden. Man täte der schnörkelfreien Prosa und der wirkungsvollen Komposition Unrecht, darin nur einen naiven Reflex der zeitgeschichtlichen Aktualität jener Jahre zu sehen.

Heißer Sommer stellt im biographischen Erfahrungsumfeld des Germanistikstudenten Ullrich Krause entscheidende Stationen seines Veränderungsweges dar: von einem als unpersönlich und anonym empfundenen Universitätsbetrieb und einem Privatleben, das Freizügigkeit nur in erotischen Beziehungen, mit üblicher patriarchalischer Kaltschnäuzigkeit den Frauen gegenüber, erprobt, zu politischer Solidarität von Gemeinschaftserfahrung (bei SDS-Gruppen) und tatsächlicher wirklichkeitsverändernder ästhetischer Aktivität am Beispiel der Teilnahme Krauses an Straßentheater-Aufführungen vor Fabriken. Es handelt sich um mehr als eine gutgemeinte sozialistische Erweckungsparabel, auch wenn vor allem der Schluß eine solche Deutung nahelegt. Das Herbert-Marcuse-Zitat: «Es gibt ein realisierbares Glück für alle: Eine befriedete Welt, eine Welt ohne Ausbeutung und Unterdrückung» und der Schlußsatz: «Er freute sich» signalisieren diese Lesart.

Tatsächlich ist das, was sich als planer, an der Oberfläche der Ereignisse orientierter realistischer Darstellungsstil zu erkennen gibt, hintergründiger, selbstkritischer und auch widersprüchlicher. Die seiner Darstellungsweise vorgeworfene «Degeneration der Wirklichkeit zum Signalsystem»[2], d. h. seine Darstellung sei nicht auf Durchdringung der Wirklichkeit aus, sondern auf Arrangements wiedererkennbarer Requisiten, sieht das Buch in einer sehr

verkürzten polemischen Optik. In der Zwischenzeit hat sich viel eher die
Feststellung Alfred Anderschs bewahrheitet: «Für mich, der ich ‹damals›
draußen stand, ist *Heißer Sommer* eines der wichtigsten Bücher.»[3]

Die Desillusionierung, die Timm in seinem ersten Roman noch ausspart,
hat er in einem andern Roman, *Kerbels Flucht* (1980), der nochmals zur
Erfahrungsgeschichte der Studentenbewegung zurückkehrt, vollzogen. Die
Zukunftshoffnungen der 68er Bewegung sind inzwischen alle zerronnen. Die
Radikalisierungen in der Terroristen-Szene der siebziger Jahre und die Auf-
splitterung in zahlreiche sich dogmatisch befeindende linke Sekten haben die
Träume von einer veränderten Gesellschaft längst aufgezehrt.

Kerbels Flucht ist Timms dritter Roman. Vorausgegangen ist ihm ein anderes Erzählwerk, *Morenga* (1978), dessen Verbindung mit dem politischen
Erfahrungsklima der Studentenbewegung damals eher verdeckt schien, das
sich aber sowohl in seinem politischen Engagement als auch in seiner neue
Darstellungswege beschreitenden literarischen Form als die im Rückblick
beeindruckendste Leistung Timms erweist.

Die im politischen Diskurs der Studentenbewegung dominierende Sympathie für die Länder der Dritten Welt, die im ökonomischen und militärischen
Würgegriff der westlichen Industrieländer und ihrer Kolonialmentalität gesehen wurden – der Vietnam-Krieg der USA war damals das sichtbarste Beispiel –, wird von Timm ganz konkret im Kontext der deutschen Geschichts-
vergangenheit aufgespürt.

Es geht um die nach dem Ersten Weltkrieg und dem Verlust der deutschen Kolonien
weitgehend verdrängte Kolonialvergangenheit Preußens, den blutigen Unterdrük-
kungskrieg gegen die aufständische farbige Urbevölkerung unter ihrem Führer Morenga in Deutsch-Südwest-Afrika wenige Jahre vor Ausbruch des Weltkrieges. Am
Beispiel der Mittelpunktsfigur, des Oberveterinärs Gottschalk, und dessen biographischem und mentalem Erfahrungsweg wird sichtbar gemacht, wie er sich allmählich von
der Ideologie Preußens entfernt. Mit wachsender Sympathie und Einsicht nähert er sich
der Denkweise jener Menschen an, die für die offiziellen Vertreter der deutschen
Schutztruppe nur als primitive Gegner fungieren, die entweder zu kolonialisieren oder
mit militärischer Gewalt zu unterdrücken sind. Entscheidend ist jedoch, daß sich in der
Form des Buches zugleich ein Äquivalent zu diesem Erfahrungsweg abzeichnet, indem
Timm gleichsam in der Erzählweise dieses zwischen den Polen von Dokumentar-
Montage und praller bildhafter Fabulierkraft angesiedelten Romans die Mythen, Ge-
schichtserfahrungen und Legenden dieser ganz anderen Kultur ernstnimmt und in
seine Darstellungsweise integriert. Im Ansatz entsteht so etwas wie ein kollektiver,
die unterschiedlichsten Geschichten und Erzählmuster miteinander verschmelzender
Roman, der aus dem Kontext der damaligen deutschen Literatur imponierend heraus-
ragt.

Timm hat Mitte der siebziger Jahre als einer der Mitbegründer des Pro-
grammes der Autoren-Edition, mit der der Bertelsmann Verlag seinerzeit
einer Gruppe von jungen linken Autoren die Möglichkeit bot, ihr eigenes
Verlagsprogramm zu gestalten, diese Position auch programmatisch vertreten
und sich sowohl gegen eine sich experimentell verabsolutierende Literatur

(Heißenbüttel, Jürgen Becker, Ror Wolf) gewandt als auch gegen eine dem Innerlichkeitskult verfallende Literatur, die Subjektivität absolut setzt. Er plädiert für einen subjektiven Realismus, «der mit der Einbeziehung von Subjektivität in das literarische Erkenntnisinteresse die Einsicht in die gesellschaftlichen Verhältnisse [...] vertiefen will».[4]

Timm hat diese Position in seinem Erzählwerk konsequent ausgebaut, sich von der Erfahrungsgeschichte der Studentenbewegung schon bald gelöst und neue Stoffschichten aufgearbeitet, an deren Widerständen sich seine Protagonisten reiben: Die wirtschaftliche Ausbeutungsgeschichte Südamerikas thematisiert *Der Schlangenbaum* (1986). Der Versuch eines großangelegten deutschen Zeitromans aus der Perspektive eines Wirtschaftshasardeurs liegt in dem Roman *Kopfjäger* (1991) vor. Im kompositorischen Entwurf, im vielfältig gestaffelten Spektrum der eingesetzten Darstellungsmittel und durch die suggestive Kraft seiner erzählerischen Höhepunkte (etwa der Geschichte vom Drahtschlingen-Mörder) schließt dieser Roman an *Morenga* an und stellt erneut unter Beweis, daß Timm inzwischen zu einem der wichtigsten Erzähler der mittleren Generation geworden ist.

Peter Schneider (*1940) war einer der eloquentesten Wortführer der Studentenbewegung. Als seine Erzählung *Lenz* 1973 erschien, wurde sie ein großer Bucherfolg (1980 lag die Auflage bei 123 000), auch wenn ihm – ungeachtet des optimistischen Schlußwortes des aus Italien nach Berlin wieder zurückkehrenden Lenz: «Dableiben» – die einstigen politischen Mitstreiter Verrat an der Bewegung vorwarfen. In der Tat handelt es sich um keinen Programmtext der Studentenbewegung nach theoretischen Mustern, wie sie Schneider selbst in seiner *Rede an die deutschen Leser und Schriftsteller* auf dem Kursbogen zum *Kursbuch* 16 entworfen hatte:

«Ja, die bürgerliche literatur, die die verzweiflung der ungeheuren mehrzahl von ihren erklärbaren und benennbaren ursachen ablöst und sie zu einer genießbaren erfahrung verformt, [...] die den massen ihr elend nur zeigt, um sie daran zu gewöhnen, diese literatur ist tot und muß zu grabe getragen werden. wenn immer einer seine unterdrückung schildert, dann soll er sie in ihrer verwechselbarkeit zeigen und die strategie der befreiung. zwei aufgaben kann man sich für die literatur in der kulturrevolutionären phase vorstellen: ich nenne sie die agitatorische und propagandistische funktion der kunst.»

In *Lenz* – Büchners Erzählung gibt das semantische Muster der Darstellung ab – versucht Schneider vielmehr, die Gründe für das Scheitern der Studentenbewegung aufzuarbeiten. Es geht nicht um Gründe strategischer und theoretischer Art, um das taktische Versäumnis, eine Allianz zwischen Studenten und Arbeitern herzustellen. Vielmehr stellt er im Erfahrungsweg seiner Hauptfigur, eines sich in Berlin politisch engagierenden Studenten, dem die Freundin davonläuft und der, völlig außer Tritt geraten, die Gründe für

die Konfusion seines privaten Lebens allmählich in seinem gesellschaftlichen
Verhalten erkennt, das Scheitern als Konsequenz eines mentalen Erblin-
dungsprozesses dar. Die dogmatischen und doktrinären Verhärtungen der
sich sektierisch aufspaltenden Theoriediskussionen lassen die sinnliche Wahrnehmung der Wirklichkeit abstumpfen und leblos werden.

Lenz' Erkenntnis, daß die Herrschaft der Begriffe die Anschauung vernichtet hat,
daß die kopflastige utopische Programmatik Wünsche, Phantasien und Träume aus-
trocknen ließ und daß seine persönliche Existenzkrise zwar vom Liebesverlust ausgelöst, aber letztlich in der Verzerrung seiner Wirklichkeitswahrnehmung wurzelt, nämlich in einer Trennung von Begriff und Gefühl, führt zu selbsttherapeutischen Anstrengungen. Er gerät zunehmend in eine kritische Distanz zu einstigen politischen Weggefährten. Der Versuch, durch Fabrikarbeit in Berlin einen neuen Zugang zur Wirklichkeit zu gewinnen, mißlingt. Er flieht nach Italien, zuerst nach Rom und dann nach
Trento, und findet hier im täglichen Umgang mit Menschen, für die politisches Engagement und Solidarität gelebte Wirklichkeit und nicht programmatische Thesen sind, ein
neues Verhältnis zu sich selbst, das auch nicht durch die plötzliche Abschiebung nach
Deutschland aufgehoben wird.

Handke, der Schneiders *Lenz* vorgeworfen hat, «die unleugbare Lebens-
schwierigkeit der Hauptfigur [...] zu beliebten, nur modischen Satzposen
entwirklicht»[5] zu haben, verkennt die Qualitäten dieser unprätentiösen, spröden Prosa, der es ohne ästhetische Kraftanstrengungen gelingt, Beschrei-
bungsdetails poetisch aufzuladen und sinnlich transparent zu machen. *Lenz*
gehört zu den Schlüsseltexten der Studentenbewegung. In ihm finden sich die
latenten Widersprüche dieser Bewegung hellsichtig dokumentiert.

In den Erzählungen des Bandes *Die Wette* hat Schneider diese Darstel-
lungsfähigkeit nochmals unter Beweis gestellt und seitdem in drei weiteren
größeren Erzähltexten, *Der Mauerspringer* (1982), *Vati* (1989) und *Paarungen* (1992) neue Wege der Darstellung beschritten. *Mauerspringer* ist der
Versuch, die widersprüchliche Wirklichkeit des zweigeteilten Berlin in einem
Ensemble von Textbestandteilen zu fassen, die Erzählung, Bericht und Kommentar zu einer paradoxen Einheit zusammenzwingen, die der paradoxen
Wirklichkeit dieser Stadt gerecht zu werden versucht. *Vati* zielt unter Verwendung dokumentarischer Materialien des SS-Arztes Mengele, aus der Perspektive des Sohnes erzählt, darauf ab, die politische Schizophrenie der NS-
Zeit mental verstehbar zu machen und nicht aus der vorgefaßten Haltung des
Besserwissens heraus selbstgerecht abzuhaken. *Paarungen* ist eine melancholisch witzige Bestandsaufnahme der zwischen Affirmation und erotischer
Spleenigkeit angesiedelten Überlebensrituale der Generation der 68er im
noch zweigeteilten Berlin. Schneider, inzwischen schon Anfang fünfzig, hat
mit *Paarungen* seinen literarischen Durchbruch geschafft und sich vom
Stigma des chronischen Nachwuchsautors endlich befreien können. Von dem
kulturrevolutionären Pathos der projektierten Literatur zur Zeit der Studentenbewegung ist dieses Schreiben weit entfernt, auch wenn es sich den gesellschaftlichen Anlässen seiner Themen weiterhin verpflichtet weiß.

Kerbels Flucht und *Lenz* sind in gewisser Weise soziale Krankheitsge-schichten, gleichsam in der Negation geschriebene Entwicklungsromane. In noch viel stärkerem Maße gilt das für Bernward Vespers (1938–1971) Buch *Die Reise* (1977), das eine mit einer erstarrten und pervertierten bürgerlichen Gesellschaftsform untrennbar verbundene Seelenvergiftung als Keim einer langwierigen Erkrankung sichtbar macht.

Vesper, dem radikaldemokratischen Flügel der Studentenbewegung angehörend und eine Zeitlang mit Gudrun Ensslin liiert, stellt seine Kindheit auf dem Familiengut Triangel im überlebensgroßen Schatten des einstigen Gauobmanns des NS-Reichsver-bandes deutscher Schriftsteller, Will Vesper, dar, eines im ideologischen Sumpfgrund des Dritten Reiches wurzelnden Erziehungspatriarchen, der sich gleichzeitig unter das Regime der herrischen Matrone duckt, die das Gut in die Ehe gebracht hat und damit auch das Überleben des literarischen Fossils in der Nachkriegszeit ermöglicht. Das Angstklima dieser deutschen Jugend, das sich später in den psychedelischen Räuschen der Hippie-Szene und den kollektiven Räuschen der Apo-Bewegung zeitweise befreite, bevor es sich bei Vesper im Selbstmord auflöste, ist hier auf beklemmende Weise in einem Erzählgeflecht verdichtet worden, das sich in dokumentarischen Realitätsparti-keln, Reflexionen, Erzählschüben vielschichtig ineinander verzweigt.

Peter Weiss hat in seinen *Notizbüchern 1971–1980* Vespers Buch als «intel-lektuellen Höhepunkt der Bewegung des Jahres 68» gerühmt und damit auch den literarischen Stellenwert dieses fragmentarisch zersplitterten Buches an-gedeutet.

Die Erzählerin Eva Demski (*1944) war zur Zeit der Studentenbewegung selbst Studentin, freilich nicht in einer der Metropolen, sondern an der Peri-pherie in Mainz und Freiburg. Auch in ihrem ersten Roman *Goldkind* (1979) wird die Studentenbewegung nur am Ende in die in scheinbar normalen Bahnen verlaufende Lebensgeschichte der Hauptfigur N. einbezogen. N. wird bei einer Studentendemonstration, an der er teilnimmt, von einem Auto erfaßt und kommt um, nachdem er kurz vorher, wie Schneiders Lenz, in Italien eine spontane, unverkrampftere Möglichkeit des Lebens kennengelernt hat und, nach Deutschland zurückgekehrt, aus seiner Apathie erwacht ist. Tatsächlich ist *Goldkind* ein ähnlich wichtiges Buch zum Verständnis der gesellschaft-lichen Vorbedingungen der Protesthaltung der späten sechziger Jahre wie Vespers *Die Reise*, zu der es sich wie ein Komplementärentwurf verhält.

In der Sozialisationsgeschichte des gutbürgerlichen, immer angepaßten, gesichtslo-sen Einzelkindes N., das im Hause des durch eine erfolgreiche Eisenhandlung als Standesperson ausgewiesenen Großvaters als «kleiner Chef» heranwächst, um die Firma eines Tages zu übernehmen, werden die Restaurationsjahre der frühen Nach-kriegszeit zum ersten Mal anders dargestellt, nämlich weitgehend abgekoppelt von der schuldhaften Vorgeschichte im Dritten Reich. Es wird aus der Perspektive einer Mittel-punktsfigur erzählt, die die Verdrängung der Erwachsenen bereits verinnerlicht hat und Relikte des Dritten Reiches nur noch phantomhaft erlebt wie am Beispiel des vom Großvater geduldeten ehemaligen Nazis Rudi Sorge, der auf dem Dachboden des großen Bürgerhauses überlebt und der schließlich nicht etwa seiner politischen Verfeh-lungen wegen aus dem Haus gejagt wird, sondern weil N. unfreiwillig Zeuge einer Kopulation auf dem Dachboden wird. Die Verlogenheit dieser sich wieder unschuldig spreizenden Bürgerlichkeit wird ebenso aufgedeckt wie die Risse in den notdürftig übertünchten Fassaden: die Lebenslüge des von der Familie verschwiegenen, weil nicht standesgemäßen Vaters, die psychische Verkrümmung von N.s Mutter, der geschäftliche Mißerfolg des Großvaters, der in der Zeit des schnellen Geldes mitzuhalten versucht, sein Geschäft expandiert und durch einen Konkurs schließlich alles einbüßt. Das «Goldkind» der Großmutter und der «kleine Chef» des Großvaters ist auf einmal zum Niemand geschrumpft und hat Schwierigkeiten, unter der vielfältig verkrusteten Anpassung noch Reste eines eigenen Ichs zu entdecken: in Italien, im politischen Erwachen während der Studentenbewegung.

Goldkind komplettiert aus der Perspektive der Normalität die dumpfe, unpersönliche Entwicklungsgeschichte einer von außen gesteuerten Generation, deren spektakuläres, monströs zugespitztes Bild Vesper in seinem Erzähltext entworfen hat. Demski hat so etwas wie den Roman der Nachkriegsgeneration geschrieben, die aus ihrer Anpassung erst erwacht, als ihr die sozialen Überlebensmanöver der von der NS-Zeit belasteten Elterngeneration immer fragwürdiger werden. Das von einer Fülle genauer Beobachtungen und sorgfältig sezierender Beschreibung zeugende Buch fängt die doppelbödige Realität der Adenauerjahre auf beklemmende Weise ein.

Eva Demski hat das historische Umfeld der Studentenbewegung noch in einem weiteren Roman behandelt: *Scheintod* (1984). Die Autorin war seit 1967 mit dem Juristen Reiner Demski verheiratet, der u. a. als Strafverteidiger Gudrun Ensslins in der Polit-Szene Frankfurts eine Rolle spielte und 1974 verstarb.

Das Buch ist als therapeutischer Prozeß einer Anamnese aufgebaut, als Erinnerungs- und Trauerarbeit, und setzt ein bei der Gegenüberstellung mit dem toten Ehemann, der im Frankfurter Bahnhofsviertel aufgefunden worden ist und den die Erzählerin identifiziert. Die zwölf Tage bis zur Beerdigung markieren die einzelnen erzählerischen Erinnerungsschübe, wobei dreierlei erreicht wird: die Aufhellung der privaten Geschichte dieser schon bald auseinanderbrechenden Ehe, die packende Vergegenwärtigung jener politischen Sympathisanten-Szene an den Rändern des sich terroristisch radikalisierenden Kerns der ehemaligen Apo-Bewegung mit allen sich verwischenden Übergängen und schließlich die Veranschaulichung der mentalen Hysterie Mitte der siebziger Jahre am Beispiel der Erzählerin. Sie wird bestimmter Dokumente wegen, die sie im Nachlaß ihres Mannes vorgefunden hat, von den ehemaligen Genossen und von der Polizei gleichermaßen observiert und findet sich plötzlich im Fadenkreuz des öffentlichen Interesses wieder. Das im distanzierenden Gestus der dritten Person erzählte und sich aus Erinnerungs- und Reflexionsblöcken zusammensetzende Buch ist nicht nur im erzählerisch integrierten Informationsgehalt über das Umfeld der RAF singulär, sondern auch in der analytischen Kraft der Durchdringung: «Was war denn die RAF? Eine Gesellschaft zur Vernichtung der eigenen Todesangst.»[6]

Eva Demski ist eine Erzählerin von beeindruckender formaler Kompetenz und – im Sinne Brechts – von «kulinarischem» Erzählvermögen, was selbst noch für ihre schwächeren Romane, *Karneval* (1981) und *Hotel Hölle, guten Tag...* (1987) gilt, deren Protagonistinnen darauf hindeuten könnten, daß Demski ihre Identität als Autorin innerhalb einer literarischen Strömung gefunden habe, die als feministische Literatur in den siebziger Jahren zunehmend Bedeutung gewann. Tatsächlich hat sie sich jedoch in den Essays ihres Bandes *Unterwegs* (1988) von jenen feministischen Betroffenheitstexten distanziert, die als «klagende – schwesterlich klagende – Ergänzung des eigenen leidenden Ich» verstanden werden wollen und ihren literarischen Ort außerhalb der «feministischen Wagenburgen der Literatur» gesehen. Nicht nur das unterscheidet Eva Demski von einer Autorin wie Karin Struck.

Karin Struck (*1947) debütierte 1973 mit einem Buch, *Klassenliebe,* das ungewöhnlich erfolgreich war und bereits 10 Jahre später eine Auflagenhöhe von über 200 000 Exemplaren erreicht hatte.

Zwar ist dieses aus Tagebuchaufzeichnungen und Briefen montierte Buch einer jungen Frau, die, aus der Unterschicht aufgestiegen, Schwierigkeiten hat, mit ihrer neuen Identität als Intellektuelle zurechtzukommen (sie hat konkret Probleme, ihre Dissertation abzuschließen) und diese Schwierigkeiten auch in ihrer privaten Lebenssituation zugespitzt sieht (sie steht zwischen zwei Männern, dem Mediziner H., mit dem sie verheiratet ist, und dem Schriftsteller Z., den sie liebt), als Roman deklariert. Es handelt sich aber viel eher um ein autobiographisches Bekenntnis- und Betroffenheitsbuch, dessen Legitimation schon damals nicht auf seiner literarischen Ausdruckskraft, sondern auf der authentischen Erfahrungsperspektive der Autorin beruhte.

Die literarische Problematik, die sich hier in der Ausgangssituation von Struck andeutet, ist in ihren folgenden Arbeiten nicht abgebaut, sondern eher verstärkt worden: In *Die Mutter* (1975) wird am Beispiel der Demonstrationsfigur Nora Hanfland ein biologischer Mythos von Schwangerschaft, Geburt und Mutterschaft als weibliche Erlösungshoffnung propagiert, in *Lieben* (1977) weitet sich dieser Mythos aus der Erfahrungsperspektive der im Mittelpunkt stehenden Hebamme Lotte zu pathetischen Aufschwüngen erotischer und sexueller Erfahrungen aus, die mit demonstrativer Tabudurchbrechung und einer Art von Vorzeige-Körperlichkeit verbunden sind. Erst ein später Text wie *Kindheits Ende* (1982), der sich im Untertitel als «Journal einer Krise» beschreibt und als eine Kombination von persönlichem Diarium und Werkstattbericht die einzelnen Zerfallsstadien einer auseinanderbrechenden Ehe protokolliert, erreicht, jenseits aller entliehenen Posen, Slogans und Gesten, in der unprätentiösen Konzentration auf die quälende Erfahrung eine neue Ernsthaftigkeit des sprachlichen Ausdrucks.

2. Erzählen im Kontext der Frauenliteratur

Strucks spektakulärer Erfolg mit *Klassenliebe* ist zum Teil auch darin begründet, daß sie in ihrem Buch traditionelle Rollenbilder der Frau in Frage stellt, seit langem festgeschriebene gesellschaftliche Machtverteilungen zwischen Mann und Frau aufkündigt und die Notwendigkeit einer neuen, weiblich bestimmten Identitätsbildung propagiert. In der Tat wird *Klassenliebe* zu einem der ersten Identifikationstexte der Frauenbewegung, deren Entstehung als politische Bewegung ja auch mit den Erfahrungen innerhalb der Studentenbewegung und des SDS zu tun hatte, da in der Linken unterschwellig die alten Rollenzuordnungen weiterexistierten und der emanzipatorische Impetus die gesellschaftliche Unterordnung der Frau weitgehend unberücksichtigt ließ. Der Anschluß an den feministischen Theorie-Kontext in den USA, wo sich eine ähnliche Bewegung schon viel früher artikuliert hatte, führte zur Verstärkung und öffentlichen Sichtbarkeit dieser Position, die sich in den folgenden Jahren in einer umfangreichen, wenn auch großenteils in der Nische der feministischen Szene sich bewegenden Literatur niederschlug. Das ging zum Teil einher mit Rekonstruktionsversuchen einer eigenen feministischen Tradition, in der Virginia Woolf oder Sylvia Plath und, mit dem Blick auf die deutsche Literatur, Ingeborg Bachmann zu literarischen Ikonen erhoben wurden.

Die Erzählungen Ingeborg Bachmanns (1926–1973) aus ihrem Band *Das dreißigste Jahr* (1961) mit ihrer Thematisierung einer schuldhaften Geschlechtlichkeit (etwa in der Geschichte *Undine geht*) gewannen neue Aktualität. Vor allem ihr Roman *Malina* (1971) wurde wiederentdeckt. Die professionelle Kritik stand dem Buch bei Erscheinen ratlos gegenüber, warf ihm einerseits «backfischhafte Überspanntheit» (Reich-Ranicki) vor und marginalisierte es andererseits zur «Geschichte einer schönen Seele» (Heißenbüttel). Diese Geschichte einer Frau, die sich zwischen zwei Männern, dem sie symbiotisch ergänzenden Malina und dem Geliebten Ivan, aufreibt, wurde nun gelesen als Parabel der Zerstörung einer Frau auf einem Schlachtfeld, das an einer Stelle des Buches so beschrieben wird: «Die Gesellschaft ist der allergrößte Mordschauplatz. In der leichtesten Art sind in ihr seit jeher Keime zu den unglaublichsten Verbrechen gelegt worden [...].»[7] Daß das Buch zugleich in der Kombination von inneren Monologen mit fragmentierten Dialogen, durch die Einschübe von surrealistischen Erzählsequenzen und Traumpartien, durch die Gegenüberstellung von Pathos und Ironie auch die geschlossene erzählerische Fabel auflöst und neue darstellerische Wege zu beschreiten versucht, spielt in dieser feministisch aktualisierten Rezeption eine untergeordnete Rolle.

Wie sich Bachmann gegenüber dieser «schwesterlichen» Aufmerksamkeit verhalten hätte, bleibt ungewiß. Tatsache ist, daß einige der literarisch etablierten Autorinnen vor einer feministischen Umarmung eher zurückgeschreckt sind. Darauf deuten nicht nur die bereits erwähnten Vorbehalte von Eva Demski hin, sondern auch eine Autorin wie Gabriele Wohmann (*1932), die sich in den sechziger Jahren vor allem durch ihre zahlreichen Kurzgeschichten als eine der wichtigsten Erzählerinnen profilierte. In vielen Geschichten Gabriele Wohmanns erscheint die bürgerliche Lebensweise ihrer weiblichen Mittelpunktsfiguren als subtiles unterschwelliges Unterdrückungssystem, in dem ein ungebärdiges Ich so lange entmündigt und präpariert wird, bis es sich in die vorgegebene Rolle widerspruchslos einfügt. Es sind nicht die häufig in Monotonie ausufernden Romane Gabriele Wohmanns wie *Ernste Absichten* (1970), *Schönes Gehege* (1975) oder *Frühherbst in Badenweiler* (1978), die ihr erzählerisches Vermögen unter Beweis stellen (auch wenn diesen Romanen ihr eigentlicher schriftstellerischer Ehrgeiz gilt), sondern Geschichten wie beispielsweise *Treibjagd*, die ihre Erzählvirtuosität bezeugen.

Die Hauptfigur Eva Maria, aus deren Erfahrungsperspektive *Treibjagd* erzählt wird, ist nicht mehr ganz jung und geht einer monotonen Bürotätigkeit in einer Gemeinschaft von älteren Frauen nach, die alle bereits in die Rolle von alten Jungfern abgedrängt worden sind: Frauen, die nicht attraktiv genug sind, einen Mann zu finden, und die deshalb ihren Angehörigen (in Eva Marias Fall: ihren Eltern) zur Last fallen. Die Treibjagd, die der biedere Bauingenieur Herbert Panter inszeniert, als Eva Maria auf eine Heiratsannonce hin zu einem ersten Rendezvous mit ihm zusammentrifft und plötzlich in einer Angstreaktion buchstäblich vor ihm ausreißt, hat längst vorher begonnen: Die sozialen Zwänge, die Vorstellungen ihrer Eltern, die Rollenklischees, mit denen sie sich umgeben sieht, haben längst einen Sog ergeben, dem sie kaum zu widerstehen vermag. Die psychischen und somatischen Reaktionen Eva Marias, ihre Angst vor Kindern und vor Hunden, ihr in Unordnung geratener Stoffwechsel, den sie planlos mit Medikamenten bekämpft, sind Symptome einer Verunsicherung, die sie längst als Opfer erweisen, bevor der mit dem sprechenden Namen Panter versehene patriarchalische Biedermann sie sich als Beute aussucht.

Diese Auslotung von gesellschaftlichen Konfliktlagen und Leidenszuständen von Frauen-Figuren, die nach außen hin von bürgerlicher Honorigkeit wie mit einem Heiligenschein umgeben sind, hat sich bei Wohmann nicht in eine Solidarisierung mit feministischer Programmatik umgesetzt. Strucks *lieben* hat sie bezeichnenderweise in einer Besprechung vorgeworfen:

«Diese Leute [im Buch] sind nur mehr Instrumente und Beweismaterial, seelische und körperliche Turngeräte. [...] Eine Rohmasse von Weltanschauung ist in monströser Ausführlichkeit nur ausgebreitet, unbearbeitet, formlos liegengeblieben.»[8]

Eine solche kritische Vorgabe ließe sich auf eine ganze Reihe von Erzähltexten beziehen, die im Kontext der Frauenbewegung als feministische Binnenliteratur (großenteils auch von eigenen kleinen Verlagen betreut) vorgelegt wurden. Es handelt sich um Erweckungs- und Bekenntnisbücher, um Leidensgeschichten und Erfahrungsberichte, die sich bewußt absetzen von den ästhetischen Maßstäben einer vermeintlich männlich dominierten literarischen Gattungsgeschichte und im Authentizitätsanspruch ihres Schreibens ihre eigentliche Legitimation sehen. Das gilt bereits für den (nach *Klassenliebe*) «zweiten Markstein feministischer Literatur»,[9] nämlich Verena Stefans (*1947) schmalen autobiographischen Erzählband *Häutungen* (1975), der bereits zwei Jahre später in der 10. Auflage vorlag und zu einer Art Bibel der westdeutschen Frauenbewegung avancierte.

Es ist ein autobiographisches Erfahrungsbuch, das im lebensgeschichtlichen Stoff der eigenen Entwicklung die einzelnen Phasen einer feministischen Identitätsbildung beschreibt im Widerstand gegen eine männlich dominierte Wirklichkeit, die sich nicht nur in der Berufswelt, in den eingeschliffenen alltäglichen Umgangsformen, im erotischen Verhältnis der Geschlechter, sondern bereits in der Sprache verrate, die unterschwellig vom Herrschaftsanspruch der Männer geprägt sei.

Diese bei der Sprache ansetzende Darstellungsweise, der Versuch, eine neue sprachliche Ausdrucksform zu finden, heben das Buch auf der einen Seite über den naiven Authentizitätsanspruch vieler ähnlicher Selbstfindungsbücher hinaus, aber zeigen zugleich auch die Risiken dieses literarischen Balanceaktes, da die neu intendierte Sprache nicht selten in lyrischen Schwulst und deklamatorisches Pathos umkippt. Das biographische Muster, das sich bei Verena Stefan erkennen läßt, der Beginn eines Soziologiestudiums in Berlin nach einer vorangegangenen Ausbildung als Krankengymnastin, die politische Arbeit innerhalb einer Berliner Fraueninitiative für die ersatzlose Streichung des § 218 (für viele Feministinnen damals eine Art Initialerfahrung) hat sicherlich die Identifikation mit ihr und den Erfolg ihres Buches verstärkt. Daß sie in der Folgezeit als Autorin nahezu verstummt ist, läßt sich sicherlich nicht nur aus ihrer Individualgeschichte ableiten, sondern spiegelt eine generelle Problematik: Zum einen ist der den eigenen Lebensstoff verarbeitende Authentizitätsanspruch erschöpft, wenn das entsprechende Erfahrungsbuch vorgelegt worden ist; zum anderen setzt die Kontinuität schriftstellerischer Arbeit voraus, die Prioritäten anders zu setzen, Fragen der ästhetischen Formung nicht von vornherein dem Inhalt als sekundär unterzuordnen. So gibt es zwar eine Fülle von ähnlichen weiblichen Selbstfindungstexten und Orientierungsbüchern bei Karin Petersen, Katrin Mosler, Brigitte Schwaiger, Ursula Krechel u. a. Aber es ist kein Zufall, daß die literarisch weiterwirkenden Arbeiten eher von Autorinnen wie Christa Reinig, Angelika Mechtel oder Elfriede Jelinek stammen, deren Sozialisation als Schriftstellerinnen außerhalb der Frauenbewegung verlaufen ist, auch wenn sie sich zu manchen der Zielsetzungen bekennen.

Christa Reinig (*1926), die sich in der DDR aus einengenden gesellschaftlichen Verhältnissen hocharbeitete, eine Zeitlang als wissenschaftliche Assistentin am Märkischen Museum in Ost-Berlin tätig war, literarisch vor allem als Lyrikerin auf sich aufmerksam machte, 1964 von der Verleihung des Bremer Literaturpreises nicht mehr in die DDR zurückkehrte, hat in ihrem Roman *Entmannung. Die Geschichte Ottos und seiner vier Frauen* (1976) dem Kampf gegen das Patriarchat mit schwarzem Humor und mythologischen Anspielungen eine witzig-monströse Wendung gegeben.

Der Starchirurg und Frauenkonsument Otto Kyra, der mit dem Blick auf ein neues erforderliches Geschlechtsbewußtsein seine eigene geschlechtliche Umwandlung betreibt, wird von den vier Frauen seiner Umgebung, die in Trabanten-Frauen, weibliche Frauen und männliche Frauen eingeteilt sind, in einer solidarischen Aktion als zu liquidierender Feind ausgemacht, die nur so «die Befreiung der Frau aus dem Parasitär-System dieser Männerwelt» möglich scheint. Die scheinbaren Überzeichnungen und Zuspitzungen, die Querverbindungen und überraschenden Konstellationen in Gesprächen (etwa zwischen Hitchcock und Freud) setzen darstellerische Mittel ein, die die historischen Dimensionen des Themas anreichern und verdeutlichen und den feministischen Akzentuierungen eine neue, aus der literarischen Form entstehende Qualität verleihen.

Ein anderes Beispiel ist der Roman *Wir sind arm, wir sind reich* (1977) von
Angelika Mechtel (*1943). Sie hatte sich bereits seit 1968 mit Erzählungen
und Romanen, *Kaputte Spiele* (1971), *Friß Vogel* (1972) und *Das gläserne
Paradies* (1973) eingeführt, Büchern, die von einer gesellschaftlich engagierten, realistischen Schreibabsicht bestimmt sind und bewußt bestimmte Bereiche der gegenwärtigen Gesellschaft ausleuchten: die in anarchische Auflösung umschlagende Desillusioniertheit der jungen Generation in den sechziger Jahren in *Kaputte Spiele*, die gesellschaftlichen Zwangsmechanismen in
einer sich monströs verselbständigenden Medieninstitution in *Friß Vogel* (in
der Verarbeitung der journalistischen Erfahrungen ihres Vaters), die eingeschliffenen Unterdrückungszwänge der bürgerlichen Lebensform mit ihrer
unterschwelligen Brutalität in *Das gläserne Paradies*. *Wir sind arm, wir sind
reich* fällt in die Phase einer feministischen Umorientierung der Autorin, die
sich auf einmal der Paradoxie bewußt wird, daß sie ihre Wirklichkeitserfah-
rungen, die sie literarisch ausdrückt, zumeist an männlichen Akteuren exemplifiziert und damit unbewußt die gesellschaftliche Dominanz des Patriarchats bestätigt.

Wir sind arm, wir sind reich ist gleichfalls eine autobiographische Bestandsaufnahme,
aber mit vielen historischen Details konkretisiert am Beispiel der deutschen Nachkriegsgeschichte, die vom Wirken der Trümmerfrauen, von asketischer Arbeitshaltung
und unbändigem Aufstiegswillen gekennzeichnet ist. Die Rekonstruktion der eigenen
Kindheit, die einschneidenden Initiationserfahrungen im Übergang vom Mädchen zur
Frau, des sinnlichen Hungers auf Wirklichkeit und Leben in einem Umfeld, das von
Ruinen und Entsagung geprägt ist, ist auch die Bestandsaufnahme verpaßter Möglichkeiten. Denn was in jener Umbruchphase an Veränderungen möglich gewesen wäre,
erstarrt in der vollzogenen Restauration zur bloßen Erinnerung, während das eigene
Leben der bürgerlichen Domestizierung verfällt.

Mechtel arbeitet hier konkret die historische Vorgeschichte von Rollenbil-
dern des Weiblichen auf, die in Büchern wie Verena Stefans *Häutungen* nur
als polemischer Affekt auftauchen und deshalb so wenig überzeugend bleiben
(zumindest außerhalb eines feministischen Gruppenkonsenses).

Die Österreicherin Elfriede Jelinek (*1946) ist in ihren ersten Veröffentlichungen, *wir sind lockvögel, baby!* (1970) oder *Michael. Ein Jugendbuch
für die Infantilgesellschaft* (1972), deutlich von der in dieser Form nur in
Österreich vorhandenen experimentellen Literatur-Szene bestimmt, in der
Momente der alten Dada-Bewegung sich mit sprachkonstruktivistischen Ansätzen, Elementen der Pop-Art und der modernen Medien-Wirklichkeit vermengen. Mit ihrem Roman *Die Liebhaberinnen* (1975) beginnt bei ihr eine
neue Form der literarischen Auseinandersetzung mit der Wirklichkeit, die als
gesellschaftliches Machtsystem mit männlicher Herrschaftskontrolle attak-
kiert wird.

Der Lebensweg der beiden aus der Provinz-Unterschicht stammenden, zu Beginn
des Romans siebzehnjährigen Mädchen Brigitte und Paula, die in einer Miederfabrik in
der Steiermark arbeiten, verdeutlicht die vergeblichen Anstrengungen, die Vorstellung

vom eigenen Lebensglück in einem gesellschaftlichen Umfeld zu verwirklichen, das nur Ich-Deformation und Ich-Auslöschung zuläßt. Brigitte geht den Weg der Anpassung und des sozialen Aufstiegs an der Seite eines Elektroinstallateurs, der ihr bürgerliche Sicherheit bietet und sie, deren Widerstand sich nur in ihrer Frigidität auszudrücken vermag, dafür sexuell ausbeutet. Paula wiederum, die ihrem Gefühl folgt und den Mann heiratet, den sie liebt, einen durch Arbeit und Alkoholismus in seinen sozialen Funktionen lädierten Waldarbeiter, prostituiert sich heimlich aus wirtschaftlicher Not, verliert den Mann, für den sie sich opfert, als alles ans Tageslicht kommt, und endet als ungelernte Arbeiterin in der Miederfabrik, allein und hoffnungslos.

Die bisweilen schmerzhafte Insistenz in der Darstellung sozialer Verhaltensmuster wird überlagert von monströsen Zügen im Bild der Männer-Figuren, die als vampiristische Unterdrücker erscheinen und deren eigene Deformation innerhalb ihres eingeengten Sozialisationsbereiches ja gleichfalls aufzudecken wäre.

Vampiristische Züge lassen sich auch im Bild der Mutter erkennen, die – mit deutlichen Querverweisen auf die reale Mutter der Erzählerin – als Folterinstanz der Tochter Erika, als «Inquisitor und Erschießungskommando in einer Person», im Roman *Die Klavierspielerin* (1983) agiert.

Die Quäl- und Qualgemeinschaft der beiden, die den Vater ins Irrenhaus abgeschoben haben, funktioniert nach dem Wahn-Diktat der Mutter, die als Kompensation für ihr eigenes verpfuschtes Leben die Tochter für die Karriere als berühmte Pianistin zu drillen versucht und aus ihr faktisch nur eine mittelmäßige Klavierspielerin, die sich mit Privatunterricht durchbringt, und eine seelisch verkrüppelte Frau macht. In dieses von der Mutter und der Musik verkörperte Zwangssystem gepreßt, flüchten sich die vitalen Bedürfnisse der Tochter in Voyeur- und Spanner-Ersatzhandlungen, zumal die sich entwickelnde erotische Beziehung mit einem ihrer Schüler in einer Vergewaltigung endet, die sie endgültig in das Gefängnis an der Seite ihrer Mutter zurücktreibt.

Für diese beiden Bücher Jelineks spricht immerhin, daß sie mit einer Art chirurgischer Seziergenauigkeit Krankheitsherde im menschlichen Verhalten aufdecken und kritisch auf die gesellschaftlichen Konditionierungen, die dahinter stehen, verweisen. Die literarische Fixiertheit der Autorin auf die Ekel-Aspekte menschlicher Quäl-Rituale hat sich hingegen in ihrem Roman *Lust* (1989) auf eine Art und Weise verselbständigt, daß die Aneinanderreihung von monströsen und schockhaften Details in Monotonie versandet. Der gleichsam gynäkologische Blick auf die fragmentierten körperlichen Details im Verkehr mit Männern (dem Fabrikdirektor, der seine Frau Gerti als sexuelles Turninstrument benutzt, und dem Studenten Michael, der sich im Grunde nicht anders verhält, und die Darstellung einer Frau, die als purer körperlicher Gebrauchsgegenstand fungiert und gezwungenermaßen das Kamasutra durchexerziert) erfüllt nicht den provokativen Anspruch der Autorin, männlich bestimmte Pornographie zu konterkarieren und die von Gewalt und Unterdrückung bestimmte Geschlechterbeziehung aufklärerisch zu demaskieren: «Aus dieser potenzierten Anstrengung entsteht die wirkliche Ungenießbarkeit dieses Buches – nicht die, die im feministischen Programm der Autorin vorgesehen ist, sondern die, die ihr als Schriftstellerin unterläuft.»[10]

Die literarische Konkretisierung patriarchalischen Herrschaftsanspruches läßt sich gleichfalls an einer ganz anderen Beispielreihe feministisch inspirierter Bücher beleuchten, die die entscheidende Sozialisationsinstanz dieses Herrschaftsanspruches in der eigenen Erfahrungsgeschichte aufarbeiten. Es handelt sich um Bücher, die mit dem Vaterbild, mit der Rolle des Vaters in der Kindheit und Entwicklungsgeschichte zu tun haben. Diese Beispielreihe ist auch deshalb von Interesse, da sich hier zugleich eine Nahtstelle abzeichnet zu einer von männlichen Autoren vertretenen Authentizitäts-Literatur, den sogenannten «Vater-Büchern», die in den siebziger Jahren mit einer verblüffenden Frequenz entstanden.

Elisabeth Plessen (*1944) steht mit ihrem Buch *Mitteilung an den Adel* (1976) auch chronologisch am Anfang dieser Beispielreihe.

Die Journalistin Augusta, die in München die Nachricht vom plötzlichen Tod ihres schon lange mit ihr zerstrittenen Vaters erfährt, eines adligen Gutsherrn, der seine privilegierte, anachronistische Lebensform mit autoritärer ideologischer Starrheit als konservative Werthaltung verteidigt und blind ist gegen alle gesellschaftlichen Umwälzungen, die sich inzwischen vollzogen haben, setzt sich spontan ins Auto, um an der Beerdigung in Schleswig-Holstein teilzunehmen. Augusta ist eine autobiographische Spiegelungsfigur der Autorin, die sich von ihrer gräflichen Familie losgesagt hat und als Studentin im Berlin der späten sechziger Jahre für sie wichtige politische Erfahrungen gemacht hat. Die lange Rückreise im Auto ist zugleich eine Erinnerungsreise, in der sie die fragwürdige Autorität dieses Vaters und ihre Trennung von ihm reflektiert: er ist ein Mann, der, obwohl Hitler-Gegner im Dritten Reich, sich immer untergeordnet hat, an die Möglichkeit des Widerstands nie dachte, der, als er bei einem Besuch der Tochter in West-Berlin Vertreter der APO-Szene kennenlernt, sich allerdings zu der Drohung hinreißen läßt, die Tochter niederzuschießen, sollte sie je ihre Genossen ins Haus bringen. Der Vater wird damit indirekt zur Verkörperung von ideologischer Borniertheit, die sich autoritär gegen die Außenwelt abschirmt. Die Lübecker Bucht bereits im Blick und fast am elterlichen Herrenhaus angelangt, beschließt die Tochter, sich endgültig von diesem Vater zu trennen und an der Beerdigung nicht teilzunehmen.

Daß das Buch zu einem überraschenden Erfolg wurde, hat sicherlich auch mit der autobiographisch verbürgten Authentizität der geschilderten Verhältnisse zu tun und mit der parabelhaften Zuspitzung der Vater-Tochter-Beziehung. Die politische Lernfähigkeit, die der Vater nie besessen hat, wird am Beispiel dieser Tochter auf die Generation der 68er projiziert, die der Restauration den Kampf angesagt haben und nach einer neuen veränderten Gesellschaft streben. Das Buch unterscheidet sich zugleich im ästhetischen Anspruch seiner Form und im Einsatz der verwendeten literarischen Mittel (etwa der Montagestruktur in Schnitt und Gegenschnitt, in der Verbindung von prägnanten Situationsbildern und Reflexionseinschüben) vom Spontaneitätsgestus feministischer Betroffenheitsprosa. Der Glücksfall dieses ersten Buches hat sich in den anderen Werken Elisabeth Plessens, den Romanen *Kohlhaas* (1979) und *Stella Polare* (1984), nicht wiederholt.

Ruth Rehmann (*1922) gehört in einen anderen Generationskontext und hat seit Ende der fünfziger Jahre kontinuierlich erzählerische Arbeiten vorgelegt – 1959 den Roman *Illusionen*, 1968 den Roman *Die Leute im Tal*, neben Erzählungen, Kurzgeschichten und Rundfunkarbeiten – und läßt sich unmittelbar weder auf das Umfeld der 68er Bewegung noch einer sich feministisch profilierenden Literatur beziehen. Dennoch gehört ihr Roman *Der Mann auf der Kanzel*. *Fragen an einen Vater* (1979) in das thematische Umfeld des Plessen-Buches hinein, da es auch hier, durch die Fragen des Sohnes der Erzählerin provoziert, um eine auf das Bild des Vaters gerichtete Erinnerungsrecherche geht, die sich in der zentralen Frage zuspitzt: Wie hat sich dieser konservative, seinen Überzeugungen verpflichtete Mann während des Dritten Reiches verhalten, zu dem er in Opposition stand, das er aber dennoch faktisch mitstabilisierte, indem er verdrängte, was er hörte und sah, und sich auf seine Kanzel wie in einen Fluchtort der Einsamkeit über den Dingen zurückzog. Die Tochter kritisiert rückblickend dieses Vaterbild, aber versucht zugleich, sich seine Mängel aus der historischen Lebenssituation dieses Vaters verständlich zu machen. Es kommt zu keiner Abkehr von diesem Bild wie in dem Buch der Plessen.

In dem parallelen Erzähltext *Lange Abwesenheit* (1980) von Brigitte Schwaiger (*1949) überlagern die polemischen Akzentuierungen die Ansätze zu künstlerischer Distanzierung. Schwaiger war 1977 mit dem Romanerstling *Wie kommt das Salz ins Meer?* hervorgetreten, einem autobiographisch angelegten Selbstfindungsbuch, das zugleich als Enthüllungsbuch einer Ehemisere, in der die Ichvernichtung der Frau bis zu Suizidgefährdung und psychiatrischer Behandlung nahezu perfekt inszeniert wurde, großes Aufsehen erregte. Das Buch wurde als authentischer Bericht aus einer bürgerlichen Ehe-Folterkammer gelesen und eine Art Programmtext der Frauenbewegung.

In *Lange Abwesenheit* wird ein anderes Kapitel dieser weiblichen Passionsgeschichte inszeniert: Die unauflösbare symbiotische Bindung an den Vater, dessen langsames Sterben im Krankenhaus die Tochter begleitet, während sie in der gleichzeitig stattfindenden Liebesbindung an einen älteren Mann sich unbewußt bereits den Ersatzvater ausgesucht hat, erscheint als ein schicksalhaftes Verhängnis, gegen das die Tochter nur ohnmächtig aufbegehrt. Ihre Haßausbrüche gegen den «Nazi-Vater» und unsichtbaren Tyrannen, an den sie ständig gebunden bleibt, wirken deklamatorisch, wie auch das Buch insgesamt etwas von einer rituellen Vater-Beschimpfung hat.

Eine andere österreichische Autorin, Jutta Schutting (*1937), die seit 1973 als Lyrikerin und Erzählerin hervorzutreten begann, hat 1980 die umfangreiche Erzählung *Der Vater* vorgelegt, für die eine solche aufgesetzte feministische Zuordnung nicht gilt (zumal sie seit kurzem ihre Geschlechtsidentität verändert hat und neuerdings als Julian Schutting weiterschreibt).

Auch hier ist der Tod des Vaters das auslösende Moment für eine erzählerische Reflexionsbewegung, die zum einen die eigene Kindheit und Vaterbindung erinnernd rekapituliert und sich zum anderen mit den sozialen Konventionen des Sterbens und des Umgangs mit dem Toten auseinandersetzt und hinter den Ritualisierungen und

Formalisierungen die eigene Identität dieses Vaters sichtbar zu machen versucht. Die auf die Erzählzeit von drei Tagen, die zwischen Tod und Beerdigung des Vaters liegen, zusammengedrängte epische Anamnese läßt ein komplexes, widersprüchliches Bild entstehen: eines schwachen, aber in der Familie autoritär regierenden Mannes, dessen Anwandlungen von unkontrollierter Brutalität jede Legendenbildung, aber auch jede Verteufelung verhindern.

Schuttings Erzähltext ist nicht nur angesichts des eigenen schriftstellerischen Weges als epische Leistung bemerkenswert, sondern gehört darüber hinaus zu den künstlerisch eindrucksvollsten Vater-Büchern. Die Beispielreihe ließe sich noch durch andere Texte komplettieren: Friederike Mayrökkers Vater-Darstellung in *Abschiede* (1980), Barbara Bronnens Roman *Die Tochter* (1980) oder Katrine von Huttens Erzähltext *Im Luftschloß meines Vaters* (1983). Für alle diese Bücher gilt, daß am Beispiel der Geschichte der jeweiligen Vater-Beziehung und des Vater-Bildes historische Verkrustungen der eigenen Individuation bewußt gemacht und zugleich in der Wirkung dieses Vaters gesellschaftliche Normen und Festlegungen kritisch reflektiert werden, so daß die Auseinandersetzung mit dem Vater sich zumeist auch in der Frage zuspitzt: Wie hat sich dieser Vater angesichts seines in der Familie vorausgesetzten moralischen Autoritätsanspruchs im Dritten Reich verhalten, welche Schuldzuweisungen sind hier unvermeidlich und was muß sich ändern in der eigenen Situation, damit es zu keiner Wiederholung kommt? Durchweg läßt sich feststellen, daß jene Bücher am ehesten zu inszenierten polemischen Aburteilungen tendieren, wo der Erkenntnisanspruch am stärksten einem spontanen affektiven Impuls verhaftet bleibt und ästhetische Transformationsanstrengungen kaum unternommen werden.

3. Authentizitätsliteratur: Die Vaterbücher

An der beschriebenen Situation hat sich grundsätzlich wenig verändert, wenn man den Blick auf das Pendant-Phänomen richtet, die ungefähr parallel erscheinenden «Vater-Bücher» der männlichen Autoren. Vaterbilder als Autoritätsinstanzen kritisch rekapitulierter Geschichte tauchen schon in Siegfried Lenz' *Deutschstunde*, in Kempowskis *Tadellöser & Wolff* oder in Vespers *Die Reise* auf, aber jeweils als Figuren eines erzählerischen Ensembles. Mit dem Buch Paul Kerstens (*1943) *Der alltägliche Tod meines Vaters* (1978) verselbständigt sich diese Perspektive zur Generationskonfrontation, die die Verfehlungen dieser Vätergeneration geißelt, und zum Rekonstruktionsversuch der in der eigenen Kindheit erfahrenen Beschädigungen.

Ausgelöst durch den Schock des schrecklichen Körper- und Personenzerfalls im Verlauf einer tödlichen Krebserkrankung wird in der mühsam rekonstruierten, fragmentarischen Biographie des Vaters, eines schwächlichen Mitläufers, der sich unter die Autorität der Mutter ebenso duckt wie als Kranker unter ihre entmündigende Fürsorglichkeit, nach Gründen gesucht für das Nicht-Verhältnis von Vater und Sohn, für die emotionale und intellektuelle Sprachlosigkeit zwischen beiden. Kerstens Buch erweist sich als Akt individueller Trauerarbeit, die versucht, retrospektiv eine menschliche Beziehung zu diesem Vater herzustellen, die es im Leben nicht wirklich gegeben hat. Dabei bleibt der Widerspruch zwischen der sezierenden Kälte und der Beschreibungspräzision des Buches und dem implizierten Versöhnungsappell als Irritationsmoment bis zuletzt unaufgelöst.

Die Aufmerksamkeit, die dem literarischen Debütanten Kersten zuteil wurde, gilt erst recht für die beiden 1980 erschienenen Vater-Bücher von etablierten Autoren wie Christoph Meckel (*1935) und Peter Härtling (*1933): *Suchbild über meinen Vater* und *Nachgetragene Liebe*. Meckel, als Graphiker, Zeichner, als Lyriker längst fester Bestandteil der kulturellen Szene, hat sich in *Suchbild* auf dem Wege einer schmerzhaften Selbsttherapie aus dem einengenden Schatten einer Vaterfigur freizuschreiben versucht, unter der er als Sohn von Anfang an gelitten hat.

In einer nüchtern berichtenden Prosa, deren distanziertem Darstellungsgestus man fälschlicherweise Empfindungskälte, mangelnde Scham und Züge von Selbstgerechtigkeit unterstellt hat, wird dieser Vater, der als Lyriker Peter Huchel und Günter Eich nahestand, in seiner allmählichen Veränderung in einen Despoten und Untertanen, in seiner Verrohung zum Chauvinisten und kommandoseligen Offizier dargestellt, der im Polenfeldzug und danach jede Frage nach der moralischen Bewertung des Hitlerschen Expansionsweges verdrängt. Der mit einer Hirnverletzung aus der Gefangenschaft entlassene und sich im familiären Umkreis als Despot selbst inszenierende Patriarch verweigert dem künstlerisch tätigen Sohn die Anerkennung und fühlt sich von ihm bedroht.

Der Distanz schaffende Darstellungsgestus dieses Buches setzt es ebenso von der monströsen Überzeichnung in Vespers *Reise* ab wie von dem Authentizitätspathos der autobiographischen Bekenntnisbücher. Meckel hat seine Verwundungen nicht nur anklägerisch artikuliert, sondern sie zum Initial eines literarischen Rekonstruktionsversuches werden lassen, der mit dem Bild des eigenen Vaters zugleich einen Vater-Typus der vorangegangenen Elterngeneration dekonstruiert.

Diese analytische Kraft sucht man in Härtlings *Nachgetragener Liebe* vergeblich. Der Autor, durch den frühen Tod des Vaters und den Selbstmord der Mutter früh verwaist und als Lyriker und Erzähler im Literaturleben zur prominenten Größe geworden, hat sich seit seinem Lenau-Roman *Niembsch oder Der Stillstand* (1964) auf die epische Aufarbeitung deutscher Literaturgeschichte spezialisiert: 1976 folgen der Roman *Hölderlin*, 1982 die Mörike-Geschichte *Dreifache Maria* und 1987 der Roman *Waiblingers Augen*. Darüber hinaus immer wieder flexibel auf aktuelle Themen reagierend, wie seine Romane *Eine Frau* (1974), *Hubert oder die Rückkehr nach Casablanca* (1978) und *Das Windrad* (1983) bezeugen, hatte Härtling bereits 1968 einen Band unter dem Titel *Die Väter. Berichte und Geschichten* herausgegeben. Das macht möglicherweise auf eine bestimmte thematische Kontinuität aufmerksam, die in *Nachgetragener Liebe* in den Vordergrund tritt.

Dieser Vater, dessen erinnertes Bild die eigene Kindheit vergegenwärtigen soll, ist weitgehend eine Leerstelle im biographischen Erfahrungsumfeld des Autors gewesen. Entsprechend gering sind die Widerstände, die aufzuarbeiten sind. Die milde Kritik an der gespaltenen Rolle dieses Juristenvaters, der einerseits die Opfer der NS-Herrschaft als Anwalt verteidigte, sich aber andererseits den Nazi-Akteuren gegenüber als loyaler Bürger und Mitläufer verhielt, schwächt nicht dieses auf Harmonie abgestellte Erinnerungsbild ab, das sich auch in der Sprache als allzu gefällig und harmoniesüchtig präsentiert.

Härtlings Leistungen als Erzähler liegen vermutlich auf einem ganz anderen Gebiet. Er hat eine Reihe von Kinderromanen geschrieben – *Das war der Hirbel* (1973), *Oma* (1975), *Ben liebt Anna* (1979), *Alter John* (1981), *Jakob hinter der blauen Tür* (1983) –, die in ihrer epischen Vorstellungskraft und in ihrer bildhaft klaren Sprache der kindlichen Auffassungsweise wirkungsvoll entgegenkommen und durch subtil eingearbeitete Irritations- und Veränderungssignale diesem traditionell unterschätzten Genre zu neuem Glanz verholfen haben.

Diese Beispielreihe von «Vater-Büchern» ließe sich noch erweitern durch die Erzähltexte von relativ unbekannt gebliebenen Erzählern wie Gerhard Wagners *Die Tage werden länger*, Heinrich Wiesners *Der Riese am Tisch* (1979), Siegfried Gauchs *Vaterspuren* (1979), Christoph Geisers *Brachland* (1980) oder Peter Henischs *Die kleine Figur meines Vaters* (1980). Das vielleicht wichtigste Buch ist, zeitlich verschoben, erst 1986 erschienen, Ludwig Harigs *Ordnung ist das ganze Leben. Roman meines Vaters,* als diese literarische Authentizitätswelle bereits wieder abgeklungen war.

Ludwig Harig (*1927) war als Lyriker und Hörspielautor lange mit der sprachexperimentellen Gruppe um Max Bense in Stuttgart verbunden, hat danach lange Zeit an der literarischen Peripherie gearbeitet und in kleinen Verlagen veröffentlicht. In seinem Roman *Ordnung ist das ganze Leben* hat er nicht nur das ambitionierteste und am weitesten dimensionierte Erzählwerk unter seinen bisherigen literarischen Arbeiten vorgelegt, sondern zugleich ein Vaterbild als Generationenporträt entworfen, das sich konträr zu den anderen «Vater-Büchern» verhält. Der 1896 geborene Vater, der die Kriegsereignisse der Jahre 1914 bis 1918, großenteils in Verdun, überlebte, diese aufwühlende Erfahrung lange in sich verschloß und erst im Alter, auf Anregung des Schriftsteller-Sohnes, sein Leben aufzeichnet und sich auf diese verdrängte Lebensphase konzentriert, wird nicht als borniter Kleinbürger entlarvt, sondern in seiner Überlebensenergie, erstaunt und mit emotionaler Zustimmung, vom Sohn beschrieben und anerkannt.

Der kleine Handwerker, der seinen Berufs- und familiären Lebensraum mit Pünktlichkeit und Genauigkeit organisiert, seiner Familie in einer aus den Fugen geratenen Welt ökonomische Sicherheit und familiäre Intaktheit zu garantieren versucht, die kleinbürgerliche Lebensweise gegen die politischen Erosionen der Außenwelt abschottet, Geborgenheit punktuell entstehen läßt und sich selbst, unter Verlusten, gegen Körperberührungen und Gefühle abschirmt, wird mit der moralischen Kraft seiner

Lebenshaltung, die nichts Spektakuläres und Großartiges aufweist, ernstgenommen und durch die minutiöse literarische Gedächtnisarbeit in der Würde und verborgenen Gefährdung seiner Existenz festgehalten. Die vielperspektivische Bauform des Romans, in der die Aufzeichnungen des Vaters jeweils Erinnerungsschübe des Sohnes aktivieren und jede plane Chronologie unterlaufen, trägt mit dazu bei, daß dieses Vaterbild innerhalb eines dicht gezeichneten historischen Epochenbildes eine Art humaner Widerstandskraft ausstrahlt, die auch die immer wieder neu ansetzende, sich selbst nie sichere Erzählweise vermittelt. Der Authentizitätsanspruch wird hier von der literarischen Form eingelöst.

Diese Authentizitäts-Literatur, die ja immer noch den Versuch macht, in der Auseinandersetzung mit historischen Lebensschicksalen Geschichte zu verarbeiten, hat in mutierter Form verborgen weitergelebt: in den Texten der sogenannten Neuen Subjektivität, die das hypochondrisch oder narzißtisch reagierende Ich allmählich immer stärker in den Mittelpunkt rückt und die umständliche literarische Auslotung dieses subjektiven Innenraums immer wichtiger werden läßt.

4. Die Erzählliteratur der Arbeitswelt

Zu den unmittelbaren literarischen Nachwirkungen der Studentenbewegung gehört noch eine weitere Sonderströmung, die bis in die siebziger Jahre hinein keine unwichtige Rolle spielt, jedoch in den achtziger Jahren zur Bedeutungslosigkeit schrumpft. Gemeint ist die Literatur der Arbeitswelt, die Werkkreis- und Arbeiterliteratur. Es handelt sich hier um ein Parallel-Phänomen zur Frauenliteratur, die ja auch als Literatur einer gesellschaftlichen Minderheit neue Beachtung erfuhr. Auch die Arbeiterliteratur ist von ihrer Entstehung und Wirkung her auf eine soziale Minorität zugeordnet: die werktätige Bevölkerung, die von dem bürgerlichen Kulturbetrieb weitgehend ausgeschlossen blieb trotz beachtlicher Reformierungsversuche in Richtung auf eine proletarische oder sozialistische Literatur während der späten zwanziger Jahre. Das quantitative Gewicht dieses sich in der Gruppe 61 und in den zahlreichen sogenannten «Werkkreisen» großer Städte organisierenden literarischen Lebens war noch Anfang der siebziger Jahre beträchtlich, wenn auch die literarischen Erträge im Rückblick eher bescheiden anmuten und weniges von dem, was damals in darauf spezialisierten Verlagen oder speziellen Publikationsreihen – so etwa der «Werkkreis-Reihe» des Fischer Taschenbuch Verlages – vorgelegt wurde, den Literaturbetrieb insgesamt erreichte.

Die politische Allianz zwischen Intelligenz und Arbeiterschaft hatte ja zu den agitatorischen Wunschzielen der Studentenbewegung gehört, zumal die wirtschaftliche Rezession der Jahre 1966/67 in der Bundesrepublik mit gedrosselter Produktivität und steigender Arbeitslosigkeit die Verbürgerlichung der Arbeiterschaft im Zuge eines sich ständig vergrößernden materiellen Wohlstands gebrochen zu haben schien. Die Arbeiterliteratur wurde so auch als ein Instrument gesehen, das Bewußtsein der kulturell unterrepräsentierten Bevölkerungsschicht kennenzulernen und möglicherweise zu beeinflussen.

Zudem schien sich hier im Zuge der – von der Studentenbewegung – gewünschten politischen Annäherung an das politische System einer «real existierenden sozialistischen Gesellschaft» in der DDR eine kulturelle Annäherung zwischen den beiden deutschen Teilstaaten abzuzeichnen. Die Bemühungen des «Bitterfelder Weges» waren ja das deutlichste Signal innerhalb der DDR-Literatur für einen – auf den ersten Blick – analogen literarischen Weg.

Das Programm der Gruppe 61, von dem Dortmunder Bibliotheksdirektor Fritz Hüser entscheidend mitbestimmt, versuchte einerseits, den verschütteten Traditionszusammenhang mit ähnlichen Bestrebungen zu Anfang des Jahrhunderts wiederherzustellen und andererseits, bezogen auf die gegenwärtige gesellschaftliche Realität, die Aufarbeitung der industriellen Arbeitswelt als vordringliches literaturpolitisches Ziel zu propagieren.

Obwohl diese Bestrebungen im Kontext der Dortmunder Gruppe schon vor der Studentenbewegung einsetzten, erreichten sie doch erst im Zuge der Studentenbewegung eine größere Öffentlichkeit. Unter den Autoren, die zur Gruppe 61 gehörten, Max von der Grün, Wolfgang Körner, Angelika Mechtel, Günter Wallraff, wurde die programmatische Konsens-Basis schon bald brüchig, weil auf der einen Seite der von einzelnen gewonnene Status von Prominenz im Literaturbetrieb die Gruppen-Solidarität aushöhlte und weil zum anderen theoretische Auseinandersetzungen über die literarischen Ziele der Gruppe unvereinbare ideologische Differenzen hervortreten ließen. Während im ursprünglichen Gruppen-Programm literarische Strategien der Verarbeitung von Themen der Arbeitswelt und des technischen Zeitalters dominierten und in dem Sinne Normen und Kategorien einer tradierten bürgerlichen Ästhetik nur auf neue Stoffbereiche ausgedehnt wurden, werden die Ziele der Gruppenarbeit in dem von F. C. Delius, Josef Reding, Erwin Sylvanus und Günter Wallraff neu ausgearbeitetem Programm, das auf der Dortmunder Gruppentagung vom 29. Mai 1971 verabschiedet wurde, einschneidend verändert: Journalistische und konkrete politische Aktionen erhalten die gleiche Bedeutung wie die literarische Arbeit, und allen Bemühungen soll als Ziel zugrundeliegen, politische Bewußtseinsveränderung zu erreichen, die Ausbeutung im industriellen Arbeitsprozeß bewußt zu machen und in eine konkrete Veränderung der gesellschaftlichen Rahmenbedingungen einzumünden. Dieser politisch emanzipatorische Kurs führte zur Aufspaltung. Die Autoren Erasmus Schöfer, Peter Schütt und auch Günter Wallraff verließen Anfang der siebziger Jahre die Gruppe 61 und konzentrierten ihre Bemühungen auf die unterschiedlichen regionalen Werkkreis-Zentren, wo literarische Basisarbeit im Sinne der ursprünglichen Zielsetzungen der Gruppe 61 betrieben wurde.

Die epischen Leistungen, die im Kontext dieser binnenliterarischen Bewegung Ende der sechziger, Anfang der siebziger Jahre erschienen sind, nehmen sich im Rückblick wenig spektakulär aus. Der Erzähler Max von der Grün (*1926), der nach einer Maurerlehre von 1951 bis 1964 als Bergmann im Ruhrgebiet gearbeitet hatte, mit der Realität der Arbeitswelt also bestens vertraut war, legte in rascher Folge eine Reihe von Romanen vor, *Männer in zweifacher Nacht* (1962), *Irrlicht und Feuer* (1963), *Zwei Briefe an Pospischiel* (1968), die in einer sich perfektionierenden realistischen Darstellungsweise

Mißstände und soziale Defizite im Arbeitsprozeß thematisieren und Informationstabus einer bürgerlich bestimmten Literatur in der Bundesrepublik aufbrechen. Die filmischen Umsetzungen von einigen dieser Romane im Fernsehen haben zur Verstärkung dieser Wirkung sicherlich beigetragen und gleichzeitig die Professionalisierung des schreibenden Arbeiters von der Grün zum Schriftsteller vorangetrieben. Der erfolgreiche Roman *Stellenweise Glatteis* (1973) beleuchtet das realistische Schreibverfahren und die literarischen Mittel, die er bei seiner Darstellung einsetzt.

Der in einem großen Dortmunder Transportunternehmen arbeitende Lastwagenfahrer Maiwald ist durch effektive Verbesserungsvorschläge im Betrieb seinem Arbeitgeber angenehm aufgefallen und steht kurz vor der Beförderung zum Fahrdienstleiter. Er entdeckt zufällig, daß eine im Betrieb eingebaute Gegensprechanlage als Abhörsystem fungiert, um die Arbeiter an ihrem Arbeitsplatz zu bespitzeln und Informationen zu sammeln, damit Material zur Verfügung steht, das gegen einzelne eingesetzt werden kann. Maiwald deckt diese Mißstände auf, setzt seine eigene Karriere dabei aufs Spiel und gerät in eine Klassenkampf-Züge tragende Auseinandersetzung mit seinem Arbeitgeber hinein, gekennzeichnet durch Entlassung, Streiks, Wiedereinstellung und erneute Entlassung. Diese eskalierende Situation, die die Manövrierfähigkeit Maiwalds immer stärker einengt, mündet in einen moralischen Konflikt: In einen schweren Unfall verwickelt, will sein Arbeitgeber seine Willfährigkeit durch eine Vertuschung der Angelegenheit erkaufen. Maiwald entscheidet sich für die politische Aktion und setzt damit seine berufliche Existenz endgültig aufs Spiel.

Elemente des Kriminalromans lassen sich in dem Buch ebenso entdecken wie kolportagehafte Zuspitzungen, die der Spannungsverstärkung dienen und gelegentlich die politische Aufklärungsabsicht unterlaufen. Es ist kein Zufall, daß dieses Buch auch erfolgreich fürs Fernsehen verfilmt wurde, weil die auf Verbreitung von Informationen über gesellschaftliche Mißstände angelegte Darstellungsabsicht in diesem Medium noch effektiver zum Ausdruck gelangt.

Wo von der Grün immerhin den Fundus eigener lebensgeschichtlicher Erfahrung im Arbeitsprozeß literarisch umzusetzen versuchte, adaptierten viele jüngere Autoren mit einem ganz anderen biographischen Hintergrund solche Darstellungsmuster aus gutgemeintem Engagement und ließen sie unfreiwillig zu proletarischen Erweckungs- und Entwicklungsromanen mit Parsifalen der Arbeitswelt (Günter Blöcker) als proletarischen Helden-Figuren werden. Wolfgang Hermann Körners Roman *Katt im Glück* (1973) ist dafür ebenso ein Beispiel wie die Romane von Gerd Fuchs *Beringer und die lange Wut* (1973) und von Michael Scharang *Charly Traktor* (1973).

Einige Autoren sind, ungeachtet ihrer individuellen literarischen Entwicklung, damals im Kontext der entstehenden Öffentlichkeit für eine solche, gesellschaftliche Tatbestände der Arbeitswelt aufarbeitende Literatur hervorgetreten. Sie haben sich auch nach dem Abflachen des saisonalen Aufmerksamkeitspegels konsequent weiterentwickelt und sind literarisch wichtig geblieben. Ein Beispiel dafür ist der Autor Hans Dieter Baroth (*1937), der im literarischen Leben nie zur Prominenz aufstieg. Selbst ursprünglich Bergmann, hat er in seinen Romanen *Aber es waren schöne Zeiten* (1978) und *Streuselkuchen in Ickern* (1980) die in sich geschlossene, geschichtsblinde, von den Härten der täglichen Knochenarbeit und des alltäglichen Einerlei bestimmte Welt der Ruhrgebiet-Arbeiter in Familienromanen ausgelotet, die aufzeigen, wie die gesellschaftliche Konditionierung den einzelnen bereits in frühester Kindheit und Jugend in eine soziale Zwangsjacke einschließt. Das geschieht mit einem aus der Darstellung der Sache selbst sprechenden Engagement, in einer nüchternen parataktischen Diktion, die ebenso frei ist von Bekennerpathos wie von didaktischer Vergröberung. Daß sich Familiengeschichte solcherart zur «Klassengeschichte» erweitert, ist primär ein Ergebnis der differenziert eingesetzten erzählerischen Mittel.

Die Lebensläufe seiner Familie und Familienangehörigen, die Baroth, angefangen bei dem aus Osteuropa ins Ruhrgebiet eingewanderten Großvater (in *Streuselkuchen in Ickern*) aufzeichnet, sind nicht zu soziologischen Schemata skelettiert, aber auch nicht mit einer von außen darüber gestülpten emanzipatorischen Aura vergoldet. Die in den Annalen der offiziellen Geschichtsschreibung namenlosen Arbeiter werden sich viel eher in Baroths Büchern wiedererkennen als in den gutgemeinten proletarischen Erweckungsbüchern, wo ein älterer Parteigenosse dem mit sich ringenden Jungen schließlich den richtigen Weg weist. Das hat nichts mit einem reportagehaften Wiedererkennungseffekt zu tun, sondern mit der Konkretheit eines künstlerischen Darstellungsinstrumentariums, das auch in der sozial verhängten Reduktion der Selbstverwirklichungsmöglichkeit seiner Protagonisten, in ihrer Beschränktheit und ihrem gleichsam kreatürlichen Konservatismus, der auch die Misere der Vergangenheit mit der Selbstbetrugsformel «Aber es waren schöne Zeiten» vergoldet, immer noch den einzelnen als potentielles Individuum, als mitmenschlichen Partner beschreibt.

Ein anderer Autor, für den ähnliches gilt, ist August Kühn (*1936), der in seiner *Westend-Geschichte. Biographisches aus einem Münchner Arbeiterviertel* (1972) nicht nur den eigenen lebensgeschichtlichen Erfahrungsstoff episch verwertet, sondern ein episches Soziogramm einer am unteren gesellschaftlichen Spektrum existierenden krisenanfälligen Schicht versucht.

Kühn läßt seinen Arbeiter-Erzähler in einer Münchner Kneipe einem linken Studenten die Lebensläufe zweier Klassenkameraden erzählen, von denen der eine, Georg, den gesellschaftlichen Aufstieg durch Opportunismus und Anpassung geschafft hat, während der andere, Alfred, seine gesellschaftliche Situation zwar erkennt, aber beruflich zwischen alle Stühle gerät. Diesem Studenten, der immer den Eindruck erweckt, alles besser zu wissen, wirft der Erzähler an einer Stelle vor: «Das ist recht spaßig, du fuhrwerkst mit deinen Theorien durch die Landschaft, und wenn einer dann nicht in dein Schema hineinpaßt, erklärst du ihn kurzerhand zum Einzelfall.» Auf diese Erzählfälle kommt es dem Erzähler Kühn an, und gerade deshalb gelingt es ihm, diese Arbeiterschicht in ihrer Farbigkeit und Widersprüchlichkeit als soziales Konfliktfeld sichtbar zu machen in einer Gesellschaft, die sich als Demokratie propagiert, aber antidemokratische Strukturen verdeckt fortexistieren läßt.

Kühns umfangreicher Roman *Zeit zum Aufstehen* (1975) stellt so ewas wie ein proletarisches Gegenstück zu Thomas Manns *Buddenbrooks* dar, aber nicht als bloße Imitation eines vier Generationen umfassenden Familien-romans, wobei es sich nur um eine Familie der Unterschicht, Kühns eigene Familie, handelt.

Der Roman schildert vielmehr die wechselhaften gesellschaftlichen Erfahrungen in einem bestimmten Entwicklungsabschnitt der deutschen Geschichte, läßt, beim Vorfahren August Kühn einsetzend, der als Gleisbau- und Lagerhallenarbeiter nach München kam, ein vielfältig gegliedertes Gedächtnispanorama der komplizierten sozialen Existenzbedingungen der Arbeiterschicht entstehen, mit Hinweisen auf erste emanzipatorische Ansätze in der Berührung mit dem Arbeiterbildungsverein oder der Sozialdemokratie. Zustande kommt ein mit Wirklichkeitsdetails gesättigtes literarisches Generationengemälde, in dem die Konkretisierung der privaten Geschichte zugleich durchlässig wird für die Erkenntnis der sozialen Geschichte dieser bestimmten Bevölkerungsschicht.

Ein anderer wichtiger Autor, dessen individuelle literarische Entwicklung sich mit dem literarischen Öffentlichkeitsinteresse an einer klassenkämpferisch ausgerichteten Literatur kreuzt, ist Christian Geissler (*1928), dessen erster Roman *Anfrage* (1960) bereits einen der zentralen politischen Vorwürfe der Studentenbewegung an die Elterngeneration vorwegnimmt, nämlich die Verdrängung der eigenen schuldhaften Beteiligung an der politischen Katastrophenentwicklung der NS-Zeit. Auch die Zuspitzung dieses Vorwurfs an die Adresse der Väter nimmt in gewisser Weise schon die Enthüllungsabsicht der «Vater-Bücher» vorweg.

Der im Zentrum des Romans stehende, aus bürgerlichen Verhältnissen stammende wissenschaftliche Assistent Klaus Köhler begehrt hartnäckig gegen die auf Beruhigung und Vergessen angelegte Restaurationsgesellschaft auf und beharrt auf der Aufdeckung der schuldhaften Verstrickung der damaligen Akteure und der konkreten Benennung dieser Schuld. Es sind vor allem die Väter, die hier ins Fadenkreuz der Kritik geraten.

Der schnörkelfreie Realismus der Darstellung, dem man dennoch das moralische Engagement des Autors anmerkt, läßt sich auch in dem Roman *Das Brot mit der Feile* (1973) erkennen, der das Außenbild der Bundesrepublik als einer wirtschaftlich erfolgreichen, vom Prinzip sozialer Gerechtigkeit bestimmten westlichen Demokratie kritisch zur Disposition stellt.

Aus der Perspektive des jungen Arbeiters Ahlers, der in einem weitverzweigten Ensemble von Figuren agiert und dessen Erfahrungen sich mit denen der anderen Figuren zu einem umfassenden und in sich widersprüchlichen Panorama gesellschaftlicher Wirklichkeit in der Bundesrepublik ergänzen, wird vor dem Hintergrund der sechziger Jahre ein anderes Bild dieser Republik sichtbar gemacht: eine Gesellschaft, deren verdeckte Aggressions- und Gewaltmomente unter Ritualisierungen verborgen sind, die das Recht auf Selbstbestimmung vielen vorenthält und die in ihren machtgeschützten Verkrustungen letztlich nur von außen her aufgebrochen werden kann.

Das Ungewöhnliche ist, daß Geissler in seiner weiteren Entwicklung nicht das Abblättern der politischen Hoffnungen in einer Phase der larmoyanten Desillusion Ende der siebziger Jahre mit nachvollzogen hat, sondern quer zum sich umorientierenden Literaturbetrieb an der politischen Radikalität seines Schreibens festhält. Sein mit dem Stammelwort des späten, schon dem Wahnsinn verfallenden Hölderlin überschriebener Roman *kamalatta. roman-*

tisches fragment (1988)[11] ist im experimentellen, mitunter künstlich forcierten Darstellungsgestus, der vertraute Darstellungsformen fragmentiert und aus den Bruchstücken, die sich epischen Zusammenhängen verweigern, das Bild einer in sich brüchigen Wirklichkeit zusammenzusetzen versucht, ein ungewöhnliches literarisches Unternehmen.

Die Geschichte des Fernsehjournalisten Rupert Koch, der sich der gesellschaftlichen Festlegung einer bestimmten Rolle im Medienbetrieb verweigert und in die Vorbereitungen eines Terroristenanschlags verwickelt wird, was ihn letztlich seine bürgerliche Existenz kostet, deutet auf den Zusammenhang der sich in Gewaltexzessen radikalisierenden RAF-Bewegung hin. Die wilde Form und die aus allen Normen ausbrechende Sprache, die Geissler für seine Darstellung wählt (die gestanzte Sprache der RAF, eine poetisch stilisierte einfache Sprache, die als Volkssprache verstanden werden soll, Neologismen, Verstümmelungen des Satzbaus, Wortverkettungen und Bildwucherungen), soll eine Art Ästhetik des Widerstands entstehen lassen, die – in Analogie zum auf Bertaux zurückgehenden Hölderlin-Bild im Stück von Peter Weiss – die Essenz der Revolution bewahrt in einer von politischer Verdrängung bestimmten Zeit.

Den schärfsten Einspruch dagegen hat das ehemalige RAF-Mitglied Christof Wackernagel in einer Rezension des Buches erhoben: «Während die RAF in der Realität sich nur noch lächerlich macht, ist sie in der Literatur in Hochform.»[12] Die Deklassierung des Autors als «Durchhaltepropagandist aus dem sicheren Hinterland» untergräbt freilich die Konsequenz von Geisslers politischer Haltung auf dem Hintergrund seiner gesellschaftlichen und literarischen Entwicklungsgeschichte.

Nicht alles, was sich als literarische Nachwirkung der Studentenbewegung beschreiben läßt, ist spurlos vorübergegangen und von den jeweils aktuellen Rezeptionsmustern bis zur Unkenntlichkeit ausgelöscht worden. Die weiter ausstrahlenden, wenn auch eher verdeckten Kontinuitäten lassen diesen Abschnitt der Nachkriegsentwicklung der deutschen Literatur auch im Rückblick als eine wichtige und ernstzunehmende Phase erscheinen: «Die Studentenbewegung hatte einen utopischen Horizont aufgerissen und war damit auch (d. h. unter anderem, nicht zuletzt) in das Erbe der bürgerlichen Literatur eingetreten. Unterdessen ist dieser Horizont wieder verdeckt [...]»[13]

5. Konzentrationsbewegungen an den Rändern. Subjektivität und Monomanie: Peter Handke und Thomas Bernhard

«Neue Innerlichkeit», Wiederentdeckung des Ichs und «Neue Subjektivität» sind die Signalwörter, die über der literarischen Entwicklung der siebziger Jahre stehen. Auf den ersten Blick hat das auch einige Plausibilität, da die aus der Studentenbewegung erwachsenen gesellschaftsverändernden Wirkungen, die man der Literatur aufgefrachtet hatte, angesichts der realen gesellschaft-

lichen Entwicklungen in Desillusioniertheit und Hoffnungslosigkeit einge-
mündet waren. Es schien so, als habe auf breiter Front eine Rückwärts-
bewegung eingesetzt, eine hypochondrisch verquälte Beschäftigung mit den
Verwundungen und Empfindlichkeiten des eigenen Ichs, ein Rückzug aus der
politischen Arena eines programmatisch eingestimmten Kollektivs in die
Selbstvergewisserungsversuche eines beschädigten und isolierten Ichs, das
seine enttäuschten Gefühle und Hoffnungen, seine Schmerzerfahrungen und
individuellen Stabilisierungsbemühungen nun für wichtiger hält als die
Veränderung der gesellschaftlichen Funktionen, in die es sich nach wie vor
widerwillig eingebunden sah. Die in die terroristische Gewaltanwendung ab-
gedriftete radikale Abspaltung der Studentenbewegung, die RAF mit ihren
Attentaten und Anschlägen und die sich u. a. im sogenannten «Radikalenerlaß» nervös abschottende bundesrepublikanische deutsche Gesellschaft
hatten mit dazu beigetragen, ein Klima der gesellschaftlichen Vereisung zu
erzeugen, in dem die bengalischen Feuer der erträumten politischen Veränderung längst erloschen waren. Um die winzigen Feuerstellen, die übriggeblieben waren, scharten sich versprengte einzelne, Wärme suchend und mit dem
Überleben beschäftigt.

Die Gruppe 47 war in den beiden Jahrzehnten der Nachkriegszeit zum
Resonanzraum eines schriftstellerischen Wir-Gefühls geworden und hatte als
sich lebendig entwickelnde Körperschaft von Autoren ein schriftstellerisches
Identitätsbewußtsein der wichtigsten Literaten entstehen lassen. Sie war, nachdem der österreichische Jungautor Peter Handke ihre zur bloßen Routine
werdende Geschäftigkeit und – so der Vorwurf – zur «Beschreibungsimpotenz» verkommene ästhetische Repräsentanz schon auf der Princeton-Tagung
der Gruppe im April 1966 wütend attackiert hatte, von den politischen Zielvorstellungen der Studentenbewegung überholt worden. Sie löste sich – nach
einem gescheiterten Versuch des Neubeginns 1972 in Berlin – 1977 auf der
letzten Tagung in Saulgau endgültig auf. Hier entstand ein Vakuum der literarischen Szene, das mit dazu beitrug, daß sich die neuen literarischen Ansätze
nach außen verlagerten, daß gleichsam an den Rändern neue Kristallisations-
und Konzentrationsbewegungen entstanden, die sich auch auf die Erscheinungsformen des Romans vielfältig ausgewirkt haben.

Der Österreicher Peter Handke, der den Niedergang der Gruppe 47 so
medienwirksam eingeläutet hatte, der in den siebziger Jahren zum sichtbarsten Exponenten des Literaturbetriebs avancierte und der als Trend-Figur
fungierte, bis ihn der Autor Botho Strauß in den achtziger Jahren in dieser
Aufgabe ablöste, ist ein Beispiel für diese neue Konzentration. Denn Handke
war und blieb auf vielfältige Weise verklammert mit einer spezifischen Literaturszene, die sich als binnenliterarisches Phänomen im Österreich der Nachkriegszeit entwickelt hatte und in den Siebzigern mit einer großen Zahl von
wichtigen Autoren unübersehbar in Erscheinung trat.

Diese binnenliterarische Entwicklung hatte schon früh eingesetzt und kulminierte seit Ende der fünfziger Jahre in den an Dadaismus und Surrealismus anknüpfenden, sich mit der «Konkreten Poesie» der Bense-Gruppe in Stuttgart berührenden Ansätzen der «Wiener Gruppe», die von H. C. Artmann, Konrad Bayer, Gerhard Rühm und Oswald Wiener vertreten wurde und sich 1964 nach dem Selbstmord Bayers auflöste. Diese literarischen Energien verlagerten sich seit Anfang der sechziger Jahre zunehmend, motiviert vor allem durch den Widerstand gegen eine öffentliche Repräsentanzgeltung beanspruchende Wiener Honoratioren-Literatur (die von vielen PEN-Mitgliedern getragen wurde), nach Graz, wo sich im Forum Stadtpark eine Gruppe von jungen Künstlern formierte, zu der u. a. Wolfgang Bauer, Barbara Frischmuth und Peter Handke gehörten und deren von Alfred Kolleritsch herausgegebene Zeitschrift «manuskripte» zu einem wichtigen publizistischen Forum für die Texte von Thomas Bernhard, Gert Jonke, Peter Rosei, Gerhard Roth und vielen anderen wurde.

Diese literarische Produktivität hat nichts mit dem Weiterleben jenes austriakischen Mythos zu tun, wie ihn der Italiener Claudio Magris in seiner These vom «Habsburgischen Mythos in der österreichischen Literatur» an literarischen Texten von Stifter bis Joseph Roth zu rekonstruieren versuchte, sondern ist vielmehr das Ergebnis einer speziellen Krisenerfahrung und eines spezifischen gesellschaftlichen Reizklimas. Das angesichts seiner historischen Hegemonierolle, die 1918 abrupt beendet war, zur geschichtlichen Bedeutungslosigkeit geschrumpfte Österreich, das 1938 im Anschluß an Hitler-Deutschland vergangene Größen-Träume wiederaufleben sah, war nach 1945 um so krasser in die Bedeutungslosigkeit abgestürzt. Der Alpenstaat hatte sich in den Nachkriegsjahrzehnten, aus der subjektiven Perspektive vieler österreichischer Autoren betrachtet, nicht nur zu einer alpenländischen Disney-World entwickelt, zu einer touristischen Dauer-Kulisse mit Heurigen-Geschunkel und Schrammelmusik, mit einem surrogathaft aufgeblähten Kulturbetrieb mit Wiener Opernhaus und Salzburger Festspielen, sondern auch zur sprichwörtlichen Skandal-Republik mit Korruptionsaffären und Parteienfilz, mit verdecktem Antisemitismus und Rechtsradikalismus. Dieses «Hawaii Mitteleuropas», diese «touristische Bananenrepublik» (Peter Turrini), in der «eine Unzahl von Skandalen sich ergebenst um die begrenzte Zahl von Journalisten bemüht» (Michael Scharang), wo «das Nazitum einem hier auf Schritt und Tritt entgegentritt wie ein böser Dämon» (Peter Handke), wo «die mit Präpotenz gemischte Borniertheit eines Teils seiner Bewohner, die Vermarktung seiner Landschaft und die Kinderfeindlichkeit seiner Städte tagtäglich in Wut versetzen können» (Barbara Frischmuth), stellt eine Wirklichkeit dar, die gerade auf Grund ihrer Verdichtung zur modellhaften Kleinheit eine permanente Provokation für die Autoren wurde: «Das Fette, an dem ich würge: Österreich» (Peter Handke). Am krassesten dokumentiert sich das in den Haß- und Vernichtungsdelirien von Thomas Bernhard, aber auch die literarischen Arbeiten der anderen Autoren werden konstitutiv davon bestimmt. Die *Publikumsbeschimpfung*, der Handke seinen ersten großen literarischen Erfolg verdankt, bleibt trotz aller Formalisierung und Verallgemeinerung auf einen solchen Erfahrungskontext bezogen.

Peter Handke (*1942) hat dieser mit Österreich verbundenen literarischen Konstellation die größte öffentliche Aufmerksamkeit verschafft. Sein Sichwundscheuern an der österreichischen Wirklichkeit wurde durch die lebensgeschichtliche Außenseiter-Situation noch zusätzlich verschärft.

Als unehelicher Sohn einer slowenischen Mutter geboren, die in einer Panikreaktion einen deutschen Unteroffizier heiratete, um die soziale Stigmatisierung der proletarischen Lebensumgebung in einem armen Randbezirk des südlichen Kärntens aufzufangen, wuchs er in einer von tausend Verboten umstellten provinzlerischen Enge auf, wurde nach der Dorfschule aufs Marianum in die Nähe von Klagenfurt geschickt mit der Aussicht, auf den Priesterberuf vorbereitet zu werden, und entdeckte schließlich in der Literatur die Kraft zum Widerstand und Ausbruch. Der zu Beginn des Buches *Der kurze Brief zum langen Abschied* stehende Satz: «So weit ich mich zurückerinnern kann, bin ich wie geboren für Entsetzen und Erschrecken gewesen», liest sich wie eine Summe dieser Kindheit.

Handkes erste größere erzählerische Arbeiten verweisen noch deutlich auf experimentelle Antriebe, wie sie von der «Wiener Gruppe» auf die Grazer Literaturszene im Forum Stadtpark übergegangen waren und im Kontext einer von Wittgensteins Sprach- und Erkenntnisskepsis bestimmten Reflexion, die bei einer ganzen Reihe von österreichischen Autoren Signalwirkung hat, zu methodischen Erzählansätzen führt, die vom Widerspruch gegen die vertraute epische Fiktion und die mimetische Verdichtung von Wirklichkeit bestimmt sind. Im Erstlingsroman *Die Hornissen* (1966) ist es die Rekonstruktion der fragmentierten Erinnerungswirklichkeit aus der Perspektive eines Erzählers, der, auf der Suche nach dem im Fluß ertrunkenen Bruder von einem Bombenangriff gegen Ende des Krieges in einem österreichischen Bergdorf überrascht, sein Augenlicht verliert und sich nun als Blinder, für den Selbsterfahrenes, Gelesenes und Gehörtes ineinander übergehen, zu orientieren versucht. In *Der Hausierer* (1967) soll die Bewußtmachung der Bauelemente, die sich zum Schema Kriminalroman addieren, wieder vorstoßen zu den wirklichen Erfahrungen, die im routinierten Formenarsenal längst bis zur Unkenntlichkeit verkümmert sind. Tatsächlich beginnt Handke als Erzähler erst dort zu überzeugen, wo er sich von solchen methodischen Demonstrationsbeispielen emanzipiert und die Fremdheitserfahrung von Ich und Welt, häufig mit Zügen traumatischen Erschreckens verbunden, als Umschlag in eine wechselseitige Durchdringung erlebt: Die Außenwelt ist nur noch Zeichen, seelische Topographie der Innenwelt, die das Erzähl-Ich suchend, tastend und stammelnd zu beschreiben versucht. In *Die Angst des Tormanns beim Elfmeter* (1970) gelingt Handke dieser Durchbruch.

Der mit sich und seiner Umwelt zerfallene Monteur Josef Bloch, ein ehemaliger Fußballtorwart, der nach der Auflösung seines Privatlebens durch Scheidung plötzlich auch aus der geregelten Ordnung seines Berufslebens hinausgerät, sich ziellos umhertreiben läßt, viele Stunden im Kino verbringt, die Nacht mit einer Zufallsbekanntschaft, der Kinokassiererin, verbringt und sie am Morgen in einer Reflexbewegung erwürgt, sich aus der Umgebung Wiens absetzt und bei einer früheren Bekannten, einer Gastwirtin unterzutauchen versucht – dieser zum Mörder gewordene Bloch läßt in seinem willkürlichen antikausalen Verhalten seiner Fluchtsituation eine bestimmte Gestik erkennen: Wie der auf der Torlinie in Erwartung des Balls hin und her laufende Torwart reagiert er in der Furcht vor der Aufdeckung seiner Tat auf die Umwelt wie auf ein geheimes Signalsystem, das mit jedem Detail auf ihn verweist.

Handke verwirklicht hier zum ersten Mal die erzählerische Transkription einer existentiellen Verstörungserfahrung, die als eine Art poetischer Urszene in seinen Arbeiten der siebziger Jahre in immer neuen Varianten auftaucht. In den beiden 1972 erschienenen Prosaarbeiten *Der kurze Brief zum langen Abschied* und *Wunschloses Unglück* gelingt ihm die vollkommenste erzählerische Umsetzung, nicht von ungefähr auch auf dem Hintergrund lebensgeschichtlicher Krisenerfahrungen, der schmerzhaften Trennung von seiner Frau, der Grazer Schauspielerin Libgart Schwarz, und des Selbstmordes seiner Mutter.

Der *Kurze Brief* ist als eine Art von Road-Novel ein verkappter Bildungsroman, der den durch Amerika reisenden Erzähler, der sein Ich im Lektüre-Filter von Gottfried Kellers *Grünem Heinrich* und Karl Philipp Moritz' *Anton Reiser* klärt, unterwegs zeigt zu einem neuen Ich- und Wirklichkeitsgefühl. Es ist zugleich eine Flucht-Geschichte, die die Quäl- und Zerstörungs-Rituale einer verunglückten Ehe in der Verfolgung des Erzählers durch seine Frau Judith, die ihn treffen und vernichten will, repetiert und zusammenfaßt. Beide Darstellungsebenen werden wirkungsvoll miteinander verzahnt, wobei die momentanen paradiesischen Erfahrungen einer «ANDEREN ZEIT», die dem Erzähler unterwegs augenblickhaft zuteil werden, auf die utopische Befriedung am Schluß des Romans vorausdeuten: Im Garten des Regisseurs John Ford, dem Garten eines zweiten Paradieses, löst sich, indem beide dem großen Filme-Erzähler ihre Geschichte erzählen, das Angst- und Bedrohungs-Ritual ihrer Beziehung auf, und sie lösen sich friedlich voneinander.

Die quälenden psychischen Rückstände seiner Kindheitsgeschichte hat Handke in *Wunschloses Unglück* künstlerisch aufgearbeitet und in eine erzählerische Transparenz umgesetzt, die mit der Geschichte der Mutter, der Geschichte der sozialen Verhinderung und Unterdrückung eines Ichs, zugleich die Beschädigungen der eigenen Kindheit beleuchtet.

Wunschloses Unglück stellt in vieler Beziehung einen paradoxen erzählerischen Glücksfall dar. Das, was sich als Geschichte in diesem Prosatext zu erkennen gibt, ist nicht arrangierte Fiktion, sondern authentisch und hat als Teil der eigenen Geschichte des Autors zugleich jenes existentielle Gewicht, das für viele Prosaarbeiten Handkes gilt, aber sich nie mehr so bruchlos verwirklicht. Indem Handke sich selbst in seiner Beziehung zur Person und zum Leben seiner Mutter reflektiert, scheint ein Moment von künstlerischer Distanz realisiert, die es ihm möglich macht, Wirklichkeit nicht nur als Reflex der Innerlichkeit des Autors, sondern innerhalb bestimmter historischer Bezüge einzubringen: als identifizierbar gestaltete Realität einer bestimmten historischen Situation.

Handkes geradezu manische Züge tragende Produktivität hat diese Balance in den zahlreichen Erzählarbeiten der Folgezeit nicht mehr erreicht. Er hat sie entweder regressiv aufgelöst wie in *Die Stunde der wahren Empfindung* (1975), wo der psychische Rohstoff die Erzählstrukturen zersetzt, oder sie wie in *Kindergeschichte* (1981) pastoral überhöht. In einer Art Gegen-Buch zu *Wunschloses Unglück* sollen die sechs Jahre gemeinsamen Lebens mit der Tochter Amina mit einer mythischen Aura von Schicksal und ewigem Geist in den Augen der Kinder umgeben werden, während das Kind selbst mit seiner eigenen Geschichte zur pathetischen Leer-Stelle schrumpft. Handkes Erzähler, der bekennt: «Ich arbeite an dem Geheimnis der Welt», befindet sich hier freilich schon auf einem Weg, dessen einzelne Stationen sich in den

Werketappen der achtziger Jahre abbilden und den er programmatisch in seinem Text *Die Lehre der Sainte-Victoire* (1980) entworfen hat.

In Analogie zu Cézanne, der den Mont Sainte-Victoire in der Nähe seiner Heimatstadt Aix-en-Provence im Alter immer wieder gemalt hat, um jene letzte Perfektion zu erreichen, die den Gegenständen der Natur im künstlerischen Abbild ihre Ewigkeit verleiht, sieht Handke sich aufgerufen, die Dinge in der Poesie zu retten:

> «Und ich sah das Reich der Wörter mir offen – mit dem Großen Geist der Form [...]. Und ich spürte die Struktur all dieser Dinge in mir, als mein Rüstzeug. TRIUMPH! dachte ich – als sei das Ganze schon glücklich geschrieben.»[14]

Aber diese zugleich körperliche und körperlose Transparenz der Erscheinungen, die die Altersbilder Cézannes zum Bild und zur Vision der Wirklichkeit gleichzeitig werden läßt, wird bei Handke nur appellativ beschworen, nicht künstlerisch umgesetzt. Das bezeugt schon am Ende des *Victoire*-Textes sein Beschreibungsversuch des großen Waldes bei Morzg und die poetischen Kraftanstrengungen in den folgenden Büchern. Handke sakralisiert die Poesie und überfordert sie damit auf eine Weise, daß sie zur pathetischen Geste wird, mit der er sich zornig und mitunter wutschnaubend von der Zivilisations- und Medienwelt der Zeitgenossen absetzt und eine Ausschließlichkeit propagiert, die als narzißtischer Affekt auf ihn selbst zurückschlägt.

In den in den späten achtziger Jahren entstandenen Arbeiten gelingt es immerhin, die beiden auseinanderlaufenden Darstellungswege, den der autobiographischen Aufzeichnungsbücher von *Das Gewicht der Welt* (1975) bis zur *Geschichte des Bleistifts* (1982) und den der pathetischen Fiktionalisierung in *Die Wiederholung* (1986) oder *Die Abwesenheit* (1987), in einer neuen unprätentiösen Darstellungsform zusammenzubinden, die, zwischen autobiographischem Notat, essayistischem Diskurs und Erzählung angesiedelt, Momente der Wirklichkeitserfahrung festhält. Das beginnt mit *Nachmittag eines Schriftstellers* (1987) und setzt sich im *Versuch über die Müdigkeit* (1989), *Versuch über die Jukebox* (1990) und *Versuch über den geglückten Tag* (1991) fort. Mit den Wirklichkeitsentwürfen, die der Roman zu geben vermag, hat das freilich nichts mehr zu tun:

> «Die Erzählung stolpert über die Erzählung, die nicht zu erzählen ist. So sind die drei ‹Versuche›, jeder auf seine Weise, eine ‹Kritik des reinen Erzählens›, eine Vorstudie, ein Prolegomenon, in dem die ‹Bedingungen der Möglichkeit› des Erzählens probiert, das Gerippe einer solchen Erzählung ausgelegt, aber das Erzählen selbst aufgeschoben oder nur angedeutet wird.»[15]

Während sich bei Handke die Haß-Reibung an Österreich eher verloren hat und er inzwischen auch wieder eine Reihe von Jahren in Salzburg gelebt hat, blieb für Thomas Bernhard (1931–1989) Österreich und vor allem Salzburg das Haß-Zentrum seiner Existenz.

Er war an Salzburg auch biographisch vielfältig gebunden: von 1943 bis 1944 besuchte er dort ein Internat, vom Sommer 1945 an das dortige Johanneum, Ende 1946 siedelte die ganze Familie nach Salzburg über, 1952 begann er ein Musik- und Schauspielstudium am Salzburger Mozarteum. Der in einem holländischen Heim für ledige Mütter in Heerlen geborene Bernhard hat die soziale Stigmatisierung seiner Kindheit nie vergessen können. Er wurde von der Mutter aus ihrer neuen Familie ausgegrenzt und der Obhut des Großvaters, des regional erfolgreichen Schriftstellers Johann Freumbichler, überlassen, bei dem Bernhard so etwas wie menschliche Wärme und Zuneigung fand und auch eine erste Bestätigung seiner künstlerischen Interessen. Als der Großvater 1947 schwer erkrankte und ins Krankenhaus eingeliefert wurde, brach auch Bernhard körperlich zusammen und verbrachte die nächsten drei Jahre in schäbigen Sanatorien und Lungenheilstätten, einer Höllen- und Todes-Topographie, der er mit letzter Anstrengung entkam.

Bernhard hat in den Jahren von 1975 bis 1982 die einzelnen Stationen dieser lebensgeschichtlichen Tortur in fünf Büchern *(Die Ursache/Der Keller/ Der Atem/Die Kälte/Ein Kind)* festgehalten. In einer sich zunehmend verknappenden und zum Berichtstil beruhigenden Prosa, die ihre sprachlichen Angriffsenergien allmählich verliert, schreitet er den autobiographischen Entwicklungsweg nochmals ab, über dem als Katastrophen-Motto ein Auszug aus den «Salzburger Nachrichten» vom Mai 1975 steht:

«Zweitausend Menschen pro Jahr versuchen im Bundesland Salzburg ihrem Leben selbst ein Ende zu machen, ein Zehntel dieser Selbstmordversuche endet tödlich. Damit hält Salzburg in Österreich, das mit Ungarn und Schweden die höchste Selbstmordrate aufweist, österreichischen Rekord.»

Bernhards literarischer Ruhm setzte seit 1970 auf dem Theater ein, als sein erstes wichtiges Stück *Ein Fest für Boris* erschien und er mit nicht selten zwei neuen Stücken im Jahr von dem Regisseur Claus Peymann zu einer weithin sichtbaren Bühnen-Präsenz im deutschsprachigen Theater katapultiert wurde. Seine erzählerischen Arbeiten blieben demgegenüber eher im Hintergrund, auch wenn ihm hier besonders zu Anfang vielleicht die nachhaltigsten Umsetzungen seiner Angst- und Schreckensvorstellungen gelangen. Schon der Erstlingsroman *Frost* (1963) setzt sich mit einer rigorosen Entschlossenheit von jeder vertrauten heimeligen österreichischen Regionalliteratur ab und entwirft in den bedrohlichen Landschaftsbildern des Salzburger Umlandes, den aufgerissenen Berghängen, den dunklen Schluchten und bedrohlichen Wald-Massiven eine beklemmende Todes-Topographie.

Der Erzähler, ein Medizinstudent, ist in ein abgelegenes Gebirgsdorf gegangen, um dort im Auftrag seines akademischen Lehrers, eines Chirurgen, nach dessen Bruder, einem Maler, zu sehen, der sich immer mehr abkapselt und in einem Zustand der zwanghaften Erstarrung die Wirklichkeit als eine einzige bedrohliche Schädelstätte empfindet. Die wahnhafte Entgleisung des Bewußtseins im Kopf dieses Malers Strauch, der schon längst seine künstlerische Arbeit eingestellt hat und auf den Spaziergängen mit dem Studenten in monologischen Schüben einer zur Kältezone erstarrenden Welt seinen Abscheu und seine Verzweiflung entgegenschleudert, übt eine soghafte Anziehungskraft auf den Studenten aus, der er sich am Ende nur mit Anstrengung zu entziehen vermag, während der Maler kurz danach in einem Schneesturm zugrunde geht. Gerade die erzählstrukturelle Balance zwischen dem sich schon vorher mental ankündenden Kältetod des Protagonisten und der Beobachtungsperspektive des Erzählers, der sich kontrollierend und beobachtend gegen die Kälte-Erstarrung wehrt, verhindert die monomanischen Ausuferungen, von denen das künstlerische Kalkül in den literarischen Arbeiten Bernhards so häufig überfordert wird.

Bernhard hat diese erzählerische Eindringlichkeit, auch die düstere Großartigkeit in den Beschreibungssequenzen eines Landschaftsareals, das zur literarischen Kartographie mentaler Verstörungszustände wird, punktuell auch immer wieder in den späteren Erzähltexten erreicht, selbst wenn die literarische Umsetzungsenergie immer stärker dem räsonierenden Affekt und einer gebetsmühlenhaften Aggressions-Rhetorik weicht.

Schon in dem zweiten Roman *Verstörung* (1967) setzt dieser künstlerische Auflösungsprozeß ein mit dem Bild einer monomanisch verdüsterten Welt, in der der durch das steirische Gebirge wandernde Landarzt mit seinem Sohn, einem Bergbaustudenten, im Tal auf eine Gesellschaft der Hoffnungslosen und Verdammten stößt, auf Krüppel, Kranke, Mörder und Sterbende, und auf dem hohen Berg auf den alten Prinzen Saurau, der in einem sich wahnhaft wiederholenden Verzweiflungsmonolog die große Vergangenheit beklagt und in Schrecken vor seinem Sohn lebt, der eines Tages als vernichtender Vollstrecker aus dem Ausland zurückkehren wird, um alles zu liquidieren.

Der Roman *Das Kalkwerk* (1970) variiert das affektbesetzte Thema der Wirklichkeitszersetzung ein weiteres Mal: jetzt in der Geschichte eines Mordes an einer verkrüppelten Frau, ausgeführt von ihrem Mann, einem einzelgängerischen Sonderling, der in der Vakuumkammer eines stillgelegten Kalkwerks die wahnhafte Erfüllung seines Lebenssinns verwirklichen will, nämlich die Niederschrift einer Studie übers Gehör, die er nie zustande bringt. Diesem bereits von Wiederholungsmanien ausgelaugten schemenhaften Buch, das Bernhards erzählerische Imagination in einem Irrlauf der Repetition ausgehöhlt und sein Repertoire abgenutzt zu haben scheint, folgt ein halbes Jahrzehnt später der Roman *Korrektur* (1975), der nochmals das darstellerische Vermögen Bernhards unter Beweis stellt und in mancher Hinsicht als sein geglücktestes Erzählwerk erscheint.

Wie schon im Erstlingsroman steht der Erzähler, hier ein Mathematiker, der das Leben seines Freundes Roithammer (der als Philosoph in Cambridge lehrte und Selbstmord beging) zu rekonstruieren und zugleich den Gründen für seine Selbstzerstörung auf die Spur zu kommen versucht, außerhalb der labyrinthischen Bewußtseinswelt des Protagonisten und bricht damit die wahnhafte Geschlossenheit auf, die Bernhards Darstellung so häufig pathologisiert und damit abschwächt. Der Biograph, der sich in einer Dachstube im oberösterreichischen Gebirge am Schreibtisch Roithammers in dessen Notizen, autobiographischen Aufzeichnungen und Fragmenten vertieft, dringt allmählich in die Gedankenwelt dieses Philosophen ein (hinter dem unverkennbar die Gestalt Wittgensteins steht). Roithammer hat über zehn Jahre lang an den Plänen für ein vollkommenes Waldhaus in Kegelform gearbeitet, das für seine Schwester gedacht war, das aber, als es realisiert wird, nutzlos ist, da seine Schwester einer tödlichen Krankheit zum Opfer fällt und er sich, im Protest gegen die determinierende Macht des Lebens, nach der Beerdigung der Schwester im Wald erhängt. Diese finale Negation des Lebens ist die endgültige Korrektur, die auf eine nachdrückliche Weise die sich gegen alle Grenzziehungen aufbäumende philosophische Reflexion Wittgensteins aufnimmt und in eine epische Form übersetzt. Bernhard zieht gleichsam die Summe seiner vorangegangenen Erzählarbeiten und erreicht in der sprachlichen Intensität und durch keine vertraute Antwort zu beruhigenden Insistenz seines zweifelnden Fragens eine Sogkraft der Darstellung, wie sie ihm in keiner epischen Arbeit mehr ähnlich gelingt.

Das gilt auch im Hinblick auf den Roman *Auslöschung* (1986), der sich streckenweise wie ein Quodlibet Bernhardscher Aggressions-Motive und Haß-Tiraden liest. Und auch das Thema der *Korrektur,* der letzte Protest gegen die labyrinthische Indifferenz des Lebens durch Selbstliquidation, wird im Moment der Auslöschung erneut aufgegriffen. Aber so wie Bernhards Stück *Heldenplatz* (1988) zu einer monologischen Nummern-Oper verkommt, in der ein misanthropischer saurer Dauer-Regen auf alles niederrieselt und zu verätzen und zu zersetzen bemüht ist, aber sich letztlich doch nur als dünner Salzburger Schnürlregen erweist, ließen sich ohne weiteres Partien der Österreich-Beschimpfung aus diesem Stück mit entsprechenden Partien im Roman vertauschen, ohne daß dabei Brüche in der ästhetischen Struktur auftreten würden. Der Roman wird nur notdürftig von einem Handlungsgerüst zusammengehalten:

> Der in Rom lebende Privatgelehrte Murau kehrt auf das feudale Besitztum seiner Familie nach Österreich zurück, um an der Beerdigung seiner Eltern und seines Bruders teilzunehmen, die bei einem Verkehrsunfall verunglückt sind. Er nutzt die Gelegenheit zu einem Generalangriff auf die restaurative, ideologisch bornierte Vergangenheit und liquidiert sein Erbe, indem er es der Israelitischen Kultusgemeinde schenkt.

Als Aneinanderreihung von endlosen Monologen und Schein-Gesprächen, in denen der Partner lediglich als Echo-Wand fungiert, erscheint das Buch wie ein in eine epische Ersatzform gegossenes Bernhard-Stück. Das in diesen Kontext eingesprengte und von Sympathie und Verehrung gezeichnete Porträt der Dichterin Maria, hinter der sich Ingeborg Bachmann zu erkennen gibt, wirkt eher wie ein Fremdkörper in dieser routiniert monotonen Verdammungslitanei.

6. Austriakische Variationen: Roth, Frischmuth, Jonke, Rosei, Hoffer

Handke und Bernhard sind die sichtbarsten Exponenten einer österreichischen Autoren-Formation, deren sozialgeschichtliche Voraussetzungen einer ihrer Vertreter, Peter Rosei, am Beispiel seiner eigenen Entwicklung so beschrieben hat:

«Nach dem Abgang von der Universität stellten sich die Alternativen so dar: einerseits der Aufstieg und die damit verbundene Assimilation an das Bürgertum, andererseits die Suche nach einem Weg, der gewissermaßen an der Gesellschaft vorbeiführt. Zum Ergreifen der ersten Möglichkeit sah ich mich außerstande [...]. Die Annahme des zweiten Weges, man könnte ihn als gesellschaftlich tangential bezeichnen, basierte auf einem typisch kleinbürgerlichen Denkfehler. Diesen Weg gibt es nicht. Auch der Desperado ist Mitglied der Gesellschaft.»[16]

Dennoch gilt das für viele Autoren, von Rosei, der seinen Jura-Abschluß nie beruflich nutzte, über Handke, der sein Jurastudium abbrach, und Gert Jonke, der unterschiedliche akademische Fächer erfolglos studierte, bis hin zu Gerhard Roth. Roth (*1942), der sein zehnsemestriges Medizinstudium nicht abschloß und, sehr jung verheiratet, ein Jahrzehnt lang als Angestellter eines Rechenzentrums in Graz tätig war, wählte gleichfalls den tangentialen Weg. Im Vergleich zur monomanischen Besessenheit Bernhards von seinem Grund-Ekel gegenüber der Welt und vor allem gegenüber Österreich ist der literarische Entwicklungsweg Roths im Möglichkeiten-Spektrum viel differenzierter. Die beiden ersten Etappen dieses Weges scheinen ein Muster zu wiederholen, das sich auch in der Werkgeschichte Handkes abbildet. Roth beginnt mit einem methodisch angelegten Experiment in *die autobiographie des albert einstein* (1972).

Die fiktive Autobiographie eines Schizophrenen wird nicht auf dem Wege der Außenbeschreibung diagnostisch entwickelt, sondern in den fragmentierten, aus allen Ordnungen ausbrechenden, wild wuchernden sprachlichen Satzgebilden und rapide umkippenden Assoziationsreihen wird gleichsam die jeweilige sprachliche Präsenz dieses Bewußtseins direkt abgebildet und gezeigt, wie an die Stelle der zerstörten normalen eine unbekannte, erschreckende Welt tritt. Das ist im methodischen Entwurf weit radikaler als analoge Versuche bei Handke oder Bernhard.

Roth hat diesen experimentellen Weg in verschiedenen kurzen Prosaentwürfen (*Künstel*, 1971; *Der Wille zur Krankheit*, 1973) fortgeführt, aber ähnlich wie Handke nach seinen beiden ersten größeren Erzähltexten die Ritualisierungsgefahr und künstlerische Verengung solcher sprachexperimentellen Texte gespürt. Die Amerika-Reise, die er Anfang der siebziger Jahre zusammen mit dem befreundeten Dramatiker Wolfgang Bauer unternahm, führte zu einer Öffnung seines Erzählens in dem Roman *Der große Horizont* (1974).

Die Elemente des Kriminalromans verwendende Darstellung schickt den Protagonisten, den Wiener Buchhändler Haid, nach dem Zusammenbruch seines Privatlebens auf eine Bewußtseinsreise nach Amerika, wo er sich in einer Angstphantasie in eine Mordsache verwickelt glaubt, aber am Ende die milde Paranoia überwindet und zu seinem Ich zurückfindet. Aus präzisen Einzelbeobachtungen läßt Roth eine labyrinthische Bildvorstellung Amerikas entstehen, die in ihren Details genauer und schärfer ist als in Handkes Roman *Der kurze Brief zum langen Abschied*, der als Folie hinter Roths Buch erkennbar wird.

Nach dem zweiten wesentlich schwächeren Amerika-Buch *Ein neuer Morgen* (1976) findet Roth zu seinem zentralen erzählerischen Arbeitsvorhaben, das ihn in den nächsten Jahren nicht mehr losläßt. Es ist die sich sukzessiv entwickelnde Konzeption einer siebenbändigen Werkreihe, die in unregelmäßiger, nicht chronologisch gestaffelter Erscheinungsfolge, angefangen bei dem Bildtextband *Im tiefen Österreich* (1990) über die Romane *Der stille Ozean* (1980), *Landläufiger Tod* (1984), *Am Abgrund* (1986) und *Der Untersuchungsrichter* (1988) bis zu dem biographischen Bericht *Die Geschichte der Dunkelheit* (1991) und dem Essayband *Reise in das Innere von Wien* (1991) reicht. Roth hat über diese Werkreihe den programmatischen Titel *Die Archive des Schweigens* gesetzt und damit weniger eine formale zyklische Verklammerung der einzelnen Werkteile betont als eine gemeinsame Grundabsicht, die er auf unterschiedlichen Text-, Bild- und Diskurs-Ebenen erprobt: Es ist eine minutiöse literarische Archäologie von Wirklichkeitszonen außerhalb einer rational kartographierten und damit verfügbar gemachten Realität. Unter diesem Aspekt könnte auch der Titel *Die Geschichte der Dunkelheit* über der ganzen Werkreihe stehen. Denn in dieses bildermächtige, sich jedem rationalen Zugriff verweigernde, von Schrecken und Tod bestimmte, sich jeder Sinnprojektion entziehende chaotische Wirklichkeitsmassiv treibt Roth Stollen der erzählerischen Spurensuche von einer sprachlichen Sprengkraft und imaginativen Vielfalt, die nicht nur im österreichischen Literaturkontext nahezu einzigartig dastehen.

Als Roth sich 1977 in dem kleinen steiermärkischen Dorf Obergreith niederließ, mag das im Ansatz von einer Aussteiger-Haltung bestimmt gewesen sein, aber er entdeckte hier schon bald das mikrokosmisch zusammengedrängte Abbild einer unbekannten Welt mit archaischen, zerstörerischen Zügen, die er systematisch zu erforschen begann und von der er Rechenschaft in seinen Büchern ablegte.

Das zentrale Buch ist dabei der fast 800 Seiten umfassende Roman *Landläufiger Tod*, der jede vertraute personenorientierte Erzählstruktur, die sich innerhalb eines chronologisch identifizierbaren Zeitrahmens entfaltet, ebenso aufgegeben hat wie eine ein mögliches Darstellungszentrum markierende Erzählperspektive. Der Text erweist sich vielmehr als ein kompliziertes, vielfältig vernetztes Gewebe unterschiedlichster Erzählvorhaben und Darstellungsstrategien, die die Dunkelzonen des Dorfes und der Landschaft ausloten mit den Menschen als naturgeschichtlichen Bestandteilen dieses ozeanischen Wirklichkeitsareals und nicht als sinnstiftenden, eine moralische oder politische Ordnung vertretenden Akteuren.

Der Erzähler, Franz Lindner, ist ein zwanzigjähriger Bienenzüchter-Sohn, der seine Sprechfähigkeit bei einem Verkehrsunfall verloren hat, seiner schizophrenen Schübe wegen in einer Anstalt lebt und infolge seiner physischen Ausnahmesituation über sinnliche Sensorien verfügt, die ihn mit einer überscharfen Wahrnehmungs- und Auffassungsfähigkeit versehen. Diese außergewöhnliche Befähigung setzt Roth in unter-

schiedliche Schreibverfahren und Darstellungsstrategien um, die die Visionen, Assozia-
tionsreihungen und imaginativ verfremdeten Wirklichkeitsbilder dieses hyperaktiven
Bewußtseins abbilden. An die Aufzeichnungen Lindners schließen sich vier längere
Erzählungen an, um schließlich im dritten Buch, «Mikrokosmos», in einem vielfältig
ineinanderübergehenden Meer von Stimmen die Lebensläufe und Lebensumwelt der
Dorfbewohner in einem chorischen Wechselgesang zusammenklingen zu lassen, in dem
Menschengeschichte und Naturgeschichte ineinander übergehen. Die in der Heilanstalt
aufgezeichneten 66 Märchen Lindners und ein Tagebuch, das er nach seiner Flucht aus
der Anstalt beginnt, beschließen den Roman, der Lindners Ausbruchversuch am Ende
in der Schwebe hält: Er hat seine Sprache wiedergefunden und tritt in einem Zirkus als
«Bienenmensch» auf: Die Königin, die er sich auf den Kopf setzt, läßt ihn mit dem
Bienenvolk eins werden, d. h. er verschmilzt gleichsam mit der Natur.

Roth hat hier durch seine sprachliche Eindruckskraft, die sich zum Visionären und Transrealen öffnet, aber immer sinnlich konkret bleibt, die poetische Probe aufs Exempel für das geliefert, was die zentrale Person des Romans an einer Stelle so beschreibt: «Längst glaubt niemand mehr an das, was
er sieht. Vielmehr ist das, was wirklich ist, verborgen in einer anderen Wirklichkeit [...].» Es mag durchaus sein, daß sich dieser Roman als die bedeutendste erzählerische Leistung seiner Generation erweisen wird.

Das Spektrum der österreichischen Binnenentwicklung, die von den Namen Roths, Bernhards und Handkes als den sichtbarsten Repräsentanten
verdeutlicht wird, ist vielfältiger, wie die Namen von Barbara Frischmuth,
Gert Jonke, Peter Rosei und anderen bezeugen. Barbara Frischmuth (*1941)
hat in ihren ersten Romanen, *Die Klosterschule* (1968) und *Das Verschwinden
des Schattens in der Sonne* (1973), autobiographische Erfahrungen, ihre schulische Sozialisation und einen einjährigen Studienaufenthalt in der Türkei als
Orientalistikstudentin, in einem sich zwischen Sprachexperiment und tra-
dierter Erzählweise bewegenden Darstellungsverfahren verarbeitet. Ihre aus
den drei Romanen *Die Mystifikationen der Sophie Silber* (1976), *Amy oder die
Metamorphose* (1978) und *Kai und die Liebe zu den Modellen* (1979) bestehende Roman-Trilogie entwirft unter Einbeziehung von märchenhaften Elementen Entwicklungsmuster von Frauenbildern, die emanzipatorischen Ansätzen in der Frauenliteratur zu entsprechen scheinen, ohne daß das freilich
auf eine programmatische Linie bei ihr eingeengt würde. Ihren bisher bedeutendsten Roman hat sie 1987 unter dem Titel *Über die Verhältnisse* vorgelegt,
dessen doppeldeutiger Titel sich zum einen auf die Personenkonstellationen
in ihrer Erzählung bezieht, die Liebe zwischen Mela, der Restaurantbesitze-
rin, und dem Chef, dem politischen Machtträger, der Beziehung zwischen
der gemeinsamen Tochter Frô und Ayhan Heyn, mit dem diese in die Türkei
flieht und von wo Mela sie mit der Hilfe des Chefs und ihres ungarischen
Freundes Borisch zurückholen will. Zum anderen zielt der Titel als Signal-
wort auf das Land, in dem ihre Protagonisten leben, Österreich, ein Land, das
seine Geschichte längst hinter sich hat und immer noch nicht gelernt hat, sich
mit seiner tatsächlichen Minimalrolle als Schrumpfstaat abzufinden.

Frischmuth hat die Faszination, die die mythopoetische Darstellungsweise Brochs auf sie ausübte, in ihrem Essay *Lese-Erinnerungen an Hermann Broch* beschrieben und, mit Blick auf die «alpenländische Demeter» Mutter Gisson in Brochs *Bergroman*, bekannt: «Und so werde ich vielleicht, freiwillig den Abstand vergrößernd, in den nächsten Jahren *meine Demeter* schreiben.» *Über die Verhältnisse* ist dieses Buch. Über Mela liegt der Schatten der mythischen Muttergestalt Demeter, die verzweifelt die ihr von dem Gott Hades entrissene Tochter Persephone sucht. Wie es dem Roman gelingt, Gegenwartsstoff und mythische Folie miteinander zu verschmelzen, private Geschichte und öffentliche Geschichte transparent zueinander in Beziehung zu setzen, zeugt von einer Leichtigkeit und sprachlichen Souveränität, die diesen Roman als die bisher wichtigste erzählerische Arbeit der Autorin erscheinen lassen.

Der Klagenfurter Gert Jonke (*1946) ist in seiner literarischen Arbeit von Anfang an einen radikaleren Weg gegangen. Er hat die Erkenntnisrelation von Sprache und Wirklichkeit außer Kraft gesetzt, da er eine fundamentale Divergenz zwischen Wirklichkeit und Abbild vorfindet und jedes Bild immer schon als dargestelltes und damit künstliches sieht. Diesen vielfältigen Überlappungsprozeß, in dem jedes Bild in eine Geschichte von vorhandenen Bildern und jeder Ton in einen Chor von mitschwingenden anderen Tönen eingelagert ist, versucht Jonke in eine sprachliche Darstellungsform zu übersetzen, für die endlose Satzgebilde ebenso charakteristisch sind wie durch Reihung entstandene Nominalungetüme, auf Synästhesie hin angelegte sinnliche Eindrucksensembles oder die Vorliebe für Passivformen und Infinitivsätze. In dem Prosaband *Glashausbesichtigung* (1970) wird die Absicht dieses Schreibverfahrens programmatisch so bestimmt:

> «Ich glaube nicht an normale Erzählungen. Ich kann nur an Erzählungen, die durch andere Erzählungen unterbrochen werden, glauben. Ich glaube, jeder einzelne Satz der Erzählung muß durch einen darauffolgenden Satz einer zweiten oder dritten Erzählung unterbrochen werden. Indem ich jeden Satz der Erzählung vom folgenden Satz der Erzählung durch einen Satz einer zweiten oder dritten Erzählung trenne und erst später einsetze, erhalte ich viele Erzählungen in einer einzigen Erzählung.»[17]

In dem Erzähltext *Erwachen zum großen Schlafkrieg* (1982) wird das gleiche Credo in der Grundüberzeugung ausgedrückt, «daß die ganze sogenannte Welt eine Erfindung ist, in der unser Leben gar nicht stattfindet, sondern nur eine derart innig vorgenommene Beschreibung darstellt, daß wir von ihr glauben, sie zu lesen [...].»

Von Jonke sprachlich dargestellte Wirklichkeit erweist sich als Rebus, als großes Bilderrätsel, das mit jeder veränderten Perspektive andere Zeichenbedeutungen zuläßt. Seine Texte nehmen die Bedeutung von Vexierbildern an, die, je länger man sich auf sie konzentriert, um so unbekanntere, anfänglich übersehene Bedeutungen enthalten. Von daher wird auch das, was im traditionellen Sinne die Handlung eines Romans ausmacht, in den Büchern von Jonke eher sekundär. Es sei denn, im Handlungsentwurf läßt sich eine solche Struktur als organisierender Antrieb erkennen. Das gilt etwa für den Band *Schule der Geläufigkeit* (1977):

> Das Sommerfest, das der Fotograf Diabelli für Künstler, Freunde und wichtige Persönlichkeiten des öffentlichen Lebens veranstaltet, ist so angelegt, daß es in allem das Fest des vergangenen Jahres wiederholen soll, so daß im Gestus der Wiederholung die zeitliche Zuordnung der Momente des Festrituals diffus wird und gleichsam ein Stillstand der Zeit eintritt. Auch für den mit dem Fotografen befreundeten Komponisten, der als Erzähler fungiert, gehen solcherart Erinnerung und Gegenwart ununterscheidbar ineinander über, so daß das, was sich ereignet, und das, was erzählt wird, austauschbar werden, daß das Sichereignende immer schon das Erzählte ist.

In den danach entstandenen Bänden, *Der ferne Klang* (1979) und *Erwachen zum großen Schlafkrieg* (1982), die sich durch die Gattungskennzeichnung «Roman» und «Erzählung» immer noch zur Tradition der epischen Prosa bekennen, ist die Diffusion noch weiter vorangetrieben.

In *Der ferne Klang* findet sich der Komponist aus der *Schule der Geläufigkeit* jäh nach dem Erwachen nicht in seinem vertrauten Zimmer, sondern in einem Krankenhaus-Zimmer vor. Seine Einsicht verweigert sich der unterstellten Kausalität, er habe sich das Leben nehmen wollen, da er keine Erinnerung daran besitzt. Auf der Suche nach seiner eigenen Geschichte und zusätzlich motiviert von der erotischen Faszination durch eine schöne Krankenhausangestellte, die er wiederzufinden hofft, bricht er aus dem Krankenhaus aus. Das ist aber nur das Auslösungsmoment für einen an der Sprache aufgewiesenen Prozeß, der die logische und kausale Zuordnung von Fakten und Begriffen einer Sogbewegung aussetzt, in der alles doppel- und vieldeutig wird.

Im Vergleich zu der mühevollen, sprachlich vertrackten Schreib- und Darstellungsweise Gert Jonkes, der sich in größeren zeitlichen Abständen seine Arbeiten abringt, wirkt der Wiener Peter Rosei (*1946) mit seinem in rascher Folge entstandenen umfangreichen literarischen Werk, in dem neben zahlreichen Hörspielen und Essays die Prosaarbeiten im Zentrum stehen, als von Schaffensskrupeln unbelasteter, geradezu produktionsfreudiger Autor. Der promovierte Jurist, der eine Zeitlang Sekretär des Wiener Malers Ernst Fuchs war, danach einen kleinen Wiener Schulbuchverlag leitete und seit 1972 als freier Autor lebt, bevorzugt eine bestimmte Schreibweise, die im Vergleich zu Jonkes angestrengten syntaktischen Verschachtelungen geradezu einfach wirkt: parataktische Satzreihen, die präzise Beobachtungsdetails als flottierende Wahrnehmungsensembles aneinanderreihen, ohne daß sich kausale Verknüpfungen und logische Zuordnungsverhältnisse abzeichnen. Dem entspricht auch das, was sich als Handlungsrudimente in den Erzählbänden entdecken läßt. Das, was wir Realität nennen, hat sich in den Büchern Roseis auf eine merkwürdige Weise verflüssigt zu einem unangreifbaren und sich ständig verändernden Wirklichkeitsstoff, den das Ich der Mittelpunktsfiguren letztlich ohne eine finale Orientierung in einer Erfahrungsbewegung durcheilt, die der Titel des Romans *Von Hier nach Dort* (1978) wie in einer Formel zusammenfaßt. *Entwurf für eine Welt ohne Menschen. Entwurf zu einer Reise ohne Ziel* (1975) sind andere Prosaarbeiten Roseis überschrieben, und auch diese Titel könnten als Signalformel über vielen seiner literarischen Arbeiten stehen. Auf andere Weise als bei Jonke, der die Resonanzschwingungen musikalischer Strukturen in seiner Prosa umzusetzen versucht, kennzeichnet die Prosa Roseis ein charakteristischer, verschwebender Ton, eine bestimmte Musikalität, eine Kenn-Melodie sozusagen. Doch die «Gefälligkeit» dieser Prosa ist nur ein erster Eindruck, der sich rasch korrigiert, wenn man in die Spiegel-Labyrinthe seines Erzählens eindringt.

Mit den Romanen *Wer war Edgar Allan?* (1977) und vor allem *Von Hier nach Dort* (1978) gelingen Rosei die ersten überzeugenden Verwirklichungen seines spezifischen Erzählverfahrens, wobei das, was sich als Handlungsrudimente in beiden Geschichten zu erkennen gibt, im Erzählverlauf so zersetzt wird, daß es die realistischen Zuordnungen einbüßt.

In *Wer war Edgar Allan?* bricht der Erzähler aus der Monotonie seines Medizinstudiums nach Venedig auf, um vermeintlich Kunstgeschichte zu studieren, eigentlich jedoch um mit seinem noch verpuppten Ich zu experimentieren, das sich schizoid aufspaltet: tagsüber in die privilegierte Lebenshaltung eines gutsituierten Müßiggängers und nachts in die Exkursionen eines drogensüchtigen Außenseiters, der einen geheimnisvollen Amerikaner kennenlernt, der auf mysteriöse Weise in seine eigene Geschichte verflochten wird. Er taucht immer wieder auf und wird zum Doppel- und Ebenbild seiner selbst, bis der spiralenförmig intensivierte Verunsicherungszustand, der auf die Darstellungsweisen in Poes Gothic Tales zitathaft verweist, alle verläßlichen Indizien diffus werden läßt.

Die literarische Folie, die Rosei hier bewußt hineingearbeitet hat, scheint auch für den Roman *Von Hier nach Dort* zu gelten, dessen Protagonist wie ein später Nachkomme von Eichendorffs romantischem Aussteiger *Aus dem Leben eines Taugenichts* wirkt, auch wenn Rosei darauf beharrt, Eichendorffs Novelle nie gelesen zu haben.[18] Ebenso nahe liegen die Analogien zu dem, was man im amerikanischen Literatur-Kontext als Road-Novel bezeichnen kann. Ein zentrales Beispiel dafür ist Jack Kerouacs *On the Road.*

Roseis Ich-Erzähler, der aus der Normalität ausbricht und auf dem Motorrad durch die Zivilisationslandschaft Mitteleuropas driftet, von Drogen-Deals lebend und immer auf der Suche nach «Kicks» und nach einer unbekannten Lebensintensität, ähnelt in der Tat Kerouacs Protagonisten Dean Moriarty, der durch die Weite des amerikanischen Kontinents trampt auf der Suche nach einem Leben außerhalb eines angepaßten Spießer-Lebens, auch wenn der Desperado – bei Kerouac wie bei Rosei – immer wieder von Anfällen heimgesucht wird, die nie an ein Ende gelangende Bewegung, die nur von gelegentlichen «diggings», spontanen Verständigungen mit Gleichgesinnten, euphorisiert wird und ansonsten in Leere und Isolation umschlägt, zu unterbrechen und in einer angepaßten Lebensroutine unterzutauchen, um sich geborgen zu fühlen. Denn gerade das tritt nicht ein, was sich Roseis Erzähler erträumt: «Inständig horchte ich in die Welt hinaus, als könnte ich mir von dorther begegnen.»

Rosei hat diese Darstellungs- und Erzählweise noch in einer Reihe weiterer Romane variiert und angereichert, *Das schnelle Glück* (1980), *Die Milchstraße* (1981) oder *15000 Seelen* (1985). Den auch vom Darstellungsvolumen her ehrgeizigsten Versuch hat er 1990 in dem Roman *Rebus* vorgelegt, wo er in einem reich untergliederten Sprach-Spiel mit wechselnden Figuren die Wirklichkeit einer Großstadt mit einer überquellenden Beobachtungsvielfalt in ihren unterschiedlichsten Facetten inszeniert.

Zu dem produktiven Ensemble österreichischer Literatur seit den siebziger Jahren gehören auch Autoren wie Franz Innerhofer, Gernot Wolfgruber, Alfred Kolleritsch oder Michael Scharang. Einer der ungewöhnlichsten unter ihnen und im Rang mit Gerhard Roth vergleichbar ist der Grazer Lehrer Klaus Hoffer (*1942). Er ist ein wichtiger Übersetzer amerikanischer Literatur (etwa Kurt Vonneguts) und hat über Kafka promoviert. Sein zweiteiliger großer Roman *Bei den Bieresch* (1983), dessen erster Teil *Halbwegs* 1979 und dessen zweiter Teil *Der große Potlatsch* 1983 erschien, ist als mythen- und literaturkundiger sprachlicher Mikrokosmos konzipiert, in den die Elemente der modernen Literatur von Joyce bis Borges ebenso integriert sind wie die Theorie-Labyrinthe des Poststrukturalismus.

Der Ich-Erzähler Hans wird aus dem Leben in der Großstadt, wo er mit der Mutter und den Geschwistern lebt, durch einen familiären Brauch, dem er sich nicht entziehen kann, herausgelöst: Der Tod seines Onkels, eines Landbriefträgers in dem fernen Dorf Zick im Osten des Landes, verpflichtet ihn, ein Jahr im Haus der Tante zu verbringen und den Beruf seines Onkels auszuüben. Er dringt allmählich in die Kommunikationsriten der Bewohner des Dorfes, der Bieresch, ein, die ihn in unermüdlichen Gesprächen und Belehrungen in ihre von Mythen und Bräuchen bestimmte Vorstellungswelt einführen, bis er selber Teil der Stammes-Geschichte geworden ist und eine neue Identität mit dem Namen Halbwegs annimmt. Diese Geschichte der Verwandlung von Hans erfährt im zweiten Teil ihre Umkehr, da der Ich-Erzähler schrittweise einsieht, daß die Widersprüche und Ambiguitäten in den mythischen Geschichten der Bieresch sich nicht gegeneinander aufheben, sondern von dem Versuch motiviert sind, die Vergangenheitsgeschichte zu erhellen und dem Ursprungsmoment des Unheils auf die Spur zu kommen, was freilich ein nie zu erreichendes Ziel bleibt nach dem Muster: «Unsere Geschichte ist der Knoten, der sich knüpft, wenn man ihn löst, sagen die Bieresch.»

Wie es Hoffer gelingt, seine Mythen- und Literatur-Referenzen mit erzählerischem Atem zu erfüllen, der seine Darstellung kompliziert und vergnüglich zugleich werden läßt, zeugt von großer Kunstfertigkeit. Als «Geschichte der Entdeckung des Mythos in der gegenwärtigen Zivilisation» hat Hanns-Josef Ortheil den Roman gerühmt, und Handke hat dem Buch die Kraft zur poetischen Bannung der «Todesverfallenheit» bescheinigt: «Nichts mehr erscheint dann unmöglich, auch nicht die ewige Seligkeit. Und so gehört es sich für die Poesie, seit Beginn der Zeiten.»[19]

7. Erzähler-Repräsentanten der Schweiz: Otto F. Walter und Adolf Muschg

Durch die nachhaltige Wirkung von Dürrenmatt und Frisch war die deutschsprachige Literatur der Schweiz mit der deutschen Nachkriegsliteratur auf eine so selbstverständliche Weise symbiotisch verwachsen, daß zu einer analogen tangentialen literarischen Konzentrationsbewegung wie im Beispiel Österreich in den siebziger Jahren die Voraussetzung zu fehlen schien. Dürrenmatt hat freilich noch in einer seiner letzten Verlautbarungen, der Rede, die er unter dem Titel «Die Schweiz – ein Gefängnis» Ende November 1990 auf Václav Havel hielt, die Situation in der Schweiz beschrieben

> «als ein Gefängnis, wohinein sich die Schweizer geflüchtet haben. Weil alles außerhalb des Gefängnisses übereinander herfiel und weil sie nur im Gefängnis sicher sind, nicht überfallen zu werden, fühlen sich die Schweizer frei, freier als alle andern Menschen, frei als Gefangene im Gefängnis ihrer Neutralität.»[20]

Korruption und Geldgier, politische Kungelei, eine allesumfassende Verinnerlichung des materiellen Erfolges auch um den Preis der eigenen moralischen Integrität, Fremdenhaß und Fremdenunterdrückung haben auch das Zusammenleben dieser geschlossenen Gesellschaft bestimmt. Es ist zudem immer wieder zu Revolten in diesem Gefängnis gekommen, an denen die Schriftsteller in vorderster Reihe beteiligt waren.

Der Pfarrer und Lyriker Kurt Marti hat 1966 in seinem Aufsatz «Die Schweiz und ihre Schriftsteller – die Schriftsteller und ihre Schweiz» den ritualisierten Schweizer Patriotismus, der sich appellativ zu den heimatlichen Wurzeln, zu Recht und Ordnung und republikanischer Tradition bekennt, als selbstgerechte Ideologie gesehen, die vor allem die Schriftsteller und Intellektuellen vorschnell ausgrenzt, wenn sie sich aus kritischer Distanz mit der Schweizer Wirklichkeit beschäftigen. Im sogenannten Zürcher Literaturstreit desselben Jahres, als sich einer der damals angesehensten Literaturwissenschaftler, Emil Staiger, anläßlich der Verleihung eines Preises der Stadt Zürich an ihn, zum Advokaten einer konservativen, moralischen Werten verpflichteten Literatur machte und die zeitgenössische Literatur – obwohl nur Peter Weiss das einzige namentlich erwähnte Beispiel war – in Bausch und Bogen als destruktiv, abseitig und ästhetisch ungenügsam verwarf, wurde der Bruch zwischen einer affirmativen, konservativen Bürgerlichkeit und einer unzufriedenen jüngeren Generation unübersehbar. Dieser Eklat wurde zusätzlich verschärft durch ein 1969 veröffentlichtes staatliches Buch über Zivilverteidigung, dessen verdeckte militaristische Tendenzen viele Schriftsteller damals anprangerten. Die kontroverse Diskussion setzte sich damals im Schweizer Schriftsteller-Verband fort, mit dessen abwiegelnder Haltung eine beachtliche Gruppe von kritischen jüngeren Autoren nicht zufrieden war. Sie verließen den Verband und bildeten 1970 in der Stadt Olten die sogenannte «Olten-Gruppe», die in gewisser Weise ein mit der «Grazer Gruppe» in Österreich vergleichbares Phänomen darstellt. Das an der österreichischen Situation beschriebene Reizklima läßt sich verdeckt durchaus in der Schweiz erkennen. Und es sind vor allem die Schriftsteller, die darauf reagiert haben und die gesellschaftlichen Allergien offenlegten, die die Funktionäre und Claqueure der staatlichen Macht nicht wahrhaben wollten.

Auf diesem Hintergrund ist es kein Zufall, daß das von der Breitenwirkung
her berühmteste Schweizer Buch der siebziger Jahre in der Kritik an der alle
Kreativität und individuellen Lebensmöglichkeiten vernichtenden gesellschaftlichen Affirmation der Schweizer Zustände gipfelt. *Mars* ist das von
Adolf Muschg 1977 zur Veröffentlichung gebrachte Buch eines im November
1976 an Krebs verstorbenen, zweiunddreißigjährigen Autors mit dem Schrift-
steller-Namen Zorn, der im Wettlauf mit dem ihn vernichtenden Krebs seine
Krankheit als somatische Form seiner Neurose zu begreifen versuchte.

Ihre Wurzeln liegen für ihn in der Kindheit, in einer aus lauter Abwehrmechanismen
aufgebauten und gegen die Außenwelt von den Eltern aufgerichteten großbürgerlichen
Schutzschicht, die jede menschliche Kommunikation und Liebesfähigkeit erstickte und
als Keim einer neurotischen Erstarrung in die körperliche Zerstörung umschlug, eine
Krebserkrankung, die der Autor im Bewußtsein des unaufschiebbaren, immer näher-
rückenden Todes in ihren sozialen und klinischen Stadien registrierte.

Es gibt in der Schweizer Literatur nicht den Thomas Bernhard vergleichbaren Autor, der die pathologisierende Wirkung zum zentralen Thema seiner
Darstellung gemacht hätte, aber es gibt eine unübersehbare Leidensspur, die
sich durch die Geschichte der Schweizer Literatur zieht, von Robert Walser
über Jakob Schaffner und Ludwig Hohl bis hin zu Friedrich Glauber, A. X.
Gwerder, Albin Zollinger oder Hermann Burger.

Die beiden Autoren, die von den siebziger Jahren an bis heute als Vertreter
der Dürrenmatt und Frisch nachfolgenden Generation die deutschsprachige
Schweizer Literatur nach außen hin am sichtbarsten repräsentieren, sind Otto
F. Walter (*1928) und Adolf Muschg (*1934). Für beide gilt, daß ihre Öffent-
lichkeitsrolle durch ihre berufliche Aktivität, die der schriftstellerischen Arbeit immer parallel lief (Verlagspraktiker der eine und Literaturwissenschaftler der andere), zusätzlich verstärkt wurde.

Walters epische Produktion setzt mit den Romanen *Der Stumme* (1959) und
Herr Tourel (1962) schon sehr frühzeitig ein – Bücher, die das Darstellungsrepertoire zeitgenössischen Erzählens gekonnt einsetzen, stärker noch in dem Romanerstling als in dem Frischs *Homo faber* nahestehenden *Herrn Tourel*. Eine
eigengewichtige epische Leistung stellt wohl erst der Roman *Die ersten Unruhen*
(1972) dar, in dem Walter den Versuch macht, die Janushaftigkeit des technologischen und wirtschaftlichen Fortschritts am Beispiel der fiktiven Stadt Jammes
darzustellen, deren Bausteine unverkennbar der realistischen städtischen Zivilisationslandschaft der Mittelschweiz in der Umgebung Solothurns entstammen.

Das Buch blendet fiktionale und dokumentarische Darstellungsmaterialien montagehaft ineinander und versucht, in einem episch vergegenwärtigten Personen-Kollektiv
das Bewußtsein der städtischen Sozietät auszuloten. Es entsteht so etwas wie eine
mentale Zustandsschilderung der Angstträume, der Selbsttäuschungsmechanismen und
Isolationsgefühle großstädtischen Lebens, das sich in einer Revolte auflöst, die durch
die Ermordung eines Stadtoriginals verursacht wird. Es setzt ein Selbstauflösungspro-
zeß ein, der dem einzelnen nur in der Flucht aus diesem ihn vereinnahmenden Funk-
tionskreislauf eine Chance anzubieten scheint.

Den Versuch, einen großen Zeitroman zu schreiben, hat Walter sich Ende der achtziger Jahre in seinem großangelegten Werk *Zeit des Fasans* (1988) ein weiteres Mal vorgenommen.

Es ist die mit politischer und persönlicher Schuld verflochtene Aufarbeitung des großbürgerlichen Familienclans der Winter, einer Feudalkaste von Fabrik-Herren in Jammes, die mit der nationalsozialistischen Herrschaft in Deutschland unrühmlich liiert waren. Es ist auf der gesellschaftlichen Ebene eine Recherche in die Vorgeschichte der politischen Schuld-Vergangenheit, während es auf der privaten Ebene um die Aufdeckung von verdrängter familiärer Schuld geht, da die Mutter auf nicht ganz geklärte Weise zu Tode gekommen ist. Die von Walter in seine Darstellung miteinbezogene Atriden-Mythe läßt Agamemnon und Klytemnästra zu Referenzbildern der Eltern werden. Der aus Berlin zurückgekehrte Sohn, der Historiker Thomas Winter, der als Rechercheur fungiert und in seinen Briefen an die Geliebte Lis Bronnen in Berlin auch gegen die Verstrickung in diese von Gewalt und Verdrängung gekennzeichnete Familiengeschichte anschreibt, wird zur mythischen Präsenz von Orest. So wie der Erzähler als Historiker an einem Buch über den mit der obersten Befehlsgewalt über die Schweizer Armee während des Zweiten Weltkriegs ausgestatteten General Henri Guisan arbeitet und immer wieder Abschnitte in seine familiäre Verdrängungsaufarbeitung einmontiert, geht es auch dem Erzähler Walter darum, die tabuisierte Neutralitätsfassade der Schweiz während dieser Zeit aufzubrechen und auf Schuld und Versagen aufmerksam zu machen.

Der Kritiker Reinhard Baumgart hat den Erzählgestus des Buches ironisch so beschrieben: «Das klingt, als hätte Rolf Hochhuth das Kommando übernommen in einer Erzählung, die im Geiste Faulkners begonnen wurde.»[21] Peter Schneider hat in seinem Essay *Das Licht am Ende des Erzählens* die historische Überlebtheit eines solchen epischen Darstellungsmodells von Geschichte betont, da der einzelne mit seinen Erfahrungen und die Handlungskurve der Außen-Geschichte sich nicht mehr berühren:

> «Die Feststellung, daß das traditionelle Erzählmodell des Romans immer weniger unserer aktuellen Geschichtserfahrung entspricht, ändert nichts daran, daß dieses Erzählmodell so erfolgreich ist wie niemals zuvor. [...] Nicht zufällig füllen die lebensprallen Romane lateinamerikanischer Autoren gegenwärtig die Bücherregale in den Industrieländern. Aber wahrscheinlich verdanken viele dieser Romane ihre Bestsellererfolge in der alten Welt einer selbstsüchtigen Illusion ihres Publikums. Sie führen uns unsere eigenen literarischen Nostalgien als Gegenwart vor.»

Unter den epischen Arbeiten Adolf Muschgs (deren Rezeption durchaus kontrovers ist), dem man schon mit dem Blick auf seinen Erstlingsroman *Im Sommer des Hasen* (1965) stilistische Glätte und selbstgefälliges Virtuosentum vorgeworfen hat, haben zumindest zwei Romane die erzählerische Statur dieses Autors nachhaltig bestimmt. Es sind die Romane *Albissers Grund* (1974) und *Baiyun oder die Freundschaftsgesellschaft* (1980). Ersterer ist zugleich auch Muschgs Versuch, eine Antwort zu finden auf die politischen

Provokationen, die durch die Studentenbewegung Ende der sechziger Jahre ausgelöst wurden.

Der Roman konzentriert sich auf die Kollision zwischen den Lebensläufen des Gymnasiallehrers Albisser und des von einer undurchsichtigen Vergangenheit umgebenen Emigranten Zerutt, der Albisser psychiatrisch therapiert und auf den Albisser schießt. Die durch diesen Vorfall ausgelösten polizeilichen und psychiatrischen Ermittlungen beleuchten die Lebensgeschichte der beiden und die Geschichte ihrer Beziehung, in deren Verlauf Albisser sich politisch radikalisiert hat, sich zur Dienstverweigerung als Offizier entschloß, sich zu einer Gruppe von linksradikalen Lehrlingen bekannte und als Sympathisant der Revolution seine Stelle verlor und ins Gefängnis kam. Der Schuß auf Zerutt erweist sich als mißlungener Befreiungsversuch, mißlungen deshalb, weil Zerutt überlebt, mißlungen aber vor allem, weil Zerutts Aufforderung an ihn, die eigene Biographie ernstzunehmen und sich in Südfrankreich einer Landkommune anzuschließen, von Albisser abgewiesen wird. Statt dessen kehrt er in die kleinbürgerliche Normalität zurück, während der von Ausweisung bedrohte Zerutt sich ungebrochen zur politischen Hoffnungshaltung von Widerstand und Aufklärung bekennt.

Die Art, wie hier politische und gesellschaftliche Fragen in der individuellen Erfahrungsdimension von Muschgs Akteuren verankert werden, hebt das Buch über einen politischen Traktat in erzählerischer Form weit hinaus, unterwirft die politischen Optionen der damaligen Situation einem erzählerischen Wahrheitstest, der dem Leser keinerlei Ergebnis vorbuchstabiert.

8. Helvetische Begleitstimmen: Jaeggi, Loetscher, Blatter, Burger, Späth

Urs Jaeggi (*1931) hat mit Muschg den akademischen Lehrberuf (als Soziologieprofessor an der Freien Universität Berlin) gemein, scheint aber durch seine Sozialisation (nicht zuletzt durch eine fünfjährige Bankpraxis in der Schweiz und in Berlin, bevor er sein Studium begann) in einem produktiveren Spannungsverhältnis zur Literatur zu stehen als ein Theoretiker, dessen Reflexionsgegenstände wiederum aus der Literatur stammen. Jaeggi hat sich durch wichtige wissenschaftliche Arbeiten ebenso profiliert wie durch einige Romane, von denen nur der 1990 erschienene *Soulthorn* (d. i. Seelenstachel) als Aufarbeitung der eigenen Kindheitsgeschichte in der Heimatstadt Solothurn eine spezifisch Schweizer Wirklichkeit aufgreift, die in Beziehung zur fiktiven Stadt Jammes bei Walter tritt.

Brandeis (1978) ist der Versuch, im Erfahrungsstoff der eigenen Lebensgeschichte die politisch-gesellschaftlichen Krisenmomente, die von der Studentenbewegung ausgelöst wurden, aus einer Position von inzwischen gewonnener zeitlicher Distanz analytisch zu durchdringen und darzustellen.

Jaeggi hat diese sich vielfältig überlappende und widersprüchliche Erfahrungssituation auch durch die sprachliche Form seines Buches zu erreichen versucht: durch eine komplizierte Montagestruktur, die unterschiedlichste Sprach- und Bewußtseinsschichten, Dokumente, Zitate, Tagebuchaufzeichnungen, Träume und Vorstellungen, theoretische Analyse und subjektive Erfahrungsmomente ineinander integriert.

Die Beschränkung auf einen universitären Wirklichkeitsrahmen, die dabei im wesentlichen für *Brandeis* gilt, hat er in seinem zweiten Versuch eines bedeutenden politischen Romans *Grundrisse* (1981) entschieden ausgeweitet zu einer Darstellung der großstädtischen Wirklichkeit Berlins mit all ihren Krankheitssymptomen: der Zerstörung des kommunikativen Lebens durch heruntergekommene Wohngebiete einerseits und künstlich wuchernde Neubau-Areale andererseits, durch die Vergiftung von Lebensqualität.

Jaeggi hat einen an sich zweifelnden Intellektuellen zum Brennpunkt dieser Malaise-Erfahrungen gemacht. Es ist der fünfzigjährige Architekt Albert Knie, dem seine planende und ordnende Arbeit als sinnlos erscheint in dieser sich der Kontrolle des einzelnen entziehenden, gigantisch monströsen Verwandlung der Stadt zu einer Furcht und Gewalt erzeugenden unmenschlichen Megalopolis. Er bricht aus seinem Beruf und aus der Familie aus und sieht einen bescheidenen Sinn seiner beruflichen Arbeit im Sanieren erhaltenswerter Strukturen, die die einstige humane Identität der Stadt – ihre Grundrisse – verbürgen. Die Romanstruktur wird konstitutiv bestimmt von einem Diskurs, in dem die enttäuschten Hoffnungen der 68er mit den Utopiewünschen der jungen Generation konfrontiert werden. Es sind die Gespräche des Architekten mit seiner dreizehnjährigen Tochter Ruth, die ihm die Flucht in seine Desillusionierung abschneidet und seine Widerstandskraft, sein utopisches Durchhaltevermögen zu stimulieren versucht.

Daß Jaeggi seine wissenschaftliche Wirklichkeitsdurchdringung nicht aus seiner narrativen Darstellung ausblendet, sondern das eine durch das andere zu erweitern versucht, ist durch die komplexen Darstellungsgegenstände seiner beiden Romane mitbedingt. Er scheint die Konsequenzen aus der von Peter Schneider beschriebenen Situation gezogen zu haben, daß der fabulierende lebenspralle Roman eine nostalgische Projektion darstellt, die zur Darstellung der gegenwärtigen Wirklichkeit nicht mehr taugt.

Hugo Loetscher (*1929), Journalist, langjähriger Zeitschriften- und Zeitungsredakteur, reiselustiger homo literatus, der auf seinen Entdeckungsreisen in Lateinamerika oder in Kalifornien die Distanz für die ethnographische Betrachtung der insularen Schweiz immer wieder genutzt hat, ist in seinem literarischen Werk ständig bemüht, zu enge Gattungsgrenzziehungen aufzuheben und Essay, Betrachtung, journalistische Recherche sowie Feature in den literarischen Kanon zu integrieren, dies durchaus mit wechselndem Erfolg. Die in den sechziger Jahren entstandenen frühen Romane sind allzu durchsichtig parabelhaft konstruiert: *Abwässer – ein Gutachten* (1963) arbeitet mit der Zentralmetapher der Welt als Kloake, *Noah – Roman einer Konjunktur* (1967) ist eine wirtschaftspolitische Parabel im Geschichtsstoff des Mesopotamiens vor der Sintflut. In dem autobiographischen Roman *Der Immune* (1975), der drei Jahrzehnte des eigenen Lebens überspannt, hat Loetscher den Versuch gemacht, eine polymorphe narrative Struktur zu schaffen, die nicht nur die Detailfülle des eigenen lebensgeschichtlichen Erfahrungsstoffes assimiliert, sondern auch die unterschiedlichsten Textsorten, von Tagebuch-Notaten über essayistische Reflexionen zu Reiseberichten, historischen Informationen, Märchen und Geschichten. Eine von Loetschers Münchner Poetikvorlesungen *Vom Erzählen erzählen* (1988), «Poetik als Baugrube» überschrieben, ließe sich mit dem Blick auf *Der Immune* als «der Roman als Bauplatz» variieren.

Auch Urs Widmer (*1938), lange Zeit als Verlagslektor im Walter Verlag und danach bei Suhrkamp tätig, neben Hörspielen und Dramen mittlerweile auf ein halbes Dutzend Romane zurückblickend, läßt in den grotesk parodistischen Inszenierungen seiner Prosaarbeiten, die wie *Die Forschungsreise. Ein Abenteuerroman* (1974) oder *Die gelben Männer* (1976) eher mühsam mit traditionellen Darstellungsmustern, Abenteuer- und Science-fiction-Roman spielen, bisher einen eigenen erzählerischen Zugriff vermissen.

Beim Wiederlesen von Brochs *Bergroman*, den der Zürcher Autor Silvio Blatter (*1946) einmal zu seinen Lieblingsbüchern zählte, machte Blatter, während er an seinem eigenen Roman *Zunehmendes Heimweh* (1978) schrieb, eine desillusionierende Erfahrung angesichts der Diskrepanz zwischen narrativer Darstellung und diskursiver Reflexion bei Broch: «In diesen schiefen Bildern rächt sich der verratene Erzähler [Broch] am penetranten Philosophen; er tritt ihn in den Hintern.» Das macht zumindest darauf aufmerksam, daß Blatter, den es nur wenige Jahre im Lehrerberuf hielt, der Anfang der siebziger Jahre als Maschinenarbeiter im Industriebetrieb arbeitete und der ein danach begonnenes Germanistikstudium nicht zu Ende führte, in seinen eigenen erzählerischen Unternehmen um eine sinnlich konkrete Darstellungsweise ringt, die die Bedeutungsdimension mit der Körperlichkeit des Erzählens verschmilzt. Die beiden Romane, in denen er einem solchen Ziel bemerkenswert nahe kommt, sind der schon erwähnte Roman *Zunehmendes Heimweh* und *Kein schöner Land* (1983). Es handelt sich um genaue und geduldige epische Vermessungen seiner Heimatregion, aber nicht im Sinne einer nostalgischen Verklärung, sondern im Sinne Ernst Blochs als Ursprungsvergewisserung, die gegen die Entfremdungserfahrungen ankämpft.

Der Kanton Aargau mit den realen Orten Bremgarten, Meiendorf, Muri, Boswil, Wohlen, Brugg und Merenschwand kennzeichnet den katholisch geprägten Wirklichkeitsrahmen, in dem der Erzähler ein Bündel von Lebensschicksalen in mannigfacher Verknüpfung und Überkreuzung zusammenführt und sukzessive ein komplex geschichtetes Panorama der unspektakulären Lebenswirklichkeit der Personen entstehen läßt. Das wird keineswegs chronologisch behäbig aneinandergereiht, sondern setzt erzählerische Raffung, Zeitsprung oder auch von der Gedächtnisarbeit bestimmte Dehnung der Zeiterfahrung ein. Um die einzelnen Personen entstehen separate Geschichten, die dennoch erzählerisch miteinander vernetzt werden in einem allen gemeinsamen Einsamkeitsgefühl, das sich zu erkennen gibt als Heimweh nach einer anderen Lebensform, nach einer vertrauten Vergangenheit, nach der Geborgenheit der Geschlechterkette auf den Grabsteinen des Friedhofs, der die Familiengräber enthält und eines Tages doch der Erinnerungslosigkeit verfällt.

In *Kein schöner Land* hat Blatter diese Darstellungsweise mit der Konzentration auf dieselbe Region nochmals aufgenommen, wie denn der Roman in mancher Beziehung als direkte Fortschreibung von *Zunehmendes Heimweh* wirkt.

Im Zentrum steht die Familie Villiger in Bremgarten, die sich auflöst und zerfällt, als ein Autounfall den Familienpatriarchen, den Drahtwerksbesitzer und einflußreichen Kommunalpolitiker René Villiger, tötet und die einzelnen Mitglieder Bremgarten verlassen, wobei die Fluchtorte von Zürich bis Kanada reichen. So wie die erzählte Gegenwart sich für den Maler Pablo in den Naturgemälden des flämischen Malers Piet Breughel gegenbildlich spiegelt, beschäftigt sich der Lehrer Hans Villiger mit der vaterländischen Geschichte der Bürgerwehr, die mit den Nazis und der Industrie eng verflochten war und die Aufrechterhaltung von Ruhe und Ordnung nur im Dienste des herrschenden Machtmonopols versah. Das Blochsche Prinzip Hoffnung, das noch im ersten Roman zu leben scheint, ist hier einer zunehmenden, alles erfassenden Desillusionierung gewichen.

Innerhalb dieses Ensembles von Schweizer Schriftstellern, die in den siebziger Jahren verstärkte Aufmerksamkeit finden, sind die von ihrer sprachlichen Innovationskraft und erzählerischen Imagination her wichtigsten Autoren Hermann Burger und Gerold Späth. Der 1942 geborene Burger, der sich mit einer Arbeit über die zeitgenössische Schweizer Literatur an der Technischen Hochschule Zürich habilitiert hatte, dort als Privatdozent lehrte, sich seinen Lebensunterhalt als Feuilletonredakteur einer Aargauer Zeitung verdiente, berichtet in seinem Essay-Band *Ein Mann aus Wörtern* (1983) mit ironischem Understatement von seiner Pilgerfahrt nach Ohlsdorf zu Thomas Bernhard, läßt aber keinen Zweifel an der Bedeutung Bernhards für ihn: «Mein Prosalehrer Thomas Bernhard.» Das gilt nicht nur für seinen kraftvollen, mitunter gewalttätigen Umgang mit der Sprache, sondern auch für die Besessenheit von Untergangsvisionen und Todesvorstellungen. Burgers *Tractatus logico-suicidalis. Über die Selbsttötung* (1988) war der Versuch, dieses Depressionssogs diskursiv Herr zu werden, in dessen Vernichtungsstrudel er ein Jahr später dennoch geriet.

Die Etüden und Probeläufe, die in der Anfangsphase bei vielen Autoren anzutreffen sind, fehlen bei ihm nahezu. Schon die Erzählungen seiner ersten Sammlungen *Bork* (1970) und *Diabelli* (1979) – eine andere Sammlung, *Blankenburg*, folgte 1986 – stellen Energiefelder von Phantasie- und Sprachkraft dar wie auch die beiden großen Romane, die er 1980 und 1982 veröffentlichte: *Schilten* und *Die Künstliche Mutter*. Von der großangelegten Roman-Tetralogie *Brenner*, dem Versuch eines großen Zeitromans im Geschichtsstoff der Zigarren-Dynastie Brenner und Söhne im Kanton Aargau, erschien 1989 nur der erste Band.

Der Roman *Schilten* trägt den befremdlichen Untertitel «Schulbericht zuhanden der Inspektorenkonferenz» und signalisiert damit den Erzählgestus: ein zwischen bürokratisch gewundenem Amtsdeutsch und künstlichem Gelehrtenidiom (in dem eine Jean Paulsche Sprachphantasie zu wuchern scheint) angesiedelter Schulbericht eines geduckten Dorfschullehrers im aargauischen Ruedertal an den für ihn zuständigen Schulinspektor.

Schulhaus und Feldfriedhof liegen so nah beieinander, daß die Turnhalle für Begräbnisfeiern genutzt wird und die Schulglocke auch als Totenglocke dient. Diese vom Tod gezeichnete Umgebung infiltriert auch das Bewußtsein des jungen Lehrers, der immer depressiver wird und dem Tod in seinem Unterricht immer mehr Raum gönnt, die Schüler in «Nacht- und Nebelunterricht» einweist und statt Heimatkunde Todeskunde unterrichtet, bis die Eltern ihre Kinder von dem seelisch erkrankten Lehrer zurückhalten, der so tut, als übe er immer noch sein Amt aus.

In diesem Schulbericht verwandelt sich die Welt in eine einzige gigantische Todesveranstaltung, die in einer Sprache inszeniert wird, die nicht nur durch ihren überbordenden Einfallsreichtum (der mitunter freilich auch in verbalen Leerlauf einmündet) beeindruckt, sondern auch durch die kritische Perspektive auf die Sozialisationsstation Schule, die die Schüler durch ihre Ritualisierungsmechanismen dem wirklichen Leben entfremdet.

Dieser Lehrer Armin Schildknecht aus *Schilten* ist ein Verwandter des Privatdozenten Schöllkopf, der Mittelpunktsfigur aus Burgers Roman *Die Künstliche Mutter*. In Schöllkopf lassen sich zugleich autobiographische Züge Burgers erkennen: Er ist habilitierter Germanist, dem als Privatdozent – der erste Teil des Romans ist «Ermordung eines Privatdozenten» überschrieben – der Lehrauftrag entzogen wird und der als Kältespezialist, als Glaziologe, die Todesbesessenheit Burgers teilt. Der Roman läßt sich konzeptionell als Gegenentwurf zu *Schilten* sehen, da hier der Versuch gemacht wird, gegen das körperliche und seelische Elend anzukämpfen, gegen den Todessog zu rebellieren und eine Heilung zu erzwingen.

In einer unterirdischen Klinik, der Auer-Alplanalpschen Heilstollenklinik im Gotthardtmassiv (wo sich ja auch die politische und militärische Funktionselite der Schweiz ein atombombensicheres Rückzugsdomizil für den Ernstfall angelegt hat), im Innern der Mutter Erde also, soll diese Heilung von der biologischen Mutter, mit deren Kälte und Liebesunfähigkeit im «Brief an die Mutter» des dritten Teils abgerechnet wird, ins Werk gesetzt werden. Körperliches Zeichen der Krankheit ist ein Muttermal, das den ganzen Körper bedeckt, seelisches Zeichen der Krankheit sind Depression und Impotenz. Die als «Künstliche Mutter» gekennzeichnete Therapie soll ihm mit Hilfe von «Heilmannequins» und einer «Wahlschwester» zu einer zweiten Geburt und zu einem mit seiner Körperlichkeit im Einklang stehenden neuen Ich verhelfen, das den neuen Namen Armando trägt, aber, merkwürdig körperlos geworden und von der Realität abgehoben, am Ende nur noch als positive Ichmaske erscheint.

Die Fabulierkraft des Buches hat etwas Einschüchterndes. Die Themen von dem in Unordnung geratenen Verhältnis der Geschlechter, also auch Themen der Frauenbewegung, und die Klagebeschwörungen vom neuen Elend der Männer werden aufgenommen und, geradezu barock ausufernd, variiert. Mit einem gewalttätigen Aufwand an Sprachphantasie, mitunter auch Sprachkrampf, nimmt das Buch auf nahezu aggressive Weise das Interesse der Leser gefangen und dokumentiert zugleich das außerordentliche Darstellungsvermögen dieses Autors.

Diese exzeptionelle Bildmächtigkeit und Sprachkraft zeigen sich auch, ohne die Züge der manischen Übersteigerung, von der Burger nicht frei ist, in den erzählerischen Arbeiten von Gerold Späth (*1939). Er war, aus einer Rapperswiler Familie von Orgelbauern stammend, jahrelang als Exportkaufmann tätig, bevor die Literatur immer mehr zu seinem Hauptgeschäft wurde. Späth hat inzwischen mehr als ein halbes Dutzend Romane veröffentlicht und, abgesehen von dem Döblin-Preis, den er 1979 als erster Preisträger für *Commedia* erhielt, zwar mitunter hohes Lob bei der Literaturkritik, aber wenig öffentliche Aufmerksamkeit gefunden und schon gar nicht den großen Leseerfolg beim Publikum. Das mag damit zu tun haben, daß seine von Geschichten überquellende, wirklichkeitsgesättigte und von sprachlichen Pointen zündende Schreibweise ihn einzelgängerisch isoliert und weitab von allen zeitgenössischen Trends zeigt. Wenn man von der eher oberflächlichen Analogie zu Grass' Darstellungsweise absieht – Späth ist der viel raffiniertere und bewußtere Schreiber, der seine Sprach-Spiele mit erheblich mehr Lust und Kombinationskalkul inszeniert –, so sind es denn auch eher Erzählvirtuosen der literarischen Tradition, die als Erklärungsmodelle bemüht werden: Rabelais, Grimmelshausen, Sterne oder Jean Paul. Aber das bedeutet bei Späth nicht, daß hier so etwas wie der anachronistische Versuch der Wiederaufnahme von Erzählverfahren der Tradition stattfindet, was ja letztlich ein epigonales Unternehmen wäre. Es ist vielmehr ein kenntnisreiches Variationsspiel mit der Literatur als einer historisch gewachsenen umfassenden Partitur, deren Textmelodien er aufgreift, modifiziert und weiterentwickelt und der er neue Bedeutungsmodulationen und Klangfarben entlockt, so daß die vertrauten Bedeutungsstränge und Tonfolgen doch ganz anders und neuartig klingen.

So spielt schon der erste Roman *Unschlecht* (1970) auf eine für den Leser durchaus verwirrende Weise mit dem semantischen Muster des Pikaro-Romans.

Johann Ferdinand Unschlecht aus Rapperswil, durch eine Erbschaft plötzlich reich geworden und Besitzer einer Insel, gerät, von zahlreichen geldgeilen Freunden, die ihn nacheinander ausnehmen, ausgenutzt, in eine Kette von abenteuerlichen Geschichten hinein, die ihm erst am Ende die Augen öffnen. Er verläßt die angestammte Region, nicht ohne vorher seine Insel gesprengt zu haben, begegnet auf einer Wanderschaft in Zürich wiederum Leuten, die ihn ausnutzen wollen, weiß sich jedoch inzwischen zu wehren und bringt deshalb den genialen Betrüger James Kuster um. Mit einer neuen Identität taucht er zuerst in London unter, kommt dann als Guttmann nach Deutschland, wird nach seiner Heirat reich und hat inzwischen als mit allen Wassern gewaschener Geschäftsmann zu überleben gelernt.

Späth hat diese Erzählweise in dem Roman *Balzapf oder Als ich auftauchte* (1977) weiter perfektioniert und mit dem 1980 erschienenen Buch *Commedia* seinen fünften Roman vorgelegt, der sein Fabuliertalent und seine erzählerischen Mittel zu einer geradezu meisterhaften Vorstellung vereint. Ein auktorialer Erzähler, der zum einen souveränes Erzählerbewußtsein und Kommentator des Geschehens und zum andern zaubernder Spiel-Meister und fabulierender Jongleur ist, läßt eine mikrokosmische Modellwelt labyrinthischen Ausmaßes entstehen.

Es ist der Querschnitt durch eine Kleinstadt, die aus einer Fülle von Einzelgängern und Einzelschicksalen quer durch alle sozialen Schichten entsteht und die Lebenszwänge von Elend und Wahn, von Geldgier und Karriere, von Liebe und Liebesverlust in einem sich gegenseitig kommentierenden Strom von Geschichten vorüberfließen läßt. Im zweiten Teil, der im Museum spielt, wird eine zusätzliche Spiralbewegung dieser Erzählweise vorgeführt. Der taube Kurator erzählt zu den eigentlich eher alltäglichen Exponaten, Kleidung, Gerätschaften des täglichen Lebens, unermüdlich Geschichten, deren wuchernde Fabulierkraft die Besucher in ein solches Vorstellungslabyrinth lockt, daß nicht nur für sie, sondern auch für die Leser die Zuordnungen diffus und vieldeutig werden und jeder die Möglichkeit hat, sich aus den Materialien seine eigene Geschichte zu kombinieren.

Wolfgang Hildesheimer hat dieses Werk als «Pandämonisches Welttheater» gerühmt, und ein sich ernsthaft mit möglichen Erscheinungsformen des postmodernen Romans beschäftigender professioneller Leser, nämlich der Erzähler Hanns-Josef Ortheil, hat die bisher auf Späth angelegte Perspektive der Weiterführung von traditionellen Erzählverfahren umgekehrt und zu *Commedia* gemeint:

> «Der Leser ist hier der Teilnehmer an einem Museumsgang, zu dem Hunderte von Gestalten eingeladen sind. Der Erzähler gibt ihm keinen Faden mehr an die Hand; der Leser ist vielmehr ein Suchender unter vielen, wahrhaftig ein ‹Leser› von Geschichten, Stoffen, ein Kombinator, dem es gelingen soll aus diesem Labyrinth am Ende auszubrechen. ‹Commedia› ist das pure postmoderne Ereignis: Geschichten sind übereinander zu lesen, werden wie Palimpseste konstruiert [...].»[22]

Späth hat diese darstellerische Faszination ein weiteres Mal in dem Roman *Sindbadland* (1984) erreicht.

Die sieben Reisen, in die das Buch untergliedert ist, sind auf den ersten Blick Exkursionen in exotische Gefilde: von Europa über die beiden amerikanischen Kontinente nach Afrika. Doch die unzähligen Einzelschicksale und die damit verbundenen Geschichten, in die diese Reisen eingelagert sind, machen schon bald deutlich, daß es Exkursionen sind in Kontinente der Phantasie, die sich aus allen geographischen Zuordnungen befreit haben. Der Leser, vom Echo der Geschichten zu neuen sich überkreuzenden Geschichten verführt, folgt dem Erzähler gebannt, der in der mythischen Maske des Seefahrers Sindbad sein Garn spinnt und zu einem kunstvollen Fabuliergewebe werden läßt, in dem sich der Leser lustvoll und rettungslos verfängt.

Die Poetisierbarkeit der Welt, die als anachronistisches Versatzstück romantischer Kunstüberzeugung hoffnungslos obsolet scheint, feiert bei Späth nicht als Überzeugungsappell und theoretischer Programmpunkt eine verwandelte Wiederaufstehung, sondern als sich in der Sprache ereignendes Wunder:

«Ein Erzählwerk, das, seinen Gehalt an Transparenz sparsam dosierend
und doch stetig zwischen den Zeilen mit sich führend, ein Maximum an
erlebter oder erlebbarer konkreter Welt sowohl einfängt als auch aufbaut; an Gegenwart und Vergangenheit und Sage, Bildhaftem, Faß-
barem, ja, Anfaßbarem.» (Wolfgang Hildesheimer)

9. Einzelgänger und Außenseiter: Herburger, Born, Kühn, Richartz, Kipphardt, Achternbusch

Mit der Auflösung der Gruppe 47 in den siebziger Jahren ist die literarische
Produktion der mit ihr verbundenen westdeutschen Romanciers und Kurzgeschichtenerzähler nicht verstummt, auch wenn nach außen hin eine
bestimmte Aufsplitterung und Isolation der einzelnen Autoren nicht zu
übersehen ist. Viele der etablierten Erzähler haben dennoch kontinuierlich
weitergeschrieben. Einige Autoren, vor allem der jüngeren Generation,
haben zudem Werke vorgelegt, denen zwar zum Teil die große Öffentlich-
keitswirkung versagt blieb, die aber dennoch epische Entwürfe darstellen, die
das Gattungsspektrum des zeitgenössischen deutschen Romans erweitert
haben.

Die Darstellungslinie eines realistischen gesellschaftsanalytischen Romans,
der in den sechziger Jahren zum epischen Mainstream geworden war, ist auch
in den siebziger Jahren nicht gänzlich in den Hintergrund getreten. Autoren
wie Günter Herburger, Nicolas Born, Walter E. Richartz oder Heinar Kipphardt halten in ihrem Werk daran fest, registrieren nicht nur die Widersprüche und Dissonanzen der Gesellschaft, in der sie leben, sondern arbeiten
zugleich ihr verborgenes, mitunter zur Unkenntlichkeit geschrumpftes Hoff-
nungspotential heraus.

Bei Günter Herburger (*1932) überlagert der allegorisch-utopische Entwurf dabei deutlich die analytische Recherche. Sein Interesse gilt nicht so sehr
der Dimension der Vergangenheit, sondern der Zukunft. Das beleuchtet bereits sein sich im Untertitel als «Zukunftsroman» ausgebendes Buch *Jesus in
Osaka* (1970), das, fern von Science-fiction-Elementen einer technologischen
Utopie, seine Phantasie zu Visionen des möglichen künftigen Zusammenlebens in einer von großen Menschenzusammenballungen und von Verwal-
tungskollektiven überzogenen Wirklichkeit steigert.

Herburger führt nicht ohne Plausibilität den auf die Expedition in die Zukunft
geschickten modernen Faust in einem futuristischen Über-Japan vor, wo er, untheo-
logischer Heilsbringer und Opfer in einem, unter dem Namen Jesus als Repräsentant
einer allegorischen Humanität mehr eine Entdeckungs- als eine Passionsreise in einer
Gegenwartsverlängerung absolviert, die nicht in das Hoffnungslicht einer ganz anders
gewordenen Wirklichkeit getaucht ist, sondern im wesentlichen, nur übersteigert, die
Signaturen der Gegenwart aufweist.

Herburgers ehrgeizigstes Projekt eines utopischen Gesellschaftsromans ist die *Thuja*-Trilogie, deren erster Teil, der zweibändige Roman *Flug ins Herz*, 1977 erschien, 1980 und 1983 gefolgt von dem zweibändigen Mittelstück *Die Augen der Kämpfer* und im Herbst 1991 durch den dritten Teil *Thuja* beendet. Es ist ein auch in den äußeren Darstellungsproportionen überdimensional angelegtes Werk, das den Vergleich mit Weiss' *Ästhetik des Widerstands* oder Johnsons *Jahrestage* im Totalitätsanspruch der epischen Darstellung geradezu herauszufordern scheint. Die eigenwillige Mischung von allegorisierenden Tendenzen und sich in ihrer Verworrenheit begrifflichen Umsetzungen widersetzenden visionären Bildschüben läßt sich schon in den beiden ersten Teilen von Herburgers Romanvorhaben erkennen. Eine schier unerschöpfliche Imagination versucht, alle Wirklichkeitsfelder zeitgenössischer bundesrepublikanischer Sozietät episch zu verlebendigen und stellt ein enzyklopädisches Kompendium sozialer Phantasie vor den Leser, will gleichzeitig jedoch diese sinnliche Detailfülle mit dem allegorischen Muster eines Fabelkonstrukts verbinden.

Von der Gegenwart Gebeutelte, die sich im Namen der Zukunft engagieren, wollen die zur Naturgeschichte gewordenen sozialen Unrechtsproportionen der bürgerlichen Gesellschaft durch einen Testfall ein für allemal belegen: daß nämlich nicht die genetischen Voraussetzungen, sondern die sozialen Voraussetzungen über den Lebensweg der Menschen enscheiden, daß das Kind des Reichen im Armenmilieu verkümmert und daß das Kind des Proletariers hingegen im Milieu der Reichen auch die entsprechende Lebenserfüllung finden wird. Aber wichtiger als dieses die sozialgeschichtlichen Probleme der Gesellschaft (hier Kapitalismus, dort Ausbeutung) auf einen naturgeschichtlichen Testfall reduzierende Fabel-Spiel mit allegorischen Personenträgern und kriminalistischem Beiwerk (Entführung) ist der Bewußtseinsprozeß, der am Ich-Erzähler Weberbeck dargestellt wird. Er durchläuft eine Entwicklung der Angstüberwindung, wacht aus seiner sozialen Frustration, die ihn bis an den Rand des Selbstmords bringt, allmählich auf und entdeckt die verschütteten Kommunikationsmöglichkeiten wieder.

Flug ins Herz – das ist auch das poetische Programm einer Befreiung, die die Gegensätze der Wirklichkeit für einen Augenblick aufhebt und das realistische Gegenwartsbild zum Traumbild der Hoffnung ausdehnt.

In *Die Augen der Kämpfer* wird diese Hoffnung allerdings wieder schrittweise abgebaut, zum einen durch die Fabel-Konstruktion, die den biologischen Testfall ad absurdum führt, da die beiden inzwischen geborenen Versuchskinder als Behinderte das Licht der Welt erblickt haben: Angela ist in ihrem Sprach- und Bewegungsvermögen retardiert, David, gleichfalls spastisch behindert, ist von Geburt an taub. Zum anderen erweisen sich die epischen Hoffnungsbilder, die Herburger in diesem Teil entwirft, als widersprüchlich, ja als offen obsolet (so das im zweiten Band des Mittelteils entworfene Bild der DDR). Die Vorstellung einer von der industriellen, arbeitsteiligen Gesellschaft abgekoppelten heilen Wirklichkeitsnische, der sogenannten Morgenthau-Idylle, auf die sich der Erzähler Weberbeck zurückzuziehen versucht, ist eine regressiv archaische Wirklichkeitsform, deren Naturwüchsigkeit mit Härte und Arbeitsbeanspruchung identisch ist und dem einzelnen wenig paradiesische Befreiung gewährt.

Der letzte Teil des Romans, dessen Titel *Thuja* mit der mythischen Vorstellung des Lebensbaumes gleichsam noch auf einer Schwundstufe an einer naturgeschichtlichen Utopie festhält, werden die Kinder Angela und David innerhalb einer Gemeinschaft von vielfältig Retardierten, von Spastikern, Krüppeln und Mongoloiden, die in ihren Werkstätten in Heimarbeit Spielzeug und Rauschgoldengel herstellen, nicht aus der denunzierenden Perspektive der sogenannten Normalen, sondern in ihrem eigenen Lebensrecht dargestellt. Die moralische Sympathie des Lesers vermag freilich nicht das ästhetische Urteil über dieses von der Zeit auf weiten Strecken überholte Romanprojekt aufzuwiegen.

Nicolas Born (1937–1979) verbinden mit Günter Herburger die gemeinsamen literarischen Anfänge im Umfeld des Kölner «Neuen Realismus», den Dieter Wellershoff in der ersten Hälfte der sechziger Jahre konzipierte und dem er als Literaturförderer und Lektor im Kiepenheuer & Witsch Verlag Wirkung zu verschaffen bemüht war. Borns erster Roman *Der zweite Tag* (1965) ist denn auch als minutiöse Recherche unspektakulärer Wirklichkeitswahrnehmung der theoretischen Konzeption und den ersten Romanen Wellershoffs verwandt. Mehr als ein Jahrzehnt später veröffentlichte Born, der in der Zwischenzeit als Lyriker nachdrücklich auf sich aufmerksam gemacht hatte, seinen zweiten Roman *Die erdabgewandte Seite der Geschichte* (1976). Erst hier hat er seine eigene literarische Statur und Darstellungsweise gefunden und im Anschluß an die gescheiterten politischen Hoffnungen der Studentenbewegung, deren Implikationen und Zielsetzungen der Ich-Erzähler zum Teil retrospektiv aufarbeitet, eine generationsspezifische Situation der Unsicherheit und Ambivalenz, der scheiternden Identitätsfindung, zu gestalten versucht. Das geschieht nicht auf einem narzißtischen Rückzug wie bei Handke, sondern in der Konzentration auf jene Grauzonen, Zwischentöne und transitorischen Stationen der Wirklichkeitserfahrung, die den vielfältig verknäuelten Untergrund einer rational zurechtgelegten Realität darstellen.

Auf den ersten Blick handelt der Roman von einer gescheiterten Liebe, aber die Gefühlsentfremdung zwischen dem Ich-Erzähler und der Freundin Maria, deren Leben weitgehend von ihrer beruflichen Tätigkeit für eine große Schallplattenfirma aufgezehrt wird, dient nur als Beispiel für das Fragwürdigwerden von menschlichen Beziehungen. Der Ich-Erzähler macht eine analoge Erfahrung im Umgang mit seiner zwölfjährigen Tochter Ursel aus einer geschiedenen Ehe, in der Beziehung zu Marias Schwester Linda oder in der Kommunikation mit dem Freund Lasski, der die Forderung nach politischem Engagement in sein Leben hinüberrettet und der von einem plötzlichen sinnlosen Tod widerlegt wird. Die aus allen rationalen Ordnungsmustern gestürzte Wirklichkeitserfahrung wird auch als gesellschaftlicher Tatbestand anschaulich gemacht, als die andere Seite des Mondes, die dem menschlichen Auge nie sichtbar, aber dennoch genauso vorhanden ist: Es ist – wie im Pink-Floyd-Song von 1973 – «The Dark Side of the Moon».

Borns dritter Roman *Die Fälschung* (1979), der den lebensgeschichtlichen Erfahrungsstoff des Reportes Kai Hermann (Borns Nachbarn in Lüchow-Dannenberg), der seinerzeit im Auftrag des «Stern» die Ereignisse im Bürgerkrieg im Libanon recherchierte, zu einem politischen Zeitroman zu verarbeiten sucht, schwankt unentschlossen zwischen einem aktuellste Ereignisse aufgreifenden Kriegsroman und einer individuellen Erweckungsgeschichte des Journalisten Laschen, dessen private und berufliche Krise als Zeitungsreporter in dem vom Bürgerkrieg zerrissenen Land sich so zuspitzt, daß er sich von seinem Auftraggeber trennt und sein Leben zu ändern beschließt.

In den siebziger Jahren machte ein anderer Erzähler nachdrücklich auf sich aufmerksam, der jedoch in gewisser Weise ein Einzelgänger geblieben ist. Er läßt sich weder einer bestimmten literarischen Richtung eindeutig zuordnen noch läßt sich in seinem umfangreichen epischen Werk eine charakteristische Signatur erkennen, die seinen Platz im literarischen Leben der Gegenwart definieren könnte. In dieser sich einer bestimmten Festlegung verweigernden Haltung sind bei Dieter Kühn (*1935) am ehesten noch Nachwirkungen seiner intensiven Beschäftigung mit dem Autor Robert Musil zu erkennen (über dessen *Mann ohne Eigenschaften* er 1964 promovierte). Musil hat ihn in der Einsicht bestärkt, daß es so etwas wie kausal festgelegte Endgültigkeiten in der Lebensgeschichte von Menschen nicht gibt, daß sich vielmehr aus einem umfangreichen Repertoire von Möglichkeiten immer nur bestimmte, zum Teil vom Zufall bestimmte Anlagen verwirklichen und dadurch alternative Entwicklungsmodelle denkbar sind. Die Erfahrung dieses Möglichkeitssinns hat sich in Kühns epischen Arbeiten vielfältig ausgewirkt. In diesem Sinne hat er seine Variationen an fingierten Biographie-Entwürfen durchgespielt. Seine Werkgeschichte ist von einem permanenten Wechsel zwischen unterschiedlichen Erzähltechniken geprägt, die sich nicht integrieren lassen in die Vorstellung einer kontinuierlichen literarischen Entwicklung oder eines dominanten Themas, das alle seine Arbeiten beherrscht.

So entwirft er nach dem Möglichkeitenprinzip «Was wäre, wenn?» in «*N*» (1970) erzählerische Varianten zu Napoleons Lebensgeschichte oder zum Lebensweg eines zeitgenössischen Durchschnittsmenschen namens Braemer in *Ausflüge im Fesselballon* (1971). Auch die Hochstapler-Biographie in dem Abenteuerbuch *Siam-Siam* (1972), die trivial-groteske Horror-Held-Lebensgeschichte am Beispiel des «Wortvampirs» in *Stanislaw der Schweiger* und die «öffentliche» Biographie (über die Sängerin und Tänzerin Josephine Baker) in *Josephine* (1975) ordnen sich diesem Kontext zu. Das gilt gleichfalls für den Roman *Beethoven und der schwarze Geiger* (1990), der historische Materialien und Personen aus Beethovens Zeit so fiktionalisiert, daß die Entstehung der «sonata mulattica», der späteren Kreutzersonate, und Beethovens Liebesbeziehung zu Josephine von Brunswick, der Charlotte des Romans, im Gestus «Es wäre möglich gewesen...» vorgeführt werden.

Gewichtiger scheinen jedoch jene Phantasieentwürfe Kühns zu sein, in denen die Endgültigkeit überlieferter Geschichte so aufgehoben wird, daß sich zugleich neue überraschende Perspektiven auf sie öffnen. Das gilt für eine Reihe von epischen Arbeiten, die den Bezug auf den Horizont der aktuellen gesellschaftlichen Erfahrung nicht verleugnen.

In dem Buch *Die Präsidentin* (1975) greift Kühn etwa am Beispiel der Lebensgeschichte der französischen Finanz-Betrügerin Marthe Hanau das Muster einer politisch sozialen Biographie auf.

Marthe Hanau wird in ihren Aktionen und Verhaltensmustern als Beispiel einer ehrgeizigen Betrügerin vorgeführt, die die wirtschaftspolitischen Mechanismen durchschaut und geschickt für sich arbeiten läßt: Sie gründet eine Finanz- und Wirtschaftszeitung als Manipulationsinstrument für die Kurse von Aktien, die sie durch Strohmänner aufkaufen läßt, um sich allmählich ein undurchsichtiges Konglomerat von Finanzgesellschaften, Immobilienfirmen und Banken aufzubauen, deren «Karussellfinanzierung» eine faktisch nicht vorhandene finanzielle Basis vortäuscht. Für Kühn ist diese in einem wirtschaftlichen Desaster endende Präsidentin nur Koordinations- und Demonstrationsfigur für die Funktionsweise wirtschaftlicher Manipulationsvorgänge, die am Beispiel Marthe Hanaus verdeutlicht werden und auch zu anderen historischen Beispielen in Beziehung gesetzt werden. Psychologische Identifikation mit der Mittelpunktfigur wird dadurch ebenso unterlaufen, wie sich auch der Erzähler selbst mit seinen Recherchen und Reflexionen in den Erzählprozeß einbringt und damit das Ganze unter der Perspektive eines Simulationsspiels präsentiert.

Trotz der darstellerischen Bravour, mit der Kühn wirtschaftspolitische Sachverhalte episch verflüssigt und anschaulich werden läßt, ist *Die Präsidentin* nicht das Buch gewesen, dem er seinen Durchbruch als Erzähler beim Publikum verdankt. Das ist ihm viel eher auf einer anderen Darstellungsebene gelungen, nämlich mit seinen Versuchen einer Wiederaufbereitung mittelhochdeutscher Dichtung in Form von rekonstruierten Biographien einiger weniger Dichter-Gestalten der ersten Periode einer klassischen deutschen Literatur. Das setzte ein mit *Ich Wolkenstein. Eine Biographie* (1977), führte über *Herr Neidhart* (1981) schließlich zum *Parzival des Wolfram von Eschenbach* (1986). Diese *Trilogie des Mittelalters* wird als *work in progress* erzählt, indem der Autor wie schon in der *Präsidentin* seine erzählerischen Bemühungen unmittelbar in die Darstellung mit einbringt und seine hypothetische Verlebendigung dieser weit zurückliegenden Geschichts- und Kulturräume prozeßhaft als Dokumente einer subjektiven Aneignung vorführt, in der sich Fiktion, theoretischer Diskurs und subjektive Recherche zu einer neuen Form von Erzählprosa amalgamieren. Das 1991 erschienene Buch *Tristan und Isolde des Gottfried von Straßburg* führt diese Darstellungslinie weiter.

Man sollte diese Erzählbeispiele, die als epische Verlebendigung des kulturellen Erbes (dazu gehören auch Kühns Übersetzungen dieser Autoren) sicherlich ihre Verdienste haben, dennoch nicht überbetonen. So unübersehbar sie in der Werkgeschichte Kühns dominieren, so sind sie doch eher gelehrte Nebenwerke im Œuvre eines Erzählers, der seine wichtigen Leistungen in anderen Texten vorgelegt hat, etwa in der Erzählung *Festspiel für Rothäute* (1974) oder *Und der Sultan von Oman* (1979).

Festspiel für Rothäute läßt ein historisches Ereignis, den Besuch von vier Irokesen-Häuptlingen, die 1710 nach London eingeladen werden (in einer Geste des Dankes für hilfreiche Unterstützung der Engländer im Grenzkrieg gegen die Frankokanadier), zur modellhaften Gegenüberstellung von zwei Lebensweisen und Kulturformen werden:

die zum Untergang verdammte naturgeschichtliche Lebensform der Indianer und die
sich in imperialer Selbstgefälligkeit pompös ausstellende angelsächsische Lebensform,
die alles andere expansiv verdrängt, nicht zuletzt die Lebenswelt der Indianer, die man
insgeheim als Exoten belächelt und nur als willige Söldner benutzt.

Die Demaskierung einer inhumanen, auf Eroberung und Unterdrückung
ausgerichteten patronalen Ideologie ist nicht nur auf dieses historische Beispiel beschränkt, aber bezieht ihre erzählerische Überzeugungsfähigkeit von
dort her. In dem Erzähltext *Und der Sultan von Oman* ist dieser Gegenwartsbezug noch viel deutlicher ausgeprägt, da die aktuelle Ölkrise des Jahres
1973 mit ihrer Erschütterung einer auf hemmungslose Expansion eingestellten Wachstumsideologie das auslösende Moment des hypothetischen Erzähl-
Spiels darstellt.

Kühn hat einen in der Öffentlichkeitsarbeit eines großen Ölkonzerns tätigen Manager in den Mittelpunkt seiner Darstellung gerückt. Im Auftrag seiner Firma soll er das
lädierte Öffentlichkeitsbild seiner Branche aufpolieren, eine Mission, die ihn zunehmend seine eigene berufliche Rolle und sein Selbstverständnis in Zweifel ziehen läßt. In
kompensatorischen Phantasieakten, dem sogenannten «Dhofar-Szenarium», unterläuft
O'Shaugenessy die ideologischen Vorgaben seiner industriellen Auftraggeber in einem
utopischen Szenario, in dem die Einheimischen rebellieren und durch Verminung der
Meeresenge von Hormus den Zugang zum Öl blockieren. Die dadurch verursachte
Verlangsamung der Ausbeutung – es ist eine im Märchen-Gestus skizzierte Lösung –
soll sowohl die besinnungslose Beschleunigung der Wachstumsideologie abbremsen als
auch einer vernünftigen Nutzung der natürlichen Vorräte den Weg bereiten.

Auch hier gelingt es Kühn, durch erzählerische Phantasieschübe Sachverhalte der politischen und wirtschaftlichen Gegenwart aus ideologisch vorge-
stanzten Mustern zu befreien. Seine Einfälle und Phantasie-Szenarien machen
auf eine spielerische, aber dennoch überzeugende Weise Einsichten und Er-
kenntnisperspektiven sichtbar, die auf den gesellschaftlichen Erfahrungsraum
im Hier und Heute verweisen.

Auf andere Weise ist auch der Autor Walter E. Richartz (1927–1980) ein
Einzelgänger in der Literatur dieses Jahrzehnts gewesen. Er war es auf Grund
seiner naturwissenschaftlichen Ausbildung und langjährigen beruflichen Tätigkeit als Chemiker in großindustriellen Forschungslabors. Er hat diese Erfahrungen für seine literarischen Darstellungen produktiv zu machen versucht und die Literatur keineswegs als schöngeistige Entlastung einer eher
bedrückenden beruflichen Praxis erfahren, denn er stellte fest: «[...] der
Umgang mit positivistischer Wissenschaftsmaterie hat mich stets beeinflußt
und in Opposition getrieben. Ich wollte den Punkt finden, wo genau die
Präzision ins Absurde umschlägt.»[23] Seine Romane sind Fallstudien, in denen
er den Umschlag von Rationalität in Absurdität präzise aufzuzeigen versucht.
In *Tod den Ärzten* (!) (1969) durchleuchtet er medizinische Materialien, die er
so bösartig genau auslegt, daß sich die Vorstellung des hippokratischen Eids
dieses Berufsstandes in den Schwur einer mafiaähnlichen Sekte verkehrt, die
nur eine Spur der Vernichtung zurückläßt und folglich selbst zu vernichten

ist. In *Noface – Nimm was du brauchst* (1973) wird ein gesichtsloser Nobody, der fiktive Ich-Erzähler Dr. med John Reiter, gerade weil ihm die Individualität abhanden gekommen ist, zum Verbrechen befähigt, ohne daß ihm die Gesellschaft auf die Spur zu kommen vermag. Im *Büroroman* (1976) hat Richartz eine erschreckend authentisch wirkende Recherche in einem Bereich moderner Wirklichkeit vorgelegt, der bisher in der Literatur ausgespart blieb: die zum gigantischen Verwaltungsmechanismus veräußerlichte Arbeitswelt eines Großraum-Büros, deren den einzelnen absorbierende Scheinwirklichkeit mit ihren Ritualen und Lächerlichkeiten minutiös inventarisiert wird.

Richartz' erzählerische Summe und einen der wichtigsten Romane der frühen achtziger Jahre stellt sein Buch *Reiters westliche Wissenschaft* (1980) dar.

Am Beispiel des jungen deutschen Wissenschaftlers Reiter, der sich, an einer amerikanischen Universität tätig, für ein von Regierungsgeldern finanziertes Forschungsprojekt über Mucus – das sind Schleimsekrete der Magenwände – engagiert, wird das Bild eines aus dem Ruder gelaufenen wissenschaftlichen Forschungsbetriebs gezeichnet. Im Zuge seines Forschungsprojektes, das objektiv von lächerlicher Nebensächlichkeit scheint, reist Reiter von Forschungsstation zu Forschungsstation kreuz und quer durch Amerika und erlebt einen akademischen Zirkus der Eitelkeiten: «Die ganze Geschichte der Aufklärung – alles ein Irrweg?» Nicht nur das, was sich nach außen hin als wissenschaftliches Weltbild präsentiert, stellt einen irrationalen Bewegungswust dar, in dem die grundlegenden Entdeckungen Zufallstreffer sind, sondern die Naturwissenschaftler erweisen sich zudem als Handlanger politischer Hasardeure, die Reiter konkret in der Zeit des Watergate-Amerika im damaligen Präsidenten Nixon und seinen Mitarbeitern personalisiert sieht: «Es besteht ein Zusammenhang zwischen Amok laufender Macht und der technologischen Intelligenz.»[24]

Es ist das Thema von Brechts *Galilei*, Dürrenmatts *Physikern* und Heinar Kipphardts *Oppenheimer*-Stück, die Analyse einer Aporie des Fortschritts, in deren Verlauf die Aufklärung sich selbst liquidiert. Auf dem Hintergrund handelt es sich um ein Buch, das die Möglichkeiten des gesellschaftsanalytischen Romans nochmals mit mitleidloser Insistenz ausschöpft.

Das gilt auf andere Weise auch für den singulären Roman des Autors Heinar Kipphardt (1922–1982), dessen erzählerische und lyrische Arbeiten von seinem Ruhm als Dramatiker eher verdunkelt werden. Der ehemalige psychiatrische Facharzt Kipphardt hat in dem Roman *März* (1976) (dem eine eindringliche Vorform als Film vorausging und später eine Version als Drama folgte) am Beispiel der authentischen Person des unter dem Namen Alexander bekannt gewordenen geistesgestörten Poeten Ernst Herbeck die erzählerische Fallstudie einer gesellschaftlich gesteuerten Ichzerstörung entworfen. Wie es Kipphardt gelingt, im soziologischen Umfeld von Alexanders Individualgeschichte die Wurzeln seiner psychischen Stigmatisierung in winzigen, von mikroskopischer Beobachtungsprägnanz zeugenden Szenen anschaulich zu machen und die Geschichte der psychiatrischen Hospitalisierung von Alexander zur Anklage gegen die Praxis der Psychiatrie als einer von der

Gesellschaft institutionalisierten Verdrängungsinstanz zu verdichten, ist außerordentlich. Die Montagestruktur des Buches, die den individuellen Einzelfall durch die eingeblendeten, auf die Geschichte der Psychiatrie und ihrer Verfahrensweisen hindeutenden Informationsmaterialien zum exemplarischen Fall werden läßt, ist auch als formaler Entwurf innovativ.

Quer zu all diesen Entwicklungsrichtungen und Trends steht der von der Aura eines Originalgenies umgebene Herbert Achternbusch (*1938), dessen Prosabücher – die er zum Teil selbst noch Romane nennt – wie ein von allen literarischen Konventionen und Prätentionen absehender Versuch wirken, sein persönliches Ich in seiner Eindrucks- und Erfahrungskonkretheit unmittelbar in Sprache umzusetzen, Leben in Literatur zu verwandeln und Literatur gewissermaßen als sprachliches Atemholen zum Teil dieses Lebens werden zu lassen. Seine zahlreichen Bücher (*Hülle*, 1969; *Die Alexanderschlacht*, 1971; *Der Tag wird kommen*, 1973; *Die Stunde des Todes*, 1975; *Land in Sicht*, 1977) sind in ihrer aufgesplitterten, von Slapstick-Gags, monströsen Bildeinfällen, filmischen Sequenzen und gelegentlich parabelhaften Verdichtungen geprägten Struktur Bruchstücke eines sich fortschreibenden Lebensromans, in dem der Film als Erfahrungsdimension eine ganz wichtige Rolle spielt.

Nicht von ungefähr werden beide Ausdrucksformen für Achternbusch austauschbar: Sprachlich Artikuliertes wird von ihm in Filmisches umgesetzt, und filmische Texte finden ohne weiteres ihren Platz in seinem Lebensroman. Entscheidend ist dabei, daß sich Leben und Wirklichkeit für Achternbusch nicht bereits vorweg in einen gigantischen, mit sprachlichen Fertigteilen bestückten Baukasten verwandelt haben. Sein eruptives, von allen ästhetischen Materialprüfungen unbelastetes Schreiben dringt in eine sprachliche Darstellungszone vor, wo die Dinge jenseits aller Stereotypen tatsächlich – wenn auch zum Teil in merkwürdigen Verrenkungen – zu leben beginnen.

Inwieweit solche in und mit der Sprache vollzogenen Befreiungsakte noch auf die Gattungsform Roman zu beziehen sind, ist freilich eine andere Frage. Diese in Wallungen geratene Sprache, die nichts denunzieren und keine ideologischen Thesen bekräftigen oder entkräften will und als nach außen gestülpte vital-anarchische Individualität sich und damit die Wirklichkeit im eigenen Kopf dokumentiert, ja in gewisser Weise erst herstellt, unterscheidet Achternbusch auch von einem Autor wie Jürgen Becker (*1932), der phänomenologisch ziselierte sprachliche Momentaufnahmen und Eindrucksbilder einer fragmentierten Welt in seinen Büchern *Felder* (1964), *Ränder* (1968) oder *Umgebungen* (1970) einbringt, ohne Anspruch eines epischen Gesamtbildes der Wirklichkeit. Diese Auflösungstendenzen des Romans gehören auch zur literarischen Erscheinungsvielfalt der siebziger Jahre.

III. SUCHE NACH NEUEN SPRACHEN:
LYRIK IM WESTEN

1. Alltagslyrik

Der Tod Paul Celans im April 1970 wurde von vielen jungen Dichtern (und solchen, die es werden wollten) als das Ende einer Epoche des westdeutschen Gedichts genommen. Die Entthronung der Form, die Öffnung der Poesie für Alltägliches und für sinnliche Erfahrung, die Aufhebung von Sprach- und Stilgrenzen – diese und ähnliche Forderungen wurden nun erhoben und realisiert, u. a. von Uli Becker, Michael Buselmeier, Hugo Dittberner, Friederike Roth und Jürgen Theobaldy. Es kam zu einer Lyrikschwemme, zum Nachholen auch internationaler Entwicklungen (Rolf Dieter Brinkmann), zu vielen neuen Tönen und Experimenten. Die Rückkehr zur Form ist dann wieder ein Kennzeichen der achtziger Jahre. Doch daß die Einbeziehung von Alltagssprache (vordem fast ein Privileg Peter Rühmkorfs) nun unwiderruflich zum Gegenwartsgedicht gehört, belegen z. B. die *Luchterhand Jahrbücher der Lyrik* (ab 1984) auf fast jeder Seite. Entsprechend ist ein direktes politisches Engagement auch kaum mehr eigens wahrnehmbar: Vermutlich muß man davon ausgehen, daß die siebziger Jahre eine ‹Zerstreuung› der Politik, eine gewisse Rückkehr der politischen Probleme und Auseinandersetzungen an die Basis erbracht haben. Die Alltagslyrik hätte daran ihren ‹öffentlichen› Bezug.

So ließe sich das Modell «Alltagslyrik» auch nach Szenen unterscheiden, in denen es funktioniert: Alltags-, d. h. weitgehend Verständigungslyrik, gibt es bei den Spontis, bei den Grünen, bei den Frauen, bei den Männern, bei den Schwulen, bei den Schülern, bei den Ausländern, bei den ‹Knastologen› usw. Daß die Lyrik wieder eine Öffentlichkeit hat (nicht nur eine postulierte), daß sie gehört und gelesen und hier und da geachtet wird, daß (ab und zu wenigstens) Wirkungen von ihr ausgehen, das hängt zweifelsohne mit den Aufbrüchen zusammen, denen sich diese einst auf ihre Exklusivität so stolze Gattung ausgesetzt hat.

Die Form wird in keiner Weise als vorgegebenes Muster akzeptiert, sondern als lockere Organisation von Zeilen, die sich um den Vorwurf, sie seien von Prosa kaum zu unterscheiden, herzlich wenig kümmern. Ein ökologisch engagiertes Gedicht von Uli Becker (* 1953) heißt «Der Globus quietscht und eiert» (aus dessen Gedichtband *Der letzte Schrei*, 1980) und fängt mit der Zeile an: «Das dämliche Treibgas in den Sprayflaschen [...] kommt da raus [...]» Deutlich ist die sprachliche Anlehnung (Anbiederung?) ans Zielpublikum, ökologisch engagierte Jugendliche. Doch bei der Kritik an zuviel gedruckter Selbst- und Lyriksuche ist auch zu bedenken, worauf die Alltagslyriker hinzielen: das Gedicht soll den Leser nicht in eine geschlossene Welt entführen, sondern ihn ermutigen und anregen, seine eigenen Erfahrungen sprachlich zu vergegenständlichen, es ‹nachzumachen›; Produktion ist die angestrebte Rezeption.

Viele der Lyrikbände, die Mitte bis Ende der siebziger Jahre erscheinen, sind durch das Formprinzip der «unartifiziellen Formulierung»[1] charakterisiert. Als Autoren sind außer den bereits genannten Günter Herburger, Nicolas Born, Wolf Wondratschek, F. C. Delius, Yaak Karsunke, Hugo Dittberner hervorzuheben. Viele junge Anthologien, Reihen, Zeitschriften, oft in Privat- und Halbprivatdrucken, zeigen, daß der Anstoß zur Produktion aufgenommen wurde. Selbst die großen Verlage riskieren lyrische Debüts.

Geradezu plakativ läßt sich der thematische Umschwung benennen, der die «Neue Lyrik» (man hat auch von «lyrischen Spontis» oder von «Laberlyrik» gesprochen) kennzeichnet: von der beschädigten Gesellschaft zum beschädigten Subjekt. Nach 1980 gibt es das nur noch als Unterthema, es «gilt» sozusagen nicht mehr. Selbst einer seiner Wortführer wie Jürgen Theobaldy (*1944) weicht in seinem Band *Schwere Erde, Rauch* (1980) entschieden vom Konzept einer «neuen Direktheit» ab. Die Wendung zu einer neuen Poetizität, welche die achtziger Jahre bestimmen wird, ist einleuchtend genug: Das «unmittelbare», das «gegenständliche» Dichten war selbst an eine historische Situation gebunden – die Vorherrschaft eines traditionellen, formbetonten Lyrikverständnisses. Der z. T. ungewaschene Protest war vielleicht nötig, um sich den Weg zu den eigenen Erfahrungen nicht abschneiden zu lassen.

2. Neue Subjektivität

Die neue Innerlichkeit, auch neue Weinerlichkeit genannt, fordert lyrisches Sprechen «aus dem Bauch», und das hat sich ja auch in der massenhaften Lyrikproduktion des Jahrzehnts niedergeschlagen. Dialektischer nennt Peter Rosei (*1946) den Ansatz dieser Lyrik ein «selbstvergessenes Sprechen»:[2] das Ich, das sich im Sprechen verlieren möchte, hofft zugleich, sich darin zu finden, und zwar, das ist das Problem dieses Modells: ohne weiteres. Rosei stellt die weitere Argumentation ein, indem er einen Chiasmus baut: «Indem ich die Welt anschaue, spreche ich über sie. Ich spreche schön, indem ich sie anschaue.»

Die Kritik am ichlosen, gleichwohl sich aufspielenden Ich dieser Lyrik wurde von Jörg Drews, Ludwig Fischer, Harald Hartung, Hans Dieter Zimmermann u. a. unter dem Stichwort «mangelhafte Subjektivität» engagiert vorgetragen.

Peter Rühmkorf kritisiert als einer der ersten 1975 die «unzimperlich selbstbewußte Herauskehrung eines Ich von ziemlich gleicher Herkunft» und findet das Selbstbewußtsein der «zeitgenössischen Gegengattung, die man ‹neue Subjektivität› nennt», seltsam «gemischt aus Isolationsschaudern und der trotzigen Lust, das eigne Oberstübchen neu zu vermessen». Ironisch hebt er als Gewinn hervor, daß wir immerhin über die Nicht-Verfassung des zeitgenössischen Subjekts belehrt werden: «Wichtig scheint mir, daß in Zeiten, wo das Wort ‹Veränderung› schon manchmal wie ‹Verdrängung› klingt (weil es einen Paravent für jederart Wankelmut hergibt), noch unverstellte Auskunft über die Verfassung des Ich gegeben wird und sei es über die heillose Entfremdung von einerseits politischen Passionen und andrerseits fast asozialen Privatantrieben.»[3]

Gleichwohl haben sich viele wichtige Autoren auf den neuen subjektiven Ton eingelassen. Die Lyrik von Rolf Haufs (*1935) zum Beispiel macht deutlich, daß es um mehr geht als um narzißtische Verletzung eines wahnhaft aufgetriebenen Größen-Ich. Die schlecht verheilten Narben aus Kriegs- und Nachkriegszeit brechen wieder auf, als die Hoffnung auf eine andere Gesellschaft(sform) begraben wird und die Hatz auf Andersdenkende Mitte der siebziger Jahre eskaliert.

In den Bänden *Die Geschwindigkeit eines einzigen Tages* (1976) und *Größer werdende Entfernung* (1979) sind die Gedichte seit 1967 gesammelt; *Juniabschied* (1984) wurde einer der größten Lyrikerfolge der achtziger Jahre. Gleich das erste Gedicht, «Kinderjuni», verweist das aus dem Takt geratene Subjekt auf die Kindheitserfahrung zurück: «Blätterhimmel kühlt unsere Haut / Noch wund von den Splittern des Krieges». Jahrzehnte brennen wie in einem Spiegel, heißt es in einem Gedicht, darin das Ich in die Ecke getrieben wird. Nur sehr gelegentlich kommt es zu Trostgebärden wie: «Doch atmet alles und die Geschichten / Beginnen zu leuchten».

Die Rückbesinnung auf die subjektiven Kosten des politisch-gesellschaftlichen Veränderungswillens ist durchaus legitim, und sehr wesentlich handeln die Gedichte der siebziger Jahre von Schwierigkeiten, ja der Unmöglichkeit eines Glücksprogramms, was private und gesellschaftliche Perspektive zusammenschließt. Kennzeichnend ist die Verbindung von pathetischen und saloppen Tönen, nur daß meist – anders bei Rühmkorf – lediglich ein Nebeneinander gelingt. So benutzt Ludwig Fels (*1946) in *Der Anfang der Vergangenheit* (1984) hochpathetische Bilder, um seine Ausgesetztheit zu vermitteln. Sein «Kerkerlied» endet: «Einmal am Tag ziehst du / die Ketten zur Eisentür / wenn die Klappe fällt. / Und dein Schweigen fragt / was die Erde denkt.»

Manfred Peter Hein (*1931) ist am ehesten Rolf Haufs zu vergleichen, er lebt (überwiegend) in Finnland, ist in Deutschland wenig präsent. Der Band *Gegenzeichnung* sammelt die Gedichte 1962–1982. «Kümmert euch nicht um mich», heißt es dezidiert um 1970, wohl mit dem Wissen um eine sichere Stelle, «wo mein Vers überwintert». Zu Ende des Jahrzehnts mehren sich die Gedichte, in denen zu Nachrufen angesetzt wird, ohne daß die gelingen wollen. Der Blick auf die Fluchtbewegungen, die weltweit ganz wörtlichen Flüchtlingsscharen um 1980 legitimiert das Pathos, den Leidenston: «Die Überlebenden seh ich / reden mit den Toten». Dieser Leidenston bestimmt auch die Poetik. Das Gedicht «Fluchtquartier» endet: «Am Messer die Zunge / für einen Satz / die Zunge reiß ich / vom Eisen».

Hein gilt als der bedeutendste hermetische Dichter nach Ernst Meister; 1984 erhielt er den erstmals verliehenen Huchelpreis. Anleihen beim Surrealismus sorgen dafür, daß es nicht beim Leidpathos bleibt, doch zugleich gehen seine Gedichte immer rücksichtsloser auf den Sprachgrund zurück, «bis an den blinden Fleck im Gedächtnis», «Vorfeld zum Flug / ins Vergessen» (*Zwischen Winter und Winter*, 1987). Das macht die Gedichte Heins hochmetaphorisch und durchsichtig zugleich: «die Zusammenstellung von Wörtern baut / am Himmel», heißt es in *Ausgewählte Gedichte* (1993). Hein hat sich auch als Lyrikvermittler verdient gemacht, hat z.B. Gedichte der osteuropäischen Avantgarde herausgegeben (*Auf der Karte Europas ein Fleck*, 1991) und die Gedichte der Amanda Aizpuriete aus dem Lettischen übertragen (*Die Untiefen des Verrats*, 1993). In seinen neuen Gedichten (*Über die dunkle Fläche*, 1994) überwiegt der elegische Ton, das karge Benennen der «Wüstungen», die unsere Lebenswelt ausmachen, in höchst sparsam gesetzten Bildern, ja Silben: «So ist / was ich rede fetzender / Uferrauch».

Ähnlich überqueren die Gedichte von Brigitte Oleschinski (*Mental Heat Control*, 1990) das Subjektkonzept der siebziger Jahre, lauschen den «Unter- und Obertönen einer Stimme», reden von der «Sehnsucht nach Heimkehr in kein Land», halten jedoch, energischer als bei Hein, zugleich die Erfahrung eines Ichs fest, das sich allen Negationen und Verletzungen mit starker, notfalls abstrakter Geste entgegensetzt: «Hier bin ich, / wiedergekommen wie von allen Reisen, ich bin da.»

Auch Christoph Meckels Gedichte um 1980 gehen vom lädierten Subjekt aus. Unter dem Titel *Die Komödien der Hölle* trauert er einer zu Ende gegangenen Liebesbeziehung nach, einmal böse und platt, dann wieder zart und poetisch. Dichten als Zusichselberfinden. Ironisch heißt es im Band *Säure* (1979): «Wir helfen uns noch, du und ich / wir helfen der Hoffnung / über uns wegzukommen ins Glück der andern und weiter [...]».

Die Lyrik der achtziger Jahre verdankt ihre Freiheiten gutteils dem Überdruß, den die Thematik der persönlichen und globalen Miseren erzeugt hatte. Der Ton der pathetischen Klage nutzt sich ab, die Lyrik profitiert davon. Günter Herburger (*1932) hat in seinen Gedichtbänden stets einen Abstand zu den Modeströmungen gehalten.

«Wo sollen wir uns niederlassen?» fragt das Gedicht «Die List der Angst» aus *Ziele* (1977), und gibt an, was die Zeit so anbietet: «Auf den Satzschaukeln der Analytiker, / den brüchigen Gipfeln der Naturwissenschaften / oder in den Mülleimern des Elends, / wo wir nach Knochen und selbstgerechter Wehmut suchen?» Die Weigerung, das eigene Gefühl zum Maßstab von Weltzuständen zu machen, hält die Erfahrungen aus den vorsiebziger Jahren präsent. Das Ich erscheint zwar als Thema, aber in lyrischer Distanz: als «ein Platz, / den ich immer mehr kennen / und auszudeuten lerne». Herburgers Lyrik bleibt so dem Ansatz der literarischen Moderne verpflichtet, Subjekt, Sprache, Weltwahrnehmung in wechselseitiger Konstituierung zu denken, was sie deutlich von der «neuen Sensibilität» trennt. Die neuen Gedichte (*Sturm und Stille*. 1993) heben die Un-Vernunft von Lyrik hervor, das Spannungsverhältnis zur Gegen-

wart disponiert zunehmend zu Surrealismen und Grotesken, Traumbildern und Not-
phantasien, aber auch zu Erzähl- und Dinggedichten, einem fast obsolet gewordenen
Typus.

In dieser vermittelten Weise hat auch Jürgen Becker (*1932) teil an der
«neuen Subjektivität». In einem frühen Gedicht, «Zur Sache» (in: *Schnee,*
1971), wird das Gegeneinander von lyrischer Form und unklaren Gefühlen
pointiert ausgereizt.

Jürgen Becker kritisiert in seinem «Berliner Programm-Gedicht» die «muffige Wort-
losigkeit» ebenso wie die «verbale Leichenschinderei»: «vergnügt wird gepfiffen / auf
letzten Löchern, und weiter wird bloß geschwiegen». Dagegen setzt er, der Meister des
lakonischen Gedichts, eine fast erzählerisch breit ausholende Lyrik, die er «Vorberei-
tungssätze» nennt, «Reise-Erzählungen» oder auch nur «Vom Wandern der Gedanken
übers Papier» (vgl. die Bände *In der verbleibenden Zeit,* 1979, und *Die gemachten
Geräusche,* 1981). Die Annäherung an die Form des Großgedichts zeigt der Band
Odenthals Küste (1986), wenn die kurzen Gedichte schließlich zum Zyklus verbunden
werden («Die Scheune»).

Die zyklische Anordnung wurde schon in den späten siebziger Jahren ein
beliebtes Mittel, um beiden Ansprüchen gerecht zu werden: der Wiederkehr
zu formaler Strenge, einer Absage an jegliche Geschwätzigkeit, und zugleich
einem Minimum an Kommunikation, an Erzählung – das hermetische Gedicht gehörte nicht mehr zu den Mustern, obwohl es sich immer wieder
‹einschlich›. Etwa bei Felix Philipp Ingold (*1942), der keck parodistisch die
These der «neuen Subjektivität», es gelte sich wieder auszudrücken, hochnimmt: «Ich denke also bin / ich unmöglich mit wem denn / sonst zusammenleben.» Seine Textspiele zeugen von der wiedergewonnenen Einsicht, daß
Gefühle ohne Spracharbeit lyrisch nicht zu vermitteln sind. Vergleichbar fordert der nach dem objektivierenden Prinzip des Filmschnitts komponierte
Band *Rohschnitt. Gedicht in sechzig Sequenzen* (1983) von Ursula Krechel
(*1947) ein doppeltes Lesen.

Die Sequenzen ‹erzählen› vom Aufbruch aus dem Ich, das staunend und ablehnend
vor seinen Zuschreibungen und Identifizierungen steht: «daß ich ich gewesen sein soll /
im Gras hab ich geträumt / daß ich ich gewesen sein soll». Das Ich ist plural angesetzt –
«die Schöne die Kluge die Mutter». Die drei reisen, zusammen mit einem Kind, in die
undeutlich gehaltene Zukunft: «Seekarten, Faltpläne, Aufbruch ist Erfindung / ist ein
Floß aus Korken, ein Loch aus Nichtmehrwollen / eine Vorstellung von mehr.» Gegen
die sich auffächernde Welt setzt Krechel noch einmal das Bekenntnis zur großen Form,
was dezidiert über thematische Eingrenzungen wie Selbstverwirklichung, Frauenoffensive, Aufklärungskritik usw. hinausgeht. Die «große Form» bringt die «Welt, die uns
entgleitet», und das auf Rollen verteilte Ich versuchs- und zitatweise noch einmal
zueinander. Das gelingt nur als «Rohschnitt», was in der Filmsprache die erste Montage zusammengehörender Teile meint; und als Bekenntnis zu entgrenzender Bildtech-
nik, was eine Subversion des klassischen Subjektbegriffs mit einschließt.

IV. RADIOPHONE KOMPOSITION UND NEUES PROBLEMSTÜCK: DAS HÖRSPIEL DER SIEBZIGER UND ACHTZIGER JAHRE

1. Abrichtung durch Sprache

Autoren und Redakteure des Neuen Hörspiels mußten sich nach 1970 fragen, ob die Gleichbehandlung aller Laute, handle es sich nun um Sprach- oder Straßengeräusche, nicht auf die Dauer jedes Probleminteresse aus dem Genre ausschloß. Das radiophone Experiment, das nur Materialreize in mannigfacher Kombination und Orchestrierung zu Gehör bringt, etablierte sich zwar als Extrem-Version, mußte aber bald wieder Terrain an Hörspiele abgeben, die sich ausdrücklich um die Aufzeichnung von Realität oder um die Gestaltung von Aussagen bemühten. Möglichkeiten des O-Ton-Hörspiels, einen Querschnitt durch viele Meinungen herzustellen wie einst Ernst Schnabel im featureähnlichen Hörspiel *29. Januar* (1947), wurden in den siebziger Jahren gerade unter dem Vorzeichen politischen Engagements genutzt. Es entstanden etliche Stücke, die in enger Zusammenarbeit mit einer sozialen Gruppe (zum Beispiel mit Arbeitern, Drogensüchtigen, straffälligen Jugendlichen, alten Leuten usw.) deren spezifische Lebensbedingungen, Lebensansichten einem eher mittelständisch geprägten Publikum mitteilten. Es galt, Sektoren der Realität aufzuhellen, die im öffentlichen Gespräch weitgehend ausgeblendet und unbeachtet geblieben waren. Dieser Ausweitung sozialer Erfahrung mit Hilfe des Hörstücks korrespondierte der Versuch, in ähnlicher Weise in die Vergangenheit zurückzuschreiten. Es sei an die Berichte persönlich erlebter Geschichte oder an die ‹historischen› Hörspiele von Ludwig Harig oder Dieter Kühn erinnert.

Auf diese Weise installierte sich im Bereich des Hörspiels die Sparte der Sozialreportage, die den Regeln und der Ethik des Features von früher nahekommt. Von dem derart pragmatisch genutzten Genre gingen allerdings keine wesentlichen ästhetischen Impulse aus, übrigens genausowenig von ungeschnittenen Passagen mit dem Mikrophon durch Straßen und Großstadttrubel: Entdeckung eines naiven Reduplikations-Realismus und, zumal in den achtziger Jahren, der neuen Langsamkeit im O-Ton-Hörspiel.

Die Musikalisierung des Neuen Hörspiels, die wechselseitige Annäherung von sprachlicher und musikalischer Form ist nicht zuletzt von Komponisten geleistet worden wie Maurizio Kagel, John Cage oder in jüngster Zeit Heiner Goebbels mit seinen akustischen Potenzierungen von Texten Heiner Müllers, die häufig auf Einladung der Rundfunkanstalten (insbesondere des Westdeutschen Rundfunks) Hörstücke produzierten. Der früher eher im Schatten stehende Karl-Sczuka-Preis, der für die musikalische Faktur im Hörspiel verliehen wird, erhielt nun mehr Anerkennung. Die Hörstücke Kagels sind vor allen Dingen Kompositionen mit Elementen der Sprache.

Kagel (* 1931) überwindet schnell die frühe Phase, in der er Töne, Geräusche und Worte in Konkurrenz miteinander stehen läßt – so in seinem Versuch *(Hörspiel) Ein Aufnahmezustand* (1969). Schon in *Sound Track* (1975) konstruiert er eine alltägliche Szene, in der die Sprache der Grausamkeit von Zuhörern wehrlos aufgenommen wird. Eine Familie sitzt vor dem Fernsehschirm, hört und sieht einen Western. Während ein Kind, gewissermaßen als Kontrapunkt zur Fernsehsendung, Klavier spielt, dringen die sadistischen Redensarten des Filmgenres, gesprochen von vier typischen Synchronstimmen, in das Bewußtsein der monologisierenden Zuhörer ein. Eine schärfere Sprachdressur führt Kagels Hörspiel *Die Umkehrung Amerikas* (1976) vor. Im Anschluß an die Berichte des Paters Las Casas fügt Kagel eine Kette von Nachrichten über die Schrecken der Eroberung des späteren Lateinamerika durch die Spanier zusammen. Die Indios verlieren endgültig ihre ursprüngliche Identität, als sie die fremde Sprache lernen müssen. Am Schluß des Hörspiels erzählen die Eingeborenen in der ihnen neuen Sprache von ihren Leiden. Selbst durch die Fessel der aufgezwungenen Sprachform dringen die Signale des Schmerzes und der Qual. Kagel will vorführen, daß Unterwerfung eine spiegelbildliche Reaktion hervorruft, so daß der Kreislauf der entmenschlichenden Gewaltzufügung, des Terrors nicht mehr zu durchbrechen scheint. So lauten die letzten Zeilen von *Die Umkehrung Amerikas:*

> Spanier III   Eh, Frau!
> Was würdest Du an meiner Stelle tun?
> Frau (mit rauher Stimme)
> Umbringen. Peitschen.
> Martern. Pfählen. Peinigen.
> Über die Klinge springen lassen.
> Zusammenhauen.
> Verbrennen.
> Erschrecken. Vertilgen.
> Erschrecken. Zerreißen.
> Erschrecken. Erschrecken.
> Erschrecken. Erschrecken.
> Erschrecken!

Kagel ließ die Sprecher der Indios bei der Realisation Wörter in umgekehrter Reihenfolge der Buchstaben aufsagen und dann die Tonbänder in der entgegengesetzten Richtung abspielen, so daß der Höreindruck verzerrt, fremdartig, krampfartig wirkte. Vermutlich hatte Kagel nicht nur an die Philosophie Ludwig Wittgensteins gedacht, deren Sprachkritik vor allem in den siebziger Jahren neuen Anklang fand. Kagel lebt als gebürtiger Argentinier in Deutschland. Ihm ist nicht unbekannt, wie der Oktroi einer Herrensprache den Lernenden kulturelle Eigenständigkeit rauben kann.

Spracherwerb als Denaturierung der ursprünglichen Existenz: dieser Vorgang wird auch von Peter Handke in *Kaspar* (1968) demonstriert oder, weniger pessimistisch, in François Truffauts Film *L'Enfant sauvage (Der Wolfsjunge;* 1969). Im Urteil, die Sprache sei Folter, äußerte sich noch Ende der

sechziger Jahre genereller Kulturverdacht, der mit der Idee eines ursprünglichen Lebens und einer einfacheren Gesellschaftsform verbunden war. Später
drängte sich die Auffassung vor, diese ‹Abrichtung› sei die schlimme Normal-
form der Kommunikation, die Massenmedien ausüben: sie vermittelten uns
ein falsches, fiktives, flaches Bild von Realität, sie veränderten unseren Zungenschlag, sie führten uns in eine zweite, simulierte Welt ein, die kaum mehr
mit dem zusammenhänge, was wir unmittelbar erleben. Auch Kagel sieht
seine Art, Hörstücke zu produzieren, als «genuine Rundfunkagitation» gegen
die schädliche Entmachtung des Realitätssinns durch den Rundfunk: «Es ist
aber leider so, daß die Anhäufung von schlechten Nachrichten in den Nach-
richtensendungen uns für diese Art von Wirklichkeit ein wenig ermüdet
haben. Wir können aber die gleichen Nachrichten als Hörspiele bringen und
damit den Hörer zu einer tatsächlich konkreten, weitgehenden Analyse von
Zusammenhängen animieren.»[1]

Maurizio Kagels *Der Tribun* (1980) läßt den Zuhörer Zeuge der Redeprobe
eines Demagogen werden. Der Autor und Komponist spricht diese Rolle:
eine Kaskade von Hülsenbegriffen und beschwichtigenden Sätzen, die immer
wieder im politischen Geschäft zu hören sind, die in solcher Massierung auf
erschreckende Weise die Funktionalität und Absichtlichkeit dieses Sprechens
enthüllen.

Die Verkrustung der Sprache ist so weit fortgeschritten, daß kein Platz mehr für
Spontaneität ist. Selbst Zustimmung oder Ablehnung der Zuhörer werden als ‹Kon-
serve› durch Lautsprecher eingespielt. Es scheint keine Sprache außerhalb der hier
gehörten mehr denkbar zu sein. Die vertrackten Formulierungen, die der Tribun aus-
stößt, bezeugen, daß seine Gedanken sich manchmal verheddern, daß Verdrängtes
affektartig hochschießt, den logischen Satz zertrümmert, wenn auch die äußere Form
einer Aussage gewahrt bleibt. Wie weit Kagel von den Anfängen des noch vergleichsweise unbefangen und frei assoziierenden Neuen Hörspiels entfernt ist, ergibt sich
daraus, daß er die Undeutlichkeit der Musik einengen, präzisieren will: «Zu diesem
Hörspiel habe ich Marschmusik geschrieben, obwohl ich kaum in der Lage bin, solche
zu komponieren. Dies wiederum verdanke ich dem Hörspiel: durch die Schärfe des
Wortes vermag Musik konkret zu werden, ohne sich in Illustration zu verwandeln. Es
gibt sicher keine politische Musik, sondern nur eine, welche ähnlich der Farbe weiß
sich je nach Kontext anders kolorieren läßt.»[2]

2. Leben in der Kälte – das neue Problem-Hörspiel

Allgemein gilt für die Entwicklung des Hörspiels nach 1970, daß das wieder-
gewonnene politische Interesse an verschütteter oder randständiger Lebensform, an Menschen, die im Dunkeln und nicht im Licht sind, an Gewalt-
strukturen das Spiel mit dem Material im Neuen und im O-Ton-Hörspiel
eindämmt. Als Hubert Wiedfeld (* 1937) für sein *Crueland* (1972) den Hörspielpreis der Kriegsblinden erhielt, warnte er vor der «Reise nach Innen»,
wie sie nicht nur das frühere Hörspiel, seiner Kenntnis nach, unternommen

habe, er verabschiedete sich ebenso von der «stereophonisch aufbereiteten Innerlichkeit»: «Es sollte nicht länger als reaktionär gelten, von Dingen zu sprechen (anstatt ausschließlich von Sprache).»[3]

Crueland beschreibt die Flucht eines Epileptikers vor seiner Umwelt, die Treibjagd, der er verfällt, der er nicht entfliehen kann – und die Kälte, mit der die Umwelt, «Crueland» bezeichnet, zur Tagesordnung übergeht. Ein Außenseiter, der eine Minderheit repräsentiert, wird zum Opfer einer Gesellschaft, die auf alles heftig einschlägt, was anders ist und sich nicht blindlings daran beteiligen will, das Bruttosozialprodukt zu erhöhen.

1979 hat Wiedfeld die Biographie seines Vaters in die Form eines Hörspiels gebracht: *Wenn der Vater die Zähne verliert, müßten dem Sohn Hände wachsen.* Aus Erinnerungen des Sohns und Erzählungen der Mutter rekonstruiert er die proletarische Karriere eines vorbildlichen humanen Menschen. Daß zur selben Zeit etliche Väter-Bücher aus der Feder verschiedener Autorinnen und Autoren erscheinen, deutet drauf hin, daß sich das wiedergekehrte realistisch-problemorientierte Hörspiel der siebziger und achtziger Jahre an die Themenstellungen anschließt, die in der zeitgenössischen Literatur als aktuell aufgeworfen werden. Ein ähnlicher Versuch, das Vaterbild aus dem Blickwinkel der nachwachsenden Generation nicht mehr unter dem Aspekt heftiger Ablösung zu entwerfen, gelang zuvor schon Alfred Behrens in *Annäherungen an meinen Vater* (1977). Auch dieses Hörspiel gilt nicht von ungefähr einem Arbeiter-Vater. Über die Familiengeschichte Zugang zur allgemeinen Geschichte zu finden – diesen Weg schlug auch Walter Kempowski in seinen Büchern ein. Sein Hörspiel mit dem schwierigen, pseudo-mundartlichen Titel *Moin Vadr läbt – a Ballahd in a Munnohrd kinstlich med Mosseg unde Jesann* (1980) wandelt das Thema ins Parabelhafte ab: Der angeblich gefallene Vater ist im Gedächtnis noch so lebendig, daß er im Monolog des Sohns für lebend erklärt wird.

Kritik der Angestelltenkultur, die an ihrer Tüchtigkeit irre wird, und Sprachprüfung des Geschwätzes verbinden sich in Hörspielen des Autors und Redakteurs Christoph Buggert (* 1937), die er seit *Vor dem Ersticken ein Schrei* (1977) zu einer Galerie des bürgerlichen Wahnsinns zusammenfaßt. Im ersten Teil dieses Zyklus drückt sich die Entfremdung zwischen Paaren und ihrer Umwelt, zwischen den Partnern selbst darin aus, daß die Namen, die Erinnerungen, die Identität, die eigene Person, die scheinbare Sicherheit der Bezüge völlig verlorengehen. Buggerts Hörspiel schildert zunehmende Müdigkeit, Erschöpfung und Desorientierung als charakteristische Stimmung im Westen. In *Nullmord* (1987) entlarvt er als Prototyp der Zeit den Mörder, der an den Tag bringe, was die Triebkraft aller sei. In einer beängstigenden Jagd auf der Autobahn bringen die Fahrer großer Wagen den Fahrer eines kleinen Wagens zur Strecke: eine Hetz' mit Hilfe von Motoren und mit tödlichem Ausgang.

Unter den Stichworten Entfremdung, Verlust von Nähe, Unvertrautheit zwischen Mitmenschen läßt sich eine Reihe neuerer Hörspiele nennen, die die

Krise von Liebesbeziehungen thematisieren. Während bei Ingeborg Bachmann der Dialog noch zu ekstatischem Jubel hochgetrieben wurde (in *Der gute Gott von Manhattan*), ist solches Unisono der Gefühle, nicht einmal befristet, in Friederike Roths (* 1948) Hörspielen kaum mehr vorstellbar. In *Klavierspieler* (1980) drückt das Selbstgespräch der Frau zwar die Unbedingtheit ihrer Gefühle, aber auch die Unerreichbarkeit des begehrten Mannes, die Unerreichbarkeit des Glücks aus. In Roths *Nachtschatten* (1984) scheitert der Traum von Glück an der Wirklichkeit (wie sich die Jury des Hörspielpreises der Kriegsblinden ausdrückt). Der Dialog zwischen Frau und Mann ist asymmetrisch, denn der Mann ist nur ein erinnerter oder sogar erfundener Mann. Daß in der Angestelltenkultur schließlich auch das Büro als Sujet für gesellschaftsskeptische Problemhörspiele der siebziger und achtziger Jahre entdeckt wird, ist zu erwarten gewesen (Walter E. Richartz: *Büro-Hörspiel*, 1979).

Das «Gestöber der Worte» läßt schwach die Konturen einer Gesellschaft erkennen, die von ihrer Sprachlosigkeit durch Lärm ablenkt, die Isolation und Verlorenheit ihrer Mitglieder durch Tapetenmuster eifriger Beteuerungen überkleben will. Es fehlt der Parabelernst der Hörspiele aus den fünfziger Jahren, aber die Brechungen dessen, was gesprochen wird, ergeben zusammen eine Grimasse des Unglücks. Im Vergleich zu dieser Entwicklung hat das Hörspiel im Bannkreis des O-Tons, der Collage, der wuchernden Assoziation und der Ausbeutung radiophoner Mittel noch den Charakter produktiver Lust vermittelt, auch wenn es die schreckliche Nachricht zum Stoff wählte – und sie so, wie Maurizio Kagel und andere es betonen, widerstandsfähig zu machen suchte, widerstandsfähig «gegen den auch im Radio üblichen schnellen Verbrauch» (aus der Begründung der Jury, die 1977 Gerhard Rühms *Wintermärchen* den Karl-Sczuka-Preis verlieh). Der Titel von Rühms (* 1930) Hörspiel, *Wintermärchen*, ist Anspielung auf Shakespeares Drama und zugleich trauriger Hohn. Der Autor greift eine Zeitungsmeldung auf: Ein Mann, ausgeraubt und entkleidet, erwartet in einer Winternacht vergeblich Hilfe von Autofahrern, die auf der Landstraße an ihm vorbeibrausen. Er erfriert schließlich. Das Hörspiel versucht, die physische Qual dieses Mannes mit Geräuschen zu reproduzieren und gleichzeitig die Reflexe dieses Vorgangs in den Medien, in literarischen und musikalischen Anspielungen auszubreiten: das Sterben eines Menschen in viele Facetten gleichgültiger und betroffener Reaktionen, meistens eher gleichgültiger Reaktionen aufzusplittern.

Eine Rückkehr zu nüchterner, strenger Ästhetik markiert Ernst Jandls Hörspiel oder «Sprechoper» *Aus der Fremde* (1980), ursprünglich ein Theaterstück, das in der Saison 1979/80 auf vielen deutschsprachigen Bühnen aufgeführt wurde. Die prinzipielle Unlösbarkeit von Konflikten und die unaufhebbare Kluft zwischen Menschen, ein alltäglicher Zustand, verlangen angemessene Darstellungsweise.

Jandl führt eine Art Ehedrama zwischen einem Schriftsteller und seiner mütterlichen Freundin vor, allerdings in einer gebrochenen Diktion. Alles Gesprochene wird ins Indirekte gewendet. Der Text ist durchgehend im Konjunktiv und in der dritten Person gehalten. So überträgt sich die Qual der männlichen Hauptperson in verschroben-gespannte Artikulation. Die Konsequenz, mit der pathetische Akzente vermieden werden, läßt darauf schließen, daß Pathos als ständig Vermiedenes dennoch präsent sei: als Stimmung traurig-komischer Bitternis über ein Leben, das in monotonen Alltagsritualen und panischer Versagensangst zugebracht wird.

70   er
wobei konjunktiv ebenso
wie dritte person
ein gleiches erreichen

71
nämlich objektivierung
relativierung
und zerbrechen der illusion

72   sie
es gehöre zum besten
das er je
geschrieben habe

73   er
ob sie nicht bloß
wenn sie das sage
ihn aufmuntern wolle

74
verhindern
daß er sogleich wieder
in seinen abgrund stürze

75   sie
daß sie ihm immer noch
aufrichtig
ihre meinung gesagt habe

76
oder ob irgendein
gegenbeispiel
er nennen könne

77   er
daß ihn ihr urteil
überaus freue
beinahe glücklich mache   (klingen zweier gläser; trinken)

78
käme herr jesus wäre er ihr gast
und würde segnen
was er ihnen bescheret hätte

79   sie
bei ihm zuhaus als kind
sei immer dies nichtwahr
das tischgebet gewesen

80
der spruch sei in ihn eingegangen
sein geistiger besitz
dereinst vielleicht sein einziger[4]

Welche Personen im zeitgenössischen Hörspiel auch sprechen, sie sprechen
als soziale Wesen, die einen bestimmten Standort und einen damit verbundenen Erfahrungs- und Denkhorizont haben. Das bürgerliche Wesen ist für
viele Autoren wieder zum zentralen Sujet aufgerückt. Dies ist nicht weiter
erstaunlich, bedenkt man, daß Autoren und Redakteure ihm selbst angehören. Das Formdiktat des Neuen Hörspiels hat an Vorbildlichkeit verloren.
Die Sprachexperimente sind einer Prüfung der real gesprochenen Sprache
gewichen. Die Ende der sechziger, Anfang der siebziger Jahre betonte ästhetische Eigenständigkeit des Hörspiels ist wieder aufgegeben worden: Der
‹realistische› Typus knüpft unbedenklich an Themen an, die sich etwa der
zeitlich parallelen Erzählliteratur oder dem Fernsehspiel stellen. Das Hörspiel
hat seit den sechziger Jahren, jedenfalls soweit es sich als ästhetisch-experi-
mentelles Genre darstellt, das große Publikum verloren. Die vielfach gesendeten Kriminalhörspiele, etliche davon auch Stücke aus früheren Jahrzehnten, sind ein fester Programmbestandteil für viele Hörer geworden. Fast ist
man versucht, von einem eklektischen Zeitalter des Hörspiels zu sprechen, in
dem der Zugriff auf alle möglichen Modelle, Präsentationsweisen, Stile erlaubt zu sein scheint. Unter den vielen Tendenzen, die zu nennen wären,
scheint die Angleichung zwischen dem Hörspiel als einer Form mit poetischen Lizenzen und der Dokumentation, die investigativ in verborgene, verschlossene oder tabuisierte Bezirke eindringt, besonders auffällig – in merk-
lichem Unterschied zu den fünfziger Jahren, als eher eine Spezialisierung der
Aufgaben festzustellen war. Das Interesse der Autoren richtet sich stärker auf
die eigene Gesellschaft und auf Strukturen, die den einzelnen überformen, bis
er unkenntlich wird.

V. «IN DEN SIEBZIGER JAHREN FINDE SICH EINER ZURECHT»: DRAMA UND THEATER

Der vielzitierte Stoßseufzer stammt aus *Groß und klein* (UA/V 1978) von Botho Strauß, das zum «Stück des Jahres» gewählt wurde und von vielen, neben der *Trilogie des Wiedersehens* (UA 1977/V 1976), für das exemplarische Werk des Jahrzehnts gehalten wurde. In der Tat sind die siebziger Jahre in manchem das Gegenteil der übersichtlichen und leicht definierbaren sechziger Jahre, ein pluralistisches, widersprüchliches, undeutliches und ratloses Jahrzehnt. Das gilt sowohl für die dramatischen Werke wie für das Theater. Die immer noch politisch gemeinten Stücke von Kroetz, Hochhuth, Henkel, Dorst und Heiner Müller stehen neben denen von Thomas Bernhard und Botho Strauß; die Leitfigur Brecht wird endgültig verdrängt von Beckett und Artaud; auf der Bühne entfaltet sich das «Regie-Theater» (mit Vorliebe an der Vorlage klassischer Stücke) von Regisseuren, die kaum miteinander vergleichbar sind: Peter Zadek (Shakespeare), Peter Stein (Botho Strauß), Claus Peymann (Thomas Bernhard), Hans Hollmann (Horváth), Hansgünther Heyme (Schiller), Niels-Peter Rudolph, Ernst Wendt, Hans Neuenfels, Klaus Michael Grüber und Robert Wilson, und gleichzeitig gibt es die wegweisenden werkgetreuen und realistischen Inszenierungen Rudolf Noeltes, vor allem von Ibsen- und Tschechow-Stücken, und die Pflege des deutschsprachigen Gegenwartsdramas, vor allem durch Claus Peymann und sein Stuttgarter und Bochumer Ensemble. Die Selbstthematisierung des Theaters, in den ersten siebziger Jahren eine Absetzbewegung von der politischen Vergangenheit, führte in der zweiten Hälfte des Jahrzehnts in die Orientierungs- und Ausweglosigkeit. Gleichzeitig aber bildete sich das bis heute höchst erfolgreiche Kinder- und Jugendtheater heraus (das Westberliner Grips-Theater, Rote Grütze u. a.). Von den einen wird das Jahrzehnt als eine Zeit des selbstverschuldeten Verfalls (Georg Hensel), von den anderen als eine Phase krisenhafter Produktivität gesehen (Günther Rühle).

Trotzdem hat sich eine Handvoll Schlüsselwörter eingebürgert, die auch für das Drama und Theater dieser Jahre der «Tendenzwende» (1974) und einer zweiten Restauration belangvoll sind: Entpolitisierung und Ästhetisierung, Rückzug in den Alltag, ins Private, in die Subjektivität, neue Sensibilität und Introspektion, postrevolutionäre Resignation und Melancholie, Hoffnungslosigkeit und Utopieverlust. Mit Blick auf die Bühne haben diese Tendenzen im Gefolge: die Selbstreflexion des Theaters (vor allem des Schauspielers), die «Wiederherstellung des Kunstprodukts»,[1] d. h. des Theaters als eines autonomen Zeichensystems, die Revolutionierung der Wahrnehmungs-

muster statt des Wahrgenommenen, die Entdeckung neuer Spielräume, Anti-
Naturalismus und Anti-Illusionismus, die Wiederentdeckung von Clownerie
und Zirkus, Schock- statt Aufklärungstheater und damit die Richtung auf ein
neues Tanz- und Körpertheater. Mit Blick auf die neuen Stücke kann man
generell von einem Handlungs-, Geschichts- und Sinnverlust sprechen, von
Ohnmacht und Fremdbestimmung des Individuums inmitten einer übermächtigen Mediengesellschaft, von zunehmenden Kommunikationsschwie-
rigkeiten und einem wachsenden Kälte-, Endzeit- und Untergangsbewußtsein. Mit polemischer Einseitigkeit hat man Peter Pan und Narziß, den Jüng-
ling auf dem «Ego-Trip», als die Symbolfiguren dieser Jahre bezeichnet,[2]
während Günther Rühle von «Zirkus, Blut und Einsamkeit» als den drei
entscheidenden Metaphern des zeitgenössischen Theaters an der Wende zu
den achtziger Jahren gesprochen hat.[3] Auch nachträglich noch schien Botho
Strauß ins Recht gesetzt, der 1970 konstatiert hatte: «Zur Zeit ist das Irresein,
so scheint es, eine ganz gewöhnliche Metapher für das Befinden des Individuums überhaupt, für die internierten Kräfte seiner Fantasie, inmitten einer
Gesellschaft, welche nur zur Raison zu bringen versteht, welche im Namen
der Vernunft eine perverse Unterdrückungsherrschaft ausübt.»[4]

Das Wort liest sich wie ein Motto für die verschiedenen medialen Bearbeitungen des *Lebens des schizophrenen Dichters Alexander März* durch Heinar
Kipphardt. Über die Stationen Fernsehfilm (1975), Roman (1976) und Hörspiel (1977) wurde dieses poetisch-psychiatrische Projekt zuletzt als Schauspiel unter dem Titel *März, ein Künstlerleben* vorgelegt (UA 1980). Es zeigt
das «Irresein» im ursächlichen Zusammenhang mit einer tiefgestörten Leistungsgesellschaft. Denn Kipphardt gehörte zu den wenigen Autoren in diesen Jahren, die beharrlich an der sozialpolitischen Wirkungsabsicht der Literatur festhielten.

1. «Die Welt ist eine Kloake» oder «Alles ist infam»: Thomas Bernhard

Eine einzigartige Position vertritt der 1989 verstorbene Österreicher Thomas
Bernhard (* 1931), dessen dramatisches Werk beispielhaft ist für viele der angeführten Merkmale und Tendenzen. Kaum ein Jahr zwischen 1970 (*Ein Fest
für Boris* [UA/V]) und 1988 (*Heldenplatz* [UA/V]), in dem nicht eins oder
mehrere seiner Stücke erschienen und aufgeführt wurden. 1974 erhielt er
zusammen mit Kroetz und Strauß den Hannoverschen Dramatikerpreis. Das
Theater (allen voran Claus Peymann) hat diesen Bühnenautor geradezu ver-
hätschelt.

«Daß ich Österreicher bin / ist mein größtes Unglück», heißt es in *Heldenplatz* (1. Szene). Bernhard hat die Österreich-, die Publikums- und die Welt-
beschimpfung totalisiert, ritualisiert und mechanisiert. Durch schwere Beschädigungen und Krankheiten in Kindheit und Jugend, durch den frühen

Verlust der Eltern und des geliebten Großvaters gerieten Person und Werk in den unauflichtbaren Schatten des Außenseitertums und des Todes. «Es ist alles lächerlich, wenn man an den Tod denkt.»[5] Aus diesem Wissen sind die «Komödientragödien» *(Frost)* Thomas Bernhards, sein durchdringendes Theater- und Rollenbewußtsein entstanden. Von einer «Komödie aus Todesangst» hat Botho Strauß schon 1970 anläßlich des Stückes *Ein Fest für Boris* gesprochen, unter Berufung auf einen Satz aus der Erzählung *Ungenach*.[6]

Sein dramatisches Werk zu charakterisieren, fällt verdächtig leicht. Bernhard ist der Dramatiker des Verfalls, der Vernichtung und der Katastrophe, der Einsamkeit, der Kälte und der Verstörung, des Wahnsinns und des Todes, ein verbissener Endspielschreiber, mit dessen grauen und schwarzen Tinten und Tönen selbst Beckett und Heiner Müller kaum konkurrieren können. Alle seine Werke gleichen musikalischen Wiederholungen und Variationen des Gleichen (bei der Lektüre stellt sich deshalb Überdruß eher ein als im Theater), und dieses einheitsstiftende tertium comparationis sei, so hat man gesagt, die Katastrophe der Geburt, die den Menschen in das schreckliche Todes-Gefängnis des Lebens sperrt. Es ist auch das Gefängnis des eigenen Kopfes, mit dem man monomanisch und oft nur noch in «virtuosem Leerlauf» (Bernhard Sorg) gegen die immer gleichen Mauern anrennt: «den Eltern ist nicht zu verzeihen / Das Geborenwerdenverbrechen / ist nicht zu verzeihen» *(Einfach kompliziert*, 2. Szene: Gegen Mittag [UA/V 1986]).

Schon das erste Stück, *Ein Fest für Boris*, enthält das Modell für alle folgenden. Es ist ein Krüppelstück von Krüppeln für Krüppel, der Devise gemäß: «Der Kranke und der Verkrüppelte / beherrschen die Welt / [...] eine Komödie ist es / eine böse Erniedrigung» *(Die Macht der Gewohnheit*, 1. Szene [UA/V 1974]). Die Mittelpunktsfigur, genannt «Die Gute, beinlos», hat nach dem Unfalltod ihres Mannes den beinlosen Krüppel Boris aus dem Asyl geholt und geheiratet. Zu seinem Geburtstag lädt sie dreizehn beinlose Krüppel aus dem Krüppelasyl zu einem makabren Fest ein. Auf seinem chaotischen Höhepunkt kommt es zu einer Art Rebellion: die beinlosen Krüppel fordern längere Betten! – ein typisches Beispiel für die Bühnenkomik Thomas Bernhards. Bei dem Crescendo – alle beginnen zu singen, und Boris schlägt immer wilder die Pauke – haben deutlich Artaud und Peter Weiss *(Marat/Sade)* Pate gestanden. Boris fällt tot über den Tisch. Erst beim allgemeinen Aufbruch wird es bemerkt.

Die erste Hälfte des Stückes besteht aus zwei «Vorspielen», in denen die Mittelpunktsfigur unaufhörlich auf ihre Dienerin Johanna einredet, die ihr bei einer ebenso unaufhörlichen Hut- und Handschuhprobe behilflich ist und rücksichtslos schikaniert wird. Im zweiten Vorspiel, nach einem «Wohltätigkeitsball», setzt sich diese Schikane fort und wird auf den infantilen Boris ausgedehnt. Die «Gute» monologisiert so hemmungslos wie eine Sprachmaschine, die auf negative, finstere und todessüchtige Worte programmiert ist, während die anderen Figuren nur als Statisten und Stichwortgeber dienen.

Als konstante Merkmale treten auch bei Bernhard hervor: die hermetische Geschlossenheit des Bühnen- und Kommunikationsraumes – eine Innenwelt ohne Außenwelt; die Künstlichkeit dieses Raumes; die unablässige Thematisierung von Theater, Schauspieler, Künstler und Kunst; die physische und psychische Reduktion der Figuren; das Qualerische und Selbstquälerische ihrer Beziehungen; die Dominanz von Krankheit, Tod und Ausweglosigkeit; die makabre Komik nach dem Motto: «es ist alles lächerlich, wenn man an den Tod denkt»; die Verfahren der insistierenden Wiederholung, der Tautologie, der Umkehrung und der Übertreibung; die Aufhebung der Grenze zwischen Normalität und Irrsinn; eine Schreibposition wie aus dem Greisenalter; der Verzicht auf die Erkenntnisfunktion des Theaters zugunsten seiner Irritationsfunktion, die freilich mit jedem weiteren Stück Bernhards zu einem bloßen «Unterhaltungsmechanismus» (*Jagdgesellschaft*, Szene: «Nach der Jagd» [UA/V 1974]; *Minetti*, 2. Szene [UA/V 1976]) degenerierte. Dieser schnellschreibende Dramatiker hat das Erbe Artauds, Becketts, des grotesken und absurden Theaters und der «Wiener Gruppe» radikalisiert, aber auch banalisiert und verschleudert.

Eine Ausnahme bildet das Stück *Minetti;* schon durch die Titelwidmung an den Schauspieler Bernhard Minetti besitzt es mehr Realitätsgehalt als die anderen. Es geht um die letzten Stunden eines alten, skurrilen, von der Gesellschaft längst ausrangierten Schauspielers, der am Silvesterabend in einer Oostender Hotelhalle vergeblich auf den Flensburger Theaterdirektor wartet, um mit ihm sein Festspiel-Engagement als Lear zu besprechen. Der Bühnenschein wird so zur Bühnenrealität, die Thematisierung von Kunst, Theater und «Schauspielkünstler» zur bewegenden Existenzfrage. Es entsteht ausnahmsweise eine «menschliche» Figur, in die sich der Leser/Zuschauer sogleich einfühlen kann, ein anrührendes Endspiel, das unablenkbar in den Kälte-Tod des Einschneiens führt.

Es wirft überdies eine Frage auf, um die fast alle Stücke Bernhards kreisen: die Frage nach dem Schauspieler und der Schauspielerexistenz als Repräsentanten des Menschen.

Der Schauspieler steht bei ihm in einem unaufhebbaren Gegensatz zur ganzen «Menschengesellschaft» (*Minetti*, 1. Szene): «Der Geisteskünstler / der sich als Kopfkünstler tödlich verletzt hat / der in die Katastrophe hineingegangen ist» (*Minetti*, Ende der 1. Szene), eine sich selbst «vernichtende Kunstexistenz» am Rande des Wahnsinns, verhöhnt und verspottet wie eine Christus-Figur. Die Rolle und die Maske des alten Lear, an die Minetti sich lebenslang gebunden hat, sollen dieses tödliche Schicksal zum Ausdruck bringen, die Wunschrolle des niemals gespielten Prospero seinen vergeblichen Traum von Erlösung.

Der Schauspieler, dem auf dem Hintergrund der menschlichen Todverfallenheit das ganze Leben zu Schein und Spiel wird, ist deshalb der einzige authentische Mensch, denn er ist sich seiner unentrinnbaren Rollenexistenz bewußt, er schaut dem Tod, dem Unheil des Lebens ins Auge, während er gleichzeitig spielend von ihm ablenkt. Die Kunst wird so zur wissenden Ablenkung vom Tode. Aus diesem Bewußtsein entsteht das Bernhardsche Welttheater als modernes Totentanztheater. (In einer gelungenen komischen, ja schwankhaften Variante zeigt dies *Der Theatermacher* [UA 1985; V 1984]).

Das trifft auch auf jenes Stück zu, dem man zu Unrecht, als Filbinger-Stück, politische Aktualität nachgesagt hat: *Vor dem Ruhestand* (UA/V

1979), mit dem Untertitel «Eine Komödie von deutscher Seele». Gerade wenn man es mit Stücken wie Walsers *Der schwarze Schwan*, Weiss' *Ermittlung*, Hochhuths *Juristen* und Kipphardts *Bruder Eichmann* vergleicht, wird man gewahr, wie restlos Bernhard ein potentielles «Zeitstück» in das eigene zeitlose Modell übersetzt hat.

In dem Drei-Personen-Spiel geht es zwar um einen ehemaligen SS- und KZ-Offizier und jetzigen Gerichtspräsidenten namens Rudolf Höller (mit Anklängen an Hess, Höß und Hölle!), der mit seinen beiden Schwestern – mit der einen lebt er im Inzest, die andere, einen Kriegskrüppel im Rollstuhl, schikaniert er wie ein KZ-Opfer – an jedem 7. Oktober Himmlers Geburtstag feiert, aber das ganze nazistische Vernichtungs- und Phrasenwerk wird zum bloßen Stoffmagazin und Stichwortlieferanten für die gewohnten Haß-, Verfalls- und Untergangskoloraturen, zu einem weiteren Beweis für die katastrophale condition humaine. Die Figuren sind wie immer eingesperrt in das Gefängnis ihrer Rollen – «So viele Jahre spielen wir unsere Rolle / wir können nicht mehr heraus» (1. Akt) –, und was sie aufführen, ist eher ein groteskes Familienstück, das von dem verfehlten Leben dreier durch Elternhaus, Kindheit und Jugend ruinierter Geschwister handelt, als eine Auseinandersetzung mit der schuldbeladenen «deutschen Seele».

Es ist, als wollte Bernhard beweisen, daß er noch die kompakteste historische und seelische Nachkriegsrealität der Deutschen durch sein monotones Theater derealisieren und aufheben kann. So läßt sich gerade an diesem extremen Stück der Unterschied zu den sechziger Jahren ablesen: das politische ist zum artifiziellen Theater geworden und nur noch im Medium des Ästhetischen wahrnehmbar. Botho Strauß' Versuch, «ästhetische und politische Ereignisse zusammenzudenken» (1970), hat am Ende des Jahrzehnts, nicht nur bei Thomas Bernhard, zur Verabschiedung des Politischen geführt.

2. «Chronik der laufenden Ereignislosigkeit»: Jandl, Frisch, Dorst, Reinshagen, Brasch, Achternbusch

Das hier zitierte Wort, mit dem der alternde Schriftsteller in Ernst Jandls (* 1925) «Sprechoper» *Aus der Fremde* (UA/V 1979) sein eigenes Stück charakterisiert, läßt sich ebenfalls als Motto über die siebziger Jahre lesen. Nach dem Aufbruch und Aktionismus der sechziger Jahre machen sich Stagnation und Reflexion auf der Bühne breit, entbinden aber zugleich, nachdem die Fessel des dokumentarischen Realitätsgebots gefallen ist, die Kräfte der Phantasie und einer neuen Experimentierfreudigkeit. Die gescheiterten Täter (Hölderlin, Trotzki, Büchner) hinterlassen erneut Hamletstimmungen und räumen den Opfern, Außenseitern und Grenzgängern ihren Platz. Es wird nicht mehr gehandelt, sondern erlitten und gelitten, an die Stelle der großen Geschichte treten die kleinen individuellen Geschichten, und nicht das Leben, vielmehr Krankheit und Sterben interessieren. Wenn es noch Ereignisse, Ausbrüche und Handlungen gibt, so entladen sie sich explosiv und irrational aus einer bedrückenden Ereignislosigkeit; es sind verzweifelte Aggressionen und Auto-Aggressionen; die Selbstmorde häufen sich.

Das alles gilt nicht nur für Handke, Kroetz, Bernhard und Strauß, sondern auch für die meisten anderen Dramatiker und Dramatikerinnen, mögen sie im übrigen noch so verschieden sein, z. B. für Dorst, Reinshagen, Thomas Brasch, Achternbusch, Harald Mueller und Frisch. Es ist dies einer der wenigen gemeinsamen Nenner in einer individuellen Vielfalt der Formen und Themen, die nicht mehr in vorherrschende Schulen und Tendenzen zu bündeln ist. Ein anderer Nenner ist das neue Verhältnis zwischen dem Ästhetischen und Politischen. Selbst wo Politisches noch direkt gemeint wird, wie bei Dorst, Reinshagen, Brasch, Achternbusch und Turrini, ist es in die theatralische Selbstreflexion eingebunden. Wobei das «Schauspielerische als Existenzprogramm» (Strauß) nicht nur ein Zeichen vorherrschender Subjektivität ist, sondern auch ein wichtiges Moment im schwierigen Selbstbehauptungsprozeß des Theaters gegenüber den anderen konkurrierenden Unterhaltungsmedien. Das Theater muß sich notwendig auf die nur ihm eigenen Mittel und Möglichkeiten besinnen.

Zwei extreme Werke, im gleichen Jahr 1979 erschienen, sind besonders aufschlußreich für die Tendenzen des Jahrzehnts: Jandls schon genanntes Stück *Aus der Fremde* und Frischs *Triptychon* (UA 1979; V 1978).

An Jandls «Sprechoper», dem «Stück des Jahres 1980», hat man gerühmt, daß noch nie die «Unfähigkeit zum Schreiben» fähiger auf die Bühne gebracht worden sei.[7] Es ist ein dramatisches Experiment mit «autobiographischen Zügen»,[8] das am Einzelfall eines Schriftstellers, der mit fünfzig Jahren einer tiefen Depression verfallen ist, die desolate Schreibsituation und Selbstentfremdung der Intellektuellen veranschaulicht –, das aus einer totalen Schreibnot eine literarische Tugend macht (für viele Stücke von Wolfgang Bauer gilt das gleiche!).

Ein nichtiger Alltag aus dem Leben eines hoffnungslosen Mannes, der sich abends mit seiner langjährigen Freundin und Kollegin und einem jüngeren Kollegen trifft – das ist der winzige und periphere Stoff, aus dem das ebenso einfache wie hintersinnige Sprach- und Bühnenexperiment entbunden wird. Es ist ein in sich eingedrehtes monologisches Stück über das gehemmte Schreiben eines Stücks, das sich selbst beständig kommentiert und auslegt. Sein «dreifacher motor» ist «strophe konjunktiv dritte person», das heißt, die geredete Sprache ist künstlich in durchnumerierte dreizeilige, zuweilen sogar gereimte Strophen gebracht und die direkte dramatische Rede in eine indirekte konjunktivische Rede in der dritten Person transformiert. Statt «Willst du noch etwas essen?» beginnt die erste Szene mit der Strophe: «ob er / noch was / essen wolle». Das Spiel auf der Bühne wird durch «erzählen von etwas erzähltem» ersetzt, die Spannung aber durch «direktes sichtbares zeigen von dingen von denen erzählt werde» erzeugt. Illusionierung durch die Bühne und Illusionsbruch durch die Sprache gehen eine paradoxe und reizvolle Verbindung ein. Die äußerste Einsamkeit, Kälte, Orientierungslosigkeit, Selbstentfremdung und Marginalität der menschlichen Existenz bedürfen, um noch faßbar und mitteilbar zu werden, der distanzierten Selbstthematisierung von Sprache und Bühne. Dadurch wird ein kleines Stück Leben erst zum Kunst-Stück.

Nur weil diese befremdliche und hintergründige «Sprechoper», die in der Nachfolge der Handkeschen «Sprechstücke» zu sehen ist, als symptomatisches Zeitstück verstanden wurde, konnte sie zu einem Theatererfolg werden. Frischs letztes Theaterstück *Triptychon. Drei szenische Bilder* (1979) steht gänzlich im Zeichen von Sterben und Tod, Ereignis- und Zukunftslosigkeit. So unzeitgemäß dieser Autor in den siebziger Jahren geworden war, so zeitgenössisch erscheint er mit diesem hörspielartigen Werk, obwohl es auffällig an sein Frühwerk erinnert und viele der alten Themen und Spielformen aufnimmt und variiert. Wie Jandls «Sprechoper» ist es ein monologisches, melancholisches und depressives Redestück, das zuletzt nur noch sich selber zitiert und mit einem Selbstmord des Überlebenden endet, ohne Hoffnung auf Erlösung von der eigenen scheiternden Geschichte.

Das erste Bild versammelt eine Trauergesellschaft und ihr Beileidsgerede, während die Witwe einen monologischen Dialog mit ihrem verstorbenen Mann führt. Das Mittelbild spielt in einem geheimnisvollen Totenreich, in dem die Toten die Vergeblichkeit ihres belanglosen Lebens melancholisch erinnern. Die dritte Szene, in flügelbildlicher Entsprechung zur ersten, zeigt einen jüngeren Mann im monologischen Gespräch mit seiner toten Freundin. Die Probebühne von *Biografie* (UA 1968; V 1967), in der es noch um die spielerische Veränderung eines individuellen Lebenslaufes ging, hat in dieser letzten Version jegliche Hoffnung auf eine «Mutation» eingebüßt. «La mort est successive» und «Es ist schade um die Menschen» – so werden Diderot und Strindberg neben Shakespeares *Hamlet* zitiert.

Rückt man dieses Stück neben George Taboris *Jubiläum* (1983), das ebenfalls unter Toten, auf einem verwilderten jüdischen Friedhof spielt, dann erscheint Frischs dramatischer Abgesang freilich wie von allen Todes- und Lebensenergien des Jahrhunderts abgeschnitten. Während bei Tabori gerade aus der unverblümten «Konfrontation mit dem Tod» die schockierende «Realität des Lebens» hervorspringt,[9] wird bei Frisch auch das vergangene Leben noch nachträglich ausgelöscht.

So extrem und einseitig sich diese beiden Stücke ausnehmen, schärfen sie doch die Wahrnehmung für viele andere aus dem Jahrzehnt. Bei Tankred Dorsts *Eiszeit* (UA/V 1973) klingt schon der Titel programmatisch für den Temperatursturz und die Statik der siebziger Jahre. Er setzt mit diesem Stück sein *Toller*-Schauspiel fort. Wie dort ist es seine Absicht, das Verhältnis von Schriftsteller, Literatur und Politik in seiner ganzen Komplexität und Undurchsichtigkeit auf die Bühne zu bringen. Wird der in den sechziger Jahren bewunderte Typus des revolutionären Intellektuellen am Beispiel Tollers als Schmierenschauspieler der Revolution vorgeführt, so verfährt Dorst hier noch provokanter. Er präsentiert den als Nazikollaborateur geächteten alten Hamsun («Der Alte») als eine undurchdringliche Figur, an der alle politischen Entlarvungsversuche scheitern oder lächerlich werden. «Der Alte war eine Person, die mich irritierte und diese Irritation wollte ich an den Zuschauer weitergeben.»[10] Es geht dem Autor um die ‹Wahrheit› einer Person: «wie kommt man an sie heran?»

Der neunzigjährige «Alte» gewinnt seine Authentizität und Integrität, im Gegensatz
zu Toller, als eine durch und durch untheatralische Figur, als ein antiintellektueller und
bäuerlicher Typus. Deshalb macht er sich lustig über die Simplifizierungen und Un-
wahrheiten des Theaters, das in der Person seiner viel jüngeren Frau Vera anwesend ist.
Die Jugend, eine typische Umkehr der 68er-Perspektive, erscheint in der Sicht des
Alters und des Altersheimes; vor allem der junge Student Oswald, ein Ibsen-Erbe und
letzter Repräsentant der anklägerischen Sohnes- und Hamletfiguren des westdeutschen
Dramas, der sich von dem Alten gleichermaßen abgestoßen und fasziniert fühlt. Er
brütet über einer revolutionären Tat, aber er ist zu schwach für sie. Sein ohnmächtiger
Protest wendet sich am Ende gegen ihn selbst, er begeht Selbstmord. Der Kommentar
von Dorst: «Er bleibt ein bürgerlicher Idealist und so stirbt er.»[11] Das gesamte Stück ist
darauf angelegt, den provokanten Stoff aus der einfachen Zeichensprache des Politischen in die schwierige Zeichensprache der Dichtung zu übersetzen, die parteilichen
Fronten und Feindbilder zu verwirren. Die eingebürgerten Vorurteile und Klischees
über das ‹Faschistische› und ‹Reaktionäre›, über den politischen Dichter und seine
Wirkungen, über Moral und Kunst werden in Frage gestellt und damit viele aufklärerische Gewißheiten und Grundsätze des vorangegangenen Jahrzehnts.

Auch das Stück *Goncourt oder Die Abschaffung des Todes* (UA 1977),
schon kurz nach *Toller* konzipiert, nimmt noch einmal die Frage nach dem
Verhältnis der Intellektuellen und Künstler zur Revolution auf. Beispielfall ist
die Pariser Commune im Frühjahr 1871, nach dem verlorenen Krieg gegen
Preußen. Die Antwort ist auch hier unmißverständlich: Die bürgerlichen
Intellektuellen und Künstler, heißen sie nun Goncourt, Flaubert, Hugo,
Renan oder Courbet («Der Pinsel ist die Waffe der Revolution!»), kommen
aus einer «voyeuristischen Haltung» gegenüber den revolutionären Geschehnissen nicht heraus. Die positive Ausnahme bildet eine Frau, Sarah Bernhardt, die ihr Theater in ein Lazarett verwandelt und angesichts des schrecklichen Sterbens beschließt: «Ich werde nie wieder eine Bühne betreten, ich
werde nie wieder eine Rolle spielen.» In seiner Kritik am bürgerlichen Intellektuellen stimmt Dorst mit Brechts *Die Tage der Commune* überein. Nur
erweisen sich bei ihm zuletzt auch die Kommunarden als Schauspieler. Dem
Schauspiel des Lebens kann niemand entrinnen.

Auch die dramatische Auseinandersetzung mit der deutschen Vergangenheit nimmt in den siebziger Jahren eine andere Gestalt an. Die dokumentarischen und ideologiekritischen Arbeitsweisen werden abgelöst von metareali-
stischen poetischen Verfahren. Beispielhaft dafür ist neben Dorsts geplanter
deutscher Trilogie (*Auf dem Chimborazo* [UA/V 1975], *Die Villa* [UA
1980; V 1979]) Gerlind Reinshagens (*1926) *Deutsche Trilogie* mit den
Stücken *Sonntagskinder* (UA/V 1976), *Das Frühlingsfest* (UA/V 1980) und
Tanz, Marie! (UA 1989; V 1986). Poetisch, das heißt in ihrem Falle auch
nicht-soziologisch und nicht-psychologisch. Das Drama und Theater nimmt
sich wie bei Else Lasker-Schüler wieder das Recht, vernunftlos zu träumen,
zu wünschen und zu verstören, im Namen des einzelnen Menschen, seines
peripheren alltäglichen Lebens und seiner «inneren Geschichten». «Der
Zwiespalt zwischen Vorstellung und Wirklichkeit», so hat Reinshagen ihre

«andere Dramaturgie» definiert, «das hartnäckige Verfolgen des inneren Bildes und das Scheitern des Entwurfs – dafür möchte ich eine Form finden», und sie findet sie mit «Traumeinschüben», durch das «Auftauchen eines fiktiven Dialogpartners oder durch das Ineinanderschieben verschiedener Sprachebenen».[12]

Sonntagskinder, das gelungenste der drei Stücke, spielt in einer typisch deutschen mittelgroßen Stadt vom Beginn bis zum Ende des Zweiten Weltkriegs, und es handelt davon, «wie das Denken von Kindern langsam erstickt wird».[13] Darin besteht der andere und neue poetische Blick dieses Schauspiels: Geschichte nicht als abstraktes und kollektives Großereignis wahrzunehmen, sondern als eine Folge konkreter Geschehnisse, die in das Leben und die Sonntagsseelen von Kindern und Jugendlichen einbrechen und sie allmählich verstören und verunstalten, während die borniertern Erwachsenen auf beängstigende Weise unverändert bleiben. Es ist also ein ganz besonderer ‹Blick von unten›. «Lieber verrückt [...] als erwachsen», heißt es vielsagend schon am Anfang. Denn damit ist das Schicksal der Hauptfigur Elsie vorgezeichnet, die mit verändertem Namen durch alle drei Stücke geht und am Ende des dritten, das zu Beginn der achtziger Jahre spielt, den Freitod wählt. Ihr letztes, lachendes Wort: «Ein Kind!»

Am Anfang ist sie vierzehn Jahre alt, besitzt die Gabe des zweiten Gesichts, spontane Lebenslust und eine blühende Phantasie, aber umgeben von den «Wahngebilden der Erwachsenen» und «lebendigen Leichnamen» (II,7) wird sie mehr und mehr in ihrer schönen Menschlichkeit verstört und am Ende, nach einer visionären Attacke auf den General Belius, in ein Kleid wie in eine Zwangsjacke gesteckt.

Sind in *Sonntagskinder* Vorstellung und Wirklichkeit, Innenwelt und Außenwelt so einfallsreich verbunden, daß die festen Ränder und Grenzen der Figuren wie der Räume sich öffnen und ein gemeinsames atmosphärisches Leben gewinnen, schön und erschreckend zugleich, so wird ihr Zwiespalt in den folgenden Stücken der Trilogie immer größer und greller, und das reine Bewußtseinstheater beginnt zu dominieren. Das «Vorwort» zu *Frühlingsfest* fordert, «daß alle Vorgänge des Stücks allein im Bewußtsein von Elsie erscheinen [...], daß es *Elsies* Sicht auf die Dinge ist». Ihre «Träume, Ängste oder Wünsche» besitzen konstruktive szenische Kraft, während die Wiederaufbau- und Verdrängungsmentalität der Bundesrepublik der fünfziger Jahre nur die gespenstische Kulisse und «Mauer» (III,1), von der sie immer enger eingeschlossen wird. Am Ende steht auch hier ein verzweifelter und vergeblicher Ausbruchsversuch. Als Elsie schon das Messer gegen ihren geschäftstüchtigen, glattzüngigen und gedächtnislosen Ehemann erhoben hat, dreht er sich um und drückt ihr einen Stapel Teller in die Hand. Ihr Schrei, in dem der Schrecken ihrer deutschen Kindheit und Jugend laut werden will, wird erstickt. Auch der Intellektuelle und Schriftsteller Philipp hat schon längst resigniert und kann ihr nicht mehr helfen.

Reinshagens Erneuerung des Gesellschafts- und Konversationsstücks im *Frühlingsfest* steht durchaus ebenbürtig neben den Beispielen von Strauß und Dorst; nur lebt in ihren Dramen stärker noch die Forderung der Böllschen Nachkriegsliteratur weiter: Schmerz, Erinnerung und Trauer nicht zu verdrängen und die Menschwerdung des Menschen zu wagen.

Tanz, Marie!, das dritte Werk, ist ein schwächeres Nachspiel aus den achtziger Jahren. Es zeigt die unüberwindliche Ferne zwischen der verstörten Kriegsgeneration und der neuen Welt ihrer Kinder. Das nun alte und verwahrloste Ehepaar wird nicht mehr in die angebotene «neue Wohnung» ziehen (2. Szene), sondern den Freitod wählen. «Hab alles immer spüren müssen», sagt Marie am Ende. Die siebziger Jahre sind das Jahrzehnt, in dem auch im Drama die Frauengestalten zu Seismographen der Gesellschaft werden.

Eine schockierend andere und offene Art, mit der jüngsten deutschen Geschichte umzugehen, finden wir bei Thomas Brasch (*1945); er hat sich schon früh ins Niemandsland zwischen Ost und West, zwischen Brecht und Artaud begeben und sich von allen ideologischen Stereotypen, Sichtweisen und Vereinnahmungen zu befreien versucht.

Die ungeheure Gewalt, die Krieg und Nachkrieg den Menschen und vor allem den Frauen und Kindern angetan haben, will schon die lockere Szenenfolge von *Lovely Rita* (UA 1978 in Westberlin; V 1977 in der BRD/1988 in der DDR) einfangen.

Das siebzehnjährige Mädchen Rita ist ein Opfer auch noch in ihren Gewalttätigkeiten. Extremer und krasser aber noch als die Situationen und Geschehnisse (das Leben mit fünf geflohenen Gefängnisfrauen in einem Eisenbahnwaggon, Vergewaltigung Ritas neben den Leichen ihrer Eltern, Liebschaft mit einem Besatzungsoffizier, seine Ermordung durch Rita, Abwälzung der Schuld auf die anderen Frauen, Selbstmordversuch und Filmkarriere) sind die dramatischen Mittel, die Brasch wählt und kombiniert. Durch *ihre* Radikalität möchte sich das Stück (so geliehen manches auch noch wirkt) mitteilen. Die realistischen, imitativen Verfahren des Theaters werden verfremdet: durch indirekte Rede, Lyrisierung und Episierung der Monologe und Dialoge, eine expressiv gesteigerte Sprache, literarische und subliterarische Zitate, durch technische Medien, durch ritualisierte und brutalisierte Spielformen, filmische Verkürzungen und Abläufe. Sie reißen den Leser und Zuschauer aus den offiziösen Klischees über die «Stunde Null» heraus. Bei Brasch erscheint sie nicht als «Befreiung», sondern als ein einziges Gewaltkontinuum, dem nur die gepeinigten Frauen ihren anarchischen Freiheitswunsch entgegenzusetzen haben. Aber auch Ritas rücksichtsloser Ausbruchsversuch scheitert zuletzt: an der Protektion einer von Männern beherrschten Filmindustrie.

Mit *Rotter*, in Ost- und Westberlin 1976/77 geschrieben (UA 1977 in der BRD; V 1978 in der BRD), hat Brasch ein Stück vorgelegt, das zwar in seinen Passagen nach 1945 in der SBZ/DDR spielt, aber ganz Deutschland angeht und meint. In seiner Erstveröffentlichung[14] trägt es noch den sarkastischen Untertitel «Ein Märchen aus Deuschland» und ein programmatisches Motto von Artaud. Nicht von Brecht oder Heiner Müller! Was Brasch bei ihnen gelernt hat, setzt er ein, um ein balladeskes Schocktheater zu machen. Deutsche Geschichte zwischen dem Ende der Weimarer Republik und der Mitte der sechziger Jahre erscheint in markanten privaten und politischen Stationen im Brechungswinkel eines ästhetisch und politisch «vagabundierenden» (Benjamin Henrichs) und revoltierenden Einzelgängers und seiner zwei kontrastierenden und komplementären Außenseiter-Figuren, Rotter und Lackner. «Das Stück auf einen rationalen aktuell politischen Nenner zu bringen, halte ich für falsch», hat Brasch kommentiert, «Geschichte auf dem Theater hat für mich mit Verstörung der Leute zu tun».[15]

Bei ihm erscheint ein Täter als Opfer. Rotter, der Kleinbürger, der Mitmacher, der überall Verwendungsfähige, im Dritten Reich sowohl wie in der DDR (Brasch demontiert damit auch den Typus des Selbsthelfers, Arbeitshelden und Neuen Menschen in der DDR-Dramatik), wird von der großen und kleinen Geschichte zerschlissen und zerrieben, buchstäblich zunichte gemacht. Aber er geht in dieser negativen Rolle nicht auf. Er ist auch ein «verhinderter Woyzeck», ein beklagenswerter «Sonderfall».[16] Sein Zweikampf mit Lackner, dem anarchischen Hedonisten, ruiniert sie beide. Der grelle Bilderbogen des Stücks ist ein einziger subjektiver Appell, sich den Vereinnahmungen der zerstörerischen Geschichte und Gesellschaft zu verweigern. «Ich bin einer von mir», sagt der Überlebenskünstler Lackner einmal.

Am Ende steht ein dreifacher Schluß: Rotter wird zu einer Marionette deformiert; er bringt Lackner um; sie versöhnen sich, bevor Rotter endgültig ins «Leere» gestoßen wird, von den Geistern seiner Opfer und dem Chor der «Alten Kinder». «Aber von Zeit zu Zeit», so endet das Motto-Zitat Artauds, «ich meine, ab und zu hat ein Dichter in den verfinsterten Raum der Zeit einen Schrei ausgestoßen, um kleine Kinder zurückkehren zu lassen».

Die «Alten Kinder» sind das Produkt eines Schreckensschreis, den Thomas Brasch ausgestoßen hat, um den Alptraum der jüngsten deutschen Geschichte abzuschütteln. Er hallt nach bis zu den Formexperimenten von *Frauen. Krieg. Lustspiel* (UA 1988; V 1989).

Ein weiterer, durch seine formalen und thematischen Eigensinnigkeiten und Widerborstigkeiten typischer Vertreter des «Frauenstücks» in den siebziger Jahren ist Herbert Achternbusch (* 1938). Er wirkt auf den ersten Blick wie ein artifizieller, radikalisierter Kroetz. Seine beiden weitgehend monologischen Stücke *Ella* (UA/V 1978), vergleichbar mit *Wunschkonzert* von Kroetz (UA 1973; V 1972), und *Susn* (UA 1980; V 1979) sind im Grenzbereich von Roman und Theater entstanden. Beide zeigen das Leben einer Frau als einzige Leidens- und Unterdrückungsgeschichte.

Der lange *Ella*-Monolog könnte noch ein Stück dokumentarischer Literatur sein, wenn er nicht von dem Sohn Josef, der sich mit einer Perücke aus Hühnerfedern in eine Frau verkleidet hat, statt von seiner Mutter Ella, die stumm vor einem Fernseher sitzt, vorgetragen würde, und wenn er durch seine schier unerschöpfliche Redseligkeit nicht wie ein effektsüchtiges Kabinettstück wirkte. Ella ist die Außenseiterin und Ausgestoßene par excellence. Schon der zweite Satz lautet: «Wie ich auf die Welt gekommen bin, hat mich mein Vater schon verflucht. Und so ist meine Jugend verlaufen: lauter Schläge, lauter Hiebe und überhaupt keine Elternliebe.»[17] Von einem Ort zum anderen gestoßen und immer tiefer in die Asozialität gedrängt, in Anstalten und Heilanstalten entmündigt und gequält, endet sie im Hühnerstall ihrer Schwester. Am Ende des dreißigseitigen Monologs, der nur von Hantierungen zur Kaffeezubereitung begleitet wird, steht ein angedeuteter Selbstmord durch Zyankali.

Susn, ein Theaterstück in fünf Bildern, liest sich wie ein erneuertes und potenziertes *Ella*-Stück. Die weibliche Hauptfigur kommt aus Achternbuschs Roman *Alexanderschlacht* (1971) und kehrt auch in anderen seiner Werke wieder. Hier wird sie in fünf Stationen ihrer Lebensgeschichte gezeigt, jeweils um zehn Jahre gealtert, auf einer finsteren Bühne, die als «Unterwelt» bezeichnet wird.

In der Tat handelt es sich wiederum um einen atemlosen Bericht aus der sozialen Unterwelt unserer Gesellschaft, in der Männer die Täter und Frauen die Opfer sind. Im ersten Bild erzählt die 17jährige im Beichtstuhl von den kleinen und großen Schrecknissen und pubertären Wirrungen ihrer Kindheit und Jugend auf dem Lande sowie von ihrem Entschluß, aus der Kirche auszutreten. Im zweiten Bild liest sie, als Studentin, in den drauflosgeschriebenen Eintragungen ihres Tagebuches, bis die Eingeschlafene von sieben geilen Männern umstellt wird. Das dritte Bild zeigt sie in einer Ferienlandschaft mit einem «Schreiber» liiert, der sich als «Achternbusch» vorstellt. Er beutet sie schreibend aus und schlägt sie, als sie sich beklagt, mit einem Stuhl zusammen. Worauf sie wegkriecht und «wie ein Coyote heult».[18] Im vierten Bild sitzt Susn als Stadtstreicherin «auf einer Klosettschüssel mit einer Flasche Schnaps» vor dem Hintergrund von «Hochaltar, Apsis und Kirchenschiff» und schwadroniert im bayrischen Dialekt über ihr vergangenes Leben und «säuft, bis sie vom Klo herunterfällt». «Ein ödes Land» bietet schließlich das letzte Bild, darin die völlig zerlumpte alte Susn. Der «Schreiber» besucht sie mit der jugendlichen und studentischen Susn und breitet vor der Stummen noch einmal wehleidig und mit verwirrenden Widersprüchen ihre Familiengeschichte aus. Dann erhebt sich Susn und erschießt sich mit seinem Gewehr. Es folgt der Satz: «Erst jetzt erwacht der Schreiber aus einer Selbstgefälligkeit und nimmt die Wirklichkeit wieder wahr.»[19]

Achternbuschs regellose, willkürlich umspringende, alogische Werke versperren sich einer konsistenten Auslegung. Zu den verhältnismäßig kohärenten Theaterstücken *Ella* und *Susn* läßt sich dennoch dreierlei feststellen: die extremen weiblichen Leidensgeschichten werden einer ebenso extrem abgestumpften und gefühlsverhärteten Gesellschaft als deren verdrängte Kehrseite präsentiert; sie sind zugleich Versuche eines männlichen Selbstgerichts; schließlich reizen sie immer neue Möglichkeiten eines Schocktheaters aus. Mit diesen drei Merkmalen karikieren sie schon fast Tendenzen, die für das westliche wie für das östliche Drama und Theater in den siebziger und achtziger Jahren charakteristisch sind.

Denn nicht nur Achternbusch treibt das Spiel mit der dramatischen Form bis in Grenzbereiche hinein, in denen sie sich aufzulösen und selbst zu zerstören beginnt. Gerade die aufsehenerregenden und konstruktiven Versuche der letzten drei Jahrzehnte – von Handke, Bernhard, Heiner Müller, Jandl, Jelinek, Turrini usw. – leben oft in bedenklicher Weise von der Destruktion der eigenen Gattung, von einem rücksichtslosen Überbietungsdrang in Schockeffekten und Tabubrüchen. Und sie wurden auf diesem Weg, seit der Mitte der siebziger Jahre, auch von einem Regie-Theater begleitet, das sich oft mehr um sich selbst drehte als um die dramatischen Texte und das viele junge Autoren – die Klagen sind zahlreich – entmutigte, fehlleitete oder in andere Gattungen und Medien abdrängte. Das Theater betrieb in dieser Zeit zweifellos auch einen Ausverkauf des vergangenen und gegenwärtigen Dramas.

Die bedeutenden Dramatiker der fünfziger und sechziger Jahre bemühten sich noch, trotz aller objektiven Widerstände, um das *große Drama,* um seine große Form, um seine gesamtgesellschaftliche oder gar menschheitliche Relevanz. Hochwälder, Frisch, Dürrenmatt sind hier ebenso zu nennen wie Peter Weiss, Rolf Hochhuth, Heinar Kipphardt und Tankred Dorst. Die nächsten beiden Jahrzehnte sind Perioden des *Kleindramas*, der Klein- und Randformen des Dramatischen. Einakter, Szenen, Bilder, Episoden, Bagatellen, Stationenfolgen, Revue-Nummern, filmische Collagen, das Spiel im Spiel, Text-Libretti und Monologe werden zu den bevorzugten und typischen Formen.

Die Frage der fünfziger Jahre, ob die Welt- und die Menschen- und Menschheitsgeschichte veränderbar und im Drama überhaupt noch abbildbar sei, kehrte in den siebziger Jahren verschärft zurück, nachdem sich die Ohnmacht und Randständigkeit des Einzelmenschen erneut erwiesen hatte, nachdem der Glaube an übergreifende Ideologien und Sinnsysteme noch gründlicher zusammenbrach und nachdem auch die letzten Bastionen, die Existenz des Subjekts und die Einheit des Werks, angezweifelt und geschleift wurden. So wanderte die dramatische Gattung aus ihren alten inhaltlichen und formalen Zentren an die Peripherie aus. Wer jene Zentren dennoch verteidigte, wer weiterhin, wie Rolf Hochhuth, pathetische Rettungsversuche des Menschen und der Menschheit auf die Bühne brachte oder wer gar, wie Dürrenmatt, Welttheater inszenieren wollte, setzte sich apriori, vor allen persönlichen Unzulänglichkeiten, dem Verdacht ästhetischer Rückständigkeit und Oberflächlichkeit aus. Deshalb hielten sich die meisten Dramatiker und Dramatikerinnen, seit der Volksstück-Renaissance am Ende der sechziger Jahre, in den Randzonen der Gattung und bei den Randfiguren und Opfern der Gesellschaft auf. Aber nur wenigen von ihnen ist es gelungen, auch an dieser Peripherie noch die Erinnerung an das abwesende große Drama wachzuhalten. Bei Thomas Bernhard hat dieser Versuch bald in einen virtuosen Leerlauf geführt, bei Heiner Müller, der gegen das Theater anschreibt, in eine gewalttätig-geniale Selbstzerstörung der Gattung. Nur Botho Strauß ist es bisher mit einigen seiner Stücke geglückt, aus der objektiven Dezentrierung des Dramas eine neue theatralische Form zu entbinden, die sich der Abwesenheit des großen Dramas ästhetisch und moralisch bewußt bleibt. Schon das sichert ihm, unabhängig von seiner kritischen Bewertung, einen besonderen Platz in der neuesten deutschsprachigen Dramen- und Theatergeschichte.

3. Das «Zimmer-Theater» des Botho Strauß: «Trilogie des Wiedersehens», «Groß und klein. Szenen»

Botho Strauß (* 1944) ist nach der Meinung vieler Kenner und Kritiker nicht nur der repräsentativste Dramatiker der Bundesrepublik in den siebziger und achtziger Jahren, sondern auch der gebildetste und begabteste. Seine Schulung und seine Laufbahn haben ihn für diese Rolle prädestiniert. Nach theoretischen Lehrjahren als Redakteur und Kritiker bei der Zeitschrift «Theater heute» (1967–1970) folgte die praktische Ausbildung: Strauß wurde Dramaturg an der Berliner «Schaubühne am Halleschen Ufer» bei Peter Stein (1970/

71–1975). Als Theaterkritiker wurde er zum sensiblen Beobachter des Umbruchs von den sechziger zu den siebziger Jahren, als Dramaturg wirkte er an der damals mit Abstand anregendsten deutschen Bühne mit. An drei ihrer großen Ereignisse war er direkt beteiligt: an der Neubearbeitung von Ibsens *Peer Gynt* (1971), an der Inszenierung *Kleists Traum vom Prinzen Homburg* (1972) und an den *Sommergästen nach Gorki* (1974). Alle drei Erfahrungen haben auf sein eigenes dramatisches Werk eingewirkt, am stärksten zweifellos Gorkis *Sommergäste*, ein Stück, das unter seiner Bearbeitung aus einem prärevolutionären zu einem postrevolutionären wurde und ihn dann, zusammen mit Eindrücken durch Noeltes wegweisende Tschechow-Inszenierungen, zu seiner *Trilogie des Wiedersehens* (UA 1977; V 1976) führte.

Strauß hat schon sehr früh, 1969 bei den Theaterfestspielen in Nancy, wahrgenommen, daß die Zeit des realistischen und dokumentarischen Theaters vorüber sei. Er hat ebenso früh, am Beispiel von Handkes *Das Mündel will Vormund sein* (UA/V 1969), die Wendung zur Selbstthematisierung des Theaters erkannt:

> «Das ist nicht narzißtische Isolierung, sondern der Grenzfall: mit wissenschaftlicher Gründlichkeit, mit hoher Disziplinierung der Kunstmittel, in laboratoriumshafter Keimfreiheit das Schauspielerische zum autonomen System des Theaters zu entwickeln, tendiert im letzten zur Grenzenlosigkeit: das Schauspielerische als Existenzprogramm zu leben...».[20]

«Das Schauspielerische als Existenzprogramm» – das sollte zu einem Grundsatz des Theaters der siebziger Jahre werden.

Eine weitere Erkenntnis wird schon im Ansatz formuliert: daß das Theater ein Ort der «Gegen-Zeit» sei, die zu der der «gesellschaftlichen Öffentlichkeit kontrovers verläuft».[21] In der Büchner-Preisrede von 1989 wird es dann heißen, daß im Theater «Fremdzeit einschlägt», daß es «zum Schauplatz seines eigenen Gedächtnisses, seiner originalen Mehrzeitigkeit wird». Ein drittes Stichwort fällt wiederum anläßlich eines Handke-Stückes (*Der Ritt über den Bodensee* [UA 1971; V 1970]): «Mentales Theater».[22]

Erste Beispiele sind seine Stücke *Die Hypochonder* (UA/V 1972) und *Bekannte Gesichter, gemischte Gefühle* (UA 1975; V 1974), für das er, zusammen mit Franz Xaver Kroetz und Thomas Bernhard, den Hannoverschen Dramatikerpreis erhielt. Es sind zwei Theaterexperimente für Insider, Produkte eines Bühnenlaboratoriums mit einem gewissen Inzuchtcharakter, die zugleich das Theater der sechziger Jahre und seine Erwartungen mit virtuoser Ironie unterlaufen. Reinhard Baumgart hat sie charakterisiert und dabei auf eine Stilsynthese hingewiesen, die strukturbildend bleiben wird: «die Technik der Mimesis und die Rituale der Phantastik».[23] Denn so sehr sich die späteren Stücke auch von diesen frühen, noch weltlosen Experimenten entfernen und mit Alltags- und Zeitbewußtsein anreichern, sind es doch Inszenierungen des Bühnenraums und der «Gegen-Zeit» des Theaters und seines «eigenen Gedächtnisses» geblieben. Der Titel eines späteren Stückes nennt die beiden Hauptbegriffe seines dramatischen Werkes: *Die Zeit und das Zimmer* (UA 1989; V 1988). Das Nachdenken über menschliche Zeitverhältnisse entfaltet sich immer wieder als Zimmer-Theater, als Spiel mit Zimmern, Türen und Fenstern und mit dem Kommen und Gehen der Menschen. Dabei hat sich Strauß von Anfang an einem Problem gestellt, das vielleicht die größte Kalamität des Dramas im 20. Jahrhundert bildet, zugleich aber die Ursache für seine ständigen Innovationen ist: das Fehlen großer Konflikte, Fallhöhen und Antithesen in einer Welt «voll von Ambivalenz und Doppelbindung, voll auch von sinnlicher Meinungsvielfalt und von einem ungeheuerlichen medialen Quidproquo» *(Paare Passanten)*. Die beiden Stücke, die Strauß bekannt gemacht haben, *Trilogie des Wiedersehens* (1977) und *Groß und klein* (UA/V 1978), entwickelten neue Modelle des Theaters mit raffinierter Absichtlichkeit gerade aus dem geschilderten Mangelzustand heraus. Beide wurden sofort als typische Zeitstücke der Bundesrepublik in den siebziger Jahren verstanden.

«Trilogie des Wiedersehens»

Beispielhaft ist das Schlußbild der Szene III,4. In ihm spielt ein «Hustenanfall» die Hauptrolle, während die Figuren nichts anderes tun, als zu kommen und zu gehen und ein paar belanglose und unverständliche Worte zu wechseln. Das ist ein Verfahren, von dem das ganze Stück geprägt wird. Strauß hat es in seiner Büchner-Preisrede das «Leonce-Prinzip» genannt: «vertieftes Leerempfinden bei allgemein erhöhter Irrealität».

Es ist, als wollte er demonstrieren, was dem modernen Mangel-Theater auf dem Wege zum Grenzwert der Leere noch alles möglich ist, als wollte er eine brillante theatertechnische Leistung vollbringen. Nach der Lektion von Gorkis *Sommergäste* hieß die Aufgabe: bringe siebzehn möglichst durchschnittliche Figuren auf die Bühne, ohne Hauptperson, ohne Handlung, ohne Inhalt, ohne ernsthafte Konflikte und ohne deutlichen Zusammenhang, an einem Ort, «an dem ein natürliches Kommen und Gehen auf der Bühne möglich ist»[24] und die dramatische Sprache immer wieder durch ein «Stimmenwirrwarr» ersetzt werden kann (Berliner Programmheft zu *Sommergäste*). So hat Strauß ein Bild der Undeutlichkeit und der Unklarheit – «es ist alles so unendlich undeutlich», heißt es in der *Trilogie*, «In den siebziger Jahren finde sich einer zurecht» in *Groß und klein* – mit einer fast photographischen Schärfe abgebildet und eine Kunstwelt auf die Bühne gebracht, die der Alltagsrealität einer Vernissage verblüffend gleichsieht. Die «Rituale der Phantastik» und die «Technik der Mimesis» erreichen eine perfekte Kongruenz.

Denn Botho Strauß ist ein Meister des Undramatischen, des Beiläufigen, des Peripheren und Marginalen. Er ist von den Zentren des Dramas und

Theaters zu seinen Rändern ausgewandert, zu den Randzonen und Rand-
ereignissen. Er hat das Drama und Theater dezentriert, die Dialektik von
Zentrum und Peripherie, von Innen und Außen, Groß und Klein, Normal
und Anormal suspendiert und damit ein Spielfeld der Übergänge, Ambivalenzen und Unentscheidbarkeiten eröffnet.

Das «vertiefte Leerempfinden» läßt sich zunächst auf den marginalen Inhalt des Stückes beziehen. Der Leser/Zuschauer ist gehalten, sich aus den
undeutlichen Bildsegmenten und -sequenzen ein Zusammenhang stiftendes
Gesamtbild herzustellen. Vier Möglichkeiten bieten sich am ehesten an:

1. Eine periphere politische Lesart, die in dem hintergründigen Vorstandsmitglied
Kiepert eine kapitalistische Zensur-Instanz sieht, die das Geschehen im Ausstellungsraum und die Mitglieder des Kunstvereins beherrscht. Strauß hat diese Lesart nicht
ausgeschlossen, aber mit brillanter dramaturgischer Ironie obsolet gemacht.

2. Die nächstliegende ästhetische Lesart ist es, das Stück als das Bild eines großen
Figuren-Ensembles ohne Haupt- und Nebenfiguren zu betrachten, das ein komplexes
und hochsensibles Beziehungs- und Zeichensystem mit Rückkoppelungseffekt bildet.

3. Eine Variation dieser Lesart ist es, die *Trilogie* als ‹Gruppenbild mit Liebespaar›
anzusehen. Die verstörte Liebesgeschichte zwischen Moritz und Susanne, im Zeichen
«unüberwindlicher Nähe», gerät dann beispielhaft in den Mittelpunkt. Sie wären das
Thema, die anderen Paare die Variationen.

4. Nichts hindert jedoch daran, die instabilen und doch unveränderlichen *Zweierbe-
ziehungen* als die einzigen Festpunkte in einem labyrinthischen Feld des Kommens und
Gehens, der Abschiede und des Wiedersehens auszumachen. Strauß unterstützt eine
solche Blickweise. Viele seiner Reflexionen und Dichtungen kreisen um Mann und
Frau als Paar. «Deshalb heilige und übertreibe ich das Paar und hasse seine Deformation wie eine Blasphemie», heißt es in *Niemand anders*.

Die Tendenz, das unübersichtliche Stück in den verschiedenartigsten «Bildern» zu sehen, wird fundiert und potenziert durch den Charakter des Bühnenraums. Es ist ein Ausstellungsraum, der mit den Bildern auch seine Besucher ausstellt und der durch die Reflexivität von Ausstellen und Anschauen
auch das Theaterpublikum einbezieht. Es sieht die Malerbilder und die Thea-
terbilder, schaut auf den Rücken der Figuren und befindet sich gleich ihnen in
einem Wartezustand, ohne zu wissen, worauf und wer in seinem Rücken
steht und zusieht. Die «Erwartung» wird zu einem Leitmotiv, das von banaler Langeweile bis zur sublimen ästhetischen und religiösen Erlösungshoffnung reicht (vgl. die tatsächlich verfilmte Kunstlegende des Malers Pirosmani
am Ende des 1. Teils).

Die Figuren der *Trilogie* sind Besucher und Wartende, sie sind «Paare
Passanten» aus der «verfluchte[n] Passanten-Welt».[25] Der Ausstellungsraum
gleicht einem Wartesaal für Reisende, die nirgends mehr zu Hause, die immer
«unterwegs» sind (vgl. Marlies in III,6). Der Schriftsteller Peter verknüpft
ihre «Unruhe» mit dem Medium Film, das mit seinen imaginären Reisen
schon die Jugend seiner Generation erfüllte (am Ende von III,5). So verbindet
sich die filmische Darbietungsweise des Stückes, seine optischen Techniken
und Hinweise, mit dem Thema des Unterwegsseins, der Heimatlosigkeit und

des ruhelosen Bildersehens. Die besondere Kompositionsweise der *Trilogie*, von der Schnitt- und Blendentechnik bis zur Polaroidkamera des Kläuschen, läßt sie wie ihre eigene Reproduktion erscheinen. Inhalt und Form werden gleichermaßen von der medialen Künstlichkeit und Reproduzierbarkeit der Welt geprägt.

Außer in der Schriftsteller-Figur Peter, die sich für gesellschaftliche Aufgaben der Lebenshilfe, der Wegweisung oder gar der Erlösung nicht mehr zuständig fühlt, ist die Kunst nur noch im Medium eines provinziellen Kunstvereins anwesend. Für seine Mitglieder haben die Bilder augenscheinlich Ersatzfunktionen. Sie erwarten und erhoffen sich von ihnen etwas, das sie im Leben nicht mehr finden. Aber nichts davon trifft ein – so wenig wie das Osterbild des Malers, eine Ikone ohne den Goldgrund der Transzendenz, noch die Auferstehung zeigt. Es bietet lediglich die Verdoppelung und Wiederholung der österlichen Wirtshausgesellschaft, genauso, wie die *Trilogie* von Strauß ein dramatisches Spiegelbild jener sterilen Lage ist, in der sich Kunst und Gesellschaft in den siebziger Jahren befinden. Sie zeigt den Mangel und die Abwesenheit von schöpferischer Erinnerung, Erwartung und Transzendenz. Aber obwohl das Stück noch einer ‹Ästhetik der Abwesenheit› verpflichtet ist, gibt es einige Anzeichen, daß Strauß bereits hier unterwegs ist zu jener «Ästhetik der Anwesenheit», die er 1990 im Nachwort zu einem Buch von George Steiner angemahnt hat. Sie wird hörbar vor allem in der Bild- und Kunstdiskussion von Moritz und Peter. Sie thematisieren die besondere Zeit-Struktur der Kunst, ihr Vermögen, Dauer, Gleichzeitigkeit und jene «Gegen-Zeit» zu erschaffen, die den negativen Kräften der gesellschaftlichen Öffentlichkeit widersteht. Namentlich in der emphatischen Bildbeschreibung von «La Sposa» erhält das Kunstwerk jene metaphysische Aura zurück, die es im «Zeitalter seiner technischen Reproduzierbarkeit» doch längst eingebüßt hat (II,5).

Die ästhetische «Aufklärung» der *Trilogie* aber besteht darin, daß Strauß die Nach-68er-Gesellschaft der Enttäuschten, Steckengebliebenen, Halbherzigen und Orientierungslosen in ein präzises Spiegelbild sehen läßt. Sie können sich darin als eine lieblose Gesellschaft erkennen, die kaum noch ein Bewußtsein der eigenen Erlösungsbedürftigkeit besitzt; sie könnten dadurch, mehr noch, ihre eigenen Wahrnehmungsweisen durchschauen und verändern. Denn die neue Aufklärung des Stückes zielt auch darauf ab, daß die vom Licht der sechziger Jahre Geschädigten und Geblendeten wieder sehen lernen.

«*Groß und klein. Szenen*»

Mit diesem Stück hat Strauß ein zweites Mal und noch direkter ein dramatisches Abbild der bundesrepublikanischen Gesellschaft eingefangen. Im Dezember 1978 von der Berliner Schaubühne uraufgeführt, wurde es auch deshalb zum «Stück des Jahres» gewählt, weil sich Kritik und Publikum darin wiedererkannten.

Mit dem Untertitel «Szenen» nimmt Strauß Abschied von der geschlossenen Dramenform. *Groß und klein* besteht aus einer Reihung von zehn gleichberechtigten Szenen, locker zusammengehalten von einer alle Szenen passierenden Frauen-Figur: «Lotte, Mitte Dreißig, allein». Die «Technik der Mimesis» und die «Rituale der Phantastik» treffen wiederum zusammen und erlauben eine *doppelte* Lektüre, eine wörtliche und eine übertragene. Strauß selber hat entscheidende Hinweise dafür gegeben. In seinem Gedichtwerk *Diese Erinnerung an einen, der nur einen Tag zu Gast war* findet sich die Zeile: «Wo wohnen? Es gibt nur Zimmer ohne Haus.» Das ist das Thema, das von den zehn Szenen von *Groß und klein* durchgespielt wird. Lotte erscheint als eine exemplarische Versuchsfigur, an der sich die Fremdheit, die Heimatlosigkeit, ja die metaphysische Obdachlosigkeit des zeitgenössischen Menschen zeigt. Denn der Vers von Strauß spielt ja auf ein bekanntes Bibelwort an: «In meines Vaters Haus sind viele Wohnungen» (Joh. 14,2). Das Zimmer-Theater von Botho Strauß rückt damit in einen religiösen Kontext ein. Das «Zimmer», in dem man sich ‹vorübergehend› aufhält, wird zur Chiffre für die Vergänglichkeit und Heimatlosigkeit des zeitgenössischen Menschen, zur Chiffre für den ihm zugewiesenen *Zeit-Raum;* er selber erscheint als «Passant», die säkularisierte Form des «homo viator». «Denn nur Geschöpfe der Fahrt sind wir und unsere Gestalt ist Fluktuation», heißt es in dem erwähnten Gedicht.[26]

Lotte ist offensichtlich solch ein «Geschöpf der Fahrt», auf der vergeblichen Suche nach dem «verlorenen Haus». Auf diese Weise läßt sich *Groß und klein* wie ein negativer Kommentar zu Form und Inhalt des Stationendramas lesen. Es beginnt und endet in einem geschlossenen Raum, beides sind Warte-Zimmer. Von seinen zehn Stationen sind sieben geschlossene Räume (meistens Zimmer), von den drei anderen spielt die eine an der Glastür einer Mietskaserne, die zweite auf einem verketteten Grillplatz und die dritte an einer Bushaltestelle, also ebenfalls an einem Ort des Wartens auf eine Tür, die kommt und sich öffnet. Lotte geht durch alle zehn Stationen hindurch, aber sie führen zu nichts, sie kommt nirgends an. «Mir fehlt ja nichts», sagt sie am Ende, so als hätte sie niemals Grund gehabt, irgend etwas zu suchen. Selbst in der Szene «Falsch verbunden!» – das Experiment einer zugleich ernsthaften und parodistischen Form heutiger Gotteserfahrung – bleibt es unauflösbar, ob Lotte in ihrer totalen «Verlassenheit» von Gott oder dem Wahnsinn heimgesucht wird.

So ist *Groß und klein* ein Stationendrama, das an die Abwesenheit eines Leidens- und Heilsweges zu Gott erinnert, zuweilen aber auch an christliches Laientheater. Und Lotte, die den Sinnzusammenhang zwischen den Einzelszenen traditionellerweise stiften sollte, ist keine Hauptfigur mehr, sondern eine ‹zentrale› Randfigur, ein Zaungast, der überall anklopft und nirgendwo ankommt. Das Stück wird auf diese Weise zu einem Spiel von der Randständigkeit des Menschen. Strauß bezieht sich damit auf das Weltbild der modernen Naturwissenschaft (Molekularbiologie): «Und wenn der Mensch – mit den berühmten Worten Monods –, wenn der Mensch die Wahrheit, diese Wahrheit seiner Biosphäre annähme, dann müßte er aus dem tausendjährigen Schlaf aller Ideologien und Religionen endlich erwachen und seine totale Verlassenheit, sein totales Außenseitertum erkennen. Er muß wissen, daß er seinen Platz wie ein Zigeuner am Rande des Universums hat.»[27] Lotte geht wie eine Zigeunerin am Rande der menschlichen Gesellschaft durch das Theaterstück. Es ist kein Spiel von der Ankunft des Menschen, sondern von seinem Verschwinden.

Aber ob man das Stück nun als scheiternde Liebessuche in einer lieblosen Welt liest (Peter v. Becker) oder als Drama eines guten Menschen, der an der Kälte der Welt zugrundegeht (Elke Emrich), oder als Frage nach der Identität Lottes (Henriette Herwig nennt vier mögliche Antworten: Lotte als Schizophrene, als hilflose Helferin, als weiblicher Kaspar Hauser, als altjüdische Gerechte), wichtiger noch ist der Blick in das theatralische Laboratorium des Botho Strauß. Hier ist nicht die Frage nach Lotte, sondern die experimentelle Überlegung maßgeblich: wie lasse ich sie sprechen und auf- und abtreten, wie produziere ich Randständigkeit auf der Bühne, wie läßt sich die Peripherie dramatisieren?

Die erste Überlegung hat eine Vielzahl neuer monologischer und dialogischer Formen kreiert, die zweite setzt auf einfallsreiche Weise die Inszenierung des «Zimmer-Theaters» fort.

Die erste Szene «Marokko» besteht aus einem ins Publikum gesprochenen Monolog Lottes, der aus den Bruchstücken eines abwesend-anwesenden Dialogs zweier Männerstimmen und den Kommentaren und Zusätzen Lottes entsteht. Er ist ein peripheres Montage-Konglomerat von Stimmen, das die Einheit der sprechenden Person in eine neue plurale Monologform auflöst.

Das Parasitäre und Periphere der Redeweisen bestimmt auch die weiteren monologischen und dialogischen Formen. In der 2. Szene drängt sich Lotte durch das Straßenfenster in den Dialog eines Ehepaares ein. In der 3. Szene, die Lotte mehrfach als Eindringling zeigt (auf der Suche nach ihrem Mann), wird alles Sprachliche zu einem Annex der Choreographie ihres Kommens und Gehens, Türöffnens und -schließens. In der 4. Szene wird der Dialog Lottes weitgehend über eine elektrische Sprechanlage geführt. In der 5. Szene versucht sie vergeblich zu telephonieren, während ihre Stimme über eine «elektroakustische Anlage» einen Brief an ihren Mann Paul verliest. Der Titel der 7. Szene («Falsch verbunden!») nimmt diese Situation auf mit der Fiktion, daß Lotte plötzlich von Gott «angerufen» wird. In der 8. Szene bewirken Diktaphon, elektrische Schreibmaschine, Briefdiktat und Briefzitat die mediale und technische Verfremdung des menschlichen Sprechens. In der letzten Szene schließlich ist es die anonyme Lautsprecher-Stimme, die die «Gemurmel»-Kommunikation der wartenden Patienten beherrscht, ein unsichtbares Zentrum der sichtbaren Peripherie.

Dieses offenkundige Experimentieren mit den dramatischen Sprach- und Sprechformen zeigt die Dezentralität der menschlichen Positionen, die Entfremdung und Selbstentfremdung des Menschen inmitten einer übermächtigen Mediengesellschaft und die hilflose Rolle der Sprache bei seinen Versuchen, von draußen nach drinnen, vom Unbehausten ins Behauste zu gelangen.

Die Türen, die Fenster, die übergroßen leeren Zimmer und alle Schwellen- und Zwischen-Räume spielen deshalb eine so auffällige und bedeutende Rolle in den Stücken von Strauß, weil er mit ihrer Hilfe die periphere Position des Menschen auch räumlich zu inszenieren vermag. Denn Türen und Fenster sind ausgezeichnete Grenzorte des Zimmers, die den Verkehr und Übergang zwischen draußen und drinnen, drinnen und draußen regeln und sichtbar machen. Und leere Zimmer ohne Wohnung und Haus sind dezentrierte Orte, an denen sich auf moderne und realistische Weise zeigen läßt, daß der Mensch «seinen Platz wie ein Zigeuner am Rande des Universums hat».

So erklärt sich die fast monomanische Vorliebe des Dramatikers Strauß für all das, was ein Mensch auf der Bühne mit einer Tür anstellen kann. Sein Zimmer-Theater erscheint nicht selten als ein Theater der Türen. So in seinem «Bagatellen»-Stück mit dem Titel *Sieben Türen* (1988), so in *Die Zeit und das Zimmer* (1988), das die «Technik der Mimesis» und die «Rituale der Phantastik» besonders raffiniert vereint. Daß er mit allem die Tradition des Salon- und Konversationsstücks zitiert, entleert und dezentriert, ist kaum noch erkennbar.

1. Sicheinrichten in der «sozialistischen Kultur»

Die kulturpolitischen Bilanzen ein Vierteljahrhundert nach der Befreiung
wurden nicht nur im Tätigkeitsbereich des traditionsbewußten «Kulturbundes» mit Stolz präsentiert. Während in der Bundesrepublik die Devise vom
«Tod der Literatur» immer noch die Feuilletons beschäftigte und der Streit
um die Hessischen Rahmenrichtlinien für den Deutschunterricht viele Literaturliebhaber um die Klassiker und um die Zukunft der Poesie bangen ließ,
meldete das «Neue Deutschland» im Oktober 1970 eindrucksvolle Zahlen:

> Jeder sechste Jugendliche in der DDR verfasse zwischen seinem 15. und seinem 23.
> Lebensjahr Verse, in jedem Frühjahr würden an die 80 000 Gedichte geschrieben, und
> jeder 17. Jugendliche betrachte sich als «Schreibenden». Von den Arbeitern und Angestellten eines ausgewählten Kombinats gaben, wie das gleiche Organ zwei Wochen
> später vermeldete, bei einer Umfrage immerhin drei Viertel an, sie kauften Bücher; und
> davon wiederum stand bei zwei Fünfteln die Belletristik an erster Stelle.[1]

Beide Hauptresultate wurden als Erfolge einer langfristigen zentralen Planungspolitik auf Massenbasis gefeiert. Doch auch die schriftstellerische Talentförderung sollte vorangetrieben werden, nicht nur über das Leipziger
«Literaturinstitut Johannes R. Becher». Das Jubiläumsjahr 1970 brachte im
August auch das «1. Zentrale Poetenseminar der FDJ» im Schweriner Schloß
hervor, mit Schulung in sozialistischer Ästhetik und Anleitung durch bereits
erfahrene «Poeten».[2] «Dichter!» war im Westen eine der Hauptparolen gewesen, die demonstrierende SDS-Studenten im Herbst 1967 den in der Pulvermühle bei Erlangen tagenden 47ern entgegengeschleudert hatten. Das Debattieren über unveröffentlichte Manuskripte machte im September 1970 der
Verlag «Neues Leben» in Berlin zum Zentrum eines neuen «Klubs junger
Schriftsteller». «Wir brauchen alle Talente», verkündete Kulturminister Klaus
Gysi im gleichen Monat auf der «Tagung über das geistig-kulturelle Leben in
den Wohngebieten»[3] und bezog sich dabei ebenso programmatisch auf Bechers Konzept des «ganzen Menschen» wie auf die Beschlüsse des VII. Parteitags der SED zur sozialistischen Kultur des «ganzen Volkes der DDR».
In das weitere Vorfeld des geplanten VIII. Parteitags gerieten schließlich
auch zwei Dichter- bzw. Schriftstellerjubiläen von repräsentativer Bedeutung
für die DDR. Die Feier zur 200. Wiederkehr von Hölderlins Geburtstag
(20. März 1770), wie die Goethe- und die Schiller-Feiern (1949 und 1955) im
Nationaltheater Weimar begangen, rückte entschiedener noch als im Westen

den «Jakobiner» ins Zentrum. Sie würdigten aber auch den «vaterländisch» Gesonnenen, dessen revolutionärer Traum in der DDR dem Wirklichwerden sich nähere. Und das Andenken an Heinrich Mann ein Jahr darauf, bei der Feier seines 100. Geburtstags (27. März 1871), galt nicht nur dem großen Repräsentanten der «linken», «fortschrittlichen» Literatur Deutschlands im 20. Jahrhundert. Sie galt mehr noch dem, der am Ende seines Lebens für die DDR optiert hatte, indem er die Berufung zum Präsidenten der Berliner Akademie der Künste annahm und sich noch wenige Wochen vor seinem Tod (12. März 1950) zur Übersiedlung in die DDR anschickte. Nicht in der Bundesrepublik, sondern in der DDR war Heinrich Manns *Der Untertan* seit Jahren bereits Pflichtlektüre der Oberschule.

Derlei exemplarische Abgrenzungen gegen Kultur und Literatur des kapitalistischen Westdeutschland wurden zu Leitmotiven in den offiziösen Äußerungen der DDR-Oberen zu Beginn der siebziger Jahre. Die Einheitspartei war sichtlich bemüht, die selbstbewußt vorgezeigten kulturpolitischen Erfolge in konkrete Planungen zu integrieren. Zwei Ereignisse des Januars 1971 spiegelten diese Tendenz.

Im «Neuen Deutschland» berichtete am 19. Januar eine Industriearbeiter-Gruppe über ihre Beschäftigung mit Goethes *Faust* als dem Theaterstück des humanistisch «tätigen» Menschen – das Modell hatte seit dem Streit um den Eislerschen *Faustus* (1953) nicht an Attraktivität für die Parteiplaner verloren; es schien als klassisches Muster unauswechselbar. Andere Genossen sollten dem Vorbild der Gruppe folgen. Wenige Tage zuvor war Ulbricht mit einer Anzahl von Schriftstellern – darunter Apitz, Kant, Neutsch und Noll – und bildenden Künstlern zu einer «Ideenberatung» zusammengekommen. Er hatte sich vorsichtige Kritik an der bisher verordneten Arbeitswelt-Thematik angehört und selbst schließlich gefordert, in der Literatur künftig der Entwicklung der «jungen Menschen» mehr Geltung zu verleihen. Den «II. Kongreß der Theaterschaffenden» Ende Februar/Anfang März erinnerte Ulbricht in einem «Grußschreiben» des ZK der SED besorgt an die «eindeutige Abgrenzung von der Unkultur des Imperialismus» und an «die Traditionen fortschrittlicher deutscher Theaterkunst».[4] Auf dem Kongreß selbst wurden jedoch auch Gängelung und Mittelmaß angeprangert und die Darstellung der «neuen menschlichen Beziehungen» eingeklagt.

Daß die Ära Ulbricht zu Ende ging, wurde auch in der Kultur- und Literaturpolitik dieser Monate spürbar. Der Kurswechsel in der «nationalen Frage», von Ulbricht noch selbst eingeleitet, hatte das produktive Selbstbewußtsein vieler Autoren gestärkt und ließ sie mehr Spielraum anmahnen. Am 3. Mai 1971, auf der 16. ZK-Tagung der SED, bat Ulbricht, ihn aus «Altersgründen» von seinen Funktionen als Erster Sekretär zu entbinden. Als sein Nachfolger wurde Erich Honecker gewählt, gerade einen Monat vor dem VIII. Parteitag der SED (15.–19. Juni), der im Rahmen eines neuen Fünfjahrplans auch das kulturelle «Lebensniveau» der Menschen sichern sollte.

Drei Haupttendenzen, schon in Honeckers ZK-Bericht an den Parteitag angedeutet, bestimmten die Diskussionen zur Kulturpolitik: entschiedenere Abgrenzung gegenüber der Bundesrepublik im Sinne einer «sozialistischen deutschen Nation», größere innere «Vielfalt» in sorgsam beachteten Grenzen einer «sozialistischen Kunst», schließlich stärkere «Internationalisierung» im Zusammenwirken mit der Sowjetunion und den anderen sozialistischen Ländern. Eine wichtige Umakzentuierung deutete sich auch für die «Erbe»-Konzeption an. Seit 1968/69 war in wissenschaftlichen Diskussionen zur Klassikrezeption wiederholt vorsichtig die Perspektive der sozialistischen «Produktion» verstärkt worden. Ja es war auf die Vorbildhaftigkeit sozialistischer Literatur selbst, nicht nur der fortschrittlichen «bürgerlichen» Tradition abgehoben worden. Kulturminister Gysi schloß in einem «Diskussionsbeitrag» des Parteitags nun in die «Aneignung unseres Erbes» ausdrücklich «unser jüngstes sozialistisches Erbe ein, von Johannes R. Becher und Friedrich Wolf bis zu Willi Bredel und Erich Weinert».[5] Zwar nannte er den seit wenigen Jahren allmählich aufgewerteten Namen Brechts in diesem Zusammenhang noch nicht, aber die Tür war geöffnet. Zu Beginn der Ära Honecker war nun parteioffiziell eine Erweiterung in zweierlei Richtung anvisiert: ein auch kritischer Blick auf die Klassik selbst (wie er sich im Jahr darauf provokatorisch in Plenzdorfs *Die neuen Leiden des jungen W.* kristallisierte) und ein breiterer «schöpferischer» Spielraum für die neue «sozialistische Nationalliteratur» der DDR.

Im Zeichen ihrer planmäßigen Förderung, der Gewinnung von «Neuland», wurde nun auch die Literaturkritik zum Gegenstand der Auseinandersetzung, schon während des Parteitags und dann in seinem unmittelbaren Nachfeld. Gysi bemängelte an ihr, sie schwanke noch immer zu sehr «zwischen Verriß und überschwenglichem Lob. Das hilft niemandem. Es geht um vernünftige Einschätzungen, um sachliche Analysen.»[6] Im Januar schon hatte ein deutsch-sowjetisches Treffen von Literaturkritikern in Berlin Defizite in der «Produktivität» der Kritik zur Sprache gebracht. Klaus Jarmatz hatte in einem Grundsatzreferat die «Widersprüchlichkeit» zwischen sozialistisch-realistischer Programmatik und tatsächlicher Literaturentwicklung im Zeichen des Bitterfelder Weges herausgestellt.[7] Im Dezember, auf der 4. Tagung des ZK der SED, nahm sich Honecker höchstselbst noch einmal der Literaturkritik an und mahnte sie, dem Künstler ein «Partner» zu sein und sich um das Eindringen «in das Wesen eines Kunstwerks» zu bemühen.[8]

In der prinzipiellen Ablehnung des «Reglementierens» und in der Achtung vor dem «Schöpferischen» war man sich jetzt bemerkenswert einig. Aus dem Konflikt zwischen vorgegebener Literaturdoktrin und dem je neuen Werk eines individuellen «Künstlers» zeigte sich kein längerfristig gangbarer Ausweg.

Am lebhaftesten artikulierte sich der Wunsch der Autoren nach mehr Bewegungsfreiheit – wieder einmal – auf dem Feld der Lyrik. Noch im Jahr des VIII. Parteitags kritisierte Adolf Endler in «Sinn und Form» (Heft 6/1971), daß die Literaturwissenschaft allzu lange an der von Heine, Weerth, Herwegh und Weinert sich herleitenden

Linie «sozialistischer Lyrik» festgehalten und dabei die Gedichte der jetzigen mittleren Generation vernachlässigt habe, über die mit den Namen Becher und Brecht verbundenen «Errungenschaften» hinaus.

Endler knüpfte sichtlich an die Lyrik-Diskussion im «Forum» von 1966 an, begnügte sich aber nicht mit der von Gysi in seinem Parteitags-Beitrag geforderten Erweiterung des «sozialistischen Erbes», sondern zielte unmittelbar auf die «schöpferischen» Ideen der gegenwärtigen Lyriker. Sein Vorwurf der Starre und der Langweiligkeit in der etablierten Literaturwissenschaft und Literaturkritik fand viel Resonanz. Und wie als Antwort auf das verbreitete Ungenügen verkündete der an die Stelle der älteren Funktionäre wie Kurella und Abusch getretene Kurt Hager (Mitglied des Politbüros) in einem Referat auf der 6. Tagung des ZK der SED, dessen Sekretär er war: «Literatur und Kunst bereichern unser Leben» (so der Titel). Und noch dezidierter: *«Der Sozialismus bedarf einer Kunst, die fest auf die Wirklichkeit gegründet ist, auf Entdeckungsfahrt in diese Wirklichkeit und ihre Zukunftsmöglichkeiten auszieht.»*[9]

Für die Lyrik wurde diese «Entdeckungsfahrt» mit besonderer Vehemenz eingefordert, aber auch die «Theaterschaffenden» wagten sich heraus, mit Kritik an Gängelei und Mittelmaß – und mit eigenen «Entdeckungen». Im Frühjahr 1972 erschien in «Sinn und Form» (Heft 2) die Prosafassung von Ulrich Plenzdorfs *Die neuen Leiden des jungen W.*, und noch im gleichen Jahr wurde das Bühnenstück in Halle uraufgeführt.

Die vom VIII. Parteitag und von der Parteiführung so ostentativ geförderte ‹Entdeckungsfreude› hatte ihr herausforderndes Exempel. So ‹respektlos› war das neue Verhältnis gegenüber der Klassik nun wieder nicht gedacht, und die Jeans-Mentalität schien die allseits propagierten «neuen Menschen» des entwickelten Sozialismus eher zu verdecken. Der neuen Abgrenzungspolitik gegenüber dem kapitalistischen Westen konnte dieses Stück auch nicht dienen.

Das Dilemma zwischen interner Öffnung und äußerer Abschottung wurde exemplarisch sichtbar. Am 21. Dezember 1972 schlossen die Bundesregierung und die Regierung der DDR den Vertrag über die «Grundlagen» der gegenseitigen Beziehungen. In der Kultur- und Literaturpolitik der DDR hatte sich zuvor schon die Tendenz angedeutet, in den Bezeichnungen wichtiger Institutionen das Element «deutsch» gegen «DDR» auszuwechseln. Am ostentativsten geschah dies im November 1973 auf dem VII. Schriftstellerkongreß, als der «Deutsche Schriftstellerverband» in «Schriftstellerverband der Deutschen Demokratischen Republik» umbenannt wurde. Selbst der «Kulturbund», der ja von Anfang an gesamtdeutsche Tendenzen und dann eine relativ eigenständige «Partnerschaft gegenüber den staatlichen Organen» betont hatte, setzte in der Entschließung seines VIII. Bundeskongresses vom 28. Oktober 1972 gleich zu Beginn den Akzent auf seine Funktion als «sozialistische Organisation der DDR.»[10] Und vor dem Präsidialrat des «Kulturbundes» sprach Kurt Hager im Januar 1973 programmatisch zum Doppelthema «Friedliche Koexistenz und ideologischer Kampf».[11]

Nach der Ablösung Ulbrichts durch Honecker an der Parteispitze vollzog sich, mit einer gewissen Phasenverschiebung, auch in kulturpolitischen Spitzenpositionen ein Generationswechsel. Auf den 61jährigen Kulturminister Klaus Gysi folgte Anfang Februar 1973 der 17 Jahre jüngere Kulturfunktionär Hans-Joachim Hoffmann, sein Stellvertreter wurde der journalistisch erfahrene Klaus Höpcke. Der frühe Tod Brigitte Reimanns, deren Kurzroman *Ankunft im Alltag* seinerzeit (1961) einer ganzen Literaturbewegung den Namen gegeben hatte, wurde von vielen als fast symbolische Zäsur verstanden. Sie bot Anlaß festzuhalten, daß mittlerweile auch die eigene Literatur «Neues» geschaffen habe.

Das Bild der jetzt zahlreicher geführten öffentlichen Debatten, um Prinzipien wie um einzelne Werke, stellte sich vielfältig, ja widersprüchlich dar. Plenzdorfs *Neue Leiden* hatten das Problem des «Erbes» mit neuer Schärfe ins Bewußtsein gebracht, überwiegend wirkte dieses Werk als Katalysator einer neuen Diskussion.

Ein im Jahre 1972 abgehaltenes Kolloquium «Über Tradition und Erbe» verfolgte schon im Titel die Tendenz, gegen einen erstarrten Traditionalismus nicht nur «bürgerlicher» Provenienz – wie es bisher vorwiegend geheißen hatte – eine produktive, zukunftsträchtige Erbekonzeption zu setzen. Kurt Hager wagte auf dem 6. Plenum des ZK der SED (Juli 1972) sogar die selbstkritische These, «daß unser heutiger sozialistischer Weg mehr ist als die bloße Vollstreckung großer humanitärer Ideale und Utopien der Vergangenheit».[12] Mit dem Reizwort «Vollstreckung» rührte er an einen Kernpunkt des eigenstaatlichen politischen Stolzes. Aber im gleichen Atemzug wandte er sich «entschieden gegen eine nihilistische Einstellung zum kulturellen Erbe, gegen die Entstellung und Herabwürdigung der großen Humanitätsideale». Schließlich unterschied Hans Kaufmann in einem Grundsatzartikel der «Weimarer Beiträge» 1973 unter der Überschrift «Zehn Anmerkungen über das Erbe, die Kunst und die Kunst des Erbes» das Übereinkommen im Sinne von Marx in «gute und schlimme Traditionen».[13] Nur ein *freies* Verhältnis zur Vergangenheit» ermögliche das Erben als einen «bewußten Vorgang».

Während sich in der Theoriedebatte und dort vor allem für die erzählende Literatur eine ungewohnte öffentliche Spielfreiheit auftat, fühlte sich Honekker auf dem 9. Plenum des ZK der SED im Mai 1973 bemüßigt, für Film und Theater mit ihrer besonderen Breitenwirkung Grenzmarken des «Zumutbaren» zu setzen. Einige neuere Werke verlangten in ihrer Kritik an Erscheinungen «unserer sozialistischen Gesellschaft» vom Publikum doch «zuviel Selbstverleugnung».[14] Ein von Honecker ohne Namensnennung gebrachtes Zitat entstammte Volker Brauns *Die Kipper,* aber offenkundig waren außer Theaterleuten wie Peter Hacks und Heiner Müller auch einige Lyriker gemeint, die sich in der von Adolf Endler initiierten Debatte prinzipielle Freiheit zur Gesellschaftskritik hatten erstreiten wollen.

Mit begründeter Spannung erwartete man den ersten Schriftstellerkongreß nach der Kurswende: den VII., der vom 14. bis 16. November 1973 in Berlin stattfand. Die neue Präsidentin Anna Seghers stellte gleich zu Beginn die gemeinsame «humanistische» Verpflichtung der Schriftsteller als verbindlichen Horizont vor: «Die sozialistische Kunst öffnet den Sinn für Frieden und für Gerechtigkeit. Das muß aus unserer Arbeit herausklingen, wie verschieden auch unsere Darstellungsarten sein mögen und die Stoffe, die sich die Künstler aussuchen.»[15] In den ausgedehnten Diskussionen, die überwiegend in vier Arbeitsgruppen geführt wurden, vermied man auffällig die Exemplifikation an einzelnen Autoren, die öffentlich kritisiert worden waren, wie Volker Braun oder Ulrich Plenzdorf. Daß Honecker auf einem Zeitungsfoto ausgerechnet mit Plenzdorf im Gespräch gezeigt wurde, hatte symptomatische Bedeutung auch für die offiziös verfolgte Tendenz.

Auf dem gleichen Kongreß zeichnete sich zugleich das Ende einer Ära ab, das man nicht allzu plakativ herausstellen mochte: das definitive Abschiednehmen vom Bitterfelder Weg.

In einem längeren «Diskussionsbeitrag» des Kulturministers Hoffmann wurde mit Stolz resümiert, daß allein im Jahre 1972 nicht weniger als «2683 belletristische Titel in über 45 Millionen Exemplaren verlegt» wurden und daß die «Zahl der Entleihungen in den staatlichen Allgemeinbibliotheken und in den Gewerkschaftsbibliotheken [...] von 55,3 Millionen im Jahre 1965 auf 73 Millionen im Jahre 1972» gestiegen sei.[16] Vom schreibenden Arbeiter indes und vom Schriftsteller, der in die Betriebe geht, war nicht mehr die Rede. Der Bericht des SED-Politbüros an die 11. Tagung des ZK der SED (Dezember 1973) zeichnete die Schriftsteller als entschlossen, «für die weitere Gestaltung der entwickelten sozialistischen Gesellschaft» zu arbeiten, für die Zusammenarbeit mit der Sowjetunion und den sozialistischen Ländern; auch wollten sie «ihren Beitrag in der verschärften ideologischen Auseinandersetzung mit dem Imperialismus» leisten.[17]

Solche Verlautbarungen aus der Kaste der Machthaber sind gerne als Pflichtübungen beiseite geschoben oder ignoriert worden, da man die Periode nach der Ablösung Ulbrichts durch Honecker und Gysis durch Hoffmann mit Vorliebe unter dem Etikett der ‹Liberalisierung› firmieren ließ. Das wird der realen Situation nicht gerecht, die auch nach dem vergleichsweise ruhig und ohne spektakuläres Aufmucken verlaufenden VII. Schriftstellerkongreß durch exemplarische Sanktionsmaßnahmen gekennzeichnet war.

Plenzdorf hatte man, vor allem wegen seiner großen Resonanz bei der jüngeren Generation, zumindest *auch* zu ‹umarmen› versucht. Als dann jedoch «Theater der Zeit» immerhin als repräsentatives Organ Rainer Kirschs Komödie *Heinrich Schlaghands Höllenfahrt* mit ihrer sarkastischen Spiegelung verlogener Parteimoral abdruckte (Heft 4, 1973) wurde nicht nur jede Aufführung in der DDR unterbunden. Der Autor wurde auch aus der SED ausgeschlossen. Die Analogie zum Verfahren mit Volker Brauns *Unvollendeter Geschichte* wurde oft hervorgehoben. Auch dieser Text, der individuelle Erfahrung und Bewußtseinsbildung gegen Funktionärsenge und staatliche Gängelung setzte, durfte zwar zunächst in «Sinn und Form» (Heft 5, 1975) erscheinen. Aber dann untersagte man die Verbreitung als Buch.

Auf dem VII. Schriftstellerkongreß hatte Volker Braun noch selbst zu Protokoll geben dürfen: «Geschichtsbewußtsein ist Selbstbewußtsein». Und dieses Selbstbewußtsein verlange «neue Helden». «Eine sozialistische Schreibweise ist eröffnet, aber schon kämpft sie mit selbst *ihr* unbekannten Gestalten.» Und schließlich: «Die Schlacht zwischen beiden Tendenzen ist im Gange; sie ist erbittert, aber friedlich. Sie ist heute der Alltag unserer Literatur.»[18]

Der Alltag erwies sich, sobald ein Werk mit solchen «neuen Helden» breitere Resonanz zu finden drohte, als *nicht* «friedlich». Es gab Versuche, durch literaturwissenschaftliche Analyse für einzelne, wichtige Autoren der Gegenwartsliteratur Entwicklungsprozesse im «Verhältnis von Individuum und Gesellschaft» herauszuarbeiten, so von Hans-Georg Werner für die Stücke von Peter Hacks;[19] der Weg von «abstrakten» Konstruktionen zu «differenzierter» Sozialdarstellung wurde als «Fortschritt» verteidigt. Und Anna Seghers erinnerte in einem sehr persönlich gehaltenen Rückblick auf die «DDR und ihre Schriftsteller» daran, daß gerade ihre Besten immer wieder gegen eine «straffe» Kulturpolitik dasjenige schrieben, «was sie zu schreiben das Bedürfnis hatten». Und dies gelte auch für die «Generation, die jetzt an die Reihe kommt», die Krieg und Faschismus nicht mehr erlebt habe.[20]

Die Kulturbürokratie sah sich indes durch Konflikte wie die um Plenzdorf, Rainer Kirsch, Volker Braun und andere veranlaßt, die nach dem VIII. Parteitag vorübergehend gewährte Bewegungsfreiheit in genehmere Bahnen zu lenken. Man hatte Erfahrungen gesammelt. Im Dezember 1974 pries Honecker auf der 13. Tagung des ZK der SED die «bedeutenden Werke unserer Kulturschaffenden» seit Gründung der Republik. Auch für die Zukunft konzedierte er eine «schöpferische Anwendung» der Parteibeschlüsse. Doch auch hier gehe es «letzten Endes um Effektivität».[21]

Was darunter *auch* zu verstehen war, zeigte sich verstärkt im Frühjahr 1975. Durch eine Reihe von Verordnungen wurde die Arbeitsteilung zwischen der «Hauptverwaltung Verlage und Buchhandel im Ministerium für Kultur» und den Instanzen der einzelnen Bezirke neu geregelt. Ein nahezu lückenloses Netz faktischer Zensur – offiziell hat es sie ja in der DDR nie gegeben – umfaßte alles Vervielfältigte vom Buch bis zur letzten Matrize. Und seit April 1975 mußten alle Bibliotheken sogar allen «Besitz ausländischer Literatur» an den Zentralkatalog der DDR melden. Mit besonderer Empfindlichkeit wurden natürlich Texte solcher DDR-Autoren ferngehalten, die nur im Westen hatten erscheinen können, wie Stefan Heyms *Fünf Tage im Juni*, Manfred Jendryschiks *Frost und Feuer* und dann vor allem Reiner Kunzes *Die wunderbaren Jahre*. Die im August 1975 in Helsinki verabschiedeten KSZE-Empfehlungen, die auch der Verbesserung des Informationsaustauschs und der kulturellen wie wissenschaftlichen Beziehungen in Europa galten, haben die Praxis des soeben neu geordneten literaturpolitischen Systems der DDR kaum verändert. Mit auffälliger Insistenz berief man sich gerade in diesem Jahr immer wieder auf die Beschlüsse des VIII. Parteitags der SED, der nach wie vor als Beginn der «Neuerung» und partiell auch der hoffnungsvollen «Lockerung» angesehen wurde. Die faktischen Disziplinierungen einzelner Autoren hatten einen paradoxen Zwischenzustand der Literaturverhältnisse hervorgebracht.

2. Die Hinausgedrängten und die Gebliebenen

Der Generationenwechsel, von dem Anna Seghers würdigend und zugleich
ermunternd gesprochen hatte, wird in den Jahren 1975/76 auch durch den
Tod mehrerer Schriftsteller und Kulturfunktionäre symbolisiert, deren früheste aktive Erfahrungen noch in die Weimarer Zeit zurückreichten: Fritz Erpenbeck, Alfred Kurella, Eduard Claudius. Auf der Festveranstaltung zum
30. Jahrestag der Gründung des «Kulturbundes» am 3. Juli 1975 rief der
73jährige Alexander Abusch mahnend die «historisch erkämpften Positionen
unserer Arbeiter-und-Bauern-Macht und ihrer sozialistischen Kultur» ins
Gedächtnis und verpflichtete in Anwesenheit einer Delegation «sowjetischer
Freunde» alle Kulturschaffenden auf «parteiliche» Arbeit.[22] Zwei Monate
später stellte Stephan Hermlin in einem im «Neuen Deutschland» (25. September) abgedruckten Interview apodiktisch fest: «Kein Schriftsteller kann,
bei Strafe des Nicht-Seins, auf Parteilichkeit verzichten.» Aber er bemängelte
zugleich den Zustand der Literaturkritik, die sich allzu gerne über die Literatur stelle. Das sei im Westen – so setzte er mit taktischer Distanzierung hinzu
– mitunter noch schlimmer; vor kurzem habe er in einem westdeutschen
Sender eine berserkerhafte Koeppen-Kritik gehört. Doch in der Literaturkritik der DDR habe es eine ganze Weile «viel barsche Mienen und wenig
genuine Kenntnisse» gegeben.[23]

An solchen Äußerungen, von Abusch wie von Hermlin, wird erkennbar,
wie sich die Atmosphäre des öffentlichen Redens über Literatur verschärft
hatte. Auch innerhalb der SED wurde offenkundig festgestellt, daß die Literaturkritik dem «Neuen», dem Provokatorischen à la Plenzdorf vor allem,
nicht gewachsen war. In einem Beitrag für «Neue Deutsche Literatur» (Heft
1, 1976) unter dem Titel «Notizen zur Literaturkritik» faßte Klaus Walther
das Problem ausdrücklich als eine Aufgabe für die «gesamtgesellschaftliche
Bilanz» auf dem IX. Parteitag.[24] Der Parteitag selbst, Ende Mai 1976, brachte
dann zwar die ausdrückliche Befürwortung des «Meinungsstreits» durch Honecker und die Einforderung eines «höheren Niveaus» der Literatur namentlich im Horizont einer neuen, internationalistischen «Weltkultur». Aber zugleich wurde die «sozialistische Nationalkultur» wiederholt und scharf gegen
die Kultur der «imperialistischen Gesellschaft» abgegrenzt. Nur «sozialistisch-realistische Kunst» habe Zukunft.[25]

Daß die zentralen Formulierungen wie Gemeinplätze wirkten und daß
Probleme wie «Individualismus», «freierer» Umgang mit der «Klassik» und
vor allem Kritik an Fehlentwicklungen der DDR-Gesellschaft weitgehend
ausgeklammert wurden, ließ erkennen, daß die Einheitspartei zu einer Lösung der aufgetretenen literaturpolitischen Konflikte nicht imstande war –
auch ein halbes Jahrzehnt nach Beginn der Ära Honecker. Gegenüber Rainer
Kirsch war 1973 bereits das Instrument des Ausschlusses – in seinem Fall aus
der SED – praktiziert worden: zugleich zur Eindämmung «schädlicher» Ein-

flüsse und zur spektakulären Warnung an die Schriftstellerkollegen. Als im September 1976 Reiner Kunzes Prosaband *Die wunderbaren Jahre* mit seinen dokumentarisch-stilisierenden Skizzen aus dem DDR-Alltag im Westen erschien, wurde sein Autor noch im folgenden Monat aus dem Schriftstellerverband ausgeschlossen. Das bedeutete den Verlust jeder persönlichen Förderung und der meisten Möglichkeiten, innerhalb der DDR zu publizieren. Bernd Jentzsch, von 1965 bis 1975 Verlagslektor, seit kurzem erst als freier Schriftsteller tätig, in Bern gerade an einer Anthologie moderner schweizerischer Dichtung arbeitend, protestierte in einem Offenen Brief an Honecker gegen Kunzes Ausschluß.

Die Affäre erscheint im nachhinein als Vorspiel der folgenreichen, vielbeschriebenen Ausbürgerung Wolf Biermanns im November 1976. Wie tief sich gerade den DDR-Autoren dieser Gewaltakt der SED ins Bewußtsein einprägte, zeigte sich noch nach der «Wende» in vielen Äußerungen.

Der Liedermacher proletarischer Herkunft, 1953 aus Hamburg in die DDR übergesiedelt, hatte bereits vor mehr als anderthalb Jahrzehnten sein erstes Auftrittsverbot erhalten und war 1963 aus der SED ausgeschlossen worden. Zwei Jahre später war ein generelles Auftritts-, Veröffentlichungs- und Ausreiseverbot in Kraft getreten. Viele seiner Gedichte und Lieder hatten derweil in der DDR als «Samisdat»-Gut kursiert, wobei die daran Beteiligten Sanktionen wie den Verweis von der Universität riskierten. 1972 war unter dem Titel *Für meine Genossen* eine Sammlung der «Hetzlieder, Gedichte, Balladen» in der Bundesrepublik erschienen, was von den Kulturpolizisten der DDR als weiterer Akt der Selbstausschließung Biermanns gewertet wurde. 1974 hatte man ihm schließlich das «freiwillige» Verlassen der DDR nahegelegt. Als die IG Metall der Bundesrepublik ihn im Herbst 1976 zu einigen Konzerten einlud, erteilten die DDR-Behörden das Visum wohl nicht ohne Hintergedanken. Als dann das Kölner Konzert vom 13. November auch noch vom westdeutschen Fernsehen übertragen wurde und damit zugleich in der DDR weite Verbreitung fand, war der Anlaß – oder der Vorwand – für das Politbüro gegeben, Biermann am 17. November die DDR-Staatsbürgerschaft zu entziehen.

Die ungewöhnlich lange, hier nur sehr abgekürzt wiedergegebene Vorgeschichte und ihre variantenreichen publizistischen Verläufe erklären zu einem wesentlichen Teil, weshalb die SED kurz nach der Reglementierung Reiner Kunzes ein zweites Exempel statuierte – und weshalb es sogleich eine Kettenreaktion unter den Kollegen auslöste. Der Liedermacher, der eine Paradefigur des Arbeiter-und-Bauern-Staates hätte werden können, hatte dessen Autoritäten mit Zähigkeit und Einfallsreichtum bis aufs äußerste gereizt, hatte vor allem die Funktionärsclique selbst immer wieder der Satire preisgegeben. Gerade dadurch war er zugleich zu einem Symbolträger für die Nichtangepaßten geworden.

Sarah Kirsch, Christa Wolf, Volker Braun, Franz Fühmann, Stephan Hermlin, Stefan Heym, Günter Kunert, Heiner Müller, Rolf Schneider, Gerhard Wolf, Jurek Becker und Erich Arendt unterzeichneten unmittelbar nach der Bekanntgabe der Ausbürgerung als erste einen Offenen Brief, in dem um das «Überdenken» der «Maßnahme» gebeten wurde. Biermann sei wie viele

Dichter der Vergangenheit ein «unbequemer Dichter», den «unser sozialisti-scher Staat [...] gelassen nachdenkend ertragen können» müsse. Er habe auch in Köln keinen Zweifel daran gelassen, «für welchen der beiden deutschen Staaten er bei aller Kritik eintritt».[26] Binnen kurzem schlossen sich über 70 weitere Schriftsteller, Künstler und Wissenschaftler der öffentlichen Auffor-derung an die Behörden an. Doch auch Gegenstimmen meldeten sich, darun-ter Anna Seghers, Hermann Kant und Erik Neutsch; Peter Hacks ließ sich sogar herbei, den Kollegen in einem Artikel zu verunglimpfen.

Der Fall Biermann war zu einem Bekenntnisfall geworden. Eine Fülle von Zuschriften erreichten die Zeitungen und Organisationen, spontane und in Auftrag gegebene. In den Stellungnahmen der Schriftstellerkollegen artiku-lierten sich – wie schon im Offenen Brief selbst – auch Zwischenpositionen. So kritisierte Volker Braun, einer der Unterzeichner, im nachhinein, «wie unsere Stellungnahme dazu benutzt wird, eine Kluft zwischen uns und unse-rer Partei zu konstruieren».[27] Bei keinem Geringeren als Paul Dessau hieß es wiederum martialisch: «Es ist unsere Pflicht, die dreckigen Methoden des Klassenfeindes zu durchschauen und ihnen geschlossen entgegenzutreten.»[28] Auch Betriebsbrigaden und einzelne Werktätige meldeten sich in großer Zahl und mit verdächtig einhelliger Tendenz zu Wort, unter dem Leitmotiv: «Wir Arbeiter lassen unseren Staat nicht beschmutzen.»

Es kann kein Zweifel sein, daß diese Wellen von Reaktionen nicht nur schlaglichtartig die tatsächlichen Machtverhältnisse innerhalb der Kulturpoli-tik der DDR illustrierten, sondern auch Gräben vertieften. Offenkundig wurden auch Hoffnungen zerstört. Bernd Jentzsch entschloß sich nach 1976, aus der Schweiz nicht in die DDR zurückzukehren. Im darauffolgenden Jahr verließen unter anderem Thomas Brasch, Jürgen Fuchs, Sarah Kirsch, Günter Kunert, Reiner Kunze und Hans Joachim Schädlich den SED-Staat.

Fast in den Schatten dieses Exodus gerieten zwei Vorgänge, die für die Weiterentwicklung der nicht-linientreuen Literatur symptomatisch wurden. Die Debatte in «Sinn und Form» über Christa Wolfs *Kindheitsmuster*, das 1976 erschienen war, schärfte das Bewußtsein für die Möglichkeiten einer reflektierenden Zeitschichtung des Erlebens vom Faschismus bis in die Ge-genwart hinein. Damit gewann die DDR-Literatur zugleich eigenständiges Profil gegenüber westlichen Diskussionen, wie sie sich an Grass' *Blechtrom-mel*, Johnsons *Jahrestage* und Bölls *Gruppenbild mit Dame* angeschlossen hatten. Und als im Oktober 1977 an der Berliner Humboldt-Universität eine Konferenz zur «Problematik der literarischen Romantik in unserer Gesell-schaft» (mit besonderer Berücksichtigung von Kleist und E.T.A. Hoffmann) stattfand, wurde dies zum Signal der Wiederentdeckung einer lange als «reak-tionär» verfemten Strömung der Epoche. Die «fruchtbaren Entdeckungen» dieser Bewegung avancierten bekanntermaßen bald auch zu Sujets der litera-rischen Produktion selbst – auch hier in bemerkenswerter Synchronie zu Entwicklungen in der Bundesrepublik.

Es hat den Anschein, als sei gerade angesichts der Härte der Biermann-Kontroversen hier vorübergehend Freiraum gewährt worden, auf vergleichsweise wenig brisantem Feld.

Als im Mai 1978 in Berlin der VIII. Schriftstellerkongreß abgehalten wurde, versuchte die «Grußadresse» des ZK der SED fast ostentativ eine Umarmung der Schriftsteller im Blick auf den bevorstehenden 30. Jahrestag der Republik. Schönfärberisch handelte sie von der «schöpferischen und vertrauensvollen Atmosphäre», die durch die konsequente Verwirklichung der Parteitagsbeschlüsse in das «literarische Schaffen» gekommen sei[29] – blanker Hohn angesichts der tiefen Zerstrittenheit nach Biermanns Ausbürgerung und ihren Folgen. Hermann Kant, noch als Vizepräsident des Verbandes, redete realistischer vom «Schriftsteller in den Kämpfen unserer Zeit», pries selbstbewußt Vielfalt und Niveau neuester DDR-Literatur (ohne überzeugende Namen nennen zu können), übergoß den soeben von der Darmstädter Akademie ausgezeichneten «Herrn Kunze» mit Ironie und schwor schließlich die Kollegen auf «kräftigende, erhellende, lustmachende» Literatur ein.[30] Stephan Hermlin nahm sich die Freiheit, daran zu erinnern, wie viele gerade der «wesentlichen Schriftsteller» an dem Kongreß nicht teilnähmen: Christa Wolf, Günter Kunert, Stefan Heym, Franz Fühmann. Schließlich löste Hermann Kant die fast 78jährige Anna Seghers an der Spitze des Verbandes ab, und die Schlußerklärung verpflichtete die Schriftsteller auf die «Politik» der SED und auf den «Kampf» für den «realen Sozialismus».[31]

Neue Ideen, etwa aus der Diskussion um Christa Wolfs *Kindheitsmuster,* wurden auf dem Kongreß nicht erkennbar. Prinzipiellere Reformvorstellungen gar, wie sie in Rudolf Bahros *Die Alternative* (1977 im Westen erschienen) formuliert worden waren, wurden sorgfältig ausgeklammert. Auf viele Schriftsteller wirkte der Kongreß entmutigend. Eine neue Welle von Ausreisewünschen setzte ein, manche Autoren erhielten zeitlich begrenzte Visa und blieben dann im Westen, darunter Kurt Bartsch, Jurek Becker, Karl-Heinz Jakobs, Günter Kunert, Erich Loest, Klaus Schlesinger, Rolf Schneider, Stefan Schütz, Joachim Seyppel und Bettina Wegner.

Das Regime antwortete nicht etwa mit Lockerung der Disziplinierungsmaßnahmen oder mit Erweiterung des literarischen Spektrums, sondern mit exemplarischen Bestrafungen und mit der Verkündung neuer Gesetze. Schon im Mai 1979 wurde Stefan Heym «wegen Verstoßes gegen das Devisengesetz der DDR» eine hohe Geldstrafe auferlegt, weil sein Roman *Collin* ohne Genehmigung des Büros für Urheberrechte bei Bertelsmann erschienen war; desgleichen Robert Havemann wegen seines Buches *Ein deutscher Kommunist* (1978 bei Rowohlt). Im August 1979 brachte das 3. Strafrechtsänderungsgesetz verschärfte Bestimmungen über «staatsfeindliche Hetze», «ungesetzliche Verbindungsaufnahme» und ähnliches. Dadurch wurde nicht nur der so wichtige Kontakt zwischen einzelnen ‹Gebliebenen› und den ‹Gegangenen› erschwert. Es kam auch zur Verhängung von Haftstrafen, so gegenüber Frank-Wolf Matthies, Lutz Rathenow und Thomas Erwin. Als im Mai 1979 acht Schriftsteller sich in einem Brief an Honecker gegen die Bestrafung von Heym und Havemann wandten, ergriffen der Berliner Bezirksverband des Schriftstellerverbandes unter Günter Görlich sogleich die Gelegenheit, mehrere von ihnen (darunter Kurt Bartsch, Adolf Endler und Klaus Schlesinger) und gleich noch Stefan Heym, Karl-Heinz Jakobs, Rolf Schneider und Joachim Seyppel auszuschließen. Die Aktivitäten der Übereifrigen vergifteten die Atmosphäre fast mehr als die neuen Gesetze selbst. Einzelne Figuren der zweiten oder dritten Garde, wie Dieter Noll, nutzten auch noch die Gelegenheit, sich durch öffentliche Scherbengerichte über die «abtrünnigen» Kollegen persönlich zu profilieren.

Günter Kunert sprach, als er im Oktober 1979 in den Westen gegangen war, in einem Artikel, den am 2. November «Die Zeit» druckte, vom «unerträglichen Leben der Schriftsteller in der DDR». Und Stephan Hermlin, der mit Kritik an den «republikflüchtigen» Kollegen nicht gespart hatte, zog in der autobiographischen Schrift *Abendlicht* für sich die Bilanz: «daß das vergebliche Ringen um eine gar nicht wünschenswerte Übereinstimmung in einer falsch gestellten Frage mich in dreißig Jahren viel Kraft gekostet, vielleicht auch daran gehindert hatte, mehr und Besseres zu geben».[32]

VII. AUTONOMIE UND ENGAGEMENT: ERZÄHLPROSA DER LITERARISCHEN «MODERNE» AUS DER DDR

1. Überblick

Gegenwarts- und Gesellschaftsromane der siebziger Jahre greifen die immer wiederkehrenden Sujets auf, die mit neuer Akzentuierung zum zentralen Thema gemacht werden: Arbeitswelt, die Rolle der Frau, Generations- und Jugendprobleme, Probleme des Schreibens und der Schriftsteller-Existenz, Aufarbeitung der Vergangenheit, natürlich banal-ewige Themen wie Liebe, Ehe, wechselnde Aspekte des Alltagsdaseins. Diese ‹Inhalte› erscheinen in umfangreichen epischen Texten wie denen Irmtraud Morgners oder Dieter Nolls, dicht gedrängt können sie in verhältnismäßig schmalen Erzählungen versammelt sein wie in Christoph Heins *Drachenblut* oder in Ulrich Plenzdorfs *Neuen Leiden des jungen W.* Diese Texte belegen, daß es selbstverständlich auf die Perspektivierung und literarische Verarbeitung des thematischen Materials ankommt; dennoch spricht die Wiederholung der Sujets dafür, daß sich die Erzählprosa auch der siebziger Jahre zunächst einmal an ‹Inhalten› abarbeitet, daß also der Primat des Inhalts vor den ‹Formen›, einst vom Schema des sozialistischen Realismus verordnet, zu einem Movens geworden ist, das eine ‹realistische› Literatur vorantreibt; sie hat in den Themen immer genauer deren Strukturen, deren Sinngehalt literarisch zu erfassen und für die Gegenwart zu interpretieren. Dabei bleibt die Funktion, die der Literatur anfangs verordnet wurde, die sie seit den sechziger Jahren zunehmend selbst ausweiten konnte: Medium öffentlicher Diskussion zu sein, erhalten; diese Aufgabe wird ständig differenziert, natürlich auch in Werken, die in der DDR bis 1990 nicht erscheinen konnten, wie beispielsweise Bücher von Stefan Heym, Erich Loest oder Jurek Becker. ‹Diskussionsprosa›, die mit ihrer Themenvielfalt den Leser jenseits der gelenkten Massenmedien erreichen wollte, lag nicht nur vor, wenn – etwa über Plenzdorfs *Neue Leiden* – die literarischen Debatten in der DDR institutionalisiert ablaufen konnten.

«Erfolg ist für die Schriftsteller notwendig und gefährlich. Die Bücher, die man wie umfangreiche Briefe an Unbekannte in die Welt geschickt hat, erhalten durch ihn ihre Antwort. Er schafft das Selbstvertrauen, das man zur Weiterarbeit braucht. Aber er bringt auch Belastung, Versuchung und Entfremdung. Die Öffentlichkeit nimmt niemanden auf, ohne Opfer zu fordern.»[1] Was (nach de Bruyn) die disperse, eben sich ausweitende bürgerliche literarische Öffentlichkeit um 1800 kennzeichnete, nimmt sich in einer diktatorisch gelenkten literarischen Öffentlichkeit bekanntlich anders aus. Daß politische Auflagen sie gängelten, zeigte sich erneut an dem Bruch, der als Folge der Biermann-Affäre seit Ende 1976 eine an sich vielversprechende Entwicklung beendete, genauer: die Publikation zahlreicher wichtiger Werke jüngerer und älterer Autoren in der DDR verhinderte und so Texte, die zunächst als aktuelle «Verständigungsliteratur» hätten gelten sollen, im Westen partiell zur «Auskunftsliteratur» (Raddatz) über ein anderes Land werden ließen. Noch entschiedener als schon bei ähnlichen politischen Brüchen während des vergangenen Jahrzehnts ist zu betonen, daß die literarische Substanz der Erzählprosa selbst nach 1976 keineswegs Schaden genommen hat, so sehr auch die Werkentwicklung einzelner Autoren thematisch verändert worden sein mag, von ihren Lebensverhältnissen ganz zu schweigen. Die bedeutende kritische Literatur hat sich, so gut es ging, dem Zwangsverband der politischen und ideologischen Normierung entzogen, deren Grenzen, oft unvorhersehbar, mal enger, mal weiter gezogen wurden. Dabei reagierten die Institutionen mit literaturtheoretischen Vorgaben nur noch hilflos; der «sozialistische Realismus» verkam trotz aller Bemühungen (Jarmatz, Koch u. a.) zum System von Formeln. So wurden die literaturpolitisch engagierten Autoren selbst mit Sanktionen belegt (von der Verzögerung oder Blockierung der Publikationen über den ‹operativen Vorgang› bei der Stasi bis zur Exilierung). Die Toleranz gegenüber den Textinhalten war dabei jeweils neu zu bestimmen, und sie wurde nicht nur bei einer Reihe bekannter Autoren, die in der DDR geblieben waren (Fühmann, Wolf, Fries, Braun, Hein etwa), in den siebziger Jahren wieder weiter.

Bereits während der sechziger Jahre hatten sich bei Bobrowski, Hermlin, Kunert, Fries oder Christa Wolf Themen und Erzählverfahren entfaltet, die außerhalb der DDR nicht mehr nur als ‹Auskunft› über Verhältnisse ‹drüben› gelesen, sondern als deutsche Literatur der Selbstverständigung in Geschichte und Gegenwart aufgenommen werden konnten. Vor diesem Hintergrund bildete sich in den siebziger Jahren eine deutsche (erzählende) Literatur ‹aus der DDR› oder von (ehemaligen) DDR-Autoren heraus, die im Westen (gedruckt und) gelesen wurde. Man kann sagen, daß die literarisch bedeutende Erzählprosa aus der DDR seit den sechziger Jahren im Westen fast lückenlos veröffentlicht wurde, während sich für die DDR selbst beträchtliche Defizite ergaben. Umgekehrt dominierten in der DDR quantitativ (gemessen an den Auflagenhöhen) nach wie vor Autoren, die im Westen fast völlig unbekannt blieben – vom sozialistischen Realismus eines Neutsch oder Noll bis zu Unterhaltungsschriftstellern wie Eberhard Panitz, Herbert Otto, Harry Thürk oder Wolfgang Schreyer. Dennoch lassen sich auch die Texte ‹aus der DDR›, die dort nicht erscheinen konnten, fast ausnahmslos innerhalb des historischen Zusammenhangs der DDR-Literatur begreifen.

Die Jahre nach 1971 bedeuteten für die Erzählprosa zunächst, daß Tendenzen, die sich seit Mitte der sechziger Jahre abgezeichnet hatten, aber z. T. nur im Westen publik geworden waren, nun doch die DDR-Öffentlichkeit zu erreichen begannen. Wichtigstes Signal war 1972 die Publikation von Ulrich Plenzdorfs (* 1934) seit 1968 konzipierten *Neuen Leiden des jungen W.* in der Zeitschrift ‹Sinn und Form» (erste Prosafassung). Ebenso stark wie die Buchausgabe der Romanfassung (1973) wirkte seit Mai 1972 das Theaterstück, zumal auf ein jugendliches Publikum. Die Kritiker-Diskussion, die sich 1973 in «Sinn und Form» diesen Ereignissen anschloß, hatte ähnliche Bedeutung für eine literarische Öffentlichkeit mit neuem Spielraum wie seinerzeit die Debatten über *Der geteilte Himmel* und *Ole Bienkopp* (1963/64), mit anderen Akzenten über Marchwitzas *Roheisen* (1954). Der Rechtsanwalt und Kriminalautor Kaul übernahm in der *Werther*-Debatte mit einem Brief an Wilhelm Girnus, den Chefredakteur von «Sinn und Form», den Part, den 1963 die kritischen Stimmen des Hallenser Parteiorgans «Freiheit» in der Debatte über *Der geteilte Himmel* innegehabt hatten. Wie jene, so stand jetzt auch Kaul auf dem verlorenen Posten überholter Standpunkte. Die Travestie des klassischen Erbes – der junge Edgar findet Goethes *Werther*-Roman und benutzt ihn als Kommentar seiner eigenen Erfahrungen, nachdem er das Titelblatt als Toilettenpapier verbraucht hat – wurde ebenso gerechtfertigt wie die Außenseiter-Figur des Antihelden Wibeau (Robert Weimann: «Goethe in der Figurenperspektive»); die Montage-Technik Plenzdorfs fand ebenso Verteidiger wie der Jugendjargon (Lothar Ehrlich: «Comeback für ‹Old Werther›»). Während gleichzeitig («Sinn und Form» 1973) Wolfgang Harich die ‹barbarische› Bearbeitung von Shakespeares *Macbeth* durch Heiner Müller scharf verurteilte – Müller hatte die Tragödie in eine Schlachthaus-Groteske verwandelt –, konnte man der tragikomischen Version des Erbes beipflichten.

Die Fragmentierung und Mehrschichtigkeit des Erzählens, vorgebildet bei Bobrowski, Fries, Wolf, konventioneller auch bei Kant, hatte Plenzdorf scheinbar thematisch zugespitzt.

Tonbandaufzeichnungen Wibeaus werden nach seinem Tod von ihm selbst aus dem Jenseits, von seinem Vater und anderen Zeugen kommentiert. Da zeigt sich, daß sich Plenzdorfs Text mit dem Anspruch von Christa Wolfs *Nachdenken* nicht messen will, von Goethes Briefroman ganz zu schweigen, der am Beginn der bürgerlichen Epoche in voller Schärfe den unauflöslichen Konflikt zwischen dem subjektiv-überschwenglichen Glücksanspruch, der Liebe, und den erstarrten, im Prinzip aber unabdingbaren Konventionen einer Gesellschaft im Umbruch vergegenwärtigt hatte. Die unaufgelöste Aporie wird bei Plenzdorf letztlich zur Komödie, zum Lehrstück. Der tote Wibeau übt aus dem Jenseits Selbstkritik und bekennt sich zu Prinzipien des Sozialismus; er stirbt auch nicht an Werthers Leiden, sondern verunglückt bei der Konstruktion eines technischen Geräts, ein protestierender Selbsthelfer wie Ole Bienkopp, der es seiner Brigade zeigen will. Das Buch transportiert also mit seinen ‹modernen› Erzählformen auch eine vertraute inhaltliche Perspektive, für die allerdings keine Lösung in Gestalt eines Happy-Ends angeboten wird.

Plenzdorfs Kurzroman enthielt vieles, was für die folgenden Jahre thematisch wichtig werden sollte: das ambivalente, ‹tragikomische› Verhältnis von

Individuum und sozialer Wirklichkeit (als reale Gegenwart und als Utopie verstanden); Rückzug aus der Totale zum literarisch verarbeiteten Detail, nicht im Sinne des ‹Typischen›, sondern einer kritischen Symptomatik, deren Übertragung auf den im Text kaum berührten Gesamtzustand der Gesellschaft dem Leser überlassen wird. Der Leseraktivierung dient die Montagetechnik, die hier zugleich Montage von Sprachebenen ist und so die Sprachreflexion einschließt. Auch damit konnte Plenzdorf Vorgängern in der DDR folgen, aber was bei Wolf oder Kant eher implizit blieb, wird in den *Neuen Leiden* unübersehbar herausgestellt. Vom Angriff auf den öffentlichen ‹Diskurs›, der als Modus des phrasenhaften Denkens das tägliche Leben bis ins Private bestimmte, bis zum Sprachspiel und zum poetisch-bildhaften Sprechen erweitert sich das Sprachbewußtsein der Prosa.

All dies popularisierte, was sich seit Mitte der sechziger Jahre vorbereitet hatte. Es war deshalb konsequent, daß Christa Wolfs *Nachdenken* nun (1973) endlich in größeren Auflagen in der DDR erscheinen konnte. Kontrastiv begleitet wurde die Neuauflage von Hermann Kants zweitem Roman *Das Impressum* (1972), der – in einer früheren Fassung – bereits 1969 in Teil-Vorabdrucken erschienen war. Der Ironie Plenzdorfs, die ambivalent blieb, widerspricht Kants optimistischer Humor, der es sich leisten kann – und dies war das Gewagteste an dem Roman –, einen künftigen Minister in seiner ganz privaten Unzulänglichkeit vorzuführen. Man hat mit Recht ‹Humor› als wichtigen Zug des Erzählens der siebziger Jahre genannt. Unterscheidet man zwischen Humor, kritischer oder ambivalenter Ironie und satirischer Attacke, so zeigt die Erzählprosa von Kant, de Bruyn, Jakobs, Strittmatter, Morgner, Loest, Kunert und anderen Autoren einen beträchtlichen Spielraum von Erzählhaltungen, die zum guten Teil in den sechziger Jahren bereits vorgezeichnet waren.

Die Experimente mit modernen Erzählweisen verdrängen nicht den «auktorialen» Erzähler, wohl aber die eindeutige (homologe) Textstruktur. Dabei wird häufig die Erzählfunktion stärker akzentuiert als zuvor; Erzählen als Vorgang des Darstellens und Erkennens, als Problem, auch als Spiel mit der Fiktion sind Momente, die Mitte der sechziger Jahre bereits die Prosa von Strittmatter, Wolf, Bobrowski, Kant und Fries auszeichnete. Das differenziert sich jetzt, sei es in polyperspektivischen Strukturen bei Plenzdorf, im Wechsel von Ich- und Er-Erzählung bei Reimann *(Franziska Linkerhand)*, im Verschachteln mehrerer Zeit- und Erzählebenen bei Christa Wolf *(Kindheitsmuster)*, in der dauernden Brechung des Erzählvorgangs in Morgners «Montageroman» *Leben und Abenteuer der Trobadora Beatriz*. Scheinbar plan-realistisches Erzählen kann durch parabolisch-kommentierende Texte unterbrochen, durch ‹Zeitraffer›-Passagen verfremdet werden (Becker, *Irreführung der Behörden*).

Der Realitätsbegriff der fiktionalen Wirklichkeit steht zur Disposition. Bobrowski, Fries, Kunert, dann Morgner haben die Imagination des Erzählens und der Figuren, das Phantastische als Erkenntnisraum des Erzählens, als Wunschtraum der Figuren, als Spiel, als Möglichkeit kritischer Verfremdung des Alltags vorgeführt. Das wird ausgeweitet, erleichtert den Zugang zu Stoffen des Mythos (Morgner, Fühmann, Wolf), zum Traum (Schlesinger, Wolf), zur Science-fiction (Morgner, Fühmann, Fries), zur Parabel (Schädlich in der Nachfolge Kunerts), schließlich zu Kafka oder Poe (Hilbig). Umgekehrt hat sich Christa Wolf bemüht, die Übergänge zwischen Fiktion und Tatsachenerzählung zum Ort der Reflexion zu machen – gegenläufig zum Prinzip der alten Reportageerzählung, die aus den Mängeln der Realität das perfekte Konstrukt der Erzählung entstehen ließ (Bredel, Hastedt). Wolfs Begriff der «Prosa» folgt der Maxime der «phantastischen Genauigkeit» und meint eine erkundende, für Realitätskategorien ‹offene› Schreibweise, die sich mit dem Begriff Roman nicht mehr fassen läßt. Produktionsästhetisch gesehen gründet «Prosa» in der «subjektiven Authentizität» des Autors (nicht des fiktiven Erzählers), die allein für die «Wahrheit» der Wirklichkeitserfahrung einstehen soll, wirkungsästhetisch zielt Prosa auf die Individualität des Lesers, der selbst mit der Prosa Erfahrungen machen muß, um so mit dem Autor-im-Text ins Gespräch zu kommen. Das wird jetzt auch literaturtheoretisch diskutiert – nicht ohne Einwände gegen den möglichen Idealismus einer solchen Position, die sich als bloß subjektiv-moralische von der vorausgesetzten gesellschaftlichen ‹Totalität› lösen könnte.[2] Das neue Bild vom Leser, das implizit (in Textstrukturen), dann auch explizit in der Schriftsteller-Poetik seit Mitte der sechziger Jahre entworfen, später von der Literaturwissenschaft aufgenommen wurde («Leser als Ko-Autor», «Lektüre als eine Produktion«),[3] löst das Bild vom belehrten und ‹erzogenen› Leser endgültig ab.

Das ‹moderne Erzählen›, in den späten sechziger Jahren noch kontrovers als «Modernismus» erörtert (Redeker, Diersen, Weimann u. a.), wird so endlich zum Grundbestand aller bedeutenderen DDR-Prosaisten. Das heißt nicht, daß die traditionellen Erzählkategorien des realistischen Romans (Handlung, Figuren, mimetische Wiedergabe von Dingen und Räumen, überschaubare Chronologie, Erzählen ohne verwischende Übergänge) auf die Ebene des Unterhaltenden abgleiten. Es heißt auch nicht, daß nun die ästhetischen Darstellungsmittel, die von der modernen bürgerlichen Erzählprosa seit dem Ende des 19. Jahrhunderts entwickelt wurden und in der westdeutschen Literatur immer präsent waren, nur nachgeahmt worden wären. Es gibt wichtige Schriftsteller der DDR, die durchaus bei Varianten realistischen Erzählens (als Verfahren verstanden) bleiben oder bewußt zu ihm zurückkehren wie Hermann Kant im *Aufenthalt*, Günter de Bruyn in den *Märkischen Forschungen* oder Jurek Becker in *Schlaflose Tage*. Das hat freilich in den siebziger Jahren nichts Naives mehr, noch resultiert es aus literaturpolitischen Vorschriften. Natürlich gibt es keine simple Korrelation zwischen brisanten Themen wie dem der rebellischen Jugend oder dem kritischen Rückblick auf die DDR-Geschichte und ‹modernen› Erzählweisen oder, umgekehrt, zwischen konventionellerem Erzählen und weniger irritierenden Inhalten. Günter Görlichs *Anzeige in der Zeitung* unterscheidet sich beispielsweise im Erzählverfahren nur graduell von Beckers *Schlaflose Tage* (beide 1978), trotzdem sind beide Bücher in der thematischen Radikalität, mit der sie den Konflikt zwischen individueller Sinnforderung und sozialen Einschränkungen aufnehmen, kaum zu vergleichen. Ähnliches gilt etwa für Stefan Heyms *Collin* (1979) und Harry Thürks *Der Gaukler* (1978). Die Schreibweisen waren literaturpolitisch nicht mehr umstritten. Vielmehr ging es darum, in ihnen einen «festen [...] sozialistischen Standpunkt»[4] zu vertreten; was das jeweils war, wurde durch die Wiederholung der alten Begriffe ‹Parteilichkeit› oder ‹Volksverbundenheit› nicht klarer, zumal die Komplexität der Texte den ‹Standpunkt› im allgemeinen nicht mehr an der Oberfläche des Gesagten erscheinen ließ. Daß Literatur ein ‹subjektives› (ästhetisches) Bild der Wirklichkeit gibt, das keiner Rezeptionsvorgaben bedarf, also im Sinne Christa Wolfs «authentisch» ist, wurde im übrigen von der akademischen Literaturtheorie der siebziger Jahre anerkannt, ja «Subjektivität» wurde zum Schlagwort der Theoretiker. ‹Formale› und literarästhetische Toleranz, latenter und immer wieder praktizierter Rigorismus gegenüber den Inhalten: Damit reagierte die Literaturpolitik auf bezeichnende Weise gegenüber einer Erzählprosa, der es in der Form immer um die Sache, die thematische Erkundung der Realität zu tun war.

Dies alles bedeutet nicht, daß ein gewichtiger Teil der Erzählprosa sich einfach vom ‹sozialistischen Standpunkt›, vom Engagement für die DDR entfernt hat. Für die Jahre nach 1976 mag das für eine Reihe von Autoren gelten (Kunze, Kunert, Schädlich, Loest). Aber so gegenwartsbezogen die Prosa insgesamt bleibt, auch wenn sie ‹phantastisch› oder parabolisch wirkt, so wenig läßt sich ihr Standpunkt auf den eines «real existierenden Sozialismus» festlegen, mit dem sie sich zunehmend kritisch auseinandersetzt. Konnte man viele Texte bis ans Ende der siebziger Jahre im Horizont einer Auffassung verstehen, die Christa Wolf 1974 sagen ließ, daß diese Gesellschaft «eine Perspektive hat (anders als in der bürgerlichen)»,[5] so traf Hermann Kant 1983 noch Richtiges mit der Versicherung, die DDR-Literatur rede «immerfort der Erkennbarkeit der Welt das Wort».[6] Man kann der Erzählprosa der siebziger Jahre ein moralisches Prinzip zuschreiben, das sich aus einem Satz von Marx ableiten läßt. Dieses Wort verbindet Marx wie kaum ein anderes mit dem ‹bürgerlichen› Erbe, das er aufnimmt und gewissermaßen aufzuheben trachtet. Stephan Hermlin hat in seinem autobiographischen Prosatext *Abendlicht* (1979) seine Bestürzung beschrieben, als er den oft vernommenen Satz aus dem «Kommunistischen Manifest» plötzlich richtig las: «An die Stelle der alten bürgerlichen Gesellschaft mit ihren Klassen und Klassengegensätzen tritt eine Assoziation, worin die freie Entwicklung eines jeden die Bedingung für die freie Entwicklung aller ist.» Es ist ein Satz, Hermlin nennt ihn zu Recht eine «Prophetie»,[7] dessen Einlösung den in der Geschichte Handelnden aufgegeben ist. Maßstab für den Erfolg aller Veränderungen wäre dann nichts anderes als das Zentrum des vergeblichen bürgerlichen Strebens seit dem 18. Jahrhundert: «die freie Entwicklung eines jeden».

Die fortwährende Verschiebung dieser Maxime in die Zukunft, die sich aus der marxistisch-leninistischen Geschichtsideologie ergibt, war von der Literatur in Frage gestellt worden, am eindringlichsten schon in Wolfs *Nachdenken über Christa T.* Die dort leitmotivisch wiederholte Frage «Wann, wenn nicht jetzt» verweist auf die Endlichkeit des Individuums und verlangt, das verdinglichte Fortschrittsdenken aufzugeben, das auch dazu herhalten mußte, die gegenwärtigen Mängel zu rechtfertigen. Die kritisch-selbstkritische Sicht auf die Gegenwart und ihre (falsche) Vorgeschichte hat in einer Reihe von Texten gegen Ende der siebziger Jahre die utopische Dimension fast erlöschen lassen; an die Stelle der ‹realen› Perspektive trat das Wort vom «Aufhören der Geschichte» (Kunert). Hier spätestens wird die «Finalitätskrise» unübersehbar, die man schon der DDR-Literatur um 1970 attestiert hat (Sander). Aber die Literatur hat Realität nicht nur kritisiert, sondern Realitätserfahrung erweitert, indem sie ‹Potentialität› als Aussage der Erzählstruktur über die Wirklichkeit endgültig an die Stelle «garantierter Realität» (Blumenberg) treten ließ. Wenn sich dabei utopische Überschüsse im Laufe des Jahrzehnts fast aufgezehrt haben, so ist das aus der Eigenbewegung einer Literatur zu verstehen, die den Dingen immer kompromißloser auf den Grund ging, um deren wahren Zustand schließlich mit Titeln zu signalisieren wie *Kein Ort. Nirgends* (Wolf, 1979), *Atemnot* (Poche, 1979), *Nach der ersten Zukunft* (Becker, 1980) oder als satirisch verkehrte *Neue Herrlichkeit* (de Bruyn, 1984).

2. Schriftstellerromane

Seit Beginn der siebziger Jahre erschien eine Reihe von Sammelbänden mit kritisch-essayistischen Arbeiten, Interviews, Aufsätzen von solchen DDR-Autoren, die erst nach 1945 veröffentlicht hatten (mit Ausnahme Stephan Hermlins). Seit den sechziger Jahren lagen ja Sammlungen der älteren Autorengeneration vor mit Arbeiten, die zum guten Teil aus den Jahren vor 1945 stammten: Becher (1954–1957), Brecht (1963/64–1967), Arnold Zweig (1959/1967), Anna Seghers (1970 ff.) und natürlich ausgewählte Essayistik ‹bürgerlicher› Autoren, die in der DDR in repräsentativen Ausgaben gesammelt waren (Heinrich Mann, Thomas Mann). Das war das Erbe, auf das man sich zeitweise durchaus kontrovers bezogen hatte, etwa auf Becher im Gegensatz zu Brecht, dessen ‹Theorie› erst durch die Ausgabe der «Gesammelten Werke» in vollem Umfang greifbar wurde. Nun wurde noch einmal gegenwärtig, was seit Mitte der sechziger Jahre von DDR-Autoren zur Definition von Literatur vorgetragen worden war. Überschaubar wurden auch literarische Bezugsfiguren wie Christa Wolf (*Lesen und Schreiben*, 1972, 1980), Stephan Hermlin

(*Lektüre, 1960–1971,* 1973), Franz Fühmann (*Erfahrungen und Widersprüche,* 1975), Günter Kunert (*Warum schreiben?* Notizen zur Literatur, 1976 nur im Westen), Volker Braun (*Es genügt nicht die einfache Wahrheit,* 1979), Hermann Kant (*Zu den Unterlagen,* 1981); von Stefan Heym erschien 1980 (nur im Westen) *Wege und Umwege,* von Christa Wolf im selben Jahr eine erweiterte Sammlung ihrer Beiträge und 1986 *Die Dimension des Autors,* von Hermlin 1983 der Band *Äußerungen 1944–1982.*Dramatiker wie Peter Hacks (*Das Poetische,* 1972) oder Heiner Müller (*Texte,* 1974 ff.) hatten Sammlungen vorgelegt. Sichtbar wurde ein literarisches Gespräch unter DDR-Autoren: Hermlin hatte über Fühmann und Bobrowski geschrieben, Kunert über Hermlin, Kant über Christa Wolf, sie und Kant wieder über Anna Seghers, Kant auch über Strittmatter. Spärlich waren die Äußerungen zur ‹westlichen› deutschen Gegenwartsliteratur; nur bei Christa Wolf konnte man da von Wahlverwandtschaften – zu Ingeborg Bachmann oder Max Frisch – sprechen; deutlich sind dagegen Kants Polemiken gegen westliche Kollegen aus den sechziger Jahren. Um so auffälliger wirkt das Interesse für die literarische Moderne Europas von der Romantik bis zu Majakowski (Wolf, Fühmann, Hermlin), von Poe (Kunert) und Ambrose Bierce (Hermlin) bis zu Thomas Mann (Christa Wolf), Kafka (Fühmann, Hermlin) oder Proust (Hermlin). Wenn die deutschen ‹Klassiker› Goethe und Schiller kaum vorkommen, so sind in den Essay-Sammlungen und anderen Veröffentlichungen dieser Jahre die problematischen Autoren, die in kein Schema passen (auch nicht in das der Literaturwissenschaft der DDR bis zum Beginn der siebziger Jahre), um so nachdrücklicher vertreten: Kleist (Kunert, Christa Wolf), Hölderlin (Gerhard Wolf, Hermlin), Jean Paul (de Bruyn), E.T.A. Hoffmann (Seghers, Fühmann, Christa Wolf) oder Büchner (Christa Wolf).

Wenn man sich da literarischer Traditionen zu versichern suchte, deren Deutung wenige Jahre zuvor noch Anstoß erregt hätte, so nimmt auch der Schriftstellerroman der DDR Traditionen des Künstlerromans und seiner schon in der Romantik ausgebildeten Grundformen auf, die sich an den unterschiedlichen Konstellationen von Künstler/Kunst und Gesellschaft/Lebenswelt ablesen lassen: der emphatische Begriff des Dichters und der Poesie als Organon der Welterschließung bei Novalis (Romanfragment *Heinrich von Ofterdingen*); der Konflikt zwischen dem Künstler und einer verständnislosen Gesellschaft, die schließlich den Künstler heimatlos, seine Musik als Ort einer anderen Realität nur für ihn selbst und vielleicht für den Leser der Erzählung erfahrbar macht (Wackenroders *Joseph Berglinger*); endlich die radikale Satire auf die Lebenswelt einschließlich der Dichtung, die der sinnlosen Wirklichkeit keinen Sinn mehr zu vermitteln vermag *(Nachtwachen. Von Bonaventura).* Es sind dies Konstellationen, die sich in der Erzählprosa der DDR noch wiederfinden; natürlich ist vor allem die zweite Grundform hinter den zeitgemäßen Verwandlungen zu entdecken. Kunst, die sich als Moment sozialer und historischer Prozesse verstehen sollte, kommt aus jenen Aporien letztlich nicht heraus, die den bürgerlichen Künstlerroman bewegt haben. Freilich, die Maler in Claudius' *Menschen an unserer Seite* (1951) und noch in Neutschs *Spur der Steine* (1964) entsprechen der integrierenden Forderung nach «revolutionärer Romanik», die 1934 zu einem der Axiome des sozialistischen Realismus erhoben wurde. Sie malen im Industriebetrieb, verdecken so äußerlich den Bruch zwischen Kunst und Leben; ihre Mimesis des Aufbaugeschehens und der Aufbau-Helden sind zugleich überhöhte Entwürfe in eine optimistisch-sichere, ‹garantierte› Zukunft hinein. Spätestens mit Bobrowskis Erzählungen und mit seinem letzten Roman *Litauische Claviere* (1966) werden Künstler und Kunst wieder zu Gegenbildern einer unmenschlichen Realität, die, von Ideologien beherrscht, selbst den Mord als Mittel der Machtergreifung duldet; es ist eine präfaschistische Welt im Litauen des Jahres 1936. Hatte Regine Hastedt 1959 in *Die Tage mit Sepp Zach* den Weg einer Publizistin vom Feuilleton (über abstrakte Malerei) zu literarischer Kooperation mit Arbeitern im Betrieb uneingeschränkt als Fortschritt dargestellt, so wird Theo Overbeck in Günter de Bruyns *Preisverleihung* (1972) mit der Frage konfrontiert, ob seine theoretisch fundierte Besserwisserei seinen proletarischen Schriftstellerfreund nicht schon zu Beginn der fünfziger Jahre gehindert hat, ein Buch zu schreiben, das als dessen eigene Sache und Sprache hätte wirken können. Literatur und Kunst in einer deformierten Realität, durch aktuelle Realität deformierte Literatur: Wenn dies zu einem zentralen Thema von Erzählprosa werden konnte, so belegt das, daß die Erzählprosa der DDR auch nach dem literaturpolitischen Bruch von 1976 noch auf Veränderungen dieser Realität hinwirken will. Da können die Konflikte radikal formuliert werden: Christa Wolfs *Kein Ort. Nirgends* oder Klaus Poches *Atemnot* machen an einer Grenze halt, jenseits derer die «widerständige Realität» (Blumenberg) nur die Literatur selbst noch als Ort der Hoffnung übrigläßt, genauer: die Literatur und die Schriftsteller als Opfer und Wahrheitszeugen.

Zu Beginn der siebziger Jahre bereits wird literarische Öffentlichkeit als institutionell vermittelte thematisiert. In Jurek Beckers *Irreführung der Behörden* (1973) geraten nicht nur die Institutionen, sondern auch der Autor und Ich-Erzähler Bienek ins Zwielicht.

Daß Bienek im Jahr der Bitterfelder Beschlüsse Parabeln abliefert, auf deren Bedeutung er sich nicht festlegen will, kann als eigenwilliger Widerstand wirken. Die Lektoren lehnen seine Texte ab. Die gleiche unentschiedene Haltung erleichtert aber auch die Anpassung. Mit einem Ankunftsroman und mit harmlosen Filmdrehbüchern reüssiert er im Lauf der Zeit. Obwohl er die Bearbeitung seiner Szenarien sehr wohl bemerkt, nimmt er sie hin, aus Schwäche und um im Geschäft zu bleiben. Wenn seine Frau von ihm am Ende «Aufrichtigkeit» verlangt, so ist das nur scheinbar dramatische Ironie: «Du führst sie in die Irre und lieferst alte Hüte ab [...], weil die Sorgen dieser Gesellschaft nicht deine eigenen sind». Ein solcher Satz kann hier nicht mehr so plan verstanden werden wie zu Beginn der romanimmanenten Kunst-Debatte bei Claudius; nun gilt es auch, den Schein der Lebenslüge zu durchstoßen. Die «Sorgen dieser Gesellschaft» lassen sich jedenfalls nicht in Anpassungsmustern artikulieren.

Becker schenkt seinem Ich-Erzähler keine höheren Einsichten, er erzählt unpathetisch und läßt alle Widersprüche offen; er zeigt, daß und wie schriftstellerische Subjektivität lädiert wird, aber damit ist Bienek nicht entschuldigt. Er hat nicht nur die Behörden, sondern schließlich sich selbst irregeführt.

Ebenso distanziert erzählt Günter de Bruyn in seinem Roman *Die Preisverleihung* (1972) von der Zerstörung einer Lebenslüge, aber im Gegensatz zu Becker läßt er seinen ambivalenten Helden, den Literaturwissenschaftler Overbeck, die Stunde der Wahrheit erleben. Wieder handelt es sich, wie schon bei Wolf oder Kant, um einen Rückblick in die frühen fünfziger Jahre:

Overbeck hatte den Roman Paul Schusters so lange mit normativen Vorgaben kritisiert, bis dessen widersprüchliche proletarische Substanz sich in ‹typischen› Abläufen verflüchtigte. Nur wenn man das als Symptom versteht, wird es aussagekräftig; de Bruyn weiß sehr wohl, daß es dem jungen Overbeck seinerzeit nicht freistand, welche kritischen Maßstäbe er anlegen wollte; daß er aus Überzeugung die vorgeschriebenen anwandte, muß der Leser ergänzen. Auch geht es mittelbar um den Verlust ‹proletarischer› Literatur und der eigenen Sprache des schreibenden Arbeiters als Chance einer sozialistischen Öffentlichkeit. Overbeck wird mit dieser Vergangenheit konfrontiert, als er anläßlich einer späteren Preisverleihung für Schusters angepaßten Roman die Laudatio halten soll, deren Inhalt jetzt nur Kritik und Selbstkritik sein könnten; da dies nicht offen möglich ist, mißlingt die Rede gründlich. Die Verstörung führt nur bei Overbeck zur Erkenntnis; weder Schuster noch die Institutskollegen bis hinauf zum Lehrstuhlinhaber erblicken im Debakel der Festveranstaltung das eigentlich Zukunftweisende.

Ohne Zweifel kann man diesen Kurzroman im Kontext der großen Debatte über die Rolle der Literaturkritik in der DDR sehen, die 1971/72 in «Sinn und Form» vor allem von Lyrikern und Kritikern geführt wurde. Der Roman liefert dazu die historische Perspektive. In seinem Kurzroman *Märkische Forschungen* (1978) hat de Bruyn nochmals modellhaft die Annexion des ‹fortschrittlichen› literarischen Erbes durch das literaturwissenschaftliche Establishment gezeigt. Wiederum wird ein Einzelfall erzählt, dem Leser sind die Verallgemeinerungen überlassen.

Ein professoraler Institutsleiter besitzt die Deutungskompetenz in der Öffentlichkeit; nicht nur sein Machtbereich, auch sein Lebensstandard sind damit untrennbar verbunden. Diesen Interessen ordnet er die historische Wahrheit bewußt unter. Der Lehrer Pötsch, der zum Mitarbeiter aufzusteigen hofft, droht zum – allerdings machtlosen – Gegenspieler zu werden. Pötsch hat in Bobrowskis Dorfschullehrer Potschka (*Litauische Claviere*) einen Vorgänger, von dem er sich vor allem in einer Hinsicht unterscheidet: Potschka versinkt geradezu in die Gegenwelt der poetischen Wahrheit, Pötsch bleibt in seinen Forschungen über den konservativen Schriftsteller Max Schwedenow Positivist, der mit Tatsachen vergeblich der ideologischen Deutung der Mächtigen beizukommen hofft, die auch die Apparate – Verlage, Fernsehen – bedienen.

Nicht die Botschaft der Dichtung ist hier entscheidend, sondern ihre Funktion; de Bruyns Satire will es, daß gerade die (falsche) progressive Deutung eines unbekannten Dichters der Freiheitskriege gegen Napoleon das Ansehen des heute Mächtigen stabilisiert.

Das Verhältnis von politischer Macht und Literatur (Geschichtsschreibung) erzählte Stefan Heym (*1913), indem er Verfahren Thomas Manns *(Joseph und seine Brüder)* und Feuchtwangers *(Der jüdische Krieg)* aufnahm und ein «bibelkritisches» historisches Modell anlegte. Sein *König David Bericht* (1972, DDR-Ausgabe 1974) ist weniger eine Fortsetzung der Reihe historischer Romane, die Heym mit Büchern über die Revolution von 1848 *(Die Papiere des Andreas Lenz*, 1963) und die Frühzeit der sozialistischen Arbeiterbewegung *(Lassalle*, 1969 nur im Westen erschienen) begonnen hatte. Vielmehr erweitert der *David*-Roman auch das satirische Verfahren der *Schmähschrift* (1970): Am historischen Modell der Geschichtsschreibung über Leben und Taten des Königs David in der Zeit Salomos wird nicht nur die Entstehung einer ‹Geschichte der Sieger› (Benjamin), also der Herrscher, seziert, sondern auch die hoffnungslose Rolle des Schriftstellers.

Je mehr Ethan, der von Salomo beauftragte Verfasser der David-Geschichte, sich mit der historischen Wahrheit befaßt, desto größer wird die Diskrepanz zwischen dieser und dem Bericht, den man von ihm erwartet. Da er «die Geschichte nicht gänzlich von den Tatsachen trennen» kann, wird sein Bericht vernichtet, und er erhält die «Erlaubnis zur Ausreise». Der Roman rekonstruiert den «zu Tode geschwiegenen» Bericht als fingierte Ich-Erzählung Ethans. Dabei kann sich die Erzählung kritisch-analytisch auf den alttestamentarischen Text beziehen – wie Thomas Mann das vorgeführt hatte –, der in seiner Heldengeschichte Davids (1./2. Samuel, 1. Könige) noch genügend Hinweise auf Verschwiegenes oder Verfälschtes zu bieten scheint. Heym hat sich die Einsichten der theologischen Formgeschichte der Bibel zunutze gemacht.

Distanz schafft die Verfremdung durch die moderne Erzählform, die vom fiktiven Dokument (Montage) über den inneren Monolog bis zum Kontrast zwischen archaisierendem und aktuellem Vokabular Mittel bereitstellt, um den Modellcharakter des Erzählten zu betonen. So überprüft der Roman nochmals, ob es mit der althergebrachten Machtlosigkeit des Schriftstellers gegenüber den Ideologen und Apparaten der Herrscher sein Bewenden haben muß, indem er die verschwiegene Geschichte an den Tag bringt. «Zählt nicht auch die Einstellung des Lesers?» Der historische Stoff hatte den Vorteil, daß wirklich einmal die ‹Königsebene› (I. von Wangenheim) dargestellt werden konnte. Keiner der Romane, die sich in den siebziger Jahren der Selbstreflexion der Schriftsteller-Existenz widmen, konnte das am aktuellen Stoff wiederholen, von Andeutungen in Rolf Schneiders *November* (1979) und Stefan Heyms *Collin* (1979) abgesehen.

Der arrivierte Schriftsteller, der «Kulturschaffende» überhaupt konnte in der DDR einen durch Privilegien aller Art herausgehobenen Status erreichen. Freilich war er kein ‹freischwebender› Intellektueller, sondern bei Androhung von Sanktionen auf eine bestimmte soziale und politische Rolle verpflichtet. Das war seit 1947/48 so angelegt – den Remigranten war es damals zunächst zugute gekommen. In den siebziger Jahren hatte sich der Spielraum des Rollenverhaltens erweitert; Becker, de Bruyn versuchten dazu beizutragen, indem sie die vergangenen Jahrzehnte nochmals in Erinnerung riefen.

Die Widersprüche eines ‹Aufstiegs› zum Schriftsteller hatte de Bruyn an dem ehemaligen Proletarier Paul Schuster gezeigt.

Die Exilierung Biermanns und die darauf folgenden Konflikte zwischen der Parteiführung und fast allen bedeutenderen Schriftstellern der DDR führten zu einer neuen Welle von Schriftstellerromanen. Viele konnten nur im Westen erscheinen oder stammten von Autoren, die in den Westen übergesiedelt waren (Loest, Jakobs, Fuchs, Poche, Seyppel u. a.). Stefan Heyms *Collin* (1979) stellte die gegenwärtigen autoritären Verhältnisse in den Zusammenhang ihrer Vorgeschichte seit dem Spanischen Bürgerkrieg.

Der Schriftsteller Collin, der nach einem Herzinfarkt zufällig mit zwei alten Genossen, dem Stalinismus-Opfer Havelka und dem Stasi-Chef Urack, in derselben Prominenten-Klinik liegt, ist ein sozialistischer Klassiker und zugleich ein Ethan *(König David Bericht)* des deutschen Kommunismus, der sich mit seinem Entschluß, Memoiren zu schreiben, endlich zur authentischen Wahrheit durchringen will. Das Verhältnis des Schriftstellers zur Politik und der lange Weg der Anpassung an den Apparat, der nicht erst 1945 begann, sollen durch einen Roman, der sich dieser Symbiose durch Kritik entzieht, an die DDR-Öffentlichkeit gebracht werden. Das konnte nicht gelingen – so wurde das Buch im Westen zu einem ‹Auskunftsroman›.

Autobiographische Auskunft über das Verfahren, mit dem die Publikation des *Collin*-Romans in der DDR verhindert, die ungenehmigte Veröffentlichung im Westen als Devisenvergehen bestraft und «S. H.» 1979 zusammen mit anderen Kollegen aus dem Schriftstellerverband der DDR ausgeschlossen wurde (der Ausschluß wurde erst im November 1989 zurückgenommen), hat Heym im letzten Kapitel seiner Autobiographie *Nachruf* (1988) gegeben. Die dreizehn Kapitel über Heyms Leben in der DDR beginnen damit, daß ein emigrierter jüdischer Autor auf der Flucht vor den McCarthy-Tribunalen aus den USA «Asyl», aber auch ein potentielles «Land Utopia» zu finden glaubt, daß er zunächst als politisch links orientierter Remigrant gleich anderen Kollegen zur privilegierten «Elite» zählt, um bald – beginnend mit seinem Romanprojekt über den 17. Juni 1953 – zu einem Autor zu werden, der noch in der DDR lebt (und auch für sie schreibt), aber nurmehr im Westen gelesen werden kann.

Rolf Schneider (* 1932) spielte schon im Titel seines Romans *November* (1979) auf die Biermann-Affäre an. Seinem Schriftsteller Arnold Bodakov wird nach einem Aufenthalt in der Bundesrepublik ebenfalls die Wiedereinreise verweigert; der Roman läßt keinen Zweifel daran, daß dies eine Exilierung, nicht die Ankunft in einem erhofften Lebensbereich meint: «Er sah trostlos aus wie jemand, der alle Bindungen und Sicherheiten verloren hatte, der bloß noch Angst um Leben, Zeit, um bestimmte Menschen hatte.» So erkennt ihn der Sohn der Schriftstellerin Natascha Roth, der eigentlichen Hauptfigur des Romans, im Westfernsehen. Sie verläßt am Ende ebenfalls die DDR mit einem Visum nach Frankreich. Ob sie zurückkehren wird, bleibt offen. Man kann auch Schneiders Buch als Schlüsselroman lesen; über den aktuellen Bezug hinaus versucht es das Lebensgefühl von Schriftstellern zu zeigen, die zwischen Unsicherheit, Flucht und Anpassung ihre Identität zu wahren suchen.

Ein literaturpolitisch propagiertes Pendant zu Schneiders Roman stellte Harry Thürks *Der Gaukler* dar. Wenn Schneider sich dagegen verwahrte, einen Schlüsselroman geschrieben zu haben, so war dieser Effekt bei Harry Thürk beabsichtigt, der als Autor von parteilichen Politthrillern ansonsten Ostasien (nicht zuletzt Vietnam) als Schauplatz des Geschehens zu wählen pflegte. Sein Roman *Der Gaukler* (1978), in einer großen Auflage auch als Paperback in der DDR verbreitet, meint mit dem Schriftsteller Wetrow zunächst Alexander Solschenizyn, dann auch alle Schriftsteller, die in den Westen ausreisen, weil sie ihre Werke zu Hause nicht publizieren können.

Thürk hat, seinem Metier entsprechend, zugleich einen Geheimdienstroman geschrieben, denn Wetrow gerät schon in der Sowjetunion ins Visier der CIA, und sein gesamter Weg zeigt ihn als Marionette propagandistischer Drahtzieher. Thürk verwendet Mühe darauf, die Ablehnung von Wetrows literarischen Arbeiten im eigenen Land zu begründen; seine Exilierung bedarf dann als Folge seiner Uneinsichtigkeit keiner Rechtfertigung mehr. Es beginnt damit, daß Wetrow sich weigert, den angeblich erledigten Stalinismus zu vergessen; sein Redakteur hält ihm vor: «Wir waren die Opfer. So war es. Jetzt ist das vorbei. [...] Wir atmen wieder freie Luft, das ganze Land atmet sie [...]. Wir sollten neu anfangen.»

Romane wie Heyms *Collin* machten klar, daß man nicht vergessen darf, wenn man neu anfangen will. Das auszusprechen war eine wesentliche Aufgabe der DDR-Autoren; freilich genügte es längst nicht mehr, nur die Tradition des politischen Kampfes, Widerstands und heroischen Aufbaus zu feiern.

Das zeigte auch Werner Heiduczeks (* 1926) *Tod am Meer* (1978) mit der Selbstverurteilung eines Schriftstellers nach einem verfehlten Leben in der DDR. Anders als Thomas Manns Aschenbach *(Der Tod in Venedig)* versucht sich Heiduczeks Jablonski zu erinnern und erweist sich darin als fiktiver Kollege Collins oder Overbecks. Freilich stößt Jablonski auf allzu melodramatische Ereignisse, hinter denen sich politische Entwicklungen der Aufbaujahre eher verbergen. Radikaler und offener wird Fühmann die Dinge beim Namen nennen.

Klaus Poche (* 1927) zeichnete dagegen – ähnlich wie Becker – eine Entwicklung in den siebziger Jahren nach, die mit der Zerstörung der Persönlichkeit zu enden droht (*Atemnot*, 1978). Der ständige Wechsel von Ich- und Er-Erzählung spiegelt die zerbrochene Identität eines Autors, dem das Ende Malones – in Becketts Roman *Malone dies* (1949) – nur erspart bleibt, weil er schließlich doch wieder zu schreiben beginnt und das Manuskript in Flugblattform in dem Dorf verteilt, in das er sich geflüchtet hat. Der Schluß bleibt offen, er ist ja auch inhaltlich ein Appell an den Leser, die Flugblätter aufzunehmen und zu lesen. Eine analoge Schlußformel fand Stefan Heym, wenn er am Ende den Kritiker Pollock das Manuskript Collins verschließen läßt, damit es nicht in unberufene Hände falle; wer den *Collin*-Roman lesen konnte, hat wenigstens Auszüge davon zu Gesicht bekommen.

Auch das Nachdenken über Leben und Werke – beides wird immer zusammen gesehen – ‹problematischer› Dichter der Vergangenheit öffnete einen weiten Raum möglicher Selbstvergewisserung; das war im Essay, in der Lyrik, in Drama und Erzählprosa zu leisten, und alle diese literarischen Formen sind genutzt worden. Auch hier stellt sich Bobrowski für Lyrik und Prosa als einer der großen Anreger dar. Vor allem Figuren am Rande des Scheiterns, außerhalb der herkömmlichen literaturgeschichtlichen Epochenschemata, erscheinen da in neuer Sicht. Das gilt für Autoren wie Kleist (Heiner Müller, Günter Kunert), Hölderlin (Stephan Hermlin, Gerhard Wolf), für Autorinnen wie Karoline von Günderrode oder Bettina von Arnim, an die Christa Wolf erinnert hat. Lessing (Müller), Goethe (Peter Hacks, Rolf Schneider) wird alle Statuarik genommen. In verfremdeten Perspektiven wich die ‹Erbe›-Pflege einer provokativen Form der Vergegenwärtigung.

Darum ging es auch Christa Wolf in ihrer Erzählung *Kein Ort. Nirgends* (1979). Ihr war nicht nur an historisch-verfremdeter Distanz zum gegenwärtigen Geschehen gelegen, sondern – wie bei anderen Kollegen zuvor – Vorgeschichte war zu beschwören, aus der die Deformationen und die Hoffnungen der Aktualität herrühren.

Wenn sich im Jahre 1804 in Winkel am Rhein ein Zirkel von Intellektuellen zu einem fiktiven Treffen versammelt (vergleichbar Grass' *Treffen in Telgte*, 1979), so stehen Kaufleute und Wissenschaftler als optimistische Repräsentanten einer neuen Zeit und einer praktisch gewordenen bürgerlichen Aufklärung einer Gruppe von Dichtern gegenüber, aus der die perspektivische Darstellungsform Kleist und die Günderrode heraushebt. Mehr als die ebenfalls anwesenden Geschwister Brentano durchleben sie – Kleist zumal – die Krise der Aufklärung, ihren Umschlag in Utilitarismus und Imperialismus (Napoleon), erfahren sich Günderrode und Kleist als Menschen, deren Geltungs- und Liebesverlangen nur in der Dichtung überleben, als niemals verwirklichtes vielleicht später einmal verstanden werden wird – in einer Zeit, so deutet sich an («Wir wissen, was kommt»), die zwar technisch fortgeschritten, aber deshalb nur noch auswegloser in dieselben Probleme verstrickt ist. Zwar enthält der Text eine Fülle von Zitaten aus Günderrodes Dichtung, aus Kleists Briefen, aber das literarische Werk soll aus den Qualen und Träumen des Autors verstanden werden: Diesen Stimmen will die Erzählerin wieder Gehör verschaffen, um in ihnen den Ort zu bezeichnen, der allein noch den Titel des Buchs zurücknimmt: «Begreifen, daß wir ein Entwurf sind – vielleicht, um verworfen, vielleicht, um wieder aufgegriffen zu werden.»

Nach Bobrowski ist in der Erzählprosa der DDR wohl zum ersten Mal eine solche poetische Vergegenwärtigung geglückt, die historisches Erzählen – auch auf dem ansehnlichen Niveau eines Heym oder eines Martin Stade (*Der König und sein Narr*, 1975) – sonst nicht erreicht hat. *Kein Ort. Nirgends* ist selbst als «Entwurf» zu verstehen, der Widersprüche der Moderne überhaupt, nicht nur bestimmter Gesellschaftsformationen bedenkt.

3. «Das Vergangene ist nicht tot»: Faschismus

Wie in der westdeutschen Erzählprosa (Böll, Lenz, Andersch, Kempowski, Vesper, Meckel und viele andere), so bleibt die Auseinandersetzung mit Faschismus und Weltkrieg ein Thema auch der DDR-Literatur. Dabei werden die bekannten Motive und Stoffe nur teilweise fortgeführt; die vielfach wiederholte Fabel «Abschied vom Faschismus» – «Ankunft im Sozialismus» war als Entwicklungsgeschichte längst brüchig geworden, obwohl sie im Rückblick auf die Nachkriegszeit noch immer versucht wurde.

Variation dieser bekannten Muster blieb neben Erik Neutschs *Der Friede im Osten* (3 Bde. 1974–1983; 4. Bd. 1990 zurückgezogen) Benito Wogatzkis (*1932) *Romanze mit Amélie* (1977). Was Neutschs ersten Band inhaltlich bemerkenswert macht, ist ein Aspekt, der auch Christa Wolf in der Erzählung *Blickwechsel* (1970) beschäftigt hatte und der in *Kindheitsmuster* (1976) intensiver aufgegriffen wird: Die realitätsnähere Darstellung der ‹Befreiung› durch die Rote Armee aus der Sicht der Befreiten. Angst, Widerstand aus Unbelehrbarkeit, Gefängnis, Apathie – all das gibt es bei Neutsch, und es sagt Wesentliches aus über die politische und psychische Substanz der Befreiung. Die Besiegten waren in der großen Mehrheit zur Selbstbefreiung ebensowenig in der Lage gewesen, wie jetzt die Selbstorientierung gelingen konnte. Kaum etwas davon findet man in Wogatzkis Klassenkampf-Romanze, die das alte Muster vom Proletarier-Jungen und der Tochter aus dem Junkertum scheinbar nur variiert; dennoch wird in dem Ich-Roman, dessen Figuren eindimensional bleiben, auch eine wichtige Seite der Übergangsmonate 1945 angesprochen – eine Art Niemandsland der Klassenverschiebungen und des Macht-, auch Besitzwechsels. All das ist eher konzipiert als wirklich ausgeführt, aber neben Wolfs *Kindheitsmuster* als sozialpolitische Ergänzung der Selbsterforschung zu lesen.

Das so oft wiederholte Motiv der Kriegsverbrechen hat Klaus Schlesinger (*1937) in seinem ersten Roman *Michael* (1971) aufgenommen. Aber es geht da nicht mehr um einen beliebigen Täter, der sich noch dazu nach dem Westen abgesetzt hat, wie bei de Bruyn in den sechziger Jahren, sondern um den – wie sich herausstellt – unbegründeten Verdacht des Sohnes gegen den Vater. Wesentlich ist auch die Verschiebung der Perspektive: Arbeit an verdrängter Vergangenheit, verschütteter Erinnerung wird erzählt (wie bei Wolf), nicht mehr eine lineare Entwicklungsgeschichte, die durch klare Fakten abgesichert ist, wie bei Dieter Noll und anderen. In einem Ich-Roman, dessen ausufernde sprachliche Dingfülle noch den Charakter der Anfänger-Etüde hat, kreist die Erinnerung immer wieder um dieselben Szenen, in denen der Sohn die Wahrheit zu ergründen sucht. Aus der Suche nach dem «wirklichen Bilde meines Vaters» wird über die Frage «Was hättest du getan?» schließlich: «WER BIN ICH?» So hat Schlesinger mit der assoziativen Erinnerungstechnik seines Erzählens die Frage nach dieser Epoche der Vergangenheit in einer Weise formuliert, die bei Kant und Wolf neue und konträre Antworten provozieren wird.

Unverkennbar vom Erzählstil Bobrowskis beeinflußt ist Helga Schütz (*1937) in ihren Zyklen von Erzählungen und in ihren kleinen Entwicklungsromanen. Das gilt für die Familienepisoden aus dem Faschismus *Vorgeschichten oder Schöne Gegend Probstein* (1971) noch mehr als für *Jette in Dresden* (1977). Im Vergleich zu Bobrowski fehlen bei ihr die hermetischen Züge des Erzählens ebenso wie die Anspielungen und Zitate aus der Kulturtradition, kurz die semantische Komplexität. Was sie gewinnt, ist detailreiches Kleinbürger-Milieu, zu dem ihr Erzählen Nähe und Distanz zugleich schafft. Das ist, mit ganz anderen Mitteln erzählt, ein Pendant zu Walter Kempowskis Büchern, und dies gab es so bisher in der DDR-Prosa nicht. Reflektiert weitergeführt wurden solche Milieustudien bei Christa Wolf, auch in einigen Kapiteln von Kants *Aufenthalt*.

Eher beiläufig hat Rolf Schneider in seiner *Reise nach Jaroslav* (1974) die unvermutete Begegnung eines Mädchens, das sich vor allem um seinen Studienplatz Sorgen macht, mit der Vergangenheit ins Spiel gebracht. Die Ich-Erzählung im gemäßigten Jargon der Jeans-Prosa Plenzdorfs wird allzu episodisch auf die Erkundung der deutsch-polnischen Vorgeschichte ausgeweitet. Natürlich gab es das zuvor bei Bobrowski oder in de Bruyns Erzählung *Renata*. Aber in diesen Jahren tritt das Thema auffällig in den Vordergrund. Kurt Davids Erzählung *Die Überlebende* (1974) läßt wie Schneiders Roman erkennen, daß es sich um die Vorgeschichte des Verhältnisses zum «sozialistischen Bruderland» handelt; während dieser Aspekt Christa Wolf nur am Rande interessiert, hat Hermann Kant gerade daran erinnert, wenn er auch den Rückblick auf das vom deutschen Faschismus verwüstete Polen ohne erzählerischen Gegenwartsbezug in sich abschließt.

Während Becker mit seinen Romanen *Der Boxer* und *Bronsteins Kinder* von den überlebenden Opfern und ihren Kindern erzählte und damit sein eigenes Thema verfolgte, lassen sich Wolfs *Kindheitsmuster* (1976) und sein Pendant, *Der Aufenthalt* (1977) von Kant, als «Summen» dessen verstehen, was nach 1970 neu zu sagen war. In Wolfs Buch (nur die westdeutsche Ausgabe trägt den Untertitel ‹Roman›) erreichte die Auseinandersetzung mit dem Nationalsozialismus – dreißig Jahre nach dem Ende des ‹Dritten Reiches› – thematisch und literarisch eine neue Qualität. Wovon man endgültig Abschied genommen zu haben glaubte, das erschien als eine (von den Älteren) nur verdrängte Dimension des Bewußtseins; für die in der DDR aufgewachsene Jugend war das Verdrängte inexistent.

Lenka, die Tochter der Hauptfigur Nelly, verkörpert diese junge Generation, Lutz, der Bruder Nellys, den rationalen Typus, dessen Abneigung, sich nochmals auf seine Kindheit einzulassen, verständlich wirkt. Für die Erzählerin aber gilt der Einleitungssatz des Buches, ein verkapptes Faulkner-Zitat, das Alfred Andersch als Motto zu *Winterspelt* (1974) gedient hatte: «Das Vergangene ist nicht tot; es ist nicht einmal vergangen. Wir trennen es von uns ab und stellen uns fremd.» Das wird nicht nur behauptet, sondern in eine literarische Erzählstruktur umgesetzt, die ein Erzähler-Ich versuchsweise erst ganz am Ende des Buches zuläßt («Werden die Stimmen sich beruhigen? Ich weiß es nicht.»). Die Spaltung dieses Ichs in das Kind Nelly («sie») und in ein «Du» («Im Kreuzverhör mit dir selbst»), die Spaltung also der Erzählsituation drückt wie der Titel aus, daß es hier nicht um objektive Strukturen des Faschismus, sondern um deren Spuren im Einzelnen geht, nicht nur um soziales Verhalten, sondern um

sozial geprägte Bewußtseinsformen. Die Intention der offenen Erzählprosa Bobrowskis, die Besessenheit Fühmanns sind mit der genuinen Fragestellung der Autorin in ein
Buch eingebracht, das dem schon in *Nachdenken über Christa T.* erprobten Verfahren
der ‹Mutmaßung› (Johnson) nochmals neue Dimensionen abgewinnt und es damit fast
überlastet: Drei Erzählebenen (Gegenwart des Schreibens, eine Erkundungsreise
[1971] in den heute polnischen Ort der Kindheit, Landsberg, schließlich Nellys Kindheit und Jugend bis 1947) gehen beständig assoziativ ineinander über, Dokumentarma-
terial aus Zeitungen steht abrupt neben Familienereignissen, individuelle Erfahrungen
werden zu reflexiven Verallgemeinerungen und umgekehrt. Das Sozialmilieu Nellys,
unteres Kleinbürgertum, und die frühe, unter Schocks erfahrene Sexualfurcht bedingen
eine Seelengeschichte, wie Fühmann sie ähnlich in der *Insel der Träume* vorgeführt
hatte: Nellys Sehnsucht nach Liebe und einem Du, das dem Ich-Ideal aufhilft und es
aus der spießigen Enge befreit, findet ihr erstes jugendliches Ziel in einer Edelfaschistin.
Es ist im Kern die typische Sozialpsychologie des Faschismus, die 1945 nicht als Befreiung, sondern als Zusammenbruch, Melancholie und Ziellosigkeit erlebt. «Ich hatte
keine Lust auf Befreiung», hat es bereits in *Blickwechsel* (1970) geheißen.

Kindheitsmuster läßt die weitere Entwicklung nach 1947 offen; der Leser
kann sie sich denken, wenn er jene kurze Passage nicht überliest, die den
Traum vom Tod Stalins als Wiederholungszwang der Erzählerin darstellt. Auf
der Gegenwartsebene des Erzählens geht es explizit um die Gefahren des
Imperialismus (Vietnam), um unmenschliche Züge der verwalteten DDR-
Gesellschaft (der Lehrer und Musil-Leser, der den Freitod sucht), nicht mehr
um die neuen Ideale, die nach 1947 an die Stelle der faschistisch pervertierten
getreten sind. Aber bereits das schonungslose Bild einer Kindheit unter dem
Faschismus fast ohne positive Gegenbilder provozierte in der DDR Widerspruch: die Kritikerin Annemarie Auer[8] etwa wies vehement auf ganz andere
Kindheitsgeschichten hin, die durch Nellys Erfahrungen nicht verdeckt werden dürften. Es waren nicht zuletzt jüngere Autoren wie Wolfgang Hege-
wald, die Auers Kritik zurückweisen konnten.

Hermann Kants neuerlicher Beitrag zum Thema Abschied vom Faschismus
erschien 1977: *Der Aufenthalt* ist ein Ich-Roman, aber während Christa Wolf
die Ebene des Erzählens (Schreibens) betont, wird sie hier weithin auf die
Erzählerstimme reduziert. Nicht die Distanz, sondern die Nähe zum «Damals» prägt die Darstellung. Die Kriegswochen und der Aufenthalt des jungen und naiven Soldaten Mark Niebuhr in Warschauer Gefängnissen 1945/46
sollen dem Leser so auf den Leib rücken, wie das eine Erzählung vermag, die
sich in die Erfahrung jener Jahre hineinarbeiten muß. Auch hier steht Identität, ja das Leben Niebuhrs auf dem Spiel, der fälschlich als Kriegsverbrecher
eingesperrt wird; in der Gefängniszelle, die er mit anderen Beschuldigten
teilt, begreift er allmählich, welchem System er, ohne viel nachzudenken,
gedient hat und was ihn von den unbelehrbaren Nazis trennt, mit denen er
einsitzt.

«Die wollen dich jetzt identifizieren; am besten du fängst auch selber damit an.» Statt
sich der Schuld zu entziehen, muß Niebuhr sich schließlich als einen der Menschen
erkennen, «ohne die Unmenschlichkeit nicht gegangen wäre». Als er von formaler

Anklage entlastet wird, hat er längst ein für allemal aus seiner Erfahrung gelernt. Das «nie wieder» wird nur vage duch eine Zukunftsperspektive ergänzt («wozu, denn alle Fortsetzung liegt seit langem vor»). Nicht das literarische Muster der ‹Ankunft› des Helden in einer neuen Epoche galt es zu wiederholen, sondern es sollte gezeigt werden, wie schwer und deshalb unbezweifelbar gültig der Abschied vom Faschismus als Prozeß der Selbstfindung war, der politisches Denken – wenigstens im Ansatz – notwendig einschloß. Wenn Niebuhr im formalen Untersuchungsverfahren seinen wirklichen Namen zurückerhält, so ist er bei dieser Identifizierung nicht mehr derselbe wie zuvor.

Kants auf eine Krise konzentrierter Entwicklungsroman behauptet das nicht nur. Die Erzählersprache vermag im ständigen Miteinander sinnlich-körperlicher und geistiger Erfahrungen von Niebuhrs Kampf um Realitätseinsicht literarisch, nicht bloß rhetorisch Zeugnis abzulegen. Niebuhr trägt, zumindest solange er sich unschuldig einer verkehrten Welt gegenübersieht, durchaus Züge des naiven Helden eines Schelmenromans. Strittmatter und Bieler hatten ihre jugendlichen Helden schon als abenteuernde und ratlose Picaros durch die Nachkriegswelt ziehen lassen – von Strittmatters *Wundertäter* (Band 2) war eben (1976) die 4. Auflage erschienen. Aber Kant ließ diesmal nicht die komischen Episoden wuchern. Zur Sprache kommt die Mühe, die es kostet, vom Dasein des schlauen Schelms zur Identität eines sozial geprägten Bewußtseins zu finden, das sich als gesellschaftliches begreift. Wolfs ‹offenes› Erzählen in *Kindheitsmuster* steckt voller Zweifel; *Der Aufenthalt* ist ein Monument des Antifaschismus. Es schloß auch für den Autor einen Komplex von Erfahrungen ab, die schon in einigen seiner frühen Erzählungen aufgetaucht waren (*Ein bißchen Südsee*, 1962). Mitte der siebziger Jahre wollte der Roman inmitten der kritischen und zunehmend selbstkritischen Analysen unmißverständlich daran erinnern, wovon man ausgegangen war. Vergleicht man Kants Buch mit Neutschs *Der Friede im Osten* oder mit Wogatzkis *Romanze mit Amélie*, so wird deutlich, wie das Unternehmen hätte mißlingen können. Blickt man auf Heyms *Collin* oder gar Fühmanns *Vor Feuerschlünden* (1982) voraus, so wird augenfällig, daß Kant wohl für sich das letzte Wort gesprochen hatte, aber keineswegs für die Autoren seiner Literaturgesellschaft, denen es um Selbstverständigung zu tun sein mußte.

4. Stalinismus

Mitte der sechziger Jahre, als die Erzählprosa sich der seit 1945 vergangenen Jahrzehnte im Zusammenhang zuwandte – Kants *Die Aula*, *Ole Bienkopp* von Erwin Strittmatter sind die bekanntesten Beispiele –, kam unabweisbar die Phase des gutgläubigen Antifaschismus und des Aufbaus des Sozialismus unter stalinistischen Bedingungen als neuer Schuldzusammenhang in den Blick. Das blieb bei Strittmatter und Kant verdeckt, wurde auf die Figur des Dogmatikers, auf individuelles Fehlverhalten abgeleitet. Anna Seghers' Roman *Das Vertrauen* (1968) verknüpfte geradezu apologetisch die politische Unsicherheit nach Stalins Tod mit den Ereignissen um den 17. Juni 1953. Wo das Thema prägnanter aufgegriffen wurde, etwa in den Liedern Biermanns oder bei Günter Kunert, wurde es mit literaturpolitischen Sanktionen belegt. In der Erzählprosa wurde erst mit Christa Wolfs Gegenwartsroman *Nachdenken über Christa T.* vorläufig ein Stadium der Selbstreflexion erreicht, das der Literatur im gesellschaftlichen Kontext die Aufgabe zuwies, aufgearbeitete Erinnerung als gegenwärtige Lebenserfahrung zu begreifen und sie unter das Postulat einer literarischen Wahrheit zu stellen, die mit der ideologischen in Konflikt geraten muß.

Wenn Stalinismus, die Konfrontation mit Bild, Namen und Herrschaftssystem Stalins in der DDR bis zum November 1989 offiziell als etwas Vergangenes und Erledigtes ausgegeben wurde, um dann plötzlich als «Stalinismus in den Farben der DDR» den bis dahin ideologisch festgeschriebenen «real existierenden Sozialismus» neu beim Namen zu nennen, so findet sich in der Literatur scheinbar Vergleichbares, sofern man sich direkt am Begriff orientiert: «Wir sind alle Kinder des Stalinismus», heißt es – in bezeichnender Generationenfolge – in Wolfgang Hilbigs Roman *Eine Übertragung* (1989). In der Tat kommt die apologetische oder polemische Ausweitung des Stalinismus-Begriffs der Ersetzung einer Worthülse durch eine andere gleich. Die DDR-Literatur hat die Auseinandersetzung mit dem Stalinismus (im engeren Sinne) wesentlich als Aufarbeitung von Vergangenheit dargestellt, allerdings vielfach einer verdrängten und schon deshalb fortwirkenden Vergangenheit. Die Gegenwart soll als Ort der literarischen Reflexion und Kritik des Überständigen behauptet werden. Die Zukunft bleibt nicht selten eine neue ‹Leerstelle›. «Erinnere dich [...] du kannst es nicht vergessen haben. Es war gestern.» So beginnt der Roman *Horns Ende* (1985) von Christoph Hein (*1944). Der Historiker Horn hat sich umgebracht, weil er, von Parteidogmatikern und Staatssicherheitsdienst verfolgt («Für wen arbeiten Sie, Horn?»), keinen Ausweg mehr sieht. Wovon hier erzählt wird, sind Ereignisse aus den fünfziger Jahren; so bezeichnend das ist, es kommt Hein und anderen Autoren darauf an, daß die Symptomatik der Vorgänge begriffen wird, um verändernde Kraft zu entfalten: «Aufbewahren für alle Zeit» (Lew Kopelew).

Es gibt eine Vielzahl im Westen erschienener, vor allem autobiographischer Werke (ehemaliger) DDR-Bürger und DDR-Autoren, die sich in die lange Reihe von literarischen Auseinandersetzungen mit dem Stalinismus einordnen, wie sie von Arthur Koestlers *Sonnenfinsternis* (1939) bis zu Wolfgang Leonhards *Die Revolution entläßt ihre Kinder* (1955) vorliegen. Ralph Giordano (*Die Partei hat immer recht*, 1961) und Gerhard Zwerenz (*Der Widerspruch*, 1974) seien stellvertretend für andere genannt – Erich Loest zitiert aus diesen Büchern in seiner Autobiographie *Durch die Erde ein Riß* (1981), die in der neuesten Serie solcher Zeugnisse die Generation der inzwischen über Fünfzigjährigen vertrat, während für die jüngere Jürgen Fuchs (*Verneh-

mungsprotokolle, 1978) stehen mag, dessen eigene Erfahrungen nur in die sechziger Jahre zurückreichen. Dies alles läßt die Frage aus Christa Wolfs *Kindheitsmuster* nur scheinbar überflüssig erscheinen: «Wann [...] werden wir auch darüber zu reden beginnen? Das Gefühl loswerden, bis dahin sei alles, was wir sagen, vorläufig und dann erst werde wirklich gesprochen werden?» Ein beständig wiederkehrender Traum peinigt die Erzählerin, in dem es um Stalins Begräbnis geht; jemand stellt die Frage: «So ist er schon tot?»[9] Der subjektive Wiederholungszwang gemahnt an das Verdrängte, das eigentlich kollektiv erlebte Geschichte ist, die nur im öffentlichen Gespräch ausgetragen werden könnte. Es müßte da stattfinden, wo die Betroffenen und Beteiligten leben. Welche Dimensionen es hat, läßt sich an Veröffentlichungen ablesen. Wenig davon, im Grunde nur ein wesentliches Buch konnte in der DDR erscheinen: Franz Fühmanns *Der Sturz des Engels* (*Vor Feuerschlünden* in der DDR-Ausgabe, 1982). Heyms *Collin* und *Nachruf*, die Autobiographie von Loest, *Das endlose Jahr* von Karl-Heinz Jakobs kamen nur im Westen heraus.

Während es der mutmaßend-reflexiven Erzählweise in Christa Wolfs *Nachdenken* gelang, die Spannung zwischen einer technokratisch-autoritären Realität und den Lebensbedürfnissen des Individuums plausibel zu machen, verlagerte sich der Konflikt in einem der Gegenentwürfe, *Auf der Suche nach Gatt* von Erik Neutsch (1973), ganz ins Private, obwohl Neutsch Politisches viel direkter einbezieht. Dennoch steht die sich wandelnde Parteilinie in der ersten Hälfte der fünfziger Jahre niemals zur Debatte, sondern nur das Verhalten des einzelnen zu ihr.

Als eines Tages das Bild Stalins abgehängt wird, vermag der Journalist Gatt dem nur schwer zu folgen, weil er sich in seinen Artikeln eine scharfe politische Linie angeeignet hat, um sein Versagen gegenüber seiner Frau zu kompensieren; ihr vermochte er nicht mehr zu vertrauen, als sie in einem Prozeß gegen einen Wirtschaftsverbrecher in den Verdacht der Beihilfe geriet. Gatt hat also persönlich, sodann politisch versagt, als er dogmatische Politik trieb, um sein Scheitern zu verdrängen, «dem Sinnlosen, wie er sich ausdrückte, einen Sinn gebend». Das rechtliche Verfahren erscheint völlig integer, die politische Entstalinisierung bedarf keiner aufklärenden Diskussion. Nach dem Aufstand in Ungarn (1956) bricht Gatt zusammen: Jahre verbringt er in einem Sanatorium, um als Genesener schließlich im Bergbau erfolgreich neu zu beginnen. Krankheit (des Stalinisten) ist hier nicht, wie in *Nachdenken* und später in Heyms *Collin*, Symptom oder gar Metapher für (unterdrückte) Wahrheit, sondern Folge des überhitzten Engagements gegen die «Konterrevolution».

Die institutionelle Ebene bleibt völlig unangetastet. Die Erzählweise nimmt den Spielraum, den der Leser in Texten Christa Wolfs gewonnen hatte, zurück, denn der ständige Wechsel zwischen dem Bericht des ‹suchenden› Erzählers und der Ich-Erzählung Gatts und anderer Figuren bringt nur ein Handlungskontinuum mit verteilten Rollen zustande, das schließlich den positiven Wandlungshelden erstehen läßt.

Das umfassendste ‹Modell›, um die stalinistische Vergangenheit ins öffentliche Gespräch zu bringen, hat Stefan Heym entworfen. Sein Buch *Collin*

(1979) liest sich wie ein Unterhaltungsroman, und dennoch aktiviert die poly-
perspektivische Struktur den Leser, der, wie die junge Ärztin Christine Roth
im Roman, wenig über die Vergangenheit weiß, die den sozialistischen Litera-
tur-Klassiker Collin und Urack, den Mann aus dem Ministerium für Staatssicherheit, zufällig gemeinsam ins Sanatorium gebracht hat, das kein ‹Zauberberg› wird, eher eine ‹Krebsstation› (Solschenizyn). Krankheit wird insbesondere bei Collin zum Symptom der verdrängten Wahrheit. Heym setzt bei
historischen Tabus an, dem Spanischen Bürgerkrieg und seinen Folgen, sowie
dem Hitler-Stalin-Pakt von 1939, die in Collins Roman *Spaniens Himmel*
merkwürdig undeutlich dargestellt sind – wenn es Collin gelänge, in seinen
Memoiren die Wahrheit zu schreiben, so würde das nicht nur Geschichtskon-
struktionen zerstören, sondern es beträfe auch alle jene Täter und Opfer, die
Heym um sein Sanatorium versammelt, nicht zuletzt die Opfer der politischen Prozesse in den fünfziger Jahren und den Dogmatiker und Machtpoliti-
ker Urack. Der Leser des Romans soll sich ein Mosaik der ‹historischen›
Wahrheit zusammensetzen, obwohl die Fabel selbst pessimistisch endet:

> Urack gesundet und nimmt seine Arbeit wieder auf, Collin stirbt, und sein Manu-
> skript verschwindet im Schreibtisch des Kritikers Pollock, dessen Tagebuch als distan-
> ziert-zynische Kommentarebene des Romans fungiert. Wenn Heym den Leser auch
> dadurch mobilisiert, daß er Momente des Schlüsselromans verwendet, um so die ‹do-
> kumentarische› Seite der Darstellung implizit vorzutragen, so bleibt das ebenso
> literarisches Mittel wie die psychosomatische Krankheit. Trotzdem hat man die Figu-
> ren sogleich entschlüsselt: den Minister Curd (Johannes R. Becher), Pamela Piddelkoe
> (Helene Weigel), Keres (Georg Lukács), Havelka (Walter Janka). Der frühere Leiter des
> Aufbau-Verlages, Janka, veröffentlichte 1989, wenige Monate vor seiner demonstrati-
> ven Rehabilitation, im Westen seinen autobiographischen Bericht *Schwierigkeiten mit
> der Wahrheit*.

Heym geht es weder um bestimmte historische Figuren noch allein um die
subjektiv-psychische Bewältigung des Stalinismus – vielmehr um Aufklärung,
um Erkenntnis von historischen Zusammenhängen, die sich nur als Widersprüche, niemals als Kontinuum begreifen lassen. Neutsch läßt seinen Gatt im
Jahr 1956 auf der paradoxen Wahrheit beharren: »Stalin bricht Hitler das
Genick. Das bleibt.»[10] Heyms Urack stimmt «mit erschreckend geborstener
Stimme» das «Leunalied» so an: «‹In Moskau – sind viele gefallen – in Moskau
– floß Arbeiterblut...› Christine, am Fenster, fuhr zusammen; sie kannte die
Melodie, Schalmeiengebläs, FDJ-Jahre. ‹In Leuna›, sagte Röschen, ‹du meinst,
in Leuna.›» Heym nimmt auf, was bei Neutsch bloß mit einem vagen Fragezei-
chen versehen wird, er führt Figuren und Situationen vor, die Tabus angemessen zur Sprache bringen können, und er zeigt unmißverständlich, daß die
Uracks noch weiterarbeiten, ja sich in krankhaften Größenwahn verrennen.

Man mag einwenden, daß dies alles 1979 nicht neu sein konnte – wohl aber
hätte es erstmals öffentlich zur Diskussion gestellt werden sollen. Noch weniger Chancen dafür hatten Bücher, die sich in die Tradition autobiographischer Rechenschaft oder gar Absage stellten, also von ‹Renegaten› verfaßt

wurden. Karl-Heinz Jakobs kannte diese Tradition (*Das endlose Jahr,* 1983), dennoch versichert er, erst 1977 vom Schicksal deutscher Kommunisten in Stalins Lagern erfahren zu haben. Sein Bericht verknüpft die Ereignisse im Anschluß an die Ausweisung Biermanns – hierfür ist er eine wichtige Quelle –, die zum Ausschluß des Autors aus der Partei führte, mit der Nacherzählung des Lebenslaufs einer deutschen Kommunistin, die lange Zeit in Stalins «Archipel GULAG» gefangen war.

Wie für Heym, so stellt sich auch für Jakobs die Frage nach den Spätfolgen des Stalinismus, dessen Methode, Informationen geheim zu halten, bei ihm selbst offenbar erfolgreich war. Den Gedanken, man könne «nichts gewußt» haben, hielt er bei den Mitläufern Hitlers für fragwürdig, für sich selbst möchte er ihn rechtfertigen. Gelegentliches Verschulden – etwa dem Kollegen Loest im Jahr 1956 gegenüber – wird erwogen, als Summe aber läßt sich der Satz verstehen: «Ich habe, als ich erwachte und die Situation erkannte, mich fallen lassen und bin nun raus.» Die Vergangenheit trennt sich vom Subjekt, und der Absprung 1977 aus der erneuten Unterdrückung reiht es – so ist das Buch implizit angelegt – in die Kolonnen der Opfer ein, für die ‹Mäd›, die alte Kommunistin, steht.

Was Jakobs' autobiographischer Text als subjektive Deutung historischer Erfahrung nahelegt, ist das genaue Spiegelbild des *Gatt*-Romans von Neutsch; wird dort nur die Oberfläche der objektiven Zusammenhänge berührt und die Verantwortung als private auf den einzelnen abgewälzt, so werden bei Jakobs vor allem die Strukturen denunziert, während das autobiographische Ich sich tiefgreifende Trauerarbeit ersparen kann.

Erich Loest hatte 1981 seinen ‹Lebenslauf› *Durch die Erde ein Riß* erscheinen lassen – der Titel variiert eine Gedichtzeile Bechers und meint die Ereignisse um den 17. Juni 1953 sowie die Konsequenzen, die Loest aus ihnen zu ziehen hatte:

> Ein Presseartikel, den er nach den Juniereignissen veröffentlicht hatte, um eine Diskussion über Mißstände vorzuschlagen, wird ihm politisch zur Last gelegt, bis er schließlich im Zusammenhang mit den Verfahren vom Herbst 1956 im Zuchthaus verschwindet. Loest will sich nicht zum Opfer stilisieren, vielmehr bezeichnet er aus dem Rückblick der siebziger Jahre sehr genau den problematischen Übergang eines jungen NS-Mitläufers zum SED-Parteimitglied. Das ideelle Vakuum, das Loest in seinem Romanerstling *Jungen, die übrigblieben,* das Dieter Noll, schließlich Christa Wolf (in *Kindheitsmuster*) beschrieben hatten, wird hier beglaubigt. Überdies erkennt der rückblickende «Chronist» – so bezeichnet sich der Erzähler – an sich selbst, was Mitscherlich als die «Unfähigkeit zu trauern» analysiert hat. Dieser junge Genosse fühlt sich beim Tode Stalins, «ihrer aller Vater», verlassen wie schon bei Hitlers Ende. Loest möchte indes kein Psychogramm vorlegen; der Chronist berichtet von ‹L.› bewußt auktorial, um den ‹Fall› eines Mannes vorzuführen, der sich noch als Sozialist versteht. Als L. mit seinen moderaten Reformideen in die Mühle der zählebigen stalinistischen Innenpolitik und Gerichtsbarkeit geriet, da wollte er nun statt der «Teilhabe an der Macht» deren demokratische Kontrolle.

Das beschädigte Leben des Schriftstellers L. ist für den Chronisten erst überzeugend, als sich die Tür des Zuchthauses hinter ihm schließt; wenn sie sich am Ende des Buches öffnet, wird der ‹Fall› als exemplarischer überschaubar.

Die Bücher von Jakobs, Loest und Heym (*Nachruf*, 1988) sind autobiographische Deutungsversuche, aber auch Quellenmaterial; sie verschlüsseln kaum, sondern nennen Institutionen und Personen beim Namen. Ganz anders Stephan Hermlins autobiographischer Text *Abendlicht* (1979 zugleich im Westen und in der DDR erschienen). Das Buch besteht aus einer Reihe fast in sich geschlossener Abschnitte, die mit assoziativen Vor- und Rückgriffen im wesentlichen von Lebensstationen eines Sohnes aus großbürgerlichem Hause erzählen, der als Gymnasiast Kommunist wird, nach 1933 einige Jahre im Untergrund arbeitet, schließlich ins Exil geht. Nicht der Stoff ist hier wesentlich, sondern die fiktionale Verwandlung in Bild und Bedeutung. Die Tradition der lyrischen Prosa, bisweilen des Prosagedichts, ist unverkennbar.

Die Versprechungen der Gebirgsnatur, die der Schüler erlebt, sind am Ende aufbewahrt von einer Traumerzählung, die in lyrische Bildbeschreibungen mündet: romantisches Erzählmotiv des Traums und ‹klassische› Bildlandschaft (Claude Lorrain), die Natur ins Irdisch-Unvergängliche der Kunst verwandelt und in die – altes chinesisches Motiv – das Ich des Erzählers selbst eingeht, «die Stille trat in mich ein, ich war ein Teil von ihr geworden.» Erfüllte Identität scheint die Botschaft des Textes zu sein. Was kann da die Erinnerung an Politik, gar an verfehlte bedeuten? Ohne Zweifel bietet Hermlins Text eine Form der Wirklichkeitserfahrung an, die Institutionelles als Moment der Selbsterfahrung umdeutet. So wird – ähnlich wie bei Anna Seghers – die Entscheidung für «Das Beste in mir» interpretiert; «Irrtum [...] Bedrückungen, selbst [...] Untaten» sind hinzunehmen, wenn als Ziel das Reich der Freiheit feststeht, das am Ende des Textes nur als Bild erscheinen kann.

Stalin wirkt als vorübergehendes Idol, an das die «Wahrheit», die den Widerstand gegen den Faschismus möglich macht, nicht gebunden ist; wenn einmal, nach 1945, die «unreine», nützliche Dichtung an die Stelle der reinen treten mußte, so läßt sich das nur mitteilen (wobei der Leser, anders als bei Loest, den historisch-konkreten Kontext selbst ergänzen muß), und wenn später die eigene poetische Kraft «verstummte», so gibt es dafür keine äußeren Gründe, zumal sie ja in der poetischen Prosa weiterlebte. Die radikale Unbeirrbarkeit dieser Sinn- und Selbsterfahrung transzendiert reales Versagen. Ihr ebenso unbeirrbarer Schatten ist eine Figur wie Urack in Stefan Heyms Roman *Collin,* der nicht die Freiheit will, sondern die Macht, in deren Dienst er die Ideologie stellt. Aber Hermlins Bild der Welt in *Abendlicht* ist durch reale Politik nicht mehr zu irritieren. Sinnverlust müßte den Zusammenbruch dieses Selbst zur Folge haben. Die Wahl der DDR, so Hermlin in seinem Prosastück *Rückkehr* (1985), «war mir durch mein Leben vorgezeichnet»; den Vergleich Stalins mit Hitler weist Hermlin zurück.[11]

5. Arbeitswelt

‹Arbeit› war zu einer Kategorie geworden, die von der Handarbeit über die Dienstleistungsbereiche bis zur Wissenschaft Tätigkeiten umfaßte, die durch die Sozialstatistik der DDR nur noch undeutlich getrennt blieben: «Arbeiter, Angestellte, schulische Intelligenz, technische Intelligenz und gesellschaftliche Leiter».[12] Einerseits entwickelte der «real existierende Sozialismus» durch die Förderung des Konsumsektors eine egalisierte Mittelstandsgesellschaft auf bescheidenem Niveau, in der die ‹Klassen› verschwanden, während sich besonders privilegierte Schichten – von den herausragenden Künstlern bis zu den Angehörigen der administrativen und militärischen Apparate – vom massenhaften Durchschnitt abhoben. Andererseits blieb das beständig propagierte System der beruflichen Qualifizierung und Fortbildung erfolgreich, das die angeblich herrschende Arbeiterklasse disqualifizierte. «Einen Sprung hab ich immerhin gemacht, Mutter ist Stanzerin, ich bin Ingenieur.»[13] Bezeichnend ist – etwa bei Neutsch *(Auf der Suche nach Gatt)* – die Figur des Parteifunktionärs, dem die Fachkenntnisse fehlen; es ist die Umkehrung einer typischen Figur der fünfziger Jahre, des beruflichen Fachmanns, dem die politische Schulung fehlte (so noch Meternagel oder Manfred in Wolfs *Der geteilte Himmel).* Während die Arbeiter ihre Tätigkeit noch immer als «alte Lohnarbeit» empfinden, gibt es ein «Privileg auf entwicklungsfördernde Arbeit [...], die auf die Kommandoposten führt».[14] Zunehmend geht so die Darstellung des ‹Arbeiters› im Bild der Arbeitswelt auf, das (dem Standpunkt des Autors entsprechend) aus der Sicht des Intellektuellen entworfen wird – vielfach ungeniert, aber auch problembewußt und kritisch.

Es gibt kaum einen Gegenwartsroman der siebziger Jahre, in dem die Arbeitswelt nicht vorkommt und, sei es beiläufig, thematisiert wird. Das gilt für Plenzdorfs *Die neuen Leiden des jungen W.* ebenso wie für Schriftstellerromane, für Morgners *Leben und Abenteuer der Trobadora Beatriz* und den größten Teil der «Frauenliteratur», für Beckers *Schlaflose Tage* als kritischer Antithese zum ‹Schulroman› der DDR von Hermann Kant, Alfred Wellm bis zu Günter Görlich und Jürgen Höpfners *Gleisverwerfung* (1982).

Karl-Heinz Jakobs’ *Eine Pyramide für mich* (1971) ist als unentschiedene ‹Romantisierung› der Aufbauphase aus dem Rückblick des Ingenieurs Satie symptomatisch für die Situation um 1970: Der Brigade-Elan der fünfziger Jahre, den Jakobs 1961 in *Beschreibung eines Sommers* dargestellt hatte, ist der Planungsarbeit der späten NÖSPL-Phase gewichen, in die nun auch Satie, seinerzeit zum Studium delegiert, eingespannt ist.

Daß er am damals gebauten Stausee seine alte Liebe wiedertrifft, mit ihr am Ende die Kolonisatoren-Phantasie der frühen Jahre wieder aufnimmt, liest sich als genaue Analogie zur vorsichtigen Relativierung des bloß technologischen Fortschritts. Der Wunsch, nochmals von vorn zu beginnen, wird als Leitmotiv in der Erzählprosa des

Jahrzehnts erscheinen – in Loests *Es geht seinen Gang* etwa, radikalisiert dann in Christa Wolfs *Kassandra*. Am «liebsten möchte ich ein Beil nehmen und anfangen» – dieser Sehnsucht Saties steht beispielsweise ein Büro entgegen, das denn doch die Bewunderung des Lesers erwecken soll: «Fernschreibpult, Netzplansimulator, elektrische Schreibmaschine und zwei andere elektrisch betriebene Tastenapparate»; und die Umgebung des Stausees, einst mühsam aus der unberührten Natur geschaufelt, bietet sich nun als «Sommerfrische» dar. «Betriebe haben Ferienheime für ihre Mitarbeiter rings um den See gebaut, auch Privatleute», was eingeschränkt werden soll, wie man später erfährt. So bleibt denn vieles offen, auch, ob ein weiterer Stausee mit modernsten Methoden errichtet wird.

Jakobs' Ich-Erzählung thematisiert bisweilen die Planersprache der Technologen, wagt verstohlen ein Stückchen inneren Monolog – Heym weist in *5 Tage im Juni* (1974) diese Erzählform noch der westlichen Halbwelt zu –, bleibt aber ansonsten im Rahmen des konventionellen ‹realistischen› Erzählverfahrens, auch damit bezeichnend für eine in den siebziger Jahren große Gruppe von Erzählern, die nur teilweise außerhalb der DDR bekannt geworden ist. Man nimmt hier «moderne» Erzählverfahren auf, aber sie bleiben der Thematik äußerlich, werden im Grunde wieder dem tragenden konventionellen Erzähl-Gerüst von Fabel, «Konflikt», Figuren-Ensemble, trivialer Psychologie, Chronologie der Ereignisse angepaßt.

Das gilt auch für Jakobs' nächsten Roman, *Der Interviewer* (1973), den ersten, der von ihm zugleich im Westen erschien. Hier wird die übliche Aufteilung der Lebensbereiche, herkömmlich seit dem Aufbauroman der frühen fünfziger Jahre, in die private und die «öffentlich»-betriebliche Sphäre komödiantisch reflektiert:

Radek, Operationsforscher und wissenschaftlicher Interviewer, hat das «Mensch-Maschine-System auf ihren optimalen Effekt» hin zu bewerten in einem Betrieb, in dem auch seine ‹emanzipierte› Frau tätig ist. Reporter Kritzki, der zweite Interviewer, soll über diesen Betrieb einen Dokumentarfilm drehen. Die harmlose Dreiecksgeschichte dient in dem Maße der kritischen Beleuchtung des technologischen Systems, wie sich die modernen «progressiven Typen» selbst zum Problem werden. Damit lassen sich auch die aktuellen Themen, zumal solche des ‹privaten› Lebensbereichs ansprechen: die Rolle der Frau und der Jugend («ich will nichts mit eurem Leben zu tun haben, wo es nur darauf ankommt, Erfolg zu haben»). Die Widersprüche zwischen Radeks Versuchen der Operationalisierung und den banalen Hemmnissen des Betriebsalltags lösen zudem die Frage aus, ob man für Planungsmängel im Betrieb einen «Sündenbock» benennen soll, der, ein bezeichnendes Motiv, «Aktivist der ersten Stunde» und nun nicht mehr kompetent genug ist. Je weniger überzeugend die potentiellen positiven Helden des geplanten Dokumentarfilms aussehen, desto schwerer wird es, durch die «Kunst des Weglassens» einen Restbestand für den Film zu retten.

Jakobs seinerseits läßt nichts weg, er löst nicht die Konflikte zwischen Programm und Arbeitsalltag, veralteter Ästhetik und genauerem Realismus. Die offenen Probleme werden dem Leser zur Diskussion angeboten. Der Zeitroman ohne Identifikationsfigur, mit understatement, bisweilen mit ironischer Distanz erzählt, war 1968 von Günter de Bruyn in *Buridans Esel* vorgeführt worden – bei ihm, bei Jakobs, Becker, Heym wird das eine Linie des Erzählens bleiben, deren Grundlage die realistische Mimesis eines Böll oder Trifonow bildet.

Distanzlos, ohne ironische Brechungen, verfremdende Montagen oder perspektivische Beleuchtung der Sachverhalte folgte auch Dieter Noll diesem Erzählverfahren. Sein Roman *Kippenberg* (1979) handelt auf über 600 Seiten vom Versagen des leitenden Professors in einem wissenschaftlichen Institut und seines ihm unterstellten Schwiegersohns, des Titelhelden.

Kippenberg, dessen Ich-Erzählung die Chronologie nur dort unterbricht, wo aufbauende Rückwendungen notwendig sind, ist der gängige Typus des ‹mittleren› Helden, der gegen seinen Chef nicht zu rebellieren wagt, den Fortschritt aber auch nicht behindern möchte, zumal es um technologische Entwicklungen im Wettlauf mit der westlichen (japanischen) Konkurrenz geht. Die Kolportagehandlung einer Liebesaffäre Kippenbergs mit der Tochter eines Kollegen steigert den Unterhaltungswert des Romans, der ungebrochen auf die Anforderungen des technischen Fortschritts und (darin gewiß realistisch) auf die internationale Konkurrenzfähigkeit der DDR-Technologie setzt, die angeblich durch korrupte Planer und Leiter behindert wird. Jakobs hatte die organisatorischen Hemmnisse, der die «Produktivkraft Wissenschaft» ausgesetzt war, schon gewitzter dargestellt.

Eine modellhaft präzise Attacke auf die Hierarchie der Wissenschaftsorganisation (und darüber hinaus auf die gesellschaftliche Hierarchie überhaupt) lieferte gleichzeitig mit Noll Günter de Bruyn in seiner «Erzählung für Freunde der Literaturgeschichte» *Märkische Forschungen* (1979). Da es bei de Bruyn nur um die Entdeckung eines vergessenen Schriftstellers des frühen 19. Jahrhunderts geht, dessen prestigeträchtige Verwertung in den Massenmedien stattfindet, kann er «Kooperation mit der Industrie, Praxisverbundenheit» nicht als aktuelles Problemfeld einbeziehen, wohl aber die «Feudalstruktur der Wissenschaft» (Noll, Kippenberg) am Modell überschaubarer machen, als es Noll in seinem epischen Panorama gelingt.

All diese Texte, so kritisch sie auf Realität reagieren, zweifelten nicht an Wissenschaft und Technik ‹an sich›, sondern verwiesen auf deren soziale Funktionen. Mit satirischer Schärfe hatten das bereits Christa Wolfs *Neue Lebensansichten eines Katers* (1970) formuliert, die E.T.A. Hoffmanns Kater Murr als Berichterstatter über Forschungen zur totalen «Programmierung» und Funktionalisierung des «Lebens» einsetzen. Mit satirisch verfremdeten Begriffen wie «Persönlichkeitsformung» reflektiert die Erzählung, die ansonsten jede moderne Gesellschaft treffen will, DDR-spezifische Debatten (über die ‹entwickelte sozialistische Persönlichkeit›).

Stefan Heym gehört zu den wenigen Autoren, die dem *politischen* Roman treu geblieben sind; so ist er – abgesehen von autobiographischen Schriften – im Grunde der einzige, der weiterhin am historischen Ereignis oder an repräsentativen Figuren politische Entscheidungsdimensionen vorführt. Das gilt auch für *5 Tage im Juni* (1974). Die Entstehungsgeschichte des Romans um den 17. Juni 1953 beginnt schon 1953, und die Fassung, die schließlich (im Westen) herauskommt, vertritt keineswegs die ‹westliche› Deutung der Ereignisse.

Heym geht seinen Weg des dokumentarischen Unterhaltungsromans, der handfeste Kolportage nicht scheut, wenn die (historisch erledigte) Agententheorie über den 17. Juni veranschaulicht werden soll – Westberliner Halbwelt und Ostbüro der SPD arbeiten da konspirativ zusammen. Der mehrsträngig erzählte Roman wird durch das Zeitgerüst fortschreitender Stunden vom 14. bis zum 17. Juni gegliedert; einmontierte Dokumente erweitern die exemplarische Szenerie eines Berliner Betriebs, um den die fiktionale Handlung angesiedelt ist, auf die eigentlich politische Situation hin. Schon mit den ersten Sätzen des «Vorspiels» ist die Spannung angegeben zwischen der Partei, die den Kontakt nach unten verloren hat, und einer Gewerkschaft, die, vertreten durch den Betriebsgewerkschaftssekretär Witte, im Konflikt um Normenerhöhung und an dere wirtschaftspolitische Maßnahmen auf der Seite der Arbeiter stehen müßte, wenn sie dazu voll legitimiert wäre.

Der Roman deckt nicht nur das Versagen der Partei in den kritischen Stunden auf, er plädiert auch für eine Stärkung der Gewerkschaften und ergreift damit unmißverständlich für Elemente einer sozialistischen Demokratie Partei. Dem «Feind» die Schuld zuzuschieben bedeutet nur, den Widersprüchen durch Verdrängung auszuweichen, statt sie wirklich zu bewältigen. Das wird im Roman in breiten Debatten vorgemacht, deren Ergebnislosigkeit das «Nachspiel» – ein Jahr später – beleuchtet. Es berichtet vom Aufstieg des Parteisekretärs, während der Gewerkschaftssekretär beurlaubt wurde. «Aber die gleichen Widersprüche bestehen noch.» Seit Hermlins *Die Kommandeuse* (1954) war der Juni 1953, dieses Trauma der DDR-Geschichte, immer als Kollaboration reaktionärer Elemente in der DDR mit Westagenten gedeutet worden, denen es auf mysteriöse Weise gelang, die Massen zu verführen. Anna Seghers hatte das so propagiert (*Das Vertrauen*, 1968) und ebenso Hermann Kant (*Das Impressum*, 1972). Kant jongliert mit dem Begriff der Selbstkritik, aber nur Heym hat versucht, sie literarisch-politisch durchzuhalten.

Erich Köhler (*1928) ging in seiner 1976 erschienenen (1970 entstandenen) Erzählung *Der Krott* von einer ‹realistischen› Basis des Erzählens aus, verwendete aber – wie vor ihm Fries, Kunert oder Morgner – phantastisch-allegorische Mittel, die er dann in Science-fiction-Texten weiter entwickelt hat (*Hinter den Bergen*, 1978; *Reise um die Erde in acht Tagen*, 1979). Der Ich-Erzähler Paul Jordan, Kulturfunktionär der Gewerkschaft in einem neuen Kraftwerk, setzt ein mit einem Kindheitstraum vom Garten Eden – Volker Braun (*Das ungezwungne Leben Kasts*, 1972/79), Jurek Becker (*Irreführung der Behörden*, 1973) werden mit ähnlichen Bildern beginnen, Ulrich Plenzdorf (*Legende vom Glück ohne Ende*, 1979), Irmtraud Morgner, Stephan Hermlin (*Abendlicht*, 1979), Christa Wolf (*Kassandra*, 1983) und andere werden solche utopischen Bilder weitererzählen. Die bewußt als poetisches Bild ausgezeichnete Vorstellung vom Glück steht immer in Spannung zur Alltagswelt und könnte nur bildhaft mit ihr konvergieren. In Köhlers Erzählung kann davon indes so wenig die Rede sein wie bei Becker oder Braun.

«Ich könnte den ökonomisch-kulturellen Leistungsvergleich der Brigaden auswerten. Aber wozu?» Wenn sich für Jordan der bürokratische Überbaubetrieb unvermutet in Frage stellt – was er in der satirischen Imagination vom giftigen Krott als geistige Erkrankung entschuldigt –, so gehen dem Aussteiger in die Produktionsbasis seines Betriebes nicht nur die im Betriebsroman üblichen Detaildefekte auf; vor allem die Sprachhülsen, die solche Mängel einkapseln, werden ihm bewußt. War die Kritik der ideologischen Sprache zu Beginn der sechziger Jahre auf die Figur des Parteidogmatikers beschränkt, wurde sie bei Fries und Christa Wolf transparent auf Widersprüche im gesellschaftlichen System hin, so setzte sich das in den siebziger Jahren fort, am radikalsten wohl in der Kurzprosa von Hans Joachim Schädlich (*Versuchte Nähe*, 1977). Köhlers Jordan führt die Konstruktion eines Satzes vor, der mit der Formel beginnt: «Die optimale Gestaltung des Reproduktionsprozesses»; er greift die Automatisierung der Abkürzungen an; unter der Überschrift «Arbeiterwort, das» wird das Sitzungsritual aufs Korn genommen: «Auf Sitzungen kommt es [...] zur kollektiven Willensbekundung.» Die Sinnfrage solchen Tuns beantwortet sich schließlich, weil die statistische Auswertung im Rahmen des «Leistungsvergleichs» eigenständige «Aktivitäten» einer Brigade zutage bringen könnte, die sonst unbemerkt untergingen.

Nur was in der Organisationssprache erfaßt wird, existiert – freilich als normierte Phrase. Sicher hat Köhler auch sprachkritische Impulse des DDR-Kabaretts aufgenommen: die assoziativ-episodische Form seines Erzähltextes versucht der Sprachregulierung Paroli zu bieten, ohne die Widersprüche der materiellen Entwicklung damit zu identifizieren.

In Erich Loests Roman *Es geht seinen Gang oder Mühen in unserer Ebene* (1978), dessen Titel den Slogan vom «sozialistischen Gang» mit der Variation eines bekannten Brechtverses kombiniert («Die Mühen der Gebirge liegen hinter uns / Vor uns liegen die Mühen der Ebenen» aus dem Gedicht «Wahrnehmung») hat die kritische Prosa in Darstellungsniveau und mit DDR-spezifischer Thematik erreicht, was Böll oder Walser in den fünfziger Jahren im Westen gelungen ist. Nicht zufällig, denn der neue Mittelstand einer auf Lebensstandard und Status bedachten Leistungsgesellschaft liefert nun auch Loest den entsprechenden Stoff.

Der Ich-Erzähler, als Ingenieur schon auf der Etage der Planer und Leiter tätig, verweigert die weitere Qualifizierung. Sein Protest richtet sich gegen eine soziale Realität, die eine neue «Definition der Arbeiterklasse» hervorbringt, ohne die nur komplexer gewordenen Deformationen der Arbeitswelt abzuschaffen – vom Herzinfarkt eines Leiters über die «Zugluft an der Stanze» einer Arbeiterin, der Mutter des Erzählers, bis zum Schwimmunterricht der Kinder, der Kunerts satirischen Text *Schwimmer* (1968) in realistische Szenen umsetzt. Wenn der Erzähler Wülff immer wieder den alten Genossen Huppel anredet, vorübergehend aus der Neubauwohnung zu seiner Mutter ins Hinterhofmilieu zurückkehrt, wenn der Westen vor allem als perfekte Konsumwelt erscheint, so werden damit keine sozialistischen Normen unterstellt – dazu fehlen dem Erzähler die Illusionen –, vielmehr wird an Perspektiven erinnert, deren Wirkung sich bei der Realisierung verflüchtigt hat, so daß selbst die Frage, wem die Produktionsmittel gehören, zu einem Faktum mit bloß noch ideologischer Bedeutung verkommt.

Nicht zum ersten Mal wird hier von der Entwicklung eines einzelnen erzählt, die dem öffentlich-privaten Lauf der Dinge kritisch entgegengesetzt ist; freilich sind es nicht die ideologischen Ziele, sondern deren alltägliche Realität, die Loest als «Mühen der Ebenen» in vielen Details einzubringen versucht. So könnte der Aussteiger Wülff wie seine Vorgänger – etwa bei Wolf oder Plenzdorf – als kritische Instanz den Leser zur Identifikation einladen, ließe der angedeutete Beginn eines neuen fatalen Kreislaufs des ‹Helden› auf alten Bahnen («Habt ihr dafür *gekämpft*, oder wofür?») nicht das Ende offen. Loest hat in einem weiteren autobiographischen Buch (*Der Zorn des Schafes. Aus meinem Tagewerk*, 1990) von seinem Kampf um die Publikation des Romans in der DDR berichtet. Während der «alte Genosse» Huppel wohl ein Zugeständnis an die parteilichen Kontrahenten des Romans war, wurde der Autor selbst in diesen Jahren zum «operativen Vorgang» der Stasi. Loest hat aussagekräftige Dokumente in sein *Tagewerk*-Buch einmontiert, so den «Maßnahmeplan zur operativen Bearbeitung des Loest, Erich» vom 19. Mai 1978.

Immer wieder also der Rückblick auf die großen Ziele der Anfänge, die ja auch ‹literarisch› aus dem realen Zwielicht der Aufbauphase gerettet, um nicht zu sagen in der Rhetorik einer laudatio temporis acti verklärt werden müssen. Nicht nur Loest, auch Volker Braun (*1939) hat versucht, jede Verklärung zu vermeiden, indem er Momentaufnahmen gibt, die Hoffnung und Enthusiasmus des einzelnen historisieren. Das Reflexionsniveau seiner Prosa wird noch anschaulicher, wenn man es mit dem ähnlichen Sujet bei Jakobs (*Eine Pyramide für mich*) vergleicht.

Auf Büchners *Lenz* spielt die erste der vier Erzählungen *Das ungezwungne Leben Kasts* von Volker Braun (1972/1979) an, die 1959 datiert ist – jeweils im Abstand von wenigen Jahren entwirft der Ich-Erzähler ein Momentbild seiner Lage und des Landes, in dem er lebt. Am Anfang steht die Aufbau-Utopie eines Neubauprojekts, am Ende glaubt Kast ausgerechnet als Parteisekretär eines Betriebes dem Zwang immer neuer Einschränkungen zu entkommen und «für vieles verantwortlich» zu sein. Die vierte Erzählung ist auf 1974 datiert, sie schließt mit dem Unfalltod Kasts.

Hätte Braun einen Entwicklungsroman geschrieben, so mündete er in die Desillusionierung, aber den Situationsbeschreibungen gelingt es, die Widersprüche zu artikulieren zwischen dem *Schlamm* der Baugrube, der *Tribüne* des Planers und Leiters – so die Titel der ersten und vierten Erzählung – und den Bedürfnissen des einzelnen, sich in der Praxis abarbeitend zugleich mit dem gesellschaftlichen Ganzen ‹allseitig› zu verwirklichen.

Statt einer Entwicklung liefert Braun vier Fragmente, die eben noch vor der Gefahr bewahrt werden, das unverändert Ungenügen im Wechsel der Lebenssituationen nur wiederholen zu müssen und so den Titel des Buches ad absurdum zu führen. *Die Tribüne* scheint mit der Figur des Herausgebers, der Kasts hinterlassene Fragmente ediert, auf *Werther* anzuspielen, aber wie schon die Aufbau-Zuversicht des Anfangs Büchners *Lenz* dementiert, so wehren sich Kasts Notizen gegen Stillstand und Verzweiflung, wenn er über das Politische als «Herrschaft der Arbeiterklasse» nachdenkt, das allein durch die Qualität der Produktion und ideologische Vorgaben nicht zu sichern ist. Nicht Aporien sollen dem Leser überliefert werden, sondern Materialien eines Lebenslaufs, die sich weiterdenken lassen. Anstöße dazu gibt Brauns Versuch, theoretische Reflexion über erzählte Lebenspraxis nicht nur in den üblichen ‹Debatten› auszubreiten und die Aufgaben von Kunst mit zur Diskussion zu stellen: Der Student Kast hatte seine Bilder verbrannt und erwartet, daß sich «die Produktion veränderte zu einem unerhörten Prozeß der Taten und Erfindungen, zu einer Kunst!» Diese Utopie des Anfangs, ironisch datiert ins Jahr der Bitterfelder Konferenz, wird niemals eingelöst; ebensowenig wird sie dementiert.

6. *Die neuen Leiden der Jugend*

Das Bild der Jugend in der Literatur der DDR ist oft verkappte Selbstdeutung der Autoren gewesen (Loest, Christa Wolf, Kant), immer auch Perspektive der Zukunftsgewißheit, in den siebziger Jahren zunehmend der Kritik, ja der Absage. Zu den Autoren der ersten Jahre, die beständig auf die Zeit der Kindheit und Jugend (nach dem Ersten Weltkrieg) zurückgekommen sind, um von den Anfängen erzählen zu können, aus denen Hoffnung auf Veränderung erwuchs, gehört Erwin Strittmatter – sein Roman *Der Laden* (3 Bde., 1983–1992) fabulierte nochmals einläßlich von der Zeit, die schon sein Erstling *Ochsenkutscher* (1950) in Erinnerung gerufen hatte. Daneben steht Prosa der eben Dreißigjährigen; Lutz Rathenow (*1952) gibt seiner Erzählung *Das Erwachsenwerden* den Untertitel: «Dieser sogenannte Ernst des Lebens / Einst betrachtete ich ihn voller Ehrfurcht / Jetzt muß ich lachen».

Um die Vorgeschichte zu rekapitulieren: Wie die Jugend zunächst in der Erzählprosa erscheinen würde, hatten die ersten Jahre klargemacht. Schon Erich Loests *Jungen, die übrig blieben* (1950/54) zeichnete das Bild einer verlorenen Generation junger Nazis, die sich nach dem ‹Zusammenbruch› in einem Vakuum wiederfindet; es wird durch ein neues Aufbau-Pathos kaum ausgefüllt. Der Aufbau-Roman, in dem FDJ-Brigaden Jugendprojekte übernehmen oder sich an der Errichtung neuer Industrieanlagen beteiligen (Bredels Reportageerzählung *Fünfzig Tage*, Mundstocks *Helle Nächte*), stellte die konsequente Alternative zum faschistischen Krieg dar. Der Entwicklungsroman konnte zwischen ‹Abschied› und ‹Ankunft› der Hauptfiguren die Vergangenheit mit der sozialistischen Zukunft verbinden. Bitterfelder Romane der damals jüngeren Autorengeneration haben dieses Schema nach 1961 nochmals aufgegriffen (Reimanns *Ankunft im Alltag*). Erst aus dem Rückblick auf die Anfänge – Wolfs *Nachdenken über Christa T.* – wurde an nicht eingelöste Hoffnungen für die dem Nazismus entronnene junge sozialistische Generation erinnert, nachdem Hermann Kant in seinem Roman *Die Aula* (1965) nochmals deren politischen Weg in den fünfziger Jahren bestätigt hatte.

Faschismus und Aufbaujahre des Sozialismus spiegeln sich in der Erzählprosa der siebziger Jahre schon als Welt der Väter. Am eindringlichsten stellte

Christa Wolf in *Kindheitsmuster* (1976) die Frage, was die junge Generation von der nazistischen Vergangenheit wissen sollte, um die Gegenwart zu verstehen; Lenka, die mit ihren Eltern nach Polen reist, nimmt das in den Text hinein. Die Ablösung von der Welt der Eltern kann schon deshalb nicht gelingen, weil sich noch immer zu viel des scheinbar Vergangenen wiederholt; wenn man es nicht erkennt, schwächt das die Widerstandskraft.

Ein kontroverses Vorbild für die Darstellung jugendlicher Erfahrung der DDR-Gegenwart hatte Ulrich Plenzdorf mit den verschiedenen Fassungen seiner *Neuen Leiden des jungen W.* (1973) gegeben, ein so nicht mehr wiederholtes literarisches Signal, durch das sich ein jugendliches Publikum direkt angesprochen fühlte. Edgar Wibeau, der seinen Ausbildungsplatz im Betrieb mit einem Eklat verläßt, hat sich ausgerechnet seinen Vater als Vorbild ausgemalt, als Künstler, an dem man sich orientieren könnte. Das erweist sich als Täuschung. Der Sohn muß seinen eigenen Weg gehen, bei dessen Rekonstruktion sich der Vater auf die Suche nach dem Sohn macht. Abgesehen von der Erzählstruktur, die von der Urfassung (Filmszenarium) bis zum Kurzroman komplexer wurde, zeigten vor allem die Varianten des Schlusses dieses multimedial verwerteten Erfolgstextes die thematische Offenheit oder auch Unentschiedenheit der Konzeption.

Insofern war der Text für die literarische Ausgangslage zu Beginn der siebziger Jahre überhaupt repräsentativ. Jedenfalls sucht der Lehrling Edgar Wibeau, der als Aussteiger in einer abbruchreifen Laube haust, über eine Malerbrigade wieder Anschluß an die Arbeitswelt (die künstlerische Laufbahn ist gescheitert).

Plenzdorf will nicht den Außenseiter zum neuen Helden machen; mehr noch wird der beflissene Reserveoffizier und Germanistik-Student Dieter, Edgars Gegenspieler in der Liebesromanze mit ‹Charly›, dem Leser zur kritischen Beurteilung dargeboten. Die Arbeitswelt, so wie sie ist, behindert die jugendliche Selbstverwirklichung, aber in der befreiten Arbeit – die im Text nur als asoziales Selbsthelfertum erscheinen kann – läge der eigentliche Sinn des Lebens auch für den jungen Wibeau. Interviews mit Jugendlichen aus der DDR haben gezeigt, daß man diese Lektion des Textes manchmal simpler verstanden hat, als sie gemeint sein kann. Wichtig für die Rezeption war, daß der Text den Jugendjargon in der DDR literaturfähig machte; Vorbild war zumal Salingers *Fänger im Roggen* (1951; deutsch 1954); in der westdeutschen Literatur hatte beispielsweise die halbdokumentarische Prosa ähnliche Soziolekte aufgenommen (Hubert Fichte, *Die Palette*, 1968). Jargon war 1968 bei Siegfried Pitschmann (Kurzprosa *Kontrapunkte*) noch als Medium gemeint, das in der DDR gegen den Sprecher zeugte. Plenzdorf präsentierte den Jargon ohne Vorurteil; die kritisch-verfremdende Potenz den ideologischen Parolen gegenüber wird literarisch ebenso reflektiert wie die latente Sprachlosigkeit, die sich in beständig wiederholten idiomatischen Formeln äußert. Um eine andere Ebene des Sprechens zu gewinnen, kommt Edgar das Reclam-Heft mit Goethes *Werther* gerade recht, denn ohne diese Zitatquelle bliebe er vielfach stumm.

Die latente Sprachlosigkeit dieser Jugend hat Plenzdorf 1978 in dem Text *kein runter kein fern* als Monolog eines Jugendlichen radikalisiert, der nicht mehr die Klassiker zu Hilfe rufen kann; vielmehr sind in den Monolog kontrastiv Passagen der formelhaft-glorifizierenden offiziellen Sprache aus einer Reportage zum 20. Jahrestag der DDR einmontiert. Zwischen diesen Sprachebenen besteht nurmehr das Verhältnis von Macht und Ohnmacht.

In Volker Brauns *Unvollendeter Geschichte* (1975 in «Sinn und Form»; 1977 im Westen als Buch) vertreten Karin und Frank die Jugend der siebziger Jahre, deren prominentesten literarischen Helden (Wibeau) Karin kennt und schätzt. Entschiedener als Plenzdorf präsentiert Braun sein Thema als Generationenkonflikt – und als Melodram.

Karin trennt sich von Frank, obwohl sie ein Kind erwartet, weil ihr Vater, Ratsvorsitzender und Parteimann, es wünscht; gegen Frank besteht der Verdacht verbotener Westkontakte, im Auftrag des Vaters läßt sich Karin von ihm (belangloses) Beweismaterial aushändigen. Frank unternimmt einen Selbstmordversuch, Karin bekennt sich zu ihm. Die alte Fabel beutet Brauns Erzählersprache allerdings nicht aus; wenn hier wieder die Stakkato-Prosa Büchners *(Lenz)* als Muster dient, so soll sie verfremden, aufkommende Sentimentalität auf Distanz halten. Plenzdorfs Jeans-Prosa wird bewußt vermieden, aber der Leser kann sich mit Karins Erkenntnismühen identifizieren, die als Konflikt subjektiv bleiben und zugleich repräsentativ für das sein sollen, was «alle KONKRETEN VERHÄLTNISSE» genannt wird; diese Verhältnisse, die noch immer zum tödlichen Konflikt zwischen Politik, Apparat und ‹Menschlichkeit› führen können, will Braun ins rechte Licht rücken, indem er für das gesellschaftliche Ganze Partei ergreift. Die Erzählung verurteilt nicht, sie stellt auch den Vater als respektable Figur vor, die nur entfernt an den Prototyp des Dogmatikers erinnert. Zu diesen Verhältnissen gehört freilich, daß die öffentliche Aussprache, an der die Betroffenen gleichberechtigt teilnehmen können, nur als Karins Traumvision erscheint, deren emphatisch protestierende Substanz sie – wie Hans Castorp im *Zauberberg* die Botschaft seines Schnee-Traums – am nächsten Morgen vergessen hat.

Damit ist der thematische Kern der Erzählung in seinem Widerspruch aufgedeckt: Der ‹herrschaftsfreie Diskurs›, nicht das Vertrauen in Eltern und Staat oder gelenkte Presse (Karin arbeitet in einer Redaktion), die ihre Maßnahmen immer zu rechtfertigen wissen, könnte die konkreten Verhältnisse ändern.

Reiner Kunzes (*1933) dokumentarische Kurzprosa *Die wunderbaren Jahre* (1976 nur im Westen erschienen) kann man schon vom Titel und Inhalt des ersten Abschnitts her – «Friedenskinder» – als schärfsten Angriff gegen Symptome des Alten unter neuer ideologischer Flagge verstehen: Die Friedenskinder haben Kriegsspielzeug und durchlaufen die «sozialistische Wehrerziehung», deren Opfer sie später werden («Schießbefehl»). Der politische ‹Standort›, der all dies rechtfertigen soll, wird hier bewußt verlassen und mit seinen verheerenden Folgen konfrontiert.

In manchen der Texte macht die Tochter des Erzählers mit dem DDR-Alltag, mit der Schule ähnliche Erfahrungen wie Christa Wolfs Lenka. Sie hat auch den *Archipel GULAG* gelesen, der für sie nicht einfach der Vergangenheit angehört. Die Kurztexte sollen durch das Dargestellte, die Dialoge, als quasi-authentische Aussagen wirken. Die Realität kommentiert sich selbst. Kunze hat mit der Erinnerung an den Prager Frühling und dessen Ende im August 1968 einen letzten Teil des Bandes («Café Slavia») geschrieben, den man als Erinnerung an eine mögliche Alternative verstehen mag. Max

Walter Schulz hatte dagegen 1974 seine ‹unverlorene Generation› während einiger Augusttage des Jahres 1968 in der sozialistischen Bewährung gezeigt *(Triptychon mit sieben Brücken)*.

In Kunzes Texten hat die Stimme des Erzählers, also des Vaters, die Aufgabe, für andere deren Rechte einzuklagen; so ist sie im Bündnis mit der Jugend, mit der Tochter. Die Texte wirkten freilich außerhalb der DDR weithin als ‹Auskunftsliteratur›.

Unübersehbar war der Abstand zwischen Kunzes Texten, denen von Thomas Brasch (* 1945; *Vor den Vätern sterben die Söhne*, 1977 im Westen) und einer ‹korrigierenden› Figur wie dem Mädchen Eva in Nolls *Kippenberg* (1979).

Sie bricht mit dem Elternhaus, aber statt Wibeaus Laube schwebt ihr eine «Gemeinschaftsunterkunft in einer Baracke» vor; das erinnert an die im Rückblick verklärte «Romantik» der Aufbaujahre. Wichtig ist die Symbolik ihrer letzten Begegnung im Betrieb; Eva wird von demselben Meister ausgebildet, bei dem einst auch Kippenberg lernte, als er noch ein «richtiger Prolet» war, was er inzwischen fast vergessen hat. Die Jugend ist trotz aller sozialen Konflikte in eine programmatische Kontinuität gestellt, der die Zukunft gehört.

Einem Roman wie Jurek Beckers *Schlaflose Tage* (1978 im Westen erschienen), der aus der Sicht des Lehrers die normierende Schulwirklichkeit scharf angreift, dabei wohl auch von Kunze gelernt hat, steht Günter Görlichs *Eine Anzeige in der Zeitung* gegenüber (1978), wo Konflikte des Schulalltags schließlich als lösbar erscheinen. Wie so oft, war auch hier eine Debatte über den Realitätsgehalt der beiden Romane in der DDR nicht möglich. Jürgen Höpfners Versuch *(Gleisverwerfung*, 1982), die Schul- und Jugendzeit der späten fünfziger Jahre zu beschreiben, wie sie war, enthält eine Fülle realistischer Details und endet noch immer mit einer ähnlich unglaubhaften Wandlung des Helden wie seinerzeit (1954) Loests *Jungen, die übrig blieben*.

Da kommt allmählich die Generation literarisch selbst zu Wort, die in Plenzdorfs *Neuen Leiden* noch die Jugend darstellte. Das gilt auch für Lutz Rathenows (* 1952) illusionslose, trotz ihrer stilistischen Distanz nicht selten larmoyante Kurzgeschichten, die gelegentlich an Wolfgang Borchert erinnern. «Sie sitzen in der Kneipe seit zwei Stunden. Seit zwei Stunden das Bier, die Brause vor sich, die Musik im Raum. Er sagt nichts.» Ähnlich wie die Kurzgeschichte *(Bertram)* beginnt, endet sie auch – am Arbeitsplatz. Da entwickelt sich nichts, aber der sprachlichen Monotonie ist der Protest gegen die Stagnation unterlegt.

Genauso trist wirkt Klaus Schlesingers Skizze des Ostberliner kleinbürgerlichen Alltags *(Leben im Winter*, 1980 im Westen), die junge Generation noch zwischen Wahrheitsverlangen und Karrieredenken, die Älteren schon längst in ihre Lebenslügen eingesponnen. Was in der DDR als Provokation gewirkt hätte, erschien im Westen als Milieustudie.

Wenn Angela Krauß (*1950) *Das Vergnügen* (1984) einer jungen und naiven Arbeiterin aus einer Brikett-Fabrik beschreibt, so überzeugt die realistische Bestandsaufnahme zwischen verrottetem Betrieb, den Urlaubsplänen einer alternden Aktivistin, Betriebsfeiern und dem schließlich doch gewonnenen Ehemann für die junge Mutter. «Denn die Wirklichkeit ist in unserem Kopf, wo denn sonst. Und im Herzen.» Die Wahrheit des Trivialen signalisiert das Ende der Utopien.

7. Frauenliteratur

Irmtraud Morgners (1933–1990) Hexenroman *Amanda,* eine Fortsetzung der *Trobadora Beatriz,* erschien 1983 fast gleichzeitig mit Christa Wolfs *Kassandra* (Vorlesungen und Erzählung). So unterschiedlich sie in ihrer stilistischen Grundhaltung sind, so viel haben sie doch gemeinsam. Beide zeigen ein Scheitern, aber sie gewinnen dem noch eine Hoffnung ab, die bei Wolf aus der Mythenkritik geradezu globale Dimensionen gewinnt, bei Morgner sich zunächst auf das Modell DDR beschränkt. Den Zugriff auf die ‹Totalität› des Weltzustandes ermöglicht die Perspektive der Frau, die als Opfer, Mitwirkende und nunmehr Anklägerin der Männerherrschaft auftritt, deren Umsturz mit einem «Realitätsprinzip» (Wolf) brechen könnte, das für Christa Wolf auch im realen Sozialismus fortwirkt. Die beiden Bücher sind die wichtigsten Beiträge zur erzählenden Frauenliteratur aus der DDR in der ersten Hälfte der achtziger Jahre; sie erschienen etwa zehn Jahre, nachdem die ersten Beispiele dieser Literatur in und aus der DDR an die Öffentlichkeit getreten waren: als Prosa, die von Autorinnen geschrieben war und die weibliche Erfahrung der Realität auf neue Weise thematisieren wollte. Im Gegensatz zum Westen hatte diese Literatur in der DDR niemals eine öffentliche ‹feministische› Organisationsbasis. Der SED-nahe «Demokratische Frauenbund Deutschlands» nahm sich vieler Fragen an, mußte sich aber in eine gelenkte Auseinandersetzung einfügen. Erst im Dezember 1989 bildete sich aus inoffiziellen Gruppen der «Unabhängige Frauenverband». So hat die Frauenliteratur aus der DDR auch kaum aggressiv-feministische Züge. Wolfs *Kassandra*-Vorlesungen, die bezeichnenderweise zuerst 1982 als Frankfurter Poetik-Vorlesungen vorgetragen wurden, formulierten vergleichsweise radikale Thesen. Insgesamt vertrat auch die Frauenliteratur in der DDR einen Teil jener kritischen Öffentlichkeit, die in den gelenkten Medien nicht zu Wort kam, obwohl dort immerfort Porträts und Reportagen über erfolgreiche Frauen in der Arbeitswelt verbreitet wurden.

Wolf und Morgner haben am deutlichsten ausgesprochen, daß nicht ‹der› Mann im Gegensatz zu ‹der› Frau das Thema dieser Literatur sein kann, sondern die Realität einer funktionalistisch und rationalistisch verkürzten Aufklärung, die in endloser Progression vor allem durch Männerherrschaft stabilisiert wird und deren Gegenbild nicht eine ‹weibliche›, sondern eine ‹menschliche› Welt sein muß. Daß es dabei nicht genügt, an der Oberfläche der Alltagsphänomene zu bleiben, hat sich schnell gezeigt.

Wenn die Jugend in der DDR durch zahlreiche Gesetze begünstigt, durch Propaganda gefordert und gefördert wurde, so stand auch die gesetzlich garantierte Gleichberechtigung der Frau nicht zur Debatte, sondern die tatsächliche Situation, mit deren Beschreibung Morgner schon in ihrer *Trobadora Beatriz* die Versprechungen der Politik konfrontiert hatte.

Die politischen Ziele waren es auch zunächst, die das Bild der Frau und auch die ältere Frauenliteratur der DDR bestimmt hatten. In den Aufbau- und Betriebsromanen der fünfziger Jahre bis hin zu den Bitterfelder Romanen der jüngeren Autoren nach 1960 kämpfte man um die Gleichberechtigung der Frau am Arbeitsplatz, die in den Aufbaubrigaden kein Problem mehr zu sein schien (Mundstock, Jakobs, Reimann), aber noch in Wolfs *Geteiltem Himmel* als Einführung in die unbekannte neue Welt industrieller Produktion dargestellt wurde. Es kam darauf an, die Frauen aus ihrer obsoleten Hausfrauen-Situation herauszuholen und in die materielle Produktion einzubeziehen. Christa Wolfs *Nachdenken über Christa T.* hat Erzählstrukturen und Thematik erweitert. So wichtig dieses Buch als Anfang der neueren Frauenprosa nicht nur der DDR wurde, so wenig war das intendiert; wenn hier eine sensible junge Frau mit einer normiert-geplanten Gesellschaft nicht zurechtkommt, so geht es um Prinzipien der Realitätsbewältigung, nicht um eine Auseinandersetzung mit der ‹Männerwelt› wie später in *Kassandra*. Diese Ausgangslage ist symptomatisch, weil sie nochmals auf die ‹humanistische›, nicht ‹feministische› Perspektive der «Frauenliteratur» aus der DDR verweist. In den siebziger Jahren haben Sarah Kirsch, Irmtraud Morgner, Maxie Wander und andere nach dem realen Verhältnis zwischen rechtlichen Voraussetzungen und sozialen Tatsachen für eine Selbstverwirklichung der Frauen gefragt. Erzählungen aus dem Alltag von Frauen werden – oft mit autobiographischem Hintergrund – zu einem wichtigen Teilbereich des thematischen Genres. Was schließlich die Geschichte und Vorgeschichte des entfremdeten ‹weiblichen Lebenszusammenhangs›, die gestörte ‹weibliche› Identität zur Erklärung und Veränderung gegenwärtiger Zustände beitragen kann, welche Spuren diese Geschichte in die Subjektivität eingegraben hat: Das waren Fragen, die Historie bis zu den Mythen und Märchen, aber auch die ‹Innenwelten› des Subjekts zum Thema der Fiktion werden ließen.

Daß dafür komplexere Erzählverfahren erforderlich waren, bewiesen die Texte. Ob sich in ihnen spezifisch ‹weibliche› Schreibweisen zeigten, wurde in der DDR weniger intensiv erörtert als im Westen. Irmtraud Morgners Begründung des Montage-Verfahrens *(Leben der Trobadora Beatriz)* – die Frau als Autorin sei zu vielfach belastet, um kontinuierlich schreiben zu können – mag man auch ironisch verstehen. Wolfs Versuche, aus den Werken der Bettina von Arnim oder der Günderrode die ‹offene› literarische Mischform verschiedener Genres, des Fiktionalen und des Nicht-Fiktionalen (Autobiographischen) als bezeichnend ‹weibliches› Schreiben abzulesen, mutet eher wie eine Begründung ihrer eigenen literarischen Verfahren an, die modernes Erzählen aneignen und variieren. Zweifellos hat das ‹weibliche› Erkenntnisinteresse die Möglichkeiten des Erzählens in der DDR ergänzt – nicht nur zum Psychoanalytischen (Wolf) und ‹Karnevalistischen› hin (Morgner); Autoren wie Fühmann, Fries, neuerdings Hilbig sind freilich ähnliche Wege gegangen.

In den Mittelpunkt der Diskussionen rückte Christa Wolf. Sie hatte von Anna Seghers gelernt, sich mit Ingeborg Bachmann auseinandergesetzt. Sie förderte Gerti Tetzner, Elke Erb, Maxie Wander und veröffentlichte seit Mitte der siebziger Jahre Erzählungen, Rezensionen und Essays, die ihr Engagement öffentlich machten. In ihren essayistischen Überlegungen wurde ‹der› Mann gelegentlich zum Exponenten einer fehlgeleiteten mechanistisch-technokratischen Aufklärung, während ‹die› Frau noch nicht auf ihr entfremdetes Leben festgelegt, in ihrer widersprüchlichen Existenz auf ganz andere Lebenszusammenhänge verwiesen ist.

Da scheint der Begriff «Männergesellschaft» an die Stelle der Ausbeuter-Klassengesellschaft zu treten, deren Dialektik zu keinen Hoffnungen mehr berechtigt; freilich hatte schon Engels – nicht zuletzt in der Auseinandersetzung mit Bachofen – die Entstehung der Klassengesellschaft mit der Entstehung des Patriarchats verbunden *(Ursprung der Familie)*. Über Bettina von Arnim, die aus der Romantik kam und am Beginn des hochbürgerlichen Zeitalters lebte, schrieb Wolf, sie habe «eine andre Art Fortschritt» gewollt. In Wanders Interviews mit Frauen *Guten Morgen, du Schöne* (1977) sah Christa Wolf den «Geist der real existierenden Utopie» wirksam; die Gespräche geben «ein Vorgefühl von einer Gemeinschaft, deren Gesetze Anteilnahme, Selbstachtung, Vertrauen und Freundlichkeit wären. Merkmale von Schwesterlichkeit, die, so scheint mir, häufiger vorkommt als Brüderlichkeit».[15]

Der Mann als Typus, als Vertreter eines nicht mehr reflektierten, auf Herrschaft ausgerichteten Bewußtseins, dem das falsche gesellschaftliche Sein entspricht, die Frau, die am Ende schreibt: «Jetzt steht uns mein Experiment bevor: der Versuch zu lieben»[16] – solche Antithetik spielte satirisch die Erzählung *Selbstversuch* (1972) durch. Sie erzählt vom vergeblichen Versuch einer Frau, sich in einen Mann zu verwandeln, und erschien in der 1975 von Edith Anderson herausgegebenen Anthologie *Blitz aus heiterem Himmel*, die neben der Titelgeschichte von Sarah Kirsch und einem Romankapitel von Morgner auch mehr oder weniger ernste Geschichten über Geschlechtertausch von de Bruyn, Schneider oder Jakobs enthält.

Seit ihrem ersten (veröffentlichten) Roman *Hochzeit in Konstantinopel* (1968) gab sich Irmtraud Morgners (1933–1990) Prosa als spielerische Variante der ‹phantastischen› Gegenwartsliteratur: Der aktuelle Stoff, vom DDR-Alltag aus nicht selten mit offensichtlichen Reise-Reminiszenzen der Autorin in ferne Länder schweifend, wurde zunächst in eine Phantasiewelt der Figuren entgrenzt, dann auch des Erzählers. Damit verwandelte sich die erzählte Realität insgesamt. War zunächst das alte literarische Reisemotiv noch ein bequemes Vehikel, um die phantastische Realität zu motivieren (*Die wundersamen Reisen Gustav des Weltfahrers,* 1972), so konnte man die Reise in den Raum durch die Zeit-Reise ergänzen; das geschah in der *Gauklerlegende* (1971), die einige Motive des Romans *Leben und Abenteuer der Trobadora Beatriz nach Zeugnissen ihrer Spielfrau Laura* (1973) vorwegnahm.

Das Ende des psychologisch-realistischen Erzählens, das sich seit der zweiten Hälfte der sechziger Jahre bei vielen DDR-Autoren abzeichnet, wurde literaturpolitisch am ehesten akzeptiert, wenn die aktuellen Bezüge beschränkt, die spielerischen Momente wesentlich blieben. Morgners *Konstantinopel*-Roman konnte in der DDR erscheinen, Fries' *Oobliadooh* (1966) nicht. Spiel ist das ‹Phantastische› auch im *Trobadora*-Roman, mehr aber noch Gegenwelt, Fluchtwelt in Spannung zu einer genau bestimmbaren Alltagsrealität, deren institutionelle Strukturen gelegentlich als Zitate aus Gesetzen, Artikeln, Reden einmontiert werden. Das objektiv Phantastische, der subjektive Tagtraum der Figuren beleuchten so satirisch oder utopisch eine Realität, neben der sie in der Romanfiktion denselben Wirklichkeitsanspruch erheben können. Daß nicht alles möglich ist, einige Wünsche aber realiter in Erfüllung gehen, bindet den *Trobadora*-Roman an das ‹objektiv-real› Mögliche, dem ironischen einleitenden Satz gemäß: «Natürlich ist das Land [die DDR] ein Ort des Wunderbaren.» Der Roman ist episodisch angelegt, seine heterogenen Teile sind relativ selbständig. Dies, so heißt es in einem romantheoretischen Einschub, sei «die Romanform der Zukunft», die zum «operativen Genre» gehöre. Der ironische Unterton, der komplizierte Fiktion nur scheinbar der linken Theorie operativen Schreibens um 1930 annähert, hat seine Gründe: Sowohl die unvorhersehbare Vielfalt des «alltäglichen» Stoffes wie die «Erlebnisse und Begegnungen des epischen Ich» könnten auf diese Weise aktualisiert ins Buch eingehen. Der Roman unterlaufe so gleichzeitig den «Hang zum Totalen» eines abgeschlossenen Weltbildes und baue auf die «Produktivität des Lesers».

Das Roman-Material hat zwei fiktive Verfasserinnen: die nach über achthundert Jahren aus dem Schlaf erwachte und nach verheerenden Erfahrungen in Frankreich in die DDR übersiedelte mittelalterliche Trobadora Beatriz sowie die frühere Wissenschaftlerin und jetzige S-Bahn-Fahrerin Laura Salman aus Berlin, die erst lernen muß, sich schreibend auszudrücken. Die Autorin Morgner stellt sich als ordnende Herausgeberin vor. Sie hat dem offenen «Montageroman» so etwas wie eine chronologische Struktur gegeben, eine Art Haupthandlung, an deren Ende der Tod der Beatriz, Heirat und Kooptierung Lauras zur weiblich-oppositionellen, vormals von König Artus geschaffenen ‹Tafelrunde› anstelle der Beatriz stehen. Weder Beatriz' Tod noch Lauras phantastische Zuwahl schließen mit einer ‹Lösung› das eigentliche Thema ab: Leben, Liebe, Selbstverwirklichung von Frauen in der gegenwärtigen, der DDR-Gesellschaft. Dabei spielt der Roman keineswegs ‹männliche› Rationalität gegen ‹weibliches› Gefühl aus; auch die matriarchalische Tafelrunde ist eher als reaktionäre Opposition zu verstehen. Vielmehr erscheint männliche Herrschaft – quer durch die Klassen und Schichten der DDR-Gesellschaft – ebenso als Zeichen der Entfremdung wie ‹weibliches› Leiden. Die «dritte Ordnung», für die der Roman plädiert, soll «weder patriarchalisch noch matriarchalisch sein [...], sondern menschlich». Obwohl am Ende die «Barriere der Familie» nochmals erwähnt wird, findet der Roman in all seinen Episoden kein anderes «menschliches» Modell als die Zweierbeziehung; so die zwischen Laura und ihrem Wunschgeliebten Benno, der schließlich sogar das Geschichtenerzählen lernt. Die phantastischen Gegenbilder sollen sich im Alltag ansiedeln, mit dem sie doch ständig auf burleske Weise kollidieren – das Ganze wird so zu einem komischen Roman, der die Zustände zum Tanzen bringen möchte.

Neben Morgners Experimentalroman und Christa Wolfs Erzählungen *Unter den Linden* erschienen Arbeiten, die sich unvermittelt auf die DDR-Gegenwart bezogen. Von westlichen Vorbildern angeregt – Erika Runges *Frauen* (1969) etwa – gab Sarah Kirsch 1973 eine Sammlung von fünf Gesprächen mit Frauen aus der DDR heraus (*Die Pantherfrau*, 1973). Hier wie in dem von Christa Wolf gepriesenen Buch Maxie Wanders *Guten Morgen, du Schöne* (1977) wurde zugleich das publizistische Genre des Porträts oder Porträtgesprächs aufgenommen. Neu an diesen Sammlungen, die zu einem vielfach wiederholten Modell der DDR-Sachprosa geworden sind, war die inhaltliche Offenheit, umgangssprachliche Direktheit der von den Herausgeberinnen nur vorsichtig bearbeiteten Aussagen – halbdokumentarische Beiträge zu einer Öffentlichkeit, die sich in den publizistischen Medien kaum ausbilden konnte.

Brigitte Reimanns unvollendeter und in seiner Materialfülle auch unfertiger Roman *Franziska Linkerhand* (1974), erschienen nach dem frühen Tod der Autorin, führt eine junge Frau als Ich-Erzählerin vor, die zugleich Figur einer Er-Erzählung ist. Die Erzählsituation als strukturelles Zeichen verfehlter Identität – Christa Wolf hatte damit zu experimentieren begonnen, *Kindheitsmuster* (1976) wird das noch komplizierter fortsetzen. Bei Reimann, erst recht in Nolls *Kippenberg* (1979), wirkt das Verfahren eher mechanisch. Wie später (1983) Wolfs Kassandra ihren Monolog an Aineias richtet, so ist schon Reimanns Buch ein immanenter Dialog mit Ben, dem Geliebten Franziskas, den der Leser im Schlußteil kennenlernt. Auch dieser Liebesversuch scheitert, so wie Franziska, die aus bürgerlichem Hause stammt, alles mißlingt:

> In der Ehe mit einem Arbeiter wird sie Opfer von dessen Brutalität, die Berufsideale, die ihr auf der Hochschule von einem älteren Star-Architekten vermittelt worden sind, verlieren auf einer Baustelle für Massenwohnungsbau schnell an Glanz; was bleibt, ist – mit einem Begriff Brechts und Christa Wolfs – Freundlichkeit gegenüber Gescheiterten und Angepaßten, die der Realität gerecht werden wollten, ohne dabei sich selbst zu finden. Das ist vielfach redundant, bisweilen banal, die detailbesessenen Milieustudien bleiben oft unverarbeitet. Weitergeführt werden sollte wohl Wolfs Ansatz aus *Nachdenken* auf dem Felde der beruflichen ‹Praxis›. Dabei geht es weniger um die soziale Rolle der Frau, eher um den Impuls einer realistischen Veränderung von Lebensverhältnissen; er erlahmt an der Macht der Tatsachen. Man kann das Buch als Bericht über eine Resignation lesen – erzählt wird von den frühen sechziger Jahren –, der das Aufbau-Pathos zurücknimmt. Als veröffentlichter Text stellt der Roman aber vor allem offene Fragen zur Diskussion.

Abschnitte einer Entwicklung als Konfliktgeschichte mit offenem Schluß bot auch Gerti Tetzners (*1936) *Karen W.* (1974) – ein Buch mit autobiographischem Hintergrund, wie sie dann reihenweise im Westen erschienen sind. Das war wiederum in Ich-Form erzählt, die Ebene der Gegenwartshandlung aus präsentischer Nähe, die Rückgriffe im Präteritum.

Eine junge Frau, wieder aus ‹bürgerlichem› Haus, Juristin, verläßt ihren Mann, dessen Forschungsenthusiasmus das Universitätsmilieu liquidiert hat, zieht mit ihrer Tochter Bettina in ein thüringisches Dorf, beginnt scheinbar ein anderes Leben auf dem Lande. Am Ende steht ein weiterer Abschied, der auch Flucht vor der Wiederholung in einer zweiten Ehe ist; der alte Beruf wird wieder aufgenommen. Das ist alles detailnah erzählt; Einblick ins Juristenleben gab es, beiläufig gesagt, zuvor kaum in der DDR-Prosa. Die Reflexionen wirken bisweilen schematisch, obwohl der Roman in viele öffentliche Debatten eingreifen will. «Aber Liebe als Allheilmittel und ewiger Schild? [...] diese Zeit hat Gefühlsreichtum nötiger denn je». Liebe kann nicht das alte Zauberwort sein, das dem real existierenden Sozialismus die Substanz verleiht, die sich in einer Formulierung unter Intellektuellen so verflüchtigt: «Für mich hängt Kommunismus immer noch davon ab, wieviel ich mir leisten kann.» Der Roman läßt sich auch nicht darauf ein, den Topos von der Flucht aufs Land als Ausweg anzubieten – solche «veränderten Verhältnisse» verändern nichts. Was überzeugt, ist die Skepsis gegenüber ideologischen Projektionen, das Ziel bleibt unsicher. Die Gefahr, daß individuelle Alltagsprobleme als authentische Literatur mißverstanden werden, ist im übrigen nicht zu übersehen.

An der Wendung zum unpathetisch-unauffälligen Alltäglichen haben seit Ende der siebziger Jahre auch andere Autorinnen teil. Die ‹Privatisierung› der Erzählprosa, auf die man zu unvermittelt aus der Abkehr von ‹öffentlichen› Sujets (Betrieb, LPG, Politik) gegen Ende der sechziger Jahre geschlossen hat – hier markiert sie tatsächlich eine veränderte Sicht der Lebenszusammenhänge. Tetzners *Karen W.* ist dafür bereits ein Beispiel – im Gegensatz etwa zu Monika Marons Roman *Flugasche* (1981). Ging es bei Claudius 1951 darum, diesen privaten Bereich auch für die Frau zur sozialistischen Arbeitswelt hin zu öffnen, so wird nun fast das Gegenteil wichtig: den ebenso problematischen privaten Bereich trotz der Desillusion der Arbeitswelt zu retten. Das kann nicht gelingen, erst recht nicht, wenn das Private – bei Reimann oder Maron – als Refugium dienen soll. So bleibt denn die kahle Prosa des Alltags: Erzählungen, Kurzgeschichten, Kurzromane, bisweilen in auffällig schmuckloser Sprache den Sujets angepaßt: «Robert ging als erster. Seine Arbeit begann um sechs Uhr, wenn er Frühschicht hatte. Johanna fing um sieben Uhr an. Er verabschiedete sich von Johanna und seiner Tochter und ging. Sie saß auf einem Stuhl und nickte ein.» (Doris Paschiller)[17] In solchen Szenen sind die immer wiederkehrenden Probleme eingefangen: Ehe, Kind, Beruf – bei Paschiller entwickelt sich die Fabel bezeichnenderweise als Dreiecksgeschichte weiter, ohne daß Johannas Ausbruchsversuch eine Lösung brächte.

Kurzgeschichten können die Banalität des Alltags, der das «Leben» bedeutet, schlagartig bewußt machen. So etwa Beate Morgensterns Sammlung *Jenseits der Allee* (1979),

bei der gelegentlich Wolfgang Borcherts schmucklose Prosa wiederkehrt; Männerge-
spräche sind Frauengesprächen gegenübergestellt, um in ihnen Verhaltensweisen zu
protokollieren. Weniger präzis sind solche Miniaturen bei Monika Helmecke (*Klopf-
zeichen*, 1979). Helga Königsdorf scheint dagegen der Wort- und Formenreichtum
Irmtraud Morgners Mut gemacht zu haben. Wenn sie Träume eines weiblichen Ich mit
Sitzungsritualen und dem Wissenschaftsbetrieb konfrontiert (*Meine ungehörigen
Träume*, 1978), so liest sich das leicht, weil ohne Anstrengung erzählt wird. Präzise sind
solche Verhältnisse bei Helga Schubert erfaßt, wenn sie die Struktur der Realität in die
Struktur ihrer Texte einzubringen versucht. Da kann die kahle Sprache des Männer-
jargons ausgestellt werden: «Die hat was mit dem. Er hat da noch eine. Er soll da ein
Verhältnis haben.»[18] Schubert greift solche Formeln und andere Alltagskonventionen
an, indem sie zitiert und beschreibt: eine wissenschaftliche Tagung, Urlaubsleben am
Schwarzen Meer, eine Demonstration; der Band endet mit einer reflexiven Phantasie
von einem Hausbau in der Natur (*Vogelschreien*). In all diesen Geschichten wird eher
die Symptomatik des Details eingefangen als unvermittelt auf Strukturen der Entfremdung gezielt; die Arbeitswelt ist ein Lebensbereich unter anderen. So wenig die Wiederholung solchen Geschichten nützt, Banalität und Sentimentalität (in Liebesge-
schichten) nicht ausbleiben – sie bezeichnen ein Leben, das ebenso auch im Westen
gelebt wird.

Noch kürzere Prosaformen hat Elke Erb (* 1938) gewählt – *Kürze als
‹Forderung des Tages›* hat sie einen programmatischen Essay über Karl Mickel
genannt (Elke Erb, *Der Faden der Geduld*, 1978). Gedicht und Prosatext
berühren sich bisweilen, die Themen, auch die Art des Realitätsbezugs ihrer
Texte sind nicht vorhersagbar. Die Intensität, die da gefordert wäre, wird
nicht immer erreicht, aber manches Denkbild ist geglückt, gerade, wenn es
dem Leser überlassen bleibt, die Bedeutungen zu erschließen.

Die Großform des Romans wirkt im Vergleich zu solcher Aufhebung des
Sinn-Kontinuums nicht unbedingt überzeugender, insbesondere bei Repri-
sen, die wiederum das Schema des Entwicklungsromans erkennen lassen.
Das gilt etwa für Helga Schütz' *Julia oder Erziehung zum Chorgesang* (1980).

Die Erzählungen von Jette, die 1971 mit *Vorgeschichten oder schöne Gegend Probstein* im Bobrowski-Ton begonnen hatten, sind hier zur Vergangenheitsebene (vor
1945) eines zeitlich dreischichtigen Erzählens geworden, das auf einer zweiten Ebene
die fünfziger Jahre, auf einer dritten die Erzählgegenwart meint. Da wiederholt sich in
der Mosaik-Technik ‹modernen› Erzählens und der Summierung der Standardthemen
von der Westreise über Frauen-, Jugend- und Eheprobleme nur Bekanntes. «Julia wird
zum *Ich* – der Kommentar sucht eine Geschichte, vergeblich.» Wäre dieser Satz literarisch einleuchtend umgesetzt, dann hätte das Buch Wolfs *Kindheitsmuster* fortschrei-
ben oder ein Gegenbild zu Fühmanns *Der Sturz des Engels* werden können. So bleibt
es ein letztlich beliebiges Ensemble aus Enttäuschungen und bisweilen sentimentalen
Hoffnungen einer jungen Frau in der DDR; das war alles mit *Franziska Linkerhand*
schon gesagt worden.

8. Satire – «Utopie» – Mythos

Was die literarische Satire in der DDR-Öffentlichkeit nach 1970 offiziell sagen durfte, war keineswegs «alles» (Tucholsky). Theoretische Grundlage satirischen Schreibens war im Grunde noch immer Georgina Baums Abhandlung *Humor und Satire in der bürgerlichen Ästhetik* (1959). Der satirische Angriff auf die verkehrte Welt war demnach angesichts der prinzipiell «richtigen» sozialistischen Realität nur als (letztlich versöhnliche) ästhetische Kritik am Detail zugelassen, während (unversöhnliche) Attacken auf das ‹Ganze› sich gegen das kapitalistische System zu richten hatten. Solche Satire liest sich bei Hermann Kant (*Der dritte Nagel*, 1981) als amüsanter Reflex auf mangelnde Versorgung (mit frischen Brötchen) und auf das parasitäre System von «Beziehungen» in der DDR, auf bedeutungslose Literaten, auf die «Reise-Kader», deren Westerfahrungen ihre illusionären Erwartungen satirisch zerstören. Der Roman *Die Summe* (1988), Kants letzte umfangreichere literarische Äußerung aus der DDR-Zeit, nahm dagegen in epischer Breite ein europäisches Kulturforum und die – zumal westliche – Illusion eines «dritten» politischen Weges aufs Korn (war doch die historische Entscheidung für den real existierenden Sozialismus angeblich längst gefallen).

Satiren, die nicht Details, sondern Strukturen der DDR-Realität angriffen, erschienen selbst dann zunächst nur im Westen, wenn sie so präzis verschlüsselt waren, wie Stefan Heyms *Die Schmähschrift oder Königin gegen Defoe* (1970): Am Beispiel Daniel Defoes und einer seiner satirischen Schriften wird die Redefreiheit des Schriftstellers und seine mobilisierende Wirkung auf die einfachen Leute mit den Maßnahmen der Mächtigen konfrontiert.

Wenn Satire nach Karl Kraus nur noch die verkehrte Welt zu *zitieren*, also reflexiv bewußt zu machen braucht, dann gehören einige der Texte in Reiner Kunzes *Die wunderbaren Jahre* (1976) zu den unerbittlichsten Angriffen, die Tatsachen nur sprachlich zuspitzen, um die wunderbaren Jahre der Jugend in der DDR als die schrecklichen darzustellen. Günter Kunerts parabolische Mittel wirkten bei Hans Joachim Schädlich (*1935) weiter, der ebenfalls die aktuelle Gegenwart in einer Vielzahl von sprachlichen Versatzstücken angreift. Schädlichs Kurzprosa *Versuchte Nähe* (1977 nur im Westen) entstand überwiegend seit 1971. Die Kurzprosa-Sammlung *Ostwestberlin* (1987) wurde im Westen geschrieben und ergänzte das Vorliegende mit der Desillusionierung des Westens. Der unvorhersehbare Variantenreichtum des Sprechens bindet den Leser an jeden einzelnen der vielfach parabolischen Texte, die sich auch selbst zum Thema werden können (*Papier und Bleistift, Kleine Schule der Poesie*). So tragen sie die Dialektik dieser konzentrierten Prosa aus: Während die Auswegslosigkeit zu ihrem Inhalt wird, ist es die Sprache, die sie noch reflektieren und angreifen kann.

Wenn die Beschreibungsprosa des nouveau roman *(Einseitige Ansehung)* eingesetzt, E. T. A. Hoffmann variiert *(Satzsuchung)*, Sternheim stilistisch imitiert wird *(Lebenszeichen)*, wenn an Bobrowski erinnert oder Plenzdorfs Jugendjargon gesprochen wird: Immer geht es um die Abgrenzung eines geschlossenen Bezirks, in dem Ämter, Potentaten, Chefs, Mauern letztlich alles, auch die Texte unter Kontrolle bringen. Die Obrigkeit, die – «Versuchte Nähe» – das Volk vorbeidefilieren läßt, könnte auch ein Monarch sein, so wie Verlautbarungen über die Begegnung von Monarchen *(Besuch des Kaisers von Rußland bei dem Kaiser von Deutschland)* mit unwesentlichen Korrekturen aktuelle Begegnungen von Staatsoberhäuptern meinen können. Aber auch in der Alltagswelt ‹unten› sieht man Untertanen oder Jäger und Opfer *(Nirgends ein Ort)*. Diese Satire will nicht Symptome, sondern Strukturen des Ganzen treffen. Am genauesten entsprechen diejenigen Texte Schädlichs Intentionen, die den Leser zu Mutmaßungen zwingen, damit er die Erstarrung des Systems selbst erfährt.

Seit Thomas Morus' *Utopia* (1516), dem Gründungsdokument der neueren Utopie (im engeren Sinne des Begriffs), stehen (satirische) Kritik der verkehrten Welt und utopischer Entwurf einer Gegenwelt in einem Spannungsverhältnis, das heute zugunsten der Satire und der Anti-Utopie ausgeht. Die auch in der DDR beliebte Science-fiction, ein moderner Ableger der Utopie, schien in ihren optimistischen Varianten dieser Tendenz zu widersprechen. Der optimistische Glaube an die Zukunft technischer, gar sozialer Errungenschaften wurde allerdings untergraben, wenn Science-fiction satirisch von wissenschaftlichen Experimenten zur Herstellung des standardisierten «Normalmenschen» berichtete (Wolf, *Neue Ansichten eines Katers*, 1970).

Fühmanns Erzählung *Die Ohnmacht* (1974) zeigt einen Menschen im vergeblichen Wettlauf mit seiner von einer Zeitmaschine prognostizierten Zukunft. Diese und andere Erzählungen hat Fühmann 1981 in dem Band *Saiäns-Fiktschen* gesammelt, der sich nicht nur im Titel ironisch-polemisch von dem populären Genre absetzt. Dem Versuch, durch Zukunftsvisionen der Gegenwart zu entkommen, begegnet Fühmann, indem er das autonome Verstehen von Vergangenheit als einzigen Ausweg aus den verwalteten Welten von «Uniterr» und «Libroterr» andeutet – ein ganz subjektiver Weg, der auch durch Literatur eröffnet werden kann und den keine Hinweise begleiten, wie das falsche ‹Ganze› zu verändern sei.

So zeigt diese literarische Reflexion des Science-fiction-Modells die Zukunft versperrt. Der Umbau des Menschen zum gefühllosen Mechanismus kann nur noch als zynische Form der Erlösung bloßgestellt werden (Kunert, *Androiden* in: *Camera obscura*, 1978). Hoffnung mag paradoxerweise der Rückblick in eine verheerende Vergangenheit spenden, aus der «Sagen von Unirdischen» (Seghers) künden, oder der Blick in Tiefenschichten der Subjektivität, die sich radikaler als die Wandlungsromane der vorangegangenen Jahrzehnte aus der Schuldverstrickung in die Geschichte der Sieger löst. So sah es Fries in seinem Roman *Verlegung eines mittleren Reiches* (1984), der durch Dürrenmatts *Stoffe I–III* (1981) beeinflußt sein mag. Das Posthistoire, das sich in der Enklave einer Atomwüste als statisches Finale darstellt, trägt nach dem Einmarsch neuer Herrscher im Prinzip dieselben Züge wie der kleinbürgerliche Alltag vor der Katastrophe; abgeschnitten von jeder Vergangenheit geht es den Menschen nur noch ums Überleben, dem mit einem außer Kontrolle geratenen Silvesterfeuerwerk ein groteskes Ende bereitet wird. Man hat an diesem Roman den «Sog des Unheimlichen» bemerkt,[19] den man auch Fühmanns *Saiäns-Fiktschen*-Erzählungen zuschreiben könnte. Dieses für die ‹Phantastik› der DDR neue Moment, das auf zugleich komisch-groteske Weise auch Wolfgang Hilbigs Erzählprosa auszeichnet, deren Innenwelten von Poe, Gogol und Kafka herkommen, steht im Gegensatz zur komisch-spielerischen Phantastik Morgners (*Amanda*, 1983).

Zu den großen Bildspeichern der Literatur gehört die antike Mythologie, aus der auch die Erzählprosa der DDR auf vielfache Weise ihr Material gewonnen hat – vom *Argonautenschiff* der Seghers (1948) bis zu Wolfs *Kassandra* (1983). Daneben wurde die Bilderwelt der biblischen Überlieferung weniger wirksam – neben Bobrowski am deutlichsten noch bei Heym, der schon im *König David Bericht* mythenkritisch auf den Spuren Thomans Manns wandelte. Sein *Ahasver*-Roman (1981) inszeniert ein historisch-metaphysisches Spektakel, in dem Satire und tiefere Bedeutung den Ewigen Juden als aufrührerische Gegenfigur zum leidenden Jesus auslegen, die Gestalten des unerlösten Aufrührers und des Geopferten zu Sinnbildern historischer Widersprüche werden.

Fühmann schrieb in seinem Essay *Das mythische Element in der Literatur* über die Funktion mythischer Bilder: Sie machen «Menschheitserfahrung» anschaulich, sind «gleichnishafte Modelle» gesellschaftlicher Prozesse, die im mythischen Bild als «elementare» erscheinen. Mythenrezeption heißt immer auch Umformulierung. Fühmann gibt die Richtung an, die für eine weithin säkulare Literatur wie die der DDR bestimmend sein mußte. So wird etwa in Kunerts *Traum des Sisyphos* (1964) die mythische Sisyphos-Figur zum Bild des Scheiterns der Subjekt-Objekt-Dialektik menschlicher Arbeit. Mythen, so Fühmann, «erklären», ohne wissenschaftlich sein zu wollen. Damit kommt eine Dimension des mythischen Bildes in den Blick, die Fühmann schon für die alten Mythen anerkannt wissen will und die erst recht für moderne Mythopoesie gelten kann: ihre Mehrdeutigkeit – «welcher Prometheus also war *der* Prometheus?» Natürlich kann der Autor den Mythos für seine (‹erklärenden›) Zwecke eindeutig machen, wie das tendenziell etwa in Wolfs ideologiekritischer *Kassandra* geschieht, aber er kann auch die Polysemie literarisch nutzen, ja potenzieren – der Weg, den die moderne Literatur seit der Romantik eingeschlagen hat.

In der Mehrdeutigkeit der mythischen Bilder läßt sich Geschichte auslegen, in ihr kann sich aber auch das Subjekt wiederfinden. Für Fühmann wird Mythos zum «dritten Ort», zum Gleichnis, das Historie und subjektive Erfahrung «auf eine geheimnisvolle, nie ausschöpfbare» Weise im Bild vermittelt. Fühmann wagt sich auf ein Gelände, auf dem, wie er genau weiß, auch der «falsche Mythos», die Ideologie des Irrationalen gedeihen konnte. Wie andere Autoren vor ihm kann er diese Dimension des Mythos dem Vorwurf einer «Zerstörung der Vernunft» (Lukács) nur entziehen, indem er sie zum «Wesenskern von Literatur» erklärt und mit dem «Geheimnis der Dichtung» gleichsetzt. Da wird nicht zufällig Anna Seghers «eine der großen alten Mythenerzählerinnen» genannt.[20]

Fühmann scheint mit seiner *Marsyas*-Erzählung (1978) auf ihr *Argonautenschiff*, das Rückkehr-Symbol, das goldene Vlies vom Anfang der DDR-Literatur zu antworten: Die Haut des von Apoll gehäuteten Marsyas wird später als «Banner der Freiheit» von Aufständischen weitergetragen; aber Marsyas mußte sterben, denn der, «den Apoll ergründet, erkennt sich selbst».[21] Hier wird der Besiegte nicht nur vom Sieger geschlachtet, er wird auch von einer Kunst gerichtet, die auf ‹Wahrheit› dringt. Aus der Lektüre der alten Mythen entsteht ein widersprüchlicher Bildzusammenhang, der sich als Ansatz zu einer «persönlichen Mythologie» erweist, wie Fühmann das in seinem Trakl-Buch *Der Sturz des Engels* genannt hat.

Was am Anfang, 1948, unzweifelhaft auf eine neue menschliche Solidarität angelegt war, der Seghers' Jason selbst noch fernsteht, erhält bei Fühmann eine entschieden subjektiv-kathartische Dimension: Dem Menschen, der nicht aus seiner Haut kann, erscheint in Marsyas das Bild des von Apoll gehäuteten – und gereinigten. Der Schuldzusammenhang, die Widersprüche der neueren und neuesten Geschichte, lassen den Marsyas-Mythos zum Urbild existentieller Erfahrungen, zur ‹persönlichen Mythologie› werden, aus der vielleicht ‹Freiheit› erwachsen mag.

VIII. LYRIK IN DER «EISENZEIT» DER DDR

1. Revision des DDR-Credos

1970 legte Volker Braun den Gedichtband *Wir und nicht sie* vor, sein «Deutschlandbuch», mit Reflexionen über das geteilte Land. Das Titelgedicht greift polemisch Klopstocks Ode «Sie, und nicht wir» auf, in der bedauert wird, daß die Franzosen und nicht die Deutschen die Revolution verwirklichten. Auch die Vorreiterrolle des Vaterlandes tröste da nicht. Braun formuliert hingegen Stolz auf das im eigenen Land Erreichte, der allerdings durch den Verweis auf das halbe Deutschland sogleich gebrochen wird; ungetröstet bleibt auch er: «Eins könnte mich trösten: wir haben das halbe / Land frei für den Frieden. [...] / aber es tröstet mich nicht.» Immerhin hielt Braun mit seinem selbstbewußten Ausspielen des «Wir» gegen das «Sie» zu diesem Zeitpunkt noch an der Übereinstimmung mit seinem Staat und dessen Bürgern fest. Hans Magnus Enzensberger, in mancher Hinsicht das westdeutsche ‹Gegenstück› zum politischen Autor Braun, auch dessen Vorbild, hatte in «Landnahme»[1] von dem «blutigen schutt / der zeiten, die uns geblieben sind», gesprochen und in dem Gedicht «Landessprache»[2] radikale Nicht-Identifizierung mit seinem Deutschland artikuliert. Darauf antwortete Braun in *Wir und nicht sie* mit einem «Landgang», der Entfernung nicht als Entfremdung beschreibt, sondern – notwendige – Distanz als Voraussetzung für Nähe. «In Landverweis» folgt das Bekenntnis: «Das ist mein Land», gelegen «im bessern / Teil der Welt».

Brauns lange bewahrte Position grundsätzlicher Solidarität und trotziger Hoffnung auf Veränderung, Verbesserung wurde zunehmend einsamer. Die Jahre seit 1965 mit ihrem kunstfeindlichen Klima, die praktisch keine Veröffentlichungsmöglichkeiten boten, waren Ausgangspunkt für eine Desillusionierung, die immer größere Teile des bislang gültigen Denkgebäudes zum Einsturz brachte. Die Ausbürgerung Wolf Biermanns im November 1976, auf die der mehr oder weniger freiwillige Weggang von so bedeutenden Lyrikern wie Günter Kunert, Sarah Kirsch, Reiner Kunze, Kurt Bartsch und Bernd Jentzsch folgte, zerstörte vollends das frühere Gefüge der Literaturgesellschaft DDR. Auch der ehemals so bedeutsame Gruppenzusammenhang zwischen den Lyrikern löste sich nun endgültig auf.

Lyrik über die DDR wurde nun vielfach zu einer Lyrik über das Bleiben oder eben über das Weggehen – bei denen, die das Land verließen, schließlich zu einer Lyrik über das schwierige Ankommen im neuen, auch deutschen, aber fremden Staat.

«Ich bin der Weggehetzte, / nicht der erste, nicht der letzte», notierte Jentzsch (* 1940) in seinem Gedicht «Arioso» (*Quartiermachen*, 1978). Biermann vertonte es und sang es mit anderen alten und neuen Gedichten auf der Schallplatte *Hälfte des Lebens*, die intimes Zeugnis des erzwungenen Bruchs in der Biographie ist; selbst noch weitgehend sprachlos, verständigte sich Biermann hier mit Hilfe der Texte anderer. Erleichterung über das Fortfallen mancher Zwänge und Repressionen, Schmerz über den Verlust der Heimat, der Freunde, auch des Publikums, für das man eigentlich geschrieben hatte, ein Nichtvertrautsein mit den neuen, kaum je wirklich erwünschten Gegebenheiten, die Konfrontation mit Vereinnahmung und Abweisung, auch mit einem literarischen Markt, der wenig hellhörig ist für das Wort des Dichters, dem in der DDR (von Freunden und Feinden) wache Aufmerksamkeit geschenkt wurde – all diese Momente lassen sich bei den einzelnen Autoren wiederfinden. In fast allen Gedichtbänden, die nach einer kürzeren oder längeren Phase des Schweigens in der Bundesrepublik vorgelegt wurden, finden sich Zeilen der wütenden, verletzten, traurigen Reaktion auf den Wechsel von Deutschland nach Deutschland.

Unterschiedlich waren dann die Strategien zur Bewältigung des Grenzübertritts auf Dauer, deren Gelingen offenbar davon abhängig war, wie stark die frühere Bindung an die DDR war beziehungsweise wie rasch man sich neuartigen gesellschaftlichen Anlässen öffnete. Kunert wuchs zwar nach dem Tod Arendts trotz seiner Übersiedlung in die Nähe von Itzehoe allmählich «die Rolle eines Doyens der DDR-Lyrik»[3] zu, doch hatten seine beharrlichen Warnungen vor der drohenden Selbstzerstörung der Menschheit schon frühzeitig den engeren DDR-Kontext überschritten und auch ein breiteres Publikum gefunden. Der biographische Einschnitt des Weggangs wirkte sich bei Kunert nicht als Bruch im Werk (*Abtötungsverfahren*, 1980; *Stilleben*, 1983; *Berlin beizeiten*, 1987) aus. Dies gilt in vergleichbarer Weise auch für Sarah Kirsch; die länderübergreifende Wirkung ihrer neueren Gedichtbände (*Drachensteigen*, 1979; *Erdreich*, 1982; *Katzenleben*, 1984; *Schneewärme*, 1989) wurde indes über Kategorien wie Natur- und Liebeslyrik, poetische Weltsprache der Moderne, feministisches Schreiben vermittelt.

Die Texte der mittleren Generation haben in den siebziger und achtziger Jahren auf mannigfache Weise mit dem tiefgreifenden Utopieverlust zu tun, den vor allem die gesellschaftliche Stagnation im real existierenden Sozialismus verursachte. Im Vergleich zu analogen Phänomenen des Werteverfalls, Stabilitätsverlusts, der Katastrophenangst und Sinnkrise im Westen Deutschlands bestand dabei das DDR-Spezifische in dem von der SED beanspruchten Wahrheitsmonopol und der reklamierten umfassenden Lenkungsbefugnis, die zunehmend an Akzeptanz verloren. In Sarah Kirschs «Besinnung» (*Zaubersprüche*, 1973) heißt es: «Was bin ich für ein vollkommen weißgesichtiger Clown / Am Anfang war meine Natur sorglos und fröhlich / Aber was ich gesehen habe zog mir den Mund / In Richtung der Füße». Karl Mickel nannte seinen dritten Gedichtband, der 1975 mit zehnjährigem Abstand zu *Vita nova mea* erschien, *Eisenzeit*.

Im «Zettelkasten» zu Fritz Rudolf Fries' (*1935) Roman *Alexanders neue Welten* (1982) findet sich eine Gesprächspassage, die man als Kommentar zum Titel von Mikkels Lyrikband lesen könnte. Berlinguer, einer der Protagonisten, äußert: «Das Nebeneinander von, sagen wir, Steinzeit und Fast-schon-Kommunismus braucht eine ungeheure Einsicht», worauf ein chinesischer Geschäftsträger erwidert: «Wir in China hatten eine sehr interessante Steinzeit.» Berlinguers Schlußwort zum Zustand in der DDR: «Eisenzeit.» Von dieser dritten großen vorgeschichtlichen Periode aus gesehen liegt der verheißene Kommunismus allerdings in einiger Entfernung.

Czechowski, der Mitte der sechziger Jahre das Bekenntnis zu «diesem besseren Land» abgelegt hatte, formulierte zwei Jahrzehnte später ein ganz anderes «Credo» (*Kein näheres Zeichen*, 1987):

> Nichts ist eingelöst
> Von allen Versprechen:
> Wie Herbstlaub raschelnd
> Treiben die Worte.
> Allzu sicher der Zukunft
> Glaubten wir unsern
> Propheten
> [...]

Auch Braun blieb von solcher Einbuße an Zukunftsgewißheit nicht verschont. Schon die Titel der Gedichtbände sind aussagekräftig. Auf den Band *Wir und nicht sie* folgte 1974 *Gegen die symmetrische Welt*, Programm einer Widerborstigkeit gegen das hübsch Geordnete, symmetrisch Zugeschnittene, das Friedrich Hölderlin 1799 in einem Brief an den Bruder als mißliches Verlangen der Deutschen decouvriert hatte. In *Training des aufrechten Gangs* (1978) formulierte Braun sein «Statut meiner Dauer» geradezu trotzig. 1987 erschien dann nach langwierigen Auseinandersetzungen mit der Zensur der Band *Langsamer knirschender Morgen*. Der Morgen als hoffnungsträchtiges Symbol des revolutionären Umsturzes hat seine Verheißung verloren. Nicht von Schnelligkeit ist die Rede, sondern von Langsamkeit. Sand ist ins Getriebe der Revolution geraten, die Räder knirschen. Das «Gespräch im Garten des Chefs» läßt Ratlosigkeit erkennen: «Ansteckhoffnung / Auf dem Ehrenkleid, rostige Andenken / An die Zukunft. / Der Sozialismus, nur noch eine Metapher / Aber wofür?» Der 1988 geschriebene Prosatext *Bodenloser Satz* schließlich geht mit seinen Tiefenschürfungen dem gewaltsamen Umgraben und Abräumen von Natur, Kultur und Vergangenheit zugunsten eines fragwürdigen Produktionsgewinns nach, um gleichzeitig herauszufinden, worauf solche Täterideologe positiv sich gründen konnte: «und darunter ist nichts; nichts als die Arbeit; und danach das Bodenlose, die Zukunft, das Restloch der Zeit, verfüllt mit dem Aschwasser, bis sich endlich der Grund hebt schwarz und wüst, der Grund, den wir vergessen konnten, der keiner war –».

In dem Maß, in dem der Glaube an die gemeinsame Sache abnahm, verfiel auch die Überzeugung von der Zweckdienlichkeit des Gedichts. Die Vorstellung, mit Literatur, auch mit Lyrik, unmittelbar Nutzen stiften zu können, war an ein Konzept von Aufklärung und Erziehung gebunden, das selbst zunehmend kritischer Revision unterzogen wurde. Denn es beruhte ja nicht nur auf der Hoffnung, auf den Leser einwirken zu können, sondern schloß auch die Funktion ein, Literatur zu instrumentalisieren und vom Autor bestimmte Inhalte und Schreibweisen zu fordern. Der Konsens über die aufklärerische Rolle von Literatur hörte auf zu bestehen, Autonomiegedanken gewannen wieder Raum.

2. Der Preis des Fortschritts: Verlust der schönen Natur

Der Schwund an Hoffnungen und das Zerbröckeln der Gewißheiten hatten auch damit zu tun, daß die Umweltzerstörung die Kosten des Aufbaus um jeden Preis ins Bewußtsein rückte.

In der Frühzeit der DDR war Natur als Raum des Schönen wahrgenommen worden; dann, im Zuge der forcierten Industrialisierung, mehr und mehr als Rohstoff, der sich dem Geschick und Willen des Menschen zu fügen hat. Daß nicht das Lob der unberührten, sondern der durchgearbeiteten Landschaft zu singen sei, war ein beharrlicher Topos. In der Veränderung der Landschaft durch den Menschen, der als prometheischer Kolonisator auftritt, zeige sich seine Größe. Maurers durch den Bau des Wolga-Don-Kanals angeregter Zyklus «Hochzeit der Meere» (1953/54) entwickelt ein Pathos der Verklärung technischer Gigantomanie, das für die Literatur über die Großbauten des Kommunismus geradezu obligatorisch war. Braun vor allem schrieb diese Tradition fort. Gegen Brechts «Ballade von des Cortez Leuten» setzte er «Von Martschuks Leuten»[4], das heißt gegen das Ausgeliefertsein an die Natur ihre kollektive Aneignung. «Das Vogtland»[5] spricht, allerdings nicht mehr prometheisch, sondern im Zeichen Sisyphos', ebenfalls von der gemeinsamen Anstrengung, die «schichtweis» die Berge versetzt. «Landwüst» aus *Gegen die symmetrische Welt* leitet die Distanzierung von Industrie- und Aufbaustolz ein, dem in den «Material»-Gedichten Brauns und seinem Text *Bodenloser Satz* restlos der Grund entzogen wurde. Im Prosastück werden Gedanken ausgeführt, die in dem Gedicht «Material V: Burghammer» (ein Zitat daraus dient als Motto) als Zusammenhang von Naturverwüstung und Utopieverlust bereits stichwortartig benannt sind: «Mitteldeutsches Loch Ausgekohlte Metapher / Keiner Mutter Boden Loser Satz / Aus dem Zusammen FROHE ZUKUNFT Hang gerissen».

Hatte Czechowski im Titelgedicht des Bandes *Wasserfahrt* (1967) noch zögernd gefragt: «Aber wenn da etwas verlorenging / Vom Liebesgeflüster, von / Der Fahrt auf dem Fluß, vom Grün / Und der Wölbung des Bergs, was / Blieb?» notiert er 1981 in «Diät» (*Ich und die Folgen,* 1987) lakonisch die Lebensstationen der Fische, die «In der von Abwässern jeglicher Art / Vergifteten Elbe» leben. Sie werden in sauberes Wasser gesetzt, ehe sie zu Fischmehl für Schweine verarbeitet werden; bevor die Schweine den Menschen vorgesetzt werden, unterbleibt diese Fütterung drei Wochen lang.

Den meisten Autoren ist bewußt, daß die Auseinandersetzung mit dem ökologischen Desaster nicht in zivilisationsfeindliche Regression, die sentimentale Beschwörung der heilen Restnatur münden darf. Aber die Trauer über das Verlorene und das im Verlust gegenwärtige Gegenbild des Schönen führten dazu, daß damit auch das Muster klassischer Naturlyrik in den Horizont der Gedichte rückte, sowohl in der thematischen Betonung harmonischer Übereinstimmung (oder ihrer Verweigerung) als auch im formalen Modus der Stimmungs- und Erlebnislyrik.

> die zersiedelte siedlung,
> wie sie verwegen abhängt,
> zerfleddert und zerpflückt
> zwischen wilden müllkippen,
> die sich verzetteln
> von unort zu unort.
> das lied der beerenpflückerinnen
> ein erinnerungsfetzen
> im schrumpfwald.
> kahlschlaggesellschaften
> in aufsteigender linie.
> unentwegt fluß-lebensläufe begradigt.
> abgespielter klaviere
> resonanzböden kieloben
> geißfuß tritt das pedal.
> der mahltrichter wird habhaft der dinge:
> schrillte noch eine grille im schlehenstrauch?
> flog himmelwärts des landmanns liedermeister?
> der mahltrichter wird habhaft der worte:
> der quell, die werre, das fohlen.
> lebensabführungen.
> das dorf,
> sieh, wie es verschlungen wird,
> am ende verschlingt es sich selbst,
> wie es hingeht
> gegen die scherbenumkränzte leere!
> sieh, wie es ziegel um ziegel
> im mahltrichter verschwindet.

Dieses «dorf» Wulf Kirstens (*der bleibaum*, 1977) ist ein Zerrbild jeglicher Idylle, was gleich zu Beginn semantisch deutlich gemacht wird durch die Vorsilben «zer-», «ver-» und «un-». Kirsten (* 1934) ruft frühere, glücklichere Zeiten des Lebens mit der Natur und des selbstverständlichen, von Musik und Lied begleiteten Ablaufs der Jahreszeiten auf, ohne der Nostalgie Raum zu geben. Was – vielleicht noch – übrig ist, ist eine Grille, deren Zirpen schrill klingt. Ansonsten ist der Ort verstummt, die Klaviere sind abgespielt, die Worte fügen sich nicht mehr, sondern werden vom Mahltrichter der Zerstörung verschlungen. Der Text baut also die Frage auf, wie über eine Natur zu schreiben ist, mit der kein Einvernehmen mehr besteht, da sie selbst nicht mehr «natürlich» ist; schließlich gibt es kein lyrisches Ich, das sich im Dargestellten spiegeln könnte, sondern nur einen anklagenden, mahnenden Gestus des Zeigens, Vorweisens.

Im Titelgedicht von Richard Pietraß' (*1946) Band *Spielball* (1987) wird kein Subjekt mehr grammatisch tätig; infinitivisch gereihte Beispiele der Degradierung der Erde zum Objekt der Zerstörung stecken das Ausmaß der globalen Bedrohung ab, «Wenn es gelänge und es gelingt».

Brechts Problem der Emigrationszeit, daß die Fülle der Kämpfe die Kargheit der Empfindungen erfordere, so daß ihn in «Schlechte[r] Zeit für Lyrik» nur das «Entsetzen über die Reden des Anstreichers», nicht aber die «Begeisterung über den blühenden Apfelbaum» zum Schreibtisch drängte, hat sich gänzlich verlagert: Die Bedrohung des Naturthemas geht nicht länger von der Politik aus, die die Ausklammerung des Schönen erzwingen kann, sondern von der Zerstörung der Natur selbst.

Wulf Kirsten und Kito Lorenc (der sorbisch und deutsch schreibende Dichter) sahen sich in den siebziger Jahren gezwungen, von ihrer früheren Art der Landschaftserfassung abzurücken. Kirstens ursprüngliches Programm, «unberührten Landstrich in poetischer Rede, also preisend»[6] vorzuführen, galt seiner Heimatlandschaft, einem begrenzten geographischen Raum. Deren vergangene und heutige Realität suchte er durch langsam wuchernde Wortfelder abzudecken. Mit der Zerstörung der bäuerlichen Welt, die auch Kirstens manchmal barocke Wort-Sucht dämpfte, verschwammen die präzisen lokalen Konturen im allgemeinen Befund: «die heimat verödet zum allerweltbezirk / und niemandsland».[7] Geschichte, der «dinge totes gedächtnis»,[8] tritt hervor, auch das Altern der Menschen, ihre Lebensspuren, rücken in den Vordergrund.

Lorenc (* 1938) distanzierte sich 1983 in einem Gespräch von seiner groß angelegten *Struga*-Dichtung (1967), seiner «Monumentalversion sozialistischer Landschaftsgestaltung»:

> «Ich schickte mich an, Abraummassen von zweisprachigen Baggerängsten und Schornsteinprotzereien wegzuräumen, inventarisierte folklorische Bodenfunde und förderte aus dem freigelegten Geschichtsprofil des Landstrichs biographische Dichterstoffe zutage, mit denen ich wohl auch eine Art lyrischer Kohleveredlung betrieb. Das ist mir heute schon nicht mehr feierlich – jenes verheißende Menschenseelen-Ingenieurunwesen.»[9]

Lorenc verabschiedete sich hier mit sarkastischem Ingrimm nahezu gänzlich vom Naturthema, um nach der *Flurbereinigung* (1973) *Wortland* (1984) zu gewinnen.

3. Lehr- und Lernverhältnisse, Solidarisierungen

Das Beispiel der naturbezogenen Lyrik zeigt mit Prägnanz, wie Traditionslinien innerhalb der DDR-Lyrik weitergeführt, vernetzt und abgebrochen wurden. Gerade die trauernde, pessimistische und vielfach verschlossene Lyrik solcher ‹Außenseiter› wie Huchel, Bobrowski und Arendt sollte erst wirklich entdeckt werden, als sich der gesellschaftliche Optimismus verflüchtigte. Huchels Naturkonzept hatte sich in den sechziger Jahren entschieden verändert, von der Landschaft als «terre des hommes», eine Auffassung, die Bobrowski stark beeinflußte, zur «nature morte»,[10] Entsprechung der wachsenden Isolation, in die er getrieben wurde, nachdem er 1962 die Redaktion ‹seiner› Zeitschrift «Sinn und Form» abgeben mußte. Die Gedichte der erzwungenen Vereinzelung (*Chausseen, Chausseen*, 1963; *Gezählte Tage*, 1972), die in den Jahren bis 1971 entstanden sind, als ihm die Ausreise gestattet wurde, verflechten Konstellationen, Erfahrungen der Historie mit Bildern von Kälte, Verödung, Erstarrung, Versteinerung.

Auf die Schlußfrage des «Winterpsalms»: «Atmet noch schwach, / Durch die Kehle des Schilfrohrs / Der vereiste Fluß?» wurde gerade in den letzten Jahren vielfach geantwortet, zu einer Zeit also, als sich auch die jüngeren Autoren in karge Refugien zurückzogen. «Seine Stimme traf in meine Stille», schreibt Elke Erb 1988 in «Sinn und Form», und Fritz Rudolf Fries läßt seine «Erinnerung an Peter Huchel» (*Herbsttage im Niederbarnim*, 1988) enden:

> in Gedanken fuhr ich
> den Weg zurück über den Sand
> um Caputh
> der jede Spur bewahrt
> auch im Schnee
> die Runen des Auerhahns
> und die eisverkrusteten Seen
> die mit einer Kehle aus Schilfrohr
> den Winter lang atmen.

Auch Huchels Befragungen der Sprache auf ihre Zeichenhaftigkeit hin, das Erkunden der Zeichensprache der Dinge und der Grenze zum Schweigen zogen Weiterungen nach sich. Bobrowski brachte seine Auseinandersetzung mit Wort und Aussage in seinen Benennungsversuchen ‹zur Sprache› («Immer zu benennen: den Baum, den Vogel im Flug, / den rötlichen Fels, wo der Strom / zieht, grün und den Fisch / im weißen Rauch, wenn es dunkelt.»).

Kirsten konkretisierte in seiner poetologischen Programmerklärung «satzanfang» aus seinem ersten, gleichnamigen Gedichtband (1970) dieses Benennen
ins Alltägliche des Landlebens hinein: «inständig benennen, die leute vom
dorf, / ihre ausdauer, ihre werktagsgeduld.» Die Sprachgewißheit, die sich
hier immerhin noch äußert, zersetzte sich im schlimmen Wissen um die
unumkehrbare Zerstörung der Lebens- und Umwelt: «dem abgekommenen /
lebensflecken wollen wir keinen namen / mehr geben»; übrig bleibt «bedeu-
tungsgeröll».[11] Die Fortführung des Naturthemas ist nur noch unter äußerster Anspannung oder Reduktion der Sprache denkbar.

> Der große Regenmacher aber macht es
> Mit Steinen, die er dreht und wendet, bis
> Sie nichts sind als Metaphern, Niederschlag,
> Traumhaftes Regnen in
> Vulkanisch eruptiver Landschaft.
>
> [...]

Als «großer Regenmacher», als Magier der sprachlichen Verdichtung und
Gewichtung schwerer Vokabeln wird in diesem Gedicht Jürgen Rennerts
(* 1943) *(Märkische Depeschen*, 1976) Erich Arendt gewürdigt, dem die *Ägäis*
(1967) zu seinem spät entdeckten Sprech-Raum wurde, den er, stets vom
Verstummen bedroht, mit Chiffren der Versteinerung, Ummauerung, der
Blicklosigkeit und des «zerstückten Traums»[12] füllte, immer mehr die Brük-
ken der Syntax abbrechend: «Licht, / blicktotes / aus dem Fels» («Gedenken»[13]). Rennert schloß hier an, nicht nachahmend, sondern fortfahrend, im
gemeinsamen Bewußtsein des «Steinalt[s] der Klage.»[14]
	Verknüpfungen lassen sich entwirren, Anspielungen entziffern, versteckte
Zitate aufdecken. Darüber hinaus ist der Nachweis schwierig, was von den
Sprechmöglichkeiten Huchels, Bobrowskis, Arendts, um nur sie zu nennen,
unmittelbar für die Jüngeren greifbar wurde. Was über diese Autoren indirekt
vermittelt wurde (etwa an Sprachvorstellungen Klopstocks oder Hölderlins),
läßt sich dann kaum noch konkret belegen.
	Dies gilt auch für die gleichwohl bedeutsamen Wirkungen, die von Über-
setzungen und durch Lehrtätigkeit ausgegangen sind: Arendt übersetzte
Guillén, Neruda, Alberti und andere, besonders in den fünfziger Jahren, als
man ihm das Schreiben erschwerte. Die Farbigkeit und Expressivität der
südamerikanischen Lyrik bereicherte die literarische Szenerie in der DDR.
Hermlin trat für die französische Lyrik, besonders auch den Surrealismus ein.
Damit war der romanischen Dichtung, dieser wichtigen Poesie der Moderne,
Einlaß gewährt. Maurers Rolle als Dozent am «Literaturinstitut Johannes R.
Becher» ging weit über die Versorgung mit schwer zugänglichem Lehrstoff
hinaus. Mickel, die Kirschs, Czechowski und Endler feierten ihn als Lehrer,
dem sie «Welt in der Lyrik» verdanken und Aufschluß darüber, was Lyrik

vermag. Durch seine eigenen Gedichte wirkte er dagegen kaum. Ein ähnliches Mißverhältnis zwischen dem eher geringen Echo auf seine Lyrik, mit Ausnahme des Bandes *Die Richtung der Märchen* (1962), und der vielfach belegten Ausstrahlung seiner Person bestand bei Fühmann, der vor allem für die Generation der in den fünfziger Jahren Geborenen ein wichtiger Mentor werden sollte.

Oftmals wurde den Vorbildern in Form von Porträt- oder Widmungsgedichten literarische Reverenz erwiesen. Dies gilt nicht nur für die direkten Vorläufer und Zeitgenossen, sondern auch in bezug auf das literarische «Erbe». Für die Ausbildung des seit Beginn der siebziger Jahre so charakteristischen Personengedichts waren die Künstlergedichte Bobrowskis von großer Bedeutung. Sowohl der Kanon der von ihm bevorzugten Autoren als auch seine Manier der persönlichen Annäherung an den anderen Dichter und seine lyrische Sprechweise (überhöhende Metaphorik, assoziative Anspielungen auf Biographisches, Kryptozitate usw.) machten Schule.

Für den Typus des Porträtgedichts, der sich dann ausprägte, sind vor allem zwei Merkmale kennzeichnend. Erstens die direkte oder implizite Kritik am Erbekanon, der einseitig auf den kritischen Realismus und die Klassik mit der Mittelpunktsfigur Goethe ausgerichtet war. In den Porträtgedichten erfolgte nun eine scharfe Abwertung der Klassik, der negativ gefaßte Merkmale wie Glätte, Reibungslosigkeit, Souveränität und Harmonie zugeordnet wurden. Dieser Abkehr entsprach die Hinwendung zur Romantik, deren Literatur als spannungsvoll, widersprüchlich, unfertig und vor allem unangepaßt entdeckt wurde. Die Vorliebe für Kleist und Hölderlin erweiterte sich zu einem Interesse an den schwierigen, unglücklichen Existenzen überhaupt, an deren von Konfrontation, Scheitern, aber auch konsequenter Selbstbehauptung geprägten Lebensläufen. Denn dem Personengedicht kam zweitens die Aufgabe der poetischen und poetologischen Verständigung zu. Mit der Darstellung des spannungsvollen Verhältnisses von Geist und Macht in vergangenen Zeiten rückten auch aktuelle Reibungen zwischen Künstler und Gesellschaft in den Blick.

Charakteristisch ist Uwe Grünings (* 1942) Gedicht «Zürich 1837».[15] Der Titel gibt Ort und Jahr von Georg Büchners Tod an, spart jedoch, wie das Gedicht selbst, eine Nennung des Namens aus. Das Eingangsbild der reflektierenden Schneeflächen bietet nicht nur eine Naturszenerie, die die Reminiszenz an Büchners *Lenz* einleitet, sondern vermittelt auch den Anspruch, die eigene Existenz im Dargestellten zu spiegeln.

> Flächen spiegelnden Schnees:
> auf dem Kopf
> geht sich's zweifellos leichter
> niederwärts durchs Gebirg

Lenz, über den in der Novelle ausgesagt wird, «nur war es ihm manchmal unangenehm, daß er nicht auf dem Kopf gehen konnte», wird in der Spiegelung dieser Wunsch erfüllt. Damit wird er recht eigentlich auf die Füße gestellt. Die Qual des Nieder-Gangs wird ihm erleichtert. Die folgenden Strophen, die einen Brief Büchners an den Bruder und von Caroline Schulz aufgezeichnete Aussagen des sterbenden Büchner zitieren, gelten dann ganz unmittelbar der Auseinandersetzung mit Leid und Tod. Das Gedicht verlangt einen wissenden Leser, denn es erschließt sich erst dann in seinen Bezügen, wenn es in seinem textuellen Zusammenspiel mit den Büchner-Passagen gelesen wird.

Ähnlich strukturiert sind die Solidaritäts- und Freundschaftsbekundungen, die untereinander ausgetauscht wurden: Indem man Gedichte einander widmete, bestimmte Zeilen als Zitat übernahm, Anspielungen als Kassiber für Eingeweihte einschmuggelte. Diese Verfahren der Pluralisierung von Texten hatte das Gruppenbewußtsein innerhalb der mittleren Generation befestigt und eine eigene Form der Kommunikation hervorgebracht. Durch die Ausbürgerung Biermanns 1976 wurde solche Art der Solidarität auf den Prüfstein gestellt und ein letztes Mal Zusammengehörigkeit demonstriert.

Manches bei den Bezügen, Querverweisen und Anspielungen ist sicherlich nur für Insider verständlich. So muß der Leser aus Czechowskis «An Freund und Feind» (ein gleichnamiger Band erschien 1983) die Titel von Gedichtbänden Brauns, Endlers, Mickels, Maurers, Czechowskis und der beiden Kirschs herauszulesen wissen, um das Prinzip des Gedichts zu verstehen. Doch gewinnen solche scheinbar nur spielerischen Texte Tiefe, wenn sie mit dem zugehörigen politischen Hintergrund in Verbindung gebracht und als mutiges Eintreten für die Freunde aufgefaßt werden. Braun schloß mit seinem Gedicht «Der Müggelsee»[16] an Klopstocks Freundschaftsode «Der Zürchersee» an, um «in der Zeit Wirre / Die die Freunde verstreut roh» den weggegangenen, vermißten Lyrikern Jentzsch, Kunze, Biermann und Sarah Kirsch nachzurufen.

4. Unmittelbarkeit zur Welt, Subjektivität

Seit Beginn der siebziger Jahre setzten sich in der Literaturkritik der DDR drei Begriffe durch, mit denen sich die diskreditierte Germanistik auf die neuen Gegebenheiten in der Lyrik einzustellen suchte: Zeitgenossenschaft (statt Parteilichkeit), Subjektivität und Unmittelbarkeit. Das Aufkommen aller drei Begriffe ist durch das Zurücktreten des Weltanschauungsgedichts mit theoretisch-philosophischer Fundierung und den Abschied von der Ästhetik der Repräsentanz bedingt. Den Texten wurde eine neue Sinndimension zugestanden. Aber auch die Kategorie der Sinnlichkeit gewann, in durchaus unterschiedlicher Ausprägung, an Bedeutung. Eindrücklich machte ein Sensualismus seine Rechte geltend, der auf die Aneignung des sinnlich Erfahrenen abzielte, der darauf aus war, «Realität unmittelbar kritisch ins Gedicht zu holen», wie Czechowski in einer Rezension notierte.[17]

«in reichweite / welt, unmittelbar / wie griffiges mehl» beginnt Kirstens Gedicht «welt unmittelbar».[18] Hierhin gehören die zahlreichen Eß-, Koch-, Liebes- und Reisegedichte, die in den siebziger Jahren mehrere Anthologien füllten. Zum Teil verfahren die Gedichte karg, deskriptiv, Verrichtungen oder An- und Ausblicke beschreibend. Hier ergeben sich überraschende Parallelen zu Gedichten ‹mit dem Kamerablick› etwa von Nicolas Born, Jürgen Becker oder Rolf Dieter Brinkmann. Im Anschluß an eine Georgienreise entstanden zum Beispiel bei Sarah und Rainer Kirsch solche nahezu fotorealistischen Texte. Häufig wird jedoch die emotionale Verarbeitung des Gesehenen oder Getanen in das Gedicht hineingenommen. Nicht «welt, unmittelbar» wäre hier der Impuls, sondern Subjektivität, authentisch. Was ein radikal subjektives Sprechen leisten kann, wies Sarah Kirsch in ihrem Band *Zaubersprüche* (1973) vor. Mit einer Offenheit, die in der deutschen Gegenwartslyrik ihresgleichen sucht, macht Sarah Kirsch hier ihre Ansprüche, nicht zuletzt in Form von Besitzansprüchen auf den Mann, geltend:

> Ich wollte meinen König töten
> Und wieder frei sein. Das Armband
> Das er mir gab, den einen schönen Namen
> Legte ich ab und warf die Worte
> Weg, die ich gemacht hatte: [...]
> [...]
> [...] Ich ging
> Den Gerüchten nach im Land die
> Gegen ihn sprachen, sammelte
> Drei Bände Verfehlungen eine Mappe
> Ungerechtigkeiten, selbst Lügen
> Führte ich auf. Ganz zuletzt
> Wollte ich ihn einfach verraten
> Ich suchte ihn, den Plan zu vollenden
> Küßte den andern, daß meinem
> König nichts widerführe.

Eine Geschichte wird erzählt, nahezu beiläufig, ohne didaktische Absicht. Es ist eine alte Geschichte, und sie kommt auch in diesem Gewand daher: viele mögen sich in ihr wiederfinden und doch ist sie in ihrer Unerschrockenheit unverwechselbar.

Erlebnisnahes, authentisches Sprechen bedeutet nicht notwendigerweise Kunstlosigkeit, schon gar nicht bei der mittleren Generation, bei der der Zugewinn an Subjektivität durchaus mit der Individualisierung (zum Teil auch Komplizierung) der Sprechweisen einherging. Eine literarische Rezeption der westdeutschen Lyrik, wie sie unter Begriffen wie «Neue Sensibilität», «Neue Innerlichkeit» oder «Neue Subjektivität» firmierte, fand damals kaum statt. Auch deren Vorbild, die bewußt antikünstlerische, betont beiläufige amerikanische Beatlyrik wurde erst von den Autoren der Prenzlauer Szene aufgenommen.

Ein breiter Strom gerade der Triviallyrik begnügte sich zwar – ohne selbst-
kritisches Kunstbewußtsein – mit der spontanen Äußerung privater Gefühle,
vermittelte aber Sentimentalität statt Lässigkeit, Verschämtheit statt Ent-
tabuisierung. 1974 holte Andreas Reimann in «Sinn und Form» zu einer
großen Abrechnung, betitelt «Die neuen Leiden der jungen Lyrik», aus:
Verfall des Individuellen und Verlust der eigenen Handschrift, impressive
Oberflächlichkeit, Form- und Sprachschluderei, Begriffsungenauigkeit und
Bildunlogik, lautete Reimanns Mängelkatalog. Vor einem Alltag, «der Epigonales züchtet und hätschelt», warnte Fühmann noch 1980. Überall läge «ton-
nenweise sogenannte Poesie» herum, die sich unterhalb der Grenze von Literatur befände, notierte Fühmann in seinem Nachwort zu dem Lyrikband
Hineingeboren von Uwe Kolbe (* 1957).

Kolbes Gedichte aus diesem Band sind zwar häufig Selbstverständigungs-
texte in alltagssprachlicher Formulierung, doch spitzte er das Sich-Ausspre-
chen immer mehr zu, bis er zur Formulierung eines «radikalen Ich» gelangte.
In diesen Aussagen über die eigene Existenz waren Autor und lyrisches Ich
kaum unterscheidbar. Das Ich wurde in diesen frühen Texten häufig autonom
und absolut gesetzt, ein Verfahren, das gewisse Vorteile bietet, etwa den einer
kompromißlosen Selbstbehauptung. Allerdings wurde damit die Differenz
weitgehend eingeebnet, die beim gestischen Ausstellen eines provokanten Ich
Ende der sechziger Jahre zu beobachten war. Eine gewisse Verengung konnte
nicht ausbleiben. Kolbe löste sich aus ihr. Argumentierte er in einer 1982
publizierten Gesprächsserie noch mit Begriffen wie «unbedingte Formulierung von Selbstbewußtsein», «wirkliche Integrität» und «subjektive Wahrheit»,[19] so hält er in der 1988 erschienenen Anthologie *Sprache & Antwort*
fest, daß das Ich der Gedichte keinesfalls identisch sei mit dem Verfasser:
«Und als Verfasser gebe ich ihm *alle* Chancen: in jedem Gedicht ist es ein
anderes; jeder Text erfordert ein eigenes Ich, stellt es sich her.»

Die junge Lyrik der achtziger Jahre zeigt beides: den Gestus des Bekun-
dens und Benennens persönlicher Erfahrung, dann aber auch, da sich das
Mißtrauen nicht nur dem fremden, sondern auch dem eigenen Fühlen gegenüber verstärkte (Jan Faktor), vielschichtigere Sprecherpositionen bis hin zur
fluktuierenden Subjektivität in den postmodernen Texten. Das lyrische Ich
konnte demnach als Sprachrohr der eigenen Befindlichkeit oder aber als
«Subjekt der Konstruktion» (Aleksandar Flaker) fungieren.

5. Von der Heimkehr des Odysseus zur Mühsal des Sisyphos

Es sind vor allem drei Metaphern, durch die die jungen Autoren seit den
späten siebziger Jahren ihr Lebensgefühl ausdrückten: mit dem Bild des Labyrinths und Spiegels, durch die Gestalt des Sisyphos. Das Labyrinthische
zeigt das Ende der Übersichtlichkeit, klarer Orientierungen und gerader

Wege an. Durch die Spiegelmetaphorik wird zusätzlich Zurückgeworfensein auf sich selbst signalisiert, auch die Erkenntnis vermittelt, daß Wirklichkeit als feste Größe nicht mehr existiert oder zumindest dem erkennenden Subjekt nicht mehr faßbar ist, so daß allenfalls der Bezug auf so oder anders geartete Wirklichkeiten möglich ist. Entweder die Spiegel zersplittern den Körper und seine Wahrnehmung, oder sie sind so stumpf geworden, daß sie nichts mehr reflektieren, wie in Frank-Wolf Matthies' (* 1951) «Violettem Gedicht» (*Für Patricia im Winter*, 1981): «Spiegel / Schatzsilber zerfallener Träume im Wind / Tränen in schwarzen Rahmen / Schwarzsilber / Schwarzfroh / Schwarzeinsam / Schwarz-Schwarz».

Sisyphos ist Modellfigur der Vergeblichkeit, der stets erneuten, aber nie von dauerhaftem Erfolg gekrönten Anstrengung. «Wir müssen uns Sisyphos als einen glücklichen Menschen vorstellen», hatte Camus 1942 in seinem Versuch über das Absurde *Der Mythos von Sisyphos* postuliert. Er sah Sisyphos seinem Schicksal überlegen durch Wissen und Bewußtheit. Von diesem Glück des Sisyphos als Held des Absurden ist zwar in den neuen Gedichten noch bisweilen die Rede, aber es ist geschrumpft zu einer Augenblickserfahrung, die aufgesogen wird von der Sinnlosigkeit der stets wiederholten Tat. Vielfach ist nicht die Ankunft auf dem Gipfel als entscheidender Moment markiert, sondern die rasende Talfahrt, das Hinterherrennen hinter dem Stein, der einen doch nur versklavt und zu dem Kunert in «Sisyphos 1982» *(Stilleben)* ironisch anmerkt: «‹Das Einfache / das schwer zu machen ist›: / Den Stein endlich zurückrollen lassen / wohin er gehört.» In Kolbes Gedicht «sisyphos nach Mattheuer» *(Hineingeboren)*, das sich auf dessen Bild «Der übermütige Sisyphos und die Seinen» bezieht, wird der sich gegen die Beharrungskräfte – auch im Sprachduktus – durchsetzende ‹Ablauf› mit der Frage Gehen – Bleiben verknüpft und als «Klamotte» entheroisiert, von der dennoch nicht freizukommen ist; ein Anfang ist nur ganz unten zu finden:

> [...]
> sisyphos, bergab
> gehst auch du andrer –
> seits ich bin hier hier hier
> ich bleibe bleib bleibe
> ich schreib schreib schreibe
> im ansatz klarer dann
> stockend nun rennend
> nach stoppuhr der klamotte nach
> tiefer gehts ja nicht mehr
> als anfang

Vor Sisyphos waren in der Lyrik der DDR andere mythologische Leitfiguren maßgeblich; in der Nachkriegszeit besonders Odysseus, dann – im Zeichen der Produktionsorientierung – Prometheus. Ikarus wurde wichtig zur Symbolisierung der auffliegend-scheiternden Hoffnungen, Sisyphos schließlich (ähnlich Kassandra in der Prosa) als Figur der Vergeblichkeit. Jeder Held wurde dabei seinerseits zahlreichen Neu- und Gegeninterpretationen unterzogen.[20]

Odysseus, der nach langen, kampf- und gefahrenreichen Irrfahrten endlich wieder ins heimatliche Ithaka zurückfindet, bot sich als Identifikationsfigur für jene an, die im Exil auf die Rückkehr warteten.

1938 schrieb Becher ein Gedicht «Odysseus», das einen souveränen, über dem Schlachtengetümmel stehenden Heroen zeigt. Die Schlußzeilen wirken wie eine Wunschformel für die eigene Emigrationserfahrung: «Kam er zurück, mit Beute reich beladen. / Er nahm an seiner Seele keinen Schaden.» In «Ithaka» beschreibt Becher Ankunft als Wiederentdeckung der fremd gewordenen Heimat. Die Leiden des Exils werden, durchaus autobiographisch, zwar genannt (etwa als Verlust der vertrauten Sprache), aber die Ankunft gelingt allzu bruchlos: «Und so, als wäre er nur immer hier / geblieben, und als wäre kaum gewesen / Das viele Leiden, und nun ist an ihr / Der Heimat, er von alledem genesen – // Schritt er weit aus.»

Nach dem Ende des Exils entfaltete sich rasch ein neues Odysseus-Motiv, das des Aufbruchs «Um der Fahrten willen, des steten Entdeckens», wie Fürnberg in «Der neue Odysseus» (1948) festhielt. Unerschrockenheit und Tatendrang zeichnen Odysseus auch in Arendts Gedicht «Ulysses' weite Fahrt» (1950)[21] aus, in dem seine «Sendung» darin besteht, den Spanienkämpfern Leitbild zu sein. Arendt schloß die Auseinandersetzung mit Odysseus mit einer rigorosen Absage ab. Im 26. Gesang der *Göttlichen Komödie* Dantes wird Odysseus unter die Verdammten gezählt, aufgrund der betrügerischen List mit dem Trojanischen Pferd und wegen seines ungezügelten Entdeckerdrangs, des schuldhaften Umherirrens. Nach dem Passieren der Säulen des Herkules scheitert Dantes Odysseus. Im Paradigmenwechsel vom ankommenden zum erneut aufbrechenden Odysseus spiegelt sich also die Ablösung Homers durch Dante im Rezeptionsvorgang. Schon Arendts frühes Gedicht schloß an diese Überlieferung an, wie die lateinische Namensform andeutet.

1962 entstand Arendts Gedicht «Odysseus' Heimkehr».[22] In zwei ‹Textspalten› vollzieht sich dialogisch ein Resümee des Scheiterns, das jegliche Rede von Heimkehr widerlegt. Die eine ‹Texthälfte› kreist in den Irrfahrten mit ihren Erfahrungen der Einsamkeit («Muschelleere des / Himmels»), der selbstverschuldeten Unstetigkeit («Unrast, hohlgehendes / Irren»), des Verlusts der Gefährten («rückwärts sämtlicher Glanz der Verblichnen...») und der Vergeblichkeit («schwarz, wie Todnacht, jedes / Troja umsonst»). Der Widerpart rekonstruiert das Gedächtnis des Odysseus und ist dabei unerbittlich: «Hinfällige Stunde / und / das Gedächtnis des Todes / groß!»). Die Siege sind schal geworden, der Ruhm ist «verblättert». Verrat an seinen Gefährten wird Odysseus vorgeworfen, als Kirke sie, ohne daß er eingegriffen hätte, in Schweine verwandelte. Schließlich ordnet das Gegenüber imperativisch an: «dein Segel, / Scheiternder, / setz / schwarz.»

Absagen an Odysseus wurden dann vielfach formuliert, etwa von Mickel («Odysseus in Ithaka» und «Säulen des Herakles»[23]) oder von Kunert, der in «Nach der Lektüre Homers» bitter anmerkt:

«Bald würden wir uns fragen, wieso gerade er stets der einzige Überlebende ist, indes die andern ins Gras beißen müssen, von Polyphem umgebracht, von Poseidon hinabgezogen, da er dank seiner Beziehungen, seiner Tricks, seiner völligen Charakterlosigkeit, die sich allem und jedem anpaßt, fortwährend durchkommt.»

Heiner Müller (*1929) fügt eine weitere Lesart hinzu. Weniger in seinem Gedicht «Tod des Odysseus»,[24] wo dieser vor der Kulisse von «Gaswerk Kraftwerk Atommeiler» im Meer untergeht («In der Hölle der Neugierigen brennt er / Dante hat ihn gesehen, mit andern Flammen»), als vielmehr in seinen Philoktetentwürfen nach der Vorlage von Sophokles.[25]

Das Gedicht «Philoktet 1950»[26] benennt Lebensstationen des von den Griechen auf der Fahrt nach Troja wegen einer stinkenden Wunde ausgesetzten Bogenschützen. Nach zehn Jahren vergeblichen Kampfes entsinnen sich die Griechen Philoktets, der durch seinen Bogen den Sieg herbeiführen soll. Odysseus, der ihn selbst verstieß, bricht auf, «heimzuholen den Helden / Daß er mit Ruhm sie bedecke». Beläßt es das Gedicht dabei, daß man den Verbannten gewaltsam aufs Schiff schleppen mußte, wodurch seinem Stolz Genüge getan wurde, wird Philoktet in Müllers Theaterstück[27] von Odysseus' unbescholtenem Helfer Neoptolemus getötet, der sich immer mehr in die Fänge von Odysseus' Macht- und Realpolitik verstrickt. Odysseus' Handeln bezeichnet den Sieg der instrumentellen Vernunft; erkennbar wird jene *Dialektik der Aufklärung* (Adorno/Horkheimer), die besagt, daß das verstandesgemäße Handeln auch in zweckrationale Vernichtung umschlagen kann. Odysseus bleibt stets kalter Beherrscher der Situation, der gnadenlos selbst die eigenen Mitstreiter opfert.

«Prometheus ist der vornehmste Heilige und Märtyrer im philosophischen Kalender.» Mit diesem Diktum von Marx wurde, obwohl die Überlieferung nicht eindeutig ist und die Quellen zu einem widersprüchlichen Prometheus-Bild durchaus Anlaß böten, seine positive ‹Rolle› als Heilsbringer für die Menschheit vorgegeben. Traditionsstiftend wirkte zusätzlich Goethes «Prometheus», der die Zuordnung von Attributen wie aufbegehrend, tätig, schöpferisch, fortschrittlich eingeleitet hatte. In der sozialistischen deutschen Lyrik wurde zunächst das Moment der Befreiung hervorgehoben, als Entfesselung zu unentfremdeter Arbeit.

Schon Wilhelm Tkaczyks «Prometheus in der Fabrik» (1925)[28] formulierte solche Empörung gegen das Joch, den Willen, die Ketten zu sprengen («Komme, was kommen will, / ich / mach / mich / frei!!!»), ein Gestus, der auch noch Czechowskis Prometheus-Gedicht (1963)[29] über die unfreie Arbeit im Kapitalismus bestimmt («Und dann: das Sichaufbäumen und Krachen / der springenden Ketten / die tausendjährige Qual gestürzt in das alleserhaltende Feuer»). Gegen solche Reklamierung des Prometheus als Vorkämpfer eines sozialistischen Arbeitsethos setzte Wilhelm Bartsch (*1950) in *Übungen im Joch* (1986) seine «Beurteilung des Prometheus»: Der Individualismus und die Vorreiterrolle des Kollegen P., so wird satirisch angemerkt, hätten ihm nur den Vorwurf des Anarchosyndikalismus und damit Maßregelungen verschiedener Abstufungen eingebracht.

Maurers «Prometheus» (*Variationen*, 1964) hat den Menschen zwar das Feuer gebracht, sie aber nicht den Gebrauch gegen die Unterdrücker gelehrt. Prometheus habe es nicht verstanden, sich selbst zu befreien[30] – dies sei nun Aufgabe der gesellschaftlichen Arbeit. Mit der eigenen Leistung wird bei Braun («Prometheus»[31]) die Blickrichtung umgekehrt, das Feuer nun von den Menschen in den Himmel getragen. Die Zwiespältigkeit des Feuers, das leuchten und wärmen, aber auch vernichten kann, reduzierte schließlich Rainer Kirsch auf sein umweltzerstörendes Potential in einem Zweizeiler mit dem bezeichnenden Titel «Prometheus oder Das Ende vom Lied» (1981):[32] «Groß in Gesängen rühmten die Alten den Schaffer Prometheus / Weil er das Feuer uns gab; wir heute schlucken den Rauch.»

Ikarus ist nun schon von der mythologischen Vorlage her eine gebrochene Figur, die sich schwerlich ganz positiv ausdeuten läßt. Daß das Bild des zur Sonne auffliegenden, ins Meer abstürzenden Ikarus sich seit Mitte der sechziger Jahre in der Lyrik auffällig nach vorn drängt, ist kein Zufall. Es ist aber auch konsequent, wenn sich gerade Autoren der mittleren Generation darauf zum Anwalt des mahnenden Vaters Dädalus machten.

Hier soll nur von zwei Ikarus-Gedichten die Rede sein; beide stammen von Kunert. Das erste trägt den Titel «Ikarus 64» (*Verkündigung des Wetters*) und setzt ein: «Fliegen ist schwer». Gründe werden genannt: das materielle Verhaftetsein, der Ballast des trägen Wohllebens und passiven Konsums:

[...]

Dennoch breite die Arme aus und nimm
einen Anlauf für das Unmögliche.
Nimm einen langen Anlauf damit du
hinfliegst
zu deinem Himmel
daran alle Sterne verlöschen.

Denn Tag wird.
Ein Horizont zeigt sich immer.
Nimm einen Anlauf.

Es ist ein Gedicht des «Dennoch», eine Aufforderung zum Aufbruch, zum Ausbrechen, obwohl der Himmel leer ist. Welche Wirkung dieses Gedicht hatte, zeigt noch seine späte Spiegelung in Hans Brinkmanns Gedicht «Sisyphos» (*Poesiealbum 170*, 1981), das die Handlungsanweisung, Anlauf zu nehmen, auf Sisyphos und damit die unendliche Kette je wiederholter Mühe überträgt. Kunert selbst schrieb ein Gegengedicht zu seinem frühen Text mit «Unterwegs nach Utopia I», das einem 1977 erschienenen Gedichtband den Titel gab.

Vögel: fliegende Tiere
ikarische Züge
mit zerfetztem Gefieder
gebrochenen Schwingen
überhaupt augenlos
ein blutiges und panisches
Geflatter
nach Maßgabe der Ornithologen

> unterwegs nach Utopia
> wo keiner lebend hingelangt
> wo nur Sehnsucht überwintert
> [...]

Der Flug kann nicht gelingen, sagen die Attribute aus, die ein ums andere schrecklicher werden. Die Maßgabe der Ornithologen, derjenigen, die messen, wissen und beurteilen, ist falsch. Ins immer als Ziel herausgestellte Utopia gelangt keiner lebend. In dem metaphorisch aufgerichteten Geflecht negativer Aussagen wird zweimal vorsichtig Positives verankert: im Bild der überwinternden Sehnsucht und mit dem Hinweis auf die Literatur, die aufheben soll, Kenntnis geben soll von dem Geschehen hinter den Horizonten:

> [...]
>
> Das Gedicht bloß gewahrt
> was hinter den Horizonten verschwindet
> etwas wie wahres Lieben und Sterben
> die zwei Flügel des Lebens
> bewegt von letzter Angst
> in einer vollkommenen
> Endgültigkeit.

Der enge Kontext DDR war für das Gelingen eines reaktiven Schreibens der vielfältigen Bezugnahme, das den verstehenden Leser einrechnet, gleichsam die Voraussetzung; er wurde notwendig jedoch auch immer wieder überschritten. Im Falle mythischer Vorlagen ist die literarische Reihe, in die sich der Schriftsteller mit seiner Adaptation stellt, besonders komplex. Die Chance, sich mit dem im Mythos Gestalt gewinnenden Kontinuum an existentiellen Fragen auseinanderzusetzen, nutzten die Autoren der DDR extensiv; sie setzten, wie Fühmann in seinem großen Essay «Das mythische Element in der Literatur» (1974)[33] auch theoretisch verfocht, die Vielschichtigkeit des Mythos konfrontativ gegen die eindimensionalen Festlegungen des sozialistischen Realismus ein.

IX. «DIE NEUEN LEIDEN»: EIN JAHRZEHNT DRAMATISCHER ERNÜCHTERUNG UND ENTTÄUSCHUNG

Praxis, Esserin der Utopien
(Heiner Müller, *Der Bau*, 1965)
Die Welt hat ihren Traum geträumt, der Morgen ist
grau wie immer.
(Christoph Hein, *Schlötel oder Was solls*, 1974)

Die Zäsur von 1971, die Ablösung Walter Ulbrichts durch Erich Honecker, hat nicht gehalten, was sie versprach: «keine Tabus» mehr auf dem Gebiet von Kunst und Literatur bei einer «festen Position des Sozialismus». Zwar war die «ästhetische Emanzipation» der Literatur (Werner Mittenzwei) unumkehrbar, und es wurden nun einige mißliebige Stücke der sechziger Jahre auf dem Theater veröffentlicht und diskutiert, aber die wichtigsten neuen Stücke wurden wie bisher zensiert und totgeschwiegen. Ja, je ernsthafter die sozialistische Position eines Dramatikers war, desto größer seine Schwierigkeiten, desto mächtiger die Tabus. Von Heiner Müller wurden nur seine *Macbeth*-Bearbeitung (UA/V 1972, trotz wütender Kritik), sein *Zement*-Stück (UA 1973; V 1974, nach einem Roman von Fjodor Gladkow), die bis in die fünfziger Jahre zurückreichenden Werke *Die Schlacht* (E 1951–1974; UA/ V 1975) und *Traktor* (E 1955–1974; UA 1974; V 1974 in Westberlin) und *Der Auftrag* (UA 1980; V 1979) inszeniert. *Mauser* (E 1970; UA 1975 in den USA; V 1976), *Germania Tod in Berlin* (E 1956–1971; UA 1978 in der BRD; V 1977 in Westberlin), *Leben Gundlings...* (UA 1979 in der BRD; V 1977) und *Hamletmaschine* (UA 1979 in Paris; V 1977 in der BRD) kamen nicht auf die Bühne. Von Volker Braun konnte man endlich *Die Kipper* (E 1962–1964; UA/V 1972) und *Hinze und Kunze* (UA 1973; V 1975) sehen, ferner *Tinka* (UA 1976; V 1975 in der BRD), *Großer Frieden* (UA/V 1979) und *Simplex Deutsch* (UA/V 1980), nicht aber *Lenins Tod* (E 1970; UA/V 1988), *Guevara oder Der Sonnenstaat* (E 1975; UA/V 1977 in der BRD) und *Schmitten* (E 1969–1978; UA 1982; V 1981 in der BRD). Kurzerhand verboten wurde *Heinrich Schlaghands Höllenfahrt* (V 1973), ein freches Faust-Stück von Rainer Kirsch. Die jungen Dramatiker Thomas Brasch und Stefan Schütz wurden aus der DDR gedrängt (1976, 1980), Christoph Hein wurde boykottiert und mit seinen in diesem Jahrzehnt entstandenen Stücken erst in den achtziger Jahren bekannt. Selbst der meistgespielte Unterhaltungsdramatiker, Rudi Strahl (*1931) – sein Lustspiel *Ein irrer Duft von frischem Heu* (UA 1975) war ein Bestseller der DDR-Theater –, kam mit seiner *Flüsterparty* 1978 (UA 1980) in Schwierigkeiten. Die Distanz zwischen der Partei und den kritischen Schriftstellern verringerte sich in diesem Zeitraum um keinen Deut, vertiefte sich nach der Biermann-Aussperrung vielmehr zu einer unüberbrückbaren Kluft.

Ernüchterung und Enttäuschung beschreiben eine Grunderfahrung der siebziger Jahre, die sich in der dramatischen Gattung nur besonders deutlich niederschlug: die Erfahrung, in einer geschlossenen Gesellschaft zu leben, die sich kaum noch entwickelte, geschweige denn revolutionär veränderte; die weiter als je von ihren utopischen Zielen entfernt war; die ihren Bürgern Opfer und Verzichte auferlegte, ohne sie noch in der eigenen Lebenszeit dafür zu entschädigen, und die über zwei Jahrzehnte hin vollmundige Versprechen machte, ohne sie wirklich einzulösen. Nach der emphatischen «Ankunft» im Sozialismus, die man ab 1961 beschrieb, vollzog sich nun die Ankunft in der grauen Alltagsnormalität der DDR. Die «Entdeckung der Wahrheit des Menschen beginnt».[1] Die Fortschrittsideologie löste sich auf. Der gesellschaftliche Fortschrittkonsens verlor seine soziale Integrationskraft.

Die Dramatik dieses Jahrzehnts, die affirmative wie die kritische, hat in zwei grundverschiedenen, aber komplementären Weisen auf diese Erfahrungen reagiert. Einmal mit der bohrenden Frage nach den Bedingungen und Möglichkeiten eines weiteren revolutionären Prozesses inmitten einer stagnierenden Geschichte; daraus ist die für dieses Jahrzehnt typische Revolutionsdramatik entstanden, nicht nur von Müller, Braun und Hein, sondern auch von Autoren wie Rainer Kerndl (*... stolz auf 18 Stunden*, UA 1973) und Hans Pfeiffer (*Thomas Müntzer*, 1975). Zum andern reagierte sie mit dem Rückzug aus der öffentlichen Sphäre (dem Land- und Produktionsstück) in den privaten, individuellen Bereich. Die Geschichte verlagerte sich «in die Schlafzimmer»[2] und Wohnungen, scheinbar eine Parallelentwicklung zur Bundesrepublik und doch mit einem ganz anderen, brisanten Stellenwert versehen. Geschichte und Gesellschaft der DDR wurden erstmals aus der ungewohnten Perspektive des einzelnen betrachtet. Und es wurde Gericht gehalten, weniger über das fehlbare und säumige Individuum als über die Bedingungen, unter denen es zu leben und zu leiden hatte. Ein besonders schönes Beispiel dafür ist Ulrich Plenzdorfs (* 1934) anrührende Liebesgeschichte *Die Legende von Paul und Paula*, 1973 zunächst als Film herausgekommen, 1979 unter dem Titel *Legende vom Glück ohne Ende* als Roman und 1983 schließlich ebenso erfolgreich als Theaterstück (UA in Schwedt). In den «Komödien» eines Hammel, Kerndl und Baierl hat freilich auch in diesem Jahrzehnt zu guter Letzt immer noch der einzelne, nachdem er seinem Herzen Luft machen durfte, die sozialistische Zeche zu bezahlen.

Nur so ist erklärlich, daß ein Stück auf den Bühnen der DDR nach 1971 Sensation machte und anschließend sogar ein erstes ‹gesamtdeutsches› Theaterereignis wurde, das aus heutiger Sicht eher harmlos und begrenzt wirkt: *Die neuen Leiden des jungen W.* von Ulrich Plenzdorf (UA 1972; V 1974 in der BRD, 1974/75 das meistgespielte Stück in der BRD, der Schweiz und Österreich). Denn dieses Stück ist nichts anderes als eine geschickte und unterhaltsame Dramatisierung einer radikal subjektiven Perspektive, provokativ durch seine surrealistischen filmischen Formen wie durch eine in der DDR nie gehörte ‹andere›, unbotmäßige Sprache. Das Wort hat ein jugendlicher, ebenso begabter wie geltungssüchtiger Außenseiter, der Lehrling Edgar Wibeau, der aus der Langeweile der provinziellen DDR ausbricht in ein eigenes Berliner Lauben-Leben.

In seiner Urfassung (1968/69) wurde das Stück als Filmskript für die DEFA entworfen und gehörte noch ganz in die Zusammenhänge und Schemata der endenden sechziger Jahre: Ein schwieriger Außenseiter wird durch vorbildliche Brigade-Arbeit wieder in die produktive Gesellschaft integriert. Trotz der genüßlich ausgespielten Generationenkonflikte – «Stellvertreterkriege» gegen Jazz und Lyrik, Haare und Bärte, Jeans und Beat hat sie Heiner Müller genannt[3] – hält es sich brav an das vorgeschriebene Muster: Die Bootsfahrt mit «Charly» bleibt noch unschuldig, der mißglückte Selbstmordversuch ganz schwankhaft, und Edgar kommt am Ende als Erfinder und Neuerer groß heraus. Kaum verständlich, warum diese Fassung vor 1971 in der Schublade bleiben mußte.

Aber auch die späteren Fassungen (von 1972/73/74) sind keineswegs schärfer und provozierender ausgefallen. Zwar werden hier die «Stellvertreterkriege» beträchtlich erweitert und die Liebesbeziehung zu Charly freizügig ausgespielt, zwar steht hier am Ende der tödliche Unfall Edgars (ohne daß seine «Farbspritze» noch Hoffnung auf ein Weltpatent hinterläßt!), aber seine durchgängige Jenseits-Perspektive sorgt für Selbstkritik und Selbstobjektivierung («Ich Idiot wollte immer der Sieger sein»). Die Ironisierung des braven Rivalen Dieter ist fast ängstlich zurückgenommen, in der vorbildlichen Brigade werden sozialistische Kampflieder gesungen, und alles atmet eine positive und optimistische Grundstimmung. Damals genügte es noch, einen «untypischen» jugendlichen Aussteiger und «Gammler» zu zeigen und ihn an einer erstarrten Gesellschaft leiden und sterben zu lassen, um die Jugend, das Publikum und die Kritik der DDR in helle Aufregung und Begeisterung zu versetzen. Hinzu kam der ganz unvertraute Umstand, daß der Text keine Lösung und Deutung anbot, sondern «bewußt auf Auslegbarkeit geschrieben» war,[4] also die Leser und Zuschauer aktiv an allem beteiligte, hinzu kam der für die orthodoxen Erbe- und Goethewächter so provokante *Werther*-Bezug. Es war, nach der Stickluft der sechziger Jahre, ein großes Befreiungserlebnis. Aber schon für den Braun der *Unvollendeten Geschichte* (1975) war es ein Buch, das unter den Oberflächenerscheinungen nicht den tiefen «Riß» in der Welt zu zeigen vermochte.

1. *Heiner Müllers Lust an der Katastrophe*

Neben den blutigen Leiden an Deutschland, an der DDR, an der Geschichte und Vorgeschichte, die Heiner Müller gleichzeitig dramatisierte, wirken Plenzdorfs *Neue Leiden* vollends wie ein rührendes Melodram. Müller hatte schon in den frühen fünfziger Jahren ein Wort von Edgar Allan Poe umgekehrt. Unter dessen Diktum «DER TERROR VON DEM ICH SCHREIBE KOMMT NICHT AUS DEUTSCHLAND ES IST EIN TERROR DER SEELE» setzte er: «DER TERROR VON DEM ICH SCHREIBE KOMMT AUS DEUTSCHLAND.»[5] Heute ist die Essenz dieser verräterischen Korrektur genauer erkennbar: «Deutschland» ist eine Metapher seiner «Seele», seine «Seele» eine Metapher «Deutschlands». Und Müllers Werk ist in den letzten beiden Jahrzehnten in dem gleichen Maße zu einem obsessiven Seelendrama geworden, in dem es seine Deckung durch die revolutionäre Geschichte der DDR und der sozialistischen Länder verloren hat.

Die deutsche Geschichte hat schon den Vierjährigen im Frühjahr 1933 traumatisiert: durch die nächtliche Verhaftung des sozialdemokratischen Vaters und durch kindlichen Verrat und Schuld, als der Sohn den Abschiednehmenden verleugnete. Diese und andere «Urszenen» spielt Müller in seinem Werk immer wieder durch, um sich von ihnen zu reinigen und zu befreien. «Ich bin immer ein Objekt von Geschichte gewesen und versuche deshalb, ein Subjekt zu werden. Das ist mein Hauptinteresse als Schriftsteller.»[6] Sein Schreiben ist im Kern ein ständiger Tötungs- und Geburtsakt, mit dem sich der Autor gleichzeitig zu zerstören und wiederherzustellen versucht. Müllers Bruch-Stücke und Mini-Dramen bieten deshalb sein konzentriertestes Theater: *Medeaspiel* (V 1975), die Szene «Nachtstück» aus *Germania Tod in Berlin* oder die folgende Regie-Anweisung: «Emilia und Nathan vertauschen ihre Köpfe, entkleiden umarmen töten einander.»[7] Seine Lust an der Destruktion und an der Katastrophe – die unmenschliche Geschichte soll in ihrem eigenen Blut ersaufen, er will sie mit ihrem eigenen Schrecken bannen, das utopische Ziel heißt Freiheit von der Geschichte – ergriff in den siebziger und achtziger Jahren auch die dramatische Form und zertrümmerte sie Schritt um Schritt, auf den Spuren eines «Theaters der Grausamkeit». Ohne seine marxistische Grundposition aufzugeben, näherte Müller sich Autoren wie Beckett, Artaud, Nietzsche und den französischen Poststrukturalisten. Der «Terror», der aus Deutschland und seiner Seele stammt, ließ ihn zum Theater-Terroristen werden – und die Theater haben es ihm masochistisch gedankt, indem sie sich bis zur Selbstverleugnung auf seine hermetischen Partituren einließen.

Nachdem die historisch-politische Bürgschaft seines Werkes – die Existenz eines sozialistischen Ostblocks – verschwunden ist, liegt es vor aller Augen: die deutsche Geschichte, die Revolutionsgeschichte und die bevorzugten mythischen Modelle sind in den letzten zwei Jahrzehnten zum bloßen Spiel-Material für seine Selbst-Inszenierungen geworden. «Die Bearbeitung der

‹äußeren› Geschichte wird zunehmend identisch mit der obsessiven Wieder-
erinnerung der ‹inneren›, der eigenen Geschichte.»[8] Es ist an der Zeit, Müllers
poetologische und dramaturgische Bemerkungen ernster zu nehmen als seine
historisch-politischen Verlautbarungen. Gültig geblieben ist sein universales
Katastrophenbewußtsein. Die Verzweiflung – so lautet die Quintessenz seines Werkes – ist am Ende des Jahrhunderts zur einzig authentischen Form der
Hoffnung geworden.

Die Schlacht. Szenen aus Deutschland (UA/V 1975) und *Germania Tod in
Berlin* beschäftigen sich unmittelbar mit der Vorgeschichte und Geschichte
der beiden Nachkriegsdeutschlands, das «Greuelmärchen» *Leben Gundlings
Friedrich von Preußen Lessings Schlaf Traum Schrei* mittelbar, und die *Hamletmaschine* fragt nach dem Ort des Autors und Intellektuellen inmitten dieses desolaten Jahrhunderts. Was Müller an der deutschen wie an der Revolutionsgeschichte fasziniert, sind ihre aufs äußerste zugespitzten Situationen
und Konflikte, ihre plötzlichen Umbrüche und Verschlingungen von Alt und
Neu, Vergangenheit und Zukunft, Tod und Geburt, Schrecken und Hoffnung, Destruktion und Konstruktion, Schuld und Unschuld.

Die ersten beiden Szenen der *Schlacht* («Die Nacht der langen Messer», «Ich hatt
einen Kameraden») – beides makabre Brudermord-Szenen – sind verändert und erweitert in *Germania Tod in Berlin* eingegangen. (DIE BRÜDER 2, HOMMAGE A STA-
LIN 1), die letzten drei («Kleinbürgerhochzeit», «Fleischer und Frau», «Das Laken
oder Die unbefleckte Empfängnis») enthalten Müllers Interpretation der «Stunde
Null» und der «Befreiung» durch die Rote Armee: aus dem Töten entsteht das neue
Leben, über den Toten «beginnt der Kampf der Überlebenden um das Brot».[9]

Liest man *Germania Tod in Berlin* als grelles Geschichtsdrama, so stellt es
den Versuch dar, die «Misere» der DDR aus der «Misere» der deutschen
Vergangenheit zu begründen. Das ist ablesbar schon an dem strengen symme-
trischen Aufbau, der jeweils zwei Szenen zusammenfügt und im Verhältnis
von Vorgeschichte und Nachgeschichte konfrontiert (nur das «Nachtstück»
steht allein).

Bringt man diese Struktur in eine Raumordnung, so stehen links untereinander die
Szenen der deutschen Vorgeschichte (DIE STRASSE 1, BRANDENBURGISCHES
KONZERT 1, HOMMAGE A STALIN 1, DIE HEILIGE FAMILIE, DIE BRÜ-
DER 1, TOD IN BERLIN 1), rechts untereinander die Szenen der DDR (DIE
STRASSE 2, BRANDENBURGISCHES KONZERT 2, HOMMAGE A STALIN 2,
DAS ARBEITERDENKMAL, DIE BRÜDER 2, TOD IN BERLIN 2). Diese Szenen
sind bis auf die erste, die am Gründungstag der DDR spielt, alle auf das Jahr 1953
datierbar, zwei davon auf den 17. Juni 1953. Dieser Tag zeigt Müller das wahre Gesicht
seines Staates. Ein durch die deutsche Geschichte verzerrtes Gesicht, durch Nibe-
lungentreue und Militarismus, Preußentum und Kadavergehorsam, gescheiterte Revolutionen und Versagen der Arbeiterbewegung, durch Kontinuität des Stalinismus,
Faschismus und Imperialismus, durch den ewigen Bruderzwist und die Spaltung des
Landes entstellt. So entsteht ein «sehr komplexes Feld» von nationalen und internationalen Komplikationen, in dem sich der Sozialismus und die DDR nach 1945 befanden,[10] ein Feld, das sich nur von einer entsprechend komplizierten dramatischen Struktur abbilden läßt.

Trotzdem ist das *Germania*-Stück kein historisches und apologetisches Plädoyer für die DDR. Es gehört vielmehr zu seinem dramatischen Verfahren, daß es keinerlei Antworten, Wertungen und Auskünfte gibt. Schon eine kleine Verlesung seines Titels in «Germanias Tod in Berlin» würde ja hervorrufen, was der vieldeutige Collage-Titel gerade verhindern will: eine griffige Botschaft, z. B.: Der Tod Germanias, der waffenklirrenden Nationalgestalt des 19. Jahrhunderts, fand in Berlin statt. Erkennbar ist allein eine allen Szenen immanente Vorgangsfigur: Selbstzerfleischungen, tödliche Geburtsprozesse und zukunftsträchtige Katastrophen, konzentriert im «Nachtstück», in dem aus der Asynchronie von Geschehen und Mensch zunächst die totale Selbstzerstörung, zuletzt ein schrecklicher Todes-/Geburtsschrei entsteht («Der Mund entsteht mit dem Schrei»). Ist es ein «Schrei des Marsyas», der aus einem vollständigen «Objekt» ein verstümmeltes «Subjekt» macht? «Deutlich ist nur eine poetische Logik, nach der alle Figuren der Selbstzerstörung, Fragmentierung und verzweifelten Trauer hier noch einmal in einer Pantomime zusammengefaßt werden.»[11] Der Leser/Zuschauer wird mit allem überschwemmt, um seine historische Phantasie und seine körperlichen Reaktionen gewaltsam herauszufordern. Aus einer Konkursmasse, wie es die deutsche Geschichte in Müllers Augen ist, lassen sich nur ‹verrückte› Mischgebilde heraushauen: «tragische Possen, Operetten-Agitation, die Krüppel-Revue, der Haß-Gesang, ein Clowns-Spuk».[12] Aber diese «Konkursmasse» ist auch die Metapher seiner Seele, Ergebnis seiner Rachefeldzüge gegen die unmenschliche Geschichte. Der Terror, der aus Deutschland stammt, präsentiert sich als historisches Psycho-Drama. Die Geburt der DDR aus dem Tod Germanias bleibt zweifelhaft. Statt Vergils «Goldenem Zeitalter» herrscht noch die «Polizeistunde». Der Maurer Hilse stirbt am Krebsgang der Geschichte.

Weist *Germania Tod in Berlin* bei aller Fragmentierung doch noch einen einheitlichen Sinn- und Formzusammenhang auf, so wird diese Einheit in den folgenden beiden Stücken, *Leben Gundlings...* und *Hamletmaschine* bewußt aufgesprengt und auch von späteren Werken Müllers niemals wieder hergestellt. Das Wortdrama wird mehr und mehr zum Schock- und Körpertheater, der «sozialistische Realismus» mit seinen Forderungen nach Parteilichkeit, Volkstümlichkeit und optimistischer Perspektive geradezu konterkariert. «Im Reich der Notwendigkeit», so hat Müller seine exzessiven Experimente begründet, «sind Realismus und Volkstümlichkeit zwei Dinge. Der Riß geht mitten durch den Autor.»[13] Er wurde zum beliebtesten Avantgarde-Dramatiker westlicher Bühnen und ihrer intellektuellen Zirkel. Der Collage-Titel *Leben Gundlings...* reiht drei Hauptfiguren aneinander, die dann wie in einem ‹Triptychon› auftauchen: das «Leben Gundlings» bildet den Prolog, «Friedrich von Preußen» mit einer Folge weitgehend unverbundener Szenen und Spielformen den langen Mittelteil und «Lessings Schlaf Traum Schrei» den wiederum dreigeteilten Epilog. Zusammengehalten wird diese Folge von schockierenden Mini-Dramen und Bruch-Stücken durch das Zeitalter Friedrichs des Großen, die Erbe-Themen «Preußentum» und «aufgeklärter Absolutismus» und durch die zentrale Frage nach dem Intellektuellen und Künstler in seinem Verhältnis zur Macht. Es gibt keine ‹Geschichte› mehr, die sich nacherzählen ließe.

Auf den Spuren Franz Mehrings und Werner Hegemanns wird die «Preußen-Legende» brutal und clownesk demontiert. Gundling, Präsident der Akademie der Wissenschaften am Hof Friedrich Wilhelms I., wird zum Objekt sadistischer Spiele seiner Offiziere und in den Wahnsinn getrieben. Die Lehre für Kronprinz Friedrich: «Die Intelligenz zum Narren gemacht, daß der Pöbel nicht auf Ideen kommt.»[14] Dann wird Friedrich, den Anlagen nach ein Künstler und Intellektueller, so zugerichtet, daß er sich mit seinem militärischen «Hundevater» identifiziert. Sein Land erscheint – in einer *Woyzeck*-verwandten Szene – als «preußisches Irrenhaus», als Zwangsjacken-System.

Eine parodistische «Inspektions»-Szene, in der dem rezitierenden Schiller ein Rübensack über den Kopf gestülpt wird, zeigt den König neben Voltaire als Förderer der Künste und des Ackerbaus. Die Leiden Schillers führen über eine Selbstzerstörungsszene Heinrich von Kleists in den Lessing-Epilog. Aus dem von einem Schauspieler mit Lessing-Maske verlesenen Monolog hört man mehr die Stimme Müllers als die des Aufklärers aus dem 18. Jahrhundert heraus: es ist die Veröffentlichung der eigenen Verzweiflung, der eigenen Erstickungsanfälle, des eigenen Scheiterns als aufklärerischer und revolutionärer Schriftsteller. Von diesem Augenblick an legen es die Texte Müllers nur noch darauf an, alle Ordnungssysteme und Grenzen der Gesellschaft, der Geschichte und des Theaters zu stören und zu überschreiten, «um Phantasieräume zu produzieren, Freiräume für Phantasie – gegen diesen Imperialismus der Besetzung von Phantasie und der Abtötung von Phantasie durch die vorfabrizierten Klischees und Standards der Medien».[15] Auch das Ordnungssystem des «Verstehens» und der «Interpretation» wird unterminiert.

Führt *Leben Gundlings* den Intellektuellen und Künstler als Opfer der Macht vor, so zelebriert und exekutiert die *Hamletmaschine* sein Selbstgericht und seine Selbstzerstörung – ein Jahrzehnt nach der Abdankung der Hamlet-Figur im westdeutschen Drama. Die konstruktiven Energien Müllers, die in den siebziger Jahren ins Leere zu laufen begannen, wendeten sich destruktiv nach innen. Der Autor ohne Auftrag vermochte nicht einmal mehr die Rolle des passiven und zaudernden Hamlet zu übernehmen. Die dialogischen Restformen des «Greuelmärchens» wurden noch radikaler ins Monologische und Pantomimische getrieben, die Bühnenvorgänge noch makabrer. Die kondensierte Textpartitur ist der Versuch (so Müller), seine langjährige Hamlet-Obsession zu zerstören, also wiederum ein geballter Tötungs- und Befreiungsvorgang. Die Shakespeare-Figur steht dabei für «das Versagen von Intellektuellen» in bestimmten historischen Phasen, das vielleicht notwendige Versagen.[16] Ihr «Drama findet nicht mehr statt» (3. Szene), es ist als vielstimmiges «Prosagedicht» konzipiert.[17] Die Obsession, die Müller dramatisiert und zerstört, ist eine Sohnes-Obsession inmitten eines vieldeutigen Vater-Sohn-Dramas. Das ihm mögliche Hamlet-Drama, bei dem er versagt habe, spielte am 17. Juni 1953. Der Grund für sein Zaudern, für seine Unfähigkeit zur Tat aus heutiger Sicht: «Mein Platz, wenn mein Drama noch stattfinden

würde, wäre auf beiden Seiten der Front, zwischen den Fronten, darüber«
(3. Szene). Die Rollen-Identität des Sohnes würde sich auflösen. Aber auch
die Vater-Rolle ist nicht mehr eindeutig bestimmbar. Sie läßt sich nicht einfach auf Stalin festlegen. Das Vater-Gespenst heißt auch Marx, Lenin, Mao,
und es ist auch das «Gespenst» des «Kommunismus» und des eigenen Vaters.
Wegen dieser gleitenden Identitäten ist ein Drama, sind ein moralisches und
politisches Schreiben und Handeln nicht mehr möglich. Die gesamte
«Scherzo»-Szene lebt vom Rollentausch, und vom Stalin-Denkmal, der «Versteinerung einer Hoffnung», wird gesagt, «Sein Name ist auswechselbar»
(3. Szene). Der sozialistische Autor Müller muß seinen gesellschaftlichen
«Auftrag» zurückgeben. Die Zerstörung der Hamlet-Obsession bedeutet also
den Versuch, Geschichte rückgängig zu machen (Szene 1, FAMILIEN-
ALBUM) und die privilegierte Autor-Rolle inmitten eines Gefängnis-Staates
verschwinden zu lassen («Zerreißung der Fotografie des Autors»). Der Schluß
des Stückes ist äußerst kompliziert und vieldeutig. Als Kontrapunkt zum «Ma-
schinen-Zeitalter» erscheint und verlautet noch einmal die vielsprachige utopische Befreiungs-Vision des Kommunismus, in der Gestalt «nackter Frauen»
deshalb, weil die Hamlet-Aufgabe, die Zeit einzurenken, inzwischen an die
Ophelias dieser Welt, an die ungepanzerten unterdrückten Frauen übergegangen ist. Ihr berühmtes Versprechen (Marx) schließt auch die Hoffnung Müllers
ein, aus einem «Objekt» der Geschichte endlich zu einem «Subjekt» zu werden. Daß dann sein «Hamletdarsteller» trotzdem in die Rüstung (mit gespalte-
nem Helm!) schlüpft, um als Vatermörder «mit dem Beil die Köpfe von Marx
Lenin Mao» zu spalten, ist eine verzweifelte Absage an den Kommunismus in
der schuldbewußten Sprache und Denkform des Marxismus («Eiszeit» als
Metapher für Kapitalismus und Barbarei). Seine zeit- und ortlose Hoffnung ist
auf die Ophelia/Elektra/Medea der 5. Szene übertragen, die in der Zeichensprache Müllers auch für die Dritte Welt steht. Was sie verliest, ist ein surreali-
stisches Manifest, das allen Herrschenden eine mörderische Stunde der Wahrheit verheißt. Der Rest ist auch bei Heiner Müller Schweigen – und der Versuch
einer anderen Bühnen-Sprache, die zunehmend nur noch Eingeweihte zu
entziffern wissen, mit der er die Zeichen seiner Zeit aber genauer gelesen hat als
die meisten seiner DDR-Kollegen.

2. Der Kampf um die Menschwerdung des sozialistischen Menschen: Volker Braun

Volker Braun (* 1939) hat in den siebziger Jahren nicht weniger als vier Revolutionsdramen geschrieben. Es war *seine* Antwort auf die stagnierenden Verhältnisse der DDR, die ihn zunehmend polemischer, satirischer und sarkastischer reagieren ließen. Am Ende stand die Einsicht, daß schöngeistige
Plädoyers für mehr «sozialistische Demokratie» vergeblich sind, wo tiefgrei-

fende Basis-Veränderungen, z. B. in den Strukturen der hierarchischen Arbeitsteilung, gefordert waren. Brauns Hoffnung war aber noch weit entfernt davon, zu einer Gestalt der Verzweiflung zu werden. Neben den Revolutionsdramen stehen zwei Frauen-Stücke, *Tinka* und *Schmitten*. Sie signalisieren, daß die Frauen, ähnlich wie bei Müller, Schütz u. a., in dieser Zeit zu kritischen und revolutionären Hoffnungsträgerinnen avancieren. Mit beiden Stücken muß ein Publikum Schwierigkeiten haben, dem die gewaltsame Gleichschaltung von Produktions- und Liebesdrama, Arbeit und Leben, öffentlicher und privater Sphäre fremd ist: «das Bett der Liebenden steht mitten in einem Betrieb» (Braun). *Tinka* nimmt ein altes Muster auf und akzentuiert es neu: das Verhältnis der Geschlechter inmitten einer revolutionären Aufbau- und Produktionswelt. Darum ging es von Anfang an in vielen DDR-Stücken, z. B. in *Die Sorgen und die Macht* (UA 1960; V 1959) von Hacks, in *Der Bau* (UA 1980; V 1965) und *Zement* (UA 1973; V 1974) von Müller, und davon handelten auch schon Brauns *Freunde* (UA 1972) und *Hinze und Kunze*. In *Tinka* ist die Geschlechter-Beziehung, obwohl der Rahmen eines NÖSPL-Produktionsstücks nicht verlassen wird (die Automatisierung eines Betriebs steht an), von der Peripherie ins Zentrum gerückt – ein Indiz für die neue Sichtweise der siebziger Jahre –, und sie ist dermaßen verschärft, daß sie mit einem Totschlag endet.

Es geht um die Menschwerdung des sozialistischen Bürgers, um Selbst- und Mitbestimmung auf der privaten wie auf der öffentlichen, der ökonomisch-politischen Ebene. Für Tinka ist dieser Komplex unteilbar, während die duckmäuserischen und schizophrenen Männer sich schon an ein Doppelleben gewöhnt haben. Daß Tinka dem gesellschaftlichen Fortschritt zuletzt den Weg geebnet hat – das Ministerium überläßt im Zuge der Dezentralisation dem Werk die Entscheidung über die weitere Entwicklung – und ihm gleichzeitig zum Opfer fällt, darin besteht die Pointe des allzu rhetorisch und demonstrativ angelegten Stückes. Der Schluß – der betrunkene Brenner schlägt Tinka mit einer Bierflasche nieder – wirkt grell und kolportagehaft. Er ist auch die Quittung für die absonderliche Tatsache, daß der Autor Braun seinem Paar in angestrengtem sozialistischem Eifer jede Szene außerhalb der Werkstore verweigert hat. Nicht nur hat das Individuum die Kosten für die revolutionäre Entwicklung zu tragen, es gerät sogar, in Gestalt der Männer, in den Verdacht, den humanen Ansprüchen des revolutionären Prozesses nicht gewachsen zu sein. Von dem «langweiligsten Land der Erde» heißt es dennoch: «es ist das beste, oder kennst du ein beßres? Nein.» (17. Szene) Der Parteisekretär beantwortet sich seine Frage allerdings selbst.

Brauns Dramen handeln von der immer noch bestehenden Ungleichheit im realen Sozialismus und davon, daß die Menschen nicht alles mit sich machen lassen dürfen, daß sie sich wehren müssen, wenn anders sich der Sozialismus weiterentwickeln soll, wenn anders sie aus einem Objekt zu einem Subjekt der Geschichte werden wollen.

So greift *Schmitten* das Sujet von *Tinka* wieder auf, diesmal aber von der ‹anderen› Seite: nicht von der hochqualifizierten Leitungselite her, sondern aus dem Blickwinkel einfacher Handarbeiterinnen, die sich durch den ständigen Leistungs- und Qualifizierungsdruck der Gesellschaft überfordert und entfremdet fühlen. Dem rhetorischen

Kopf-Stück *Tinka* wird mit der lakonischen *Schmitten* die «Basisgeschichte» (Braun) und der Unterleib angefügt. Wie so oft in diesem Jahrzehnt und später hat sich Braun politisch und ästhetisch an Büchner orientiert. Jutta Schmitten ist ein moderner weiblicher Woyzeck, eine sinnliche, vitale Frau aus dem Volk, beschränkt nur in den Augen der «Intelligenz». Deshalb muß sie sich den ihr ganz fremden Ansprüchen einer technologischen Industriegesellschaft verweigern, die sie als «dumm» und «faul» diskriminiert, dabei aber rücksichtslos ausbeutet und manipuliert. Für Büchners «Geringsten der Menschen», für die Armen im Geiste, scheint sich auch im Sozialismus nichts geändert zu haben: «Wir warn bei den Kapitalisten die Dummen, und jetzt in dem Fortschritt auch.»[18] Die vielgerühmte «Frauenförderung» erweist sich als ein taktisches Mittel, die Arbeitskraft der Frauen optimal zu verwerten.

Der Abstand zur kopflastigen *Tinka* wird vor allem durch die neue dramatische Form verursacht. Auf den Spuren Büchners, Brechts und Müllers hat sich das Stück auffällig von den üblichen Schreibweisen des sozialistischen Realismus entfernt. Die dramatische ‹Geschichte› ist aufgelöst und in experimentelle Kurzszenen fragmentiert. Scheinbar realistische Passagen wechseln sich ab mit Tonbandeinspielungen, unwirklichen Szenen, emphatischen Monologen, ritualisierten Abläufen, und die verknappte Sprache bedient sich verschiedener Vers- und Prosaformen. So entsteht eine nach innen und nach außen vielbezügliche, anspielungsreiche Textur, die sich offen zu ihren Vorbildern bekennt (die Szene «Halbtotale» z. B. ist Büchners Woyzeck-Hauptmann-Szene nachgebildet) und von ihren Lesern und Zuschauern eine aktive ästhetische und politische Mitarbeit verlangt.

Braun ist zu Lebzeiten der DDR der schärfste, genaueste und konkreteste Kritiker des «real existierenden Sozialismus» gewesen – im Namen eines demokratischen Sozialismus, von dem er nicht aufhören konnte zu träumen.

3. Der dramatische Chronist: Christoph Hein

Christoph Hein (* 1944) ist zwar nur fünf Jahre jünger als Volker Braun, unterscheidet sich aber in seiner Schreibhaltung und in seinem Verhältnis zur DDR von ihm, als gehörte er einer anderen Generation an. Während der engagierte Braun stets mit Zorn und Eifer bei der Sache war, hat der Schriftsteller Hein die Rolle eines kühlen und genauen Chronisten übernommen. Dazu haben zweifellos seine Sozialisationserfahrungen in der DDR beigetragen. Der Arbeiter- und Bauernstaat hat dafür gesorgt, daß der Weg des Pfarrersohnes zu Abitur, Studium und Schriftstellerlaufbahn zu einem Hindernis- und Langstreckenlauf wurde, und hat damit wenig Anlaß gegeben, sich ihm in Liebe und Dankbarkeit verbunden zu fühlen. Die Rolle eines parteilichen und belehrenden sozialistischen Autors hat Hein niemals akzeptiert. Trotzdem hat er sich als DDR-Schriftsteller verstanden und behauptet, daß mit seiner Generation eine «eigene» DDR-Literatur entstanden sei.[19]

An Müller und Braun erinnern die Unbestechlichkeit und Illusionslosigkeit seines historischen Blicks und die enge Verknüpfung von Hoffnung und Verzweiflung. Die Entstehung der DDR hat er wie sie nüchtern eingeschätzt: «1945 bei Kriegsende hat die Mehrheit der Deutschen sicher keinen sozialistischen Staat gewünscht.» Die DDR sei nicht aus dem antifaschistischen Widerstand geboren, sondern wie die BRD eine Nachfolgerin des Hitlerstaates gewesen. «Ich darf die DDR nicht mit einem Jahr Null entstehen lassen, nur weil mir die davorliegende Geschichte unangenehm ist.»[20] Mit Blochs Hoffnungsprinzip vermochte er nicht mehr zu arbeiten – zu viele Hoffnungen seien verschlissen worden. Er wollte über die Verzweiflung konkrete Hoffnung erwecken.[21] Ernüchterung und Enttäuschung gehörten von Anfang an zu seinen Schreibvoraussetzungen.

Bekannt geworden durch seine Novellen und Romane, hat er doch als Bühnenautor und Dramaturg begonnen (1972/73 bis 1979 an der Ostberliner Volksbühne bei Benno Besson). Man merkt es schon seinem ersten Stück an, der Komödie *Schlötel oder Was solls* (UA 1974; V 1980, 2. Fassung 1981). Sie spielt souverän mit dem vorgegebenen Muster des Produktionsstücks. Ihr komischer Grundeinfall ist außerordentlich typisch für die Situation und Stimmung der siebziger Jahre.

Was geschieht, wenn ein junger Intellektueller, dem der revolutionäre Glanz in den Augen flackert, mitten in den real existierenden Sozialismus eines Industriekombinats (Schwedt) gerät? Er eckt überall an, stört. Er wird zur komischen Figur, zum tragikomischen Narren, den die selbstgenügsame, kleinbürgerliche Gesellschaft ausschließt und zuletzt in den Selbstmord treibt. Denn er mißt die bestehenden Verhältnisse mit einer so strengen ideologischen Elle, daß ihm dadurch aller Humor und alle Kompromißbereitschaft abhanden kommen. Auf diese Weise schafft sich die Komödie eine ganz eigene ‹verkehrte Welt›: ausgerechnet in der sozialistischen Gesellschaft gibt es keinen Platz mehr für Revolutionäre, für vorwärtsdrängende Köpfe; der gemütliche Parteisekretär, ein Freund von Butterkremtorten, hat alle Hände voll zu tun, Schlötels unzeitgemäßen Elan zu bremsen; die Arbeiter, für deren Rechte er sich stark macht, verprügeln ihn. Kurzum, die parteilichen und betrieblichen Instanzen, bisher als die Schrittmacher des revolutionären Fortschritts propagiert, geraten in die Rolle der Bremser, und die ehrwürdige Selbsthelfer-Figur des DDR-Dramas erreicht in Schlötel ihr groteskes Endstadium: als amoklaufender Mini-Robespierre. «Was solls» ist also eine ironische Resignations-Formel, die einen unleugbaren Sachverhalt, die allgemeine Stagnation, auf kühl provozierende Weise konstatiert. Das Lachen, das diese tödliche Komödie produziert, sollte seinem Publikum wohl auch im Halse steckenbleiben.

Der besondere Reiz und Erkenntniswert des Stückes entsteht aus einer auffälligen Abweichung vom Muster des Produktionsstückes. Hein bietet nicht nur eine Mehrzahl von Schauplätzen auf, sondern verknüpft auch sehr bewußt die öffentliche mit der privaten Sphäre. So kontrastiert der Bereich der Intelligenz (Schlötels Institut in Leipzig) mit dem Werkbereich der Arbeiter, und die meisten Figuren werden auch als Privatpersonen gezeigt. Während sie ihr öffentliches und berufliches Leben der Privatsphäre eher unterordnen (darum stockt die sozialistische Entwicklung!), vernachlässigt Schlötel sein

Privatleben, die Beziehungen zu Frau und Geliebter zugunsten seiner öffentlichen Agitation in einer Weise, die ihn kalt und herzlos erscheinen läßt. Die Komödie handelt auch von der Rolle des Intellektuellen in der DDR-Gesellschaft. Sie zeigt die tragikomischen Situationen, in die einer gerät, wenn er die Ideen und die Theorie des Sozialismus wirklich ernst nimmt in einer Zeit, wo die «Barrikade» im «Büro» Karriere macht, «Robespierre ein Polizeileutnant» ist und «die Narren im Ausverkauf» zu haben sind (II, 2). Aber Hein urteilt und verurteilt nicht. Was er entwirft, ist ein tragikomisches Sittenbild seiner Zeit. Man merkt, daß er bei J.M.R. Lenz in die Schule gegangen ist.

Das verrät auch sein nächstes Stück, eine Salonkomödie mit dem kuriosen Titel *Lassalle fragt Herrn Herbert nach Sonja. Die Szene ein Salon* (E 1974/75; UA/V 1980).

Sie handelt von der Frühgeschichte der deutschen Arbeiterbewegung, aber ihre Pointe besteht darin, daß sie wie ein Endspiel wirkt und schon an *Die Ritter der Tafelrunde* (UA/V 1980) erinnert. Sie erzählt alles andere als ein heroisches Kapitel aus der Vorgeschichte der DDR. Durch die Salon-, Familien- und Kammerdienerperspektive (Lassalles Diener Herbert war zuvor bei Bismarck tätig!) wird alles Öffentliche und zumal die ‹monumentale› Geschichte von vornherein privatisiert und ironisiert. Lassalle ist ein hochbegabter, aber ausgebrannter Intellektueller und Lebemann, der «in einem mondänen Salon den Chef einer proletarischen Partei» spielt, ein kleinbürgerlicher Danton-Typ ohne dessen Degout gegenüber «Revolutionärer Phraseologie»,[22] ein eitler Schauspieler der Revolution, der sich in den Salon und seine Frauengeschichten zurückgezogen hat und an den Spätfolgen der Syphilis krankt. Vergeblich hat er seine Identität in der Parteiarbeit, in den «Revolutionsspielen mit den Arbeitern» gesucht. Jetzt ist er neununddreißig und total erledigt. Seine letzten Worte, bevor er nach Genf abreist, wo er an den Folgen eines Duells stirbt: «Was ich von der Welt wollte, war, ein paar Frauen, und es sind nicht viele, zu vögeln. Der Rest sind Masken, um die Langeweile durchzustehen.»[23]

Das Stück lehrte auf amüsante und sarkastische Weise, die Geschichte des Sozialismus, vor allem das Verhältnis zwischen Intelligenz und arbeitendem Volk, Führenden und Geführten, privater und öffentlicher Sphäre mit nüchternem illusionslosem Blick zu sehen. Man kann es als Pendant zu Tankred Dorsts *Toller* lesen. Aber Heins letztes DDR-Drama, *Die Ritter der Tafelrunde*, läßt erkennen, daß die altgewordenen Erben Lassalles nichts gelernt hatten.

4. Zwei böse Spaßmacher: Rainer Kirsch, Kurt Bartsch

Rainer Kirschs (* 1934) Komödie *Heinrich Schlaghands Höllenfahrt* (1973) ist vielleicht das frechste Stück, das in den siebziger Jahren geschrieben und publiziert wurde. Der Verfasser – einen Namen hatte er sich schon längst als Lyriker gemacht – wurde seinetwegen aus der SED ausgeschlossen, das Werk niemals aufgeführt. Es spielt übermütig mit den Vorgaben des Produktionsstücks und des Faust-Stoffs, die Standardfiguren einer Großbaustelle sind deshalb angereichert mit einigem Höllenpersonal. Kirsch macht sich so ziemlich über alles lustig, was in der DDR tabu und heilig gewesen ist. Die traditionellen Themen, Motive, Konflikte, Widersprüche usw. werden aufgenommen, aber grell überzogen oder umgekehrt.

So ist Heinrich Schlaghand ein komischer Erbe der anarchistischen «Riesen» und «Selbsthelfer» der sechziger Jahre. Die Partei hat ihm, dem erfolgreichen Bauleiter und rückständigen Hurenbock, die Ehe verordnet, auf daß er ein «neuer Mensch» werde und ein Beispiel auch für die sozialistische Moral. Aber während bei dem ‹alten Adam› alles leidlich funktionierte, geht bei dem «neuen Menschen», der sich an die Gesetze hält, nichts mehr. Er kann nicht einmal mehr die tristen Schlafstädte bauen – die «Öde mit Balkon» (Szene 1.4) –, von denen er bissig sagt: «hier hilft bloß Dynamit« (Szene 1.4). Die Städtebau-Misere der *Franziska Linkerhand* (Brigitte Reimann) ist zur reinen Satire geworden. Als der Unterteufel Müller – «Ich bin dein Mund / Und rede, was dein Kopf denkt« (Szene 1.5) – dem Heinrich Schlaghand verspricht, daß er in der Hölle alles kann, was er will, und ihm abschreckend sein tristes Normaldasein als «neuer Mensch» ausmalt, schließt er den Teufels-Pakt und entschwebt auf dem Zaubermantel. Sogleich beginnt die Suche nach dem Unentbehrlichen, bei der Partei, auf der Baustelle und bei seinen diversen Frauen. Das Fazit seiner Weltreise lautet:

> In Asien stirbt man, daß Europa lebt
> Und was bei uns? Zufriedenheit füllt die Köpfe
> Sanft mit Fettsucht, Papier dörrt Leben, Mißtrauen
> Säuft Adern leer, als wär noch Zeit zu warten
> Für uns und den Planeten, Tod kommt, Tod! (Szene 3.1)

Nach einem burlesken Zwischenspiel mit den drei eifersüchtigen Frauen und zwei Betrunkenen erfolgt die Republikflucht in die Hölle, eine «blühende Wiese», wo er nach Herzenslust prassen und huren kann. Nach dem grenzenlosen Genuß frönt er seiner Bauleidenschaft: «die Freiheit hat keine Stelle – / Wir werden schlau, und baun sie in der Hölle» (Szene 4.10). Es entsteht eine «utopische Stadtlandschaft». Als er sie mit Menschen bevölkern will, verfällt er der Hölle, und mit ihm der Kreissekretär Trulla und seine Frau Maria, die ihm heimlich gefolgt sind. Aber vom «Epilogus» wird die Komödie nachträglich gerettet, indem er die drei Verdammten vom verbliebenen Erdenpersonal am Seil aus der Hölle ziehen läßt, eine Persiflierung der faustischen Erlösung und der sozialistischen «Perspektive»:

> Wir hoffen sehr, wir haben Sie gerührt
> Besonders, daß die Baukunst von uns profitiert
> Sehn Sie die Szene! und genießen Sie
> Ein Bild der allgemeinen Harmonie:
> Ein jeder wünscht sie, zwar ist sie noch fern
> Doch einmal sehen will sie jeder gern. (Epilog)

Das Stück ist ein einziger mutwilliger und schwankhafter Ausbruch aus dem langweiligen Grau der DDR, ein poetischer Aufstand gegen einen biedermeierlichen Sozialismus, gegen die schalen und braven Muster der DDR-Dramatik. Es ist eine Satire auf den «neuen Menschen», die sozialistische Moral, die linientreue Kunst, auf die niederdrückende «Baukunst», auf den sozialistischen Faust-Mythos und die gefängnisartige Enge des Landes. Liest man die «Baustelle» wie üblich als Topos und Metapher der DDR, so geht dort, im Unterschied zu den sechziger Jahren, nichts mehr voran! Das «Fett» regiert:

«Das weiß es, es dient auf seine Art dem Fortschritt / Und besser ist kein Fortschritt als ein Rückschritt / Und besser ein kleiner Rückschritt als ein großer.» (Szene 1.5)

Die ganze Kleinlichkeit und Muffigkeit der Zensur zeigte sich in der Behandlung dieser Komödie, die man doch auch als gutgelaunten Johannisnacht-Ulk hätte tolerieren können.

Was man an heiter-kabarettistischer Satire in der Nachfolge Brecht/Valentins gerade noch zu akzeptieren bereit war, zeigen drei Einakter von Kurt Bartsch (*1937): *Der Bauch* (UA 1974; V 1977), *Die Goldgräber* (UA 1976; V 1977) und *Der Strick* (UA/V 1977). Sie zeichnen und verspotten die üblichen Probleme und Konflikte des chauvinistischen Brigadestücks, Pfuscharbeit am Bau, Doppelmoral der Männer, Besitzgier und Bestechlichkeit, Benachteiligung und Ausbeutung der Frauen, Promiskuität des Parteisekretärs, und sie werden damit «realistischer» als ihr ernsthaftes Vorbild. Sie ergreifen die Partei der Frauen und drehen «den Spieß einfach um. Nun gehen die Männer geschwängert herum / und kriegen die Kinder und sind ganz stumm / und wissen nicht mehr weiter.»[24] Die Geburt des «neuen Menschen» aber wird auch der Geschlechtertausch nicht bringen.

5. Der entrückte Perfektionist: Peter Hacks

Peter Hacks und seinem dramatischen Werk gerecht zu werden, wird seit den siebziger Jahren immer schwieriger. Er versetzte seine Interpreten, die Anhänger und die Widersacher, in große Verlegenheit. Vor allem, weil er sich kaum noch als DDR-Dramatiker einordnen ließ. Es ist viel Scharfsinn aufgeboten worden, um die Fabeln und Parabeln seiner Stücke trotz ihrer offensichtlichen Abwegigkeit auf sein Land und die sozialistische Geschichte und Theorie zurückzubeziehen. Andere wiederum verübelten ihm die realitätsferne Pose des Klassikers und die Selbstgefälligkeit seiner Kunstpraxis. Oder man sieht ihn, nicht zu Unrecht, in einem selbstgewählten «Abseits» hausen und alles Bestehende mit «homerischer Blindheit» verklären.[25] In der Tat schien er es mehr auf eine Demonstration anzulegen, was er alles und wie perfekt er es kann, als zu offenbaren, was er eigentlich will. Und seine nachträglichen Selbstkommentare – manche eindrücklicher als die Bezugs-Stücke – wirkten wie mutwillige und geistreiche Irreführungen von Kritik und Publikum. Läßt sich der ‹Sinn› der Komödie *Adam und Eva* (UA/V 1972) und des höchst erfolgreichen Monodramas *Ein Gespräch im Hause Stein über den abwesenden Herrn von Goethe* (UA 1974) noch einigermaßen erschließen, so versperren sich andere Schauspiele zulänglichen Aufschlüssen. Ist *Rosie träumt. Legende in fünf Aufzügen nach Hrosvith von Gandersheim* (UA 1974) eine «Liebesgeschichte oder die Geschichte des Kampfes zweier politischer Haltungen» («Nun ja, es ist beides, aber man macht das nicht mehr», antwortet der Autor sich selber) oder eine satirische «Dreiecksgeschichte» *(Zehn Zeilen über Rosie träumt)*? Warum ist *Prexaspes* (UA 1976; V 1975), ein Herodot entnommener Stoff über den Kämmerer des Großkönigs Kambyses von Persien im 6. Jahrhundert vor Christi Geburt, der in befremdlich blutigen Grausamkeiten und Machtkämpfen schwelgt, ausgerechnet eine «Beamtentragödie» und nicht vielmehr eine brillante dramatische Übung in deutschen Alexandrinern?[26] Und erst das absonderliche Schauspiel *Die Fische* (UA/V 1978), das abseits des mexikanischen Unabhängigkeitskrieges im Mai 1866 in den «Bergen des Rio Frio» spielt, vor einer Felshöhle, in der ein monomanischer Forscher Fische entdeckt hat, aus denen man Menschen entwickeln kann – ist es nicht eine absurde Farce, die an Hildesheimers *Die Verspätung* erinnert? Der *Seneca-Essai* schließlich gibt dem redseligen *Seneca*-Schauspiel (UA 1980; V 1978) mehr Gewicht, als es besitzt, und läßt allenfalls an Hacks selber denken, wenn er von dem Römer sagt: «Sein Leib weilte im Reich der Notwendigkeit, sein Kopf im Reiche der Freiheit.»[27] Alle seine Stücke seit den siebziger Jahren spielen in einem eigentümlich luftleeren und staubfreien ästhetischen Reiche der Freiheit. Und wenn er einmal ins «Reich der Notwendigkeit» zurückkehrte, wie in der witzigen Komödie *Die Binsen* (1985), merkt man ihm an, daß er zu lange in seinen klassischen Himmeln geweilt hatte. Seine sanfte Kritik an der DDR ist wie nicht von dieser Welt. Hacks erweist sich als ein großer Artist in dramaticis, dem alles, was er sich vornimmt, perfekt gelingt. Er spielt und experimentiert mit den Beständen der europäischen Dramentradition, und was dabei herauskommt, ist kulinarisches Theater, blitzendes dramaturgisches Glasperlenspiel, witzig, amüsant und von einer ganz undeutschen heiteren Hintersinnigkeit.

Aber Hacks' ‹splendid isolation›, sein perfektes Könnertum, kostete auch seinen Preis. Es hat viele seiner Werke zu reizvollen Kabinettstücken entwirklicht. Ihre glänzende Form und ihr Formbewußtsein haben ihren Stoff so vollkommen vertilgt, daß sie all ihr funkelndes Licht nur noch auf ihren in sich selbst verliebten Herrn und Meister zurückwerfen.

Der »Adam-und-Eva«-Stoff hat den Vorteil, daß er von keinem Autor der Welt ganz aufzuzehren ist, auch wenn er ihn scherzhaft mit der «Erfindung des Beischlafs» in Verbindung bringt. Hacks gelingt es, ihn äußerst heiter, pointenreich und fast salopp zu behandeln, ohne seine mythische, religiöse und philosophische Substanz leichtsinnig zu verspielen. Im Anschluß an die Aufklärung, den späten *Faust*-Goethe und an Hegel, hat er ihn völlig anthropomorphisiert und vor allem daraus die komischen Effekte bezogen. «Die Paradiesgeschichte, dieses große Bild vom Anfang des Menschen, ist vom Verfasser ausgelegt worden als das große kosmische Bild vom Betreten der wirklichen Welt»,[28] so der Eigenkommentar. Es geht einmal mehr um die emanzipatorische Menschwerdung des Menschen und um Sinnlichkeit «in ihrem dreifachen Wesen als statthabendes Glück, Störung der Ordnung und Vorwegnahme der Utopie».

Gott selber schickt seine Menschen durch den Sündenfall in die Freiheit. Eva beißt aus eigenem Willen in den Apfel, Adam folgt ihr freiwillig nach, und Gott tröstet seine Lieblingstochter mit den Worten: «– Laß gut sein, Kind, es war vorhergesehn.» Durch den Sündenfall erst sind die Menschen ihm ähnlich geworden und zu sich selber gekommen. Am Ende herrscht gerührtes Einverständnis zwischen dem Schöpfer und seinen Geschöpfen: «Nein, Menschen, ihr habt Recht. Geht euren Weg.»[29] Es soll der Weg sein, der zu dem Paradies auf Erden führt. Ein «Generalkonsul der Zukunft» und der Utopie hat diese Geschichte vom Anfang des Menschengeschlechts geschrieben. Sie ist poetisch entrückt und doch so menschlich, daß ihr auch der Zusammenbruch des Sozialismus nichts anhaben kann.

Seiner Goethe-Nähe hat Hacks mit dem *Gespräch im Hause Stein*, dem *Jahrmarktsfest zu Plundersweilern* (UA 1973) und später mit *Pandora* (UA 1982) greifbare Denkmäler gesetzt. Das Monodrama *Gespräch im Hause Stein* wurde auf in- und ausländischen Bühnen zu einem großen Theatererfolg.

Es ist ein fünfaktiges Kabinettstück, dem man Unrecht tut, wenn man es mit gesellschaftskritischen, theoretischen und philologischen Fragen traktiert. Seine Leistung besteht einfach darin, einen über fünfzig Seiten umfassenden ‹einseitigen Dialog› einer frustrierten Frau zu erfinden, ohne daß er langweilig, ermüdend oder in ein peinliches Mißverhältnis zu seinem berühmtem Stoff geriete. Es entsteht gleichzeitig ein lebendiges Bild der Frau von Stein, von Goethe und von dem puppenstummen Herrn von Stein. Das spannende dramatische Gefälle ergibt sich dabei aus einem allmählichen Rollentausch. Aus der Illusion «Ich bin seine Frau» und aus der Selbsttäuschung, zu einem zartfühlenden Impotenten «herabzusteigen», fällt sie mit grausamer Plötzlichkeit in das Wissen, endgültig von ihm verlassen zu sein. Goethe, für den Leser/das Publikum schon früh erkennbar, steht als unerreichbarer, strahlender Sieger da. Diese Siegermentalität ist es, die gegen das brillante Stück einnehmen kann. Es lebt auf Kosten der Schwachen, der Frau von Stein, indem es ihr scheinbar die Chance einräumt, den wahrhaft Starken als einen Ohnmächtigen vorzuführen. Es läßt sie als törichte verlassene Geliebte erscheinen und manchmal sogar als jene «keifende Waschfrau», als die Rosa Luxemburg sie bezeichnet hat.

Daß es Peter Hacks im Politischen wie im Ästhetischen immer mit den vermeintlichen ‹Siegern der Geschichte› gehalten hat, ist auf Dauer wohl das schwerwiegendste Argument gegen ihn und seine Werke. Seit den siebziger Jahren hat er nicht mehr *für* seine Figuren gelebt, sondern *von* ihnen. Er hat sich im gleichen Maße in eine ästhetisch-politische Überlegenheitspose verschanzt, in dem er spürte, wie die Realität sie immer unhaltbarer und unwirklicher machte. So hat auch er einen unfreiwilligen Beweis für die Ernüchterung und Enttäuschung dieses Jahrzehnts erbracht.

6. Die dramatischen Gesundbeter

Wie reagierten die Konformisten auf die kollektive Ernüchterung und Enttäuschung, auf die Erfahrung, daß der Fortschritt zu mehr Sozialismus/Kommunismus stagnierte, auf die steigende Spannung zwischen Lebenszeit und

Geschichtszeit und die wachsenden Ansprüche des einzelnen? Man kann ihnen nicht den Vorwurf machen, daß sie die neuen Probleme und Konflikte einfach verdrängten. Sie tauchen in ihren Stücken auf, sie werden zuweilen unverblümt und heftig formuliert, aber ausgetragen und gelöst werden sie in der herkömmlichen Weise. Die dramatische Katharsis funktionierte weiterhin als Entschärfungs- und Weißwäscheranlage. Die einzelnen Figuren an der Basis dürfen ihrem Unmut und Unbehagen Luft machen, auf daß sie sich am Ende wieder im Gleichklang mit dem guten Ganzen und der Führung befinden. Es ist immer noch an ihnen, sich einzureihen und die eigenen Schwächen und Zweifel zu überwinden. Am Schluß steht die vorbildliche Einsicht: «Wir haben ein gutes Leben, alles in allem» (Claus Hammel, *Rom oder Die zweite Erschaffung der Welt*, UA 1974; V 1975). Aber der einseitig technologische Fortschrittsbegriff der sechziger Jahre wird revidiert: «Macht ihrn Sozialismus für die Maschinen oder für die Menschen?!» (Baierl, *Die Lachtaube*, V 1974). Selbst die Parteisekretäre verlieren die alte Sicherheit, «daß ich dabeisein werde, wenn wir am Ziel sind» (Hammel, *Rom oder Die zweite Erschaffung der Welt*). Bei Kerndl heißt die gleiche Einsicht: «Die Welt ist voller Widersprüche. Die Revolution geht nicht nachm Fahrplan.» Manchmal ist sie «'n Marsch durch Dreck und Modder, Junge. Da mußte Vertrauen haben, in die neben dir und die vor dir» (*Nacht mit Kompromissen*, UA/V 1973). Und ein alter Parteisekretär in *Klara und Gänserich* (UA/V 1973) von Armin Stolper stellt verbittert fest: «Der Karren läuft doch schief. Das schleicht, das kriecht, das klebt und produziert, o ja, doch für was?» Spätestens am Ende aller Stücke dieses Genres ist der «Karren» jedoch wieder in Gang gebracht und auf der rechten Bahn.

In Baierls Komödie *Die Lachtaube* – nochmals ein Produktions- und Brigadestück – ist sein notorisches Lachen sozusagen Figur geworden. Es geht um ein Kohlestahlwerk am Ende des Jahres 1973, das demnächst zugunsten eines moderneren Elektrostahlwerks aufgegeben werden soll, und um die individuellen und gesellschaftlichen Konflikte, die daraus entstehen. Neuer Wein also in alten Schläuchen, gut vergleichbar mit Kleineidams *Von Riesen und Menschen* (1967) und Stolpers *Zeitgenossen* (UA 1969), aber auch mit Brauns *Tinka* und mit Kerndls *Wann kommt Ehrlicher?* (UA/V 1972), in denen es ebenfalls um die Umstellung und Verbesserung von Produktionsmethoden geht.

Auch Baierl stellt damit die Fragen nach dem Verhältnis von Führenden und Geführten, nach einer sinnvollen und humanen Definition des Fortschrittsbegriffs und nach der innerbetrieblichen Öffentlichkeit, während das implizite ökologische Problem eher abgewiegelt wird. Typisch für diese Art der sozialistischen Komödie ist es jedoch, daß sie im vierten und letzten Akt einen Minister als Deus ex machina bemühen muß, um alles wieder ins rechte Lot und in «Festsaal»-Stimmung zu bringen.

Er fällt dem Werkleiter und dem Leiter der Forschungsabteilung, zwei flotten Fortschrittstechnologen («Der Fortschritt rollt, das Alte fällt, das Neue setzt sich durch«), im rechten Augenblick in den Arm, denn sie haben gerade die Belegschaft überfahren. Der Minister ergreift natürlich die Partei der «Menschen», der Arbeiter, die ihr altes Werk erhalten möchten; ein schönes Bündnis von Partei- und Staatsspitze mit den Werktätigen gegen die voreilige Intelligenz, wie es scheint. Die Heuchelei besteht darin, daß in Wahrheit ökonomische Gründe entscheiden. Die DDR kann sich die Schleifung des alten Werks noch nicht leisten. Der Minister demonstriert den staunenden Genossen, wie man auch den Rückschritt als Fortschritt begründen kann, und die Zukunftsperspektive hat er auch parat: «Also das Martin-Werk bleibt stehen, und ihr kümmert euch um die Arbeiter. Natürlich brauchen wir einen zweiten Plasmaofen. Aber wesentlich größer! Sagen wir dreißig Tonnen. Jetzt staunst du, Dörster» (IV, 1). Mit einem zukunftsgewissen «Prosit Neujahr» verschwindet er wieder in der Höhe, überzeugt, daß sich nun auch alle Wogen an der Basis glätten. Der Werkleiter übt öffentliche Selbstkritik, und für die Freiheit der «Kunst» wird auch noch eine Lanze gebrochen: «Wir müssen den Künstlern gestatten, das zu sagen, was sie entdecken in ihrer Kunst. Das ist weißgott nicht immer das, was wir sehen wollen. Aber wenn stimmt, was sie entdecken, werden wir die Wirklichkeit ändern, nicht die Kunst!» (IV, 3).

Im Falle von Baierl brauchte die Partei weder die Wirklichkeit noch die Kunst zu ändern. Mit seinem Stück *Schlag dreizehn* (1971) zum zehnjährigen Jubiläum des Mauerbaus hat er sogar das Hohelied des «antifaschistischen Schutzwalls» als einer revolutionären «Barrikade» gesungen: «Endlich kann die Stadt wieder atmen [...] Die Menschen! Auf freiem Grund mit freiem Volk, klassikermäßig gesagt.» Dennoch steht gerade in diesem Stück ein prophetisches Wort. Es spricht ein Grenzsoldat, der plötzlich ‹durchdreht› und in den Westen will: «Wo sind die denn ausgebeutet? Wir wollen sie einholen in den Betrieben, es ist sinnlos, wir holen sie nicht ein» (V).

Einen Rückgriff auf eine veraltete dramatische Form stellt auch Hammels Komödie *Rom oder Die zweite Erschaffung der Welt* (1975) dar. Hier funktioniert alles noch glatter als bei Baierl.

Das Stück spielt auf dem Land, in dem kleinen mecklenburgischen Dorf «Rom». Der Parteisekretär Schoknecht, der sich für Partei und Staat krank gearbeitet hat, kehrt zwölf Jahre nach der Umwandlung des Dorfs in eine Genossenschaft, 1972, zur Nachkur in den Ort zurück. Er hat inzwischen einen märchenhaften Aufschwung genommen, dank der Tatkraft einer prächtigen Frau, Viktoria Remer – eine der vielen Nachfolgerinnen der «Bürgermeister Anna» –, die auf dem besten Wege ist, das Dorf zu einer prosperierenden Stadt auszubauen. Grund genug, aus der Sieger-Perspektive auf die vergangenen Kämpfe, Leiden und Opfer zurückzuschauen. Aber gerade in diesem Augenblick macht die ‹Siegerin› Viktoria schlapp und klagt – auch Hammel weiß, was die Stunde geschlagen hat – ihre persönlichen Glücksansprüche ein. Angeblich hat sie das gewaltige Aufbauwerk nur vollbracht in der Hoffnung, «daß mein Mann zu mir zurückkehren würde, wenn ich ihm eine Stadt präsentieren könnte» (8. Szene). Als er ausbleibt, quittiert sie den Dienst, denn sie braucht einen Sozialismus, der auch für *sie* da ist. «Daß er *real* ist, Genosse Schoknecht! Auf einen Sozialismus ‹an und für sich› pfeif ich!» (8. Szene). Der Genosse, schon auf der Abreise, kehrt natürlich um, füllt die entstandene Lücke, regelt einen enervierenden Konflikt mit einer Nachbargemeinde, festigt das Arbeiter- und Bauernbündnis und holt Viktoria, die inzwischen von einem Arzt und von ihrem Sohn «in der Uniform eines Offiziersanwärters der NVA» wieder aufgerichtet worden ist, vom Bahnhof ab und bringt sie auf einer wunderschönen morgendlichen Schlittenfahrt wieder nach Rom zurück. »Alles bleibt beim alten!» / «Ja, alles wird anders» heißt die Doppeldevise am Schluß.

Im Nachwort schreibt Hammel: «Mir war es um eine gerechte, produktive Behauptung des individuellen Anspruchs des Menschen in unserer Gesellschaft zu tun, um das Subjektive. Und um das Unlösbare bei allem Lösbaren.»[30] Das klingt zeitgemäß, bleibt aber uneingelöste Parole. Dem einzelnen wird von der unaufhaltsamen sozialistischen Entwicklung das Recht zu einem Schwächeanfall eingeräumt, mehr nicht. Aus dem sozialistisch ‹verabredeten› Gespräch unter Genossen, das den Grundton der Hammelschen Komödien bildet, gibt es kein Entkommen.

Viele Stücke Rainer Kerndls in dieser Zeit sind Musterbelege für die These, daß sich die Geschichte in die «Schlafzimmer» verlagert hat, so *Wann kommt Ehrlicher?*, *Nacht mit Kompromissen* und *Der vierzehnte Sommer* (V 1977). Er inszenierte sie mit Vorliebe als Identitäts- und Ehekrisen, als imaginäre Selbst- und Ehegerichte, in denen er die Mitbetroffenen nach Belieben als Zeugen auf- und abtreten lassen konnte. In *Wann kommt Ehrlicher?* werden Ehe- und Betriebsprobleme verknüpft. Einem «sozialistischen Helden», der sich als «örtlicher Stellvertreter von Walter Ulbricht und Günter Mittag» aufspielt, wird einen Abend lang auf den Zahn gefühlt. Im vergeblichen Warten auf die sozialistische Vater- und Über-Ich-Gestalt Ehrlicher sagen sich die Figuren auf verlogene Weise die bisher unterdrückten Wahrheiten. Verlogen deshalb, weil die Krisenprozesse nur kalkulierte Mittel zum Zweck der Systemstabilisierung und der Marktsicherung sind. Man reinigt sich innerlich, um sich äußerlich zu stärken und zu bestätigen, man muckt auf, um sich um so vorbehaltloser wieder unterwerfen zu können.

Nacht mit Kompromissen erweitert und intensiviert diese Art von Katharsis noch. Das Stück ist von seinen Grundmustern her eine Fortschreibung von *Ich bin einem Mädchen begegnet* (UA 1969).

Wiederum findet der Ibsensche Gerichtstag über sich selbst in einer langen Nacht zwischen einem Mann und einer Frau statt. Wiederum ist der Mann ein Schriftsteller und Publizist (Martin), die Frau seine Geliebte, eine bekannte Schauspielerin und Fernsehsprecherin (Lil), zwanzig Jahre jünger als er und somit auch für einen Generationenkonflikt gut. Erneut biederes Boulevard, allerdings mit Weiterungen. Zum einen treten «imaginäre Gestalten auf», die zu Martins Vergangenheit gehören und ihn zur Rede stellen, zum anderen werden mit seiner Lebensgeschichte zentrale Ereignisse der DDR-Geschichte und der ‹revolutionären› Zeitgeschichte (Allendes Chile, Palästinenser-Problem) heraufbeschworen. Gefragt wird – Lil verkörpert die radikale ungebrochene Frage-Instanz – nach dem Stand der revolutionären Bewegung in einer Zeit «friedlicher Koexistenz» und nach den Auswirkungen auf die Menschen, wenn die Revolution nur noch in der «Planerfüllung» stattfindet. Es geht um die politischen «Kompromisse» mit dem imperialistischen Klassenfeind und die persönlichen «Kompromisse» mit der eigenen Bequemlichkeit, die den Elan des Anfangs gebrochen haben. Die Perversität des Stückes besteht einmal darin, als einziges Gebrechen der sozialistischen Geschichte ihren mit Rücksicht auf den Weltfrieden gedrosselten Schwung anzuprangern und damit von den wahren Ursachen der Stagnation abzulenken, zum andern darin, eine Einschränkung der Meinungsfreiheit und der Möglichkeit, öffentlich die Wahrheit zu sagen, nicht etwa in dem notorischen Grundübel einer gleichgeschalteten und von oben gelenkten Presse zu sehen, sondern allein in der takischen Vorsicht, die «sozialistische Außenpolitik» nicht durch leidenschaftliche Aufrufe zur Weltrevolution, z. B. zugunsten Chiles, stören zu lassen. Als hätte es niemals den Stalinismus, den Geburtsschaden des Landes und eigene Fehler gegeben, werden alle kritischen Ereignisse der DDR-Geschichte – der 17. Juni 1953, der Ungarn-Aufstand von 1956, der Mauerbau im August 1961 usw. – parteikonform gerechtfertigt, die schwierigen Anfänge mit reinstem FDJ-Schmus verklärt.

Der eigentliche Krebsschaden des Sozialismus aber durfte nur in der entstellten Schrift einer Klage erscheinen, daß die «Losung von der friedlichen Koexistenz» und die «Wohlstandserrungenschaften» jeglichen «revolutionären Veränderungswillen» aus den Köpfen verdrängt hätten.

Erneut zeigt ein Stück von Armin Stolper, das bekannteste von ihm, *Klara und der Gänserich* (1973), daß man engagiert, parteilich und positiv schreiben konnte, ohne die Poesie an die bloße Tendenz zu verraten. Die Parallelen zu den anderen Stücken sind vielfältig – abstrakt gesprochen geht es um den «Sozialismus auf dem Lande», auch hier die Warnung vor Stagnation, Ökonomismus und Wohlstandsdenken, auch hier eine «Bürgermeister Anna» namens Klara Strecker, die alles in Schwung bringt und die Frage nach dem richtigen Leben und dem «persönlichen Glück» stellt, und auch hier ein «fast utopischer Schluß», aber das sozialpolitische Geschehen gründet auf einem zutiefst poetischen Fundament. Die Wiederentdeckung der Romantik und ihrer Volkstümlichkeit befreite auch den sozialistischen Realismus im Drama von seinen pseudonaturalistischen Zügen – das häufige Auftreten ‹imaginärer Gestalten› war nur ein erster Hinweis darauf.

Stolpers Stück trägt den Untertitel «ein nicht durchweg heiteres Stück mit Blasmusik und vielen guten Menschen sowie einem fast optimistischen Schluß». Die Musik bringt der «Gänserich» ins Spiel, eine Figur, die nicht von dieser Welt ist, ein märchenhafter Fastnachts-Narr, ein asozialer Musikant und komischer Weiser, der geradewegs der Volkspoesie und dem Geist von Shakespeares *Sommernachtstraum* entsprungen scheint. Wo immer seine magische Musik ertönt, kommen die Menschen für einen Moment zu sich, träufelt er ihnen eine Essenz ins Ohr, die sie verzaubert und erneuert. Die politische Frage nach dem Verharren des Alten und dem Kommen des Neuen ruht hier auf einem alten heidnischen Frühlingsglauben: Das rituelle Austreiben des winterlichen Todes bringt die alljährliche Erneuerung und Wiedergeburt des Lebens. Den blutigen Verwandlungen und Verknäuelungen von Geburt und Tod bei Heiner Müller setzt Stolper sein heiter-poetisches Vertrauen auf die elementare Erneuerungskraft des Lebens, der Heimat und des Volkes entgegen. Von ihnen sind auch Partei und Politik abhängig. Die Wegweiser durch das Geschehen sind nicht die Parteisekretäre, sondern der zauberhafte Gänserich. Auf eine Handlung im üblichen Sinne verzichtet das Stück. Obwohl mit dem bekannten Personal eines Genossenschaftsdorfes ausgestattet, geht es um menschliche Beziehungen, um Wirrnisse und Konflikte der Liebe. Am Ende ist nichts gelöst, aber vieles auf den Weg gebracht.

Stolper hat mit Erfolg die Nähe zum Volksstück und zum Laienspieltheater gesucht, jenseits aller penetranten kulturpolitischen Programmatik. Hoffnung und Harmonie sind in die Poesie ausgewandert.

7. Eine neue Generation: Stefan Schütz, Jürgen Groß

Es ist nicht ungefährlich, Heiner Müllers Schüler zu sein, und schon ein Ausweis eigener Kraft, trotz aller Nacheiferung kein Müller-Epigone zu werden. Thomas Brasch, der bereits Ende 1976 die DDR verließ und sich in der Bundesrepublik als Dramatiker profilierte, ist dieses Kunststück gelungen; Stefan Schütz (*1944) dagegen, der in den siebziger Jahren fast ein Dutzend Stücke produzierte – die dann nicht aufgeführt wurden – und die DDR erst 1980 verließ, hat aus dem Schatten seines Meisters nicht herausgefunden. Müller hat ihm testiert, daß er bei den Zensoren aneckte, weil er «hoch hinaus» wollte. Aber er eckte auch an, weil er höher hinauswollte, als seine Kräfte und Mittel es erlaubten. Sein moralisch-politisches Protestpotential gegen die eigene Zeit («ein Fetzen aus Blut und Phrasen», «Der Tagtraum ist zum Alptraum geworden») und sein Katastrophenbewußtsein sind größer als die Möglichkeiten, sie in eigener Sprache und Form zu artikulieren. «Ein Stück, nur aus einem Schrei gebaut, das wäre ehrlich.»[31] So fiel er in die Ausdrucksformen des Expressionismus zurück oder versuchte gar, Müllers theatralische und sprachliche Gewalttätigkeiten noch zu überbieten (z. B. in *Stasch 2*). Am aufschlußreichsten ist noch sein Stück *Stasch 1*, weil es den vergeblichen Kampf eines Schriftstellers mit der Kulturpolitik und -bürokratie der DDR sarkastisch dramatisiert. Stasch erhält endlich den langersehnten Stempel des «Amtes» auf den Leib und damit die Druckerlaubnis, aber er geht an dem erzwungenen Konformismus zugrunde («Ich halt / die Enge nicht mehr aus. / Die Fressen. Diesen Staat. / Der meinen Kopf / wie einen Fußball weichtritt. / Die Hurenkunst. Und Zeitungen. / Alles Schweine. Töten alles.»[32]) und landet in Gefängnis und Psychiatrie. In der DDR wurden nur zwei Stücke von Schütz aufgeführt (*Michael Kohlhaas*, nach Kleist, und *Heloisa und Abaelard*, beide 1978).

Obschon nur wenig jünger, galt Jürgen Groß (*1946), als er am Ende der siebziger Jahre mit seinen Stücken *Match* (UA 1978) und *Geburtstagsgäste* (UA 1980) bekannt wurde, als der Vertreter einer neuen Dramatiker-Generation.

Sprachlich und formal zwar leicht aufgerauht, sind die *Geburtstagsgäste* doch recht konventionell und konform. Als sozialistisches «Volksstück» ist es zugleich ein Tribut des Autors an seine Herkunft aus einer kommunistischen Arbeiterfamilie. Bei einer ‹Family Reunion› verwirrt eine alte ‹Mutter Courage› und lupenreine sozialistische Vorbildfigur ihre erwachsenen Kinder und Bekannten mit dem Entschluß, ihr Haus, eine ehemalige Villa, einfach an den Staat zu verschenken. Nach mancherlei innerer

Erschütterung und Selbstbesinnung stehen am Ende Wunder, Hoffnung und Glück. Das stumme Trudchen, ein KZ-Kind und Trümmer-Opfer, kann wieder sprechen. Den Unterschied zu den glatten Komödien der Baierl, Kerndl und Co. verdeutlicht eine Bemerkung der Schriftsteller-Figur: «Solange sich der Fortschritt nur im Lachen spiegelt, sieht er nicht die Kraft seiner Tränen.» (5. Bild)

Wegweisender war *Match*, eine unorthodoxe dramatische Verhaltensstudie über Jugendliche in «einer Großstadt der DDR».

Fünf junge Menschen zwischen 16 und 22, drei Männer und zwei Frauen, flüchten nach einem Fußballspiel in eine Baubude. Sie flüchten vor der Polizei, denn es hat Krawalle, Ausschreitungen und einen Toten gegeben. Für eine lange Nacht bilden sie eine Not- und Sprachgemeinschaft; keiner kennt den anderen, jeder mißtraut dem anderen; einer unter ihnen ist der Mörder.

Sie reden drauflos, in ihrem Jugend-Jargon, wie das seit Plenzdorfs *Neuen Leiden* möglich geworden ist, aber mit expressionistischen und manierierten Spitzen, zweifelnd, aber nicht verzweifelt. Denn das ist der Unterschied zu ähnlichen westlichen Stücken (von Bond, Kroetz, Harald Mueller): die Reinigung der kleinen Gesellschaft gelingt. Als die Morgensonne in die Bude strahlt, ist der Mörder gefunden und wird aus dem unfreiwilligen Kollektiv ausgeschieden. Es ist der zynische Abiturient und Sprüchemacher «Spinner», der verdorbene Sprößling privilegierter Funktionärs-Eltern, der Vater ist ein verlogener Philosophieprofessor, «ein Menschenverderber von optimistischem Äußeren» (1. Bild).

Das bedeutet mehr als die Lösung eines Kriminalfalls, denn es sind die arbeitende Klasse, die Unteren und Geführten, die sich hier von ihrer prospektiven, pervertierten Führungsschicht befreien. Eine Hoffnung, die nicht ganz getrogen hat.

8. «Revolution durch Angleichung»? Zur Revolutionsdramatik der DDR

Was für Revolutionsdramen hat man in einem Land geschrieben, dessen immergleiche Regierung und Regierungspartei den Schriftstellern seit 1949 unablässig einredete, daß auf ihrem Territorium nicht weniger als drei Revolutionen stattgefunden hätten: eine ökonomisch-soziale, eine politische und eine Literatur- und Kulturrevolution? In einem Land, dem Bertolt Brecht schon an der Jahreswende 1947/48 «schaudernd» prophezeite, daß es nun, nach der ästhetischen Verarbeitung der Französischen Revolution durch die Weimarer Klassik, die russische Revolution zu «verarbeiten» habe, und der mitleidlos notierte: «Wieder erschwindelt sich diese nation eine revolution durch angleichung»?[33] In einem Land, von dem derselbe Brecht, als man ihn seinerzeit fragte, warum er sich trotzdem für die SBZ/DDR entscheide, gesagt haben soll: «Westdeutschland erscheine ihm wie ein altersschwacher Roué, Ostdeutschland dagegen wie eine syphilitische Hure, die aber schwanger sei»?[34] In einem Land schließlich, das im Herbst 1989 mit einer ganz anderen «sanften Revolution» jene sozialistische Revolution rückgängig machen sollte, die in den Herzen und Köpfen seiner Bürger wohl niemals heimisch geworden war.

Den meisten DDR-Schriftstellern, ins Aufbauwerk verpflichtet, blieb zunächst nicht viel Zeit zum Grübeln, ob diese erste ‹geglückte›, aber verordnete deutsche Revolution wirklich stattgefunden habe, und sie hüteten sich, an das revolutionäre Geburtstrauma der DDR zu rühren. Nach Brechts bei den Oberen unwillkommenen *Tagen der Commune* (E 1949; UA 1956; V 1957) und Wolfs allzu willkommenem *Thomas Münzer* (UA/V 1953), der wie ein weihevolles Staatsgründungsschauspiel wirkte, gab es in der DDR deshalb eine noch längere Pause als in der Bundesrepublik, wo erst Peter Weiss im Jahre 1964 mit seinem *Marat/Sade* die Bresche für eine Flut von Revolutionsdramen geschlagen hat. Die Versuche von Müller, Lange und Hacks in den sechziger Jahren, mit aktuellen Stücken vorwitzig an die angeblich so revolutionäre Frühphase der SBZ/DDR zu erinnern, fielen allesamt der Zensur zum Opfer *(Die Umsiedlerin oder Das Leben auf dem Lande, Marski, Moritz Tassow)*.

Nennenswerte Revolutionsdramen von DDR-Autoren sind aber nicht nur deshalb erst in den siebziger Jahren geschrieben und in der Regel viel später aufgeführt worden. Dieses Jahrzehnt vermittelte erstmals massiv die Erfahrung, daß die Übergangsgesellschaft DDR auf der Stelle trat, also die Erfahrung einer Stagnation. Die Revolutionsdramen antworteten auf die Wahrnehmung eines Mangels. Sie feierten die Revolution nicht, sondern zeigten ihre fatalen Hypotheken und Aporien. Das war ihre Weise, die russische Revolution und ihre Folgen zu «verarbeiten». So Müllers *Mauser* und *Der Auftrag*, so Brauns *Guevara oder Der Sonnenstaat, Großer Frieden, Simplex Deutsch* und *Lenins Tod*, so Heins *Cromwell*-Schauspiel. Lange, der von seinen zwischen 1960 und 1972 entstandenen Theaterstücken gesagt hat, daß sie seine «Erfahrungen mit der ersten sozialistischen Revolution auf deutschem Boden» (Vorwort) enthalten, verließ die DDR schon im Jahr 1964. Seine kritischen Stalin- und Trotzki-Stücke wurden nur im Westen aufgeführt.

Alle diese Werke – von den affirmativ-beschwörenden, die Revolution durch Angleichung erschwindelnden eines Baierl, Pfeiffer und Kleineidam abgesehen – kreisen in der Nachfolge Brechts und meist im hohen Stil des Versdramas um nichts anderes als um den von ihm benannten revolutionären Geburtsschaden der DDR, seine historisch-politischen Ursachen und seine negativen Folgen, so als wollten sie die Revolution in den Köpfen der Menschen nachträglich herbeiführen. Damit standen sie den westdeutschen Dramatikern der sechziger Jahre, die in dem Bewußtsein schrieben, daß die allenthalben proklamierte Revolution nichts als eine literarische Fiktion und Metapher sei, gar nicht so fern. Heiner Müller hat auch für diese Problematik die treffendsten Formulierungen gefunden:

«Das vielleicht folgenreichste Unglück in der neueren Geschichte war das Scheitern der proletarischen Revolution in Deutschland und ihre Abwürgung durch den Faschismus, seine schlimmste Konsequenz die

Isolierung des sozialistischen Experiments in der Sowjetunion auf ein Versuchsfeld mit unentwickelten Bedingungen. Die Folgen sind bekannt und nicht überwunden. Die Amputation des deutschen Sozialismus durch die Teilung der Nation gehört nicht zu den schlimmsten. Die DDR kann damit leben.»[35]

Die letzten beiden Sätze hat die Geschichte inzwischen widerlegt. Alle zusammen stecken das Problemfeld ab, auf dem sich die authentische Revolutionsdramatik der DDR, manchmal wie auf einem Minenfeld, bewegte. Sie stellte sich der Tatsache, daß die von Lenin und den russischen Revolutionären erwartete «Weltrevolution» ausblieb, daß der Stalinismus den Sozialismus pervertierte, und daß dies alles fatale Folgen für den real existierenden Sozialismus in der DDR haben mußte. Und sie stellte sich der Erfahrung, daß die revolutionäre Bewegung der Versteinerung nahe war. Soweit sie zuletzt überhaupt noch hoffte, setzte sie ihre Hoffnungen auf die Dritte Welt und auf die Frauen. Die «russische Revolution» erwies sich nicht nur für die DDR und ihre Literatur als ‹unverdaulich›.

Aus diesem internationalen Problemfeld wurde gleichzeitig die Legitimation für die «Revolution von oben» in der DDR abgeleitet. Nochmals Heiner Müller:

> «Die Revolution in der DDR konnte nur *für* die Arbeiterklasse gemacht werden, nach Dezimierung der Avantgarde, Depravierung der Masse, Zerstörungen des zweiten Weltkriegs im Osten Deutschlands und in der Sowjetunion – nicht *von* ihr.»[36]

Die bildkräftige Sprache seiner Stücke spricht immer wieder von blutiger Spätgeburt und Kaiserschnitt, wenn von der Entstehung der DDR die Rede ist; hier die Version eines Parteisekretärs:

> «Die neue Zeit – die Spätgeburt, in letzter
> Minute und mit fremdem Bajonett
> Der Mutter aus dem kranken Leib geschnitten –
> [...]
> [...] So sah sie aus, die neue
> Zeit: nackt, wie Neugeborne immer, naß
> von Mutterblut –
> Beschissen auch.» (*Die Bauern*, Szene 6)

Derselbe Parteisekretär beschreibt wenig später den «neuen» Staat:

> «Und so sieht er aus, unser Staat: zusammengeflickt mit eigenen Resten aus zwölf Jahren Heil und zwei Kriegen, nach einer Vorlage, die nicht auf unserm Mist gewachsen ist. Und wir haben ihn nicht selber demontiert, da hapert's bei der Montage. Schnell ist ein Teil falsch eingepaßt,

auswechseln dauert, und es muß in voller Fahrt sein, wenn der Karrn
steht, klaun sie uns die Räder. Da raucht der Kopf.»

(*Die Bauern*, Szene 9)

Aus der schwierigen historischen Situation des Sozialismus, aus dem «sehr
komplexen Feld von internationalen Komplikationen und Problemen»,[37] leitete Müller auch seine eigenwillige und zunehmend provokative Ästhetik her,
seine Vorliebe für das Experiment, das Fragmentarische, für die äußerste
dialektische Verknappung und für das «Vermittelte und schwer Zugängliche»
seiner Stücke. Sie sollte auf die Versteinerung des revolutionären Prozesses
antworten. Deshalb war es sein deutsches «Geschichtsdrama» *Germania Tod
in Berlin*, die Greuel- und Horrorgeschichte über die Folgen der gescheiterten Novemberrevolution, das diese Ästhetik zum erstenmal realisierte,
gleichzeitig mit seiner umstrittenen *Macbeth*-Bearbeitung (UA/V 1972).

Müllers Revolutionsstücke im engeren Sinne sind *Mauser* und *Der Auftrag. Erinnerung an eine Revolution. Mauser* (E 1970; UA 1975 in den USA)
schließt ausdrücklich an Brechts Lehrtheater und an die *Maßnahme* an. Wie
diese ist es nicht für ein Theaterpublikum geschrieben, sondern soll der Einübung der Spieler in den Sozialismus dienen. Das Sujet dieses rituellen Chor-
werks, wie *Zement* (UA 1973; V 1974 nach Gladkow und Scholochows *Der
stille Don*) und *Wolokolamsker Chaussee I–V* (UA 1985–1988) eine «Verarbeitung» der russischen Revolution, ist noch über Brechts *Maßnahme* hinaus
zugespitzt.

Der Genosse und Revolutionär A, der im Auftrag der Partei in der Stadt Witebsk, die
«für alle Orte» steht, «an denen eine Revolution gezwungen war ist sein wird, ihre
Feinde zu töten», das Revolutionstribunal geleitet und mit eigener Hand den Tod
ausgeteilt hat, wird von seiner Partei zum Tode verurteilt, weil er zuletzt wie eine
Tötungsmaschine gearbeitet hat. Die Revolution frißt ihr eigenen Kinder.

Zwei Grundprobleme jeder Revolution werden in ihrer tödlichen Dialektik durchgespielt. Das erste ist die Gewalt mit ihrem Circulus vitiosus: die Revolution muß
rücksichtslos töten, um nicht getötet zu werden. Das zweite Problem ist der Widerspruch zwischen individueller und geschichtlicher Zeit, zwischen der Kürze des Lebens und der Länge des revolutionären Prozesses. Die persönlichen Glücksansprüche
der Revolutionäre bleiben unerfüllt, die «neue Zeit» und der «neue Mensch» lassen
unerträglich lange auf sich warten – eine schmerzhafte Erfahrung aller sozialistischen
Länder in den siebziger und achtziger Jahren, an der sie schließlich gescheitert sind.
Erledigt ist damit auch das Pathos jener programmatischen Sätze – das Motto des
Mauser-Stücks –, mit denen Müller die Spannung zwischen Ichzeit und Geschichtszeit
auszuhalten versuchte: «Damit etwas kommt muß etwas gehen. Die erste Gestalt der
Hoffnung ist die Furcht. Die erste Erscheinung des Neuen der Schrecken.» Dennoch
blieb er ein Experte darin, der Geschichte «ins Weiße des Auges» zu sehen und eine
makabre Lust an der Katastrophe zu verbreiten. Mit dem *Mauser*-Stück wollte er
1970 eine schon gelähmte kleinbürgerliche DDR-Gesellschaft ins Auge der gewalttätigen Oktoberrevolution blicken lassen, dorthin, wo sie am unheimlichsten aussieht,
vielleicht noch in der Hoffnung, daß der schwarze «Engel der Revolution», der auf den
Friedhöfen wohnt, wieder zum Flug ansetzt.[38] Ein Jahrzehnt später hatte er auch diese
Hoffnung verloren: «Was bleibt: einsame Texte, die auf Geschichte warten.»[39]

Ein solcher Text ist das Drama, das im gleichen Jahr 1980 an der Ostberliner Volksbühne aufgeführt wurde und aus dem ahnungslose Literaturfunktionäre herauszuhören meinten, daß der abtrünnige Autor wieder in den Schoß des real existierenden Sozialismus zurückgekehrt sei: *Der Auftrag,* mit dem ironischen, nachrufartigen Untertitel *Erinnerung an eine Revolution* (E 1979). Sein Thema, einer Erzählung von Anna Seghers folgend, ist der Verrat an der Sache der Revolution in Zeiten, wo der Widerspruch zwischen der Zeit des Individuums und der Zeit der Geschichte unerträglich wird, in Epochen also des Stillstands und der Konterrevolution. Drei Männer, Debuisson, Galloudec und der schwarze Sasportas, erhalten vom französischen Revolutionskonvent den Auftrag, in Jamaika einen Sklavenaufstand gegen die britische Krone anzuzetteln.

Mitten in ihre Arbeit platzt die Nachricht, daß General Bonaparte das Direktorium mit Gewalt aufgelöst habe (1799), daß Frankreich jetzt Napoleon heißt. Debuisson, der Sohn von Sklavenhaltern, zieht daraus den Schluß, daß sie aus dem Auftrag entlassen seien, da es keinen Auftraggeber mehr gebe. Während die beiden anderen ihrem Auftrag bis in den Tod treu bleiben («Die Heimat der Sklaven ist der Aufstand [...] Wenn die Lebenden nicht mehr kämpfen können, werden die Toten kämpfen. [...] Ich, das ist Afrika. Ich, das ist Asien. Die beiden Amerika bin ich.»), bleibt Debuisson («TOD DEN BEFREIERN heißt die letzte Wahrheit der Revolution») mit der «Schande» seines Verrats allein. Aber: «In der Zeit des Verrats / Sind die Landschaften schön» *(Motiv bei A. S.),* das wußte und weiß auch Müller, dessen Erwartungen das einfache marxistische Raster längst gesprengt hatten. Er wußte vor allem, daß die Revolution in der DDR und in der westlichen Welt nicht mehr herbeizuschreiben war. Worauf er seit den achtziger Jahren, bei steigendem Zynismus, allenfalls noch wartete, war ein irrationaler Aufstand gegen die tödliche Zivilisationswelt einer weißen Männermenschheit.

Der produktivste Revolutionsdramatiker der DDR ist mit vier Stücken Volker Braun gewesen. Auch sie antworteten auf die Enttäuschung und Ernüchterung der siebziger Jahre. Zwar war auch ihr Verfasser ein unerbittlicher Kritiker der deutschen Misere und des real existierenden Sozialismus, aber er hat doch die rote Fahne, mit blaueren Augen ein paar Schritte hinter dem «finsteren» Müller herziehend, bis zuletzt nicht ganz sinken lassen. So zeigte er zwar in allen vier Dramen die Härte, das Elend, die Widersprüche, das Ausbleiben der Gleichheit durch die fortdauernde Hierarchie zwischen Führenden und Geführten, Männern und Frauen in und nach der Revolution, ihre Bürokratisierung und ihren Verrat an der Utopie. Trotzdem verzichtete er nicht auf eine gewisse Heroisierung der großen Revolutionäre (Lenin, Che Guevara) und auf einen bei aller Düsternis optimistischen Schluß, auf eine hoffnungsvolle Zukunftsperspektive.

Mit *Lenins Tod,* 1970 entstanden und wegen der üblichen kleinkarierten Rücksichten auf die Sowjetunion unterdrückt, deshalb erst 1988 uraufgeführt und in der Zeitschrift «Sinn und Form» erschienen, geht Braun wie so oft in den Spuren Georg Büchners, in der Nachfolge von *Dantons Tod.* Er zeigt darin mit illusionsloser Härte — die von der vorgeschalteten Parabel *Der*

Eisenwagen (nach Iwanow) noch übertroffen wird –, warum «das vielleicht folgenreichste Unglück in der neuen Geschichte [...] das Scheitern der proletarischen Revolution in Deutschland» gewesen ist und «seine schlimmste Konsequenz die Isolierung des sozialistischen Experiments in der Sowjetunion auf ein Versuchsfeld mit unentwickelten Bedingungen» (Heiner Müller). Auch er «verarbeitet» die russische Revolution, aber nicht durch «Angleichung», sondern in kritischer Auseinandersetzung.

Brauns Sympathie gehört eindeutig Lenin und Trotzki. Er hat ein antistalinistisches Stück geschrieben, das für die Demokratisierung des Sozialismus plädiert. Es gibt darin eine Szene, in der Lenin halb bewußtlos im Bett liegt und alptraumartig von Zukunftsängsten bedrängt wird. Voller Sorge sieht er ein Triumvirat Sinowjew, Kamenjew, Stalin heraufkommen. Er favorisiert Trotzki und stößt zuletzt einen mitten im Wort abbrechenden Satz hervor: «Kapitulation. Statt Stalin zu erl –.» Aber am Ende wird das Stück, zu seinem Schaden, zu einem Anti-*Danton*. Es zeigt nicht Lenins Sterben, sondern seine rührend-kitschige Verbrüderung mit dem Volk, mit seinem Schuster, und die Geburt eines Kindes mit dem Namen Wolodja, das heißt, das Leben wird besser. «Die Enkel tragen's besser aus», auf diesen rosafarbenen Refrain geschlagener Revolutionäre konnte der Sozialist Braun, bei aller Kritik am Stalinismus und am undemokratischen Sozialismus der DDR, nicht verzichten.

Der ungeheuer folgenreiche Umstand, daß nicht Trotzki, sondern Stalin der Nachfolger Lenins wurde, hat in dieser Zeit noch zwei weitere Revolutionsdramen entstehen lassen. *Trotzki in Coyoacan* (V 1972 in der BRD) des DDR-flüchtigen Hartmut Lange und Peter Weiss' *Trotzki im Exil* (1970). Der Räsoneur Otto Rühle sprich bei Lange den Satz: «Trotzki als Stalin, glauben Sie mir, das war seit Lenins Tod die einzig wünschenswerte Alternative!» Trotzki selber aber stimmt auch der Aussage zu: «Wer gegen Stalin kämpft, um gegen den Terror zu kämpfen, kämpft auch gegen Stalin, der wesentliche Ziele der Revolution beibehält.» Trotzki wird in Langes farcehaftem Gruselstück, das mit allerlei theatralischen Knalleffekten auf seine Ermordung zuläuft, als unbeugsamer Moralist der Revolution präsentiert und kritisiert. «Das ist die Tugend, die uns sehr erbittert», urteilt im «Epilog» der Autor, und er schließt sich damit der Kritik Rühles an:

> «Ich ziehe den Hut, aber es wäre wichtiger gewesen, Sie hätten Herrn Stalin 1927 ermordet. Der Mörder Trotzki wäre der Welt jetzt nützlicher als der reine marxistische Engel, der in Coyoacan auf die Exekution durch einen Agenten der GPU wartet.»

Im Vergleich mit Lange und der Revolutionsdramatik aus der DDR wirkt Peter Weiss' *Trotzki*-Drama wie ein idealistisches und redseliges Diskussionsstück aus der Studentenperspektive von 1968/69. Das Stück soll die Fälschungen der sowjetischen Revolutionsgeschichtsschreibung aufdecken («Die Sowjetunion wird versteinern, wenn nicht Klarheit geschaffen wird über diese Zeit»), aber es hat seinen Verfasser bei dem sturen sozialistischen Patienten nur mißliebig gemacht. Lange, anläßlich der Uraufführung des *Hölderlin-*

Stückes von Weiss, hat dazu das Nötige gesagt: «Die Revolution als Geister-schiff wird verlangt, die Reinheit der Existenz, der Jakobiner auf Lebens-zeit!»[40]

Auch das romantische *Guevara*-Stück von Braun könnte «Guevaras Tod» heißen, wenn er es nicht als eine ‹rückläufige Chronik› geschrieben und mit dem Inka-«Sonnenstaat» (der auch für Campanella und Castros Cuba steht) ein sozialistisches Utopia schon in den Titel aufgenommen hätte. Durch diesen Kunstgriff wird es fast zu einem Auferstehungsspiel, das auch durch die Desillusionierungen der legendären Biographie eines Revolutionsheiligen nicht gebrochen werden kann. Ohne ihre bitteren Wahrheiten zu verschwei-gen, rettet er dennoch den Mythos von Che. Am Anfang des Dramas durch Tod und Auferstehung, am Ende durch die obligaten jubelnden Kinder.

Sind die Stücke über Lenin und Che Guevara und über das Steckenbleiben einer altchinesischen radikalen Bauernrevolution *(Großer Frieden)* Zeugnisse einer indirekten Auseinandersetzung mit der Stagnation, der Bürokratisie-rung und der hierarchischen Arbeitsteilung in der DDR, so setzte sich das revueartige (und Müller-nahe) Schauspiel mit dem sprechenden Titel *Simplex Deutsch. Szenen über die Unmündigkeit* (1978/79) direkt mit der Jahrhun-dert-Misere der deutschen Revolutionsgeschichte auseinander. Es sind in sich fast selbständige Szenen über die Ursachen und Folgen der 1918/19 geschei-terten Revolution, die bis in die Frühzeit der DDR und der BRD reichen, aber den unheilvollen deutschen Untertanengeist seit Grimmelshausens *Sim-plicissimus* und dem roten August Bebel demonstrieren, mit absichtlicher Verwirrung der Chronologie und der Wirklichkeitsebenen und unter Thema-tisierung der Dramen- und Theatergeschichte (durch eine *Godot*-Parodie und eine Großmutter-Szene, die deutsches Märchen, Bloch und Büchner vereint).

Besonders typisch ist die Szene, mit der Braun Brechts Revolutionsdrama *Trommeln in der Nacht* fortschreibt, also den Verrat am Spartakus-Aufstand zugunsten des per-sönlichen Glücks in einem großen, breiten, weißen Bett. Der Braunsche Kragler über-bietet den Verrat noch, er kommt zurück, erschlägt vor dem Eden-Hotel, in dem die «rote Rosa» gefangengehalten wird, die Prostituierte Auguste und tritt mit einem «Jawollja» dem berüchtigten Freikorps bei. Am Ende der Szene erscheint über der dunklen Stadt eine Laufschrift, eingerahmt von Totenkreuzen und Hakenkreuzen:

«BERTOLT BRECHT DER ASPHALTZEIT SOHN DACHTE DAS SCHWARZE ENDE SCHON DIE BRÜDER WANDELND UNTERM LAMPION VERSCHARRT IN RUSSLAND: WAR DER LOHN»

Die letzte Szene, unter dem Titel «Befreiung», gibt eine allegorische Darstellung der Geburt der SBZ/DDR in der schon bekannten Mischung von Tod und Leben, Gewalt und Freiheit. Der Ort: «Trümmerkrater, gefüllt mit Toten. Zwei Greise graben sich heraus:» der rote Bebel und Kragler, der Faschist. Sie geraten in Streit, Kragler schminkt sich «rot», Bebel, der seine Genossen 1933 verraten hat, nimmt den Strick. Schon unter den Toten, erlebt er endlich die wahre Revolution und eine «Rote Repu-blik»:

«Die Toten leben
Die Revolution, die sich nicht selber frißt
Und unterm Plüsch beerdigt ihren Traum.
Jetzt kleiden wir uns für ein andres Leben.»

Aber auch nach der «Befreiung» durch sowjetische Soldaten und einen deutschen Jungen «in großer sowjetischer Militärjacke» treibt die selbstverschuldete Unmündigkeit ihr Unwesen weiter. Die Kehrfrau «pfeift» dem Betriebsleiter Bebel den Marsch: «DAS NEUE LEBEN MUSS ANDERS WERDEN.» Denn noch herrschte in der DDR weiterhin die Devise: «Jeder kann machen was er soll.»

Die Revolutionsdramen der DDR-Literatur enthielten wohl die grundsätzlichste Kritik an den herrschenden Verhältnissen und an der deutschen und sowjetischen Geschichte. Eine Kritik von links natürlich. Gleichzeitig waren sie riskante Selbsterkundungen und Standortbestimmungen ihrer revolutionsfixierten Autoren, die den Sozialismus/Kommunismus ernster nahmen als die meisten ihrer Mitbürger. Kein Wunder, daß ihre Werke in der Regel am längsten auf eine Inszenierung in der DDR warten mußten. Mit ihren unbequemen Erinnerungen haben sie nicht nur die herrschende Partei, sondern auch die Theater und das breite Publikum politisch wie ästhetisch überfordert.

Die nächste, jüngere Generation von Dramatikern, nicht mehr im Sog der Entstehungsgeschichte der DDR, hat keine Revolutionsdramen mehr geschrieben. Ihr Interesse galt der kleinen Politik im Alltag, den Geschichten der einzelnen Menschen, nicht der großen ideologischen Weltpolitik. Die Konvergenzen mit der westlichen Literatur mehrten sich.

Auch Christoph Hein mit seinem *Cromwell* (E 1978; UA 1980) bildete nur scheinbar eine Ausnahme. Nicht nur, weil sein Schauspiel schon in den siebziger Jahren entstand, sondern weil es sich mit Müller und Braun, freilich distanzierter und kühler, noch in die Brecht-Nachfolge und in dessen Vorliebe für das elisabethanische Drama einreihen läßt, und weil er wie sie die Revolutionsgeschichte Europas noch ernst genommen hat. Wie bei ihnen ist das historische Drama deshalb ein Gegenwartsstück, mit rücksichtslosen anachronistischen Verfremdungen durchsetzt. Und wie bei Brecht ist die Eigentumsfrage das Kernproblem aller Politik und aller Klassenkämpfe.

Hein zeichnet am Beispiel Cromwells den typischen Ablauf eines Revolutionsprozesses nach. Der religiöse und moralische Fanatiker (und sexuell verklemmte Puritaner!) wird von seinen radikalen Freunden, den «Gleichmachern», und von seinen feudalen Feinden immer tiefer in Blut und Gewalt getrieben, wird wider Willen zum «blutigen Cromwell», der die Anführer der Gleichmacher und ihre Soldaten stalinistisch liquidiert und die «irischen Rebellen» mit Krieg überzieht. Am Ende verrät die Revolution sich selbst und bahnt der großbürgerlichen Konterrevolution und ihrer kapitalistischen Wirtschaft den Weg. Ein prophetisches Stück also. Spidernach, Direktor der Ostindien-Company, spricht es unverblümt aus:

«Seine Revolution befreite uns gründlich von allen Wirrköpfen. Der Weg für einen geordneten Fortschritt liegt offen. Für die nächsten fünfhundert Jahre haben wir die Revolutionäre vom Hals.» (Szene 12, Haus der Ostindien-Company)

Nachdem der «fürchterlich» und «mörderisch» tugendhafte Cromwell die Krone abgelehnt hat, wird Karl II. König, von Gnaden der britischen Handelshäuser.

Trotzdem hat Hein dieses Modell nicht geschichtspessimistisch gemeint. Er rechnete noch, wie Brecht, Müller und Braun, mit der Reaktion und Mitwirkung des Publikums, seiner aktiven Auseinandersetzung mit revolutionärer Geschichte und ihren Lektionen. Aber schon die Uraufführung in Cottbus (1980) hat weder das fortschrittliche Geschichtsbewußtsein noch das neuartige Spannungsverhältnis zwischen Privatem und Öffentlichem den Zuschauern nahebringen können.

Sein nächstes und bekanntestes Stück, *Die wahre Geschichte des Ah Q* (UA 1983; V 1984), trägt seinen Endspielcharakter bereits offen zur Schau. Es könnte auch «Warten auf die Revolution» heißen. Denn von der Revolution ist nur noch das Gerede über sie übriggeblieben, das Gerede von zwei anarchistischen Intellektuellen, Landstreichern und Clowns am Rande der Geschichte und der Gesellschaft. Einer von ihnen, Ah Q, wird zuletzt für eine Tat liquidiert, die er gar nicht begangen hat, der andere zieht weiter. «Die Geschichte liebt Sprünge. Dialektik. Vom Niederen aufsteigend zum Höheren und abfallend ins Triviale» (Szene 7) – dieses Modell bestätigt sich erneut und auf eine Weise, die an das Absurde Theater erinnert.

Das genuin politische Theater der DDR, sieht man über einen kleinen Kreis von Eingeweihten und Einverstandenen hinweg, hat sich trotz aller Ambitionen und Strategien als wirkungslos erwiesen. Daß es auf den Spielplänen der Theater, die eine leichtere Gebrauchs- und Unterhaltungsdramatik bevorzugten, stets eine marginale Rolle spielte, geht keineswegs nur zu Lasten der politischen Zensur. Eine Revolution, die im Bewußtsein der Bevölkerung offenbar niemals stattgefunden hatte, ließ sich nicht einfach im Raum des Theaters nachholen. Um so weniger, als die SED und der Staatsapparat gar nicht daran dachten, in der russischen Oktoberrevolution und ihren Folgen einen Gegenstand von «Vergangenheitsbewältigung» oder gar der Trauer-Verarbeitung zu sehen. Diese Aufgabe blieb der kleinen Zahl kritischer Schriftsteller überlassen, die als Brecht-Schüler nicht den Weg der «Angleichung», sondern der Auseinandersetzung wählten, und die lange Zeit den trügerischen Glauben hegten, auch im Namen ihrer sozialistischen Landsleute zu leiden und zu sprechen.

Heiner Müller hat diese Täuschung schon in den siebziger Jahren durchschaut und seine Hamlet-Rolle in der *Hamletmaschine* ingrimmig verabschiedet. Christoph Hein hat von Anfang an gewußt, daß er mit jedem seiner Werke von sich selbst und seiner Autobiographie spricht. Volker Braun hat am längsten gebraucht, um hinter seiner öffentlichen Rolle als revolutionäres Gewissen der DDR seine persönliche Auseinandersetzung mit dem Land und seinen sozialistischen Versprechen zu entdecken. Hätten sie sich, nochmals mit Brecht zu sprechen, ein anderes Volk wählen sollen als jenes, das sich insgeheim schon auf eine ganz andere, die Entwicklung der Bundesrepublik «nachholende Revolution» (Jürgen Habermas) vorbereitete? Hat sich im Herbst 1989 nicht einmal mehr die alte deutsche Kluft zwischen den Intellektuellen und dem «Volk», besser: der Bevölkerung gezeigt? Dieser Anschein trügt. Denn haben auch die Antworten der Schriftsteller nicht in die Breite gewirkt, so doch ihre kritischen Fragen, und manche ihrer Werke aus den achtziger Jahren erscheinen heute wie Seismographen, die das kommende politische Erdbeben schon angekündigt haben.

Der einzige, der die russische Revolution auf eine wahrhaft ‹klassisch›-weimarische Weise verarbeitet hat, ist Peter Hacks gewesen. Deshalb hat er seit den siebziger Jahren auch keine Revolutionsdramen mehr geschrieben, sondern seine Werke in schwindelnde Fernen und Höhen verlegt, unerreichbar für irdische Erschütterungen.

DURCHLÄSSIGKEIT DER SYSTEME:
DIE ACHTZIGER JAHRE

I. ZWISCHEN UNÜBERSICHTLICHEM ÜBERFLUSS UND UNVERHOFFTER «FRIEDLICHER REVOLUTION»: LITERARISCHES LEBEN IM WESTEN

Aus der Perspektive der beginnenden neunziger Jahre erhält das vorausgegangene Jahrzehnt eine eigentümliche Gemeinsamkeit mit den Sechzigern: die ‹Endlastigkeit›. Erschien dort die Dekade – auch literarisch – im nachhinein ganz im Zeichen der 68er Umbrüche, so prägt nun der 9. November 1989 samt seiner Vorgeschichte und seinen tiefgreifenden Folgen das Bild der achtziger Jahre. Unter den vielen Annahmen über ein «Ende der Nachkriegsgeschichte» ist diese auch aus weltpolitischer Sicht wohl die plausibelste.

So rasant nach dem Fall der Mauer die einzelnen Schritte der Einigung aufeinanderfolgten – selten wird für Zeitgenossen die Beschleunigung im Ablauf der Ereignisse derart spürbar –, so geschah die «friedliche Revolution» auch wieder nicht ganz überraschend. Bald nach dem Amtsantritt Michail Gorbatschows als Generalsekretär der KPdSU (März 1985) und nach der Konturierung seines Reformkurses, erst recht seit seiner Übernahme des Präsidiums des Obersten Sowjets (Oktober 1988) hatten Kenner der internen DDR-Strukturen vorhergesagt, daß sich die überalterte Machtclique nicht mehr lange gegen den Druck aus dem Osten werde behaupten können. Schon die schrittweise Entmachtung der kommunistischen Führungen in Polen und Ungarn verstärkte diesen Druck. Daß freilich die DDR-Flüchtlinge in den bundesdeutschen Botschaften von Prag, Budapest und Warschau und schließlich die Öffnung der ungarischen Grenze nach Österreich den entscheidenden Durchbruch bringen würden, gehörte eher zur schwer prognostizierbaren ‹List› der Geschichte.

Daß Intellektuelle und Schriftsteller der DDR und der Bundesrepublik, aber auch Polens, Ungarns und der Tschechoslowakei den Umschwung längerfristig mit in die Wege geleitet und dann als Individuen für viele symbolisiert haben, verdient vorrangig festgehalten zu werden. Die «Berliner Begegnungen» vom Dezember 1981 (in Ostberlin) und vom April 1983 (in Westberlin) als innerdeutsche Versuche der Verständigung, vor allem aber die internationalen «Friedens»-Treffen von Autoren bei Den Haag (seit Mai 1982) haben trotz ihres mitunter problematisch «inszenierten» Charakters die besondere Verpflichtung der Deutschen im europäischen Entspannungsprozeß auch nach außen hin demonstriert. Daß am 4. November bei der großen Demonstration auf dem Berliner Alexanderplatz Christoph Hein, Stefan Heym und Christa Wolf als «Sprecher» auftreten konnten, ist so gesehen nur konsequent. Das nach dem Sturz des SED-Regimes sehr bald einsetzende gegenseitige politische «Abrechnen» der DDR-Schriftsteller untereinander – mit kräftiger Nachhilfe durch westdeutsche Kollegen und Journalisten – kam nicht überraschend. Es warf jedoch auch manchen Schatten auf einzelne Akteure, die in der Bundesrepublik (zum Teil auch von Österreich und der Schweiz aus) und in der DDR an der Annäherung mitgewirkt hatten. Zu Beginn der neunziger Jahre sind, was das literarische Leben in den beiden deutschen Staaten angeht, noch längst nicht alle Entwicklungen klar durchschaubar, die schließlich die deutsche Einigung mit vorbereitet haben: im Westen etwa die auf Kooperation zielende, umstrittene Politik des Schriftstellerverbandes (VS) unter Engelmann gegenüber dem SED-Staat, oder etwa die ostentative ‹Einbürgerung› der ausgebürgerten Autoren, im Osten die systematische Pflege der Lesekultur mit ihren auch kritisch-informatorischen Konsequenzen, die wechselnden, oft schillernden Rollen von Schriftstellern wie Stephan Hermlin oder Christa Wolf, aber auch die nach und nach erkämpften faktischen Spielräume innerhalb einer spätstalinistischen Literaturpolitik. Wie wenig man bei alledem generell von «den» Schriftstellern in der DDR sprechen kann, haben vor allem die Stasi-Enthüllungen gelehrt.

Das epochale Ereignis der deutschen Einigung wirft auf viele Erscheinungen des westlichen literarischen Lebens in den achtziger Jahren durchaus kein neues Licht. Die Übersättigung des Buchmarkts, die verschärfte Konkurrenz von Lesen und Sehen, das Ausbleiben bedeutender neuer Muster gehören in diesen Zusammenhang. Allenfalls mag es sein, daß literarische Entwicklungen der neunziger Jahre die deutsche Einigung im nachhinein auch als faktisch lähmend erweisen. Zu bedenken ist, daß die auch produktive Spannung der Systeme nunmehr entfallen ist und daß gerade in den achtziger Jahren ein erheblicher Teil der DDR-Literatur längst zu einem wichtigen Element des literarischen Markts im Westen geworden war. Es ist eher ein Thema, die Bewertung des «Nationalen», das den Blick vor allem auf die Literatur des vergangenen Jahrzehnts künftig wohl verändern wird.

1. Im Zeichen des Wandels durch Annäherung

Die ideologischen und sozialpolitischen Rahmenbedingungen des literarischen Lebens haben sich in der Bundesrepublik zu Beginn der achtziger Jahre, verglichen mit dem der vorangehenden Dekade, erheblich gewandelt. Ein allmähliches Sichabschleifen der Gegensätze kennzeichnete das Verhältnis der großen Parteien wie auch das zwischen den beiden deutschen Staaten. Mit der Verschärfung der ökologischen Probleme wuchs auf der anderen Seite neues Protestpotential. Für viele Schriftsteller bedeutete dies die Notwendigkeit einer Neuorientierung. Umweltschäden und Katastrophenangst drängten als Themen auch in die Literatur selbst.

Die Spaltungstendenzen innerhalb der SPD, die seit dem Rücktritt Brandts als Bundeskanzler immer deutlicher wurden, erreichten ihren Krisenpunkt im Zeichen der NATO-Nachrüstungsbeschlüsse. Die Koalition von SPD und FDP wurde wesentlich noch zusammengehalten durch das – auch international hohe – Ansehen des Kanzlers Helmut Schmidt und durch die Kontinuität der Außenpolitik, wie sie Genscher verkörperte. Der «rechte» Flügel der SPD war von ihrem «linken» in vielen Fragen bereits weiter entfernt als von großen Teilen der FDP und der CDU. Die «Wende» durch den Koalitionswechsel der FDP im Oktober 1982 stellte insofern eine lange vorbereitete Konsequenz dar. Die Auseinandersetzungen unter Intellektuellen und Schriftstellern über diese «Wende» haben sich noch auf Jahre hinaus um Stichworte wie «Opportunismus» und «Verrat» konzentriert. Tendenzen zur Abkehr vor allem junger Leute von der durch Parteien bestimmten staatlichen Politik wurden dadurch erneut verstärkt.

Die Wahl des CDU-Vorsitzenden Helmut Kohl durch das Parlament zum Bundeskanzler erschien manchem auch in den eigenen Reihen lediglich als Übergangslösung. Und selbst das Resultat der Bundestagswahlen im März des folgenden Jahres, mit einer Bestätigung der CDU (Zunahme von 44,5 % auf 48,8 %), entsprechenden Verlusten der SPD (von 42,9 % auf 38,2 %) und einem «Denkzettel» für die FDP (von 10,6 % auf 6,9 %), ließ viele Beobachter an einer Konsolidierung des neuen Bündnisses zweifeln. Namentlich das unintellektuelle Image des neuen Kanzlers, nach dem «gebildeten» Kiesinger, dem «Demokratie-Kanzler» Brandt und dem «weltgewandten» Helmut Schmidt, wurde zur beliebten Zielscheibe vor allem auch schriftstellerischer Satire. Kohl ist schließlich, trotz zahlreicher Pannen und Affären, auch trotz starken Anstiegs der Arbeitslosigkeit (1989 über 2 Millionen), der «Kanzler der deutschen Einheit» geworden: gewiß Gorbatschows und der osteuropäischen Nachbarn wegen, aber auch weil die Opposition keinen überzeugenden Gegenkandidaten zu präsentieren wußte. Kohl repräsentiert die Regierungspolitik der achtziger Jahre so eindeutig wie nur noch Adenauer die der fünfziger.

Dem Eindruck restaurativer Starre und langdauernder Einheitlichkeit des Jahrzehnts steht freilich die Herausbildung einer neuen ökologischen, «grünen» Protestbewegung entgegen. Ja, sie wird aus der relativen Unbeweglichkeit der Parteipolitik erst erklärlich, in der Bundesrepublik wie in Österreich und der Schweiz. Nach den Wahlen des Jahres 1983 zogen mit 5,6 % der Wählerstimmen erstmals «Die Grünen» in den Deutschen Bundestag ein, auch in die meisten Landesparlamente; in manchen Kommunen erreichten sie über 15 %. Das antibürgerliche Auftreten, das Prinzip der Rotation und die besonders starke Beteiligung von Frauen, vor allem aber die Forderungen nach «radikalen» Veränderungen in Ökologie und Wirtschaft (auch Militär) ließen die Grünen als späte, nunmehr in manchem auch populistische Erben der 68er Bewegung erscheinen. Die Proteste der drei vorausgegangenen Jahr-

zehnte gegen Aufrüstung, atomare Bedrohung, Vietnamkrieg, Intellektuellenhetze fanden ihre Fortsetzung in der weltweit orientierten «Friedensbewegung» und in der Bewegung gegen Atomkraftwerke. Schon im März 1981
demonstrierten an die 100000 Menschen gegen das Kraftwerk Brokdorf. Es
war bezeichnend, daß erst nach der Tschernobyl-Katastrophe vom 26. April
1986 ein Umweltministerium in Bonn eingerichtet wurde (3. Juni 1986).

«Alternative» Aufbrüche recht verschiedener Art, darunter ökologische
ebenso wie feministische – und zum Teil auch religiöse –, prägten in genauer
Komplementarität zu dem durch Helmut Kohl repräsentierten Aneinander-
rücken der etablierten Parteien das Bild dieser Jahre. «Grüne» Programmpunkte wurden zwar von den Volksparteien eilfertig aufgenommen, stießen
jedoch zum Teil auf harte Widerstände der Interessengruppen (der Industrie
ebenso wie der um die Arbeitsplätze bangenden Gewerkschaften). Die Im-
mobilität der großen Parteien gegenüber den ökologischen Notwendigkeiten,
aber auch Dogmatismus und Chaotik im Agieren der «Grünen» selbst verstärkten in den achtziger Jahren die Tendenz zur «Parteienverdrossenheit». In
Österreich ist der weitere Kernkraftwerk-Ausbau per Volksentscheid ge-
stoppt worden, in der Schweiz durch kantonale und lokale Urabstimmungen.
Aufs Ganze gesehen haben Friedensbewegung und «grüne» Bewegung – mit
ihren zahlreichen Fraktionierungen und Übergängen – in dieser Periode wohl
mehr an praktischer Politik beeinflußt und verändert als etwa die APO-
Bewegung der sechziger Jahre. Es ist zu überlegen, ob damit – gewiß ohne
unmittelbar kausale Verknüpfung – nicht ein Funktionsverlust zumindest der
dezidiert «gesellschaftskritischen» Literatur einherging. Sie stieß nicht mehr
in Lücken, begegnete eher einer zunehmend allergischen Reaktion und
konnte sich gegen die neuen Subjektivitäts- und Innerlichkeitswellen nur
schwer behaupten.

Zum weiteren Abbau scharfer politischer Frontstellungen in den großen
Parteien und der Regierungspolitik des Jahrzehnts trug bei, daß die Entspan-
nungspolitik auch gegenüber der DDR, wie sie von den Regierungen Brandt/
Scheel und Schmidt/Genscher begonnen und weiterentwickelt worden war,
von der Regierung Kohl/Genscher seit 1982 wohl oder übel fortgeführt werden mußte. Weltpolitischer Druck, aber auch elementare wirtschaftliche Er-
wägungen haben diese verstärkt. Kein anderer als Franz Josef Strauß hat
schließlich 1987, im Jahr vor seinem Tod, den Milliardenkredit an die DDR
vermittelt (was ihm einen nicht geringen innerparteilichen Aufstand eintrug).
Im Herbst 1989 wurde im übrigen erst voll erkennbar, wie eng die Kontakte
zahlreicher bundesdeutscher Politiker und Wirtschaftsführer zum Chef-De-
visenbeschaffer der DDR, Staatssekretär Alexander Schalck-Golodkowski,
gewesen waren (der denn auch konsequenterweise bei einem westlichen Geheimdienst Unterschlupf fand). Die Stasi-Akten und die Recherchen vieler
Untersuchungsausschüsse haben einen Grad von ‹Vernetzung› der Funktio-
närs- und Politikerkontakte zutage gefördert, den die meisten nicht geahnt

hatten. Der belletristische Austausch zwischen der Bundesrepublik und der DDR, genauer: die Neubewertung von Lizenzvergabe und Publikationsgenehmigung als Devisenquelle durch die Behörden der DDR, hat auch von den ökonomischen Interessen profitiert.

Im November 1983 nannte der stellvertretende DDR-Kultusminister, Klaus Höpcke, den Literaturaustausch noch »unausgewogen«: «Von Aufgeschlossenheit gegenüber den Werken unserer Kultur ist so, wenn es um Taten geht, weniger zu spüren als in gelegentlich zu hörenden Sprüchen.»[1] Von den «Lizenzen und Teilauflagen im innerdeutschen Handel», die der Frankfurter Börsenverein für 1984 zählte (insgesamt 184), stellte die «Schöne Literatur» mit 79 immerhin den weitaus stärksten Anteil.[2] Daß im gleichen Jahr 1984 eine größere Zahl vor allem jüngerer DDR-Autoren in die Bundesrepublik ausreisen durften (u. a. Barbara Honigmann, Katja Lange-Müller, Christa Moog, Hans Noll, Volker Palma, Karl-Heinz Röhricht, Michael Rom), wurde im Westen als Zeichen der «Liberalisierung» gedeutet. Es schwächte natürlich auch das literarische Potential der DDR, brachte jedoch wiederum viel DDR-Alltagserfahrung in die literarische ‹Szene› der Bundesrepublik – wie schon seit Jahren. Verglichen mit den fünfziger und weithin noch den sechziger Jahren war in der Bundesrepublik DDR-Literatur längst zu einem integralen Bestandteil des Literaturmarkts geworden, zumindest mit den prominenten Namen wie Volker Braun, Franz Fühmann, Stephan Hermlin, Stefan Heym, Heiner Müller, Christa Wolf (nicht eingerechnet die ‹Ehemaligen›: von Biermann und Brasch über Kunert und Kunze bis zu Zwerenz). Als im August 1987 der Luchterhand Verlag an den niederländischen Kluwer-Konzern verkauft werden sollte (freilich des juristischen Fachverlags Luchterhand wegen), standen immerhin auch die DDR-Autoren Hein, Honigmann, Kant und Christa Wolf sozusagen zur Disposition – und unterzeichneten sofort eine Resolution mit, die ihre verbrieften «Beirats»-Rechte einklagte (im Luchterhand-Programm befanden sich unter anderen auch Werke von Franz Fühmann, Irmtraud Morgner, Helga Schubert, Anna Seghers). Der Fall Luchterhand demonstrierte schlaglichtartig, wie eng ein beträchtlicher Teil der DDR-Schriftsteller längst in den Literaturbetrieb der Bundesrepublik eingebunden war.

Der Annäherung der Systeme haben Autoren der beiden deutschen Staaten mit einer – nicht nur im Rückblick – bemerkenswerten Freizügigkeit vorgearbeitet. Die bereits erwähnten «Berliner Begegnungen» seit Dezember 1981 und die «Friedens»-Treffen bei Den Haag seit Mai 1982 wurden äußerer Ausdruck dieser Funktion (auch wenn sie nicht ohne politische Lenkung zustande kamen). Als im November 1983 das «Münchner Podium», finanziert durch den Bertelsmann Verlag, in den Kammerspielen die Reihe der *Reden über das eigene Land: Deutschland* begann (im gleichen Monat, als Christa Wolf in Stuttgart den alle drei Jahre vergebenen Schiller-Gedächtnispreis des Landes Baden-Württemberg erhielt), war Stefan Heym der erste Redner. Er sagte auch den damals hochspekulativen Satz: «Die Wiedervereinigung kann [...] nur stattfinden durch Übereinkunft nicht der beiden deutschen Staaten und ihrer Bevölkerung, sondern auch aller anderen betroffenen Staaten, West wie Ost, und es ist klar, daß einer solchen Übereinkunft ein langer Prozeß der Annäherung vorausgehen müßte.»[3]

In der gleichen Münchner *Reden*-Reihe exponierte sich Martin Walser im Oktober 1988 als scharfer Kritiker der «Abfindungsformel» von der «Kulturnation», mit deren Hilfe man die deutsche Teilung nur «vernünftig machen» wolle.[4] Sofort protestierte Jurek Becker, es sei ärgerlich, daß Walser «alle die, die keinen Vereinigungsdrang spüren, ziemlich schlecht behandelt» habe. «Ich habe nicht so kuschelige Kindheitserinnerungen wie Walser. Sollte das der Grund sein, warum Deutschland eher seinesgleichen gehört als meinesgleichen?»[5] Und Peter Glotz meinte, Walsers respektables Geschichtsgefühl reiche «irgendwie nur bis 1871». Weiter: «Der aufklärerische Schriftsteller Martin Walser leidet an nationalem Mystizismus.»[6] Die offenbar gelungene, echt Walsersche Provokation erreichte ihren sofort mit Hohn und Spott kommentierten Höhepunkt, als der einstige DKP-Sympathisant auch noch von der CSU-Landesgruppe zu deren Kreuther Klausurtagung als Redner eingeladen wurde. Alle in der Münchner Veranstaltungsreihe des Oktobers 1988 nach Walser Redenden meldeten mehr oder weniger heftigen Widerspruch an: Kurt Sontheimer, Walter Jens, Egon Bahr, Klaus Höpcke. Falscher «Nationalismus», «Anmaßung», «Illusionismus», «Geschichtsferne», «gefährliches Kokettieren» waren die Hauptvorwürfe.

Sie entsprachen ihrer Tendenz nach sicherlich der Mehrheitsmeinung unter den bundesdeutschen – wohl auch österreichischen und schweizerischen – Intellektuellen und Schriftstellern. Das Paradox aber liegt, von später her betrachtet, gerade darin, daß eben sie – ob Enzensberger oder Grass oder Jens oder Walser, auch ein Max Frisch – seit Jahren schon entscheidend zur öffentlichen Auseinandersetzung über die «deutsche Frage» beigetragen hatten. Daß der geschichtliche Prozeß schließlich entgegen dieser Mehrheitsmeinung verlaufen ist, bleibt festzuhalten. Keine sich öffentlich artikulierende Berufsgruppe hat sich, bei aller Behinderung im Einzelfall, derart freizügig über die Staaten- und Systemgrenzen hinweg bewegt wie die Schriftsteller und damit faktisch die politische Annäherung langfristig mitbefördert. Wieweit dabei die westdeutsche Literatur selbst auch zum Medium der öffentlichen Bewußtseinsbildung wurde und nicht nur Fundament für die Autorität ihrer Sprecher, ist eine andere Frage. Und wieweit sie zur schwierigen Auseinandersetzung zwischen den «Mentalitäten» der Bevölkerung beigetragen hat, ist zu Beginn des neuen Jahrzehnts noch kaum zu sagen – wenn man Literatur mit einer solchen Vorstellung nicht ohnehin überfordert.

2. «*Uneinigkeit der Einzelgänger*»: *Der VS und die deutsche Politik*

In der schriftstellerischen Selbstorganisation und Interessenvertretung sind die achtziger Jahre zunächst ganz von den Strukturen bestimmt, wie sie sich im vorangegangenen Jahrzehnt herausgebildet haben. Die Gruppe 47 hatte sich, trotz mancherlei Wiederbelebungswünschen, im Herbst 1977 mit einer Tagung im oberschwäbischen Saulgau definitiv verabschiedet. Dreißig Jahre nach der «Urtagung» am allgäuischen Bannwaldsee, zehn Jahre nach dem unfreiwilligen Ende in der «Pulvermühle» bei Erlangen, hatte Wolfdietrich Schnurre noch einmal, wie 1947, seine Erzählung *Das Begräbnis* gelesen.

Aber die meisten Wortführer des literarischen Lebens im Westen, von Böll über Enzensberger, Grass, Jens, Kaiser bis zu Reich-Ranicki und Walser, entstammten nach wie vor – in einem nicht nur äußerlichen Sinne – der Gruppe 47. Vom Weiterfunktionieren der «Mafia» oder der «Clique» wurde oft gesprochen, nicht nur anläßlich der alljährlich negativen Rezensionen von 47ern über Bücher Peter Handkes.

Der mit Hilfe von Böll, Grass und Walser mühsam aus der Taufe gehobene VS wollte nach den sozialpolitischen Erfolgen der ersten Jahre (Altersversorgung für Schriftsteller, Tantiemenregelungen usw.) nicht recht reüssieren. Seit der Integration in die «IG Druck und Papier» konnten die internen Spannungen wegen der gewerkschaftlichen Orientierung nicht behoben werden. Darüber hinaus störte viele im VS der bald herrschende «Bürokratenton», das Zurücktreten des eigentlichen Metiers, der Literatur. Die entscheidende Zerreißprobe hatte begonnen, als Bernt Engelmann 1977 zum Vorsitzenden gewählt worden war. Nicht nur sein oft autoritärer Funktionärsstil, sondern vor allem seine insistente Annäherung an die SED und deren Literaturpolitik stießen mehr und mehr auf Widerspruch. Das Bestreben, den Konnex zwischen Autoren der Bundesrepublik und der DDR enger werden zu lassen, fand für sich genommen durchaus Unterstützung. Was man Engelmann vorwarf, waren die «Leisetreterei», ja «Anbiederung» gegenüber den ostdeutschen Staatsfunktionären, sein Werben um Verständnis für die dirigistischen Eingriffe der SED, ja sogar für Strafaktionen wie diejenige gegen Biermann und seine Unterstützer (1976).

Ausgebürgerte DDR-Autoren reagierten auf Engelmanns Politik naturgemäß am empfindlichsten. Als der VS-Vorsitzende im August 1982 in Ostberlin jedes Streben nach «Wiedervereinigung» nicht nur als illusionär, sondern auch als «gefährlich» bezeichnete, trat Reiner Kunze unter Protest aus dem VS aus. Nicht um «Realistik» gehe es oder um die Ablehnung von «Gewalt» bei einer Wiedervereinigung, sondern um deren prinzipielle Verdammung: «Nicht wenige Menschen in der ‹DDR› sehen aber in der Wiedervereinigung die einzige Hoffnung, daß, wenn nicht sie selbst, so doch vielleicht ihre Kinder oder Kindeskinder jene Grundfreiheiten erlangen, die ihnen heute verweigert werden. Ich fühle mich dieser Hoffnung verpflichtet und nicht der Ideologie der Verweigerer.»[7] Als der Vorstand des VS die Bekanntgabe des Austritts über die Presse als «unkollegial» kritisierte, auf dem Recht der politischen Stellungnahme bestand und Vorwürfe zurückwies, er diskriminiere ehemalige DDR-Autoren, sprach Herbert Achternbusch von «Arroganz» und trat seinerseits aus dem VS aus. Aus dem gleichen Anlaß verlor der Verband unter anderen seine Mitglieder Horst Bienek, Jürgen Fuchs, Frank-Wolf Matthies und Gerhard Zwerenz.

Der «deutsche» Streitpunkt war zwar unzweifelhaft gewichtig, die Art seiner Behandlung aber schwächte den Verband in seiner Hauptaufgabe: der Interessenvertretung. Engelmann wurde auf dem in Mainz stattfindenden 6. Kongreß des Verbandes im März 1983 noch einmal für eine dritte Periode gewählt, nach heftigen Disputen über seine Amtsführung (Kroetz und Johnson waren schon zu Beginn des Jahres ausgetreten). Doch als er im Herbst 1983 den Friedenspreisträger des Deutschen Buchhandels, Manès Sperber, wegen seiner «abenteuerlichen» politischen Vorschläge aufforderte, den Preis zurückzugeben, hatte er sich überreizt. Ein Protest, den auch Heinrich Böll,

Günter Grass, Sarah Kirsch und Siegfried Lenz unterzeichneten, enthielt den Kernsatz: «Bernt Engelmann hat von uns kein Mandat, als Vorsitzender des VS Kollegen Zensuren zu erteilen und Denkverbote auszuteilen.»[8]

Was als persönliches Versagen gedeutet werden konnte, war auch eine prinzipielle Strukturkrise. Die größte Interessenvertretung der bundesdeutschen Schriftsteller fand keinen Repräsentanten von Renommee, der sich dem aufzehrenden bürokratischen Management opfern wollte. Nachdem Engelmann samt seinem Vorstand zurückgetreten war, wählte im Frühjahr 1984 die Bundesdelegiertenkonferenz in Saarbrücken den wenig bekannten Sachbuchautor Hans Peter Bleuel zum Nachfolger. Schon ein Jahr zuvor in Mainz hatten viele Zeitungen ein Wort Freimut Duves zitiert, daß sich im VS «nicht mehr die wichtigen geistig-kulturellen Prozesse dieses Landes widerspiegeln».[9] Und Wolfgang Ignée hatte geklagt: «Ja, die Zeiten sind andere geworden. Waren Versammlungen des VS früher eine Heerschau der Prominenz aus Literatur, Wissenschaft und Politik, so gleichen sie heute Kranzniederlegungen am Grabe des unbekannten deutschen Autors.»[10]

War nur das Verbandsklima durch Apparatschiks verdorben? Oder waren die Dimensionen des Ganzen zu groß geworden, oder auch keine greifbaren Fortschritte der Verbandspolitik zu erreichen? Vom 7. bis zum 9. Februar 1986 diskutierten unter dem Motto «Uneinigkeit der Einzelgänger» etwa 60 Autoren im Literarischen Colloquium in Berlin die Frage, ob die Schriftsteller überhaupt einen Verband bräuchten. Hans Christoph Buch, Günter Grass und Anna Jonas gehörten zu den Initiatoren. In einem Grundlagenreferat setzte sich Friedrich Christian Delius für eine stärkere «Literarisierung» des Verbandes ein; es fehle ein «zentraler Ort der literarischen Debatte», ein «Forum». Der 1977 aus der DDR übergesiedelte Hans Joachim Schädlich plädierte gegen einen politisch und literarisch «ausschließenden» Verband. Aber: «Schriftsteller brauchen Organisationen, um gemeinschaftlich soziale Belange und politische Rechte zu vertreten.»[11]

Immerhin war es noch im Dezember 1985 gelungen, den alten Traum von einer «IG Medien» zu verwirklichen. Die Einzelgewerkschaften «Druck und Papier» und «Kunst» hatten sich nach schwierigen Vorbereitungen in Düsseldorf zusammengeschlossen – mit einer weitgehenden Selbständigkeit noch für drei Jahre. Martin Walser, der ja schon 1970 in Stuttgart für eine «IG Kultur» eingetreten war, rief in seiner Festrede bei der Gründungsversammlung zur Etablierung einer Gegenmacht gegen das «Beeinflussungspotential» des ausufernden Medienangebots auf.

Schriftsteller in einer neuen «IG Medien» mit nicht weniger als 170000 Mitgliedern – das löste bei einigen Stolz und neues Sicherheitsgefühl, bei andern auch Beklemmung aus.

Der emsige VS-Vorsitzende Bleuel hatte Mühe, seinem Verband angesichts der neuen Interessenvertretung spezifisch «literarisches» Gewicht zu geben. Er übte zwar nicht wie sein Vorgänger Gesinnungszensur aus, wurde jedoch vor allem durch vorstandsinterne Querelen aufgerieben und trat am 9. Juli 1987 zurück. Daß die Neuwahlen auf der Bundesdelegiertenkonferenz Ende September als Chance genutzt wurden, war zu einem wesentlichen Teil ein Verdienst von Günter Grass. Er überredete qualifizierte Kollegen zur Kandidatur für den Vorstand des maroden Vereins, erklärte sich selbst ebenfalls bereit, und neue Vorsitzende wurde die angesehene Berliner Lyrikerin Anna Jonas.

«Die Geschichte des Verbandes deutscher Schriftsteller (VS) in den letzten zehn Jahren ist die Geschichte eines offenbar unaufhaltsamen Niedergangs», kommentierte Yaak Karsunke die Situation.[12] Doch nun, angesichts des Neubeginns mit Anna Jonas und Grass, kam Hoffnung auf, und man versuchte, einzelne Schriftsteller zum Wiedereintritt zu bewegen. Auch neue Akzente der Verbandsarbeit wurden gesetzt, so die Verbesserung der weithin desolaten Lage der Übersetzer (Klaus Birkenhauer vertrat diese Sparte nun im Vorstand). Freilich wurde ein entscheidendes organisatorisches Bedenken während der Konferenz und in den Wochen danach heftig diskutiert: ob der in Gang gekommene Prozeß einer Integration in die «IG Medien» der richtige sei. Viele Autoren fürchteten, dort mit ihren spezifisch literarischen Belangen unterzugehen. Günter Grass formulierte: «Wir müssen unsere Unbequemlichkeit als Schriftsteller, unsere kreativen Verrücktheiten einbringen können.»[13]

Während der zehn Jahre «Niedergang» des VS hat der bundesdeutsche PEN mit seiner lockeren Organisationsform, auch seiner stärkeren internationalen Einbindung, unter geringeren internen Belastungen arbeiten können (Präsidenten: Walter Jens 1976–1982, Martin Gregor-Dellin 1982–1988). Nicht gewerkschaftliche Interessenpolitik stand im Vordergrund, auch nicht riskante Kooperation mit dem parteigängelten DDR-Schriftstellerverband, sondern die Organisation von mehr informellen Treffen zu bestimmten aktuellen Themen (Verfolgung von Autoren in nichtdemokratischen Ländern, Probleme faktischer Zensur auch in der Bundesrepublik und ähnliches). Aus gegebenen Anlässen meldete sich das bundesrepublikanische «Zentrum» auch mit Resolutionen zu Wort, etwa gegen den Radikalenerlaß, gegen neue Zensurgesetze oder auch gegen die Ausbürgerung von DDR-Schriftstellern.

Symbolische Bedeutung kam der Tatsache zu, daß vom 22. bis zum 27. Juli 1986 in Hamburg der 49. Internationale PEN-Kongreß stattfand, an dem 420 Schriftsteller aus fast 70 Ländern teilnahmen.

Bundespräsident Richard von Weizsäcker erinnerte in seiner Begrüßungsansprache an die Pflicht der Literatur, «nicht auszuweichen», auch gegenüber Rat- und Antwortlosigkeit. «Es ist ein Ethos der Freiheit zur Wahrheit. Diese Wahrheit mag oft im Wortsinn trost-los sein. Der Trost, den Literatur dabei zu vermitteln vermag, ist der, daß es nur in dieser Wahrheit, auch wenn sie trostlos ist, eine geistig redliche Existenz zu führen gibt.» Und Günter Grass insistierte in einem Grundsatzreferat auf dem Willen des Schriftstellers, die «Kehrseite» ans Licht zu bringen. «Er wühlt im Fluchtgepäck, er stochert im Kot der Mächtigen. [...] Sein Blick auf zeitgenössisches Geschehen ist bewußt vorschnell und will die Politik fassen, bevor sie sich als Geschichte tarnt.»[14]

Hier artikulierte sich, vor internationalem Publikum, Interessenpolitik anderer Art. Das Staatsoberhaupt, selbst international als ein intellektueller Kopf respektiert, anerkannte die Verpflichtung zur «Wahrheit», auch wenn sie ohne «Trost» ist. Und der prominenteste deutsche Autor pochte auf das Recht auch zum Destruktiven, zum raschen, scharfen Reagieren gegenüber der Politik. Gegen die ‹Niederungen› der Verbandspolitik, gegen das Kämpfen um Tantiemen, Mitbestimmungsrechte und Altersversorgung sollte man derartige Grundsatzbestimmungen nicht ausspielen. Aber der Kontrast bestätigt auch in der zweiten Hälfte der achtziger Jahre, nach anderthalb Jahrzehnten von Erfahrung in der organisierten Interessenwahrnehmung, die Crux der geborenen Individualisten. Als es seit Anfang 1990 an das große Abrechnen unter den in der DDR verbliebenen Schriftstellern, aber auch um gezielte Beschuldigungen aus dem Westen ging (exemplarisch ausgetragen an Christa Wolfs Erzählung *Was bleibt*), als Funktionäre wie Hermann Kant oder Klaus Höpcke sich öffentlich zu rechtfertigen versuchten, wuchsen Egozentrik, Prinzipienreiterei und Rechthabertum bis ins Unerträgliche. Wie in absehbarer Zeit ein funktionsfähiger, einheitlicher deutscher Schriftstellerverband aussehen könnte, war noch kaum realistisch vorstellbar.

3. Überförderte Literatur?

Zu den am ehesten vorzeigbaren Errungenschaften der achtziger Jahre konnte der VS die Gründung des «Deutschen Literaturfonds» 1980 zählen. Die Skepsis war von Anbeginn an groß, wie sich Schriftsteller zu der vorgesehenen Form der «Beantragung» bequemen und nach welchen Kriterien dann Kollegen über Kollegen befinden würden. Die dazu gebildeten Ausschüsse, die meist über konkrete Schreib-Vorhaben entscheiden mußten, erwarben sich rascher als erwartet Autorität, zumal sich auch erfahrene Organisatoren wie etwa Martin Gregor-Dellin zur Mitarbeit gewinnen ließen. Im Herbst 1982 schon konnte als «Jahresbilanz» vorgelegt werden: insgesamt 44 Arbeits- und Werkstipendien mit einer Laufzeit zwischen sechs und zwölf Monaten, außerdem 14 «Projektzuschüsse», alles in allem für 1,2 Millionen DM. Das war freilich im Vergleich mit den öffentlichen Theaterzuschüssen oder gar den achtstelligen Millionensummen für die großen Opernhäuser ein bescheidener Beitrag.

Eine der resonanzreichsten Ideen, über die Förderungstätigkeit des Literaturfonds auch öffentlich Rechenschaft abzulegen, wurde bereits im Juni 1983 (per dpa-Meldung) verkündet. Auf dem Jagdschloß Kranichstein bei Darmstadt sollten jedes Jahr im Herbst ehemalige Stipendiaten Texte vortragen und prämiieren lassen. Zur Mitwirkung in der Jury erklärten sich unter anderem Peter Härtling, Heinrich Maria Ledig-Rowohlt und Gabriele Wohmann bereit. Die «Kranichsteiner Literaturtage» eroberten sich rasch einen festen Platz im Kalender des bundesdeutschen Literaturbetriebs.

Die Zahl der Anträge an den Literaturfonds stieg rasch; bereits 1984 waren es nicht weniger als 348, von denen 18 neu bewilligt und 7 verlängert wurden. Es befanden sich darunter immerhin Namen wie Gert Hofmann, Hermann Kinder, Sarah Kirsch, Jakov Lind, Wolfgang Linder, Hans Joachim Schädlich, Einar Schleef, Günter Steffens – der Anteil von Autoren, die aus der DDR gekommen waren, war naturgemäß hoch. Noch im Mai 1990 entschied der Deutsche Literaturfonds über 205 Förderungsanträge (14 Stipendien wurden am Ende vergeben).

Kritik an dieser Weise der Literaturförderung hat sich von Anfang an geregt: Die Kriterien seien notgedrungen willkürlich, die Erfolgskontrolle unzureichend, es werde im Grund auch Mittelmaß gefördert. Attackiert wurde auch das Verfahren der Kranichsteiner Literaturtage: der Show-Charakter des Wettbewerbs, die Macht der Jury, das kommerzielle Konkurrenzdenken.

Im Herbst 1988 kam es zum Eklat, als mehrere Autoren – durchaus dem Reglement entsprechend – bereits veröffentlichte Texte lasen, darunter auch offensichtlich mißlungene: «Die Elaborate von rund einem Drittel der Autoren waren indiskutabel; hier muß die Förderungssumme als Fehlinvestition abgeschrieben werden», konstatierte Uwe Wittstock.[15] Gleichwohl überwog nach einem Jahrzehnt Literaturfonds das Pro: die Förderung von Talenten auch ohne ‹Beziehungen›, die Hilfe vor allem für ausgebürgerte DDR-Autoren und die Chance, auch einen Modus ‹mündlicher› Konkurrenz (in Kranichstein) öffentlich zu machen.

Die spektakulärere und ältere Veranstaltung dieses Typs war der 1974 (nach dem Tod Ingeborg Bachmanns am 17. Oktober 1973 in Rom) eingerichtete Klagenfurter Literatur-Wettbewerb mit der Vergabe des «Ingeborg-Bachmann-Preises» durch eine Jury. Die Deszendenz aus den Gepflogenheiten der Gruppe 47 ist häufig hervorgehoben worden: von dem Grundsatz, nur Unveröffentlichtes zu lesen, über die «Sofortkritik» bis hin zu den Hauptfiguren der Jury, allen voran Marcel Reich-Ranicki. Die Institution der Jury geht zwar über das Verfahren der 47er hinaus, läßt sich jedoch aus der dortigen Dominanz der berüchtigten «Kritiker-Riege» auch wieder herleiten. Selbst das Auffälligste und Meistkritisierte, daß alles vor laufenden Fernsehkameras geschieht, ist nicht nur ‹zeitgemäß›, sondern knüpft durchaus an den Medienrummel um die späte Gruppe 47 an.

Daß grundsätzlich jüngere, noch wenig bekannte Autoren geladen werden, gehört zu den Verdiensten des Klagenfurter Wettbewerbs. Und um der Jury die notwendige Flexibilität zu ermöglichen, war das Revirement 1987 sinnvoll (Peter Härtling, Walter Hinck, Walter Jens, Adolf Muschg, Klara Obermüller und Marcel Reich-Ranicki schieden aus). Das starke Interesse, das dieser Wettbewerb – noch dazu dezentral und «pluralistisch» in Österreichs Süden angesiedelt – alljährlich findet, kann man zumindest zu einem Teil *für* die Literatur buchen, insofern es ein öffentliches Reden über Literatur mitbefördert. Der jeweils verliehene Preis ist als Stimulus und als Markenzeichen wohl unabdingbar. Die Förderungsmittel, so wichtig sie für einen jungen Autor sind, treten zurück hinter der Tatsache der Auszeichnung selbst. Die alljährliche Diskussion um den Vergabemodus und einzelne Eklats (Proteste von Vorlesenden wie von Juroren), auch die Beschwörung einer «Krise» dieser Institution gehören – wie zu Zeiten der Gruppe 47 – zum ‹Stoff› des literarischen Lebens in den achtziger Jahren.

Ungefähr 754 Preisvergaben pro Jahr rechnete das *Handbuch der Kulturpreise und der inviduellen Kulturförderung* 1985 aus, und es verzeichnete nicht weniger als 212 Literaturpreise. In der literaturinteressierten Öffentlichkeit melden sich immer mehr Zweifel, ob eine derart inflationäre und vor allem unüberschaubar gewordene Preis-Praxis überhaupt noch sinnvoll sei, der Literatur diene – oder ob nicht Reduktion vonnöten sei. Zahlreiche Artikel und Leserbriefe erschienen. Am 15. Oktober 1987 hielt Hans Altenhein auf der Herbsttagung der Deutschen Akademie für Sprache und Dichtung einen Vortrag über «Dichters Preis & Lohn. Ein Plädoyer für Literaturpreise». Einer der bemerkenswertesten Gedanken war dabei, daß für die allermeisten Schriftsteller der Honoraranteil – auch wenn sich davon leben ließ – in keiner Weise dem «Arbeitsaufwand» entspreche. Altenhein rechnete es vor und folgerte: «Also kommt, denke ich, den Literaturpreisen, den Stipendien und geldwerten Auszeichnungen und Nennungen die Bedeutung einer Ausgleichszahlung zu, die nicht nach sozialen, sondern nach literarischen Kriterien zugemessen wird.»[16]

Vergegenwärtigt man sich für die achtziger Jahre, zu welch dichtem Netz sich Literaturförderung als Schriftstellerförderung und -entlohnung entwikkelt hat, von den neuen Tantiemenregelungen über das Schulbuchentgelt bis zur Sozialversicherung, von den Stipendien des Literaturfonds über die «Stadtschreiber»-Stellen bis hin zu den zahllosen Literaturpreisen, so läßt sich zwar von reellem «Gegenwert» für schriftstellerische Leistungen nicht pauschal reden. Aber es ist unwahrscheinlich geworden, daß wirkliche literarische Talente unentdeckt bleiben, daß sie ihre Texte nicht veröffentlichen können, daß sie aus ökonomischen Gründen am Schreiben gehindert sind. Ländern vom Reichtum der Bundesrepublik, Österreichs und der Schweiz mag das auch anstehen. Es bedeutete jedoch auch, daß Zweit- und Drittklassiges in großer Menge den Markt überschwemmte, da die Buchverlage und die Zeitschriften ihre Kapazitäten auslasten, möglichst erweitern wollten. Der Prozeß wird sich, selbst wenn man über einleuchtende Kriterien zur Reduktion verfügte, nicht steuern lassen. Gleichwohl blieb auch angesichts der immer geringeren Chancen für eine Qualitätsorientierung der Leser die Frage, ob die Literatur nicht mittlerweile «überfördert» ist. Die Einigung Deutschlands hat auch auf die westlichen Verhältnisse, im Vergleich mit den östlichen, neues Licht geworfen. Das finanzielle Engagement des SED-Staates in der Schriftstellerförderung war ebensowenig linear fortführbar wie die Subvention der Ladenpreise für die Bücher, die gedruckt werden durften. Daran gemessen, nimmt sich das westliche System der öffentlichen und privaten Schriftstellerförderung in den achtziger Jahren vielleicht weniger überdimensioniert aus. Doch dies bedarf weiterer Überlegung.

4. Im Dickicht der Titel: «nichts zu lesen»

54572 neue Titel und weit über 12000 Neuauflagen verzeichnete der Börsenverein des Deutschen Buchhandels für das Jahr 1981; und man sprach trotzdem von «Konjunkturflaute» und «zögerndem Kaufinteresse», wie Joachim
Fest resümierte.[17] Lothar Baier wiederum fragte sich: «Das Wort Krise macht
in diesem Herbst die Runde. Was aber haben wir, die Literaten, Rezensenten,
Artikelschreiber und Schriftgelehrten damit zu schaffen?»[18] Wie zur Frankfurter Buchmesse jenes Jahres wurde auch 1990 wieder halb überrascht, halb
skeptisch herausgestellt, daß das «Ende der Lesekultur» mehrere Jahrzehnte
nach Einführung des Fernsehens noch nicht gekommen war. Oder wird nur
immer mehr gekauft, verschenkt, ins Regal gestellt?

Es ist bemerkenswert, wie sich die meisten mit der Literatur befaßten
Organisationen während der achtziger Jahre wiederholt zu gemeinsamen
«Lese»-Aktionen zusammenfanden – trotz erheblicher Interessenkonflikte,
die sie sonst oft trennten.

Als im Frühjahr 1982 vor allem Länder und Kommunen im Zeichen notwendiger
Sparmaßnahmen auch die Bibliotheksetats empfindlich zusammenstrichen, veröffentlichten am 10. Mai, zum «Tag des Buches», PEN-Zentrum Bundesrepublik, Schriftstellerverband (VS) und Börsenverein eine gemeinsame Erklärung, in der es hieß: «Mündige Bürger müssen sich aus besten, frei zugänglichen Quellen umfassend informieren
können.»[19] 1986 gelang es dem PEN-Präsidenten Gregor-Dellin sogar, gegen Eingriffe
in die «Literaturfreiheit» eine «Literaturkonferenz» zusammenzubringen und im
Herbst auf der Buchmesse zu präsentieren. An dieser «Literaturkonferenz» beteiligten
sich außer dem PEN-Zentrum, dem VS und dem Börsenverein auch die Deutsche
Akademie für Sprache und Dichtung und der Deutsche Bibliotheksverband. Ging es
hier vorrangig um Meinungsfreiraum, um Abwehr von faktischer Zensur, so gut ein
Jahr später um Leseförderung. Seit dem 1. Januar 1988 trat an die Stelle der seit 1977
bestehenden «Deutschen Lesegesellschaft» die «Stiftung Lesen» mit vorerst 24 Institutionen und Verbänden, darunter der «Deutschen Lesegesellschaft» und der «Aktion
Lesen» (die einander befehdet hatten), dem Börsenverein und dem «Deutschen Kulturrat». Die eindrucksvolle Koalition galt einer Gefahr, die in diesem Jahrzehnt – namentlich unter Einfluß von Fernsehen, Comics und anderem – massiv zugenommen hatte:
«Der schleichenden Analphabetisierung unserer Gesellschaft auf hohem zivilisatorischen und auf höchstem Konsumniveau will die Stiftung Lesen durch viele praktische
Initiativen entgegentreten.»[20]

Die Phänomene, auf die hier reagiert wurde, beobachtete man gewiß in den
meisten westlichen Ländern, insbesondere den USA. Für die deutschen Lese-
traditionen aber ist charakteristisch, daß man sich dem Trend nachgerade mit
ideologischer Emphase entgegenstemmte. Zwar konstatierte der Börsenverein noch für 1985 stolz: «Bücher erfolgreich in der Medienkonkurrenz.»[21]
Der Anteil der «Schönen Literatur» an der Buchproduktion war von 1984 auf
1985 mit 18,1 % konstant geblieben. Aber die Vielfalt der literarischen Verlage und der Zeitschriften ging in den achtziger Jahren weiter zurück. Zum
Teil geschah dies in engerem oder weiterem Zusammenhang mit den auch

öffentlich vieldiskutierten Konzentrationsbewegungen, bei denen vor allem
der Bertelsmann-Konzern vorangegangen war. 1983 wurde mit dem Rowohlt
Verlag einer der profiliertesten Literaturverlage (auch) der Nachkriegszeit in
den Holtzbrinck-Konzern übernommen. Im gleichen Jahr schlossen sich
zahlreiche schweizerische Klein- und Mittelverlage ostentativ gegen den Sog
der Großen (vor allem aus der Bundesrepublik) zusammen. Der wagemutige
und phantasievolle Versuch, den der Greno Verlag in Nördlingen 1985 mit
Enzensbergers «Anderer Bibliothek» unternahm, mußte 1989 wieder eingestellt werden – sicher auch weil man zuviel und zu aufwendig produziert
hatte. Schon 1985 machte immerhin die Belletristik fast 50% der gesamten
Taschenbuchproduktion aus. In der zweiten Hälfte des Jahrzehnts wirkte vor
allem die Krise anspruchsvoller Kultur- und Literaturzeitschriften alarmierend. 1987 stellten nach 130 Jahren «Westermanns Monatshefte» ihr Erscheinen ein, ebenso das erst 1980 gegründete Magazin «Lesezeichen», in dem
Schriftsteller und Kritiker über Neuerscheinungen berichteten. Einer der
Herausgeber, Herbert Wiesner, stellte bitter fest, «Lesezeichen» habe seine
Lebensgrundlage verloren, «weil der deutsche Buchhandel in seiner Mehrheit
nicht bereit war, ein Blatt mitzutragen, das nicht nur der Produktwerbung
dienen sollte».[22] Im Jahre 1988 mußte auch die Zeitschrift «L '80» eingestellt
werden, 1989 folgte «Litfass». Doch zur Landschaft gehörten auch zwei
Jubiläen: 1988 bestand Heinz Ludwig Arnolds «Text + Kritik», 1989 der
Wagenbach Verlag 25 Jahre.

Verlust der Nischen und Zentrierung bei den wenigen immer Größeren ist
seit Jahren nicht nur im Feuilleton beklagt worden. Doch bieten nicht die
Programme von Suhrkamp, Rowohlt, Fischer, Hanser, Piper, Luchterhand –
auch Wagenbach, Residenz und Diogenes etwa –, nicht zu vergessen der
Gemeinschafts-Taschenbuchverlag dtv, längst eine Vielfalt, die ohnehin kein
Literaturliebhaber überblicken, geschweige denn durch eigene Lektüre sich
aneignen kann? Und wird denn nicht faktisch jeder talentierte junge Autor
durch eine der zahllosen Förderungsmöglichkeiten ‹erfaßt›? Es gibt die verbreitete These, daß beides, die Konzentration in wenigen Groß-Programmen
und die Kanalisierung durch Jurys und Mäzene, den Konformitätsdruck verstärkte. Das kann freilich nur eine Teilantwort sein.

«Bücher, Bücher, aber nichts zu lesen», lautete Joachim Fests paradoxes
Fazit angesichts der Buchmesse 1981.[23] Es wurde ein Leitmotiv des Jahrzehnts. Mehr als einmal wurde diagnostiziert, es fehlten die herausragend
neuartigen, maßstabsetzenden Werke. *Jahrestage* und *Ästhetik des Widerstands*, die beide noch in die achtziger Jahre ‹hineinragen›, verdeutlichten dies
im Kontrast. Uwe Johnson erlebte noch das Erscheinen des vierten Bandes
(1983) seines Opus magnum. Er starb 1984. Peter Weiss starb 1982, ein Jahr
nachdem der dritte Band der *Ästhetik* herausgekommen war. Als einer der
normsetzenden «Alten» starb Heinrich Böll 1985, Arno Schmidt schon 1979.
Von Max Frisch, der 1986 seinen 75. Geburtstag feiern konnte, war ein inno-

vativer Wurf nicht mehr zu erwarten. Das neu erwachte Interesse für DDR-Literatur überdeckte zeitweise den defizitären Zustand. Die große Resonanz von Christa Wolfs *Kassandra* (1982) erklärt sich zum Teil hieraus. Daß die Auflage dieser Erzählung eine halbe Million längst überschritten hat (die von *Störfall* wird sie wohl noch erreichen), hat viel mit dem Sujet zu tun, mit dessen Aktualität, natürlich auch mit der Autorin als weiblicher Symbolfigur. Im übrigen aber begleiteten, von den Beobachtern der Literaturszene fast stereotyp als «die» Repräsentanten herausgehoben, Peter Handke und Botho Strauß mit bewundernswerter Produktivität die achtziger Jahre. Der «neue Handke», der «neue Strauß» wurden zu alljährlichen Orientierungspunkten, auch in das nächste Jahrzehnt hinein.

5. Literaturkritik und Skandale als Barometer

Am Ausgang der achtziger Jahre stellte sich die Frage, ob das unaufhaltsame Anwachsen auch der belletristischen Produktion, ob die immer weiter sich ausdifferenzierende Literaturpreis- und Literaturförderungssystematik, ob die mühsam ausgebaute Interessenwahrnehmung der Schriftsteller noch in einem sinnvollen qualitativen Zusammenhang mit dem steht, was aus dem Jahrzehnt literarisch ‹übrigbleibt›. Womit – außer mit dem Auswählen, Informieren und Bewerten – war die Literaturkritik beschäftigt? Gab es keine großen Kontroversen, in denen Normprobleme geklärt wurden?

Die «Fälle», die in den Feuilletons längere Zeit diskutiert wurden, hatten ihren Anlaß zumeist entweder im Juristisch-Persönlichen oder im Politisch-Moralischen. Mit Einfallsreichtum und bemerkenswerter Hartnäckigkeit attackierte Thomas Bernhard über das Jahrzehnt hin, bis zu seinem Tod am 13. Februar 1989, den österreichischen und besonders den Wiener Kulturbetrieb, ja die österreichische Gesellschaft in ihren Widersprüchen und Deformationen.

Einen Höhepunkt brachte das Jahr 1984, als der Roman *Holzfällen. Eine Erregung* erschien und sich der Komponist Gerhard Lampersberg – auf Hinweis des Journalisten Hans Haider – in der schillernden Romanfigur Auersberger wiedererkennen wollte. Auf Lampersbergs Antrag verbot ein Wiener Gericht im August 1984 dem Suhrkamp-Alleinauslieferer für Österreich den weiteren Vertrieb. Ein anderes Gericht ordnete sofortige Beschlagnahmung in allen Buchhandlungen an. Bernhard gab auf der Frankfurter Buchmesse eine Pressekonferenz dazu, die sofort Schlagzeilen machte, und am 8. November untersagte er den weiteren Vertrieb seiner Bücher in Österreich: Zum vierten Mal sei man dabei, einen «jener lächerlichen und langjährigen Prozesse zu machen, die dieser Staat zu verantworten hat».[24] Ein Jahr später hob Bernhard – auf verständliches Drängen Siegfried Unselds hin – das Verbot wieder auf.

Der Fall demonstrierte mehrerlei: die enormen publizistischen Möglichkeiten, die mittlerweile einem prominenten Schriftsteller zur Verfügung standen, den mitunter bereits ins Abstruse gewachsenen literarischen Personenkult –

vor allem aber die überraschende Umkehrung der Zensur- und Verbotspraxis durch den Autor selbst.

Rainer Werner Fassbinders Stück *Der Müll, die Stadt und der Tod*, das von Korruption und Spekulation im Frankfurter Westend – unter Beteiligung eines Mitbürgers, der Vorsitzender der Jüdischen Gemeinde war – handelte, hatte schon 1976 Proteste erregt. Der Suhrkamp Verlag hatte daraufhin die Auslieferung von *Stücke* 3, worin der (bislang nicht aufgeführte) Text enthalten war, eingestellt. Neun Jahre später, als das Schauspiel Frankfurt eine Inszenierung vorbereitete, erhob sich erneut Protest, und der Generalmanager der Alten Oper wurde in diesem Zusammenhang entlassen. Trotzdem erklärte der Schauspielintendant Günter Rühle im April 1985, er wolle die Aufführbarkeit des Stückes «prüfen».²⁵ Als er im August darauf bestand, das Stück endlich «anschaubar» zu machen, setzte eine Welle von Demonstrationen, Erklärungen, offiziellen Anfragen und Podiumsdiskussionen ein – über ein Stück, das die meisten gar nicht kannten. Die für den 4. Oktober geplante Uraufführung wurde – nicht zuletzt auf Einspruch der Jüdischen Gemeinde hin – abgesetzt, am 4. November fand eine geschlossene Aufführung für die Presse statt (und im Jahr darauf endete die Affäre mit einem gerichtlichen Vergleich).

Die moralisch-religiösen Beweggründe vieler Beteiligter waren, für sich genommen, hoch achtbar. Mit «Literatur» hatten die Demonstrationen nichts zu tun, eher mit neuen Sensibilitäten und Mißverständnissen im jüdisch-deutschen Verhältnis. Das Gespenstische des Falls aber lag nicht zuletzt darin, daß für Wochen und Monate über ein Stück gestritten wurde, das kaum jemand aus eigener Lektüre kannte.

Im Spätsommer des vorausgehenden Jahres erschien aus der Feder des erfolgreichen, provokanten Theaterautors und Erzählers Botho Strauß ein umfangreicher Roman mit dem Titel *Der junge Mann*. Die Prominenz der bundesdeutschen Literaturkritik begegnete ihm mit überwiegend ironischer Reserve: «ein Irrgarten der Phantasie» (Fritz J. Raddatz), «Mysterien einer aufklärungssatten Benommenheit» (Joachim Kaiser), «Seeleneiter» (W. Martin Lüdke).²⁶ Wiederholt wurden Parallelen zu Peter Handkes *Der Chinese des Schmerzes* (1983) gezogen, so auch bei Jörg Drews, der im «Merkur» 83 prinzipieller ansetzte: «Über einen neuerdings in der deutschen Literatur erhobenen vornehmen Ton.» Und Marcel Reich-Ranicki veröffentlichte am 1. Dezember in der FAZ einen Verriß unter der Überschrift: «Manchmal wurde die Langeweile schier unerträglich.» Bei aller Differenzierung im einzelnen: Eine Anti-Handke-Strauß-Front war unverkennbar, und dies gerade gegen zwei Autoren, die unter jüngeren Lesern immer mehr Resonanz fanden.

Nicht zuletzt dieser Exemplarität des «Falles» verdankt es sich, daß nur wenige Monate später (1. März 1985) die «Neue Zürcher Zeitung» in ihrer Beilage «Literatur und Kunst» acht Beiträge zu Problemen der Literaturkritik brachte. Vor allem Martin Meyer nahm sich dabei das Kritik-«Verfahren» gegenüber Handke und Strauß vor, attackierte «die» FAZ, aber auch etwa Jörg Drews. Und erwartungsgemäß erwiderte Reich-Ranicki scharf, verbat sich Unterstellungen und insistierte auf der Fundiertheit seines Urteils.

Nun war die Literaturkritik mit sich selbst beschäftigt. Problematische Methoden wurden aufgedeckt, tatsächliche und angebliche Machtpositionen kritisiert. Aber die aufgeregte Fixierung auf Handke und Strauß machte auch erkennbar, wie sehr diese beiden zu Leitfiguren des Jahrzehnts geworden waren, an denen Geschmackstendenzen und Moden sich artikulierten.

Erscheinungen der Stagnation, des Ausbleibens von spektakulär Neuem in der Flut der literarischen Produktion, des auch willkürlichen Suchens und Neuwertens wurden 1987 an der neuen Begeisterung für Johannes Mario Simmel fast peinlich erkennbar.

Seit Jahren gehörte er neben Günter Wallraff und – später – Patrick Süskind (*Das Parfum*, 1985) zu den eigentlichen Bestseller-Autoren: Dem Intellektuellen-Verdikt «Trivialautor» konnte auch Simmels «linke» gesellschaftskritische Einstellung nichts anhaben. Die für 1987 zu erwartende Neuerscheinung, unter dem Titel *Doch mit den Clowns kamen die Tränen*, zog plötzlich mit Magie die prominentesten Literaturkritiker an, in der FAZ, der «Zeit», dem «Tagesspiegel». Und sogar Joachim Kaiser in der «Süddeutschen» meinte, die Literaturkritik habe Simmel konstant «entweder verrissen oder verachtet».[27]

Die Neubewertungswelle (mit Hervorhebung recht konventioneller Züge «guten» Schreibens) dauerte einige Wochen an. Ulrich Greiner spielte den zu erwartenden Gegenpart («Man soll den Simmel nicht hochjubeln»).[28] Dann verschwand diese Welle so rasch, wie sie gekommen war. Es hatte sich nicht nur gezeigt, wie bereitwillig gestandene und gefürchtete Kritiker sich einer willkürlich in Gang gesetzten ‹Masche› anschlossen, sondern auch, wie zwanghaft in der gigantischen, verwirrend pluralistischen Jahresproduktion nach Aufregendem gesucht wurde.

Zum Herbst 1988 erschien bei Greno, kurz vor dem ‹Aus› für das riskante Unternehmen, der Roman des noch wenig bekannten österreichischen Autors Christoph Ransmayr: *Die letzte Welt*, mit dem Grundmuster einer Erkundungsfahrt nach dem ans Schwarze Meer verbannten römischen Dichter Ovid.

Sofort war fast in allen großen Zeitungen – und im Fernsehen – von der «elementaren Sprachkraft» Ransmayrs die Rede, von der «mythischen» Bildphantasie, von dem fast «professionellen» Können. Diesmal entschloß sich Joachim Kaiser zum ‹Gegenhalten› und warf dem Autor Preziosität, Metaphernbrüche, mystizistische Züge vor.[29] Somit hatte der Chor des einmütigen Preisens etwas von seiner Unheimlichkeit verloren.

Aber wie war er letztlich zu erklären? Ransmayr hatte durch ein gewiß gekonntes Spielen mit verschiedensten literarischen Mustern und durch Beschwörung von Katastrophenbildern zentrale Bedürfnisse der seit Jahren beredeten «Postmoderne» getroffen. Hinzu kam die Anziehungskraft des Fast-Erstlings. Aber *Die letzte Welt* hätte nie jene Kritiker-Euphorie auslösen können, wenn nicht das pflichtgemäße, aber vergebliche Suchen nach einem neuen Wurf in der belletristischen Riesenproduktion das literaturkritische Werten bestimmt hätte.

II. POSTMODERNE UND SPÄTMODERNE: ERZÄHLERISCHE TENDENZEN DER ACHTZIGER JAHRE

1. Der postmoderne Kontext

Über die Literatur dieses Jahrzehnts sind Sätze im Umlauf wie der Hans Werner Richters, der für einige Jahre die von Günter Grass ins Leben gerufenen Autorenlesungen anläßlich der Döblin-Preis-Verleihungen in Berlin (eine Art Ersatz-Veranstaltung für die nicht mehr vorhandenen Treffen der Gruppe 47) leitete. Angesichts der Lesungen jener Autoren, die jeweils in die nähere Auswahl für den Preis kamen, hat Richter festgestellt: «Sie können alle hervorragend schreiben, aber sie haben nichts zu sagen.» Ein Urteil, das nachdenklich stimmt, da es einerseits die formale Professionalisierung der literarischen Arbeiten der jungen Autoren hervorhebt, andererseits ein Vakuum der Themen und Inhalte, die Abwesenheit von Engagement und Leidenschaft feststellt. Sicherlich wird dieses Urteil auch durch die historische Position Richters relativiert, der aus dem Erfahrungshorizont der Gruppe 47 spricht und die Andersartigkeit der neuen literarischen Texte auf diesem Hintergrund negativ bemißt. Aber Richter steht mit diesem Urteil ja keineswegs allein. Die Beobachter der als Medienspektakel inszenierten «Tage der deutschsprachigen Literatur» in Klagenfurt, die alljährlich im Sommer den Ingeborg-Bachmann-Preisträger küren, stellen schon seit einiger Zeit fest, wie debütantenhaft mager die Ausbeute von Jahr zu Jahr ausfällt und daß die Veranstaltung nur noch durch künstliche Skandälchen am Leben gehalten wird. Auch die in den großen überregionalen Blättern etablierte Literaturkritik wird fast automatisch zur Kassandra, wenn der Blick auf die literarische Gegenwartsproduktion fällt:

«Vor fast zwanzig Jahren wurde Deutschland von einer beispiellosen Alphabetisierungskampagne überzogen. Damals begann eine ausgefeilte und weitgestreute Literaturförderung, junge Autoren durch Stipendien, Preise, Arbeitsaufenthalte oder Stadtschreiberehren oft noch vor Ablieferung ihres ersten Werkes finanziell zu unterstützen. [...] ‹Schreiben› wurde zum subventionierten Akt. [...] Das Resultat läßt sich täglich in jeder Buchhandlung und einmal im Jahr auf der Frankfurter Buchmesse besichtigen. [...] Die letzten Werke von weltliterarischem Rang, die im deutschsprachigen Raum erschienen, stammen von der Generation der heute Sechzigjährigen.»[1]

Natürlich ist die Beurteilungsperspektive, es handle sich bei der literarischen Produktion des letzten Jahrzehnts im deutschsprachigen Raum großenteils um eine künstlich gehätschelte Treibhaus-Literatur, die zur Bedeutungslosigkeit verwelke, falls man sie aus dem Treibhaus Literaturförderung vertreibe, nicht unwidersprochen geblieben. Der Autor Hermann Kinder hat beispielsweise ausgeführt:

> «Ich verwünsche die seit bald zwanzig Jahren breitgekauten Sprüche, daß die zeitgenössische Literatur nichts tauge. Sie tauchten mit dem Ende der ‹Gruppe 47› auf und sind so langlebig wie die nun inoffizielle ‹Gruppe 47› selber. [...] Dagegen behaupte ich, daß in Lyrik, in Prosa, in Dramatik Œuvres entstanden sind, die den Werken der ‹Gruppe 47› ebenbürtig sind [...].»²

Das wird hier im Gestus einer Gegenbehauptung vorgetragen, ohne daß freilich die historische Wirkungsdimension, die den herausragenden Texten der sechziger und siebziger Jahre zugewachsen ist, die Beispiele legitimieren könnte, die Kinder im Sinn hat. Das ist sicherlich auch eine Frage einer noch nicht vorhandenen historischen Distanz.

Solchen Argumentationsweisen, wie immer man sich im Einzelfall dazu stellen mag, liegt unterschwellig eine bestimmte Vorgabe zugrunde. Diese Vorgabe impliziert, daß die literarische Produktion sich immer noch in den historischen Entwicklungsschritten einer ästhetischen Progression vollziehe, hinter der als Leitbild die Vorstellung einer literarischen Avantgarde oder – mit den von Arno Schmidt verwendeten Vorstellungsbildern – die Vorstellung einer sich in Innovationsschüben nach vorn bewegenden Grundlagen-Literatur sichtbar wird, deren formale Errungenschaften, von der sogenannten angewendeten Literatur verbreitet, popularisiert und dem sich so erweiternden Repertoire von formalen Techniken eingefügt werden. Aber so wie die Literatur möglicherweise in der Hierarchie der Kulturtechniken ständig an Bedeutung verliert, wichtige Darstellungsziele an moderne mediale Kunstformen abgibt und von dem sich ständig erweiternden Angebot der Kulturindustrie in eine elitäre Nischen-Existenz hineinmanövriert wird, ist es auch keineswegs sicher, ob das als Perpetuum mobile unterstellte Entwicklungsgesetz der Avantgarde tatsächlich noch Gültigkeit hat. Es sind vor allem die jungen Autoren, die diese skeptische Einschätzung der Avantgarde zunehmend vertreten und ihren künstlerischen Ehrgeiz nicht mehr in Innovationsanstrengungen investieren.

So vertritt der Erzähler Klaus Modick die Überzeugung:

> «Die Literatur der Gegenwart ist individuell und kollektiv, geprägt durch Gruppenbewußtsein ohne Gruppenbildung: Sie ist intertextuell. Der Generationskontext der achtziger Jahre, der sich in den neunziger Jahren breit entfalten wird, ist kein stilistischer und erst recht kein ideo-

logischer. Er besteht vielmehr aus einer panoramatischen Diversifizie-
rung der Perspektiven. Im konkreten Einzelfall hat die Perspektive, der
Blick des Autors auf die Welt, sein jeweils unverwechselbarer Blick, den
geilen Drang aufs große Ganze verabschiedet und geht in Detailbohrun-
gen, in die Tiefe der Erscheinungen.»[3]

Am dezidiertesten hat Hanns-Josef Ortheil die Momente dieser veränderten
Lage in eine Situationssignatur einzubinden versucht, die er folgendermaßen
beschreibt:

> «Stufenweise beginnt der ganze Code der binären Entgegensetzungen
> von Ich und Welt, Subjekt und Objekt, Besonderem und Allgemeinem
> zu zerfallen. Statt dessen bildet sich eine Vielzahl neuer Sprachen heraus,
> die die Verästelungen der Diskurse nicht durch Bezug auf Leitbegriffe
> einzugrenzen [...] versucht. Diese Sprachen gruppieren sich, vereinfacht
> gesagt, um drei Großerfahrungen der postindustriellen Gesellschaft; um
> das Post-Historie, die Postmoderne und den Poststrukturalismus.»[4]

Nun sind diese drei «Großerfahrungen» keineswegs so voneinander zu trennen, wie es Ortheil impliziert, sondern die Schwierigkeit besteht gerade
darin, daß sie sich auf vielfältige Weise überschneiden, nicht als isolierte
Stränge in Erscheinung treten, sondern ineinander übergehen und miteinander verflochten sind. Wenn Postmoderne nicht nur ein Begriffs-Passepartout
darstellt, dessen Inhalt beliebig wechseln kann, mehr ist als ein begrifflicher
Kaspar Hauser (Eckhard Henscheid), der im Intellektuellen-Small-Talk reüs-
sierte, dann lassen sich die inhaltlichen Akzentuierungen dieses Begriffes nur
im historischen Rekurs auf seine Entstehung konkretisieren. Diese Entstehungsgeschichte ist international, sie verweist auf einen amerikanischen
(Fiedler) und französischen Kontext (Lyotard). Leslie Fiedler hat in seinem
Freiburger Vortrag von 1968 *Das Zeitalter der neuen Literatur. Indianer,
Science Fiction und Pornographie: die Zukunft des Romans hat schon begonnen*[5] die Wendung zur Postmoderne in Deutschland eingeläutet, und zwar in
der Kritik an den epischen Darstellungen der klassischen Moderne von Thomas Mann bis hin zu Joyce, die das avantgardistische Potential erschöpft
hätten und deren Nachfolger den Roman zu einer hermetischen, elitären
Kunstform degenerieren ließen, die den Kontakt zum Publikum längst eingebüßt habe. Die epische Entwicklung sei in subliterarischen Darstellungsformen, die sich der populären, von einem elitären Kunstpublikum in den
Unterhaltungsbereich abgedrängten Mythen der Jetztzeit bedienten, weitergegangen. Hier allein liege die Chance einer Erneuerung.

Diese aus der literarkritischen Praxis stammenden Überlegungen zum
postmodernen Roman berühren sich mit der epistemologischen Konzeption
der Postmoderne bei Lyotard (in *Das postmoderne Wissen*) in dem Punkt, daß
auch Lyotard, ausgehend vom Zustand der zeitgenössischen Informations-

gesellschaft im Zeichen einer umfassenden Medienüberflutung, die Zeit der großen Sinn-Entwürfe, der «großen Erzählungen», die sich mythisch oder religiös legitimieren konnten, an ein Ende gekommen sieht. Denn jeder an die Wirklichkeit gerichtete Sinn- und Wahrheitsanspruch negiere sich selbst. Der Mensch trete aus einer erklärbaren und von seinem Handeln bestimmbaren Wirklichkeit heraus in einen neuen Mythos, der sich als Sprachspiel definiert, in dem sich die Gegenüberstellung von Wirklichkeit und Erzählung aufhebt, da Wirklichkeit und Geschichte nur als bereits erzählte existieren und es eine kategoriale Differenz zwischen beiden nicht mehr gibt. Aus diesen relativ komplizierten Zusammenhängen ergibt sich doch eine bestimmte Positionsbestimmung der Literatur der Postmoderne, die im folgenden kurz[6] skizziert sei.

1. Der Verlust der Historizität ist konstitutiv. Die «wirkliche» Geschichte als ein sich nach bestimmten Gesetzlichkeiten entwickelnder Prozeß löst sich als Fiktion auf. Es gibt nur eine Geschichte unserer Vorstellungen, Bilder, Erzählungen und Stereotypen von der Vergangenheit, die gleichberechtigt nebeneinandertreten und sich höchstens chronologisch differenzieren lassen.

2. Das Ende der Geschichte akzentuiert die Aufhebung traditioneller Bedeutungszusammenhänge durch das Zerreißen der Signifikantenkette in einem gleichsam schizophrenen Schub, der nur noch die reine Materialität der Dinge wahrnimmt jenseits einer kausalen oder logischen Ordnung.

3. Das Zerreißen der Signifikantenkette geht zugleich einher mit dem Ende des Subjekts als vernunftbegabter bürgerlicher Monade. Das bedeutet für die künstlerische Darstellung die Liquidation der Vorstellung eines schöpferischen Ichs und dessen Korrelate in der Kunst: die Originalität eines künstlerischen Personalstils und die Darstellungsmöglichkeit einer psychopathologischen Gefühlsstruktur dieses Subjekts.

4. Fragmentierung und Diskontinuität werden zu neuen Kennzeichen des Kunstwerkes, das sich in «eine Wundertüte oder Rumpelkammer voller zerstückelter Subsysteme, zusammengewürfeltem Rohmaterial und Impulse aller Art» (Frederic Jameson) verwandelt.

5. Kunst gibt den Anspruch ihrer Exklusivität auf und öffnet sich allen Phänomenen menschlicher Kreativität, auch zum Alltäglichen und Trivialen hin. Kunst erweist sich darüber hinaus im postmodernen Kode als Kunst der Imitate. Es wird nicht nur zitiert, was bereits verformelt ist, sondern die ganze Kunstproduktion vollzieht sich im Gestus des Imitats, dessen vorherrschende Spielart in der Literatur das Pastiche ist. Die damit verbundene Mehrfachkodierung ist als Formen- und Sprachspiel selbstreferentiell (in der Literatur: intertextuell), d. h. sie bezieht sich auf keine außerhalb vorhandene Geschichte oder Wirklichkeit, sondern auf jeweils bereits vorhandene künstlerische Systeme, die ausdifferenziert oder erweitert werden.

Die Position der Spätmoderne ist im Unterschied dazu nach wie vor vom Glauben an das unvollendete Projekt der Aufklärung bestimmt. Das zeigt sich, wie Habermas am Beispiel der Ästhetik Adornos beschreibt, darin, daß sich «der emphatische Vernunftanspruch in die anklagende Geste des esoterischen Kunstwerkes zurückgezogen»[7] hat, aber nach wie vor aufrechterhalten wird, während die Liquidation der Sinndimension im postmodernen Denken mit dem Ende der Geschichte auch das Scheitern der Aufklärung postuliert.

Diese Position der Spätmoderne, die Habermas im ästhetischen Theorie-Entwurf Adornos als konstitutiv beschreibt, hat der Romancier Milan Kundera, der sich emphatisch zu den romantheoretischen Positionen Hermann Brochs und Robert Musils bekennt, in seiner *Kunst des Romans* eindrücklich hervorgehoben:

> «Die einzige Existenzberechtigung eines Romans besteht darin, daß er einen unbekannten Aspekt des Lebens entdeckt. Und nicht nur das allein, sondern einen Aspekt, den überhaupt nur der Roman entdecken kann. Ein Roman, der nicht einen bislang unbekannten Bereich der Existenz entdeckt, ist unmoralisch. Erkenntnis ist die einzige Moral des Romans. [...] Die Geschichte des europäischen Romans besteht in der Abfolge der Entdeckungen (nicht in einer Addition dessen, was geschrieben wurde).»[8]

Diese «Abfolge der Entdeckungen» ist ein anderes Wort für die künstlerische Avantgarde der Moderne. Das, was sich im Romanschaffen im Aufriß der Spätmoderne erkennen läßt, steht also noch in der Entwicklungskontinuität dieser immer weiter vorangetriebenen Darstellungspositionen, die am unvollendeten Projekt der Aufklärung festhalten und den Roman als ästhetisches Erkenntnisinstrumentarium begreifen will, das den Wahrnehmungshorizont des Subjekts sukzessiv erweitert, mit einer formalen Anstrengung freilich, die die mit dem Blick auf das Romanwerk Brochs gemachte Feststellung Hannah Arendts weit übertrifft: «Gleichsam mit einem Schlage ist die bisher verständlichste, dem großen Publikum zugänglichste Kunstform zu der schwierigsten und esoterischsten geworden.»[9] Broch selbst hat diese Entwicklung ganz analog am Beispiel von Joyce beschrieben:

> «Joyces Lösungsversuch [...] ist so radikal, daß er asozial geworden ist und der Gefahr radikaler Asozialität, nämlich dem Wahnsinn erliegt [...] Es steht außer Zweifel, daß der Amüsierroman sozialer als Joyce ist.»[10]

Damit ist mit dem Blick auf die Gegenwart des deutschsprachigen Romans auch die konzeptionelle Entwicklungsrichtung der Spätmoderne akzentuiert. Das, was Broch abfällig als «Amüsierroman» beschreibt, ist der Roman der ästhetischen Konvention, des Mainstream, der an den mimetischen Darstellungszielen des realistischen Schreibens festhält. Er überträgt sein Darstellungsinstrumentarium weithin unverändert auf neue Inhalte und nimmt noch Informationsaufgaben wahr, die für den realistischen Roman des 19. Jahrhunderts einmal legitim gewesen sind, aber heute weitgehend an die elektronischen Medien abgegeben worden sind. Zu ihnen gerät er nun unfreiwillig in eine Konkurrenz, die ihn schrittweise zum Verlierer macht.

2. Postmodernes Erzählen: Patrick Süskind, Christoph Ransmayr, Ingomar von Kieseritzky

Legt man diese Hypothese von einem postmodernen Roman zugrunde, so ordnen sich nicht nur Autoren wie Hildesheimer (mit *Marbot*), Hoffer oder Späth bereits diesem Darstellungsmuster zu, sondern in den achtziger Jahren noch wesentlich verstärkt Erzähler wie Patrick Süskind, Christoph Ransmayr, Klaus Modick und Ingomar von Kieseritzky. Zudem entwickelt sich parallel zur Entstehung ihres epischen Werks auch der kontrovers geführte theoretische Diskurs über die Postmoderne, an dem sich die Autoren mitunter auch selbst beteiligen. Patrick Süskind ist in diesem Kontext vielleicht der interessanteste Fall.

Süskind (* 1949) hat mit seinem im Frühjahr 1985 erschienenen Roman *Das Parfum* (der immer noch auf den Bestseller-Listen rangiert und, inzwischen in 28 Sprachen mit einer Gesamtauflage von ca. 6 Millionen Exemplaren verbreitet, sich vermutlich mit Remarques *Im Westen nichts Neues* den Ruhm des erfolgreichsten deutschsprachigen Romans dieses Jahrhunderts teilt) ein Buch veröffentlicht, das jene seltene Balance verwirklicht hat: breiteste Leserkreise zu interessieren wie auch die Zustimmung der professionellen Literaturkritik zu finden. Daß der Autor zugleich seine Person und sein Privatleben rigoros von jeglicher medialen Vermarktung freigehalten hat und mit einer selbst seine amerikanischen Schriftstellerkollegen J. D. Salinger und Thomas Pynchon (die sich ähnlich strikt der Presse verweigern) übertreffenden Insistenz nur als Autor seines schmalen literarischen Werks und nicht als biographische Person präsent zu sein versucht, hat freilich die Aura der Exklusivität eher noch verstärkt.

Süskind erzählt die Geschichte des autistischen Scheusals Jean-Baptist Grenouille. Der ohne körperliche Geruchsaura geborene Grenouille (ein Peter Schlemihl, der seinen Schatten verloren hat) verfügt zugleich über einen genialen Geruchssinn, der seinem im proletarischen Abschaum des Paris des 18. Jahrhunderts wurzelnden kümmerlichen Ich nur ein einziges Ziel weist, nämlich die Essenz einer absoluten Schönheit zu erzeugen in einem Parfum, das die perfekte Geruchsaura junger wunderschöner Mädchenkörper einfängt. Um ihre Schönheit verewigen zu können, muß er die Mädchen töten. Grenouille wird zum unerkannten Massenmörder, dessen Blutspur die Leichen von fünfundzwanzig jungen Mädchen bezeichnen. Erst beim letzten Mord wird er durch einen Augenzeugen und durch Indizien überführt, um zugleich bei seiner Hinrichtung seinen größten Triumph auszukosten. Mit dem Duft seines perfekten Parfüms bestäubt, in dem die Schönheit all seiner Opfer zusammengefaßt ist, verfällt die Menge in einen erotisch akzentuierten Verehrungstaumel, in dem der zur Rache angetretene Vater des letzten Opfers Grenouille liebevoll als Sohn umarmt. Der in der Massenrase-

rei untertauchende und nach Paris fliehende Grenouille, dem sein Destillat quasi Allmacht verleiht und der mehr nicht erreichen kann, inszeniert unter den Clochards sein
Ende. Wie die Mänaden in ihrer Liebesraserei über Dionysos herfallen, ihn zerreißen
und verschlingen, wird auch er, durch sein Wunderduft-Destillat zum Engelsmenschen
geworden, von der Meute im Rausch kannibalistisch verschlungen.

Die postmoderne Akzentuierung des Romans zeigt sich in der Öffnung der
Darstellung zu sogenannten Trivialformen wie Schauerroman oder Kriminalroman, d. h. es hat hier jene von Fiedler propagierte Anbindung an populäre
Darstellungsmuster stattgefunden. Der Roman wird darüber hinaus sehr
deutlich vom stilistischen Darstellungsgestus des Pastiches[11] bestimmt, vom
Kleistschen Stil-Imitat der Erzähleröffnung, die auf den Beginn des *Michael
Kohlhaas* verweist, über die im Stil-Gestus der *Blechtrommel* von Grass dargestellte Geburt Grenouilles bis zur mythischen Dionysos-Folie des inszenierten kannibalistischen Todes. Das ist in der Literaturkritik durchaus zutreffend hervorgehoben worden, wie auch die Feststellung einer fehlenden
eigenen stilistischen Handschrift Süskinds durchaus konsequent ist:

> «Dieser höchst bewußte Autor hat sich mit vielen Wassern gewaschen:
> ob Nietzsche, Bataille oder Foucault, von Grass oder Camus, von Ca-
> netti oder Lovecraft; und was er wie in einem historischen Roman
> kostümiert, ist ein parabelhaftes Gedankenspiel, dessen Patchwork gut
> vernäht ist (wenn auch nicht mit dem Garn einer eigenen Sprache).»[12]

Süskinds Buch ist zugleich vielfach kodiert, ist nicht nur historischer Roman,
Kriminal- oder Schauerroman, sondern auch Variation romantischer oder
symbolischer Kunstapotheosen und in gewisser Weise auch ein Kommentar
zum politischen Totalitarismus. Zugleich werden alle diese semantischen
Ideologie-Zitate am Ende des Buches aufgehoben in einer Selbstvernich-
tungsorgie, die auch ein Ende der Geschichte akzentuiert. Wie die gigantische
Bibliothek Kiens in Canettis *Blendung* am Ende in Flammen aufgeht, löst
sich auch die olfaktorische Verdoppelung der Welt in einem Vernichtungs-
schub auf.

Das Buch bleibt freilich auch im literarischen Werk Süskinds ein Solitär.
Weder mit der knappen Erzählung *Die Taube* (1987) noch mit dem Prosa-
band *Die Geschichte von Herrn Sommer* (1991) hat er an die künstlerische
Darstellungsweise von *Das Parfum* anschließen können.

Ein anderes, Ende der achtziger Jahre besonders bei der literarischen Kritik
sehr erfolgreiches Buch, *Die letzte Welt* (1988), das immerhin in 150000
Exemplaren verbreitet ist, stammt von dem bis dahin kaum bekannten österreichischen Autor Christoph Ransmayr (*1954). Er hatte 1982 und 1987
bereits zwei Bücher, *Strahlender Untergang* und *Die Schrecken des Eises und
der Finsternis*, vorgelegt und wurde mit dem zweiten Buch, der Rekonstruktion einer in der Eiswüste des Nordpols zugrunde gegangenen österreichisch-
ungarischen Polarexpedition durch den Erzähler Mazzini, als literarische

Hoffnung von der Literaturkritik gehandelt. Schon im ersten Buch wird das Ende der Geschichte in einer Wüstenregion, in der sich der Mensch mit seiner Vernichtung der Erde als – im Sinne der Aufklärung – gestaltendes intelligibles Subjekt verabschiedet, nachdrücklich akzentuiert. Auch die alles menschliche Leben vernichtende Eiswüste, in der der Erzähler auf der Polarreise, die er auf den Spuren der Expedition unternimmt, schließlich selbst verschwindet, ist ein Referenzbild für die sich in Selbstvernichtung auflösende Entdeckungsreise des Menschen und wird damit zur großen Metapher für das Post-Histoire. Ransmayr hat diese Darstellungslinie in *Die letzte Welt* ein weiteres Mal aufgenommen, wie auch der auf Spurensuche an den Verbannungsort Ovids, Tomi, ans Schwarze Meer reisende Cotta eine Parallelfigur zum Erzähler Mazzini im vorangegangenen Roman ist.

Cotta bricht aus der zivilisatorischen Welt des augusteischen Rom in die barbarische Einöde auf, um den Gerüchten vom Tode Ovids in der Verbannung auf den Grund zu gehen. Er will gleichfalls eruieren, ob tatsächlich Ovids Hauptwerk *Die Metamorphosen* von ihm vernichtet worden ist. Er verstrickt sich bei seiner von erschreckenden Erfahrungen begleiteten Recherche, die den lebenden Ovid nicht aufspürt, aber die Figuren seiner Dichtung in seltsamen Verwandlungen als lebende Personen antrifft, immer mehr, bis der in der Steinwüste mit seiner Dichtung verschwundene Ovid Cottas eigenes Schicksal vorwegnimmt: «[...] ein Spiel für Verrückte: Bücher verschimmelten, verbrannten, zerfielen zu Asche und Staub; Steinmale kippten als formloser Schutt in die Halden zurück, und selbst in Basalt gemeißelte Zeichen verschwanden unter der Geduld von Schnecken. Die Erfindung der Wirklichkeit bedurfte keiner Aufzeichnungen mehr.»[13]

Das literarische Referenz-System, auf das sich Ransmayr bezieht und das er als «Ovidisches Repertoire» im Anhang seinem Buch beigefügt hat, nämlich *Die Metamorphosen*, ist der Aufriß einer poetischen Kosmologie, die in mythischen Bildern und Geschichten die Entwicklung des Menschen von einem archaischen, barbarischen Anfangszustand bis zur Vollkommenheit des augusteischen Goldenen Zeitalters entwirft. Ransmayrs Buch stellt den Gegen-Entwurf dazu dar, die Liquidation der Geschichte, die bei der augusteischen Gegenwart, mit der Ovid endet, einsetzt und die Erstarrung in Steinwüste und Wahnsinn als Endzustand zeigt. Geschichte wird in Ransmayrs Darstellung aus allen vertrauten historischen Entwicklungszuordnungen gelöst, ist Vergangenheits- und Gegenwartsgeschichte zugleich – das ist der Sinn von Anachronismen wie Mikrophon oder Kino im Wirklichkeitsaufriß der römischen Zeit –, da alle Bilder und Erfahrungen austauschbar werden, alles kaleidoskopartig ineinanderstürzt und jede Sinnsuche erlischt. Der antikisierende Gestus der Sprache, der man mitunter auch marmorne Glätte und Leblosigkeit attestiert hat, ist Pastiche-Sprache, deren Reichtum sich entfaltet im Referenz-Spiel mit Ovids poetischen Vorlagen. Gewiß hat Ransmayr seinen Roman nicht den gängigen Mythen und populären literarischen Formen geöffnet, auch wenn die Spurensuche Cottas mit dem Muster der Detektiv-Geschichte spielt (diese Differenz ist vermutlich auch für den

Unterschied zum Lese-Erfolg Süskinds entscheidend), dennoch erweist sich
das Buch in vielfältiger Weise von postmodernen Erfahrungen und Formzügen bestimmt.

Innerhalb einer solchen postmodernen Konstellation lassen sich auch kon-
stitutive Kennzeichen in den Romanen Ingomar von Kieseritzkys (* 1944)
beschreiben, der neben einem das halbe Hundert inzwischen überschreiten-
den Hörspiel-Werk (das ihm das wirtschaftliche Überleben als freier Autor
ermöglicht) seit 1968, als sein erstes Prosabuch *Ossip und Sobolev oder Die
Melancholie* erschien, inzwischen mit dem 1991 veröffentlichten Roman *Der
Frauenplan. Etuden für Männer* zehn Bücher vorgelegt hat, deren Machart
die Kritik eher irritiert als fasziniert. Kieseritzky entwirft in seinen Büchern
epische Spiel-Systeme, in denen die auftauchenden Figuren das Gegenteil von
psychologisch identifizierbaren Individualitäten, vielmehr reine Funktions-
Subjekte sind, die in einem Karussell slapstickhaft zugespitzter Situationen
rotieren. Diese setzen permanent jede kausale Fügung dadurch außer Kraft,
daß sie die rationale Begründungskette so konsequent abschnurren lassen, bis
sie in die Absurdität umkippt.

Kieseritzky, der als Buchhändler-Lehrling in Göttingen drei Jahre lang
Bildungszögling eines emeritierten Mathematikprofessors war und sich hier
jene autodidaktische Entschlossenheit antrainierte, wissenschaftliche Theo-
rieentwürfe immer auch als fiktionale Spielentwürfe zu sehen, die mit einer
empirischen Realität nie zur Deckung gebracht werden können, exerziert in
seinen Büchern den Stillstand der Aufklärung und den ideologischen Kollaps
der unterschiedlichsten Erklärungssysteme, die sich alle einer analytischen
Ratio verpflichtet sehen, auf eine amüsant komische Weise. Die kollabierende
Rationalität, die im Ideologieschutt versandende Vorstellung einer finalen
Geschichte, die Aushöhlung des Individuums zum Stichwortgeber und zur
Spielfigur, die zahllosen Stiladaptionen unterschiedlichster Herkunft, von
Wissenschaftsdiskursen, zitierten oder erfundenen, wobei beides ununter-
scheidbar wird, bis hin zu den Gags und Effekten des Comic strip haben jene
Einebnung der kulturellen Normen vollzogen, die für eine postmoderne Position auch konstitutiv ist. Das gemeinsame Moment, das die einzelnen epischen Spielentwürfe ungeachtet ihrer fiktionalen Modalitäten jeweils verbindet, ist die hinterhältige Destruktionsenergie, mit der rationale Sinn- und
Orientierungsmuster, aus denen sich die menschliche Geschichte zusammensetzt, systematisch zersetzt werden. Der Roman *Das Buch der Desaster*, für
das Kieseritzky 1989 der Bremer Literaturpreis zuerkannt wurde, ist schon
durch den Titel so etwas wie ein Schlüsselwerk.

Der Erzähler Kelp ist durch eine groteske Kette privater Desaster, erotischer, beruflicher und finanzieller Abstürze, zum Katastrophenspezialisten geworden. Er versucht,
seine Erfahrungen zu einer Systemtheorie des permanenten Scheiterns als Gegenentwurf zu einer sinnvollen Lebensplanung zu perfektionieren – sein Buch ist letztlich
auch ein Ergebnis dieser Anstrengung – und begleitet als Chauffeur und Unterhalter

den Schriftsteller Robert Brant, einen Großmeister der literarischen Sinnstiftung. Im Wahn, vom Kehlkopfkrebs befallen zu sein und sein Ende vor sich zu haben, begibt sich Brant auf eine letzte nostalgische Reise in die Dordogne. Dort stirbt er zwar, aber nicht an dem eingebildeten Krebsleiden, sondern an Herzversagen, weil Kelp ihm die nachgereiste ehemalige Geliebte ausspannt.

Innerhalb dieses Spiel-Entwurfes inszeniert Kieseritzky auf unterschiedlich adaptierten Sprachebenen, die von der vulgären Direktheit der Zote bis zur objektivierenden wissenschaftlichen Diktion reichen und mit intertextuellen Bezügen von Flauberts *Bouvard und Pécuchet* bis hin zu Thomas Manns Tagebuch-Notaten spielen, sein Feuerwerkspektakel als Autodafé einer vom Aufklärungsdenken bestimmten Kunst und Literatur, die in komischen Verrenkungen verendet und buchstäblich an ein Ende gelangt. Der sich von jeder ideologischen Konzeption der Realität befreiende postmoderne Impetus wird an einer Stelle so formuliert: «Man müßte die Realität so lesen und interpretieren, wie man beliebige Texte von verschiedener Qualität und Quantität liest – und immer mit verschiedenen Methoden.»

Der Roman *Anatomie für Künstler* (1989) nimmt das sich in Chaos und Entropie auflösende Spiel ein weiteres Mal in einer Aneinanderreihung von grotesken Effekten auf, bei denen sowohl die Phantasie der Variation wie die Konkretheit im absurden Detail erneut perfektioniert werden. Unglücksfall und Desaster auf den unterschiedlichsten Ebenen werden hier gesteigert im Destruktionsakt par excellence, im Mord.

Der Ich-Erzähler ist der einstige Antiquitätenhändler Max Marun, der mit dem Verkauf perfekt imitierter antiker Möbel und gefälschter Gemälde gut über die Runden kam, bis Laura seine Lebensroutine durcheinanderwirbelte. In der Nervenklinik, in der er untergebracht wurde, versucht er jene Morde zu rekonstruieren, die ihm zur Last gelegt werden (als er seinem reichen exzentrischen Onkel Hannibal Marun bei der Vorbereitung eines Symposiums zur Rettung der Welt auf seinem englischen Landsitz helfen will), an die er jedoch keine Erinnerung mehr hat und derer er mit einem grotesken Aufwand an Theorien, Hypothesen und Systementwürfen habhaft zu werden versucht: in einem Kaleidoskop, das in seinem ohnehin getrübten Bewußtsein alle kausalen oder logischen Ordnungen außer Kraft setzt. Alle Aufklärungsbemühungen scheitern. Zurück bleiben nur die Leichen als Quintessenz des Sinn-Defizits menschlicher Geschichte.

Das wird in einem Feuerwerk skurriler Einfälle und grotesker Episoden vorgeführt und enthält durchaus jene Qualität des Kulinarischen, die Kieseritzky selbst bei einem Autor wie Calvino verkörpert findet, dessen Essay über die «Leichtigkeit» für ihn einen der Schlüsseltexte der modernen Literatur darstellt.

Kieseritzkys Roman *Der Frauenplan* attackiert bereits im Titel verdeckt das Muster sinnbestimmter Lebenserfüllung, nämlich den Goetheschen Lebensentwurf. An der Erfahrungsgeschichte des Erzählers Maurice Goff, der seine Debakelerfahrungen, vor allem auch im Erotischen, rückblickend aufarbeitet und die unkorrigierbare Fehlerhaftigkeit des Lebens durch zahlreiche groteske Erfahrungen und Geschichten rekapituliert, wird diese sarkastische Katastrophen-Recherche ein weiteres Mal vorgeführt, auch hier in einem intertextuellen Spiel, das von Goethe, Schiller, Hölderlin bis zu Handke reicht. Die Kritik hat angesichts dieses Romans auf eine Gefahr aufmerksam gemacht, die nicht von der Hand zu weisen ist, die Gefahr der Redundanz, die gerade das Kulinarische, an dem Kieseritzky so viel liegt, letztlich aufhebt:

> «Kaum ein anderer deutscher Schriftsteller hat den derzeit modischen Glauben an das Verschwinden der Individualität des Schreibenden zugunsten der Herrschaft von Textströmen, für die der Dichter nur noch als eine Art von Durchlauferhitzer dient, mit vergleichbarer Konsequenz in die schriftstellerische Praxis umgesetzt wie Ingomar von Kieseritzky.»[14]

Während Kieseritzky sich selbst nur indirekt solchen postmodernen Schreibkonstellationen zuordnet (etwa über seine Hochschätzung Calvinos), ist bei jüngeren Autoren wie Klaus Modick (*1951) etwa in seinem Roman *Das Grau der Karolinen* (1986) oder Marcel Beyer (*1965) in seinem Roman *Menschenfleisch* (1991) die Reflexion solcher Zusammenhänge bereits Bestandteil der eigenen Schreibstrategie.

3. Der phänotypische Erzähler: Botho Strauß

Der Autor freilich, der immer wieder im Zusammenhang postmodernen Erzählens genannt wird, Botho Strauß, wird zu Unrecht auf diesen Kontext bezogen. Dieser Fehlschluß legitimiert sich zumeist durch ein Schlüssel-Zitat aus *Paare, Passanten*, wo Strauß auf den ersten Blick seinen Abschied von der ästhetischen Position Adornos proklamiert:

> «Heimat kommt auf (die doch keine Bleibe war), wenn ich in den ‹Minima Moralia› wieder lese. Wie gewissenhaft und prunkend gedacht wurde, noch zu meiner Zeit! Es ist, als seien seither mehrere Generationen vergangen. (Ohne Dialektik denken wir auf Anhieb dümmer; aber es muß sein: ohne sie!)»[15]

Eine Distanzierung von Adorno liegt sicherlich vor, aber eine Distanzierung von der Selbstgewißheit einer Denkmethode, die für sich beansprucht, das adäquate Analyse-Instrument der ablaufenden, widersprüchlich ineinander verkanteten Prozesse zu sein. In dem Sinne distanziert er sich in *Paare, Passanten* auch von der «Zwangsneurose des klaren Gedankens». Mit dem Ziel Adornos, daß die Kunst sich nur auf dem Wege der Negation, im Rückzug auf ihre Verweigerungsposition, bewahren kann, stimmt er durchaus überein. Es ist geradezu ein Bekenntnis zur Avantgarde, wenn er an einer anderen Stelle von *Paare, Passanten* reflektiert:

«Ausgerechnet jetzt, da der Konsum total geworden ist [...], fehlt es doch an einer neuen Literatur, die aus der entschiedenen Absage an diese Konsumierbarkeit eine große und wesentliche Kraft bezöge [...]. Aber in einer Zeit, in der die Literatur selbst zum Außenseiter der Kultur geworden ist, wird der Außenseiter *in* der Literatur aus seiner exzentrischen Rolle verdrängt. An die Stelle des Neuen ist der offizielle Betrieb der Moden und Trends getreten, d. h. die Stelle des Neuen nimmt in erster Linie die neue Nachricht ein. [...] Eine Avantgarde aber, die nicht davon durchdrungen ist, daß die Allgemeinheit [...] eines Tages an ihre Stelle rückte und sie zum Gemeingut erhöbe, entbehrte für ihre Aufgabe der nötigen Kampfeskraft.»[16]

Diese Position hat sich im Laufe der Jahre bei Strauß eher noch verschärft. Der dem Freund Dieter Sturm, dem langjährigen Dramaturgen der Schaubühne, gewidmete Essay ist bezeichnenderweise «Der Geheime» überschrieben und formuliert an einer Stelle ganz analog:

«Der Geheime ist heute schon der einzige Ketzer, der einzig wahrhaft Oppositionelle gegenüber der allesdurchdringenden allesmäßigenden Öffentlichkeit. Gegen den totalen Medienverbund, gegen die Übermacht des Gleich-Gültigen wird und muß sich eine Geheimkultur versprengter Zirkel, der sympathischen Logen und eingeweihten Minderheiten entwickeln.»

In dem 1990 veröffentlichten langen Essay zu George Steiners Buch *Real Presences* bekennt sich Strauß emphatisch zu der Argumentationslinie Steiners:

«Es geht um nicht mehr und nicht weniger als um die Befreiung des Kunstwerks von der Diktatur der sekundären Diskurse, es geht um die Wiederentdeckung nicht seiner Selbst-, sondern seiner theophanen Herrlichkeit, seiner transzendentalen Nachbarschaft.»

Dieser die Richtung auf den Mythos und das Sakrale einschlagende Rettungsweg der Kunst hat sich in der Tat von dem dialektischen Begründungskontext einer sich den Anstürmen der Bewußtseinsindustrie verweigernden Kunst-Konzeption eines Adorno weit entfernt, hält aber dennoch an der herausgehobenen Exklusivität der Kunst fest.

Gerade weil der Stückeschreiber Strauß den «totalen Medienverbund» und die «Übermacht des Gleich-Gültigen» in den fragmentierten realistischen Handlungssplittern seiner Stücke so exakt reproduziert, ist eine Meinung entstanden, wie sie Heiner Müller artikuliert: «Botho Strauß ist ein Fotograf. Er fotografiert die Bundesrepublik, das ist in Ordnung. Mehr sehe ich da nicht. Man kann sich darüber streiten, ob das Dramatik ist. Sehr gute Fotografien der Bundesrepublik.»[17]

Die kommunikative Funktion, die als ästhetische Gattungsvorgabe zum Theaterstück gehört und an der Strauß in seinen Stücken, wenn auch auf dem Wege des Verwirrspiels, immer noch festhält (während sie Heiner Müller in der Tat viel entschiedener demontiert), hat sicherlich zu diesem Eindruck mit beigetragen. In seinen Erzähltexten sind die ästhetischen Voraussetzungen ganz anders. Von daher ordnen sich seine epischen Darstellungsversuche einer produktionsästhetischen Linie zu, die von einer zunehmenden Radikalisierung im Einsatz der künstlerischen Mittel geprägt scheint.

In den beiden ersten Erzählungen, *Marlenes Schwester* und *Theorie der Drohung* (1975), werden an den beiden Protagonisten extreme Schwellenerfahrungen dargestellt. Die aus ihrer Lebensroutine durch ihre tödliche Krankheit herausgestürzte Deutschlehrerin, die sich immer als Reflexperson ihrer schöneren Schwester Marlene empfand, wird in der Situation der Todeserwartung in einem Zustand der sprachlichen Ich-Auflösung vorgeführt, in dem sich aufdrängende Assoziationsketten gleichsam ihre personalen Erinnerungen zu überwuchern beginnen.

Der Schriftsteller, der in *Theorie der Drohung* von dem befreundeten Psychiater in die Klinik gerufen wird, wo eine Patientin in einem Schreikrampf immer wieder seinen Namen nennt, gerät in eine seltsame Verwandlungsgeschichte hinein, in der gegen seinen Willen seine Identität vampiristisch von der Frau, die sich seiner Erinnerungen bemächtigt, aufgesogen wird. Es sind elementare Erfahrungen der Wirklichkeitsverunsicherung, wie Strauß sie am Beispiel von Handkes Stück *Der Ritt über den Bodensee* einmal so beschrieben hat: «[...] es ist nur eine provisorische, durchlässige Ordnung, die, zumal da, wo sie sich selber zu Bewußtsein kommt, wie in Handkes Stück, von Schizophrenie, Wahnsinn und Somnambulismus bedrängt wird.»

Die Widmung (1977) ist ein anderes Beispiel einer solchen Identitätsauslöschung in einer Krisensituation, hier dargestellt an der Schreib-Obsession des Ich-Erzählers Richard, eines 31jährigen Buchhändlers, den seine Freundin Hannah verlassen hat und der, geradezu suchtartig auf ein Lebenszeichen der Geliebten wartend, seinen Liebesentzug wie ein Krankheitssyndrom festhält und zugleich schrittweise in seinen sozialen Funktionen abstirbt, einzelgängerisch verelendet: ein Prozeß, der auch durch ein erneutes Wiedersehen nicht aufgehoben wird, sondern nur die eingetretene Entfernung zwischen beiden endgültig macht.

Diese Form der Darstellung von Syndromen des Ich- und Wirklichkeitsverlustes in Krisensituationen läßt sich ja durchaus auf bestimmte epische Traditionslinien beziehen, wie sie bei Kafka oder Broch auftauchen, oder in zeitgeschichtlicher Nachbarschaft zu Strauß bei Peter Handke. Und auch Strauß' erster Roman *Rumor* (1980) hält an dieser Darstellungslinie noch fest.

Der aus der intellektuellen Verkrüppelung durch seine Arbeitsstätte, das «Institut für Nachricht» (in dem Strauß den Medienverbund metaphorisiert), und vor dem ihn demütigenden Chef Zachler ausbrechende Bekker manövriert sich in eine Situation des selbstmörderischen Außenseitertums mit dem möglichen Endpunkt von Suizid, Wahnsinn oder alkoholischer Zerstörung hinein. Auch die wiederaufgenommene Beziehung zu seiner Tochter Grit ist ohne stabilisierende Wirkung, da die inzestuösen Akzente nur neue Verstrickungen heraufbeschwören. Dieser «rumorende Nachtwächter» irrt durch die Unmenschlichkeit und Einsamkeit der großen Städte und bildet diese fragmentierte und ihn verstörende Wirklichkeit auf der sprachlichen Netzhaut seines Bewußtseins ab: mit allen Ängsten und Schockerfahrungen, mit allen Wahnvorstellungen und hellsichtigen punktuellen Einsichten in die Sinnlosigkeit eines solchen sich graduell zersetzenden Lebens.

Ob dieser Bekker ein zeitgenössischer King Lear ist, wie der Kritiker Reinhard Baumgart gemeint hat, und das Buch in der Tat «als eines der entschiedensten, selbstbewußtesten Sprachkunstwerke unserer Zeit zu bezeichnen»[18] ist, bleibt fraglich. Die Radikalisierung des Buches zeigt sich in der immer entschlosseneren Haltung der Selbstentblößung des eigenen Bewußtseins, das fiktional zwar noch als Bewußtsein des Protagonisten Bekker vorgeführt wird, aber immer deutlicher bekenntnishafte misanthropische Züge annimmt.

In *Paare, Passanten* (1981), das dem Prosaautor Strauß zum eigentlichen Durchbruch bei einem breiten Publikum verhalf, werden die epischen Hilfskonstruktionen einer Fiktionalisierung völlig preisgegeben, und die fragmentierten Momentaufnahmen der Wirklichkeit, die Bewußtseins-Schnitte und Reflexionen, werden als frei flottierende erzählerische Bauelemente eingebracht, so daß die formale Bestimmbarkeit des Buches diffus wird.

Diese Mischform, die knappe Erzählstücke, monologische Aufzeichnungen, Berichte, Reflexionen, fiktive Briefe in einer lockeren Reihungsstruktur miteinander verbindet (wobei die narrativen Einschübe im Unterschied zu *Paare, Passanten* wieder mehr Raum gewinnen), hat Strauß ein weiteres Mal in dem Band *Niemand anderes* (1987) versucht. Diese Form legt die Annahme nahe, daß sich hier der Autor ohne episches Visier der Öffentlichkeit stellt und die Reflexionen und Notate seines Buches als persönliche Kommentare und Bestandsaufnahmen zur Diskussion stellt. Das erklärt die zum Teil gereizte Reaktion der Kritik, die Strauß einen «neuen Jargon der Geschwollenheit» attestierte, gespeist aus einer «Wurlitzer-Orgel des Zeitgeists».[19] Dahinter macht sich freilich auch noch das dissonante Echo bemerkbar, mit dem die literarische Kritik auf Strauß' bisher ehrgeizigstes episches Unternehmen reagiert hatte, den Roman *Der junge Mann* (1984), der nach seinem Erscheinen zum Gegenstand heftigster Kontroversen geworden war.

Das Buch setzt ein mit einer Reflexion über die Schwierigkeit des Erzählens angesichts der ununterbrochenen Informationsüberflutung im Medienzeitalter, so daß der Erzähler «die elementare *Situation*, jemandem etwas zu erzählen, nicht mehr vorfinden oder ihr nicht mehr trauen kann. Weil er zu tief schon daran gewöhnt ist, daß ihm ohnehin gleich das Wort abgeschnitten wird.» Seine ihm noch mögliche erzählerische Strategie wird im Widerstand dagegen folgendermaßen entwickelt:

> «Was aber, wenn er dennoch ein empfindlicher Chronist bleiben möchte und dem Regime des totalen öffentlichen Bewußtseins, unter dem er seine Tage verbringt, weder entkommen noch gehorchen kann? Vielleicht wird er zunächst gut daran tun, sich in Form und Bild zunutze zu machen, worin ihn die Epoche erzogen hat, zum Beispiel in der Übung, die Dinge

im Maß ihrer erhöhten Flüchtigkeit zu erwischen und erst recht scharf-
umrandet wahrzunehmen. Statt in grader Fortsetzung zu erzählen, um-
schlossene Entwicklung anzustreben, wird er dem Diversen seine Zonen
schaffen, statt Geschichte wird er den geschichteten Augenblick erfassen,
die gleichzeitige Begebenheit. Er wird Schauplätze und Zeitwaben anlegen oder entstehen lassen anstelle von Epen und Novellen.»

Strauß beschreibt damit annähernd den poetischen Konstruktionsplan seines
«RomantischenReflexionsRomans», ein episches Patchwork, das schockhafte
Traumverwandlungen, ins Irrationale sich öffnende Peripetien, mythische
Schreckbilder, Märchen, Träume, Zukunftsbilder und Gesprächssequenzen
ineinander übergehen läßt. Die so entstandene spiralenförmig offene Darstellungsform ist als epische Fabel gar nicht mehr faßbar und bringt jene «Schaltkreise [...] zwischen dem Einst und Jetzt» hervor, die ein rational funktiona-
lisiertes Wirklichkeitsbild längst verdrängt hat. Hinter diesem Wirklichkeitsbild versucht Strauß, die eigentliche Wirklichkeit in einer Kunstanstrengung
wieder aufzuspüren, die nicht wie im postmodernen Roman mit den unterschiedlichen historischen Darstellungsentwürfen und Formzügen einfach
spielt, sondern unter ungleich erschwerten Bedingungen, die sich in der
Komplexität seiner eingesetzten Darstellungsmittel spiegeln, an der Erkenntnisfunktion von Literatur noch festhält.

Dabei sind Anfang und Ende des Romans durchaus in einem realistischen Erzählgestus entworfen. Es beginnt mit der Darstellung der «theatralischen Sendung» des jungen Mannes Leon Pracht, der mit zwei erfahrenen Schauspielerinnen, die ihr Spiel mit
ihm treiben, Strindbergs *Fräulein Julie* inszenieren und sich selbst als Regisseur etablieren will. Den komplizierten Erfahrungsweg, den Goethe seinen Wilhelm Meister innerhalb einer realistisch gezeichneten Wirklichkeit absolvieren läßt, vollzieht der Held
in Strauß' Roman gleichsam auf dem Weg nach Innen nach: Hier haben die Gesetzmä-
ßigkeiten von Zeit und Raum ihre Wirkung verloren, die Logik ist liquidiert, Traum
und Phantasie bestimmen die Entdeckungsreise. Im Schlußkapitel, etwa zwanzig Jahre
später, mündet die Darstellung wieder in die Realität ein, in den Gesprächen zwischen
Leon und dem Filmemacher Ossia, wo nun im Rückblick gleichsam nochmals die
versuchte epische Darstellungsweise reflektiert wird: «Ich kann mir gut vorstellen, daß
spätere Menschen überhaupt keine Großformen mehr erkennen können. [...] Stattdes-
sen teilt ihr Bewußtsein ein Werk in ganz andere Wahrnehmungsfelder auf, sondiert es
nach Energien und Reizungen, die wir jetzt noch gar nicht erkennen [...]. Mir ergeht es
ja heute schon so, daß ich mich an einen scheinbar verworrenen Film, der jedoch eine
tiefere und unbedingte Sicht der Dinge wiedergibt, weit schärfer und länger erinnern
kann als an eine glatte, runde Geschichte, die ich oft schon nach zwei Stunden nicht
mehr nacherzählen kann.»

Die Literaturkritik hat zum Teil ganz anders auf den Roman reagiert, der
als erzählerisches Puzzlespiel ebenso verärgert hat, wie ihm andererseits
bescheinigt wurde, daß hier ein Autor die Darstellungsmöglichkeiten der
Gattungsform Roman mit einer kühnen Entschlossenheit voranzutreiben
versucht hat, die in mancher Hinsicht singulär in der deutschen Gegenwartsliteratur ist. Botho Strauß ist damit auch als Erzähler zu einer der literari-

schen Schlüsselfiguren der achtziger Jahre geworden, der die Kunst, die Literatur durch eine Radikalisierung der ästhetischen Darstellungsmittel zu salvieren versucht.

4. Experimente und epische Positionsgewinne: Sten Nadolny und Brigitte Kronauer

Wie sehr solche die Positionen der Avantgarde weiter vorantreibenden Versuche in der Tat die Grenze zur Asozialität, wie Broch gemeint hat, überschreiten können, läßt sich an dem zwölfbändigen epischen Mammut-Unternehmen *Dessen Sprache du nicht verstehst* (1986) der österreichischen Autorin Marianne Fritz (* 1948) belegen. In einem artifiziellen Idiom, das das semantische und syntaktische Regelwerk der Sprache eigenwillig verändert, wird in einer Art von linguistischer Verdoppelung der Wirklichkeit Sprachschicht um Sprachschicht um den fiktionalen Erzählkern, die Proletarierfamilie Null im Marktflecken Nirgendwo zur Zeit des Ersten Weltkrieges, gelegt. Dieses sich in zahllose Einzelgeschichten unterschiedlichster Personen verästelnde gigantische Erzählgewebe setzt trotz Glossar und Register im Schlußband die Wahrnehmungsfähigkeit eines Lesers außer Kraft. Die epische Totalität menschlicher Existenzformen in ihrer historischen und mythischen Einbindung mag zwar als Gestaltungsziel intendiert sein, aber die gut 3300 Druckseiten sind sicherlich kein Parameter für ein mögliches Gelingen.

Auch der mäandernde Sprachstrom, den Hartmut Geerken (* 1939) in seinem von gliedernder Interpunktion befreiten, in Kleinschreibung präsentierten Endlostext *mappa* 1988 vorgelegt hat, erweist sich als ein solches radikales, freilich zum bloßen Irritationsgestus tendierendes Experiment, das den in Verständnislosigkeit ertrinkenden Leser kaltblütig einkalkuliert. Geerken ist bezeichnenderweise Mitherausgeber einer Editionsreihe *Frühe Texte der Moderne*, hat im Umfeld von Expressionismus und Dadaismus zentrale Anregungen erfahren und sie im Kontext der Konkreten Poesie vertieft und weiterentwickelt. Seine radikale Infragestellung aller sprachlichen Konventionen führt zur Konzeption von Textentwürfen, die sich einer finalen ästhetischen Fixierung verweigern und sich in ihrer Offenheit der aktivierten Wahrnehmung des Leser anvertrauen wollen.

Das deckt sich in der Skepsis gegenüber vertrauten gerundeten Erzählweisen mit der Haltung von Strauß in *Der junge Mann*, aber während Strauß versucht, die Grauzonen des Bewußtseins, Phantasie-, Traum- und Angst-Rückstände und zugleich mythische Erinnerungsfolien auszuleuchten, geht Geerken den Weg einer linguistischen Reduktion, die ästhetisch spannungslos bleibt.

Ein radikales Experiment stellt auf andere Weise auch der Roman *Medusa* (1986) von Stefan Schütz (* 1944) dar, der, bis 1980 als künstlerischer Mitarbeiter an verschiedenen Theatern der damaligen DDR tätig, seit 1970 mit einer Reihe von Stücken (die freilich in der DDR nicht aufgeführt werden konnten) Aufsehen erregte, die ihn schon bald auf einen Kollisionskurs mit der damaligen Kulturbürokratie zwangen. Das fast 900 Druckseiten umfassende Prosa-Massiv *Medusa* ist seine erste epische Arbeit, von einer berserkerhaften Kraft und Radikalität, was die Aufhebung sprachlicher Konventionen, die eruptive Bildermächtigkeit, die Verschmelzung von Reflexion, Beschreibung, Handlungssegmenten und Phantasieschüben betrifft, so daß man nicht zu Unrecht ausgeführt hat: «So ist dieses Buch am Rande der Unlesbarkeit angesiedelt.»[20]

Die drei großen Blöcke des Buches werden nur lose durch die Hauptfigur Marie Flaam zusammengebunden, die, einst vom Glauben an die sozialistische Gesellschaft inspiriert und als Theaterregisseurin tätig, im Gespräch mit ihrem sie führenden mythischen Alter ego Gorgo-Sappho ihren Desillusionsweg in der Alptraumwelt des «real existierenden Sozialismus» abschreitet, mit wütenden Attacken auf die Praxis des DDR-Kulturbetriebs und mit immer weiter sich ereignenden Transgressions-Schüben in historische und mythische Erfahrungen der Vergangenheit.

So sehr das Buch durch die satirische Demaskierung der monströsen DDR-Praxis beeindruckt, so fragwürdig ist es dort, wo es im Geiste einer feministischen Geschichtsschreibung Elemente eines utopischen Gegenbildes artikuliert, in dem die Organisationsformen einer patriarchalischen Herrschaft durch ein «Free Play of Love» (so der Titel von Teil III) ersetzt werden sollen. Das Buch, das noch vor Erscheinen 1985 mit dem Alfred-Döblin-Preis ausgezeichnet wurde, ist als kraftvoller epischer Wurf anämischen Experimenten wie Geerkens *mappa* allemal überlegen.

Diese im Kontext einer Spätmoderne sich abzeichnenden Gewaltanstrengungen, die noch an der ästhetischen Erkenntniskraft ihrer Kunstausübung festhalten und deshalb immer radikalere Möglichkeiten einsetzen müssen, um sich von der Informationsüberflutung freizuhalten und sich ihrer künstlerischen Integrität zu versichern, erreichen im Ergebnis häufig eine Exklusivität, die den Leser hinter sich läßt. Das ist die Aporie, die der Avantgarde in der Spätmoderne eingebrannt ist. Auf diesem Hintergrund ist es bemerkenswert, daß solche erzählerischen Vorauspositionen auch möglich sind, ohne daß der Konsens mit dem Leser endgültig gekappt wird. Autoren, die das beispielhaft belegen, sind Sten Nadolny und Brigitte Kronauer.

Nadolny (* 1942), promovierter Historiker, war einige Zeit als Geschichtslehrer tätig, hat danach als Aufnahmeleiter beim Film gearbeitet, bevor er 1980 für ein unveröffentlichtes Manuskript aus seinem zweiten Roman *Die Entdeckung der Langsamkeit* (1983) den Ingeborg-Bachmann-Preis der Stadt Klagenfurt erhielt. Sein erster Roman *Netzkarte* (1981) erschien erst danach und hat als moderne Taugenichts-Variante eines Aussteigers, der mit einer Netzkarte der Bundesbahn ziellos durch die Republik reist, noch keine eigene literarische Kontur.

Die Entdeckung der Langsamkeit ist auf den ersten Blick ein historischer Roman, da Nadolny den Lebensstoff einer historischen Figur aufgreift. Im Mittelpunkt des Romans steht der englische Seeoffizier und Entdecker John Franklin, der in der ersten Hälfte des 19. Jahrhunderts lebte und auf der Suche nach der Nordwestpassage zwei Expeditionsreisen in die Arktis unternahm und auf seiner letzten Reise in der Eiswüste starb. Nadolny hält sich weitgehend an diese historische Vorlage.

Das Buch ist jedoch aus der Perspektive der Gegenwart geschrieben, ja geradezu gegen diese Gegenwart geschrieben, die mit Informationsbeschleunigung und Medienüberflutung eine Wahrnehmungshektik erzeugt hat, die immer mehr die Wirklichkeit verliert. Franklins Reaktionslangsamkeit, seine verzögerte Wahrnehmung, seine scheinbare Begriffsstutzigkeit erweisen sich bereits in seiner eigenen historischen Situation, in der die Industrialisierung und die Mechanisierung der menschlichen Fortbewegung den Lebensrhythmus einschneidend zu verändern beginnen, als Haltung des Widerstands, und das erst recht aus der Gegenwartsperspektive des Autors, der den scheinbaren Vorteilen des technologischen Fortschritts die Erosion der menschlichen Wahrnehmungsfähigkeit zur Oberflächlichkeit entgegenhält und das auch in der Erzählweise seines Buches konkret demonstriert.

Daß die Informationsbeschleunigung auch die Voraussetzungen des Erzählens aushöhlt – das ist ja auch die Analyse von Botho Strauß in *Der junge Mann* –, hat Nadolny ins Zentrum seines dritten Romans *Selim oder Die Gabe der Rede* (1990) gerückt.

Das Buch ist auf der einen Seite die Sozialisationsgeschichte des deutschen Abiturienten Alexander mit den Durchgangsstationen Bundeswehr, Studium, unterschiedliche Jobs, Beteiligung an der Aufbruchphase der Studentenbewegung in Berlin und beruflicher Erfolg mit der Gründung einer Rhetorikschule, die ihn fast wider Willen zum Millionär macht. Eingebettet ist dies in ein Ensemble von flankierenden Parallelgeschichten der Freunde und Bekannten Alexanders. Auf der anderen Seite ist es die Sozialisationsgeschichte des türkischen Gastarbeiters Selim, der mit einer Gruppe von Landsleuten aufgebrochen ist, um im fernen Kiel Arbeit auf einer Werft anzunehmen und der wie seine Freunde den Traum vom gesellschaftlichen Aufstieg und Reichtum träumt. Beide Sozialisationsgeschichten beginnen sich durch die entstehende Freundschaft zwischen Alexander und Selim zu überlagern und sich dadurch interkulturell zu kommentieren.

Als Darstellung eines Vierteljahrhunderts bundesrepublikanischer Gegenwart mit vielen authentischen Details ist der Roman auch so etwas wie ein Zeitroman. Er ist jedoch darüber hinaus in den kontinuierlich eingeblendeten Tagebuch-Notaten des Erzählers Alexander ein Poetik-Diskurs über die Möglichkeiten und Schwierigkeiten gegenwärtigen Erzählens. Der rational um die Perfektion der Redekunst ringende Alexander und der seine Zuhörer verzaubernde geborene Erzähler Selim, der aus dem «Lande Homers und Hesiods» stammt, verdeutlichen zwei Möglichkeiten des Erzählens, die sich in der Gegenwart auszuschließen scheinen. Selim ist ein begnadeter erzählerischer Kommunikator, der die Wirklichkeit unermüdlich poetisiert, die harten Fakten der Empirie nicht anerkennt, sondern sie in imaginative Zusammenhänge rückt. Die Gültigkeit seines Erzählens wird nicht von der Nachprüfbarkeit des Wahrheitsanspruchs legitimiert, sondern von der Glaubwürdigkeit, mit der erzählt wird. In diesem Sinne geht es Nadolny um die Wiederentdeckung einer in Europa verschütteten Tradition des Erzählens, die im Kulturkreis Selims noch ähnlich lebendig ist wie im Marokko der *Stimmen von Marrakesch* von Elias Canetti, wo es in der Geschichte «Erzähler und Schreiber» heißt:

> «Sie bleiben für mich eine Enklave alten und unberührten Lebens. Ihre Sprache war ihnen so wichtig wie mir meine. [...] Ich war stolz auf die Macht des Erzählens, die sie über ihre Sprachgenossen ausübten. Sie erschienen wie ältere und bessere Brüder von mir.»[21]

Das 1990 erschienene Buch *Die Frau in den Kissen* der Erzählerin Brigitte Kronauer (*1940), die sich mit ihren vier bisher erschienenen Romanen als eine der sprachmächtigsten poetischen Stimmen dieses Jahrzehnts erwiesen hat, erinnert in der assoziativen Entgrenzung eines in den Schlaf sinkenden Erzählerbewußtseins, in dem sich die Wirklichkeit, aus aller raumzeitlichen Zuordnung entbunden, in simultanen Verschlingungen versammelt, an Nadolnys zweiten Roman, in dem die Langsamkeit der Wahrnehmung die routinierte Sicht der Dinge aufbricht und diese gleichsam neu entdeckt. Brigitte Kronauers erzählerische Darstellungsweise zielt gleichfalls auf die Außerkraftsetzung eines Wahrnehmungsautomatismus, der den sinnlichen Eindrücken Ordnungsraster überstülpt, die die neuen Erfahrungen immer schon in wiedererkennbare Erfahrungen verwandeln und damit deformieren. Ihre poetologische Position hat sie einmal so beschrieben:

> «Das, was wir erleben, sind keine Geschichten, die Realität ist anders. [...] das, was wir automatisch tun, wenn uns etwas zustößt, ist das Herausputzen der Details zu Symptomen, das Herstellen einer Geschichte. Was dabei entsteht, ist nicht die Realität. Ohne Zweifel! Dieses Zurechtlegen jedoch auf Sinn, Zusammenhang, Hierarchie der Fakten hin ist eine Realität, zweifellos! [...] Was er [der Leser] für die Realität hält, ist die von neuem vollzogene Identifikation mit einer von uns lange verinnerlichten, tradierten Sehweise. [...] vor aller Augen wird die Wirklichkeit durch den Geschichtenwolf gedreht.»[22]

Gegen diese tradierten Sehweisen schreibt sie in ihren Büchern an. Sie versucht zugleich, sprachliche Wahrnehmungsstrukturen sichtbar zu machen, die den Gegenständen und Erfahrungen eine sinnlich nachvollziehbare Ursprünglichkeit jenseits jeglicher rationaler Instrumentalisierbarkeit zurückgewinnen.

Auf diesem Hintergrund hat ihr erster Roman *Frau Mühlenbeck im Gehäus* (1980) die methodische Ausgangssituation ihres Erzählens geradezu in ein zentrales episches Grundmuster übersetzt.

Die Ich-Erzählerin, eine junge Lehrerin, die sich nur mühsam in der Wirklichkeit zurechtfindet, die ihr diffus und chaotisch vorkommt, registriert staunend den unerschöpflichen Erzählfluß Frau Mühlenbecks, die alle Erlebnisse und Erfahrungen im

Auf und Ab von Erfolgen und Niederlagen, von Absichten und erreichten Zielen in abgerundete Geschichten übersetzt, die sich als Gehäuse ihrer Vorstellungen erweisen und damit zugleich als ihr Gefängnis. Die tastende, unsichere Ich-Erzählerin sieht sich der Wirklichkeit ohne solche Stütz-Geländer ausgesetzt und nimmt die Welt von daher viel intensiver und genauer wahr. Die beiden getrennten Perspektiven überlagern sich gegen Ende, wobei Frau Mühlenbeck zunehmend in Monotonie verstummt und der selbstzweiflerische Erfahrungsweg der Ich-Erzählerin immer deutlicher wird.

Im zweiten Roman *Rita Münster* (1983) wird diese sich aus den vorgegebenen Formalisierungen befreiende Seh- und Wahrnehmungsweise prozeßhaft konkretisiert, wobei die Steigerungskurve der drei Romanteile nicht nur die Kraft dieses Sehens intensiviert, sondern auch die Leuchtkraft der Dinge, ihre unverwechselbare Aura, konkret werden läßt.

Im ersten Teil des Romans ist die noch anonym bleibende Rita Münster nur Erzählfigur, durch die die Wirklichkeit mit einer Vielfalt von Personen und Geschichten eindringt. Im zweiten Teil tritt das Ich der Erzählerin, ihre Wahrnehmung und Erfahrung, in den Mittelpunkt. Die zuvor gleichmäßig dahinfließende Zeit verwandelt sich für sie durch Stauung und Dehnung, durch die erwartungsvolle Konzentration auf jene Woche im Sommer, die sie mit einem verheirateten Mann, den sie liebt, auf einer Nordseeinsel verbringen wird, und mündet in eine epiphanische Erfahrung des aus dem Fluß der Zeit ausbrechenden *nunc stans* ein. Im letzten Teil wird das eigene Leben der Erzählerin, von der Kindheit an, mit der verwandelnden Kraft dieses Blicks durchdrungen, bis die Energie dieses Sehens alles in einem großen Moment der visuellen Apotheose zusammenfaßt.

Brigitte Kronauers dritter Roman mit dem kryptischen Titel *Berittener Bogenschütze* (1986) – er bezieht sich auf ein Dingzeichen in der Umgebung der Hauptfigur, eine mit dem Namen Amerika versehene Schale in Form eines gefiederten Schützen – brachte den endgültigen Durchbruch der Erzählerin.

Der Anglistikdozent Matthias Roth lebt in einer Welt der vorgestellten Bilder und Wirklichkeitskulissen im Bewußtsein des Verlustes einer eigenen Geschichte und eines eigenen Lebens und reflektiert in der intensiven Beschäftigung mit den Romanen Joseph Conrads jenen von Conrad dargestellten Augenblick der Lebenserhebung, wenn die sich umarmenden Liebespaare wie in einer Pose erstarren und jene «Einöde im innersten Zimmer der Leidenschaft» entsteht. Für Roth ist das der Beleg für die Illusion und Leere im Zentrum des Lebens und für die Notwendigkeit des manipulierten ästhetischen Surrogats. Roth, der die Abstraktheit seiner luxuriösen Existenz durch seine Textexegesen zu legitimieren versucht, verliert sich geschmäcklerisch an den bunten Lebensstoff seiner Umgebung und an den Illusionsstoff der Literatur (vor allem Conrads Roman *Die Rettung*). Der Durchbruch zu der Erfahrung des ewigen Augenblicks, des *kairos*, in dem die gleichgültigen Dinge wesenhaft zu strahlen beginnen, ereignet sich für ihn in der zweiten Hälfte des Buches in der italienischen Mittelmeerlandschaft, wo er jene Erhebung des Sehens erfährt, die ihm auch nach der Rückkehr seine vertraute Lebensumgebung verwandelt.

Die hypnotische Anziehungskraft des Schlafes für Roth am Ende des Buches ist nicht nur Fluchtbewegung, sondern Eintauchen in eine vegetative Verbundenheit mit den Dingen, wobei in der Dämmerphase des Übergangs nur noch die reine Wahrnehmung und nicht mehr das reflektierende Bewußtsein wirkt.

In Brigitte Kronauers viertem Roman *Die Frau in den Kissen* (1990) ist dieser Zustand die dominierende Erfahrungsperspektive einer Erzählerin, deren von den Steuerungssignalen des rationalen Tagesbewußtseins befreites «Nachtbewußtsein» durchlässig wird für den ozeanischen Wirklichkeitsstoff, der in einem mäandernden Strom in sie eindringt. Das Doppel-Bild der Frauen, das komplementär diesen Bilderstrom immer wieder in erzählerischen Staustufen zusammenfaßt (die in ihren Kissen versinkende Erzählerin und die im bunten Erfahrungsstoff ihres Liebeslebens versinkende florentinische Gräfin), ermöglicht dabei nur in Ansätzen jene Anbindung an eine dem Leser vorgegebene Erfahrungsrealität – die in den andern Büchern immer die Voraussetzung abgibt –, die im Erzählverlauf schrittweise abgebaut wird. So gesehen hat die Autorin ihr Verfahren in diesem Roman radikalisiert, und es ließe sich argumentieren, daß die sich einem konzeptionellen Strukturmuster verweigernde Form des Buches, die immerhin am Ende im Übergang zum Erwachen alle Erfahrungszeichen und Bilder in einem chorischen Finale zusammenklingen läßt, Korrelat dieser gleichsam von der Logik des Traums bestimmten Erzählweise ist. Sichtbar wird jedoch auch, wie durch diese radikalisierte Erzählweise die Brücken zum Leser abgebaut werden und die Kunstanstrengung das Buch auf jenen Brückenkopf der Isolation vorantreibt, wo das Einswerden mit den Dingen schließlich ohne jenes Echo bleibt, das als Signal und ästhetischer Wegweiser den Leser noch erreicht. Selbst die Kritiker, die ihr ästhetische Selbstverliebtheit und Hang zur Repetition vorwerfen, bescheinigen ihr: «Brigitte Kronauer [...] kann schreiben wie wenige neben ihr.»[23] Und ebenso gilt angesichts der preziösen Erbaulichkeit von Handkes themenverwandtem *Versuch über die Müdigkeit* (1989): «Worüber Peter Handke meist nur nachdenkt, das schreibt Brigitte Kronauer.»[24]

Wenn in der Kritik[25] zu ihrem jüngsten Roman vereinzelt zu hören war, Brigitte Kronauers Darstellungsweise lasse an ästhetische Verfahren der Décadence und des Fin de siècle denken, so ist das zwar als ästhetische Mängelauflistung gemeint, berührt aber indirekt dennoch etwas Richtiges. Denn in der Tat sind in diesem Umkreis, der zutreffender als Symbolismus zu charakterisieren wäre, jene Positionen einer avantgardistischen Literatur erstmals mit Nachdruck erkannt und umgesetzt worden, zu denen das Werk der Autorin am Ende einer langen Entwicklungsreihe, deren bisher letztes Kapitel sich als Spätmoderne charakterisieren läßt, in einer inneren Abhängigkeit steht.

Der Blick auf die unmittelbare literarische Gegenwart ist mit einem unvermeidlichen perspektivischen Risiko behaftet: Die sich aneinanderdrängende Fülle von Details und Fakten überlagert jegliche Tiefenschärfe; die vermeintliche Aktualität dessen, was von der Echowand des Literaturbetriebs zurückschallt, überdeckt das embryonale Entwicklungsmuster jener strukturellen Einschnitte und Weiterführungen, die sich später einmal als entscheidende Signatur der Noch-Gegenwartsphase erweisen könnten. Das macht den Versuch einer aktuellen Bestandsaufnahme schwierig. Will sie nicht nur eine

empirische Summe ziehen und die neuen Daten und Fakten aneinanderreihen, sondern mit dem Blick auf die Zukunft Trends und Weiterentwick-
lungen akzentuieren, muß sie sich zu der Gewaltsamkeit bekennen, die
Erscheinungsvielfalt zu durchbrechen und auf einige paradigmatische Einzelbilder hin zu vereinfachen. Dabei sollte sicherlich jener Automatismus des
‹Tunnel-Blicks› auf die Gegenwart keine Rolle spielen, der den Zustand der
Vergangenheit aus einer verdüsterten Verengung des gegenwärtigen Blickfeldes heraus immer schon als überlegen und besser deklariert. Dennoch läßt
sich nicht übersehen, daß die Position der Autoren in der Gegenwart schwieriger geworden ist.

Die Literatur als Medium der kulturellen Verständigung hat zusätzlich an
Boden verloren. Ihre Marginalisierung im aktuellen Kulturbetrieb ist einerseits ein Ergebnis einer immer größer gewordenen Medienkonkurrenz und
andererseits das Resultat einer weitgehend erloschenen sozialen Symbolisie-
rungskraft, die ersatzweise die Gruppe 47 für eine Reihe von Jahren wahrgenommen hat und die den Autoren, wie immer sie sich im Einzelfall ihr
gegenüber verhielten, zu einer kulturellen Identität verholfen hatte. Kompensatorische Veranstaltungen wie die Autorenlesungen, die der Initiator Grass
anläßlich der Döblin-Preis-Verleihungen in Berlin inszenierte, sind entweder
zum literarischen Country Club oder, wie das Beispiel des Klagenfurter
Bachmann-Festivals dokumentiert, zum puren Medienspektakel verkommen.

5. Eine neue Generation von Erzählern

Gerhard Köpf (* 1948), 1983 in Klagenfurt prämiiert und als akademischer
Lehrer erst seit 1984 von den Professionalisierungszwängen des Literaturbetriebs weitgehend verschont, hat 1986 in seiner Antrittsrede als Stadtschreiber
von Bergen-Enkheim ausgeführt: «An die Stelle des Autors, dessen Werk
gelesen wird, ist die Show-Präsentation getreten: alle haben den Autor gesehen,
kaum einer hat ihn gelesen.» Sein Plädoyer für den republikanischen Einzelgänger auf den literarischen Spuren Jean Pauls trägt freilich Züge einer nicht
überzeugenden Selbstrechtfertigung angesichts einer gravitätisch umständlichen Fabulierweise, wie er sie, Grass' Danzig-Trilogie als literarischen Kompaß
vor Augen, in seinen die fiktionale Kleinstadt Thulsern verarbeitenden Epen,
beispielsweise in *Die Erbengemeinschaft* (1987), vorführt. Marcel Beyer
(* 1965) wiederum, zur jüngsten Schriftstellergeneration gehörend und Autor
eines poststrukturalistisch inszenierten Romans *Menschenfleisch* (1991), auch
er mit einem der Klagenfurter Preise ausgezeichnet, hat darüber berichtet, mit
welchen wirtschaftlichen Risiken die hektische Professionalisierung als Autor
für die Schreibenden seiner Generation verbunden ist, wie sich auf Tagungen
und Symposien, an denen er und seinesgleichen teilnehmen, die Autoren-Kom-
munikation nicht auf literarische oder handwerkliche Themen erstreckt,

sondern auf die entscheidenden Lebensfragen: Wo und wie bekomme ich ein Stipendium oder einen Preis, um das nächste Jahr zu überstehen?

Man muß sich zudem vergegenwärtigen: Wichtige literarische Zeitschriften, die neue Texte veröffentlichen, sind bis auf wenige Ausnahmen zur Unbedeutendheit geschrumpft. Die «Akzente», die Michael Krüger seit einigen Jahren herausgibt, sind schon allein von ihrem Umfang her nur noch ein Schatten ihrer einstigen literarischen Vitalität, während sich beispielsweise der «Merkur» unter der Herausgeberschaft von Karl Heinz Bohrer doktrinär verhärtet hat und vor allem die deutsche Gegenwartsliteratur mit dem elitär aufgesetzten Vorwurf provinzieller Unbedeutendheit überzieht. Die «Neue Rundschau» des S. Fischer Verlages wird mit periodischen Lay-out-Operationen ein ums andere Mal – vergeblich – mit Leben zu erfüllen versucht. Und auch das nach einer Pause wiedererstandene «Literaturmagazin» des Rowohlt Verlages hat längst die Bedeutung eingebüßt, als Öffentlichkeitsforum einer jungen Generation von Schriftstellern zu fungieren. Diese Verlust-Liste ließe sich ohne große Schwierigkeiten durch andere Beispiele ergänzen. Hinzu kommt auch, daß die Mäzenatenrolle des Rundfunks durch die Konkurrenz des Fernsehens abgebröckelt ist und das Fernsehen sich wiederum als mögliches literarisches Verbreitungsmedium einer nicht geringen Anzahl von Autoren, die diesem Medium durchaus positiv gegenüberstehen, vom öffentlichen Stigma der Kulturlosigkeit immer noch nicht befreien konnte. Es entsteht so das Bild einer umfassenden Marginalisierung der Literatur.

Die Namen Köpf und Beyer signalisieren dabei die Bandbreite gegenwärtigen Erzählens, wobei auch die relative Erfolglosigkeit beider Autoren durchaus bezeichnend ist. Berücksichtigt man als Parameter noch die geringe Aufmerksamkeit, die die als akademisch und langweilig stigmatisierte deutsche Gegenwartsliteratur im Ausland findet, was sich in einer sehr negativen Übersetzungsbilanz niederschlägt, oder etwa die rückblickend als Fata Morgana wirkende, nahezu restlose Auflösung der einst hochgerühmten Lesekultur in der ehemaligen DDR nach der Vereinigung, so ergeben sich zusätzliche Momente für eine nüchterne Einschätzung der Gegenwartssituation. Angesichts dieser verqueren Sachlage ist Hanns-Josef Ortheil sicherlich zuzustimmen, der mit dem Blick auf das diffuse Gesamtbild der jüngsten literarischen Entwicklung ausführt:

> «Es würde keine Mühe machen, hier vierzig bis fünfzig Autoren zu nennen, die inzwischen mit mehreren bemerkenswerten, teilweise viel zu gering geschätzten Arbeiten hervorgetreten sind. Sie zu einem ‹Trend›, einer Stillage zusammenzufassen, würde auf jeden Fall mißlingen. Die meisten haben längst eine eigene Poetik entwickelt, die sich mit der von Kollegen kaum noch vergleichen läßt. Es herrscht Vielfalt, eine bunte Fülle von Ansätzen, die nicht auf eilig postierte Begriffe gebracht werden können.»[26]

Dieser Warnungen eingedenk dennoch die Frage: Wie sehen im Bereich der jüngsten erzählenden Literatur die Einzelbilder aus, die möglicherweise eine paradigmatische Geltung einnehmen könnten? Ortheil (* 1951) selbst ist ein beeindruckendes Beispiel: Einerseits ist er ein waches analytisches Talent, das sowohl die neuen Ansätze in der jüngsten amerikanischen Literaturszene aufmerksam registriert als auch, im französischen Kontext von poststrukturalistischen Gedankenbewegungen, die Literatur als Gegendiskurs zur Herrschaft der etablierten Diskurse begreift und ihren Textfetischismus und ihre postmodern instrumentierte Kombinatorik als Indizien einer neuen Textarbeit beschreibt. Andererseits ist er ein Erzähler, der mit einer bemerkenswerten Doppelstrategie eine Reihe von fiktionalen Texten vorgelegt hat, die traditionelle Erzählverfahren nicht grundsätzlich außer Kraft setzen, sondern neu produktiv zu machen versuchen, bis hin zu der Konsequenz, daß theoretische Orientierung und poetische Praxis weit auseinanderzuklaffen scheinen.

Sein Roman-Debut *Fermer* (1979), die Geschichte einer Desertion und Verweigerung, akzentuiert den Widerspruch zur Ordnungs- und Konsumgesellschaft und die Suche nach einer poetischen Heimat in einem kunstvoll durchgehaltenen Stil-Gestus, der durch Abkapselung den Widerspruch zur eigenen Zeit akzentuiert. Die Erzählung *Hecke* (1981) steht in der analytischen Aufarbeitung einer komplizierten Mutter-Sohn-Beziehung der Authentizitätsliteratur der Vater- und Mutter-Bücher aus den siebziger Jahren nahe, ohne freilich die Eindringlichkeit von Handkes *Wunschlosem Unglück* oder Meckels *Suchbild* zu erreichen, und wirkt zudem durch die archäologische Aufarbeitung der Nazi-Zeit als Nachklang der entsprechenden Darstellungen der Generation der in den zwanziger und dreißiger Jahren Geborenen. Ortheils bemerkenswerteste Romane sind *Schwerenöter* (1987) und *Agenten* (1989). Einmal der Versuch eines großangelegten Zeitromans, der in den gegensätzlichen und mitunter miteinander verschlungenen Lebenswegen eines Zwillingsbrüderpaars die bundesdeutsche Geschichte darzustellen versucht, freilich nicht als «Bundesbildungsroman», der auf eine Harmonie von Individualgeschichte und Zeitgeschichte aus ist, sondern gerade im additiven Schreibverfahren die Heterogenität von beiden auch in der Form seines Buches dokumentiert. *Agenten*, das die Erfahrungswege der beiden Schulfreunde Blok und Meynard als kühl eingefädelte Aufstiegs-Karrieren inszeniert, ist so etwas wie ein «Szene»-Roman, d.h. erzählerische Auslotung der Konsum- und Job Mentalität einer jungen Generation, die sich von allen Sinn-Mustern der eigenen Biographie verabschiedet hat und den Weg des gesellschaftlichen Erfolgs als Geschäftsoperation, bei der fast alles erlaubt ist, betreibt.

Wenn «Erfahrungshunger»[27] als Signal-Wort über einem Teil der Literatur der siebziger Jahre stehen könnte und die Hinwendung von der Abstraktheit der großen Begriffe und utopischen Konzepte zur widersprüchlichen Konkretheit von Lebenssituationen und -erfahrungen bezeichnet, so gilt für Ortheils Schreiben viel eher der Antrieb, spielerisch auf vorhandene Darstellungsverfahren zurückzugreifen, sie durchzuprobieren, ihre Möglichkeiten zu erkunden und zu erweitern.

Bodo Kirchhoff (* 1948), mit einer Reihe von Stücken, Kurzgeschichten und Romanen hervorgetreten, hat 1978 über ein Thema psychoanalytischer

Pädagogik promoviert, was für seinen literarischen Weg ebensowenig beiläufig ist wie die Monographie über Jean Paul des promovierten Germanisten
Ortheil. In der Tat lassen sich vor allem die Theorien Jacques Lacans mit
seinem radikalen Weiterschreiben Freuds als wichtige Anregung bei Kirchhoff erkennen, der ganz im Sinne Lacans die Konstruktion des schreibenden
intelligiblen Ichs an die Sprachmächtigkeit des Unbewußten, das immer
schon strukturierte Sprache ist, abgetreten hat. Die Geschichten-Sammlung
Die Einsamkeit der Haut (1983) bringt im Titel-Bild sein daraus folgendes
Schreibverfahren auf den Nenner: Das einstige Ichbewußtsein ist geschrumpft zum puren Körpergefühl, das sich – vor allem im Motiv des Body-
building – entweder selbst narzißtisch und surrogathaft inszeniert oder zur
reinen Beobachtungsmembran geworden ist, das Eindrücke an der Oberfläche pausenlos und unermüdlich registriert. Kirchhoff setzt das in eine
akribische Beschreibungsprosa um, deren Unbeteiligtheit und Kälte kaum
mehr von Verwundungen an der Wirklichkeit zeugt (wie beispielsweise
bei Thomas Bernhard), sondern die Illusionslosigkeit eines nur noch registrierenden Beobachterblicks dokumentiert. In seinem Essay *Körper und
Schrift* (1980), der sich als Credo seines Schreibens lesen läßt, hat Kirchhoff
ausgeführt:

> «ich halte mich am Rande meiner Arbeit auf. Einer Arbeit, die nie mehr
> sein kann als Spracharbeit. [...] ich bin auch kein Produzent von Sinn,
> genausowenig Verfechter von Sinnlosigkeit; wenn sich Sinn ergibt –
> warum nicht.»

Von daher wird man es ihm auch kaum als Inkonsequenz ankreiden können,
daß sein erster Roman *Zwiefalten* (1983) in der erzählerischen Reihungsstruktur des angeschwemmten Beobachtungsmaterials ebenso monoton
wirkt, wie romanhafte Weltläufigkeit nur kompensatorisch erreicht wird,
nämlich durch die exotisch schweifenden Reisebewegungen des Protagonisten rund um den Erdball. Auch Kirchhoffs bisher ehrgeizigster Roman-
versuch, *Infanta* (1990), der dem Autor Bestseller-Erfolg und zugleich literarkritische Verdikte wie «totaler Plastik-Roman» (Rolf Michaelis in der
«Zeit») eingebracht hat, signalisiert mit dem Entstehungshinweis am Ende
epische Erfahrungsfülle: «Mindanao, Cebu City, Frankfurt und Rom, Januar
1985–Januar 1990.»

Der seine Haut vermarktende Protagonist Kurt Lukas, der als Fotomodell arbeitet,
entdeckt auf einer Insel der Philippinen mitten im chaotischen Wahlkampf zwischen
Ferdinand Marcos und Corazon Aquino, von fünf Jesuitenmissionaren als Amor-
Gehilfen dabei unterstützt, unverhofft die Liebe zu dem Eingeborenen-Mädchen
Mayla. Er gerät in eine Geschichte hinein, deren simulierte Erzählfülle weder vor
Unterhaltungs-Glamour noch vor Kolportage zurückschreckt. Falls das die Antwort
des deutschen Romans auf die fabuliermächtige südamerikanische Epik sein sollte,
dann wohl eher in der Nähe zu Isabel Allende als zu Gabriel García Márquez.

Immerhin hat Kirchhoff mit entwaffender Offenheit eingestanden:

> «Dadurch entstand eine Geschichte, in der ich und meine Welt nicht
> unmittelbar vorkommen. Mein einziger Ausgangspunkt war: Ich wollte
> einen Liebesroman schreiben.»[28]

In Bodo Morshäusers (* 1953) Erzählung *Die Berliner Simulation* (1983) antwortet der Ich-Erzähler auf die Frage, wer in Berlin überhaupt noch arbeite,
mit der Feststellung: «[...] ich glaube, wir sind alle beim Film.» Morshäuser,
1983 mit einem Förder-Stipendium des Klagenfurter Bachmann-Wettbe-
werbs ausgezeichnet, bringt etwas auf den Punkt, was ja auch für die Darstellungsweise Kirchhoffs in *Infanta* gilt, nämlich der gleichsam filmische Blick,
der auch die literarischen Abbilder der Wirklichkeit strukturiert, weil eine
bereits medial kodierte Wirklichkeit ihr einstiges «Originalbild» hat verschwinden lassen. Von daher heißt es auch in *Die Berliner Simulation*:

> «Nicht die Ereignisse, sondern die Modelle werden wiederholt. Längst
> dominieren sie, was passiert. Die Emotionen sind festgelegt auf jeweils
> zwei Möglichkeiten. In diesen Modellen sollen wir bleiben wie in einem
> Hamsterrad, denn in ihnen bleibt nichts wirklich; nur die Simulation.»

Morshäusers Schreibverfahren geht von dieser Feststellung aus und läßt in
seinem aus Szene-Bausteinen, Kneipen, Bars und Discos und alternativen
Lebensweisen puzzlehaft zusammengesetzten Berlin-Bild jene Künstlichkeit
als Lebensattitüde hervortreten, die für die politische Konstruktion der zweigeteilten Inselstadt Anfang der achtziger Jahre bereits grundsätzlich galt.

Der Ich-Erzähler lernt zufällig die Engländerin Sally kennen, die ihn ebenso plötzlich wieder verläßt. Er ist ihr verfallen und versucht, sie in unermüdlichen Streifzügen
durch die alternative Berliner Szene wiederzufinden, und spürt sie schließlich auch in
einer Disco auf. Das ist Liebessuche und planlose Selbsttherapie zugleich, wobei die
Person der Sally mit den Sekundärbildern jener Sally Bowles aus Isherwoods *Goodbye
to Berlin* ebenso verschmilzt wie mit der Protagonistin Nadja aus André Bretons
gleichnamiger Erzählung, in der insgesamt das Simulationsmodell von Morshäusers
Erzählhandlung erscheint. Und auch die Gefühle, die dieser Sally gelten, haben sich
von den konkreten Personen gelöst und wiederholen im literarischen Zitat von Petrarca
und seiner Liebe zu Laura literarisch längst festgelegte Verhaltensweisen. Simulation
wird damit zum Kodewort, das sowohl die gesellschaftliche Lage der Stadt wie die
private Befindlichkeit der Personen betrifft.

Gegen Ende seines Erzähltextes wird in einem spontanen Happening-Akt die Feuer-
löschanlage im Berliner KaDeWe aktiviert, wobei die entstehende Panik ein Zufallspro-
dukt ist. Auch hier ist das Feuer nicht mehr real, sondern nur noch simuliert. Zeichenhaft wird damit zugleich ein Zusammenhang mit jenem Frankfurter Kaufhausbrand
hergestellt, mit dem die späteren RAF-Terroristen Andreas Baader und Gudrun Ensslin ihren Weg in die Illegalität begannen. Das Feuer war damals als Fanal gegen die
Konsumbesessenheit intendiert und sollte ein politisches Zeichen setzen. Es ist in
Morshäusers Darstellung zum puren selbstreferentiellen Zeichen geworden, das sich
aus der Ankoppelung an eine Wirklichkeit längst gelöst hat.

Die Selbstentmündigung, die unter der Perspektive gesellschaftlicher Verantwortung auch damit verbunden ist, hat Morshäuser in einer weiteren Berlin-Erzählung *Blende* (1985) nur scheinbar zurückgenommen.

Das in die nahe Zukunft verlängerte Bild Berlins der neunziger Jahre ist zur Metropole eines Überwachungsstaates geworden. Jeder Schritt des gesellschaftlichen Lebens unterliegt rigider Kontrolle. Die Flucht in die Depression oder die Droge – der Protagonist ist ein Rauschgift-Dealer, der für eine kurze Zeit nach Berlin kommt, um seinen Stoff abzusetzen – bleiben die einzigen Verweigerungsmöglichkeiten, will sich das Ich nicht der Sogkraft der unkontrollierbaren Wahrnehmungen stellen oder in eine Wunschprojektion eskapieren, für die der Name der in Italien gebliebenen Geliebten des Protagonisten, Rita/Malayalam, die Folie abgibt.

In *Nervöse Leser* (1987) hat Morshäuser diese Zeichenlabyrinthe und Informationsverweigerungssysteme, in denen seine Figuren wie fremdgesteuert funktionieren, noch weiter vorangetrieben. Ihr affektives Innenleben ist restlos ausgehöhlt, sie stellen nur noch Resonanzkörper für Signale dar, die sie von außen erreichen, so wie die Erzählung insgesamt als Textkörper in schon vorhandenen und aufgerufenen Texten verschwindet.

Diese drei Fallbeispiele lassen sich sicherlich nicht verallgemeinern, auch nicht in dem Sinne, daß man sie auf eine sich andeutende neue konzeptionelle Konstellation bezieht. Auffällig ist allerdings, mit welcher Entschlossenheit diese Autoren das methodische Planspiel ihres Schreibens vorantreiben und zugleich diskursiv absichern, was in erster Linie für Ortheil und Morshäuser gilt, während sich bei Kirchhoff in *Infanta* Züge der Angleichung an marktgängige Konventionen andeuten. Auf diesem Hintergrund ist er bezeichnenderweise der erfolgreichste unter den dreien. Sichtbar wird eine Differenz einerseits zu den spätmodernen Repräsentanten einer Sakralisierung der Sprache wie Handke oder Strauß und andererseits zu jenen realistisch arbeitenden Autoren der mittleren Generationen, die in der Erfahrung der Studentenbewegung zu schreiben begonnen haben. Wirklichkeit ist für diese neue Generation nicht mehr die mit den Begriffsapparaturen der Frankfurter Schule zu vermessende ideologiebesetzte und manipulativ verzerrte Realität der spätkapitalistischen Industriegesellschaft, die es mit utopischem Elan auszuhebeln gilt. Die Wirklichkeit dieser jungen Autoren ist schon im Ansatz eine Fiktion, die im Zeichen einer umfassenden Mediatisierung modifiziert und angereichert wird. Dies geschieht in spielerisch labyrinthischen Entwürfen, die im Moment der Spracharbeit ihre Legitimation finden und da, wo diese Spracharbeit sich in Textstrukturen konkretisiert, die den Leser zu neuen Erfahrungen führen, letztlich doch noch den Kunstanspruch des Lesers einlösen könnten.

Die Erwartung, daß der Fall der Berliner Mauer und das komplizierte Zusammenwachsen der beiden Deutschlands ein großes Thema epischer Darstellung abgeben würden, hat sich bisher nicht erfüllt. Die mentalen Schwierigkeiten bei der produktiven Verarbeitung dieser Situation zeigen sich schon im Alltagsverhalten der Menschen, die ihre bisherige Lebenssituation im Positiven wie Negativen so weit verinnerlicht haben, daß ihr Handeln und Tun trotz aller Appelle zu wechselseitigem Verständnis noch immer davon gesteuert wird. Das gilt auch für die Situation der Schriftsteller, denen es schwerfällt, produktiv auf den neuen gesellschaftlichen Zustand zu reagieren. Es ist im Osten wie im Westen eher ein Anlaß für kontroverse essayistische Auseinandersetzung und reflektierende Selbstvergewisserung, was Klaus Schlesingers *Fliegender Wechsel. Eine persönliche Chronik* (1990) ebenso bezeugt wie Rolf Schneiders *Frühling im Herbst. Notizen vom Untergang der DDR* (1991) oder andererseits Peter Schneiders Reflexionen *Extreme Mittellage. Eine Reise durch das deutsche Nationalgefühl* (1990) und Günter Kunerts *Der Sturz vom Sockel. Feststellungen und Widersprüche* (1992). Der Gegenwartssog ist noch so stark, daß epische Darstellung sich kaum von den aktuellen politischen Vorgaben zu befreien vermag, wie beispielhaft Friedrich Christian Delius' (* 1943) Erzählung *Die Birnen von Ribbeck* (1991) demonstriert.

Der kolonialistische Vereinnahmungsgestus, der den Westberlinern unterstellt wird, die zu Fontanes Balladen-Birnbaum in Ribbeck aufbrechen, um mit den ehemaligen DDR-Dörflern ein Wiedervereinigungsfest zu feiern, wirkt ebenso aufgesetzt wie die stammelnden Artikulationsversuche einer eigenen DDR-Identität, die unter der fordernden Umarmung der Eindringlinge zu ersticken droht. Das ist im günstigsten Fall gut gemeint, aber reproduziert nur den aktuellen mühsamen und dissonanten Verständigungs-Diskurs.

Patrick Süskind, der, was Auflagenhöhe und internationale Verbreitung betrifft, wohl erfolgreichste deutsche Erzähler der Nachkriegszeit, hat in seinem Essay *Deutschland, eine Midlife-Crisis*[29] (1990) die Widerstände und Schwierigkeiten seiner Generation, mit diesem neuen Deutschland fertig zu werden, auf den Punkt gebracht:

«Nichts Unzusammenhängenderes läßt sich denken als die DDR und BRD! Verschiedene Gesellschaften, verschiedene Regierungen, verschiedene Wirtschaftssysteme, verschiedene Erziehungssysteme, verschiedener Lebensstandard, verschiedene Blockzugehörigkeit, verschiedene Geschichte, verschiedene Promillegrenze – gar nichts wächst da zusammen, weil gar nichts zusammengehört. [...] ein wenig traurig bin ich, wenn ich daran denke, daß es den faden, kleinen, ungeliebten, praktischen Staat Bundesrepublik Deutschland, in dem ich groß geworden bin, künftig nicht mehr geben wird.»

Dieser nostalgische Blick zurück auf den Bonner Teilstaat, mit dem die Sozialisation seiner Generation untrennbar verbunden ist, signalisiert eine Diskrepanz, die auf östlicher Seite noch viel stärker vertreten ist: im vergoldeten Blick zurück auf eine untergegangene Gesellschaftsform, deren abgrundtiefe Elendigkeit man verdrängt und deren Nischen und Privile gien man statt dessen verklärt, während die Untersuchungen der Stasi-Hinterlassenschaft gleichzeitig immer neue Abgründe der Korruption und Machtvergiftung sichtbar machen. Ein großes Darstellungsthema gewiß, aber der Romancier, der das zu gestalten vermöchte, ist noch nicht zu erkennen.

III. POESIE IM AUSEINANDERDRIFTEN

1. Die rumäniendeutsche Lyrik

In den achtziger Jahren hat vor allem durch Herta Müller (*1953) und Richard Wagner (*1952) die rumäniendeutsche Literatur erstmals eine größere Leseöffentlichkeit in Deutschland erreicht. Die intensive, an Lyrik und Rhetorik geschulte Prosa, die extreme Verfolgten-Situation und die vielfach verzögerte und behinderte Ausreise, die Beschämung der Leser, von dieser «fünften deutschen Literatur» so gut wie nichts gewußt zu haben, das alles führte zu einer Aufmerksamkeit, die sich auch publizistisch äußerte und schließlich selbst auf die Lyrik gerichtet wurde. Nach dem Ersten Weltkrieg hatten die Rumänen einen Staat mit 30 Prozent Minderheitenanteil, nach 1947, als Volksrepublik, immer noch gut die Hälfte davon. Die Verfassung, die viele Schutzbestimmungen für sie enthält, spricht von «mitwohnenden Minderheiten», doch unter dem Ceauşescu-Regime sind diese Gruppenrechte systematisch außer Kraft gesetzt worden. Von 1956 bis 1989 hat sich die Zahl der Deutschen in Rumänien – nicht zuletzt dank der Freikaufpolitik der Bundesrepublik – auf etwa ein Zehntel reduziert. Der Sturz des Regimes hat zu keiner Rückkehrbewegung geführt.

Die Lyrik befand sich hier in einer doppelten Opposition (d. h. in einer wesentlich schwierigeren Lage als etwa in der DDR): einmal zum autoritären Überwachungsstaat und zum anderen auch zur traditionell eingestellten deutschen Minderheit selbst. Dieter Schlesak (*Aufbäumen*, 1990) wendet seine Elegie für Rolf Bossert, der sich 1986 in Frankfurt das Leben nahm, ins Grundsätzliche, ohne das Politische ans Existentielle zu verraten: «Wir dachten, es gäbe ein Land unter den Füßen, / doch es hielt den heißen Sohlen nicht stand.»

Schlesak, 1934 in Schäßburg (Siebenbürgen) geboren, lebt seit 1969 in der Bundesrepublik und hat sich auch als Essayist einen Namen gemacht. Etwas sarkastisch heißt es bei ihm vom Westen: «Meine Erfahrungen / haben eine zu schöne Umgebung / es ist keine Kunst hier zu überleben.» Seine Lyrik ist vielfältig gebrochen, oft auf bildende Kunst, andere Texte und Kulturen bezogen, weiß sich auch ausdrücklich in einem so strengen wie verbindlichen Widerspruch zu Celan (wie auch Werner Söllner in *Der Schlaf des Trommlers*, 1992, Hölderlin oder die Bachmann zurücknimmt):

FREIE ZEILEN
Fragmente

Nein, ich bin kein Prophet,
der alles weiß, Sein Sprach- und Steig-

Rohr heißts. Nein,
Sein ist nicht Staat machen,
Sein ist. Und fließt durch uns
reißt und zerreißt
was vor dir steht und steht
nicht in der Mandel
Bitter das alte Nichts.
Wie jung in allen Augenblicken
und aus
zu halten
[...]

Söllner hat dem Gedichtband *Siebenbürgische Sprechübung* (1990) von Franz Hodjak (* 1944) ein informatives Nachwort beigegeben und verweist auf die relative kulturpolitische Entspannung Mitte der sechziger Jahre, die es möglich gemacht habe, «daß eine damals junge Generation rumäniendeutscher Lyriker den Anschluß an die europäische und natürlich vor allem an die deutsche Moderne wiederfinden konnte». Er hebt die Bedeutung von Anemone Latzina (1942–1993) hervor, die schon früh so gut wie ganz verstummt ist (1986 gab es noch ein paar nachgetragene Sonette von ihr).

Ihr Einfluß tritt vor allem in der rhetorischen Fügung hervor, welche die Lyrik der rumäniendeutschen Dichter fast grundsätzlich charakterisiert; auch manche Lyriker aus der DDR (Kirsten, Czechowski, Kunert, Braun, Mickel) hatten daran Anteil. Eine Auswahl von ihren Gedichten brachte die Edition Galrev unter dem Titel *Tagebuchtage* (1992).

Schlußfolgerung

Dies aber ist das Land in dem ich lebe.
Dies sind die Menschen.

Das Gras ist grün.
Der Schnee ist weiß.
Der Himmel hoch.
Das Volk macht mit.

Dies aber sind die Menschen.
Die Menschen in dem Land in dem ich lebe.

Die Entdeckung Brechts war für die jungen Dichter in Rumänien geradezu epochal.[1] Seine späten, verknappten, hochstilisierten lakonischen Texte wurden das Vorbild für ein subversives Zeitgedicht, das sich nicht viele Worte leistet, rhetorische Redeformen als Gegen-Wort zur Wirklichkeit einsetzt, neue poetische Mittel erprobt und dabei auf Vorverständigung und mehrfache Lektüre setzen kann. Nikolaus Berwanger hat davon profitiert (*Offene Milieuschilderung*, 1985), aber vor allem Rolf Bossert (*Auf der Milchstraße wieder kein Licht*, 1986), dessen Lakonismen von Guntram Vesper «Gedichte der Konzentration» genannt wurden:

SELBSTPORTRÄT

Ich schreib mir das Leben
her, schreib mir das Leben weg.

Ebenfalls der Zeitlyrik stärker verpflichtet ist Horst Samson (* 1954), dessen «zerreißprobe» lautet: «die angst mich aufzugeben / mitten im schnee / wenn unaufhaltsam / das land auf mich zukommt.» Es ist ein Gedichttypus, der stark gestisch orientiert ist, die knappste Art, Widerstand anzumelden, Einspruch zu wagen, vielleicht auch deshalb so verkürzt, weil die Texte wie Kassiber schnell durch die errichteten Sperren kommen müssen. Söllner, Hodjak, auch Klaus Hensel sind – neben den zitierten Autoren – Meister dieser Form. Oft gibt der Titel die Pointe an. Etwa bei Richard Wagner (*Rostregen*, 1986):

BERGUNG

Der Junge
in dem Wasser da,
auf dem Grund da,
der wird nicht Soldat.

Nun zeigen gerade Wagners Gedichte, wie sehr Zeitbezug und Sprachreflexion ineinander verschränkt sind. Seine Lakonik hat gleichsam sprachtheoretische Wurzeln: das Zutrauen in die wechselseitige Vermittlung von Subjekt, Sprache, Welt ist ausgesetzt.

Ähnlich sind Hensels «Zwischenrufe» und «Spielregelspiele» motiviert. Seine «Biologie des Gedichts» sichert diesem ein knappes Überleben, arbeitet mit vielen rhetorischen Figuren, die gekonnt den Widersinn der Offizialsprachen zurückspielen (*Stradivaris Geigenstein*, 1990).

Kennzeichnend für die rumäniendeutsche Lyrik ist ebenso die große Form, etwa die Elegie, als Abgesang auf die Heimat, die Zugehörigkeiten, die ererbten Lebensformen, den Versuch der Selbstbewahrung, Selbstbestimmung, den Glauben an eine Zukunft.

Anders als in der Tradition der Form gelegen, sind diese Gedichte nicht einem sinnstiftenden Gestus unterstellt, das Klaglied ist nicht mehr «herrlich» (Schiller), die Form buchstabiert die Brüche nach, hat Atem genug dazu. Schlesak, Hodjak, Wagner, vor allem Werner Söllner (* 1951) haben sich dieser Form angenommen, die, nicht zuletzt durch die «Siebenbürgische Elegie» von Adolf Meschendörfer, kanonischen Rang besaß. Fast alle Texte werden in dieser Form zu Nachrufen: «Zweisprachig fast, mit gespaltnem / Bewußtsein, ratlos, / aber gefaßt, wir sprachen / Brüche / und tranken, meistens gemischte / Gefühle, und wiederkehrende Zweifel / an den Formulierungen unserer Zweifel [...]» (Werner Söllner: *Kopfland. Passagen*, 1988). Ernest Wichner (* 1952), seit 1975, dem Jahr der Zerschlagung der «Aktionsgruppe Banat» durch den rumänischen Geheimdienst, in Berlin lebend, gewinnt den salopp «Große Formate» genannten Langgedichten einen surrealistisch-parodistischen Tonfall hinzu (*Steinsuppe*, 1988).

Auch die neuen Gedichte von Franz Hodjak (*Landverlust*, 1993) ziehen noch ihre Kraft aus der Tradition des Verschweigens, aus den Sarkasmen und Ironien. Von der Situation in Rumänien heißt es: «meßbar ist hier / nur fieber, wer keins hat, / ist todkrank.» Zugleich leben seine Großgedichte vom sinnlichen Ansatz («stilleben mit mülltonnen») und einem reichen, scheinbar ungeordneten Material, das der Elegieform die Trauer ein wenig schwer macht, sie ins Clowneske zu öffnen sucht: «lacht euch aus der einzahl in die mehrzahl».

Als Sprachkünstler, dessen Reflexion auf den Wort-Schatz durch die Zweisprachigkeit ganz zweifellos besonders angeregt wurde, ist Oskar Pastior hervorzuheben, der, 1927 in Hermannstadt/Siebenbürgen geboren, einige Jahre (1944–1949) in Arbeitslagern in der Ukraine und im Donbass interniert war. Nach dem Germanistikstudium arbeitete er beim Rundfunk in Bukarest, seit 1969 lebt er in Westberlin. Pastior hat bislang etwa 15 Gedichtbände veröffentlicht. Durch seinen sprachexperimentellen Ansatz steht er Franz Mon, auch Ernst Jandl nahe. Wie letzterer kennt er keine Abgrenzungsängste zum Nonsens. Seine Gedichte heben besonders die Machart hervor, geben sie spielerisch bekannt, und die Formmotive sind für ihn von besonderer Bedeutung. Etwa die Vokalisen oder das Palindrom, denen er eigene Bände gewidmet hat: *Kopfnuß Januskopf* (1990), *Vokalisen & Gimpelstifte* (1992). Bekannter wurde er mit dem Band *Lesungen mit Tinnitus. Gedichte 1980–1985* (1986), der den experimentellen Ton auch gekonnt für Parodien benutzt. Geradezu berühmt ist sein «Testament – auf jeden Fall» geworden, dessen Terzinen das Wort- und Buchstabenspiel als Sinngenerierung gestisch-melodisch überbieten:

> Jalusien aufgemacht, Jalusien zugemacht.
> Jaluzien aufgerauft, Zuluzien raufgezut.
> Luluzien zugemault, Zulustoßen zugemault. /
> Maulusinen angenehm, Aulusinen zugenehm [...]

Das wäre die heitere Spielart der Grundgeste Söllners, der dem Gedicht die Unmöglichkeit des Schweigens zuweist. Auch Pastiors Gedichte gehen von der Voraussetzung aus, daß es unmöglich sei, «Wissen von Sprache zu trennen». Und seinen gelegentlich ver-rückten Sprachspielereien liegt doch die Erfahrung auch der anderen rumäniendeutschen Dichter zugrunde, daß es kaum möglich ist, den Dichter als sprachmächtiges Subjekt zu denken, wo Wirklichkeit – auch als Sprache, nicht nur in Form von Geschossen – ihn überholt, seine Freiheit illusorisch macht, ihn «anrandet». Söllner begründet sowohl das poetische Spiel wie den strengen Gegen-Text, wenn er für die Notwendigkeit von Poesie voraussetzt, daß »die reale Welt [sich] aus dem Geltungsbereich der Gesetze einer menschlichen Rationalität verabschiedet hat».

2. Neue Frauenlyrik

Die Frauenliteratur der siebziger Jahre ist im wesentlichen durch Verständigungstexte geprägt. Sie zeigen den Versuch, einen Gegenentwurf zur männlichen Ästhetik, zu männlich-herrscherlich geprägten Seh- und Deutungsmustern zu entwickeln und die feministische These von der Geschichtslosigkeit der Frauen in ihrem auffallenden Gegensatz zu unzähligen (auch sprachlichen) Abbildungen des weiblichen Körpers in der Kunst eigensinnig zu durchdenken. Kritisch geht die Lyrik zunächst gegen alle Unterwerfungsgesten vor: die zugemutete Anpassung, die gesellschaftlich sanktionierten Rollenmuster und Sprachbilder (z.B. «Anpassung» von Eva Christina Zeller aus *Das Meer kennt kein Meer*, 1985).

Die Frage nach einer weiblichen Schreibweise und Literatur spielte in den siebziger Jahren eine große Rolle, war für das Kulturmuster «neue Subjektivität/neue Sensibilität» geradezu bestimmend, ging es doch darum, daß nun auch der Mann seiner Weiblichkeit nachgab. Silvia Bovenschen hatte in ihrer Studie *Die imaginierte Weiblichkeit* (1979) gezeigt, wie Kultur und Literatur an den Festlegungen beteiligt sind, die das Konzept «Frau» ausmachen.[2]

Zum emanzipatorischen Ansatz gehörten die reflektierten Geschlechtsidentifikationen und ein darin begründetes Selbstbewußtsein, das auch als Verweigerung vorgetragen wurde, als Abnabelung, Entzug und Negation der «Kolonisierung» der Frau durch den Mann. Zwar wurden Abschiede und Trennungen nicht nur als Befreiung, sondern auch als Verlust erfahren, doch fühlten die Frauen sich getragen von der Selbsterfahrung als Geschlecht, als Gruppe, als präsente Individuen.

Im Titelgedicht von Hannelies Taschau (*1937), *Gefährdung der Leidenschaft* (1984), spricht sich dieses Gefühl in der zweiten Strophe sieghaft aus:

> Laufend sind wir uneinholbar
> stürzen nicht übergangslos
> zum Mittelpunkt der fremden
> Sache
> gleiten in die anderen Zustände
> und Jahreszeiten
> alles im Präsens

1981 erschienen die als Liebeslieder etwas mißverstandenen Gedichte *Herz über Kopf* von Ulla Hahn (*1946), die die Ambivalenz der Selbstpreisgabe thematisieren («Bewerbung», «Dressurakt»), gelegentlich lustvoll, oft auch kritisch-satirisch:

> Meine Spitzen hab
> ich mir abgebrochen
> abgeschliffen was kantig
> zerkrümelt was fest war.
> Was von mir übrig blieb
> wie geschleckt
> läßt sich jederzeit jedenorts
> von jedermann
> mühelos einfügen.

Auch die folgenden Bände sind weitgehend auf den sarkastischen Ton eingestellt.

Mitte der achtziger Jahre sind Abgrenzungen kein vorherrschendes Thema mehr, Aufbrüche und Abbrüche scheinen vergessen, und häufig wird auf Bilder aus dem häuslichen, sogar hausfraulichen Bereich zurückgegriffen (Beispiel: Barbara Maria Kloos, «Drache kaputt» aus *Solo*, 1986). Die Lyrik soll nunmehr lediglich Erfahrungen, Stimmungen und Fühlweisen vermitteln. So geben die achtziger Jahre das Ergebnis der politischen und sozialen Kämpfe aus den Siebzigern wieder: die Proklamation, man wolle mehr Demokratie wagen, ging im deutschen Herbst unter; Pluralität wird nur noch postmodern zugestanden, als Nebeneinander konkurrierender Kulturmarken für den Markt, nicht als Widerspruch oder Herausforderung. Die Frauenlyrik spiegelt die neue Rekonstruktionsperiode im wesentlichen als «Sicheinhausen ins Irdische» (Jean Paul).

Regelmäßig verneinen jedenfalls die Bilder eine tröstenden Gebärde, die Natur ge-
währt keinen mütterlichen Halt wie oft noch in Männergedichten. Im Gegenteil: Im
Großgedicht *Das Meer* (1985) von Sulamith Sparre (*1959) dominiert der Gestus des
Versinkens (auch das im Gegensatz zu den traulichen Seefahrtsbildern etwa eines Jo-
hannes Schenk, Richard Exner oder selbst noch Guntram Vesper), die alten Orientie-
rungen gelten nicht mehr, die Sprachbilder verwirren sich. Dennoch werden ältere
Formen weiblicher Selbstauflösung dahinter sichtbar (man vergleiche auch Ingeborg
Bachmanns Text *Undine geht*).

Die Bedeutung, welche nun den Untergangsphantasien zukommt, setzt eine Zäsur
zwischen die Frauenliteratur der siebziger und die der achtziger Jahre. Das Versinken,
Sich-Verschließen ist Selbstsicherung als Reaktion auf brutaler gewordene Zeiten. Dazu
gehören auch groteske Zurichtungen wie bei Karin Kiwus (*1942) in *Das Chinesische
Examen* (1992), wo die eigenen Augen ausgeschraubt und Rehaugen dafür eingesetzt
werden, um der Realität begegnen zu können («Das Bewegungssehen zudem habe ich /
schätzen gelernt, das Wild nämlich, / wie ich erfahre, reagiert auf geringste / Regungen
einer Gesellschaft von Jägern»).

Eine gesellschaftliche Wirkung hat diese Lyrik jedoch allenfalls in ihrer strikten
Verweigerung, den Wunsch nach Utopien mit irgendeinem komplementären Konzept
von Weiblichkeit zu bedienen.

3. Lyrik der Postmoderne

«Postmoderne» wird hier aufgefaßt als eine «dezentrierte» Denk- und Sehweise, als ein Set von «Interpretamenten», von Zugriffen und Annäherungen,
in denen zentrale poetologische Theoreme zusammenkommen, also: Tendenzen der Autoren und Werke sowie Auffassungsweisen der Literaturtheorie,
der Kritik und der Leser. Letztere sind wichtig, da die postmoderne Literatur
sich nicht mehr nur durch Autorprogramme oder Werkperspektiven konstituiert weiß, sondern ebenso durch die sinnstiftende Tätigkeit des Rezipienten. Zwar könnte man gerade die Lyrik, als Andeutungsrede genommen, als
eine Wissensform auffassen, die schon immer bereit war, ihr «Anderes» mitzudenken, aber Polyperspektivität und Pluralismus sind inzwischen nicht nur
für das gesamte literarische und literaturtheoretische Umfeld programmatisch
(und beeinflussen also auch die Lyrik in neuer Weise), sie charakterisieren vor
allem eine prägende Grunderfahrung der alltäglichen Lebenswelt, wie sie
zuvor nicht vorhanden war.

Von der Bildlichkeit zur Wörtlichkeit

Die Kritik an der Mimesis, am Nachahmungsgrundsatz der Künste, konstitu-
iert bereits die künstlerische Moderne. Heute hat sich diese Kritik zu der
Überzeugung verschärft, daß die Wahrheit unserer Verhältnisse nicht durch
Abbildung erreichbar sei, auch nicht durch die Setzung von Gegenbildern,
Montagen oder Schnitten.

Die Entthronung der Metapher und die Neubewertung metonymischer Bildformen, die auf einem Realzusammenhang der Bildbereiche bestehen, bedeuten eine Einschränkung des Dichter-Subjekts, ein Abstandnehmen von autonomer, von allzu selbstherrlicher Poiesis. Poetologisch spielt der Abschied von der «Erkenntniskraft der Gleichnisbilder», wie das 18. Jahrhundert sie beschwor, schon früh eine Rolle. Neben Brecht ist selbst Celan anzuführen, in dessen Gedicht «Jenseits» (1944) es heißt: «Aus den Spiegeln riß ich dich ins spiegellose Land [...] / Gestalten keine mehr. Und Schatten keine. / Und Bilder nimmer.»[3] Das Gedicht zieht bereits eine Konsequenz aus der antimimetischen Wendung, die wiederholende Nennung rhetorisiert das Bild: «Nur Schritte Schritte Schritte durch dein Herz. / Nur Dolche Dolche Dolche durch dein Aug.»

Für die achtziger Jahre läßt sich dieses Bestehen auf dem Wort durchaus als eine leitende Tendenz wahrnehmen. An Jandl und Mayröcker, an Pastior und Fried ist zu erinnern, an Kito Lorenc, Wulf Kirsten, die Dichter *Außer der Reihe* des Aufbau-Verlags; auch an die Buchstabenspiele eines Stefan Döring, dem aus «Fortwege», dem unmöglichen Ausbruch aus dem Gefängnis DDR, die «Wortfege» wird, der kompensatorische Weg ins Wort. Dazu passen die Übungen von Thomas Kling (* 1957) in der «Kamalattasprache» (*geschmacksverstärker*, 1989), seine ‹verrückten› Sprachinstallationen und zerbröckelten Klangkörper – Beiträge zum Theorem Wörtlichkeit, das von der philosophischen Geste der «Dezentrierung», von der philosophischen Absage an die «Metaphysik des Präsenz» inspiriert ist. Klings Gedichte sind denen August Stramms nahe, die gleichfalls nicht erlaubten, ihren Sinn außerhalb des Wortmaterials zu suchen, zu entdecken, sprachliche Artikulation und Bedeutungsbildung voneinander zu sondern. «Bildzerstäubungen» sind der Anlaß zu sehr eigenwilligen Wort- und Schreibspielen (*nacht.sicht.gerät*, 1993).

Rhetorisierung der Poesie

In der gegenwärtigen Lyrik treffen wir zahllose Formen an, die ein entspanntes, ja produktives Verhältnis zur Rhetorik bezeugen. Poesie und Rhetorik galten seit der Klassik im Deutschen als verfeindete Schwestern, reine Dichtung und Zweckrede sollten füreinander tabu sein (was nie ganz gelang). Heute gehen die Dichter davon aus, daß kein Mittel gefügter Rede verschmäht werden darf, wenn es darum geht, der uns bis in den Kern der Person hinein bestimmenden Sprachrealität etwas entgegenzusetzen. Das Konzept «Sprachwirklichkeit», die These, daß uns Wirklichkeit weitgehend in sprachlicher und medialer Verfaßtheit erreicht, fordert die Poesie zu einer neuen Reflexion auf ihre Formen heraus.

Ein Gedicht von Rüdiger Rosenthal (aus *Polnische Reise*, 1984) heißt «Wörtlicher Tag» und endet: «Guten Morgen, sagte der Direktor / und sie dachten: MORGEN, gut.» Das ist eine Umkehrfigur, aus der Rhetorik als Chiasmus bekannt, die hier ein Gegenwort erlaubt, einen WiderSpruch, EinSpruch gegen das von oben zugemutete Sprachspiel «Guten Morgen». Dem gleichen Ansatz folgt Enzensbergers Gedicht «Einführung in die Handelskorrespondenz», das zyklisch – als «Kyklos» – gebaut ist; die

Anfangs- und die Schlußzeile sind identisch: «Mit freundlichen Grüßen». Dazwischen reihen sich jene Variationen, mit deren Hilfe die Sekretärin das verordnete Freundlichsein erträgt, u. a. «Mit grämlichem Hüsteln / Mit christlichem Frösteln / Mit fiesen Grimassen / Mit geilen Finessen / Mit freudigem Geifern / Mit kreischenden Flüchen». – Für die Funktion des Chiasmus, Sprache und Texte zu verkreuzen, ließen sich viele Beispiele bringen.

Wie bereits im ersten Kapitel ausgeführt, kennzeichnet das Gedicht nach 1945 u. a. der Lakonismus, jene ursprünglich aus dem militärischen Bereich stammende Knappheit. Vor allem die «Trümmerlyrik» nahm – sozusagen semantisch legitim – dieses sprachliche Muster auf.

Eine andere Form der Umsetzung zeigt das etwas flapsige Beispiel von Michael Augustin (* 1953) aus *Der Apfel der Versuchung*, 1983:

MÄNNERLIEBE

In der Innenstadt
massieren sich
starke Polizeikräfte.

Auch die Gedichte von Guntram Vesper (* 1941) sind durch Verknappung bestimmt. Im Band *Die Illusion des Unglücks* (1980) kommen noch fast durchweg Großformen vor, doch vielfach sind sie aus Kurzgedichten komponiert. Es ist auch weniger die Zeilenzahl, nach der sich der lakonische Duktus bemißt, sondern der verhaltene Gestus, das erkennbare Wägen der Worte; von manchen Gedichten Vespers gibt es gut fünfzig Fassungen. Der Band *Die Inseln im Landmeer* (1982) geht vom Phantasma des insulären Daseins aus, benennt die Einschränkungen, die das Leben ausmachen.

LANDMEER

Wir dürfen unser
Leben
nicht beschreiben, wie wir es
gelebt haben
sondern müssen es
so leben
wie wir es erzählen werden:
Mitleid
Trauer und Empörung.

Die Rückkehr zum kurzen Gedicht ist eine allgemeine Tendenz in den achtziger Jahren. Auf Annemarie Zornack (* 1932) wäre zu verweisen, deren Bildschnitte oft surrealistische, heiter-tiefsinnige Verquerheiten ergeben: *eingeholte jahreszeit* (1991). Bezeichnender ist vielleicht der ‹militärische› Duktus bei Dorothée Haeseling (*Was zu lieben blieb*, 1991), die ihn sarkastisch der Gegenwart zuspricht:

Hat sich ein Lachen verirrt.
Flattert gegen die Scheibe.
Damit ihm nicht noch mehr
geschieht, schlag ich es tot.

Die Absage an ein geschlossenes Sinnganzes privilegierte zwar fragmentarisierende Redeformen, aber gleichzeitig führt die Abhängigkeit von Worten und Sätzen, im Modell der traditionellen Sprachkritik oder in einer behaupteten Dominanz des Signifikanten über das Subjekt, die Lyriker u. a. zu einer Rückbesinnung auf den Zusammenhang von Poesie und Sprechen und damit auch zu einem anderen Werkkonzept. Oskar Pastior: «Am Rande, denkst du, denkst du Sätze, die dich den- / ken. Du denkst, sie denken dich. In deinen Sätzen / bist du an ihrem Rand. Du bist eine Anrandung von / Sätzen, die dich an den Rand stoßen, Gegensätzen, / und auch an denen wandelst du entlang. Sätze, die / dich gegensätzlich denken, wandeln dich an und den- / ken Gegensätze, die du nicht denkst. An deinen Tat- / beständen kommst du nicht vorbei – es sind seltsame / Sätze.»[4]

Polymythie. Versprachlichung der Wirklichkeit

Subjekt- und Textkonstitution sind in der Postmoderne als ineinander verschränkt zu denken: es gibt keine vorgängige, sprachunabhängige Vermittlung des Selbst; aber doch eine solche mit der Sprache, die dann notwendig plural gefaßt wird (z. B. bei Jürgen Rennert, «Im Schloß», aus: *Hoher Mond*, 1983). Demgemäß hat Odo Marquard dem Monomythos – etwa der Aufklärung – ein «Plädoyer für aufgeklärte Polymythie» entgegengestellt.[5] Für die Lyrik kann man vielleicht weniger direkt als in der Epik von einem «Mehrfacherzählen» ausgehen, wohl aber vom «Shiften» der Subjekt- und Dingperspektive, wie es sich z. B. an den Gedichten von Peter Waterhouse (* 1956) zeigen läßt.

Waterhouse, in Berlin geboren, in Wien lebend, trat 1984 mit dem Gedichtband *Menz* hervor, dem 1986 *passim* folgte. Er treibt das Spiel mit den Signifikanten so entschieden über alle traditionellen Bedeutungzuweisungen hinaus, daß eine Übersetzung der Gedichte in ‹Sinn› gar keinen Sinn mehr macht, und eine gewisse Nähe zur Computerlyrik von Max Bense und seinen Anhängern scheint auf; Nichtidentität und Dissens werden zum Charakteristikum. Auch Dieter M. Gräf (* 1960) geht in seinen «Textmaschinen» vom Sichüberschneiden der Bedeutungen aus (*Rauschstudie: Vater + Sohn*, 1994).

Intertextualität

Grundmerkmal der Postmoderne ist die Mehrfachkodierung. Zentrales Konzept für den Zugang zu postmodernen Texten ist daher die Intertextualität, das «textuelle Zusammenspiel, das im Innern eines einzigen Textes abläuft»

(Julia Kristeva). Für fast jedes Gedicht lassen sich Bezüge zu anderen Texten nachweisen, neu ist jedoch der entschiedene Verzicht auf Originalität, die Montage von bewußt gesetzten und durch Markierungen gekennzeichneten Versatzstücken und Allusionen und die Haltung, nicht «sich» auszudrücken, sondern so in einen Dialog zu treten.

Die «Splitter»-Gedichte Schindels (* 1944) – *Geier sind pünktliche Tiere* (1987) – sind beispielsweise eine Konsequenz daraus, daß die Erfahrungen des Heranwachsenden fragmentarisiert sind. Schindel überlebte als verstecktes Judenkind, und in vielen Gedichten geht er seinem «Nachkriegsleben» nach, wozu auch die Erfahrung «Fand meine Leute» sowie ein linkes Engagement gehören: «Stieß rasch hinein in solche Roten Träume / Sodaß Parolen mich umküßten aus Genossenmündern.» Wichtig für das Wiederfinden des Ich ist die Zueignung der jüdischen Herkunft, was Schindels Poesie deutlich mit Celan verknüpft. Durch alle seine Gedichtbücher ziehen sich Hölderlin-Verweise, zumeist auch mit dem Titel «Pour Hölderlin» intertextuell markiert. Sie kennzeichnen den Versuch, der Sprachwirklichkeit auf die Spur zu kommen, an ihr durch Einschreibung Teilhabe zu gewinnen. «Fremd bei mir selbst» hat Schindel eine Abteilung von Texten genannt (*Im Herzen die Krätze*, 1988), doch es ist eine Fremdheit, der die Intertextualität widerspricht; die Doublierung deutet auf die Präsenz der toten Dichter.

Parlando-Stil: Alltags-, Szenen-, Verständigungslyrik

Zur Diskussion um die Postmoderne gehört jedenfalls auch der Versuch der Aufwertung des Trivialen, d. h. die Einebnung der Unterschiede zwischen kunstverständigen Rezipienten und Laienpublikum, wofür sich vor allem Leslie Fiedler stark gemacht hat («Cross the Border – Close that Gap»). Das in den siebziger Jahren etwas zu lauthals beschworene Modell einer «Alltagslyrik» erinnerte immerhin daran, daß Poesie auch etwas mit Verständigung zu tun haben kann. Die Entthronung der Form, die Öffnung der Poesie für Alltägliches, für Informationen und sinnliche Erfahrung, für Sprechsprache bedeutete den Wiedergewinn einer Dimension, die der Lyrik seit ihren Anfängen auch zugehört hat. Daß es in den achtziger Jahren zur Abkehr von einer eigens verfaßten Kinderlyrik kommt, daß die «kindfreundliche» Dimension von Gegenwartslyrik wahrgenommen und betont wird, hängt gleichfalls mit der programmatischen Grenzverwischung in der Rezeption zusammen.

So erschienen in der Kinderbuch-Reihe «Ravensburger Taschenbücher Gedichte», von Uwe-Michael Gutzschhahn herausgegeben, Auswahlbände von Jandl, Fried, Mayröcker, Grass, Meckel, Reinig, S. Kirsch, Kunert u. a. – Auch das Engagement zu DDR-Zeiten, mit den Heften des «poesie-album» Lyrik unter dem Bockwurstpreis an die Leser zu bringen, stand unter der Parole, daß es gelte, die Kluft zwischen Gebildeten- und Volkskultur zu schließen. Heute wird die Reihe, den Zeiten gemäß, als «Poet's Corner», also unter Rücknahme des Anspruchs, von der Unabhängigen Verlagsbuchhandlung Ackerstraße in Berlin weitergeführt.

Lyrik der Differenz: Groteske

«Das Groteske ist die entfremdete Welt», hatte Wolfgang Kayser definiert und hinzugesetzt: «Das Groteske ist eine Struktur.» Es wird früh mit dem Unheimlichen gleichgesetzt (Sigmund Freud), andere Ausdrücke für ‹grotesk› lauten: absurd, grauenvoll, verzerrt, verrückt, schrecklich, bizarr, exzentrisch, skurril – Ausdrücke, die gemein haben, die Grenzen der Selbstvermittlung des Subjekts anzudeuten. Zur Erfahrung des Grotesken gehört, Kayser zufolge, das Bodenlos-Werden unserer Wirklichkeitsvorstellungen, etwa als Träger «eines Gehaltes an Grauen, Ratlosigkeit, Beklemmung vor dem Unfaßbaren».[6] Das setzt freilich das Getrenntdenken von Sprache und Wirklichkeit voraus, den Glauben an eine strikte Referentialität der Worte: Ungeheuer sind wirklich, sobald sie Namen haben.

Michael Steig zeigt den möglichen Umschwung in der Bewertung. Er hebt (mit Ruskin) die Groteske als den Ort heraus, «an dem die schöpferische Phantasie dem Verbotenen oder nicht Sagbaren begegnet».[7] Solche Abgrenzungen verschieben sich in den soziokulturellen Entwicklungen, ebenso die Erfahrung des Anderen. Indem nun das Phantasma der Identität abgewiesen, mindestens relativiert ist, verliert in den achtziger Jahren auch das Groteske, als radikale Grenzüberschreitung genommen, seinen Schrecken und wird zum Muster von Sinnerzeugung: nämlich durch Differenz, durch eine «Genügsamkeit der Unterschiede» (Peter Waterhouse), die über Ängste hinaus sein sollte.

Die Gedichte von Waterhouse spielen den Übergang in fremde Zustände als Lust durch, nicht im Sinne Christian Morgensterns, sondern schon mit pathetischem Unterton. Das Phantasma des unzerstückten Leibes, das die Ästhetik seit der Renaissance mitbestimmte, ließ alle Entzweiungen mit Angst besetzt sein. Peter Waterhouse geht von der Gewißheit aus: «Aber die Schönheit geht spazieren / das ist gewiß. Aber die Teile kommen mit mir / da bin ich sicher.» So kann er sich einige Eskapaden, Selbst-Trennungen leisten.[8] Ganz ähnlich auch Christian Ide Hintze (*Die Goldene Flut*, 1987).

Besonders anrührend hat Günter Herburger die Stilform des Grotesken in seinem Gedichtband *Kinderreich Passmoré* (1986) eingesetzt, indem er oft auf der Grenze zum Wahn balanciert, jedenfalls davon ausgeht, daß die altvertraute Wechselbestimmung von Subjekt und Welt, von Ich und Natur, von Tod und Leben, Gegenwart und Vergangenheit ausgesetzt ist. Zum Schluß des Großgedichts «Im Reich der Lebenden und der Toten» heißt es: «Im Tal der Welt herrschte nie Gleichgewicht». Die groteske Entgrenzung aller Vertrautheiten ist eine der Weisen, auf diese Erfahrung zu antworten.

«Schüttere Sprachen» – das Theorem Körperlichkeit

Was es heißen mag «Mein Leib, du, mein Leib schreit» (Uwe Kolbe), ist nur umschreibend in Theoriesprache zu fassen. Hier ginge es darum, «körperliche Rede» als Interpretament zu entwickeln, lyrische Andeutung und Melos, Rhythmik und Gestik und ‹Surrealismen› als Anteil des Versuchs zu fassen, an die «energetischen Ladungen» und «psychischen Markierungen» der «Primärvorgänge», an deren «unbeständige und unbestimmte Artikulation»[9] heranzukommen. Kolbe (* 1957) hat das in dem Gedicht «An einem rosaroten Schweineband» (*Bornholm II*, 1986) entsprechend dunkel zur Sprache gebracht:

> [...]
> Mein feines Sinnen
> von den Wurzeln her – nie unter-
> brochner Strom. Ich rage in das Dunkel
> aus. Mein Weg ist Klang, Sang,
> knappe Fügung, Bruch und stummes
> Hohlwegzeichen, spielerischer
> Wörtleinwimpel reich Gefilde, Schein
> von Fernen auf dem Glücks-
> Betonhof. Subversions-Spektakel
> [...]

Kolbes Gedichte gehen konsequent von diesem körperlichen, «subversiven» Ansatz aus; ebenso ließe sich Durs Grünbein nennen (*Schädelbasislektion*, 1991). Rolf Haufs, Alfred Kolleritsch, Waterhouse, Pastior, Anna Rheinsberg, Mayröcker ‹verkörpern› je andere Weisen. Die Lyriksprache eines Textes wird so in anderer Weise noch einmal pluralisiert: «Es schlendern so schüttere Sprachen / Gestalten geronnener Vorzeit herum» (Kolbe). Schütter heißen Sprachen, die etwas anderes gelten und durchkommen lassen, sich als Sprache-im-Bezug wissen.

4. Elegien vor der Jahrtausendwende

«Einmal noch vor dem Zerbrechen die große Form»

Zu Beginn der achtziger Jahre gewinnt die Elegie, lange als zu traditionelle Form in Verruf, wieder einen bedeutenden Platz in der Gegenwartslyrik. Fast alle Autoren huldigen ihr, bis sie schließlich den Ton des «Fin-de-millénaire» angibt.

Durchaus ist noch erkennbar, daß die Form als Klagegesang gelehrt worden ist. Jedenfalls halten sich die meisten Autoren an diese historische Semantik der Elegie. Thematisiert werden um 1980 der Trennungsschmerz, der Verlust des Du und die damit verbundene Verunsicherung des Selbst.

Michael Krüger (*1943) entwickelt in einer dreiteilig gebauten Elegie (*Aus der Ebene*, 1982) die Figur des gedoppelten Ich oder Du, das sich selber nachgeht: in die Ebene der Erfahrung, der Alltagsgeltungen, der Fraglichkeiten. «Geh in die Ebene, / in die Regenarmut, sei der Verirrte / in den unerforschlichen Regionen des Landes.» Zum Bildmotiv der Ebene gehört auch, daß diese keinen Halt bietet; Krügers Wanderer bleibt ohne Antwort: «Also gehst du weiter, sprachlos in den Gürtel der Kälte.» – Titelgebend ist 1985 der große, zwölfteilige Klagegesang auf den Untergang der *Dronte*, gewiß nicht ohne Enzensbergers Vorbild zu denken («das ende der eulen»); und auch an Michael Hamburger ist noch einmal zu erinnern, der die elegische Klage um eine untergegangene Vogelart «Ectopistes» mit den selbstzerstörerischen Verwüstungen der Moderne in Zusammenhang bringt.

Die Elegie und damit dem großen Ton verpflichtet erscheinen die Gedichte von Ursula Krechel (*1947). Ihr bereits erwähnter Gedichtband *Rohschnitt* (1983) heißt auch *Gedicht in sechzig Sequenzen*, ist nach dem objektivierenden Prinzip des Filmschnitts komponiert, was den Bezug auf Rilkes *Duineser Elegien* keineswegs ausschließt.

Auch in den nächsten Bänden von Krechel spielt die große Form eine Rolle. In *Vom Feuer lernen* (1985) verbürgt sie das poetologische Credo der Liebenden, daß da noch Zukunft sei. Im Band *Technik des Erwachens* (1992) leisten sich die Gedichte wiederum den hohen Ton, durchmischt mit Anspielungen und Halbzitaten, was das Pathos mindert, aber nicht entmächtigt. Der an Hölderlin und Rilke geschulte Ton regiert die Elegien, etwa wenn es heißt «Die Leiber sind unbewohnbar geworden»; und selbst die Hölderlin-Gedichte von Erich Fried mag man assoziieren, wenn man liest: «Die Gewalt / die mächtige Geburtshelferin der Geschichte / greift in die offen liegenden Leiber / zur Unzeit, die auch Zeit ist». Ähnlich klagsingt die Elegie bei Friedrich Christian Delius: «Hier will ich nicht / Leben Wir fahren Wir mit kindlichen / Stimmen jagen der Welt hinterher» (*Selbstporträt mit Luftbrücke*, 1993).

Enzensberger nimmt in seinen neueren Gedichtbänden den elegischen Ton eher ironisch-sarkastisch auf, als Anklage gegen Verhältnisse, die nicht einmal mehr diese Tonlage zulassen. *Die Furie des Verschwindens* (1980) beginnt mit dem Gedicht «Andenken», das an einen der großen «vaterländischen Gesänge» von Hölderlin erinnert. Enzensbergers hält auch im Ton dagegen:

> Also was die siebziger Jahre betrifft,
> kann ich mich kurz fassen.
> Die Auskunft war immer besetzt.

Und im Hinblick auf die große Elegie Brechts «An die Nachgeborenen» teilt er mit: «ohne Gewähr für Nachgeborene». Der Titel «Unregierbarkeit» geht ironisch auf den Zentralbegriff ein, der seit alters für Notstandsbegründungen herhalten muß. Die elegische Geste zitiert böse den Überdruß der Übersättigten: «Ja, Ämterhäufung tut weh» oder «Schade, daß niemand sich freut». Verfallszeiten werden fast hämisch gegen das Sicherungsbedürfnis ausgespielt: «Selbst der Beton sieht hinfällig aus.»

Das Titelgedicht «Die Furie» (des Verschwindens) gibt, als barocke Allegorie, den Grund für den elegischen Ton zum Ende des Jahrtausends an: es werden vermutlich, so die Dichter fast unisono, nur Nachrufe bleiben.

Insofern ist auch dem Titel von 1991, *Zukunftsmusik,* nicht zu trauen. Das Gedicht ist nach dem Muster des Furiengedichts gebaut, Redeweisen werden zu einer Weisheit montiert, von der wir uns nichts erwarten dürfen: «Die wir auf uns zukommen lassen, / erwartet uns nicht, / kommt nicht auf uns zu, / nicht auf uns zurück, / steht dahin. / / Gehört uns nicht, / fragt nicht nach uns [...]»

Auch in der DDR bzw. den neuen Bundesländern regiert zum Ende der achtziger Jahre der elegische Ton die Gedichte. Durs Grünbein (* 1962) aus Dresden, in Berlin lebend, setzt unverdrossen, «geduldig», den Widerwillen gegen das Grau der Gesichter und Gehirne, der Sprache und der Gefühle in Elegien um, die 1988 unter dem Titel *Grauzone morgens* erschienen.

Der Ton dieser Gedichte bezieht sich auf die Zeitbedingungen und die trüben Aussichten: «Der Frühling ist dieser Uringestank altersschwacher / Maschinensäle und / Herbst der / Asphaltglanz auf Dächern und / Ästen ein Netz haarfeiner / Risse zurückgelassen vom Ascheregen [...]» Die Sprachgesten gewinnen der Trübe immerhin zahlreiche sinnliche Bilder ab.

Auch die neuen Gedichte Grünbeins (*Falten und Fallen,* 1994) sind weitgehend der Elegieform verpflichtet, zunächst einem strengen, fast lateinischen Muster, das die großen Themen austarieren soll (Leben, Tod, Unterwegssein, die Masken des Wissens: «So wird man Sarkast»). Danach folgen weit aushölende elegische Texte im Blick aufs Ende des Jahrtausends: «Requiem für einen Höhlenmenschen», «Späte Erklärung», «Damnatio memoriae», «Wer bist du, daß [...]».

Der Gestus des «Futur II», die Vorwegnahme der vollendeten Zukunft, bestimmt viele Großgedichte um 1990, ohne daß der apokalyptische Ton, der stets billig zu haben ist, allzu aufdringlich wird: Die Elegieform mit ihrer großen, anspruchsvollen Tradition wirkt vielleicht als Bremse. Günter Herburger setzt sie in seinen neuen Gedichten *Sturm und Stille* (1993) sozusagen als Doppelzitat ein: als Erinnerung an die bedeutenden Bilder («Am Horizont brachen sich / Licht und Gewölk») sowie als Redeform, die beweist, daß Menschen noch klagen können. Seine Überbietungsgeste ist von Drostes «Im Grase» inspiriert, sein Gedicht «Im Trog» beginnt:

> Warum so viel Tote?
> Wir atmen sie ein und aus,
> da auch wir
> ihnen einst angehören.

Später heißt es: «ein- und ausatmend / inzwischen uns selbst», was – nicht ohne gewissen Sarkasmus – als eine Art Heimkehr in die Natur dargestellt wird.

Selbst das Liebesgedicht ist vom Motiv bestimmt, daß der Atemraum knapper wird. Aber das ist nur eine Dimension dieser Gedichte. Wenn sie Un-Vernunft spiegeln, so vorwiegend nicht als mimetische Kritik der Verhältnisse, auch wenn das mitzudenken bleibt, sondern als Bestehen auf einer poetischen Redeform, der die Kommunikation mit unserer Sprachwelt weniger wichtig ist. Es ist eine neue Hermetik, wie sie die gegenwärtige Lyrik gutteils kennzeichnet: Undurchdringlich, eigensinnig, widerständig, soll der poetische Text das Recht einer anderen Sprache vertreten, die quer zu unseren vernünftigen Diskursen steht (vgl. das Gedicht «Die Vernunft»). In den Elegien freilich überwiegt der Klageton, der Befund: «Die Furchtbarkeit nimmt zu»; und die Warnung an das eigene Dichten lautet, daß vielleicht darin erobert werde, was längst vergangen zu sein scheint.

«Wer die Trauer erhält, erhält das Leben»

Rilkes *Duineser Elegien* stehen dafür, daß diese bedeutende Form nicht nur der Klage geweiht ist, sondern auch dem Glück der «süßesten Leistung», dem «fragenden Auflaut» der Sehnsucht, der Liebe, dem Lob des Einfachen. In dieser Tradition begreift sich vor allem die Lyrik von Alfred Kolleritsch (*1931), der sich fast durchgängig einer zeitgenössisch aufgelockerten Elegieform bedient. *Einübung in das Vermeidbare* lautet der provokante Titel 1978. Die Gedichte werden vom Gestus der Auflehnung getragen, der die sprachtheoretisch inspirierte Subjektkritik mit trifft. Das Thema Sprache bleibt für Kolleritsch wichtig, ebenso die Erfahrung: «was gesagt ist, ist eine Grenze», wie es im Band *Im Vorfeld der Augen* (1982) heißt.

Auch Peter Handkes (*1942) *Gedicht an die Dauer* (1986) versteht sich letztlich als ein «Dankfest der Hiesigkeit». Mit Bezug auf Goethe, den «Meister des sachlichen Sagens», wird die Dauer als «das Lebensgefühl» berufen. Die Elegieform ist von den großen Spaziergängen der Klassik (Hölderlin, Schiller) her begründet: als Versuch, Landschaft und Wörter in originärer Verschränkung zu erleben, als «Urworte», «Ursprungsbezeichnungen», die dem «Gerede» im Ich die Nachdenklichkeit, «eine Art erlösenden Schweigens», entgegensetzen. Handkes Gedicht bleibt freilich ein Programmtext, der das Gewollte nicht herbeizureden vermag. Das verbindet ihn mit dem Großpoem von Botho Strauß *Diese Erinnerung an einen, der nur einen Tag zu Gast war* (1985).

In drei Abteilungen versucht Strauß (*1944), auf den poetischen Urlaut, etwa die «Zwiesprache von Land und Gewässer», zurückzugehen, sich angesichts des Sterbens der Mutter seiner Ursprünge zu versichern. Das geschieht durchaus im hohen, antikischen Stil: «Stille, die Bäume entwurzelt, Seen hebt und / zerbricht. Die vergessene Schicht, Stille der Erde, / und Bühnen stürzt und Gesänge zerreißt.» Privates Schicksal und die Kulturgeschichte der Menschheit gehen wie selbstverständlich ineinander über. Als Motto zieht sich die verfängliche Frage durchs Gedicht: «Was ist vergänglich, wenn das Gewesene bleibt?» Rilkes Lob der Verwandlung wird nicht mehr geglaubt, der elegische Ton ist also kulturkritisch unterlegt. Religiöse Zuversicht auf den «Königsweg der Natur zu ihrem Ursprung in Gott» – «ein geordneter Aufstieg» – und Hegelsches Vertrauen auf den «selber versöhnten, den ganzgewordenen Geist» sind Denkfiguren, die querstehen zum Entwicklungsstand, zum poetischen Material der zeitgenössischen Elegie, die von Strauß in der Tat nicht eingeholt werden.

Daß ein abschiednehmender Blick auf die vergehende Landschaft, daß die Bedrohtheit der Gattung angesichts der fortwährenden Vernichtung von zukünftigen Lebensmöglichkeiten die Dichter immer häufiger zur Elegie zurückführen, bestimmt die Lyrik um 1990 ganz allgemein. Sarah Kirsch (*1935) blickt auf den Alltag mit bäuerlicher Lebensform (*Schneewärme*, 1989), weiß den Winter als Schutz der Natur, doch die gefrorenen Pfützen heißen ein «Spiegel für schwarze Bilder», und die täglich erfahrene, sich beschleunigende Vergänglichkeit ist ihr «eine kosmische Enttäuschung sondergleichen». Ihre kurzen, oft recht lakonischen Gedichte (vor allem in *Erlkönigs Tochter*, 1992) stellen Gesten aus als «Vorbereitung auf / Etwas das niemals geschieht», beschwören abgelegene Landschaften, den «Weltrand», Poesie als Fremdsprache: «Zu preisen gibt es heut nicht mehr viel.»

Auch Jürgen Becker geht zunehmend auf Großformen über, die sich durchaus als Elegien verstehen lassen. Thema ist die Erinnerungsarbeit, die sich zutraut, noch eine vergehende Welt in Silben, Worten, Sätzen einfangen zu können.

Für den Band *Das englische Fenster* (1990) könnte Lukrez das Muster gewesen sein. Von fast antiker Gelassenheit und Schönheit sind auch die Perioden: schwingende Sätze und langsam sich entfaltende Bilder und Motivketten. Das scheint fast ein Programm, jedenfalls hat sehr vieles in diesen Großgedichten Platz. Die Verse mischen die Eindrücke, Erinnerungen, Erfahrungen, die Zeiten und die Orte, konkret: den rheinischen Alltag, das Gastsemester an der University of Warwick, Krieg, Nachkrieg, Gegenwart bis hin zum Fall der Berliner Mauer. Das Titelgedicht, das über ein Drittel des Bandes einnimmt, entwickelt die Gleichzeitigkeit des Tagtraums als poetische Sprache, als Überführung der Berichte und Notizen in eine Andeutungsrede, und darin «überlappt eine Bedeutung die andere». Die Verse wollen «die Sätze suchen, die im Netz der Nichtigkeiten hängengeblieben sind», bleiben gleichwohl ganz unpathetisch, vielstimmig und übervoll von sinnlichen Eindrücken, die nicht weiter «befingert» werden.

In dieser Weise scheinen auch die Gedichte von Johannes Schenk (*1941) auf Wirklichkeit zu setzen, von der sie dicht angefüllt sind. Doch der Eindruck täuscht. Schenk arbeitet das Bildmaterial, das vor allem aus seinen Seefahrerzeiten stammt, neu durch, und die Stimmung des Zuendegehens grundiert auch diese so lebensverliebte Lyrik.

Der Band *Café Americain* (1985), weitgehend in Amsterdam geschrieben, spiegelt die lebendige Atmosphäre dieser Stadt, die Möglichkeit, sich dorthin als in einen «Kindertraum» zu verirren. «Die Segelgaffeln knarren am Mast. / Es knarren auch meine Träume. / Werden alt brüchig zerschlissen. So / lassen wir das Schiff dümpeln, / durchqueren die Trottoirs auf den Füßen.» Das Spiel mit den Bildern scheint noch zu gelingen: «Schön, sagt der Mann und denkt sich die Leiter / im Kopf aus. Steigt rauf. Steigt auch runter.»

In *Spektakelgucker* (1990) wird die Zeitkritik in Bilder gefaßt, die ambivalent bleiben. Eine Klage beginnt groß und ist doch zugleich sehr präzis vorgetragen:

> Wo auf dem schiefgewickelten Globus noch leben,
> an welchen Garderobenständer den Hut hängen,
> wohin den Postboten zu Tisch bitten,
> der mir gerade den Brief gebracht hat,
> daß die Miete eine halbe Etage höher steige,
> bis zu den Regenrinnen. [...]

Die Klage der Enthausung ist recht allgemein und sinnbildlich als Untröstlichkeit der Ausgegrenzten in der Gegenwart gemeint. Doch Schenks lyrisches Temperament sperrt sich gegen diesen Ton, und er setzt einen Schlußsatz hinzu, der nicht nur ironisch gelesen werden sollte: «Sichtbar in all seiner Schönheit / der blanke Himmel darüber mit geputzten Sternen.»

Weithin sind es die alten großen Themen, die diese Lyrik bestimmen, auch bei Friederike Mayröcker: Kindheit, Natur, Sprache, Liebe, auch die Poesie, «von so viel Wirklichkeit verhext», und das Alter, das sich gegen die Poesie stellt, die für Mayröcker (* 1924) etwas mit Fließen zu tun hat. Das Titelpoem ihres Bandes *Das besessene Alter* (1992) beginnt: «das Gesicht ist gefesselt besudelt». So verknüpft sich die ureigenste Erfahrung der Todesnähe – die sterbende Mutter, der von Krankheit bedrohte Mann – mit der poetologischen Überlegung, wie der Schein, der die Wahrheit ist, zu wahren sei.

Die meisten Gedichte von Friederike Mayröcker haben einen offenen Schluß, ohne deshalb Fragmente zu sein. Sie sind Ausschnitte aus einem Sprachfluß, der weder durch Anfang noch durch Ende markiert ist. Die Gedichte bestimmt strenge Gleichzeitigkeit: Sehen, Fühlen, Sprechen, Denken, Empfinden, Schreiben – das sind keine aufeinanderfolgenden, ins Nacheinander gegliederten Akte, sondern sind nebeneinander ineinander verschränkt. Ein Gedicht, das dieses Ineinander besonders nachdrücklich vorführt, heißt «Vervielfältigungen eines Gefühls»: Wirklichkeit, apostrophiert als «nur die Wirklichkeit», Echo einer Lektüre, etwa der Verse von Zanzotto, Sinneseindrücke, Musik und «Fetzen von Zeit», Naturbilder, Stimmen, Empfindungen wie «die Angst vor dem Sterben» – das alles verstärkt einander in gegenseitiger Spiegelung und baut diesen Text auf, der aus unverwechselbarer Sprache besteht.

Der Poesie wird zunehmend die Aufgabe zuteil, das dichterische Ich vor einer Welt abzuschirmen, die durch Unruhe, Lärm, Zugriffe und Brutalität gekennzeichnet ist (*Gute Nacht, guten Morgen*, 1982). Gleichwohl leistet Friederike Mayröckers Lyrik dem elegischen Ton durchaus auch Widerstand, geht sie von dem Zutrauen, der Suche, dem Gestus aus, der Poesie im 20. Jahrhundert überhaupt noch ermöglicht: «als könnten wir uns einrichten / noch einmal einrichten / an einem geschonten Ort».

IV. ENDZEITDRAMATIK?

1. «Der Rest ist Theater»: Botho Strauß

Es gibt einen Aufsatz, der unter dem breiten Begriffsdach der «Postmoderne» das deutschsprachige Drama der achtziger Jahre zu beschreiben versucht. Schon sein Titel ist ein Programm: «Bilder der Trostlosigkeit und Zeichen des Mangels. Zum deutschen Drama der Postmoderne.»[1] Am Beispiel einiger Stücke von Harald Mueller, Ludwig Fels und Friederike Roth, die stellvertretend für viele andere Werke und Autoren der achtziger Jahre stehen sollen, wird ein Bild entworfen, dessen Merkmale sich in folgenden Stichworten zusammenfassen lassen: ein Geschichts- und Subjektverlust, der den Verlust der Meta-Erzählungen und Meta-Sprachen (im Sinne Lyotards) nach sich zieht; Endzeitstimmung und Untergangsbewußtsein; freies Spiel der Signifikanten jenseits symbolischer Ordnungen; darum Simulation, die ein von Subjekten gesteuertes, interpretierbares Ereignis nur noch vortäuscht, in Wahrheit aber ein sich selbst regulierendes System mit dauerndem Umkehrcharakter ist; darum ein Realismus, der in den Surrealismus bloßer Zeichenspiele umschlägt; überall Bilder der Gewalt, des Blutes, des Leidens und des Schreckens...

Wie paßt Botho Strauß, ein Repräsentant auch dieses Theater-Jahrzehnts, in einen solchen Bilderrahmen? Er hebt sich, bei allen Übereinstimmungen, deutlich heraus. Wer seine Theaterstücke gelesen oder gesehen hat, dem bleibt kein düsteres Gesamtgemälde in der Vorstellung zurück. Bei Strauß ist alles leichter, spielerischer, komödiantischer, witziger und intellektueller als bei den anderen – George Tabori wiederum ausgenommen. Während *sie* düstere Ölbilder und Holzschnitte produzierten, hat *er* reizvolle Aquarelle, Gouachen und Capriccios hingetuscht. Man denke an seine Bagatellen *Sieben Türen* (UA/V 1988) im Stile Karl Valentins. Seinen Szenenbildern fehlen die dunklen Tinten, die schockierenden Auftritte des Schreckens und der Gewalt. Auch das Schreckliche kommt bei ihm leise und beiläufig daher, so Lottes Schicksal in *Groß und klein*, so der Tod als «Mann in Schwarz» zu Helen in *Der Park* (UA 1984; V 1983). Zeigt seine Bühne einmal Gewalttätigkeiten, so wird ihr Spielcharakter überdeutlich betont, z. B. bei den «Morden» in *Die Hypochonder* und bei der Zerreißung des Mannes durch die mänadischen Frauen in *Kalldewey Farce* (UA 1982; V 1981). Strauß macht von dem allmählichen Verschwinden des Menschen längst nicht so viel Aufhebens wie die meisten seiner Kollegen und Kolleginnen, allen voran der ‹finstere› Heiner Müller. Seine Effekte erzielt er eher durch Understatements

als durch Übertreibungen. Das Kleine, der Grenzwert, das Leise und Unscheinbare stehen bei ihm für das große Ganze. Deshalb lassen sich alle seine
Stücke (und nicht nur *Der Park, Kalldewey Farce* und *Die Besucher* [UA/V
1988]) als Komödien lesen und spielen.

Im Schauspiel *Der Park* (1983) hat er einem zeitgenössischen Ensemble den Zauber-
saft von Shakespeares *Sommernachtstraum* in «die Sinne geträufelt». Er nimmt den
Dialog mit der großen Weltliteratur auf, um dem neurasthenischen Gegenwartstheater
alte Modelle des großen Dramas zurückzugewinnen. So erscheint das Schauspiel als
Palimpsest. Der neue Text ist dem alten eingeschrieben, so daß ein Drittes entsteht, das
weder Shakespeare noch Strauß ganz gehört, ein intertextuelles Gebilde mit unsicheren
Grenzen. Es geht dabei um die Möglichkeit der Wiedergewinnung des Mythos in der modernen Welt. Der Kunst und dem «Genius eines großen Kunstwerks» wird die Kraft
zugetraut, uns in mythenleerer und geschichtsloser Zeit mit Tradition und Mythos zu
verbinden, «Schaltkreise [...] zwischen dem Einst und Jetzt»² herzustellen. Thema des
Stückes ist einmal mehr die Frage und die Suche nach der Liebe inmitten einer lieblosen
Gesellschaft, nach dem Eros inmitten von Partnerschaftscliquen, nach der Sinnlichkeit
in einer abstrakt und kalt gewordenen Welt. So läßt sich *Der Park* auch als eine
Fortsetzung von *Groß und klein* lesen. Dort macht eine irdische «Abgesandte» die
Erfahrung einer lieblos-verschlossenen Gesellschaft, hier kommt ein königliches Elfen-
paar, Titania und Oberon, auf die Erde, um der «verfluchten Passantenwelt» die verlorene Lust und die verlorene Liebe wiederzubringen. Aber das Experiment scheitert
kläglich. Es gibt kein komödienhaftes Happy-End mit einer dreifachen Hochzeit wie
bei Shakespeare. Oberon resigniert, wird ein trivialer Mensch mit dem ominösen Namen «Mittentzwei» und den zeittypischen Berufen eines Datenverarbeiters und Ver-
kaufsleiters. Titania feiert am Ende eine einsame Silberhochzeit in Gesellschaft ihres
stierhufigen Fabelsohnes, mit dem sie in einem unfruchtbaren Inzestverhältnis lebt.

Durch ihre direkte Frage nach der Liebe und der Paarbeziehung in der
heutigen Gesellschaft gehören die Stücke *Kalldewey Farce, Der Park* und *Die
Fremdenführerin* (UA/V 1986) besonders eng zusammen; ein zentrales
Thema wird in ihnen auf drei sehr verschiedenen Ebenen durchgespielt. In
der *Farce* sind es der obszöne Rattenfänger Kalldewey und die *Zauberflöte*,
die die Paare verwirren, in der *Fremdenführerin* ist es das mythische Griechenland und sein Panssaft. Aber in allen drei Stücken stellt sich die subtile
Balance zwischen Mimesis und Phantastik/Mythos nicht ein. Es gibt zu viele
Reste von programmatischer Absichtlichkeit und kabarettistischer Künstlichkeit. Sie lassen sich freilich in der effektvollen und brillanten *Kalldewey Farce*
am leichtesten tilgen und überspielen. Am wenigsten in *Der Park*, einem
Stück, das mit der Abwesenheit von Shakespeares *Sommernachtstraum* in
unserer modernen Gesellschaft auch die Distanz zeigt, die uns von dem
großen alten Theater trennt. Der wunderbare und phantastische Zauberwald
Shakespeares ist zu einem öden und schmuddeligen Stadtpark herabgekom-
men. Er weist uns das allegorische Gesicht einer Gesellschaft, die nirgendwo
zu Hause ist.

Besonders typisch für die Komödientendenz seiner Stücke ist *Die Zeit und
das Zimmer*, das von Strauß' Ursprungstheater, der Berliner Schaubühne, mit

großem Erfolg uraufgeführt wurde (1988). Man kann dieses Werk tiefsinnig à la Heideggers *Sein und Zeit*, man kann es aber auch komisch und kabarettartig à la Valentin inszenieren und spielen. Eins schließt das andere nicht aus, Tief-Sinn und Un-Sinn liegen dicht beieinander.

Die Zeit und das Zimmer, so leicht es sich gibt, ist zweifellos das unverständlichste, phantastischste und schwierigste Theaterstück von Strauß, ein Spiel für «Eingeweihte des verborgenen Wissens».[3] Es hat zwei seiner ästhetischen Grundforderungen: zurück zum «Nichtverstehen» und zur «Undeutlichkeit»,[4] eingelöst. Die Szenenfolge erscheint wie ein vorsätzlich unscharf gemachter Film, in dem jede Bildsequenz aus der «Undeutlichkeit» hervortritt und wieder in sie zurückgeht, und der, aus mehreren Filmen zusammengesetzt, Figuren versammelt, die vergeblich darüber nachsinnen, wohin und in welche Zusammenhänge sie eigentlich gehören. So wirkt das Stück wie eine präzise Dramatisierung des ungenauen menschlichen Erinnerungsvermögens, der modernen menschlichen Zeiterfahrung. Seine Leistung ist es, ungreifbare zeitliche Bewußtseinszustände des zeitgenössischen Menschen, bezogen auf seinen eigenen Lebenslauf, in sinnlicher Anschauung auf die Bühne zu bringen. (Drei Beispiele, die das Tiefsinnige und das Oberflächliche jeweils anders vereinen, sind das «Einwegfeuerzeug», «Der Mann ohne Uhr» und die sprechende «Säule».)

Das Stück ist in seiner strukturellen Konzeption eine Kreuzung der *Trilogie des Wiedersehens* mit *Groß und klein*. Von der *Trilogie* ist die Raum-Anlage übernommen und gesteigert: das Zimmer, in dem ein ständiges unmotiviertes Kommen und Gehen herrscht, das man beliebig betreten und verlassen kann, in dem alle und niemand zu Hause sind, ist offensichtlich das Zentrum des Stückes. Es geht um die Geschichte des Zimmers mehr als um die Geschichte der Figuren, die wie sein Annex, seine Ausgeburten, wirken. Für alle, außer Julius und Olaf, ist es ein Durchgangszimmer. Sie sind nichts als Besucher und Passanten. «Tempo der Türen. Nichts sonst. Auf zu. Auf zu. Man verklappt das Leben. Das war's dann aber auch.» So die Lebensphilosophie von Julius.

Von *Groß und klein* ist die zentrale Randfigur übernommen – diesmal heißt sie Marie Steuber –, die vor allem die weitgehend selbständigen Szenen des zweiten Teils durch ihre Anwesenheit notdürftig verbindet und zusammenhält. Aber von einem «Stationendrama», auch im negativen Sinne, kann keine Rede mehr sein. Das *Nacheinander* der Szenen ist aufgehoben, die Zeitfolge vorsätzlich außer Kraft gesetzt und verwirrt. Auch die fiktive Einheit der Person/Figur gibt es nicht mehr. Marie spielt nicht nur verschiedene Rollen, sondern erscheint wiederholt als eine andere, so wie die übrigen auch. Sie haben keine kontinuierliche Lebensgeschichte mehr, sondern nur noch Ansätze, Fragmente, Erinnerungsfetzen. Wie die meisten Oppositionen ist auch der Gegensatz von bekannt–unbekannt aufgehoben. Die Figuren sind sich und uns mehr oder weniger bekannt und unbekannt. Die Figur des «Völlig Unbekannten» ironisiert diesen Sachverhalt. Selbst die Opposition von möglich–wirklich, imaginär–real ist preisgegeben. Der erste Teil, eingeleitet und gerahmt durch Maries wunderbares Auftauchen und Verschwinden, wirkt wie ein phantastisches Vorspiel zum zweiten Teil. Er entsteht aus einer Zeit-Lücke, aus der «verpaßten Zeit» von fünf Minuten, die Frank Arnold zu spät kommt, um Marie Steuber vom Flughafen abzuholen. Deshalb klagt er:

> «[...] diese Frau ist ein Joker. Jeder kann sie in seinem Spiel für die Zwecke benutzen, die ihm gerade günstig erscheinen [...]

Alles, was Ihnen von nun an geschieht, wäre Ihnen erspart geblieben, wenn Sie fünf Minuten länger auf mich gewartet hätten.

Wir haben uns verfehlt, Marie, Sie hätten in meine Karten gehört [...]»[5]

So ist das Stück ein Spiel mit den menschlichen Zeitverhältnissen.

Konstant geblieben ist das Beziehungsspiel mit seiner Fixierung auf Paare, aber auch dies hat sich weiter verschärft und kompliziert. Sind die Paarbeziehungen in der *Trilogie* bei aller Labilität doch unveränderlich, so sind sie in *Die Zeit und das Zimmer* von Grund auf undeutlich und wechselhaft geworden. Wer zu wem ‹gehört› oder ‹gehörte›, ist nicht mehr zu entscheiden. Im ersten Teil geht alles durcheinander, der zweite Teil besteht aus lauter verschiedenen Paar-Szenen, in denen Marie Steuber als «Joker»-Frau eingesetzt wird.

Die Konstante des Zimmers verkörpert sich in dem bei aller Labilität stabilen Männerpaar Julius – Olaf. Sie bilden die Achse des in jeder Hinsicht changierenden Beziehungsspiels. Sie sind die Ruhigen und Stillen im Sinne Pascals, die es aushalten, allein in ihrem Zimmer zu bleiben. «Wir wollen nichts. Wir haben nichts vor. Wir sind zwei sich liebende Skeptiker. Wie lange haben wir nicht mehr gesagt: Man könnte, man sollte, man müßte. Wir genießen die gemeinsame Seelenruhe, die innere Schönheit: nichts zu wollen.»[6] Ein modernes, ruhiggestelltes Leonce-Valerio-Paar. Sie sind in dem Zimmer zu Hause, soweit man es in einem Zimmer ohne Wohnung und ohne Haus sein kann.

Aber es ist Strauß offenbar nicht gelungen, aus der kühnen Konzeption des ersten Teils ein ganzes Stück zu bauen. Er fällt im zweiten Teil in seinen bekannten Revue-Stil zurück, reiht Szenen aneinander, die man beliebig vermehren wie vermindern könnte. Diese Beliebigkeit wird noch einmal unterstrichen durch die Schlußszene zwischen Marie und dem Grafiker, die sich irgendwann – in «grauer Vorzeit» – vielleicht einmal kennengelernt haben, ohne sich noch an irgend etwas genau erinnern zu können.

Andererseits ist es konsequent, das zentrale Thema, das Verschwinden des Menschen und seiner Geschichten, auf diese Weise noch einmal in seiner ephemersten Variation auf die Bühne zu bringen. Strauß folgt damit Foucaults berühmter Schlußpassage der *Ordnung der Dinge*, die er in *Rumor* bereits entstellt zitiert hatte: «Wenn wir nicht mehr sind, weht noch lang der Wind. Und die Codes gehen ihren unermeßlichen Gang. Wir aber versanden, wir werden zugeweht wie ein Scheißhaufen am Strand.»[7] Bei Foucault ist es eine Sandspur, die vom Meer hinweggespült wird.

Eine solche flüchtige und vergängliche Spur will auch die letzte Szene sein. War etwas oder war eher nichts? – diese Frage zwischen Marie und dem Grafiker ist die Schattenschrift, mit der *Die Zeit und das Zimmer* geschrieben worden ist. Sie ist imprägniert von dem heutigen Menschen, seinen Zweifeln, ob ihm seine Lebenszeit überhaupt noch gehört, ob er sie zu füllen vermag, ob er noch ihr Subjekt ist und der Verfasser eines Lebens, das er immer weniger zu entziffern vermag.

Das dezentrierte «Zimmer» als Zeit-Raum des zeitgenössischen Menschen – das heißt auch, daß er sich an den Rändern des Universums befindet. Und so zieht, bei aller Alltäglichkeit, Trivialität und Marginalität der Dialoge und Vorgänge, ein Anhauch kosmischer Kälte durch das Stück. Marie, von diesem eisigen Hauch am stärksten getroffen und stigmatisiert, ist deshalb die authentischste Figur. Auf der anderen Seite Julius und Olaf, die sich schon aus dem Zeitfluß zurückgezogen haben, die wissen, daß sie nur der Annex eines Zimmers sind, das allen und niemandem gehört.

So klingt es schon wie ein Schlußwort, wenn Marie im ersten Teil sagt:

> «Besagtes Leben, um noch einmal darauf zurückzukommen, wir haben ja nur unsere Erinnerungen. Alles übrige: am Fenster stehen und hinausschauen, bis man vom Erdboden wieder verschwunden ist.»[8]

Woher stammen, worauf richten sich diese Erinnerungen, die in dem Stück schon so flüchtig geworden sind? Aus Maries Worten spricht, kaum noch wahrnehmbar, eine urromantische Sehnsucht: der auf die Erde verschlagene Fremdling Mensch, der sich auf der Suche nach seiner ursprünglichen Heimat befindet, auf dem Rückwege ins Paradies. Es ist die unzerstörbare Hoffnung, anders zu leben als eine «verfluchte» Passanten- und Zimmer-Gesellschaft. Aber auch in dem letzten, altneuen Stück von Botho Strauß, *Schlußchor* (UA/ V 1991), das seine bekannten dramatischen Verfahren und Themen nochmals zuspitzt und überbietet, wird diese Hoffnung nicht eingelöst.

2. Die Zerstörung des Menschen: Dorst, Mueller, Fels, Friederike Roth, Jelinek, Tabori

«Ein Nachruf auf den Planeten Erde» – so hat Tankred Dorst (* 1925) eine epische Schlußszene seines Mammut-Schauspiels *Merlin oder Das wüste Land* (UA 1981; V 1979) betitelt. In diesem Nekrolog heißt es von dem verschwundenen Menschengeschlecht, einer «Lebensform von niedriger Intelligenz»:

> «Sie entwickelten vermutlich eine gewisse Kultur mit primitiven Religions- und Gesellschaftsformen und erreichten wohl zu gewissen Zeiten ein schwaches Bewußtsein ihrer Vergänglichkeit. Es ist nicht erwiesen, inwieweit sie das Ende des Planeten voraussahen oder sogar herbeiführten. Die wenigen Spuren ihrer Existenz bleiben rätselhaft.»[9]

Damit hat sich erfüllt, was der sagenhafte mittelalterliche Zauberer Merlin, mit der prophetischen Fähigkeit zu «Erinnerungen an die Zukunft» ausgestattet, schon anfangs vorausgesehen hat: «Wie schrecklich enden sie! Oh die armen Menschen, überall auf der Erde!» Obwohl er dem Plan seines Teufels-Vaters, «die Menschen zum Bösen zu befreien» (Szene 3), durch die Gründung der Tafelrunde König Artus' und ihre Hoffnung auf ein utopisches Friedensreich entgegenarbeitet, hat doch alles in einer gewaltigen Kriegskatastrophe, in einem «riesigen Haufen aus Eisen und Blut» (Szene 95) geendet. Damit hat sich im Bühnenspektakel erfüllt, was die Menschheit in den letzten zwanzig Jahren am meisten zu fürchten gelernt hat: ihre unumkehrbare Selbstvernichtung.

Insofern liest sich dieses nahezu unaufführbare Stück (ungekürzt hätte es eine Spieldauer von ca. 15 Stunden!), das man ein «pessimistisches Menschheitsdrama»[10] genannt hat, das «die gescheiterte Utopie in der mythischen Vor-Zeit als ein Menetekel der Jetzt-Zeit zu entfalten»[11] versucht, wie ein programmatisches Manifest für das Drama des letzten Jahrzehnts. Denn vom Verschwinden, vom Untergang, von der Selbstzerstörung, von der Heimat- und Hoffnungslosigkeit, von der Verzweiflung und Gewalttätigkeit des Menschen handeln fast alle. Dürrenmatt hatte das Motiv in seinem *Porträt eines Planeten* (UA 1970) freilich schon vorweggenommen und kabarettistisch verspielt.

In jeder anderen Beziehung aber erscheint *Merlin* wie die große Ausnahme von der dramatischen Regel und Praxis. In einer Zeit des Kleindramas, der Formauflösung auf minimale Grenzwerte hin riskierte es Dorst, spektakuläres Welttheater auf die zeitgenössische Bühne zurückzuholen, eine moderne Divina Commedia als ein totales Theater zu inszenieren, das sich in unbekümmerter romantischer Spielfreude fast aller dramatischen Spielarten und verschiedenster literarischer Ausdrucksformen bedient und Mythos, Legende, Geschichte und Gegenwart, Archaisches und Aktuelles bedenkenlos zusammenbringt. Das Stück sollte ihn aus dem «Kleinrealismus» herausholen, hat Dorst kommentiert.[12] Und so betrieb er die Auflösung und Sprengung der dramatischen Form ins andere Extrem, aus dem Realistischen ins Phantastische, aus dem Minimalen ins Monumentale, aus dem Lokalen ins Globale. Zeigen die meisten anderen Dramatiker und Dramatikerinnen die Katastrophe in einer trüben Spiegelscherbe, so Dorst in einem glitzernden Riesenspiegel, in einem vielfach aufgesplitterten allerdings. Dadurch berühren sich die Extreme wieder. Dorst vermag so wenig wie Botho Strauß in *Der Park*, die große Form des Dramas zurückzugewinnen, und er will es auch nicht. Sein *Merlin* ist ein großartiges Episoden-Stück, in dem wie in einem üppigen Garten des zeitgenössischen Dramas und Theaters fast alle seine Themen, Motive, Formen und Verfahren versammelt sind.

Zusammengehalten wird es nicht nur durch seine sagenhaften Meta-Erzählungen (Artus- und Merlin-Geschichten) und *Faust*- und *Waste-Land*-Analogien, die es souverän zitiert, sondern auch durch seine Mittelpunktsfigur Merlin. Sie ist sowohl eine menschheitliche Retterfigur als auch ein großer Theaterzauberer, eine Inkarnation phantasievollen Theaterspiels. In Merlin vereinen sich alle Zeiten und Räume, er experimentiert mit den verschiedenen Figuren (und mit sich selbst), läßt sich versuchsweise mit der Menschengeschichte ein und verzweifelt zuletzt, wie sein Autor, an allen Erlösungstheorien und an der Weltgeschichte (Szene 64). Aber anders als Oberon in Strauß' *Der Park*, den die Lieblosigkeit der modernen Gesellschaft entzaubert und profaniert, endet Merlin «im Weißdornbusch gefangen», als der Liebessklave der Waldnymphe Viviane:

«For Love has more pow'r and less mercy than fate
to make us seek ruin and love those that hate» (97. Szene).

Merlin wird zum resignierten Opfer jener Leidenschaften, die auch den Menschheits-
traum vom Friedensreich des König Artus auf Erden zugrunde richten. Der politische
Mensch scheitert am privaten Menschen, und die einzige Hoffnung bleibt ein kreatives
Welttheater, das dieses Scheitern vorführt.

Wie maßgeblich *Merlin* für die achtziger Jahre geworden ist, läßt sich vor
allem an zwei anderen exemplarischen Stücken erkennen, an Harald Muellers
(*1934) *Totenfloß* (UA 1984; V 1986) und Christoph Heins *Die Ritter der
Tafelrunde* (UA/V 1989). Mueller hat den «Nachruf auf den Planeten Erde»
apokalyptisch instrumentiert und realisiert, Hein hat die universale Ge-
schichtsparabel der Artusrunde auf das Scheitern der DDR-Geschichte übertragen und verengt.

Muellers *Totenfloß*, als das «kennzeichnendste Beispiel einer postmodernen Endzeitdramatik» apostrophiert,[13] folgt noch konkreter als Dorst einer
«neuen Grammatik des Weltuntergangs», in der «die Realität in die Zeit-
dimension des Futur II verrückt wird: ‹es wird gewesen sein...›, ‹es wird
geschehen sein...›».[14] Der Tschernobyl-Unfall ereignete sich bald nach der
Entstehung des Stücks und seiner kaum beachteten Uraufführung in Oberhausen im Herbst 1984 (1. Fassung); zum Durchbruch verhalfen ihm erst die
sieben aufeinanderfolgenden Inszenierungen im Herbst 1986, vor allem die
von George Tabori in München. Er verstand es, dem Stück die trotz seiner
Härte noch vorhandenen Sentimentalitäten und weichen Stellen auszutreiben.

Mueller ist der unbestrittene Meister einer harten Kleingruppendramatik
(darin wie mancher andere ein Schüler von Edward Bond), die die deutschen
Theater wiederholt das Gruseln lehrte. So haben sie ihn aufgeführt, aber
immer wieder verschwinden lassen: 1970, noch vor Kroetz, mit seinen Stükken *Großer Wolf* (UA/V 1970) und *Halbdeutsch* (UA/V 1970), mit *Frankfurter Kreuz* (UA 1979) und *Henkersnachtmahl* (UA 1979; V 1978), und so auch
noch nach den *Totenfloß*-Inszenierungen. Daß er zu den unterschätzten Dramatikern gehört, hat man, ein paar (erstrangige) Kollegen und Theaterkritiker
ausgenommen, noch nicht recht zur Kenntnis genommen.

Wie alle ernsthaften Autoren schreibt Mueller immer wieder das gleiche
Stück, denn jedesmal schreibt er auch über sich selbst, über den «Neger»-
und «Außenseiterstatus» eines Flüchtlingsjungen. So lassen sich *Großer Wolf*
und *Halbdeutsch* als Vorspiele zum *Totenfloß* lesen. Schon sie vermitteln die
Erfahrung, «in einer Endzeit zu leben».[15] In *Großer Wolf* irrt eine «Kampf-
gruppe» von Kindern und Jugendlichen durch ein wüstes Kriegs- und Niemandsland, im *Totenfloß* sind es vier monströse Figuren, die nach dem großen «GAU» durch das verseuchte menschenleere Deutschland ziehen, von
Heidelberg über den Rhein nach Xanten, einem deutschen Sehnsuchtsort,
und von dort, durch die Gewehre der Überlebenden bedroht, weiter ins
offene Meer.

Es sind Checker, «halb Mensch, halb Tier», «eine reine Überlebensmaschine», der blutspeiende Chef der Gruppe, unaufhörlich die Strahlungswerte seiner Umgebung messend; Itai (jap.: Krankheit), eine postatomare «Retortengeburt», den der «Große Ausspucker» mit einem Schwall von Atom- und Menschenmüll aus dem Bauch der noch bewohnbaren Stadt befördert und der die «Zehn großen Gebote» der Katastrophenzeit restlos verinnerlicht hat; der alte «Kuckuck», ein «Neunzehnhunderter» mit Atomtrauma, der sich noch an die idyllische Zeit vor der Katastrophe als Fremdenführer auf dem Rhein erinnert und manisch die verlorenen Vogelstimmen nachahmt; schließlich das Mädchen Bjuti, dessen eine Gesichtshälfte «chemisch zerstört» ist und das sich in die harmonische Musik und Poesie von früher flüchtet. Bjuti besitzt das Floß – ein Gegenbild zur Arche Noah und eine Erinnerung an Géricaults *Floß der Medusa* –, auf dem die Gruppe rheinabwärts in den Tod treibt. «Die Einzelnen finden sich zur Urhorde zusammen, entdecken ihre Menschlichkeit, bilden eine Solidargemeinschaft. Gleichzeitig jedoch zerfallen sie körperlich, nähern sich mehr und mehr dem Tode, dem Amorphen bis zur thalassalen Regression», so der Regie-Kommentar des Autors. Akustisches Zeichen des endzeitlichen Unheils ist das «GROSSE TAM-TAM», das, periodisch wiederkehrend, die Figuren in konvulsivische Zuckungen versetzt; zugleich ist es Ausdruck der barbarischen russischen Gottheit «Bog», «total asiatisch und hypermalad»: «Wir sind der blutigste seiner blutigen Träume.»[16]

Aber sosehr das Stück durch apokalyptische Szenerien und Horror-Effekte wirkt, getragen wird es durch seine Sprache, einen «Brutaljargon», der «Chemiekürzel, Amerikanisch, Russisch, Punkquatsche, Afrikaans» mischt und die Worte und Sätze zu «Schlagwaffen» macht. Eine verseuchte, verkrüppelte Stummelsprache, «lapidar wie die Comics, maschinenhaft wie vom Computer erfunden, ein aggressives, manchmal aber auch wüstes poetisches Stammeln».[17] Dagegen stechen die angelesenen poetischen Phantasieträume Bjutis (sie zitiert Benn, Trakl, Mörike u. a.) und das kleinbürgerliche Erinnerungsdeutsch Kuckucks um so befremdlicher und manchmal auch kitschiger ab. Die Leistung der harten Sprache: die Katastrophe muß nicht herbeigeredet werden, sie ist, selbstverständlich und unheimlich, in jeder Silbe anwesend.

Auf diese Weise wird das Kleingruppenstück zum Menschheitsdrama. Mueller hat zu Recht gesagt, daß er «positive, lebensbejahende Stücke» schreibe.[18] Seine Endzeitdramatik lebt nicht von der Katastrophe, sondern versucht sie dichterisch zu bannen. Sie weist alle Merkmale auf, die man dem Drama und Theater der achtziger Jahre nachgesagt hat (auch den oft übersehenen artifiziellen Spielcharakter), ohne doch in einer «Ästhetik des Schreckens» aufzugehen.

Damit und mit *Merlin* verglichen liest sich Heins *Die Ritter der Tafelrunde* (1989) – der Titel kommt von einem Schauspiel Jean Cocteaus (UA 1937) – wie eine amüsante, leichtlippige Konversationskomödie. Sie realisiert nur eine Facette des *Merlin*, nämlich den historischen Generationenkonflikt zwischen Vätern und Söhnen und den geschichtlichen Alterungsprozeß von Utopien. Dabei bleibt der Übervater Artus eine sympathische, anrührende Figur, Mordret ein bei allem Spott verständnisvoller Sohn, der mit sich reden läßt. Am Ende steht ein versöhnliches Gespräch der beiden und – die Abendsonne des sozialistischen Realismus leuchtet noch einmal auf – eine befreiende Zukunftsperspektive. Mordret wird «Luft zum Atmen», einen neuen Anfang schaffen. Der vergängliche Dialog-Witz dieser Komödie lebt parasitär von den Substanzen des Artus-Mythos und verharmlost seinen Katastrophengehalt. Was als kühner, kritischer Weckversuch gemeint war, hat sich nachträglich als ein elegisch-ironischer Abgesang auf die DDR und ihr Politbüro zu erkennen gegeben.

Ludwig Fels (* 1946) verfügt ebenfalls über die Programm-Palette des «postmodernen» Dramas und Theaters, besitzt aber nicht die Kraft, ihre Farben in seinen Stücken überzeugend auszumalen. Auf den ersten Blick wirken sie wie spätexpressionistisch und postmodern aufgesteilte Produkte aus der Werkstatt von Kroetz. Außenseiter-, Arbeiter- und Kleinbürgermilieu und seine typischen Konflikte, das Leiden, im sozialen Abseits zu verkümmern, Aufsteigerwünsche, Ausbruchsphantasien aus der kalten gesellschaftlichen Welt und die Sehnsucht, ein «anderer» zu werden, bestimmen die ersten beiden Stücke *Lämmermann* (UA/V 1983) und *Affenmörder* (UA/V 1985). Aber ihre sozialkritisch-realistischen Szenen werden absichtsvoll unterbrochen von poetischen Sprechgesängen, von Bildern der Gewalt und des Schreckens und von visionären Traumszenen. Das Resultat ist im Falle des *Lämmermann* eine larmoyante, verkrampfte *Draußen vor der Tür*-Reprise und im Falle des *Affenmörder* eine vergröberte Neuauflage von Horváths *Kasimir und Karoline*.

Der jugendliche Hilfsarbeiter Rupert Lämmermann, mit dem Drang zum Höheren ausgestattet, gelangt nicht in sein fernasiatisches Utopia, sondern endet, nachdem sich alle Türen vor ihm und seinem «inneren Weinen» verschlossen haben, mit einem ausrufestarken exotischen Monolog an der Autobahn. Der kleinbürgerliche Baumaler Hans Walczak, vom Drang zur Akkordeon-Musik besessen, vermag kein zweites Kind mehr zu verkraften und befriedigt seine Sehnsucht nach dem «Urmenschen» («Ach, Evi, die Männer fahren alle auf Wildnis ab!» [22. Bild]) in der Leidenschaft zur schönen Lucy, die als Affenfrau und Jahrmarkts-Lulu in einer «Dschungel-Show» auftritt. Am Schluß hockt er in ihrem Käfig, und seine Ehefrau Evi, nach einer blutigen Abtreibung endlich mit ihm gleichziehend, «zerbeißt ihm krachend das Gesicht» (27. Bild). Wer in dieser ins Groteske und ins modische Horror-Theater hochgezogenen Kleinbürgertragödie der «Affenmörder» ist, läßt sich auch dann nicht ausmachen, wenn man ihr ein autonomes Zeichensystem «endzeitlicher menschlicher Deformation» konzediert.[19]

Den konzentriertesten Kreislauf des Schreckens bietet das Vier-Personen-Stück *Lieblieb* (UA/V 1986), in dem in zeitgemäßer Reduktion und Entstellung auch Peter Weiss' *Marat/Sade* wieder aufscheint. Diesem Werk hat Fels eine «Vorbemerkung» mitgegeben, deren Programmatik sich in der Tat auf viele zeitgenössische Stückeschreiber und -schreiberinnen übertragen läßt, heißen sie nun Heiner Müller, Thomas Bernhard, Wolfgang Bauer, Peter Turrini, Thomas Brasch, Klaus Pohl, Thomas Strittmatter, Jürg Laederach, Friederike Roth, Elfriede Jelinek oder Kerstin Specht. Die Figuren seien mit «Krankheiten des Geistes, des Körpers, der Sprache» behaftet, heißt es dort, «Produkte einer Verkümmerung, die in Rausch und Gewalt ihre tristen Feste feiern». Denn in «dieser Wirklichkeit ist jeder Patient», und so spiele sich der

Tod «als Zuchtmeister der Kunst» auf. Auf der Bühne mischten sich Zärtlichkeit, Verzweiflung, Gewalt und Sinnlosigkeit. «Es wird gequält, geschlagen,
getreten», denn «gemessen an den Kriegen ist das stillste Schlachtfeld das
Liebeslager.»

In *Lieblieb* ist das Spiel mit dem Schlachtfeld des Liebeslagers angelegt auf die
Zerstörung einer schon verstörten und zerstörten Frau. Rosina Zarik wird in der ersten
Szene aus der psychiatrischen Anstalt entlassen, gerät sofort in die sadistischen Hände
des Rudi Brada und damit in die Folterzelle einer vergewaltigenden Männergesellschaft. Zum Schluß kehrt sie als Wrack wieder in die Anstalt zurück, zur «Kur auf dem
Elektrischen Stuhl». *Lieblieb* ist vielleicht das brutalste der zahlreichen Frauenstücke
dieses Jahrzehnts, erträglich nur durch seinen irrealen Spielcharakter, der durch einen
männlich-weiblichen Chor von Anstaltspatienten, durch die ins Expressive ausbrechenden Sprachpartien, durch die Grabes-Badewanne, aus der immer wieder Bradas
tote Frau Hilde reveniert, und durch ähnliche Effekte des absurden und grotesken
Theaters hervorgerufen wird. «Mein Leben bestand aus den Taten der Männer», resümiert die hilflose Rosina einmal, aus einer einzigen Folge von Mißhandlungen also.
Deshalb will sie «schneller sterben als leben»,[20] aber in ihrer alptraumhaften Hadeswelt
gibt es den Unterschied zwischen Leben und Tod ebensowenig noch wie den Unterschied zwischen krank und gesund, normal und wahnsinnig. Die Kreisstruktur des
Stückes legt sogar eine allegorische Lektüre nahe: der Kreislauf des Lebens wird aus
einem geschichtslosen Wahnsinn geboren und führt durch den Wahnsinn der Normalität im Tod wieder in den zeitlosen Wahnsinn zurück. So greift auch dieses Kleingrup-
pendrama von Ludwig Fels nach dem Zeichensystem des Welttheaters, aber seine Mittel reichen nicht aus, es überzeugend zu chiffrieren.

Auch in Friederike Roths (* 1948) Theaterstück *Die einzige Geschichte*
(1985) ist das «Liebeslager» von Mann und Frau ein «Schlachtfeld» und ein
Sterbe- und Totenlager, auch hier sind Tod und Leben, Gewalt und Zärtlichkeit, exzessive Traum- und Spiel-Sequenzen und nüchterne Erzählpassagen
ineinander verschlungen.

Während im Nebenzimmer eine alte Frau stirbt, rekapitulieren auf der Bühne vier
alte Männer und zwei Frauen mit aufflackernden und verlöschenden Leidenschaften
das Glück und das Elend ihrer vergangenen Geschlechterkämpfe. Am Ende steht die
Einsicht, daß «Sterben» die «einzige Geschichte» sei, und ein lyrischer Hymnus der
«fremden Frau» auf die einsame Schönheit der Natur.

Das düstere Stück, das wie ein grelles Echo auf Frischs leises *Triptychon*
klingt, macht es etwas zu geflissentlich allen Schlagworten des Postmoderne-
Katalogs recht.

Sehr viel verhaltener, polyphoner und offener wird das Scheitern der Liebe,
das «Hauptthema» Friederike Roths, von dem zuvor entstandenen *Ritt auf
die Wartburg* instrumentiert (1981; 1983 zum Stück des Jahres gewählt.).

Vier ganz ‹normale› Frauen brechen aus ihrem Alltag und ihren üblichen Rollen aus
und machen zusammen, wie eine lärmende Vatertags-Gruppe, eine Wochenendreise
nach Eisenach, in die ferne DDR und auf die noch fernere, utopische Wartburg. Sie
kommen dort zwar nicht an und sitzen am Ende wieder unbehaust auf dem Bahnhof,
aber sie haben auf dieser Reise doch viele innere und äußere Grenzen überschritten und
sich selber anders und neu erfahren.

Das Stück, scheinbar nur eine präzise dramatische Verhaltensstudie, lebt von einem illusionslosen, unprätentiösen und witzigen Dialog. Durch ihn spannt sich ein ebenso unsichtbares wie dichtes sprachliches Netz und fügt das Ganze zu einem Spiel zusammen, das sich allen vordergründigen Absichten und Zielen entzieht. Realität und Sprache werden durch das Skizzenhafte der Szenen und durch die zupackenden und nuancierten Worte und Sätze in ein reizvolles Gleichgewicht gebracht. Die Frauen scheinen zu reden, wie ihnen der ‹Schnabel gewachsen ist›, und folgen doch einem sensiblen sprachlichen Arrangement der Autorin, das auch die unausgesprochenen Befindlichkeiten der Figuren hörbar zu machen weiß. So ist ein Frauen- und Deutschland-Stück entstanden, das sich auf keinen dieser Begriffe festlegen läßt.

Kommt man von Brasch (*Frauen.Krieg.Lustspiel*, UA 1988; V 1989), Fels und Müller her, so ist man auch auf die Horror-, Kolportage- und Montagesprache vorbereitet, mit der das Theater der Elfriede Jelinek (* 1946) aufwartet. Sie gehört zu den Autorinnen (sie treten in den achtziger Jahren erstmals vermehrt auf), die für das Theater schreiben, indem sie, wie Müller, dezidiert *gegen* das Theater schreiben, indem sie ihm immer mehr ‹aufladen› durch eine radikale Destruktion der vorhandenen Formen und Erwartungen. Auf diesem Wege geriet Jelinek seit ihrem an Ibsen anschließenden *Nora*-Stück (*Was geschah, nachdem Nora ihren Mann verlassen hatte oder Stützen der Gesellschaft*, UA 1979; V 1978), in dem sie den Kapitalismus als frauenvernichtende Männerherrschaft noch mit einer wilden Kolportagehandlung satirisch und politisch brandmarkte («Die wahre Männerfratze des Kapitalismus offenbart sich wieder einmal im Zuhälter- und Vergewaltigergeschlecht»!), immer weiter an die Grenzen der ‹Zumutbarkeit›, der ‹Spielbarkeit› und der ‹Verstehbarkeit›. «Ich will kein Theater», sagte sie 1986 *(Ich möchte seicht sein)*, und in einem späteren Interview formulierte sie: «Den Wunsch, Leben zu erzeugen auf dem Theater, der fast alle Schriftsteller angezogen hat, lehne ich ab. Ich will genau das Entgegengesetzte: Unbelebtes erzeugen. Ich will dem Theater das Leben austreiben.»[21] Diesen Vorsatz hat sie mit *Krankheit oder Moderne Frauen* (UA/V 1987) zum ersten Mal restlos eingelöst. Und obwohl sie selber das Werk nicht für bühnenfähig gehalten hat, ist es seit Hans Hollmanns Bonner Uraufführung (1987) schon mehrfach inszeniert und stets kontrovers aufgenommen worden.

In einer anderen, aber ebenso radikalen Weise wie Handke und Jandl hat Elfriede Jelinek, die wie sie von der experimentellen Literatur und der «Wiener Gruppe» herkommt, Sprache und Sprechen zum Zentrum ihrer Dramaturgie gemacht. Ihre Figuren sind «Sprachschablonen», Lesen, Schreiben und Fernsehen haben sie erzeugt. Nichts an ihnen und auf der Bühne wirkt lebensecht, nichts nachgeahmt, alles künstlich zitiert und dissonant montiert. Die heterogenen Teile sollen nicht zu einem Ganzen zusammenstimmen, sondern sich wechselseitig reiben. Aus der Inszenierung des Sprachtheaters ergibt sich alles andere, ein artifizielles und weitgehend autonomes Zeichensystem, das den Bezug auf externe Signifikate konsequent zu unterbrechen versucht. Was heißt das im Falle von *Krankheit oder Moderne Frauen?*

So viele Themen darin ausgesprochen werden, es ist kein Stück mehr ‹über etwas›, über die Brutalität des Patriarchats und ihre Vernichtungsindustrie z. B., über die Opferrolle der Frauen, über feministische Befreiungsstrategien. Politische Aussagen dieser Art sind keinesfalls ausgeschlossen, aber in die neuen ästhetischen Verfahrens- und Schreibweisen hineingenommen, z. B. in den Vorgang, daß die männlichen Figuren ihre vorgestanzte Sprache anfangs zwar beherrschen, aber zunehmend einem sprachlichen «Verdummungs- und Verstummungsprozeß» ausgeliefert werden, der sie zuletzt als bellende Köter erscheinen läßt. Die beiden weiblichen Figuren besitzen zwar noch keine eigene Rede, erleben aber durch das Zitieren eines Gedichtes von Emily Brontë einen utopischen Augenblick, der die Gewinnung einer genuin weiblichen Sprache als möglich erscheinen läßt.

Was in dem Stück ‹passiert›, ist die satirische Zitation und Cartoonierung einer grellen Vampirgeschichte. Die beiden Paare, Emily, Krankenschwester und Vampir, und Dr. Heidkliff, Facharzt für Kiefer- und Frauenheilkunde, sowie Carmilla, Hausfrau und Mutter, und ihr Ehemann Dr. Benno Hundekoffer, Steuerberater, kommen in einer surrealen Arztpraxis zusammen, weil die «Gebärmaschine» Carmilla schon wieder ein Kind erwartet. Sie verblutet bei der grotesken Plastikgeburt, spricht aber ungerührt weiter, wird von Dr. Heidkliff ‹ausgeräumt› und zugenäht, von Emily mit einem «Liebeskuß» in den Hals gebissen und so zu einem Vampir gemacht, der flugs über die eigenen Kinder herfällt. Im zweiten Teil liegen die beiden Vampir-Frauen in einem «reizenden Schlafzimmer» in mit Erde gefüllten Särgen gemütlich beisammen, plaudern, probieren Kleider an, beißen zwei Kindern die Kehlen durch, vertreiben ihre tobenden und bellenden Männer, verwandeln sich in einer Toilette in ein «Doppelgeschöpf» und werden von ihren radebrechenden Jägermännern zur Strecke gebracht und ausgesaugt. Gesiegt haben die Männer damit nicht, denn das alles trägt sich zu in einer surrealen apokalyptischen Untergangslandschaft. Sie «hat sich in eine riesige Müllhalde verwandelt. Abfall, Müllsäcke etc. Die Waffen haben sich vermehrt. Endzeitstimmung. Ein militärischer Schrotthaufen.»[22] Das Resultat jahrtausendealter Männergeschichte: die Frauen haben darin keinen Ort (beides literarische Topoi der achtziger Jahre). Deshalb müssen sie die Zwischenexistenz der Vampire wählen. Ihre Krankheit ist ihr Geschlecht. «Ich bin krank, daher bin ich», sagt Carmilla. Eine Lösung, ein Ausweg wird nicht angedeutet. «Ich entwerfe keine Utopie, aber produziere eine ins Extreme getriebene Analyse dessen, was ist.»[23]

Ist es so? Die Endzeitdramatik der achtziger Jahre, so berechtigt sie in ihrer Warnfunktion erscheint, muß auch als die Kehrseite eines postmodernen Hedonismus gesehen werden. Je sicherer man sich eingerichtet hat, desto größer wird die Sensibilität für das Unheil in jeglicher Gestalt, desto unbekümmerter beginnt man aber auch, mit ihm zu spielen und seiner theatralischen Realisation immer neue Effekte und Tabubrüche abzugewinnen. Von diesem Odium ist auch das selbstbezügliche «Intellektuellentheater» der Elfriede Jelinek nicht frei.

Im Rückblick kann man sich des Eindrucks kaum erwehren, daß die dramatische Katastrophenbeschwörung durch den Mangel an authentischer Erfahrung und sinnlicher Substanz allmählich zur Bühnenattrappe erstarrt ist. Vergleicht und mißt man sie noch einmal mit den Stücken von Tabori, so ist ihr Leerlauf unübersehbar. Auch Tabori ging wie die meisten «Theaterarbeiter» in der zweiten Jahrhunderthälfte durch die Schule von Brecht, Artaud und Beckett, auch in seinem Werk zeigt sich noch einmal das Theater der überlebenden Söhne, und auch er erfüllt und übererfüllt alle Forderungen und Verrenkungen eines «postmodernen» Programms. Aber seine Kreativität kommt immer wieder aus Dunkelzonen des Schmerzes, des Schmutzes und des Witzes, die den meisten anderen verschlossen sind. Bei ihm findet sich auch eine parodistische Hamlet-Variante, mit der man den Vorhang über das deutschsprachige Nachkriegsdrama und -theater vorläufig fallenlassen kann.

ZWÖLFTE SZENE
Helsingör. Hamlet in Horatios Armen.

HAMLET
Horatio, ich sterbe.
Der Rest ist Schweigen.

HORATIO
Da bricht ein edles Herz. Gute Nacht, mein Fürst!

HAMLET (*irritiert*)
SCHWEIGEN, habe ich gesagt![24]

V. DER LANGE WEG ZUR ÖFFNUNG: LITERARISCHES LEBEN IN DER DDR DER ACHTZIGER JAHRE

Der literaturpolitische Wandel durch Annäherung, der – mit vielen Rückschlägen, Sackgassen und Seitenwegen – das Verhältnis der beiden deutschen Staaten während des vergangenen Jahrzehnts charakterisiert, gehört zweifellos zum ‹Hauptstrom› des Prozesses, der schließlich zum Niederreißen der Mauer führte. Zwar ist auch in der Literaturpolitik der DDR der entscheidende Umbruch aufs engste mit den Veränderungen in der Sowjetunion und in den osteuropäischen Nachbarländern, besonders Polen und Ungarn, verknüpft. Am schlagendsten zeigte sich dies daran, daß das Kulturabkommen mit der Bundesrepublik, über das man nicht weniger als 12 Jahre lang verhandelt hatte, jetzt endlich – nach der DDR-Visite Gorbatschows im April 1986 – abgeschlossen wurde: am 6. Mai bereits. In vielen anderen Aktivitäten der SED vollzog sich ähnliches verdeckter. Doch hatte speziell das Verhältnis der beiden deutschen Literatursysteme zueinander längst eine innerdeutsche Eigendynamik entwickelt. Dabei spielte die ‹Sonderkommunikation› der Schriftsteller eine Vorreiter-Rolle, deren Details zum Teil erst allmählich erkennbar werden. Die «Berliner Begegnungen» und die Teilnahme von DDR-Autoren an den «Friedens»-Gesprächen in Den Haag waren hier nur das nach außen hin Sichtbarste. Längst hatte sich in vielen Teilbereichen der literarischen Kommunikation, trotz aller Blockierungen im einzelnen, ein feines Netz von Beziehungen herausgebildet (über die Massenmedien, über Theater, Verlagskooperationen bis hin zum erleichterten Buchmarkt-Austausch), das ‹Durchlässigkeit› konstituierte.

Auf dem Höhepunkt der gewaltlosen Revolution waren es bezeichnenderweise zunächst Schriftsteller (Hein, Heym, Wolf), die – neben führenden Figuren der Bürgerbewegungen wie Bärbel Bohley oder dem Dirigenten Kurt Masur – von einer großen Zahl der DDR-Bewohner (noch) als ihre «Sprecher» anerkannt wurden. Bei dem dann sehr rasch eintretenden Umschlag in Abrechnung und Beschuldigung sind hauptsächlich zwei Problemstränge zu unterscheiden, die für die Diagnostik der achziger Jahre insgesamt von Belang sind. In der bald pauschal artikulierten Skepsis gegenüber denen, die überhaupt hatten publizieren und freizügiger auch ins westliche Ausland reisen dürfen, spiegelte sich etwas von dem Sonderstatus, der die Literaturförderung in der DDR von Anfang an kennzeichnete. Das andere Problem: Zwischen den parteikonformen Autoren und den eigentlichen Oppositionellen (oft dann Ausgebürgerten) spannte sich in den achziger Jahren ein nicht unbeträchtliches Spektrum von Individuen, die ihre Haltung gerne als «kritische Solidarität» gegenüber der DDR faßten (Stefan Heym trat, als er im Herbst 1983 in München seine *Rede über das eigene Land: Deutschland* hielt, selbstverständlich auch für das Eigenrecht seines Staates ein). Nicht nur ein Hermann Kant als langjähriger Präsident des DDR-Schriftstellerverbandes geriet jetzt rasch unter Beschuß, sondern solches geschah auch Symbolfiguren wie Christa Wolf, Stephan Hermlin, Stefan Heym und sogar Volker Braun. Sie alle hatten zwar Konflikte mit dem DDR-Regime ausgefochten, jedoch auch Privilegien genossen und waren vor allem nicht sogleich nach dem 9. November bereit, ihren Staat pauschal zu brandmarken. Das «westliche» Modell war jetzt nicht plötzlich die ersehnte Alternative. Die bis ins Gehässige gehende Schärfe der Angriffe von Autoren gegeneinander, durch gesinnungsstarke Voten aus dem Westen noch verstärkt – auch von Ausgebürgerten –, wird erst verstehbar, wenn man die literaturpolitischen Strukturen als recht kompliziert ansetzt. Was jetzt mitunter eruptiv ans Licht trat, war spezifisches Produkt der achtziger Jahre.

1. Abgrenzung und Lockerung

Für die Literaturpolitik der DDR am Beginn des zweiten Jahrzehnts der Ära Honecker war durchaus die Grundlinie des X. Parteitags der SED vom April 1981 bestimmend. Man demonstrierte Geschlossenheit der Partei ohne allzu rigide ideologische Einengung. Man fixierte die Wirtschaft als das «entscheidende Kampffeld» des Sozialismus und setzte auf Fortschritte in der sogenannten «Wissenschaftlich-Technischen Revolution» (WTR). Diesem Zweck sollte intensivere ökonomische Zusammenarbeit auch mit der Bundesrepublik dienen, und als Konzessionen ließ man sich Reiseerleichterungen, Familienzusammenführungen und ähnliches abhandeln. Ein besonders lukratives Devisengeschäft wurde der Freikauf Verurteilter durch den Westen. Um die Hartnäckigsten unter den aufmüpfigen Schriftstellern loszuwerden, setzte man die schon in den sechziger Jahren begonnene Praxis der längerfristigen Ausreisevisa fort. Solche Visa erhielten beispielsweise Kurt Bartsch, Karl-Heinz Jakobs, Erich Loest, Klaus Schlesinger, Stefan Schütz und Bettina Wegner; die meisten von ihnen kehrten nach Ablauf des Visums nicht zurück.

Durch Abgrenzung, bis hin zur Verunglimpfung einzelner Autoren, versuchten die Repräsentanten einer harten Linie ideologisch mit dieser Abwanderung zurechtzukommen. Im Juni 1981 sprach Kurt Hager, für «Kultur» zuständiges Mitglied des Politbüros, öffentlich wieder einmal von «Feinden des Sozialismus», die in «das Lager des Gegners» übergewechselt seien und nun von dort aus ihre «Hetzreden» verbreiteten.[1] Der faktische Aderlaß mußte die Zurückbleibenden und unter ihnen die besonders Nachdenklichen nicht nur schmerzen. Er bedeutete für die überzeugt sozialistischen Autoren auch eine ideologische Herausforderung, da ja die meisten der das Land Verlassenden bereits in der DDR aufgewachsen waren.

Höchst eigentümlich traf damit zusammen – und verstärkte bei manchen den Eindruck der literarischen Verarmung –, daß gleich mehrere aus der alten Garde starben. Allein in die Jahre 1982/83 fiel der Tod unter anderem von Alexander Abusch, Anna Seghers, Paul Wiens und Kurt Wolf. 1984/85 starben Erich Arendt, Franz Fühmann, Wilhelm Girnus und Otto Gotsche. Bis zu einem gewissen Grade hatte der Vorgang in jenen Jahren eine Parallele im Westen mit dem Tod von Heinrich Böll, Uwe Johnson, Arno Schmidt, Peter Weiss – was die Repräsentanten der nachfolgenden Generationen jetzt noch mehr ins Licht rückte. In der DDR waren dies vor allem Volker Braun, Christoph Hein, Heiner Müller und Christa Wolf.

Zwei exemplarische Polemiken zeigten, wie man diese neuen – auch im Westen längst bekannten – Symbolfiguren in Schranken zu weisen suchte.

Christa Wolfs sensationeller Erfolg mit *Kassandra*, noch dazu die spektakulären Frankfurter Poetikvorlesungen über diese Erzählung (1982), ließen den Altstalinisten Wilhelm Girnus nicht ruhen. Er zettelte 1983 in dem (auch im Westen vielbeachteten) Renommier-Organ «Sinn und Form» eine Polemik gegen *Kassandra* an. Besserwisserisch monierte er einen destruktiven Umgang mit dem mythischen Erbe und das Fehlen einer positiven «humanistischen» Perspektive.[2] Immerhin druckte «Sinn und Form» auch Zuschriften, die sich gegen derlei autoritäres Nichtverstehen wandten.

Volker Braun hatte in seinen *Hinze-Kunze-Roman*, der schon im Sommer 1981 abgeschlossen war, aber erst 1985 erscheinen konnte, von vornherein eine fiktive Rezensentin eingebaut, die sich mit Hilfe von Büchern gegen die «unzuverlässige Wirklichkeit» wappnet. Brauns Rollen-Darstellung eines Funktionärs samt Fahrer rief, obwohl der DDR-Erstausgabe bereits ein langes auffangendes Nachwort von Dieter Schlenstedt beigegeben war, sogleich die linientreue Kritik auf den Plan. Anneliese Löffler bemängelte im «Neuen Deutschland», der Roman bringe keine «Entdeckungen» für alle diejenigen, «die im praktischen Leben alltäglich mit ihnen konfrontiert sind und mit ihnen umzugehen und sie abzuschaffen haben».[3] Es ging einmal wieder um das «Aufbauende», «Positive» des Realismus, um den Vorwurf eines Mangels an Konstruktivität.

Dabei gab es gerade um die Mitte der achtziger Jahre unter Literaturtheoretikern – wenn auch nicht im Kopf etwa eines Kurt Hager – deutliche Tendenzen, den wieder einmal petrifizierten «Realismus»-Begriff ästhetisch zur «Moderne» hin, gesellschaftsdiagnostisch zur «Kritik» hin zu erweitern. Die Berliner Kafka-Konferenz von 1983 versuchte, in diesem Sinne aus dem DDR-Ghetto herauszuführen, das sich seit der Kafka-Konferenz in Liblice 1963 nur wenig geöffnet hatte. «Moderne» wurde wieder als auch sozial «fortschrittlich» gedeutet, vor allem von Robert Weimann. Dieter Schlenstedt suchte programmatisch einen «sozialistischen kritischen Realismus» zu etablieren. Aber Kurt Hager stemmte sich noch 1986 vehement dagegen, mit der Behauptung, hier werde für Literatur und Kunst der DDR ein neuer «Irrweg» befördert.[4]

2. *Erzwungene Rückzüge der Mächtigen*

Trotz seiner einflußreichen SED-Position konnte sich Hager 1986 schon nicht mehr durchsetzen; er mußte sich wesentlich mit dem Warnen begnügen. Sollte die Literaturtheorie der DDR nicht, international betrachtet, erneut in den baren Provinzialismus verfallen (Schlenstedt, Weimann und andere arbeiteten dem gezielt entgegen), so mußte der Realismusbegriff «sozialästhetisch» geöffnet werden. Und es fand sich kein anspruchsvoller Autor mehr, der statt des «problematischen Helden» einen «positiven» im konventionellen Sinne präsentierte. Als Exempel hierfür diente um die Mitte des Jahrzehnts immer wieder Christoph Heins Novelle *Der fremde Freund* (1982), die inzwischen unter dem Titel *Drachenblut* (1983) auch in der Bundesrepublik mit großer Resonanz diskutiert wurde – und so auch schon wieder in die DDR zurückwirkte.

Die Funktion des Schriftstellerverbandes zeigte in diesen Jahren, auf den ersten Blick betrachtet, eigentümliche Parallelen zum VS der Bundesrepublik. Beide sanken in die Mittelmäßigkeit zurück, da sich kaum ein Autor von Niveau noch lohnende Wirkungsmöglichkeiten versprach. Der VS hatte sich in Funktionärstum und interne Querelen verstrickt, der DDR-Schriftstellerverband mußte in einer Situation dirigistischer Scheinruhe und faktischer Auflösung dogmatischer Positionen eine langweilige Balance halten.

Hermann Kant, seit 1978 (als er die fast 78jährige Anna Seghers ablöste) als Präsident amtierend, lavierte. Auf dem IX. Schriftstellerkongreß vom Juni 1983, nur zwei Monate nach der 2. «Berliner Begegnung zur Friedensförderung», im Jahr der Angriffe von Girnus gegen Christa Wolf, regte sich kaum Kritik. Man bestätigte die Bedeutung der Literatur für die «Entwicklung des Sozialismus» und hielt Distanz gegenüber denen, die in den Westen gegangen waren. Und Kant wurde wiedergewählt.

Als aber im folgenden Jahr der Staatsapparat auf «abweichlerische» Theaterstücke mit Aufführungsverboten reagierte (Rainer Kerndls *Der Georgsberg* wurde abgesetzt, ebenso Lutz Rathenows *Keine Tragödie*, und Günter de Bruyns *Neue Herrlichkeit* wurde aus der Produktion genommen), plädierte Kant im September plötzlich für eine Literaturpolitik mit mehr Verpflichtung gegenüber dem «Fortschritt». Er trat sogar als Präsident des Schriftstellerverbandes zurück. Der nahezu bedeutungslose Gerhard Holtz-Baumert amtierte einstweilen, von Dezember 1984 an – bis der XI. Parteitag der SED, im April 1986, neue Maßstäbe gesetzt hatte. Im literaturpolitischen Schwebezustand der Zwischenzeit konnten die von der Notwendigkeit einer Reform Überzeugten an Beispielfällen – wie der Polemik um Volker Brauns *Hinze-Kunze-Roman* – ablesen, wie die Machtfronten faktisch verliefen und wie hart die Dogmatiker noch zu reagieren bereit waren. Als im Spätherbst 1985 (Oktober und November) in Budapest das KSZE-Kulturforum stattfand, wurde nicht nur im offiziellen Teil spürbar, wie in einzelnen Staaten auch des Warschauer Pakts – besonders Polen und Ungarn – der Liberalisierungsdruck gewachsen war. Vor allem am Rande der Konferenz, in privaten Zusammenkünften von Literaten, Künstlern und Wissenschaftlern, wurden nachgerade revolutionäre Devisen ausgegeben, die auch den DDR-Apparat in Bedrängnis brachten: Entmachtung der altstalinistischen Funktionäre, Beseitigung der Instrumente tatsächlicher Zensur, unbehinderte Kommunikation mit den westlichen Ländern.

3. Seit dem Anfang vom Ende

Das seit Oktober/November 1989 immer rapider zunehmende Tempo der Vereinigungsprozesse, die immer größere Vielfalt der oppositionellen Bewegungen in der DDR und das Stimmengewirr der vielen einzelnen Schriftsteller in diesen Vorgängen machen es besonders schwierig, für diese Periode noch deutliche Strukturen des literarischen Lebens der DDR zu erkennen. Das Licht, das von dieser langgezogenen ‹Coda› auf die Entwicklungen seit Mitte des Jahrzehnts fällt, ist nicht überall gleich hell. Doch einige Stationen heben sich vom Beginn der neunziger Jahre her klarer hervor. Sie werden hier knapp skizziert.

Die Wahl Michail Gorbatschows zum Generalsekretär der KPdSU am 12. März 1985, mit der allmählich sich konturierenden neuen Politik von Glasnost und Perestroika, gehört bekanntermaßen zu den entscheidenden Voraussetzungen der späteren «Wende» in der DDR. Doch ergibt sich hierbei eine doppelte Paradoxie. Einerseits blieb gerade das deutsche Mitglied des Warschauer Pakts besonders lange gegenüber dem ‹östlichen› Druck resistent – so sehr, daß der sowjetische Staatschef bei der Feier des 40. Staatsjubiläums am 7. Oktober 1989 in Berlin sogar als Mahner auftreten mußte («Wer zu spät kommt, den bestraft das Leben»). Andererseits zeichneten sich bereits vor Gorbatschows Amtsantritt erste Umschwünge ab, die erst sehr viel später die Stärke von Umbrüchen annahmen.

Einer dieser Vorgänge war bereits im Januar 1985 die Flucht von DDR-Bürgern in die Prager bundesdeutsche Botschaft, mit den Konzessionen, zu denen das ostdeutsche Regime dadurch gezwungen wurde. Auch speziell in der Literaturpolitik gab es bereits vor Gorbatschow bei führenden Funktionären die ersten Anzeichen von ingrimmiger Resignation. Die Auseinandersetzungen um «Realismus», um den Rang Kafkas, dann um Bücher von Christa Wolf (Kassandra) und Volker Braun (Hinze-Kunze-Roman) oder Christoph Hein (Der fremde Freund) zeigten bereits einzelne solcher Züge. Charakteristisch sind Formulierungen Kurt Hagers in einer Rede vom 25. September 1985 im Vorstand des Schriftstellerverbandes: «Mitunter hört man die Auffassung, daß die DDR-Literatur der achtziger Jahre im Umbruch zu einem neuen Funktionsverständnis stehe, mit dem eine Neigung zum problematischen Helden, zum leidenden Helden, zum Antihelden zusammenhänge. [...] Damit werden Haltungen registriert, die eigentlich Gegenstand polemischer Auseinandersetzung sein müßten.»⁵ Das «eigentlich» ist auffällig. Nach Hagers Auffassung war die notwendige Abgrenzung, ja die Zurückweisung längst nicht mehr gewährleistet.

Auf dem XI. Parteitag der SED im April 1986, mit Gorbatschow als Gast, wurden Differenzen gegenüber der östlichen Vormacht unübersehbar. Zwar wurde die bisherige Führungsspitze unter Honecker bestätigt, auch der neue Fünfjahrplan wurde verabschiedet. Als jedoch Gorbatschow weitreichende Vorschläge zur konventionellen Abrüstung unterbreitete, war die Reserve unverkennbar. Hinter den Kulissen drängte die Sowjetunion offenbar auch zu konkreten Entspannungsschritten gegenüber der Bundesrepublik, in den Reisemöglichkeiten, im Devisenverkehr wie auch in der Kulturpolitik. Daß danach schon am 6. Mai 1986 das längst überfällige Kulturabkommen unterzeichnet wurde, spricht für sich selbst. Der Austausch von Wissenschaftlern und Künstlern sowie die Zusammenarbeit von Institutionen (Akademien, Archiven usw.) standen dabei im Mittelpunkt. Endlich sollten die innerdeutschen Kulturkontakte aus den mühseligen Einzelverhandlungen von Fall zu Fall, auch aus der schon notorischen Willkür lokaler Funktionäre, herausgeholt werden.

Die Aufnahme des – erst provisorisch paraphierten – Abkommens im Westen war bemerkenswert skeptisch. Mancher fürchtete, von beiden Vertragspartnern würde die jeweils etablierte Kunst und Literatur in den Austausch eingebracht und die Jungen, die Experimentellen, kämen zu kurz. Andere wandten ein, die deutsche Teilung werde durch das Abkommen gerade festgeschrieben. Günter Grass und der PEN-Präsident Gregor-Dellin vor allem warnten in diesem Sinne. Grass brachte auch seine Idee einer gesamtdeutschen Nationalstiftung ins Gespräch und verlangte hartnäckig, ein Bekenntnis zur gemeinsamen deutschen «Kulturnation» in die Präambel aufzunehmen.⁶ Seine charakteristisch ‹antizyklische› Haltung des Jahres 1986 und seine Warnung vor den «Gefahren» der deutschen Vereinigung seit dem Herbst 1989 entsprechen einander genau.

Der Unterzeichnung des Kulturabkommens folgten einige symbolisch-spektakuläre Akte: die Wahl von Walter Jens und Peter Rühmkorf in die Ostberliner Akademie der Künste noch 1986, die Lesungen von Günter Grass in Leipzig und Berlin, die Einladung an Hans Mayer, in der Berliner Akademie zu sprechen. Gewissermaßen komplementär hierzu steht die ‹Heimholung› umstrittener prominenter DDR-Autoren durch Verleihung des Nationalpreises: 1986 an Christa Wolf, 1987 an Heiner Müller, 1988 an Volker Braun.

Eines der sprechendsten Ereignisse dieses Umbruchs war im Jahre 1986 der Selbstmord des einst mächtigen, gefürchteten Literaturdoktrinärs Hans Koch. Abusch war 1982 gestorben, Girnus 1985, und Kurt Hager hatte sichtlich an Einfluß verloren. Auf dem X. Schriftstellerkongreß im Dezember 1987 wurden große Hoffnungen gesetzt. Aber der «Liberalisierungsprozeß» verlief nicht geradlinig. Hier, wo etwas Offizielles, ein Strukturprinzip des Systems – und nicht ein ‹Fall›, eine ‹Ausnahme› – auf dem Spiel stand, dominierte noch die Funktionärsperspektive.

Zwar durfte Christoph Hein in einer Rede die verschiedenen Modi verdeckter Zensur attackieren, aber dem folgte zunächst nichts. Erst im Oktober 1988 wurde angekündigt, daß das «Druckgenehmigungsverfahren» aufgehoben werde. Hermann Kant bewies auf dem Schriftstellerkongreß zum wiederholten Male seine Wendigkeit, er lavierte zwischen Staats- und Parteitreue (er war inzwischen ins ZK der SED aufgenommen worden) und «kritischem» Verständnis für ungeduldige Forderungen nach mehr literaturpolitischer Bewegungsfreiheit. Er wurde erneut zum Präsidenten des Schriftstellerverbandes gewählt.

Offenheit und Deutlichkeit des Redens auf dem Schriftstellerkongreß (alle Texte wurden 1988 sogar gedruckt) bedeuteten, für sich genommen, eine neue Erfahrung. Aber gerade weil die SED-Oberen den Liberalisierungsdruck sehr wohl wahrnahmen und Erdrutsche fürchteten, blieb die Aussprache zunächst auffällig folgenlos. Noch Ende 1988, während einer Informationstagung der Europäischen Akademie in Westberlin, gab sich Günter de Bruyn betont skeptisch: Er rechne einstweilen nicht mit einer «neuen liberalen Ära» der Kulturpolitik in der DDR. Die mit dem Schriftstellerkongreß verbundenen Erwartungen hätten sich nicht erfüllt. Aber die DDR-Politiker wüßten durchaus, daß sie sich nicht weiterhin wie «Betonklötze» verhalten könnten. Sie wollten den Prozeß der Öffnung «langsam und geordnet» vor sich gehen lassen.[7]

Ein besonders unerfreuliches Beispiel des Zusammenspiels zwischen DDR-Apparatschiks und westlichen Medien bot schon zu Anfang des Jahres 1988 der Fall des dröhnenden, populären Liedermachers Stephan Krawczyk und seiner Lebensgefährtin, der Regisseurin Freya Klier.

Am Trauermarsch für Karl Liebknecht und Rosa Luxemburg beteiligten sich diesmal auch DDR-kritische Gruppen – was der Präsident des PEN-Zentrums der DDR, Heinz Kamnitzer, geradezu als «Gotteslästerung» bezeichnete.[8] Krawczyk wurde als Rädelsführer verhaftet, Klier lancierte ein von ihm besprochenes Videoband ins bundesdeutsche Fernsehen mit der Aufforderung, ehemalige DDR-Autoren sollten protestieren. Sie taten es, Krawczyk und Klier wurden in die Bundesrepublik abgeschoben, und die sich anschließende Tournee wurde weidlich als Erfolg ausgeschlachtet. Die Mischung aus Egozentrik, schwachen Texten, Märtyrertum und wildem Gehabe stimmte viele im Westen – und in der DDR – skeptisch gegenüber solcher Art von «Opposition».
Die Parallele zum Fall Biermann war sofort gegenwärtig. In der Erklärung, die von zahlreichen früheren DDR-Schriftstellern unterzeichnet wurde, darunter Sarah Kirsch, Biermann, Kunze, Loest, Schädlich und Bienek, hieß es: «Dies hier ist keine Bittschrift. Vor elf Jahren gab es die Petition an Erich Honecker und seine Leute gegen die Ausbürgerung Wolf Biermanns.» Und weiter: «Nein, wir bitten nicht. Wir können auch nicht drohen, denn wir haben keine Macht. Aber wir haben ein steinaltes Gedächtnis. Und wir haben das offene Wort und werden es einsetzen im Kampf um die Freilassung unserer Freunde in der DDR.»[9]

Die Affäre beleuchtete schlaglichtartig die veränderte Situation. Im Umfeld der vergreisten und gegen Realität abgeschotteten SED-Führung wurde fieberhaft versucht, den Prozeß der Öffnung durch administrative Maßnahmen und Ankündigungen aufzuhalten. Der für «Literatur» zuständige stellvertretende Kulturminister Höpcke forderte die SED auf, künftig keine «Einzelurteile» mehr über Werke zu fällen. Die lange schon eingeklagte Veröffentlichung der Werke Uwe Johnsons in der DDR wurde für 1989 angekündigt. Im November 1988 wurde das «Druckgenehmigungsverfahren» als Hauptinstrument der Zensur tatsächlich abgeschafft. Anläßlich der Leipziger Messe im März 1989 formulierte der DDR-PEN, vertreten durch Stefan Heym, Stephan Hermlin und Rolf Schneider, einen Protest gegen die Prager Inhaftierung Václav Havels – ein erstaunlicher Vorgang, der nun woanders die noch Schlimmeren ausmachte. Die Verhaftung Havels nannte Grass hellsichtig «das letzte Gefecht der Stalinisten».[10]

Die sich in der DDR, vor allem in Leipzig und Berlin, allmählich überstürzenden Protestereignisse, von den Montagsdemonstrationen bis zu der großen Versammlung auf dem Alexanderplatz am 4. November, riefen unter DDR-Schriftstellern auch erstaunlich offene Gegenstimmen hervor. Im Juni 1989 erklärte Stephan Hermlin in einem Interview des ARD-Fernsehens, angesichts des «Herrn Schönhuber» und des «braunen Sumpfes» im Westen «wäre es vielleicht gut, wenn die DDR bleibt und die Mauer noch ein bißchen schützt, damit vielleicht eines Tages ein Teil von Deutschland da ist, der Grünen und Sozialdemokraten und anderen, die dann von den Faschisten verfolgt würden, Asyl geben kann.»[11] Von dem «braunen Sumpf» in der DDR, wie er später sichtbar wurde, wußte er nichts oder wollte er nichts wissen. Die Verfolgungen durch die Stasi aber waren noch nicht Gegenstand der öffentlichen Diskussion.

Im Juni 1989 fand im Literarischen Colloquium am Wannsee ein deutsch-deutsches Autorentreffen statt, an dem außer zahlreichen Schriftstellern aus beiden deutschen Staaten auch Politiker teilnahmen: Hanns Kirchner vom Westberliner Senat, Gerhard Henniger vom DDR-Schriftstellerverband und Klaus Höpcke als stellvertretender Kulturminister. «Es war kein spektakuläres Fest, vielmehr ein Kennenlernen in der Stille mit dem Wunsch, die Neugier aneinander zu bewahren und zu steigern.»[12] Verständigungsvokabeln waren «Menschlichkeit», «Freiheit», «Moral», «Zivilcourage», «Mut», «Wahrheit».

Der Kontrast zu dem, was sich nur wenige Monate später in immer rascherer Folge als Erdrutsch ereignete, ist schneidend. Er illustriert auf seine Weise nicht nur die Brüchigkeit des «Systems», sondern vor allem auch viel Illusionäres, Übertünchtes in den deutsch-deutschen Schriftstellerbeziehungen. Einige Linien sind in dem Kapitel «Abrechnen und Rechthaben» vom Herbst 1989 bis in den Sommer 1992 hinein weiterverfolgt. Die «gewendete Wende», die um und um gewendeten, durchleuchteten Prozesse des Umbruchs bis zur deutschen Einigung hin haben literaturpolitische Strukturen, exemplarische Fälle und ganz individuelle Positionen zutage gefördert, von denen einiges schon gewußt wurde oder zu ahnen war. Der Erkenntniszuwachs bedeutet einen Wert an sich, und es wird noch auf Jahre hin Wichtiges aufzuarbeiten sein. Die Phase der Enthüllungen und persönlichen Abrechnungen, so beklemmend und oft enttäuschend sie wirken mag, ist unausweichlich; sie wird auf einige Zeit hin das zu überdecken drohen, was Literatur in den achtziger Jahren auch in der DDR trotz allem zu leisten vermocht hatte. In den Köpfen wird vieles bleiben, so wie die ausgebürgerten Autoren nicht schlechthin ›westliche‹ Autoren wurden. Es werden Erfahrungen, Haltungen, Gewohnheiten, Verletzungen bleiben, auch in neu zu Schreibendes eingehen. Dieser Prozeß wird einige Dauer beanspruchen. Insofern wird die Geschichte der DDR-Literatur und die des literarischen Lebens unter der SED einstweilen *nicht* zu Ende sein.

Bereits in der zweiten Hälfte der siebziger Jahre gab es Anzeichen für einen erneuten Paradigmenwechsel des Schreibens, der im Bereich der Erzählprosa zu durchaus unterschiedlichen Texten geführt hat. Es sind Schreibweisen, die den Sinnverlust, an dem sich andere Autoren kritisch oder elegisch abarbeiten, als Chance der Polysemie, der Vielfalt intertextueller Anspielungen, der semantischen Mehrdeutigkeit bis an die Grenze des Hermetischen nutzen. Die Mischung der Textsorten, die Auflösung der Genregrenzen war schon für die ersten Werke bezeichnend, die in Prosa, Lyrik und Drama die Veränderungen offenkundig machten. Heiner Müllers *Hamletmaschine* (1977) destruiert den Prätext Shakespeares, *Kargo* (1977) von Thomas Brasch (* 1945; seit 1976 im Westen) ist eine mit Fotos montierte Sammlung von Lyrik, Kurzprosa und dramatischen Fragmenten, die sich aggressiv mit dem realen Sozialismus anlegt, sprachliche Fertigteile ausstellend, Jargon mit penetranter Rhetorik und bewußt karger Prosasprache mischend. Elke Erbs Texte (von *Der Faden der Geduld*, 1978, bis *Kastanienallee*, 1987) unterlaufen die Alltagslogik, die auch dem Phantastischen noch verkappt innewohnt, und nähern sich Sprachwelten, wie sie im Westen Gert Jonke oder Jürg Laederach (in größeren Prosatexten) vorgelegt haben. Auf die ‹klassische› Moderne von Poe über Mallarmé und Hofmannsthal bis zu Kafka beziehen sich die ‹Leipziger› Autoren Gert Neumann (zuerst *Die Schuld der Worte*, 1979, in der DDR 1989) und Wolfgang Hilbig (erster Prosaband *Unterm Neomond*, 1982). Sie haben sich in den achtziger Jahren mit den französischen Poststrukturalisten auseinandergesetzt. Neumanns Sprachtheorie der «Klandestinität», der verborgenen, geheimen Sprache, die der offiziösen, mediengeprägten Sprache der «Macht» begegnen, die «Ethik der Wahrheitspraxis zurück in die Literatur» bringen soll,[1] ist auch Heidegger verpflichtet. Programmatisch klingt schon der Titel des bislang einzigen Romans von Brigitte Burmeister (* 1940), die als Romanistin über den Nouveau roman gearbeitet hat: *Anders oder vom Aufenthalt in der Fremde* (1987) erzählt nur an der Oberfläche von der Versetzung eines Angestellten nach Berlin. «Mich erstaunt das Bruchstückhafte der Erzählung, die sich wenig Mühe gibt, die weißen Stellen zwischen den zahlreichen Abschnitten zu überbrücken.» So schreibt Anders in einem seiner fingierten Briefe, deren «Berichtsstil» immer wieder «von anderen Stimmen durchkreuzt» wird, «als bestünde das redende Ich aus mehreren Personen».[2] Während dieser Roman wie eine Etüde wirkt, Schreibweisen fragmentierter Wahrnehmung einholt, die schon in den sechziger Jahren auf die westdeutsche Prosa gewirkt hatten (etwa bei Peter Handke), haben Neumann und vor allem Hilbig ihre von Anfang an sprachmächtige Prosa weiterentwickeln können.

Wenn Neumann im literarischen «Gespräch außerhalb der Medien [...] die Hoffnung auf Solidarität konkret werden lassen möchte»,[3] so ist das keine Leerformel. Denn unverkennbar gehört der sprachliche Angriff gegen das gesellschaftlich Defomierte, das Engagement zum Kern vieler Texte. Das verbindet sie mit wichtigen Arbeiten von Autoren, die z. T. seit Jahrzehnten zur Erzählprosa der DDR beigetragen hatten, wie Fühmann, Heym, Braun, Wolf, oder mit Autoren wie Hein, die sich in den achtziger Jahren profilieren, aber keineswegs ‹experimentell› erzählen. So läßt sich auch die Erzählprosa des letzten Jahrzehnts nicht ‹einseitig› beschreiben, zumal nach wie vor Wesentliches – etwa von Hilbig, Neumann – nur im Westen erschienen ist oder (Wolfs *Kassandra*, Brauns *Hinze-Kunze-Roman*) gegen erhebliche Widerstände für die DDR durchgesetzt werden mußte.

1. Sprachbefreiung und Erinnerung an Demokratie

Hermlins poetisches Bild der Realität in seinem autobiographischen Text *Abendlicht* (1979) war durch politische Veränderungen eigentlich nicht mehr zu irritieren. Die Wahl der DDR, so Hermlin in seinem ergänzenden Prosastück *Rückkehr* (1985), «war mir durch mein Leben vorgezeichnet». Den Vergleich Stalins mit Hitler weist Hermlin zurück.

Zweifellos war damit in der Reflexion der Vergangenheit, in der Auseinandersetzung auch mit dem Stalinismus, ein Stadium intensivster Subjektivierung erreicht, das in Franz Fühmanns *Der Sturz des Engels* (1981) eine gegenbildliche Entsprechung fand. Das Buch ist aus dem Nachwort für eine Trakl-Ausgabe erwachsen, wo der autobiographische Anteil fehlte; wie es nun vorliegt, ist Fühmanns letztes Werk Trakl-Deutung (in Anlehnung vor allem an Walther Killy), poetologischer Essay und Autobiographie in einem.

Es berichtet von der frühen Begegnung Fühmanns, des Nationalsozialisten und jungen Soldaten, mit Trakls Gedichten, über die Verbannung von Trakls ‹dekadenter› Dichtung in den fünfziger Jahren und von der endgültigen Aneignung seiner poetischen Sprache als Akt der Selbsterkenntnis des Autors. Im Gegensatz zum Selbstverständnis Hermlins hat Fühmanns Lebenslauf Brüche, denen Loests vergleichbar. Anders als dieser, der in den fünfziger Jahren literarisch-naiv im wesentlichen das offiziell Verlangte lieferte und dann an den politischen Institutionen scheiterte, empfand Fühmann die fünfziger Jahre als Periode der Anpassung an eine verordnete Sprache und Ideologie, die das Faschismus-Trauma zwar verdrängte, aber nicht bewältigen konnte. Wenn Hermlins lyrische Sprache nur «verstummt», so leidet Fühmann unter einer tiefen Selbstentfremdung, deren Aufhebung als Trauerarbeit an die Grenzen der Selbstzerstörung führt. Im Spiegel der Person und der Dichtung Trakls gelingt schließlich die Lösung: «Plötzlich begriff ich in Trakls Kindheitsgedichten [...] die verzweifelte Suche nach dem Ich, nach dem Moment, da jener andere daraus wurde, der ihn und uns aus dem ovalen Rahmen als

Mörder seiner selbst anstiert. –» Diese Selbsterkenntnis ist nicht hoffnungslos, denn sie verbindet sich mit dem ganz subjektiven Verstehen einer vieldeutigen poetischen Sprache, die den Widerspruch von Untergang und Erlösung austrägt.

Fühmanns Buch, das keiner ‹Gattung› der Prosa ganz zugehört, ist über Christa Wolfs *Kindheitsmuster* hinaus das einzige Werk der DDR-Prosa, das auszudrücken vermag, was Faschismus *und* Stalinismus in einem sensiblen Subjekt anrichten, das ein begeisterter Mitläufer der Mächtigen war.

Stefan Heym hat 1984 noch einmal versucht, die Geschichte des Jahres 1945 anders zu erzählen: weder aus der Sicht des Durchschnittsbürgers noch aus der KP-Perspektive, die den richtigen Weg weist, sondern indem er am extremen Beispiel eines vorübergehend unbesetzten Landkreises *(Schwarzenberg)* an jene zahlreichen Nachkriegsinitiativen deutscher Antifaschisten erinnerte, die überzeugt waren, man könne jetzt aus dem Volksfront-Konzept eine autonome Politik entwickeln. Heym greift damit auch in seinem eigenen Werk zurück; 1951 hatte er in *Die Augen der Vernunft (The Eyes of Reason)* den tschechoslowakischen Weg bis 1948 zu erzählen versucht.

Das psychologische Familiengemälde, das die politischen Ambivalenzen dieses Weges von der Befreiung bis zur Prager KP-Regierung hatte auffangen sollen, wiederholt sich in *Schwarzenberg* nicht; Privates ist weitgehend ausgespart. Es geht nur um das Handeln einer Gruppe von Männern, um ihre konkreten Maßnahmen, Kontroversen und utopischen Entwürfe für ein zukünftiges Deutschland. Da sind noch versteckte Nazi-Machthaber zu beseitigen, während sich mit den Siegermächten auf beiden Seiten Vereinbarungen treffen lassen, um die Versorgung sicherzustellen. Es sind Ansätze eines radikaldemokratischen Modells, dessen Isolation im kurzfristigen Handlungsfreiraum sich der Leser eher denken muß – die Masse der Bevölkerung tritt überhaupt nicht auf. Von außen wird die ‹Republik› schließlich durch den vertragsgemäßen Einzug der Sowjetarmee liquidiert.

Dennoch ist dieser historische Roman keineswegs eine Elegie; das Modell läßt dem Leser Spielraum, sich den Gang der deutschen Geschichte auch anders vorzustellen. Das «wie war es wirklich» öffnet sich noch einmal zum «wie könnte es sein» des genuin politischen, aktuellen Romans. *Schwarzenberg* ist der einzige politische Roman aus der DDR geblieben, der es gewagt hat, offen eine demokratische Alternative zu propagieren – ein, wie üblich, unterdrückter (nur im Westen veröffentlichter) Beitrag zur Diskussion.

2. Zwischen Alltagsmisere und Widerstandsheldentum: Frauenliteratur

Christoph Heins (* 1944) Novelle *Drachenblut* (DDR-Ausgabe: *Der fremde Freund*, 1982) enthält kaum noch Hoffnungsmomente. Thematisch schließt die Erzählung an manches von Paschiller, Königsdorf oder Schubert an, relativiert es aber nicht im Kontext einer Sammlung unterschiedlicher Geschichten. Der Text, Beitrag eines männlichen Schriftstellers zur Frauenliteratur der DDR, bleibt mehrdeutig. Vom pointierten Schluß her kann man ihn fast als warnendes Exempel verstehen – und so ist er in der DDR auch diskutiert worden –, wie Leben in der selbstauferlegten Isolation und Gefühlskälte erstarren muß. Aber man kann diese Ich-Erzählung einer Ärztin, ausgehend etwa von dem eingangs erzählten Traum eines drohenden Absturzes, auch als Bericht einer Erstarrung und Liebesleere lesen, die symptomatisch auf einen Gesellschaftszustand verweist. Der Blick der Ich-Erzählerin auf aktuelle Probleme des DDR-Alltags mag subjektiv verzerren, aber er mag auch das Wesen der Dinge treffen.

Der Misere dieses Alltags gegenüber versuchte Irmtraud Morgner mit ihrer fabulierenden Erzählweise weiterhin Spielraum zu gewinnen. Neben Christa Wolfs Prosa hat das am deutlichsten Kolleginnen in der DDR – auch im Westen (Barbara Frischmuth u. a) – beeinflußt: Während Waltraud Lewins *Federico* (1984) stärker vom historischen Roman ausgeht, gibt sich *Hexenzeit* (1984) von Renate Apitz schon im Titel als Ableger von Irmtraud Morgners *Amanda. Ein Hexenroman* (1983) zu erkennen, und auch Monika Marons Roman *Die Überläuferin* (1986) ist ohne Morgners Vorbild nicht denkbar.

Die Hexe Amanda – die zu Liebende – muß sich als Laura Salmans Alter ego unerlöst in den Blocksberg zurückziehen, dem (damaligen) militärischen Sperrbezirk des Brocken. Die Expedition eines Mannes zu Amanda, um Trinksilber zu holen und damit Lauras letzte Utopie, die Insel Orplid zu realisieren, muß natürlich scheitern. Dieser Hauptfabel des letzten Romandrittels gehen viele Episoden aus dem Alltag, aus dem Lebenlauf Lauras, aus der Mythologie voraus. Das hat im Vergleich zum *Leben der Trobadora Beatriz* nicht immer genügend thematisches Gewicht, um den Leser nochmals zu fesseln. Ironie, Satire, auch Sprachsatire und Komik sind jedoch prägnanter eingesetzt, die literarischen und mythologischen Reminiszenzen vervielfacht: von der Sirene Beatriz, die in einer Voliere des Tierparks Friedrichshain gefangensitzt, über den doppelbödigen Beruf Lauras («Triebwagenführerin») zum DDR-Sperrbezirk des Brocken und den Faust-Zitaten, die im Vornamen – Heinrich – des erfolglosen Trinksilber-Eroberers nochmals anklingen. In der Walpurgisnacht auf dem Blocksberg bezieht man sich folgerichtig auf eine Ästhetik, die der «Machtprotzerei der Tyrannen» Paroli zu bieten vermag, weil die «auf dem letzten Lach-Loch pfeifen»: Es ist die karnevalistische «Lachkultur» (Bachtin), «voll von ambivalentem Lachen», subversiv gegen die alte Ordnung gerichtet, lustvoll Neues vorschmeckend. Ob der anspielungsreiche Text diesen Hinweisen gerecht werden kann, hängt auch vom Leser ab; wenn die Fabel nicht zum Happy-End führt, so soll einem das Lachen doch nicht vergehen, das unwillkürliche Reaktion und intellektuelles Vergnügen vereint.

Auf andere Weise lachen Kleist und die Günderode am Ende von Wolfs *Kein Ort. Nirgends* (1979), in einem Text, der den Leser keineswegs mitlachen läßt. «Ohne Anlaß beginnt sie auf einmal zu lachen [...]. Kleist wird angesteckt. Sie müssen sich aneinander halten, um vor Lachen nicht umzusinken. Näher sind sie sich nie als in dieser Minute.» Die Freiheit des Unwillkürlichen, entstanden aus dem Bewußtsein des Scheiterns («Das Leben ist uns doch aus der Hand genommen»), äußert sich in einer gemeinsamen Gebärde, die sich kaum noch benennen läßt. So wird das wissende Lachen zum Symbol des Utopischen, das keinen bleibenden Ort hat, es sei denn im Verständnis des Lesers. Während diese Erzählung, angesiedelt zu Beginn des bürgerlichen 19. Jahrhunderts, falsche Definitionen in einer offenen Erzählstruktur aufzulösen sucht, hat Christa Wolf in den Frankfurter Vorlesungen und in der Erzählung *Kassandra* wieder ein welthistorisches Bild entworfen, das Mythos, Epos, Tragödie der griechischen Antike als Material, eine Griechenlandreise als subjektiven Erfahrungsraum verknüpft.

Kindheitsmuster hatte zu erzählen versucht, wie ein junges Mädchen faschistischen Ideen verfallen konnte. Kassandra spricht im inneren Monolog von ihrer Selbstbefreiung aus dem patriarchalischen Herrschaftssystem, angesichts des Todes und als genaues Gegenbild zu den Reden Kassandras in Aischylos' *Agamemnon*, dem Mittelstück der *Orestie*, die für Wolf ein Exempel der literarischen Männerwelt darstellt. Der Trojanische Krieg wird zum mythenkritischen Modell angesichts der Selbstzerstörung der modernen Zivilisation. In ihrer Büchner-Preis-Rede (1980) hatte Wolf zu dem «hellen Wahnsinn» aufgerufen, die Literatur «beim Wort» zu nehmen gegen die finstere Seite der «Vernunft». Die seit *Nachdenken* gestellte Frage, warum Geschichte (der DDR, Deutschlands, Europas) mißlungen ist, führt sie jetzt bis in die Antike zurück, um deren literarischer Überlieferung kritisch die helle Seite der Vernunft abzugewinnen. Das kann, zumal in den kommentierenden Vorlesungen (*Voraussetzungen einer Erzählung: Kassandra*, 1983) irritieren, wenn das Scheitern der Geschichte nun gleichsam ab ovo erklärt werden soll. Was zuvor der Faschismus war, auch Sozialismus auf dem technokratischen Wege, das soll jetzt die dem Machtwillen und dem Todestrieb verfallene Herrschaft des «Mannes» sein. «Ist es eine ‹realistische› Aufgabe, das hierarchisch-männliche Realitätsprinzip außer Kraft zu setzen?» Die Frage zeigt, daß es im Kern um ein falsches Realitätsprinzip geht, das die reale Lebenswelt bis ins Innerste der Menschen bestimmt.

Natürlich gehören Vorlesungen und Erzählung eng zusammen, sie sind ein weiterer Versuch, zwischen Fiktion und Dokument Formen der ‹Prosa› zu finden, die Autorin, Erzählerin (der Fiktion) und fiktionale Figuren zusammenbinden. Indirekt kommt die *Kassandra*-Erzählung über das eifernde Erklären hinaus, indem sie andere Figuren der antiken Mythologie neben Kassandra stellt, vor allem Aineias, den thematischen Gegenpol zur Brutalität Achills in der Männerwelt des Krieges. Aineias ist der einzige, der Kassandras hilflose Warnungen versteht; sie spricht ihm am Ende ihres Monologs (und der Erzählung) zu, was schon den Staatengründer in Vergils *Aeneis* vor seinen trojanischen Mitstreitern auszeichnet, wenngleich es auch im römischen Epos friedlich nicht gelang: «Ein neues Troja irgendwo zu gründen. Von vorne anfangen.» Das Realitätsprinzip der Absage an Herrschaft, der Hilfe und Liebe bleibt Wunschtraum, Botschaft an den Leser.

3. Dialektik und ihre Überschreitung: Arbeitswelt

Volker Braun ist der mit Lust erzählende Dialektiker geblieben, dessen kritische Schärfe schon die Tatsache der Veröffentlichung seines ersten Romans in der DDR zu einem Kunststück machte.

Dem *Hinze-Kunze-Roman* (1985) waren das Stück *Hinze und Kunze* (1967) und die Kurzprosa *Berichte von Hinze und Kunze* (1983) vorausgegangen, die an Brechts Keuner-Geschichten anknüpfen, dem Lehrer und Genossen Kunze allerdings Volkes Stimme in Gestalt von Hinze gegenüberstellen; dieser kann zum schieren Nörgler werden, er kann allerdings auch die Rolle des Fragenden übernehmen, die Brechts «Wissender» Keuner innehatte. Schon in den *Berichten* geht es um Fragen des privaten Bereichs, deren Isolierung vom sozialen Ganzen unterlaufen werden soll. Im Roman stehen sie stofflich im Vordergrund:

Hinze ist hier Kunzes, des Parteifunktionärs, Fahrer. Damit wird das alte Verhältnis von Herr und Diener (Knecht) modellhaft in den sozialistischen Alltag zurückgeholt. Zugleich erinnert der Roman an den versponnenen Ritter Don Quijote und seinen pragmatischen Knappen Sancho Pansa, sowie an Herr und Diener in Diderots *Jacques der Fatalist*. Hinze und Kunze stehen sich nicht nur gegenüber, sie sind jeweils in sich widersprüchliche Figuren. So ist auch die private ‹Dialektik›, die sich zur strukturellen gesellt, widersprüchlich genug: Kunze ist verheiratet, Hinze hat eine Geliebte, für die sich auch Kunze interessiert. Lisa, die Geliebte, von Kunze gefördert, steigt beruflich auf, läßt Kunze (und erst recht Hinze) hinter sich. Die weibliche Emanzipation im Berufsalltag scheint die männliche Hierarchie nur zu wiederholen. Der Roman endet in einem ironisch gebrochenen Finale: Die qualifizierte Lisa bleibt im Hinterhaus wohnen, und sie bekommt ein Kind, das zwei Väter haben könnte. Der Roman bricht mit dem – aus der Frauenliteratur auch der DDR genugsam bekannten – Widerspruch von Beruf und Haushalt ab.

Neu gegenüber den Vorstufen ist nicht zuletzt die Figur des kommentierenden, ironisierenden, auch polemischen Erzählers, der sogleich mit einem Affront gegen die Zensurpolitik der DDR (die auch das Erscheinen des Romans verzögerte) beginnt. Braun setzt nicht auf bildhafte Verrätselung, sondern auf analytische, dialektische, bisweilen allzu leicht durchschaubare, aber immer sprachlich perfekte Prosa, die niemals bloß Stoffliches ausbreitet.

Als zu Beginn der siebziger Jahre eine intensive Diskussion über den sozialistischen «Kultur»-Begriff anlief, die sich etwa in der Umetikettierung der «Weimarer Beiträge» niederschlug (aus der «Literaturwissenschaftlichen Zeitschrift» wurde eine «Zeitschrift für Literaturwissenschaft, Ästhetik und Kulturtheorie»), dachte man über eine «kulturvolle» Lebenswelt nach, die vom Wohnungsbau bis zum Betriebsalltag weit über die ästhetischen Gebilde hinausgriff. Brigitte Reimanns Roman-Fragment *Franziska Linkerhand* (1974) spielte mit der Figur eines Architektur-Professors nicht nur auf einen der bedeutenden Stadtplaner der DDR an, es zog seine Brisanz vor allem aus den Widersprüchen zwischen planerischen Entwürfen und den alltäglichen Mühen um Neubauten in einem Industrierevier mit kleinstädtischer Bausubstanz. Das Bild fiel nun wesentlich kritischer aus, als das beispielsweise einige Jahre zuvor in Werner Bräunigs Reportagen aus Halle-Neustadt entworfene (*Städte machen Leute. Streifzüge durch eine neue Stadt*, 1969), das von Jan Koplowitz (*Die Taktstraße. Geschichten aus einer neuen Stadt*, 1969) mit

Berichten über den Alltag im Neubauviertel ergänzt worden war. Der Darstellungstopos des abenteuerlich-dynamischen Aufbaus großer Industrieanlagen in der offenen Landschaft, wie man ihn aus Marchwitzas *Roheisen* (1955) oder dem Bitterfelder Roman der jüngeren Generation (Reimanns *Ankunft im Alltag*, 1961) kannte, wurde zurückgenommen, neben der ‹besiegten› kommt die zerstörte Natur in den Blick. Wenige Jahre später ist bei Erich Köhler, freilich eher beiläufig, vom «letzten noch nicht ganz verdreckten Stückchen Erde» die Rede.[4] Diese Perspektive – gewiß nicht immer «ökologisch› – findet sich seitdem oft implizit in der Darstellung des Großstadt- und Industriealltags. Monika Marons (*1941) Roman *Flugasche* (1981 nur im Westen erschienen) machte schließlich die industrielle Arbeits- und Umwelt zum ersten Mal zu einem Thema, das sehr konsequent zugleich als Problem der ‹kritischen› Öffentlichkeit, der Strukturen öffentlicher Diskussion gesehen wurde. Schon in Mundstocks *Helle Nächte* (1953) kam ein Schriftsteller auf eine Großbaustelle; Fühmann, Manfred Jendryschik (*Johanna oder die Wege des Dr. Kanuga*, 1972) und andere haben das Motiv, die Sicht auf die Dinge aus der Reporter-Perspektive weitergeführt.

In Marons Roman bemüht sich eine Journalistin darum, ihre Beobachtungen aus einem Kraftwerk-Revier in einer Reportage zu beschreiben, die schon im Entstehen vom inneren Zensor deformiert wird: «Du kannst alles schreiben, wenn du es nur richtig einordnest.» Ihre Versuche, die «herrschende Klasse» in dem betroffenen Gebiet zur Gegenwehr zu ermuntern, stoßen kaum auf Resonanz. Arbeitswelt und Lebenswelt «proletarischer» Altbaubezirke sind mit der Parteilichkeit einer jungen Frau erfaßt, die sich selbst die Frage nach dem Sinn des Lebens im real existierenden Sozialismus stellt und vorformulierte Antworten längst durchschaut hat. Der Versuch, die Öffentlichkeit über die Presse mit ‹subjektiv› legitimierten Beobachtungen zu erreichen, scheitert ebenso, wie ein politischer Alleingang die Journalistin nur zum ‹Fall› macht, der von der Partei erledigt werden muß, während der «Höchste Rat» am Ende aus eigener Machtvollkommenheit das alte Kraftwerk stillegt. Auf diese Weise hat der Apparat eine Initiative verarbeitet, die den einzelnen in seine private Nische zurückdrängt; nicht die Sache, das ‹Umweltproblem›, ist mehr das Thema des Romans, sondern vielmehr das Verfahren, in dem darüber entschieden wird.

Unmittelbare Reaktion auf die Tschernobyl-Katastrophe, aber keineswegs darauf beschränkt, war Christa Wolfs *Störfall. Nachrichten eines Tages* (1987). Zwei Störfälle sind es, die als Entfaltung einer ‹Dialektik› von befreiendem und zerstörerischem Fortschritt ineinander montiert sind und so jeder abstrakten Fortschrittsfeindlichkeit die Grundlage entziehen. Simultan zur Tschernobyl-Nachricht über die Explosion eines sowjetischen Atomreaktors ereignet sich die (hoffentlich rettende) Gehirn-Operation des Bruders der Erzählerin. Die Antithese von Bewahrung und Katastrophe kompliziert sich zur widersprüchlichen Natur- und Menschheitsgeschichte. Die Erzählerin wird als Mitleidende zur Reflexionsinstanz der großen Zusammenhänge, der kleinen symptomatischen Erlebnisse an diesem Tage – seit *Juninachmittag* (1967) als Erzählverfahren scheinbarer Zufälligkeit erprobt. Reflexion heißt hier auch Selbsterforschung am Rande der Verzweiflung; anders als in *Kas-*

sandra gelingt es nicht mehr, das Subjekt als moralische Instanz aufzurichten. Sprachzweifel, das Entgleiten der sicheren Grundlagen des Urteils lassen die ‹objektive› Dialektik aufgeklärten Fortschritts anscheinend hinter sich. Joseph Conrads Reise ins *Herz der Finsternis* (vor 1987 in der DDR-Literatur längst von Heiner Müller zitiert, von Fühmann sinngemäß nachvollzogen) drängt sich auch dieser Erzählerin auf.

Franz Fühmann hat in der Erzählung *Bagatelle, rundum positiv* (1978), anderthalb Jahrzehnte nach *Kabelkran und Blauer Peter* (1961), noch einmal die schematischen Vorstellungen des Schriftstellers vom Betriebsalltag bloßgestellt («hier pulste echtes, wahres, mitreißendes Leben»): Ein Artikel, der ideologisch hieb- und stichfest ist, erweist sich bei näherem Hinsehen als unsinnig, dennoch wird er in den Brigaden des Betriebes «ausgewertet». Dabei hat sich Fühmann als Autor keineswegs von der Arbeitswelt losgesagt; in *Schieferbrechen und Schreiben* denkt er darüber nach, wie zwischen den Bergleuten und der Literatur als «Bergwerk» der Lebenserfahrung eine Verbindung möglich sein könnte. Das ist weit von der Bitterfelder Ideologie entfernt, dennoch nimmt Fühmann die Vorstellung ernst, der Autor müsse als ‹Produzent› seine Aufgaben neu überdenken. Was für den Bergmann Ort materieller Produktion ist, kann für den Schriftsteller zum Quell einer Bilderwelt mit vielfachen (literarischen) Traditionen werden – je besondere Erfahrungsweisen von Realität, die ins Gespräch kommen können, weit entfernt vom Standard-Journalismus einer reglementierten Öffentlichkeit. Fühmanns Fragment *Im Berg* (1982/84; aus dem Nachlaß 1991 erschienen), Zeugnis eines Scheiterns, deutet freilich nur noch an, wie ein solches zugleich poetisches, politisches und psychologisches Prosa-Projekt hätte aussehen können.

Fühmanns Essay setzt die *Distanz* des Autors voraus, die gerade produktiv gemacht werden soll. Das wichtigste Buch, das aus der Überzeugung entstand, man könne das Bitterfelder Herrschaftsideologem («Schriftsteller in die Betriebe») doch noch zum Instrument der Wahrheit machen und die Welt der Arbeiter zur Sprache bringen, legte Gert Neumann (*1942) mit *Elf Uhr* (1981 im Westen) vor. Das epische Tagebuch (Februar 1977/Februar 1978) zeigt gleich eingangs Anspruch und Programm eines Ich-Erzählers, der in der Straßenbahn aus Valérys *Monsieur Teste* die Verheißung ableitet, «Erkennen als Sprache, die sich in einem Körper verwirklicht», sei möglich.

Der Maler-Schriftsteller, der bis zu seiner Kündigung in einem Kaufhaus als Handwerker arbeitet und sich um elf Uhr seine schriftstellerischen Notizen macht, ist sprechendes Subjekt eines angestrengten Bemühens, körperliche Arbeit, Arbeitsalltag und Reflexion zusammenzuzwingen, die Darstellung der Wirklichkeit unentwegt subversiv erscheinen zu lassen. Das kann als philosophische oder erzählende Anstrengung erscheinen, die sich in ihren unablässigen Anläufen überfordert, es kann in exemplarischen Situationen auch die Form einer konzentrierten Burleske finden, so etwa, wenn der Erzähler-Handwerker den Direktor schweigend und perfekt arbeitend daran hindert, ihm beim Ölen einer Tür behilflich zu sein und sich mit ihm bei dieser Gelegenheit über «Probleme des verhängniseitlen sozialistischen Handwerks» herabwürdigend zu einigen.

Foucaults Satz «Der Signifikant ist nicht souverän» hatte das Denken des Erzählers bestimmt, und er glaubt ihm gerecht zu werden, wenn sein Handeln und sein Schweigen den abwertenden ‹Diskurs› des Direktors unterlaufen. Die detailbesessene Erkenntnisprosa Neumanns verlangt eine genaue Lektüre, die auf «die poröse Herrlichkeit zwischen den Wörtern und Sätzen und Handlungen» und damit auch zwischen den Episoden aus ist, die vielfach exemplarisch gelesen werden können.

Der Versuch, das proletarische Leben ‹von unten›, aus der Perspektive des Betroffenen zu erzählen, nicht vom Blickwinkel des Planers und Leiters her, ist in Texten von Irmtraud Morgner, Thomas Brasch, Kurt Bartsch oder Paul Gratzik unternommen worden, die überwiegend nur im Westen erscheinen konnten. Gedanken und Gefühle, ‹Mentalitäten› unter der konventionellen Oberfläche des bislang überwiegend Dargestellten kommen da in einer Weise zu Sprache, für die es im Aufbauroman schon der fünfziger Jahre, nicht zuletzt in Werner Bräunigs berühmtem _Rummelplatz_-Kapitel von 1965, Vorläufer gab; das gesamte Romanfragment des früh verstorbenen Bräunig ist in einem Nachlaß-Sammelband veröffentlicht worden (1981). Auch konventionelle Figuren wie die des ‹alten Kommunisten› zeigen ein neues Gesicht – Rentner voller kämpferischer Erinnerungen angesichts einer fragwürdigen Wohlstandsgesellschaft, dem Tode nahe, alternd, vergehende Vorbilder, die vielleicht von einer Lebenslüge existieren, wie der alte Mann in Thomas Braschs _Fliegen im Gesicht_, der sich angeblich an die Spanienkämpfe erinnert (Brasch, _Vor den Vätern sterben die Söhne_, 1977). Loest wählte in _Es geht seinen Gang_ (1978) einen Aktivisten der Aufbaujahre als fiktiven Adressaten für die Bekenntnisse eines Intelligenzlers der Leistungsgesellschaft: «Huppel, alter Huppel, alles war anders zu deiner Zeit, du mußt das nicht betonen.» Zaremba kann in vertrauter Weise noch eines der wenigen Vorbilder darstellen, die Plenzdorfs Aussteiger Wibeau akzeptiert; der Rentner Hensel, von dem sich Jurek Beckers Schriftsteller Bienek einmal Geld geliehen hat, stirbt vergessen – «Na dieser Alte von früher, ich weiß seinen Namen nicht.»[5] Keineswegs soll mit diesen Figuren die politische Tradition begraben werden, auf die man sich trotz aller Fehlschläge berufen muß – aber der Blick zurück ist melancholisch, voller Bitterkeit, weil er die Leiden der Vergangenheit am Status quo mißt.

Wadzeck, Titelfigur in einem Kurzroman (1980; Vorstudien schon 1971) von Kurt Bartsch (* 1937), kann nicht die Gegenwart des real existierenden Sozialismus repräsentieren; der Zuhälter, der nach vier Jahren im «VEB Knast» seine Rita von einem Invalidenrentner und Altkommunisten zurückholen will, bricht mit der Jargon- und Montage-Sprache Döblins _(Berlin Alexanderplatz)_ in eine Welt ein, die ihn auch literarisch verdrängt hat.

Wenn Wadzeck sich am Ende wie Büchners Woyzeck ein Messer beschafft, so erinnert Bartsch an proletarische Lebenswelten und Darstellungsformen, deren «Naturalismus» schon wieder schockierend wirkt. Dabei ist die Kontrastfigur des Altkommunisten Karl Baumann, der im KZ saß, am 17. Juni 1953 wie Gatt bei Erik Neutsch *(Auf der Suche nach Gatt)* von West-Rowdies schwer verletzt wurde, keineswegs als Popanz dargestellt – so oft diese Motive der Figurencharakteristik auch wiederholt worden sind. Bartsch stellt sie dar, als müsse man solche Lebensläufe, die nun unbeachtet sich dem Tode nähern, erst dem Vergessen entreißen. Diese Aufgabe haben auch zwei der Lebensläufe, die Irmtraud Morgner in ihren Roman *Trobadora Beatriz* einmontiert hat und die sie *Bitterfelder Früchte* nennt. Die Nähe zur Reportage und zum publizistischen Genre des «Porträts» ist unverkennbar, aber der Roman-Kontext verfremdet das realitätsnahe Detail.

Den Arbeiter-Alltag der Gegenwart will Paul Gratzik (* 1935) auf neue Art zur Sprache bringen. Die Ich-Erzählung *Transportpaule oder wie man über den Hund kommt* (DDR- und West-Ausgabe 1977) präsentiert die Lebenswelt eines Fernfahrers. *Kohlenkutte* (West-Ausgabe 1982) nähert sich mit der Erzählperspektive ebenfalls der Erfahrungswelt und der Sprache des Arbeiters.

Der Alltag im Betrieb, dessen unzulängliche technische Anlagen die Arbeit erschweren, und das Leben in einer zerstörten Ehe können durch erotische Eskapaden oder nächtliche Sauftouren nicht ausgeglichen werden, weder in Dresden noch mit Variationen in Berlin, wohin Rodschinka als «sozialistische Hilfe» abgeordnet wird. Daß Gratzik auch vor homoerotischen Szenen keine Angst hat – wenngleich sie in einer Halbwelt-Beleuchtung bleiben –, daß er Sexualität nicht nur mit konventionellen Andeutungen schildert, wirkt im Kontext der DDR-Prosa als der eigentliche «Ausbruch». Freilich, was bei Gratzik schockierend wirkt, kann wenig später bei Joachim Walther auf dem gleichsam neutralen Boden des historischen Romans *(Bewerbung bei Hofe,* 1984) oder bei Fritz Rudolf Fries *(Alexanders neue Welten,* 1982) nicht mehr überraschen. Gratziks Rodschinka tritt im Grund auf der Stelle, was ihn von vitalen Vorgängern wie Hannes Balla *(Spur der Steine)* oder Ole Bienkopp unterscheidet, die die materielle Produktion voranbringen sollten. Gerade davon kann hier keine Rede sein – wenn sich Rodschinka am Ende im Betrieb versehentlich einen Finger absägt, so kann man das im mehrfachen Sinn als symbolische Handlung verstehen. «‹Machtlos sind wir›, sagte Rodschinka. ‹Du irrst. Wir betrogen unsere Betrüger [...].›» Die scharfe Kritik aus der Perspektive der vermeintlich herrschenden Klasse, die in den Dialogen steckt, signalisiert zugleich Hilflosigkeit – wie der Schriftsteller Bienek in Beckers *Irreführung der Behörden* sind diese Arbeiter selbst betrogen.

‹Von unten›, im wörtlichen Sinn, aus der Perspektive des Heizers im Kesselhaus, sehen auch die Texte von Wolfgang Hilbig (* 1941) den Industriebetrieb. *Die Arbeiter. Ein Essai* (1975) verbindet überzeugend literarische Muster der Industriedarstellung, etwa des Expressionismus, mit deren Reflexion, der «Gedankenarbeit», die den *Heizer* (1980) aus der «Strafanstalt» seines Arbeitsplatzes erst als literarische befreit. Diese eigene Sprache, deren Emanzipation aus der materiellen Arbeit Hilbigs Texte vorführen, stellt sich zunächst in den Dienst der Arbeit, um die «Tatsache vor uns [...] in einen Standpunkt des Erfolges für uns, die Arbeiter, umzumünzen». Hilbigs vielschichtige Prosa vermag dieses Programm als Bericht und Erzählung umzusetzen. Hat Plenzdorf in seiner Jeans-Prosa die Montage, den ‹harten Schnitt› von Jargon und anderen Sprachebenen gewählt, Bartsch sprachliche Mittel

Döblins als aktuelle zitiert (Dialekt der ‹Proleten›), Gratzik in *Transportpaule*
versucht, die Ich-Erzählung durch Jargon-Elemente authentischer zu machen, so imitiert Hilbig Umgangssprache nicht, sondern hebt sie sogleich in
eine literarische Syntax auf, die Distanz schafft. Der Arbeiter, der «zur Feder
greift», um nochmals an Bitterfeld zu erinnern, ist Thema der Erzählung *Der
Heizer*; dessen Kündigungsschreiben wächst sich zum Buch aus, für das nun
ein Empfänger fehlt. So erfindet Hilbig eine symbolische Handlung, die das
Verhältnis von Arbeitswelt und Literatur als Bruch markiert: «Er war es
selbst, dem er das Buch überreichte, der *Heizer* war gekommen, um die
Kündigung entgegenzunehmen», das Heizer-Ich wird zum «anderen, den er
mit dem Buch sich entfernen sah».

Hilbigs Prosaband *Die Weiber* (1987) beschreibt eingangs die «feuchtheiße
Hölle», die den Heizer im Untergrund eines Betriebs mit vornehmlich weiblichen Arbeitskräften als Voyeur zeigt. Während Gratzik die sexuelle Sprache
vor allem als Provokation einsetzte, ist der Heizer historisch präzis zum
Opfer einer zunächst repressiven, dann technokratisch reformierten, liberalen Sexualmoral in der DDR («die Einführung der Brustwarze, die Einfuhr
der four letter words») geworden. Nachdem er einen Arbeitsplatz in einem
Frauengefängnis gefunden hat, werden die Gefängniswärterinnen und die
gefangenen Frauen in derselben Weise zum verzerrten Objekt seiner impotenten Begierde wie zuvor die Arbeiterinnen. Die detailgesättigte und zugleich reflexive Ich-Erzählung, die niemals befreienden Abstand zum Erzählten gewinnt, mündet in eine sublime Imagination der «Weiber» am Rande des
Kitschs («ich hatte sie [...] in meinem Herzen bewahrt»), die nur scheinbar
eine subjektive Lösung für die männliche Wunschprojektion in einem entfremdeten System anbietet. Wie zuvor das Buch des Heizers, so sind nun
seine «Weiber»-Phantasien Zeichen von deformierenden Widersprüchen, die
freilich auch seine kraftvolle Erzählprosa hervortreiben.

4. Erzählte Endspiele

Christoph Heins Roman *Der Tangospieler* (1989) und Christa Wolfs Erzäh-
lung *Sommerstück* (1989) waren keinesfalls als ‹Endspiele› der DDR gedacht
(obgleich man sie so lesen kann), wohl aber als finale Zeichen *dieser* DDR.
Anders Hilbigs Roman *Eine Übertragung*, der, wie fast alles von diesem
Autor, 1989 nur im Westen erscheinen konnte. Sein Text mündet in Wort-
Kaskaden, die komische Klage und prophetische Warnung zugleich sind:
«Staatsmacht [...] Stalin wacht! [...] Deutschland erwacht! Ach, ach, aach...
Acheron... Acheron... Acheron!»

Hein hat mit seinem *Tangospieler* nochmals ein Bild der Apathie im DDR-
Alltag geliefert, das mit seinen politischen Verweisen die Novelle *Drachenblut* (1983) ergänzt. In *Der Tangospieler* wird das DDR-Trauma des August

1968, der Niederwalzung des Prager Reformsozialismus, in fast absurder Weise zur Nebensache und dann doch wieder zur Hauptsache im Lebenslauf eines Historikers, der 1968 aus der Haft entlassen wird.

Dallow ist ein Mann, der sich wissenschaftlich aus der aktuellen Politik ins 19. Jahrhundert zurückgezogen hatte, der sich aber einmal dafür gewinnen ließ, in einem Kabarett ein Lied mit einer bekannten Tango-Melodie zu begleiten. Obwohl der Text ihm gleichgültig blieb, wird ihm das Lied zum Verhängnis; da es sich offenbar gegen das Partei- und Staatsoberhaupt richtete, wird Dallow verurteilt. Als man ihn 1968 entläßt, muß er feststellen, daß jenes alte Lied nunmehr ungehindert gespielt werden darf. Den Rechtspositivismus der am Verfahren beteiligten Juristen ficht das nicht an, im Gegenteil: Der Tatbestand zeigt «uns doch, daß wir ein ganzes Stück weitergekommen sind [...] eine wirklich komische Nummer [...] sehr gut gesungen». Der Zynismus der Fortschrittsideologie entspricht dem der Geschmacksurteile; abschnurrende Deutungsmuster verhindern die Annäherung an die eigentliche Sachverhalte. Dallow dagegen möchte die Wiederaufnahme des Verfahrens und seine Rehabilitierung erreichen. Dazu müßte freilich der Standpunkt der ‹Gerechtigkeit› (und Rechtssicherheit), auf den er sich beruft, zur Maxime öffentlichen Handelns erhoben werden. Da Dallow Gerechtigkeit nur für seinen eigenen Fall fordert, muß er die letzten Illusionen verlieren: Zwei Vertreter des Sicherheitsdienstes versuchen ihn als Spitzel mit der Zusage anzuwerben, er könne dann wieder als Historiker arbeiten. Wie sich herausstellt, benötigt man Spezialisten für die Tschechoslowakei. ««Geben Sie sich keine Mühe›, sagte Dallow grob, ‹was da in Prag passiert, kümmert mich so viel.› Er schnipste mit den Fingern.»

Seine Gleichgültigkeit beruht auf einem resignativen Zynismus, dessen Erfahrungsgrundlage die Romanhandlung laufend bestärkt. Politiker, so Dallow, «fanden meine Aufmerksamkeit erst, wenn sie vermodert sind. Sie sind dann wesentlich aufrichtiger.» Die Realitätserfahrung bringt die apathischen Einstellungen der Opfer hervor, die das System nicht mehr gefährden. Wenn es Dallow schon nicht gelang, als verhinderter Michael Kohlhaas an das eingespielte System heranzukommen, dessen Recht dem Interesse der Machthaber dient, so profitiert er doch letztlich von demselben Mechanismus, der ihn vernichtete. Als psychisch verelendeter Außenseiter, der nur noch von einem Tag zum nächsten lebt und denkt, muß er erfahren, daß er als Historiker wieder in seinem Institut anfangen kann: Der Kollege, der ihn höhnisch beerbt hatte, mußte plötzlich ausscheiden, nachdem er in einer Frühvorlesung den Einmarsch der Truppen des Warschauer Pakts in die Tschechoslowakei als westliche Propagandalüge bezeichnet hatte.

Anders als in Heins *Drachenblut* wird hier die Zerstörung der Persönlichkeit, ihr Wirklichkeitsverlust, die Ohnmacht des Subjekts, das zum Objekt geworden ist, als politischer Roman vorgeführt, und anders als in *Horns Ende* zeigt *Der Tangospieler* nicht mehr die Rehabilitierung des einzelnen durch seine Erinnerungsarbeit, vielmehr macht die Sinnlosigkeit dieses Versuchs die Zerstörung des Subjekts erst vollständig, weil sie zugleich das falsche Ganze stabilisiert. Den Mentalitäten, menschlichen Beziehungen, Institutionen des politischen und ideologischen Überbaus gilt die Aufmerksamkeit, aber der Roman bietet dem Leser keinen Widerstandshelden an, mit dem er sich identifizieren könnte; ein solcher Held wird ihm gerade entzogen. Es gilt, die fremde Welt der Erzählung als die eigene Entfremdung zu durchschauen.

Christa Wolfs *Sommerstück* (1989) steht in seiner Komposition (ein Sommeraufenthalt von Freunden auf dem Lande, darunter neben der Hauptfigur

Ellen noch weitere Schriftstellerinnen) und entstehungsgeschichtlich (von seiner Tagebuch-Grundlage her) neben *Kein Ort. Nirgends*, dessen quasi-autobiographisches Pendant es ist. Die Figuren von *Sommerstück* ließen sich entschlüsseln, zumal sie bereits in Episoden aus Sarah Kirschs Chronik *Aller-lei-Rauh* (1988) in demselben Mecklenburger Ambiente aufgetreten waren. Nachdrücklicher erscheinen bei Wolf die deformierte DDR-Realität, gegenwärtige Bewußtseinsformen und Zustände, aber es geht um mehr.

Wenn am Ende die ohnedies vergangene Idylle auch auf der Erzählebene abbricht, der Versuch der Intellektuellen gescheitert ist, mit den Dorfbewohnern ins Gespräch zu kommen, Feuer ein Haus zerstört hat, Krankheit eine der Freundinnen tödlich bedroht, so hat die Zeit eingeholt, was sich – wie in *Kein Ort* – nur in Augenblicken erfüllten Gesprächs, glücklichen Erlebens ihr zu entziehen schien. Wie in *Kein Ort*, so ist auch hier das äußere Geschehen auf ein Minimum signifikanter Wege – in die nahe und verfallende Stadt, ins Dorf, ins Nachbarhaus – reduziert, während ‹Welt› im Gespräch und im Nachdenken eingeholt wird. Die Emphase des utopischen Orts, die dem früheren Text trotz seines Titels innewohnt, ist hier in die Mimesis des ‹Lebens› zurückgenommen, seine Beliebigkeit, seine kleinbürgerliche Misere, sein kleines Glück (wenn etwa das Haus Ellens in letzter Minute vor dem Feuer gerettet wird) und sein Altern.

Vieles unterscheidet *Sommerstück* von den Texten, die Peter Handke nach seiner *Lehre der Sainte-Victoire* (1980) geschrieben hat, dennoch gibt es – gewiß unbeabsichtigt – intentionale Parallelen in der Ermutigung zur unverstellten Wahrnehmung des Gewöhnlichen, nicht ‹naiv› als Ideologie des einfachen Lebens, sondern reflektiert als erzähltes, dialogisches Bild der Realität. Das beleuchtet freilich die Erzählerin, die von der Hauptfigur nur durch die dritte Person ihres Sprechens Abstand hält, immer moralisch, auf Selbsterforschung, Kritik, Mitgefühl bedacht.

Nach den burschikosen, scharf-ironischen Attacken auf die Apparate, denen keine literarische Wahrheit entgeht (Becker, de Bruyn, Heym), kein Bewußtsein entkommt (*Der vierte Zensor* saß im Kopf auch der kritischen Autoren, so Loest 1984), steht am Ende die Schriftstellerin, die auf dem Lande ihre Schreibblockade überwindet und sich dem Freundeskreis enttäuschter Intellektueller in einem abschließenden (imaginären) Gespräch mit einer todkranken Freundin entzieht. Strukturen der DDR-Gesellschaft sind an deprimierenden, ganz alltäglichen Symptomen erkennbar, auch im abgelegensten Winkel. Was bleibt, ist die Erinnerung an glückliche Tage, ist der Dialog, in dem die Sterbende der melancholisch Lebenden Mut zuspricht.

Schriftstellerroman eines Autors, der in der DDR aufwuchs, und der seinen Ich-Erzähler dort in den fünfziger Jahren aufwachsen läßt, ist auch Wolfgang Hilbigs *Eine Übertragung* (1989). Nach Fühmanns Trakl-Buch muß man Hilbigs Roman als eines der abschließenden Zeugnisse der Epoche lesen. Wie bei Fühmann, der als einer der ersten auf Hilbig aufmerksam gemacht hat, wird hier keine plane, sondern eine verrätselte Geschichte erzählt, zu deren episodischen Kernen ein vermeintlicher Mord zählt. Das Kriminalmotiv des aufzuklärenden Vergehens, das als analytischer Erzähltopos bei Neutsch, Heym, Hein auftaucht, wird nur noch zitiert, um die unauflösliche Verflechtung der imaginativen Besessenheit des Ich-Erzählers mit einer Außenwelt darzustellen, deren wesentliche Akteure die Stasi und ihre Bediensteten sind.

Sie treten immer unverhofft, für den Erzähler undurchschaubar, in Erscheinung; die Wahrnehmungsform des Romans untergräbt unentwegt den «Glauben an ein totales Erfassungssystem des Lebens», dem der Erzähler doch beständig ausgeliefert ist. Der «Zusammenhang war das Abwesende», so meint der Erzähler zu erkennen, seitdem in seiner Kindheit der alles ordnende «Gott», «dieses siegessichere Lächeln aus dem überdimensionalen Vatergesicht», Stalin also, «einem Herzversagen» erlegen war. Seit den frühen fünfziger Jahren hatte er nach einem neuen Zusammenhang gesucht, Fiktionen erdacht in einer Gesellschaft, zu deren Wesen doch bereits die Fiktion (als System der Ideologien und Verdächtigungen) gehörte. Die «Besitzer der Macht [...] haben die Deutungen ohnehin in der Hand». Ihnen zu entkommen, kann nie gelingen, da selbst die kühnste Phantasie nur auf Gegebenes reagiert, «die Reinfälle müssen immer schon passiert sein!»

Hilbigs Roman ist ein singuläres Zeugnis für den Wirklichkeitsverlust im realen Sozialismus und für die unablässige sprachliche Anstrengung, ihn auszuhalten, indem der «Kampf» darum zur episch-sprachlichen Metapher (Übertragung) wird. Während Fühmanns Buch noch auf Identität zielt, die sich freilich nicht mehr gewinnen läßt, ist diese Intention in Hilbigs Roman als vergeblich durchschaut. So bietet sich dem Leser ein leitmotivisch überaus dichtes, polyphones Werk an, dessen Wesentliches fast jeden Abschnitt des nuancenreichen, naiv-ironischen Sprechens durchtränkt: «das wahre und richtiggestellte Abbild der Wirklichkeit» zu unterlaufen und Wirklichkeit zu durchdringen, «in der Hoffnung, zusammen mit diesem Sprachlosen eine Sprache zu finden». Das Erzählen wird zu einem Vorgang der poetologischen Reflexion, insofern zur ‹Grenzüberschreitung› in einer Welt realer Mauern und Kontrollen.

5. «Adieu DDR»

So heißt eine Sammlung von «Protokollen eines Abschieds», die Helga Königsdorf 1990 herausgegeben hat; DDR-Bürger kamen hier kurz vor dem Ende ihres Staates zu Wort. Die Endphase des – in offizieller DDR-Terminologie – «real existierenden Sozialismus» hat zunächst Reden, Aufsätze, Manifeste an die Stelle der Fiktionen treten lassen. Sammlungen wie Heins *Die fünfte Grundrechenart* (1989) und vor allem Wolfs *Im Dialog* (1990) halten Reden und Stellungnahmen von Autoren fest, die 1989 noch an eine eingreifende Veränderung der DDR geglaubt haben. Wolf Biermanns Essay «Das war's. Klappe zu, Affe lebt» (in: *Klartexte im Getümmel*, 1990) zeigt, wie genau man differenzieren muß, um den ‹Tätern› und ‹Opfern› eines gescheiterten Systems gerecht zu werden, das mit dem unbedenklich – auch apologetisch – ausgeweiteten Begriff des ‹Stalinismus› (Spätstalinismus) in seinen Widersprüchen politologisch längst nicht zureichend beschrieben ist.

Wie nach dem Ende jeder historischen Epoche begannen neben den auto-biographischen Rechtfertigungsschriften der Politiker auch die der Autoren zu erscheinen, so *Abspann* (1991) von Hermann Kant, dem langjährigen Präsidenten des Schriftstellerverbandes der DDR. Entschieden wichtiger ist Heiner Müllers autobiographisches Buch *Krieg ohne Schlacht. Leben in zwei Diktaturen* (1992), das aus Interviews entstand.

Wie immer bei Müller lebt der Text von provozierenden Widersprüchen. Der Weg vom geächteten zum (kurz vor dem «Untergang») «meistgespielten Autor der DDR» liefert dafür genügend Stoff. «Die DDR [...] war ein Traum, den Geschichte zum Alptraum gemacht hat.» Was wie ein politisches Bekenntnis klingt, kann auch so gesagt werden: «Der Aufenthalt in der DDR war in erster Linie ein Aufenthalt in einem Material» für den Schriftsteller, für DDR-Literatur. So kalt Müller die grotesken Züge seines Materials beschreibt, so auffällig ist seine Rede von der historischen «Tragödie», in deren «Bauch» die «Farce» lauerte, während sich «mit dem Bankrott der sozia-listischen Alternative» das Verhältnis umgekehrt habe. Müller läßt keinen Zweifel daran, daß für ihn die gesellschaftlichen Widersprüche fortbestehen, ja daß sie nach der «Vereinigung» unverstellt sichtbar werden: «Wer keinen Feind mehr hat, trifft ihn im Spiegel.» Das mag die letzte Illusion eines Autors sein, der vor zerbrochenen Spiegeln steht.

Das Ende der DDR-Literatur, die als Teilepoche der deutschen Literatur nach 1945 im Jahre 1990 unerwartet ‹historisch› geworden ist, hat paradoxer-weise die im Westen immer wieder erörterte Frage, ob es denn eine eigenstän-dige DDR-Literatur überhaupt gebe, abschließend beantwortet. Es gab sie, und sie bleibt eine unersetzbare Quelle zur geschichtlichen Erkenntnis der Illusionen, Ideologeme, Utopien, der Unterdrückung und der kritischen Freiheit, aber auch der Mentalitäten und der merkwürdigen Lebenswelt die-ses untergegangenen deutschen Staates. Vieles war und ist, gerade auf dem Gebiet der Erzählprosa, nur literaturgeschichtliches Dokument, anderes wird als bedeutende deutsche Literatur weiterwirken.

Schon der Streit der Literaturkritik um Christa Wolfs Erzählung *Was bleibt* (1990) hatte dazu ermutigt, über die Kriterien ästhetischer und moralisch-politischer Bewertung dieser Literatur erneut nachzudenken. Dem Vorwurf gegenüber, hier wolle sich eine Autorin, die sich bis zuletzt für die Reform-fähigkeit ihrer Gesellschaft engagiert habe, zum Opfer stilisieren, hat man zu Recht auf den Text verwiesen:

Die Ich-Erzählerin, Schriftstellerin, beschreibt einen Tag, an dem sie von Stasi-Mitarbeitern, die sich vor ihrem Haus postiert haben, beobachtet wird; auch ihre abendliche Lesung kommt nur unter Schwierigkeiten zustande. Zwischen einem des-illusionierten Gegner des Staates, der sich zynisch der Stasi andient, weil er Angst bekommt, und den mutigen jungen Leuten, die ohne Angst vor Repressalien ihren eigenen Zielen folgen, steht die Erzählerin – auf der Seite der Jugend, aber ohne deren Mut zum offenen Widerspruch. Die verstörte Schriftstellerin unter Kontrolle gibt sich nicht als die Heldin aus, die *Kassandra* (1983) darstellte, aber sie erscheint gerade in ihrer tiefen Unsicherheit als moralische Instanz, genauer, als Mittelpunkt befreiender Dialoge und Diskussionen.

Wolf hatte im November 1989 einen Aufruf «Für unser Land» unterzeichnet (wie auch Heym, Hein, Braun, Müller, Hermlin). Es war ein Land, von dem andere, zumal jüngere Kollegen nichts mehr erwarteten, das viele hatten verlassen müssen, um im Westen weiter arbeiten zu können. So mußte Günter Kunert die «Forderung nach einer Erneuerung des Systems [...] wie ein später und deplazierter Scherz» vorkommen, da «der Mensch» nun einmal nicht in der Lage sei, «eine Idee» zu realisieren.[7]

Die Exilierten legten sehr bald Auszüge aus ihren Stasi-Akten vor, einmontiert in munter erzählte Autobiographie (Erich Loest, *Der Zorn des Schafes*, 1990) oder kahle Dokumentation einer quälenden Verfolgung (Reiner Kunze, *Deckname ‹Lyrik›*, 1990). Auch diese abschließenden Zeugnisse der Literatur aus der DDR reihen sich einer Vielzahl vergleichbarer Berichte an, die in den Jahrzehnten zuvor (im Westen) erschienen waren – Bilder grotesker Überwachung, brutaler Verfolgung. «Es ging um Zukunft, wissen Sie. Was bleibt. [...] Was bleibt. Was meiner Stadt zugrunde liegt und woran sie zugrunde geht.»[8]

VII. ZERSPLITTERUNG DES ÄSTHETISCHEN KANONS: DDR-LYRIK

1. Absagen an das Vorgefundene

Die Desillusionierung der mittleren Generation, von Autoren wie Braun, den Kirschs, Czechowski, Mickel u. a., war ein Prozeß, der Jahre dauerte und Stadien des Zweifelns ebenso umfaßte wie solche der Selbsttäuschung. Ähnlich zögerlich verlief auch der Übergang von breitspurigem Pathos und forciertem Zukunftston zu verhaltenem, brüchigem, melancholischem Sprechen.

Als die Generation der Jüngeren nachrückte, geschah dies publizistisch effektvoll. In den «Weimarer Beiträgen» waren 1979 Gespräche mit jungen Künstlern abgedruckt, die ein deutlich verändertes Lebensgefühl anzeigten. Man habe nicht, wie die Vorgänger, die Erfahrung gemacht, «Träger einer großen gesellschaftlichen Bewegung» zu sein, stellte Bernd Wagner fest, deren «DDR-Messianismus» bleibe den jungen Autoren fremd. Uwe Kolbe konstatierte das Fehlen eines Heimatgefühls in der DDR, aber auch den Mangel an Alternativen: «Meine Generation hat die Hände im Schoß, was engagiertes (!) Handeln betrifft. Kein früher Braun heute.»

Der Lakonismus war eines der literarischen Mittel, welches das Pathos früherer Jahre entkräftete. Der 1948 geborene Wagner richtete sein Gedicht «Nach dem Spiele» (*Zweite Erkenntnis*, 1978) an Majakowski, für Braun die Leitfigur einer machtvollen Synthese von Revolution und Lyrik:

> Wer hat uns die Masken von den
> Gesichtern genommen?
> So lustig
> sind wir nicht.
>
> Die Gänse sind Gänse
> der Mühlstein ist schwer
> die Leiter hat gebrochene Sprossen und
> das da, hinterm Wald
> sind Schüsse.
>
> Unsere Stöcke
> sind nur Stöcke.

Die Kindheitstage der fröhlichen Maskerade, in denen das Märchenhafte als real geglaubt und dem Spielzeug die Fähigkeit zugetraut wurde, sich unbegrenzt in alles darin Gesehene und Erwünschte zu verwandeln, sind vorbei. Das (Revolutions-)Spiel ist aus, vernehmbar werden die wirklichen Schüsse, vielleicht nicht nur eine Anspielung auf Majakowskis Selbstmord, sondern auch auf die Vorgänge «hinterm Wald», an der DDR-Grenze? Bernd Wagner verließ 1985 die DDR.

Das Gedicht des 1957 geborenen Kolbe «Hineingeboren.» steht wie ein verbindendes Motto über den literarischen Debüts der Autoren seines Alters:

> Hohes weites grünes Land
> zaundurchsetzte Ebene.
> Roter
> Sonnenbaum am Horizont.
> Der Wind ist mein
> und mein die Vögel.
>
> Kleines grünes Land enges,
> Stacheldrahtlandschaft.
> Schwarzer
> Baum neben mir.
> Harter Wind.
> Fremde Vögel.

Der Text, der seine Kraft aus dem nicht aufgelösten Widerspruch zwischen den beiden Strophen bezieht, bedarf kaum der Interpretation. Bemerkenswert ist der Punkt hinter dem Titel, ein abschließendes Satzzeichen, das festhält, daß es sich so und nicht anders verhält und das lyrische Ich kraft seiner Geburt, aber nicht aufgrund einer Wahl zu diesem Land gehört, dem kaum noch Lob zuteil wird. Selbst die im ersten Gedichtband Kolbes mit demselben Titel (1980) noch formulierten positiven Aussagen waren schon nur noch als Willensakt, in Form einer Anstrengung möglich: «ich will hierbleiben / ich will aushalten»,[1] heißt es in einem anderen Gedicht Kolbes, der 1987 mit einem mehrjährigen Visum in die Bundesrepublik kam.

Am Anfang dominierte noch durchaus ein kritischer Ton im Sinne der Opposition und Abwehr von ideologischer und kollektiver Vereinnahmung. Die Texte begehrten gegen das «beschnittene Dasein» (Kolbe) auf, wie es die verschiedenen Sozialisierungsinstanzen – Schule, Universität, Beruf, Armee – zurechtgestutzt hatten, und zeigten Distanz zur DDR als schwierigem, unfreundlichem Vaterland.

Wenige Jahre später, in der von Sascha Anderson (* 1953) und Elke Erb (* 1938) herausgegebenen Anthologie *Berührung ist nur eine Randerscheinung*, die 1985 nach langem Irrweg der Texte und Vorladung der beteiligten Autoren bei der Staatssicherheit in einem Kölner Verlag erschien, fiel die Selbstdarstellung scharf und kompromißlos aus. Manche Beiträger markierten krassen Abstand zu den Autoren um Braun (sein Name wird als der einer Mittelpunktfigur immer wieder genannt), und die meisten kehrten betont ihre Aussteigerhaltung hervor. Die Enttäuschung der Hoffnungen, der Erwartung an die Gesellschaft, so Fritz-Hendrick Melle (* 1960), sei von ihm nicht mehr selbst durchlebt worden, sondern sie sei eine Voraussetzung gewesen. Die Überzogenheit der

Abwehrgebärde gehörte zum Programm. Nur wenige räumten ein, andere Grammatiken des Denkens durchlaufen zu haben (Kolbe äußert dies über sein Verhältnis zu Braun), bevor sie sich von ihnen lösten. Michael Wüstefeld (* 1951) gab einem Gedicht die widmende Überschrift «Für Uwe Kolbe»:

> Hineingeboren wie hineingeborgt
> Eingenommen wie gefangengenommen
>
> Festgehalten nicht fester Halt
> Aushalten nicht Anhalt
>
> Ankommen wie wegkommen
> Ankunft wie Wegkunft
>
> Hierbleiben nicht dableiben
> Ausreisen nicht ausreißen
>
> Lachen wie Masken
> Maskieren wie Weinen
>
> Verrecken nicht um Ecken
> Umrunden nicht im Kreis
>
> Loseisen wie festrosten
> Geborensein wie totleben

Wüstefeld schreibt Kolbes Gedicht weiter durch Verneinungen und Vergleiche; sie überführen das ‹alternativelose› Faktum des Hineingeborenseins, Bleibens aus dem Status der Gewißheit in semantische Unsicherheit und lassen wenig Tröstliches übrig. Der Sarkasmus allerdings, mit dem virulente Begriffe der DDR-Kommunikation (ausreisen – ausreißen) im Wortspiel, der Paronomasie, zusammengeführt werden, wirkt erleichternd, als Gelegenheit zur zumindest verbalen Aggressionsabfuhr.

In den literarischen Texten wie in den Statements des Bandes *Berührung ist nur eine Randerscheinung* wurde kaum mehr aufbauende, helfende oder anklagende Kritik geübt, sondern man stellte Haltungen der Verweigerung aus, auch gegenüber den Denkmodellen und Ideologemen, an denen sich die Vorgänger gerieben hatten. Doch sollten die vom Ende der DDR ausgelösten Debatten freilegen, daß die These vom besseren Deutschland auch bei den ‹Szene-Autoren› weiterwirkte; sie belegten indes ebenso deren Verflechtung mit gesellschaftlichen Institutionen, vor allem der Staatssicherheit.

2. *«Texte auf Texten»*

Im Postskriptum zu seinem Band *Notausgang* (1980) notierte Richard Pietraß kritisch: «Mancher wird Geschlossenheit vermissen, einen persönlichen Stil. Ihm entgegne ich, daß mir der Schneid fehlt, eine mir zugefallene Entdeckung zu patentieren und lebenslänglich auszubeuten.» Was hier gleichsam als Manko des eigenen Schreibens bezeichnet wird, läßt sich verallgemeinert auf größere Lyrikzusammenhänge seit Mitte der siebziger Jahre übertragen: Die Verfügbarkeit von Formen und literarischen Mustern ist vorausgesetzt und damit auch ihre Funktionalisierung je nach gegebenem Anlaß. Diese Ausfächerung der poetischen Sprache durch das Erproben unterschiedlichster Modelle und eine Vielfalt der Mitteilungsgesten bei einem Autor und innerhalb der jeweiligen Generation hat keinen willkürlichen Charakter, sondern ist Ergebnis einer zwangsläufigen Entwicklung. Die Geschichtsmächtigkeit und kraftvolle Subjektivität, die in den ‹großen› Gedichten der sechziger Jahre so betont vorgezeigt worden war, kam abhanden. Mehr noch: der Subjekt-Begriff selbst schien verschlissen, das Konzept «Identität» war durch die Theoreme des Poststrukturalismus endgültig zur Diskussion gestellt. Damit war nicht nur die Fähigkeit zu eingreifendem Handeln negiert, sondern selbst das Bekunden der eigenen Gefühle fragwürdig geworden. Seit Mitte der siebziger Jahre bildete sich bei den Autoren der mittleren Generation und bei den Jüngeren neben der Lyrik der Unmittelbarkeit und zum Teil gegen sie eine Lyrik der «geistigen Strenge»[2] aus mit stark selbstreflexiven Zügen und einem hohen Grad an Hermetik. Die Kommunikation mit dem Leser, die sich in der Prosa der subjektiven Authentizität und auch in den Gedichten der Alltagslyrik so intensiv herstellte, ist zum Teil bis zum äußersten verweigert.

Die Komplexität der Gedichte beruht nun häufig darauf, daß Texte aufeinander geschichtet oder metonymisch miteinander verkettet sind, daß andere Stimmen, Vor-Gedachtes, den Horizont des Gedichtes bestimmen.

Mickels Gedicht «Die Elbe» *(Eisenzeit)* integriert eine Aussage aus Heinz Czechowskis frühem Gedicht «An der Elbe» («sanft wie Tiere gehen die Berge neben dem Fluß») und Hölderlins Pindar-Kommentar, aber nicht als Produkte fertiger Verarbeitung, der Einverleibung, sondern als Möglichkeiten, durch die Verweise Neues an- und aufzuschließen. Die «unterbrochenen Gesten»,[3] die in einer verschlungenen Syntax münden, und der metaliterarische Hinweis auf den Umgang mit dem Material unterstützen nur die dialogische Verfassung des Gedichts (dialogisch im Widerstreit der einzelnen Textteile und in der Auseinandersetzung mit den Vorlagen, aber nicht in der Rücksicht auf den Rezipienten):

> [...]
> So sah ich das. Jedoch das exponierte
> Material reicht weiter. [...]
> [...]
> Sanft wie die Berge neben dem Fluß
> (Czechowski) kriechen Bestien in die, aus dem
> Zoo, bei Kindern, nach dem Angriff
> Achselhöhlen. Und Berufsverkehr
> Heißt, daß Der mit Jenem, Der mit Dieser
> Es (Sein Wesen) treibt, und jedes Menschs

Verrichtung, wenn nur Eines, und nicht sofort
Ein Anderes die Lücke, wie es, besser
Oder schlechter, ist, füllt, fällt, nicht wäre:
Vgl. auch den Kommentar zu Pindar
Von Hölderlin, Belebendes (Kentauren).

Braun, der vielfach Passagen aus anderen Texten in seine Gedichte einmontierte, spitzte dieses Verfahren seit dem Zyklus «Der Stoff zum Leben» zu, indem nun häufiger Zitate aufeinanderprallen, die miteinander streiten, ohne daß das Subjekt des Textes noch ein- oder unterordnend, kommentierend die Interpretation steuern würde. Wenn einer Gedichtfolge die Bezeichnung «Material» mit Numerierung vorangestellt ist, so ist dieser Begriff, den ja auch Mickel in «Die Elbe» benutzt, durchaus wörtlich zu verstehen. Dem Leser wird kein fertiges Ganzes, sondern Material an die Hand gegeben, das er selbst zu bearbeiten, zusammenzufügen hat. Die oben zitierte Passage aus «Material V: Burghammer» mit ihren unverbundenen Einzelwörtern zeigt diesen Verlust der Souveränität und hierarchischen Textorganisation an.

Hinter der Schichtung und Verkettung von Texten ist ein anderes Verfahren zum Erzielen einer vielseitigen Bezüglichkeit gleichsam zurückgetreten: das imaginierende Schreiben. Vor allem einige der jüngeren Autoren nutzten, gerade in ihrer Anfangs- und Erprobungsphase, diese Möglichkeit. Kolbe etwa stellte sich, die Bedeutung der Anthologie *Menschheitsdämmerung* für das eigene Werk hervorhebend, ausdrücklich in die Tradition des Expressionismus. Seine Sprache habe keinen anderen literarischen Ursprung. Und Anderson, vom Manierismus als der Kunst der Krise, des Zerfalls, des Irregulären und Disharmonischen angezogen, etikettierte Gedichte als «concetti», füllte sie mit rätselhaften Bildern und riegelte sie bisweilen ‹hermetisch› gegen das Verstehen ab.

In seinem Essay *Rimbaud. Ein Psalm der Aktualität* (1984) bezeichnete Braun ‹die Jungen› u. a. als «Hausbesetzer in den romantischen Quartieren». Wenn jemand diesen Titel mit Fug und Recht und im positiven Sinn für sich beanspruchen kann, ist es der spät in die Öffentlichkeit getretene Wolfgang Hilbig (* 1941), der eigenwillige Schriftsteller mit proletarischem Lebenslauf, der stets aus den Zirkeln schreibender Arbeiter ausgeschlossen wurde. Während Braun in seiner Rimbaud-Studie Sympathie für die gesellschaftliche Rebellion und sprachliche Radikalität des Franzosen erklärt, die marxistisch zu nutzen seien, ist Hilbigs Verhältnis zu Rimbaud (und zu anderen Symbolisten wie Expressionisten) sehr viel unvermittelter. «Ich ist ein anderer» – diese Erkenntnis Rimbauds befestigt sich bei Hilbig im Übergang vom ersten (1979) zum zweiten Gedichtband (1986). Aus der *abwesenheit* gerät das Ich in die *versprengung*; «absenzen» werden konstatiert, von «unwesenheit» ist die Rede und immer wieder von der «duplizität» des Ich («in meiner sprache sprech ich immer / mit einem der ich heißt»[4]).

Jürgen Rennerts bemerkenswerter Gedichtband *Hoher Mond* (1983) schließt an die verdichtete Sprache etwa Arendts und Celans an. Seine Bilderwelt speist sich aus Archaik und Religion, nicht zuletzt, worin ihm Uwe Grüning (*Spiegelungen*, 1982; *Im Umkreis der Feuer*, 1984) gleichkommt, aus kabbalistischer Sprachmystik («Leuchten der Konsonanten im tiefen / Traumlosen Schlaf versunkener Welt»).

Bei Hilbig wie bei Rennert sind Dunkelheit und moderne Texttheorie subtil verknüpft. Während Hilbigs «Versprengungs»-Phantasien vielfältige Projektionen der Ich-«Zwiefalt» entwerfen, akzentuiert Rennert die konstituierende Rolle der Sprache, die den Sinn und das Subjekt im Zuge von dessen Arbeit am Text, in dem es erst untergegangen war (es ist eine gegenseitige Bewegung), wieder erzeugt:

> Im Schloss
>
> Ich spreche mehrere Sprachen in meiner,
> Das macht, daß ich bin, der ich war, der ich werde,
> Sein könnte, nicht war und nicht werde, nicht bin.
> So regiert Sprache den Raum und die Räume,
> Zutritt zu diesen gestattend, verwehrt sie
> Bei Strafe des Todes den Eintritt in jenen.
> So liebt Sprache den Menschen, denn was sie
> Vor ihm und seinen Sinnen sorgsam verbirgt,
> Ist der Reflex des eigenen Nichts und der Leere
> Im Spiegel verbotenen Raumes, den er, wenn Sprache
> Vermeintlich entschwindet, sich öffnet, den Schlüssel,
> Das Bein schnell erdrosselten Vogels Geduld,
> In den im Nichts sich verlierenden Händen.
>
> Wo ist sein Schatten, und wo ist Schlemihl?

Daß Wirklichkeit als eine vielfach besprochene aufzufassen ist, die außerhalb ihrer sprachlichen Verfassung gar nicht ‹ansprechbar› ist, hatte indes seit Mitte der siebziger Jahre oftmals eine Abwendung von der Bildlichkeit hin zur Wörtlichkeit zur Folge: Die Rhetoriktradition wird aufgegriffen, um Einspruch zu erheben, An-Sprüche anzumelden, Zu-Spruch zu leisten.[5]

3. Sprachbefragung

Am greifbarsten wird die Aufwertung der Rede und rhetorischer Figuren dort, wo die Sprache der Macht, die Symbole der Geschichte aufgenommen und zerlegt werden. Dieser sprachkritische Impetus von Wider- und Gegenrede findet sich als Impuls quer durch die Autorengenerationen.

«Material VII: Der Frieden»[6] von Volker Braun ist sicherlich eines der radikalsten Gedichte aus dieser Gruppe. Es stellt dem 20. Jahrhundert die Diagnose. Der Einsatz ist eher konventionell: Ein Klopstock-Zitat («Langsam wandelt die schwarze Wolke») führt in das Thema ein, daß angesichts des Wettrüstens im Weltmaßstab ein Denken in engen Ländereinheiten hinfällig sei; eine allegorische Prosapassage über den hochgerüsteten Frieden schließt sich an. Der Schluß widerlegt zwei sakrosankte Texte der kommunistischen Bewegung, «Brüder, zur Sonne, zur Freiheit» und «Solidaritätslied», indem Teile weggeätzt werden. «Vorwärts und nicht vergessen», lautete einstmals die Parole, aber gerade das letzte Wort wird nicht mehr erinnert. Die Vision vom Zug der Millionen in die lichte Zukunft ist damit genauso obsolet geworden wie die Hoffnung auf eine befreiende Kampfgemeinschaft der Proletarier. Was bleibt, ist ein Militarismus, der die «Brüder zur Kasse» bittet, und ein Egoismus, der den alten Gemeinschaftsglauben aufkündigt:

> VORWÄRTS UND NICHT VER
> VER
> vergammeln/blödeln/raten
> Vorwärts und sehn wo du bleibst
> BRÜDER ZUR
> ZUR SONNE
> ja wohin?
> Vorwärts und nicht vergessen anzustellen
> Brüder zum Posten empor!
> Vorwärts an Geschütze und Gewehre
> Vorwärts marsch!
> Brüder zur Kasse
>
> Vorwärts UND NICHT VERGESSEN
> BRÜDER
> Die Solidität
> DIE SOLIDARI
> TÄTERÄTÄH

Die Sprachbefragung brachte die (ideologie-)kritische Lyrik der DDR, die deren Geschichte und Gegenwartszustand untersuchte und darüber hinaus Konstellationen von Herrschaft und Unterdrückung analysierte, zu einem gewissen Ende. Aber die Auseinandersetzung mit «Rede-Wendungen» (Kito Lorenc) machte dabei nicht halt. Sie befaßt sich, spielerisch oder ernst, mit den Phrasen und Wortrastern, die in der allseits versprachlichten Gesellschaft Wahrnehmung wie Äußerung verstellen. «Nimm eine hohle Phrase / oder ein leeres Wort / und begib dich auf einen Gemeinplatz / oder sonst einen sicheren Ort», gibt Lorenc in *Wortland* eine «Spielanleitung». Ein skurriler, verquerer Humor bricht in den neueren Texten von Lorenc wie auch von Endler durch. Der schrieb 1982 ein «Komplettiergedicht / Eine Etüde im frühpersischen Stil» (*Akte Endler*, 1988):

> ....verletz' ich –
> ....lieber wetz' ich –
> ....so'n Brummelpetz ich –
> ....ätz' ich –

..........ungeheuer fetzig –
..........im Netz ich –
..........Professor Maetzig –
..........ach, hätt's ich –
..........und niederplätt's ich –
..........zersetz' ich –
..........kaum erst Viertel vor Drei –
..........errett's ich –
..........Anfang Mai –
..........die Krätz' ich –
..........als sanfter Pulverschnee herniederschnei' –
..........schätz ich –
..........verzeih'!

Das redet leicht daher, die Reime sind simpel, oft genug weit hergeholt und dadurch wie durch ihre stereotype Häufung komisch. Parodiert wird der Umgang mit seltenen Lyrikformen als Beweis von Gelehrsamkeit, ja selbst der Topos, daß in Lyrik als verdichteter Rede jedes Wort unverrückbar und gewichtig sei. Aber dies ist keine Stammtischreimerei, sondern Clownsartistik. Grell geschminkt werden – andeutungsweise – Aussagen präsentiert über das Geschäft des Schreibers und Kritikers wie über die Zwänge, in die er verstrickt ist. Eine ähnliche Regressionsgebärde zeichnet die Wortkaskaden aus, die ein anaphorisches «ich» oder andere Formen der Wiederholung seriell reihen.

Vor allem der aus Prag gebürtige Jan Faktor (* 1951) hat dieses Verfahren, mit Hilfe u. a. von Tautologie und Wiederholung aus der Worthülse Erkenntnis hervorzutreiben, perfektioniert (*Georgs Versuche an einem Gedicht und andere positive Texte aus dem Dichtergarten des Grauens*, 1989). Seine Texte sind nicht auf das intensive Wort konzentriert, verdichtet, sondern extensiv, bisweilen exzessiv ausfernd. Als Faktor 1982 mit der Arbeit an «Georgs Sorgen um die Zukunft» begann, gefiel ihm «die Häßlichkeit des Komparierens bei den Adjektiven». Die Steigerung wurde zur Grundfigur des Textes. Alle möglichen und ‹unmöglichen› Begriffe («das Zukünftige wird immer zukünftiger / das Sorgende immer sorgender / [...] die Oper immer Oper / die Trauer immer Trauer») geraten in den Strudel progredierender Verschlimmerung, der bis auf 2800 Sorgen anschwoll. In den «Gedichten eines alten Mannes aus Prag» arbeitet Faktor mit dem scheinbaren Realismus einfacher Aussagesätze. Das Ergebnis sind «nichtoriginelle Gedichte», denen Faktor in seinen «Manifesten der Trivialpoesie» das Wort redet, wobei er teils das Genre parodiert, teils ihm in «unsauberer Mystifikation» anhängt.

Selten gibt sich die neue Lyrik rein wortspielerisch vergnüglich, meist ist sie sarkastisch und bissig. Oftmals exponiert sie kleine und große Grotesken, um das Unheimliche von Entfremdungserfahrungen zu Wort zu bringen, die auch den Sprecher und seine Sprache in Mitleidenschaft ziehen: Gefährdet ist die Identität der Person, ja die Unversehrtheit des Leibes wie auch die Einholbarkeit der Wirklichkeit im Gedicht. Elke Erb machte in ihren Texten aus dem Band *Vexierbild* (1983) die – irritierenden, quälenden – Übergänge zum Prinzip; Pietraß antwortete in «Zerfleischung»[7] dem Traum vom neuen Menschen durch die groteske Selbstzerstörung der Menschheit. Angesichts solcher Bitterkeit und Ausweglosigkeit gelang es nur selten, im Sinne einer universellen «Karnevalisierung» (Michail Bachtin) die Autorität zu verlachen. «Kommt, laßt uns lästern die Prediger des Wassers», ermunterte Kolbe: «Wir lachen sie kaputt.»[8] Doch weniger in der Lyrik als vielmehr in den Demo-Sprüchen des Herbstes 1989 wurde diese Forderung eingelöst.

4. Macht-Erfahrungen

Grimasse und Groteske triumphieren über Unfug und possenhafte Phantastik, das Lachen von Witz und schwarzem Humor verliert selten den Geschmack der Bitterkeit; das Spielerische wird in der Regel einem Ernst untergeordnet, der jenen der bestehenden Verhältnisse wiedergibt. Dies gilt im wesentlichen auch für die Texte derjenigen jungen Autoren, die seit Beginn der achtziger Jahre bewußt aus den Traditionen von DDR-Poesie auszuscheren begannen. Bert Papenfuß-Gorek, Stefan Döring, Sascha Anderson, Jan Faktor, Rainer Schedlinski, Andreas Röhler, Bernd Igel, Andreas Koziol und ihr Kreis hatten damals jedoch kaum Möglichkeiten zu veröffentlichen. Eine erste Dokumentation bot die bereits genannte Anthologie *Berührung ist nur eine Randerscheinung*. Es folgte der von Egmont Hesse herausgegebene Sammelband *Sprache & Antwort*, der 1988 in Frankfurt a. M. erschien. Unter dem bezeichnenden Reihentitel «Außer der Reihe» nahm dann auf Initiative Gerhard Wolfs der Aufbau-Verlag seit 1988 einige der Autoren in sein Programm auf.

Fluchtraum war den sich als Aussteiger verstehenden jungen Dichtern die Lebenshaltung als Kunst (oder Kunst als Lebenshaltung), die außerhalb der konventionellen Arbeits- und Karrieremuster verlief. Der Prenzlauer Berg mit seinen Hinterhöfen und billigen, kaum sanierten Wohnungen wurde zum bevorzugten geographischen Ort einer in der DDR neuartigen Kultur, die zunächst nicht-öffentlichen Charakter hatte. Gelegenheitsarbeiten sorgten für das Existenzminimum. Entfaltet wurde eine vielseitige Kunstszene mit hektographierten, inoffiziellen Zeitschriften (wie «Und», «Schaden», «Undsoweiter», «Mikado», «Ariadnefabrik», «Zweite Person», «Anschlag», «Verwendung»), Lyrikgraphikmappen und Auftritten in Zimmern, Kirchenräumen und Galerien, die auf eine Verbindung der Künste zielten.

Inzwischen ist es erwiesen, daß Anderson, rühriger Promotor der Szene am Prenzlauer Berg, die er 1986 in Richtung Westberlin verließ, und Rainer Schedlinski (* 1956), einer der führenden Theoretiker und mit Koziol Herausgeber der Zeitschrift «ariadnefabrik», inoffizielle Mitarbeiter der Staatssicherheit waren. Der Prenzlauer Berg wurde schlagartig verdächtig, denn wie könnte der Anspruch auf Selbstbestimmung und Autonomie mit solchen Zulieferdiensten vereinbar sein?

Den Stein ins Rollen brachte Biermann mit seiner Büchner-Preis-Rede,[9] in der er mit harschen Worten («der unbegabte Schwätzer Sascha Arschloch, ein Stasispitzel») Anderson decouvrierte. Es schloß sich eine mit Leidenschaft, ja Hysterie ausgetragene Diskussion voller Anklagen und Abwehrgebärden, Aggressionen und Verdrängungswünschen an.

Durch das Fehlverhalten zweier Autoren geriet eine ganze Literaturszene in Mißkredit. Für Biermann war sie gar, so in seiner Rede zum Eduard-Mörike-Preis,[10] «ein blühender Schrebergarten der Stasi»; ihre Protagonisten galten ihm als «spätdadaistische Gartenzwerge mit Bleistift und Pinsel». Die These von der unabhängigen Kunst der DDR als Simulation der Stasi suggeriert nicht nur umfassendes Kunstbewußtsein, sondern auch allmächtige Verfügungsgewalt, als ob sich Kunst als Ablenkung von politischer Opposition totalitär manipulieren ließe.

Biermanns Invektiven erklären sich nicht zuletzt aus seiner (mit Jürgen Fuchs geteilten) Position politischer Dissidenz, die prinzipiell mißtrauisch war gegenüber dem Anspruch der Szene-Autoren, den Fixierungen auf die herrschende Ordnung, wie sie selbst in der Opposition aufrechterhalten werden, zu entgehen. «Wir haben eben innerhalb des Geheges nur Gehegebegriffe»,[11] beschrieb Erb lapidar das Dilemma einer kritischen Literatur. Die Wunschvorstellung lautete, wie Erb sie noch wohlgemut im Vorwort zu *Berührung ist nur eine Randerscheinung* formulierte, über «konfrontative Positionen» hinauszugelangen und den «Austritt aus dem autoritären System» zu vollziehen. Das Aufbegehren wurde von einem unbedingten Begehren im Sturmlauf gegen Lebensverhinderung und Tabus grundiert. Grenzüberschreitungen, Sexualität und Traum markierten das vitale Element. Da der Anspruch gegenkultureller Art war, wurde seinen Verfechtern ein Freiraum gewährt. Die gleichzeitig angelegte Kontrolle verschärfte sich zu Zersetzungsmaßnahmen, als erkennbar wurde, welche Auswirkungen die von ihrem Lebensentwurf und ihrer Literatur her ungebärdige Szene auf das gesamte künstlerische Leben in der DDR hatte. Zu den anderen DDR-Lyrikern stehen die Prenzlauer Autoren in einem komplexen Feld von Polemik und Korrespondenz. Die verbindenden und trennenden Linien politischer und literarisch-formaler, generationsspezifischer und geographischer Art (zwischen den Weggegangenen und den Ausharrenden) verlaufen teils quer zu den Parteiungen. Um hier nur einige *Abgrenzungen* innerhalb der Gruppe der jüngeren Autoren zu skizzieren:

Politisch oppositionelle Autoren wie Lutz Rathenow (*1952), dessen oft parabolische Texte (*Zangengeburt*, 1982) auf das Scheitern des individuellen Glücksanspruchs innerhalb repressiver Systeme konzentriert sind, trennt von der Szene die aufklärerische Haltung und der eher traditionelle Schreibansatz.

Thomas Rosenlöcher (* 1947) (*Ich lag im Garten bei Kleinzschachwitz*, 1982; *Schneebier*, 1988) unterscheidet von ihr die Lust am Umgang mit Bildern und Lyrikformen in Nachfolge der «Sächsischen Dichterschule» (Braun, Mickel, die Kirschs u. a.). Und auch Rüdiger Rosenthal (* 1952) (*Polnische Reise*, 1984) setzt vielfach auf die intertextuelle Auseinandersetzung mit politisch Vorgedachtem und literarisch Vorgeprägtem.

Als Antipoden der Szene vom Prenzlauer Berg galten Hans-Eckardt Wenzel (* 1955) (*Lied vom wilden Mohn*, 1984; *Antrag auf Verlängerung des Monats August*, 1986) und Steffen Mensching (* 1958) (*Erinnerung an eine Milchglasscheibe*, 1984; *Tuchfühlung*, 1986), die bewußt an Brecht und andere kanonisierte Autoren anknüpften und deren von sozialistischen Positionen aus vorgetragene Kritik mit literarischen Preisen honoriert wurde. Durch die Vehemenz der Abgrenzungsgebärde seitens der Szene-Autoren wurden die Texte selbst, ihre Beschaffenheit und Qualität, beiseite gewischt. Papenfuß-Gorek (* 1956) unterzieht in «unter uns gesagt, aber behalt es für dich»[12] den Insiderkult ironisch der Selbstkritik: «steffen mensching ist im untergrund / ein arschloch & wenzel der entsprechende stöpsel [...] im untergrund haben alle einen schatten / alles wird angerissen & mitgeschnitten / sagt man; man sagt, alle sind im widerstand [...] alles ist im untergrund obenauf; einmannfrei.»

Macht und Ohnmacht sind Schlüsselbegriffe der neuen Lyrik; ihr Aufkommen im Gedicht war den Verhältnissen in der DDR geschuldet, stand aber auch im Zeichen der «apocalypse now»; das Potential dieser Erörterungen hat sich keineswegs mit dem Ende der DDR erschöpft.

> wenn über nacht über macht
> ohnmacht gedanken macht
> und unter nehmen versteht
> was unter geben begriffen
> ‹ich habe sie umgebracht›
> steht hinter gedanken
> sieben sinne soldaten
> vor führung und vor täuschung

Stefan Dörings (* 1954) Gedicht «schlaf jetzt»[13] stellt einen Vorgang der Fluktuation dar: Auf einer ersten Verstehensebene handelt der Text von einem nächtlichen Zusammensein von Mann und Frau, von Rollenverteilung, Stärke und Unterdrückung, den sieben Sinnen und ihrer Täuschung. Gleichzeitig ist man verleitet oder genauer: wird man angeleitet, einige der getrennt geschriebenen Wörter zu Komposita zusammenzusetzen: übermacht, gedankenmacht, unternehmen, untergeben, hintergedanken, vorführung, vortäuschung usw., was Unruhe, neue Verstehenswendungen in die erste Lesart bringt und zusammen mit den ‹gewaltsamen› Vokabeln «umbringen» und «Soldaten» den Begriffen Macht und Ohnmacht eine politische Dimension verleiht. Der beruhigende Titel «schlaf jetzt» nimmt so neben seiner vordergründigen Bedeutung den ironischen Charakter einer quietistischen Formel an. Keine der beiden Interpretationsmöglichkeiten kann das Monopol eindeutiger ‹Richtigkeit› für sich beanspruchen, so daß sich als Drittes ein Spannungsfeld um Gedanken und Sinne, Verstehen und Begreifen aufbaut.

Macht und Ohnmacht sind zusammen zu denken, so auch der Tenor folgender Gedichtzeilen Wolfgang Hilbigs über das Verwischen der klaren Konturen im Grau deutscher Gegenwart:

> fern in den wüsten wechseln nacht und tag
> sich feindlich ab mit schallendem schlag
> indes hier macht und ohnmacht seit an seite hinken
> um graue strassenwinkel die nach frieden stinken

Gerade auch Anderson und Schedlinski formulierten scharfsinnige Analysen des Verhältnisses zur Macht. Die Spaltung der Persönlichkeit reproduziere die Schizophrenie der Zivilisation. Anderson formulierte im Gespräch mit Hesse in der Anthologie *Sprache & Antwort*: «man hat es gelernt, mit der schizophrenie produktiv umzugehen. [...] ich verfüge über die mittel der schizophrenie, ohne selbst betroffen zu sein.» Schedlinski äußerte im selben Band: «der antithetische widerstandsdiskurs ist ein verhindertes gesetzgebungsorgan, das sich seinerseits hermetisiert und außenwelten schafft. produktiver ist es, nicht auf der seite des rechts oder der ordnung zu argumentieren, sondern der diskursiv ausgeübten macht das gegenwärtig ausgegrenzte, entwertete, verdrängte, ignorierte, nicht gebrauchte, sprachlose und disqualifizierte einzuwenden [...].» Solche Zeilen lesen sich auf dem Hintergrund des inzwischen über beide Autoren Bekannten entweder als Zynismen oder als nahezu beschwörende Legitimationsversuche.

Auch aus den Gedichten, vor allem Andersons, lassen sich zahlreiche Stellen extrapolieren, die man als Belege für die Involvierung in den Ordnungsapparat interpretieren kann. Eine identifikatorische Lektüre würde fälschlich die Gleichsetzung von Autor und lyrischem Ich voraussetzen. Doch müssen die Texte anders und neu gelesen werden, da in sie das Leben in Macht und Ohnmacht und die Transparenz schizoider Strukturen als eigene Erfahrung eingegangen sind. Es stellt sich heraus, daß die Ich-Dissoziation, die Auflösung fester Körperlichkeit, das Vorzeigen des Entwurfscharakters vieler Texte Andersons nicht nur spielerisch motiviert sind, sondern die ästhetischen Kunstgriffe der Brechung die Brüchigkeit in Andersons Biographie anzeigen. Der Lyriker Kurt Drawert (* 1956) hielt Schedlinski vor, durch seine Verpflichtung für die Stasi habe er die Glaubwürdigkeit der Literatur beschädigt und die Liebe des Lesers verspielt.[14] Skepsis müsse fortan die Texte begleiten. Nicht als Entschuldigung, wohl aber als kritischer Maßstab könnte dienen, daß Dichtung, wie auch Drawert einräumt, «gültig und unredlich zugleich» sein kann.

5. Avantgarde, Postmoderne, Post-DDR

Aus dem Rückblick läßt sich das Emphatische, aber auch Illusionäre des Auf- und Ausbruchs der Prenzlauer-Berg-Szene in ihrer Formierungsphase mit Deutlichkeit erkennen. Der staatlichen und ideologischen Erstarrung begegnete die junge Lyrik, indem sie die Grenzen des gewährten Zulässigen abtastete: durch die Frechheit des eigenwilligen Arrangierens von Wirklichkeitspartikeln, durch das Konzipieren alternativer Strukturen im Umgang mit den Gegenständen, wobei der Entwurf des anderen nicht unmittelbar gegen das Bestehende gerichtet war, sondern jenseits von diesem anzusiedeln gesucht wurde. Fast die ganzen achtziger Jahre hindurch galten die Texte dieser Autoren als anstößig: In der DDR wegen des Flairs von Untergrund und Anarchie, in der Bundesrepublik aufgrund des Eindrucks, daß dort nur verspätet nachgeholt werde, was man hierzulande schon längst kenne.

Mit Vorliebe rekurrierten die jungen Autoren auf Traditionen – vom Manierismus bis zu den historischen Avantgardebewegungen und der westlichen Beatlyrik –, die bis dahin in der DDR nicht akzeptiert worden waren. Aber hier ging es weniger um die Korrektur von Geschichtsschreibung und die (Wieder-)Gewinnung tabuierter Bereiche, wie bei der früheren Aufwertung der Romantik. Vielmehr war die Genugtuung ausschlaggebend, formale Lösungen zu finden, die noch nicht besetzt waren durch Institutionen oder als künstlerische Machtpositionen autoritativ abgesichert waren.

Den Ausgangspunkt bildete die Erkenntnis, daß sich die Bewegungsform der DDR-Gesellschaft vollkommen surrealisiert habe. Frank-Wolf Matthies analysierte in einem Manifest _(Für Patricia im Winter)_ das restlose Auseinanderfallen von öffentlicher Rede bzw. Zeitungskommentar und realen Tatbeständen. «Hineingeboren in eine surrealistische Umwelt werden wir fast schon zwangsläufig Surrealisten.» Ihrer gewohnten Umgebung ‹entwurzelte› Begriffe und Vorstellungen wurden also mit einem hohen Grad an Willkür neu kombiniert, Realitätsfragmente, heterogene Versatzstücke, Traumsequenzen und Erinnerungsmotive collagenartig zusammengeheftet, um zum Ausdruck zu bringen, daß sich die Wirklichkeit der schlüssigen Deutung entzieht; und es wurden ‹sinnlose› Verse entworfen, die das Erfahren dieses Sachverhalts brüchiger Rationalität festhalten sollten. Expressive Bilder fungieren als Träger der Imagination, die Metaphern verselbständigen sich, ohne daß ihnen noch die Fähigkeit des Vergleichens zugestanden würde.

> haus mit trauerrand, du schmeichelst
> dem fotopapier im register gebeugter zeugen
> so nackt unter der feder
> väterliches erbe vergoren

mit schwellenmoos & mauersand im kauerlicht
der wegerich sein spitzlippiges
alphagebet verrichtet, derweil
fliegende lippen mein gammapigment
versiegeln unter stelzbeinigen telegraphen
nicht mehr nach schwalben pfeife, weil
germania menstruiert
schreibe ich ins mitteldeutsche tagebuch:
mein mund
erblaut, sie gehn valera
eine briefmarke
von der liebe lecktar schief

Eberhard Häfners (* 1941) Gedicht «Frühblau zu Berge» (1982)[15] verschmilzt die Situation des privaten Betrachtens (Foto) und Schreibens (Tagebuch) mit Landschaftswahrnehmung und Liebesassoziationen. Bezeichnet wird dennoch nicht persönliches Erleben, sondern verquere Deutschlanderfahrung: «Gemania menstruiert». Nicht nur von der deutschen Mutter gilt es indes abzurücken, sondern auch vom väterlichen Erbe. Der Text leistet dies in der Distanzierung vom Volkslied. Die Verkehrung von Frühtau in Frühblau wird bis in das Körpergefühl ausgeweitet: «mein mund / erblaut». Das Stichwort «vergoren», das das väterliche Erbe charakterisiert, könnte auch zur Kennzeichnung des Textverfahrens herangezogen werden: für den Vorgang der Zersetzung und Umwandlung des Ausgangsstoffs.

Daß Herrschaft sich durch Gewalt über Sprache abzusichern sucht, den allgegenwärtigen Sprachexerzitien der Macht jedoch auch Leerlauf und Realitätsenthobenheit eigen sind – solche Erkenntnis löste insgesamt eine umfassende Sprachorientierung aus. Durch die Reduktion und Verformung von Sprache wollte man gegen Verfestigungen vorgehen. Die Fixiertheit reiner Sprachkritik auf die verkrusteten Sprachgebungen suchte man durch das Freilegen des im geläufigen Gebrauch Verdeckten und Verdrängten hinter sich zu lassen; es interessierte über den politischen Bereich hinaus der Zusammenhang von gesellschaftlicher Sprache, Denkweise und Handlungsform, den Wittgenstein mit seinem Begriff des öffentlichen «Sprachspiels» als «Lebensform» meinte.

Jan Faktor versucht durch sein «Recycling-art-Verfahren»[16] die Stereotypie und Sinnlosigkeit vorgefertigter Sprachkörper zu demonstrieren. Er nimmt nicht Stellung, sondern stellt – in Lexika, Wörterbüchern, Sprachführern – Vorgefundenes aus. Das Prinzip vieler Texte Stefan Dörings (*Heutmorgestern,* 1990) beruht ebenfalls nicht auf der Aufnahme von Phrasen und ihrer Entlarvung, also sprach*kritischen* Prämissen; statt dessen ‹diskutiert› er ambivalente Sätze oder komprimiert, verwendet und wendet er wenige Wörter, konzentriert um die Achse der Wortgrenzen. Döring hat das Ambivalenzprinzip bis hin zum Buchstaben weitergetrieben. Das Gedicht «wortfege» spielt mit der Austauschbarkeit von w und f. Neben der «wortfege» behaupten sich also die «fortwege», eine Anspielung auf das Weggehen der Freunde.

Bert Papenfuß-Gorek verfolgt in seinen Gedichtzyklen (*harm*, 1985; *dreizehntanz*, 1988; *SoJa*, 1991), die jeweils ein spezifisches Anliegen und ihren besonderen Gestus haben, mit unterschiedlichen Mitteln Sprachverhalten: Verhalten, wie es sich als Sprache niederschlägt und in ihr greifbar wird, und das Verhalten der Sprache im Prozeß ihres Gebrauchs und der Bearbeitung (Wortbildung durch Präfigierung, das Potential semantischer Ambiguitäten, Spannungen zwischen Homonymen und Homophonen, unvermutete Paradigmen aufgrund von Klangähnlichkeit usw.). Die Wörter treten «in geistiger umfrachtung» auf, «es flutet / sinnfluessig»[17] innerhalb der Verse und zwischen den Zeilen. Wer sich Papenfuß-Goreks Lyrik nähert, könnte sich ebensogut auf den futuristischen Sprachexperimentator Welemir Chlebnikow wie auf den frühbarocken Autor Johann Fischart oder auf den exzentrischen Mystiker Quirinus Kuhlmann berufen. Er könnte Hieronymus Bosch, Till Eulenspiegel oder Shelley zur Interpretation heranziehen. Mit ihnen verbindet Papenfuß-Gorek der andere Blick, sein eigenwillig assoziativ-sprachschöpferischer Umgang mit der Sprache, aber auch ein stark mystisches Moment (bei Papenfuß die Nähe zum Tantrismus mit seinen kultischen und okkulten Ritualen), das unvermutet das durch die Ablehnung der Ideologie entstandene Vakuum mit neuen Symbolen und metaphysischen Versatzstükken auffüllt.

Mit der Rezeption des französischen Poststrukturalismus, der theoretischen Entwürfe von Lacan, Derrida, Foucault, Deleuze und Guattari, wurde Sprachkritik endgültig als Diskursdiskussion wahrgenommen, als Verlagerung hin zu semiotischen Kämpfen. Kunst habe «nicht den bruch zu formulieren, sondern die gebrochene Sprache selbst», so beschrieb Schedlinski in *Sprache & Antwort* seinen Vorschlag, den «antithetische[n] widerstandsdiskurs» zu überschreiten.

Das heißt, man wollte nicht mehr Texte auf Texten bauen, nicht mehr mit Zitaten arbeiten, sondern einem Konzept der Gleichberechtigung vieler Sprachen folgen. «& abends erblühen / di / e satzfetzen ohne kindheit», hatte Anderson in seinem Gedicht «kavarna november»[18] geschrieben. Dies wurde nun nachgerade zum Programm. Szenen, Sätze, Situationen ohne Kontext wurden gerade deshalb attraktiv, «weil sie von texten vereinsamt sind» (Schedlinski).

Die Grenzen zwischen Dekonstruktion und Konstruktion sind fließend. «unumstößlich klingt sie aus, die ära des aktiven wortspiels, es wurde zu ernst», hat Papenfuß-Gorek in «arianrhod von der überdosis» (1988)[19] den Abschied von der Sprache als bloßem Material und von experimentellen Texten mit Innovationsanspruch festgestellt. Das Fügen ist wieder in seine Rechte eingesetzt, zumal in der Variante des «Umfug treiben[s]», wie Papenfuß-Gorek bekräftigt. Auszumachen ist seit Mitte der achtziger Jahre ein

Prozeß der erneuten Ästhetisierung, der die Zentrierung auf die Rede und «Sagart», auf die Entäußerung des Lebensgefühls ohne Kunstanspruch durch den Übergang zu Schriftlichkeit und Fiktionalisierung ablöste.[20] Das kritische Moment ist nicht getilgt, wohl aber das subversive Element aufgebraucht. Die Rückkehr in die Kunst ließ diese zum Gegenstand werden. Erb hält den skizzierten Umschlag in ihrem Gedicht «Untersuchen und formen»[21] fest:

> Gehe ich dem Übel auf den Grund, kommt es über mich, endlos
> (Übel auf Übel!).
> Gehe ich nicht auf den Grund
> (sondern in umgekehrter Richtung? von ihm aus?):
> Form auf Form, Leben von allein.
> Also ist ihm doch einzig und allein ästhetisch zu begegnen.

Daß hier ein Ästhetisierungsvorgang angesprochen ist, der nicht nur private Schreibauskunft ist, sondern die Lyrik der letzten Jahre insgesamt betrifft, zeigt ein Ausschnitt aus Johannes Jansens (* 1966) «problemtext o. t.» (*prost neuland. spottklagen und wegzeug,* 1990). Jansen allerdings macht sich nicht einfach zum Fürsprecher der Fertigung eines Wirklichkeitsgerüsts, sondern stellt Ambivalenz zwischen Landschaft und Konstruktion her. Das in «Gegend» enthaltene «gegen» berechtige nicht zum Gegenentwurf; die Option für das ‹Selbstgemachte› wird dennoch aufrechterhalten:

> konstruktion ist nichtig gegen konstruktion zu-
> mal gegen gleiches gegen als gut für begreift
> da aber gegen über selbstgemacht verfügt ist
> also nicht gewachsen wie eine gegend dage-
> gen ein gebäude keine landschaft ist geht es
> nicht gegen gegen da gegen gegen sich ge-
> nug ausrichtet gegenwärtig die konstruktion
> als vorgetäuschte landschaft verliert an kraft
> und überzeugung schon durch zu tage treten
> ihrer konstruktion und landschaft steht nicht
> gegen die konstruktion steht in der landschaft

Papenfuß-Gorek initiierte 1984 mit Döring und Anderson die «zersammlung», den «Ersten inoffiziellen Schriftstellerkongreß» (Jan Faktor) der Szene. Die Geschlossenheit, die hier immerhin im Gegenüber zum traditionellen Literaturbetrieb der DDR demonstriert wurde, hat sich in den Folgejahren bald aufgerieben. Die Zerstrittenheit der Autoren kündigte sich, längst bevor die Stasi-Debatte weitere Spaltungen bewirkte, in Gruppenkämpfen und Streitigkeiten an. Die Gegenkultur, die sich mit großem Anspruch formiert hatte, hat sich in «splittergruppen des monolithischen nischenblocks» (Koziol),[22] zu einem Nebeneinander der Autoren mit je individuellen Kunstvorstellungen und Schreibweisen aufgelöst, deren Nähe zu Konzepten der Älteren sich jetzt mit Deutlichkeit zeigt. So gliedert sich die Lyrik der «Aussteiger» ein in das Gesamt der Literaturgeschichte. Der Weg vom Kollektiv in die Vereinzelung bedeutet mit der erneuten Teilhabe am Kontinuum der Schrift die Rückkehr in die Literatur. So führt er nicht nur an ein Ende, sondern bezeichnet auch einen Anfang.

VIII. DRAMATISCHE ENDSPIELE EINER «ÜBERGANGSGESELLSCHAFT»

Das «Thema des Jahres 1988» für das Jahrbuch von «Theater heute» hieß: «Glasnost im DDR-Theater», der Autor des Jahres aber war ein Russe, der sowjetische Dramatiker Michail Schatrow mit seinem Glasnost-Schlüsseldrama *Diktatur des Gewissens* (UA Moskau 1987), ein Jahr zuvor in «Theater der Zeit» abgedruckt. Ein eigenes Glasnost-Drama konnte die DDR offensichtlich nicht vorweisen.

Schatrows Stück (mit dem Untertitel *Streitgespräche und Überlegungen 1986 in zwei Teilen*), ästhetisch gesehen eher hausbacken, erregte großes Aufsehen, weil es die Bühne zum Tribunal machte, zu einer unerschrockenen Verhandlung über die pervertierte sozialistische Geschichte der Sowjetunion von den Anfängen bis in die Gegenwart, weil es den Mut zur Wahrheit und die «vollständigste Öffentlichkeit» forderte, weil es beispielhaft mit den Untaten, Mißständen und Geschichtslügen des «Kasernenkommunismus» abrechnete, weil es eine «sozialistische Demokratie» einklagte und weil es die Auseinandersetzung zuletzt ins Publikum trug, ohne freilich auch Lenin – ein «Prozeß» gegen ihn bildet den fiktiven Handlungsrahmen – ernstlich anzutasten.

Daß Schatrows Stück inszeniert werden durfte, zeigt den Wandel. Daß es unter den zahlreichen dramatischen Werken der achtziger Jahre kein DDR-Pendant gibt, zeigt die Grenzen dieses Wandels. Diese Grenzen wurden aber nicht nur durch den Widerstand der herrschenden Partei- und Regierungsspitze gegen Gorbatschows Reformpolitik gezogen. Sie ergaben sich auch durch die Tatsache, daß Müller und Braun ihre dramatische Auseinandersetzung mit heiklen Problemen der DDR stets im Kontext der sozialistischen Geschichte und innerhalb der gesamten deutschen Geschichtsmisere angesiedelt hatten. Stillschweigend akzeptiert wurden diese Grenzen auch durch die Hinwendung zum kleinformatigen Familienstück, zum Ausschnitthaften und Alltäglichen, die sich schon Ende der siebziger Jahre angebahnt und durch den Reiz des Experimentierens mit bisher unerprobten transrealistischen Formen noch verstärkt hatte.

Trotzdem hat sich die letale Krise des real existierenden Sozialismus in der DDR-Dramatik bemerkbar gemacht, am sichtbarsten in einer Häufung von Stücken, die den Charakter von ‹Endspielen› besitzen. Sie sind angefüllt mit Situationen, Stimmungen, Gedanken und Gefühlen der Stagnation und Resignation, der Enttäuschung und der Hoffnungslosigkeit, der Verzweiflung und eines durchdringenden Katastrophenbewußtseins. Im Westen sind nur drei von ihnen bekannt geworden: Heins *Die Ritter der Tafelrunde* (UA/V 1989), Brauns *Die Übergangsgesellschaft* (E 1982; UA 1987 in der BRD, A 1988 in der DDR; V 1989) und Müllers *Wolokolamsker Chaussee I–V* (UA zwischen 1985 [I] und 1988 [V]). Sie bilden jedoch keine Ausnahme. Es gehören nicht nur andere dramatische Werke dieser bekannten Autoren dazu – z. B. Müllers *Verkommenes Ufer Medeamaterial Landschaft mit Argonauten* (UA 1983 in der BRD, A in der DDR 1988; V 1983) und Brauns *Siegfried*-Stück (UA 1986) –, sondern auch viele Stücke von jüngeren, in der Bundesrepublik kaum bekannt gewordenen Autoren.

Man findet sie versammelt in drei Anthologien, die 1989/90, kurz vor Toresschluß, in der DDR noch erschienen,[1] nach einer langen Periode der Nichtbeachtung durch die Theater, die Verlage und die ängstliche Kulturbürokratie. Auch in ihnen verdichten sich die Zeichen eines nahenden Untergangs. Sie lassen erkennen, was auch für die neue Lyrik dieser Zeit gilt: Die jüngeren und jungen Autoren versuchten experimentierend Anschluß an die ästhetische Moderne und Postmoderne zu gewinnen. Der poetische Spiel- und Kunstcharakter beanspruchte mehr Aufmerksamkeit als die politische Botschaft. ‹Positive› und Sozialismus-affirmative Werke waren zur Ausnahme geworden und mit ihnen die geläufigen Formen des sozialistischen Dramas. Wo sie noch einmal aufgegriffen wurden, sind sie phantasievoll und ironisch, grotesk und satirisch verfremdet. So in Harald Gerlachs *Die Schicht. Schaustück mit Musik und Zauberei* (UA 1985; V 1984), das alte Produktions- und Aufbaustück, so in *Vergewaltigung. Ein Spiel* (V 1989) vom selben Autor, ein Familiendrama auf den Spuren Tschechows und Brauns, so in Irina Liebmanns originellem *Berliner Kindl* (UA 1988; V 1989) das alte Brigade-Stück, verfremdet durch die groteske Sohnes-Figur des «Quatschfressers», der den ganzen ‹Quatsch› und zuletzt auch noch seinen Bauarbeiter-Vater auffrißt.

Was Hacks, Müller und Braun schon lange demonstrierten, die Arbeit mit literarisch vorgeformtem Material, wurde nun zur üblichen Praxis. Die antiken Dramatiker, Goethe, Schiller, Büchner, Hebbel, Hauptmann, Tschechow, Ibsen, sowjetische Autoren verschiedenster Art, Kafka und Beckett und zuweilen auch schon die älteren DDR-Autoren lieferten die Folien, auf denen man sich einschrieb. Uwe Saegers *Flugversuch* (UA 1983; V 1988) bezieht sich ebenso auf die Romeo-und-Julia-Fabel wie auf Brauns *Unvollendete Geschichte*; Georg Seidels *Carmen Kittel* (UA 1987; V 1989) sollte ursprünglich *Ratten II* heißen; Werner Buhss schrieb in *Jenseits von Eden. Gegen Osten* (V 1989) die biblische Esther-Geschichte um, die vor ihm schon Peter Hacks mit seiner Goethe-Adaptation *Das Jahrmarktsfest zu Plundersweilern* (UA 1973) aufgegriffen hatte; Andreas Knaups ‹M› – *wie Meister* (V 1989) ist ein Stück zu dem berühmten Roman von Michail Bulgakow *Der Meister und Margarita*.

In diesen DDR-Stücken gibt es Sätze, die es vorher und so gehäuft niemals gegeben hat, Schlüssel-Sätze, die schon für sich genommen die Stimmung der Resignation, des Zusammenbruchs und des Endes verbreiten: «Hier geht etwas zu Ende, was längst zu Ende ist, aber jetzt merke ich's erst.» (*Villa Jugend* von Georg Seidel, UA/V 1990) – «Alles mit Draht umwickelt, das Land, damit's nicht auseinanderfällt.» (*Jochen Schanotta* von Seidel, UA 1985; V 1987) – «Schwarze Kreuze und Morgenrot, alles tot, Morgenrot, Morgenrot.» (*Carmen Kittel*, ebenfalls von Seidel.) – «Er wiegt schwer, der Kehricht, den die Macht hinterläßt.» (*Nina, Nina, tam kartina* von Werner Buhss, UA/ V 1989) – «So schlimm ich leben muß, klaglos trüg ich es täglich, / ein Traum von Glück jedoch macht Unglück unerträglich.» (*Die wahre Geschichte des Ah Q* von Christoph Hein, UA 1983; V 1984) – «besteigen die Leichenberge / der / Endzeit.» (*Jenseits von Eden. Gegen Osten*) – «Schrecklich, sich vorzustellen, in welchen Grad der Deformation eine Gesellschaft verfallen kann, wenn sie sich sicher glaubt aus sich selbst heraus.» (*Die Festung* von Werner Buhss, UA 1986; V 1989) – «Wir zahlen Tribut, an die tote Zukunft. Ja, einmal war es richtig, es war alles richtig. Wir haben die Morgenröte entrollt, um in der Dämmerung zu wohnen.» (*Die Übergangsgesellschaft*) – «Ich weiß was ihr gebaut habt Ein Gefängnis» (*Wolokolamsker Chaussee V*) – «Für das Volk sind die Ritter der Tafelrunde ein Haufen von Narren, Idioten und Verbrechern. Weißt du das Artus?» – «Ja, Parzival, wir sind gescheitert.» (*Die Ritter der Tafelrunde*).

Heiner Müllers Katastrophen-Stück *Verkommenes Ufer* besteht gleichsam nur noch aus Sätzen dieser Art. Neben Volker Braun haben es ihm manche der jüngeren Autoren, mehr verbissen als gekonnt, nachgemacht, z. B. Stefan Schütz und Jochen Berg.

Brauns *Die Übergangsgesellschaft* hat nicht zufällig einer der drei Anthologien den Namen gegeben. Aber dieser vertraute Begriff, unter dem sich die DDR von Anfang an verstanden hat – als eine Gesellschaft auf dem Übergang vom Kapitalismus über den Sozialismus zum Kommunismus – nahm plötzlich eine ganz andere, bedrohliche Bedeutung an. Im Rückblick erschien die gesamte DDR-Geschichte manchem als ein verderblicher Umweg in die kapitalistische Demokratie, als ein Übergang in den Untergang.

Die Übergangsgesellschaft ist sicherlich das ästhetisch ergiebigste Stück unter Brauns häufig nur halb gelungenen und gedanklich und sprachlich überanstrengten dramatischen Werken. «In der *Übergangsgesellschaft»*, schrieb Braun 1984 im Geist Franz Fühmanns, «bin ich in den ANDEREN übergegangen.»[2] Damit ist nicht nur die Verwandlung in einen anderen Menschen gemeint, sondern auch eine Wandlung der bisherigen dramatischen Formen, z. B. ein Hinübergehen in Tschechows *Drei Schwestern* (1900), um so die sozialistische Dramaturgie zu überschreiten.

Auch im verfallenden DDR-Hause der drei Schwestern herrscht eine todtraurige «Fin-de-siècle»-Stimmung. Bei ihnen lebt Wilhelm, der kaltgestellte alte Bruder ihres vor einem Jahr verstorbenen Vaters, eines hochgestellten verdienten Genossen. Dieser, linientreu und moskauhörig, sorgte dafür, daß Wilhelm, der Spanienkämpfer und Anarchist, zweimal ins Zuchthaus kam und die geliebte Frau an ihn verlor. Jetzt befinden sich nur noch der chauvinistische Sohn Walter, Betriebsleiter, und die Tochter Olga, eine rigide Lehrerin, auf den Spuren ihres Vaters. An seinem Gedenktag kommen alle zusammen, leben in einer phantastischen Szenen-Sequenz (DER FLUG) ihre Wunschträume aus, die Konfrontation der feindlichen Brüder wiederholt sich zwischen Wilhelm und seinem Neffen, aber diesmal ist es Wilhelm, dem die Frau, die Schauspielerin Mette, für eine Nacht zufällt. Er, der die Einheit von Revolution und Liebe sucht, wird zur Mittelpunktsfigur des nächsten Morgens. Seine letzten Worte vor dem Tod gewinnen Vermächtnischarakter: «Die Revolution kann nicht als Diktatur zum Ziel kommen.» – «Wenn wir uns nicht selbst befreien, bleibt es für uns ohne Folgen.» – «Für vergangenes Unrecht gibt es keinen Ausgleich.» Auch den übrigen Figuren, bis auf Walter und Olga, gelingt es, «in den ANDEREN» überzugehen, zuletzt der Schwester Irina, indem sie das alte Haus anzündet. Über dieser Schlußszene des brennenden und einstürzenden Hauses steht in großen Lettern «FINITA LA COMEDIA!»

Katastrophe und Befreiung liegen hart beieinander, aber kein Zweifel, daß die bedenklich überanstrengte Hoffnung nochmals überwiegt. Das alte Haus des Sozialismus verbrennt zwar, und ein neues ist noch nicht in Sicht. Aber die Menschen sollen andere geworden sein.

Auch die alten Bauformen des Braunschen Dramas werden verabschiedet. Seine Abbildfunktion wird von einem hochbewußten Kunst- und Spielcharakter abgelöst, die abstrakte Dialektik der Worte von der Sprache der Gebärden und Körper, das rationale Nacheinander von einem verwirrenden intertextuellen Netz. Und die festgeschriebene Hoffnung macht einer offenen Zukunft Platz. Als hätte das Stück den Aufstand der «Neger» im Herbst 1989 vorausgeahnt, erlebte es in dieser Zeit eine kurze Theaterblüte.

Um den Verkauf eines Hauses geht es auch in zwei weiteren Stücken. In Jürgen Groß' *Geburtstagsgäste* (E 1976–1979; UA 1980; V 1984) ist die Schenkung der alten Villa an einen Kindergarten noch eine vorbildliche sozialistische Tat. Sie sprengt verbürgerlichte Verhaltensweisen auf und befördert den sozialistischen Fortschritt.

Ganz anders das fast vollendete Fragment *Villa Jugend*, an dem Georg Seidel (1945–1990) bis in seine letzten Lebenstage schon im Bewußtsein eines möglichen Endes der DDR arbeitete. Es enthält auffällige Analogien zu Brauns Stück. Manches liest sich wie eine Antwort darauf, aber die Atmosphäre ist ungleich trister, die Zeichen des Todes sind gehäufter, die Träume katastrophaler, und das «über die Grenze gehen» ist ein reiner Akt des Untergangs.

Auch dieses Stück erinnert an die Familiendramen Ibsens und Tschechows. Aber die Fassade, die langsam zerfällt, ist keine bürgerliche, sondern eine sozialistische. Norbert Neitzel, der alte Vater, ein gestrenger Lehrer und Sozialist, mit Orden und Urkunden ausgezeichnet, «kann nicht mehr und will nicht mehr» (I, 4). Schwierigkeiten mit seinen Schülern haben ihn in einen Selbstmordversuch getrieben, dahinter aber verbirgt sich eine alte Schuld: Er hat seinen Nebenbuhler Babucke, inzwischen Totengräber, nach Stalins Tod denunziert und ins Gefängnis gebracht. Als Neitzels Situation unhaltbar geworden ist, verkauft er das Haus und zieht in eine kahle Neubauwohnung in einem ungesunden Braunkohlegebiet. Seine kranke Frau Lydia folgt ihm widerwillig, die beiden Kinder haben sich ihnen längst entfremdet. Nach Lydias Tod kommt es an den Tag, daß sie ihren gesamten Bekanntenkreis, der sich um sie und die «Villa Jugend» als ideologisches und kulturelles «Zentrum» gebildet hatte, all die Jahre hindurch bespitzelt hat (VII, 1). In der letzten Szene des Fragments, die vermutlich den Schluß bilden sollte, sitzen die neuen Hausbesitzer, das Ehepaar Jacobi, beisammen und unterhalten sich über ein Drama, in dem ein Mann und eine Frau Kaffee trinken, in «einem Wintergarten im Herbst». Das Ende dieses Dramas ist desolat. Die Dienstmagd sprengt das Haus in die Luft, die Frau erschlägt ihren Mann und kehrt «zurück in ihr altes Elend» (VII, 3).

Eine lähmende Atmosphäre des Scheiterns erfüllt das Stück. Georg Seidel, der noch zwei Jahre vorher (1988) feststellte: «Ich spiele den Fall nie bis zum bitteren Ende durch»,[3] hat sich mit seinem letzten Werk selber widerlegt.

Um eine große Familie, ihren gemeinsamen Tisch und ihr gemeinsames Haus dreht sich, nur im vergrößernden Maßstab der Artus-Sage, auch Christoph Heins Komödie *Die Ritter der Tafelrunde*. «Wenn wir nicht mehr unsere Pflicht erfüllen, wenn dieses Haus verfällt und die Tafelrunde sich auflöst, dann wird keiner den Zusammenbruch mehr aufhalten können», weiß Ritter Orilus.[4] Wie bei Braun und Seidel zerfällt eine langjährige, sich selbst historisch gewordene Lebensgemeinschaft, und mit dem krisenhaften Ende taucht die Frage nach einem möglichen neuen Anfang auf, «auf der Grenze zwischen Endspiel und Befreiungsgeschichte» (Hans Mayer). Untergang oder Übergang in das ganz ANDERE heißt auch hier die Alternative, ausgetragen im Konflikt der Generationen, zuletzt allzu versöhnlich zwischen Artus und seinem Sohn Mordret. Die allegorischen Züge, in Seidels *Villa Jugend* am unsichtbarsten, haben sich beträchtlich verstärkt. Solange die Auflösung der DDR noch lebendige Erinnerung bleibt, wird man die altgewordene Artusrunde des nicht eben schwergewichtigen Konversationsstückes auf das vergreiste Politbüro der SED beziehen. Erst danach könnte sein Modellcharakter hervortreten: das Spiel über das Altwerden und Absterben von Ideologien und Utopien in einer immer schneller sich ändernden Welt.

Eine kleine, aber für die DDR der achtziger Jahre ebenso exemplarische Familie erscheint in *Wolokolamsker Chaussee V* (1987) von Heiner Müller. Nach seinem zeittypischen Katastrophenstück *Verkommenes Ufer Medeamaterial Landschaft mit Argonauten* kehrte er mit diesem Werk wieder in die sozialistische Problemgeschichte zurück, «Nach GERMANIA und ZEMENT der dritte Versuch in der Proletarischen Tragödie im Zeitalter der Konterrevolution», so die Selbstauslegung.[5] Die letzten drei der fünf selbständigen Texte beziehen sich auf die DDR, Nr. III *Das Duell (nach Anna Seghers)* auf den 17. Juni 1953, Nr. IV *Kentauren (Ein Greuelmärchen aus dem Sächsischen des Gregor Samsa)* auf die lähmende Bürokratisierung der sozialistischen Ordnungsmacht. Beide wirken im Rückblick eher verharmlosend. Tragische Schärfe und den Charakter einer radikalen Abrechnung mit der DDR und ihrer Geschichte besitzt der letzte Text, *Der Findling (nach Kleist)*.

Ein Sohn, der nach Stalins Tod den Glauben an den Sozialismus einbüßte und fortan gegen alle seine Gewaltakte (Budapest, Mauerbau, Einmarsch in Prag) protestierte, rechnet mit seinem Adoptivvater, einem höheren SED-Funktionär, ab, der nach dem Krieg mit «zerprügeltem Geschlecht» aus dem KZ kam. Schon nach Westberlin ausgereist, vergegenwärtigt er in seiner Erinnerung den Abend, an dem er nach dem Prager «Einmarsch der Bruderarmeen» bei seinem Vater auftauchte, das Protest-Flugblatt in der Hand, im Nebenzimmer die krebskranke Adoptivmutter. Er provozierte den Älteren dermaßen, zuletzt durch die Identifikation mit einem imaginären Nazi-Vater, daß der Vater-Genosse ihn anzeigte und für fünf Jahre im Zuchthaus Bautzen verschwinden ließ.

Der Text beeindruckt durch die Härte und die historische Zuspitzung des Generationenkonflikts. Eine Verständigung zwischen Vater und Sohn ist ausgeschlossen. Dafür sorgen nicht nur die Unheilsgeschichten der DDR und der Sowjetunion, sondern auch die beiden literarischen Familienmuster, auf die sich Müller bezieht. Denn durch das Kleistsche Findlings-Muster schimmert seine Hamlet-Obsession hindurch, die das Geister-«Gespenst des Kommunismus» noch immer umgehen und mahnen hört – es «Dreht seine Runden und geht seinen Gang». «Ich weiß was ihr gebaut habt Ein Gefängnis», dieser Vorwurf des DDR-*Findlings* schreibt sich von Shakespeare her, Hamlet sagt es von Dänemark. «Was geht mich euer Sozialismus an / Bald schon ersäuft er ganz in CocaCola» – das sagt freilich nur der in der sozialistischen Familie und «Menschengemeinschaft» niemals heimisch gewordene Sohn im Namen einer ganzen Generation.[6] Ein unheilbarer Bruch, sollte man denken, wenn nicht der Autor, der hier seinen eigenen Vaterkonflikt mit umgekehrter Rollenverteilung nachspielt, in beiden Rollen präsent wäre. Auch seine «Proletarischen Tragödien» wurden von den eigenen Psychodramen gespeist. Die DDR hatte ihre politische Tragödienfähigkeit schon längst eingebüßt.

Um einen Familien- und Generationenkonflikt geht es ebenfalls in Uwe Saegers (* 1948) *Flugversuch*. Die beiden Liebenden, Stefan und Tina, werden von einer kleinbürgerlichen Öffentlichkeit, vor allem aber von den staatstreuen Eltern Tinas, in den Tod getrieben. Sie springen gemeinsam von einem hohen Schornstein, um einmal zu fliegen und frei zu sein. Auch in diesem Stück herrscht eine drückende Gefängnisatmosphäre, ein anderer Ausweg als der Tod ist nicht in Sicht. Die Jugend spielte das falsche Sozialismus-Spiel der Eltern nicht mehr mit.

Der begabteste Dramatiker dieser Schlußphase ist in den drei erwähnten Anthologien nicht vertreten: Georg Seidel, der Anfang Juni 1990 vierundvierzigjährig starb. Seine großen Vorbilder waren Georg Büchner, der Naturalismus eines Gerhart Hauptmann (den er allerdings mit expressionistischen Zügen versetzte), seine poetischen Lehrmeister der Russe Chlebnikow, Johannes Bobrowski und die DADA-Literatur, und manches in seinen Werken erinnert sogar an Botho Strauß. Von seinem letzten Stück, *Villa Jugend*, war schon die Rede. Nach dem Erstling *Kondensmilchpanorama* (UA/V 1981) wurde er bekannt mit den Stücken *Jochen Schanotta*, 1985 vom Berliner Ensemble uraufgeführt, *Carmen Kittel* und dem Märchenspiel *Königskinder* (UA 1988; V 1989). Aus allen hört man die sprachliche und atmosphärische Nähe zu Büchner heraus. *Carmen Kittel* hat sich am *Woyzeck*, die *Königskin-*

der an *Leonce und Lena,* aber auch an Horváths Posse *Hin und Her* orientiert. Trotzdem besitzen Seidels Werke einen eigenen Ton und dramatische Suggestivität. Wer nach der Befindlichkeit der DDR-Jugend und dem Zustand der Gesellschaft in den achtziger Jahren fragt, erhält hier authentische Antworten.

Der achtzehnjährige Schüler Jochen Schanotta ist ein Erbe von Plenzdorfs Edgar Wibeau, nur begabter, schärfer und kompromißloser. Er gibt sich wie ein eloquenter Mini-Danton, der, eben noch Vorbild und Musterschüler, angeekelt aus dem Leerlauf seiner kleinen Welt aussteigt, ein östlicher Repräsentant der No-future- und Nullbock-Generation. Mit seinen «Sprüchen» hat er sich aus der Schule geredet: «Graue Hose, graue Jacke, das Gesicht aschfahl, ein Gespenst geht um in Europa» – das ist von dem Marxschen Kommunismus übriggeblieben. «Hier wird jeder zertrümmert, systematisch zertrümmert» – «Wir lernen, damit wir zu Sklaven werden, oder andere Sklaven zu Idioten machen»,[7] solche Sätze haben die Behörden nicht mehr verkraftet, und sie haben Schanotta alle Türen verschlossen. Die Zustandsbeschreibungen des Stückes drehen sich im Kreis. Seidel selber hat vom Stillstand der Zeit, von einer «Zeit ohne Geschichte» gesprochen und davon, daß das Schweigen und das Fragmentarische der Szenen den «Verlust an kritischer Öffentlichkeit» bezeichnen.[8] Seine Sohnes-Figur ist vaterlos, und sein Ersatz-Vater, der Lehrer Körner, ist ihm nicht gewachsen. Der Staat wird repräsentiert durch zwei stupide Militärärzte aus der Familie des *Woyzeck*-Doktors. Am Ende bleibt es offen, ob Jochen Schanotta doch noch von der Nationalen Volksarmee absorbiert wird, über die Grenze oder in den Tod geht. So hatte sich Georg Büchner eine deutsche Revolution nicht vorgestellt.

In *Carmen Kittel* wird die gleiche Ausgrenzung und Vereinsamung noch einmal durchgespielt, nur an einer weiblichen Figur aus der untersten sozialen Schicht, vergleichbar der Schmitten aus dem gleichnamigen Stück von Braun. Es ist ein Kindsmord-Drama, das ursprünglich, in der Nachfolge Hauptmanns, *Ratten II* heißen sollte.

Die Hilfsarbeiterin Carmen hat ‹Sklavenarbeit› zu leisten, sie schält zusammen mit anderen Frauen in einem Bunker mit giftigem «Keimstopp» behandelte Kartoffeln. Die dumpfe junge Frau wird herumkommandiert und ausgenutzt, von den Frauen wie von den Männern. Ihres Freundes wegen läßt sie sich ihr Kind wegmachen, auf das sich ihre Frauenbrigade schon freut, für das sie Kindersachen sammelt. Sie sagt ihnen deshalb nichts von der Abtreibung. Ihr Freund verläßt sie. Als er zurückkehrt, läßt sie sich von einem anderen zusammenschlagen, der sie dann genauso gewalttätig behandelt wie der erste. Am Ende stiehlt sie ein Kind von der Straße, zeigt es den Frauen und erstickt es anschließend.

Die ursprüngliche Intention des Brigadestücks, nämlich die Aufbau- und Integrationskraft des Kollektivs zu zeigen, ist hier ins Gegenteil verkehrt. Von der gepriesenen sozialistischen Lebensweise ist nur das graue Elend übriggeblieben. Frappant ist die Nähe dieses Stücks zu den frühen Kurzdramen von Kroetz. Aber Seidels Werk wirkt ungleich reichhaltiger, dichter und suggestiver, auch noch nach dem Ende der DDR.

Daß Georg Seidel die einzige unverkennbar dramatische Begabung ist, die das Land in seinem letzten Jahrzehnt hervorbrachte, hat mehr mit der restriktiven Kulturpolitik der DDR und ihrem bedrückenden gesellschaftlichen

Klima zu tun als mit einem Mangel an Talenten. Die DDR-Dramatik hat die Beschädigungen, die ihr die brutalen politischen Scherbengerichte der sechziger Jahre zufügten, niemals mehr verwunden, geschweige denn ausgeheilt. Die massiven äußeren Widerstände mußten zwangsläufig kontraproduktive innere Hemmungen und Vorbehalte bei den Autoren auslösen. Anders als die Prosa und die Lyrik, die flexibler und subversiver auf staatliche Reglementierung, Unterdrückung und Zensur reagieren konnten, war die Dramatik fortan ein gebrochenes Genre. Die kleinen und großen Oberen fürchteten ihr gesellschaftspolitisches Wirkungspotential, nachdem sie einmal erkannt hatten, daß sie es nicht für ihre Zwecke bändigen und kanalisieren konnten. Auch die Theater, nach vielen deprimierenden Erfahrungen, ermutigten die jungen Autoren immer weniger und orientierten ihre Spielpläne in den siebziger und achtziger Jahren immer stärker an den Klassikern, an den europäischen Autoren der Jahrhundertwende und an den Stückeschreibern anderer sozialistischer Länder (z. B. Blozik und Kohout aus der ČSSR, Mesterházi aus Ungarn, Gelman, Schatrow, Wampilow aus der Sowjetunion). Daß die Intendanten und Regisseure die eigene zeitgenössische Dramatik vernachlässigten, ist spätestens seit diesem Jahrzehnt zu einer gesamtdeutschen Klage geworden.

Um so höher ist es zu veranschlagen, daß das dramatische Textcorpus der DDR den Vergleich mit der westlichen deutschsprachigen Dramatik trotz aller Beeinträchtigungen keineswegs zu scheuen braucht. Sein kritischer Teil hat die allmähliche Selbstauflösung der DDR frühzeitig erkannt, hat gewarnt und zur Veränderung aufgerufen und in den achtziger Jahren sogar das bevorstehende Ende vielfach vorausgeahnt. Diesen Autoren nachträglich und pauschal Systemstabilisierung vorzuwerfen, zeugt von grober Unkenntnis und mangelnder Verständnisbereitschaft. Die künftigen Historiker der DDR, die wissen wollen, wie die Menschen in diesem Land wirklich gelebt, gefühlt, gedacht und gelitten haben, werden im Gegenteil gut daran tun, ihre Literatur und damit auch ihre Dramen wie unersetzliche Quellenschriften und kritische Geschichtsbücher zu lesen und zu befragen. In ihnen steht geschrieben, was nirgendwo sonst überliefert ist. Ihre ästhetischen Qualitäten zu entdekken und zuverlässig zu würdigen oder zu bestreiten, können wir getrost einer späteren Zeit überlassen.

EPILOG: ABRECHNEN UND RECHTHABEN

«Deutsche Geschichte darf auch einmal gutgehen. Baumelnde Füße. Lachende Polizisten. Leute, die einander nie gesehen haben, umarmen einander. Diesem Niveau muß Politik jetzt entsprechen.» Als diese Sätze Martin Walsers Anfang Dezember 1989 gedruckt wurden,[1] kaum einen Monat nach dem Fall der Mauer, war der zuversichtlich fordernde Ton unter den westdeutschen Autoren fast schon zur provokatorischen Ausnahme geworden. Noch im September war Walser einer der wenigen gewesen, die sich überhaupt für die «deutsche Frage» interessierten (Hanns-Josef Ortheil beispielsweise überhaupt nicht).[2] Und dann war alles viel zu rasch und überstürzt abgelaufen, von der Öffnung der ungarischen Westgrenze für DDR-Flüchtlinge am 11. September über die Leipziger Demonstration der Siebzigtausend am 9. Oktober («Wir sind das Volk!») bis zu der Fast-Million, die am 4. November in Berlin zusammenströmte.

Die Wiedervereinigung – «ein pathetischer Fetzen Beethoven am falschen Ort», wie Rolf Schneider später «jemanden» zitierte.[3] Er selbst trat noch im Dezember 1989 aus dem Schriftstellerverband der DDR aus, nachdem Hermann Kant vom Berliner Verbandsvorstand bestätigt worden war – trotz (oder gerade wegen) öffentlicher Aufforderungen zum Rücktritt. Aber der gleiche Verband machte auch den Ausschluß von Autoren wie Bartsch, Endler, Heym, Jacobs, Schlesinger, Schneider und Seyppel rückgängig, der 1979 – unter Kant – beschlossen worden war. Die Fronten, Parteiungen, persönlichen Beziehungen und grundsätzlichen Einschätzungen erwiesen sich jetzt als verworren bis zur Undurchschaubarkeit. Hans Modrows Wahl zum Ministerpräsidenten der DDR am 13. November und seine Regierungserklärung mit der Garantie einer «ungehinderten Entfaltung» von «Kunst» trafen bei den ostdeutschen Autoren auf die ganze Bandbreite möglicher Reaktionen, von neuer Hoffnung und prinzipieller Skepsis bis zu strikter Ablehnung. Stefan Heym erklärte sich noch Mitte November für ein «Weiterbestehen» der DDR,[4] während Rolf Schneider bald darauf an einem künftigen «Sozialismus» zweifelte und von einem «grauenhaften Bankrott» als Fazit von vier Jahrzehnten SED-Herrschaft sprach.[5] Besonderes Aufsehen erregte im Westen der sowohl in der «Frankfurter Allgemeinen Zeitung» (29. November) als auch in der «Frankfurter Rundschau» (30. November) abgedruckte Appell «Für unser Land», den unter anderen Volker Braun, Stefan Heym und Christa Wolf unterzeichnet hatten. Er votierte für eine «solidarische Gesellschaft», eine «sozialistische Alternative zur Bundesrepublik» unter Rückbesinnung «auf die antifaschistischen Ideale, von denen wir einst ausgegangen sind».

Max Frisch, Günter Grass, Günter Wallraff und andere (auch Wolf Biermann) unterstützten vom Westen her ausdrücklich diesen Schriftsteller-Appell, der freilich vielen bereits dadurch als kompromittiert erschien, daß ihn schon am Tag nach der Veröffentlichung auch Hans Modrow und der Honecker-Nachfolger Egon Krenz unterzeichneten.

Der Vorwurf, «kompromittiert» zu sein, richtete sich in diesen Wochen nicht nur gegen einzelne «Wende-Politiker», auch nicht nur gegen Literaturfunktionäre wie Hermann Kant, sondern mehr und mehr gerade gegen diejenigen Autoren, die auch im Westen prominent waren und nun nicht schweigen wollten: Volker Braun, Christoph Hein, Stefan Heym, Heiner Müller, Christa Wolf vor allem. Als Kern schälte sich immer wieder der Doppelvorwurf heraus, sie hätten durch ihre nur partiell «kritische» Position faktisch «systemstabilisierend» gewirkt und seien als von der SED «Privilegierte» nicht befugt, jetzt für die DDR-Bevölkerung zu reden, schon gar nicht als «Opfer». Dieselbe Christa Wolf, die noch am 4. November auf dem Berliner Alexanderplatz von Hunderttausenden als Sprecherin zumindest akzeptiert wurde, geriet nun in die vorderste Schußlinie. Die Meinungsführerschaft der einstigen «Avantgarde» um Christa Wolf und Stefan Heym sei «stark beschädigt», hieß es bald.[6] Und Stephan Hermlin meinte gar, man erlebe einen gefährlichen «Ausbruch von Intellektuellenfeindlichkeit».[7] Eine solche Diagnose bedeutete zwar eine bedenkliche, ja vernebelnde Verkürzung. Aber was sich während dieser Wochen in den Leserbriefspalten mancher deutscher Zeitungen entlud (Stefan Heym als «Sudel-Stefan», Christa Wolf als «Prostituierte» des SED-Regimes usf.), trug Züge einer «Abrechnung» auch auf niederster Ebene.

Das Erinnern an solche frühen Ausbrüche ist im Hinblick auf die späteren Feuilleton-Schlachten um Christa Wolfs *Was bleibt* und um den Stasi-Fall Sascha Anderson nicht ohne Belang. Zwar blieb die seit Beginn des Jahres 1990 immer häufiger begegnende Feststellung, die bundesrepublikanischen Intellektuellen «schwiegen», zu pauschal. Aber zweifellos erzeugte der so rasche und totale Zusammenbruch des SED-Systems, auch des geschätzten «Leselandes» DDR, bei vielen zunächst Sprachlosigkeit. Durchdachte, differenzierte Gegenentwürfe zum rasanten Prozeß der Wiedervereinigung – von dem ja ebenfalls alles andere als präzise Vorstellungen bestanden – brauchten auch Zeit. Ansätze zu einem Sozialismus «mit menschlichem Antlitz» waren wiederholt gescheitert. Den Appell «Für unser Land» von der Bundesrepublik her zu unterstützen, konnte nicht genügen. So war es für die Ratlosigkeit dieser Monate symptomatisch, mit welcher Insistenz sich – neben anderen – Günter Grass öffentlich für eine «Konföderation» (so schon Mitte November 1989), jedenfalls *gegen* eine Vereinigung, gegen «das dumpfe Einheitsgebot»[8] wandte.

Während unter DDR-Bürgern der verständliche Wunsch dominierte, möglichst bald und möglichst viel von den lange entbehrten West-Standards zu erreichen, wirkten solche Aufrufe eigentümlich isoliert, ja basislos. Im Westen war den meisten nicht verständlich, was denn an dem verrotteten System bewahrenswert sein sollte (für DDR-Strukturen als solche hatte sich immer nur eine kleine Minderheit interessiert). Und im Osten war, fast in jeder Hinsicht, der «Sog» der Bundesrepublik übermächtig. Gerade diejenigen «kritischen» Autoren, die über Jahre hin die offiziell tabuisierten Probleme in einer «zweiten Sprache» aufgegriffen und so Sprachrohr-Funktion für viele gewonnen hatten (wie Braun, Hein, Heym, Wolf), verloren jetzt ebendiese Funktion und einen Großteil des Publikums. Die völlige Neuartigkeit, ja Paradoxie dieser Situation versuchte die erst im Sommer 1988 aus der DDR übergesiedelte Monika Maron zu fassen, indem sie auf Brechts bekanntes Diktum zum 17. Juni 1953 anspielte: «Diesmal ist nicht die Regierung vom Volk enttäuscht, diesmal sind es die Dichter.»[9]

Das benachbarte Ausland beobachtete diese Vorgänge zum Teil mit unverhohlener Skepsis, was die Verbissenheit dieser Abrechnungen, auch unter den Autoren, betraf. Dies gilt vor allem für Österreich und die Schweiz als die beiden Länder, die gerade mit dem literarischen Leben Deutschlands in besonders engem Kontakt stehen. Mitten in die ersten Beschuldigungen der «privilegierten» und «kompromittierten» DDR-Schriftsteller hinein erinnerte schon im November 1989 von Zürich aus Beatrice von Matt daran, wie sehr Bücher von Günter de Bruyn, Volker Braun, Christoph Hein, Christa Wolf, auch Irmtraud Morgner, Brigitte Reimann und Gerti Tetzner «das Bewußtsein» der Leser «geweckt und geschärft und verändert» hätten und wie schwer die «Abschattierungen von Anpassung und Widerstand» zu beurteilen seien.[10] Als im Februar 1990 auf einer Wiener PEN-Regionalkonferenz sowohl Werner Liersch aus der DDR als auch Carl Amery und Gert Heidenreich aus der Bundesrepublik zusammentrafen, kam es zu einer «west-östlichen Begegnung voller verblüffender Perspektiven».[11] Man verständigte sich auf getrenntes Weiterarbeiten und auf das Streben nach einer «möglichst langsamen Vereinigung» der beiden Staaten – im nachhinein betrachtet kein so unbegründeter Wunsch.

Als am 18. März die Volkskammerwahlen einen klaren Sieg der CDU (40,9 %) und der ihr nahestehenden Parteien ergaben und eine ebenso klare Niederlage der SPD (21,8 %) sowie immerhin 16,3 % für die SED-Nachfolgepartei PDS, waren die Hoffnungen auf eine «Alternative» illusionär geworden. Was war aus dem literarischen Leben der DDR als «Erbe» in den neuen, noch zu schaffenden Gesamtstaat einzubringen, ja nach den Vorstellungen mancher «hinüberzuretten»? Früh, noch im November 1989, war vorausgesagt worden, daß die Literatur ihr – im Doppelsinn – «behütetes» Leben aufgeben und sich auf neue Weise dem «Markt» werde aussetzen müssen. Von «Kommerzialisierung» war viel die Rede. Anfang Dezember hatten der Frankfurter und der Leipziger Börsenverein ein gemeinsames Aktionsprogramm beschlossen, mit Förderungsmaßnahmen für die Verlags- und Buchhandels-Infrastruktur in Mitteldeutschland, aber selbstverständlich auch reichlichen Expansionsmöglichkeiten westlicher Firmen. Ebenfalls im Dezember 1989 schlug Kulturminister Dietmar Keller für das nationale Prestigeobjekt Weimar die Gründung einer Stiftung vor (sie geschah dann erst im Frühjahr 1992 als Gemeinschaftswerk des Landes Thüringen und des Bundes). Im Februar 1990 gelang es überraschend, mit dem Leipziger «Literaturinstitut» (das seit 1958 den Namen Johannes R. Bechers trug) unter der neuen Leitung von Helmut Richter vorübergehend eine Schriftstellerschule zu erhalten, die nun ein wirkliches DDR-Spezifikum darstellte.

Diejenigen Institutionen, in denen die Schriftsteller vorzugsweise organisiert waren, im Osten wie im Westen, haben sich erwartungsgemäß am schwersten getan – bzw. absichtsvoll am «behutsamsten» darauf hingearbeitet –, neue gemeinsame Strukturen zu finden: die beiden PEN-Zentren, die beiden Schriftstellerverbände und die beiden Berliner Akademien der Künste. Schon über das Ziel, jeweils *eine* Organisation anzustreben, bestand durchaus kein Konsens, auch nicht nach dem Staatsvertrag vom 18. Mai 1990 «über die Schaffung einer Währungs-, Wirtschafts- und Sozialunion zwischen der Bundesrepublik Deutschland und der DDR». Der Begriff der «Kulturnation», mit dem Kulturminister Keller vielfach operierte und den auch einzelne Autoren wie Günter de Bruyn – kritisch einschränkend – in ihren Konzeptionen verwendeten, bedeutete ja noch nicht zwingend Unifizierung.

Zukunftsplanung schloß auch hier, absichtsvoll oder nicht, «Abrechnung» mit ein: vor allem solche mit einzelnen DDR-Autoren. Hinter den verschiedenen Modellvorstellungen, von der bloßen Fusionierung bis zur völligen Neugründung, stand zum Beispiel auch die Frage: Ging es an, daß dieselben Autoren, die noch Jahre zuvor am Ausschluß von Kollegen aus dem DDR-Schriftstellerverband beteiligt gewesen waren (vor allem über die Vorgänge des Jahres 1979 traten jetzt immer mehr Details ans Licht), neben ihre eigenen «Opfer» zu sitzen kamen?

Bei zwei vom VS veranstalteten deutsch-deutschen Autorengesprächen in Hannover und in Stuttgart (Februar 1990) ging es noch wesentlich um sozialpolitische Probleme der DDR-Schriftsteller, auch um Warnungen vor der «Macht des Marktes» und vor der «Kommerzialisierung». Der VS-Vorsitzende Uwe Friesel verwahrte sich, mit dem Blick auf die früheren Kontroversen um deutsch-deutsche Schriftstellerpolitik, wiederholt gegen ein «Draufhauen» auf die beiden Verbände.[12] Die Jahrestagung des bundesdeutschen PEN im Mai 1990 in Kiel, mit Teilnahme einer Delegation des DDR-PEN unter Heinz Knobloch und mit etwa sechzig öffentlichen Lesungen und Diskussionsveranstaltungen, galt dann fast ganz der «Vergangenheitsbewältigung» in der DDR und den Existenzsorgen der Schriftsteller. Man beklagte das zu schnelle Tempo der deutschen Einigung und bemühte sich im übrigen ostentativ um «Eintracht».[13] Wieviel Sprengstoff in Wahrheit vorhanden war, zeigte sich am Ende, als der ausgebürgerte Hans-Joachim Schädlich an einigen Mitgliedern des DDR-PEN Kritik übte, so an dem ehemaligen stellvertretenden Kulturminister Klaus Höpcke (der unter anderem für die – offiziell nicht vorhandene – Zensur zuständig gewesen war). Knobloch fühlte sich bemüßigt, daraufhin eine «Ehrenerklärung» für Höpcke abzugeben, die bei vielen auf Befremden stieß.

An solchen Vorgängen wurde erkennbar, daß das Bemühen um «Eintracht» und konstruktive Auseinandersetzung in den Verbänden löblich war, aber die erheblichen Spannungen faktisch nur überdeckte. Zu den auch symbolisch gedachten Gesten der öffentlichen Auseinandersetzung gehörten verschiedene Akte der «Rehabilitation» ausgeschlossener oder sogar gerichtlich verurteilter Schriftsteller.

Noch vor der Öffnung der Mauer, am 28. Oktober 1989, hatte im Deutschen Theater zu Berlin der Schauspieler Ulrich Mühe den Essay *Schwierigkeiten mit der Wahrheit* vorgetragen, in dem Walter Janka (ehemals Leiter des Aufbau-Verlages) Rechenschaft ablegte; er war 1957 in einem Schauprozeß als angeblicher Konterrevolutionär verurteilt worden. Die auch im Rundfunk gesendete Lesung löste eine Flut von Zuschriften an Janka aus (von denen eine Auswahl wenige Monate später als Broschüre erschien). Bereits im November 1989 traf sich der stellvertretende Kulturminister mit ihm. Man sprach von einem neuen «Wiedergutmachungsmodell» – worauf erste Stimmen sich regten, nicht Leute wie Janka sollten von der SED rehabilitiert werden, sondern es sei Sache des Regimes, «sich vor seinen Opfern zu rehabilitieren». Im übrigen brauche es statt solcher Rehabilitierungen «die Auslieferung der Urteile, die umfassende Öffnung der Stasi-Archive».[14]

Das Thema «Stasi» hat fortan als «unendliche Geschichte» auch die Abrechnungen zwischen einzelnen Schriftstellern und das öffentliche Richten über sie beherrscht. Immer neue, oft spektakuläre «Fälle» demonstrierten einem nach und nach abstumpfenden Publikum, bis in welche grotesken Details nicht zuletzt die vom Regime hofierten Schriftsteller überwacht worden waren und wie intensiv sich daran auch Schriftstellerkollegen beteiligt hatten. Zu den (teilweise schon früh von Interessierten geplünderten) Stasi-Akten kamen die Archive des Schriftstellerverbandes, der Verlage, auch der SED-Parteileitungen. Nachdem die Diskussionsprotokolle zum Schriftsteller-Ausschluß des Jahres 1979 ans Licht gelangt waren, legten manche der Betroffenen gar keinen Wert mehr auf «Rehabilitierung». Bei gerichtlich Verurteilten ging es indes auch um die Möglichkeit einer Entschädigung. So wurden im März 1990 nicht nur Walter Janka, sondern auch Wolfgang Harich und die Mitangeklagten im berüchtigten «Harich-Prozeß» des Jahres 1957 nachträglich freigesprochen. Die Perspektiven für die literarische Produktion schätzte der DDR-Autor Wulf Kirsten schon Anfang April folgendermaßen ein: «Jetzt wird es erst mal dokumentarische Literatur geben, Augenzeugenberichte, Protokolle. Aber die eigentliche literarische Verarbeitung in Romanen, Theaterstücken und Gedichten, das wird ein Weilchen auf sich warten lassen.»[15]

Die individuellen Berichte, die Essaysammlungen und die Anthologien zur «Wende» und zu ihrer Vorgeschichte erschienen in fast beängstigender Fülle und Raschheit: vom Rechtfertigungs- oder Anklagedrang ebenso bestimmt wie von den vieldiskutierten Gesetzen des «Marktes». Bereits Anfang 1990 lagen, vom Rowohlt Verlag produziert, unter dem Titel *Die Geschichte ist offen. DDR 1990: Hoffnung auf eine neue Republik* Erfahrungsberichte von 22 DDR-Autoren vor, und ein Rezensent resümierte: «vereinzelt kommt schon die leise Ahnung auf: Die Mauer muß wieder her.»[16] Im April, als über die mancherlei Anthologien hinaus Essaybände von Günter Grass, Christoph Hein, Stefan Heym, Heiner Müller und Christa Wolf, aber auch solche von Václav Havel und Andrzej Szczypiorski auf dem Markt waren, ging Frank Schirrmacher schon ans Vergleichen: «Erst jetzt wird erkennbar, daß sich das deutsch-deutsche Intellektuellenmilieu in vielem bis zum Verwechseln gleicht, daß ihm aber als Ganzes die Erfahrungen und die Thesen der mitteleuropäischen Intellektuellen fremd geblieben sind.»[17]

Mit diesem pauschalisierenden Reden vom «Intellektuellenmilieu» war zweifellos nicht nur verbreiteten Leser-Ressentiments Ausdruck gegeben, es war zugleich das Tor zur generellen Abrechnung mit einem Großteil der westdeutschen (und partiell – unausgesprochen – der österreichischen und schweizerischen) Literatur der Nachkriegszeit aufgestoßen. Wenn dies mit voller Wucht erst im Herbst, zur Buchmesse, geschah, so hatte dies einen wesentlichen Grund darin, daß sich die Fronten zunächst an einem exzeptionellen, prominenten «Fall» artikulieren konnten: an Christa Wolfs Erzählung *Was bleibt*, die noch im Mai 1990 im Luchterhand Literaturverlag erschien.

Der vergleichsweise schmale (etwas über einhundert Seiten umfassende), dem Autobiographischen nahe Text, 1979 verfaßt und im November 1989 überarbeitet, reflektiert mit zahlreichen Details eines einzigen Tages die Überwachung der Autorin durch die Stasi und die Versuche, mit dieser Überwachung zu leben: bei öffentlichen Auftritten wie vor allem in den eigenen vier Wänden. Angesichts der schon Monate andauernden Diskussion über «Privilegierung» und «Kompromittierung» der literarischen DDR-Prominenz, namentlich Christa Wolfs, lag es auf der Hand, daß die Veröffentlichung des Textes *nach* der Wende als apologetischer Hinweis auf die eigene «Verfolgung» verstanden werden konnte. Der Fall bot sich als Exempel geradezu an.

Am 1. Juni 1990 erschien unter dem Titel «Mangel an Feingefühl» in der «Zeit» ein Artikel von Ulrich Greiner mit dem sarkastischen Einsatz: «Das ist ja ein Ding. Die Staatsdichterin der DDR soll vom Staatssicherheitsdienst überwacht worden sein?»[18] Und am Tag darauf stand in der «Frankfurter Allgemeinen Zeitung» eine Sammelrezension von Frank Schirrmacher zu sechs Büchern «von und über Christa Wolf» (die seit November 1989 herausgekommen waren), mit dem ironischen Titelzitat: «Dem Druck des härteren, strengeren Lebens standhalten.»[19] In der sich anschließenden Flut weiterer Besprechungen, Erwiderungen, Interviews und Pamphlete – über Monate hin – war von der erzählerischen Qualität der «Erzählung» wenig die Rede. Die Auseinandersetzung, die sehr bald als «der (deutsch-deutsche) Literaturstreit» etikettiert wurde, zum Teil in Anlehnung an «den» Historikerstreit, drehte sich im wesentlichen immer wieder um den Zeitpunkt der Veröffentlichung, um das, was im Text an Kontext ausgespart war, um die «Opfer»-Thematik, um «Widerstand», «Kritik» und die tatsächlichen Funktionen der «Staatsdichterin», nicht zuletzt um ihre Haltung nach der Wende. «Peinlich» fand Greiner die «späte Publikation», «peinlich wie den Parteiaustritt der Autorin «zu einem Zeitpunkt, der keine Risiken mehr barg». Schirrmacher legte besonderen Wert auf die Feststellung, daß Christa Wolfs «schriftstellerischer Rang weit überschätzt» sei, und nahm damit eine These auf, mit der sein Vorgänger Marcel Reich-Ranicki schon am 12. November 1987 unter dem Titel «Macht Verfolgung kreativ?» eine heftige Kontroverse ausgelöst hatte. Auch jetzt meldeten sich Kritiker, die auf die beträchtliche internationale Reputation der Autorin hinwiesen; sie lasse sich aus innerdeutscher «Alibi»- und «Mittelmaß»-Repräsentanz allein nicht erklären.

Daß der Streit um *Was bleibt* sich vom Ausgangstext rasch entfernt hatte, daß er nicht um «Ästhetisches» geführt wurde, ja eigentlich nicht primär um «Literatur», wurde rasch offenkundig. Die persönliche Verunglimpfung der Autorin, der Impuls zum Richten, ja zur exemplarischen Rache an einer DDR-«Privilegierten», riefen Stimmen auf den Plan, die vor einer «Vergiftung» des öffentlichen Diskussionsklimas und vor einer Weiterführung der «Schlammschlacht» und der «Hatz» warnten.

Wenige Tage nach dem Erscheinen der Artikel von Greiner und Schirrmacher traf sich im Potsdamer Katharinenstift zum 3. Colloquium der Bertelsmann-Stiftung eine große Anzahl von Schriftstellern, Publizisten und Politikern, darunter Günter de Bruyn, Stefan Heym, Christa Wolf, auch Klaus Höpcke und Manfred Stolpe, ferner Eduard Goldstücker (aus Prag/London) und Andrzej Szczypiorski (aus Warschau); Greiner und Schirrmacher nahmen ebenfalls teil. In einem Einleitungsreferat insistierte Walter Jens auf der Lessingschen Unterscheidung von Angriffen gegen «Bücher» und solchen gegen «Menschen» und plädierte für mehr «Behutsamkeit».[20] Christa Wolf wehrte sich gegen die in der Polemik erkennbare «Häme», während Greiner und Schirrmacher auf dem Recht der «Kritik» beharrten.

Längst ging es auch nicht mehr nur «um Christa Wolf» (Wolf Biermann), sondern um DDR-Prominenz, ja um deutsche «Intelligenz» nach der Wende. «Christa Wolf war das falsche Objekt der Kritik an Intellektuellen aus der DDR, aber gerade sie eignete sich am besten zur Eröffnung eines fälligen Streits.»[21] Daß mit politisch motivierter Schärfe und Pauschalität gegen eine ganze Gruppe vorgegangen wurde, erinnerte manchen an die Ära McCarthys. Und noch Ende Juni 1990 wandte sich eine Resolution des bundesdeutschen PEN-Präsidiums (vom Generalsekretär Hanns Werner Schwarze formuliert) gegen die neue, in zahlreichen Feuilletons mittlerweile modisch gewordenen «Spielart eines postmodernen McCarthyismus» und forderte mehr «Sensibilität».[22]

Während in europäischen Nachbarländern die alte Formel von den «querelles allemandes» umging, während Christa Wolf weiter von prominenten Autoren wie Biermann und Grass verteidigt und vom französischen Kultusminister Jack Lang (im September) ostentativ mit einem hohen Orden dekoriert wurde, ging auch die prinzipielle «System»-Debatte unter Schriftstellern weiter. Rolf Hochhuth fand die ganze «Abrechnung» ungerecht und meinte, er wäre unter dem Zwang des Systems nicht «Kritiker», sondern «ebenfalls Mitläufer» geworden.[23] Welche grotesken Ausmaße die Observation vor allem der unbotmäßigen DDR-Autoren angenommen hatte, zeigte sich immer häufiger, so an den über 9000 Seiten Stasi-Akten (die des Schriftstellerverbandes nicht gezählt) zu Erich Loest, die der Autor für sein Buch *Der Zorn des Schafs. Aus meinem Tagewerk* (im September 1990 erschienen) auswertete. In einem von solchen Enthüllungen einerseits und wortreicher Selbstrechtfertigung andererseits bestimmten Klima war eine Neuformierung der großen Schriftsteller- und Künstlerorganisationen noch schwieriger geworden. Walter Jens lehnte als Präsident der Westberliner Akademie der Künste eine pauschale Übernahme der Mitglieder der Ostberliner Akademie ebenso ab wie eine prinzipielle Ausschließung einzelner. Aber wie sollte aus der zum Teil kleinlichen Funktionärspolitik der Ostberliner (unter Manfred Wekwerth) eine akzeptable Lösung hervorgehen? Als im Juli 1990 mit Heiner Müller ein international renommierter Autor an die Spitze gewählt wurde, werteten viele dies als einen «Selbstbefreiungsschlag». Aber nun geriet auch Müller, der die westliche «Unschuldspose» gegenüber den «Schuldigen hier» kritisierte, noch stärker ins Kreuzfeuer der «Richter» im Westen. Der erfolgreiche Theaterautor habe den Kapitalismus ebenso «gräßlich» gefunden, wie er gerne an ihm verdient habe.

Die Reihe der Objekte war mit Christa Wolf, Heiner Müller, Stefan Heym und den anderen DDR-Prominenten noch nicht zu Ende. Die ihnen so «ähnlichen» West-Intellektuellen, die Schirrmacher im April nur summarisch erwähnt hatte, waren noch ins Visier zu nehmen.

Pünktlich zur Eröffnung der 42. Internationalen Frankfurter Buchmesse in der Literatur-Sonderbeilage der «Frankfurter Allgemeinen Zeitung» vom 2. Oktober 1990, genau vier Monate nach der Christa-Wolf-Abrechnung, kam Frank Schirrmachers Generalrevision der westdeutschen Nachkriegsliteratur unter dem langen Titel: «Abschied von der Literatur der Bundesrepublik. Neue Pässe, neue Identitäten, neue Lebensläufe. Über die Kündigung einiger Mythen des westdeutschen Bewußtseins.» Um «Abschied» ging es nicht nur insofern, als am 31. August 1990 mit dem «Einigungsvertrag» eine neue Bundesrepublik entstanden war, sondern auch in dem Sinne, daß die Literatur der alten Bundesrepublik neu zur Besichtigung, Bewertung, Verabschiedung freigegeben worden war. Von Christa Wolf und den «Staatsdichtern» der DDR war jetzt nicht mehr in erster Linie die Rede, sondern von deren Verteidigern wie Günter Grass und Walter Jens, die als Linksintellektuelle wesentlich für «die Nachkriegsliteratur» stehen könnten. Deren seit den sechziger Jahren dominante, moralisierende Richtung sei längst überaltet und habe abzutreten.

Diesmal wahrte Ulrich Greiner, vom Konkurrenz-Organ «Die Zeit», gebührenden taktischen Abstand und stieß erst am 2. November nach mit dem Artikel: «Die deutsche Gesinnungsästhetik. Noch einmal: Christa Wolf und der deutsche Literaturstreit. Eine Zwischenbilanz.»[24] Seit der frühen Nachkriegszeit habe sich die deutsche Literatur moralischen, humanitären, politischen Zielen «verpflichtet», habe der «Kunst» nicht «ihr Eigenes» gelassen; der ganze Literaturbetrieb habe, in der Bundesrepublik (mit der führenden Rolle der Gruppe 47) wie in der DDR, unter dem Zeichen einer «Gesinnungsästhetik» gestanden. Im Analogisieren intellektueller Tendenzen in beiden deutschen Staaten folgte Greiner einer Linie, die Schirrmacher (freilich nicht allein) schon im April 1990 gezogen hatte. Doch griff er weiter aus in die Frühzeit und legte die Tendenz noch prinzipieller als Indienstnahme des «Ästhetischen» aus.

Dieses generelle Bilanzziehen, an dem sich binnen kurzem zahlreiche namhafte Kritiker und Autoren beteiligten (früh schon Karl Heinz Bohrer, dann Botho Strauß, Hans-Jürgen Syberberg u. a.), erinnerte in seiner Grundsätzlichkeit und seinem «Verabschiedungs»-Gestus an den Zürcher Literaturstreit 1966/67, der durch Emil Staigers öffentliche Verdammung der ebenso «unmoralischen» wie «häßlichen» modernen Literatur ausgelöst worden war, und an die Debatten um den «Tod der Literatur» im Anschluß an Enzensbergers «Kursbuch» 15 (1968). Jetzt freilich stand die «deutsche» Entwicklung noch entschiedener im Vordergrund. Und es kam das Unbehagen über den weitverbreiteten Eindruck hinzu, daß namentlich die westdeutsche Literatur der vergangenen beiden Jahrzehnte kaum noch international beachtete neue «Würfe» gebracht habe. Auch dieses Ausspielen der ‹älteren› gegen die ‹neueste› Literatur hatte seine Präzedenz ein Jahrzehnt vorher, als Joachim Fest zur Buchmesse 1981 resümierte, es gebe schon seit Jahren zwar «Bücher, Bücher, aber nichts zu lesen»,[25] und als Marcel Reich-Ranicki das perspektivisch Gebundene dieses mit «früher» vergleichenden «Gesellschaftsspiels» herausstellte. Jetzt meldete sich wiederum Einspruch. Volker Hage beharrte, an den Streit über Christa Wolf anknüpfend, auf dem «Interesse» an der DDR-Literatur: «Da war was, da bleibt was.»[26] Und Hanns-Josef Ortheil trat noch im Oktober 1990 mit einem ganzen Sammelband unter dem Titel *Schauprozesse* für die postmoderne «Eigenart» vieler vor allem westdeutscher Texte der achtziger Jahre ein.

Es verwundert nicht, daß nach dieser Ausweitung des Blicks auf die deutsche Nachkriegsliteratur insgesamt die Aufmerksamkeit bald doch wieder vor allem der DDR-Literatur der beiden letzten Jahrzehnte und ihren Protagonisten galt. Die nicht abreißende Kette der Stasi-Enthüllungen, der individuellen Dokumentationen und der persönlichen Beschuldigungen und Apologien sorgte für immer neue Anlässe. Einem wirklichen Erkenntnisgewinn stand oft im Wege, daß die westlichen Kritiker meist aus Distanz ohne selbst durchgestandenes Risiko urteilten und manche DDR-Autoren sich aus ihrem individuellen Engagement nur schwer zu lösen vermochten. Die Parallele zu den Jahren nach 1945 wurde oft gezogen. Mitte November 1990 sprach einer der erfahrensten Sachkenner, Hans Mayer, germanistischer Lehrer und Anreger vieler DDR-Autoren, 1965 aus Leipzig in den Westen gegangen, in der Deutschen Staatsoper Unter den Linden über «Deutsche Literatur hier und heute». Christa Wolf, seine Schülerin (die einführende Worte sprach), qualifizierte er als Repräsentantin einer bedeutenden «Gegenliteratur».[27] Sofort warf man ihm vor, daß er von den ausgebürgerten Künstlern und von der Macht der Zensur nicht gesprochen hatte.

Die Generalrevisionen und immer neuen «Fälle» erleichterten die Aufgabe nicht, auch neue Organisationsstrukturen für die Schriftsteller zu schaffen. Walter Jens und Heiner Müller erklärten übereinstimmend eine Fusion der beiden Berliner Akademien der Künste für «Unsinn», planten aber für Mai 1991 die gemeinsame Neuherausgabe der Zeitschrift «Sinn und Form». Während der DDR-Schriftstellerverband wegen seiner spektakulären Ausschlußakte als besonders belastet erschien und vor der Auflösung stand (ebenso wie der Verband der Theaterschaffenden der DDR, der seine institutionelle Basis immer mehr verlor), verfolgte das Präsidium des DDR-PEN Pläne, sich im Januar 1991 als «Deutsches PEN-Zentrum Berlin» neu zu konstituieren.

Die vielleicht symptomatischste Entwicklung vollzog der bundesdeutsche Schrift-stellerverband (VS) unter Uwe Friesel. Für den 24. bis 26. Mai 1991 lud er zum 10. Delegiertenkongreß, dem ersten nach der Wende, ins Kurhotel Lübeck-Travemünde ein. Zu diesem Zeitpunkt wollten bereits etwa 600 Mitglieder des ehemaligen DDR-Schriftstellerverbandes in den VS eintreten (im Gegensatz zum PEN und zu den Aka-demien war dies bei der berufsständischen Organisation möglich). Friesels Strategie zielte von vornherein auf «Information», «Ausgleich», Vermeidung von «Streit». 74 Autoren trafen sich schließlich, darunter – wie schon in den letzten Jahren – wenig Prominenz; an namhaften DDR-Autoren war lediglich Stefan Heym gekommen. Der Bundesinnenminister Schäuble und der Ministerpräsident Engholm trugen Grußadres-sen vor. Erst nachträglich war bekannt geworden, daß Friesel im Vorfeld der Tagung an 23 Autoren aus der Ex-DDR einen Brief geschrieben hatte mit der Bitte, von einem Beitritt zum VS vorerst abzusehen, aus Gründen der moralischen Selbstkritik. Nach all den öffentlichen «Schlammschlachten» war das verständlich, aber es widersprach dem Verbandscharakter des VS. Der Skandal war da, und sofort war auch von «Berufsver-boten» die Rede. Der Kongreß wickelte gleichwohl seine Tagesordnung ab, ließ sich beruhigen. Es ging ja dort auch weder um «Literatur» (wie viele Berichte kritisch hervorhoben) noch um persönliche Verstrickungen, sondern um offizielle Verbands-politik und um das Wohlwollen des neuen Staates. Selbst Stefan Heym fühlte sich fürsorglich «berührt», wie er sagte.

Zu dieser Verbandsarbeit, der alten DDR wie der neuen Bundesrepublik, stand in charakteristischem Kontrast, worüber kaum zwei Wochen später ein Artikel der «Stuttgarter Zeitung» berichtete: der Prenzlauer Berg. «Die innere Mauer wächst. Die DDR schafft nachträglich eine Identität, die es niemals gab. Es existieren keine sichtbaren Grenzen mehr, doch in den Selbst-Entwürfen der Menschen entstehen sie als ästhetische Kategorien von neuem.»[28] Für die meisten Literatur- und Kultur-Interessierten im Westen wie in der früheren DDR repräsentierte die Prenzlauer ‹Szene› immer noch eine späte «Alternative» zur offiziellen Literaturpolitik, bald als «Wider-stand» interpretiert, bald als «postmoderne» Variante junger Literatur. Im September 1991 entdeckte Jürgen Fuchs bei der Durchsicht seiner Stasi-Akten, daß einer der Haupt-Initiatoren dieser Bewegung, Sascha Anderson (seit 1986 in Westberlin lebend), über Jahre für den Staatssicherheitsdienst ge-arbeitet hatte. Nicht nur über Fuchs, auch über Biermann und andere hatte er berichtet. Die Prenzlauer Szene – von der Stasi durchsetzt, gar lan-ciert?

Als Wolf Biermann am 20. Oktober 1991 in Darmstadt den Büchnerpreis entgegennahm, warf er Sascha Anderson öffentlich vor, ein «Stasispitzel» gewesen zu sein, und nannte ihn ein «Arschloch». Nach dem Streit um die «Staatsdichterin» Christa Wolf und um die «Gesinnungsästhetik» der deut-schen Nachkriegsliteratur schien nun auch noch die «alternative», «postmo-derne» Nischenkultur der Prenzlauer zutiefst kompromittiert. Eine andere Hoffnungsfigur, der Poet und Fernsehautor Heinz Kahlau, war ebenfalls unter erheblichen Verdacht geraten und hatte Stasi-Kontakte bereits einge-standen. Biermann wörtlich: «alle Oppositionsgruppen waren von Stasimeta-stasen zerfressen».[29]

In der nun sich anschließenden, überaus heftigen öffentlichen Auseinandersetzung gingen ganz heterogene Impulse bis zur Unentwirrbarkeit durcheinander. Zwei sind herauszuheben. Der eine war, daß denjenigen, die entschlossen für den «kritischen» Rang wenigstens eines Teils der DDR-Literatur eingetreten waren, weiterer Boden entzogen zu werden schien – und zwar nicht durch einen der überheblichen Westfeuilletonisten, sondern gerade durch eine Symbolfigur wie Biermann. Der andere lag in der Weise, wie Biermann das Podium der Büchnerpreisverleihung genutzt, ja mißbraucht hatte, um derart massive Anschuldigungen zu äußern – einstweilen ohne klare Beweise zu präsentieren (von der vulgären Form einmal ganz abgesehen). Der ‹Linksintellektuelle› Freimut Duve erklärte, Biermann habe für die «öffentliche Schmähung eines Menschen» die Regeln der «Aufklärung und des Anstands» radikal verletzt und müsse, wenn er nicht zum Zeitpunkt der Behauptung schlüssige Beweise gehabt habe, den mißbrauchten Büchnerpreis zurückgeben.[30] Anderson verteidigte sich in zahllosen Interviews, Briefen und Statements, er habe sich – wie viele andere – der Stasi nicht verweigern können und im übrigen nur harmlose Informationen gegeben. Lutz Rathenow sah die gesamte Prenzlauer-Berg-Szene als von der Stasi gesteuert an, während einer der inzwischen (auch im Westen) prominentesten Prenzlauer Autoren, Bert Papenfuß-Gorek, erklärte, er kenne jede Menge Leute, die Kontakte zur Stasi gehabt hätten, so zum Beispiel auch Rathenow.

Die Muster der gegenseitigen Anschuldigung waren im Falle Anderson, Kahlau, Fuchs, Rathenow und des Prenzlauer ‹Komplexes› prinzipiell nicht neu, auch wenn es hier anscheinend um «alternative», ja für «oppositionell» gehaltene Bewegungen ging. Jetzt waren in der Öffentlichkeit, auch im interessierten Ausland, vor allem drei Reaktionen kennzeichnend: ein bedauerndes Kopfschütteln darüber, wie viele Künstler sich in Dienst hatten nehmen lassen, der Eindruck, daß das Stasi-Land doch ein «fremdes» Land gewesen war, und neue Zweifel an der «kritischen» Funktion der DDR-Literatur insgesamt. Ob «Emigranten» oder «Daheimgebliebene», so meinte Günther Rühle, das in drei Jahrzehnten erworbene Anschen mancher Schriftsteller als «Widersprecher» werde «zur Zeit zerstört».[31] Wie unversöhnlich die Positionen bis in aktuelles Handeln hinein waren, zeigte sich auch bei den beiden deutschen PEN-Zentren.

Zum Entsetzen vieler Beobachter hatte es Hermann Kant fertiggebracht, zu verhindern, daß der Wittenberger Pfarrer und Bürgerrechtler Friedrich Schorlemmer in den Ost-PEN gewählt wurde; nicht weniger als 40 Mitglieder hatten schließlich dagegen gestimmt. Ein Neubeginn, der den humanitären Zielen des PEN angemessen war, schien einstweilen unmöglich. Als um so befreiender wurde es empfunden, als im Oktober 1991 bei der Jahrestagung des West-PEN in Hannover nicht nur viele junge Mitglieder zugewählt wurden, sondern auch das Präsidium ausgewechselt und der 46jährige Gert Heidenreich an die Spitze berufen wurde: ein «Generationenwechsel», wie es allgemein hieß. Die ferne Vergangenheit aber war plötzlich wieder präsent, als auf der gleichen Tagung Walter Jens behauptete, Anna Seghers sei stets bei der «Partei der Opfer» gewesen (wobei er wohl weniger an die einstige Präsidentin des DDR-Schriftstellerverbandes dachte). Prompt forderte ihn der Kritiker Jürgen P. Wallmann auf, dies zu korrigieren – was Jens jedoch ablehnte.

Spätestens seit dem Streit um Christa Wolfs *Was bleibt* im Sommer 1990 wurde immer wieder auf die Parallelen zur Situation nach 1945 hingewiesen. Mitunter aber konnte man auch zu dem Schluß gelangen, daß jenes Aufarbeiten, das in der frühen Nachkriegszeit nach der Meinung vieler gerade zu schwach, zu unaufrichtig, zu zögerlich ausgefallen war, nun im Überfluß nachgeholt wurde – doch unter verzerrten Bedingungen. Es fehlten alleine schon die Besatzungsmächte mit ihren Instanzen. Vor allem in der Ex-DDR verbreitete sich, nicht nur unter Schriftstellern, der Eindruck, daß deren Funktion von «überheblichen Wessis» in Personalunion gleich mit übernommen wurde. Und: Ausgerechnet an Schriftstellern ein Exempel zu statuieren, erschien als doppelt ungerecht. Nicht nur, weil immerhin manche von ihnen sich um eine «kritische» Haltung bemüht hatten, sondern vor allem weil die politisch Hauptverantwortlichen wegen der Grenzen des Strafrechts und aus Gesundheitsrücksichten kaum sofort belangt werden konnten – wenn überhaupt.

Daß an Christa Wolf (ehemals «IM Margarete»), aber auch einem völlig anderen, «alternativen» Typus wie Sascha Anderson Stellvertreterkämpfe ausgetragen wurden, war offenkundig. Doch verlieh diese erhöhte Aufmerksamkeit nicht zugleich der Literatur ein unverhofftes neues Gewicht? Gerade die Klagen über den Funktionsverlust der Literatur in den achtziger Jahren, über den Relevanzmangel waren ja im Westen fast ostinat geworden. Bemerkenswerterweise meinte ein DDR-Germanist, Bernd Leistner, der Streit um Christa Wolf sei immerhin auch dazu angetan gewesen, «die entschieden ins Abseits geratene Literatur doch in den Blickpunkt öffentlichen Interesses zu rücken».[32]

Das ist überlegenswert. Doch zugleich muß man sich fragen, ob bei all den Auseinandersetzungen tatsächlich «die Literatur» im Zentrum des Interesses stand und nicht vielmehr Figuren des öffentlichen Lebens unter primär aktuellen Vorzeichen. Was da in Büchern, Reden und Artikeln sich abspielte, wurde sehr bald – viel wirkungsvoller für eine breitere Öffentlichkeit – vom Fernsehen aufgenommen: in Interviews, Talkshows, Streitgesprächen. Wurde mehr gelesen und ins Theater gegangen? In der Ex-DDR brach nach und nach die subventionierte und gegängelte Infrastruktur der Theater zusammen. Aber auch im Westen konnten manche Kritiker nicht erkennen, daß der seit Jahren festgestellte «Leerlauf» des Theaterbetriebs (außer egomanischen Regisseurs-Selbstpräsentationen und Skandalen) auf die deutsche Einigung mit anspruchsvollen neuen Produktionen geantwortet hätte. Im Mai 1991, als auch die gigantischen Finanzprobleme der öffentlichen Haushalte längst sichtbar waren, stellte der provokationsfreudige Heiner Müller eine «Niveausenkung in allen Bereichen» fest und sprach sich für die endgültige Schließung einiger Theater aus, allerdings nicht nur in den neuen Ländern.[33] Der

Sturm der Entrüstung, mit persönlichen Spitzen («masochistischer Endzeit-dramatiker» usw.), konnte die gewisse Realistik der Forderung nicht über-decken.

Noch im Jahr der Wende war im Aufbau-Verlag ein Sammelband unter dem Titel *Buch. Lektüre. Leser. Erkundungen zum Lesen* erschienen, worin mit Stolz die Resultate neuer DDR-Forschung präsentiert wurden (immer noch unter teilweiser Ausklammerung wichtiger «westdeutscher» Arbeiten), aber auch die Errungenschaften der Lesepraxis nach vier Jahrzehnten DDR-Literaturpolitik: «Heute gehört die DDR zu den Ländern mit der höchsten Buchproduktion pro Kopf der Bevölkerung.»[34] Bei vielen westlichen Diskus-sionen über die Zahlen und Quantitäten war gegen den pauschalen Begriff «Leseland DDR» immer wieder eingewandt worden, er klammere aus, was alles in diesem Lande *nicht* gelesen werden dürfe und könne. Seitdem schon im November/Dezember 1989 die ersten Stasi-Enthüllungen die öffentliche Aufmerksamkeit okkupierten und mehr und mehr auch die Literaturdiskus-sion bestimmten, konnte sich nur mit Mühe die (mindestens ebenso belang-reiche) Doppelfrage Gehör verschaffen: Wie waren denn tatsächlich die Funktionen auch der «kritischen» Literatur (über die persönlichen Verstrik-kungen einzelner Autoren hinaus) gewesen? Und wie hatten die verschiede-nen Autoren ihre Rolle gegenüber dem Publikum verstanden?

Zu beiden Fragen existierten zwar längst öffentliche Äußerungen, auch die Literaturkritik und die Forschung zur DDR-Literatur hatten Analysen vor-gelegt. Doch nach dem Fall der Mauer und angesichts der Fülle neuer Doku-mente konnte legitimerweise neu gefragt werden. Bei den Antworten, die vor allem von DDR-Autoren kamen, war die Nähe der Erinnerung oft noch fast irritierend greifbar. Das «Publikum» sei, so Rolf Schneider,[35] für den Autor «Adresse, Kontrollinstanz, Manipulationsmaterial und Themenlieferant» ge-wesen; und er selbst: »Vorturner, Volkserzieher, Clown, Seelenarzt, Guru und Alibi-Moralist». Im Gegensatz zu den im Westen umgehenden pauscha-len Vorstellungen von «Anpassung» und «Stabilisierung» oder «Kritik» oder «Widerstand» fiel in solchen Selbstäußerungen (auch bei Volker Braun oder Günter de Bruyn oder bei ‹Übergesiedelten› wie Erich Loest oder Monika Maron) die Multifunktionalität auf, auch eine gewisse drastische Buntheit der Benennungen. Bücher seien nicht nur imstande gewesen, so Jurek Becker, «Unruhe zu erzeugen oder in gesellschaftliche Auseinandersetzungen einzu-greifen, ja, sie gar erst zu entfachen, auf eine Weise, wie es im Westen schwer vorstellbar ist», sondern sie seien für viele Menschen «wie ein Lebensmittel» gewesen: nicht nur «als ein Freizeitvergnügen, sondern um mit seiner Exi-stenz besser fertig zu werden».[36] Zwar wußte man prinzipiell natürlich seit langem, daß vieles «zwischen den Zeilen» zu lesen war, ja daß – nach den Auffassungen mancher – in der «Doppelsinnigkeit», der «Verschlüsselung», dem solchermaßen «Subversiven» das Eigentliche der DDR-Literatur zu fin-den sei. Manches Detail aus den Akten der Stasi (Biermann: «Die Stasi war mein Eckermann») oder des Schriftstellerverbandes würde nicht zuletzt die Forschung zur Literatur der DDR vor neue Aufgaben stellen. Nuancen der hier angesprochenen Art gingen zumeist unter im Getöse der Beschuldigungen und Apologien. Sie traten mit Grund auch zurück hinter die Frage, welche Art von Literatur künftig für das bisherige DDR-Publikum geschrieben werde, oder doch für eine ‹gesamtdeutsche› Leser- und Zuschauerschaft – und welches ‹Erbe› produktiv eingebracht werden solle. Die Frage stellte sich für das Schul- und Universitätswesen durchaus vergleichbar und wurde rasch obsolet, nachdem im Gefolge des «Einigungsvertrages» vom 31. August 1990 die Kulturhoheit auch der neuen Länder zwar garantiert war, aber faktisch fast überall die westlichen Modelle durchgesetzt wurden (trotz einiger Reformversuche). Daß nun statt Anpassung an die SED-Literaturpolitik diejenige an den «Markt», an «Verkäuflichkeit» und «Unterhaltung» gefordert sei, war früh prognostiziert worden. Zumindest in der Raschheit, mit der die Erfahrungsberichte, Autobiographien und Dokumentensammlungen zahlreicher DDR-Autoren schon im Jahr nach der Wende herauskamen (Hein, Heym, Kant, Müller, Wolf u. a., nicht zu vergessen ‹Ausgesiedelte› wie Loest), zeigte sich ein Stück des neuen gesamtdeutschen Literaturkommerzes.

Daß damit keine Literatur der Zukunft auf den Weg gebracht wurde, war offenkundig. War nicht der Augenblick gekommen, sich endlich auch dem «nationalen» Thema zuzuwenden, das Martin Walser seit *Dorle und Wolf* fast im Alleingang ‹gepflegt› hatte? Was die Mehrzahl der Deutschen eigentlich beschäftigte und auch die meisten Schriftsteller immer wieder zur öffentlichen Stellungnahme drängte, spiegelte sich 1991 in dem von der «Gesellschaft für deutsche Sprache» ausgekundschafteten «Wort des Jahres», «Besserwessi», und in dem «Unwort», nach dem die Zeitschrift «Der Sprachdienst» (6/1991) suchte: «ausländerfrei». Der Versuch Rolf Hochhuths, auch jetzt mit dem Medium des Theaters in die aktuelle gesellschaftspolitische Auseinandersetzung einzugreifen, durch das Stück *Wessis in Weimar* (seit Ende Mai 1992), endete mit einem Skandal, der an Fassbinders *Der Müll, die Stadt und der Tod* (1985) erinnerte. Ein Tabu war verletzt worden (hier durch die schillernde Thematisierung des Mordes an dem Treuhand-Chef Detlev Rohwedder), und: Der wilde Schlagabtausch setzte schon ein, bevor irgend jemand das Stück als Ganzes gelesen, geschweige denn auf der Bühne gesehen hatte.

«Besserwessi»-Polemik, «Ausländerfeindlichkeit», «Literatur und Stasi» – Wolf Biermann hat im Frühjahr 1992 vor allem im Hinblick auf den letzten Punkt gemahnt: «Gemessen an den Existenzfragen der Menschheit ist das alles Flohzirkus.»[37] Daß Menschenrechtsverletzungen in aller Welt einzelne prominente Schriftsteller, namentlich auch den PEN, wiederholt zu Anklagen und leidenschaftlichen Aufrufen veranlaßt haben, daß insbesondere die Aktion «writers in prison» hier und da Erfolge erzielen konnte, sei auch erwähnt. Zum zentralen Gegenstand der literarischen Produktion selbst, wie in den sechziger und siebziger Jahren bei Enzensberger, Weiss und anderen, sind Kämpfe in der dritten Welt kaum noch geworden. Zu den Folterungen, Vergewaltigungen und Schlächtereien im ehemaligen Jugoslawien hat die Mehrzahl der Autoren, verglichen mit früheren Jahrzehnten, ungewöhnlich spät und zögerlich reagiert – ganz wie die offizielle Politik. Wenn unter den Prominenten ausgerechnet Peter Handke besonders entschieden protestiert hat, so hängt dies mit seiner regionalen und familiären Herkunft zusammen (Kärnten, Sohn einer slowenischen Mutter) – wie überhaupt die österreichische literarische Szene früher und sensibler auf die Balkankriege reagiert hat.

Viele deutsche Schriftsteller sind nicht nur durch den Zusammenbruch der sozialistischen Systeme ideologisch verunsichert und suchen erst nach neuen Positionen. Die konkreten Probleme der deutschen Einigung auch in der literarischen Kommunikation haben viel Aufmerksamkeit und Kraft gebunden, wie die großen «Streite» seit November 1989, von *Was bleibt* bis zum «Stasispıtzel«-Fall Anderson, exemplarisch zeigen. Biermanns pointierter Hinweis auf den «Flohzirkus» kann im Grunde – wenig tröstlich für deutsche Beobachter – auch für manche schweizerischen Autoren gelten, die sich anläßlich der Siebenhundert-Jahr-Feier der Eidgenossenschaft (1991) in erbitterte Konfrontationen mit dem eigenen Staat hineinsteigerten. Das gilt namentlich für Friedrich Dürrenmatt und Max Frisch, die seit jeher zum schweizerischen Sozialsystem, zum Militär, vor allem jedoch zum helvetischen Moraldenken in Spannung gestanden hatten. Skandale in Politik und Wirtschaft, im unmittelbaren Vorfeld des Jubiläums, brachten den Sprengstoff zur Explosion. Frisch nannte noch kurz vor seinem Tod die Schweiz einen «verluderten Staat», mit dem ihn nur noch der Reisepaß verbinde.[38] Dürrenmatt hatte gar in seiner letzten öffentlichen Rede vom «Gefängnis» Schweiz gesprochen. Der Aufruf zum «Kulturboykott» im Jubiläumsjahr fand große Resonanz.

Die Schweiz am Ende – am Ende die Schweiz (1991): Dieser Titel von Adolf Muschgs «Erinnerungen an mein Land vor 1991» schließt vielerlei symptomatisch zusammen: die lang aufgestaute (und geäußerte) Kritik, ja Haßliebe, auch das Empfinden einer »Tabula rasa« (durch den Tod der beiden bedeutendsten Autoren noch symbolisch herausgetrieben) und schließlich eine vage Analogie zur deutschen Umbruchssituation. Von einer «Krise» der schweizerischen Literatur war vielfach die Rede. Bei einem Autorentreffen in Rapperswil zum Thema «Schweizer Literatur – internationale Literatur?» (Juni 1991) führte Peter von Matt das «Zurbriggen-Syndrom» ins Feld[39] als die schweizerische Neigung, sich an wenige Superstars zu hängen und die anderen mit Selbsthaß als «Gartenzwerge» zu beschimpfen.

So betrachtet, erschien die Schweizer «Krise» der Literatur zugleich, oder gar vorrangig, als Krise der Leser. Die Fixierung auf Prominenz war gewiß auch in Österreich (wo einer der provokantesten Stars, Thomas Bernhard,

1989 gestorben war) und in der Bundesrepublik seit Jahren ein Kernproblem des literarischen Lebens. In den «Stellvertreterkämpfen» seit Herbst 1989 war das fast überdeutlich bestätigt worden. Aber die «Krise» war ja seit langem auch als eine des Immergleichen diagnostiziert worden. Beim Klagenfurter Ingeborg-Bachmann-Wettbewerb reagierte man, nach «qualitativen Einbrüchen in den letzten Jahren»,[40] im Sommer 1992 immerhin durch Verjüngung der Jury und Änderung der Satzung; es durften jetzt auch frühere Preisträger auftreten, um dem Niveau eine bessere Chance zu geben. Schon im Herbst 1988 stellte Hanns-Josef Ortheil in einer kritischen Zwischenbilanz fest: «Das literarische Leben dieser Republik hat nichts nötiger als Innovationen, es droht, hinter den spanischen Wänden, die teils mitleidsvoll, teilweise unpassioniert vor den Sitzecken der Etablierten aufgestellt worden sind, zu verkümmern.»[41]

Die Wende, die neuen gesellschaftpolitischen Themen, die Konfrontation mit der Erbschaft der DDR-Literatur haben noch keine innovativen literarischen Würfe hervortreten lassen. Noch antwortet kein Werk vom Rang der *Mutmaßungen über Jakob* auf die neue Situation. Die Möglichkeiten und Verlockungen des literarischen Lebens damals und heute sind gewiß auch unvergleichbar. Nicht zuletzt sind Lesen und Theatergehen erneut – zum wievielten Male? – in eine Funktionskrise geraten, die sich *auch* aus dem medialen Überangebot herleitet. Dies gilt nicht anders für Österreich und die Schweiz. In den neuen Bundesländern nimmt die Intensität des Literaturkonsums im Vergleich zur «Leseland»-Ära unübersehbar ab. Im November 1991 stellte die «Stiftung Lesen» dort einen «enormen Verfall» der Lesekultur fest.[42] Anläßlich der Leipziger Buchmesse im Frühjahr 1992 setzte sich Günter de Bruyn in seiner Eröffnungsrede – mit schöner alter Börsenvereins-Nomenklatur – dafür ein, gerade jetzt in schwierigen Zeiten «verlorenes Terrain für das gute Buch zurückzugewinnen». Er und Andrzej Szczypiorski mahnten die zentrale Aufgabe von «Kultur» und «Literatur» in einem sich rasch wandelnden Europa an.[43]

Diese europäische, internationale Perspektive, so plausibel, ja zwingend sie auch von anderen Schriftstellern, besonders von Grass, immer wieder vertreten worden ist, hat auch ihre prekären Aspekte. Es ist nicht die in den Nachbarländern von manchen gefürchtete wirtschaftliche Dominanz Deutschlands, oder noch schärfer: Europa als Hebel einer wieder erstarkenden deutschen Ökonomie. In der Literatur stellen sich einzelne Probleme, zugespitzt formuliert, nachgerade umgekehrt: das Aufgehen der «schwach» gewordenen deutschsprachigen Literatur im erweiterten europäischen, weltliterarischen Angebot. Die Reaktion darauf kann ebenso Wachwerden sein wie ein Sichzufriedengeben mit dem eingefahrenen, auch ökonomisch einigermaßen absichernden System der deutschen literarischen Kultur.

ANHANG

ANMERKUNGEN

VOM «NULLPUNKT» BIS ZUR ETABLIERUNG DER SYSTEME (1945–1952)

I. Disziplinierung, Restauration, neue Freiheiten: Literarisches Leben im Westen (Westzonen, Bundesrepublik, Österreich, deutschsprachige Schweiz)

1 Anordnungen des Reichsbevollmächtigten für den totalen Kriegseinsatz Goebbels, 25. 8. 1944, zit. nach: Ruhl, Hans Jörg (Hrsg.): Neubeginn und Restauration. Dokumente zur Vorgeschichte der Bundesrepublik Deutschland 1945–1949, München 1982, S. 69.

2 Zit. nach: Ruhl, Hans Jörg (Hrsg.): Neubeginn und Restauration, S. 113.

3 Direktive JCS 1779 vom 17. 7. 1947 der amerikanischen Regierung für General Clay. Ebd., S. 375.

4 Zit. nach: Umlauff, Ernst: Der Wiederaufbau des Buchhandels. Beiträge zur Geschichte des Büchermarkts in Westdeutschland nach 1945. In: Archiv für Geschichte des Buchwesens 17 (1977–78), Sp. 1–1724; hier: Sp. 217.

5 Zit. nach: Gehring, Hansjörg: Amerikanische Literaturpolitik in Deutschland 1945–1953. Ein Aspekt des Re-Education-Programms. Stuttgart 1976, S. 20 (dort amerikanischer Text; Übersetzung vom Verf.).

6 Mann, Thomas: An die gesittete Welt. Politische Schriften und Reden im Exil. Frankfurt a. M. 1986, S. 700 f. (dort unter dem Titel *Die Lager*).

7 Zit. nach: Grosser, J. F. G. (Hrsg.): Die große Kontroverse. Ein Briefwechsel um Deutschland. Hamburg/Genf/Paris 1963, S. 19 u. S. 21.

8 Grosser, J. F. G. (Hrsg.): Die große Kontroverse, S. 24 f.

9 Mann, Thomas: Politische Schriften und Reden. Bd. 3. Frankfurt a. M./Hamburg 1968, S. 181.

10 Frisch, Max: Tagebuch 1946–1959. Frankfurt a. M. 1959, S. 47.

11 Heißenbüttel, Helmut: Bundesdeutsches Zeitschriftenpanorama 1945 bis 1981. In: Heinz Ludwig Arnold (Hrsg.): Literaturbetrieb in der Bundesrepublik Deutschland. München ²1981, S. 43–47; hier: S. 43.

12 Zit. nach: Birkert, Alexandra: Das Goldene Tor. Alfred Döblins Nachkriegszeitschrift. Frankfurt a. M. 1989 (Archiv f. Geschichte d. Buchwesens 33), S. 251.

13 Hocke, Gustav René in: Der Ruf, 15. 11. 1946. Zit. nach: Neunzig, Hans A. (Hrsg.): Der Ruf. Unabhängige Blätter für die junge Generation. Eine Auswahl. München 1976, S. 168.

14 Neunzig, Hans A. (Hrsg.): Der Ruf. Eine Auswahl, S. 60 f.

15 Richter, Hans Werner, in Zusammenarbeit mit Walter Mannzen (Hrsg.): Almanach der Gruppe 47. 1947–1962. Reinbek 1962, S. 8.

16 Zit. nach: Wende-Hohenberger, Waltraud (Hrsg.): Der Frankfurter Schriftstellerkongreß im Jahr 1948. Frankfurt a. M. 1989, S. 60.

17 Haffmans, Gerd (Hrsg.): Das Alfred Andersch Lesebuch. Zürich 1979, S. 131.

18 Wagenbach, Klaus, u. Winfried Stephan, Michael Krüger (Hrsg.): Vaterland, Muttersprache. Deutsche Schriftsteller und ihr Staat seit 1945. Berlin 1979, S. 90.

19 Zum fragwürdigen Erfolg des Romans *Der Fragebogen* (1951) vgl. unten S. 29 f.

20 Zit. nach: Umlauff, Ernst: Der Wiederaufbau des Buchhandels, Sp. 698.

21 Zit. nach: Wagenbach, Stephan, Krüger (Hrsg.): Vaterland, Muttersprache, S. 86.

22 Klafki, Wolfgang: Die fünfziger Jahre – eine Phase schulorganisatorischer Restauration. Zur Schulpolitik und Schulentwicklung im ersten Jahrzehnt der Bundesrepublik. In: Dieter Bänsch (Hrsg.): Die fünfziger Jahre. Beiträge zu Politik und Kultur. Tübingen 1985, S. 131–162; hier: S. 158.

23 Die verschiedenen Benennungen genauer bei Umlauff, Ernst: Der Wiederaufbau des Buchhandels.

24 Zit. nach Lattmann, Dieter: Stationen einer literarischen Republik. In: D. L. (Hrsg.): Die Literatur der Bundesrepublik Deutschland. Zürich/München ²1973, S. 7–140; hier: S. 74.

25 Jaspers, Karl: Unsere Zukunft und Goethe. In: Die Wandlung 2 (1947) H. 7, S. 563–575.

26 Curtius, Ernst Robert: Goethe oder Jaspers. Zit. nach: Die Zeit, 28. 4. 1949.

27 Mann, Thomas: Politische Reden und Schriften. Bd. 3. Frankfurt a. M. 1968, S. 312.

28 Zit. nach: Thomas Mann: Tagebücher 1949–1950. Hrsg. v. Inge Jens. Frankfurt a. M. 1991, S. 430 (undatierter Offener Brief Kogons, erschienen u. a. am 1. 8. in der «Schwäbischen Landeszeitung»).

29 Zit. nach: Wagenbach, Stephan, Krüger (Hrsg.): Vaterland, Muttersprache, S. 99.

30 Ebd., S. 96.

31 Der Schriftsteller 3, H. 4, S. 2 f.

32 Hierzu eingehend S. 214 f.

33 Die vorstehenden Zitate aus diesem Prospekt.

34 Umlauff, Ernst: Der Wiederaufbau des Buchhandels, Sp. 697 (vgl. Sp. 699).

II. Krieg und Nachkrieg: Erzählprosa im Westen

1 Hesse, Hermann: Das Glasperlenspiel. Zürich 1943. In: H. H., Gesammelte Werke. Bd. 9. Frankfurt a. M. 1970, S. 12, S. 27 f.

2 Mayer, Hans: Hesses *Glasperlenspiel* oder Die Wiederbegegnung. In: Volker Michels (Hrsg.): Materialien zu Hermann Hesses *Glasperlenspiel*. Bd. 2. Frankfurt a. M. 1974, S. 168.

3 Michels, Volker (Hrsg.): Materialien *Glasperlenspiel*. Bd. 1. Frankfurt a. M. 1973, S. 295 f.

4 Gespräch mit Theodor Plievier, geführt von Hans H. Hermann. In: Der Ruf, 15. 8. 1947.

5 Hocke, Gustav René: Deutsche Kalligraphie oder Glanz und Elend der modernen Literatur. In: Der Ruf, 15. 11. 1946.

6 Böll, Heinrich: Essayistische Schriften und Reden 1 (1952–1963). In: H. B., Werke. Hrsg. v. Bernd Balzer. [Bd. 1]. Köln o. J., S. 31; Plievier, Theodor: Welt und Wort. In: Literarische Monatsschrift, 4. Jg. (1949), S. 63; Weyrauch, Wolfgang: Nachwort. In: W. W. (Hrsg.): Tausend Gramm. Sammlung neuer deutscher Geschichten. Hamburg/Stuttgart/Baden-Baden, S. 217; Andersch, Alfred: Die Kirschen der Freiheit. Ein Bericht (1952). Zürich 1971, S. 88.

7 Kreuder, Ernst, an Horst Lange, in: Nicolas Born u. Jürgen Manthey (Hrsg.): Nachkriegsliteratur. Reinbek 1977 (Literaturmagazin 7), S. 224.

8 Michels, Volker (Hrsg.): Materialien *Glasperlenspiel*. Bd. 1, S. 295 f.

9 Wiechert, Ernst: Jahre und Zeiten (1949). In: E. W., Sämtliche Werke. Bd. 9. Wien/München/Basel 1957, S. 688 f.

10 Broch, Hermann: Autobiographie als Arbeitsprogramm (1941). In: H. B., Der Tod des Vergil. Kommentierte Werkausgabe. Hrsg. v. Paul Michael Lützeler. Bd. 4. Frankfurt a. M. 1976, S. 464.

11 Weyrauch, Wolfgang, in: Aufbau 2 (1946) H. 7, S. 701–706.

12 Bergengruen, Werner: Die drei Falken (1947); Schaper, Edzard: Die Freiheit des Gefangenen (1950); Schneider, Reinhold: Das Erdbeben (1931/1953) u. Die silberne Ampel (1956); zu den anderen Autoren vgl. die folgenden Kapitel.

13 Wiechert, Ernst: Das einfache Leben (1939). In: E. W., Sämtliche Werke. Bd. 4, S. 435.

14 Wiechert, Ernst, in: E. W., Sämtliche Werke. Bd. 9, S. 329.

15 Bergengruen, Werner: Der letzte Rittmeister. Zürich 1952, S. 125.

16 Bahr, Erhard, in: Hans Wagener (Hrsg.): Gegenwartsliteratur und Drittes Reich. Deutsche Autoren in der Auseinandersetzung mit der Vergangenheit. Stuttgart 1977, S. 133–162.

17 Langgässer, Elisabeth: Das unauslöschliche Siegel (1946). München 1989, S. VII.

18 Osterle, Heinz D.: Alfred Döblins Revolutionsroman. In: A. D., November 1918. Eine deutsche Revolution. Erzählwerk. Bd. 4. München 1978, S. 665–695; zur Frage «Trilogie» oder «Tetralogie»: Kiesel, Helmuth: Literarische Trauerarbeit. Das Exil- und Spätwerk Alfred Döblins. Tübingen 1986, S. 275.

19 Döblin, Alfred: Aufsätze zur Literatur. Olten/Freiburg 1963, S. 394; vgl. Busch, Arnold: Faust und Faschismus. Frankfurt/Berlin u. a. 1984, S. 13 f.

20 Döblin, Alfred: Nachlaß November 1918. Inhaltsskizze. Bl. 7c. Zit. in: Busch, Arnold: Faust und Faschismus, S. 265.

21 Hermann Hesse. 1877–1977. Stationen seines Lebens, des Werkes und seiner Wirkung (Marbacher Ausstellung). München 1977, S. 172.

22 Bahr, Erhard, in: Hans Wagener (Hrsg.): Gegenwartsliteratur und Drittes Reich, S. 150.

23 Mann, Thomas: Die Entstehung des Doktor Faustus. In: T. M., Gesammelte Werke. Bd. 11. Oldenburg 1960, S. 204.

24 Fischer, Ernst: Kunst und Menschheit. Wien 1949, S. 45.

25 Lukács, Georg: Thomas Mann. Berlin 1953, S. 102; dazu: Mundt, Hannelore: *Doktor Faustus* und die Folgen. Bonn 1989, S. 153.

26 Mann, Thomas: Die Entstehung des Doktor Faustus. In: T. M., Gesammelte Werke. Bd. 11, S. 169.

27 Kasack, Hermann: Die Stadt hinter dem Strom. Frankfurt a. M. 1988, S. 315.

28 Nossack, Hans Erich: Dies lebenlose Leben. In: H. E. N., Pseudoautobiographische Glossen. Frankfurt a. M. 1971, S. 74 f., S. 64; Trommler, Frank: Nachkriegsliteratur – eine neue deutsche Literatur? In: Born u. Manthey (Hrsg.): Nachkriegsliteratur, S. 167–186; hier: S. 174.

29 Kluge, Alexander: Der Luftangriff auf Halberstadt am 8. April 1945. In: A. K., Neue Geschichten, Hefte 1–18. «Unheimlichkeit der Zeit». Frankfurt a. M. 1977, hier: H. 2, S. 105.

30 Prümm, Karl: «Die Zukunft ist vergeßlich». Der antifaschistische Widerstand in der deutschen Literatur nach 1945. In: Hans Wagener (Hrsg.): Gegenwartsliteratur und Drittes Reich, S. 39.

31 Carossa, Hans: Ungleiche Welten. Wiesbaden 1951, S. 30.

32 Jünger, Ernst: Das abenteuerliche Herz (1929/1938). In: E. J., Sämtliche Werke. Bd. 9, S. 182; Sizilischer Brief an den Mann im Mond (1930). Ebd., S. 22.

33 Jünger, Ernst: Gärten und Straßen. In: E. J., Sämtliche Werke. Bd. 2, S. 146.

34 Scherpe, Klaus: Erzwungener Alltag. In: Jost Hermand u. a. (Hrsg.): Nachkriegsliteratur in Westdeutschland 1945–49. Berlin 1982, S. 35–101; Scherpe, Klaus (Hrsg.): In Deutschland unterwegs. Reportagen, Skizzen, Berichte 1945–1948. Stuttgart 1982.

35 Hocke, Gustav René: Deutsche Kalligraphie oder Glanz und Elend der modernen Literatur. In: Der Ruf, 15. 11. 1946.

36 Andersch, Alfred: Die neuen Dichter Amerikas. In: Der Ruf. USA, 15.6.1945; dazu: Wehdeking, Volker Christian: Der Nullpunkt. Stuttgart 1971, S. 89 f.

37 Preisendanz, Wolfgang: Voraussetzungen des poetischen Realismus in der deutschen Erzählkunst des 19. Jahrhunderts. In: W. P., Wege des Realismus. Zur Poetik und Erzählkunst im 19. Jahrhundert. München 1977, S. 68–91.

38 Böll, Heinrich: Frankfurter Vorlesungen. Essayistische Schriften und Reden 2 (1964–1972). In: H. B., Werke. Hrsg v. Bernd Balzer [Bd. 8], S. 72, S. 74; Drei Tage im März. Gespräch mit Christian Linder vom 11.–13.3.1975. Interviews 1. (1961–1978). In: ebd. [Bd. 10], S. 352, S. 376.

39 Böll, Heinrich: Essayistische Schriften und Reden 1 (1952–1963). In: H. B., Werke. Hrsg. v. Bernd Balzer [Bd. 7], S. 34 f.

40 Plimpton, George A.: Gespräch mit Ernest Hemingway. In: Merkur 13 (1959), S. 526–544; Wehdeking, Volker Christian: Der Nullpunkt, S. 90.

41 Schnurre, Wolfdietrich: Für die Wahrhaftigkeit. (Eine Antwort an Walter Kolbenhoff); dazu: Scheffel, Michael: Magischer Realismus. Tübingen 1990, S. 129.

42 Nägele, Rainer: Heinrich Böll. In: Hans Wagener (Hrsg.), Gegenwartsliteratur und Drittes Reich, S. 187.

43 Durzak, Manfred: Der deutsche Roman der Gegenwart. Stuttgart u. a. 1971, S. 36 f.

44 Nietzsche, Friedrich: Die fröhliche Wissenschaft. In: F. N., Werke. Hrsg. v. Karl Schlechta. Bd. 1. München 1966, S. 126 f.; Morgenröte. Gedanken über die moralischen Vorurteile. In: Ebd., Bd. 2, S. 206.

45 Dürrenmatt, Friedrich: Nachwort. In: F. D., Die Stadt. Prosa I–IV. Zürich 1951, S. 198; Der Winterkrieg in Tibet. In: Stoffe I–IV. Zürich 1981, S. 9–190; hier: S. 75.

46 Dazu: Rischbieter, Henning: Literatur und Geschichte. In: Praxis Deutsch 39 (Januar 1980), S. 8–16; hier: S. 16.

47 Wellershoff, Dieter: Gottfried Benn. Phänotyp dieser Stunde (1958). München 1976, S. 199.

48 Kreuder, Ernst, in: Born u. Manthey (Hrsg.): Nachkriegsliteratur, S. 215, S. 230.

49 Kreuder, Ernst, in: Ebd., S. 224; dazu: Mohr, Heinrich: Entwicklungslinien im geteilten Deutschland. In: Paul Gerhard u. Heinrich Mohr (Hrsg.): Literatur im geteilten Deutschland. Bonn 1980 (Jahrbuch zur Literatur in der DDR 1), S. 1–58, hier: S. 4 f.

50 Jahnn, Hans Henny, im Gespräch mit Hubert Fichte. In: Freeman, Thomas: Hans Henny Jahnn. Eine Biographie. Hamburg 1974, S. 553, S. 637.

51 Freemann, Thomas: Hans Henny Jahnn, S. 34 f.; Winkler, Josef: Nachwort. In: H. H. J., Die Nacht aus Blei. Frankfurt a. M. 1980, S. 107.

52 Jahnn, Hans Henny: Kleine Selbstbiographie (1932). In: H. H. J., Werke und Tagebücher. Hrsg. v. Thomas Freeman u. Thomas Scheuffelen. Bd. 8 Hamburg 1974, S. 300.

53 Jahnn, Hans Henny: Werke und Tagebücher. Bd. 7, S. 69; Bd. 3, S. 440 f.; Mayer, Hans: Einleitung. Versuch über Hans Henny Jahnn. In: H. H. J., Werke und Tagebücher. Bd. 1, S. 9 f.

54 Helwig, Werner, am 23.3.1946 an Jahnn. In: W. H. und Hans Henny Jahnn, Briefe um ein Werk. Frankfurt a. M. 1959, S. 8.

55 Jahnn, Hans Henny: Über den Anlaß, S. 62; Hassel, Jürgen: Zeit und Inversion der Zeit. In: Heinz Ludwig Arnold (Hrsg.): Text und Kritik 2/3. München 1980, S. 86–96.

56 Jahnn, Hans Henny: Niederschrift. In: H. H. J., Werke und Tagebücher. Bd. 3, S. 9.

57 Wagner, Rüdiger: Versuch über den geistesgeschichtlichen und weltanschaulichen Hintergrund Hans Henny Jahnns. In: Text und Kritik 2/3, S. 118 f.; Proß, Wolfgang: Arno Schmidt. München 1980, S. 40.

58 Saiko, George: Roman und Film (1959/1971). Zit. bei Goltschnigg, Dietmar: Trauerarbeit versus Verdrängung. In: Albrecht Schöne (Hrsg.): Kontroversen, alte und neue. Akten des VII. Internationalen Germanistenkongresses Göttingen 1985. Bd. 10. Tübingen 1986, S. 124; Saiko, George: Lot in der Tiefe (1959/1963). In: Heute, 1. 8. 1959; Die Wirklichkeit hat doppelten Boden (1952). In: Aktion 1952, S. 82.

59 Doderer, Heimito von: Die Strudlhofstiege. München 1953, S. 272 ff.

60 Doderer, Heimito von: Tangenten. Tagebuch eines Schriftstellers (1940–1950). München 1964, hier: 28. 1. 48.

61 Trommler, Frank: Für eine gerechte Doderer-Fama. In: Neues Forum 15 (1968), S. 782; Reininger, Anton: Die Erlösung des Bürgers. Bonn 1975, S. 210 f.

62 Schmidt-Dengler, Wendelin: Die Strudlhofstiege. In: Kristian Sotriffer, Das größere Österreich. Wien 1982, S. 388; Goltschnigg, Dietmar: Erzählprosa. In: Viktor Žmegač (Hrsg.): Geschichte der deutschen Literatur. Bd. 3. Königstein/Ts. 1984, S. 727.

63 Frisch, Max: Gesammelte Werke. Hrsg. v. Hans Mayer. Bd. 2. Frankfurt a. M. 1976, S. 374.

III. Frühe Nachkriegslyrik (1945–1950)

1 Rühmkorf, Peter: Das lyrische Weltbild der Nachkriegsdeutschen (1962). In: P. R., Strömungslehre I. Poesie. Reinbek 1978, S. 11–43.

2 Böll, Heinrich: Bekenntnis zur Trümmerliteratur. In: H. B., Erzählungen. Hörspiele. Aufsätze. Köln/Berlin 1961, S. 339–343.

3 Zürcher, Gustav: «Trümmerlyrik». Politische Lyrik 1945–1950. Kronberg 1977.

4 Müller-Hanpft, Susanne: Lyrik und Rezeption. Das Beispiel Günter Eich. München 1972, S. 36.

5 Weyrauch, Wolfgang: Kahlschlag. In: W. W., Mit dem Kopf durch die Wand. Darmstadt/Neuwied 1977, S. 49, S. 51.

6 Weyrauch, Wolfgang: Mein Gedicht. In: W. W., Mit dem Kopf durch die Wand, S. 110.

7 Kipphardt, Heinar: Umgang mit Paradiesen. Gesammelte Gedichte. Hrsg. v. Uwe Naumann unter Mitarb. v. Pia Kipphardt. Reinbek 1990.

8 Borchers, Elisabeth: Notizen. In: E. B., Von der Grammatik des heutigen Tages. Gedichte. Frankfurt a. M. 1992, S. 7–12.

9 Blumenthal-Weiß, Ilse: Ohnesarg. Gedichte und ein dokumentarischer Bericht. Mit einer Einführung von Günter Kunert. Hannover 1984, S. 78, S. 76.

10 Ausländer, Rose: Mein Atem heißt jetzt. Frankfurt a. M. 1981, S. 90.

11 Emmerich, Wolfgang, u. Susanne Heil (Hrsg.): Lyrik des Exils. Stuttgart 1985, S. 209.

12 Hagelstange, Rudolf: Lied der Jahre. Gesammelte Gedichte 1931–1961. Frankfurt a. M. 1961, S. 23.

13 Borchert, Wolfgang: Das Gesamtwerk. Hamburg 1949, S. 385 f.

14 Emmerich, Wolfgang, in: Wulf Koepke u. Michael Winkler (Hrsg.): Deutschsprachige Exilliteratur. Studien zu ihrer Bestimmung im Kontext der Epoche 1930–1960. Bonn 1984, S. 144.

15 Pollak, Felix: Vom Nutzen des Zweifels. Gedichte. Hrsg. v. Reinhold Grimm. Frankfurt a. M. 1989.

16 Hermann-Neiße, Max: Gesammelte Werke. Hrsg. v. Klaus Völker. Bd. 4. Frankfurt a. M. 1986/1987, S. 530.

17 Kramer, Theodor: Gesammelte Gedichte. Hrsg. v. Erwin Chvojka. Wien 1984, S. 5 f.

18 Emmerich, Wolfgang (Hrsg.): Lyrik des Exils, S. 111.
19 Ludwig, Paula: Gedichte. Gesamtausgabe. Hrsg. v. Kristian Wachinger u. Paula Ludwig. Ebenhausen 1986, S. 171.
20 Nederlands Theater-Instituut (Hrsg.): «denk vandaag niet aan morgen.» onbekende opnamen van emigranten. (Ernst Busch, Erika Mann, Therese Giehse, Curt Gerron, Rudolf Nelson u. a.). Ton-Cassette. Amsterdam 1982.

IV. Jedermann-Schicksale, Angstträume: Das Hörspiel der Nachkriegsjahre (1946–1951)

1 Wessels, Wolfram: «Demokratie, dein Mund heißt Radio». Rundfunk und Hörspiel unter alliierter Kontrolle. Eine Sendung des Südwestfunks, 3. 8. 1985.
2 Schwitzke, Heinz: Das Hörspiel. Dramaturgie und Geschichte. Köln 1963, S. 282.
3 Ebd., S. 299.
4 Zit. nach: Kirche und Rundfunk, 10. 3. 1952, S. 3.

V. Das Drama: Der mühsame Anfang

1 Schreiber, Ulrich: Dramatik in der Bundesrepublik Deutschland und Österreich. In: Walter Hinck (Hrsg.): Handbuch des deutschen Dramas. Düsseldorf 1980, S. 465.
2 Hadamczik, Dieter, u. Jochen Schmidt, Werner Schulze-Reimpell: Was spielten die Theater? Bilanz der Spielpläne in der Bundesrepublik Deutschland 1947–1975. In: Deutscher Bühnenverein. Bundesverband deutscher Theater Köln (Hrsg.): Die Deutsche Bühne. Theatermagazin. Remagen-Rolandseck 1978, S. 33 f.
3 Luft, Friedrich: Berliner Theater 1945–1961. Hannover 1961, S. 9.
4 Daiber, Hans: Deutsches Theater seit 1945. Bundesrepublik Deutschland, Deutsche Demokratische Republik, Österreich, Schweiz. Stuttgart 1976, S. 29.
5 Zuckmayer, Carl: Münchner Diskussion vom 9. 2. 1948. Zit. bei: Albrecht Schröder: La réaction du public allemand devant des oeuvres littéraires de caractère politique pendant la période 1945–1950. Genf 1964, S. 88, Anm. 159.
6 Zuckmayer, Carl: Persönliche Notizen zu meinem Stück *Des Teufels General*. In: Die Wandlung (1948), S. 332 f.
7 Weisenborn, Günter: Erneuerung des Theaters 1945. In: G. W., Theater. Bd. 4. München/Wien/Basel 1967, S. 188.
8 Institut für Gesellschaftswissenschaften beim ZK der SED Berlin (Hrsg.): Theater in der Zeitenwende. Zur Geschichte des Dramas und des Schauspieltheaters in der Deutschen Demokratischen Republik 1945–1968. Bd. 1. Berlin 1972, S. 113.
9 Weisenborn, Günter: Erneuerung des Theaters 1945. In: G. W., Theater. Bd. 4, S. 184; Sauter, Josef-Hermann: Gespräch mit Günter Weisenborn. In: Sinn und Form 3 (1968), S. 719, S. 725.
10 Wolfgang Borchert in Selbstzeugnissen und Bilddokumenten, dargestellt von Peter Rühmkorf. Reinbek 1961, S. 146.
11 Frisch, Max: Tagebuch 1946–1949. In: M. F., Gesammelte Werke in zeitlicher Folge. Hrsg. v. Hans Mayer u. Walter Schmitz. Bd. 2. Frankfurt a. M. 1985, S. 397 u. S. 349.
12 Ebd., S. 401 und S. 450.
13 Frisch, Max: Der Autor und das Theater. In: Ebd., Bd. 5, S. 345 u. 347.
14 Frisch, Max: Tagebuch 1946–1949. In: Ebd., Bd. 2, S. 589.
15 Dürrenmatt, Friedrich: Dramaturgische Überlegungen zu den *Wiedertäufern*. In: F. D., Werkausgabe in dreißig Bänden. Zürich 1980; hier: Bd. 10, S. 134.
16 Dürrenmatt, Friedrich: Zum Tode Ernst Ginsbergs. In: Ebd., Bd. 24, S. 135.

17 Dürrenmatt, Friedrich: Anmerkung II zu *Romulus der Große*. In: Ebd., Bd. 6, S. 121.
18 Dürrenmatt, Friedrich: Standortbestimmung zu *Frank V*. In: Ebd., S. 155.
19 Dürrenmatt, Friedrich: Dramaturgie des Labyrinths. In: Heinz Ludwig Arnold (Hrsg.): Text und Kritik. Sonderbd. 56: Friedrich Dürrenmatt II. München 1977, S. 1–7.
20 Dürrenmatt, Friedrich: Theaterprobleme. In: F. D., Werkausgabe. Bd. 24, S. 63.

VI. Im Zeichen des «Vollstreckens»: Literarisches Leben in der SBZ und frühen DDR

1 Zit. nach: Wende-Hohenberger, Waltraud (Hrsg.): Der erste gesamtdeutsche Schriftstellerkongreß nach dem Zweiten Weltkrieg im Ostsektor Berlins vom 4. bis 8. Oktober 1947. Siegen 1987, S. 141.
2 Becher, Johannes R.: Publizistik II. 1939–1945. Berlin/Weimar 1978, S. 356.
3 Ebd., S. 461.
4 Zit. nach: Zeller, Bernhard (Hrsg.): «Als der Krieg zu Ende war». Literarisch-politische Publizistik 1945–1950. Eine Ausstellung des Deutschen Literaturarchivs Marbach am Neckar. München 1973, S. 48.
5 Zit. nach: Schulmeister, Karl-Heinz (Hrsg.): Zur Entstehung und Gründung des Kulturbundes zur demokratischen Erneuerung Deutschlands. Berlin 1965, S. 216.
6 Wende-Hohenberger, Waltraud (Hrsg.): Der erste gesamtdeutsche Schriftstellerkongreß, S. 53.
7 Ebd., S. 69.
8 Ebd., S. 107.
9 Ebd., S. 89.
10 Ebd., S. 141.
11 Schubbe, Elimar (Hrsg.): Dokumente zur Kunst-, Literatur- und Kulturpolitik der SED. 1949–1970. Stuttgart 1972, S. 91.
12 Dokumente der Sozialistischen Einheitspartei Deutschlands. Beschlüsse und Erklärungen des Parteivorstandes des Zentralsekretariats und des Politischen Büros. Bd. 2. Berlin ²1951, S. 232.
13 Schubbe, Elimar (Hrsg.): Dokumente, S. 120.
14 Ebd., S. 120.
15 Ebd., S. 122.
16 Dokumente der Sozialistischen Einheitspartei Deutschlands. Bd. 2, S. 208.
17 Lukács' revisionistischer Kampf gegen die sozialistische Literatur (1958). In: Alexander Abusch, Humanismus und Realismus in der Literatur. Leipzig ⁶1973, S. 167.
18 Schubbe, Elimar (Hrsg.): Dokumente, S. 179.
19 Ebd., S. 195.

VII. Ein «neuer Anfang»? Erzählprosa der SBZ/DDR

1 Schlenstedt, Dieter: Ankunft und Anspruch. Zum neueren Roman in der DDR. In: Sinn und Form 18 (1966), S. 814–835.
2 Reimann, Brigitte: Franziska Linkerhand. Roman. München 1977, S. 336.
3 Vgl. Schmidt, Elli (Hrsg.): Der erste Augenblick der Freiheit. Rostock 1970.
4 Blumenberg, Hans: Wirklichkeitsbegriff und Möglichkeit des Romans. In: Nachahmung und Illusion. Hrsg. v. Hans Robert Jauß. München 1964 (Poetik und Hermeneutik I), S. 9–27.

VIII. Die Suche nach eigenen Konzepten: Lyrik in der SBZ/DDR

1 Sofern Gesamtausgaben vorliegen, ist nach diesen zitiert worden: Becher, Johannes
   R.: Gesammelte Werke. 18 Bde. Berlin/Weimar 1966–1981; Bobrowski, Johannes:
   Gesammelte Werke Bd. 1–4. Hrsg. v. Eberhard Haufe. Berlin/Stuttgart 1987;
   Brecht, Bertolt: Gesammelte Werke in 20 Bänden. Frankfurt a. M. 91. – 100. Tsd.
   1975; Fürnberg, Louis: Gesammelte Werke in sechs Bänden. Hrsg. v. Lotte Fürn-
   berg u. Gerhard Wolf. Berlin/Weimar 1964–1973; Huchel, Peter: Gesammelte
   Werke in 2 Bänden. Hrsg. v. Axel Vieregg. Frankfurt a. M. 1984; Weinert, Erich:
   Gesammelte Werke. Hrsg. v. Li Weinert unter Mitarb. v. Ursula Münchow. Berlin
   1955–1960.
2 Zit. nach: Müller-Waldeck, Gunnar, u. Walter Pallus: Vom Sinn einer Rückschau.
   In: G. M.-W. u. W. P. (Hrsg.): Neuanfänge. Studien zur frühen DDR-Literatur.
   Berlin 1986, S. 40.
3 Hermlin, Stephan in: Aufbau 3 (1947) H. 11, S. 340–343.
4 Tschesno-Hell, Michael (Hrsg.): Neue deutsche Lyrik. Gedichte aus unserer Zeit.
   Berlin 1951, S. 25.
5 Ebd., S. 67–75.
6 Keisch, Henryk, in: Neues Deutschland, 3. 9. 1952.
7 Kohtz, Harald, in: Neue Deutsche Literatur 1 (1953) H. 1, S. 194.
8 Dokumente der Sozialistischen Einheitspartei Deutschlands. Beschlüsse und Erklärungen des Parteivorstandes des Zentralkomitees und des Politischen Büros. Bd. 4.
   Berlin 1954, S. 392.
9 Becher, Johannes R.: Gesammelte Werke. Bd. 12, S. 629.
10 Ulbricht, Walter: Zur Geschichte der deutschen Arbeiterbewegung. Aus Reden
   und Aufsätzen. Bd. 7. Berlin 1968, S. 586.
11 Laschen, Gregor: Lyrik in der DDR. Anmerkungen zur Sprachverfassung des
   modernen Gedichts. Frankfurt a. M. 1971, S. 21.

IX. Brecht oder Wolf? Alternativen eines sozialistischen deutschen Theaters

1 Wolf, Friedrich: Brief an Wischnewski. In: F. W., Briefwechsel. Eine Auswahl.
   Berlin/Weimar 1968, S. 226 f., vgl. S. 228 und S. 238.
2 Brecht, Bertolt: Arbeitsjournal. Hrsg. v. Werner Hecht. Bd. 2: 1942 bis 1955.
   Frankfurt a. M. 1973, S. 804.
3 Ebd., S. 864 und S. 1008.
4 Institut für Gesellschaftswissenschaften beim ZK der SED (Hrsg.): Theater in der
   Zeitenwende. Zur Geschichte des Dramas und des Schauspieltheaters in der Deutschen Demokratischen Republik 1945–1968. Bd. 1. Berlin 1972, S. 44 f.
5 Brecht, Bertolt: Formprobleme aus neuem Inhalt. In: B. B., Gesammelte Werke.
   Bd. 17. Frankfurt a. M. 1967, S. 1145.
6 Institut für Gesellschaftswissenschaften (Hrsg): Theater in der Zeitenwende. Bd. 1,
   S. 347–361.
7 Wolf, Friedrich: Aufsätze (II) 1945–1953. In: F. W., Gesammelte Werke. Hrsg. v.
   Emmi Wolf u. Walther Pollatschek. Berlin/Weimar 1960–68, S. 205–208.
8 Institut für Gesellschaftswissenschaften (Hrsg.): Theater in der Zeitenwende. Bd. 1,
   S. 238.
9 Kubsch, Hermann Werner: Die ersten Schritte (1950); urspr. Titel: Unser täglich
   Brot; Zitate nach der Neufassung von Berlin 1951.
10 Brecht, Bertolt: Arbeitsjournal. Hrsg. v. Werner Hecht. Bd. 2 (28. 1. 1949), S. 895.
11 Brecht, Bertolt: Gesammelte Werke. Bd. 17. Frankfurt a. M. 1967, S. 1148, vgl.
   S. 1212.

12 Brecht, Bertolt: Die Antigone des Sophokles. Materialien zur Antigone, zusammengestellt v. Werner Hecht. Frankfurt a. M. 1965, S. 110.
13 Ebd., S. 86 u. S. 88.
14 Brecht, Bertolt: Gesammelte Werke. Bd. 6, S. 2295.
15 Brecht, Bertolt: Arbeitsjournal. Hrsg. v. Werner Hecht. Bd. 2 (14. 11. 1949), S. 914, S. 870 u. S. 813.
16 Ebd., S. 915.

Die geteilte Literatur: Die fünfziger Jahre

I. Kommerz und Experiment: Literarisches Leben im Westen

1 Zit. nach: Spiel, Hilde (Hrsg.): Die zeitgenössische Literatur Österreichs. Zürich/ München 1976, S. 65.
2 Ausführlichere Darstellung S. 234–237.
3 Wagenbach, Klaus, u. Winfried Stephan, Michael Krüger (Hrsg.): Vaterland, Muttersprache. Deutsche Schriftsteller und ihr Staat seit 1945. Berlin 1979, S. 129.
4 Ebd., S. 135 (Hans Werner Richter: Zur Bildung des ‹Grünwalder Kreises›, März 1956).
5 Enzensberger, Hans Magnus: verteidigung der wölfe. Frankfurt a. M. 1957, S. 76.
6 Andersch, Alfred, in: Texte und Zeichen (1955) H. 1, S. 140.
7 Richter, Hans Werner: Im Etablissement der Schmetterlinge. München/Wien 1986, S. 124.

II. Zwischen dem «Wendejahr» und dem «Durchbruch»: Westliche Erzählprosa in den fünfziger Jahren

1 In: Bänsch, Dieter (Hrsg.): Die fünfziger Jahre. Beiträge zu Politik und Kultur. Tübingen 1985, S. 306–325; hier: S. 306.
2 Koeppen, Wolfgang: Tauben im Gras. Frankfurt a. M. 1979, S. 9.
3 Ebd., S. 198.
4 Koeppen, Wolfgang: Die elenden Skribenten. Aufsätze. Hrsg. v. Marcel Reich-Ranicki: Frankfurt a. M. 1984, S. 289.
5 Andersch, Alfred: Die Kirschen der Freiheit. Zürich 1968, S. 46.
6 Ebd., S. 126.
7 Ebd., S. 130.
8 Ebd., S. 103.
9 Mohler, Armin: Brief an Andersch vom 31. 10. 1952 (unveröffentlicht, Deutsches Literaturarchiv Marbach).
10 Brenner, Hans Georg, in: Die Literatur, 1. 6. 1952.
11 Zit. nach: Reich-Ranicki, Marcel (Hrsg.): Erfundene Wahrheit. Deutsche Geschichten 1945–1960. München 1980, S. 185.
12 Karnick, Manfred: oben S. 60–66.
13 Reich-Ranicki, Marcel (Hrsg.): Erfundene Wahrheit, S. 185.
14 Hildesheimer, Wolfgang: Lieblose Legenden. Frankfurt a. M. 1980, S. 15 f.
15 Hildesheimer, Wolfgang: Rede zur Verleihung des Hörspielpreises der Kriegsblinden. In: Die Welt, 22. 3. 1955.
16 Goes, Albrecht: Das Brandopfer. Frankfurt a. M. 1974, S. 7.
17 Ebd., S. 74.
18 Gaiser, Gerd: Die sterbende Jagd. München 1975, S. 172.
19 Schmidt, Arno: Berechnungen I. In: Texte und Zeichen (1955) H. 1, S. 113.

20 Reich-Ranicki, Marcel (Hrsg.): Erfundene Wahrheit, S. 175.
21 Dürrenmatt, Friedrich: Der Richter und sein Henker. Reinbek 1962, S. 147.
22 Frisch, Max: Stiller. Frankfurt a. M. 1962, S. 441.
23 Jens, Walter: Das Testament des Odysseus. Pfullingen 1957, S. 137.
24 Frisch, Max: Homo faber. Frankfurt a. M. 1957, S. 212.
25 Kaschnitz, Marie Luise: Das Haus der Kindheit. Hamburg 1956, S. 122.
26 Schneider, Reinhold: Winter in Wien. Aus meinen Notizbüchern 1957–58. Freiburg/Basel/Wien ⁷1962, S. 10.

III. Gedichte zwischen Hermetik und Öffentlichkeit

1 Höllerer, Walter (Hrsg.): Transit. Lyrikbuch der Jahrhundertmitte. Frankfurt a. M. 1956, S. 39 f.
2 Kasack, Hermann: Im großen Netz. In: H. K., Wasserzeichen. Frankfurt a. M. 1964, S. 24 f.
3 Hagelstange, Rudolf: Lied der Jahre. Gesammelte Gedichte 1931–1961. Frankfurt a. M. 1961, S. 37–39.
4 Miegel, Agnes: Neujahr. In: A. M., Gesammelte Gedichte. Neue Gesamtausgabe. Düsseldorf 1952, S. 191 f.
5 Carossa, Hans: Gesammelte Gedichte. Frankfurt a. M. 1947, S. 156.
6 Holthusen, Hans Egon: Labyrinthische Jahre. Neue Gedichte. München 1952, S. 9.
7 Schäfer, Hans Dieter: Das gespaltene Bewußtsein. Deutsche Kultur und Lebenswirklichkeit 1933–1945. München 1981.
8 Kunisch, Hermann: Handbuch der deutschen Gegenwartsliteratur. München 1965, S. 21.
9 Perels, Christoph: Nachwort zu: Schneider, Reinhold: Gedichte. Frankfurt a. M. 1987, S. 408.
10 Andersch, Alfred: Gedichte in strömendem Wasser. In: Walter Helmut Fritz (Hrsg.), Über Karl Krolow. Frankfurt a. M. 1972, S. 42.
11 Benn, Gottfried: Kunst und Macht. Stuttgart/Berlin 1934, S. 90.
12 Benn, Gottfried: Kunst und Macht, S. 79.
13 Sieburg, Friedrich in: Die Gegenwart, 15. 2. 1949.
14 Adorno, Theodor W.: Rede über Lyrik und Gesellschaft. In: T. W. A., Noten zur Literatur. Bd. 1. Frankfurt a. M. 1958, S. 75–78.
15 Celan, Paul: Gesammelte Werke. Bd. 3. Frankfurt a. M. 1983, S. 185 f.
16 Voswinckel, Klaus: Paul Celan. Verweigerte Poetisierung der Welt. Heidelberg 1974, hier: S. 11.
17 Celan, Paul: Gesammelte Werke. Bd. 3, S. 201.
18 Voswinckel, Klaus: Paul Celan, S. 212 f.
19 Enzensberger, Hans Magnus: Einzelheiten I. Frankfurt a. M. 1962, S. 334, S. 348 u. S. 353.
20 Rühmkorf, Peter (Hrsg.): Werner Riegel. Zürich 1988, S. 21.
21 Rühmkorf, Peter (Hrsg.): Werner Riegel, S. 131.
22 Enzensberger, Hans Magnus: Vorwort zu: Museum der modernen Poesie. Frankfurt a. M. 1960.
23 Andersch, Alfred: 1 (in Worten: ein) zorniger junger Mann (1958). In: Joachim Schickel (Hrsg.): Über Hans Magnus Enzensberger. Frankfurt a. M. 1970, S. 11 f.
24 Krolow, Karl: Aspekte zeitgenössischer deutscher Lyrik. Gütersloh 1961.
25 Schnurre, Wolfdietrich: Kassiber. Gedichte. Frankfurt a. M. 1956, S. 7.
26 Mon, Franz: Text wird Bild wird Text. In: das wort auf der zunge. franz mon. Texte aus vierzig Jahren. Hrsg. v. Carlfriedrich Claus. Berlin 1991, S. 78.
27 Schwitters, Kurt: Das literarische Werk. Hrsg. v. Friedhelm Lach. Köln 1973, S. 20.

28 Schnauber, Cornelius (Hrsg.): Deine Träume – mein Gedicht. Eugen Gomringer und die konkrete Poesie. Nördlingen 1989, S. 71.
29 Pastior, Oskar: Kopfnuß Januskopf. Gedichte in Palindromen. München 1990.
30 Pfeiffer, Herbert: Oh Cello voll Echo. Palindromgedichte. Frankfurt a. M. 1992.
31 Schmidt, Siegfried J. (Hrsg.): konkrete dichtung. texte und theorien. München 1972, S. 16.
32 Artmann, H. C., u. Konrad Bayer, Gerhard Rühm: vollständiges lehrgedicht für deutsche. 11 verbarien. magische kavallerie. In: Eröffnungen. Sonderdruck. Wien 1964.
33 Rühm, Gerhard (Hrsg.): Die Wiener Gruppe. Achleitner, Artmann, Bayer, Rühm, Wiener. Texte. Gemeinschaftsarbeiten. Aktionen. Reinbek 1967. Bisinger, Gerald (Hrsg.): H. C. Artmann: ein lilienweißer brief aus lincolnshire. gedichte aus 21 jahren. Mit einem Porträt H. C. Artmanns von Konrad Bayer. Frankfurt a. M. 1969.
34 Rühm, Gerhard (Hrsg.): der sechste sinn. texte von Konrad Bayer. Reinbek 1966.
35 Rühm, Gerhard: Geschlechterdings. Chansons. Romanzen. Gedichte. Reinbek 1990.
36 Priessnitz, Reinhard: vierundvierzig gedichte. Linz 1978.
37 Werner, Klaus (Hrsg.): «Fäden ins Nichts gespannt». Deutschsprachige Dichtung aus der Bukowina. Frankfurt a M./Leipzig 1991, S. 17.

IV. Parabelernst und Konversationskomik: Das Hörspiel der fünfziger Jahre

1 Schöning, Klaus: Hörspiel als verwaltete Kunst. In: K. S. (Hrsg.): Neues Hörspiel. Essays, Analysen, Gespräche. Frankfurt a. M. 1970, S. 248–266, hier: S. 256f.
2 Schwitzke, Heinz in: Kirche und Rundfunk, 16. 6. 1952, S. 3.
3 Ebd., S. 4.
4 Ebd., S. 5.
5 Schwitzke, Heinz: Das Hörspiel. Dramaturgie und Geschichte. Köln 1963, S. 248f.

V. Das Jahrzehnt Frischs und Dürrenmatts

1 Frisch, Max: Der Autor und das Theater. In: M. F., Gesammelte Werke in zeitlicher Folge. Hrsg. v. Hans Mayer u. Walter Schmitz. Bd. 5. Frankfurt a. M. 1985, S. 347.
2 Dürrenmatt, Friedrich: Theaterprobleme. In: F. D., Werkausgabe in dreißig Bänden. Zürich 1980; hier: Bd. 24, S. 64.
3 Max Frisch in einem Brief an Siegfried Unseld vom 11. 2. 1961. In: M. F., Gesammelte Werke. Bd. 3, S. 840.
4 Bienek, Horst: Werkstattgespräche mit Schriftstellern. München 1965, S. 28.
5 Frisch, Max: Der Autor und das Theater. In: M. F., Gesammelte Werke. Bd. 5, S. 347.
6 Frisch, Max: Tagebuch 1946–49. In: Ebd., Bd. 2, S. 556–566.
7 Frisch, Max: Schiller-Preis-Rede. In: Ebd., Bd. 5, S. 362–369.
8 Frisch, Max: Festrede zum Nationalfeiertag am 1. August 1957. In: Ebd., Bd. 4, S. 221.
9 Frisch, Max: Tagebuch 1946–49. In: Ebd., Bd. 2, S. 370f.
10 Ebd., S. 371 u. S. 370.
11 Bienek, Horst: Werkstattgespräche mit Schriftstellern, S. 29.
12 Frühwald, Wolfgang, u. Walter Schmitz (Hrsg.): Max Frisch. *Andorra, Wilhelm Tell*. Materialien, Kommentare. München/Wien 1977, S. 19.
13 Zit. nach: Wendt, Ernst, u. Walter Schmitz (Hrsg.): Materialien zu Max Frischs *Andorra*. Frankfurt a. M. 1978, S. 19.

14 Walser, Martin: Vom erwarteten Theater. In: M. W., Erfahrungen und Leseerfahrungen. Frankfurt a. M. 1969, S. 21 u. S. 22.

15 Müller, Klaus-Detlef: Das Ei des Kolumbus? Parabel und Modell als Dramenform bei Brecht, Dürrenmatt, Frisch, Walser. In: Werner Keller (Hrsg.): Beiträge zur Poetik des Dramas. Darmstadt 1976, S. 457.

16 Wysling, Hans: Dramaturgische Probleme in Frischs *Andorra* und Dürrenmatts *Besuch der alten Dame*. In: Ernst Wendt u. Walter Schmitz (Hrsg.): Materialien zu Max Frischs *Andorra*, S. 133–142, hier: S. 136.

17 Dürrenmatt, Friedrich: Eine Vision und ihr dramatisches Schicksal. In: F. D., Werkausgabe. Bd. 25, S. 38–42.

18 Dürrenmatt, Friedrich: Die Ehe des Herrn Mississippi. In: Ebd., Bd. 3, S. 57.

19 Benn, Gottfried: Die Ehe des Herrn Mississippi (Dürrenmatt). In: G. B., Gesammelte Werke in vier Bänden. Hrsg. v. Dieter Wellershoff. Bd. 4. Wiesbaden/München ³1977, S. 298.

20 Dürrenmatt, Friedrich: Theaterprobleme. In: F. D., Werkausgabe. Bd. 24, S. 63.

21 Dürrenmatt, Friedrich: Der Besuch der alten Dame. Anmerkung. In: Ebd., Bd. 5, S. 142.

22 Dürrenmatt, Friedrich: Einleitung zur *Panne*. In: Ebd., Bd. 20, S. 37–94.

23 Durzak, Manfred: Dürrenmatt, Frisch, Weiss. Deutsches Drama der Gegenwart zwischen Kritik und Utopie. Stuttgart ³1978, S. 98.

24 Dürrenmatt, Friedrich: Der Besuch der alten Dame. Tragische Komödie. In: F. D., Werkausgabe. Bd. 5, S. 132.

25 Profitlich, Ulrich: Der Besuch der alten Dame. In: Walter Hinck (Hrsg.): Die deutsche Komödie. Düsseldorf 1977, S. 333.

26 Esslin, Martin: Das Theater des Absurden. Reinbek 1965, S. 213f.

27 Adorno, Theodor W.: Versuch, das *Endspiel* zu verstehen. In: Th. W. A., Gesammelte Schriften. Bd. 11: Noten zur Literatur. Frankfurt a. M. 1974, S. 311.

28 Hildesheimer, Wolfgang: Über das absurde Theater. In: W. H., Gesammelte Werke in sieben Bänden. Hrsg. v. Christiaan Lucas Hart-Nibbrig u. Volker Jehle. Bd. 7. Frankfurt a. M. 1991, S. 17f., S. 14 u. S. 23.

29 Koebner, Thomas: Entfremdung und Melancholie. Zu Hildesheimers intellektuellen Helden. In: Dierk Rodewaldt (Hrsg.): Über Wolfgang Hildesheimer. Frankfurt a. M. 1971, S. 24.

30 Vgl. ebd., S. 41.

31 Walser, Martin: Erfahrungen und Leseerfahrungen. Frankfurt a. M. ³1969, S. 51–58.

32 Hochhuth, Rolf in: Die Zeit, 9. 4. 1976.

VI. Aufbau, Tauwetter, «Kulturrevolution»:
Literarisches Leben in der DDR der fünfziger Jahre

1 Schubbe, Elimar (Hrsg.): Dokumente zur Kunst-, Literatur- und Kulturpolitik der SED. 1949–1970. Stuttgart 1972, S. 186f.

2 Ebd., S. 225.

3 Ebd., S. 297.

4 Zit. nach: Heym, Stefan: Wege und Umwege. Streitbare Schriften aus fünf Jahrzehnten. Frankfurt a. M. 1983, S. 218.

5 Schubbe, Elimar (Hrsg.): Dokumente, S. 327.

6 Zit. nach: Autorenkollektiv unter Leitung v. Horst Haase u. a.: Geschichte der deutschen Literatur von den Anfängen bis zur Gegenwart. Bd. 11: Geschichte der Literatur der Deutschen Demokratischen Republik. Berlin 1976, S. 217.

7 Jarmatz, Klaus, u. Christel Berger, Renate Drenkow (Hrsg.): Kritik in der Zeit. Literaturkritik der DDR 1945–1975. Bd. 1. Halle/Leipzig ²1978, S. 213f.

8 Schubbe, Elimar (Hrsg.): Dokumente, S. 375.

9 Ebd.

10 Ebd., S. 383.

11 Mayer, Hans: Ein Deutscher auf Widerruf. Erinnerungen. Bd. 2. Frankfurt a. M. 1984, S. 114.

12 IV. Deutscher Schriftstellerkongreß Januar 1956, Protokoll, 2. Teil, S. 61.

13 Schubbe, Elimar (Hrsg.): Dokumente, S. 449.

14 SBZ-Archiv Köln, Nr. 5/6 vom 25. 3. 1957, S. 72 ff. Zit. nach: Franke, Konrad: Die Literatur der Deutschen Demokratischen Republik. Zürich/München 1974, S. 92 f.

15 Schubbe, Elimar (Hrsg.): Dokumente, S. 495 f.

16 Ebd., S. 535.

17 Börsenblatt für den deutschen Buchhandel (Leipziger Ausg.) 125 (1958), S. 388.

18 Lange, Marianne (Hrsg.): Zur sozialistischen Kulturrevolution. Dokumente Bd. 2. Berlin 1960, S. 166.

19 Ebd., S. 478.

20 Jarmatz, Berger, Drenkow (Hrsg.): Kritik in der Zeit. Bd. 1, S. 328.

21 Greif zur Feder, Kumpel. Protokoll der Autorenkonferenz des Mitteldeutschen Verlags Halle a. d. S. am 24. April 1959 im Kulturpalast des Elektrochemischen Kombinates Bitterfeld. Halle a. d. S. 1959, S. 117.

22 Zit. nach: Buck, Theo: Uwe Johnson. In: Heinz Ludwig Arnold (Hrsg.): Kritisches Lexikon zur deutschsprachigen Gegenwartsliteratur. München 1978 ff., S. 2.

VII. Von der Formalismus-Debatte zum «Bitterfelder Weg»

1 Schmitt, Hans-Jürgen, u. Godehard Schramm (Hrsg.): Sozialistische Realismuskonzeptionen. Dokumente zum 1. Allunionskongreß der Sowjetschriftsteller. Frankfurt a. M. 1974, S. 390.

2 Zur Typologie des Aufbauromans: Taschner, Winfried: Tradition und Experiment. Erzählstrukturen und -funktionen des Bildungsromans in der DDR-Aufbauliteratur. Stuttgart 1981.

3 Vgl. Claudius, Eduard: Ruhelose Jahre. Halle a. d. S. 1974, S. 354 ff.

4 Wolff, Lutz W.: Auftraggeber: Arbeiterklasse. Proletarische Betriebsromane 1948–1956. In: Hans-Jürgen Schmitt (Hrsg.): Einführung in Theorie, Geschichte und Funktion der DDR-Literatur. Stuttgart 1975, S. 270.

5 Zit. nach dem Klappentext der Erstausgabe (1955).

6 Wolff, Lutz W.: Auftraggeber, S. 267.

7 Claudius, Eduard: Ruhelose Jahre, S. 354.

8 Noll, Dieter: Reinowskis Romanwerk und Fragen des Schematismus. In: Neue Deutsche Literatur 1 (1953) H. 6, S. 178–182.

9 Gratzik, Paul: Kohlenkutte. Roman. Berlin 1982, S. 160.

10 Zit. nach: Töpelmann, Sigrid: Autoren – Figuren – Entwicklungen. Zur erzählenden Literatur in der DDR. Berlin 1975, S. 257.

11 Vgl. zum Folgenden: Davis, Geoffrey L.: Arnold Zweig in der DDR. Entstehung und Bearbeitung der Romane *Die Feuerpause, Das Eis bricht* und *Traum ist teuer*. Bonn 1977.

12 Strittmatter, Eva: Der negative ‹Held›. (Karl Mundstock: Die Stunde des Dietrich Conradi). In: Neue Deutsche Literatur 5 (1958) H. 12, S. 132–135.

VIII. Traditionalismus und Forderungen des Tages: DDR-Lyrik

1 Gesamtausgaben, nach denen in diesem Kapitel zitiert wurde: Becher, Johannes R.: Gesammelte Werke. 18 Bde. Berlin/Weimar 1966–1981, hier: Bd. 14, S. 621; Brecht, Bertolt: Gesammelte Werke in 20 Bänden. Frankfurt a. M. 91.–100. Tsd. 1975; Fürnberg, Louis: Gesammelte Werke in sechs Bänden. Hrsg. v. Lotte Fürnberg u. Gerhard Wolf. Berlin/Weimar 1964–1973.

2 Maurer, Georg: Das Unsere. In: Neue Deutsche Literatur 10 (1962) H. 8, S. 30–40.

3 Hermlin, Stephan, u. Hans Mayer: Ansichten über einige neue Schriftsteller und Bücher. Berlin/Wiesbaden 1947, S. 188 u. S. 191.

4 Hermlin, Stephan: Majakowski oder die Entlarvung der Poesie. In: Tägliche Rundschau, 4. 1. 1948.

5 Hermlin, Stephan: Wladimir Majakowski. In: St. H. u. Hans Mayer, Ansichten, S. 145 u. S. 143.

6 Maurer, Georg: Der Lyriker Kuba. Betrachtungen zu einem Gedichtband. In: Neue Deutsche Literatur 1 (1953) H. 9, S. 130.

7 Becher, Johannes R.: Gesammelte Werke. Bd. 13, S. 86.

8 Vgl. Greiner, Ulrich: Im Zeichen des Aufbruchs: die Literatur der fünfziger Jahre. In: Hans-Jürgen Schmitt (Hrsg.): Die Literatur der DDR. München 1983, S. 373 f.

9 Vgl. Brecht, Bertolt: Arbeitsjournal. 2 Bände. Werkausgabe. Hrsg. v. Werner Hecht. Supplementbände. Bd. 1. Frankfurt a. M. 1974, S. 542 u. S. 544.

10 Rusch, Heinz: Das epische Gedicht. Bemerkungen über Inhalt und Form der Gegenwartslyrik (Teil I). In: Börsenblatt für den deutschen Buchhandel (Leipziger Ausg.) 120 (1953) H. 44, S. 925.

11 Brecht, Bertolt: Arbeitsjournal. Bd. 2, S. 590.

12 Ebd., S. 577.

13 Endler, Adolf: Einige Randbemerkungen, einige Binsenwahrheiten! In: Silvia Schlenstedt, Heinrich Olschowsky u. Bernd Jentzsch (Hrsg.): Welt im sozialistischen Gedicht. Poeten, Methoden und internationale Tendenzen im Gespräch. Berlin/Weimar 1974, S. 323 f.

14 Kuba (Kurt Barthel): Wie ich mich schäme. In: Wagenbach, Klaus, u. Winfried Stephan, Michael Krüger (Hrsg.): Vaterland, Muttersprache. Deutsche Schriftsteller und ihr Staat seit 1945. Berlin 1979, S. 120 f.

15 Gerlach, Jens (Hrsg.): Anthologie 56. Gedichte aus Ost u. West. Berlin 1956, S. 141.

16 Schubbe, Elimar (Hrsg.): Dokumente zur Kunst-, Literatur- und Kulturpolitik der SED. 1949–1970. Stuttgart 1972, S. 446 u. S. 439.

17 Zentralrat für Volkskunst (Hrsg.): Volkskunst im Wohngebiet. Materialbeiträge für die Arbeit von Volkskunstgruppen im Wohngebiet. Leipzig 1959, S. 16.

18 Mickel, Karl: Odysseus in Ithaka. Ged. 1957–1974. Leipzig 1976, S. 166, Anm. 61.

19 Endler, Adolf, u. Karl Mickel: In diesem besseren Land. Gedichte der Deutschen Demokratischen Republik seit 1945. Halle a. d. S. 1966, S. 149 f.

IX. Sozialistischer Sturm und Drang

1 Hacks, Peter: Das Poetische. Frankfurt a. M. 1972. S. 88 f.

2 Kipphardt, Heinar: «Schreibt die Wahrheit». In: Theater der Zeit. H. 5 (1954). Zit. nach: Fritz J. Raddatz: Traditionen und Tendenzen. Materialien zur Literatur der DDR, Frankfurt a. M. 1972, S. 404.

3 Brecht, Bertolt: Gesammelte Werke. Bd. 16. Frankfurt a. M. 1967, S. 775.

4 Ebd., S. 779.

5 Ebd., S. 836.

6 Ebd., S. 779.

7 Zit. nach: Horst Laube: Peter Hacks. Velber 1972, S. 29.
8 Hacks, Peter: Das Poetische, S. 22.
9 Müller, Heiner, in: Theater heute (1975) Sonderheft, S. 122.
10 Hacks, Peter: Das Poetische, S. 92.
11 Zit. nach: Horst Laube: Peter Hacks, S. 36.
12 Hacks, Peter: Einige Gemeinplätze über das Stückeschreiben. In: Neue Deutsche Literatur 4 (1956) H. 9, S. 119 u. S. 122.
13 Zit. nach: Neue Deutsche Literatur 11 (1963) H. 8, S. 67.
14 Hacks, Peter: Fünf Stücke, Frankfurt a. M. 1965, S. 381.
15 Ebd., S. 360.
16 Laube, Horst: Peter Hacks, S. 40.
17 Hacks, Peter: Das Poetische, S. 113.
18 Müller, Heiner: Rotwelsch. Berlin 1982, S. 145.
19 Müller, Heiner: Die Bauern. In: H. M., Die Umsiedlerin oder das Leben auf dem Lande. Berlin 1975, S. 50.
20 Der Dramatiker und die Geschichte seiner Zeit. Ein Gespräch zwischen Horst Laube und Heiner Müller. In: Theater heute (1975) Sonderheft, S. 123.
21 Baierl, Helmut: Wie ist die heutige Wirklichkeit auf dem Theater darstellbar? In: Sinn und Form 18 (1966) Sonderheft 7: Problematik der Dramatik, S. 741.
22 Schivelbusch, Wolfgang: Sozialistisches Drama nach Brecht. Darmstadt/Neuwied 1974, S. 50.

LITERATUR IM KALTEN KRIEG UND ANNÄHERUNGEN: DIE SECHZIGER JAHRE

I. Vom Schriftsteller-Engagement zur Kultur-Revolte: Literarisches Leben im Westen

1 Weyrauch, Wolfgang (Hrsg.): Ich lebe in der Bundesrepublik. München 1960, S. 114.
2 Wagenbach, Klaus, u. Winfried Stephan, Michael Krüger (Hrsg.): Vaterland, Muttersprache. Deutsche Schriftsteller und ihr Staat seit 1945. Berlin 1979, S. 184.
3 Ebd., S. 188.
4 Ebd., S. 188 f.
5 Ritter, Alexander (Hrsg.): Erläuterungen und Dokumente. Günter Grass, Katz und Maus. Stuttgart 1977, S. 128.
6 Ebd., S. 139.
7 Jens, Walter: Antwort auf eine Umfrage. In: Die Kultur 155 (1960), S. 5.
8 Zit. nach: Arnold, Heinz Ludwig (Hrsg.): Arbeiterliteratur – Literatur der Arbeitswelt? Stuttgart 1971, S. 10. Hiernach auch die folgenden Zitate.
9 Hinck, Walter (Hrsg.): Rolf Hochhuth – Eingriff in die Zeitgeschichte. Essays zum Werk. Reinbek 1981, S. 9.
10 Bender, Hans, in: magnum (1964) Jahresheft, S. 17.
11 Picht, Georg: Die deutsche Bildungskatastrophe. München 1965.
12 Braun, Karlheinz (Hrsg.): Materialien zu Peter Weiss' *Marat/Sade*. Frankfurt a. M. 1967, S. 114–119; hier: S. 116.
13 Enzensberger, Hans Magnus: Peter Weiss und andere. In: Kursbuch 6 (Juli 1966), S. 171–176; hier: S. 176.
14 Walser, Martin: Praktiker, Weltfremde und Vietnam. In: Kursbuch 9 (Juni 1967), S. 168–176.
15 Lettau, Reinhard (Hrsg.): Die Gruppe 47. Bericht, Kritik, Polemik. Ein Handbuch. Neuwied/Berlin 1967, S. 219.

16 Zit. nach: Dichter und Richter. Die Gruppe 47 und die deutsche Nachkriegsliteratur (Katalog zur Ausstellung der Akademie der Künste). Berlin 1988, S. 63.

17 Wiese, Benno von, u. Rudolf Henss (Hrsg.): Nationalismus in Germanistik und Dichtung. Dokumentation des Germanistentages in München vom 17.–22. Oktober 1966. Berlin 1967.

18 Höllerer, Walter (Hrsg.): Der Zürcher Literaturstreit. Eine Dokumentation. In: Sprache im technischen Zeitalter (1967) H. 22, S. 94 f.

19 Ebd., S. 106.

20 Lettau, Reinhard (Hrsg.): Die Gruppe 47, S. 171.

21 Wagenbach, Stephan, Krüger (Hrsg.): Vaterland, Muttersprache, S. 256.

22 Ebd., S. 257.

23 Handke, Peter: Ich bin ein Bewohner des Elfenbeinturms. Frankfurt a. M. 1972, S. 19.

24 Wolff, Karl Dietrich: August 1968. Zit. nach: Kursbuch 15 (November 1968), S. 179.

25 Schmidtchen, Gerhard: Lesekultur in Deutschland. In: Börsenblatt für den deutschen Buchhandel 24 (1968), S. 1977–2152; hier: S. 1982–1987 sowie S. 2031 u. S. 2033.

26 Buselmeier, Michael, in: Kursbuch 15 (November 1968), S. 158.

27 Ebd., S. 185.

28 Lüdke, W. Martin (Hrsg.): Nach dem Protest. Literatur im Umbruch. Frankfurt a. M. 1979, S. 92.

29 Lettau, Reinhard: Eitle Überlegungen zur literarischen Situation. In: Hans Christoph Buch (Hrsg.): Die Literatur nach dem Tod der Literatur. Bilanz der Politisierung. Reinbek 1975 (Literaturmagazin 4), S. 19–23; hier: S. 29.

30 Marcuse, Herbert: Versuch über die Befreiung. In: H. M., Aufsätze und Vorlesungen 1948–1969, S. 237–317; hier S. 242.

31 Walser, Martin: Wer ist ein Schriftsteller? In: M. W., Wer ist ein Schriftsteller? Aufsätze und Reden. Frankfurt a. M. 1979, S. 36–46; hier: S. 44.

32 Girardi, Maria-Rita u. a.: Buch und Leser in Deutschland. Eine Untersuchung des DIVO-Instituts. Gütersloh 1965, S. 75.

33 Böll, Heinrich: Essayistische Schriften und Reden 2. Köln o. J., S. 482.

34 Ebd., S. 374.

II. Die zweite Phase des westdeutschen Nachkriegsromans

1 Drews, Jörg: 1959/60, oder: Plötzlich ging's erst richtig los mit der Literatur. In: Autorenbuchhandlung 1976–1986. Almanach. Berlin 1986, S. 10–12.

2 Arnold, Heinz Ludwig, in: Akzente 20 (1973) H. 1, S. 70–80.

3 Mayer, Hans: Deutsche Literatur seit Thomas Mann. In: H. M., Zur deutschen Literatur der Zeit. Zusammenhänge, Schriftsteller, Bücher. Reinbek 1967, S. 261–362; hier: S. 305.

4 Richter, Hans Werner: Zwischen Freiheit und Quarantäne. In: H. W. R., Bestandsaufnahme. München 1962, S. 11–25; hier: S. 15.

5 Stolze, Dieter: Das Wirtschaftswunder – Glanz der Zahlen und Statistiken. In: Hans Werner Richter, Bestandsaufnahme, S. 264–274.

6 Haecker, Theodor: Tag- und Nachtbücher. München 1947, das folgende Zitat auf S. 52.

7 Böll, Heinrich: Ansichten eines Clowns. Mit Materialien und einem Nachwort des Autors. Köln 1985, S. 413.

8 Arnold, Heinz Ludwig: Gespräche mit Günter Grass. In: H. L. A. (Hrsg.): Text und Kritik 1/1a, München ⁵1978, S. 1–39; hier: S. 6.

9 Kempowski, Walter: «Er kam mir immer als der bessere Mensch vor.» In: Die Zeit, 15. 6. 1979.

10 Schmidt, Arno: Berechnungen I. In: Texte und Zeichen 1955, § 2, S. 113.

11 Schmidt, Arno: Berechnungen II. In: Texte und Zeichen 1956, § 3, S. 96.

12 Zit. nach: Walser, Martin: Die Sprache Arno Schmidts. In: Jörg Drews und Hans-Michael Bock (Hrsg.): Der Solipsist in der Heide. Materialien zum Werk Arno Schmidts. München 1974, S. 20.

13 Grass, Günter: Essays, Reden, Briefe, Kommentare. Hrsg. v. Daniela Hermes. Darmstadt/Neuwied 1987, S. 44.

14 Tucholsky, Kurt: Ulysses. In: K. T., Ausgewählte Werke. Bd. 2, Reinbek 1965, S. 381–389; hier: S. 388.

15 Becker, Jurek, in: Spiegel Spezial Bücher 90 (1990) H. 3, S. 140–142; hier: S. 141.

16 Stephan, Alexander: Ein großer Entwurf gegen den Zeitgeist. Zur Aufnahme von Peter Weiss' Ästhetik des Widerstands. In: A. St. (Hrsg.): Die Ästhetik des Widerstands. Frankfurt a. M. 1983, S. 346–360; hier: S. 351.

17 Weiss, Peter: Der Schatten des Körpers des Kutschers. Frankfurt a. M. 1964, S. 18.

18 Mann, Thomas: Brief an Hans Reisiger vom 19. 4. 1953. In: T. M., Briefe 1948–1953 und Nachlese. Hrsg. v. Erika Mann. Frankfurt a. M. 1965, S. 292.

19 Lenz, Hermann: Spiegelhütte. Frankfurt a. M. 1977, S. 26, S. 27, S. 20 ff.

20 Ebd., S. 96, S. 136, S. 103, S. 107.

21 Ebd., S. 182, S. 205.

22 «Ich habe nichts über den Krieg aufgeschrieben.» Ein Gespräch mit Heinrich Böll und Hermann Lenz. In: Literaturmagazin 7 (1977), S. 30–74.

23 Zit. nach einem Lebenslauf des Autors. In: Siegfried Unseld u. Eberhard Fahlke (Hrsg.): Uwe Johnson, Für wen ich tot bin. Frankfurt a. M. 1991, S. 88.

24 Zimmer, Dieter E.: Das Gespräch mit dem Autor: Uwe Johnson. Eine Bewußtseinsinventur. In: Die Zeit, 26. 11. 1971.

25 Johnson, Uwe: Begleitumstände. Frankfurt a. M. 1983, S. 451 f.

26 Richter, Hans Werner: Im Etablissement der Schmetterlinge. München 1986, S. 40.

27 Demetz, Peter: Die süße Anarchie. Berlin 1970, S. 216.

28 Osterle, Heinz D.: Bilder von Amerika. Gespräche mit deutschen Schriftstellern. Münster 1987, S. 224.

29 Bernuth, Christa von: Kindheit nach dem Tode. Ein Gespräch mit Martin Walser. In: Die Zeit, 9. 8. 1991.

30 Zimmer, Dieter E.: Leben, um einen Stil zu finden – schreiben, um sich einzuholen. In: Die Zeit, 18. 10. 1974.

31 Auerbach, Erich: Mimesis. Dargestellte Wirklichkeit in der abendländischen Literatur. Bern 1946, S. 409.

32 Heißenbüttel, Helmut: Die Puppe in der Puppe. In: Süddeutsche Zeitung, 21. 11. 1981.

33 Wittgenstein, Ludwig: Werkausgabe. Bd. 1. Frankfurt a. M. 1984, Satz G. 54, S. 85.

34 Handke, Peter: Ich bin ein Bewohner des Elfenbeinturms. Frankfurt a. M. 1972, S. 202.

35 Ortheil, Hanns-Josef: Schauprozesse. Beiträge zur Kultur der 80er Jahre. München 1990, S. 107.

III. Über die Lyrik zu den Zwecktexten

1 Brinkmann, Rolf Dieter: Notiz zu: Die Piloten. In: R. D. B., Standphotos. Gedichte 1962–1970. Reinbek 1980, S. 185.

2 Brinkmann, Rolf Dieter: Westwärts 1&2. In: R. D. B., Standphotos, S. 160–167.

3 «wir wollen dazu was sagen. neue lieder gegen die bombe 64». pläne-Verlag Nr. 3, 102 (Stütz, Semmer, Süverkrüp, Fasia u. a.).

4 Kaukoreit, Volker: Politische Tabuverletzungen. In: Heinz Ludwig Arnold (Hrsg.): Text und Kritik 91. München 1986, S. 72.

IV. Von der Rollenrede zum Originalton:
Das Hörspiel der sechziger Jahre

1 Schöning, Klaus: hörst du das gras wies wächst. Hörspielmacher Franz Mon. In: K. S. (Hrsg.): Hörspielmacher. Autorenporträts und Essays. Königstein i. Ts. 1983, S. 59–84; hier: S. 73.

2 Ebd., S. 73.

3 Jandl, Ernst, u. Friederike Mayröcker: Fünf Mann Menschen. Hörspiele. Darmstadt/Neuwied 1971, S. 36f.

4 Harig, Ludwig: Ein Blumenstück. In: Klaus Schöning (Hrsg.): Neues Hörspiel. Texte, Partituren. Frankfurt a. M. 1969, S. 186.

5 Becker, Jürgen: Häuser. In: WDR-Hörspielbuch. Köln 1969, S. 50.

V. Das «dramatische» Jahrzehnt der Bundesrepublik

1 Rühle, Günther: Das dokumentarische Drama und die deutsche Gesellschaft. In: Jahrbuch der deutschen Akademie für Sprache und Dichtung 1966. Darmstadt 1967, S. 45f.

2 Walser, Martin: Vom erwarteten Theater. In: M. W., Erfahrungen und Leseerfahrungen. Frankfurt a. M. ³1969, S. 21.

3 Punkte 2 und 3 von Weiss' Notizen zum dokumentarischen Theater. In: Peter Weiss, Rapporte 2. Frankfurt a. M. 1971, S. 58f.

4 Ebd., S. 65.

5 Walser, Martin: Der Realismus X. In: Helmut Kreuzer (Hrsg.): Deutsche Dramaturgie der Sechziger Jahre. Tübingen 1975, S. 24.

6 McGowan, Moray, u. Michael Töteberg: Hans Günter Michelsen. In: Heinz Ludwig Arnold (Hrsg.): Kritisches Lexikon zur deutschprachigen Gegenwartsliteratur. München 1978 ff., S. 6.

7 Walser, Martin: Vom erwarteten Theater. In: M. W., Erfahrungen und Leseerfahrungen, S. 62.

8 Ebd., S. 59 u. S. 60.

9 Walser, Martin: Ein weiterer Tagtraum vom Theater. In: M. W., Heimatkunde. Frankfurt a. M. 1968, S. 73, S. 75–81.

10 Walser, Martin: Der Realismus X. In: Helmut Kreuzer (Hrsg.): Deutsche Dramaturgie der Sechziger Jahre, S. 31.

11 Walser, Martin: Vom erwarteten Theater. In: M. W., Erfahrungen und Leseerfahrungen, S. 64.

12 Walser, Martin: Der Realismus X. In: Helmut Kreuzer (Hrsg.): Deutsche Dramaturgie der Sechziger Jahre, S. 27.

13 Walser, Martin: Hamlet als Autor. In: M. W., Erfahrungen und Leseerfahrungen, S. 52, S. 58.

14 Walser, Martin: Ein weiterer Tagtraum vom Theater. In: M. W., Heimatkunde, S. 81.

15 Fritz J. Raddatz im Gespräch mit Rolf Hochhuth. In: Die Zeit, 9. 4. 1976.

16 Baumgart, Reinhard: Unmenschlichkeit beschreiben. In: R. B., Literatur für Zeitgenossen. Essays. Frankfurt a. M. 1970, S. 26.

17 Schwarz, Egon: Rolf Hochhuths *Der Stellvertreter*. In: Walter Hinck (Hrsg.): Rolf Hochhuth – Eingriff in die Zeitgeschichte. Essays zum Werk. Reinbek 1981, S. 144.

18 Walter, Hans-Albert, u. Walter Dirks: Hochhuths moralischer Appell. In: Heinz Ludwig Arnold (Hrsg.): Geschichte der deutschen Literatur aus Methoden – Westdeutsche Literatur von 1945–1971. Bd. 2. Frankfurt a. M., S. 261.

19 Vgl. die Kontroverse Adorno – Hochhuth: Hochhuth, Rolf: Die Rettung der Menschen. In: Frank Benseler (Hrsg.): Festschrift zum achtzigsten Geburtstag von Georg Lukács. Neuwied/Berlin 1965, S. 484–490; Adorno, Theodor W.: Offener Brief an Rolf Hochhuth. In: Th. W. A., Gesammelte Schriften. Bd. 11: Noten zur Literatur. Frankfurt a. M. 1974, S. 591–598.

20 Hochhuth, Rolf: Die Rettung des Menschen. In: Frank Benseler (Hrsg.): Festschrift zum achtzigsten Geburtstag von Georg Lukács, S. 490.

21 Hochhuth, Rolf: Soll das Theater die heutige Welt darstellen?. In: Rolf Hochhuth, Die Hebamme. Reinbek 1971, S. 317–326.

22 Hochhuth, Rolf: Hamlet. In: R. H., Die Hebamme, S. 430 f.

23 Weiss, Peter: Rapporte. Frankfurt a. M. 1970, S. 114.

24 Vgl. ebd., S. 125–141.

25 Weiss, Peter: Rapporte 2. Frankfurt a. M. 1970, S. 92 f., S. 91, S. 49.

26 Weiss, Peter: Rapporte, S. 136.

27 Weiss, Peter: Rapporte 2, S. 99.

28 Weiss, Peter: Rapporte, S. 142.

29 Ebd., S. 148.

30 Ebd., S. 166.

31 Ebd., S. 138, S. 168 f.

32 Tabori, George: Unterammergau oder Die guten Deutschen. Frankfurt a. M. 1981, S. 38, S. 28 u. S. 20.

33 Gronius, Jörg W., u. Wend Kässens: Tabori. Frankfurt a. M. 1989, S. 25.

34 Tabori, George: Unterammergau oder Die guten Deutschen, S. 37.

35 Rühle, Günther: Das dokumentarische Drama und die deutsche Gesellschaft. In: Jahrbuch der deutschen Akademie für Sprache und Dichtung 1966. Darmstadt 1967, S. 51.

36 Weiss, Peter: Rapporte 2, S. 64 f.

37 Kipphardt, Heinar: Stücke I. Frankfurt a. M. 1973, S. 357.

38 Ebd.

39 Brecht, Bertolt: Gesammelte Werke. Bd. 17. Frankfurt a. M. 1967, S. 1109.

40 Hacks, Peter: Das Poetische. Frankfurt a. M. 1972, S. 20 f.

41 Grimm, Reinhold, u. Jost Hermand (Hrsg.): Deutsche Revolutionsdramen. Frankfurt a. M. 1968, S. 7.

42 Hochhuth, Rolf: Die Hebamme, S. 349.

43 Habermas, Jürgen: Ein Verdrängungsprozeß wird enthüllt. In: Karlheinz Braun (Hrsg.): Materialien zu Peter Weiss' *Marat/Sade*. Frankfurt a. M. 1974, S. 103 u. S. 121.

44 Enzensberger, Hans Magnus: Berliner Gemeinplätze. In: H. M. E., Palaver. Politische Überlegungen (1967–1973). Frankfurt a. M., S. 153.

45 Weiss, Peter, zit. nach: Karlheinz Braun (Hrsg.): Materialien zu Peter Weiss' *Marat/Sade*, S. 101.

46 Ebd., S. 91.

47 Vgl. Laube, Horst: Werkbuch über Tankred Dorst. Frankfurt a. M. 1974.

48 Dorst, Tankred: Toller. Zit. nach: Spectaculum 11. Frankfurt a. M. 1968, S. 331.

49 Grimm, Reinhold: Spiel und Wirklichkeit in einigen Revolutionsdramen. In: Reinhold Grimm u. Jost Hermand (Hrsg.): Basis. Jahrbuch für deutsche Gegenwartsliteratur 1 (1970). S. 83.

50 Ebd., S. 91.
51 Ebd., S. 92.
52 Lange, Hartmut: Die Revolution als Geisterschiff. Reinbek 1973, S. 47f.
53 Enzensberger, Hans Magnus: Das Verhör von Habana. Frankfurt a. M. 1970, S. 54 u. S. 52.
54 Ebd., S. 22, S. 24 u. S. 28.
55 Walser, Martin: Sauspiel. Szenen aus dem 16. Jahrhundert. Frankfurt a. M. 1975, S. 159.
56 Peter von Becker und Michael Merschmeier im Gespräch mit Franz Xaver Kroetz. In: Theater heute. Jahrbuch 1985, S. 78.
57 Zit. nach: Riewolt, Otto F.: Martin Sperr. In: Heinz Ludwig Arnold (Hrsg.): Kritisches Lexikon zur deutschsprachigen Gegenwartsliteratur, S. 3.
58 Fassbinder, Rainer Werner: Antitheater. Frankfurt a. M. 1970, S. 32 u. S. 7.
59 Kroetz, Franz Xaver: Horváth von heute für heute. In: Reinhold Grimm u. Jost Hermand (Hrsg.): Basis. Jahrbuch für deutsche Gegenwartsliteratur 6 (1976), S. 42.
60 Kroetz, Franz Xaver: Weitere Aussichten... Ein Lesebuch. Köln 1976, S. 555.
61 Ebd., S. 542 u. S. 543.
62 Ebd., S. 586.
63 Peter von Becker und Michael Merschmeier im Gespräch mit Franz Xaver Kroetz. In: Theater heute. Jahrbuch 1985, S. 78.
64 Turrini, Peter: Lesebuch. Wien/München/Zürich 1978, S. 126.
65 Ebd., S. 126f.
66 Ebd., S. 345 und S. 350.
67 Handke, Peter: Ich bin ein Bewohner des Elfenbeinturms. In: P. H., Prosa, Gedichte, Theaterstücke, Hörspiele, Aufsätze. Frankfurt a. M. 1969, S. 264.
68 Ebd., S. 267.
69 Ebd., S. 271.
70 Handke, Peter: Straßentheater und Theatertheater. In: P. H., Prosa, Gedichte..., S. 306.
71 Handke, Peter: Zur *Publikumsbeschimpfung*. In: P. H., Stücke 1. Frankfurt a. M. 1966, S. 23.
73 Handke, Peter: Publikumsbeschimpfung. Frankfurt a. M. 1966, S. 22.
74 Ebd., S. 33.
75 Handke, Peter: Theater und Film: Das Elend des Vergleichens. In: P. H., Prosa, Gedichte..., S. 325.
76 Handke, Peter: Publikumsbeschimpfung. In: P. H., Stücke 1, S. 41f.
77 Ebd., S. 25 u. S. 35.
78 Handke, Peter: Kaspar. Frankfurt a. M. 1967, S. 103.
79 Arnold, Heinz Ludwig (Hrsg.): Text und Kritik 24/24a: Peter Handke. München ³1976, S. 21.
80 Strauß, Botho: Versuch, ästhetische und politische Ereignisse zusammenzudenken. Frankfurt a. M. 1987, S. 21.

VI. Der Apparat und neue Spielräume:
Literarisches Leben in der DDR

1 Zit. nach: Autorenkollektiv unter Leitung v. Horst Haase u. a.: Geschichte der deutschen Literatur von den Anfängen bis zur Gegenwart. Bd. 11: Geschichte der Literatur der Deutschen Demokratischen Republik. Berlin 1976, S. 231.
2 Unten S. 517f.
3 Jokostra, Peter, in: Die Welt, 31. 7. 1962.

4 So auf dem VI. SED-Parteitag (1963): Protokoll der Verhandlungen. Bd. 3. Berlin 1963, S. 27.

5 Lange, Marianne (Hrsg.): Zur sozialistischen Kulturrevolution. Dokumente. Bd. 2. Berlin 1960, S. 320.

6 Jarmatz, Klaus, u. Christel Berger, Renate Drenkow (Hrsg.): Kritik in der Zeit. Literaturkritik der DDR 1945–1975. Bd. 1. Halle/Leipzig ²1978, S. 380.

7 Koch, Hans: Fünf Jahre nach Bitterfeld. In: Neue Deutsche Literatur 12 (1964) H. 4, S. 5–21; hier: S. 12–14.

8 Koch, Hans: Unsere Literaturgesellschaft. Leipzig 1965, S. 245.

9 Schubbe, Elimar (Hrsg.): Dokumente zur Kunst- und Literaturpolitik der SED 1949–1970. Stuttgart 1972, S. 956.

10 Ebd., S. 987.

11 Zit. nach: Monumenta Paedagogica 7 (1969) H. 2. Berlin 1969, S. 549 u. S. 553.

12 Ebd., S. 554.

13 Ebd., S. 570.

14 Honecker, Erich, in: Neues Deutschland, 15. u. 16. 12. 1965.

15 Koch, Hans, in: Forum 1966, Nr. 15/16 («Haltungen, Richtungen, Formen»).

16 Ulbricht, Walter, in: Neues Deutschland, 18. 4. 1967.

17 Ebd.

18 Geisthardt, Hans-Jürgen: Kraft des Zukunftswissens. In: Jarmatz, Berger, Drenkow (Hrsg.): Kritik in der Zeit. Bd. 2, S. 98–105; hier: S. 101.

19 Autorenkollektiv unter Leitung v. Horst Haase u. a.: Geschichte der deutschen Literatur von den Anfängen bis zur Gegenwart. Bd. 11, S. 500.

20 Ulbricht, Walter, in: Neues Deutschland, 20. 5. 1969.

21 Zit. nach: Franke, Konrad: Die Literatur der Deutschen Demokratischen Republik. Zürich/München 1974, S. 172.

22 Namentlich Marcel Reich-Ranickis These, Christa T. «leide an der DDR».

23 Schubbe, Elimar (Hrsg.): Dokumente, S. 1738.

24 Ebd., S. 1743.

VII. Vom Bitterfelder Roman zur Literatur für «Prosaleser»

1 Die literarische Hauptaufgabe: Zit. nach: Neue Deutsche Literatur 7 (1959) H. 6, S. 3–6.

2 Jäger, Manfred: Kultur und Politik in der DDR. Ein historischer Abriß. Köln 1982, S. 83.

3 Reso, Martin (Hrsg.): Der geteilte Himmel und seine Kritiker. Dokumentation mit einem Nachwort des Herausgebers. Halle a. d. S. 1965, S. 28, S. 38, S. 83, S. 116, S. 145, S. 13, S. 87.

4 Weimann, Robert: Erzählsituation und Romantypus. Zur Theorie und Genesis realistischer Erzählformen. In: Sinn und Form 18 (1966), S. 109–133; Redeker, Horst: Abbildung und Aktion. Versuch über die Dialektik des Realismus. Halle a. d. S. 1967.

5 Müller, Heiner: Geschichten aus der Produktion 1. Berlin 1974 (H. M. Texte 1), S. 112.

6 Redeker, Horst: Abbildung und Aktion, S. 84 f.

7 Noll, Dieter: Die Abenteuer des Werner Holt. Roman einer Heimkehr. Berlin/Weimar 1965, S. 367.

8 Kant, Hermann: Gespräch mit Dieter und Silvia Schlenstedt. In: H. K., Zu den Unterlagen. Publizistik 1957–1980. Berlin/Weimar 1981, S. 270.

9 Schlenstedt, Silvia und Dieter: Modern erzählt. Zu Strukturen in Hermann Kants Roman *Die Aula*. In: Neue Deutsche Literatur 13 (1965), S. 5–34.

10 Kant, Hermann: Zu den Unterlagen, S. 271.
11 Bobrowski, Johannes: Boehlendorff und andere. Erzählungen. Stuttgart 1965, S. 26, S. 15.
12 Kunert, Günter: Tagträume. München 1964, S. 8.
13 Wolf, Christa: Lesen und Schreiben. In: Chr. W., Lesen und Schreiben. Darmstadt/Neuwied 1972, S. 219 f., S. 207.
14 Bobrowski, Johannes: Levins Mühle. Roman. Frankfurt a. M. 1970, S. 126.
15 Bräunig, Werner: Rummelplatz. In: Neue Deutsche Literatur 13 (1965) H. 10, S. 7–29.
16 Seghers, Anna: Das Vertrauen. Roman. Berlin/Weimar 1971, S. 92.
17 Heiduczek, Werner: Abschied von den Engeln. Roman. Halle a. d. S., S. 326 f., S. 402.
18 Wolf, Christa: Blickwechsel. In: Chr. W., Lesen und Schreiben, S. 46.
19 Fühmann, Franz: Antwort auf eine Umfrage. In: F. F., Erfahrungen und Widersprüche. Frankfurt a. M. 1976, S. 20.

VIII. Im Zeichen eines kritischen «DDR-Messianismus»: Die Lyrik

Gesamtausgaben, nach denen in diesem Kapitel zitiert wurde: Becher, Johannes R.: Gesammelte Werke. 18 Bde. Berlin/Weimar 1966–1981; Bobrowski, Johannes: Gesammelte Werke Bd. 1–4. Hrsg. v. Eberhard Haufe. Berlin/Stuttgart 1987; Brecht, Bertolt: Gesammelte Werke in 20 Bänden. Frankfurt a. M. 91.–100. Tsd. 1975.
 1 Kirsch, Rainer: Ausflug machen. Gedichte. Rostock 1980. S. 12.
 2 Biermann, Wolf: Die Drahtharfe. Balladen, Gedichte, Lieder. Berlin 1965, S. 67.
 3 Kügelgen, Bernt von, in: Sonntag 18 (1963) H. 1.
 4 Schubbe, Elimar (Hrsg.): Dokumente zur Kunst-, Literatur- und Kulturpolitik der SED. 1949–1970. Stuttgart 1972, S. 872.
 5 Kirsch, Rainer und Sarah: Gespräch mit dem Saurier. Berlin 1965, S. 81. Der Schlußteil fehlt bei späteren Versionen des Gedichts.
 6 Schreck, Joachim (Hrsg.): Saison für Lyrik. Neue Gedichte von siebzehn Autoren. Berlin/Weimar 1968, S. 13.
 7 Maurer, Georg: Das Gedicht ist ein lebendiges Messer. Ein Interview mit Dieter Schlenstedt. In: Gerhard Wolf (Hrsg.): Dichtung ist deine Welt. Selbstaussagen und Versuche zum Werk Georg Maurers. Halle a. d. S. 1973, S. 56.
 8 Kirsch, Rainer: Ordnung im Spiegel. Essays, Notizen, Gespräche. Leipzig 1985, S. 267.
 9 Mickel, Karl: Plattheiten über Gedichte. In: Aspekte 2. Informationsblatt des Mitteldeutschen Verlages Halle a. d. S. [1964], S. 5.
10 Mickel, Karl: Gelehrtenrepublik. Aufsätze und Studien. Halle a. d. S. 1976, S. 16 u. S. 19 f.
11 Bobrowski, Johannes: Gesammelte Werke. Bd. 4, S. 335.
12 Hartinger, Christel und Walfried: Gespräch mit Heinz Czechowski. In: H. C., Ich, beispielsweise. Gedichte. Leipzig 1982, S. 126 f.
13 Vgl. Endler, Adolf: Fragt mich nicht wie. Zur Lyrik Inge Müllers (1979). In: A. E., Den Tiger reiten. Aufsätze, Polemiken und Notizen zur Lyrik der DDR. Hrsg. v. Manfred Behn. Frankfurt a. M. 1990, S. 109–124.
14 Vgl. Schlenstedt, Dieter: Analyse. In: Forum (1966) H. 12. Schlenstedt weist auf Goethes Tamerlan-Bild hin, das diese Ambivalenz bereits ausstellt.
15 Mühlhaus, Sigrid, in: Neues Deutschland, 12. 5. 1969.
16 Endler, Adolf: Nackt mit Brille. Gedichte. Berlin 1975, S. 44.
17 Kruse, Werner, u. Richard Christ, Werner Deicke (Hrsg.): Himmel meiner Stadt. Aus der Werkstatt der Gruppe «alex 64». Berlin 1966, S. 147.

18 Vgl. Hähnel, Klaus-Dieter: Tradition und Entwicklung des Lyrikbegriffs. Vorläufige Anmerkungen zu einem theoretischen Problem. In: Ingrid Hähnel (Hrsg.): Lyriker im Zwiegespräch. Traditionsbeziehungen im Gedicht. Berlin 1981, S. 265.

19 Wünsche, Günter, in: Neue Deutsche Literatur 11 (1964) H. 3, S. 85–93.

20 Vgl. Schiller, Dieter: Kuba, Wiens. Über einige Probleme der neuesten deutschen Lyrik. In: Weimarer Beiträge 4 (1958) Sonderheft, S. 84.

21 Braun, Volker: Gedichte. Frankfurt a. M. 1979, S. 19.

22 Mickel, Karl: Odysseus in Ithaka. Gedichte 1957–1974. Leipzig 1976, S. 101.

23 Ebd., S. 133.

IX. «Zwischen Eiszeit und Kommune»: DDR-Dramatik

1 Hacks, Peter: Die Maßgaben der Kunst. Gesammelte Aufsätze. Berlin 1978, S. 340.

2 Müller, Heiner: Geschichten aus der Produktion 1. Berlin 1974, S. 143.

3 Braun, Volker: Es genügt nicht die einfache Wahrheit. Notate. Frankfurt a. M. 1976, S. 19 f.

4 Hacks, Peter: Zwei Bearbeitungen. *Der Frieden* nach Aristophanes. *Die Kindermörderin*, ein Lust- und Trauerspiel nach Heinrich Leopold Wagner. Frankfurt a. M. 1963, S. 146.

5 Hacks, Peter: Das Poetische. Frankfurt a. M. 1972, S. 113.

6 Braun, Volker: Es genügt nicht die einfache Wahrheit, S. 41 f.

7 Hacks, Peter: Das Poetische, S. 24.

8 Ebd., S. 91.

9 Hacks, Peter: Die Maßgaben der Kunst, S. 230 u. S. 237.

10 Hacks, Peter: Das Poetische, S. 10.

11 Hacks, Peter: Die Maßgaben der Kunst, S. 235.

12 Hacks, Peter: Das Poetische, S. 135 f.

13 Hacks, Peter: Die Maßgaben der Kunst, S. 348.

14 Hacks, Peter: Vier Komödien. Frankfurt a. M. 1971, S. 323 u. S. 325.

15 Hacks, Peter: Das Poetische, S. 99 f.

16 Ebd., S. 105.

17 Müller, Heiner: Geschichten aus der Produktion 1, S. 109.

18 Gespräch mit Heiner Müller. In: H. M., Geschichten aus der Produktion 1, S. 143.

19 Müller, Heiner: Herzstück. Berlin 1983, S. 35.

20 Girnus, Wilhelm, in: Gespräch mit Heiner Müller: In: H. M., Geschichten aus der Produktion 1, S. 143.

21 Schivelbusch, Wolfgang: Sozialistisches Drama nach Brecht. Darmstadt/Neuwied 1974, S. 121 f.

22 Müller, Heiner: Geschichten aus der Produktion 1, S. 119.

23 Müller, Heiner: Theater-Arbeit. Berlin 1975, S. 120.

24 Müller, Heiner: Herzstück, S. 103.

25 Müller, Heiner: Brecht gebrauchen, ohne ihn zu kritisieren, ist Verrat. In: Theater heute. Jahrbuch 1980, S. 134 f., S. 134.

26 Müller, Heiner: Geschichten aus der Produktion 1, S. 145.

27 Müller, Heiner: Mauser. Berlin 1978, S. 38 f.

28 Hacks, Peter: Das Poetische, S. 116 f.

29 Schivelbusch, Wolfgang: Sozialistisches Drama nach Brecht, S. 147.

30 Müller, Heiner: Mauser, S. 53.

31 Müller, Heiner: Rotwelsch. Berlin 1982, S. 77.

32 Müller, Heiner: Herzstück, S. 103 f.

33 Braun, Volker, u. Joachim Walther: Drei Interviews. In: Akzente (1973) H. 5, S. 388 f.

34　Braun, Volker: Es genügt nicht die einfache Wahrheit, S. 20 u. S. 50 f.
35　Braun, Volker: Offener Brief. In: Theater der Zeit (1967) H. 8, S. 14.
36　Kerndl, Rainer: Ich bin einem Mädchen begegnet. In: Neue Stücke. Autoren der
　　Deutschen Demokratischen Republik. Nachwort v. Karl Heinz Schmidt. Berlin
　　1971, S. 366.
37　Hammel, Claus: Komödien. Berlin/Weimar 1969, S. 184.

TENDENZWENDE UND STAGNATION:
LITERATUR IN DEN SIEBZIGER JAHREN

I. Das Jahrzehnt der Ungleichzeitigkeiten und der langgezogenen «Tendenzwende»: Literarisches Leben im Westen

1　Walser, Martin, in: Kursbuch 20 (März 1970), S. 19.
2　Ebd., S. 23, S. 30 u. S. 41.
3　Grün, Max von der, in: Ruhr-Nachrichten, 17. 12. 1970.
4　Karst, Theodor (Hrsg.): Texte aus der Arbeitswelt seit 1961. Stuttgart 1974, S. 159 f.
5　Fohrbeck, Karla, u. Andreas Wiesand: Der Autorenreport. Reinbek 1972, S. 227.
6　Grützbach, Frank (Hrsg.): Heinrich Böll: Freies Geleit für Ulrike Meinhof. Ein
　　Artikel und seine Folgen. Köln 1972, S. 182.
7　Köhler, Gerd, u. Ernst Reuter (Hrsg.): Was sollen Schüler lernen? Die Kontroverse
　　um die hessischen Rahmenrichtlinien für die Unterrichtsfächer Deutsch und Ge-
　　sellschaftslehre. Frankfurt a. M. 1973, S. 171–174.
8　Ebd., S. 184.
9　Schmidtchen, Gerhard: Lesekultur in Deutschland 1974. In: Börsenblatt für den
　　Deutschen Buchhandel (Frankfurter Ausg.) 30 (1974), S. 705–896; hier: S. 721.
10　Börsenverein des Deutschen Buchhandels (Hrsg.): Buch und Buchhandel in Zah-
　　len. Ausgabe 1975. Frankfurt a. M. 1975, S. 16.
11　Bingel, Horst (Hrsg.): Phantasie und Verantwortung. Dokumentation des dritten
　　Schriftstellerkongresses des Verbandes deutscher Schriftsteller (VS) in der IG
　　Druck und Papier. Frankfurt a. M. 1975, S. 32.
12　Rühmkorf, Peter, in: Frankfurter Rundschau, 7. 11. 1972.
13　Bingel, Horst (Hrsg.): Phantasie und Verantwortung, S. 9.
14　Walser, Martin: Heimatkunde. Aufsätze und Reden. Frankfurt a. M. 1968, S. 103.
15　Weiss, Peter, in: FAZ, 19. 11. 1976.
16　Müller, Heiner, in: Der Spiegel, 19. 9. 1977.
17　Zit. nach: Haffmans, Gerd (Hrsg.): Das Alfred Andersch Lesebuch. Zürich 1979,
　　S. 371 (dort auf S. 371–401 auch ein Abdruck des Gedichts und einiger im folgen-
　　den erwähnter Reaktionen).
18　Ebd., S. 389.
19　Grass, Günter: Denkzettel. Politische Reden und Aufsätze 1965–1976. Neuwied
　　1978, S. 225.
20　Trappschuh, Elke, in: Handelsblatt, 10. 10. 1973. Zit. nach: Wiesand, Andreas Jo-
　　hannes in Zusammenarbeit mit Karla Fohrbeck: Literatur und Öffentlichkeit in der
　　Bundesrepublik Deutschland. München 1976, S. 58.
21　Engelmann, Bernt: Was fordern die Schriftsteller? In: VS-Informationen. H. 4.
　　Stuttgart 1978, S. 1.
22　Born, Nicolas, u. Jürgen Manthey, Delf Schmidt (Hrsg.): Schreiben oder Literatur.
　　Reinbek 1979 (Literaturmagazin 11), S. 7.

II. Nach der Studentenbewegung: Neue literarische Konzepte und Erzählentwürfe in den siebziger Jahren

1 Jaeggi, Urs: Brandeis. Zit. nach der Ausgabe Darmstadt/Neuwied ³1979, S. 107.
2 Piwitt, Hermann Peter: Boccherini und andere Bürgerpflichten. Reinbek 1976, S. 103.
3 Andersch, Alfred, in einem Lektoratsgutachten für die Autoren-Edition, in der das Buch veröffentlicht wurde.
4 Timm, Uwe: Zwischen Unterhaltung und Aufklärung. In: Kürbiskern 1 (1972), S. 82.
5 Handke, Peter: Das Ende des Flanierens. Frankfurt a. M. 1980, S. 54.
6 Demski, Eva: Scheintod. München 1986, S. 101.
7 Bachmann, Ingeborg: Malina. Frankfurt a. M. 1971, S. 290.
8 Wohmann, Gabriele: Lotte – ganz in Honig getaucht. In: Hans Adler und Hans Joachim Schrimpf (Hrsg.): Karin Struck. Frankfurt a. M. 1984, S. 323.
9 Möhrmann, Renate: Feministische Trends in der deutschen Gegenwartsliteratur. In: Manfred Durzak (Hrsg.): Deutsche Gegenwartsliteratur. Stuttgart 1981, S. 336–358; hier: S. 344.
10 Schlaffer, Hannelore: Ist alle Liebe nur Gewalt? In: Stuttgarter Zeitung, 16.6.1989.
11 Kamalatta ist zugleich der Name des Ortes, an dem 1821 der Aufstand des griechischen Volkes gegen die türkischen Unterdrücker begann.
12 Wackernagel, Christof: Politik als Religion. In: Basler Zeitung, 5.10.1988.
13 Lüdke, W. Martin (Hrsg.): Nach dem Protest. Literatur im Umbruch. Frankfurt a. M. 1979, S. 8.
14 Handke, Peter: Die Lehre der Sainte-Victoire. Frankfurt a. M. 1984, S. 91.
15 Radisch, Iris: Eine echte Fälschung. In: Die Zeit, 23.8.1991.
16 Rosei, Peter, zit. nach einem mit Ulrich Greiner geführten Gespräch in dessen Buch *Der Tod des Nachsommers*. München 1979, S. 44.
17 Jonke, Gert: Die erste Reise zum unerforschten Grund des stillen Horizonts. Reinbek 1983, S. 205–281; hier: S. 213.
18 Vgl. dazu Greiner, Ulrich: Der Tod des Nachsommers, S. 141.
19 Handke, Peter: Das Ende des Flanierens, S. 152.
20 Dürrenmatt, Friedrich: Die Schweiz – ein Gefängnis. In: F.D., Kants Hoffnung. Zwei politische Reden. Zwei Gedichte aus dem Nachlaß. Mit einem Essay v. Walter Jens. Zürich 1991, S. 7–23.
21 Baumgart, Reinhard: Tiefer Sog, freundliches Plätschern. In: Die Zeit, 7.10.1988.
22 Ortheil, Hanns-Josef: Schauprozesse. Beiträge zur Kultur der 80er Jahre. München 1990, S. 114.
23 Richartz, Walter E., zit. nach Karl Riha: W. E. Richartz. In: Heinz Ludwig Arnold (Hrsg.): Kritisches Lexikon zur deutschsprachigen Gegenwartsliteratur, S. 2.
24 Richartz, Walter E.: Reiters westliche Wissenschaft. Zit. nach der Ausgabe Zürich 1982, S. 85, S. 174.

III. Suche nach neuen Sprachen: Lyrik im Westen

1 Theobaldy, Jürgen, u. Gustav Zürcher: Veränderung der Lyrik. Über westdeutsche Gedichte seit 1965. München 1976, S. 26.
2 Rosei, Peter: Regentagstheorie. Gedichte. Salzburg/Wien 1979, S. 3.
3 Rühmkorf, Peter: Kein Apolloprogramm für Lyrik (1975). In: P. R., Strömungslehre I. Reinbek 1978, S. 83–92.

IV. Radiophonie und Problemstück:
Das Hörspiel der siebziger und achtziger Jahre

1 Kagel, Maurizio, in: Klaus Schöning (Hrsg.): Hörspielmacher. Autorenporträts und Essays. Königstein i. Ts. 1983, S. 136.
2 Ebd., S. 139.
3 Wiedfield, Hubert: «Reise nach Innen?» In: Hörspiele WDR, 1. Halbjahr 1973, S. 3.
4 Jandl, Ernst: Aus der Fremde. Zit. nach: Klaus Schöning (Hrsg.): Hörspielmacher, S. 212 f.

V. «In den siebziger Jahren finde sich einer zurecht»:
Drama und Theater

1 Rühle, Günther: Zurück in die Kunst – aber wie? Das Theaterjahr 1976/77. In: G. R., Anarchie in der Regie? Theater in unserer Zeit. Bd. 2. Frankfurt a. M. 1982, S. 149.
2 Hensel, Georg: Das Theater der siebziger Jahre. Kommentar, Kritik, Polemik. Stuttgart 1980, S. 345–349.
3 Rühle, Günther: Anarchie in der Regie?, S. 266–273.
4 Strauß, Botho: Versuch, ästhetische und politische Ereignisse zusammenzudenken. Frankfurt a. M. 1987, S. 73.
5 Sorg, Bernhard: Thomas Bernhard. In: Heinz Ludwig Arnold (Hrsg.): Kritisches Lexikon zur deutschsprachigen Gegenwartsliteratur. München 1978 ff., S. 5.
6 Strauß, Botho: Versuch, ästhetische und politische Ereignisse zusammenzudenken, S. 233–236.
7 Karasek, Hellmuth, in: Der Spiegel, 25. 2. 1980.
8 Jandl, Ernst: Autobiographie und Literatur mit autobiographischen Zügen. In: E. J., Aus der Fremde. Sprechoper in 7 Szenen. Mit Texten zum Stück. Darmstadt/ Neuwied 1985, S. 116–119.
9 Tabori, George: Unterammergau oder Die guten Deutschen. Frankfurt a. M. 1981, S. 195.
10 Dorst, Tankred: Stücke 2. Frankfurt a. M. 1978, S. 340.
11 Ebd., S. 343.
12 Roeder, Anke (Hrsg.): Autorinnen. Herausforderungen an das Theater. Frankfurt a. M. 1989, S. 31.
13 Reinshagen, Gerlind: Gesammelte Stücke. Frankfurt a. M. 1986, S. 633.
14 Programmbuch Nr. 31 des Württembergischen Staatstheaters Stuttgart, 1977.
15 Brasch, Thomas: Rotter und weiter. Ein Tagebuch. Ein Stück. Eine Aufführung. Frankfurt a. M. 1978, S. 142.
16 Ebd., S. 141 f.
17 Achternbusch, Herbert: Die Atlantikschwimmer. Schriften 1973–1979. Frankfurt a. M. 1986, S. 329.
18 Achternbusch, Herbert: Es ist ein leichtes beim Gehen den Boden zu berühren. Frankfurt a. M. 1980, S. 30.
19 Ebd., S. 41.
20 Strauß, Botho: Versuch, ästhetische und politische Ereignisse zusammenzudenken, S. 21.
21 Ebd., S. 24.
22 Ebd., S. 72.
23 Baumgart, Reinhard: Das Theater des Botho Strauß. In: Heinz Ludwig Arnold (Hrsg.): Text und Kritik. Bd. 81. München 1984, S. 10.
24 Ebd., S. 20.

25 Strauß, Botho: Paare, Passanten. München/Wien 1981, S. 75.
26 Strauß, Botho: Diese Erinnerung an einen, der nur einen Tag zu Gast war. München/Wien 1985, S. 22.
27 Strauß, Botho: Rumor. München/Wien 1980, S. 140 f.

VI. Ein Jahrzehnt sozialistischer Stagnation:
Literarisches Leben in der DDR

1 Zit. nach: Neues Deutschland, 10. u. 26. 10. 1970.
2 Zit. nach: Franke, Konrad: Die Literatur der Deutschen Demokratischen Republik. München 1974, S. 176.
3 Schubbe, Elimar (Hrsg.): Dokumente zur Kunst-, Literatur- und Kulturpolitik der SED. 1949–1970. Stuttgart 1972, S. 1773.
4 Rüß, Gisela (Hrsg.): Dokumente zur Kunst-, Literatur- und Kulturpolitik der SED. 1971–1974. Stuttgart 1976, S. 89.
5 Ebd., S. 184.
6 Ebd.
7 Ebd., S. 66.
8 Honecker, Erich, in: Neues Deutschland, 18. 12. 1971.
9 Jarmatz, Klaus, u. Christel Berger, Renate Drenkow (Hrsg.): Kritik in der Zeit. Literaturkritik der DDR 1945–1975. Bd. 2. Halle/Leipzig ²1978, S. 178.
10 Rüß, Gisela (Hrsg.): Dokumente, S. 617.
11 Ebd., S. 519.
12 Ebd.
13 Kaufmann, Hans, in: Weimarer Beiträge (1973) H. 10, S. 34–53; hier: S. 39.
14 Rüß, Gisela (Hrsg.): Dokumente, S. 77.
15 Zit. nach: Franke, Konrad: Die Literatur der DDR, S. 187.
16 Rüß, Gisela (Hrsg.): Dokumente, S. 887.
17 Zit. nach: Franke, Konrad: Die Literatur der DDR, S. 188.
18 Jarmatz, Berger, Drenkow (Hrsg.): Kritik in der Zeit. Bd. 2, S. 233 und S. 237.
19 Werner, Hans-Georg, in: Weimarer Beiträge (1974) H. 4, S. 31–67; hier: S. 31.
20 Jarmatz, Berger, Drenkow (Hrsg.): Kritik in der Zeit. Bd. 2, S. 387, S. 333 f., S. 335.
21 Rüß, Gisela (Hrsg.): Dokumente, S. 1131.
22 Lübbe, Peter (Hrsg.): Dokumente zur Kunst-, Literatur- und Kulturpolitik der SED. 1975–1980. Stuttgart 1984, S. 76–81.
23 Jarmatz, Berger, Drenkow (Hrsg.): Kritik in der Zeit. Bd. 2, S. 409.
24 Ebd., S. 437.
25 Lübbe, Peter (Hrsg.): Dokumente, S. 257.
26 Ebd., S. 310.
27 Braun, Volker: Brief an das «Neue Deutschland». In: Peter Lübbe (Hrsg.): Dokumente, S. 339.
28 Ebd., S. 315.
29 Ebd., S. 546.
30 Ebd., S. 562.
31 Ebd., S. 568.
32 Hermlin, Stephan: Abendlicht. Berlin 1979, S. 43.

VII. Autonomie und Engagement: Erzählprosa der literarischen «Moderne» aus der DDR

1 Bruyn, Günter de: Das Leben des Jean Paul Friedrich Richter. Eine Biographie. Frankfurt a. M. 1978, S. 193.

2 Wolf, Christa: Die Dimension des Autors. Gespräch mit Hans Kaufmann. In: Chr. W., Lesen und Schreiben. Neue Sammlung. Essays, Aufsätze, Reden. Darmstadt/ Neuwied 1980, S. 81 ff.

3 Schlenstedt, Dieter: Wirkungsästhetische Analysen. Poetologie und Prosa in der neueren DDR-Literatur. Berlin 1979, S. 67 ff.

4 Hager, Kurt: Zu Fragen der Kulturpolitik der SED. 6. Plenum des ZK der SED. Juli 1972. In: Gisela Rüß (Hrsg.): Dokumente zur Kunst-, Literatur- und Kulturpolitik der SED. 1971–1974. Stuttgart 1976, S. 507.

5 Wolf, Christa: Die Dimension des Autors, S. 94.

6 Kant, Hermann: Die Kraft unserer Literatur. Referat auf dem IX. Schriftstellerkongreß der DDR. In: Sonntag 37 (1983) H. 24, S. 2.

7 Hermlin, Stephan: Abendlicht. Berlin 1979, S. 21.

8 Auer, Annemarie: Gegenerinnerung (Zu Christa Wolfs *Kindheitsmuster*). In: Sinn und Form 29 (1977), S. 847–878.

9 Wolf, Christa: Kindheitsmuster. Roman. Darmstadt/Neuwied 1977, S. 278 f.

10 Neutsch, Erik: Auf der Suche nach Gatt. Halle a. d. S. 1973, S. 158.

11 Hermlin, Stephan: Mein Friede. Rückkehr. Berlin/Weimar 1985, S. 63; vgl. S. 56.

12 Köhler, Erich: Der Krott. Eine Erzählung. Berlin 1976, S. 11.

13 Loest, Erich: Es geht seinen Gang oder Mühen in unserer Ebene. Roman. München 1980, S. 62.

14 Braun, Volker: Das ungezwungne Leben Kasts. Erweiterte Ausgabe. Frankfurt a. M. 1979, S. 181.

15 Wolf, Christa: Nun ja! Das nächste Leben geht aber heute an. Ein Brief über die Bettine. In: Chr. W., Lesen und Schreiben. Neue Sammlung, S. 294, S. 314; Berührung (Maxie Wander), ebd., S. 209.

16 Wolf, Christa: Selbstversuch. In: Chr. W., Unter den Linden. Drei unwahrscheinliche Geschichten. Darmstadt 1974, S. 169.

17 Paschiller, Doris: Die Würde. Erzählung. Berlin 1985, S. 80.

18 Schubert, Helga: Lauter Leben. Geschichten. Berlin/Weimar 1977, S. 119.

19 Lewin, Waltraud, in: Sonntag 39 (1985) H. 9, S. 4.

20 Fühmann, Franz: Das mythische Element in der Literatur. In: F. F., Erfahrungen und Widersprüche. Versuche über Literatur. Rostock 1975, S. 203, S. 172, S. 185, S. 208, S. 218.

21 Fühmann, Franz: Der Geliebte der Morgenröte. Erzählungen. Rostock 1979, S. 61, S. 52.

VIII. Lyrik in der «Eisenzeit» der DDR

Gesamtausgaben, nach denen in diesem Kapitel zitiert wurde: Becher, Johannes R.: Gesammelte Werke. 18 Bde. Berlin/Weimar 1966–1981; Brecht, Bertolt: Gesammelte Werke in 20 Bänden. Frankfurt a. M. 91. – 100. Tsd. 1975; Fürnberg, Louis: Gesammelte Werke in sechs Bänden. Hrsg. v. Lotte Fürnberg u. Gerhard Wolf. Berlin/Weimar 1964–1973; Huchel, Peter: Gesammelte Werke in 2 Bänden. Hrsg. v. Axel Vieregg. Frankfurt a. M. 1984.

1 Enzensberger, Hans Magnus: Gedichte. Die Entstehung eines Gedichts. Frankfurt a. M. ⁵1968, S. 7 f.

2 Ebd., S. 47–52.
3 Emmerich, Wolfgang: Kleine Literaturgeschichte der DDR 1945–1988. Frankfurt a. M. ⁵1989, S. 400.
4 Braun, Volker: Wir und nicht sie. Gedichte. Frankfurt a. M. 1970, S. 9 f.
5 Ebd., S. 12 f.
6 Kirsten, Wulf: satzanfang. Berlin/Weimar 1970, S. 95.
7 Kirsten, Wulf: die erde bei Meißen. Gedichte. Leipzig 1986, S. 108.
8 Ebd., S. 43.
9 Lorenc, Kito: Wortland. Gedichte aus zwanzig Jahren. Leipzig 1984, S. 163 f.
10 Vgl. Wapnewski, Peter: Nachwort. In: Peter Huchel, Ausgewählte Gedichte. Frankfurt a. M. 1973, S. 128 f.
11 Kirsten, Wulf: die erde bei Meißen, S. 11.
12 Vgl. Laschen, Gregor, u. Manfred Schlösser (Hrsg.): Der zerstückte Traum. Für Erich Arendt zum 75. Geburtstag. Berlin 1978.
13 Arendt, Erich: Aus fünf Jahrzehnten. Gedichte. Hrsg. v. Heinz Czechowski. Rostock 1968, S. 426.
14 Rennert, Jürgen: Hoher Mond. Gedichte. Berlin 1983, S. 9.
15 Berkes, Ulrich, u. Wolfgang Trampe (Hrsg.): Goethe eines Nachmittags. Porträtgedichte. Eine Anthologie. Berlin/Weimar 1979, S. 165.
16 Braun, Volker: Gedichte. Frankfurt a. M. 1979, S. 120 f.
17 Czechowski, Heinz: Spruch und Widerspruch. Aufsätze und Besprechungen. Halle a. d. S. 1974, S. 52.
18 Kirsten, Wulf: die erde bei Meißen, S. 38 f.
19 Radlach, Siegfried (Hrsg.): Absage – Ansage. Berlin 1982, S. 31 u. S. 20.
20 Vgl. Bernhardt, Rüdiger: Odysseus' Tod – Prometheus' Leben. Antike Mythen in der Literatur der DDR. Halle/Leipzig 1983.
21 Arendt, Erich: Aus fünf Jahrzehnten, S. 84.
22 Ebd., S. 370–373.
23 Mickel, Karl: Odysseus in Ithaka. Gedichte 1957–1974. Leipzig 1976, S. 83 u. S. 103.
24 Endler, Adolf, u. Karl Mickel (Hrsg.): In diesem besseren Land. Gedichte der Deutschen Demokratischen Republik seit 1945. Halle a. d. S. 1966, S. 80.
25 Vgl. Emmerich, Wolfgang: Das Erbe des Odysseus: Der zivilisationskritische Rekurs auf den Mythos in der neueren DDR-Literatur. In: Margy Gerber (Hrsg.): Studies in GDR Culture and Society 5. Lanham/New York/London 1984, S. 179 ff.
26 Müller, Heiner: Germania Tod in Berlin. Berlin 1977, S. 16.
27 Müller, Heiner: Mauser. Berlin 1978, S. 7–42.
28 Tkaczyk, Wilhelm: Rundflüge im Abendrot. Ausgewählte Gedichte. Halle/Leipzig 1983, S. 13 f.
29 Czechowski, Heinz: Prometheus. In: Neue Deutsche Literatur 11 (1963) H. 8, S. 86.
30 Maurer, Georg: Gedanken zur Naturlyrik. In: Sinn und Form 23 (1971) H. 1, S. 24.
31 Erstmals in: Schreck, Joachim (Hrsg.): Saison für Lyrik. Neue Gedichte von siebzehn Autoren. Berlin/Weimar 1968, S. 45–47. Später mehrfach umgearbeitet.
32 Kirsch, Rainer: Kunst in Mark Brandenburg. Gedichte. Rostock 1988, S. 13.
33 Fühmann, Franz: Erfahrungen und Widersprüche. Versuche über Literatur. Frankfurt a. M. 1976, S. 147–219.

IX. «Die neuen Leiden»:
Ein Jahrzehnt dramatischer Ernüchterung und Enttäuschung

1 Groß, Jürgen: Geburtstagsgäste. In: Matsch und andere Stücke. Mit einem Nachwort v. Gudrun Klatt. Berlin 1984, 4. Bild. ·

2 Geschichte und Drama. Ein Gespräch mit Heiner Müller. In: Reinhold Grimm u. Jost Hermand (Hrsg.): Basis. Jahrbuch für deutsche Gegenwartsliteratur 6 (1976), S. 60.

3 Müller, Heiner: Rotwelsch. Berlin 1982, S. 154.

4 Brenner, Peter J.: Plenzdorfs *Neue Leiden des jungen W.* Frankfurt a. M. 1982, S. 178.

5 Müller, Heiner: Germania Tod in Berlin. Berlin 1977, S. 8.

6 Müller, Heiner: Rotwelsch, S. 67.

7 Müller, Heiner: Herzstück. Berlin 1983, S. 37.

8 Emmerich, Wolfgang: Kleine Literaturgeschichte der DDR. 1945–1988. Frankfurt a. M. ⁵1989, S. 373.

9 Müller, Heiner: Die Umsiedlerin oder das Leben auf dem Lande. Berlin 1975, S. 16.

10 Der Dramatiker und die Geschichte seiner Zeit. Ein Gespräch zwischen Horst Laube und Heiner Müller. In: Theater heute (1975) Sonderheft, S. 119–123, hier: S. 123.

11 Schulz, Genia: Heiner Müller. Stuttgart 1980, S. 136.

12 «Ewiger deutscher Bürgerkrieg». Ernst Wendt über Heiner Müllers Texte 1–6. In: Der Spiegel (1978) H. 16, S. 260.

13 Müller, Heiner: Der Schrecken, die erste Erscheinung des Neuen. Zu einer Diskussion über den Postmodernismus in New York. In: Theater heute (1979) H. 3, S. 1.

14 Müller, Heiner: Herzstück, S. 12.

15 Müller, Heiner: Rotwelsch, S. 177.

16 Ebd., S. 81 u. S. 173.

17 Schulz, Genia: Heiner Müller, S. 149.

18 Braun, Volker: Stücke 2. Frankfurt a. M. 1981, S. 15.

19 Baier, Lothar (Hrsg.): Christoph Hein. Texte, Daten, Bilder. Frankfurt a. M. 1990, S. 66f.

20 Ebd., S. 62.

21 Ebd., S. 95f.

22 Hein, Christoph: Cromwell und andere Stücke. Berlin/Weimar 1981, S. 110f.

23 Ebd., S. 146.

24 Bartsch, Kurt: Der Bauch. In: Theater der Zeit (1977) H. 6, S. 70.

25 Emmerich, Wolfgang: Kleine Literaturgeschichte der DDR, S. 372.

26 Hacks, Peter: Die Maßgaben der Kunst. Gesammelte Aufsätze. Berlin 1978, S. 357.

27 Ebd., S. 411.

28 Ebd., S. 387.

29 Hacks, Peter: Ausgewählte Dramen 3. Berlin/Weimar 1981, S. 161 u. S. 166.

30 Hammel, Claus: Zum Stück. In: C. H., Rom oder Die zweite Erschaffung der Welt, Berlin/Weimar 1976, S. 121.

31 Schütz, Stefan: Schwierigkeiten beim Schreiben eines Stücks. In: St. Sch., Stasch. Berlin 1978.

32 Ebd., S. 127.

33 Brecht, Bertolt: Arbeitsjournal. Bd. 2. Frankfurt a. M. 1973, S. 804, S. 813.

34 Zit. nach: Hermand, Jost: Sieben Arten an Deutschland zu leiden. Königstein/Ts. 1979, S. 132.

35 Müller, Heiner: Rotwelsch, S. 140.

36 Ebd., S. 145.
37 Müller, Heiner: Literatur muß dem Theater Widerstand leisten. Ein Gespräch mit Horst Laube. In: H. M., Gesammelte Irrtümer. Frankfurt a. M. 1986, S. 28.
38 Müller, Heiner: Rotwelsch, S. 106.
39 Müller, Heiner: Mauser. Berlin 1978, S. 85.
40 Lange, Hartmut: Die Revolution als Geisterschiff. Massenemanzipation und Kunst. Reinbek 1973, S. 47; vgl. zu *Trotzki im Exil*, S. 57 f.

DURCHLÄSSIGKEIT DER SYSTEME: DIE ACHTZIGER JAHRE

I. Zwischen unübersichtlichem Überfluß und unverhoffter «friedlicher Revolution»: Literarisches Leben im Westen

1 Höpcke, Klaus: Interview mit dpa. Zit. nach: Süddeutsche Zeitung, 7. 11. 1983.
2 Börsenverein des deutschen Buchhandels (Hrsg.): Buch und Buchhandel in Zahlen. Ausgabe 1985. Frankfurt a. M. 1985, S. 84.
3 Heym, Stefan, in: Münchner Podium (Hrsg.): Reden über das eigene Land. Deutschland [1]. München 1983, S. 30.
4 Walser, Martin, in: Münchner Podium (Hrsg.): Reden über das eigene Land. Deutschland 6. München 1988, S. 28.
5 Becker, Jurek, in: Die Zeit, 18. 11. 1988.
6 Glotz, Peter, in: Die Zeit, 2. 12. 1988.
7 Kunze, Reiner, in: FAZ, 18. 8. 1982.
8 Zit. nach: Hage, Volker, in Zusammenarbeit mit Adolf Fink (Hrsg.): Deutsche Literatur 1983. Ein Jahresüberblick. Stuttgart 1984, S. 103.
9 Etwa Buch, Hans Christoph: Herdentiere oder Einzelgänger? Über die Krise des VS und die Möglichkeiten zu ihrer Überwindung. In: Vorwärts, 24. 3. 1983.
10 Ignée, Wolfgang, in: Stuttgarter Zeitung, 14. 3. 1983.
11 Zit. nach: Hage, Volker, u. Adolf Fink (Hrsg.): Deutsche Literatur 1986. Stuttgart 1987, S. 50.
12 Karsunke, Yaak, in: Die Zeit, 25. 9. 1987.
13 Zit. nach: Hüfner, Agnes, in: Deutsches Allgemeines Sonntagsblatt, 4. 10. 1987.
14 Zit. nach: Hage, Volker, u. Adolf Fink (Hrsg.): Deutsche Literatur 1980, S. 89.
15 Wittstock, Uwe, in: FAZ, 13. 10. 1981.
16 Altenhein, Hans, in: Frankfurter Rundschau, 19. 12. 1987.
17 Fest, Joachim, in: FAZ, 13. 10. 1981.
18 Baier, Lothar, in: Süddeutsche Zeitung, 4. 11. 1981.
19 Zit. nach: Hage, Volker, u. Adolf Fink (Hrsg.): Deutsche Literatur 1982. Stuttgart 1983, S. 50.
20 Hieber, Jochen, in: FAZ, 23. 1. 1988.
21 Börsenverein des deutschen Buchhandels (Hrsg.): Buch und Buchhandel in Zahlen. Ausgabe 1985, S. 7.
22 Zit. nach: Görtz, Franz Josef, u. Volker Hage, Uwe Wittstock (Hrsg.): Deutsche Literatur 1987. Jahresüberblick. Stuttgart 1988, S. 117.
23 Fest, Joachim, in: FAZ, 13. 10. 1981.
24 Zit. nach: Dittmar, Jens (Hrsg.): Thomas Bernhard Werkgeschichte. Frankfurt a. M. ²1990, S. 272.
25 Lichtenstein, Heiner (Hrsg.): Die Fassbinder Kontroverse oder Das Ende der Schonzeit. Königstein/Ts. 1986, S. 37.
26 Quellennachweise hierfür wie für das Folgende in: Lüdke, Martin, u. Delf Schmidt (Hrsg.): «Wer mir der liebste Dichter sei?» Der neudeutsche Literaturstreit. Reinbek 1986 (Literaturmagazin 17).

27 Kaiser, Joachim, in: Süddeutsche Zeitung, Literaturbeilage zur Frankfurter Buchmesse, 12. 10. 1987.
28 Greiner, Ulrich, in: Die Zeit, 6. 11. 1987.
29 Kaiser, Joachim, in: Süddeutsche Zeitung, 22./23. 10. 1988.

II. Postmoderne und Spätmoderne:
Erzählerische Tendenzen der achtziger Jahre

1 Schirrmacher, Frank: Idyllen in der Wüste oder Das Versagen vor der Metropole. Überlebenstechniken der jungen deutschen Literatur am Ende der achtziger Jahre. In: FAZ, 10. 10. 1989.
2 Kinder, Hermann: Literaturkritik. Den Geißbock das Singen zu lehren ist nicht leichter als dem Esel die Distel zu wehren. In: Görtz, Franz Josef, u. Volker Hage, Uwe Wittstock (Hrsg.): Deutsche Literatur 1989. Jahresüberblick. Stuttgart 1990, S. 252–260; hier: S. 254f.
3 Modick, Klaus: Gähnende Leere oder üppiges Tableau? 10 Thesen über Literatur und Kritik in der Gegenwart. In: Rheinischer Merkur, 4. 5. 1990.
4 Ortheil, Hanns-Josef: Perioden des Abschieds (1990). Zum Profil der neuen und jüngsten deutschen Literatur. In: H.-J. O., Schauprozesse. Beiträge zur Kultur der 80er Jahre. München 1990, S. 188–205; hier: S. 199.
5 Fiedler, Leslie: Das Zeitalter der neuen Literatur. Indianer, Science Fiction und Pornographie: die Zukunft des Romans hat schon begonnen (Vortrag 1968). Publikation in: Christ und Welt Nr. 37, 13. 9. 1968; Nr. 38, 20. 9. 1968. Später erweitert zu einem Essay mit dem Titel: *Cross the Border – Close the Gap.*
6 In Anlehnung an den grundlegenden Essay von Frederic Jameson: Postmoderne – zur Logik der Kultur im Spätkapitalismus. In: Andreas Huyssen u. Klaus R. Scherpe (Hrsg.): Postmoderne Zeichen eines kulturellen Wandels. Reinbek 1986, S. 45 ff. Jameson hat inzwischen seine umfassende Untersuchung zur Postmoderne vorgelegt: Postmodernism or The Cultural Logic of Late Capitalism. Durham, N. C. 1991.
7 Habermas, Jürgen: Die Moderne – ein unvollendetes Projekt. Leipzig 1990, S. 43.
8 Kundera, Milan: Die Kunst des Romans. München 1987, S. 13 f.
9 Arendt, Hannah: Hermann Broch und der moderne Roman. In: Der Monat 1 (1949) H. 8/9, S. 147–151; hier: S. 147.
10 Broch, Hermann: Brief an Daniel Brody (7. 6. 1935). In: H. B., Briefe. Von 1929 bis 1951. Hrsg v. Robert Pick. Zürich 1957 (Broch, Gesammelte Werke, Bd. 8), S. 126.
11 Vgl. dazu Ryan, Judith: The Problem of Pastiche. Patrick Süskind's *Das Parfum*. In: The German Quarterly 63 (1990) H. 3/4, S. 396–403.
12 Schütte, Wolfram: Parabel u. Gedankenspiel. In: Frankfurter Rundschau, 5. 4. 1985.
13 Ransmayr, Christoph: Die letzte Welt. Nördlingen 1988, S. 287.
14 Bischoff, Matthias: Faultier als Vorbild. Ein Frauenplan mit Etüden. In: FAZ, 8. 10. 1991.
15 Strauß, Botho: Paare, Passanten. München/Wien 1981, S. 115.
16 Ebd., S. 105 f.
17 Müller, Heiner: Gesammelte Irrtümer. Interviews und Gespräche. Frankfurt a. M. 1986, S. 148.
18 Wendt, Ernst, in: Michael Radix (Hrsg.): Strauß lesen. München 1987, S. 250.
19 Buchka, Peter: Wurlitzer-Orgel des Zeitgeists. In: Süddeutsche Zeitung, 21. 2. 1987.
20 Schulze-Reimpell, Werner: Debüt eines Berserkers. In: Stuttgarter Zeitung, 13. 12. 1986.
21 Canetti, Elias: Stimmen von Marrakesch. München 1967, S. 80.

22 Kronauer, Brigitte: Der unvermeidliche Gang der Dinge. In: Heinz Ludwig Arnold (Hrsg.): Text und Kritik 121: Brigitte Kronauer. München 1991, S. 3.
23 Matt, Peter von: Luxuriöse Bettsucht. In: FAZ, 13. 11. 1990.
24 Radisch, Iris: Eine große Nachtmusik. In: Die Zeit, 9. 11. 1990.
25 Matt, Peter von: Luxuriöse Bettsucht. In: FAZ, 13. 11. 1990.
26 Ortheil, Hanns-Josef: Schauprozesse, S. 179.
27 Zu den siebziger Jahren vgl. den Essay von Michael Rutschky: Erfahrungshunger. Ein Essay über die siebziger Jahre. Köln 1990.
28 Zit. nach einem Gespräch mit Reinhard Tschapke. In: Die Welt, 11. 12. 1990.
29 Süskind, Patrick: Deutschland, eine Midlife-crisis. Erstveröffentlichung in: Der Spiegel (1990) H. 38, S. 116–125; hier zit. nach: Ulrich Wickert (Hrsg.): Angst vor Deutschland. Hamburg 1990, S. 111–122.

III. Poesie im Auseinanderdriften

1 Wichner, Ernst (Hrsg.): Ein Pronomen ist verhaftet worden. Texte der Aktionsgruppe Banat. Frankfurt a. M. 1992.
2 Bovenschen, Silvia: Die imaginierte Weiblichkeit. Exemplarische Untersuchungen zu kulturgeschichtlichen und literarischen Präsentationsformen des Weiblichen. Frankfurt a. M. 1979, S. 24 f., S. 31 f., S. 40.
3 Celan, Paul: Das Frühwerk. Hrsg. v. Barbara Wiedemann. Frankfurt a. M. 1989, S. 43.
4 Pastior, Oskar: Jalousien aufgemacht. Ein Lesebuch. Hrsg. v. Klaus Ramm. München 1987, S. 134 f.
5 Marquard, Odo: Abschied vom Prinzipiellen. Stuttgart 1982, S. 98, S. 110.
6 Kayser, Wolfgang: Das Groteske in Malerei und Dichtung. Reinbek 1960, S. 134.
7 Steig, Michael: Zur Definition des Grotesken. Versuch einer Synthese. In: Otto F. Best (Hrsg.): Das Groteske in der Dichtung. Darmstadt 1980, S. 144.
8 Waterhouse, Peter: Von dieser Seite kommen wir: bin ich. Graz 1985.
9 Kristeva, Julia: Die Revolution der poetischen Sprache. Aus dem Französischen übersetzt und mit einer Einleitung versehen v. Reinold Werner. Frankfurt a. M. 1979, S. 212.

IV. Endzeitdramatik?

1 Kafitz, Dieter: Bilder der Trostlosigkeit und Zeichen des Mangels. Zum deutschen Drama der Postmoderne. In: Wilfried Floeck (Hrsg.): Tendenzen des Gegenwartstheaters. Tübingen 1988, S. 157–176.
2 Strauß, Botho: Der junge Mann. München/Wien 1984, S. 1.
3 Strauß, Botho: Niemand anderes. München/Wien 1987, S. 147.
4 Strauß, Botho: Fragmente der Undeutlichkeit. München/Wien 1989, S. 50 u. S. 60.
5 Strauß, Botho: Die Zeit und das Zimmer. In: B. S., Theaterstücke. Bd. 2. München/Wien 1991, S. 324.
6 Ebd., S. 325 f.
7 Strauß, Botho: Rumor. München/Wien 1980, S. 145.
8 Strauß, Botho: Die Zeit und das Zimmer, S. 323.
9 Dorst, Tankred: Merlin oder Das wüste Land. In: T. D., Werkausgabe. Bd. 2. Frankfurt a. M. 1981, S. 283.
10 Krohn, Rüdiger: Tankred Dorst, *Merlin oder Das wüste Land*. In: Lothar Pikulik u. a. (Hrsg.): Deutsche Gegenwartsdramatik. Bd. 2. Göttingen 1987, S. 24.
11 Bekes, Peter: Tankred Dorst (1986). In: Heinz Ludwig Arnold (Hrsg.): Kritisches Lexikon zur deutschsprachigen Gegenwartsliteratur, S. 15.

12 Ebd.
13 Kafitz, Dieter: Bilder der Trostlosigkeit, S. 166.
14 Scherpe, Klaus R.: Dramatisierung und Entdramatisierung des Untergangs – zum ästhetischen Bewußtsein von Moderne und Postmoderne. Zeichen eines kulturellen Wandels. In: Andreas Huyssen u. Klaus R. Scherpe (Hrsg.): Postmoderne Zeichen eines kulturellen Wandels. Reinbek 1986, S. 271.
15 Henrichs, Benjamin: Der Mann in den Dünen. Ein Portrait des Dramatikers Harald Mueller. In: Theater heute (1986) H. 7, S. 5, S. 7 u. S. 1.
16 Mueller, Harald: Totenfloß. In: Spectaculum 43. Frankfurt a. M. 1986, S. 92.
17 Henrichs, Benjamin: Der Mann in den Dünen, S. 2 f. u. S. 8.
18 Ebd., S. 3.
19 Kafitz, Dieter: Bilder der Trostlosigkeit, S. 164.
20 Abdruck in: Theater heute (1986) H. 6, S. 46 u. S. 50.
21 Roeder, Anke (Hrsg.): Autorinnen. Herausforderungen an das Theater. Frankfurt a. M. 1989, S. 153.
22 Jelinek, Elfriede: Krankheit oder Moderne Frauen. Köln 1987, S. 65.
23 Roeder, Anke (Hrsg.): Autorinnen. Herausforderungen an das Theater, S. 148.
24 Gronius, Jörg W., u. Wend Kässens: Tabori. Frankfurt a. M. 1989, S. 104.

V. Der lange Weg zur Öffnung: Literarisches Leben in der DDR der achtziger Jahre

1 Emmerich, Wolfgang: Kleine Literaturgeschichte der DDR. 1945–1988. Frankfurt a. M. ⁵1989, S. 259.
2 Girnus, Wilhelm: Wer baute das siebentorige Theben? In: Sinn und Form 35 (1983) H. 2, S. 439–447.
3 Löffler, Anneliese: Wenn Inhalt und Form zur Farce gerinnen. In: Neues Deutschland, 9. 10. 1985.
4 Emmerich, Wolfgang: Kleine Literaturgeschichte der DDR, S. 421.
5 Hage, Volker, in Zusammenarbeit mit Adolf Fink (Hrsg.): Deutsche Literatur 1986. Jahresüberblick. Stuttgart 1987, S. 49.
6 Zit. nach: Hinze, Albrecht, in: Süddeutsche Zeitung, 6. 12. 1985.
7 Görtz, Franz Josef, u. Volker Hage, Uwe Wittstock, (Hrsg.): Deutsche Literatur 1988. Jahresüberblick. Stuttgart 1989, S. 100.
8 Kamnitzer, Heinz, in: Neues Deutschland, 28. 1. 1988.
9 Görtz, Hage, Wittstock (Hrsg.): Deutsche Literatur 1988, S. 57.
10 Grass, Günter, in: Die Zeit, 10. 3. 1989.
11 Text in: Neue Zürcher Zeitung, 24. 6. 1989.
12 Keller, Ingeborg, in: Börsenblatt für den Deutschen Buchhandel (Frankfurter Ausg.) 45 (1989), S. 1921.

VI. Erzählprosa im letzten Jahrzehnt der DDR

1 Geheimsprache ‹Klandestinität› mit Gert Neumann im Gespräch. In: Egmont Hesse (Hrsg.): Sprache & Antwort. Stimmen und Texte einer anderen Literatur aus der DDR. Frankfurt a. M. 1988, S. 138.
2 Burmeister, Brigitte: Anders oder vom Aufenthalt in der Fremde. Roman. Darmstadt 1988, S. 269.
3 Neumann, Gert, in: Egmont Hesse (Hrsg.): Sprache & Antwort, S. 137.
4 Köhler, Erich: Der Krott. Eine Erzählung. Berlin 1976, S. 63.
5 Becker, Jurek: Irreführung der Behörden. Roman. Frankfurt a. M. 1973, S. 241.

6 Hilbig, Wolfgang: Die Arbeiter. Ein Essai: In: W. H., Unterm Neomond. Erzählungen. Frankfurt a. M. 1982, S. 36; Der Heizer, ebd., S. 127.
7 Kunert, Günter: Traumverloren. Die Idee des Sozialismus scheitert. In: FAZ, 30. 11. 1989.
8 Wolf, Christa: Was bleibt. Erzählung. Frankfurt a. M. 1990, S. 103, S. 107.

VII. Zersplitterung des ästhetischen Kanons: DDR-Lyrik

1 Kolbe, Uwe: Hineingeboren. Gedichte 1975–1979. Frankfurt a. M. 1982 (Originalausgabe Berlin/Weimar 1980), S. 75.
2 Vgl. Heukenkamp, Ursula: Kunstbewußtsein und geistige Strenge. Zur Entwicklung der Lyrik in der DDR der siebziger Jahre. In: Peter Uwe Hohendahl u. Patricia Herminghouse (Hrsg.): Literatur der DDR in den siebziger Jahren. Frankfurt a. M. 1983, S. 82–113.
3 Lethen, Helmut, u. Jan-Gerrit Berendse: Im Zeichen des Kentauren. Überlegungen zu dem Gedicht *Die Elbe* von Karl Mickel (1973). In: Paul Gerhard Klussmann u. Heinrich Mohr (Hrsg.): Die Schuld der Worte. Bonn 1987 (Jahrbuch zur Literatur in der DDR 6), S. 136.
4 Hilbig, Wolfgang: die versprengung. gedichte. Frankfurt a. M. 1986, S. 29.
5 Vgl. Bormann, Alexander von: Rede-Wendungen. Zur Rhetorik des gegenwärtigen Gedichts in der DDR. In: Christine Cosentino, Wolfgang Ertl u. Gerd Labroisse (Hrsg.): DDR-Lyrik im Kontext. Amsterdam 1988, S. 99.
6 Braun, Volker: Langsamer knirschender Morgen. Frankfurt a. M. 1987, S. 42–45.
7 Pietraß, Richard: Freiheitsmuseum. Gedichte. Berlin/Weimar 1982, S. 66.
8 Kolbe, Uwe: Bornholm II. Gedichte. Berlin/Weimar 1986, S. 71.
9 Biermann, Wolf, in: Die Zeit, 25. 10. 1991.
10 Biermann, Wolf, in: Die Zeit, 15. 11. 1991.
11 Erb, Elke: Vexierbild. Berlin/Weimar ²1988, S. 33.
12 Hesse, Egmont (Hrsg.): Sprache & Antwort. Stimmen und Texte einer anderen Literatur aus der DDR. Frankfurt a. M. 1988, S. 199.
13 Anderson, Sascha, u. Elke Erb (Hrsg.): Berührung ist nur eine Randerscheinung. Neue Literatur aus der DDR. Köln 1985, S. 180.
14 Drawert, Kurt, in: FAZ, 11./12. 1. 1992.
15 Arnold, Heinz Ludwig, u. Gerhard Wolf (Hrsg.): Die andere Sprache. Neue DDR-Literatur der 80er Jahre. München 1990, S. 72 f. Nicht in Häfners Band *Syndrom D. Gedichte.* Berlin/Weimar 1989.
16 Thulin, Michael: Sprache und Sprachkritik. Die Literatur des Prenzlauer Bergs in Berlin/DDR. In: Heinz Ludwig Arnold u. Gerhard Wolf (Hrsg.): Die andere Sprache, S. 238.
17 Anderson, Sascha, u. Elke Erb (Hrsg.): Berührung ist nur eine Randerscheinung, S. 161.
18 Ebd., S. 85.
19 Koziol, Andreas, u. Rainer Schedlinski (Hrsg.): Abriß der Ariadnefabrik. Berlin 1990, S. 161–166.
20 Vgl. Böthig, Peter: die verlassene sprache. In: Heinz Ludwig Arnold u. Gerhard Wolf (Hrsg.): Die andere Sprache, S. 38–48.
21 Koziol, Andreas, u. Rainer Schedlinski (Hrsg.): Abriß der Ariadnefabrik, S. 78.
22 Koziol, Andreas: mehr über rauten und türme. gedichte. Berlin/Weimar 1991, S. 40. Dort zahlreiche Gedichte über die aktuelle Lage.

VIII. Dramatische Endspiele einer «Übergangsgesellschaft»

1 Reichel, Peter (Hrsg.): Theatertexte 1 und 2. Berlin 1989 u. 1990; Die Übergangsgesellschaft. Stücke der achtziger Jahre aus der DDR. Leipzig 1989.
2 Braun, Volker: Verheerende Folgen mangelnden Anscheins innerbetrieblicher Demokratie. Frankfurt a. M. 1988, S. 154.
3 Seidel, Georg, in: Theater der Zeit (1988) H. 73, S. 57.
4 Hein, Christoph: Die Ritter der Tafelrunde. Frankfurt a. M. 1989, S. 14.
5 Müller, Heiner: Shakespeare Factory 2. Berlin 1989, S. 259.
6 Ebd., S. 255, S. 257 u. S. 255.
7 Seidel, Georg, in: Theater heute (1987) H. 4, S. 48 u. S. 53.
8 Ebd., S. 46 f.

Epilog: Abrechnen und Rechthaben

1 Walser, Martin, in: FAZ, 5. 12. 1989.
2 Ortheil, Hanns-Josef, in: Die Zeit, 15. 9. 1989.
3 Schneider, Rolf: Volk ohne Trauer. Notizen nach dem Untergang der DDR. Göttingen 1992, S. 83.
4 Heym, Stefan, in einem Interview mit Olaf Ihlau, in: Süddeutsche Zeitung, 25. 11. 1989.
5 Schneider, Rolf, in: Der Spiegel, 27. 11. 1989 u. 8. 1. 1990.
6 Kurzke, Hermann, in: FAZ, 23. 12. 1989.
7 Hermlin, Stephan, in einem Interview mit Wolfgang Werth, in: Süddeutsche Zeitung, 23. 12. 1989.
8 So im Untertitel zu der Sammlung *Deutscher Lastenausgleich*, die Anfang 1990 im Luchterhand Literaturverlag (Hamburg und Zürich) erschien.
9 Maron, Monika, in: Der Spiegel, 12. 2. 1990.
10 Matt, Beatrice von, in: Neue Zürcher Zeitung, 28. 11. 1989.
11 Beer, Otto F., in: Süddeutsche Zeitung, 2. 3. 1990.
12 Börsenblatt für den deutschen Buchhandel, 3. 4. 1990.
13 Scheffel, Michael, in: FAZ, 14. 5. 1990.
14 Zit. nach: Fachdienst Germanistik 8 (1990) H. 3, S. 3.
15 Kirsten, Wulf, in einem Interview mit Peter Mosler, in: Frankfurter Rundschau, 5. 4. 1990.
16 Zit. nach: Stuttgarter Zeitung, 9. 2. 1990.
17 Schirrmacher, Frank, in: FAZ, 10. 4. 1990.
18 Greiner, Ulrich in: Die Zeit, 1. 6. 1990. Zit. nach: Görtz, Franz Josef, u. Volker Hage, Uwe Wittstock, unter Mitarbeit v. Katharina Frühe (Hrsg.): Deutsche Literatur 1990. Jahresüberblick. Stuttgart 1991, S. 233–238; hier: S. 233; vgl. dazu den Gegenartikel von Volker Hage: Kunstvolle Prosa (Die Zeit, 1. 6. 1990). Ebd., S. 228–233.
19 Ebd., S. 238–250.
20 Jens, Walter: Plädoyer gegen die Preisgabe der DDR-Kultur. Fünf Forderungen an die Intellektuellen in Deutschland. In: Süddeutsche Zeitung, 16. 6. 1990; zit. nach: Görtz, Hage, Wittstock (Hrsg.): Deutsche Literatur 1990, S. 251–262.
21 Anz, Thomas, in: Th. A. (Hrsg.): «Es geht nicht um Christa Wolf». Der Literaturstreit im vereinten Deutschland. München 1991, S. 25.
22 Schwarze, Hanns Werner, in: Der Tagesspiegel, 29. 6. 1991.
23 Hochhuth, Rolf, in: Die Welt, 28. 7. 1991.
24 Anz, Thomas (Hrsg.): «Es geht nicht um Christa Wolf», S. 208–216.
25 Oben S. 810.

26 Hage, Volker, in: Die Zeit, 5. 10. 1990.
27 Mommert, Wilfried, in: Frankfurter Rundschau, 15. 11. 1990.
28 Böttiger, Helmut, in: Süddeutsche Zeitung, 8. 6. 1991.
29 Görtz, Hage, Wittstock (Hrsg.): Deutsche Literatur 1991. S. 95.
30 Duve, Freimut, in: Frankfurter Rundschau, 1. 11. 1991.
31 Rühle, Günther, in: Der Tagesspiegel, 6. 11. 1991.
32 Leistner, Bernd, in: Leipziger Volkszeitung, 27. 9. 1991; zit. nach: Fachdienst Germanistik 10 (1992) H. 1, S. 3.
33 Müller, Heiner, in: Stuttgarter Zeitung, 7. 5. 1991, u. in: Der Spiegel, 13. 5. 1991.
34 Göhler, Helmut, u. Bernd Lindner, Dietrich Löffler (Hrsg.): Buch. Lektüre. Leser. Berlin/Weimar 1989, S. 6.
35 Schneider, Rolf: Volk ohne Trauer, S. 171.
36 Becker, Jurek: Die Wiedervereinigung der deutschen Literatur. In: Paul Michael Lützeler (Hrsg.): Spätmoderne und Postmoderne. Beiträge zur deutschsprachigen Gegenwartsliteratur. Frankfurt a. M. 1991, S. 23–35; hier: S. 24.
37 Biermann, Wolf, in: Der Spiegel, 2. 3. 1992.
38 Zit. nach: Die Zeit, 22. 3. 1991.
39 Mack, Gerhard, in: Stuttgarter Zeitung, 21. 6. 1991.
40 Zit. nach: Rheinischer Merkur, 7. 2. 1992.
41 Ortheil, Hanns-Josef: Wozu schweigt die junge deutsche Literatur? (1988). In: H.-J. O., Schauprozesse. Beiträge zur Kultur der 80er Jahre. München 1990, S. 168–187; hier: S. 168.
42 Zit. nach: Frankfurter Rundschau, 25. 11. 1991.
43 Bruyn, Günter de, u. Andrzej Szczypiorski, in: FAZ, 7. 5. 1992.

ABKÜRZUNGSVERZEICHNIS

A	=	Aufführung
ABF	=	Arbeiter- und Bauern-Fakultät
AFN	=	American Forces Network in Europe
AG	=	Aktiengesellschaft, Arbeitsgemeinschaft
APO	=	Außerparlamentarische Opposition
b. a. t.	=	Berliner Arbeiter- und Studententheater
BBC	=	British Broadcasting Corporation
BGL	=	Betriebsgewerkschaftsleitung
BPRS	=	Bund proletarisch-revolutionärer Schriftsteller
BRD	=	Bundesrepublik Deutschland
BZ	=	Berliner Zeitung
CBS	=	Columbia Broadcasting System
CDU	=	Christlich-Demokratische Union
CIA	=	Central Intelligence Agency
CSSR	=	Tschechoslowakische Sozialistische Republik
CSU	=	Christlich-Soziale Union
DDR	=	Deutsche Demokratische Republik
DEFA	=	Deutsche Film-AG
DKP	=	Deutsche Kommunistische Partei
E	=	Entstehung
FAZ	=	Frankfurter Allgemeine Zeitung
FDGB	=	Freier Deutscher Gewerkschaftsbund
FDJ	=	Freie Deutsche Jugend
F.D.P.	=	Freie Demokratische Partei
GAU	=	Größter anzunehmender Unfall
GPU	=	Gossudarstwennoje Polititscheskoje Uprawlenije (Staatliche Politische Verwaltung)
ICD	=	Information Control Division
IG	=	Industrie-Gewerkschaft
KP	=	Kommunistische Partei
KPD	=	Kommunistische Partei Deutschlands
KPdSU	=	Kommunistische Partei der Sowjetunion
KSZE	=	Konferenz für Sicherheit und Zusammenarbeit in Europa
KZ	=	Konzentrationslager
LP	=	Langspielplatte
LPG	=	Landwirtschaftliche Produktionsgenossenschaft
MAS	=	Maschinen-Ausleih-Station
NATO	=	North Atlantic Treaty Organization
NDL	=	Neue Deutsche Literatur
NFD	=	Nationalkomitee Freies Deutschland
NÖS oder NÖSPL	=	Neues Ökonomisches System der Planung und Leitung der Volkswirtschaft
NS	=	Nationalsozialismus
NSDAP	=	Nationalsozialistische Deutsche Arbeiterpartei

NWDR	=	Nordwestdeutscher Rundfunk
NVA	=	Nationale Volksarmee
ÖKULEI	=	Ökonomisch-kultureller Leistungsvergleich
OKW	=	Oberkommando der Wehrmacht
OMGUS	=	Office of Military Government for Germany US
PDS	=	Partei des Demokratischen Sozialismus
PEN	=	Poets, Essayists, Novelists
POS	=	Polytechnische Oberschule
RAF	=	Rote-Armee-Fraktion
SA	=	Sturmabteilung
SBZ	=	Sowjetisch besetzte Zone
SDS	=	Sozialistischer Deutscher Studentenbund
SED	=	Sozialistische Einheitspartei Deutschlands
SMAD	=	Sowjetische Militär-Administration in Deutschland
SPD	=	Sozialdemokratische Partei Deutschlands
SS	=	Schutzstaffel
SSD	=	Staatssicherheitsdienst
SU	=	Sowjetunion
SWA	=	Sowjetskaja Wojennaja Administrazija (Sowjetische Kriegsverwaltung)
SWF	=	Südwestfunk
UA	=	Uraufführung
UdSSR	=	Union der Sozialistischen Sowjetrepublik
UKW	=	Ultrakurzwelle
UNESCO	=	United Nations Educational, Scientific and Cultural Organization
UNO	=	United Nations Organization
USA	=	United States of America
V	=	Veröffentlichung
VEB	=	Volkseigener Betrieb
VS	=	Verband deutscher Schriftsteller
WDR	=	Westdeutscher Rundfunk
WTR	=	Wissenschaftlich-technische Revolution
ZK	=	Zentralkomitee

BIBLIOGRAPHIE ZUR DEUTSCHSPRACHIGEN LITERATUR SEIT 1945

Die Bibliographie verzeichnet die wichtigeren Dokumentationen und Analysen zur deutschsprachigen Literatur seit 1945. Sie folgt im wesentlichen der Großgliederung dieser Literaturgeschichte nach literarischem Leben und Gattungsbereichen. Darüber hinaus sind die meisten Sparten noch einmal nach Westzonen/Bundesrepublik, SBZ/DDR, Österreich und der Schweiz unterteilt, weil dies weitgehend der bisherigen Publikationspraxis entspricht. Auf diese Weise soll die Orientierung erleichtert werden. Arbeiten zu einzelnen Autoren oder Texten wurden grundsätzlich nicht aufgenommen; desgleichen keine Aufsätze. Da der bibliographierte Bereich – auch wegen der fließenden Übergänge zur Belletristik – besonders unübersichtlich ist (mit oft unvollständigen Titelangaben), sind gelegentlich erläuternde Hinweise dazugesetzt. Nach 1992 erschienene Titel sind nicht mehr aufgenommen worden.

ÜBERSICHT

BIBLIOGRAPHIE

1.0. Allgemeine Nachschlagewerke, Lexika, Bibliographien
(deutsche Literatur, auch Weltliteratur)

1.0.1. Deutschsprachige Literatur allgemein und Westzonen/Bundesrepublik

Albrecht, Günter, u. Günther Dahlke (Hrsg.): Internationale Bibliographie zur Geschichte der deutschen Literatur von den Anfängen bis zur Gegenwart. 3 Teile in 4 Bänden. Berlin (Ost), 1969–1970/München 1970–1977

Arnold, Heinz Ludwig (Hrsg.): Handbuch zur deutschen Arbeiterliteratur. 2 Bde. München 1977

Arnold, Heinz Ludwig (Hrsg.): KLG. Kritisches Lexikon zur deutschsprachigen Gegenwartsliteratur. München 1978 ff. [Loseblattsammlung]

Arnold, Heinz Ludwig (Hrsg.): KLfG. Kritisches Lexikon zur fremdsprachigen Gegenwartsliteratur. München 1983 ff. [Loseblattsammlung]

Autorenkollektiv u. d. Leitung v. Günter Albrecht u. Kurt Böttcher: Lexikon deutschsprachiger Schriftsteller von den Anfängen bis zur Gegenwart. Leipzig 1987 [1. Aufl.: 1967 u. 1968 (2 Bde.); hiervor erschienen u. d. Titel: Deutsches Schriftstellerlexikon der Gegenwart, Weimar 1960]

Bode, Ingrid: Die Autobiographien zur deutschen Literatur, Kunst und Musik: 1900–1965. Bibliographie und Nachweise der persönlichen Begegnungen und Charakteristiken. Stuttgart 1966

Borchmeyer, Dieter, u. Viktor Žmegač (Hrsg.): Moderne Literatur in Grundbegriffen. Frankfurt a. M. 1987

Brauneck, Manfred (Hrsg.): Weltliteratur im 20. Jahrhundert. Autorenlexikon. 5 Bde. Reinbek 1981

Brauneck, Manfred (Hrsg.): Autorenlexikon deutschsprachiger Literatur des 20. Jahrhunderts. Reinbek [4]1991 [überarb. u. erw. Aufl.; 1. Aufl.: 1984]

Butt, Irene (Red.): Bibliographie Sprache und Literatur. Deutschsprachige Hochschulschriften. 8 Bde. München u. a. 1992

von Cossart, Axel (Hrsg.): Buchwissen. Köln [2]1987 [Literaten-Handbuch 1. Aufl. 1985 mit d. Untertitel: Wissenswertes rund ums Geschriebene. Handbuch für Leser, Autoren, Verleger...]

Daemmrich, Horst S., u. Ingrid Daemmrich: Themen und Motive in der Literatur. Ein Handbuch. Tübingen 1987

Endres, Elisabeth: Autorenlexikon der deutschen Gegenwartsliteratur. 1945–1974. Frankfurt a. M. 1975

Engel, Peter, u. Anna Rheinsberg, Christoph Schubert (Hrsg.): Handbuch der deutschsprachigen alternativen Literatur. 5. Ausg. Trier 1980 [1. Ausg.: Hamburg/ Münster 1973, ohne Mitwirkung v. A. R.]

Engel, Peter, u. Christoph Schubert (Hrsg.): Hus'hu der alternativen deutschsprachigen Literatur. o. O. o. J.

Fertig, Eymar, u. Heinz Steinberg: Bibliographie Buch und Lesen. Gütersloh 1979

Frederiksen, Elke (Hrsg.): Women Writers of Germany, Austria, and Switzerland. An Annotated Bio-Bibliographical Guide. New York u. a. 1989

Generalsekretariat des Deutschen PEN-Zentrums der Bundesrepublik in Darmstadt

(Hrsg.): Bibliographie der Mitglieder des Deutschen PEN-Zentrums der Bundesrepublik (Sitz Darmstadt). Darmstadt 1958
Gesamtverzeichnis des deutschsprachigen Schrifttums außerhalb des Buchhandels 1966–1980. 45 Bde. München 1988 und 1990
Giefers, Ingrid (Hrsg.): Dichtung unserer Zeit. Deutschsprachige Literatur nach 1945. Ein bio-bibliographisches Verzeichnis der Sekundärliteratur. 5 Bde. Stadt Neuss 1989 und 1990 [hrsg. i. A. d. Stadtbibliothek d. Stadt Neuss]
Gregor-Dellin, Martin, u. Elisabeth Endres (Hrsg.): PEN-Schriftstellerlexikon Bundesrepublik Deutschland. München 1982
Grimm, Reinhold, u. Jost Hermand (Hrsg.): Basis. Jahrbuch für deutsche Gegenwartsliteratur. Bd. 1. Frankfurt a. M. 1971 [erschienen bis 10 (1980), dann eingestellt]
Hagen, Waltraud (Bearb.): Handbuch der Editionen. Deutschsprachige Schriftsteller, Ausgang des 15. Jahrhunderts bis zur Gegenwart. Berlin (Ost) ²1981 [unveränd. Nachdr. d. 1. Aufl. v. 1979]
Harenberg, Bodo (Hrsg.): Harenbergs Lexikon der Weltliteratur. Autoren, Werke, Begriffe. 5 Bde. Dortmund 1989
Hersch, Gisela: A Bibliography of German Studies 1945–1971. Germany Under Allied Occupation. Federal Republic of Germany. German Democratic Republic. Bloomington 1972
Jens, Walter (Hrsg.): Kindlers Neues Literaturlexikon. 20 Bde. München 1988–1992 [Weltliteratur]
Käsmayr, Benno: Bücher, die man sonst nicht findet. Katalog der Minipresse. Gersthofen 1976 [1. Ausg.: 1975; Überarb. d. Bibliographie: Volker Besserer]
Killy, Walther (Hrsg.): Literaturlexikon. Autoren und Werke deutscher Sprache. 14 Bde. München 1988–1992 [Bd. 13 u. 14 u. d. Titel: Sachlexikon – Hauptbegriffe d. dtn. Literaturgeschichte]
Kluge, Manfred, u. Rudolf Radler (Hrsg.): Hauptwerke der deutschen Literatur. Darstellungen und Interpretationen. München 1974
Kosch, Wilhelm (Begr.), u. Heinz Rupp, Carl Ludwig Lang (Hrsg.): Deutsches Literatur-Lexikon. Biographisches und bibliographisches Handbuch. 14 Bde. Bern u. a. ³1968–1991 [völlig neu bearb. Aufl. d. ersten vier Bde. (1968–1972) mithrsg. v. Bruno Berger; 1. Aufl.: Halle 1927–1929 (2 Bde.)]
Krywalski, Diether: Knaurs Lexikon der Weltliteratur. Autoren, Werke, Sachbegriffe. München ⁴1992 [aktualisierte u. neu bearb. Aufl.; 1. Aufl.: 1979]
Künzel, Franz Peter (Red.): Autorenlexikon. München 1988 [hrsg. v. PEN-Zentrum Bundesrepublik Deutschland]
Kunisch, Hermann, u. Herbert Wiesner, Sybille Cramer (Hrsg.): Lexikon der deutschsprachigen Gegenwartsliteratur. München ²1987 [erw. und aktualisierte Aufl.; 1. Aufl.: 1981]
Lennartz, Franz: Deutsche Schriftsteller des 20. Jahrhunderts im Spiegel der Kritik. 3 Bde. Stuttgart 1984
Lutz, Bernd (Hrsg): Metzler-Autoren-Lexikon. Deutschsprachige Dichter und Schriftsteller vom Mittelalter bis zur Gegenwart. Stuttgart 1986
Manthey, Jürgen, u. Martin Lüdke, Delf Schmidt u. a.: Literaturmagazin. Bd. 1 ff. Reinbek 1973 ff. [erschienen in der Reihe «das neue buch», bislang letzter Bd.: 30 (1992); wechselnde Herausgeber: Bd. 1–15 hrsg. v. Jürgen Manthey; Bd. 16–18, 19–21 u. 24–30 hrsg. v. Martin Lüdke u. Delf Schmidt; Bd. 18 («Glossalienmagazin») hrsg. v. Schuldt; Bd. 22 hrsg. v. Christoph Buch; Bd. 23 hrsg. v. Martin Lüdke, Delf Schmidt u. Karin Graf]
Meyers Handbuch über die Literatur. Ein Lexikon der Dichter und Schriftsteller aller Literaturen. Mannheim u. a. ²1970 [neubearb. Aufl.; 1. Aufl.: 1964]
Moser, Dietz-Rüdiger (Hrsg.): Neues Handbuch der deutschen Gegenwartsliteratur

seit 1945. München 1990 [begr. v. Hermann Kunisch, 1. Aufl. u. d. Titel: Handbuch der deutschen Gegenwartsliteratur, München 1965, unter Mitw. v. Hans Hennecke]

Munzinger, Ludwig (Hrsg.): Literaten. 250 deutschsprachige Schriftsteller der Gegenwart. Lebensläufe aus dem Internationalen Biographischen Institut. Ravensburg 1983

Olzien, Otto: Bibliographie zur deutschen Literaturgeschichte. Stuttgart 1953

Pongs, Hermann: Lexikon der Weltliteratur. Autoren, Werke, Begriffe. 3 Bde. Augsburg 1989 [1. Ausg. u. d. Titel: Handwörterbuch der Literatur von A bis Z. Wiesbaden 1984]

Redlich, May: Lexikon deutschbaltischer Literatur. Eine Bibliographie. Köln 1989

Roloff, Hans-Gert (Hrsg.): Die deutsche Literatur. Biographisches und Bibliographisches Lexikon. Reihe 6: Die deutsche Literatur von 1890 bis 1990. Bern u. a. 1991 ff. [1991: A–Al]

Schlosser, Horst D.: dtv-Atlas zur deutschen Literatur. Tafeln und Texte. München ⁵1992 [1. Aufl.: 1983]

Schmidt, Heiner: Quellenlexikon der Interpretationen und Textanalysen. Personal- und Einzelwerk. 12 Bde. Duisburg 1984–1987

Seeßlen, Georg, u. Bernd Kling: Unterhaltung. Lexikon zur populären Kultur. 2 Bde. Reinbek 1977

Steiner, Gerhard, u. a. (Hrsg.): Lexikon fremdsprachiger Schriftsteller von den Anfängen bis zur Gegenwart. 3 Bde. Leipzig ²1981 [unveränd. Aufl.; 1. Aufl.: Bd. 1: 1977; Bd. 2: 1979, Bd. 3: 1980]

Text und Kritik. Zeitschrift für Literatur. München 1963 ff. [Bände zu einzelnen Autoren; bislang letzter Bd.: 116 (1992)]

Weigand, Jörg: Pseudonyme. Ein Lexikon. Decknamen der Autoren deutschsprachiger erzählender Literatur. Baden-Baden 1991

Wetzel, Christoph: Lexikon der deutschen Literatur. Autoren und Werke. Stuttgart 1987 [bearb. Ausg. d. 1. Aufl.: Lexikon der Autoren und Werke, Stuttgart 1986]

Wiesner, Herbert, u. Irena Živsa, Christoph Stoll: Bibliographie der Personalbibliographien zur deutschsprachigen Gegenwartsliteratur. München 1970

von Wilpert, Gero, u. Adolf Gühring, Harro Kieser: Erstausgaben deutscher Dichtung. Eine Bibliographie zur deutschen Literatur 1600–1990. Stuttgart ²1992 [vollst. überarb. Aufl.; 1. Aufl. 1967, mit d. Untertitel: Eine Bibliographie zur deutschen Literatur 1600–1960 (ohne Mitarb. v. Harro Kieser)]

von Wilpert, Gero (Hrsg.): Lexikon der Weltliteratur. 2 Bde. Stuttgart ³1988 [neu bearb. Aufl.; 1. Aufl. u. d. Titel: Lexikon der Weltliteratur. Bio-bibliographisches Handwörterbuch nach Autoren und anonymen Werken. Stuttgart 1963]

Wörner, Gert, u. a. (Hrsg.): Kindlers Literatur-Lexikon. 14 Bde. Zürich 1986 [fotomechan. Nachdr. d. Neuausg. v. 1982; 1. Ausg.: Zürich 1965–1974 (8 Bde.), begr. v. Wolfgang von Einsiedel]

1.0.2. SBZ/DDR

Autorenkollektiv u. d. Leitung v. Erika Tschernig: Unsere Kultur. DDR-Zeittafel 1945–1987. Berlin (Ost) 1989 [hrsg. v. d. Akademie f. Gesellschaftswiss. beim ZK d. SED, Inst. f. Marxist.-Leninist. Kultur- u. Kunstwiss.]

Berger, Manfred, u. a. (Hrsg.): Kulturpolitisches Wörterbuch. Berlin (Ost) ²1978 [erw. Aufl.; 1. Aufl. Berlin 1970, hrsg. v. Harald Bühl u. a.]

Bock, Stephan: Bibliographie zur DDR-Literatur (1945–1978) unter besonderer Berücksichtigung der frühen DDR-Prosa (1949–1956) sowie der Traditionslinien, der Produktions- und Rezeptionsbedingungen. München 1980

Böttcher, Brigitte (Hrsg.): Bestandsaufnahme. Literarische Steckbriefe. Halle a. d. S. 1976 [Autorenlexikon]

DDR-Report. Referatenzeitschrift zur politischen Bildung in der Bundesrepublik Deutschland (Zeitschriften und Bücher der DDR). Bd. 1. Bonn 1968 [jährl. erschienen bis 21 (1988), dann eingestellt]

Gärtner, Hannelore (Hrsg.): BI-Schriftsteller-Lexikon. Leipzig 1988

Jacob, Herbert, u. a.: Literatur in der DDR. Bibliographische Annalen. 3 Bde. Berlin (Ost) 1986

Klussmann, Paul Gerhard, u. Heinrich Mohr (Hrsg.): Jahrbuch zur Literatur der DDR. Bd. 1. Bonn 1980 [zuletzt erschienen: 7 (1990)]

König, Peter (Hrsg.): Die Literatur der DDR. Bibliographie ihrer Entwicklung zwischen IX. Parteitag der SED und 30. Jahrestag der Staatsgründung. Leipzig 1980

Tschörtner, Heinz Dieter: 40 Jahre internationale Literatur. Bibliographie 1947–1986. Berlin (Ost) 1987

Weber, Peter, u. Marietta Rost: Die Literatur der Deutschen Demokratischen Republik seit dem VIII. Parteitag der SED. Eine bibliographische Information aus Anlaß des 7. Schriftstellerkongresses. Leipzig 1973

Zentralinstitut für Bibliothekswesen (Hrsg.): Schriftsteller der DDR und ihre Werke. Biographisch-bibliographischer Nachweis. Leipzig 1955 [unter Mitarb. v. Hilde Weise-Standfest]

Zimmermann, Horst (Hrsg.): DDR-Handbuch. 2 Bde. Köln ³1985 [überarb. und erw. Aufl.; 1. Aufl.: 1975, i. A. d. Bundesministeriums f. innerdte. Beziehungen hrsg. v. Peter Christian Ludz u. Johannes Kuppe]

1.0.3. Schweiz

Bibliographie zur deutschsprachigen Schweizer Literatur. Bd. 1 ff. Bern 1977 ff. [bislang letzter Bd.: 15 (1992)]

Linsmayer, Charles: Literaturszene Schweiz. 157 Kurzporträts von Rousseau bis Gertrud Leutenegger. Zürich 1989

Schweizer Schriftstellerverband (Hrsg.): Schriftstellerinnen und Schriftsteller der Gegenwart. Zürich 1988 [Nachfolgeprojekt zu d. Bdn.: Schriftsteller der Gegenwart, Bern 1962, hrsg. v. Schweizerischen Schriftsteller Verein; Schweiz: Schriftsteller der Gegenwart. Bio-bibliographisches Porträt Schweizer Schriftsteller, Bern 1978, hrsg. v. Schweizerischen Schriftstellerverband]

Walzer, Pierre-Olivier (Hrsg.): Lexikon der Schweizer Literaturen. Basel 1991

1.0.4. Österreich

Gunert, Johann (Bearb.): Österreichischer PEN-Club. Bibliographie seiner Mitglieder. Wien 1959

Hall, Murray G., u. Gerhard Renner: Handbuch der Nachlässe und Sammlungen österreichischer Autoren. Wien u. a. 1992

Kindermann, Heinz u. a. (Hrsg.): Dichtung aus Österreich. 4 Bde. 1 Ergbd. Wien u. a. 1969–1977 [Umfaßt alle Gattungen: Bd. 1: Drama, ²1969 (1. Aufl.: 1966); Bd. 2.1 u. 2.2: Prosa, 1969; Bd. 3.1: Versepik, 1974; Bd. 3.2: Lyrik, 1976; Bd. 4: Hörspiel, 1977]

Lunzer, Heinz, u. Evelyne Pott-Heinzl (Hrsg.): Neuerscheinungen österreichischer Autoren 1989–1991. Kommentierte Bibliographie. Wien 1991

Lunzer, Heinz, u. Evelyne Pott-Heinzl (Hrsg.): Neuerscheinungen österreichischer Autoren 1991. Kommentierte Bibliographie. Wien 1992

Prokop, Hans Friedrich: Österreichisches Literaturhandbuch. Wien/München 1974
Stock, Karl F., u. Rudolf Heilinger, Myrilène Stock: Personalbibliographien österreichischer Dichter und Schriftsteller von den Anfängen bis zur Gegenwart. München 1972
Ungar, Frederick (Hrsg.): Handbook of Austrian Literature. New York 1973
Zohn, Harry: Österreichische Juden in der Literatur. Ein bio-bibliographisches Lexikon. Tel Aviv 1969

2.0. Dokumentationen, Anthologien zur Nachkriegsliteratur
(außer zu einzelnen Gattungen und zum literarischen Leben)

2.0.1. Deutschsprachige Literatur allgemein und Westzonen/Bundesrepublik

Becker, Jürgen, u. Wolf Vostell (Hrsg.): Happenings, Fluxus, Pop Art, Nouveau Réalisme. Eine Dokumentation. Reinbek 1965
Blöcker, Günter (Hrsg.): Kritisches Lesebuch unsrer Zeit in Proben und Berichten. Hamburg 1962
Bruns, Marianne, u. Hans Lipinsky-Gotterdorf, Heinz Rusch, Johannes Weidenheim (Hsrg.): Deutsche Stimmen 1956. Neue Lyrik und Prosa aus Ost und West. Stuttgart /Halle a. d. S. 1956
Burgmüller, Herbert (Hrsg.): Deutsches Wort in dieser Zeit. Ein Almanach des Deutschen PEN-Zentrums Ost und West. Berlin 1954
Deschner, Karlheinz (Hrsg.): Talente, Dichter, Dilettanten. Überschätzte und unterschätzte Literatur der Gegenwart. Wiesbaden ³1974 [1. Aufl.: 1964]
Deutsches PEN-Zentrum Ost und West (Hrsg.): ... aber die Welt ist verändert. Ein Almanach. Berlin 1959
Galitz, Robert, u. a. (Hrsg.): Jahrbuch für Literatur – Hamburger Ziegel. Bd. 1 ff. Hamburg 1992 ff. [erscheint jährl.]
Gregor-Dellin, Martin (Hrsg.): PEN. Neue Texte deutscher Autoren. Prosa, Lyrik, Essay. Tübingen/Basel ²1972 [1. Aufl.: 1971]
Greve, Ludwig (Mitarb.): Das 20. Jahrhundert. Von Nietzsche bis zur Gruppe 47. Ständige Ausstellung des Schiller-Nationalmuseums und des Deutschen Literaturarchivs Marbach am Neckar. München 1980
Haffmanns, Gerd (Hrsg.): Das Diogenes-Lesebuch. Ein literarischer Almanach. Zürich 1973
Hage, Volker (Hrsg.): Deutsche Literatur. 1981. Ein Jahresüberblick. Stuttgart 1982 [erscheint jährl., mit wechselnden Herausgeberkombinationen (bis 1986: i. Zusammenarb. mit Adolf Fink; 1987–1989: hrsg. v. Franz Josef Görtz, Volker Hage u. Uwe Wittstock; 1990–1992: dieselben, u. Mitarb. v. Katharina Frühe)]
Hage, Volker (Hrsg.): Literarische Collagen. Texte, Quellen, Theorie. Stuttgart 1981
Heidenreich, Gert (Hrsg.): Und es bewegt sich doch... Texte wider die Resignation. Ein deutsches Lesebuch. Frankfurt a. M. 1981
Hildebrandt, Guido, u. Reiner Terhorst (Hrsg.): Autoren-Patenschaften. Eine Anthologie junger Autoren. Duisburg 1978
Jacobi, Heinz: Deutschdeutsch. Materialien gegen ein Volk. Das Anschluß-Lesebuch. München 1990
Jurgensen, Manfred: Deutsche Frauenautoren der Gegenwart. Bachmann, Reinig, Wolf, Wohmann, Struck, Leutenegger, Schwaiger. Bern 1983
Kipphardt, Heinar (Hrsg.): Vom deutschen Herbst zum bleichen Winter. Ein Lesebuch zum Modell Deutschland. München/Königstein i. Ts. 1981

Laemmle, Peter (Hrsg.): Realismus – welcher? 16 Autoren auf der Suche nach einem literarischen Begriff. München 1976

Lodemann, Jürgen (Hrsg.): Die besten Bücher der «Bestenliste» des SWF-Literaturmagazins. Frankfurt a. M. 1981

Malchow, Helge, u. Hubert Winkels (Hrsg.): Die Zeit danach. Neue deutsche Literatur. Köln 1991

Neunzig, Hans A. (Hrsg.): Lesebuch der Gruppe 47. München 1983

Rauschnigg, Hans (Hrsg.): Das Jahr '45. Dichtung, Bericht, Protokoll deutscher Autoren. Gütersloh 1970

Richter, Hans Werner (Hrsg.): Bestandsaufnahme. Eine deutsche Bilanz 1962. Sechsunddreißig Beiträge deutscher Wissenschaftler, Schriftsteller und Publizisten. München u. a. 1962

Richter, Hans Werner (Hrsg.): Almanach der Gruppe 47. 1947–1962. Reinbek 1962

Schaube, Werner (Hrsg.): Mit anderen Worten. Texte von Literaten und Liedermachern. Freiburg u. a. 1983

Scherpe, Klaus R. (Hrsg.): In Deutschland unterwegs. Reportagen, Skizzen, Berichte 1945–1948. Stuttgart 1982

Schmidt, Bernd, u. Hannes Schwenger (Hrsg.): Die Stunde Eins. Erzählungen, Reportagen, Essays aus der Nachkriegszeit. München 1982

Suhrkamp Lesebuch: Die Fünfziger Jahre. Die Sechziger Jahre. Die Siebziger Jahre. Die Achtziger Jahre. 4 Bde. Frankfurt a. M. 1990 [kein Hrsg.]

Vorzeichen. Fünf neue deutsche Autoren. Eingeführt von Hans Magnus Enzensberger. Frankfurt a. M. 1962 [kein Hrsg.]

Vorzeichen 2. Neun neue deutsche Autoren. Eingeführt von Martin Walser. Frankfurt a. M. 1963 [kein Hrsg.]

Wagenbach, Klaus (Hrsg.): Lesebuch. Deutsche Literatur der sechziger Jahre. Berlin ²1972 [1. Aufl.: 1968]

Wagenbach, Klaus (Hrsg.): Jetzt schlägt's 13. Deutsche Literatur aus dreizehn Jahren. Berlin 1977

Wagenbach, Klaus (Hrsg.): Lesebuch. Deutsche Literatur zwischen 1945 und 1959. Berlin 1980

Wagenbach, Klaus, u. a. (Hrsg.): Vaterland, Muttersprache. Deutsche Schriftsteller und ihr Staat seit 1945. Ein Nachlesebuch für die Oberstufe. Berlin 1979

Walther, J. Monika (Hrsg.): Diese Alltage überleben. Lesebuch 1945–1984. München 1982

Walwei-Wiegelmann, Hedwig (Hrsg.): Die Wunde namens Deutschland. Ein Lesebuch zur deutschen Teilung. Heidelberg 1981

2.0.2. Westzonen/Bundesrepublik

Glaser, Hermann (Hrsg.): Bundesrepublikanisches Lesebuch. Drei Jahrzehnte geistiger Auseinandersetzung. München/Wien 1978

Hüser, Fritz (Hrsg.): Texte, Texte. Prosa und Gedichte der Gruppe 61. Recklinghausen 1969

Schaffernicht, Christian (Hrsg.): Zu Hause in der Fremde. Ein bundesdeutsches Ausländer-Lesebuch. Fischerhude 1981

Voigtländer, Annie (Ausw. u. Nachw.): Seilfahrt. Eine Anthologie. Aus der Arbeit der Dortmunder Gruppe 61. Recklinghausen 1967

Voigtländer, Annie (Hrsg.): Hierzulande – heutzutage. Lyrik, Prosa, Graphik aus dem Werkkreis Literatur der Arbeitswelt. Berlin/Weimar 1975

Wehdeking, Volker: Anfänge westdeutscher Nachkriegsliteratur. Aufsätze, Interviews, Materialien. Aachen 1989

2.0.3. SBZ/DDR

Anderson, Sascha, u. Elke Erb (Hrsg.): Berührung ist nur eine Randerscheinung. Neue Literatur aus der DDR. Köln 1985

Arnold, Heinz Ludwig (Hrsg.): Die andere Sprache. Neue DDR-Literatur der 80er Jahre. München 1990

Brenner, Hildegard (Hrsg.): Nachrichten aus Deutschland. Lyrik, Prosa, Dramatik. Eine Anthologie der neueren DDR-Literatur. Reinbek 1967

Brokerhoff, Karl Heinz (Hrsg.): Wie sie uns sehen. Schriftsteller der DDR über die Bundesrepublik. Bonn-Bad Godesberg 1970

Deutscher Schriftstellerverband (Hrsg.): Menschen und Werke. Vom Wachsen und Werden des neuen Lebens in der Deutschen Demokratischen Republik. Berlin (Ost) 1952

Duty, Helga, u. Roswitha Jendryschik, Karin Röntsch (Hrsg.): Die Schublade. Texte aus erster Hand. Halle a. d. S./Leipzig 1982

Emmerich, Wolfgang, u. a.: Literatur in der DDR. Aufsätze von W. E. (...) und aktuelle Stellungnahmen von Autoren in der DDR. Frankfurt a. M. 1990

Erste Ernte. Gedichte, Kurzgeschichten und Erzählungen junger Autoren unserer Republik. Berlin (Ost) 1953 [Kein Hrsg.]

Hesse, Egmont (Hrsg.): Sprache & Antwort. Stimmen und Texte einer anderen Literatur aus der DDR. Frankfurt a. M. 1988

Jokostra, Peter (Hrsg.): Ohne Visum. Lyrik, Prosa, Essays aus dem Osten geflohener Autoren. Gütersloh 1964

Körnchen Gold. Eine Anthologie schreibender Arbeiter. Berlin (Ost) 1969 [kein Hrsg.]

Kolbe, Uwe, u. a. (Hrsg.): Mikado oder Der Kaiser ist nackt. Selbstverlegte Literatur in der DDR. Darmstadt 1988

Koziol, Andreas, u. Rainer Schedlinski (Hrsg.): Abriß der Ariadnefabrik. Berlin 1990

Lange, I. M. [d. i. Hans Friedrich Lange], u. Joachim Schreck (Hrsg.): Des Sieges Gewißheit. Ein Volksbuch vom Aufbau der Deutschen Demokratischen Republik. Berlin (Ost) 1959 [hrsg. i. A. d. Deutschen Schriftstellerverbandes u. d. Aufbau-Verlags]

Mitteldeutsches Kulturamt (Hrsg.): Autoren aus Ost- und Mitteldeutschland – 20. Jahrhundert. Bonn 1982

Neue Texte. Almanach für deutsche Literatur. Bd. 1. Berlin (Ost) 1962 [unregelmäßig erschienen bis 1968 (7 Hefte); 1968 u. d. Titel: Almanach für deutschsprachige Literatur]

Rönisch, Siegfried (Hrsg.): DDR-Literatur '83 im Gespräch. Berlin (Ost)/Weimar 1984 [jährl. erschienen bis '89 (1990), dann eingestellt]

Schneider, Rolf (Hrsg.): Literatur, die nach der Seghers kam. Neue Lyrik und Prosa aus der DDR. Wien u. a. 1980

Wolf, Gerhard, u. Klaus Marschke (Hrsg.): Sagen wird man über unsere Tage. Halle a. d. S. 1959

Zur Tradition der deutschen sozialistischen Literatur. Eine Auswahl von Dokumenten. Bd. 3: 1941–1949. Bd. 4: Kommentare. Berlin/Weimar 1979 [kein Hrsg.]

2.0.4. Schweiz

Amman, Egon, u. Eugen Faes (Hrsg.): Literatur aus der Schweiz. Texte und Materialien. Frankfurt a. M. 1978

Amman, Egon, u. Urs Bugmann (Hrsg.): Schweizer Literatur – ein Almanach. Zürich 1988

Ammann, Egon, u. Urs Bugmann (Hrsg.): Lese-Zeit. Literatur aus der Schweiz. Zürich 1988

Fringeli, Dieter (Hrsg.): Gut zum Druck. Literatur der Deutschen Schweiz seit 1964. Zürich/München 1972

Mariacher, Bruno, u. Friedrich Witz (Hrsg.): Bestand und Versuch. Schweizer Schrifttum der Gegenwart. Zürich/Stuttgart 1964 [Anthologie]

Waidson, Herbert Morgan (Hrsg.): Anthology of Modern Swiss Literature. London/New York 1984

2.0.5. Österreich

Bäcker, Heimrad (Hrsg.): Kolloquium Neue Texte. 2 Bde. Graz 1990 und 1991

Fischer-Colbric, Arthur: Zeitgenössisches Schrifttum in Oberösterreich. Graz 1957

Junge Literatur aus Österreich. 1980. Wien 1981 [kein Hrsg.; jährl. erschienen bis 1988]

Kindermann, Heinz, u. Margret Dietrich u. a. (Hrsg.): Dichtung aus Österreich. Anthologie. 3 Bde. 1 Ergbd. Wien u. a. 1966 u. 1969

Laemmle, Peter, u. Jörg Drews (Hrsg.): Wie die Grazer auszogen, die Literatur zu erobern. Texte, Portraits, Analysen und Dokumente junger österreichischer Autoren. München 1979

Längle, Ulrike (Hrsg.): Mir Wibar miteinand. Texte von Frauen. Wien 1990

Langer, Norbert: Dichter aus Österreich. Folge 1. Wien/München ²1963 [1. Aufl.: 1956; unregelmäßig erschienen bis Folge 5 (1967)]

Stepanek, Paul (Hrsg.): Sprachbilder. Prosa und Lyrik oberösterreichischer Schriftsteller. Linz 1985

Weiss, Walter, u. Ernst Hamisch (Hrsg.): Vermittlungen. Texte und Kontexte österreichischer Literatur und Geschichte im 20. Jahrhundert. Salzburg 1990

Weyrer, Ursula, u. Ulrike Diethardt, Kristina Pfoser-Schewig u. a. (Hrsg.): Österreichische Literatur. Ein Pressespiegel. Wien 1986 ff. [erscheint jährl.]

Wimmer, Paul (Hrsg.): Fährten. Eine Anthologie neuer österreichischer Dichtung. Wien 1972

Wirth, Barbara (Hrsg.): «... sah aus, als wüßte sie die Welt...». Ein literarischer Almanach. Wien 1990 [Jubiläumsalmanach: Zehn Jahre Wiener Frauenverlag]

3.0. Literaturgeschichten, Sammelbände, Überblicke

3.0.1. Deutschsprachige Literatur allgemein und Westzonen/Bundesrepublik

Adorno, Theodor W.: Noten zur Literatur. Frankfurt a. M. ³1990 [Gesammelte Schriften, Bd. 11, hrsg. v. Gretel Adorno u. Rolf Tiedemann; 1. Aufl.: 1974; davor: Noten zur Literatur 1–3, Frankfurt a. M. 1958–1965]

Albrecht, Günter, u. Kurt Böttcher u. a. (Hrsg.): Deutsche Literaturgeschichte in Bildern. Eine Darstellung von den Anfängen bis zur Gegenwart. 2 Bde. Leipzig 1969 u. 1971

Arnold, Heinz Ludwig (Hrsg.): Geschichte der deutschen Literatur aus Methoden. Westdeutsche Literatur von 1945–1971. 3 Bde. Frankfurt a. M. 1972

Arnold, Heinz Ludwig (Hrsg.): Bestandsaufnahme Gegenwartsliteratur. Bundesrepublik Deutschland, Deutsche Demokratische Republik, Österreich, Schweiz. München 1988

Arnold, Heinz Ludwig (Hrsg.): Vom gegenwärtigen Zustand der deutschen Literatur. München 1992

Autorenkollektiv u. d. Leitung v. Kurt Böttcher u. Hans Jürgen Geerdts: Kurze Geschichte der deutschen Literatur. Berlin (Ost) ⁵1990 [1. Aufl.: 1981]

Bahr, Ehrhard (Hrsg.): Geschichte der deutschen Literatur. Kontinuität und Veränderung – vom Mittelalter bis zur Gegenwart. 3 Bde. Tübingen 1987 u. 1988 [Bd. 3: Vom Realismus bis zur Gegenwartsliteratur, u. Mitarb. v. Otto F. Best, 1988]

Balzer, Bernd, u. Volker Mertens (Hrsg.): Deutsche Literatur in Schlaglichtern. Mannheim 1990

Bangerter, Lowell A.: German Writing Since 1945. A Critical Survey. New York 1988

Berg, Jan, u. a.: Sozialgeschichte der deutschen Literatur von 1918 bis zur Gegenwart. Frankfurt a. M. 1981

Best, Otto Ferdinand, u. Hans-Jürgen Schmitt (Hrsg.): Die deutsche Literatur. Ein Abriß in Text und Darstellung. Bd. 16: Gegenwart. Stuttgart 1992 [Nachdr. d. Ausg. v. 1975, hrsg. v. Gerhard R. Kaiser]

Beutin, Wolfgang, u. a.: Deutsche Literaturgeschichte von den Anfängen bis zur Gegenwart. Stuttgart ⁴1992 [überarb. Aufl.; 1. Aufl.: 1979]

Bier, Jean-Paul: Auschwitz et les nouvelles littératures allemandes. Brüssel 1979

Bloch, Ernst: Literarische Aufsätze. Frankfurt a. M. 1985 [Werkausg., Bd. 9; 1. Ausg.: 1965 (= Gesamtausg., Bd. 9)]

Böschenstein, Hermann: A History of Modern German Literature. Bern/Frankfurt a. M. u. a. 1990 [hrsg. v. Rodney Symington]

Bortenschlager, Wilhelm: Deutschsprachige Literatur des 20. Jahrhunderts. Wien/Wels/München 1975

Bortenschlager, Wilhelm: Deutsche Literaturgeschichte. 3 Bde. Wien ⁴1986 u. 1992 [Bd. 2: Von 1945 bis zur Gegenwart, erw. Aufl.; 1. Aufl. u. d. Titel: Vom 1. Weltkrieg bis zur Gegenwart, 1981; Bd. 3: Von 1983 bis 1992; 1. Ausg. erschienen u. d. Titel: Von 1983 bis 1988, 1988]

Braungart, Wolfgang (Hrsg.): Über Grenzen. Polnisch-deutsche Beiträge zur deutschen Literatur nach 1945. Frankfurt a. M./Bern u. a. 1989

Brinkler-Gabler, Gisela (Hrsg.): Deutsche Literatur von Frauen. 2 Bde. München 1988

Burger, Heinz Otto (Hrsg.): Annalen der deutschen Literatur. Stuttgart ²1971 [überarb. Aufl.; 1. Aufl.: 1952]

Clason, Synnöve: Der andere Blick. Studien zur deutschsprachigen Literatur der siebziger Jahre. Stockholm 1988

Demetz, Peter: Die süße Anarchie. Skizzen zur deutschen Literatur nach 1945. Frankfurt a. M./Berlin 1973 [Originalausg. u. d. amerikan. Titel: Postwar German Literature, 1970]

Demetz, Peter: Fette Jahre, Magere Jahre. Deutschsprachige Literatur von 1965 bis 1985. München 1988 [Originalausg. u. d. amerikan. Titel: After the Fires. Writing in the Germanies, Austria and Switzerland, 1986]

Doderer, Klaus (Hrsg.): Zwischen Trümmern und Wohlstand. Literatur der Jugend 1945–1960. Basel/Weinheim 1988

Drews, Jörg, u. Wolfgang Emmerich u. a.: Kultur und Macht. Deutsche Literatur 1949–1989. Bielefeld 1992

Durzak, Manfred (Hrsg.): Die deutsche Literatur der Gegenwart. Stuttgart ³1976 [1. Aufl.: 1971]

Durzak, Manfred (Hrsg.): Deutsche Gegenwartsliteratur. Ausgangspositionen und aktuelle Entwicklungen. Stuttgart 1981

Emert, Karl: Literatur im Zeitbezug – deutsche Fragen. Versuch über die letzten vierzig Jahre. Rehbert-Loccum 1989

Esselborn, Karl G.: Gesellschaftskritische Literatur nach 1945. München 1977

Ezrahi, Sidra Dekoven: By Words Alone. The Holocaust in Literature. Chicago/London 1980 [mit einem Vorw. v. Alfred Kazin]

Franke, Hans-Peter, u. Ulrich Staehle, Gisela Ullrich, Dietmar Wenzelberger: Von 1945 bis zur Gegenwart. Stuttgart 1983 [Geschichte der deutschen Literatur, Bd. 6, hrsg. v. Joachim Bark]

Frenzel, Herbert A., u. Elisabeth Frenzel: Daten deutscher Dichtung. Chronologischer Abriß der deutschen Literaturgeschichte. 2 Bde. München [26]1991 [1. Aufl. 1953, mit d. Zusatz: von den Anfängen bis zur Gegenwart]

Geerdts, Hans Jürgen (Hrsg.): Literaturgeschichte in einem Band. Berlin (Ost) [5]1971 [1. Aufl.: 1965]

Glaser, Hermann, u. Jakob Lehmann, Arno Lubos: Wege der deutschen Literatur. Eine geschichtliche Darstellung. Berlin [28]1990 [neubearb. u. erg. Ausg.; 1. Aufl.: Frankfurt a. M. 1981]

Glenn, Jerry: Deutsches Schrifttum der Gegenwart. Tübingen 1971 [Handbuch der deutschen Literaturgeschichte der Gegenwart, Abt. 2, Bd. 12, hrsg. v. Paul Stapf]

Grimm, Gunter E., u. Frank R. Max (Hrsg.): Deutsche Dichter. Leben und Werk deutschsprachiger Autoren. Bd. 8: Gegenwart. Stuttgart 1990

Grimminger, Rolf (Hrsg.): Hansers Sozialgeschichte der deutschen Literatur vom 16. Jahrhundert bis zur Gegenwart. 12 Bde. Bd. 10–12. München 1986–1992 [Bd. 10: Literatur in der Bundesrepublik Deutschland bis 1967, 1986, hrsg. v. Ludwig Fischer; Bd. 11: Die Literatur der DDR, 1983, hrsg. v. Hans-Jürgen Schmitt; Bd. 12: Gegenwartsliteratur seit 1968, 1992, hrsg. v. Klaus Briegleb u. Sigrid Weigel]

Gysi, Klaus, u. Kurt Böttcher, Günter Albrecht, Paul Günter Kron (Hrsg.): Geschichte der deutschen Literatur von den Anfängen bis zur Gegenwart. 12 Bde. Berlin (Ost) 1963–1976 [wechselnde Herausgeberkombinationen: Bd. 4 hrsg. v. einem Kollektiv f. Literaturgeschichte Volk u. Wissen Berlin u. d. Leitung v. Kurt Böttcher i. Zusammenarb. mit Günter Albrecht; ab Bd. 6 hrsg. v. einem Autorenkollektiv u. d. Vorsitz v. Hans-Günther Thalheim; Bd. 12: betreut v. einem wissenschaftl. Beirat (Kurt Böttcher, Horst Haase, Hans Richter, Rolf Rohmer u. Dieter Ulle)]

Stapf, Paul (Hrsg.): Handbuch der deutschen Literaturgeschichte der Gegenwart. 2 Abtn., 16 Bde. Tübingen 1970–1974 [2. Abt., Bd. 12: Deutsches Schrifttum der Gegenwart, 1971, v. Jerry Glenn]

Hauser, Arnold: Sozialgeschichte der Kunst und Literatur. München 1990 [ungek. Sonderausg. i. einem Bd.; 1. Aufl. (zwei Bde.): 1953; engl. Originaltitel: The Social History of Art]

Hay, Gerhard (Hrsg.): Zur literarischen Situation 1945–1949. Kronberg i. Ts. 1977

Heckmann, Herbert (Hrsg.): Literatur aus dem Leben. Autobiographische Tendenzen in der deutschsprachigen Gegenwartsdichtung. München/Wien 1984

Heißenbüttel, Helmut: Zur Tradition der Moderne. Aufsätze und Anmerkungen 1964–1971. Neuwied/Berlin 1972

Hermand, Jost (Hrsg.): Literatur nach 1945. 2 Bde. Wiesbaden 1979 [Neues Handbuch der Literaturwissenschaft, Bd. 21 u. 22, hrsg. v. Klaus von See]

Holländer, Hans, u. Christian W. Thomsen (Hrsg.): Besichtigung der Moderne. Bildende Kunst, Architektur, Musik, Literatur, Religion. Aspekte und Perspektiven. Köln 1987

Hüppauf, Bernd (Hrsg.): Die Mühen der Ebenen. Kontinuität und Wandel in der deutschen Literatur und Gesellschaft 1945–1949. Heidelberg 1981

Institut für moderne Kunst Nürnberg (Hrsg.): Prinzip Collage. Neuwied/Berlin 1968

Jens, Walter: Deutsche Literatur der Gegenwart. München 1961

Jens, Walter: Statt einer Literaturgeschichte. Pfullingen [7]1978 [erw. Aufl.; 1. Aufl.: 1957]

Just, Klaus Günther: Von der Gründerzeit bis zur Gegenwart. Geschichte der deutschen Literatur seit 1871. Bern u. a. 1973

Kamper, Dietmar, u. Willem van Reijen (Hrsg.): Die unvollendete Vernunft: Moderne versus Postmoderne. Frankfurt a. M. 1987

Kantorowicz, Alfred: Im 2. Drittel unseres Jahrhunderts. Illusionen, Irrtümer, Widersprüche, Einsichten, Voraussichten. Köln 1967

Kindlers Literaturgeschichte der Gegenwart. Autoren, Werke, Themen, Tendenzen. München 1987 [aktualisierte Ausg.; Originalausg. in 5 Bden.: 1973–1978; Bd. 1: Dieter Lattmann (Hrsg.): Die Literatur der Bundesrepublik, 1973; Bd. 2: Konrad Franke, Heinrich Vormweg (Mitarb.): Die Literatur der Deutschen Demokratischen Republik, 1974; Bd. 3: Hilde Spiel (Hrsg.): Die zeitgenössische Literatur Österreichs, 1976; Bd. 4: Manfred Gsteiger (Hrsg.): Die zeitgenössischen Literaturen der Schweiz, 1974; Bd. 5: Rudolf Riedler (Hrsg.): Die deutschsprachige Sachliteratur, 1978]

Knapp, Monika, u. Gerd Labroisse (Hrsg.): Frauen-Fragen in der deutschsprachigen Literatur seit 1945. Amsterdam 1989

Koebner, Thomas (Hrsg.): Tendenzen der deutschen Gegenwartsliteratur. Stuttgart ²1984 [1. Aufl. u. d. Titel: Tendenzen der deutschen Literatur seit 1945. Stuttgart 1971]

Kreuzer, Helmut. Veränderungen des Literaturbegriffs. Göttingen 1975

Kreuzer, Helmut (Hrsg.): Pluralismus und Postmodernismus. Zur Literatur- und Kulturgeschichte der achtziger Jahre. Bern ²1991 [verb. und erw. Aufl.; 1. Aufl.: Frankfurt a. M./Bern u. a. 1989]

Kurz, Paul Konrad: Zwischen Widerstand und Wohlstand. Zur Literatur der frühen achtziger Jahre. Frankfurt a. M. 1986

Kurz, Paul Konrad: Apokalyptische Zeit. Zur Literatur der mittleren achtziger Jahre. Frankfurt a. M. 1987

Lüdke, W. Martin (Hrsg.): Nach dem Protest. Literatur im Umbruch. Frankfurt a. M. 1979

Lüdke, Martin (Hrsg.): Gute Aussichten, finstere Zeiten. Von 1949 bis heute: deutsche Geschichte in deutschen Geschichten. Reinbek 1989

von der Lühe, Irmela (Hrsg.): Entwürfe von Frauen in der Literatur des 20. Jahrhunderts. Berlin 1982

Lützeler, Paul Michael (Hrsg.): Zeitgenossenschaft. Zur deutschsprachigen Literatur im 20. Jahrhundert. Festschrift für Egon Schwarz zum 65. Geburtstag. Frankfurt a. M. 1987

Lukács, Georg: Skizze einer Geschichte der neueren deutschen Literatur. Neuwied 1964 [zuvor: Berlin (Ost) 1953; umfaßt die Titel: Deutsche Literatur im Zeitalter des Imperialismus, Berlin (Ost) 1945, und: Fortschritt und Reaktion in der deutschen Literatur, Berlin (Ost) 1947]

Lukács, Georg: Schriften zur Literatursoziologie. Frankfurt 1985 [mit einer Einf. v. Peter Ludz; 1. Aufl. d. Originalausg.: Werkauswahl, Bd. 1, Neuwied 1961, ausgew. v. Peter und Christian Ludz]

Mann, Otto, u. Wolfgang Rothe (Hrsg.): Deutsche Literatur im 20. Jahrhundert. Strukturen und Gestalten. 2 Bde. Bern/München ⁵1967 [veränd. u. erw. Aufl.; 1. Aufl.: Heidelberg 1954]

Martini, Fritz: Deutsche Literaturgeschichte. Stuttgart ¹⁹1991 [neubearb. Aufl. i. Zusammenarb. mit Angela Martini-Wonde; 1. Aufl.: 1949]

Matthaei, Renate (Hrsg.): Grenzverschiebung. Neue Tendenzen in der deutschen Literatur der 60er Jahre. Köln 1970

Mayer, Hans: Zur deutschen Literatur der Zeit. Zusammenhänge – Schriftsteller – Bücher. Reinbek 1967

Mayer, Hans (Hrsg.): Deutsche Literaturkritik. Bd. 4: Vom Dritten Reich bis zur Gegenwart (1933–1968). Frankfurt a. M. 1978

Mayer, Hans: Die umerzogene Literatur. Deutsche Schriftsteller und Bücher 1945–1967. Berlin 1988 [Bd. 2: Die unerwünschte Literatur]

Mayer, Hans: Die unerwünschte Literatur. Deutsche Schriftsteller und Bücher 1968–1985. Frankfurt a. M. 1992 [Originalausg.: Berlin 1989; Bd. 1: Die umerzogene Literatur]

Moras, Joachim, u. Hans Paeschke (Hrsg.): Deutscher Geist zwischen gestern und morgen. Bilanz der kulturellen Entwicklung seit 1945. Stuttgart 1954

Müller, Friedrich, u. Gerold Valentin: Deutsche Dichtung. Kleine Geschichte unserer Literatur. Paderborn 1981 [neubearb. Aufl.; 1. Aufl.: Paderborn/München 1971]

Müller, Gerd: Literatur und Revolution. Untersuchungen zur Frage des literarischen Engagements in Zeiten des politischen Umbruchs. Uppsala/Stockholm 1974

Nonnenmann, Klaus (Hrsg.): Schriftsteller der Gegenwart. 53 Porträts. Olten/Freiburg 1963

Paulsen, Wolfgang (Hrsg.): Revolte und Experiment. Die Literatur der sechziger Jahre in Ost und West. Heidelberg 1972 [Fünftes Amherster Kolloquium zur modernen Literatur 1971]

Pinkerneil, Beate, u. Dietrich Pinkerneil, Viktor Žmegač (Hrsg.): Literatur und Gesellschaft. Zur Soziologie der Literatur seit der Jahrhundertwende. Frankfurt a. M. 1973

Plaul, Hainer: Illustrierte Geschichte der Trivialliteratur. Hildesheim/Zürich/New York 1983

Pongs, Hermann: Dichtung im gespaltenen Deutschland. Stuttgart 1966

Rademacher, Gerhard (Hrsg.): Aufsätze und Rezensionen zur Jugendliteratur 1970–1975. Münster 1976

Reich-Ranicki, Marcel: Entgegnung. Zur deutschen Literatur der 70er Jahre. München 1982 [erw. Neuausg.; 1. Aufl.: Stuttgart 1979]

Renner, Rolf Günter: Die postmoderne Konstellation. Theorie, Text und Kunst im Ausgang der Moderne. Freiburg 1988

Richter-Schutte, Karin: Frauenliteratur und weibliche Identität. Theoretische Ansätze zu einer weiblichen Ästhetik und zur Entwicklung der neuen deutschen Frauenliteratur. Frankfurt a. M. 1986

Riha, Karl: Cross-Reading und Cross-Talking. Zitat-Collagen als poetische und satirische Technik. Stuttgart 1971

Roberts, David (Hrsg.): Tendenzwenden. Aspekte des Kulturwandels der siebziger Jahre. Frankfurt a. M./Bern/New York 1984

Rothmann, Kurt: Deutschsprachige Schriftsteller seit 1945 in Einzeldarstellungen. Stuttgart 1985

Rothmann, Kurt: Kleine Geschichte der deutschen Literatur. Stuttgart ¹⁰1989 [1. Aufl.: 1978, seitdem durchges. u. verb.]

Ruiss, Gerhard, u. Johannes A. Vyoral: Der Zeit ihre Kunst – der Kunst ihre Freiheit: Der Freiheit ihre Grenzen? Zensurversuche und -modelle der Gegenwart. Wien 1990

Schmidt, Burghart: Postmoderne. Strategien des Vergessens. Ein kritischer Bericht. Darmstadt/Neuwied 1986

Schütz, Erhard, u. Jochen Vogt (Hrsg.): Einführung in die deutsche Literatur des 20. Jahrhunderts. 3 Bde. Bd. 2 u. 3. Wiesbaden 1978 u. 1980 [Bd. 2: Weimarer Republik, Faschismus und Exil; Bd. 3: Bundesrepublik und DDR]

Schütz, Hans J.: Ein deutscher Dichter bin ich einst gewesen. Vergessene und verkannte Autoren des 20. Jahrhunderts. München 1988

Schwab, Sylvia: Autobiographik und Lebenserfahrung. Versuch einer Typologie deutschsprachiger autobiographischer Schriften zwischen 1965 und 1975. Würzburg 1981

von See, Klaus (Hrsg.): Neues Handbuch der Literaturwissenschaft. 25 Bde. Bd. 21 u.
22. Wiesbaden 1979 [Bd. 21: Jost Hermand (Hrsg.): Literatur nach 1945. Tl. 1: Politische und regionale Aspekte; Bd. 22: Ders. (Hrsg.): Literatur nach 1945. Tl. 2: Themen und Genres]

Solms, Wilhelm (Hrsg.): Nachruf auf die rumäniendeutsche Literatur. Marburg 1990

Thurn, Christian, u. Herbert Röttger (Hrsg.): Die Rückkehr des Imaginären. Märchen, Magie, Mythos. Anfänge einer anderen Politik. München 1981

Wagener, Hans (Hrsg.): Gegenwartsliteratur und Drittes Reich. Deutsche Autoren in der Auseinandersetzung mit der Vergangenheit. Stuttgart 1977

Weber, Dietrich (Hrsg.): Deutsche Literatur der Gegenwart in Einzeldarstellungen. Stuttgart ³1976 [überarb. Aufl.; 1. Aufl. u. d. Titel: Deutsche Literatur seit 1945 in Einzeldarstellungen. Stuttgart 1968]

Weigel, Sigrid (Hrsg.): Die Stimme der Medusa. Schreibweisen in der Gegenwartsliteratur von Frauen. Dülmen 1987

Weiss, Walter, u. a.: Gegenwartsliteratur. Zugänge zu ihrem Verständnis. Stuttgart u. a. 1973

Wellershoff, Dieter: Fiktion und Praxis. Wiesbaden 1969

von Wiese, Benno (Hrsg.): Deutsche Dichter der Gegenwart. Ihr Leben und Werk. Berlin 1973

Wilke, Sabine: Poetische Strukturen der Moderne. Zeitgenössische Literatur zwischen alter und neuer Mythologie. Stuttgart 1992

Winckler, Lutz (Hrsg.): Antifaschistische Literatur. 3 Bde. Königstein i. Ts. 1977 u. 1979 [Bd. 1 u. 2: Programme, Autoren, Werke, 1977; Bd. 3: Prosaformen, 1979, hrsg. in Zusarb. mit Christian Fritsch]

Winkels, Hubert: Einschnitte. Zur Literatur der achtziger Jahre. Frankfurt a. M. 1991 [Originalausg.: Köln 1988]

Wischer, Erika (Hrsg.): Propyläen Geschichte der Literatur. 6 Bde. Bd. 6: Die moderne Welt 1914 bis heute. Berlin 1982

Zeller, Michael (Hrsg.): Aufbrüche. Abschiede. Studien zur deutschen Literatur seit 1968. Stuttgart 1979

Žmegač, Viktor (Hrsg.): Geschichte der deutschen Literatur vom 18. Jahrhundert bis zur Gegenwart. Bd. 3: Von 1918 bis zur Gegenwart. Tl. 2. Königstein i. Ts. 1985

Žmegač, Viktor, u. Ždenko Škreb: Kleine Geschichte der deutschen Literatur. Von den Anfängen bis zur Gegenwart. Frankfurt a. M. 1992 [Hrsg.: Ljerka Šeculic]

3.0.2. Westzonen/Bundesrepublik

Autorenkollektiv u. d. Leitung v. Hans J. Bernhard: Geschichte der Literatur der Bundesrepublik Deutschland. Berlin (Ost) 1985 [Geschichte der deutschen Literatur von den Anfängen bis zur Gegenwart, Bd. 12]

Balzer, Bernd, u. a.: Die deutschsprachige Literatur in der Bundesrepublik Deutschland. Vorgeschichte und Entwicklungstendenzen. München 1988

Briegleb, Klaus, u. Sigrid Weigel (Hrsg.): Gegenwartsliteratur seit 1968. München 1992 [Hansers Sozialgeschichte der deutschen Literatur, Bd. 12]

Drews, Jörg (Hrsg.): Vom ‹Kahlschlag› zum ‹movens›. Über das langsame Auftauchen experimenteller Schreibweisen in der westdeutschen Literatur der fünfziger Jahre. München 1980

Fischer, Ludwig (Hrsg.): Literatur in der Bundesrepublik Deutschland bis 1967. München 1986 [Hansers Sozialgeschichte der deutschen Literatur, Bd. 10]

Hermand, Jost, u. Helmut Peitsch, Klaus R. Scherpe (Hrsg.): Nachkriegsliteratur in Westdeutschland 1945–1949. 2 Bde. Berlin 1982 u. 1984

Lattmann, Dieter (Hrsg.): Die Literatur der Bundesrepublik Deutschland. München/ Zürich 1973 [Kindlers Literaturgeschichte der Gegenwart in Einzelbänden, Bd. 1]

Lützeler, Paul Michael, u. Egon Schwarz (Hrsg.): Deutsche Literatur in der Bundesrepublik seit 1965. Königstein i.Ts. 1980

Peitsch, Helmut: «Deutschlands Gedächtnis an seine dunkelste Zeit.» Zur Funktion der Autobiographik in den Westzonen Deutschlands und den Westsektoren von Berlin 1945 bis 1949. Berlin 1990

Reinhold, Ursula: Literatur und Klassenkampf. Entwicklungsprobleme demokratischer und sozialistischer Literatur in der BRD 1965–1974. Berlin (Ost) 1976 [auch München 1976, u. d. veränderten Obertitel: Herausforderung und Literatur]

Schmidt, Ricarda: Westdeutsche Frauenliteratur in den siebziger Jahren. Frankfurt a. M. ²1990 [überarb. Aufl.; 1. Aufl.: 1982]

Schnell, Ralf: Die Literatur der Bundesrepublik. Autoren, Geschichte, Literaturbetrieb. Stuttgart 1986

Thomas, Hinton R., u. Keith Bullivant: Westdeutsche Literatur der sechziger Jahre. Köln 1975 [Titel der Originalausg.: Literature in Upheaval. West German Writers]

Williams, Arthur, u. a. (Hrsg.): German Literature at A Time of Change 1989–1990. German Unity and German Identity in Literary Perspective. Bern u. a. 1991

3.0.3. SBZ/DDR

Abusch, Alexander: Literatur und Wirklichkeit. Beiträge zu einer neuen deutschen Literaturgeschichte. Berlin (Ost) 1952

Arnold, Heinz Ludwig (Hrsg.): Die andere Sprache. Neue DDR-Literatur der 80er Jahre. München 1990 [i. Zusammenarb. mit Gerhard Wolf]

Arnold, Heinz Ludwig, u. Frauke Meyer-Gosau (Hrsg.): Literatur in der DDR. Rückblicke. München 1991

Autorenkollektiv u. d. Leitung v. Günter Albrecht: Schriftsteller der DDR. 2 Bde. Leipzig ²1975 [unveränd. Aufl.; 1. Aufl. u. d. Leitung v. Kurt Böttcher: Leipzig 1974]

Autorenkollektiv u. d. Leitung v. Horst Haase: Geschichte der Literatur der DDR. Berlin (Ost) 1976 [Geschichte der deutschen Literatur von den Anfängen bis zur Gegenwart, Bd. 11]

Autorenkollektiv u. d. Leitung v. Hans Jürgen Geerdts: Literatur der DDR in Einzeldarstellungen. 3 Bde. Berlin (Ost) ²1976 u. 1987 [Originalausg.: Stuttgart 1972; Ausg. Berlin (Ost): 1974; 2. Aufl.: 1976 (1987 um einen dritten Band erweitert)]

Berger, Christel: Gewissensfrage Antifaschismus. Traditionen der DDR-Literatur. Analysen, Interpretationen, Interviews. Berlin 1990

Brettschneider, Werner: Zwischen literarischer Autonomie und Staatsdienst. Die Literatur in der DDR. Berlin ²1974 [verb. u. erg. Aufl.; 1. Aufl.: 1972]

Diersch, Manfred, u. Walfried Hartinger (Hrsg.): Literatur und Geschichtsbewußtsein. Entwicklungstendenzen der DDR in den sechziger und siebziger Jahren. Berlin (Ost)/Weimar 1976

Emmerich, Wolfgang: Kleine Literaturgeschichte der DDR. 1945–1988. Frankfurt a. M. ⁵1989 [überarb. u. erw. Ausg.; 1. Aufl.: 1981]

Franke, Konrad: Die Literatur der DDR. München ³1980 [Kindlers Literaturgeschichte der Gegenwart in Einzelbänden, Bd. 2; 1. Aufl. (neubearb. Ausg.): 1974]

Geerdts, Hans Jürgen: Literatur unserer Zeit. Rudolstadt 1961

Gerlach, Ingeborg: Bitterfeld. Arbeiterliteratur und Literatur der Arbeitswelt in der DDR. Kronberg i. Ts. 1974

Greiner, Bernhard: Von der Allegorie zur Idylle. Die Literatur der Arbeitswelt in der DDR. Heidelberg 1974
Greiner, Bernhard: Literatur der DDR in neuer Sicht. Studien und Interpretationen. Frankfurt a. M./Bern u. a. 1986
Herting, Helga: Das sozialistische Menschenbild in der Gegenwartsliteratur. Berlin (Ost) 1966
Herting, Helga: Konturen und Perspektiven. Zum Menschenbild in der Gegenwartsliteratur der Sowjetunion und der DDR. Berlin (Ost) 1969
Hohendahl, Peter Uwe, u. Patricia Herminghouse (Hrsg.): Literatur und Literaturtheorie in der DDR. Frankfurt a. M. 1976
Hohendahl, Peter Uwe, u. Patricia Herminghouse (Hrsg.): Literatur der DDR in den siebziger Jahren. Frankfurt a. M. 1983
Huebener, Theodore: The Literature of East Germany. New York 1970
Jameson, Frederic: Marxism and Form. Twentieth Century Dialectical Theories of Literature. Princeton 1971
Jarmatz, Klaus, u. Christel Berger (Leitung): Weggenossen. 15 Schriftsteller der DDR. Frankfurt a. M. 1975 [hrsg. v. Inst. f. Gesellschaftswiss. beim ZK d. SED]
Kaufmann, Hans: Über DDR-Literatur. Beiträge aus 25 Jahren. Berlin (Ost)/Weimar 1986
Klatt, Gudrun (Hrsg.): Passagen. DDR-Literatur in französischer Sicht. Halle a. d. S./Leipzig 1989
Mehner, Hans-Ulrich: Von Bitterfeld bis Oobliadooh. Die andere deutsche Literatur. Berlin 1967
Müller, Wolfgang: Dichter-Helden in der DDR-Literatur der siebziger Jahre. Frankfurt a. M./Bern u. a. 1989
Pallus, Walter, u. Gunnar Müller-Waldeck (Hrsg.): Neuanfänge. Studien zur frühen DDR-Literatur. Berlin (Ost)/Weimar 1986
Raddatz, Fritz J.: Traditionen und Tendenzen. Materialien zur Literatur der DDR, Frankfurt a. M. 1976 [erw. Ausg.; Originalausg.: 1972]
Reich-Ranicki, Marcel: Zur Literatur der DDR. München 1974
Reid, James H.: Writing Without Taboos. The New East German Literature. Oxford u. a. 1990
Richter, Hans (Hrsg.): Generationen, Temperamente, Schreibweisen. DDR-Literatur in neuer Sicht. Halle a. d. S./Leipzig 1988
Richter, Ludwig, u. a. (Hrsg.): Literatur im Wandel. Entwicklungen in europäischen sozialistischen Ländern 1944/45–1980. Berlin (Ost)/Weimar 1986
Sander, Hans-Dietrich: Geschichte der Schönen Literatur in der DDR. Ein Grundriß. Freiburg i. Br. 1972
Scharfschwerdt, Jürgen: Literatur und Literaturwissenschaft in der DDR. Eine historisch-kritische Einführung. Stuttgart 1982
Scherpe, Klaus R., u. Lutz Winkler (Hrsg.): DDR-Literatur. Hamburg 1988
Scherpe, Klaus R., u. Lutz Winkler (Hrsg.): Frühe DDR-Literatur. Traditionen, Institutionen, Tendenzen. Berlin 1989
Schmitt, Hans-Jürgen (Hrsg.): Einführung in Theorie, Geschichte und Funktion der DDR-Literatur. Stuttgart 1975
Schmitt, Hans-Jürgen (Hrsg.): Die Literatur der DDR. München/Wien 1983 [Hansers Sozialgeschichte der deutschen Literatur, Bd. 11]
Schrage, Bruno (Red.): Entwicklungstendenzen in der Literatur der DDR am Beginn der siebziger Jahre. Rostock 1975 [Kolloquium v. 29. bis 30. 05. 1974 an d. Sektion Sprach- u. Literaturwiss. d. Universität Rostock]
Schuhmann, Klaus, u. Horst Nalewski (Hrsg.): Selbsterfahrung als Welterfahrung. DDR-Literatur in den siebziger Jahren. Berlin (Ost) 1981

Trommler, Frank: Sozialistische Literatur in Deutschland. Stuttgart 1976
Witschel, Günter: Antagonismen in der DDR-Literatur. Bonn 1976
Wittstock, Uwe: Von der Stalinallee zum Prenzlauer Berg. Wege der DDR-Literatur
    1949–1989. München 1989

3.0.4. Schweiz

Acker, Robert, u. Marianne Burkhard (Hrsg.): Blick auf die Schweiz. Zur Frage der
    Eigenständigkeit der Schweizer Literatur seit 1970. Amsterdam 1987
Autorenkollektiv u. d. Leitung v. Klaus Pezold: Geschichte deutschsprachiger Schwei-
    zer Literatur im 20. Jahrhundert. Berlin 1991
Bettex, Albert: Die Literatur der deutschen Schweiz von heute. Olten 1950
Burkhard, Marianne, u. Gerd Labroisse (Hrsg.): Zur Literatur der deutschsprachigen
    Schweiz. Amsterdam 1979
Calgari, Guido: Die vier Literaturen der Schweiz. Olten/Freiburg 1966 [ital. Original-
    titel: Storia delle quattro letterature della Svizzera. Milano 1958]
Flood, John L. (Hrsg.): Modern Swiss Literature. Unity and Diversity. London/New
    York 1985
Fringeli, Dieter: Von Spitteler zu Muschg. Literatur der deutschen Schweiz seit 1900.
    Basel 1975
Gsteiger, Manfred: Literatur des Übergangs. Bern 1963
Gsteiger, Manfred (Hrsg.): Die zeitgenössischen Literaturen der Schweiz. München
    1987 [Kindlers Literaturgeschichte der Gegenwart in Einzelbänden, Bd. 3]
Günther, Werner: Dichter der neueren Schweiz. 3 Bde. Bern 1963–1986
Köchli, Yvonne-Denise: Themen in der neueren Schweizer Literatur. Bern/Frankfurt
    a. M. u. a. 1982
Kohlschmidt, Werner (Hrsg.): Bürgerlichkeit und Unbürgerlichkeit in der Literatur
    der Deutschen Schweiz. Bern u. a. 1978
Kreis, Georg (Hrsg.): Die Literaturen der Schweiz. Analysen gemeinsamer Brenn-
    punkte der vier Sprachregionen. Basel 1992
von Matt, Beatrice: Lesarten. Zur Schweizer Literatur von Walser bis Muschg. [Mün-
    chen] 1985
von Matt, Beatrice: Antworten. Die Literatur der deutschsprachigen Schweiz in den
    achtziger Jahren. [Schlieren] 1991
Pezold, Klaus (Hrsg.): Entwicklungstendenzen der deutschsprachigen Literatur der
    Schweiz in den sechziger und siebziger Jahren. Leipzig 1984
Prosche, Hannelore (Hrsg.): Geschichte der deutschsprachigen Literatur im 20. Jahr-
    hundert. Berlin 1991 [u. d. Mitarb. v. Klaus Pezold]
Schwengeler, Arnold Hans: Vom Geist und Wesen der Schweizer Dichtung. St. Gallen
    1964   .
Spiegelberg, Sven: Diskurs in der Leere. Aufsätze zur aktuellen Literatur in der
    Schweiz. Bern/Frankfurt a. M u. a. 1990
Wenger, Bernhard, u. Jürg Altwegg u. a. (Mitarb.): Die vier Literaturen der Schweiz.
    Zürich 1983
Zeltner, Gerda: Das Ich ohne Gewähr. Gegenwartsautoren aus der Schweiz. Zürich/
    Frankfurt a. M. 1980

3.0.5. Österreich

Adel, Kurt: Aufbruch und Tradition. Einführung in die österreichische Literatur seit
1945. Wien 1982
Aspetsberger, Friedbert, u. Norbert Frei (Hrsg.): Literatur der Nachkriegszeit und der
fünfziger Jahre in Österreich. Wien 1984
Aspetsberger, Friedbert, u. a. (Hrsg.): Zeit ohne Manifeste? Zur Literatur der siebziger
Jahre in Österreich. Wien 1987
Breicha, Otto (Hrsg.): Österreich zum Beispiel. Literatur, bildende Kunst, Film und
Musik seit 1968. Salzburg 1982
Daviau, Donald G. (Hrsg.): Major Figures of Contemporary Austrian Literature. New
York/Frankfurt a. M. u. a. 1987
Haase, Horst (Hrsg.): Österreichische Literatur des 20. Jahrhunderts. Einzeldarstel-
lungen. Berlin ²1990 [durchges. u. erg. Aufl.; 1. Aufl.: Berlin (Ost) 1988]
Institut für Österreichkunde (Hrsg.): Interpretationen zur österreichischen Literatur.
Wien 1971 [Vorträge]
Kober, Leo (Red.): Das Erscheinungsbild der österreichischen Gegenwartsdichung.
Wien/Stuttgart 1969
McVeigh, Joseph G.: Kontinuität und Vergangenheitsbewältigung in der österreichi-
schen Literatur nach 1945. Wien 1988
Nolte, Jost: Grenzgänge. Berichte über Literatur. Wien 1972
Paulsen, Wolfgang (Hrsg.): Österreichische Gegenwart. Die moderne Literatur und ihr
Verhältnis zur Tradition. Bern u. a. 1980
Polheim, Karl Konrad (Hrsg.): Literatur aus Österreich – österreichische Literatur. Ein
Bonner Symposion. Bonn 1981
Prokop, Hans F.: Österreichisches Literaturhandbuch. Wien/München 1974
Scheichl, Sigrud Paul, u. Gerald Stieg (Hrsg.): Österreichische Literatur des 20. Jahr-
hunderts. Französische und österreichische Beiträge. Innsbruck 1986
Schmidt, Adalbert: Dichtung und Dichter Österreichs im 19. und 20. Jahrhundert.
2 Bde. Salzburg/Stuttgart 1964
Spiel, Hilde (Hrsg.): Die zeitgenössische Literatur Österreichs. München 1976 [Kind-
lers Literaturgeschichte der Gegenwart in Einzelbänden, Bd. 4]
Suchy, Viktor: Literatur in Österreich von 1945 bis 1970. Strömungen und Tendenzen
Wien ²1973 [überarb. Aufl.; 1. Aufl.: 1971]
Walter Buchebner Gesellschaft (Hrsg.): Literatur in Österreich 1950–1965. Mürzzu-
schlag 1984
Zeman, Herbert (Hrsg.): Die österreichische Literatur. Ihr Profil von der Jahrhundert-
wende bis zur Gegenwart (1880–1980). 2 Bde. Graz 1990
Zeyringer, Klaus: Innerlichkeit und Öffentlichkeit. Österreichische Literatur der acht-
ziger Jahre. Tübingen 1992

4.0. Literarisches Leben

4.1. Nachschlagewerke, Lexika, Bibliographien

Baumgärtner, Alfred Clemens (Hrsg.): Lesen – ein Handbuch. Lesestoff, Leser und
Leseverhalten, Lesewirkungen, Leseerziehung, Lesekultur. Hamburg 1968
Becker, Eva, u. Manfred Dehn: Literarisches Leben. Eine Bibliographie. Hamburg
1968
Hagelweide, Gert: Literatur zur deutschsprachigen Presse. Eine Bibliographie. 3. Bde.
München u. a. 1985 [Bd. 1] und 1989

Holtz-Bacha, Christina: Publizistik-Bibliographie. Eine internationale Bibliographie von Nachschlagewerken zur Literatur der Kommunikationswissenschaft. Konstanz 1985

Langenbucher, Wolfgang Rudolf, u. Ralf Rytlewski u. a. (Hrsg.): Handbuch zur deutsch-deutschen Wirklichkeit. Bundesrepublik Deutschland/ Deutsche Demokratische Republik im Vergleich. Stuttgart 1988 [Neuaufl.; Originalausg. 1983 u. d. Titel: Kulturpolitisches Wörterbuch. Bundesrepublik Deutschland/Deutsche Demokratische Republik im Kulturvergleich]

Pasterney, Udo, u. Jens Gehret (Hrsg.): Deutschsprachige Bibliographie der Gegenkultur. Bücher und Zeitschriften von 1950–1980. Amsterdam 1982

Paulhart, Herbert, u. Hermine Paulhart: Liste der Zeitschriften 1945–1979. Salzburg u. a. 1980

Riemann, Wolfgang: Über das Leben in Bitterland. Bibliographie der türkischen Deutschland-Literatur und zur türkischen Literatur in Deutschland. Wiesbaden 1990

Scheibe, Siegfried (Bearb.): Neue Deutsche Literatur. Berlin 1953–1962 [Jahrgang 1–10]. Bibliographie einer Zeitschrift. Titelverzeichnis und Register. 2 Bde. München 1989

Schanze, Helmut: Medienkunde für Literaturwissenschaftler. Einführung und Bibliographie. München 1974

Zuther, Gerhard H. W.: Eine Bibliographie der Aufnahme amerikanischer Literatur in deutschen Zeitschriften 1945–1960. München 1965

4.2. Dokumentationen

4.2.1. Deutschsprachige Literatur allgemein und Westzonen/Bundesrepublik

Anz, Thomas (Hrsg.): «Es geht nicht um Christa Wolf». Der Literaturstreit im vereinten Deutschland. München 1991

Arnold, Heinz Ludwig: Gespräche mit Schriftstellern. München 1975

Arnold, Heinz Ludwig: Als Schriftsteller leben. Gespräche mit Peter Handke, Franz Xaver Kroetz, Gerhard Zwerenz, Walter Jens, Peter Rühmkorf, Günter Grass. Reinbek 1979

Arnold, Heinz Ludwig: Schriftsteller im Gespräch mit Heinz Ludwig Arnold. 2 Bde. Zürich 1990

Assmann, Michael (Hrsg.): Der Georg-Büchner-Preis 1951–1987. Eine Dokumentation (nach dem Katalog zur Ausstellung «Der Georg-Büchner-Preis 1951–1978» von Dieter Sulzer u. a.). München 1987

Barthélemy, Françoise, u. Lutz Winkler (Hrsg.): Mein Deutschland findet sich in keinem Atlas. Schriftsteller aus beiden deutschen Staaten über ihr nationales Selbstverständnis. Frankfurt a. M. 1990

Bauer, Gerhard W., u. Hans-Rüdiger Fluck (Hrsg.): Warum im Dialekt? Interviews mit zeitgenössischen Autoren. Bern 1976

Berliner Begegnung zur Friedensförderung. Protokolle des Schriftstellertreffens am 13./14. Dezember 1981. Darmstadt/Neuwied 1982

Bienek, Horst (Hrsg.): Werkstattgespräche mit Schriftstellern. München 1965

Bingel, Horst (Hrsg.): Literarische Messe. Handpressen, Flugblätter, Zeitschriften der Avantgarde. Frankfurt a. M. 1968

Bingel, Horst (Hrsg.): Phantasie und Verantwortung. Dokumentation des 3. Schriftstellerkongresses des Verbandes deutscher Schriftsteller (VS) in der IG Druck und Papier. Frankfurt a. M. 1975

Bloch, Peter André (Hrsg.): Gegenwartsliteratur. Mittel und Bedingungen ihrer Produktion. Eine Dokumentation. Bern/München 1975

Bosch, Manfred, u. Klaus Konjetzky: Für wen soll ich schreiben? Gespräche mit lesenden Arbeitern. Autoren nehmen Stellung. München 1973

Büchner-Preis-Reden. 2 Bde. Stuttgart ²1981 und 1984 [Bd. 1: 1951–1971, mit einem Vorw. v. Ernst Johann, Nachdr. d. 1. Aufl. v. 1972; Bd. 2: 1972–1983, mit einem Vorw. v. Herbert Heckmann]

Burgmüller, Herbert (Hrsg.): Deutsches Wort in dieser Zeit. Ein Almanach des Deutschen PEN-Zentrums Ost und West. München o. J.

Curtius, Mechthild: Autorengespräche. Verwandlung der Wirklichkeit. Frankfurt a. M. 1991

Deiritz, Karl, u. Hannes Krauss (Hrsg.): Der deutsch-deutsche Literaturstreit oder «Freunde, es spricht sich schlecht mit gebundener Zunge»: Analysen und Materialien. Hamburg/Zürich 1991

Dollinger, Hans (Hrsg.): Außerdem. Deutsche Literatur minus Gruppe 47 = wieviel? München u. a. 1976

Drewitz, Ingeborg (Hrsg.): Die Literatur und ihre Medien. Positionsbestimmungen. Düsseldorf/Köln 1972

Ebeling, Susanne (Hrsg.): Literarische Ausstellungen von 1949 bis 1985. Bundesrepublik Deutschland, Deutsche Demokratische Republik. Diskussion, Dokumentation, Bibliographie. München u. a. 1991

Engelmann, Bernt (Hrsg.): Bestandsaufnahme. 5. Schriftstellerkongreß [VS]. München 1980

Engelmann, Bernt, u. a. (Hrsg.): Es geht, es geht... Zeitgenössische Schriftsteller und ihr Beitrag zum Frieden – Grenzen und Möglichkeiten. München 1982

Es muß sein. Autoren schreiben über das Schreiben. Köln 1989 [mit einem Vorw. v. Reinhold Neven du Mont]

Fohrbeck, Karla, u. Andreas Johannes Wiesand (Hrsg.): Der Autorenreport. Hamburg 1972

Fohrbeck, Karla, u. Andreas Johannes Wiesand (Hrsg.): Der Künstler-Report. Musikschaffende, Darstellende/Realisatoren, bildende Künstler/Designer. München 1975

Frankfurter Allgemeine Zeitung (Hrsg.): Ein Bücher-Tagebuch. Buchbesprechungen aus der Frankfurter Allgemeinen Zeitung. Jg. 5. Frankfurt a. M. 1971 ff. [erscheint jährl.; bislang letzter Bd.: Jg. 26 (1992); Reprint d. ersten vier Jge. u. d. Titel: Ein Büchertagebuch, hrsg. v. Gerhard Henrich]

Friedrich, Heinz (Hrsg.): Schwierigkeiten, heute die Wahrheit zu schreiben. München 1964

Goyke, Frank, u. Andreas Sinakowski (Hrsg.): Jetzt wohin? Deutsche Literatur im deutschen Exil. Gespräche und Texte. Berlin 1991

Grosser, J. F. G. (Hrsg.): Die große Kontroverse. Ein Briefwechsel um Deutschland. Hamburg 1963

Hauser, Albert, u. Anton Krättli (Hrsg.): Literatur als Prozeß. Literaturgespräche zum Thema Autor – Kritiker – Leser. Zürich 1973

Henrich, Gerhard (Hrsg.): Ein Büchertagebuch. Buchbesprechungen aus der Frankfurter Allgemeinen Zeitung. Reprint der Jahrgänge 1–4 (1967–1970). Frankfurt a. M. u. a. 1981 [Jge. 5 ff. u. d. Titel: Ein Bücher-Tagebuch, hrsg. v. d. Frankfurter Allgemeinen Zeitung]

Hensel, Georg, u. Volker Hage (Hrsg.): Indiskrete Antworten. Die Fragebogen des F. A. Z.-Magazins. Stuttgart 1985

Hohler, Franz: Fragen an andere. Bern 1973 [Interviews mit Wolf Biermann, Peter Handke, Ernst Jandl, Mani Matter, Hannes Wader]

Janetzki, Ulrich (Hrsg.): Tendenz Freisprache. Texte zu einer Poetik der achtziger Jahre. Frankfurt a. M. 1992

Jens, Walter (Hrsg.): Leben im Atomzeitalter. Schriftsteller und Dichter zum Thema unserer Zeit. München 1987

Jung, Jochen (Hrsg.): Deutschland, Deutschland. 47 Schriftsteller aus der BRD und der DDR schreiben über ihr Land. Reinbek 1981

Kapitza, Peter (Hrsg.): Fachdienst Germanistik. Sprache und Literatur in der Kritik deutschsprachiger Zeitungen. München 1983 ff. [erscheint monatlich]

Keckeis, Peter, u. Georg Zimmerli (Hrsg.): Bücher, nur Bücher! Texte vom Lesen und Schreiben. Zürich 1991

Kesting, Hanjo: Dichter ohne Vaterland. Gespräche und Aufsätze zur Literatur. [Jean Améry, Heinrich Böll, Axel Eggebrecht, Hans Magnus Enzensberger, Erich Fried, Stephan Hermlin, Wolfgang Hildesheimer, Peter Weiss.] Berlin/Bonn 1982

Ketmann, Per (Hrsg.): Geh doch rüber! Begegnungen von Menschen aus Ost und West. Darmstadt/Neuwied 1986

Kieser, Harro, u. a. (Hrsg.): Literatur und literarisches Leben in Deutschland 1945–1949. Eine Ausstellung der Deutschen Bibliothek mit dem Arbeitskreis selbständiger Kultur-Institute e. V. Bonn 1987

Koch, Werner (Hrsg.): Selbstanzeige. Schriftsteller im Gespräch. Frankfurt a. M. 1971

Kolb, Ulrike (Hrsg.): Die Versuchung des Normalen. Autoren stellen sich ihrer Geschichte. Frankfurt a. M. 1986

Korte, Karl-Rudolf: Über Deutschland schreiben. Schriftsteller sehen ihren Staat. München 1992

Kramberg, Karl Heinz (Hrsg.): Vorletzte Worte. Schriftsteller schreiben ihren eigenen Nachruf. Frankfurt a. M. 1970

Krause, Markus, u. Stephan Speicher (Hrsg.): Absichten und Einsichten. Texte zum Selbstverständnis zeitgenössischer Autoren. Stuttgart 1990

Kretzschmar, Ingeburg (Hrsg.): Literatur im Zeitalter der Wissenschaft. (Öffentliche Diskussion des Dt. PEN-Zentrums Ost und West, geführt in der Deutschen Akademie der Wissenschaften zu Berlin am 28. Nov. 1959.) Berlin (Ost) 1960 [Kongr. d. Internat. PEN: Schöne Literatur im Zeitalter der Wissenschaft. Bericht.]

Krüger, Ingrid, u. a. (Hrsg.): Zweite Berliner Begegnung: Den Frieden erklären: Protokolle des zweiten Schriftstellertreffens am 22./23. April 1983. Darmstadt 1983

Lattmann, Dieter (Hrsg.): Einigkeit der Einzelgänger. Dokumentation des 1. Schriftstellerkongresses des Verbandes deutscher Schriftsteller. München 1971

Lattmann, Dieter (Hrsg.): Entwicklungsland Kultur. Dokumentation des 2. Schriftstellerkongresses des Verbandes deutscher Schriftsteller. München 1973

Lüdke, Martin, u. Delf Schmidt (Hrsg.): «Wer mir der liebste Dichter sei?». Der neudeutsche Literaturstreit. Reinbek 1986

Müller, Hans-Joachim (Hrsg.): Butzbacher Autorenbefragung. Briefe zur Deutschstunde. München 1973

Müller, Hans-Joachim (Hrsg.): Butzbacher Autoreninterviews. 2 Bde. Darmstadt 1976 und 1977

Müller-Marein, Josef, u. Theo Sommer (Hrsg.): Schriftsteller: Ja-Sager oder Nein-Sager? Das Hamburger Streitgespräch deutscher Autoren aus Ost und West. Hamburg 1961

Neunzig, Hans A.: (Hrsg.): Der Ruf. Unabhängige Blätter für die junge Generation. Eine Auswahl. München 1976

Richter, Hans Werner: Im Etablissement der Schmetterlinge. 21 Portraits aus der Gruppe 47. München u. a. 1986

Röhl, Hannelore (Hrsg.): Ansichtssache. Schriftsteller und Künstler im Gespräch. Halle a. d. S./Leipzig 1988

de la Roi, Rudolf (Hrsg.): Jemand der schreibt. 57 Aussagen. München 1972

Rudolph, Ekkehard (Hrsg.): Protokoll zur Person. Autoren über sich und ihr Werk. München 1971

Rudolph, Ekkehard: Aussagen zur Person. Zwölf deutsche Schriftsteller im Gespräch mit E. R. Tübingen/Basel 1977

Rühle, Günther: Bücher, die das Jahrhundert bewegten. Zeitanalysen wieder gelesen. Frankfurt a. M. 1980 [Originalausg.: München 1978]

Salis, Richard (Hrsg.): Motive. Deutsche Autoren zur Frage: Warum schreiben Sie? Tübingen/ Basel 1971 [mit einem Vorw. v. Walter Jens]

Schröder, Michael (Hrsg.): Auf geht's: Rama dama! Frauen und Männer aus der Arbeiterbewegung berichten über Wiederaufbau und Neubeginn 1945 bis 1949. Köln 1984

Schultz, Uwe (Hrsg.): Fünfzehn Autoren suchen sich selbst. Modell und Provokation. München 1967

Schutte, Jürgen (Hrsg.): Dichter und Richter. Die Gruppe 47 und die deutsche Nachkriegsliteratur. Katalog der Akademie der Künste Berlin zur Ausstellung 28.10. bis 7.12.1988. Berlin 1988

Schwarz, Wilhelm (Hrsg.): Protokolle. Gespräche mit Schriftstellern. Frankfurt a. M. u. a. 1990

Simmerding, Gertrud, u. Christof Schmid (Hrsg.): Literarische Werkstatt. Interviews mit: Dürrenmatt, Dorst, Zadek, Handke, Nossack, Heißenbüttel, Grass, Wohmann, Bichsel, Johnson. München 1977

Ude, Karl (Hrsg.): Besondere Kennzeichen. Selbstporträts zeitgenössischer Autoren. München 1964

Vinz, Curt, u. Günter Olzog (Hrsg.): Dokumentation deutschsprachiger Verlage. 11. Ausgabe. München/Wien 1992 [1. Ausg.: 1962; ab 8. Ausg. (1983) zeitschriftenähnlich]

Wandrey, Uwe (Hrsg.): Kein schöner Land? Deutschsprachige Autoren zur Lage der Nation. Reinbek 1979

Welsch, Wolfgang (Hrsg.): Wege aus der Moderne. Schlüsseltexte zur Postmoderne-Diskussion. Weinheim 1988

Wende-Hohenberger, Waltraud (Hrsg.): Der erste gesamtdeutsche Schriftstellerkongreß nach dem Zweiten Weltkrieg im Ostsektor Berlins vom 4. bis 8. Oktober 1947. Frankfurt a. M. 1988

Wende-Hohenberger, Waltraud (Hrsg.): Der Frankfurter Schriftstellerkongreß im Jahr 1948. Frankfurt a. M./Bern u. a. 1989

Weyrauch, Wolfgang (Hrsg.): 11 Autoren über 1 Jahrzehnt. Berlin 1970

Widmann, Hans: Der deutsche Buchhandel in Urkunden und Quellen. Hamburg 1965 [u. Mitw. v. Horst Kliemann u. Bernhard Wendt]

Wittmann, Heinz: Begegnungen mit Dichtern. Wien 1971

Wittmann, Heinz: Gespräche mit Dichtern. Wien 1976

Zeller, Bernhard (Hrsg.): «Als der Krieg zu Ende war». Literarisch-politische Publizistik 1945–1950. Stuttgart 1973 [Sonderausstellung des Schiller-Nationalmuseums, Katalog Nr. 23]

Ziermann, Horst (Hrsg.): Die Polemik um die deutsche Gegenwartsliteratur. Eine Dokumentation. Frankfurt a. M. 1966

4.2.2. Westzonen/Bundesrepublik

Ackermann, Irmgard (Hrsg.): In zwei Sprachen leben. Berichte, Erzählungen, Gedichte von Ausländern. München 1983

Arnold, Heinz Ludwig (Hrsg.): Gruppe 61: Arbeiterliteratur – Literatur der Arbeitswelt? München 1971

Botzat, Tatjana, u. Elisabeth Kiderlen, Frank Wolff (Hrsg.): Ein deutscher Herbst. Zustände. Dokumente, Berichte, Kommentare. Frankfurt a. M. 1978

Dahinten, Egon E. (Hrsg.): Stockholmer Katalog der Dortmunder Gruppe 61. Stockholm 1971

Daiber, Hans: Vor Deutschland wird gewarnt. 17 exemplarische Lebensläufe. Gütersloh 1967

Deutscher Schriftstellerverband (Hrsg.): Realismus, Reaktion, Resignation. Beiträge zur westdeutschen Literatur. Herausgegeben zum 5. Deutschen Schriftstellerkongreß. Berlin (Ost) 1961

Deutsches PEN-Zentrum (Hrsg.): Wer ist wer im PEN? Die Mitglieder des deutschen PEN-Zentrums in der Bundesrepublik. [Darmstadt] 1972 [Ergänzungsband: 1973]

Engelmann, Bernt (Hrsg.): VS vertraulich. 3 Bde. München 1977–1979

Estermann, Alfred, u. Jost Hermand, Merle Krüger (Hrsg.): Unsere Republik. Politische Statements westdeutscher Autoren. Wiesbaden 1980

Fischbach, Peter, u. Horst Hensel, Uwe Naumann (Hrsg.): Zehn Jahre Werkkreis Literatur der Arbeitswelt. Dokumente, Analysen, Hintergründe. Frankfurt a. M. 1979

Friedrich, Heinz (Hrsg.): Chamissos Enkel. Literatur von Ausländern in Deutschland. München 1986

Gütt, Dieter (Hrsg.): Wählen – aber wen? Schriftsteller über Deutschland vor der Wahl. Hamburg 1986

Höllerer, Walter, u. a. (Hrsg.): Autoren im Haus. Zwanzig Jahre Literarisches Colloquium Berlin. Berlin 1982

Hoffmann-Herreros, Johann: Zeitgenossen. 15 PEN-Porträts. Mainz 1972

Hüser, Fritz, u. Max von der Grün (Hrsg.): Aus der Welt der Arbeit. Almanach der Gruppe 61 und ihre Gäste. Neuwied/Berlin 1966

Linder, Christian (Hrsg.): Schreiben und Leben. Gespräche mit Jürgen Becker, Peter Handke, Walter Kempowski, Wolfgang Koeppen, Günter Wallraff, Dieter Wellershoff. Köln 1974

Mechtel, Angelika: Alte Schriftsteller in der Bundesrepublik. Gespräche und Dokumente. München 1972

Osterle, Heinz D.: Bilder von Amerika. Gespräche mit deutschen Schriftstellern. Münster 1987

Roehler, Klaus, u. Rainer Nitsche (Hrsg.): Das Wahlkontor deutscher Schriftsteller in Berlin 1965. Versuch einer Parteinahme. Politisch-literarische Revue mit Beiträgen von Friedrich Christian Delius u. a. Berlin 1990

Sonnemann, Ulrich (Hrsg.): Der mißhandelte Rechtsstaat in Erfahrung und Urteil bundesdeutscher Schriftsteller, Rechtsanwälte und Richter. Köln 1977

Verband Deutscher Schriftsteller (Hrsg.): Ende der Bescheidenheit. Die Texte der Gründungsveranstaltung des Verbandes Deutscher Schriftsteller. München 1969

Weyrauch, Wolfgang (Hrsg.): Ich lebe in der Bundesrepublik. München 1960

4.2.3. SBZ/DDR

Akademie der Künste der DDR, Sektion Literatur und Sprachpflege, Abteilung Geschichte der sozialistischen Literatur (Hrsg.): Zur Tradition der deutschen sozialistischen Literatur. 4 Bde. Berlin (Ost)/Weimar 1979

Albrecht, Sylvia, u. Manfred Jendryschik, Klaus Walther (Hrsg.): Mensch in diesem Land. Porträts. Halle a. d. S. 1974

Auer, Annemarie: Standorte – Erkundungen. Acht kritische Versuche. Halle a. d. S. ²1968 [1. Aufl.: 1967]

Deutscher Schriftstellerverband (Hrsg.): 3. [4., 5., 6.] Deutscher Schriftstellerkongreß. (Referate und Diskussionsbeiträge.) Berlin (Ost) 1952 [1956, 1961, 1969; ab d. 7. Schriftstellerkongreß hrsg. v. Schriftstellerverband d. DDR]

Drommer, Günther (Hrsg.): Dichter im Frieden. 100 Autoren der DDR. Ein Foto-Lese-Buch. Weimar 1986

Fahndungen. 22 Autoren über sich selbst. Berlin (Ost) 1975 [mit einem Nachw. v. Karl Bongardt]

Fischbeck, Helmut (Hrsg.): Literaturpolitik und Literaturkritik in der DDR. Eine Dokumentation. Frankfurt a. M./Berlin/München 1976

Grünberg, Karl, u. a. (Redaktionskollegium): Hammer und Feder. Deutsche Schriftsteller aus ihrem Leben und Schaffen. Berlin (Ost) 1955

Günther, Eberhard, u. Werner Liersch (Hrsg.): Positionen. Wortmeldungen zur DDR-Literatur. Bd. 1. Halle a. d. S. 1984 [erschienen bis 5 (1989), dann eingestellt]

Hähnel, Ingrid, u. Siegfried Rönisch: Auskünfte 2. Werkstattgespräche mit DDR-Autoren. Berlin(Ost)/ Weimar 1984

Hannemann, Joachim, u. Lothar Zschuckelt (Hrsg.): Schriftsteller in der Diskussion. Zur Literaturentwicklung der fünfziger Jahre. Berlin (Ost) 1979

Heider, Magdalena, u. Kerstin Thöns (Hrsg.): SED und Intellektuelle in der DDR der fünfziger Jahre. Kulturbundprotokolle. Köln 1990

Heym, Stefan, u. Werner Heiduczek: Die sanfte Revolution. Prosa, Lyrik, Protokolle, Erlebnisberichte, Reden. Leipzig/Weimar 1990 [u. d. Mitarb. v. Ingrid Czechowski]

Hoeft, Brigitte (Hrsg.): Der Prozeß gegen Walter Janka u. a. Eine Dokumentation. Berlin 1990

Ich schreibe... Arbeiter greifen zur Feder. Berlin (Ost)/Halle a. d. S. 1962 [Zentrale Arbeitsgemeinschaft der Zirkel schreibender Arbeiter; kein Hrsg.]

Institut für Marxismus-Leninismus beim ZK d. SED (Hrsg.): «...einer neuen Zeit Beginn.» Erinnerungen an die Anfänge der Kulturrevolution 1945–1949. Berlin (Ost) 1980

Janka, Walter: Schwierigkeiten mit der Wahrheit. Reinbek 1990

Kohn, Erwin (Hrsg.): In eigener Sache. Briefe von Künstlern und Schriftstellern. Halle a. d. S. 1964

Kulturbund zur demokratischen Erneuerung (Hrsg.): Der Kampf gegen den Formalismus in Kunst und Literatur, für eine fortschrittliche deutsche Kultur. Materialien des 5. Plenums des ZK der SED. Berlin (Ost) 1951

Labroisse, Gerd, u. Ian Wallace (Hrsg.): DDR-Schriftsteller sprechen in der Zeit. Eine Dokumentation. Amsterdam u. a. 1991

Lange, Marianne (Hrsg.): Zur sozialistischen Kulturrevolution 1957–1959. Dokumente. 2 Bde. Berlin (Ost) 1960

Löffler, Anneliese (Hrsg.): Auskünfte. Werkstattgespräche mit DDR-Autoren. Berlin (Ost)/Weimar ²1976 [1. Aufl.: 1974]

Lübbe, Peter (Hrsg.): Dokumente zur Kunst-, Literatur- und Kulturpolitik der SED. Bd. 3: 1975–1980. Stuttgart 1984

Michael, Klaus, u. Thomas Wohlfahrt (Hrsg.): Vogel oder Käfig sein. Kunst und Literatur aus unabhängigen Zeitschriften in der DDR 1979–1989. o. O. [Berlin] 1992

Naumann, Michael (Hrsg.): Die Geschichte ist offen. DDR 1990: Hoffnung auf eine neue Republik. Schriftsteller aus der DDR über die Zukunftschancen ihres Landes. Reinbek 1990

Paulick, Wolfgang (Hrsg.): Junge Schriftsteller der DDR in Selbstvorstellungen. Leipzig 1965

Roos, Peter (Hrsg.): Exil. Die Ausbürgerung Wolf Biermanns aus der DDR. Eine Dokumentation. Köln 1977

Rüß, Gisela (Hrsg.): Dokumente zur Kunst-, Literatur- und Kulturpolitik der SED. Bd. 2: 1971–1974. Stuttgart 1976

Schädlich, Hans Joachim (Hrsg.): Aktenkundig. Mit Beiträgen von Wolf Biermann, Jürgen Fuchs, Joachim Gauck, Lutz Rathenow, Vera Wollenberger u. a. Berlin 1992

Scherzer, Landolf (Hrsg.): Zeit läuft. Dokumentarliteratur vor und nach der Wende. Berlin 1990

Schriftstellerverband der DDR (Hrsg.): 7. [8., 9., 10.] Schriftstellerkongreß der DDR. Berlin (Ost)/Weimar 1974 [1979, 1984, 1988; Bd. 8 mit dem Zusatz: Referat u. Diskussion; Bd. 9 mit d. Zusatz: Rede u. Diskussion, erschienen in Leipzig; Bd. 10 mit d. Zusatz: Vollständiges Protokoll v. Plenum u. Arbeitsgruppen, erschienen in Köln, Lizenzausg. Weimar; vor d. 7. Schriftstellerkongreß hrsg. v. Deutschen Schriftstellerverband]

Schriftstellerverband der DDR (Hrsg.): Zeitgenossen. DDR-Schriftsteller erzählen. Berlin (Ost) 1986

Schriftstellerverband der DDR (Hrsg.): Landsleute. DDR-Schriftsteller erzählen. Berlin (Ost) 1989

Schubbe, Elimar (Hrsg.): Dokumente zur Kunst-, Literatur- und Kulturpolitik der SED. Bd. 1: 1949–1970. Stuttgart 1972

Sie kamen aus Deutschland. DDR-Schriftsteller in der Bundesrepublik. Ausstellung 10. Okt. bis 7. Nov. im Haus zur Münze (Worms). Worms 1989 [Ausstellung u. Katalog: Detlev Johannes]

Sonnenberg, Maria, u. Christel Ende (Hrsg.): Dissidenten? Texte und Dokumente zur DDR–»Exil«-Literatur. Berlin 1991

Die Verantwortung des Schriftstellers in den Kämpfen unserer Zeit. Materialien zum 8. Schriftstellerkongreß der DDR (Berlin 29. – 31. Mai 1978). München 1978

Voigtländer, Annie (Hrsg.): Liebes- und andere Erklärungen. Schriftsteller über Schriftsteller. Berlin (Ost) 1972

Walther, Joachim (Hrsg.): Meinetwegen Schmetterlinge. Gespräche mit Schriftstellern. Berlin 1973

Walther, Joachim, u. a. (Hrsg.): Protokoll eines Tribunals. Die Ausschlüsse aus dem DDR-Schriftstellerverband 1979. Hamburg 1991

Weedon, Chris (Hrsg.): Die Frau in der DDR. An Anthology of Women's Writing from the German Democratic Republic. Oxford 1988

Zentralkomitee der SED (Hrsg.): Dokumente der Sozialistischen Einheitspartei Deutschlands. Beschlüsse und Erklärungen des Parteivorstandes des Zentralkomitees und des Politischen Büros. Bd. 1 und 2. Berlin (Ost). ³1952 [Bd. 1, 1. Aufl.: 1948; Bd. 2, 1. Aufl.: 1950]

Zentralkomitee der SED (Hrsg.): Dokumente der Sozialistischen Einheitspartei Deutschlands. Beschlüsse und Erklärungen des Parteivorstandes des Zentralkomitees und des Politischen Büros. Bd. 3–9. Berlin 1952–1965 [Bd. 4: 1954; Bd. 5: 1956; Bd. 6: 1958; Bd. 7: 1961; Bd. 8: 1962]

Zweite Bitterfelder Konferenz: Protokoll der [...] am 24. und 25. April in Bitterfeld abgehaltenen Konferenz. Berlin (Ost) 1964

4.2.4. Schweiz

Bloch, Peter André, u. Edwin Hubacher (Hrsg.): Die Schriftsteller in unserer Zeit. Schweizer Autoren bestimmen ihre Rolle in der Gesellschaft. Eine Dokumentation zu Sprache und Literatur der Gegenwart. Bern 1972

Böhler, Thomas: Das gespiegelte Ich. Deutschschweizer Schriftstellerinnen und Schriftsteller in Wort und Bild. Zürich 1990

Bucher, Werner, u. Georges Ammann (Hrsg.): Schweizer Schriftsteller im Gespräch. 2 Bde. Basel 1970 u. 1971

Cantieni, Benita: Schweizer Schriftsteller persönlich. Interviews. Frauenfeld u. a. 1983

Fringeli, Dieter, u. Paul Nizon, Erica Padretti (Hrsg.): Taschenbuch der Gruppe Olten. Zürich/Köln 1974 [Beiträge v. Ludwig Hohl u. a.]

Höllerer, Walter, u. Norbert Miller (Hrsg.): Der Zürcher Literaturstreit. Eine Dokumentation, in: Sprache im technischen Zeitalter, H. 22 (April/Juni 1967)

Höllerer, Walter, u. Norbert Miller (Hrsg.): Beginn einer Krise. Zum Zürcher Literaturstreit, in: Sprache im technischen Zeitalter, H. 26 (April/Juni 1968)

Jung, Jochen (Hrsg.): Ich hab im Traum die Schweiz gesehen. 35 Schriftsteller aus der Schweiz schreiben über ihr Land. Reinbek 1982

Pulver, Elsbeth, u. Sybille Dellach (Hrsg.): Zwischenzeilen. Schriftstellerinnen der deutschen Schweiz. Bern ²1989 [überarb. Aufl.; 1. Aufl.: Bern 1985]

Solms, Wilhelm (Hrsg.): Geschichten aus einem ereignislosen Land. Schweizer-Literaturtage in Marburg. Marburg 1989

4.2.5. Österreich

Blaukopf, Kurt, u. a. (Hrsg.): Künstler in Österreich. Die soziale Lage der Komponisten, bildenden Künstler und Schriftsteller. Salzburg 1984

Diethardt, Ulrike, u. Heinz Lunzer u. a. (Hrsg.): Leben mit österreichischer Literatur. Begegnung mit aus Österreich stammenden amerikanischen Germanisten. 1938/1988. Elf Erinnerungen. Wien 1990

Felsbach, Heinz (Hrsg.): Klagenfurter Texte. Ingeborg-Bachmann-Wettbewerb 1991. Mit den Texten der Preisträger. München 1991

Fink, Humbert, u. Marcel Reich-Ranicki, Ernst Willner (Hrsg.): Klagenfurter Texte zum Ingeborg-Bachmann-Preis 1977. München 1977 [bis 1989 jährl. erschienen, ab 1987 hrsg. v. Heinz Felsbach u. Siegbert Metelko]

Friedl, Harald (Hrsg.): Die Tiefe der Tinte. Wolfgang Bauer, Elfriede Jelinek, Friederike Mayröcker, H. C. Artmann, Milo Dor, Gert Jonke, Barbara Frischmuth, Ernst Jandl, Peter Turrini, Christine Nöstlinger im Gespräch. Salzburg 1990

Jung, Jochen (Hrsg.): Reden an Österreich. Schriftsteller ergreifen das Wort. Salzburg u. a. 1988

Rühm, Gerhard (Hrsg.): Die Wiener Gruppe. Achleitner, Artmann, Bayer, Rühm, Wiener. Texte, Gemeinschaftsarbeiten, Aktionen. Reinbek 1985 [erw. Neuaufl.; 1. Aufl. d. Originalausg.: 1969]

Ruiss, Gerhard, u. Johannes A. Vyoral (Hrsg.): Dokumentation zur Situation junger österreichischer Autoren. Eine Bestandsaufnahme der gegenwärtigen österreichischen Literaturszene. Wien 1978

Ruiss, Gerhard, u. Johannes A. Vyoral (Hrsg.): Problemkatalog. Bedingungen der Literaturproduktion in Österreich. Arbeitsunterlage zum Ersten Österreichischen Schriftstellerkongreß. Wien 1981

Schmölzer, Hilde: Das böse Wien. 16 Gespräche mit österreichischen Künstlern. München 1973

Seuter, Harald (Hrsg.): Die Literatur, ein Schwert? Literatur und Politik in Österreich. Graz 1981

4.3. Darstellungen, Essays, Studien, Programmatisches, Überblicke

4.3.1. Deutschsprachige Literatur allgemein und Westzonen/Bundesrepublik

Arnold, Heinz Ludwig (Hrsg.): Deutsche Bestseller – Deutsche Ideologie. Stuttgart 1975

Arnold, Heinz Ludwig, u. Stephan Reinhardt (Hrsg.): Dokumentarliteratur. München 1973

Arnold, Heinz Ludwig (Hrsg.): Die Gruppe 47. Ein kritischer Grundriß. Göttinger Seminar ‹Gruppe 47›. München 1980

Arnold, Heinz Ludwig (Hrsg.): Über Literaturkritik. München 1988

Aspetsberger, Friedbert (Hrsg.): Marginalisierung. Die Literatur und die neuen Medien. Wien 1990 [Red.: Hermann Möck]

Barner, Wilfried (Hrsg.): Literaturkritik – Anspruch und Wirklichkeit. Stuttgart 1990

Baumgart, Reinhard: Literatur für Zeitgenossen. Essays. Frankfurt a. M. 1966

Baumgart, Reinhard: Die verdrängte Phantasie. 20 Essays über Kunst und Gesellschaft. Darmstadt/Neuwied 1973

Baur, Uwe, u. a. (Hrsg.): Gattungen der Trivialliteratur. Kronberg i. Ts. 1977

Bechtoldt, Heinrich (Hrsg.): Literatur und Politik. 7 Vorträge zur heutigen Situation in Deutschland. Konstanz 1948

Becker, Egon, u. Gerd Jungblut: Strategien der Bildungsproduktion. Frankfurt a. M. 1972

Berthold, Werner, u. Britta Eckert: Der Deutsche PEN-Club im Exil. 1933–1948. Eine Ausstellung der Deutschen Bibliothek, Frankfurt. Katalog. Frankfurt a. M. 1980

Bondy, François: Der Rest ist Schreiben. Schriftsteller als Aktivisten, Aufklärer und Rebellen. Wien 1972

Braun, Michael: Der poetische Augenblick. Essays zur Gegenwartsliteratur. Berlin 1986

Brettschneider, Werner: Zorn und Trauer. Aspekte deutscher Gegenwartsliteratur. Berlin 1979

Briegleb, Klaus: 1968. Literatur in der antiautoritären Bewegung. Frankfurt a. M. 1992

Brügmann, Margret: Amazonen der Literatur. Studien zur deutschsprachigen Frauenliteratur der siebziger Jahre. Amsterdam 1986

Buch, Hans Christoph: Literatur-Wälder. Essays, Kritiken, Glossen. Reinbek 1972

Buch, Hans-Christoph (Hrsg.): Die Literatur nach dem Tod der Literatur. Bilanz der Politisierung. Reinbek 1975

Buch, Hans-Christoph: Das Hervortreten des Ichs aus den Wörtern. Aufsätze zur Literatur. München/Wien 1978

Buch, Hans-Christoph: Waldspaziergang. Unpolitische Betrachtungen zu Literatur und Politik. Frankfurt a. M. 1987

Bürger, Christa: Textanalyse als Ideologiekritik. Zur Rezeption zeitgenössischer Unterhaltungsliteratur. Frankfurt a. M. 1973

Burger, Heinz-Otto (Hrsg.): Studien zur Trivialliteratur. Frankfurt a. M. 1968

Burkhard, Marianne (Hrsg.): Gestaltet und gestaltend. Frauen in der deutschen Literatur. Amsterdam 1980

Corino, Karl (Hrsg.): Genie und Geld. Vom Auskommen deutscher Schriftsteller. Hamburg 1991

Daum, Thomas: Ghetto, Sprungbrett, Basis. Zum Selbstverständnis der Alternativpresse seit 1968. Hamburg/München 1975

Diederichsen, Diedrich, u. Dick Hebdige, Olaph-Dante Marx: Schocker. Stile und Moden der Subkultur. Reinbek 1983

Doehlemann, Martin: Junge Schriftsteller – Wegbereiter einer antiautoritären Gesellschaft? Opladen 1970

Durzak, Manfred: Literatur auf dem Bildschirm. Analysen und Gespräche mit Leopold Ahlsen, Rainer Erler, Dieter Forte, Walter Kempowski, Heinar Kipphardt, Wolfdietrich Schnurre und Dieter Wellershoff. Tübingen 1989

Elm, Theo, u. Hans H. Hiebel (Hrsg.): Medien und Maschinen. Literatur im technischen Zeitalter. Freiburg 1991

Emig, Günther (Hrsg.): Über die ‹Alternative› alternativer Publikationen. Eine Kontroverse über Möglichkeiten des literarischen Underground. Heidelberg 1974

Fischer, Ludwig, u. a. (Hrsg.): Zur Archäologie der Populärkultur. 2 Bde. Berlin 1979

Fischer, Ludwig, u. Knut Hickethier, Karl Riha (Hrsg.): Gebrauchsliteratur. Methodische Überlegungen und Beispielanalysen. Stuttgart 1976

Fuchs, Gerd, u. Uwe Timm (Hrsg.): Literatur und Wirklichkeit. München 1976

Giesz, Ludwig: Phänomenologie des Kitsches. München ²1971 [verm. u. verb. Aufl.; 1. Aufl.: 1960]

Girardi, Maria-Ruth, u. a.: Buch und Leser in Deutschland. Gütersloh 1965

Glotz, Peter: Buchkritik in deutschen Zeitungen. Hamburg 1968

Goltschnigg, Dietmar, u. Anton Schwob (Hrsg.): Die Bukowina. Studien zu einer versunkenen Literaturlandschaft. Tübingen ²1991 [Kongreßbericht; 1. Aufl.: 1990]

Gottzmann, Carola L. (Hrsg.): Unerkannt und (un)bekannt. Deutsche Literatur in Mittel- und Osteuropa. Tübingen 1991

Greß, Franz: Germanistik und Politik. Kritische Beiträge zur Geschichte einer nationalen Wissenschaft. Stuttgart 1971

Großklaus, Götz, u. Eberhard Lämmert (Hrsg.): Literatur in einer industriellen Kultur. Stuttgart 1989

Habermas, Jürgen (Hrsg.): Stichworte zur «Geistigen Situation der Zeit». 2 Bde. Frankfurt a. M. 1979

Hage, Volker: Collagen in der deutschen Literatur. Zur Praxis und Theorie eines Schreibverfahrens. Frankfurt a. M. 1984

Hage, Volker: Schriftproben. Zur deutschen Literatur der achtziger Jahre. Reinbek 1990

Hahn, Alois, u. Volker Knapp (Hrsg.): Selbstthematisierung und Selbstzeugnis. Bekenntnis und Geständnis. Frankfurt a. M. 1986

Hamm, Peter: Kritik – von wem, für wen, wie. München 1968

Hardt, Manfred: Literarische Avantgarden. Darmstadt 1989

Heinemann, Manfred (Hrsg.): Umerziehung und Wiederaufbau. Die Bildungspolitik der Besatzungsmächte in Deutschland. Stuttgart 1981

Heinrichs, Hans-Jürgen: Spielraum Literatur. Literaturtheorie zwischen Kunst und Wissenschaft. München 1973

Heißenbüttel, Helmut: Über Literatur. München ²1972 [ungek.. Aufl. d. TB-Ausg.; Originalausg.: Freiburg 1966]

Hexelschneider, Erhard, u. Erhard John: Kultur als einigendes Band? Eine Auseinandersetzung mit der These von der «einheitlichen deutschen Kulturnation». Berlin (Ost) 1984

Hienger, Jörg: Literarische Zukunftsphantastik. Eine Studie über Science Fiction. Göttingen 1972

Hienger, Jörg (Hrsg.): Unterhaltungsliteratur. Zu ihrer Theorie und Verteidigung. Göttingen 1976

Hinck, Walter: Haben wir vier deutsche Literaturen oder eine? Plädoyer in einer Streitfrage. Opladen 1981

Hohendahl, Peter Uwe: Literaturkritik und Öffentlichkeit. München 1974

Holthusen, Hans Egon: Der unbehauste Mensch. München ³1955 [erw. Aufl.; 1. Aufl.: 1951; TB-Ausg.: 1964]

Holthusen, Hans Egon: Vom Eigensinn der Literatur. Kritische Versuche aus den achtziger Jahren. Stuttgart 1989

Holz, Hans Heinz: Vom Kunstwerk zur Ware. Neuwied 1972

Hurwitz, Harold (Hrsg.): Die Stunde Null der deutschen Presse. Die amerikanische Pressepolitik in Deutschland. Köln 1972

Jaeggi, Urs: Literatur und Politik. Ein Essay. Frankfurt a. M. 1972

Jens, Walter: Literatur und Politik. München 1961

Käsmayr, Benno: Die sogenannte Alternativpresse. Ein Beispiel für Gegenöffentlichkeit in der BRD und im deutschsprachigen Ausland. Gersthofen 1974

Killy, Walther (Hrsg.): Deutscher Kitsch. Ein Versuch mit Beispielen. Göttingen 1970

Kinder, Hermann: Der Mythos von der Gruppe 47. Eggingen 1991

King, Janet K.: Literarische Zeitschriften 1945–1970. Stuttgart 1974

Knilli, Friedrich, u. Knut Hickethier, Wolf Dieter Lützen (Hrsg.): Literatur in den Massenmedien. Demontage von Dichtung? München 1976

Kodron-Lundgreen, Christa, u. Christoph Kodron-Lindgreen: 20000000 unterm Regenbogen. Zur Inhaltsanalyse der Regenbogenpresse. München 1976

Koebner, Thomas: Unbehauste. Zur deutschen Literatur in der Weimarer Republik, im Exil und in der Nachkriegszeit. München 1992

Körner, Wolfgang: Ein freier Schriftsteller. Marginalien zum Literaturbetrieb. Düsseldorf 1973

Kopelew, Lew: Verwandt und entfremdet. Essays zur Literatur der Bundesrepublik und der DDR. Frankfurt a. M. 1976 [Übers. aus d. Russischen]

Kreuzer, Helmut (Hrsg.): Literarische und naturwissenschaftliche Intelligenz. Stuttgart 1969

Kreuzer, Helmut (Hrsg.): Literaturwissenschaft – Medienwissenschaft. Heidelberg 1977

Kröll, Friedhelm: ‹Die Gruppe 47›. Soziale Lage und gesellschaftliches Bewußtsein literarischer Intelligenz in der Bundesrepublik. Stuttgart 1977

Kröll, Friedhelm: Die Gruppe 47. Stuttgart 1979

Kron, Friedhelm: Schriftsteller und Schriftstellerverbände. Schriftstellerberuf und Interessenpolitik 1842–1973. Stuttgart 1976

Kurz, Paul Konrad: Über moderne Literatur. 7 Bde. Frankfurt a. M. 1972–1980 [Untertitel d. ersten 4 Bde.: Standorte und Deutungen; Bd. 1: ⁴1972, 1. Aufl: 1969; Bd. 2: ²1972, 1. Aufl.: 1969; Bd. 3: 1971; Bd. 4: 1973; Bd. 5: Die Neuentdeckung des Poetischen. Zwischen Erfindung und Utopie, 1973; Bd. 6: Zur Literatur der späten siebziger Jahre, Tl. 1: 1979; Bd. 7: Zur Literatur der späten siebziger Jahre, Tl. 2: 1980]

Kuttenkeuler, Wolfgang (Hrsg.): Poesie und Politik. Zur Situation der Literatur in Deutschland. Stuttgart 1973

Langenbucher, Wolfgang, u. Wolfhart Truchseß: Buchmarkt der neuen Leser. Studien zum Programmangebot der Buchgemeinschaften (1962–1971). Berlin 1974

Lehmann, Kurt Ziesel: Die Literaturfabrik. Eine polemische Auseinandersetzung mit dem Literaturbetrieb im Deutschland von heute. Wien/Köln 1962

Letsch, Felicia: Auseinandersetzung mit der Vergangenheit als Moment der Gegenwartskritik. Köln 1982

Lüdke, W. Martin (Hrsg.): Literatur und Studentenbewegung. Opladen 1977

Mandel, Siegfried: Group 47. The Reflected Intellect. London/Amsterdam u. a. 1973

Mannack, Eberhard: Zwei deutsche Literaturen? Zu Günter Grass, Uwe Johnson, Hermann Kant, Ulrich Plenzdorf und Christa Wolf. Kronberg i.Ts. 1977

von Matt, Peter: Der Zwiespalt der Wortmächtigen. Essays zur Literatur. Braunschweig 1991

Mayer, Hans: Ansichten. Zur Literatur der Zeit. Reinbek 1962

Mayer, Hans: Vereinzelt Niederschläge. Kritik – Polemik. Stuttgart 1973

Mayer, Hans: Ein Deutscher auf Widerruf. Erinnerungen. 2 Bde. Frankfurt a. M. 1987 [in Einzelbänden ist Bd. 1 bereits 1982 erschienen, Bd. 2 1984]

Melzer, Helmut: Trivialliteratur. 2 Bde. München ³1978 u. 1985 [Bd. 1: erw. Aufl., 1. Aufl.: 1974; Bd. 2: unveränd. Nachdr., 1. Aufl.: 1975]

Miller, Nikolaus: Prolegomena zu einer Poetik der Dokumentarliteratur. München 1982

Müller, Ulrich, u. a. (Hrsg.): DDR-Literatur/ österreichische Literatur. Stuttgart 1992

Nölle-Fischer, Karen (Hrsg.): Mit verschärftem Blick. Feministische Literaturkritik. München 1978

Prinz, Alois: Der poetische Mensch im Schatten der Utopie. Zur politisch-weltanschaulichen Idee der 68er Studentenbewegung und deren Auswirkung auf die Literatur. Würzburg 1990

Raddatz, Fritz J.: Die Nachgeborenen. Leseerfahrungen mit zeitgenössischer Literatur. Frankfurt a. M. 1983

Raddatz, Fritz J.: Zur deutschen Literatur der Zeit. 3 Bde. Reinbek 1987

Reich-Ranicki, Marcel: Literatur der kleinen Schritte. Deutsche Schriftsteller heute. München 1971 [Originalausg.: 1967]

Reich-Ranicki, Marcel: Lauter Verrisse. Mit einem einleitenden Essay. Stuttgart ³1989 [3. Aufl. d. erw. Neuausg. v 1984; 1. Aufl.. München 1970]

Röther, Klaus: Die Germanistenverbände und ihre Tagungen. Ein Beitrag zur germanistischen Organisations- und Wissenschaftsgeschichte. Köln 1980

Rucktäschl, Annamaria, u. Hans Dieter Zimmermann (Hrsg.): Trivialliteratur. München 1976

Rühle, Günther: Die Büchermacher. Von Autoren, Verlegern, Buchhändlern, Messen und Konzernen. Frankfurt a. M. 1985

Rutschky, Michael: Erfahrungshunger. Ein Essay über die siebziger Jahre. Köln 1980

Scharang, Michael: Die List der Kunst. Essays. Darmstadt/Neuwied 1986

Schemme, Wolfgang: Trivialliteratur und literarische Wertung. Stuttgart 1975

Scherpe, Klaus (Hrsg.): Die Unwirklichkeit der Städte. Großstadtdarstellungen zwischen Moderne und Postmoderne. Reinbek 1988

Schlosser, Horst-Dieter, u. Hans Dieter Zimmermann (Hrsg.): Poetik. Essays über Ingeborg Bachmann, Peter Bichsel, Heinrich Böll, Hans Magnus Enzensberger, Wolfgang Hildesheimer, Ernst Jandl, Uwe Johnson, Marie Luise Kaschnitz, Hermann Lenz, Paul Nizon, Peter Rühmkorf, Martin Walser, Christa Wolf u. a. Beiträge zu den Frankfurter Poetik-Vorlesungen (1959–1987). Frankfurt a. M. 1988

Schmidt, Siegfried J.: Ästhetische Prozesse. Beiträge zu einer Theorie der nicht-mimetischen Kunst und Literatur. Köln 1971

Schütt, Peter: Asphalt-Literatur. Mainz 1968

Schutte, Jürgen (Hrsg.): Erfahrung und Ideologie. Studien zur massenhaft verbreiteten Literatur. Berlin 1983

Schwenger, Hannes: Schriftsteller und Gewerkschaft. Ideologie, Überbau, Organisation. Darmstadt/Neuwied 1974

Schwenger, Hannes (Hrsg.): Literaturproduktion. Zwischen Selbstverwirklichung und Vergesellschaftung. Stuttgart 1979

Serke, Jürgen: Frauen schreiben. Ein neues Kapitel deutschsprachiger Literatur. Hamburg 1979

Stroh, Franz, u. Göran Löfdahl (Hrsg.): Zweimal Deutschland? Zur Literatur und Politik nach 1945. Stockholm ²1966 [1. Aufl.: ebf. 1966]

Stüben, Jens, u. Winfried Woesler (Hrsg.): Wir tragen den Zettelkasten mit den Steckbriefen unserer Freunde. Beiträge jüdischer Autoren zur deutschen Literatur seit 1945. Darmstadt 1992

Unseld, Siegfried: Der Autor und sein Verleger. Frankfurt a. M. 1978

Vogt, Jochen (Hrsg.): «Das Vergangene ist nicht tot, es ist nicht einmal vergangen.» Nationalsozialismus im Spiegel der Nachkriegsliteratur. Essen 1984

Vogt, Jochen: Erinnerung ist unsere Aufgabe. Über Literatur, Moral und Politik 1945–1990. Wiesbaden 1991

Vormweg, Heinrich: Die Wörter und die Welt. Über neue Literatur. Neuwied/Berlin 1968

Vormweg, Heinrich: Neue Literatur und Gesellschaft. Eine Theorie der gesellschaftlichen Funktion experimenteller Literatur. Wiesbaden 1971.

Vormweg, Heinrich: Eine andere Lesart. Über neue Literatur. Neuwied/Berlin 1972

Wallmann, Jürgen P.: Argumente. Informationen und Meinungen zur deutschen Literatur der Gegenwart. Aufsätze und Kritiken. Mühlacker 1968

Wehdeking, Volker Christian: Der Nullpunkt. Über die Konstituierung der deutschen Nachkriegsliteratur (1945–1948) in den amerikanischen Kriegsgefangenenlagern. Stuttgart 1971

Weigel, Sigrid: Topographien der Geschlechter. Kulturgeschichtliche Studien zur Literatur. Reinbek 1990

Weiss, Walter, u. Josef Danneberg, Adolf Haslinger, Karlheinz Rossbacher: Gegenwartsliteratur. Zugänge zu ihrem Verständnis. Stuttgart u. a. 1973

Wellek, René: Geschichte der Literaturkritik 1750–1950. 4 Bde. Bd. 4: Das 20. Jahrhundert. Berlin 1990 [Originalausg. u. d. amerikan. Titel: A History of Modern Criticism. 4 Bde. 1955 ff.]

Wellershoff, Dieter: Literatur und Veränderung. Versuche zu einer Metakritik der Literatur. München ³1971 [1. Aufl.: 1969]

Wellershoff, Dieter: Literatur und Lustprinzip. Essays. München 1975 [Originalausg.: 1973]

Wende-Hohenberger, Waltraud: Ein neuer Anfang? Schriftsteller-Reden zwischen 1945 und 1949. Stuttgart 1990

Winckler, Lutz: Kulturwarenproduktion. Frankfurt a. M. 1973

Wollschläger, Hans: Von Sternen und Schnuppen. Bei Gelegenheit einiger Bücher. Rezensionen und Zensuren. Zürich 1984

Wysling, Hans: Zur Situation der Schriftsteller in der Gegenwart. Bern/München 1974

Zeller, Eva (Hrsg.): Generationen. Dreißig deutsche Jahre. Stuttgart 1972

Zimmermann, Hans Dieter: Schema-Literatur. Ästhetische Norm und literarisches System. Stuttgart 1979

4.3.2. Westzonen/Bundesrepublik

Alberts, Jürgen: Arbeiteröffentlichkeit und Literatur. Zur Theorie des Werkkreises Literatur der Arbeitswelt. Hamburg 1977

Arnold, Heinz Ludwig (Hrsg.): Brauchen wir noch die Literatur? Zur literarischen Situation in der Bundesrepublik. Düsseldorf 1972

Arnold, Heinz Ludwig (Hrsg.): Literaturbetrieb in der Bundesrepublik Deutschland. München ²1981 [völlig veränd. Aufl.; 1. Aufl. u. d. Titel: Literaturbetrieb in Deutschland. Stuttgart 1971]

Arnold-Dielewicz, Ilsabe Dagmar u. Heinz Ludwig Arnold (Hrsg.): Arbeiterliteratur in der Bundesrepublik Deutschland. Stuttgart 1975

Batt, Kurt: Revolte intern. Betrachtungen zur Literatur in der Bundesrepublik Deutschland. München 1975 [Originalausg.: Leipzig 1974]

Brandes, Volkhard, u. a. (Hrsg.): Leben in der Bundesrepublik. Die alltägliche Krise. Berlin 1980

Brüdigam, Heinz: Der Schoß ist fruchtbar noch… Neonazistische, militaristische, nationalistische Literatur und Publizistik in der Bundesrepublik. Frankfurt a. M. ²1965 [neubearb. Aufl.; 1. Aufl.: 1964]

Buergel-Goodwin, Ulrike: Die Reorganisation der westdeutschen Schriftstellerverbände 1945–1952. Frankfurt a. M. 1977

Bungenstab, Karl-Ernst: Umerziehung zur Demokratie? Re-education Politik im Bildungswesen der US-Zone 1945–1949. Düsseldorf 1970

Cwojdrak, Günther: «Eine Prise Polemik.» 7 Essays zur westdeutschen Literatur. Halle a. d. S. ²1965 [1. Aufl.: ebf. 1965]

Daum, Thomas: Die 2. Kultur. Alternativliteratur in der Bundesrepublik. Mainz 1981

Fetscher, Justus, u. a. (Hrsg.): Die Gruppe 47 in der Geschichte der Bundesrepublik. Würzburg 1991

Fohrbeck, Karla, u. Andreas Johannes Wiesand: Literatur und Öffentlichkeit in der Bundesrepublik Deutschland. München/Wien 1976

Fohrbeck, Karla (Hrsg.): Handbuch der Kulturpreise und der individuellen Künstlerförderung in der Bundesrepublik Deutschland. 1979–1985. Köln 1985 [i. A. d. Bundesministeriums des Inneren]

Fohrbeck, Karla, u. Andreas Johannes Wiesand: Von der Industriegesellschaft zur Kulturgesellschaft? Kulturpolitische Entwicklungen in der Bundesrepublik Deutschland. München 1989

Gehring, Hansjörg: Amerikanische Literaturpolitik in Deutschland. Ein Aspekt des Re-Education-Programms. Stuttgart 1976

Gimbel, John: Amerikanische Besatzungspolitik in Deutschland 1945–1949. Frankfurt a. M. 1971

Glaser, Hermann: Kulturgeschichte der Bundesrepublik Deutschland. 3 Bde. München u. a. 1985 u. 1989 [Bd. 1: Zwischen Kapitulation und Währungsreform 1945–1948, 1985; Bd. 2: Zwischen Grundgesetz und Großer Koalition 1949–1967, 1985; Bd. 3: Zwischen Protest und Anpassung 1968–1989, 1989]

Glaser, Hermann: Kleine Kulturgeschichte der Bundesrepublik Deutschland 1945–1989. Bonn 1991

Gregor-Dellin, Martin (Hrsg.): PEN Bundesrepublik Deutschland. Seine Mitglieder, seine Geschichte, seine Aufgaben. München 1978

Hermand, Jost: Kultur im Wiederaufbau. Die Bundesrepublik Deutschland 1945–1965. München 1986

Hermand, Jost: Die Kultur der Bundesrepublik Deutschland 1965–1985. München 1988

Hochmuth, Arno: Literatur und Dekadenz. Kritik der literarischen Entwicklung in Westdeutschland. Berlin (Ost) 1965

Kepplinger, Hans Matthias: Realkultur und Medienkultur. Literarische Karrieren in der Bundesrepublik. Freiburg/München 1975

Kienzle, Michael, u. Dirk Mende (Hrsg.): Zensur in der BRD. Fakten und Analysen. München 1980

Krämer, Reinhold: Die gekaufte «Zukunft». Zur Produktion und Rezeption von Science fiction in der Bundesrepublik Deutschland nach 1945. Frankfurt a. M. 1990

Kühne, Peter: Arbeiterklasse und Literatur. Dortmunder Gruppe 61. Werkkreis Literatur der Arbeitswelt. Frankfurt a. M./Hamburg 1972

Labroisse, Gerd, u. Ferdinand van Ingen (Hrsg.): Literaturszene Bundesrepublik – ein Blick von draußen. Amsterdam 1988 [Symposion an d. Universität Amsterdam]

Linz, Gertraud: Literarische Prominenz in der Bundesrepublik. Olten/Freiburg 1965

Maase, Kaspar: Leseinteressen der Arbeiter in der BRD. Über Leseverhalten, Lektüreinteressen und Bedürfnisentwicklung der Arbeiterklasse in der Bundesrepublik. Köln 1975

Menysch, Dieter (Bearb.): Literatur und Gesellschaft in der Bundesrepublik von 1969 bis 1973. Ludwigsburg 1975 [Referate u. Diskussionen eines internat. Kolloquiums in Ludwigsburg v. 14. bis 17. 12. 1973]

Meyn, Hermann: Massenmedien in der Bundesrepublik Deutschland. Berlin 1992 [überarb. u. aktualisierte Neuaufl.; 1. Aufl.: 1968]

Morawietz, Kurt, u. a.: Literaturwerkstätten und Literaturbüros in der Bundesrepublik. Handbuch der Literaturförderung und der literarischen Einrichtungen der Bundesländer. Lebach 1988

Müller, Helmut L.: Die literarische Republik. Westdeutsche Schriftsteller und die Politik. Weinheim/Basel 1982

Ossorio-Capella, Carles: Der Zeitungsmarkt in der Bundesrepublik Deutschland. Frankfurt a. M. 1972

Paetzold, Ulrich, u. Hendrik Schmidt (Hrsg.): Solidarität gegen Abhängigkeit. Auf dem Weg zur Mediengewerkschaft. Darmstadt/Neuwied 1973

Parkes, Stuart K.: Writers and Politics in West Germany. London u. a. 1986

Prokop, Dieter: Faszination und Langeweile. Die populären Medien. Stuttgart 1979

Umlauff, Ernst: Der Wiederaufbau des deutschen Buchhandels. Beiträge zur Geschichte des Büchermarkts in Westdeutschland nach 1945. Frankfurt a. M. 1978

Ziermann, Klaus: Vom Bildschirm bis zum Groschenheft. Der Literaturbetrieb der BRD – Machtstrukturen und Widersprüche. Berlin (Ost) 1983

4.3.3. SBZ/DDR

Abusch, Alexander: Literatur im Zeitalter des Sozialismus. Berlin (Ost)/Weimar 1967

Autorenkollektiv u. d. Leitung v. Dieter Schlenstedt (Hrsg.): Funktion der Literatur. Aspekte, Probleme, Aufgaben. Berlin (Ost) 1975

von Balluseck, Lothar: Dichter im Dienst. Der sozialistische Realismus in der deutschen Literatur. Wiesbaden ²1963 [neu bearb. u. erg. Aufl.; 1. Aufl.: 1956]

Bock, Stephan: Literatur Gesellschaft Nation. Materielle und ideelle Rahmenbedingungen der frühen DDR-Literatur (1945–1956). Stuttgart 1980

Cwojdrak, Günther: Die literarische Aufrüstung. Berlin (Ost) 1957 [hrsg. v. Ausschuß f. deutsche Einheit]

Dahnke, Hans Dietrich: Erbe und Tradition in der Literatur. Leipzig 1977

Dautel, Klaus: Zur Theorie des literarischen Erbes in der «entwickelten sozialistischen Gesellschaft» der DDR. Rezeptionsvorgabe und Identitätsangebot. Stuttgart 1980

Gassner, Hubertus (Hrsg.): Kultur und Kunst in der DDR seit 1970. Gießen 1977

Gransow, Volker: Kulturpolitik in der DDR. Berlin 1975 [West-Berlin]

Grunenberg, Antonia: Der Aufbruch der inneren Mauer. Politik und Kultur in der DDR 1971–1989. Bremen 1990

Günther, Eberhard, u. Werner Liersch (Hrsg.): Kritik. Rezensionen zur DDR-Literatur. Halle a. d. S. 1976 – 1989

Hanke, Helmut, u. Gerd Rossow: Sozialistische Kulturrevolution. Berlin (Ost) 1977

Hartinger, Walfried, u. Klaus Schuhmann (Hrsg.): Im Blick: Junge Autoren. Lesarten zu neuen Büchern. Halle a. d. S./Leipzig 1987

Helwig, Gisela (Hrsg.): Die DDR-Gesellschaft im Spiegel ihrer Literatur. Köln 1986

Herting, Helga, u. Werner Jehser (Bearb. u. Red.): Parteilichkeit und Volksverbundenheit. Zu theoretischen Grundfragen unserer Literaturentwicklung. Berlin (Ost) 1972

Heukenkamp, Ursula (Hrsg.): Unerwünschte Erfahrung. Kriegsliteratur und Zensur in der DDR. Berlin (Ost)/Weimar 1990

Höpcke, Klaus: Probe für das Leben. Literatur in einem Lese-Land. Halle a. d. S./ Leipzig 1982

Höpcke, Klaus: Chancen der Literatur. Werte des Lebens und unserer Bücher. Halle a. d. S./Leipzig 1986

Jäger, Manfred: Sozialliteraten. Funktion und Selbstverständnis der Schriftsteller in der DDR. Düsseldorf 1973

Jäger, Manfred: Kultur und Politik in der DDR. Ein historischer Abriß. Köln 1982

Jarmatz, Klaus, u. Ingrid Beyer (Hrsg.): Der Fortschritt in der Kunst des Sozialistischen Realismus. Analysen und Aufsätze. Berlin (Ost) 1974

Jarmatz, Klaus, u. Christel Berger, Ingrid Beyer, Peter Michel: Künstler-Schaffen im Sozialismus. Berlin (Ost) 1975

Jarmatz, Klaus, u.a. (Hrsg.): Kritik in der Zeit. Literaturkritik der DDR 1945–1975. 2 Bde. Halle a.d.S./ Leipzig 1978

Just, Gustav: Zeuge in eigener Sache. Die 50er Jahre in der DDR. Frankfurt a.M. 1990 [mit einem Vorw. v. Christoph Hein]

Kähler, Hermann: Der kalte Krieg der Kritiker. Zur antikommunistischen Kritik an der DDR-Literatur. Berlin (Ost) 1974

Kane, Martin (Hrsg.): Socialism and the Literary Imagination. Essays on East German Writers. Oxford u.a. 1991

Kaufmann, Eva, u. Hans Kaufmann: Erwartung und Angebot. Studien zum gegenwärtigen Verhältnis von Literatur und Gesellschaft in der DDR. Berlin (Ost) 1976

Kaufmann, Hans (Hrsg.): Positionen der DDR-Literaturwissenschaft. Auswahl aus den Weimarer Beiträgen. Kronberg i. Ts. 1974

Koch, Hans: Unsere Literaturgesellschaft. Kritik und Polemik. Berlin (Ost) 1965

Koch, Hans (Gesamtleitung): Zur Theorie des Sozialistischen Realismus. Berlin (Ost) 1974 [hrsg. v. Inst. f. Gesellschaftswiss. beim ZK d. SED]

Koch, Hans, u. Helmut Hanke: Zur Theorie der sozialistischen Kultur. Berlin (Ost) 1982

Köhler-Hausmann, Reinhild: Literaturbetrieb in der DDR. Schriftsteller und Literaturinstanzen. Stuttgart 1984

Lange, Marianne: Kulturrevolution und Nation. Berlin (Ost) 1966

LeRoy, Gaylord C., u. Ursula Beitz (Hrsg.): Preserve and Create. Essays in Marxist Literary Criticism. New York 1973

Loest, Erich: Der vierte Zensor. Vom Entstehen und Sterben eines Romans in der DDR. Köln 1984

Mallinckroth, Anita M.: Das kleine Massenmedium. Soziale Funktion und politische Rolle der Heftreihenliteratur in der DDR. Köln 1984

Mayer-Burger, Bernhard: Entwicklung und Funktion der Literaturpolitik der DDR. München ²1986 [1. Aufl.: 1983]

Meyer-Gosau, Frauke (Hrsg.): Macht Apparat Literatur. Literatur und ‹Stalinismus›. München 1990

Mittenzwei, Werner (Hrsg.): Positionen. Beiträge zur marxistischen Literaturtheorie in der DDR. Leipzig 1969

Mittenzwei, Werner (Hrsg.): Dialog und Kontroverse mit Georg Lukács. Der Methodenstreit sozialistischer deutscher Schriftsteller. Leipzig 1975

Mittenzwei, Werner, u. Reinhard Weisbach (Hrsg.): Zum Verhältnis von Erbe, Revolution und Literatur. Leipzig 1971

Münz-Koenen, Ingeborg (Hrsg.): Literarisches Leben in der DDR 1945–1960. Berlin (Ost) 1980

Münz-Koenen, Ingeborg: Werke und Wirkungen. DDR-Literatur in der Diskussion. Leipzig 1987

Muschter, Gabriele, u. Rüdiger Thomas (Hrsg.): Jenseits der Staatskultur. Traditionen autonomer Kunst in der DDR. München 1992

Naumann, Manfred, u. Dieter Schlenstedt u.a.: Gesellschaft Literatur Lesen. Literaturrezeption in theoretischer Sicht. Berlin (Ost)/Weimar ²1975 [1. Aufl.: 1973]

Oelßner, Fred: Die Bedeutung der Literatur im Kampf um Frieden, Einheit und besseres Leben. Berlin (Ost) 1953

Orlow, Peter: Die Bitterfelder Sackgasse. Pfaffenhofen 1970

Oswald, Horst: Literatur, Kritik und Leser. Eine literatursoziologische Untersuchung. Berlin (Ost) 1969

Pike, David: The Politics of Culture in Soviet-Occupied Germany, 1945–1949. Stanford (Calif.) 1992

Pracht, Erwin, u. Werner Neubert (Hsrg.): Einführung in den sozialistischen Realismus. Berlin (Ost) 1975 [1. Ausg. u. d. Titel: Sozialistischer Realismus. Positionen, Probleme, Perspektiven. Eine Einführung. Berlin (Ost) 1970]

Pueschel, Ursula: Mit allen Sinnen. Frauen in der Literatur. Halle a. d. S. 1980

Redeker, Horst: Abbildung und Aktion. Versuch über die Dialektik des Realismus. Halle a. d. S. 1967

Richter, Hans (Hrsg.): Schriftsteller und literarisches Erbe. Zum Traditionsverständnis sozialistischer Autoren. Berlin (Ost)/Weimar 1976

Röhner, Eberhard: Arbeiter in der Gegenwartsliteratur. Berlin (Ost) 1967

Röhner, Eberhard: Abschied, Ankunft und Bewährung. Entwicklungsprobleme unserer sozialistischen Literatur. Berlin (Ost) 1969

Röhner, Eberhard: Politik und Literatur. Berlin (Ost) 1976

Rossade, Werner: Literatur im Systemwandel. Zur ideologiekritischen Analyse künstlerischer Literatur aus der DDR. Frankfurt a. M./Bern 1982

Rüther, Günter (Hrsg.): Kulturbetrieb und Literatur in der DDR. Köln ²1988 [1. Aufl.: 1987]

Rüther, Günter: Zwischen Anpassung und Kritik: Literatur im real existierenden Sozialismus der DDR. Melle 1989

Rüther, Günter: «Greif zur Feder, Kumpel». Schriftsteller, Literatur und Politik in der DDR 1945–1990. Düsseldorf ²1992 [1. Aufl.: 1991]

Schiller, Dieter, u. Helmut Bock (Hrsg.): Dialog über Tradition und Erbe. Ein interdisziplinäres Kolloquium des Forschungsbereiches Gesellschaftswissenschaften der Akademie der Wissenschaften der DDR im März 1973. Berlin (Ost) 1976 [Gesamtred.: Gerda Heinrich u. Joachim-Jürgen Slomka]

Schlenker, Wolfram: Das «Kulturelle Erbe» in der DDR. Gesellschaftliche Entwicklung und Kulturpolitik 1945–1964. Stuttgart 1977

Schlenstedt, Dieter: Die neue DDR-Literatur und ihre Leser. Wirkungsästhetische Analysen. München 1979

Schmitz-Köstner, Dorothee: Trobadora und Kassandra und … Weibliches Schreiben in der DDR. Köln 1989

Schober, Rita: Skizzen zur Literaturtheorie. Berlin (Ost) 1956

Schulmeister, Karl-Heinz: Auf dem Weg zu einer neuen Kultur. Der Kulturbund in den Jahren 1945–1949. Berlin (Ost) 1977

Serke, Jürgen: Die verbannten Dichter. Berichte und Bilder von einer neuen Vertreibung. Hamburg 1982

Seyppel, Joachim: Ich bin ein kaputter Typ. Bericht über Autoren in der DDR. Wiesbaden/München 1982

Seyppel, Joachim, u. Bernd Wagner, Christa Wolf u. a.: Zensur in der DDR. Geschichte, Praxis und «Ästhetik» der Behinderung von Literatur. Berlin ³1991 [Ausstellungsbuch zur Ausstellung: Zensur in der Deutschen Demokratischen Republik im Literaturhaus Berlin, 17. März bis 1. Mai 1991, und Literaturhaus Frankfurt a. M., 15. Mai bis 29. Juni 1991; 1. Aufl.: ebf. 1991, hrsg. v. Ernest Wichner u. Herbert Wiesner]

Sommer, Dietrich, u. Dietrich Löffler u. a.: Funktion und Wirkung. Soziologische Untersuchungen zur Literatur und Kunst. Berlin (Ost)/Weimar 1978

Steinhaußen, Ursula: Über Entstehungsprobleme sozialistischer Gegenwartsliteratur. Berlin (Ost) 1979

Streul, Irene: «Westdeutsche Literatur in der DDR». Böll, Grass, Walser u. a. in der offiziellen Rezeption. 1949–1985. Stuttgart 1988
Stüben, Jens: Parteilichkeit. Zur Kritik der marxistischen Literaturtheorie. Bonn 1974
Valtink, Evelyne (Hrsg.): Kulturlandschaft DDR. Die Gesellschaft der DDR im Spiegel ihrer Literatur. Dokumentation einer Tagung der Evangelischen Akademie Hofgeismar, 01.–03. Juli 1988. Hofgeismar 1990
Wichner, Ernest, u. Herbert Wiesner (Hrsg.): Literaturentwicklungsprozesse. Die Zensur der Literatur in der DDR. Frankfurt a. M. 1992
Winckler, Lutz: Kulturelle Erneuerung und gesellschaftlicher Auftrag. Zur Geschichte des Bibliothekswesens in der SBZ und der DDR 1945–1951. Tübingen 1987
Zipser, Richard A. (Hrsg.): DDR-Literatur im Tauwetter. Wandel – Wunsch – Wirklichkeit. 3 Bde. Bern/New York u. a. 1985

4.3.4. Schweiz

Acker, Robert, u. Marianne Burckhard (Hrsg.): Blick auf die Schweiz. Zur Frage der Eigenständigkeit der Schweizer Literatur seit 1970. Amsterdam 1987
Bräm, Emil Max: Dichterporträts aus dem heutigen Schweizer Schrifttum. Bern 1963
Burger, Hermann, u. a.: Diskurs in der Leere. Aufsätze zur aktuellen Literatur der Schweiz. Bern u. a. 1990
Butler, Michael, u. Malcolm Pender: Rejection and Emancipation. Writing in German-Speaking Switzerland 1945–1991. Oxford u. a. 1991
DeVin, Daniel: Begegnungen. Deutschsprachige Gegenwartsliteratur im Porträt. Bd. 1: Schweiz. Brüssel 1991
Dürrenmatt, Friedrich, u. a.: Beginn einer Krise. Zum Züricher Literaturstreit. Stuttgart 1968
Grotzer, Peter (Hrsg.): Aspekte der Verweigerung in der neueren Literatur aus der Schweiz. Sigriswiler Kolloquium der Schweizer Akademie der Geisteswissenschaften. Zürich 1988
Guggenheim, Kurt: Heimat oder Domizil? Die Stellung des Deutsch-Schweizer Schriftstellers in der Gegenwart. Zürich 1961 [erg. u. umgearb. Vortrag]
Jaeckle, Erwin: Der Züricher Literaturschock. München/Wien 1968
Jung, Jochen (Hrsg.): Ich habe im Traum die Schweiz gesehen. Salzburg 1980
Lengborn, Thorbjörn: Schriftsteller und Gesellschaft in der Schweiz. Frankfurt a. M. 1972
Marti, Kurt: Die Schweiz und ihre Schriftsteller – die Schriftsteller und ihre Schweiz. Zürich 1966
Karl-Marx-Universität Leipzig (Hrsg.): Entwicklungstendenzen der deutschsprachigen Literatur der Schweiz in den sechziger und siebziger Jahren. Beiträge des wissenschaftlichen Kolloquiums mit internationaler Beteiligung an der Sektion Germanistik und Literaturwissenschaft der Karl-Marx-Universität Leipzig am 5. und 6. Dezember 1983. Leipzig 1984
Möhl, Gertrud: Die Aufnahme amerikanischer Literatur in der deutschsprachigen Schweiz während der Jahre 1945 bis 1950. Zürich 1961
Mühlethaler, Hans: Die Gruppe Olten. Das Erbe einer rebellierenden Schriftstellergeneration. Aarau/Frankfurt a. M./Salzburg 1989
Niederer, Ueli: Die Geschichte des Schweizer Schriftstellervereins. Basel 1992
Weber, Werner (Hrsg.): Helvetische Steckbriefe. 47 Schriftsteller aus der deutschen Schweiz seit 1800. Zürich u. a. 1982
Wyß-Jäggi, Gottfried: Weggefährten. Ein Blick in die soziale Schweizer Dichtung unserer Tage. Olten 1958

4.3.5. Österreich

Bartsch, Kurt, u. Dietmar Goltschnigg, Gerhard Melzer (Hrsg.): Für und wider eine österreichische Literatur. Königstein i.Ts. 1972
Best, Alan, u. Hans Wolfschütz (Hrsg.): Modern Austrian Writing. Literature and Society After 1945. London 1980
Breicha, Otto, u. Gerhard Fritsch (Hrsg.): Aufforderung zum Mißtrauen. Literatur, Bildende Kunst, Musik in Österreich seit 1945. Salzburg 1967
Greiner, Ulrich: Der Tod des Nachsommers. Aufsätze, Porträts, Kritiken zur österreichischen Gegenwartsliteratur. München/Wien 1979
Innerhofer, Roland: Die Grazer Autorenversammlung (1973–1983). Zur Organisation einer Avantgarde. Wien/Köln/Graz 1985
Literatur in Graz seit 1960 – das Forum Stadtpark. Wien u. a. 1989 [kein Hrsg.]
Ruiss, Gerhard, u. Johannes A. Vyoral: Literarisches Leben in Österreich. Ein Handbuch. Wien 1991 [zuerst Wien 1985; zugl. als Zirkular. Sondernummer 7 erschienen]
Seuter, Harald (Hrsg.): Die Feder, ein Schwert? Literatur und Politik in Österreich. Graz 1981
Vansant, Jaqueline: Against The Horizon. Feminism and Postwar Austrian Women Writers. New York u. a. 1988
Weber, Elisabeth: Österreichische Kulturzeitschriften der Nachkriegszeit 1945–1950. Frankfurt a. M. u. a. 1986
Weiss, Walter, u. Ernst Hanisch (Hrsg.): Vermittlungen. Texte und Kontexte österreichischer Literatur und Geschichte im 20. Jahrhundert. Salzburg u. a. 1990
Wischenbart, Rüdiger: Der literarische Wiederaufbau in Österreich. 1945–1949. Königstein i. Ts. 1983

5.0. Erzählprosa

5.1. Nachschlagewerke, Lexika, Bibliographien

Autorenkollektiv mit Kurt Böttcher, Wolfgang Spiewok, Günter Albrecht u. a.: Romanführer A-Z. 2 Bde. Bd. 2: 20. Jahrhundert. 2 Teilbände. Berlin (Ost) 1983 [Nachdr. d. 3. Aufl. (Bd. 2.1: 1979, Bd. 2.2: 1980); 1. Aufl.: 1974]
Beer, Johannes (Hrsg.): Reclams Romanführer. 4 Bde. Bd. 2: Deutsche Romane und Novellen der Gegenwart. Stuttgart ⁴1972 [1. Aufl.: 1963]
Klemm, Imma (Hrsg.): Deutscher Romanführer. Stuttgart 1991
Olbrich, Wilhelm, u. Johannes Beer (Begr.): Der Romanführer. Der Inhalt der Romane und Novellen der Weltliteratur. 26 Bde. Stuttgart 1952–1992 [davon v. a.: Bd. 3–5: Der Inhalt der deutschen Romane und Novellen der Gegenwart (1952–1954); Bd. 13: Der Inhalt der deutschen Romane und Novellen aus dem Jahrzehnt 1954–1963 nebst Nachträgen zu Bd. 1–5 und einem Register aller behandelten deutschen Autoren (1964); Bd. 16: Inhalte erzählender deutscher Prosa aus dem Jahrzehnt 1964–1973 nebst Nachträgen (1979); Bd. 18 u. 19: Inhalte erzählender deutscher Prosa aus den Jahren 1974 bis 1985, nebst Nachträgen (1987 u. 1988); Bd. 25 u. 26: Der Inhalt der Romane und Novellen der Weltliteratur. Prosa der DDR von den Anfängen bis zu ihrem Ende 1991, 2 Teile (1992); Bd. 16 u. 17 hrsg. v. Alfred C. Baumgärtner, Bd. 18–26 v. Bernd u. Jutta Gräf]
O'Pecko, Michael T., u. Eleanore O. Hofstetter: The Twentieth-Century German Novel. A Bibliography of English-Language Criticism, 1945–1986. Methuen u. a. 1989
Simon, Erik, u. Olaf R. Spittel (Hrsg.): Die Science-fiction der DDR. Autoren und Werke. Ein Lexikon. Berlin (Ost) 1988

5.2. Dokumentationen, Anthologien

5.2.1. Deutschsprachige Literatur allgemein und Westzonen/Bundesrepublik

Alpers, Hans Joachim, u. Ronald M. Hahn (Hrsg.): Science Fiction aus Deutschland. 24 Stories von 20 Autoren. Frankfurt a. M. 1974
Andersen, Helge Wohlfahrt, u. Esben Pedersen (Hrsg.): Dichtung und Bericht. Deutsche Prosa seit 1945. København ²1969 [1. Aufl.: 1968]
Bender, Hans (Hrsg.): Deutsche Erzähler 1920–1960. Stuttgart 1985
Bingel, Horst (Hrsg.): Deutsche Prosa. Erzählungen seit 1945. Stuttgart 1963
Bredhauer, Karl D., u. Heinrich Pachl, Erasmus Schöfer (Hrsg.): Ein Baukran stürzt um. Berichte aus der Arbeitswelt. München 1970 [Werkkreis 70 f. Literatur d. Arbeitswelt]
Chodera, Jan (Red.): Deutsche Novellen und Erzählungen der Gegenwart. 2 Bde. Karszana 1972
Döring, Christian, u. Hajo Steinert (Hrsg.): Erste Einsichten. Neueste Prosa aus der Bundesrepublik. Frankfurt a. M. 1990
Dorroch, Heiner: Wer die Gewalt sät. Reportagen und Protokolle. Frankfurt a. M. 1974 [Werkkreis Literatur d. Arbeitswelt; hrsg. unter Mitarb. d. Werkstatt Essen v. Peter Fischbach, Joke Koch u. Peter Kühne]
Durzak, Manfred: Die deutsche Kurzgeschichte der Gegenwart. Autorenportraits, Werkstattgespräche, Interpretationen. Stuttgart 1980
Durzak, Manfred (Hrsg.): Erzählte Zeit. 50 deutsche Kurzgeschichten der Gegenwart. Stuttgart 1980
Edel, Gottfried, u. Jürgen Kross (Hrsg.): Prosa heute. Eine Anthologie. Pfullingen 1975
Fehse, Willi (Hrsg.): Deutsche Erzähler der Gegenwart. Eine Anthologie. Stuttgart 1979 [Nachdr. d. 1. Aufl. v. 1959]
Gregor-Dellin, Martin (Hrsg.): Deutsche Erzählungen aus vier Jahrzehnten. Deutschsprachige Prosa seit 1945. Tübingen ⁴1982 [erw. u. revid. Aufl.; 1. Aufl. u. d. Titel: Deutsche Erzählungen aus drei Jahrzehnten. Deutschsprachige Prosa seit 1945. Tübingen u. a. 1975]
Hartmann, Anneli, u. Robert Leroy (Hrsg.): Nirgends ein Ort. Deutschsprachige Kurzprosa seit 1968. München 1987
Hasenclever, Walter (Hrsg.): Prosaschreiben. Eine Dokumentation des Literarischen Colloquiums Berlin. Berlin 1964
Hochhuth, Rolf (Hrsg.): Die Gegenwart. Deutschsprachige Erzähler der Jahrgänge 1900–1960. 2 Bde. Köln 1981
Karsch, Walther (Ausw.): Prosa '60. Sechsundzwanzig Erzählungen aus unserer Zeit. Berlin (Ost) 1960
Karsch, Walther (Hrsg.): Prosa 62/63. Siebenundzwanzig Erzählungen aus unserer Zeit. Berlin (Ost) 1962 [keine Forts.]
Karst, Theodor (Hrsg.): Reportagen. Stuttgart 1976
Langenbucher, Wolfgang Rudolf (Hrsg.): Deutsche Erzählungen aus zwei Jahrzehnten. Herrenalb ²1967 [mit einem Vorw. v. Heinrich Böll; 1. Aufl.: 1966]
Reich-Ranicki, Marcel (Hrsg.): Erfundene Wahrheit. Deutsche Geschichten 1945–1960. München ⁷1989 [1. Aufl. d. Originalausg. 1968 u. d. Titel: Erfundene Wahrheit. Deutsche Geschichten seit 1945; 1. Aufl. d. Neuausg.: 1980]
Reich-Ranicki, Marcel (Hrsg.): Verteidigung der Zukunft. Deutsche Geschichten 1960–1980. München ⁷1982 [erw. Aufl.; 1. Aufl. d. Originalausg. u. d. Titel: Verteidigung der Zukunft. Deutsche Geschichten seit 1960. München 1972; 1. Aufl. d. Neuausg.: 1980]

Reinoß, Herbert (Hrsg.): Fazit. Erzähler einer Generation. München/Wien 1972 [mit einem Vorw. v. Rolf Hochhuth]

Roehler, Klaus (Hrsg.): Geschichten aus der Geschichte der Bundesrepublik Deutschland 1949–1979. Darmstadt/Neuwied ³1989 [1. Aufl.: 1980]

Schmidt, Bernd, u. Hannes Schwenger (Hrsg.): Die Stunde Eins. Erzählungen, Reportagen, Essays aus der Nachkriegszeit. Müchen 1982

Seelig, Hans (Hrsg.): Neue Wege. An Anthology of German Short Stories Since 1945. London 1970

Spangenberg, Berthold (Ausw.): 25 Erzähler unserer Zeit. München 1971

Vormweg, Heinrich (Hrsg.): Erzählungen seit 1960 aus der Bundesrepublik Deutschland, aus Österreich und der Schweiz. Stuttgart 1983

Waidson, Herbert Morgan (Hrsg.): An Anthology of German Short Stories 1945–1955. London 1957

Waidson, Herbert Morgan (Hrsg.): German Short Stories 1955–1965. Cambridge 1969

Weyrauch, Wolfgang (Hrsg.): Tausend Gramm. Ein deutsches Bekenntnis in 30 Geschichten aus dem Jahr 1949. Reinbek 1989 [überarb. u. erw. Neuausg. mit einer Einf. v. Charles Schüddekopf; Originalausg. mit d. Untertitel: Sammlung neuer deutscher Geschichten. Hamburg u. a. 1949]

Weyrauch, Wolfgang (Hrsg.): Alle diese Straßen. Geschichten und Berichte. München 1965

von Wiese, Benno (Ausw.): Deutschland erzählt. Von Rainer Maria Rilke bis Peter Handke. Frankfurt a. M. 1975

5.2.2. SBZ/DDR

Anderson, Edith (Hrsg.): Blitz aus heiterm Himmel. [Geschichten von] Günter de Bruyn, Christa Wolf, Gotthold Gloger, Sascha Anderson, Rolf Schneider, Sarah Kirsch, Karl Heinz Jakobs, Annemarie Auer. Rostock 1975

Auerbach, Thomas (Hrsg.): DDR-konkret. Geschichten und Berichte aus einem real existierenden Land. Berlin 1978

Bartusch, Hagen, u. Ute Scheffler (Ausw.): Die zweite Beschreibung meiner Freunde. DDR-Prosa der siebziger und achtziger Jahre. Halle a. d. S./Leipzig 1989

Behn, Manfred (Hrsg.): Geschichten aus der Geschichte der DDR 1949–1989. Frankfurt a. M. ⁴1989 [erw. Aufl.; 1. Aufl. u. d. Titel: Geschichten aus der Geschichte der DDR 1949–1979, Darmstadt/Neuwied 1981]

Christ, Richard, u. Manfred Wolter (Hrsg.): Erzähler aus der DDR. Berlin (Ost) 1985 [auf d. Grundlage d. v. R. C. u. M. W. besorgten Anthologien: Fünfzig Erzähler der DDR, 1974, und: Fünfundsiebzig Erzähler aus der DDR, 1981]

Döring, Christian, u. Hajo Steinert (Hrsg.): Schöne Aussichten. Neue Prosa aus der DDR. Frankfurt a. M. 1990

Franke, Konrad, u. Wolfgang Rudolf Langenbucher (Hrsg.): Erzähler aus der DDR. Tübingen/Basel 1973 [mit einem Vorw. v. Thilo Koch]

Franke, Konrad (Hrsg.): Gespräch hinterm Haus. Neue Prosa aus der DDR. Berlin 1981

Hauptmann, Helmut (Hrsg.): DDR-Reportagen. Leipzig ²1974 [1. Aufl.: 1968]

Heym, Stefan (Hrsg.): Auskunft. Neue Prosa aus der DDR. München/Gütersloh/Wien 1974

Heym, Stefan (Hrsg.): Auskunft 2. Neueste Prosa aus der DDR. München 1978

Jendryschik, Manfred (Hrsg.): Bettina pflückt wilde Narzissen. 66 Geschichten von 44 Autoren. Halle a. d. S. 1972

Jendryschik, Manfred (Hrsg.): Alfons auf dem Dach u. a. Geschichten. Halle a. d. S./Leipzig 1972

Korall, Harald, u. Werner Liersch (Hrsg.): Erzähler der DDR. Erfahrungen. Halle a. d. S. 1969

Krüger, Ingrid (Hrsg.): Die Heiratsschwindlerin. Erzählerinnen aus der DDR. Darmstadt/Neuwied 1983

Laabs, Jochen, u. Manfred Wolter (Hrsg.): Lebensmitte. Eine Generation zieht Bilanz. Geschichten aus der DDR. Darmstadt 1988 [Originalausg. u. d. Titel: Lebensmitte. Geschichten von 31 Autoren. Halle/Leipzig 1987]

Rothbauer, Gerhard (Hrsg.): Jetzt. Geschichten vom Alltag. Leipzig 1986

Schmidt, Hans, u. Wolfgang Himmelreich, Anita Baldauf (Hrsg.): Verflixte Gedanken. Prosa schreibender Arbeiter. Berlin (Ost) 1976

Schmitt, Hans-Jürgen (Hrsg.): 19 Erzähler aus der DDR. Frankfurt a. M. 1971

Schmitt, Hans-Jürgen, u. Doris Schmitt (Hrsg.): Neue Erzähler der DDR. Frankfurt a. M. 1975

Schmitt, Hans-Jürgen, u. Doris Schmitt (Hrsg.): Die großen sozialistischen Erzähler. Frankfurt a. M. 1976

Schmitt, Hans-Jürgen (Hrsg.): Geschichten aus der DDR. Hamburg 1979

Selbmann, Fritz (Hrsg.): DDR-Porträts. Eine Anthologie. Leipzig 1974 [erzählende Prosa]

Steinhaußen, Ursula (Hrsg.): Wie der Kraftfahrer Karli Birnbaum seinen Chef erkannte. Neue Prosa, neue Namen. Berlin (Ost) 1971

Tschesno-Hell, Michael (Hrsg.): Neue deutsche Erzähler. Geschichten aus unserer Zeit. Berlin (Ost) 1951

Uskureit, Alice (Ausw.): Die Werkzeugfahrer. Eine Anthologie. Berlin (Ost)/Weimar 1975

Wolf, Christa, u. Gerhard Wolf (Hrsg.): Wir, unsere Zeit. Prosa aus zehn Jahren. Berlin (Ost) 1959

Wolf, Christa (Hrsg.): In diesen Jahren. Deutsche Erzähler der Gegenwart. Leipzig 1960

Wolff, Lutz-W. (Hrsg.): Fahrt in der S-Bahn. Erzähler der DDR. München 1971

Wolff, Lutz-W. (Hrsg.): Frauen in der DDR. 20 Erzählungen. München 1976

Zschokke, Gerda (Hrsg.): Erntefest. Dorfgeschichten nach 1945. Berlin (Ost) 1982

Zschokke, Gerda (Hrsg.): Zeitreisen. Utopische Erzählungen. Halle a. d. S./Leipzig 1986

5.2.3. Schweiz

Leber, Hugo (Hrsg.): Texte. Prosa junger Schweizer Autoren. Einsiedeln/Zürich/Köln 1964

Linsmayer, Andrea (Hrsg.): Frühling der Gegenwart. Deutsch-schweizer Erzählungen der Gegenwart. 1890–1950. 3. Bde. Frankfurt a. M. 1990

Meienberg, Nikolaus: Reportagen aus der Schweiz. Darmstadt/Neuwied 1975 [mit einem Vorw. v. Peter Bichsel]

Moser, Jürgen, u. a.: Junge Schweizer erzählen. Kurzgeschichten junger Schweizer Autoren. Zürich 1971

Niederlauser, Rolf, u. Martin Zigg (Hrsg.): Geschichten aus der Geschichte der Deutschschweiz nach 1945. Darmstadt/Neuwied ²1983 [1. Aufl.: ebf. 1983]

Siegrist, Christoph (Hrsg.): Schweizer Erzählungen. Deutschschweizer Prosa seit 1950. 2 Bde. Frankfurt a. M. 1990 [Red.: Charles Linsmayer]

Wöhrle, Andrea (Hrsg.): Frauen in der Schweiz. Erzählungen. München 1991

5.2.4. Österreich

Brandstetter, Alois (Hrsg.): Österreichische Erzählungen des 20. Jahrhunderts. München ²1989 [1. Aufl.: Salzburg 1984]
Scharang, Michael (Hrsg.): Geschichten aus der Geschichte Österreichs 1945–1983. Darmstadt/Neuwied ²1985 [1. Aufl.: 1984]
Sebestyén, György (Hrsg.): Beispiele. 32 österreichische Erzähler der Gegenwart. Gütersloh/Wien 1967

5.3. Darstellungen, Studien, Programmatisches, Überblicke

5.3.1. Deutschsprachige Literatur allgemein und Westzonen/Bundesrepublik

Arnold, Heinz Ludwig, u. Theo Buck (Hrsg.): Positionen im deutschen Roman der sechziger Jahre. München 1974
Arnold, Heinz Ludwig (Hrsg.): Zeitkritische Romane des 20. Jahrhunderts. Die Gesellschaft in der Kritik der deutschen Literatur. Stuttgart 1975
Baumgart, Reinhard: Aussichten des Romans oder Hat die Literatur Zukunft? Frankfurter Vorlesungen. Neuwied/Berlin 1968
Bender, Hans: Programm und Prosa der jungen deutschen Schriftsteller. Mainz/Wiesbaden 1967
Blamberger, Günter: Versuch über den deutschen Gegenwartsroman. Krisenbewußtsein und Neubegründung im Zeichen der Melancholie. Stuttgart 1985
Böschenstein, Hermann: Der neue Mensch. Die Biographie im deutschen Nachkriegsroman. Hamburg 1958
Brauneck, Manfred (Hrsg.): Der deutsche Roman im 20. Jahrhundert. Analysen und Materialien zur Theorie und Soziologie des Romans. 2 Bde. Bamberg 1976
Bürger, Peter: Prosa der Moderne. Frankfurt a. M. 1992
Bullivant, Keith (Hrsg.): The Modern German Novel. Leamington 1987
Datta, Asit: Kleinformen in der deutschen Erzählprosa seit 1945 – eine poetologische Studie. München 1972
Denkler, Horst: Der deutsche Roman und seine historischen und politischen Bedingungen. Bern/München 1976
Deussen, Christiane: Erinnerung als Rechtfertigung. Autobiographien nach 1945. Tübingen 1987
Doderer, Klaus: Die Kurzgeschichte in Deutschland. Ihre Form und Entwicklung. Darmstadt ⁶1980 [reprograf. Nachdr. d. 1. Aufl. Wiesbaden 1953 mit jew. bibliograph. Ergänzungen]
Dumitriu, Petru: Die Transmoderne. Zur Situation des Romans. Frankfurt a. M. 1965
Durzak, Manfred: Gespräche über den Roman. Formbestimmungen und Analysen. Frankfurt a. M. 1976
Durzak, Manfred: Der deutsche Roman der Gegenwart. Entwicklungsvoraussetzungen und Tendenzen. Stuttgart ³1979 [1. Aufl. 1971]
Durzak, Manfred: Die Kunst der Kurzgeschichte. Zur Theorie und Geschichte der deutschen Kurzgeschichte. München 1989
Emmel, Hildegard: Geschichte des deutschen Romans. 3 Bde. Bd. 3: Der Weg in die Gegenwart. Tübingen 1978
Ezergailis, Inta: Women Writers. The Divided Self. Analysis of Novels by Christa Wolf, Ingeborg Bachmann, Doris Lessing and Others. Bonn 1982
Fauconneau Dufresne, Eva: Das Problem des Ich-Romans im 20. Jahrhundert. Frankfurt a. M./Bern 1985

Forster, Edward Morgan: Ansichten des Romans. Frankfurt a. M. 1949 [engl. Originaltitel: Aspects of The Novel]

Futterknecht, Franz: Das Dritte Reich im deutschen Roman der Nachkriegszeit. Untersuchungen zur Faschismustheorie und Faschismusbewältigung. Bonn 1976

Geissler, Rolf (Hrsg.): Möglichkeiten des modernen deutschen Romans. Analysen und Interpretationsgrundlagen zu Romanen von Thomas Mann, Alfred Döblin, Hermann Broch, Gerd Gaiser, Max Frisch, Alfred Andersch und Heinrich Böll. Frankfurt a. M. 1968

Gerber, Ulrich: Die Verantwortung. Ein Beitrag zum Verständnis zeitgenössischer Romane. Zürich 1972

Geyer-Ryan, Helga: Der andere Roman. Versuch über die verdrängte Ästhetik des Populären. Wilhelmshaven 1983

Ghurye, Charlotte W.: The Movement Towards a New Social and Political Consciousness in Postwar German Prose. Bern/Frankfurt a. M. 1971

Hage, Volker: Die Wiederkehr des Erzählers. Neue deutsche Literatur der siebziger Jahre. Frankfurt a. M. 1982

Heitner, Robert R. (Hrsg.): The Contemporary Novel in Germany. A Symposium. Austin/London 1967

Helbig, Louis F · Der ungeheure Verlust. Flucht und Vertreibung in der deutschsprachigen Belletristik der Nachkriegsliteratur. Wiesbaden 1988

Hollstein, Walter: Der deutsche Illustriertenroman der Gegenwart. Neuwied/Berlin 1973

Horst, Karl August: Das Spektrum des modernen Romans. Eine Untersuchung. München ²1964 [erw. Aufl.; 1. Aufl.: 1960]

Jabs-Kriegsmann, Marianne: Zerrspiegel. Der deutsche Illustriertenroman 1950–1977. Stuttgart 1981

Jehmlich, Reimer, u. Hartmut Lück (Hrsg.): Die deformierte Zukunft. Untersuchungen zu Science Fiction. München 1974

Jurgensen, Manfred: Erzählformen des fiktionalen Ich. Beiträge zum deutschen Gegenwartsroman. Bern/München 1980

Koopmann, Helmut (Hrsg.): Handbuch des deutschen Romans. Düsseldorf 1983

Koskella, Gretel A.: Die Krise des deutschen Romans. 1960–1970. Frankfurt a. M. 1986

Kreuer, Ernst: Das Unbeantwortbare. Die Aufgaben des modernen Romans. Mainz/Wiesbaden 1959

Kronsbein, Joachim: Autobiographisches Erzählen. Die narrativen Strukturen der Autobiographie. München 1984

Krumbholz, Martin: Ironie im zeitgenössischen Ich-Roman. Grass, Walser, Böll. München 1980

Kuipers, Jan: Zeitlose Zeit. Die Geschichte der deutschen Kurzgeschichtsforschung. Groningen 1970

Lämmert, Eberhard, u. a. (Hrsg.): Romantheorie. 2 Bde. Bd. 2: Dokumentation ihrer Geschichte in Deutschland seit 1880. Königstein i. Ts. ²1984 [1. Aufl.: Köln 1975]

Langenbucher, Wolfgang: Der aktuelle Unterhaltungsroman. Bonn ²1974 [1. Aufl.: 1964]

Lützeler, Paul Michael: Zeitgeschichte in Geschichten der Zeit. Deutschsprachige Romane im 20. Jahrhundert. Bonn 1986

Maiworm, Heinrich: Neue deutsche Epik. Berlin 1968

Marx, Leonie: Die deutsche Kurzgeschichte. Stuttgart 1985

Merkel, Johannes, u. Michael Nagel (Hrsg.): Erzählen. Die Wiederentdeckung einer vergessenen Kunst. Geschichten und Anregungen: ein Handbuch. Reinbek 1982

Migner, Karl: Theorie des modernen Romans. Einführung. Stuttgart 1970

Neubert, Brigitte: Der Außenseiter im deutschen Roman seit '45. Bonn 1977

Nusser, Peter: Romane für die Unterschicht. Groschenhefte und ihre Leser. Stuttgart 1973

Nutz, Walter: Der Trivialroman. Seine Formen und seine Hersteller. Köln 1962

Petersen, Jürgen: Der deutsche Roman der Moderne. Grundlegung – Typologie – Entwicklung. Stuttgart 1992

Pfeifer, Jochen: Der deutsche Kriegsroman 1945–60. Ein Versuch zur Vermittlung von Literatur- und Sozialgeschichte. Königstein 1981

Plessen, Elisabeth: Fakten und Erfindungen. Zeitgenössische Epik im Grenzgebiet von fiction und non-fiction. München 1971

Pongs, Hermann: Romanschaffen im Umbruch der Zeit. Eine Chronik von 1952–1962. Tübingen ⁴1963 [erw. Aufl.; 1. Aufl. 1952 u. d. Titel: Im Umbruch der Zeit]

Rath, Wolfgang: Fremd im Fremden. Zur Scheidung von Ich und Welt im deutschen Gegenwartsroman. Heidelberg 1985

Rath, Wolfgang: Not am Mann. Zum Bild des Mannes im deutschen Gegenwartsroman. Heidelberg 1987

Reich-Ranicki, Marcel: Deutsche Literatur in West und Ost seit 1945. München 1985 [unveränd. Nachdr. d. Neuaufl. v. 1983; 1. Aufl.: 1963]

Rohner, Ludwig: Theorie der Kurzgeschichte. Frankfurt a. M. 1973

Rosenthal, Erwin: Das fragmentarische Universum. Wege und Umwege des deutschen Romans. München 1970

Ryan, Judith: The Uncompleted Past. Postwar Novels and the Third Reich. Detroit 1983

Schober, Wolfgang Heinz: Erzähltechniken in Romanen. Eine Untersuchung erzähltechnischer Probleme im zeitgenössischen deutschen Roman. Wiesbaden 1975

Schöne, Albrecht: Der Hochstapler und der Blechtrommler. Die Wiederkehr der Schelme im deutschen Roman. Wuppertal 1974

Scholl, Joachim: In der Gemeinschaft des Erzählers. Studien zur Restitution des Epischen im deutschen Gegenwartsroman. Heidelberg 1990

Schramke, Jürgen: Zur Theorie des modernen Romans. München 1974

Schwan, Werner: Ich bin doch kein Unmensch. Kriegs- und Nachkriegszeit im deutschen Roman. Freiburg i. Br. 1990

Siegel, Christian: Die Reportage. Stuttgart 1978

Stamer, Uwe: Beiträge zur Literaturkritik. Rezensionen zu Romanen und Erzählungen der deutschsprachigen Gegenwartsliteratur aus den Jahren 1978–1988. Stuttgart 1989

Stanzel, Franz K.: Typische Formen des Romans. Göttingen ¹¹1987 [1. Aufl.: 1964]

Steinecke, Hartmut (Hrsg.): Theorie und Technik des Romans im 20. Jahrhundert. Tübingen 1972

Trommler, Frank: Roman und Wirklichkeit. Eine Ortsbestimmung am Beispiel von Musil, Broch, Roth, Doderer und Gütersloh. Stuttgart 1966

Wagener, Hans: Zeitkritische Romane des 20. Jahrhunderts. Die Gesellschaft in der Kritik der deutschen Literatur. Stuttgart 1975

Wehdeking, Volker, u. Günter Blamberger: Erzählliteratur der frühen Nachkriegszeit (1945–1952). München 1990

Weiss, Christina: Seh-Texte. Zur Erweiterung des Textbegriffes in konkreten und nicht-konkreten visuellen Texten. Zirndorf 1984

Welzig, Werner: Der deutsche Roman im 20. Jahrhundert. Stuttgart ²1970 [erw. Aufl.; 1. Aufl.: 1967]

Widmer, Urs: 1945 oder die «Neue Sprache». Studien zur Prosa der «jungen Generation». Düsseldorf 1966

van der Will, Wilfried, u. Hinton R. Thomas: Der deutsche Roman und die Wohlstandsgesellschaft. Stuttgart 1969 [amerikan. Originaltitel: The German Novel and the Affluent Society. Toronto 1968]

Williams, Arthur: Literature On the Threshold. The German Novel in the 1980s. Oxford u. a. 1990

Ziolkowski, Theodore: Strukturen des modernen Romans. Deutsche Beispiele und europäische Zusammenhänge. München 1972 [amerikan. Originaltitel: Dimensions of the Modern Novel, 1969]

Žmegač, Viktor: Der europäische Roman. Geschichte seiner Poetik. Tübingen ²1991 [1. Aufl.: 1990]

5.3.2. Westzonen/Bundesrepublik

Batt, Kurt: Die Exekution des Erzählers. Westdeutsche Romane zwischen '68 und '72. Frankfurt a. M. 1974

Behn, Manfred: DDR-Literatur in der Bundesrepublik Deutschland. Die Rezeption der epischen DDR-Literatur in der BRD 1961–1975. Meisenheim a. G. 1977

Bullivant, Keith: Realism Today. Aspects of the Contemporary West German Novel. Hamburg/New York 1987

Dahne, Gerhard: Westdeutsche Prosa. Ein Überblick. (1945–1965). Berlin (Ost) 1967

Ferchl, Wolfgang: Zwischen ‹Schlüsselroman›, Kolportage und Artistik. Studien zur gesellschaftskritisch-realistischen Romanliteratur der 50er Jahre in der Bundesrepublik Deutschland in ihrem sozialgeschichtlichen und poetologischen Kontext. Amsterdam u. a. 1991

Geiger, Klaus F.: Kriegsromanhefte in der BRD. Tübingen 1974

Möbius, Hanno: Arbeiterliteratur in der BRD. Eine Analyse von Industriereportagen und Reportageromanen: Max von der Grün, Christian Geissler, Günter Wallraff. Köln 1970

Swiatłowski, Zbigniew: Subjektivitätsproblematik und Sprachexperiment im deutschsprachigen Roman in der BRD nach 1965. Rzeszów 1989

Swiatłowski, Zbiginiew: Augengrund. Zeitdiagnose und Gesellschaftskritik im westdeutschen Roman nach 1967. Frankfurt a. M./Bern u. a. 1989

Ziermann, Klaus: Romane vom Fließband. Die imperialistische Massenliteratur in Westdeutschland. Berlin (Ost) 1969

5.3.3. SBZ/DDR

Albrecht, Richard: Das Bedürfnis nach echten Geschichten. Zur zeitgenössischen Unterhaltungsliteratur in der DDR. Frankfurt a. M./Bern u. a. 1987

Anderle, Hans Peter (Hrsg.): Mitteldeutsche Erzähler. Eine Studie mit Proben und Porträts. Gütersloh 1967

Baum, Werner: Bedeutung und Gestalt. Über die sozialistische Novelle. Halle a. d. S. 1968

Brandes, Ute: Zitat und Montage in der neueren DDR-Prosa. Frankfurt a. M. 1983

Eifler, Margret: Dialektische Dynamik. Kulturpolitik und Ästhetik im Gegenwartsroman der DDR. Bonn 1976

Einhorn, Barbara: Der Roman der DDR 1949–1969. Die Gestaltung des Verhältnisses von Individuum und Gesellschaft. Eine Analyse der Erzählstrukturen. Kronberg i. Ts. 1978

Feitknecht, Thomas: Die sozialistische Heimat. Zum Selbstverständnis neuerer DDR-Romane. Bern/Frankfurt a. M. 1971

Flaker, Aleksandar: Modelle der Jeans Prosa. Zur literarischen Opposition bei Plenzdorf und im östlichen Romankontext. Kronberg i. Ts. 1975

Foltin, Hans Friedrich: Die Unterhaltungsliteratur der DDR. Troisdorf 1970 [hrsg. v. Mitteldeutschen Kulturrat Bonn]

Gerlach, Ingeborg: Der schwierige Fortschritt. Gegenwartsdeutung und Zukunftserwartung im DDR-Roman. Königstein i. Ts. 1979

Hanke, Irma: Alltag und Politik. Zur politischen Kultur einer unpolitischen Gesellschaft. Eine Untersuchung zur erzählenden Gegenwartsliteratur in der DDR in den siebziger Jahren. Opladen 1987

Heidtmann, Horst: Utopisch-Phantastische Literatur in der DDR. Untersuchungen zur Entwicklung eines unterhaltungsliterarischen Genres (1945–1979). München 1982

Herting, Helga: Geschichte für die Gegenwart. Historische Belletristik in der Literatur der DDR. Berlin (Ost) 1979

Hilzinger, Sonja: «Als ganzer Mensch zu leben...». Emanzipatorische Tendenzen in der neueren Frauen-Literatur der DDR. Frankfurt a. M./Bern 1986

Hoogeveen, Jos, u. Gerd Labroisse (Hrsg.): DDR-Roman und Literaturgesellschaft. Amsterdam 1981

Jäckel, Günter, u. Ursula Roisch: Große Form in kleiner Form. Zur sozialistischen Kurzgeschichte. Halle a. d. S. 1974

Jaforte, Alessandra: Die Mauer in der literarischen Prosa der DDR. Frankfurt a. M./Bern u. a. 1991

Meyer, Barbara: Satire und politische Bedeutung. Die literarische Satire in der DDR. Eine Untersuchung zum Prosaschaffen der siebziger Jahre. Bonn 1985

Opitz-Wiesner, Carola, u. Michael Opitz: Zur Prosaliteratur der DDR in den achtziger Jahren. Einblicke und Auskünfte. Berlin u. a. 1989

Reich-Ranicki, Marcel: Auch dort erzählt Deutschland. Prosa von «drüben». München 1960

Schlenstedt, Dieter: Wirkungsästhetische Analysen. Poetologie und Prosa in der neueren DDR-Literatur. Berlin (Ost) 1979

Schmitz, Dorothee: Weibliche Selbstentwürfe und männliche Bilder. Zur Darstellung der Frau in DDR-Romanen der siebziger Jahre. Frankfurt a. M./Bern u. a. 1983

Schregel, Friedrich H.: Die Romanliteratur der DDR. Erzähltechniken, Leselenkung, Kulturpolitik. Opladen 1991

Silberman, Marc D.: Literature of the Working World. A Study of the Industrial Novel in East Germany. Bern/Frankfurt a. M. 1976

Staadt, Jochen: Konfliktbewußtsein und sozialistischer Anspruch in der DDR-Literatur. Zur Darstellung gesellschaftlicher Widersprüche in Romanen nach dem VIII. Parteitag der SED 1971. Berlin 1977

Stahl, Sigrid: Der Ausbruch des Subjekts aus gesellschaftlicher Konformität. Ansätze literarischer Verweigerung am Beispiel der DDR-Prosa der zweiten Hälfte der siebziger Jahre. Frankfurt a. M./Bern 1983

Taschner, Winfried: Tradition und Experiment. Erzählstrukturen und -funktionen des Bildungsromans in der DDR-Aufbauliteratur. Stuttgart 1981

Töpelmann, Sigrid: Autoren, Figuren, Entwicklungen. Zur erzählenden Literatur in der DDR. Berlin (Ost)/Weimar 1975

Watson, Martin Norman: The Literary Presentation of «Youth» in GDR Fiction. 1971–1980. Stuttgart 1986

Weisbrod, Peter: Literarischer Wandel in der DDR. Untersuchungen zur Entwicklung der Erzählliteratur in den 70er Jahren. Heidelberg 1980

Zimmermann, Peter: Industrieliteratur in der DDR. Vom Helden der Arbeit zum Planer und Leiter. Stuttgart 1984

5.3.4. Schweiz

Mielczarek, Zygmunt: Kurze Prosaformen in der deutschsprachigen Schweizer Litera-
tur der sechziger und siebziger Jahre. Kattowitz 1985
Szabó, János: Erzieher und Verweigerer. Zur deutschsprachigen Gegenwartsprosa der
Schweiz. Würzburg 1989
Zeller, Rosmarie: Der Neue Roman in der Schweiz. Die Unerzählbarkeit der moder-
nen Welt. Freiburg (Schweiz) 1992

5.3.5. Österreich

Blauhut, Robert: Österreichische Novellistik des 20. Jahrhunderts. Wien/Stuttgart
1966
Findeiss, Miachel, u. Peter Jandl (Hrsg.): Landnahme. Der österreichische Roman nach
1980. Wien/Köln 1989
Graf-Blauhut, Heidrun: Sprache, Traum und Wirklichkeit. Österreichische Kurzprosa
des 20. Jahrhunderts. Wien 1983
Heger, Roland: Der österreichische Roman des 20. Jahrhunderts. 2 Bde. Wien/Stutt-
gart 1971
Mießgang, Thomas: Sex, Mythos, Maskerade. Der antifaschistische Roman Österreichs
im Zeitraum 1960 bis 1980. Wien 1988
Seidler, Herbert: Österreichische Novellenkunst im 20. Jahrhundert. Wien 1970
Stix, Gottfried: Die gesuchte Mitte. Skizzen zum österreichischen Roman. Rom 1974
Weber, Norbert: Das gesellschaftlich Vermittelte der Romane österreichischer Schrift-
steller seit 1970. Frankfurt a. M. u. a. 1980

6.0. Lyrik

6.1. Nachschlagewerke, Lexika, Bibliographien

Knörrich, Otto: Lexikon lyrischer Formen. Stuttgart 1992
Kranz, Gisbert: Das Bildgedicht. Theorie, Lexikon, Bibliographie. 3 Bde. Köln u. a.
1981 u. 1987 [Bd. 3: 1987]
Paulus, Rolf, u. Ursula Steuler: Bibliographie zur deutschen Lyrik nach 1945. Frankfurt a. M. ²1977 [erg. und stark erw. Aufl.; 1. Aufl.: Dortmund/Frankfurt a. M.
1974]
Schlütter, Hans-Jürgen: Lyrik, 25 Jahre. Bibliographie der deutsch-sprachigen Lyrik-
publikationen 1945–1970. 2 Bde. Hildesheim u. a. 1974 u. 1983

6.2. Dokumentationen, Anthologien

6.2.1. Deutschsprachige Literatur allgemein und Westzonen/Bundesrepublik

Bender, Hans (Hrsg.): Mein Gedicht ist mein Messer. Lyriker zu ihren Gedichten.
München 1961 [Originalausg.: Heidelberg 1955]
Bender, Hans (Hrsg.): Widerspiel. Deutsche Lyrik seit 1945. München ²1962 [1. Aufl.:
Darmstadt 1961]
Bender, Hans (Hrsg.): Deutsche Gedichte seit 1960. Stuttgart 1972 [Anthologie]
Bender, Hans (Hrsg.): In diesem Lande leben wir. Deutsche Gedichte der Gegenwart.
München 1978

Bender, Hans (Hrsg.): Deutsche Gedichte 1930–1960. Stuttgart 1983

Bender, Hans (Hrsg.): Was sind das für Zeiten. Deutschsprachige Gedichte der achtziger Jahre. München 1988

Bingel, Horst (Hrsg.): Deutsche Lyrik. Gedichte seit 1945. München 1963 [Originalausg.: Stuttgart 1961]

Bingel, Horst (Hrsg.): Deutsche politische Lyrik seit 1945. München 1963

von Bormann, Alexander (Hrsg.): Die Erde will ein freies Geleit. Deutsche Naturlyrik. Frankfurt a. M. 1984

Braun, Michael, u. Hans Thill (Hrsg.): Punktzeit. Deutschsprachige Lyrik der achtziger Jahre. Heidelberg 1987

Brode, Hanspeter (Hrsg.): Deutsche Lyrik. Eine Anthologie. Frankfurt a. M. 1990

Brunner, Frank, u. Armin Juhre, Heinz Kulas (Hrsg.): Wir Kinder von Marx und Coca Cola. Gedichte der Nachgeborenen. Texte von Autoren der Jahrgänge 1945–1955 aus der Bundesrepublik, Österreich und der Schweiz. Wuppertal 1971

Buchwald, Christoph, u. a. (Hrsg.): Luchterhand Jahrbuch der Lyrik. Darmstadt/Neuwied 1984 [seitdem jährl., vorher drei Bände bei Claassen: Jahrbuch der Lyrik 1–3]

Chiarloni, Anna, u. Helga Pankoke (Hrsg.): Grenzfallgedichte. Eine deutsche Anthologie. Berlin/Weimar 1991

Conrady, Karl Otto (Hrsg.): Das große deutsche Gedichtbuch. München/Zürich ²1992 [1. Aufl. d. Originalausg.: Königstein i. Ts. 1978; 1. Aufl. d. Neuausg.: München/Zürich 1991]

Czernik, Inge, u. Theo Czernik (Hrsg.): Autoren stellen sich vor. Gedichtanthologie. 4 Bde. Loßburg 1984–1987

Deppert, Fritz, u. Karl Krolow, Wolfgang Weyrauch (Hrsg.): Literarischer März. Lyrik unserer Zeit. München 1979

Domin, Hilde (Hrsg.): Nachkrieg und Unfrieden. Gedichte als Index. 1945–1970. Neuwied/Berlin 1970 [mit einem Nachw. v. H. D.]

Enzensberger, Hans Magnus (Hrsg.): Museum der modernen Poesie. 2 Bde. Frankfurt a. M. 1980 [Originalausg.: 1960]

Fehse, Willi (Hrsg.): Deutsche Lyrik der Gegenwart. Eine Anthologie. Stuttgart ⁴1970 [erw. Aufl.; 1. Aufl.: 1960]

Fuchs, Günter Bruno (Hrsg.): Die Meisengeige. Zeitgenössische Nonsensverse. Frankfurt a. M. u. a. 1978

Fuhrmann, Joachim, u. a.: Agitprop. Lyrik, Thesen, Berichte. Kollektivausgabe. Hamburg [1969]

Gerlach, Jens (Hrsg.): Anthologie 56. Gedichte aus Ost und West. Berlin (Ost) 1956

Gomringer, Eugen (Hrsg.): Konkrete poesie. Deutschsprachige Autoren. Stuttgart 1980 [Anthologie; Nachdr. d. 1. Aufl. v. 1972]

Gorzawski, Heribert, u. Karin Kaspowicz: Erzählgedichte der Gegenwart. Mit Materialien. Stuttgart 1983

Günther, Joachim, u. Rudolf Hartung (Hrsg.): Lyrik unserer Zeit. Gütersloh 1957

Hage, Volker (Hrsg.): Lyrik für Leser – Deutsche Gedichte der siebziger Jahre. Stuttgart 1980

Hamm, Peter (Hrsg.): Aussichten. Junge Lyriker des deutschen Sprachraums. München 1966

Herchen, Hans A. (Hrsg.): Lyrik Expedition. Anthologie. Bd. 1–18. Frankfurt a. M. 1988–1992

Höllerer, Walter (Hrsg.): Transit. Lyrikbuch der Jahrhundertmitte. Frankfurt a. M. ²1957 [1. Aufl.: 1956]

Holthusen, Hans Egon, u. Friedhelm Kemp (Hrsg.): Ergriffenes Dasein. Deutsche Lyrik des 20. Jahrhunderts. Ebenhausen b. München ¹³1972 [1. Aufl. mit d. Untertitel: Deutsche Lyrik 1900–1950, 1953]

Jahrhundertmitte. Deutsche Gedichte der Gegenwart. Nachwort von Friedrich Michael. Wiesbaden 1955

Jentzsch, Bernd (Hrsg.): Ich sah aus Deutschlands Asche keinen Phönix steigen. Rückkehr und Hoffnung in poetischen Zeugnissen. München 1979

Jordan, Lothar, u. Axel Marquardt, Winfried Woesler (Hrsg.): Lyrik – von allen Seiten. Gedichte und Aufsätze des ersten Lyrikertreffens in Münster. Frankfurt a. M. 1981

Jordan, Lothar, Axel Marquardt, Winfried Woesler (Hrsg.): Lyrik – Blick über die Grenzen. Gedichte und Aufsätze des zweiten Lyrikertreffens in Münster. Frankfurt a.M. 1984

Jordan, Lothar, u. Axel Marquardt, Winfried Woesler (Hrsg.): Lyrik – Erlebnis und Kritik. Gedichte und Aufsätze des dritten und vierten Lyrikertreffens in Münster. Frankfurt a. M. 1988

Kopfermann, Thomas (Hrsg.): Theoretische Positionen zur konkreten Poesie. Texte und Bibliographie. Tübingen 1974

Krause, Manfred, u. Götz Friedemann Schandt (Hrsg.): Computer-Lyrik. Düsseldorf ²1969 [erw. Aufl.; 1. Aufl.: 1967]

Lamprecht, Helmut (Hrsg.): Wenn das Eis geht. Temperamente und Positionen. Ein Lesebuch der zeitgenössischen Lyrik. Fischerhude 1983

Lindemann, Gisela (Hrsg.): Gedichte 1900–1960. 2 Bde. München 1974 [Epochen der deutschen Lyrik, Bd. 9, hrsg. v. Walther Killy, nach d. Erstdruck in zeitl. Reihenfolge weiter hrsg. v. G. Lindemann]

Mon, Franz (Hrsg.): Movens. Dokumente und Analysen zur Dichtung, bildenden Kunst, Musik und Architektur. Neuwied ²1973 [in Zusammenarb. mit Walter Höllerer u. Manfred de la Motte; 1. Aufl.: Wiesbaden 1960]

Mon, Franz, u. Helmut Heißenbüttel: Antianthologie. Gedichte in deutscher Sprache nach der Zahl ihrer Worte geordnet. München 1973

Morawietz, Kurt (Hrsg.): Deutsche Teilung. Ein Lyrik-Lesebuch. Wiesbaden 1966

Motzan, Peter (Hrsg.): Der Herbst stöbert in den Blättern. Deutschsprachige Lyrik aus Rumänien. Berlin (Ost) 1984

Piontek, Heinz (Hrsg.): Neue deutsche Erzählgedichte. Stuttgart 1964

Piontek, Heinz (Hrsg): Deutsche Gedichte seit 1960. Eine Anthologie. Stuttgart 1972

Piontek, Heinz (Hrsg.): Deutsche Gedichte der sechziger Jahre. Stuttgart 1984

Schmidt, Siegfried J. (Hrsg.): Konkrete Dichtung. Texte und Theorien. München 1972

Schramm, Godehard, u. Bernhard Wagner (Hrsg.): «Geht dir da nicht ein Auge auf.» Gedichte. Frankfurt a.M. 1974 [Werkkreis Literatur d. Arbeitswelt; hrsg. unter Mitarb. v. Peter Sauerheimer]

Voigtländer, Annie, u. Herbert Witt (Hrsg.): Denkzettel. Politische Lyrik aus der BRD und Westberlin. Frankfurt a. M. 1974 [mit einem Vorw. v. Klaus Schuhmann]

Voss, Hartfried (Hrsg.): Lyrische Handschrift unserer Zeit. 50 Gedichthandschriften deutscher Lyriker der Gegenwart. Ebenhausen 1958

Weigand, Ingeborg, u. Radja Weigand (Hrsg.): Deutschsprachige Gegenwartslyrik von Frauen. 2. Bde. Schwifting 1978 und 1980

Weyrauch, Wolfgang (Hrsg.): Neue Expeditionen. Deutsche Lyrik 1960–1975. München 1975

Wolf, Gerhard: Sprachblätter. Wortwechsel. Im Dialog mit Dichtern. Leipzig 1992

6.2.2. SBZ/DDR

Auswahl. Neue Lyrik. Neue Namen. Berlin (Ost) 1964 [jährl. erschienen bis 1988, dann eingestellt]

Berger, Uwe, u. Günther Deicke (Hrsg.): Lyrik der DDR. Berlin (Ost)/Weimar ⁶1984. [überarb. Aufl.; 1. Aufl.: 1970] den Besten, Ad (Hrsg.): Deutsche Lyrik auf der anderen Seite. Gedichte aus Ost- und Mitteldeutschland. München 1960

Endler, Adolf, u. Karl Mickel (Hrsg.): In diesem besseren Land. Gedichte der DDR seit 1945. Halle a. d. S. 1966

Geist, Peter (Hrsg.): Ein Molotow-Cocktail auf fremder Bettkante. Lyrik der siebziger/achtziger Jahre von Dichtern aus der DDR. Ein Lesebuch. Leipzig 1991

Heukenkamp, Ursula, u. a. (Hrsg.): Die eigene Stimme. Lyrik der DDR. Berlin (Ost)/ Weimar 1988

Jentzsch, Bernd (Hrsg.): Ich nenn euch mein Problem. Gedichte der Nachgeborenen. 46 junge in der DDR lebende Poeten der Jahrgänge 1945–1954. Wuppertal 1971

Kraft, Gisela (Hrsg.): Lyrik aus der DDR. Räderzeit. Düsseldorf 1988

Laschen, Gregor (Hrsg.): Lyrik aus der DDR. Zürich/Köln 1973

Mangel, Rüdiger, u. Stefan Schnabel, Peter Staatsmann (Hrsg.): Deutsch in einem anderen Land. Die DDR (1949–1990) in Gedichten. Berlin 1990

Oehme, Dorothea (Hrsg.): Fluchtfreuden Bierdurst. Letzte Gedichte aus der DDR. Berlin 1990 [mit einem Vorw. v. Fritz Rudolf Fries]

Rosenkranz, Jutta: Wenn wir den Königen schreiben. Lyrikerinnen aus der DDR. Darmstadt 1988

Schreck, Joachim (Ausw.): Saison für Lyrik. Neue Gedichte von siebzehn Autoren. Berlin (Ost)/Weimar 1968

Schubert, Holger J. (Hrsg.): Aufforderung zum Frühlingsbeginn. Neue Gedichte junger Autoren. Halle a. d. S. 1970

Tschesno-Hell, Michael (Hrsg.): Neue deutsche Lyrik. Gedichte unserer Zeit. Berlin (Ost) 1952

Warnke, Uwe: Visuelle Prosa in/aus der DDR. Eine Anthologie. Siegen 1990

Wenzel, Karl-Heinz, u. Jupp Müller (Hrsg.): Das uns Gemäße. Lyrik-Anthologie schreibender Arbeiter. Berlin (Ost) 1970

Wir lieben das Leben. Anthologie neuer deutscher Lyrik. Weimar 1953

Wolf, Gerhard, u. Christa Wolf (Hrsg.): Wir, unsere Zeit. Gedichte aus zehn Jahren. Berlin (Ost) 1959

6.2.3. Schweiz

Fringeli, Dieter: Dichter im Abseits. Schweizer Autoren von Glauser bis Hohl. Zürich/ München 1974

Geerk, Frank (Hrsg.): Lyrik aus der Schweiz. Zürich/Köln ²1974 [1. Aufl.: ebf. 1974]

Gesellschaft für deutsche Sprache und Literatur (Hrsg.): Handschrift. Gedichte von Schweizer Lyrikern der Gegenwart. St. Gallen 1986

Jentzsch, Bernd (Hrsg.): Schweizer Lyrik des 20. Jahrhunderts. Gedichte aus vier Sprachregionen. Zürich/Köln 1977

Weber, Werner (Hrsg.): Belege. Gedichte aus der deutschsprachigen Schweiz seit 1900. Zürich u. a. 1978

Schult, Klaus Dieter (Hrsg.): Die skeptische Landschaft. Deutschsprachige Lyrik aus der Schweiz seit 1900. Leipzig 1988

6.2.4. Österreich

Bydlinski, Georg, u. a. (Hrsg.): Unter der Wärme des Schnees. Neue Lyrik aus Österreich. Mödling/Wien 1988

Fritsch, Gerhard, u. Wolfgang Kraus (Hrsg.): Fragen und Formel. Gedichte einer jungen österreichischen Generation. Salzburg 1963

Österreichische Lyrik. Bd. 1–3 Wien 1948–1949 [danach jährl. erschienen bis 26 (1971); es folgten noch 27 (1975) und 28 (1981)]
Schönwiese, Ernst (Ausw.): Österreichische Lyrik nach 1945. Hamburg 1960
Schönwiese, Ernst: Versunken in den Traum... Gedichte aus fünfzig Jahren. Wiesbaden 1984
Strelka, Joseph P. (Ausw.): Das zeitlose Wort. Eine Anthologie österreichischer Lyrik von Peter Altenberg bis zur Gegenwart. Graz/Wien 1964 [mit einem Nachw. v. Ernst Schönwiese]

6.3. Darstellungen, Studien, Programmatisches, Überblicke

6.3.1. Deutschsprachige Literatur allgemein, Westzonen/Bundesrepublik, Schweiz und Österreich

Arnold, Heinz Ludwig (Hrsg.): Konkrete Poesie. 2 Bde. München ³1978 u. ²1975 [1. Aufl. Bd. 1: 1970; Bd. 2: 1971]
Arnold, Heinz Ludwig (Hrsg.): Politische Lyrik. München ³1984 [Neufassung; 1. Aufl.: 1973]
Becker, Heribert, u. a. (Hrsg.): Das surrealistische Gedicht. Frankfurt a. M. 1985
Bekes, Peter, u. a.: Deutsche Gegenwartslyrik von Biermann bis Zahl. Interpretationen. München 1982
Bender, Hans, u. Michael Krüger (Hrsg.): Was alles hat Platz in einem Gedicht? Aufsätze zur deutschen Lyrik seit 1965. München 1977
Breuer, Dieter (Hrsg.): Deutsche Lyrik nach 1945. Frankfurt a. M. 1988
Brög, Hans, u. Samson Dietrich Sauerbier (Hrsg.): Konkrete Kunst – Konkrete Poesie. Programmatik, Theorie, Didaktik, Kritik. Kastellaun 1976
Büttner, Ludwig: Von Benn zu Enzensberger. Ein Einführung in die zeitgenössische deutsche Lyrik. 1945–1970. Nürnberg ³1975 [durchges. Aufl.; 1. Aufl.: 1971]
Burger, Heinz Otto, u. Reinhold Grimm: Evokation und Montage. 3 Beiträge zum Verständnis moderner deutscher Lyrik. Göttingen 1961
Domin, Hilde (Hrsg.): Doppelinterpretationen. Das zeitgenössische Gedicht zwischen Autor und Leser. Frankfurt a. M./Bonn 1989 [Originalausg.: 1966]
Domin, Hilde: Wozu Lyrik heute? Dichtung und Leser in der gesteuerten Gesellschaft. Essays. München ⁵1988 [Neuausg.: 1975; Originalausg.: 1968]
Elm, Theo (Hrsg.): Kristallisationen. Die Gedichte der achtziger Jahre. Stuttgart 1992
Ewers, Hans-Heino (Hrsg.): Alltagslyrik und Neue Subjektivität. Texte und Materialien. Stuttgart 1982
Frey, Hans-Jost, u. Otto Lorenz: Kritik des freien Verses. Heidelberg 1980
Friedrich, Hugo: Die Struktur der modernen Lyrik. Von Baudelaire bis zur Gegenwart. Reinbek 1992 [erw. Neuausg. d. bereits bearb. u. erw. Neuausg. v. 1967; Originalausg.: 1956]
Girschner-Woldt, Ingrid: Theorie der modernen politischen Lyrik. Berlin 1971
Gnüg, Hiltrud: Entstehung und Krise lyrischer Subjektivität. Vom klassischen lyrischen Ich zur modernen Erfahrungswirklichkeit. Stuttgart 1983
Gomringer, Eugen: Zur Sache der Konkreten. 2 Bde. Bd. 1: Konkrete Poesie. St. Gallen 1988
Grimm, Reinhold (Hrsg.): Zur Lyrik-Diskussion. Darmstadt 1966
Hamburger, Michael: Wahrheit und Poesie. Spannungen in der modernen Lyrik von Baudelaire bis zur Gegenwart. Frankfurt a. M./Berlin/Wien 1985 [ursprüngl. Ausg. u. d. Titel: Die Dialektik der modernen Lyrik. Von Baudelaire bis zur konkreten Poesie. München 1972]

Hartung, Harald: Experimentelle Literatur und konkrete Poesie. Göttingen 1975

Hartung, Harald u. a. (Hrsg.): Arbeitsbuch Lyrik. Seelze 1981

Hartung, Harald: Deutsche Lyrik seit 1965. Tendenzen, Beispiele, Porträts. München u. a. 1985

Heißenbüttel, Helmut: Was ist das Konkrete an einem Gedicht? Itzehoe 1969

Hinck, Walter (Hrsg.): Gedichte und Interpretationen. Bd. 6: Gegenwart. Stuttgart 1985 [Nachdr. d. Ausg. v. 1982]

Hinderer, Walter (Hrsg.): Geschichte der politischen Lyrik in Deutschland. Stuttgart 1978

Hinderer, Walter (Hrsg.): Geschichte der deutschen Lyrik vom Mittelalter bis zur Gegenwart. Stuttgart 1983

Höck, Wilhelm: Formen heutiger Lyrik. Verse am Rand des Verstummens. München 1969

Höllerer, Walter: Theorie der modernen Lyrik. Reinbek 1965

Hoffmann-Herreros, Johann (Hrsg.): Spur der Zukunft. Moderne Lyrik als Daseinsdeutung. Mainz 1973

Hotz, Karl, u. Gerhard C. Krischker (Hrsg.): Gedichte aus unserer Zeit. Interpretationen. Bamberg 1990

Jaeckle, Erwin: Evolution der Lyrik. Reden und Glossen zur Tabulatur. Stuttgart 1972

Jendryschik, Manfred: Lokaltermine. Notate zur zeitgenössischen Lyrik. Halle a. d. S. 1974

Kaiser, Gerhard: Geschichte der deutschen Lyrik von Goethe bis zur Gegenwart. 2 Bde. Bd. 2: Geschichte der deutschen Lyrik von Heine bis zur Gegenwart. Ein Grundriß in Interpretationen. 3 Teilbände. Frankfurt a. M. 1991

Kessler, Dieter: Untersuchungen zur konkreten Dichtung. Vorformen – Theorien – Texte. Meisenheim a. G. 1976

Klein, Ulrich: Lyrik nach 1945. Einführung in die Decodierung lyrischer Texte vorwiegend aus der BRD. München 1972

Knörrich, Otto: Die deutsche Lyrik seit 1945. Stuttgart ²1978 [neu bearb. u. erw. Aufl.; 1. Aufl. u. d. Titel: Die deutsche Lyrik der Gegenwart. 1945–1970, Stuttgart 1971]

Köpf, Gerhard (Hrsg.): Neun Kapitel Lyrik. Paderborn 1984

Kopfermann, Thomas: Konkrete Poesie. Fundamentalpoetik und Textpraxis einer Neo-Avantgarde. Frankfurt a. M./Bern 1981

Korte, Hermann: Geschichte der deutschen Lyrik seit 1945. Stuttgart 1989

Kraft, Werner: Österreichische Lyriker. Von Trakl zu Lubomirski. Aufsätze zur Literatur. Eisenstadt-Wien 1984

Lecke, Bodo (Hrsg.): Politische Lyrik. Stuttgart 1974 [hrsg. in Verbindung mit d. Bremer Kollektiv]

Ledanff, Susanne: Die Augenblicksmetapher. Über Bildlichkeit und Spontaneität in der Lyrik. München 1981

Neumeister, Sebastian: Poetizität: Wie kann ein Urteil über heutige Gedichte gefunden werden? Heidelberg 1970

Pieczonka, Annette: Sprachkunst und bildende Kunst. Studien zum deutschen Bildsonett nach 1945. Köln 1988

Piontek, Heinz: Männer, die Gedichte machen. Zur Lyrik heute. Hamburg 1970

Rey, William H.: Poesie der Antipoesie. Moderne deutsche Lyrik. Genesis, Theorie, Struktur. Heidelberg 1978

Schmidt-Dengler, Wendelin (Hrsg.): Formen der Lyrik in der österreichischen Gegenwartsliteratur. Wien 1981

Schöne, Albrecht: Über politische Lyrik im 20. Jahrhundert. Göttingen ²1969 [erg. Aufl.; 1. Aufl.: 1965]

Schuhmann, Klaus: Weltbild und Poetik. Zur Wirklichkeitsdarstellung in der Lyrik der BRD bis zur Mitte der siebziger Jahre. Berlin (Ost)/Weimar 1979

Theobaldy, Jürgen, u. Gustav Zürcher: Veränderung durch Lyrik. Über westdeutsche Gedichte seit 1965. München 1976

Vietta, Silvio: Sprache und Sprachreflexion in der modernen Lyrik. Bad Homburg/ Berlin/Zürich 1970

Volckmann, Silvia: Zeit der Kirschen? Das Naturbild der deutschen Gegenwartslyrik: Jürgen Becker, Sarah Kirsch, Wolf Biermann, Hans Magnus Enzensberger. Königstein i. Ts. 1982

Watrak, Jan: Der Mensch in der Mikrowelt. Zur deutschsprachigen Lyrik nach 1945. Szczecin 1989

Weissenberger, Klaus (Hrsg.): Die deutsche Lyrik 1945–1975. Zwischen Botschaft und Spiel. Düsseldorf 1981

Wetzlaff-Eggebert, Harald (Hrsg.): Die Legitimation der Alltagssprache in der modernen Lyrik. Erlangen 1984

Willems, Gottfried: Großstadt- und Bewußtseinspoesie. Über Realismus in der modernen Lyrik, insbesondere im lyrischen Spätwerk Gottfried Benns und in der deutschen Lyrik seit 1965. Tübingen 1981

Zeller, Michael: Gedichte haben Zeit. Aufriß einer zeitgenössischen Poetik. Stuttgart 1982

Zürcher, Gustav: Trümmerlyrik. Politische Lyrik 1945–1950. Königstein i. Ts. 1977

6.3.2. SBZ/DDR

Berendse, Gerrit-Jan: Die «Sächsische Dichterschule». Lyrik der DDR der sechziger und siebziger Jahre. Frankfurt a. M./Bern u. a. 1990

Berger, Uwe: Die Chance der Lyrik. Aufsätze und Betrachtungen. Berlin (Ost)/Weimar 1971

Cosentino, Christine, u. Wolfgang Ertl, Gerd Labroisse (Hrsg.): DDR-Lyrik im Kontext. Amsterdam 1988

Endler, Adolf: Den Tiger reiten. Aufsätze, Polemiken und Notizen zur Lyrik der DDR. Frankfurt a. M. 1990 [hrsg. v. Manfred Behn]

Ertl, Wolfgang: Natur und Landschaft in der Lyrik der DDR: Walter Werner, Wulf Kirsten und Uwe Greßmann. Stuttgart 1982

Flood, John L. (Hrsg.): Ein Moment des erfahrenen Lebens. Zur Lyrik der DDR. Amsterdam 1987

Flores, John M.: Poetry in East Germany. Adjustments, Visions and Provocations. 1945–1970. New Haven/London 1971

Hähnel, Ingrid (Hrsg.): Lyriker im Zwiegespräch. Traditionsbeziehungen im Gedicht. Berlin (Ost) 1981

Hähnel, Klaus Dieter: Lyrik in unseren Tagen. Berlin (Ost) 1974

Hartmann, Anneli: Lyrik-Anthologien als Indikatoren des literarischen und gesellschaftlichen Prozesses in der DDR (1949–1971). Frankfurt a. M./Bern 1983

Laschen, Gregor: Lyrik in der DDR. Literatur und Reflexion. Frankfurt a. M. 1971

Lermen, Birgit H., u. Matthias Loewen: Lyrik aus der DDR. Exemplarische Analysen. Paderborn 1987

Schlenstedt, Silvia, u. Heinrich Olschowsky, Bernd Jentzsch (Hrsg.): Welt im sozialistischen Gedicht. Poeten, Methoden und internationale Tendenzen im Gespräch. Berlin (Ost)/Weimar 1974

Weisbach, Reinhard: Menschenbild, Dichter und Gedicht. Aufsätze zur deutschen sozialistischen Lyrik. Berlin (Ost)/Weimar 1972

Wüst, Karl-Heinz: Sklavensprache. Subversive Schreibweisen in der Lyrik der DDR 1961–1976. Frankfurt a. M./Bern u. a. 1989

7.0. Hörspiel

7.1. Nachschlagewerke, Lexika, Bibliographien

Rosenbaum, Uwe (Hrsg.): Das Hörspiel. Eine Bibliographie. Texte, Tondokumente, Literatur. Hamburg 1974
Schwitzke, Heinz (Hrsg.): Reclams Hörspielführer. Stuttgart 1969
Zeutzschel, Günter (Hrsg.): Das Hörspiel-Archiv. Karlsruhe 1969 ff. [Loseblattsammlung; fortl. Verz. mit d. Ziel d. Erfassung aller deutschspr. Sender seit 1945 mit Ausnahme d. DDR]

7.2. Dokumentationen, Anthologien

7.2.1. Deutschsprachige Literatur allgemein, Westzonen/Bundesrepublik, SBZ/DDR, Schweiz und Österreich

Dollinger, Hermann (Hrsg.): Radio München. Bayerischer Rundfunk: 20 Jahre Hörspiel im Bayerischen Rundfunk. Hörspielsendungen 1945–1965. Eine Dokumentation. München 1967
Dreizehn Hörspiele unserer Zeit. Stuttgart/Hamburg 1964 [mit einem Nachw. v. Hansjörg Schmitthenner]
Frank, Alfons (Hrsg.): Hörspiele. Texte und Dokumente. 2 Bde. Bamberg 1963 u. 1964
Hammer, Franz (Hrsg.): Frühe Hörspiele. Berlin (Ost) 1982
Hasselblatt, Dieter, u. Günter Rüber (Hrsg.): Funkerzählungen. Frankfurt a. M. 1966 [mit einem Nachw. v. D. Hasselblatt; 1. Ausg.: Köln/Olten 1963]
Helbig, Klaus, u. Gerhard Rentzsch (Hrsg.): Dialoge. Berlin (Ost) ³1969 [erw. Aufl.; 1. Aufl.: 1966]
Hörspiele. Ilse Aichinger, Ingeborg Bachmann, Heinrich Böll, Günter Eich, Wolfgang Hildesheimer, Jan Rys. Frankfurt a. M. 1988 [mit einem Nachw. v. Ernst Schnabel; Originalausg.: Frankfurt a. M. 1961]
Hörwerke der Zeit. Bd. 1. Hamburg 1955 [erschienen bis 31 (1965); hrsg. v. Hans-Bredow-Inst. f. Rundfunk u. Fernsehen, Universität Hamburg]
Klippert, Werner (Hrsg.): Vier Kurzhörspiele. Stuttgart 1989 [Ingeborg Drewitz, R. Eickelbeck, K. Werner, Günter Bruno Fuchs; Nachdr. d. 1. Aufl. v. 1976]
Lauterbach, Ulrich (Hrsg.): Zauberei auf dem Sender und andere Hörspiele. Frankfurt a. M. 1962
Lauterbach, Ulrich (Hrsg.): Ich habe die Ehre. Acht Hörspiele der deutsch-französischen Gemeinschaftsreihe ‹Carte Blanche Internationale›. Frankfurt a. M. 1965
Löw, Bernd (Ausw.): Hörspiele in der ARD. Verzeichnis der Hörspiele, die 1981 erstmals von der Rundfunkanstalt der ARD (einschließlich RIAS Berlin) ausgestrahlt wurden. Mit einer Übersicht über Hörspielpreise und -publikationen. Frankfurt a. M. 1982 [seitdem jährl. erschienen; bislang letzter Bd.: 1991 (1992)]
Michel, Karl Markus (Hrsg.): Spectaculum. Texte moderner Hörspiele. Frankfurt a. M. 1963
Nasarski, Peter (Hrsg.): In unserer Zeit. – Zwischen den Grenzen. 12 Hörspiele und Funkerzählungen. Bielefeld 1970
Otten, Anna (Hrsg.): Mensch und Zeit. Anthology of German Radio Plays. New York 1966
Prager, Gerhard (Hrsg.): Kreidestriche ins Ungewisse. Zwölf deutsche Hörspiele nach 1945. Darmstadt 1960
Rentzsch, Gerhard (Hrsg.): Kleines Hörspielbuch. Berlin (Ost) 1960

Schirmer, Bernd (Hrsg.): Brot und Salz. 15 Hörspiele aus den siebziger Jahren. Leipzig 1982
Schmitthenner, Hansjörg (Hrsg.): Dreizehn europäische Hörspiele. München 1961
Schmitthenner, Hansjörg (Hrsg.): Sechzehn deutsche Hörspiele. München 1962
Schmitthenner, Hansjörg (Hrsg.): Hörspielbuch. München 1964
Schnabel, Ernst (Hrsg.): Hörspiele (Ilse Aichinger, Ingeborg Bachmann, Heinrich Böll, Günter Eich, Wolfgang Hildesheimer, Jan Rys). Frankfurt a. M./Hamburg 1961
Schöning, Klaus (Hrsg.): Neues Hörspiel. Texte – Partituren. Frankfurt a. M. 1969
Schöning, Klaus (Hrsg.): Neues Hörspiel. Essays, Analysen, Gespräche. Frankfurt a. M. 1970
Schöning, Klaus (Hrsg.): Neues Hörspiel O-Ton. Der Konsument als Produzent. Versuche. Arbeitsbericht. Frankfurt a. M. 1974
Schöning, Klaus (Hrsg.): Schriftsteller und Hörspiel. Reden zum Hörspielpreis der Kriegsblinden. Königstein i. Ts. 1981
Schöning, Klaus (Hrsg.): Spuren des neuen Hörspiels. Frankfurt a. M. 1982
Schöning, Klaus (Hrsg.): Hörspielmacher. Autorenporträts und Essays. Königstein i. Ts. 1983
Schwitzke, Heinz (Hrsg.): Sprich, damit ich dich sehe. 2 Bde. München 1960 u. 1962 [Bd. 1: Sechs Hörspiele und ein Bericht über eine junge Kunstform, Bd. 2: Frühe Hörspiele]
Staatliches Komitee für Rundfunk beim Ministerrat der DDR (Hrsg.): Hörspieljahrbuch. Berlin (Ost) 1961 [ab 1962 u. d. Titel «Hörspiele» jährl. erschienen bis 1974, dann eingestellt]
Staatliches Komitee für Rundfunk beim Ministerrat der DDR (Hrsg.): Kein Wort von Einsamkeit. Hörspiele. Berlin (Ost) 1986
Süddeutscher Rundfunk, Westdeutscher Rundfunk und Norddeutscher Rundfunk (Hrsg.): Hörspielbuch. Bd. 1. Hamburg 1950 [jährl. erschienen bis 12 (1961), ab 1952 in Frankfurt a. M.]
Süddeutscher Rundfunk (Hrsg.): Texte neuer Hörspiele. Neuwied/Berlin 1965–1967 [8 Einzeltexte]
Vetter, Christa (Hrsg.): Steig der Stadt aufs Dach. Hörspiele. Berlin 1990
Volke, Kurt (Ausw.): Der gute Gott von Manhattan. Hörspiele aus der BRD, der Schweiz und Österreich. Berlin 1990
Westdeutscher Rundfunk (Hrsg.): WDR-Hörspielbuch. Bd. 1. Köln u. a. 1962 [jährl. erschienen bis 9 (1971), dann eingestellt]
Westdeutscher Rundfunk (Hrsg.): Das Hörspiel. Texte und Interpretationen. Köln 1967

7.3. Darstellungen, Studien, Programmatisches, Überblicke

7.3.1. Deutschsprachige Literatur allgemein, Westzonen/Bundesrepublik, SBZ/ DDR, Schweiz und Österreich

Bausch, Hans: Rundfunkpolitik nach 1945. München 1980
Deiters, Heinz-Günter: Fenster zur Welt. 50 Jahre Rundfunk in Norddeutschland. Hamburg 1973
Doehl, Reinhard: Das neue Hörspiel. Darmstadt ²1992 [unveränd. Aufl.; 1. Aufl.: 1988]
Fischer, Eugen Kurt: Das Hörspiel. Form und Funktion. Stuttgart 1964
Frank, Armin P.: Das Hörspiel. Beschreibung und Analyse einer neuen Kunstform

durchgeführt an amerikanischen, deutschen, englischen und französischen Texten.
Heidelberg 1963

Geerken, Hartmut: Das interaktive Hörspiel als nicht-erzählende Radiokunst. Essen
1992

Hannes, Rainer: Erzählen und Erzähler im Hörspiel. Ein linguistischer Beschreibungs-
ansatz. Marburg 1990

Haese, Jürgen: Das Gegenwartshörspiel in der sowjetischen Besatzungszone Deutschlands. Ein Beitrag zur Erforschung künstlerischer Formen in der sowjetisch-totalitä-
ren Publizistik. Berlin 1963

Heger, Roland: Das österreichische Hörspiel. Wien u. a. 1977

Hischenhuber, Heinz: Gesellschaftsbilder im deutschsprachigen Hörspiel seit 1968.
Wien 1985

Hofer, Elisabeth, u. Karin Stenitzer-Gayer u. a.: Hörspiel-Frauen Frauen-Hörspiel.
Eisenstadt 1989

Keckeis, Hermann: Das deutsche Hörspiel. 1923–1973. Ein systematischer Überblick
mit kommentierter Bibliographie. Frankfurt a. M. 1973

Klose, Werner: Didaktik des Hörspiels. Stuttgart 1974

Knilli, Friedrich: Das Hörspiel. Mittel und Möglichkeiten eines totalen Schallspiels.
Stuttgart 1961

Krautkrämer, Horst-Walter: Das deutsche Hörspiel 1945–1961. Grundthemen, künstlerische Struktur und soziologische Funktion. Heidelberg 1962

Lerg, Winfried B., u. Rolf Steininger (Hrsg.): Rundfunk und Politik 1923 bis 1973.
Beiträge zur Rundfunkforschung. Berlin 1975

Schwitzke, Heinz: Das Hörspiel. Dramaturgie und Geschichte. Köln/Berlin 1963

Thomsen, Christian W., u. Irmela Schneider: Grundzüge der Geschichte des europäischen Hörspiels. Darmstadt 1985

Wessels, Wolfgang: «Das Hörspiel bringt...». Eine Geschichte des Hörspiels im Südwestfunk. Siegen 1991

Würffel, Stefan Bodo: Das deutsche Hörspiel. Stuttgart 1978

8.0. Drama und Theater

8.1. Nachschlagewerke, Lexika, Bibliographien

Allgayer, Wilhelm (Hrsg.), u. Friedrich Ernst Schulz (Begr.): Dramenlexikon. Ein
Wegweiser zu etwa 10000 urheberrechtlich geschützten Bühnenwerken der Jahre
1945–1957. Mit einem Nachtrag für 1957–1960. 2 Bde. Köln/Berlin 1958–1962

Bartel, Günter: Der große Schauspielführer. München 1992

Berger, Karl Heinz, u. a. (Mitarb.): Schauspielführer A–Z. 2 Bde. Berlin (Ost) ²1988
[1. Aufl.: 1986]

Bortenschlager, Wilhelm: Theaterspiegel. Ein Führer durch das moderne Schauspiel.
4 Bde. Bd. 3 u. 4. München 1971 u. 1972 [Bd. 3: Westdeutsche und ostdeutsche
Autoren; Bd. 4: Schweizer und österreichische Autoren]

Brauneck, Manfred, u. Gérard Schneilin (Hrsg.): Theater-Lexikon. Begriffe und Epochen, Bühnen und Ensembles. Reinbek 1992 [vollst. überarb. u. erw. Neuausg.;
1. Aufl.: 1986]

Deutsches Theatermuseum (Hrsg.): Dramenlexikon. Jahresbände 1985–1990. München 1986–1991 [⟨1.⟩ 1945/57–2. 1957/69 (1962); Nachtr. 1. 1942–1944;
1961–1984 nicht erschienen; Red.: Heinrich Huesmann zus. mit Claudia Schmiede-
rer, ab Jahresbd. 1988 zus. mit Jürgen Kirschner]

Gregor, Joseph (Begr.), u. Margret Dietrich, Wolfgang Gneisenegger (Hrsg.): Der Schauspielführer. 14 Bde. Stuttgart 1953–1989 [Bd. 7: Ergänzungen zu Bd. 1–6. Das Schauspiel bis 1956 (1964); Bd. 8–14: Das Schauspiel der Gegenwart von 1956 bis 1986. Der Inhalt der wichtigsten zeitgenössischen Theaterstücke aus aller Welt; die einzelnen Bände: Bd. 8: 1956–1965 (1967), Bd. 9: 1966–1970 (1972), Bd. 10: 1971–1973 (1976), Bd. 11: 1974–1976 (1979), Bd. 12: 1977–1979 (1982), Bd. 13: 1980–1983 (1986), Bd. 14: 1984–1986 (1989)]

Gröning, Karl, u. Werner Kließ: Friedrichs Theaterlexikon. Velber b. Hann. 1969 [hrsg. v. Henning Rischbieter]

Kienzle, Siegfried, u. a. (Hrsg.): Reclams Schauspielführer. Stuttgart [18]1990 [1. Aufl.: 1953, hrsg. v. Otto Karl August Zur Nedden und Karl H. Ruppel]

Kienzle, Siegfried: Schauspielführer der Gegenwart. 910 Stücke von 175 Autoren auf dem Theater seit 1945. Stuttgart [5]1990 [überarb. Aufl.; 1. Aufl. u. d. Titel: Modernes Welttheater. Ein Führer durch das internationale Schauspiel der Nachkriegszeit in 755 Einzelinterpretationen, 1966]

Kosch, Wilhelm: Deutsches Theater-Lexikon. Biographisches und bibliographisches Handbuch. 3 Bde. Klagenfurt 1953 u. 1960/Bern 1992 [Band 3 fortgef. v. Ingrid Bigler-Marschall, erschienen in Bern, derzeitiger Stand: Pallenberg – Singer]

Rischbieter, Henning (Hrsg.): Theater-Lexikon. Zürich 1983

Rosenstein, Doris und Peter Seibert (Hrsg.): «Theater im Fernsehen». Eine Bibliographie der Diskussionsbeiträge von 1953 bis 1990. Siegen 1991

Theater unserer Zeit. Kritische Beiträge zu aktuellen Theaterfragen. Lampertheim 1961 ff. [erscheint unregelmäßig; Bd. 8 identisch mit Bd. 31/32 des Schweizer Theaterjahrbuchs; bislang letzter Bd.: Bd. 22 (1990)]

Theaterstückverzeichnis = Repertoire des pièces de théatre. Weinfelden [3]1990 [völlig neu bearb. Aufl.; Schweizer Autoren u. Autorinnen d. Gruppe Olten; kein Hrsg.]

Theaterwissenschaftlicher Informationsdienst. Theaterwissenschaftliche Literaturübersicht. Leipzig 1968 ff. [erschienen bis 63 (1990,1), dann Jahrgangszählung: 22 (1990,2) – 24 (1992,1), damit Erscheinen eingestellt; hrsg. v. d. Abt. f. Theaterwissenschaftl. Dokumentation an d. Theaterhochschule «Hans Otto» Leipzig]

Trilse, Christoph, u. Klaus Hammer, Rolf Kabel: Lexikon Theater. Berlin (Ost) [2]1978 [unveränd. Aufl.; 1. Aufl.: 1977]

Verein zur Erforschung theatraler Verkehrsformen (Hrsg.): Theaterzeitschrift. Beiträge zu Theater, Medien, Kulturpolitik. Berlin 1982 ff. [erscheint vierteljährl.; bislang letztes H.: 31/32 (1992)]

Zentrum DDR d. Internationalen Theaterinstituts e. V. (Hrsg.): Theater in der Deutschen Demokratischen Republik. 7 Bde. Dresden 1965–1974

8.2. Dokumentationen, Anthologien

8.2.1. Deutschsprachige Literatur allgemein und Westzonen/Bundesrepublik

Ahrens, Ursula (Hrsg.): Frauen im Theater. Dokumentation 1986/1987. Berlin 1988

Brauneck, Manfred: Theater im 20. Jahrhundert. Programmschriften, Stilperioden, Reformmodelle. Reinbek 1982

Forum Modernes Theater. Tübingen 1986 ff. [Theaterzeitschrift; erscheint jährl.; bislang letzter Bd.: 7 (1992)]

Haas, Willy, u. Rudolf Hartung, Hans Kühner u. a.: Der Streit um Hochhuths Stellvertreter. Basel/Stuttgart 1963 [Theater unserer Zeit. Bd. 5]

Hoffmeister, Reinhart (Hrsg.): Rolf Hochhuth. Dokumente zur politischen Wirkung. München 1980

Iden, Peter, u. Karlheinz Braun (Hrsg.): Neues deutsches Theater. Zürich 1971

Kässens, Wend, u. Jörg W. Gronius: Theatermacher. Gespräche mit Luc Bondy, Jürgen Flimm, Hansgünther Heyme, Ivan Nagel, Hans Neuenfels, Peter Palitzsch, Claus Peymann, Frank-Patrick Steckel, George Tabori, Peter Zadek. Königstein/Ts. 1987

Kreuzer, Helmut und Peter Seibert (Hrsg.): Deutsche Dramaturgie der sechziger Jahre. Ausgewählte Texte. Tübingen 1974

Mainusch, Herbert (Hrsg.): Regie und Interpretation. Gespräche mit Achim Benning, Peter Brook, Dieter Dorn, Adolf Dresen, Boy Gobert, Hans Hollmann, Tsakis Mouzenedis, Hans Reinhardt Müller, Claus Peymann, Peter Stein, Georg Strehler. München ²1989 [unv. Aufl.; 1. Aufl.: 1985]

Ortmann, Manfred (Hrsg.): Spectaculum. Deutsches Theater 1945–1975. Materialien. Frankfurt a. M. 1984

Pörtner, Paul (Hrsg.): Experiment Theater. Chronik und Dokumente. Zürich 1960

Pörtner, Paul (Hrsg.): Modernes deutsches Theater. Neuwied/Berlin 1961 [nur Bd. 1]

Rischbieter, Henning (Hrsg.): Theater im Umbruch. Eine Dokumentation aus «Theater heute». München 1970

Roeder, Anke (Hrsg.): Autorinnen. Herausforderungen an das Theater. Frankfurt a. M. 1989

Schondorff, Joachim (Hrsg.): Junges deutsches Theater von heute. Kipphardt, Hirde, Asmodi, Dorst, Hey, Ahlsen. München o. J. [um 1960]

Schultze, Friedrich (Hrsg.): Theater im Gespräch. Ein Forum der Dramaturgie. München/Wien 1963 [aus d. Tagungen 1953–1960 der Deutschen Dramaturgischen Gesellschaft]

Spectaculum. Moderne Theaterstücke. Berlin u. a. 1956 ff. [bislang letzter Band: Bd. 54, Frankfurt a. M. 1992]

Der Spielplan. Die monatliche Theatervorschau und deutsche und europäische Spielpläne. Braunschweig 1953 ff.

Sucher, C. Bernd: Theaterzauberer. Schauspieler – 40 Porträts. München 1988

Sucher, C. Bernd: Theaterzauberer 2. Von Bondy bis Zadek. Zehn Regisseure des deutschen Gegenwartstheaters. München 1990

Theater heute. Zeitschrift für Schauspiel, Oper, Ballett. Velber b. Hann. 1960 ff. [erscheint jährl., seit 1988 in Zürich; bislang letztes H.: 33 (1992)]

8.2.2. Westzonen/Bundesrepublik

Deutscher Bühnenverein (Hrsg.): Was spielten die Theater? Bilanz der Spielpläne in der Bundesrepublik Deutschland 1947–1975. Köln 1978

Lichtenstein, Heiner (Hrsg.): Die Fassbinder-Kontroverse oder Das Ende der Schonzeit. Königstein i. Ts. 1986

Liersch, Werner (Hrsg.): Stücke aus der BRD. Berlin (Ost) 1976 [Dieter Forte, Martin Walser, Franz Xaver Kroetz, Karl Otto Mühl, Heinrich Henkel]

Rühle, Günther, u. Elinor Zervoulakos de la Forge (Hrsg.): Der Fall Fassbinder. Dokumentation des Streits um «Der Müll, die Stadt und der Tod» in Frankfurt. Frankfurt a. M. 1987

8.2.3. SBZ/DDR

Funke, Christoph, u. Daniel Hoffmann-Oswald, Hans-Gerald Otto (Hrsg.): Theater-Bilanz 1945–1969. Eine Bilddokumentation über die Bühnen der Deutschen Demokratischen Republik. Berlin (Ost) 1971

Die ersten Schritte. Frühe DDR-Dramatik. Halle a. d. S./Leipzig 1985 [ausgew. u. mit einem Nachw. versehen v. Hartmut Kahn; dieser z. T. auch als Hrsg. angegeben]
Kahn, Hartmut (Ausw.): Die ersten Schritte. Frühe DDR-Dramatik. Halle/Leipzig 1985 [mit einem Nachw. v. H. K., hrsg. unter Mitw. v. Irmfried Hiebel, Manfred Jendryschek u. Alfred Klein]
Müller, Harald (Hrsg.): DDR-Theater des Umbruchs. Frankfurt a. M. 1990
Neue DDR-Dramatik. Berlin (Ost) 1981 [kein Hrsg.]
Neue Stücke. Autoren der Deutschen Demokratischen Republik. Berlin (Ost) 1971 [mit einem Nachw. v. Karl-Heinz Schmidt; kein Hrsg.]
Reichel, Peter (Hrsg.): Theatertexte. Almanach der neuen DDR-Dramatik. Berlin (Ost) 1989 [nach Bd. 2 (1990) eingestellt]
Reichel, Peter (Hrsg.): Die Übergangsgesellschaft. Stücke der achtziger Jahre aus der DDR. Leipzig 1989
Sozialistische Dramatik. Autoren der DDR. Berlin (Ost) 1968 [mit einem Nachw. v. Karl-Heinz Schmidt; kein Hrsg.]
Theater der Zeit. Organ des Verbundes der Theaterschaffenden in der DDR. Berlin (Ost) 1946 ff. [bis 1992 monatlich erschienen]

8.2.4. Schweiz

Fries, Othmar, u. a. (Hrsg.): Das Theater, unsere Welt. Das Schweizer Theater 1970–1980. Luzern 1980
Hilty, Hans Rudolf, u. Max Schmidt (Hrsg.): Modernes Schweizer Theater. Einakter und Szenen. Egnach 1964
Kachler, Karl Gotthilf (Red.): Theater in der Schweiz. Bestandsaufnahme, Probleme. Rückblicke, Ziele. Im Jubiläumsjahr der Schweizerischen Gesellschaft für Theaterkultur. Zürich 1977
Schläpfer, Beate, u. Ute Cofalka u. a. (Bearb.): Fluchtpunkt Zürich. Zu einer Stadt und ihrem Theater. Schauplätze der Selbstbehauptung und des Überlebens 1933–1945. Materialien zur Ausstellung [im Rahmen der Szene Schweiz in Nürnberg 1987, Norishalle Nürnberg vom 8.10. – 15.11.1987]. Nürnberg 1987
Schweizer Gesellschaft für Theaterkultur (Hrsg.): Schweizer Theater-Almanach 1/2. Bern 1943/44 [unregelmäßig erschienen]
Schweizer Theaterjahrbuch der Schweizer Gesellschaft für Theaterkultur 15. Zürich 1945 [bis 41 (1978) erschienen]

8.2.5. Österreich

Die Bühne. Das österreichische Theatermagazin. Wien 1958 ff. [erscheint monatlich]
Jelinek, Elfriede, u. Christian Fuchs (Hrsg.): Theater von Frauen – Österreich. Frankfurt a. M. 1991
Schondorff, Joachim (Hrsg.): Österreichisches Theater des 20. Jahrhunderts. München 1961
Theater in Österreich. Das österreichische Theaterjahrbuch. Wien/Darmstadt 1980/81 ff. [wechselnde Herausgeber, erscheint jährl., Zusatz früher: Verzeichnis der Inszenierungen]

8.3. Darstellungen, Studien, Programmatisches, Überblicke

8.3.1. Deutschsprachige Literatur allgemein und Westzonen/Bundesrepublik

Angermeyer, Hans Christoph: Zuschauer im Drama. Brecht, Dürrenmatt, Handke. Frankfurt a. M. 1971

Arnold, Heinz Ludwig, u. Theo Buck (Hrsg.): Positionen des Dramas. München 1977

Aust, Hugo, u. Peter Haida, Jürgen Hein (Hrsg.): Volksstück. Vom Hanswurstspiel zum sozialen Drama der Gegenwart. München 1989

von Becker, Peter: Der überraschte Voyeur. Theater d. Gegenw. München/Wien 1982

Beckmann, Heinz: Nach dem Spiel. Theaterkritiken 1950–1962. München/Wien 1963

Braun, Karlheinz (Hrsg.): Deutsches Theater d. Gegenwart. 2 Bde. Frankfurt a. M. 1967

Brauneck, Manfred (Hrsg.): Das deutsche Drama vom Expressionismus bis zur Gegenwart. Bamberg ⁴1986 [1. Aufl.: 1970]

Brauneck, Manfred, u. Gérard Schneilin: Drama und Theater. Bamberg 1987

Brauneck, Manfred: Klassiker der Schauspielregie. Positionen und Kommentare zum Theater im 20. Jahrhundert. Reinbek 1988

Brauneck, Manfred: Theater im 20. Jahrhundert. Stilperioden. Reinbek 1989 [1. Ausg.: 1982]

Broich, Ulrich (Hrsg.): Das europäische Geschichtsdrama seit 1945. Kommentar zu einer Epoche. München 1981 [Symposium]

Buddecke, Wolfram, u. Helmut Fuhrmann: Das deutschsprachige Drama seit 1945. Schweiz, Bundesrepublik, Österreich, DDR. Kommentar zu einer Epoche. München 1981

Calandra, Denis: New German Dramatists. A Study of Peter Handke, Franz Xaver Kroetz, Rainer Werner Fassbinder, Heiner Müller, Thomas Brasch, Thomas Bernhard and Botho Strauss. London/Basingstoke 1983

Castein, Hanne, u. Alexander Stillmark (Hrsg.): Erbe und Umbruch in der neueren deutschsprachigen Komödie. Stuttgart 1987 [Londoner Symposium 1987]

Crumbach, Franz Hubert: Die Struktur des epischen Theaters. Dramaturgie der Kontraste. Braunschweig 1960

Daiber, Hans: Deutsches Theater seit 1945. Bundesrepublik Deutschland, Deutsche Demokratische Republik, Österreich, Schweiz. Stuttgart 1976

Dietrich, Margret: Das moderne Drama. Strömungen, Gestalten, Motive. Stuttgart ³1974 [überarb. u. erw. Aufl.; 1. Aufl.: 1961]

Emrich, Wilhelm: Drama und modernes Theater. Mainz/Wiesbaden 1974

Esslin, Martin: Das Theater des Absurden. Von Beckett bis Pinter. Frankfurt a. M./ Bonn ²1967 [erg. Aufl.; 1. Aufl.: 1964; amerikan. Originaltitel: The theatre of the absurd. Garden City, N. Y. 1961]

Esslin, Martin: Jenseits des Absurden. Aufsätze zum modernen Drama. Wien 1972

Esslin, Martin, u. Reinhold Grimm, Hans Bernd Harder, Klaus Völker: Sinn oder Unsinn? Das Groteske im modernen Drama. 5 Essays. Basel/Stuttgart 1972

Esslin, Martin: Die Zeichen des Dramas. Theater, Film, Fernsehen. Reinbek 1989 [engl. Originaltitel: The Field of Drama: How the Signs of Drama Create Meaning On Stage and Screen. London 1987]

Floeck, Wilfried (Hrsg.): Tendenzen des Gegenwartstheaters. Tübingen 1988

Floeck, Wilfried (Hrsg.): Zeitgenössisches Theater in Deutschland und Frankreich. Théâtre contemporain en Allemagne et en France. Tübingen 1989

Franzen, Erich: Formen des modernen Dramas. Von der Illusionsbühne zum Antitheater. München ²1970 [1. Aufl.: 1961]

Gajek, Konrad, u. Anna Stroka, Marian Szyrocki: Das deutsche Drama des 20. Jahrhunderts. Warschau 1982

Geiger, Heinz: Widerstand und Mitschuld. Zum deutschen Drama von Brecht bis Weiss. Düsseldorf 1973

Geißler, Rolf (Hrsg.): Zur Interpretation des modernen Dramas. Brecht, Dürrenmatt, Frisch. Frankfurt a. M./Berlin/München ¹⁰1981 [u. d. Mitarb. v. Therese Poser; 1. Aufl.: Frankfurt a. M. 1960]

Greif, Hans-Jürgen: Zum modernen Drama. Martin Walser, Wolfgang Bauer, Rainer Werner Fassbinder, Siegfried Lenz, Wolfgang Hildesheimer. Bonn 1973

Greiner, Bernhard: Die Komödie. Eine theatralische Sendung. Grundlagen und Interpretationen. Tübingen 1992

Grimm, Reinhold (Hrsg.): Episches Theater. Köln/Berlin 1966

Grimm, Reinhold, u. Jost Hermand (Hrsg.): Geschichte im Gegenwartsdrama. Stuttgart u. a. 1976

Guggenheimer, Walter Maria: Alles Theater. Ausgewählte Kritiken 1947–1965. Frankfurt a. M. 1966

Hassel, Ursula, u. Herbert Herzmann (Hrsg.): Das zeitgenössische deutschsprachige Volksstück. Tübingen 1992

Heidsieck, Arnold: Das Groteske und das Absurde im modernen Drama. Stuttgart u. a. 1969

Hein, Jürgen (Hrsg.): Theater und Gesellschaft. Das Volksstück im 19. und 20. Jahrhundert. Düsseldorf 1973

Hensel, Georg: Theater d. Zeitgenossen. Stücke u. Autoren. Frankfurt a. M. u. a. 1972

Hensel, Georg: Das Theater der siebziger Jahre. Kommentar, Kritik, Polemik. Stuttgart 1980

Hensel, Georg: Spiel's noch einmal. Das Theater der achtziger Jahre. Frankfurt a. M. 1990

Hilzinger, Klaus Harro: Die Dramaturgie des dokumentarischen Theaters. Tübingen 1976

Hinck, Walter: Das moderne Drama in Deutschland. Vom expressionistischen zum dokumentarischen Theater. Göttingen 1973

Hinck, Walter (Hrsg.): Handbuch des deutschen Dramas. Düsseldorf 1980

Hinck, Walter, u. Lothar Köhn, Walter Pape: Drama und Gegenwart. Themen und Aspekte. Schwerte 1988

Holtus, Günter (Hrsg.): Theaterwesen und dramatische Literatur. Beiträge zur Geschichte des Theaters. Tübingen 1987

Hüfner, Agnes (Hrsg.): Straßentheater. Frankfurt a. M. 1970

Irmscher, Hans Dietrich, u. Werner Keller (Hrsg.): Drama und Theater im 20. Jahrhundert. Festschrift für Walter Hinck. Göttingen 1983

Kesting, Marianne: Des epische Theater. Zur Struktur des modernen Dramas. Stuttgart 1959

Kesting, Marianne: Panorama des zeitgenössischen Theaters. München ²1969 [1. Aufl. mit d. Untertitel: 50 literarische Porträts. München 1962]

Linke, Manfred (Hrsg.): Theater 1967–1982. Berlin 1983

Luft, Friedrich: Stimme der Kritik. Berliner Theater seit 1945. Velber b. Hann. ³1965 [neu bearb. u. erw. Aufl.; 1. Aufl. u. d. Titel: Berliner Theater 1945–1961, hrsg. v. Henning Rischbieter, Hannover 1961]

Luft, Friedrich: Stimme der Kritik. Theaterereignisse seit 1965. Stuttgart 1979

Lukács, Georg: Entwicklungsgeschichte des modernen Dramas. Neuwied 1981 [Werke, Bd. 15, hrsg. v. Frank Benseler]

Melchinger, Siegfried: Theater der Gegenwart. Frankfurt a. M. 1956

Melchinger, Siegfried: Geschichte des politischen Theaters. 2 Bde. Frankfurt a. M. 1974

Mennemeier, Franz Norbert: Modernes deutsches Drama. Kritiken und Charakteristiken. 2 Bde. Bd. 2: 1933 bis zur Gegenwart. München 1975

Mertz, Peter: Das gerettete Theater. Die deutsche Bühne im Wiederaufbau. Berlin 1990

Michael, Friedrich, u. Hans Daiber: Geschichte des deutschen Theaters. Frankfurt a. M. 1990

Mittenzwei, Werner: Gestaltung und Gestalten im modernen Drama. Zur Technik des Figurenaufbaus in der sozialistischen und spätbürgerlichen Dramatik. Berlin (Ost)/Weimar 1965

Mittenzwei, Werner: Kampf der Richtungen. Strömungen und Tendenzen der internationalen Dramatik. Leipzig 1978

Möhrmann, Renate (Hrsg.): Die Schauspielerin. Zur Kulturgeschichte der weiblichen Bühnenkunst. Frankfurt a. M. 1989

Motekat, Helmut: Das zeitgenössische deutsche Drama. Einführung und kritische Analyse. Stuttgart u. a. 1977

Müller-Michaelis, Harro (Hrsg.): Deutsche Dramen. Interpretationen zu Werken von der Aufklärung bis zur Gegenwart. Bd. 2.: Von Hauptmann bis Botho Strauß. Königstein i. Ts. 1985

Patterson, Michael: German Theatre Today. Post-War Theatre in West and East Germany, Austria and Northern Switzerland. London 1976

Paulsen, Wolfgang (Hrsg.): Die deutsche Komödie im 20. Jahrhundert. Heidelberg 1976

Pikulik, Lothar, u. a. (Hrsg.): Deutsche Gegenwartsdramatik. 2 Bde. Göttingen 1987

Ralinowsky, Dagmar: Die Gestaltung zwischenmenschlicher Beziehungen im Drama der Moderne. Tradition und Mutation. Bern/Frankfurt a. M./München 1976

Riess, Curt: Theater gegen das Publikum. Aida als Putzfrau und andere Missetaten. München/Wien 1985

Rischbieter, Henning, u. Ernst Wendt: Deutsche Dramatik in Ost und West. Velber b. Hann. 1965

Rischbieter, Henning, u. Jan Berg: Welttheater. Theatergeschichte, Autoren, Stücke, Inszenierungen. Braunschweig ³1985 [völlig neu bearb. Aufl.; 1. Aufl.: 1962, hrsg. v. Siegfried Melchinger u. H. R.]

Rühle, Günther: Theater in unserer Zeit. Frankfurt a. M. ³1986 [Sammlung; 1. Aufl.: 1976]

Rühle, Günther: Theater in unserer Zeit 2: Anarchie in der Regie? Frankfurt a. M. ²1983 [Sammlung; 1. Aufl.: 1982]

Schulz, Eckhard (Red.): Theater in der Krise? Berlin 1982

Schulze Vellinghausen, Albert, u. a.: Elemente des modernen Theaters. Frankfurt a. M. 1961 [Vortrag]

Schulze Vellinghausen, Albert: Theaterkritik 1952–1960. Hannover 1961 [ausgew. u. mit einem Nachw. versehen v. Henning Rischbieter]

Sebald, Winfried Georg: Theatre in Germany in the 1970s and 1980s. Oxford/New York/Hamburg 1988

Strelka, Joseph P.: Brecht, Horváth, Dürrenmatt. Wege und Abwege des modernen Dramas. Wien/Hannover/Bern 1962

Taëni, Rainer: Drama nach Brecht. Möglichkeiten heutiger Dramatik. Basel 1968

Thomsen, Christian W. (Hrsg.): Studien zur Ästhetik des Gegenwartstheaters. Heidelberg 1985

Vietta, Egon: Katastrophe oder Wende des deutschen Theaters. Düsseldorf 1955

Weber, Richard (Hrsg.): Deutsches Drama der achtziger Jahre. Frankfurt a. M. 1992

Wendt, Ernst: Moderne Dramaturgie. Bondi und Genet, Beckett und Heiner Müller, Ionesco und Handke, Pinter und Kroetz, Weiss und Gatti. Frankfurt a. M. 1974

Wiegenstein, Roland H.: Über Theater. 1966–1986. Zürich 1987

8.3.2. Westzonen/Bundesrepublik

Berg, Jan: Hochhuths *Stellvertreter* und die ‹Stellvertreter›-Debatte. «Vergangenheits-bewältigung» in Theater und Presse der sechziger Jahre. Kronberg i. Ts. 1977

Blumer, Arnold: Das dokumentarische Theater der sechziger Jahre in der Bundesrepublik Deutschland. Meisenheim a. G. 1977

Hofmann, Jürgen: Kritisches Handbuch des westdeutschen Theaters. Berlin 1981

Ismayr, Wolfgang: Das politische Theater in Westdeutschland. Königstein i. Ts. 1985

Kluge, Gerhard (Hrsg.): Studien zur Dramatik in der Bundesrepublik Deutschland. Amsterdam 1983

8.3.3. SBZ/DDR

Flood, John L. (Hrsg.): Kurz bevor der Vorhang fiel. Zum Theater der DDR. Londoner Symposium. Amsterdam u. a. 1990

Frühling, Jacek, u. Heinz Kersten u. a.: Theater hinter dem «Eisernen Vorhang». Basel/Hamburg/Wien 1964 [Aufsatzsammlung]

Funke, Christoph, u. a. (Hrsg.): Theaterbilanz 1945–1969. Eine Bilddokumentation über die Bühnen der Deutschen Demokratischen Republik. Berlin (Ost) 1971 [hrsg. i. A. d. Verbandes d. Theaterschaffenden d. DDR]

Kähler, Hermann: Gegenwart auf der Bühne. Die sozialistische Wirklichkeit in den Bühnenstücken der DDR von 1956 bis 1963/64. Berlin (Ost) 1966 [hrsg. v. Inst. f. Gesellschaftswiss. beim ZK d. SED]

Klatt, Gudrun: Arbeiterklasse und Theater. Agitprop-Tradition – Theater im Exil – Sozialistisches Theater. Berlin (Ost) 1975

Klunker, Heinz: Zeitstücke – Zeitgenossen. Gegenwartstheater in der DDR. München 1975 [überarb. Fassung; 1. Aufl.: 1972]

Lederer, Herbert: Handbook of East German Drama 1945–1985/ DDR-Drama-Handbuch. New York/Bern ²1990 [1. Aufl.: 1987]

Lennartz, Knut: Vom Aufbruch zur Wende. Theater in der DDR. Seelze 1992

Marczewski, Johannes: Der adaptierte Held. Untersuchungen zur Dramatik in der DDR. Bern/Frankfurt/Las Vegas 1978

Mittenzwei, Werner (Hrsg.): Theater in der Zeitenwende. Zur Geschichte des Dramas und des Schauspieltheaters in der Deutschen Demokratischen Republik 1945–1968. 2 Bde. Berlin (Ost) 1972

Mytze, Andreas W.: Theater in der DDR. Kritiken 1972–1975. Berlin 1976 [Sammlung]

Nössig, Manfred (Hrsg.): Die Schauspieltheater der DDR und das Erbe (1970–1974). Positionen – Debatten – Kritiken. Berlin (Ost) 1976

Pollow, Helmut: Zum gegenwärtigen Stand der Erbe-Rezeption im Schauspieltheater der DDR (1971–1975). Berlin (Ost) 1975

Profitlich, Ulrich (Hrsg.): Dramatik der DDR. Frankfurt a. M. 1987

Reichel, Peter: Signaturen und Lesarten. Zur Dramatik der jungen Autorengeneration. Halle a. d. S./Leipzig 1989

Riewoldt, Otto F.: Von Zuckmayer bis Kroetz, Die Rezeption westlicher Theaterstücke durch Kritik und Wissenschaft in der DDR. Berlin 1978

Rühle, Jürgen: Das gefesselte Theater. Köln/Berlin 1957

Schivelbusch, Wolfgang: Sozialistisches Drama nach Brecht. Drei Modelle: Peter Hacks – Heiner Müller – Hartmut Lange. Darmstadt/Neuwied 1974

Verband der Theaterschaffenden der Deutschen Demokratischen Republik (Hrsg.): Theater in den Kämpfen unserer Zeit. 3 Bde. Berlin (Ost) [1980]

Verband der Theaterschaffenden der Deutschen Demokratischen Republik (Hrsg.):
Das Theater und sein Publikum. Berlin (Ost) [1980]
Verband der Theaterschaffenden der Deutschen Demokratischen Republik (Hrsg.):
Theaterkritik in der entwickelten sozialistischen Gesellschaft. Beiträge von der
1. Theaterkritiker-Konferenz, Nov. 1979. Berlin (Ost) 1980
Verband der Theaterschaffenden der Deutschen Demokratischen Republik (Hrsg.):
Theater für Frieden und Sozialismus. 7 Bde. Berlin (Ost) 1986 [= 3. Kongreß des
Verbandes der Theaterschaffenden der DDR]
Zeitgenössische sozialistische Dramatik auf dem Theater der DDR – Positionen und
Entwicklungen. Versuch einer Bestandsaufnahme. Berlin (Ost) 1975 [kein Hrsg.]

8.3.4. Schweiz

Maurer, Roland: Die Schweizer Theaterszene. Zürich 1983
Palmer, Peter: Schweizer Bühnenwerke des 20. Jahrhunderts. Zürich 1972
Schweizer Bühnenverband (Hrsg.): Das Theater – unsere Welt. Die Schweizer Theater
1970–1980. Luzern 1980
Schweizer Bühnenverband (Hrsg.): Schweizer Theaterbuch. Zürich 1964 [Beiträge v.
Paul Kopp, Elisabeth Brock-Sulzer, Geo-H. Blanc, Carlo Castelli, Edmund Stadler;
geleitet v. Hans Peter Tschudi]
Schweizerische Theaterzeitung. Monatsschrift für Theaterfragen. Elgg 1946 ff. [bis 22
(1967) erschienen, danach u. d. Titel: Schweizer Theaterzeitung]

8.3.5. Österreich

Haider-Pregler, Hilde: Theater und Schauspielkunst in Österreich. Wien 1972
Landa, Jutta: Bürgerliches Schocktheater. Entwicklungen im österreichischen Drama
der sechziger und siebziger Jahre. Frankfurt a. M. 1988
Mühlher, Robert, u. a.: Beiträge zur Dramatik Österreichs im 20. Jahrhundert. Wien
1968 [Vorträge der 7. Historikertagung d. Instituts f. Österreichkunde in St. Pölten
im Nov. 1967]
Österreichische Akademie der Wissenschaften (Hrsg.): Theatergeschichte Österreichs.
Graz u. a. 1964 ff. [vorerst letzter Bd. erschienen 1992]
Vogelsang, Hans: Österreichische Dramatik des 20. Jahrhunderts. Spiel mit Welten,
Wesen, Worten. Wien ²1981 [erg. u. wesentl. erw. Aufl.; 1. Aufl.: Stuttgart 1963]

REGISTER DER PERSONEN, WERKE UND PERIODICA

REGISTER DER WERKTITEL

Minima Moralia (s. Adorno, Theodor W.)
Minotaurus, Der (s. Wellershoff, Dieter)
Miserere (s. Hirche, Peter)
Missa sine nomine (s. Minssen, Friedrich)
Mit dem Chef nach Chenonceaux (s. Andersch, Alfred)
Mit Feuer und Flamme (s. Fröhlich, Hans Jürgen)
Mit Marx- und Engelszungen (s. Biermann, Wolf)
Mittagswein (s. Schnack, Anton)
Mitteilung an den Adel (s. Plessen, Elisabeth)
Moabiter Sonette (s. Haushofer, Albrecht)
Mohn und Gedächtnis (s. Celan, Paul)
Moin Vadr läbt (s. Kempowski, Walter)
Mondsand (s. Arp, Hans)
Monolog (s. Hildesheimer, Wolfgang)
Monsieur Teste (s. Valéry, Ambroise Paul Toussaint Jules)
Moorsoldaten, Die (s. Langhoff, Wolfgang)
Morenga (s. Timm, Uwe)
Morgen kommt der Schornsteinfeger (s. Hammel, Claus)
Morgenlandfahrt, Die (s. Hesse, Hermann)
Morgue (s. Benn, Gottfried)
Moritz Tassow (s. Hacks, Peter)
Moskau (s. Plievier, Theodor)
Moskauer Novelle (s. Wolf, Christa)
Mottenburger Geschichten (s. Kuball, Michael u. Behrens, Alfred)
Mozart (s. Hildesheimer, Wolfgang)
Mücke im Bernstein, Die (s. Stahl, Else)
Müll, die Stadt und der Tod, Der (Fassbinder, Rainer Werner)
Müller von Sanssouci, Der (s. Hacks, Peter)
Münchner Freiheit (s. Sperr, Martin)
Mündel will Vormund sein, Das (s. Handke, Peter)
Mützen ab … (s. Rozanski, Zenon)
Mumien. Kantate für Rockband (s. Floh de Cologne)
Museum der modernen Poesie (s. Enzensberger, Hans Magnus)
Mutmaßungen über Jakob (s. Johnson, Uwe)
Mutter, Die (s. Struck, Karin)

Mutter Courage und ihre Kinder (s. Brecht, Bertolt)
Mystifikationen der Sophie Silber, Die (s. Frischmuth, Barbara)
mythische Element in der Literatur, Das (s. Fühmann, Franz)
Mythos von Sisyphos, Der (s. Camus, Albert)
Mythus des 20. Jahrhunderts, Der (s. Rosenberg, Alfred)

N (s. Kühn, Dieter)
Nach der ersten Zukunft (s. Becker, Jurek)
Nach Rußland und anderswohin (s. Koeppen, Wolfgang)
Nachdenken über Christa T. (s. Wolf, Christa)
Nachgetragene Liebe (s. Härtling, Peter)
Nachmittag eines Schriftstellers (s. Handke, Peter)
Nachrichten aus der dritten Welt (s. Wiens, Paul)
Nachruf (s. Heym, Stefan)
Nachsaison (s. Asmodi, Herbert)
Nachspiel (s. Frisch, Max)
Nacht (s. Hilsenrath, Edgar)
Nacht mit Kompromissen (s. Kerndl, Rainer)
nacht. sicht. gerät (s. Kling, Thomas)
Nachterstedter Brief
Nachts schlafen die Ratten doch (s. Borchert, Wolfgang)
Nachtschatten (s. Roth, Friederike)
Nachtstück (s. Hildesheimer, Wolfgang)
Nachtwachen (s. Bonaventura)
Nackt unter Wölfen (s. Apitz, Bruno)
nackte Mädchen auf der Straße, Das (s. Fries, Fritz Rudolf)
Nadja (s. Breton, André)
Nächtliches Gespräch mit einem verachteten Menschen (s. Dürrenmatt, Friedrich)
Nathan der Weise (s. Lessing, Gotthold Ephraim)
Nationalhymnen (s. Fuchs, Günter Bruno)
Nazi & der Friseur, Der (s. Hilsenrath, Edgar)
Neige, Die (s. Gan, Peter)
Nein – die Welt der Angeklagten (s. Jens, Walter)

Täglicher Faschismus (s. Lettau,
Reinhard)
Tag wird kommen, Der
(s. Achternbusch, Herbert)
Tag X, Der (s. Heym, Stefan)
Tag- und Nachtbücher (s. Haecker,
Theodor)
Tage der Commune, Die (s. Brecht,
Bertolt)
Tage mit Sepp Zach (s. Hastedt, Regine)
Tage und Nächte (s. Krolow, Karl)
Tage werden länger, Die (s. Wagner,
Gerhard)
Tagebuch mit Marion (s. Frisch, Max)
Tagebuch 1946–1949 (s. Frisch, Max)
Tagebuchtage
Tagträume (s. Kunert, Günter)
Taktstraße, Die (s. Koplowitz, Jan)
Tandelkeller (s. Fröhlich, Hans Jürgen)
Tangospieler, Der (s. Hein, Christoph)
Tanz, Marie! (s. Reinshagen, Gerlind)
Taube, Die (s. Süskind, Patrick)
Tauben im Gras (s. Koeppen, Wolf-
gang)
Tausend Gramm (s. Weyrauch,
Wolfgang)
Technik des Erwachens (s. Krechel,
Ursula)
Templones Ende (s. Walser, Martin)
Terzinen des Herzens (s. Bostroem,
Annemarie)
Testament des Odysseus, Das (s. Jens,
Walter)
Teufels General, Des (s. Zuckmayer,
Carl)
Teufelskreis, Der (s. Zinner, Hedda)
Textbücher (s. Heißenbüttel, Helmut)
Texte (s. Müller, Heiner)
Theatermacher, Der (s. Bernhard,
Thomas)
Theaterprobleme (s. Dürrenmatt,
Friedrich)
Theorie der Drohung (s. Strauß, Botho)
Thesen zum langen Gedicht (s. Höllerer,
Walter)
Thomas Müntzer (s. Pfeiffer, Hans)
Thomas Münzer. Der Mann mit der
Regenbogenfahne (s. Wolf, Friedrich)
Thuja (s. Herburger, Günter)
Thuja-Trilogie (s. Herburger, Günter)
Thusnelda-Romanzen (s. Rühm,
Gerhard)

Thymian und Drachentod (s. Hey,
Richard)
Tiger Jussuf (s. Eich, Günter)
Tinka (s. Braun, Volker)
Tinko (s. Strittmatter, Erwin)
Tisch, an dem wir sitzen, Der
(s. Borchers, Elisabeth)
Titan (s. Jean Paul)
Tochter, Die (s. Bronnen, Barbara)
Tod am Meer (s. Heiduczek, Werner)
Tod den Ärzten (s. Richartz, Walter E.)
Tod des Vergil, Der (s. Broch, Hermann)
Tod in Rom, Der (s. Koeppen,
Wolfgang)
Tod in Venedig, Der (s. Mann, Thomas)
Tod und Teufel (s. Turrini, Peter)
Toller (s. Dorst, Tankred)
Torquato Tasso (s. Goethe, Johann
Wolfgang von)
Toten bleiben jung, Die (s. Seghers,
Anna)
Totenfloß (s. Mueller, Harald)
Totentanz (s. Kellermann, Bernhard)
Totenwald, Der (s. Wiechert, Ernst)
Tractatus logico-philosophicus
(s. Wittgenstein, Ludwig)
Tractatus logico-suicidalis. Über die
Selbsttötung (s. Burger, Hermann)
Träume (s. Eich, Günter)
Training des aufrechten Gangs (s. Braun,
Volker)
Traktor (s. Müller, Heiner)
Transit (s. Höllerer, Walter)
Transit (s. Seghers, Anna)
Transportpaule oder wie man über den
Hund kommt (s. Gratzik, Paul)
Trauer muß Elektra tragen (s. O'Neill,
Eugene)
Traum des Sisyphos (s. Kunert, Günter)
Traum ist teuer (s. Zweig, Arnold)
Traumkraut (s. Goll, Yvan)
Treffen in Telgte, Das (s. Grass, Günter)
Treibhaus, Das (s. Koeppen, Wolfgang)
Treibjagd (s. Wohmann, Gabriele)
Tribun, Der (s. Kagel, Maurizio)
Trilogie (s. Lange, Hartmut)
Trilogie des Wiedersehens (s. Strauß,
Botho)
Trinkermeditationen (s. Fuchs, Günter
Bruno)
Triptychon mit sieben Brücken
(s. Schulz, Max Walter)